国家出版基金项目
NATIONAL PUBLICATION FOUNDATION

国家社科基金重大项目结项成果

“十四五”国家重点出版物出版规划项目

二十世纪东亚抗日叙事文献整理与研究丛书

丛书主编——牛林杰

史料编·评论卷 Ⅰ

分卷主编——牛林杰　王丽媛

山东大学出版社
SHANDONG UNIVERSITY PRESS
·济南·

图书在版编目(CIP)数据

二十世纪东亚抗日叙事文献整理与研究丛书. 史料编. 评论卷. Ⅰ / 牛林杰主编 ; 牛林杰，王丽媛分卷主编. 济南 ：山东大学出版社，2025. 8. -- ISBN 978-7-5607-9017-6

Ⅰ. K152

中国国家版本馆 CIP 数据核字第 202533P9Q1 号

策划编辑　张铭芳
责任编辑　肖世伟
封面设计　卡古鸟设计

二十世纪东亚抗日叙事文献整理与研究丛书·史料编·评论卷Ⅰ
ERSHI SHIJI DONGYA KANGRI XUSHI WENXIAN ZHENGLI YU YANJIU CONGSHU · SHILIAOBIAN · PINGLUNJUAN Ⅰ

出版发行　山东大学出版社
社　　址　山东省济南市山大南路 20 号
邮政编码　250100
发行热线　(0531)88363008
经　　销　新华书店
印　　刷　山东新华印务有限公司
规　　格　720 毫米×1000 毫米　1/16
　　　　　104.5 印张　1876 千字
版　　次　2025 年 8 月第 1 版
印　　次　2025 年 8 月第 1 次印刷
定　　价　600.00 元(评论卷全 3 卷)

二十世纪东亚抗日叙事文献整理与研究丛书

编委会

国家社科基金重大项目『二十世纪东亚抗日叙事文献整理与研究』结项成果

编辑说明

“二十世纪东亚抗日叙事文献整理与研究丛书”由文学编、史料编、研究编及总目组成，其中文学编及史料编为文献整理部分。该部分内容卷帙浩繁、体裁众多，整理难度较大。现将整理编辑原则说明如下。

一、收录原则

“二十世纪东亚抗日叙事文献整理与研究丛书”文献整理卷册系统整理并收录了国内外有关东亚抗日叙事的重要文学作品及相关史料。收录作品的国别范围包括中国、朝鲜、韩国、日本、苏联等国家。苏联在传统意义上是一个横跨亚欧大陆的欧洲国家，但其远东地区位于东北亚，并且在第二次世界大战期间曾与日本直接发生战争。因此，我们将苏联列入了东亚抗日叙事文献收录的国别范围。同时，丛书也收录了抗战时期来华的一些欧美人士创作的有关东亚国家抗日叙事的作品。丛书所录中国抗日叙事作品原则上仅限于涉及东亚国家抗日或反战主题的作品。对于东亚各国战争期间创作的作品和战后创作的作品采取了区别对待的原则。战争期间创作的作品十分珍贵，能收尽收。战后创作的作品，由于各国社会制度和意识形态不同等原因，抗日记忆和叙事内容出现了一些较为复杂的变化，对此，我们坚持历史唯物主义原则，甄选并收录了各国较具代表性或影响力较大的作品。其中，篇幅较长的部分文本，视内容的不同情况，或全文收录，或节选部分重要章节。

二、所据版本

为再现东亚抗日的历史现场、确保文献的真实性，丛书收录的文献以20世纪前半期（1900—1950年）创作和发表的文献为主，部分回忆录、传记、翻译等文本则兼顾20世纪后半期发表或出版的文献。所录文献原则上以初刊本或初版本为准，以保留初始版本叙事的语境、意义和风格。对于一些初刊本难以查阅到的文献，则收录较早的转载本。在每篇文献之后均标注了文献的详细出处。

三、关于文献作者和国籍

文献作者及其国籍原则上以原始文献为准进行标注。作者不详或没有注明作者的文献均以"佚名"标注。民国时期，关于朝鲜半岛国家的名称有"朝鲜""韩国""高丽"等多种标记方式。因此，朝鲜民主主义人民共和国和大韩民国正式成立（1948年）以前的文献保留原始文献的国籍标记方式，1948年以后的文献则根据作者的实际国籍分别标注为"朝鲜""韩国"。

四、编排顺序

丛书文献部分按小说、诗歌、戏剧、散文、传记、史传、书信、日记、纪实、评论等分卷编辑，各类下篇目主要以公开发表时间为序进行排列，个别未公开发表的文献按作品中标注的创作时间列入。为了方便读者阅读，部分卷册在目录中对文献进行了时段区分。

五、文字和格式处理

为尊重原文献的历史语境，不尽符合现行语法规范的字句，在不影响文意的情况下一般不予改动。原文疑似错字后加[ ]标出拟改文字，无法辨识的文字用□表示，衍字用〔 〕表示，漏字加〖 〗表示。小说、散文和诗歌已有分段、空格的按原刊格式，个别明显不当的略有调整。戏剧的人物称谓和格式按原刊。旧体诗词、散文和小说原文无标点或只标句读，大部分无分段，为便于阅读，本书编者增加了标点和分段，其中或有不当，望识者指正。

六、其他

其他未尽事项及特殊情况参见正文相关注释或按语。

二十世纪东亚抗日叙事文献整理与研究丛书

总序

“二十世纪东亚抗日叙事文献整理与研究丛书”是国家社科基金重大项目“二十世纪东亚抗日叙事文献整理与研究”(15ZDB090)的最终结项成果。在纪念中国人民抗日战争暨世界反法西斯战争胜利80周年之际,本丛书付梓出版,为我们提供了一个重新认识东亚抗日叙事文化内涵、深入思考和平与发展的契机,具有重要的学术价值和现实意义。

当今世界正面临百年未有之大变局,坚持和平与发展,携手构建人类命运共同体已成为国际社会的广泛共识。但在东亚地区,由于20世纪上半期日本军国主义发动侵略战争而遗留的一些问题,如对侵略战争的认识问题、殖民统治问题、“慰安妇”制度问题、战时强征劳工问题等仍没有得到妥善解决,人们对于战争的记忆难以磨灭,这种情况甚至还在影响东亚国家关系的正常发展。

从文化史、文学史的层面上,深入挖掘和整理东亚国家抗日叙事的文本资料,可辨析东亚抗日叙事中丰富的历史文化信息,还原历史真实。通过阐释东亚抗日叙事的历史价值和美学价值,可为阐明20世纪东亚精神的本质和意义、建构和谐东亚提供理论依据。同时,通过跨文化、跨学科的全面系统研究,阐述东亚抗日叙事的独特性和内在关联,进而阐明东亚文学与文化交流的历史发展规律和特征,并深入探讨文学与时代精神、文学与身份认同、文学与意识形态等文学的理论和实践问题。因此,20世纪东亚抗日叙事文献整理与研究无论在理论方面还是现实方面都具有重要的意义。第一,从东亚抗日的视角出发，深入发掘和整理20世纪中国、朝鲜、韩国、日本、苏联等国以及部分来华欧美作家的东亚抗日叙事文献资料，可从东亚文学史的角度为阐明“中国的抗日战争是世界反法西斯战争的重要组成部分”“中国抗日战场是世界反法西斯战争的东方主战场”提供文献资料支撑。第二，东亚各国的抗日叙事并非各自孤立的存在，而是在抗日语境下作家们相互交流、传播思想、译介作品中展开的。深入探讨抗日语境下东亚各国作家之间的人文交流、作品译介和传播及其对东亚抗日叙事的影响，对于阐明20世纪上半期东亚文学的形成和发展、特点和规律具有重要意义。第三，通过对东亚各国抗日叙事的比较文学研究，阐明东亚诸国作家的民族认同、国家认同、东亚认同，进而可以从跨文化的视角探讨东亚抗日叙事在世界反法西斯文学乃至世界文化史中的价值及地位。第四，以新时代习近平中国特色社会主义思想为指导，基于“东亚抗日叙事”的性质和特点，在研究过程中尝试提出并应用“抗日叙事与反战叙事”“跨国体验与跨界叙事”“东亚认同与身份认同”“意识形态与抗日记忆”等一系列创新性学术话语，为构建中国特色学术话语体系做出贡献。第五，东亚抗日叙事研究蕴含了“让历史说话，用史实发言”“还原历史，以史为鉴”的精神，有利于推动爱国主义教育、民族认同、国家认同，有利于正确认识东亚抗日的历史和本质。

“二十世纪东亚抗日叙事文献整理与研究丛书”共34卷，由文学编（13卷）、史料编（11卷）、研究编（9卷）及总目（1卷）组成。其中，文学编和史料编属于文献整理部分，文学编按照小说、诗歌、戏剧、散文等分卷编辑，史料编按照传记、史传、书信、日记、纪实、评论等分卷编辑。丛书系统整理了中国近现代文学史料中的东亚抗日叙事文本，重点发掘整理了中国、朝鲜、韩国、日本、苏联等国的抗日叙事文献资料，并对一些重要的外语文本进行了中文翻译。

中短篇小说卷（共2卷）选录了90余篇短篇小说和4部中篇小说，其中不乏新发掘的文本，短篇小说如歌颂朝鲜义士英雄壮举的《韩儿舍身记》（泪人，1915）、批判日本殖民台湾惨状的《一位台湾女子的谈话》（白薇，1931）、以鬼的口吻讽刺德军罪行的《一九三八年的鬼》（A. ABRAMOV，1938）、赞颂苏联红军在哈桑湖区域击退日军的《哈桑湖畔》（莫什梁克，1942）等作品；中篇小说则包括以安重根义举为主线的《朝鲜血》（黄世仲，1909—1910）、以朝鲜亡国为蓝本的《朝鲜亡国演义》（1921）等。

长篇小说卷（共4卷）选录了17部长篇小说作品，其中包括以朝鲜亡国为蓝本的《亡国影》（倪轶池、庄病骸，1915）、《朝鲜遗恨》（沈桑红著、蓝剑青评，1932），无名氏以韩国爱国志士李范奭为原型创作的《荒漠里的人》（1942—

1943)、《北极风情画》(1943—1944),以朝鲜抗日事迹为主题的《历史》(韩雪野,1957)等。小说卷收录的作品反映了抗日语境下东亚文人的集体记忆,展现了国家民族危亡状态下人民的困苦生活与精神渴求,对于研究东亚各民族联合抗战与东亚认同具有重要的文献价值。

诗歌卷(共2卷)收录了近700首东亚抗日诗歌作品,涉及的国家包括中国、朝鲜、日本、韩国、苏联等。所录诗歌的体裁与形式多种多样,既有古体诗、词、曲、赋,也有自由体、新格律体、散文诗等形式的新诗作品。其中,很多国内诗歌作品都是第一次被发掘出来,很多外国诗歌则是第一次被翻译成中文。这些诗歌作品,或叙事、或抒情、或言志,承载并生动反映了20世纪上半期东亚各国人民反抗日本侵略的坚定立场和大无畏精神,是东亚现代诗歌文学研究的重要资料。

戏剧卷(共2卷)收录了近60篇东亚抗日戏剧作品。收录作品的国别主要有中国、朝鲜、韩国、日本、苏联等。戏剧卷所录戏剧既有抗战时期就多次公演并引起较大反响的作品,也有编者新发掘和直接从外文翻译成中文的一些鲜为人知的珍稀作品。如侯曜创作的《山河泪》、文靖珍创作的《阿里朗》、鹿地亘创作的《三兄弟》等作品,在中国抗战期间公演时获得了文化界知名人士艾青、林林、王莹、力扬、杨朔等人的高度评价。而戏剧卷所录反映朝鲜半岛抗日斗争的中国戏剧《海牙剖腹记》《炸皇宫》,反映日本反战意识的日本戏剧《正义血战》《骷髅的跳舞》,反映朝鲜半岛人民抵抗殖民压迫的戏剧《朝鲜的女儿》等则都是新发掘的文学史料。长谷川海太郎创作的《安重根——十四场面》、金春光创作的《安重根史记》、乌鸦创作的《血海之唱》《战斗的密林》等作品,则都是第一次被翻译成中文介绍到国内。

散文卷(共3卷)收录了近300篇东亚抗日散文作品。收录作品的国别包括中国、朝鲜、韩国、日本、苏联等国家。同时,也收录了史沫特莱、约士登等抗战时期来华的一些欧美作家创作的有关东亚国家抗日叙事的散文作品。东亚抗日叙事中的散文丰富多彩,其中既有中国成名大家之作,如郭沫若的《鸡》、卞之琳的《一个敌军小队长》等。也有日本、韩国、苏联等国的散文作品,如鹿地亘的《过香港》、金在天的《亡国痛史》等。鹿地亘的《回忆录:在抗日战争中》、金台俊的《延安行》等文献都是第一次被翻译成中文。

传记卷(共1卷)收录的抗日人物传记作品涉及中国、朝鲜、韩国等国家。其中记录东北抗联李红光烈士事迹的《李红光传》(澹,1936)、《东北抗日联军第一军第一师师长李红光烈士传》(1937),以及《安义士重根》(李斗山,1941)、《韩国同志李斗文传》(贺彪,1945)等传记作品,反映了东亚人民不屈不挠的抗日斗争精神，以及对民族独立、祖国光复的强烈诉求。

史传卷(共 2 卷)收录了 17 部作品，多为朝鲜亡国史相关著述。除梁启超的《朝鲜亡国史略》《日本并吞朝鲜记》等经典作品外，《朝鲜亡国史略》(尚中，1910)、《日本合并朝鲜始末记》(长舆，1910)、《朝鲜亡国鉴》(刘彦，1915)等均为新发掘的近代中国人撰写的朝鲜亡国史传作品。这些作品反映了当时日本吞并朝鲜半岛的暴行，表现出中国对朝鲜亡国的深刻同情，具有十分重要的文本价值。

书信卷(共 1 卷)选录了 1919 年至 1945 年间东亚各国人士与抗日有关的私人信件、公函、公开信等。东亚不同国籍人士之间的官方或民间书函往来，真实反映了抗日语境下东亚人士频繁的跨国交流情况。其中，中方书信中有巴金、吴石等著名人士与国际友人的书信，也有桂林儿童团体、贵阳书店工人、中华全国文艺界抗敌协会等致国际友人的慰问信；国际人士信件则包括日本反战人士鹿地亘、池田幸子、绿川英子，韩国抗日独立运动家金九、申圭植、安昌浩、赵素昂、金若山，以及各在华抗日团体与中国友人之间的信函。书信卷所录在华从事抗日或反战活动的国际人士之间的交往信件是不可多得的贵重资料，如日本反战人士绿川英子致朝鲜义勇队的信函、日本俘虏觉醒后与鹿地亘的书信交流等。此外，书信卷还收录了一部分战时中方缴获的日本士兵的家书，这些书信对研究战时日本国情、士兵心理以及对战争的态度等均具有重要文献价值。

日记卷(共 1 卷)搜集并选编了抗战时期中国报刊、书籍中登载的部分日记及日记评论，涉及中国、日本、苏联、韩国等国的 60 余位作者。这些日记资料都与“东亚抗日”这一主题相关，其中既有中国普通民众的日记，也有韩国独立运动家、日本反战人士及苏联战士的日记，而更多的日记资料则来自战时中方缴获并翻译刊行的日本士兵日记。中国人日记方面，《春生日记》记录了一名普通中国学生与韩国流亡抗日志士遗孤的交往片段，《编辑室日记》反映了战时《黄河》杂志与韩国青年战地工作队、日本俘虏的交流，这些都是值得关注的资料。朝鲜义勇队队员的《阵地工作队日记》《中条山反扫荡日记》、日本反战人士池田幸子的《武汉行》、苏联西尔倩考的《冲上张鼓峰去》、格罗金的《一个空军战士的手记》等国际反法西斯人士的战斗日记，为我们拓宽了东亚抗日叙事研究的国际视野。此外，本卷选录的日本士兵日记中译本与日记评论，对了解战时中国文艺抗战和军中敌工工作、战时日本军队情况等都是可资参考的重要资料。

纪实卷(共 3 卷)收录了 1909 年至 1948 年间有关东亚抗日的报告文学、

长篇通讯、人物采访、历史纪实等文献资料。这些资料涉及中国、日本、朝鲜、韩国、苏联等国家。其中有对安重根、尹奉吉、李奉昌、朝鲜义勇队等朝鲜抗日志士或团体的真实记录和描写，有对日本铁蹄践踏下的朝鲜社会现状之控诉，也有对各国抗日情形之真实再现，还有绿川英子、鹿地亘等在华日本反战人士的深情回忆。上述文献资料散见于20世纪上半期的报纸、期刊和图书，内容多为真人真事，是研究东亚抗日不可多得的宝贵资料。

评论卷(共3卷)收录了400余篇东亚抗日相关评论文献。所录文献既包括文学评论，如鹿地亘的《创作方法之现实的基础》、金光洲的《朝鲜文坛的最近状况》等；也包括一部分政论和史论，如申睍观的《吾人今后之责任》、杜洛斯基的《苏俄政府何以不对日宣战》、金奎光的《朝鲜民族反日革命总力量问题》等。这些评论资料紧紧围绕抗日的时代主题，或从世界大势的宏观视角，或从东亚各国内部的微观视角，深入分析了当时东亚抗日战场的现状、动态和趋势。

丛书的文献整理部分几乎每一卷都包含了一些尚未引起国内外学界关注的珍贵文献资料，这些文献不仅是研究20世纪东亚国别文学的重要资料，也是从宏观上研究抗日语境下东亚文学交流与互动的重要史料。

“二十世纪东亚抗日叙事文献整理与研究丛书”研究编由9部专题著作组成。《抗日语境下的东亚跨界叙事研究》围绕20世纪上半期抗日语境下东亚文学中的跨界叙事进行研究，重点分析了中国现代文学和日本反战作家文学中的抗日叙事。《抗日语境下的东亚文学交流研究》聚焦抗日语境下东亚各国的作家交流、文本译介及其对抗日叙事的影响。《东亚抗日叙事比较研究》则通过比较东亚各国抗日叙事的发展脉络，阐明其特殊性和普遍性。《中朝韩当代抗日叙事研究》以第二次世界大战后中朝韩当代抗日叙事为中心，对东亚文学中的当代抗日记忆进行了比较研究。《朝鲜半岛来华留学文人的跨国体验与文学书写研究》《申圭植的中国体验与文学创作研究》《朴殷植的文坛活动与文学创作研究》《赵素昂的跨界体验与文学创作研究》《金学铁抗日文学研究》等5部著作则分别从作家研究的角度深入阐述了抗日语境下朝鲜半岛作家在中国的跨国体验与文学创作。

在开展20世纪东亚抗日叙事文献整理和研究的过程中，编者团队就东亚抗日叙事文献的资料价值、东亚抗日叙事的主要特点等相关问题形成了一系列的学术观点，现将其中几个重要观点简要介绍如下。

第一，20世纪东亚抗日叙事是东亚现代文学研究值得深入挖掘的一个丰富的资源宝库。从目前整理的20世纪东亚抗日叙事相关文献资料来看，其数量之多、范围之广、体裁之全面、内容之丰富、价值之重要，都远远超出了我们的预想。东亚抗日叙事相关资料反映了侵略与反侵略、正义与邪恶、进步与反动的人类斗争，充分体现了20世纪的东亚精神和文人的文化自觉。这些珍贵的文献资料无疑是20世纪东亚文学的重要组成部分。但令人遗憾的是，其中很多文学史料尚未被纳入东亚现代文学的研究视野。

第二，中国抗日战场是东亚抗日叙事生成的重要历史场域和空间场域。在抗日的大背景下，东亚被殖民国家和地区的抗日志士纷纷流亡中国，在中国开展抗日斗争。中国政府也适时提出了支持东方弱小民族抗日独立运动的口号。日本人民反战同盟、朝鲜义勇队等抗日、反战组织先后在中国抗日大后方成立。来自东亚各国的抗日志士除少数人直接参加武装斗争，大多数人主要从事写作、宣传活动。他们在和中国文人、作家积极进行交流互动的同时，以抗日或反战为主题，创作了丰富多彩的抗日叙事作品。这些抗日叙事作品的内容往往超越国家、超越民族，反映的是东亚人民共同的心声。这些作品在中国创作、在中国发表，甚至在中国舞台演出。

第三，跨界叙事是20世纪东亚抗日叙事的一个重要特征。20世纪上半期，面对残暴的日本帝国主义侵略，中国作家与日韩流亡文人就反抗日本帝国主义这一时代主题进行了共同书写，并在叙事内容上表现出鲜明的"跨界"特征。跨界叙事包括跨界体验叙事、跨界题材叙事、跨界共同叙事。跨界叙事是文本价值实现超越与重构的重要途径之一。叙事时间和空间的变化可以直接带来思想观念、叙事结构的变化。抗日语境下，东亚抗日文学的跨界叙事极大地强化了东亚国家之间的东亚身份认同，密切了东亚国家人民之间的传统文化关系。

第四，跨界体验是20世纪东亚抗日叙事的一个主要特点。跨界体验也称跨国体验。首先，跨界体验的意义在于通过跨界的政治体验、文化体验、教育体验等获得反思、反观的机遇，从这个意义上讲，跨界体验可以有效地促进作家对本国的深度体验。其次，跨界体验包括人际交流、文本交流以及政治、外交等领域的交流。跨界体验是文学生产的主要创新机制。通过对话与交流呈现相互叙事，通过相互叙事不断地发现和建构自我与他者。抗战时期，朝鲜半岛的大批知识分子和日本的反战人士长期在中国学习、战斗和生活，他们在跨界体验的过程中重新认识中国，重新认识本国，重新认识东亚。这些新的认识在他们的抗日叙事中得到了真实的反映。

第五，抗战背景下，中国一度成为东亚抗日戏剧交流的中心舞台。国家危难之际，戏剧是唤醒民众、动员国民、鼓舞士气最有效的艺术形式之一。抗战时期，东亚各国的剧作家在中国进行了密切的交流与互动，创作了一大批东亚抗日戏剧并在中国舞台上成功公演。其中既有反映朝鲜半岛抗日斗争的戏剧，如《亡国泪》《爱国魂》《图们江边》《朝鲜的女儿》等，也有反映日本反战意识的戏剧，如《三兄弟》《正义血战》《胜利在前头》《侵略战争之罪恶》等。这些在中国舞台上公演的东亚抗日戏剧，在当时的中国社会引起了强烈反响，鼓舞了东亚各国抗日民众的士气，是东亚抗日文学的宝贵财富。

第六，20世纪东亚抗日叙事是东亚各国现代文学史的重要补充。抗战期间，日本反战人士在华创办了很多报刊，创作并发表了大量反战叙事文学作品。但由于战乱，这些资料没有得到很好的搜集和整理。同样，朝鲜半岛来华从事独立运动的仁人志士在华创办了百余种中文或朝鲜文报刊，积极宣传抗日主张，并通过文学创作发出他们的抗日呼声。朝鲜半岛文人大多精通汉语，他们创作的中文作品带有十分鲜明的抗日文学性质，是东亚抗日文学的宝贵财富。刊载这些作品的报刊由于都在中国发行，至今尚未引起韩国学术界的关注。可以说，上述文献资料是日本反战文学史、韩国抗日文学史的重要补充。

本丛书依托的国家社科基金重大项目“二十世纪东亚抗日叙事文献整理与研究”2015年立项，参与研究的国内外学者历时十年，在国内外发表了70余篇学术论文，最终整理出1000余万字的结项成果。本丛书的创新性主要表现在以下两个方面。

第一，在数据资料方面的创新性。从整体上来看，本丛书是国内外迄今为止收录范围最广、数量最多、体裁最全、内容最丰富的20世纪东亚抗日叙事文献资料。从局部来看，几乎每一卷都包含一些珍稀的文学史料。在收录范围方面，不仅包括中国、朝鲜、韩国、日本、苏联等国家的作品，还包括抗战时期来华的一些欧美作家创作的有关东亚国家抗日叙事的作品。在史料价值方面，丛书所录苏联作家关于1938年发生的苏日远东张鼓峰战斗的小说、散文、日记、报告文学等作品，可以说是世界反法西斯文学的重要组成部分，极大地鼓舞了抗战初期中国军民的抗日斗志。丛书所录日军日记以及中国作家创作的日军“慰安妇”题材诗歌和纪实作品，不仅从文学史料的角度印证了日本军国主义在华实施“慰安妇”制度的事实，而且将“慰安妇”现象的出现时间追溯到1938年初。此外，抗战时期在中国舞台上演的反战、抗日戏剧等文学史料都是第一次得到全面系统整理。

第二，在解决实际问题方面的创新性。编委会认为，为了深刻阐明“中国的抗日战争是世界反法西斯战争的重要组成部分”“中国抗日战场是世界反法西斯战争的东方主战场”等历史事实，我国的抗日文学创作应积极拓展国际题材。丛书文献整理部分收录的有关朝鲜半岛人民在华与中国人民并肩抗战的历史故事、日本反战同盟在华从事反战运动的史实、抗战时期在华欧美人士支持和同情中国人民抗日斗争的故事等都是很好的历史素材。特别是抗战时期中国政府支持朝鲜半岛人民在华开展抗日独立运动以及联合抗日的史实，在一定程度上可以增进彼此间的友好认知。

“二十世纪东亚抗日叙事文献整理与研究丛书”是编委会集体智慧的结晶，编委会成员由来自山东大学、中国海洋大学、延边大学、南开大学、山东师范大学、哈尔滨理工大学、江西师范大学等国内高校以及来自日本、韩国的共计 30 余位学者组成，在东亚地区形成了一支以中国学者为主体的跨国学术团队。

在丛书编写期间，延边大学金柄珉教授应邀担任学术顾问，给予了宝贵的学术指导。吉林大学张福贵教授、清华大学王中忱教授、北京大学王丹教授、南京大学尹海燕教授、北京外国语大学韩梅教授、中央民族大学金明淑教授、延边大学朴银姬教授等对丛书编写提出了很多中肯的建设性意见。山东大学出版社的领导和编辑认真负责、精益求精，为丛书的出版付出了辛勤的劳动。在此，我谨代表全体编委会成员，向所有为丛书出版做出贡献的专家、学者、编辑表示衷心的感谢。

在丛书编纂过程中，编委会高度重视著作权人的合法权益。通过中国作家协会等官方渠道及多方努力，我们已与大部分文献的版权所有人（或其继承人、代理人）取得联系，并依法获得了作品收录授权。出于各种原因，截至出版时，我们未能与本套丛书的全部著作权人取得联系，敬请作品的著作权人或与著作权有关的权利人与山东大学中日韩合作研究中心联系，以便奉上稿酬和样书。

20 世纪东亚抗日叙事文献的整理是一项十分艰难的工作，由于战争期间资料保存不易，很多文献遗失或不完整，再加上外文文献的搜集和翻译有一定的局限，本丛书中的文献资料在选篇、翻译、录入、编辑等方面难免存在遗漏或错误之处，恳请广大读者批评指正。

牛林杰

2025 年春写于济南

目录

1900—1919 年

1920—1931年

1932—1936 年

1900—1919年

高丽国民有耻

事实部

自韩人安重根刺杀伊藤博文，虽不济于亡国，而韩人气尚一伸，使知国虽亡，而谋亡人国之人先受奇祸，韩国不可谓无人也。今并韩条约宣布，韩国留学日本者，皆痛恨饮泣，誓不欲生。现有五六人皆剖腹自绝，日本报馆多表扬之，日政府禁不许再为传播。虽然，此学生知义者也。乃韩国有一老儒，直向日总督府骂闹不屈死者，有妇女农民缢死于家者，现在韩都安静。有某道小地，许多商人罢市，逃逸某海口，为警兵追捉，蹈海死者无算。在日经商之韩人，有投往美国并有逸至上海等处，奋不欲生。韩人此时直为丧家之犬，见者无不雪泣。呜呼！韩乃古圣遗地，素重节义，今国虽亡，前有安重根惊天动地一举，后有诸士民之视死如归。韩亡虽可耻也，吾恐他人再亡，尚有可耻之甚，有不如此韩国者。

（原载于《丽泽随笔》第1卷第15期，1910年）

论日本合并韩国

[英国]季理斐

日本自占领韩国以来，各国固逆料韩国全地之必将合并于日也。先是七月十八日，据东京电称，该条约两方面业经画诺，惟内容尚未宣布，大约当在西历八月二十七号即七月二十三日以后，盖以是日为韩皇登极第四周年纪念之期故也。本报于此事消息得之最先，故前报已略一述及，其英国则亦知之甚早。盖韩虽向有自立国之称，然与各国均缔有密约，不过虚拥位号而已。今一旦为日所吞，各国旧约由是即尽销灭，将来各国货物入韩，必悉按照日税征纳。我英之所为踌躇审顾者，故惟在此一着，幕燕池鱼，亦虑商业之必同遭损失而已。其他各国亦然。盖日本此次税额，较前本已从重增益，本报亦经载明，英国各商人闻之，以是颇有不能满意之点，且甚有嗣后呢绒布匹各种，决难再行运赴日本等语。事或果尔，货物入日本，吾知外商必大加亏蚀，货物入韩国，吾知外商亦必同受影响。呜呼！此各国商人之所以不能不啧有烦言欤。

所最可嗤而鄙之者，日人于此合并问题，惭谓出于韩人之所甘愿，故其报界亦常主张此说。然试一究其实在之理由，恐韩人方仇恨日本之不暇，抑何甘愿之与有？况前三四百年，日人之侵袭入韩也，烽火连天，干戈满地，韩人之被其蹂躏者，已不知经历多少困难。加以军士惨杀，残暴横行，或则割其耳，或则劓其鼻，或纳之衣裾，或储之夹袋，血肉淋漓，无非借此为献馘邀功地。慨圣灵之不作，怀国耻而徒悲。噫！此岂韩人之所能须臾忘哉？循是至今，韩虽老大无能，不克力自振作。然就近七八年，日本对于韩国之状态以观，其两国条约所载，日固明明认韩为自主国，即其告俄之词，亦有韩系自主国，由我保护，尔毋止此之说。堂堂正正，仗义执言，使日苟持此以往，亦何在不可以捍卫邻封，辟易强敌哉？而不意日本之遽自食其言，无复更申前说也。且日本之贸贸为此者，其亦知韩固尚非无人乎？按：韩人之对于日本政府也，日前以闻有合并之说，经即联集夙有声望之志士仁人，凡二百有六十人，联名上书日本外务大臣,冀图抵制,且言均系同心一德,不愿归并日本云云。其汉城之党日派,则与是大异,党中共组织百人,设立一会,诡称韩国人民全体之大代表,箪食壶浆,以表欢迎,并请日本政府之早日为之归并。韩人群起愤愤,遂目之为卖国奴焉。盖是会宗旨支离,本不足以摇惑各国观听之耳目,故各国亦从无有因而信之者。而日本之衮衮诸公,其胸中当亦自然明了。日本之所最畏而惧之者,惟汉城各报纸而已。故其政府取缔极严,不许登载者颇属不少(闻已禁止出版)。按:某西报尝论及此事云:日本如果意在吞韩,亦竟吞之可已,奚必徒自哓哓,伪造多数之名词,以粉饰其门面为哉?盖世界明眼人,固自无从摇惑也。设有一方寸之地焉,今日偶尔涉足其间,明日天下已无不知之矣,曾何隐匿之有耶?盖一国之中,或不能卓然自立,以措置一切,转令唇齿密接之邦,不能倚以相安,且旦晚有危险之累,则其友邦例得有代治之责任,使之共保安宁。若韩则奄忽数十年,已几有不成为国之模样,其政府如腐败之朽木。日人之言曰:韩国如此,使不拔其根而摧陷更张之,未必有清净之一日也。是言也,据日人之意以思之,固似未尝不合乎天演之理也。

顾予尚有说焉,日人非恒以英国之治埃及为师资者哉?然英能治埃,而英并未有吞埃之事。其国如君主、议院等等,亦悉率由旧章,无稍更易。且英之在埃,尤惟以教育人民为惟一义务,俾得灌输智识,进入文明。将来埃及人民设果能行自治,英即可以脱然而去,亦断无驽马恋栈之意。况英在其地,亦并非为本国之商务贸易起见,不过赞助埃之商务、贸易乎?乃英国之于埃如此,而日本之于韩惭又如彼。阅报,诸公试为平心以论,而二事之合一与否,当不待蓍蔡而决已。

…………

(原载于《大同报(上海)》第 14 卷第 5 期,1910 年)

韩国党人之策源地

问天

去年东报云：伊藤被刺案发后，俄官搜索其犯罪嫌疑者，自基督青年会、旧自强会、同友会以及大同学会、西北学会、大韩协会等，凡有系统之排日党暨失职文武官员，均确有可疑之事实。今试观排日党者之系统及其以前之暴举，则知当中日战后政变时，其起原固已远矣。当时闵泳骏等结托俄、法两国人，扑杀金宏集，倒其内阁，移韩帝于俄国公使馆。尔后三年，在俄公使馆视政，造成日俄战争之远因。就当时参议长李晋范任驻俄公使一事推之，则思过半矣。其后以日俄战争之结果，成立日韩约稿，次又缔新协约，收其外交之权。彼等之一派，遂忽起公州事件，金升文借韩帝之援助，煽动当地人民，大起扰乱。又与英人孟西尔、美人巴马卓合议，派李相高[卨]、李隽[儁]、李玮钟三名赴海牙，列于平和会议，至生出让位之问题。当其时，基督青年会、自强会、同友会联合一致，相约唱乱。观彼等之机关新闻纸，如《大韩每日申报》及《皇城新闻》闻伊藤之事变，竟公然大开祝贺，可想见当日之激昂矣。其后自强会及同友会被命解散，更分为二派，或为爱国党，或奔走海外，其宗旨之激烈，不如是之甚者。又组织大韩协会，仍鼓吹排日主义，而与同友会气脉相通，即青年会、大同学会、西北学会三派及失职文武官是也。就中西北学会，则因时势推移其一部分，转而与一进会相提携，此次被嫌疑者，即彼等急激派中之极急激者也。至其资金，自海牙密使时至今，仍支出暴徒煽动费，其领袖者，不独资金不至困难，即凶器亦用最新式者。斯其党中之真相，于此亦可见一斑矣。

问天氏曰：余编缀至此，不知涕泗之何从也。今韩亡矣。

此等事实，徒足供异日史家之资料而已，岂不痛哉！

（原载于《东方杂志》第7卷第10期，1910年）

日本名士统治朝鲜谈

奇甫

日本并吞朝鲜，指挥既定，举国上下，无不腐心焦虑，研求统治之方针。众议院议员竹越与三郎者，政友会有数之人物，名重一时，而其言论常能倾动朝野者也。顷见日本唯一之大杂志《太阳》，揭其所持对于朝鲜统治问题之政见，首置重迁朝鲜之首都于平壤，以逼满洲；次则力排同化主义，欲以朝鲜国土为日本之农场，而以朝鲜人民为其农场之牛马。使其言而果现于事实也，则不惟朝鲜遗黎行将绝灭，其势力更由满洲南进远驭，其锐不复可当，而吾国亦将为朝鲜之续也。故亟译其文于左，使读者知所警惕焉。

迁都平壤

朝鲜合并，余向所反对者也。今事已大定，岂容更有异议？惟望后此以大经纶一新朝鲜之天地而已。顾所谓一新朝鲜天地之大经纶者何？则迁都为其第一要义矣。现时之京城，以之为三韩之首都，固为适当。然而朝鲜隶我领域以后，犹以京城为首都，则未能适于控制。何以言之？今后之经营朝鲜，即包含满洲，不可视为别一问题者也。夫增进我国之势力于满洲，其进行之方，必当北守南进。其得为永远之利与否，虽难预定，然既负经营之责任，则惟有力谋进步，期无放弃其责而已。是以我国将来欲完成经营满洲之责，则于经营朝鲜之时断不能置满洲于不顾。盖今后之朝鲜，非复前此半岛之一小国，实为我日本领域之一部也。朝鲜既为我领域之一部，则不可不求适于经营大陆之位置为其首都。其最适为首都者，无如平壤。平壤者，为箕子建国之地，而从来有交涉于大陆之朝鲜诸族皆都于此。西北隔鸭绿江而接满洲，东襟日本海，其南则大同江之下流，有良港镇南浦，对于北清及辽东方面，占绝好贸易港之地位。若合朝鲜与满洲而并经营，此实为其中心点，形势之胜，莫逾于此。若我当局苟有所图，则其第一着当迁其首都于平壤。然我当局果有此宏远之规模与否,非所敢逆料也。窃闻合并之期,原在十月,然于八月末而遽先举行者,非外部有特别之原因,殆内政上有不得已之理由乎?盖政府之渐失人望,欲借此夸其成功,以为挽回物望之一策。更质言之,不过水害后处分之一耳。信如斯言,则我所谓宏远之规模者,终非可望于政府,而迁都之说,终不可期矣。然不欲施大经纶于朝鲜则已耳,果欲之乱,吾敢断言迁都为第一要义。

勿施高等教育

韩鲜人之教育问题,世人惭曰同化。夫既为我领土,而欲使之同化,吾亦岂能有异论?然而果操何道而使之同化乎?则莫不曰速施教育。虽然,吾且先问施行于朝鲜之法典,其将完全适用日本之法典乎?抑将别施行朝鲜文之法律乎?度不过以梅博士之草案少加修正而施行之耳。又试问朝鲜之关税将若何乎?侧闻英国之意向,但使二三年间照旧施行,于愿斯足,而我政府则岂为十年仍旧?夫以朝鲜之贫瘠,直税之收入极少,纵令革故从新,吾辈亦无异议。今既继续旧法,则移出入于日本、朝鲜间之货物,若者免税,若者仍当课税,要不能以朝鲜与内地视为同一者也。然则既施行特别之法典、特别之关税,则教育亦当施行特别之教育,亦固其所。吾以为与其郡县朝鲜,不若仍以之为殖民地之为愈。然各国之经营殖民地也,有投资以起工业者,有为商品之尾闾者,若朝鲜者,二者皆非所宜。以之为农业的殖民地,其性质较为适合。夫既以之为农业殖民地,则不必施高等之教育,但使之为善良之农民足矣。苟能有农业上之智识,则其他之智识皆可任其自然,使其中优秀之才不满于朝鲜所受之教育,更欲来学日本,别受高等之教育,固所不禁。然施教之方针,则止期于养成农民之程度。昔英国施高等教育于印度,遂为今日纷扰之大因,此玛可列等之一大失策也。余夙持殖民地无教育之论,今日统治朝鲜,岂可蹈英人治印之覆辙哉?

勿使日本语普及

统治朝鲜,既不须授以高等教育,至当图日本语之普及与否,亦不可不熟察者也。日本著译之书,有言法国大革命者,有言爱尔兰之独立者,有表同情于波兰而赞成激励其独立者,其他鼓吹独立思想、革命思想之书,亦复不少。日本语既普及,人人能读日本文,则虽禁其不读此种书,终不可得。是以日本语之普及,于商业之方面,虽不无裨益,若由统治上观之,则适为后日之祸。因而其祸之发也,且非甚远,恐不出二三十年之后,而朝鲜独立之旗翻于全国矣。世人动曰同化,固谓易其民之思想风俗,而使之混融于日本也。故台湾人虽依旧垂辫发，朝鲜人虽依旧着白服，苟能使沾育王化而回心内向，斯诚同化于我。苟事物之间，畛域未融，则同化正未易言。故同化者，止可托之空言，而不易收实效者也。要而言之，朝鲜者，当先以之为我农场，此并非疏朝鲜而外之，亦犹谓我九州为矿业地，谓我四国为渔场云耳。经营朝鲜，千端万绪，然非先定此方针，则进行必误。台湾之所以有今日之发达者，由其初定此方针，惟举全力而栽培沙糖，故能致此良果也。大凡政治者，必有重要之点，握要以图，斯治绩可举。若一朝鲜也，而农业、工业、商业、教育，设施万端，同时并举，则必至于事事竭蹶，而仍事事无成。故朝鲜预算之分顾，与权利之分营，皆失策之甚者也。欲完成其农业殖民地之经营，则惟视任事者实际设施之手腕，非笔舌空谭所能逆料者矣。

（原载于《国风报》第1卷第25号，1910年）

韩国历史价值

三韩志士

嗟夫！观察三韩之现状，其地位之坠落，其光辉之惨憺，实占地球上最悲之境。箕子以后三千三十一年间，以礼乐文明称为少中华之古邦，据山海雄深十余万方域，拥聪明英武数千万民族，自足追逐于列强之间，病于专制，因循蹉跎，竟为狐狼之缚，全失自由自立之资格，晚而觉之，奔走呼号，吁亦悲矣！然考其历史，三韩民族对于世界有不失价值之特色焉，决不可以一时境遇抛弃将来之希望也；世界各国对于韩国决不可以现状所值蔑视而蹂躏之也。何以故？论以地理上关系，则韩半岛突出于黄海、日本海之间，北接俄国，西连中国，东压日本，太平洋上实占楚汉胜败之机；联俄则俄得以展发海上之权，不难挥其长驾远驭之心，中日之势危；亲中国则东制日本，北蹴俄国，东亚大权掩归中国之手；为日本所劫，作陆海军根据地，则东三省如掌中之物，不待辨矣。长驱直进，其祸不可言也。故韩国者，东方大局之所血争之地，而为绝东之重要问题也。其在中国，尤为切虑者，现今所谓满、韩问题也。苟欲存满，而不可不先谋韩之存也。韩亡而满亦随之，以地理上不可避之势也。满、韩为异族所有，则中原可能保乎？此中国人民之刻刻留意处也。其四千年来人才物品之产出，比较于世界各国，亦有特别之价值者，凿凿可证也。陆军之乙支德率数万未练之卒，破隋军百万于清川江上。姜邯赞以二万疲弱之兵，击契丹四十万铁骑，使片甲不回。水军之李舜臣创制龟艇，破平秀吉五十万人于固城海面。求之各国战史，难见其俦。此军事上之特色也。理学家之李退溪（日本理学悉宗退溪）、李栗谷，其沉潜积累，明通发展，比之世界学者，稍无逊色。政治家之柳磻溪、丁茶山，力量卓识，久已炙脍人口。义侠之风，如沧海力士（韩之江原道江陵郡人，从张良击始皇者），黑[异]常之辈，亦已出于中国史矣。其美术制造，近日各国好古博士，发出韩国古物，无不赞颂。旧时代文明发达，盖其半岛江山灵异清淑之所钟，产出之人才物品，古来如是。至于今日，何独不然？但千余年学步中国，适当东势西侵之冲，酿出今日之局面。然如许民族及地势，断不能久在縶缚之下，不待智者而可料也。且以近日事征之乙巳年条约勒缔之日，其元老闵泳焕、赵秉世率百官争于朝，不得，则死之。儒臣宋秉璿、洪万植率儒生而争之，为迫逐，则死之。军官朴星焕、金奉学死于军队。（韩、日两军相斗，日兵死者数千。）李康年、许为、闵肯镐起民兵，转辗千余星［里］。相持两年，力尽被擒，不屈，死之。（此役兵［日］兵死者八万余，韩人死者二十余万，惨矣！）李镌［儁］、李玮钟溅血于海牙平和会，诉万国之公论，事虽不成，义声足可动人也。张仁燠、田明云杀美官，须知分（比人美产而来韩，仿官专以袒日抑韩为宗旨者）于美国惊动白种，其民气不弱，可推知矣。吾所以确信韩国之将来，表表自立于世界，其日不远，可断言也。

右文，朝鲜志士所示也。朝鲜自甲午以来，虽以党派之分张，因而劫制于强国，然人心未死，公愤犹存，其义侠者流出万死，不顾一生，以急国仇而激民气。前有洪钟宇，今有安重根之两人者，求之上下四千年，纵横九万里，刺客传中无其偶也。则直道自在人心而公，是公非犹存于天壤，其国必不亡也。况今日奔走四方以图国事者，实繁有徒乎？我国对之殊愧死矣。悲庵附识。

（原载于《砭群》第 7 期，1910 年）

哀朝鲜

神州

周墟殷社，封箕子于朝鲜。汉初，燕人卫满据之，武帝分置乐浪等四郡。后汉建武二十年，韩人诣乐浪求内附。顺帝时，扶余人商姓者据其地，改国号曰高丽。魏、晋、六朝仍内属。唐初，册为辽东郡王。高宗灭高丽，置安东都护以抚治之。后有新罗大氏躬义据其地，以迄五代。自五代迄元，梁有王建者，杀躬义自王。宋时，亦遣使入贡，兼朝于辽。金、元时，命高丽王为左丞相。明洪武二年，表贺进贡，封高丽国王。二十五年，其门下侍中李成桂废其君瑶自立，遣使请册封，改国号，命之仍号朝鲜。自此，李氏遂代王氏为王。至国朝天聪、崇德间，临以兵威，朝鲜入贡称臣。崇德四年，其国王李倧立纪思碑于三田渡，赐以龟钮、金印。三百年来，毫无离贰，奉事惟谨。光绪八年，因王父李是应之乱，焚毁日本使署。日人督兵急进，思乘机夺我宗主国权。幸直督张树声赴机迅速，派提督吴长庆、丁汝昌，道员马建忠督师平乱，得获全胜，日人气夺。光绪甲午战事起，乙未和议成后，朝鲜宣告独立，与我断绝关系。今岁七月，日、韩合邦事发表。此数千年来朝鲜与我亲依之大略也。

嗟乎！日韩合并，朝鲜不独亡其精神，并其形魄而亦脱化不存矣。以不侵不叛之忠藩，相依相附者数千年，乃竟社墟，为其母国者之愧憾交集，欷歔怆怀，当何如也？章台柳，章台柳，昔日依依今在否？纵使长条如旧时，也应攀折他人手。吾人至今日而犹言历史上朝鲜与我之陈迹，是直如俘虏之将于匍匐敌营之时，自述其决胜疆场、辟易千人之轶事，不亦可羞之甚乎？虽然，余亦何乐言此，而触余心之痛哉？特以唇亡齿寒，虢亡虞灭，安知后死者之惨痛，不更甚于先死者耶？吾非哀韩人也，自哀而已矣。故历溯数千年彼我关系之历史，以告吾国之不知自哀者，然余心滋戚矣。

［原载于《通问报：耶稣教家庭新闻》第 418 期，1910 年］

呜呼！ 韩国之学部

佚名

旬月以前，有惊心动魄、骇人听闻之事发现于世界者，非所谓日韩合并问题也耶？夫韩国本我东藩，甲午一役，主属之关系始绝。不图自甲午至今，才十余年，日人不烦一兵，不折一矢，已举其疆土人民，悉隶于旭日徽章之下。世间亡国之速，孰有过于是者？日者我闻韩国各级学生，因日韩合并事，邮电交驰，力图挽救。虽其事未必有济，然出于爱国热忱，凡三韩人士，所当共矢此志者也。乃韩国学部，操全国最高之教育权者，徒以希荣固宠之故，不惜摧抑学生，为取媚新朝之计。于是特下一传谕曰："日韩邦交之笃，尽人皆知。此次合并，纯为谋政治上之改良起见，当局者自有手段以操持之。尔等各宜安心向学，何必干与[预]政事，以取罪戾？"吾不知其有迫而然耶？抑果为希荣固宠计也？

今之世界，有所谓人道主义者，以强者扶助弱者，以智者开化愚者，此利人土地之国所借为口实。日本国势之强，人民之智，诚非愚弱如韩人所能与抗。是以向者之独立保护，固已惟日人之命是从。今日之合并，犹是日人行使。其使之独立，加以保护之权力耳。在韩人一方面，有服从之义，务无交谊之可言。观于安重根、李在明之所为，韩人之饮恨于日人久矣。今其学部之言曰：日韩邦交之笃，尽人皆知。欺人乎？抑自欺乎？朋友之交，分甘共苦，救患恤贫。假令僭居人之宫室，占有人之妻孥，而谓其人曰：此吾与汝交谊之笃也。其谁信之？朋友如此，国亦有然。今其土地人民，已为敌国所有，而犹曰：此邦交之笃，汉儿尽作胡儿语，争向城头骂汉人。吾不禁为韩国学部咏焉。

国于天地间所以维持其独立，而不至于灭亡者，主权是也。日人自设统监府于朝鲜，韩之君相，固不免有政，由宁氏祭，则寡人之感矣。今名曰合并，而日人为主，韩人为奴，故其所谓改良政治者，当亦日人之政治，非韩人所得与闻矣。而犹曰当局者自有手段，吾不知其所谓手段者，何所施乎？身为大臣，至于国破君危，犹忍为此言，以涂饰其人民耳目。世谓陈叔宝全无心肝，若韩之学部，真全无心肝者。

学生在求学之年，诚不应干预国政，然在平时，无事可以言之。若国破家亡，犹欲令安心向学，势必有所不可。鱼游于沸釜，厝火于积薪，今之韩国，何以异此？乃欲镇压其人民，使无惶扰之举，则必待日人之烹醢其身，夷灭其宗，而始知痛乎？语云：哀莫大于心死。即此以推，吾有以觇韩国所由亡矣。

虽然三韩之宗社既墟，东亚之风云方急，说者谓朝鲜者，渡满之桥也。我政府，我人民，其亦有为韩人洒一掬同情之泪，而以为殷鉴者欤？

（原载于《教育杂志》第2年第9期，1910年）

韩国灭亡因果说

吴朝钱

呜呼！国之亡也，固如是之易易乎？观于西历八月二十九日，日、韩两国以并合一纸之条文，遂成千秋禅让之创局，声色不动，彼此翕然，诚不得谓非近今之一奇事，东洋之大变局也。然默睹两月以来环球之论评，皆以日本此举为强国之义务，人道之当然，从未闻有寄同情于亡国之民，而代为不平之鸣者。而后叹优胜强权，天演久成公例；兼弱攻昧，国际昔已如斯。匪特当局者居之而不疑，而旁观者亦熟视若无睹也。而况欧、美先进诸国，方借口于开化蛮国为义务，统治弱种为文明，以盗人版图、屋人宗社为地义天经，谁复肯反以此责人者？非徒曰吹绉春池，干卿甚事也，顾不愿以己之矛刺己之盾耳。其对此而无异议，又乌足怪哉！而独怪乎朝鲜者，拥八万四千四百方英里之面积，阅三千年之历史，有一千百五十万之人口，使英雄抚之，亦霸者资也。而何以始则为人附庸，继则仅为半主，终则欲支持半壁之山河，求为一龟兹国而不可得？夫果之成，必有所为；因祸之来，必有所由。致有心时局之士，蚤已不能漠然无所动于中矣。而况与彼有亲属之情，成唇齿之势，如吾国者，种族同，政教同，文字同，上及国家之典章文物，下至社会之风俗习惯，亦莫不小异而大同，乌可不一研究其灭亡因果之关系，以为时事殷鉴之戒，作他山攻玉之资乎？此余所以不能已于言也。

或曰：朝鲜亦非不欲自立也，四十年前已知练兵，甲午以还，力图改革。奈地囿于半岛，为东亚形势所必争，西有中国以压其背，东有日本以扼其吭，介两大之间，为四战之地，其形势终不足以独立而自存，虽有能者，恐亦莫可如何，此非其灭亡根本之原因也乎？余曰：不然。孙子有言：兵无常势，水无常形。地理之形势，亦安有常者哉？少康一成以兴夏矣，楚人三户以亡秦矣。夫彼一成三户者，岂有金城汤池之固、崇岭大河之险乎？然有志者得而用之，天下莫能与抗也。况朝鲜三面环海，一负高山，十三道之天产素丰，五大江之交通颇便，以视意大利，则皆半岛国也。即与日本三岛较，亦仅三百六十九方哩之不足，非不可用武之地也。然意大利昔为罗马根据地，曾称霸于欧洲，及其衰也，以至强之奥地利，虽思染指，犹食不下咽。而日本则昔虽孤立海中，后渐蚕食邻国，今竟插足于大陆，地势又乌足以限人哉？诚能上下一心，以发愤图强，安见箕子之子孙，不可崛起一隅，鞭笞四海也？而谓是为亡国之因，其谁信之？

或又曰：吾闻运会者，历史之产物也。故欲知其国之文野盛衰，不可不先于其历史上之特质与人物觇之。盖特质足以孕育社会之心理，人物乃以模范国民之精神。如日本之武士道，法国之自由民权，二国历史上之特质矣。日本之足利丰臣，法国之卢梭、孟德斯鸠，又其历史上之人物矣。故能含滋长养，日浸月化，一以收维新之效，一以奏革命之功，岂偶然哉！以观朝鲜则何如？昔无骏业鸿模以表彰于世，又无英豪贤哲以见知于人。历史虽长，莫非秽迹；建国虽久，终属附庸。故浸微浸衰，愈趋愈下，至今日而不免于灭亡。盖其植基之本，既甚薄弱，奚怪其结果之不良也。余曰：不然。夫埃及之历史，非尝现出最古之文明乎？加达哥之历史，非尝产出汉尼巴之英杰乎？试问今之埃及，其文明何在？今之加达哥，其英雄又何在也？况乎撒纳肯建国之初，合众国独立，以前初无历史也。而穆罕默德、华盛顿之俦，独能造出新时势，以成古今之奇观，洵前无古人，不可一世者矣。历史云乎哉！

然则朝鲜亡国之因，究何在乎？间尝接其人士，征其国俗，览报章之记载，据外人之调查，然后叹朝鲜之亡，非人能亡之而自亡之也。语云：物必先腐，而后蠹虫生；本必先颠，而后枝叶附。若朝鲜者，真上下协力，惟日不足以求腐其物、颠其本者哉！今试就其因果之关系而详说之。

一、依赖心之深也

大凡国之能争存于地球上者，必有独立自主之精神。若待助于外，则精进之力必减，而其成就终不可期；若求庇于人，则振作之志必颓，而其所有且将见夺。是则破坏国家独立自主之精神者，莫依赖之劣根性若也。而顾朝鲜则何如？从古无一定之国，是历代君主皆苟且偷安，未尝为远大之计，惟思托庇于强邻，以事大为唯一之政策。故中国强则依赖中国，俄人来则依赖俄人，日本胜则依赖日本。及乎既入日本之网罗，亡征已著，乃始仓皇失措，思求自存，而其策犹不外乎求托庇于他人也。观于赴海牙平和会之密，使朝鲜居民非始终以倚赖为政策欤？且其国中有所谓两班者，实万恶之渊薮也。此辈据国中优胜之地位，占社会特别之权势，以作官为唯一之职业，而不事他图，计其数不下七八十万，皆汲汲遑遑，日事钻营。苟有可以得官者，则廉耻有所不顾，笑骂有所不恤。率天下而为禽兽者，实此辈也。而其全国人民又以此辈所成立之政府为可倚赖。凡国家一切当兴当革之事，皆以不在其位不谋其政为口实，而漠然置之。所谓天下兴亡，匹夫有责者，彼所未尝梦见也。及见其不足以依赖也，又托其妻子、生命、财产于天主教、耶苏教，以谋偷旦夕之安。故两教教徒至今弥漫于全国。不特此也，凡彼以为可以助我、可以庇我者，即不惜蛇行匍匐以从之，喔咿嗫嚅以事之。亲疏贵贱，非所问也；自国他国，非所择也；一时久远，非所计也。其思想之龌龊，气力之柔脆，有如此者。常人如是，两班如是，政府亦如是。其结果，则全国无一人有图振作之精神，上下无一人有负责任之气概，于是其国遂不国矣。尤可异者，当此灭亡之际，邻国之民犹为之感慨欷歔，泣数行下，而其国人反酣嬉歌舞，栩栩然方以得居一等国民为大幸。庄生云：哀莫大于心死。若朝鲜者，可谓全国心死者矣。

二、偷惰性之强也

西哲有恒言曰：怠惰者，毁灭社会之生存者也。诚哉言乎！夫人之生也，有不可避之天职焉，必能尽此天职，其人格乃无亏。苟绝无高尚之事业，惟知饥而食，渴而饮，蠢蠢而动，蠕蠕而起，此与禽兽奚择焉？况社会为人类合成之有机体，必人人能求尽其天职，斯社会乃能发达。故一群之中，有一人能举其天职焉，则社会即得一健全之分子也；有一人放弃其天职焉，则社会即生一腐败之分子也。苟人人皆气息奄奄，以无动为大焉，斯其社会亦麻木不仁矣。故曰：怠惰者，毁灭社会之生存者也。而顾朝鲜则何如？偷逸游惰之风，成为一般人之习惯，故朝鲜之社会，一沉闷寂寥之社会也。语其情形，实有足令人桥舌而不能下者。其国人平居不喜事生产，以劳力为可贱，故国中之田土山林，多有不知其属于谁氏者。家族之制，又极腐败。有一人能从事生产，则合家不别谋职业，群居而坐享其利。但得饱食终日，即仰卧一室，或三五相聚，作清谈以消永昼。否则从事冶游，挥金若土，相矜以阔绰。小民日得糊口之资，即坐食于家，不至床头金尽，虽多与之，不欲出也。其两班尤饱食嬉游，为国中偷惰者之冠。世无恒业，一丝一粟，皆掠夺于民间，视平民若隶，任意鱼肉，无所忌惮，而官吏亦无敢过问者。故骄淫怠惰，成为天性。尤可笑者，其溲溺亦时须人助，虽有手足，不能自为运用，斯直木偶而已矣。偷惰至此，斯尤为万国所无之奇闻也。要之，其全国人之心理，只知有现在，而不知有将来；只知计一时，而不知计久远。以言农业，则惟随天时以为播种，而不知施人力以补天工之缺憾。故其山则皆童山，而其地则半为赤地也。语其工商，则无可与外国角逐之公司，无可与外国竞争之物品，而举国所最畅销之商品，皆由外国输入之物也。

其结果则经济日就恐慌，生活日以困难，而蚩蚩者不能坐以待毙也，则铤而走险。于是萑苻满地，闾阎曾无宁岁，其始为沉闷之社会者，其终且成盗贼之世界矣。

三、利己念之重也

今夫个人者，社会国家之一份子也。既不能离社会国家而独居，即不能弃公益公德而不顾。非然者，微特社会国家将无所赖以维持，即欲增进自身之福祉，亦不可得矣。故欲尽对于国家社会之义，务必当推利已之心以利人，本淑身之道以淑世，使只谋已事而不恤公益，徒徇私利而不顾公德，则国亡种灭，可立而待矣。盖事之不利于众人者，终不能利于个人；事之有害于国家者，终必害及于一己也。若朝鲜人，则何如自私自利之病，深入于膏肓，而相习成风，群以此为持身最良之妙策。故利之所在，则不惜丧名败检以求之。若其有损于己者，虽关公众之利益，国家之大计，亦望望然去之，不之恤也。故全国至今无一完全之公私立学校，无一民设之铁道轮船，无一补助社会国家进步发达之殖产事业，甚或假公以济私，便私而害公。故其国中之地方自治及一切公共之团体，亦旋立而旋废。其迂儒老生及留学海外者，亦他无所能，惟知所学以为猎官之具，一行作吏，则弃学问如敝屣也。间有一二鉴世界之大势，知时局之艰难，有志于谋国利民福者，亦终不能见重于社会，且不被融化，即受排挤，而不克以自存。其一般官吏，则虎狼其性，禽兽其行，舍营私罔利外无学术，舍全躯保妻子外无事业。兴一事则思何以利吾身，就一职则思何以利吾家，而国家之安危，人民之休戚，非所计也。尤可怪者，彼其皇室私产极丰，计其不动产，几及全国五分之一，而储于内府者，尚不下数百万。当社稷将倾之日，犹斤斤焉抱持不舍，未闻稍解悭囊，出一钱以谋补救。寡人好货韩皇，其无愧斯言矣。其结果，则举国之中，无贵无贱，无智无愚，皆狗苟蝇营，惟利是视，而国亡种灭之祸逼于目前，彼固熟视无睹也。孟子曰：上下交征利而国危矣。朝鲜之危，实以交征利危之也。

四、团结力之缺也

国家之强弱，一视乎人民团结力之强弱。盖同心同德则必昌，离心离德则必亡，征诸历史，往往然矣。故善觇人国者，常于其团结力之厚薄，即可卜其兴废存亡，而人民之多寡，初无与也。而顾朝鲜则何如？在昔妃党、院党，尝水火于宫庭；亲日、亲俄每参商于政界。而况两班则耻伍于平民，儒生则见嫉于官吏，其朝野上下，绝无团结之精神。已可见一班[斑]矣。尤奇者，其两班更有老论、少论之不同，一姓亦有本家、末家之差异，兼之十三道之界限綦严，三百六十九郡又各有畛域之见。三南之言曰：京畿人无性真，不可与共事也。京畿之言曰：三南人皆俗客，不可使立于朝也。甚至南人不与北人通婚姻，关西又视关北若敌国，所谓一盘散沙不可收拾者，其朝鲜之谓矣。且朝鲜人性疑而多妒，故朋党最盛，而多好弄权术。挽近以来，党派朋兴。一进会也，大韩协会也，西北学会也，进步党也，政友会也，国民协会也，国民同志会也，各树一帜，俨然以政党自居。顾无论何党，非有共同之目的，不过借之以营私而已。故始则为党派之纷争，继则为个人之倾轧。人亦有言：无一年以上之知交，无三人以上之团体。若朝鲜社会，其足当之无愧矣。其结果，则倾轧之风日盛，人人皆自危；排挤之事日多，是非皆颠倒。而鹬蚌相持，彼思收人渔之利者，乃随其后而来矣。以内讧召外侮，斯又朝鲜灭亡之一原因也。

夫以上四端，实举一漏万，尚不足以括朝鲜亡国之因。然自有此数原质于化合，遂成一特别之朝鲜人、朝鲜社会、朝鲜国家，而凡一切怪现象，古今东西所未曾有者，亦遂无所不有焉。虽然，此数原质岂皆出于其国人之天性者哉？吾尝溯其根源，推其究竟，始知有一种不可思议之物，以鼓铸之、迫胁之、养成之者。其物维何？即政治之暴恶是也。

朝鲜前古无论矣，自李氏开国垂五百年，其间暴政相沿，流毒深远，毫无治绩之可稽。至大院君摄政时，国力已形凋惫，内治已极颓靡，兼之强邻嬲逼，外侮纷来，大有岌岌不可终日之势。使大院君于此时即振刷精神，以举废兴坠，变法自强，犹或可以消患于未形，保祸于未萌。然彼计不出此，惟求便一己之私图，暴戾恣睢，不恤民怨，而朝鲜国事愈不可问矣。中日战后，韩皇亦尝慨然兴起，有志于改革，率群臣以告庙，颁所谓“洪范十四条”。然有其名而无其实，革新之论，徒托子虚，立宪之名，悉成空论。由兹以还，国权尽落于他人之手，而朝鲜所未亡者，特其空名已耳。然而咎由自取，其政治之暴恶，实有可得而言者。盖政出多门，权不统一，宵小得而构煽，外人因以居奇，此非其国是之无定乎？凡百制度，久成虚设，一切机关，缺而不完，上下莫知所守，国事棼如乱丝，此非其纪纲之不整乎？卖官鬻爵，贿赂公行之，无不识之辈可以据要津，佞幸便僻之徒皆得当要路，此非其吏治之不饬乎？官吏贪残，两班横暴，人命等于草菅，闾阎不得安宁，此非其法律之不修乎？税法无常，币制无定，内国则横征暴敛，民不聊生，外货则充溢市廛，百物昂贵，此非其财政之不理乎？忽焉联俄，忽焉亲日，缘已甘心于卖国，何惜割肉而施鹰，此非其外交之无定乎？况夫学制未知改良，农业不思奖励，商无保护之法，工鲜提倡之方，诸如此类，更仆难终，凋吾唇不能述其暴政，秃吾笔不能写其秽史。一言以蔽之，则无一不足以造亡国之因而已。而其依赖心之深，偷惰性之强，利己念之重，团结力之缺乏，诸恶因亦莫不渊源于此。然则其政治之暴恶，即谓为直接亡朝鲜之总因，又奚不可哉？

呜呼！朝鲜已矣。今者钟簴播迁，舆图改色，子为鸮取，室让鸠居，丧家之犬，依依何之？王孙路隅，姓名谁问？白头山①耸，惟余雪色鲜明；鸭绿江长，但听水声呜咽。凭吊三韩之墟，又安能不为寄一掬同情之泪耶？嗟乎！国于天地，而有与朝鲜同病者，可以鉴矣。

（原载于《宪政新志》第11号，1910年）

① 即中方所称长白山。——本书编者注

阅日俄新协约秘款，因有感于朝鲜

佚名

朝鲜，我旧藩也。甲午以前，为我国所独有。甲午以后，日人之势，遂长于我。俄又乘之，遂成日俄共有之局。两雄相厄，卒有日俄之役，而朝鲜遂为日人囊中物矣。频年以来，延揽政权，芟除异党，隐忍惨酷，所不忍言。近又提议日韩，联邦日皇，且将迁都朝鲜，摧残舆论，钳制报馆。于是朝野上下，君不能有其国，卿大夫不能有其官，士庶人不能有其家，有口而不能道，有耳而不能闻，有心思而无所发泄。哀哉！亡国之惨，乃若是哉！

今综览日俄新协约之所已发表者，与其所未发表者，循已成之迹而推其祸之所必至，则今日之满州[洲]，日俄战后之朝鲜也；今日之蒙古，甲午战后之朝鲜也；今日之黄河以北诸直省，日俄战前之朝鲜也；即东南诸省，亦与英、法有不许割让之约，亦几乎甲午战后之朝鲜也。茫茫神州，其去今日之朝鲜，无几时矣！无几时矣！

虽然，今固犹未即至于朝鲜也，使吾君臣上下惕然醒悟，张其口，明其聪，发抒其心思，以救此垂败之国祚，则亡国之惨运，或能终离吾人而去耳。

（原载于《宪治日刊》第 24 号，1910 年）

说朝鲜

仇启英

各学堂开会演讲，各科学皆有地理一门，因地理一科是国民应有之普通知识。我中国自数十年以来，今日被外国人割一块地皮，明日被外国人占一个海口，都因我国人无地理思想，不知不觉。今我也来不及讲中国地理，就是讲簇簇新鲜今年七月里被日本所灭的朝鲜国的地理。诸君看过报纸的，想都晓得这件事。这个朝鲜国在何处地方？我国人有些普通知识的，大家有些晓得。但是我前日趁电车到虹口，在电车上听见有一个人说：这个朝鲜国不知在何方，他们的国度被日本灭了，与我中国有何关系？旁有一个像官模样的人，对他说道：朝鲜是在东面海中的，同日本一样，故被日本并吞，与我中国尚还隔数千里。就是他灭亡了，也不关我们事。我当时闻了此言，要笑此人无知识，既笑不出，哭亦哭不出。只恨当时在电车上，不能拿朝鲜地图对旁人讲讲明白。恰好今日开游艺会，趁此机会，讲与大众听听。这个朝鲜，是在亚州[洲]极东，与吾中国奉天、吉林二省相连。其地是半岛，形状凸出海中，一面接连陆地，三面是海，却并不是海岛。坐电车的人说是在海中，你想好笑不好笑？朝鲜向属中国，自入清朝以来，朝鲜年年进贡。光绪二十年，日本借朝鲜东学党的事，与中国开战，认朝鲜独立，朝鲜就不属中国了。今年七月中，日本与俄国协约定当，就将朝鲜与日本合并，名为合并，实是将朝鲜吞灭了。从此朝鲜国属了日本，画起地图，着起颜色来，就要同日本一色，侬想伤心不伤心呢？且朝鲜与奉天、吉林地，及接连日本，与俄国协约既定，并了朝鲜，则我国东三省之地，亦危险矣。乃我国民尚还不晓得朝鲜在何地方，只说与我国不相干，岂不可叹么？现在已至冬令，有铜钱的人，吃起膏滋药来，又要吃高丽参，阿晓得高丽参是朝鲜出的？吃高丽参，个人晓得高丽参的补、膏滋药的甜，阿晓得朝鲜的苦？

（原载于《女学生杂志》第2期，1911年）

朝鲜亡后之半年记

甘永龙

朝鲜为世界古国，有二千年之历史、十三兆之人口，自被日人归并以来，已半年于兹矣。或问：朝鲜今日，其政治、商业、社会之情形何如？斯问也，殊难期有充畅之回答。盖灭国为世间最重大之事件，况所灭者又为如是之古国。今欲取日人灭韩后之成绩，逐一加以评判，则半年之期，犹嫌太短，殊不足以资评判者之考察也。是以兹篇所载，非评判之辞，不过举朝鲜目前之状况，而约略陈述耳。惟有一端，当为读者所共喻，则篇中所述之状况，并不以驻韩统监之报告为盖本也。虽然汉阳城中所发官场之消息，既不尽可靠，而驻韩统监对于报纸之取缔又日严一日，则欲得确当之音信，以充兹篇之材料，读者当亦鉴其搜集之不易矣。

暴动之事，以北韩为最多，然纯系盗贼性质，为历年冬季所必有。舍此以外，则皆宁谧如故，初不以国家被并，而草泽间有揭竿之举动也。当归并之举，未经实行之前数月中日，政府以三韩治权畀诸某军人之手，俾得便宜行事。此军人者，性行果敢，措置整肃，而又具有远识卓见者也。迨千九百十年二月，寺内正毅继任为驻韩统监，其治法一主于猛，而又以军警，侦探遍布于国中，遂使历史上最重要之改革，竟于去年八月间泰然行之。若举鸿毛，非第不见有流血之事，抑且不闻有激烈之声，是不得谓非前后二统监之功也。或谓有一事最足以见韩民对于旧王室感情之改变，即韩王将赴日本，而韩民闻之漠然无动是也。若在昔日，则且卧辙攀舆，涕泣而道，百计以挽爱戴之君主，弗使入于虎狼之口矣。

凡精于观察远东情事者，当朝鲜未归并之先，莫不赞成，用严法以预防祸乱。然至归并之后，大功告成，而为统监者，尚用峻酷之手段，以发达被并之属地。吾不知此种手段适宜与否，是为今日一大问题，而日本国会之中亦有提议及此者矣。

韩统监尝屡次表白其治韩之意见，谓所用各方法，其宗旨首在发达朝鲜之工商业，即如颁行公司律一端，其关系于朝鲜经济者，盖至为重要也。此律颁行于千九百十年十二月二十九号，其取缔诚不为不严，然而各国旅韩商人，则大都未慊于心，何也？用如是之法律，以保护外人在韩之商业实业，俾不至有害于正当之利益，固未可谓非然。一则驻韩统监大权在手，法律行止，一惟己意，苟一旦将法律取销，因不费举手之劳也。一则日人在韩及与韩合办之商工业，其操纵尽在统监之掌握，而绝无条件以为之限制，按诸公平之理，又不当如此也。总之，欲发达属地之商工业，必须采适宜于发达之自由主义，然有手握兵柄，威福由己之统监临其上，则所谓自由者，必大受危迫，此非空言也。台湾与库页岛，乃前车之鉴，即在日本本国，亦何莫不然乎？凡由日本政府创行垄断制度之处，其自由贸易及地方发达二者，无不大受损害，至在日本本国，其经济之若何受害，兹姑勿论。

近闻在韩之日本政府，拟用严法以禁止日本商人之欺诈，此固无论外国人或朝鲜人所同声称庆者也。虽然此仅传闻之空言，尚未见诸实事，不识在韩之日政府，其目光较本国政府所行于本国者，能稍远否耳。

朝鲜人民既受旧日腐败政府之朘削，而自日本人民移住之后，其受害尤酷。日本人之最先移往者，大都恣意索诈，为工商界之巨蠹，而尤以报馆为甚。今统监寺内正毅乃奋臂逐之，韩人得稍苏息。日人虽为己之心甚重，然对于寺内此举，固大都称颂也。又有一端，为韩民最大之弊，即盘剥重利是也。向来贷人百金，则年息四十金，此犹为法律上所许可者。于是日人之黠者，乃专以盘剥农人为事。当收获将近之前数日，惭出资以贷于农人，其利息自每百分之七十至每百分之百分不等。迨债期已满，日人故意避匿，弗使得见。盖借此则可以责其愆期之罪，而因以攘夺农人之田产也。

现时不平之事尚多，耶稣教会尝屡以警察不公及政府不公之事，向警务总长明石氏诘问。明石氏亦无他说，惟答以日本法律，现尚未行于朝鲜耳。由是以观，则各国治外法权，应否取销此问题之解决，固尚当有待耳。

独有一端，为日本之仁政而韩民所隐受其福者，即栽种林木禁止砍伐是也。向来韩人以煤贵之故，其燃料多取给于林木，数千年来，有砍伐而无种植，以至山上皆成童秃。且其习俗，凡可燃之物，无不取以供柴薪，因此并树根而亦掘去，遂至每逢雨季或水势涨溢之时，地面绝无阻御，每年可耕之地，其遭冲毁者逐渐增多。驻韩统监因特别留意于此事，惟望所定之森林律能实力奉行，勿等于一纸之空文耳。

至就韩民而论，则大抵各安其居，无甚怨望。而日政府以数十兆日元补助旧日之韩官，尤为政策中之极机警者。惟韩民半多贫困，糊口尤难。东京有报纸曰东洋经济者，尝谓在韩日政府所最应注意者，在保护朝鲜之工人，俾各安其生业。此一端较公司律为尤重要。旨哉斯言，殆不愧为有远见者矣。

（原载于《东方杂志》第8卷第3号，1911年）

论日本之治高丽

钱智修 译

（译美国《评论之评论》，乔尔唐原著）

著者于去年九月游历高丽，虽为时甚短，于日本占领高丽以来之施设，颇知其大概，而愿披陈于读者。至日本之占领高丽是否合于正理，其占领之历史如何，其军人、劳动家、浮浪子本其侵略主义而欲求富于高丽者，其失望之事实如何，皆是文所不暇详述也。

高丽之面积与纽约及宾塞尔、佛尼亚两州相等，且处同一之纬度，其农产物之价值亦与该两州同，比之英国全国之农产相差无几。据最近之调查，其人口共计千二百万，社会生活极为困难。人民多住于村落之小屋，茅檐圭窦，贫困无聊，沿山坡而居，害人之虫多以此为殖民地。而从前之恶劣政府益使人民陷于贫困，专制君主与一般贵族分享特权。其征税之法则出于逼勒，种种不公平，咸无法以解救之，除非其人被杀，得泄一朝之愤怨。盖高丽之人以杀人为反动之方法，三百年来，凡材能卓著之人，无不被法庭之刑杀者，亦可见其国民之品性矣。无论何人，倘受有钱之嫌疑，即有入狱被害之祸，农民之衣服洁净者亦多不免。至于家内蓄树，除栗树及柿树外，尤足被有钱之嫌，而为祸患之媒介，以倘非有钱，则其树必已砍作燃料也。其人民对于政府之态度，可以盖尔（James S. Gale）所引高丽某君之言代表之。其言曰：

> 吾辈现在已无君主，从前之君主亦不足副任。自彼登极以来，官吏之被杀者殆不可胜计，肆其专制之淫威，盘据高位，而人民则被其陵践。彼之所以告诫国民者，无过于禁止骚扰及不谈国事。当人民之欲设独立俱乐部也，彼则发出谕旨以干涉之。盖从前之君主，拘捕人民者也，劫掠人民者也，屠戮人民者也，借旧时之迷信以存立者也。然一般人民犹有谓无君不如有君者，此诚高丽之大耻，而吾之所不忍言也。

自日本占领，高丽乃将逼勒之制废弛，而代以正当之租税，且以合法之手续征收之。高丽之农民有不胜逼勒之苦而结为旅团者，日人亦禁绝之。租税之全额均用于高丽之公共事业，其海陆军经费另由日本支给。夫世界各国之租税多用于军事经费者，而日本之经营高丽独不然，亦可称重要之事实矣。高丽近年以来几无出口之货物，于是日本乃设立工业学校，而授人民以职业教育，以如是则各处之原料可以制成出口货也。村塾之制现已代以学校，在刚陀罗(译音)村，余曾参观其学校。其课堂之广长约计八尺，有童子六人上课，其教习方谆谆讲授焉。

高丽之最不幸者，莫如其森林之被毁。除鸭绿江一带，犹有俄人所培养之松树外，全国之中几无森林之存在。当时之所以毁坏之者，盖为驱除虎豹之故。近则其萌蘖之幼树，亦砍作燃料，而苦于不给。冬日之燃料，多用野草及干刍，因之人民颇觉不便。良好之牲口，惟知用以负重，而不知取其乳汁。且以草料须供燃烧，故蓄养牲口，亦颇不易。闻须九家共养一牛，亦可见其草料之缺乏矣。高丽之畜牧本极有名，故现在尚有牛肉输至日本。然非有木材以供燃料，则草料终有所不给，而畜牧事业亦终不能发达也。

以森林之被毁，而土地亦大受损失，即山坡之被水冲下是也。计陆地之冲入于海者，每年不下十七万哀克，而冲下之泥又足坏青鱼之殖种焉。

日本人于高丽之森林甚为注意，森林官斋藤氏于温带宜种之树，均本其经验而栽培之。今年有松树三百万本，分植于该国农民之承种树木者，与以特别权利而毁伤幼树者则有禁。高丽森林地图现已制成，凡可以恢复森林之方法，殆无不采用之焉。

除培养森林以外，又建设农事试验场。凡植物之可种于高丽者，先在试验场试种之，试种而有效，然后分布于人民。现在高丽之南部以棉花为农产之大宗，即其试验之结果也。稻之收获亦以得良种而增加，计种稻之地三十万哀克，其中之三万哀克已增加收获百分之三十。橡树之种植足以蓄养野蚕，近亦竭力推广。日本有养树园百三十所，每一人民每年与以松树六本，即养树园所培养也。

与农事试验场相连属者，有农业学校，该校设立于沙湾译音，其校长为本，多博士科目之配置，一本于经验，而寄宿舍之建筑，则仍照高丽之旧式，不过较民居更完善耳。由此点观之，可知日本人之真意固在建设新高丽，而非欲扩张其领土也。又有渔业局，由井原氏管理之，该局设立以来，渔业极为发达，而市场亦益完备矣。

汉城、平壤、釜山等处之卫生事业，亦受日本官厅之管理。又由日本政府自釜山至鸭绿江建一铁道，横贯高丽之全部，其火车为美国式，每日开车两次，寝室车及餐车咸备。此项路线现更自鸭绿江之安东推广至满洲之奉天，而可与莫斯科接轨。现在高丽铁道尚入不敷出，然于高丽之将来必大有裨益也。据日本人之所预期，以正当之法律，公平之政府，及工业与农业之振兴，二十五年之后，高丽之人口必可增至二千五百万，而人民之生产力既进，则其购买力亦因而俱进。盖高丽之人民非蛮族也，亦非不能竞争者也。日本之萨摩器，且由高丽传授之，惟自森林既毁，此术亦遂失传耳。日本西京及名古屋，有高丽工人建筑之庙舍，与汉城庙舍之形式，大致相同。当余在汉城演说，也有高丽青年一千五百人到会，其中二人一自泼灵斯敦大学毕业，一自耶鲁大学毕业。据日本教员相告，高丽学生之学习外国语最为敏捷，算学亦尚可，至归纳科学，则颇迟缓。高丽人民文化极为堕落，今其有重兴之望乎？日本人之于高丽，已与以完全之信教自由，倘能得益于耶教，必能改变其无益之爱国心也。

高丽之被占领，为不可逃之事实，抑为个别国民之横被抑制，吾人亦不必遽下断语。而占领之事实，则现已完成，将来之高丽，必为日本之一部。吾人之所当知者，则日本人对于高丽之责任也。盖高丽之人素以故见自封，而日本人则在以西洋文明输入之。其坚纫不挠，通筹全局，常注意于国家之福利，而不图个人之利益，皆足以显其行政之能力也。

（原载于《东方杂志》第 9 卷第 3 号，1912 年）

安重根

佚名

亡韩之安重根刺伊藤博文于哈尔滨，人知其为爱国男儿矣。然其先极不爱国，重根之祖曾为观察使，父亦进士出身，有声乡里以世家之子，幼不喜读书舞勺，而后父即不能约束听其浪荡而已。年长，父殁，母仁慈，愈无忌惮，家产根已倾之过半。有二弟弗与较，伊藤统监韩国时，重根犹在醉梦中。爱国之言格格不入，嗣因境遇稍艰交游。日寡独坐无聊购新闻纸阅之，见伊藤逼订之条约，为之大愤。造访新闻记者，复面述伊藤强横之事，实遂立以救亡为己任，未倾尽之家产，与二弟析之，卖其所有为组织义勇队之资。然国内难于举事，嘱二弟善事老母，弃其妻子出走。俄倾之浦监遇李范九，结为同志，自以才不如范充甘，隶其部下，蹉跎复蹉跎，历三年之久。绝无建白，非重根之咎。人心日死也。偶至海参崴，闻伊藤有满洲之游，以一击为快，直赴哈尔滨，成功于俄顷之间。及继也从容，就死于旅顺，年三十一。呜呼，人之不可测也加[如]此。

（原载于《生计》第 10 期，1913 年）

悲韩国之亡挽

佚名

韩人李某论韩之亡也，曰：不亡于韩皇之庸懦，完用之卖国，实亡于韩民之自信。余闻而悲焉。盖当是时韩民深信英明神武之朝廷，其识其力既足以戡定东学党之内祸，是不至以数千年箕子之血食自我而斩，遂放弃其国民之天职，一任神奸巨蠹之卖国。迨条约宣布，大梦方醒，群起反抗，韩之社稷固早已丘墟陇亩于伊滕[藤]觐见时矣。使韩民早知之而早图之，则韩之存亡未可卜也。呜呼悲哉！闻尝考之往古，证之晚近，凡国之亡也，或由壤地遍[偏]小，介于强邻，战败而亡耳。然战败而亡者，世之人必有悯其衷而悲其遇者矣。或由人君深信贪官污吏之误国而不疑，然此亦不过一姓之得失，一姓之痛苦，且不足论。若夫人民深信朝廷之足以保吾族而不吾欺，足以御吾侮而固吾圉，浑浑噩噩，悉听执政者之主宰，而执政者竟恋于利禄，慑于威势，处于孤立，致将列祖列宗所辟之土地，所启之山林，拱手以让诸人，自驱其人民于亡国奴之列，斯真举国人民之至痛而无告者也。悲哉韩民，胡不幸乃尔！嗟嗟！前车之覆，后车之鉴，使吾不自翻悟，坐昧先民，则世之人亦有悲吾者矣，吾独何悲夫韩民！

（原载于《新民报》第2卷第5期，1915年）

朝鲜遗民之亡国泪

佚名

朝鲜本我国藩属，自独立后旋遭沦胥，人民流离迁徙，生计极艰。昨有该国逸民朴永昭者，愤亡国之苛政，潜逃来华，游历各省。在汴时，以名片到处投递求助，片内并附小启，略云：小生箕子遗族，痛宗邦之沉没，来母国以周游。志未遂夫包胥，粮已绝于陈蔡。自念国家已亡，此身尽无可生；争奈躯壳尚存，此心终觉未死。用是吞声忍泣，蒙耻含羞。摄我像形，箫效吴市之吹；抒彼情愫，骖冀尼公之脱。仰荷矜全，俯赐资助。此日残喘苟延，得免沟壑之填；他时枯草逢春，誓图衔结之报云。又当朝鲜初亡之时，有一韩人名金秉万者(自称为朝鲜秘书监正三品)，流落在豫，寄居旅舍，以携有微资，故不复言归。金能汉文，故时与各界相周旋。民国元年，已故前省议会议长杨勉斋君与金往还，怜其境遇，因为介绍，按国籍法入偃师县籍。金乃出其囊橐，略置田产，居然土著之民矣。惟故国亲友，不免偶来家书，道及亡国之痛，每为泪下。金并能诗，每为吟咏，凄楚不胜，盖亡国之音，有不胜其哀感者矣。昔时有高丽商人结伴携高丽参赴汴贸易者，自国并后，绝不复见。询之韩人，大抵为关隘、赋税所困，无利可获，而参膏之广告，方皇皇然。推广各处，于此可知亡国人民之生计矣。

(原载于《学生》第2卷第9号，1915年)

日人真欲以朝鲜视我乎?

佚名

日本大和新闻鼓吹日英同盟之改约也,其言曰:日英两国现行之攻守同盟条约改订施行以来,已越五载,而为该条主眼之东亚形势,已变化于昔矣。自欧战既发,日本对于中国,急转直下,实占有特殊优越之地位,更非五年前所可同日而语。又言曰:日本政府当急援日俄战后,改订日英同盟条约,使英国承认日本对朝鲜之先例,而复使英国承认日本现在对中国之特殊地位,实当然之事也。

吾国之人其谛听者,彼日人欲援对朝鲜之先例以对我,其所谓朝鲜先例者何事乎?甲午之役,争朝鲜特殊地位于我者也;日俄之役,争朝鲜特殊地位于俄者也。迨日俄战后,事实上日本在朝鲜诚得特殊地位矣,然以有日英同盟维持极东现状,保障朝鲜独立之相约,而终不便大逞,乃与英改订同盟条约。其第三条有云:英国承认日本在朝鲜政治上、经济上、军事上有特殊地位,而为拥护其地位所出之正当且不可少之指导、监理及保护有执行之权利。由是而日本在朝鲜之特殊地位,乃为各国承认矣。然后日本以其特殊地位,乘风鼓楫,流顺而下,而统监政治与合并国家相逼,以至朝鲜遂亡。

是故特殊地位者,即有亡人国、灭人种之资格也。而国际社会承认其特殊地位,即不啻承认其可以亡某国、灭某种也。是故朝鲜之亡,即谓之亡,于日英同盟条约之改订,无不可者。呜呼!是为何等惊心动魄之先例,而今又欲以对我乎?

盖日英同盟之初缔也,其所谓现状维持、领土保全者,吾国与朝鲜固相提而并论及改订。之后,机会均等之目的专在吾国,而朝鲜之机会,则日本不能与他国均等矣。机会均等之局一破,而朝鲜亡。彼今之以改订盟约号召者,非谓其在吾国有特殊地位乎?非以其特殊地位之故,而亦不欲与列国机会均等乎?夫以吾国民疲财匮,兵顽将悍,实无奋兴气象,而顾能保全至今者,未必非机会均等之局面为之。一旦而机会至于不能均等，其尚足赖以不亡者，果何道耶？果何道耶？

夫机会均等之局面，在今日事实上已难维持。德、奥之远东势力既扫地矣，而协约各国又方谋连合之不暇，固无人越国鄙远，更问东道之孰为主人。迩者日俄同盟之密约盛传，日英同盟之改订忽炽，苏伊士河以东，当无敢抗日本之命者。无惑乎其光怪离奇之有志团，竟作此气焰逼人之宣言也。呜呼！孰令致之，实逼处此，不图兴亡，近在旦夕。吾国之人，其知之耶？其未知之耶？

顾尝思之，强凌弱，众暴寡，大役小，智胁愚，于古为推亡固存之道，于今为优胜劣败之义，自侮人侮吾，何尤乎东邻？吾唯怪吾国固不强，而土地尚大于人数倍；吾民固不智，而生齿亦众于人数倍。得天本厚，略加奋励，不患不克与列国驰骋于当世也。即令祸患在侧，形势逼来，苟真有自觉之醒悟，则振臂高呼，群山乱响，五帝三王之裔，忠厚之泽，惓惓于怀，谁其忍见祖宗陵墓衰草寒烟沦于夷虏乎？吾恐对外一致之精神，即足夺秦人之气，虽欲食而亦不敢下咽矣。而今竟何如者？

朝士大夫日沉于声色歌舞之娱，苟且偷惰，无能远谋。其失志者，又不惜相率而为陈涉、吴广之徒，以揭竿为戏，以提兵马、隆头衔为乐。举国之人，非躁则荒，萧墙干戈之声方浓，尚复暇镇气回目，相与策神州、挽救事哉？故吾不忧外人之欲亡我，而忧举国人若不知我之将亡，又若明知将亡而唯恐不早者。呜呼！事有利害不切身而伤怀，人有哀怨不出口而难已者，吾亦不自知其何心矣。

（原载于《尚贤堂纪事》第 7 卷第 3 期，1916 年）

对于朝鲜灭亡之感言

吴芳荪

余尝读史，至朝鲜之灭亡，不觉掩卷而长叹。呜呼！夫朝鲜者，本我藩属也。僻处东陲，与日俄为邻，形势之险要，不待言矣。我国得之，外足以控制日俄，内足以保护满蒙，其关系岂浅鲜哉！而虎视耽耽，其欲逐逐之日本，垂涎已久。当我国汉代之时，新罗用兵于伽耶，伽耶乞援于日本，遂启日本侵朝鲜之端。自此以后，屡与我国用兵朝鲜。甲午一役，卒订马关条约，为我国失亡朝鲜之结局。然日本之窥朝鲜，亦有不得已存焉。盖自清代咸丰之八年、十年，以爱[瑷]珲、北京两条约，割黑龙江州、沿海州，与强俄斯拉夫之气焰，咄咄逼人。俄势东渐，挟万钧之力，渡图们江、鸭绿江而进逼朝鲜。苟朝鲜而为俄属，不特日本海、黄海之海权，为俄国所有，即日本存亡所系之对马峡，势必不保，则日本亡矣。况日本与俄又有索还辽东之怨耶？此日俄之战之所由来也。清政府乃竟置诸度外，若秦越之肥瘠，漠不关心，是犹委肉当饿虎之蹊也，祸必不振矣。其结果，日本固获大胜利，俄人即认朝鲜为其保护国以和。所谓保护者，即灭亡之利刃也。自是，日本愈奋其武力，竟以强权而并我之朝鲜。宣统二年，乃正式实行，能不悲哉！昔者，晋尝假道于虞以伐虢。夫虢，虞之表也；虢亡，虞必从之。宫之奇早有先见之明，虞公尚不自悟，犹曰：晋，我宗也，岂害我哉！卒致身败国亡，为天下后世笑。虞公之愚固甚矣。奈何后世亦有曰：日本亦我黄种也，岂害我哉！是又为虞公所窃笑于地下者。倘我政府苟于日俄未战之前，不许两国驻军朝鲜，而出重兵以镇之，则朝鲜之仍为我有，亦未可知也。奈何不早为之计，而任其假道相争，且以辽东为战场，令我国无辜赤子辗转而死于两国枪林弹雨之中，何其忍耶！今朝鲜已亡矣，复何言哉！然余因之有所感焉。我东北之边圉既日危，而与日本之交涉尤日繁，如五月九日之承认，不为第二朝鲜者几希。我国民当枕戈待旦，卧薪尝胆，共挽此桑榆之局。不然，则唇亡齿寒，朝鲜之覆辙可鉴，我国之前途有不忍言者矣。

（原载于《江苏省立第一女子师范学校校友会杂志》第2期，1917年）

朝鲜人革命运动

佚名

十月三十一日，是日本的天长节，举国欢祝，他的情状和吾国的国庆还要起劲几倍。不料今年这一天，外相官邸开大夜会时候，忽发生一可惊可骇的事情。重要人物虽是没有什么伤害，你们试想一想看，这一天在日本是个什么日子，外相官邸的大夜会又是一个什么会，竟发生这个抛炸弹的事情，还不是一桩极可注目的事情吗？但是这桩案子发现后，大家都猜疑起来。究竟凶手是那一辈的人，有说是与劳动党有关系的，有说是反对外交当局外交失败的，但总是一个糢糊，摸不出头路。到了现在，还是纷纷的胡乱猜测。后来有人说，上两天有一位朝鲜人，从下关趁火车到东京下车，形迹实在可疑，大势就是来抛掷炸弹，图谋不轨的了。现在东京的警视厅已经下令搜捕这位朝鲜人，不知道究竟能水落石出吗？这个炸弹案刚刚发生，到第二天，又发现什么朝鲜人阴谋团了。这个名词是日本人题。他的这般朝鲜人，因为故国被日本并了，组织一个哱哆，教在朝鲜云凌岛暗暗招集同志，借了传教的名义实行操练。现在已经有了三万的精兵，但无兵饷，所以又想出一个法儿来拼命的。假造纸币，什么银行券呢，什么官帖呢，都可以假造起来。一面接济国外的政府，一面就充作自己的军饷。他们制造假纸币的地方非常秘密，是在地下，除了同志外，都不许进去的。并且所有他们的独立宣言等种种东西，也都在这处做的。不料事机不密，前天被日本警察破获，把各种秘密文件统统搜去，并捕去多人。近来又发现附近法国医院的张敏衡等，借了医师的机会，发布各种反对日本的文书，现在已经捕获。于是日本的全国上下，又大惊小怪，疑神疑鬼起来了。这两桩事情发生后，日本人的态度稍稍变换。也有一部分人知道日本对待朝鲜人有种种不应该的地方，以后要消弭朝鲜人的反抗，只有改变方针。但是也有一部人主张加一层严厉的。我记得上两个月，日本有一本杂志，专门评论朝鲜的事情，大骂日本政府不应该不好好儿待遇朝鲜人。可见日本人中也有一派极明白的人士。但是日本政府不想法好好儿把素来的主义改革一下，恐怕反抗的不单是朝鲜人哩。

（原载于《学生》第6卷第12期，1918年）

朝鲜独立与和平会议

佚名

（东升巴黎通信，三月二十八日。）

朝鲜宣布独立，此间中国公使馆已于三月十八日接到上海来电，记者与朝鲜来法代表金君仲文于二月一日由上海启行，三月十三日到巴黎，同居一地，故于其运动之颠末颇知其详。金君仲文号晚湖，在韩原名奎植(l.k.s.kiMM)，光绪间留学美国，研究文学有年，甲辰归国，在汉城办理学务，民国二年改入直隶张垣县籍，复游库伦等处凡二年，善英文，并能操中法俄语。据云，朝鲜亡后而旅居外域者为数尚多，据最近统计，在东三省、海参崴、西北利亚[①]共二百万人，在檀香山者五千人，在美国者二千余人，其中自费留学者亦复不少，大都痛祖国之沦亡，力谋恢复组织各种团体甚多。欧战既息，而和平会议复以主持正义、抵抗强权为宗旨，彼等乃于去冬合并各小团体，组织一新韩青年党，以便对外有统一之机关。上海、檀香各地仍暗相联络，在沪主持者有申晲观、吕运亨等，在韩主持者有孙炳羲、李尚宰等，在美主持而约定同时来法之代表为李承晚、闵瓒镐、郑汉景等三人。金君仲文即为新韩青年党总代表，谋向和平会议席上陈情者也。其进行之程序，已定于一二日内将陈情书印好，提送和平会议秘书转达。议和代表书为英文，复译为法文，约四五千字，大意说朝鲜本独立国家，某国应归还一切主权，朝鲜人民以后决不愿受某国人之干涉侮辱云云。现在法地报纸正盛传朝鲜独立事，该代表复与联络，发表言论于人权保障会等处，同时陈书请愿，并逐日谒见各国代表，要人数百名。尝见威尔逊氏好友郭尔浩斯氏(Col. House)，情意极好，并允向威尔逊氏干说一切。但原定由美来法之三代表迄尚未到，现与该代表外，为辅助者惟有闵君弘植。闵君为宣统间驻京韩使闵泳喆之次子，现肄业法国都露士理科大学，十二岁来法，现年仅十

---

① 即西伯利亚。——本书编者注

九岁，除通英、法文外，即韩文、韩语亦全不复记忆，于此事尚多力与愿违也。至揣测和平会议对于此事之态度，则英、法、美等国既碍于某国为五大强同盟之一，不便提出，致于本题多生枝节，而此际本题所视为要着，又在与战争有直接关系之事，故韩人所图恐虽得多大之效果，惟趁此时机出而表示一种态度，亦足使西人知某国之于朝鲜，食之尚难下咽，他日国际同盟会成立，更有申说之余地，可望得较胜之结果。闻威尔逊氏及他表同情者亦如是云。

（原载于《新湖南》第 1 卷第 1 期，1919 年）

新韩青年党致和平会议书

佚名

（东升由巴黎寄，四月十六。）

新韩新青年党谨遣代表为我国住本国及外国各地一千八百七十余万人上书于贵会执事，敢以恢复独立为请，特具理由，并陈所愿如次，幸贵执事垂察。

一、一八七六年及一九零四年之韩日条约。一八九五年之中日条约，日本本声明保证韩国永久独立及领土之保全。

二、一八九四年日本与中国宣战，一九零四年又与俄国宣战，均以保全韩国独立，遵重远东和平为言。

三、一八八二年之美韩条约，合众国政府亦曾声明保证韩国领土之保全。

四、日本占据韩国，其举动实背公法，有害人权。所有一千零五年保护条约之签字盖印，亦纯系以武力强迫，不得少待。吾国政府虽遣有人呼救于合众国政府，亦已不及。

五、韩国人民绝对不愿听命于日本政府权力之下。

六、韩国除近三世纪受中国政府名义上之亲睦保护外，已完全独立四千二百余年，自有其语言文字及其政教事业。

七、韩国为远东锁钥，假一千八百七十余万，韩人一日受日人之苛，遇一日不得恢复其自由，则远东必一日不得和平。故欲不蹈巴尔干半岛之覆辙，欲免世界之大战争，非使韩国恢复独立不可。

八、假使韩国终不得自由日本，必日向满洲及西比利亚[①]进取，扩其野心，必致将亚洲之民屈伏于伊君权与武力之下。

九、日本如得亚洲霸权，则必有害于列强之经济及其商业。

十、韩人自受日人武断政治以来，所受之压迫为历史所未有，消灭我语言，

① 即西伯利亚。——本书编者注

限制我知识，势非使韩人绝灭于世界不可。

十一、此次要求恢复独立，系出我一千八百七十余万人全体同意。最近三月一日，三百万韩人之独立运动各地同时举事，即足以表示吾韩人之万众一心。

十二、以吾韩国民族之天性坚强，受怨必报，积日既深，已与日本有不两立之势，故非完全恢复独立不可，否则必不愿一日苟活也。

十三、列强诸邦如有意与吾韩国以永远中立订危害保护之条件，吾韩人亦所欣愿，但不欲日人于其间行使优越之权。

凡十三端，愿贵会执事加以审查。如能特设会议，详为考究，则幸甚。再能许代表至贵会陈述一切，则更幸甚。

新韩青年党代表金奎植，一九一九年四月三日

（原载于《新湖南》第1卷第1期，1919年）

在法韩国代表最近之活动

佚名

（东升由巴黎寄，四月十六日）

韩代表金君仲文自到法后竭力进行，至废寝食。因曾与约定由美来之数，代表以美国不给护照之故，不得来法，金君遂不得不单独活动。各国人士助者虽多，然谒客作书，皆需亲行。五月前，忽由上海到一韩人，名金志城，现与金君同寓，实为喜出望外。金志城曾游日本，能操中、英、日、德语，因避地求学之故，与吾湘醴陵某氏颇相善。曾佯称自少即客外洋之湘人，居湖南讲武堂年余，去年南兵入长沙时，彼以口操北音，备受危险，今在异域，为记者详述之，甚有趣味。金君又连日宴会法俄中政学报，各界要人表同情者日多，某国人闻之，震警异常。尝有一佯允《朝日新闻》特派员之某国人来会金君数次，金君皆托词不见某国人，除本国语外，只通英文。金君托记者出为招待某国人，详问金君行止外，并语记者云：吾国人亦多反对政府者，特来愿与金君表同情也。词虽巧，然不足以欺金君也。

…………

（原载于《新湖南》第1卷第1期，1919年）

朝鲜独立的消息

佚名

民族自决的思潮也流到远东来了！

这回朝鲜独立的运动，表面上似乎是受欧战的影响，其实他们蓄志也不晓得有多少年了。现在看他们独立的预备非常周密，举动非常文明，就可以知道朝鲜的革命是有组织的，是曾经过训练的。凡事有果必有因，既看见朝鲜独立运动的结果，就不能不把他独立运动的原因写出来。

（一）朝鲜被日本并吞的历史

鲜日的保护关系是从明治三十七年（一九〇四年）日韩第一议定书中发生的。这个议定书中有三个要件：（甲）赞助朝鲜改良内政；（乙）保全朝鲜的领土；（丙）不让朝鲜自由同别国缔结条约。明治三十八年（一九〇五年）又结一道日韩新协约，没收朝鲜的外交权，设立朝鲜的统监。到了明治四十二年（一九〇九年），因为统监伊藤博文被安重根杀了，所以日本人就露出真面目，定一个片面的日韩合并条约。刚刚那个时候，是李完用在做内阁总理，那有不欢迎的道理呢？所以把朝鲜的统治权和土地一齐送给日本去了。到这个时候，世界外交公文上就完全看不见朝鲜两个字了。

（二）朝鲜独立和国内政况的关系

据独立团的宣言书所说的，日本自并吞朝鲜以后，专用强制同化主义去对付朝鲜人。自小学校起，就不许说朝鲜话，不许看朝鲜史，便造一种神话史，说日本是朝鲜的老祖宗。除了外国教会有几个学校教授普通知识外，其余的学校没有一个不用秦始皇愚民政策的。不要说参政权啦，就是集会、结社、言论、出版的自由也剥夺完了。就是信教自由权、营业自由权也受种种的拘束。政府各机关重要的部分皆用日本人，法律上、待遇上无一处不极力表示优劣的差别。又拼命的奖励移民,教日本人去排挤朝鲜的土人。又把朝鲜生产的富源全归在日本人的手里,政治上、经济上、思想上几无一处不叫朝鲜人难受。这就是教他们不能不独立的原因。

(三)朝鲜独立和思想潮流的关系

近几年来,朝鲜人的知识渐渐和世界同化。因为国内一切不能自由,所以少有资财的多跑到外国去了,没有资财而有思想的也入外国人的教会去了。当欧战将终的时候,在美国的朝鲜人因为看波兰那些小民族皆独立了,就是一同待遇的爱尔阑也要脱离英国的关系,所以他们在美国极力运动,发布印刷品,要求外人公论,联合海内外同志,想把独立问题提到和平会议里去解决。这就是他们宣言书中所称的民族自决主义。这次独立就是被这种思潮鼓动的。

(四)朝鲜独立的运动

朝鲜的革命党多散布在外国大地方,因为国内侦探过多,所以如同志会、保国会、兴亚会等,皆没有印刷的章程,不过立两三信条念给入会的人听。听会员也没有名册,当人会时写个姓名,当众烧了,作一种入会的表示。这次在外的独立党多远远的回来,本预备当李皇出殡的那一天动手,后来因为日本有了防备,把宪兵、巡警都调到汉城去。朝鲜人乘这个机会,就在三月一日起事,先在各乡村结连大队在外游行,声称独立,由各首领散布独立宣言书几万份,汉城同各市皆有。他们自信拿正义人道打破武力强权,所以不用武力,纯以人民的资格运动,简直可以说是在革命史中开一个新纪元。

(五)宣言书中的乐趣

这回独立宣言书有好几种,以青年独立团和独立国民团两个宣言书为最得体。青年独立团的宣言书举出三层理由:一、因日本背约,全以欺诈暴力对待朝鲜,这是人类最大的耻辱。为人类耻辱打算,不得不主张独立。二、政治、经济、教育皆受不平的待遇,为生存权利打算,也不得不主张独立。三、俄国已抛弃军国主义,国际联盟也禁制军国主义。若我们不打倒军国主义,就是扰乱东洋的祸根,为东洋永远和平打算,也不得不主张独立。独立国民团代表的宣言大致相同,不过他特别注重人类平等的大义、民族自存的正权,想顺着民族自决的潮流,积极发挥自由的精神,这是独立国民团宣言书的特色。总之皆是平声静气,想凭公理正义唤起人类的同情。

（六）宣言独立后的情况

自独立已经发见，日本当局才去用兵力镇压，捉去的人数有一千多名，内中学生和教士居多，各处妇女也有许多被捉的。项城北铁路干线旁边，有美以美会所设的神道学堂，也被日本宪兵糟蹋，捉去许多学生。他们两个宣言书中，一个说为自由流血，至最后之一人而止；一个说猛勇精进，须至最后一人鞠躬尽瘁而后已。天道教会长被捉后，也说我抱定主义，断不怕死，想生死存亡也是他们所不顾的了。日本政府已经想把武治的总督换个文治的总督，这仍是敷衍的办法。看他们独立团的意思，恐怕所争的并不止是这件事。现在汉城车夫已经同盟罢工，各街的电车也有一半停止，北部各城的老百姓也多同巡警冲突。自三月一日起，所捉的人大概在四千以上。

（原载于《每周评论》第 13 期，1919 年）

朝鲜人运动独立真相

佚名

旅居朝鲜平阳之某教士于三月十日叙述朝鲜运动独立详情寄交大陆报(北京通信员)。该报于昨日刊出。盖欲使朝鲜将其原文译录于下。朝鲜情形至为严重,欲以平常方法传达消息于外界,殊不可能。今故用间接方法,以达其事于左右。若能将文中所纪全行登载,且广为传布,是余之所深望也。汉城美总领事亦曾致电美政府,然日本是否能任其通过不加检查?余窃以为疑。故以此冗长之纪载,乞为发表焉。三月一日午后,朝鲜各处同时发生变乱,其来甚骤,故全为日政府所不料。先是韩太皇于一月二十二日病没汉城宫,其致死情形甚寄[奇],民间争传皇系自杀,以阻止其子某亲王与日本某郡主之婚事,婚期原定一月二十九日,即韩太皇死后之一星期也。韩王子本已与一韩女订婚,数年前王子被迫赴日时,婚约亦强迫取消,另指婚日郡主。此次韩女之父忽与韩太皇同时逝世,其愿死情形亦与韩太皇同,谓其猝患中风症。于是外间亦喧传其自杀。朝鲜全国人民于此两事,不能无动于中[衷]。加以韩太皇夙为贤君,故于其死也,皆敬礼崇拜之。世人皆知侨寓美国夏威夷满洲中国及日本之韩人,自日本占领朝鲜以来常运动反抗日本之统治,约一月以前有潜回朝鲜组织团体以谋独立运动者。虽进行甚秘,而成效甚佳。其计划在实行消极的革命,不伤人(即日人亦然)不损毁财物。但从事于和平之运动,直至成功而后已。若以此而被殴下狱,或至被杀均甘心忍受,不为怨言。庶世人于韩人及其行动,均无可责备。迄于今日,韩人虽身被种种苦痛,悉皆忍受。其自制之力,实足令人惊叹也。

(原载于《民国日报》1919 年 3 月 22 日)

闻朝鲜近事慨言

陈以庄

朝鲜，我之保护国也。昔因其内乱，拒日人之干涉，而我为日所败，日人遂攘夺之，名为保护，而实则压制之也。近阅报载有朝鲜独立之事，不假武力，惟恃一片热诚，并闻妇女于街头巷口唱独立之歌，声声不绝于耳，盖莫非欲脱离束缚恢复自由也，可怜亦可敬矣。而余不禁有慨焉。夫朝鲜，小国也，无财力，无兵械，其民尚有志独立。我中国素号大国，而征收关税权、领事裁判权、天然军港，历代屏藩，无一非被外人所夺。试一念其耻，岂有不中夜旁皇不胜愤懑者乎？独奈何尽力于内争，而忘情于外事也？夫敌国外患，何代蔑有？丧师失地，城下请盟，此国家不可泯之大耻也。虽然苟能修明国政，发愤图强，则已往之耻，何尝不可一洗之哉？不观夫吴王以酣酒亡，而句践以尝胆兴，在乎能不忘其耻否耳。语曰：知耻近乎勇。盖知耻即不忘耻也。不忘耻，则十年生聚，十年教训，必能达其雪耻之志也。余是以于朝鲜独立之事，窃为我国恐惧，而为朝鲜希望也。

（原载于《墨梯》第3期，1919年）

对朝鲜独立之同情

佚名

康寄遥等三百余人为朝鲜独立事请愿，国会电巴黎会议提案，要求全国人士一致主张，通电如左：各省省议会、教育会、商会、农会、各团体、各报馆公鉴：朝鲜独立，轰传万国，欧美舆论，俱表同情，足征人道犹存，公理未没。吾国谊关唇齿，情属弟兄，共济同舟，情何可已。本日寄遥等以朝鲜独立事上广州国会请愿书一通，文曰：为请愿事。窃维欧战告终，公理获胜，威尔逊总统所提倡之民族自决主义，登高一呼，风动寰宇。举凡为异族压制之国民，夙昔梦想自由，梦想平等，欲与世界人群相互提携，同享乐利者，乘此千载一时之机缘，莫不奋其天赋之本能，以争人类应有之独立。此世界之新潮，如春花怒发，春笋簇生，其势莫与遏抑，且亦莫能遏抑也。乃者朝鲜独立运动，蓦地倏发，不数日，三韩男女老弱及各地居留之韩民，高呼朝鲜独立万岁，异口同声，血诚所至，万国为动，英美人士，极端赞同。窃闻欧和大会，亦有以朝鲜独立作为议案之说，世人对朝鲜问题之研究，已甚嚣尘上矣。独吾中华民国，一月以来，寂寞冷静，对此昔日同隶一版国之同胞，尚未闻主张大义，共表同情。吾民族素以当仁不让、见义勇为见称于世，若犹不能步英美之后尘，以拥护正义人道，宁非吾民族之奇耻大辱耶？兹谨就朝鲜急应独立之重要理由，撮举如左：

一、中日条约之关系

甲午中日之役，日本宣言曰为完成朝鲜之独立；甲辰日俄之役，日本宣言曰保存朝鲜之独立。而中日马关之约，其开宗明义第一条即为确认朝鲜为完全无缺之独立国，信誓旦旦，中外咸知。嗣后强迫合并，对于朝鲜为不义，对于中国为违约，对于世界各国为失信，其合并约在国际上当然不生效力。故以中日条约及日本信义言，急应共认朝鲜之独立也。

二、世界平和之关系

中日、日俄两战役均以朝鲜事件为道线。今韩人崛起，欧美歆动，倘不令朝鲜为今日之瑞士、比利时，则他日之朝鲜或不免为前年之塞尔维亚。若一隅发难，牵动亚洲大局，扰及世界和平，证诸日俄、日德诸战争，受实祸者又在吾国也。故欲维东亚之安定，免世界之大乱，尤宜主张朝鲜独立也。

三、朝鲜民族之关系

朝鲜为日本所并吞，含垢忍辱，尝胆卧薪，十年于兹矣。幸值公理昌明之际，急图真正人权之恢复，而通都大邑，穷乡鄙壤，均徒手号呼，以赤诚为白刃，遇日军则惧怒不形于色，一往无前，甘死如饴，其举动之文明为亘古所未闻，任革命史上洵足开一新纪元矣。观其独立宣言，犹不罪日本之无信，不责日本之不义，而曰责励自己未遑，尤怨他人急于图补将来未遑，怀仇夙昔，实以达设己国为务，敢以破坏他人为能，本悲苦之生涯，开维新之运会，理性作用，非感情作用，其恻怆不忍卒读，其诚恳令人心折，而以证诸行事又若合符节，是真泱泱大国民之气度，亦不逾正义人道范围之确证也。威总统所谓民族自决者，第一在有觉心，第二在有自治力，今朝鲜人之举动，其自觉心为何如，其自治力为何如，故以朝鲜人本身言，其独立已有充分之理由。

四、中韩利害之关系

朝鲜为箕子遗封，原属中国血统，数千年之历史与中国均有连锁之关系。甲午而后，吾国与日本双方既认其独立，其向来对吾国之贡献典礼及凡有碍于独立者始废除之，乃不二十年竟并于日。然吾四万万民族之魂向朝鲜二千万民族之魂互相招引号呼，至今犹无间也。且朝鲜与满洲仅隔鸭绿一江，与山东隔黄海相望，故自来朝鲜有事必牵动满洲，满洲有事必影响蒙古及关内。日人并韩而后已，蚕食满洲，动摇蒙古，近且经营山东，又狡焉思启于黄河流域，畇畇禹甸，行将为朝鲜之续矣。向使朝鲜独立，则日欲逞野心于中国，如明时壬辰之故事，假道于韩，亦不可得，他何论哉！此吾民与韩人所以同病相怜，又抱无穷之感慨也。故以历史、地理、种族及人民感情上言之，并以自卫自保、利害关切言之，尤不能不表极端之同情于朝鲜独立也。

总之，朝鲜独立，非排日问题，乃生存问题；非朝鲜一部问题，乃东亚及全世界之问题。当此正义人道之声浪弥漫全球，即使朝鲜远在欧斐，与中国素无关涉，吾国人亦不能不本其良知，主张公道。况有上述种种切重理由，乃竟自安缄默，甘同寒蝉，吾四千余年之文明上国，无乃自外于主持正义人道之人群乎？谨据约法第七条、议院法第四十六条，合词陈请，敢祈速行公决，直电巴黎欧和大会，请其迅以朝鲜独立为重要议案，并促实行，以除远东祸乱之源，植世界和平之基，促人类平等之实现，则受其赐者，当不仅中韩人士已也。此请公鉴。右上众院请愿文，又致巴黎欧和大会中国代表顾、王二公书，与上略同。素谂诸公发扬正义，主持公道，敢祈连合国人，一致主张，不特朝鲜之幸，亦东亚之幸，又世界前途之幸也。康寄遥、李剑农、张墨池、崔馨珊、张责民、光升、冯骥骏、冯之恺、周愚夫、宋承斌、范羁鹤、李霖、赵种莲、马仲科、邢珍等三百三十一人上。四月一日。

（原载于《民国日报》1919 年 4 月 3 日）

读黎明会的朝鲜问题号

季陶

（一）

日本黎明会所发行的《黎明讲演集》第六辑，前天寄到了拆开一看红色的“朝鲜问题号”几个大字，便印进了我的脑筋。黎明会的人，有好些都是我认识的，也有一两位是我很佩服、很感激的先生和朋友。他们对于现代的日本，都有许多不满意的地方，不过有的观察较为深刻，有的见地较为浅薄，程度和方面是各有不同的。这“朝鲜问题号”不用说，就是发表他们对于朝鲜问题的意见。我把这一册一百十四页的论文集费两点钟的工夫读过一遍。总而言之，各人的意见都是反对现在日本政府统治朝鲜的政策，从解放的意义上主张把这种过于违反人道的政策废除，另外用一种较为合理的政策去替代他。附录里面译载一篇英国劳动党领袖海满氏的论文，是说中国人反对日本的原因，在日本压迫朝鲜也有一显的价值。我且把他们各家所论略略批评批评。

（二）

第一篇是吉野博士的主张。题目是《关于朝鲜政治改革的最小限度要求》。他所谓最小限度的要求有四样：

一、对于朝鲜人撤废差别的待遇。

二、废除武人政治。

三、抛弃同化政策。

四、许朝鲜人的言论自由。

吉野博士所提出的四件事，既然说明是最小限度的要求，当然吉野博士自己也不是以为如此便满足的，一定另外还有较为澈底的意见。但是细细的想一想，这四件事是不是朝鲜问题的根本所在，是不是现在日本的政府做得到的？做了这四件事，是不是朝鲜人便得了自由、得了保障？朝鲜人对日本的恶感便除去了？都不是的。第一，吉野博士所谓撤废差别待遇，举出的例都是枝枝节节的，即使算是做到，也不过解决了极少数朝鲜上中流阶级吃饭问题的一部分，那些在经济上被掠夺的多数人民受苦还是一样。为甚么呢？因为撤废差别待遇这一句话，最多不过是使朝鲜的生活状态和日本的现状一样罢了。日本大多数的国民在国内所受的待遇，又何尝不是差别待遇呢？并且吉野博士所指摘差别待遇的事实，始终没有提到政治上的权利。这一个极大的差别，吉野博士放下不管，只在讲些枝叶问题，我看是不相干的。

第二，说废除武人政治。这句话听起来觉得很好听，但是完全是不中用的空话。武人政治为甚么不好？因为行恶政所以不好。那么文人如果行恶政，也是一样不好的。寺内以来，武人做总督，可以说是武人的罪恶。从前伊藤博文做统监的时代，难道就好了吗？可见日本在朝鲜政治上的罪恶，不仅是文人、武人□□□了。

第三，说要抛弃同化政策，这句话是合理的。第四，说要给朝鲜人有言论自由，这句话也是合理的。不过，日本人自己今天有了言论自由没有呢？吉野博士自己的言论能够自由不能够呢？日本人自己都还没有言论自由，怎样可以给朝鲜人的言论自由呢？

这样想来，吉野博士所举的四个最小限度的要求，在今天日本这种政治组织、社会组织的下面，可以说是做不到的。

还有一层，我很希望吉野博士要澈底觉悟的。博士讲演的末了一段说：朝鲜问题，一方面是人道问题，一方面是试验。日本人有大陆发展的能力，没有这两句话的根本义，恐怕和旧日本的“利己主义”太接近了。博士是主张“德谟克拉西”的学者，总要把这种观念连根去了才好。

（三）

第二篇是木村文学士的军队的同化政策。全篇都是批评，没有甚么具体的主张，但是所述的事件当中也有许多可以供我们参考的。

第三篇是福田德三博士的朝鲜，不是军阀的所有物。具体的主张是：

一、在朝鲜施行宪法。

二、设朝鲜国会。

这两个意见比起吉野博士的议论明白许多，但是有一层我不大懂。福田博士说：朝鲜人容喙。日本内地政治的可否是另外一个问题，但是至少要朝鲜人自己举出代表组织朝鲜的议会，我以为：

一、如果要朝鲜和日本组织一个共同的国家，当然朝鲜人对于日本内地的政治就应该有容喙的权利。

二、不承认朝鲜有容喙日本内地政治的权利。当然，朝鲜便应该成为完全独立的国家。

日本人要真正从“人道”“正义”上打算——或者为日本人永久的普通的幸福利益打算——惟有在这两条路里面择一条路走，只是做出绅士的态度，以为多少给朝鲜一点不完全的自治权便完事。我想朝鲜人是不愿意的呢？

福田博士又反对殖民地殖民政策，以为这一种政治根本不能存在这个意见。我很表同意，因为这不但是日本政治的罪恶，直是全世界一切强大国全体的罪恶，我们应该根本上看清楚的。

第四篇是阿部文学士的《去继母根性》。他的意思以为，现在日本统治朝鲜的根本错误，是把朝鲜当继子。现在只要这种“继母根性”除去，朝鲜和日本便可以相亲相爱了。这种见地，我以为太过浅薄。日本人以继子待朝鲜，固然是罪恶，但是日本人做朝鲜生母的资格在那里？讲历史呢？朝鲜的历史要比日本早一千多年。讲文明呢？朝鲜从前的确做过日本的老师，所以继母、继子、生母、生子这些个名词，一从日本人口里讲出来，朝鲜人听见已经很不高兴，别的理由更不用说了。

第六篇是内崎文学博士的《朝鲜问题背景的形式主义》。这一篇讲演因为题目很有趣，我用心看了一遍。但是特别感动的地方，简直没有比起吉野、福田两博士的意见来，这差得多。

（四）

这当中第五篇麻生法学士的《回到自己的良心上去罢》。这一篇是我是赞同最感动的了。麻生法学士我不认识，但是我前一向在《德谟克拉西》月刊上面看见过他两篇文章，晓得他是新人会里的中坚人物。我觉得他确是一个觉醒了的日本人，虽是学术上的研究不深，但是所说的话是从“人”的真性情里面流出来的，句句都有深刻的意义，字字都有真实的气力。

麻生学士的讲演全部是抽象的批评，不是具体的主张。但是我狠相信他是有主张的，他的抽象的批评不只是抽象的批评。有一节说：

> 诸君，我回顾过去的人类历史，看现在的人类生活，我真想诅咒权力这个东西。他害我们一切世人，使我们争虐待我们的心。强有力的人随便怎样虐待弱者，都没人管他。资本家当压迫劳动者是当然的，将校当打

> 兵士是应该的。这种强者虐待弱者，视为当然的心，就是从人想要拿权力对付他人那个时候生出来的。人类生活的当中，倘若权力还在那里跋扈，决没有平和的日子，我们的心随时都要对一切的人宣战，我们的生活随时都在迷魂阵里。今天虐人，明天便是人虐我。

这一段话是麻生学士的人生观。他是极力信仰平和主义、平等主义的。他理想的世界是废除一切阶级和权力的自由世界。所以他对朝鲜问题的意见是：

> 如果我们今天对于朝鲜那样可怜的境遇一点也不动心，我们也就太没良心。朝鲜的状态倘若我们晓得了，我们便应该要自己责备自己。如果还有视为当然的日本人，真是应该诅咒的人；我们如果存了那样的心，真是应该诅咒的心。倘若日本的劳动者当日本虐待朝鲜是应该，那么他们反对资本家便是自相矛盾的行为。今天日本的劳动者既然晓得恨[很]，那些资本家就应该晓得。在同样境遇，下面的朝鲜人是真正应该同情的，强者可以拿权力来虐待弱者的。这种存心，不问国的内外、一切阶级、一切部分的人，都应该要连根除去的。
>
> 诸君，我现在自己咒我自己的国，自己骂我自己。（中略）我敢断言我、咒我、骂我，是我的真爱国。

这些个话，我觉得都是麻生学士狠真实的自白，都是觉醒了的日本人的忏悔词。可惜这样觉醒的日本人为数太少了。

总之，黎明会的朝鲜问题号，总算是最近日本政论界一种可以注意的讲演集。留心东方大势的人，可以买来看看。

（原载于《星期评论（上海 1919）》第 12 号，1919 年）

可敬可悯之朝鲜人

佚名

汉城全体罢市。

本社顷接汉城访员通讯云：汉城自三月一日，韩民全体表示独立，总计前后被日政府拘押者约达三万余人。各店户均停止买买[卖]，因此日商之损失甚巨。曾由在汉城之日商请朝鲜总督设法维持，总督令宪兵传知韩商一律开市，韩商答云：人民均被拘禁，向谁买卖，必将被押者悉数放出之后始可开市。宪兵据此报告长官，允除领袖而外，一律放出，作为开市之交换条件。而韩商云：无所谓领袖，有一人不放出，即不能开市。宪兵又报告长官之后，允将领袖一并放出。而韩商云：非将全韩被押者放出，不能开市。宪兵以其要求之范围太大，非汉城一处之事，遂作罢论。现以被押人数太众，无地容收，至日本官署，亦皆让出。闻被押之人，均不饮食云，又忠清道韩人敢死团，以炸弹一枚，抛入日本某兵营，炸毁房屋一片，然后继续闯入，与日兵苦斗之后，抢得步枪五百枝左右，同人逃入山中。凡持枪者，均扼守山口，而日兵尚未能攻入。其所以逃往山中者，因平地上房屋，多被焚毁，借山地暂作栖身云。

（原载于《民国日报》1919 年 3 月 30 日）

朝鲜独立活动的情状

秋

· 生气和杀气相冲，
· 公理和强权苦战。
· 且看最后那一天，
· 到底是谁胜谁败？

这回朝鲜独立，朝鲜人说日本人不懂民族自决主义，日本人说朝鲜人误会民族自决主义。归总一句话，随便怎样说，总是和民族自决主义生了关系，到底是不懂呢，还是误会呢？必得要试验，试验才能够明白。这是后事，暂且不表。且把他们试验这个主义时候的情状写出来，给大家猜一猜看，到底是谁不懂，是谁误会？

一、各地方独立时候的情状

这回朝鲜独立活动有三种特别的彩色：(一)以学生平民的资格，公然排队出游，不做秘密的行动；(二)拿演说去传布独立的主义，不拿武力去强迫人家独立；(三)任凭日本军警怎样打杀，仍然守着纪律，一点不乱。打三月一日起，有好几天，各地方活动的情形，真是叫人家不能不佩服，姑且把他写出来：

京城，三月一日下午，有学生七八千人，分排好几大队到皇宫大汉门前，大叫"独立万岁"，就在大汉门前当众演说。又分几队到法美总领事馆前，高呼"独立万岁"。靠京城附近有麻浦镇，有三千多人在那里聚会，延禧学校附近有五百多人聚会。这样多的人合在一块，却能够各守纪律，一点扰乱的情形也看不出来。

开城，三月三日，有女学校学生二百多人，排队高唱赞美诗和独立歌。当地警察出力劝阻，不多时集聚了三千多人。到了下午，又有十五六岁的少年，队上前后原著许多人民大叫独立万岁。日落时，又有二千多人高叫独立万岁不止。日本警官和宪兵开枪打去，虽死了多少人，决没有一个退走的。

离京城稍远的地方平壤，有学生二千多人、人民二千多人，聚在一块，高声念独立宣言书，各人中手拿一面国旗，行动时又活泼，又郑重。镇南浦有学生五百多人，人民一千多人。安州有人民五千多人。中和江西宣川、成川等处，各有三千、五千人不等，一个个手拿国旗，口呼独立万岁。日本军警，费尽平生气力，打杀了多少人，都不能够禁止他们。此外，凡有十家以上的村镇，都有人排队大呼独立的，也就用不着细说了。

总而言之，朝鲜有血性的人民没有一个不做独立活动的；活动的时候，没有一个手拿寸铁的，也没有一个不遵守秩序的。

二、捉拿辱杀人民的情状

各处宣布独立团的代表和运动的人民，前后被捉的总计有六七千人，内中教士居十之八九。孙秉熙是天道教教主，是这回独立运动最有功的人。当捉他过市的时候，街中聚集几千人，一个个都向他高叫万岁，他也从容不迫的说道“我抱定主义，断不怕死”。宪兵营和警察厅门口，没有一刻不看见捆缚几百人或几十人的女学生。独立首领被警察捉倒的时候，就把他衣服一齐脱了，让他赤身露体，占[站]在街心里，当众羞耻。他有一位幼年学生，右手拿一个国旗，口呼独立万岁，日本宪兵拿刀，就把他右手斫了。这位学生又用左手去捡起国旗，仍呼独立万岁，日本宪兵又把他左手斫了。这个学生两手虽然皆被他斫了，口中却仍然叫独立万岁，不止宪兵没有法子想，才一刀把他脑袋斫了。又这回独立，日本人都指为教师唆道的，所以汉城的基督教青年会会所皆被军警检查。美以美教会的美国妇人，一为穆尔夫人，一为特里赛尔女士，都被日兵用枪头捣伤。美以美会员罗伯特同他的朋友去看朝鲜妇人集会，也被日警捉到警厅去了。现在朝鲜境内，除了日本人外，没有一个能够行动自由的。

三、审问独立首领时候的情状

凡被捉的首领，皆要拿去问一问。天道教教主孙秉熙被捉之后，由朝鲜总督长谷川亲自审问。孙氏直言不讳，态度非常的沉静，说：“我为主义而死，所以没有一点怕惧心。”长谷川问道：“这回运动，有人唆道没有？”他说：“这是公理。叫我做的，没有人能唆得动我，也没有人能禁止住我。”又问：“如果让你们自治，你们真能够自治吗？”答道：“自治能力是我们自己本有的，说甚么让不让？自治事业绝不是人家可以给我的东西。”又问：“朝鲜国家应该专制，或是应该共和？”答道：“二十世纪世界，那还有专制政体存在的道理。我韩鲜亦乘此潮流，趋向共和了。”又问：“如朝鲜成了共和国家，举你做大总统，你可承认呢？”答道：“这是义务，也是天职，安敢辞劳？”

四、劳动界最近的情状

朝鲜劳动的人受两层压制：（一）受日本资本家压制；（二）受日本劳动家压制。朝鲜人的生活权皆在日本人手里，好一点的工作皆被日本人霸占去了，劳动界渐渐不能生活，所以也趁这回独立机会到处罢工。汉城方面，人力车夫罢工了，纸烟专卖局的工人也罢工了，矿山工人现也在有几千人停止工作。汉城商店歇业的有一千多家，他们工人说：宁肯饿死，不愿再受这两重压制。

（原载于《每周评论》第 14 期，1919 年）

日本之于朝鲜

佚名

日前朝鲜人之独立活动，各报咸有揭载。今又有通讯数则，见闻真确，有征可信。且立言持中，不主偏袒，谓日人对于手无利器、行无暴乱之独立表示，遽以兵力压制，未免不合。如措置得宜，即可平安解散，不致演此恶剧也。朝鲜独立之酝酿，早在数月之前，举国上下，人咸知之。陡于国丧，大众会集之日，群声高呼曰：高丽万岁！于是独立旗帜遍国中矣。日本宪兵警士见此举动，施以攻击手段，殊失凶暴不仁之至。想其大众会集，赞成此意，意在感动巴黎和会，赞助韩之独立主义也。数年前，日本合并高丽时，将兵器全数收没，此乃人所闻知者。自此厥后，韩人无兵器自卫，而日兵对此大众之代表，加之以兵刃，实有不必者。良以事之开始活动，无暴乱示威之主义也。

数月前，由为首领之数人定意要宣告独立，抱此热切盼望，激发人心，想终能收得独立之效果。以故下手运动者奔走于国内外，更派人至巴黎和会上其请愿书，签名者至众，冀大会准其请求脱离日本之辖治。此等风声，一月之前早已闻之。余（通信者自谓）早有其宣布独立文告一纸。其签名者有寺僧，有各种会，亦有教会之牧师、青年会会友，举国一致签名。为首者聚于汉城，愿与日本驻韩总督谈判公开，以大众为之后盾，表示国人群众欢迎自主之心意。教会之学生加入此活动者甚多。至其抱持激昂心义，乃外国教士所不知者。月初事发仓猝，日警士待遇大众之代表，失之凶厉。据的确之证据，日警以枪刺刺人，有闯入人之家室，拽妇女之发髻，示暴于未与反对之列无辜之妇人孺子，殊大为不合者也。

开始活动之韩人，劝谕其同胞：日人前来禁阻，吾辈不必敌拒。此举为表示，使天下人知韩受日治而心有所不甘，发起此不争战之革命也。日人睹此情状，则谕教士禁其出外语，谓兵事纷纭，恐保护难周，斯警士待遇教士之态度也。

日人施其治法于台湾与朝鲜也，受人言论上之抨击者屡矣。此次事发，其防御手段失之过烈，又有不能为之讳者。或谓事起仓猝，受一时之激刺，致事实上形迹过于心理上主张，非不可加以恕辞。而余谓其不合者，胡为一例用严厉手段待遇韩人也？即报亦不许韩。人登载如此，欲盖弥彰愈显日人之不合矣。日本报纸素有张扬其辞，谓韩人性蛮野，喜暴动，故此次兵士之恶劣手段，未始不自素日之鼓吹以酿成者。或谓日警士不惟待遇韩人如是也，其于本国人民与警士冲突发生，如焚毁警区，殴击岗兵，警士亦加以凶厉，不稍宽假。然而此次警士之所为，乃政府所不赞许者也。夫日人之治韩，举办种种利益事，为人所共见，乃韩国数百年来得所未有。然而强迫韩人服从，日人之志意为韩人所不能忍受者，盖一切利益百般改良，非为韩谋，乃为日谋，亦非韩人所甘服者。总之，日本前之合并高丽，为韩人锥心刺骨不能忘怀之事，后复束缚之，使去其自由，亦韩人不堪忍受之事，故有今日举国一致之暴发也。然日人平定此次之活动，全施以严厉之武力，恐激成反对之心，愈益加厉，措置不当，至可为日惜也。但吾人希望不至于此极者，深望巴黎和会中人，既已共闻而共知之，识见高明，或赐以调护指引也。

（原载于《华文报》第 15 期，1919 年）

朝鲜独立之希望

邵绳武

韩之被并于日有年矣，不图今日乘其故王出殡之际，竟集其国人游行街市，欢呼万岁，冀图独立。不日之间，四方响应，虽日之宪队拘留其首领，迫散其徒众，仍未能稍杀其势，且欲求巴黎和会之承认云。吾闻之之下，不觉怦然于心，而有无限之感慨存焉。夫韩之亡也，非由其人民之无道德而少学识所致，特由其上之官吏贪污鲜耻，政见纷歧，互相倾轧，甚至日寻干戈，引狼入室，卒至同归于尽，而韩亦为之断送矣。然人民固未尝一时不思其祖国也。自隶于日，虽赋税稍苛，然日人竭力为之，扩充交通，发达实业，较之向日处于兵燹之下，则大有霄壤之别，此亦不可谓非日人之惠也。比因和会成立，韩人激于爱祖国之挚诚，而有斯举。于是论者或谓宜任其独立，或谓不宜，吾则以为当任其独立，而加以监督者也。盖任其独立，韩人恐尚未有其才能，反足以启政争而蹈前辙。不任其独立，则必怀排日思想，日虽强，然压力愈大，抵抗力亦愈大，宁捐其七尺之驱[躯]，以缺彼菜市之刀，愈接愈厉，而异日必酿巨变，于日有何利焉？今苟任其自治，设立国会，策任总长，以韩治韩，而日遥领其大权，如美之于菲，英之于印，若是韩人既得复瞻其祖国，必感日之厚贶，又安有暴动之举哉？于是复普及教育，遣其青年出洋，以习西方之文化，而有益于政治、经济、科学等。待其有自治之力，然后任其独立，则日既无损于分毫，且可践其前言，天下必谓日能扶弱保孱者矣。而今日韩人之求独立，亦于此可安谧，故斯策非惟为韩，亦所以为日也。吾近阅报，每至朝鲜独立之情况，屡兴念及此，遂书以备采择焉。呜呼！韩以亡国之余，罹亡国之惨，至今虽艰辛苦，求独立或不可得，而彼东瀛大陆，自称四千余年古国，乃亦日寻干戈，自相鱼肉，其有不蹈韩之覆辙欤？吁！

（原载于《天籁报》第 8 卷第 1 号，1919 年）

朝鲜独立运动感言

穗庭

朝鲜这回的独立运动，再接再厉，勇猛无前。中国的报纸，前日竟载有“朝鲜人因运动独立被捕至四千五百余人而运动始终不懈”的消息。我想，具有这种独立精神的民族，必不会永久仰他人鼻息的道理。朝鲜脱离日本的羁绊，直指顾间事，我们拭目以观其成就是了。眼下又多一自由国家，这也是我们所日夜祷祝的。

欧洲列强现在正商议国际联盟的事情，我想他们果真盼望光明大地从此再无战祸，朝鲜独立这事是不能轻轻放过，听其自起自灭的。时至二十世纪，世界上还那里有怯懦不争气的民族从前慑伏于他人权力之下的，过不几时，行将接踵而起，要求解放朝鲜，今日不过崛起做一个先导者罢了。照这看来，欧美各自由国若不趁这时和会未闭，把朝鲜独立这问题及与朝鲜独立有联带关系的民族解放问题根本加以解决，则世界永久和平的基础仍未得谓为固定，可断言了。

至于日本朝野，我也很盼望他们对于这事有一番根本的觉悟——觉悟出不容朝鲜独立，无异拼命和时势作对，终究必归失败。自来潮流所趋，无法挽救。日本此时的兵力非不能把朝鲜乱事一时敉平，然而解放的运动已成为廿世纪人类的共同趋向。不独弱小的民族、弱小的国家对于强大的民族、强大的国家要求解放，即弱小的阶级对于强大的阶级也有要求解放的运动。今日这些受压抑的弱小民族、弱小国家、弱小阶级，他日必会互相联合，以对抗那压抑他们的人，那时节日本又将何以处朝鲜？总之，二十世纪里面根本不容有操纵他人命运的民族，不特按诸正谊人道不应如此，即按诸事势亦不能如此。朝鲜独立迟早必成为事实，日本之容许与否不成问题了。

我从朝鲜独立运动，又联想到中国今日的情形，我想南北两政府也把我们的幸福糟得够了。

（原载于《新潮》第 1 卷第 4 号，1919 年）

朝鲜独立运动记

一觉

三月一日午后二时，朝鲜人民以最文明、最郑重之举动宣言独立。先是日人预料朝鲜李太皇出殡之日（三月三日），汉城必发生乱事，乃派遣宪兵队集中汉城，以图遏止。讵料韩人之为此运动者，皆有智之学生，乘机于三月一日在各乡村结队出游，宣称独立。其宣言书（见后）虽被日人没收，然流行于外者为数不少。日人以此次祸起仓猝，惩治甚严，计始事数日间，逮捕人数已不下万余，严形苛待，惨不忍闻。然韩人求独立之心，迄不为动。嗟夫！安重根志士在天之灵，当亦欣然含笑矣。

是事之主动者，为天道教主孙秉熙氏。独立宣言后，即遭逮捕。公庭对质时，直认与独立之举实有关系，且曰："予守定主义，断不畏死。"泰然自若。事之内情，据各报所载甚多，今为择要录之。惟此次乱事，韩人仅集众以独立相号召，毫无反抗日人之举。其举动之文明，实堪嘉奖，以视日人之残暴，直不啻天渊。文明国之举动乃为此，亦可叹矣。

京城学生于一日午后，集众七八千人，分为数队：一队至德脩宫（故李太皇宫）大汉门前，大呼韩国独立万岁，旋即在大汉门前演说；一队至先化门，高唱独立万岁，以达法国领事府；一队则往韩今皇宫；一队往美领事馆。他团体欲往总督府，为日兵所阻。当日被捕者，有百六七十人之多。女学生亦多数参加，日警获其首领数人，强去其裳，使赤身立于街衢之上，以羞辱之。当此文明世界，乃有此等蛮行，天其厌之。不但此也，有一年幼学生，右手举韩国旗，口呼万岁，日兵以剑砍其手坠地。该学生左手捡其旗，大呼独立万岁，日兵又断其左手。该生仍大呼独立万岁不已。日宪兵以剑砍其颅，乃仆地而死。时有某西人欲撮写其惨状，竟为日人拘去。京城各处日兵，种种无人道之，强暴行为，不胜枚举。天鉴孔昭，将来必有受报之一日也。

开城地方，三日午后，有女生多人集队高唱独立歌，当地警察劝谕不听，大起冲突。十五六岁之少年亦俱聚众，大呼独立万岁，日警兵以枪铳压制，死伤不少。平壤镇、南浦、安州、中和、江西、成川、宣川、义州、黄州、谷山、遂安、沙里院、元山、咸兴等处，均朝鲜地名，均有同样之举动，死伤逮捕为数巨万。自一日以至十日，再接再厉。汉城车夫同盟罢工，各街电车大半停驶，印刷局及烟草专卖局之工人亦同行罢工。京城街上商店闭门，车夫、电车工、印刷局工人及烟草公卖局工人亦皆罢工。十一日，龙山满铁工场之韩工一千余人同时罢工，无一人出动者。十五日，京城各商店仍未开市，邮便物之传递亦极困难。以此观之，商民热心独立，不顾利害，朝鲜人民殊可敬爱。

汉城二十一日电：今日为汉城商店闭市之第十三日。据各新报云：学校开学者只有五处。政府医校学生共百九十九人，上课者只有六人。实业学校生徒百八十一人，上课者仅一人。高等女学校学生二百零三人，上课者仅二十六人。索明女校及景明女学上课者稍多。至其他学校及城内最大之学校，均未开学云。

平壤警署日纵警杀害人民，捉囚监狱者达七百余人。一署所囚者既如是之多，则平壤一道至少当不下三万余人。当此世界和平之良机，韩人以正当之理由，以空拳冒白刃奔走哀号而反遭残杀，公理何存？犹有甚者，日本警兵之暴行姑置勿论，即各地之居留商民等毫无警察宪兵之职责者，亦复成群结队，放枪挥剑，行为强暴，无所不至，诚可恨也。

按：此次韩人之独立活动，纯本于其民之心理。日人惭谓为西洋宣教师等之唆使煽动，而于巴黎会议中复强欲证明朝鲜人之非自动，欲令朝鲜人中卖国者流自称各界代表，以提出证明书于平和会议。故朝鲜代表安又根、安重根之弟致我国人书中有“第虑日人假造吾民真意，威以严刑，逼书不愿独立之供状而后已”之语。呜呼！日人诡诈乃尔，文明国之谓何？三月二十九日记。

附朝鲜独立书原文

吾等今兹宣言，我朝鲜为独立国，朝鲜人为自主民。吾人深信，以此为宣言，告之世界万邦，则人类平等之大义愈益修明，垂之子孙万代，则民族自存之正权更加巩固，当无疑义也。用敢仗半万年历史之权威，合二千万民众之忠诚，为此布告焉。夫曰图谋民族，恒久如一之自由发展者，考其主张，固基于人类的良心之发露，亦顺应于世界改造的大机运也。然所以启迪之者，则应归之上帝之明命、时代之变迁，与夫人类共同生存。权之正当发动，是以天下无物可以阻止而抑制之。

溯自有史以来，数千余年我国未尝作彼旧时代之遗物之侵略的主义、强权的主义之牺牲，换言之，未尝受彼异族钳制之痛苦。今也不过十年，我生存权之剥丧几何？心灵上发展之障碍几何？民族的尊荣之损毁几何？裨补于锐意维新而随世界文化的大潮流之机缘遗失又几何？

噫嘻！欲为宣畅旧来之抑郁，摆脱时下之痛苦，芟除将来之胁威，与夫伸张民族的良心之压缩，奋兴国家的廉义之消残，则国民之正当人格方能遂其发达。若夫遗与子弟苦耻的财产，毋宁导给儿孙永久完全之庆福，是以最大之急务，莫谋民族的自立若也。今日者，吾二千万之同胞，各以方寸所怀之利刃，为援护人类适应的及时代良心的正义军之人道干戈，则进也何强不可以挫，退也何志不可以展哉！

丙子修好条规成立以来，时时在在。食金石之盟约，日本之无信不足罪。又其学者供作讲坛，政治家用为实施，亦无非以我祖宗世业为属地，以我文化民族作夷狄，又以征服为快心。我之久远之社会基础，卓荦之民族心理，一切无睹，日本之少义又安足责。时至今兹，但求策励自己为未雨之绸缪。至若他人之怨尤，与夫自己夙昔之失策，均在不遑盼顾。而今而后，当知吾人之责任，视吾人之建设力如何，而已决不在乎他人之破坏也。其各严肃乃心之命令，开拓自家之新运，万勿以一时感情的旧怨，而生嫉逐排斥他人之心。只求将彼羁縻于旧思想、旧势力之日本，为政治家之功名的牺牲之不自然又不合理之错误状态，改善而匡正之，使归于自然又合理之正经大原足矣。

当初非出于民族的要求之两国并合之结果，毕竟姑息的威压、差别的不平。统计数目，上虚饰之，下利害相反，使两民族间永不能平等，沟怨于以日深。今观既往之实绩，宜即勇明果敢，廓正旧误，基本于真正理解及同情，打开好友的新面目，方为彼此间远祸召福之捷径，苟令我二千万含愤蓄怨之民族，恒缚束于势力之下，殊非所以保障东亚之永远和平也。

试观东亚安危主轴之四万万中华民国，对于日本如何危惧，如何猜疑，结果行将招致东亚全局共倒同亡之悲运，亦未可料。

今日吾朝鲜重新独立，使朝鲜人得遂正当之生荣，同时又使日本改邪而归正，以负东亚支持者之全责，复间接使中华国民忘其所不能忘之不安与恐惧，夫然后东亚和平之真目的可达，世界和平、人类幸福必要之阶级可成也，岂特区区感情上之问题而已哉！因为之歌曰：美哉美哉，新天地眼前展开。威力时代去，道义时代来。

过去各世纪，已矣已矣新文明。曙光射来新历史，人道精神皆唤起，冬往春来万类庆。回苏之喜，冻冰寒雪，呼吸闭蛰，彼一时势矣。和风暖阳，气脉振舒，此一时势矣。

天地复运，世界变潮。何须踟蹰，何用忧焦。问我自由权，今已恢复。观我独立旗，今已高飘。

吾人吾人，奋起奋起。凭此天良，执此真理。将过去之抑郁洗涤，把未来之活泼振起。万汇群生，欣欣然喜。内依千百世祖之神灵默佑，外随大同之世界气运迁徙。不奏肤功，誓不休止。

（原载于《国民（上海 1919）》第 1 卷第 4 期，1919 年）

韩人图谋复国

佚名

二十日，中美新闻社载密勒报评论云：侨华韩人协会已拟有一公禀呈诸美国政府。在欧洲和会赞助韩人独立之权，以威尔逊总统所持民族自决之主义为根据，该会与在美国之韩人协会一致行动。在美之协会亦曾上同样之禀于美政府，韩人并已派代表赴巴黎和会请愿。该禀附有一觉书，陈述韩人要求之理由，内容如下。

▲韩国之历史

（一）韩国独立垂四千年，有历史可证。换言之，韩自开国以后，始终为独立国。（二）韩国于其历史最后数百十年间，虽曾进贡于中国，其内部行政则从未受干涉。（三）在一八九四年及一八九五年，日本以保韩国独立为名对中国宣战后，李鸿章订《马关条约》，重认韩国之独立，其他各外国亦承认之。然日本之助韩纯为托词，其真目的在夺韩之独立，故名为助韩，实则大挫独立韩国之进步。（四）一九零四年，日本对俄开战，当时宣告各国，谓开战之目的系保护韩国领土，并维持其独立。（五）一九一零年，日本突然合并韩国，抛弃一切国家信用条约义务，破坏一切道德原则。然世界各国无一反对日本，或表同情于韩国者。当时强权即公理之说正昌，故有此国际不平之事。（六）韩皇受日本之压迫，遂让出国家主权。（七）此事只有国贼李完用预闻。夫一国之政府，本为该国国民公共之政府，则岂容一人私卖其国于他国？故此举非一国家之行动，乃一国家首领之行动而已。（八）日本为镇压韩人起见，以日之模范军驻扎韩皇宫中，侦探密布各处，故意询问韩人，赞成日本合并该国否。如答词不逊，日兵即打之骂之，甚至下狱瘐毙。因此韩人不敢谈论，死者累累，暴骨如山，流血成海。而日人且指为盗匪，诬其身后之名。试问世间可痛可怖之事，宁有甚于此者哉？（九）日本以重金贿买韩之国贼，又欲买韩人之心，凡不受其买者，均锢诸狱中。然韩人不愿受日本之龌龊金钱者甚多。

▲日本治韩之暴政

(一)日官攻击耶教,压迫耶教徒,诬以罪名,置之死地。寺内正毅监狱有人满之患,耶教徒受此虐待者不少。有学之士以种种刑罚迫使韩人弃其宗教,仍返于野蛮状态。凡耶教徒必须在日本总督处注册,日官予以证据,方可传教。凡设置教堂,必先取得总督之允许。此外,对于教徒尚有无数压迫之方法。

(二)韩本帝国皇室所有土地财产甚多,此等公地向由农民耕种之。日本并韩后,设一殖民局,将韩帝室土地及一切公地悉归该局,移日人居之。于是韩国农民顿失生计,扶老携幼迁至北满、南满,其他霜雪严寒饥冻而死者计数百人。夫韩人国亡民奴,固应得此惩罚,然灾祸如此之酷,吾人不能不吁天而呼冤也。

(三)日人恒诱令韩人父子互控,依各国普通法律,凡浪费不务正之子,得禁其承受遗产。而日本之治韩,则漠视此公律,恒奖励浪荡少年,挥霍家财,使其父贫苦,欲绝其结果。为父者不得不控其子于法庭,而子乃反控其父,于是不但家产罄尽,父子且为仇雠,而败亡随之矣。

(四)日人治韩,对于韩人婚嫁,不问其年龄与礼节,并奖励不道德之事,有十二岁即结婚者。男女之结合,惟以己意为标准,恒有青年新婚,数日即行离婚。日本并韩后七年间,韩人离婚案多至八万起。此系据在韩日报之纪载,日人又在中国奉天、天津、北京等处大卖韩国少女,大多不过十四五岁,视为一种收入,同时且促进日政府灭韩人种族之政策,一举而两得。然韩民有二千万人之众,灭绝正恐不易,吾人于此,惟有求上帝之默佑。

(五)在韩日本政府曾设一局,专卖鸦片,并令韩人及台湾人从事种烟,以作药用,有借口。其实将鸦片密输入中国,致中国全国皆烟。因此韩人不独贩烟者甚多,吸烟者亦大增。装鸦片及吗啡之箱冒充军用品,输入中国,以避税关检验。上海《字林西报》曾详载其事。一九一九年一月十四日《大阪每日新闻》载一论文,指英美教士借教会及学堂私卖鸦片,此中目的即在诋毁耶教,并以烟毒之责卸诸英美人。谲哉此计!当此文明时代,上天其梦梦乎?

(六)韩人除入中学校外,日官不许其再入较高之学堂。教会所设中学以上之学校,受检查甚严。此举之理由显而易见。盖东方文明始于中国,传至高丽,由高丽而日本,故古书古文之类,高丽所有多于日本。日并韩后,企图焚毁或窃去此等古来之宝物,使韩国学者无从见闻,即所谓焚书坑儒之策,以愚韩民也。呜呼!毁坏一民族之文教,较灭其种族,罪尤甚焉。日本治韩之暴虐,罄竹难书,今不必赘述。

以上所纪，乃荦荦之大端，为久居韩国之各国领事署及教士所共见共闻者。韩人既在异族专制之下，如何能免灭族之祸？即使日政府果良，他族人民之苦痛，亦非其所能知，况以其横暴，韩人灭种之痛，其能逃哉？今幸天帝仁慈，欧战告终，武功摧灭，贵大总统依人人有权生活于世界之帝命，宣言世界各民族咸有自决之权，故吾韩人谨求转达吾人之事件于欧和大会，俾吾二千万韩人得早享自由独立之幸福。肃此上呈，不胜屏营待命之至。

欧战和会拟作到世界国家平等地步，则韩人之请求复国自属正当。惟东方之德意志，其对于吾国，方将以属国相代，岂能听已亡之韩恢复故国乎？和会果能维持韩国之独立，吾甚祝祷之。特鉴于开会情形，犹不免强弱大小之区别，则世界国家平等，恐犹是口头之佳话，未易实现也。

（原载于《兴华》第 16 卷第 9 期，1919 年）

朝鲜独立运动中之新教训

孟真

这次朝鲜的独立，就外表论来，力量是很薄弱的，成功是丝毫没有的，时间是很短的，但是就内里的精神看起来，实在可以算得“开革命界之新纪元”。

何以呢？这次的朝鲜独立，确有特殊的彩色。我以为他对于未来的一切革命运动，有三层重要的教训。

第一是非武器的革命。日本之待朝鲜人，不特不许他家藏武器，并且近于武器的各种金属物，也不许用。我曾听到一位朝鲜朋友说，他所住的乡村里，每五家用一把切菜刀，其余也就可想了。所以这次朝鲜人的独立，只能发宣言书，开大会；口咬日本警察，却不能拿铁当血的交易品，拿武器当取得自由的用具。这样〖的〗举动，在今日虽然不能成功，然而这不用武器的独立运动，就价值讲来，实在比用武器的独立运动高得多。后一种虽然效力大些，只是手段不清白，因而结局的成功里每每夹着预料不到的恶事体。这没有武器的革命，才真是正义的结晶。

第二“是知其不可而为之”的革命。靡弱的民族，每遇重大的事件，必要向［问］可能不可能，力量够不够？瞻前顾后，结果是一事办不成。实在说起来，只要是大众愿意的事体，大众希望的事体（这里专指社会中的事体不泛指自然界中一切事体），没有不可能，没有力量不够的可虑。最后的成功，虽然有迟早的问题，终没有否定的问题。所以“知其不可而为之”的里面，竟可说是“知其必可而为之”。中国此刻最可虑的现象，就是社会上一般的人，对于改革事业，总是虑到不可能。——这是中国人万劫不复的运命的定案。大家既不做去，如何可能？大家既是做去，如何不可能？看看朝鲜人的坚固毅力，我们不真要惭到无以自容的地步了。朝鲜人的这种精神，就是朝鲜人最后胜利的预告！

第三是单纯的学生革命。历来的革命必离不了学生，但是学生以外，也还免不了别种人。书生自以为力量不够，想要借重武人、资本家，等到成功以后，便是武人、资本家的专政，全反书生的初心，革命等于未革命。这次的朝鲜独立运动，没有丝毫别种的力量，只凭一般书生的自觉心，真是最纯洁最光明的举动了。

以上三项都是这次朝鲜独立的特别彩色。朝鲜的独立未成，这精神自必继续下去，世界的革命未已，这精神自必继续下去；这精神由现在看起来，好像愚不可及，然而顺着这世界的潮流，必得最后的胜利。我们应当高呼“朝鲜独立运动的精神万岁！”

回想中国真个可叹。一般没有自觉的不必说了，就是那些有自觉的，也还是心气薄弱的很。口里谈安那其主义，手上带[戴]着金戒指，笔下发挥意志磨练人格独立的文章，身子却常常和权势接近。一般高级学校的学生，更是拼着命学官僚学政客，现在的学生如此，将来的社会可知。所以我现在不恨官僚，而恨学生，不恨迷顽可怜的老朽，而恨口是心非的新人物。

（原载于《新潮》第1卷第4号，1919年）

1920—1931年

朝鲜女界思想之变迁及其现状

[朝鲜]朴春　原作
郑伯奇　订正

朝鲜开国悠远，久沐孔教文化，尚虚文，轻武事；重操觚之士而贱执兵之徒。文艺虽有进步，而围运卒致凌夷。见辱他国，受人蹂躏；被无理之虐待，受非道之惨杀。未始非右文贱武有以致之也。

朝鲜古来，文艺即甚进步而女性文学尤为发远，风晨月夕，讲书，咏诗；佳景良会，徵歌奏律，淑女才媛，辈出一时，然以民智风化未如今日之开放。以是社会风纪大为颓废，投桃报李之风，桑间濮上之音，大为论者所非，甚至识字之妇无人过问。女子教育顿被摧残，女子地位日以沉沦，而一代光华之女性文学亦渐然衰灭矣。

距今五十年前，欧美文明，自西渐东，朝鲜人士，恶[噩]梦渐兴。女子教育，亦来时运，譬如雨后春笋，随地发生，外国宣教师，设施尤多。女子教育遂以中兴。一部守旧之徒，不无反对；而大势所趋，无力逆行。从此瞻望前途，可为朝鲜女界祝福矣乎？

不意日人逞其强力，合并朝鲜。对于固有中等以上之教育，加力摧残。唱为尚早之论，谵为无用之说，发布学制，压迫民智，教育之精神，澌然灭矣。哀哉，甫露萌芽之女子教育亦被打击，譬之雪后，嫩条初抽，而北风遽来，益以严霜，其能侥幸者几希。然诸姑姊妹鼓勇出国，万里波涛，渡涉不休：或苦学，或劳动，一片丹心未尝稍懈。然念国内之惨状，闻父兄流血之悲史，则又泪尽以血愀然而悲矣。奔走东西，宣传祖国之情形因以博志士仁人之同情，亦复不少。此亦朝鲜女子可聊以自慰者也。

日本十余年来，施其武断政策，朝鲜人民受其苦痛，久不聊生。去年三月三日卒然大举独立万岁之声，震动半岛天地。日人不悛，肆行虐杀；三千里河山半成屠杀之场，二千万生灵多歼于炮弹之下。惨状暴行，笔墨难以尽形。当时国内女子，尽力于此运动不少，或被惨杀，或辱缧绁，幸者则流离他乡，然此举惊醒民族之睡梦，唤醒国民之自觉，其功固不少也。

然我侪志愿非但救济一国一民族而已，所谓人类和平，所谓妇女问题，所谓社会主义，苟为吾人类生活之所关、文化之需要，均愿力加研究，冒危险，洒热血，为世界除不平，为人类求幸福，此区区微意也。顾世界各国之同志者，无分畛域，互相提携，则真正之和平幸福，其靡几乎。

朝鲜女子朴春于京都

（原载于《少年世界》第1卷第8期，1920年）

中华国庆节感想

佚名

辛亥之役，武昌举义，而满清覆建造东亚之新共和国，迄今九年。虽内政为中华国民所不满，外交又诸多棘手，而对于先烈缔造之国庆节，固人同此心，心同此理，一致表示其欢欣者也。吾人希望于中华国人于庆祝国庆之际，曾否忆及有一兄弟之国，方呻吟于狡日暴力之下，力求摆脱者乎？又安知狡日方欲宰割东亚，将以待韩人者待中华乎？嗟乎！此全国欢欣之国庆节，能永保无虞乎？中华国民为自救救人之计，当输极大同情于韩人，助韩人脱羁绊，即所以自免其危险，而永保其可爱之国庆节也。中华国民其深思之。

（原载于《震坛》第10期，1920年）

中国之中兴必自挫日而始

[韩国]李光洙

夫以世界最旧、最大、创造最灿烂文明之中国，而陷于今日耻辱之境，过果何如耶？曾指中国为睡狮子者，今则指为死狮子矣。呜呼！以五千年文明之历史，数万里膏腴之疆土，四亿万盛多之民众，人才无尽藏，物产无尽藏，而在万国平和会，仅齿于小弱国之列，荣乎否乎？以堂堂独立之大国政府，惟诺惟谨于岛族政客之颐使，安乎否乎？至若军械证盟、军事协定，非保护阶级而何？

昨日满洲，今日山东，明日福建，冉[再]明日蒙古，皆次第而逝者也。彼贪欲无餍者之瓜[爪]牙，已裂破中国之脑背，而其锐利之尖端，且直犯于脏腑，则现状之危迫，奚啻累卵也哉！

乃者天牖国民而有一大觉醒，主倡抵制日货绝叫；死守山东而有国民大会学生，示威运动，驰电政府以策励之，传单各界以鼓动之，报纸之血泪纵横淋漓，此乃起死回生之新气脉也。鄙人东韩之一学生也，为复我既失之历史与自由而奋斗者，亦以中国之休戚为切己之休戚者，睹中国人民有如斯之觉悟，有如斯之决心，而诚不禁感泪之滂沱也。

然而昧昧我思之，以此温和手段，足以挽回既失之国权乎？足以收复福洲[州]之主权乎？足以夺还已入日本铁颚内之山东乎？足以制止日人之无孔不入，百方经营，期达其大陆政策者乎？且中国人思之，中国年来因南北之争，而縻费国财屡亿万，伤害人民数十万，大江流域，几乎烟火断绝，南北两方，俱已气尽力竭者，果谁之为也？其以日人利中国之内讧，阴弄其左右之术而然者，非世界各国之所明知公言者耶？然则日人以直接侵夺土地与财产，固如彼其宏大，而以间接杀伤民命，状害国脉，又何如耶？此中国父老昆第[弟]之痛入骨髓，无异乎三韩民族也。

然则中国人民为自卫自存之计，出于何法可乎？以国人之舆论而能得胜利乎？抑亦依外国之舆论而得其实力乎？今日虽曰舆论时代，而尚可曰全未、余未也。如英、美、法，文明隆盛，三国关于国内政治，固以舆论决行，而至于国际关系，尚以武力左右矣。日本舆论之反抗，与命令之服从，有太未开、太强暴者。中国位与内政，而无舆论之力，而况可借助于外国之舆论乎？中国兴而享其幸福者，惟中国人；中国亡而受其祸殃者，惟中国人；则为中国而流血者，亦惟中国人，而决非美人、英人代为流血者也。若守以夷制夷之旧套，而望其自存，则不啻缘木求鱼，而反入于自灭之涂者也。

呼呜！中国非世界上独立国耶？无四亿万人民与百万陆海军之力者耶？以山东一省之人民，足以成一国家捍御外敌，而以二十一省之人民，而无自存之力耶？鄙人曾参观中国学生运动会，而其指导者一人，登坛演说曰：中国不能以武力抵抗日本，而惟以和平手段抵制日货，贻日本之损害云云。鄙人甚叹中国士气之阻丧也。夫以白耳义之小，而为其自立对抗强德；以捷克之孤，而为其独立攻击俄人；以中国四亿[万]万之众，而曰不能以武力抵抗日本者，岂非可叹之甚耶？若谓中国无挫日之必要则已，苟为中国自存，与东洋平和，而认日本为敌，则岂可不快试一战乎？环顾全球，曾有若是无气魄之民族乎？惟中国之兄弟，幸勿怒此愚戆之言而猛省益奋也。

惟韩族为伤于虎，而真知可怕者。今此独立运动，试行平和手段者一个年，而岂谓如此可得其结果乎？最右一着，惟有出于血战一涂者，即全族之所确断者也。窃为中国计，中兴伟业安宁幸福，非页流血之代价，则不可得也。呜呼！其思之。

（原载于《新韩青年》创刊号，1920 年）

中国对付珲春事之手段

藕泉

天下本无事，庸人自扰之。此句古语，得非今日日本之现影欤？

出乎尔者返乎尔，逞一时之雄，求无厌之欲，利令智昏，铸成大错，其结果终至败灭，然后深悔何及。此非今日日本今因后果之幻镜欤？

故吾辈不患日本辱我以难堪，只患日本不加我以辱，盖非若此不能求大解决也。请申其说。

一、日人牲[性]格与地位俱极狭愎，无远大观察的能力。

二、日人深印[谙]近世强权学说，不能自拔，亦不欲自拔。

三、无德性，有小技，适足自祸祸人。日本素禀斯质，中毒尤深。有此三者，而欲责求其人道，犹使瞽视色，使聋辨律，不相反乎？不幸东亚有此怪类，演此惨剧；幸而东亚有此怪类，足惩世界。

吁乎，险矣！恶极则罚，水盈则溢，事理之常也。然受其毒者，讵能任其宰割，甘受暴虐，束手忍痛，待其自毙乎？敢问同仇，固将何择？

韩固亡矣，其人民尚一致奋起，不惜生命，力求自决，以与暴虐之日人抗。如中国者，国固犹是也，独甘心受其侮辱而不思自奋乎？吾最敬爱之中国男儿，可以兴矣。

（原载于《震坛》第 4 期，1920 年）

论日韩合并之非法

K. S

二十世纪之国际原则，以信义为主体，不以欺诈为主体，此固国际协会席上之所公表者也。盖人不能离人而孤立，国亦不能离国而孤立，故人与人交际以信义为主，国与国交际亦以信义为主。不料十九世纪以前，野心魔王日以侵略他国疆土为欲，故尔虞我诈，此诡彼谲，不独国际信义完全丧失，即口血未干之盟约亦视同废纸。尤可骇者，德国人士因欲侵夺比利时之永久中立权，遂倡“国际公法可以自由破坏”之说，且其主张之最大理由，不外谓“国家当危急时代，任何条约、任何公法均不受其束缚”，使援此主义以进行，则一国只须厚集兵力，精造利器，初不必诉诸公理，亦无所谓盟约也。今德意志既已完全失败，彼澎脱氏派之武力即公法一语早被打破而无余，吾人方延颈企首而认为世界平和之曙光。乃日本以东亚岛国狡焉思逞，竟以德国之武力衣钵横施于我神圣不可侵犯之大韩国民，极其倒行逆施之结果，徒使东亚大陆化为血战之场，而于世界平和、东亚安宁、民族幸福皆适得其反，此吾人所以追思日韩合并条约而不能已于言也。

（一）日韩合并违反国际信义

善夫！克利氏有言曰：“国家的兴灭，须由国家自动力行之。如以武力或其他迫胁方法侵夺我人国家者，谓之国际盗贼，不得厕诸文明国家之列。”本此言以观察，是国家之生存，他人不得侵害也明甚。今日本之于吾韩，完全为对等国家，如稍以国际信义为观念，则应尊重吾韩之独立权，而不得有所侵犯。乃野心勃勃之日人，不问信义如何，不问公理如何，而以强权夺我数千年葱郁锦绣之河山，设证以克利定义，即称曰国际盗贼，亦无不可。况二十世纪之国际公约，原不许有消灭国家之暴举，故现代灭国新法，亦只以保护关系而终止。不谓日本之处分吾韩，完全以十八世纪之野蛮方法，行其自由鱼肉之毒谋，不独对于国际信义未尝稍一注念，即万目睽睽之神圣公约，亦视同弁髦。此而可忍，孰不可忍？故吾人为国际信义计，不得不为国家人格，而出于独立战争；即为神圣公约计，亦不得不为世界保障，而出于独立战争。

（二）日韩合并藐视国际条约

吾韩区域虽小，然对于世界，则固列入国际之林者也。当日俄战争以前，马关条约第一条曾慎重声明吾韩为完全独立国，即挽近日英协商，亦有同一表示。据此以读，是吾韩之取得国际资格，匪伊朝夕，而日本之承认我独立主权，则固无可讳言者也。乃日俄战争开始，而吾韩仁川方面，竟发现自由行动之日本师团。（明治三十七年二月八日午后）且又有木越少将之临时派遣队、爪生中将之海战队，先后闯入京城。试问待遇独立国家者，固应如是耶？况国际原则，凡列入国际团体者，他国不得灭亡之。纵令吾韩衰危，然亦应由国际会议解决之，不得由日本单独处分之，此理固至明矣。今姑降格相求，假定日本对于吾韩有特别关系，然根据一九〇四年二月二十二日之议定书第三条，亦有大日本帝国政府确实保证大韩帝国独立及领土保全之明文，且就日俄条约而言，犹有承认吾韩主权之事，并郑重声明于会议录上。独奈何盟约未寒，而胁劫合并之怪剧，竟公然白昼开演于东亚舞台上。吾不知未经国际会议之合并条约，果何由而发生效力乎？吾犹不知已经国际承认之国家杲，何由而被人侵掠乎？如曰可也，则万国公认之公约，日本独居化外，吾人当以万国公敌视之。姑无论吾人之实力未充，不足夺强暴邻邦之胆，然既破坏国际条约，其推翻万国公约，使其义而为列强所注目，世界所觉察，则公理战胜强权，固成公法，吾人惟有遵公法行之耳。

（三）日韩合并未得国际会议之承认

欧洲此次议和，除吾韩被日本劫持外，均得有列席之资格。然则世界之最大不幸者，其为三韩民族乎？然何由而制造此大不幸之悲惨剧？穷委溯源，不得不归罪于日韩合并之一问题。夫吾韩非完全独立而享有主权乎？何竟为日人所吞并？然使日韩合并先得国际会议之承认，则吾人犹将诉诸公理，以打破群雄裁判之不当。今日本之吞并吾韩，完全未往列国承认，且又以种种权利结欢列强，使其缄口结舌而不言，我韩民自不肯低首下心，沁沁伣伣，而偷生于黑暗。况日韩合并，列国虽未明言反对，然心目中之认为芒刺者正大有人在，吾人固应维持国际人格，而出斯牺牲生命之最后决心也。

（四）日韩合并未得三韩民族之同意

人生不幸，丁此巨厄，然使由于公众之意思，虽曰万劫不复，犹胜于被人劫持也。今日韩合并之事项，吾韩人民固力加反抗者。考世界通例，罗马亡也，曾由市民全体投票以解决之；意大利之割让二州也，亦由州民全体投票以解决之。吾韩本独立国家，其合并不由人民投票，又不由地方团体解决，而徒以武力监视下之虚君，作为傀儡之签印，此犹可称为让渡主权乎？夫二十世纪之舞台，乃民本主义极盛之时代，故主权属诸人民，帝王不过虚位。今日韩合并之条约第一条，明明有让与主权之类似语，何以主人翁之三韩国民未闻稍容置喙，是直藐视吾神圣民族也？此种条约，形同废纸，吾人如犹承认，则何以表现神圣国民之资格，又何以推翻劫夺主权之阴谋家？

（五）日韩合并完全为武力迫胁

往事且勿论矣，即以合并一项而言，完全出于胁迫，而非出于自由同意者。吾人见闻所及，实引为深恨。此不独个人云然，证诸记录而可知矣。例如，本年夏间美国议员团联翩东渡，彼时议会席上，日本代表自承认为胁迫（见《上海日报》），且以美国之待遇菲律滨为解免口实。试问挟武力以胁夺人国，果居何等？乃犹美其名曰会同协议。吾不知所谓议者安在？所谓协者安在？且考日、韩合并之经过历史[见有贺长雄《最近三十年外交史》（上）]，一九〇四年一月二十二日曾有保护条件签印之密约，乃竟因俄国窥悉，未获如志。自阴谋暴露后，日本政府乃撒[撤]回原案，以谢列邦。不料野心未死之日人，又复利用卖国奸贼，暗中进行。故光武八年二月二十三日，遂又签定六条之自杀条约。此虽系内奸卖国，然实由日本以武力胁迫而使之签印也。吾人对此痛史，泪眦欲裂。吾子孙之沦胥，皆基于此约。即日、韩合并之产生，亦基于此约。故韩国之亡也，不亡于合并之日，而亡于武力胁迫签定保护六条之日。今我人既不甘受武力胁迫，而不愿处日人保护之下，则本正义、人道、公理三大要素，实行抗争。吾知其百折不回之声浪中，定有光复故宇之捷书宣布也。

（六）日韩合并背戾原则

国际间之事件，完全由国际惯例以支配之，故学者谓国际惯例为国际学上之不成文条约。今吾人欲研究日韩合并之性质，不得不研究合并之方式。惟就国际学者所言，对于合并上分类，仅列四种：第一，曰人民的合并国家。此国家乃以二个以上之主权国，而各设机关，各订法律，各施政治，惟结合相同一君主或酋长下耳。第二,田地的合并国家。此国家之对内关系,与第一项同,惟对外关系,则完全以一国名义,而实行担负义务,获取权利云耳。第三,曰联邦。此盖由二个以上之国家,不承认共通的最高主权,而为增进相互利益,保障共通独立,乃以联邦条约或其宪法,规定对外主权之行使范围。第四,曰合众国。此国家乃由二个以上之独立国,而结合于同一最高主权下,以设定共同之中央政府,使成单一国家为处理国际关系者。以上四种,即合并之成规也。第一项如一八八五年以降之白耳曼及孔果,第二项则如一八一五年以来之瑞典、那[挪]威,第三项则如德国与瑞、西等,第四项则如美国及墨西哥等。吾不知日、韩之合并,对于以上之关系近复如何。以吾人研求条约,乃完全以韩国而让渡于日本,并无合并丝毫之印影。试观其合并后之宣言,曾有"韩国合并于日本,而以本日起"即明治四十三年八月二十二日"成为日本帝国一部分"之明文,对于国际间之合并原则完全否认。试问吾人其将何以忍受?且名义上虽曰合并,而实际上则不啻宰割。故吾人一读八条成立之契约,虽欲不为之汗流浃背而不可得。况美国待遇菲列滨,英国对付殖民地,均许其有选举权。今日本对我韩人仅博第七条上之虚名,而犹不能实行,矧望诸英、美之待遇乎?故同一亡国,而他人犹获有一部分自主权,吾韩人则完全无之。瞻前瞩后,忧心如捣,我邦人其念之也。

据以上之六大理由,日韩合并不问,知其为违法,故吾人不得不郑重声明,而世界共弃之。虽明强权之下,未有公理,然违背国际信义者,其国家终归自毙。昔之拿翁,今之威廉,即其先证也。至于国际条约、万国公例,乃国家相互间维持之柱石,而日本自由抛弃之。此种暴戾,国家虽欲不为德意志第二,不可得也。若夫任意武断,劫夺人国,上不经国际会议之解决,下又不求三韩民族之自由意思,乃仅以武力胁迫,欺我皇室,阳倡合并,阴行宰割。吾不识二十世纪之平和舞台,犹容有此狼贪虎噬之残影,而独神圣公约将束诸高阁,无人过问,即列强间之相互关系,亦将因此害群之马而发生莫大之危险。故日韩合并不仅为中日间之冲突问题,且为东亚间之危险问题;又不仅东亚间之危险问题,且将为世界各国之危险问题也。吾人既生此卧薪尝胆之恨海中,首宜牺牲一切,而为世界消灭危险,为东亚保障和平,此则吾人之所当自勉,而望诸我国民之共奋者也。

(原载于《震坛》第 1 期,1920 年)

创刊词

［韩国］白岩

吾韩族以五千年祖国历史之神力为中坚，以二十世纪人道之正义为前茅，忠信甲胄，礼义干橹，以徒手抉铁网，以赤血抗炮火，而求吾独立自由。皓发之臾，黄口之儿，弱礼之女子，胥骈首致命于敌锋之下，而少无悔意。前仆后继，以最后一人之必战为誓，此前古未有之革命也。于是乎九年间入于寂灭之韩国，复为世界之研究问题。虽无以公式认我独立者，而其予以赞叹之词，示以爱助之意，则全球舆情几乎一致。且日人之蛮虐大曝于天下，殆为舆论之集矢，多方外交陷于困难，则吾族之革命事业已做到几分。苟此血之总续增长者，种豆得豆收，完全独立之结果确系无疑矣。自宣言独立以来，有几种报纸之行于各处者，而均用国文为之者，为供我人之览也。惟中国与吾韩极有密切之关系，故今回独立运动之影响触其脑筋者尤深，而学界之青年要得其详情者多，而非行汉字之报则不可。适自新韩青年党嘱余操觚，不能以病为解也。夫日本对于吾韩，则日言确保独立，而竟行合并；对于中国，则日言中日亲善，而实行侵略。已为历史上不可掩者，则无庸多辨［辩］。而余尝谓日人之武，非可畏也，而其谲最可畏也。武可适用于宣战之场，而谲则使用于平常交际，败人于不知不觉之中。故彼之吞吾国，实以谲而不以武也。今中国被他侵略，已经创甚痛巨，故排日之热，渐臻高度。而但恐彼之弄谲极巧，假亲善二字之口头禅，以败中国于谈笑之际也。殷鉴自在，可以勿忘矣。且彼得志以来，骄横忒甚，对吾同洲同种，凌辱虐待，极其无状。吾韩族之无辜被杀者勿论，而观于满洲、山东及福建等地，华人受辱之状，果何如耶？今又进兵西伯利，而虐待俄民，亦复如是。故俄民之排日热，日以激腾矣。噫！彼一进而与韩族二千万为仇，再进而与中国四万万为仇，三进而与俄国二万万为仇。彼虽强武乎，而为世界民意之公仇，能保无败乎？吾见岛儿之受其业报也，不远矣。

（原载于《新韩青年》创刊号，1920 年）

吾族之进行方法

[韩国]白岩

吾韩族以客岁三月一日宣布独立，血飞沧海，声震寰宇，使世界各族认其有独立资格者，此日也。然而吾族之独立运动，非自此日而始也。自甲辰议定六条、乙巳保护条约以来，独立运动未尝一日间断。我义兵之殉于独立者几万，我烈士之殉于独立者千百，我志士团之未死者，奔走内外，呼号独立，以鼓起国魂者，又无量数。急进缓进，互为继续者数十年，而犹未能惹起世界之注目也。乃自三一宣言以后，吾族无男无女，无老无少，无内无外，无远无近，全体活动，一致踊跃，赴汤蹈火，万死不辞。向之枪击伊藤者，为安重根一人，而今则有几百安重根出矣；向之刃刺完用者，为李在明一人，而今则有几千李在明出矣。于是乎世界各族始认吾族有独立资格，而胥异口同声曰：韩国有四千余年久远之历史，有二千万聪颖之民族，有古代文化为日人之先导，虽日人以一时暴力强行合并，而决不能久占而同化之也。半岛江山，新气已见，其能达到独立，惟时间问题云耳。

然则吾族之前途结果，确系无疑，而对于时间问题，为若何之进行，可乎？或曰：美日交涉，日趋险恶，必不免于干戈相见，此其机会也。或曰：俄国新党屡蹶屡奋，宣布赤化，将与日人有复仇之争，此又其机会也。或曰：日本内部之社会派日形发展，早晏有革命之举，此又其机会也。若此之类，固皆当然之事实，然吾族之独立，当以自力为之，决不可恃此外来之势，而为投机之事业也。或曰：吾族之精神上，活动有余，而乏物质之实力，何能以自力达到独立乎？余曰：恶，是何言！今吾族既举独立之旗矣，使无外来之机会，则遂已此运动乎？苟进行之方法得其当，又何自力之不足耶？何以言之？昔日吾国政界有一酷吏，创造苛刑，毒打罪犯，皮溃血流，以致于毙。屡宰郡县，威声籍甚。及其为洪川守也，吏校隶卒，闻而协议曰：我辈若受刑于此人之手，则殆矣，盍为同盟抵制之计乎？视事之日，故为不顺，以挑其怒。守暴燥如火，叱行棍，无如执杖之卒，举以加诸犯人，而略不施打。守益怒，更叱他卒杖之，亦复如是。再三易之，如出一辙。守虽跳呼发狂，而终无如何。乃知吏属之同盟抵制也，即日解绶以归。今吾族二千万人民，对彼行政，而为一致同盟，协力抵制，则彼虽欲不丧气以退，其可得乎？今以埃及之独立运动观之，工人罢工，商人罢市，学徒罢课，官吏退职，种种险象，层出不穷，英人遂失其统治之力，而许以独立。爱尔兰人口不过三百万，而能一心协力，击破警署，拒绝纳税，而莫可捕捉，英人遂穷于对付。今吾族固犹未及乎此等程度，有为彼之官吏者，有为彼之侦犬者，故彼得以施其暴政，而能探获我独立团之机关。若使我人之为官吏者，悉行退职，则彼之行政，无所措手矣。我人无为彼之侦犬者，而为之多方掩护，则彼无从施探获之术矣。若是，则虽积极与日本警吏相对抗，日人将何法以挟制我乎？以拒绝纳税言之，以少数人为之，则彼得捕而刑之。若二千万人一致同盟，尽行拒纳，则彼安能一一搜捕而惩治之乎？于是彼之统治，全失其力，虽欲不撤归，而不可得矣。虽欲不许我独立，而不可得矣。苟能遵此而行，则吾族之独立可以自力得之，何须乎外来之机会哉？

（原载于《震坛》第6期，1920年）

本报创刊辞一

本社同人

世界之大战告终，人间之正义方张，大同之世虽非一蹴可几，而民族自决主义愈逼愈紧、愈趋愈近，俟人类有澈底之觉悟，则潮流自有达到之一日。然则处今之世，发扬正气、提倡公理之机关乃不可缓矣。夫国之强也，国际道德势必奋争，若美利坚是；国之弱也，国家人格誓必保存，若比利时是；国之亡也，兴灭继绝、坠而复续，是波兰及芬兰是。韩国以五千年之古国、二十兆之民众，大好河山，起而再造，于理于势，均所当然，况际此世界，自必以世界之潮流为生存之趋向，地绾东亚枢纽，俨为东亚和平所系，韩国一日不独立，则东亚和平一日不实现，此有识者所公认者也。然则韩国之独立将诉之正义乎？抑誓诸武力乎？曰武力为正义之后盾，一方发挥，一方准备武力，分道并进，殊途同归，此《震坛》报之所由组织也，同人等谨于本报刊行之始，宣言如次。

一告韩人：予手拮据，予口卒瘏，曰予未有室家，此诗之痛言也；时日曷丧，予及汝偕亡，此书之痛言也。韩国始祖檀君，以东方之神圣，为民宪之鼻祖，子孙不幸，不克承继大业，致有沉沦之痛。然而近十年来，韩人尝胆卧薪，毋亡越仇，正气抑郁。自客岁三月，独立宣布，为之一伸。嗣是本再接再厉之精神，为正义人道之奋斗，寓和平于武装，诉公理于强权，万山草木，皆足为兵。昔夏氏少康以一旅中兴，勾丽大武以一隅建国，众志成城，事无不济。吾愿有力者从军，有财者输饷，有智者尽谋，各竭所能，以谋补救。毋畏艰险，冀存侥幸之心；实事求是，用收直道之助。苟持正论，虽敌亦友；苟违正论，虽友亦敌。同人不敏，以东亚同文之谊，愿随诸君子之后，勉尽公理人道之责。此对于韩人者，尚望当仁不让，共襄斯举也。

一告华人：中韩唇齿攸关，唇亡齿寒，古有明训。以地理、历史、风俗、政教言之，无不有密切之关系。盖同种同文，谊属鲁卫，而守望相助，疾病相扶持，为我中韩人士应尽之天职矣。况新潮流已逐渐而来，及今不图，悔之已晚。神经过敏者，谓第二次之战争即在目前，而强权即公理，实为言国际道德者所痛心，尤为中韩两国所亲尝。呜呼！沧海横流，相期携手共济，困处漏舟，端赖同心匡救。同人不敏，愿本此意，为中韩共进之初步。此对于华人者，深愿邦人明达，协力倡导，俾达斯旨。

一告日本人：夫今何时乎？非德意志、强权主义之失败时耶？强权即公理，决不适用于当今之世。盖民族自决之潮流，一日千里，压制力愈重，反抗力愈强。物理有一定之原则，人类有除恶之公性。试观日本政府，对列邦则欺诈是尚，对中韩则强盗行为。以旧思想应新潮流，其不失败者，未之有也。况日本古昔教化，出自中韩，推刃夫子，尤为逆施。三岛不乏明哲之士，其亦饮水思源，根本觉悟耶？然征之言论，见之报章，间有反对政府者，亦无正澈之表示。呜呼！吾人诚不能不为日本国民惜矣。夫强权世界，已至末日，败德者德，非协约国也；乱俄者俄，非过激党也。德、俄地大物博，尚有破产之危。若区区三岛，执迷不悟，其危险尤不堪言矣。此对于日本人者，尚希国民猛省，以拨乱而反正焉。

一告欧美人：夫威尔逊氏之十四条件，既为列强反对，贻和会之污点，即威氏亦不能贯澈其主张。然则今后所谓公理、正义、人道、国际、道德者，竟属之理想乎？是诚不能不与列强一商摧焉。有人于此，家财为强盗占据，为邻者披发缨冠而救之乎？抑袖手作壁上观乎？抑竟助强盗肆虐乎？人心不死，公理自见。果列强注意及此，力持正义，岂惟中韩之幸，实世界和平之幸也。此对于欧美者，深望友邦人士共体斯义，为公理、正义、人道、国际、道德之助焉。

呜呼！言有尽而意无尽，自今以始，本报当以光明洁日之忱、坚忍不拔之志，与世人相切磋。兹值发刊伊始，谨就感想所及，以告世人。傥亦有投袂奋起，作吾人声气之求者乎？固朝夕馨香祝祷者也。

（原载于《震坛》第1期，1920年）

朝鲜之独立运动

佚名

朝鲜之独立运动既成重大问题，中国各新闻及英字诸报屡屡记载，决非单纯的暴动与些少的骚扰明矣。以直接搜集可信凭之报告，可取信之书信，又亲所目击者之报道而观之，吾人非夸张，非反驳也。今番朝鲜骚动，因日本在过去十余年间，对于朝鲜而以军国的帝国主义极其压迫威吓之计划，而不踌躇于起此一革命矣。若谓现世之国民有受残忍虐毒一暴君之恶政酷治者，朝鲜民族是也。日本在于彼土移殖其民而已，开发财源而已。朝鲜民族之怨乎喜乎，亡乎兴乎，非其所关，而惟利其自己民族而已。朝鲜人对此狡猾可憎之日本统治，而思欲脱离控诉于文明之世界，期待渴望，岁已久矣。此心理的瞬间风靡，全地球之进步与民主主义之波涛，使朝鲜人为其自由而蹶然奋起矣。

是以不数日而广布全国之独立宣言，决非由几个不逞之徒之一时的感情而生者，确实乎上而对于上帝，下而对于人类，为正义自由而热叫者，朝鲜民族二千万之声也。日本之对于朝鲜，如独逸之对于白国之武断政治，不得不因此而除去也。不宁惟是，有一通信员向记者而所言如下。

一、朝鲜人自己中无议员选举之事，而纳税则依例。

彼等提起控诉而无大审院，恒常在最残虐军人之专制政治下，彼等之大希望在于更为自主的国民而持自由权利，享自由生活。而从愿言论之自由，且彼无法之军人不日速离于半岛之内者，其愿也。

吾辈对于日本之朝鲜统治，无重言复言之必要，而惟日本帝国为其打朝鲜人入于静稳归顺而更取一层如何手改者，伫见而已。

特法国乎？英国乎？美国乎？为此可怜之朝鲜民族，予以以一顾乎？对于日本之待遇，朝鲜问题自国际联盟特下公平之判断乎？

一言以蔽之，今次朝鲜独立运动，以日本于自己本土外，在朝鲜又在亚细亚之何地方，不可以相当之指导者信赖，不可以相当之管理者信任，将此理由表示于全世界，即可谓之确实证据也。探寻其理由固不难，而亦全世界各国民通悉之事实也。

日本以不义之乎手段、国债与租借及其他同样之政治的、经济的利益，尽榨取于中国，而又鸦片以无限之输入，贻害毒于他人者，全世界之所熟知者。日本之政策，勿论何种表示其利己的而已，称以弱国民之保护者不可，而称以一暴汉可也。

今日对于日本人而欧洲人，且置凡亚细亚人不以猜疑对之者，无一人也。日本固无与其邻邦维持同情之资格，而无他活自活之单纯的理想者也。

吾辈断言矣，日本持续其侵略主义军国政策之期限，则全亚细亚之混杂为漠然之通景，而其结局灭亡而已然。故在大西洋诸共和国极力启发之民主主义之前，宜乎先取者不啻对于欧洲而然者，对于亚细亚可能取其断乎处置也。亚细亚之平和，不在乎武装及武装鲜除也，其实在于经济的产业独立，令其人民结合也。今乃日本证明其自身之全然无力，旦滥用权利及特权也。

（原载于《新韩青年》创刊号，1920 年）

独立运动之四大原因

佚名

一、历史上由来之宿怨

韩、日两国，处亚洲之极东，一苇相望。而韩国有四千二百余年之历史，日本有二千七百余年之历史。厥初风气之开发，韩先而日后。日人之饮食、衣服、官室、桥梁、百工、技艺与儒教、佛教、文学、天文、历学、兵学、医学之类，皆自韩人而传授。故日本以文化之历史，则韩人之弟子也。乃日人以岛国之性，自古以来，寇钞为生，对于韩人，不以德报恩，而以兵为报。二千年间，倭寇二字，不绝于韩史。则日人者，韩人之世仇也。以昔日之弟予，而欲奴韩人于今日，其肯甘心屈服乎？以历代之世仇，而欲同化韩人于今日，其肯顿忘宿怨，不耻新媾乎？且凡世界民族，有历史之魂者，虽屈于一时强力，而一遇机会，皆能复活，而况韩人之特强于历史思想者乎？

二、日人武断政治之檄成、反动

日本，武人专制之国也，政权操自武人之手。并韩以来，所谓总督，政治一出于武断。各宗教非有总督之认许者，不得传道。查经建筑教堂，编纂书籍，且信徒之稍有声誉者，惭[渐]捏造罪案，株连拘捕，施以奇刑酷罚，期于灭教为志。至教育尤酷制裁，凡并合以前之师范、中学、普通各校，尽勒令撤废。而新设公立寻常学校，只授以日语日文，将韩之历史地志，尽付毁弃。严禁学生之言论，断绝外国之游学，蹂躏青年，不留一毫自由矣。草野儒生，迹涉起义者，悉诬以强盗，置之死刑。奖励日人之移殖，占夺韩人之土地家屋，显行驱逐鸦片，为世界之公禁。而乃特许栽培，置专卖局，扩张其销路，以卖淫女为无限之输出，坏我礼俗，毒我青年，是则以灭种为图也。以韩族灵敏之性，岂不能觑破奸险而甘就自灭乎？宜其有决死奋起之一日也。

三、日人暗弑太皇而民怒愈激

我光武帝自明成后，彼弑于日人，恨彼已深，而躬遭废置，国被合并，痛尤罔极。虽在幽禁之中，而乘机报复之念，未尝不存。故彼认帝为排日之魁，思有以除之久矣。至是欧战告终，万国开平和之会，各族决自主之义。彼乃虑帝更有海牙派，使之活动，遂谋暗弑。以今年一月二十三日，令贼臣韩相鹤置毒于食酰而进之，不逾时而大渐。帝叫曰：吾食何物，而如是耶？俄而暴崩，两眼皆赤，遍体红斑而坏烂，侍女二人亦毙。此变传播，民心大恸。国中男女老幼，皆衣麻席藁，呼天哭泣，至七日不辍。痛恨日人，誓不俱生。此光武帝以身牺牲于独立运动者也。

四、世界公理之主倡为吾族之动机

天道好还，物极必反。所谓生存竞争之说，渐谢其权；人类共存之义，代执牛耳。凡以军国主义、侵略政策横跳一时者，均为舆论所攻。平和大同之真理，将易世界而新之。彼日人尢以侵略而强横，岂新时代之能保运命者耶？此吾韩族顺应时势，根据正义，期享自由幸福，自信其必获胜利者也。

（原载于《新韩青年》创刊号，1920 年）

高丽女子爱国精神

佚名

中美新闻社《大陆报》云：有一西国女教士，近往高丽调查日人对待韩人情形。顷甫回沪，据述日人对待韩国少女，非常酷虐无礼。此女教士之姓名，未便发表，但其人夙有资望，故其情形之确凿，毫无疑问。据彼云：目下韩国俨然在暗黑时代，道德学问极高之少女，惭被投入狱中，加以不可形容之虐待，致心理上及生理上均受破坏者甚多。然韩民独立精神，非常宏伟，百折不挠，虽死不悔，故对于日兵日警，既已无所畏惧。日人每诬外国教士从中唆使，实则毫无根据。韩人之求独立，全出于自动。该女教士得有种种文件证据，内有一件，系一日官审讯一女学生之案由记录，其中述该女生不遵师长之教，在街上持韩国国旗，高呼自由独立。日人捕之，褫其衣服，缚于一木架面门下，以竹板扑之。其他种惨刑，不胜枚举。此等女学生，均富于爱国心，学识优裕，亦有能撰英文论者。彼等之扬旗高呼，不过一种消极的爱国举动，与上海罢课之中国女学生无异，而日人则待之如寇仇。

有一女学生之名马利者，在法庭就讯时，日官问之曰：汝思想高丽独立已几何时矣？马利答曰：吾心中无时不思独立。日官曰：汝何以欲与男子同运动独立？马利曰：世间前事之成功者，皆由于男女共同为之，好家庭须夫妇同造，好国家亦须女男协力作成之。问：汝何以信独立为须要？曰：我乃高丽人，自望要高丽独立。曰：汝既受教育，当另有特别理由，试尽言之。曰：我不愿尽以我之思想告汝。曰：汝以为日、韩合并，与日本政府之政策若何？马利曰：高丽决不应合并于日本。至于汝政府之治韩，全不公道，正与德国待其属地无异。日官曰：汝欲高丽独立，究另有理由否？曰：我有三理由：一为谋高丽之幸福，二为谋日本帝国之幸福，三为谋世界之平和。第一，高丽与日本历史、风俗、言语完全不同，日本决不能同化之。我前皇与人民均不愿合并。前皇之署合并条约，系为日人武力所迫，使十年以来，韩国民谋独立，前仆后继，备受一切痛苦，至死靡悔。男女老幼，全国一心，无一人不愿独立者。二则韩民既不愿受日本之控制，无论汝日本如何压制，叛乱终不能免，则为汝日本安全计，亦以许韩人独立为宜。三则韩、日两国时时冲突，即远东无和平，亦即全世界无和平，故为世界和平计，亦应令高丽独立也。日官问：汝所设语或误，第汝何所忆以求得独立者，恃美国乎？武力乎？抑和平会议乎？马利曰：我恃上帝，我不恃美国，亦不恃武力。当时日本并韩，亦非由征服，乃由会议。故我亦望与汝政府以情理谈判，而恢复独立。日官曰：汝既无把握，何以敢如此卤莽行事？马利曰：事由人为，成败则在天。我虽荏弱无能，亦必为国家出力。日官曰：汝既受教育，当抛弃此项褊量与偏见，勉力与日人同化。马利曰：我不能，我为高丽人，必望高丽独立。云云。此外尚有一乡村女子名张雪者，居于内地一小村中，闻得独立运动之风声，彼即信此说必系确实，遂不告人知，自做葬衣一袭。一晨，着此赴警署之前，大声高呼独立万岁。日警立捕此奇女，询以何人教汝如此。张雪谓：无人教我。日警谓：既无人教，何以汝知呼万岁？张雪答曰：鸡至天晓则啼，果谁教之乎？我国独立之日，已见曙光，故我自呼万岁耳。一二日后，日警将其两手加拷投狱，彼又咬破被缚之手指，以血于衣襟上书"独立"二字。其家人知之，送饭入狱。张雪不欲食此较良之食物，愿与狱中人同甘苦，且愿作种种苦工，全无怨言。至于前述之马利，其运命如何，尚未探悉，然如此高尚奇伟之女子，其不容于日官，可断言也。然而高丽已在复活，其子之英杰，无殊于男子，惟种种奋斗，如何继续支持，令人思之不寒而栗。现各牢狱已有人满之患，女子之禁锢，期自三月以至三年不等。有一少年女教员谓人云：彼不怕流血，但愿继彼而起者，能和平快乐而生活云。噫，亦壮烈矣哉！

（原载于《新韩青年》创刊号，1920年）

韩日两族之性质判异

佚名

韩日之不可强合，固有许多关系，而两民族性质之判异，尤为根本问题也。

以历史言之，韩族之建国有四千二百五十二年之纪，而日本二千六百七十二年也。且在古代，凡百文物之开创也，韩族为师，日人为弟子。至中古时代，两国无维持亲善之时，日人恒以侵略的野心对遇韩族，韩人恒以轻侮的状态敌对日人矣。西洋某教师有韩日两族之国民性，论如左。

亚细亚诸民族，大概有共通性。蒙古族一时从事于侵略，而一旦受佛教感化，柔顺如羊。印度汉族、扶余族，均有平和性质，而其中固守侵略性，而儒教、佛教俱不能破坏者，日本族也。二千来对于中国及韩土之沿海地方，以侵掠杀戮为事者，惟日本族也。故两国历史上，外患大抵多倭寇也。且以亚细亚民族之大战争历史观之，其大部为日本之主动，若壬辰役、日清及日俄役，与夫今日韩国内虐杀，最其彰著者也。日本指武人曰士，韩人指文人曰士。日本古来尚武之国，韩国右文之国也，今次独立运动也。韩人以文字言语求正义理论之鲜决，而日本恃其武力耳。

韩族对于日本族，不啻否认其为同一血族也，惟认其为加害压迫而发生之先天的仇雠也。韩族固无与日本族亲爱之记忆，而亦无要求亲爱之希望者也。现今韩人与日人决不要有好感，而韩人思想莫不曰：几日乎，几日乎者，皆其抱切齿之恨者。对如此民族心理而无视，可乎？

韩族对日本族之轻蔑

韩族称日人曰倭虏。倭虏者，即由来之习性也，恒言也。韩族对于日本族之裸体卖淫，男女关系之紊乱，而尤加嘲笑。大而国家，小而个人财产，皆以狡猾手段诈欺强夺，亦多经验。且彼等如禽兽之时代，以我各种文化教导者，恒所记忆也。又韩族与亚细亚第一强大之汉族角，其文化时，日本以海岛中一蛮族之天下无注意者，亦所记忆也。日本人要留学于唐，而不能直接交涉，要新罗绍介，故东三省有新罗院，即新罗外交官兼接日本外交者，亦所记忆也。

以最近状态观之，韩族固认日本自五十年来输入西洋文化有一日之长者，然而日本尚未及于泰西诸民族者辽远矣。韩族若以自由为二十年之努力者，可及日本文化富强之程度，固所确信也。韩族于文化有吸收消化力与创造力，较诸日本而有优胜点者，亦所自信也。日本人在韩土之内，以其机关纸与官吏之口，必曰自己为世界一等国。而日本族较韩族为优秀之指导者，现其自矜之态。如此境遇，韩族尤有不可抑制之不快，反抗侮辱之感想。倭虏，倭虏，尔以强制自处，以毋国人耶？几日乎，几日乎，吾当见之。此其切齿之愈往愈甚者也。

韩族以日本族之浅薄、轻躁、狭少而轻蔑之，以日本族之无将来性而怜悯之。韩族虽于今日被日本族之抑压而自己之优秀于日本族者，亦所自信也。

韩族对于日本族而恐布[怖]者，惟武器而已。三十万日人散在全韩各地，韩人以密接直触看破日本族之处身，而愈憎其轻蔑之想。

牧师梁甸伯以一千九百十年合并之岁视察日本，归告其国人曰：森林三十年生，大学三十年生，会社、银行三十年生，铁道、轮船二十年生。英语之百年事业，日本以三十年译云。则日本语之三十年事业，韩人不能以十年翻译乎？此实韩族之自信者也。

以此证之，韩族对于日本族，决无少毫尊敬之态，而反抱轻蔑之念者也。在日人极甚强压之下，往往有此感情之发处，故日本人常诟韩人曰：不恭汉，忘恩奴。译者曰：尔真是忘恩奴也。

韩族对日本族之怨恨

日本族在东洋史上以倭寇之名称，侵掠韩族。自新罗南解次次雄（方言：君主之称）时代，而距今略十八世纪前也。自是以来，倭寇侵入韩土之沿海，掠夺财物，烧毁城邑村落，虐杀人民，所遇人烟断绝。所以千五百年间，数百万韩族之生命，均以无辜毙于日人之手。此与汉族共受日本族之患者也。

一六一一年，丰臣秀吉无名为寇，血战八年，韩族之被杀戮者三百万，都市村落被其焚掠者太半，平和之事业与文化被破坏者几何？此时韩族之大损失，即其致命之伤。尔来三百年间，韩族大疲毙之原因实在于此。大抵被杀戮者三百万，而其十之九则非战斗员也。当时朝鲜全国之常备兵未满五万矣，只今韩人孰非与当时被杀者三百万有血缘之关系者乎？

一八九四年，有清、日战役，而日本在武备缺乏之朝鲜国内，自由横行，征发粮草，强要劳戮无辜，人民被其杀戮者，殆以万计。至于俄、日战役，龙为倍屣，占据官衙，侮辱官吏，京义铁道之敷设，军需之运搬，勒夺土地，征发农时人民，军兵役夫，横行村闾，劫奸妇女，勒夺金银、鸡畜、鸡卵等，加以任意捕缚韩国臣民而炮杀之。自京城西至义州，北至会宁，延长三千里间，韩族之受其损害、死伤、侮辱者，思之亦可切齿也。

一千九六〖百〗十年，日本借战胜之余威，以诈欺强迫的手段，置韩国于保护长谷川军司令部掌握。

韩族杀活之全权，于是爱国志士蜂起，全国表示其否认保护条约之意。长谷川派其军队，期尽剿灭，而武装之义兵被其杀戮者十余万。无辜村民之当虐杀者，非独立之后，则不可求其统计也。

今年三月，韩族以平和手段主张独立，而日本加以捕缚，恶刑者十万，杀戮者二万，村落及教堂学校妇幼之被烧者几何？过去冤恨已彻骨髓，而今日暴虐尤极野蛮，则韩族与日本族万不能共活于一国之内矣。

韩族对日本族之不信任

日本自丙子修好以来，十余次金石之誓约，无非保全韩国独立，而盟血未干，公行破弃矣。关于韩国统治，专以武力弹压，而对于世界，则诬称韩人之热服，吸收韩族之富力，供给日人之生活，而以虚饰的统计数字，夸张韩族产业之发达。韩族社会以指导者而信仰之，以良士而推许之者，必加迫害而除之。以无赖辈而排斥之，以恶人而憎视之者，必予推奖而用之。人格高洁、名望最多者，必得不良鲜人之称呼。以强盗杀人等罪名而治之，则韩族与日本族关于道德正义之标准，呈此正反对之奇现象也。

日本人之来住韩土者，勿论官吏、商人、教员、宗教派，皆韩人之不信任者也。彼警务总监部及其他警察官吏等，以欺罔诱惑威胁的手段，捏造韩人之罪案，与商人以骗诈行为，夺取韩人之财产，姑舍勿论。而所谓耶稣教传道者、牧师等，亦皆假装亲近韩人之表面，而实为警务总监部之密侦者多。所谓朝鲜内组合教会之教职，大概此类也。

今举一例而言之。今年六月，以组合教会牧师为朝鲜内宣教师之首领者村上来上海，对韩人及西洋宣教师试一时大活动，对韩人某某以慷慨之态度说明朝鲜独立运动，为文明的攻击总督府之暴行。且曰：余即朝鲜兄弟之友。表满腔之同情。此行为对于日本及世界传播朝鲜之实情也。最终曰：余与诸兄弟更不得入朝鲜之亡命客也。总督府之对余憎恶，无异于诸兄弟也。满面微笑，紧握韩人之手而作别矣。彼去后二周日，投书《大阪每日新闻》曰：余受当局之嘱托，调查在上海不逞鲜人之状况云云，而发表其调查报告矣。

三月一日以后，总督长谷川代表日皇及政府，发两此[次]谕告。第一次谕告，关于日皇及政府与韩族，非但无何等相关，而反暴露其意思、利害、欲求之全然相反。第二次谕告，暴露日本之对韩族，而虚伪不诚实。长谷川指韩族之志士与先导者，而曰：不逞徒辈韩族之运动，而全族一致，舍生奋斗，为纯洁的爱国行动。而彼曰：以一部不逞徒辈之煽动，而京城及其余地方，有敢行群众之妄动者。第三次谕告曰：日本人、朝鲜人间无差别的待遇之事，自古有密接不离之关系者。韩日两族挽近尤有融和之实，为事实之明疗[瞭]者。这般事端，究查其原因，起于两者间互相反目云云。

韩人之受恶刑于警务总监部者数万，而声言无如此之事实。至若水原事件有数十，西洋人俱以目击而摄影传之者，而乃曰否认有此事。如孟山、定州两小地方之死者达于四百以上，乃曰全韩除三百三十一名外无死者。若此虚伪，果能掩得天下耳目乎？真所谓欲盖弥彰者矣。

日本政府、政党及民间社会，俱有朝鲜问题之讨论，而绝无一毫诚意之足认者也。对彼饥渴于利欲之日本人而求正义解决，何异对饿虎而诵佛言乎？或云参政权，或云自治，而韩人断无如此之希望，而亦不信其言。夫以盟约而公布世界者，亦归无信，而况言论乎？

（原载于《新韩青年》创刊号，1920 年）

忠告中韩两国国民

江左余生

我是一个中国人，从前在日本亦读过两年书。自从那安奉铁道交涉失败了，日本人要自由行动了，我就同了好几个同志，又羞又愤，买了一张船票，坐英国邮船回祖国来了。那时候，心里虽然抱怨麻木不仁的政府不善办事，但是我一见了上海和广州一般国民抵制劣货的现象，又喜欢的了不得，以为是必有挽回的希望，殊不知又出人意料之外。干这种有始无终的事，这不是我们中国人的老毛病吗？

我记得后来韩国被日本用权术和暴力侵占了，中国的政府简直不闻不问，好像对于这有唇齿相依的韩国是不相干似的。而梦梦无知的国民，亦不知道大家应该出来，替那同种同文的国民想一个挽救的法子。……嗳！……真真可恼啊！中国人呢，固不用去说他。最可怪者，可怜那韩国的大好山河，轻轻的被人占领了，亦没有人出来过问。其时我的心中就起了两种"觉悟"，知道公理是不可恃的。要是世界有公理存在，那日本人敢像这样的野蛮吗？第二呢，处在这龌龊世界上，凡是做人的，非"互助"不能得生活的所在了。你想当初日本在谋并吞韩国的时候，如果一般国民大家醒过来，用全力对他，焉得有今日之下的吗？到了民国四年五月九日，我见他拿廿一条件来恐吓袁皇帝，想并吞中国领土的交涉，以及后来强占胶岛的交涉，福建的杀人交涉，苏州虎丘杀人的交涉，和现在的珲春进兵交涉，没有一桩不是用武力来欺我们。我见了这种光景，心中于是更加害怕了。

好在近年来，我们两国的人民已经觉悟了，已经开始同那强权奋斗了，足见得人民有保全人格的思想了。但是，我总希望我们两国的人民，合力的同那强暴东西奋斗，必须要"再接再厉，百折不回"才好啊。假使我们再像从前那种醉生梦死的行为，不独被那欧美的强邻耻笑，而且那残暴若猛兽的木屣[屐]小儿，还不许我们随随便便的生活呢。总之，我们既然是做了一个人，就要做那有人格的事，才对得住自己。从此以后，我们中韩的国民，就携手起来，干一两件惊天动地的事业罢。所谓“但有此身，须求实用。既来斯世，岂可虚生”。这两句话，就是我们一般梦梦无知人民的座右铭了，中韩两国的国民呀，你们快快起来奋斗罢。

（原载于《震坛》第 11 期，1920 年）

为韩国近事正告国人

景梅九

马关会议，日人要我确认朝鲜之独立。经两方认可，载在约章之首条。朝鲜因之改称大韩帝国，列强皆予以承认。日俄之役，日人犹以确保韩国独立为宣言。不意胜俄之后，竟以武力挟制韩皇，取消自主之特权，归其保护，卒成韩日合并之局。显然背约食言，置公理公法于不顾。当时我国及列强未能提出抗议，实为国际之大辱。自合并后，日人虐待韩人，极无人理。韩人不堪其酷烈，相率去国。至于辽东之野，愿受廛为氓者，岁以万计。在吾人视之，皆颠连无告之兄弟也。迩者欧战既罢，公理用彰。美总统提倡民族自决之议，以促进世界之和平。爱尔兰完全独立，菲律宾要求自治，波兰新建民国，犹太谋复故邦。于是久呻吟于日本虐政下之韩人，闻风奋起，联合大群，共悬义帜，以极文明、极壮烈之举动，宣布独立，昭告友邦，冀复宗土。起义以来，三韩之志士义民，为日本野蛮警吏捕杀、凌辱、禁锢者，日有所闻。而全体始终坚持，曾无屈挠之态。旬日之间，血潮弥满于八道。其事可矜，亦可敬也。居辽韩人，远闻义警，纷起援应，固情理之当然者。奈何竟有吉林延吉属警兵，枪杀韩国义士十数人之惨剧，而吉林官吏熟视若无睹者，是何心肺，真令人无从忖度矣。夫中韩为唇齿之邦，日人之并韩也，意固不独在韩。观其并韩后，亟亟焉筑成鸭绿江之铁桥，直伸展兵力于我东土，志在包举满蒙，以遂其吞并中原，为东亚主之野谋，诚如韩人宣言中所谓中华人民梦寐不忘之恐怖也。今使韩人一旦恢复自主之权，则日人必将翻然改图，不敢复以亡人国家、灭人种族为国是，而亚东问题自尔迎刃立解。予尝谓韩人此举直接利韩，间接利我并利及亚东全局，而对世界和平之前途，亦与以莫大之影响。是以西人靡不深表同情，遥为赞助。而我东省官吏既充耳于韩人之泣吁，不能慨赋同仇，已有忝于旧德，乃复纵容警兵，枪杀义士，是何为者？呜呼！我中华国民素以富义侠心闻于世界，今竟昧扶弱抑强之大义，而甘为强国之狗马以侵乘弱邦，斯实中华民国全体之羞也已。中情激愤，不能自已，因写此篇，正告国人曰：韩国具有四千余年之文明历史，八万余方哩之肥饶土地，二千余万之恺悌国民，其独立之资格与自治之能力，皆于今回义举暴露于世界，已博得友邦国民大多数之同情，多为之仗义执言。深愿我国人自今以往，对于可矜可敬之三韩同胞，亦各勉尽扶持援助之责，庶几稍盖蛮警之前愆，一平义民之公愤。俾韩国早日恢复独立之原状，于东亚建立第二共和国，不惟韩国国民之幸，我中华四百兆人亦与有荣焉。

（原载于《震坛》第 4 期，1920 年）

民族自决与韩国独立

[韩国]睨观

昔罗斯福氏有言曰：世界有两大种人，不得称曰民族。第一，甘为异族人奴隶，而无独立思想者；第二，甘受外人之勾结，而同胞自相残害者。名言伟论，足使后世之谈民族主义者，可以此言为标准。而吾韩人自顾则何如者？溯自日人劫夺以后，吾韩人所居之地位，当然与印度、南美同其运命。然国破家亡，而赤手空拳，犹知揭竿起义。虽扶桑军阀施以四万倍之压力，然耿耿赤心，始终不泯。既不须夫利器，亦不俟夫强兵，而但以二十兆人民之爱国颈血，以与东方德意志相宣战。故吾韩人之于世界，准以罗氏之言，实为独立不羁之民族也。夫既曰不羁，则日人之劫持者，吾韩人当以正义驱之；既曰独立，则不合法之合并问题，吾韩人当以公理解决之。姑无论敌日之野心主义，气焰万丈，吾韩人之独立性，或不易于表现。然正义可以制恶魔，公理可以折强敌。故吾韩人但问其进行之如何，决心之如何，而成败利钝，皆非所计也。

惟此项问题，应采何等方式，此不得不研究者。以吾人迎合世界趋势，决定国家运命，则今日之所宜从事者，首则曰民族自决。夫民族自决一语，发源于十九世纪，而亦吾人夙昔所主张者也。近世学者，对于此语，颇多引用，然或有与民族自主相混者。今特绍介二三学说于后，以供参考。

(甲)民族自主，系自己支配其运命也；民族自决，乃自己解决其运命也。前前者为已独立之国家，后者为未独立之国家。

(乙)世界大同，肇基于人人自治；人人自治，造端于民族自治；民族自治，发源于民族自决。故欲求世界大同，必须自民族自决始。

(丙)民族自决有二大要素：第一，不受武力之干涉；第二，不失民族之精神。故合夫此义者，曰民族自决；背夫此主义而形式相同者，曰奴隶自决。

吾韩人之于今日，既已立于世界大同之预备期中，而又为万恶不赦之敌日所吞灭，则民族自决四字，实吾人神圣不可侵犯之救命符。惟吾韩人虽欲实行自决，而无如拥戴万世一系天皇之虾夷，偏不容许吾民之自决。故今日欲完成民族精神，而又脱离武力干涉者，舍韩国独立外，无他术也。

夫吾韩之要求独立，非仅为韩人计也，乃为亚细亚计也；亦非仅为亚细亚计也，乃为世界计也。盖中、日间之冲突问题，俄、日间之决战问题，列强之均势问题，均与吾韩有重大之关系。故吾韩不独立，则日人之武力主义且普及于东亚，而中国之亡也，犹其小焉者耳。吾韩一独立，则中国增一坚固之保障，而唇齿之相依，可以日增其亲善。然此犹仅以一国言之也。如以世界的眼光观察之，则四十世纪之潮流，乃民族自决之最大汇海，不独英吉利之爱尔兰问题，美利坚之菲律滨问题，均成为民族自决之争点，即以印度南美论，亦以此四字为复国之先声。吾韩人生逢不幸，然对于印度之人士，南美之猓奴，吾人固此胜于彼也。乃何以彼等埋头数百年，尚知争求国家人格，吾韩被并不过十年间，而乃忘之耶？倘今日而不独立，则十年而后，天尔远波之教育，甚于秦嬴之焚书坑儒，故彼时虽欲自认为一完成民族，亦不可得也，况复国乎？

加以吾韩独立，就表面言之，为世界计安全，而就实际言之，亦为日本计安全也。以日人远居东亚，与世界各国决无重大冲突，不料韩国被并而降，美国之太平洋主义，英国之废弃同盟问题，俄国之复仇纪念祭，均随此潮流而产生。然推其最大主因，无论何人，皆认为灭韩为灭华以及世界之铁证，故日本之为全球的嫉视者，即以吾韩问题为之导线也。今吾韩如完全独立，在明识之日人，可引为良友而不加诃责，即各国所采之压服日本主义，亦必为之消沉无余。

美国预言博士崎森氏有言曰：世界未来之大战，即在扶桑三岛。倘欲平和解决，惟扶助韩国独立一端而已。可知吾韩之于世界，实为大战种子。故为东亚和平计，不得不出于独立；即为世界和平计，亦不得不出于独立；且为日本安全计，更不得不出于独立。惟是世界通例，独立问题，后于民族自决。盖人民先得自决之机会，而后方达独立之区域。若吾韩，则适得其反也。以今日地位言，贪梦方酣之日本，方以囊括席卷为得计，心目中不知有吾韩，民族安能容吾人自决？故必须先求独立，而后再求自决，始可达其希望也。

夫昔之罗马，曾以市民投票而自决其运命者；中叶之西班牙，亦以人民投票而自决其国祚者。然二者均受武力监视，未得自由行动。故名义上虽民族自决，而事实上则仍奴隶自决而已。今吾韩既欲打破奴隶自决，而要求真正的民族自决，计惟有实行独立，以排除武力之干涉。然则其方法如何？吾人姑以苦鲁氏之条件为唯一之标本。

（一）以人道为干盾，而不持寸铁。

（二）以颈血为牺牲，而倾国以战。

（三）不采形式的之独立，而以精神的表现之。

（四）不持畏缩的之决斗，而以刚毅的表现之。

（五）具百折不回之决心。

（六）存再接再厉之猛念。

（七）以文字的鼓吹，使中外人士均知独立之必要。

（八）以单独的复仇，使新旧人物皆识民气之未亡。

以上八种，乃苦鲁氏对于世界的革命而所主唱之独立条件，其言之深切显明，足令一切武力主义扫荡无遗。今吾韩人为世界效驰驱，为革命作贡献，而所珍守之条件，姑无有逾于此八条也。今敢另提于我二十兆民族之前者，以冥顽无灵，野心勃勃之敌，日必置公理人道于不顾，则我韩民族为自存计，惟有执干戈而起，与敌决一死战耳。为人格计，成败实无暇较也。语云：不自由，毋宁死。我国民其念诸哉！

（原载于《震坛》第 10 期，1920 年）

日人盗临溟战捷碑

佚名

日人自侵犯吾国以来，盗取各处贵重之古物，不可胜计。而如丰德之玉塔，临溟之战捷碑，尤其大者也。临溟战捷碑，在咸镜北道会宁郡。昔壬辰役，日将加藤清正入北道，陷诸郡。时李鹏寿、崔配天、池达源、姜文佑、许珍、金国信、许大成等七人，倡义讨贼，推评事郑文孚为大将，击破清正，收复诸军。后人立碑记之，评事崔昌大撰其事。碑在临溟双浦。甲辰日俄之役，日兵抵此，窃拔其碑，船载以去，置东京博物院。呜呼！吾族以何日完我赵璧耶？读其文，亦觉气涌如山也。文曰：

> 在昔壬辰之乱，其力战破敌，雄鸣一世。水战则有李忠武之闲山焉，陆战则有权元帅之幸州焉，有季月川之云延安焉。史氏记之，游谈者诵之不倦。虽然，此犹有地位资于乘赋什五之出也。若起单微，奋逃窜，徒以忠义相感激，卒能用乌合取全胜，克复一方者，关北之兵为最。初，倭首秀吉怙强骜逆，窥犯中国，怒我不与假途，遂大举入寇，长驱至都。宣庙既西幸，而列郡瓦解，贼已陷京圻。其骁将二人，分兵首两路，行长蹑行朝而西，清正主北攻。其秋，清正入北道，兵锐甚，铁岭以北无城守焉。于是鞠景仁叛应。景仁者，会宁府吏也，素恶不率。及贼到富宁，隙危煽乱，执两王子及宰臣奔播者，并缚诸长吏，与贼效款。镜城吏鞠世必，其叔父也。及明川民末守木男连谋相党，并受贼所署官，各据州城，声张劳立，杀胁惟所指，数州崩骇，人莫自保。镜城李鹏寿，为气士也，奋曰：纵国家抢攘至此，凶徒敢尔耶！乃潜与崔配天、池达源、姜文佑等谋举义兵。诸人地相夷，莫适为将。评事郑文孚无兵可战，脱身匿山谷间。义兵起，欣然从之，遂推郑公为主将，钟城府使郑见龙、庆源府使吴应台为次将，钦血誓义，募兵得百余人。时北虏又侵北边，诸公使人诱世必并力御北虏，世必许之。

内义兵入城，明朝郑公建旗鼓上南城楼，诱世必上谒，时其入目，文佑擒之，斩以徇，赦其胁从。即引兵南趋明川，又捕末守，斩之。会宁亦讨景仁，诛之，以应义兵。军势稍壮，来附者众。吉州人许珍、金国信、许大成亦聚兵为声援。当是时，清正令褊将领精兵数千据吉州，身率大军屯南关以护之。十一月，遇贼于加坡，将战，郑公部署诸将，见龙为中卫将，屯白塔；应台及元忠怒为伏兵将，分屯石城；毛会、韩仁济为左卫将，屯木栅；柳擎天右卫将，屯滔何；金国信、许珍为左右斥堠将，分屯临溟。方时，贼狃胜，不甚备，诸军并起掩击，乘锐蹙之，士无不疾呼先登者。贼败走，纵兵追之，杀其将五人，斩获无数，尽夺其马畜兵器。于是远近响震，将吏亡伏者争起应之，众至七千余人。贼收入吉州城，窘不敢动，列伏于旁，惬邀其出，惭剿之。已而城津贼大掠于临溟，率轻骑袭之，蔽山设伏，伺其还，夹击，大破之。又斩数百人，遂剖其腹肠，布之大路，于是兵声大震，贼益畏之。十一月，又战于双浦，战方合，偏将引铁骑横冲之，迅如风，两贼失势，不及交锋，皆散走，乘势又破之。明年正月，又战于端川，三战三胜，还屯吉州休士。既而清正知军不利，遣大兵迎还吉州贼，我军尾击之白塔，大战又破。是役也，李鹏寿、许大成、李希唐战死，然贼遂退不敢北。当是时，明将李如松亦破行长于平壤，郑公乃使崔配天间行奏捷行在，上引见流涕，赠鹏寿司宪府监察，赐配天秩朝散。时观察使尹卓然怒文孚不禀节度而嫉义兵，功声出己右，闻奏率以诬掩，以故赏不行。显宗时，观察使闵鼎重、北评事李端夏听于父老，以实闻，于是加赠文孚赞成，鹏寿持平，余人赠官有差。又建祠镜城之渔郎里，祀同事诸人，赐额曰彰烈。今上庚辰，昌大为北评事，既与义旅之子孙访问前故，得事迹为详，慨然想诸公之风。又尝路所谓临溟双浦者，观其营垒战阵之所，徘徊指顾，为之咨嗟不能去。间语其父老曰：岛夷之祸烈矣，三京覆而八路坏，诸公出万死一生，提孤军摧强寇，使我国家兴王旧地卒免于左衽，而边塞之人兴于听闻、劝于忠义者，又[又]谁之力也？幸州、延安俱有碑碣载事垂烈东西者，瞻式以关北之功之盛而独关焉，庸非诸公之耻欤？咸应曰：然，惟鄙人志，矧公命之。遂伐石鸠，财以入，来请文辞，非其人，又来曰：斯役也，公实首，义不得命，将辍。余乃叙其事，继之以铭曰：

有盗自南，仇我大邦。我王于蕃，以国受锋。屹被北原，狼虺穴墉。有蠢者氓，不抗而从。血口胥吞，济毒以凶。士也朅朅，后群攸同。兵义莫利，不屑戈弓。既歼叛徒，寇莫我冲。武夫鼓号，山摧海恼。师旅既赫，厥丑崩恼。协底帝罚，匪我私忠。北土既平，尔蚕我农。大君曰咨，孰尚汝功。赠官命祠，光惠始终。士风既烈，民可即戎。临溟之涯，有石嵷嵷。刻之颂词。

（原载于《新韩青年》创刊号，1920 年）

吾人今后之责任

[韩国]申晚观

欧战韬和议炽，巴尔干问题之乱源至此遂告一大结束。然世界潮流日诡月谲，共产主义滋蔓东欧，劳动问题喧激万国，木屐儿郎之亚细亚主义更风涌云沸，蓬蓬勃勃而不可遏。此种野心主义就世界大势言之，已蹈强权自杀之覆辙；即就永久平和言之，更不容此武力恶腕之存在。吾人生长亚细亚，食践亚细亚，乃竟有此自由宰割之悲惨剧，此吾人之所以痛哭流涕长太息者也。

夫吾韩乃独立不羁之民族，刚毅果敢，早具百折不回之特质。即令东方德意志任意劫持，然韩人之猛进如故，奋斗如故。按诸民族生存原则，吾韩亦无受人支配之余地。且自平和实现以降，民族自决主义，乃成为天演上不可遁逃之原理。吾韩人又岂能违反生存原则，大背世界公理？况吾韩地位对于世界，犹巴尔干问题也。吾韩如为日本所垄断，则远东问题益滋纷扰，非独中华民族濒于危亡，即列强机会均等之局势亦被剥丧而无余。试以现状论，中国北部之矿山权、路政权，凡列强所垂涎者，均为日人囊括以去。盖欧战方酣之际，远东问题势难兼顾，日本之得以乘机谋攫夺者，实亦列强所痛心疾首而无可如何者也。今武力主义既已打破，故欲求世界永久平和，则自维持东亚永久平和始；欲维持东亚永久平和，则自扫除强权主义始；欲扫除强权主义，则须自吾韩独立始。盖日本以席卷囊括之野心，远交近攻，久已独占亚细亚之霸权。然使吾韩独立，阻其侵略，则不特对于世界无由发展其野心，即对于中国亦得一强固之保障也。况欧战终结而后，日本虽受□兵自焚之教训，然海军之扩张如故，西北[伯]利亚之增兵如故，推其意殆非以东亚为一大战场不止。然则吾韩之独立问题，非独为打破日本武力政策之问题，且为东亚永久平和之世界永久平和一大问题。今试回溯吾韩被并之历史，日本之残暴背约固无论矣，即如中华与英、美均与吾韩联玉帛之欢，信誓旦旦，载诸盟约，乃日本甘冒世界之大不韪，实行劫夺之合并主义，而中华、英、美皆噤若寒蝉，不能为公理之主持，有识者方隐痛之。吾人生丁阳九，涤誓国耻，薪胆自甘，菽水非苦，十年惨淡，矢志靡他。迨客年三月宣布独立，世界人士始有吾韩精神不灭之观念，乃日本不稍敛戢，仍以暴力相残，人道主义扫地无余。犹幸吾民未死，再接再厉，前仆后继，义无追顾，为民族而战，为祖国而战，为正义而战，为公理而战，虽至最后一人，亦无生降之一日，此实吾韩革命之痛史，然亦世界注目之所由起也。逮势已燎原，友邦人士益形震动，或明与维持，或暗助赞助，其深切之同情，足使吾人感激而益加自奋者也。本杂志应时势而产生于发行之初，略揭吾人今后之责任。

（一）发挥民族自决

民族自决一语，倡自成尔逊，而世界和之。盖防遏野心，国家之侵略，莫过于此。即保障世界永久之平和，亦莫过于此。故那赫尔氏有言曰：世界之平和，须由民族之区别，而自建为国家始。且须令已失国之独立民族，而恢复其固有国家始。又苦鲁氏有言曰：世界之乱源，即民族主义之未划分也。可知国家之生命，系于民族之存亡。民族存，则国虽灭而未灭；民族亡，则国虽存而已亡。个中关键，不系于强权者压制，而关于民族之能否自决耳。登巴米高原而左右顾，芒芒鹿陆，我人谁是英雄？俄罗斯民族仅知自决，故能恢复其母国。台湾民族不知自决，故仍托命于他邦。比利时民族能知自决，故克光复其旧制。匈牙利民族亦知自决，故完全造成其独立。此中自决而见诸施行者，即过去世纪大乱之祸根，而今日始行芟夷之。其亟思自决而正能见诸实行，或已自决而仍为强权所压制者，则为未来世纪大乱之祸源，而吾人今日亟宜芟夷之也。盖平等、自由、博爱三大主义下之国家，决不容有违反民族公意之恶腕。故以民族为单位，而区划为国家界限，则世界永久之安宁，胥于是手赖。虽大同主义首以打破国家偶像为前提，然过渡时期，要以民族自决为实行自治之张本。此吾人之所以兢兢于此者也。

（二）主张独立平等

吾韩具五千年之伟大文明，挟独立国家之深厚根砥，此殆为世人所公认者也。始祖檀君首以尊崇民治相号召，故人民薰沐德化，巍然峙独立之精神，而为强权所不能摧残者。即如中叶时代，史称入贡中华，然仅表示王室礼典，并非三韩民族公意也。且国内完全独立，不受干涉，民族之不羁特质，于兹益信。降至近代，于日本、契丹、蒙古诸役，均能扫除妖氛，不挠不屈，历史上之光荣，吾人当能记忆之。迨沦于异族，而民气之激昂，并未固强权而有降替。美国博德氏有言曰:“三韩民族,有独立不羁性。”此盖友邦人士之观察,而亦吾民所自信者也。况今日自由平等,已成为国家原理。吾人随世界潮流而产出,不可不为国家独立上之一种国民,尤不可不为脱离羁绊之一种国民,更不可不为根本觉悟上自争生存之一种国民。故国家平等问题,当与完全独立问题同时解决也。盖不独立之平等,则人民仍屈于他人之下;不平等之独立,则国际地位仍在水平线以下。故一方面对于日本完全独立,一方面对于世界要求平等。此为国家计,不得不以数万斛之颈血,而购求此代价也。

(三)联络国际亲谊

强与强遇则公理胜,强与弱遇则强权胜。现世纪之公理虽已大昌明,然樽俎犹寓干戈,外交仍恃铁血,彼强权者之倒行逆施,犹足使世界成悲惨之荆棘舞台。矧友邦之于吾国,尚有存观望者,关系最密切之中华,燕巢危幕,嬉然自娱,吾人不暇自哀而代他人哀,此中苦况,殆非局外人所忍闻也。加以日本对付吾韩,完全以武力压制为主脑,故吾韩民之苦痛世界,竟鲜知真相者。即若此次独立吾民,曾掷无量数之头胪[颅],而日本传宣机关,仅言小小部分,且未有认为严重者,情形隔阂,遂蔓使欧美诸国无由洞悉独立民族之真精神,此吾人不得不生无限之感恨也。今敢述其方法如左:(甲)声诉欧美诸邦;(乙)主张中韩提携。

欧美诸国,对于日本之野心主义,目已万目睽睽。无如地隔重洋,远东形势,诸多杆格,三韩革命,固多具深厚之同情,而尚未深入脑海者,亦不乏人。若夫谊同手足之中华,在国民今日正酣睡初醒,而执政者则大梦犹昔。对于唇齿相依之三韩民族,反如隔岸观火,不关痛痒。故吾人今后之尽力,第一,宜以热忱的文字,告诉于友邦;第二,宜以同仇的志慨,实行中韩国民的提携。一则告诉于真理,一则兼诉于感情,和衷共济。吾人之所望于中华及欧美者,正冀救人以自救,且以救世界,非仅自己问题而已也。(一)灌输世界文化。善夫!惠灵氏有言曰:“文化者,世界进步之母也。”又曰:“文化者,启牖人类之灵性,而增进社会之幸福者也。”吾韩已拥有历史上之文明,然削足就履,或不切夫时势。且世界新潮,正如旭日东升,直透森林之黑暗地域。故吾人欲生存于今日,输入文化,以促进文明,正吾人应负之责任。加以俄国之复兴,其知于文化之普及;法国之战胜,归功于文化之传宣。吾韩如犹思恢复其国魂,则此其开国纪念嚆矢也。(二)宣传光复情势。吾人舍生命以光复故土,此在先烈志士,实有无限之悲痛者。乃日本欲假“地方自治”并“教育平等”诸邪说,愚弄我邦人,欺我友国,风声所播,几使吾人头胪交换之独立形势为所掩盖,言之可为一痛。举动之文明，行事之磊落，此为旅韩外人所共见，虽以日人之凶顽，亦不能遏止者。故一切详情，宜用迅速方法，传宣友邦，俾世界咸知公理不灭，国家亦不灭，人道不灭，民族亦不灭，而日人残暴之真相，亦可宣泄而无遗矣。

以上各件，即本报之元素，而亦吾民今后之责任。吾今敢正告友邦曰："东亚和平""为除武力""人道""正义""博爱""平等"口头上之文明，吾人既已饫闻之矣。而实行上之征信，尚望诸友邦之最后决心。所尤希望者，中美两国，一则以主持人道，一则休戚相关。倘本其锄强扶弱之志愿，而保障东亚永久法之和平，则不独吾韩拜其赐，东亚拜其赐，世界亦拜其赐。吾又最大声告我邦人曰：天下兴亡，匹夫有责。况独立为吾人生存问题，万劫关头，稍纵即逝。倘能公理大张，幸获大邦之赞助，吾人固所愿也。即不然，吾人亦当同心协力，为世界平和而战，为人道主义而战。时日曷丧？与汝偕亡。行动光明，肝肠铁石。彼以其诈，我以其诚；彼以其暴，我以其仁。彼之兵虽精，我以肝脑涂之；彼之器虽利，我以颈血溅之。河山即我关塞，草木皆我兵戎。我持以久，彼终自败。万世一系帝王，能永保勿坠乎？国民乎！国民乎！骄阳正烈，曷兴乎来？

（原载于《震坛》第1期，1920年）

欢迎朝鲜的曙光

宋介

距今两月前，忽然接到一本杂志，寄自朝鲜京城文兴社，名称也叫“曙光”。我就格外发生一种很强的同情心。但我不识朝鲜文，好像坐对好友，不能畅谈，大为懊恨，及祁大朋君归自上海他去找了一位朝鲜朋友，拿中文译了两篇：《曙光发行辞》与《迎新时代》。我看了，非常钦佩朝鲜人士的那种高尚的精神和澈底的主张。

朝鲜民族自脱离中国以来，生活在暴日马蹄长剑之下，骨作暴日的柴，肉作暴日的粮，所受残虐，殆非笔墨所能形容。最近朝鲜独立运动，暴日蹂躏之惨，尤为从来历史所未有。我每看报纸，关于朝鲜的记载，惭凄怆累日，不胜同病之感。

朝鲜之亡，亡于一个李完用。中国现在之李完用实不知有多少。中国人民日夜战栗，也怕陷于和朝鲜民族相同的命运。然而试看暴日年来在中国之行动，其凶肆已达极度，我们将终不免。

环顾世界，最足为亚东和平及黄色人种进化之障害者就是暴日。我很希望中韩的新青年，大家携手，共挫暴日之毒焰，引正义、博爱之光，从黑暗的空气里，照彻亚东大陆。但是褊狭的祖国主义，乃现世国际罪恶之源、进化历程上之弃物。吾人与其以祖国主义反抗暴日，实不如以非强权主义反抗暴日之更为正大。

现在把那两篇文章介绍在后边，并且表示感谢之忱于那位朝鲜朋友之前。

（原载于《曙光》第1卷第5号，1920年）

声讨日人弑逆文

[韩国]素石

痛彼岛国倭种，悍毒如蝮蛇，谲诈如狐鬼，对吾韩族，残忍不道，惨无人理，虐我以世界所无之祸变，污我以万劫难洗之耻辱，言至于此，奚啻胆裂骨碎哉！彼始以扶我独立，累行声明于天下，旋勒保护，竟于合并，据我宗社，奴我人民，夺我产业，害我生命，奇刑酷罚，无所不至。此固吾族不能与彼俱生者，而况又加之以不共一天之至冤深仇乎！彼之图吾国也，所忌者惟我光武皇帝及明成皇后耳。千八百六五年，彼谓我明成皇后有联俄疏日之图，白昼率兵阑入宫阙，直以白刃刺我皇后，仍收尸体而火之。广岛裁判，彼亦掩讳不得，而凶手则漏法矣。今又光武皇帝之暴崩，亦由彼之进毒，万口喧传，明证已露，彼盖认帝为排日之魁久矣。伊藤之勒缔保护条约也，被帝严词拒绝，蓄憾已深。地方人民，有起义之事，则曰帝之所使也。各国政客，为袒我之词，则曰帝之所赂也。宫内各官，偏置日人，阙门守直，尽派日人。宫人出入，必行检查，阴伺密探，极其周密。攘夺皇室财产，不留余金，缚束御座起居，毫无自由。一千九百五年，以派使和兰之故，逼帝禅位，隔离父子，置之孤独。彼犹不释疑虑，捏造虚言，欲加实害。安重根之刺伊藤也，彼又诬称帝之所使，而幸赖重根明办痛斥，奸不得售。彼之勒行合并也，不得帝认，又其所恨也。今者欧洲之战争告终，万国之和平方开，民族自主，许其自决，吾族亦勃勃欲动。彼于此时忌帝尤深，欲逼受合并欢迎之文字，而不得认可。又欲逼御驾渡日，使完用奏达，而帝亦不许。彼乃决行暗弑之计，以一月二十一日下午十二时，置毒于醴酒，食酰而进之，刻即撞天叫地，蹴倒门屏。厥明上午四时遂崩，尸体皆真红色，腹部裂破，淡红水流出，八叠厚褥尽湿。此医官及皇族侍臣等因殓袭而见之者也。官女金福伊、内侍金锡勋之暴死，亦由彼之灭口计也。种种证据，不一而足。国民压于彼威，虽不敢明言讨贼，而舍愤怀怒，喧播内外。汉城各坊有揭榜书曰：知耶未耶？彼恐欧和药杀我皇云。呜呼！人不可瞒，天可欺乎？日月在上，神明共鉴，彼焉能终讳哉？凡我二千万众，咸悉此状，胥奋义怒，公布于世界耳目，期使此案归决于万国公判，严讨凶贼，少伸冤恨，是吾族义务之万一也。

（原载于《新韩青年》创刊号，1920 年）

吊延边阵亡将士暨惨死同胞

同人

珲春事件发生以后，日人乘此求之不得之机，大肆其凶残蛮悍之手段，从事于屠戮韩人。据报延吉一带，韩人之惨遭虐杀者，达万余人之多。呜呼！惨哉！胡昊大不吊而降此大厄耶？此珲春死事之万余人，其出入枪林弹雨之中，效命疆场者，韩国之志士也；横遭搜捕焚烧之众，无辜被杀者，韩国之良民也。呜呼！韩人以力争版图，力争自由，其心弥坚，其志弥苦。何期雄图未遂，壮志未伸，而身膏锋镝，受杀戮之苦。此所以吾人洒一掬悲愤之泪，而凭吊于死事韩人之灵也。抑有进者，自由之花，方其怒芽茁发之际，必以碧血灌溉之，始能含苞吐蕊，光艳灿烂。然则死事韩人之碧血，其灌溉大韩自由之肥料乎？吾又何敢仅吊死事之韩人。

竟前人之功，后死之责也。韩国志士既有大牺牲于前，而灌溉于自由之根芽，若吾人仅悲其不幸，不思继续其未竟之志，则其牺牲宁非虚掷，岂死事者之所愿哉？故吾侪后死，当以前人之志为志，齐心协力，不避险阻，不畏强暴，猛烈前进，前人在天之灵，亦必默予佑助。而吾人以坚厉不拔之气、万众一心之志，以与残人道、背公理之日人战，谓有不胜者，我不信也。此我所以谓吾侪后死，不应仅凭吊前人也。呜呼！时急事迫，日人已决心屠戮吾人，吾人正当之武器，不容再藏而不用矣。

（原载于《震坛》第 8 期，1920 年）

吊乙巳殉国诸先烈

同人

痛矣哉！闵泳焕殉国时之言也。壮矣哉！闵泳焕殉国时之言也。其殉国之遗书曰："呜呼！国耻民辱，乃至于此，我人民行将殄灭于生存竞争之中矣。夫要生者必死，期死者得生，诸公岂不谅只。泳焕决以一杀，仰报国恩，以谢我二千万同胞兄弟。泳焕死而不死，期助诸公于九泉之下。幸我同胞兄弟千万倍加奋励，坚乃志气，勉其学问，决心戮[勠]力，复我自由独立，则死者喜笑于冥冥之中矣。呜呼！少勿失望诀，告我大韩国二千万同胞。"而告各国公使函，又以韩人自立之精神，郑重述于各邦之前。呜呼！吾人读其遗言，不徒增其悲悼之心，益当鼓其奋发之志也。

夫当乙巳之年，伊藤、林权助等挟其兵力，勒逼韩国，签订保护条约五条。韩国大臣之参与政事者，若朴齐纯、李完用等五贼，或甘心卖国，或慑于强权，无不唯日人之命是听。参政韩圭卨、参赞李相卨虽力抗众议，保护主权，而日本勒缔之五条约，卒以强权盖印，而韩国被并即以此五条为张本。此韩国人民所痛哭流涕，矢死勿忘者也。而闵泳焕身为国戚，位居显要，初抱救国之大志，尼于群小而不果行，终乃见光华灿烂之韩国屈伏于日本保护之下，勒订亡国五条约，则其心之痛为何如？闵泳焕乌得不以一死而谢国？然其救国之心，始终不渝，故其遗言也，勉励国人之语，至再至三，坚志气，勤学问，齐心力，以复韩国固有之自由独立。而最后一语，仍以毋少失望鼓励国人。盖其身虽死而心不忘，大韩且以其死而益勉国人之尽力于国家也，可不痛哉！可不壮哉！同时殉国者，舍闵泳焕外，尚有赵秉世、洪万植、宋承[秉]璿、李相哲、金奉学等，或已退归林泉，或仍投身政事，或方执戈卫国，均愤保护条约之强缔，杀身殉国，其壮烈洵可与闵泳焕同垂不朽。而韩国之民气，因闵泳焕诸先烈之激励，以之益自奋勉，精诚所至，万众一心，久而弥坚。故被并以来之复国运动，无时或息，而去年三月，更有震动世界之大举。此皆乙巳殉国诸公之余烈，我韩国人民所当永志勿忘者也。爰于乙巳殉国诸公成仁之月，为文以吊之，愿国人之垂念，并以昭告于世界。

（原载于《震坛》第9期，1920年）

朝鲜的独立精神何如?

先进

我对于朝鲜独立运动有一个感想。这个感想是甚么?就是他们独立运动里面宗教的色彩太浓厚,耶教的、佛教的、天道教的独立运动是不是朝鲜人民前途的好现象呢?多少年来被幽囚在他力主义下面的民族,倘若要要求解放,就应该从他力主义里面去求解放;倘若从甲的势方里面逃出来,再跑到乙的势力里去,这个解放恐怕依然是一个束缚。在这一点,我很替朝鲜人担忧。

比如上一次李纲——朝鲜人所谓义亲王——要逃出朝鲜到上海来,加入朝鲜临时政府的那一件事,我觉得也是很奇怪。觉悟的朝鲜人呵,历史是你们的良教师,中国的革命史请你们仔细研究点罢,不要再蹈覆辙了。

(原载于《星期评论(上海 1919)》第 35 期,1920 年)

又有一白耳义乎？

佚名

日本以阴谋征服韩国，而被征服之人民，受无前之非人道野蛮的强制之统治矣。前者在纽育城，有拥护日本之演士言曰：日本恒常以略守约条者自鸣，而此言非真正也。日本以无视诚实破坏自己誓言为其连统者。日本人等在国际关系上，不亲切，不正直，以其暴露自己之行动观之，为自己所言之正反对者，非一非再，以韩人与中国人之实际上经验而知此也。日本政府派送军队于韩国时，为何言明乎？不曰韩国以内乱，而请愿日本以友谊的援助乎？然而以此国内乱为其口实，以日本人之煽动纷乱韩国之秩序而已。

伊后置统监，模仿英国之对于埃及政策，而经由皇帝主管韩国统治，皇帝实不过一个做人矣。

终末合并。韩国为日本之附属一郡，有所宣言。然日本每于如此强盗的事业现出之时，对爱国之韩国人力为拒绝，而韩人随其能力所及，绝叫正义公道及世界同情。然而恶毒无匹之日本，粉碎如此之爱国事业，以多数志士处之，终身惩役，宣告死刑，加以惨酷残害矣。

最初，日本干涉韩国内政之时，时为何言乎？不曰日本政府决无征服韩国、废止韩国政府之理由耶？亦不曰韩人达于自立、能享幸福之时，则日本即撒[撤]退其内政干涉，为其誓言，以固守此誓言，公布于世界万国耶？

至于今日，日本军队放火韩国内村里，鞭挞人民，加以枪剑，为无理之杀害，是何罪耶？敢问二千万生灵，依民族自决主义，建设共和政府，宣言独立之罪耶？

纵火城市及诸村落，火炎之闪光，遍于三千里江山，红染天空。手无寸铁之人，被伤于枪剑之下。二千万生灵之死际，叫苦声在巴里[1]平和会席上，若霹

① 即巴黎。——本书编者注

雳之堕落。而耳聋目盲之诸君，不闻不睹，无抗论，无同情，是何故耶？

几日前，各新闻以殴[欧]洲之白耳义、佛斯聂斯等小邦国，粉碎于军国主义之下，为其供雠，而不气高千万丈，高声大喝乎？谓韩国人当日本之虐杀，而不觉其苦痛者耶？美国之军力，为受如此压制之民族，自压制之毒手，救出而脱奴隶之名义，义享自由而使用者，不有相当之理由乎？

当此为自由而改造世界之时，闻如此惨酷而特正直之良心者，其能忍耐乎？

但知有一个白耳义，而不知又有一个白耳义者，巴里讲和会之处，事能完全乎？

（原载于《新韩青年》创刊号，1920 年）

新年新希望（二）

新亚

自欧战告终，和会开幕，威尔逊君以十四条平和纲领号召天下，万方属[瞩]目，喁喁想望，以为平国际之不平，复战前之恒态，在此举也。不谓休战条约缔结逾年，而欧亚战云弥漫未已，对德和约在凡尔塞[赛]签字已久，而各国相互间之关系，益滋疑猜。他若工潮之激昂，民生之憔悴，金融之杌棿，商业之堕落，以视大战期内，胥有过之无不及。而亿兆引领之民族，自决限制军备等要案，举无一有实现之征兆。此诚各国人士所同声慨叹，而不能不引为大失望者也。

光阴如驶，弹指又一年矣。后之视今，虽或犹今之视昔，而往者不追，来者可谏。际此一九二一年履端之始，吾人于过去一年内失望之余，终不能不作未来一年间无穷之期望。所望维何？一曰国际间当求澈底的平等待遇，二曰政治上当求自决主义之实现，三曰经济上当贯澈劳资协调之主张。凡兹三者，苟有一端未臻于圆满解决之境，则和平幸福即一日未能巩固。何者？扰乱和平之原因虽甚复杂，而穷究本源，要不外国家与国家、民族与民族及劳动家与资本家相互间之冲突也。

呜呼！吾人怀抱此热望久矣，至于今日，悬望虽切，犹不免为一种之理想，其间盖有一根本的障碍在，即尚强权、蔑公理是也。国际间尚强权、蔑公理，故有恃蛮侵略、相见兵戎之现象；种族间尚强权、蔑公理，故有众暴寡、强凌弱之惨景；产业界尚强权、蔑公理，故有不均不安、罢工怠业之风潮。然则欲求和平幸福，固以实现上述三大希望为急务；而欲实现上述三大希望，尤必自铲除强权、崇尚公理始。

（原载于《震坛》第13期，1921年）

新年新希望（三）

藕泉

光阴倏忽，寒暑转瞬，风花雪月，又送一年。椒酒颜酡，晨鼓鼎新，旌邱咏葛，民历三届。俯仰宇宙，我心悠然。噫！攘往熙来，挂红罩绿，祝厘恭喜，笑歌相欢，是固迓新者之光景。何有怀萦绪，格格撼衷，斯无奈地随情异，自不能同者乎？然遇新年，理新事，所抱所筹之新希望，则固一而无殊也。自策励而勉人，引人望而共鸣，诚不可已也。

我韩人也，韩之于世界有关锁相联，不特此韩有片面之利害，世界于韩实有休戚之关系，自能测划宇内之势形者，自无异辞于其间。吾韩之消长，奚但为吾韩一份之荣替而已哉？然则吾韩之希望，非但为吾韩人一份之希望，自可为世人共同之切希者明矣。

皇皇半万年，尝来文明之生活。和平刚毅，咏美饬勇。君子国称，实非溢美。世趁叔季，万象光怪。逞欲快利，世道黑暗。闭斗梦梦，为贼所涎。竟至无前无后，难忍难蒙之耻辱。遂陷牛马奴隶，任人宰割，刻刻殄灭。叫号哭诉，天耳如塞。血洒脑涂，人目如翳。备尝无漏之辛苦酸醎，十许年矣。

先人播培，上苍厌秽，大惩极戒，寰球玄黄。于是乎我之所哭叫，似鼓天耳；我之所洒涂，亦挂人目。纵无光复寸毫之土地，乃有二十兆一结之大团血。建民国统三年伊始，此果得诸天乎？得诸人乎？

呜呼！有死无生，即墨不溃；期死必生，寡众不准；迁国迁民，腥膻染丘；其社不屋，铜驼不棘。白耳义之适例，决非偶然也。今日芸芸之吾韩地处，亦非从偶然中得来者矣。二个年以前之韩人种种运动，何一非血史之斑斑，惨淡有过于今，人无从以知之。二个年间之种种，亦一血史之斑斑，其光无殊于前，人得以知之，人得以道之。赤手空拳，与白刃以相衡；碧血块肉，任马蹄之放恣。前述后继，非今之始。吾人已觉得不如是，不如死，实无逡巡趦趄，如不能达到其彼岸，亦不能自制其自进之足。是则自然势形，不假有他。故吾人固无所如何之希望，只从我根本上达到而已。自行自策，不必费辞于吾人。但从世界和平上论之，世人之急一日自进，急一日铲除，造祸之孽，得与大同相安。安享幸福，必自我韩独立完成始。不特东亚可消大祸之导线，亦于世界可绝暴客之掀动。非我耸听，有心庶知。且以敌者看之，先一日觉悟，先一日自铲，祸萌与人共利，悔祸导荣，亦系人类之大幸。若仍倒行逆施，掩目冥摘，猩酒自毒，哭不忍舍，岂但为彼之不幸焉而已。

吾之所希望于新年者，有此数项，并加恤勉。凡世诸苦，顺手济拔，光天化日，无怨无毒，太和一气，与春俱荣。愿同我者，勿馁勿低，应必至之理势；愿世人，勿远火自安，勿缚人自缚，导迎熙皡之气象；愿敌勿任勿触，早回头而减轻人类之惨祸。庶救胥焚胥溺，进底和悦，射目惊魄之铗火，已演其瓦砾灰尘之过剧乎？

诚如是也，今年是最喜欢、最快乐之年，安得不满斛香醸，恭贺新禧。

（原载于《震坛》第13期，1921年）

我对于韩国独立大希望

何侠

……非革命不足以救韩国……

……非牺牲不足以救韩国……

……非奋斗不足以救韩国……

……韩国二千万同胞猛醒……

太平洋风潮汹涌之际，轰传于亚东人士之耳鼓者，莫不奔走骇汗而相告曰：大祸至矣！大祸至矣！此何声也？乃不祥之声也。何以故？固近日倭寇肆虐，已吞朝鲜，又欲在远东方面扩张其势力，欲借此机会而并吞中国。中国为朝鲜唇齿之邦，久睹日人之野心，而欲思一良法以抵制。自韩亡以来，彼邦人士而逃亡入于中国者，不抵数百万人。前者上海组织临时政府，与我国民党要人、革命巨子联络，所以在沪成立一中韩国民互助社。此互助之内容，不问亦可知矣。但我国当此内忧外患之际，对于韩国之一举一动，大都不能尽互助之责任做去。因中国此时南北分裂，未能统一，自顾不暇，断难顾人。但有此互助之提倡，几有心国家社会之大，终不能去之于怀也。侠乃中华国民，亦为中韩国民互助社之一份子，然对于韩国独立怀有一种最大之希望。我所希望者为何希望？韩国志士个个有自觉心，人人有猛省心，将韩国十年来被日人用强权压迫之手段一旦推翻，将天赋之公理正义伸之于世界，使天下人知倭奴之万恶。苟欲实行推翻强权，非革命不足以救韩国。夫革命之意义谓何？曰：更新之意也。革其已旧之命，又从而新之，故凡事更新，皆可称为革命。然则何故而革命？曰：不自由故，不平等故，不博爱故，不公道故，无真理故，不改革故，不进步故。今日人对待韩国同胞，即如上之所述。设今日欲实行革命，推倒强权，又非牺牲不足以救韩国。夫牺牲之意义谓何？匹夫见辱，拔剑而起，挺身而斗，奋空拳而杀贼，作徒手之运动。赴汤蹈火，虽刀斧亦不辞；杀身成仁，即碎骨粉身亦不避。如缔造中华民国之黄花岗七十一烈士，皆牺牲者也。

欲实行牺牲，推翻强权，非奋斗不足以救韩国。夫奋斗之意义谓何？坚忍也，耐劳也，沉毅也，勇果也。持之以正义，伸之民气，如荆轲、聂政、安重根、温生才之辈，皆奋斗者也。欲实行奋斗，非二千万韩国同胞一齐猛省，不足以救韩国。夫革命也，牺牲也，奋斗也，皆韩国二千万同胞人人负有此种之责任，亦人人负有此种之义务也。无责任不足以言牺牲，无义务不足以言奋斗。夫牺牲奋斗，即革命家之实行也；能牺牲奋斗，即能破坏建设；不能牺牲奋斗，断不能破坏建设，又何有革命云乎哉？此侠之所以日夕期望于韩国者，早一日革命，则早一日脱离日人之专制；早一日牺牲，则早一日脱离日人之强权；早一日奋斗，则早一日脱离日人之痛苦。韩国志士知乎否乎？韩国同胞知乎否乎？中国者，一支那古国也；朝鲜者，亦支那之旧族也。今日韩亡，不免有兔死狐悲之感矣。设今日中韩国民之互助，不能实行此中国之前途，甚为危险，不特韩国凌于倭寇，吾诚恐中国亦不旋踵而蹈朝鲜之覆辙。侠忧时心切，又不能不将希望于韩国之心而转自勉于中国同胞也。悲夫！

（原载于《光明》第1卷第1号，1921年）

社会革命与韩国独立

惠僧

爱国运动，在二十世纪已经成了古董，固为爱国运动，完全是部落主义的变象，好好的人群故意画分些畛域，使人类互相争斗，互相残杀，既不利于人群的进化，更防碍世界进于大同。所以一般有觉悟、有识见的人们对于这宗举动不独认为非人群必要的东西，并且深恶痛绝。但国界的观念既打破了在社会上防碍群进化的东西，就不是强国，便是强人了。甚么叫做强人呢？不要说不劳而食，侵掠人类的幸福和血汗的资本家是便。资本家掠夺的保障就是私有制度，私有制度的掠夺工具就是私有制度的政府军阀……种东西。人类中有了这宗不祥的东西，就演成经济专制、资本独占之局，小而则使个人失业或得不到过人的生活和娱快，大而则使社会上发生不安宁的现象及经济的恐慌。因为有了这宗现象，所以就有一般志士们谋抵抗、倡改造，社会革命的事实就应运而起了。社会革命的运动是谋人类的共同幸福，是要打破私有制度之下的一切组织，使无产阶级的同胞由奴隶的地位的一跃还他的主人的地位。换句话说，就是使生产者即劳动者，亦即无产阶级的人们——得支配经济和掌管一切政权、特权。彼革命的方法是：人为本位，不是以某国家、某种族为本位；是以社会为前提，不是以国家与种族为前提。这就是爱国运动与社会革命的分晓。

现在韩国的一般志士高倡恢复祖国之说，牺牲了无数的头胪[颅]，洒尽了无穷的血泪，简直是与日本誓不共存亡佢们的。这宗举动完全是爱国运动的范围。我本是个主张社会革命反对爱国运动的人，可是对于韩国人的这宗运动是表敬意并很表同情的。是甚么道理呢？因为这宗运动是爱国运动中的特殊的并与社会革命是相关联的。我现在把这两层的理由等在下面同人家讨论讨论。……

日本是个资本主义极累害、私有制度极严刻的国家，彼完全是以侵掠为立国的唯一政策。譬如他占领琉球、占朝鲜，都是以武力征服，征服之后便以所占领的地方供他的挥霍。所有的人民做他的奴隶。这宗野蛮举动，惨无人道的行为，我们提倡社会革命的人们，当然是要认为人类的公敌，同声敌忾，一致申讨，为我们的社会主义的前途扫除障碍，为人类前途谋幸福。所以敢说，对日本下总攻击的，不是朝鲜人独有的责任，是人类中共同的责任了。在朝鲜的人民，久已限于无产阶级的地位，他们的衣食住都不能自由。简直可以说，他们的生活、不自由生命的前途，真是危险啊。他们现在倡韩国独立的，我恐不是要争将来的韩国在国际上占地位、享荣誉的，是为过去的韩国与人民争生命的生存，去人类的蟊贼。我们对韩国的革命志士表同情的，更不是争韩国的国家恢复旧观，是要把韩国的所有无产阶级的人们从奴隶的境遇中争还做人的地位。换句话说，我们帮助韩国革命，不是帮助韩国的革命，是为我们人类中第四阶级的同胞生存争人格。这就是我对韩国人独立运动表同情的理由。

但又有人说：韩国此时独立运动虽说是为人类扫除资本阶级的强权，可是韩国革命成功以后还是用资本主义的制度建设他的国家，还是以社会主义的制度建设他的国家，谁敢相保哩？我对于这个疑问，觉得不能阻挠我们帮韩国独立的热情，是甚么道理哩？韩国将来革命成功，采用一种甚么制度建国，另是一个问题。我们此时帮助韩国谋独立的，完全是为我们第四阶级的同胞谋幸福，为人类谋自救。不过同时也希望韩国的同胞们于艰难辛苦中争还将来的。韩国确不要采用资本主义的制度建国，必须要顺世界的潮流，应人群的需要，确立社会主义的国家的基础，再进而铲除国界，作世界大同的豫备。我真为韩国前途贺，为人类前途贺，为世界第四阶级的前途贺。

（原载于《光明》第1卷第1号，1921年）

壮烈哉，韩国的人民！

剑耘

自韩人之独立运动以来，我觉得他那一种磅礴天地、振撼人世的、不顾成败、拼了死生的气概，不禁惊绝，大呼曰："壮烈哉！韩国的人民，若以我中国人较之，真惭愧死也！"

再由各方闻见的消息及各国教士的通讯，纪录日本军人残厉惨酷的景状，则又不禁怒发上指，击棹大骂曰："人类之魔的日本军阀，你们在世界的末日近了，还不自觉，尚权行乃尔！我敢决你，这是自速其死罢！"

呜呼！我之作如是云云，岂徒无聊一骂，像咀咒者之无可奈何吗？兹请为诸君一申言之。

日本的横蛮残暴，岂单施加于一韩国人民之土吗？实则全世界都蒙其不利，而此不利之中，不过以一韩国为甚而已。比韩国而相等者，宁不有之？比韩国之后患将有无穷者，宁不有之？而只却见一韩国之人民再接再厉之奋图反抗，自安重根以迄今兹，流几许之宝血矣。故蕞尔三韩，久未闻称于世界者，亦因之振惊寰宇。乃今之目的虽未竟，已博得全球人士之同情，且交口而乐道之，谓为"世界革命之光"。噫！苟长此奋进不已，其最后之胜利可操胜矣。

诸君或犹未能深信我言，我且拿一可例之事，以证明其说：中国所受日本的待遇为如何？不尝屡把横蛮残暴的戾气，施加于中国人民身上吗？明祸之不足，则暗捣之；强夺之不足，则阴谋之。顾"与日本不并立"与日本奋争抵抗"杯葛"种种的口头禅，人们耳闻之熟日烂矣。究其实，则又如何？不徒未损日本的分毫，且从而增长其威焰。在政府也，则借款卖押，断送之不已，更假其暴力以屈压国民。国民之既遭屈压也，初或微闻怨慰之声，习之则甘如饴醴矣。呜呼痛哉！以韩国人民之所受痛害例之，相等也；而以韩国人民之反抗勇气较之，则有若人与豕之差异，宁不要愧死么？

不特此也，我中国人乃现有不得不痛恨于一般中国人及中国的政府者，则其为丧心且蔑理也。不然，何做事之颠倒如是？韩人运动独立，究何损于中国？乃中国不知其有利于己及有利于世界，不表以同情，不援以助力，则亦既已耳。何苦必为日本作伥鬼，从而阻挠摧残，且捕拿构陷之？又更何苦引领日军入境以屠戮之？一于间岛，再于珲春，丧权残民，恬然不以为耻。咄嗟乎！想稍具有天良者，必为中国不值，又为韩人呼晦气也。然而韩人则不曾因是少沮其进奋，此其所以为壮烈哉！

往者已矣，来日方长，旷瞻前途，其将何以为计？我现要言其策进之，方且放下中韩，略谈日本。

日本之横暴，虽云甲于寰球，而我以科学道理分析之，则人类虽非纯是善性者，亦断无纯恶性生而暴戾好杀者也。故论日本之横暴，实不过因之于彼政府及其一般军阀而已。不观乎此次韩人运动独立，日本在野者及一般社会党员，都极表同情，且尝暗为援助吗？且日本人之觉悟者，亦尝竭力运动，以图推倒其政府，而灭绝一切强暴之权力矣。其疾愤彼政府之不平、军阀之残毒，实比韩人若同一志趣。

无政府党、马克斯[思]派工团主义及其他种种的社会革命运动在日本，现正如雨后春芽，蓬勃怒发，交相与彼万恶的政府及人类之魔的军阀为难。据近日党人布告语“将距成熟爆发之时期匪远”，人类之魔的日本军阀，你们在世界的末日不是近了吗？

但话虽如此说，我们受他荼毒的中、韩两国人民，当断不能只任他自己去革命，便算了中国，似还在将醒未醒的梦中。我姑且慢道，而在韩国，既已奋起积极厉行之中，则宁有半途坐视，以希待其自毙者？是必不然。然则以屡经挫折之余，苟不有相当的安全计画，其将企望于中国之协助耶？抑将企望于列强各国之援拯耶？是又皆必不可能之事也。①

韩国可爱的壮烈诸君，凡是希望某一国的援助，你都不要存念罢。因为凡国都是不能及，不愿为利于他国的。但他或有时挂着一个什么公道义举的题目，出些力援助时，他骨子里总必有他的权利、欲望、图谋……而且在今日世界上，究竟又有那一国能够有气量以挂那公道义举的招牌。

我意为如万不得已，则只可竟直希望于各国的人民，因为各国的人民中，或者会有些存天理人道而能热心好义的。你试看，中国所以摧残你们及种种对不住你们的作为，都不是一般人民直接肯去干的；不过因为那个国字上头使

---

① 本篇凡言国，都是指国的政府。因为以现在凡一国的事，只是政府里少数执权者独断独行，并不关事全国人民的，故国不能括概人民。或许人民与国——政府——是立于极端独对地位的。

令着和政府权力驱迫着罢，而且表同情以至于太息流涕的，也还都是那些普通的人民呢。至于其他各国，亦何独不然？甚而日本国内，也何独不然？故我最后的奉告诸君曰：

诸君要想运动独立的革命成功，除自己举国都本着那壮烈惊人的勇气去努力外，你快切切实实地去联络各国的人民及种种社会主义的革命党——或者其间就以日本的居首，功也是未定呢？

壮烈的韩国人民呵，人类的光明将在世界上开，新纪元了前途。珍重！

十月卅夜，广州

（原载于《光明》第1卷第1号，1921年）

中韩的光明运动

沈

往者我读《韩国独立运动之血史》既了，窃意为韩国人民自由之期必不远了。以那人类的大盗、人类的魔鬼肆祸远东，则受者宁岂甘心？即其施于我可敬、可爱、可亲的热烈韩人而观，难道不能进一步而将以施之于吾支那人吗？然以我那可敬、可爱、可亲的韩国同人之前仆后继热烈的进行，又有那得邀世界人士的同情之文明运动，故我知他们必能不久而自由。且以同具"人"体的、构造"人"心的、思想的人，必无你强便能凌我、虐我的不平等待遇的我，故又知我们中国人士必能不及待其进也而早起御之了。现在轰轰烈烈的"中韩协会"既出于广州，盖如我意企同达于自由光明之路。楚沈更请抒一己之见，为中韩同人进一筹。

——著者引言

一、运动的意义

运动！运动！"运动"是不是好名词？

运动必有他的主体，当其出发运动时，必求运动的目的。为有益于本体的，故我敢诚恳高呼以向着诸君道："'运动'是一个好名词。"我们见驶兵舰入我国港口游弋长江的，就晓得那就是国际的示威运动；我们见公民大会巡行街市请愿一致的，就晓得那是群众运动；我们见暮夜苞苴蝇营狗苟的，就晓得那是钻营运动；我们见巡游欢迎的，就晓得那是媚怜运动。

我们又见刺大盗、炸魔鬼的，就晓得那是为自由牺牲运动。我们又见印派传单、讲演主义的，就晓得那是为真理宣传运动。下面我们又见伸肢屈体一二三四的，就晓得那是体育运动。

综上所述,种种运动没一件而不有益于其主体的,就不论其何等运动呢?然上方所述,在后末的,我们皆晓得他是正当的、合人道的运动;在前头的,虽不合,也于其主体系有利而无害,且由此而可以增加我解释“运动”二字的意义的助力。我们考虑那些种类运动,便了然于“运动者,运动对方以发展本体的行动也”。但我还认为,“行星空气,运行不息”,则我们人类循轨(人生公例)渐进,亦永无停息。所以我们还有人类真理的运动,而我更希望于参加的人,要认准目标来干真理的运动,没要眩惑失途,徘徊歧路,或陷于不正当的运动。

我更有些意思,以为运动是我们应有的事。我们除却不规则、不合理的运动事外,没有什么不可以运动我们最要的衣、食、住。对于食,便要运动我的手、口、齿、舌。其次,我们倘不先为劳运动,则又怎能获得衣食住?所以“运动”更是一个好名词。然而我们不能□日价普天糊地,则进行来运动吗?我们不知者不已,倘一知道,则协同运动更是无可诿辞。

但现在我们要干什么运动呢?我以为我们现在处着这个各种魔鬼、大盗——军阀、官僚——横行的世界,又认定各种社会组织和各种旧制度都是制造罪恶的原因。故我认定想求达到做真理的运动的,当先干“革命运动”;要求光明的运动,当干“革命运动”。

我相信许多普通人都意为“革命”是一件不好的、可怕的事。老实不客气,我一发大声告诸君道:“革命是社会进化的普通事。”当我们见得群众中间有一样组织或一种制度是应该改革的,便革其命了,实在是家常便饭。诸君不闻科学革命的名词吗?也何尝觉得科学革命是不好、是可怕呢?况现在我们既发现着这社会中间已有要革命的象征,则我们更不可放慢一步,奋力进前,要使从有革命的可能而进于事实。这尤是我希望于诸君的。

二、为什么要运动?

我现在且说中韩的运动,中韩究要什么革命才有这种运动呢?换句话说,中韩究竟要运动革什么命这个问题,我们要认清楚中韩协同和革中韩的命这两点。因为我们不空是韩人要运动革命,中国人也要运动革命;不空是运动革韩国的命,还要运动革中国的命。至于那或有革命理由而却不尽属于中韩两国的,则也要运动及其他国或至世界都革命的。那么,我在这里就先要说些近的就系中韩革命运动的原由罢。

我相信大众们都认定,韩国人系受日本军阀的虐制,至惨苦颠连,无可苟忍。且韩、日两民族又有永永冰炭之势,在韩国人尤认韩族系轻蔑日本的,系怨恨日本的,系不信任日本的。韩人所持道理亦彰彰有因,所以促韩国革日本之命的，就系此故了。我怀一千九百一十九年三月一日韩人独立之时，日本军阀渡海洋，厚兵力，大肆杀戮之惨状，闻者当亦为之痛愤。军阀之罪，实枪洞其胸，弹炸其骨，仍不足以抒气哩。总计韩人该次独立，死亡七千五百余人，被伤者一万五千九百余，被囚者四万六千九百余，其中小孩妇女都遭惨杀、奸淫。似这等情形，我们将为罪于什么呢？

十八世纪以来，军国主义之说盛行于西欧，一转而欧风东渐。前人不察，而野心家又随而利用，那么所东渐者不为西方文明，却系西方祸水。于是乎日本民族拿着他来荼毒东亚，而可敬、可爱、可亲的韩人竟然先蒙其毒。

然则韩国现在所最要最急的，就系革韩国的命，革韩国所受日本军阀的命了。但我上方种种只单言韩人要“革命运动”，却于我们中国人没有关系，而中韩的“革命运动”也没有提出。理由：故我于此就要讲中韩的革命关系。

倡中日亲善的道：同文同种，相邻相亲。这是应当道理。倡中韩亲善的道：彼殷箕遗裔，实我之所自出，语虽不同，相去亦不远。而接我南满，同滨黄海，且千余年来向皆附我，固较日本为近邻而更亲。然我意为可不必牵强此说，只于彼流离颠沛和日受惨虐的人，第一宜加怜悯。孟轲道：“恻隐之心，人皆有之。”诸君难道不闻韩人惨状吗？我又意为：“卅六鸳鸯罔命鸟，一双蝴蝶可怜虫。”中国人与三韩人固同病相怜的哪？

诸君尚怀否？满、鲁、陕、鄂、湘、桂、皖省等兵燹之祸，其所受于军阀的，近年以来擢发难数，诸君还怀否？我们倘从实地调查，拿死伤、杀亡、毁焚物产这种惨史来比三韩，其情形正适似中国，虽则是已由革命而来，然那种官位的革命却非真实的革命呀！（真实的革命，在后头来讲。）

那么，我们觉悟得到，铲除军阀是中国的革命大前提，而韩国的革命又是以铲除那日本军阀为大前提；我们要求平等自由，而韩人亦是要求平等自由。我们中国与韩国所急急于革命的，所以亦正相同。在同文同种、相邻相亲，其应该中韩协同革命的正如彼；其所感受痛苦、日臻觉悟，应该需要协同革命的又如此。故中韩间要中韩皆运动革命呢；况爱我众生，互相扶助，又不仅要因同病才相怜而同干呢。诸君！

三、运动的光明

恒河沙数众生，干诸染缘，因果相寻。我相信，无论那一个干什么，没有不先有意志所企而为无的放矢的。纵横之间，虽有无意的果偶然而结，但追究此某偶然之果的因，亦必由于某因而至。如瓦德[1]之发明蒸气[汽]机，固未必企能生现世的文明，然现世机械所赖，则蒸汽机的结果。哪瓦德见蒸汽之力，乃假设用力的目的而企其成；后之人又把瓦德所得的果为因，更假设种种的企望以求果，其必有目的而后作皆相等的。

现在中、韩革命的动机皆备具了，换句话说，即中、韩间皆有运动革命的因了。执因求果，我们不可不先定目的，然后出发。然上文不曾说过吗？就是革军阀的命。只革军阀的命，我相信诸君都不以那为目的的。且射人先射马，擒贼要擒王，我们倘审而行定，必攻无不克，战无不胜，发无不利，谋无不成的。所以我们于革命之目的，当于此而一审慎之。又况革军阀的命，不过系我们打破暴虐的目的，我们于群众社会的革命，断不是徒然破坏。故破坏不算是目的，而建设才是真正目的。我还要明申群众社会革命这话，因现在我做中、韩两国的革命策画文章，却未尝指出中、韩两国此后的革命，非国家的革命，非种族的革命，所以我先要郑重说过。才开章明义，解释那(A)中韩两国此后的革命目的当要取社会革命为目的，(B)中韩社会革命的目的要拣取(△△△)建设为目的。

(A)中韩两国的革命目的当要取社会革命为目的。

我们试用冷静的头脑，思虑中、韩两国情状，考察现时代思潮，自必明了：社会革命正正适合。从韩国言，则方受别国的压迫。韩人的国际政治革命，自是正当。若拿中国比照我们，中国又何尝非是从政治革命经过？现在却又如何？不过，中韩两国平民还是同享军阀压迫的惠赐。在西欧，人民日汲汲方痛恨军国主义的可怕，而其中明哲之士又日渐觉悟，发现国家主义的靠不住。我们亦已见得军国主义是祸水了，于国家主义中间，还须思虑采取什么主义好。

十九世纪末期的思潮正社会主义思潮澎湃的时期，且由玄想的而入于科学的，由乌托邦而进于实验国。那么，我就对于中韩两国的经济、政治这几方面要来说说。

我于这里先假设韩国已经达到革除日本的命来说，比方韩国完全独立自治，他所取的政治又恰合于德模[谟]克拉西，这是极好的吗？但现在英、法两国当然算是很合民治主义的，而英、法两国人民何以对于社会主义非常欢迎呢？也无非感觉得政治上头包含着许多“食于人而不能食人”的官僚绅士。资本主系人群的蠹虫，又和许多组织是不利于平民的不平等、不自由制度，故政治不能给普遍的人信仰。那么，纵使韩国人得达到英、法政治一样，而平民的

---

① 即瓦特。——本书编者注

无告又系英、法一样了。比方韩国得达到最好的三民主义，从如美国林肯所说的一样，那时经济组织又是怎样呢？有相信能够采用放任主义的，必为于自由竞争的祸害结晶；又假其能行强制竞争的政策，但建筑在经济基础上面的国家政治必终受经济的支配，而平民所感觉得痛苦又皆有目共见了。至于将来或发生政党争斗以陷平民于苦阱的，在中国又照[昭]然前鉴了。

所以我以为，与其今日谋国家主义独立的革命，究不如澈底些谋社会主义的社会革命；与其只谋脱离日本军阀的衔勒，究不如连自己将来的衔勒也一概解除。且现在大多数人都相信社会主义的实现系必能达到还必要达到的，就中、韩两国的稍明达的人也必相信的了。那么，在韩国直接行之，既可免间接中间的将来多一重手续，而平民亦早一日得接近于光明的路；在中国呢，则根据上文睽之现势，采取社会主义的革命犹为急务！犹为急务！

（原载于《光明》第1卷第1号，1921年）

朝鲜亡国之原因及其能否复兴之推测[①]

向达

一、引言
二、中国之失策
三、日本之阴谋
四、朝鲜之自亡
五、朝鲜将来能否复兴之臆测

一、引言

朝鲜自檀君以来，古史茫昧，莫可究诘。自箕子分封，其民风始稍稍可考；固俨然先王之遗意也。逮炎汉之吕后二年(西历纪元前一百八十六年)，卫氏始兴。此后载籍稍繁，其与中国之关系亦彰然可考。虽自卫氏以至朝鲜之亡，历世二千余年，其政治上之依附不时固矣，而究以隶属中国者为长且久，至其文化尤不能一日离我国而独立。试就旧史考之：则中国自魏晋以来，佛学大兴，此道竟入海东(宁康二年)。隋唐之际，我国学风彬彬称盛，而高丽、百济、新罗三国亦遣子弟入学。(见《隋书·儒林传》及《唐书·儒学传》)济济焉，洋洋焉，其盛盖古昔之所未有也。史称其饮食用笾豆簠簋尊俎罍洗，颇有箕子之遗风(《旧唐书·高丽传》)；俗爱书籍，有五经三史三国志晋阳秋玉篇字统字林以及内典诸书(《宋书》《梁书》《北史》以及新旧唐书俱可存参)，而文选尤为爱好。唐武德七年，将天尊像及道士往朝鲜，为之讲说老子，其王及道俗等观听者日数千人。是其崇拜依附之热忱，固远胜于今日杜威罗素之于吾国也。而唐时新罗有君子之国之称(见新旧唐书)，其文化之盛，于此可以想见。至宋时，我国儒释杂兴，朝鲜亦屡请藏经，并求赐板本九经书，用敦儒教。而其肆业

---

① 原文部分标题缺失，为保持一致，予以补充。——本书编者注

于国子监及仕于我国者尤频见不鲜。其国子监四门学生，竟达六千人(以上俱见《宋史·高丽传》)，求之我国，恐尚未易逮也。他如九斋讲学，十二立徒，海东文物之盛，可概见焉。元明以降，理学来自中国，名儒硕学，代有其人。宗社既屋，异族入据，而死难殉国、起义勤王者，乃如云蒸，如霞蔚，令人懔然于三韩之民固非尽死也，则理学之深入其人心有以致之也。要之朝鲜之与吾国，若影之随形；吾国文化之升降变迁，亦即朝鲜文化之升降变迁。然而朝鲜者，固乃东亚文明之一小枢机也。自王仁赍《论语》《千字文》等书入日本，而后日本之文化以兴。其历史上有此种助人之美德，则若历史之学一日不亡者，朝鲜之名，固应与日月齐其光者也。

上来所述，类为陈迹。然试思其三千年来之文化，能于人类进步之历史中，据有其一席者，固莫非我先民经营缔造之功。吾侪小子生今之时，欲考其兴亡之迹，又安能忘我先民之丰功伟烈，而以为琐屑而不述哉。抑尤有进者，一国之亡，必非朝夕之故，所谓履霜坚冰，其来已渐，则考其文化之当否尚矣。予之所以喋喋述此往事，盖亦欲于此一考其故焉。故总而论之：朝鲜之亡，其自亡为其主因，而中国之失策，日本之阴谋，乃促之以底于亡者耳。今将我国之失策，及日本之阴谋，依其历史而各述之，则其为失策，为阴谋，固可自见焉。

二、中国之失策

我国之断送朝鲜，当权舆于琉球民之被害。光绪七年，琉球民六十余人漂至台湾，为生番所害。日本遣副岛种臣来中国质问，而当事者昏愦，竟谓与我国无关。

> 《中国近时外交史》 副岛种臣向总理衙门提出琉民被害事件，问生番是否属中国版图，总理衙门大臣毛昶熙等答称："琉球系我属邦，其民被害，不烦贵国，且台湾生番，政教不及，其杀人劫掠，与我国政府无关系。"

逮日本既入台湾，始幡然觉悟，知前言之非，乃谓："生番系版图之地，何故不照会即遣兵。"然而噬脐何及，其后虽以英使之调停，而琉球竟非我有。

> 同治十三年中日和约第一款，日本此次征台湾，系保民义举，中国不认为不是。

日本既征台湾，识清廷之蒙昧。而朝鲜半岛之地利，大都蕴而未发；又其形势与日本有唇齿之情，前此即屡思染指，胥未得逞，然于此固未常忘情也；则此时乘征伐之余威以谋朝鲜，固意中事。清廷亦虑及此，故曾警告朝鲜。

日人信夫淳平《韩半岛》第九章第一节　明治初年清礼部以日韩交情之疏也，曾为一书告韩廷，有云："据洋将日意格云，日本尚有五千兵在长崎，台湾退兵后，将从事高丽，法美与高丽前隙未解，必以兵船助之。"

然而清廷对于朝鲜之政策，其最大之弱点，即为不负责任。同治四年，大院君以忌洋夷，杀教士，法国之宣教师十二人中九人罹其难焉。其明年法舰攻江华，不利。于是法国驻北京公使转而质问清廷，清廷乃答以"朝鲜曾为中国附庸，今非中国属邦"之语，以至腾笑万国，视其答复为儿戏之公文。（见《韩半岛》四百七十六页）美亦以同治五年休门船被击事于同治十年以军舰攻江华，又不利。（《韩半岛》五三〇页及三九至五四〇页）于未迫朝鲜与缔结条约之先，亦曾与清廷交涉，而清廷答称："朝鲜奉中国正朔。至于宣战媾和之权，胥归其自理，不属中国干与之内。"（见《韩半岛》四七六页）清廷之颟顸如斯，用有《江华条约》之误。

台湾之后，日本副岛种臣使北京，曾以韩廷非与日通问中国之责任。而当局者不察，乃谓高丽自主。日本遂定以独立国待朝鲜。

《中国近时外交史》第八章　先是日本外务大臣副岛种臣以台湾事件赴中国，以韩廷对日之暴慢，问中国之责任，总理衙门答以"中国对于高丽，虽与封册及正朔，然其内治与和战，皆高丽自主，与中国无关系"，种臣返国报告，日政府定以独立国待遇韩国之方针，

光绪元年，日本云扬舰以测量韩国沿岸及我国牛庄等处，过韩国月尾岛，泊江华湾，下小舟溯汉江，为炮台守兵所击。云扬舰应战，破炮台，夺永宗城。日廷遂乘机胁迫朝鲜，乃于光绪二年（明治九年二月二十六日）订《江华条约》，以朝鲜为自主之邦。

《江华条约》

一　朝鲜国为自主之邦，与日本有平等之权。

然其时清之国势犹盛，日本尚不敢一意孤行。故未订《江华条约》之先，曾向清廷总理衙门告以日本对朝鲜之意见，而清廷乃游移其辞。

《中国近时外交史》　初江华湾事变起，日廷将遣使问罪时，对于中韩两国之宗属问题有所顾虑，遣森有礼为特命全权公使往北京，向总理衙门告"日本政府对韩之意见"，恭亲王以《中日修好条约》有"所属邦土不相侵越"之语，则主张"日韩有问题，宜先与中国交涉，不应直兴师问罪"，森有礼以"韩国外交，悉由自主，则日本应以自主国待之"为言，谈判不得要领，

逮《江华条约》发表而后，清廷对之又默焉无言；是朝鲜为自主之国，中国固亦承诺也。然朝鲜之为吾国之属邦，固有深长之历史。而朝鲜亦不敢遂以自主之国自待。故《江华条约》而后，又有自主之说起。先是大院君素持攘夷之论，以日本变用洋制，通倭即通洋之渐，（用金允植密书语）故亦果恶日本。其后持亲政论与开国论者得势，大院君因之下野，然而攘夷之心未尝稍歇，后因韩人拘禁法教师之事，法国驻日公使欲日人为之引渡。日本因训令釜山领事向朝鲜要求，大院君之徒对此则颇为激昂，朝鲜不敢自决，因请命于清廷，而清廷乃又谓朝鲜为自主之国，应由其自行答复云：

> 《韩半岛》第四章四一二至四一三　当时大院君虽退隐京城，然仍鼓动地方排外，以是喜变好乱之徒，乃时怀攘夷之梦，遂有囚禁彼时在朝鲜之法国宣教师之举，驻札[扎]我国（日本）之法国公使，因要我政府引渡该宣教师，我政府因即训令釜山领事向韩廷要求，韩廷接此要求，颇为惶惑，应之，则大院君之徒，颇为激昂，拒之，则与日政府之谈判匪易，莫知所为，因答谓须待北京政府之训令方能决定，使果承认此答复，则是与《日韩修好条约》（即《江华条约》）第一款所谓（朝鲜为自主之邦，与日本有平等之权）之语相违背，是即承认朝鲜为清国之附庸也，故我政府命花房公使返此答复于韩廷，韩廷用更将其始末报于清廷请示，而清廷之训令乃暗昧不得要领，其训令之要旨曰"第一款，朝鲜系自主之邦等语，朝鲜久隶中国，而政令均由自理，其为中国所属，固天下所共知，其为自主之国，亦为天下所共知，应由朝鲜斟酌答复"云云。

此种堂皇冠冕、高唱入云之断送国土之文章及颟顸不更事之态度，宜乎李鸿章之虽知其为大错，然亦徒唤奈何也。

> 《李文忠公全书·议复张佩纶条陈六事折》　今朝鲜与日本立约，已越七年，当时条款，竟认朝鲜为自主之国，在朝鲜昧于公例，岂足深责，而咨报礼部转奏，并未一加驳斥，本年美、英、德三国订约，始申明中国属邦字样，日本方啧有烦言，各国尚不免疑义。

清廷对于朝鲜之态度，可分四期（四期之说从日人信夫淳平）。乾嘉以前所谓闭关自守之时，朝鲜在名实上纯以附庸视之。逮道光以后，中英交涉及鸦片战役而后，德法美诸国相率转其目光于东方。若俄则自一六三八年其势力已至鄂霍次克海沿岸。中英之战而后，其侵略之心更甚于一八七五年占萨哈连（桦太）岛，于是对于朝鲜半岛之野心，更一发而不可遏（其故于第三节中述之）遂与日本为对敌焉。而其他英法美诸国，亦思于半岛上有所获，故朝鲜遂成逐鹿之场。清廷于《江华条约》以前，对朝鲜盖视之为自主国，遇事胥推诿不理，是为清廷对于朝鲜态度之第二期也。其后既知其非，疆臣如丁日昌辈，乃倡牵制之计，行以夷制夷之策，是为清廷对于朝鲜态度之第三期也。

> 《李文忠公全书·妥筹朝鲜武备折》 查照前福建抚臣所陈各节，致书朝鲜原任太师李裕元，劝以密修武备，慎固封守，与英、法、德、美诸邦逐渐立约，借以牵制日本，即可备御俄罗斯。

李鸿章时为直隶总督，知以前之失策，然以屡次承认朝鲜为自主之国，诚显为之谋，则日本固振振有词，因亦以以夷制夷之策为然，而劝朝鲜与各国通商。

> 《李文忠公全书·密劝朝鲜通商西国折》 朝鲜孤峙海隅，向不愿与远人交接，英、法、美诸国屡为所拒，前岁日本胁以兵威，始与立约通商，猜疑未泯，积有违言，日本知其孤立无援，一旦伺隙思逞，俄人亦将隐启雄图，英、德、法、美诸国复群起而议其后，非惟朝鲜之大患，抑亦中国之隐忧，本年五月间，前福建抚臣丁日昌所陈各节，为朝鲜计，实为中国计。
>
> 又通商西国片，查朝鲜三面环海，其形势实当东北洋之冲，而为盛京、吉林、直隶、山东诸省之屏蔽，其民人能耐劳苦，物产亦非甚绌，五金煤铁之矿，未经开采，仅为俄人占据，与吉林、黑龙江、俄境势若连鸡，形如拊背，则我东三省及京畿重地，皆岌岌不能自安，关系甚重，日本近与开埠，阳为各国先容，而阴嗾朝鲜坚拒，其意亦甚叵测，兹欲杜俄日之阴谋，惟有与泰西各国一例通商，尚可互相牵制。

虽朝鲜顽固之流，不以与西国通商为然，李鸿章乃力为督促。

> 《李文忠公全书·答复朝鲜所问事宜折》 又闻该国君相已渐回悟，惟原任太师李裕元等不无异议，臣等于光绪五年七月间曾遵密谕，转致李裕元，详切开导，嗣接复书，尚未敢遽尔信从。此次李裕元来书，似仍有不欲远交之意，臣复函又加鼓劝，使不至从中作梗，此后无论何国再派人往朝鲜议约，当无坚拒之理，但未便由中国强为驱迫耳。

至于李氏救江华之失，为收之桑榆之计，则其苦心孤诣，又不能不为之叹服也。江华之约仅限于日本，欧美各国未之与也，故李氏劝朝鲜与西国通商缔约，最要即在使欧美各国承认朝鲜为中国之属国。

《李文忠公全书·妥筹朝美议约折》 薛氏订期谒晤，先将伊所拟约稿由周馥译呈，其意欲以日本条约为蓝本，臣将两稿比较，相差甚远，且于中国属邦一节均未提及，将来各国效尤，久之将不知朝鲜为我属土，而万国公法凡附庸小国不得自主者，又未便与各大邦立约，是彼此均有为难之处，臣属周馥讽示薛使，谓约内须提明"中国属邦，政治仍得自主"字样。

又李氏之朝美条约草案有云：美国大总统承认朝鲜素为中国之属邦，唯此次条约，则应视为永久与此事无关。（此从英文译出，李氏原文未之见。）

虽朝美条约未能如李氏之草案以行，然光绪八年之朝美条约，固隐有此意也。

朝美条约照会，大朝鲜国国主为照会事，窃照朝鲜素为中国属邦，而内治外交，向来均由大朝鲜国国主自主，今大朝鲜国大美国之彼此立约，均属平行相待，大朝鲜国主明见，将约内各款，必按自主公例认真照办，至大朝鲜国为中国属邦，其分内一切应行各节，均与大美国毫无干涉，除派员议立条约外，相应备文照会。

朝鲜自此以后亦渐悟守国之必要，故乃从事讲求武备，派人至天津学习军事及制造。李鸿章亦因势利导，为之主持一切。

《李文忠公全书》〖之〗《妥筹朝鲜武备折》、《妥筹朝鲜制器练兵折》及《拟议朝鲜来学章程片》俱详言其事，以文繁不具录。

然此时朝鲜分大院君与闵妃二党。大院君虽已退居，而势力犹在。其党人依附清廷，李鸿章借之以行其阴为主持之策。而闵妃之党固未能恝然也，先是光绪七年，金玉均、徐光范等往日本，震其富强，归国奉闵妃为中心，是为开化党。力图新政，谋建设新政府。聘用日本陆军大尉掘[堀]本礼造为教练，而日本与朝鲜之关系渐密。然而大院君一辈之守旧党固不以为然。光绪八年壬午之役，大院君嗾暴兵作乱，欲杀闵妃。日本堀本大尉遇害，公使花房义质等见事不可为，逃至仁川，归国。我国则以朝鲜参议金允植、校理鱼允中之请及韩王请援，李鸿章乃命北洋水师提督丁汝昌、广东水师提督吴长庆等率四千人先赴朝鲜。日本兵亦后至。李鸿章命驻日公使黎庶昌告日本以中国调停之意，而日本以朝鲜乃自主之国为言，不受调停。

《中国近时外交史》 李鸿章命驻日公使黎庶昌会日本外务大臣井上馨，告中国调停之意，井上外务答曰："贵国虽视韩国为属国，日本视韩国为独立自主国，自有九年日韩两国直接协定条约以来，尔后无须依赖贵国调停。”其后黎庶昌以总理衙门之命，复与井上有交涉，井上峻拒之。

马建忠调停，亦为所拒。

《中国近时外交史》 花房公使谒韩王，提出要求数件，限三日为最后决答，时大院君已恢复势力，大政大臣照会日仁使云：“别有王命，将往山陵，本件请俟归后再议。”花房公使大怒，即去京城，归舰中。时中国驻韩公使马建忠追花房公使至仁川，告居中调停之意，花房公使严拒之，马公使空归京城。

凡此皆《江华条约》有以致之，用至不能施宗主之权于属国。后卒执大院君回中国，而定《济物浦条约》。朝鲜派金玉均及锦陵尉朴泳孝等赴日本谢罪，日本极意笼络，故金、朴诸人归国，乃一意向日，图改革之心愈亟。

清廷对朝鲜之态度，在壬午以前，尚为以夷制夷之第三期；至壬午之乱，乃渐变其中立之态度，而为舍名取实之实行干涉。壬午之先机出兵，即其先声。至是乃派陈树棠及德人穆陵德为朝鲜之商务顾问，命袁世凯驻韩为全权委员，留兵二千人驻京城。唯袁氏等处事过刚，不如日本之阴柔，而时与以煦煦之仁，在在露其大国凌压附庸之态，故韩廷及穆陵德等颇不以为然。穆陵德乃转劝朝鲜联俄。清廷对于闵族之欢心为之大减。而日本则乘之操纵金玉均等。又值中法之战中国大败，于是日本公使竹添进一郎乃对开化党恫以危辞，要以甘言。

日本阴险谲诈，欲擒故纵之外交政策，于金玉均之《甲申日录》可见一斑，日录见《韩半岛》中，译成日文，为金玉均于济物浦之约，派赴日本谢罪及归国之日记，将于下节述日本之阴谋时摘述一二。

于是日本之势力突长，而其时守旧党之势尚盛，以金玉均、朴泳孝等附日，乃欲处以流刑，而甲申之乱以成，日本公使竹添实与其谋也。袁世凯既平其乱，日本又胁迫朝鲜，遂成光绪十年日韩克复和平之条约。其后日本欲确定其对韩之利益，乃遣伊藤博文来天津，与李鸿章协商。经六次之谈判，李氏卒为伊藤所硬化，遂成光绪十一年三月之《天津条约》。而中日对于朝鲜，乃处于对等之地位。

《天津条约》

一、中日两国驻扎韩国之军队，四个月内各全数撤归。

二、中日两国皆不派员教练韩国军队。

三、将来韩国有事，两国或一国认必要出兵之时，必先行文知照。

我国对于朝鲜，至此其宗主之权，几已化为乌有。虽于光绪十三年遣回大院君，而派袁世凯为统理朝鲜交涉通商事宜，欲实行属邦之待遇，然已无及。复益以政策过于操切（派朴定阳为美国全权公使亦其一也），不从收拾人心上着手，而乃策取最下。逮东学党之乱，中日宣战，又未能于外交上联络各国，反蒙谲诈阴险之名。

《中国近时外交史》 美国向爱保全平和者，六月七日美政府遣驻日美公使忠告日本政府云："美国政府对于日韩两国，皆笃友谊，希望日本政府尊重韩国之独立及其主权，若日本兴无名之师，危殆小国，则合众国大统领深为惋惜。"陆奥向美公使极言中国对韩国谲诈阴险，日本若遽撤兵，非所以保东亚之和平，其时美国政府不深悉极东情实，误信陆奥之言而止。

外交上成孤立之势，结局竟归败绩。《马关和约》成，于是朝鲜乃明非中国之所有矣。

《马关和约》

第一项 中国确认韩国完全独立自主国，所有该国向中国修贡献典礼等，自后全行废绝。

总之，朝鲜之亡，我国应负其一部之责。而所以致此者，疆臣之关于国际之公例有以使之然也。然尚有他故在，则上来所述对于朝鲜不欲负责之态度是已。光绪七年台湾之事及日本日韩失好问中国之责任，光绪十年自主之说要皆为不负责任之表示耳。李鸿章可谓知前事之非者，而亦不免夫此。

《李文忠公全书·议复张佩纶条陈六事折》 臣谋此事，若密为维持保护，尚觉进退绰如，倘显然代谋，在朝鲜未必尽听吾言，而各国或将惟我是问，他日势成骑虎，深恐弹丸未易脱手，原系审时度势之论……若如张佩纶所陈，简派大员为朝鲜通商大臣，理其外交，并预其内政，职似监国，向来敕使有一定体制，通商大臣当与该国王平行办事，分际既难妥洽，以后各国与朝鲜交涉事件，必惟中国是问，窃恐朝廷与总署不胜其烦矣。

又日本使臣森有礼署使郑永宁来署晤谈节略，答曰：高丽非不欲与日本和好，但恐各国相因而至，中国若代日本说项，将来各国都要中国去说，所以料得中国未必答应。

中国对于朝鲜既不尽宗邦之责，又以条例之限制，致其武备废弛。

《李文忠公全书·拟议朝鲜来学章程片》 据该使臣卞元奎呈称，朝鲜武备，本宜讲求，所以迟至今日者，实因外藩私购戎器，有干例禁，迨至时势既迫，始敢吁请，犹恐缓不济急。

江华一役，盟成城下，遂启他日亡国之根。推原所自，我国又安能辞其咎哉。

三、日本之阴谋

近世来政治上之侵略，殆莫不夹有经济的原因。其开疆拓土，杀人流血，无非因本国人民之繁殖过甚，求宣泄之所；或谋本国经济发展，是以不惜以他人之热血，润一己之枯吻。朝鲜半岛产米额年达一千五百余万石（据大正十年国民年鉴），为日本之一大来源（以前之日韩贸易以米为其生命），且其地势之与日本，有唇齿之关系，苟为他国所据，则可以制其死命。故日本对于朝鲜之侵略为经济的，特以外交之手段，条约之威迫，以成其经济侵略之目的而已。试溯旧史，如明正统八年对岛（此据日人信夫淳平《韩半岛》所载如此）宗贞盛与朝鲜立约，定每年可以船舶五十只往来，并运米二万石。大内、周布、志佐、田原、菊池、岛津呼乃四天王寺、清水寺、善光寺诸族，亦相继与朝鲜订约贸易。明弘治二年之己酉条约（日本之庆长十四年）亦以贸易为要，经济的侵略，于可知矣。《江华条约》以前，日本与朝鲜所订之条约，胥以通商为要，则其经济关系固显而易见也，逮明治维新而后，内政修明，国势日盛，而清廷又颟顸无能，因亟思取朝鲜以自固，台湾之役，遂以朝鲜之事探清廷之虚实。知有机可乘，遂于光绪二年（明治九年）借云扬舰之事，而迫朝鲜与订《江华条约》。

《江华条约》

一、朝鲜为自主之邦，与日本为平等之权。

二、辟釜山及其他二港，准日本人民往来通商。

三、前条所云之其他二港，就京畿、忠清、全罗、庆尚、咸镜五道中选择之。

四、日本船舶得自由测量朝鲜沿海。

五、日本政府于朝鲜之开港场得设领事。

六、西国人民彼此贸易，官厅不得加以干与或禁止。

七、在朝鲜之日本人民犯罪者，归日本政府之官吏裁判之。

其约之要旨，无非使朝鲜政治上成孤立之势，经济上为日本所垄断而已。釜山港湾深广，可泊三千吨之巨舰，距长崎仅一百六十二海哩。据明治二十九年之报告，釜山之总输出为三百余万元，而米谷占百七十余万元，日本与朝鲜之米谷贸易，彼时几为所独占。且以与长崎密迩，一旦日本与朝鲜有事，日本之进退，要当以此地为根据。瞻其后壬午甲申日本之进退，莫不由此，亦可知已。光绪三年，日本乘法教师之被囚（见上），又要朝鲜开元山、仁川二港。

《韩半岛》 明治十二年八月，花房公使与礼曹判书沈舜泽约议元山津开港事，十三年五月始成，而仁川则直至十五年四月开港之约始成，同年七月，租界选定。

此二港之开也，与朝鲜之政治上及经济上俱有甚大之影响。盖元山为陆海之咽喉，而仁川乃京城之门户；元山一去，则朝鲜北境已在日人之掌握，而仁川则扼王城之出路，为对外贸易之总。

《李文忠公全书·与卞元奎笔谈问》 德源永兴海口，闻各国艳称形势险固，为东海之最，俄人有意图之？……

答：小邦咸镜道（中略）五金之类于是乎产，其民勇而无谋，习于骑射，堪称北方之刚，惟是德源元山为陆海咽喉，所以小邦多年靳持，究竟万不获已，而许其开埠矣，傥或有事于此，则咸镜一道，非我之有，何则？扼其咽喉，则呼吸岂能通乎！

《中外地理大全》 仁川，朝鲜第一商埠也，贸易额达一千三百万圆，约占总贸易额之半。

仁川、釜山、元山略成一三角形，后来京釜、京元、京仁等铁道线成，则此三地又扼朝鲜对外交通之总枢矣。光绪二年日韩修好条约《江华条约》订定而后，亲日之开化党与亲中之守旧党之势渐成。而清廷自道光二十二年鸦片之战，咸丰十年英法联军之役而后，国势日非，朝鲜大院君以废立之嫌去位，此时守旧党之势为之锐减，于是开化党占势。而开化党徒大都曾游历日本，日本结之以甘言，炫之以国威，此辈遂有葵心倾日之势。故大院君之废，开化党执政，图改新朝鲜，唯一意依赖日本，而堀本礼造陆军大尉遂为朝鲜之陆军训练。光绪八年日本派清辉军舰来朝鲜示威，而开化党之势益张。

《韩半岛》 清辉舰在今日观之，固为一老朽不堪之劣等军舰，然在当日，则不失为我国之一大海防利器也，况在半岛之人民观此，尤应有异，于同年（明治十五年）三月来泊于仁川，国王特派李载元、申正熙、闵泳翌[翊]、赵义纯、李元会、洪英植等至舰参观，后舰长几边少佐入京都，宫廷请之观新兵操练，且厚待之，韩廷此举，颇足使当时之开化派气为之扬云，日本在朝鲜之势力，至是已日进无已，酝酿久之，遂成壬午之役，启中日互争之局。终以《江华条约》之故，日本占优势，而迫订《济物浦条约》。

《济物浦条约》
三、偿兵费五十万元；
四、自后日本以军队驻京城，护卫公使馆；
六、遣大使往日本谢罪。

又借之定《朝日续约》，扩张商场，增开商埠，取得旅行内地之自由。

《朝日续约》
一、元山仁川间行里程，今后扩为四方各五十里，期二年后更为各百里事；
二、自今期一年后，以杨花镇为开市场事；
三、任听日本国公使领事及其随员眷从游历朝鲜内地各处。

约成为明治十五年八月三十日，我之光绪八年也。而八月二十三日（阳历）中法海军战于马尾，我国败绩，闽安、金牌诸炮台相继陷，基隆为法所占领。消息传至朝鲜，开化党益觉清廷之不可恃矣。其十月朝鲜依约派朴泳孝、金玉均等赴日本为全权谢罪大使，日本又乘之极意牢笼。

《甲申日录》 到东京时，日政府方注目朝鲜，视余等若独立国之公使然，接待颇为殷勤，予时默察时事，深然朴君之议，遂决意倾向于依赖日本，

江华之约，日本意实欲朝鲜孤立，而外表则为仗义之举，首先世界各国而承认朝鲜为独立国。济物浦之约，偿金五十万元，朝鲜付十万元后无力为继，颇有依附中国之意。日本乃亟行其市恩政策，即以其余之四十万元赠韩廷为独立（说见后）改革之资，开化党因之愈形感激。

《韩半岛》 八月二十日法舰司令击沉清水师提督张佩纶所指挥杨[扬]武号以下之军舰十艘于福州马尾，死者逾五千人，并破闽安、金牌诸炮台，占基隆，此报传至京都，日本党以清廷傲慢，动惭[渐]凌侮他国，逮事来又不可恃，今当中法有事，无余力以顾朝鲜，正实行革命立独立国家基础之时机也，彼等怀此感想，至十一月我政府以《济物浦条约》中赔偿金未付之四十万元还之，以为其改革国政之助，日本党以为《江华条约》，我国独先各国而承认其为独立国，今又如此厚待，是以彼此友谊之厚，非复

他国可比。

日本之代理公使岛村及其公使竹添进一郎等，又乘金玉均等倾向日本，过从甚密之时，遂时以清廷不可恃为言，教其改革，许以扶持。

《甲申日录》 岛村又曰：方今东洋大势，清法之关系危如累卵，君等如不能为国改革，我政府亦以为不可为云。

又十月一日，锦陵尉（案即朴泳孝）也往见竹添，所言颇多，竹添扬言曰：清国将亡，贵国有志之士，其失此改革之机乎。

又十一月二日，竹添密告以退还前年之偿金四十万元，曰：此为我皇上特以之供贵国养兵之费，以为独立之资，愿终勿作他用，论及方今天下大势，又以清法之战清国势将颠仆为言，

此时朝鲜之交通权已渐入日人掌握。邮政局创设，即以日本人小尾辅助宫畸[崎]言成主其事。逮甲申之乱，其发动即在于此。而日本实与其谋。

《甲申日录》 十一月四日午后二时，竹添来外务衙门，谈判贸易章程中之利益均沾一事毕，又痛论天下之大势，及方今清国对外财政之窘迫军纪及政府之政策等事而归，是日清日交战之说颇盛，人心为之扰攘不宁……其夜岛村赴宴于朴君之宅，招予与洪、徐两君同席，余乃明告将行改革，岛村惊问其行法，余告以三策，其一即于邮政局开幕宴会时即席行事是也。

《中国近时外交史》 光绪十年，中国以安南事件与法国起衅，驻韩日公使竹添进一郎乘此机愈煽动日本党，日本党与中国党之争斗愈激烈，时中国党之势力犹优胜，欲处朴、金等流罪，朴、金之徒先与竹添公使谋，计欲先发，竹添具甲、乙二案告本国政府，甲案主张中日两国到底不能两立，则宁乘韩国内乱，援朴、金击退中兵，以抑中国；乙案主张，若为保全和平起见，则保护日本党不受祸而止。然己意注重甲案，日本政府以不欲急开衅，主持乙案。

又《甲申日录》十一日二十五日日记，亦可参考，太长不录。

甲申乱后，日本对朝鲜之政策，其第二着之进步，即在《天津条约》攫得与我国有对等之机会。逮金玉均于光绪二十年被杀于上海，而开化党之势力为之大衰。益以中国对朝鲜之政策愈亟，日本乘隙思逞之心亦愈急。时以朝鲜宫廷不振，东学党起事，日本乃密遣浪人往助，名曰“天佑侠团”，以图糜烂朝鲜半岛。中日以之出兵。

《中国近时外交史》　日本派少壮军人策士一团(后名天祐侠团)渡韩国,助东学党倡乱,密与本国通消息,天祐侠团之目的在糜烂韩半岛,以启中日两国开战之端,天祐侠团投东学党也,大竭其智勇,博东学党之欢心,渐跋扈,为全臻准所不能制,官军正领官洪启勋于两军疲战之时,遣军使至东学党议和,东学党动之,天祐侠团恐事靖不达最大目的,斩军使以激彼此之战,卒使韩国糜烂,中日两国出兵。

而日本借口《江华条约》,胁迫韩廷改革,竟启中日之战。逮战局终了,马关缔约,朝鲜成独立之邦,而后日本经营朝鲜之大障碍以去。然而尤有一大敌在,则俄是也。

俄自大彼得以来即思得一不冻港以为海军之根据,顾南下以出黑海之政策,既为英所沮,于是自一五七〇年以后乃转而经略西伯利亚而达太平洋。十七世纪,俄入黑龙江及北满洲一带,一八五七年领有萨哈连岛。然而不冻之港犹未有也,遂南向而注目于朝鲜。元山开港(见第二节李鸿章与卞元奎笔谈)即其先声。而日本亦正欲得半岛以为自固之计,于是两国乃为暗中之角逐。穆陵德之至朝鲜,俄势渐增,因有光绪十一年俄韩通商条约及附录并特别条约书之缔结。其后陆路通商之条约,虽以李鸿章之警告及英之占领巨文岛事而消灭,而李完用等之亲俄党以成。中日之战,朝鲜竟入日本之势力范围。俄人不甘,故于中日战前即曾警告日本毋存侵略朝鲜之野心。

《中国近时外交史》　五月二十六日,俄公使送公文一函致日本外务省,大旨谓:“韩国政府以内乱既镇静告驻韩各国公使,且要求各国援助,促中日两国皆撤兵,故俄国政府特劝告日本政府撤兵,若日本不肯与中国同时撤兵,则日本自负重大责任。”……又六月十一日,俄公使复致公文与日本外务省,大旨以日本不侵略韩国与乱靖即撤兵,心甚满足,即暗示日本对韩举动不能逸出此范围外之意,其后日本对韩举动日进步,俄公使复以公文送日本外务省,言“日本对于韩国之要求,苟有违背韩国与列国条约之项,则俄国政府绝不承认,为避将来纷争,乞为注意”云云。

中日战事结局,俄又联德法诸国而极力压抑日本,退还辽东,而自取旅大。不谓俄正发扬蹈厉于亚东,而英已疾首拊心于欧西。日本欲遂其亡朝鲜之野心,而知英之嫉俄也,谋与之结以抗俄,顾先之以狡狯之辞。

《东方杂志》某号《英日同盟解剖》　西园寺谓英公使曰:“予与贵公使晤谈良久,深知贵国政府有与敝国政府订立盟约之意,予欣慰之余,愿进一言，假使英日同盟不能成立，则敝国政府为保障东亚和平起见，将与俄国订约矣。”

英以防俄之关系，而英日同盟竟底于成，是为第一次英日同盟，时光绪二十八年（一九〇二年）正月初四日也。

《英日同盟（条约）》

一、两缔盟国相互承认中韩两国之独立，声明该两国无论何方不为突然侵略的趋向所牵制，但两缔盟国之利益，即英国以对于中国之利益为主，日本对于中国之利益及韩国政治上商工业上之特殊利益，若因他国侵略行为，至［致］缔盟国之利益受侵害，或因中韩国自起骚扰，致缔盟国之利益及缔盟国臣民之生命财产受侵害，两缔盟国为拥护该利益起见，各得执行必要之手段，

二、两缔盟国若一方因防护利益与乙国交战之时，他一方之缔盟国须守严正中立，并努力妨碍第三国加入乙国，与同盟国交战。

三、上记战斗中若他之一国或数国加入敌国与同盟国交战之时，他一方之缔盟国即当出兵援助，协同战斗，媾和亦与该同盟国合意为之。

此同盟之为对俄而发，可无待言。

《英日同盟解剖》 西园寺氏并禀承日政府之命令，径与英外相蓝斯唐商议，大致谓无论英俄与日订盟，日本均极欢迎，唯在日政府之意，则宁联英而舍俄耳，末后又谓日政府深信英政府必能了解日人之愿望。所谓愿望者何，即本门户开放主义，维持中国领土完全是也。根据此点，是以日本必须谨防俄国侵略满洲，万一将来日本竟以此故而出以战争一途，则日本依据此盟约，极愿英国阻止第三国（指法国）之加入战争。

日本借此以保护其在中韩之利益，以防害第三国之侵占。有此护符，故敢公然于一九〇四年二月十日对俄宣战。逮波罗的海舰队败灭而后，日本遂迫朝鲜订《日韩议定书》，而后朝鲜自由之权竟然失去。

《日韩议定书》

一、日韩两帝国保持永久不易之亲交，确立东洋平和，韩国政府关于施政改良，确容日本政府之忠告。

二、日本政府确实保障韩帝国之独立及领土保全。

三、因第三国侵害或内乱，韩国皇室与领土有危险之时，日本政府可速出临机之处置，韩国政府为使日本容易行动，与十分便宜，日本为达此

目的，得临机收用军略上必要之地点。

复益以《日韩协约》，而后朝鲜之财政、外交、军事以及订约之自由，胥不能自主矣。

《日韩协约》

一、韩国政府聘日本政府所推荐日本人一名为财政顾问，凡关于财政事宜，悉听其意见施行。

二、韩国政府聘日本政府推荐之外国人一名为外交顾问，凡关于外交事宜，悉听其意见施行。

三、韩政府自后与外国缔结条约及其他重要外交案件，须先与日本协议。

至一九〇〖五〗年，日俄之战局已渐行结束，日已处于优胜之地位，而英为防俄国之由东向政策更转而向波斯以窥印度也，乃与日本重订日英新同盟。

日英新同盟之三条目的，其乙项曰：确保中国之独立与领土保全及列国商工业机会均等主义，以维持列国之公共利益，英国以日本对于韩国有政事上、军事上及经济上之卓绝利益，若日本为保护增进该利益，对韩国执行指导、监理及保护之必要处分时，英国承认之，但该处分不得反乎列国商工业机会均等主义。

四、关于印度国境安全之一切事项，英国有特殊利益，若英国为拥护印度领地，对于印度国境之附近执行必要处分时，日本承认英国有此权利。

第一次英日同盟之第二条即云承认中韩两国之独立，第二次同盟则朝鲜之独立已成泡幻，《日俄和约》不过又加一重之证明耳。

《日俄和约》

俄国承认日本对于韩国有政事上、军事上及经济上卓绝利益，日本对于韩国认指导保护及监理之必要处分时，俄国不干涉……

日本有此两重之保障，而后朝鲜半岛可以取携自如。用为更进一步之举，而明治三十八年之《日韩协约》以成。

《日韩〖协〗约》

一、今后韩国对于外国之关系事务，由日本国外务省监理指导之，在外国之韩国居民及利益，由日本派出公使与领事保护之。

二、日本政府代行韩国现在与他国所有诸条约，自后韩国政府不经日本政府之手，不得与他国订何等国际条约与契约。

三、日本政府置统监一员于韩国京城，专管理外交事务，有亲谒韩国皇帝陛下权利，又日本政府于韩国开港场与日本政府所认必要地方得置理事官，执行从来日本领事之职务，悉受统监指挥。

自此而后，日本设官立职不遗余力，交通、警察、教育等权先后入日本之手，而日本又利用天佑侠团余党及内田良平等，结合朝鲜人士，于是乃有一进会之李容九倡合邦之论、李完用之劝韩皇退位。逮明治四十三年，而后煌煌明文之合并条约成矣！

《日韩合并条约》

一、韩国皇帝陛下将韩国全部之统治权完全永久让与日本国皇帝陛下。

二、日本国皇帝陛下承受前条所托之让与，且全然承认合并韩国于日本帝国。

呜呼！明治四十三年八月二十二日而我之宣统二年也，从此海东旧国遂成陈迹，仅可于简册中贻后来以凭吊之资而已！而试按自光绪二年之《江华条约》，以至宣统二年之合并条约，以及其方法之诡谲，则以日人用心之险如斯，欲朝鲜之不亡又恶可得。悲夫！

四、朝鲜之自亡

朝鲜亡国，外因为中国之失策及日本之阴谋，已如上来所述。然朝鲜实有自亡之道，唯端绪纷繁，要而言之，则民族之心理的原因与经济的原因，二者足以尽之矣。今试推论之如次。朝鲜亡国之民族心理的原因，朝鲜民族心理之所以促其亡国者，盖有其文化上、政治上及宗教上之原因在。分论之于下。

（甲）文化上。朝鲜之文化，于本篇之第一节引端中已曾略言其概。要而论之，则因袭中国是已。然其所因袭者大率为糟粕而非精华，故取士徒尚词赋，虽亦以经取士，具文而已。

《宋史·高丽传》 有国子监四门学，学者六千人，贡士三等，王城曰上贡，郡邑曰乡贡，它国人曰宾贡，间岁试于所属，再试于所学，所取不过三四十人，然后王亲试以诗赋论三题，谓之帘前重试，亦有制科宏词之目，然特文具而已，士尚声律，少通经。

薛培榕《朝鲜风俗记》 朝廷以诗古文辞取士。

《朝鲜风土记》 试士以策论，一年或三四试，绝无定期，一试即一状元，且有不止一状元者。盖无榜眼、探花之名目，均可以状头称之，观其所对之策论，亦不过谀美颂扬，无甚实在学问，不仅此也。即重文轻武之风，殆亦因袭中国之遗意。

《高丽风俗记》 武员之权势不如文员，其最大之武员，则又文员兼之，至武员无权，则因永无兵革之祸。

《东亚各国史》引《朝鲜载记》 仕宦官重文科，领议政，左右议政，必用文科为之，非文科出身者，同列贱之。

案:《小方壶斋舆地丛钞》言高丽诸篇，载其取士文多于武，几数倍之，亦可证其重文轻武。

他如行政制度，莫不效法中国，壬午以前悉取则于明，壬午以后又效乎清。其文化之为因袭流毒入于人心，亦复如之。由其教科书亦可见已。

教科书有云:(见《中外地理大全》及《韩半岛》)于戏，我国虽僻在海隅，壤地褊小，礼乐法度、衣冠文物悉遵华制，人伦明于上，教化行于下，风俗之美侔拟中华，华人称之曰小中华，兹岂非箕子之遗化耶，嗟尔小子，宜其观感而兴起哉。

以其文化之来源如斯，是以养成疏懒之民性、无所事事之态度。

《朝鲜风土记》 士大夫夏日无所事事，清晨即起，携酒榼，持烟筒，游于深山峻岭，择一树林茂密处正襟危坐，逍遥自便，如羲皇上人，契友良朋，聚而渐多，遂举盏畅谈，娓娓不倦，凡尘世间事，若有不能移其心者，迨日落西山，始结伴旋返，远望之纷纷然，如趁墟，如归市，早则不必偕往，晚则无不同归，嬉娱终日，其不务正业也可知矣。

《朝鲜杂述》 多有不事生业而终日闲游之人，其衣长衫缓步，冠圆笠端正而面貌良善、言语和平者，但不过有酒容，好于人常立处群聚而瞻望，其耳若歪，其心亦粗，其声者非特酒时好斗，即不饮时亦然，第一见其官，则便避之。

(乙)政治上。朝鲜自来即处于强邻四逼之中，自卫氏立国而后，以至于亡，历世凡二千余年。其政治上之历史，无非寄人篱下能脱然独立者，盖未尝满百年也。后来倭寇之祸，竟使其不能安枕，而妇人孺子，至有闻倭寇之名而啼泣者。以数千年来俱为择强而事之历史。

如朝鲜本为宋属，金灭辽破宋，又从而移其事宋者以事金。逮宋、金俱衰，蒙古勃兴，契丹之裔屡扰朝鲜边境，赖蒙古之力始平其乱，于是又通于蒙古。

故其影响及于民性，而亦养成其卑弱事大之心理。

朝鲜之地理书有云：我国为老人形，帝座已向西开，而有拱揖于中原之状。故昔顺中国，且无百里之野、千里之水，故不生巨人，西戎、北狄、东胡、女真，其人无不帝于中国，而我独无之。

是以甲午以前，开化与守旧二党之争，固皆如平湖薛氏培榕所谓揣其操心积虑，虽各执一见，两不相能，而忠肝义胆，胥出于爱国之忱。开化固未可厚非，守旧亦未足深罪也。所可惜者，皆不免有择强而事之心理，不自图振作，而思借外力。此则数千年来政治上之影响，有以使之如此。而如李完用辈之朝秦暮楚者，则又其影响最深、流弊最甚者耳。然其影响民族心理最大之动力，乃在宗教。

(丙)宗教上。朝鲜宗教约有五别，儒(儒之是否为宗教为别一问题，今姑言之)、释、道、鬼神、耶教(耶教于第五节中言之)是也。考其原起，鬼神教当在最先。

《后汉书》 高句丽好祠鬼神，社稷零星，又马韩常以五月田竟祭鬼神，而儒教之入朝鲜当在其后，唯史无明文，后汉书稍稍述其风俗。

《后汉书》 箕子封朝鲜，教以礼义田蚕，又置八条之教，其人终不相盗，无门户之闭，妇人贞信，同姓不婚，饮食以笾豆，后稍增益至六十余条，似当始于箕子分封。而典籍之入海东，见于载籍者，在晋元嘉二十七年。

《宋书》 元嘉二十七年，百济王余毗上书献方物，私假台使冯野夫西河太守表求易林、式占、腰弩，太祖并与之。

佛教之去，则在晋简文帝咸安二年之间。

《韩国小史》 高句丽小兽林王二年(晋简文帝咸安二年)立太学，教子弟，秦王苻坚遣使送浮屠顺道及佛像于高句丽，高句丽王遣使谢之，以其书教子弟。

而道教则于唐武德七年始入朝鲜。

《北史》 有僧尼，多寺塔，而无道士。

《唐书·高丽传》 武德七年，命道士以像法往为讲老子，建武大悦，率国人听之，日数千人。

然道教之势力，始终未盛。故在基督教未入朝鲜以前，儒、释、鬼神三教实支配其民族之心理。然儒教教人随遇而安，以现境为满足；佛教则厌弃现世，不于现世求解决；而鬼神之教则为更下，使人信有命定，而委运乘化。朝鲜半岛之为此三者激荡盘旋其间者，凡二千七百余年（箕子分封并至基督教入朝鲜为止），人心之受其影响可知已。则朝鲜民族之委靡不振，甘于困苦，游心物外，不问时势之心理，固源远流长，牢不可拔。如是之民族，而欲国之不亡，可乎？

《小方壶斋舆地丛钞》中言朝鲜风土诸篇所记，俱可以瞻其民性，而莫不与此三教有因果之关系也，

朝鲜自亡之经济的原因。朝鲜制度中公田之制，人民受其影响最大。人民受田于官，有余粟则入之官，以至养成人民懒惰之习，而地利为之大荒。

《东亚各国史》引《朝鲜地理小志》 田土由政府批于田间，少有侵占。

又《朝鲜载记》 国俗相沿，民间不得有私蓄，八口之家，食有余蓄，则以贱价入官，有田之家，取衣食足而已，田不尽耕也。

盖官府有以使之然也。

《朝鲜风俗记》引《东国宝鉴》云：虽有旱潦之年，亦不为害，盖沃壤也，惜赋税不同，闻八口之家，食有余粟，官即为之价敛，每谷一斗，给钱一两，其一两计钱百文，以致土虽沃壤，民懒开垦。

民性既习为懒惰，于是一旦公田废置，私田代兴，私田之租尽入于田主，公家日贫而小民日困（用东亚各国史成语）。光绪二十二年活贫党之崛起，"公田废置，私田代兴，以至民苦饥寒，请罢私田"即党纲之一。

《韩半岛》载活贫党之党纲十三条，其九即请为罢私田，大意以为二帝三王之时，赋税甚轻，民尚不免于饥寒，今则私田之制，佃人纳租于田主几十倍于前，民又焉得不饿死，是以请罢私田，采均田之法，以救民云。

以田制不良，地利未尽，谷产不丰，而大开商埠，不知限制，致米谷为日人载去。

《韩半岛》谓：据明治二十九年釜山总输出额三百余万元，而米谷占百七十余万元，仁川总输出额为二百四十余万元，而米谷占百余万元，其中米谷之输入我国（指日本者），在釜山为百四十余万元，在仁川为九十七万余元，故釜山仁川米谷总输出额为二百七十余万元，而输入我国者合二百四十余万元，是其间十分之九为我国所吸收，故米谷输出实今日日韩贸易

之生命也，云云。

以如是之民族，而与外商相竞，其国又焉得而不穷！固不待光绪三十年之《日韩协约》，而后其财政之权始入日人之手也。平湖薛氏培榕于此，言之痛已。

薛培榕《朝鲜风俗记》 朝鲜之土壤非不饶沃也，物产非不丰阜也，而其国势贫弱，焉不克自振者，以泥古而不知变，为成俗所拘，国孱财匮，有以也……近者迫于邻国之请，立约通商，诸国踵而行之，海禁因而大弛，地利未尽，产物未备，彼载宝而来，挟资而返，货无穷而财易竭，甚非朝鲜之福。

其后东学党、活贫党之起，盖皆有经济的原因在其中。

《中国近时外交史》 其时韩国政教凌夷，民不安命，民间有"金樽美酒千人血，玉盘佳肴万姓膏，烛泪落时民泪落，歌声高处怨声高"之谣，东学党以明人伦，诛污吏匡政府之秕政，救生灵于涂炭为宗旨。

《韩半岛》载活贫党宣言书有"自通四方之蛮夷以来，市港之要利，悉为彼所掠夺"云云，而其党纲第五条即云，近来谷类输出于他国者过多，以至谷价大涨，贫民为之饿死，故急宜防谷，以施救民之法，又六、七、八、九、十诸条，俱为经济的。

而咸镜道防谷令，当亦由于民间之扰攘。然竟因《江华条约》，致此事伏中日战争之远因，底朝鲜于灭亡。传谓一言可以丧邦，其《江华条约》之谓与！

《中国近时外交史》 光绪十五年(明治二十二年)咸镜道发布防谷令，日韩之冲突起，先是光绪九年(明治十六年)《日韩贸易规则》第五十七条规定："韩国若以水旱事变，恐粮食缺乏之时，一个月之前，由韩国地方官通知日本领事，得禁止谷物输出。"光绪十五年九月，咸镜道监司赵秉式以该道凶歉为词，禁止谷物输出，日本之舆论则谓韩国是岁收获之丰稔为近三十年来所稀有，不得适用禁止输出之条文，日公使屡与韩廷交涉，至翌年四月始解禁。

要之，朝鲜之自亡，心理的原因与经济的原因乃有相互之关系。以心理的原因，致地利未尽，而太阿之柄，遂操之于他人，然亦因经济未发达，生活过卑，致影响于其民族之心理。两者盖相成也。

光武四年度之岁入为六百一十六万余元，而在明治四十四年之岁入为三千二百八十四万余元，大正七年度之岁入竟至一万万余元，前后相较，相差甚巨，亦可见其以前经济之不发达矣。

五、朝鲜将来能否复兴之臆测

世界有亡民，无亡国。国为民之所成，民欲亡国斯亡矣，民不欲亡者，则虽谓其国能永垂于天地之间，亦无不可。朝鲜亡矣，然而未亡也。民国八年三月一日京城之独立运动，以赤手冒白刃，竟无所恇怯，下至车夫巡查，亦能义愤填膺，断指被囚而不惧。

> 《韩国独立运动之血史》(下篇)　独立本部之示威运动，此日有一官人乘车从驾，其车夫叱之曰，尔独不能呼万岁耶，我虽下等车夫，而亦人类之一，宁载狗豚而不载若辈也，官人乃不得已从之云，于时韩人巡查之退职者四十余人，巡查郑浩锡，高阳郡人，三月一日睹此运动而即回家，发誓曰：吾为国舍生也，直以军刀断指，其母夺刀止之，乃以齿嚼断，鲜血淋漓，将洋布二幅，一画太极旗，一书独立万岁……至西小门，被日警捉去。

而其从事独立运动者之坚贞不渝及因独立运动而致死伤被囚者达七万人(据《韩国独立运动之血史》独立一览表)，然其进行之不懈也如故。则虽欲谓朝鲜为亡，亦不可能。今试从四点上推测，则此海东之古国，固仍有复兴之一日也。

(一)从朝鲜之文化上推测

如上第四节所言，朝鲜以往之文化，乃为因袭于中国之文化及儒、释、鬼神诸教而成，然此种种，俱足以使人安于故常，以现境为满足，或竟厌弃其现世。其流毒入于朝鲜人之心理，致酿成亡国之因。朝鲜之亡，是否由于儒教，未敢断言，且亦未能深究。然其亡乃亡于完全因袭他人之文化，则固彰彰可考。然自一七九二年(信夫淳平氏之《韩半岛》引英人某氏之《高丽史》，以为基督教之入在此时)基督教入朝鲜后至一千九百零四年至六年之际，信徒突增至数十万(见《韩国独立运动之血史》)。而近来之基督教，固足以增人奋斗之精神，常不满足于现境，时时求局势之改造者(从梁漱溟氏之说)。而朝鲜民族以前之所缺，即正为此。他如天道教之主张博爱、平等及共产主义，朝鲜民族受日本之虐待，含愤莫伸，今复得此等主张博爱、平等奋斗之宗教，从理想之乐国以谋安慰，信冥冥中自有主宰，而从前之委运乘化，满足现境之态度，为之突变。迩来独立运动，多为此党中人，是朝鲜之文化，此后将日进于奋斗自立之域，而脱旧日纯粹因袭之羁绊，则其复兴，固可望焉。

(二)从哲理上推测

正义之为物，必非虚无缥渺者。古今来依仁蹈义舍命不渝者，稽之史册，盖更仆难数。使世果无正义者，则古今来又何以群趋此途，虽死亡山积，仍不稍稍回顾耶？且也披览史册，则唾弃正义者慚归于败亡，如拿破仑即其一例。而近如比利时之终获胜利，波兰亡国一百五十年（波兰三分于一七七二年）而复兴。而史册之此例正甚多。则持正义者固有获伸之一日。日之于朝鲜，即俄、奥、德之于波兰也。朝鲜人而果能百折不屈者，则太极之旗固可飘扬于五洲也。

（三）从日本对于朝鲜之政策上推测

老子曰："上善若水，水善，利万物而不争。"又曰："夫惟不争，故无尤。"又曰："柔弱胜刚强。"美之治菲律滨，正得此意。是以菲民爱戴，虽有独立之运动，然其言云："菲民以要求独立，并非不满意于美国之统治，实欲证明美国在菲律宾统治二十年之成绩而已。"而日本之治朝鲜也，则正反是。未得朝鲜以前，则处处如一进会之宣言书所言：其国民重大道大义。既得以后，即喧宾夺主，恨未能一朝致千万之朝鲜人于死地。夫菲律宾无朝鲜四千余年之历史，又受美国之厚遇，尚未能戢其独立之心，若朝鲜则既有其深长之历史，又重以日本之虐政，令之有死胜于生之概，使朝鲜人苟稍有血气者，又安能忍。况今日民族自决之说，深入弱国民之心理，而为有知者所共赞助者，皆朝鲜之独立，则固得世界善良人民之同情。而其民族之心理，亦因日本之苛政而愈增其其坚贞之概。是日本之政策，固有足以使朝鲜有复兴之望也。

（四）从日本自身推测

日本所谓六物（米、麦、煤、铁、棉花、羊毛），不能独立之国也。是以以前南进北进西进之诸政策，无非一经济的侵略而已，而其触怒之人众矣。若我国，若俄，若德，若美，皆欲得之而甘心者也。使其恃为护符之英日同盟果于太平洋会议中竟归消灭，成孤立之势，而我国中兴，则日本之势固甚危。朝鲜一乘机以图光复，又不待言。总之，今日之日本绝不能与一强国启战端。俄德现虽无暇言报复，然何能忘日本之情谊。苟一旦复元，即天道好还，日本之报复中俄德者，恐终将一一重演。而朝鲜者亦将若波兰之复兴焉。

（完）

本文草成在一月底，时太平洋会议尚未告终，英日同盟依然存在，故篇末云云。九月二十九日向达附志。

（原载于《史地学报》第1卷第3、4号，1922年）

朝鲜独立运动概观

翠生

万岁！万岁！朝鲜独立万岁！这些悲壮的、热烈的叫喊，是的确由我们的邻国传到来的声音哟！

在一九一九年三月一日，孙秉熙等三十三人代表朝鲜民族宣布了独立宣言书，反抗日本之统治，这就是朝鲜独立运动的开始。有许多人没有注意，也没有了解他们这回的运动之根本精神，只有武断的推测，受了威尔逊的十四个条之影响，这不过皮相的观察罢了。如果要知道他们内容的真相，非读他们所发表的宣言书不可，并且看了他们所膺守的三章公约更明白些。现在我要把他抄在下面：

> 一、吾人之今日此举，为正义人道生尊存荣之民族的要求，须要发挥自由的精神，决莫逸走于排他的感情。
>
> 二、到最后一人、最后一刻为限，快快的发表我民族性之正当意思。
>
> 三、一切行动务要尊重秩序，使吾人之主张和态度到任何地步，使出于光明正大。

照这个公约看来，他们用这样伟大的精神和正当的态度，来发表国民各自的自由意思。这个意思的共同点，相互投合，就成了千群万众的团结。以空手赤血很勇敢的，要驱逐侵略的日本之武力，所以在平常时，有些仇视似的各宗教团体，也抛弃了各自的成见，首先联络起来，举起革命的烽火。因此，无论都城乡村，或者教徒、非教徒，没有一个地方不响应，没有一个人不趋进来拼命的勇[踊]跃。但是，这种计划，实不能够打倒日本之武力。政策是个很明显的事实，所以在三月一日那一天的正午，孙秉熙等在汉城泰和馆举行独立典礼之后，遂即被捕到总督府。其他在塔泪[洞]公园手执国旗，口呼万岁的数万群众及游行街道示威之数万学生队部，被解散，或被逮捕，或被枪杀，流血淋漓，非仅是汉城，甚至于小乡村，都被一样的惨状。你看自三月至五月，这三个月之中，生命之牺牲，有被杀者一万二千九百六十六人，被伤者二万八千四百三十七人，被囚者十万四千八百六十七人之多，学校教堂及民家之烧毁，也有五百余个。所如何的惨悲呀！好悲惨哟！但是，这种政策亦不能够压服朝鲜民族，因为压迫愈紧，反抗愈激，如同法国和俄国的革命史剧，在朝鲜国土内演出似的。

日本政府也知道这个政策之失当，乃召当时的朝鲜总督长谷川好道回国，特任海军大将斋藤实继授总督之职，改换了个文化政策之面具。赴任到汉城南大门车站时，有位六十余岁的老人姜宇奎掷炸弹谋杀。

他投了一个，只碎伤军车辆及随员等，未遂目的，竟被捕，遭死刑。从此朝鲜独立运动之各团体——冒险决死队等，时常把手枪、炸弹等武器来谋取日本官僚，并要破坏日本之官衙，以积极的反抗日本之政策。在日本的伪政者呢？〖以〗更加厉害的手段来镇压。所以彼之所谓文化政策者，实不过于把巡查的服装来使宪兵穿上而已。在去年又增设一师军队来警备国境（鸭绿江沿岸）。这都是彼之文化政策之治迹。

在前面所说的就是朝鲜独立运动之经过的大概。现在我要简单的说说他们的进行状况之一段。在他们原来没有很大的政党，因为日本政策不许他们有这种组织。这回独立运动之领首人物，就是天道教、基督教、佛教等的宗教团体之主要人物。但是没有点宗教的色彩，所以无论信徒非信徒，都一致的跑进革命战线，共同抵抗，这实在民族运动史上开了个新纪元的伟大的事实。然而在独立运动发生了之后，有许多政团、冒险团体等，像雨后春笋一样兴起来，各显其长。固然是好现象。但时候久了，页[也]不无相互冲突之点。故人人都深感统一之必要。当一九二三年一月三日在上海开了国民代表会议之时，添加代表已达一百二十五人之多。先发表宣誓文，而〖后〗讨论一切运动方针。到五个多月之久，不幸而分成两派，可以说急进派、缓进派，前者是乃国内及俄领住民之代表所主张，后者是乃在上海临时政府所为的各代表所主张。但是这样两派并不是目的之相达，不过于进行之方针有些不同罢了。换句话说，前者是用革新的态度来打破形式的政府，乃组织强有力的革命干部，要建设事实政府于汉城。反之，后者是用改造的手段，要维持现状。固〖故〗而两派间有极端相持，没有挽救之余地。究竟缓进派的一部遂脱离本会，急进派乃创造最高行政机关，名叫国民委员会。对内很注重血战，对外呢，同被压迫民族提携，以抵抗帝国主义的侵略政策。但因极守秘密，我亦不敢详述。然而我很相信有相当的进行。

还有个很稀奇的潮流，就是民族主义和社会主义的合流。朝鲜原来是个农业国，自从被日本吞并了之后，日本移民一天一天增加，东拓会社的计划一年一年严厉起来，一般农民失业问题，实在很复杂，受了这样重复的迫害，故信仰社会主义的思想者非常多。在近两年来，所谓青年同盟、农人会、工人同盟会等团体，没有个不带社会主义的色彩。因此民族主义者吃个大惊。但是在实际上看来，民族主义者的势力还强大，并且连社会主义者也要同他们携手，作共同抵抗日本战线。如果这种特别的方法能够办得到，则实为朝鲜民族之莫大的幸福哟。

我写这篇稿子，都依靠了我最亲近的朝鲜朋友给我告诉的话和在几种出版物中参考得来的。我也知道我的这篇拙作没有什么价值。然而我读过陈独秀先生的《朝鲜独立运动之感想》，文中所说："这回朝鲜独立运动伟大、诚恳、悲壮，有明了正确的观念，用民意不用武力，开世界革命史的新纪元。"之后，再没人给我们如何的议论。我觉得很寂寞，并且觉得我们的冷酷无情。我还记得朝鲜亡了国家的时候，我们的老志士们和青年们都口口声声叹道"唇亡齿寒"。但是现在有怎样的同情与帮助呢？我听有人说，在东三省方面，往往杀死他们的独立运动者。连政府所在地的北京警察，也有驱逐他们的留学生之举动。说来说去，实在令人可哭。……在许多帝国主义国家的侵害之下的我们，对于新兴国或者复兴国的民族运动，须要特别注意些，并且我们要知道，朝鲜独立运动之领首孙秉熙，的确〖是〗比印度的甘地、菲律宾的桂松更伟大、高尚的人物，也要知道他们运动的不成功，是多半因环境太坏——我国内乱——的关系，不是他们的力量缺乏了。现在我不要再说什么，就请诸位读者注意，倾听更悲壮、更热烈的叫喊罢。

一千九百二十五，二，三，于北京

（原载于《国闻周报》第2卷第7期，1925年）

朝鲜之大示威运动

一个朝鲜人

六月十日,从今将是朝鲜的一个纪念的日子。朝鲜的民众趁着废皇出殡这一天,举行了一次很大的示威运动。关于这次运动的消息,一般人很难知道得详细。因为朝鲜的报纸稿件被日本检查员拿去,每日出版,尽着是许多空白,日本自己的报纸及通信社又都不肯将运动的真相披露出来。这自然是日本帝国主义的新闻封锁政策。帝国主义者对付中国去年的五卅运动也是如此。朝鲜人简直听不见中国独立运动的消息,间或能够得着一点,也靠由秘密方法输送中国报纸进来。此地连中国资产阶级的报纸都得不着,日本帝国主义的封锁政策真厉害。现在我愿意向中国的民众报告这次运动的一些状况及其意义。

朝鲜自被日本帝国主义兼并之后,整个的朝鲜民族都受很残酷的压迫,一切自由都被剥削净尽,民众对于日本帝国主义之仇恨是可想而知的。兼并以后,朝鲜曾起数次反抗运动,暗杀和革命结果都未曾成功。到了一九一九年,正当中国五四运动的一年,朝鲜遂爆发有名的"三一"运动。这运动的范围非常广大,连穷乡僻壤都普及到这运动,充满了美国帮助的希望。凡尔塞和会和国际联盟的幻想,其思想的表现是半贵族的半智识分子的资产阶级思想。工人和农民虽然很广大地参加,但是还没有形成独立的政治力量。因为那时工人和农民还没有组织起来,结果这和平的"跪求"运动被日本警察宪兵的机关枪大炮一场大屠杀镇压下去了。这运动虽然失败,但却使主持运动的一般青年打破了威尔逊式的希望和幻想,而明白要解放朝鲜必须靠朝鲜工农自己的组织和努力。于是朝鲜独立运动史上就开了一个新的时期:一方面,日本帝国主义改变了政策,去收买大地主和城市资本阶级以分裂总的民族运动;他方面,朝鲜的工人和农民因再不能容忍日本帝国主义的剥削而开始为自己利益的运动——工农运动。

一九二〇—二一年新兴的朝鲜工农运动主持者乃是共产党人——但不是整个共产党,因为那时朝鲜还没有整个的共产党。这种运动受俄国革命成功和中国革命发展之影响自然很大,当时甚至有很高的以工农为根本势力的社会主义革命呼声和共产主义思想的宣传。

工农运动主持的分子结果就组织成了朝鲜共产党。从一九二三年起,朝鲜的工农运动遂趋向于集中的组织,要求各种革命势力之互助和团结。到一九二四年四月,遂召集了全朝鲜工农团体大会,代表十一万有组织的工农。从这次大会中,便产生了全朝鲜劳农总同盟和全朝鲜青年总同盟。这次大会以后,工农力量突然增长起来。在几次反对大企业家和大地主的罢业中,工农争得着胜利,因此更巩固和发展他们的组织。在一九二四年,我们在朝鲜第一次看见各企业、各城市之同情的罢工。在一九二五年四月,又召集了全朝鲜工农团体大会。到开会那一天,警察把会场封闭了,于是朝鲜历史破天荒第一次发生数千群众。在共产党指导之下,拿着红旗举行示威,示威结果群众成群地被捕了,但朝鲜共产党的影响突然增长起来。同年十二月,朝鲜共产党、朝鲜共产主义青年团负责同志被捕至二十二人,但党的影响仍然保存着,而且有更大的发展,消灭了以前种种恶倾向,而积极从事于民族解放运动,建立民族革命的联合战线,反对日本帝国主义。

以上便是今年六月十日大示威运动以前朝鲜民族解放革命运动的概况。

六月十日,大示威运动,从各种报纸登载的消息看来,也显然可见是朝鲜共产党主持的权。五呙同志是朝鲜共产党中央执行委员,是全朝鲜劳农总同盟的首领。这次大示威运动,就是他受朝鲜共产党的委任去准备的。事前已经准备好了十二万份以上的传单,同各地革命团体也有联络。六月十日,本来是准备做一番政治的大运动和大示威,但不是准备于这一日便要解放全朝鲜。日本报纸宣传说这一日朝鲜革命党要起事,这完全是造谣。但假使事前未被发觉,准备的行动未被破坏,谁又知道这一日的大示威运动不急转直下,引起武装的革命冲突呢?日本警察于六—七日即搜出了预备于十日散布的五万传单,拘捕了九十余人。七—八日又发现了秘密印刷局,权五呙及其他几个同志亦被捕了。但不管事前已被破坏,十日的运动仍然举行,传单仍然散发各地,如大丘[邱]、平壤、新义州、公州、马山、高山、春州、忠州等,也都召集大会并举行示威。十日一日,各地被捕的总共有四百余人。

这次大示威运动的真实情形,因为警察检查极严,朝鲜报纸既多留空白出版,日本报纸又肆意造谣,故我们无从详细知道。但把我们所知这次大示威运动的意义,亦可得言者。

这次大示威运动比“三一”运动确实有很大的进步。“三一”运动是原始性的幻想，资本主义国家帮助的，其所表现是本国落伍的资产阶级之思想，这是“跪求运动”。这次大示威运动虽然范围没有“三一”运动斗争那样广大，但是有组织、有准备的，又是受全朝鲜总共产党首领的指导，联合民族革命团体共同奋斗，而且没有以前的幻想，反有确定的政纲和通俗的适合群众要求的政治口号。这样，经过三四年工农非政治的经济斗争及民族革命团体活动完全沉寂之后，朝鲜民众现已进了一个新的时期——政治斗争的新时期，有确定的政纲和部分要求的口号，这的确是向前进了一步。从今，朝鲜民众在新兴的然而革命的民族解放前锋无产阶级领导之下，将有计划、有方法地去攻打敌人之全副武装的炮垒。可是，朝鲜无产阶级明白知道，朝鲜民族解放运动之命运是与日本革命无产阶级运动和中国及一切殖民地民族解放运动息息相关的。既然同受日本帝国主义的压迫，中国的革命者和朝鲜的革命者自然容易接近。这二国革命运动的联络愈密切，则其反对共同敌人的斗争必愈有成效，我们的胜利是有保障的了。

（原载于《向导周报》第159期，1926年）

高丽国民之反日示威运动

佚名
林芙卿 译

（译自《国际通信报》六卷五十八号，一九二六年八月二十六日）

高丽前皇尹文于四月廿六日卒于京城，他是使高丽亡国要重人物之一。他在高丽毫无声望，这是人所共起的。日本政府妙想天开，利用他的死，协同日本警察厅，预备一个很阔掉[绰]的丧礼，想对全世界证明被压迫的高丽人和处压迫地位的日本帝国主义者相互间的“调和”。他们想表示对高丽人民的关心，同时与本地贵族及一部分知识阶级修好。这种计划被共产党及民族解放运动者于六月十日用一个预备整齐的示威运动所打消，虽然日本警察预先得到这个消息，歇[竭]尽其所能来摧残、逮捕和虐待。这就是“调和”所取的形式。自从一九一九年三月革命案件以来，民族解放运动失败之后，这次的示威运动是现在正在组织之国民党的第一次公开动作。这是一个转点。

我们已在上面说过，日本帝国主义者本来想利用前皇之死来达到某种目的。但实际上，这是国家上和经济上受压迫的高丽人民下总攻击的暗号。死的消息传出之后，二个团体就立刻成立，宣布国丧。日本总督惊惶失措，因为怕长时期受压迫的毒恨将要彰明效著反日动作里面发泄出来，于是到处捉人。逮捕之正确数目虽不得而知，但从调查所得的报告看来，被捕入狱者大概不下数千人。

学生们亦举行国丧，他们为反对日人及亲日派教员的报复手段，开始罢课，因此许多人被捕，高丽的民众怎样地痛恨日人，不论过去和现在，都可以从这件事看出。一个高丽学生打算暗杀斋藤总督，不幸他弄错了，将日本法西斯蒂高丽支部长高山氏杀死了，外加高日公司东事佐藤氏受伤。于是日本法西斯蒂用武装示威运动来回答暗杀举动，因此又引起高丽新闻者及律师的反抗。他们向日本政府提出抗议，反对法西斯蒂的态度，卒获得一道命令，将法西斯蒂影藏在背后。不过五六月间警察的报复手段,层出不穷。

在示威运动一星期之前,日本警察获得一大批共产党宣言书,都在非法印刷厂里印成的,结果许多共产党及青年共产党被捕入狱。但依然发散了五万张宣言书,对民众解释示威的目的及所用口号。

举葬时,全体日本警察都聚在一起来保护。但这个目的,终没有达到。那激怒的示威运动军队,带了传单,冲进了送葬的队伍,等到某种暗号一发,将所带传单一齐分散。“打倒日本帝国主义者! 释放政治犯! 撤退日本军队警察! 要求自由民族的权利!”的狂喊一齐发起。群众保护演说员登台演说,据全体高丽报纸说,群众都很同情地听讲。他们保护演说员不被侦探捉去。

同时,各大都会和京城的政治示威运动一样,也举行正式游街,发散传单。送葬时在京城被捕者约有二百余人。

一个坚固共产党组织的存在,来主持高丽民族解放运动的发展,他的意义是日本警察所充分承认的,所以在报纸上宣传共产党已被解散,永无再组的希望,等等。他们还要极力说这次示威运动完全是共产党的私事,想共产党与民族革命的知识阶级分裂。他们在这些事情上万万不能成功。

这次示威运动证明解放运动进步得很快,共产党在工农群众中间已经巩固了他的地位,民族解放运动者在共同动作上都能够取一种不绝的国民革命的战线。他更加表示一九一九年的动作所根据他的幻想,就是想威尔逊的帮助,希望凡尔赛会议来解放高丽,现在已经烟散云消了。

高丽革命运动所必须的条件皆懒[赖]乎日本武力占领所造成的社会的政治的关系具备了。高丽的经济发展已经使被名振全球的殖民地制度所剥削的本国青年劳动阶级的成立。高丽工人的地位,实有笔墨所不能形容的,每日工作自十小时至十三小时,绝对没有假节,也没有生命安全的设置。

农民的地位是更加坏,百分之七十七中自己有地的是绝无仅有的。他们被迫向日本地主及掠夺他们的田地的大股份公司租借。一大半可耕植之地是在日人手中。地租达收获百分之七六十至七十,外加重税的担负,强迫服务公共事业,债主的蹂躏及屡次无报酬地为地主工作。

还有一桩事不得不说明,一般知识阶级及小资产阶级亦很严重地受日人政治上、文化上压迫的听楚,甚至在学校里及各种公共机关里,日人很残酷地进行他们的工作。

高丽劳动群众的奋斗里的最活动分子就是一般工人和农民,在一九二五年共总组织三百次动作,其中有九万一千农家参加,工人的组织也是很进步的。

共产党发起工农大会，在一九二五年四月间开会时，到会者有各种妇女的青年的团体及社会主义界代表。高丽革命运动的弱点就是在于无数的政党与民众没有亲密的接触。近来恐怖运动之发达就是因为这个缘故。

自去年以来民族革命运动的左派极力排弃党派，联合一切势力。年青的共产党亦随之而起，已经被共产国际正式承认，已经屡次表示他的活动能力，如六月十日的示威运动。同情于共产国际的各团体将要在奋斗道上都联合起来，组成一支向心协力的左派，这是毫无疑义的。这件事是十分重要，因为经过这次的示威运动，未来的广大群众运动的基础〚已〛经预备好了，但自然不是在共产党指导之下，而在民族解放运动旗帜之下，在革命的知识阶级指导之下。高丽共产党应该要努力提倡这个团体的成立。

(原载于《中国青年(上海1923)》第6卷第15期，1926年)

读了中国本部韩人青年同盟上海支部《告中国革命青年》书后

维禹

我读过了这篇《告中国革命青年书》，我只感觉着沉痛凄怆！而同时更涌起热烈的情绪！三韩的青年，难堪日帝国主义的压迫，在希望我们中国革命的青年援手；同时，更婉曲的告诉我们中国革命的青年应以韩国种种被日帝国主义者欺凌之惨状为殷鉴，而努力完成中国革命。

我们知道，中国革命是在三民主义的旗帜之下进行。三民主义中的民族主义的要义是，对内各民族一律平等，对外求中国之自由平等及世界各民族一律平等。民族主义与国家主义之别，就在本党。民族主义除求中国之自由平等外，还要扶助世界上一切弱小民族，使他们都得到自由平等。故三民主义的民族主义是反帝国主义的。要是取消他的反帝国主义精神，便将使他失却了他的伟大的意义，而成为与狭义的国家主义毫无二致的东西，或丧失他的革命意义，使他成为麻木的东西。我们把韩国革命青年的沉痛、真挚的呼吁和我们本党鸿流硕彦请取消“打倒帝国主义”及“反帝国主义”等口号的叫嚣对照起来，我们真愧对三韩的革命青年！

本党先总理孙中山先生致力国民革命凡四十年，其目的在求中国之自由平等，进而求全世界被压迫民族的自由平等，故联合东方及全世界被压迫民族打倒侵略的帝国主义。这是本党——中国国民党应尽的职责和应负的使命，要不然便失去了他所以存在的理由，还说什么完成国民革命，扶助弱小民族?!

我不知道，这些所谓“名流耆硕”“老成望重”的二三党国要人总想拼命的拖着本党——中国国民党开倒车，想使本党民为一个包罗万象、容垢纳污的党而慢慢减削他革命的本质。他们到底是什么居心？我不敢以小人之心妄自揣度，说他们是想勾结帝国主义，但他们违反总理的遗训和本党的主义，这总是事实彰着、无可讳言的。同时，他们还不惜对革命的及进步的青年加以咀咒，不曰浮薄少年，则曰共产工具，使一般革命青年人人自危，被诬陷受害者所在皆有。革命革到了这种地步，不特对不起中国人自己，亦对不起翘首引领在盼望我们援助的全世界被压迫民族！呜呼！中国的“革命”！

中国革命的青年，在这样中国革命将有破产之虞的严重局面底下是怎样的感想呢？要怎样的努力呢？这是值得每一个革命青年去回答的问题。我以为只有向前，没有退后；只有努力，没有颓丧。只有继续不断的努力，才是革命胜利的保障。我们检阅各国革命历史，便可知道，革命势力高涨，反革命势力亦必同时高涨。便是说革命势力高涨，便促成了反革命、假革命、不革命等的联合战线，乘机向革命势力进攻，使革命事业倾覆破产。如一八四八年及一八七〇年的法国革命、一八四八年的德国革命、十七世纪的英国革命等，即是其先例。本党一九一一年的辛亥革命，也足够证明这个事实。所以革命事业不是一蹴而跻的，革命事业的完成，是要经过长时期的激荡推进和变更的。不是偶然可以幸致；更不是侥幸可以图成。须得有百折不磨的革命战士，以继续不断的长期的努力，然后革命籍可以完成的。如最近之俄罗斯与土耳其即是其先例。印度之国民革命运动，埃及、阿拉伯之民族运动屡起屡蹶而不能即底于成功者，也是以上那个原因。

革命的青年，不要灰心，革命不是任何人可以悬拟的。革命是时代的要求，时代没有极巨的变更，革命终于是能往前推进的。我们就以三民主义说罢！总理告诉我们：民族主义是对国际打不平的，民权主义是对国内打不平的，民生主义是对资本家打不平的。只要这三种不平存在，便就是革命要求存在，虽然有的人想把三民主义搬进文庙，磨掉他的革命性。虽然也有人以封建的头脑来解释三民主义，虽然也有人以列宁主义来附会三民主义，想把他拉起开倒车，但三民主义终于是国民革命唯一的旗帜，终于是适合时代的要求，终于是痛苦民众的灯塔。纵令反革命、假革命、不革命想尽种种穿凿附会的方法对三民主义诬蔑谤毁，又何能损三民主义之毫末？革命也正是这样，无论一切反革命、假革命、不革命想使革命堕于深渊，但时代的要求、民众的愿望，是没有任何方法可以消灭的。

整个的中国民族，在帝国主义铁蹄之下呻吟。百分之九十的农民，还是屈服在封建势力压迫之下。这是现存的事实，有以上事实的存在，谁能禁止中国民族不反帝国主义？谁能禁痛苦的农民不起来铲除贪污土劣？中国革命的青年，鼓起你的勇气，不要退缩，不要灰心，最终的胜利，一定是握在被压民众的手里，暂时的打击是将来的代价。我们应以坚强的奋斗、不断的努力，完成中国革命，实现三民主义，同时还要尽我们的力量，去援助呻吟于日帝国主义压迫之下的韩国独立。

中国革命成功万岁！

韩国革命成功万岁！

（原载于《革命前锋》第 3 期，1928 年）

韩国独立运动

养

韩国自从亡国以来，其民族无时不起革命，但是屡次都在日本帝国主义者重压之下宣告失败，韩族革命运动虽不能告底于成，可是为革命而牺牲的韩国烈士，前仆后继，始终不屈，其革命的精神，已在世界弱小民族革命运动的当中放了很大的光荣！这次因受我国革命成功的刺激，革命运动又忽然紧张。虽然不久被日本帝国高压底下而失败，我们从事实中可以看出有下列几点。

1.日本帝国主义者开始崩溃，日本帝国主义者，本来是一个后起的资本主义国家，模仿西欧的物质与科学上的文明，一跃而进于帝国主义的地位，他所以能维持其帝国主义的优越地位，全恃着他的侵略政策，但自从我国革命成功之后，日本帝国主义者已经受了一个很大的打激，国际上经济上均蒙了很大的损失，这次韩族独立运动发生，更表示日本帝国主义者统治殖民地的力量的微弱，而同时是日本帝国主义者的各属地均有了弱小民族革命的认识，开始继续的求解放，故此这次韩族的独立运动，就是日本帝国主义者开始崩溃的日子。

2.这次韩族独立运动，是受了我国革命的刺激而忽然紧张，从这点我们可以知道三民主义已经深入于弱小民族的当中，同时更足以表现出本党有领导弱小民族起来革命的责任与力量。

3.韩族革命运动这次虽然失败，但已令日本帝国主义者“对付力穷”，由此可以看出韩族的革命力量，日见增加，则最后的胜利，终属于韩族革命党手里，这可以预卜的。

（原载于《浙江党务》第 23 期，1928 年）

朝鲜人民的痛苦

佚名

亡国人民的痛苦，本来是意料中事，近日得到关于朝鲜的消息，更觉得有水深火热、日甚一日的趋势。同是人类，我们对于这种非人的待遇、无理的压迫不可不说几句表示愤慨的话。近来韩人的生活日就穷困，推其原因，不外日人经济压迫所致。韩人所恃以生利的不外商工渔猎，所恃以谋生的不外农地耕种。现在商工渔猎都入日人掌握，韩人已无生利的余地，农地亦被侵蚀，韩人更无谋生的凭借。据最近统计朝鲜全国土地三分之一，已被东洋拓殖会社所典押；其他三分之一为日人地主所有；韩人现在所有的不过其余三分之一而已。在此种情形之下，不出数年，全国土地皆将转移于日人之手将见全国人民，皆无立锥之地，这是多么可怕的事情啊！农地转移于日人的结果，自然是韩国贫农的激增。依总督府最近的调查，此项贫农已占全韩人口十分之七，向国外移住的，每年达二十万之众。这种贫农若与因他种压迫而迁徙国外的人数合计，总数已达一百五十万人，离乡别土，转徙漂流，情状至为可悯，其分配的地点如下。

北间岛及珲春	三九一，四〇〇人
西间岛	三七八，二六五人
俄领西北利亚	四一四，三六二人
中东路附近	一一〇，七四五人
吉林、奉天	四四，二一七人
旅大	九〇人
中国本部	一一一〇人
北美	一七〇〇〇人
其他各地	九五七人

从此种数字看来，可是韩人受经济压迫，只能向西北利亚和东三省迁徙，而不能转入日本国内；因为日本对于韩人自由转入境内者，视为一种非法行动，日前有私运韩国劳工往日者，中途被水警制止，故韩人不但不能生存于朝鲜故土，亦不逃生于日本境内，窘迫情状，可以想见。处此种压迫下的韩人，自不免不平之感。不管日人如何压迫，如何钳制，韩国民族的革命思潮日益澎湃。人民的组织能力，也〖一〗天一天的强固起来，所以在韩京方面，有新韩会的组织。这个组织，是韩国民族的领导机关，在他直辖下的民众，有十万人之多；其他各种组织，受他的指挥的，还有二三十万人。像这样一个庞大的组织，自已表现出韩国民族团结的力量，日本政府视之如目中钉。新干会会务的进行不遗余日，预备于上月十九日开全国代表大会，各地出席代表业已选出，而日本竟于上月七日先发制人，以该会各地代表均属危险分子为理由，下令制止开会，其后干部会议亦被禁止，韩国民族惟一有力量的领导机关，至此亦被摧残。一方面压迫日甚，穷困不能生存，他方面钳制綦严，无活动自救的余地。朝鲜人民的生痛苦，真已达到忍无可忍的地步了。

（原载于《中央周报》第 44 期，1929 年）

朝鲜的民族解放运动

佚名

日帝国主义自合并朝鲜以来，施行惨酷无比的剥削与压迫。在经济上，它破坏朝鲜旧的生产力，可是千方百计地阻止朝鲜新的生产力（工业）的发展。它维持封建式的剥削制度，保守乡村中的落后关系。它垄断朝鲜的对外贸易，统治朝鲜的一切重要经济机关。它以贱价买收朝鲜所出产的农产品及原料，而以高价出卖自己所制的工业品。它以繁重的捐税，加于朝鲜劳苦群众的身上，此外它更以大批日人移殖朝鲜，排挤朝鲜人。这种残酷的经济剥削，形成下述结果：

1.朝鲜手工业破坏，大批手工业者失业。因日本政府禁止朝鲜工业的发展，所以失业的手工业者无处容身，只得重回乡村或移殖外方（如满洲）。

2.小农的贫穷化，急速地往前进行。因日本柘[拓]植公司大批的购买、日人的移殖，以及一大部分手工业者之重回乡村，所以土地的恐慌日益尖锐化。绝大部分的农民，在日帝国主义封建地主高利贷重重剥削之下，陷于绝望的地步。结果或是饥饿而死，或是移殖他方。

在政治上，日帝国主义的统治只是军事的专政。朝鲜劳苦群众在政治上是丝毫没有权利的。日帝国主义在朝鲜的统治，比较英国在印度的统治，还要残酷。任何反抗的举动，都被惨酷无比的铁血手段压迫下去。日本的侦探满布全国，劳苦人民称为表示不满，即有杀身之祸。

但是这种铁血的统治，终究遏制不了陷于绝望地位的劳苦群众的革命运动。中国大革命更给朝鲜以极大的影响。近年以来，朝鲜革命运动显然有极大的进展，尤其是数量尚少的朝鲜工人阶级，已经进上了积极斗争的场上。

最近日本政府大批拘捕韩京学生，这是表示日帝国主义对于朝鲜民族革命运动的残酷的压迫。朝鲜革命运动，只有与中国及日本的工农解放运动密切相联，方能推翻帝国主义的统治，消灭国内封建及资产阶级的统治，而谋得朝鲜劳苦群众的真正的解放。

（原载于《环球旬刊》第3期，1929年）

日帝国主义者统治下之朝鲜民众

佚名

朝鲜既被日帝国主义者合并了，日本遂于朝鲜殖民地设置朝鲜总统府。总督系日本天皇亲任的官，得调遣驻在朝鲜的陆军司令官。府中设有内务局、财务局、殖产局、法务局、学务局、警务局。以下所隶官署甚多。这些什么局什么官，无非都是些压迫朝鲜民众剥削朝鲜利益，使朝鲜人同化的机关。朝鲜民众，对于这样的统治，是没有独立的意志可以发表的。进一步说！日帝国主义者，也不容许朝鲜民众有任何意志的发表，只要他们恭恭顺顺的做他的奴隶就是。朝鲜民众在表面上是有一个发表意志的机关的，这就是所谓"中枢院"。中枢院是七十个人组织的，其中都是一些朝鲜的贵族和阀族，而且不过是一个谘问机关。中枢院会议之召集，是属于总督的权限；从设立以至于今，并没有开过一次会议，不过是一个有名无实的机关罢了。所以莫说这些贵族阀族不能中用。就是中用，对于朝鲜民众，也是没有什么关系的。

其次，日帝国主义者有两个师团的军队，镇驻于镇海湾和永兴湾。统率陆军的司令官，是日本天皇任命的；他除受总督的请求出兵外，于事态紧急时，还得便宜处置，所以他权限是很广泛的。

在这样的统治下的朝鲜民众，受到日本政府如何的保护，已很明显了。这里再抄几条警察犯处罚令放在下面。朝鲜人有犯下列各条的，都要受拘留或罚款的处分。

一、无故强要会面，或有无故强谈和威迫的行为者。

二、强制加入团体者。

三、无故干涉他人的交易，或劝诱、教唆、讼诉、争议、惹起其他纷扰行为者。

四、聚众滥向官署请愿或陈请者。

五、为不稳的隐语，或揭示、颁布、朗读、放吟不稳的文书、图画、诗歌者。

六、制造谣惑人心之流言、浮说及虚报者。

七、有意阻碍他人及追随他人者。

这种警察犯处罚令共有八十七项。上面所举的不过七项，但朝鲜民众的自由已被剥夺无余了！什么“无故”，什么“不稳”，什么“强制”，什么“故意”……都不过是日本帝国主义者“做贼的人心虚”的告白罢了。朝鲜民众啊！你们所受到的到底是保护还是压迫呢！

（原载于《青岛党务旬刊》创刊号，1929年）

日本统治下之朝鲜现状

真

一

朝鲜原是中国的附属国，但因满清政府的软弱无能，已被日本帝国主义夺去了。现在，朝鲜是亡国了，变为日本帝国主义的殖民地了！

朝鲜是日本帝国主义的殖民地，当然的，一切的言论、出版、结社、集会等自由，朝鲜人是完全没有的。朝鲜人的在日本的，更是一举一动要受日政府的干涉，检举哩，解散哩，中止哩……这是常有的事实。

朝鲜劳动总同盟、农民总同盟、青年总同盟、新干会（民族民主的政党）、槿友会（妇女同盟）等团体，自创立以来数年间，集会常被禁止；大会是不必说，委员会已是被禁止举行的呢！一有活动，即被检举。有许多柔弱的妇女，受几天检束而释放归家的，不数小时即有死去的呢！

在满洲方面的朝鲜人团体，如东满劳动组合评议会是组织了就被解散的，就是那包含着数万勇于战斗的青年的东满青年总联盟，也是被解散了。大成中学因教员有共产嫌疑而被解散，各会社团体一律解散，同时，数百男女青年被检举去了。

在最近的朝鲜文报纸上满载着高丽革命党、革命同盟事件、拥护学生罢课同盟等消息。检举的事情，每天可以在报纸上看到一些的。因此，在朝鲜的牢狱，时有人满之患呢！一九二八年的十一个月中，被警察检举的人员达十五万八千人！然而这还是报纸上刊载着的呢！

朝鲜人在日本帝国主义统治之下的苦况，我们实无法描述。以下且把各种事实简单地叙述一下。

二

日人移住于朝鲜的是每年增加的。东洋拓殖、不二兴业、朝鲜土地等公司占领了朝鲜土地的百分之六十。反之,被夺去了土地和住家的朝鲜农民,不得不逃到国外了。(它的比例是对日人移民一人,朝鲜人为六人。)他们只好逃到日本的劳动市场中、满洲的荒野中以及西比利亚!

日韩人在朝鲜的人口数

	朝鲜人	日本人
一九一〇年	一三,一二八,七八〇	一七,五四三
一九一六年	一六,三〇九,七二九	三二〇,九三八
一九二〇年	一六,九一六,七八〇	三四七,八五〇
一九二三年	一七,四四六,九一三	四〇三,〇一一
一九二六年	一八,六一五,〇三三	四四二,三二六

照上表看来,这十六年间,朝鲜人是增加了百分之四十,日本人增加了百分之二百六十呢!但是,这样的人口增加还不是最重要的。所谓最重要的,乃是日本的资本势力影响到朝鲜人的。

朝鲜的全耕地面积和一户所耕种的,如下表:

	一九一〇年	一九二六年
全耕地面积	二,四六四,九〇四(町步)	四,三七八,九五六
收获额	一〇,四〇五,六一三(石)	一五,三〇〇,七〇七
农民户数		
朝鲜人	二,三三三,八一四户	二,七二四,六三九
日本人	二,一三二户	九,八四四
一户所耕地面		
朝鲜人	一·七(町步)	
日本人	二·四九(町步)	

一九二六年的全耕地面积比十六年前的约增二倍,收获额增收五百万石;但这决不是朝鲜农民富裕了的缘故。反之,朝鲜的农民——自耕农则降落为佃农,佃农则为了向东拓或不二借金及负担苛重税金,不得不失去他的土地和

家屋，而流亡到国外去了。同时，东拓和朝鲜土地、不二兴业等公司却年年增加移民数，推广耕地面积。

单单以东洋拓殖来说，大正八年（一九一九年）移住于朝鲜的有三千五百余户，约一万五千人口；到了昭和元年（一九二六年）就有四千户，一万九千人的农民了。以一户所耕农地面积来看，大正八年的平均为一·七町步，昭和元年却增至二·五町步了。朝鲜农民的土地，已全被日本的大地主东洋拓殖等掠夺了，这是非常显明了。

三

多数的农民失去了土地和家屋，被驱逐到国外。他们的移住状况是怎样的呢？

最近十年间的移住农民是：

	北满洲	西满洲	其他	合计
一九一八年	一三，八四三	一九，五九五	三，一八九	三六，六二七
一九一九年	一一，七六三	二五，三七二	七，二〇九	四四，一四四
一九二〇年	八，三三三	七，二三五	六，六四二	二四，一二〇
一九二一年	五，〇五八	二，四二三	五，六七二	一三，一五三
一九二二年	五，〇九六	一，七一〇	三，二五〇	一〇，〇五九
一九二三年	四，四五〇	一，四五四	一，六四一	七，四四五
一九二四年	六，〇六〇	一，九三五	一，九六九	九，九五四
一九二五年	五，一二一	一，五七一	三，〇五二	九，七四四
一九二六年	一二，三六四	三，六一〇	五，〇六三	一九，〇三七
一九二七年	一八，八九一	四，七四九	六，三五七	二九，九九七
合计	九二，〇七九	六九，七五四	四四，〇四七	二〇五，八七〇

朝鲜民族这样地很多的驱逐到国外，其惨状也不待言了。而况上表之外，移住日本的每年在一万人以上呢！但是，这个移住决不是从一九一八年才开始的。这是从日本帝国主义灭亡了朝鲜的时候一直到今日这二十余年间继续着进行的。朝鲜民众的故乡和先祖代代耕作的沃土良田，现在都被东拓和不二夺去了；住家呢，代替了税金，也被日本帝国主义没收了！然而，移住于满洲和日本吧，这决不是朝鲜民族的安居之地！不论在什么地方，朝鲜人终是在人

种差别之下过着受欺受苦的生活。居住于满洲的二百万朝鲜民族呢，生活痛苦万状。在前年，在满朝鲜人曾有过一个反对驱逐在满韩人的运动。这个运动是因为日本帝国主义嗾使他的走狗张作霖放逐移住农民而发生的。他们禁止穿朝鲜服，说朝鲜话。仅仅是朝鲜人的土地和住家是存留着，入于张作霖之手；一切的朝鲜人呢，都缚在马车上放逐到长春或其他地方！赤手空拳的朝鲜人在零度三四十度的严寒时节，食也不得，着也没有，那能不冻饿而死呢！许许多多的儿童和老人是冻死了，青年人则饿倒于路上！

但是，朝鲜人在反对的时候，日本帝国主义的态度怎样呢？封住了他们的嘴，夺去了他们的笔，拘留呀，投狱呀，投狱呀，以种种手段去压迫他们！

朝鲜人在日本的状态怎样呢？二十余万的朝鲜民众，大半是失业的、饥饿着的。在工场中，苦于工银的差别和劣等的差视；在政治上，更是有极端的差别。朝鲜人常欲和日本的革命者联合，但支配阶级以分裂政策来妨害他们。朝鲜人的言论、集会、出版的自由，都是丝毫没有的。朝鲜人的唯一的自由，便是投狱和饿死的自由。

四

朝鲜人不但在国外被榨取和受暴压，国内的一千八百万民众更要受着严重压迫呢。政治的自由是被剥夺了的，那是不必说了。国内的劳动者阶级和农民阶级的悲痛状态，实是一般人所难以想象的。他们自己所产出的美味米谷，强制的以便宜价钱被日本帝国主义买去；每年有二百万石以上的朝鲜米输入到日本呢！反之，朝鲜人因为自己的米被日本帝国主义强制买去了，不得不以满洲粟来代替米。这是多么不平的事！

满洲粟输入朝鲜的统计如下：

	输入额	价格
一九一八年	一二二，六七五(石)	三，一〇〇，〇四四(元)
一九二四年	一，三五九，二〇八	一九，六六五，八六〇
一九二六年	二，一八四，七八六	三一，八〇二，三八六
一九二七年	二，五二九，七二〇	三一，六四九，三三八

一九一八年仅有二十万石满洲粟的输入，但十年后的一九二七年，却输入了二百五十二万石的满洲粟了！朝鲜民众的生活，跟着满洲粟的输入额比例

的恶化下去了！

资本主义的发展在朝鲜尚未成熟。但是日本帝国主义的支店——日本的金融资本阶级是有相当发展了的。所以劳动阶级的状态，不必说也是和其他殖民地同样，再不会比较好些的。日本资产阶级不仅以朝鲜为丰富的工业原料的产地和商品市场，更在朝鲜经营企业，自由地雇入工银低廉的劳动者，得榨取比自国（日本）还要多的剩余劳动。因此，朝鲜的一切状况完全隶属化了。而一九二七年春的金融恐慌和产业合理化政策也与朝鲜以极大的影响。农民的生活愈加不安了，劳动阶级则在武断的总督政治之下，强制的执行工银低下和延长时间了。于是，朝鲜人的生活，完全陷于地狱中了！

五

朝鲜人的生活一天一天陷于悲惨了，但朝鲜人的革命斗争却也一天一天地发展起来了。工厂罢工和农民争斗，一天一天地大众化，一天一天地广大势力了。为了获得政治的自由，革命民众的组织也日益广大了。

一九二〇年以前，朝鲜革命民众的力量比较微弱。但朝鲜资本主义渐渐发展，革命民众的力量也渐渐强大，而且有了相当的组织。一九一九年三一事件是民族解放的斗争，是全国的大众的革命行动，是伟大的革命斗争的一大试练。数万青年虽被投狱了，数千民众是被杀害了，但许许多多的革命青年却在国外武装了向国内胁迫。武装团每天都在向国内侵入，要在朝鲜进行政治革命。现在且把武装团的侵入和检举数列表如下：

	侵入件数	侵入人员	检举件数	检举人员
一九二〇年	一，六〇〇	四，六六三	九四六	二，九一三
一九二四年	五六〇	三，四八三	四二二	五三九
一九二七年	一三	一一〇	三三	五九
一九二〇—二七年的合计	四，〇一六	一八，一三九	二，八八六	七，二六三

民族主义的武装斗争，虽逐年减少，但国内革命民众的势力是扩大了的。全民族的单一协同战线党是组织了，革命的进行更急切了。这个可在国内的罢工和佃耕争议的数字上表现出来的。

	工厂罢工		佃耕争议	
	件数	人员	件数	人员
一九二一年	三六	三,四〇三	二七	二,九六七
一九二七年	九四	一〇,五〇三	二二	三,二八五

朝鲜的革命斗争是渐次发达了,特别于一九二七年秋至去年这时间中,发达得非常急速的。工厂罢工和佃耕争议,都是大众化、革命化了,同时又揭出政治的口号,展开更强有力的斗争。

在国内是这样的急进了,就是在日本的朝鲜人以及在满洲的,革命斗争也是进展不停的。特别在日本的朝鲜革命民众且和日本的革命民众结合起来,一致的进行推翻日本资本主义的革命运动。自然,压迫是非常严重的,但革命斗争却无阻碍地进行着。所以朝鲜民众的解放,时日并不很远了!

二月十九日

(原载于《北新》第3卷第6号,1929年)

弱小民族的革命方略

[朝鲜]柳絮

弱小民族解放之目标

在现社会国家制度之下，人类的种族观念是很深的，所以帝国主义并吞弱小民族固然是由于资本主义所免不了的经济侵略之进展，但是种族主义的恶劣的观念也是在其侵略行为的背后，因此被帝国主义并吞的弱小民族往往起来反抗的时候，也是拿民族的复仇观念来做革命运动的根基。所以许多殖民地的革命者热烈的提倡民族观念来，要作全民族的团结。其实这是做不到的错误的观念。虽然殖民地的上中下阶级均受帝国主义的压迫，但是殖民地的上流阶级——资产阶级要维持他的势力和资本的发展起见，不能不与帝国主义妥协并且鱼肉自民族，所以殖民地的资产阶级与其民众是不能站在同一的战线上面。法兰西革命的时候，法国的民众曾与其中产阶级联合战线打倒了贵族阶级，但是到后来中产阶级替以前的贵族阶级，仍然跑上政治舞台欺压平民，无恶不作，所以法国革命被中产阶级利用，遂归于失败了。又如一九一九年朝鲜民族宣言独立的时候，上中下各阶级都联合起来参加过独立运动，然而到后来朝鲜的革命党向其资产阶级要运动费的时候，资产阶级乃求日本警察来保护其生命财产了。所以真正的殖民地民族的解放，应该殖民地的无产阶级独自起来干，决不应该与其资产阶级合作，混乱了阶级的意识，殖民地革命运动的第一步当然是须先脱离异民族的统治，所以有人以为这种脱离异民族的统治的独立运动就是民族革命，这种的见解是错误的，因为被压迫的殖民地民族起来反抗的时候，他的目的并不在反抗整个的异民族，而是反抗异民族的统治阶级，所以这种冲突在表面上看来，固然是民族的斗争，然而他的内容完全是带阶级性的。革命运动的根本目标在求人类之自由平等，并不是在一种民族的复仇运动上面。

弱小民族的解放运动里面，有的在民族的见地上，主张以政治的解放为目标的；有的在阶级的意识上，主张社会革命为目标的。要论这两种见解之孰是孰非，不能不先寻究强大的民族压迫弱小民族的原因究竟在什么地方。

自从工业革命直到现在，列强之侵略的目的，差不多全在经济方面之榨取，此外固然有小部分人种的反感、宗教的差异等关系。但这种的原因，现在是已不成问题了。但是，资本家在拥护国民的美名之下在经济方面实行榨取起见，常是这样宣传的，不过那种原因在资本主义不甚发达的前世纪里面，的确成为重要的，然而在现今发达的资本主义的赁银奴隶制度之下，必然而生的生产的过剩的商品，只能在殖民地上寻找贩路，并且以低廉的赁银榨取了容量的劳动力，又以廉低榨取丰富而美好的原料品。

因此他的经济的榨取与政治的压迫，阻害弱小民族和殖民地民族的商工业的发展，而永远使他们成为资本主义国家的略夺的版图，所以弱小民族和殖民地的民族虽然在地理上、交通上以及在生产的原料上都很丰富，然而因为那个不自然的阻害，商工业遂不能发达，并且他的势力影向于农业方面，而农民的生活状态，渐陷于饥馑之阱，例如现在掠夺的政策，影向到自作小农与佃户一样。在种种事实的根据上，如印度、朝鲜的商工业，依然在英、日的经济侵略的存续之下，决不会发达起来的，而且甘地的提倡国货运动和朝鲜的土产奖励运动，依他们一部人说，是殖民地民族生活的唯一的救急策，然而结果不单不能解除自己的痛苦，反而提倡国货的结果，只给自民族的资产阶级利用这个机会把所谓国货的价格提高起来大发其财，并且英日政府制造冒牌的国货，比他们廉低销售，所以无产的民众只能要低廉的货物而事实上却不能以高价买他们本国资本家的货物。因此所谓提倡国货运动，反来给外国和本国资本家获得利益的机会罢了。不过这种提倡国货的运动，在半殖民地如中国多少可以给外国资本家受一点打击的。然而勿论外国或是本国的资本家，只要他的资本渐为发达的时候，一般平民的痛苦是愈利害的，因为资本家的资本总是从平民手中掠夺而来的赃物！所以那提倡国货的中产阶级理论家，勿论在那国，他们总不翻开其根本原因而向其冲锋，却愿为改良的运动，这是他们的颠倒本么［末］的特征。

一般弱小民族的国家里面，产业是不很发达的，大规模的机械工业还在幼稚状态，所以大半都是农业的生产国，因而无产的小农与劳动者必占大多数，大资本家不过作了极少数而已，但是甚至那个大资本家也有一种可能性，就是他的运命也要依帝国主义的经济侵略的如何而决定的。例如爱尔兰南部、印度，朝鲜也是一样的，并且小农与小工商业者在经济上发生变动的时候，有陷入于无产阶级的危险。中产阶级因为他的经济上的地位而成就的特殊的心理，不能够有一种彻底的革命性与胆量，所以勿论在什么时候，总是姑息于妥协政策的。因为这个缘故，他们在国家主义的境界内，提倡纯粹的国家主义的政治运动。这种国家主义的运动，常把无产阶级的阶级意识搅乱起来，所以他们高唱全民一致，造成单一政党等骗语，这在爱尔兰与朝鲜成为一个很好的例证，并且对于无产阶级运动给了很大的教训。爱尔兰的小资产阶级与中产阶级在同一的独立运动里面，与无产阶级互相冲突起来，不曾与英国帝国主义互相妥协了么？

但是有人这样说："弱小民族里面，中产阶级也因为受经济上的掠夺容易变为无产阶级的事实看起来，它与无产阶级没有什么多大差别的，所以这两个阶级之间没有什么利害相反的事实，所以在爱尔兰的独立运动方式在印度的运动内均可以互相作联合战线来反抗帝国主义。"然而，这样的结果怎样呢？我们不是已见其分裂了么？这是因为两个阶级的解放的目标和经济上的利害不相同的原因。一般中产阶级的斗争的目标是以无产阶级的力量去打倒外来的帝国主义，而后要建设资本主义的王国，就是要图得统治阶级的地位的，因而拿着似是而非的"全民一致"的巧妙的理论来煽动民族间的反感。以上所述，中产阶级运动是在经济上或在心理上，不能算为革命的。他们是聪明无比的，他们也知道不得无产阶级的后援是不能够达到他们所希望的。所以他们为得无产阶级的后援起见，也说明社会进化的法则，更可笑的是又说明社会主义的残废——唯物史观的法则，并且代表中产阶级的理论家也乘机出来，揭扬他们的卖淫的招牌。

还有人说："殖民地的民族要实行社会革命，先必须要经过民族革命才行。"所以甚至于第三国际于一九二二年在莫斯科共产党大会里议定殖民地革命方略的时候，以"民族革命"为达到社会革命的过渡政策了，我以为殖民地的民族用不着再过那种过渡时期，因为他们在革命的过渡期内吃的痛苦已经够了，殖民地的民族起来独立的日子就成为社会革命的完成日才行，我们要弱小民族的所受的束缚完完全全予以解放起见，不能不主张推翻现社会不良制度的社会革命，因为社会的私有制度仍然存在着，只换本国的统治者的民族革命，见于殖民地的民族，没有什么利益的。

至于殖民地民族的革命的方略，我以后有暇当另以作文讨论也。

殖民地革命的方略

A.绪言

关于弱小民族解放的目标，我已在上面说过了。还有殖民地革命的方略，我觉得现在的确也有讨论之必要，虽然有许多的革命理论家主张过各种的主义及其实现的方法，但他们的立场差不多全部都是根据征服国的社会背景而说出怎样革命，却没有说出在殖民地的被征服国家内怎样革命，因此那些理论只在那征服国的社会内可以适用。并且那些统治国家内的情形，各地有各地不同之情形，随着资本主义发达的程度和无产阶级的力量如何而转移，何况在彼处所使用的方法拿来用在殖民地上，其结果不一定会成功的。

我直到如今费了五六年的光阴，专门去研究过关于改造社会之各种的主义和社会科学，但还未看见过关于殖民地解放运动的有系统的思想和革命的程序的一本书。在我研究的时期中，我曾看见时代在暴风雨里不知激变了多少次，各地殖民地的民众向那强暴的帝国主义，接续不断的反抗过不知多少次，然而我始终没有看见过一位博学的学者，特别的挂念于殖民地的革命，而指示一条革命之路。我看见的不过只有零碎的殖民地民族的斗争的血史之记载罢了。这种的记载只可算是同情的表示，而不是切实的办法。克鲁泡特金和马克思虽然发表了许多革命的理论和方法，但是他们的理论也不免沦于根据帝国主义的社会环境而发的。

在此读者不要误会，以为我主张在殖民社会环境内应该另有一种革命原理，我主张的不过只限于方略上，应该另有特别的革命方略，至于斗争的根本原理，各地无产阶级都应该在同一点上互相联络起来，彼之全体的目的，即是推翻资本主义制度的社会，而代以基于自由平等原理上的又以生产者自治为主的新社会。

欲想从事于社会运动的诸君！诸君若翻开世界地图一看，就可以知道在他的篇幅内仅有几个是在征服地位的国家，其余大多数还是在被统治地位的殖民地国家。如果我们真要打倒帝国主义，怎能轻视那许多殖民地民族的力量呢？如果我们真要提倡人类的平等，怎样丢开那殖民地的民众呢？所以我以为，在社会革命的路上不能不从速的促成殖民地民族的解放。

B.革命应有的倾向

我们在报上几于天天看到殖民地民族的独立运动的消息，可是案件发生后，帝国主义政府对于本国不利的消息时常守秘不宣，所以运动的真相无从而详知，不过我们在大体上还可以看出殖民地民族的独立运动日趋激烈，运动的方法也由缓进渐入急进。例如前年法西的殖民地摩洛哥与叙利亚革命军的血战，虽然终归于失败，但给帝国主义莫大的损失。还有向来就称为和平的印度的独立运动也比较从前日益急进，最近第四十二次的印度国民大会去年年底在马大拉萨开会，头一个议案便是主张排斥宪法委员会，其余各案也攻击英政府的颇属不少。还于二月三日孟买市上实行总同盟罢工，各地便大规模的举行示威运动，未几与英警起冲突，群众被屠杀的不下数十人。近年以来印度人的和平的抗英运动，已大有造成激烈的革命运动的可能了。还有极东的朝鲜在十年前应巴里和会之机会而起的三月一日之大规模的全国城市乡村的示威运动，群众手不怀方寸之刀，何等的和平的高呼过独立万岁，但是以后的运动却不见那样和平了，是年在朝鲜京城内，炸弹声、手枪声澈荡不已，在鸭绿、图们江边独立军的痕迹消灭不尽，在国内每年被逮捕者不下数千人，民众唯希望澈底的独立，而对自治付笑不理。

以上所举的不过几个例，但是我们从以上地种种事实方面，可以证明帝国主义勿论如何不愿抛弃他们的经济利益而给殖民地独立的，所以在殖民地革命所要采取的手段究竟是和平的或是激烈的，很容易选择。

向来在殖民地革命运动上，免不了急进与缓进即是左右倾向之别。但是这种运动的倾向也是与个人的思想上的变化一样，按着社会的环境时常有不同之倾向，所以运动的步武是曲的而不是直线的，这样左右倾向没有什么固定的。这种的变动是大半由于外来的压迫所主动的。

本来在社会进化的原理上，理想与现实不一定是相符合的，所以许多抱不平于现实的革命家，时常要把生活提高到理想上面去，因此他们不断的在生活上争斗，然而始终不能把理想与现实成为完全相符，所以有时候人们觉得他们所理想的社会不易实现的时候便自会堕落起来，向右走或与现实妥协。这是在革命之路上最危险的一条自杀的政策。时常往左边的急进，虽然有时候易得消化不良，反不如缓进，但社会的进化，并不是依照一定的程度的，更不是像唯物史观公式的说明一样，有一种必然的阶段，就是“社会组织在生产力的里面尚有可以发展的余地以前，是不会破灭的，同时新的更高级的生产关系在胎孕于旧社会中的物质存在条件莫有成熟以前，也是不会实现的”。我以为大多数民众不问在任何时期只要在经济上或在精神上受某种的强烈的打击，而民众不堪其苦起来反抗的时候，社会的组织才会变动的，所以我们研究社会进化史就可以明白，过去一切人类的历史没有不是以血泪染成的。

我们从过去的经验里得了缓进的革命步调，其危险性总比急进的大的多。

革命是群众的突然的行为，并不是像商人在店里拿算盘计算利害得失而后不会有失败才进行的。缓进论者最普遍的论调是以为革命不易马上就实现目的社会，所以先该设立一个阶段，就是设立一个某种制度，把旧社会的因袭的遗迹保留一点，这样的主张是很危险的，会使彼旧社会的腐败的成分渐为坚固，纪[日]益发展，结果可以恢复以前的旧的状况，这种主张会使革命的成功变成迟缓。

殖民地革命运动的缓进论者，有时渐渐堕落起来，改变向来的殖民地独立的主张，而仅主张自治运动(这种自治运动是指在帝国主义政府之下主张殖民地自治的而不是指完全从帝国主义政府脱离而独立起来自治的)。据他们说，现在殖民地尚没有完全独立自治的力量，所以先从自治入手，渐渐达到独立之目的。这种主张正与马克思主义者的过渡政策一样，这个“过渡政策”的主张以为社会革命不该马上就实现那无政府共产社会，所以先该设立一个某种制度，把资本主义旧制度保留一些。

“共产党在俄罗斯所建立的无产阶级专政的制度就是一个很明显的例子。”

这样右倾的主张最容易和敌人妥协，并会抹杀革命运动。殖民地的自治运动者已经与他们敌人完全妥协了，还有殖民地的过渡时期论者已经与帝国主义的劳动政党互通声气了。

这都是事实告诉我们的。

因此我们不主张社会革命则罢，既主革命则不得不采取不妥协的彻底的主张——急进的倾向。

C.殖民地革命党不应该与统治国的劳动政党联络

对我这种肯定的主张，也许有人以为我是顽固的狭义的国家主张者，因为我反对了与对敌国的劳动政党联合战线。但是我的反对的立脚点却和他们完全不同的。我虽然反对与劳动政党联络，但对于统治国的真正的无产阶级革命的激烈的份子，颇主互相联络一气，极力设法打倒帝国主义。在此我们特别地要明白一个革命党与政党之区别。

在现社会制度之下，凡是称为一个政党的，必然的寄生于资产阶级政府之下，所以他的目的是要适合于统治资本主义社会的唯一的工具的。现在的社会中，一切的机关都握在资产阶级手里，所谓政党都在那资产阶级所组织的政府之内实行争权夺利的，殖民地的革命党怎能和这样的敌人联络呢？试想爱尔兰的独立党能可以与英帝国的政党相联络么？又如朝鲜独立的党可与日本的政友会联络么，这是事实上做不到的，不必我来赘说。

但有人会这样说："殖民地的革命党，虽不能与统治国的资产政党联络，然而可与劳动阶级的政党，如英国的劳动党和日本的无产政党，这些政党是有联络之必要的。"我要现在解答的正是这个问题。

这里有个先要讨论的问题，就是劳动政党的本质和他的阶级意识。

社会民主党的左派共产党和右派他们以为强权及国家如果放在劳动党手里，在无产阶级的争斗中，可以变成一个有力的工具，因此这些政党要用和平的、议会的方法，在资产阶级政府议会里多占议员的位子，去握有政权。但这种的方法是始终不容易成功的，因为资本家政府不是一个瞎子，他怎会使你在议会里任意活动，又怎能给你多占位子呢？社会民主党要在现社会制度的范围内用议会政策去握得政权，但这对劳动者的解放一点益处也没有，只不过些改良或变态而已，然而在一方面稍加改良增加赁银，在别一方面照那比例转机政策，提高生产品的价格哩！资产阶级政府是永永远远没有倾向于社会主义之可能性的，所以在那里组织政党和他妥协，简直是糊闹而已。

那么，殖民地革命党向这样的所谓劳动政党抱什么希望呢？可以向他要求什么呢？要求殖民地的独立么？

假设劳动政党是没有一种像那帝国主义者的野心而愿给殖民地独立的，那么前几年英国的劳动党麦克唐纳内阁握政权的时候，何以没给爱尔兰和印度的独立了呢？

不要说给殖民地的独立，连宪法的自主即是内政自治也不愿给与的。假设给了自治也在完全保障帝国主义的经济利权之范围内所允许的，那么殖民地的将来还可有独立的日子么？从自治运动渐要得到独立之目的的，这简直是幻想而已。所谓印度的宪法委员会原来是属于印度自治运动者的，他们要求印度宪法自主历有年所，而卒未邀得英政府之许可，可见帝国主义者一味掠夺殖民地的野心。

要是日本的所谓无产政党得势的时候……朝鲜都可以独立么？勿论在那一派的无产政党的政纲里，我始终没有看见过主张殖民地独立的一条，请看日本无产政党里的日本劳农党在关于政治的政纲里第四条上仅仅主张殖民地的自治而已，还有所谓称为极左派的劳动农民党的总选举的政纲怎么样呢？他是更没有主张给独立，至多不过在十二条上主张殖民地民族底差别撤废罢了，他们对于殖民地的主张也不过与资产阶级的政友会一样，日本的资产政党也在朝鲜民族独立运动热烈的时候，提倡过殖民地的自治的。朝鲜的共产党力主与日本的无产政党联合战线，在此我试问他们，假设朝鲜人参加于日本的普选运动帮助日本无产政党，结果是否朝鲜的议员可以参加日本的国会？设使无产政党握得政权，则朝鲜可以独立否？这岂不是缘木求鱼似的迷妄而何？

再说到所谓政党怎能代表真正的无产阶级呢？日本的所谓无产政党，还不是小资产的智识阶级的么？为政客大本营的政党，事实上不得不变成野心家的巢穴，政党的经费多得资本家或小资产家的资助，所以他们不得不重视物质的后援者而漠视民众的真意见，在资本主义之下组织一个政党，简直是给资产阶级做工具的行动而已。

殖民地的民族欲达到社会革命，则必先求独立才行。所以求独立方法，决不是从帝国主义政府之下，组织政党参加普选而来的，“独立”二字不是给与的，乃是夺还的，所以我在此高倡欲打倒帝国主义，非弱小民族自己努力不可。

所以所谓政治运动在殖民地内，是一点得不到效果的，政治运动反来缓和急进的倾向而已。从以上所举的印度、朝鲜的事实看来，殖民地的革命非把持不妥协的彻底的革命主张是不易达到目的，唯有革命运动才是殖民地民族的生路呀！

在现社会制度之下，无论在任何国度里工人阶级和资本阶级——雇主阶级是没有共通利益的，一面是千百万陷于饥馑的大多数贫贱人，又在一面是骄奢淫荡的游闲人，他们二者中间是决不会相好的。

现世界那些极大多数贫贱阶级里，尤其是殖民地的贫贱阶级，是比任何贫贱阶级的人受的痛苦更深的，因为帝国主义压迫殖民地民族是比压迫其本国的无产阶级还在利害的，这是事实上所证明的，并不是我的推测。你看英国政府对待本国人和印度人，一点没有差别么？在事实上，英国的革命党虽是英政府的敌人，但是对待他们总比对待印度人会好的。这是甚么缘故呢？这是因为英政府的仁慈的行为么？完全不是的，这种差别的待遇是完全根据帝国主义者的恶劣的种族观念而演出来的滑稽剧。

所以，殖民地的贫贱阶级和帝国主义中间的斗争一直的继续到殖民地的贫贱阶级夺回他们的土地与生产，归于他们自己管理的日子才会了的。

在此我要特别的先声明一句，以免与向来拢统的口号相混：我以为在统治国的国度内的无产阶级若没有正确的阶级意识以前，是不容易与殖民地的被压迫阶级互相联合的，这是专指着被征服国内的民众二者中间的话，与第三者是没有什么关系的。例如，像在一九二三年日本大地震时，日本的劳动者被帝国主义的毒所惑，竟甘心做帝国主义的走狗，虐杀殖民地的朝鲜民族。所以，这种没有阶级意识的劳动者的行动不单阻挠二者劳动者间之和好，反来最容易引起无谓的民族的恶感。与这个类似的行动在欧战的时候也发生过的。各国的民众，被帝国主义的巧妙的宣传——“拥护祖国”的口号所骗，便起来与相敌的民族作了猛烈的斗争。但结果呢？整个的全民族不但没有得到什么特别的幸福，大多数民族是仍然在本国的统治阶级之下，有饿死的、冻死的罢了。

所以殖民地的革命党决不应该与帝国主义即是征服国政府内的劳动政党相联络，或是跟着他们徒呼“全世界无产者团结起来啊！”，是一点也没有用的。因为凡是政党，他的阶级意识是极糊涂的，他不过拿这种好听好看的招牌来，想利用殖民地民族的力量作为争夺政权的机具而已。

“那么，殖民地的革命党到底和谁可以联络呢？如果照你那样说，岂不只有消极的反对而没有积极的主张？”我知道有人定会向我这样质问，我的解答就是：现在社会运动里有几种不同的倾向：一种是像劳动政党一样与统治阶级政府妥协的，一种是无论政府怎样拉拢总不和他妥协的。

这种毫不妥协的团体的倾向是革命的，所以他主张：与帝国主义和各种强权直接斗争，实行直接行动，如同盟罢工与民众暴动等，并拒绝与政府或雇主会议、妥协及订约，反对议会制度及攫取政权，所以他们的行动唯有革命的，而没有改良的或缓和的，至于他们的主义及政策之一切，我不便在此详述。

总而言之，对于这种根本否认妥协政策的革命党，虽是在征服国内，但他们是完全与那帝国主义不能两立的仇敌，故殖民地的革命党不妨和他联合战线，打倒征服国帝国主义，因为要打倒帝国主义，总是从内部起叛乱，外部的攻击才可以打破帝国主义之魔宫。所以我觉得帝国主义之崩坏的命运，全在乎其内部叛乱和殖民地的革命运动上面。内部的叛乱和殖民地的革命运动愈见成熟，则帝国主义的命运是愈短缩的。

D.弱小民族之解放须由弱小民族自己努力

地球上的人口，大约有十九万万，而其中有十二亿五千万，实为被压迫的半殖民地与殖民地的人口，支配殖民地与半殖民弱小民族的帝国主义的人口（当然苏俄也在内），不过四万万多些，再从这实际上四万万之帝国主义国家的人口中，其百分之九十是农民与劳动者，所以真正属于帝国主义的资产阶级，其人数在世界全人口中，不过数百分之一，这种少数的资产阶级，竟对极大多数的弱小民族肆其横暴的压迫，此种状况，我们的确不能旁观，而且要极力的设法解放才行。决不能像唯物史观论者一样，说是那资本主义尚未十分发达的国家内决不会起社会革命的一种诳语。照唯物史观而论，则社会的主人翁是工场机、农具等物（生产力）而不是人间，所以他们以为人间的一切行动是受外部环境的支配的，因此人间不过成为一个呼吸的机械而已。他们又用辩证法去推论，谓弱小民族的解放并不是全在弱小民族自己努力，而在外面其他民族的帮助。在弱小民族之地位，事实上不能够希望有什么整个的异民族来帮助他们的解放运动的，因为在现世界那一个民族是整个的属于无产阶级——被压迫阶级的呢？那些国家没有一个不是属于资产阶级的？但是共产主义者(其实是集产主义者)常谓："只有苏俄是对抗全世界帝国主义的国家，所以要打倒帝国主义，不得不与苏俄联合战线。"看吧！列宁党的外交政策到底比其他的帝国主义国家高妙的多。实际上，一九一八年的勃莱斯脱和约，列宁党便和德国帝国主义者妥协，牺牲了立陶瓦(宛)、乌克兰、芬兰等弱小民族的自由，可怜□芝亚的民族还在苏俄统治之下受无限的压迫。在弱小民族的地位说出"与苏俄联合战线"的话，正与恨日本的人盼望日美战争一样可笑。说到联合战线一事，尤为可笑，联合战线之性质，本是两方平等才行，然而弱者于联合战线上时常被强者利用，强者总占便宜，这是过去的事实所告诉我们的。……其实谁不愿意弱小民族的联合战线呢？但因为环境的各异和阶级意识的差别，能不能联合战线还是一个问题。不过在同一国统治下的被压迫民族，还能相当可以联合战线，比如英国统治下的爱尔兰、埃及、印度，其中只要印度一旦得了独立，那么，其力实足致英国于崩坏，所以他们为打倒英帝国主义起见，实有互通声气之必要，但你若要埃及、爱尔兰的民族，因为与印度联合了战线的关系，使他们抛弃自家的运动，都先来帮助印度的革命，这是万万做不到的了。所以所谓联合战线之意义，在事实上还是各干各的运动而向一个目标进攻而已，因此战线是必成为互尊团体的散兵式的联合，而不是中央集权式的集合战线。

所以，并不是凡是弱小民族之间都有切实的联合战线的可能。在此我们可以知道，同在一个帝国主义治下的弱小民族才比较有联合的可能性，比如不在同一帝国主义治下的弱小民族，如朝鲜与印度，只能在同病相怜的地位上互表同情而已，在事实上印度的革命运动者都不能把朝鲜的革命运动看为比自己的还重要。但在同一势力之压迫下的……朝鲜之弱小民族，因为利害不相冲突的缘故，比与任何弱小民族的确有联络起来的可能性。这是事实上所能证明的，如在一九二五年五卅惨案时，北京各界沪案后援会邀请……印度、朝鲜等处的团体代表开一个茶话会，那时印度的代表普拉打朴便主张单独对英，而朝鲜……的代表则宣布日本的罪恶比英国的还甚。由此我们可以晓得各自有利害关系之不同了，所以要解放自身，还是要靠自己去努力才是真的。

在资本主义各国间，为保持其均等的势力起见，便发生帝国主义之战争，十五年以前欧战，也就是商业市场的争夺战，帝国主义各国经此大战，虽然受了巨创，但直到如今，经济财政渐渐恢复原状，资本主义又走上发展的路了。但我敢断定他们始终不能避免第二、第三………次的市场的争夺战。上一次大战里，我们所得经验诚属不少，资本阶级利用“爱国”的口号来迷惑自家的劳动阶级上前敌送命，经百战过来的劳动者，仍旧是迫于饥寒，过牛马似的劳动生活。由此观之，劳动者要在下次不被利用，则非有澈底的阶级的意识不可。尤其是弱小民族，不能够坐等机会，若自己没有一种实力的准备，就说机会来到也不能够利用的。

E.革命的组织

在弱小民族的解放运动里，不论在那一国，特别的发生许多派别和内讧，这是因为主义之相异和行动政策缓急之不同，再加着帝国主义者的挑拨离间，因此总免不了无谓斗争和自相残杀的悲剧。要免得这种的不幸起见，在其解放运动的里，有人往往提倡全民族的大同团结，其实这是很难做到的梦想。从过去的弱小民族解放运动的历史里，我们很可以举出许多的证据来证明，如印度的解放运动，欧战以后甚趋猛烈，从一九一九年到一九二二年之间达到最高程度，产生一个代表的人物甘地，但甘地的运动只根据于政治的方针，所以不久就失败了。在初期的印度解放运动里，广大的民众参加过，但甘地的运动只根据于民族意识，而没有阶级的意识，所以他的不合作运动在贫农及劳动者的运动不生效力了。自从甘地被捕入狱之后，在波尔特里大会里，地主与农民因其利害关系之不同，二者间必然的分裂起来，所谓印度的全民族的统一战线，便有名无实的告终了。

再看这半殖民地——中国里所经过的历史的事实，即是五卅事件都把这种理论成为现实化了。当五卅惨案发生之初期，差不多各阶级的中国民众都来参加示威、罢工的运动，但是不久全国商务总会的买办阶级，因物质上的利害关系，甚恐罢工之扩大于商业上不利，因而不惜抛弃全国民的统一战线，而与帝国主义者开始妥协了。……于是乎纯正的民众运动一面被本国的资产阶级和小资产阶级所破坏，结果只是民众给他们骗过去而已。

从过去的经验里，我们已经明白了，民众运动在阶级对抗着的社会内，必须有一种澈底的阶级的意识的组织体去做其先锋才行，但这种的组织体只能和民众在同一的水平线上指导运动才行，若在民众之上，要统治民众，命令民众，则不能认为做民众运动之组织体了。

革命运动，尤其是在帝国主义铁蹄下的弱小民族，要脱离其羁绊，则非有一种强有力的严密的组织体不可。因为弱小民族之自由解放，决不能从议会运动和帝国主义的慈善而可以得到的，所以要组织这种的革命团体，必先具有如下列的最低限度之条件。

有澈底的精神，则便没有澈底的行动。

一、敌人勿论用何种政策，决不能和他妥协。

二、决不能和帝国主义政府所承认的政党（劳动政党和无产政党包括在内）妥协。

三、须具有澈底的阶级意识。

四、须有自立的精神。

五、须有主义的一致和方略的一致。

F.组织的原则

组织即是一个力量，所以没有组织的地方，决不会空洞的发生力量。

"革命生活，社会生活，政治生活，本身就是一种共同的活动，所以社会革命的活动不能以同志的独自负责的个人行动为基础的。"（《革命之路》，一三〇页）

现社会的社会组织和政治组织，不论它的名称和内容如何，总是一个由上而下的纵的塔形组织，即是中央集权的组织，这种组织会弄出许多不可数的阶级，这些阶级的人都归几个首领所统辖着，所以在这种的组织内只有强制而毫无个体的自由。从这种塔形的组织内，便不会找出人人得到平等的地位，人类在这种塔形的组织内，总是上面一群统治者，下面是一群被统治者。殖民地的弱小民族是在过去的长期间在异族帝国主义统治之下，受过无限的痛苦了的，所以假若革命以后仍用那种塔形的中央集权的社会组织，造成一群本国的统治阶级，则那殖民地的革命未免太没有意思了，这种的革命实在是一个换汤不换药的东西而已。

我在此地要引一点联合主义的组织原则，应用于弱小民族革命党的组织上面。

"联合主义（Federalism）是二个人间、团体间的自由同意，为了一个共同的工作，达到共同的目的。

"但是一个这样的同意为基础的联合的团体，如果要成为事实，要有一个条件，就是所有会员人人都该尽他自己所承认的义务，人人都遵从大家议定的决议。"

联合主义即是"网状的组织"，这种水平的没有上层和下层的区别的组织内，才会发见平等和互助的连带生活。

“在所谓有机的阶级组织中，各个人都是为他的领袖而生活，如同领袖的机械一般，这个意思就是奴隶，奴隶不过是一种机械而已，他们是不负责任的，这就是强权的、政治的、最精致的社会中大多数无产阶级之所以陷入奴隶地位的原因。因此我们要明目张胆的大呼，打倒把无产阶级当做连鸟兽昆虫都不如的资本主义、民生主义、共产主义、法西斯蒂主义等强权思想，创造一种自主的生活！”

“联合主义的社会组织便和一个广大的网一样，换一句话说，世界好似一个大网，无数的生命、物质的和精神的被连锁于其中，我们不过是一个大网中的几个结罢了，每个结都有他的重大使命，要是一个结破坏，全体便因之灭亡，一个无产阶级的痛苦，全社会连带受其影响。虽然在这种的社会组织里无产阶级是没痛苦的，真的，只有网状的组织——自由联合主义的社会组织——中，我们彼此都能自主而且保持着连带的责任。”上面的一段话，是一位日本的革命者所著《自由联合》一文上面的话，我把他引用过来的。

G.战略

有许多殖民地的革命者主张养成军事人材，以军事运动对抗其统治国。但我想这是在殖民地的地位十分不容易做到的事情，因为这样的事情在平稳的时期内是一点希望都没有的，间或在帝国主义互相战争的时候，殖民地的民族也许能依靠某一国去做军事行动的，但拿这种事情为当真而等机会的人，可算是守树待兔的了。军事行动所需要的有二种不可缺的条件，一是经济，二是地盘。一切的经济都受帝国主义操纵的殖民地内，怎能筹出能养成几千几万军人的军饷？假设第一个经济条件不成问题，那么殖民地的民族除中国之外，那里有地盘去养成军队呢？帝国主义还能让你在本国养成军队么？从种种的事实方面看起来，在殖民地民族的环境上做军事运动，是不可能的事。

但我的确信仰殖民地的革命，是唯以血肉横飞的恶战苦斗才能去解放被压迫的民众的，在帝国主义方面看起来，殖民地是帝国主义的富源，即是帝国主义生存上的必需品，所以勿论如何帝国主义不能轻轻的给殖民地的独立的，因此殖民地之革命非经过恶战苦斗不可。那么，以何种的方法对抗帝国主义呢？这里因各地情形和环境之不同，发生许多方法上的差异是在所不免的，在某种的环境之下，殖民地的革命以军事运动也可以的，因为我说的，不过是证明在大体上的不可能而已。

革命运动是有民众的组织的行动才可以成功的，散漫的个人的行动只能鼓吹革命，实际上不济于事的。那么，殖民地的民众应该怎样组织起来呢？我以为有二种的组织，会使革命支持下去。一是组织规模很大的党——联盟的形式；一是组织各部门的小团体。

取联盟形式的大团体是应该包括各部门的小团体，使他们在联盟的圈内互相发生关系，互相亲睦及连络。联盟内的份子依照其性能和兴趣，相同的份子互相结合起来，重行组织小团体，在这个小团体之中，联盟的份子作其实际的运动。如参加于直接行动之小团体的分子，只有他们去干直接行动，因为这样才能把实际行动的各小团体的秘密不会露泄的，这些小团体之中，有的可为劳动运动，有的可为农民运动，各色各样的都会有，这些小团体的份子都是个人自愿参加的，所以他不至于抛弃他的责任，因为他如在这个小团体的工作，不愿意干的时候，依其兴趣和才能可以参加别的小团体去活动。

这些小团体虽然各做各的他所担任的事，但在大联盟旗帜之下，务必要联络一气的。这些小团体不论他的性质如何，他的权利统统是平等的。同时大联盟并不是一个中央的指挥的机关，乃是一个互通声气、划定运动的大方针的联络及订议的机关而已。这样才团体与团体之间不会有什么纷争的，因为大联盟并不是命令支配的机关，所以他没有政治的政权，所以他没有什么没头于争权力之必要了。

现下帝国主义对于殖民地的灭种政策愈见愈辣，所以非有一种严密的组织去对抗不可。若有严密的组织，则第一要党内没有内讧，因此消灭内讧的办法，只有先消灭政治的权力。

小团体的组织宜格外严密才行，因不做实际运动的，仍由小团体才能得到实际的效果，并且小团体之中应分为二种，一是公开的，一是秘密的。倒如直接行动的小团体，不得不从事秘密组织，团员的限制和选择更要注意，个人单独的直接行动是因为没有后来的继续者，所以很难以奏效。

我们也晓得这种的团体的组织的直接行动，还未普及为民众化以前，是不能够战胜强有力的帝国主义的，但至少可以使帝国主义者总感着不安和恐怖。近代帝国主义并着弱小民族的目的是大半在于经济的榨取，所以弱小民族的直接斗争也应该向帝国主义的经济政策进攻，破坏他们的经济的计划和其机关，比如他们的银行、水利局、铁道、森林等，都不能使他如意发展。建设是很难的，但要破坏则极容易，费十年经营的，只要一旦可以破坏无余，但如果要干这种破坏运动，则每次总要牺牲一些人，凡是参加直接行动的团体的份子，都应该算为牺牲的份子，不过牺牲的方法——死的方法，不得不预先要计划了，若不然，便成为无谓的牺牲了。这种的直接行动，要有一种规模才行，这样有规模的破坏运动，若能长久的继续下去，那么帝国主义非但感觉得无限的恐怖，并且于他们经济的榨取上，只有发生维持与否的恐惶，而没有得到利益的机会，那么损失比利益大或在平等时，他们也因为利害上的关系不得不放弃殖民地，即另谋发展了。这就是殖民地革命成功之日。

除直接行动之小团体外，其他性质的团体，例如农民、劳动文化运动等团体，也应该在革命之路上，到民间去作他们的工作，唤醒民众，使民众响应直接行动之团体，必要时抛弃斧子、锄头来参加暴动，使暴动扩大起来，使帝国主义者受极大的创害而使无法统治殖民地才行。

有的人关于革命的战略上，极力的主张总同盟罢工，我以为这种战略只能在工业发达的国家和都市中心的地方才有效果，但殖民地多半是农业中心的，所以那种总同盟罢工不能叫最大多数人来加盟，收最大的功效。

我们细细的分析了现社会，所得的结论是："如果要根本改造现在资本主义的社会，建设一个自由劳动者的社会，除了暴力以外再也没有别的方法。"

本文关于建设方面的，还未写出具体的主张，因为我以为建设还是明日的事，所以明日的事是不能在今日所能确定的，我不愿意做预言者，所以在本文内，关于建设方面的意见，只是含蓄着的倾向的指示而已，贤明的读者想必可以看出来的。

——附识

一九二八年七月九日

附录

东方革命者的使命

一

十九世纪以来，在西方更为横行的资本主义快要布满于全世界了，东方的资本主义渐渐的要效法欧美资本主义的巧妙的手段，而在东方正开始其大大的发展，不久的将来东方各地的农友也要变成一个赁银制度下的工场劳动者了，这在资本主义的立场上看起来是一个很荣耀的现象，因为资本主义在东方的发展，就是可以延长全世界资产阶级的运命。欧洲大战是资本主义发展的一个必然的现象，谁不知道将来在东方也必然地发生那种的现象。资本主义的发展与政治制度的欺骗，在西方已经暴露其丑体来了。

在上次欧洲大战的时候，第二国际马克思党徒的一般小资产阶级在平时口口声声喊出过"工人无祖国"的口号，但欧战一开始那般小资产阶级还未脱离封建思想，于是乎抛弃自来的主张而加入本国帝国主义的队伍去,帮助自己国家打胜,他们加入帝国主义圈内的时候不单是他们自己,还要欺骗无数无产阶级同去加入,于是乎各国的无产阶级演成自相残杀的惨剧,等协约国打胜了,对于国内的无产阶级有何报酬了呢? 只给国内的资产阶级依然巩固他们的地位罢了。所谓社会主义的第二国际不打而自散了。那时在西方反对战争的只有无政府主义者、英国的自由社和法国的无政府主义的团体都被解散或被封,在美国,爱玛·高德曼和日本同志岩佐作太郎都被逐出国境,日本的安那其主义者团体又很猛烈地反对过。

在不远之将来,帝国主义者的东方的战争是在资本主义发展上所免不了的,而且照现在的大势看起来,列强之对于中国,在侵略上都很竞争,于是中国的无产阶级在本土资产阶级和外国帝国主义的双重压迫之下备尝其痛苦,而且国内的新旧军阀为保存其现成的势力起见,外交上、政治上都与帝国主义者势所必然的妥协起来。有时外国帝国主义者直接地实行侵略政策的时候,本国的军阀和资产阶级也非常抱不平的,但他们始终不敢取反抗的态度,而取一种镇静的态度来,一面压迫本国民众自发的运动,对外送几次抗议书为完事,有时为惨杀几千几百的人命事,与帝国主义者交涉了好久的结果,帝国主义者偶发什么心事,便送来不三不四的道歉的答复文,那么那般资产阶级便高兴得了不得,赶紧把他登载报上,以资欺骗缓和民众的不平心理,又吹什么外交上的空前绝后的大胜利,这样的例子最近在中国不断的发生,将来也继续的要发生的。

国际资本帝国主义者一面要找市场,一面要吸收原料品,所以非把中国变为市场和半殖民地不可,那么本国的资产阶级在本国无产阶级和外国资本帝国主义者中间,必然地要做一个中介商人,所以勿论如何提倡国货,在暗地里依然要勾结外国的资本家,因为这样才能赚钱,所以勿论任何阶级在帝国压迫之下必须要民族的团结一致是一种幻想,事实上资产阶级是在本质上没有什么外国本国之别,只有程度的差异而已。

二

我们对于不久要来临的东方的大战取什么样的态度呢? 当然,我们的态度是始终一致的。中国的民众在列强和本国军阀的铁蹄之下已受了长时间的痛苦,所以对于战争简直地取一种极厌恶的态度,而朝鲜、台湾等处的民众久在日本帝国主义的极度的压迫之下,总希望列强之间发生一个与日本开仗的战争,乘其机会,要得一个出路。并且他们极愿意得一方的援助而与日本统治阶级决一死战。在这种的环境之下,我们的运动是极容易进行的。假设将来日美开战,日本同志尽可以在民众里面宣传参战之无益,而使他们乘机先打倒直接压迫其民众的本国统治阶级,同时我们东方的革命者特别连络美国同志,使他们更决意于同样的工作。那么两虎相遇,斗不数合,就会被两国内的无产阶级打倒了,即是打不倒,无产阶级的地位也从此定会增高的,那时如殖民地的……朝鲜的同志,竟可以团结其无产阶级与日本的无产阶级连络起来,可以夹攻其日本的统治阶级。还有菲律宾的无产阶级,也同时可以起来反抗美国的统治阶级。那时中国同志在民众厌恶战争的时候,设法把这个战争变成为无产阶级对于资产阶级最后的战争。在这儿一定有人疑问我:"你既运动非战,而为什么又要提倡战争呢?"我们的答复是:有史以来之战争,不是为民众的;政府与政府之战,为争夺政权而战的,都与民众毫无益处,而只教愚昧的民众自相残杀而已,阶级的战争——无产阶级向其统治阶级的资产阶级的反抗是为全人类的幸福的,并且要根本铲除这个恶劣的现社会制度起见,非常的需要那种阶级的战争。阶级的战争的目的要消灭战争的,所以应该是最末次的战争。

不过我们对于那种为统治阶级而战的从来的战争是根本反对的,所以现在我们的非战运动的意义也就在此。

三

我们觉得东方各国的革命者,因历史上、地理上、风俗上、文字上的种种关系,比较与西方的同志容易连络一气,并且东方的各国的革命,在勿论那一国先起,其他邻国的民众受的影响确比西方大,又是直接的,所以要完成其中某一国的革命,必有其他国的同志响应而援助才行。我们觉得一个革命的群众和团体的战略是不能像那中央集权的军队式的组织和策略,因为中央集权的制度是根本与革命性相背驰的,所以谈到革命简直毫无谈到中央集权的余地,而我们的战略是应该分散的斗争——散兵式的;就是个个份子的斗争的责任,确在其本身上,所以他的主力份子也都是革命的群众。如中国革命的责任应该由中国的同志本身去干,决不能像第三国际的办法一样,几个不懂中国情形的外地人去指导中国共产党去干中国的共产革命。这种由上而下的强制的指导和盲目的服从,于革命之路上只有失败而已。我们对于东方革命,是各国的同志各干其革命,决不能不懂实地情形的第三者去指导,不过各国的同志在可能的范围内互相连络、互相援助是的确需要的。

我们的东方联盟决不是一个东方革命者的总司令部,换言之,不是命令的机关，因为所谓“命令”的本身是反革命的，我们只要各尽其所能而已，用不着请什么委员老爷们来命令我们干什么就干什么。

我们的东方联盟是建筑在自由联合制度原则上面的平等的组织，我们的力量是在各个团体的肩上，但我们协进的意识和互相扶助的本能却在东方的旗帜之下，所以我们的革命行动勿论发生在什么地方，都与全体有莫大的关系。我们是有机体的组织，所以细胞与全体有休戚的关系。细胞存在的时候，东方联盟是勿论遇着什么样的障碍都不会消灭的，我们自己也不愿意组织没有细胞的夸大狂的空壳的大组织，无政府主义的组织是勿论在什么时候都建筑在各细胞上面的，所以在这种细胞组织内决不会有我重你轻的区别。

四

社会主义流入东方，已有二十余年的历史，东方的社会运动史的第一页，便是无政府社会主义的运动史，例如日本幸德秋水和大杉荣等同志的运动在东邻的日本运动史上是占光荣的一页。中国方面，《民声》《新世纪》杂志之出版和师复之努力比任何社会主义者之运动还早。最近台湾之黑旗联盟与朝鲜之真友联盟、本能儿联盟、在中国朝鲜无政府主义者联盟等日益增加，还有从马克思主义者方面觉悟过来的无政府主义者，特别的多。

现在东方各地的无政府运动可算相当的普遍化了。马克思主义的运动在日本已与帝国主义的政府妥协起来，参加于普选运动，从前讽刺议会运动的共产党，到如今自己又变成为议会运动者了，由此朝鲜的共产党也跟着喊出“与无产政党合作”的口号，这样一来，东方的马克思运动完全堕落于反革命的地位去了。

于是我们更觉得振兴东方社会运动的必要，向来带国际性的社会运动的团体，差不多都曾在欧美发生，其原因也就是因为西方的社会思想比东方发达的缘故。第一国际、第二国际也不过包西方的社会运动团体而已。第三国际是完全在劳农政府的庇护之下，它的一切的运动除为巩固劳农政府的地位以外，没有什么其他作用，它所揭起的“援助被压迫民族之革命”等口号，也不过一时为劳农政府之外交上得便利起见所作的缓冲政策罢了。

此次我们东方各地同志团结起来，组织了这样的一个组织，实在远东的社会运动史上可算是开一个新纪元，因为东方的无政府主义运动的力量使我们如此组织，这完全是我们的进步的表现，并不是虚张声势。

到如今资本主义虽然在东方也一样地盛行，但总比欧美差得很远，生产力的发展还在幼稚的时代，但资本主义和帝国主义之压迫殖民地和半殖民的情形，确比西方各国统治阶级压迫本国无产阶级的远在利害，又是半殖民地的军阀们压迫民众也不下于列强，于是东方的民众虽然阶级的意识还未充足，但其不平的气象和叛逆的感情已特著爆发。在这样紧张的空气中，我们东方的无政府主义者作其爆发的导火线才能使这个东方的革命入于正轨。

“资本主义发展到绝顶则不打而自倒”“真正的社会革命，在生产力发展到绝顶而冲破其社会组织之后，才会发生”这种的话，完全是变相的资本主义者骗人的口吻。那末现在还在封建状态的东方有些地方，守株待兔似的等着资本主义发展以后去革命才对么？现在东方各地的无产阶级不受经济的压迫么？殖民地不受统治国的经济和政治的压迫么？革命爆发惟一的目的，民众要得自由平等生活，民众生活在压迫下的时候总是需要革命的，并且是很急切的。

一个革命者的人生观

一

人类在进化史上所能发见的唯一条件，是要与强权不断的斗争的，所以人类进化的历史也可说是争斗的历史，因此强权的横行及专制的魔力终于而受裁制，所以觉悟的革命者的意志与目的都不取迂回的手段，而是直接的发挥猛进的创造。所以他们勿论奋斗失败到如何地步，绝不会低首于强权之下或求妥协。

因此，到如今强权者对于革命家无论如何虐杀，不惟不能稍馁革命者的心志，且反造成为人类解放的爆发时机。记得极端的革命家巴枯宁曾如此的说过：“我们对于创世纪的神话，假定他为存在的事实，然而在其中可以发见对于强权的叛逆行动，在亚当取食了上帝所绝对的命令谓不可取食的善恶果(智果)。因此，强权的拥护者——上帝的拥护者们谓人类由此而陷于罪恶，并且谴责亚当为不当，然而在我们拥护自由的人看，亚当对强权的命令的反抗就是对上帝的命令的不服从，其大胆的革命精神足可以钦佩的，并且狠觉痛快，因为亚当的反抗，强权的命令归于水泡，从此便开始人类的进化。”

然而，自由的大敌——强权不是打倒而不能再起的，强权的持有者时常都会依着人类的既成的习惯搅[矫]揉造作，建成他们的理论，又来麻醉人类的，像假名为制裁强权专制而制定法律并构成宗教，其实这不过是一种为拥护自家的权力的政策而已。

所以革命者对于现今的种种伪道德和一切不合理的法律，都应下澈底的破坏的工夫。

二

革命者投身于奋斗场中的时候，应该知道自己不是要享受幸福者，乃是创造幸福者。革命者的处世，对于许多艰难与障碍，或是常人所不能受的痛苦，也都要乐而受之。人类以及动物求乐避苦必是常情，然而人与动物的行为，忽[虽]然表面上看时，有与此常情发生矛盾的，但我们若再仔细考察一下，那就不然了，失了自由的人在争自由的奋斗场中甚至在断头台上，也欢呼自由的万岁，并且都不表示一点甚么痛苦，从容泰然的就死。至于动物界，如猴子们，为寻他们同伴的尸体，有时竟到凶暴的猪夫家里呼冤求诉，得到尸首才肯回家。我们假若拿枪从鸟群、鸠子之中打下来一个，其余他的同伴不久就仍飞翔于同伴被难的地点之上。看这一切的行为罢！为什么他们不求生的欢乐而愿意要受恐怖的死呢？在这儿必有一种原因在，因为鸠子与猴子是富有同情性，他们对于同伴之死，总觉得苦悯怜惜不已，所以他们甚至不顾自己的性命，以夺回同伴的尸首为快乐。革命者为人类的自由，奋勇前进，视死如归，而是在于同情心，因为他对于他人之苦乐，则是自己之苦乐，所以看见现在人类被压于强权之下，自己感觉着无限的苦痛，于是不顾一切而做永远强权的叛逆者。

然而世上也有许多自号为革命者的假革命者，此辈是同情心被自私性所战胜，精于随机应变，借真正革命者的势力以充自己的野欲，这可算为投机主义者。革命的路上最大的障碍物亦就是此种投机份子。

三

革命者所持的对于革命的观念是应如何？这是我们必定要知道的，我们都能知道统治者的压迫愈厉害，民众更能感觉革命是必要的，然而依着时代与环境，种种的革命发生过了，唯在其中我们能发见一种律例是反抗努力之表示，例如由君王的专制到立宪，由立宪到共和，由共和到苏维埃，都依时代与环境发生许多变迁。过去的一切革命虽然一次变一次名目与色彩，其实都不过换汤不换药罢，皆是以暴易暴而已。谁敢担保最近由苏维埃制度之中再不发生叛逆运动——革命运动！

革命是带无限性的，所以无所谓成功，人类从地球上没有灭尽以前，革命的成功这话是不能成立的，因为地球上人不在而什么东西也不必要时，革命也无用了，然而人在的期间内革命是不断的，人生的一切问题何时才能得完满结果,岂能言革命的成功耶?

克鲁泡特金说得很对,“承认社会中人都有享受过去积下的一切宝藏的同等权利,他不允许有垄断者与被垄断者、治者与被治者、有权者与无权者等分别,他(安那其主义)设法创起一种谐和的计划,不使其中有所谓代表社会的强权压制众人,亦不使社会一成不变,死板无生气的组合体,而唤起一切人有自由发展、自由创制、自由行动、自由联合的权能”。

我们看中国的辛亥革命,只能说他革命上一小小部分的成功而已,然而现今殖民地的许多民族主义者却说,只要能够种族革命,殖民地的革命就算成功,如朝鲜、印度、安南、菲律滨等弱小民族,只要打倒他们异族统治者为告革命完成,并且民族主义者谓只要异族统治者打倒了之后,一切的步骤应依民众的共同意识而进展,所以他们的革命之目的,只在民族革命之完成。然而,所谓民众的共同意识如何构成的呢?依他们说,只要看那时候的民众倾向于何种的思想与主义而定之。那么,从今没有给民众如何的指示,只等该时自然而然的有一种共同意识出来,这不是守树待兔式的漠然的宿命论而何?错误的革命者守到时机临迫时,以此共同意识看为绝对的真理,要监视且抑压民众的思想及行动的,因此假说依他们所愿,共同意识能构成,那么对此不服从者,当然压迫之。那么从这时候起,在共同意识这件东西上,强权就老早跟随在后了,因而在前头的革命者的澈底的思想及主义就会被他们沉没,社会的进化直到某时期会沉滞的。

自然殖民地的革命运动,第一步的工作是设法消灭异族的帝国主义,因为在殖民地不做此种工作,就不能开始社会革命的运动,然而却不能以民族的观念来暂与本国资本家妥协,因为本国的资本家是在谋他的资本的发展上会与异族的帝国主义妥协的,所以在殖民地的革命运动上不能不一样的排斥本国的资本家,如此打倒异族帝国主义之那日,也就是社会革命的初步成就之日。

各国的社会组织与其进化的阶段是不一样的,所以要取的革命的方略也有差异,然而革命的原则不能因之动摇。有一种不好的现象,例如现在半殖民地上所流行的革命(?),好像殖民地的错误的民族革命的理论一样,虽然对外主张打倒帝国主义,取消一切不平等条约,求本国之自由独立,对内打倒封建政治制度与军阀,然而他们却主张本国内实行劳资妥协的政策,这是他们于革命上矛盾的理论,又是半面之观,所以他们的所谓全民合作的革命的圈内,连资本家、军阀等反革命分子都在其内,朋[明]目张胆的压迫无产阶级的行动,反对阶级斗争。这种的革命,只不过是利于有组织的资产阶级的政党而已。

四

革命者不明于革命之真意义时，往往纪一种最危险的毛病，就是“只问目的，不择手段”的这种理论，最容易产生反革命之行为，因为他热中[衷]于恶劣手段时，他不知道自己的行为入于歧路，反而自以为对，于是忘却革命之根本目的，只以符合于现实的话来作他的护符，他却不知道灭了现实才有未来，推翻了现实的制度才有未来的理想社会，所我他择的手段才成为目的，于是乎与他根本的革命之目的渐走远了，例如左派的社会党尤其是共产党，仍要保存国家一样。依了资产阶级的定义，国家是资产阶级御用的执行机关，昂格思[①]在《家族私有财产及国家之起源》一书中谓：“……国家成为政治上的优越阶级，因此得着压迫和剥削被压迫阶级的新工具。”(德文版第一三七页)然而马克思[斯]、昂格思他们太看重手段，因之竟主张首尾冲突的理论，他们虽主张资产阶级的强权及国家不过是资本家的走狗，但是他们以为强权及国家如果放在共产党手里，在无产阶级解放的争斗中可以变成一个有力的工具，所以他们要个社会主义的强权及一个无产阶级的国家。巴枯宁反对马克思派之利用国家以实行无产阶级专制政治，谓：“假定无产阶级变成政治阶级了，那末他对谁实行统治呢？由此我们可以知道尚有其他无产阶级服从这个新统治者与新国家……！假定国家仍继续存在，那么必须有统治阶级与奴隶阶级，所以有国家而无奴隶，简直是无谓的欺骗。”国家及强权，在他头上，勿论带[戴]着白帽或是赤帽，总是平民之仇敌，他只会保护统治阶级的利益，使平民失掉他们自动的精神的，所以革命者不能不主张根本推翻国家，社会革命之目的就是推翻国家，国家没有了，资本主义也就站不住了，而后基于自由平等的原理上，建设以生产者自治为主的新社会。

(原载于《弱小民族的革命方略》，中山书局，1929 年)

---

① 即恩格斯。——本书编者注

日帝国主义者之侵略呼伦贝尔谈

佚名

哈尔滨通信日本资本家，久觊觎呼伦贝尔之市场。在欧战前，于政治上、经济上，日本资金侵入该地，颇多困难。彼时俄国经济势力在北满握最高地位，市面通行卢布，日本金元难以立足。今则情形一变，日金元大占优势，甚至华币亦遭其排挤。

日资本势力之初向北满西部侵入，系在俄国革命直后内乱未定之际。一日人商行在彼取得一木材让予权，据云，当时有在北满之俄旧官若干，希望保持彼等为北满俄国利益之代表之地位，竭力援助日人向华当局说项，取得该让予权。在苏维埃势力达北满之先，此项企业似颇兴盛，迨一九二四年中，东路归苏俄管理，俄理事伊望诺夫下令，该路车辆的不为日人转运木材，于是该让予权虽存若亡。此举虽使日人失望，然日资本家仍在北满大事投资于铁路及其他企业，西进之念迄未稍衰。盖在兴安岭以东之地区内，华人农民几已专用日货，今日人又拟在兴安岭以西拓此同一市场也。

日人在北满最殷实之商行名松原，其货栈设于哈尔滨，建筑巍峨，高出其他一切屋宇，现拟不久在海拉尔设分行。又另一日，企业家正在呼伦贝尔腹地(离海拉尔不远)设牛奶场。又有日人 Rio 姓，眷居呼境多年，在三江区内之苏却耶村中开一医院，业已成立。

近年间，有日政府或日民间商业团体所雇用之日人数，多在呼境详细调查一切。一九二八年间，茄伐达(译音)大佐率同志若干，至三江区及凯拉来金矿及呼境极北之数地(富于森林)。为探检旅行，在三江区内搜集关于当地农民所有牛羊马骆驼之数目、质量、重量、大小之材料及农人所种杂粮种类与农田情形等之材料，极为详细。当时传说华当局仅许茄伐达大佐至凯拉来金矿一行，而彼竟远至极北区。据彼告人，从金矿近时进路，故不得不在三江区内大绕北道云，亦趣谈矣。

日资本家对于呼伦贝尔之东、北、南各部甚为注意，而独于其极西部似颇忽略。如在满洲里及其附属各地，皆未有可称述之商业的活动。满埠有俄住民数人，愿以彼等之住宅以原价五分之一售与日人，而日人绝对不要。满洲里亦为呼伦贝尔境内一大商业中心，日人独对之漠然，不解何故。或者日人取慎重渐进主义故，抑制向极西进取，而暂限其活动于人烟较密、天产较富之东、北、南三部欤？

（原载于《军事杂志（南京）》第29期，1930年）

韩国独立万岁!

岑秀

这一切消息都确切证明,朝鲜正怒发着全国的民族解放运动。不仅朝鲜,运动亦波动到日本东京了。据《申报》载路透社二十八日东京电:“东京复拘获韩国学生及工人百名,闻若辈准备示威,要求开释两日前所拘之韩人。”

运动的地域范围、社会基础更加扩大了!斗争的方式更趋激烈了!在光州一地被捕的学生便达一千二百名之多,被杀的学生便有四十人以上。汉城的死伤人数尚不知究有多少!?全国各地的被捕、被杀、受伤的学生、工人、革命团体的领袖更不知有多少!?新韩会、天道教等革命团体的领袖和韩部大多数被捕!共产党和青年团更不知要遭受何等残酷的压迫?!日本帝国主义者企图把韩国的伟大独立运动淹死在白色恐怖的血海里!

消息被日帝国主义者禁锢了。运动继续扩大和深入的真相,我们现在还无从知道。我们可以断言:这一伟大运动的胜败,一方面要看朝鲜广大农民小资产阶级是否走向无产阶级领导之下,以坚固的统一战线去反抗日帝国主义及其朝鲜走狗;另方面要看全世界无产阶级和被压迫民族——尤其是日本的和中国的——对于朝鲜的同情和援助程度如何。同时,我们相信:就作为这一伟大运动暂时的被凶残的日帝国主义野兽所压倒,但不仅飘荡在血泊里的日帝国主义者在朝鲜的统治要从此动摇,在朝鲜社会里更要同时发生伟大的阶级争斗。反帝运动与土地革命紧密的联接着发展起来,毫无疑义的是朝鲜“五卅”的必有前途。

全中国以及全世界的无产阶级和劳苦群众们,革命的青年们,成千累万的韩国战士,在“打倒日本帝国主义!”“韩国独立万岁!”光荣的口号之下被杀了,受伤了,被拘捕了,被监禁了!您们能袖手旁观吗?您们能不积极起来从精神上、物质上援助敬爱的韩国的兄弟们吗?敬爱的韩国战士们,坚固您们的阵线,团紧您们的组织,拥护您们唯一的领袖——韩国共产党,与日本帝国主义者作决死的战斗！您们不是孤立的！中国的、日本的、苏联的以及全世界的革命群众们，坚决的与您们站在一条战线上！

打倒日本帝国主义！韩国独立万岁！

（原载于《红旗》第66期，1930年）

最近之朝鲜学生独立运动和我们应有的觉悟

K.K

近两年来，东方被压迫的民族已渐渐感觉到自身前途的危机而与帝国主义者徒手肉搏了，所以种种革命运动、独立运动，前仆后继，接踵而起：有的因为力量单薄仅是昙花一现，有的是受着重重压迫而归暂时沉寂，有的还是在恶劣的环境下面拼命的挣扎呢！最近空前伟大的印度革命高潮，波涛汹涌，逐渐开展，轰动起世界注目；但是，爆发不久而现在仍然是继续苦斗中的朝鲜学生运动，似乎声销气咽的少人闻问了。其实，这次朝鲜学生运动何尝得解决呢？只是世人被日本帝国主义者所蒙蔽着。如电通社、新联社等，不但不宣布事实，并且故意造谣中伤，掩尽世人耳目，然而我们还可推测，从去年十月三十日光州事件开端起，直到最近过去的一月内，朝鲜各地连续发生的反日运动，从未间断，愈激愈烈，愈挫愈奋，延至目下，或许还演着惨剧呢？其牺牲之巨大，实无从调查和统计。哀哉亡国之民！哑吧吃着黄连，有苦无从诉说，还谈得上宣传寰宇，博到世人的同情和援助么？此篇仅将事件发生的原因和大概经过情形介绍一下。

此事的发端是在朝鲜光州地方(Kwang-Chu，全罗南道)，朝日学生素不和睦，日本学生常以统治者的野心，来向朝鲜学生取挑战的行为。去年十月三十日，日本中学生福田等数人在路上调戏朝鲜女学生朴奇玉，因此她的从弟朴准睬与之争论，那时日警出而干涉，袒护日生，殴打朴君，朴君(十六岁)含愤而归。次日朴君路遇福田，向彼要求谢罪，不成，其后由此事件而朝日学生的冲突逐渐扩大，光州高普校学生及女高普校学生全体不胜愤慨，遂于十一月三日实行罢课，男生手执棍棒劈柴，女子携带绷带和医药品，举行对日示威运动。于是日本政府，即下军警总动员令，实行弹压，其时有四五百学生，因为激烈的反抗，一时秩序大乱，并与日本学生冲突，日警援助日生，双方互有伤亡，军警当场拘押朝鲜学生三百余人。因之各地朝鲜学生闻风继起，同盟罢课，散布宣言、传单及种种檄文反对日本；他方面又取直接行动，到处与日警、日生徒手肉搏，酿成血战。于是绝大的民众运动，逐渐扩大，在重要的都市如韩京、平壤、开城、元山、咸兴、公州、仁川、东蒙等地，都有大规模的运动，即在京城一地，数日内被日警捕去八千余名学生，还有各团体主要人物被检举者亦属不少，事变发生以后，军警总动员还不敷于警备，所以连消防队、清道队、警官、日生也都武装出动，把守各校校门，禁止朝鲜学生出外。于是男生以赤手空拳，突破包围而出；女生被软禁校内，悲愤大哭。当时路过行人都受刺激，愤起而参加群众运动。夜间各游艺园剧场等处，时有学生突现于演戏台上，以痛沉的演说，暴露日人的罪恶，而场内空气顿然紧张，观众都愤起参加反日活动。直到最近期内，全国学生罢课者约六十万人，工商界亦渐起响应，被捕人数总计约在三万以上，被杀害者不下数千人——这事前途怎样结局，虽未可知，总之以赤手空拳无援无助的朝鲜民众，凭着一时之勇不惜重大牺牲，这样干去，恐怕暂时总难得到胜利吧！

现在抄一段朝鲜独立党筹备会申讨日本帝国主义者的檄文，从此我们可以看到此次朝鲜民众激烈运动一斑，并且认明朝鲜民众对日本帝国主义者进攻的计划。原作为朝鲜文字有英汉译稿：

> 觉悟！四千余年所未有的亡国耻辱的朝鲜民族与强盗日本经过二十余年长时期血肉横飞的恶战苦斗了。然而吾民族的光复运动，毫未挫折，而尤倾于猛进的趋势。此次因光州事件在各地所勃兴的独立运动，在我们可算是忘不得的血和泪的一页。
>
> 朝鲜的民众呀，认识时代罢！我们的独立运动渐次要成熟了。以二十年怨恨的总和作为我们革命的精神，又以破坏的步骤为独立运动之方法，这样我们当面的任务与应取的行动是：
>
> 一、积极的破坏敌人之一切设施与机关，并且先行扑灭在韩之日本移民。
>
> 二、学生诸员应先放火毁尽倭奴所经营之奴隶教育机关，如因敌人之压迫而屈服，这是自取灭亡之途。
>
> 三、扑灭以韩人而为倭奴的走狗、蟊贼与承认日本之法律，而在其下实行合法运动、政治运动，为转换方向的自治运动者，我们更要鲜明树“绝对独立”的旗帜。
>
> 四、朝鲜革命的总力量应该集中在独立运动的旗帜之下，促进大独立党的组织。
>
> 五、以最后一人最后五十分钟与强盗日本抗争到底。

现在的东方民族，除了日本而外，差不多没有一个是不处于被压迫和剥削的境地，因为环境逼促和谋民族生存的关系，东方民族的将来，绝不能永如现状；不得解放，则必更沦而至于灭种！我现在说这话，似乎时机尚早，不免杞人忧天，但从多方推测，恐怕为期也不远了；在这样一种严厉状态之下，东方被压迫的民族呀！你们两肩所担荷的责任是多么重大！说也可怜，我们试估计估计，东方积弱的民族，有几个是具有独立振拔的可能性和担负得起这种重大使命的!？就印度说罢，他们为什么只能随着甘地(Mahatma Gandhi)领导实行消极抵抗的方法——不合作运动(No-Co-Okesation)呢？因为他们早已失去独立自主的力量了；就是朝鲜革命运动，不也是采取破坏的手段吗？又如交趾支那民族，如阿富汗、波斯等回教民族，谁都有这样或更重的桎梏，各方比较的结果，能负起这个重担子的，在近东只有土尔其，在远东还算我们中华民族，我并不是说中华民族，是有何种特能，和中国所感受帝(国)主义的压迫还不深切，只是我们觉到天然生聚了这样大一个民族集团，占据着如此适宜的环境，我们还未身临绝地，何尝无力自拔。并且，因为中国是各帝国主义的目的物，中华民族革命的成功，便是帝国主义命运灭亡的朕兆；中华民族革命失败，东方民族整个的沉沦也就开始了，于此我们应当觉悟到我们民族现在所处的地位和未来应负的天职了！现代的青年呀——中国未来的主人翁。

末了，回想到朝鲜亡国的痛史又映出最近一幅惨酷的图案，不觉写出一首短歌，借此作结：

太平洋狂潮怒啸；
喜马拉雅山山鬼长号；
中国的藩篱，早已撤掉！
中国的内地，狼突虎跑！
是把帝国主义的面目我照，
是暗示我们危机已到！
青年呀，
留心，祖国将在你们的手里断送了！
使你们的子孙桎梏，囚牢；
到那时，挣扎徒劳，头颅空抛。

三，二二，一九三〇，清华

(原载于《清华周刊》第33卷第6期，1930年)

最近朝鲜独立运动的真象和分析

怅然

一、序言

帝国主义者对于被压迫民族的高压政策，迄于今日，已因被压迫民族的积极反抗而行将崩溃，而其用以粉饰太平、希图苟安的欺骗手段，亦因被压迫民族的澈底觉悟，而致失其效用。一般澈底觉悟的被压迫民族，亲身受着帝国主义者的摧残，自会极深刻的回忆到未受帝国主义者压迫以前的光荣和愉快，自会极深刻的相信民族独立运动的重要和迫切。诚然，反抗帝国主义最有效力的方法，厥惟“勇往直前，百折不回”的流血革命，只有这种流血革命，才能剧烈的引起帝国主义者的心悸和失措，才能迅速的扫除帝国主义者的残暴和压迫。只要深深受着痛苦的被压迫民族能够认清这种流血革命的重要意义，能够坚持着努力奋斗的精神，则帝国主义者的壁垒，终久会被滔滔不绝的鲜血所冲破，盖帝国主义者用以摧残被压迫民族的工具是惨酷无情的枪炮，被压迫民族用以反抗帝国主义者的武器是光华灿烂的鲜血。鲜血的力量，足以使惨酷无情的枪炮失其效用，即是流血革命最后终能达到民族解放的成功。

妥协态度，是革命过程中绝不应有的态度，尤其是在因为反抗帝国主义压迫而发生的流血革命过程中，更其不能容有此种妥协态度的发生。帝国主义者每值革命高潮之际，惭以千方百计引诱革命份子走入妥协的歧路。妥协以后，依然只见帝国主义者的压迫和残暴，所谓解放——所谓对于被压迫民族的解放，何曾会有实现的可能！须知帝国主义者的心中，时刻都在计划如何消灭弱小民族而使之净尽。既如是，则帝国主义者当然不能因为弱小民族的妥协而减轻其压制，同时弱小民族亦决不会因为妥协而能实际得到相当满意的解放和自由！

日本帝国主义的凶恶和残暴，在一般的帝国主义当中，可谓绝无而仅有，自从他以欺骗手段取得整个的朝鲜以后，对于朝鲜民众，不惜予以种种惨无人道的压迫。他的主要目的，是在积极谋其本国势力的发展；他的惟一志愿，是在积极设法促成朝鲜民族的灭亡。日本帝国主义之如何灭亡朝鲜，简单说来，可以分为四个时期：第一是自一八八二年（明治十五年）至一八九四年的时期，在这时期中，日本帝国主义的主要对象是向中国要求“朝鲜的独立”。第二是从一八九五年至一九〇四年止的时期，在这时期中，日本帝国主义是极力对抗着俄国的侵入，而主张日本在朝鲜的特殊利益和权利。第三是从一九〇五年至一九一〇年止的时期，在这时期中，朝鲜变成为日本的保护国，一切外交权全都操诸日本的政府，在事实上，朝鲜已无复有独立性的存在。第四是一九一〇年以后，朝鲜则已名实都是日本帝国主义的殖民地，全国民众一律过着亡国奴隶的生活。

朝鲜被日本帝国主义灭亡以后，即由日本天皇所任命的官吏来统治。最初的总督是寺内正毅，他使用武装的宪兵去运用立法、行政和司法；运用未久，即有一九一九年三月一日的革命运动——日人称为万岁事件的——的发生。这个运动爆发以后，日本帝国主义政府为着缓和朝鲜民众的反抗起见，于是狂呼“武断政治”的错误，另外改换一个“文化政治”的招牌。所谓文化政治，不过仅是对于从来的宪兵政治，独立了行政警察，废止了文官的制服和佩剑制度，以及口中喋喋不休的高呼着“一视同仁”的空话罢了。

朝鲜的统治者，是以日本天皇亲自任命的总督为最高职。总督统理朝鲜各种政务，经日本内阁总理大臣的上奏而受裁可。在认为保持安宁秩序的必要时期，得向驻在朝鲜的陆海军司令官请求兵力的使用。此外，总督复能发布府令，规定处以一年以下的征役、禁锢、拘留，以及二百元以内的罚金的罚则。总督以下则设政务总监，扶佐总督以处理政务。对于如此凶恶的专制政治，朝鲜民众当然是不遗余力的反对。日本帝国主义方面为着掩蔽朝鲜民众的耳目起见，特别设立一个中枢院，约由七十人的朝鲜贵族和阀族组成。但此不过是一谘问机关，在政治上绝对没有些许强有力的作用。

朝鲜境内，日本驻有两个师团，并以镇海湾、永兴湾为要塞。统率陆军的军司令官，除了应受总督的请求而出兵外，更于急要之际，握有便宜行事的大权。换言之，他的权力非常之大，对于全部朝鲜人民的生命，随时随地都可予以任意残杀或剥夺。

处在极端高压政策下的朝鲜人民，当然不能得到法律上的保护。吾人试观“警察犯处罚令”中的数条，即可推知朝鲜人民之不能得到法律保护的一般：

（一）无故强要会面，或有威迫行为者。

（二）强迫加入团体者。

（三）无故干涉他人之金钱交易，或任意劝诱诉讼与争议以及其他惹起纷扰之行为者。

（四）任意聚众向官署请愿或陈情者。

（五）造不稳之谣传，或揭示颁布朗诵各种不稳之文书、图书、诗歌者。

（六）欺惑人众，散放流言，伪造虚报者。

（七）任意站在他人之身前或追随之者。

以上是八十七项“警察犯处罚令”中的七项，朝鲜人民如有触犯任何一项的情事发生，立遭拘捕和处罚。

此外在“保安法”上更有下列的条项：

“警察官为保持安宁秩序，于必要时得制限，禁止或解散集会，多数人之运动，或群集。”

“警察官于街路及其他公开场所，见有文书图书之揭示，分布，朗诵或言语形容者认为恐紊乱安宁秩序时，得禁止之。”

“关于政治上不稳之言论动作，或煽动嗾使他人，及干涉他人之行为，而妨害治安者，处以五十以上之笞刑，十个月以下之禁狱，或二年以下之惩役。”

关于朝鲜人民的集会方面，亦有下列取缔的条文：

“关于政治之集会及在露天之多数集合，一律禁止之。”

立法之外，行政方面、经济方面、社会方面的种种不平等的苛虐待遇，那是不胜枚举的。

伴着日本帝国主义的压迫而发生的，则为朝鲜人民的独立革命。朝鲜自被日本帝国主义灭亡以后，独立革命层出不穷，其问[间]不知牺牲多少有为的青年与爱国的志士！固然，因为日本帝国主义的极端高压，朝鲜独立革命始终不曾得到完全成功的美满；然而，一般民众，因受历次独立革命的激刺，迄今实已深知独立革命的急迫和重要，只一见着革命旗帜的飘摇和悬示，无不立即徒手奋呼，争为前队。这种现象，确系一种非常良好的现象，日本帝国主义的压迫，不难由此现象而扫去，朝鲜企盼独立的革命，不难由此现象而成功。

二、最近朝鲜独立运动的真象

事件之发端，是在朝鲜光州地方，去年十月卅日日本学生福田等在路上调戏朝鲜女生扑[朴]奇玉，因此惹起纠纷。恰巧接着十一月三日是日本明治天皇的纪念节，日本官民正在兴高彩烈的庆祝之际，朝鲜全国民众不平的心理，遂于是时波涛汹涌的高涨起来。是日上午十二时，朝鲜全罗南道光州郡高等普通学校朝鲜学生七八人，与同郡中学校日本学生十余人相遇于市内，首由日本学生发出各种不堪入耳的嘲骂，遂至引起两方握拳相向，打在一起。两方学生陆续参集，各至数百名，演成一种形势严重的肉搏战，肉搏结果，互有轻重伤者十数人。该地警察署一面紧急总动员，一面召集救火队、退役军人和检查局员等，从事学生冲突的镇压。所谓镇压方法，完全是对朝鲜学生予以不分是非曲直的逮捕，俨若事变责任完全应由朝鲜学生单方来担承，同时日本商民数百名，复出高唱军歌，增加日本学生的声势，对于朝鲜学生予以不可向迩的威吓。朝鲜学生见着日本官商学生如此强蛮，愈显出一种不可遏止的愤怒，遂由此而引起全市的骚动。该地农业学校、师范学校、女子高等普通学校学生闻讯后，全部大喊起来，结成五列的长蛇阵前进，口中高唱革命歌，巡回全市作大示威的游行。朝鲜全体市民亦皆踊跃参加，而与武装军警作最剧烈的奋斗，当日被捕者及负伤者共达数百人。翌日，上记各校学生又复举行第二次大示威运动，散布多种剧烈的传单，高唱革命歌，并喊打倒“日本帝国主义！”“韩国独立万岁！”等口号。武装守备的日本军，竟向示威群众施行惨酷无情的扫射，杀死四十余名，被捕负伤者二百余名。同时，日警方面遮断湖南线—光州、京城间铁路交通，以防革命消息的蔓延和骚动的扩大。

光州事变发生后，全罗南道木浦市各校学生闻声响应。十一月十九日，割断电线，散放传单，高呼“韩国独立万岁”的口号。持着赤旗游行示威的学生，与武装军警发生严重的冲突，演成多数负伤、被捕的惨剧。次日各校学生再图示威，计被捕者三十余名。该地青年同盟、工会、农会和新干会支部等各个社会团体活动份子，多数投狱，全市顿呈气象森严的戒严状态。

十一月二十七日，罗州实业补习学校及普通学校学生五百余名，举行游行示威，数千市民一时呼应，散布剧烈传单，高呼独立口号，且复分队巡回全市，到处与武装军警搏击，革命空气高涨入云，真个使日本帝国主义手忙脚乱，莫知所措！

革命的声浪，激起了京城学生的义愤。十二月二日夜，京城市内满贴着夺还光州投狱学生的标语，还有痛论日本帝国主义罪恶和鼓动革命运动的六种宣言和传单，秘密传布到各种团体和学校。这种消息，随即被日警侦知。从三日清早，数天之中，共计逮捕各校学生九百余名。发动二千四百余名的武装警员和救火队，戒备官公私立各学校及要路，整个的京城顿呈一种惨黯的形势；而对于市内各工场的戒备，尤其显出一种令人毛骨悚然的森严。各级学校学生、工人和市民，睹此情形，愈益抱着怒发冲冠的愤恨，自十二月六日至十二日的一周间，继续实行“反日本帝国主义”的示威运动，高呼“韩国独立万岁！”等口号。因此，归在龙山之日军总动员，京城市街北部的一带——北部为朝鲜人民居往[住]地——因为戒严顿呈不可向迩的恐怖。九日示威运动最剧烈，各校学生，或在校庭，或在街头，与军警格斗，当日被捕的学生，达于一千四百数十名之多，全城所有警察署、留置场、仓库和监狱，不敷监禁被捕学生、工人和市民的应用，乃以东洋拓殖会社仓库当作临时的拘留所，整个市面阴森愁惨的充满了杀气！

朝鲜各地革命群众的血管，都因光州事件的刺激而紧张达于极度。自十一月末至十二月初，全国各地不约而同的都有“打倒日本资本家地主阶级的统治！”“争取朝鲜民族的独立自由！”“建立工农代表会议的政府！”“打倒民族改良主义！”“解除日本军警的武装！”“打倒奴隶教育制度！”“实行八小时工作制！”“战取言论出版集会结社罢工的一切自由！”“没收日本资本家地主阶级的银行、工场及土地！”“工农斗争学生斗争连络起来！”“全世界被剥削被压迫群众联合起来！”“朝鲜独立万岁！”“世界革命万岁！”等口号的六种传单的飞扬——告学生群众！告农人群众！告妇女群众！告市民！告日本工人！——因散传单而被捕的革命青年，不下三百数十人。

十二月二十四日夜，留日本东京的朝鲜学生和工人，集合于神田区美十代町，密谋举行大示威运动，事被日警探悉，当即逮捕三百余名。二十六日再图举行大示威运动，要求释放被捕的学生和工人。因此，学生工人百余名，又遭日本警视厅的拘囚。

随着光州事件而起的罢课示威，波及全国。十二月二十七日，全国学生一齐动摇，业已罢课和举行示威游行的地方，如平安道的平壤、宣川，咸镜道的咸兴、元山，忠清道的公州、清州、阴城、黄间、沃州，全罗道的里里、群山、荣山浦、顺天、宝城、灵岩、康津、海南、长城，庆尚道的安东、东莱、釜山、大邱等，今后更加日益扩大的状态。

日本帝国主义的压迫，不惟不能平服朝鲜革命群众的怒潮，反使他们的革命运动，一天比一天的激烈化。自全国革命学生罢课示威起，官川、洪原、大邱、釜山、仁川、城津等各地英勇的劳动者，继而罢工；金海驾洛的龟浦农场、进永的关沼农场、岭美的日海农场和其他各大农场的佃户，拒绝纳租。而全国罢课、罢工、罢市和抗租运动风起云涌，日益扩大。朝鲜总督府当局始终使用滥捕和滥杀政策，声称武装军警力量尚有不足，即请在乡军人、日商团和日青年团协助。对于引起革命运动的主动人物，一律适用最惨酷的“治安维持法”，处以严罚，同时日本当局近忽宣布实施地方自治制，希冀和缓韩人反的感情，并派亲日官僚多人，分往各地游说，宣传现督之文化政治。惟是，朝鲜被日并吞以来，已经饱受他的千奇百怪的欺骗手段，人民痛苦，不堪言状！现在一般革命民众，除了努力奋斗、自求解放以外，决计不会再受日本帝国主义的愚弄和欺骗。

一月九日上午九时，开城郡高等普通学校学生二百八十余名，在校内有激烈演说，旋即冲出市中，作长蛇阵游行，高呼“朝鲜独立万岁！”“打倒日本帝国主义！”等口号。于是好寿敦女子高等普通学校、美利钦女学校、公立商业学校的学生全体，次第加入，形势更趋激烈化。该地警察、武装总出动，大肆逮捕，学生队且战且进，至忠桥派出所，激成大冲突，前后被捕者二百余名，负伤者不计其数。午后七时顷，前记好寿敦、美利钦两女校学生，在南门大街向群众演说，口中不断的高呼着“独立万岁！”游行至南本町冈站，与日警冲突，向警察署前猛进。市民男女愈聚愈众的加入，高呼各种口号的声浪，一时间冲破了愁惨凄凉的黑夜！警察总出动，女学生二十余名及市民多数被逮捕。翌日午后一时，美利钦女学生三十余名齐集警察署门前，要求释放一切被捕的学生，高呼“朝鲜独立万岁！”的口号，如狼似虎的警察竟将她们整个的拘捕。又虑革命运动的更扩大，乃由京城派送应援警察队，担负严重戒备革命运动的责任。一月九日下午一时，日本帝国主义者的走狗韩人南宫营，到釜山第二商业学校招集全体学生作无耻的演说，力谓一般人士对于光州学生事件的不平，实在是由不明事实真象而起的误解，并戒学生勉力学业，不要转入光州事件的漩涡。赴会听讲的学生，早就预备很强烈的罢课宣言书，未待说毕，即一齐大喊“打杀这蠢厮！”，散布宣言，要暴动起来。南宫营和学校职员，抱头鼠窜而去，旋即有武装预备的警察队，狂奔而至，拘捕多人，并作非常严重的检举。一月十一日上午十时，中东学校学生六十余名，在上课中忽然收拾书籍，整队出校，警察队驰至包围，始得复行上课。京城市内大暴动之说，日渐盛行，而十日夜间，有人在桂洞方面，切断十六条电线，委弃街上，日人认为多数人的计划行动，军警两方的戒备，因之愈益显现着紧张。

咸兴郡全体学生于一月罢课示威，多数被捕以后，日警昼夜搜查拘捕，俨若战时充满恐怖森严的状态。学生以外的各社会团体活动份子，继续不断的投狱。各校附近，满贴极激烈的传单和标语，纸条一律赤色，愈使日警受着重大的激刺。二月十一日上午九时，该地永生学校学生二百余名，齐集校庭，有激烈的演说。旋即结队冲出校门，向市中作示威游行的运动，同时，永生女校学生二百余名亦全体加入，高呼各种意义严重的口号，市内各校一时顿呈暴乱当前的形势。武装警察队照例东奔西驰，严将各校把守。对于示威学生，一方拘捕，一方拷讯，极端尽其残酷毒辣之能事。

新干会干部于去年十二月三日，因京城学生九百余名第一次被捕后，即开秘密会议，决议举行示威游行及街上演说，并欲发表某种意义重大的决议文，以求唤起全民族的觉悟和舆论。不幸事机不密，竟系日警发觉，而有许宪、洪命憙、李灌镕、李源赫、赵炳玉、金武森等十一人投狱事件的发生。残酷不仁的日司法官，竟将前述六人起诉，但无正式法律条文可资依照。会议结果，强拟适用“制令第七号”，而此“制令十七号”，乃系距今十一年前朝鲜独立运动勃发以后，为图压迫朝鲜民众而制定颁布者，与“治安维持法”同为应被取消的恶法。除新干会干部人员许宪等——总务干事——被捕外，日警复将权友会、韩国劳工总同盟、天道教等各事务所，予以严重的搜查，共计捕去韩国总同盟干部朴汉卿和天道教干部李钟麟等四十四名。

一月十五日，京城学生界又起大动暴，当场被捕者不下一千数百名，日警的残虐愈剧烈，民众的反抗愈扩大。十六日上午，淑明、进明两校女生千余名，各持赤旗一方，向大街作示威运动，各校男生及市民亦纷纷加入，高呼各种革命的口号，与警察队作继续不断的冲突，负伤被捕者不知凡几。是日夜内，在朝鲜剧场，忽有青年多人跃上戏台，飞散传单，高呼口号，并作慷慨激昂的演说，观众千余，同声呼应，形势险恶，莫可言状！预备的武装军警急招应援队，关上剧场门户，拘捕五百余名。从去年十二月三日以后，全韩学生罢课，迄今两月有余，被捕者达四万五千余人，被杀伤者以数千计，其他一切学生，均被日警严重监视。上述被捕被杀数目，系日警厅发表，实数当不止此。各地学校关闭后，日警强迫学生分散归乡，以资防止聚众作乱。而归乡学生，遂在各地尽量宣传，引起更加猛烈之反日运动，因而以城市为中心的独立运动，很迅速的蔓延于各农村，形势恶劣，更使日本帝国主义者手忙脚乱。

日人统治朝鲜，实赖其组织严密的警政。自一九一九年“三一”运动以后，日人有鉴于韩人独立思想的高涨，乃建有所谓“警察纲”。其内容，对于每十里之地点，遍设警察驻在所，于每一警察区域之中，划分数区，每区置秘密侦探一人，由秘密侦探侦察住民之一切行为及思想。警察署于户口簿外，备置《要视察人名簿》及《不逞韩人名簿》各一。前者详记一般有思想人物的一切行为和言论，以资警察当局之随时参考，后者则专记国外亡命者的职业及姓名，借以暗中防预其对于日本统治的不利行动和设施，此次学生独立运动发生，日本警察当局即将上述两种名簿中记有姓名之人，一一逮捕下狱。各地学生之互相呼应起事，始由男生扮装乡民，从事联络。后被日警发觉，断绝通信和交通——仅许商人往来——于是相隔数里，即茫然不知邻乡情形之究竟。惟对女生行动，向不特别注意，因此女生乃在暗中担任秘密通信的工作，日警搜索虽严，亦殊不知各地学生秘密联络机关之所在。最近各地日警，实行女生裸体搜索，乃得相继发现各种秘密通信文件及传单。于是各地车站及日警驻在所，乃特设密室，以备女生裸体搜索之使用。

全罗、庆尚等南韩地方，与日本相接近，日本移民遍布其地。日人所设东洋拓殖会社，强迫韩人出卖田产，沃土肥田，咸入日人手中，至于韩人，反多充其农奴役使。此次农民暴动，即由南韩开始。全州农民数千，包围日人地主家宅，要求减少田租。警察出而调停，突将煽动人物逮捕，农民乃以木石乱打日警，并将日人地主住宅火烧，形势严重，臻于极点。

东三省及上海之韩人独立党——该党在朝鲜各党中间最占势力，党内份子多富有革命精神——密派多人潜入韩境，在各地煽惑民众，并组织反日结社。金佐镇及吴东振部下，皆系受过军事训练的青年，此次组织暗杀破坏团，乘夜渡江，在鸭绿江上游与日兵发生冲突，日兵为数极少，悉被该团击毙。各地日警宣布戒严，借以防止该团势力的侵入和扩大。

朝鲜独立党的军事领袖金佐镇，为独立党中资格最老的党员，对于韩人独立思想的灌输不遗余力。氏在日本吞并朝鲜以前，曾充陆军中尉，嗣后因不堪日本当局的高压，乃离开故国，亡命北满各处，从事于朝鲜独立运动，虽党员屡被日警之拿获和击杀，而氏之忠党复国运动，终未片刻稍灰其心志。此次乘国内学生独立运动之高涨，拟联络同志，鼓动北满朝鲜侨民一致起而响应，不幸大功未成，即遭暗算。据日方消息，氏于一月二十五日在中东线海林站地方，被一朝鲜青年，以手枪射死——恶[噩]耗传来，令人叹惋！

散在北满中东线海林站一带及吉林东部各地的朝鲜侨民，近经独立党人乘机宣传，已起大规模的民族解放运动，响应国内奔走独立运动的学生。北满方面，此事逐渐扩大，如哈埠及呼海路线各处，均有独立党人从中主持，秘密进行运动，并刊发韩文华文传单，向各处散放，日方对此，严加戒备。

釜山镇朝鲜纺绩会社，经营者为日本财阀。此次独立运动爆发后，朝鲜男女工人三千余名，突向厂主提出下列五条件：

（一）要将从前最低工资三十钱改为八十钱。

（二）要实行八小时间劳动。

（三）要改良寄宿舍饭膳。

（四）要规定作业中负伤者的赡养费。

（五）要撤废工人罚金制。

提出结果，竟被厂主予以毫不容纳的拒绝。一月十日上午五时，昼业工人一部分，散布宣言书，如雪片的飞舞，二千二百七十余名的男女工人，立即断行总罢工。残暴凶恶的厂主方面，不惟不求和平对待的方法，反将铁门关闭，并将未及退出的女工七百七十四名、男工二百十五名，悉数严密监禁于厂中，同时厂中干事人员——日人——各持木棍，与武装警察及宪兵合力包围，极端尽其毒辣虐待之能事。厂外全体工人，实时组织罢业团和纠察队，极力对抗，并向工厂提出十二条件的要求：

（一）增加工资。

（二）八小时劳动。

（三）确立工银递增制。

（四）废止解雇制度。

（五）作业工具问题。

（六）负伤者恤银制的确立。

（七）废止罚金制度。

（八）改善寄宿舍食品。

（九）工人住宅费的支拨。

（十）韩、日工人差别待遇的废止。

（十一）女工出门执照的废止。

（十二）此次罢工工人不得解雇。

然而工厂方面，概置不理，十一日晚，被监禁的女工七百余名一致绝食，希图外出，两次暴动均被日警制止，情势极为悲惨。

三、最近朝鲜独立运动的分析

日本帝国主义的侵略，形成了朝鲜全部人民的悲痛，政治方面的压迫和经济方面的榨取，实足积极促成朝鲜民族的灭亡。朝鲜民族有其过去光荣的历史，对于世界文化，复有种种不可抹煞的贡献；亡国以后，青年志士鉴于民族前途的惨剧，相率积极图谋恢复国运的方策，一面对于日本帝国主义作继续不断的反抗，一面对于朝鲜一般民众作沉痛悲切的呼号，其间虽经日本帝国主义的种种残杀和虐待，亦殊未曾一时一刻隳其努力奋斗的精神。此次朝鲜独立运动的发生，亦实由于一般民众不肯忍受日本帝国主义的各种侵略而招致，所谓韩日学生的互斗，不过是其一种导火线罢了，运动爆发以后，朝鲜全国充满极端紧张的空气，日本常局更其显出莫知所措的张皇；固然滥捕滥杀政策亦足暂时强制独立运动的平静，然一揆其实际，则实更足使其独立意志臻于不可拂挠的坚决。吾人深望日本帝国主义者之能及早彻底的觉悟，无复长此作其武力万能的梦想，须知朝鲜革命青年的鲜血和奋斗，终有打倒日本帝国主义和获得朝鲜独立自由的一日。

此次朝鲜独立运动的发生，正值日本帝国主义国内外局势平静之际，因此得以全副精神，从事朝鲜各地独立运动的压迫。在此极端严重压迫之下，朝鲜独立之运动，或者不免暂时的顿挫。然而吾人不能因为朝鲜独立运动的暂时顿挫，即谓朝鲜独立运动从此便无完全成功的可能，因为日本帝国主义之于朝鲜，压迫力每增加一分，则朝鲜人民对于日本帝国主义的认识即增加一分，换言之，即朝鲜人民之反抗力愈强大一分。语云："天下无难事，但怕有心人。"朝鲜固有的独立，迟早必能因其全国民众的努力奋斗而实现。

诚然，朝鲜独立运动的对象为残忍苛酷的日本帝国主义，然而并非日本整个民族的民众，压迫朝鲜人的，只是依仗日本帝国主义而生存的资本统治阶级和从属于其阶级的份子，并非处在日本帝国主义统治之下的整个日本民族；因为日本民族内部亦有不少同情朝鲜革命的志士，此等志士，在在都能给予朝鲜革命以精神上的重大的帮助。从事朝鲜革命运动的领袖和民众，对于此点，应该认识清楚，若不分泾渭，概予以笼统之打倒，则于朝鲜独立运动之前途，又多一层障碍！

朝鲜独立，是朝鲜全体人民应当享有的权利，同时朝鲜独立运动，亦是朝鲜全体人民应当积极实现的主张。惟是，朝鲜革命群众，对于革命意识认定以后，即应本着"勇往直前"的情神，而与日本帝国主义作"鱼死网破"的格斗，既不容许采取妥协示弱的让步，尤不容许发出"要求自治"的呼声。

日本帝国主义，固然是朝鲜民族直接的敌人，但亦何尝不是东方全部被压迫民族解放运动的障害。吾人对于日本帝国主义若不根本打倒，则东方全部被压迫民族的解放运动，恐难得到如愿以偿的成功。现在朝鲜独立运动的高潮，业已引起世界各国一般人士的同情和注意，在此解放运动的紧急情形之下，吾人深望朝鲜民众，速与东方全部被压迫民族采取连合的战线，同时，东方全部被压迫民族，更须从速连合起来，而予朝鲜民众以物质上和精神上的援助。

朝鲜独立与中国解除帝国主义的压迫，尤其与中国解除日本帝国主义的压迫，实有一种非常密切的关系，朝鲜志士金汉臣有言："韩国独立成功，当在祖国（指中国）革命成功以后。"从此语中，可以知道中韩两国关系的密切，故吾人应该明了，日本侵略朝鲜，即为侵略中国的初步，日本灭亡朝鲜，即为灭亡中国的起点，处在此种"唇亡齿寒"的情势之下的中国民众，对于此次方兴未艾之朝鲜民族独立运动，无论如何，都须竭力予以各方面的帮助，促成其独立运动而早告全功。

四、结论

根据以上的事实，我们可以知道，朝鲜的民气确实饱含着革命的热潮，朝鲜民族脱离压迫而独立，确实是可能的。但是照最近的种种情势观察，朝鲜此次独立运动，或者还是难免暂时的顿挫。那末，朝鲜今后的革命运动，应该注意下列几点：

1.朝鲜革命的党派，实在太复杂了，目标既是一样的，那么在目前未夺得政权之先，各党派应该化除成见，共同奋斗，趋进既易，成功自速。

2.对于台湾、琉球的革命党人，应有切实的联络，既是同在一个压迫者压迫之下应取一致的行动，互为声援。

3.对于日本的革命党人，无论其为任何党派，只要是表同情于人类平等者，均应取联络的态度。

4.固然，中国革命若是成功了，朝鲜的独立运动自然较易，但是中国的革命究竟何时可以成功，至今还是渺茫无期。那么，朝鲜民众不能因为中国革命之未成功而遂怠惰其复国之念。国际局面是转瞬千变的，只要是有机可乘，再加以本身的努力，就是中国革命未成功，朝鲜的独立还是可能的。

5.朝鲜国外侨民，单就中国东三省而论，约二百万人。此二百万人饱尝着颠沛流离之苦，都是富于革命性的，朝鲜革命的领导者对于这二百万同胞，应该特别注意普遍的教育与革命的训练。

（原载于《新东方》第1卷第4号，1930年）

各地党部声援朝鲜独立运动

佚名

此次以学生为中心而发动之全国总动员的朝鲜反日运动，显明地系一种民族自决之要求与帝国主义者统治势力之强烈底斗争。乃此事爆发以来，日本方面利用新闻政策，作种种不合事实之反宣传，且竟诬此含有重大意义之民族运动为共产党徒之暴动。现在，此事已经扩大使世界注目，而朝鲜二千三百万民众，一致奋起，与日本帝国主义者誓不两立，我们对于朝鲜独立运动，揆诸唇齿相依之谊，固应极力援助，而站在本党的立场上，尤应极力援助，因为本党所负的使命：一求中国民族之完全解放，二求全世界被压迫阶级及弱小民族之完全解放，朝鲜即世界被压迫阶级，亦即世界弱小民族之一。朝鲜的独立运动，是求弱小民族的解放。我们自应依照□总理的遗训，来援助弱小民族，与日本帝国主义者作最后的奋斗，是以迩来江苏、山西、河北等省党部及北平、青岛等市党部，均先后起而致电韩国国民党及通电全国，以表同情，一致声援，但我们亦应深自认识，对于朝鲜的复国独立运动，除予以热烈的同情援助外，更应进而积极的促成我国真正的统一，努力训政建设，充实国家实力，使我中国国基日臻于巩固，庶得用我们的革命精神，以切实援助被压迫的弱小民族的独立运动。

（原载于《中央周报》第89期，1930年）

朝鲜独立事件

古铣祥

我们知道，帝国主义构成的基本因素是经济，其形式的表现为政治和文化，而外表的形态，是要依实质的经济而转移，如英国之于印度、法国之于安南，在帝国主义经济势力最深入的地方，而其政治文化势力亦愈巩固，所有世界帝国主义的本质既是如此，日本也不能例外。当着日本资本主义初步开展的时候，因为四处都遇到重重的障阻，而国内人口势力的膨胀与土地的狭小贫瘠，迫得他不得不急速地踏上帝国主义的道途，而经过明治廿七年励精图治整等经武的结果，一战而胜中国，再战而胜强俄，被认为国家经济生存问题的朝鲜便由宣告独立而收为国家保护，再由国家保护而实行日韩合并，从这点看，可说是日本的向外发展计划，首先得到了相当的成功。

不过帝国主义之占领世界殖民地与市场，目的既为吸取丰富的原料和销纳过剩的商品，在目的未达以前，自不惜任何牺牲糜费，而在目的既达之后，当然是竭全力以图利益的获得，尤其是朝鲜，其被日本吞并，既非如原日的美洲各洲愚昧的土人所霸占的领土，只保存着低下的文化，不稍费力即垂手可得，亦非如一时得帝国主义者间的同意商妥即可将利益均分，他是日本人坚苦卓绝的国民性和锲而不舍的精神，经过数十年处心积虑及继续不懈的努力而底于成。领土的取得，既如斯之困难，于此而欲求羁绊之摆脱自非易易。自日韩合并以来，十数年于兹，在这十数的时光当中，日本为了政治上要巩固本身的地位，未尝不出于柔怀政策，以期买得韩人的欢心，使彼蒙着帝国的虚荣能满足其欲愿，以期可根本消灭朝鲜人民的反抗志气，即或不然，亦当使一般人民慑于帝国的威势，不敢生出革命的行为，永世生为日本宰割的奴隶，如在总督府之下设置属咨询性质的中枢院，收罗一般韩国的贵族和阀族，设立地方议会，许人才有迁举议员的权利，在文化方面为韩人兴办的学校也不少，用此也很可以宣传帝国主义思想，造成为本国顺忠效命的人才，或更进而消亡其固有的民族文化；但经济势力的进展，终于使一切帝国的虚荣破灭，使一切前途快乐的幻梦消失，终于逼得韩人起而反对抗命而至于有独立的要求。政治的侵略，不过国家主权的丧失，文化的发展，不过麻醉一部份青年的脑筋，言论思想的限制，不过减少一点人们发言的机会，刑法的处罚，还可以使人设法避免；惟有经济是和个人关系最密切，而经济的压迫和榨取，却是关乎个人的生死存亡问题。现在我们可以看得见的是韩国最主要的农业，日本东洋拓植会社和土地主所霸占的土地一天天加增，而一般农民由自耕农的地位逐渐降而为自耕农兼佃农，由自耕农兼佃农的地位再降而为佃农，终至于佃农一天天趋于破产没落，流离转徙于本土或外地，以朝鲜土地的肥饶，米谷的收成并不坏，但这些都一批批装运到日本供作主人的粮食，而自己得只从满洲各地购进陈腐的小米来代替，他们的生活既是度日维艰，而且还要负担一年年加重的苛捐杂税。此外日本农村人口的移入，更使他们感受到生活的重大压迫，据最近调查，是种流落国外的人民竟将达百万人！

至于日人在韩工商业势力的发展、金融资本势力的膨胀，以及铁道的建筑、林矿业的开采、水产业的经营，不消说是一步步进逼上来，而朝鲜人的实业势力便渐次衰败下去。日本资本势力愈见集中，愈足以缩短朝鲜人民的生命，像处此帝国政府极端高压政策之下，那得不令人生出民族的反感，处此资本主义的高度剥削之下，那得不令人走向自由独立解放的道路？虽说日韩经济关系，如今成了唇齿相依之势，但除非资本主义的经济榨取可以立刻停止，不然，韩人生活的沉沦没落绝无可挽救，特别是近年佃农日益无产化的趋势，更足以推动革命势力的进路。这种事实到了一九一九年表现出来已十分明显。那时欧战告终，民族独立的声浪高唱入云，无形中震动了处于层层压迫敲榨之下的韩民的心鼓。因此以手无寸铁的人民，大胆出而举行伟大的示威运动，同声一致地争取民族自由与独立。至一九二〇年更有劳动共济会青年联合会的产生，前者拥有会员三百余，后者多至三万余，后在一九二二年又有无产者同志会和朝鲜青年党的组成。而至去年正月元山总罢工的事件发生，罢工人数多至三数千人，争持至数月之久。同年十月间光州地方因日本学生调戏朝鲜女生的事，激动全韩人民的义愤，无数青年学生罢课游行示威，军警弹压非所畏，头断血流非所惧，只看京城一带被捕学生计有六千四百余人之多，可想见当日情势之严重。这许多悲壮激昂的举动，不特啼得日本统治阶级目瞪口呆，而且轰动全世界人们的眼睑呢！

须知两种种族不同、言语不同、历史不同的民族，一处于压迫地位，一处于被压迫地位，欲强使一种族同化于其他种族，不图尊重其固有民族精神与固有文化，甚至要使根本消灭其民族意识与民族情感，事实上不特不会成功，而且适足惹起民族间绝大的反感。何况日本的殖民地政策完全与白种人施行于亚洲属土的不同，盖后者文化程度高低悬殊易于制御，往其地者又多为少数官吏、宗教师上等阶级的人，而日本之于朝鲜，论文化则轩轾不分，移殖者无论士农工商，都大批的仗国家的威严及政治势力的保护，实行与属地人民作生活的互竞？十数年来，日本摧残民族独立运动的事实大大小小无虑千百次，而各地接续不断的反抗运动又何曾因暴力而止息，暴力至多亦不过只能奏效于一时，而不能维持于永久，屠杀的政策只能及于反叛者的一身，不能消灭反叛者所遗给人们的精神及其所激动的民族力量。日本人的残暴凶恶会永远印存在朝鲜人民的脑际，一种哀痛之情、磅礴之气，却使他们反抗的意志愈加坚强，复国的心愿愈加迫切！

惟是，帝国主义的野欲是贪婪无餍的，非至本身根本消灭，无从遏止的。日本之于朝鲜，诚不过是大陆侵略政策的初步成功而已，而这初步计划实现以后，其于满蒙实不啻一用巨大工程兴筑的江岸桥梁今已完成，日人的侵略野心从当更加无穷的扩大，中国东北的藩屏益觉汲汲[岌岌]可危。时至今日，日人在满蒙领土、政治、文化势力的侵入与我国经济利权的丧失，以及日本人口之大批移入，使得中国表面上对之似乎还拥有领土的主权，骨子里满蒙全部人民的生命几乎操诸日人之手。不但满蒙如此，我们根据过去种种日人祸害中国的事实与夫目前日本经济积极进展情势看来，他实是我们当前唯一的大敌，同时更是将来破坏远东和平的祸首。当此国家情势日益危急的时际，突而有朝鲜民族独立运动的兴起，欲求解脱一切外力的羁绊，揭起打倒帝国主义的旗帜，正与中国革命同其趣旨，一方可促成日本资本主义内部矛盾痕迹日形显著，一方可隔断日本直接侵略满洲的路线，是无异一方可使日本帝国主义日趋灭亡，同时更可替中国民族向上发展除一障阻，尤其我国满蒙的民众，自此将有苏生舒展的时日可期。试想，这是与我们利害何等关切、意义何等深长而引人注意的事情！固然此刻朝鲜的独立运动尚缺乏中心思想作领导和组成中心势力去与敌人决斗，难免中途受到暴力的压制而失败下来，但这种分道扬镳的现象是任何革命运动所不能避免的。所望中国人民，从今以后，力图振作，援助朝鲜独立，促成日本资本势力的崩溃，努力维护东亚的和平，共登世界大同之道，这岂但朝鲜人民之利，抑且为中国自身之福哩！

（原载于《知行学刊》创刊号，1930 年）

韩国民族解放运动的观察

孟远

韩国自被并于日本帝国主义之下几有二十年之久，此二十年来，韩国民族受日本帝国主义暴力压迫的惨状真有不胜言不忍言的。日本如狼如虎的兽兵，除时时镇压韩国境内以威胁韩国人民外，还有所谓警察的处罚令，凡聚众向官署请愿，或为不隐的揭示、颁布、朗读，或放吟不隐的文字、诗歌、图画，或制造摇惑人心之流言浮说等等，皆在禁止之列，而此种抽象的语句，全是指反对日帝国主义的言论行动而言。其他如经济的直接剥削、文化的侵略等，更是日帝国主义者公然明干的勾当，所以韩国人民的生活，在日帝国主义的铁蹄之下，简直是牛马不如。幸而压迫力大，反抗力亦愈大，韩国人民在日帝国主义重重压迫之下，民族独立运动的思想乃随之兴起。在一九〇七年，有向各国恳求予与参加海牙会议事件，一九一〇年至一九一三年的各地革命运动及暗杀伊藤博文事件，都是韩国革命民众反抗日帝国主义统治的明显运动。自欧战告终，东方弱小民族解放的呼声乘时兴起，韩国革命民众更感受一种新的刺激和鼓舞，革命运动亦与日俱增。自巴黎和会以来，总计先后大小的斗争，不下百数十次。韩国革命民众有如此牺牲奋斗的前仆后继精神，相信一定有一天可以达到目的而脱离日帝国主义的羁绊的！

当去年十二月二日，韩国民众巨大的革命运动的火把又复燃起，现在这个风潮仍然继续高涨，这是日本帝国主义前途一种绝大的打击，兹把此事发生的经过记录如下：

考此次革命暴发之原因，为日本之大捕杀韩人，遂致激起韩国独立运动之高焰，其事实系发生于去年（一九二九）十一月三日，日本人民正举行明治天皇纪念节之庆祝大典，兴高彩烈，目空一切，因以引起韩国民众不平之心理，于是日上午十一时，韩国全罗南道光州郡高等普通学校韩学生七八人，在街上遭同郡日本中学生十余人无端辱骂，韩学生大愤，据理诘责，渐起冲突，双方学生陆续参集者各数百名，遂致肉搏相战，互有轻重，伤者十数名。该地警察署遂紧急总动员，并且召集救火队、退役军人等，与检事局员合力镇压，其镇压结果只逮捕韩国学生，在理已属不公，而日本商民数百名复助日势，高唱军歌，向韩学生示威，韩生愈怒，该地农业学校、师范学校、女子高等普通学校全部韩生，结成五队，高唱革命歌，巡回全市，作大示威游行，韩人全市民众亦参加助势，到处与军警冲突，被捕及负伤百余名。同月十二日，上记各校韩国学生举行第二次大示威运动，散布宣言传单多种，并高唱革命歌，及“打倒日本帝国主义”及“韩国独立万岁”等口号，武装守备之日本军竟向群众开枪，杀死韩国学生四十余名，被捕负伤二百余名，此即近日世称光州惨案之所由来，亦即此次韩国革命运动之暴发之导火线也。

自光州地方日韩学生冲突事件发生后，木浦、罗州等之韩国学生实行示威运动，与同情的同盟罢课，而表示反对光州事件处置之不当，其气势甚壮，渐乃蔓延全国，至去年十二月二日，始大爆发于京城，(韩京)二日夜及三日晨，京城帝国大学韩籍学生为首(帝大系日本帝大分校)，各学校、各团体在街路散布六种宣言书及檄文四万枚，其宣言书中所提条件凡六：

(一)援助光州投狱学生从速释放。

(二)韩国独立万岁。

(三)扑灭日本帝国主义。

(四)严惩光州行凶日本学生及警察。

(五)大众们一齐起来，赴独立血战。

(六)世界革命万岁。

其后同月五日，公立第二高等普通学校(中学)学生三百三十余名，高树援助光州学生旗帜之下，举行示威运动与同情罢课，散布檄文，六日则中东学校，七日则第一高等普通学校举行示威罢课，八、九两日则普成学校、儆新等三十个男女专门学校中等学校，学生一万二千名，发表各种革命宣言，在校场或街头举行示威罢课，高呼“独立万岁”，高唱“革命歌”，在久困于帝国主义压迫下之韩人，无不怀抱韩国独立念头，于是此种运动遂更扩大于全韩，如平壤、元山、开城、咸兴、木浦、群山、公州等地，亦发生同样运动，数日之间，各地被日警检举之学生，每日达数百名，各学校警戒之严重，京城三十个学府，均皆闭门休学，各市街要地，军警密布，到处查问，如朝鲜青年总同盟及中央青年同盟等各团体则包围搜索，各革命重要人物则检举监视，事态非常重大，革命空气尤非常紧张，自从一九一九年韩国宣市独立失败以后，实以此次革命气焰为最壮烈。

自是以后，京城三十个学校一万二千余名学生之同盟罢课示威继续扩大，日政府大为惊恐，即指挥三千警官，并军队之应援，严密防卫全市，然学生之示威仍层见叠出，军警乃竭力阻止学生之行动，一见即捕，至九月一日共捕去一千二百余名，其他最少之日，亦每日五六十名不等，其中以十二月九日之运动为最激烈，尤其以儆新、普成二校之联合示威最为壮烈伟大，两校学生七八百名，一时捕押于东大门钟路警察署，其他中央二高等学生四百余名，则拘禁于京畿警察部内，总计京城一地被捕学生达一千四百名。

此次韩国民族解放运动中，韩国各地罢课示威之学校学生，除京城已经记述外，各地参加及其情形如左：

（一）汉城各学校参加者，计有官立第二高等普通学校、中东、儆新、普成、中央、敬文、商业、协成、实业、电机学校、法政、商业专科、淑明女学、青年学馆、同德女学、实践女学、女子商学、培花女学、女子美术、实业专修、梨花女校、普成专门、延禧专门、济众院医学、法学专门、医学专门、简易工业、京城农业等三十二校，学生一万二千余人。

（二）咸兴：高等中学罢课示威，与警官六十名冲突，散布宣言，有三十名学生被捕，永生中学及女学均罢课声援。

（三）平壤：各校于十二月十六日一齐罢课示威，被捕甚多。

（四）元山：商业学校于十二月十六日一齐罢课示威，元山女生亦罢课声援。

（五）木浦：商业学校学生切断电线，示威罢课，被捕四十名，十二月二十二日又示威，三十名被捕，新干支会各团体极力活动援助革命，亦被捕数人。

（六）宣川：信圣中学十二月二日罢课示威，与警察大冲突。

（七）咸平：十二月二日咸平各团体人物十余人被捕。

（八）罗州：罗州实业学生猛烈示威运动中，打杀日警官五名，青年同盟等团体干部及学生多数被捕，其中九名被送检事局。

（九）公州：高中及永明中校均罢课。

（十）东莱：高等中学于十二月二十日罢课示威，其要求条件：1.光州学生无条件释放；2.被害者惩罚等。十月二十四日日警开始搜索各团体，并检举青年同盟干部职员。

（十一）群山：新干会执行委员张公郁等四名于十二月十四日被捕，此外水原、沃川、双岩、黄涧、灵光、海南、灵岩、长城、康津、顺天、阴城、宝城、安东、洪城等各地学生之罢课示威，及各团体干部之努力革命工作，均手执韩国国旗，高唱革命歌，散布传单，皆系唤起民众，一致反抗日人统治者，而在韩京之学生，因平素既受压迫较甚，而所受刺激亦格外深刻，故运动尤为壮烈。当被日本军警包围时，学生皆大呼杀日人走狗，而韩籍巡警多被学生队袭击，警厅致电龙山日军司令部告急，日军一千余名于夜间出发龙山入京城，包围学生队，一一拘捕，监于各校教室中，呼哭之声隐隐可闻，至各女校当局宣布早放寒假，而女生殆无一人归乡，亦足征韩国之企图革命，切盼早日独立实现者，实为全国民众一致之心理，固无男女性别之差也。当女生闻男生被捕后，尤为愤慨万分，分队至街上游行；四日晨，竟有五百女生齐集日本总督府面前大道上，高呼"撤去总督""韩国独立"等口号，即往日形似沉默之各社会团体亦相继发表宣言，声援学生爱国运动，而最堪注意者，为拥有三十万教徒之天道教之蹶起，其他各社会党，纷纷图谋暴动，是以全国均呈严重情势。日军虽有下令动员说，以资武力弹压，深恐韩人积压既久，反动力大，何况革命空气既已浓厚，独立运动既已深入于人心，现既借机暴发，弥漫全国，日人不思改革治韩方针而专事武力弹压，敢断其决无多大效果，徒滋料[纠]纷耳。

据上述情形来看，韩国这次独立运动诚未可轻视的，而且照目前来看，还有继续发展的可能。则我们现在虽然不能决其胜败，但是韩国民众这种继续不断的精神，已经令我们无限佩服，同时令日帝国主义者都要手足无措。何况从此次事件中，韩人民族意识的高涨和其不甘处于日帝国统治之下的志愿，已经愈经压迫而愈益明显坚决。日帝国主义的葬钟响了，韩国民族独立运动，在韩国革命民众的一致不断的努力之下，终久必会成功的！

（原载于《前锋》第 31 期，1930 年）

朝鲜独立运动的今昔观

贺舲

（一）日帝国主义者攫取朝鲜的经过

考朝鲜之受中国统治，已非一日，奈何近百年来，欧洲各帝国主义者相继而起，挟其资本势力和封建武力，大行其东侵的技俩，因此中国老大的本来面目，完全暴露，国势也不免因之而动摇，朝鲜遂失所依靠，无力自存，便作了日帝国主义者最初强侵略夺的目的物。

日帝国主义者之想并吞朝鲜，素有夙志，自江华海湾炮台炮击日舰事件发生以后，于一八七七年迫胁朝鲜缔结了《江华条约》，认朝鲜为独立。

至一八八六年又遣伊藤博文莅天津，愚弄李鸿章订立朝鲜置于中日两国保护之下的条约，不幸一八九四年甲午之役我国战败，承认朝鲜独立，至一九〇五年日人又与朝鲜订立所谓日韩协约，名义上虽说是日韩并立，实际上朝鲜何曾不成了日本的保护国呢？可是俄帝国主义尚梗于其中，未能露骨的实行其保护权罢了。

后来日帝国主义者与俄帝国主义因利害相冲突，遂引起了日俄战争，真凑巧，俄亦归于失败，则中国之对于朝鲜，更无能力矣，只得任其为所欲为，卒于一九一〇年八月，强迫韩王订立合并条约，是谓并吞之大功告成。

（二）朝鲜独立运动的激起

可怜朝鲜做了日帝国主义者之殖民地以后，一班韩民之受其屠杀压榨，叫苦连天，诚不堪以言语形容，最悲惨的全户数三百四十八万户中之二百七十三万户的劳苦农民，他们都做了莫大的租税和关税的负担者！资本家农场之下的牛马！强国势力之下的破产者！

现在这二百七十三万户中，确有百八十万户是困于饥饿之境的，七十六万是自耕农，不断的在不安状况之下，只有七万余户的大中地主和九万余户的有三町步以上的大自耕农，勉强可以支持生活。

还有最可恶的什么骑马警察队，对于朝鲜人常常的有“拔刀袭击”和“于事态紧急时得便宜处置”的种种暴行，可怜无辜的朝鲜人受了几多枉冤呵？

但是日帝国主义者的压迫一天一天的加重，并不是朝鲜的坏现象，实在是要有这样一天加重一天的压迫力，才可以激动朝鲜人下独立的决心，因此陷落在日人马蹄之下的朝鲜人民，就开始在谋独立运动了。

（三）朝鲜过去独立运动的略史

朝鲜第一次独立运动是在一九零七年万国和平会开幕于荷兰海牙的时候，当时韩帝鉴于日帝国主义者之迫压，密遣李相离[卨]、李隽[儁]、李玮钟三人向该会请愿独立，李等到荷，详细说明乙丑保护条约确系日人强迫所订，并未经韩帝允许，应即宣布无效，更联合各国的新闻团开国际会，李玮钟演说日人的虐待，滔滔数千言，声泪俱下。听者莫不悲愤，于是该会委员致电询韩帝有无派使之事，不料邮电机关全在日人掌中，致伊滕[藤]博文假韩帝名义电复海牙谓并无派使之事，李儁因而自杀，李相卨等因而潜逃，独立之举，全归失败，可慨也夫！

第二次则后自一九一零年一九一三年之各地的革命运动，此仆彼兴，虽日帝国主义者之弹压，亦有所不能扑灭者，姑将这三年中的运动情形，摘录于次：

> 甲、前政府的赞政崔益铉和他的学生林〖秉〗瓒等，纠合同志，召集革命军图谋独立，因事未密，被日人侦知，派兵围攻，卒以势孤被擒，绝食而死，后来卢应奎又继之，复为日人所杀。
>
> 乙、李麟荣、李殷赞、李戴[裁]求等深感亡国的痛苦和同胞的被杀，有一次传檄四方，得众九千三百余人，李麟荣被推为大将，起义后进占要地，将达韩京，意在约日集齐各路义军，铲除日人总监府及撤废保护条约，奈何又为日人所知，于各路义军未集齐以前，被日人掩击而败。
>
> 丙、朴汝城、赵东教、黄大成一次募兵千余人，与日军未安等战于堤川，大获胜利，后因中伏，遂归惨败。

以上三事，不过略举一班[斑]，究竟这时期中之大小暴动，何止百计，日人压迫愈张，韩人反抗更甚，差不多成为一种定律了。

第三次运动就是安重根刺杀伊藤博文于哈尔滨道上，实足以稍快人心，这也是朝鲜革命史上的一个小成功。

第四次运动是在巴黎和会开幕的时候，侨居外国的朝鲜人，觉得时机已到，做上海举行大规模的独立运动，美洲、奉天、吉林等处的韩人，一致响应，并组织临时大韩民国政府议政院及各机关，国内亦到处见有韩民集会，高呼万岁之声，轰轰如雷，但是以手无寸铁，终至失败，为独立运动光荣而死于日帝国主义者屠杀政策之下者共八千三百五十余人，入狱者计数十万人，以空前绝后的大屠杀事而论，日帝国主义者确要在世界史上独占鳌头。

（四）朝鲜此次轰烈运动与日人的危机

五十万学生联合罢课，三十万教徒一致响应的民族运动，不是朝鲜元月二日的独立运动吗？富有革命性的朝鲜人民，我们应向他作如何的钦仰？钦仰他敢为国牺牲，去攀援烈士头颅堆成的崇山峻岭！钦仰他敢为民奋斗，去游遍烈士赤血流成的深川大湖！所谓“撤去总督”“韩国独立”，皆朝鲜人民一致的呼声，我相信朝鲜这次独立运动定有圆满的好结果。

朝鲜这次独立运动，既有五十万青年学生，又有三十万天道教徒，复有各个社会团体，更有二百七十三万户待人领导的劳苦农友，那末，他们团结起来，当然有莫大的力量，又况日本本国的劳动民众，也与他们有很深的默契，不久他们必定要起来援助，更况弱小民族之解放，已为现今必然趣[趋]势，虽日帝国主义者之纷捕首谋，大下动员，我怕也难为力了，若拘捕首谋，大下动员果足以制止弱小民族——朝鲜民众的独立运动，则朝鲜第四次独立之运动失败被日人屠杀八千三百五十余人及监禁数十万人以后，就决不至再有这次轰烈运动的发生，其所以这次运动的发生，足见朝鲜要为帝国主义者奋斗的决心；就不可以遏止其不能遏止之间，实含有多量运动成功的可能性。

因此朝鲜的独立运动之成功，实在于最近的将来，纵有所阻，不过是时间上的问题而已，根据世界舆论，日帝国主义者最近至少失掉原料供给地及货物销售场的危机。

（五）余论

总理在遗嘱上说：“唤起民众及联合世界上以平等待我之民族，共同奋斗。”关于“唤起民众”一项，本党曾经过很长期的努力，不过关于“联合世界上以平等待我之民族，共同奋斗”似乎没有完全奉行，故本党虽然统一中国，而对抗抱侵略政策的各色帝国主义者，不免有力量轻微之患，推其原因，实由于没有“联合世界上以平等待我之民族”，作“共同奋斗”呢？

但是所谓“平等待我之民族”，这个界说，颇难确定，我们笼统的说起来，世界上一切弱小民族和其他被压迫民族，当然是属于这类，关于这类的分子，就不外土耳其、印度、朝鲜、台湾、波斯等等了。

朝鲜既是弱小民族之一富有革命性，不畏牺牲的不断地向帝国主义者进攻，和帝国主义者奋斗，那末，我们中国在这个当儿，也应奉行总理的遗嘱，和他们作密切的联合，一致的统率全世界弱小民族，站在一条为民族解放的战线上向帝国主义者作共同之奋斗，庶几世界大同，指日可待，不过这是有赖于共同之努力的啊！

（原载于《兴华》第 27 卷第 5 期，1930 年）

朝鲜民族运动的进展与日本帝国主义之前途

胡鸣龙

一、引言

二十世纪的东方民族，已由黑暗的夜幕中到了蛋白的破晓而渐发现出晨光了。当然这熹微的晨光之运射，是由于地球的天体之自动，而这人类的黑暗，虽然不是像地球的自转而背向着太阳，可是帝国主义者的横逆惨酷，不免为人类的世界背向光明的一大原因，在这浑浑噩噩暗无天日的世界中，自然有大多数的人们至少有十二三万万的大众，时刻在急忙地找向光明，寻着出路，这种表现，最有力量的表现，这谁都可知道，就是轰轰烈烈的二十世纪的过程中的重要史页——民族解放与民族运动。

世界上最大多数的民族，天天在呻吟于帝国主义者的铁蹄之下，时刻在挣扎的民族，在世界的民族当中，东方的民族实占了一个绝对多数，中国、朝鲜、印度、安南、菲列宾及中亚的计有七八万万人，这七八万万人都是在近今的一世纪中，一个个被帝国主义者跨入腋下，因产业的落伍而受经济的压迫，以沦没于半殖民地全殖民地次殖地的地位，尽受帝国主义者的高压和榨取，武力的压迫使弱小民族屈服以就范，政治的压迫以供其商品的侵略，经济的压迫以供其膏血的吮养。在另一方面，即小弱民族初屈服于武力而引起反感，继受系于政治的压迫而觉醒，终受经济的束缚而反抗；民族运动即由第一期而萌芽，第二期而成长，第三期而扩大，时至今日已为成长扩大之时期。自二十世纪以来，民族运动之激烈，靡烂全地球，扰动全世界。依民族主义之意义，在求民族自身之解放，而且自救救人，外以联合世界上弱小民族打倒帝国主义，内以阶级平等共御外侮，因帝国主义者的推[摧]残压迫使民族解放运动愈形坚决，东方的国家因在帝国主义者的水深火热之中，为列强经济侵略之矢的之下，民族运动的热烈，自然是比任何殖民地的民族运动来得猛烈，中国民族运动的砰湃，印度反英之狂热，以及菲列宾、安南、朝鲜的独立运动，均一一翻幕在目前，指示我何以百折不回再接再厉的精神，向前迈进和努力。

朝鲜的民族运动发轫于一九一〇年八月日韩合并以后，爱国志士即大发独立宣言，举行大示威运动，学生罢课、工人罢工、商人罢市，纷起反对，至同月二十六日京城之大示威运动，日本政府即以蛮横淫威的手段大肆屠杀，以逞其压迫政策，计被捕韩人三万二千余人，被枪杀及负伤者数达十万之众。自是以后，韩人之心益愤愤不平，复国之念，更为深切。欧战期中，朝鲜民众贮望协约国之胜利，以争得正义人道，因而一九一九年四月有提出于巴黎会议，以期列国承认朝鲜在国际上之自由独立，而终归于泡影，日本帝国主义者即自合并以来，名义上为日韩亲热，通力合作，而其实即排斥韩人，剥削韩人日形尖锐化，足使朝鲜民众惊惧不安，不能生存之势，而朝鲜民族运动，因而日臻强烈，不可终日。

二、朝鲜民族运动之政治经济的背景

中日战后，朝鲜遂被日本认为独立国，日人即以辅助其独立之名义，做了朝鲜的新主人。初以阳施小惠，继而胁以武力收归保护这一段时间，朝鲜的政治起了重大的变化，足使韩民之觉醒，急起直追，以为自救。

当日俄战争以前，日人以确保鲜人独立为名，声言于世界，而阴即包藏祸心，以图合并，初任林权助为驻韩公使，以从事积极之压迫与侵略，首以沿海渔业权归日人所有，继收稷山水原之金矿。森林、桑亩、铁路交通擅行夺取，胁以不兑现之钞票，迫令通用，派遣兵舰，纵日人在朝鲜掠夺韩民财产而不之顾。日俄战开，日本因欲巩固后方，镇压鲜人不遗余力，麕集兵力，以临韩境，勒订日韩协约六条如左：

(一)韩日两国为保持恒久不易之亲交，确立东亚和平，大韩帝国确信日本之关于施政改善，容其忠告。

(二)大日本政府担保大韩国皇室之确实亲谊与安全。

(三)大日本政府确保大韩独立及领土保全。

(四)由第三国之侵害或因内乱而大韩皇室之安宁有危险时，日政府可速行临机必要之措置，而大韩政府之行动与以十分便利，大日本为成就前项之目的，得为军略上必要地点之收用。

(五)非经大韩国政府、大日本政府之互助商议承认，而后来之违反于协定旨趣者，于第三国不得成立。

(六)关于本协约之未详者，大日本代表与大韩国外部大臣间，临机协定。

自此约订立以后，朝鲜就轻轻的断送其为独立的名号而降为保护国了，迨伊腾[藤]接任朝鲜总监后，对于朝鲜更作进一步的侵略，以为合并之准备，其约文如左：

(一)韩国政府关于施行改善，受统监指挥。

(二)韩国政府于法令制定及重要行政上处分，须经统监之承认。

(三)韩国司法事务及普通行政事务各其区别。

(四)韩国高等官吏任免，以统监同意行之。

(五)韩国政府于统监推荐之日本人得任韩国官吏。

(六)韩国政府非得统监之同意，不得聘用外国人为官吏。

(七)明治三十七年八月二十五日调印之日韩协约第一项废止之。(度支财政废止)

伊藤既订此约，日本政府乃尽撤鲜人之重要官吏，易任日人，于是韩国政治遂归在日本政府指挥之下，陆军司法两部完全撤废，而仰保护于日人，韩人生命财产自尽失其保障矣。一九一〇年七月，日寺内正毅来韩时，增派军警，夺韩人警务机关，及遍布侦探队于重要都市，复以军舰数十艘游弋仁川、釜山之间，同时封锁各报馆，解散各团体警署，宪兵巡查皆荷枪实弹，排列街巷，日夜戒严，八月二十九日勒令合并条约而宣布之，贬韩王，改统监府为总督府，至是韩国之名不复瞧见于新史页了。

合并以后，日总督府掌一切朝鲜庶政，贪暴诛求无厌，政府中之韩人率在排除之列，司法机关更偏袒日人，鱼肉韩民，扩大警察机关以防事变，设东洋柘殖会社以移殖日本过剩之人口，压抑韩民企业，以助长日人大规模生产事业之发展，监督并限韩人私有之财产以尽日政府之搜刮，教育之同化以消灭韩人革命之根性。政治之变化如此，社会经济之变化，势必愈形剧烈。试看朝鲜民族的经济基础何若？那么以一九一〇年度的统计，可以给我们一个参考，据该项统计数目，朝鲜全国总人口为一三，三一三，〇一七人，其中农村人口占一〇，四二七，一九九人，这可知道朝鲜民族的百分之八十八是靠着农业的生活。可生从合并以后却怎样，我们可以把下列的数字表出：

农村人口增加率表

年别	朝鲜人	日本人	中国人
一九一〇年	一〇,四一八,八八〇	一六,八九三	一,四〇五
一九一二年	一一,五九八,五五七	一四,五〇九	一,二八〇
一九一四年	一二,七五四,五三六	三,四九一	一,三〇七
一九一六年	一三,六九九,一三三	三七,一〇七	二,一九二
一九一八年	一三,九〇〇,四〇六	三九,六六七	二,三九六

在这八年间,可以看出朝鲜的农业有个很大的变动,朝韩的人口只增了三,四八一,五二六人,而日本人的农村人口即增加二倍半以上,而且所增者还不是佃农,至少是自耕农以上的阶级,关于这点我们可在东洋拓殖会社的土地增加率的迅速可以知道:

一九一〇年	一一,〇三五(单位:町步)
一九一二年	四八,〇三七
一九一四年	七〇,一四四
一九一六年	七三,三八二
一九一八年	七四,六八一

八年间的土地增加率,竟超过七倍,这种大地主的形成,实可使我们惊讶的。此刻我们再看看农村的人口的阶级变化怎样?

年别	地主(单位千户)	千分比	自耕农	自耕农兼佃农	佃农
一九一四	四六	一八	五六九,二二〇	一,〇六五,九一一	九一一,三五一
一九一七	七二	二八	五一七,一九六	一,〇六一,四〇二	九八九,三七四
一九一九	九〇	三四	五一五,一九七	一,〇四五,三九三	一,〇〇二,二七八

观上表地主与佃农是历年大增,自耕农兼佃农即无大出入,这分明是确证日人在朝韩的经压迫,已经侵入农村。而他方面却反映着朝鲜农民的衰落,土地农田的所有权,都向着日本人的资本势力下集中了。

在工商业方面,日本在朝韩的工商业也有惊人的增加。(商业及工业会社数)

	会社数	资本额	实收资本金
一九一一年			
朝韩人	二七	七,三九五,〇〇〇	二,七四二,三五五元
日本人	一〇九	一〇,五一〇,五五〇	五,〇六三,〇二〇
日韩联合	一六	二一,八六〇,九〇〇	八,一〇四,四五〇
合计	一五二	三九,七六六,四五〇	一五,九〇九,八二五
一九一八年			
朝韩人	三九	一二,一〇三,五〇〇	七,三一五,九一五
日本人	二〇八	九九,一三三,二〇〇	五四,六六二,四九〇
日韩联合	一八	一三,三八六,〇〇〇	五,八九一,一九〇

工厂方面自合并以后,一九一一至一九一八的几年间,设立的也如同雨后春笋一般,到处都可以看见烟突的耸起,机器的主人翁,不消说是日本人了。

一九一一——一八年工厂的增加数

年别	工厂数	资本金	职工额	马力	生产额
一九一一	二五二	一〇,六一三,八三〇	一四,五七五	六,〇五八	一九,六三九,六五五
一九一五	七八二	二一,一一三,六〇七	一四,五三九	一六,二五一	四五,九三一,一三二
一九一八	一,七〇〇	四八,三〇九,四八五	四六,七四九	二六,一五一	一五八,八〇一,六三七

其他如金融机关的发达,铁路交通事业的设备,这些那样自然都是雄突进的发展,而整个的操在日帝国主义者的手里,吮吸鲜人的膏血的。

再来看看朝鲜每年的进出口贸易额,也可以瞧得出鲜人的膏血是年年被刮了一大宗的。

一九一〇——一八年输出入贸易数

年别	输出总额	输入总额	入超额
一九一〇	一九,九一三,八四三	三九,七八二,七五六	一九,八六九,九一三
一九一四	三五,〇三五,四七二	六三,六九四,八〇二	二八,六五九,三三〇
一九一八	一五五,九〇二,九五〇	一六〇,四一四,九四八	四,五二一,九六六

此等入超的物品，差不多全部是朝鲜人的日用品和必需品——这种必需品大概多属日本输进的工业品，至于那些输出品，那自然是日本的资本家所必要的原料和食物了。然而韩人所受的不单是经济侵略的压迫，而且有直接榨取的苛捐杂税的重压，此种捐税比任何国家国民都要重，因为每年日本总督的预算额和政费，年有增加，其中的负担自然是整个的分担在韩人的头上，因此可使得韩人的生活日益困迫，兹将日本总督府自明治四十三年至大正十二年，岁出入的历年统计录下：

年别	岁入(单位千元)	指数	岁出	指数
明治四十三年	二二，三二一	一〇〇	一八，二五七	一〇〇
明治四十四年	五二，二八四	二三四	四六，一七三	二五三
大正元年	六二，一二六	二七八	五一，七八一	二八四
同二年	六三，〇九三	二八三	五三，四五四	二九三
同三年	六二，〇四七	二七八	五五，〇九九	三〇二
同四年	六二，七二二	三八一	五六，八九六	三一二
同五年	六八，二〇二	三〇六	五七，五六二	三一五
同六年	七四，九〇三	三三六	五一，一七一	二八〇
同七年	一〇〇，一一一	四四八	六四，〇六二	三五一
同八年	一〇五，八〇三	五六四	九三，〇二六	五一〇
同九年	一四六，三四二	六五五	一二二，二一一	六六九
同十年	一七五，一三四	七八四	一四八，四一四	八一二
同十一年	一五八，九九三	七一二	一八五，九九三	八七〇
同十二年	一四六，〇〇七	六五四	一四六，〇〇七	七九九
同十三年	一四〇，八二三	六三一	—	—
同十四年	一七三，三九二	七七七	—	—

据此表，明治四三年岁入只为二千二百万余元，但到了大正七年(一九一八年)已超过一万万元，到大正十四年一跃而增至一亿七千三百余万元，十五年来竟增加了八倍，这种租税的增加并不是朝鲜社会事业的发展，而完全是为日帝国主义者的剥削。

除此以外，朝鲜的肥沃的土地逐渐的离开了朝鲜人，这种显象实在是朝鲜将入灭种之悲苦的惨证，要知道这个内幕，先看下表：

农家户数及农村人口增加表

一九一〇年	户数	人口数
朝鲜人	二，三三三，八一四	一〇，四一八，八八〇
日本人	二，三一二	一六，八九二
中国人	三六四	一，四〇五
一九二七年	户数	人口数
朝鲜人	二，七六八，七四四	一四，八四四，五四〇
日本人	一〇，三〇〇	四四，一七七
中国人	二，二八八	八，二一六

在此十七年间朝鲜的农家户数仅增加〇·一八倍，而日本人则增加了五倍，中国人约增加三倍，农村人口，朝鲜人增〇·四二倍，而日本人约增三倍弱，中国人增六倍弱，这个事实就是说明朝鲜人的土地每年总有不少的彼［被］日人所并夺，使日本的大地主膨胀于朝鲜的农村，而为大地主使唤的移民也因而逐年增多的缘故。至中国人在朝鲜的地位，完全是佃农和自耕农多数，他们的生活是和韩人仿佛的。

在另一方面还可以看出两个绝对的阶级的人数有同在一线上增加的趋势。

地主佃农增加表

	一九一九	一九二七
农家户数	二，六六四，八二五	二，七五二，二一四
大地主	一二八，二七四	二〇，七三七
百分比	〇，六	〇，七
地主	七四，一一二	八四，三五九
百分比	二，八	三，一
自耕农	五二五，八三〇	五一九，三八九
百分比	一九·七	一八·九
自耕农兼佃农	一，〇四五，六〇六	九〇九，八四三
百分比	三九，三	三三，一
佃农	一，〇〇三，〇〇三	一，二一七，八八九
百分比	三七·六	四四·三

此表上我们可以看出，地主与佃农之增加，自耕农及自耕佃农之减少，其原因即在于日本金融资本之收买朝鲜土地，因而向着日本人集中，因此鲜人本靠着农地生产过活的，到了现在在国内就得不到衣食，因生计的驱使，而纷纷向外移住，兹将历年韩人移住外国的统计如下：

年次	北间岛	西间岛	其他	合计
自民治四十三年九月至大正四年底	四二，九五〇	三六，四五〇	一二，八六九	九二，二八一
大正六年	七，七一八	四，九九五	六，一九八	一八，九一一
同八年	一一，七六三	二五，三七二	六，二〇九	四四，一四四
同十年	五，〇五八	一，四二五	五，六七二	一三，一五三
同十二年	四，四五〇	一，四五四	一，六四一	七，五四五
同十四年	五，一二一	一，五七一	三，〇五二	九，七四四
昭和二年	一八，八九一	四，七四九	二八，三五七	二九，九九七
合计	一四五，八六五	五六，六六四	六七，三九九	四一〇，〇一一

此外还有移殖东线地带奉吉两省中国本部、苏俄、北美地方等者，总上合计约在八五九一八〇以上，此乃移往海外去劳动的，至落拓在本国者，大都流为浪人和吃丐的无千累万的贫人，兹列举失业人数增加的趋势如左：

自一九一〇年至一九一八年	一一四，二八六	一九二四年	九，九六四
一九一九年	四八，五三八	一九二五年	二一，四六二
一九二〇年	二五，七九四	一九二六年	三四，九六三
一九二一年	二一，六一五	一九二七年	七四，〇二二
一九二二年	三一，一三〇	——	
一九二三年	二八，二三八	计合	四二〇，〇一一

总而言之，朝鲜被日本并吞了以后，韩民已一天天的不像过人的生活了！社会上充满了饥寒交迫的贫民，日积月增，愈见愈多了。大地主和地主的质的量扩大和数的量之缩少，愈见得他是集中了。佃农负了重租的负担，是现在站立社会中坚的阶级地位，但是按渠们的生活，早已混入贫者的地位了，最加上极贫者、最贫者的人数来做个比例，朝鲜已是一整个的无产社会了！一看最近

的调查统计，就可以明白：

大地主	六，八五六户
地主	一〇六，一二九户
自耕农	五五三，六七八户
佃农	一，〇七九，五二〇户
极贫者	九七三，七三八户
暴贫者(乞丐)	一六二，二〇九户

朝鲜的经济社会，是形成一种明显的裂痕、畸形的阶级性了，帝国主义侵略压迫的结果、民族运动的起因与最近革命势力的发展，都可以在这个谜中去探求的。

三、朝鲜民族运动的过去与现在

有这样的经济的政治的造因，千钧般重的压迫，便有不可遏止的反抗力的爆发，令人惊心丧胆的韩人独立运动。这种运动完全是基于自然的要求、正宜人道的要求，也许是二十世纪世界政治上最新的发展，现在我们且把它来略为记述：

朝鲜的反抗日本帝国主义的独立运动，已经奋斗了二十余年了，最初的起因，已在前面要略的记述过，而且自韩国灭亡以迄于一九一九年的三月一日的独立详情，我们在朴殷植先生所著的《韩国独立运动之血史》中，已有详细的记述，现且不多赘说，现在可说朝鲜的民众从"苦海无边渐入深"的生活中，慢慢地由觉醒而入于扩大活跃的大规模运动了，自从一九一七年—二二年，革命高潮迷漫于全球的时代，日本国内也发生了经济的罢工，劳动者的组织化和日本国内无产阶级运动的勃发，诱致被压迫在日帝国主义铁蹄下的朝鲜民族也掀动起来。

当日韩合并宣布之时，韩人已深痛感的受政治武力之压迫，大家都已知道觉悟，青年学生感于祖国的沦亡，首倡独立运动，当时即有各地学生组织青年党，四处活动，独立革命党遍布全国，该党金奎植、吕运享[亨]等派赴巴黎和会，以争大韩民族之独立，游行宣传，慷慨激昂，听者相与涕泪俱下。日本方面即有军警大肆捕拿，淫虐残杀，不稍挫，自一九一九年三月一日至同年五月末，二月之间，计京畿、黄海、平安、咸镜、江原、忠清、全罗、庆尚等八道及西北间岛、桦太岛等地之独立运动，集会暴动奋斗而牲牺者计有：

一　府郡县	二一一	六 被囚人数	四六，九四八
二　会集次数	一，五四二	七 毁烧教堂数	四七
三　会集人数	二〇二，三九八	八 毁烧学校	二
四　死者人数	七，五〇九	九 毁烧民户	七一五
五　被伤人数	一五，九六一		

这种轰轰烈烈的民族运动，为自由独立而牺牲的肉搏屡仆屡起、再接再厉的奋斗精神，对于民族解放的决心无时或懈，工人罢工，学生罢课，男儿妇孺老幼，无不抱为独立解放而牺牲的热情，所以初即有安重根之刺杀伊藤博文继即有六十的白发老翁之炸击斋藤总督，喁喁此一千四百万的大韩民族酷受日本帝国主义的铁蹄下的压迫，无刻不在艰难困厄、水深火热之中而奋斗，迄数十年如一日！

最近的朝鲜，反日本帝国主义之团结，已形成更强固的基础了，先自都市的学生工人的团结，后至乡村的民众，到了现在，连乞丐、妓女都已组织起救国团体了，以前是盲目的、赤手空拳的奋斗，只是白白的去拼一条老命，但到今日是不然了，朝鲜民众已深刻地感觉到反抗暴力的武器，是只有暴力和组织，对于这些已有深深的认识了。

现在我且把一九一九年以后，韩国独立军与日方搏战的次数及被破获者的调查如下：

年次	搏战次数	被破获次数
一九二〇	件数：一六〇〇 人数：四，六四三	件数：九四六 人数：二，九一五
一九二一	件数：六〇二 人数：三，一四八	件数：五〇七 人数：二，四〇一
一九二二	件数：三九七 人数：一二七	件数：二四二 人数：三一五
一九二三	件数：四五四 人数：七九七	件数：二九六 人数：六〇一
一九二四	件数：五六〇 人数：四八三	件数：四二二 人数：五三九

续表

年次	搏战次数	被破获次数
一九二五	件数：三七〇 人数：一，五三〇	件数：二四一 人数：二六三
一九二六	件数：六九 人数：三〇一	件数：一三六 人数：一七二
一九二七	件数：五三 人数：三一一	件数：三三 人数：五九
总计	件数：四，〇一六 人数：一八，一三九	件数：二，八八六 人数：七，二六二

依这个统计，则八年以来，朝鲜独立军与日军冲突数达四千余次，被牺牲者达七千余人，可见韩人独立运动的猛烈了。朝鲜独立军的根据地是东三省，据日总督府的统计，过去九年间满州[洲]朝鲜独立军的统计和日方所受的损失，这自然是有许多掩饰，不能视为可靠的，今且将该表录下：

年度	侵入件数	独立军人数	驻在所袭击	被害日军
一九二〇	九〇八	二，六〇一	八	二九
一九二一	四五四	二，一七三	七	一六
一九二二	三五〇	一，二一九	九	一八
一九二三	四三五	二，七三三	一一	一六
一九二四	五二八	三，三四九	八	三四
一九二五	二四二	一，三六八	五	二九
一九二六	六五	二六〇	—	二
一九二七	一〇	七九	—	三
一九二八	四	三	—	—
合计	二，九九六	一四，二一四	四八	一四七

据上表看来，近年的朝鲜运动似较为沉寂，但事实上该两年来的运动比前几年还更加激烈，就以一九二八年十月间而论，依日本当局所发表者，即当日本昭和新皇加冕的时候，朝鲜内地因独立运动而被捕入狱者，达一万七千余人，因而监狱大有人满之患，乃有决增京城大监狱之消息，而该年十月鸭绿江边的独立军警驻所之行动，激战月余的时间，当时韩国民众真是热血沸腾，吉

省方面为防备日军借口侵入起见而宣布严守中立，就是这个缘故。由这点看起来，也可以知道朝鲜民族运动的激昂有增无减，而上面的统计的数字是不能可靠了。

朝鲜的革命运动的势力是随着日本的政治武力经济的高压而膨胀，独立党人至今已布满国内重要都市，炸弹、手枪总是不断地向着压迫者的势力集中地而爆炸，因而京城的总督府，每年总有多次的受炸弹的洗礼。

我们回忆十年前六十岁的老翁姜宇奎烈士以炸弹请告于斋藤总督，不幸而未命中，但是相继而起者纷多，实可以表示出韩人要求独立，是十二万分的坚决。五年前韩人金祉燮烈士更携了炸弹到东京以问候于日人崇拜为万世一家的日皇，因此神圣不可侵犯的皇宫因此也受了炸弹的洗礼了。一九二七年，罗锡畴谋炸东京拓殖会社殖民银行。一九二八年六月当日皇出殡的时候，朝鲜人民因以举行大规模的独立运动，在万人空巷中谋以白刃与日总督斋藤相见，惜而误中副车，至今引为遗憾。迄而最近的光州事件发生，朝鲜风云又大起紧张，风起云涌了，“韩国独立”之口号，更喧嚣于远东而传布全世界了，此次的参加运动者自然是比较以前尤为剧烈，目下被捕入狱者，又已达一万七千余人，被惨害者计七八十之数，以学校为临时监狱，街头巷尾皆为行刑之场，可是无论你怎样的加以武力的镇压和制止，韩人的独立运动决不因此而沉没，爱国热情更因此而激发，据天津特讯，朝鲜大独立党最近的宣言最终的四个主张是：

(一)积极破坏日人的统治机关，使无法维持其统治力。

(二)援助学生由示威运动进入暴动破坏。

(三)反对自治运动，主张绝对独立。

(四)将一切革命势力集中于大独立党，至最后一人最后一刻仍积极反抗日本帝国主义。

目前朝鲜革命党的确已抱了这种决心，步上这个阶段，向前不断的努力了，我相信不久的将来可以达我们所希望的目的，把远东的小弱民族入了曙光期。

四、日本与朝鲜的经济关系

我们知道朝鲜是日本帝国主义者的宝库，和英帝国主义者之于印度的关系是一个样，而且日本帝国主义者舍朝鲜而外，实没有第二个这样大的一大块肥肉——虽然他还在梦想着满蒙——从此我们也可见他的重要性了。

日本年来人口问题的压迫，实可以促成帝国本身的衰落与迫近着末运了，这种寿命的苟延残喘,完全因为有这个广漠而肥沃的土壤——朝鲜——做他的移民的尾闾。兹据日本内地人民移殖于所属殖民地者的数目列下:

大正十四年的调查

朝鲜	四二四,七四〇人
台湾	一八四,〇一九人
桦太	一八六,九四〇人
南洋三区	七,六四六人

我们由此表可以看出朝鲜为日本殖民的所以重要,近年移入的数目,有增无已,无怪朝鲜的农民受压迫的危急,农村韩民的被逐了。(朝鲜移出人数参看前表)

再看日本帝国主义的工业原料和食粮的供给怎样?日本的食粮不足,虽每年极力移民,亦未足补救,而此不敷的食粮之取给,百分之四十五是靠朝鲜供给的,近年来对于改良朝鲜的农业是拼命的努力,这可见日人的食粮不足问题,还是极力对着朝鲜的土地上解决。

原料品的供给方面,朝鲜也是占着很重要的地位,大正十四年日本的纺纱锤数达五百三十万,消费棉金共一三六〇六五千贯,而朝鲜供给棉花数为二二八八千贯,日本土地不产棉花,朝鲜于此项供给,不能不谓为有力之助。

此外构成帝国主义的重要原素的煤铁,在日本却是完全缺乏,日本的铁的产额,仅当消费量十分之六,而朝鲜大正十三年的铁产额即已达四〇九二三八吨,价额值七〇七六五一元,已超过日本本部的产额以上。日本对于煤的需要年有增加,而产量反形日减,大正十四年出产仅一六九〇〇〇法吨,而消费量即在一三八一七三四六法吨,不足之数仰给于朝鲜者亦颇伙,像这种的经济关系,我们可知道为日本帝国苟延残命起见,是不可须臾离的,可是小弱民族的被压迫而要求解放,在二十世纪的世界是正义人道、金科玉律,谁也不能否认的。日本是远东帝国主义的狡獭、西方帝国主义者的鹰犬,总一句话说:日本是小弱民之公敌,因此朝鲜的民族革命运动是日本帝国主义者的致命伤,因此也可以说是小弱民族求独立解放的锁钥,现在朝鲜的民族独立运动已轰动世界,飞黄腾达到了最高潮了。我们同是小弱民族,休戚相关,绝不可袖手旁观,我们应该联合起来,以共同对付此东方民族之敌、世界小弱民族之敌,先打倒日本帝国主义,以实现小弱民族求解放之目的。

最后,还有一件事值得注意,韩国因受日本资本主义者的榨取,人民穷困不堪，所以共产党的势力也非常汹涌，现在和日本国内的无产政党颇有联的趋势，日本的资本主义最近已到了末梢，经了这无产政党运动和小弱民族的反抗的两重运动的推助，也将快要倒场了。

（原载于《新声》第2卷第2期，1930年）

纪念韩国的“三一”运动

金坚

从一九一〇年八月强订了“日韩合并”的条约以后，整个韩国劳苦群众便做了日本帝国主义完全的殖民地。开始起来反抗日本的，仅只是些保皇主义者和少数的狭义的爱国主义者。自一九一一年中国辛亥革命以后，接着一九一四年欧洲帝国主义大战的爆发，一九一七年俄罗斯无产阶级革命的成功，这些给了韩国民族以绝大的冲动。

欧战告终，在一九一九年巴黎和会的时候，美总统威尔逊大唱人道正义民族自决的主张，喧动一世。在韩国便首先有一般资产阶级的智识分子便因此发生一种幻想，以为这个民族自决的口号，可以在美国总统的号召之下而实现于韩国。又以为日美间有不可调和的冲突，可以使美国愿意援助韩国独立。这固然是一种幻想，但在当时确增加了一般智识分子要求独立的活动。

在巴黎和会上，日帝国主义为要证实日韩两民族的“融和”起见，要韩国废帝之子李王世子与日本芳子女王结婚，韩国废帝不肯承认，日本天皇遂于一九一九年一月二十二日毒杀韩国废帝于德寿宫中。毒杀废帝的原因，自然不〖是〗简单的因为订婚的问题，乃是因为当时韩国有许多要争取独立的斗争，都是以废帝为旗帜，杀废帝是对韩国革命群众之有力的示威。正因为如此，所以这件事引起了全国广大革命群众的反抗。于是国内国外的独立运动团体和个人都不谋而同的进行一切革命的活动。有赴法者，有赴俄者，有在日密谋者，有在美活动者。而国内则有孙秉熙等三十三人，起草独立宣言书，定于三月一日发表，同时举行要求独立的示威运动。三月一日到了，京城各校学生集合在全市中央的塔洞公园，高揭韩国独立的国旗，朗读独立宣言，高呼大韩独立万岁。数千万市民一时响应，举行大示威游行。日本帝国主义吓得手忙脚乱，于是大肆其虐杀手段。全副武装的警察与军队对徒手的示威群众放枪，流血淋漓，积户累累。从这天起，全国都市乡镇，都有激烈的示威运动，继续到三个月。参加群众共有二百余万，农民劳动者占最多数，其次学生。总计被杀者七千余人，负伤者二万余，投狱者五万余，被放火焚烧的民户学校七百余。这就是日本帝国主义并吞韩国以后的第一次大屠杀，也就是韩国民族反抗日本统治的第一次大斗争，这就是伟大的韩国独立的“三一”运动。

我们对这次伟大的“三一”运动，整千整万民众的光荣的流血，应该表示十二万分的敬意。同时，我们由这次运动中也应该得出许多重要的教训。“三一”运动的本身确是由一部分资产阶级的智识分子所发动起来的，他们并不能了解当时帝国主义及世界革命的国际形势。他们除发出一纸和平宣言及“与虎谋皮”的向巴黎会议提出请愿书以外，并没有具体的斗争策略及准备直接暴动的计划。各地方的示威行动，有的已走到直接暴动的形势，但大都是民众自发而没有健强的领导。至如发表宣言的三十三人，当三月一日数十万群众处在血肉横飞的巷战中，而他们却晏然坐在泰和菜馆里面，不去直接参加斗争。他们不只是机会主义者，并且在广大群众起来以后，他们完全成了革命战线中的变节者。国内广大劳苦群众没有健强的组织，没有革命的领导，遂成了革命失败的最主要的原因。

“三一”运动爆发以后，各地独立运动的领袖们不去努力于组织下层的劳苦群众，以建立韩国革命之真实的基础，而多数会集于上海，在上海组织“大韩民国临时政府”，设有大统领以下各部总长、次长等官职。革命固然应当组织新的临时政权，但这个政权必定要建筑在革命的劳苦群众之武装暴动的胜利上。在上海设立韩国的“革命”政府，这是一件非常滑稽的事，这个政府必然不可避免的只能成为一个官僚机关。不但不能执行任何革命的政纲以解除韩国劳苦群众的痛苦，反面[而]发行公债，增加捐税，同样成为韩国群众的剥夺者。所以这种政府绝对没有任何真实的革命意义，绝不能得着韩国革命群众的拥护，也不得不走到夭亡的道路上。群众组织的薄弱，动摇领袖的叛变，使着“三一”运动不能很快的取得胜利的结果。三一失败以后，这种失败的情绪更普遍发展于一般小资产阶级的智识分子中。在最近几年中，一切朝鲜革命的团体，都发生着自相冲突的无原则的派别斗争，使韩国革命受了很严重的打击。

可是今年当“三一”运动十一周年纪念的时候，韩国革命已经又恢复了发展了他十一年以前的伟大的革命精神。在新的世界革命的紧张形势中，在新的殖民地革命的浪潮中，在日本及中国都有广大的群众的革命斗争的时候，韩国劳苦群众已经奋起了其更伟大的斗争精神，已经掀起了全国范围内广大的革命高潮。广大的韩国劳苦群众，不独坚决的与日本帝国主义作强有力的战争，并且要与韩国地主资产阶级、妥协派、机会主义者作严厉的斗争，在新的韩国的革命高潮中，必不可避免的要形成韩国无产阶级的领导，使广大劳苦群众都在无产阶级意识的领导之下而斗争，韩国共产党的兴起与固巩，必定要成为韩国革命走向胜利之一个最根本的先决条件，只有这样才能完成三一革命之伟大的历史任务。

（原载于《红旗》第 80 期，1930 年）

我国应援助朝鲜独立（节选）

李柏荣

朝鲜与我国在文化上、在历史上、在民族和地势上有很密切的联系，前面已经说过了。日本因着人口增加率极速及图生存的关系，则对于朝鲜殖民地的经营，是必不能放手的。同时对于满蒙的侵略，也是不能放手的。日本生产率日进，全以亚洲各国为销场，原料的输入，又大部靠国外殖民地的帮助。故我国为巩固东北边防计，实有扶助朝鲜独立的必要。朝鲜独立，则日本对于满蒙多一间地，中国对于满蒙多一屏障。日本军队的出入，必不若从前之横冲直撞，如履无人之地也。

我国孙总理尝倡言民族主义，说："这个东西是国家图发达种族图生存的宝贝。"（民族主义第三讲）。而所谓民族主义，一是图自己民族的发育繁滋，二是促国内各民族地位一律平等，三是援助国外各弱小民族的独立及敦进其安宁幸福。朝鲜民族与我有同种同文的关系，且又接邻而居；在依三民主义中的民族上讲，实有援助朝鲜独立之必要。从前政府颟顸，对台湾放弃而失一台湾，对朝鲜中立而亡一朝鲜。现朝鲜民族，已至无地自容的时际。除归化一部分流落一部分外，只好俯首听命，操极困苦劳力的生活。间有少数革命志士，只得在我国上海各租界中，作秘密的进行和文字的宣传；我国若不积极援助，更待谁人。

全世界的和平，是各民族的共同和平。各民族中若有一个民族文化落后，实为全世界和平之障。故各弱小民族，当有一种共同的了解和彻底的觉悟，得与各先进国家做大同的准备。同时各比较强盛的国家，也须去掉他侵略的野心，毋使弱小民族为其奴隶牛马，开世界上不人道的途径，如法国之于安南，英国之于印度，日本之于朝鲜一样。一九二三年，近东病夫的土耳其起来了，差不多和列强立在同等的地位。我很希望朝鲜作同样的努力，为亚州[洲]新兴的民主国家;如是不能不有待于中国之援助。中国为世界和平计,为世界文化计,为世界人道计,亦有援助朝鲜独立之必要。

(原载于《劳大周刊》第3卷第15期,1930年)

韩国独立运动前途之悲观

李玉藻

一、韩国各党最近之互相火并

我们没有讨论到本题以前，我们应该回顾亡韩的日本党东学党和一进会怎样缺乏理性，怎样认贼作父，我们不谈三韩亡国则已，如查谈到三韩亡国这回事，冷静的血也要热腾腾的滚了起来！而痛恨日本党东学党和一进会之祸其国卖其国的罪恶滔天了！如果我们以冷静的头脑，追求韩国日本党东学党一进会一切的主张策略，就很容易明白他们各党只有支配欲，而没有独立性，只可做日本的工具，而没有利用日本的能力，我们可以看韩民之对于韩国独立的要求，虽然是很急切的，做出多次壮烈伟大的独立运动，可是韩国各党主张和策略互相分歧，公自为战，组织既是涣散，势力又复薄弱，所以每次独立运动暴发的时候，都没有相当的领导能力，因此，每次独立运动都是很幼稚而终归失败的。就以韩国现在各党来讲，韩国内地和南满的亲日派是很多的，势力也是很大，韩国内地的新干会，虽然在韩国各党较为有历史，有组织的可是给亲日派压迫，一筹莫振，因为亲日派为日本官府的爪牙，所以在外各党，如韩族总联合会、北满韩人青年联盟、北平韩族同盟、独立运动者联盟和分布中国南北各地及檀香山、菲律滨、桑港等地的韩国独立党，回国活动都是很困难的，有时亲日派还参加各党的活动，而为日本政府的间谍，所以韩国人在外各党领袖或重要份子，常常被人暗杀，或给日本政府设计逮捕……

二、韩民移殖满蒙政策之实施

韩国各党之互相火并，固然是独立运动进程中最不幸之事件，可是韩民移殖满蒙政策之实施，更为独立运动进程中最大的礁石！我们要知到日本侵略蒙满，是明治天皇整个计划之一，今日朝鲜移民满蒙，广设拓殖株式会社、警署、民会、金融救济机关等，以保护韩民，利便韩民，使韩民购买土地能力增高，如果我们从表面去看，不加细索，一定说日人对于韩民的功德是很大的。不错，日本对于韩民暂应该这样去干，可是日人非真爱韩人，不过利用韩民做满蒙的辟荒牛，而为日人侵略满蒙之先锋队，所以田中义一上日皇奏章说："然朝鲜民移住东山省之众，可为母国民而开拓满蒙处女地，以便母国国民进取，且可籍朝鲜民为阶段，而可与中华民联络一切，而利用有归化中华国籍之鲜民，盛为收买满蒙水田地，而另由各地之信用合作，或银行，或东拓会社或满铁公司，通融彼等有中华籍之朝鲜民以资金而作我经济侵入之司令塔也。"由此看来，便可证明日本之对韩民移殖满蒙，完全为日本侵略满蒙之工具，日本之实施韩民移殖满蒙政策，不仅利用韩民为侵略满蒙之工具，而且戒惧韩民不稳之行动，所以不能不施用其调虎离山的方略，灭杀韩国内地独立运动的势力，化除充满鸡林八道不稳的空气。最近之日民移殖韩国，韩民移殖满蒙之猛进，便可证明其政策不独以韩民侵略满蒙为工具，尤其是以调虎离山为方略，使韩民永远不能在韩国捣乱，而希图独立为主要，韩国全人口，不过一千八五十四万三千一十六人，而韩民移殖满蒙已逾二百余万人，若该项政策继续进行，殊不难将韩民全数移离本国。韩民到了这个时候，不仅永远为亡国奴，就是希图复国，也是无国可复了。可知日本之实施韩民移殖满蒙政策，实为最新灭国之恶辣手段。

三、韩国独立运动今后应注意之点

韩国各党之互相火并，与夫韩民移殖满蒙政策之实施，的确是韩国独立运动前途之悲观！但是我们对于这种悲观，有什么方法可以捕救呢？这是韩国各党应该想及的疑问！假使我们坐守愁城，终日吁叹，如不改弦更张，也是终归灭亡之一途。我们极希望韩国各党，大澈大悟，努力下列各点：

1.努力各党大联合韩国独立运动，可说是风起云涌、再接再厉了，但是多被怀柔手段所征服，或被亲日派所破坏，而没有相当的成功。韩国各党应检视过去的工作，要觉悟以前革命势力的薄弱、意志的分歧、精神的涣散，应该努力各党的大联合，扩大革命力量，使革命战线巩固统一，才可以达到独立运动的目的。

2.反对移殖满蒙政策韩国独立运动，固应扩大革命力量，巩固和统一革命战线为第一要着。可是移殖满蒙政策继续进行，也是独立运动前途的悲观，韩民应该一致起来反对，在外的韩国革命同志，应该迅速回国，向国内韩民宣传，揭破日本移殖政策的阴谋，这种反对移殖满蒙政策，应该急速进行，不容稍懈，因为韩民移殖满蒙政策,以韩民为日本侵略满蒙的工具,可是满蒙为中华民国的土地,日本侵略满蒙虽是野心勃勃,中国将来总可以打破日本的侵略政策,结果韩民最受损害,韩民移入满蒙愈多,则韩民变为亡国奴之数目愈多,韩民之在满蒙,最高限度也不过取得归化中国的地位,而为犹太人之第二而已!所以反对移殖满蒙政策,实为韩民革命工作中最急切不容稍懈的。

…………

(原载于《江苏党务周刊》第30期,1930年)

韩国独立运动与中国应有之态度

李玉藻

近日世界和平的声浪，可谓高唱入云。伦敦缩军会议，虽是开会在即，但是各强国军备之扩充，有如春笋怒发。美国之建筑浮岛，法国之三十三万万法郎海陆防御费，日本之要求军舰七成比率，尤其是各强国之增造空军，更是勾心斗角？伦敦会议，决非列强抛弃战争，言归和平。最近之德奥联盟，更为和平空气中突起之异军！不但各强国心惊胆裂，且为世界第二次大流血的征兆！将来大战，无论谁胜谁败，中国决不能在角逐场中徘徊，世界第二次大流血，总会染到我国领土之上。总之，在世界第二次大战的过程中，是中国生死存亡的关头！我们被压迫的中国民族，在此千钧一发，危急存亡之秋，应该内则求政治之修明，经济之发展，外则联合世界弱小民族的革命战线，向帝国主义进攻。近如韩国之独立运动，我国自应急图联合。但绝不闻我国对于韩国独立运动，给予精神上或物质上之援助。这是我国一大失策，须知我国最大敌人是日本，日本最大殖民地是朝鲜，韩国独立，不止日本受了重大之损失，就是日本吞并满蒙的野心，也受很大打击。

这次韩国独立运动，据报所载，虽是由于光州韩日学生冲突事体而起，但决不是如此简单。韩国独立运动，已于一九一九年开始，其后十年间，都是继续进行。不过这次独立运动，比较从前进步了许多。这次发生蔓延全国的革命运动，不独表示出韩国国民性的勇敢坚毅，而且可以决定将来必能脱日本帝国主义之羁绊而独立，这不得不令我们对之生出无限的敬仰和同情，我们知道这热烈悲壮的运动，是由于光州韩国学生与军警冲突为导火线，然而亡命国外的韩国独立党，也早有相当的联络，此种冲突是表示革命高潮以达到顶点，借此发动而已。我们看自去年十月三十日至去年十二月二日，维时不过三十余天，被捕青年竟达二千余人，可知韩人痛恨日本之澈骨、独立运动之决心，非一朝一夕之事。韩人既有了卧薪尝胆、苦心复仇的决心，韩国国魂总会恢复！韩国国旗，总会飘扬空中！爱好和平的民族，应要扶助韩国独立，一致向帝国主义者进攻，消灭一切帝国主义的侵略，维持世界的和平！

我们知道日本自日俄战后，国势因之而澎涨，遂大起侵略弱小民族之野心。一九一〇年并吞韩国而后，得有广漠之殖民地、优美之良港、丰富之农产矿产，国势更张，而其统治全亚洲之迷梦更甚！韩国独立运动，忽然暴动蔓延全国，如异军突起！若韩国独立成功，不独日本统治亚洲之迷梦不能实现；恐日本帝国主义的命运，也要随韩国独立成功而告终！日本有今日之繁荣，完全掠夺我国榨取韩国而得。假使韩国真能独立，日本不独顿失广漠而多良港之殖民地，日本工业粮食亦将受重大的影响，因此韩国之得失，关系日本之存亡。韩国独立运动之成败，也和我国有密切的关系。我们可以用历史、地理证明之，而知援助韩国独立运动之必要。

韩国和中国的关系，从历史上观察，周武王封箕子于辽东，为朝鲜王，后向东南而进，遂奄有半岛北部，传至箕准，燕人卫满遂夺其地，自立为朝鲜王，其孙被灭于汉武帝，自是汉江以北之地，悉为汉版图。这时半岛南部，有马韩、辰韩、弁韩。马韩是箕准避卫满南迁所建之国，奄有现时全罗、忠清二道和京畿道之南部。辰韩是秦时中国人民避苦役，由山东渡海至半岛南部所建之国，奄有现时庆尚道之大半。弁韩也是中国人民由山东渡平安道所建之国，奄有现在庆尚道西南隅之地。西汉之末，三韩悉衰。到了高丽国以后至大韩，都是受我国册封，世世朝贡不缺。就是韩国内乱，或被日本侵略前来求援，我国莫不出兵相助，中日之战，也因援助韩国而起的——东学党之乱。在这次战争，我国丧师之惨，失地之多，实在是我国民永远不能忘记的惨痛！从地理上观察，韩国是黄海日本海间之半岛国，南北六〇〇哩，东西一三五哩，西南海岸曲折，岛屿散布，多良港，农产矿产极丰，近海饶鱼利，韩北与我国东三省南部相接，日本吞并韩国而后，遂进而侵略我满蒙。我满蒙实和韩国地理上，有唇亡齿寒的重要。因此要保全满蒙领土问题，必使韩国独立运动成功，可谓毫无疑义。

我们再看满蒙现在情况和日本谋吞满蒙的急切。我所说的满蒙，是指东三省和热河、察哈尔二特别区为范围。其面积约七万五千方里，人口垂三千万，其广漠地域之资源，林矿产额之丰，随地皆是。农产畜牧更盛，农产以大豆为大宗，占世界产额之半；畜牧以牛马羊为大宗。实为我国最大富源。从贸易上言之，全年输出输入总额约五亿六千万海关两，日本输入满蒙年约九千八百万海关两，由满蒙输出，年约一亿二千万海关两，占满蒙全额贸易百分之四十。而且日本三岛的工业原料和食粮，都以满蒙为唯一之取给地。以日本现在人口之激增，食粮之渴乏观之。其重视满蒙，固不待言，而其谋吞满蒙之心当然益切，我们可以看近日报上所载的满铁会议满洲统治问题，滨口内阁所期的满蒙成为特殊地位，仙石氏的侵略满蒙的六大方针。我国对于满蒙，便不能不提心吊胆的注意，尤不能不急切联合被压迫的韩民，向日帝国主义者进攻。

韩国既和我国同一民族，且有长远的历史；在地理上又和满蒙有唇亡齿寒的重要。那么我国为保全满蒙的领土计，为亚洲的和平计，为联合世界弱小民族计，我国对于韩国独立运动，当然不能旁观而不加以相当的援助。尤其是我国欲于最短期间实现废除不平等条约，也不能不先向借口特殊利益的日帝国主义者的壁垒攻击，而援助韩国独立运动！我们虽不能使他独立运动急速成功，至少捣乱日帝国主义者，阻碍我国废除不平等条约的战略。我们知道韩民对于恢复韩国的热望，谋韩国独立逃亡国外的志士，茹苦含辛，为祖国牺牲，为使韩国种族不灭而奋斗，我国应该设法救济逃亡国外的韩国独立党回国，扩大运动，摇撼全韩国，使日帝国主义者的侵略政策根本摇动，同时给与韩民精神上的助援——帮助宣传和物质上的援助——军械、食粮、金钱等。使韩民有坚毅奋斗，达到韩民急切要求的目的——韩国独立！这不独我国应有的责任，也是我国自救的政策，也是打倒帝国主义，实现东亚和平的关键！

（原载于《江苏党务周刊》第 3 期，1930 年）

韩国民族革命运动的奋起

列民

自一九一〇年日本帝国主义并吞韩国以来,韩国的劳苦群众遂直接的陷于日帝国主义的残酷无比的剥削与压迫之下。日帝国主义把韩国看作他的重要原料地及市场,以他为直接侵入中国大陆的根据地。在经济上政治上军事上讲来,韩国对于日本帝国主义是有非常重大的意义的。

日帝国主义对于韩国的政策怎样呢?在经济方面,日帝国主义垄断了韩国的一切重要经济机关,他的主要路线就是:一、消灭一切妨碍日本资本发展的政治、经济条件;二、用尽一切方法,阻碍韩国独立生产力的发展。

为扩张他的市场及原料来源起见,日本资本在韩国建造许多海港、铁路、各种交通工具及银行等,并投资于日本所缺乏的原料生产上。差不多韩国全部产业生产,都是运往日本,而韩国本国所用的工业品,则全由日本输入。

他方面,日本资本竭力阻止韩国独立生产力的发展。一九一一年发表了禁止韩国资本工作业活动的法令。在农村里面,日帝国主义竭力维持封建的剥削制度,日本资本的许多拓殖公司,在日本金融资本护翼之下,更进一步加紧剥夺韩国农民所视为唯一生命来源的水田。东洋拓殖会社及朝鲜银行等遂成为韩国农民的直接的谋害者。

在政治方面,韩人是丝毫没有权利的。所谓三四朝鲜人的高等文官及其余若干普通文官,不过是日帝国主义"特赐恩惠",借以点缀来欺骗人民而已。在立法行政上面,韩人是丝毫没有过问的权利的。韩人没有当兵的权利,韩人的警察也均由日本的警官监督。所有韩国全部政权,实际上只操在日皇代表的总督府的掌握之中,日帝国主义利用这种独裁政治,来压迫韩国劳苦民众的任何革命运动。

在这样的经济政治的政策之下,日帝国主义在韩国遂造成极端专制的金融资本的寡头统治。

但是日帝国主义对于韩国的侵略，还不止于此。在文化方面，日帝国主义尽力压制独立思想的发展，使韩国的教育变成奴隶式的教育。

日本对于韩国的文化政策怎样呢？

在并吞韩国以后，日帝国主义即将韩人所办的学校，一概封闭。直到现在，二十年间，新设的学校总数，还不及警察机关数目之多。小学校不足收容学龄儿童的十分之一，中学校不足收容小学毕业生的二十分之一，专门学校不足收容中学毕业生的三十三分之一，因之日政府设有种严酷的限制，来防止韩国学生的入学。

(1)贫民子弟及不解日本字的儿童，不准入小学。

(2)家产不满两万元者，或有革命思想的表现，或参加社会团体，不准入中学。

(3)如非富豪贵族的儿孙，不准入大学。

(4)不准工人、农民设立简易讲习所。

所以日本的文化政策，很显明的是要剥夺韩国的工农有任何求学的可能，使他们不至有阶级及民族的觉悟。统计韩国全境，官公私立大小中学，共二千七百九十二处，韩人学生总数四十五万六千九百人，仅占全人口百分之二，日本学生四万三千九百人，占韩国日本人口的百分之十。学校程度愈高，韩日比例相差愈大，在大学里，韩人仅二百五十七人，日人则有五百二十六人(一九二七年到现在)。

日政府不但对于韩人教育，设有这样严酷的限制，而且还对韩国学生施行残酷无比的榨取与压迫。

(1)一切教科书，不准韩人出版，特别是四十余万韩国学生的教科书，都由半官式“朝鲜印刷株式会社”印行，售卖极高的价格。据一九二九年四月京城学校评议会的调查结果，教科书的售价比较普通书籍要高出十倍，日本印刷局每年可以从这上面得到二十万金元的利润。

(2)大学中学不必说，就是对于小学生也征收非常重的“月谢金”，如学生过月未纳，即被缴夺教科书，批颊逐出，而且押收家具，拍卖填补。无数小学生因此被迫中途废学。

(3)不准作韩文，不准谈韩史。

(4)不准研究社会科学。

(5)不准学术上的集会、结社、演讲。

(6)如有“反动”言论及行动，立即停学，或拘捕囚禁，并无假借。

所以日人在学校内的教育政策，是要使韩国学生成为日帝国主义顺民，毫无革命的关于社会问题的思想，使他们不至反抗日本帝国主义的经济与政治的统治。

在这样的经济、政治、文化的残酷榨取与压迫之下，革命的种子，处处都在怒发着，只要一有火星，革命的积薪便会立刻酿成燎原之火。

这次革命事变由光州爆发，原因是韩日学生的冲突。一九二九年十一月一日，日本学生，在火车内对于韩国学生，施行惯常的侮辱，韩国学生据理诘责，于是引起日韩学生极大的冲突，这个冲突续续扩大，日本商民加入助势，嗾使学生向韩人攻击，结果引起光州的韩国中学生及韩人群众，举行盛大的游行，与武装警察到处发生冲突，被捕学生无算，同月十八日又举行第二次示威，冲突及被捕者愈多。

光州运动迅速散播于全国。京城学生秘密印发二万余份《告全朝鲜被压迫大众》的宣言，结果为警察侦悉，举行大检举，数日间被捕学生达九百余人，从十二月二日至六日，京城韩人学生及市民迭次举行盛大的示威，前后被捕的，达二千余人，新韩会、总工会、全国青年总同盟及其他各社会团体的重要分子，均被拘捕。

光州的学生及劳苦群众，在严重的压迫之下，举行第三次示威，日本的守备军竟向群众开枪，酿成大流血，死者四十余人，南满铁路的交通，一时阻断。

运动继续扩大，木浦市的全体学生及市民也举行大示威，平壤府学生数千结队游行，高呼“韩国独立万岁”“打倒日本帝国主义”等口号，市民响应，结果与日兵发生了市街战。

同时，大邱、咸兴、元山等大都市也发生同样的示威运动。

韩国的革命运动，蔓延于东京，东京韩国学生及工人密谋举行示威，为警察侦悉，被捕者三百余人。二十六日又由举行示威被捕者百余人。

革命运动，由学生进而蔓延于工人群众间。日人经营之“釜山纺织会社”工人五千人，在一月十三日举行罢工，游行示威，散发宣言，高呼“夺还我们的自由”，结果与日兵发生武装冲突。次日工人更与学生结合，举行大规模的示威。

革命运动非但蔓延于工人群众之中，而且还侵入乡村。日本警察所最注意的青年团员，潜于乡间活动，鼓动农民，一致反日，韩国农民也开始加入斗争的战线。

总计这次被捕的学生，已达一万七千人以上，被杀者计七十八人。于是光州的冲突，遂酿成全国劳苦群众的总的民族革命运动。

日本帝国主义一方面利用残酷的武力压迫，他方面企图以某种改良（最近突然宣布实施地方自治制)及欺骗方法(派遣亲日官僚往各地游说)来缓和韩国人的反日情绪。不管日帝国主义怎样压迫与欺骗,汹涌澎湃的韩国革命运动必将继续发展,“势不免有全国大暴动的一日”(用世界新闻社语)。

在世界资本主义总恐慌日益迫近的时候,殖民地革命运动是一种有力的革命原素。韩国革命运动,是总的世界革命波潮的一部。(韩国革命群众,已明白地提出世界革命的口号,如在京城。)他是否能够胜利,那就要靠许多客观的条件以及工农的主观力量。但无论如何,韩国革命群众的热血是不会徒洒的。虽然这次运动或许会被日本帝国主义残忍无比地压迫下去,但韩国的革命运动在工人阶级领导及世界无产阶级(尤其是日本、中国)协助之下,将无疑地能够获得他的最后胜利。

(原载于《拓荒者》第1卷第2期,1930年)

韩国革命的探讨

麦其修

一、引论

清室之季，积弱无能，日本乘机挟其维新后之锋颖，实履向东亚侵略之政策，借口韩国内乱，岁度出师。初犹投鼠忌器，不敢明目张胆，继竟再接再厉，径向中国要求韩国独立。迨所求不遂，则运其鬼蜮手腕，煽动韩之王公阀族，联抗中国，使中国一败涂地，不能自振。《马关条约》一立，而大好一片干净属土，遂从此变而为日帝国者之殖民地。此恨绵绵，诚足与鸭绿江头水声，互相呜咽。夫夺他人属土于积弱怀抱中，在理应调抚之、建设之，方能于中无愧。乃彼帝国主义者，计不出此，大欲既遂，即肆其苛酷手段，尽量推[摧]残，贪图一已私利，不恤其他艰苦，遂使文化渊源之韩民，长在水深火热之中。然而风不得其平则鸣，水不得其平则流，此自然之趋势也。日人待遇韩民如是之刻薄，其惹起反抗，实早在意料之中。果也，日人治韩未久，韩民即起革命运动，连年屡月，乘除不已。其最剧烈者，莫如“三一”运动，即日人称为万岁事件者是也。此变故一起，日执政者徬徨无措，然犹幸能出其迅雷不及掩耳之手段，只手遮没之，此场轩然大波，遂得暂时安然渡过。但此不过割肉补疮之法，识者早知其非特不足以压乱萌，反足以速进革命之趋势。果也，不旋踵而有今次汹涌澎湃、不可向迩之革命爆发。

二、此次韩国革命爆发之原因

此次革命之爆发，非一朝一夕有以致之，实有极复杂之原因，爰述之如下。

A 主因

1.日人惨酷之压迫。日自夺韩为殖民地之后，对于韩民之生命财产任意推[摧]残，任意取夺，敲肤剥髓，无微不至。而对于言论及行动上，尤为拑制。

韩国民众在日人铁蹄之下，直如在地狱中度生活，其所受之痛苦，擢发难数。括而言之，有以下之情形。

a.政治方面

韩自为日并吞后，政治之权全为日人所操纵，所有行政人员概由日天皇任命，韩国民众绝无置喙之地。除普通政治机关外，日天皇更亲任一总督，以司理该国一切政务，并可发令惩罚一年以下之征役、禁锢、拘留及二百元以下之罚金。至其犯罪之较大者，则直接由日法院处理之。同时在韩内地，纷纷组织所谓世界名物之骑马警察队，严重监视人民行动。此外，更设种种处罚规则如下(犯下列各条者皆受严重拘留或处罚)。

a.无故强要会面，或有无故强谈威迫行为者。

b.强制加入团体者。

c.无故干涉他人之交易或劝诱教唆诉讼争议者。

d.聚众滥向官署请愿或陈情者。

e.制造摇惑人心之流言浮说及虚报者。

f.有意阻碍他人及追随他人者。

此种规则一共七十余项。其实所谓“故意”“无故”“流言”“浮说”等等名辞，何尝有真实之界说，无非由日人心目中自定。“欲加之罪，何患无辞。”韩人如肉在刀俎上，安得不任其宰割哉。以上所述，不过只就个人而言。至于团体集会方面，犹受特别严重之监视，甚者或受封闭，或受解散。总而言之，韩人之自由早已剥夺无余，由公民变而为奴隶。

b.经济方面

从表面观之，韩之商业非不发达。据调查之结果，工商业上之公司计有千余。至于水产、农产、林产、矿产，每项每年出品之巨，尤不让他方专美。但从其内里观察，则知无论其商业如何发达，结果只不外为日本财源多增进路。因为所有一切财政权、税关权，全由日人操纵。韩民之稍有财产者，则赋之以重税，其财产愈多，赋税亦愈重。所以商业愈发达，则韩人愈没落，出产愈增加，则韩人愈饥馑。身受其境者，安得不有为他人作马牛之感哉。且也，拓植之权，则操诸日人之东洋公司手中。金融方面，则受朝鲜银行之支配。此二者，一方面提高利息，一方面贱价强购韩民产业，使富者则贫，贫者则流离失所，犹不啻绝韩人之生命。所以在经济上立论，韩人是受重重之压迫者。

c.教育方面

日并韩之初，即行其愚民政策。先封闭一切韩人所辨[办]之学校。近二十年来，虽由日政府创设多间，然殊不足以应所需求。仅就小学而言，已不足收容求学儿童十分之一。至于中学，则尤缺乏，不足收容小学毕业者二十分之一。大学更无论矣。日帝国主义者对此由以为不足，更设种种严酷之条件，以防止韩民入学。其最苛者，有下列各条。

a.贫穷及不识日文之儿童不准入学。

b.家庭财产不满万元，或有革命思想者，或涉足社会团体者，皆不准入中学。

c.不准工人、农民设立简易之讲习所。

d.如非贵族或富有之子弟不准入大学。

以上所述，不过是对于入学之苛制，至于已入学者更为以下之条件所限：

a.一切教科书不准韩人印售，所有书籍皆由半官办之日鲜印刷所，提高价格出售。

b.对于小学之月费（即学费），特别收重。如有过月未缴学费之学生，便即夺其课本，批逐出校，并将其家私拍卖补充。

c.不准读韩文及韩史。

d.不准研究社会科学。

e.不准集会、结社、演讲学术。

韩人在种种苛制之下，欲寻一求学之机会，已如登天之难，更何论研究其他高深学问乎。呜呼！韩国教育之凋零，殊属可悯，而日人之愚民手段，尤堪发指者也。

总观以上三大情形，则日人之压迫为何如，韩民之受苦为何如，可见一班[斑]。要之，物极则反，此次革命之爆发，亦当以此为最大原因。

2.自由呼声之澎湃。欧战发生，世界上之生命财产均受巨创；各国民众，咸感受战争痛苦。而大战将将之际，德俄二国各发生国内革命，此益足以证明赎[黩]武及霸功之非。列强觉悟及此，得新之平衡，于是开“凡尔赛”会议。此会一开，遂使世界成一新纪元。昔时务以武力压迫他人之观念，渐归落伍，而国家自由独立之呼声（The cry of Natiozal Liberty），一时充满宇宙。世界上弱小民族或被人拑制之国家，咸跃跃思复自由。于是各地革命纷纷爆发，如雨后春笋，莫可披靡，甚至爱尔兰亦倡言离英伦而独立。虽未能一一成功，然已达目的者，计有土耳其、埃及诸邦。此益足以勉励各弱小民族之努力。所以今次韩国革命之爆发，未始非此种呼声有以激发之。

3.日本政党之互相倾轧。日本政治之组织，以内阁为中心。而内阁是由议会而产出，但议会又为政党所支配。所以，近年来日本政党纷纷产生，以逐鹿内阁。其间最有势力者，厥惟政友会及民政党。二者势均力敌，但意见则大不相同，所以势成水火。要之双雄不并立，两虎不共存，况选举之事，此胜则彼败，断无平行之理。其胜者为前途计，不得不设法消灭敌党，而失败者为进身计，不得不尽力攻击之、倒塌之。因此之故，政友会及民政党二者遂发生剧烈之纠纷。济南惨案之发生，其中主要之原因，亦不外因田中欲保持地位，为避免民政党攻击计，不得不冒天下之大不韪耳。由此观之，则日本政治界之纠纷及政党暗潮之汹涌，果为何如哉？本篇引论中曾说及日治韩后韩国革命运动非常紧张，一遇时机，立即爆发。自“三一”运动后，韩人革命思潮更日高千丈，潜伏势力久思活动，无奈时机未就，故不敢妄动轻为。今次日政党之互相倾札[轧]，实与韩人以最大之诱动，换而言之，即与以相当机会。所以霹雳一声，大波掀起。韩人之用心，盖欲乘日本纠纷之际不能急切顾及，以冀成功也。

4.中国革命进展之影响。中韩同是东亚民族，而穷源溯始，乃祖乃宗更同血统，所以彼此实一而二者也。韩虽惨伏日人铁蹄之下，然回溯十九年前中国之受制于满清，何尝不如韩人现在之痛苦。顾十九年来，老大之中国早已变为生气蓬勃之中华民国。虽革命之目的未尽实现，而专制魔王之满清早归消灭。且最近革命形势仍在锐进中，离成功之途迨将不远。相形之下，韩人实受重大之刺戟。

5.韩国农工学等会派组合之急进。韩人因受压迫之故，百端思反其平，感觉中国农工学等组织能协助革命军扑灭反动军阀，建设革命政府，于是急起效尤，以求同等结果。所以年来纷纷在各地组织团体，坦白行事者有之，秘密组织者有之。夫韩人在未有联络之先，其革命空气已如是紧张，一旦再有相当之组织，则其感情之激烈，当较前增加。感情达到最高点时，则不得不求发泄。是以此次革命之爆发，未始非组合急进，感情过于澎涨之结果也。

总观上述之五种原因，则韩人此次之革命实在如箭在弦，不得不发者矣。

三、此次革命之经过

A.革命之引线

韩日学生感情方面早不融洽，因此之故，时生纠纷。去年十月三十日，日本学生福田等数人在路上调戏韩女生朴奇玉。其弟见之，急起而与之争论。其时日警出而干涉，不特不按章拘福田等处罚，反将彼姊弟殴打。二者不得已，含屈而退。翌日，其弟复遇福田等于途，遂请其谢罪了事，乃彼等竟不之许。由此事件遂惹起韩国学生之公愤。所以此次革命之爆发，实以此为引线。

B.发生之情形及经过

去年十一月三日，日本民众正兴高彩烈庆祝其明治天皇纪念节之际，有韩国罗南道光州郡高等普通学校学生七八人，道遇日本同学十余人。两相见面之下，日本学生发言向彼等冷嘲热讽，于是争端遂启，始则互相口角，继则互集同族学生百数十人直接殴斗，血肉相博[搏]。该地警署急下动员令，实行弹压，当场将韩学生拘捕多人，而日学生方面则绝对不理。该地韩国学生睹此，非常愤怒，立即纷纷罢课，召集同学，结队巡行，高呼口号，高唱革命歌，到处与武装军警发生冲突。

十二日，更为第二次示威大运动，集合大队巡行，散布宣言，高呼“韩国独立万岁”及“打倒日本帝国主义”等等口号。其势汹汹，非常严重。日军警睹此，急出其残无人道之惯技，乱枪向彼等扫射，一时死伤无数。自此韩国学生，更为激昂。国内各重要都市，如韩京、平壤、开城、觉山、咸兴、公州、仁川、东莱、海南、木浦等处之学生纷纷罢课响应。日政府遂用其治标方法，一面拘捕反动份子，一面遣军警把守各学校，严禁出入，以制肇事之机。但此法终于无效，固学生被软禁后不甘屈伏，男者则赤手空拳，合破军警之围而出；女者无力突围，则大声呼哭，悲惨动人，闻者莫不兴愤。日政府见所行无效，于是变本加厉，立将各学解散。所有学生，尽数驱逐回乡。在执政者心目中，以为从此一场风波可望复归平静，殊不知竟有大谬不然者。盖学生归乡后，毫不自馁，益肆力作完备之组织，作扩大之宣传。男则到各地作沉痛之演讲，女则担任秘密通信工作。所以革命趋势，因之较前更为澎湃。国内农工商各界，亦纷纷罢工，罢市以协助学生进行。据调查之结果，只学生方面，其罢课参加者，已有六十余万。其他各界，尚不知其数。则其势之汹涌，可睹一斑。计自爆发以来，至今已四月，虽受拘者数万，被杀者数千，然韩人亦不因之罢手，本其初衷，继续奋斗，大有不达目的不休之概。至于将来之结果如何，则尚有待于考查者也。

四、此次革命之影响及其将来

A.对于日本帝国之影响

日人因本国粮食不足之故，不得不向东侵略殖民地，以暂济燃眉。三十年来，其所得之结果，仅获朝鲜、台湾、关东州、南洋厅四处。近年虽努力向南满发展，然目今中国民气方张，南满前途，日人殊难抱乐观。所以确实收获，仅如上述。其中出产最丰、接济最大者，当推韩国及台湾。所以此二者，不啻为日人生命之根源，缺一不可，倘此次革命果能成功，则日帝国主义者将必从此倒塌。然从根本立论，无论其成功与否，亦必与日人以重大之影响。因日倚韩以为沾养，韩人之损失，亦彼之损失也。今次革命罢农罢工罢市者纷纷皆是，所以生产锐减，无形中亏耗甚巨。换言之，即与日经济上以致命之伤。

B.对于韩国之将来

韩在日人铁蹄之下欲求平反，吾以为单独行动断不足以言成功，必须其他协助乃可。窃思最堪为其助者，莫若中国，因为彼此同种族、同宗祖，有切肤之痛也。然而目今中国正在纷争之中，萧墙械斗，无地无之，欲求其为韩助，万万不能。所以韩此次革命势成孤立。于此吾敢决其什九不能成功。历一次之风霜，必多一重之经验，此次之失败，未始不足以警醒一切，使其于将来再次革命时知所预备，能有更精明之行动、更完密之联络，则韩国前途庶有望焉。

五、结论

归结言之，韩人此次无畏之精神，诚足令人闻之起敬。此次伟大之牺牲，诚足为弱小民族生光。虽或未能成功，然总算立有相当基础。前途能继续努力，则光荣之目的，不难如愿以偿。韩国民众，其勉之哉！最后吾更望我国执政诸公，早早觉悟，互相退让，使萧墙之祸早归消灭，养兵蓄锐，以协助东邻正受压迫之同族，俾其能脱离黑潜重睹生天，则世界和平庶可实现矣。

民十九三月脱稿于南大附中

（原载于《岭中季刊》第6卷第1期，1930年）

韩国独立运动与中国

清晨

“欲壑无底”“凶暴险诈”的日本帝国主义者，惟恐压迫弱小民族之不深，吸吮属国民众血汗之不尽，乃施行其“澈底的损人利己主义”。除直接的武力、政治、经济等的压迫外，并极力施行文化的侵略，以期根本消灭弱小民族之民族性，永久为其铁蹄下之驯服奴隶，因此彼之对待韩国，除对农工的剥夺压迫外，还要对青年知识分子特别监视与压迫，竭尽其奴隶化教育之能事，然而正是因为日帝国主义的压迫方法愈多，压迫力愈大，所以韩国民众的反抗力亦愈为团结，愈为坚固，而愈为扩大。统观韩国学生之迭次革命运动，便知：惟其韩国学生愈受压迫，所以韩国学生才愈能成为韩国革命的领导者，弱小民族解放运动中之主要份子。

回顾去年十一月间，日本举行明治天皇纪念节时之全韩学生的总罢课事件，虽经日政府之高压，而告一时之平息。然而韩国今日革命运动之导火线，实即潜伏于彼时。及至本年元旦以来，全韩五十余万学生之总罢课、总示威运动及新干会、天道教等所领导的三十万民众的参加，这很明显的告诉我们：不只是韩国学生的运动，而是韩国全国民众对日本的整个革命运动，全韩的学生群众，不过是此次革命运动中冲锋陷阵的先锋队而已，而全韩学生之所以为革命运动先锋队者，也不只是因其本身受了奴隶教育之压迫所致，而是整个韩国民族受了日本种种惨酷压迫的结果，“撤会[回]总督”“韩国独立”“打倒日本帝国主义”之呼声，普遍全国，故其此次革命运动，影响所及，已由单独的学生群众，而普遍于全国民众；由城市而延及乡村；由零碎的进而为整个的。总之，待已成为革命空气，非常紧张之形势，而为一九一九年三月一日韩国宣告独立失败以来，革命气焰最高涨之时期。

无耻的、惨忍的日本帝国主义者不但不觉悟他的行动，是自掘坟[坟]墓的行动，并且老[恼]羞成怒的，令其驻韩军队全体动员，惨杀韩民一万以上。固然，在此极瑞[端]高压的现实情况之下，这个悲壮凄凉、汹涌澎湃的革命运动不一定马上成功，或者尚遭一度的打击，但是，无论日本对于韩国政治之如何压迫，法律之如何苛簿[薄]，经济之如何剥夺，文化之如何摧残，韩国的继续不断的革命运动，总是继长增高不到日本帝国主义进入他的坟墓是不会休息的。日本这种凶暴惨恶的举动，不过只给韩民进一步之教训，与世界更深切之认识而已。

中国目前在进行民族解放的运动，努力的打倒帝国主义，以期中国之自由平等与全世界弱小民族独立之实现。

总理所昭示给我们人类的救星——三民主义——正是全世界弱小民族解放运动之灯塔，我们必须本着“联合世界上弱小民族，共同奋斗”之遗言，援助韩国的独立运动。也唯有如此，才是中国民族革命的出路。

且事实上韩国文化本为中国文化之产儿，与中国有悠久之历史关系。我国周武王封箕子于辽东，始立国曰朝鲜，秦汉唐宋元明以来，亦莫不与中国有密切之关系，我们固不应为帝国主义者之眼光，认韩国为什么臣服国，然而就历史上文化上种族上观之，中韩实在息息相关，本应情如手足，互为辅助。可是光绪初年，清庭[廷]不顾同族关系，放弃扶持责任，于是日本乃得节节进逼，光绪中叶，韩京遂被日人所占据，而韩国被日本帝国主义之压迫，凶险的倭奴之侵凌，亦日加剧烈矣。正因为日帝国主义侵略韩国之胜利，所以进而图谋我国之满蒙，更因为日人灭亡韩国之成功，所以才敢实行吞并我国之满蒙。就地理上说，韩国实为我国东北之屏障，韩国之独立，正可做我国满蒙抵抗日本帝国主义侵略之缓冲，无异加增了满蒙一层门户。

韩国受日本帝国主义者之种种惨酷的压迫，演至现在已成为弱小民族之尤者，世界被压迫民族营垒中主要的角色，中国是世界革命的主力军，韩国便是世界革命的先锋队，欲使主力军能节节推进，就必须先锋队能步步进攻，尤必须主力军的预备充实，他们共同的胜利是互为条件的，欲先锋队能挫敌人之锐乞[气]，所以韩国为独立运动，实是世界的革命运动，尤其等于中国的革命的运动。韩国革命运动的胜利，就是世界弱小民族解放的胜利，也就是谋中国自由平等运动的胜利。明透的说：韩国独立运动胜利的日子，就是日本帝国主义进入坟墓的时候，同时也就是世界帝国主义营垒中损失了一员上将的征兆，那时的中国也就减轻了被压迫的痛苦，至少也可以减轻一部份的被帝国主义压迫的痛苦。

所以，我们应当站在中国革命的立场上、打倒日本帝国主义的立场上、援救满蒙危急的立场上、世界革命的立场上，毫不迟疑的、积极的、实际的援助韩国的独立运动。

我们应当高呼：

打倒日本主义！

援助韩国独立运动！

救济被压迫的韩国民众！

世界弱小民族解放万岁！

（原载于《津声》第2卷第2期，1930年）

日本侵略下之朝鲜

佚名

最近朝鲜起革命，反抗日本虐政及压迫，可以谓为英日联盟之直接结果，此英日联盟，乃成立于一九零九年，历十四年之长久期间，始行解除，由此盟约，即置二千五百万之韩人于木屐儿束缚之下。英、日两侵略主义国家之联合，目的亦为互相利用，狠[狼]狈为奸，盖一方面英国赖日本之就近照顾，不虞俄觊觎印度，而他方面，日本亦可利用英国之国际地位，狐假虎威，以得实现其念念不忘之吞并朝鲜野心，且日本联英，可得英财政上之助力。一九零四年，日俄战起，日本胜俄，英日联盟亦与有力焉，盖俄为日本侵略满洲之大敌也，方英日之订盟约也，双方皆愿承认朝鲜为自主国，但吾人试一翻阅历史，即可见英日已食言而肥，日本进行吞朝鲜，英不独袖手劳[旁]观，且更从而怂恿以助其成，设令英日联盟不成立，则今日朝鲜之尚为自主之朝鲜，可以断言也。

中国文化初及于朝鲜

约在纪元前一百年间，中国古代之优美文化已被及于朝鲜，至纪元前一百零八年间即汉时代，朝鲜之北朝亦曾一度归服于我国，当其时朝鲜已与日本通往来矣，至第七世纪中叶即唐朝时代，中国军队入占朝鲜，迨后元人入主中国，一二七四年至一二八一年之间元朝起兵侵日本，于是日本与朝鲜遂从此结怨矣，泊[洎]乎明代，中国与朝鲜间之关系仍如故，至满清入关，朝鲜新主亦即位，自此时始，改国号曰朝鲜，当明清之交替也，朝鲜亦曾被侵伐，后卒能自保不亡，为清之属国，按年进贡至清帝，而清帝亦下旨准朝鲜用中国历法，凡仪节、行政、教育及文官考选各项制度，悉仿中国，盖其时朝鲜尚沿用唐代习惯风俗，此可见韩人之固步自封，尤有甚于华人也。

日本初向朝鲜侵略

日本之侵朝鲜，阅者幸毋以为其目的只图得朝鲜为其属国而已，盖日本此举，实处心积虑欲向亚洲大陆之中华发展，以扩张其领土计划之一部，而此举不过小试其锋。当十三世纪时，日本曾一度图朝鲜，旋以中国援军至，故事欲发而未果，后至一三四零至一三九零年之间，日本海贼屡次洗劫朝鲜海岸线各港口，掳去韩人，借口谓报复前百年朝鲜帮助元人侵日，至一五九二年，日本命Hideyoshi率兵侵朝鲜，陷朝鲜国都平原，日人既将全国平复，即谋向外发展，所部士卒驰骤纵横于朝鲜国内，且及于鸭绿江，向中国发展，明朝援军亦到达朝鲜，后一年，日军迫而退回平原，谋与中国议和。此一役战事，历六年之久，始告结束，其间日军新军团开至朝鲜补充者凡九次之多，但中国军队异常奋勇，能以寡击众，卒破日军，当时日统帅Hideyoshi适在中国领土染重病寻死，迨其死讯传至朝鲜，日军狼狈班师回国，此次日本出师侵略朝鲜，损失不小，而生命之牺牲尤巨，其所博得者无他，唯中韩人民之仇恨而已。

日本大政治家Jyeassu氏曾一度恢复日韩两国之友善交谊，而抚顺（译音）亦即开放与日本通商，每年准若干日本船艇入口，一六一七朝鲜有名望教士赴日本，亦备受优待，一七九零年至一八二年之间，朝鲜教士东渡扶桑者络绎不绝，其后两国交通即告断绝，朝鲜之几寂然无闻者凡五十年，至一八六八年，朝鲜政局较为稳固，新政府负责对日，而后日韩始修往来之好焉。

谲诈为日本人民之特性

约在一千八百六十年以前，日本欲图传播其文化势力于朝鲜，此时韩人对日本之阴险动机，当然极力反对，因韩人之拒绝与日本亲善，遂惹起日人之强烈反感，而韩日两国间遂时行不睦，一八七三年，有日本传教士赴朝鲜，表面上谓作友谊之观先，遭韩人摈拒，当时日本大将军Saigv闻之赫然震怒，谓为日本国体计，应即兴师问罪，但日本和平派极力阻挠，谓开战有损国家元气，而战争之结果，只得赔款及一不定之光荣云，日本此举，固可谓知机，然亦因其并未备战之故也。

日本对华挑衅

于是日本主战派遂接纳主和派之意见，盖主和派谓日本宜用尽其富源及毅力，以求他日受世界承认为近代列强之一，由日本之野心政策观之，则若有机会时，此大和民族盖欲并吞全世界也，同时朝鲜为中国属国之问题，乃为日本吞朝鲜和平政策之障碍物，同年（即一八七三年）日本照会中国，询问中国对朝鲜之主权，中国答以朝鲜一日为中国属国，中国亦承认其有开战或议和之主权云，吾人今可知此对于上国权之矛盾意见，竟引中日两国入于一七一八九四年至一八九年高丽之战矣。

日本开危险之先例

一八七五年，有日轮在朝鲜领海内遭炮击，日本又欲出兵伐朝鲜，后亦以未备战故，遂变更计划，以海陆军对朝鲜示威。后一年，日韩条约签立，订明日本承认朝鲜为独立国，其享受之自主权，应与日本平等，两国往来皆依依据平等为原则，查日本对朝鲜垂涎已久，其所以不立即吞并之者，亦徒以时机未至耳，日本常言因其与朝鲜贴近，故在朝鲜有特权云。迨一九零九年，英日联盟实现，日本特权之要求，更为坚决，日本此种虚伪，若以论理学分析之，其结果法国可根据领土和贴近之说，而要求吞并英伦三岛，英亦可援其说而吞法，推而至于西班牙、希腊、瑞士、意大利及其他各领土接壤或贴近之国，亦皆无不可援此先例而互相吞并，则世界非至于大乱不止矣，是日本此说，不啻欺人自欺，开最危险先例，其对华尤其是满洲之侵略行动，为世界各国，密切窥伺焉。

日本获利即为英之损失

日本既尽量利用中国之弱点，遂诸方借口，卒于一九零六年，借英日联盟而宣布朝鲜为其保护国，此英日盟约固订明保证朝鲜之自主权也，而英日竟山尔反尔，此等虚伪之国际条约，何其失公平信用若是乎，且英日联盟，中国并无参与，更未与闻，而英日复承认中国之独立地位，自动宣布为四万万人民之保护者，抑何荒谬乃尔，吾人当知此即为日本所用之一种阴谋外交，预备于一九一五年取断然手段以强迫中国承认廿一条件也，盖当其时英日联盟正在积极时期，日本遂得狐假虎威，恫吓中国，日俄之战，日本之能败俄，而开疆辟土竟能达到吞并朝鲜之途径者，人莫不知其为借列强之力有以成之，即日本人民亦未尝不自承也今日本已一跃而为世界列强之一矣，而英反受损失，盖英以强国首席之地位而与不懂法律公理之东亚一小国联盟，谓非失去国际威望不小乎。

（原载于《中华实事周刊》第2卷第2期，1930年）

朝鲜问题的真髓（节选）

[朝鲜]辛泰岳

湾潮 译

朝鲜问题，已绝不是枢府所焦虑的问题，也不是政府所要辩明的问题。朝鲜总督所统治的各种事务，“由拓殖大臣经由总理大臣以上奏而得裁可”，或直接“经由总理大臣以上奏”，或“除朝鲜于拓殖省的管辖外”，或“改变拓殖省的名称”等等问题，都是毫不成问题的问题。而这些不成问题的问题，反被认为问题。

朝鲜问题的真髓，并不在于这样为儿戏论难而设的口实中，朝鲜总督直隶于天皇，或受总理大臣的监督，或置于所谓平大臣之下，或属于一局等问题，如果能够损伤朝鲜民众的自负心，发生朝鲜统治上的危惧，那末就不能不说是贱价的统治政策了。

诚然，朝鲜有其半万的历史，自有其独自的传统和文化。其对于本民族的自尊心，及其对于本国土的自负心，非常的强，正如斋藤子所说的。然若意为这种自尊心和自负心，能因总督地位如何的小问题重大影响及于统治上的根本，那末就可以问：为什么不思及这种自尊心及自负心，能够作用于总督是日本人（即使直隶于天皇）的关系上呢？据我看来，这无非是五十步与百步的议论而已。

那末，朝鲜问题的真髓，应该另由他方面找得。如上所述，朝鲜问题的根本，在于其人口问题。朝鲜帝国的不均等的发达，因近代资本主义的确立而阶级对立被激成；全韩饥馑的袭来等事情，使朝鲜民众不能安住其本土，不得已而流离于四方。尤其日本移民的大侵入、朝鲜人的高度自然增加率等等，更使这种趋势更加激烈。而所产生的过剩人口，或威胁日本的劳动市场，或在满洲、西伯利亚等地惹起种种的问题：这样朝鲜人终于成为国际上的障碍物。采求这种根本，以明了其所趋向，就是朝鲜问题真髓的所在。

原文载日本《中央公论》第四十四卷第六号。

一九三〇，一，廿三

（原载于《新东方》第1卷第2期，1930年）

“三一”运动与朝鲜革命

芷庵

一

朝鲜自“三一”事件这个真正民族群众之反日本帝国主义运动失败，仍然渡着悲惨的亡国辱种的非人生活，一直到现在(一九一九——九三〇)，整整的十二周年了。

今天，一九三〇年的三月一日，正在最近日本帝国主义屠杀朝鲜革命的狂风暴雨般的气层里又适逢其会地来到了！这是一个唯一的反日帝国主义之民族群众运动的失败日，但同时也是我们民族解放运动获得了真实基础的纪念日！这是值得纪念的一天，特别是在帝国发展将近没落阶段加紧向殖民地民众行着严格酷烈的榨取而激发了整个东方民族革命高潮的。现在这个具有伟大和深刻意义的日子是值得纪念的！我们——全世界被帝国主义压迫的民众，要想推翻帝国主义统治，在这个日子，首先须把这个日子在朝鲜被日本帝国主义压迫史上的意义重新介绍，尤其对于“三一”事件须得重新估定其在朝鲜革命运动史上的新价值。同时，我们应该在这个日子告诉全世界的被压迫民众，尤其是受日本帝国主义剥削最深的中国朝鲜的民众，重新起来认识这“三一”纪念日，认识“三一”运动的革命精神，从这根本认识上得着解放自己的新道路。

可是要想真正了解“三一”纪念，了解“三一”运动的革命精神，就必须先懂得“三一”运动与日本帝国主义的关系，因为“三一”运动决不是一个单纯的仇日运动，确完全是朝鲜民众受了日本帝国主义的过分压迫之一种反抗运动。所以我们首先须分折[析]日本帝国主义侵略朝鲜的情势，这在说明“三一”运动的背景上是极为必要的。

二

帝国主义是资本主义发展到最后阶段的特征。资本主义发展到了帝国主义实在可以说是到了末日。所以依里基谓帝国主义为临死的资本主义(参看氏著《帝国主义论》)。可是资本主义虽到了末日,然而,他还在不自量地想延长其残喘,因此,他便拼命地向经济落后的农业国——残酷地去掠夺,剜殖民地之肉以医自己之疮。

资本帝国主义的根本病源是:(一)生产过剩;(二)原料缺乏;(三)资本多余;(四)劳力缺乏。因生产过剩,于是要求广大的销货场,因原料缺乏,就要求广大的原料出产地,因资本多余和劳力缺乏就要求投资地和贱买的劳动商场。所以,这些完全是由于帝国主义的经济要求。因为要达到他的经济要求,就不能不用政治权威来保证。同时,为扩大政治与经济的要求,于是又想出文化的要求来。所以无论任何帝国主义之对于殖民地和半殖民地,因要满足他的要求,必然行使三种侵略的方式——经济侵略、政治侵略和文化侵略。帝国主义对殖民地的侵略方式完全一样的,不过有轻重之别罢了。

日本帝国主义侵略朝鲜以并吞其国土为最大的成功,从此他在朝鲜遂获得了经济、政治、文化上的无上特权。日本统治朝鲜的残酷较之任何帝国主义之对待殖民都要利害,亡国后的朝鲜民的生活可以说是没有一天不在水深火热之中的。

以下,我们就请说明一些在日本帝国主义统治下的朝鲜民众的痛苦情形是怎样的。

(一)政治方面

朝鲜被日本灭亡后,即由日本天皇所任命的官吏来统治,从此朝鲜民众遂完全变做日本人的奴隶了!

朝鲜的政治组织是极端不合理的。朝鲜的统治者,以天皇新任的总督为最高职,他统理各种政务,经内阁大臣的上奏而受裁可。在认为保持安宁秩序的必要时得向驻在朝鲜的海陆军司令官请求兵力的使用。他又能发布府令,规定处以一年以上之征役、禁锢、拘留,以及二百元以内的罚金等罚则。总督以下,设政务总监,扶佐总督以处理政务。在名义上朝鲜也有一个发表意志的机关,这就是所谓中枢院。中枢院约有七十人——这些都是朝鲜的贵族豪阀,自然不能代表民众的,而况这也不过是个谘问机关。

其次,日本为镇压朝鲜的反动起见,特用二师团的军队驻于朝鲜的要地。

统率陆军的司令官是天皇任命的，所以他的权限非常大，他随时随地都可以去镇压反动的民众！

在这样统治下朝鲜民众受得日本如何的保护，已很明显了。这里再抄几条“警察犯处法令”放在下面，看看朝鲜人在法律上的地位是怎样的。

一、无故强要会面，或有无故强谈和威迫行为者。

二、强迫加入团体者。

三、无故干涉他人之金钱交易，或任意劝诱诉讼与争议以及其他惹起纷扰之行为者。

四、任意聚众向官署请愿者。

五、造不稳之谣传，或揭示颁布即读各种不稳之文书图书诗歌者。

六、欺惑人众，散放流言，伪造虚报者。

七、任意站立他人之身前或追随之者。

什么“无故”，什么“不稳”，什么“强制”，什么“故意”——世界上那里能找出这么奇离的法律呢？日本人的头脑也还是太聪明了！

但压迫朝鲜的法律不单是“警察处罚令”。我们且再看保安法则，其中有两条是：

理事官受总督之命，检阅新闻纸原稿，如果有妨害安宁秩序之记载，得禁止之。

不受检阅而记载须禁止之事项时，发行人及编辑人处以一年以下之重锢禁及二百元以下之罚金。

在“保安法”上更有下列由条项：

警察官为保持安宁秩序，于必要时得限制禁止或解散集会，多数人之运动或群众。

关于政治上不稳之言论动作，或煽动嗾使他人及干涉他人之行为而妨害治安者，处以五十以上之苔刑十个月以下之禁狱或二年以下之惩役。

其他关于苛虐朝鲜人之条文不胜枚举，然而在上列各条中，我们已可以看出朝鲜人是怎样地受日人之压迫了！

最后，我们再把在朝鲜的官吏数及警察数分列于下，以反映日本帝国主义在朝鲜的政治组织。

(1)官吏数

朝鲜人	二〇,七二六人	一〇五五八千元
日本人	三二,二〇二人	三三三二七千元
其他	五	七千元
计	五二,九三三	四三,八九二

B警察数量(一九一八年)

警察机关	七五一
警察数	五,四〇二

(二)财政方面

朝鲜的民众既受到日本政治上的种种设施,但是这些费用那儿来的呢?

租税是占朝鲜总督府财政的重要部分,他的百分之五十五是地税,百分之三五是砂糖消费税及酒税等。地税的大部分是转嫁于佃农和借地人身上的,所以朝鲜的租税负担者大部分是朝鲜的劳苦民众。但是朝鲜总督府还每年由日本国库中取出一千五百万元多的补助金呢!这些补助金是由日本民众身上剥削下来去压迫朝鲜民众的!

要之,朝鲜的财政是朝鲜和日本的劳苦民众所负担的,然而他的用度却不在谋民众之利益,而反豢养了许多官吏警察来压迫朝鲜民众,以补助日本资产阶级发展其资本主义的经济。

(三)文化方面

朝鲜的教育权,是完全掌握在日本人手里的。日人在朝鲜,设有普通教育学校一千六百五十所、实业学校七十所、师范学校十四所、专门学校八所,他们的教育,不待说,是以“忠君爱国”为主旨的。朝鲜儿童的课程,则日文日语、日本历史很是重要,此外并注以日本特殊的风俗习惯,这些都是设法使朝鲜人同化的。至在学校方面,则将日本人与朝鲜人都分别教授。此外宗教思想在朝鲜学生中亦有很大的势力,特别是基督教教,这是利用了以麻醉朝鲜人的反抗情绪的!

(四)经济方面

占朝鲜民众大多数的农民(全户数三百四十八万户中,有二百七三万户)

是呻吟于三四重压迫之下的。他们的生活都非常贫困,因为:第一,他们是莫大的租税及关税的负担者。

第二,他们是被所谓东洋拓殖以及其他日本的大资本家的“产业开发”而牺牲的;他们被强制的以贱价出卖他们的土地!农民们的土地既被掠夺,于是便不得不到日本资本家的农场去,在酷烈的劳动条件之下结了雇佣契的,做奴隶牛马的劳动!

第三,他们幸而除了土地收买的危难,但附近农业社会化区域的农民,由于日本资本家之近代农业生产影响到他们,使他们的农业不能相竞争而衰落。

第四,他们有时尤其是秋荒不济的时候,便不得不向人借债,可是狡猾的日本人便要他们拿土地来抵押,利息又特别的高,结果农民的土地因为本利集积过多,不得不被没收了!

然而,日本的资本家却渐次富裕起来了。他们尽量的利用一切手段使他们的事业得着发展。真的,朝鲜的对外贸易额、公司和工厂几乎每年是在增加着的,然而主持这些产业的都是日本人啊!朝鲜人是很少有机会参加的。其他如计划了建设的铁道、矿山等也几乎全是日人占利的。

朝鲜的民众只是逐渐的贫困化,乡村的离开了土地而劳动者化,都市的失业者则流散于西伯利亚,无业的游民则成群结队于内地来往,受最低劣的工银和劳动条件的榨取。

总之,朝鲜人民的生活真是苦透顶了的。他们完全失却了人的资格,他们是在黑暗的非人生活中挣扎着!

三

从上面一段客观事实的描写看来,朝鲜全部的民众在这样严重压迫与无理摧残之下,他们必然的要反动起来,这是显然之事。所谓“三一”运动,不过是这种必然的反动之结晶罢了。

现在我们来分析“三一”运动的发动和其结合的成分。

在“三一”运动没有发生以前,朝鲜已经举行过三次剧烈的革命运动。

第一次革命运动的兴起是在一九〇七年。这次运动因朝鲜皇帝鉴于日本帝国主义的压迫而发生的。运动的方式是由朝鲜皇帝派代表至海牙和会请求援助。这次运动一点结果也没有,日本特派的朝鲜监督伊藤博文且因此把朝鲜皇帝废去,威迫新帝订保护条约七条,将韩国正式隶于日本帝国主义之下。

第二次则为自一九一〇年至一九一三年之各地的革命运动。这期间内各地都不断的发生反日统治的大小暴动,此仆彼兴,虽日人尽力压迫,终结仍未能将其完全消灭。这次运动实在是开了韩人反日本帝国主义的端绪的。

第三次运动也可以说是第二次的连续。这一次重大的事迹便是安重根刺杀伊藤博文的成功。这件事几乎传遍全世界，显示朝鲜人反日统治的运动是不会停止的。

以上的三次运动概由少数的智识分子实行个人暗杀或军事冒险，如安重根诸先烈的义举，固足以寒少数日本帝国主义走狗的胆，可是对于全高丽民族的解放运动，并无十分的裨益。比较能具有民族解放运动的意义的革命运动是从“三一”开始的。

一九一九年的三月一日，就是十二年前的今天，于十年来受着屈辱的待遇同法外的榨取而隐忍不作声息的朝鲜民众，再也熬不过去，只好蠢然发动了这一伟大的革命斗争。“朝鲜民众的指导者们”三十三人集合在汉城的塔洞公园朗读独立宣言书，群众充满着激昂与兴奋，狂叫“大韩独立万岁”！倘有不喊万岁的，他就是亲日派，就是卖国奴，就要受民众的脚拳交加。这样的一大民族解放运动激起了全朝鲜民众示威运动的波涛。日本帝国主义者及其走狗对于这一运动的镇压自然是必然的。日本的军队，将炮口准对了民众猛放；骑兵及骑马巡警的马蹄，在人群中乱蹴。割了腕的女学生，失了脚的男子们，遍地皆是。然而这些牺牲有什么用呢？他们是完全失败了！被日本帝国主义的武力镇压住了！实在，他们除了失败也是别无办法的。因为他们的斗争，从最初就不是有胜利把握的斗争。他们既没有革命的纲领，也没有坚强的组织，徒然属望于“威尔逊”式的民族自决原则，诉于日本政府及朝鲜总督府，还有各国政府，妄想靠他们的“正义”以给与朝鲜“独立”。何况从事这次运动的分子，差不多全是中产阶级以及学生、农民、妇女儿童；他们又都是徒手，这怎能和日本的军队对抗呢？虽然也有极少数的劳动者参加，但那并不是有组织的劳动者，在当时实不成为有力的战斗部队。所以这次失败是当然的。

至于“三一”运动之所以勃发，自然决非偶然。像当时指导者们所说的“为全朝鲜民族而奋起”，适成其为“高洁清廉的志士团”的主张，可是决不是根本的原因。根本的原因，乃在朝鲜资产阶级之经济的破产及日本帝国主义之野蛮的警察的专制政治。关于这一方面的事实，我们在前段已系统地分析过了。

“三一”运动虽然失败，却是很有意义的！“三一”运动是一个被压迫民族的反日帝国主义运动，但因为他的经济基础在封建社会里，所以这一个无组织的以民族上层分子做基础的反帝国主义运动，因此很少实际的斗争力量。上层社会的分子徒有其冲动的反抗热情，而没有看到历史的进化趋势，不了解科学的革命方法，所以终于失败。然而这完全是客观历史条件的限制，绝不是当时“三一”领袖与其群众之主观的错误。所以他是有意义的。至少在朝鲜的近代史上，他是有重要意义的。这和一九一六年四月一日以复活节为中心对英帝举起叛旗的爱尔兰国民革命，恰巧是可有同程度的评价的。若就朝鲜的近代史——自日韩合并之年以至今日——称加注意，便易了然。就是：日本帝国主义金融资本之更发挥其本分，是“三一”事件以后的事；朝鲜民众之受更大的压迫与榨取，是“三一”事件以后的事；乃至朝鲜大众离开封建的阶级层之手而走上革命的第一步，也是“三一”事件以后的事。所以“三一”运动在朝鲜近代的民族运动史上，甚至全部朝鲜历史上，始终占着极重要的地位，有伟大的历史价值，他的价值决不减于中国辛亥革命与“五四”运动。他虽然已遭惨败，但是我们可以从他的失败里寻到将来成功的真教训。

四

“三一”运动是带了民族解放色彩的反日本帝国主义统治运动，那次运动的主力是朝鲜社会比较上层的份子，为当时朝鲜的客观条件所限制，因而没有阶级的立场，没有战斗的群众力量，其结果是朝鲜民族运动的失败，日帝国主义对朝鲜的进攻愈发尖锐化。

可是在“三一”运动以后，因为日本帝国主义对朝鲜榨取的加紧，同时日本统治者为蒙蔽朝鲜民众的革命意识起见，对朝鲜的进攻又改变了直接的形势，结果朝鲜民族运动的阵线便分裂起来：一方面是朝鲜的民族资产阶级的背叛革命，他们甘作日帝国主义的走狗，协合地对朝鲜下层群众榨取；一方面却激发了朝鲜工农阶级的自觉，猛然地参加革命运动，而形成了朝鲜革命的一个新的阶段。

朝鲜革命形势的转变是“三一”以后方才开始的。从“三一”运动以后，朝鲜民众这才从受苦受难中觉悟过来。第一，他们觉悟了“三一”运动的失败是由于没有广大的群众基础，而必然的以工农阶级做革命的主力才能撤[彻]底的反日本帝国主义统治。第二，他们知道现在的世界趋势，认识革命必得要有国际的联合，才能打倒帝国主义，获得民族的独立自由。从此，朝鲜的革命便有了飞跃的进步，已由单纯的情感主义的反日运动，进而以革命民众——工农——为基础的革命了。

自一九一九年三月一日以后的朝鲜革命的确是有了急速的开展。革命刊物的发行，各种社团的组织，几乎风弥了全个韩国。朝鲜少年总联盟的少年运动与一九二八年的元山总罢工，便是足以代表朝鲜革命民众势力发展的概况的。

新近的光州学生事件，更鼓动了全朝鲜的革命运动。虽然日本帝国主义又照例的用屠杀政策把他镇压下去了，然而朝鲜的革命运动只是随着日本帝国主义的矛盾而日日地加紧，永远也不会衰退的！

五

我们现在迎着十二周年的“三一”！

朝鲜各地的勇敢的血迹可曾洗涤了？日本帝国主义者的横暴、榨取、虐杀——可曾减少了一分？卖国贼、政客及日本帝国主义的走狗是不是不但没有绝迹，反而增加了许多？

我们现在迎着十二周年的“三一”！

我直视目前的情状，找不出一点可以否定上述的疑问的材料！相反的，我们只看见日本帝国主义的刽子手们不断的在耀武扬威地大施屠杀，励行屠杀！

但是，我们是人，我们不能忍受！我们当起来继续“三一”运动，承继反日本帝国主义的精神！

我们现在迎着十二周年的“三一”！我们当牢记“三一”失败的原因。我们应仔细着清历史前进的趋向，尽力脱去封建的色彩，往进化的路上前进！尤须牢记的是，没有工农大众做革命基础的运动，决不能把握最后革命的胜利！

起来！继续“三一”运动精神！

朝鲜的革命民众！一切的被压迫民众，起来！我们的前途是充满着光明的！

一九三〇，三，一

（原载于《清华周刊》第 33 卷第 3、4 期，1930 年）

朝鲜独立运动的今昔观

璋

一、朝鲜和中国的历史关系

翻开中国上古史一看，知道在唐虞时代有个自称为“檀君”的桓王俭，建都平壤，国号朝鲜。桓氏之后，武王灭殷，封箕子于辽东，做朝鲜王。自是以还，其子孙遂建都平壤，朝鲜半岛的北部悉归箕氏版图，一直传到箕准。汉惠帝二年，箕氏被燕人卫满所吞并，取而代称朝鲜王，这就叫做“后朝鲜”，“檀君”时代叫做“前朝鲜”。

汉武帝元丰五年，卫氏灭亡。宣帝甘露四年，朝鲜属于中国的版图，此时京畿以南的地方，西部有马韩，东部有辰韩，南部有弁韩，称为“三韩”。“三韩”灭亡以后，西南有百济，东南有新罗，北部有高勾［句］丽，三国鼎足而立。新罗于唐高宗总章元章［年］，归附唐朝，百济和高句丽，到了后晋天福八年灭亡，他的臣子王建篡位，改国号为“后高丽”。

后高丽因蒙古人和倭寇时常侵略的关系，不久便衰弱。迨后明洪武二十五年，李成桂出而统一朝鲜半岛，仍改高丽为朝鲜，称曰“新朝鲜”。到了万历二十年的时候，日本侵略朝鲜，节节逼进，几被沦丧，幸明朝不断的援助，得以不亡。朝鲜做中国的附庸者，自有清以后，又二百余年，若从箕子建国计算起来，不下数千年，可见朝鲜和中国的历史关系，是很悠久的了。

二、日本攫取朝鲜的经过

朝鲜是中国的属邦，已有历史的证明。可是日本三岛，孤悬太平洋中，既阻于欧洲列强而不能西进，只得掉转头来向东方侵略，灭朝鲜，就是日本东进政策中的第二步，读西乡隆盛的《征韩论》，便显而易见。一八六三年（同治二年），大院君摄政，朝日屡有争议，日人来诘，清廷懵于公法，不知属邦无外交之义，贸然答曰："中国对于高丽，虽与封册及正朔，然其内治与和战，皆高丽自主，与中国无涉。"自是日本军舰遂开赴朝鲜半岛的江华湾，攻破朝鲜的炮台，朝鲜即与日本订下《江华条约》。其第一条明认朝鲜为自主国，与日本平等，意在破坏中朝的宗属关系。光绪十年，朝鲜新党起事，中日两国皆派兵前往平乱，订立《天津条约》，载明将来朝鲜有事时，中日两国或一国，如欲派兵，应先互行文知照。一八九五年，朝鲜又有东学党之乱，中日两国皆出兵往，事既平，我国欲援约与日本同时撤兵，日本不允，双方争执，遂启兵戎。是役的结果，订立《马关条约》，中国确认朝鲜为独立国，朝鲜遂事实上成为日本的保护国，宣统元年，日本宣告合并朝鲜，而向为我国蕃属的朝鲜者，至此竟完全断于日本！

三、日帝国统治下朝鲜独立运动的由来

第一，日本政治压迫的反响。

日本自并合朝鲜以后，便于朝鲜地方设置了一个朝鲜总督府。其总督系由日本天皇所任命，府中设有内务局，财务局、殖产局、警察局、学务局、法务局，以下所隶属的官署甚多，这些局署都是日本在政治方面压迫朝鲜的表现，今试举几条，警察犯处罚令列在下面：（有犯列各条之一者，都要受拘捕或罚款）

1.无故强要会面或无故强谈和威迫行为者；

2.强制加入团结者；

3.聚众滥向官署请愿或陈情者；

4.为不稳的隐语，或揭示、颁布、朗读、放吟不稳的文书、图画、诗歌者；

5.制造谣惑人心之流言、浮说及虚报者。

这种"警察犯处罚令"共有八十七项，上面不过是列举其中之五项罢了。还有"保安规则"第九条的第三和第十二项之规定如下：

1.理事官由统监的命令检阅新闻纸的原稿，得禁止有前条所述的纪载（妨害安宁、秩序等）。

2.不受检阅，或纪载被禁止之事项时，其发行人和编辑人的处分与前项同（即一年以下之禁锢或二百元以下之罚金）。

更有"保安法"上的规定是这样：

1.警察官为保持安宁秩序的必要时，得限制、禁止或解散集会群众运

动及群众集合等。

2.警察官于街路或其他公开场所，对于揭示及公布朗读文书、图画或言语形容及其他作为，恐有紊乱安宁秩序时，得命其停止。

3.关于政治的不稳言论动作，或煽动教唆他人，或干涉他人的行为，因而妨害治安者，处五十以上的笞刑、十个月以上的禁狱或二年以下的惩役。

4.关于政治的集合以及在屋外集会群众者，一律禁止。

我们从上面所述的看来，便知道日本对朝鲜政治压迫所以这样的厉害，无非是恐怕朝鲜人起而独立，日本惟其是恐怕朝鲜人独立，而朝鲜的独立运动竟因此而形成。

第二，日本经济侵略的反响。

朝鲜人民在日总督统治下，政治上既没有自由，经济上复被日政府剥削无余。日政府对朝鲜的经济侵略是：先把朝鲜人民的财产调查清楚，比如有几千元以上家产的人，便迫其聘请一个日本人替他管账，若数额到了五百元以上，就要勒令存入银行，取用的时候，须先把用途开清，经银行负责人许可后始能发给，同得并限制朝鲜的工商业，使其生产落后，以利日商的销路。此外，还有种种苛例，无论什么东西，都要抽税，就是贩卖小菜的人也要领牌，领牌税的征收额，是照物价征收百分之几，假如违抗税的话，就把全部东西充公，甚至还要抄家破产，至朝鲜的财政，是直接榨取朝鲜劳动者的专卖益金，而财政上的利益，他们却没有丝毫得着。

第三，日本文化侵略的反响。

朝鲜并没有独立的学校，而他自己的子弟又被日政府束缚不许自由留学中国和欧美，所以朝鲜的教育，完全以日本的教育为教育，儿童的课程，主要的则为日语日文和日本历史，凡是朝鲜的历史悉被焚毁，注入日本的特殊风俗习惯，冀使朝鲜人民尽归同化，因此朝鲜人的教育程度日渐低落，只知忠君，而不知爱国，有志之士就不能不起而反抗。

四、朝鲜独立运动的今昔观

照上面所述，朝鲜之所以亡国，一因为朝鲜民族不图自强之故，二因为日本之大陆政策，不能不先行占据朝鲜，朝鲜民族受此创痛，一时慌忙，寻不出若何方法来对付敌人，而激于情感和义愤，总想起而要求独立，是以在近二十年来的历史中，可以把朝鲜独立运动的经过，作一个分期的说明。

初期

这一期是从一九〇七年到一九一九年。当万国和平会议开会海牙时，韩帝曾密派代表李相卓[卨]、李玮钟、李隽[儁]三人赴会，请愿独立，并说明乙丑保护条约是日政片面的强订，未得韩帝同意，应即宣布无效，因此该会委员，遂查询韩帝有无遣使之事，谁知当时朝鲜邮电机关全操纵日人之手，故朝鲜总督伊藤博文乃假托韩帝名义，电复海牙，谓无遣使之事，此次运动遂告失败，自此次失败后，则有：(一)崔益铉、林秉瓒等的反日运动；(二)李麟荣、李殷赞、李裁求等的反日运动；(三)黄大成、赵秉[东]教、补[朴]汝城等的反日运动。在这每次的起伏中，以薄弱之力量，终敌不过日本武力的高压，完全失败，惟少数义勇军则出没于朝鲜南部智异山一带，继续奋斗垂二十年，其精神之伟大，足令我们无限的起敬。迨后多数同志，不能立足于国内，相率亡命海外，如南北满洲、西伯利亚、沿海洲一带以及美洲，在此数地的韩侨，大都从事教事作独立运动的中心，灌注民族思想与革命精神，纠合同志，组织团体，在我国东三省一带，因地理之便利，努力于军事上之预备，而在国内有志之士，不能全部出国者，则假宗教名义，秘密结社，如革命同志会、光复会、新民社、白婴社、少年大韩党、韩族会等是。至一九一六年秋冬间，以光复会为中坚，大举运动，势力及于全国，咸兴以南十二道(厚十三道)与夫南韩一带亦布置妥善，嗣因其首领朴尚镇等数十人，被捕下狱，刑死而事败。一九一八年秋冬，欧战将终，威尔逊之和平宣言一发，美洲方面世界弱小民族联合会亦于此时开会，朝鲜独立运动乃趁机爆发，即由美洲方面同志中派出代表参加弱小民族联合会，冀得国际间之同情与注意，并暴露日帝国主义者非人道的惨酷行为，同时上海侨袍和国内同志亦密派代表赴巴黎和会，向国际间表示朝鲜独立运动的意旨，求公正的援助，在这秘密活动中，适朝鲜旧帝被日人毒死之惨间，传播国内外，于是鲜人十年蕴结之抑怨，更认此为不可失之时机，遂锐意抗日。一九一九年二月，在日东京之朝鲜学生若干名首先发难，继之有三月一日轰轰烈烈的《大韩独立宣言》发表，当时百万民众，同声响应，高呼独立万岁，相率游行示威，举国若狂，此实为韩国民族史上空前的壮举！

中期

自一九一九年到一九二九年属于这一期。我们知道，从一九一九年三月一日的独立宣言发表后，韩国民族思想为之一变，日帝国主义者亦为之大惊失色，其压迫韩国的政策与手段，遂不能不稍稍变更，首先撤换其所谓总督长谷川，而代以斋藤实，改武力政治为文化政治，意欲软化韩国独立思潮，如政治方面，在各都、市、道、郡等行政机关，设立协议会，以备咨询；教育方面，则变更从的同化政策，减少日文课程，缓和学生心理，日本此种诡计，早被韩国人民烛破，故韩国革命党人，仍然进行其应做的独立运动，组织革命政府，统一号令，编练军队，购买枪械，兴办新闻杂志，实行流动讲演，介绍新文化于全韩民众，如是努力十余年，成绩大著，革命思潮和民族意识深入民间，所以目前农民劳工青年等团体之组织，无地不有，这与初期比较起来，真是倏飞猛进，已由智识阶级的领导转入于民众自觉运动。

近期

这一期是从一九二九年到现在（一九三〇年）。其实际情形，据一月二十日世界新闻社韩京特讯所说："距韩京约百余里之开域地方韩人，于十九日晚包围日警厅，袭击监狱，释放被捕学生，日军警闻讯奔至，遂开枪击毙学生三百余，于是各地互相呼应，继续举行反日运动，即日人经营之釜山纺织会社工人五千名亦均罢工参加，高呼'援助学生继续反日''夺还我们的自由'等口号，遂与日警冲突，用木棍、砖石投入日人商店及银行等各日人机关，形势转为严重，日警全体武装，一律动员，施行高压手段云。"自是以后，学生罢课，工人罢工，相持两月有余，各地大小冲突，不下数十百次，被捕者数达四万五千，被杀者达数千，这也许是韩国革命过程中的最大损失吧！此次起事的原因，据说：日帝国鉴于韩人独立思想的高涨，乃建立所谓警察纲，其内容于每十里之地点遍设警察驻在所，每一警察区域之中，画分数区，每区置秘密侦探一人，由秘密侦探侦查居民之一切行为及思想，警察厅于户口簿外，备置《要视察人（意谓需要视察之人）名簿》及《不逞鲜人名簿》各一，前者详纪智识份子之思想言论，以资随时参考，后者系国外亡命者之名簿。此次事件之发生，系由日警将上述两种名簿中记有姓名之人一一逮捕下狱，因而引起全韩学生之反抗，致有光州学生之被惨杀。而此次事件之所以起于南韩地方者，该地接近日本，日人所设之东洋拓殖会社，强迫韩人出卖土地，沃土肥田，尽入日人之手，韩人变充农奴，不堪虐待，遂有农民数千人包围日人地主家宅，要求减少田租，警察出而逮捕农民，即发生暴动，后与学生结合遂形成此次伟大的独立运动。兹更将今年五月五日新任朝总督宣布统治韩国新政纲，列举如下，以见一班[斑]：

1.奖励朝鲜固有之汉学，提倡儒教，以防止新思潮之浸染；

2.学校教育应加澈底改革，注重实业；

3.官立学校入学应加限制，负担年税二百元以上者，得有入学资格；

4.实施地方自治，应由城市地方开始，各地方自治团体应由日韩人共同组织，在自治团体中有选举及被选举权者，应限于有三千元以上之财产；

5.制定取缔私立学校法，不许滥设；

6.制定满洲及国外鲜人之警律，防止其活动及宣传。

上述各项政策宣布后，全韩舆论大为愤慨，各地学生运动益发猛进，斯亦日政府作法自毙，弄巧反拙罢！

五、最近韩人独立运动之国外活动

韩人独立运动之在国外进行者，以我国为显著，先就天津说，此间韩人闻国内独立运动的兴起，即联络各地志士，组织朝鲜大独立党筹备会，发表宣言，中有"我族与倭奴奋斗，无或间断，而今后应更加巩固民族团体，以制日人死命"，并附述四种主张如下：

1.积极破坏日人之统治机关，使之无法维持其统治。

2.援助学生，由示威运动进入暴动破坏。

3.反对自治运动，主张绝对独立；

4.将一切革命力量集中于大独立党，务最后一人最后一刻仍积极反抗日帝国主义。

次就北平说，今年一月十九日留平朝鲜学生接国内学生革命之讯，即在北平大学内召集全体大会，一致议决，通电中国各地韩学生，参加革命工作，储蓄革命基金，援助国内学生，电文甚长，措词悲壮，有"韩国学生青年之使命，为光复祖国，自由与死灭为目前分歧之两条路"等语。再就南京说，设有韩国独立党南京促成会，放今年二月十四日发布敬告中国国民党书，原文如次："亲爱的中国国民党同志们！贵党奉承总理孙中山先生之三民主义，领导四万万民众，完成国民革命，援助弱小民族，以进世界大同，韩国独立党十二分佩服，深愿握手同进，尤其是在东亚政治上，中韩革命，互有唇齿之关系，则中韩两民族，应当切实合作，共同奋斗。十九世纪地中海政治舞台上所演之脚本，今二十世纪太平洋政治舞台上再演，梅特涅压迫意大利革命，破坏德意志统一，欧洲文化由是停滞。但事顺公理，英佛援助，意德革命，终得成功，欧洲政局，即成均势，欧洲文化，长足发展，今韩半岛，乃亚洲之意大利半岛，处于太平洋之腰咽，为东洋平和之保障。若韩国不独立，则东洋和平终难实现，中国四万万同胞，竟不免唇亡齿寒之患，同时，中国，亚洲之德意志，彼日本帝国主义者，亚洲之梅特涅也，尽力压迫韩半岛革命，破坏中国统一，东亚文化由是不进，然梅特涅终不能阻止意大利革命，亦不得破坏德意志统一，克利米亚一战，意大利革命基础固立；普奥一战，德意志统一基础确定，意德同盟，足能克服梅特涅拿破仑三世之反动。我们中韩合作，岂难战胜日帝国主义乎?！日本帝国主义者，终莫能阻止中韩革命，我们要战胜日帝国主义，必须一番大流血方能成功。在如此东亚政局中，请贵党特别注意韩半岛独立运动，予以相当援助。我们此次独立运动，乃人类良心之自然发露，正义人道之正当表现，天下何物不堪阻止，最后必有成功，我们为我们的自由独立，伏我四千年历史之权威，合我二千万之忠勇热血，与日帝国主义，作最后奋斗，愿中国国民党同志，本乎先总理孙中山先生之遗训，伏依贵党革命精神，尽力援助敝国独立，则中朝革命之幸甚，东洋和平之幸甚矣！韩国独立党南京促成会敬告。”又再就东三省说，侨居我东三省之韩侨，成立东省韩人反日帝国主义大同盟，于今年二月十一日印发宣言，满纸血泪，令人愤起中怀，因原文过长，节录如下：

……我们同胞的血汗被他们（日本，下同）榨取去，我们的兄弟姊妹被他们凌虐侮辱了，我们两万多同胞都被投入牢狱，我们除了反抗革命外，还有其他可走的路？压力越大，我们反抗的力量，也应当同时加大，无所屈挠，无所畏缩，用我们的赤拳，战胜他们的枪炮；用我们热血铸成的正义之斧，斫折他们的魔头；用我们沸腾似潮的热血，吞啮日本帝国的心魂。

宁死，不生为奴隶……

上面仅就中国各地而言，其在欧美各国，未及备述，于此可知，弱小民族要求恢复独立自由的地位，是近代历史所告诉我们的事实，不过，一个民族在国际竞争场里，不发怎样地大物博，人口众多，不发有几千年的历史和文明，如果民族没有维持独立的力量，一定要被别种民族瓜分或吞并，所以我希望朝鲜国内外志士要把这个维持民族独立的力量厚集起来，然后才能挽救民族的危亡和复兴。

六、朝鲜独立与中国革命

朝鲜在地理上、文化上既与中国有深长的历史，现在朝鲜整个的处在日帝国主义者统治势力之下，而中国则无日不在日帝国主义者侵略之中，因此朝鲜和中国的两种反日运动，更有联合之必要，朝鲜革命同志，亦认定中国革命之成功，与朝鲜有极大的关系；而且认定朝鲜独立之成功，必在中国革命成功之后，所以要求中国援助其独立运动之心愈殷，而中国希望朝鲜早日独立之心亦愈切，尤其是中国国民党负有扶持世界弱小民族解放的重大使命，而对于同文同种的朝鲜更有互助之必要，总理中山先生说过："我们对于弱小民族，要扶持他；对于世界的列强，要抵抗他。"又说："我们今日在没有发达之先，立定扶倾济弱的志愿，将来到了强盛的时候，想到今日身受过丁列强政治经济压迫的痛苦，将来弱小民族如果也受这种痛苦，我们便要把那些帝国主义来销灭，那才算是治国平天下。"可知，本党奉行先总理主义以救中国，同时奉行先总理主义以救世界，不仅要使现在被压迫民族脱离压迫，而且要保证将来永无被压迫之民族发生，朝鲜的革命同志，明白了这个道理，当更进一步接受本党先总理所创造的三民主义而使之实现，才是真正自救救人的道理。

（原载于《宣传周报（湖南）》第 8 期，1930 年）

韩国民族终有解放的一日

真

日本从一九一〇年吞并了韩国以后，于今整整地二十周年。这二十年当中，韩国受日本的欺凌、压迫、剥削，蔑已加矣。照政治方面说，韩国的政治完全是日本包办的，韩人没有享受操政治之权，间有三数高等文官，亦不过日人用的一种拉拢豢养的手段罢了。谈到经济方面，全国的经济事业十九操在日人手里，所以韩人之富者渐渐地贫了，贫者渐渐地饿死了。至于文化方面，日本完全采一种愚民政策，学校里专授日本的文学与文化，韩国的文化与历史不许讲的，目的在造成未来的日本忠实的驯民、善良的走狗。照这样看来，韩人的血早已降到冰点，没有方法医治了。谁料“压迫力愈大反抗力愈太”这是物理学上的定律，一定不移的道理。所以韩国革命领袖吴东振继安重根出世了。吴东振虽已下狱，继吴而起者还是不乏其人。日人压迫日益加紧，而酿成光州大事变，结果死伤数百人，被拘者又数百人。因此革命空气弥漫于全韩。全国青年大呼特呼：

(一)援助光州投狱学生从速释放。

(二)韩国独立万岁。

(三)扑灭日本帝国主义。

(四)严惩光州行凶日本学生及警察。

(五)大众们一齐起来血战

韩人为谋民族独立而奋斗，而牺牲，他们不因艰辛而退却、而销沉，他们的民族精神如此伟大，实在令人钦佩。我想，这种民族在世界上不会灭亡的，势必有一解放之一日！我望韩人努力，坚持到底，尤望我国的革命同胞助他们一臂之力，共同来铲除此人类蟊贼、恶狼的日本帝国主义者。

(原载于《新声》第3、4期合刊，1930年)

朝鲜惨剧究竟谁造成?

佚名

（七月十五日《时事新报》东京通信）

自万宝山事件发生后，日本朝野故意张大其辞，宣传我国排斥鲜民，报纸上用大字登载万宝山传来之消息以唤起鲜日人民之注意。币原外相亦发表意见，谓因万案恐有不幸之局面发生，以示其政府之态度，各地鲜民惨杀华侨之事，乃因之发生，而首先暴动者为平壤，五日夜间九时，鲜民数千以百人或五百人为一集团，袭击华侨商店及住宅，所有华侨之商店皆被抢如洗，一无所存，被鲜人见获之华侨，多死于鲜人暴击之下，几无幸免，故未数小时，华侨死者已百余名，受伤者数百名，数日且波及日本各地，惨杀华侨之事件相继而起，如釜山汉川、镇南浦新义州、柴足面、开城、沙里院、元山、宣川、公州、清州、群山、光州等处，总计华侨死伤者约近万人，财产损失将逾千万。

鲜民在日本势力之下，极不自由，而在数小时集合数千暴徒，当非无周密之计划者所能做到，且华侨之居址，皆绘有地图，人数及职业均有详细调查，其为有计划之行动，是无疑义。在鲜民未暴发之先，日本警察所已接有报告，并知其内容甚详，而不防范于未然者，当另有原因在。及事发生，只见华侨受害，未闻拘捕暴徒，即有之，亦不过右手拘捕，左手放释，以避中国人耳目，距东京数十里地之大森町，有华侨三十余名，昨日上午有鲜民数十人，皆坐汽车，在大森街上游行，大呼惨杀中国人口号，并限定于次日上午十二时以前所有华侨离开大森，否则全部惨杀，定无一存，而华侨处此压迫之下，不能与之抗，于是全体离开该地，商店停闭，财产难保。

日本向东三省移民，为其大陆政策中主要之一，当后藤任满铁株式会社总裁时，有于二十年内移民三百万于满蒙之计划，彼并言移民政策成功，则东三省于实质上变为日本之领土，当日本农民生活指数高于东三省农民一倍有奇，是日人在满经营土地，仅能维生而无余益。且东三省气候严寒，日人甚畏，故日人向满移民，虽极力奖励，而获效甚微，于是改变政策，将鲜人移于东三省，日人移于朝鲜，则数十年后朝鲜竟为日本人，东三省全成朝鲜民矣，且日本在东三省有常驻之军队及设置之警察，借保护日侨为名，凡日人及鲜民所至之地，即为其军警势力所达之处，无异被其占有，此为日人侵略满蒙最严厉之政策也。

（原载于《日本研究（上海）》第 1 卷第 11 期，1931 年）

朝鲜之最近现状

佚名

客有东渡扶桑而折道过朝鲜者，顷归国抵沪，而于席次为言朝鲜现状至详，择尤记录以觇亡国自有其亡国之因果也。客谓车行道中，辘辘于日本、朝鲜交界间，探首窗外，顿时兴上下床之感。日本乡间，其整洁有致，初与都会无稍差异，是其民治精神普及，贯之表现，野无隙地，郊无寸土之荒。及高瞻至，或丘或山，而麦陇菜畦，随处均得见密密层层者。比及朝鲜乡间，则榛芜逼地，如入无人之境。其似田亩者，据同车者言，已为日人所经营保管。日有大员，常驻鲜京，发令司政，亦唯日人之命是听。朝鲜全国民众，染烟酒癖甚深，不迷离于吞云吐雾中，即浮沉于醉梦间。日人投其所好，设有多量之酿酒肆。朝鲜人天生懒性，不知储蓄为何事，作而食，作有余，食尽始作，所谓金不隔宿是也。地方温暖，终岁衣葛，人人着新，未见有敝旧者。客诧甚，又知无浇灌之，一事破而污者弃诸野，再衣新矣。家无物，犹国人之讥贫乏者曰"吃的在肚里，穿的在身上"是也。日人尚有其三大侵略：一曰经济，二曰文化，三曰土地。其侵略手段，利用朝鲜人之懒，常指使日国民携带三四百番走朝鲜，专营放印子钱，生意鲜民押地若干方尺，借款若干，为期至促。鲜民得钱，即不知再工作，转瞬期届，不可赎矣，土地乃为日有矣。

（原载于《真光》第30卷第8期，1931年）

朝鲜暴民排华惨案之背景

佚名

此次朝鲜暴民排华之背景，吾人稍加以探索，认为系日人挑拨、煽惑，而为日人有组织有计划的大规模的排华运动；然而日人之计划究竟何在，其背景究竟何若，吾人不能不再加以探索而说明之。

日帝国主义者自以为土地狭小人口过剩，欲维持日帝国之繁荣，必须向外移民或进行经济侵略，于是东京政府遂确定南进北进而个经国的传统政策。南进政策亦称海洋政策，以台湾为根据地，向南洋群岛及澳洲一带侵入。北进政策亦称大陆政策，以朝鲜关东洲为根据地，向中国北部侵入。吾人欲明了现今日本朝鲜一致确定所谓积极的新满蒙政策，当先明了此两种传统政策推行之形势。

日本在欧战起后，即趁火打劫，派兵占领太平洋上德属之玛林那群岛、马沙尔群岛、加罗林群岛。一九二一年巴黎和会之结果，该三岛即由国联委任日本管理。日本即以此为根据地而向澳洲南洋一带侵略。然此三岛之东北方即为美属之夏威夷群岛，其西方亦为美属之菲律滨群岛，其南方为英属新几内亚与俾斯马克群岛。日本欲向前发展，则直接与英美之势力冲突，而尤以对美为最恶化；盖日本所据之群岛，地当菲律滨与夏威夷群岛之间，在该群岛内可建筑军港，以切断美国与菲律滨之联络线，故美日在太平洋上之冲突日形尖锐化，吾人以为世界第二次大战如发生，当与太平洋必有极重要之关系，而日美又必为战争中之主角，无疑也。

日本北进侵略之对象则为中国，强弱之判，甚为显然。故日本于南进政策，仅见机而行，而于北进政策，则进行不遗余力。一八九四年，中日以朝鲜问题而宣战，为日本北进政策之第一次大跃进，一九〇四年日俄之战为日本北进政策之第二次大跃进。日本乘此两次战胜之余威，本可一举而占领满蒙，但以有英美之干涉（如英美新法铁道与对华新银行团之类）与苏俄之阻挠，遂致有志而不得逞。直至现在，乘世界多事之秋，以为于机可乘，遂欲将北进政策作第三次之大跃进焉。

世界经济恐慌扩大，各国关税与经济战争剧烈，已入于世界第二次大战之前夕。在此时机，欧美资本主义国家防制“北欧之熊”一如洪水猛兽，而与战前之防制德国相若。而苏俄益积极进行五年计划，欲以特殊之经济势力威胁资本主义国家；复整军经武，向东南之中国边疆侵略。既以武力攫取日本所谓满蒙政策之外蒙，复向内蒙进窥，此当为日本所不能堪，故日本欲乘此时机——第一，世界因经济恐慌而互列对垒的形势；第二，日人欲借口制俄以结欧美欢心，而排除苏俄在内外蒙之势力，以实行占领满蒙；第三，中国军队正忙于剿赤戡乱，而无暇北顾，日本在此形势之下遂有嗾使朝鲜暴民排之运动。

日人对满蒙既有积极实行占领之计划，故在月前即派兵遣将，布置已定，既以宇垣为朝鲜总督，复以内田为南满铁道总裁，此事吾人已屡有论述；现在此种计划已次第见诸实行矣。本来日人欲尽驱韩人入满蒙为侵略的先驱，而将其本部人民移居朝鲜；现今已挑起中韩人恶斗，如多杀韩人或事后重惩韩人，本为日本欲灭亡朝鲜种族之故技，不是怪异；如多杀华侨或华侨尽数被迫回里，亦为日人计划中之应□者，且假手于韩人以行之，而将恶名与责任将加诸韩人身上，以成其以毒攻毒或以夷制夷之政策。噫，日人之计诚狡而且毒矣！

吾人现今对此事件不惜详细叙述者：第一为警告吾国民，日人之计划，决不仅嗾使鲜人屠杀华侨而止；第二警告鲜人，毋堕其仇人之奸计，终至绝灭其种族而后已；第三为警世界各国民众，日人不惜以满蒙为巴尔干，而欲挑起世界第二次大战之暴发。

中韩及全世界各民众均应在此种形势之下，急起图之。

至于吾人在目前重大之责任；第一，当设法救济正在迫害中之华侨；第二，当积极整顿在满之韩民问题，以为防止新满蒙政策之手段；第三，竭力打破新满蒙政策，以保障东亚和平并以维持世界和平。

（原载于《广汉县党政旬刊》第 1 期，1931 年）

朝鲜烈士安重根

黄警顽

余幼读东亚史，得为国牺牲之英雄凡十数，尤敬佩朝鲜烈士安重根先生。安系农家子，目击本国奸臣之昏庸暗懦，荒淫无道，日本则欺凌侮辱，无所不至，环顾国人，又皆悚悚然无敢与抗，于是热血沸腾，决欲往杀日本首相伊藤博文以为快。平居卧薪尝胆，誓歼国敌，劳不乘车，暑不张伞，夙兴夜寐，奔走四方，果得伊藤行踪于哈尔滨车站，乘其不备，枪杀之而已，亦被执，旋殉难于旅顺日本监狱。当其被捕之际，仰天大笑，慷慨就缚，大义凛然，举世咸为起敬。十年前，余因韩国革命志士申圭植、李辅民二君亡命来沪识之，因常得与安君弟恭根、定根及其子俊生、女贤生相往还，追述安君就义事，莫不敌忾同仇，交相惕励焉。前年秋，余偕浙女中主持孙简文女士及秋瑾女、侠爱女、王桂芬女士至法租界永吉里探望安君母妻，相见甚欢，见室内遍悬安君故交挽联及遗像遗墨，凄凉悲壮，令人泫然。挽联以临时政府国务总理申圭植君一联为最恳切：如先生不愧为义士，问后死何以慰英灵。又仓昊君联：生无百岁，死留千秋，功盖三韩，名震万国。安君一生事业，以救国救人及反抗强权为己任，其身虽死，其而精神则永永不死矣。夏长无聊，检得其老母所赠合家欢图，亟为刊之中华图画杂志，盖安君生前与母妻儿女诀别之最后摄影也。

（原载于《中华》第 5 期，1931 年）

俄报之《日本出兵满洲论》

佚名
凤兮 译

（译自莫斯科《新闻报》）

满洲事件正在有极重要意义之发展，日军占领中国城市港口及沿南满铁路地带人口繁盛之各地，即满洲首府之沈阳、安东、牛庄等重要商埠，及中东铁道接连南满路之宽城子地方，均被占领。依各方来电，吾人所得知之占领区，已如此其大，其他荒僻各地，亦被占领，实有完全之可能，不过消息尚未传到而已。

沈阳政府事实上已不能行使职权，军队解除武装，武备根基之兵工厂被占领，即各重要之满洲银行，亦为日军所据。日人方面传来正式声明，谓占据事竣，谈判之时已届。又据日方正式消息，武力占领满洲，系因华军攻击及企图破坏日本戌[戍]军防卫之南满铁路，始有此举。然实际上在此事件之先，日方着着准备，已有数月，且已显然表明日方重要举动之将有军事性质。世人均知日本深表不满于中国内地（即十八省）事态之发展，及南京政府极端接近英美与日人竞争之影响。

至广东反南京政府之组织，日本亦颇占有相当重要之地位，无可讳言。该政府曾联合一切反国民党之份子，其外交部长之急于赴东京，为长时间之访问，岂徒然乎？

在其他方面，日本军界亦曾公然表示不满于沈阳与南京结合之政策。然而日本积极派注重之地，仍系满洲问题。日本在满洲二十五年来急进政策之结果，其所占之地位，大有殖民地独占式统治特权之慨。且依关东租界地南满铁路之巨大运输，实业联合公司与其让与及驻兵之治外法权地带，加以各项专约，订明及未订之非常特权，为之根据，实已成左右满洲问题之一大主体。然日本犹以为未足，更图扩充其势力范围，使其地位得最后之稳固。近年来中日两国在满洲之关系，彼此虽谓相安，然种种冲突误会悬而难决之案，日积日多。数月前已觉日本对此种种问题，拟力图为利己之解决。此次占领南满之轩然大波，使中日关系已急转直下成为极严重之形势。

考其发动之始，改派积极派政治家为满铁首领及朝鲜总督，然后开始中韩人民冲突，以其遍布于满洲之警察干涉之。其最重大者，则为万宝山案，更因之而屠杀华侨一百八十四人，驱朝鲜华侨九万余之大部份回国。嗣后日本在满洲之法西斯蒂团体，大形活动，日本报纸亦多公然唱对华压迫之论。本年五月间，满洲法西斯蒂式之日年青年联合会，于大连议决种种军事性质之提案，向其政府要求保持日本权利及对满蒙采坚决之办法。七月间日本阁议通过增加满鲜驻兵各一师之案，并在大连附近设立军用飞行根据地。八月间日报评论华北开始军事行动，意谓对各悬案坚决的提出要求之时机已至。八月四日陆南大将于师长会议演讲中，曾作极有意义之声明，谓“满蒙状态已感威胁”。八月末，大连新闻已直接要求占领满洲，以保障其不可侵犯之权利，并促使谈判各项悬案。

适于此时，日本军官中村旅行（参谋部派往收买蒙人，不然胡其重视之甚也?）东蒙僻地被害事件发生，满洲及日本内地各报论调，亦因之愈趋激烈。（并派炸张作霖案中主角之土肥原大佐，为关东军特务机关首领，显示将不利于张学良，因土肥原为最恨张学良者，视为张学良之仇人亦可。）九月间情形日加紧张。（日本各报一再揭载其各党首领演说之坚决表示及屡次阁议议决之强硬办法，并言及出兵。）结果军事当局竟有出兵满洲之举，何得有毁路之借口乎？

日本如出而谈判其具体大纲之中心问题，必为建筑铁路无疑，日本欲求得在满洲投资修筑铁路之权利，并归日本之监督所有新筑各铁路，连结中日已成各路，成一日人所计划之新路线，与中东铁路并行，而出口处即在鲜北，现正赶急拟补充修建之各日港，该路线不但在经济上即在军事上亦有极重要之意义。另一方面，日人早已反对华方自筑图与南满路竞争之铁路，要求华方放弃建筑接线之计划，因该路一成，足可巩固现在中国之铁路网，以对抗日本之路线。日本更欲对所有建筑各铁路线之日债，彼此发生连带责任，并使各该路完全受日人之监督，日资本家对此要求极为注意。日本之必须出此者，盖以中国现在铁路网相当程度，将与南满路发出相当之竞争。其尤要者，则为中国铁路建筑计划，将使外国（中美国等）易于投资，日本独占统治之权威，极受威胁。

然筑路不过为冲突问题之一，其尚有不能免于冲突者，则为日人在满之长期租地权（“二十一条”之商租，夙为中国所否认者）及日货纳税问题、贸易问题、鲜民问题等。鲜民在满数约百万，日本利用之以为进展工具之借口，不独在经济上依之为伸入满洲之政策，即在政治上行政上亦以为舍此殊鲜方便之途。

上述各项虽系日本提出谈判要求之骨干，而沈阳既被占领，其乘危而要求者。将更不止此也。况中村被害之洮南区域，空旷待垦，日本之垂涎，已非朝夕。从令暂置军上及铁路衔接上之重要性于不论，而日本恐该区吸入英美资本，亦必于此际提出特别要求。然则满洲今日之事件，已成为中日间长期冲突发展中非常显明之一阶段。若仅就中日关系研究，此事件实属大误，日在满洲向取避免冲突步骤，今决然诉诸武力，扩大其范围，占领全区中之精华，不能不使世人皆知中国国际关系、一般状况之严重进展。

其尤奇者，日内瓦之国联会议及创制非战条约之华盛顿各方面，对于日本此种行动，竟无如华人所预期之反对声浪。甚而日内瓦方面且有以满意的态度，接受日本代表之宣言。美国外交部且公然解释彼对日军占领满洲，并未觉有何抵触非战公约之处，不得不使一般人感想日本已与各帝国主义国家接洽妥切，然后始出此举。惟中国希望各国声援，虽招失效，而仍不能谓列强对于日人继续伸入满洲行为求不思为自利而对抗之也。盖帝国主义各国既受经济恐慌之祸，对华侵略之野心，当然随之日增，各国互相利益冲突，势所难免，且或日趋严重。盖中国乃各帝国主义国家之最好市场，夙已穷困不堪，而又益以经济恐慌之压迫，更无由满足各国之贪壑，势非日加其利益之冲突不止。故日人此举，在国际间为一极关重要之事件，不独使伪谈和平者，多演一番戏剧，日内瓦舞台上之俳优，多捉一次傀儡，且必成为国际情形，即无日人此举，亦已极紧张，况又兴波逐浪乎！环境如此，足使苏维埃社会舆论及全苏联劳动群众，以锐利之眼光，督视此事件，于兵凶战危之远东新洪炉中将若何推移。盖帝国主义者为掩饰其侵略政策，尚将另图反苏维埃之挑衅，以助其焰也。至于中国劳动群众，其国受空前之奇耻，愈足使之了然于中国陷入深渊，筋疲力尽，不能为任何之抵抗也。

（原载于《苏俄评论》第1卷第3号，1931年）

韩民与满洲之关系

佚名

近接哈尔滨通讯，谓日本拓殖省对于亡国之韩民，极力向我东北移殖，递遗韩地，以日本嫡系民族抵居之。韩民为日政府压迫，自民九至今，入东北者，截至去年止，总计为三百七十余万，散布地带，约分三区，一在辽宁安东及鸭绿江下游。人数约八十余万，一在嫩江流域及黑河附近，人数约三十余万；一在东铁哈绥线及延珲和汪等县，人数约二百余万。韩民党派，一为亲日派，二为国际共产党派，三为独立党派。今年日本复有移殖四十万之说云云。此为通讯之大概。其详情已由一月三十日本报披露，不再赘述。考朝鲜为亚洲古国之一，自周封箕子，是为韩国建邦之始。因与我国东北接壤，中韩交际，历代均有足征，具有悠久之历史。明清时代，臣服中土，朝贡不绝，完全为我之属国也。及前清宣统二年，即明治四十三年，日政府发表日韩合并条约，韩国版图，遂为日本囊括席卷以去。而拥有宗主权之中国，不能卵翼庇荫，坐视数千年附庸之国被人并吞，已愧歉不堪言状。今值韩国覆亡之后，其孑遗之人民，因受日本压迫侵虐，流离琐尾，寄生于我领土之内，以苟全其性命。以历史上关系论之，当然予以天覆地载，无深闭固拒之可言。哀哀韩民，未尝不为之一掬同情之泪也。

惟日本欧战以后，国富日益膨涨[胀]，生齿日益繁多，食粮亦日益缺乏，于是日人所持之大陆政策，遂以朝鲜为初步，以满洲为中心，亟思移其过剩之人口，遍殖于满蒙各处。故于民国四年一月十八日，破国际惯例，提出“二十一条”之要求。我国迫于强权之胁威，于五月二十五日与之签订中日条约。而日本在满洲之特殊权益，乃愈以扩大其范围，即以第二条所订商租权解释之，则日本臣民有永远租用南满地亩之权。不数年间，满洲一隅即可变为日本之殖民地。嗣因国人群起反对，故商租权细目之协定，至今未能实现，而日人之殖民政策，终时有情格势禁之虞。日政府有鉴于此，改变方针，乃驱令朝鲜境内之韩民，携眷赴满，从事农商各业，杂居东北各省，以为大和民族西渐之前驱。而入满之韩民，以服田力穑垦种水稻者为数最伙，一俟其侵占之农产，窃取之地权，根基牢固，即为异日交涉而租权之凭借。试观日本驻满各领事，暨朝鲜总督所派之驻满出张员，均负有保护韩民之职责。去年曾着手调查在满韩民之户籍及其经营之职业，现在日本方面，对于韩民归化中国问题，极为注意。其一般政客之主张，多谓在满未得有地权者，不妨听其归化，如已得有地权者，则宜设法禁止。盖以归化之目的，以能否取得地权为标准。例如间岛一带之韩民，实际上多已享有土地所有权，已无归化中国之必要。况近来间岛东宁及延吉等处之韩民，多为赤化思想所浸润，时有"组织革命团体对日反动以谋光复其故国者"归化中国以后日警即难以取缔，前途颇可忧虑"等语。观上述日方之主张，可谓其操心也危其虑患也深矣。

夫韩民之移殖满洲，既有日本帝国主义之背景、侵略政策之后盾，我东北各省当局，务宜特殊注意，急筹根本防范之对策。去年闻吉林省政府，以境内韩民与土地主权极有关系，劝导韩民入籍，免被日人所利用。前月又闻黑龙江当局，对于民间所用韩民佃户，通饬解雇，以弭祸本而维地权。因鉴于狼子之野心，不得不厉行取缔，亦我方迫不获已之举也。而日本一般之言论，屡以我当局虐待韩民为言，只谋不遗余力。试思朝鲜十三道人口总数，计为一千八百六十三万余人，且面积甚广，物产甚丰，生聚此一千余万之韩人，本可绰有余裕，并无出国谋生之必要。又闻韩民之入满者，在其本国多为小康之家，安土重迁，亦不愿腼颜生息于他邦之宇下。特以历任朝鲜总督治韩政策，繁苛酷烈，韩人日不聊生，而日人之移殖朝鲜者，逐年增多，鳞萃麕集，喧宾夺主，已成鹊巢鸠居之局面。虽欲不出国谋生，乌可得哉。去年东京出版之《日支杂志》载有千家氏所著《在满鲜人归化问题》一文，内谓朝鲜人因受近代政治的经济的压迫，纷纷弃其故土，而求生计于满洲。又谓奖励内地人移住朝鲜，而追放韩人于国外，思之令人黯然。且在朝鲜统治之前途，亦极为危险之设施。据千家氏以上数语，与本报哈埠通信所谓韩民递遗之地，以日本嫡系民族居之之言，岂非若合符节乎。日政府如此侵逼韩民，迫之移满，及稍经我当局之取缔，即訾为虐待韩民，天壤间真无丝毫之公理矣。要之韩民之移殖满洲者，果能正式入籍，归化我国，安分守法，当然一视同仁。其不知自爱者，甘心为虎作伥，有不利于东北之举动，即宜严重查办，克日驱逐出境，不使溷迹于腹地，以保我国土，肃清内奸。窃盼东北各当局严密防维，勿以此亡国之民为不足介意则幸矣。

（原载于《益世报(天津)》1931 年 2 月 1 日）

如何对付暴倭？

［韩国］林彬

西谚云“天助自助者”，实为万古不朽之格言也。无突破难关，自辟新路之独立性，而徒希旁人之援助，空想命运之侥幸者，非可怜可悯者乎！

方今中国，陷于天灾人祸之涡中，首尾不能相顾。美国以八百万失业群之问题，无暇他顾。英国遭遇三万万印度人之反抗，常怀恐怖。当此列国政局不安之际，东亚风云暗淡之时，日人突然取迅雷不及掩耳的军事行动，欲实现彼等之三百年政策（自丰臣秀吉以来），而并吞满蒙二百万方英里之大陆，而为其基础，东省了［之］重要城池，正告陷落，重要之军事机关，已被焚毁，而我方已受大打击。当此危急存止之秋，同胞将取如何之手段及方法而对之？

政府为寒暑表，人民为空气，视人民热心之程度，而政府之工作的能率因而加减。吾人虽以千万语激厉政府使取革命的外交手段而严重抗议，取革命的军事行动而恢复国土，但政府抑有何能力而快雪我等积年之耻辱，达到我等之最高的理想？

中国人每有不肯直接的行动而欲因人成事之倾向，亦有好发大语壮谈而谋避实际的危险之趋势。国民有如此之特性，安能联合世界以平等待我之诸民族？何日能废除一切不平等条约乎？

今者敌人踏被我城池，焚毁我厅署，我等惟延首而盼望国际联盟之来救乎？国际联盟者何？不过是二三个野心勃勃之帝国主义者欺人机关耳！

同胞！我等惟有一个可取之方法，即传檄于全国，将十八岁以上四十岁以下者不论贫富（当兵本不是苦力独特之天职也）总动员起来，使全国有产者办出军费，与三岛之倭奴试个尔死我活，以驱逐彼强敌之势力，保护我祖国之疆土，是余之所望者也。

全国青年总动员起来！

全国有产者快办备军资来！

此不是一时的兴奋的盲目的叫呼，笔者确信此是制胜之计策。

同胞乎，只须全国一心，抛弃私见努力杀敌报仇，非不可能也。

（原载于《民间》第1卷第17期，1931年）

日本铁蹄下之朝鲜

佚名

韩京通信：日本并合朝鲜已二十一年，其统治之成绩果如何耶？日政治犯、思想犯之激增也，大众之贫穷化也，韩人之离其故土而散之四方也。自去年光州事件及全国学生反日运动以来，日人对朝鲜之政策，已弃政治上之抚摩手段及教育上之同化，而注重掌握韩人经济命脉，此日本殖民政策之一大转换也。兹将最近朝鲜政治、经济上种种情况述其概略，以供国人之参考焉。

苛税新设。总督府统治下，韩人之负担年有增加。本年谷价暴落，农民不堪负担之苦，于是弃其田地，于夜中逃走者日有所闻。在此状态之下，总督府竟通过增税案，并新设空地税、庭园地税、麻雀税及私设墓地税等种种苛税。一般地主则增收佃租，转嫁其负担于佃农身上。

丰年恐慌。朝鲜去年度五谷收成均称大丰，而米价暴落，一担米之价最高不过四五元，佃户地主之收入均不敷支出，形成离奇之丰年恐慌。

土地侵略。据日本殖产局农务课最近调查，在朝鲜境内日本人所占据之农地，除官公机关所有三百四十万町步外，专由日人个人能力占夺农地之总面积达二十二万町步，略占全韩农地十九分之一，与东洋拓殖公司所有田地合计之，可达全韩农地四分之一。循此以往，韩人不久将全失其农地，举全民族而变成无寸土之无产民族，可预卜也。

革命急进。目下韩人革命战线分左右两翼，左翼与中国共党合同，进行种种猛烈之破坏运动；右翼则进展迅速，倾向于大同，团结各种小组，融化于大独立党。国内国外之革命人士互相策应，有席卷全韩之势，其组织颇为严密。为避免日人察觉计，严守秘密，其内部情形绝不向外泄露，于暗中进行工作。闻大独立党之总本部设在上海，党员已有四千人。

日人高压。日当局鉴于韩人革命怒潮日形澎涨，极感不安，遂设思想检事，以资取缔。从思想上制止反抗运动之萌芽，其防备之周，可谓无微不至。

更有可注意者，本年二月，总督府召集全韩判检事会议，讨论处罚革命党员之方针一致。议决采用严罚主义，废止酌量灭刑之制，犯者一律处以严罚不贷。并决设思想犯独囚制，以防革命党员在监狱中互通消息、散播革命思想云。

二十四五，上海《民国日报》

（原载于《日本研究（上海）》第1卷第9期，1931年）

日人谋东北之野心

[韩国]林彬

东省腹背受敌,进退维谷之地也。赤色帝国主义者酿祸于北,白色帝国主义者窥视于南,而人民之训练尚待时日,社会之秩序犹缺整理,有强壮之身体者虽多,具奋斗之精神者有限,多抱个人主义,而少合作精神。至若春来秋去之关内流民,本无恒产恒心之众,虽有万千,不可深靠。外有帝国主义之联合侵略,内乏革命民众之团结反抗,可谓难守难治之地也。

外人欲吞东省者何故?

满洲及东内蒙部之面积,有二百四十七万五千方英里,比美国之三百万方英里稍小。人口有二千八百万,比韩国之二千三百万稍多。辽宁一省之面积,亦有四十九万五千方英里,比日本之十五万方英里约三倍有余;而人口有一千三百五十万,仅日本人口五分之一也。气候风土,均适于农业,每年产额甚大,若采用科学方法积极改良,将为世界上屈指之农产地。此外又有埋藏地下无量数之矿物,兹将日人已着手采掘之抚顺煤坑一隅言之(照日政府之报告表)。

抚顺煤坑之周围,东西十三英里,南北四英里,面积为一千八百万坪(一坪等于六方英尺),煤之埋藏量可算十万万吨,一年之产量为七百三十万吨,一日之产量为二万吨,今后可继续一百年保持现在的产量。又出石油,其一年之产量重油七万吨、巴罗宾油(Paraffin-oil)一万吨、硫酸安母尼亚(Ammanium Sulphite)二万吨、骸炭五千吨(采掘之设备还不完全),其原料之埋藏量约有五十万万吨,真可谓无尽之富源、绝世之宝库也。

除此,日人之所经营者外,又有本溪湖煤铁公司,规模亦大,鞍山制铁所年产铣铁二十七万吨,而铸造兵器又有昭和制钢所,此乃方今建设中之规模最大者。由上言之,东省不但是亚洲第一之农业区,抑亦是世界有数之矿产地也,列强帝国，谁不垂涎？满洲为第二世界大战之原因云云者，亦非无因也。

日本之所谓满蒙政策如何？

日本历代之政策，欲并吞满蒙而建设大陆的帝国，是世所共知者也。经略方法之一为经济侵略。日政府补助南满铁道会社敷设铁路，建设都市，筑造港口，而掌握交通及商工业之实权，购买农土，占领未垦地，而奖励移植人民。满铁会社投资之额已过七万万金圆(二年前报告)，役员共有三万九千人。大连港之码头，延长有一万四千〇六十英尺，停泊三十余只之大轮船，而犹有余地。是东亚最良之港口，日人侵入满蒙之捷径也。日本之满蒙政策，可谓水陆并进矣。

经略方法之二为武力。自旅顺、铁岭、长春、沈阳为始，各咽喉之地，屯之以精兵，各重要之市，置之以警察。军用电报电话，如蜘蛛网，而无处不通，警备可谓充实，而犹憾不足。去年又编二十四个流动警察队，巡视各地，侦察机密。又筑十六处炮台，暗窥机会，朝夕练习，万般皆备，而待口实。余之为此言，并非危言悚听，惊动人心。试举一例，年前郭松龄率关外精兵六七万长驱直进，奉天陷落之说，遐迩皆闻。其时驻韩国平壤之日军第七十七联队八百人，用韩信暗渡陈仓之计，穿中国军服夜击新民屯，一霎时间，百倍之郭军土崩瓦解。其准备之充分，用意之鬼密，行动之狡诈，野心之暴露，可见一斑。

在满韩人果愿作日人走狗而为侵略东北之先锋乎？

韩侨之居东省者不下一百五十万人，而其中因衣食问题，被日人之利用者，至多不过数千，因思想之左倾，作赤俄之徒党者亦不过几百，其外一百四十九万人，无非怀亡国之恨，而卧薪尝胆誓曰："宁愿与日偕亡，不愿戴天共生。"梦寐之间，亦设计打倒日本，而光复韩土，岂能甘作日本之走狗，而反侵害我同种之中国乎？东省之中警及一部人民除恨亲日派韩人之跋扈，然欲制之，而能力不及，欲惩之而法权有限，乃转怒于在彼等所管下无力之韩农，以高丽二字为世界上最卑贱之名词，以亡国奴三字作箕圣子孙之唯一称号，惨剧连日而起，悲报接踵而至呜呼！走狗可烹，狐兔何罪！

韩族自日本并合之后，恨入骨髓，故于一九一九年三月一日，二千万大众一心奋起，血染三千里，声振全世界，作东亚空前之反抗运动，以震动帝国主义者等之心肝，兴奋被压诸族之神经，实是东方革命史上之新纪录也。民意已显，夫复何疑？

窃思华人受日本之侮辱侵害，不亚于韩民，又以世界上最大之国家，受辱于世界上最小之岛国，而过去四十年来，反无全国一致之组织的反抗运动，又不见一个安重根，年年兵革不过内乱，反为第三者之利用，而招人耻笑，良可叹也。韩国形式虽亡民族精神犹在，愿诸公勿虑焉。

近来东省官宪，每指韩国青年，惭曰共产党，无罪之良家子弟，受嫌疑而作牺牲者，其实不少，此大误解也。韩族之中心势力，是韩国民族党，即韩国独立党是也。韩国独立党如海底之冰山表面无所显露，然隐然中形成韩族之绝对势力，招钟一扣之时，二千万跃起之日也。左倾、右倾等轨外分子，不足为虑也。

今番排华运动之内幕如何?

自万宝山一部愚昧韩农，被假慈悲倭狐之诱惑而发生中日争执以后，韩境之各报，日发三回急报，扬言在满百万韩侨之性命危在顷刻，宛然如战时之警报。父母妻子望北而号哭，亲戚故旧仰天而叹息，一霎时间，全国汹涌，宛如沸鼎，各地失业之工人，不待详细调查，而大肆暴行。残害无辜之生灵，破坏巨大之财产，玷辱我四千年之历史，伤害我两民族之友谊，闻之酸鼻，言之痛心。韩国有识之士，谁禁吃惊失色！于是自国内天道教、基督教、佛教等宗教界代表人物，各社会团体代表人物，《东亚日报》《朝鲜日报》《东光杂志》等言论机关的代表人物，国外吉林韩侨联合会，美洲韩人国民会，荷卧伊韩人国民会，上海韩人各团体联合会等，打电驰文，晓喻被惑之群众暴露某国之阴险政策，群众亦大觉前非，然后悔莫及。徒痛恨离间者之奸策而已。

日本煽动排华之真意在何?

彼等希望者，东省华人大举报仇，虐杀韩侨也。即使如彼等之所期而有不稳之形势后，必利用保护韩民之美名，而布告于列国，出动蓄锐日久之精兵，占领各重要之区域，派遣大队之宪兵巡查，把守各要害之地点，干涉中国之内政，掌握东北之实权，强要杂居买地之特权，勒索军费警费之赔偿，而将东亚之富库充其口腹也。万国公法本不如一门大炮，谁愿为弱者之友而作强者之雠。其如国际联盟者，本是几个帝国主义者之自卫机关，对于被压迫民族，有害无益也。

中国同胞，日本之野心已露，东北之危机已迫，国家之主权动摇，亚洲之风云暗黑，诸位有何决心，现在高喝大叫之非买同盟。若有巩固的组织、恒久的决心，亦是甚有力之消极的反抗。但照从前之例，只恐终成泡影也。诸公徒有冲天之怒气，终无破敌之武力，诚可叹者也。

现在我们高呼着：

一、唤起全国民众，厉行革命的外交！
二、组织全国青年而授以军事的训练。
三、组织弱小民族联盟而相互应援！

（原载于《民间》第 1 卷第 15 期，1931 年）

读韩人佳电

王白石

倭奴因万宝山案件理曲在彼，乃挑拨韩人，作排华之举；我侨韩同胞被残杀者，不可计数，侨胞财产之损害，亦不可以数计，是皆韩人甘为倭奴所利用，而锡我侨胞以旷古未有之惨杀也；倭奴以此二案，其曲胥在于彼，遂以中村之被害诬我，突然入寇，占我东北三省，揆源厥因，肇端实缘韩人受日之愚。兹读佳电，能不追念前由；爰于哀痛之下，寅告韩人继嗣今弗复为倭奴所利用，幸已！（原电录后）

对日本侵占东北通电

衔略，凶彼岛猹，乘夜动兵，攻城杀将，焚荡要镇，南自安东，北至哈长，东自延珲和旺，西及辽河之外，万里长驰，如入无人之境，三韩之人，为之裂眦，况贵国将领与民众乎！金人之南下也，犹有一个岳武穆；清人之攻宁远也，尚有袁崇焕之死守。窃想今日方长之贵国，非垂亡之宋明，彼日本崩坏之兆已显，实无金清肇与之勇；且不宣而战者盗也，不战而和者降也，彼既为盗，欲降于盗乎？今贵国闻鼙鼓于幽燕，交玉帛于吴越，唯镇静之是守，赖联盟而欲振，岂不知联盟者，为强盗之结社者乎？与其诉盗于盗，毋宁格杀其盗。苟能数百万武装之勇，举中国决死而战，则二千万之三韩，请为先锋，不辞肝脑涂地，揆以中韩连带之责，不辞一言，颙望贵国官民，认友于内，认敌于外，一致决死，誓除倭寇，临迫驰电，不尽所怀！

上海韩人各团体联合会佳叩

（原载于《东方评论》第 1 卷第 2 期，1931 年）

一九三〇年朝鲜运动之概况（节选）

愚岩

血迹满涂的二十余年朝鲜运动史，是为了争取朝鲜民族自身的解放和自由而打倒日本帝国主义的独立运动。虽然在朝鲜运动者之间，因主义、思想、观察等等的条件的差异，对于运动的基本观念、终极的目的和原则的战略上，有些不同的地方。然而对于普遍的过程和目的——“打倒日本帝国主义”和“完成朝鲜的独立”，却是完全一致的。朝鲜民族的意识的生存运动，无论在形态上是阶级的或民族的，个人的或团体的，都不能不积极的集中到反日本帝国主义运动的阵营里——就是朝鲜独立运动的阵营里。因为朝鲜民族的个人的或阶级的生存上之利害关系，是彻头彻尾与日本帝国主义相背驰的缘故！

日本帝国主义的侵略政策愈残暴，朝鲜民族的反日本帝国主义运动愈扩大而激烈化。朝鲜民族的独立运动，随着岁时的移流，扩张它的范围和势力。运动的步骤，由个人的进到团体的，由地方的进到全国的，由散漫的进到组织的，转换无底止，像燎原的巨火，日益扩大其形势，这不但是朝鲜民族为获得自身的解放和自由的斗争，同时也是和所有的被压迫群众为完成世界革命而作的猛烈前哨战。

一九三〇年的朝鲜运动，就是以上所述的朝鲜革命运动的历史的延长。所以，当要充分说明一九三〇年的朝鲜运动，非把朝鲜运动的过去历史先说明，然后再论及一九三〇年的朝鲜运动不可。然而，朝鲜运动的过去历史之复杂多端，非在此短篇论文里所能圆满介绍完的。因此在本文的范围内，只把一九三〇年朝鲜运动的梗概介绍一下，以供诸位的参考。

（二）一九三〇年朝鲜运动中之诸重要事件

我们现在要在此叙述的一九三〇年中之诸重要事件，是由于已在上面所说的日本帝国主义者的政治的、文化的、经济的压迫反拨而起的。当要详细的叙述这些运动以前，我们须先把它的种类和系统分析请楚，然后再把它分别说明。但一九三〇年的朝鲜运动，实在复杂多端，又因作者的个人关系，在此也只好把运动中的重要事件，按着次序摘录下去，以供诸位的参考。

1.学生独立运动

这事件是在朝鲜光州发生的。一九二九年十月三十日日本中学生福田等在火车上调戏朝鲜女学生朴奇玉，为事件发端的动机，结果像怒潮澎湃一般的激动了朝鲜全土的革命运动，一直延长到一九三〇年二月。这事件已经累次公布于世上，所以在此只概括的叙述一下。

当时，三个朝鲜中学生目睹日本学生侮辱朝鲜女学生的景况，要制止日本学生的野蛮卑鄙的猥劣行为，经过激烈的口战，而日本学生不但不能反省自己的非行，反预备凶器，与多数日本学生为伙，向朝鲜学生表示挑战的态度，并且同时光州警察、在乡军人和消防队等，无条件的应援日本学生，压迫朝鲜学生。结果，没有携带武器的朝鲜学生等，当场受重伤鲜血淋漓者，有十余人，被日本警察检举的，实不知其数。于是朝鲜学生无不激愤填胸，巩固复仇的决意，为救出无理被捕的同学，聚集于狱门，散布檄文，喊叫夺还同志的标语，二百余个学生又被牺牲了。而且，光州高等女学校的学生张梅性等，受了警察的野蛮的拷问，昏绝数次，很多的男学生也因极度的非刑，失神昏倒了。

朝鲜十三道的数万学生，听了这番消息，一齐蹶起，高喊“朝鲜独立万岁”，“打倒日本帝国主义”等目的口号和“撤废殖民地奴隶教育制度”“夺还因光州事件被捕的同志”等行动口号，用以集会演说、游行示威、散布檄文、与警察队格斗、同盟罢课、寄宿生和被捕生的同盟断食、夺还被捕者、互相激励、曝露非刑拷问和殖民地奴隶教育的真像等等的斗争方法，展开了猛烈的反抗运动。

在朝鲜，有二千七百二十四个官公立私立学校，学生总数有六十三万五千九百余人。其中一百八十四校的四万二千七百余个中学生和十二校的二千七百余个专门学校的学生和大学生，是这次运动的中枢势力。直到一九三〇年的一月，小学生和幼稚园的学生也都参加到运动的火线上，而被检举者总数，实有三千五百余人之多。

日本帝国主义者从强夺朝鲜的一九一〇年起，对于朝鲜青年学生，强制施行了奴隶教育，以防止政治的自觉，减低民族反抗的势力，好比以日语为国语，而禁止国语的朝鲜语，日本历史为国史，而严禁四千年的朝鲜历史的教授，间或在教科书中有朝鲜历史，也就当作边民野史来讲解，除此以外，不过是摘发了被征服者的屈辱状况。教授的百分之八十以上是日本人，他们把一切日本的祭典祝仪和风俗习惯，都看成很高尚很文明，强使朝鲜人归服于日本人，而且把一切的朝鲜文化均视为野蛮，以消灭朝鲜学生的民族意识，盲目的信赖日本民族的风俗礼节绝对的优越。他们又绝对的严禁学生集会，不许读社会思想的书籍，密探学生的思想，稍微有革命意识的学生，当作“不稳”，命令黜学。

他们虽在二十年中继续了如斯的教育方针，然而朝鲜学生的民族意识和反抗奴隶教育的气势，却日益高涨，即一九二九年到一九三〇年的朝鲜学生运动，也可以充分的证明。

2.釜山朝鲜纺绩会社之罢工运动

日本资本家在釜山所设立的朝鲜纺续[绩]会社，内有工人三千余名，当此独立运动的浪潮澎湃之下，他们自然是不会缄默的。他们首先向厂主提出五条改善的条件，竟遭拒绝，一月十日，他们的宣言立刻发现于厂内，二千二百七十余名的男女工人，举行他们悲壮的总罢工运动，而厂主不但不理这回事，反把未及出厂的女工七百七十四名、男工二百十五名，全数监禁于厂内，并且日人干事员与武装警察宪兵等，各持武器，毒殴九百余名的男女工人，极尽其兽性之蛮狠！厂外罢工工友，一面组织罢业团和纠察队，一面向厂主提出十二项要求。其中最要紧的一项——其实是朝鲜任何罢工潮所必争的一项——是要求韩日工人差别待遇的废止。厂主不但不理，并像待囚犯一样，监禁厂内的男女工人。七百余女士曾经一度同盟罢食，二次外出暴动，均被横蛮地制止住。（本条详情请参看本刊第一卷第四期一二九页。兹不详述。）

3.海外朝鲜人对于内地学生独立运动的应援

内地的学生运动渐渐扩大，海外的朝鲜革命运动者，为应援学生运动，各在其所在地（满洲、北平、天津、上海、美洲等地）临时组织了各团体的联合应援队，把内地运动的真像向外宣传，并各派代表到朝鲜内地，策划内地运动的扩大和持久。

4.在北满朝鲜共产党的暴动

五月三十日，在龙井（延吉县）延边一带，对日本官宪起了大暴动，这是朝鲜共产党满洲总局的策动。从此起始的朝鲜共产党的暴动，至今还在继续着。然而在一九三〇年的春期，他们已经解散了朝鲜共产党满洲总局（据说是第三国际的指令），而所属于满洲总局的朝鲜人党员，一齐加入中国共产党。这次五月末的间岛暴动，事实上是在中国共产党的指导之下进行着。所以这次运动虽然是朝鲜人，然而难免有些不是纯粹的朝鲜运动。

5.火药库占领大计划之发觉

ML共产党(第三次朝鲜共产党)后继咸兴共产党党员,要在七月十七日,一方面在咸镜南道咸兴郡兴南面的朝鲜窒素肥料会社内散布檄文,一方面袭击在利原郡的铁山铁矿。并且要占领朝鲜窒素肥料会社工厂内的火药库——这个大计划,未成功而于七月十五日被日本警察的精明的侦探所发觉,当即被检举去一百一十余人。

6.端川暴动

本来朝鲜的森林取缔法,和其他的法律,是一样的无道理。总督府与道当局均以严密的法令,禁止一切国有林以至私有林的自由采伐,甚而至于连落叶也不许拾集。因此朝鲜村间往往惹起燃料的恐慌而至犯罪。兹举昭和三年中在国有林内发生的犯罪件数,有四千八百零四件,由此数字之表示,足以推测燃料恐慌是如何的惨烈和森林取缔法是如何的苛酷。朝鲜乡村农民,因农业生产品价格的低落,已陷于水深火热的困境,再加之森林法之惨酷的取缔,遂惹起燃料的恐慌,一般民众的积愤,乃于七月二十一日在咸镜南道端川地方爆发。当日咸镜南道端川郡何多面的数千人民,以当地森林主事者和村民个人的感情冲突为其导火线,一齐高喊"打倒森林组合""撤废森林取缔法"等等口号,排成长蛇阵,直袭郡厅和警察署。结果,村民在恶魔警察的锐剑之下,死了十三个人,负伤二十六个人,被检举数百人。当时鲜血淋漓的惨状,实难以言语形容。

7.朝鲜文字普及运动

为了抵抗日本的文化侵略,同时补救朝鲜人的文盲起见,朝鲜日报社从一九二九年起,便开始了文字普及运动。这运动在一九三〇年尤为猛烈。朝鲜男女学生利用暑假期内,在各处农村不认字的人民之间,以大规模的宣传普及朝鲜文字。当时学生之总动员数,有一万四千余人,在短促的暑期三个月之间,结果能解文字者,竟有二十一万八千余人之多。

8.中心教的暴动计划

中心教是朝鲜创设的宗教,从来是标榜着亲日的态度,拥有数万教徒,显示了浓厚的反动气势。然而在一九三〇年,该教的态度忽然大变。这给日本帝国主义者一个惊讶,简直是他们梦想不到的事件。该教徒即以一九三〇年为期,实行一大破坏运动的计划,曾经预备了巨额的资金和多量的武器,同时秘密的组织了暴动部队,预定了暴动部队破坏和暗杀的对像,并且设置了暴动部队的救护机关。然而这暴动计划未实现以前,八月之间,即于平安北道宁边，泄露了计划的端绪，数十人的教徒一时被日本警察逮捕，而他们的计划终于失败了。

9.国耻纪念运动

八月二十九日是朝鲜民众永不能忘却的一日，是日本帝国主义者以强制的手段成立了韩日合并条约的纪念日。那日在汉城、大邱、木浦、平壤等地方，散布了“打倒日本帝国主义”“朝鲜独立万岁”等檄文，并计划示威运动。但结果在上列各地被检举的青年总数达九十余人。

10.平壤胶皮工厂罢工

八月六日，平壤胶皮工厂的厂主们，以目下的经济现像的不佳为口实，集合在正昌胶皮工厂营业部，正式决定对一般工人减低工资一成。此项消息如风驰电闪一般的迅速普及于平壤府内各个胶皮工厂。翌日，十三个胶皮工厂的约二千余名工人，立即团结，向厂主提出十九个条件，毅然实行了总罢工。兹举十九个条件中最重要者如下：

一、绝对的反对赁金的减下。

一、改善待遇。

一、废止夜间作业(但在不得已的境遇须加一成赁金)。

一、反对借工厂制度不完善而实行对工人的时间榨取。

一、报偿因作业的伤害并支出其治疗费。

一、废除机械损坏而由工人修缮及修缮费由工人担负之制。

一、驱逐不正的检查员。

一、撤废惩罚制度和罚金制度。

一、支出年末的赏给金。

一、实行对于女工产前产后之三周间的休息，并支出生活费。

一、哺乳时间自由。

一、反对罢工中的募集工人。

一、确立团体权及团体契约，等等。

然而残忍暴恶的厂主，不但不容纳以上诸条件，反而解雇了一千四百余人的工人。于是工人们怒气冲天，遂致二十四日，有三百余个女工，一齐袭击平安工厂。翌日，男女工人袭击五个工厂，结果非但未奏效力，并且被检举了一百余名的斗争男女工人。

11.天道教的合一运动实现

天道教是朝鲜创设的宗教，其教徒有三百万余人。考察该教的教理和发生以后的沿革经过，我们得知该教的意义并不在于纯粹的宗教，而在于她的政治运动，尤其是革命运动。天道教因教徒间的政见之不同，形成着所谓新旧两派的对立状态，经过了七八年之久。到现在已经觉悟了内部的对峙一定影响于对外关系之莫大的障碍。十二月下旬，新旧两派乃完全统一起来。

12.农村地主阶级的反日运动

在《一九三〇年的朝鲜一般的状况》里，已经把朝鲜农民的一般的惨状简单述过。其内中等以下地主的惨状，尤其是激烈。因金解禁、财政紧缩等政策而引起通货的收缩、米价暴跌等的经济凋落，以极度的恐慌给予朝鲜金融界。因之农村小地主不但不能纳付总督府所制定的苛捐杂税，并且一切的债务——日本资本家所经营的水利组合肥料会社等等——都不能还偿（农业所必须要的水利肥料，已经被日本资本家所设立的水利组合肥料会社独占了，所以经农者不得不负水利组合和肥料会社的债务）。陷于这样的难境的小地主们，为抵御已经迫于眉梢的破产的惨运起见，惹起了苛捐杂税的抗拒运动和纳付时期的延长运动。这运动在庆尚南北道和全罗南北道，尤为激甚。

13.武装独立军的活跃

一九三〇年的朝鲜武装独立军的活跃，是很猛烈的。他们以满洲为根据地，利用盛夏森林郁苍之时和严冬冰雪尺厚之时，突破国境方面的日警之森严警备，潜入朝鲜内地，袭击并破坏日警驻在所及总督府行政官厅等，谋杀日本警官和朝鲜人密探等。他们的责任是在以猛烈和直接的手段实行上述计划，所以随时随地他们都可以遇见极艰难和极悲壮的事件。三旬九食就是他们生活上的贫穷，血肉横飞就是他们斗争上的悲壮。用数字来表示一九三〇年间的他们的战迹，就是如下：出入朝鲜内地的独立军，一百四十余人；行动件数，六十一件，比一九二九年有三十余人和十七件的行动事件之增加。

14.农村阶级斗争的统计

从一九三〇年四月到九月的六个月之间，朝鲜十三道内农村阶级斗争事件，有四百八十八件，与斗争有关系的地主是四百四十九人，佃农是六千五百七十四人。

（三）一九三〇年朝鲜运动在政策上的分野及其主领

朝鲜运动的政策，可以大别为两种体系：就是（一）民族主义的体系，（二）社会主义的体系。这两种政策从一九二三年起互相对立而开始论争，直到一九二六年以后，其论争之度尤为剧烈。要具体论述两个理论，便不能不先把两者的差异指出，然后再论及代表一九三〇年朝鲜运动的主潮。

1.社会主义的政策纲要

一九三〇年朝鲜运动之中,可以代表这派运动者全体的理论,摘录于下:

A.扩大并强固劳动者农民的组织体。

B.依积极的阶级斗争,展开民族的政治。

C.废弃从来民族的协同战线,扩大并强化劳动者农民的党的势力,以压迫并牵制民族内部的小资产阶级和智识阶级。

D.劳动者农民的党,彻底的把持民族运动的领导权。

E.使朝鲜的革命彻底的与世界无产阶级革命运动合流。

2.民族主义的政策纲要

朝鲜民族主义对于朝鲜运动的理论,至一九三〇年,显示了一大飞跃。他们在独立运动的目的中,规定土地和各种大生产机关的国有或公有,他们对于独立国家的一切建设,有比社会主义者的建设理想还要进步的地方,此即所谓"朝鲜的社会主义"或"进步的时代的民族主义"者是也。我们在此不论他们的原则的观念和理论的体系,只把一九三〇年运动中的代表理论略述如下。

A.实现包罗各层各级之全民族的大党。

B.在全民族的斗争中,内包阶级的、社会的斗争。

C.把所有各阶级反日本帝国主义之各个要素,巩固的连合起来,以坚张共同的协作战线。

D.民族的大党把持民族运动的领导权。

E.使朝鲜的民族运动彻底的与世界被压迫群众的解放运动,尤其是与被压迫民族的解放运动同盟。

3.朝鲜运动的政策之主领

朝鲜运动的现阶段,是民族解放运动,所以非把朝鲜民族各层各级的力量集中到朝鲜民族的解放运动——就是打倒日本帝国主义的运动,而展开其势力不可。日本官民的巨大的资本力,在帝国主义的特殊权力——为发展他们的利益的一切政策和法律——之绝对的支持和拥护之下,年复一年大规模的侵袭朝鲜,结果完全把朝鲜的各种生产机关独占了,几乎使朝鲜民族的全体陷落于无产贫民的经济地位。因此朝鲜无产阶级的经济的利害关系,全体上(十分之八九)与朝鲜民族的经济关系一致,朝鲜无产阶级的经济的阶级斗争,事实上不能不把反对日本资本家之民族的政治斗争为其根本的目标,而且朝鲜民族之民族的政治斗争,不能不把朝鲜无阶级的经济利益为其中心点。由这点,朝鲜的民族意识和民族的利害关系,实包含阶级意识和阶级的利害关系;而阶级意识和阶级的利害关系,实质上仍脱不了民族意识和民族的利害关系。

所以民族为阶级、阶级为民族积极的展开以打倒日本帝国主义为其目的之一切斗争。这是在一九三〇年朝鲜运动之中，最强有力的抬头了的理论之核心。而侵染在过去之感情的、无条件的爱国心，依据民族排他性的旧理论和盲目的追随近代革命潮流的社会革命公式之理论，以及其他的世界革命之复写的浅论，都已经被这伟大的主潮掩盖其映影而逐渐失其势力了。

（原载于《新东方》周年纪念特刊，1931 年）

日本帝国主义铁蹄下之朝鲜华侨

半沧

一

日本自并吞朝鲜后，朝鲜人的土地和资本逐渐集中，并且集中于日本人之手；朝鲜人因在国内生存困难，逐渐流亡于外，而日本人遂代替其空间。关于这一点，朝鲜党人友竹君曾说得很沉痛：

> 近年以来，日本之对韩政策，由政策的侵略转换到经济的侵略，其榨取方法，层出不穷。日人之主要目的，不仅在握得领土权，还要夺尽韩人之私有土地。所以用种种奸滑的经济政策，操纵金融，使韩人间不得流通转动，压迫韩人拍卖或典质其地，使韩人在故乡不得安居乐业，而流离于外，以至于灭种。（《新东方》第三期）

日人既欲灭绝朝鲜人，则旅居朝鲜之华侨，亦必在灭绝之列。故日人以榨取朝鲜人的手段，榨取朝鲜华侨；以压迫朝鲜人的手段，压迫朝鲜华侨，以致朝鲜华侨大有不能在朝鲜生存之势。现在先将朝鲜华侨的历史及生活概况分述如下。

二

朝鲜之有华侨，由来已久。如周封箕子于朝鲜，汉代设置乐浪、临屯、玄菟、真雷四郡，足资证明。在昔朝鲜独立时代，于港禁未开以前，曾禁止外人入国，对于中国人，只许在鸭绿江岸一里以内之区域，居住耕种。在图们江岸之会宁、庆宁，曾有所谓“清市”者，每年仅开设一次，其时所往者，多为行商。近年以来，中国的无产群众，往朝鲜做苦工者，日见发达；而原在朝鲜之商侨，因敌不过日本巨资的压迫，竟日形衰退。

朝鲜华侨最多之处，首推新义州，良以该处毗连中国，与辽宁省之安东仅隔一江。自鸭绿江铁桥告竣后，交通益便，故华侨工作于其间者，人数之多，今日得占全鲜都市之首席。朝鲜华侨次多数之处，则为京城。据民国十八年十二月的调查，合计有五千五百零二人，其中男子占四千六百七十人，女子仅占八百三十二人。以上系就各都市而言，至于分散于各道者，据民国十七年末的调查，其结果如次：

朝鲜华侨统计表

道名	户数	男子	女子	共计
京畿道	一七六一	六，九九一	一四五四	八，四四四
忠清北道	三二九	九五四	九四	一，〇二八
忠清南道	七三一	二，〇八六	一九七	二，二八三
全罗北道	六三〇	二，〇六二	二二九	二，二九一
全罗南道	四三二	一，五三八	一〇九	一，六四七
庆尚北道	六一〇	一，八三八	一五九	一，九九七
庆尚南道	四四六	一，五一〇	一四三	一，六五三
黄海道	八三一	二，七五五	五七九	三，三三四
平安南道	一，四一二	三，五六八	七六九	四，三三七
平安北道	四，〇二四	一〇，四六五	二，九八三	一三，四四八
江原道	四二〇	一，〇二五	一〇一	一，一二六
咸镜南道	一，一八四	四，五八九	七〇〇	五，二八九
咸镜北道	一，四〇〇	四，	七〇〇	五，一七七
合计	一四，二二〇	四三，八三八	八，二一六	五二，〇五四

从前清宣统三年起，至民国十七年止，在此十九年间，实数增加，已达五万以上，大概较以前增加四倍。就总数言，较赴朝鲜日人不过二十分之一。兹将朝鲜华侨历年统计列左：

朝鲜华侨人口历年统计表

年次	数目
一九一一（清宣统三年/日明治四十四年）	一一，八三七人

续表

年次	数目
一九一二(中华民国元年/日大正元年)	一五,五一七人
一九一三	一六,二二二人
一九一四	一六,八八四人
一九一五	一五,九六八人
一九一六	一六,九〇四人
一九一七	一七,九六七人
一九一八	二一,八九四人
一九一九	一八,五八八人
一九二〇	二三,九八九人
一九二一	二四,六九五人
一九二二	三〇,八二六人
一九二三	三二,六五四人
一九二四	三五,六六一人
一九二五	三六,一九六人
一九二六(中华民国十五年/日昭和元年)	四五,二九一人
一九二七	五〇,〇五六人
一九二八	五二,〇五四人

(朝鲜总督府历年人口统计表)

根据第一表,朝鲜华侨男子数目占有四万三千余人,而妇女仅占数千人。此中原因,就是他们多半是无产群众,既不能将国内的妻子带去,又不能在朝鲜有余裕再娶妻子,除小数侨商以外,妇女当然要占少数。此外,女子的冒险性不及男子,男子受饥寒所迫,还能赴异域为人奴隶以求生存;妇女则宁死于饥寒中,亦不愿为此,此亦妇女华侨少于男子华侨之次要原因。

三

朝鲜华侨大多数为劳动分子,余则为小商人。至其劳动类别,据朝鲜领事馆调查华侨平日所担任工作列表如后:

主要劳动者比较表(概数)

劳动类别	数目
农业工人	一二,〇〇〇人
筑路工人	四,五〇〇人
石工	三,五〇〇人
平常劳工	三,〇〇〇人
造屋木工	二,五〇〇人
矿工	一,〇〇〇人
砌造瓦屋工人	八〇〇人
雕刻工	八〇〇人
运搬物件工	八〇〇人
制造门户工	八〇〇人
办作夫	八〇〇人
泥水匠	八〇〇人
理发匠	八〇〇人
当差	八〇〇人
橱椅几制造工	一,一〇〇人
炼瓦职工	五〇〇人
铁厂铸造工	五〇〇人
锻冶工	五〇〇人

至其劳动时间,则无定制。他们能耐过度之劳动,及长时间之劳动,十小时至十五小时之工作,习以为常,其有因过度劳动,而损害健康者亦多。兹略记其长时间之工作如下:

1.小农及小作人,就大体而论,均系日出而作,日入而息,午膳费去三十分或一小时,在夏季有昼休数时间之习,劳动时间自十三小时起,至十五小时止。

2.家庭工业者,对劳动不生厌倦,以谋总收入之增加,至平其极,只须体力所能,莫不从事。故劳动时间自十四小时起,至十七小时。

3.国有铁路所役使之苦力,因季节而分长短,其劳动时间,自八小时起,至十二小时。

华工工资虽较鲜工高,然较日工则低。朝鲜人易倦怠而乏训练,往往中途休息,不能继续工作,其工资较华工低固宜。若华工的工作能力,并不在日工之下，而其工作时间尤有过之，其工资较日工犹低，是即资本主义者剥削弱小民族贱价劳力的特征。日本劳工本已受日资本家之剥削，今日本资本家剥削华工尤甚，是朝鲜华工在两重压迫之下，其生活之痛苦可知。兹将中日鲜劳动者工资比较表列于后：

中日鲜劳动工资比较表(民国十二年调查)

道别	国别	工业矿业	土木建造	农业畜牧	水产业	通信运输	杂业	平均
	中	一，二六						一，二六
京畿	日	一，九五			一，八〇			一，八七
	鲜	一，〇六			〇，八〇			〇，九三
	中							
忠北	日							
	鲜							
	中	〇，六七						〇，六七
忠南	日	二，三六				二，二〇		二，二八
	鲜	〇，九七				一，一〇		一，〇三
	中							
全北	日	二，〇五				一，五〇		二，一七
	鲜	〇，八三				一，三〇		一，〇六
	中							
全南	日	二，〇三	二，〇〇					二，〇一
	鲜	一，〇三	一，〇〇					一，〇一
	中	〇，五〇	一，六〇					一，〇五
庆北	日	一，七五	二，九三	二，〇〇		二，六〇	二，〇〇	二，二五
	鲜	一，八九	一，一一	〇，六七		一，六〇	一，六七	〇，九九
	中	一，七〇						一，七〇
庆南	日	一，九〇	一，八五			一，三九	一，六七	一，七〇
	鲜	〇，七六	一，三五		一，〇九	一，一九		一，一〇
	中	一，五二						一，五二
黄海	日	二，〇八						二，〇八
	鲜	一，〇九	二，〇〇					一，五四

续表

道别	国别	工业矿业	土木建造	农业畜牧	水产业	通信运输	杂业	平均
	中	一,二八	二,八〇					二,〇四
平南	日	二,五一	二,五〇					三,〇〇
	鲜	一,三五	一,六〇					一,四七
	中	〇,八〇	〇,八五					〇,八二
平北	日	二,〇九	二,三五			一,四〇		二,二八
	鲜	〇,八九	〇,六七			一,七五		一,一〇
	中	一,三〇		〇,七〇				一,〇〇
江原	日	一,四〇	二,五〇		〇,九五			一,六二
	鲜	〇,九三	一,〇〇	〇,八三	〇,六三			〇,八五
	中							
咸南	日	二,一九	二,三〇			二,五〇		二,三三
	鲜	一,〇一	一,五〇			〇,八五		一,一二
	中	一,一三	一,一二					一,一二
咸北	日	二,一九	二,三〇		一,五三	二,三六		二,〇九
		一,二三	一,三一		〇,八八	一,二八		一,一八
		一,一三	一,五九	〇,七〇				一,二四
平均	日	二,〇四	二,四六	二,〇〇	一,六四	二,三一	二,〇〇	二,一五
	鲜	一,〇〇	一,二八	〇,七五	〇,八五	一,四三	〇,六七	一,一二

日本对于朝鲜劳动华侨,似非常注意。明治四十三年八月,朝鲜统监府令“依据条约关于并无居住自由之外国人之外,依据条约并无居住自由之外国人,而从事劳动者,若非得到地方长官之特许,则不得在从前居留地以外居住,并不得行业务”。观乎此项,足征注意之一班[斑]。大正五年十月间,对于居留地,又曾明白揭示如左:

1.仁川、群山、木浦、马山、城津及镇南浦,为各国居留地域。

2.仁川、釜山及元山,旧为中国居留地域。

3.前汉城五署内地域,旧平壤外城内地域,旧域津土地规则第二条规定地域及现在新义州府地域。

惟日本当局目前似乎没有拒绝华工到鲜之表示,其原因大概有下列三种:

1.朝鲜产业(日人经营的)及都市正在发展中,有需要劳动者之必要。

2.华工工作能力，比较朝鲜人为高。

3.华工工资，比较日本人为低。

所以，日本当局不拒绝华工，并不是怜悯远走异域的无产华人，乃是希望华工工作效能迅速，赁银低廉拍卖给他们，帮助他们迅速地发展资本主义。

朝鲜华侨，除劳动外，尚有业商者；惟以日本实行关税保护政策，以致华商大受影响。兹将历年对华输出入货价列表于下，便知华商受影响之一般。

朝鲜历年于华输出入货价表

年份	鲜货输出	较上年增或减	华货输入	较上年增或减
一九一六	八，八九四，一二二		一〇，二〇五，三九八	
一九一七	一二，九六一，〇三五	增	一三，八〇四，六九六	增
一九一八	一六，六三九，五一六	增	二四，六九五，四七〇	增
一九一九	一八，〇〇二，四一七	增	六二，七三七，五一五	增
一九二〇	二四，二三七，二一一	增	七七，六一六，六七八	增
一九二一	一九，二二八，七三一	减	五〇，一八八，七七〇	减
一九二二	一六，六六一，〇八四	减	六二，七八七，六六三	增
一九二三	一九，八三五，二一七	增	七五，五五九，八六九	增
一九二四	二一，三九九，一五〇	增	七三，〇一〇，一一〇	减
一九二五	二三，四一五，七三九	增	八三，三六一，七四七	增
一九二六	二四，七七九，〇五五	增	九二，三一二，二六六	增
一九二七	二八，一三三，五八八	增	八九，九五三，五〇三	减
一九二八	三二，一四九，一八七	增	八一，〇八六，四六四	减

又朝鲜全境食盐之消费量，约计五亿四百万斤。其类别有三：其一，天日盐计二亿五千万斤；其二，在来煎熬盐计五千四百万斤；其三，输入盐计二亿斤。此其中第三项都来自中国。然最近几年来，华盐输入量数亦锐减，足以为华商受厌迫之一证。兹将近五年内华盐输入量，表而出之：

朝鲜历年输入中国食盐统计表

年别	数量	价格	增减
一九二五	二，二三六，四九六百斤	二，一五二，四〇六元	
一九二六	二，七七二，五九六百斤	二，六〇一，九〇八元	增

续表

年别	数量	价格	增减
一九二七	二,六五九,五一二百斤	二,二七六,六九七元	减
一九二八	二,六六九,四二九百斤	二,六六九,四六八元	减
一九二九	二,二六九,〇一七百斤	二,四五六,八三九 元	减

去年朝鲜总督府所定之食盐专卖政策,业经政府明令公布,名曰外盐管理,已于四月一日起实行。关于输入商家,须由专卖局指定,数量价格亦须由专卖局认定,而不能如从前之得以自由,华侨盐商更受莫大的打击,虽迭经中国总领馆向朝鲜主管官厅交涉,亦无多大效果。故去年华侨盐商虽未统计,其价格必较前更低落,这是可以断言的。

总之,华工受压迫,华商受剥削,乃是日帝国主义给弱小民族应有恩赐。此外还要发生排华运动,或压迫华工归国,或没收华商财产,甚至残杀华工与华商生命。关于此等运动,以一九一七年为盛。故是年中日改约时,朝鲜中华总商会电陈北京政府,于苛虐不平之点,逐条汇引,请求祖国政府保护;然而当时的北京政府,本身存在尚发生问题,那还有能力顾及国外之华侨呢。所以朝鲜华侨,不仅是受生活的压迫,而且感受生存的恐怖。

四

现在朝鲜华侨的数量,虽略有增加;然其生活的困苦与恐怖,则较前更甚,真是快要到不能生存的地步了。因之,我们对于旅鲜华侨应该有以下的几点概念。

1.中国受国际资本主义的侵略,以致农业和手工业破产,遂产生大批失群无产群众;又因国内战争循环,以致社会纷乱,生产减少,而失业无产群众,愈形增加。此等失业群众,在国内没有劳动机会,不得不赴国外以求生存;河北、山东、辽宁等省,与朝鲜邻近,其失业劳动群众流徒[徙]朝鲜,是必然的趋势。

2.日本帝国主义者,促进朝鲜激急资本主义化,不得不利用华工和剥削华工;而华商遂在此等形势下被剥削、并吞。所以朝鲜华侨之血汗,肥了日本资本家,延长了日本资产阶级统治的寿命。

3.如果中国是一个自由独立的国家,华侨决不致受日本帝国主义者的压迫;如果朝鲜不是日本帝国主义的殖民地,朝鲜华侨也不会受日本帝国主义者的压迫。

4.华侨受压迫,不仅朝鲜之华侨,即在任何帝国主义国内或帝国主义的殖民地之华侨，无一不受压迫；朝鲜受压迫分子，不仅在鲜华侨，即朝鲜国内之民众，其所受压迫，尤有甚于华侨。

朝鲜华侨与朝鲜民众有同样的苦痛。我们可以说：日本帝国是朝鲜华侨与朝鲜民众的共同敌人。我们要想为朝鲜华侨谋生存，就不能把与朝鲜华侨有共同苦痛的朝鲜民众置之不问。这种共同的敌人，要有共同的力量才能打得倒呵！所以我们对于朝鲜革命，不能袖手旁观。如果不与朝鲜取一共同的步伐去推翻日本帝国主义，而欲解放朝鲜华侨，这简直是梦想。我们要知道：日本帝国主义崩溃之日，即是朝鲜民众和朝鲜华侨解放之时。

（原载于《三民半月刊》第5卷第9、10期，1931年）

朝鲜现代文坛的简略介绍

亨斌

为了文字的隔绝,为了国家地位的低小,为了文化程度差殊之故,比邻的与我们有相当历史关系的朝鲜的文学,从来没有注意过。而且,朝鲜本国的知识阶级,除去不觉醒的之外,大多数是研究社会科学的,也没有想到要把本国的文学介绍到他国文坛!一部分文学者,也为了独立运动工作的紧迫,这一层工作便也被抛弃了!

其实,这是很痛心的!

两个文学不同的国家,想要彼此了解,那利器就是"艺术"!彼此不能了解,谁能给你同情?不易于得到人们底同情,就是革命历程中的一大障碍!

谈到朝鲜文学之不能给任何国家,任何民族以相当的认识,其罪也不得归于韩国教育的压迫者!并且在经济压迫之下,有能力去读书的人,比之中国的情形还要不如。

在二重压迫之下,朝鲜文学能有今日,也不能不说是他们的努力,虽然他们是比起中国还要落后的,

在朝鲜国中,叫人称作文学家的,是只有李光洙一位。这位笔名是春园的国民文学派的领袖,在十二三年前,是一位革命文学者,据说从前春园到上海来的时候,被利用曾拒绝李光洙求婚的女人,把春园找回国去,也怪。因此这惟一的文坛巨将,遂变成为不革命的了。是否因为已有了爱人,而命便可以不革呢?如果真的如此,那才是使人莫明其妙的事!

这位被某国政府用美人计战败了的作者,他底二大著作,却始终在国内流行着。它的魔力,使一般中学生十分之八都要读它!

那第一部是《开拓》,第二部是《无情》。前者是三十多万字的著作,后者也有二十余万字。

现在这位享着盛名的作家,还是挨着无数的暗箭在低着头写东西,他并不

回骂任何人，他还要努力保持原有文坛的地位。

春园底对敌朴英熙，率领一班兵将，在和他开仗，同时被攻击得最烈的，李氏之外，还有诗人金东焕氏。

然而骂别人是小资产阶级的朴英熙，自身也正被人加上了“小资产阶级”的冠冕。这小资产阶级的作者们，如金永八、宋影、崔署海等，他们底意识的不健全，我们不难从他们底作品中看出来。

总结：现在朝鲜国内文坛，革命派与国民文学派有同等的势力。

在国外——日本——组织的革命艺运的团体，也在所出的刊物上攻击春园，攻击金东焕，同时也一样猛烈地在攻击朴英熙等。

这派文学作者，他们底作品中除去《力》之外，我们也不容易得着更多的东西了！

这派作家们，如徐相浩、林和、权焕等，算是健将了，虽然他们底作品不能给我们十分满意。

不过，我们却应给与相当的原谅。因为这一派的作家们底生活，是在侦探的尾随、急迫的工作、冻与饿之中的！他们底作品有在狱中写的，也有把草本带在身上，抽空便写几段地那么凌乱地写出来的。

在朝鲜，除去已成的作家及落伍的之外，我们几乎见不到一位署名同样用过十次的作者，因此，我们在韩国文坛的新进的作家中，很难很难举出好的作者来。所以，我之不能介绍几位新进作家及其生平，而请求作者予以宥谅的话也说得出口来了。

韩国的文学出版，是翻译多过于创作的，就是整个的出版界，也是同样的情形。因为历史与各种关系，是不足为怪的。

就是要在韩国文坛上要找出几部名著，除为《开拓》与《无情》之外，是不可能的，无产文学自然更谈不到名著了。

国内有威权的杂志，是《朝鲜之光》《艺术言论》《艺术运动》。

虽然有三种杂志在，可是禁止售出的时候却时常有，而且在作品及其他文章上面××××号也非常之多。

这几种月刊，是常有停刊的危险。因为检察是检察已印好的书本，不是检阅原稿，一期禁止出售，那损失就已经不能算小了。这几种刊物之能继续出版不断，并不是因为禁止出版的次数少，却是因为有饭吃的作者都是不受酬的缘故。大约这一点却不是中国的作家们所赶得上的罢，我们应当佩服他们！

在国外出版的月刊，只有一种，而这种被禁售的次数更多一点。从去年八月号直至今年四月号，我一期都没有见到过。

究竟是从八月号起一直就被禁售，抑或是因为撰稿者去年被日本搜捕尽了的原故。

这几种刊物即使在国外——中国或日本，也可以在每月月初，便可以收到。

代表朝鲜民族性的二大著作《开拓》与《无情》，为了能使两国充分接近起见，我希望有人把它翻出来才好！

把朝鲜文学这样简略地介绍给读者，使我很觉汗颜！然而有什么办法呢？朝鲜本来创作就少，好的更少，作者又常是化名，使人难举出几位健将来。已举出的是常见到的名次，不过他们底生平也是无从知悉。

在没有人谈到，注意到的时候，我这么简单地介绍一下，也可以聊胜于无罢？因此我终于写出来了。

最后，我希望有人能多把韩国文学介绍点来，要知道，我们想拉着手占[站]在一条战线上，如果彼此不相了解，那才是最大的障碍！而且敬告读了本文的韩国同志，实际上工作之外，把本国的文学介绍到外国，也是一件极重要的事！

我们大家要一齐来努力!!!

十九，四，廿三，北平

（原载于《现代文艺（上海）》创刊号，1931 年）

朝鲜亡国后的惨剧

[韩国]金在天
浚清 转载

这篇演说词是朝鲜独立党领袖金在天君在保定志存中学讲演的，见于本月一日天津《益世报》。读后再向我国对照，有哪一条不是和朝鲜亡国前一样？中华民族是具有灭亡的资格了！尤其在这一个紧急关头的时会，换了一个顾外长，劈头来了两个新奇的外交方案，一个是划锦州为中立地带，一个是实行直接谈判。这样日本即便不想亡中国，中国强送日本，日本也未免却之不恭啊！再则现在全国一致的舆论是对日宣战，政府也慨然允诺，并且在四全大会席上也表示过决心，"效命党国，早具决心；鞠躬尽瘁，死而后已！"等语。可是看一看现在的局势，哪有宣战的准备？站在国联规约和非战公约的立场，承认以和平方法处理满洲争端底下，有没有宣战的可能？明明是没有作战的决心，偏要说准备一战，岂不是敷衍门面！

政府、外交当局听着！一国政府之能否为强有力之政府，多视其本国人民舆论为准！现在舆论激昂慷慨到万分，为什么还镇静到冷静，冷静到茫无消息？不敢作强有效之执行？莫非有〖难〗言之隐？谁是谁非，将来历史上必有真评，还用顾忌？

政府和外交概括的说来，是具有软弱的形式，结果也不过难亡国而已！等到亡国以后，和日本是动不得意气之争的！请恭候之！反观我国国民，到这种国难临头的时会，还仍然醉生梦死，混沌度日，不是冷嘲的消极，便是热骂的积极，真有人主张救国的骂他是冷血动物、腐化份子，或加他以赤色的头衔。啊！国民本身发生这种复杂现象，真动弹不得，左右为难，其对外能否一致，不问可知。

关于这样情形，编者想特为文议论，兹特抒感于此，作为发引。这篇讲演稿，最好和《国风报》第二十二三期中沧父君之《日本吞并朝鲜记》及奇甫君之《日本名士统治朝鲜谈》二文（本校十月三十一日以后日刊已转载）对观。此外如朝鲜亡国痛史一书尤应备置案头，以作警醒！

浚清　十二月三日晚

演说词略述于下：

鄙人辱蒙贵校校长张先生的邀请来此演说，不胜荣幸之至。人都称我是朝鲜的革命志士，其实我是个亡国奴，也不过是朝鲜国民的一分子，今天所报告的，就是东方被压迫民族的状况。中国书上记载的殷纣无道箕子为之奴比干谏而死，这是诸位都知道的，我们韩国本是箕子的封土，箕子就是朝鲜开国的始祖，那时朝鲜才知道中国的文化。从历史上看来，可见我们韩国与中华国民是一母所生、同血统的。到了唐朝东征之后，才改为高丽国，到了光绪年间，李鸿章定《马关条约》，韩国就成了日本的保护国了，从此被日本帝国主义断绝了中韩两国的血统关系。

追念三千年以来，朝鲜历年为中国保护，实如父母之于儿女，无异同胞的兄弟，朝鲜国民万分感激，及被日本保护，就等于猫之于鼠，玩弄之后，终被吞食。当时朝鲜有血性的人，不受这种被吞食的保护，本着良心上的要求，非革命不可，其实晚了。所以被日本保护了十五年，果为所灭。那时我们同志七人首先组织革命团体，安重根刺杀伊藤博文，以报韩仇，这是韩亡前二年的事。当时多数人怨满清腐败，怨西太后，怨李鸿章，怨袁世凯，其实全不对的，应当怨恨自己，应当怨恨我们韩国中了亡国的病了，假使自己有志气、能独立，不中了亡国的病，何至于亡，岂但是高丽，就是印度、安南、缅甸……何尝不是如出一辙呢？

那末朝鲜亡国的病源是什么，第一，道德堕落，党派纷扰。一般人不讲道德，如一盘散沙，自私自利，爱家庭不爱同胞，爱金钱、爱权位不爱国并且植党营私、互相倾轧这是亡国原因之一。第二，法律不公，军阀横行。军阀口头的法律，就是国家的法律，专横已极，肆无忌惮，所以正义沦亡。国因以灭。第三，内政不良，外交失败，政府腐败，国民堕落，一切应兴应革之事，一概置之不理，内政如是，外交当然没有办法。第四，教育不振，民多嗜好，因为教育不振，所以种种嗜好，种种堕落行为无所不至。第五，为富不仁，土匪蜂起。既有以上种种原因，这也是当然的结果。

以上五项，就是韩国亡国的原因，现在中国中了这五种病没有？据我看来，已竟中了亡国的病了，大多数已竟深中了亡国病了，所有未受着的，就是一般中学生及小学的学生，但是中学一卒业，就要受无形的传染，只是不自觉不自知就是了。鄙人要求中国的同胞赶快救国，你们能救中国，就是救高丽、安南、台湾、琉球、印度，你们如不赶快救国，中国也要亡的，中国亡了，高丽等国就更谈不到救了。韩国之亡，在民国元年八月二十九日。这固然是韩国三千万民族的国耻纪念，其实是中华民国亡国的第一天。因为唇亡齿寒，韩国是中国东北的屏藩，韩国为日本所灭，那就是东北的边墙教日本打倒了，从此侵略中国更要厉害，日本的新大陆政策即可施行。果然，民国四年对中国下了“哀的美敦书”，袁世凯作了李完用的化身。“二十一条”不啻卖身契约，从此而满州[洲]，而蒙古，侵害日甚一日。七十二帝国主义中，最厉害最毒辣的就是日本，真是我们不共戴天之仇。韩国既亡，日本便实行其文化侵略。借压迫教育为名，行同化政策之实！那恶狠毒辣的办法，没有亡国的是梦想亦想不到的。韩国的教育制度，也如中国的高、小、中学、师范、大学，等等。经日本改革之后取消校长，撤换教员，形式是韩人的学校，其实是日本同化的机关。每班学生，三分之二是日本人，三分之一是韩人，前数排为韩人，后数排为日人。派日人为班长监视韩国学生，不准说韩语，说是野蛮的声音；不准写韩字，谓为野蛮的形迹。犯者经班长记录报告，就在室外罚跪三点钟。春、夏、秋三季，尚无生命危险，冬季天气韩国气候特别寒冷，较东省湿度低二十五度，罚跪三点钟，多数冻死未死的明年春暖遍身冻疮，亦得残疾，真是生不如死，家人见之甚至痛不欲生。如第二次犯者，痛骂之后，幽闭暗室，不给食物，至十二小时之久。班长记其姓名籍贯时，韩人有见之者，即连坐之，如第三次犯过，那便加以更甚的惩罚，名叫作标本。即将犯者拘来，电召医院医生和照像馆，痛责之后，剪去手指，命名叫啼，并用剪指所流的血书其罪状，揭示全校。亡国之后剪指的学生，百有七十余名，学生有说高丽话的就把舌头三分之一剪去，叫作哑巴学生，有女生十三人，均因的自杀。自杀以前，多函达家长说父母：“我们有什么罪恶，受这样亡国的惨痛？你们作父母的既然是亡国奴，亡国奴还有生儿女权利吗？亡国奴还有乐的心肠吗？你们行乐，你们交媾，生下子女任人宰割，替你们受亡国奴的苦，这全是你们作父母的罪恶！从今以后从速团结起来，起而革命就可承认是我们的父母。袖手旁观使子女任人摧残蹂躏，那你们就是卖国奴！”我韩国三千万民众亡国的惨痛可想而知，亡国奴不如牛马，不如鸡犬，简直就如蚂蚁一般，任人蹂躏任人踏残。真是亡国之奴不如丧家之犬！回想过去种种，真令人目睹不忍，耳不忍闻，吃一口日本人的肉，死而瞑目；饮一口日本人的血，在所甘心。甚么事都可以试验以[一]下，独亡国奴不要尝呀！那种亡国惨状，真是诸位梦想不到的！

再说日本对韩灭种的手段，由婚姻条例上看，男女不到四十五岁不准结婚。结婚之人，第一步，先购买婚书，价值百元；第二步，买得婚书后，再调查本人职业，如无职业，仍不得结婚；第三步，有职业而不通日语者，须学习三年。查该男子有精神、有志气，则虽三年期满，亦难卒业，必续读三年，女子亦如是。女家如父母主婚，未经其女同意者，其父母监禁三年，并施以重罚。警章共一零五条，动即触犯，所以无人不犯警章。有病者必须入医院调治，以防传染。及入医院，或进以毒药或注以吗啡，即幸出院，也就成个大烟鬼或个病夫了。这种间接毒杀的手段，实在毒辣！韩亡十五年，高丽王不堪其苦，密与其厨夫约云：我有蜡丸一枚，内系血书，暗藏饭筒内，汝挟出后可以直交我侄李准，千万不可泄露。万一泄露，我命难保。那厨夫奉命照办。及李准接读血书，始知命其密赴海牙和平会，声明日本的举动，昭告天下，看能否得到人类正义的同情。于是李准就装作乞丐，密赴哈尔滨，由西伯利亚铁路到莫斯科，南下至海牙和平会，按会章，经某国代表许可即可入内旁听，李准由中国代表允许，得列旁听席，闭会之前，李准登台，意欲演讲，经中国代表盘诘，始露真名，当时即被日代表逐出。二次会遂不得列旁听席，自觉无面目回见故主，不得已买了短刀一把，于散会时当众刺心而死，当时各国报纸编登载之。日代表以国体攸国，遂电报天皇，天皇责朝鲜总督防范不严，撤职拿问，继任总督到任后，遂设宴款待韩王，来进咖啡、茶，杂以毒药，饮之未及还而死，这是谋杀韩王的经过。所以我韩国志士无不痛恨切齿，力图恢复。民国十三年三月一日，韩国革命领袖安昌浩在上海组织临时政府，革命志士散布于各地者有二十万人，一旦有变，誓死杀敌。至于朝鲜境内，李完用之党徒，有五万人，专以破坏中国治安为目的。五卅惨案、万宝山案，皆此辈所为。总之，韩国是已竟亡了，再看看中华民国怎样呢？中韩本是唇齿相依，中国存则韩国还有希望，中国亡韩国更无希望了，但是我们要知道，韩亡是日本亡国奴，中国亡了，不叫亡国奴，叫万国奴，现在中国东北两方全亡了，西面西藏问题也紧急起来了，南部受着七十二帝国主义的压迫，日本多数军舰又满布于沿海长江，再不挽救，危险万分。挽救之道，第一要取抵抗主义，第二〖要〗努力抗日，取消“二十一条”。务要全国上下、一心一德，并联合东方被压迫的民族，共同奋斗，这是鄙人时时刻刻所切望的云云。

（原载于《北大学生周刊》第2卷第2期，1931年）

1932—1936年

日本和苏联在历史上的关系

[苏联]别谢道夫斯基
众予 译

一

日苏国交，并非自日本军队从俄国远东撤出后而开始，其间曾经相当期间，在此期内，苏联曾于伯力组织远东革命政府，继复改组为远东人民执行委员会，最终苏联当局——列宁氏为避免与日本直接发生关系，乃更另组织远东共和国于赤塔，以为两国间之缓冲政府。彼时日苏间外交事件，完全由日本与远东共和国直接谈判，与苏联政府表面上盖无关也。列氏当时主张组织“缓冲国”之理由：一，苏联政府无与日本发生直接关系之必要，如发生关系，于苏联危险殊多。二，远东与日本间未决之案甚伙，最好由远东政府独立解决，而脱却苏联本身未来之责任。三，美日间恶感甚深，苏联如与日本直接谈判，适足以减轻日美间仇视之程度。根据以上三点，故远东独立共和国于焉成立。斯时美日间方为远东驻军问题——依协定不得超过七〇〇〇人，日本乃为任意增至十倍以上，约七〇〇〇〇人。中国山东驻军问题，于一九二一年美国在华盛顿召开会议，以讨论上述各事，苏联认为有派遣代表参加会议之必要；惟当时苏联与美国，尚无国交可言，美国表面上更拒绝苏联派遣代表，故会议当时，仅以远东共和国之名义，派代表斯克维尔司吉氏(Skversky)参加。斯氏终会议之期，留于华盛顿。然其所代表者，最终乃非赤塔政府，而为莫斯科政府矣。该氏折冲美国、日本之间，结果极佳。日本终屈于美，而将驻在苏联远东之军队，悉数撤出；日苏交涉于是而开始，由远东政府以进行。

华盛顿会议既终，苏联外交人民委员长姬趣林氏，乃致远东共和国外交部长杨松氏，一极详尽之训令；关于远东与日本间，所有之全部案件，令与日本直接谈判。于是杨氏乃赴大连；而日苏第一次会议，于以举行。此番曾议与一九二三年以越飞氏为代表，在宽城子（长春）举行之第二次会议，同无结果。日本虽将大陆上之驻军全数撤退；然库页岛北部、冈察加渔场，依然占领；同时，对于中东路之权益，仍然拒绝苏联染指。苏联为进一步与日本妥协，解决悬案计，因决派越飞氏为全权代表赴日本东京，并于是时曾一度决议，取消远东独立共和国，而改组为远东苏维埃政府。越飞于一九二三年夏正式被日本前内相兼东京市长后藤氏之敦请，首途赴东京。斯实与日本政府之敦请无异。越氏抵东后，即促成日苏会议；日方以前驻俄总领事川上氏为代表，双方进行谈判。首先讨论者为经济问题。日方要求苏联承认履行《朴资茅斯条约》之义务，并维持日本与帝俄所协定关于满蒙权益之秘约；同时，日本反对交还库页岛北部，反对交还在冈察加已经营之渔场，并声明在海滨省日本有采矿及森林权。日本当时强据库页岛北部之理由，为一九二〇年日本占领俄国远东时，双城子苏联农民军暴动，驱日本军队于城外，获日本军人甚多，其中一队农民军，曾进占双城子，对日本侨民，无分妇孺，悉一举而屠杀之；同时更枪杀日本领事、随员及其他外交官等，共计数百人。日本为索此案之报酬，故拒不交还，然此案业于当年由远东共和国对日本为满意之应付。既将祸首特利皮岑夫妇枪杀以谢罪，更正式向日本道歉，日本今乃为双倍之取偿，于外交信义，岂可谓合。

日苏两国代表，双方折冲，迄无结果，于是会议延期，而苏方代表越飞氏适又患病，会议前途，当时诚无乐观可言也。其后莫斯科政府拟承认朴资茅斯全部条约，但日本须交还库页岛北部，惟日方仍不同意，会议当时，几至绝裂；继经后藤氏之斡旋，使苏联出资赎回该岛之北部；苏联亦原则上赞同，但以日方索价为十亿元日金，为数过巨，故仍无要领。其后三星期，日本发生大地震，苏联代表越飞氏离去东京而回国，于是日苏会议，暂告一段落。当地震时，有一事最堪令吾人注意者，即苏联代表团所住之上野公园旅馆，被震裂为二；然于代表团之全体，则无所损，斯亦一奇事也。

东京地震后未久，日本代表川上氏致书越飞，谓日本政府对苏联政府准备赓续前议。然斯时越飞方有新命，赴奥京维也那，以解决欧洲巴尔干问题，因不能赴日本东京，日苏会议于是改在中国北京举行。苏方以喀拉罕为代表，日本则以当时驻中国公使之芳译谦吉氏为代表。此番北京会议，进行尚顺利。于一九二四年，通过数案，其时关于中东路问题，已由奉天自治政府首领张作霖氏与苏联订立协定，规定中东路仅为中苏两国间之商业机关，拒绝第三国之干涉；而中国南部如广东、江西各省国民革命军，其势方张，对苏联关系亦切，日本深恐中苏关系进展，于日不利，故亟谋对苏联表示亲善。同时中国南部之新势力，对英标榜反对，对日本尚无若何不利行为，日本为迎合斯种机会，希图在华南得有自由发展商务之可能，对英一向之合作态度，一变而为排斥之行为；而于中苏皆倾向于友谊的途径。是以日苏会议，益形进步。此外使日苏团结之原因，更有一最大之事实，即日本以历次太平洋海军会议之限制，其海军势力于一九三二年后，极为不利。为打破此种难关，第一，必须使将来作战时之煤油来源不受任何限制，如南洋群岛之油，作战时有被敌切断之危险，为策万全计，不能不求助于苏联库页岛之油矿。因此矿实较上述者为重要也。第二，冈察加美国之航空根据地，亦予日本以甚大的威胁，该根据地既与美国距离近，线路又直，对于日本之海军港如吴、横须贺及佐世保，皆有控制之势，故使日本感受极度之不安也。以来两种事实，最为日本渴望与苏联携手之极大动机。喀使深知此义，是以利用其要点而与日本代表芳译谦吉氏进行谈判，卒使日本允撤退库页岛北部之驻军，但保留以下两种权利：一，日本在库页岛北部保有采油权（此等油矿业与美人辛克列尔订约合采）；二，日本要求苏联保证冈察加不许第三国以该地作为空军根据地。关于最末一点，喀使曾实时声明，谓已与美国某大公司订有合同，对于该地现正建筑飞机场，以作为美亚两洲航空之交点，此种限制，苏联不能接受也。

一九二五年一月，日苏会议告终，莫斯科政府承认履行《朴资茅斯条约》全部之义务，并特为声明接受从前帝俄时代所为之一切政治上的责任；日本则允许与苏联订立秘约，对于罗马尼亚问题，决不与其他欧洲各国如英、法、意等之对苏共同行动。至于双城子事件，则由苏联政府正式用书面向日本道歉。此外尚有一事，即凡关于由《朴资茅斯条约》而缔结之协定秘约等等，亦须承认之。同时苏联政府更须实时与日本缔结渔业协定，商订商约，并让北库页岛一千俄方里油场、数十处煤矿及林场于日本。

北京协定，既经双方签字，日苏国交，于以开始；两国乃互派使领，以为正式国交之恢复。一九二五年夏，维克托尔·阔卜氏遂为苏联第一任驻日大使，赴日本东京履行职务，并解决日苏间一切未决之各案，此日苏两国国交将复而实则未复之情形也。

二

阔卜氏于一九二五年夏抵日本东京，实时与日方代表进行谈判，以缔结日苏条约。当时苏方先决条件，为解决中国北满权利继承问题；对于奉天自治政府首领张作霖氏许与日本在满洲有筑路权一事，双方谈判尤烈。日本所得有权建筑之各路，一方既于商业上占有绝大的优势，一方对于军事上更获有无上的便利，故此等铁路，设使筑成，是不啻使中国东北完全操于日人之手，于苏联既得权利，既被剥夺，而于未来发展，更属无望，因之苏方对此问题，颇为坚持。其中有二路，极为苏方反对，其一为由洮南至齐齐哈尔线，其一为由敦化至吉林线，前者于商业上颇危害于中东路，且使大连商港有取苏联海参崴而代之势；后者于军事上，直捣北满，对于苏联国防，有甚大之威胁。关于此二线路之修筑，无论如何，苏联亦不承认。双方各趋极端，于是会议遂无结果。

其后莫斯科政府深知徒向日本谈判，必无头绪，因改变其方向，而派交通人民委员长谢列布列阔夫氏赴奉天，以与张作霖氏直接谈商。谢氏抵奉天后，即与张作霖氏会见。谢氏以中东路纯益为补助奉天省库之不足，以为中国拒绝日本筑路之条件，但以张作霖氏每年索一千万元于中东路，遂亦未得要领。继而张氏复要求苏联政府接济械弹并兵士，以为反对军事线修筑之交换条件，当谢氏以此意转向莫斯科政府请训时，苏联当局认为此已轶出原动议之外，且于方恢复之苏日邦交及正在进行中之日苏会议，危害良多，因令谢氏停止与张氏之谈判，使赴日本，以协助日苏会议，而解决东北铁路问题。谢氏抵东京后，参与会议，逾数周，仍无结果。日方坚决主张，关于吉敦路之修筑，事在必行，谓此于苏联在北满之权利无损。于会议当时，日人曾为一度之激昂陈词，其大意谓："吾人曾牺牲二十万同胞之血于满洲，曾投数十亿万金元于该地，吾人生命所寄之邦，他人如为干涉，万难容忍，吾人既与苏联有条约之关系，对其一部之权利，不能不与以承认；然在并行而不相悖之时，吾人亦决不受其限制。现如吾人所计划修筑之路线，原为保护吾人上述之利益，以防第三国之侵犯，若苏联不甘为第三者，而常保友谊之态度，则此路之修筑，更何敌对之有。"此种声述，实不啻强苏方代表，使之屈伏于日人威胁之下。然在苏联，又何能堪？于是莫斯科政府复命谢列布列阔夫氏再度赴奉天，从新与张作霖氏谈判。此番谢氏与张作霖氏会见，对于张氏所要求之每年由中东路纯益项下，拨给奉天政府之一千万元一事，苏方承认之；但须允修筑数支路，以为交换。事为张作霖氏反对，致会议仍无结果。谢氏于是不得不回国。谢氏回国后，莫斯科政府对于中日问题，甚为失望，当时曾特为召开政治会议，专门讨论应付之办法。杜洛斯基氏曾为以下之主张：伊谓"张作霖氏现已成革命军声讨之对象，吾人当力助革命军成功，以驱张作霖氏于奉天势力范围之外，而另代以思想较新之人物，则一切当易为力矣"。此种主张，众议佥同，于是训知驻中国第三国际代表鲍罗延及大使喀拉罕两氏，使注意此事。斯时中国基督将军冯玉祥氏方加入国民党，而改称国民军，利用冯氏以驱张，计莫善焉。莫斯科政府于是阴与冯连络而计划驱张。但当时张氏方倚恃长城以自固，势不可侮，如无内变，殊难达到目的。其时适张部下悍将郭松龄，方戍兵关内，对张作霖举措，诸多不满，反张之志，亦非一日：因由鲍罗廷、喀拉罕两氏之疏通，毅然与冯合作，以迅雷不及掩耳之势，猝占天津，并同时派兵出关；一九二五年十二月，兵抵新民。张氏岌岌可危，于是乃求助于日本，日本乃要求张氏承认南满路之永久驻军权，新筑各路增辟占用地权及其他经济特权等，张氏皆首肯。于是日本一方出兵警卫南满，一方并警告郭松龄氏，使停止前进。郭氏于此乃平添一层障碍。斯时张氏方调黑龙江省吴俊升之骑兵前往应援，苏联为助郭军起见，东省铁路局长伊万诺夫因拒绝为吴氏运送军队；同时鲍罗廷、喀拉罕两氏更急电政府，请出兵呼伦贝尔，以牵掣吴军，莫斯科政府因急召开政治会议，远东军事长官瓦洛希洛夫亦列席。关于出兵满洲北部之事，瓦氏甚主张以驻伯力之N师团调往；但杜洛斯基氏则反对此种轻妄之举动。杜氏谓："莫斯科政府现方谋与日本和平解决满洲各问题，东京会议刻在进行中，我方如为应援郭军而出兵，则日本将借口保侨而出兵长春、哈尔滨，是则我红军抑与日作战乎，抑否耶？然苏日两国冲突，必不可免，可以断言"。斯塔林氏对杜氏之论，深以为是，并深信郭军虽无吾人之助，亦足以击破张作霖氏之势力，故出兵之议遂浸。然自鲍罗廷与喀拉罕两氏于北京方面之观察，则较在莫斯科为亲切。彼等深知郭军如无外力相助，必难成功，是以曾数电政府，请求出兵，然莫斯科则缄默不应。于是吴俊升所率之骑兵抵新民府，郭军遂败绩；而郭氏夫妇，亦竟成擒，一幕喜剧，竟构怨于邻邦以终。此后张作霖氏衔苏联有煽动之嫌疑，对苏联益为猜忌，同时对于中东路局长伊万诺夫氏拒运中国兵，更为震怒，因下之狱，且攫回中东路一部之权利。斯时苏联政府，实难忍受。于是调兵运械，志在与张氏一战。但事前不能不通知日本，俾使其严守中立，于是于一九二六年一月电令驻日本大使阔卜氏，使之向日本当局解释不得已而用兵之苦衷；阔氏于奉到政府训令后，曾尽三日之力，历访日本外相币原、后藤及德国驻日公使诸人，会商结果，日本当局认为苏联现无与中国用兵之必要。苏联对中国一切不满之案，日本愿任调人而调处之，以使圆满解决；否则苏联如用兵，则日本为保侨计，当进兵长春，并占哈尔滨以自卫。当苏联驻日大使以此意转电莫斯科政府时，苏联政府愿接受日本调停，于是日方疏通张作霖氏释放伊万诺夫氏，苏联遂停止一切军事行动，并撤换伊万诺夫而代以叶木沙诺夫氏，一天风云，遂如烟雾而散。

此后奉苏关系，虽一时恢复；然张作霖氏乃步步向苏方压迫，对于中东路权利，逐渐剥夺。既完全没收松花江各航轮，复将森林、煤矿及火磨等事业，收归官营；最后更将铁路电话局，收归中国官办。所有以上各举措，虽表面上操之于张作霖,实际则受日本策动。是盖缘于郭军失败而后,苏方颇迁怒于日本,对于日本在黑吉两省之筑路权、商租地亩权及其他权利,皆与以积极之反对;此颇使日本不安,故利用张作霖氏以与苏联为难。嗣后日本买通张作霖氏侍者谋杀张氏之事发觉,张氏乃与日本显为仇敌,而对苏联谋恢复从前之友谊,以联合反对日本之侵略。斯时实与苏联以千载一时之机会。莫斯科政府因又召开中央政治会议,以讨论满洲问题。会议当时,咸主张对张氏取亲善态度。然为明了日本政情起见,因召驻日大使阔卜氏回国。著者适于一九二六年五月抵东京,遂以代理大使名义参与日苏会议;然此时所谈判之问题,乃系日苏间广泛之问题,而非从前之仅限于满洲问题者可比也。

三

当予(别氏自称)赴日本东京以前,曾向斯塔林氏及外交人民委员长请示机宜。斯氏谓英日同盟取消,为促进中国革命走入苏维埃式之途之唯一机会,然亦为日本在中国实行武力政策之危险时期。吾人如何方能保障中国革命成功,如何方能打破日本武力迷梦,为吾人努力唯一之途径。至于其余关于满洲问题、威胁吾国之海滨省问题,又其次焉者也。斯氏更向予公然表示,谓为世界革命计,吾人或不惜放弃海滨省及后贝加尔省。当年立陶宛漫战之计划,又将重演于远东。至于外交人民委员长,则令予与日本缔结互不侵犯条约及对华军事秘密协定。抵东京后,即依上述政府之意旨与日方谈判。日本当局则谓在北京协定未履行之前,不解再订其他任何协定。所谓履行北京协定者,即签订渔业规约,互订商约,承认北库页岛之采油权、林业权、金矿开采权及韩克湖之米区租借地权等。尤有一重要之事实,须苏联履行即承认全部日本在满洲之权利,如筑路权等是也。

日本之真意,吾人既依历次谈判而渐明了;然于中苏、苏英之交涉,日方严守中立之心理,尚甚怀疑,但颇博得苏方好感。是以最后莫斯科政府及外交人民委员会皆一改向来对日强硬之态度。而为迁就之态度,希望诸事求得日方谅解。至于互订不侵犯条约,政府亦不十分为坚决之主张。于是日苏关系,又形进展。斯时中国革命军北进甚速,蒋介石部下之军队已进占南京,英国方拟与此新军以打击,而思拉入日本,然日本朝野两党皆认为此时不宜仇视此新兴之势力,故未与英国取同调。莫斯科政府鉴于日本对中国既采温和之政策,于自身颇为不利,日苏交涉更不得不速谋解决,于是对满洲筑路问题,与以默许。但由洮南至齐齐哈尔之一段,仅允通至昂昂溪,不许越过中东路。日方于此,亦为首肯。至关油矿林业诸问题,苏方亦为让步之解决,而予日方以满意之答复。然日本对苏政策，虽完全成功，但中国方面，满洲王张作霖氏颇不满意日方之所为，对于日本之关东军部恨怨尤甚。张氏以保全满蒙人民权利为标榜，于日本军部拟在奉天分设办事处而以杨宇霆为处长一事，极端反对。斯时日本政府首相若槻氏尚欲维护军部，而予张氏以创击，惟外相币原氏，甚为反对；伊谓此时激怒中国当局及民众，于日本殊为不利且亦不智。故于军部非第予以压抑，同时对于张氏，且多所优容，此事遂为日本军人所不满。于是若槻内阁倒台，而继之以田中义一氏。田中氏为素主张积极对满之高论者，是以自内阁组织成立之后，对中国既采积极政策，对苏联亦一改其前内阁之态度：非但与满洲有关之问题须解决，即苏联远东之诸般问题，皆在解决之例也。

方予（别氏自称）第一次与田中氏会见之时，犹记其言曰："日本无与苏联表示冲突之积极行动；然苏联须晓然日本之生命线为满洲及俄属海滨省。苏联虽让海滨省于日本，但于其广大之领土上，亦不过毫毛之损失，而于日本所得者乃不可量。苏联此而不为，不智殊甚。日苏国交进展与否，亦胥于此瞻之。昔年予（田中自称）为使馆武官时，路过西比利亚，当时所见者，惟荒漠辽阔，一望无垠，既少居民，复无田穑平原而已。使此无用之大原而割让于日本，则吾人对苏联岂止感激而已；必使国交将益亲善，而使永保于无穷。不止此也，如苏联政府毅然为此，则日本对于苏联在中国南部及印度之共产活动，可任所欲为，日本必不加以阻碍。"依上所述，田中氏之野心如绘，而不惜当面侮辱邻国使节，日本军人蛮横，可见一般。按田中氏之心理，非但要苏联对于目前问题让步，且要苏联自动的割让海滨省或全西比利亚；当时予虽确认田中氏之所谈，为日本政治家及军人一种宣传与夸大的作用，未予置辩。然于日本之野心如何戢止，满洲与海滨省为日本生命线之谬论，如何打破，实为当前极须努力之事。至于转变日人注意力，使不妨害苏联在中国之革命工作，尤为当务之急。方予以田氏之谈话电告于莫斯科政府时，国家政治局乃训令予以后禁与田中直接谈商；是以其后与田中氏有事会见时，则以日本渔业家久津原氏为中间人。数次与田中氏会见，渐使知苏联之立场与政策。然使中国革命苏维埃化之计划，而以蒋介石氏之背信，遂又陷于苦境。中国国民党左派亦均遭摈弃，致使毫无转机之希望，所谓世界革命之努力，乃不得不暂时告一段落。于是莫斯科政府不得不改变其策略，而取灰色之态度，是以对于远东国家的利益，既与以鼓励，更企其发展。一九二九年，政府新任驻日本大使托洛牙诺夫司基氏抵东京，予则被召回国。托氏数度与日本当局会见，不久又回复从前之关系，日苏谈判，于斯进行。但此番谈判之范围，多属于渔业问题。而苏联所许日本一千方公里之油场，关于测量问题，以苏联国家测量局，工作纡缓，日方甚表示不满。而林矿诸问题，更为一度之确定交涉。如是会议延展至一九二九年，日本军部又复萌其武力政策，而思假手于奉天当局，于是而有中苏之役。其时苏联为请日本严守中立，因又一度与日本谈判。中苏事件不久即告解决，对于日本侨民极少不安之威胁，故日本军部虽欲假辞，亦不可得。此后莫斯科政府乃知红军之威力，为苏联国家之不可少之因素，既坚强内部之组织，复扩大其外围之势力。然此种军事上之甚小胜利，既不足以为冲，而对于积弱之中国，尤无光荣之可言也。

四

莫斯科政府方用兵满洲之时，驻日苏联大使托洛牙诺夫斯基氏曾向日本政府请求中立。期时日本要求苏联承认日本在中国东北之全部特权，对于《朴资茅斯条约》之规定铁路沿线驻兵权每公里不得超过十五人及日兵不得通过长春以北等限制，须重新规定。日方代表更谓苏联所要求之日方满铁不为中国运兵之条件，完全容纳。然日本以护侨关系，暂时对于长春及哈尔滨间，须有派兵权，其时间以秩序恢复原状为止。至于中东路其他部分，距路线南北二十五公里地方，日兵非通知苏方得其允许，决不侵入。特别关于呼伦贝尔地方，日本保证无论何时亦不侵占之。此番日苏间之谈判，双方乃为默认的协定，并无若何文字上之记载，故尚无甚拘束力。然日本帝国主义者则假口于此，而有最近满洲武力占领之事；日来更由日人卵翼扶植，成立新国家，是皆由当年沉默而认许其侵略为非计也。据吾人之观测，目下满洲之畸形而未具有国家机能之新组织，固无当于识者之一辟，然苏联之蹒跚外交，吾人盖亦不能无间言焉。

（原载于《苏俄评论》第 3 卷第 4 期，1932 年）

论韩人尹奉吉

曾弥白

在日人压迫之下已有二十余年的韩人，受尽了他们残酷的待遇，刺激受得太大，受得太深，往往会引起一般有血气的人的反抗与挣扎，以致造成十数年前安重根的行刺，虽然他的目的是不曾达到，但他勇壮的精神，他爱国救民的心志，已足够我辈青年尤其是处在这垂危欲毙中国不幸的青年钦佩而模仿的了；接其踵而来的，就是最近尹奉吉投弹的壮举。

尹奉吉是个奋发有为的少年，前途正是光明远大，他为了他的祖国计，为了他的同胞计，情愿牺牲了他一切的快乐与幸福，去为他被侮压的祖国复仇雪恨，为他可怜的同胞谋条生路；他明知他此去，决没有生还的希望，但他仍具了大无畏的精神，决定了为国为民的心志，竟敢在会众数万、防备得极严密之会场中，大着胆，鼓着勇气，实行了他数年来的穷心苦志。有志者事竟成！他宏大的志向是达到了，同胞求生的新路是开辟了，正等候着他们去响应呢！？

尹奉吉的一生结果，虽然总不免被惨死在日人残忍的手腕之下，不过他的一生能做出这么伟大的事来，也对得起父母养育他的苦心、国家栽培他的期望。他的伟名也得留芳百世了。

国破家亡的韩人，因受了日人无端的压迫与侮辱，尚且还会有这么一位爱国救民的壮士做他们新生的前导。殴！可是堂堂的大中华民族受了倭奴一而再再而三，几多次的侵略与羞辱，始终是吞声下气的忍受着，以致现在弄到这么危殆的一个局面——生死存亡就在旦夕！人民呢，还在做他们的美梦；政府呢，被功名利禄熏陶得沉醉了；处在这卑鄙龌龊政府之下，醉生梦死人民之中的中国！我辈青年是负有多大的责任呵！同学们！快快起来为我们的前途而奋斗，为我们的民族而挣扎吧！

廿一年，五月，十六

（原载于《弘道二十周年纪念刊》，1932年6月）

论尹奉吉掷炸

黄佳庆

霹雳一声，淞沪震惊，此虹口炸弹案之突起也。自表面观之，为韩人暗杀日军官，实为弱小民族对于帝国主义者压迫之反动：盖怨毒之气，蓄久必泄，一旦爆发，亦为臆料之结果。惟虹口为日租界区域，重光、植田、河端等皆系大人物，日军岂有不加意保护之理；且日之防韩，素称严密，然则安得假韩人以从容入内掷弹之机会哉！？人云：骄者必败，信哉斯言！惟恃强则暴，惟弱则忍辱，惟暴则骄，惟忍则刻苦自励，故骄则气横，刻苦则谋切，且强日之失着于亡韩也，宜矣。

但伊李等蓄谋既久（彼等均为韩国革命志士），何以不击之于前，又不待之于后，而偏择于中日和平氛[气]氛浓厚时之天长节（四月二十九日）？此可研究之点一。

河端、重光等此次来申，负有重大使命，则彼等之寓邸，必不难探知，或待彼等出外时，亦较易下手，何必择于军警密集之虹口公园，以致事后束手就捕？此可研究之点二。

当时被炸者有白川司令官、重光公使、植田师团长、野村槛队长、村井总领事及民团委员长等军政要员，事后除河端、白川身死外，除均肢体残废，当场凶手就捕，据谓系韩之独立党党员尹奉吉云。

综视此案，余不禁有所感焉。

夫以尹奉吉一弱小亡国青年，日处于帝国主义之虎威下，既受经济压迫，又无言论、集会、行动之自由，其环境之困苦暗淡，当非吾人所能料其万一，然尚能百计营谋，为国复仇，姑不论其事之成败，而其忠勇沉毅之气，实足以感天地而泣鬼神。返视吾国民之委靡麻醉，执政者之怯懦苟安，其伟大何如乎！？

惟大业之成就，断非一人之力所能胜。必有待于后继者之努力，屡仆屡起，抱千折不回之精神，坚持到底，始能成功，此余切望于韩国国民者也。

昔有名言:“事后挽救,不如事前预防。”譬诸病人膏肓,则虽有扁鹊复生,亦无能为力。今我中国患痨疗之疾深矣,幸而未入第四期,然在此危险时期,甚望有良善之调养,切勿再有危害生机之行动发生,然后此病人或有恢复健康之希望;否则,恐不免为亡韩第二也!

(原载于《弘道二十周年纪念刊》,1932年6月)

苏俄政府何以不对日本宣战

[苏联]杜洛斯基
佚名 译

自日军侵略满洲以来，世人间有日俄战争之说，但就近日欧洲局面而加视察，即知苏俄决不在远东方面卷入漩涡，且纵欲参加亦势所不能，此点至为明白，各国有识之政治家，皆能了解作者之为此言，盖觉德国之国家社会党(即泛系党)将来有执政之日，届时德俄两国间之战祸，万难幸免，两国之生死存亡，将由是而断，可无疑也。

兹请先述中日时局满案发生后，国际联盟会束手无策，虽平日攻击联会最激烈者，亦不料其软弱至此。欲证明联会之自相矛盾(如蒙读者允许谓之食言背约则更为确切)，莫妙于察法国之态度。法外长白里安充联会出席代表，联会之和平运动胥受其主持而行，但同时所有法政府之机关报，自《巴黎时报》而下，莫不为日本张目，与其政府之正式外交，不啻背道而驰。夫法政府各机关报，对于白里安之和平政策及日帅本庄之军事行动，居然一视同仁，则二者之相去，必不甚远，从可知矣。

法国因《凡尔赛和约》而得其优越地位，然其国内之经济力量，不足与此地位相称，故时有颠覆之虞，于是为挽救其将失之地位起见，不得不再勾结欧洲及世界各国之反动份子，以为外援。

但日本之侵略中国，在其未得法国默助以前，当然早为其本国政府所主张，可不待论。吾人当知日本国内之革命运动，已在酝酿期内，不久便可成熟，近日满洲方面之活剧，实直接由此种局面而来。

中国军阀互相水火又令外敌之贪欲日炽，日本食指大动，尤急不可待，然日军侵略满洲，决非其国势膨胀之兆。反之，适足为其日就衰弱之明证。俄帝国染指满洲，遂有一九〇四—五年日俄之战今日本蹈其覆辙，结果得无相类！当时俄帝国之情形如何，一方资本主义之势力渐渐抬头，一方则古代半封建式的农村阶级制度尚未淘汰，此二者如冰炭，不能兼容，不得已乃向远东发展而求一出路，但结果适得其反，徒使病症更形急化，至一九〇五年遂有第一次革命之爆发。今日本社会之古代半封建式的阶级制度依然存在。不过在廿世纪初叶，日本之资本主义当在萌芽，故与旧式社会制度之冲突，当未十分显著，有时且能利用封建制度与传统观念，以实现其武力扩张之目的。一九〇四—五年间，日本战胜俄帝国，即因资本主义与封建制度能如水乳交融故耳。但日俄战后之情形，已有重大变化，近廿五年来，日本资本主义之发展一日千里，日政府谓其农民曰满洲系天富之国，土地广饶，曷不去，农民答曰：请先解决国内之农业问题，再及其他。日本既为一现代国家，终须采取民主政治之基础，今其执政人员所感觉者，大抵与本世纪初俄帝国执政人员之感觉相仿佛，而其所寻之出路，又正为俄帝国痛深创巨之满洲，可谓造物弄人，无独有偶者矣。

最近数日以至数星期内，远东局面，有何变化，目下殊难逆料，因此事太过复杂，种种不同原素，各尽活动之能，难以究诘也。前既言之，日本革命已在酝酿期内，日政府之本身异常摇动，随时有意外之变，故欲调和述各种不同之原素，其难也特甚。但无论最近数星期内各种事端之推移如何，其大势所趋尚可捉摸，不至多大差误。日本在满已有立足之地，故其军事行动，最近纵能停顿，亦不过暂时现象，终必故态复萌。至于国际联盟会，果为中日事端谋解决，亦不过以中国为牺牲，补给日本以若干让与权，巩固日本既得之地位而已。

中国对于日本之在满"权利"，犹如鲠喉之骨，不去不快，既往如此，以后亦然。而日本为维持地位起见，必将时时出兵，又必将时时劫夺，时时侵略，以扩展其"权利"，如此进行，必有其自动发生之结果。日本之国际处境日益紧张，军费支出，日益加多，初以经济利益为前提，浸假以军事地位为前提，国内民众遂渐不满，在此情形之下，满洲纵为日本帝国所有，恐与西班牙得摩罗哥之故事相若终为己累而已，而其影响之速，且有过之无不及也。

以上各点，已加说明，请再讨论近日满洲事变能否为日俄战争之导火线。日俄两国政府之计划目的如何，作者无法问津，故仅能以局外人资格根据客观的现象及事实之趋势，而作一答案。作者以为，苏俄政府绝无与日本冲突之意，关于此点可自法政府机关报之论调转变中，而得其反映。方日军侵满之最初数星期内，《巴黎时报》竭力宣传，谓："苏俄包藏野心，显然有发难之意，故日本不足畏，可畏者苏俄也。"世人之视线遂由日本而移向苏俄，而日本之军事行动，遂得从容布置。迨国际联盟会之弱点充分暴露，日本侵满已成事实，该报又尽力怂恿列强，以迎合日本。自是厥后，该报乃谓满案不过为一地方上之冲突事件，苏俄不致参加云云。迩来法报持此论调，不惜再三言之，其所据之理由，无非谓苏俄孱弱，红军不堪一战，且时时引用一九〇四—五年日俄战争之故事以为证。将日俄战争之故事，与今日之情形互相比拟，固颇得当，所差者不过须将其胜负易位而已，换言之，向之胜者今当负，向之负者今当胜。夫今日之日本与廿世纪初之日本，绝不相类，固为事实，然苏俄与帝俄之相去，殆尤过之，亦吾人所当知苏俄革命去成功之目的尚远，无庸为讳，然吾人以历史眼光观察，一切必须适合方寸，慎勿见小而遗大。苏俄红军三次革命之产物，已有历史上之地位，俄国人民受其训练而一致觉悟，咸知战争之必要，且万不能免，一旦战事爆发，由此三次革命而唤醒之民众力量，实为伟大，惟盲目者不能见之耳。但此幕武剧不致急急在远东舞台上扮演，则可断言。盖苏俄向远东方面调兵遣将，端赖铁路，而目下铁路联络，异常困难，关于此点，日本显然处于有利地位，然亦只此一端而已，此外则苏俄皆占绝对优势，仅就双方军队而言，已可决其胜负之大势。盖日本军队，系其本国革命运动酝酿期内之军队，红军实力远驾其上，而况将来战争范围当在中国境内，中国深恨日本，至于刺骨，而与苏俄则为良友，苏俄果至不得已而出于一战，其战也必与中国相携手，为中国民族解放而奋斗也。

中国纵因军阀捣乱，而伤其元气，然其无数民众，已受数次革命绝大刺激，准备为建设新国家而牺牲。今日中国人民能执干戈卫社稷者，无虑千百万人，一旦中俄携手共同作战，斯日本之大难临头矣。

读者或曰：由此推想莫斯科外交当局，屡有维持和平之宣言，岂其内幕中别有用意在耶？作者答曰：否。其内幕中绝不能别有用意，盖苏俄万一参加战争，无论结果如何，对其国家经济上，总有绝大打击，其实业建设之计划，必归停顿，甚至引起政治上之纠纷，亦颇在意料中也。

在目下环境内非至万分无奈，无人肯贸然参战，而苏俄今日并无非战不可之理由在。且进一步言，如完全由军事眼光而推敲日本侵略满洲有损无益为苏俄计，更无丝毫急进之必要。最近远东情形，不但对于苏俄立国要枢（亚洲当然在内）毫无直接危害之险，即在此后若干期内，亦不致有何影响，殊无庸鳃鳃过虑也。

中东铁路问题之本身，虽甚重要，然决不足以左右苏俄外交政策之大计。苏俄屡经宣言，中国如有强有力之政府出，中东铁路便可交回，所谓强有力之政府者，系指以觉醒的民众为后盾之政府，否则若将铁路交与张作霖张学良父子，无异直接或间接断送于日本之手，反受日人以攻击中国及苏俄之利器而已。

世人如将苏俄对于中东铁路之政策，视作帝国主义，适足为日本武力侵略主义张目，而与事实真相相反。远东问题之内容，复杂异常，铁路问题，仅居次要地位，其最后之解决如何，中国自有权衡，至于苏俄民众之满腔热情，偏向中国民众，可不待烦言而自明也。

今请归纳上述各点如后：(一)国际联盟会之软弱矛盾，由满案而暴露于天下。(二)日本侵略满洲发生于二种事实：一为中国内部之纠纷，一为日本革命运动之接近，日本国内有近代资本主义与古代半封建制度之冲突，民众不满现状，日本政府拟将移其民众之视线于满洲，正与一九〇四—五年间俄帝国政府对满政策之用意相类。(三)但满洲必为日本之累，其受累之程度，日益加深，直至国内民众忍无可忍，革命爆发而后止，结果满洲之日本帝国，或即如摩洛哥之于西班牙，未可知也。(四)苏俄绝无卷入漩涡之意，但苏俄不愿轻举妄动，决非因红军软弱之故，此次事变发生后，日本国势必日即衰颓，而中国人心日益觉悟，将来远东问题之解决，惟中国得操最后之权衡，故即将欧洲方面之国际情形，忽略不论，苏俄政府亦不必向远东方面急进也。

(原载于《苏俄评论》第3卷第1期，1932年)

苏俄与日本

[苏联]多马舍夫斯基
式维 译

一、导言

东北沦陷以来，日本与苏俄显然入于正面冲突之局面。然苏俄因无与国，且其五年计划犹在垂成之际，遂力持镇静，不轻发言。世人对此，殊多揣测之词，但少切要之言，鲜有介绍之价值。兹有莫斯科《消息报》社论及其他数种材料，于苏联所持之态度及准备，阐发无遗，译之以飨读者。

二、消息报之社论

自日军占领满洲重镇沈阳以来，远东之军事冲突，于焉勃起。今已五月于兹，事态既愈趋恶化，范围更日形扩大，奔腾彭[澎]湃，大有不可终了之势。自事变之将始，电报逐日如雪片之飞来，关于事件性质之严重及其意义之深长，文电议论纷纷。今则事态日愈演进，其影响且将波及于苏俄之边境，处此环境之下，吾国(苏联)舆论界咸集中其注意力于此事件之推移，自属事理之当然，无足怪者。

窃吾苏联政府于冲突始生之日，即严守中立，态度光明，事实昭彰，不容他人之抹杀。而举国劳工民众，对于久受帝国主义蹂躏压迫无以为生之中国民众，咸抱无量之同情，亦属事实，无庸讳言。惟不能已于言者，吾国民众之同情，不过只于同情中国劳工农民之自由解放奋斗已耳。其于吾苏联由对世界整个政策，所决定之中立态度，固不能丝毫转移而动摇之。职此之故，为贯彻其应付全世界政策之宗旨，苏俄对于远东事件之严重局势，及一切挑拨离间之计划，不惜一再缄默，以忍辱负重之态度，镇定处之。

前者奸人肆词，谓苏联曾予马将军以实力之援助，恣意狂噬，诽谤交加，实属厚诬我国(苏联)。但我对此始终从容处之,罔与置辩,曾几何时,此种蜚语,自消自灭,未待剖白,而真象咸明,于是敌人无所用其技俩,其丑态且复赤裸暴露于世人之前,可哂可鄙,莫此为甚,是诚值吾人之一回忆。迄于今日,苏俄之不干涉态度,与其恪守中立之诚,事实所在,举世莫不公认。即向之仇我者,亦皆同声称是,前此处心积虑以谋我者,亦幸幸然,不得不首肯之,此日本外务大臣芳泽在议会席上终亦公然予以承认,而对我不干涉态度之谨严,尤不能不开诚表示无限之敬佩与赞许矣。

然而环顾现势,在满洲之反苏联野心计划,固未曾稍减。其挑拨行为,且日进无已。其整个计划,则吾人皆所共见。其意义之重大,虽在平时,亦均不许吾人不重视之,况沿远东边境一带,现已构成一种非常之局面,则吾人更不能不予以特别之注意,其理甚明。考此种恶劣不稳空气之宣传,久已充塞吾人耳目,其中尤以近日日本外务大臣芳泽之宣言,最足以代表之。其宣言系根据其驻海参崴总领事之报告而成,观其内容,则全系臆造子虚。其所以捏造事实者,显有企图,不待言喻,而其企图之不良,更人人皆可洞烛其奸。凡此种种,日本适足以昭示其野心于世人之前。若夫某外人以其意度认为日苏冲突将因苏联之嫉视日本不久而爆发,其宣传之无谓,一而再,再而三,蓄意中伤,专以挑拨为能事,吾人诚不愿徒费唇舌,作无益之剖辩。他如盛传十万赤军,已集中于海参崴附近,亦属无稽之谈,更不攻自破,毫无一驳之价值。

故今日吾人所最注意者,不在此类空疏无稽之谣传蜚语,而在日本当局对于远东已成形势,不以事实为依据,作冷静正确之观察,而专取材于恶意之宣传,以图谋遂其野心,所持态度之阴险,此乃事实,不容吾人之忽视。盖此种事实,一方既昭示吾苏联今后所应采取和平态度之适当途径,一方则揭穿事件之发展,将使虽具真诚拥护和平之分子,亦不得不深思而详虑之也。

吾人就事实真象加以缜密之分析,则今日苏联处远东如此严重情势之下,实有增加其自卫能力之必要,以保障其领土之不可侵犯。而当今之急务,则以迅速扩充苏俄远东边防军之实力,为尤必要。

吾人所以出此言者,非故作危词以动人观听,乃事实所在,实有不得已于言者。试问日本政府,对我所提缔结不侵犯条约之建议,竟延两月之久而不置答。世间讵有毫无偏见之政治家不了解此种事实之意义者。即以日本对渔业问题之态度而论,更可窥见其居心叵测。日人竟有破坏已成条约之企图,苏联对此,无论何时皆认为应从严监视其履行。

抑又有进者,日本在满洲之鼓煽分子,无论如何,不能卸却或掩饰其在白俄中间活动之责任。白俄活动之积极,确于日军占领满洲之后而始加甚。吾人相信，日本对于此种事实，无论如何，亦无抹杀而推翻之可能。由于日本占领满洲之关系，遂直接使白俄反苏联工作发生，其例证甚多，实有指不胜屈之概。

犹记大连日本机关报之《满洲日报》曾有“自满洲新政府成立以来，白色动作，愈形活跃”之记载，其真意云何，即谓在被日本占领之满洲，反苏狂潮已日愈激烈，亦即昭示吾人应速存戒心，而为捍卫其领土之计，且应迅谋必要手段之紧急措置，以防暴力之内侵。

吾人犹有欲为世人告者，苏联之和平政策，并非不顾事实之愚昧政策。吾人虽曾一再表示，苏联绝不甘坐敌人挑拨离间之奸计，但苏联固亦未曾忘却应于必要之时机，将一切反间挑拨之阴谋，揭穿而击破之。

苏联向持人不犯我、我不侵人之宗旨，今更时时努力于此一点，即将来亦誓不渝此志，坚决恪守其对中国事件之不干涉政策。然此绝无容许任何敌人，破坏我苏联不可侵的领土完整之意义。敢请世人注意此点，幸勿误会，而蹈不智之讥。无论何时，设有侵越苏联之边境，或竟谋攫取其土地者，万难缄默，苏联将必断然与之周旋。“他人领土虽立锥之地，亦所不取，自国领土，即方寸亦所不与。”故今日苏联，在最低限度，亦必须采取防御外侮内侵之必要手段也。

试详察近日情势，岂非早已明示此种处置之必要乎。在最近数月以及数日之中，吾人不久已熟睹各种反苏联之挑拨乎。吾人对于日本军事、政治诸负责当局公然策划如何攻击我国（苏联）及侵夺我领土之阴谋，实属难安缄默，再为容忍。宜否速谋应付之道，敢以质诸国人。

谨将吾人所有之日本军事当局计划如何攻略我国并攫取我东海滨省及后贝加尔省之一文件，节略刊之如下，以资读者之参考，而印证吾言之非诬。

文中云：“对于日本应否与苏俄一战之问题，余以为设吾日本欲对苏联采取强硬之政策，则任何时间均须准备与其宣战，实为必要。吾人此次战争之目的，固不仅求预防共产主义之祸患，实尤期能占有其远东及西比利亚之东部也。”

三、苏俄远东军备概况

由此社论观之，可知苏俄自东北事变以来，迄于今日，所持之态度，究竟如何，吾人试再按之以事实，更可明了，而得真正之认识。

在三、四两月之中，突有苏俄在远东作大规模军事准备之风说，遍传遐迩，谨述其真象，借资参考。

自中日突冲以还，东北各地，因交通邮电之梗塞，外界消息，顿感困难，吾人欲求一苏俄音讯,颇属难事。加以苏俄突增边防,检察綦严,于是商旅为阻,身经目睹者之口述,几可不得。职是苏俄在沿边一带,究竟有若何布置,除悬揣外,殆不可知。然依据各方之情形而言,相信关于苏俄已作大规模军事准备,若干新编师旅已输送于远东,及在远东苏俄业经动员等等,常见于德国克明社及苏联塔司社之消息,未免言过其实,含有示威宣传之意味。实际上,苏俄在远东固有相当之军事布置,人人不能否认,但此种布置,并无积极行动之意,不过依然维持其昔日之防御线而已。

现今红军在远东之集团,约可为三:

第一集团,散在伊尔库次克、赤塔、大乌里诸区域内。约有五、六师人,系远东军之主力。即以红军第十二、二十一、三十五、三十六及第四十师并十四个骑兵团诸部队组成者。

第二集团,驻在布拉果威沁司克(即海兰泡)为阿穆尔师。

第三集团,分布于海参崴司葩斯克及尼阔拉夫司克一带。为太平洋第一师及第二十六师及一国际师。国际师系由三团组成,即中国人、朝鲜人及德国人各一团。

所有远东红军,现均未入动员状态,亦非战时之编制,不过为厚实力增加人数起见,其现已服役期满而应瓜代之官兵,均仍留于各部队中,并曾由窝瓦军区及中亚细亚军区,选拔红军六千人,以补充西比利亚之各地方师。此外在阿穆尔、后贝加尔及东海滨诸省内,有廓清民众之举,以铲除民间不良分子或认为已无希望之分子。此种所谓已无希望之民众,均于无声无臭之中,被驱逐于西比利亚之腹地矣。

四、苏俄战略之推测

吾人据以上苏俄当局之布置,可以显然透澈,苏俄准备设万一不幸与日本发生冲突之时,则将其维持素日之计划,集中其主力而配备于赤塔至海兰泡之沿铁路战线上,以取邀击之势。同时将所有东海滨省、阿穆尔省与后贝加尔省之一部分军队,皆撤向此线集结。在军队已撤退之区域,仅为小规模之作战,或用民众义勇军之游击式战斗,以牵掣日军行动而弱其兵力。同时则以挑拨离间政策及各种宣传方法,分化日军,使之纷崩瓦解。义勇军之骚扰战,则以国家政治管理局之各种队伍及忠实之红军若干小队为基础,辅之以各种民族所合组之国际军进行之。

此种化整为散小规模骚扰战之效能至大。试观最近日本多门师团长,对北满战事发表意见,公然承认欲使北满之秩序恢复常态,非十万甲兵假以一二年之期间不为功，即可知日兵虽自称强悍，对此种战事亦殊有难色。故以吾人之推测，日苏战事，果尔开幕，苏俄必将采取以下之手段：

一、极力延长小规模战争之时间。

二、据充此种小规模战争之骚扰范围。

三、用各种之作战方式，以弱日军实力，使之疲于奔命。（小规模战争此种效能最著。）

四、以宣传方法，使日军热中共产之流毒。

如此，则此种化整为散之小规模战，必蔓延澎湃，战线扩大达于东海滨省，满洲、蒙古及阿穆省诸地域。同时在贝加尔湖附近，集中其正式之军队，一以保护战事后方之西比利亚，一以维持已在其势力下蒙古之连络。集结军队于此，苏俄既可获邀击之益，复可免远东特别派遣军与莫斯科及蒙古之连络有被人冲断之虞，亦即使其军队可以回避在撤退区域（东海滨、阿穆尔诸省）许多无谓之牺牲，与遭受重大之挫败。因在哈尔滨为日军既下之后，以战略论，日军随时皆可从容进据阿穆尔省、东海滨省诸区域，犹如探囊而取物。然日军设图扫除贝加尔湖附近之红军，则殊为难事，幸而成功，亦非多数劲旅，极长时间不可能。

五、结论

由此可以晓然苏俄之军事布置，在战略上为守势而非攻势，此盖由其外交政策所持中立态度产生之自然趋势，非此不足以表明其中立之心迹，非此亦不足以镇摄[慑]日本进攻之野心。苏俄固拟采取此种积极防卫之计划，以准备于万不得已时，与日本从事周旋，但苏俄仍无事不尽力设法回避战争，而决不衅自我（苏联）也。

五，三十

（原载于《苏俄评论》第 3 卷第 3 期，1932 年）

日本对于苏联的不断挑衅

范亢

日本帝国主义占领满洲，设立所谓满洲“独立国”——它的主要目的之一，就是进攻苏联。中国的满洲，就要做日本和列强帝国主义攻打苏联的军事根据地；中国国民党的不抵抗主义，因此不但是甘心出卖中国，并且也是帮助帝国主义进攻苏联——存心把满洲奉送给日本帝国主义，以促进反苏联战争的进行。就是日本帝国主义的占领上海吴淞，继续筹备着占领汉口……主要的目的是亲自来进攻中国革命，督促国民党军阀的攻打苏维埃红军，这同时也因为中国工农民众的革命运动，尤其是苏维埃运动；不但是真正抵抗日本列强帝国主义的侵略中国唯一力量，而且是妨碍进攻苏联的巨大的力量。英、美、法、德等列强帝国主义在这个问题上完全和日本一致；他们自己之间无论怎样冲突，而对于苏联是一致的进攻的，对于中国的劳动民众，对于中国的苏维埃革命，是一致的进攻的。

自从九一八事变之后，日本进攻苏联的政策一步步的有系统的进行着。最初，当然表面上有时候要玩要一些外交手段，企图欺骗世界的劳动民众。只有帝国主义的走狗，才会说“日俄有联合对美的可能”（《国际评论》梅龚彬）——这是日本帝国主义的义务外交官的言论！同样，一些地主资本家走狗还在说什么日本帝国主义夺取满洲，没有进攻苏联的意思。现在的事实，完全把这些“理论”打得粉碎！

请看日本政府的进攻苏联的军事计划：

> 关于对俄宣战问题，我以为有迫切的必要，按日本对俄已决的策略，准备随时可以宣战，而此次战争的真目的，并不仅在于防止日本的共产主义化，这里的真实而主要的意义，还在于统治远东，并吞东部西伯利亚……日俄战争的爆发问题上，要顾到苏俄事前的防御和其列强的态度。

开战愈早愈好。我们要明了，情势是利于他们的。我们相信：帝国政府已经采定了一种策略：就是要使苏俄于最近的将来迫着我们和他宣战。我们将要攻击的是贝加尔湖以东的沿西伯利亚铁路一带的地段，要把苏俄远东的一切领土，完全划归日本，这些地方，必须由日本驻扎军队，以便作为军事中心，换句话说，就是日本军队必须长期的驻扎，随时防备着占领以后的反抗运动。再则，因为日本在远东方面攻打苏俄，还是没有可能把他置之死地，所以必须利用军事宣传，引起西方邻近苏俄的列强也和苏俄宣战。我们再进一步利用白俄军造成苏俄内部的不稳。用这种计划去对付现在情形之下的苏俄，可以说正是时候了。

当然，日本政府很狡猾的说：这是个人的意见，参谋部里的某某中将的意见，“这并非日本政府的政策”！这种骗人的话，自然也只有一些帝国主义的小走狗会“相信”；他们还要跟着日本帝国主义用这样的话来“安慰”中国的和世界的工农民众。

事实上，这个计划的实现，正在一步步的准备着：

第一步，日本假意声明只占领南满，不向北满“进取”，同时就派张海鹏去打黑龙江，又暗中接济马占山的军火，叫他假意抵抗，造成北满的战争状态，以便日本借口北进（这些事情已经有文件可以证明）。第二步，日本反过来说苏联接济马占山，造出许多稀奇古怪的谣言，接着就进攻齐齐哈尔，包围并且截断中东路。第三步，在进攻上海的同天，日本军队就开进哈尔滨——这是美国领事调停的结果；当然，他们进攻哈尔滨的借口，就是他们自己制造出来的白俄人和中国人的“民族冲突”。第四步，成立满洲“独立国”，撤换中东路的护路司令，撤换中东路的中国董事和理事。第五步，就是在满洲组织“白俄军”——谢米诺夫等公开的在东京接洽谈判，满洲当地——中东路一带以及苏联边境已经发现了许多白俄的武装匪徒。

最近日本对于苏联的挑衅更加紧进了！

日本帝国主义的新的步骤是：㈠用飞机侦察苏联边境，同时反而制造许多谣言，说苏联的“无声飞机”飞到了日本的主要军港，在黑夜之中窥探日本的军事秘密。㈡投降日本的马占山将军忽然在这个时候“反正”了，而且日本人又放出马占山到苏联去的谣言，说李杜、丁超和马占〖山〗联络苏俄，受苏俄的指使。事实上这都是日本自己的阴谋。㈢正在这个期间，中东路上发生许多炸弹案，尤其显著的是所谓松花江桥炸弹案。日本帝国主义指使着白俄匪徒，故意干了这些捣乱的行为，然后说是苏联的指使，这是赤党的行为。㈣于是乎中东路上许多工人职员被捕，苏联的公民无故被捕了好几十个。㊄日本帝国主义借口这些“案件”，居然公开要求搜查哈尔滨的苏联领事馆。所有这些手段，都是明白的向苏联挑衅。而且这正在国联调查团将要到满洲的时候，日本帝国主义的用意，无非是要“表示满洲的不安状态，以造成日本军队继续增加的借口……对国联调查团说：占据满洲的日本军队和当地的白俄队伍是‘文明的守卫’……”（四月十五日苏联政府《新闻报》社论）。这是进一步促进帝国主义的列强准备开始反苏联斗争的手段！

“日本帝国主义者如果以为苏联的和平政策是一种怯弱表示，是不能够保卫自己边界的表示，那他就大错而特错了……苏联绝对不许任何国家侵略他的境土，也不能够容许任何人在他的领土以内成立什么缓冲国。为着保卫领土的完整，苏联的劳动者曾经战胜过一切武装侵犯的力量。如果有新来的危险，他们也将要尽力保卫自己的国家！”（《真理报》十六日社论）

苏联的无产阶级有充分的力量打击一切进攻苏联企图，国际无产阶级也将要有充分的力量、充分的信心，用自己的群众的斗争，打破日本和列强帝国主义进攻苏联的阴谋。尤其是日本和中国的工农群众，要动员自己的力量，为着反对日本帝国主义的侵略中国，也就是为着反对进攻苏联的战争而斗争！只有机会主义者才会把苏联的和平政策解释成为苏联无产阶级的怯弱，说什么如果发生反苏联的战争，那就“十四年来成立着的世界革命的大本营，便会立时消灭”！（《研究》第一期之三十九页）。中国无产阶级和工农民众，必须打破这种机会主义的胡说八道，必须坚定的相信国际无产阶级的力量，相信自己的力量，发动伟大的斗争，克服一切帝国主义进攻苏联的阴谋！

（原载于《红旗周报》第 40 期，1932 年）

珠泪双流谈朝鲜

方诗仙

辽案发生，我大中华祖国之国本遂越觉动摇，爰泣述朝鲜近状，俾促祖国同胞之猛省。

一、教育

朝鲜自被日本合并以来，旧有学堂，被迫关门，为父母者，乃令其子女入新式学堂。此项新式学校，除基督教天主教所设立，其教授方法所用课本均可自由者外，所有课本及课程，均由朝鲜总督府学务局规定，并以日本语为国语，钟点至多，朝鲜语则作为外国语，钟点绝少，学生在教室内必须说日本语而不得用朝鲜语，否则受严重责罚。学校校长或教务主任，均由日本人充当。即朝鲜人私立学校校长，亦以东京高等师范学校或广岛高等师范学校毕业之朝鲜人为合格。现在大城市间，朝鲜人之用日语者，占百分之七十以上。盖非如此，将不能谋得相当之生活也。再经二十年之后，恐全个韩国均须通行日语，而不能使用朝鲜语矣！学校所用历史课本，如朝鲜以前为何立国民族如何发展等等，皆予删除，所留用者，均属无关紧要或日人对于朝鲜如何有功之类。长此以往，欲朝鲜人之不忘故国，激发其爱国热忱，恐非易易，此乃深堪忧虑者也。又上述教会设立之学校，近年亦受限制云。

二、实业

朝鲜人经营商业之法，本不精明，自被日本并吞后，日本大资本家，如三井三菱大仓等等，都随政治势力而来，如开城人参事业，素在朝鲜人掌握之中，每年获利颇多，朝鲜总督府乃征取重税之故，指定三井公司承包专卖。朝鲜每年所产蚕丝，其数亦颇不少，鲜人曾有缫丝厂之设立，日人现亦分别创设，卒以日人之技术精、资力厚、出品多、售价廉、销售方法巧妙之故，于是鲜人所设之丝厂，尽皆倒闭。其他如制铁所、碾米厂等，皆移入日人手中。银行方面，朝人创设者，不过三四家，其资本最多者，亦仅四五百万元。而日本政府所设立之朝鲜银行，能发行钞票，以吸收现金，日本银行票亦到处流通，又得政府予以种种便利，故其营业日益发达，鲜人银行，日益拮据矣！

三、农业

朝鲜以农立国，未经日本合并之前，农产差可自给，嗣日本人相率而至，有所谓东洋拓殖公司者，为日人所经营，以贷借款项及收买土地为专业，近年日本治鲜当局，以为自日鲜合并迄今，业已二十余年，而计算到鲜之日人，不过五十万，但日本国内人口又年见增加，欲资宣泄非努力移殖不可。朝鲜南部，本为最优良之农业区域，为日人觊觎已久，日人遂劝诱该部农民以田亩向东洋拓殖公司抵押借款，因其利息甚高，鲜人又乏储蓄之习性，故趋之若骛，但所有抵押之田亩，不久惭[渐]被辗转剥削以去。前数年间，治鲜当局时以敢买官用田地为名，将鲜农所有良田，低价收买，转而发给日农，其中有所谓七与一之比，以及二十与一之比者，盖视田亩之肥瘠，以定收买或留给本人之比例。如鲜农有田七十亩，地方官公署，将六十亩用官价收买，其余十亩则留给本人耕种。甚有仅留得三亩五分者，鲜人受此痛苦，知当地已难立足，于是扶老携幼，相率而赴北鲜，或径往中国之东三省，别寻乐土。

四、婚姻

朝鲜人与日本人通婚者甚不多，盖朝鲜女子往往以嫁日本人为耻，民族心理，于此可见。日本人则欲谋日鲜亲善，力主非由两国人民通婚不可。朝鲜旧王族之子，须要日女为妻，其女须嫁日本男子，已有先例，但民间则不如是。于是日本治鲜官吏，乃施行奖励方法，凡朝鲜男子或女子娶日本女子为妻或愿以日本人为夫者，可得奖金百元。此种政策可谓虐而谑矣！

总之：今日之朝鲜，全陷落在恶毒的气焰与重重的压迫之中，可怜二千余万朝鲜同胞，年年月月俱在此中度其饮声吞泣之生活！深望朝鲜革命志士抱再接再厉的精神，加紧复国运动，以解放朝鲜同胞，以建立独立自由之大韩共和国！

一月七日于新义州

（原载于《人民周报》第2期，1932年）

朝鲜之灭亡

——外交史的研究

高宗武

一、使韩国脱离中国而独立

朝鲜原是我们中国的属国，这是有过去的历史可以证明，用不到我们来多说的，后来日本用种种法子，向中国挑衅，造成中日战争，其唯一的目的，完全是为朝鲜的宗属问题，我们若翻开那时候日本外务大臣陆奥宗光所著的《蹇蹇录》来看，对于日本有意造成中日战争的动机，甚为明了。

日本侵略朝鲜的野心很早，文禄九年（一五九二年）丰臣秀吉曾有征伐三韩之举，攻陷东城，生擒朝鲜王子，到了庆长十二年（一六〇七年），德川家康复与朝鲜重修旧好，明治初年，西乡隆盛因高唱征韩论调，引起日本维新史上很著名的西南战争，后来虽则因西乡战败而自杀，征韩论一蹶不振，然而征韩论的精神，未曾稍衰。一八九五年的中日战争，以及继之而起的一九〇四年的日俄战争，就是征韩论的精神复活。一时曾被指为大逆不道的西乡隆盛，现在他的纪念铜像，竟耸立于东京之上野公园，从遗臭万年，一变而为留芳百世。个中原因，很值得我们的注意。

一八九四年八月中日开战之后，我国军事方面着着失败。一八九五年一月，遂遣使求和。日本方面于一月二十七日在广岛大本营召集御前会议，参加者有当时内阁总理大臣伊滕[藤]博文、陆军大臣山县有朋、海军大臣西乡从道、外务大臣陆奥宗光、军令部长桦山大将，以及参谋次长川上大将。陆奥宗光所提出的和议草案，第一条就是要求我国确立朝鲜的独立。我国代表虽欲设法变更，然而战败之国，胁盟城下，还有什么道理可讲？结果在“清政府确认朝鲜完全无缺的独立国”条文之下，把朝鲜的宗主权完全消灭。从此之后，日本遂利用其战胜的余威及外交上的权变，把整个的朝鲜置于日本权力保护之下。

并吞朝鲜是日本大陆政策的初步。昔日日本向中国挑战，使朝鲜独立，以遂其并吞之愿。与今日利用傀儡组织，使其背本国而独立，其中种种作法，完全出诸一辙，这咄咄逼人的大陆政策，已由朝鲜进到东北，试看近几天来的热河风云，将再由东北进到我黄河流域。狼子野心，宁不可畏哉。

二、夺取韩国之外交权

继一八九五年内的中日战争而起的，为一九〇四年的日俄战争，日本乘日俄战争正烈的时候，与朝鲜订了一种《日韩议定书》及《日韩协约》，因此她在朝鲜的地位，已远在他国之上，到了一九〇五年八月十二日的《英日同盟条约》第三条的改订，日本在朝鲜势力的扩张，就是她所最畏敬的英国，也只有无条件的承认而已。

英日同盟的改订条约，无非是英国承认日本对朝鲜有完全指导保护之权，这种条约就是后来委任外交条约的暗示，日本并吞朝鲜的基础，当时麻木的韩国政府也大吃一惊，马上以外部大臣朴齐纯的名义，对英日两国政府提出抗议，然而丝毫不生效果。

英日条约改订了没有一个月，日俄战争遂告闭幕，近世外交史上有名的《朴次茅斯条约》因之出现，可是这条约的第二条里有“俄罗斯帝国政府承认日本帝国政府在韩国，享政治上、军事上及经济上的卓绝权利，日本帝国政府若认为在韩国有指导保护及监理之必要时，俄国政府决不出而干涉或妨碍之”。换言之，朝鲜的政治支配权，自朴次茅斯日俄条约成立之后，已完全归之日本。

在上列种种条约之中，日本政府对付韩国政策之内容愈觉明了，韩国朝野自《朴次茅斯条约》宣布之后惊惶失措，各团体各新闻社都大声疾呼，以攻其非，《皇城新闻》特揭论说，揭破日本之阴谋，攻击政府之无能，惟当时韩国汉奸李容九①、宋秉畯等，受日本之指挥，组织了一个团体，叫作一进会，发出宣言，力陈作保护国的利益，我们看这一进会的顾问是日本浪人内田良平与武田范之等，其中内幕，不言可喻。一进会宣言发表之后，韩国的西北学会、大韩自强会、大韩协会，以及各新闻社等，一齐作气，鸣鼓而攻之，一进会会员之被骂为卖国奴，也是自然之理。

---

① 李容九是一进会会长，二十三岁时为东学党第二世教主崔时享的门弟子，后来进为东学党的干部，一八九四年（韩国李太王三十一年）东学党作乱，党之干部都处死刑，乃逃亡我国，得免于死，后复归国，吸收东学党员，组织进步会，一九〇四年因宋秉畯之劝诱，率进步会员投一进会，被推为会长，从此以后遂努力于亲日运动，日韩合并后乃得赏金十五万圆，子子孙孙皆染卖国恶名而不得洗帚。

在韩国正闹得满城风雨的时候，日本枢密院议长伊藤博文突然带着随员径入韩京京城，这是一九〇五年十一月九日的事。伊藤于到韩京的第二天，即赴庆运宫去谒韩国国王李太王，同月十五日复偕同林权助公使请求再见李太王，果然提起关于委任外交权的新协约，十六日的晚上，在贞洞孙泽饭店招待韩国阁员提出左列的通牒。

自从有史以来，日韩两国的交谊益加亲密，这究全是因为两国的利害有共同之关系，过去之国交及最近之议定书也不外是这个关系，然而防碍两国的共通利害关系，屡使韩国濒于危险之境者，皆因韩国外交之失当，这是有最近的事实很可以证明的，我帝国政府日本为杜绝种种之祸因，免除中日、日俄战争之再发，以及保持东洋永久的和平起看，经过慎重考虑的结果，对贵政府提出左列条约案，希望贵政府予以切实的答复。

> 第一条　日本政府的东京外务者今后有监督指挥韩国对外事务之权，日本之外交代表及领事负保护韩国在外臣民之责。
>
> 第二条　日本政府负实行韩国与他国间现有条约的责任，韩国政府今后若不经过日本政府之手，不能缔结任何国际条约。
>
> 第三条　日本国政府在韩国设置统监一名，专掌外交之事，驻扎京城，有直接进谒韩国皇帝陛下之权。（余略）

韩国内阁阁员一看到这个通牒之后，都愕然不知所云，农工商部大臣权重显在数十分钟的静默之后，方说道："昔年《马关条约》高唱朝鲜自主独立的伊藤氏，这次竟来剥夺朝鲜之自主，岂不是十分矛盾吗？"伊藤听到这句话后，马上起立要求先行散会再开会议，第二天在日本公使馆重开会议的时候，农工商部大臣权重显首起发言道："贵国对于我国政府的要求，是国家重大之事，我等阁员不能轻事处理，非经咨询中枢院或广听民意之后不能决定。"日本驻韩公使林权助怫然不悦，马上做起脸来说道："这样的不法言辞，是从何处来的呢？贵国是君主专制的国家，万事皆由君主的大权而决定，所谓中枢院与民意者，究竟是什么东西呢？"当时韩国政府的各大臣，慑于威势，不敢再发一言，只有面面相觑而已。

这时候伊藤博文大使及长谷川军司令官都赶到日本公使馆，催促韩国各大臣连开御前会议，决定日本的提案，长谷川并且用恫吓的言辞，向韩国各大臣说道：

> 若不从速解决，我们将偕同大使及宪兵长官亲到御前，解决此案。韩国政府在这种威吓情形之下，亦只有唯命是听，去开御前会议。会议席上

参政大臣韩圭卨主张绝对拒绝，而已为日本所收买之学部大臣李完用则主张修改草案，以应目前之急，卖国之言，反颇得韩王之赞许。会议结果，韩王向各大臣说："善体朕意，协商办法。"

御前会议散会之后，各大臣正会集于休息所的时候，日本驻韩林公使挺身而入，问他们说："御前会议的结果如何？"韩国政府的首席大臣韩圭卨答他说："我皇上教我们以协商之意，然而我们八个大臣，都奏请不可。"驻韩日公使林权助又强辞夺理的说："贵国是专制的国家，皇上陛下既有协商妥善之教，这个条约就算成立，现在诸大臣昧于责任，叛逆上意，决不使其容于庙堂之上。"韩圭卨听了这等论调之后拂然而去。

伊藤此时要挟韩国宫内大臣李载克，请见韩王，韩王推病不见，乃再要求参政大臣韩圭卨开会，征求诸大臣的意见，在这会议席上所发的问答，很可以使我们摸索得到当时的情况，伊藤首向韩圭卨问道："参政对皇上所奏的意见如何？"韩氏答道："我仅奏以必须拒绝之意。"伊藤又问道："然则拒绝的原因，你要说明。"韩氏答道："无须说明，只有不可两字而已。"伊藤乃问外交部大臣朴齐纯的意见，朴氏答道："这是交涉，不是命令，可否之议，当由自决，我现在负外交责任，岂有将本国外交之权让给人家之理？"伊藤说："既有协商妥协的圣教，你们真要违背圣教吗？"朴氏说："圣教当然是不可违背的。"伊藤说："然则，既有妥协之意，这就可以了。"乃问支度大臣（管财政的）闵泳绮，闵氏答道："我是拒绝的。"伊藤说："绝对拒绝吗？"闵氏答道："绝对拒绝。"伊藤转向法部大臣李夏荣，李氏答道："我并不是不知贵大使的来意，无奈事体关系太大，难以承认。"伊藤说："既解来意，可以视为赞同。"伊滕复问学部大臣李完用，李氏答道："协商妥协，既然声明，当然有协商的余地。"伊藤说："这也是赞成的。"其他各大臣的问答，大同小异，总而言之，这一次会议，可以说是伊藤个人的独幕剧，其他韩国大臣，在这种权势之下，那里能够发表本身的意见和希望呢？

伊藤在参政会议开毕之后，复要挟宫中大臣李载克直奏韩王，迫其调印，这时候的参政大臣韩圭卨掩面大哭，伊藤竟阻他说："大势已去，何必多哭？"韩国的外交权，经过上述的过程之后，就送给日本人了。这是一九〇五年十一月十七日的事，距伊藤到韩之日不过一星期的工夫，日本的迅雷不及掩耳之手段，有如此者！

韩国的外交权让给日本之后，原来管理外交事务的外部即日关门，驻扎外国的韩国公使全部召回，驻在韩国的中、比、英、美、德、伊、俄各国公使，也先后起程回国，日本则把原来的公使馆改作驻韩统监府，反对日韩协约最烈的韩圭卨，也因日本势力的澎涨而被免职，世界各国从此不复知有韩国矣。

日韩协约的消息传出之后，反对运动犹如潮涌，学校罢课，商家罢市，驱逐日人的运动非常激烈，韩国元老赵秉世由乡间赶到京城，偕同待[侍]从武官闵泳焕、前参政沈相薰、前火臣李根命等入宫号哭绝食数日，终被日本宪兵拉出，闵泳焕悲愤之余，当场自杀，赵秉世因此气死于表勋院，学者洪万植、尹斗炳在街路上以短刀自杀，参赞李相尚沿街痛哭，以石自碎其头，庆尚北道的学者宋秉濬因谒见国王，奏请废弃条约，被日本警察捉去，送回故乡，气死于祖宗坟墓之前，驻英公使李汉应闻报欲图自杀，此外学部主事李相哲、平壤兵士金奉学相继愤死，各地抗日义军纷纷跃起，可怜强权之下，终归失败，当日本之伊藤大使在条约缔结之后仍留京城，观望形势，卒为志士安重根所刺，身受重伤，首先表示赞同日韩条约的李完用住宅被人烧毁，与李完用走同路的李根泽亦被刺濒死，当日韩国民气之盛，可见一斑，可惜日人之势力已根深蒂固，从此就长为亡国之人，欲求挽此颓运，亦不复可及矣！

三、取得韩国之内政监督权

日本自取得韩国的外交权后，犹属未餍其望，驻韩统监伊藤博文乃不惜用种种法子，使参政大臣朴齐纯辞职，推荐一九〇五年日韩条约之功劳者李完用为参政，更使一进会的重要份子宋秉畯入阁，这是一九〇七年的事。这次内阁成立之第二年，因伊藤统监之提议，把参政大臣改作内阁统理大臣，一切制度仿日本，而李完用则一切唯日本统监之命是听，于是内政大权亦悉落于伊藤之手。

自李完用组阁之后，日本的积极政策日甚一日，韩国皇帝李太王益感不安，乃向各国元帅发出通牒，请求援助，欲借外力保韩国之独立，对美总统发出“日韩协约，非朕本意，日本利用兵力，强制缔结协约，朕当时诉诸世界各国”的声明书，此外更遣代表参加在海牙开会的第二次万国平和会议，以图恢复国权。

韩国的代表李相卨、李儁、李玮钟三人持着韩王的亲任状，于平和会议开会一星期之前赶到海牙，当时的议长是俄国委员纳夫鲁夫(译音)伯爵，韩国代表见了议长之后，力陈一九〇五年日韩协约之非法，请求各国援助，以达其废弃条约之目的。一方面复向各新闻社宣传日本之横暴，以求各国之同情，平和会议委员，颇为所动，可惜此刻韩国驻外公使，已因日韩协约而撤废，各国委员虽欲帮助而不可得，结果废然而归，此日本史上所谓海牙密使事件。

日本政府以海牙密使事件为口实，向李太王提出“把外交权让给日本的韩国，不得统监之许可，而向国际上活动，不但蹂躏日韩协约之精神，而且有伤日本在国际间之信用，这种举动，无异以对敌的手段对付日本，日本不能不对韩国宣战”的恫吓通牒，一方怂恿韩政府之重要人物如李完用等迫其退位，李太王在此内外交攻之下，遂于一九〇七年七月二十日宣告退位，继之而起的就是当时的皇太子。我们在这等地方，可以看出朝鲜皇位的废立权也已操诸日人之手。

李太王之所以被迫退位的原因，不仅是海牙密使事件，日本早已打听得韩国皇太子从小即是个发育不完全的人，平日应谈之间，往往问东答西，在政治方面，完全是一个无能力者，知道一日此人当国，日本很可利用，这实在是此次废李太王而立皇太子的主要原因，果然，以白痴太子即位的李王继位没有几天，便与日本政府缔结关于内政监督权的条约如左：

第一条　韩国政府，关于改善施政之事，受统监之指导。

第二条　韩国政府关于法令之制定及重要行政上之处分，须先得统监之承认。

第三条　韩国的司法事务，与普通行政事务，必须分开。

第四条　韩国高等官吏之任免，须得统监之同意。

第五条　韩国政府对于统监所推荐之日本人，须任为韩国官吏。

第六条　韩国政府，不得统监之同意，不能雇用外国人。

自这种条约成立之后，朝鲜内政的实权完全握在日本统监手中，韩国政府遂成有名无实。然而日本当局还以为未足，求清除后患计，将韩国军队全部解散，李王于一九〇七年七月二十二日继位，解散军队的诏文于同月三十一日发出，我们于此一点，可以看得出新韩王之无能与日本之利害。

四、占领韩国之司法权

韩国的内政监督权委任日本之后，驻韩统监在韩国政府之法部内置一次官，干涉司法之事务，然而野心勃勃的日本那肯从此告休，仍向韩国提出：(一)近来我国同胞到韩国居住的日益增加，在同一法规之下，欲保护日韩两国人的生命财产，非改良监狱制度不可。(二)想取消治外法权，须使韩国司法制度与文明各国并驾齐驱才可。(三)明治三十九年(一九〇六年)以来，韩国虽一意培养财力，然结局仍仰日本之援助，若将改善司法监狱制度，委托日本，其平日所需之财力，可以用到振兴民力方面去等三条理由，要求把韩国的司法权委给日本，明治四十二年(一九〇九年)日韩两国缔结关于司法权之条约如左：

第一条　韩国政府在监狱事务还未完备以前，将司法及监狱事务，委托日本政府。

第二条　日本政府任命有一定资格的日本人及韩国人为在日本裁判所及监狱之官吏。

第三条　在韩之日本监狱及裁判所，除在协约或法令特别规定之外，凡是韩国臣民则适用韩国法规。

第四条　韩国地方官厅及公吏，关于司法及监狱之事务，须受在韩日本司法官厅指挥并协助之。

第五条　日本政府负担韩国司法及监狱之费用。

此条约成立之后，韩国于当年十月，以敕令取消法部，日本政府在这个时候，改革统监府的官制，在统监府内添设一司法厅，统辖韩国之裁判所及监狱。此刻韩国所剩的一部份国权，只有警察权而已。

五、警察权之让与

日本驻韩最初之统监伊藤博文于明治四十二年（一九〇九年）辞职归国，重任枢密院议长之职，后任的韩国统监是曾弥荒助，可是曾弥在任不到七个月就因病辞职，第三任统监是陆军大将寺内正毅，寺内还没有赴任之前，在东京用电报发了一个命令给统监府的总务长官石冢英藏说："在韩国的现在状势之下，本国政府（日本政府）决定增派宪兵一千名，以维持韩国之治安，并补助警察力之不足，将韩国政府之警察机关，移到统监府，与宪兵相合，统一韩国之警察事务，速将此意转达韩国内阁总理大臣，促其承认。"石冢英藏接了这个命令之后，马上召集代理内阁总理大臣朴齐纯、度支大臣高永喜、学部大臣李容植、农工商部大臣赵重应到他的官邸，示以寺内统监的提案，而且把寺内统监寄给韩国政府的公文，当面交付给他们，要求承认警察权之委任。

韩国阁员对这个要求，告以容开阁议精细讨论之后再行答复。第二天的阁议席上，专门讨论警察权委任问题，支度大臣高永喜发言道："警察权的委任，比之司法权的委任更为重大，而且国家一切的行政，皆依警察权而实行的，若把警察权委任日本，此后韩国行政之实行非常困难。"表示反对之意，学部大臣李容植表示赞同，两者相持，不易解决，石冢英藏乃遣使到温阳温泉，征得养病中之总理大臣李完用之同意，于一九一〇年六月二十四日缔结关于警察权委任之条约如左：

第一条　韩国政府在警察制度完备之前，将警察事务，委托日本政府。

第二条　关于韩国皇宫警察事务，由宫内大臣与该事务官临机协议处理之。

所有韩国之外交、行政、司法、警察等国家的大权，都落诸日本人手中，此刻韩国所剩者，只有一个有名无实的皇帝称呼。

六、韩国亡于日韩合并名称之下

韩国的国权，因为条约上的关系，全部落在日本人手中，所谓韩国政府存在的意味，早已消失了，亡国的危机，迫在眉睫，这是我们可以豫想得到的。在这样的危机之下，一进会的宋秉畯竟发表要求日韩合并的声明，努力日韩合并运动，声明书的内容，无非是歌日本之功，颂日本之德，力说日韩合并的利益。在宋秉畯等的声明书发表的时候，一进会会长李容九等，对驻韩统监，提意见书，请求日韩合并，此时候所谓“日韩合并运动”，真闹得满城风雨。

以一进会为中心的宋秉畯等之日韩合并运动发生之后，大韩协会会长尹致昊首出反对，其次如皇城基督教青年会、西北学会、汉城府民会、天道教青年团、国是游说团等，皆先后奋起，攻击宋秉畯等之合并论，后来则以大韩协会为中心，联络各团体，联名上书于韩国内阁，反对合并，于是反对合并的声势，波及韩国全土。

第三任的韩国统监寺内正毅，到任之后，每日伏居官邸，不出雷池一步，且不见客，颇示沉静的态度，而于一九一〇年八月十六日突然对韩国内阁总理大臣李完用，提出左列的通牒：

日韩两国，境土相接，人文亦同，吉凶利害，从来有不可分之关系，这就是帝国（日本）所以牺牲前后两次大战、数万生灵、几亿国帑来拥护韩国的大原因，近来帝国虽鞠躬尽粹[瘁]，扶助韩国，然在现在复杂制度之下，到底不能保韩国皇室之安全及韩民之福利。若两者合为一体，取消彼我之差别，自有相当便利……望韩国皇帝陛下善鉴目前之情势，自动将统治韩国之权让给我日本皇帝陛下，我日本为保障现在韩国皇帝陛下、太皇陛下、皇太子殿下，以及各皇族与韩国臣民之福利与安全起见，当缔结条约，以备遵守……

李完用看了这个通牒以后，即开口对寺内统监说：“韩国现在百废待举，而本身又没有刷新的实力，结果总不能不靠他国，然而今日可以依靠的国家，除了日本之外，没有他国，这也是世界各国所承认的，从前日韩合并问题，虽曾一时甚嚣尘上，然意味模糊，令人难解，今日细听统监之言，顿开茅塞……”韩国最终的命运，就决于这几句话里。

李完用与寺内总监会见之后，即去访问内部大臣朴齐纯、度支大臣高永喜、农工商大臣赵重应等征求关于日韩合并之同意，于八月二十三日开御前会议，请求各王族及元老赞同之后，与赵重应同乘马车到统监官邸，调印左列之条约：

日本皇帝陛下及韩国皇帝陛下，鉴于两国间特殊之亲密，为相互增进幸福，确保东洋的永久和平起见，兹特缔结两国间的合并条约，日本皇帝陛下任统监子爵寺内正毅为全权委员，韩国陛帝陛下任内阁总理大臣李完用为全权委员，右委员会同协议之结果，所订条约如左：

第一条　韩国皇帝陛下，将韩国之一切统治权完全而且永久让与日本皇帝陛下。

第二条　日本皇帝陛下，承认前条之让与，同时将韩国全部，并入日本帝国。

第三条　日本皇帝陛下对于韩皇帝陛下、太皇帝陛下、皇太子殿下及其后妃后裔，各因其地位，给以相当之称呼、威严、名誉，以及充分之费用。

第四条　日本皇帝陛下对于前条以外韩国之皇族及其后裔，各给以相当之名誉及费用。

第五条　日本皇帝陛下对韩人中之有勋劳者，当授以劳爵或与以养老金。

第六条　日本政府因前记之合并结果，担任韩国全部之设施，对于守法韩人之生命财产，予以充分之保护，并增进其福利。

第七条　日本政府诚意尊重新制度，韩人中之有资格者，在可能范围之内，当任用其为在韩之帝国官吏。

第八条　本条约经日本皇帝陛下及韩国皇帝陛下之裁可，自公布之日施行之。

以上是明治四十二年(一九一〇年)八月二十二日的事，此约缔结之后，韩国名实皆归灭亡。

七、结论

韩国亡国最大的原因，当然是日本的侵略所致，然而政治的腐败，也是亡国的原因，去年我到朝鲜的时候，京城《东亚日报》之主笔李光洙先生用悲愤的口调对我说:“李朝最后六七十年政治的腐败,处处足以亡国。”的确,朝鲜亡国,除外部最大的原因之外,还有内部的政治腐败有以所致之。

朝鲜自外交权被日本夺去之后,只知遣派代表乞援外国,不晓得修明内政,力自图强,也是亡国的原因,凡是国家危急存亡的时候,往往小人得志,像朝鲜这个时候,偏弄出宋秉畯、李完用这一班寡廉鲜耻的人出来,助桀为暴,真所谓“国家将亡,必有妖孽”。这是很值得我们注意的。

最后,韩国李朝时代的朝鲜人对于政治缺乏国民的理想,也是一个很大的原因,至于韩国皇室及贵族,只顾到自己阶级的利害,不管国民死活的问题,更是一个极大的缺点,结果日本就利用这点,威迫之外,加以利诱,使整个朝鲜亡于不知不觉之间,换一句话就是韩国的政府,所作所为者,与民众相隔太远,使国家与国民不能打成一片,不然日本即使极其横暴,若有全国民众为韩政府后盾,起而反抗,则暴日虽欲逞其野心岂可得耶!

日本灭了朝鲜之后,对朝鲜所行的是什么政策,我现在且拿美国人漠尔(Moore J. Robert)的“日本并吞朝鲜,是施行扑灭朝鲜的文化、语言、人口的政策”一句话来作结束。

二十一年八月十日于南京

(原载于《外交评论》第1卷第3期,1932年)

国民猛省

[韩国]金在天

朝鲜亡国的病源是什么？第一，道德坠落，党派纷扰。一般人不讲道德，如一盘散沙，自私自利，爱家庭，不爱同胞，爱金钱，爱权位，不爱国，并且植党营私，互相倾轧，这是亡国原因之一。第二，法律不公，军阀横行。军阀口头的法律就是国家的法律，专横已极，肆无忌惮，所以正义沦亡，国因以灭。第三，内政不良，外交失败，政府腐败，国民堕落，一切应兴应革之事，一概置之不理，内政如是，外交当然没有办法。第四，教育不振，民多嗜好。因为教育不振，所以种种嗜好，种种堕落行为，无所不至。第五，为富不仁，土匪蜂起。既有以上种种原因，这也是当然的结果。以上五项就是韩国亡国的原因。现在中国中了这五种病没有？据我看来，已竟中了亡国的病了，大多数已竟深中了亡国病了。

（原载于《军声（广州）》第 3 卷第 9 期，1932 年）

苏俄与日本

佚名

中日问题发生后，苏俄始终未正式表示态度，一般目之为“不言之镇静”。近日来西比利亚路上已车马辚辚，各国对之咸表忧虑，最近莫斯科伊兹维斯洽报社论，题为《苏联与日本》，可谓远东问题中之苏俄真态度，兹经译出，特录之，以供参考。

日本占领东三省，远东日益紧张的情势开展，五个月已经过去了。事变后的情形，逐天的深刻尖锐化，每天得到的消息，无不证明事态正在远东积极的演进，苏联对于此次事变，无疑的竭力从事于充分的注意，尤其直接关于国境的动静方面。

远东事变初起，苏联便采取不干涉政策，毫无疑的，苏维埃的民众是和呻吟于帝国主义压迫下之中华民族表深切的同情。但对于为求自由解放而斗争的中国工农的同情，合苏联表示的一般的和平政策之“中立”，并无抵触。远东事件，苏联政府的公正态度，便是打破各国对苏俄联合战线的袭击，日政府之任意扩大，苏联始终是严持中立，从事于这些事件的日外长芳泽也应承认吧。

苏联政府更进一步作现在集中满洲，阴谋苏俄已完成整个系统的证人，关于这一点，无论如何，是不容忽视的。由于我们远东国境现状的形成，才促起我们十分注意这种非常的状态，当日本当局发表通告之际，空气已显见紧张，驻乌拉低浮斯陶克日领，仍表示毫(无)根据的好感，这种根基于卑恶赝造大可注意的通告，其用意之所在，自甚显然。唯其如此，他所广布挑拨的谣言才不足信，虽说什么据外国报载，“苏俄是恨日人的，日俄不能避免的冲突，不久便要到来”，同时散布所谓红军十万集中乌拉底浮斯陶克之各项愚笨的消息，更是徒劳而无功。苏俄始终认为这次事变是很有趣的，必拟深致其和平的友谊。

目前，我们很愿洞悉令人悬念事实的试验，便是苏俄处在这种对立的场合，不能不来增防以资抵御，更难坐视其国境受到恐吓，必须出之以警备。自然，这种事实，我们不愿讳言，假定苏俄政府仍继续采取和平政策，一如他现在远东情形的估定，那么，所集中的军队当然不必久留，这种判断和事态的公开的检阅，最少苏俄目前所必取的是："一切必要的军队集中，系保护国境以防外来的袭击。"

这种态度，事实上是不是能够持续下去，数月来，苏俄充分注意的新反俄运动，这自然根据事实来判定。日本在朝之负责人和在野的权威者，对苏俄怎样施行军事上的攻击，已成了公开讨论的问题，并计划着怎样先占托兰斯巴克里(Jransdakalie)和沿海州，我们已获有出自日本最高统治阶级之手的侵俄计划书，并包含着某几部份划入他们的版图。

计划书中有一段说："关于对俄宣战问题，我以为迫切的必要，按日本对俄已决的策略，准备随时可以宣战，而此次战争之真目的，并不在防日本之共产主义实现，其真实而主要的意义，乃在统治远东，略取东西比利亚。"另一节说："日俄战起要顾及到苏俄的事前防御，和其他列强的态度，开战愈早愈好，我们须明了，情势是利于他们的，我们相信，帝国政府已采定这种策略，而使苏俄于最近的将来迫我们与他宣战。"

同节又说："那是无妨于事的，纵然我们的军事计划与军事努力经过很快一战以后，稍有不利，但仍要按照原计划进行，只要我们想到，军事动作最终目的，便是这个问题本身伟大之重要意义了。不过，开战后与西方发生的关系，我们必要明了当时与过去一般的状况，借此特别顾虑到各国在苏俄西部取得的条件。总之，我们攻击是沿托兰斯巴克里铁路而分际，将其远东所有的领土，尽可划入日本，这些地方日本必须驻扎军队，以作军事中心。换言之，此地必须久驻军队，同时随时准备着占领以后的反抗运动。因为日本在远东一战便能将苏俄置之于死地，那是不可能的，必须于战时利用军事宣传，引起西邻的列强对俄宣战，我们再进一步利用白俄军造成苏俄内部的不隐，此种计划施之于苏俄的现状，可谓正其时矣。"

最后结论说："估量苏俄一般的条件，可以得到个接近的结论，苏俄的民众现在不能贯澈任何的一个战争，因此，目前为最利于日本解决远东问题的一个好机会，苏联的西邻(波兰与罗马尼亚)，现尚能发生军事的作用，但至时当失其效用。"

这篇东西的原文，人们自然要看做作者个人的意见，但此军事计划的作者，却是具有重大意义者所为，便好像假之于个人之手，不发生政治关系，正在苏俄国境所演的事情，不致惹起苏俄特别注意似的，任何公正的政治家，绝不能脱离事实而行事，两月来，日政府始终未作必要的思考，即便答复苏俄建议缔结之不侵犯条约，亦非诚意。

所谓反俄运动的日本行动，自然与渔业问题条约有关，这种危险，当然始自日本一部份有力的人，不过这样一来，便将关于渔业会议，尤其苏俄，无论过去与现在认为无条件应充分注意之会议唯一目的，尽皆埋没，这部份有力的人们，对于渔业问题并没有真正的认识，只不过憧憬着实现其远东主人翁大规模的占领之侵略计划怎样成功罢了。

复次，很显明的，东三省白俄运动的复起，日本当局实应负其责而不能辞其咎，日政府再三强烈的声称，东三省白俄动作全未与闻，但他不能否认之白俄激烈活动的开始，乃在日本占领满洲以后和在日人势力范围以内愈益加甚，有许多事实可以证明，白俄的挑战行为，直接和日本取一致的行动。

白俄报纸上关于这类事情的记载，自不待言了，我们所要问的，是不是日本故意扶植白俄的反俄运动，一如报纸所载，白俄组织严密的形成，岂但尽在巴黎，一月间白俄机关报 *wosrosch dene* 载有“日方代表盛称：日本最大之希望，当负诸白俄人之身”。日本之策略与白俄间有趣的结合，亦常现于外国的报纸上。譬如，一月低[底]《纽约前驱报》载：“白俄因日人占领哈尔滨而兴高彩烈，致令人怀疑日人对此项群众或许有密约。”巴黎访员也同报告：“大批白俄抵此，远东苏俄国境顿呈新紧张。”日本官方《满洲日报》亦称：“自满洲新政府成立以来，白俄在满洲已获得强度的发展。”目前由日本统治下之满洲形成侵略苏俄趋势，业已证明，乃不得不唤起注意，声明重要，决定对策，以监视外来不利于苏俄边境之任何攻击。

苏俄和平政策，并不是闭煞眼睛、抹煞事实的和平，我们已一再表示，苏俄并不为一段挑拨者所苦，苏俄采取之和平政策与不干涉政策，即如在中国发生的事件，苏俄亦同抱此态度，然而，苏俄政府绝难容忍任何国家对苏俄国境稍有玩视，苏俄的寸土，亦不容任何国稍有占据。“我们不愿侵略他国，亦不准他国侵略我们”，这便是苏俄的态度。

（原载于《苏俄评论》第 2 卷第 5 期，1932 年）

亡韩追痛录

郑逸梅

黄海涯瀚中有半岛焉，厥为朝鲜。朝当读若昭，世俗之读为潮者误，盖旭日东升朝而鲜□也。人民为箕子后裔，素为我国藩属。降至清季，倭奴启觊觎之心，而中日之战，因之以起。即日俄之衅，其争端亦为朝鲜。倭人之亡韩也，巧为饰辞，其外部覆中国公使云：查朝鲜王常蓄阴谋，致酿祸乱，大为敝国之害。乃其自主之力，又属太薄，不足以膺重任。其关系于敝国者，不特通商一端而已。地之相去甚近，又有干涉远方之处，敝国万难坐视，以妨荣名。是以决计代为设法，以保太平之局。倭人之狡猾，于此可睹。然韩人素沐我国之文明化泽，一旦失其依凭，且苦倭人之压迫也，于是遂有排倭之运动。汉城西门外钟鼓、天洞一带，集会演说，有所谓保安会、独立协会、兴国协会、一心会等，皆爱国青年所结合者也。其中一二小轶事，可以歌，可以泣，有不容湮没者。培方学堂之学生李冰如，斥资以济爱国志士之所需，为倭警所侦悉，乃搜括其家产而尽没之。冰如至，贫窭无以为活，且监视严，无敢恤助之者，遂冻馁而死。临死之顷，犹频呼韩国万岁，声惨烈，闻之令人悚然。又某贵家女，国亡后隐易姓名，辗转至倭，入音乐学校，故作唱花之商女，献媚于倭相伊藤氏，伊藤好色，素有牡丹宰相之号，遂纳之为姬妾。既而伊藤氏赴韩，抵哈尔滨时，安重根伏车驿间，狙击之，盖女预以氏之行期密报于安也。安被执，慷慨就义。韩人有金泽雄者，赋诗以快之云："平安壮士目双张，快杀邦仇似杀羊。未死得闻消息好，狂歌乱舞菊花觞。海参港里关摩空，哈尔滨头霹火红。多少六州豪健客，一时匙箸落秋风。"其一腔义愤，可于言外见之。韩人国多能诗者，更有某志士，不忍目睹亡国之惨，背乡井而浮海他去，其去国吟云："欲哭不堪哭，欲行不忍行。乾坤双泪眼，无处觅秦庭。"苍凉悲感，不堪卒读。夫朝鲜之亡，我国之殷鉴也。篝镫写此时，窗外风声有似鬼雄之啾泣，为之掷笔三叹。

（原载于《申报》1932 年 1 月 26 日）

壮哉韩国独立党人之一弹

王蕃

本月八日午前十一时四十二分，日本昭和天皇自观兵式还幸途次，突被韩国独立党志士李奉昌以炸弹投掷，误中副车，昭和无恙，而志士就擒。消息传来，吾人不禁色然喜，矍然叹曰："壮哉此弹！惜不中耳！"慨自三韩被并以来，彼邦人士展转呻吟于暴日铁蹄之下，无日不图恢复而谋独立，爱国之士，见危授命，献身国家者，屡起屡仆。吾人限于实力，未能积极予以扶助；然同情之心，固未尝或间也。诚以高丽本我属邦，两国关系，有若弱弟之依长兄，亦犹唇齿之互相屏倚。今弱弟横被欺凌，为长兄者欲不爱惜，不可得也。所可哀者，长兄亦老大昏庸，自顾不暇，遑云救弟！此则十余年来中韩两国之所同愤，亦举世弱小之所深痛者也！去秋万宝山事件，与朝鲜屠杀华侨事件相继发生，国人对于鲜民之观感，乃稍变异。一则以为该邦人民奴颜事仇，已贴然心服，不复有雪耻复国之念；一则以为该邦人民竟亦敌视我国，助桀为虐，无复存旧日宗主关系之感。前者关系韩国复兴独立运动之前途，后者关系中韩两国民族提携互相之精神。吾人惩前毖后，心焉忧之！其后韩国民众团体及其旅华侨民先后宣言，表示屠杀华侨之举，纯出日人胁逼，该国民众对我侨胞初无敌意，吾人始稍稍释慰。今又闻彼邦志士狙击日皇之举，乃益欣慰！盖由此足征三韩民族之灵魂未灭，暴日元凶之终将授命也！

抑吾人于此，对于昭和氏之历史性格，不能无所记述。世人惟知明治英明、大正庸暗，而不知昭和荒秽淫妄有逾桀纣。请举二事，以实吾言。当昭和为太子之时，尝衔命聘英道经法国，眩于巴黎之繁华富丽，流连忘返。一日微服出游，观狗与妇人交媾之戏，大乐！按例，观众赏赐以五十法郎为度，昭和因喜其淫异，独赉一千，以是巴黎各报争相记载，初不知谁家公子如此豪华，继乃知其为日本皇太子也。此昭和秽德之一，世人皆知，吾人特更为之表彰耳。当远东共和国未被颠覆之时，谢米诺夫以金卢布八千万贮存日本银行。及远东共和国既灭，谢氏往索此款，时政友会执政，吞没不与，谓此款乃远东共和国政府所存，君以私人资格，何能提取？谢氏无奈，白其事于各国报纸。闻吞灭此款之主要人物，亦此贪污之皇太子也。及其即位，恣骄淫妄，益肆其极！推其本意，盖欲追美明治，而实行所谓天皇之统治权力。因此，一方力削文治派权势，以打破内阁负责之制度，一方长养军阀派气焰，使其利用“帷幄上奏”之特权，肆行侵略兼并之野心。最近因强占我东北，引起文治派与军阀派严重之暗斗，而昭和实操纵指使于其间也。现时东北问题犹未解决，英美法三国协商干涉，已略具端倪。他日各方激逼，难免不引起世界第二次之大战。其时，中国固为列强共宰之鱼肉，昭和亦恐终步德皇威廉之后尘。准此以谈，则昭和者，世界和平正义之障碍而日本之罪人也。今韩志士李奉昌君牺牲其一己之血肉，为世界除暴戾，为宇宙存正义，岂非悲壮千秋之举耶！吾故曰：“壮哉此弹，惜不中耳！”

一月十日

（原载于《火线》第7期，1932年）

同胞其亦知取法于韩人也否？

筱枝

国破则家亡，家亡则身辱，身辱则人贱，人贱则天地间皆无托足之所。痛哉！亡国之惨也！试观我藩属之朝鲜，其于亡国后，一丝一缕，无不仰给于倭奴。一饮一啄，亦无不乞怜于日贼。为军者，无大将之阶。为士者，无大学之级，其尤甚者，数人同行，不得偶语。国家政务，更非其所能闻问。芸芸土著，率若牛马。虽名为万物之灵，实渡牛马之生活。呜呼！其惨若是，闻之者，孰不为之痛心疾首哉!？夫朝鲜之亡也，已数十余年矣！整个民族生命虽全操于日人手掌之中，而民族运动，犹潜在者何也？乃朝鲜人民之心未死也。试观今岁之四月十九日，是日天皇生辰纪念，在我沪上虹口花园之日军，例当举行庆祝之盛礼，各国领使鱼贯登场，而其大会将完之初，各领使先行退场之际，竟有韩人尹奉吉者，手执炸弹，行炸日军，虽不能尽致倭奴于死地，而有少数致命之伤。由此观之，其民族运动不亦存在乎？噫！奉吉虽以此次事机失密，被执于倭奴之手。而伟大之精神，足令人钦佩。吁嗟！夫今日之中国，社稷有累卵之危，生灵有倒悬之慨。若不上下一心，急图挽救，吾恐铜驼有荆棘之忧，江山有新亭之叹。伊川之发，骈阗于万方，钟仪之冠，萧条于千里，三州父子，分为异域之奴，杜陵弟妹，各有乡关之感。哭秦庭而无路，飧周粟而匪甘。亡国之惨，何可胜述。愿我举国人士，上下一心，同舟共济，以朝鲜为殷鉴，以奉吉作表率，洁身自好，努力图强，则中国前途，尚有可为也。

（原载于《抗日半月刊》第 2 期，1932 年）

日侵东省后苏俄与日本之关系（赤塔来稿）

徐贤关

日本举兵侵占东北以来，已届一年，苏联与我国毗邻，利害关系极大，虽叠次宣言抱严守中立之政策，但对于远东局面之突变，固深加留意，无时或懈。近且增兵边陲，竭力宣传，唤起民众共守疆土之义务。夫日俄邦交固早经恢复，但因政体不同、利害冲突，仍时生龃龉，如渔业问题、海参崴朝鲜银行封闭问题，在在足以暴露日俄国交之裂缝，今东北事变突起，苏联在东省北部之利益，大受打击，而日本近思利用白俄以与苏俄反抗，尤使苏联寝食不安，因之日俄关系无形中日见紧张，大有箭在弦上，一触即发之势。

前者苏俄援马抗日之传说，日俄两国交加抗辩，上年十二月十九日日军进占龙江时，该两国又互换通牒，兹移译之如次：

日使广田之声明

在一九二九年中苏冲突之际，帝国政府坚守严格之不干涉政策，曾拒绝运送一切开往满洲里方面之中国军队，该项事实，当为苏联政府所忆及。因此，在此次中日冲突之始，帝国政府即期望苏联方面采取严格之不干涉政策，不作助华之任何举动。

帝国政府对于苏联政府十月二十九日为担保帝国政府此项期望所发之声明，表示其满意，帝国政府并不信任上述声明以后所发生之种种谣言，且明白声称，诬指日本领事馆及军事当局，捏造此项谣言，而借报纸及电讯社播散之言论，为绝对谬妄。

苏联政府十一月十四日之声明书中所提及关于日本军事当局之声明及驻哈日本副领事之言论等二节，日本政府并不知悉该项言论，系用何种方式，传入苏联政府之耳，但日本政府认为前者不过向报馆访员，随意讲述散布于哈尔滨之此项谣言，后者不过举其所闻者转以告人耳。大概起因于此类不可容忍之误会，故有认日本当局捏造此项毫无根据之谣言之声明也。

据本政府所知，中国方面为激励黑军士气起见，故传布中国各军受苏联帮助之谣言，因此标榜取不干涉之苏联政府，应先向中国方面鸣其不平也，现中日军队间形势紧张，日本政府期望苏联政府明白声明不助马将军，并不以军械及其他材料供给中国军队。

帝国政府为卫护其在满蒙之权利计，不得不进行战争，但竭力设法，使苏联之利益不受丝毫损害，黑龙江军队违背已定之协定，不独攻击奉命保护修理洮昂路铁桥工程之少数日军，且在齐齐哈尔一带，向东北两方面调来无数生力军队，以逼迫我国之少数军队焉。

日本军队并无丝毫使东路工作停顿之意向，但如黑龙江军队仍不停止其对于日军之挑战态度，双方军队为反抗对方计，则无法避免之冲突势必发生，其结果或将使昂昂溪站暂时陷入混乱状态也。

如马将军之军队，不为自己目的而利用此路，日本必采用各种方法，以避免此项冲突，及侵犯东路利益之事实。但假使不顾吾国之努力而发生不幸之事件，则此项事件之责任，当由中国方面，及运送与集中中国军队之东路分别负担也。

苏联外长李特维诺夫之声明

苏联政府接读贵大使声明书，颇为满意。该声明表示，日本政府不信外传苏联违背不干涉原则，而帮助中国军队之谣言，并否认一切日本官吏所作而未经政府同意之声明。

苏联政府在加拉罕受政府委托，明白声明不干涉中日冲突，并对于任何方面不予帮助后，并不愿对上述谣言向日本政府再有任何之声明。

但因贵大使之声明中将目前满洲事件与一九二九年之中苏冲突并为一谈，实不准确，此本部长不得不指出者也。

苏联军队虽暂时侵入中国领土，然并未发生占领领土之问题，以及推倒中国旧有政权，成立新政府等事项。同时，日本之合法权利，亦未受丝毫之侵犯，且无侵犯之可能也。

苏联军队完成其有限之任务以后，立即撤回苏联境内。同时苏联亦未利用其军事上之优势，而强迫中国签订屈伏之条约，以及解决一切与中东路冲突无关之问题也。

贵大使请在一九二九年中苏冲突时，日本政府曾拒绝在南满线上运输中国军队，与此种精神相违反而言，本部长不得不向贵大使有下列之解释：南满路系受日本完全之管理与监督，而且有日军之保护，但中东路系受中苏共同之管理，而护路军又悉为受中国当局指挥之中国军队。

贵大使应深悉苏联政府已自愿抛弃前俄皇政府在中国特别在中东路驻留军队之特别权利，但苏联政府对此决不后悔，并且相信此种抛弃前俄皇政府特权之行为十分正当，由是而推论之，满铁之情形，决不能与东路之情形相提并论也。

华军防守中东路，而由中东路运输华军以利军事行动，苏联政府全未知悉，然当中日冲突，尚限于南满区域之时，苏联政府对此亦无知悉之必要，只有当日军逼近中东线时，始能引此项危险也。

当此项危险将近实现之际，苏联政府已早顾及，故于十一月十二日训令东铁之苏联理事保守中立态度，慎勿赞同交战国任何方面借中东路运送军队至前线，实际上，苏联理事等虽遭逢因战线逼近中东路而发生之各项困难，但仍得履行严守中立之政策，本部长认为必须郑重解释者，本部长对于贵大使认此项责任，须加诸东路之声明，不能表示同意。

日本政府第二次声明，将竭力使苏联及中东路之权利，不受任何方之损害，且日本军队亦无使东路工作停顿之意向，苏联政府接读之下，十分满意。但苏联政府必须指出下列之情形：贵大使受贵国政府委托提交本部长之第一次声明书中，所谓已下令缩小在满之军事行动，反日形扩大，而且远出于初次军事行动范围之外，此种情势，实已增强侵犯苏联利益之可能性，不能不引起苏联政府之不安也。

苏联政府对各国关系，素采取严格之和平政策及态度，目前仍注意保守与巩固日苏现有之关系，苏联对于其他各国间之冲突，亦保持严格之不干涉政策也。

此后苏联政府为避免发生冲突起见，迭向日政府提议签订不侵条约，但日方始终含混其词，未予明白答复，事遂搁起。旋日军进占哈尔滨，为中东路南段拨车问题，日俄两方曾起一度之交涉，上月，日军又拟进至东路东段，要求东铁备车。二月二十四日，苏联外交副委员长加拉罕邀请日本驻俄大使广田至部，请其证实与说明下列四点：

一、哈尔滨日军长官要求备车十七辆，在一面坡与绥芬河运兵，两处皆在边境，与日军往日调动不同，且引起政治问题，非中东路所能处理。

二、日军长官向中东路签订合同，运输军队减收半价，运输保护铁路军队，免收运费一层，苏俄政府亦认为政治问题，影响日俄与中俄现行条约。

三、迩来白俄在日人保护与直接援助之下，对于反对苏俄，活动益甚，此与贵大使向李特微[维]诺夫及鄙人保证日本不援助白俄之诺言相矛盾。

四、请见告关于新组政府之消息及其性质。

当时广田氏答称，对于东铁问题，日本未得与闻，当询在满日当局。至白俄及新政府问题，即电日请示，再如东铁运兵，因哈埠及其他各地日侨（包括鲜民）计达二万之众，故有调兵保护之必要等语。其后，日俄两方迭经交涉，俄方始允电东铁当局拨车，惟以开抵一面坡及海林为条件。俄方对日如斯，一意隐忍多方让步，盖不愿轻起衅端，引起两国武力之冲突使经济建设之计划败于垂成之一顷也。二月二十九日东京电称，日本外交部接据该国驻海参崴总领事馆电称，据一可靠外人报告，去年十二月起，苏联陆续输送军队，由欧俄进驻海参崴。查驻海参崴、乌古尔及拉兹多利等区已达两军团之众（约四师），又连须美都沃、波西也特、巴拉伯及司巴斯基等区共有红军十万人在海参崴俄罗斯岛筑有重炮台，在谢达阔造有三新炮台，沃格地方之碘厂改为毒瓦斯工厂，在海参崴火车上日夜输运军需及粮食，乌苏里铁路均由共产党员及预备党员驻守保护。据该外人谈称，日俄战争恐将不免在最近三四个月内实现。其原因，如不在满洲问题，即在乎渔业问题云。

苏联得此报告后，莫斯科伊兹魏司基亚首登苏联与日本一文词，长千余言，各机关报亦均转载，兹谨摘要译录于后：

苏联颇愤日本帝国主义之暴行，工人极抱同情于中国，日本借端作反苏联之运动，日本报纸，复时有造谣挑拨之言论，如关于援马抗日之传闻，即其一例。但已完全证实此项传闻，纯属子虚，苏俄政策始终不侵犯及保守和平为原则，曾接日本外务大臣芳泽谦吉口头之答复，日本政府确信龙江事件，苏俄方面全取不干涉之态度云。

迩来远东边境一带已呈反常局面，亟应加以注意。本日东京电传日本外务部代表宣言一则，可作此不健全局面之明证。斯宣言系根据日本驻海参崴总领事馆之报告，而该领又以所谓极可靠外人之消息为报告根据。察其内容，纯系虚构，另有用意，不辩自明。

夫观察事物，应以事实为依归。乃日方不此之图。注意暗昧不明之材料，苏联素抱一贯之和平政策，但远东局势如此紧张，苏联虽主张和平，亦当予以熟虑。苏联远东为巩固防卫能力，并为保守边圉起见，不能不有增兵远东之举，斯乃无可隐瞒之事。此次增兵，苏联认为最少之限度并为保卫疆土抵御外患必须采取之方策，且闻日本军事当局曾公然提出侵犯苏联，获夺沿海省及后贝加尔省等地之问题。我人已觅到日本军事当局所拟攻击苏联计划之文件云："关系日本应否与苏俄开战之问题，窃以为日本对于苏俄，应持坚定政策，准备随时开战，为防止布尔雪维克主义，并须进取苏联远东及东西比利亚之土地。"另一件云："观察苏联军备现况暨各国情势，日俄战争愈速愈妙，时机一过，将于彼方有利，故急须决定从速对俄开战之政策。日本战略，应达贝加尔湖，由远东推展至西部。至应否继续向西方进攻，须视当时形势即欧洲各国是否出动之情况而定。如止于后贝加尔铁路一带时，即应将远东州全部归入日本版图，在该区内应永久驻扎军队，以备占据后静待时局继续发展之机会。盖仅在苏联远东一带发生战争，将不易致苏联以致命伤，故宣传乃为我军战略上重要计划，须借宣传以使西方邻国及其他国家与苏联作战，并鼓动苏联国内外之白党小民族，及反苏联份子联合一致，以引起该国之内讧。现在苏俄地位，实为履行此种计划最便利之机会也。"又一文件云："默察苏联现在状况，彼实无力开战。现今实为日帝国解决远东问题最有利之时机。西方与苏联为邻各国，如波兰、罗马尼亚等国，必有立行与我人联合起攻苏联之可能性。而年复一年，此种可能性将渐次衰落。"

上述文件出自日本负责当局之手笔，其具重要意义也明甚，且两月前苏联曾提议签订不侵条约，日政府至今未予置答，而关于渔业问题，日方无风兴浪，意在破坏日俄渔业协定，欲在苏联领海内任意主宰一切。此外，白党在满洲境内盛行反苏俄之工作，日方当局诚不能卸其责任。凡此种种，事实昭然，使苏联不能不设法防卫边境，以抵御外力之侵略，我人敢郑重宣言，我人不愿取得他国尺土，但已国寸地决不拱手让诸他人。

观此社论，日俄间情势之紧张可知。此后两国关系，究将演至何种状态，武力冲突将于何时发生，诚难逆料，但迟早必将发生冲突，乃不可掩之事实也。

（原载于《政治评论》第19期，1932年）

韩人一击

一粟

日本天皇，于本月八日新年校阅回宫时，在宫前之樱花门，忽遇韩人李奉昌投掷炸弹。虽然仅中副车，但日本朝野，已经大为震动了。当日下午，日内阁即提出总辞职，对日皇表示其失职之罪。内阁辞职虽经慰留，但负警卫重责的多数长官多去职，李奉昌原籍汉城之地方官也要受其处分。

据说李奉昌系国家主义份子，行刺目的大概是受了印度自立运动复兴之影响，这当然是有关系的。再就韩人本身说，自日本亡韩以后，韩人已受尽宰制与压迫，爱国志士无时不作复国运动的进行。反日情感，深蓄之已，一遇机会，即没发泄也。由此推证，此次行为不但受印度革命运动的感动，又何尝不为日本侵占关东，继横无理之暴行所激发。

在日人心理上，万世一系之天皇，本是神圣不可侵犯的。日本历史上的英雄，多有牺牲一切友爱孝慈，而全忠于天皇，以至以身殉帝，乃极普通的事，此种风气，在现时仍未稍减。所以此番李奉昌行刺，固属大不敬，但日人心理上，也要受一种急剧的震荡也。

同时，日人还应当觉悟一向不顾公理与正义，对东亚各国所行之武力政策，将会引起世界之反感的。即目前东亚各地的反日运动，已经潜孽蔓延，倘有强烈发挥之一日，恐非太[大]和民族所能抵御的了。

（原载于《义勇》第 1 卷第 1 期，1932 年）

朝鲜的复国运动

邓龙光

在日本重兵警卫的虹口公园，日本派遣在上海的军事外交大员居然为一个韩国人的炸弹光顾。总不管效果如何，韩国人的精神，我们总得佩服。

日本并吞已久，健忘的中国人恐怕有多少已经弄记不清楚她的名字了。但事实告诉我们，韩国虽亡，精神尚在。他们勇敢的志士总是前仆后继的向横暴的日本来反抗，以图恢复他们的祖国。试检察过去的事实韩国志士光荣的复国运动，有下列几件足以震惊世界，寒强暴之胆。

一、南大门驿之炸弹

公历一九一八年九月二日午后五时，在朝鲜京城，朝鲜总督斋藤偕其夫人自铁道下车，于南门大驿刚入马车之际，炸弹忽然飞来，当场负轻重者达三十七名之多，弹片及斋藤腰带而无恙。掷弹者为一老人，供称名姜宇奎，平安道人。自日灭朝鲜，愤而移居间岛，放浪于西伯利亚及满洲各地。闻新总督来，痛恨万状，乃以五十金从某俄人处购一炸弹，自海参崴到京城，欲炸死总督报亡国之仇。后老翁被处死刑。

二、明月馆之就义

一九一九年，即日灭韩后之第十年，三月一日，朝鲜京城塔院公园忽集学生数千、市民数万，满街白衣如雪，高呼韩国独立万岁，遍揭韩国独立宣言书。当时警署就署名者孙秉熙等三十三人之室大搜捕，忽有电话自首云："即刻吾辈齐集明月馆待缚。"结果二十九人均送狱。吾国西蜀诗人吴芳吉，有《明月楼》诗以纪其事。

三、田中义一之被炸

一九二〇年，朝鲜总督府有人掷炸弹。轰然一声，幸未伤人，凶手逸去。又明年，日本军大将田中义一视察菲律宾归，道经上海，有人掷弹不中，其傍美国妇人致死。当场捕获金益相，自供去年总督府之炸亦彼所投。

四、华盛顿会议之游说

华盛顿会议时，韩人李承晚等为热烈之复国运动，要求朝鲜独立，一方面向各国代表递激昂的陈情书，一方向各报馆为同样之游说，结果未能成功。

最近的惊人事业，要算去年李奉昌的炸昭和天皇，及此次尹奉吉一炸在上海的日本要员。此等事件，均足表示韩国志士之爱国，不惜牺牲一切，为祖国奋斗以求独立、求自由。

在事实上说来，韩为日并以后，一切都有相当的进步。但他们的志士，还是念念不忘的要图恢复，决不抛弃祖国去做日本的奴隶。因此，我就有点感想。

> 第一，可以看出来爱国是根于天性，我们的祖国，我们总该爱护的。韩国为日本吞并，他们的志士都要计划复兴，菲律宾本极自由，他们也要求独立。可见世界大同，前途尚远。……
>
> 第二，暴力决不可恃，已经完全证明。日本的暴力不可算不大，但他可以吞并韩国，终不可以消灭韩国志士的精神。即以此次沪战而论，我们的飞机大炮实不如人。然而十九路军终能血战不屈，给与日本以莫大的损害。这完全是精神战胜暴力质的明证。现一党专政的国民党，败坏国事以至于此，但他们还是要凭籍暴力垄断政权，压迫民意，不肯施行宪政。多行不义必自毙，党国的要人们，请当心一点啊！

本篇写完了以后，仿佛听见轰雷似的爆弹声音。

（原载于《民生周报》第 25 期，1932 年）

一个朝鲜人对我们讲的话

佚名

今年七月万宝山案爆发之后，狡黠的日本人运用卑鄙的离间手段，唆使不肖韩民残杀中华同胞，酿成这弥天大祸，真是中韩两国炎黄以来空前的悲剧！这日本帝国主义，简直比毒蛇猛兽还残酷千万倍，那配称文明国家！假如我们今天不把这毒蛇猛兽根本铲除，看能苟延得几时？此刻日本帝国主义又派了杀人不眨眼的魔鬼军队来占领，来蹂躏东北三省，非但中华国民切齿痛恨，就是我们韩国同胞也深感悲愤。东北三省是谁的土地？中华国民竟这般懦怯，甘让魔鬼来侵占自己的土地，蹂躏自己的同胞！日本是蕞尔小国，一任其横行于四千万方里之东亚大陆，这是不是中华民族的耻辱，还是我们东亚人民的耻辱？

朝鲜的土地比日本大得多，中国比朝鲜更大得多；以两个偌大的国家对付这么一点三岛小国，实在算不了怎么一回事，他们虽有精巧的枪械，我们却有团结的精神。以我们团结的精神，去消灭残酷的魔鬼，这不是烦难的工作！

（注：他的演说词很长，演说时神情非常激昂，大有“怒吞三岛”的气概。他还说：翻开世界各国的革命史，革命事业的发端，大都属于先觉的青年学生；青年学生是救国运动的中坚分子，那般括地皮、抽鸦片、买姨太太的长官老爷，是绝对不能救垂危的中国了……）

（原载于《一中学生》第3期，1932年）

朝鲜亡国惨痛的实况

[韩国]李熙春
罗光烈　周麐　述录

"亡国"二字,几成吾人一般的口头禅。好像国亡之后,对于我们小百姓未见得就发生若何之恶劣影响,而且可以熏沐外国文明,借以改良生活一样。这种思想,固然是由于社会环境和物质环境所造成的,其实也由他们不十分了解亡国惨痛的实情到底到了什么程度的缘故。兹觅得此稿,亟刊布之,以资国人之警惕！编者识。

李君熙春,韩人,自民国八年痛故国灭于倭奴,而不堪其痛苦,遂与诸要人起而谋独立运动,奋斗六日无效,日又捕之亟,乃出亡而侨居吾川。本年九月十八,倭奴乘机侵占我东三省,全国一致反对,我川中亦于是日成立抗日救国大会时派李君为代表来简宣传,世培即邀入校演说,当属学生罗光烈、周麐述录,见其所说韩亡痛史,于吾国现状大有关系,特厘定付刊,公诸同好,以资镜鉴,而奋起救国热忱云。

——民国二十年十一月二十八日,简阳县立初中学校校长陈世培识。

昨日在贵县公园里宣传抗日救国的情事,因为声带受伤,又限于时间,故对于所欲,没有尽量发挥,是很抱歉的！

今天承贵校宠召演说,在熙春个人是很愿意而高幸的,希望各位假我数时,以便详细报告！日本此次占去东三省,捉抢屠杀,种种蛮横的残杀情形,都是和灭掉我们韩国一样的,这亡国奴的痛苦惨剧,是我亲身尝过的,不是更仆可以数得完的。但欲明这种真象,便先要知道中、韩、日本三国的关系。

我韩——即朝鲜,又称高丽——立国在鸭绿江的南岸。起初建设国家的,就叫擅[檀]君,考查起来,适当唐虞的时代,至今已四千多年。古史上说"开辟于箕子"未免错了,其错误的原故,因箕子未到朝鲜以前中国史阙略,无从稽考哩！

当三代及春秋战国的时候，和中国是没有界限的。故秦始皇把韩灭掉，张良出亡来韩，鼓吹始皇的暴虐，得我们韩国的力士，狙击始皇在博浪沙里。可见当日的韩是和中国没有区别的。所以釜山、平壤，在韩未亡以前，都和中国没有界限，也就是关系很密切的原故。

至于民族，原本同汉同族一血统，辛亥年五族共和，没有韩人，也就是同一血统关系。当商朝时，鸭绿江北有一种民族，叫培达，即通古斯族，移来立国，到商纣亡时，箕子不事周，来到朝鲜，境[竟]以培达族不是同种，把他逐去了；并且箕子来时，凡是不事二姓的，都同一路。自此以后，如遇改朝换国，有同于箕子志向的，往往迁来避祸，所以朝鲜的人直到现在，大半姓箕、韩、李、卫的人很多。这样看来，世界上姓氏，惟有中国和韩国的人才同百家姓。真可以说韩国人完全是汉族。

拿地理上来说，韩在中国的东北边，可称中国的门户。日本立国于海中，时常上海岸来劫掠或侵占我们的土地，这日本可算是强盗的行为了。

世界上逞强盗行为的，如像英、德那些都是。惟有这日本，最凶恶、最残忍！

有些人说："中国是黄色人种，日本也是黄色人种。我们既是同种，就不能认为仇敌。"这样说法，就算错了，怎么？人的颜色，不足以代表种族的，因为土地和气候的关系，无论白色、黑色、樱色、红色，都可以变成黄色的，据这样看来，惟我们汉人才可以算是黄帝的子孙，若日本岛国在大海中，他的祖宗是很多的，因为是海洋风(那时没有轮船，只有木船，泛于海中的船，又无指南针，以定标准，故随风飘泊而定其所止)，有由北边或南边和西边飘到的。所以他们的民族，五色人都有，不过气候上和地土上的关系，经年多久，就变成一样的黄色了。

先前秦始皇时的徐市，带了童男童女各五百人到海岛中求神仙，结果没有效验，怕始皇杀他，不敢回来，乃辗转于海中，就被海风吹到日岛国上去了，后来成一部落，被他同化，现在日本的某处，尚有徐市坟的遗迹可考。

到元世祖时，以中、韩、蒙古的兵去征伐日本，到时中韩兵先登岸上，攻下三城；而蒙古兵尚未登岸就遇飓风，把大兵沉没，只逃回三人，中韩兵孤立岸上，没有后援，就迫降于日本，被他同化。

还有中韩罪囚亡命逃去的，并有通古斯族、被汉族排挤去的，都被他们同化了。从这样看来，他们的祖宗也就不正大了；他们的种族也就很复杂了。则不能单纯种族名，就叫做大和民族。故我敢说：日本的祖宗，都是那些强盗呀！

降兵呀！亡命徒呀！完全没有根基的。所以他们立国，只有二千多年，为世界上有历史最迟的一个岛国。

因此，他们的主义就是强盗精神。只用一把刀，横行无忌的杀人放火，现在凭他蛮横，劫人财产、土地，也就居然说是文明了；其实还没有改变他的强盗性情，所以他们现在的教育就是小孩游戏，也教他为大强盗，如像画地为英国、法国、中国等，使小孩跳占；谁先占倒[到]一处，便欢呼以鸣得意。

至于教科书上的材料，都是说某国好，某国的出产丰富，我国不及或我国没有，我们应该占为己有的。并且教授时在地上画一些地图，指示儿童说：这是东三省、蒙古省、新疆省、福建、广东、浙江等，我们应当努力奋斗，夺在手里，以作发展谋生的地呀！若仅仅的居这孤穷岛上，岂不饿死吗？诸如此类的，不可胜言，象是这样，他们的教育，就算是强盗式的教育，并没有道德式的教育；所以他们人民的脑海里也只装有强盗的行为，并没有道德的行为，直积养到近年以来，可以说是蛮横极了……

因为他们民族复杂的原因，异族配合，生育特别发达，在四十年以前，只有二千多万人，现在合朝鲜的人，就有六千多万人了，因地盘太小，生产有限，不能满足生活的要求，非向外发展不可，但他发展怎么又端向中国呢？

因为他在汉朝就来进贡，探察中国内部的虚实，那时中国很强大，不敢来。到唐朝时，又来进贡，见中国不振，便有藐视之意思，所以史上说得有"日出国皇帝致书于日入国皇帝"的话，那时唐朝就不了然他，因没有海船，也就没有追问；他见不追问，就想来骚扰，怎奈情形不熟，于是就派了二百多学生来中国，名说求学，实则暗地调查各处情形，所以学生一回去，他们就来寇掠沿海各省地方。从此以后，中国受的损失是很不少的。

值到元朝时，他们已经要来争中国了，殊不知元朝武力强盛，反为元所征服。

至于明朝，复大举而来，初为刘荣打败，继又为戚继光、俞大猷所痛击一场，几乎片甲不留。

后来入寇中国，先到我韩，幸将一战就把他打败回去，故对于中国没有甚么损失。但他们回去，不以强盗行为自责，偏说我们的残忍，于是把这几回的失败就视为莫大的国耻，印入脑筋，誓图报复，大有勾践切齿吴仇，卧薪尝胆，刻刻不忘的心。像他们这种强盗行为的野心，固豺虎不食，然其不忘国耻这种精神，虽为我们之所忌，尤为我们所当法。他们这种强盗行为犹以为国耻，刻骨不忘，所以到甲午一役，竟将中国战胜，就把我们韩国夺去，并吞了中国的台湾，还要赔偿他的兵费。噫：强盗日本，真是可恶极了！

我们的中国，地也大，物也博，人也多，文明礼义的大国，早已见称于五大洲，而不能战胜一个小岛国上的蛮横强盗，你说可耻不可耻呢？然当时的一般人，无论有智识没有智识的，都不以丧师、辱国、失地、赔款作为国耻，拿来时时念着！所以强盗越见的骄横，中国越实的微弱哟！

现在他的大陆政策，又逞蛮横强盗的手段，实行于东三省了，若不赶紧联合起来把他打倒，不说东三省受他的残暴不堪，就是中国本部也要遭他的蹂躏了！我想他们现在摧残东三省的惨状，必定是和将来横施于中国本部的狼毒一样的，我们韩国灭亡后的痛苦就是前车！也可以说是背影！

但是今日欲想救中国，必先从韩国入手去干涉他，使我们韩国的人一致起来对付，譬如“晋人角之，诸戎掎之，与晋踣之”者。

今把韩国灭亡后之痛史逐一报告，一以见得强盗日本亡人国家的凶恶手段，一以作唤醒中国人民的惊[警]钟。

想我们韩国前日统于中国的时候，强盗日本他见我们韩国易与取领，他就用花言巧语来刁唆我们的政府，愿保护我们独立。我们的政府就信真了，就脱离中国而独立，听他的保护。殊不知他才用假面具来欺骗的，等到上了他的贼阵，他就说我们不能自治，硬用他那蛮横的强盗手段估住灭掉，登时屠杀了二十多万人，逞他灭国的威风，报他前日兵败的仇恨！

但所余的三千多万韩人，不能一时杀尽，就用他软和非法手段来慢慢的杀。

(一)出告示说：韩人不是反动份子，便无事；若是反动份子，便杀个干净。从此以后，就借口说韩人反动，便杀戮无算。这就是用他告示的杀法！

(二)规定韩人每日下午五点钟后不准出门做活，此后韩人下半天简直不敢出门，于是韩人的生活期短，日益困难，这就是他减少生活的杀法！

(三)规定韩人行路不得快慢，紊乱秩序，并且只准走他所指定的路线，不得另走他路，如有违犯的，处以枪毙。这就是他们限于行路的杀法！

(四)韩国以前的学堂很多，一县总有三四个中学。现在都完全勒令停办，把学款没收了，并且不准在外国去留学。这就是他灭文字的杀法！

(五)不准韩人走二十五里的远路，如要走时，必须扯得护照，且有人监管。这就是他们额定行路的杀法！

(六)不准韩人聚谈和藏铁器。若有人聚谈或家里藏有铁器，一经查觉，即处以死刑。这是他们防范的杀法！

(七)韩国三面临海，渔业、盐业很富足的，韩国未亡以前都由人民自取，以谋生活，今被他收归国有，这下一般穷民都失业无赖。这是他们夺民渔业、盐业，以断绝生路的杀法！

（八）韩国地方的山林川泽很多。和海产一样的利益，今也被他提归国有，人民不得染指。这是他们夺山林川泽的利益，以灭贫民生路的杀法！

（九）人民田产尽行收归国有。他组织一东洋拓殖社会，专司当押人民的田产，如一百六十元当的，七天取回，就要二百余元。五十元估着买的，日后卖出，就要二百五六十元。至于整个农田，他从中穿凿沟隙，使倒不能注水，就成荒田，于是他就出贱价逼买，如值几百元的，他只出几元，假使不卖与他，就说你是排日党，便要遭他的屠杀，逼倒[到]你不敢不卖。这就是他们剥夺人民之田产利益的杀法！

（十）估住妇女，上下衣脱尽，由他每天赤身露体的来屋里乱问，如男子去向他交涉，便说你是厌日党，不亲爱他们，他就逞他的野蛮横暴手段，尽他的兴了事。这就是他们换种的杀法！

（十一）有钱的房屋，他来保管，随即占去，并将妇女夺去；贫人的房屋，就来把你的财产侵完迫你变卖，他就拿贱价来没收。这就是他们破人财产的杀法！

（十二）他说：妇人是亡国奴，不能存钱，有钱必估你交日本银行，代为保管；无论存储几十万、几百万，要用时只许给你弍元，且说穿衣、吃饭用不着许多的钱；并且每家人必派一日本人与你当家，你的妇女，即是他的老婆。用一二块钱都要向他说明，比如你死以后所存在银行里的钱，有兄弟儿子都不能去取用一个。他还说是尽心的为你保管。这就是他防备人民购械谋反的杀法！

（十三）韩国的路也是和中国差不多，被他灭后，就说“路不平坦”，在田中大修马路，名“新路”，完全要韩人去修；且说：为你们修路，不给工钱，不给饭吃，所占田地，也不给价，稍有钱的，前去修路，都不说了；没有钱的，就是当卖，都要去与他修，到当卖完后，没有饭吃，不能修路，他便说“你懒”，就用马棒来打。眼睁睁的看倒[到]就倒下去死了，他也不管，还是去催他的工；无辜的韩人，遭这样的惨死，到处都是，真个可悯呀！有些能逃的，便去外国谋生；不能的，大半就在本国受他的折磨而死。这就是他借修路残酷的杀法！

（十四）韩国以前的粮，一年上一年，到现在，一年上几年。此外喂猪羊有税，喂狗猫有税，日日缴纳，下至买鞋袜、针线，都有税，且生一小孩，无论有钱无钱，都要向政府报告，纳印花税数十元或数百元，如三日后未报告，必处以最重的罚金。况人死了，说你负担减轻，也要抽税，还比生儿重十倍。至于韩国人死了，他特别制有同墓地点，重重叠叠的埋，下层的价三十元，上层的五十元。这就是他惨无人道的苛税以摧残人民的杀法！

（十五）韩人行路，遇日本普通人，必立路边，让他前走，如不让他，必骂你亡国奴不守法律遭他殴打。遇倒[到]警察，必定跪地，向他报告亡国奴经此通过，他说“滚起去”，然后谢恩起来前去。至于妇女，必遭他百般调戏、舞弄才准前去，还是要谢恩，才准起来，且要从容不迫的。若遇官长来，远远就要跪在道旁，表示欢迎，等他去远了才能起来走。跟随的人，狐假虎威的，故意装模做样的，说你不恭敬，横施打骂。这就是他凌辱亡国奴的杀法！

以上所说的，都是我们韩国亡后极惨毒的痛史。一般人民被他软欺硬逼，摧残来欲生不生，欲死不死的；思前想后，总是一死，与其遭他那些残害，流流连连的死，不如反抗早死，还要干脆些。这般亡国奴的痛苦，不只是成年的人才晓得，就是三岁的小孩子也都知道的。所以民国八年三月一号的革命运动，三岁的小孩子都起来喊独立万岁，并且人人制一旗，上写着“韩国独立万岁！”

在三月一号以前，革命的宣传很秘密的，到处卖报的人得到消息，都严加秘密，就是父母妻子都不能对他说。临时才发觉，那时有一梨花女中学校教员是外国人，他得到消息，悄悄制成几百杆小旗，到日参加。因为京城的人全体起来喊独立万岁，写旗太多，墨都用来没有了，那个时候我也曾加入革命运动。

京城内的韩民有五十万，出来做革命运动的四十五六万，因为小儿女都是被他的母亲或父亲抱起出来了的。同时，韩国三百六十县都通电邀约联合起来做反日运动，并且在京城里商商量量的，规规矩矩的游行示威。

女学生走前面，男女生走后面，其他各界的人又走后面，都各执一旗，同呼韩国独立万岁！当游行的时候，前一女学生手执的是大韩国旗。

日本总督听到我们在闹独立反抗，他就亲自督兵来弹压，把那女生执旗的右手砍断，我们的女生同志又拿左手来把旗子执起，左手又被他砍断，后一女生又把旗子接着，都要不使旗子落地。日军遂大怒，用刀乱砍乱杀，把前面的杀了几百人，后面的都还没有散乱，惟俯着身体前进，一直到晚，独立万岁的呼号声音都连续不绝。到晚来各山顶上都是韩人，举起火在喊独立万岁！他们日兵些便举起快枪，向山头快放。

第二天早晨，各家都有日兵把守。但各家的人都不顾生死的一拥而出，没有杀死的，还是跑出喊独立万岁。如有一人呼喊，几十里都在响应。韩民的热烈，那时可算高到十二万分了。每天死几十万人，都不畏惧而罢休，还是很热烈的闹独立运动。但是结果终没有办法，假使韩人在没有灭国的时候能有这样的热烈对日，不说十分，就有一半都不会能够亡国的呀！

现在东三省，据报上说，日本收没民间的器械什物，各兵工厂的枪弹，工厂的货物财产，奸淫民间的妇女，及不准自由行走。种种情形，都是和我们韩国是一样的。但是我想中国若亡了，人民当亡国奴，比韩国人所受的痛苦还要利害些。怎样呢？因为中国人数多数十倍，人民的智识也较高，他们灭了中国恐怕你们要恢复，势必要大屠杀，使你恐惧，不敢有轨外的动作，并且要施加大的蛮横强盗手段。

中国现在虽安然无恙，但韩国一部分失了，东三省一部分又失了，韩国亡的惨痛还在我们的眼底，我们要早点醒起来，莫像韩国到无办法的时候才来恢复，那就迟了，岂能成功吗？

民国八年以后，日本曾许韩人办学自由，兴工厂，但是先要缴款，起马[码]以二十万为率。你们想我韩人被剥削了十四年，那里还有钱去缴呢？那里还得自由呢？因为不能兴工厂，无论任何物件都要买自日本工厂，所以连小资财也保存不到了。直到现在，韩人的手里连一文钱也没有，就是借也借不出，即有小数的钱，日本都要用计把你刮干净。

自那年独立运动以后，日本知道我们韩人不可遏抑，他于面子上就给了韩人的自由。殊不知他就借了这个机会，把韩人有力有智的都请去做工，到了一二天便得下病，因为他在食物里下些毒菌，久点韩人觉悟了，只去作工，不吃他的。他又施病菌，从血管传入，中了毒，不久就死了。所以韩人原有三千多万，到现在只有一千五百万了。十多年来，灭了过半，试问二十年后还有韩人么？

日本最不许中韩人接着谈话，因为他晓得中韩的人是同言语、同血统、同祖宗的民族，怕中韩合作起来与他相抗。所以中韩两国的人，他特别用离计来离开，如万宝山惨案就是他们的诡计。他们在万宝山鼓吹说：中国人杀死韩人几万，他这种的离间，都怕中韩合作，于他有妨害。现在有些人说：中国地广人多，他不容易得手的。这些话，都是跟我们韩人未灭国时所说一样的，到今日你们大家看看韩人还有好多呢？

此回东三省被日本占领最可恨的是某，他把东三省看来对于他好像是没有关系，抱不抵抗主义，他的部下只是投降，他对于国完全没有忠心，真不知国即是我，我即是国家。

我到今日希望四万万同胞合成一心，去抵抗日本，我望各学校都武装起来！打倒日本！消灭日本！与东三省、韩国复仇！俾中国的土地依然，民族无恙！

今日已晚了，我所说的虽然尚多，也不能再说了，我希望莫像我们韩国那样受痛苦，到莫办法时才来作无益的恢复呀！

（原载于《简阳旬刊》第1卷第2期，1932年）

高丽的新妇女

李丽明

高丽虽然和我国的一般风俗有点不同，但是因为种族的相同，并且同是亚洲大陆的极东，所以一般的情形总和我国有密切的关系。不幸她是亡给了日本的手上，这几十年来种种惨无人道的压迫，真是比印度、安南所受的还要加倍。对于女子呢，也是同受到压制。不过近年来新的思潮终也潜进了高丽女子的弱小灵魂里，所以现在她们对于教育婚姻和职业都有新的发展，不管她们统治者怎样地抑制。现在的高丽妇女要对付三面的敌人，在教育上她〚们〛要跟统治者的日本抗争。从前高丽的小学和中学的一切教育权都操诸日人之手，高丽妇女是没有自由受教育的权。直到现在，在恶势力的争扎中，她们总算替自己打出一条生路。现在她们自己有了很好的组织，提倡女子教育。所以受教育的高丽妇女较从前也增加了许多。不过拿人口来做比例，这个数目还是微乎其微呢。

她们的第二位敌人便是旧礼教。像中国的旧式家庭中女子一样。她们的婚姻是完全由父母作主，做女儿的只有服从。如果有胆反抗的便要被自为大逆不道，比犯了什么罪恶还要严重。不少懦弱的高丽女子都做了这万恶的礼教的牺牲。现在情形总算好了许多，有一部分受过教育的女子，对于旧式的婚姻已不若从前之俯首帖耳了。

第三，她们要向社会的恶势力斗争。因为高丽的社会普通也有重男轻女的习惯。女子在社会上简直不能有什么正当的职业。除了当女仆等下等工作之外，社会上是没有她们的位置。现在却不同了，她们服务于社会的人也渐渐增加了。虽然仍不免受社会的蔑视，但在恶势力下奋斗的她们已经有了成就。商店的职员、医院的女看护、学堂里的教职员等都有她们的地位。

（五月二日夜）

（原载于《玲珑》第 2 卷第 71 期，1932 年）

评《遗芳集》

坎侯

高丽沦为日本之一部三四十年矣，此三四十年间，韩人殉国难者不下数百万人，其间有姓名可记者亦数万人。作者赵素昂先生择其中事迹最斑斑可考者数十人辑为此书。首列高丽同志及中国表同情者数十辈之序言及题跋，次为各烈士之遗像及遗墨，凡有可考者，皆为网罗制板印出，其中如安重根氏在狱中所书之对联及横额、尹奉吉氏之绝命词等，英气奕然，尤为不可多得。再次为一年表，历叙各志士或革命团体举义与成仁取义之年月日。再次为一独立运动一览表，起一九一九年，讫一九三二年，其间所得之成绩与所付之代价，皆有相当之数字，可资比较。最后始为《遗芳集》之正文，计为篇九，为传七十有九，其中两人合传者二，余皆一人一传，始闵泳焕、赵秉世……终李奉昌、尹奉吉、李会荣，共八十一人。其中有潘宗礼者，实华人而表同情于韩人国运者。

传文短者三四行，长者三四页，叙各志士生平行谊与就义时情况，虽繁简不同，而其能使人懔然兴景仰之心则一。我辈今日读前人传记，至宋末之文天祥、谢枋得、陆秀夫或明末之史可法等，罔不肃然以敬，惕然以惧。然吾中华民族中此等人实不多，其腼颜甘心事二主者无论矣，即其以殉难著称、流芳后世者，大多数往往为一种消极之自我牺牲，于社会民族曾无丝毫补益。西洋史家评论明季华族之殉难，有谓此种行为名为成仁取义，实乃自私心之最高表见；所私何事，曰为一身一家之名誉与令节计耳，仁义云乎哉？今读赵先生所为《遗芳集》而有感焉。《遗芳集》中所传之志士仁人，固皆曾为民族积极奋斗，而后舍身就义者也。彼辈之所谓名誉、国家之名誉也，所谓令节、民族之令节也，诚与徒知自经于沟壑之匹夫匹妇有殊矣。

高丽国家虽亡，而民族之浩气犹存，浩气一日不灭，国家之亡，亦即一日不至于万劫不复。此遗芳集，即其左证焉。今别有国焉，国家之名虽未亡，而民族元气之实，则已不绝如缕，赫赫在上者，不惜以人格换取富贵；芸芸在下者，亦不顾廉耻以苟延残喘。以此等人而处此存亡绝续之交，其不败亡以至于万劫不复者几希矣。此等国家与民族欲于他日辑一同似之《遗芳集》，正恐犹不可得耳。

（原载于《华年》第2卷第46期，1933年）

朝鲜的总督政治（节选）

佚名

四、朝鲜的经济

在上边我们知道了朝鲜农村的一般情况。现在我们再来看朝鲜的经济界是怎样？其支配的势力是甚么？支配的程度如何？并且看看殖民地之朝鲜尽了多大的殖民地的“义务”？

（一）朝鲜的金融

朝鲜金融机关中最大的有三个：一是朝鲜银行，二是朝鲜殖产银行，三是东洋拓殖会社。这三个都是受日本政府及总督府的后援，而代行其殖民地政策的金融机关，可以说是支配朝鲜金融的三位一体。现在把它们的内容约略介绍一下。

朝鲜银行是朝鲜中央金融机关，他的任务有三：a.对总督府与以金融的援助。就是办理总督府金库的事务。b.开发朝鲜的贸易及产业。c.国家资本主义海外发展的土台。台湾有台湾银行，朝鲜有朝鲜银行，这些都是日本国家资本主义海外发展的桥梁。台湾银行向中国南部及南洋群岛方面发展。朝鲜银行向中国北部及俄领方面发展，一九三一年它的总资本有四千万圆，实收资本二千五百万圆，其在朝鲜放出的借款有二千七百六十三万元，发行的银行券有六千一百十九万八千圆。

殖产银行是和东拓一样，都是朝鲜不动产金融机关之最大者。它标榜的目的，在“供给朝鲜的殖产资金”。它们贷款的方法有数种：a.拿不动产及不动产上的权利为担保而出借。b.对于农户十人以上负连带债务者，无担保可以出借。c.拿朝鲜的产物或是朝鲜产业上必要的货物做担保而出借。d.应募或引受以经营朝鲜殖产事业为目的的会社之债权。一九二八年的借出额：农业资金一万三千九百五十六万圆，商业资金七千一百八十万圆，工业资金三千五百九十七万圆，其他资金七百三十二万元，共计二万五千三百六十五万圆。

东洋拓殖会社是根据一九〇八年(明治四十一年)东洋拓殖株式会社法而成立的一种特权会社。其目的是供给拓殖资金，举办拓殖事业及日本移民事业，设立之初资本不过一千万圆，现在增至五千万圆了，它做的事业是金融业、拓殖事业、产米增殖事业等。其出借金融的方法也有以下种种：(一)对于日本移民借与移住费。(二)对于生产者，以生产物做担保，借与一年以内的借款。(三)以不动产等做担保而借出。(四)对于公共团体或依特别法令而组织的产业组合等无担保的借与。(五)对农户二十人连带负责者无担保的借与。(六)应募或引受以拓殖营业为目的的会社的股券或债券。(七)以移民事业及其他拓殖事业为目的的会社之股券或其债券做担保而出借。(八)以财团或其他确实物件为担保而出借。一九三一年六月末，其借出总额达一万三千八百万圆之多。

(二)工商及其他产业资本

朝鲜本是一个单纯的农业国，但自从做日本的殖民地之后，因为日本资本主义的急激的侵入，把固有的农业经济及手工业完全破坏，而建设了一种畸形的资本主义。

比较日本人和朝鲜人的资本，差异之大实在可惊，在商业日本人为朝鲜人之二十六倍，在工业约为七倍，在农业为二十六倍，在矿业为一百五十四倍，在林业约为六十一倍多，在水产业约四十七倍，在运输业十七倍多，在电气业约八十倍，在其他资本方面约十六倍。

此外尚有所谓日鲜人合办的会社，名虽合办，其实是实权操在日人，如也加在日人资本方面计算，相差之数恐怕要平均百倍以上了。

五、朝鲜的教育

朝鲜的教育是根据日本的殖民政策而来的，日本的殖民地政策既是同化主义，其教育当然也是同化主义的教育。我们看看所谓“朝鲜教育令”，就可知道其根本主旨在那里了。“朝鲜教育令”是一九一〇年日韩合并翌年公布，经一九二二年的改正而实行到今日的。举其大意，有二条如下：

一、遵奉教育敕语之趣旨，养成忠良的国民。

二、使之习得国语，期达于熟谏。

同时关于施行，有如下之谕告：“其教育须特致力于德性之涵养及国语之普及，使具备帝国臣民之资格与品性。”

这就是朝鲜教育之根本精神：习得国语期达于熟谏。就是把朝鲜人换肠变骨，造成日本人，“具备帝国之忠良国民之资格与品性”，就是把朝鲜人养成顺良的奴隶。“同化”与“奴隶化”就是他们教育之根本精神。

现在试一考察这种教育政策实行到如何的程度。

a.日本语与朝鲜语。根据“朝鲜教育令”而制定的六年制普通学校科目，日语的钟点占全时间的三十八，朝鲜语及汉文不过十二。如把一小时间为单位计算，在每一点钟，日语占二十三分钟，朝鲜语及汉文七分钟，唱歌、体操七分钟，手工裁缝三分钟，修身二分钟，理科二分钟，图画二分钟，历史一分半钟，地理一分半钟，共合六十分

这种时间数，是由法规制定的。凡受总督府认可的初等教育机关，一律要施行的。学校的课目，除朝鲜语以外，全用日语教授，所以日语使用时间，实际上占全时间的八十八以上。如在中学，日语使用时间更占九十以上，至于日鲜人共学的学校，那是完全用日语的。言语本来不仅是表示意思的方法，并且对于一民族的意识上，有深刻的关系。“普及国语”就是“消灭朝鲜语”，“消灭朝鲜语”就是消灭朝鲜的民族意识。

b.朝鲜的历史。朝鲜人学生，对朝鲜的历史地理，也没有学得的机会，教师没有教授朝鲜历史、地理的自由。大正八年以前，初等及中等学校之课程内根本就没有历史课目，自从教育令改正以后才有这课目，但朝鲜历史仍然不曾独立，也没有这种教科书，只不过断片的插入于日本国史内，当做一个逸话谈谈罢了。

c.教育机会之不均等。所谓教育机会之不均等，就是说朝鲜人没有和日本人一样受教育的机会。这个不均等的现象，也是总督政治下的一个特点。现在朝鲜人全人口有二千四十三万七千二百十九人，其中受学校教育的共有五十七万八千三百九十一名，不过占全人口的二・七强。在朝鲜的日本人，总数五十二万七千九百零四人，其中学生有九万八十名，占总人口之十八强。朝鲜人一万二千名中才有一个普通学校，日本人一千一百名就有一个小学校；朝鲜人四十二名中才有一个普通学生，日本人七人中就有一个。再看入学的比率，朝鲜人百名中才有二十名入学，日本人差不多百分之百都能入学。朝鲜人六十万九千三百人中才有一个中学，而日本人一万四千六百九十四人就有一个中学，朝鲜人一千二百三十九人中才有一个中学生，日本人三十九人中就有一个中学生。

就以上的比较来看，我们不能不叹日鲜人教育机会之不均等。从小学以

至于中等学校，朝鲜人学校的入学志愿者每年总超过定额八九倍或十余倍，而日本人学校的入学志愿者不过超二三人。然而日本人的学校每年加多，而朝鲜人的学校依然如故。不但如此，在专门学校和大学（日鲜人共学的学校），日本学生的数目竟多过朝鲜学生好几倍。

为甚么朝鲜人受高等教育的这样少呢？是朝鲜人自身的原因吗？决不是，因为就每年官立专门及大学的志愿者数目上看，朝鲜人的志愿数总超过定额七至一〇以上，并且每年上日本或他国留学的，数目也常增加，因此可以知朝鲜人自身是热心求高等知识的。不过（一）因为学校的日人当局有内定的计划，在某种限度以外不受朝鲜人，（二）因为朝鲜人受验的资格是警察决定的。除学校所定的资格以外，还要经警察的身分调查。而警察之身分调查是非常苛酷，稍有一点“不稳”的思想，或在中学时有过一点“不稳”行为，就不准入大学，这是最大的原因。

此外在教员的用人方面，如偏用日本人，教员的待遇方面也偏优待日本人等等，都是朝鲜教育上特有的不平等现象。

六、索链中的朝鲜

（一）捆绑了朝鲜的索[锁]链——取缔法令

要把一个几千年来养成自己习惯的二千多万民众压在异民族的脚底下，岂是个容易的事。为把他们绑住，使得割宰如意起见，不知要费了多少心血，铸造这些锁链，这锁链太多了，我们不必一一举它，只挑起分量最重而又适用最多的来大概说一说罢。

A.保安法

B.集会取缔令

C.制令第七号

D.铳炮火药类取缔令

E.出版法

F.新闻纸法

G.警察犯处罚规则

H.改正治安维持法

以上八种都是关于朝鲜人的政治及思想运动的取缔法令中最大者，此外尚有无数的细微法令，不胜枚举。朝鲜的一切思想政治的运动，给这些法令层层束缚，一些儿不能动掸了。所谓言论出版之自由，集会结社之自由，不过是欺骗的空名而已。

（二）索[锁]链中挣扎——朝鲜政治思想犯的趋势

但是这些法令无论怎样严厉，当局的压迫束缚无论怎样积极，终不能把朝鲜民众的反叛消灭下去，不但不能消灭，反而你愈苛酷的弹压，他愈炽烈的激动起来。总督政治行之二十多年，所得只是朝鲜政治犯思想犯之累年增加而已。

自从一九二六年以后，政治犯数目总在一千余人以上。如将政治犯和其他普通犯罪比较，在过去五年中普通犯罪不过增加一二二。而政治犯则增加到一九六，差不多一倍了。一般朝鲜民众对总督政治之反动怎样剧烈可以想见了。

七、今日朝鲜政治运动的三大倾向

以上我们把总督政治下朝鲜的各方面实在情况约略说到了，并且最后从政治犯之增加率上，看出他们对总督政治的反响如何了。现在就朝鲜人本身看看他们的政治运动，究竟在怎样的理想和方针之下进行，他们的政治战野到底怎样一个情况？

大略的讲起来，朝鲜的政治运动是在两种主义之下进行的，一是共产主义，一是民族主义。但是民族主义方面因为实现的关系，自然分成两派，一派是正统的，一派是现实的。

A.共产主义派。一九一七年苏维埃政府成立于俄国，列宁宣布了援助世界被压迫的弱小民族以打倒世界资（本）主义列强以来，其声浪之哄动世界弱小民族，正如威尔逊在巴黎和会宣布民族自决时一样。如果威尔逊的民族自决，引起朝鲜的民族主义运动，我们也可以说列宁的援助世界弱小民族的口号，引起了朝鲜共产主义运动。自从加入第三国际以后，朝鲜共产党的一切运动如同各国的一切共产党一样，都操纵于第三国际。第三国际的使命既在激起各国阶级斗争，实行世界革命，朝鲜共产党的一切目的和方针，当然也就在这个原则之下决定着。他们的目的是打倒日本帝国主义，建立朝鲜苏维埃政府。他们的方法，是组织朝鲜的农民及劳动者，鼓吹阶级意识，实行阶级斗争。他们对朝鲜内有产阶级，不问其地位与性质之如何，一概加以“反动阶级”之称呼而敌对之。反过来，对于日本的无产阶级及其政党，都认为同盟军而联络之。因为在他们想，阶级意识是超越国界，能战胜民族意识。民族意识妨害世界无产阶级之联络，应该要把他消灭的。至于 Bourgeoisie，无论是国内或是国外的，都是一样为阶级革命之敌。这种理论，是否合于朝鲜的现实，固然是问题；但他们也不问，因为这是共产国际预定的方针，不许变更的。原来在他们看来，朝鲜的革命要成功，必须日本的革命成功，日本的革命要成功，必须世界革命成功才行。所以朝鲜革命不过是世界革命的一个手段而已，他不是真正"为朝鲜"而革命，乃是"为世界"而革命，这是他们的根本看法。

至于他们在朝鲜内进行的方法，是时常变化的。有时和民族运动者合作，有时又分离；有时用合法的运动，有时用非合法运动。在以前他们与民族主义者合作，共同组织一个合法运动的团体，叫做新干会……他们解散的理由，表面上说新干会太无能，实际上是嫌嫉新干会的势力多半为民族主义者所占据，他们不能为所欲为。那末，解散了新干会之后他们所做是甚么事呢？就是"把劳动组合和农民组合扩大起来，并且强化起来"！于是他们的运动是走秘密工作一途了。现在劳动组合和农民组合的组合会，据他们自己说有四万余名，这是他们的现存势力，至于共产党的组织，是无从知道的。

B.正统的民族主义派。这是继续一九一九年三月运动之精神而奋斗到今日的一派，此派的目的是民族解放，他们的方法是对总督政治的直接破坏，如官署的袭击，东拓、殖银等的袭击，对官吏的杀害，铁道的破坏，兵营的袭击等等最激烈的行动，皆出自此派之指挥。因此，总督当局之取缔亦最严，所以他们不能在本国住居，都移住海外，其中在中国吉林的最多（但自日人侵占东省以来，他们的地位非常危险了）。而在北平、上海、南京等处都有其党徒。他们在海外的任务有二：一是不断的派送武装团到朝鲜内地去作破坏运动，或派遣党人到内地秘密进行团体之组织；一是在海外连络外国，树立共同抗日战线。

C.现实的民族主义派。此派本是与正统的民族主义派属于同系统的。只因所处地位环境之不同，而遂生各异的面目。正统派因为都在海外居住，比在国内行动较能自由，所以能固守原来的精神，始终以反抗破坏之直接行动为其当面任务；而此派则因在国内受严重监视之下，这种破坏反抗之行动，绝对不可能，即使能之，也是牺牲过大，所得过小。因此遂变更方针，把这种行动完全断念，而出于妥协的态度，在当局容认的范围以内，作其能作的事。现在如《东亚日报》《朝鲜日报》《中央日报》等新闻，如《三千里》《东光》《新东亚》等杂志及如天道教、耶稣教会等，宗教团体之各份子都属此派。他们只做当面的事。因为当局不许谈政治，于是把政治问题完全避开，只就经济问题、教育问题、一般文化问题、宗教问题等方面去努力，如协同组合运动、文盲打破运动、物产奖励运动、宗教社会化运动等等，都是他们所做的事。此外在言论方面，在容许范围以内，尽量鼓吹民族意识。如李舜臣遗迹的保存、在满同胞的慰问等，都是他们借以发挥民族意识的资料。

那末，他们对总督政治的态度怎么样呢？最初只是一个不闻不问的态度。这并不是因为他们对总督政治没有痛痒的感觉，实则满肚子不平不满，只是说不出来罢了。但日久月长，觉得不闻不问，也没有甚么好处，反而叫当局者更无忌惮的实行他们的政策了。与其这样，还不如把不平不满就可能范围说出来，叫当局者知道，但这样一来，形式上已经是等于投降了。心里是不甘，但有甚么法子呢？这就是这一派人心里的苦闷状态。

D.三派之关系。这三派彼此间之关系，海内与海外不同。在海外是正统派民族党和共产党，他们的关系，在过去是非常恶劣的，互相争取政治的领导权，结果是互相交恶，最近在中国的朝鲜共产党加入了中国共产党不再与民族党争权，于是争斗稍息了。在国内是现实的民族主义者和共产党，他们的关系，亦如上面所说，以前相好，现在交恶起来，其原因亦是在争取所谓领导权。但在这里发动的是共产主义者，民族主义者只是被动而已。民族主义者对共产主义本抱容认的及合作的态度，因为今日之形势，是民、共二者都在同一个敌人之下面，不必自相离乱，与敌乘机。但共产主义方面，定要独占其领导权，压服民族主义者，因此民族主义者也不让步，与之对立抵抗。这是现在朝鲜政治运动战线所以纷乱不统一的缘故。不过近来国际政局急变，对着将来或有的某种变化，一般都很关心；当此时机，这种纷乱不统一的现象是很不利的。现在一般人既都认识到这层，我想不久的将来，定有统一的战线出现。

（原载于《中华周报（上海 1931）》第 79 期，1933 年）

创作方法之现实的基础

[日本]鹿地亘
林琪 译

先要记得,所谓社会主义现实主义的方法,是怎样成为问题的呢?把这形成问题的,是去年十月的全苏联作家同盟组织委员会扩大总会的事情。这个总会是为着改组到现在为止的作家同盟(“拉普”)的会合。为什么要改组呢?那是这样的。

在苏联,由于社会主义建设五年计划的完美的成功,谁都不能怀疑布尔什维克的正确了。就是在文学的领域内,不仅是普罗列塔利亚作家,连全苏联的一切作家都支持着苏维埃政府权力把社会主义建设运用到文学里来了。特别不能忘记的是,从实际地参加着工场或是集团农场中的社会主义建设的劳动者之间,开始产生了作家,而且创造了优秀的文学。也就是所谓社会主义与建设的实践,开始把苏联文学统一地、全体地发展了。“拉普”在这情势中,并不能敏感地去适应和采取正确的处置。因为没有采取抱拥着一切苏联的作家,正确地使他们参加社会主义建设的实践那样的方针,而把只是抱拥着以前的普罗列塔利亚作家的组织绝对化了的原故,是陷入分派主义中了。改造这个分派的“拉普”,造成大众的全苏联作家的文学团体,是改组的目的。也就是,在苏联差不多完全没有怀疑社会主义建设和把眼睛闭起来的那样愚蠢的布尔乔亚文学者了。

然而,改组的问题也直接地反映到创作方法,那就是社会主义现实主义的提倡。这个理论的中心,是要作家描写以现实的世界为内容的真实,要把实在活生生的形象的形式之中描写出来。

“拉普”从来揭着唯物辩证法的方法的口号,对作家们首先要求严密的普罗列塔利亚的世界观,不适应于这的作家,就被称为不充分或是“同伴者的”。要是问:要怎样才可以呢?回答是“辩证法地去描写”,或是“用普罗列塔利亚的眼去描写”;但是,在作家们,这是不能具体地明白的。加之,对于初步的劳动者作家和同伴者作家,任意地要求完美的普罗列塔利亚的世界观,是无理的。那样做法,不但是不能够正确地领导包含了被称为同伴者的作家和初步的作家的全苏联作家,结果反而使他们失望,从社会主义建设的旁边赶跑了。问题是非要从正确的社会主义建设的立场,取得可以发展作家的世界观那样的方法不可。那是要怎样做才可以呢?不是对作家要求唯物辩证法的方法那样单纯化了的、难懂的东西,是要描写出活生生的现实来,是要把贯澈苏联全体的社会主义建设的现实的世界,不欺诈地描写出来。作家若是并不歪曲地把现实描写出来,一定会触到在现在的时代必然是社会主义的胜利和普罗列塔利亚的胜利的真实的。因为现实的世界是非常复杂的东西,有饥饿、杀人、背叛和阴谋各种各样的事,要把他正确地描写出来,是不能不触到资本主义的腐败与崩坏,社会主义的优越之一贯的真理的。这是以现实为内容的时代的真实性,普罗列塔利亚的世界观的基础。所以,批评家必须获得由于劝勉作家不欺诈地的确地描写现实,指导他们是否根本地描写了现实,而实现在文学中统一普罗列塔利亚的世界观的方法。这样,文学就可以成为社会主义的有力的武器。这就是社会主义现实主义的方法。

并不是说不要辩证法和世界观了,相反地,文学的生命就在那里。介绍一位苏联作家的话吧。

组织委员会的议长古浪斯基是这样说的:

> 我们果真是反对辩证法的唯物论吗?断然不是的。批评,只有被导入于辩证法的唯物论,只有和我们的一切社会科学同样是马克斯[思]、列宁主义批评,才可以成为丰富的成功的东西的吧。对于对这个命题的修正,我们是给与了打击的,就是以后也还是要给与的吧。
>
> 其次,艺术家在自己的作品中把现实的本质的面、趋势的透视和他那发展的目的具体化的时候愈是深刻,愈是真实,在地的作品中辩证法及唯物论的要素愈多。……我们是赞成在艺术上的辩证法的唯物论的。然而,虽然是这样,辩证法的唯物论的创作方法的口号是不正确的,是作为不正确的东西而表现出来的。那是把问题单纯化了……(略)

其次,介绍书记长吉尔波丁的话吧:

> 对于资本主义的革命的、批判的态度,给了为文学及艺术之完成与成长的无限的可能性。……只有普罗列塔利亚文学和继续向劳动者阶级方面转向着的作家的文学,才能够在艺术的形象中,在那一切的真实上,在

那矛盾上，在那发展的方向上，在普罗列塔利亚党和被建设着的社会主义的历史的透视上，体验出现实来。……

并不是说，普罗列塔利亚的课题那些是不成问题的，也不是说把主题的积极性那些理由不明的坚苦的东西推进来，文学就死了。是说，描写现实的真理，时代的阶级的真理，若是失了对资本主义的普罗列塔利亚的批判的态度，文学是没有发展的。

（十月十八日译）

原文是登载在十月五日第三十二号《文学新闻》上的。自从“社会主义现实主义”的问题在苏联作家同盟第一次组织委员会扩大会议上被提起出来以后，日本的文学界曾多量地介绍了研究材料过去，展开了广泛的讨论。本文的作者鹿地亘是日本普罗作家同盟的指导者之一，这一短文是针对着犯了极端右倾机会主义的错误和脱离了实践的任务的德永直的理论而作的。文章虽然短，而且嫌过于简略，有许多本质的中心的问题都没有触到，然而在解释所以提出“社会主义现实主义”这一口号的客观原因的一点上，是很值得注意的，所以便把他移译过来。至于本文的开始和结尾几段，是完全讲到日本普罗作家同盟和德永直的论争中的一些特殊问题，便把他略去了。

再，文中所引古浪斯基的一段话，我记得是吉尔波丁在苏联作家同盟第一次组织委员会扩大会议上的一段演词，不知为什么日文作者竟指为古浪斯基所说。这姑存之待考吧。

——译者附言

（原载于《文艺（上海 1933）》第 1 卷第 2 期，1933 年）

韩国志士之血泪语

等男

韩国本为中华之属地，自被日本并吞，迄已数十年，暴日近复以从前对付朝鲜之手段对吾国，则韩诚为我国之殷鉴，不得不急起振作，以免身受亡国之惨。韩国虽亡，其大部人民，颇有志气，组织独立党，作秘密之复国运动。韩国民气之不亡此党之力不小也。该党颇思与吾国连络，以求恢复；无如自顾不暇之我国，焉能有助于人耶。“九一八”国难以后，该独立党人，即至中国内地，宣传日本亡韩之阴谋经过，及吾东北问题，应如何应付等，所以激励吾国人民之处实亦不小。本月十九日，该党志士朴镜瑚、赵裕光二君到金坛宣传，于是上午在县中大礼堂演讲，到全城各校男女学生及教职员等。由朴君用韩语演讲，赵君任华语翻译，计历二小时，说至日人残杀韩人事，闻者咸为之动容。对日本之认识，愈可了然，对日本之怨恨，愈当增进矣。

其演辞有数处最有力，特记以告阅者：

（一）暴日初并朝鲜时，欲用武力政策，凡韩人有弟兄三人者，即抽出一人为终身军役，韩人反对，致有“三一”惨案之发生，国人殉难者有二万人。

（二）日以经济之政策，制韩人之死命，苛捐杂税，层出不穷。每人平均负担，年须五十元以上。因酿成“六十”惨案，仅女学生之死于请愿者，有一千八百人之多，日人真可谓残暴之至。

（三）日对韩所施之经济政策内，有没收土地之一法，致韩人离故国而移居满洲者，有三百五十万之谱，此亦为日人所施之特别移民政策。

（四）日本共有兵工厂三十余所，在韩境者，占有十八，其目的固为侵占中国之用，但工人均为韩民，实不啻一改良监狱；且使农民弃其本业，影响农产至大，剥蚀韩国土地之机愈多。

（五）在韩之华侨，有六十万之数，因日商利益被华人所剥夺（华货价较廉而耐用，故韩人恒不用日货而购华制者），故有前年日人大杀华侨一案。

（六）日本受列强之牵制，侵满之军人，实数不过三四万，飞机亦不过数十架。美之菲律滨海军根据地，有飞机二万架，星加坡有英之军港，海参崴有俄之海军根据地，日本系一孤岛，实有被列强袭击之虞。故中国能决心抵抗日本，必有结果云。朴、赵二志士之演词甚长，以篇幅关系，择要录此。不知吾国人对此作何感想也？

（原载于《礼拜六》第496期，1933年）

韩国革命党人

佚名

韩国灭亡已近三十年，在日本人无微不至的压迫屠杀之下，恐不仅止于亡国。因此，大韩革命党人的争斗，一向在极端悲惨的境界之中，他们同中国的关系最密切，尤其是东三省，认为惟有依赖中国，依赖东三省才有复国的机会。

所以在东北失陷之后，韩党人的焦急悲愤不在国人之下，他们连续不断的向日本进攻，刺昭和，炸白川，殂击武藤，虽然有成有不成，但白凡、金九的大名，同李奉昌、尹奉吉等的义烈，是世界同钦而日人破胆的了！

于是，日本人发狂似的搜捕党人，单就上海一隅，公开的、秘密的、绑票式的，从安昌浩以至李春山，至少已有几十个。最近，又有李康勋、白九波三人被捕。

我们对于大韩党人悲壮的争斗深致同情，并因忝为地主不能保护不能援助而抱歉而悲愤，更以此自励，并望同样情形下之东北同胞起来吧，渴念着亡国之悲惨，同敌人争斗而死，比之为敌人宰割剥削而死，是光荣得多！

（原载于《社会新闻》第2卷第28期，1933年）

朝鲜亡国的故事

宋问晨

朝鲜又名高丽，也称为韩国，在很古的时候即附属于中国，有二千多年君臣之谊。传到宣统二年，高丽被日本吞并，这是怎样的可耻、怎样的可辱，所以我今天把高丽国的故事，给大家说说。

从前朝鲜作我们属国的时候，我们对他非常宽大，只要他每年进贡称臣，就算尽了附属国的礼节，对于附属国的政治和经济却完全置之不顾，那知这一不顾不要紧，把所有界外的附属国全被外国人强占去了。

在前清同治年间，朝鲜的国王，名叫李熙，年纪很小，由他的父亲摄政，于是国内就分为两派，一派是主张亲中，一派是主张亲日。在光绪十年，朝鲜因为起了内讧，惹起中日交涉，结果朝鲜成为中日共管的国家。

光绪二十年，朝鲜东学党起事，中国出兵平之，日方多方作难，才构成中日之战，结果中国失败，订约请和，损失了许多国土和国权。

此战之后，中国无力顾及朝鲜，朝鲜遂被日人管理，废除朝鲜教育，要把朝鲜根本日本化，以图根本灭绝之。

在宣统元年，朝鲜烈士安重根刺日相伊藤博文于哈尔滨，日本遂借此为题，于宣统二年吞并朝鲜。

近来日本因为中村事件、万宝山事件、南满铁路的纠纷，出兵强占东三省，用吞并朝鲜的方法来治服中国，我们中国人再不振作精神就要变为亡国奴了。

（原载于《民众特刊》第 485 期，1933 年）

日本的反战运动（节选）

王之中 译

此文载于 *Eastern Colonial* No. 4-5，原著者为福冈君，我们介绍社文的用意，不但是揭破日本帝国主义的真面目，而且是相信着日本的人群中也有反对日本军阀的侵略行为——这种违反正义与制造人类危机的侵略行为。

原著者自然是有阶级的立场，但我们可不必管，我们在了解日本侵略主义之后，我们也有了解日本社会的另一面的必要，这另一面的日本社会是表现在此文里！

——编者识

我们在反战运动中所得到的成功

共产党、青年共产主义联盟及革命工会的反对战争的行动，不仅在群众之前表现他自身的革命形态，并且表现反战运动的发展与组织的形态。共产党与工会采用种种不同的方法，对于侵略及战争，以全力奋斗。反战的传单与小册子整千整万的到处散布。他们在街道中散布，他们在示威运动群众大会及选举时分散，他们在工厂中散布，他们利用飞机到军营中去散放，或是在书信中、包裹中输送到前线。传单而外，并到处有招贴及用油漆与白粉涂写的反对战争的标语。从此，示威运动不时举行，虽然这是小规模的、有数的，可是完全含有军事的性质。共产党与工会广遍的实行单独的或联合的反战运动；许多工厂代表召集会议，讨论战争的目的与性质，使劳工阶级知道如何去作反对战争的斗争。

一切左翼工农团体都提出对于战争的态度这一个问题来讨论。工作是循着新份子的补充与后备队而发展。死伤于战争的阶级性质用作扰乱的意义。

组织集团以从事反战的工作。成立反战委员会及执行部以分散传单及进行运动。兵士与军事企业中的劳工，特别是通讯员，都补充起来，他们的工作在破坏帝国主义的计划与行动。革命刊物的读者运用会议、野餐会，举行纪念会以庆祝兵士之反战表示，举行示威运动，宣布反战大罢工，等等。这一切都与补充现存工会新份子的基本工作成立新的工会等联合起来。

共产党、青年共产主义联盟及革命工会的反战运动，全赖最进步的无产阶级、农夫及军队为后盾。

反对战争的群众运动不仅是在大工业的中心，并且在许多乡村中也同样发生，不仅是在日本本部，即在她的殖民地高丽与新在中国占领的地方也有。让我们在资产阶级的及革命的刊物上举出几个反战运动为例。

当战争爆发时，Totensi，山田与数绵纱厂工人组织群众示威运动，反对战争，反对出兵中国。在此次运动中，几十位工人有力份子被逮捕。十月七号为日本共产党总秘书渡边同志受害的周年纪念日，几行了几个反战的大会与示威运动。在东京即有1500以上的民众参加这一个示威运动。那一天，第二国际与阿姆斯脱顿国际的代表费门（Fimen）正来日本。于是不仅在费门（Fimen）的旅馆前，并在劳工介绍所、建筑工场、铁路及少数工厂中举行示威运动。失业者在示威运动中，要求把战争的费用来救济他们的失业。

十月革命的纪念日，继续在城市中与乡村中举行更大的反对战争及拥护苏俄的示威运动。在东京参加示威运动的超过三千人，他们一致在反对战争的口号下迈进。此外在许多工厂中召集了小规模的集会，并罢工十分钟。在这一天，无产阶级的行动，是受在早稻田大学与东京帝国大学内组织示威运动的学生所拥护的。十二月中，东京七大企业的罢工工人，在反对帝国主义战争、反对解雇等的口号下，举行了一个联合示威运动。

自十二月一直到今年三月，东京、横滨、京都、大阪、神户及其他各地，接续不断的举行示威运动。他们的口号是反对帝国主义战争，撤退满洲及中国的一切军队，拥护苏俄，反对开除工人，改良兵士待遇，立即取消海陆军动员，指定用作战费的二〇〇，〇〇〇，〇〇〇元改充失业救济费等。

社会民主主义工人中的反战斗争

除共产党与工会召集者以外，同时另有其他反对战争的示威运动。例如富山有一区的劳工，融化一位已奉到军队动员的伙伴于团体中。关于战争的目的和劳工的一般情况，同样受热烈的讨论，最后于民众的助力下，在车站上集合了一个大会。

抚顺常备军中二〇〇个兵士，因为反抗长官的命令而被处决，这一件事已引起一个反抗的高潮。许多地方同时举行示威运动，反对这一次枪杀，各处群众大会因是转而为纪念大会。在这几天内刊行传单的违法的纸片，以纪念第一次军队中的反战运动与抚顺被处决的兵士，并激励兵士们与中国红军握手。

战争更将新的负担转嫁于劳动大众的肩上，生活费的增高，通货的澎涨真实工资与名义工资低落，虐待与压迫的加深……这一切都使得人民日益厌弃战争，无论他们是怎样作有影响于群众的广遍的宣传与努力。群众看得很明白，在一方面，他们自己的生活状况日益恶劣，而在另一方面，对于战争及准备扩大战争的投机在继续进行，剥削者的红利是在稳固的增加。劳工阶级对于掠夺的反民族主义的战争本质的认识，愈益明了。即使在改良主义工会的阵线上的被麻醉的被欺骗的工人，也有少数觉悟了。例如，在东京绵纱工厂改良派举行的男女工人大会里有一位女工出来讲了下面这篇话："满洲战争是使资本主义致富的强盗战争。战争的费用则由我们负担。我们的工作日益加重。我们因解雇及减少工资而成穷困。我们的领袖毫不为力。我们绝端反对战争。"这一个大会的领袖们(改良派)与工厂当局的代表立即命令警察把这一位女工拘去。第二天，她的职位被开革了。她的言辞与改良派玩的警察职务引起该厂全体工人极大的愤慨。为表示抗议逮捕及开除这一位女伴，举行了一小时的罢工，并为她集资抚慰。

青年反战的奋斗

有很多的实例，当为了帮助共产党与青年共产主义联盟等团体而进行反战运动时，单独的青年工人共同加入并组织执行部。这儿有其中一位，怎样叙述他参加示威运动的经过及其工作："在十一月六号的晚上，天上在下雨，我把宣传的报贴挂起。七号大早我为了执行部职务奔走。晚上集合同志举行示威运动，因为计划不周，事实上许多同志不知道在何处集合。当我与同志们抵达假设的指定地点时，我发觉已经迟到了十分钟。于是有一位走近我们，并轻轻的向我们说，到东京车站去。当我们走近车站时，立即加入这个示威运动。在与警察冲突中，我用力打倒一个警察以后即走入帝国公园。在此地，我也开始集合工人，举行示威运动共得 150 人。示威运动完毕以后，我被捕了。从早晨以来，我什么东西也没有进肚，我的口袋里只有八分钱。可是在事实上我很快乐，并不感到饥饿。"

除掉采取反对战争的定议与参加示威运动而外，我们在军事企业中实验了几个罢工与他种反对战争的行动。这几件罢工是在两个飞机厂、一个化学工厂、一个军用光学工厂、一个炮厂、一个造船厂及其他工厂中举行的。在冶金工业中，有几家用全速率工作，也遭遇到数次罢工。劳工阶级开始实现到空前广大的程度，战争的进行不是为了他们的利益，他们任何人不应为战争牺牲，资产阶级应该单独支付战争的代价。实在，这些讨论离开反对战争的实际斗争尚远，但是他们十分迅速的广大的传布出去，并足证明这一个事实：战争为劳工所厌弃，大众正从爱国的狂热中解放出来，不管他们怎样夸大的宣传什么“上海三英雄”，什么“工人”因为投军不遂而自杀等等。此项群众反对战争的初步运动，代表各处工人与兵士提出的要求，在整个动员时期中，他们应该得到全份的报酬。这一种要求在劳工大众中成为主要的要求，亦是最近数次罢工中一个中心要求。

劳工们开始格外把对于他们眼前要求的斗争与反对战争的斗争连接起来。

劳工与农夫在奋斗中的联合

反对战争的运动从城市中传播到农村中。日本农村的状况极端恶劣。日本农村注定了奴隶的严重剥削的命运。据藏相报告，日本农村对银行与信用社所负之债额达 5500000 元。在这一个已知的数字外，日本农村如果对于地主、放债者及对于政府的赋税，没有更大的拖欠，其所负债额，也可说不是一个小数目了。毋论经济地位怎样好，日本农村是穷困了。1930 年的收获很好，可是农夫们一律穷困，这因为农产品价格跌落的缘故，以致不能满足他们最低的需求。1931 年收获不佳，产茧的收集由 55000000 减至 43000000；生丝由 93000000 减至 79000000。然而农业生产虽是这样低减，批发物价依然降落(但城市中的必需品的价格却增加了 3—11%)。由于广大的农民大众生活的不安，农村中也就渐渐发生了骚动。例如，根据官方的报告，历年有计录的农民纠纷，1929 年有 1002 件，1930 年有 1369 件，1931 年仅仅在前六个月中已有 1523 件。不仅是发生几次纠纷，并且起了坚强的斗争。去年有许多次纠纷为最后遭遇到对于军警流血的冲突。在这些冲突中，妇女与儿童和成人男子同样参加。警察的力量不够压平这一种运动，所以政府常常要调动很多的军队去协同制止。反战宣传的活动在城市中发展起来，并深入于农村，特别是在饥荒的区域(如仙台、青森等)在兵士被征发的区域内，农民运动也极有声势。这有几件事实可为证明。

八月一号反对战争的示威运动，由 Ishiva、IoKoto 及其他各处农民组织起来。第十四届十月革命纪念日，据报章记载，农民反对战争的行动共有 40 起之多，至于农民到城市中和劳工共同参加示威运动的还不算在内。Miachi 的一县就是兵士们从此处输送到满洲去的。那个地方，也发生了反对战争的农民运动。同样，在富山的一县，也举行了数次反对战争的群众大会。并在龙村中，全村一致议决，反对战争与侵略。同省 Halban 区，举行了一个五百人的大会，结果与警察冲突。大批农民反对战争的活动份子被逮捕，因之引起农民莫大的愤慨，作了好几次袭击警署释放被捕者的企图。群众与警察冲突时，高喊“当我们有了苏维埃政府的时候，你们(警察)就不再存在了”。同样的农民反对战争的示威运动在 Kanakawa、Obonara、Kiora Hokko 及其他各地组织起来，也同样与警冲突起来。有几次农民躲避逮捕与释放被逮者得到成功。十二月之末，举行了一个七县农民团体大会，决议反对帝国主义战争，主张立即撤退满洲的军队。

在农民总示威运动而外，单独的农民、青年、预备军等亦组织同样运动。例如在 Gif 县扰乱工作的结果，未受委任的后备军官决议拒绝团部临时动员的命令。

军事势力下之反战工作

共产党与青年共产主义联盟最有效的工作，是在军队中推行他们反对战争的活动。他们竭全力分散反战的传单给兵士们与水手们。这一种工作不仅是在军队的外部，即在军部本身的内部也同样进行。有许多兵士和军官就为了分散传单被逮捕。例如输送满洲去的电信队内，有十个兵士为共产党员，因为分散反战传单而被逮捕，被处罚。反对战争的传单不仅分散于日本，并同样分散于高丽、满洲、上海的军队中。十一月战争以后，军事当局在奉天、大连、抚顺、上海等地逮捕了五十多个日本共产党员。刚刚是相反，军队中反对战争及革命的热情却高涨起来。这在他们中间发生的扰乱、不安及违抗进攻的命令等表示出来。去年年底，驻在抚顺的兵士，全营拒绝接受开火的命令。这一营后来为讨伐队包围，发生一次血战，抗命的兵士全数被忏[歼]。远征上海的军队中，有六百个兵士举行了类似的行动，结果一部份兵士被枪毙，并有四百余被遣送回国。在 Hemedzin 区域及高丽各处，也到处逮捕大批的兵士和军官。在厕所里及兵营的墙上常常可以看到这一种标语：“战争已是够了！打倒强盗战争！回家去！”

反对战争的运动已开始包括一份知识阶级。几个左翼知识阶级团体都有反对战争的表示。十月革命纪念日，千余个东京学生在反对战争的口号下举行示威。

日本无产阶级组织的Suheisia，其会员已超过万人，最近采取一个反抗战争的尖锐的决议，使他们的社会解放的斗争与反对争的战斗争接合起来。

不过，一切只指出这一个斗争的开始，而且只有一部份进步的无产阶级与农民参加这一个斗争。我们应该不倦的坚强的工作，动员群众，改变帝国主义战争为内战。

这一篇文字虽然是过时作品，但记载的翔实、文笔的流丽与有刺激性，到了今天——日帝国主义已统治了华北的今天，读来尚有很大的用处。因而把它译出，以献给今年八一反战的战士！

——译者附识

本文译得自然是很好，不过编者稍微感到美中不足的就是原译者把许多英译日本人名、地名未能译出，且恐英文写法也不是日本通用的翻音，编者手内无原文，故不好正更。虽是找了化归中国籍而受过相教育的日本人译了几个名词，但也是不能全为代译，这只有求读者原谅。

——编者的话

（原载于《自救》第1卷第16期，1933年）

朝鲜新文艺运动小史

[朝鲜]郑学哲
俞遥 译

关于朝鲜的文艺介绍,在过去时有综合的或是片断的出现。如远在"文章俱乐部"时代,许多人谈论到朝鲜的文艺;但屈指算来,匆匆已有十余年了。而且在那时的介绍,实际上也不过举出一个作家的几种作品来写成一篇小论,后面刻板式的附着一篇短篇小说的翻译。

那是社会上的要求吗?或是编辑者个人的意图吗?现在当然不必去探讨它了。可是无论如何,在那时一部份人们都含着一种"异国情调"的好奇心来研究朝鲜的文艺的。最好的证据是给一部郑某所作的愚劣的作品《漂泊之空》的赞词,他们称赞他的理由没有别的,只是因为"从朝鲜人的手里写出来的日本文的小说",这是惟一的理由。

但现在的朝鲜,那种异国情调的氛围气完全丧失了,在日本文坛对之也感不得何等兴味了。所残留下来的只是对它作幼稚的侮蔑和抹煞。

照[昭]和七年四月(一九三二年四月)的改造杂志上张赫宙作的《新人》,是宣布了新的发现,那是很光荣的事情。在严密的意味上说,那也许不是朝鲜的文学;不,那是从被忘去了的朝鲜文学,不是从好奇心中唤起了新的注意。从此在同年改造杂志上就接连二三个月揭载了李光洙的《朝鲜的文学》及尹白南的大众小说。

为了想使研究朝鲜文艺真面目者的一助,笔者草作此文。

若朝鲜文学因此勇健地长成起来,同时为了这篇短文能使人们给它不绝的注视和激励,那是作者望外之幸了。

一、史的回顾

在最近二三十年以来,朝鲜社会情势自有朝鲜史以来差不多未曾有过的错杂多端、变迁无穷了。一言尽之，即封建制度的瓦解，近代资本主义社会变态的构成及××主义到达了完全的形态；至今造成了无数变迁和质的飞跃。

所以朝鲜的新文艺运动发生以来，在二十多年中的历史，他发生的原因如何，这因为要借助社会史的解说，所以希望完全的论述是很困难的。

这里要对它作准确的观察、批判、介绍，这篇小论到底是不能的。作者的意思只想从表面上把诸现象尽所有的加以叙述。

朝鲜的新文艺在外观上、时代上观察时可作如次的区别。

1.准备时代

（一八九四——九一〇年）

2.启蒙运动时代

（一九一〇年代，为李光洙，崔南善时代）

3.自然主义时代

（一九二〇年代，为廉尚燮、金东仁、玄镇健时代）

4.普罗列塔利亚文学的黎明期

（一九二四——九二六年代，为崔鹤松，金基镇时代）

5.普罗文学的长成期

（一九二六年——九三〇年前后，为“加坡”（译音）结成期及民族主义文学败退时代）

6.现阶段

以上的时代的区别，是免不掉极粗杂独断的诽谤的。例如第三期的自然主义时代，介于它的前后有浪漫主义——罗稻香为其代表人——及世纪来的诸思想，即如以黄锡禹为主的象征派，无用解说的金亿、朴月滩等的始终一贯的颓废主义等。自然主义的胜利和以后的动向，也并不指示。

以上为了便宜上作为叙述的基础。

说到启蒙运动，使我们立刻想到德国的“狂风暴雨”时代。那是一个巨大的出发点，虽然各种思想的要素杂乱地交流着而是向美丽的发芽期前进的。在最初的开始，当然有特殊的慌乱的一时期。

最先由李光洙、崔南善、洪命熹等领导的朝鲜语文学——用纯粹朝鲜语的形式作成的新诗和含有近代意味的小说的创作，同时煽动民众对本国语作划时代的反省和尊重，一方面鼓吹民众的爱国心，一方面漠然地向民众指示民族文化建设的理想。

这时代崔南善是有最大功劳者的一人。使可胜过和歌的朝鲜固有民族诗《时调》作复兴运动，并且组织出版社“新文馆”，发刊杂志《少年》，他们用十足的学究的态度，研究朝鲜史——这成为他主要的事业。如果说他是文学家，不如说他是史家。他给与那时代的功绩，实实比在中国文学史上用功夫的胡适毫无逊色的。

正在此时有李菊初、崔南善与努力于准备时代的李光洙，除提倡本国语运动外，又高唱从日本传来的激烈的欧美的个人主义思想的调子。要打破封建的家族中心的社会，于是便卷起了世人间轰轰的舆论。这时代出现的作品有他的《无情》《开拓者》等为最著名的代表作，这类作品使朝鲜的新文艺运动得了强固的基础，也就是下了新文艺的种子。

从儒林也来了激烈的攻击，广泛的青年层便开始了暴风雨似的动员。

到第三时期，在欧美足足经历了五六十年才形成的种种思潮，在朝鲜仅仅费了四五年光阴便一气呵成了，即从浪漫主义到自然主义的胜利，更到新浪漫派、世纪末的诸思潮的簇生——这许多到一九二四年前，是在朝鲜文学上错综复杂的种种流派。

在朝鲜，这类思潮如果要想替它划成显然的时代的区别，是不可能的，因为它是在同时杂乱地交流着。推其原因，因它的过程非当短促，最重要的是因那时候的朝鲜社会的经济史的迁移真是急激多端，加上世界大战终后吹来狂风似的××××问题，激动着朝鲜的民众。这类杂乱的思潮的同时产生，是当时朝鲜社会的反映。

于一面个人主义思想的全胜利，封建意识即行总破坏，他方面社会的新秩序渐渐形成，浪漫主义也便产生。不久以后市民层意识形态跟着自然主义的胜利，形成歌讴幻灭、颓废、享乐的市民层的意识。各个思想的时代的区别既不明瞭，而且对每一种思潮自身也无深切的了解，各种思潮中的作品也没有一篇代表作留下。

罗稻香的作品，虽然完成了他大胆的空想的开展，完成了快活的欢喜的憧憬，而他始终只是些漠然的理想和无意味的感伤；廉尚燮的自然主义作品，陷于极端的烦琐性，对新社会的观察缺乏了解；金东仁的作品，不但如他自己标榜的“尽有”文学，而且暗暗输入了宿命论的思想；玄镇健也时常捕获不住事象背后的阴影，苦于无意味焦躁中；其他作家像金炯元、洪露雀、方仁根、朴月滩辈，都迷入了以上的种种迷宫。

他们在浪漫、自然、新浪漫各思潮间彷徨，成了左顾右盼的状态，好像没有确实的社会的根据，又自身缺乏明了的意识。

总之，第三期诸作家的作品能发见一层共通的阴郁性，这里再不必细述了。这都是社会上经济苦闷的反映。不久新生的阶级文学，可说发动了新的时期。

在一九二四—二五年前后，朝鲜的文坛是一时陷于极度的沉滞中。

既成文坛既守了沉默，在一方面新倾向派就此开始露面，从一九二四有《开嗣》杂志上了舞台，当然的，从资本主义社会组织中生长起来的阶级思想，必然地在世界上广泛地传播。

仕升宰的《告文士诸君》书，及金基镇的《光明(Clarte)运动》是与《白潮》《焰群》等刊物的发行都明明白白是向既成文坛挑战的宣言。金基镇向文坛上叫着："朝鲜目前的实况，是非常充分的可以作为我们作品的内容，然而我们所有的作品是怎样啊！……可以大呼为'我们的作家'的人，'真实'的诗人，是一个也没有，我们也许有五个莫泊桑、左拉……然而一个高尔基也没有啊！虽然有不少文艺理解者，可是没有一个培林斯基!"

这样新进气锐的金基镇，凝视着朝鲜的文坛，大呼阶级文艺的高调，并且亲自执笔，发表创作《赤鼠》，

到了一九二五年，继《赤鼠》之后，有许多新倾向的作品出世。如朴英照的《战斗》《猎犬》，李益相的《狂乱》，李箕永的《贫乏的人们》，崔鹤松的《饥饿与杀戮》。然而那些作品中都缺乏新的世界观和社会观，便是马克司学说的 ABC 也似乎不甚明瞭。他们仅仅漫然的描写些无产阶级的悲惨的生活情形，千篇一律的调子，末了总用杀人放火做结尾。在那些作品里所看到的，只是非人间的处待、极残忍的个人的复仇，如此而已。

其后，土著布尔乔亚渐次反动化，同时渐渐加深的经济压迫，××主义的迫害……至一九二五年遂发起"焰群社"和"波斯开拉"团体结合，组织"朝鲜普罗列塔利亚艺术同盟"(略称"加坡")发起人有金基镇、朴英照、金永八、安硕柱、崔承一、李益相、崔鹤松、宋影、李箕永、沈大燮等。

从一九二六年到一九三〇的五年间，朝鲜的普罗文学开展了对内对外的最恶劣的种种情势间的恶战。结果开拓了一条路，向自身的长成继续迈进。

当时总动员了左翼阵营，执拗地斗争着，使失了指导理论的民族主义文学完全破坏。梁柱东、郑薰风再想挽救颓势，提倡折衷论"民族的阶级意识"(但这并无起丝毫作用，不必论及)。

如此，到一九三〇年，普罗文学在多数新进作家的影响之下完全掌握了朝鲜文坛的权威。

二、现阶段的诸情势

在朝鲜的民族主义文学，在某种程度内，带有多少自由主义(Liberalism)

的色彩，自从在指导理论的论争上吃了败仗后，从一九三〇年后半年起便确切地与普罗文学成了对立的形势。有时讴歌法西斯蒂魔王慕沙里尼，摧残文化的恶魔希德勒；有时把一个少年运动员(Suortman)认为国宝，给予夸大的无耻的宣传；他们是热烈地焦虑着如何去麻醉民众。

然而朝鲜民众的穷迫，依然与日俱增。你看到实际的情况，知道民众的心都压着沉重的黑暗。巨大的××××的压倒，土著资产阶级的反动化，经济力的根本动摇，中产阶级的激烈的衰落，人们要支持他们的生命已是很苦，那里再有零细余裕呢？教育程度年年向上(例如××的殖民教育)，但出版物的发行却年年减少。中间层的经济宣告破灭——购买力的低下。这样，在朝鲜的文化事业要继续存在，是非常国难的了。

现在朝鲜共有四种朝鲜语的日刊新闻纸，是《朝鲜日报》《中央日报》《东亚日报》《每日申报》。在此四种中，朝鲜和中央是多少采取自由主义的立场，东亚为民族主义的大本营，每日是××的御用新闻纸，民间的读者几乎没有的。从严密的意味上说来，朝鲜语的新闻可说是不能存在。不论别的，在朝鲜比较能长期继续刊行的刊物只有这四种新闻纸就可明白了。所以朝鲜作家，他们的作品除了大部份在此发表外，再有什么地方可以收容呢？

便是作品，也完全变成商品化，这不必谈，写新闻小说的所谓名家暂作别论外，一般无名作家要想靠原稿得点收入可说绝不可能。

转变的激烈，大小无数杂志都陷于经营困难中，除二三种杂志外，大家都苦于稿费的无力支出。使发表欲旺盛的文学青年，没有地方可以发表。而新闻杂志的编者把篇幅都载满了愚劣的作品，月月送出无数的新人(?)。

从而朝鲜新闻的学艺栏必然的带来了特殊的色彩。只有一页的学艺栏，忘去了新闻的使命，充满了杂志的要素。小说勿论，再有戏曲、电影脚本(Soenario)等的连载。于是已可以推察出它的全面了。

除了以上的状态，更来了对外的恶劣的条件，即××帝国主义的检阅制度。除了在最近脱离“加坡”的《朝鲜之光》是依新闻纸法发行的杂志之外，没有别的了。说不定今后也不会再容易得到了。所以渐渐出世的杂志、出版物，也受到了发卖禁止。我们再有什么话可说呢？朝鲜人的出版活动，再有些什么呢？

到最近为至，民族主义文学渐渐反动化，并且法西斯蒂化了。所谓检阅制度，专门加在普罗文学的头上。民族主义文学利用这机会，乘势作对立的攻击。对于左翼作品，采取了同盟绝交的情势。在他们阵地里的发表机关，一律拒绝普罗作品。然而在他们自己的阵营里，不但没有强固的组织，而且缺乏指导的理论，仅仅在靠《东亚日报》的读者保持余势。各人老是作一些恣意的作品和说些说过的理论，来保持杂志《东光》和《新东亚》。但民众的心却刻刻与他们离开了。便是夸称获得了广泛的读者层的李光洙的作品，现在也失了大部份青年读者。他们现在却向从前反势启蒙运动的儒林妥协起来了。这不是很可怜的事实吗？他们现在是背着时代逆行，不注意新产生的事象，却从历史的事实中去找寻题材了。

（原载于《现代》第3卷第5期，1933年）

亡国教育

——一名《从斋藤说到朝鲜教育》

叶华

日本自犬养毅狙击殒命，纡纲曲折地当着法西斯蒂气焰汹涌澎湃中，斋藤实子爵奉命上台充任总揆组织内阁了。他是朝鲜总督出身，一九一八年原敬内阁成立，斋藤在朝鲜第四次独立运动高潮时，九月二日鲜京南大门驿姜守奎炸弹案里九死一生的履新总督之任。拿日本眼光看来，斋藤督时最伟大的功绩，推文北政策的告成，他以海军军人而兼政治家，为人沉着韬晦，对朝鲜文化一反第一任总督寺内正毅和第二长谷川好道的武断统治，他往往用口蜜腹剑借刀杀人的手腕，使你不得不俯首帖耳就其范围，一般鲜民多被麻醉而不自觉，他假仁假义的亲往孔庙致祭，增加经费添设学校，鲜人竟有乐道，这是他的独到之处，这是我们应该慎防之处。我们一翻他统治期内朝鲜文化事业旧账，不由你不寒而粟[栗]。现今发表的内阁施政方针，具有美导思想一项，便是文化事业的核心，对内如此，对外何尝不可抓住这核心变本加厉。我们看到此次沪难，凡日人铁骑咆哮的区域，青年儿童埋头弦诵的学校，多为校产葬身之所，大中小学校遭劫的逾一百二十七，资产损失达千万金以上。苟其你向战区走一趟，保你不禁泪涔涔其盈睫，任一处处的断垣残壁，一堆堆的瓦砾灰烬，无非是累累的文化丘墓，国未亡被蹧蹋已如此地步，国亡了，更不知要有形无形的怎样蹂躏，写这文，岂独为朝鲜悲哀。

总督权威

朝鲜总督只向天皇负责任，不受内阁或会议及任何立法行政机关的牵制。名义上重要的策略须得日皇同意，核准然后施行，事实上日皇从没否认过一件案子，只要呈奏，不怕不批准。坐视总督一个人，便是立法者，便是执行者，便是裁判者，便是海陆空军总司令，俨若大权独揽的狄克推多、恣意肆行的朝鲜皇帝,他怎样想就可怎样做,他要什么就可什么。一千五百多万的鲜民,都畏葸远避,“战之兢兢,如履薄冰”地抱着“君欲臣死,不得不死”的戒惧。总督府内设内务局、财务局、殖产局、法务局、学务局、警务局,山林部以下隶属的官署很多。这些局署没一个不是压迫朝鲜人民的机关,因此鲜人未定罪前被吊打得死去,因此拘捕了女人,命令赤露露一丝不挂赶到脏脏的坑里淴浴,因此放纵民众嫖赌吃着,干那十恶不赦的堕落行为,政府好从中抽税,因此发生五次大革命,流血成渠。如果世界上真有暗黑地狱,那末朝鲜确是人间地狱了。往下去请看人间地狱里的文化摧残得如何情形。下边的记载,全是朝鲜内幕的实情,外人决不会深悉的。现在开始像浔阳江头的琵瑟妇,向人絮絮道地说不出的若[苦]楚吧。

销毁史传

亡了国,做了奴隶只好这样,所有的土地和人民都是人家的财产了。日本于是为所欲为的宰割朝鲜,对文化方面定下三个原则,一使朝鲜民族忘掉他们的过去,二使朝鲜人民茫然不知世界情形,三使朝鲜民众绝对信任统治的皇上。目的在著成日本的顺民,教育上的训练,不外实现这三原则,利用鲜民服贱役杂差,驱作牺性[牲]的前锋,不敢加以裁[栽]培深造,仅求听命指挥,具有相当的效率够了。从这政策的出发点,朝鲜文化的受压迫,遂与政治、经济同样有系统的征服了。并吞朝鲜后第一件事,日人在大小学校、公私图书馆、家家户户,大事搜索关于朝鲜演进的历史与传记,珍贵的运回东京,普通的付诸一炬。文学书籍也挨户抄搜,禁止阅读,违者下狱。朝鲜人读朝鲜自己的历史,法律上规定犯法。儿童因此遭鞭鞑[挞]囚禁的不知凡几。囚禁的日子自十六天至三十天不等,一九一九年十二月三十日司各斐尔特多士(Dr. Frank W. Sehofield)在《新导报》批评这事很详尽,他并说日人这种行为,比第五世纪劫掠罗马故意毁坏文艺贵重品的汪达尔(Vandal)野蛮民族还惨酷。

禁止出版

从本埠报纸到科学杂志,所有定期刊物,完全蹂躏无遗,中韩版《朝鲜史》二二八九页这样刊着,日本表面上没明白揭橥朝鲜人不准出版刊物,但订下种种苛刻条文,使得无从刊印。第一个难关,一切定期刊物或书籍先经过严格的检查,好容易检查通过了,又须放存一笔款子,准备作警察局意料之外的罚锾,然后可付梓,每次校对应送检查,最后的校对每页纸上盖着曾经检查的图记才获出版。书成,检查者瞧到可以吹毛求疵的地方,则禁止发行,全书全功尽弃。

年来朝鲜人书籍刊物罕见问世，多缘被官场场制之故。有一次葛尔博士(Dr. James S. Gale)把吉卜宁的丛林故事移绎成朝鲜文字，以飨鲜民子弟，像这样无关紧要的书籍，竟被禁止检查处认这故事中述及一只象拒绝伺侯[候]第二个主人的事迹，殊予朝鲜儿童一种反抗印象，引起他们不充随从外国的主人——日本。我们真佩服日本的思虑会跑到牛角湾里去。毕竟鲜督不愧为多愁多忧的聪明人。

报纸御用

记得美国驻欧新闻记者西尔兹(Seldes)尝向俄国杜洛斯基及意国慕沙利泥询问刀与笔哪一个力量大，杜洛斯基答以笔，慕沙利泥却深信刀的力量大，两人都做过新闻记者，都做着军事领袖，都是笔与刀的专家，而二人的答词迥乎不同。假使你把这问题叩斋藤，他内心的回答至少会像慕沙利泥吧。斋藤未到鲜前二年，日政府的施政年报写着一个报纸统说，“一九一六年年终，朝鲜有二十种新闻纸，其中十八种系日文，鲜文和英文各居其一”，但均在日人掌握中，鲜文二报、日文三报属政府御用机关报，英文报名《汉城》，惭为日本说话争体面，当斋藤接任翌年，轰轰烈烈的革命复国运动杀人万千，演尽人世惨剧，而那报仍关了大门说死话，于朝鲜复国运动只字不提，直到各国报纸用大号字纷纷揭载时，它只做若无其事、掩耳盗铃的否认上海、北平各报的消息，亏它还像煞有介事写了一小段更正，说朝鲜北部发生小小的骚动，今已弹压平靖恢复常态了。一九一九年五月大屠杀，它的严重性无异法国革命的恐怖时代，各报偏装聋作哑，一声不响。纵然日文的白话报也与政府勾结，用鲜文写的唯一日报《每日新报》不消说和政府狼狈为奸，苟不为日方通声气，不为日本宣传——不赧颜的宣传，报馆休想开门，记者休想活命。每个人在朝鲜，不论是外国人或土人，往往不晓鲜事和世事，他们正像投身五里雾中，莫明其妙。

唱歌坐监

朝鲜全国自己发行的刊物仅限教会，但只许披露宗教的文稿，然亦被检查百方阻挠。几年前有名基督报印了一首“春天”作题的十四行诗，检查的异想天开指“春天”具“再生”意义，暗示朝鲜国家复活的思想，犯煽动朝鲜人反抗政府的嫌疑，遂无中生有的强今停版。宗教短论的小册子载着一句“全系耶教信徙[徒]的朝鲜人被吁求从他们中间驱逐恶魔”，当局见到了怒发冲冠地遏制出版。政府向编辑说，所谓“恶魔”殆指“日本”，故意鼓动朝鲜人起而抗日，嗣后一切宗教刊物一概不准再提“恶魔”字样。斐孚(Nathaniel Peffer)在《朝鲜真相》一书第十九及二十页告诉我们的，不近人情远甚于此者啦。平壤一高等学校朝鲜女生，制了一首《朝鲜自由》的歌曲，当斋藤到。翌年，一九一九年四月，她在独立示威运动中珠喉婉转地引吭高歌着，被捕了，判决有期徒刑两年。“防民之口，甚于防川”，在鲜我们可一一看到。咳！“不自由毋宁死”这句口号，到了水穷山尽、国破家亡时越会得实现，如今享有自由的人们，莫看轻这口号如儿戏呀。

解散团体

同时，与查禁出版物一样地受压迫的就是解散朝鲜人各种团体组织，施政年报说许多政治组织和相仿的集合体，合并朝鲜之年，即一九一〇年，立刻下令自行取销，政府认为欲维持治安，这一步不能不做的。从兹民间团体，无一幸存。实际上，纯碎[粹]政治组织的团体只有一个不幸得很，其他的社会尤其是文化的集合体，咸葬在政治性质名义之下而牺牲殆尽，纯洁的学生组织，如法律经济研究会、文艺研究会等，宗旨全在研求学问，竟被命令解散。朝鲜历史委员会在外出版的《高丽全史》第二二三至二二八页说及这类事的不少，寄语有研究机会而不去研究的朋友们，真待亡国后觉悟想研究而不得。集会自由、言论自由，黑纸白字的施政年报在光天化日中明明称“公众集会涉及政治问题的和户外市民集会都在禁例。惟露天的宗教集会或学校远足，尚可举行，但事先应明白呈报政府，核夺照准后才能举办”。橡[像]皇帝一样地尊严有权威的朝鲜日本警察，可以凭他好恶决定何种集会可开、何种集会不准开。鲜人对此无如何也。

说话当心

《高丽后兴书》出自萨姆(Hugh H. Cynn)手笔，他告诉我们说，警察不准许不得开会，会场中没有暗探不得开会。二个学校以上暂时的郊野聚会，亦难如愿如偿，青年会开会，事前须呈报日期时间、演讲者、讨论题目、听众程度等等，邀得警察的赞同，才能振铃致词，集会时言论正要谨慎当心，不然祸患随之。朝鲜监理会传教师讲述上帝天国的训诫，不料会散被拘，经过数度悸怕的中斥与恐吓，不许复有“天国”的称呼，因为世界上的“天国”只有日本“皇国”，“皇国”二字，怎能答应随便的胡说，平壤的一个中学生，无意间提起罗马的凯撒名字，警察即抓住着他的笔记薄[簿]和教科书，从头至尾的翻查，这学生肄[肄]业的学校，全体教职员都被翻箱倒箧的检查，校长也受到告诫，知照厥后学校应禁止危险思想的传布。一九一九年，第五八卷《美国国会记录》写着这样一段事迹：“朝鲜英国侨民目睹平壤协和基督大学三个学生毕业赠别词中，带着几句自由解放的口吻，当场镇压出校，拘捕禁锢，那校的文学会处于武力之下，压得掩[偃]旗息鼓，现在没亡国的毕业生们，你们要说的赶快尽量的说吧，说了马上就做吧。”

顺民宗旨

日本发言人常在欧美各国侃侃的讲，朝鲜向来无学校可言，由日本管理后，亟亟的建筑了很多规模宏大的学校，造就朝鲜次代的国民。请大家静静的想想日人如此的撒谎，谁信任得过。朝鲜自归日本原有的教育部缩小为学务处，隶属于内务局下面，一九二六年方始扩大组织为学务局。旧日朝鲜教育系考究古典，各人都埋头窗下，志在文质彬彬，求得学究头衔。准兹博士(Dr. G. H. Jores)描写远东的三种人民，他说中国为商人，日本系军人，朝鲜是学究，西人的影像是如此，中日韩自己的国民，不知感觉得怎样。朝鲜有最高权末叶几年，一度摹仿过西洋教育，大兴新式学校，日政府施政年报谓它在一九一〇年有二千多私立学校，到一九一六年减少剩九百七十校，时至斋藤时期，每况愈下，几悉数倒闭。政府订着严酷的条例，叫朝鲜人办教学朝鲜人的学校不得不硬着头皮自行结束。一九一一年八月二十三日，他颁布教育宗旨，其要旨好听些说，在造就忠实善良的日本顺民，不好听些说，在养成日本的奴隶，一切因为了做日本顺民或奴隶而抛弃自己的主张去实行人家的主张。他们修身书里频频教授《教育敕语》以忠君报恩为归宿，当局复采用威胁手段，强迫灌输朝鲜人像日本人一样地爱日本国。前几天作者碰到江问渔氏，谈及他游鲜景况，他说四十以上的鲜人尚念念不忘中国，三十以下的青年儿童已记不起他们的祖国——中国了。足证日人的处心虑积，智远深谋无微不至。

人多校少

斋藤时，一个英侨尝发表朝鲜教育统计，由美国基督教公会报告国会，今将鲜日校数和经济支配撮要言次。

鲜人公立学校一览

学校程度	校数	学生数
初级公学	四四七	六七，六二九
高级公学	三	五三七
女子中学	二	一六四
高等学校	三	二七七

日人公立学校一览

学校程度	校数	学生数
初级公学	三二四	三四,一〇〇
高级公学	三	三七五
女子中学	九	五二六
高等学校	二	九一

朝鲜人口共一七,五〇〇,〇〇〇,政府拨给教育经费计六〇二,八八八元,日人侨鲜为三〇〇,〇〇〇,教育费达三三九,六六〇元,照上表估计,鲜人在校受到教育的三百人中始得一人,日人则九人中有一人入学,相差不可以道里计了。鲜人不是懒惰不是下流不去读书,实缘校数不够,没有余地容纳他们。不观一九一六年鲜人投考中等以上学校的有三千六百八十二人,可是候补到缺额的不过九百七十八个。幸而教会出来谋补救,设了六〇一所小学,收授二二,五四二学生。一七所中学收教二一二五学生,一四所女子中学收容一,三五二学生,再竭力办了四所高等学校,提高他们的程度,然常被政府无理干涉,弄得焦头烂额。

太不平等

日鲜学校数量上既不平等,制度也分歧异,教授日人的学校一切与日本国内仿佛,教授朝鲜人的学校不特数目少、内容窳败,连得儿童入学年龄也要迟慢。施政年报说鲜儿入学年龄规定八岁以上,日本儿童六岁即须入校了。义务教育年限日人为六年,鲜人则四年,斟酌地方情形还要减少一年,中学年限鲜人较日人也短一年。康蜜克(Elrie Mc Cormick)一九二〇年四月十七日在纽约基督新闻社著《朝鲜的铁腕》一文,颇具玩味,他说,外人参观朝鲜,政府最担心事,往往派员引导名为奉陪,实则监视行动,故外人所能参观到的,只是政府预先布置妥当的表面装饰品,本来面目丝毫不会泄露的。高大的洋房,详细的统计,那一件不是哄骗人家,现在已高唱鲜人小学年限延长到四年以上了,但个中人知道朝鲜儿童已属八岁进校的十个儿童中仍不满一个。日人侨居朝鲜只占全人口百分之二,日本的儿童教育费都超过全年教育费总额百分之六十以上呢。卢[庐]山面目本来是这样,自然不赞成人家去参观了。作者记得距今十二年前美国议员团准备赴鲜考察,日本当局一再阻止,先哄以期鲜虎列拉盛行,死亡枕籍[藉],继宣传鲜人组织暗杀团谋轰炸美国议员,图以恫吓,中止游鲜,美议员团不屈不挠,不为所动,竟联袂而去,到鲜后日人派大员奉迎招待，谨贴入微，惜不获与鲜人谋一面。盖恐鲜人与美议员接触，朝鲜真相毕露，于日大有不利啊。此次不允顾维钧调查伪国，如同一辙。

硬派日师禁充校长

除非外国人教会创设的，朝鲜所有的学校校长佥皆日本人。朝鲜人休想做得着拿朝鲜钱办朝鲜学校教朝鲜人的朝鲜学校校长。每个学校，外国人津贴维持的也包括在内，至少须聘请三个日本人以上充教师，学务局得随意委派到各校，政府并要求日本教师的俸给优于朝鲜教师二倍以上。假使私立或教会学校派到的日本教师得力，成绩优良，学校当表示感级[激]，及之，来了饭桶的日本教师，学校照样的优待，照样的支付薪金，岂敢得罪。倘若不满意他们，稍露怨言，他们自会鸭蛋里寻出骨头来，包你学校关门大吉，个人大祸临头。他们好像政府的半官式机关，每欲明里暗中管理、视察学校进行的事业，似乎讨了一个慢娘，对他不敢怒又不敢言，但见他们进来，不见他们出去，谁都没权柄解除他们。公立学校当然日本教师做主体了，朝鲜教师讲堂上只有说些违心之论，课后惟有像菩萨的低头不言，否则位置事小，生命事大。全朝鲜共计五个中等学校，执教的隶属日本籍的八十二人，朝鲜籍的只十九人，这十九人能插足进去，一方因鲜人自愿委曲求全，一方算日人厚待朝鲜了。请国人思之深思之呀。

教师悬刀

教课书和课程，纵然无关紧要的普通学校，一概经政府规定，不准自由更改。纯料[粹]依照朝鲜环境需要而施行的教会学校，由是发生问题。斋藤到任第三年，一九二〇年，贻笑大方地命各校教师在教室内一律悬挂指挥刀，思想八九岁柔弱不堪的小学生眼看趾高气扬、神气十足拖了指挥刀踏进教室的老师，作何感应，这分明指挥刀戛戛的声响，报道日本的耀武扬威，跑到天真烂漫、无智无识的朝鲜儿童面上了。然而他们的柔道场、剑道场、军械室，均付缺如。日本宪法上鲜人没当兵的义务，故军操一课完全删除，还有机会受军事训练的学生们切实的忖忖：穿在身上的那套军服有多少的重量。

欺人史地

不消说所有历史、地理的教料[科]书，别具见地的由政府编订发行，《亚细亚》杂志一九一九年九月号格麟帛（Sidney Greenbil）著《朝鲜护护自己权利地位》，很明白地告诉世人说，日人目空一切，自认不凡，虽人种学上有真凭实据的事迹，也向壁虚构，企图欺侮鲜人，竟将黑白颠倒，捏造日本是朝鲜的母国，像英吉利之与美利坚，它用尽种种方法阐明这个态度，眼睛生在额角顶上，对鲜人异常的傲慢，好像朝鲜一钿糖也不值的样子，对日本自己无往而不是那样巧这样妙，威光堂堂，荣耀赫赫，大吹特吹，教料[科]书上教导儿童不说朝鲜已是四千余年的古国，偏说只不过二千年历史，出世年限后于日本，鲜日两国皇帝，有一次是弟兄手足，朝鲜古来为日本历史上的保护国，朝鲜一切的文化，无一不来自日本，不然朝鲜牢是停滞于野蛮的状态中。朝鲜与日本之并家，乃是朝鲜百姓昕昕翘首盼祷日本母国重行回复以前合并鲜人的旧状，足见日本统治朝鲜不是自私自利。鲜人该如何鞠躬尽瘁之报答啊。事到这里，我们要学老先生们拍案喊道："天下奇闻，莫过于此矣。"假使格麟帛实然不报告出来，恐我们梦里也不会想到的吧。

拜皇课程

陈氏（Henry Bhung）著《高丽事件》第一三八页讲及"朝鲜学校课程"一节，同类有不少使你哭不得笑不出的资料，与美国文法学校程度相等的初级普通学校，每周授课时间共三十二小时，日文占八小时，算学五小时，中国文五小时，这些为基本学科。所谓普及教育，实则普及日语，读习汉文的用意，路人皆知他为侵略中国时嗾使鲜人做他们的爪牙，为虎作伥作前驱冲锋的工具，九一八事件日人唆使无智鲜人的活动便可证明。其他功课有五小时体育，三小时工艺，二小时农业，二小时印字业，一小时音乐，犹有称伦理学一小时，它的内容并不是平常修身道德的伦理学，却是教导儿童怎样崇敬礼拜神圣的天皇，这倒是闻所未闻、见所未见。日本纵自认它第一个皇帝神武从天而降，天神赐他明镜、利剑、宝玉三件法宝治国，充满着不可思议的神秘，然洎乎一百二十四代的昭和皇帝，已属"人"的时期，不再是神的上古了，何苦强令鲜儿做这种狗当呢。陈氏又谓鲜儿返无学习自己鲜语和历史的机会，即寻常中等学校教授少许历史，那历史是政府编纂的日本史，这里差不多说全世界都是日本的子孙后裔，如今各国暂绝嗣业，离开日本，但他们很殷殷的恢复嗣袭，希冀匍匐于天神主宰日本皇上羽翼下面。政府编辑的地理教科书，形容日本群岛好像宇宙间蚝蛎中的珍珠，朝鲜是日本的一部，分照得日本的光彩，非常荣幸的。处这种光怪陆离的教育制度之下，日日受他的熏染，朝鲜儿童遂被闭塞得蠢若鹿豕，自己祖国的史迹和近况，尚腔然不知，如何会晓得各国过去的历史和现在趋势，他们相去南非洲耗胎姆脱忒（Hottentot）劣等民族的儿童也不远了。

忠义之室

除却日本化的课程以外，更有无穷尽牵丝攀藤的繁文缛礼，时时刻刻一步不放松的紧随着学校，刺刺不休的烦恼着学童。姑举一例说说，每所学校没有一间所谓"忠义室"满屋展览着图解表格，刺戟鲜儿的脑海，令他们牢记日本为全世界最老迈最强大的国家，日本天皇是全人类货真价实上天委派来的神圣君主，"什么激动我心坎的在这'忠义室'里，深深觉得用全副精神专心致志的日本人不倦地想尽心思陶铸鲜人，务使鲜人无意识地再也忖不到独立了，再也忖不到他们祖宗光耀的历史了。而且，他们的爱国心可油然地移受于日本"。一九一九年二月号《哈浮》(*Harfer*)杂志韦尔(Walter E. Weyel)于其《剥夺朝鲜人国有权利的实验》文中这样讲的。可见"忠义室"的度力已深入人心了。学校休沐日朝鲜儿童仍须赴校进"忠义室"跪拜在天皇长生禄位面前，某朝鲜成童不甘心跪拜，率送入感化院惩罚，囚锢七年，教她忏悔改过。

苛刻检查

这却不能不喋喋讲述的关于又讨厌又下等的官场繁屑的干与[预]。每天各学校派有检查，尽你不足道的极琐屑小事，必须一一报告政府，政府则花费大部份辰光查验教师，甚至检查校长，学校里每件事物从自然界及粉笔价钱到教师的列祖列宗必须端详报告和常常查阅。尤其是教会学校，这些苛刻厌烦的事情最令人可怕。聘请一个教师或除退一个教师，不获官方同意，休想如意办到。每个教师的履历及其十七八代的祖宗等等的记录，顺序整饬地装入纸夹，以便时时查考，比请领出国护照要详细三倍，司阍人或管屋仆役增加薪工，未经政府允准，学校不能自作主张，要买十二个揩黑版拭，政府不答应，也无权购置。朝鲜教会专科学校为提倡科学起见，每周物理八小时、化学十小时，自然超出规定标准，适被禁阻，苟不听命，再犯章程，老实不客气，学校难免封闭，这些话《朝鲜真相》第十三页裴孚(Nathaniel Ceffer)讲的。有科学仪器室、理科实验室而不知利用的青年学生其听诸，要知亡国之后欲读科学的书籍也不得。

留学得罪

朝鲜国内教育既如此不堪，那末朝鲜青年为甚不留学外国，这问题不提倒罢了，一提又将引起我们唏嘘感叹。第一，昔日朝鲜富室，今十九变作家徒四壁的穷汉了，经济上被榨取的无力送子弟出国求学。第二，现今尚有资产的人家能负担数万金留学欧美的，日人总是左右为难，想尽希[稀]奇古怪的方法禁止出国。听说斋藤手里从未发过一张留学护照，鲜人要远离祖国，惟有冒万险排万难暗里逃走的一条路，可是私奔是非常危险的，一旦拘捕，便是罪孽深重。邓南脱(Tyler Dennet)曾游远东两次，在一一七期《监视》杂志发表一篇《假道中国到和平之路》，说朝鲜已经日本化了，日本早早完全禁绝朝鲜学生到美国完成他们学业，与德国征服亚尔萨斯-洛林(Alsace-Lorraine)不设他们越国门半步，使它普鲁士化一样。

表面文章

这是不差，朝鲜学生可赴日攻读，但这里又碰到不少困难，他们必须实行一事，当未进日本专科或大学前，他们该重复再进程度极浅的日本文法学校，从头至尾学习一遍，这样一来，自然只有极少数不满十六七岁年稚的鲜生尚愿屏息听命。不入文法学校拟直接升入高等学校的，表面上日本大慈大悲开了方便之门，答应他们投考入学试验，这种试验对于鲜人特别艰难，其难无异上青天，具有十分本领的鲜生，万一录取了，经过重重叠叠的难关而入学而肆[肄]业。伏案孜孜兀兀的读毕业了，"凭你学问怎样深遂[邃]，却拿不到文凭，仅仅的出一张证明书，证明该生修业完了。她的理由是因为鲜生并没领到下级日本学校的文凭。执着证明书的，照例不若文凭到手的毕业生能够享受的各项特权"。塞姆著《朝鲜再生》第一〇七至一〇八页凄惨地说着，虽然机会不均等，多方的窒碍，处处的歧视，但倒有数达几千的朝鲜学生留学日本，诸君且慢骇怪，姑看下面的文章罢。原来朝鲜总督方寸间转了一个念头，想卖些人情，粉饰表面，遣送一批朝鲜人赴日本升学，这样一办，对鲜既树恩惠，对外便可兴高彩[采]烈在欧美各国大设特设日人如何提倡朝鲜教育，如何促进朝鲜文化，如何协助朝鲜上进。可是仔细彻查骨子，被派送的留日学生，并非从学业超群中选派出来，也不是经济上需要帮助，却专事遴选贪官污吏的国贼后裔或一般富裕家庭的纨绔子弟。他们决不会明目张瞻反对鹊巢鸠占的日本的，他们游日所进的学校，所读的功课，均为政府指定，自己休想依据个性所近和社会需要而自由选择。这好比刻版的老法子，他们被指派肆业的学校，总脱不了研究实业的学校，欲求深造，投身程度高的学校，屡屡遭白眼，吃着闭门羹，屏绝于外。

偷读国文

把上述被蹧蹋得体无完肤的朝鲜文化血泪账读毕了，请阅者闭目慎思之，朝鲜人好比外国人，他们自己的国文是禁读的，他们灿烂的文化是侮蔑的等于野蛮民族，他们好像“井底之蛙”一些不明世事人类大团体的智识锁住，些微不给他们知道，专事差强人意的训练鲜儿预备做将来聪明的日本仆人，日人的用心可为恶辣，即可谓凶毒。朝鲜小朋友受到家长的暗示，何尝不洞悉司马昭的心理，于是当散学以后，他们三三五五成群结队偷偷模模[摸摸]私下里拼命熟读他们老祖宗传下来的国文，没人鼓励他们，而他们真恳，挚真，热忱，一心一意亲近祖国，这倒很具玩味的。同样有玩味的，就是日本政府一手压迫束缚鲜人的头脑，一手掩尽天下人的耳目，向外宣称朝鲜文化自日人积极指导与扶助后进于“文明”的境界了。此诚不知天下有羞耻事啦。

戕贼幼稚

“恐怖反抗”的成分殊比“骄傲指导”为多，从日本占领朝鲜称为己有以后，不论何时，日本说到指导朝鲜，总选择政府所定学校制度，日本深知每个美国人要求提倡“自由教育”，于是日本官场遂很注意于这方面。虽然朝鲜京城一二所范围广大的学校，看来还像煞有介事，不过只有稍稍留神一下，包你觉得荒诞无稽。第一件事，日本十二分着重职业教育的训练，纵兹朝鲜文化前途受到致命伤的打击，大家该不致健忘罢。曾在远东文化史上放过异彩做个领袖的朝鲜，日本一再三跪九叩首拜他为老师，向道于他，如今反其道而行之了。第二件事，上边已述过，不准八岁以下的朝鲜儿童上学堂，有意荒废儿童二三年买不回来的宝贵光阴，即使完毕了小学校科目，智识也很谫陋，够不上自立，世界各国现大声绝呼提倡延长幼稚时间，二岁以上的儿童，即二要施以相当的教育，日本在开倒车，反缩短朝鲜儿童幼稚年龄，天下的严重事件，熟[孰]有过于这样的吗。亡国不足惧，最高权操诸异族不足怕，独戕贼幼稚，真为朝鲜前途担忧。有学校不送子弟入学的家长们，有学龄儿童不去添设学校的政府官吏们，你们是不是乐于步朝鲜的后尘？不这样，请拿良心出来，请负责任起来。

信手写来，朝鲜亡国文化，不觉篇幅嫌长，恕不词费了，现在说两句我自己的话罢，像这样的不长进干下去，中国难免要步朝鲜第二，但在我们一辈子手里，或不致就忘掉，我常常如此的想。日本一意侵略满蒙，但近畿的万目睽睽的上海，在我们一辈子眼里或瞧不到被侵略，我也常常如此的想。然而事实摆在面前，“东北”由日本占领而进至统治了，百货阛肆的上海也给日本杀人放火了，亡国的滋味我们一辈子终将及身亲尝。国未亡，地未失，一·二八后的上海文化遭残踏得蔑以复加。作我个人调查统计，大中小学校被劫的逾一百二十七校，资产损失在二十万万以上，失学的学生达九万八千余人，无校可归的教师超出二千三百余人，书坊牺牲共一千四百零六万七千余，文化界智识荒、经济荒，如失水之鳞，惨凄案万状，失了地亡了国更不知要怎样惨痛、怎样万劫不复。在注重文化政策的日本内阁首相上台之后，危险弱国的人民尤该如何警惕韬厉，朝鲜是我们的宝镜，是我们的前车，故不惮烦的写了这篇稿子，甚愿这稿子发生伟大力量的反应。

（原载于《上海教育界》第1期，1933年）

从朝鲜亡国史上得来的教训

杨玉清

一、研究本题的动机

九一八事变发生了，惊醒了全国在睡梦中的人们，然而九一八过去了两年，中国人到底努力了多少？进步了多少？我们如果自己检查一下，一定会感觉失望。

然则中华民族，果真从此没落下去么？其实不然，老子之所谓“祸兮福所倚”，辩证法上之所谓“否定中含有肯定”，我们民族的危机，也正是我们民族的生机。我们纵不能救起在水深火热中的兄弟，至少我们希望能救起未来的子孙。几十年的光景，在个人的生命史上，是很长的，但就一个民族的生命史说，那是很渺小的。社会是新陈代谢的，头脑已经成了化石的人们，我们固然不能希望他，但我不相信，我们中国没有志士仁人负起复兴中国的责任。自然，这种责任是异常的重大，我们每个人应该各在各的范围以内尽以最善最大的努力。日本明治维新的成功，中国革命的失败，朝鲜的亡国，这种种问题，时常盘旋于我的脑际。尤其是我读了朝鲜政治史后，深深的感觉朝鲜的政治过程，也就是中国政治过程的一段缩影；朝鲜亡国的惨剧，恰是中国可资殷鉴的前车。爰草本文，警人自警，勉人自勉云。

二、从三国到李朝

要在短短的一篇论文里说明朝鲜二千多年的政治过程，这是不可能的事。至多只能略于古代，详于近代，对近代也只能说明一个大概。如求其详，还请读者参考专书。

朝鲜的政治过程，有所谓三国时代，有所谓南北朝时代，有所谓高丽，有所谓李朝。

所谓三国，即新罗、百济、高句丽是。朝鲜半岛，在纪元三百年前，即有韩民族，与扶余民族分据南北。至纪元前五十三年韩民族之统一运动起，在朝鲜半岛之东南部，而成立新罗王国。纪元前十五年，扶余民族之统一运动起，在朝鲜半岛之北部，而成立高句丽王国。纪元前三十四年，扶余人高温祚征服韩民族之一部，在半岛之西南部，而成立百济王国。此三国数百年相争不息，到七世纪末叶，新罗与唐联合，将百济与高句丽灭亡，平壤大同江以南半岛之大部份，为新罗所领有，统治近二百余年。大同江以北之地，为唐领有，但未几为高句丽的旧将大祚荣所叛，而自建渤海。渤海为北朝，新罗为南朝，此即所谓南北朝时代。到九世纪末叶，新罗与渤海均渐衰微。开城一豪族王建收揽人心，建都开城，而自号高丽。新罗当时之敬顺王与廷臣集议，将统治权让高丽；而渤海亦久苦契丹所扰，未几亦亡于契丹。南朝二十七王，二百六十七年之天下；北朝十四王，二百二十八年之天下，至此遂告终结。

纪元九〇一年，高丽太祖王建挟统一高句丽民族之理想，思渤海之回复，举兵抗契丹。卒占领鸭绿江、图们江，而完成其统一之业。统一后，高丽之制度文物，一仿唐制。渐久，高丽之文化颇呈伟观。至末叶经元兵五回之侵略，将文物社会破坏无余，后国势遂不振。到恭愍王暴虐无道，人心渐散。于是武人李成桂利用时机，利用功勋，诛禑、昌二王，废当时之恭让王，而号令天下，建立李朝。时为一三九一年。兹更列表如左。

三国时代
东南部新罗（纪元前五三年—）——新罗
西南部百济（纪元前三四年—纪元六七一年）
北部高句丽（纪元前一五年—纪元六六三年）——唐
南北朝时代
南朝新罗（—九〇二年）——新罗
北朝渤海（七〇二年—八九二年）——契丹
高丽统一（纪元九〇一年——三九一年）——李朝

三、李成桂之异志

李成桂本是高丽朝的一个世袭贵族，而且他的祖先都是武人，所以他先天已禀赋着武人的气质。他身体很魁武，气力很大，虽平时严坐，人亦为之栗然。有一次有两匹牛相斗，众人都吓跑了，他公然跑上前把两匹牛分开了。还有一次，随父出猎，射了七箭，打死了七匹獐，简直一箭也不空，人均奇之。像这些事，都是他过人的地方。

高丽末叶，内乱外患，接踵而至。第一，有所谓“红头贼之入寇”。据史家记载，红头贼系起于中国之河南，徒众均以赤布缠头，故名。时元朝威令不振，他们在中国的北方形成一个极大的势力与运动。后有四万的大军渡鸭绿江，扰害高丽。未几，陷高丽之义州、静州，更进而侵入鳞州、铁州。官民之受害者不计其数。朝廷虽派队征剿，亦属遭失败。卒之引李成桂跑上舞台，大奏奇勋，解都城开城之危，且擒其首领。第二，有所谓“国境叛贼之乱”。恭愍王十一年七月，高丽的叛将卓都卿、赵小生等与元之叛将纳哈出等，率数万之兵称乱，卒被李成桂扫平。十三年正月有塔思帖木儿之乱，十九年有李吾鲁帖木儿之乱，亦先后被李成桂征服。第三，有所谓“倭寇之入寇”。这儿所谓倭寇，并不是如我们之指日本人，其实在日本的历史上也有这个名词。所指是日本人以外的一种土人，大部份系四国、九州沿海之边民，或指为海贼团。当时扰乱高丽各地，受害不小。先派人征讨，亦遭失败。先后遣使至日本协商办法，当时日本亦称南北朝时代，以内顾不暇，而无结果。卒派李成桂征剿，得以无事。李成桂得了这几次的功勋，为武人敬慕，隐然成了武人的中枢人物。于是李成桂势倾人主，不得不怀异志了。

当中国元亡明兴之际，国内统一，复思以高丽北部地方划归辽东。时禑王十四年，明照会丽廷，禑王大愤，与廷臣集议，诛明官吏，下令攻击辽东。时李成桂为右军统使，随军出征。未几，彼忽怀异志，集诸将协议，他说：犯上国之国境，获罪于天子，终非吾宗社生民之福。不如信赖明为有利。于是回师国都，驱逐禑王、后妃，而自立为王。对明则极意的敷衍，贡马九千八百余匹，期得明的承认。复禁止私田私兵，文武大权，悉归己手。取国号两个，一为朝鲜，一为和宁，请示于明。朝鲜为箕子的旧称，和宁为李成桂的出生地，明卒以朝鲜之名由来久远的理由，而决定为朝鲜。

时有文臣李穑、郑梦周辈，平昔即奉程朱性理之学，尤注重大义名分。李成桂纂[篡]位后，李郑辈仍思努力恢复旧王统，卒以此与李成桂正面冲突，被李成桂放逐，后又派人刺死。其余株连文人甚众。

李成桂又思绝灭高丽王统，将王族一并放逐，阳为送至某岛，阴则先使船底漏穿，船行至中途，全行沉没，王族皆死于水。其他的王姓，亦皆以种种方法，杀戮殆尽。有侥幸不死的，亦不敢姓王，或在王字旁添一点，为玉；或在此添一人为全；或在旁添二直为田。所以，朝鲜一直到现在找不出一个姓王的人来。“始作俑者，其无后乎？”李成桂这样的残暴，竟开朝鲜史上一个绝大的乱源。“其父杀人报仇，其子必且行劫”，所以此后的残暴，更有甚于李成桂者。

与人家国事者，于此不可不慎！

四、武人政治

朝鲜从李成桂开国到亡国，中间经过了五百多年。这五百多年的历史，可以以武人政治、朋党政治包括。不是武人肆虐，便是朋党捣乱。结果，引起日俄在朝鲜的逐鹿，卒招亡国之祸。

武人政治的代表，一个是首阳君，一个是燕山君。

首阳君为第六代王端宗的叔父。端宗登位，还只十七岁的幼龄。当其父文宗临危时，曾以托孤之重，付托于朴彭年、成三问、柳诚源、河纬地、李垲、俞应孚等六臣。首阳君见王幼弱，即心怀异志，先设法剪除王左右之重臣，继迫端宗让位。王左右有前代之宠臣金宗瑞，智略颇多，忠心于王。首阳君使人击杀之，并奏于王，谓宗瑞谋叛事急，故未奏先斩。王恐惧，惟称：叔父活我。首阳君更捕杀有关系者数十人。先自称领议政，即今之总理大臣。后即痛痛快快迫端宗让位，而自称为世祖王。

文臣朴彭年深感先帝托孤之重，欲坠池自杀，成三问以共图大事，不成再死相谏，遂止。后即结纳同志，思复端宗之位。事泄，六臣均诛，并杀戮文人数百人。首阳君对成三问曾以灼刑拷问，而成答均称首阳君为进赐，即王之亲戚之谓。首阳君即谓：汝不称臣，而食吾禄，宁非反复小人。成答：我本不食禄。成死，至其家，始悉彼将首阳君登位后之禄别藏一室，而书为某年某月之禄。其忠节之操，殊为难得。

燕山君为第九代成宗王之子。成宗颇不失为一明君，且精通经史，极力提倡文治，矫正武人政治之风。燕山君为世子时，即游戏终日，不事学问，群臣忧之。且有进言废立者。但成宗姑息，仅请：其恶吾亦知之而不忍废。不幸后来酿成惨祸。

燕山君袭位后，有两回大祸，第一为戊午之史祸，第二为甲子之士祸。任意杀人，几无理性。

李克墩其人，为全罗监司（道尹），当成宗之丧，犹狎妓如常，丝毫没有谨慎的态度。史官金馹孙即直书其事。李知，请金改笔，金不许。李挟私怨，后借故陷害金辈。金馹孙之师金宗直为先朝遗臣，一时文臣，均出其门下。曾草有吊义帝文，即以秦始皇比首阳君，以楚怀王孙心比端宗，以卿子冠军比金宗瑞。首阳君为燕山君之祖父，诋毁其祖父，心自不甘。而且平时他已经对文人没有好感，他曾说过好名凌上，使我不得自由的，就是这些文人。于是以大逆不道论金宗直辈罪。将金宗直处刑，并株连其门人数十人，诛者诛，放者放。儒林意气，为之销沉。数年间学舍萧然，不闻读书之声。此事发生于戊午年，故世称戊午之史祸。

成宗有一次面有爪痕，王大妃看见了，非常吃惊，知为王妃尹氏不逊所致。于是召群臣相议于廷，将尹氏废为庶人。尹氏被废后，日夜哭泣，成宗无悔悟意且以药赐死。当尹氏服毒之际，曾以血巾付托乳母申氏，令其忠于服侍皇子，且谓：吾儿幸全，当以我苦告之。此儿即燕山君。十年后成宗大妃病数月，乳母申氏即将尹氏之冤诉于燕山君。燕山君抱血巾悲号，集廷臣协议，为生母复仇。杀关系者尹弼尚、李克均等十余人。韩致享、郑昌孙等既死，则剖棺斩尸。此外子弟同族，均同一论罪，死者甚众。成宗大妃亦被燕山君杀于病榻。一时朝野皆为之战栗。比戊午史祸，更为惨烈。此事发生于甲子，故世以甲子士祸称之。

从李朝李成桂开国到燕山君暴乱为止，经过了十代。这十代当中，篡夺杀伐之事屡出。武人自恣，纯以自己的禄位为主，杀害忠良，尤为令人寒心。所以使得朝鲜的民众，养成一种对政治漠不关心的态度。朝鲜亡国之惨，可谓已伏于此。有一首民间的秘记，恰可以看出朝鲜民众的人生观、政治观、社会观。其内容为：

世事熊熊思，此非虎虎时。
心可花花守，言何草草为。
人皆弓弓去，我独矢矢来。
此竹其竹去，前路松松开。

双音都是朝鲜语。熊熊，即好好之意。世事熊熊思，就是说把世事总是朝好处想。虎虎，即寻常之意。此非虎虎时，就是说现在系非常时期。花花，即坚持之意。心可花花守，就是说要好好保持自己的内心。草草，即轻视之意。言何草草为，就是说讲话不能随便。弓弓，即大声之意。人皆弓弓去，就是说人家尽管趾高气扬。矢矢，即屏息之意。我独矢矢来，就是说我要低声下气。此竹其竹，即照样之意。此竹其竹去，就是说照旧做去。松松为顺利之意，前路松松开，就是说前路自然太平无事，顺利进行。

此外还有一首盛行的哑聋歌。歌的意思就是说：要哑些呀，要聋些呀，走向哑聋之乐园呀！这尽是退缩、放任的一套宣传。真是"履霜坚冰，由来渐矣"。朝鲜之所以有今天这一副悲剧的，不是偶然的事呀！

五、朋党政治

在燕山君以前的朝鲜的政治是武人政治，因为武人政治给大家的毒害太深，众人恨之刺骨，于是设法消灭武人政治，而以文人代之。那晓得“扶得东来西又倒”，起而代之的文人，又引起意外的纷扰。彼争此夺，迄无宁日。不值一争的事，他们为了一时的意气，也非拼个你死我活不可，使得朝鲜的政治，不但没有进步，而且变本加厉，元气尽伤，终不至亡国不止。真是“庸人自扰”，读史至此，能不令人三叹！?

当燕山君暴乱之后，一时文人均思设法消灭毒焰，挽回国运。而且燕山君晚年荒淫无度，污宗室之女，辱大臣之妻，种种秽德，时有所闻。兴土木，筑宫台，借以供游乐之用，民众亦疲于供应，怨声沸腾。此正“饥者易为食，渴者易为饮”之时，于是有文臣成希颜等密谋废立事件，各方响应，终以成宗王妃尹氏（燕山君继母）之命，废燕山君，而立其弟为王，号为中宗。

由是朝廷方面，文人得势，而文人中声势赫赫者，尤以赵光祖为最。赵先得中宗之信任，仿汉制设贤良方正科，擢用异材之士。如金湜、安处谨、朴薰、金净、朴祥、李耔、金絿等，均系受拔擢而登高位者。中宗对于赵光祖之信任，真有言听计从之概。于是引起其他诸人的嫉妒，赵光祖本为笃志力行之人，学问亦为当世所宗，怎奈作事不免操切，故卒罹大祸。初，中宗即位，凡与谋拥立者，皆有功勋。录靖难功臣名簿，依次加赏。赵光祖独持异议，谓其中所录之人太滥，有七十六人须削除。王觉既经录功，不可削除，光祖固执，中宗不得已，始允其请。但礼曹判书（即教育部长）南兖，都总官沈贞，南阳君洪景舟，工曹判书（即工商部长金全），兵曹判书（即陆海军部长）李长坤，户曹判书（即财政部长）高荆山第均反对赵光祖之议。由是分成二派，反对派以南兖为领袖，冲突之事，屡有所闻。终诉之于王，王亦嫌恶光祖，遂将光祖罢免，放逐远地。其徒党刑曹判书金净、大司成金湜、副提学金絿、参判李耔等亦遭流窜。从地遂开朝鲜朋党政治之源。

其后有所谓大尹与小尹之角立，大尹为尹任，小尹为尹元衡，前者系十二代王仁宗生母之弟；后者系十三代王明宗生母之弟。前者依附南兖之反对派金安老；后者则袭南兖在朝之势力，终以叛逆之罪，尹元卫谗尹任于新即位之明宗，遂将尹任及其亲信柳权等远窜，旋又赐死。尹元衡尤以为未足，更请之于王，捕杀宋麟寿、李若水等多人，放谪李彦迪、白仁杰、柳希春等数十人。政权遂完全落于小尹之手。

此后又有所谓东人西人之争。东人之首领为金孝元，西人之首领为沈义谦，一居都城东方之乾川洞；一居西方之贞陵洞。故党金者称为东人，党沈者称为西人。沈义谦先颇有功于朝，大权在握，即不知不觉流于专横。金孝元出身士林，先地位颇低，后渐拔擢上升，于是反沈者推以为首领。沈则讥金为小人;金则讥沈非大器。两党轧轹,朝政日非。后王用大学者李珥之言,将沈、金二人均黜居于外,卒以两方之攻击,李珥且辞职归田。后虽屡经调停,亦无实效。沈义谦殁后,政权渐移于东人之手。

此后东人又遭分裂,而有所谓南人北人之争。南人之代表为禹性传,北人之代表为李泼。禹性传居京城南山之附近,李泼居北岳山之麓,故名。代东人执政权者为禹性传。禹虽身膺朝廷要职,父却仅任咸从县令之职。县在平安道,禹屡屡问安往来于京城、咸从之间。中途有一妓,禹颇钟情,父病去职,禹即挈妓以归。父丧之日,朝野名士咸集,李泼时为副提学,发见禹畜妓,大肆攻击,后遂分派相争。东人遂分裂为南北两派。

此后东西南北各派互相起伏,各争政权。有时西人执政,有时南人执政,又有时西人复执政柄,又有时南人复执政柄。西人且复分为老论少论两派,最后则为老少之争。其间经过甚复杂,因篇幅所限,不能详述。此种扰攘,几百余年。以此朋党政治,更使得国民精神愈趋堕落。无是非,无公道,私我则友,反我则仇,此种政治,几何不"误尽天下苍生"啊!

六、受难时代

李朝二十五代之哲宗,在位十四年薨去,无子,于是延王族兴宣大院君之第二子熙承继大统,是为李太王。时李太王仅十二岁,故大政尽落于大院君之手。大院君平时好豪侠放浪,与无赖交结,且以南人出身之故,故引用南人甚众,因景福宫再建,费时四年,费金七百四十万两,故多虐政,同僚为之不平,民众为之怨恨。反对党闵族一派,为李太王大妃闵氏之亲族,遂起而大肆攻击,为夺取政权之具。于是闵族一派,与闵妃提携,权势甚大,竟将大院君过去之威权,取诸己手。渐久,于是朝臣对闵族均怀不满。思利用机会,夺取闵族之政权。中心人物为朴泳孝、金玉均、徐光范、洪英植等。此辈即后之借日本势力以卖国求荣者。

李太王之十二年,日本军舰云扬号测量牛庄航路后,在归途中寄泊朝鲜京畿道之江华岛,忽遭南端岛屿朝鲜驻军之射击,该舰队逃归长崎。明年,日本即以此为口实特派全权办理大臣黑田清隆、副大臣井上馨,带陆军八百名,分乘军舰二只、运送船二只入江华岛,后又上陆,迫朝鲜政府缔结修交通商条约。朝鲜应之。朝鲜自受此教训,颇思图强。十七年又受日本公使之怂恿,派日本视察团赴日本视察。十八年即正式派遣洪英植、朴定阳、鱼允中、赵准永、沈相学、赵秉稷、元世永,闵种默、高求、姜文馨、李元凤、李凤仪等赴日考察。彼等视察之结果,受日本军制之刺激,第一即改革兵制,并招聘日本人为顾问。先行裁汰旧老兵。又不与以生活之路。欠饷十三个月没有发给，请愿约结果，又只给一月之数，以米代之，且混以砂。于是联合在营的军士作乱，直袭王宫，杀害阁员及其他人众数十人。后又袭日本公使馆，公使花房以下二十八名之馆员，均逃匿一空。日本人教官掘本礼造则被刺杀，王亦逃仁川避难。此即所谓壬午之军乱。从此以后，朝鲜即入于受难时代。中国、日本、俄国三国之势力，在朝鲜迭相起伏。一时朝鲜内部亦有所谓事大党、亲日党、亲俄党。事大党，即指服从中国者而言。

当壬午军乱发生之际，滞在我国之朝鲜官吏金允植、鱼允中二人，即向李鸿章乞援。李即派吴长庆为水师提督，丁汝昌、袁世凯、马建忠等为部将，带领水陆兵约五千名，向朝鲜出发镇抚。丁等到后，即将乱事敉平。我派遣军队，仍驻京城。

日本未几即派花房使来朝鲜，交涉赔偿损失。后在济物浦订条约，即所谓《济物浦条约》。条约苛刻特甚，最后一条且定朝鲜须派谢罪使向日本谢罪。后即派朴泳孝为全权大使、金晚植为副使，徐光范为从事官，金玉均、闵泳翊为随员渡日本，日本即尽其拉拢之能事。朴等素欲夺取闵族之政权，此番正好利用机会，借日本势力以为声援。李太王二十二年，朴泳孝一派之洪英植为新设邮政局之总办，欲借开局式之名招待大臣，将反对派一网打尽。午后六时正开宴时即四处放火，大臣逃者均被击毙。后又投火药于昌德宫，李太王亦迁居，警卫之责，则依赖于日本。时朴泳孝即组织亲日党之内阁。但留驻京城之我国兵，为袁世凯、吴兆有等所领。闵族之余党，求救于袁，袁遂以兵力还李太王于宫阙，仍由闵族一派组阁。亲日党仅三日之天下，遂告瓦解。朴泳孝、金玉均、徐光范等避居日本公使馆，后即亡命日本，徐图再起。

日本受了这一次打击，自然是不大甘心，于是一方面向朝鲜交涉，索赔偿与要求惩办凶手；更回头来与中国交涉，不许中国单独干涉朝鲜内政，于是由李鸿章签订所谓《天津条约》。在第三条曾规定，将来对朝鲜，如遇有必要的场合，须任何一国派兵，必须先行照会。因了这一条，到李太王三十年，朝鲜东学之乱起，求救于中国，中国又派叶志超率兵六营往援，于是引起日本的争议，大责我国忽视天津条约，从此以后就断送了整个的朝鲜。

东学为一种宗教式的救国运动，倡始于崔济愚，而盛于崔时亨。当时人民苦于贪官污吏的横征暴敛，但无反抗的勇气。于是崔等思以复活国民精神为理想，摄起儒佛仙三教之长，布教民众，共图大事。所谓东学者，即对当时盛行之天主教而言。认天主教为西学，故取东学以抵制之。后从者日众。政府厉禁，谓其为异端邪说，妖言惑众，甚至捕崔济愚而杀之。崔时亨继为第二世教主，声势浩大，蔓延至于各地。政府压迫，引为暴动。曾伏阙上书，数万人参集，全国注目。后政府正式申讨，亦遭败绩。于是事大党求之于驻当地之袁世凯，始得政府即派直隶提督叶志超往。日本闻讯，先责我国违反条约，次即率军舰七只，向朝鲜进发，于仁川上陆，并遣陆战队四千入京城，态度极为强硬。袁见形势不妙，密乘军舰归国。日本军队在朝鲜即为所欲为，驱逐事大党，又组织亲日党内阁，与朝鲜订立日韩攻守同盟条约，至中日战争后，朝鲜即不复与中国发生关系了。

俄国对朝鲜垂涎已久。中日战争后，俄邀德法三国干涉，迫日本退还辽东半岛，一时日本之势焰稍减。朝鲜人李范晋等恶日本人之势力，欲借俄力，以驱逐日本。但势不敌，屡遭失败。后终将李太王迁出宫廷而移居于俄国公使馆，在俄国公使馆发号施令者几近一年。后之卖国首领李完用，当时即亲俄党内阁阁员之一。至日俄战争前，情势大变，日本之势力，几已完全笼罩朝鲜，亲俄党态度亦大变，一变亲俄为亲日。不意日本战运亨通，又战胜俄国，于是单独经营朝鲜，始而取得外交权之让渡，继而取得内政之监督，再继而将司法权、警察权均取于己手，加以卖国贼之积极卖国求荣，朝鲜遂以与日本并合之名而亡矣。

当外交权让渡之日，元老赵秉世远自田里奔至京城，白发苍苍，绝食哭号，悲愤以死。侍从武官闵泳焕亦引刃自杀。学者洪万植、尹斗柄等亦以短刀自杀于街头。参赞李相尚恸哭，以路上之石自碎其头而死。学者宋秉浚谒见国王，以取消条约奏闻，卒遭日本巡查，捕送还乡，愤死于祖宗之墓前。驻英公使李汉应闻讯之下，在伦敦以短刀自杀。其余悲愤而死之义士仁人，不可胜计。

朝鲜亡国之历史的人物，最著者为李容九、宋秉畯、李完用等三人。李容九先为东学党徒，后乾部处刑之际，彼即变装逃于中国，归国后吸收东学党徒，组织一进会，努力日韩合并运动。合并后彼曾得日本十五万元之赏金。宋秉畯为一税吏狎妓而生之子，出身微贱，少小即流落京城，后入闵族某家为家仆，终拔擢为武官。当金玉均辈亲日党失败后，闵族即委宋以暗杀金玉均之任。殊不知彼竟化为金玉均之同志，努力亲日，世指为急进的亲日主义之狂人。李完用出身颇为不恶，历任公使、大臣，先为亲俄，后竟亲日。当伊藤博文向朝鲜索取外交权时，彼即首先赞成之一人。此后伊藤即信任彼，擢为总理大臣，一切亡国手续，均出自彼包办。“国家将亡，必有妖孽”，这些人都是反复无常，惟以利禄薰[熏]心，遂视宗社、生民于不顾。以视前述为亡国而痛哭自戕者，何其仁！李宋辈，何其忍！

七、现状概观

朝鲜是亡了。朝鲜在历史上与我国关系极密,朝鲜的同胞们对我们的感情也极深。正在战线上努力图谋恢复朝鲜的政权的志士们,对中国寄以无限的希望与同情,自不待言。即令一般的朝鲜民众,尤其是读书的青年,对我国更是有莫明其妙的情感。至今我们每会着朝鲜朋友一回,即感觉自己的责任特别重大。我们不但要力图自己的解放,同时还要解放接近我们的兄弟。朝鲜的朋友们老是说:中国好比是老大哥,朝鲜好比是小兄弟,要小兄弟有办法,除非老大哥有办法。朝鲜的问题,是要在中国问题之下求解决的。有时谈至伤心处,甚至垂涕而道,这该是如何感人的景象啊!

日本并吞了朝鲜,是无异发了一笔横财。他们对朝鲜,自然是尽其可能的剥削,真是使得朝鲜的同胞流离无死所。我们看:朝鲜的中央及地方政府的官吏,都是被日本人包办。名义上说:日本约占二万八千五百人,朝鲜人约占一万六千人,好像朝鲜在政府的官吏,以数量比起来,还不算坏。实际上这一万六千人,都是下级的下级,名虽在政府机关,实则比工场的劳动者还不如。中央官厅百三十四名当中,朝鲜人仅五名。如左表:

官房	干部十五名	朝鲜人无
内务局	干部三十四名	朝鲜一人
财务局	干部十八名	朝鲜人无
殖产局	干部三十三名	朝鲜一人
法务局	干部三名	朝鲜人无
学务局	干部十名	朝鲜三名
警务局	干部十五名	朝鲜人无
山林局	干部十一名	朝鲜人无
土地改良部	干部十六名	朝鲜人无

我们再看朝鲜的教育状态。要亡人家国家的人,第一条政策,无疑的是绝灭人家的知识,阻止人家受教育的机会。他们所希望亡国民众的,不是智慧,而是愚蠢,以小学说,全朝鲜有一千三百九十五校,七千八百六十五学级,所能收容的学龄儿童,仅占百分之十五。日本人在朝鲜居住者约四十二三万之数,有四百九十五校,一千五百十二学级,学龄儿童之入校者,占百分之九十。以中学论,更是令人愤慨,朝鲜人的学校,合男女学校计二十二校,百七十七学

级，每年收容生徒二千名。而日本人的中等学校则有三十三校，二百六十八学级，每年收容学生约三千名。至于大学，自大正十一年以来，即为共学制，日本人与朝鲜人是在一块儿上课。但是收容的朝鲜的学生也为极少数。如左表：

校名	学生数	日本人	朝鲜人
帝大	三一八	二二七	九一
医学	三四〇	二三五	一〇五
高商	二二四	一九二	三二
高工	一五九	一一六	四三
法专	一七五	六〇	一一五
高农	一六八	九四	七四
帝大豫	二九一	一九八	九三

此外，朝鲜的土地多被日本人收买，组成公司经营，几乎全国的土地，有百分之六十以上，入于日本人之手。朝鲜的农民，大多数在日本人鞭策之下工作，在日本人剥削之下生活。朝鲜人一般的生活都很苦，终岁勤劳，不足日本人一回的剥削。所以，大批的朝鲜人被日本人向西伯利亚我之东三省一带驱逐。甚于前年日本人还挑拨朝鲜的农民，使之与□同胞仇杀，真是言之寒心。以教育言，朝鲜人谈不上精神生活。以经济言，朝鲜人更谈不上物质生活。长此以往，还不知将来沦落到如何田地！

八、与中国政治的比较

上面对朝鲜的政治过程，有一个极简单的叙述。我以为：给我们最大的一个印象，就是可以看出朝鲜的亡国，不是偶然的。回头来看看我们自己，历史上的帐[账]，暂置不论，只说现状吧，恰兼朝鲜历史上的祸患数者而有之。现在中国之患，不全在政府之无能，而患在国民精神之堕落，以致志士仁人负负徒呼。兹简述于左：

第一，武人政治，本来中国的政治，老是脱不掉武人的支配。尤其是在社会动乱之下，武人的力量，更是发挥尽致。民国二十多年了，在台上出风头的，没有不是武人，至少是和武人有关系。十五年的北伐，打倒军阀的口号虽然是高唱入云，但军阀的基础仍未丝毫动摇，只不过换了几顶帽子带上罢了。定鼎南京以后，还有点开明的气象，不少的省分，是文人权政事。但就目前的状态说，差不多又还原十五年以前武人割据的局面了。朝鲜竟以此而伏亡国之机，中国呢？……

第二，朋党政治。“一为文人，便不足观”，自来中国文人在社会的声价，并不算高。尤其是他们相互间更有“文人相轻”的弊病，自己老是看不起自己人。争权利，闹意气，贤者操切，愚者自用，他们不知有国家，只知有自己。民国以来，政党勃兴，在北京政府时代，其朝君臣，暮仇敌，纵横捭阖，光怪陆离之象，令人不愿言及，到近年来，似乎是比较进步，然而仍是有限，在朝者依然要用其笼罩一切之手段，在野者大施其拼命捣乱之技能，以致民众见党，如见暴君；民众之避党人，如避蛇蝎。此非朋党政治而何？朝鲜竟以此而召亡国之祸，中国呢？……

第三，国民精神的堕落与志士仁人的负负徒呼。中国的民众，不过问政治，自非今日始。并不因了你尊重他是主人翁，挂起民国的招牌，就改变他的态度，这正是朝鲜民众志向哑聋之乐园的人生观。自受帝国主义者压迫以来，又群失自信力，崇拜洋人，迷信洋货。只要是沾一点洋气的，好像就无不神秘似的。大学教书的，要是洋学生；读的书，要是洋书，不然就不大受人欢迎，甚至于受无聊的人们的轻视。在美国留学的人，回来后极力歌颂美国；在俄国留学的人，回来后极力歌颂俄国，甚至于有反其道而行，以异国为祖国，以中国为和自己不相干的。朝鲜有事大党、亲日党、亲俄党，实际上中国人的政治意识形态真是种种色色，即事实的表现亦何止此三条路线。国民精神的堕落，可谓达到极点了。但志士仁人也是布满了中国，到处是有的，只不过“道高一尺，魔高一丈”，使他们不能有什么建白。我们看当九一八事变发生后全国骚然，青年之自杀者时有所闻。这不是朝鲜演过的悲剧吗？朝鲜竟以此而不免亡国之命运，中国呢？……

九、从比较得来的教训

朝鲜亡国，是必然的呢还是偶然的呢？这个问题，解释起来，人各不同。以中国旧的宿命论的说法，就是“一饮一啄，莫非前定”。那末，饮食之小，尚且如此，亡国之大，更不待言，那就是必然的了，以机械的唯物论者的说法，朝鲜既是有了亡国的环境，朝鲜之亡也是不可避免的命运。其实这都是错误的。中国人过去谈命，也有所谓立命，这就是说：命不可以限制你，你尽管，你一定可以得好的成果，故又谓：“人定可以胜天。”辩证法的唯物论，是说必然之中有偶然，偶然之渐又可以成必然。朝鲜之亡，绝不是必然。是有了这些偶然足以亡国的事实，所以积久而成为必然。假使朝鲜过去没有武人政治之毒，则朝鲜可以不亡；假使朝鲜以后没有朋党政治之害，则朝鲜亦可以不亡；假使朝鲜最后没有外侮之侵入，国贼之卖国求荣，民气之堕落不振，则朝鲜更可以不亡。朝鲜之亡，并不是天命使然，实在是人谋不臧。

人为的努力，是最有用最必要的。马克斯[思]也说：历史是人为的。他一方面认为由资本主义的社会到共产主义的社会，是历史的必然，但同时他极力要“世界的无产阶级团结起来”，去努力夺取自己的世界。这就是说，无产阶级不努力，共产主义社会的实现是极渺茫的。直到现在，共产主义者对中国前途的认识，也说有两个。到底是那一个占胜利，那就要看谁的力大，谁的努力的程度，可以有占胜其他一切力量的条件。

中国的情形，比朝鲜没有两样，甚至于国际环境，比朝鲜当时还要危险十倍。朝鲜亡了国，那末中国呢？无疑的，仍是要走向亡国之途的。所争的只是时间的问题。我们坐视其亡呢，还是尽其在己，以期挽救于万一呢？当然，我们要根据上面的理论，我们要以人为的努力去挽回中华民族的劫运。我现在提出下列几点，果能一一办到，中国是不会亡的，而且中国是可以自救、救世界的。

第一是志士仁人的团结。说者或不免说我用字的陈腐，到现在来，还称一个什么志士仁人。但为欲包括“公尔忘私，国尔忘家”，牺牲自己去为众人努力的人而言，苦无相当名词，固不如仍用志士仁人，到还令人一目了然。偌大的中国，要人人负起救国的大任，是绝对不可能的。况且任何国家的维新和革命运动，推动力总是出之于少数人。中国社会不患无好人，只患好人无组织。尤其是中国社会之所谓好人，大半是八面玲珑的乡愿。求其当仁不让，努力向前，排万难而不顾，蹈水火而不辞者，真是很难其人。如果有了，人自为战，亦难发生实力，于是希望这一班人的团结。中国的社会，每多做事不讨好，令人短气，但既经决定为众人牺牲，必任劳任怨，今后唯一的希望，就是希望这般人放弃独善其身的绅士态度，而毅然跑到街头，负起中国的责任与恶魔拼命，与黑暗拼命，争取中国的未来的光明。

第二是国民精神的唤醒。左右国民生活的东西有两个，一个是制度，一个是习惯，但制度，意识的成分多；习惯，意识的成分少。只有不知不觉的习惯，没有不知不觉的制度。制度的改革较易，习惯的改革较难。改革制度，一个革命宣言，就可以成功；一纸命令，就可以正式建树。惟有习惯，绝不是高高在上喊几句口号就可以改革的。历年来大家只忙于改革制度，而忽于改革习惯，故谈改革的人，甚至于自己本身，就是一个旧习惯的保守者。历年来牺牲甚大，成绩甚小，不能不谓原因于此。最令人莫解的，提到任何问题，总写在帝国主义的账上，好像假定没有帝国主义，中国就一好百好似的。这才是不自向上者的遁辞。今后我们要极力唤起中国人的灵魂，要大家都能对于自己负责，对家庭负责，对社会国家负责，不会把一切的责任推得干干净净，说到任何问题，只见得每个人骂的是人家。并且要极力培养民族的自信力，要知道解决中国问题的总是中国人。那怕中国亡了国，我们的责任并不能因此减轻。

第三是从意气的攻击到主义的斗争。在二十年以前，梁任公先生曾介绍过英国宪政的情形。他说：英国人那怕在议场上打了架，但出了议场，仍是在一块儿吃茶谈天。当时的人，很不能理解，这一件事也可以说到现在来，大家还不能理解。殊不知这就是一个现代国家民众必具的精神。尽管在私的场合是仇敌，但在公的场合仍不失为同志。人家已具的美德，我们要给以尊敬；人家提出的好的主张，我们要加以拥护。尽管在私的场合是朋友，但在公的场合，仍不可违背自己的理性。我们的斗争，要完全集中到主义；我们的攻击，绝不能丝毫加以意气。我们要为社会社保存元气，我们要为国家培养正气。存是非，存公道。己之不贤，要尊贤；己之果贤，要容众。果能如此则四万万人唯一心，中国犹患不强，吾不信也。

第四是从武人运用政治到政治运用武人。日本人论中国的政治，老是说中国的政治地盘太大，中国人的政治能力太小，所以中国政治的无办法，也是当然的事。这几句话，我们不能因为是出诸日本人之口，我们就强词否认。的确，在政治舞台上的人们，能力是有些不够。希望今后决心到政治舞台上问事的人们，多多读书，多多体验，多多锻炼自己。昔人谓：有真性情然后有真文章，有真文章然后有真经济。偌大的中国，要领导全国民众，这的确不是一件等闲的事。非有绝大的修养，过人的天才，是不可能的，更希望全国的军人，多多警惕，不但须求得完备的现代军事知识，更须锻炼一副政治头脑。分内的事，要努力的作，分外的事，绝不要管。现代政治，渐趋技术化，不是任何人可以弄得来的。如果要反其道以行，则危险可知！更有人感情用事，不愿和军人在一起，殊不知中国既有这多军队、这多军人，我们无法可以一时消灭，自然只有因机利导，善为运用，如果运用得法，这多军队，对外正是中国的干城，对内正是民众的保姆。正可以转中国之危机，而孕育成生机，总在我们持久的努力！

上面是我们说从朝鲜政治史上得来的教训，所言自知不免书生之见，但不这样希望，我们又有其他的什么救急法呢？言不尽意，邦人兄弟，盍兴乎来！

二十二年八月三日完稿于首都玄武湖畔

（原载于《新亚细亚》第6卷第4期，1933年）

促成韩国独立之意义

玉藻

中华民族，自民国十五年中国国民党誓师北代，奠都南京以后，在思想上、物质上均有显著之进步。但因此而招致各帝国主义之嫉视，也是不少，沙基、五卅等惨案，万县、九一八、一·二八等事件，就是各帝国主义嫉视中华民族革命运动进步和反抗我国实行收回租界，自主关税，撤废领判权的验证。可是国民党不埋头于国防建设，军事扩充，促成邻近被压民族独立，却急急于与国内官僚军阀之妥协，竟形成今日的麻木状态，殊为失策！国民党真要废除一切不平条约，非以一纸空文可能济事，自应加紧国防建设，扩充军事，防止进行废除不平等条约时帝国主义的反抗，同时从精神上、物质上切实扶助邻近被压民族独立运动使为帝国主张腹心之患废除不平等条约时，能够顺利进行。民十八的韩国独立运动，民十九的安南革命，本为我国扶助被压民族的最好机缘。这时我在镇江各报曾再三主张我国切实扶助韩国独立运动。可惜这时除报纸上，鼓励韩国独立运动之外，对于精神上、物质上并没有予以使助。竟使此种如火如荼的革命运动，昙花一现，殊为可惜！最近韩国独立运动领袖向国联请求促成韩国独立，以树远东永久和平之基。这一机会，我国万难错过。我国出席国联代表团，应在国联方面代为活动，宣布日战后，日本如何压迫中国容许韩国独立，如何毁弃信义，并吞韩国。我国国内朝野，则以全力切实扶助韩国独立党人回韩活动，从事破坏工作；对于收复东三省的军事上、外交上，才有了利益。因为能援助邻近被压民族独立运动，才是中国自助自救的重要工作。

（原载于《自觉》第 6 期，1933 年）

朝鲜与中国

者树云

东洋倭奴灭亡我们的朝鲜，是人人所知道、个个所愤慨的，我还记得“鹿相呼以食，鱼相濡以沫”这句话，试问走兽都知道爱他们的同胞，表示他们合群的精神，难道朝鲜本是我们中华民国一母所生同血统的弟兄，我们岂不心痛、羞奋吗？因为“唇亡齿寒”，朝鲜既是中国东北的屏藩，那吗朝鲜被倭奴灭亡，同时就是中国东北的边墙被倭奴打倒了。据朝鲜革命志士金在天君说，朝鲜亡国的病源，就是“道德堕落、党派纷扰、法律不公、军阀横行、内政不良、外交失败、教育不振、民多嗜好、生计困难、土匪蜂起”而造成的，并且说，中国已经中了这几种亡国病呀!!

我国的同胞，要晓得亡国是一种毒药，不可尝试的，据我看来，我们中国的亡国病，还不算十分沉重，好!

我中国既有一线的生机，便趁早医治，所谓救国要在国未亡前去努力，假使我们同胞能够坚定志向，独立不倚，努力抵抗，坚持到底，若果我们能够救得中国的灭亡，便可使朝鲜恢复他们的自由，扫除他们的痛苦和压迫了。同胞！同胞！这是我们死生的关头，赶快猛省罢!! 速起奋斗罢!!

（原载于《化报》第27期，1933年）

听了韩国独立党党员赵君演说后的感想

朱雅儒

昨日下午，我听到韩国独立党党员赵君的演说，才知日本人灭亡韩国，是有步骤的。第一步，他们伸张势力于韩国；第二步，向韩国要索特权，第三步，攫夺韩国的实权；第四步实行并吞。他们并吞韩国以后，更用武力、政治、教育、婚姻、宗教、经济、种种政策压制韩人，使韩人没有丝毫自由。各种政策中之最毒辣的，要算经济政策——田地房屋，固要抽税，就是生了一人、死了一人，都要抽税；韩人不堪负担，只有把自己的家财拱手赠予日本帝国主义。他们灭亡韩国的手段，不是很毒辣的吗？

现在东北被日本占据了，满、蒙二族的同胞不久也要和韩人一样了。若东北做了韩国第二，中国虽地大物博，也许不能保存吧！现在韩国的独立党是反日集团，他们的目标是打倒日本帝国主义；中国现在唯一的仇敌也是日本。中韩两国的对象既然相同，所以他们派同志到中国各处来宣传，鼓吹中韩两国合力同心，一致起来打倒日本帝国主义。我想中国现在所处的地位，危险达于极点，国人仍是酣歌恒舞，不和他国合力同心，也许不久要步韩国的后尘。中国亡了，何处是我们安身之所？

同胞们！快快醒吧！我们依了赵君的建议，和韩国合力同心，一致抗日，这样东北失地才有收回的希望。

（原载于《青中》，1933 年 6 月）

朝鲜亡国史鉴

杨宙康

近代学术，根据大哲学家培根之分类，在心理上可分为三种：（一）想象；（二）推理；（三）记忆。关于想象者如文学、艺术，关于推理者如科学，关于记忆者如历史。以言历史，在历史哲学上又分成两派，其一谓历史全系人事之记载，人有共同之性格，如求幸福，避灾祸，以及自私自利等等，虽时代与环境纵有不同，然人事之变迁每由于同样之原因。中国之历史学家大多属于此派，故有所谓"史鉴"，鉴者即以古鉴今之意。其二谓历史与科学根本不同，科学在求同，于不少现象中求一共同之原则，而历史则记异，记载历代不同之事实。中国人每谓天道循环，合久必分，分久必合，但前一世纪之合与分，与后一世纪之合与分，其情形完全不同，故以古鉴今实不可能。虽然事实上竟有不少历史上之现象与今日完全相同者，如朝鲜亡国时之情形，与中国今日之情形颇相类似，吾人对此诚不免怀覆辙之忧。朝鲜亡国之原因有三；（一）所处之时代与环境，足使朝鲜亡国。盖朝鲜原为中国之属国，当时清政府既不能尽宗主国之职责，尽力保护，而东有暴日，西有强俄，无时不思扩展其势力于东亚大陆，且正在欧风东渐，东方文化开始崩溃，国家主义极度强盛之时代。今日中国既位于日俄及其他列强之间，而固有之精神文明又被西洋之物质文明摧残无余，帝国主义之凶焰更时加侵凌，是所处之环境与时代与当日之朝鲜又有何异。（二）政治之腐败。朝鲜末年，李太王与李王当国，李太王尚有心为国，对于世界大势，亦有相当认识，无如国内汉奸掌政，日人又从中作祟，政治终难上轨，李王生而冥顽，殆系白痴，初由贵族当权，为所欲为，及后虽有维新党之兴起，然亦自私自利，国事愈趋纠纷，此种情形，与中国今日政局之不安定实无二致。（三）人心之堕落。朝鲜末年，汉奸遍处皆是，组织种种集会，鼓吹日韩合并，以视中国今日汉奸之到处活动，及伪满洲国之王道学会，与上述情形实出一辙。中国今日既陷于朝鲜亡国前夕之地位，而一般人仍不觉悟，犹谓日人灭我有种种顾忌:(一)日本力量不足;(二)国际间不容许;(三)日本内部不一致,殊不知当朝鲜亡国之时,日本之国力,犹远不如今日之强盛,国际间亦未尝容许,日本内部亦未尝一致,当时日本内部有所谓缓进派与急进派,与今日之文人派及军阀派正相对照,当时缓进派之首领为伊藤博文及寺内正毅,急进派之首领为西乡隆盛及山县有朋,主张以武力并吞朝鲜,两派积不兼容,甚至发生内战,即所谓西南战争是也,西乡隆盛以战败自杀,但其武力侵略之主张,终成为今日日本一贯之精神。日本灭韩分四步骤:(一)订立日韩议定书;(二)订立委任外交;(三)干涉内政攫取警察权;(四)最后日韩合并。当伊藤博文与朝鲜议订日韩协约之时,借口日韩利害一致,日本为自卫计,为谋东亚永久和平计,不能不干涉朝鲜,今日日人借口日满共存共荣,订立日满协约,其借口实完全承亡韩故智。当日韩协约订定后,李太王曾密电美国,表示日韩协约完全受日本之威逼所订定,并于海牙万国和平会举行第二次会议时,特派代表三人出席乞援,要求废止日韩协约,当时会议主席俄委员纳夫鲁夫及世界各国代表,无不表同情于朝鲜者,但口惠而实不至,此日本之所以无所顾忌,一意孤行也。又当日韩协约订定,实行委任外交之后,朝鲜人民亦未尝不痛心疾首,欲报仇雪耻,如元老赵秉兴、参政沈相熏、大臣李根命痛哭绝食者,参赞李相尚沿街痛哭自杀者,学者洪万植、尹斗柄自杀,安重根刺伊藤,民众焚李完用房屋,及其他锄奸团体皆有之,学校罢课,商民罢市,排日货,驱日人,戒绝卷烟,移款救国,并组织义勇军实行武力抵抗,然日人终以威逼之手段,使爱国志士销声匿迹,以利诱之政策,使意志堕落者如李完用,宋秉畯之流俯首贴伏,为日人内应,以各个击破之战术,使义勇军无所得逞。今日日人对付中国之手段,似仍为昔日对付朝鲜之一套,吾人如不窥破其阴谋,仍醉生梦死,不振作人心,澄清政治,全国上下团结一致,合力御侮,则朝鲜之殷鉴非遥,亡国之惨祸迫于眉睫矣。

(原载于《南京市政府公报》第129期,1933年)

亡国痛

[韩国]金在天
乐亭 笔记

记者在最近十余年生活史中常常听到“亡国奴”三个字，但是因为缺乏阅历，没有尝过“亡国奴”的滋味，所以总不把这件事放在心上，并且还每每的自己想道：“做亡国奴也不过是没有‘选举权’和‘言论自由’就是了，此外有什么更使人难堪的呢？这样说来，比起受中国贪官污吏的剥削和军阀压迫，也只是程度上的差别罢了。所以我对于做‘亡国奴’这件事，向来是抱两可的态度——也可也不可。”

谁想昨天——一九三二，十一，九——听到一位真“亡国奴”的讲演，才知道日本蹄下的亡国奴，比我以前所想象的要痛苦到万分。这位讲演者姓金名在天，是高丽铁国人，年六十四岁，现在把他的讲演词记录如次。

> 金志士道：中韩两国在历史上本来是同种的民族，又是兄弟之国，这是大家都知道的。现在弟弟被日本帝国主义者灭亡，变成亡国奴，哥哥忍心袖手旁观，不去援救吗？况且日本帝国主义者并不是灭了高丽就算甘心，还要实行他们的“东亚大陆政策”，吞并满洲和内蒙古，再进一步，便要吞并整个中国。现在满洲已经亡了，热河、内蒙古都危急到万分，诸君不久也要作成“亡国奴”，这是如何的可怕呢？
>
> 诸位青年同志也许是因为不很明了亡国的痛苦，又没有切实尝过做“亡国奴”的滋味，所以对于亡国这件事不能深刻的注意。现在鄙人以“东方被压迫民族中韩、暹、缅、安、琉、印等国联合抗日救国协进会特派宣传大队长”的名义，来向大家报告朝鲜亡国后的惨史，希望诸位青年对于已经亡国的人民增加些新的认识。”
>
> 金志士继续道：“韩国亡在民国元年八月二十九日，亡国一二年之内，

日本便实行他们毒辣的“经济剥削”手段：

一、典当。日本在民国元二年间到高丽全境开设当铺，高丽人没有钱的时候只好典当，若是借贷仆人或亲友的钱，那种罪名比强盗还要重。典当的规则：每值百元之物，仅可典洋一元，不动产等都可典当，典当之后大概都是不能赎回来，即便有能赎者，日本也对他们加以恫吓，终于不敢去赎罢了。

二、灯火。高丽人向来是点油灯，自从日本灭韩之后，日本用国家资本在高丽全境开设电灯公司，高丽人只许点电灯，绝对不准用油灯，因此高丽人家家都要给日本纳电灯费；并且这种电灯费逐年增加，直到今日，比吃的粮食都贵上几倍。高丽人的穷困也就可想而知了。

三、食盐。食盐是人生日用必需之品，全归日人“三井洋行”包办，韩人不得私晒，如有犯者，即全家处死。

因为以上几种经济剥削的结果，不到十年的工夫，高丽人差不多全变成穷光蛋，流为土匪，所以现在全境二百六十县没有一县无土匪。其次的，贫民大部是靠卖苦力生活，卖一日苦力吃一日饭，卖半日苦力决不够吃一日饭，若是半日不去卖苦力，日本警察就把他看成无业人民，捕去治罪。

韩国志士又续道：这种经济剥削还是轻的，最惨酷没有人道的是婚姻限制，简直就是灭种的办法：

一、年龄限制。民国十五年时，韩国男子三十五岁，女子二十五方准结婚。民国十七年，北伐成功，男子结婚年龄增为四十五岁。

二、夫妇同居的限制。韩人结婚后，男子须学日文三年，成绩优者准他毕业回家，否则继续学习。赶到丈夫回家后，新妇又要受二年职业教育，并且学好日文方许回家，这种办法，男子已经到了五十二岁，生育率自然要减少。

三、结婚费。高丽人订婚时，必须纳定婚费百元，方发给婚书，至结婚时又须纳结婚费百元。

韩国人受以上各条限制，婚姻完全没有自由，所以人口只是日渐减少，等到韩国人口全亡，那时岂不是亡国灭种，永无恢复之日了吗？

志士复道：日本帝国主义者自称大和民族是黄色人种的主人翁，其余的东亚民族都应当敬奉主人：并且都是大和民族的奴隶。现在鄙人把日本帝主义者惨杀中韩两国人民的事实报告一下，以期诸君对于倭奴增加些新的认识。

一、警章。日本帝国主义者在韩国实行大警察制度,定有警章一百零五条,条条都是惨酷不合人道,韩国人无论怎样守法服从,仍是时时触犯警章,被警察捕去治罪。

二、监视。韩国人民总数有三千万,日本警察和商民共有一百万,散居在高丽境内,其中警察止二十万,下余八十万全是日本侨商。这些侨商一面营商取利:附带的使命,就是监视高丽,他们每人都带有一二支手枪,和两把刺刀,看见高丽人形迹可疑,马上可以枪杀无论,高丽人向来不准私藏寸铁,你说这不是像猪一样白挨宰吗?

三、奸淫。日人对于高丽妇女随意奸淫,每每三五成群,闯入人家,见其少有姿色者,即轮奸作乐。诸君知道高丽和中国一样,是一个讲礼教的国家,有贞操的妇女,听见日人闯入邻家,自己便立刻自缢或是投井。高丽的妇女,每年这样自杀死的,实在不知道有几百几千。

四、提倡卖淫。日本原来是个卖淫国家,自从他们灭了高丽,也是同样的提倡卖淫,并且卖淫绝对自由,做父母的要是干涉儿女卖淫,一经控告,其罪等于杀人一样的重。

五、贩卖毒品自由。高丽人没有别的自由,只有贩卖毒品是自由的,金丹、吗啡、海龙英……各种毒物,不用资本就可以贩来,卖完之后,交齐了欵,二次更可加倍的贩卖。诸君想中国人私贩毒品,社会尚受极大的害,若是像高丽贩卖毒品自由,人民所受的害处应当达到什么地步呢?

日人帝国主义者待遇高丽人这样惨酷,还不算什么希奇,因为高丽人已经是亡国奴了。鄙人最奇怪的,就是日本为什么也同样的这样待遇中国人?诸君还记得民国初年"二十一条"的羞耻吗?还记得在九一八的前二日,日本嗾使高丽亲日党在平壤惨杀数千中国人吗?还记得十七年革命军北伐,日本出兵济南惨杀中国二千多无辜的老百姓吗?又还记得二十一年一二八日本出兵上海,毁灭了上海的繁荣吗?假如日本帝国主义者要不是把中国看成和高丽一样,那能如此的强暴惨杀侮辱没有一点人道呢?日本帝国主义者侮辱了中国的国体,侮辱中国的四万万同胞,侮辱了中国的青年,又侮辱了中国的历史,更在中国五千年的历史上增加了一个不可洗濯的污点。诸君或青年或壮年,正在发奋有为,这种奇耻大辱,竟自缄默了吗?

志士续又道:诸君都是青年,深居国内,尚未领略过亡国的真正滋味,现在鄙人把韩国青年亡国的苦痛报告一下,试试诸君感想如何?

一、学校。韩国不准自立学校,所有的学校都是日本人设立的,韩国儿童都被强迫入日本学校，去学日文，韩国的文字和历史，绝对不准学习。这种文化侵略的教育，把韩国儿童造成一种天然亡国奴。

二、言语。韩国童儿入学后，绝对不准说韩国话，假设一时不小心说出一半句，就算犯了重罪。第一次初犯，罚跪三小时，夏天在烈日之下，冬天跪在风雪之中，他们的生命也就像一支迎着风的蜡烛儿，说不定那一时竟被吹灭了。第二次犯了，绝食一日，无论冬夏都是幽闭在暗室里，若是夏天，还可保住生命。惟独在冬天，实在可怜之极，诸君要知道高丽的气候比中国冷的多，冬季的温度常常降到零下四十度。犯过的学生，幽闭在这样冷的室中，衣服既极单寒，又一日不进饮食，你想还有几个保住活命的？即偶或有一两个没有冻死，身体上也必遍成冻伤，赶到明年春天天气渐渐暖和，他们便全身溃烂，有的烂去鼻子，有的瞎了眼睛，小学生们痛苦到万分，谁去可怜他们呢？没有人可怜倒还罢了，最可恨的是那些教师们，他们看见高丽的小学生，不但不起同情心，而且还说："高丽的人种，真是应当早早灭亡，你瞧这样的小孩子竟会生了浑身的花柳病！"

三、室长。高丽学生的住室中，必需有一个日本儿童作室长，普通宿舍一间，大概住高丽学生六七名，这六七个学生，看着室长好像是他们的老祖宗，又像室内供奉的活佛爷，他们在开口说话以前，必须先看看老祖宗喜欢不喜欢。平日老祖宗若有点不如意，大众都得跪下求情，否则一经指出报告，就要有生死的危险。至于室长的使命，就是监视高丽学生的言语和行动。

四、严限家长和学生往来。高丽儿童入学之后。除去年假暑假回家两个星期之外，平日绝对不准回家，但是自从九一八以后，年假暑假也不准回家了。家长如有事情，只可到学校去向学生接洽。家长接见学生的条件非常严苛：第一，必须用日语交谈；第二，须有一两个日本学生监视。接谈的地点以接待室为限，家长向学生说的话和学生答复的话，一一都要记录下来。除去说话的时间限制外，家长要说一句错话立刻就得挨几个嘴巴，踢出门外。跑的快了，还算侥幸，倘若支吾一半句，登时电招警察，捕去治罪。

五、残害青年。高丽的青年只要投入日本学校，就算打好了做"亡国奴"的基础了。人人都要死沉沉的没有生气，才趁了日本人的心愿。若是略有些活泼精神或带点革命性，那时日本教育当局便把他看做危险份子，或竟看成眼中钉，非把他的精神锐气想法残害净尽，决不甘心。他们毒辣的办法，不是用药品麻醉他，就是引导他犯过，处以非刑，最后使他变成一个庸愚无能的弱者而已。

诸君想想，这样的高丽青年，岂不是象过地狱的生活一样吗？现在诸君受着这样的自由教育，安闲自在，比起我们高丽青年，不是天上地下吗？鄙人今日最希望诸君的是“努力自强”“爱群合作”两件事。近几年来，鄙人常常见某校罢课、某校起风潮，又某校结队请愿等等的新闻，实在为中国青年前途悲观，又万分的替中国青年忧虑。

志士复续道：诸君还要认清楚“爱国”这件事是有时间性的，有国才可爱国，亡国以后，再想爱国就有罪了，不但有罪，而且有极惨酷的罪，简直是令人说不出来的罪。受这种罪的是谁呢？就是我们高丽的爱国志士，换句话说，也就是我们这般宣传员。日本帝国主义者现在最恨高丽的宣传员，每次捕获宣传员，都是处以非刑，兹陈述加左。

一、男宣传员。日本帝国主义者捕获高丽男性反日宣传员，第一日割舌，临刑时罪人不肯自己张口，日本人便用刺刀将嘴启开，再用铁钩钩出舌头，一刀割断，口中鲜血流出，终日不止，沾濡衣裳，完全成个血人。不但是韩国人看见伤心惨目，我想世界上无论那一种人看见，也免不了掉下眼泪。但是日本人仍是不甘心，立刻又把这个血殷殷没有舌头的人，肩上背了“招子”，宣布罪状，游街示众，招子上说：“韩人某某，某地人，年若干岁，久蒙日本帝国的庇荫爱护，不知尊敬主人，侍奉主国，而竟敢违背天理，宣传反日，死有余辜，仰尔商民，各自儆戒……”第二日割鼻，游街示众，第三日割耳处死。

二、女宣传员。日本捕获韩国女宣传员，治罪治的更苦。鄙人在上海的时候，我们宣传员诸同志曾向我说：“我们宣传员最好不把日本残害我们女同志的事实报告出来，那些事你怎样说出口来呢？”我想这有什么留体面的必要？亡国奴不是早早就丧尽人格，没有羞耻了么？现在我用我的没有羞耻的面孔，来对大众报告一下：女宣传员第一日被捕，划掉两乳，使垂在腰部，赤裸裸的满身是血，便把她牵到人丛，游街示众。第二日割目，先把眼皮割下，盖上眼睛，眼睛血流凝聚庞大如鸡卵，第三日穿骨悬空，使足不着地，第四日用赤铁烙阴，探入心腹而死。

日本帝国主义者对韩国确实是这样惨暴，并没有半句虚话，诸君不信，可以想想民国十七年济南惨案，杀了中国的老百姓已经是没有数目，这还不算，中国的外交官蔡公时君怎样死的，是不是割了鼻子，是不是剜了眼睛？又是不是割舌剖心而死？诸君忘了吗？诸君都完全忘了么？蔡君是中国的外交官，代表中华政府，代表四万万同胞，他的被害尚且如此，诸君可以知道我以前的话一句也不虚吧!?

诸君已经知道爱国是有时间性的,趁着国还未亡,赶快奋斗,等待国亡之后,爱国就是罪人,就应当受前述的屠[荼]毒。换句话说,现在不爱国,等待亡国之后再爱国,那就是和我们宣传员同罪了。也就是昔日不爱国的罪,今日才宣判执行了。

我们韩国受日本帝国主义的保护为十五年,亡国二十一年,前后共计三十六年,在这三十六年之中,韩国的人口由三千万减少到二千二百万,其中逃亡他国者有百五万,日本屠杀者有三百万。由现在计算下去,再过一百年,韩国人可以完全灭种。诸君想想今日苟且偷生,将来灭种,何如牺牲奋斗,为后世子孙留下一线生机呢?所以现在高丽人凡有血气者,没有不革命的,没有不牺牲奋斗的,青年人自然是要革命,老年人也要革命,鄙人今年六十四岁,正在革命,再比我老上二十岁,仍然是革命,因为我们革命还盼着子孙得到自由,不然还有什么盼望呢?

鄙人在报纸上常常看到"民不聊生"和"亡国奴不如丧家犬"等等的话,那都是书生吃饱了饭开心的话,真正的"民不聊生"他们看见过吗?像我们韩国才可以称得起"民不聊生"一句话。又说"亡国奴不如丧家犬",在鄙人看来,亡国奴比着丧家犬不知道还要低下几百十倍?我左想右想,才想出一个比较恰当一点的比喻:我觉到亡国奴好像从地里爬出来的土龙——蚯蚓,日光可以把他晒死;鸡儿可以把他吃掉;鸟儿可以把他衔去喂雏儿;渔人可以把他拿去做钓鱼的饵食;又骡马行人随意把他践踏死。简直它死亡机会的多,和死亡的容易,决不是言语所能形容的。鄙人觉着现在的高丽人就是这样,不知大家以为然否?

志士更道:鄙人说到这里,心都欲迸裂;血都欲倾出。做"亡国奴"的痛苦总算让我们高丽人尝尽了滋味。但是究竟怨谁呢?怨恨日本帝国主义吗?不是的,日本帝国主义怎样不灭了英国、法国?现在我所怨恨的,就是高丽人的亡国根性,因为有了这种根性,迟早是要亡国的。今天鄙人把高丽的亡国根性,向大家报告一下:

一、道德隳落,党派纷扰。

二、法律不公,军阀横行。

三、内政不良,外交失败。

四、教育不振,民多嗜好。

五、富贵不仁,土匪蠭起。

综合以上五项,都是高丽亡国之病源。第一是说的高丽人自私自利,结党互杀，人人奸谲欺诈，心目中没有个国家观念。第二是说的国家没独立的法律，官吏滥用职权，军阀干涉政治，口头一言便成法律。第三是说的政治黑暗，官吏贪污，有权者媚外求荣，无权者依赖外人保护；并且外交上处处丧失国权。第四是说的人民没有教育，不知礼义，或挺[铤]而走险，或自染恶习嗜好，政府既不禁戒，民气日趋衰微。第五是说的富贵之家依势凌人，盘剥市民，使人民失业者日众，终于流为土匪，例如李完用辈最初是个富而且奸的商人，广有金钱，后来用金钱运动，夤缘奔走，结果作了宰相。卖国求荣，现在他的后嗣完全灭绝了。

诸君知道人类间有几种传染病最为厉害，偶一不慎，传染到人体内，顷刻可以丧命，例如今年——一九三二——夏秋两季的虎列拉——霍乱，大家已经亲眼看见它的厉害，它的足迹走遍了中国全国，惨杀了数十万无辜的人民。它曾破坏了完美的家庭；它曾拆散了亲爱的情侣，又使父母丢掉爱子，使婴儿丢掉父母。增加人世上无限的痛苦，留在柔情中无限的相思。这都是传染病菌的赏赐，诸君想这种病菌厉害不厉害？

但是这种病菌却不能亡国，也不能灭种，比起我们高丽的五种“亡国之病源”还轻的多。高丽的五种“亡国之病源”，简直等于五种比虎列拉更强烈的毒菌，因为它们不只破坏了完美的家庭，不只拆散了亲爱的情侣，又不只使父母失掉子女和子女失掉父母，更不只惨杀了数十万人，它们已经惨杀了高丽三百万人，失掉了五百万人，这种病仍继续着传染，继续着杀人，直到高丽人完全灭亡了才可以希望停止。

现在这种病菌普遍的传染到中国，官僚政客受了传染，他们去媚外求荣，军阀武人受了传染，他们纷争割据；文人教育界受了传染，他们去结党营私；工商界受了传染，他们去怠工罢工，又去贩卖外货，专图利己；青年学生受了传染，他们去捣乱起风潮，破坏教育的尊严；农民受了传染，他们抱着“各扫门前雪”的思想，没有三个人以上的团体，如同一盘散沙。

日本帝国主义者早已把中国观察清楚，知道中国和高丽一样，已经传染了急性白喉、鼠疫、伤寒、虎列拉诸病，又传染了慢性的肺结核、花柳、半身不随[遂]诸病，日本帝国主义者认识中国民族染人无数的亡国重症，并且病入膏肓，即侥幸不被他族灭亡，将来也免不掉自消自灭。

日本帝国主义看清了环境，又看透中国情形，所以下了决心来灭中国。鄙人知道日本在他们小学教育中已经播下了亡中国的种子，他们小学教师向学生问道：“中国人现在好比什么？”答：“好比蚂蚁和蜜蜂。”教师道：“不然，蚂蚁和蜜蜂不可轻视，因为他们能爱群，有纪律，又善结团体，善战斗，努力工作。”教师又道：“再比什么？”答：“好比粪坑中的蝇蛆。”教师笑道：“这还差不多，那末为什么比做蝇蛆？”答：“因为蝇蛆没有纪律，终日里你挤我，我挤你，除了吃没有别的事，除了破坏没有别的工作。”又问：“蝇蛆将来变成什么？”答：“变成苍蝇。”复问：“苍蝇有几种？”答：“有绿豆蝇、大麻蝇、小苍蝇。”又问：“这几种苍蝇都好像中国什么样的人？”答：“绿豆蝇像中国的党派，嗅觉非常灵敏，只要有利益，距离几百里地，也能够跑得到；大麻蝇像中国的教育当局，专会找便宜，弄是非，小苍蝇像中国的学生，到处嗡嗡嗡。”教师听毕大笑道：“是了，是了，对了，那末想个什么法子把他们捕灭了呢？”或答用黏蝇纸，或答用捕蝇器，教师摇首道：“这都不澈底。”最后大众沉默许久，一学生跃起答道：“把它根本解决，用石灰倒在粪坑，全数杀死，然后拿去做肥料。”教师听到这话，很惊讶的说：“这样做你们要小心，因为稍有迟缓，它们便都结成一团，到那时可没有办法了！”

这种侮辱，说起来还算不关痛痒的事，因为中国人久受侮辱已经成了习惯，总使再比这侮辱重上十倍，他们也满不介意。现在鄙人把日本帝国主义者近一年来的毒辣手段向大家报告一番，或者增加诸君一点新的认识。日本帝国主义者在九一八以前很长的时期，就计划着怎样灭亡中国，田中密奏大家都已晓得，不必鄙人细讲。独至民国十五年以后，北伐成功，日人恐慌中国统一，于是开始招募高丽流氓和亲日派，总数达二十万之众，然后组织训练，授以战争知识和武器，预备作战。他们关于知识方面训练的标准，大概谓：东三省是日本两次铁血换来的，这块地方万分富足，出产无穷，日本为你们高丽人争来这片土地，从此你们随意占领田产，各人种了地各人收获，将来都是财主，你们要知道中国人向来是习惯做亡国奴的，不要怕他们，联合东三省的汉奸，扫灭一切障碍，日本的天皇时时刻刻在背后帮助你们，你们要给天皇效力；要替主人尽忠。现在给你们武装，给你们军火，你们多杀中国人。

一九三一年九月以前，就发生万宝山事件和中村失踪事件，紧接着日本嗾使韩国亲日党惨杀高丽境内的中国侨民，在平壤地方杀死一千三百余人，当时高丽居民知道是日人作祟，多闭户不肯出视，而日人见了，以为他们是亲华派，对于天皇不忠实，便毁门而入，全数枪杀，残忍之状，真是千古罕见。其次把沿海侨居的华人杀之投入海水；沿江者投入江中。惨杀既毕，九一六日驱二十万亲日党分七路渡鸭绿江，九一七日炸毁南满铁道，九一八日进攻沈阳，以后长春，吉林，黑龙江，哈尔滨，锦州……相继而下，东三省遂完全入于日人掌握之中。

诸君听到这里，必以为鄙人是个宣传员，所说的话不能完全实在，其实鄙人并未敢妄说一句，就按兄弟自己来说，我本来同胞七人，在二十一年内，因为内外奔走革命，全被日人杀死，现在只剩我一人了。

这些闲话，越说越多，时间太长了，诸君听去也厌烦，鄙人喉咙也发干。现在希望诸君要明了亡国的痛苦，要下救国的决心，但是救国究竟要怎样去做呢？

志士续道：救国的先决问题，要人人不怕死，不爱钱，又要了解现在国际情形。简单的说，今日世界只有三个国家：(1)帝国主义者的国家；(2)已经灭亡的国家；(3)受万国压迫的国家。第一种国家虽多，而日本一国即可代表其余。第二种国家是韩、逻、缅、安、流、印等国。第三种国家是谁？不说出来，诸君也可以明白。从今以后，我们工作的目标就是打倒帝国主义，解放弱小民族。诸君知道最近代表帝国主义的是日本，因此我们进攻的目标就是倭奴。日本的民族共计有七千八百万，其中帝国主义者只有二千万，剩下的大部分是被压迫的农民和共产党员。我们只要把这二千万帝国主义者打败了，就算是大功告成。但是不要喊空的口号，不要纸上谈兵，却要实际做去，因为日本帝国主义者听惯了口号，更不怕你纸上谈兵，日本人听了我们的口号常笑道："中国人的口号好像雷电风雨一般，其实效力还不如一个萤火虫。"我们现在不要做那种萤火虫的工作了，要从实质上做去；要从根本上做去。究竟什么是实质上的工作？什么是根本上的工作？兹先说消极方面：

一、经济绝交。日本是个工业国家，又是个入超国家，现在所负的内外公债，总数不下六十亿圆，我们若和他断绝经济的往来，他就要陷于苦境。

二、原料抵制。日本有轻重工业两大系统，都是仰赖中国的原料，棉花钢铁这两项，日本产量极微，每年把中国地的棉花和大冶本溪湖的钢铁买去，充作重工业的原料。现在若将这两种原料断绝，立刻他就没有办法，人民的衣料都成了重要问题。此外如羊毛皮革之类，也是仰赖中国。

三、燃料抵制。日本产煤甚少，几乎完全没有，他所仰赖的完全是中国煤炭，始辽宁的抚顺，河北的唐山，山西，河南……诸煤矿，日人都是尽量的采购，现在要将此燃料断绝，帝国主义的武器就完全失了作用。

四、粮食抵制。日本每年食料的生产，仅足全国人民九个月之用，现在我们断绝他们的食料，他们马上就没有办法。

五、抵制日货。日本的轻重工业品，大部分是销售中国，现在实行抵制日货，也就可以制他们的死命。

以上五款是消极一方面，兹更将积极的一方面叙述如左：

一、信仰三民主义。诸君要晓得一国人民没有甚么都还可以，但是万万的不可没有主义，主义是人类生存的目标，犹诸船舰的舵轮、鸟的尾巴和钟表的指针，一时一刻也不可丢掉，现在的三民主义受人讥评，是因人的问题，不是主义本质不好。印度甘地的夫人，曾将三民主义译成梵文，普遍的宣传，借以唤醒民族，不幸被英政府查觉，捕去甘地夫人，焚毁了书籍。诸君还要认清三民主义的主张“天下为公”，五十年来后世界上一定要全都信仰它的。

二、为国牺牲流血。革命事业以牺牲为主，不要存着报酬或收获的心。更不要看见旁人革命，自己才肯革命，两个人商议一块儿革命，始终也不容易真去革命，所以革命要自己先下决心，由个人单独做起。

三、宣传工作。宣传我们的朋友去革命，宣传我们家庭亲戚邻居也同去革命。

四、组织民众武力，预备长期抗日。

五、援助义勇军，现在关外义勇军与日本苦战二年有余，一切经济人才军火粮食衣服均感缺乏，关内人民极宜尽力援助。

六、努力求学，恢复中国智仁勇的古训。

韩国志士最终道：现在鄙人把话说完了。最终提醒诸君几句话，就是宁为革命死，不做亡国奴。又亡国奴不要遗传到子孙身上，因为高丽人做父母的，在他们子女被害时，常常受子女辱骂。更不可忽视的，就是中国历代兴亡都是属于本部民族盛衰问题，换句话说，是一种“政变”，不是亡国，现在若是被日本灭亡，那就等于亡国灭种，子子孙孙做了人家的奴隶，永无出头露面的日子，诸君以为然否？

一九三二，十一，十七，易中

（原载于《精诚》第 1 卷第 3 期，1933 年）

创刊词

暴子青

八十年来，中国以积弱之民族、落后之产业，遽临西方方兴之帝国主义，其间经过维新、变法、革命，而终不能抵御帝国主义之凶锋，迄今中华民族犹陷于帝国主义压迫与剥削之泥淖中。

民国肇建，五族共和，表面上气象一新，而实际上则政治社会仍为封建余孽所盘据，与帝国主义因缘为利，未能导中华民族入于真正解放之路。所谓五族，在满清时代本为封建藩属关系，民国以来未能讲求真正合作之道，帝国主义更利用此项弱点挑拨离间，于是西藏、外蒙俱名存而实亡矣！

民国十三年，国民党改组，继而北伐，高揭打倒帝国主义与联合弱小民族之旗帜，一时国内民气振奋，世界震惊。然十年以来，国内政治，迄未底定，一切政纲国策，只见文字上之宣传，鲜有行诸实际，而帝国主义对中国之觊觎则迄未已也！

九一八事变，霹雷一声，日本帝国主义揭露其狰狞面具，攫去我东北三省，开始实行其蓄意已久之满蒙政策，假托满族，胁迫逊帝，建立其所谓“满洲国”；去年更进略热河，将我内蒙之一半攫挟以去。

现当国际风云日紧，帝国主义者积极备战，世界第二次大战迫在眉睫之时，日本帝国主义为准备其对俄与对美战争，决不停止其对中国与内蒙之侵略。内蒙自治适于此时发生，诚不免或人之疑虑，然幸经中央派员与内蒙领袖开诚相商，证明内蒙此次要求自治，纯以自术卫国，共纾国难为目的，因而得到相当圆满之解决。

本刊适于此时诞生，自觉所负使命甚为重大。兹愿将吾人所深信者，于创刊之始正告国人：

（一）中国与蒙古同为受帝国主义压迫之民族，在其求解放之运动中必须联合一致，始能底于成功。

（二）孙总理之“中国国内各民族一律平等”与“扶植国内弱小民族，使之能自决自治”之主张，为解决国内民族问题之最正确原则，过去对国内弱小民族之一切愚弄、羁縻[縻]、岐[歧]视、欺凌、压迫手段，胥应从此终止。

（三）中国国内民族问题之解决应以国内政治问题之解决为先决条件，必国内纪纲整饬，政令通行，而后始足言与国内弱小民族之提携。

本人本此深信，愿借本刊剖析蒙古问题之实情，介绍国内外对于蒙古问题之研究，宣达中央处理蒙政之方案，揭露帝国主义者侵略蒙古之真象，促成汉蒙民族之团结，以共致力于解放运动。邦人君子，其共鉴之。

（原载于《新蒙古》创刊号，1934 年）

中日冲突下之朝鲜

雪壑

一、朝鲜反日势力之高涨

朝鲜与中国之关系最为密切。自殷箕受封以来，阅两千六百余年，历代多称藩于中国。顾朝鲜与日本比邻，仅隔带水，彼此间之交涉因以频繁。东汉光武帝建武十八年，加罗（即伽倻或驾洛）六国在朝鲜半岛之南端各自立为王。会新罗与加罗争地，加罗不胜，走日本，献地请援，日本败新罗而返其他于加罗，是为日本势力加入半岛之肇始。其后经唐、宋、元、明、清诸朝，日本对朝鲜之侵扰，时有所闻。盖朝鲜对中国素以事大之义，奉藩维谨。而日本务欲伸其魔手于该地，此朝鲜之所以多事也。

一八六三年，朝鲜熙伦王卒，兴宣君即位。兴宣年方幼，其父昰应遂以大院君摄理朝政。昰应性顽固，力主锁国。时中国受英法联军之难，鲜人惧，咸欲奉行西教，以冀免祸，昰应忌之。既而，严禁传教，苛惩教徒，法人受害甚巨。一八六六年，法突以军舰七艘进袭江华岛，鲜军据险守之，不得逞，是为昰应攘夷成功之初步。一八七〇年，美国商船溯行于大同江，被害。美遂以军舰五艘破江华岛炮台，鲜军捍御多方，美舰不得已，遂舍之而去。自是昰应锁国之说风靡全境，矜骄无忌，轻蔑外人，而朝鲜之祸，于焉以起。

日本与朝鲜修好，已历多年。迨日本与欧美诸国缔结和亲通商条约，鲜廷遂以日人与洋夷为伍，遽绝使聘之礼，不相通焉。明治天皇即位，朝鲜更视为僭主。会明治遣吏如朝鲜修旧好，昰应恶之，并拒国书而不受。吏归告朝鲜冥顽，当用兵以临之，于是征韩之论渐起。既而昰应撤朝日两国驻东莱及釜山官吏接见所，驱日官归国，且下谕国人，谓“与日本人交通者处死刑”。日人闻讯哗然，大起征韩之论。西乡隆盛顿唱出师，岩仓、大久保等抗议，其言遂寝。

初副岛种臣之来华也，曾诘总署曰：“朝鲜是否为属国，若属国，则请主朝鲜通商事!”总署答以“朝鲜虽我藩属，而内治外交听其自主，我朝向不与闻”。种臣归告，日廷遂决以独立国待朝鲜。以故日本征韩论虽暂告止息，而其掠夺朝鲜之野心，固已造基于是矣。

一八七五年秋，日本云扬舰泊于江华湾，鲜兵发炮止其行。日舰遂将炮台攻毁，并陷永宗城，朝鲜兵民死伤甚众。日政府又派黑田为全权大臣，井上为副大臣，率兵舰六艘赴鲜迫订商约，鲜以“本国为清国藩属，不敢擅专”辞之。是年十二月九日，日遣森有礼来华，以与韩订和约事，询奕䜣，奕䜣答谓:“朝鲜虽曰属国，地固不隶中国，以故中国诚无干预内政，其与外国交涉，亦听彼国自主，不可相强。”是知种臣与森有礼对鲜事交涉所得之印象，初无二致也。既而森有礼照会奕䜣，略谓“朝鲜是一独立之国，而贵国谓之属国者，徒空名耳”，奕䜣见照会始知失言，旋加回辩，然已拙矣！翌年二月，朝鲜与日本订约十二条，世所谓《江华条约》是也。其文略谓:朝鲜为自主王国，礼仪交际皆与日本平等，互派使臣，并开元山、仁川两埠通商及允日舰测量朝鲜海岸诸端。自此约成，中鲜关系显有阻碍。乃日本更会美、英、法、俄诸国，认朝鲜为独立国家。中国见《江华条约》发布，反漠然置之，抑可怪矣！

有几，李鸿章寓书朝鲜国相李裕元，劝令与英、美、德、法通商并结盟好，盖李以为日本垂涎朝鲜甚亟，今与列强修好，不但借此可以牵制日本，并可杜俄人之窥伺。一八八二年，朝鲜与美国互市立约，已而英、法、德三国均仿美例与鲜成约。日人睹状滋不悦，然亦无如何也。

是时鲜王兴宣稍长，昰应返政退隐，而王妃闵氏之族渐操政柄。王欲改革政体，聘日弁练兵，并遣金玉均等赴日考察政治。昰应忿极，尤与闵氏相水火。会鲜军以绌饷谋叛，昰应煽之。已而入王宫，戮闵族，杀日弁七人，并焚日本之使馆。日本闻耗，全国征韩之论达于极点，遂遣井上入王京，向鲜王提出强劲之要求。方是时，中国亦派丁汝昌、马建忠、吴长庆等先后率水陆兵员抵鲜观变，旋将昰应捉获，押送北京。事平，朝鲜遂与日本缔《济物浦条约》六款、《续修好条约》二款，以五万元恤遭难及负伤者，以金五十万元偿兵费，更遣使赴日谢罪，其事乃寝。

由昰应掌政迄日鲜《济物浦条约》订立，可称之为朝鲜反日高涨时期。在此期内，鲜中日三国关系之特征，不外下列数点:(一)就朝鲜本身言，反日运动率由昰应之锁国主义激起，其演变之情形，初则轻蔑日本，继则轻与日本启衅，为日所败，终则因昰应排日泄愤，国事益坏。(二)就中国言，初以鲜事与我无干，致贻外交上之绝大遗憾，继则以夷制夷之策开放朝鲜，终则思借昰应发难之机，以复朝鲜藩属之权，然已晚矣。(三)就日本言，一方因中国外交上之失着，对鲜政急欲染指，另一方借朝鲜之排日，得以武力胜鲜，而获得极大优势。

二、亲华与亲日两派之斗争

昰应之发难也，中国以迅雷不及掩耳之手段，拘昰应而弭乱源，以故我之得势于鲜，自是不能否认之事实。然惟如此，日方图鲜之心，益为急切。先是《济物浦约》成，朴泳孝、金允植东渡谢罪，金玉均等亦随之往。日人教唆朴等谓鲜应自主图强，不应受华压迫，朴等为之歆动，旋组约新党，一名曰开化党或独立党，以日人牛场卓造、井上角五郎两人为顾问，专从事于排华运动。日政府更退还《济物浦条约》之赔款四十万元，以充韩廷改革内政之经费，并撤减驻军，以示惠于韩廷。新党更扩充实力，阴谋叛变，遂造成朝鲜反日运动失势后之惟一亲日党团。

与亲日派对立者，则为亲华派。金宏集、鱼允中等目睹亲日派之气焰高涨，亟谋与华方结托，借资对抗，于是亲华派之势力遂渐膨大。华方自拘昰应后，亟思实行属邦主义，以挽既失之主权，一方结纳金宏集等，一方遣陆军回营，屯于畿辅，将江华岛驻军及王京之守卫兵改为华式组织，命马建忠为内阁顾问，命德人穆麟德为外部顾问，命袁世凯吴长庆诸将监守王京，并与闵氏一族切实结托。至是，中国在鲜之势力遂达于极点。独是两大不并立，亲日与视华两派之相互水火，于是益形紧张矣。

一八八四年，中法构兵于安南，日本驻鲜公使竹添进一郎乘机煽动新党与亲华派激斗，亲华派更以放逐朴泳孝、金玉均等人，以示威吓。是年十月十七日，金等为先发制人计，遂佯约各国公使及鲜大臣闵泳翊等会晏，同时举火发兵，当将泳翊及朝臣数人杀之，外宾亦鸟兽散。未几，金玉均、朴泳孝、竹添进一郎等先后率日兵入王宫，亲华派之闵台镐、闵泳穆、赵宁夏、李祖渊、尹泰骏等要员均被杀。既而，废鲜王兴福，而拥其从兄李戴元为大政大臣。

方是时也，王妃避难袁营，数为乞师平乱之请。吴长庆遂率兵往攻，败日军，杀几林，救鲜王出难。竹添进一郎自焚使馆，率卫兵走仁川；金玉均、朴泳孝等亦逃奔日本。至是新党倾覆，而亲日与亲华两派之斗争亦告一段落。

王京乱平，日方向所携新党而图鲜者，诚受一严重打击。无何，日廷调军舰数艘赴鲜示威，更派外务卿井上馨与朝鲜左议政金宏集缔约五款，所谓《仁川条约》是也。该约内容如左：(一)朝鲜修书致日本谢罪；(二)朝鲜恤日本被害人遗族十二万；(三)杀害几林大尉之凶手，应处极刑；(四)重建日本使馆，朝鲜出二万元充经费；(五)日本增置王京戌[戍]兵，朝鲜任建兵房。

先是井上馨之议约也，见华方钦差大臣吴大澂气盛，固称："事系朝鲜者，与朝鲜全权商议，事系中国者，与中国全权商议，不可混同。”大澂不坚持，终使朝鲜被日强压，而订此残苛之《仁川条约》。一八八五年正月，日遣伊藤博文及西乡从道来华会商鲜事，当与李鸿章议立约章三条，所谓《天津条约》是也。该约之内容如下：（一）两国屯驻朝鲜军队，于四个月各尽数撤回；（二）朝鲜练兵，两国均可派员为教练官；（三）将来两国如有派兵至朝鲜事，须互先行文知照。自此约成立，中日两国在鲜之势力顿成等分局面，而我对鲜之藩属实权，亦无形宣告破产矣！

由《济物浦条约》订定起，迄《天津条约》成立止，可称之为朝鲜亲日与亲华两派斗争时期。在此期内朝鲜与中日关系之特征如下：（一）朝鲜亲日亲华两派作严重之斗争，前者附日维新，徒知对朝廷予以攻击，而对中国在鲜之实力反为忽视，此其所以败也；后者虽赖华方援助，得平叛乱，然被日人胁迫缔结《仁川条约》，终于大伤元气，国事益坏。（二）此时中国鉴于以往对鲜事之忽视，颇能亟力经营，冀挽宗属国之实权，乃以王京乱平，竟与日缔结辱国之《天津条约》，此后忠之所以不绝也。（三）日本援助亲日派颇为积极，其后新党虽覆，但在外交结成仁川及天津两条约，故终得问鼎于朝鲜之优势。

三、中日两国之直接冲突

王京乱后，金玉均与朴泳孝逃日本，鲜廷要求引渡，日本拒之，既而遣人刺之，亦未遂，后遣洪钟宇诱金于沪上杀之，又遣李逸植谋刺朴于日本，事泄，被日逮补，于是日鲜两国之感情遂臻险恶。

查金等系以维新被害，国内有志之士，目睹此情，殊为悒悒，积愤日久，遂成反政府之风气，东学党之作乱，率由于此。东学党之领袖为全奉准，率党徒数千名起自全罗道中，以除重敛苛税，贪官污吏，革新弊政，扫清君侧为名，所在袭县署，夺都城，势极猖獗。韩廷惧，方斥闵族，借灭口实而清乱源，然乱党之滋扰如故也。

一八九四年四月，鲜廷命李元会率重兵剿乱党，并向清廷乞援。李鸿章奏派直隶提督叶志超、太原总兵聂士成率军往援。五月初，士成、志超两军先后抵鲜而合屯牙山。

先是李鸿章之议出兵也，曾与袁世凯函电交驰，皆以鲜乞援中国为得策。李又电中国驻日公使汪凤藻使探日方态度，汪以“日本众议院与内阁冲突，无外顾之暇”告，李遂决定援兵之策，同时根据《天津条约》以出兵事，电汪照会日本政府。

是时，日本国论颇关心于鲜事，并亟劝政府出兵以保护其侨民。而所谓众议院与内阁冲突云者，亦以中国出兵故，形势大转。外务大臣陆奥宗光力主出兵。未几内阁解散众院，出兵之策遂决。五月四日，日本驻北京使臣小村寿太郎照会我总署，略谓："近来朝鲜内乱孔炽，本国不得不派兵前往□业已命将出师，合即告知中国。"五日，日本驻鲜公使大鸟衔命抵仁川，海军陆战队及混成旅团先后抵王京。十日，混成旅团长陆军少将大岛义昌亦帅兵抵仁川，与我驻牙山之军顿成对峙局面。

东学党起事伊始，日廷派少壮军人策士一团渡鲜密助之，所谓天祐侠团是也。该团之使命，在糜烂朝鲜全土以启中日之战。全奉准初犹依重，俟觉其跋扈，思欲除之而不可得。日本出兵朝鲜，该团实力助之。会中日大军至鲜，东学党人闻风逃散。天佑侠团向所助东学党为乱者，至是遂告终结。然乱党虽平，而中日之直接冲突于是起焉。

五月十一日，袁世凯以"乱徒已散，中日两国可同时撤兵"照会大鸟，大鸟不应。旋日内阁通过陆奥宗光对鲜案，凡三款：(一)中日两国兵协同平定朝鲜内乱；(二)朝鲜内乱平定后，两国各设委员于王京，调查其财政，淘汰其官吏，并置警备兵以保持朝鲜境内之安宁；(三)整理朝鲜财政，即募公债，兴办一切公益。又附两款如下：(一)无论中国政府赞成此提案与否，日本军队决不撤回；(二)若中国政府不赞成此提案，日本政府当独力迫朝鲜实行革改。陆奥宗光据此乃照会于我方，凤藻与宗光互有驳议。李鸿章更与总署议驳日电，略谓：(一)朝鲜内乱已平，无须两国兵力协同镇压；(二)日本政府提案之意虽美，然朝鲜之改革应由朝鲜自行之，中国尚不干涉其内政，日本素认朝鲜自主，更无干涉内政之余地；(三)《天津条约》规定事变平定后各撤兵归国，现在朝鲜内乱已平，两国撤兵自无疑义。

宗光与凤藻持议愈坚，几不可容。五月二十二日，大鸟谒鲜王逼令革改鲜政，王不敢拒；六月十四日，朝鲜正式承认大鸟提案。袁世凯又令朝鲜撤销承认，并要求日本撤兵。盖中日冲突，间不容发矣！

袁世凯见交涉棘手，去朝鲜来中国，与李鸿章商进兵之策。鸿章方冀英、俄两国出为排解，不以对日作战为然。俄驻日公使征询日方态度，日坚谓："日本对朝鲜出兵，实出于不得已之苦衷，决无侵略领土之意，一俟内乱灭绝，即行撤兵。"俄使再诘，仍无结果。朝臣方以日中之事归罪鸿章，及睹大势垂危，总署对英使调停之意，颇为殷切。但英使往返周旋，卒以中日不易言和，归于失败。美国目睹中日交涉危险，起任调解，然亦无效也。

大鸟以鲜廷听袁之命取消十四日之承认案，又向朝鲜提出照会四款：(一)日本政府自行架设王京、釜山间之军用电报线；(二)朝鲜政府当依照《仁川条约》速为日本建造兵房;(三)驻牙山之中国兵原以不正名义派来,当速令撤退;(四)中鲜所订之水陆章程及其他抵触朝鲜独立之中鲜诸条约,一律废弃。朝鲜含糊答之。六月二十一日,日军以鲜廷拒绝要求,攻王宫,掳鲜王,逐朝臣。二十三日宣布废弃中鲜之一切条约,并积极进攻牙山之华军。

初中国之出兵朝鲜也,原无对日作战之意。乃以日方坚不退兵,且擅改鲜政,进扰华军,而中国方面依列国调停,又告失败,于是骑虎势成,始有与日作战之决定。旋雇英轮三艘,运兵士于鲜境。更派总兵卫汝桂统率六营进平壤,派提督马玉昆率军二千进义州,以与志超军相会合。无何,日舰击沉英轮于海,牙山华军亦败于成欢。清廷遂饬驻日公使回国,日廷亦饬驻华公使返日。中日两国又将宣战之意传播中外,英、俄、法、美、德、葡、荷诸国相继宣布中立,日本更与朝鲜订攻守同盟之约。于是中日正式战争,始告开幕。

中国既集重兵于平壤,日军对之进攻,极为猛烈。未几,我军左宝贵战死,叶志超潜逃,平壤遂为日军所夺。会丁汝昌率兵轮十二艘与日舰遇于鸭绿江口,鏖战一日之久,我舰损五艘,邓世昌与林永升均死焉。华方海陆两军既败,日军之气焰益胜。大鸟更与鲜廷缔结日韩协定数条,以维持朝鲜之独立,并令鲜廷出示,悉将华军驱出境外。至是,朝鲜与日本益亲,而与中国之恩义遂告永断。

方是时,华方朝议咸斥李鸿章用淮军之咎,而决以湘军做再渡之抗敌,遂调提督宋庆募新军,奉天将军依克唐阿统奉军,湖南巡抚吴大澂、两江总督刘坤一皆统湘军,先后往辽东进发。日本亦遣陆军大将大山岩,陆军中将山地元治,陆军少将乃木希典等驰往辽东进犯。两军交绥,华军于九连城、金州、大连、旅顺诸役均告败绩。日军旋取连山关、岫岩城而拔海城,盖平亦被陷落。辽东陷落后,日乃分兵山东而据威海。会我刘公岛之海军与日舰交战,互有损伤。迨日军占威海,我海舰亦告失败,丁汝昌、刘步蟾等均自杀死。当是时也,刘公岛失后,北洋门户洞开,山东各县相继失陷,奉天之牛庄、营口、田庄台诸要塞均被日军占领。

日军乘战胜余威,更伐台湾,攻澎湖,以规取南洋沿海各港。盖是时胜负之局已定,而中国之请和益亟矣。

先是,清廷鉴于大势已去,遂遣张、邵二使赴日请和,日不允。清廷不得已,终徇日本要求,以李鸿章为全权大臣,往日求和。日本派伊藤博文及陆奥宗光为全权大臣与李等会于马关。伊藤等要求至酷,数商不果。鸿章归旅馆被日暴徒刺伤,各国哗然,日本乃停战,并与我结十一条而和,世所谓《马关条约》是也。

《马关条约》之第一款，即为“中国确认朝鲜为完全独立自主国，所有该国向中国所修贡献典礼等，嗣后全行废绝”。此外，又割辽东半岛(后因俄、德、法三国干涉交还中国)、澎湖列岛、台湾全岛及所有附属各岛屿，偿军费二万万两，开沙市、重庆、苏州、杭州为通商口岸，并许日船享内河航权，等等。

综之，中日之直接冲突，其始也由于日本之攘夺朝鲜，其终也由于中国败绩而承认朝与我脱离。至此，朝鲜名虽独立，而政权确操于日人之手也。

自《天津条约》订定起，迄《马关条约》成立止，可称之为中日为鲜事直接冲突时期。在此期内朝鲜与中日关系之特征如下：(一)东学党乱起，鲜廷依华方意见请兵往援；迨日军进犯王宫，又不得不衔日命而改革朝政；最后马关约成，朝鲜遂脱离中国藩属而纯然做日本之附庸。(二)中国鉴于日本国内纠纷，以为出兵朝鲜或可借厚实权，乃见日本同时出兵，初则要求日方撤退，继则请求列国调停，终则泄沓作战，竟缔成丧权辱国之《马关条约》。(三)日本窥破中国无备战之意，以故外交军事节节进逼，结果大败华军，向所劫持朝鲜者，终能如愿以偿。

四、结语

根据前述，可知自一八六三年昰应摄政起，迄一八九五年《马关条约》成立止，朝鲜政治关系之演变，俨然成为三个阶段：最初为朝鲜反日运动时期，次为亲日与亲华两派之斗争时期，最后为中日两国之直接冲突时期。各时期之政治关系虽有不同，然其受中日冲突之影响，则初无二致也。盖最初朝鲜之反日运动，在表面上虽系朝鲜之拒日侵略，然实际上朝鲜为中国藩属，中国势力满布鲜境，以故反日运动之出于鲜廷者不可谓非中国势力之所影响也。至亲日与亲华两派之斗争，诚不啻中日两国之前哨冲突。最后乘东学党之叛乱，中日两国遂有正式之战争。故朝鲜因中日冲突而受害，询不诬也。

然中日两国何以必起冲突？朝鲜又何以必在冲突下而受害？斯固不容吾人忽略者也。

日本自明治维新以后，国家渐跻于工业化之地位。工业化之国家，携其优越之势力，势必向外发展，所谓开拓市场及掠夺殖民地，遂由是起焉；此就经济之作用言，日本夺取中国所属之朝鲜，有必然者。又日本密尔朝鲜，所谓大陆政策之实现，尤必尽先攫得朝鲜，方克有济；此就政治关系言，日本与中国在鲜之冲突，有不可幸免者。况当时物竞天择之学说风靡全世，日本之民族性本极贪婪而狭猛，今更辅以此种学说，能无暴戾恣睢而思向外侵略乎？此就意识形态言，日本与中国之争衡，尤有不可否认者。凡此种种，皆为日本与中国必然冲突之铁证。至中国彼时之经济社会虽无若何变化，然在政治上确为强固之统一国家，观其在在不肯放弃朝鲜之努力，便可了然。朝鲜必为中日之所争，且必演为中日战争者，非偶然也。

日本为新兴国家，故其侵略朝鲜之心至坚；反之，清廷原为闭关自守之帝国，对于朝鲜之控制，率取放任之政策，且中鲜间之经济关系又极微薄，以视今日主国之于殖民地关系，固有天壤之悬也。此为日本战胜中国而独据朝鲜之根本原因。至中国外交与军事措置之失当，殆其次要者也。

因中日之必然的冲突，故朝鲜遂为两国之当然逐鹿场。前述之朝鲜反日运动、亲日与华两派之斗争，以及中日之直接冲突等，即为糜乱朝鲜之主要举措。变乱之余，丧权遂之，《江华条约》、《济物蒲[浦]条约》、《仁川条约》、《天津条约》以及《马关条约》等，其中关于攫夺朝鲜权利之规定，可覆案也。至若中国在鲜失败，代以日人之统治，则朝鲜之为害，更有不可胜言者。盖中国视朝鲜为藩属，初无高压政策之可言；然日本统治朝鲜，纯采殖民地化之政策，其间剥削虐待之惨，可想而知也。

（原载于《行健月刊》第5卷第6期，1934年）

日本国防中之朝鲜统制

金石

日本朝野所大声疾呼的一九三六年的危机，也就是准备挑发世界大战的号角。在危机之前，朝鲜的存在意义与作用，更其重大化了。最近朝鲜的统治政策，是为配备这一危机，从国防的观点出发而决定的。这种倾向，在政治、经济、文化及其他各方面，都明显地表现出来了。此等政策，到底实行到怎样程度？让我加以概括的检讨，供给留心远东时局的一点参考资料。

首先比什么还要吃紧的，是日本与朝鲜的连络。如果连络得不密切紧辏[凑]，一旦远东战开，必感到种种的不方便。就交通运输方面来看，有京釜铁路（京城、釜山间四五〇·五基罗米达）和京义铁路（京城、安东、新义世间四九九·三基罗米达）为日本及伪满间联络之大干线。北朝鲜铁路在边境地方则有图们线（会宁、雄基间二二〇·四基罗米达）。这几条铁路的运输计划，在时间上都已提到最高速度。此外还预备七百七十万圆的总工程费，从本年起五年之内次第实行修理上述各线。先在本年内以预算百四十万圆投入京义与京釜两线，作为更换铁轨、增加自动信号机、改良桥梁、增加水塔等工程的用费。据铁路当局的谈话，现在朝鲜的铁路，比较日本或满洲铁路的速度非常之迟，是因为车厢太重，铁轨的抗力不足的原故。所以，如果不更换铁轨，釜山与安东之间再不能增加速度了。一朝有事，这是一个缺点，必须把全线加以大大的修理才行。

其次是边境道路网的计划已经完备了。其内容大概是预备工程费一万万圆，在边境地方（平安北道和咸镜南道）建设连络通信机关，整理交通机关，并且开辟纵贯朝鲜内地、横断鸭绿江的道路。这些道路都使之成为一等路，能够自由自在地通行运输卡车。同时，总督府为了警备边境，特购备飞机三架，平时则调查森林和水产，战时可用之为实地侦察。又在新义州、楚山、中江镇之间，开始计划新航空路线。这条航空线，试验航空已经终了，普通二三日的路程，用飞机只要四五十分钟。并拟将这条航空线延长到咸北道之罗南方面去。

一旦有事之际，比较重要的是大量货物如何能够很迅速的由船上搬到陆地上来。所以，改筑港湾也就成了国防所必须的工程。改筑港湾的工事计有清津延长现有的防波堤、城津扩张防波堤及停船的码头、釜山预备建筑第三码头、仁川建设第二码头、丽水建长防波堤、镇南浦扩张停船的码头、群山连络三个栈桥之停船码头为一线等等七大港湾改修计划。这些计划，从明年起，十年间完成，预算总工程费三千万圆。其中城津清津两港，与罗津筑港一同动工，均加工赶造。罗津筑港工程是同清津、雄基二大工程并称的，所谓咸北三大港工程就是指这三处而言。三处的总工程须三百三十四万人，工钱二百六十万圆，这是与国际局势结有不解之缘的计划。还有城津与丽水港之连络，也在计划改修；群山港之对岸，计划建设大长项港。此外改修河道的工程，假借救济农村之土木事业的名义，多到不可胜计。

朝鲜内地的治安，与日本的国防有密切关系，日本政府对于一这点非常重视。首先是决定在朝鲜之十道中各道设置警察部，这计划本年十月底预定全部完成，预算费是一万五千圆。不仅是增加思想系的警官二百名，并且对朝鲜的警察官特别教练关于取缔左翼运动的知识。同时，为了特高网之统一强化，凡属关于思想犯的检举，概归道警察部做中心而划一统制。

监狱也扩张了。全朝鲜现在有二十六所监狱，并且新建一所少年监狱，全部增加新看守三百名。结果，从来一个看守看管十个囚犯的，现在只看管七个了。

出版的检查也彻底的执行了。特别是南方的釜山和北方的新义州及图门［们］三处，检查输入的出版品特别严格。为使读者明了朝鲜最近革命运动的状况，特列举若干统计而加以说明。

先从一水之隔的“满洲国”说起。根据《朝鲜日报》的记事，抗日运动去年中凡六千三百九十八次，总动员人数达四十六万七千六百九十余名，其中与日本军队冲突者凡二千六百另五次，日本军方面，死者二六五名，伤者五六五名。抗日军方面，死者五六三名，伤者二二〇名。至今年五月为止，抗日军活动的数目已达七六〇次；在夏季青纱帐起的时候，这种活动是只有加多的。

抗日军的根据地在间岛，他们企图在这儿通过国境警戒线潜入朝鲜内地。朝鲜人中参加抗日者颇不乏人，去年检举了二百十三人，未被检举安全地潜入朝鲜内地从事活动者更多。

朝鲜内地的革命运动也增加了，今年三月一个月中，检举事件达四十二件，人数千四百名。由此看来，朝鲜的革命运动是根深蒂固的。今年的检举事件，不暇详细报告；只就今年的公判事件来说，也有不遑枚举之盛。这里记其荦荦大者如左：

朝鲜工作委员会事件（六十名）

襄阳赤色电气劳动组合事件（卅六名）

安东共产青年团事件（十八名）

遂安搔［骚］扰事件（十八名）

庆南赤化教育事件（廿一名）

永兴农业组合事件（廿一名）

新兴工作委员会事件（廿六名）

咸兴农民组合示威事件（百一名）

海州教员同志事件（少年秘密结社事件）

最近提出起诉的有下列各事件。

关北地方赤色劳动组合事件（以罗南、城津、清津、雄基等地为中心的劳动组织运动）

第二次太平洋劳动组合事件（三十五名）

全北共产党事件（十九名）

飞岛赤色农民秘密结社事件（二十名）

井邑赤色秘密结社事件（四名）

这儿只要看看这类事件的众多，便可以推测朝鲜革命运动的近况了。

再其次是朝鲜的工业化也不能离开国防的见地来看。从来朝鲜是日本的原料供给地，特别是为了日本的人口食粮问题而当作食粮的供给地。朝鲜对于日本的任务，是向日本提供工业原料，做日本的商品贩卖市场；同时，主要的任务是供给米粮。正因为这个原故，朝鲜的水利组合建设了一百九十四处，蒙利面积总计二十二万亩，每年增收八百万石米，其中五百万石缴纳于日本内地。

但是，最近终于放弃这个产米的增殖计划，而代之以多角农业、南棉北米和产金政策了。当然，向来供给日本人的食粮的朝鲜米是必要的；不过现在米也可以得自满洲，或者精制的高梁［粱］，也不亚于白米。因此，连费了大力并花了二百万圆创办费的三十所水利组合也付诸牺牲，而转换了新的方向——建设工业的朝鲜。要之，把单是原料品供给地的朝鲜转化为工业的朝鲜，是现今的显著的倾向。随着这一转向，日本资本家在朝鲜的活跃颇为可观。

首屈一指的是钟渊纺绩会社，为了要踏上独占轻工业的第一步，在光州及其他几处查勘了工场候补地。三井物产与丸大统制了南朝鲜的橡胶业。对于有三亿七千万余吨含有量的三陟无烟煤，三菱、东拓和朝鲜无烟煤会社三系正演着霸权争夺战。采金战线上面，牵动了东拓、三井、三菱、久原、野口、住友、复宫、森田、浅野等等大财阀。去年投资三千万圆，发出黄金六千万圆之朝鲜第一北镇矿，给三菱收买去了。三井统制了烧酒业，并在制粉界与三菱争霸；朝鲜总督府统制米谷与蔗草，都是以一种独占或统制的形态而发展的。

这些不能漠然的看作单纯的工业，而是与军需工业都有关系的。今年五月十八日日本工商省某种会议中，某局长曾经这样说过："陆军省和资源局方面，在军需工业上颇重视朝鲜，吾人特予以计划和调查。"所以，工业的朝鲜也可说是军需工业的朝鲜。

我们观察了朝鲜最近的动向而报告其概略；然而，无论从何方面看，统制朝鲜的政策，都时从国防的见地出发。照这样看来，大陆战争一旦发生，无疑地日本将以伪满为第一线而朝鲜为第二线。于是，先受到战争惨祸的，必为殖民地的群众了。

（原载于《新社会》第7卷第10期，1934年）

韩国革命利在急进

[韩国]明

一

一个国家亡了之后，其年代一年一年的增加，直是其民族底灭亡的程度一天一天加深的计算表了。所以勿论那一个国家或民族，一早被亡的时候，一定是急求恢复其生存权的。我们韩国民族，是有了五千年久远光荣历史的民族，到二十世纪今日，不幸被强盗日本帝国主义者侵寇，整个的民族，正在灭亡的火坑里过着。此时此刻的我们的父老同胞，急急的在那里，哀呼着苦痛，狂叫着自由。喉！国家亡了已经快三十年，我们的革命先烈，为着民族的独立自由，肝脑涂地，奋不顾身，前仆后继，忠贞杀贼，牺牲生命的已经有了八十多万的数目，这是多么悲壮、多么凄绝的事情呀！！但是国家还没有回后，三千万韩族底生死存亡之权，仍然被屠在五亿万元日本经济势力、二万名日本警察、四十八万日本移殖民、五万名日本的海陆空军的刽子手里了。敌国日本的东京大阪那边的政治家、军阀、资本家其他智识分子们，尚在绞脑计划着如何消灭韩国民族的方法吧了！！！

二

日本帝国主义者利用其科学的方法实行侵略政策之下，韩国民族的农工商的一切活动，无一不受其限制与操纵。所以韩族经营的大小工业，是日本政府与人民在暗显之间，合谋而破坏，阻止其发展。农业方面，运用其雄厚之经济设立公司，官民合力，专门收买强夺韩国农民底土地所有权，使韩民底农地日见缩少，更进一步韩族底农产物，是限制其价格，廉价而收买，使农民底收获亏本。商业方面，韩族底银行、公司、商店地经营，莫不受日本底大资金压迫之下，只是替日本大银行、大公司、大商店做经售代理而已，国际上的贸易，是谈不到自由经营而莫不受限制，一定来破坏妨害。如此如此的使韩族贫者益贫，转为乞丐，其小康者变为贫民，其富有者变为小康，韩族底仅有经济日益减削。韩族底经济基础的农民土地十分之四五，已经归到日本移殖民底手里了。日本侵略吾韩国三十年工夫，其人民的迁殖，已达五十万多数，其经济势力已超过韩族的所有了，这是多么可惊的事呀！！！

韩国民族原以半万年独立生活的民族，本有其独立的文化，如今日本帝国主义者，对于韩族底文化的活动，直是发扬其固有文化，创造其新文明，寻求其智识的机会等种种方面，莫不受其操纵束缚。对韩族底伟大历史事实，设法使之中断埋没，韩族底言语文字，想法使之消灭，韩族底教育，小学生以至大学生，百方巧计来限制他，务使韩族底智力不强。更进一步，于其强施之所谓同化政策之下，民族的意识虽未泯灭，而娴熟其日本言语文字者，其数已达五十多万，其未娴熟而略能了解的，亦复不少。这是多么可痛可悲可惧的事呀！！！

现在韩国民族的人口，虽然是每年增加三十多万，但是与日本人口每年增加九十万相比起来，其优劣强弱，实有天壤之判了。尤况日本是已经有了雄厚的富力，其人民的生活充裕、荣养充足，其体魄亦必日益强壮。反面[而]韩国是其富力日衰，人民的生活日穷，将饥不得食，病不能医，其体魄亦恐不强。并且日本民族则以富有者，其国民学不失时，求智之机会甚多，其科学的学问技术，日益发达，能适合于时代的生存。我们韩族是失学的人数，越往越多，求智的机会，每为敌人阻障，天赋的聪慧之质，竟不能自由发挥，而恐将落伍于人类的生存队伍里了。兴念及此，韩族的前途，实暗淡不寒而栗呀！！！

三

综上事实看来，我们韩族是恐怕没有希望了。那么，我们果然在此恶劣的压力之下，永远灭亡？还是生存？我们若是要生存，必先要有决心与方法和行动然后才行。那么，我们今日要首先决定的是什么？就是我们底革命的活动进行的方针，究竟怎么样？就是我们要用革命的手段来解决我们独立问题的时候，其所取的方针，要取缓进，还是要急进？这个是大家来要讨论决定的问题了。

现在韩国的都市或林野里，弥满着韩族人群灭亡的惨状与呼声了，看着、听着的人们，真是哀伤哭死了。人人都希望把这种现象要火速的解救出来的，这是我们整个民族共同的要求。不过同一事体，而其解决的方法调是不会同一的，这是犹如人面的相异。革命的方策中，主张缓进或急进，都有各个的理由与价值，古今各国的革命运动过程中，都有这个分别的议论。那么，我韩的革命数十年，对于这种问题，究竟讨论过没有？据我看来，客气一点说，我们的过去的革命是急进的，但自己的事情，不客气的说来，无所谓缓进或急进，没有讨论过、商量过。现在韩国民族的危亡，一天一天的严重下去，不能不把这个问题共同讨论决定，在共同决定之下，大家做标准，奋斗努力，这是革命运动者必取的态度。那么，韩国革命运动的方针，要怎么样？缓进呢？或急进呢？这两个问题中，我主张急进，而且特别的急进。为什么主张急进？现在韩国民族其民族的力量，不能说完全没有增加，在文化上、经济上、人口生产率、革命的意识等诸方面，的确是进步的。但是与日本的自由发展相比较起来，日本的力量是以几何学的级数突飞猛进，韩国的力量是以算术式的增加，越往越落后。被压迫的力量越弱，压迫的力量越强，这是物理的常则。我们的今日束缚不自由的生活，若再延长下去，我们的生存的希望越越薄弱了。所以，我看我们有些力量的时候，必须发挥非常的勇气，趁早想法，全国的同胞一齐起来，跟日本帝国主义者你死我活，血肉相搏，混杀一场之后，必有一条血路，为我民族的前途展开的。我们现在以赤手空拳来，与坚甲利兵的敌人日本相搏，则其杀伤必百倍于凡常，艰难亦多，所以或者可主张取缓进的方针，准备实力，等着机会，并以和平的方法取得参政权，自治运动等的鄙劣的手段来慢慢的进行，则人命的杀伤牺牲，亦可避免，其他的损失，也是不多。这种见解是完全错误的，民族对民族底生死相战中，人类历史以来没有这么便宜的事。人世间从来没有不流血而取得独立自由的事呀！况且我们民族正在日本帝国主义者灭亡政策之下，一年一年自然消灭于不荣誉耻辱中底可怜生命，何如大家一齐起来与敌相拼大流血一场，以争民族的人格，同时牺牲了的生命，牺牲于光荣的处所，这是可以完成民族解放伸张正义的方法。若是不顾一切蛮干凶干起来，则一时的牺牲损失虽然很大，民族的生路则必然展开。民族的独立能早得成功，一时莫大的损失亦可早日补充的，民族的独立自由提早一天成功，民族的利益早一天获得的。若是苟延残喘，图谋渐进或缓进的话，敌人不许吾人有机会准备甚么实力、什么活动。缓进的方法，是让敌人多增其实力的机会，而其于我们去益不利、事事被动的。急进的方法，是绝不让敌人造机会，而且我们自己处处自动的进攻的方针了。

四

我们底革命要取急进的策略，必须有若干先决条件。

其一，要有根本的精神的确立。革命者底根本精神没有确定以前，一切的行动随时流移，朝三暮四之间，革命的组织、革命的同志之信义莫能树立，自然而然革命的进展，是迟缓停滞的。我们的社会各种思潮激荡中议论纷杂，数十年革命阵线未曾切实统一的原因亦在此。那么吾人应该确立的根本精神是什么？民族主义的民主的建设就是了。一切一切的问题，都在民族主义民主精神之下商量。我们的环境，我们的经济的关系，我们的血统的相沿，我们的言语风俗习惯，我们的出生入死共同的历史关系等种种条件，迫使我们归一到民族主义民主精神以外，不让到其他地方去了。那么，我们的同志同胞、革命的根本精神，一概归到民族主义之下确立起来。

其二，革命阵线须统一，民众须组织。我们的同志东跑西走，革命数十年，革命阵线是还没有根本的统一。我们在共同遭难时，分处四方，地理、经济种种的关系，党的组织底分立，是目前不得已的事实，过去的错误，是都可互相原谅的。今后呢！万不可一误再误，我们应该在民族主义之下大同团结起来，集中力量，更且努力革命，只以小数先觉先知底有限的力量不能挽救若大的事业，必须注重民众的广大的组织，尤其是民族主义民主革命的民众组织起来。现在吾韩全体民族里，民族的情感意识是极端的浓厚，但是至为散漫，没有组织，没有组织的结果，力量拿不出来，革命因之以停滞。革命过程中，民众的组织是头一件重要的事。

其三，要注力民众的训练。我们的民众，在技术上、在行动上没有注意到训练的工夫。民众没有训练，则革命的组织化计划化的希望，是不能达到。革命而不能组织化、计划化，则革命的行动七零八落，革命阵线混乱，在在给予敌人以可乘的机会多，所以训练工作是革命运动上最可注重的事。

其四，创造机会而不要等机会。天下的人们莫不是为着自己民族国家努力。无论什么人，自己的事情是自己来做的。我们革命同志因为自己的力量太贫弱，万不得已的希望外面的好机会到来。所以年来我所听得论调是什么太平洋问题如何如何，满蒙的问题、中日的关系、俄日的关系、美日的关系等问题如何如何，都是我们乘敌（日本）的好机会。其实国际上任何的问题，绝对不是为我们用的，他们是他们，自有其利害，我们亡国的民族，是还没有自己的份儿，所以我绝对反对机会观念存留在我们脑袋里。必须在民族的自信力之下，一切的机会，自己制造起来，自求解放，除此之外，没有其他的方法了。

日本帝国主义者底满蒙政策日益扩大，韩族底地位四面包围起来了。我们同志都要猛醒起来飞也似的跑到正敌前线，争回我们的民族自由独立。

（原载于《革命公论》第1卷第4期，1934年）

日本铁蹄下之朝鲜侨胞

朴公

日本帝国主义者残害我们的侨胞，较任何帝国主义者为尤凶恶。近二三年来，在日本本岛、台湾及朝鲜各地驱逐侨胞，为数当以千计。最近除大批驱逐日本本岛侨胞七十余人归国而外，又于朝鲜颁布取缔侨胞入境苛例，引起我们现在侨居朝鲜的同胞的反对。前年因万宝山惨案而引起的朝鲜屠华惨变，全系日本帝国主义者阴谋操纵；此次更颁布苛例，公然取缔，侨胞所受的痛苦，将较前年的屠杀更为惨烈！现译本年（一九三四）九月二日日本《大阪朝日新闻》关于此事之纪载如左：

> 近年以来，移住朝鲜之中国劳动者，每年激增至三千人之多，朝鲜总督府根据保护朝鲜劳动者之立场，决定加以取缔。自九月一日起，除持有现金百圆，及有就职确实处所者而外，漫然来到朝鲜寻觅职业者一概禁止。侨居朝鲜之中国劳动者闻此消息，人心动摇。住居京城府内之中国人，于一日（即九月一日）午后二时起，在中国总领事馆招集大会，各中国商店亦全部罢市，举行示威运动，反对限制中国劳动者入鲜办法。此事，现已成为国际问题，其前途变化，被人注目。

所谓侨胞移住朝鲜每年激增若干人及保护朝鲜劳动者云云，全系日本帝国主义者自己袒护自己的一种欺人之谈。聪明而善良之朝鲜劳动者，及一般人民，无日而不受他的残杀、监禁与迫害。东京警察逮辅[捕]朝鲜劳动者及学生，每日为数当以百计，拷打暗杀，无所不至。朝鲜基督教人士，虽欲举行一圣诞节之集会，亦须受日本警察的严重监视。所谓“保护”，根本没有此事。而大批的日本帝国主义者无日不横行中国，如入无人之境。为甚么我们的同胞到朝鲜去作工，以自己的苦力维持自己的生活，还要受野蛮无理的苛例之限制？我们应该一致奋起，援助我们的侨胞，粉碎日本帝国主义的凶恶压迫！

（原载于《老实话》第 47 期，1934 年）

日本国防与最近之朝鲜

[朝鲜]金斗镕
张友渔 译

这篇东西虽然很简单，却也可以看出日本帝国主义是怎样地准备着世界第二次大战，尤其远东大战，以及殖民地朝鲜之革命的民众又是怎样地从事于英勇的革命运动了！

也许有人以为朝鲜合并于日本已经过相当的长期间，朝鲜民众应该不会再被日本统治阶级岐[歧]视了，然而事实上究竟怎样呢？

金斗镕氏本人是朝鲜人，我们且看在本文里说了些什么?!

原文有不少的“伏字”，都经译者依上下文义给补上了，这当然是不免有错误的。

（一）

所谓一九三六年的危机，已迫在目前；这对于朝鲜的意义，愈加重大化了！最近日本的朝鲜统治政策，便是从所谓防备一九三六年的危机之国防的观点出发而被策划着的。这种倾向，将要彻底推行到政治、经济、文化及其他一切方面。究竟这些政策将要被遂行于怎样的程度呢？现在正遂行于怎样的程度呢？关于这一点，我愿略述其梗概。

（二）

比较甚么事情，都应该首先知道的是，日本和朝鲜的连络，要是不充分的话，无论做甚么事，都是不妥当的。所以就那成为日鲜连络之物的条件的交通运输而观，则有增大日鲜连络的大干线京釜（京城至釜山四五〇·五粁）、京义（京城至安东四九九·三粁），西干部和北鲜铁道，并国境地方的图们线之速力的计划。据说，工程费总额的预算为七百七十万元，自本年起，在五年期间内完全实现。本年度，先以一百四十万元的预算，着手京义、京釜线及图们线的工程（京义、京釜线分配一百万元，图们线分配四十万元）。主要的工程，据传是更换铁轨，增设自动信号机，改良铁桥，增设添水的水槽等。据铁道当局所说，则现在朝鲜铁道比较起日本内地铁道或“满洲线”来，速度是非常慢的。那是因为车皮的重量太重，而铁轨的抗压力不足。所以仍照现在的铁轨这样，则（釜山安东间）一小时的缩短，也是不可能的。想要比一小时更缩短，尤其不可能了。因此，为了准备一旦有事时交通便利起见，实行了亘于全线的大改修。

其次，又有完备所谓国境道路网的计划。这一计划的内容，大体如下。即以预算总额一万万元的工程费，而从事于国境地方（平安北道、咸镜南北两道）的连络通信机关之完备及交通机关之整备；开拓纵断奥地鸭绿江岸横断道路；使一等路开通，而能毫无阻碍地用汽车运输。和这一计划同时，在朝鲜总督府，并有为了警备国境，购入飞机三架；平时，则用以调查林野水产和实地侦察，以及开始新义州、楚山、中山镇之间的新航空路计划。

这航路既已试飞过了，普通须费二三日工夫的路程，驶用飞机，则仅四十分钟便够了。这一航路，不久将要延长到咸北道之罗南罢？

（三）

再其次，在紧急的场合，比较什么都紧要的，是能够使大量的货物很快地卸岸，因此改筑港湾使适应这种需要，大概是有必要的。于是关于改筑港湾，则有改修清津（延长现在的防波堤）、城津（扩张防波堤及系船岸壁）、釜山（第三码头预备工程）、仁川（第二码头之建设）、丽水（延长防波堤）、镇南浦（扩张系船岸壁）、壁山（连络三个栈桥之系船，成为一线）等七大港的计划。据说，这是自明年开始的十年计划，总工程费预算三千万元。就中，城津、清浦两港和罗津筑港并行，而火急地着手了。罗津筑港这一工程，和清津、雄基的大工程，共被称为咸北三大工程，是需要夫役总人数三百三十四万人的大工程（工资总额二百六十万元）。这些工程，不待说是和国防结合在一起而被计划着的。又有为了又连络城津和南鲜之丽水港而计划着改修城津的工程。此外，在群山港的对岸，也计划着建设大长项港。而河川改修工程（在救济贫民土木事业的名义下），还多得很。

（四）

和这些国防工程密切地结合着的，是在朝鲜内地的所谓维持治安的事情，非常地被重大了。首先，在朝鲜十三道，每道各计划设置一个警察队的驻所。

预定在今年十月底完成，而经费预算则为一万五千元。从而不仅增加了二百名以思想取缔为目标的警官，并且为了灌输给全朝鲜警察官以应付左翼运动的知识而编纂了警察用的小册子等分配于各警官。同时，为强化并统一特高网起见，思想犯之检举，由各道的警察部为中心而采取着统制。对于看守所，也加以扩张。在全朝鲜二十六个看守所和新设的少年感化所增设了三百名看守。结果，向来每一人看管十个犯人的看守，现在变成每一个看守只看管七八个犯人了。

再则对于出版物和书籍也澈底实行着检阅。尤其在南边的釜山、北边的新义州和图们这三个关口，对于书籍输入的检阅，是毫不宽假地实行着的。为了阐明朝鲜现在革命运动的情势及统治阶级压迫的情形，试拿统计来加以说明。

首先来看和朝鲜隔一衣带水的所谓“满洲国”内的反“满”运动，则据《朝鲜日报》今年二月一日所载记事，仅奉天省内，昨年一年中的反“满”军之活动次数，便达六千三百九十八次，而所动员的总人数，则达四十六万七千六百九十余名；就中，和“满洲国”军队冲突的次数，为二千六百零五次，据从“满洲国”方面，牺牲者有二百六十五名，负伤者有五百六十五名，反“满”军方面，牺牲者有五百六十三名，负伤者二百二十名。到了今年，则仅前五个月，反满军的活动次数便有七百六十次，而入夏以后，青纱帐起，反“满”军的运动当然愈加激增了。

在日本，把这种反“满”军叫做“匪贼”；所谓“匪贼”讨伐等新闻记事，是我们所常能看到的。但实际呢，这些所谓“匪贼”，并不是日本所谓“马贼”，这是现在更不待说的了；他们多数是带着社会主义的色彩之所谓“抗日救国军”。

他们的中心地主要是在间岛。从这个地方，突破国境的警戒线而要潜入朝鲜内的朝鲜的社会主义者，也不仅一二人而已。昨年一年里的统计，表示着有十九次这样的事情，总人数为二百一十三人。这个不待说是潜入或要潜入而被发觉的人们，至于没有被发觉而平安无事地进到了朝鲜内的人们，也是很多的罢！

更就朝鲜境内的革命运动而观，则大量地革命运动的次数达二十几次之多；而被检举的事件，则在今年三月一个月内便有四十二件，牵涉到的总人数达一千四百名的样子。即就这些事情而观，也可以明了朝鲜的革命运动是怎样地根深蒂固了。这些运动的新倾向和在过去以理论斗争为中心的时期不同之点，可以说是它已经成了和大众的革命运动结合在一起的农工革命运动了。关于这些历次被检举的事件，现在不能一一列举，但仅就今年被交付公判的案件而言，便有朝鲜工作委员会事件（六十名），襄阳赤电动劳组合事件（三十六名），安东橡皮俱乐部事件（十八名），遂安骚动事件（十八名），庆南教育赤化事件（二十一名），永兴农民组合事件（二十一名），新兴工作委员会事件（三十六名），咸兴农民组合示威运动事件（一百名），海州教员同志事件（少年秘社组织事件）等八案；而最近被送到检察处了的，还有关北地方赤色劳动组合事件（以罗南城津、清津、雄基等为中心的劳动组合组织运动），第二次太平洋劳动组合事件（以兴南窒素肥料公司为中心的三十五名），全北共产党事件（十九名），羽乌赤色农民秘密结社（二十名），井邑赤色秘密结社（四名）等不遑枚举的许多事件。仅由于这些事件，也能够察知朝鲜境内的革命运动之一般[斑]了罢！

（五）

最近，最重要的事件是朝鲜的工业化。这也是不能不从国防的观点去观察的。从来，朝鲜被认为是供给日本原料的地方，特别是为了解决日本的人口食粮问题而当做食料供给地的，即“朝鲜对于日本的任务，是供给工业的原料，且做为他的商品贩卖市场；同时还有一种主要任务，便是供给白米”。

诚然是这样，为了供给白米，在朝鲜设立了一百九十四处水利组合。据说享到水利的田地之总面积计有二十二万町步（按，一町为三千方间，一间为六方尺），从这些地方每年增收八百万石米，其中有五百万石必须纳诸日本内地。因此，政府使水利组合很快地设立起来，而愈说到朝鲜，则愈想到朝鲜米那样大量地产米了。但在最近则放弃了这种产米增殖计划，反唱出所谓向多角农业去呀、南棉北米呀、产金政策呀等口号。不待说，为了日本食粮问题，朝鲜米曾经成为必要。但现在，米这东西从满洲也可以取得；并且由于精制满洲的有名的高粱，也可以获得不劣于白米的优良的食品，所以连费了二百万元的创设经费、树立了相当基础的正在建筑中之三十处水利组合都牺牲了，而声明了土地改良事业之中止。其所转换的新方向，是所谓工业朝鲜之建设。结果，从前单做为原料品供给地的朝鲜，现在要使他化为工业的朝鲜了。这是目前最显著的倾向。随着这种倾向，而日本的资本家之向朝鲜的进展，也很惹人注目地活跃起来了。首先是钟渊纺织公司，迈出了轻工业独占之第一步，在光州以外，正在勘定几处地方作为候补地；其次，三井物产公司和丸大开始统制南鲜橡皮事业；三菱公司、东拓会社、朝鲜无烟炭公司，对于持有三万万七千余万吨的含有量之三陟无烟炭正在做着。承购的争霸战，在采金战线，则东拓、三井、三菱、久原、野口、住友、复宫、森田、浅野等大财阀都开始活动了。昨年一年中，投资总额既已达二千余万元，被采掘了的黄金额为六千万元，而所谓朝鲜的第一金矿之北镇金矿，则为三菱所承购。此外，三井对于烧酒事业之统制，东拓向北鲜羊毛生产之进展，三井和三菱在面粉事业上之竞争，以及水产业之共同贩卖，甚至朝鲜总督府对于米谷筵制造之统制等澈底的统制，在各方面被实行着。

但这些不单是漠然观察所谓工业朝鲜，而是从军需工业上最重视着的。从今年五月十八日起，曾在工商省举行矿山监督局长会议八天，出席于该会议的石田矿山课长曾很明白地说："在陆军省和资源局，则从军需工业上最重视朝鲜，而实行着对于朝鲜的计划和调查。"

由以上所述，我们很大略地观察了朝鲜最近的动向。而看到他的任何一场面，也可以明白贯串朝鲜的统治政策的，是国防的见地罢！

（原载于《世界论坛》第1卷第17期，1934年）

世界大战与满蒙

田守信

一、世界大战爆发的必然性

世界大战“未响”的炮声，已响彻了世界人士的耳鼓。这无论从日本军费预算之可惊的增加，或是从美国最近大海军计划案之成立，以及英法等国海空军之扩张计划，以至英美日在太平洋上海军根据地之竞建等来考察，在在均足以证明。日俄形势之紧张，俄“满”边境军事设备之积极，日俄战争，几有一触即发的形势。德法之尖锐对立，德国之骄傲与狂暴的气概，与其对法之报复的雄心，德法之间随时都有爆发战争之可能。战争无论爆发于日美或日俄，或是爆发于德法，而战争爆发之后，将立刻牵涉到广大的范围，形成了各国与各国间的冲突而变为世界战争。是世界大战无论在欧洲与亚洲，均已呈露了不可避免的爆发的危机。

在各列强间，日本自然是在努力的促进着战争，制造着战争。日本是将要毫无顾惜地登上大战的阵角[脚]。而英美法各列强，一面似乎有所顾忌，想避免战争，但同时却又在制造着战争，促进着战争。这是一种矛盾，然而这是一种无可解除的矛盾。各帝国主义者在第一次世界大战中自然受到了深刻的创伤与教训，战争原是破坏与损失。然而在目前的阶段，却又不能不负着创伤，步上第一次大战的覆辙。可是中国呢，战争于中国没有丝毫的利益，所以中国并不愿意战争，要避免战争，然而战争要找到中国的头上来。各列强要在战争中争取中国的利益，中国在战争中只有丧失生命，丧失权利，而列强却是为了争取和掠夺中国的利益而战争。是以不问列强对战争的态度如何，吾人应该根本反对战争，反对侵略。因有战争对于中国只是绝对损失，绝对不利。

世界大战之必然爆发，已成为世人周知的事情。但战争究将爆发于远东呢？抑将爆发于西欧呢？回忆自九一八事变，日本于远东发出了世界大战的第一炮,全世界便立刻呈现了紧张与动摇的状态,日美冲突与日俄恶化,已达一触即发的形势。而德法之间固已形成一种尖锐对立之局面,但德国自问并未具有一举而战胜法国之能力,即在最近将来,恐亦未必可能。是将来大战之爆发,将不在欧洲而在远东。此种趋势已成为世界人士之共见与共感。然大战究将爆发于日美抑将暴发于日俄呢?此为世人急欲明了而又未能遽然肯定之问题。盖日本之吞并我东北,无异对美之正面冲突,美国于十余年来于九国公约保障之下,在远东实获了不少的利益。是《九国公约》一方面成为美国远东利益之保障,而另方面则成为对日的威胁与压迫;此为日本十余年来所不能忍受而又不能不忍受者,亦十余年来日本所每欲报复于美国者。九一八事变,日本实撕碎了《九国公约》,此又为美国之所不能容忍;此由美国前国务卿史汀生一再申明美国的立场,谓"美国不承认日本以武力在满洲造成的任何局面"之宣言已可证明。罗斯福登台后,对于史氏主张并未有丝毫变更。九一八事变后,美国一切内政与外交上之措施,莫不以远东问题为出发点。美俄复交与美国最近通过大海军计划案,均为对远东问题而发。严格说来,当为对日而发也。由此考察所得之结论,则大战之爆发殆将开始于日美也。

此种事实,吾人固不能否认,一·二八上海事变之后,日美冲突已达到极度尖锐化。盖日本自九一八炮声燃放以来,对中国进攻即采取一种试验主义,逐步以美国以及各列强对日态度及其能力而确定其侵华步骤。起初日本之侵略满洲,是以进攻苏俄为条件而获得了美国与各列强的同情的。盖日本之侵略满洲,基于其大陆政策之野心,乃为其必然的行动与步骤。此日本所以视满洲为其生命线也。此行动之结果,一方面是对美国以及各帝国主义在华利益之争取,一方面则是建立了进攻苏俄的根据地。但一·二八事变以后,日本以未履行其所允许于各列强的条件,以是在国际间遂处于孤立的地位。于此日本自不得不谋脱出此孤立的环境而缓和各列强对日的关系,因而亦即不能不履行其进攻苏俄的条件与任务,于是日俄形势遂告紧张。

根本说来,日美冲突无论达到如何尖锐程度,究非日俄间之不可调解的冲突。在某种场合,日美间是有其一致的利益的。在国际形势某种变动之下,日美间便立刻有联合协作之可能,此种联合与协作与美俄之联合是具有本质上的不同的意味的。而日俄以政治上的绝对相背,乃为永远不兼容的敌对与冲突。苏俄于一九三三年以来,对欧洲各国尤其与其境界毗连之各小国间均已缔结互不侵犯条约,此为世人所公认的苏俄在外交上之大成功,于此苏俄确已从危难孤立中走上安全的道程,而其第一、第二五年计划之成功与遂行,又成为苏俄发展强大之基本条件。此对于日本实为一大威胁。盖苏俄之发展强大对于日本之侵略主义即其所谓“大陆政策”的遂行上，是一严重的打击，甚至成为日本帝国主义之存在上的致命伤，美俄复交后，日本亦觉自身之孤立与恐慌，对美自不能不表示其和缓的态度。而欲唤回列强对日的信任与脱出此孤立的环境，则又不能不加紧进攻苏俄也。此由纠纷已逾一年之中东路问题，以及俄“满”边境之严重形势已可证明。而日来各报所传广田赫尔间互换书简事，又可证明日方在急谋日美关系之和缓，于此吾人可以确信世界大战发生之可能已由日美转移于日俄了。

二、日美换文与世界大战

自日美互换非正式交换文件消息传出后，颇引起世界各方面之注意。欧洲各方面咸认此为世界和平之好消息，惟吾人则未敢遽信也。倘吾人认此为日本放弃其所谓“东亚大陆政策”，或缓和其此项政策之进行，则为绝对错误之观察。盖日本目前政策以其东亚大陆政策为原则，须缓和其对美的关系，而以“努力健全并发展满洲”准备以专力对付苏俄为目前急务。日外相广田弘毅之登台，即以此为其外交上之中心任务，而斋滕博使美之中心使命，则又为“获取对美关系之改善”。斋滕大使于赴任之初，即以日美换文之事件闻，日本急谋对美关系之改善之意志，殆甚显然。

日美换文，如谓日本具有此项迫切之要求则可，如谓日美双方均具有此项要求则不可；如谓此事具有确切之实现性则尤不可。严格言之，谓之为日本之单恋，亦不为过甚之词。吾人考察广田与赫尔间互换之函件，则亦不过为外交上一般常套。吾人再进而考察日美换文内容，可分为以下四点：一，修改美国排日移民法；二，美国承认“满洲国”；三，美国批准菲岛独立；四，日美间维持伦敦海军会议协定之海军率。吾人姑不问美国是否接受此项条件，自日本自动提出维持伦敦会议协定之海军率，将来能否实行，又谁能担保！（日海军省曾声明否认日本放弃海军平等之要求。）又何况美国焉能无代价的放弃其一再坚持之不承认主义而承认“满洲国”。考察换文内容，实无美国所必需或使美国认为满意之条件，而吾人亦从未发见美国准备放弃其对满洲不承认主义之意向。俄报论及日美换文事件时谓：“日本帝国主义欲借广田致赫尔之函件，探悉彼所希望者为何，以及所必需或恐惧者为何。以四十年时间努力巩固其自身在太平洋地位之美国，决不能为投东京所好，而将该项地位无斗争而放弃。日本此次外交行动，表示太平洋上帝国主义矛盾之严重化，同时亦表现日本为准备对亚洲大陆军事搏战而进行疯狂的外交工作云。”俄报谓日本帝国主义欲借广田致赫尔之函件，以探悉彼所希望者为何，以及所必需或恐惧者为何。然吾人就赫尔复广田之函件观察，则美国亦同样“欲借此以深悉日本之意志以及彼所希望者为何，与所必需或恐惧者为何”，为具有同样的确切性。赫尔或亦将为俄之对中东路问题般的玩一套聪明的外交把戏也未可知。（中东路问题，实俄国愚弄日本的一套外外把戏。）由此吾人可以证明，日美换文确不易达到实现的境地，因而世界和平亦未见有若何之好消息也。

退一百步说，即日美换文果能实现，究能造福于世界和平乎？日本果能立即停止其疯狂的侵略行为而放弃其大陆政策乎？吾人于上文已经言及，日本意向，不外谋取对美关系之改善。而对美关系之改善，乃正是说明将集中力量于对华之侵略与对俄开战之准备。日俄战起，势必引起不可逆料的范围扩大之战争而终致造成世界大战。

三、田中政策与满蒙

第二次世界大战的导演者兼主角的日本，自九一八以还，其工作即已开始，伪满洲国之成立，为其第一步工作之告成。此工作盖基于前内阁大臣田中义一拟具之东亚大陆政策。而日人口中之所谓“满蒙政策”又为大陆政策中的第一步工作，而大陆政策全部工作能否展开与完成，则全视其第一步工作以为断。以是在日人眼中，每视满蒙为其生命线。满蒙就其地位上来说，既接近日本，复与朝鲜接壤，于日本对华侵略上为最便利。而北临苏俄，南接中国本部，日本无论于侵华侵俄，均为其必须据有之根据地。且满蒙又为太平洋西岸之广大富源，此其所以又为世界大战中必须握取之重要地区。就经济上来说，满洲为一食粮、矿产、森林之富产区，蒙古为一未开发广大的富源，此日本所以视满蒙为其生命线也。

基于日本之大陆政策，吞并满洲后则继而袭取东蒙与西蒙，再则为华北之全部以至中国之全部；北之西伯利亚，南之菲律滨以及南洋群岛，而成为独霸远东的东亚大国，此日本东亚大陆政策之最后完成，此亦日本之疯狂与野心之暴露也。吾人于考察日本之大陆政策时，当知中国全部之成为日本侵略之对象，已成为日本所企图吞噬之物。日人之所谓“非常时”乃系准备战争与准备侵略之“非常时”也。

由此吾人可以知道，日本基于其大陆政策之野心，自九一八事变以来，即努力扩大其侵略工作，于占领满洲后，继而进占热河。外相广田于申明其对华外交政策时，谓“在于扶持满洲经济之健全的发展”，此谓为“对华外交政策”，毋宁谓为“大陆政策”之发挥。所谓“满洲之健全的发展”与“对美关系之改善”，乃系出发于同一基点之同一工作之不可分离的全部。盖日本欲以专力以对苏俄，则不得不改善对美关系，欲以侵略蒙古，则不得不健全发展满洲。日本一年来在外交上之努力，盖即以此问题为其中心，而日本之外交政策，又每与其所谓“满蒙政策”为相辅之进行。广田弘毅每作豪语，谓“不用武力而取胜利”，盖即指以外交手腕以打开对美僵局也。

满洲之健全的发展，不仅可以救济日本经济恐慌之一部，而在其对俄战争与在世界战争中均为唯一重要的军事根据地。观于日本对“满”军事上充分的准备与实业机关之建立、经济的开发与交通的建设，均可作为事实上的说明。再观于三月廿五日各报所载“近来日军陆续集中北满及北韩，似准备对俄一拼。苏俄飞机队屡次出没边境方面，侦察日方军事布置”，以及苏俄动员四十万红军，以日本为假想敌之操演。日俄形势之严重，可见一班[斑]。

四、日俄战争与蒙古

日本自去岁年终复进占我察省二、四两区后，即陆续增兵，积极建设公路，建立飞机场，对当地民众并作种种搧[煽]动与拢络，以作进一步侵略之准备。当内蒙自治运动酝酿时期，日方即施其狡猾诱惑之手段，召西蒙各盟王公赴东蒙秘密会议，企图引诱垄断西蒙各王公。近日又复开到日军一师团。日前日机连日飞赴赤城、云州等处侦察，日军官原野中将组织之“入蒙调查团”已历锡林果[郭]勒盟及乌兰察布盟，日本积极谋我西蒙之野心已显然若揭。（自然不仅西蒙如斯，即华北全部实亦岌岌可危也。）

日本之积极谋我察绥，吾人应知日本正不仅在于占领西蒙，日人觊觎已久之吾山西煤田，实为日人所急欲谋获者。盖山西有面积广大含量丰富之优美煤田，东北三省实未有可与山西媲美之煤田也。

日本之谋我西蒙（即察哈尔、绥远）固已成为彰明皎[胶]着之事实，但日人野心却不止此，吾人于上文述及日本之大陆政策时即已言及，日人将由蒙古而侵入苏俄之西伯利亚，于贝加尔湖之东仍为利用溥仪故技以利用白俄建立“白俄独立国”。日本为夺取西伯利亚以及获取对俄战争之全部胜利计，而首先夺取全蒙（内外蒙）以为其进攻根据地，乃势所必至者。反之，苏俄为抵御日本之进攻，亦必先夺取外蒙。在此，有领土主权的中国，已无过问蒙事的资格，而任人之争取与掠夺。此吾人不得不加以深切之注意而知所警惕者也。前苏俄举行四十万红军大操演之布置，即设有外蒙古集团，其主力根据地即为库伦，而该处兵力则为苏俄红军与外蒙新偏[编]之骑兵混成旅团。蒙古乃系属于中国之领土，今乃为苏俄主要防区之一，俨若苏俄之领土然。于此在日俄大战中蒙古将沦于如何命运,则不难想像也。

总之,日俄战起,无论胜负谁属,内外蒙将不复为我之所有乃为显明之事实。

…………

一九三四,三,二八

(原载于《新蒙古》第1卷第5期,1934年)

朝鲜独立中国应负援助的责任

碧石

朝鲜独立中国应负援助的责任，这句话并不说得过火，而是中国所须要的。因为关于中国安全的保障，实要援助朝鲜独立的必要。否则朝鲜一天不能独立，则中国也一天不能谈说安全的。

我们要明白朝鲜的国土与中国国土的睽[揆]离，只在鸭绿江之两岸，在军事地理上来说，朝鲜实为中国东北的屏障。当日本丰臣秀吉掌握军权时，丰臣秀吉曾拟入寇中国，因为朝鲜政府所阻，卒不得志。故中国之存在，实赖朝鲜之功。

其次，以历史关系上来说，朝鲜的民族，乃是商之箕子的后裔，彼此血统的关系，占了历史悠远深长的一页，而彼此民族的亲善，自秦汉以降，便有显著的成绩。尤其在朝鲜太祖王建以后，归为中国藩属，永受中国的册封。

再其次，以文化上来说。朝鲜的文化，即是中国的文化。并且中国文化之得宣扬于东亚，实赖朝鲜之手。如中国的《孝经》《论语》，全由朝鲜而传新罗、百济，更由百济而传于日本。故朝鲜实为中国文化的功臣。

基上数点来看，可知朝鲜与中国的关系，在东方任何的民族也不会超越此关系而更密切的。朝鲜之亡，即中国之亡，谁敢讳议。

以现在中国所造成的零落局面来看，表面上似乎是中国的民族、经济、政治、军事的衰落而日本的民族、经济、政治、军事的发展所形成的。但究其主因，何尝不是由朝鲜间接所造成的呢。要不是获得了朝鲜的经济，日本工业何能一飞万丈而占据了中国的市场。没有朝鲜优越的地势，日本军力何能直捣中国的东北。再进一步说，假如没有朝鲜的金矿、煤矿、森林、参圃、大豆、桑蚕、米麦对于原料的供给，没有朝鲜的南侵中国、西攻苏俄的地势，我教你骄横到若何地步，而“与任何国对拼，亦所不计”的话，决不会出于日帝国主义者之口，我敢断言。

由中国植壁那几千年的文化之花，结几千年来那东亚人类和平之果，而今统被日本军阀的武蹄践踏无遗了，并且就在中国的横行，不时惹起俄英美的侧视，那一九一四年的炮弹，谁敢肯定不会于明天或后天而再爆发于我们之前呢。

我们若想战争之销灭，只有维护中国的安全。维护中国的安全，只有销灭日本的暴力。销灭日本的暴力，只有朝鲜的独立。朝鲜独立，只有中国的援助，这是一贯不断的步骤，舍此无他途。

中国援助朝鲜的独立，无论对日本，对世界，全是合理化的。其理由分述如下：

（一）建立在整个地球上的国家所需要的是什么？不消说就是和平而不是战争了，是互相亲善而不是互相仇视了。然而现在日本所造成世界的局面，是否合乎世界各国所需要的原则呢？中国本此维护世界和平的原则，对于日本暴力销灭，自不能不要负此艰巨之责。而日本暴力之所藉，实是在非朝鲜便不能不要予以助力而使他独立，以销灭日本暴力的膨胀，而扶世界达于和平之域。

（二）世界人类所需要的是自由，而不是被压迫，是平等而不是被奴隶的。现在朝鲜的民众，除了被宰割和枪杀了外，所谓生存实比牛马还赶不上，何尝得到半点平等与自由。故中国本此人类自由平等的原则起见，对日本非法的行为，自当予以抑制，而援助朝鲜的独立以使朝鲜民众登于自由平等之域。

（三）朝鲜的独立，是在一八九四年中国与日本在马关互订条约而承认的。条约的第一条“确认朝鲜为完全无缺之独立自主之国”。既互相订立，自当互相遵守，不容多议。然而朝鲜现在是否独立呢？是否完全无缺之独立自主之国呢？故中国为履行此条约的义务，而昭彰信义于世界起见，对于朝鲜独立的援助，责不容卸。

（四）国际既容许中国有领土完整的权利，则中国自当有维护领土安全的义务。然而东北已在日本军阀铁蹄下蹂躏殆尽了。东北是中国的领土，领土之被蹂躏，厥咎谁负，故对朝鲜之予以独立而销灭侵略的暴力，乃是中国对于领土所负的责任。

理由既如上述，则中国之对朝鲜独立的援助，不但对日本、对世界是合理化与名正言顺，而且也是中国目前急须的义务。否则不只对世界、对人类对领土有背己职，就是立于黩武的日本帝国主义者面前，也要赧颜羞死啊。

（原载于《亚洲文化》第 2 期，1935 年）

苏联的社会公意与日本

[苏联]拉狄克
季平 译

苏联和日本的外交,现在虽然已将两国间足以引起许多争论的问题从事解决了,但这个却使一般国民对于苏日关系中诸问题的态度,却是难于开口。因此,最好的方法,还是揭开这些具体的日常问题,不掩盖的说出许多苏联国民关于日本的意见以及苏联对于日本的态度。

普通群众对他国的态度,常常是有关于历史的回忆、共同的斗争和彼此反对的斗争,或是此一民众对被一民众过去的影响。苏日关系,在历史上并没有很多的纠葛。在日俄战争以前,两国民众甚少接触。日俄战争,在苏俄民众意识中未曾留有深大的痕迹。他们将失败归责于沙皇及其劫夺的政策,并将战争贫困所引起的疾恨,也集中于沙皇。较大的痕迹,遗留下来的,要算一九一八年至一九二〇年的悲痛事件①,但那个也是日本与这事件的许多其他参加者站在一起的。一九二三年的大地震,对日本人民引起了恳切的同情,而地震后日本善后的伟大毅力,对日本人民组织的和技术的灵巧,更引起了崇尚的尊敬。苏联民众完全抛弃了"欧洲人"对日本的态度,不分清[青]红皂白的抱着畏惧日本武装的观点,完全歧视亚洲人民。苏联人民的一显著部份,是属于亚洲,我们也欢喜,我们的国家开展于东欧和东亚两部。这个给了我们一个大的历史的演进,因此我们的民众对亚洲人民也表示同情。

一九三一年以后的事件,引起了苏联广泛情绪上的摇动。假使我要断定日本在满洲的政策是引起了我们任何的同情,那是一种不诚实的说话。训练我们群众之文化的国际性质,勤勉的中国人民从他们那里所享有的巨大同情,不允许我们工农赞成日本的政策。但这些群众是了解大的历史教训,他们很

① 即日本和其他列强干涉俄国革命的事件。——译者注

现实的判断，知道一切人民最主要的是应自救，正如工人阶级的解放，只是他本身的事业一样。

对满洲和上海事件的惋惜，很快的即为巨大的恐怖所代替了，这一恐怖的由来，即是日本少许实力者关于夺取苏联远东的宣传。因此苏联政府采取增强我们滨海国防的方法，是为民众特别热烈的接受了。关于远东军——我们防卫之“坚固柱石”的歌颂，是成为民众的歌颂了。我们民众对于航空舰队的爱护，恰如爱护自己的婴儿一样。在这些情绪里面，并没有一分的侵略观念或企图。但人民是大的现实主义者，他已计算到了危险是在没有充份的防卫，反之，有了防卫——据我们人民的见解——才不至招引他人染指。

苏联政府之坚决防卫的，同时也是调和的政策，已得到了民众一致的拥护。中东路出售的价格自不能说是使他们满意，因为农民是不喜欢做亏本生意的，但苏联政府的权威和民众对斯大林指导正确的深切信仰，使不满意者了解，评定好的商人不应根据某一生意之有利或无利，而应根据其全盘贸易的总结。民众相信，苏联政策是向前进的，它同时是弹性的和坚硬的，它现在保卫国防，将来并为和平工作，为调和远东利益工作。

苏联民众以深切的兴趣，静观世界冲突、世界列强政策的发展。我想苏联民众对世界事件的估计，较之伦敦众议院中的大人先生们还要精确。这个并不是来自学问，在伦敦的学问，并不如实际生活经验的伟大。这些群众很能知道旧的苏俄近十五年来是如何长成起来的，他们庄重的感觉一种积蓄起来的力量，这力量现正焕发于他们血管之中，并增强了他们骨格的锐气。关于这力量可以告诉他们的，还有我们庞大的正行增长的工业、农村的普遍改造、红军、以及我们在欧洲占有的地位、苏联之被邀入国联、美国之承认、英国政府代表之访问莫斯科和法国的协约。他们将这些事情看作是对于苏联力量的贡品。但他们很严格的估计其他资本主义列强的贪婪的利益，并不愿意为任何人掏出栗子来。由此即可知道他们对于苏日将来关系发展的态度。他们希望中东路的变卖，可以作为我们与日本间良好的、善邻的关系的开始，使两国得到利益，除了在日苏矛盾中投机取巧者外，任何人都无所伤害。

假使这个善邻的关系能够建立——苏联民众知道苏联政府将不折不挠的致力于此，则将来的一切无有不能成功，我们准备国防，不清谈任何战争，因此不相信任何人民愿意战争。我们深深的相信人民理智的胜利，这理智大家知道，价值的创造，不是战争，而是解放了的劳动。并且我们也深深的相信，将来伟大的日本人民是与伟大的中国人民和苏联人民利益的协调，而不是与他争战。我们是信仰理智，而不是信仰中世纪偏见的国家，因此我们相信理智的胜利。

苏联国家人民和我个人如此认为，发挥这种观点作为两国相互了解的资料，是胜于玩弄外交的手腕。

我想再补充一句，理智的胜利是常见的，只要克服了很笨重的虽也是愚蠢的阻碍，但它总是胜利的。我们民众的这种信念，是绝对的正确。我深深的相信，在他们和坦白的日本人民间将建立兄弟的关系。我们对于这点，将进行一切的工作。

（原载于《苏俄评论》第9卷第2期，1935年）

苏俄与日本在远东的关系

——将为和平呢抑或战争呢?

培新 译

关于日俄战争这件事,许多人已经讨论了好久,现在可以说已经成为一件公开的秘密了。有许多人希望着日俄战争,他们所以会有这种希望,可有两种解释。第一,他们认为日本帝国主义与苏俄共产主义是两个重大的世界问题,日本和苏俄的战争,经济上的损失必然会引起革命事变。此事变在他们看来恰好可以解决这些严重的世界问题。第二是我们常常所听到的"日本帝国主义者必须要有一种武力制裁它,我们正希望着俄国来担任这项工作"。可是据莫斯科方面观察,日本与美国间的战争在现时是不可免的。东京方面的外人也有同样的感觉,他们认为日本破坏华盛顿海约、九国公约,使日美两国关系严重的恶劣化,为日美发生外交关系以来所未有。关于英日两国的关系,几年来因为日本商品侵入英国市场,所以一天一天尖锐化了。但是英国在表面上总不愿失和于日本,仍然保持着两国间的友好,只希望在日俄战争或日美战争期中收回应有的利益。

石原贸易运输公司经理石原氏(东方商业界名人之一)最近著的《新日本》一书,赞助日本采取各种可能促进日俄互让的方策,期望俄国有所转变。他在《新日本》里说:"倘使苏联在远东的工业和军备的设置上少卖些气力,集中全力向波斯发展,其结果必然更为圆满。"俄国愿意放弃向远东的发展时,"日本很愿供给苏联向英属印度以及波斯进取所必须的任何条件"。换句话说,就是日俄携手,"一方面可合力与英国在远东实施的强霸政策相颉颃,在另一方面无疑的将会导引中国与日本走上相善的道路"。石原氏在他的结论里更将德国也拉拢在内。他的理想是日、俄、德三国联合成一条战线,与英、法、美、意等国对垒。

外务社主任兼现代日本主笔稻原以同样的推理方式,最近在《读卖杂志》

里发表言论，申述日本对俄之海滨省并没有任何图谋。他说苏联所以对日本起怀疑，是她自己有些过虑，因为她自己既有保守远东地位之决心，又有法俄谅解的成立，自然地会疑惑日本的一举一动。并且他认为日俄没有发生纠纷的余地。两国为彼此利益计，正应当在远东方面合作。中东路的转让即无异为解决渔业上的争端、萨哈连煤油矿的冲突及各种有关满洲与西伯利亚边境等各问题铺下新的道路。

但是很可注意的一种征兆，被苇村（讨论日俄现在及将来之关系另一书的著者）揭穿，他说日本进兵北满纯系对苏俄保守远东计划所发生的反应，而不料当日本进兵的时期，俄国竟将防御工事完成了大半。“有人能确定苏俄在远东的防御真的限于防御吗？毫无疑意的，苏俄在远东方面的军事活动含有推广共产主义的作用。军事活动与共产主义的推广这两件事在表面上虽然完全不同，内中实则相扶而行。所以日本与苏俄能否免于一战，实为云绕吾人脑际之一大问题。”共产主义在中国继续发展，防碍到日本在条约上所许可的利权，以及苏俄充实远东军备，破坏军事实力平衡状态等事，在苇村氏看来，皆有促使战争爆发的可能。关于此点，苇村更有进一步的推敲：“一九三二年的后半季，苏俄方开始扩充远东军备，经过两年的期限，陆军已增加一倍，空军飞机由一百架增至六百架，足足增加了五倍；其中尚有百分之二十重轰炸机，可以任意往返于东京西伯利亚间。此外我们还听说在海参崴港有二十只潜水艇。倘使按照这样的比率继续增加，两年之后远东方面的军事准备已完全按照苏维埃军事计划进行了。并且在两年之后，西伯利亚铁路的双轨计划亦必完成……明白一点说，远东的军事上的均势为俄破坏之后，日本与俄国间的战争一定不可避免，不久就要爆发。”

不久以前，苏俄塔斯新闻社在莫斯科放送广播电，庆祝克服苛尔恰克统制下之白俄禁卫军十五周年纪念。报告词谓：“一九一八至一九一九年间红军在东方前线的伟大胜利，为无产专政建立了不朽的基础。俄属中亚和远东的解放，乌拉山一带工业区及西伯利亚富源的收复，就是这次胜利所造成的功绩。这次胜利更给帝俄势力、日本帝国主义者的爪牙、英国在土耳其斯坦培植下的反革命党判了死刑。收复乌拉山地方与西伯利亚这些区域，归于列宁和斯他林领导之下，谁能说这不是红军之光荣史迹。现在的西伯利亚沃野再不是以前的荒丘，大部已变为国营农场和集体农场。规模宏大的钢铁厂现有四处，矿坑的数目正在一天一天增加。关于化学工业也正在迅速的发展着，各方面告诉我们那里的工业也有了相当的建树。不容怀疑的现在的西伯利亚已经变做苏维埃的宝藏，苏维埃的生财源泉……西伯利亚就是苏维埃在远东巩固的国防，愿伸展国境至乌拉山者或愿在苏联重建资本主义者，当慎重的考虑着苛尔恰克及干涉我之外力曾经领受过的教训！苏维埃的国防是神圣不可侵犯的，如有侵犯者，他便会遭逢苛尔恰克所遭受的那种不光荣的恶运！”

莫斯科这次放送的广播电，显然是指示着俄国对防守及开发远东领土的决心，所以当日本人声称俄国发展到某种程度即无异给日本一种威袭时，我们难免有些惊恐。本年一月十一号日本《国民新闻》刊登着一种消息，谓驻海参崴苏联海军司令表示俄国以小潜艇舰队即足以控制日本海。这或者不完全是虚拟，苏俄海陆军大演操确有几分在暗示海参崴之海军防卫能力，并不下苏联之空军。而且他们相信在作战时，自己的实力足可控制东方海面。

苏俄向西伯利亚及远东发展，是按着工业文化及军事三方面进行的。有人说苏俄当一九三一年日本占领满洲时尚未开始工作，那是完全错误的，事实上，他们的军事防御工作在一九二九年张学良企图攫取中东路时已经开始了。不过那时苏俄政府没有怎么出力，只是由俄军远东军司令柏拉其尔(Plucher)一人主持就是了。一九二九至一九三一年间柏拉其尔氏组成大批边防军，内中不仅有俄人、朝鲜人，中国的蒙古人实占一大部分。当日本攫取满洲后，尤其是日本关东军在一九三一年、一九三二年间侵入北满俄境时，莫斯科深受激刺，随即一方派遣军事专员赴西伯利亚边境窥察一般情势，一方助以人力财力，故工作亦顿现紧张。

关于西伯利亚边境之军团、飞机、坦克车、大炮以及海参崴港之潜艇、鱼雷、躯[驱]逐舰等等究竟有多少数目，向属军事秘密，无人知晓。惟苏俄不舍寸十尺地之抱负，却处处显示在我们面前。日本人自谓在满洲方面的军事活动，目的在于维护亚洲和平；而同时苏俄亦谓其在边境上之活动，同样为的是和平。例如人民委员会主席最近在苏联国会席上讲：“所有这些时期，我国人全在加意的注意着远东前线，和平在那边好多次已在严重的动摇之下震荡。但是事件不论怎么样的凶恶，苏维埃政府一定要踏着和平政策的路线，以和平方法解决。我想我们的东邻很明白采用这种方法，并不是因为苏联懦弱，而是因为苏联坚定的希望着和平。我国在东方一向所以保持沉静态度，不仅是为继续施行对外的和平政策，而是因为整个的国家在准备着摧毁侵犯我国的任何势力。”

篇幅不允许我们详述苏俄在远东方面工业和文化上的活动，但是这两种事业确乎随着军事计划也在逐步进行着。第一次日俄战争时，俄国在东方前线的军队完全依靠京都来供应；援军及军需粮秣皆须远在六千哩外的莫斯科运送。仅有的一条铁路彼时尚属单轨，且未能发挥其最大效能。那次战争的失败,使俄国得了不少的知识和教训。所以近几年急速的要完成西伯利亚铁路的双轨系统而且计划在边境上筑成军路线,与日本在满洲兴筑者相对应。当此冰霜冷雪之际,若在普通情形之下,自然早该停工了,但是他们现在正在连明赶夜的工作。俄人又采用“新防计划”(New Defense Measure)要将远东的军备建筑在自给自足的基础之上;为完成此项计划,工业农业的发展便应需要而产生。最近伦敦《太姆士报》所讨论的苏俄“武装训练工农”一事,目的即在养成武装的平民。借此两策,既可免去战争期的全国总动员,又可免去运送物品的烦扰。此项计划完成之后,战争发生于远东时,欧俄方面绝不会大受骚动,只有莫斯科筹设一切计划,补助少许财政已足。

关于俄国的详细计划与所规划之范围及准备的程度,虽然我们局外人无从知道,但是根据事实去推测,至少可以知其大略:一九三四年苏俄的总支出为一,八〇〇,〇〇〇,〇〇〇卢布,今年则增为二,五〇〇,〇〇〇,〇〇〇卢布。关于支出的分配:预定煤矿工业远东及西伯利亚占全国煤矿总开支百分之四十九;钢铁工业费用,远东占百分之四十一;制造机器工业,远东占总预算的百分之二十七,非金属工业远东占百分之七十一;化学工业远东占百分之三十四。最近政府设计委员会主席马斯拉克(V Mashlauk)又宣布在国营事业方面的投资,亚洲俄罗斯——乌拉山区域、东西西伯利亚、贝嘉尔湖一带及阿木尔省——应占百分之三十七·五;重工业投资,亚洲方面应占百分之二十七·七。

许多人的观察认为这些发展皆含有军事准备的意义,其实俄人的动机不完全是这样。他们所以甘于忍受多少年的困苦,是因为他们有着很大的希望。许多人都希望使他们的国家在工业上农业上以及文化上能够现代化,关于这层,斯他林解释的很清楚,他说:“俄国因为无论军事、文化、工业、农业和政治没有一样不开着倒车,所以不能不屈服于蒙古可汗、土尔其贵族、英法资本家和日本的官爵等人的手下……我们现在不能再开倒车……我们不仅要制造棉织品,我们还要造成制造棉织品的机器;我们不但要制造汽车,还要造成制造汽车的机器;我们不仅要造鞋,还要造出制造鞋的机器……”

最近国际贸易部要人发表言论,谓苏联一九一三年的出口货百分之七十一为原料,一九三一年出口货百分之六十九为制造品,出口贸易情形不到二十年的功夫,差不多完全倒转了。继谓现在的俄国是输出生产方法的国家,“并且正在开始供给东方国家——如土尔其、波斯、中国西部及蒙古——各种专门机械及技术上的扶助”。

这点即指示着苏俄发展实业计划,的确含有和平的意义。但是日本帝国主义者有独占远东市场的野心，有统制亚洲的军事计划，无论如何，她仍然要找一种借口。日本因为要维持私有财产制度，所以极端反对“经济的社会化”(socialized economy)，据说日本占领满洲的一个主要目的，就是为的阻碍苏俄工业化远东领土计划的实现。倘使日本的用意真是这样，那么可以说她完全失败了。她不但没有阻止成功，反而激励着他们大大的活动了。并且，日本的一般军事领袖自己也常在主张以国家社会主义制度代替资本主义制度了。

日本关东军的空军陆军实力，向来亦保守秘密，外人不能详细知道，不过根据东京方面的报告，以前步兵约八万人，现在增为十万人了。另外还有“满洲国”的十余万军队，在日本看来也是边防军的一部。自一九三一年占领满洲之后，日本军事的发展确实有些惊人，巨大经费的支出已引起东京财政界的恐慌与不安。因军事的发展，日本在经济上受了这样巨大的创伤，而俄国为与日本在边境一带对抗，经济上也当然要受损失。两国对立的结果，就造成了现在一触即发的恶劣情势。

中国东北与西伯利亚间扮演的这场斗争剧的结局，没有人能预知，不过苏俄处处在设法发展西伯利亚地方的文化，图谋恢复日俄战前的原有势力，是已经很明显了。以吾人推测，结局究为和平或战争，须看两方政界的意见和日俄战中可能牵涉到的各国的态度行动如何。除日本和俄国以外，与这次战争最有关者为美、英二国和中国，而中国领土、人民离不开将来的发展，所以中国所占的地位尤关重要。假若中国领袖决心要保持中国领土政治上的完整，开发实业，充实军备，结局或者有一线和平的希望。若中国领袖走了相反的道路，令其领土任人撕毁，落入日俄斗争的漩涡，其结果凶惨的战争很难避免。这次战争对任何国家都是有损无益，而被害最烈的就是中国。

(原载于《长城(绥远)》第1卷第2期，1935年)

朝鲜亡国后二十年之回顾

钱天鹤

二十四年三月四日本所钱副所长天鹤，在纪念周上讲述日本统治朝鲜以后之各项政绩，及鲜民所感受之痛苦，语语警惕，发人深省！爰笔录之，幸国人加以注意焉。

——编者附志

报载我国东北四省被日人强占以后，去年一年，对外贸易大有进步（其详情曾译登本报第二卷第八期第二七一页），日人沾沾自喜，大事宣传；夫日人对于统治地之管辖设施，素有一定政策，爰将艾迪氏所著《东方之威胁》一书内关于朝鲜被日人统治后之一般情形择要讲述，以冀国人之猛省！

朝鲜全国面积为八五，二二八方英里，人口一千九百万，农业者占百分之八三·三，工业者占百分之二·二。自一九一〇年日本吞并朝鲜之年起，迄一九三〇年止，此二十年间朝鲜物质方面，经日人之经营，确有惊人之进步，如国债由一百万元增至一万四千九百万元，俱用于发展森林、铁道、海港、灌溉及乡村事业等，全国预算由二四，三七〇，五〇〇元增至九七，〇〇〇，〇〇〇元；海外贸易由二九，八四八，〇〇〇元增至四〇〇，〇〇〇，〇〇〇元，约增十三倍余；全国总生产量由二〇〇，〇〇〇，〇〇〇元增至一，〇〇〇，〇〇〇元，计增加五倍，农产物增加三倍半；工业品由七，五〇〇，〇〇〇元增至一七二，〇〇〇，〇〇〇元，计增加二十三倍。已成铁道有二千英里，在计划中者亦同此数，大城市俱有良好道路及新式旅馆。向来水旱频仍弥望濯濯之童山，二十年经营结果，全国已有森林三百万亩，有树木逾三千兆株；渔业经用科学方法改良后，其产量增加至十二倍；蚕丝业则农家已完全改用优良蚕种，蚕户增加十倍，产茧额增加二十三倍。自一九一〇年至一九二五年之十五年间，耕田面积增加百分之三十五，农产品增加百分之五十三；米之出口数额增加至六倍，植棉则美棉亦已输入，研究改良。从以上所述之种种成绩观之，西方人须百数十年之努力始得达到者，日人竟能于二十年中实现之，其严密之组织与猛进之精神，诚有过人处。

不过物质上虽有种种进步，然一般农民所得到之待遇及利益，究属如何，实为吾人所急欲知者；按朝鲜在未被日本吞并以前，政治腐败，官吏贪鄙，人民日处于水深火热之中，俱抱厌世观念，故一遇亡国，无心抵抗，且间有表示欣幸者，而迨归日本之统治下，鲜民苦痛，尤甚于覆亡以前，查日本人在朝鲜共只四十二万人，计十万户，其中半为官吏与工商业者，农户实数不过二万户，约二十余万人，然所拥耕田面积，竟达朝鲜农民所有耕田总数百分之二十，地权之集中于日人，已可想见！截至一九三〇年止，朝鲜之自耕农已减少百分之二十二，佃农则增加百分之四十，除自耕农中百分之三尚有盈余外，其半佃农中之百分之九五及佃农中百分之九六俱属亏累，贫乏不堪；每家耕田面积，平均只三英亩，每户每年平均收入只一百元至一百七十元；朝鲜银行之储蓄者，虽百分之五十一以上为朝鲜人，然每人平均存款，鲜人为二十一元二角，日本人为九十元三角，经济情形如此，鲜人处境之危殆可知矣！

至于朝鲜人二十年来所受精神上之痛苦，尤极深刻，因日本人向来统治朝鲜，抱三种政策，即(一)强制日本化。例如中小学校教本一律须用日本文，公共场所一律须用日本语，且曾见普通学校用之朝鲜历史共有三百三十七页，而真正关于朝鲜数千年历史者只有二十二页，插图八十七幅中只六福与朝鲜历史有关，他可知矣。(二)专制统治。一切政府律令，鲜民惟有绝对服从遵守，加以警察组织，异常严密，鲜民平时行动居住，极不自由，偶有怀疑，则逐户搜查，立予逮捕；报纸刊物，严厉检查，绝对不许评议政府，否则即予停刊。(三)待遇不平。二十年来朝鲜物质上虽有进步，然经济大权完全操诸日人之手，鲜人只是日事耕种，艰苦度日，供给日人制造原料而已；其东方垦殖公司及朝鲜银行，即为其经济侵略之重要机关，一切设施，莫不以日人之利益为依归，至于政治方面，全境十三省中，除七省外，省长俱由日本人充任，其情形与我国东北四省约略相似。待遇之不平，从可知矣。

日本以本国人口日繁，原料缺乏，非侵略不足以自存，故一旦获得殖民地，即施以种种束缚政策，使其不能离叛，并期其能日久同化，将固有民族观念完全消灭，其方法较之英治印度、美治斐列宾，实大不相同，而酷烈过之！虽其统治经验尚嫌缺乏，治鲜二十年策略变更有十次之多，最近数年来且因鲜民对于前述三种政策，反对日烈，不易收效，而逐渐采用温和手段，但鲜民之困苦如故，日本对于殖民地之政策仍始终如一也。朝鲜往事，殷鉴不远，四省沦陷，外患日迫，亟起自救，尚待国人之一致觉悟，共同努力！

（原载于《农报》第2卷第11期，1935年）

《苏报》论日本藏相心目中之和平

佚名

十二月二日《真理报》引日本高桥藏相最近在国务会议所作报告，谓："纵观目下国际情势，苏联或美国决不至自动对日宣战。因此作一结语，谓："日本必须放弃对于列强之挑战政策，并宣布其和平政策。"该报对此评谓：征服中国工作之完成，已为日本财政之巨大负担。占领满洲已为日本国策底反映了。"

如上所述，满蒙会议之决裂原非偶然的事态已很了然，也用不着深论，但事情有值得吾人深切注意者在！就是当这会议宣布最后决裂之后，所谓满方代表团之首领神吉及"满洲国"外交部同时发表宣言，谓："因了此次会议之决裂，和平解决之机缘已然失去，此后对于一切悬案及将来或可发生之问题，决以'自主的、片面的及所认为适当的方法解决之'。"它虽然说得如此谦逊，以为将来问题之发生系于"或可"，但满蒙两地境界上毗连的地域长到七百公里以上，且无确定界限，那末边境的冲突，为势所不能避免，是很明白的事，虽然他们本身初无任何政治经济上可冲突之理由。现在会议决裂了，将来类似哈尔哈事件之接二连三地发生时，如一方果出于"自主的片面的"的手段，前途隐患，何堪设想！且日满共同防止西北"赤化"以及阻遏赤化南下之声，不绝于耳，将来满蒙一有事故，是一定会影响到整个华北及内蒙的。

最后，这个会议底决裂，不但在与其直接有关之日苏间现一巨大的黑影，间接方面，对于捉摸不定的远东形势，只有越发增大其危机而无疑。

（原载于《苏俄评论》第9卷第6期，1935年）

朝鲜文坛的最近状况

[朝鲜]金光洲

×

不论在那一个时代，那一种民族，如果要想理解别的民族的生活习惯及感情的时候，那就非得借助于艺术之一的文学的力量不可。中国的文坛上，对于历史、地理及其他种种民族环境上比任何一国有着更密切关系的邻邦朝鲜文坛，直到现在还不曾见有何等的研究和介绍。这不是很遗憾的事吗？

而所以这样，第一个根本原因，当然是朝鲜文学现在还没有达到世界文学的水平，所以他们的作品没有传遍到国外的力量，并且具有着言语与文字上的隔阂，不容易被异国人了解的缘故。其次，中国的文人们，他们只是对于朝鲜的社会真相及社会运动民族运动加以注意，却把能够表现一个民族的赤裸裸的感情的文学忽略了，这也许可说是原因之一吧。

可是，在中国大概也有一部份人理解朝鲜民族的特殊环境和朝鲜文人在极度的经济与思想重压下出版不自由的苦衷，我对于这方面不愿多讲。这里仅仅简单介绍最近朝鲜文坛的一般状况。不过因为篇幅有限，对于许多作家和他们的作品不能作详细的检讨和介绍，还望读者原谅。假使将来有机会的话，我当再作较详细的报告。

×

当我们概括的观察朝鲜文坛诸作家在思想上的倾向的时候，可以举出微弱的民族主义、封建的人道主义、个人的心理主义，以及对于逃避现实的感伤主义等等。至于同情于社会的新兴势力积极的转向左翼圈内的所谓“同路人”的倾向，则因为在不良环境之下，目前还不能有露骨的表现。

这里面，微弱的民族主义与封建的人道主义的倾向，可说是朝鲜既成作家们的第一个特色。这方面的代表作家有李光洙(春园),他不仅是现在的朝鲜文坛上最负时誉的老作家,并且对于朝鲜的新文学的树立有很大的贡献。虽然最近没有新作品发表,但他的过去的作品里,如《无情》《再生》《麻衣太子》《李舜臣》和《女人的一生》等长篇小说都很能表现出朝鲜民族的生活与感情。除了他以外,既成作家中还有艺术至上主义的短篇作家金东仁(近来听说他也有着转向于民族主义的倾向),作品上富有着宗教气味及恋爱色调的方仁根(他的近作有《放浪的歌人》《魔都的香炎》等长篇),通俗恋爱小说家崔独鹃(象德)以及玄镇健(凭虚)(近作有长编的《赤道》)及廉想涉等。至于诗人,属于艺术派的有金亿(岸曙)、卢子泳(春城)等,属于民族派的有金东焕(巴人,他的代表诗集有《国境之夜》)及李殷相、朱耀翰(他的诗集有《美丽的朝晨》)等。

简单说一句,朝鲜文坛的既成作家,他们大部份都是在民族主义或艺术至上主义和人道主义的范围内兜圈子,没有何等泼刺的作品贡献给最近的文坛。

×

其次,朝鲜文坛上使我们注目的是青年作家们的活跃。虽然他们受着各方面的打击,不容易写出什么杰作,但我们不能否认在困难的环境底下继续不断的挣扎着的他们的努力。

在小说方面,不论是质或量都比较丰富的作家,我们可以举出李无影,他是一个被一般人称为有"同路人"倾向的作家,但他的作品的立场却是一个澈底的自由主义者。他的作品已有《吴道令》《叛逆》《脱出》《展开了的翼》《母与子》(戏曲)、《山庄小话》等多数短篇。在一九三四年度他又发表了《苍白的知识分子》《B女的素描》《龙子小传》《牛心》等几篇优秀的短篇小说。

还有李琪永(民村),他是一个朝鲜无产者艺术同盟里面最有力量的作家,他的作品的长处,是没有空虚勉强的思想插入以及平易的笔致。已发表的作品有短篇小说集《民村》以及长篇《现代风景》《故乡》等。属于这一派的小说家还有宋影、金南天、李北鸣、韩雪野,评论方面有朴英熙、金基镇(八峰)等。在最近又传出了这一派的作家二十余人发生他们的戏剧团体"新建设"的秘密结社事件,都被捕于监狱里。这可说是一九三四年的朝鲜新兴文坛的不可轻视的重要事情。

在这里还有一位引人注目的作家就是张赫宙,他的短篇已经被译成中文在《文学》杂志上登载过了。如一般人所周知,他不仅是朝鲜文坛的一个优秀的作家,并且在日本文坛上也继续的发表着描写朝鲜农村现实的作品。他的作品我们时常可以在日文杂志《改造》及其他文艺杂志上见到,我在这里不再作无谓的介绍。

除了他们以外还有许多作家，但因篇幅所限，这里只能举出他们的名字。小说方面有俞镇午（玄民）、韩仁泽、片石村、严兴燮、崔孤岳、安必承、李石薰、郑镇石、李泰俊、朴泰远，戏曲方面有柳致真、蔡万植，诗人方面有金海刚、赵碧岩、金起林、金朝奎、辛夕汀、郑芝镕、柳致环、赵灵出等。在这里面金起林的诗是完全属于艺术至上主义的技巧派的作品，其他的赵碧岩、赵灵出、金海刚等诸人的诗却是竭力要表现朝鲜现实的苦闷与压迫。

×

在最近的朝鲜文坛上，使我们不能掩没的是女作家们的抬头。第一值得举出的女作家就是朴花城女士，她自从在一九三二年发表了她的处女作以后，继续创作长篇小说《白花》及许多短篇小说，近作有《崖》《洪水前后》等。此外，又有崔贞熙女士（她的作品有一篇长篇小说《多难谱》及几部短篇小说），姜敬爱女士（近作有长篇《盐》《人间问题》等），张德祚女士（专写短篇），白信爱女士及朝鲜文坛上唯一的女诗人毛允淑女士（云岭），在一九三四年她出版了一本诗集名为《光明的地域》，是她的处女诗集，同时也是朝鲜女流诗坛所公认的珍贵的诗集。她的诗是属于感伤的浪漫主义及支配着不明确的民族意识的作品。在过去也曾活跃过的女诗人及文人金一叶女士、金弹实女士，他们因为有了家庭及其他环境的关系中止执笔工作，那是很可惜的一件事。还有一位很有前途的女作家宋桂月女士，她只发表了二三个短篇之后很不幸的与世永别了。

×

至于朝鲜的文艺评论界，第一显著呈现的就是文阀的野心与拥护自派艺术家的最卑劣的倾向。但这并不是朝鲜文坛独有的劣根性。凡是缺乏道德与社会文化建设观念的国民，都是有着这种通病。近来他们也对于这个问题上已经有所醒悟，在各方面呐喊着文艺评论该走的路，然而现在的评论界还是免不了混乱的状态。在这样无秩序的状态之下，比较拿真挚的态度而从事于这工作的评论家我且介绍于下：属于左派的有白铁、林和、安含光、韩雪野、金基镇、朴英熙、俞镇午等数人，此外，还有李轩求、洪晓民、咸大勋、梁柱东等数人。这几个人可以算朝鲜评论界的主要人物，其余的恕我不提了。

写了介绍在一九三四年发表于朝鲜文艺评论界的诸文学理论，我再在下面列举它的题目与作者中的重要部份。

《最近文艺理论的新展开与它的倾向》(朴英熙)
《创作上的精神生理学的法则》(咸大勋)
《张赫宙氏的文学的行程》(俞镇午)
《非常时世界文坛的动向》(李轩求)
《一九三三年的朝鲜文学之诸倾向》(林和)
《对抗评论的单纯化》(安含光)

×

最后,在现今的朝鲜文坛上占领着相当的势力的一派就是海外文学派,这个名词在朝鲜文坛上好象是个崭新的名称,但在事实上,不过是指着专门介绍批评及翻译外国文学的海外文学研究者而定的名词。这一派曾在朝鲜文坛上和普罗作家等发生了极复杂的不兼容的论战,但无论他们的争论如何,一个文化程度幼稚的民族,为了它的文化发达的真正的营养,须要优秀的外国作品的移植与介绍是谁都不会否认的吧。

说起这一派,德国文学方面有徐恒锡、曹希淳、金晋燮,俄国文学方面有咸大勋,英国文学方面有郑寅燮、张起梯,法国文学方面有李轩求与中国文学方面有丁来东、李庆孙、金台俊、梁白华(建植),尤其在这里所要注意的是上面的中国文学研究者。李庆孙在最近并没有甚么翻译的工作,但在过去介绍了鲁迅以及魏金枝的《奶妈》等作品,丁来东的中国文学研究中,最值得一读的是《鲁迅论》,此外他又不断的介绍过中国文坛的一般动向及各作家的创作。

×

如在前面所声明,本文并不是某一部作品的评论,也不是整个的作家论,不过是在要简单的介绍朝鲜文坛的近况的意图之下写出来的一个散漫的outline而已。

末了,我就在这里希望着朝鲜的社会能给与作家们以某一程度的经济生活的安定与获得出版和言论自由,并且所发表的创作能够广播到世界文坛,同时希望中国与朝鲜两国的文艺人们能彼此对于邻邦文坛有极度的连络研究和介绍。

(原载于《文艺电影》第 4 期,1935 年)

伦敦会议与日本的对策

[苏联]茹可夫
孔桢 译

这篇文章的主旨,在指出海军会议前途之不可乐观及华北局面缓和之原因在日本之故意放出烟幕弹。当时看了这篇文章的人,也许认为这是俄人的偏见。然而现在事实已证明其为真实了。

——译者

伦敦的海军会议在现阶段内,要算日本对外政策的中心基点了。尚在几月以前,日本在太平洋上因他的主要敌人——美国的相互关系,表面看来较之任何时间都要“直接些”。但是当时许多的观察家认为日本在征服中国的全部战争内,美国的中立态度仍然是有可能的。“拒绝”在菲律滨会见美国的重要政治家时(美副总统盖纳和陆长丹伦),日远东问题上所居的领导地位了。除此以外,在经济本的报纸很乐观地推测美国方面已承认日本在解决方面——对外商业的发展——很明显地促进着日美之间的对外关系之改善,如日本输送到美国的生丝很大地增加了,而从美国输入日本的工业品——化学品、钢(钢板特别是碎铁片)、煤油——也同时大大地增加了。

但在这个时间,日英的相互关系,无论在表面上或实质上都大加恶化了。英国的财政专家李滋罗斯此次驾临远东,说明了日英之间在性质上“帮助”中国的和平妥协之观点,几乎是完全的不可能。是的,李滋罗斯在东京找到了主张英日妥协很有影响的政治党派,如日本银行界在政府中之最大政治活动家——高桥,认为要调整日本财政的紊乱,其惟一之途径即在于同英国相提携。无疑地,高桥在政府内部与军部所进行之斗争,其中最主要的一个论端,即为日本财政的脆弱。高桥在其多年的政治活动中从来就是个英日提携的热烈拥护家，当时供给日俄战争之款，即彼由伦敦所携来者。但是在政府里反对高桥的不仅是军部的一方面，同时还有广田外相，广田认为不能每次皆以日本在华权利的例外作为“理由”的行动。在反对高桥以最高限度的让步同李滋罗斯的妥协上，意阿战争起了很大的作用，正如日本的报纸所指出的一样，即此战争使得日本的外交的确相信，英国在欧洲将有长时期的停滞。因此，他现在无力在远东的问题上来实行怎样决定的作用。

在这种势力之内，李滋罗斯在东京的和平性没有充分的被日本所尊视。再从李滋罗斯对中国的方法和“建议”的结果上看起来，应承认不仅是东京谈判的决裂同时也是助长了日英仇视的氛围气之事实。

中国最近所发生的事件，更完全明显地表示出中国政权系各帝国主义政策的消极对象，即中国政权甚至对帝国主义最低限度的抵抗性都是不会有的，这个可以从事实上来证明，即日本无论以如何蛮横的形式来侵略，中国政权坚决地继续其“逆行的政治”，事实上是简[间]接地承认日本的行动之正当。以为货币改革之宣布是严格地改变了它的以前的途径，并打开了它的民族政策之独立的新纪元，那才是糊涂的想法。对于货币改革的进行，英国所演之顾问的作用，连一点疑惑都没有的。设若就是此改革在第一步上不至于直接妨碍日本在中国的利益，则在其进行的前途上也不过是加强了英国的影响而已，但这点也是不能同日本的发展并驾齐趋的。

日本军事方面准备华北五省分离的手段，进行得如此紧张，即新“独立”政府的形成或者华北“自治”的转变形态之建立，直系指日可待的事情。日本报纸急转直下地反对中国政权和英国表示当日本军部和外交在这一问题策略上的冲突和分裂有了相当的征服。最急进的纸张“客观上”指明华北必须同中华分离。

但是在最近几周来，在实现日本参谋部所作的详细指令上陡然地就发生了若干的迟钝。事情并不在于日本的军人方面不会来充分的制造那所谓“华北人的”正当群众来欢迎新制度的建立，更不在于什么日本的攘夺计划之折扣。事情是在于正当出席伦敦会议的时候，日本帝国主义者要来玩玩那有名的假过场。

在最近期间，美国报纸对日本的关系上已然抛去了那种不自然的友谊性质。一方面，在这种转变上可以影响日英间的关系之恶化(即英国南京所取之具体的步骤)；另一方面，海军会议的快临使美国的海军领袖必须重新追求英美的“统一战线”以反对日本的扩充。

英美亲善的前途是海军会议的结果，这种亲善他会扩大到中国的事件上，他对于日本是最不欢迎的一件事，甚至于主张以军事在中国扩充之极不妥协的拥护者皆承认了这一点。所以没有任何疑义地，日本的外交方面要找寻一条路线，这路线纵或在海会上不能完全阻碍了英美的提携，就是充分地使之困难亦乐于为之。

当去年伦敦召开海军预备会议时，日本的外交政策即为：第一，竭力利用所有的裂痕来增加英美两国代表之间的分岐。第二，完全避免讨论政治的问题（例如关于《九国公约》）和限制会议的议事日程为纯粹的“技术”问题（种类、军舰的吨数和炮的口径）。

因不愿提及关于满洲和中国将来一切命运的问题之讨论时，日本的代表一九三四年在伦敦遂宣称道，他们所愿做的仅仅是恢复华盛顿的真正公道——每个国家都要有平等的舰队权。此地应当说明的，即日本舰队的现实力量和他的绝对效能十足地可以统治了中国的海面，至又允许日本代表的“欲望”主张起首仅在原则上承认日本舰队的权力，与英美的舰队之比力相等，那真使世人惊奇不止了。

但是谁都知道，就是这种极谦逊的方案也未有得到了妥协的基础，于是日本单方面于一九三四年十二月即宣布了《华盛顿条约》的无效。

此次召开海军会议的情况较之去年更为复杂了。日本忽视华府条约的限制和日帝国主义者在中国最近所进行的步骤，客观上推动了英美走上一致行动的路程，为着来共同努力拯救自己暂时在中国所受到日本的蹂躏。在这个意思里，恰巧同时发表了贺尔和郝尔的两个声明，这两个声明以不同的形式表现出英美对日本军阀极端放肆的一种共同忧虑。

但是，这种共同的忧虑还不是说要向共同的行动上准备呢。特别是对于美国，他在最近的一年中常常表示出愈是日本的态度坚决些和顽强些，则美国的外交路线愈显得不确定些和“中立些”，因此日本计划重新要采取以前的政策，分裂他的必然的敌人，同时对于“政治的问题”要坚决的避免舌战。但是为着在这种策略上要想获得一点成功的机会，也必须在表面上制造出日本在华北的一种相当“温和”气象来。

为着在伦敦要避免政治问题的讨论，日本的代表必须要这样的来表示，一切“华北的问题”已经都不存在了，至于那些地方的“局部”问题，只是中日之间相互谈判的直接“友谊”事情了。所以被认为最可靠得住的，即华北在名义上宣布独立的延迟（那种分离实质上可以说已经完成了），是要给日本的代表造成了更顺利的环境为着在伦敦会议上装演那种假剧所招致的企图。要希冀不让英美在政治基础上之亲善，纵说就是临时的和表面的英日“提携”之可能性，也要重新去寻觅呢。

由间接的情形中，又可按那种极受感动和极明显的声明中来证明，高桥在讨论预算的会议上曾经严格地反对了军部并确实地宣称道：日本是酷爱和平的一国，且绝不由己方发起，去准备与任何邻国作战。可是这一声明与日本派代表赴伦敦的时间又恰相符合。自然地，事实上是以军事的方法要把华北变成一个战略上的根据地，不仅在任何的程度方面都未有降低，恰恰相反，日本的总参谋部正是加紧着向天津北平各区域调派新的队伍的。但是日本的报纸都故意颂扬着一种消息，说中日之间对于调整华北的制度是“限制自治”，“友谊”的谈判已在进行，且双方都甚觉圆满。这就是日帝国主义者所要采取的著名假戏剧，至于这个假戏剧的结果如何，尚不能计算。

要建立英日的新妥协，是否有实际的基础呢？日本的著名杂志《日本评论》在九月号内关于李滋罗斯在东京的活动评论道：李氏的一切活动对于日本并未有任何不可妥协的敌视关系，恰恰相反，他在英日两国的事态之间和两国的政治人士之间正积极地表视着那充分调停的准备。著者又肯定道：英国在澈底的计算上，对苏联势力的不断发展，较之他在中国所损失的经济利益之前途，更觉不安得多。该文又说道：英国倾向于日本同苏联斗争的行动。因为英国的独自利益使得他必须基于互相的攻击之上来削弱这两个必然的仇敌（日本同苏联）。最后，作者又以同样的意见来观察英国对德国关系的企图。

很明显地，该文是用尽一切方法故意把遮避[蔽]了英帝国主义者因日本的武力所受到的政治之损失，日本方面向南部所抱定之最大的企图——如印度支那其“私自的”煤油，可为日本供给上的最主要来源，他对于大不列颠的利益，好似不甚严重的样子。

但是无论如何，无疑义地，在日本有着一部分很有影响的政治活动家，他们认为在反苏联战争的场合之下，英国仍是一个最主要的自然同盟者。在这一个基础上，高桥和总参谋部很快地就有一致的可能。因此，在伦敦的海会上，日本将以停止向南部的扩充为条件，而专为向北方加紧进攻为根据，以求得一种“妥协”并达到英国“谅解”的企图。这也不是例外。但是这种企图的结果如何，仍系一严重的问题。首先我们要很好地了解到，日本在伦敦“自己限制的”条件正如日本在华北目前“退让的”相对性无二，那我们就不难知道，目前的场合只是一种临时的方法，是阻止英美一致以政治进攻的一种手段，是妨碍名义上援引日本并吞华北的一种策略，为着在伦敦会议以后仍继续以前的旧有课程

但是在军舰相互关系的具体问题上（在量和质的关系里），于相当范围内

日本将要利用英美之间的冲突也是免不了的。

虽然德国未被邀请参加此次会议，但他在此次会议上却起了很大的作用，因为他在“名义上”仍根据凡尔塞的条约不能有着较多的军舰。很确实地，日本的全权代表永野及由外交部所派赴海会并已指定为柏林公使的永井氏，即负有日德经济和军事提携的谈判之责任。

将来在伦敦的会议上，一定可以看到日德要建立一致行动的企图，首先就是要奠定英国的态度和冲破英美团结的可能。日本非常清楚，就是在这条路线上日德亲善的现实性也存在着许多的困难。

第一，日本最惧德国将会提出收回日本在《凡尔塞条约》内所获得的太平洋各岛之统治权。第二，日本又怕德国不愿因日本之非常的热烈帮助，致使在一定的时期内同英国发生出不一致的新裂痕。但是在这些一切或多或少的怀疑基点上，日本的政治人士方面坚决地肯定道，德国同日本总要算是一种“物质力量的”同盟者。

招[召]开的海军谈判，不管他的原意是怎样借仁慈的激励来促动那和平与军缩的，但公平的观察者们决感不到任何的乐观主义，在估计日本的态度要占会议的中心地位时，反而特别加强了对他的命运之感觉，就是这个暂时的目的，亦已被自身的行动说明了，即他将要是直接地反对着他那正式的动向呢。

（原载于《中外论坛（太原）》第1卷第12期，1935年）

韩国革命中心思想问题

[韩国]明

“非独立无自由，不自由毋宁死”，这是我们韩国民族底革命口号。

韩国民族，在过去有史五千年，一向为独立自主的民族，不意到二十世纪今日，在全世界各民族国家都享着独立生活当中，惟独我们最为惨败者，竟给日本帝国主义者所侵夺，而在政治、经济、文化各方面，过着牛马不如、奴隶相等的耻辱生活！

我们底祖先，历几千年，积屡着血汗，开拓建设的山明水丽，天朗气清，天下第一宝贵地锦绣江山韩半岛，无尽藏地富源，眼看着白白的给仇敌日本所践踏盗取，而自己则反为流离颠沛，浸沦在灭亡的苦海！

今年是丙子年，我们跟日本帝国主义者缔结所谓“韩日修好条约”，这是日本侵略韩国的开始，就是距今六十年以前丙子那年的事情。今年整整六十年了，这六十年之间，日本为战胜者，而我们韩国为战败者，而国家也亡了！

现在啊！日本民族移殖到韩国者已达五十三万多数，日本底经济势力侵入到韩国者，大小公司二千七百余个。二十亿圆大资本压住了我们，日本底兵力、陆军、警察、空军、海军以及在乡军人、国粹团等通共十余万，荷着枪炮，威胁我们，日本底文化势力侵入到我们日常社会生活，破坏扰乱我们底习惯风俗固有文化者，又不知凡几，这样韩国民族底生存基础逐渐给日本片片纷碎了

你看，韩国民族年年底生活相，韩国落后的农工业以及其技术与夫脆弱的资本，战敌不住日本底庞大资本，尤其是在政治势力压迫之下，韩国民族的经济，一天天破产，大富变为中富，中富变为小富，小富变为贫民，贫民变为乞丐，终也挣扎不住，迫于不得已，迫于不得已，忍把情深的故乡，不留回来的期约，而挥泪离别，率妻携子，无保障、无方向地，远走西伯利亚及满洲作漂流生活去了。我们父老同胞所遭底惨境，每一念及，令人痛楚酸鼻，深夜长思，不觉泪沾满枕。

更且是最近四五年，日本帝国主义者悍然不顾国际正义，强暴侵占中国东四省，再进以西侵华北及蒙古，北谋西伯利亚，图霸太平洋。日本侵占满洲以后，其所谓国策的大工业，在韩国及满洲，以一泻千里之势急速度发展，其移民底速率也突飞猛进，九一八以前，在满日人为数不满二十万，这四五年短时间，其移殖者已达五十余万多数了。并且采用所谓集团的武装移民政策，将以今后二十年为期，预定的移民为一百万户，云：若按照日本的梦想看来，将有四五百万多数倭寇侵入混住大陆了。这是在极东前途何等严重的问题呀。在目前情势看来，韩国民族底环境几乎全给日本帝国主义势力团团围住了。

敌势如彼猖獗，我们革命不力，纵敌自大底过失，决不能辞避了。民族的危难，到今日而极度严重，遭遇底敌人，颇聪明而且顽强，我们对付敌人，万不可以随便从事。当此之时，我们绝不要慌乱，宜以沉着的态度，先把过去失败的原因要重新检查，环境的情势又要审察，然后把未来的战略加以厘订，这是我们应取底先务。那末，我们过去失败底原因，是甚么？第一为民族的独立意识太丧失而薄弱，民族既无独立意识，让敌人如入无人之境而侵夺国家。这是必然底结果。第二为国家政事全由小数特权阶级支配，特权阶级本无何等本领，而他们只凭其祖上余荫来维持其权位，人类生存的实际问题何尝加以研究，国计民生何尝注意，又不把国基建筑在国民全体身上，而始终由小数人来播弄，终也招致亡国了。第三为对于敌人颇存轻视之念，对于环境底变化，若等闲无睹。距今三百年余以前，有个金诚一其人，做国家底修信副使同黄允吉正使到日本，看丰臣秀吉回来，黄允吉正使则把丰臣底聪明及图谋侵寇明国的行动，忠实的给政府报告，并主张预事防备，而私心满腹底金诚一则为献媚当时底君主，图夺权位，否认黄允吉底报告，而反说丰臣秀吉则庸碌之材，无能有为，当时昏庸底政府信以为真，不事防备，致遭壬辰倭祸，这个就是轻敌误国、私心误国底一例。近世把持国政底守旧势力，眼看着日本底明治维新，发奋图强，而依然故我不把国事图改造革新，反而如有改革运动发生，施用百计来破坏阻止，甲申改革、甲午更张底失败，也是一例，终也把国家亡毁，而尚无后悔。最近世界各方如墨索里尼、希特拉等新国家运动复炽，日本帝国主义者也以一部国家主义者与少壮军人为中心，计谋所谓昭和维新运动，即由现在资本家利益为中心底国家，移殖到日本国民全体为中心底新爱国运动发生，即今年二月二十六日东京政变，这并不是某一派政权争夺底变乱，而乃系改革运动的一幕，这就是日本国家继续生存底自励运动。我们哪绝不要承袭共产主义者或其他口吻而看轻呀！原来两国对立即按剑相对底局面、生存竞争底局面、尔亡我活底局面，况且今日韩国与日本底关系，应该对于敌国人民底动向，时常加以密切注意。立国于世界，又把国际底趋势、他人底谋生等等要密切注意，然后自己底生存方案才能想出来呀！

现在我们是完全站立在无所残余底废墟上底赤手空拳者，四顾环境，没有一个比我们更孤弱。我们底处境虽是孤弱，绝不能靠人，又不能靠天，只有凭着我们三千万血躯来争取生存，就是自力更生以外别无方法。自古一个民族，一个国家要自力生存，需要有中心精神底确立，如中心不立，则一切力量无从建设，力量不能建设，则所谓战争求生，是椽[缘]木而求鱼，乌乎可得。不限国家生活，任何集团生活，连做土匪生活，也有中心精神主宰其中间，然后才能济事。况且我们赤手空拳者，要灭绝倭仇，恢复主权，创造国家。要实行此重大任务，决定的先决问题，是为三千万民族所共同信守底根本精神的树立。那么，我们所要树立底根本精神是什么？这个不是封建的君权思想或贵族主义，也不是共产主义或无政府主义，而乃是韩国民族的独立意识，就是尊重自己底历史、文化、血统、习惯、风俗、兴趣，而在国际间以独立自主地位平等生存，不附庸于他民族他国家，而以高尚人格生存的意思。我们标榜民族独立，并不是走资本主义底道路，又不踏君主或寡头政治生活，贵族社会底再现，某一部人贱待他一部人底崎[畸]形国家，而我们是遵奉着□国祖檀君底遗绪、民主精神，谋全体民族底无一遗漏的均等生活，作建设底内容。我们民族三千万众，能在这个民族独立意识下集中起来，团结一致，则任何危难足以解除，黑暗底前途变为光明坦途了。这个根本意识如早已确立，则民族的经济也不会那么快的破产，民族底文化也不会那么容易动摇了。民族主义革命势力底树立，虽是要紧急务，但以过去底经验看来，真不容易，有种种魔障阻害其间。第一所谓民族主义者中间，真正公心革命的固然多数，但也有新的，也有较旧的，理论有些参差，这个还不要紧，有些人不肯努力这不时髦的东西而趋向着别的方面，还有一部分的人想做英雄，顾不到根本的革命理论，而每以自己个人主观迷醉，幻想着造成一个水泡的形势，今日联络共产党，明日又联络无政府党，如此而在民族主义者内部争雄一时，不知不觉消……民族主义本身底根基，或者自己也做共产党，如此一来，界线不明，是非不清，争持纷生，相互间信任消灭，情感破裂，致以未能团结，既未能团结，力量无从集中而成长。这是自戕自害的主因。第二为仇敌日本帝国主义者底作奸破坏。第三为标榜要解放韩国民众底共产党等，他们底本身主张，有好处没有好处，暂且莫论，而他们底根本理论与工作，在内战而非对外战，所以尽量的在韩国社会内谋取势力，根本上他们否认民族底存在，自然对于民族主义革命也加以否认，在他们底理论上，韩国民族如不赞成共产党底主张，则韩国民族底兴亡无所关心。这个根本而且究竟见解与民族主义者不相同，自自然然的他们也来仇视韩国民族主义革命势力底树立，而尽力为之破坏。在这样内外夹攻之下，韩国民族革命底发展，实受莫大影响，而灭倭复国底时间也一天天延期。这样一来，急待解救的苦难中底同胞真是可怜呀！

在农村里，在矿坑里、工场里，在满洲、西伯利亚，漂流生活的穷苦同胞，他们是褴褛缠身，他们底蓬头垢面，一看害怕，一看不像人。但是，他们底韩国民族生命底连续者，他们底开拓韩族世界底大战士，他们底更生韩族的天使，他们是救活韩国底上帝，我们是站在革命前线底同志同胞，我们应该尊重我们底同胞，我们为他们底幸福而革命，我们为拥护他们底人格而革命，我们革命者底眼中看不见君主，看不见贵族两班，看不见任何英雄，看不见什么。我们底眼中只有韩族，只有整个的韩国民族。我们哪！都放弃过去的一切，一齐归到民族独立意识之下集中，拿大众的精神，拿诚恳忠笃的态度，拿公明无私的心理，大家团结起来，共同奋斗，杀出一条血路吧！这样才有希望。

韩国民族素来丰富独立性、创造精神，又很勇敢，当此之时，猛然而起，发挥我们传统的精神，忠贞迈进吧！我们底前途只有光明。

拿此文来代替本刊底发刊词吧。

（原载于《独立公论》第1期，1936年）

日人高压下的朝鲜

汉章

虐待，压榨，奴化，愚民，以至灭种等狠毒政策，都是帝国主义者对待殖民地的共同手段。这种手段的目的，不用说是扑灭生存在地球上的这个被征服了的种族，使他们忘了世界上人类可有的一切理智，浑浑噩噩、无声无臭地过着牛马不堪底生活，让侵略者安稳地永远统治着。

朝鲜在日本毒辣底手段下数十年了。朝鲜的人民忍辱负痛在死里挣扎也若干年了。过去曾有志士起而反抗，但事实上总是失败，徒增加后人的悲痛哀悼而已，阴险的帝国主义者于鲜人每次反抗之后，必加重一次压迫的力量，至现在更是变本加厉，极尽人间悲惨之能事，不要说鲜人在这水深火热中难生存，就是局外的旁观者，也要欲哭无泪哩！这里叙述一些朝鲜的现状吧。

日本海军在朝鲜沿海有两个舰队，共五十二艘海岸巡洋快舰，陆军在朝鲜陆地有两个师团，宪兵五团，陆军航空队数队，此外警务机关有二千九百四十处，警官有一万九千三百九十一人（其中八千人为韩人，余均为日人），有一千多学生在受警务训练，预备必要时替代警务工作。所有矿务工程师须携有日本政府特别卫队的证明书。撮要说来，韩国全部都罗列着军队、宪兵队、警察、特别官吏、在乡军人和侦探等，戒备得如临大敌，这足使鲜人被驱逐而消灭或亡命。换句话说，是不准他们在这世界上生存。

因为日本逼得他们无法在国内生存，除掉死之外就只有亡命到别地。这样朝鲜人在国内一天天减少，同时日本人在朝鲜就一天天加多。据最近统计，军队而外，有日人六十万。这喧宾夺主的人口比例，朝鲜民众的苦痛，因之格外加重。依二年前统计，所谓“独立生活”的朝鲜农民，每人平均负债二元日金，中级农民八十元日金，而普通劳农每人三十元日金。在这重压下，现有五百五十万的朝鲜男子妇孺，衣食都感不足，而这个数目里，尚有十七万的乞丐不在其内。

朝鲜进口货物是多于出口货物的。工业资本约有百分之八十二为日人操纵，只百分本十二归鲜人自管。工厂童工在二十岁以下者占百分之三十七，差不多都没受过教育，他们这些可怜的小羊，每天要做十小时到十四小时的工。总之，日本对于朝鲜实际上任何事都是肩起“军事需要”的招牌。从前农民受命耕种禾稻，现在以军事需要耕种麻和棉花。私有财产在政府的没收下，没有保障也往往不偿还。教育制度虽屡有改革，但二百二十万的学龄儿童中，能进学校的只四十九万。当然，学校中全是奴化教育了。

最近在朝鲜东北沿海岸，日本曾开发三个港口，这三个港口日人希望将来用作对苏作战之用。日军事当局以为利用此新港口，由东京等地至长春仅须五十至六十小时。

前面曾述及鲜人被迫得不能在国内求生存而多数流亡海外。在苏俄境内及东北的黑省边境与苏俄接壤的些地方，所谓被放逐的韩人数在一百万以上。这些韩人已组成韩国赤军的一部，同时海参崴有韩人大学，其他苏俄境内亦有若干韩人学校，韩国的语言文字在那里复活，韩人在中日苏三国的危机动荡中，已自成了一个体系，或许这是将来为韩人吐气的一个机会吧。

朝鲜在日人高压下，生机是逐渐短促，然而朝鲜的人民与其生而辱，不如抗而死，帝国主义者加在你们身上的桎梏，一天天加重，赶快振起精神，给帝国主义者拼一拼罢！或许还有生存的一天哩！同时，吾中华民族！请看看韩国的现状，猛醒过来，拿朝鲜做个鉴镜。

（原载于《礼拜六》第658期，1936年）

目前蒙古青年应有之认识

张培钰

前承暴社长嘱予为文，予已唯唯应命，嗣经催索，尚无题脑。良以本刊乃蒙古专刊，以研究蒙古及边疆问题为宗旨，命题务宜切合实际，以资研究讨论，可收借鉴之益。值兹绥东战起，烽火狼烟，使我蒙地顿成燎原，战讯遍传，全国情绪为之紧张，尤以我关怀桑梓徒手无措之蒙古青年为最，焦忧怅闷，无从适从，于国家、于个人，均觉前途暗淡，于是即抱悲观。殊不察此次战争实际上并非局部问题，目前虽极严重，亦不过为爆发初期应有之现象，凡我蒙古青年，在目前应有正确之认识，以见其背景，冷静之头脑，以权其利害，镇静之态度，以筹应付之对策，率能如此，则终必奠我蒙古于磐石也。予今即以“目前蒙古青年应有之认识”为题，较之漫谈阔论，似属可尔。

溯自九一八以还，五年于兹，失土未复，国步日艰，强邻压境，鲸吞虎视，我蒙古适当其冲，半衔半吐，任其咀嚼，此中苦况，度情已知。幸我当轴诸公深明大义，以国家为前提，以守土为己任，苦撑艰局，委屈求全。乃某方贪求无厌，必欲完成其大陆政策之满蒙政策，威胁利诱，无微不至，近更利用土匪犯我绥蒙。而我绥、蒙将士以守土有责，矢志抗敌，战幕始揭，此启战之主因也，今就事实为之分析，以见其重要性，而证其非局部问题。夫绥、蒙以地势言，有险可据，当我国内地之北境，唇齿相依，此必守者一；以物产言，较内蒙各地为优，贸易与内地声息相通，此必守者二；以交通言，平绥铁路为开发西北唯一之要路，命脉相关，此必守者三。综上所述，我对绥、蒙将尽全力以守者必矣。然某方觊觎满蒙已非一日，今得此机会，势必得之而后快；察其侵夺绥、蒙之动机，非但因该地收入较丰，实欲联成内蒙至新疆之防线，以便北防俄而西防共，同时切断平绥路交通，影响我开发西北，更得其西进转南取侧面包围我国之形势也。故此战争在双方坚持之局面下势必扩大，决非局部问题。按国内情势言，某方此举适造成我奋起收复失土之决心，此所谓无外患不能止内乱，无宠辱不能兴义愤也，按国际情势言，某方与德、义等数侵略国同立一战线上，甘与世界为敌，一旦大战爆发，彼等必遭失败，此所谓公理必战胜强权，强梁者不得其死也。揆上所论，我辈青年应抱乐观，努力奋斗，屡仆屡起，再接再厉，终必得最后之胜利，目前绥东之战，特其发端耳。

“人为刀俎，我为鱼肉”，此我国近数十年来之实况，无他，实力不足而已。但国家强弱，系多方面问题，非仅战争所能解决者。我国民族号称“黄祸”，实非弱者，元时雄占欧亚，版图之大，古所仅有，实我国蒙古民族之光乐历史，何至今国势竟致一蹶不振，蒙古民族反更落伍耶？想我蒙古青年早已注意及此，蒙古衰弱之原因甚多，一般青年率能知之，勿庸赘述。为今之计，我蒙古青年务须认清两点。(一)破坏方面，除封建思想、宗教思想。此种思想影响青年前途实大，即以封建思想而论，一般青年因蒙古地方教育落后，虽欲求学而不可得；其能外出求学者，多为王公贵族及富家之子弟，此辈青年往往恃有爵位可袭，将来生活不成问题，以是颇不积极，故学无成就或学方有所成，即安于小就，致少有从事研究高深专门学术以图深造者，此诚应加注意之一大缺陷，受封建思想之遗毒也。宗教思想，误人更深，我蒙人敬佛，笃信其教，主静修无为，于是英勇之古风尽失，丁壮青年出家为喇嘛者尤多，精锐既去，实力已减，实我蒙古民族衰弱之致命伤也。处于目前世界，我即不杀人，人岂不杀我，非有实力不能策安全，印度非前车之鉴乎？(二)建设方面，从事教育与学习军事。我蒙古衰微，教育落后实为一大原因，青年为国家元气，教育所以培植青年，世界先进各国莫不以教育为前题，今为补救计，必须迎头追上。就青年本身言，目前惟有努力所学，以求深造，研究专门学术，如开发交通，提倡垦植，改良牧畜及制造工业等，均为当前要务，更进一步言，我辈青年既得求学之机会，必须推已及人，以广普及，或创办学校，或从事翻译著作，以便转输文化，使全蒙青年皆有受教育之机会，使全蒙民族皆有中心信仰及国家观念，以排外力而保国土，将来蒙古复兴，端赖此举也。目前我国之国防尚未强固，将来非扩充军备不能立足于世界，我蒙人自古尚武，体格壮健，饶[骁]勇善战，且精于驰聘[骋]射击之术，若编成劲旅，小可保地方，大可卫国家，但目前之战争，非有新式之武器与近代化之战术不足以制胜，故我蒙古青年目前应学习军事，以尽所长，且蒙古士兵以语言文字关系，外人不能教练，以责任之负起惟[维]持我蒙古青年矣。以上两点既已认清，尤须知求人不如求己，国家多难，正是刺激青年，使我辈发奋有为，各学所需，各尽所长，以冀学而致用。将来集中力量，领导全蒙民众复兴民族者，胥赖我辈青年。然后乘此目前之危机，及时兴起，认定目标，脚踏实地，努力苦干，破坏不良之思想，振作精神；建设首要之事业，为国储才。诚如是则失土可复，民族可兴，未有不成功者也。

当今廿世纪之世界，非竞争不能生存，况我国已沦为次殖民地位，列强或以政治侵略剥夺我政权，或以经济侵略拢[垄]断我市场，或以武力侵略强占我土地，得陇望蜀，蚕食殆尽，苟延残喘，国亡无日。此后一线生机，惟视我代表民气之青年努力如何耳。我蒙古青年同属国民，必当爱国以诚，不为利所诱，不为势所屈，认清敌人，抱定“楚虽三户，亡秦必楚”之壮志，破釜沉舟，坚持到底，为蒙民造福利，为国家争光荣，方不负我政府优渥待遇培植人才之至意也。我蒙古青年所负之责任既然如此重大，目前惟有专心向学，勿为浮言所动，读书即是救国，他日学有成就，一展所长，即是社会中坚；一伸紧志，便为国家柱石。顾前途迢迢，欲速不达，目前之计，惟有整齐步阀[伐]迈上前程而已。甚望我蒙古青年以此勉之。

（原载于《新蒙古》第5卷第3期，1936年）

苏联眼中之日本军部

佚名

日本林陆相的辞职是意料中的事，在他底军事改革案中本来预备一扫日本军队内不健全的状态，但因为将校们所不满，终于受其反对派的利用，竟将其右臂永田将军杀害，令林陆相不得不引咎辞职，这已将林陆相在军部里面的位置与威权上之弱点暴露无余了。

川岛新陆相可说是日本军部内最优秀热烈的份子，一向就受宇垣及荒木的支持，故在政治上保持着中立的立场。所以说，他底就职对于日本之大陆政策并无变更的地方。

川岛新陆相和荒木大将同样地是"大战实行派"。故其对于作战准备，全然与林大将的立场相同，且彼被派遣在德多年，对于德国法西斯蒂的战事准备习味既久，故其对于日本之重爆炸机及军事化学工业，竭力主张积极扩充。再者，川岛之登台一方面缓和了军部最高干部间的紧张空气；另一方面，他比较上没有什么色彩，对于和军部为难的各党派间的抗争，处于有利的条件中。

新闻班的新册子——新闻班新发的新册子是对于基本的国际问题底一种有组织的宣传品，表示了日本军部首脑部、日本政府及政党方面的见解。这新册子和去年十月间所发行的《国防之本义及其强化》那小册子，同是为日本政府所认可的。

在这新册子里表明日本对外政策之纲领：(一)反对国际联盟及不侵略条约；(二)要求再分割殖民地及势力范围；(三)日本之商工业自由移向世界各处进出；(四)日本为亚细亚唯一之指导者；(五)认为日本对于伪满之开发建设，为世界道义的模范；(六)日本在远东之武装乃所以拥护其权益，故须扩大至可以控制太平洋霸权之地步。

日本军部的野心，充分地在这里暴露着了！

日本军阀之烟幕弹——日本军部在该小册子里面对于日苏关系大放烟幕

弹。他们宣传苏联在远东的红军，为在满日军的数倍。但他们没有睁开眼看清楚，苏联红军是驻扎在自己的国土内。日本军队，却是强占于别人的领土内。这是一个不同的地方。再者，老实说一句吧，如果苏联不布置重兵，恐怕日军已经打入苏领了吧，其实苏联在远东的红军虽号称二十三万人，但日军至少也有二十万人。

中东铁路的出卖，证明苏联贯彻和平政策，不上日本军部的圈套，正是苏联外交上的成功。日军少去一个攻苏的机会，军部不得不承认是失败了。

日本军部乃又嗾使白俄阴谋反苏。最近之伊尔克兹格裁判事件，即其明例之一。至于日本所宣传苏联之反满反日，却没有证据。说苏联谋外蒙、新疆及华中之赤化吧，但是外蒙既无苏联一兵一卒，新疆内政亦和苏联无关，至于华中，更与苏联隔断山河，风马牛不相及。日本军部无据的宣传，又有谁相信呢！

关于日苏经济问题，如渔业、石油问题，苏联并不是未考虑到日本方面之合理的利害的。不过，日本军部若梦想用对中国的手腕同样地用来对付苏联，那就实在是自不量力了。苏联远东的红军，难道是木头吗?!

日本军阀的真意何在？根据日本多田将军之率直的宣言，可知日本军阀业已决定将其在华北所占领之区域扩延至山西、山东、绥远各省。华北最近所树立的傀儡的自治政权，事实上即是“满洲国”的扩大。日本军部要在前记各地充分取得军需原料品、棉花、石炭、铁、石油及其他矿物等。

再者，山西、山东等方面又发现日本将校及所谓商人团体之强行侦查、测量，他如买收痞民，密供军火，干的又是些什么勾当呢？

像绥远及其他内蒙古地方，竟发生诸王公之分离运动。这当然又可以作为一个借口去代中国维持秩序了！所谓内蒙的独立，当然也许不是“第二满洲国”之出现，日本军阀的真意何在，又能够欺瞒谁呢?!

（原载于《苏俄评论》第10卷第1期，1936年）

日本侵略中国与进攻苏联的关系

武建勋

目下摆在日本帝国主义前面的有两大工作，一是侵略全中国，一是进攻苏联，可是一般汉奸理论家为了要解释"等日苏战争爆发，我们就武力收复失地"的欺骗政策，就竭力强调日本侵略中国仅仅是进攻苏联的手段，等这赤、白两帝国主义火并的时候，正好是我们扬眉吐气的时候。我们目前不但准备不足，内乱未清，不能轻言牺牲，就是现在可以抗日，轻启战端，也中了赤色帝国主义的奸计。

说这两国的领袖"真能做出几件抬高国家地位的大事"，大概是指他们破坏条约侵略弱小民族而言，我想由侵略而抬高的国家地位，只是增高了这国领袖和其同党的地位，并没有抬高该国人民的地位，也没有改善该国人民的生活。靠侵略来抬高国家地位，不但不为该国人民所乐从，而且为他们所反对。从狭义的国家主义的观点说来，希特勒、墨索里尼的几番壮举，确也提高了该国的国际地位，但就他国人民的立场看来，也许并非如此。

至于说他们二国的人民纵牺牲自由，也还可以忍受，这倒是受了压迫的缘故，事实上该国人民对于现状，正怀着不满与愤慨呢。

以上所说，也许是我个人的偏见，但我觉得需要进一步的解答，望即赐教，并乞在贵刊下期发表。

敬祝

编安

刘作群　上五，十八

顷接贵社转到刘作群先生的一封信，对我上次批评宪章一文内所引德、意两国的几句话好像有点误会。其实我何尝不知道该国人民对于现状怀着不满与愤慨——岂只愤懑，且有反对的言论与行动。不过德、意尽管有大部份人民反对，而他们的领袖尚能维持政权未曾爆发革命的原故，这固由于压迫武力的优越，也由于他们能利用一部分人民的爱国心理，引其向外发展，足以消弭内乱于一时。决不似我国当局，置大敌当前于不顾，反来从容制定不三不四的宪法，硬造非驴非马的国民大会，想借立宪之名以作其实这种汉奸逻辑的建立，根本就是徒劳无功的工作。谁都知道这是以出卖领土和灭亡民族做手段来完成所谓"收复失地"和"复兴民族"的使命！历史上任何民族英雄都没有主张过这样伟大的国策！

为了痛击这种汉奸理论，救国阵线中就有人们提出"目前日本的目标在中国而不在苏联"这种口号，或者针锋相对地提出"现阶段的日苏冲突仅仅是日本进攻中国"的烟幕弹，仅仅是为了取得各帝国主义者的同情，消灭进攻中国时外来的阻力。

这意见当然不是说日本和苏联由于社会制度根本对立所产生的矛盾已经消灭，或是说日本并不想进攻苏联，只是说日本在目前是以进攻苏联为烟幕的。然而这种意见在客观的认识上也有错误，这还值得我们加以更深入的分析。

进攻中国和进攻苏联是分不开的，同样所谓目的和手段在这里也是分不开的。日本为了进攻苏联，占领我们东北、华北甚至整个中国自然是一条上策，因为这样可以充实战时资源，并取得军事上各种更有利的条件。进攻中国同时加紧进攻苏联也不失为一条妙计，因为这样可以博得各帝国主义者的同情，消灭中国大众国际上最大的友军，并替中国的汉奸安排了一种无耻的诡辩。但是在这里，目的和手段是打成一片的。日本帝国主义决不单单是为了进攻苏联而进攻中国，或单单为了进攻中国而以进攻苏联为烟幕，使列强容易容忍它的侵略。因为日帝国主义的进攻中国和苏联都是历史的必然：前者是为攫得帝国主义所必需的殖民地，后者是为了扑灭帝国主义的死对头——社会主义的苏联。

固然，到目下为止，日本是侵占了中华民国的半壁江山而还没有大踏步地向苏联的领土进攻。然而这不是证明日本并不企图进攻苏联而是证明苏联没有不抵抗的内奸，没有主张以出卖领土和灭亡民族为手段来完成"收复失地""复兴民族"之使命的"英雄"，因而使早想动手的日本帝国主义又畏缩下来。否则的话，我们可以断定，整个西伯利亚亦早已插上了太阳旗了！

中国和苏联同样是日本的枪靶，可是中国的江山已经残破到这样的局面，而苏联却铁一般的原封未动，在这里，中国的大众早已认清楚了自己应该努力的方向，不是苟安，不是屈辱，而是效法苏联立刻把帝国主义势力逐出中国！

最后，或许有人要问：那么，“照此说来，侵略中国和侵略苏联，对于日本是不是毫无轩轾可分呢”？是的，在原则上是无轩轾可分的，因为帝国主义国家和社会主义国家间的矛盾和帝国主义与殖民地的矛盾，同样都是最最基本的，只是在目下，日本为了战术上的关系，先向内有汉奸容易胜利的中国开始其侵略罢了。

（原载于《时代评论》第1卷第5期，1936年）

日本与苏俄

叶青

在“九一八”时代，中国有些人大叫着日本进攻苏俄。以后报纸上亦时时载着日本与苏俄关系紧张、战争即发的消息。好些政论家也在大做其论日本与苏俄之战争的文字。我在那时却不以为然。

从苏俄方面观察，它最重要的工作是经济建设。原来一九一七年以前的苏俄，生产比英、德、法、意等欧洲国家落后。革命之后又受过封锁底教训。而它底经济制度异于各国。在政治外交上常常有受围攻之可能。加之它自己又是以建设社会主义和代表工农利益自任的。如果不努力于经济建设，则生产不能发达，既无以充实国力，亦无以自给自足，更无以改良工农生活，势必至于内外交困，不能支持。这样，怎么会愿意打战呢？只有五年计划是迫切的课题。所以苏俄在日本与苏俄底战争中不会当主动者。

日本呢？从它这方面看，我觉得进攻苏俄实在是得不偿失。它所需要的，是原料和市场，尤其市场。只有这两者才足以解除它底经济危机。另外，或者更重要的，是它也需要土地。这是它底大陆建国政策所告诉我们的。然而向着苏俄，只能取得荒寒贫瘠、人口稀少的西伯利亚。并且现在的苏俄不是一九〇五年时代底苏俄，要战胜它没有把握。即使战胜了，所得完全不偿所失。这种事，任何人也不会做。但如果向着中国，则情形完全两样。中国人口众多，地大物博，真是要市场有市场，要原料有原料，要土地则又土壤膏腴，气候温和。讲到抵抗力，那实在不足。即使它能奋起阿比西尼亚之勇，亦远不及苏俄。所以日本如果舍中国而攻苏俄，那对于它底需要和发展讲来，真是南辕而北辙！因此，日本不会当日本与苏俄之战的主动者。

在日本与苏俄底战争中，苏俄不当主动者，日本也不当主动者，请问这战争怎样打起来呢？自然，小小的冲突、无意的冲突是可以爆发战争的。但必须知道，不准备当主动者的人，又怎样愿意去当挑衅者呢？而且它们两国在当时都有避免战争的必要。苏俄为着五年计划底实现，要避免战争。以后的让渡中东路，就是一个显著的证明。日本既然有经济危机，当然不愿意做消耗底事。何况东三省也够供它吸取了呢？这自以避免不必要的战争为好。观于中东路问题之以得到让渡而止并未发生军事冲突，即可证明。

这种见解到现在完全为事实所照应。“九一八”以来四年有多都不曾发生过日本与苏俄底战争，所以日本进攻苏俄之说也是感情的言论。但是现在呢？这次由“满”蒙边境之冲突而引起的日本与苏俄关系底紧张，又是不是会成为事实呢？如果把它们两国这三四年来在满洲和西伯利亚内所做的军事设施及为用于军事的设施以及关于边境的种种冲突看来，再加以外蒙要人到莫斯科和日本与中国提议共同防共之事，这次似乎不同于从前了。所以报纸和政论又在宣传日本与苏俄底战争。

在我，觉得这次也不会成为事实，因为它们两国在现时还没有诉诸战争的必要。苏俄不愿意发动的情形同于从前。在德国向海外索殖民地、向中欧并奥地利都无结果不得不向北欧找寻出路的时代，苏俄更要注重经济建设和国防准备，不愿意战争早发。而日本呢？其利益之取得既不在苏俄底西伯利亚，更不会单独去为资本主义的东亚尽防共义务。这完全是因为华北“自治”运动引起国际注意后抛出的烟雾弹。而向中国提议防共，实在是一种人所共知其用意所在的伎俩。所以日本与苏俄底战争在这次还是不会发作。

但是，如果我们底分析就此停止，那是不对的，因为现在的情形由“九一八”以来到今天四年有多的情形造出了另外一个局势，为我们所必注意。

问题是这样的：在满洲已成日本名义上的附庸、实际上的领土以后，能不受苏俄底威胁么？即使苏俄现在不会怎样，将来也不会怎样么？苏俄不是弱小国家，而其西伯利亚设施实在不能使日本高枕无忧。至于内蒙和华北呢？像热河之役以来日益成为“满洲第二”的时代，与苏俄联成一体的外蒙能不予日本以威胁么？万一它与苏俄有事，外蒙岂不扼制满洲西境并截断满洲和内蒙底联络么？在这种情形下，日本纵不进攻苏俄，亦必防备苏俄。这就使得它要与德国联络，造成夹攻苏俄之势了。因此，与中国共同防共的提议，当然也有几分对付苏俄的意思。

苏俄呢？它虽不进攻日本，亦必讲求防御之策。满洲在中国手里，是一点也没有问题的。一成为了日本底附庸或领地，它便感受很大的威胁。一旦日本或满洲与它有事，日本就占了先着，要截断海参崴一带与西部西伯利亚底联络。这是它自“九一八”以来努力于远东军备的所在。如此，它就愈不能不抓住外蒙以作屏藩了。

本来没有甚么冲突的，就是这种互感威胁、互为防备，便在外交上、军事上都形成了你以我为假想敌、我以你为假想敌之局面，结果不免要一天一天地走到诉诸战争的地步。此所谓势成骑虎，无可如何者也。

另外，我们还要注意两点。在日本方面，它底利益要求是要在满蒙（内蒙）采取北守南进之策的。但如果国际形势变到欧美对东亚取积极政策时，那末南进受阻，它倘然还要推广属地，便非北进不可。这时外蒙和海参崴一带就成了它底目的物，于是日本与苏俄底战争遂不可免了。这是可能有的情形。又满洲在日本经营之下，其发展及其力量之充实，就它底自然条件和社会条件说来，都很容易成功，而且会胜过外蒙和东部西伯利亚。到那时，就是南进不受阻碍，也免不了要进攻苏俄，发生战争。这同样是可能的情形。

在苏俄方面，它底整个力量随着经济建设日益充实，因而对于国土的守卫必然积极化。对于西伯利亚的开发，对于外蒙的联络，以及对于新疆的活动，都要加倍努力。至于在太平洋上足以牵制日本造成夹攻之势的同盟，也是要加紧找寻的。这样一来，与日本冲突的机会便增多起来。它虽不发动战争，防御是必然的。这不是一种日本与苏俄战争的可能么？并且它为消灭卧榻之侧底敌人，为推广社会主义区域，自然要留心于满洲、朝鲜内部的革命运动。如果国际形势变到利于这种企图时，那是会要急转直下地展开的。日本一不能听它这样，战争便又成为了可能。

这些推测，虽然比较辽远一点，但在“九一八”以来四年多中却已植下了根基。因此，我们今天对于日本与苏俄底战争，一方面可以说现在没有，一方面又须补足一句：在酝酿中，将来不可免。

一九三六，一，五

（本篇之满及满洲均当地名用，并未作国名用，附此声明。）

（原载于《统一评论》第1卷第10期，1936年）

朝鲜之文学运动及其的沉寂原因

梅磊

一

说起朝鲜鲜文学，不论作家与作品，在其数量上或在其质量上，能够跑上世界文坛上占它一席位的程度，诚然是一件遗憾的事，一句话说，还是没有。不过我们总要予以原谅，并且还要予以怜悯。我们要知道，一个民族能够碰起万道光芒的文学底火花，而在世界文学历史页上来煌煌耀耀的决不是一件偶然的事，至少当有两个因素所造成的。（一）文化水平较高；（二）民众思想自由。说到朝鲜文化，虽则我们不敢说是如何的低下，但也不见得是怎样的高吧了。可以说朝鲜还是一个文化落后的民族。其所以落后的原因，是因谓：正当中国文化大量输入后，而恰巧遇着日本暴力渐次膨涨之时，因此在忙于应付敌人频年侵逼的心力交瘁下的朝鲜民族，对于尽量地接受中国文化的这些余裕，那就没有。并且，正以中国文化来筑下朝鲜文化的基石，也被敌人来摇撼，掘废了不少。他们对着这块被人摇撼了的基石，固然不敢出诸于口的说“我来扶正它”，即使想在偷偷中来动它一动也有所不能。兼且为了爱国热情的袭击及生活的驱迫，毕生的时光，眼看着它全消逝于革命、飘流的历程中。再说到思想自由一层，那简直没有也来阐明之必要。因为基上这些原因，所以朝鲜尤其是自亡国后的民众便没有什么文化不文化的享受了。然而在这心力交瘁中还能写出多少好作品以与人们的歌颂，这真值得我们的惊叹、钦佩。

二

朝鲜文学之黄金时代，当在高丽时代的一个时代。虽则达到一千数百年前的新罗时代，在旧都庆州等地尚能发现多少优美的建筑和雕刻的遗迹及《三国遗事》《均如传》数千篇之诗本，信真女王时“三代目”的敕选歌集。然但经过不断的战乱及时间的磨灭，遗存的甚少，难启人们多大的认识。因此，在中国文学大量输入的高丽时代，才能算称为朝鲜文学的黄金时代。

在高丽时代的文学者，因受了中国文学的陶冶与影响，杰作极多。如《歌曲源流》《青丘永完》《海东歌谣》等等，为一时脍炙人口的好诗。如《九云梦》一篇，并且在世界文坛上放了一回光芒的一篇杰构的小说，中国译了搬到中国来，英国艾尔博士也译为 *The Cloud Dream of the Nine* 而搬回伦敦去。而《春香传》的一篇描写恋爱的剧本及《洪吉童传》等，竟更引起世界人士的惊奇而争购阅，有译本者有美、法、德及吾国等国。并且在李朝第四代的世宗的时候，造成朝鲜民族之在世界上而有独立之文字的荣耀底"谚文"，也于此时发明出世。且以自由自在的"谚文"来写语体的叙事诗，更奠立了朝鲜特有之文学的基石，而为后世之规范。如世宗的纯谚文底《龙飞御天歌》《月印千江之曲》等诗，至今犹歌颂不衰。除以"谚文"所写成的而外，关于以"汉文"所写成的如上述之《歌曲源流》《青丘永完》《海东歌谣》等国风诗歌数百篇，小说、戏曲、散文数十篇，遗存到现在，依然满目淋漓，美不胜收。可以说，此时代确实一个文学的黄金时代啊。

三

不过我们要晓得，在此时代中的文学，大半是叙情的作品而充满了恋爱、浪漫、热情的意味的。迨至日俄战争爆发以至日俄订立和约以后，特别是被日本帝国主义并吞了整个朝鲜的以后，整个朝鲜的青年在思想上便大大的改变了。映在他们的眼前的是什么？已不是青山、流水、美人、醇酒，而是剑、炮、虎、狼了。充塞在他们的脑中的是什么？已不是恋爱、浪漫，而是愤懑、悲哀了。青山已布满了敌骑，美人已洒溅了鲜血，要他怎能再鼓了恋爱的热情呢？他们只知道自己要握的已不是笔杆而是枪杆，只知道自己要做的不是背手吟哦而是攘臂冲锋。因此，在印刷板上已排好了"姑娘！当你闭起了眼睛的一刹那啊……"的几颗铅字，马上改了"打倒日本帝国主义，杀到东京去……"的另几颗铅字了。所以，在他们已换上了枪杆的时候偷向朝鲜文坛上瞧，瞧见了什么没有？有，几张零乱的传单、标语。

但也不能以一句话就能武断了一个曾经放过万道光芒的文坛，虽则文坛上的健将已是死的死，漂流的漂流，但这些抹着失败的热泪，走着蹒跚的脚步底漂泊青年，在鸭绿江之江畔、西北利亚之荒野、黄埔滩之滩头……还有不少的诗歌从悲哀中写了出来的。不过这些啊，只是酒、血、泪所溶成的吧了。据韩人李光洙先生的统计说："大约在万数以上，但已落在日本人手里，而今一篇也不存了。”啊！多么痛心的事啊！

厥后，如崔南善之散文诗竟在久经冷静的文坛上霹雳一时。崔南善为东京早稻田大学文学系学生，为韩国政府派遣东渡留学的第一人。当朝鲜被吞并前的前两年，敌不遇[过]爱国热情的驱使，卒抛弃了学业回国组织一个少年月刊杂志社发行《少年》。在那时，他虽则是乳臭未脱的年仅十八的青年，但他的散文诗全是充满了“希望、力、牺牲自己”等民族之热情，并且那些洗练、奔放、深刻的字句，确实把整个青年的心灵都为之荡动、感动了。因此，跟着崔南善之散文诗而后，便有新体诗派的诞生，新体诗派的人物为朱耀翰、金岚曙、朴月滩、金素月、金巴人等。其后由崔南善山散文诗转变为新时调诗后，因此又有所谓时调派出而与新体诗派对立、作战。时调派的健将为崔善南、李鹭山、李秉岐、却寅普，等等。

朱耀翰从一高出来了后便从事新闻界职业，他有明哲的头脑、锐敏的感情，因此他的诗异常的动人。计所出的诗集有《美丽之曙》《宝仙花》等。

金岚曙是庆应大学的学生，他的流丽的叙情诗更博得一时读者的爱戴、歌颂。但他大半从事外国文学之介绍，如《懊恼之舞蹈》这本诗集，确是一本好译品。

朴月滩与金素月，这是朝鲜文坛上被称为沉默的作家，他们的作品因此也充满了悲哀、忧郁的情绪。金素月之童谣诗，竟为后世之模范。如金素月的《杜鹃花之叶》、朴月滩的《异房之曲》诗的集，在文学史上是留下不少的光耀的。

余如梁柱东的《朝鲜之脉搏》，崔善南的《百八烦恼》，李鹭山的《鹭山诗集》，金巴人的《国境之夜》等，民族意识极富的。尤其自参加一九一九年之社会革命运动、抗日运动后的金巴人，以阔刀大斧的笔锋、火花似的热血、威武不屈的精神所写成的诗歌，更掀起朝鲜文坛的波涛，高飞万丈，并且还当了后来普罗文学的先锋者。

上述的是关于诗歌的一方面。

四

再以小说方面来说说吧。

说起了小说，如果以诗歌来当朝鲜文坛上的主人，则不如以小说来当主人之更为适当。在数量上与质量上说，固然小说比诗来得强；就以读者来说，诗歌也不及小说的魔力大而能牵着大众的。因此，小说才是大众化，小说才是大众化的文学，基于这些原因，所以此八九年来的朝鲜文坛，除了时调派的李鹭山、李秉岐及几名新体诗的新作家尚能时出时隐外，其他的诗人已渐次息影归隐了。昔日饰得金辉夺目的文坛之椅，已自然而然的移给一群小说文学青年。

小说之出现于文坛上，虽则不是此八九年后始，远到三十前已有李人植的欧美式的《血之泪》《思之声》等作品出世，不过称为小说时代还是此八九年后。此小说时代的健将者为金东仁、玄凭虚、廉想涉、罗稻香等。尤以金东仁更为健将中之出类拔萃的人物。他有奇惊的观察，他有奔放的热情，如《马铃薯》《足指之如》等便充满了这些情绪。余如玄凭虚的《雾之朝》，罗稻香的《幻戏》《哑三龙》，廉想涉的《标本室的青蛙》《万歲前后》《日向草》《心》等，民族意识极深。而廉想涉更被普罗文学作家讥称为民族主义文学的“大皇城”。

在普罗文学方面努力的有崔曙海、朴英熙、金基镇、尹白南、崔独鹃、赵明熙、李基永等。他们据着《开辟》杂志上一方介绍国外之普罗文学的理论，一方借此朝向称为人生派之金东仁，民族主义派之廉想涉等阵门，施以明攻暗击的论战，跟着《开辟》的发行，大有洛阳纸贵般的一天一天增多了，因此惹起了日本帝国主义者之嫉惧，竟遭闭禁。但不久又有《朝鲜之光》的杂志问世，于是他们又借此来作重报旗鼓的阵垒。

五

由时调诗而至散文诗，由散文诗而至新体诗，由新体诗而至小说，此乃朝鲜文学运动的前进的过程。由浪漫主义而至民族主义，由民族主义而进与社会主义的论战，此乃朝鲜文学作家的思想的进展，换言之，就是朝鲜文坛的缩影。

上述的民族文学作家与普罗文学作家，虽则有水火不兼容的大开笔战而热闹了数年，可是在近此三四年来已忽然掩[偃]旗息鼓的消声敛迹了。

其所以消声敛迹者，自然有下述之三个原因。

第一，站在日本帝国主义者的面前翻根[跟]斗，不消说是不能自由自在了，何况闹着的又是什么民族文学、普罗文学？即使闹到连他们也会看到出神，但结果决不能闭着他们的嘴巴而不许说“禁”。

第二，不论你喊的是民族革命也可，或社会革命也可，但革命的对象就是日本帝国主义。但是，马克斯[思]告诉人们说：“暴力是新社会诞生的产婆。”换句说，日本帝国主义之能够打倒，决不是靠一枝笔与一张纸。他们便马上抛下了笔杆而擎上了枪杆。

第三，有了上述此两个理由，已足证明朝鲜文坛之所以沉寂的原因，何况加以朝鲜社会近年来之不景气，已大有可观？在作者方面固然不能单靠一笔稿费就能解决一宿两餐的生活费，就是读者方面也无法压出点钱来给书店的，所以吃着作家饭的作家们便不能不卷起铺盖说句“走了”。

（原载于《亚洲文化》第1卷第7、8期，1936年）

第二次大战日本与苏联之关系

罗又玄 讲

韫健 速记

第二次世界大战的爆发地，就现势观察约有两个地方：一是欧洲，一是太平洋西岸。在这两个地方，随处都是火药库。欧洲的导火线是东欧和地中海沿岸，巴尔干依旧与第一次大战前一样。在远东，我们中华民国失去的东北四省同〖样〗是个大火药库。总之，在欧洲，在亚洲，到处蕴藏着第二次世界大战的火药库，只要导火线一着就会爆发的。

这种火药库是如何形成的呢？第一是资本主义本身的矛盾，资本主义各国利害不同的对立、冲突，最后发展到重新分割殖民地半殖民地，酿成帝国主义的战争，以战争解决他们自身的矛盾和国与国之间的矛盾。第二是社会主义国家与资本主义国家的对立。社会主义建设的成功，威胁着资本主义国家，使她们不得不作最后的挣扎——形成反苏联战争。这样，就到处种下了第二种大战的祸因。

大家知道，在远东的反苏联阵线，日本是以反苏联的先锋自命的。所以，我们现在就要问：日本怎样进攻苏联呢？现在，不论在那种情形下，日本要进攻苏联都困难的。现在我们来检讨一下日本的情况吧。照普通的看法，都以为帝国主义诸国的反苏联战争的豫备最重，而帝国主义诸国的矛盾次之；则是日本对苏战争的筹划最重，而对华次之。但是据兄弟个人的浅见，却以为资本主义各国自身的矛盾冲突，其比重较对苏关系更重些。例如法、德两国的冲突，法国肯让出阿尔萨斯、洛连[林]以求和平吗？波兰肯将隔断普鲁士的走廊交还吗？英国肯让澳洲给日本殖民吗？如此等等都是很明显的事实。

以日本而论，在远东方面常以“防赤”先锋自命，可是直到现在她并没有占领苏联一寸土，却肩着反赤之名——向英美诸国表示她正从事于反赤运动。实际上她发动了九一八事变，挑动了热河战争和一·二八上海战争，最近更唆使殷汝耕独立,又要求华北“自治”。

然则她是否放弃反苏联的战争准备呢?不,决不!因为日苏之间不但思想上而且在实际上,如中东铁路,如北洋渔(世界三大渔场之一),如库页岛北部的石油矿等等,都是战争的因素,尤其是中东路很容易成为战争的导火线。但中东路已经卖给日本,不致于再是日苏战争的导火线了。

现在且先说思想问题。日本的社会思想原来相对的发达,又因为日本一般教育程度相当的高,机械工业突飞发展之后;学术界固然会有进步,在势也不能停滞,一般社会随着劳工运动的开展,社会思想也同时向前推进。尤其是俄国十月革命以后,日本也感受巨大的影响。例如,一九二〇年以前日本的社会主义运动虽也发达,但安那其主义与科学社会主义区别并不明显,其后工运愈见进展,科学的社会主义思想在群众中就愈见有力。因此共产主义思想在日本,不仅在工人中,在一般学校中到处蔓延,甚至于神圣的司法界,纯粹贵族子弟的学校——学习院都有大量的“危险思想”传布着,而且发生了党的组织。

九一八事变以后,军人抬头,思想界横被摧残,被捕入狱的不下一万人,言论出版受着绝对限制。更有甚者,爱国团体(如在乡军人会、青年团、国本社、黑龙会等等,提倡爱国的法西斯思想的团体竟有五百多个,其组织遍日本全国,且多数都直接间接与军部有关),它们的目的对内在打倒危险思想和组织,对外在开拓疆土。现在危险思想表面停顿了,它们对于现状还是十分不满,并且时常有图谋不执和暗杀案发生。

左倾思想既受警察和司法的压迫,复感爱国诸团体胁制,它们的领导者大多数都被捕入狱,它们的活动照理应该完全停止了。殊不知最近却发生过一件奇闻,就是被关在牢里的共党份子竟说服了“牢头禁子”,他们甚至于替这班思想犯人作通信工作,他们不但传信给当地细胞,而且还辗转递信到美国到苏联;在牢狱里研究俄文更是司空见惯的了。

不过国与国之间的冲突,思想往往占第二位,而实际利害居最主要地位,日本与苏联间利害对立最尖锐的是中东铁路。这是战争的导火线,现在由我们中国人来说是很惭愧的。但无论中东路问题已由苏联以一万七千万圆日金卖与日本而钝化了严重的冲突尖端。我们不得不承认,在当时中东路确是日苏对立的焦点。日本将以实力夺取中东路,是显示她反苏联的媚态,以博各帝国主义的欢心,苏联明白他的“把戏”,为了和平政策,就有条件地卖给了日本,因之这一战争因子实际已打消了。

日本自以为是世界的强国。但由我看来,究竟是外强中干!近代国家主要的是矿源的丰富。例如各项动力所必不可少的石油，而日本的石油产量却不够她消费量的百分之八，她的石油须由美国、英属美索波达米亚、荷属南洋等地取给，甚至还需要大量的俄国赤油。日本能够拒绝苏联的赤化思想，却绝不能拒绝苏联的赤油！一九二二年以后，日本在北库页岛所开发的石油矿，成绩并不怎样好。但同一地方苏联方面的石油矿却获得了预期的产量。她向苏联所租借的石油矿一九三六年底就要满期了。结果是还给人家呢？是强行续租呢？于是日本又在放空气说她将要收买北库页岛。但苏联虽然把中东铁路卖了，她的石油矿在她自国境内是绝对不肯轻于卖给人的。看吧，苏联是怎样回答日本的呢？斯丹林曾说："我们的领土是一寸也不能给人的。"北库页岛的领土能随便给人吗？

现在，我们就是要问：日本在最后是否会开兵去和苏联打一下呢？在四年前，日本的确想用武力把西比利亚打下来。但她曾仔细打算过，晓得用兵的结果，胜利绝无把握，现在对此更加怀疑了。以往的历史可作证明：在一九一九、一九二〇年间，日本曾对俄出过大兵。那时，苏联的政权还不曾稳固。列宁也只希望有巴黎公社那样的政权。那时日本曾派兵去占据西比利亚并援助白党，而"远东共和国"也并无抗战实力。我们中国也曾派出一旅兵去。庙街事件，俄国游击队杀死了几百个日本人，于是日本更紧急的挑发战争，就派了六个师团兵力去占领西比利亚，但那地方是那么的广袤，六个师团兵放下去，真好像在荒漠的平原上的几团蚂蚁！大家都晓得日本的兵士是由征兵制征来的，放在那样危险地方，兵士就有赤化的危险了。果然过激思想次第传布开去，甚至兵士碰见长官，敬礼也不敬了，他们军部不敢再颟顸下去，但又不能把赤化的兵士全行杀掉，于是只好把整师团全行调回，不论年限，立即除队，重征新兵，结果用了差不多八万万圆，却并不能占据西比利亚一寸土，假如当时再继续用兵，恐怕要惹起意外飞灾也未可知，所以急忙把兵都调回去，并放弃了占领西比利亚计划。现在的苏联和刚革命后的赤俄完全不同了。苏联本国不用说，单讲在远东方面赤军有二十三万，航空机有六百架，其中军事轰炸机一百架，大型飞机一百架至一百二十架，落下伞有二三千个。一旦作战，东京、大阪、京都、神户、名古屋的天空，就难免不受苏联飞机的威胁。设使每架大型飞机可载落下伞的兵士二十人，那末一百架飞机载二千人落在东京、大阪近郊，机关枪乱打起来，这事可了不得。何况还有一百架的轰炸机，下起蛋来，也不是玩的！像日本那种木造房屋，一枝火柴就可放火，那能经得起五十磅以上的炸弹。除非日本在开战后二十四小时至三天内把海参崴拿下来，但这事可能性很少。如延长至三四星期，则日本重要都市就有变作焦土的危险。

日本的军事专家自己也说:“要把乌苏里铁路切断,完全消灭敌方的军力,非经两三星期的大战不可。”这就很危险了。如果日本要夺占西比利亚,至少日本要出三百万兵,照日本现势受过军事训练的壮丁,每年不过十四万,设使她出三百万兵恐怕十八岁的小孩,六十岁的老人都得去当兵。但绝对不能越过贝加尔湖那边去的,也还不能决战,苏联还可以继续应战,而且实力更加雄厚,作战越是方便。

因此,日本决不敢轻易去进攻苏联,最多在反苏联的姿态下讨更大的便宜。

那末,如果日本不进攻苏联,和平就得保障了么?好吧,我们来检讨一下日本之所谓和平吧!日本的所谓和平,是什么和平呢?在一九三一年(民国二十)日本正在唱着和平的高调,中国政府也在日内瓦唤着和平的时候,九一八大变故以后,锦州的炮声响了,在和平的炮响中送掉了东北四省的土地!接着在上海,一·二八之夜,上海的炮火毁坏了闸北!现在,在非战地带的地下,地雷又要响了,眼见平津华北的土地又要是日本所谓和平的牺牲品!这样的和平是和平吗?如果这样的和平算是和平,我们宁可不要和平!并且我们必以全力反对这样的和平!

苏联也为了和平,为了保障她的和平外交,把中东铁路卖给了日本。但这是有限度的。假使苏联卖掉了中东铁路还是得不到和平保障,只要日本帝国主义的铁手伸入苏联领土一步,她必定以武力把它打出来的。她的和平是有条件的,如果日本对苏联要中东路以上的领土侵略,苏联在远东预备有六百架飞机、二十三万赤军在等待着!所以,日本不敢轻于向苏联尝试。

日本不真向苏联挑战。一是军力不足。日本军械很完善了么?当然,日本兵比了中国兵是要高明得多,军械比我们中国的也新式得多,但要和欧洲各国比,相去尚远。在新武器中,譬如日本的飞机续航力只有一千五百公里,但赤机却有三千至三千五百公里。去年她曾有一个航空新计划,陆军部要换新的军用飞械,就要和我们贵中国成立一种军事协调,预备把他们没有用的旧军器卖给中国,他们自己另去买新式军器!

其次,日本在国际上的孤立,也使他不敢向苏联作军事的冒险。她自从在反苏联的姿态中实行侵占了中国的东北四省土地以后,在国际上完全失去了各帝国主义的欢心而陷于外交的孤立,那是十分明显的。她自已也完全晓得。可以和他亲善的,大概只有我们贵国了。她和我们中国讲亲善,是一手扯着人家的耳朵,一面拔出了拳头叫人家跟着她唤“诚意,亲善!”我们贵国也果然跟着她唤“诚意,亲善!”不过这是中国政府不得已的苦衷,却并不是我们老百姓心中所要讲、所愿意讲的话！

现在再看日本和英国到底能够亲善吗？她们本来是旧同盟国，如今再要恢复前盟，恐怕是日本的单相思吧！尤其是李滋罗斯来华后，反映在中国的政治上的现象告诉日本：英国将用对付意大利的手段来对付日本，并非是不可能的。因为在经济上这两国的利害冲突是太利害了。在华市场固不用说，日本已进而为高度轻工业国，三二年后日本的棉布输出逐渐赶上英国，并且要驾英国而上之了。一九三四年日本棉织品输出比英国多万万平方码，今年日本棉布输出会有二十七万万平方码，英国仅止二十万万平方码左右，这样日本的棉布不但侵占了英国在远东的棉布市场，并且还侵入了印度、南洋群岛、南美洲等英帝国主义的属领和殖民地。英帝国主义的对策是关税对策，限制日货输入英属领地。

大家都知道，英国的外交向来是非常老辣狡猾的。往往穿上了大礼服而内藏武器！在她没有主张制裁意大利之前，意大利是不知道她要纠合世界各国去制裁她的。日本对于这点已相当明了。日本也知道不能和英国在经济上妥协，就是不能取消日棉布在世界上和英国棉布的竞争，就是说英国随时可以用对意的手段来对付日本。所以英日要亲善是很难的。

除了英国，美国和日本也是不能亲善的，因为她们在太平洋上的势力不能调和，远东的市场争夺也万难和缓。

至于苏联，当然更无妥协的可能了。所以日本总要想找助力的。这个助力就是所谓“日华满”三国的经济、政治、军事同盟！日本只能在亚洲有其亲善烟幕外交，尤其是和我们中华民国，所以我们在这些地方必须注意：日本得了中国的东北，一定还要借口南下防赤，得了华北还要西进，因为在日本看来西北方更赤化！所以，我们对于日本这样的行动必须严重警戒，我们大家必须切实准备，奋起我们的全力和日本作生死斗争，同时也就是为世界求真正的和平！

现在我们来揣想一下未来的日苏战争。这是完全据我个人的拟想，我想日苏战事在最近的目前是不至于爆发的，但导火线一着了火，或许就会不可收拾。因为火药库到处有，北洋渔业问题，北库页岛石油租借问题，苏满边疆争执问题，随时随地都是导火线，都容易引起重大危险！假如日苏的战争爆发，那末，我们可以说，在战争的初期日本是可以打胜仗的。因为日本全国的国土……只有三十六万平方英里，她本国比四川省小，比东北四省更小。她国内的交通的确是非常便利的，在两星期内能动员二百万兵，集中八个月的食粮（日政府存有一千万石米）和两个大兵工厂的军械。不过，日本的作战资材是不够的，尤其是铁，但她可由东北、华北等地搜集。所以资材方面在初期战争也能集中。军事运输方面可由日本内海的敦贺，由清津，罗津渡入东北境内，运输既比较方便，兵力又容易集中，所以在战争的初期日本是有利的。如果一两礼拜内打不下海参崴和伯力，那就要出毛病了。在一·二八战争的时候，日本说不是战争，他们声称四小时内可以占领上海，把中国驻兵完全解决。当时在上海的中国六万破兵，一打打了一个月，把日本的第十二师团所属第二十四混成旅团，第九师团，第十一师团，第十四师团，东京、大阪、京都等处的特种部队都调了来，十万强兵跟几个破兵打了一月，在战争上还不曾得到什么大便宜。苏联的赤军和十九路军等比起来，当然是两样的。那末，战争的结果——谁胜谁败，是不难测度的。

再次讲日本的财政。就表面观察，九一八以后的日本在经济上有了长足的发展，一般国民经济的确向上增高。然而实际上，她的军费逐年增加，去年军事费为九万四千一百万圆，今年(一九三五)增到十万零二千一百万，明年预算为十万零五千九百万圆，如再加上抚恤金等内务部所管各费，总计当在十二万万上下，会占总支出的百分之五十五以上了。而其租税收入不过八万五千万，全数支付军费还不足二万万。而且最近几年，因为军费激剧增加，所以国债增加了四十万万圆，综合以前的国债，到一九三六年三月，要在一百万万圆以上，照日本现时国力，到[倒]还担负得起，但继续不断的增加，就没有把握了。又因为一般资本家感着对外投资特别是对满投资缺乏保障，所以都来投资于国内公债，据最近调查，各银行投资于公债的，占放款总额的百分之七十。这种不生产的“通货膨胀”政策，终于是转嫁到劳苦大众身上，会使她经济动摇，很容易发生恶性的通货膨胀，惹起巨大的经济恐慌。

关于资源，日本也是非常缺乏。例如石油日本现在虽可取给于加利佛尼亚，到战争时就不保险了，万一太平洋上有点风浪，石油来源断绝，则所有的汽车、电车、飞机、坦克车、潜航艇等利器都得停下来，那可糟了，还用说打仗吗？所以日本政府就规定法令说要各石油公司至少得存储六个月的石油，但这种储油需得要石油库，而储油库又须重新建筑，其经费要七千万圆。商人固然没有这样大的经费，政府也难于担当，何况还得年年增加！而日本本国的产油量尚不及她消费的百分之八，百分之九十二要仰给于外国。

其次，日本的铁百分之九十是靠别人家供给的。一旦有事，所有重工业也非停工不可。

至于思想问题，在平时已经防不胜防，在同外国打仗时，更不知要出什么毛病哩。日本一般人民的生活是如何呢？不错，到日本去考察的先生们看见了日本的女学生们穿西装，住了堂皇的旅馆等等，以为日本是富强得很了。其实，日本到现在还是农民占总人口百分之五十以上，据我所知，在北陆诸县，如山形、青森、秋田等地方的农民的工资，一天两毛钱，还得自己吃饭。饥饿是农村中相当普遍的现象。要饿肚的人民去忠君爱国，谁敢担保没有岔儿？所以日本的法西斯蒂的工农，提倡全国的财产奉还天皇，由天皇重新分配。这是说明了日本的社会危机，无论人民有左倾或右倾的思想，都有危险性，到战时其危险更大。

最末来考察一下日本的国民经济吧。日本本土每年国民所得额最多一百三十万万圆，平均每人每年的收入一百六十五元。森武夫根据过去日俄战争的材料，以为每个兵士每天平均消耗九块钱。那时还没有坦克车、飞机、潜艇等新武器，而兵士吃的是极粗劣的饭食。一般日本人也穿的是和服、木屐(?)。现在不但有了新式的兵器，并且一般人菜里至少要加一点酱油，多数还要吃吃鱼，穿制服，等等。所以在现在算起来，每个兵士在战争中每天至少要用二十元。如果出二百万的兵打仗，则每年要军费一百四十四万万圆，只有多，绝不会减少，则日本总所得都用作战费还打不到一年呢！

我们反过来看一看苏联的情形怎样呢？苏联的财政早已由政府统制的，在她国内才有真正的统制经济。现在苏联的财富差不多赶得上美国，资源是世界上三个资源最富的国家之一。世界上资源最富的三个国家是美国、苏联，我们中国也是一个。他们的资源渐次集中开发，而且地方大得很，失掉一二处也不相干。说到苏联的思想，各位都知道得很清楚，那是不用多说的。他们的国民经济如何呢？在第一次五年计划以四年三个月完成以后进行着第二个五年计划，和帝俄时代的俄国真有天渊之别！

在日俄战争的时候，日本打败了帝俄，要求俄国赔款，那时俄国说："俄国向来是和人打了败仗不赔款的，要赔款，再来打吧！"那时日本的伊藤博文、小村寿太郎等到底不失为一个好汉，很明白如再打下去，日本未见得会有便宜，就和帝俄媾和。而那时的俄国差不多和现在的中国一样糟，尚且如此。现在的苏联，是拥有一万万五千万人民的政府，并不是皇帝的一家一系的政府。所以纵使日本在开头打胜仗，但继续战争的结果，谁都能知道胜利会属于那方面的。

近代战争，一时的胜败是不足为凭的。要靠整个的国民的一致的行动——当然这一致的行动是由一致的思想和经济的组织力而来的。要有丰富的资源，才能稳固整个的国民经济。这在苏联都有确定的把握。日本能吗？

我们在看了人家的准备战争的情形，应该作何感想？我们也有丰富的资源、广大的土地，我们也有四万万五千万的人民，但我们是在怎样的情形底下呢？我们更应该准备，赶快起来，为民族生存，作最后的斗争！

（原载于《上海青年》第36卷第10期，1936年）

国家出版基金项目
NATIONAL PUBLICATION FOUNDATION
国家社科基金重大项目结项成果
“十四五”国家重点出版物出版规划项目

二十世纪东亚抗日叙事文献整理与研究丛书

丛书主编——牛林杰

史料编·评论卷 Ⅱ

分卷主编——牛林杰 王丽媛

山东大学出版社
SHANDONG UNIVERSITY PRESS
·济南·

图书在版编目(CIP)数据

二十世纪东亚抗日叙事文献整理与研究丛书. 史料编. 评论卷. Ⅱ / 牛林杰主编 ；牛林杰，王丽媛分卷主编. 济南 ：山东大学出版社，2025. 8. -- ISBN 978-7-5607-9017-6

Ⅰ. K152

中国国家版本馆 CIP 数据核字第 2025Y1Z661 号

策划编辑　张铭芳
责任编辑　肖世伟
封面设计　卡古鸟设计

二十世纪东亚抗日叙事文献整理与研究丛书·史料编·评论卷Ⅱ
ERSHI SHIJI DONGYA KANGRI XUSHI WENXIAN ZHENGLI YU YANJIU CONGSHU·SHILIAOBIAN·PINGLUNJUAN Ⅱ

出版发行　山东大学出版社
社　　址　山东省济南市山大南路 20 号
邮政编码　250100
发行热线　(0531)88363008
经　　销　新华书店
印　　刷　山东新华印务有限公司
规　　格　720 毫米×1000 毫米　1/16
　　　　　104.5 印张　1876 千字
版　　次　2025 年 8 月第 1 版
印　　次　2025 年 8 月第 1 次印刷
定　　价　600.00 元(评论卷全 3 卷)

目录

1937—1939年

1937—1939年

日本走向毁灭之途

佚名

伯起 译

（译自九月四日的苏联《新闻报》伦敦通讯）

英国名记者白郎（Garrison Braun）在九月份出版的《现代评论》（*Contemporary Review*）月报里，曾着有一篇极详尽的论文登在首要的地位。该文所最注意的是远东。作者对于目下在中国事件中活动的中心人物，差不多都认识。他在论文里说：

“广大的残杀和掳掠，不仅出现于满洲而且在中国的北部，日本人在那里设置自己的傀儡政权，表面上说他们是什么省的政府；残杀的种类，确难于统计。有一次，我看见许多人立在车站月台上，我同那些人谈话，他们都是屠杀的见证人，而且他们本人也曾经过严刑拷打的。在热河有两个中国苦力，偶然走到日本人所建筑的飞机场的边界上，于是他们便被活埋了。在北满有一个女人和小孩子在日本的堡垒附近采果子，被日本的哨兵看见时，立即将他们射死。当天津被日人占领后，有一次曾发现三百个中国工人的尸首，因为他们曾替日人建筑秘密的防御工事，于是便将他们致死，免得泄漏秘密。的确，如果将日本人加于‘中国人的刑罚说出来时，西方人一半也不会相信的’。”

中国国内情势已剧烈地改变，统一的运动和扫除文盲等工作，照作者的意见说：

“在中国历史中，无知识的民众和知识阶级联合行动起来。这要算是第一次。全中国皆喊着：‘打倒汉奸！将恶魔赶下东海去！’在中国境内，不仅投降日本人的中国人，还有在南京行动不努力的人，群众皆呼之为汉奸。中国民众进行识字运动，已有很大的发展，在最近几年来，又应用了新的注音字母，教导了千百万的人民。少年人教老年人，这村教那村。这种求智识的热望，可以比得上革命后的俄罗斯。也就因目下在中国发生的这些过程是绝对重要，所以四万五千万人民第一次喊出民族独立的要求。在上海我亲眼看见一群黄包车夫站在学校旁边，伏在教室左右，似乎生怕错过机会一样，他们并不是想学作诗，他们想学得怎么样才可以赶走日本人……八个月以前，中国还有内战，现在他们统一了——是从来所未有的统一。”

关于目下，力量的对比，白郎作了如左的描写：

“中国有二百五十万武装的人民。虽则其中大部份战士在训练和武装上不甚完善，但有很好的干部，他们的配备并不比日本军队落后。在质量上说，中国有的军队应该是不好的军队，但是这些战士为爱国精神所激愤，照许多观察家的意见，他们必能英勇地作战。中国人的弱点是军事航空设备太杂乱了，而且缺乏飞机制造工业。但飞机师的质量，中国人却比日本人良好。

日本人所处的地位非常之坏。日本军队平时大半皆不驻在日本本土之内。新的战争必须要动员成千成万的后备兵，因为他们在中国领土里作战，交通路线必然很长，不能不用大量军队防护。日本人统治高丽三十年，但高丽人仇视他们，时时找寻暴动的机会。日本人占领满洲六年，而战争状态从未停止过。这六年中耗费了日本纳税者的金钱三万万元。日本人死了五千，伤了二万以上。在中国北方的战争，不到数月而日人的死伤则数倍于此数字。”

远在两年以前，许多名政论家就认为日本必因严重战争支出从来所未有的大量开支，这就是日本财政破产的根源。据白郎说，这还不是日本帝国主义致命的打击。日本帝国主义的致命打击是在日本境内不管警察是如何的凶残和尽量压迫所谓“危险思想”，然而人民对统治制度的不满则与日俱增。白郎曾亲眼看见在农业区域中为贫困所包围的人民，在鱼[渔]村，在大城市……的人民皆怀着暴乱的烈火。作者结论说，狂妄的日本军阀的新冒险，必使日本帝国主义自身走向毁灭之途。

（原载于《中苏文化》第 1 卷第 1 期，1937 年）

侵略之代价

——日本在三个月战争中之国民经济

[苏联]G. Boldairev
长城 译

日本侵略中国,从战争开始到现在已经三个月了。时间虽然很短,但已能看出国内全部复杂经济的变动,这便充分地证明了日本军事经济机构是如何的薄弱。

经济的各部门——生产,对外贸易,航运,金融市场,国家财政——均在军事环境的恶劣影响之下。

在中国境内的战争,首先使日本对外贸易大受打击。广大的中国市场几乎完全失掉了。中国市场虽因近年来抵制日货关系而相当地缩小,但在一九三六年里在日本出口——尤其是纺织品的出口——的地位上占有很大的位置。

据中外商情讲,中日贸易情况在目前已受到"致命的打击"。七月间因受华北事件的影响,对华输出较之六月已减少百分之二十,到了八月则完全停止了。

在上海的日本纺纱厂,因停止制造与断绝商务而遭受损失,仅八月一月已达五千万元。军事冲突开始后,由中国退转的以及预备运往中国而尚存放在日本堆栈未运出的货物,约值三千六百万元。

战争的影响,不仅限于一个中国市场而已。因受中国商业界抵制日货的影响和海运的困难,致使日货在太平洋南岸诸国的销路大为减少了。例如日货对暹罗的出口,在最近缩减了百分之六十,菲列宾缩减了百分之十,荷属印度也缩减了百分之十等(据《中外商情》九月二号的统计)。在战争开始后的两月间,太平洋南岸诸国取消商务定单的数目,据大阪新闻的统计,已占国外定货单总数的百分之五十二。

日货对印度的出口也缩小了。据《朝日新闻》的消息,纺织品出口在澳洲地位的低落,使日本工商界受着同样的惊慌。

输出的减少,立刻影响到为国外市场而工作的日本工业的整个部门。据日本报纸的登载,专为出口而工作的工业区有许多地方已完全停厂,其余尚在工作的工厂则大量减少生产。例如新潟工业区因对华停止出口,使该区二百个以上的人造丝厂完全停止生意(据九月十七日世界运动中心的统计)。

据《读卖新闻》的消息,在盐釜工业区有许多纺纱工厂已宣告破产。丝业组合在九月七号宣布,丝织厂在本年秋季里未加制造的货色有百分之二七·五。

日本整个的绵织生产在八月里比在七月减少百分之七。

生产的缩小,不仅限于有关国外市场的各企业而已,因现时日本国内的需求减少,以致有关国内市场的各企业也同时缩小生产了。即如京都丝织厂,从八月起已减少百分之二十的生产。同时日本国内市场的商业流通也大大地跌落。据中外商情八月十七的记载,在战争开始的一个半月里,大百货公司的生意减少了百分之八。

最后要讲的,是原料的缺乏。一切的报纸皆承认日本的五金工业因长江流域的矿锚来源完全断绝,将遇到相当的困难。

再则,在战争爆发后,军事工业部门的地位并未改善。但是要知道,在战争开始数月前,这些部斗已为政府命令所限制。显明地,日本的军事开支,在国内的市场上是有限的,因为据海陆军省的眼光看来,各军事工业的生产能力尚不充足。当战争爆发之后,对它并没有甚么好处,而且有必不可免的困难——缺乏原料。这样说来,难道日本帝国主义者在准备战争上不会多存贮些带有军事性的原料么?能够的,可是他们一则不能贮得很多,二则没有财力在世界的市场上自由地购买。

在整个军事环境与军事经济设施——日本政府已实行了一部分,还有一部分尚在考虑——中,如何来估计日本产业与日本经济机构的前途呢?这可以根据在中日战争两月来日本有价证券的价值大大地低落一事来讨论。假如拿七月一日来说,有价证券的价值,在东京交易所的市面上,总值八十七万万二千八百万元,而且九月一日则只合七十二万万六千一百万元了。仅仅在东京市面上差不多已有十五万万元的损失,这证明整个日本的损失必不少于六十万万元(见九月十一日出版的《大阪时报》)

的确,通货澎涨的情势现在已开始了,若在将来极度的通货澎涨条件之下,日本绝不能制止有价证券再度跌落的趋势了。

同时，各工业部门尤其是纺纱业的资金的活跃已中断了。新的投资只限于与战争有直接连系的各部门，如航空、汽车、造船等工业而已。日本近来发行公债也非常困难，甚至于有力有势的南满铁路株式会社——剥制满洲殖民地的总枢纽——不久以前必须发行公债一万万三千万元。据《朝日新闻》的消息，南满铁路株式会社与日本各银行数度磋商的结果，只筹得一千五百万元，其他方面当然就再没有希望。所谓开发伪满的“五年计划”也因无钱而中止了。

一切困难的中心问题，没有过于在中国境内进行军事行动的财政问题。此种开支已随地理上的进展而增大了。自战争开始三月以来，补充的预算已增加三次。在这个时期里日本议会已开非常会议二次，专为通过军事预算案，而毫无讨论的余地。

军事债券已达二十五万万九千一百万元。

假如将这日本史中空前的军事开支数目与一九三七——三八年度国家开支的经常预算二十八万万七千二百万元相加起来，那末本年度国家开支的总预算将为五十四万万六千三百万元。老实说，这个数目已与日本国民收入总数的一半相差不远了！

在八月里用急不择医的方法，征收新税和增加旧税一万万元。很明显地，摆在日本政府面前的问题，是在今年的预算里如何筹集三十五万万元的公债。

目前日本政府已宣布在最近发行公债二十万万元。分配如此巨大数目的公债——这个任务是非常的困难，假如注意一下，便发觉到尤其困难的所在，因为在战争前日本的债券市场已被国债的债券所充满。同时我们知道，现在在日本的现金市面上已无自由资本了。

因此，日本的大藏省将不免以半压迫手段向各银行、各公司、各保险公司等任意地分配债务。可是，如果采用这样的手段，日本政府将完全停止在工业方面的投资，这无异于以自己的手拆自己的台，因为近卫首相在不久以前曾慎重地宣布了他的经济政策——全力发展战争必需品的生产和扶助低落的输出的计划。

九月初，当议会开最后一次非常会议时，日本的资产阶级与地主的上层份子们，曾因战争爆发后第一个月里大的经济困难问题而发生冲突，因为当时在帝国的国民经济中发现了尖锐的危险趋势，关于如何消灭或者减轻这种危险趋势的方法，在议会中曾发生了许多不同的提议和辩论。这些建议中的国家统制投资法已见诸实行了。在军事供给上，认为次要的工业，即没有获得资本的可能，日本政府的目的，仅在筹集军事工业的资本，此外则间接设法用国债的形式来吸收自由的资源。

安定汇价——尤其是在国外市场上，乃日本财政政策在目前的基本任务之一。现在金元的价值只有百分之六十四的保证。

战争开始三月以来，日本金元的价值发生大大的波动，毫无稳定性。据九月九日出版的《中外商情》（最大的有统制地位的三井洋行的机关报）讲，每一金元政府须净贴一先令二辨士以平定市价。在对外贸易方面，商务亏损的增长，使金元在国外市场的地位低落。巨大的补充预算和同时进行的增税以及价格的增长，使国内市场的地位也大为不振。在七月间，商务亏损达七千七百万元，八月间达八千五百万元，但要知道，八月这个月在往年是日本商业出口季节开始的月份，如一九三六年的八月，商业盈余曾达三千八百万元。在九月十日计算，日本的负债亏累达七万万八千六百万元，而去年全年的亏损不过一万万三千万元。

在准备加紧侵略中国的时期里，从本年一月份起，日本政府在半年来对于国外输入和商务付款皆加了统制。从七月份起，对外商务的限制不仅将时期无限地延长，而且限制的方法更加严厉。

据美国报纸的记载，日本现在不断地尽量购买橡皮、屑铁、汽油等物，而日本基本的输出品——绵[棉]纱和丝——的出口跌落了，将来必然地要破坏对外贸易的平衡而出口现金。

然而日本银行的现金存贮，在数量上讲是非常的小，很快地就要用罄的。仅在战争开始的第一个月里已经少了一万六千三百万元。此后，日本政府便禁止公布输运现金出口的消息，以掩盖后来数月中大批现金的外流，并毫不更改纸币法，而正式地继续发行纸币，当日本在华的军事行动开始之后，日本政府更加快地发行，以致金价陡涨，由一元三角三分的日金增到三元半，使银行的金标准备很快地由四万万四千七百万元日金虚增到十一万万九千四百万元日金。真的，日金之向美洲流出，已将上述的数字降低到八万万元，而市面流通的纸币则为十四万万三千元日金。

近数年来的日本战时经济之弱点，在对华军事行动的过去三个月中，更表现得特别严重。因此，日本的工商省已于本年八月的初间公布法令，禁止抬高许多商品的价格——此类商品有五金、机器、汽车、纺织品、玻璃、煤油等——违则处以罚金或甚至拘捕下狱，但一般商品的市价却仍旧在继续高涨。

根据都新闻登载的统计，由于华北战事的影响，七月下半月的物价，如五金、蔬菜、燃料等的市价都平均涨了百分之五。东京市面的物价，在九月十五日时，较之上月增了百分之二。主要的还是食物的价格飞涨。至于米、鱼及家常用品等的价格，完全由于日本人民购买力的过低，才有暂时终止继续增涨的现象。

日本工农的生活，即无物价的高涨，已是困苦万状，加以目前物价的腾贵，其生活的恶化，自非言语所能形容。加之日本的企业主已遭到各种捐税的压迫，便利用许多机会，借此来降低工人的工资。世界运动中心上面讲到日本侵华战争对于日本工人生活的影响时，谓：据调查所得，七月份所调查之七十三个军事工厂中，就有三十个工厂的工人工资，比较上月减低百分之八。爱知县的六个窑厂已将工人工资减低了百分之十五。

因此，日本劳动群众中的反战情绪异常高涨，同时日本的劳资冲突和罢工运勤[动]亦有极大的发展。这种情势，早在日本军阀侵略中国的前夜，已有了极度的强化。根据日本内务省所公布的正式统计，本年上半年的劳资冲突，实为日本工人运动史中空前未有的激进，一九三六年上半年的罢工次数为八百七十六次，而今年上半年则为一千四百五十五次，参加这些冲突和罢工的人数为十八万一千人。

上面所引的头三个月战争中的一切事实，已足够说明日本军阀完全未估计到她侵略中国所遭受的牺牲，同时还过份估计了自己战时经济的能力和日本劳动群众的担负与耐心……

（原载于《中苏文化》第1卷第2期，1937年）

侵略者所幻想的“速战论”

[苏联]V. Kondashoff
梁凯 译

(译自苏联《军事杂志》九月号)

资产阶级的军事理论家,正努力在研究速战的问题,即怎样在极短促的时期内,很神速地战胜敌人,以逃避因战争之严重而必然发生的经济破坏和国内政治的崩溃。速战的思想并不新奇。使敌人在极短的时期中屈服,这实在是许多将军们从事研究的任务。但是能很完美地来实现这一任务的人们却并不多见。

某些军事理论家认为突袭的主要成功在于“速战”。竭力进攻敌人,在敌人阵线中推行残酷而猛烈的战斗,并迅速地打击其物质和精神的抵抗——因此,有些军事的战略家,遂认为要实行速战。

高速的航空战具和高度机械化与摩托化部队的发展,正给予突袭的思想以特殊的意义。法国军事作家吐兰任写道:“只有一件事,即迅速能给予突袭,而这事的结果即是胜利……世界上最初创立的这两个原则,为一切军事长官的主要目的……现在则突袭即等于胜利……”资产阶级的军事理论家们,曾有许多的话来证明战争的行动,必须毫无谈判和毫无外交程序就开始起来,即所谓不宣而战的战争。一位英国的大将富列尔写道:“战争决不要宣布,战争就好像热带的风暴一样,要在太阳突然出现的瞬间开始攻击……宣战将要被认为是不智的举动……”富列尔还极端称誉德国将军悉瓦尔特所说的“明天的宣战即是飞机轰炸和坦克车转动的呐喊”。其次便是意大利海克托尔巴斯启可将军所说的“不到最小的程度,决不要忽视我们的劝告……选择‘时机’,以便用以获得胜利,这已是极端有力的条件”。

了解攻击之最有利的时机,这简直是希特勒“第三帝国”脑子里所最留心的事体。在希氏的讲话中,曾说道:“如果有一天我想要攻击敌人时,那末我就和莫索里尼的作法有些两样。我决不要一个月的时间来进行谈判和努力准备，这些都是我生活中经常做的，将来是努力于突然的、隐蔽的并进行非常神速的夜战。”这在德国军事的建设中，已奠定了他的基础。

法西的德国，以最大的速度来发展其空军、坦克车和摩托化的军队。现在的德国已经有四千至四千五百架战斗机的空军，并扩张了三师的摩托机械化部队（据外国报纸所载，德国在今年的春天已成立了摩托机械化的第四师）。德国摩托机械化部队的前任将官古节里安曾说德国至少应成立九个摩托机械化师。

德国法西主义的领袖们，均非常注意空军和摩托机械化部队的发展。现在他们已经从原有的军队中，划出战时供给的特别军，其开支的费用，经常是靠征税的收入。在这等部队中还加入了空军的部队，有战斗机一千五百架，一个摩托化的师，四个机械化的旅，五个骑兵师和十五个步兵师，这些步兵师中，有一部份还可以改装摩托化的队伍。这师被改装后的任务，是要成立所谓德国法西斯党的摩托化军，这些军队都是经常的作战准备。这一军在法西斯蒂检阅时，都有极丰富而实际的大批输送器。法西斯蒂摩托化的军队，有十五万辆的汽车来担任输送。由于德国军队要加速的输送，所以全国的铁道和汽车公路都有极大的发展。

根据德国法西斯蒂的想象，运动神速的突袭军队，都配备有许多的坦克车和大批空军的帮助，去突袭敌国。这个突袭军都开往敌国的边境，并经过这里以实现突袭的最终目的——使敌人的武力缩小。

因此，德国一般的军事理论家们，都正在想望着突袭军的行动，如果要详细地来分别各部分的不同，则有下列的叙述来说明突击军的面貌。

在空中翱翔着飞机，在地上奔驰着装甲的汽车和极长的摩托化纵队。将来的战争正展开着突然的空袭。空中的扰乱和最高的飞越与极大的活动，都将发生于敌国后方的深处。其任务首先就是在消灭敌国的空军，毁坏敌国的飞行场。控制敌国的天空，并以空军来攻击最重要的铁道制造厂，毁坏桥梁、机厂、车站、交通工具和铁道运输的修理处，并破坏敌军的动员。此外还要破坏最重要的工业企业和巨大的政治行政中心。

各国的军事书籍上都说着具有现代技术发展水平的空军，都极容易到一千公里的地方去袭击，这种活动的半径是极平常的，甚至重轰炸机也能够飞到。

法西主义的战略家，都极重视机械化的部队。摆在他们面前的任务——尽量利用其迅速和突然的出现，和毁灭敌国封锁边境的部队所在地。坦克车师是以预备好的轻速坦克车用全速向广阔的阵线攻击。凡是轻坦克车不能克服的障碍和敌人最大抵抗的地方,就在大炮轰击的掩护下,以装甲的中等战车来帮助他。并且坦克车部队还应努力占据敌方抵抗的两翼,并迫其后退。这一切增强的目的,是在尽可能地占据既定方向之敌人的大部领土。

坦克车师为突击军的先锋,在它的后面跟随着摩托化的部队,其任务在巩固和发展既得的胜利。

但有充分的可能使侵略者遭到痛苦,首先即是小国能以不大的军事技术来遏止其贪欲。

这一切的打算和推测,就有大部份都是不用争辩的事实。

突击军的突然侵入敌国,只有同时考察过这样的问题之后才是容易实现的,即不把军队侵入的抵抗打算在内。但是很容易发生这样的情形,即侵略者之空军按照既定航空线的迅速侵入,会遇到敌国相当有力的空军。甚至与其他列强订有互助公约的小国,都能够抵抗侵略者的武力。因此这时的空袭威力就会减弱,不能发挥其应有的效能。并还可以发生这样的事情,即坦克车师在其攻击的道路上就会遇着敌方强力的冲突。于是原定的胜利行进就遇着了阻碍。

但还可以发生更坏的情形,即敌国可以将侵略者的坦克车师从原来道路的地位击退回去。这时候崛起的即是战争中所必需的活的力量——数百万的群众。

这里并不否认突袭在军事上的重大意义,但必须估计到只是突然的攻击,决不能使现代的强国获得胜利的结果。

老实说,要以一次的空袭来消灭敌人——这简直是幻想。甚至空军猛袭说的创始人之一的邓将军,也不敢期望只从一个唯一的空军的迅速行动,来获得决定的胜利,甚至他还认为空军要能克服敌人,就只有在长期和顽强的斗争中才能获得。富列尔将军是迷信坦克车队的理论家之一,同样也不敢肯定说这种部队的一次攻击即可以获得胜利。近数年来,他就不止一次彻底地认定过,说摩托机械化部队只有当他得到活的力量之充分帮助时才能获胜。

波兰的将军西柯尔斯基在其著作中写道:“战争决不能在数星期中以一次的突击就结束了。”这个观点,同样为法国的节冰业将军所赞同。

所以空军和摩托机械化的部队,在战争爆发之初是特别积极的行动。但无论如何,这些部队的突击战是决不能保证最后必胜的。胜利是需要活的人力来克服敌军的进攻。因此,要先把这个军队开去攻击,就必须动员她组织她并将其开到边境。

但是，侵略者能够在现代的条件之下，很突然和秘密地把数百万军队集中到他要侵略的国家边境上吗？纵然这是可能的，这也未免幼稚的令人可笑了。所以，不仅不能说突袭就等于胜利，并且突袭的本身也只可以说是相对的。

很显然的，法国总参谋部为了要保障自己的边疆以免德军十万人的侵犯，可算是最有远见的。此刻，正当意大利占领了阿比西尼亚，德意干涉并企图消灭西班牙共和国，而日本帝国主义正向中国作侵略战的时候，各国的警惕心所感到的直接或间接的侵略威胁，都比过去增加了许多倍。

侵略者的企图原在发挥其突袭及速战的理论。而将来的战争必然是千百万群众的战争和继续持久的战争。这个战争将要加速资本主义国家内部矛盾的过程。结果，将来的大战必然是放火的人们遭到惨败。

（原载于《中苏文化》第1卷第2期，1937年）

中国能否以必胜的武力来反抗日本的侵略

[苏联]V. M. Gorcheff

金戈 译

(译自苏联《世界政治与世界经济》杂志九月号)

讲到这个问题,中国广大的民众都能给以肯定的回答。而一般"恐日病"者和亲日派的份子们,则一贯地反对以武力反抗日本的侵略。现在这种论调的拥护者——不抵抗主义者之逐渐减少,而日益逼近消灭,使全国一致联合起来,实现武力的反抗,其动力实由于日本不断地加强其侵略。

提倡和拥护"中国不能胜利"的理论者,对于以武力抵抗日本一事,认为中国在军事技术和工业上是一个落后的国家,还没有能力以武力抵抗外敌;假如中国真以武力抵抗日本,那它的遭遇必然要和阿比西尼亚一样,即或好一点,也不过同西班牙罢了。照这种意思说来,他们完全抹杀了中国和阿比西尼亚和西班牙中间的不同点,从现在的眼光看来,中国反抗侵略者的本身力量和资源,实与阿西两国截然不同。

不错,中国在军事技术和工业方面是一个薄弱的国家,因此中国既跟不上各强大的国家,甚至于不及一些小的资本主义国家。中国的这种弱点,约瑟夫在他作第一届五年经济计划总结的报告中曾说道:苏联如果没有工业化,那他的地位将与目前中国所处的地位不相上下,"中国没有自己的重工业,没有自己的军事工业,中国现在只有唤醒一切的人民,使他们奋发起来"。不错,重工业发展的水平和军队中军事技术的配备,在现代的战争中实具有重大意义。但是,根据革命的理论和历史事实所证明的真理看来,战争的结局和战争的决胜,除了军事技术之外,还必须取决于活的人力。

要想以武力的抵抗来击毁日本帝国主义的武力,自然中国必须准备。但如何准备呢?"中国不能胜利"的理论家及其拥护者们,每一提到这个问题,即主张只有向国外购买武器,在国内增加武器的生产,照他们的意见看来,中国在没有像敌人那样的武力以前，中国决不能以必胜的武力来抵抗侵略者的侵略。不错，武力的改编和补充，在中国自然是必要的，但如果认为中国的武力在不及日本武力以前，中国便不能抵抗日本的侵略，这根本是错误的和有害的。我们首先就应知道：中国在武装准备上既比日本落后，那末日本也决不会让中国能安静地赶上他的武力水平，日本侵略者掠夺了满洲与热河广大的土地、巨大的财富和资源，已使中国国防能力受到很大的打击，假如中国现在再失去北方五省，再失去上海南京一带，那末中国的国防能力将受到意外的削弱。中国失掉了满洲、热河和华北五省，在国防上究有甚么意义呢？无疑的，这即是失掉了全中国四分之一以上的人口、五分之一以上的土地、十分之九的铁矿、三分之二的铁路、五分之四的煤、二分之一的煤矿、二分之一的食盐，以及其他的财富，难道这还不明白吗？假使中国不能将日本占领的这些最富饶的省份夺回来，即不仅将自己大量的人民送去供给日本强盗自由地处置，将自己广大的土地让给敌军去蹂躏，将自己富足的煤、铁、食盐和铁路给与中国之死敌去掌握，并将根本失掉为中国发展自己重工业和军事工业的原料根据地和基础。进一步说，假如中国失掉了上海又是怎样呢？那末她不仅失掉了在经济上、工业上、政治上、文化上最大的城市，而且是将极重要的军事战略的中心给与敌人，即无异为日本侵略者开放了侵略长江一带富饶区域的门户，使敌人得以经常威胁中华民国的首都南京。假如中国民众不能保住上海、南京一带，则侵略者将给中国以致命的打击。

“中国不能胜利”论的拥护者们是应知道：要向外国购买武器和获得外援，中国在目前至少必须有强大的抵抗力和财富才有可能。不幸得很！谁也没有估计到中国现在还有一种不可否认的缺点，即假如中国继满洲、热河之后失掉了华北，失掉了上海、南京一带，那末她将更穷更弱了，那时要从国外获得外债、军器，以及其他帮助的机会和可能性，将更加减少了。相反的，假如中国现在以武力战争来保护自己全部领土和民族独立，那末她在战争的过程中便能够以自己的资源和从国外购买得的武器来改编武装。关于这一点，在西班牙民众反抗侵略者代理人的佛郎哥叛军和德意干涉的英勇战争里，曾给了极明显的教训。西班牙的领土比中国小至若干倍，人口亦比中国少至二十倍之多。在工业发达的程度来说，西班牙在欧洲是一个最落后的国家。西班牙共和政府在反抗侵略者及其代理人的军事行动开始时，仅有一部份武装很坏的、由工人和劳动者所组成的后备军。可是，因为各党和全国民众团结起来的共同努力，以及各国爱好和平的人民之对反侵略运动之同情与援助，西班牙共和国即在一年的武装战争中，不仅组织了五十万以上的常备军，而且能够使这支军队成为现代化军事技术的军队。既然较小的西班牙共和国在武装战争过程中能准备自己的军队和必要的武装，那末伟大的中华民国为甚么不能这样作呢？假如共和的西班牙能够以武力抵抗欧洲侵略者联合的武装干涉，那末伟大的中国为甚么不能以武力抵抗单独的日本侵略者呢？难道日本侵略者除了在战争开始时能在军事技术上占得优势而外，在其他保证胜利的前提方面，还能够比得上中国全民众全民族结合的力量吗？

“中国不能胜利”论的拥护者们，都以为对于外来的侵略者抵抗愈小，则中国的牲牺愈小。可是在中日整个关系上，“铁面无私”的历史事实，却否认了这种结论。在一八九五年里，中国曾以武力抵抗日本的侵略。虽然中国在这次遭了失败，可是她仅失掉了一小部份的土地。在一九一四至一九一九年中，中国民众曾坚决地反抗日本的侵略，结果日本帝国主义竟不能迫使中国执行奴役中国的“二十一条”的要求。可是在一九三一年奉天事变发生后，因为没有抵抗之故，结果日本便在极短的时期里占领了整个的满洲，随又占了热河。这要算中国在近百年来丧失极大领土的一次。在一九三二年时，淞沪的一二八战争，由于中国的十九路军和五路军以及上海民众对日本军队曾作英勇的抵抗，结果将上海从日本的占领中夺回来了。在一九三六年中，晋绥军对所谓日满蒙联合的伪军加以英勇的抵抗，结果使得侵略者不能不从晋、绥两省暂时撤退。现在正遇到新的日本军队的大侵略，摆在中国面前的问题异常肯定：要就是保护自己民族的生存——这即是生；要就是对日本的侵略不加抵抗——这即是死。中国的民众必须从这两种可能的道路中选择一个：或者跟随“中国不能胜利”论的拥护者们——走不抵抗的道路，似乎是在“避免大量牺牲”，实际上即是将整个的中国牺牲在日本强盗手里，或者照西班牙人民所走的道路走，虽在长时期里有一部份的牺牲，但是保持着未失的领土与财富，夺回被侵略者掠夺去的土地和人民的财产，从日本军阀侵略的残暴中将中国的全民族拯救出来，以免全中国人民沦为奴隶。换句话说，或者以部分的、暂时的牺牲保持全体和夺回既有的一切损失；或者口头上坚持着“避免巨大牺牲”，而在实际上牺牲了一切——民族独立、民众自由、国家富源。中立的道路是绝对没有的。

“不抵抗主义”的拥护者与“中国不能胜利”论的意见并不完全相同，但关于国际的情势，据他们的意见，都以为目下中国的国际地位，对于以武力抵抗日本的侵略是不利的。

的确，中国所处的国际地位，从保护国家的观点上看来，现在还不如我们所想象的那样满意。可是，日本所处的地位并不比中国好。最近日本的侵略不仅威胁中国人民的民族生存，并且还威胁着美国、英国和法国的利益。日本的侵略,破坏了国际联盟的章程《九国公约》的义务和其他的国际协定,和欧洲的侵略者之干涉西班牙一样,同样地威胁着全世界。现在的情势既是如此,若要保持国际的和平,首先就要使侵略强盗在西班牙和中国遭到失败才行。

日本帝国主义的国际地位日益恶劣化,使中国民众易于抗战。目前日本在国际舞台上的地位实比任何时候更为孤立。在所谓反共协定中,她的同盟者并不能像他们所表示的那样给日本以军事上的帮助,因为他们曾为干涉西班牙事件所纠缠;同时,他们不能给日本以军事贷款因为他们的财政困难并不比他们所亲爱的同盟者为少。而中国民众在远东对侵略者和放火者的抗战,正如西班牙的民众对欧洲侵略者的抗战一样,不仅是保护自己的民族生存和自己的自由,而且是先进的,和进步的人类起来反抗侵略的强盗与战争,争夺民主与和平斗争中的一部分工作。国际间一切正义的、酷爱和平的、民主的力量之联合与同情,皆站在中国抗战的方面。

因此,中国在国内和国际的地位上,皆不能证明"不抵抗主义"者说中国不能以必胜的武力抵抗日本的侵略是正确的。

但是,绝对不能因此便说中国抵抗日本的侵略是一件容易的事,也不能说中国的胜利早已有了保证。中国民众底武力奋斗,是为要保持民族独立,但还具有极大的弱点和困难,要消灭这种弱点和困难,必须要加以极大的努力。

第一个基本困难,是中国底组织力和民族力量的结合还不充分。虽然近来已有了全国上下团结统一的对日抗战,但对于以必胜的武力抵抗外敌的团结工作还做得不够。占全人类五分之一的四万万中国民众,假如这些民众团结起来组成一个唯一的牢不可破的民族能力,那末这将是一个不可征服的力量了。

在抵抗侵略者的武力奋斗中的第二个基本困难,是中国在军事技术方面还很落后。虽然中国军队在战斗中比较外来的掠夺者能够持久,在数量上,亦数倍于日本的常备陆军,但从军事技术的配备上来说,却还远逊于她的敌人。中国的空军虽在飞机的数量上增加了不少,并训练了许多新的飞机师,他们有相当的英勇和技能,但还没有一种充分坚实的力量。

中国的海军力量,在数量和质量上皆十分落后。在国防前线上,海军力量的加强和巩固——是中国民众和中央政府战斗的紧急任务之一。中国军队和人民对于化学战争,差不多没有准备,而吃人的野兽——日本的军阀——已经开始用毒气来攻击中国的民众了。

最后,与军事技术配备的落后相关联的,是中国军队在现代战争中尚缺乏经验,缺乏必须数量的军事技术的干部。虽然西班牙共和国证明了这同样的弱点和困难，能在战争进行中被克服，但在战争开始时是要感到辣手的。

在反日战争中的第三种基本困难，是日本帝国主义对于反抗被压迫民众，在间谍、离间、欺骗、收买方面，都有很多的经验。日本的军事政治侦探(特务机关)，能够在十年中组织了无数的机关：侦探，间谍，恐怖份子，密探——在中国一切军事战略的和政治的机关与组织里满布着，其中还有一部份政治和军事的高级人员，这些机关中还有许多不曾表现自己积极行动的份子，他们还在窥伺机会的来到，以实行其叛卖民族的工作。这都是值得严重注意的问题。

最后，第四个基本困难是国家经济的落后、财政的贫困和交通路线的不便，致使中国军队在战争中感到武器、军需、粮食等的供给困难，甚至非常缺乏。同时，在改换防地和迅速地按时地作战，以及军队的调动等方面，皆有不少的困难。

是的，半殖民地的中国，在同帝国主义的日本武力战斗中，确有无数的困难和弱点，而且这些困难和弱点异常严重。因此，全中国人民的任务，是要找得方法和毅力来克服这种困难与弱点。今天摆在中国全民族面前的问题，除了日本人的代理者——汉奸、民众的叛徒和不可改正的、卑怯的"恐日病"者与妥协论的饶舌家而外，问题已不在"中国应不应当，和能不能够以武力抵抗日本的侵略了"。现在摆在中国面前的问题，仅仅是在这个严重而光荣的民族解放战争里，如何组织武力的抵抗和如何保证胜利！

(原载于《中苏文化》第 1 卷第 2 期，1937 年)

日本国内反战运动

百英

一

日本之经济危机,因分拆者甚多,已为世所周知之事实,文化思想乃经济基础上层筑物之一,其同样具有莫大之危机,自不难想象。最近虽然一方面因为军部法西斯团体手段之高压,另方因为新闻统制政策之强化,使民间自由意志无法表现。但文化思想界之反战运动一派,流行更广,此乃必然之事态。

日本经济机构之本质素来为一个不健全之金融资本主义国家。其资本主义原始即是畸形之发展。无论在社会上政治上乃至一切制度上,资本主义之高度型态与封建主义之旧式型态,总是同时并长。因而社会上对立之姿态,亦特别复杂,即自“九一八”事变以来,对我侵略战争,完全是军部中少壮派份子所支持,不仅为一班稍识时务与态度稳重之元老重臣所反对,即除军部以外之各阶层,亦各心中恐惧,莫知所措。尤其是自芦沟桥事变发生以后,对中国之侵略战,已经形成另一姿态,即是由以前之局部战争变为全面战争。军部虽然屡次声明决不陷入中国全面抗战之策略当中,但事实上是绝对的不可避免,而且实际上,此次战争将延至何年何月,果需要多少岁月始能解决,已经变为任何人均没有方法预计,日本社会人士一方面感于国际环境之恶劣,一方面自身社会经济恐慌之来袭,有随时张牙舞爪之可能。反战运动之暗流,当然是无可讳言者。但因军部统制言论、统制新闻之高度化,民间反战运动之资料不易搜求,则为事实。

二

芦沟桥事变初起之时,日本方面因为统制言论、统制新闻,尚不如现在之绝对。所以反战言论,所在多有。尤其是许多具有权威之作家及社会重要人物，均一致表示反战。此刻吾人苟加以追述或亦可以推知今日日本反战运动之强烈也。

在芦沟桥事变发生后，军部虽然扬言死守“地方解决主义”，但社会人士早已度知军部决非以达到小事件任务为目的，且中国自蒋委员长统一告成，民意一致，亦决不容许日本军阀之恣意横行。民间论者均一致论断，必将因此而酿成中日两国全面之战争。反战运动亦风起云涌。更有政治界思想前进份子作实际上之反战行动。吾人苟能忆及七月二十日众议院议员北聆古氏之被传于宪兵司令部，七月二十一日众议院议员古岛一雄氏又以被传闻，以及东京当局正式向“全体东京合同劳动芝地区分会”之弹压，及各种劳动组合之干涉，都可以看出当日日本社会上反战运动之情绪。

最近日本军事虽日益发展，而对于民众之大言宣传，更无微不至。然民间之反战空气，并未因此低减，暗中且有继长增高之势。故据最近东京情报，凡社会上素日所谓左倾份子之家宅，必时有警察宪兵之巡逻，而文字宣传更须经过严格之审查，始能目为合法手段而予以发表。故在此阶段高压政策之下，民间反战情绪，虽日益浓厚，表面上却维持冷静之姿态。苟吾人谓今日日本之反战运动，业告休止，实乃大误。

三

日本民间反战运动，何以如此激烈，详加研究，原因虽不止一端，国民生计之穷困，实为其原因中最重要者。上已述日本虽为一高度的资本主义国家，但工业上仍以小规模经营之企业占优胜。五人工作以下之小工厂，占全国工厂之大多数，而此类小规模工厂又专以经营输出品制造为目的。一旦战争来袭，原料昂贵，运输困难，即感到莫大之威胁，最近因为英美各国及澳洲、南洋均起而为广大运动之抵制日货；中国之日货市场，更极度的缩小。民间工业所受之打击，不言可知。小本经营之工厂，更如风卷残叶，摧毁殆尽。其影响于国民生计，几不可以言语形容。

上系就一般工业而言。困小工业之败亡，农村自亦受其重压。日本农民本为最低水平生活之不能支持者，战争爆发以来，壮丁多数征发，工作者大半出征，生产自益感困难，再加以整个经济之崩溃，农民所受打击之烈，实较任何阶层为甚。另方，又因战费支出，与日俱增，自华北事变以来，支出战费已达二十五万万元。旷日持久，更不知伊于胡底。

不特此也，日本之财政问题，本为外强中干，吾人今试读铃木茂三郎之论断，即可明白。铃木茂三郎曾有言曰：

尤其财政问题，贺屋藏相虽临时由第一预备金项下支出事变费一千五百万元：殊不知满洲事件费逐年累增，且将变为经常岁出，国民之负担，已难胜此重压，而今又须重加华北事变费之负担矣！

至满洲事变费，有如下表(单位：千元)。

海军	陆军	
一三，七六七	六〇，一五二	一九三一年
七五，八〇九	一八三，一三二	三二年
一五，五七四	一四五，九九〇	三三年
一一，六三七	一三三，八三四	三四年
九，六一二	一六二，三五九	三五年
九，四六一	一八三，二七三	三六年
一〇，三一九	二六九，六一三	三七年

就经济立场言，事变费之定额，成为贸易外之海外支出，且正在恢复途中之对华中南贸易，势必停顿，国际收支平衡，亦将加深其裂痕耳！

关于国民生活与军事费相克之调和问题，近卫首相曾声明国际情势，尚无蹂躏国民生活之严重性；然则政府对于现在极端不安之国民生活问题，其将实行何种具体政策乎？此乃对华北事变哀求国民援助之政府，应行考虑之问题也。

铃木茂三郎根据此点，极力表示反对战争，伊乃日本前进政治家中之主要人物，故其言论不仅代表日本一般之文化人，实足以代表一般有识之政治家也。

四

其次，一般反战论之基础，即在中日问题之主动，完全为日本军阀，而与日本国民无关。此点，说者每目为吾人之宣传，而事实上不仅日本民间均反对日本军阀，而一般有识之士对于此举，更明若观火。

室伏高信氏为日本思想界之权威，其言论在日本素为稳健派之主脑，绝对的不作过火之批判。而自中日冲突展开之后，氏即特在日本评论撰《吾人之立场》一文，极力反对日本军阀之战争，其最主要之理论，即斥侵略中国完全为军阀之行为。其言曰：

以前之一切经过，日本国民直接不得而知。吾人切望政府能体察国民之意志，不论何时，非以全民之总利害、总情感为根据不可。尤其当此国家非常时期，吾人以陷入非理性之态度自警，切忌失却大国民冷静及宽宏之雅量。此时正为试验国民大小之机会，吾人不得不予以警告也。

官僚政治之委[萎]缩、恐怖、麻木不仁，吾人必反对到底。不论何时，尤其处此非常时局，决不能置国民于束缚、萎缩、恐怖、麻木不仁之域。须知国家总动员，由于国民之自动、创造及内部之热忱，始能实现也。吾人不能忘却欧战时曾有麦克德那尔德等伟大人物，发扬人类可贵之功绩。今者，竟任可避免成为不可避免，任无意识打倒有意识，任冲动战胜理性。今日吾人所需要者，并非抑止无意识，亦非耻笑冲动，更非以水浇火，切望指导者能发见此等无意识及冲动之方向，而将其方向改为有意识，更提高其意识，而促进其理性化也。吾人不能否认非战论之价值，其实只有非战论始能发扬人类之高贵。人类相互之残杀，焉值赞美？吾人切望消除宇宙间之一切战争，化一切武器为废物；但今日尚难办到，吾人惟有努力避免战争而已！然对于不能避免者，亦惟有承认其不能避免耳！

室伏高信氏指斥战争，不遗余力，而且大声疾呼，认为此种军阀支持之战争，必不可得日本国民之拥护。因此并斥一般知识份子，不应视若无睹不加批判，而惟一般自利自私之与全国民总意志、总情感及总利害背道而驰之政治家，为所欲为，此老反对战争之激烈，亦可概见，其言有曰：

一般知识阶级不但不注意时局，反以白眼冷视，徒行挖苦，以为自足。此种态度，急宜纠正，然而知识阶级之出此态度，全为为政者之责任。以与国民之总意志，总情感及总利害背道而驰之政治家，站于权力之地位，欲求国民之协力一致，犹之缘木而求鱼耳！

日本一般国民反对战争，乃一种铁的事实。日本对中国之侵略战完全出于军阀，亦为事实。故土肥原谓“中日两国国民情感恶化”，铃木茂三郎特郑重提出，力斥其妄：

土肥原中将虽谓“中日两国国民之感情恶化”云云，但据吾人所知，则中日间感情之恶化，尚未及于两国国民耳！至于中国国民认定日本之行动，为“帝国主义者之领土侵略”，则与土肥原中将所论者完全吻合。继满洲而起之所谓“冀东”“冀察”，其成立之经过与发展之方向，虽略有不同，但中国国民当然认定此二者亦系日本行动之产物也。

五

由上所论，吾人可知，日本对我作战，军部虽高唱举国一致，而在日本实际生活上，一般国民不能忍受生活之压迫，且根本对外之侵略，乃出于少数军阀之支持，与全国国民之总意志、总情感及总利害完全背道而驰，故日本国内反战意识之浓厚，实不难想象。乃自芦沟桥事变发生以后，次之以平津之攻夺，再次而扩大及于西、北、东三大战场。在此三大战场之中，西、北两战区虽比较有事实上之进展，而东战场则遇到坚强无比之抵抗。战争之旷日持久，已为铁的事实。且我国地大、物博、人众，最易于作最长期之抗战，即真正成为“百年战争”，亦非绝不可能。陈诚将军谓：吾人永久作长期抗战，即退至兰州仍可与日本决最后之雌雄。事实上我国虽可以无限制之持久，国际上则今日之战争，决不能利害仅及于两国，不仅日本不可能，即全世界如不容许日本作如此长久之战争。故最近以来，虽因日本当局对民众反战运动之高压，但据报载，不稳事件，自沪战以来，已有十六起之多，而秘密镇压的，当然外间无从知悉。足见日本国内社会政治之危机，未可忽视也。

基于此种分析，吾人更可推定。假定吾人能万众一心，全国四万万五千万人一致将自己之能力贡献国家，在最高领袖指导之下，抗战到底，其必获最后之胜利，实有绝对之把握也。

（原载于《创导》第2卷第2期，1937年）

侵略中国的日本财政

[苏联]布尔迪列夫
邢桐华 译

(译自苏联《消息报》九月八日论文。)

数年来日本帝国主义侵略中国的战争,到现在已进入了新的阶段。日本帝国主义者在占领满洲、热河、察哈尔——这些地方都被日本军阀和财阀认作不仅是殖民地掠夺的对像,并且还是对苏联和外蒙作战的练兵场——之后,并努力把侵略的魔手伸到整个的华北。但这次并不像侵略满洲时那样的容易,日本军阀在这次正遭遇着中国军队和民众的坚决抵抗。日本应该计算到她是在和几部份已经现代技术化的中国军队作战,并将遭到中国军队有组织的抵抗。所以,日本军阀如果不停止其对中国的侵略,她必然要遭遇着长期的战争,完全的惨败,这是非常明显的。

但在这长期战争正需要全国经济和财源之极度紧张来支持时,日本能否进行这个长久的战争呢?

日本经济之最显著的特殊弱点,实由于自己缺乏最重要的原料和燃料(棉花、橡皮、铁矿、煤和煤油等),由于日本农业的异常落后和贫困,由于日本工业对于国外市场的依赖。但日本经济之最弱的一环,即是她近年来国家财政所患着的慢性的过度紧张。

大家都时常听到关于这位岛上帝国的财政必然要归于破产的呼声。这个破产之可怕的征象,即是和世界经济的恐慌一同出现,并且在日本表现得特别尖锐,尤其是当日本开始对华作武力侵略和在东亚疯狂地准备大规模侵略战的时候。

一九三一年的九月,日本在中国开始了侵略,接着不久,日本就取消了金本位制。这即是恐慌和特殊萧条在往后数年中形成特种军事膨胀的两个主要因子。日本现在的国民经济,即在这种情势之下得着发展,而其结果,遂使日本国家的财政达到了空前未有的紧张。从一九三一—三二年度到一九三七—三八年度,日本国家的支出从十四亿七千六百九十万圆日金,增到三十四亿一千万圆日金(包括对华军事行动补助费的支出)。同时,军费支出在国家预算中的比重,亦于同期中由百分之三十点八增到百分之五十七点三,在数字上,即由四亿五千四百六十万元日金增至十九亿五千五百万元日金。

六年来的对华“小”战和对“大”战的准备,我们正看见日本的国家预算中已产生了巨大的纷乱,我们所引用的支出军费的数字——这只是按照陆海军两省所定预算表之直接的支出。如果我们注意到以其他各省预算的名义所掩护的纯军费支出,则日本预算中之军费支付的比重,在最近已约占全数的百分之七十。

这即是日本侵略中国之第一期的财政的结果。华北、上海以及中国其他各地的开战,则更需要巨大的军事补助费用。自从日人进攻芦沟桥所驻华军以来,仅两个月的时间,即使日本政府不得不两次提出军事补助费的支出:第一次——九千六百万元日金,第二次——四亿四千二百万元日金。无疑的,这只是一个开端。据日本本国报纸所登载的估计,日本对华的军事费用,仅到本年年底,就得要增到日金二十亿元的左右。

这里自然要发生一个问题,即日本军阀究用什么东西来掩饰新的侵略中国之军事冒险的庞大费用呢?

在任何资本主义国家的预算中,国税是经常的收入来源。但在日本的预算中,国税则只占国家总收入的一半多一点。因此,在一九三六—三七年度的预算中,国税收入只占全收入总额的百分之五十四。日本的国税收入逐渐落在国家预算增加狂热似地增加军费支出的后面。可以很确信的说:在一定的纳税人方面和保持课税比率之统制的原则下,日本的国税制度正达到她国库生产力的限度。日本国税的榨取已快到了尽头。

同时,现在当政的近卫内阁,曾从其前任者手里继承了空前的三十亿元日金的预算,这的确不是一个容易的任务。在今年,已从极穷困的生活在地租压榨下的日本劳苦农民和穷苦的在残酷剥削下的日本工人方面,抽去了十二亿五千万元日金以上的国税,此外还榨取了约二亿五千万元日金的税收。当此新的征税办法尚无结果之时,而日本的大藏省又不得不为对华的侵略,再觅取新收入的来源。现在的日本报纸,都纷纷争论着重新摆在日本政府面前的难题:为了弥补侵略中国的军费,究竟应该增税呢或是举债?

实际上,日本统治者的上层份子,并不选择上述的财政办法。因此,在日本财政极度困难的条件之下,近卫内阁即不得不采取同时增税和举债的办法。

关于几种现有国税的增加和许多新税的举办，上面已经说过。特别是各种所得税和额外利润的征收，已大大地提高了，此外，关于分配国家公债和城市机关所负债务之利息与收入等，也要课税，最后还举办了许多新的国产税。

但这般执政者对于征税办法的效果，却很少信心，下面的事实，即是最好的说明：他们对于这新增的五亿元以上的额外补助费，只希望本预算年度之末，能由增税里收到一亿元的左右，日本政府对于这总额十五亿元强的课税之痉挛似地努力，纯粹是为了要在一定限度内来保持住逐渐增涨的，可怕的预算的亏空。

对于日本预算之极度的亏空，大家都已“司空见惯”。国家的支出和经常收入的平衡，早已失去了。在一九三一——三二年度时，经常的收入还能够填补国家支出的百分之九十；在过去的一九三六—三七年度的预算中，上述的填补额降落到百分之六十三。

日本国家预算中失却收支平衡的直接结果，便是慢性的亏空。这就使得日本政府不得不去寻求非常的来源——有系统的、漫无限制地举债。这即所谓日本财政已病入膏肓。

让我们很精密地来把日本增加国债的数字和日本预算亏空的动力作一对照罢。六年以来的日本对华侵略，已使预算的亏空达到了四十二亿零八百万元。同时，国家的负债额亦增到四十六亿一千九百万元之多。这便是与满洲冒险有关的结果。

但是，如果把日本新债的全部都归结到侵略满洲和内蒙的财政上去，这就错了，因为根据正式的文件，日本在这一件事上面只耗费了约十一亿元的日金。至于新债方面，差不多就有四分之三，都是用来准备“大战”，改善军备和海空军力的扩张，以及军事设备和贮藏军需原料。从这里可以得到如下的结论：不仅限于规模较小的“小”战，就是“大”战的准备，直到现在也还是要依靠举债和借贷的方法来维持。这样的办法究竟能继续多久呢？

在本预算年度之初，日本的国债与地方机关的公债，以及国库的短期债券，一共就有一百三十四亿九千八百万元日金之多。单是这个庞大债券的利息，每年就要付出约六亿元左右的日金。日本政府为了补救一九三七—三八年度之预算的经常亏空，正打算发行九亿六千五百万元的公债。新的非常支出，现在已将这个数目增到十三亿七千万元。这个数目，使日本政府经常的举债，已超过了举债机能之一倍半至两倍。

同时，在日本的资本市场上面，已更加可以看出其国债过饱的征象。这在此等债券之市价的动摇上和最近许多银行对国债的直接贬价上，都有极好的说明。因此，日本银行遂不得不在自己皮包里押着大部份的国家公债。在今年正月里，日本银行已经持有无法消化的公债，共五亿九千一百万元。六月底，这种公债已经有了八亿五千四百万元之多。并且，同样可以由华北战争开始的消息传出时，看出日本政府有价证券的暴跌；这个暴跌，更由于日本掠夺者和中国民众斗争的长期性而加快了。

日本政府在国家信用方面的弱点，首先就是日本公债——过去的高桥藏相曾说：这些公债全是从“空口袋”里榨出来的——所有人都是些规模狭小的银行和储蓄机关。投在日本政府公债里的金钱，都是银行和储金局存户们的金钱。

因此，即不难想到日本国家的财政会在一个“美丽的早晨”陷入何等的混乱，虽然这时是由于这个“大危机”——为日本法西斯蒂和军阀中最侵略的份子所造成——侵袭的结果，然而日本的存户们却还是在想取回自己的金钱！

即使抛开这些可怕的膨胀不管，而这种达莫克洛夫的宝剑（出自希腊故事，表示只顾今日不向明日之意——译者）正紧压在日本劳苦大众的颈上，在最近一年之中，日金一元之价格，已在国内市场上一再大跌，并丧失了原有的购买力，因为这时的物价已平均涨到了百分之三十。

日本政府为了要保持日金在国外市场上的价格，曾尽了极大的努力。从本年正月到六月，日本政府就纯粹为了这个目的，曾由日本输出了三亿二千八百万元的现金到国外。日本银行所存的金额已有大量的减少，这时所发行的纸币则有大量的增加，金的准备即在最近一年之内，由百分之三十五跌到百分之三十二。

日本的对外贸易，也同样受到威胁。本年的七个月中，日本对外贸易的入超，达到七亿二千万元日金。因此，日本的输出绝对不能支付陆海军两省需要输入的大批军用材料和战具原料的价目。

这些都在岛屿帝国的内政方面有其最直接的反映。日本帝国主义把日益增高的军费和独占资本家之高度利润的负担，都完全放在广大劳苦群众的肩上。这即引起了劳苦大众对近年来在日本树立起来的军部统治，极为不满。

由上所述，即不难得到结论：

如果为了要遂行现代的大战，就必须有强固的社会机构和坚实可靠的经济，尤其是富有弹性的财政系统，那末，现在的日本帝国主义，无论在那一方面都是不行的。

日本广大民众的政治情绪，除了少数大布尔乔亚、地主和官僚阶层之外，随时都可以发生爆炸。

国家的财政失去了强固的国民经济的基础，为巨量的军费所迫，国家的支出已大大地超过了国家现有的资源；本身机构缺少弹性之税制的效能，已达到了限度；政府的公债和地方机关的负债，都到了破产的程度，虽不失为政府举办许多信用事业的手段，但其本身所担负的重大利息，一方面压迫着国家的租税，一方面又压迫着国家的国际支付的平衡。

不用说，在现时国际的情势之下，日本决难希望到外债。在这方面最不能帮助她的，即是她的思想的同盟者：为法西斯蒂妄想狂掠夺去了的德国和正站在财政破灭前夜的意大利。

在现时条件之下，长期战争之于日本，正和财政的破局有着同等的力量。

（原载于《中苏文化》第1卷第2期，1937年）

日本发生反战运动的社会基础

曹觉生

一

世界上欢喜“穷兵黩武”而“视死如归”的民族日本人可说是有名的一个。战时不说，就在平时，他们的儿童玩具，差不多全是武器模型，其电影戏剧总是离不了剑戟刀枪的，他们简直以战斗为游戏为娱乐，把“死”这个字不当作一回事的。他们的死，除自然的寿终和意外的遭难外，自杀的风气是非常流行的。他们自杀的目的除死而外，还要想出种种花样叫世人对他那临终一刹那发生惊奇，使他自己得着最后满足似的。譬如他们国粹的剖腹自杀，下手既甚毒辣，而死的时间又非常之久，苟非残暴成性，谁敢、谁能、谁愿如此惨死呢？但是在日本是司空见惯并不稀奇的。日本人若是残忍并非无因的，因为他们的文明史太短，野蛮性遗传太多；而又僻居岛屿，缺少大陆的浑厚空气，眼界不宽，胸襟太窄，偶遇一朝之愤，所以就凭血气之勇愤不顾身的干去。同时他们的教育偏重功利主义，虽对虚伪的礼貌加以注意，对于平实的道德良心问题则多不求甚解；其政治亦是专门尚武，奖励侵略，内政虽尚法治精神，礼治则根本不谈，火上加油，遂造成那种性急气短、好勇很[狠]斗的劣根性。尤其是社会经济制度方面，生产方法尽量的革新，而剥削榨取关系中，举凡古代的、中世纪的、现代的，奴隶制、封建制、资本主义制的，都无不应有尽有而整个地保存着。我们知道日本民众经济基础是非常薄弱，经此重床架屋的严酷榨取，那能不在所谓“自由竞争”的法则下，和人家拼命或举刃自戕呢。

但是日本人并不欢喜与中国战争——尤其是这次侵略的战争，是他们所痛心击首而要反对的。

二

我是这次中日战争发生很久才回国的。在东京所看到的事实，更可证明我上面所说的不是谎话。譬如在战事发生之初，杉山陆相、广田外相一再入宫奉答天皇下问，近卫首相屡次抱病在家休养，不出席阁议。近卫首相亲往坐渔庄对西园寺释疑请示，政友会在议会中表示不明瞭政府这次战争的目的，社会大众党公开宣言要求政府注意人民生活安定问题等等，这固然不是说日本上层统治阶级反对侵略中国，希望和中国来真正亲善；可是他们立场不同，利害各异，起初的观点就不一致，主张更有缓急的分别，这确是显然可见的事实。即至蒋委员长解决华北问题的原则发表出来，日本军人无法下台，即近卫首相所谓“没办法想”的时候，大家表面上比较一致，而近卫首相一再发表谈话说：“日本可在最短期间摧毁中国势力，使之改变态度，绝不致坠中国长期抵抗的奸计。”可见日本上层阶级似乎亦自知此次总清算中日问题既不是办法，又不是时期了。至于日本民众反对战争的表现，是更其明白而坚决的。他们在战事发生之后，不是想尽了方法去免除兵役，就是打尽了主意来避免增税。在街头巷尾固然看到些被雇的、被迫的来募捐的人，但只见他们向人鞠躬，没见有人向他们丢钱，所闹得最热烈的是一些妇女，怕自己亲人在前线打死了，打恭作揖的请人缝“千人针”，这种毫无所谓“群情愤激”，而只有所谓“畏死偷生”的景象，竟想不到以“穷兵黩武”“视死如归”的日本人，会表现得如此“淋璃[漓]尽致”的。这且不说，再就我和我的房东一家所谈的话，更可看出一些日本人的心理。

房东母亲说：“假使我的儿子被征到前线去的时候，务请你写封信回国，叫你们中国军队遇着长长的、黑黑的、耳朵小小的人就不要打。他是个好人，并不想与中国为敌，而是无法可想被征去的。”

女房东说：“中国人不是和日本人一样吗？为甚么政府常常征兵去打中国？其中道理，我真一点儿也不懂！”

房东说：“强健反倒是损失①。万一被征去了，别的没甚么，只是这些小孩子可怜！尤其是这个小的，我不能把他稍微带大一点，我心内觉得难过。”

他们的话，小的孩子还不懂得，有个大的就哭着说：“我不让我父亲去呵！我不让我父亲去呵！我要战争停止！战争，讨厌！”

我们看，这种真实的不赞成战争的情形，不就是日本人自己的供状吗？这样真情流露的言词，我还能说这是他们想讨我们欢喜的话吗？

---

① 身体不及格的免征。

三

一个“好战”的民族，为什么忽又变成“厌战”“反战”的民族呢？当然不是因为中华民族和他们是同文同种，使他们感情上理智上发生甚么作用，可说是由于他们社会构成中有很大的缺点，有不可和我们继续战争的客观条件存在，使他们口头上、行动上、心理上“厌恶战争”“反对战争”。

日本社会的封建性虽很浓厚，在本质上仍不失为资本主义社会，长子承继制度更促进财产集中，贫富悬殊比之中国更其厉害，除绝对少数财阀而外，几乎全是无产阶级，虽有所谓中产阶级，但他们个个都需要职业，一天不劳动就会发生恐慌。兼之日本社会为小家庭制，无以为生的时候，就是父子兄弟姊妹也彼此不相顾，朋友通财之谊更不必谈。所以日本人都很勤逸俭朴，为他个人，为他小家庭的幸福而努力。日本是征兵制，战争一开，整个海陆空军皆是从百姓中抽出，二十岁以上四十岁以下的人，几乎无一幸免，必须抛弃他们家庭生活所依靠的职业。日本士兵又是无饷，他们家庭生活，政府亦不负责，子女惟一生路，自然出在女人身上。日本女人在没有结婚之前，原可到社会上去做事，但到此“年老色衰”“病魔时至”“子女成行”情形下，还有何处要她，使她能负起子女衣食住行教育的重责呢？换言之，男子被征之日，就是家庭瓦解之时。谁无父母！谁无妻子！孰能遣此，而又愿“愤不顾生”与我们拼命呢！即使平时有所蓄储的家庭不致瓦解，但不幸而战死，其妻则属于人。（日本男子最富忌妒心，女子最无贞操观念的。）残废归来，家庭又是何种景相？思前顾后，必然反对战争，以求安居乐业，维持其快乐而恩爱的家庭。

四

日本统治阶级每当国内困难无法解决的时候，总是移转目标向外，求得意外的横财来和缓其内在矛盾。过去的中国于其来侵以前，既无准备；来侵之时，国内尚不一致，主战主和又没有定见。就是抵抗罢，从没有全面的一致的长期的抗争，以致中国成其侵略唯一对象，变作他们的消痰化气的续命丹。可是这次情形不同，也是政治认识极低的日本民众所能见到的。因为中国几年来的励精图治，是在准备与日本帝国主义拼命，绝不会像沈阳事变拱手而降的。各方都有积极的准备，不说精神上的武器，就是物质上的武器——中国抵抗实力，也与“上海事变”当时有天壤之别。同时，这次是中华民族生死关头，大家不能不一致团结，抗战战线固然很长，抗战时期必定很久。加之中国民众运动一经发动，游击战随时随地皆可以展开，日本纵有一些精良器械，亦无所用其技，胜利的把握，能以像甲午战争时只和窳败的直隶陆军、北洋舰队作战相比拟吗？况且日本早已得志于东亚，货物倾销又复影响世界整个市场。近更毁弃国际条约的尊严，侵略中国不已，如果不加制抑，各国在远东的利益必受严重的损害。虽有意德与之勾结，但皆不过一时利害关系，谁肯真以实力助之并吞中国呢。而且日本军人今天主张对俄宣战，明日又畅论日英必战，后天又以美国为假想敌，狂妄无比，弄得四面楚歌。纵然各国不能根据条约与正义来加以裁制，还能够像日俄战争时的国际援助吗？在这种种情形之下，日本绝无战胜之理，就是战胜了，一般民众所得到的利益究竟有多少呢？别的且不说，眼前的例子如已占领了较其全国面积还要大些的满洲，没有资本农具的农民不能去耕殖，那里又根本没有许多新兴工厂收容工人，所去的无非是些与军事政治有直接间接关系的浪人。同时留在国内的一般民众，收入并不比往日容易或增加，而负担满洲事务费、大战准备费反而逐日增多加重，所有剥削更是丝毫没有减轻的，但所见到的只是军人升官，资本家发财，一切的一切皆与勤劳大众无干。这种与大众利益绝对冲突的碰壁事情，自然不会得到大众支持，自然要遭大众反对的。

五

其次，日本地小民贫，国富很少，财政基础非常薄弱。在“准战时经济”时代，农工商业除与军需有关者外，皆不胜苛捐杂税的压迫而萎缩不振。战争起后，征税范围更形广大，生产业者每日所得蝇头微利，全数报效国家尤嫌不足，社会生产生利事业，多数关门大吉，股票价格一落千丈，大众生活，无形中生了很大障碍了。社会生产生利事业中能以维持的，总是将所纳的税额转嫁到消费人身上，以致物价提高，生活费更重。社会人士为要生存，亦不得不实行节俭主义，紧缩政策，以减少开支。因此，农工商业不仅不得繁荣，转使商品更没有销路。这样百业萧条，百货停滞，军需浩繁，假使日本政府没有特别办法，日本社会经济绝不能停留在此不景气局面下，必然形成更严重的恐慌、更严重的混乱，其政府财政的破产更不必说了。

日本政府所能想的办法，第一只有奖励输出。但是战争起后，军事需要增大，入超数目徒增，输出反而减少。最近各国不约而同，纷纷抵制日货，国际市场更成问题。且过去日货之能倾销各国，由于额外榨取劳动者血汗，现今壮年皆上战线，已经无人能再担负得起这种残酷剥削，自然不能生产出更贱价的日货，提出国际市场来与外国竞争的。况其最大的顾客之中国业已与之作殊死战，其为该国经济基础的轻工业，还能维持下去吗？我们知道日本为工商国家，不能持久为其最大脆弱，所以日本人之浮动成性，能肩负得起此种无谓的巨大艰难,而不起来反对战争吗?

或者有人以为日本备战多年,储存必富,战时经济恐慌必能克服。但究其实际,毕竟是“银样蜡枪头”。就以粮食一端来说,战争初起时,政府想以米价日贱来稳定人心,可是未到半月,米价则日渐高涨,政府无法压抑,可见其准备到自给自足地步,相去还非常之远。

六

日本民众在这种“生命”与“生活”都到了最严重威胁之时,其反战心理之形成,反战宣传之普及,反战运动之展开,不用说是一种极自然的极常识的事了。可惜我是中国人,不能久留在东京静观其变;更可惜的是我不能在这篇短文中把日本反战运动的事实一一叙述出来。

我现在所能指出的,日本反战运动既有如此坚固的客观经济基础,有如此众多的生死关系的群众,有如此广大的活动地盘,有如此遥远无期的时日,前途发展一定是无限量的。不过现在这种运动,虽已有老父的在家中自刎,少妇的卧车轨自杀(事实均见日本新闻),兄弟和子女们疯狂着哭泣着去送别(事实是我在东京驿亲见的),或自渎使身体残废以避免兵役,停止生产生利以拒绝增税(事实是闻于日本的房东)等等消极行为,发展到日本遍地发现反战的传单,在中国前线的士兵个个都大记其厌战恨战的日记(事实均见国内各报),但久经压迫而无反抗经验和训练的日本民众,在最短的目前,恐怕仍不会有更积极的行动的,因为日本统治阶级还没有发生根本的动摇。不过问题没有解决,积极的行动条件是渐渐会成熟,教训着他们去准备去兴起的。日本民众不用说现在是酝酿着积极的行动,其初发动的行动方式,大概是在国内由懈怠工作,滞纳捐税,转变到罢工罢税,在前线由不降不战而向后,转以实行其失败主义,像俄国社会民主党在欧战发生后所采取的政策一样。这种政策实行的结果,是非常有效,主要的目的是使社会紊乱不堪,使士气萎縻[靡]不振,使统治阶级在客观上失去统治的力量,在主观上失去统治的自信心。到那时候,革命势力自然因此抬头,革命运动自然会更其开展的。至于革命主力是日本内地人还是属地人——朝鲜、台湾、琉球人?是资产阶级还是无产阶级?是农民还是工人?革命性质是民族的还是民权的?是资本主义的还是社会主义的?革命方式是前线士兵叛变还是后方民众暴动?那我们必须研究日本社会层的内在矛盾势力之比重及升沉关系与夫时代性和国际形势等等才能回答,本文恕不论及。

(原载于《中苏文化杂志》第 1 卷第 2 期,1937 年)

"一·二八"与日本国内的反战活动

程莞

"一·二八"战争爆发的时候，当时日本最前进的周刊新闻《第二无产者新闻》很敏捷地在号外上对全日本的勤劳者作了下列的申诉：

遭遇了未曾有的经济恐慌而已经频[濒]于破产的日本资产阶级，正在挣扎地寻觅逃出这种恐慌的出口，可是资本主义的救济，除出牺牲和破灭广泛的被榨取阶级，是再也没有别的法子了。那一次战争曾经使你们的阶级得到什么好处？你们所得的，在后方，不只是奴隶般的强制劳动和血一般的苛税吗？在战地，不只是炮弹、鲜血和"名誉"的战死吗？

亲爱的朋友，你们假使愿意救济你们阶级的敌人，愿意自身毁灭，那么你们尽去参加屠杀的战争，尽去为着他们的祖国而打仗吧！可是，你们假使希望自身的解放和胜利，那么你们应该坚决地反对打仗，起来参加反对这种战争的斗争。为着勤劳阶级的胜利，你们应该利用他们发给你们的武器，诸位，真真英雄的争斗的日子，已经近了，起来，对资产者和地主的祖国宣战！起来，和寄生虫、屠杀者的祖国宣战！

在军需品及海陆交通运输企业工作的劳动者诸君，不要输送一个兵士到前线去！不要替你们的敌人制造枪炮和子弹！

全国工场农村的工人和农民！失业的大众！为着贯澈你们的要求，立刻开始反战的罢工罢税，大众示威行动！

在前线的兵士们！

立刻和中国的兵士握手，大胆的和中国的勤劳者握手！……

这种反战的呼声，经过《第二无产者新闻》、《劳动新闻》、《反帝新闻》、日本无产文化总同盟的一切刊物，很快地传布于彷徨在饥馑、战争和死亡线上的勤劳大众里面，虽则帝国主义者用了疯狂的弹压和各种无耻的欺骗，但是这种为着自身解放而反对打仗的呼声还是怒涛一般的汹涌在勤劳大众的心中。神户、门司、佐世保、下关、广岛等处，每逢“出征兵士”出发的时候，总会神出鬼没地出现许多反战的小册子和传单，海运工人酝酿了多次的罢工，但是结果多被御用黄色工会、国粹团体和宪兵警察所破坏了，军事当局为着防止军心的摇动，只能乘着深夜，将兵士们送上船去。

在军需工场里面，这种反战的情绪更加热烈，当时的全协在地下活动非常剧烈，常常在工场内举行五分钟罢工，表示反对侵略中国，对中国的人民表示他们衷心的同情。当时军需工业的工厂斗争如何执拗和热烈，从事后发表的许多记[纪]实的文艺作品里面也可以看得出来。譬如：

将几千，几万个
子弹盒，送向了
中国战地的我们，
在军事管理的下面
受着劳动强制的我们，
今天，从暴动里面，对那
跟日本军对峙着的中国的同志——
表示我们的欢呼！
停止了工场的工作，
从革命的战列中间，
对神圣的实践斗争
表示我们的祝意。

这样的例子可以说不胜列举，在泽本鹤一的长篇小说《军需工场》里面，当主人公伊藤（军需工人）接到了出征命令的时候，那时候——

伊藤带着强作的笑容说：

——杉原，那么我们要分手了，这儿的事情托给你吧！什么？反正到了那边，我是不能做哑叭的！我一定要在战线上做反战斗争的！枪毙是注定的了！……可不是？我们能够顺顺从从地向中国的兄弟们开枪吗？……

不肯顺从地向中国的弟兄们开枪，不肯顺从地替帝国主义者制造军火，于是军需工场的罢工开始了：

“我……我是不会说假话的！我们大家……全世界的我们大家团结起来，——”用拳头拍着胸脯，对工场事务室方面指着：“我们绝对反对制

造杀人工具！我们团结起来反对——”(《普洛文学》第一卷第十四号)

当然，这种活动会遭遇到惨酷的压迫和杀害，从那时候起，日本一切有革命性的团体遇到了强力的压迫而被迫为地下的非合法的活动，白昼公然的在警署里殴毙有名的作家小林多喜二，是这以后的事情。

但是，大众的意志，是不能用暴力压制的，压迫者愈残酷，反对的活动也会变成愈加巧妙，军部、在乡军人、爱国妇人会等等半强制地募集“慰问袋”和“御守扎”(一种神祇的符咒，日本人认为佩在身上可以得神佑护避免子弹的)的时候，他们就很巧妙地将反战宣传的标语口号，封进“慰问袋”和“御守扎”里面，这种经过军部的手而运到上海前线来的反战宣传品，在江湾大场一带的战利品和俘虏身上也发见了不少，记得当时在中国报上也登过这种反战小标语的照片。

其实、反战活动并不止此，上海前线队伍里面，也曾发觉过有组织的“反战”活动，企图与中国军握手的“阴谋”，(当然，这些勇敢的斗士是被暗暗地枪毙了)，暨南大学操场上曾从日军飞机上掷下一大包“反对战争”和“中日兵士联合起来”的传单，这是那时大家都知道的事情。

“一·二八”战争期内日本兵的惨杀中国妇孺，这是一切中国人永世也不会忘记的仇恨，但是，这一切兽行决不是日本兵士自愿干的事情，当帝国主义者驱使兵士惨杀中国人的时候，曾经在队伍里引起过很多次的反抗，后来为着免去这种事件，他们的长官只能用欺骗手段了，“杀人奖励！”每逢要杀戮俘获了的中国妇孺的时候，总用“酒”和“休息”来奖励，譬如说：“你去结果那些人，赏你一瓶酒！”

血的纪念已经第六年了，日本帝国主义侵略中国的步骤愈加加紧，手段愈加残酷了，在他们国内，表面上我们再也不能听到《第二无产新闻》那样雄壮的喊声了，但是日本勤劳者的血都冷了吗？他们都已经肯顺从地向中国的弟兄们开枪了吗？不，不，绝对也不。在满洲，在上海，在华北，一切驻屯军的被驱使、被强压者的心底，交战的火还在燃烧，北满的一个兵士为着要将一车子弹送给中国义勇军而壮烈地牺牲了生命的故事，不是已成国际间的佳话了吗？

中国和日本的一切爱好自由与和平的斗士，大胆地握起手来，反对帝国主义的战争和侵略吧！

(原载于《现世界》第1卷第11期，1937年)

朝鲜民族亡国痛思

旦

缩食慰我军，共起抗暴敌。

朝鲜民族革命党上海特区党部，除唤起全沪鲜民共作复国运动外，因热烈同情我方抗敌将士，全沪鲜民在亡命之下，特节衣缩食，甚至将质当所得凑集国币一百廿一元三角，函送上海市慰劳委员会，作为缝制棉背心之需用，借表慰劳之意。其原函云：我朝鲜民族，遭亡国之惨，不幸有三十余年矣！在此期间，无日不在日本帝国主义之铁蹄下讨生活，实非口舌所能道其万一。对于行动之受拘束，思想之钳制，亡人国家之不足，故凡我稍具智识稍有觉悟之同胞，无不被迫亡命海外，亡国而又丧其家，其伤心为何如耶！幸而人心未死，报仇复国之企图，寝食未忘；以是连年与暴敌挣扎，前扑[仆]后继，作壮烈之牺牲者，正如怒潮澎湃，莫由自遏也。溯自芦沟桥抗敌之启其序幕，至现在之淞沪战争，已引起我朝鲜民族无上之热狂，积郁三十余年之宿仇，极欲一吐为快，除唤起我朝鲜国内民族一致团结，愿为玉碎，毋为瓦全计，兹就旅沪侨胞节衣缩食或质当衣服之资，拼凑国币一百二十一元三角，送由贵会，转交前方抗敌将士，借表慰劳，其数虽微，亦所以示一致抗敌之热忱也。嗣后还当继续募集，聊资积腋成裘。惜我朝鲜在沪侨胞，皆属亡命之徒，平时饱受失业之苦，值此战争期内，生活拮据，更可想见，尚望赐予体谅，并请将此意旨，宣达贵国同胞，借表中韩两民族共同奋斗之意也。谨祝抗敌胜利，朝鲜民族革命党上海特区谨呈。

（原载于《云南抗敌后援会特刊》第 4 期，1937 年）

日本大众之反侵略战争

——反战情绪之史的发展

胡行健

与其谓战争将使日本幸福，毋宁谓战争将陷日本于不幸；保证日本将来之发展者，非战争，而实为和平；非文明之破坏，而实为文明之维持。

——日本评论家清泽冽语(最近发表，见《改造》杂志)

战争的动机，如果是出于侵略，出于争取少数特殊阶级的利益，需要着其他大多数的人民去牺牲，则这样的发动战争，必遭大多数的人民所反对，所厌弃；反之，战争的动机，如果是出于维护国家的生存，民族的生命，则这样的发动战争，是使全体的人民，利害同趋于一致，而会热烈的拥护与参加。关于前者的例证，是日本大众的利益，与日本的侵略战争相背反，因之日本的大众是反战，反侵略战。关于后者的例证，是我们中华民族热望发动反帝——在目前是反日战争，以达到整个民族的解放，因之全体人民都愿踊跃去担负这光荣的任务。

日本为什么要发动侵略战争，根据日本统治阶级的说法，"日本因为国土太小，而人口增加太速，不能不向国外去找出路，而向国外找出路，又可解决国内人民的贫困"，这是最原始的说法。近年又再加上一种说法，鼓励人民赞助战争，即是"日本的商品，在世界各国遭受排斥，因此需要以武力去保障市场，日本国内的资源贫乏，因此需要以武力去争取原料地；日本还须以资本向外输出，而达到国力的膨胀，这一切可使日本更加进步、发展，而这些进步与发展，即是发扬国威，与日本人民的利益是一致的"。这种为独占资本主义谋出路，欲盖弥彰的话，至于今日，便索性坦白直供起来，而企图挑动国民的战争意识。日陆军部新闻班长秦彦三郎大佐，今年更公开宣称：要求日本国民，在目前当可吃三碗饭的时候，应只吃二碗，以一碗而留为所谓"国防"而牺牲。

然而毕竟因铁一般的事实和生活的压迫，教训日本的大众聪明，布尔乔亚的伪科学与老僧侣马尔萨斯的骗人的理论，终竟为真理所揭穿。日本的土地，不够养活日本的人民吗？不是的，而是正如一九三一年十一月二十日维也纳的《劳动者新闻》所指摘："因为日本六千万人民，不能把自己的土地，由封建的桎梏下解放出来，因此日本的大多数人民，遂成为无领土的人民。"

上述人口过剩、国土过小的话，已不能欺骗日本的大众；但是，日本的对外侵略战争，有助于日本资本主义之发展，成就了少数的特殊阶级的利益，则为日本大众容易知道的事实。一八九四——一八九五年的第一届中日之战的结果，产生《马关条约》，日本由我国强取二亿两偿金，割取台湾等地，使日本资本主义完成了金本位制度，扩充生产设备，获得了新的发展条件，我们试将甲午战争发生前十年间与战后之十年间日本工商业的情形加以比较，便可明白，自一八九四年至一九〇三年之间，日本的输入贸易，在价额上说，增加六倍；输出贸易方面，若以之与一八八四年乃至一八八八年相比较，在价额上说，亦增大五倍；全公司之投下资本额，在一八九四年为二亿三千二百万元，但十年后便增达八亿八千七百万元。此后于一九〇四——一九〇五年，又有日俄之战及一九一五年的参加第一次世界大战，攻击驻青岛的德国军队，暨欧战结束，西北利亚[①]出兵，一九二七——一九二八年的对华出兵，计每一次的对外战争，都只是使日本资本主义获得更进一步的发展。因为篇幅的限制，我们暂只举出欧战期前后日本资本主义发展的事实，根据摩尔顿的所说：日本之国富，在一九一三年为三百二十亿余万元，到一九一七年，增至四百五十六亿余万元，至一九一九年，更增至八百六十亿余万元。工场设备之价值，在一九一三年为三亿九千余万元，至一九一七年则增至五亿五千余万元，至一九一九年，更增至十一亿余万元。工业生产价额，则由七亿四千余万元，激增至二十六亿余万元。但是在反面，大众的生活是怎样呢？，要分割的举出各次战争前后的实际情形，在这里，我们无此余裕，亦无此必要，我们可将迄一九三〇年止，在日本资本主义正完成其最高的阶段，我们试观察日本大众的生活，是否随着日本资本主义之发展，而同时被改善呢？不，相反的，是愈益险恶，因屡次战争与资本主义之发展，日本大众被剥削的程度愈加重，中小工商业者逐年没落下去，劳动者在无情的榨取之下，仍须每日作十四小时的工作，无团体契约权，无各种应得的文明权利，而农村更因工商业偏重的发展，而陷于逐年崩溃。这里，且再举出几个铁的事实，以证明日本大众的苦痛是与年加甚。

① 即西伯利亚。——本书编者注

(A)大众课税的加重。一八九二年，日本的间接税仅占租税总收入中之三七·三%；但至一九二九年，则增至占五七·一%。

(B)迄一九三〇年止，日本的公债发行额已达到六十亿余，计自明治五年来，迄昭和五年(即一九三〇年)，公债的发行额是逐年上升，尤以日俄战时为最显著，因之一般人民每年须负担巨额的债务费。

(C)随时间之经过，而货币价值逐渐下落，物价腾贵，试举一最显著的例，在一九二〇年的物价，比起欧战前的物价，竟昂腾至三倍以上，但是大众的实质所得并不随物价为比例的高腾。

(D)日本国费的支出膨胀，越过日本大众的负担力，而支出的构成，国民的福利增进费，占着极微小的地位。试看一九二六年度，日本的一般会计岁出额为十五亿二千余万元，若以之与一八九一年度的岁出额相比较，则在指数上高增至一八七三(以一八九一年度之计数为一〇〇)，即在三十五年间，激增至十八倍以上，显示着极不合理的膨胀。

(E)压迫大众的法令接连颁布，如治安维持法、劳动争议调停法等等，束缚大众在政治上、经济上的自由。

在这样的凄惨的情形之下，日本的大众，在战时，须征上战场缴纳血税；在平时，又须将仅有的汗血，去培养资本主义的发展，完成侵略战争的准备。这结果，遂造成迄一九三〇年止日本农村的负债将近五十亿元，劳动者及一般俸给生活者、中小商工业者，同样感着生活的重压，生活标准的降低，便成了必然的厄运。这里，且看摩尔顿对日本大众生活的描写吧！虽然他是想美化日本的现实的，在虚伪的不正确的外表材料之下，摩尔顿并未有观透日本的内貌，但是，毕竟由他的描写，日本大众的实生活，已可略窥一般了。

日本住民的大多数，靠着非常的节约与艰重的劳作，在维持着生活。第一，他们甚至在结婚后还保持兴两亲同居，住着极简陋的房屋；第二，他们穿着最简单而极难看的贱价衣物，甚至冬天也穿着一件薄衣，木屐便是普通的履物；第三，食着极简单的食事，每餐仅用两片萝卜皮，有时米亦成为农民的奢侈品，普仅食用其他贱价的农产品。每年每人的卵消费额约四十个，每年每人的肉类消费额仅三夫特(一夫特约合我国旧衡十两左右)左右，因着营养不良与贫困，便造成高度的死亡率。

是的，日本人的死亡率，在诸文明国家中是夸耀地占着首位的。且看摩尔顿发表的统计(一九三〇年)。

国名	住民每千人平均死亡率
日本	二一·四
意大利	一六·八
美国	一二·〇
德国	一二·九
英国	一二·四
法国	一七·四

这样，每次日本对外的侵略战争，结果不仅与日本大众生活的改善无纷毫裨补；反之，则更使日本大众的负担与被剥削加重。这种事实，渐渐教训日本的大众变得聪明，这样，日本大众对于战争的情绪，遂循着如下的路线发展：

第一阶段：一八九四—九五年的第一届中日战争时期，日本的大众，一致盲目地热烈参加战争。

第二阶段：一九〇四—〇五年日俄战争时期，日本大众中一部份先觉者，已认识日本发动侵略战争的众恶，而有反战运动之发生。日俄战争前一年——一九〇三年，黑岩社长、内村鉴三、幸德秋水、堺利彦诸氏已公开领导非战运动，是年十月并公开召集非战演说会，次年日本大众的新闻报纸《平民新闻》，更公开着论反对战争，反对增税；但此时大部份的日本大众尚无觉悟，仍热烈参加战争。

第三阶段：包括自世界大战时期、西北利亚出兵反俄时期，至一九二七—二八年日本出兵破坏我国北伐之时期。此时期，日本大众之反侵略战，已有极明显之觉悟，由潜在之反战意识，进而为行动之表现，具体的事实如下：

(A)一九二二年五月一日劳动节，全劳动团体联合决议，要求日政府实时承认劳农苏俄政府。

是年六月组织“对苏俄非干涉同盟会”，活动甚力。

(B)一九二六年七月，福岛、秋田、兵库、京都各地发生反对设立青年训练所运动，以反抗军部之实施军国民教育。

(C)大正时代末期及昭和时代初期，日本学生界之反军训运动(日本的军训，是为侵略的军训，其宗旨与我国之实施军训，各不相同)——最著者，如一九二三年东京早大学生之反军训大骚动，是至今犹令人称道不置的。

(D)一九二六、一九二七、一九二八年的对华不干涉运动，反对出兵中国破坏我国的国民革命，当时日本的诸民众团体，组织有强固的“对华不干涉全国同盟”，他们的工作：(a)对日政府为示威的请愿；(b)派遣视察团来华慰问；(c)举行反对出兵周间；(d)其他反战有力的实际工作。以上(e)项视察团员，包括劳动者、农民、青年、学生、俸给者、市民、妇人各阶层及朝鲜水平社等被压迫民族之代表；但是该团几经奋斗，由东京到了九洲[州]的福冈，卒被军警检束送还。

上面，是日本大众迄九一八事变前止反战情绪发展的梗概，尤以最后阶段，日本大众之反侵略战，更为活跃。这里，且看日本大众对于我国的民族革命斗争，是如何的观察与关心吧！村山藤四郎，过去参加日本的大众解放斗争，他在《大众战术之基调》一文中这样指出：

> 日本帝国主义的基础是建筑在中国；在中国的诸种关系的形成，这对于日本帝国主义毋宁是死活问题……中国的动摇，便是意味着日本现机构的动摇；中国国民革命之进展，便是使日本现机构的最根底发生动摇。在以否定日本现机构而争取解放为本来使命之日本大众，对于中国问题不能置诸度外，乃为一件极明白的事。(一九二八年发表)

是的，他这种认识，已成为日本大众争取解放的正确认识。我们相信日本大众的利益，在这一点上，与我们要打倒日帝国主义是一样的。我们相信，与日本大众终有携手共同奋斗的一天。

(原载于《创进》新2第6期，1937年)

论日本之主战派与反战派

焕尧

（一）引言

芦案爆发，强邻压境，我因最后关头被迫应战，一瞥眼而冀、察、津、沪间战云弥漫矣。举国人士，瞩目关怀，一时眼光，咸着意于日本国情之研究。各方论者，从透视所得，深悉日人侵华，向分主战与反战两派，各据成见，针锋相对，裂痕日深，无不认为今日平津淞沪之启衅，必将激成岛国政局之巨变，使侵华军事牵连失利。基此共同观测，则敌人暴力断难久持，亦即我最后胜利之预兆也。然此两派之源流因果，究竟何若不能不予以揭穿。俾国人了然于反战派之面孔狰狞，手段毒辣，实不亚于主战份子。而两派之所以分道扬镳者，只为急进缓进之别耳。兹将两派内容分述如下。

（二）主战派之内容

主战份子原属一般少壮军人，亦即主张北进大陆政策之先锋队。此辈素持急进态度，常思以整个国力付诸一掷，以期大陆政策在北进路线中短期完成。其所具此信念，以成功自许者，原因所在，可分下列数点：

甲、对国内之观感。北进大陆政策之所以延年累月未能完成者，彼认为由于一般和缓份子（即目前反战派之中坚人物）固执资本立场，避免作战牺牲，空唱经济提携与和平亲善之高调，对北进政策多方作梗，因循苟且，坐失时机，因而主张建立军权高于一切之法西斯政治。

乙、对国外之观感。环顾国外风云，形势日趋险恶，苏俄方面，既已完成两次五年计划，其经济与军事之壁垒，基础日臻强固，从此北进西伯利亚之企图，顿成极大难关。至于中国，外交则有英之退还庚款，中美之白银协定，外汇平衡，借款顺利，无在不足以表现国际间对华之同情。军事，则各省军政已归统一,全国军训拓展,以及国防整理,内容若何,虽无从精确估计,而国势增强,已为不可否认之事实。以言交通,则有各省铁路之展筑,全国公路之普设航空线路之开辟,成效迅速,一日千里。以言经济,则最近五年来之对外贸易程序,根据入超字数,已由最高度之三亿二千万元(民国二十二年头四个月之统计),减至六千余万元(民国二十六年头四个月之统计),又如生产之率度日强,资源之开采日富。国货畅销,使日在华各市场之贸易,备受潜性威胁。以言民气,则近年来救国呼声,遍于各地,正如爆发前一刹那之巨弹(将给日人以猛烈轰击者)。统观中国国情,早已今非昔比,苟再迁延时日,则武力侵华手段,将遇无穷打击。北进计划,等于画饼。为今之计,惟有乘中国建设尚未完成之机会,实行武力侵占。况证诸既往事实,日俄战争,既获胜利,东北四省,亦垂手而得。遂认定日军武力强悍无敌,故不惜横冲直撞,妄以“东亚安定力”自居焉。

纵观主战派之内容,卤莽灭裂,有己无人,是以“二二六”事变后继以两次之倒阁,竟占得优越势力,建立强力内阁,实行侵华军事,庞大预算,近且增加四亿三千万元之战时公债,作孤注一掷,演出不可收拾之战争局面。

(三)反战派之内容

反战派属于一般经济家、政客、元老及畏战避征之民众份子。此派组织,内容复杂,要之不过由远因与近因而构成结果。所谓远因者,产生于南进政策(即海洋政策)。南进政策者,乃谋以海外殖民,为国家民族出路之一派主张,故其对象为太平洋南岸群岛及中国领土,亦包括在内。此派久已盘据政局,屡奏奇功;惟当时即有北进派之存在,两相冲突,形成对立之势。所谓近因者,乃因中日战端既启,日本国内,人民生活,被穷兵黩武者之榨取,无以立足,故南进派中之主张经济政治份子,感国事之日非,群起反抗,与民众之生活呐喊,联成一线,于是反战革命不期而热烈澎湃,此其近因也。兹将所谓远因质素之南进派理论,陈述于次:

> 甲、对国内之观感。自二十世纪以还,日本感于经济凋敝,原料缺乏,促成一般生活枯涩现象,于是汲汲遑遑,谋所以解决之方,而海外拓展之议,遂成此派政策之中心理论。盖一方开发生产区,一方夺取新市场,一方占领原料库,以期取偿于海外,复苏国内之经济,俾整个国家人民,可以步出绝境也。
>
> 乙、对国外之观感。自南进政策施行后,国外四境,俱呈乐观。1.就经济言,在中国固为日货之巨大征销场,在太平洋南岸群岛,日人之商战

权威亦几驾乎英美之上。2.就原料言，群岛内地为大量石油、树胶、锡、米、棉花之特产区，每年输入日境者为数至巨，均是军需工业与军需辅助工业之主要原料品，供给不尽，如取如携。3.就企业言，群岛内地之多数林业、渔业、农场业、树胶业等，大部份均在日人占有下，故日对群岛上之贸易状况，占群岛对外贸易数字，百份之六十而强。是则经济上、原料上、企业上足以补助日国之财富与军备者，为极大数量，较诸中国东北四省之石油、树胶、锡、米、之贫乏区域，优出万倍。更从国际观察，欧洲各国慑于德义之侵略野心，莫不重整军备，防卫国家领土，保障海外权益。英之殖民地，与美之投资，遍于欧亚，其所感受之威胁，较其他国家更为严重。但仍多方避免国际间之冲突，以保存国力，其备战与畏战之心理，毕露无余。苟日人利用机缘，一方以亲善面具，怀柔手腕，以取得英美同情，一方专以经济力量，扩大海外贸易，经营生产原料各区域，则英美穷于兼顾之际，自当乐与日人周旋，从此日对海外之收获，可以恣意需索，坐收渔人之利。经此一定之阶段后，国家之财富既丰，原料既足，军备战备，自益完善，固不难利用国际多事之秋，再从大陆着想，以武力西进，吞华制俄。于此之时，虽全国动员，而国本亦不至摇动。是南进之胜利，亦即北进成功之基础也。

据上述情状，可见南进派以完善国策自许，盘据政局，恣意行动，北进派不免苦于凌压。但北进派终于不甘雌伏，急谋出路，卒与南进派形成敌对立场，发生深刻之裂痕。

近因所在，乃环境逼成。盖自少壮军人主战运动发生后，此辈血气方刚，猛勇前进，实行武力侵华主义，一举而占领辽、热、黑、吉各省，于是自许为丰功伟烈，大有“力拔山兮气盖世”之感；一时北进呼声，占领三岛最高空间，南进份子，被逼于势，不能不迁就退让。但仍主张南北兼进办法，一方保守太平洋南岸之固有目标，一方对武力侵华事件，主张适可而止。讵侵华之军事大势，已如剧风巨浪而不可遏止。衅变迭起，情势日非，日人深受战时之痛苦，咸感黩武之失策，遂引起下列各点之失望与感想。

甲、对苏俄。苏俄对日人之北进大陆政策，早已极端透视。中国东北四省被占后，引起苏俄边境之不安，于是在西伯利亚间强化边境军备。虽中经中东铁路之脱售事件，两国邦交有和缓之可能，无如恶感之深，初非一时一事所可挽回。加以主战派之挑衅，益启俄人之战斗意义，于是双方形式遂如箭悬弩张，大有不可终日之势矣。

乙、对英美。英美在华利权同占首要位置，假若日在华形成武力独占局面，则英美在华权利即相与逼处险境，故不能不予中国以经济上物质上之种种利便，使中国国力加强，以抵抗日人之强力侵略。一方在南洋群岛及美洲方面，积极排日运动。从此日之资本放置海外者，必遭莫大打击而遭受失败。事态至此，不能不归罪于主战者之穷兵黩武主义。

丙、对中国。中国民气激于日人之武力侵略，仇日情绪日见深刻，抗日呼声，日趋狂热。战端启后，所有日人在华经营之企业必被扫荡无余，是则资本家多年在华之经营全部破败，不能不谓为穷兵黩武者有以致之也。

丁、对国内。日人既感货物输出路不通行，原料输入源流断绝，则工商业立足不牢，必致相率停闭。于是失业人数续涨无已，粮食缺乏，饥荒可虞。若再举四亿三千万之战时公债，强逼负担，以强壮当年之生产民众，逼服兵役，全国民众将痛感生存之无路，眼见死神之降临。故所以走上反战阵线者，势之所必然也。

自上海战事发生后，日军遭受中国强烈之反击，死伤逾万，据报纸所载，日本国内之反战运动，已风起云涌，究其根因，甚至有多数民众卧轨尸谏，可谓极人世之惨痛，固非出于偶然者也。

（四）结论

日本主战派之举动，恨不得一朝一夕，咽吞中华，饱偿兽欲。而刀俎鱼肉间之吾国群众，对之固深恶痛绝，希望其一旦倾覆，以息祸累。但反战派虽外具和善颜色，而内存侵略野心。正无异歌我以催眠曲，饮我以催眠药，驱吾人尽入于慢性自杀术中。试观日人对我之过去种种，如制造吾国内战，以分化我之军政统一，伪造货币，以扰我之金融，假冒商标，以毁隳吾之贸易，以及强化走私，普遍贩毒，种种手段，均足以支解吾国国体，一俟吾国生机既绝，无以自立，然后举残暴之师，攫我全国而去。是则反战主张，非绝对不主战争，与主战派形式虽殊，目的则一，莫不对亚洲大陆政策，认为一贯主张。今中日战局既开，最后关头已临，吾人亦惟有勇于自决，势不与倭贼两立，卧薪尝胆，为国家民族之生存，尽其最大之努力已耳。

（原载于《路向》第5卷第6、7期，1937年）

风起云涌的日本工农反战运动

强

我们记得，当一九三二年第一次上海战争爆发的时候，日本的《第二无产者新闻》曾对全日本工农大众发出了如下有力的申诉和号召：

> 遭遇了未曾有的经济恐慌而已经频[濒]于破产的日本资产阶级，正在挣扎地找寻逃出这种恐慌的出口；可是要救济资本主义，除出牺牲和破灭广泛的被榨取阶级，是再也没有别的法子了。那一次战争曾经使你们的阶级得到什么好处？你们所得的，在后方，不只是奴隶般的强制劳动和血一般的苛税吗？在战地，不只是炮弹、鲜血和“名誉”的战死吗？
>
> 亲爱的朋友，你们假使愿意救济你们阶级的敌人，愿意自身毁灭，那么你们尽去参加屠杀的战争，尽去为着他们的祖国打仗吧！可是，你们假使希望自身的解放和胜利，那么你们应该坚决地反对打仗，起来参加反对这种战争的斗争。为着勤劳阶级的胜利，你们应该利用他们发给你们的武器。诸位，真正英雄的斗争日子已经近了，起来，对资产阶级和地主的祖国宣战！起来，和寄生虫、屠杀者的祖国宣战！
>
> 在军需品及海陆交通运输企业工作的劳动者诸君，不要输送一个兵士到前线去！不要替你们的敌人制造枪炮和子弹！
>
> 全国工场农村的工人和农民，失业的大众，为着贯澈你们的要求，立刻开始反战的罢工罢税和大众示威行动！
>
> 在前线的兵士们，立刻和中国的兵士握手，大胆地和中国的勤劳者握手！

响应着这种反战的号召，当时日本的工人、农民和兵士们曾经前仆后继地起来和日本军阀作了无数的残酷的斗争。虽则他们常时遭受到日本军阀疯狂的弹压，但是他们并没有因此而退缩。当时及其后的他们许多英勇的行动，想来不健忘的读者，一定还能记忆。

五六年来，他们的血不但没有冷，反而他们在不断的斗争红炉中锻炼出更坚强的意志、更多的热情和更丰富的经验，他们时刻在斗争着，同时在准备着，准备为澈底推翻日本军阀官僚地主资产阶级的统治，为争取他们自身解放的胜利而作决死的斗争。

这个日子现在快要到来了，反战的呼声，现在又已经像狂涛一般地在全三岛怒吼着。据九月十日神户电："神户大阪当地各大工厂屡有反战传单出现，除指摘军阀侵略中国外，并劝告在乡军人及工人不要为军阀声援。……"又据九月九日《华美晚报》载："日本在乡军人及后备军人不愿作战，雇贫苦妇女顶替，故前线日军女尸颇多。"再据念一日上海电："日政府因沪战失利，迭在国内强迫征兵，应征者以农民及小工商人为多，此辈仅知出兵，而不知出兵之目的，个人生命事业全部牺牲，极抱反感。有借故推托不愿应征者，即被当局枪决；开拔时亦不许亲属送行，以减少刺激。如家属有出怨言者，即停止补助，以示惩戒。因此民间反战声浪日益增高，即有武力亦无法维持。反战印刷品被宪警没收者甚多，舆论亦受统制。警所因左翼乘机活动，现正加紧严防中。"

这些消息，我们只能说是对现实反映得不够，决不会过分地吹牛。因为只要根据目前日本工农大众的生活状况，也可以断定这一回的反战运动，必然要比一·二八上海战事时更加激烈。日本工农大众生活的恶化，连东京《朝日新闻》也透露了些真实的消息："日本最低生活代价指数，如以一九一四年水平为一百，则本年一月份为一八七·九，而七月为一九三·七，中日战争爆发后，日用品价格更加激张[涨]……"

战费无限制的增加，日用品价格当然要无限制的激涨，日用品价格无限制激涨，早已无法过活的日本广大的工农大众的生活当然要无限制的恶化下去。在这样的情形下，他们还能相信军阀们无耻的欺骗吗？他们还能始终忍受着而不起来和军阀拼命吗？而况他们的反战是和他们自身的解放分不开的。所以有觉悟的和有组织的日本前进工人，当然要起来负起他们应负的使命：坚决的领导全日本的工农劳苦大众反对日本军阀侵略中国，再一度的"对资产阶级和地主的祖国宣战"！

虽然我们不能说，日本工农大众的斗争，在一两天内就可以得到澈底的胜利，但是随着中日战争的持久地展开，随着他们斗争力量的日益加强，同时随着中华民族解放的胜利，他们的胜利是可以预期的。

所以，怪不得有远见的日本资产阶级的老记者德富苏峰要很忧愁地说："特别议会开过了，临时议会也开过了，但是我们的心境总觉得像在黑夜中被人引至山路中徘徊一样。若果拿一句话来说完我们的心里状态，就是前途是黑暗如漆”了。（见八月念[廿]三日《大阪每日新闻》。）

日本资产阶级的前途是“黑暗如漆”；那么，光明的前途当然是属于中华民族和日本工农大众的一面！

（原载于《战时大学》第1卷第1期，1937年，又载于《解放》第1卷第18期，1937年）

日本侵华的新阶段与中国民众的斗争

佚名

清友 节译

（九月一日苏联《政治经济半月刊》）

日本强盗对中国新的大的军事进攻已经开始了，中国军队给日本侵略以武装的抵抗。前此未有的大规模中日战争事实上业已开始。

一九三七年七月七日，日本军人突然地袭击芦沟桥并受到中国二十九军三十七师英勇的抵抗。为要拖延时间以增援以及掩饰舆论对其新的军事行动之注意，日本的军阀虚伪地宣布芦沟桥事件为偶然的“地方事件”，但以后事实澈底地暴露出日本对中国新的侵略之真正目的。

日本帝国主义统治阶级的幻想，是要在中国建立他自己的统治并完全奴化中国的民众。日本帝国主义对中国侵略行动的历史，可以分为下列四个主要阶段。

第一阶段——从中日战争（一八九五年）至一九一四——一九一八年世界帝国主义大战。在这个时期，日本占领中国的本土及其属地——琉球群岛、台湾、毕加多群岛、关东租借地以及高丽。

第二阶段——从世界帝国主义大战至一九三一年九月十八月沈阳事件。日本帝国主义者攫取胶州和青岛（当时德国在中国的租界）进军济南，于一九一五年一月十八日又向袁世凯提出所谓“二十一条件”，这些条件的施行等于把中国事实上变为日本的殖民地。

第三阶段——从一九三一年沈阳事变至本年七月芦沟桥事变，在这六年中，日本帝国主义者占领东北三省（就是满洲）以及所谓内蒙领土的一部份（热河全省以及察北六县）。满洲和热河的占领，日本帝国主义给中国极大的经济和政治的打击。

第四阶段——从日本对芦沟桥进攻时为始。日本帝国主义者此次进攻的主要任务是夺取华北五省(河北、察哈尔、绥远、山西、山东)。这个五省的占领所给予日本帝国主义的丰富原料来源和广泛市场,是日本帝国全部历史所未前闻的。但日本军队在上海南京区域的军事行动,证明日本这一次的侵略不以北方诸省军事行动为限。

现时日本帝国主义的军事行动是占领满洲和热河之后的新阶段。执行田中计划,完全地吞并中国以及准备夺取印度、印度支那、菲律滨群岛、因多尼西亚和澳洲以及准备反对苏联,美国和英国的"大战",其目的是在争取泛日本帝国的世界统治。"为要占领整个中国,开始必须夺取满洲和蒙古;为要占领整个世界,必须夺取全部中国。"日本法西斯军阀现时就想实现田中的此种遗志。

德国和意大利法西斯主义的侵略者对西班牙的公然干涉及以与此有关的整个欧洲局势的紧张,英国政府对阿比西尼亚和西班牙以及对中国所采取的实际上纵容法西斯侵略政策,美国政府的观望态度,国联对法西斯挑战者的示弱,日德意间联盟的签订以及国际劳动阶级受着改良派的影响,对于反法西斯主义和反战直到现在尚无真正战斗的一致行动——现时国际环境中这些基本的事实,都使日本法西斯军人易于实现其掠夺的计划,并鼓励他们对中国作新侵略行动。

日本劳动群众间反战、反法西斯情绪的增长,劳动与资本间、地主与农民——佃农间冲突的增长,财政困难的加强以及一部份温和的资产阶级对把日本引上完全经济和军事祸灾的法西斯军阀冒险政策不满的增加,这是日本现状中的事实,保[促]进日本军阀加强他自己对大陆的侵略。法西斯军阀企图用反对中国民众的军事冒险方法以燃起狭义爱国的热情,转移民众对日本内部情形的注意,并宣布非常情况,借以无情地镇压革命运动以及各种在野派的力量。

日本军阀加强对中国进攻,其目的是想窒息日益增长的中国人民反日运动。他当前的任务是想粉碎中央国民政府,扑灭民族反日统一战线及其主要参加者——中国国民党和共产党积聚的力量,借以解体中国人民的抵抗,把中国变为他自己的殖民地。

但可以确信地说:日本这一次无耻的侵略,算盘是打错了。今日的中国已非满洲事变时的中国。中国民众准备给日本军阀以坚决的抵抗。关于这一点,南京政府的首领以及中国军事委员长蒋介石不久以前的声明,可资证明。因芦沟桥事变,蒋介石于七月十七日在牯岭曾经说过:"芦沟桥事变的推演,是关系中国国家的整个的问题。"及至七月卅日,因日本占领北平和天津,他对记者的谈话中又说:"我国民处此祖国之存亡关头,其必能奋斗到底。"一部份中国陆军和空军在上海、杭州、南京、南昌、河北和察哈尔已经开始民族自卫的军事行动，反对日本的侵略。中国民众的愤怒以及他准备与侵略者作坚决的斗争，可以用下列事实作证明：全国反日的有组织的政治和军事力量已以非常的速度联结起来。南京调集的国防会议对国共以及其他组织间的合作问题已达到很大的进步。中国事实上已开始军事的总动员，特别是第八路军与全国民众携手作反对民族共同敌人的斗争。

（原载于《国民（上海1937）》第1卷第16期，1937年）

日本共产党给在华日本士兵诸君的号召

日本共产党

日本帝国主义进行抢掠中国人民的最残酷的战争，现在是大规模地爆发了。如诸君开到中国替强盗的军阀当炮灰一样，内地正在疯狂的进行着总动员，日本的年青的劳动者——农民正成群地被强迫换黄呢军服，往中国战场上送。

天皇的反动政府为蹂躏中国四万万的兄弟，已经通过了前后将近六十亿元的军费。十五亿元的杀人公债，已经在开始发行了。这样当着诸君被迫地送到中国来屠杀中国的兄弟的时候，诸君的家庭就被压上了空前的重担，无法继续生活下去，陷入了饥饿的命运。华北的侵略战争一发动，内务省就立即颁发了一个法令，罢工是被禁止了，所有职工会的会议被禁止了，连反动的社会大众党的各种集会，都被禁止了。很明显的，日本帝国主义明白我们日本劳动者农民的强大的反战运动，明白我们在反对日本帝国主义的共同斗争中和中国人民兄弟的携手，就要将日本帝国主义送入坟墓去。日本有觉悟的劳动者农民绝对反对这样历史上最黑暗、最反动的战争。日本进步的劳动者农民的真正要求，便是将全满洲和华北立即归还中国人民，由中国撤回全部陆海空军，推翻由日本劳动者农民身上每年榨取七十亿元杀人军费的天皇政府，建立全人民的民主政府，和中国人民手牵手地实现远东的真正和平。只有实现这些要求，全日本的劳动人民才能从帝国主义统治的地狱中解放出来。

现在，全中国民族都奋然起来，英勇地和日本帝国主义军阀强盗进行着抗争。日本共产党代表着日本所有觉悟的工人农民，向伟大的中国民族致热烈的兄弟的敬礼。因为中国人民战胜日本帝国主义，同时就是日本反对人民的胜利。同样的，倘若日本的军阀强盗达到他们的预定目的，那就是日本人民最悲惨之命运的到来，因此，每一个进步的工人农民出身的士兵诸君的阶级任务，就是尽量向这战争怠工。应该迅速地使日本军阀强盗的战略计划归于失败。应该使每一个战友都了然日本军阀进行的战争就是等于绞杀七千万日本的人民，等于将全日本的人民推入饿死冻死的道路。因此只有使日本帝国主义完全失败，日本人民才能获得和平、面包、土地与建立民主政府的出路。

因此，诸君应该到处和前线上的中国兄弟进行联欢，应该到处与中国人民的游击合流，应该到处组织哗变来响应中国弟兄的斗争，应该有组织的将枪口掉转对着最反动的军官，应该使日本帝国主义军阀所布置的全盘战局归于失败。

你们起来，为日本帝国主义的失败而斗争吧！日本帝国主义的失败就是我们日本劳动人民的胜利！

你们起来，拥护中国人民反抗帝国主义的斗争吧！因为中国人民的胜利，就同是日本劳动人民的胜利！

打倒资产阶级及地主的天皇政府，打倒强迫群众参加战争，迫使群众陷于饥饿的天皇政府，打倒蹂躏中国人民的天皇政府，打倒强迫诸君来屠杀中国人民的天皇政府！

日本人民与中国人民的团结万岁！

打倒日本帝国主义！

（原载于《风雨》第9期，1937年）

日本对华北的军事冒险

[苏联]汝可夫
党必刚 译

（译自苏联《世界经济与世界政治》十月号）

日本的侵略政策，向以中国为其主要对象。变中国为日本的殖民地，乃是日木帝国主义者数十年来朝夕不能忘怀的幻想。但是中国是一个拥有四万万五千万余人的大国，要把它一口吞了下去，并不是容易的事。所以聪明的日本帝国主义者，便舍了鲸吞的理想，采用了蚕食的实际，并创出种种“理论”，来做他蚕食的根据，说中国从来是没有过统一的，且证明不会有统一的中国出现；说中国乃是地理上的名词，是免[勉]强将许多独立的领土（如满洲、内外蒙、华北、华中、华南等）杂凑起来的一个机械的名称。

在努力实现这一“理论”的过程中，日本便首先占领了东北四省，现在更进而拼命地用着大批飞机、大炮、战车、毒气来夺取华北、并同时调了二十余万兵力来牵制上海。

日本军阀的这种军事冒险，其目的不外将华北变为伪满第二。日本军阀在中国的军事行动，固然是附带着于执行资产阶级的任务，但是日本统治阶级的意见，却始终没有过绝对的一致，对于华北问题，也是如此。固然日本资产阶级是愿意直接使华北屈服于日本，但是若谈到用何种代价来达到这一目的，便发生了不同的意见。将华北变成伪满第二，这是日本产业界并不怎样满意的，因为年来日阀在伪满专横的结果，甚至使日本资产阶级感到种种的排挤，而不能使其“合理化”地来开发当地的富源。如今若占领华北，结果当然仍不免被军阀们拿来造成一种“大战”的根据地而已。所以日本资产阶级一向主张最好是用和平的方式来解决中日的冲突，换句话说，就是欲以兵不血刃的方法，屈服中国来签定所谓中日“合作”的经济协定。

但这绝不是说日本资产阶级不主张用武力征服中国，不过用武力要有一种限度，因为资产阶级除了顾虑军阀的蛮横外，还深恐军事冒险的结果引起“大战”。最显著的例子，便是当日本元老派——与资产阶级脉络相联的——的秘密会议时，他们听了陆军及外务两省的报告以后，劝告他们对于解决华北问题须审慎从事。岂知日本军阀，早已剑拔弩张，跃跃欲试，这种劝告，如何使他入耳。反之，军阀却借口反对布尔什维克、反对苏联，以求博得资产阶级同意其侵略华北之军事行动范围的扩大。日本军阀对于侵略中国，早已横戈跃马，迫不及待，所以迟迟而久未下手者，乃是害怕和英美各国发生过早的冲突，至于中国本身抵抗力量的增强，日本是从来没有放在眼里的。

芦沟桥的抗战，给了日本一个意外的打击。日本军部于愤恨之余，毅然决然的撤换了华北驻屯军司令官，接着便实施了种种动员方案：在军队中取消了本年的例假，在各地方召集了会议讨论战时各生产机关警备组织的方法，大藏省则着手禁止某些货物的输入，以撙节现金的流出，并发行了巨额的侵华公债，士官学校的毕业期限也提前了，而最主要的，则为对华北大批增兵，凡此种种，无一不显示着事态的必然扩大。

日木驻在中国的军队，其用费较之驻在本国要大得多，从国内调兵来华，又极便利，所以日本认为平时在华只须驻扎最低限度的兵额即可，但为使士兵熟悉中国情形及习惯气候起见，常使驻华的军队举行定期换防。

在芦沟桥事变发生，香月到任之后，日本为取得增兵的裕余时间，曾经三次破坏了他所亲自签定的和约，这时它一方面和中国讲和，一方面积极增兵，日本军阀认识得很清楚，它知道要拿华北的少数军队夺取华北军事要点，绝不可能，所以非出大军不可。同时鉴于去冬匪伪军犯绥失败的教训，知道雇佣的匪军靠不住，所以这次更非亲自出马不可。当时日本有些报纸曾直认增兵目的在“取消南京政府”。

目前，据可靠消息，华北的日军已增至二十五万以上，飞机达三百余架，而上海方面的兵力还不在内。

当一九三五年时，日本军阀便已很明显的揭橥了华北五省（冀、察、绥、晋、鲁）独立计划，不过当时因为国际形势对日不利，同时日本国内也在闹着严重的政治斗争，所以不得不使日本暂时放下了紧张的侵略步骤。但是在一九三五年内，日本对于华北的侵略，并不是没有收获，这年日本所获得的是成立冀东伪防共自治政府及签定《何梅协定》。

由于《何梅协定》的结果，产生了“冀察政务委员会”。由于冀东殷汝耕伪自治政府的成立，使日人得藏垢纳污，用为抓取华北之新的根据地，而包庇走私，尤为打击中国经济命脉的卑劣政策。

走私，在日本征服中国的过程中，表现了很大的作用。据英人观察，由伪冀东门户内不纳任何关税而流入中国的私货，使中国所受的损失，最低限度有五千万美金之多。这种最卑鄙无耻的行为，在日本外交上却用了“特种贸易”的名称来做掩饰。

在一九三五年底的时候，日本广田外相提出了所谓“三原则”，其内容是：(一)压服反日宣传；(二)中日共同防共；(三)中日及伪满的经济合作。但是这却被日本军阀认为是过于理想，不易成为事实的东西。所以军阀便干脆提出了自己较为切实的最低限度的政纲——首先并吞华北区域以为己有。

在一九三五年底及一九三六年初的时候，日本军阀并没有切实注意到中国会在抗日民族解放斗争的基础上走向统一的前途，同时也没有充分估计到中国有武装抵抗的可能。因为这时日本军阀方忙于二二六事变，忙于肃军，因此便耽误了几个月，没有能够及时来巩固《何梅协定》所获得的“成绩”，虽然日本特务机关用尽了种种宣传、收买及威胁利诱的方法，企图把冀察政权变成亲日的傀儡，使华北伪满化，使华北将领殷汝耕化，然而结果却都劳而无功。

所以日人与冀察当局关于“合作”问题的谈判，自不免陷于僵局。日人根据何梅协定，要求华北当局独立解决华北地方经济问题，中国则予以坚决否认，坚持解决此种经济问题，如牵连着缔结外交上的任何协定，则此项问题依然须得中央政府的许可。至于日本所缠扰不休的中日共同防共一事，尤为中国所摈弃。

一九三六年十月，日本川樾大使复企图将广田三原则所包含的问题，直接向中央政府提出，不料又遭到了严厉的反驳，于是日人便嗾使其所豢养的匪伪军夺取绥远，但结果日本所碰到的是迎头痛击，匪伪一败涂地，川樾的谈判也告停顿。

从此日本军阀便开始准备在华北来一个大规模的武装侵略，而芦沟桥及上海的战争，也就先后爆发起来了。

这一伟大的神圣的解放战争，无疑是中华民族复兴的开始，是毁灭腐朽的日本帝国主义的序幕！

三个月来光荣的英勇抗战，充分证明了中华民族奋斗精神的伟大。日本军阀毁灭人类文明的残暴行为，充分证明了日本帝国主义极端狰狞的、垂死的、凶恶的野兽面孔！

日本军阀虽极力企图用速战速决的战略，集中全国兵力，以达其迅速征服中国的梦想，然而三月来抗战的经验，证明这的确是在幻想，因为中国的抗战是反侵略的，是全民族生存的自卫战，有着无数的人力、无尽藏的物力来满足战争的需要，使战争持久下去。中日战争愈持久，则日本国内的阶级矛盾将愈益尖锐化，日本的财政困难愈益增加，社会秩序愈益紊乱，国际地位愈益孤立，结果必将掀起社会革命的巨浪，使日本帝国主义趋于崩溃之途。反之，对于中国战争的持久，则愈得国际间的同情与援助，愈能使国内团结以御侮，而造成战胜日本的有利条件。

（原载于《中苏文化》第1卷第2期，1937年）

韩国独立运动

苏

当沪战捷报传来举国欢欣的时候，又看到各报揭载韩国复国运动爆发的消息，更令人兴奋。谈起沪战，大家想还记得“一·二八”抗战结束，日本的白川大将正在称功耀武的时候，有一位韩国志士用一个小小的手溜[榴]弹，为我们泄了一场大愤。

如今整个的复国运动爆发了，其力量当比一个小小的手溜[榴]弹不知大到几千万倍，这简直是一个地雷，地雷的爆裂也许可以把扶桑三岛沉沦下去。

日帝国主义者的大陆政策，是由朝鲜而满蒙，而华北，而整个的中国。前几步都已用武力达到，现在是威胁到我整个国家的生命了。在我们自卫抗战的时期中，自然不会忘记世界上一切被压迫的民族共同的力量。尤其韩国在历史上与我国有深厚的感情，在地理上与我国有密切的关系，真如该国光复运动对中日战局宣言上所说：“文物同源，唇齿相辅，痛痒相感，利害一致。”“中国的主权与领土未得完整以前，韩国的革命事业，不易成功，韩族的祖国尚未光复以前，中国亦不能高枕无忧。”所以对于韩族的光复运动，我们实寄与无限的同情。

日帝国主义者现在之所以能成为世界强国，全恃大陆的供养。而所谓大陆即为朝鲜与我之满蒙，所以中韩两国的携手，可以给与暴徒一致命的打击。中国的自卫抗战发动了，韩国的光复运动开始了，两国人士紧密的联络起来，把破坏世界和平、宰割弱小民族的刽子手抛掷到太平洋的深底。

（原载于《抗战（汉口）》第1卷第1期，1937年）

日本国内的反战运动

王达夫

日本这次大举进攻我国，不是出于它本国人民的本意，而是由于军阀的喜功好战。“九一八”以来，日本军阀在我国占了许多便宜，他们是加禄升官了，可是老百姓反而加重负担，痛苦不堪，六年来军阀们把它国内弄到民贫财困，朝野侧目，一意孤行，想把我国一口吞下。可是这次却碰了大钉子，外强中干的原形毕露无遗，外受各国的抨击，内遭人民的反对，专横的军阀在我全国不屈不挠的抵抗之下，是会被打得破皮流血的。

日本军阀所恃的，是宣一个夸耀的“皇军”，然而在沪进攻一月半之久，动员军队达十二三万之多，其中号称最精锐的近卫师团和久留米师团混合编制的机械化部队，全部加入作战，三次总攻都已惨遭失败，连台北守备队和伪满国军也先后调来前线，可是都被我英勇的将士迎头击破，日本军阀动员广大的海陆空军，都不能收到他们预想的胜利，在世界列强之前，大丢面子，为了泄怒逞威，不惜大举轰炸我首都和各重要城市以及平民，然而这正暴露了他缺乏战斗力的弱点，召[招]致各国人士的愤慨和其政府的抗议，连它的同盟者德意也提出抗议，认为这个强盗兄弟太不中用了。

自我全面抗战展开后，日军到处受到坚强的抵抗，在上海的日军精锐部队，死伤达二万以上，旅团长、联队长伤亡极多，虽狂言于“九一八”攻到苏州，却被我前线铜墙铁壁般的战士打得惨败不堪，毫无进展。在华北方面，日军虽凭借优越的武力，略有进展，然而它的损失，仍然浩大，特别是九月廿三日晚我八路军在浑源县境，一气将敌板垣精锐部队歼灭三千余，俘虏二千余，惨败不堪言状，尤其日机，被我击洛[落]八九十架。日本军阀一方面夸言如何胜利，一面却不断在它国内增调援军，征募退伍军人，大批伤兵和死尸，一船一船的运回去。这些严重的事实，欺瞒不了国内的民众，战败的情形，一次一次的传到国内，新闻的统制已经掩盖不住世人的耳目，而且多数日兵每到战场尝到我军的猛勇冲杀，便毫无斗志，认为这次战争毫无意义，而且觉得没有制胜的把握，于是一封一封不满于战争的家书，寄到它国内，因而厌恶战争，不愿父子兄弟丈夫出征的情绪，越发沸腾起来了。

日本的常备军，平时只有二十五万人，目前虽已扩充至四十一师团，人数增至五六十万，然而这显然不够应付这大规模的战争和防守它本国和殖民地。在上海的日军原有十三万人，目下又增援四万人，在华北已有日军十八万人，在东北四省为了防止义勇军活动和绥远我军的进攻，最少要十万人，朝鲜两师团（约三万人），台湾一师团（约一万五千），其它国内平常留守军就有七师团（约十万人，现在为了压国内的反叛，更不可缺少）。这样的动员，日本国内的正规军及一部分较好的退伍军人，差不多都编队来华了，一二月以来日军精锐部队已损失很多，后来的多半没有战争经验，但已不够应付，于是广行征兵，结果怎样呢？在乡军人平时过惯了安逸生活，不愿远离家乡，而且明知"出征"就是送死，很多退伍军人接到征募令的时候不是逃避，就是自杀，许多被征的商人、农民和知识分子，都怨声载道，认为"打中国人"是一种罪恶。日本有种习惯，就是日军出征的时候，他的家属亲友都要到轮埠或车站"送征"——实际上是"送葬"，都痛哭流涕，不忍舍去，然而日军部认为这样的"感情刺激"，足以扰乱军心，动摇斗志，从九月起就不许"送征"了。在日本中小市民和士兵心中，埋藏着一颗愤怒的炸弹。

日本的学者作家更是极不满意侵我战争，自取灭亡。他们秘密出版的小册子，如《尊皇讨奸檄》，如《狱中手记》，如《公民合体之大阴谋》等等，迭出不穷。文艺家矢崎弹、《早座》杂志的编者山本和夫都因反战而被捕，明治大学讲师城森弘亦因发表《戒军国主义者》一文而遭捕起诉，其他反战之声浪与行动更风起云涌，尤其一向反侵略反压迫的日本无产者大众，过去虽遭军警之重大压迫，可是它的潜伏势力是很大的，在今日，他们的反战运动更是猛进不已。不但如此，就是日本较有眼光的政治家和稳健的军人，对少壮派军人之闯祸作孽也都大表不满，宇垣一成大将的被刺，就因为他反对少壮军人的专横镇强暴，胡乱作为。

事态的严重还不止此，自"九一八"事变以来，日本军阀不断对我侵略的借口，总说是为资本家谋利益，然而事实上，过去他们在东北四省投下二十三亿资本，不但没有得到什么好处，这次反而把他们在我全国各处经营的产业和投资抛得干净，有的被炮火毁灭了，因为资本家只希望军阀开辟新投资市场和原料地，为他们增利，并不愿意军阀们作孤注一掷之大规模冒险战争而损害他们的利益，所以许多产业家尤其在我国经营产业的资本家大为不满，公然认为这次冒险战争徒遭损失，而日本国内生产销路锐减，公债跌价，入超增加不已，巨额军费不断膨胀，这些都使日本资本家深感战争之无益，而只是使他们吃亏。

日本帝国主义的危机，一方面是我国不屈不挠的抵抗，一面是各国对日本深表愤慨，使其在国际上愈益孤立，然而最严重的是朝鲜、台湾民族的解放运动已大为活跃，这会给它以重大的威胁，甚至使它在殖民地的统治蹋[塌]台。总之，日本国内及属地反战运动蓬勃兴起，使其精神上物质上都受严重的打击，因此为使日帝国主义早日崩溃起见，我们应该马上这样做：

一、联合日鲜台弱小民族及被压迫的人民，一致起来反对侵略战争，以求自身之解放。

二、用飞机散发告日本兵士书，使其觉悟战争之无益而避战罢战。

（原载于《战线》第 4 期，1937 年）

发动侵略战争后的日本国内反战运动

王渔邨

日本这次对中国发动的新侵略战争，自七月七日的芦沟桥战事起，已将近两个月；自八月十三日的上海战事起，亦快要到一个月了。在这期间，日本国内一般的情势，自然是在强制的加速的由平时状态移向战时状态中，但就这种推移过程中，我们同时却可见到反战运动的酝酿。

自然从芦沟桥事件以来，日本全国都在为"胜利"的空气所鼓舞。在横暴军国主义者控制下的言论机关，每天当然都在披露政府假装的"决意"和由远征者不绝送回的"胜利"消息；"支那"的如何"不法"，如何的"背信"，如何的"不堪皇军一击"等等宣传无疑的在某种限度内，大有助于"丰臣秀吉主义"的"发表"。然而，援军不绝的派遣，强制征集加速的进行，"临时预算"接二连三的扩大，以及与这相伴而发生的物价飞涨，对外贸易缩小，国际关系恶化等等，都不免在"光荣胜利"的展望上，投下一大暗影；特别是由在华日侨带回去的"实在消息"和伤兵死尸运输船带回去的"确实证据"，对日本军国主义者的欺骗宣传，算是最无情的反驳了。所以日本军国主义者及其"劫持"下的政府，尽管用尽手段禁压反战运动的抬头，并多方"闭锢"有关这种运动之"家丑"的外泄，但我们根据日本的一般国情，已经可以从几方面断定那种运动在演进，在酝酿，而况事实已给了我们充分的佐证呢！

我们且从以下两个方面指证日本国内的反战运动的情形。

日本国内反战争的主力，当为广大的劳苦群众与小市民阶层。我们诚然用不着"夸张"这些薰育在军国主义环境下的人民，对于被侵略的中国的同情，但他们切身的利害，却能使他们对侵略战争，作更合理的判断，在"九一八"事变以前，军国主义者教他们把劫夺满洲，作为解决经济困难的唯一出路。但满洲已劫夺六年了，据军国主义者自己的"招供"，却是这般人民的生活日益艰难，体质日益孱弱。由"大日本的膨胀""爱国""发扬国威"一类"精神"麻醉药的注射，他们对于过去纵然无所容心，但目前由物价飞腾所增加的物质痛苦，由强制征集所引起的离家停业的悲伤，由感到战争无意义所引起的憎愤，以及对于或伤或亡所应有的顾忌，在在皆可促使他们痛恶战争，反对战争。在沪战发生的第三日即八月十五日，东京警备司令部即取缔流言蜚语，取缔反军反战思想传播，翌日重申前令，并加重犯罪者的典刑，由此已不难窥见反侵略战争在暗中酝酿。而最近东京中心区神田一带，居然发现有“反帝国主义战争”与“打倒军阀”一类标语。京都宇冶火药制造所的爆炸，日本军国主义者亦不讳言是“反动派”的阴谋。总之，反战运动已在日本国内酝酿着，而其原动力则无疑是受到战争牺牲最大的下层民众及一般小市民阶层。

但在另一方面，我们也不宜忽视日本国内的另一个反战争力量，那即是金融资本卵翼下的商工业资本家阶层。无疑的，日本军国主义者对外发动战争，尽管在主观上声言是为了“发扬国威”，而在客观上仍是做着资本家阶级的走狗；而且他们每一次侵略战争的发动，都有解决“当前经济危机”的要求在敦促着。单就这点观察起来，日本金融资本家阶级倒不失为侵略战争的发纵指示者。但我们知道，日本的“金融资本，一半为军国主义所补充，一半为军国主义所代替”，由是金融资本迄今尚不能确立寡头支配，而二重政府与二重外交政策的怪象因以产生，从军略见地展开的军国主义者的活动，和从利润打算出发的资本家阶级的要求，当然不能一致，即前者需要不绝的冒险，而后者需要相当的和平。在这种范围内，日本资本家阶级亦竟转变为一个反战争运动的有力要素了。英国太平洋问题研究会主席嘉德说：“日本工商界在中国经营事业者，曾在华北和上海战争爆发以前，向政府发出警告，谓日本军队者一日盘据华北，则中国即一日拒绝与日本从事经济合作，当时日本政府曾拟接受此劝告，撤退华北驻军，但日本军阀加以沮阻，不令照办。”这一事实，充分体现了日本军阀和商工资本家阶级在对华用兵问题上的反离意见。不但此也，历年庞大军事预算所课加在金融机构上的重压，早使日本资本家阶级要求获有一个和平榨取的缓和机会。但对华发动大规模战争所招致的空前临时支出，和由此战争所引起的对外贸易的困境，以及军阀借战争伸进金融及商工业等方面的统制魔手，均为日本资本家阶级不能高枕而卧的焦心问题。他们的“心境”，早由漫发大言壮语的近卫文磨［麿］首相揭露了，他在赴御殿场访问西园寺公的归途中说：“……不得已渐次扩大战线，园公对此颇以为忧，彼所忧者，固与任何人相同……”当然特别与资本家阶级相同，最近政友会要求政府明确宣布对华战争目的，以纾国人惶虑，大体亦是代资本家表示意见。特领教了五一五、二二六等事件的日本资本家阶级及其代言政府，对于军人的跋扈冒险活动，当然不敢明白表示反对，但我们却不能因此就忽视他们在某种限度内的消极阻止战争的作用。当前日本军阀之所以尚不肯公然发动对华全面战争，一方面固然在顾虑国际环境，同时也许不免在斟酌资本家阶级的意见。

论到这里，我们可用下面这几个论点，来作一补充的结束了。

一、日本国内的反战主力，是包括有中小市民的广大勤劳群众，而与这些群众站在对立地位的资本家阶层，则不过是相对的有条件的反对战争，战争在短期内能够结束，能够提供他们以更有利的市场，他们也许要很快的变为胜利战争的讴歌者。

二、战争的时间愈延长，其范围愈扩大，日本国内属大勤劳群受到战争的牺牲亦愈酷烈，而他们反对战争，由是反对资本主义社会经济机构的运动，亦愈将深刻化、表面化。结局反战争的运动，势必隐含着社会革命的前途；而与中国方面愈扩大战争愈延长战争，则全国上下团结愈益坚固的趋势，恰是一个对照。

三、在日本国内的反战运动过程中，我们还得注意到日本属领"准属领"的台湾、朝鲜、满洲等地的反对日本对华侵略活动。北满、南满方面不时有袭击日军的消息传来，朝鲜的革命党已经在响应我们了，假使战争能够持久下来，敌人国内的反战运动，将与其属领的叛乱活动，形成其后方的致命的威胁。

我们由是看得出中国对日"持久抗战"的光明前途。

九月四日

（原载于《文化战线（上海）》第 2 期，1937 年）

日本军阀之野心与恐惧

[苏联]伊查可夫
洪乐平 译

因侵略中国而遭受国联及美国谴责后之日本的态度，此刻已成为世界各国报纸所集中讨论的主题。

日本外务省关于此事所公布的正式声明，正在极力回避这一切正面的问题。他不特毫无根据地否认列强所举出的日本的诸罪状，且否认十足显明的事实。侵略者竟以极端无耻的语气发表其声明曰：中国亦承认日本正“致力于安定东亚和平”。

此语即在说明，东京政府发出正式声明的用意，仅在淆乱世界人士的视听，并非表明日本的真正计划和企图。尤其使我们感觉更大兴趣的，即是最近以英文出版的石丸藤太著的《第二次世界大战》一书。此书著者原为海军士官，亦为日本数一数二的政论家，且曾以《日本必须与英国一战》一书轰动一时。因之，其所著的《第二次世界大战》可认为日本国策最好的说明。

石丸藤太乃为对东京政府的行动拥有决定势力的日本军阀的典型代表者。

以下所引的一段，即为著者及其所代表的集团之最鲜明的信念：“要是吾人被迫而不得不出此(战争)，则吾人将毫无迟疑地为世界和平而兴起十字军，以资获得领土和资源的重行分配，打破商业的限制及重新检讨移民法规。谁反对吾人之正当要求，便认谁为人类的公敌。”

这样一来，尽可以用“公共和平”之名而祝福重新分配地球的战争！那末，著者便不难宣言，除少数日本资本家与军人外，东西两半球的人民，悉为“人类的公敌”了。

石丸藤太认为，此刻即为日本帝国主义实行满足其领土欲的最有利的时机。他精细地分析了国际情势，而心满意足地说出，欧洲列强此刻均无暇东顾，德国预备对法战争，而受惊的法国今已用全力从事于武备，英国则时时刻刻处于被德意二国空袭的威胁之下，“谁可称此时为创造和平局势的时期?”他曾以幸灾乐祸的口吻这样地反问自己，他认为“二次世界大战仅为时间问题而已”。

依据石丸藤太的意见，以为任何一个火花均足以使欧洲立刻燎原，然而远东的情势亦异常紧张，“太平洋的风浪之大，决不在西欧之下……世界任何一隅，无有再比太平洋更容易产生战争的”。

究竟那种力量足以使欧洲与东亚卷起战争呢？对于这一问题，从这个日本著者的口中竟吐出了令人惊异的供状。他说：

“最使我们惊诧不置的，即是通常均认德国为欧洲战事的发动者，而日本为东亚战争的挑拨人。换言之，日本与德国即为和平的破坏者。此种见解，此刻已经成为欧美人士之牢不可破的共同信念。”

可敬的著者，显然为欧美舆论对日德二同盟国的“缺乏诚意”而负气不少。然而说也奇怪，他在该书再下几页上，竟以夸耀的公开的语气，承认日本具有掠夺的计划。

石丸氏非常悲愁，认为日本资源缺乏，不足以发展其工业，土地狭小，不敷其“过剩人口”的居住。他复以悲愤的语气写出日本在对外贸易市场上所遭遇的种种困难，正因此而产生满洲事件。他的立论似乎忽略了日本政府所公布的所谓关于发生满洲事变的原因。

远东战事的产生，可以扩大至全世界。石丸氏即完全作如是的理解。依据他的假设，第二次世界大战将能削弱日本的远东竞争者的地位。直言之，欧洲一有风云，三分之二的英国海军必须参预战事，而她在太平洋的军力必因此大为减弱。自然，日本对于英国军力的减弱，可以获得直接的利益。

日本军阀征服全世界的野心，本和它发动世界大战的计划有密切的关联。诚然，没有一个时机再能比第二次世界大战更有利于使日本推行其掠夺政策的了。

正因为如此，日本军阀最顾忌列强起而拥护世界和平，石丸藤太曾经细心地考虑到日本侵略远东时，各列强的联合反对，恐怕将来对于日本有实行经济制裁的可能。

关于英美对日本的侵略行为将采取何种态度一问题，石丸氏曾有特别详细的申辩。他虽则记起了满洲事变发动之初，英国曾拒绝美国的提议合作，但现在，据他的意见，英国态度已经根本改变了。至于美国，他认为“门户开放”一原则乃为其生死关头所在，而此原则如有遭受破坏情事，则他虽决诸“战亦在所不辞”。职是之故，石丸氏认为英美二国对日本的侵华，将起而联合反对。

石丸氏似乎特别畏惧列强的共同对日。因之，他进而将列强在太平洋可能举行联合行动的诸条件，予以细密的分析。此种不安，显然使日本军阀的战争热情大为减杀，而不得不对其国人发出警告如下：

“如果因国联很柔弱因世界列强奔命于自国问题，便以为它们对于日本的行动仅能采取旁观者的态度，作这样的结论则有害于我们。如果你们认为未来战争内胜利中归日本，则我认为你们的见解是错误的，且因此种错误，将把民族置于万劫不复之地。

“列强自始即痛恨日本的战争行为。至于其所采取的旁观态度而严守缄默，未必即表示承认日本的举动为合理。他们所以不能不采取此种态度的缘由，就因为他们的注意力此刻全集中在他们的内部工作。要是日本人因一点小的成功而太过于自信，则他们必有在敌人环顾之下清醒过来的一日。到了这时日本所处的命运必与欧战时的德国相等。……因之，我们必须格外留意。”

日本军阀的恐惧，便如上述。他一面努力侵略，但一面却深恐世界列强为和平与秩序而出以联合行动。

石丸藤太氏的著作对我们说明了日本帝国主义者的野心与恐惧。他很明白地告诉我们，远东的安危系之于世界的和平集团能否创造反对侵略者的统一战线！

（原载于《中苏文化》第1卷第3期，1937年）

日本的侵略与太平洋上的战略情势

［苏联］伊凡诺夫
仲良 译

在日本帝国主义侵略中国的掠夺战争里，海军力量占有极大的作用。正因为日本在远东水面上具有统治的地位，而中国的海军力量又几乎等于零，致使日本侵略者毫无阻碍地将自己的武力分布于亚洲大陆。日本海军力量现在在战争的全局里，以及在个别军事行动的进展中，皆尽了莫大的作用。特别是在上海方面的战事中，据著名的英国海军观察家雷塞耳先生说：

> 海军力量表现了绝对的重要性。假如没有碇泊在长江口的日本军舰作强有力的掩护火力，日本陆军决不能保持自己的阵地而使其巩固。假如中国人能布置潜水艇队、鱼雷艇和水雷队的防御工事，无疑地，日本军舰将不能维持它的跋扈。

在中国海军薄弱条件之下，雷塞耳又说：

> 日本舰队……在军事行动中很快地发挥了她绝对的作用。在目前自由的海航条件下，当中国人还不曾从单纯的道路上、航空和铁路上展开进攻以前，日本人已能很迅速地运到自己的大批军队……日本现在像玩把戏似地确定了海军势力占绝对影响的作用。（见九月九日出版的《联合评论》）

日本帝国主义的侵略不仅威胁中国而已，她直接地威胁着其他列强在太平洋上的海军阵地。

为人所共知的大不列颠现在在世界上还是一个顶有力的海军国。她的海上权威和她世界帝国的安全，是靠着海军网（还有同等的航空网）来保持的，海军根据地遍设于海上舞台极重要的地点。尤其是在太平洋上，大不列颠帝国的防卫堡垒是新加坡——现在的“东方直布罗陀”。新加波[坡]海军根据地在目下已拥有足以应付一切事变的巨大舰队，其中有最大的新式战舰。此外，大不列颠在今年春季里以最快的速度在香港完成了同样的海军与航空根据地。香港是极重要的前哨，是大不列颠在远东的前线战略阵地。除此而外。在印度洋中又以迅速的时间组成了第二道防线的根据地，其中有乙级的巡洋舰和航空队。

这样强力的和迅迅发展的不列颠海军根据地，已能够保证不列颠海军在印度洋和太平洋中有大量的调遣和集合的可能了。

不列颠帝国航空线的增加，使大不列颠海上航线的战略点更加强化了。在必要的时候，如在太平洋、远东、非洲遇到任何的威胁时，便可以迅速地调遣不列颠的航空力量。虽则现在因战略的情势，在欧洲的海面上尤其是地中海，使不列颠海军和空军的主力集中于这些海上舞台上，但在广大的海洋中大不列颠海军力量的配备，在战斗单位的数目上不能不较为薄弱。

目下在远东海面上发生了新的情势，雷塞耳曾有很好的说明。在上海军事行动开始时，他说：

> 海军大将李德——中国海的海军指导者——尽他所能地以敏捷的手段应付一切事件。但我不能不这样想，假如他的旗舰到了上海的时候，他本人并不知道应不应当在那里出现呢，因为他的主要舰队的有限的力量将不能不使他发生恐慌。这种心理的发生，是由于不列颠海军的力量还不足以在事实上执行它的一切任务。

大不列颠正在迅速地进行改变这种情势。本年底在不列颠的造船所中将建造各种等级的战斗舰一百四十八艘，总吨量为六十六万四千吨。这个吨数将与既有的法国海军的吨量相等，而两倍于意大利现有海军的总吨量。这个计划的任务，是在造成本国和地中海海军的强化，而且要组织新的太平洋大海军。

但因财政的和造船资源的能力限制，大不列颠帝国对于这个计划至少要在一九四〇年才能完成。太平洋上和远东方面的战略情势，正由于日本帝国主义的侵略而日益强化。

美国在太平洋上可能集中的强大海军，正和英国现在的地位处于直接相反的情势。美国不应像英国一样把自己的海军分散到各种的海上阵地。相反的，美国海军的主力——主力舰、航空母舰、巡洋舰和大部份的驱逐舰和潜水艇，以及联合的海军航空队——已从一九三二年起集中到太平洋上。但在美国领域方面，美国海军力在阿赫列森角上却最缺乏海军和空军的根据地。美国在太平洋上之唯一的头等海空军根据地为比尔哈尔渡尔（爪哇群岛）。美国海军部在现在正决定并准备于阿列乌兹岛上修造海军和空军的根据地。

美国的海军和空军若要移到西太平洋上，就只有在这种情形——即能利用别个国家的海军根据——时才有可能。美国海军已分布在太平洋这部份的，比较上并不很强。这些仅是亚尔勒尔大将统率下的东亚舰队之一部（亚氏曾于今年夏天率舰访问过海参崴）。这一方面，是由“奥古斯提”巡洋舰（指挥的旗舰）和三师驱逐舰、潜水艇和各种辅助的小艇所组成的。

法国。法国的海军都集中在地中海和大西洋，分布在远东方面的只是极有限的一部份，其中只一巡洋舰和几队装甲战舰与装甲小艇。法国在远东的海军根据地为西贡和向中国租得的广州湾。这些地方所能容纳的强大海军，实较法国现在所驻的海军大至数倍之多。

很明显的，荷兰在远东方面要算是广大殖民地的所有主，南洋群岛那里是煤、油最富的地方和橡树出产最多的地方，并引起了日本帝国主义的贪欲。在这些岛上有许多地方都是用作海空军根据地的好地方，但是荷兰如果一旦遭到日本的侵略时，她自然不能用自己的力量来保卫，而必须求助于其他列强的武力援助。

此刻，日本帝国主义正在努力侵略中国和英美法三国在西太平洋上所占得的利益。日本在目前所占的战略的优势，是她的海军都集中在远东的洋面。

在今年的年初，已经组成了九只主力舰、四只航空母舰、十二只装有八吋口径大炮的甲级巡洋舰、二十三只乙级巡洋舰、一百零五只驱逐舰、两只水上机母舰、十一只装甲的和许多小的或辅助艇。在建造中的已有两只主力舰、二只航空母舰、二只巡洋舰、二十六只驱逐舰、三只水上机母舰和许多数目不详的潜水艇。

还须知道的就是日本建造的新舰的计划，显然是受着海约的限制，因此大多是秘密的，故上面所引的数字并不完全。

日本海军根据地的系统是非常强大的。她所分布的根据地都是在自己所领有的岛上（日本海军的主要根据地为大阪、横须贺、佐世保、霞浦等）和接近的辽东半岛与高丽、大连、大港、大村等。此外还有许多较次的海空军根据地，分布于日本所有的岛上和与中美及菲律宾相近的一带。

此刻日本正在作侵略中国的战争，她占领着中国南方沿海一带的岛屿，这些地方在作战上都有极大的战略的意义。尤其是日本人已占领了靠近香港东南的伶仃和东沙群岛。关于这个问题，即究竟日本将暂时或永远占领这些岛屿？日本政府的代表们曾回答了这许多有意义的争论。

日本海军方面的将领们准备着占领中国南方的大岛海南岛，这里正逼近法属的广州湾，并介于新加坡和香港间的海道上，日本如果占领海南岛，即将截断不列颠帝国太平洋上两个最重要海军根据地的交通，并造成对远东各列强及英国在战略地位上的严重威胁。

另方面，日本的弱点即她完全要依靠海上的贸易。很明显地，日本要靠海道以输入她所需要的大量食品和主要的工业原料（煤、煤油、铁矿、棉花和丝等），日本的工业特别是轻工业完全要依赖国外市场。日本原料的供给者，也就是日本商品的购买人，这类的国家即是英美。因此，英美也就是经济上打击日本帝国主义之最有力量和最有效的两个国家。

（原载于《中苏文化》第1卷第2期，1937年）

朝鲜民族战线万岁

[朝鲜]柳湜

朝鲜民族革命党、朝鲜民族解放运动者同盟、朝鲜革命者联盟这三个朝鲜民族革命的团体，现在已宣言合组“朝鲜民族战线联盟”，我们读了他们的统一宣言后，自然感到一种非常的庆慰，因为朝鲜民族解放运动中，本不应该分散力量，现在由分而合，是说明了朝鲜民族解放运动向前进了一步，也就是东方弱小民族解放运动中，加强了一个主观的因素，我们站在中国民族解放的立场，也是不禁要流露出万分欣快的。

这一个统一战线的结成，恰恰是在中国民族革命战争中，我们尤其感到这有非常的意义在。这是说明什么呢？这是说明中国起来了，东方各“弱小民族”自然会自动的起来参加反侵略的战争，会联合起来，各自解除身上的锁链。朝鲜民族战线联盟，不过是一个开始的信号罢了。

这里我们特别值得注意的是中国的外交政策和对于国内外所谓弱小民族的政策。我们今日要强大我们的民族战线、远东的和平阵线的力量。我们不能忽视这些“弱小民族”的一切革命的运动，我们不应只看见英、美、法、苏，而不认识朝鲜、台湾等兄弟。我们要用最大的力量，给与他们的援助，完全以平等兄弟的情睦，结成远东被侵略民族共同战线，以群力打击远东人民大众共同的仇敌。

我们要认清，这也是我们的与国，要争取的帮手，并且是自己的兄弟。

（原载于《全民周刊》第1卷第3期，1937年）

中日战争与朝鲜革命党之使命

佚名

济弱扶倾，为人类天赋之互助精神，弱肉强食，乃动物之本能的争夺行为，人类若缺此天赋之互助精神，直为人形之动物，必将为人类社会所摒弃，以此观之，无论个人团体或国家，必须秉此天赋之互助精神，以谋发展，否则终必自蹈灭亡之途。惟彼岛国倭寇，暴虐残忍，自恃强权，毁灭公理，曾以中日、俄日两役之幸获胜利，炽其侵略之野心，占台湾，据琉球，吞并朝鲜。其肆虐无所不为，侵夺无所不至。迨欧战爆发，列强无暇东顾之际，更强迫中国缔结“二十一条”，企图在政治、军事、经济等各方面，树立其侵华之基础，以达其征服中国独霸东亚之迷梦。“九一八”事变，武装占领中国之东北四省，即为日寇预定计划起点。第以国民政府诸公以忍辱负重埋头苦干的精神，感昭国人，六年以来，国内已真正统一，国力渐趋充实，国际地位亦因之提高，倭寇睹此情况，乃又有七月七日芦构桥事变之暴发，现战争已蔓延东南沿海各省，展开空前未之民族抗战，兹就一般情势观测，最后胜利则必归于中国。

良以倭寇军队数量，常备兵不过二十四个师团（即四十余万人），即全国总动员时，其数不过二百万。军费方面，在芦沟桥事变发生以后，因军费膨大案，倭寇政府曾发生极大冲突，阁员中之非战派，力持反对态度，本国内各级民众反战情绪更趋激化。再以倭寇配备而论，自日本国内、台湾、朝鲜、东北四省、苏俄边境以至华北、华南各地断绝非二百华倭军可敷分配，即日本帝国主义素所恃为最优秀的空军，自遭遇中国空军之坚决抵抗以后，亦大有风摧残云不堪一击之慨，倭军软弱无用，在于此可见。又如上海一处，敌舰麇集百余艘，再配以机械化之陆军四十万人，然经中国军队之迎头痛击，节节失利，中央突破速求克服中国之战略，既不得逞，则将来必为中国长期消耗战略下之牺牲者可断言矣。

在中国方面，自“九一八”“一·二八”以来，中国大众经过血腥的洗礼以后，已确实觉悟，中国上下一致团结在蒋委员长领导之下，积极从事国力之充实，全国陆军总动员，可得千万之可惊数目。再以淞沪战车而论，倭寇之常备军几已倾巢而出，而中国常备军尚未集结一部，已给倭军以巨大之重创，以此可知中国军队确可以担负保护华北、收复东北四省、清偿过去一切血债、为全世界被压迫民族树起自由解放的大旗之伟大任务。当此中日战云弥漫东亚之际，我韩族复兴运动，实为千载一时之良机，以此，我全世界韩侨应集中在朝鲜革命党领导之下，本着一九一二年“三一”运动的精神动员，我们东四省的武装与东北义军联合起来，扑灭我们的公敌，我们目前的工作：

（一）侨居华南华北之朝鲜革革运动者，在统一旗帜之下参加中国抗日战争。

（二）侨居华南华北之韩国同胞未参加革命战线者，应一致组织抗敌后援会，负担起战时国民的义务。

（三）在东北之革命部队应扩大组织，并与中国义勇军切实取得联络。

（四）在朝鲜国内革命者应艰苦的组织起强有力的行动团体，破坏倭敌一切军事路线重要机关与交通路线。

（五）扑灭倭寇走狗（汉奸）！

我们最后高呼：

（一）朝鲜大众起来争取弱小民族独立解放！

（二）中韩两大民族携起手来打倒日本帝国主义！

（三）中韩民族解放万岁！

（原载于《奋斗》第 1 期，1937 年）

在抗日战争中坚强起来的华军

[美国]柯略斯蒂
绍文 译

此文原名《远东战争》，系最近来中国考察的美国军事家柯略斯蒂所作，承国际宣传委员会王炳南先生赐交原文，特此致谢！并以全篇除比较我敌军力优劣之外对于中国军队的改进，给了正确的批评与赞扬，故改用此题。

——译者

一、优劣的相对论

在个人或组织之间的每种斗争形式中，一般人都公认一方的弱点往往是另一方的优点。几乎每一个人都有他们致命的弱点。事实上，好像是某些人所有的弱点还要比他们所作的多些。常在各种斗争中获胜的人，必然是能合理估计他对方的力量和弱点，并以同等的公正，很清楚地来断定他自己的优点与检讨他自己之缺点的人。

在讨论下列各点的时候，我们必然会想到中日战争正是双方军队之间的残酷斗争。这两部份军队之中的一方是正在企图扩张他的领土、权力、贸易，而另一方是正在为保卫他的领土、主权、生存而奋斗！为了要与以区别的原故，让我们来考察一种可能以训练和改进来矫正的"弱点"；与一种在军火或其他必需供应品的缺乏上很难于补偿的"缺点"。

直到现在，日本在战争供应中的优点才有了一点问题。虽然各国的政府都拒绝接受运输军火与原料到这一岛国的责任，然而，不管金钱是来自友方或无形的敌人，就大多数的商人看来，金钱仍然是金钱。事情虽然如此，而日本却不能不在其工厂中加紧仿造外国的军火与夫建造同样的物品，使日本表现了很大的工业发展在大部份日本胜利中的决定因素，是助以战车作前锋之大量的与长列的重炮。过去他们的空军，特别是在上海和南京，对于中国军队的斗志是一个严重的威胁和毁灭破坏的有力工具。当日本海军达不到完全对锁和征服中国一切通航城市的可能目的，他便阻扰贸易，使其限于一定的范围，干涉从海外来的军需品的进口，帮助陆军和陆战队占领前线的领土，以一切对中国内地空袭所由出发的航空母舰充作航空根据地，并担任运输军队与运回伤兵之经常的职务。

二、日军的训练与精神

日本的将官与士官是由专门军事知识的训练与成绩的表现来派定的。他的升迁是由一种官兵奖励法令来处理的，这种奖励只有因他的上级士官的死亡和残废才能获得。这种制度自然是倾向于造成一种现代军队中所绝对需要的坚强的纪律。我们只须回顾上次的世界大战与夫追忆美国的“九十天的奇迹”（经过九十天期间的训练后便被派入伍的大学生），便可以知道入伍充当士官只须几分钟便成，但是要成为一个部队长，则需要若干年的时间。

与人材问题有密切关系的便是他们的情报局的组织。日本的间谍与“将校侦探工作”在今天的事变之前许多年，就有了广泛的扩展，而且在调查某部份中国国民的汉奸行为上，所表现的成绩正与在军事计划和行动之情报上所获得的是一样。

因此我们可以得出一个给论，即日本军纪的一般制度及其侵略精神可说是非常够份的，因而他在日本的优点表中要算是一个极强的要点。

要认识这种军队的特性，更重要的是应认识他是怎样从紧张而为大众所了解之日本民族、民族主义而来的。由于他们这种唯一的教条已深入于国家的最高神经，与夫从童年时起就教训着的日本高于一切的观念，日本军队的纪律便很自然地进到了一个值得钦佩的程度。加之，无论在战时和平时，日本军人之受社会一般人士的尊重，都显然是在多数的东西各国之上，就是最下级的兵士，也被一般人认为是日本扩张势力的工具和先锋。由于觉察到别人对于他的尊重，他自然会对于他的地位更加骄傲，因而更加自重。

三、中国军队的改进

由日本的力量转而说到中国的力量，我们首先自然会想到人力在中国的优点上是惊人的优异。然而如果我们单就数量上的优越便认为是满意的话，则这种力量并不能成为优点。因为一大群没有严密组织和徒恃愚勇的军队，是会由他们日益增涨的、予人以可乘之机以及因过信“人数力量”而成的虚伪之感而自陷失败的。在今天的现代化的作战部已了解到军队的质量是比数量还更为必要。换言之，即受过优良训练与具有优良装备的军队之一个比较小的部队，是比大过他四倍数量，而只具有平庸的组织与效能部队要重要得多。

中国各个将领在过去所常有的一个倾向，即过于依靠“人数”去获得战争的胜利，而对于辅助的军器与事前的准备都没有适当的考虑。自一九三一——三二年上海的中日战争之后，这种倾向才被认为是一个重大的错误。现在的注意力已转到这样的一个方向，即认为具有充分训练与装备的一个兵士，要比两个没有此种充实的兵士坚强得多。

最近这种思想改变之最好的例子之一，也许即是在白崇禧将军计划之下，而正在预备和训练的大军由于专门军事知识的训练、最现代化的机械的装备，尽可的能配以辅助的军火，中国军队已不仅是一个良好的战斗部队，而且是准备应付二十世纪战争中的困难时代并与之搏斗的巨力。

这一新的愿望与努力——粉碎政治和军事方面的陈旧与腐化的习惯——正是中华民国最重要的“坚强之点”之一。由于以非职业兵所组成的野战军之百分率，已较旧有职业兵的部队逐渐增大，这种直接养成并表现出来的军人行动，自然会影响到社会上一般人在政治与道德上的改变。

我曾在广东附近的一营军队中住过几月。他们在午前五点三十分吹起床号的时候就起来了，他们在五点四十五分举行早操，下操的时候他们还要唱歌，唱的并不是一个无聊而使人不感兴趣的歌，而是一个以很中听的真实的心情去意味和呐喊的歌。从早操到晚间九点，除了两次用膳的时间和一很短的休息期间以外，有操场、教室或者学科一类的勤务。当号兵吹过了灭灯号的时候，那些人仍然是喜笑颜开的。他们是快乐的！他们似乎知道他们是正在帮着创造一值得钦佩的工程，他们对于这个工程是足以自豪的。

那时候的上级长官并没有向他们掩饰中国的灾难和过份夸大中国胜利的企图，他们能够很明白的去担当一切使命，纵然缺乏真实的报告，但他们是有一种正确了解的。

四、人民的游击队

最近以如此显明的成功所成长起来的游击队也是一个例子，游击队的成长并不特别是由于战略的改变而是由于新的民族创造与合作精神。为了要使距离很远的各游击队在行动上获得成功，各游击队指挥官必须要具有协同动作的才能和愿望，同时对于一个在最有弹性的战场上而久暂无定的游击战，必须要有在短时间的机警上能单独袭击的创造性。每一个游击队员，普通都是他自己的指挥官的副官、军需官、信号员，或者是行动上所必需的任何其他职务的官员。他们的巧妙战术与宽广的巡逻场，都是在使这些队伍避开敌人的攻击部队与空间的轰炸和袭击。同时，他们能够以这种机敏动作去扰乱敌人的正面和侧翼，并且能够用“打与逃”的方法，去避免对于他们自己极危险的损失。

如果说这些游击队不用他所经过的乡村之精神和物质上的帮助就可以获得这些成绩，这是不足信的。几年以前，一队武装的出现，不管是正规军或是非正规军，本地的人民都会关上他们的大门，像对付侵略者一样的准备抵抗的机会。今天这些同样的农民和商人不仅对于这些通过的队伍会给予他们以精神上的拥护，而且会帮助他们以关于这个地方，以及他们从敌人的地位、行动方面所获得的任何知识的情报。他们把他们自己组织成各村各乡的民众队伍，在正规军帮助之下受训练。他们不仅懂得为了共同的利益，必须忘记一切旧的争执与社会的隔阂，并还在这方面积极的努力工作。他们对于游击队的供给，完全是自动的。他们不仅供给人和情报，并还供给食物、粮秣以及掩蔽物和隐藏地。用这些实际的帮助，来实践他们为共同利益而奋斗的精神。游击队本身往往在人力方面是充足的，但因为时常都在运动中的原故，粮食的问题是他们有时会遇到的；同时，因为他们对于所到的地区都很生疏，所以了解地形的问题，对于他们部队的正确行动是绝对必要的，同时粮食的供应与原始地理材料的帮助之成为最重要的问题，这也是毫无疑义的。

随着战略思想之改变而进展同一路线，开始于三月下半月以迄于现在为止，在台儿庄的战役中达到了顶点的最后总攻击，这在中国高级指挥当局所采用的战术上表现了具有决定意义的进步。除开少数的例外，这一进步放弃了消耗攻击方法之最重要的表现，而代之以向坚强阵线进行攻击的预定计划。这种替换之有重要意义，不仅表现在克敌效果上面，同时还表现于士气的发扬和舆论的嘉许。

特别值得注意的是与最近的总攻击和整个战局有关的中国步兵。当过去远射程兵器的短少，要算是中国军队作战上一个很大的障碍时，在短兵相接的白刃战中，中国的步兵却有着显著的成功。具有能与那自夸为能日夜应战的“阔剑”联队相较的部队之现代化军队还是比较少些，但死伤率的仍然很高，却由于辅助兵器的缺乏。目前因为辅助兵器已经有了增加，步兵（结果是完善的野战军）的作战效能无疑的会远出于敌人的意料之外，这已是无可否认的事实。

要了解中国军事的缺点和弱点，我们必须要认清症结的所在，这些条件虽还没有，目前却正在加至紧进完成全部。因此，我们可以认为这各种改进实在是他们的优点，改于还没有完成的部份，也只能算是一种溺职。

应当注意因了国家统一的广大发展而来的军事准备之有利的效果，与夫在政治和社会改革上之比较现代化的倾向。这可以认为是一种空前的成功，虽然各色各样的“死硬派”以及反动的意识和习惯的各种份子还没有完全肃清，这些成份在军事上和在社会进步上一样，是会发生阻滞的影响。但决不能否认这已是一种空前的成功。政府的某些机关及那些只把自己私利放在公事之前，和只着眼于他们的公事皮篋，而不注意他们的工作之有效的情形，也是无法避免的。缺乏统一训练之各部队的参差不齐也仍然是存在的。一些只“顾表面”的浮夸主义，虽然在程度上是比从前减低了一点，但仍然是可以感觉得到的，而且常常会阻碍着那些比较勇敢的改革家想采用必需的现代方法以代替陈旧的方法之一切企图。少数任意取舍而本身却是一些缺点的地方也还是有，譬如伤兵管理制度，实际上就妨碍着迅速完成一个完善的组织基础。关于把伤兵从战地运到医院或军营的问题，其迂缓和料理的欠缺，并非由于运乏考虑，而是由于联络松懈和没有适当的医药分配方法所致。这些都是大规模的迅速整理上的缺点，这只有由时间和经验才能加以肃清。

关于机械化兵器(陆军和空军)方面，虽然补充的来源是向外国购买，但在数量上仍然是很缺乏的，同时还缺乏使用机械化兵器之训练的人员，因此时常在战斗中造成了收效的迟缓。其结果往往把受过一部份训练的人员误认为是适宜的专家而遭到挫折。

关于海军方面的缺点，即无法在最近期间完成海军的改进。一般的观念都认为，消耗于建设舰队的时间和金钱不会比用于陆空军方面的时间和金钱更有效果。

既已承认了人力问题要算是中国的优点，同时就应把这个问题当作是日本方面具有决定意义的缺点。日本方面的人口还不及中国有用人口的六分之一，因此，战争如果还是照现在的情势继续下去，虽然“皇军”的死伤率很低，但在入伍士兵方面，显然是会遭遇到一个严重的欠缺是无疑的。日本的军队是正在从满洲和其他占领地方面加紧补充或征调，但这些非出于自愿和强迫征来的兵士，都是不可用的，或者是靠不住的，何况这些兵士还是被迫去攻击他自己的弟兄呢?

由于兵员的短少，机械化兵器的继续供应，也会发生问题。假定日本能以他自己的工厂来供给他一切的需要，免不了还是会遇到原料特别是欠缺金属的困难，这些东西她都要从外国购买，但信用问题和有些国家对于日本的不满，都是不能避免的困难。日本所需要的某些东西，虽可以由他“征服”的土地取得，但是要在依然敌对的地方强迫开发，却只有增加她的消耗，并且这些地方的生产事，也只有靠“枪刺的压力”才能维持。

自从战事的开始以来，日本军事当局就把中国的步兵估计得很低，甚至在这一点上，连中国整个的兵力也包括在内。很明显的，日本只相信重兵器及强大的海空军的优点会在短时间内完成任务，在延长而孤立的战线上，或者对于已经占领的据点和城市的有效保守上，并没有作过适当的配备，这个弱点已表现在下列五个战区的军队配备上面。山西，津浦线北段，津浦线南段，平汉线和芜湖、杭州之间，如果要在这些战区内作有效的配备，就需要较现有兵力更大的人力。在这种形式的兵力配备上，日本必须给撤去他的攻击部队去保护他已经获得的交通线和军需供通。这种情形的直接结果，便是减弱了前锋部队与夫交通线和后方城市遭受严重的损失。尤其明显的，是日本很难预料到在占领区域内会遭受到本地民众不断的抵抗和突然的袭击。这种抵抗和袭击，日本如果能预料得到的话，他必须要增加配备去保护这些区域，否则便必须把过于突出的阵线撤退，或者缩短为较小的作战范围。

从日本战术的一般理论，发展到比较详细的作战情况，其充分优越的地位，要认为这是由前面说过的海空军武器的优越性所造成，是很困难的。在炮战当中，更显明的是在上海和南京的大规模作战当中，射击的观测与瞄准是很难的，在夜间则比较更属无效。如果过于夸大了步兵对炮和战车的依赖性，则其结果将表现为日本步兵在单人或小部队战斗上实缺乏作战能力。利用这些弱点，中国军队很可能在短距离作战或白刃战当中给与他们的敌人以严重的打击。

空军作战虽然在中国抗日战争的胜利上是一个重要的因素，但并不如机械化配备来得重要。根据一九三八年三月五日的中国论坛，我们发现，在四个月期间的九十七次空袭当中，由于落在广九路路轨上及其附近的八百四十五个炸弹，全部损失的估价，指出每个炸弹只损害了我三百元。如果计算一下日本飞机的消耗以及为我防空部队击落的日本航空人员与去经常的作战费用等等，这些数字并没有指出日本空军的个别或团体训练已达到了较高的程度。纵然把非武装民众与战斗员的死亡，对于各种事业的有意毁坏一并算进去，也不能说日本的空军是比较他的机械化部队要成功些。日本空军的存在，只能认为这只是日本技术优越的条件之一，日本空军的成就，远跟不上现代标准的这一事实，却把他的作战和航空人员作为一个弱点显示出来。

从上面各种事实的观察，我们可以摘要的断定了。

一、日本帝国在一九三七年七月七日战争开始的时候，在陆、海、空军(装备和人员)方面都是站在优越的地位；现在他在陆军方面虽然还具有大量武器，却已经失去了从前的一般人员的优点，他的海军仍然能够保持着优越的地位。

二、中国于战争开始的时候，在陆、海、空军方面都是处于劣势的地位，在这几方面的装备上，他也是处于其次要的地位；现在他在陆军的人员方面已经占得优势，在陆空军两者的机械装备方面，他也迅速的进展到快要接近与敌人平等的地位了。

三、当日本已经达到他活动的顶点，而正在遭遇着可能的物质力量的减低和士气衰落的时候，中国是刚在开始显现配备上之实际的进步，并表现出在保卫领土的全面战争上，中国的统一和普遍精神的合作之惊人与继续的增长。

(原载于《中苏文化》第2卷第1期，1938年)

日苏如何作战

［美国］T. J. 贝兹
星河 译

战略之基础

日俄两国开战之时，采取怎样的战略呢？关于这详细的想像，我们暂时放开，先来考虑下面的四个根本问题。不能说是绝对地确实，可是从两国战备和远东地势合起来研究，可能兴许会最多的根本条件。

（一）日本取攻势苏联取守势

这一次战争，日本会始终取攻击态度，欲一举而攻击敌人。这是日人自古以来的性质，也是军略上的必要。反之，苏联方面取守势，自始即以持久战为基础。因为战事越延长，越能将动员的军队送到前线，巩固阵地，同时后方军械粮食和军需品的准备亦能完善。

（二）陆战为主、海战为副

日本在太平洋上，有绝对优势的海军。其军备之精锐，可以夸耀于世界。尤其是最近，有非常的进步，和英美同为世界三大海军国之一，远非苏俄所能及。

但是，苏联方面可靠的，有海参崴的潜水舰。这些潜水舰，以天然良港为根据地，好像耗子匿在架里伺机来扰乱厨房一般，在日本海上，翻天覆地，阻碍日本与西伯利亚间的运输交通。

可是，这不过是一时的妨碍罢了。日本海军浩荡出发，苏联潜艇就要失败。然而日本虽有极多海军，亦无攻至北欧海岸的勇气和财力。所以两大民族决战胜负的舞台，大抵不会是海洋，而是西伯利亚的大陆。

（三）决战场在贝加尔湖附近

那末，在西伯利亚大陆中，以那一块地方为两军决战的地方呢？这是最有兴味和最可关心的。我们在预想这决战场所之前，先闭目想起东方的地图。在满洲东北的远处，有外兴安岭山脉，连绵起伏，近着这山，有称为千古神秘的是贝〖加〗尔湖。在这附近，就是日俄两民族争最后胜负的战场了。苏军命令一下，由这山脉，潮水一般涌到，伪满北境就发生危险。这是伪满的目中钉，不能不于宣战同时将之占领，否则伪满人民寝食不安。而且占取这地方，也是西进上的必要。日本即使尽占了西伯利亚的土地，也没有统治经营的力量。这小国，军备财力都担当不起。先将贝加尔湖畔夺取，是妥当的办法。这一块地方，从日军来说，是不得不占领的生命线，在苏军，则是绝对要坚守的生命线。

复次，我们改变视线，向新的方面考察，贝加尔湖方面也是战略上占重要位置的。因为自此以东，没有制造军需品的工业都市。以远东西伯利亚为舞台的两国战争，如果开始，苏联方面只有西伯利亚铁路为运输军需品的机关，此外没有适当的公路和航空线。所以贝加尔以东某处，若为日本将西伯利亚铁路切断，则从这切断之地而到海参崴之一线，永归日军掌握，海参崴的防军就完全孤立。日本明白这道理，所以计划自伪满北部向苏联国境建设战术上必要的铁路，已着着实现。苏联方面，为防伪满的侵入，亦自乌丁斯克筑一铁路到恰克图，其他支线，亦次第建筑，这是因为预料伪满侵入而整戈以待的。

可是大势已经决定。远东西伯利亚自贝加尔到海参崴一带，实不足以抵抗日军。从战术上来看，已经入日本势力圈内了。苏联的防线，不在日本海沿岸，也不在朝鲜和伪满的国境，而是退却到这远至后方的外兴安岭山脉贝加尔湖畔。这地方，正是决定两民族命运战略上的要地。

苏联政府也明白这理由。开战之时，苏军会立即放弃由贝加尔至海参崴的一千里前线而向后退却。旧式战术当有放弃无用的前线给与敌国，而将他诱到最后决战的场所，自占上风然后开始最后的决战的。可是苏联以持久战为本，为了极力延长最后防线，采取堂堂正正的后撤战略，所以最前线的海参崴亦倾全力来设防。

海参崴在西伯利亚的末端、日本海的中心，为潜艇、飞机的根据地，在军略上、交通上、政治上，与斯拉夫民族的运命，确占重要的位置。而且传言苏联最近两三年来，在这天然良港筑有坚固的要塞，暗示日本要攻取这港非付极大的牺牲不可。第二次日俄大战时表演旅顺港工作的地点即在于此。从前日俄大战还没有飞机，现在飞机已是战斗的主要东西，因此海参崴的使命比之从前要重大了。

空军的优劣

其次，是比较两国空军的现有势力。俄国的战斗机集中远东方面的约一千架，我们推定其中一百架为重轰炸机。日本的陆军机闻说一千架，海军机亦一千架。两国对于飞机的防御力，都很薄弱。

空战时日本最不利，因为该国房屋差不多全是木制，席子、间板都是可以燃烧的。关于这事，日本国民也非常焦灼，屡次举行防空演习，埋头防备苏军的来袭。不过我相信这日本人最怕的战法——轰炸机在日本大都市之上轮流掷下重磅炸弹的战略——苏联方面怕不会采用罢。苏联政府的要人都长于宣传。他们是以宣传战打倒罗曼诺夫皇室，又以宣传战向世界宣扬新政府的存在的怪杰。一旦与外国发生战事，第一倾注主力的是宣传术。他们明白，向日本空袭，在大都市轮流掷弹，不过刺激日本人的神经，团结他们战争的情绪罢了。

苏军不从天空而征服日本的都会，只从天空招呼日本的青年，破坏他们的思想，消失其作战的情绪，向日本国民散布厌战的思想。苏联政府不谋战场上的胜利，而求不战而胜的方法。

然从空战战略来看，远东的天地，在俄国是理想的地势。其中尤以海参崴为握战斗开展的关键的绝好地点。苏军的重轰炸机，以此为根据地，载着炸弹飞翔，一面俯瞰假山的池水一般的日本海，则日本工业都会的大部份——东京、大阪、北九州等不用说，朝鲜沿岸诸港，大连奉天长春哈尔滨——在苏军攻击之下，其险如风前残烛。而且由日本经日本海运到大陆的军队、军械、子弹等，亦在可怕的命运之下。在空战方面，日本不能不说是站在地理上最不利的立场了。

但苏联方面也不是绝无烦恼。军用机只能在空中发挥伟力，落在地上便一无所长。为了避免敌机的侦察，必要旋行适当的伪装与分散其危险性，要每二三十机分开设法遮蔽。这需要相当广阔的面积。而且飞机要储存燃料及子弹，储存燃料子弹又以近铁道或公路之处为必要条件。

即是海参崴只依照军港的本质而施行防护，尚非完满，要防守一无虞失，就要加入飞机伪装地带的相当广阔的地方。海陆两战的场合，要防守海参崴，五万人已尽够了，现在新加上空军，就非有十五万人不可。海参崴迟早一定陷落，而要以这样巨额的军队来防守，是苏联的一种苦恼。

动员的开始

假定日俄两方都没有第三国帮助，总合上面的材料而推想第二次日俄大战战略的大概，很不容易。可是世界的战史是以想像以外的记录而缀成的。恐怕参谋本部桌上所商量得的战略，在实际上不能完全实现的。所以以下所写，不过是我从理论上推算出来的想像罢了。

由西伯利亚飞来的飞机的爆音——这是从海参崴进发的苏军的爆炸机。在日本海破浪而进的日本战斗舰，由朝鲜而望满地白雪的西伯利亚旷野前进的日本军精锐——目的是海参崴。这军的使命在破坏其坚固的防守。日本海中潜艇之冲突，大陆上前哨线的小斗争，由祖父时代传来的哥撒克兵长枪与封建时代的妖气遗流至今的日本刀，火光乱飞，世界的视听现在都移到远东西伯利亚来。

苏俄动员的中心地有东西两处。东部是海参崴，其中心以由北方的博克拉尼蔡那耶至伯力为外圆，西部之中心地由赤塔至海兰泡。以这地方为中心，苏联军队陆续集合起来。而日本军队由朝鲜伪满调动，向西伯利亚平原出发，与刚强之苏联军队肉搏，不久遂至海参崴以东五十里之地。其间发生许多壮勇的故事，因与直接战斗的推移无关，恕不备述。我们赶快转而到结论吧。

现在战斗经已半年，苏联空军的势力已减去一半，遂放弃为化废地的海参崴，而飞到最后决战场的贝加尔。苏军十万，在此等候，由西伯利亚铁路而来的俄都生力军，陆续到援。日本方面亦以这决战场为目标，尽其财力遣派军队。两国决战之日近了。苏军能支持贝加尔吗？日本能将他突破吗？这最后之日来了。

谁胜谁败

我们在想像其胜败之前，先试比较两国的兵力。两国都不是十分有近代科学兵器的，已如前述。尤其是大炮化学器、汽车等都不完备。然而两国的美点都在军队统制，兵士的素质和训练，十全十美，简直无可批评。日本善攻，苏联善守。日本有以血肉为弹以补子弹不足的勇气，苏联有慓悍的气质与持久的战略获得最后胜利。大体看来，两军的素质、能力、设施正相伯仲，是最好的一对。

其次说到军队的数目。非常时，日本可以动员的兵力，推算约二百万人。然开战当时，动员的最初只有九十万人罢。而其中三十万，不送到直接战线，要派到华北、北满来镇压。不过这三十万防军既不开仗，其军需品自可利用再来动员三十万大兵。

日本包围海参崴的军队，最初约用十万至廿五万。跟着海参崴防守力量减退，围兵亦渐减少。其后派到贝加尔的兵力，约三十五万至四十五万，不过战事开展，向主力军增援的军队，当亦逐渐增加。反之，包围海参崴的逐渐减少，最后约五万。

后来日军集合在贝加尔湖畔的兵力有七十五万人。（假定总动员数九十万人，其中进攻远东西伯利亚死伤者十万人，留五万人围守海参崴，余者尚有七十五万人。）

日本动员数目，受财政的限制，苏联亦有决定动员数的限制点。非常时，苏联可集合兵力最大，据闻约六百万，但若非强制动员，仅得七十万而已。为了发挥其战斗机能，自然要将军需品、粮食等运到战场。甚至军队的鞋子、盒子炮也要靠西伯利亚铁路而运到战场。决定苏俄的兵力的，实在是这西伯利亚铁路的运输力呢。那没，他的运输力大概怎样？

行走贝加尔湖与苏联工业都市间的火车，其载重及牵引力大略可以明白，但其他附属条件的计算，则很觉麻烦。一九〇四——九〇五年的日俄战争当时，西伯利亚铁路一年内约运兵二十万。即开战时俄国在远东兵力只有十万，最后包围奉天一战中，克鲁泡特金司令前率大军三十万。然当时西伯利亚铁路只有单轨，现在经有双轨，所以运输力加增四倍。且罗曼诺夫朝没落以来，俄国的工业都市显著移到东方。据我假定，最后战场较之第一次日俄战争决战之地会西移一千二百里，即北西伯利亚铁路的运输线已经短缩。不过现在的战争，较当时要多三四倍输送力。将这种种条件总合起来，我的结论，苏联能运到远东战场的兵力有四十万人，可是在下这假定结论同时，即发生一个疑问：假如苏军能从西伯利亚铁路一气运四十万兵到远东方面来，为什么不与海参崴的防军相呼应一鼓而攻入伪满呢？开战之初，苏军方面远胜于日军，为什么不向日本取攻势反而待机而动呢？地图上已将理由简单说出了，如果苏联将动员之兵全部送到远东最前线，则要背着外兴安岭山脉和日军作战，将苏军以外兴安岭山脉为绝好防壁，和日军作战的蓄意，改变而陷于相反的战略了。

苏军自始即取后退战法为基础，丝毫没有许会有的，但最后退到贝加尔湖，却是预定的进攻的意思。在各处向日军施行部份的攻击或计划。我们越明白这理由，就越知道贝加尔湖畔的重要了。

贝加尔湖畔为日军攻陷，抑或始终为苏联坚守呢？我要解答这最后的问题了。我有几年间经历远东的山河，亲切地体验到这方面的社会机构经济组织和军备情势。由这结果直感所得，我敢断言日本会以三对二或二对一而战胜。为何下这结论，在理论方面，本没有绝对正确的根据，不过是根据种种的条件而思索，得到这样的直觉而已。固然苏联曾在冰雪中惨败拿破仑的劲旅，有过这光辉的历史，会坚持到底尽量发挥其得意守御力罢，然而大势已定，在日军压逼之前会不得不败罢。

再次，我们改变视线从不同的方向来观察，这两国的交战目的，亦未必相同。日俄都不是以战术的第一义(即根本击破敌国的战斗力)为最终之目的。日本最后之目的，不是无限地侵略广大的西伯利亚平原，只因战术上的必要占领其中一部份罢了。而苏联最终之目的，亦只想打消日本国民的战意。若使日本思想道德破产，就可完全如愿以偿，因为这计划一实现，日本的经济和军事就要破产了。贝加尔湖畔的胜败，是第二义、第三义的问题。换言之，从日本方面来看，万一在场上失败，则不独是战场的失败，更会有引起非常变故的危险。日本的聪明政治家当不会不明白罢。

(原载于《世界展望(汉口)》第2期，1938年)

日本的贫困

［苏联］包包夫
戈宝权 译

在“惩罚远征”的旗帜之下，日本军阀进行对于中国的袭击，并把这远征转变成为“大战”了。我们毫无根据可以预计，就是这个战争在最近的将来会结束。中国人民充满了决心，给日本侵略者以致命的反抗。中国人民有一切的可能取得胜利，更何况现在日本帝国主义的军事经济机构，已经暴露出弱点呢。

对于日本的经济，战争是个非常的重担。这重担他们是用非常的困难来支持着。关于日本进行“大战”的可能性的问题，可以从日本的经济资源来判断。

日本一般的动力资源，估计为一五七七八〇〇〇吨热力。日本的地层藏有很多有用的矿产，据美国的著名经济学者布鲁克斯·爱明莱估计(按照消费百分比)，日本有用的矿产是这样的情形：钨矿为百分之一一〇·〇，硫酸为百分之一〇一·八，克罗米为百分之九九·七，铜为百分之九二·四，煤为百分之八八·六，铁矿为百分之六五·二，锰为百分之三四·二，锌为百分之二四·六等。

日本位于温带，有富饶的土地，具有农业有利发展的一切可能性。日本最著名的经济学者那须氏估计，假若把农业建立于科学的基础之上，则日本的食粮将能供给充实。

日本大部份的土地都是森林。在南方，有近热带区的树木，在北方北海道，有还没有开发过的森林。日本的森林都是有价值的高大的树木，举如□树、落叶松、红木及乌木等。日本的木质纤维，可转变为三四九三〇〇〇吨的热力，日本财源的大概情形就是如此。

目前的中日战争，已明显地向全世界暴露出日本军事经济机构衰败的情形：重工业发展不充分，农业的衰落，紧张的财政状况和依赖于国外市场的情形。

日本的燃料的基础，无法满足目前战争所提出的庞大的需要。日本一般的煤的储藏，已达到很高的数目——八二七五〇〇〇吨。按照日本著名教授犬上的材料，日本可供工业用的煤为百分之十五，即一三一五〇〇〇吨。日本煤产的主要的弱点，并不在此。主要的是日本没有制造各种军事原料的五金工业所需要的焦煤。

不久之前，波兰的《军事技术情报》杂志上登载了波兰军政部军备处的工作人员玛尔金开组奇所写的一篇文章。作者计算了供给现代化的一百万人的军队，每年究需要多少造炮弹的原料。玛尔金开维奇认为：为了这样，必需有四五五三〇〇〇吨的煤，其中有一〇九二〇〇〇吨为焦煤。目前日本的陆军有一百五十万人之多，仅为了制造炮弹，在战时日本每年即需要一六三八〇〇〇吨焦煤。假若我们注意到，其他军事目的也需要很多的焦煤，则这个数目要还更多几倍。

在现代的战争中，煤油及其产品具有很重大的意义。日本有庞大的海军；他的航空队、机械化部队、汽车站也需要很多的煤油和煤油产品。一九三六年时，这种燃料的消耗数量达到将近三五〇〇〇〇〇吨。当战争的时候，煤油的需要还要多过几倍。《从战时经济的观点来看各列强的煤油政策》一书的作者弗立支·费特采尔，将日本当战争时所需要的煤油估计每年为一五〇〇〇〇〇吨。但事实上日本的煤油很少，日本所有的煤油储藏不超过一八五〇〇〇〇〇〇吨，同时日本煤油的产地有许多缺点（埋藏很深，油质从矿洞流出者少）。这些条件，都有害于油的开采。日本每年开采将近二五〇〇〇〇吨煤油。而大量的煤油是从外国输入的。

为了进行持久的“大战”，日本的五金工业是发展得非常不够的。一九三六年，日本出产了二八七〇〇〇〇吨铁和五二〇〇〇〇〇吨钢。有些理由可以想到，今年日本开采的铁矿，增加到四百四十万至五百万吨，钢自五百五十万吨至六百万吨。可是在目前情形下，要进行战争，五金将会感觉非常缺乏。战争的时候，需要大量的铁矿、生铁及钢。比如，制造千个七十五耗的炮弹，就要十六吨的铁及六吨半的钢。（记得在一九一六年六月二十四日至七月十日的索米一役时，法国的军队用了二五三二六四九颗炮弹。）此外，五金属是制造军用机器、机关枪、步枪及其他机械设备所需的。平时，日本的五金工业还能适应需要，但是不能适应军阀的大规模的侵略计划。这就是日本从外国输入铁及五金等的原因。

机器制造业是军事工业的心脏。假若这种工业的发展不够，则一个国家的武力，时时都要感觉到战争技术工具和军需品的缺乏，制造军需品、武器、唐[坦]克、飞机及其他军用品，需要很多的工具和时间。讲到制造步枪、机关枪等武器及各种军用机器，则所需的时间更多。例如按照德国的材料，制造一枝手提机枪需要五百工作小时，机关枪一千七百工作小时，依照其格式及口径，大炮需要一万两千至三万工作小时。但日本的机器制造业，也是发展得不够的。按照所需要的工人数目，在各种工业中占第三位，按照出产的价值，是占第四位。

日本的工业表现出一种技术上的混杂。除庞大的工厂之外，还有很多的小企业，一直到现在还占了很大的比重。日本的经济学者高桥肯定地说，小的和中等的工业，出产了日本百分之六六的出口货。这种论断，看起来是完全合乎事实的，因为有五至五十个工人的日本企业，生产百分之五〇·九的自行车，百分之三八的珐琅货物，百分之三二·八的橡皮制品，百分之四四·四的磁器。要动员小的工业来从事于纯军需品的制造，是很困难的，甚至有时是不可能。这又造成日本军事工业基础的一个缺陷：当战争的时候，军队需要大量的农产品。

一九一七年时，帝俄的军队每日消费一四五一六吨食粮。此外，在同年间，军队中的马队每日消费八百七十五吨的谷物及二千五百九十五吨的粮秣。

上列的数字，指示出农业对于现代战争的意义，但日本感觉食粮的尖锐的恐慌，这是农业中封建残余的直接的结果。日本的农业出产是这样：米为百分之八八，小麦为百分之六〇，大豆为百分之六〇，植物油为百分之五，家畜不十分多，并且很少是生产的。

日本的财政状况是格外紧张，可以各种原因来解释，而其中最主要的就是军事费用的不断增加，庞大的内债与外债，准备金的减缩和对外贸易的不平衡。

在日本，军费的支出每年超过全国预算百分之五十以上。占领满洲，已花费了将近一五〇〇〇〇〇〇〇〇日圆，金准备是特别减小了，去年九月间是八〇一〇〇〇〇〇〇日圆。

目前日本的经济状况还要坏，因为在中国的战争，需要大量的费用。日本著名的经济学家森武夫估计过，战争一年的费用是一一三〇〇〇〇〇〇〇〇日圆，其中有三亿是金元。

目前日本进行战争，看起来是使用以前积累下来的资源。许多外国的参考材料估计日本准备在袭击中国之前，是这样的情形：铁矿两百万吨，铁片是一百五十万吨，煤油产品是两万吨，煤两百万吨，棉花纤维是八十万吨，有色金属可供一年需要，但是要进行持久的战争，这些准备是不够的。

（原载于《闽政与公余旬刊》第 29、30、31 期，1938 年）

中国怎样取得胜利

[美国]M. S. 史德华
宾符 译

这篇文字为美国作家史德华氏(Maxwell S. Stewart)所作,原文载于美国纽约《民族》(*The Nation*)周刊上。史氏居华六年,对于中日关系,颇为熟悉。文中认定持久战争为中国胜利的关键,而游击战术又为中国取得最后胜利必采的策略。他又以为最能帮助中国者当属苏联,因此对于中苏交通颇致其殷忧,此点吾人亦应加以注意。兹节译文大意如下。

——原编者按

中日战争爆发以后,日本虽在各线采取着攻势,但这攻势却显然没有预计这样的顺利。不久以前,日本曾经夸言"立即可以把中国军队从上海消灭",现在可完全失败了。

把这次"不宣而战"的战争仔细检视一下,就可以知道中国虽然遭受许多重大的挫折,但实在是打得很好的。在淞沪一带,十万日本军队——约莫是"一·二八"时的两倍——并不能怎样得手,而且受着非常严重的损失。在海军大炮猛轰之下,中国军队很有秩序地从炮火易及的地方撤退,但完全不同于"一·二八"时的溃退。日本屡次猛烈的进攻,显然没有得到多少的土地;而中国对一个武器优越的敌人的英勇抵抗,却大大地鼓奋了中国的士气,戳破了日本的"纸老虎"。

在华北,中国在战争初期却不曾好好地尽责。七月底的时候,中国有一个天造的反攻的机会,就是日本军队在满洲受了严重水灾的阻碍,但他们却并没有利用这自然的情势。张家口(以及绥远大部)的失守,无疑可以说是中国最重大的失败,因为这是经由外蒙通到苏联的要道。用大军去对抗,中国迟早是要吃亏的。几千个一组游击队深入日军后方的活动,实在比津浦、平汉线的主力大军还易使日军感到棘手。中国是一个幅员广大的国家，日本的战线愈延长，游击战术愈足以摧毁他们的力量。

近年最善运用游击战术的，恐怕要算是中国的共产党。约莫十年以来，那人数从未超过二十万的红军，在中国大部分的省份中进行着“捉迷藏”式的战术。十年以后，中国苏维埃不仅在数量上比最初增强，并且还取得中国一大部分农民对他们主义的信仰。假使中国红军要全靠人数，那么在许多年前就已经消灭了。但共产党却老早就发展一种组织后方农民的技术，那种策略证明着有无限的助力。农民们不仅帮助着运输以及其他正规军所担任的杂务，并且还时常在对手的后方出现，破坏其交通和隔断其军需供给。他们组成便衣队，参与正式作战，以扰乱对方，使不明白主力究竟在何处。

东三省已有十五万的农民军，在统一指挥之下，也采取这样的战术，虽然事实还不甚明了。过去一年中，这些农民军屡次突袭日本的军队，拆断铁路，破坏桥梁，以及用其他各种方法截断交通。当田野中高粱蔓长起来的时候，他们便特别的活跃；每逢这种季节，日本必须加紧防守要镇和铁路。

中国靠着浩盛的士气，它的能力足以维持游击战争，等到日本经济制度的崩溃。日本经济制度是这样的脆弱而复杂，要它在中国领土上维持五十万到一百万军队的给养，显得是不能持久的。多少年来，一个强国是从来不必用实力来对付中国的；近年来日本曾屡用这种策略而获得成功。但这是一次大举的进攻并对无设防城市残酷的轰炸，不仅不能削弱中国的士气，却反而促成了他们抗战到死的决心。中国民族因了危机的威胁，象一个人一样站了起来。这还是历史上的第一次。政府只要继续抗战一天，它准可以得到人民永远的拥护。蒋介石将军已经宣言坚决抗战到底了，这是可信的。

但中国内部仍然存在着某种强烈主和的少数汉奸势力，却也是事实。他们宁愿把国家出卖给日本。不过，在今天的中国，要公开支持对日本妥协，已是不可能了。在中国民族决心抗战的意志之前，这些少数汉奸的衷心愿望是无法说出来的。

在目前，日本政府侵华行动无疑是获得不少人民的拥护的。每个日本人都时常被麻醉着：他们的军队到中国去是宣扬文化与和平，他们以为日本军队是无敌的，他们相信胜利就是日本的繁荣。

但是人民对于征服战争的热狂，只能以胜利和大量的食粮供给来维持，这是自然的公理。假使军队尽管发出告捷的报告，但是战争一持久，粮食就将发生严重的问题。日本今年（一九三七年）夏天是丰收的，一年之内大概不会发生尖锐的恐慌，不过到了一九三八年，产量必将大跌，因为人力都被征去从军了。眼前更严重的还是经济和工业组织的威胁。日本的国债已达到了顶点，再要贷借，结果只能是通货膨胀和物价的激剧高涨。据商界的报告，今年年节，由于工厂缺乏原料，日本货的输出，将减少一半。由于军需工业的加紧工作，其它消费品工业必将停滞，而军需工业最后也必将受原料缺乏的影响。输出工业的崩溃，又将进一步的引起主要原料的缺乏。除了煤之外，日本国内得不到一种军需工业的基本原料。日本政府虽已有大量的屯积，它还须全靠外国输入铣铁、铁矿、棉花、石油、镍，以及其他造钢必需的合金。国际制裁或别国抵货运动更将加速日本战争机构的必然崩溃。

中国一开始就没有像日本这样的经济和工业的资源，但是它的经济却不致很快受战争破坏的影响，中国有百分之八十五至九十的人口是直接以农为生的；工业人口实际上并不重要，由于运输交通的不便，每省以及每一镇实际上都能自给，上海的破坏并不致影响内地农民的生活。就即使全国的一半破坏了，其余一半的经济机构也不会受严重影响的。

我们必须承认，中国对日长期抗战的能力，显得将有赖于国外物质的接济。显然中国也有一些红军工厂，可以制造小型的军器，但最大的军工厂却在日本易于占领的区域中。游击战术也需要着各种军器。飞机是必需的，汽油和石油也只有从外国去得到。

《中苏互不侵犯条约》的缔结，解决了两国间政治上的困难，使苏联可以供给一些必需品。不过由于地理上的障碍，俄国的接济是很受限制的。两国虽然有着数千里的接壤，但是可以用汽车输入大量军火的通路却只有一条，就是从库伦到张家口。这条路阻塞以后，就必须绕道蒙古或新疆，而这条路是否可以通过运输也还是问题。飞机运入当然不成问题的，因此最近盛传苏联飞机抵华，显有很大可能。

孔祥熙博士从美国以及欧洲大部民主国家借款的成功，证明着各民主国家愿意以经济援助中国，以遏压世界法西斯主义的猖獗。但这些借款是否可以购买军火，西方各国是否将在日本不宣而战的期间，决意加强它们对华贸易的合法权利，那还不明白。不过各国的利益却一定是在于这方面：只有中国最后的胜利才能维持门户开放。援助中国吧，中国将以全力来击退日本侵略的狂潮！

（原载于《外国人眼中的中日战争》，汉口生活书店，1938 年）

希望中国胜利

［日本］鹿地亘

我们在八个月的忍苦之后，终于在今天这样握到了诸君温暖的手了。在这其间，在四周危险的威胁中，只有一件事是常常在我们的脑中的，便是与时俱增地成长着一种欢喜，一种希望。我们所欢喜的所希望的是什么呢？因为我们看到，侵略者卑劣劣的离间政策已开始曝露了他们的失败。现在已不是阴谋的时代，现在已到了人类的真实的灵魂，可以破坏一切阴谋的时代。日本军事法西斯，已遭逢了两种的失败。

第一，他们离间两民族和“各个击破”的策略，已经失败了，日本民众反战的消息，继续不断的传来。

第二，他们使中国国内分裂和“各个击破”的策略，已经失败了。满洲侵略时代的迷梦已完全打破，常套的伪政权，在统一于抗战气魄中的广大民众的包围里，已然丧失了它的基础了。

特别叫我愉快的，在香港我有机会见到几本日本杂志，其中最值得注意的，是他们费尽唇舌来挑拨离间中国的各党各派。我不禁苦笑，他们在这方面，仍然在做“各个击破”的阴谋的梦，可是成就了没有？绝对没有，胜利仍然在于精诚的精神呀！代表中华民族各部分的各党各派，一天比一天地更巩固了民族解放的统一战线，在蒋委员长领导之下坚固的团结，完全击破了他们的阴谋了。

据我的观察，现在的确是胜利了，诸君将得到胜利。然而，日本的民众，也决不落后于诸君。详细的情形我虽无从知道，但我总想到，跟着中国抗战第二斯［期］所得的转机，日本民众的苦斗，现在也获得转机了。

（原载于《时事类编》特刊第12期，1938年）

中国人民的英勇抗战

[苏联]P. Grebler
金戈 译

一、日军的改装

最近两月来的中日战争,已起了极大的变化,在前线的中国军队,已由对侵略者的消极抵抗转变为积极进攻。

华军进攻的范围现在还不很大,日军还能在重行配备军力与尽量增援后突破许多据点。但就整个的情况说来,现在的前线情形,已与去去十一、十二月的情况完全不同了,当时侵略者的军队一天天地向前进展,一天天地夺得新的城市和乡村,现在已没有这种情形了。

日本排外的爱国主义者所自夸的"不知失败为何物"的日军,于本年一二月里,在各战线上已由进攻退为防守,为了抵御华军的进攻,建筑了防御的战壕与布置铁网。

帝国主义者的日本,为了准备进行广大范围的掠夺,在近十年中尽可能地扩大了,改编了自己的军队。十年以前,即未夺取满洲以前,日本军队与其他先进国家的军队比较起来,在技术上较为落后:飞机很少,垣[坦]克车仅仅才出现,而大炮队的配备又是由旧式大炮所组成的。日本在当时的打算,并且现在还打算着,其主要的战争对象是苏联,准备夺得阿穆尔和贝加尔湖一带来增加自己的殖民地。可是,日本帝国主义在一九二九年企图以其所挑拨的中东路事件来进攻苏联,结果是失败了,并已试探到了红军的力量。一九三一年间,当日人掠夺满洲的时候,他们就抱着直接侵入苏联边疆的目的,而苏联对此的答复,是在自己的边疆上扩大红旗远东特别军和太平洋红色海军。

这样的情势,使日本掠夺者相信红军是有力量的,相信苏维埃的边疆是巩固的。日本军阀懂得,像当时那样的日军决不能同苏联作战。日本军队军力的重行配备于一九二七到一九二八年间就开始了，在夺得满洲之后则更加扩大了；军事预算猛烈地增加了。

帝国主义的日本首先在质的方面改善自己的军队。尽量在步兵与骑兵队中增加机关枪的配备；在炮兵队中，以新炮代替旧式大炮，并且在每一联队中新添了许多专为射击坦克车的平射炮。在每师团的炮兵联队中增添了加仑炮，过去的炮兵联队中只有重炮而已。这几种更改的结果，每一个步兵师团所有的各式大炮，于一九二八年中由四十八尊到一九三七年增至九十二尊，即于数年中增加了两倍。

铁甲车队的数量也猛烈地增大了。当一九三〇年时，日本陆军中总共只有两个铁甲车队；一九三三年时已扩大为联队，一九三七年时除铁甲车联队而外，又成立了两个机械化旅。于一九三五年中在所有的步兵师团及炮兵旅中已附有坦克车队了。

日本军事当局懂得空军在现代战争中的重要性，所以尽量扩充航空队。航空队改组的结果，于一九三三年由八个空军联队到一九三六年增加到十八个空军联队。空军的准备，不仅能与陆地上的陆军配合作战，而且能够单独动作袭击敌人的后方，轰炸敌人后方的根据地、铁道等。

因军队改组与军力重行配备的需要，在日本本国内建立了自己的军事工业，在国民经济方面扩大了重工业的指数。日本帝国主义以军事定货的尽情援助，开始了重工业和军事工厂的发展。

经过十年的改革，日军的组织与配备猛烈地改变了。一九三〇和一九三六年的数字可以说明军队增长的情况：

	一九三〇年	一九三六年
陆军人数	二三〇，〇〇〇	三八〇，〇〇〇
重机关枪	一，八〇〇	二，二三四
中队中之大炮	五〇〇	五二四
平射炮（射坦克车用）	—	四九八
联队中之大炮	—	二七二
师团中之大炮	四五〇	五四四
重炮	一九二	二一二
高射炮	四八	二八八
坦克车	一二〇	一，〇〇〇
飞机	六〇〇	一，五〇〇

在一九三六年间已完全实现了改组军队的基本计划，这在日本军阀看来，认为已经可以开始“大战”了。同时，随着军力的重行配备，已造成一种准备进行大战的社会意志。

当一九三六——九三七年中，日本国内政治情况日趋恶化，日本人民群众之反法西斯情绪日渐抬头，而中国之反日运动亦复高涨，凡此皆足以使日本在中国之地位破产，致使日本军阀加速从事大战。

一九三七年七月，日本开始了军事行动，进行夺取华北，这可以称之为进攻苏联“大战”的准备时代，可是日军遭遇到中国人民的抵抗，违反了战争指导者的意志，把掠夺的事变变为长期的战争。

二、中日军力的对比

另方面，中国军力与已现代化之日军军力的对比何如呢？中国与日本侵略者开始作战的武力何如呢？

几年以前，中国军队本身是带有地方性的雇佣军队，分驻于全国各地，为半封建式的各个将军的派系所统率，仅以在最近几年来中央政府依赖着民众情绪高涨的推动力，在为民族独立奋斗中，尤其是在为反抗日本帝国主义奋斗中才渐形统一起来，全国的武力才逐渐中央集权化了。一九三七年中，在反抗日本掠夺者的战争开始时，全中国军队约有百分之八十已在中国国民政府统一指挥之下(统一指挥的程度，当然还有差别)，可是改编的过程还没有澈底完成：一切部队在训练和武器配备上还不曾完全一致，各个部队的战斗力仍然相差得很远。

战争开始时，中国军队一部份是中央军，一部份是过去在行政上属于中央政府的各省省军。中央军因系由中央机关所组成、所训练、所给养，成为中国武力中配备最好的部队。

中央军和属于国民政府的省军，据外报的统计，总共有八十万战士。除此以外，中国还有西北军十二万三千人，华北军(指二十九军)十四万九千人，山东、山西、广东、广西、四川和南方各省的省军八十九万人。

中国的武力，总计起来约有二百万战士。除此以外，还有几十万改编成的第十八集团军。

中国武力组织的数量至为庞大。而战斗技术工具与火力的配备远逊于日军。日军一师团和中国中央军一师的比较如次：

	日军一师团	华军一师
步枪	二七,〇〇〇	四,三〇〇
轻机关枪	四三六	七二
重机关枪	一四八	三四
榴弹炮	四三六	二〇—三〇
平射炮	二四	—
重炮	二四	一二

上面所引的统计,系指配备最好的中央军来说;各地省军武器的火力还要小些,甚至有许多部队中完全没有炮兵队。中国部队火力配备的薄弱,以及坦克车、飞机等战斗工具在数量上的缺乏,致使华军在第一期战争中因受火力集中的配备充实的日军之压力而被迫退却。在战争头半年中,华北与日军作战之主力部队为各当地的省军,武备既薄弱,而各军长官又多有亲日倾向。其中有几位将军且故意退却,不曾对日人有任何抵抗。

中国托洛茨基派过去执行了而且正继续执行着日本特务机关所给与的任务,进行危害破坏、侦探、挑拨等工作,而分化中国国内的后方,破坏华军的战斗力,这对于中国确有极大的害处。

中国人民民族自觉意识的高涨,反日民族战线的巩固,在中华民族领袖蒋介石先生领导之下,使中国政府在战争过程中实现了一切必要的改革。这即是使前线能够转变的最大关键。

中国国民政府在全体人民拥护之下,开始了铲除汉奸与叛徒的坚决斗争,许多背叛的高级将官皆被免职,并且枪毙不少,其中如山东省政府主席韩复榘故意不战而退,致使日军于去年十二月间不战而得济南,已被政府所枪决。

因高级指挥将领的坚决和中央军事机关处置的得当,中央政府对于军队之管理已得到相当的统一,军事作战计划之施行亦得到统一的指挥,以前各个部队各自为战的现象已大见减少了。

在战争过程中,中国军事力量统一的速度,进展得异常之快。作战不到半年,在前线与日人作战的部队,不仅为北方军,而且有中央军及西南各省的桂军、川军等。

中国在前线作战的军队还不多,还不曾把全部武力拿出来。中国在战斗人员的补充方面异常伟大,新的干部的补充,随时不断地在增加。现在全国正充满着广大的全体人民的抗战高潮,来自各省的以及所有边远各省的士兵们,正准备着到前线反抗日本帝国主义。

三、铁拳击昏了日本军阀

日本军阀于去年十二月间占领南京后，满以为战事可告结束，这种企图是失败了，不能不继续作战。这次的战争是华北与京沪线同时联合动作。日军曾同时沿津浦线一方面从北方黄河，另方面从南方南京向华军进攻。去年十二月底，日军因获得背叛者韩复榘将军之助，不费吹灰之力而越过黄河，进占济南。正月初，日军已越济南而向南方进展，且陆战队由青岛登陆，占领胶济铁路全线。另方面他们又从南京出动，尽量向北进展。可是，到了一月中旬，日人便被迫停止进攻，因为华军于此时已转变为积极地反攻了。从一月下半月起，在各个战线上同时展开了血战，日军阵线虽在各方面都很稳固，且时刻增援补充，但不能不停止前进而转为防御了。

在津浦铁路北段济宁一带展开了猛烈的血战。一月十三日晚上，华军猛烈的突袭时，日军由济宁、枣庄赶出，三日内进展了四十公里。日军在华军进攻区域进行防御战，经过猛烈战斗之后，使华军停止前进，数日之后，华军又重抵济宁。自一月二十三日起，华军即抵住了日军的进攻。二月初起，日军被迫采取防御战，进行防御工事及布置铁网。二月内，华军仍继续在这一带活动，曾数度到达日军之坚固地的济宁。

东战线上，华军之进攻战，系于去年十二月底开始，在杭州、广德、芜湖一带常有剧烈战争，这里也堵住了日军的进展，强迫日军从事防御。

一月中旬，在津浦铁路南段凤阳一带发生大战。日军之目的在越过淮河向北进展，企图打通津浦线而与南下之日军汇合，企图迅速占领津浦陇海两路之交叉点徐州。然而，北路的进军，像以上所说的，只止于济宁。而南路进军亦得到同样的命运，只到达淮河。日军在此置有两个师团，且配以机械化部队。他们曾数度到淮河北岸，但每次均为华军之打击而被迫退回。在这几次战斗中，“不可征服”的日军，每次皆被华军所击败。

华军之积极动作，使津浦线上及东战线上之局势趋于稳定。日军虽极度努力并集中武力，但已无法前进。华方已派中央军大量增援，并已放弃以前直接向后方退却之战术，而采用运动战，向日方侧翼进击，突破日军之阵线。此种战术，即使遭遇武器最优良之日军，亦能获得莫大之效果。华军在前线所建立之共同动作，使日方不能不在各战线配置大量兵力，因此，日军可资调遣以作运动战之兵力已大为削弱。

华军之积极动作现已不仅限于地面上的陆军而已。敌人已感受到中国空军的威力了。自去年十一月起，中国空军已能袭击日本兵舰、航空根据地及武装队伍了。去年十一、十二月间，中国飞机曾在扬子江炸毁日舰多艘，且炸沉数艘。十二月与一月间，中国空军曾多次袭击日机所利用之南京、广德、芜湖等飞机场，及满载日军靠近南京与芜湖之日轮，以及日军用作根据地之火车站等。二月间，中国空军曾继续有效之动作，击败日机阵容，击坏日本兵舰。中国空军在华北之动作，迫使日人在被占领之城市之要地进行防空设备。最后，在二月末，中国空军曾意外袭击日人在台湾之空军根据地，炸坏日机在三十以上。

这次空袭有极其重大的意义，因为这是中国空军第一次袭击敌人的领土、第一次的远征。并且，其结果乃对日人表示，在现代战争中，不仅在前方而且在他们的后方以及各岛皆有遭空袭的真正危险。自台湾轰炸的第二天，九洲[州]岛亦发出空袭警报，以待中国空军之袭击。

中国空军的积极化使日本帝国主义感受到极大的打击。据确切的统计，至一九三八年一月一日止，日方共毁灭飞机三百八十七架。在战争过程中，日本帝国主义在中国的兵员之损失，自开战以来，在五个多月里死伤达十九万八千一百七十二人。

华军除在前线上积极动作而外，同时游击队又在日军后方积极活动。中国游击队经常向日军后卫进袭，并时常直接威胁保定、太原、大同等城市；在游击队经常出没之区域内，迫使日军在后方保持比在前方更多之大量军队。在东战线上，游击队经常在上海、苏州及其他各大城市附近活动。日军在各地之驻在地及飞机场必四周布置铁网，通以电流，以防游击队之袭击。

日本指挥者们企图打通津浦线之作战已告失败。日军指挥者曾一度欲利用中国阵线之薄弱地点，于二月中旬沿平汉路向华军进攻，因该线无重大战事，已达三月之久。日军之战略企图越过黄河，突进开封、郑州而截断陇海路。可是，日军到达黄河岸后，见华方沿岸筑有坚固工事。日军知道难于渡河，乃转而向西，于是黄河北岸之进攻战复又开始了。

同时，日方又开始由太原方面向晋南进攻。为了展开黄河与晋南大战，日方指挥者曾由东战线等处调来数师团之众参加作战。很明显地，此次进攻作战之目的欲夺得同蒲路而占领山西全省，达到目的后，不仅可以渡河南进，而且可以西进，日军的指挥者确已想到在占领山西之后可以侵夺邻省——陕西与甘肃而向西进展。

显然地，日方将领们当晋南作战时，以为必然胜利，认为黄河北岸在平汉线与晋南一带之华军为中国省军武力之薄弱部队。日军在这方面曾一度获得胜利，这是因为在津浦在线进攻失利，而不能不向另方面发挥。可是，中国政府采取了适当的处置，且在被威胁地带增援了大量的新军。

日本作战之无系统及随时更改作战之方面，证明日人掠夺中国领土之最初计划不合于实用，战争继续延长，现在已使日本军阀失却判断能力，游移无定。同时，这样的情况，证明中国军队的兵力已大为增长，致使日人现在不能不抛弃在东战线与津浦线之进攻战略。

日本国内因经济情况的过度紧张，已使政治浓云满布于国内。财政工业界已开始反对政府之设施，因政府之行动将使全国整个经济为战争所毁灭。实施电力生产统治，经济总动员法案问题已发生重大冲突，遭到资产阶级商业界及政党议会代表之反对。

此外，反战情绪在日本人民群众中亦逐渐高涨。战事之延长，使此种情绪更加剧烈。日本警察为了与反战情绪作极积斗争，曾在各地从事逮捕大批群众工作，可是所得到的结果，洽洽[恰恰]与军阀的意志相反，被警察所称为“危险思想”的反战情绪，反日益扩大了、加深了。

再者，在中国境内作战之日军，纪律日渐跌落，常有兵士拒绝作战与潜逃的现象发生。当失却战斗力人员不断归国之后，此种现象传布得更加广泛，战争之延长，使日本兵士逐渐了解一切经过之真实意义，使他们看到日本军阀侵略计划所不能掩盖的事实。

东战线日军总指挥松井，当在京沪在线作战时，日本各报誉为“民族英雄”，而不久以前已被免职，在日本国内复杂政治环境条件之下，松井所执行之政策已表示不能容纳了；此外，松井不能与海军将领长久建立合作，不能维系军纪——放纵士兵奸淫掳掠，拒绝执行战斗任务，亦系松井撤职之直接原因。

日本当权者尚未放弃与中国订立“真正”和平条约的希望。可是这种“真正”的和平已被日本掠夺者所进行的侵略冒险政策打得粉碎了。

（原载于《中苏文化》第1卷第12期，1938年）

“九一八”事变与朝鲜民族

[朝鲜]震公

日本帝国主义强盗们开始了“九一八”侵略战争，强夺中国最宝贵而最广阔的东北疆土，建立了殖民地走狗的政治，屠杀和榨取中国人民，在这事变当时，朝鲜民族由于他和中国民族有着唇齿相辅的历史关系，又由于他和中国民族同样处于被压迫的地位，自然要同中国反对日本帝国主义的侵略，这是谁都容易想像的事情。可是在“九一八”事变以后，日本帝国主义者积极侵略东北的结果，侨居东北的二百万朝鲜民族乃至全朝鲜二千三百万民族都遭受二重亡国奴的惨酷的压榨，这种切身被压榨的痛苦，除了朝鲜民族自己知道而外，谁都不容易想像得到的。

中国是朝鲜民族的历史的兄弟之国，是朝鲜民族最信赖的革命的友军国，是东方最大的被压迫民族国，是和日本帝国主义绝对不能并存的国家。这样一个国家的疆土和朝鲜有着广远的地理的连接，因此，朝鲜虽然亡了国，朝鲜民族虽然成了日本帝国主义的殖民地奴隶，但他在地理上并没有孤立，而且中国的东北便成为朝鲜民族解放运动的主要根据地。

自从朝鲜亡国以后，无数的朝鲜志士及革命者们就把东北看做朝鲜革命策源地，于是国内的多数义军及亡命志士们都为着准备革命的再起，集中到东北来。此外还有在日本帝国主义的强盗的榨取下，失去了祖传的土地，不得不离开家乡的朝鲜农民们，也为着找寻他们的出路，又为着将来的民族的复仇，大多数集中到东北来。这样，在朝鲜国境方面友邦中国的疆域内，继续集中的朝鲜革命者及反日民众的总数，据“九一八”事变以前的统计，已达二百万人之谱。

从来侨居东北的朝鲜民族，为着建立他们的自力的生活基础，为着培养革命力量，更为防止日本帝国主义及其走狗势力侵入他们的根据地内部，而形成一种统一的组织，这就是东北朝鲜民族的正义府，其次是统义府，再其次是国民府。此等组织都直接统制五十万人以上的东北朝鲜群众，一百五十万以上的民众都受到此等组织的政治影响。在此种组织的直接统制下，设立无数的学校，施以朝鲜民族的革命的教育，特别设立军事、政治学校，养成多数革命干部。这种学校对于朝鲜民族的解放事业，有着非常重大的意义。因为有了这种真正代表朝鲜民族的自由意志的学校，所以才能够传授为日本帝国主义的奴隶教育政策所绝禁的朝鲜国语、朝鲜历史及朝鲜民族的文化。因为有了这样的军事政治学校，所以才能保障在朝鲜国境地带英勇不断的反日武装斗争的朝鲜独立军的活动，才能够建立今日英勇抗战的东北抗日联军中朝鲜义勇队的基础，才能有无数的以革命理论及斗争技术来武装的干部继续派送到革命的战斗场所。

虽然东北是朝鲜国境以外的友邦的疆土，但朝鲜民族在此地构筑他们的根据地，以培养革命力量，决不是那末顺利的无丝毫阻碍的事情。事实上，在这里经过了无数的艰难困苦和无数次的流血斗争。

日本帝国主义为着破坏东北朝鲜民族的这一根据地，更为着掠夺这一根据地以代替日本的侵略势力，采用了种种最卑劣的阴谋和最残酷的手段。日本帝国主义者为着把侨居东北的朝鲜民族再作它的殖民地奴隶，在朝鲜民族根据地内部，积极施设公开的走狗团体（例如保民会等）或秘密的间谍网，特别为着挑拨朝鲜民族和中国人民间的民族恶感，采行了种种最卑劣、最毒辣的离间政策。但是这种阴险的政策，毕竟遭受东北朝鲜民族的组织的斗争，而得不到何等的效果。于是日本帝国主义强盗们对于东北的朝鲜民族开始了武力的讨伐。日本军队的这种讨伐行动，在“九一八”事变以前已经有过大小数十次。其中最大规模的最残酷无道的讨伐，是朝鲜“三一”大革命运动爆发的翌年即一九二〇年冬天的满洲朝鲜人大屠戮事件。在这年冬天，日本的野蛮军队以讨伐在满朝鲜独立军的名义，武装侵入中国境内，在珲春县的六处，延吉县的三十五处和龙县的二十处，汪清县的八处，宁安县的海林一处，兴京县、柳河县、宽甸县、汤子沟、长阴子各处朝鲜农民集居的地方，不管男女老少，又不管武装和非武装，凡是朝鲜民族都在被屠杀之列。这样被虐杀者总数达三千零八十人，被日本帝国主义野蛮军队强奸的妇女达七十六人，被捕获的革命者达一百十六人，焚烧全灭的户数达二千五百九十八户，被焚烧的学校达三十所。（依据朴殷植著《韩国血史》一六七页以下的数字。）可是在当时，东北的朝鲜武装部队决不会放任日本野蛮军队的这种暴虐无道的兽行。他们虽然是人数有限，武装也不齐备，但以决死的英勇斗争，给了这兽军以一个强力的打击。就是说，国军十月十八日朝鲜革命军官学校毕业生二百余人和新募军队二百七十余人所组织的朝鲜革命军队，在三道沟地方对于行军中的日军三大队加以突击，结果杀死敌兵四百五十名，负伤敌兵六十余名，又在同月二十二日二道沟地方，前记革命军队对于敌军一联队加以英勇的奇袭，结果敌军全联队至于歼灭。在这战斗中，敌兵杀伤者数，据革命军方面发表，总计一千六百名，据中国地方官厅的调查发表，为一千三百余名，又据珲春日本领事馆的发表，则战死者加纳联队长以下大队长二名，小队长九名，下士以下兵士杀伤者共有九百余名云云(据朴殷植《韩国血史》第一六四页)。

东北朝鲜民族的困难，不仅限于日本帝国主义的阴险政策及军事的讨伐和真正民意背道而驰的中国地方官厅，蒙受日本帝国主义者的威胁，或蒙受他的阴谋的欺骗，又或由于卑俗的民族的偏见，对于朝鲜民族革命根据地的发展，尤其对于朝鲜民众的物质生活的发展，时常加以种种制止和迫害，这是不可否认的事实。特别〖是〗中国的封建的大地主阶级和土豪劣绅对于朝鲜民族的同情和友谊，实在太不够了。他们不仅妨害了朝鲜侨民的经济生活，而且对于朝鲜人的政治活动时常表示敌视的态度。虽然如此，东北地方官厅在本质上不是日本帝国主义的官厅，而是友邦中国的官厅，又东北人民的一部少数阶级对朝鲜民族无甚好意而已，至于大多数的东北同胞们，对于朝鲜民族却有深厚的同情和理解，而且广阔的荒野和太古的森林对于失去自由的朝鲜民族给予了自由和生存的余地，因此在东北的朝鲜民族仍然走上发展的路上前进着！

可是“九一八”事变以后，日本帝国主义者强占东北，作为他的独占殖民地。从此以后，东北和朝鲜民族的关系是怎样？侨居东北的朝鲜民族的事情又有怎样的变迁呢？

到现在，隔着一衣带水的广远的国境方面的东北土地，已经不是朝鲜民族最信赖的友邦中国的领土，而变成了我们的敌人——日本帝国主义的独占殖民地。在这儿，没有中国的军队和警察，而横行着敌人的军队及其走狗警察、密探等。到如今，朝鲜并不是和友邦有地理的接境，而是在仇敌日本帝国主义的数千里新的铁网里被包围，被封销了！

从此以后，侨居东北的二百万朝鲜民族，或为日本帝国主义所屠杀，或在作殖民地奴隶，或陷于流离失所、饿死冻毙的境地，同时无数的革命者被捕被屠戮，无数的革命的集团、机关及学校都被解散、被封闭，而以无数的反动走狗的组织、机关、学校等来代替了。又有无数的民众成了日本帝国主义的盲目的侵略工具，不仅招来他自身的破灭，同时招致了全民族的耻辱。这个样子，三十余年间用朝鲜民族无数的志士、革命者及民众的血汗来构筑的东北朝鲜革命根据地及民众生活的基础，遂为日本帝国主义强盗们所破坏无余了！

“九一八”事变所惹起的朝鲜民族的痛苦，何止于此！日本帝国主义者以“九一八”事变为开头，积极开始了对华全面的侵略战争，日本强盗们为着把这一侵略战争的军费让给朝鲜民族去负担，于是对朝鲜民族加以最残酷的压迫和榨取。

日本法西斯军阀在“九一八”事变以后对于朝鲜民族实行了空前未有的压迫手段。首先解散全国民众的社会的结社，大规模地逮捕革命运动者，加以监视并加以野蛮的烤打，不仅如此，特别在全国加紧设置警察网，组织反动团体，用以弹压全国的革命的活动。日本帝国主义者在所谓非常时财政政策这一幌子下，对朝鲜民众实行了残酷的榨取，“九一八”事变以后，日本强盗为着对东北供给廉价的商品，更为着制造军需原料品，把工业资本大量输出于朝鲜。从此以后朝鲜民族的无数的工人，可怜的女工、童工，在世界绝无伦比的低廉工钱和恶劣的劳动条件下，过着牛马的生活，本是微弱的朝鲜民族工业及手工业，也遭遇了最后破灭的境地。

虽则这样说，“九一八”事变对于朝鲜民族并不仅仅招来了如上所说的痛苦，同时也招来了坚强的反日斗争的力量和坚确的胜利的光明。这一点是必须指出的。很显然地，朝鲜民族对于日本帝国主义的野蛮的压迫和榨取，对于它的对华侵略战争引起了高度的革命的愤怒，全东北人民和朝鲜民族为着打倒共同的敌人，实行了英勇的联合抗日的斗争，全中国四万万五千万民族建立伟大的民族统一战线，开始了神圣的抗日战争。尤其朝革鲜命指导者们明白认识日本的对华侵略战争正是加速它本身的没落过程，而以新的战斗理论和实践勇往迈进着！这一切反日革命斗争的新形势都是“九一八”事变以后继继发展的东西。在这里显然可以看得出朝鲜民族的光明前途来！

目前的东北是日本帝国主义的独立殖民地，可是在这儿，并非仅仅有日本的军队和政治，同时东北人民的伟大的反日斗争正在不断地发展着！所以日本的独占东北，不仅不能使朝鲜民族离中国人民而孤立，反而更加促进了中韩民族的革命的联合。过去东北的朝鲜革命运动的集团、机关等都被破坏了，可是在被破坏的过程中，锻链[炼]出了十百倍加强的革命组织。现在朝鲜民族的反日斗争，已经发展到新的阶段，东北人民抗日联军中的朝鲜人部队，在中韩民族联合战线的旗子下，在共同打倒日本帝国主义的实践的战斗中一步一步巩固地发展下去。

“九一八”事变后，朝鲜国内的革命运动由于日本法西斯军阀的无理压迫，抛弃了表面的合法的活动，而进行着地下的密[秘]密运动。朝鲜国内革命运动开始进行潜行运动以后，遂行了非常精练的质的发展。而且这发展倾向是极其激烈的。“九一八”事变以来，全国到处继续激增的农民暴动、罢工、罢课等斗争便可以证明它的发展是如何激烈的了。

总而言之，“九一八”不仅使中国民族开创了抗战建国的新历史，同时确保了朝鲜民族解放的胜利的前途和中韩两民族革命的联合。

九月五日写于汉口

（原载于《反攻》第3卷第4期，1938年）

打倒日本法西斯

[日本]青山和夫

九一八事件的爆发，不但使日本政治经济法西斯公开化，而且也是日本社会劳动运动的一大转化。九一八事件以前的日本社会劳动运动的方向有三个系统：一无政府主义，一社会民主主义，一共产主义。九一八事件以后无政府主义运动逐渐没落，共产党遭受很大的压迫，多数被捕，仅有少数残存于地方。社会民主主义的运动则集中于合法劳动组合运动与农民组合。九一八事件以后的他们的特征即有英国的协同组合化的倾向，代表此种倾向的有贺川的市民组合。在政治方面，一部分子接近法西，如亀井、麻生、吉川等，但这也仅限于社大党中的一部分。九一八以后的共产主义的诸斗争实有很大变化。旧指导者殆多转向了，变为托派而联络法西。或各地方诸组织多已被捕。有几个进行再建运动的还被检举。

现在于日本社会及劳动运动中已经没有无政府主义的势力。一九三五年以后的中心势力即在社会民主主义与革命的前卫斗士（共产党人）底合并。现在日本的国际主义的活动不是一个启蒙运动，不是有名无实的旧指导者的教条与命令，乃是真的革命斗士底反法西统一战线的结交，同时他们也决不想放弃在满洲的革命斗争。

七年来，我们的反法西斯斗争已达到了数个民族协同与联合斗争的阶段。于现下的反法西斯斗争，实为我们最光荣的使命。记得世界上一位巨人已经在《马克思主义与民族问题》中，很明了地解决了这种斗争的指示。而这种指示，足以作为日本人民遂行打倒日本法西斯军部的指南针的。

九月五日写于汉口

（原载于《反攻》第 3 卷第 4 期，1938 年）

日本国内的反战暗潮

C. Y. W. Mehg
步溪 译

我们试就日本的舆论加以一番研究，就可发现在日本国内存在着一种反对目前对华战争的暗潮。下面翻译了几篇日本作家的论著，它们都强烈地指摘日本的军阀主义和目前日本军人所作的对华战争的。Nisbigawa 曾撰一文名《团结我们全部的反战力量》，在一俄文书籍名"ManoKo-losky"上曾将该文大为引述。其主要点为：

> 日本民众的贫穷，完全由于军费的大量支出。此项支出乃用以远征中国，俾从中国掠夺更多的领土。因此，用以改进日本劳动大众福利的经费即大量地减少，日本农民所以没有足够的田地去耕种，是因为大部份的肥沃的土地都被地主所占有，因此大多数的农民都只得成为佃农，至于日本粮食的所以短减，是为"准备战争的缘故，四分之一的粮食都被储存在国家或地方的仓库内，而任其腐蚀"。"向中国掠夺领土愈多，则农民占有的土地愈少，而地主所占有的土地愈多。"在十九世纪末叶，日本地主所占有的田地仅占全国的三分之一，而现在则已超过了一半！
>
> 在占领沈阳以后，日本以武力向中国农民掠获了更多的田地，而同时日本国内的地主也向佃农掠获了更多的田地，他们掠夺的方法是：或者因为佃农们付不起地租，或者因为佃农们被征发参加对华的军役去了。虽然日本军人不断宣称满洲是天堂，但实际上满洲不但成为中国农民们的"地狱"，而且成为移殖在满洲的日本工农民众们的"地狱"了。
>
> 日本政府曾不断宣称，日本作战之目的在谋东亚的和平和秩序，但实际上，这战争是一种"掠夺的战争"。这种政策只能增加日本大众的苦痛，并将引起另一次的重分配殖民地的世界大战。"我们不能再等待，我们必

须联合起来，发动反战的运动，反对目前的战争。”

另一位日本作家Coici Konao在他所著的《人民联合阵线的意义是什么?》其要点为：

战争损害了所有的人。我们欲请全国民众，以及所有的职业社团、劳工组合、农民组合、宗教团体及全体反战的机关，联合起来组织一“反战人民联合阵线”。我们的要求如下：

（一）保卫和平，立即停止战争，撤退在中国的日本军队，尊重大中华民族的独立，和中国民众培植真挚的友谊。

（二）反对扩张军备，增加军事支出，提倡缩军，减少军事支出及预算，移充救济经费。

（三）反对“战争是再造的父”“战争是文明的母”一类的理论，要保障个人权利，出版集会和言论的自由。

下面摘译之二篇由日本人民发给在国内及在中国的日本兵士们宣言及公开信：

（一）宣言

劳动大众们，日本的军人已向我们的邻国发动另一次战争，但侵略的结果只是增加了我们的痛苦和使我们更多的人成为军人和财阀们的炮火灰。为了解除这些军人和财阀们给我们的剥削，并得享受自由平等和平起见，我们必须一致站起打倒“军国主义”和“财阀主义”！

我们所以受贫穷的打击，一半是因为我们国家的生命都操在一般财阀们的手里，一半是因为我们必须付九十万万元的巨大的军事支出，以支持“掠夺中国”的远征。……那些军国主义的信徒们，或许以这种远征为荣耀，但是我们日本人却认这种远征是造成日本大众目前悲惨境遇的原因之一。……起来！我们要革命，以推翻这种军国主义！

（二）公开信（由日本各农工实业团体所发，给在华的日本远征军人的）

同胞们：

你们现在正赴一遥远的国家，去流你们的血，牺牲你们的生命。为了什么？为了谁？

我们的军人财阀们，他们业已发动战争，为的是要谋他们个人的利益。但你们的妻子，却都在乡村中过着悲惨的生活。

自满洲事变以来，我们已有二十万同胞牺牲了性命，我们再不要听那些军人和财阀们的宣传了。

中国人是我们的敌人？不！我们不能为这一种“无理”的战争而死！

参加战争，不一定能表示他们的爱国，真正的爱国主义，是大众的生活和心底的国家意识，破坏大众生活的，是人民的敌人、国家的叛徒。我们需要和平！军部长官们，救救我们兵士们的生命罢！

（原载于《战地通信》第20期，1938年）

侵略的猖獗与争取和平的斗争

[苏联]E. Aleksandrov
许范 译

一

在一九三八年的门口，只有苏联的民众才在计算着自己的胜利与成功。世界上除了苏联而外，没有一个国家能够对于过去的一年存有乐观的总结，与这类情形有关的，即是备战的侵略国家之资产阶级以及那些没有完成保存自己利益以免于战争破坏之企图的各资本主义国家。如果英美法的资产阶级不得不承认(不管她[他]愿意与否)战争已经到来，那末侵略者当然可以说他们所开始了的战争，已为他们□来了或结成了所期望的果实。

意大利法西主义刚在一年以前完成了阿比西尼亚的占领，意大利的某些人们(包括法西斯蒂的首领)未必就能说战争的破坏使事实上毫无抵抗的阿比西尼亚遭到空前的惨痛，曾巩固了或改善了意大利的国内外状况，半年前德意两国都在西班牙领土上肆意屠杀。但共和国不仅没有为之征服，相反的，却积聚了力量，在得鲁爱尔地方曾给干涉者以严重的打击，日本已在中国领土上猖獗了半年的流血战争，破坏着中国的城市，并且日军还占领了中国的首都南京。在过去半年中的中国军队并未因此衰弱，却反而更加坚强，中国的国防力增强了，中国的中央政府益加巩固。同时，日本的国内状况却更加复杂，日军遭受极大损失，日本的国际环境更带有对他的巨大威胁。

重分世界的第二次世界大战，已随着侵略国家发展的阶段而开始了，战争不仅给国家的民众带来了无数的贫困，使他们成为战争的第一类牺牲；战争不仅暴露出资产阶级政府对外政策的脆弱和不失败，并还带给战争的发动者以不可避免的危险。这就是第一个一般的总结，在估计一九三七年与一九三八年之间的国际状况时，这是必须指出的。

二

一九三七年——这是资产阶级外交政策非常破产的一年。一九三七年——这一年法西斯国家的侵略行动已为其他资本主义国家之退让与光荣孤立的掩饰曾暂时休止。

一九三七年是以英意关于保障地中海安全之“绅士协定”而开始的。为要暴露最近英国政策的一切错误,应该充分地记着这个国际案件在签订条约后的一年。

很明显的,在签订条约后的次日,意大利即派遣了新的大军到比利牛斯半岛。但问题并不在于这个“绅士协定”的破坏,而在于意大利政策在地中海的普遍发展,这事曾无时无刻不适合于英国同盟者莫索里尼的期望和打算。

用不着再来回想不干涉以及德意在西班牙的那幅极鲜艳的图画了。在一九三七年中德意两国均先后退出了伦敦委员会,当着他们感觉于已有利再回去时,那时即是他们所愿意的。他们极残酷地轰炸西班牙的城市,这或者是在冷笑承认其恶劣的意志(阿尔美尼亚),或者是无耻地否认其大家所熟知的犯罪行为(格尼尔加)。他们先后加入猴戏场的伦敦委员会,穿上了和其资产阶级同盟者的服装,同时他们都在西班牙完成了许多新的残暴与罪恶,此等残暴与罪恶实为人类所决不能忘记的兽行。一九三七年时,在西班牙问题中的侵略者之政策——就是一串吆喝、犯罪和野蛮。德意在西班牙干涉中所反对的资产阶级政府之政策——就是一串让步、投降和痛苦的掩饰。

这类丑恶的图画正暴露在我们的面前,如果我们注意到彼此相连诸事件的主要阶段,这已经燃起大战烽火的地方即是远东。日本帝国主义在中国开始了战争,根据英国外交部的公告,日本军阀在爆发战争之后,已相信日本可以毫无阻碍地把战争的力量扩展到太平洋沿岸。日本的军事侵略已引起了比京九国公约会议的召集,这个会议所进行的主要问题,即是如何把日本侵略者吸收到会议中来参加关于战犯罪的讨论。日本军阀对于比京的召请,则给以转向为“全面战”的回答,把战争扩大到华北华中,并将本国的一切经济都移上战争的轮子。

我们不难指出:在西班牙的侵略和在中国的侵略,虽然两处的情势不同,范围有别和目的各异,但都遵循着同样的一个体系发展。在这个体系基础中,存在着侵略者以空前未有的努力和利用主要资本主义国家之外交的颓败无力来扩大战争的事件。

在一九三七年中,放在侵略者面前的这些任务即在西班牙和在中国的战争都没有将他完全包含进去,这在现在已经是非常明显了。这一年的特异之点,即德意日三个侵略者集团已签订了协定,这个事件恰是一个信号,说明了侵略国的政府正循着扩大为重分世界的大战这条路前进。三个侵略者之结合成集团,实由于集团参加者曾造成了这类行动的许多事实,如日本准备和太平洋上的英、美冲突,意大利的侵略,不仅限于地中海的西部,并且还包含着地中海的菲洲沿岸,至于德国,在最近以来,则在实现其侵略东南欧的计划,并且首先就是对捷、奥的侵略。

三个侵略者政府在集团的构成上,怎样反映出这已经开始的重分世界的战争,首先就会威胁到他们的利益呢?他们就以哈里法克斯公爵之拜访希特勒来回答……对于这个新的没有力量的把戏,侵略者们是怎样回答的呢?他们以意大利退出国联,以德国声明回到国联为不可能,以德国殖民地要求的新决定和以增强意大利在菲洲的宣传来回答的。

对于东南欧各国足以威胁西班牙命运的事实,首要的欧洲各国政府是怎样地不关心呢?他们是以台尔博斯的访问来回答的,对于法国外长之出访,关于英法两国保证欧洲小国家的独立,侵略者的家臣们没有表现实际的,又没有形式的、具体的,复没有抽象的决定,究竟是怎样反映的呢?在台尔博斯去过瓦沙之后,贝克即致国联以"最后通牒"在接着台尔博斯在布哈列斯提的访问,后便组成了法西政府的皇帝哥格。在台尔博斯拜访比尔格拉得之后……也就没有什么了,原因是巨哥斯拉夫首相之到罗马已先于法国外长之到达。

换言之,即巴黎与伦敦所采取每一步骤,都没有针对着侵略的新进攻或其代理人——民族叛卖者的攻击。从一九三七年的第一天起到最末一天止,事变的发展正确定着这等公理,而暴露了对侵略者占让步政策之错误和其自取灭亡的性质这种事实,即是在西班牙冲突中所表现的"不干涉"政策。同样,在那些首要的欧洲政府之中,应对德意西班牙的干涉负责,他们还应对侵略的新结果、新的野兽行为负责,因为他们能继续推进幻想的消极政策和对侵略的扶助。

这便是为什么要在一九三八年第一日提出这个放在日程上的问题——在新到来的一年中是否还要继续对侵略的"不干涉"政策,或首要的资产阶级政府为了自身的利益和全世界的利益,最后走上积极的反侵略道路呢?

三

如果以为国联在西班牙问题中是失败了,意大利继德国退出了国联和日本退出国联、比京会议的召集和华盛顿条约实际废除等,即不能根据集体安全、根据爱好和平国家协同一致反对侵略发生的基础来执行积极的和平政策，这便是极大的错误。相反的，正由于过去一年的事变发展，一九三八年的开始正展开着世界反侵略共同阵线之新的前途，虽然现在已处于进行战争的时候。

意大利之退出国联，不仅没有说明国联成为和平工具这一作用的崩溃，相反的，这个退出的事件，正可以成为巩固国联会员国间之联系与合作，以及与美国合作的起点，美国虽未加入国联，但却表示极大的准备，愿与其他爱好和平的政府协同动作。

当斯达林同志和久拉提谈及关于苏联对国联关系的性质时，他指出："虽然和日本德国退出国联——或者可说是正因为如此——对于阻止战争行动的发生'国联可以成为障碍物或阻扰战争'。再有一位侵略者之退出国联，正可以在显明的情形时给国联的行动以新的推动，在质量上使其侵略遭到障碍。"从这种观点看来，国联并不会因了这些侵略者的退出而感觉贫困，因为国联如果留着这三个主要的侵略者在日内瓦内继续其犯罪的行动，他们所能够作的就只是对反侵略的斗争怠工。

今年，"实较任何时候更明显地暴露出国联不可能成为侵略时期当战争已进行时的普遍组织"。执行侵略战争的国家，已不可能成为制止大战之国际组织的参加者。在这种情势之中，使侵略者容易回到日内瓦之一切改良国联的计划，都是愚蠢的。德意和日本已明显地声明过他们不愿返回日内瓦。在这些情形之下，国联还适合侵略者的愿望，这不仅是有害的(一开始就是很明显的)，并且是毫无目的的创议。一九三八年在侵略者之敌方面前立着非常具体的任务：立刻抛弃关于国联成为普遍组织之无意识的、乌托邦的和有害的幻想，应造成爱好和平诸民族之真实的国联。这样的可能性还没有失去。

我们注意到了国联之后决不想说巩固国联的问题即是一九三八年中为和平而斗争之唯一的中心的任务。比如国联之可能存立，仅由于侵略的猖獗并没有关闭了走向为反战而斗争的道路。为了反对侵略，无论在国联范围内或国联之外，各国家间的合作都是可能的。因此所需要的只是爱好和平各国之政策中的自愿性、强固性和决定性，因此必须使某几个资产阶级政府去学习一九三七年中之惨痛的和鲜明的经验，并打算在一九三八年改正过来。

至于苏联他从未放弃过参加争取和平的集体斗争，基于红军不可战胜的威力，苏维埃民众之精神和政治的一致，社会主义的国家可以在一九三八年继续其一贯的和平政策，这是很可信靠的。苏联的和平政策，自苏维埃成立以来，无日不在推行，论到一九三七年苏联在国际关系方面的总结，可以重引李维诺夫于一九三六年十一月所说的一段话：

基于自己的国防力，我们可以很安静地等待并看着欧洲将如何作他的选择，我们很坚定地知道，如果别国的民众愿意真正地来组织和平，保证集体安全，以及现有的和平力量来反对侵略的力量，那末没有苏联参加进攻是不成的。在欧洲的和平的堡垒，可说是只有苏联这点，侵略者们都非常明白，所以他们竭力使西方离开苏联而孤立。我特别着重指出，这并不是说苏联的孤立，而是说欧洲其他国家的孤立，其目的在使他们无力抵抗并向侵略者屈膝。

在一九三八年中，这些话都可以抛去不谈了，这不仅对于欧洲的命运如此，目前首先应该反对军事的侵略，在一九三八年中正在进行的军事侵略，在他的民众面前正立着应行决定的问题，他们是毫无抵抗地向战争的力量低头，或者是相反的，和苏联——斯达林宪法的伟大国家、社会主义国家——积极准备组织强固的和平。

（原载于《中苏文化》第1卷第6、7期，1938年）

现阶段的太平洋争霸战

[苏联]E. Armashev
洪乐平 译

自从日本拒绝给予一九三六年伦敦海军条约所规定的限制办法以保证之后，主要的资本主义海军列强（英美日）在太平洋上的相互关系完全改变了。现在人们所最关心的，即为伦敦条约再检讨（更正确地说，即伦敦条约的废除）的问题。日本所采取的态度，自然是不可避免增强了海军竞争的极度紧张。

美、英二国这些事变的全部过程，即迫使主要的英美与法国为着保护他们在印度洋与太平洋上的诸利益，而不得不有极重大的决定。

一年以前，当时的英国海军部长色缪尔霍尔氏对下院提出一九三七至一九三八年度海军预算请其确定时，曾声言具体规定在新预算中的海军政策，即是在创立"东西两洋的舰队"。

去年一年，英国即孜孜不倦地在从事于霍尔计划的实现。今年二月十四日已经举行了新嘉坡海空军根据地开幕的仪式。一九三七年和一九三八年度的造舰计划，亦正在加速度的进行，此计划中包括五艘战斗舰、二十一艘驱逐舰、五艘航空母舰、四十九艘水电舰，十九艘潜艇等等，共计一百四十九艘军舰。据英国报纸所战，在今年内将建造一批新的主力舰与巡洋舰，并大大地加强空军，英国在其本国或海外的根据地均继续储有大量的军需品。这一切，便是大英国新海军政策的个别要点。

英国这项新政策的决定，首先即考量到目前国际情势的需要。换言之，即法西斯集团的积极活动，使英国感受到在必要时恐不能将英国舰队充分自如地从欧洲方面调动到印度洋及太平洋沿岸的危险。因此，她不能不以新嘉坡为根据地而创立一个别的、独立的太平洋舰队。

由于同一因素之国际海军情势的改变，又使美国的海军政策不得不渐趋于积极化，这特别表现在今年一月二十八日美总统罗斯福致国会的特电之中，此电曾要求国会通过扩大海军军费案。此非常计划竟一时增加造舰经费至百分之二〇之多。罗氏特电所指的美国海军政策,非指大西洋的防务而言,其主要作用全系应付西太平洋的局势。

日本为确立支配太平洋西部的目的计,竟在过去七年间将中国的海岸线(自朝鲜至上海)全行掠夺净尽。从战略的观点看来,中国东海一带的地位是非常重要的,不问何国的强大舰队若能占据这里,便能直接威胁日本及其主要交通线的安全。不幸,此线现已完全为日本舰队所控制了。由上海到厦门,更进一步,到广东的一段中国海岸线,现在也成为台湾日本海军的行动对象。

同时,日本陆军与海军指挥部又进而占领了中国东南岸的各岛,以备将来进据广东。此举颇足以孤立威胁位于中国南海上之唯一的英国根据地香港

然而日本的企图,不仅止于占领中国海岸及各海港。近几年来,她复在马利安、马尔兴里、加诺林群岛建筑极坚固的根据地与工事。随着中国海岸线的占领,日本帝国主义者企图将中国完全封锁于大陆中心,将列强从太平洋上驱逐出去。

结果,日本帝国主义毫不顾虑伦敦海军条约的限制,正致力于创立以巨型舰为主干的新舰队。日本政府远在一九三六年便确定了"第三次海军充实计划",建造四艘四万吨以上的弩级战舰,自一万吨到二万吨的超级巡洋舰,航空母舰、炮舰、潜艇,等等。新的日本的战列舰将要装置十六英吋的大炮(甚至可能装置十八英吋的)在巡洋舰上据英国方面所得的情报,将要装置十英吋甚至十二英吋的大炮。

日本早晓得不能与英美竞争,故不得不设法提前建造(至少必须先她的竞争者一年),期以时间制胜。换一句话说,即日本的新的巨型战舰,可比英美二国早一年完成,而早一年准备从事于战争。

要是日本能以时期制胜,而急速的完成其侵略计划,则我们便可认为布尔乔亚民主国家之广义的国防,并未具有以集体行动来制裁侵略者之鲜明的政治立场。他们希望得有第三方面的力量来解除他们的危险,然而此种希望,却完全没有实现的可能。英国所采取的措置告诉我们:大英帝国的统治阶级现在已与法西斯侵略者举行直接谈判了。我们知道,如以此种政治态度,不问她具有多么"狡猾"的战略,亦断没有成功的希望。

根据既有的情报,我们可以判断大英帝国的计划暂时还在阻止日本向印度洋的进攻(即向马来半岛、荷属印度、新几内亚、澳洲及新西兰等地)。大英帝国所创之太平洋舰队的最基本任务即在这里。据称,在这舰队中有一队由五艘新近代化了的"伊里莎白皇后"型的战列舰,一队重巡洋舰,一队轻巡洋

舰，几艘航空母舰与相当数目的炮舰与潜艇。

事实上，“太平洋舰队”在战斗关系上将附属于澳洲与新西兰舰队（此舰队有二艘重巡洋舰，三艘现代轻巡洋舰，一艘航空母舰及几艘潜艇）。与创立独立的“太平洋舰队”同时，英政府又与荷兰订立秘密协定，根据该协定，大英帝国必须再保护荷属印度的安全。

荷属印度对于英国究有何种意义，我们从英国海军专家格托拉、拜荷迭尔所说的话便能推断一斑。他说：“计划中的太平洋舰队，与日本舰队相比，虽则相行见拙[绌]，但却足以应付情势所要求的战略上的防卫而有余。新嘉坡出现此种新的舰队，自然能排除日本对马来群岛同样的对荷属印度的威胁。至于维持后者的现状（即指荷属印度），在英国，认为与保护荷兰自身具有同情的重要意义。”

大英帝国认为亦有与法国合作的必要，因为后者必须保卫其属地安南。

然而，我们晓得，足以决定太平洋势力分配的最大问题，即为英美关系的问题。（我们均认此为资本主义列强。）今年正月间，美国代表与英法二政府举行关于日本破坏海约的谈判，即可认为英美法三国为拥护其太平洋的诸利益而出以共同合作的初次表现。一切情势迫使他们不得不趋于合作。但很难因此便说情势应该如何推进，英美二国才能真正出以共同行动。不问在英国或在美国，均有一批极有势力的孤立派，而彼辈不特不希望且亦不愿听关于英美合作共同制裁日本侵略者，甚而讲求适当防卫侵略的办法。从另一方面看，英国统治阶级如今已采取公开地与欧洲侵略者谈判的政策，恐将会加强美国布尔乔亚集团的势力（例如摩尔根一流人），进而反对美国和其他国家，共同来防卫侵略者。张伯伦政府所采取的政策，极有利于日本帝国主义者，因为此一政策不独不能改善，反而恶化了英、美二国合作的前途。

（原载于《中苏文化》第 1 卷第 12 期，1938 年）

日本侵略者与在华各列强的权益

[苏联]G. Boldarev
景吾 译

日本的“善意特使们”和许多的外交官，日本的政治要人和将军都并未放弃和平。日本也不追求在中国的领土占有，日本在中国的军事进攻，其目的只是促进和中国“谈判”关于中日在东亚方面的“合作”。虽然从上世纪七十年代末起，日本就是中国领土的第一个掠夺者，并且直到最近的许多事实，都极显明地反证出日本的野心，甚至尚有不少的某些国家的政府，还相信是这样的，并根据这点来树立他们对中国事变的态度。

但是，如果还停留在关于日本帝国主义再夺占中国省分之最终目的这一问题上面的话，很显然的，日本的资本现在是已将这些省分当作自己的财富来考虑了，并在这些省分中尽其全力来巩固和管治其利益。

目前日本的刊物和报纸，全都在登载日本资本在强占中国的领土上进行“开发”的设计和各种各样的计划。军事的占领已日本的“取引所”开放了掠夺，他们老早就渴望着中国人民的财富和中国之巨大的自然资源。财政资本的强盗，都群相争逐为日军所造成的混乱，在占夺的领土上争先恐后地来巩固其经济活动的各部门，以便获得殖民地利润的来源。无数的机构和设计，都是早已标准好了的，并且这般首领都很喜欢完成日本的大公司，在台湾、高丽及近年来在满洲的搜括，使这些强盗头子已有了极丰富的经验，因此他们这次在华北各省“顺利地进行”。

华北五省之于日本帝国主义，恰是一大块肥肉，因此，他们积极努力在满洲和华北造成强大的军事根据地，以便实现将来占领东亚的计划。这些省分的地面，约占全中国领土百分之十和占全中国百分之二的人口，耕地的面积到降为百分之三十，因为这些地域中有百分之二十六的耕地是种植棉花，煤矿占去百分之五十四，铁矿占百分之十五。因此，这便成为对于日本帝国主义的吸引力。

由于东京方面经常都在露布这类消息，所以被引动了不只是日本大公司的个别努力，并且这惹来了在华北作经济活动之主要部门的、为日本资本所占夺了的总机构。

首先侵入华北的产业部门，即是背后站有日本政府的日本经济首领所经营的运输业（同时，已设计好了具有战略意义的诸路线），其次便是铁矿、石炭和食盐的工业与棉花。尤其是为了取得中国棉花，他们在主要的市场上以收买来竞争，但极不顺利的商业行市，结果使日本尝试到很大的困难，因此，日本工商省大臣建议在天津组织贸易的大竞争。

提议在占领的中国省分内开发自然的富源，来适合日本大公司的口味，如由日本五金工厂的联合公司来经营铁矿，煤矿则分给日本石炭工业的联合公司等是。

在努力为自己保证对华北的广大影响中，半官式的"南满铁道株式会社"表现得特别积极。很明显的，这个公司在满洲执行日本夺占政策中，是具有特殊作用的，这个公司的总经理，即是那位声名狼藉的松冈洋右，他曾提出了开发华北的最特殊的"五年计划"草案。为要实现他的计划，他要求要八万万元日金，其中有五万万应归日本的大公司投资，其余的三万万则由满洲和华北的当地资本家负担（见一九三七年十二月十日的英文《平津时报》）。铁道建设、铁矿工业以及具有军事意义的各企业，均归日本政府直接监督，

同时，日本帝国主义亦极注意在占领的中国土地上执行其殖民政策，并以"中国是中国人的"这一欺骗的口号为借口，日本军阀便在这些区域里组织了许多新的傀儡政府。日本强盗不愿意看见这个占据了全中国人民之广大的民族解放运动，日本帝国主义的打算是在幻想使他的傀儡在中国各省中得有长期的巩固，而使其成为此等省份之命定的成功者。

日本强盗还稍感不安的，就是她和在中国各部占有巨大利益的其他列强之相互关系的问题，并且最主要的，正是在属于日本所占区域中有着权益的国家。

很明显的，在中国国民经济的各部门中，都投有巨大的外国资本，当资产阶级的美国经济专家锐米尔的任上，他曾认为在中国的外资常涨跌于三万万与三万万五千万元美金之间，其平均数目约为三万万三千万元美金（据一九三三年纽约统计数字）。根据某些统计看来，这个数目在最近几年中还大大地增加了。特别是英国在华的股资，据这位作者估计，一九三一年缩为十一万万八千九百万元美金，在目前这笔数目之多，应介于十三万万与十四万万元之间。

同时，英国的投资就有四分之三是在上海和长江流域——为货栈，吨船，铁道，银行和轮船，现在这些东西正遭到日人的轰炸。

英国投资分布到中国经济的各部门。他们几乎在进出口的装载，在运输工具，在商业机关以及在再制工业的企业中都是同样的数目。英国的投资广泛地分布到中国的铁道建造方面，特别是在联络全国重要城市如上海和南京、北平和天津、广州和汉口的铁道干线方面。同样，在中国航业和信用制度中之最大的投资也是属于英国的，他如银行——汇丰银行和巨大的伦敦银行实有其密切的联系，因此他不仅是中国内地金融的储蓄器，并且这在为中国资本与国外市场的流通服务。在上海、在香港和在天津的许多不动产，一直到现在，它的最高收入，这是属于英国的资本。

美国在华的投资，虽然在数目上（约二万万五千万元美金）占着次于英日的第三位，但亦有其巨大性。美国在华的投资，大半在和国外贸易有关企业方面（商店、堆栈、煤油等）。分布在相当于英国所有企业的大多数企业中，都有美国的利益。在上海一地就集中了美国投资总数的百分之六十五。美国投资特别巨大的是在上海的公共企业。上海公共租界的电站和上海的电话，估计有三千五百万到四千万元美金，都是属于美国的。美国在中国开设的商店，如汽车、电报和电话用具。并且在中国航空业的发展中，美国也具有极大的作用。美国的银行、铁道和航空等工具的投资，造船业、烟草工业以及其他许多的经济部门，正辅助着美国在华的投资。

其次的在华外资（现已不下二万万元美金）则属于法国，法国在华的投资，在最近以来差不多分散到中国政府的外债和各种商业企业方面。投在云南一省的，仅为三千万到三千五百万元，在云南的法国投资，为联络本省主要城市与安南的铁道，而其余的六千五百万到七千万元则为法国在上海方面的商业投资。

法西斯的德国虽在近数年以来曾竭力企图扩大其在中国的影响，尤其是对于日本在华所占得的土地存着与日本合作的热望，但目前的德国在华投资并却不很大。

其他列强在华的投资，为数亦不很大。所以在工商业和财政方面的势力，近来除了日本而外，主要的国家就要算英美和法国。

从日本占领满洲后的数年以来，日人曾采取了许多的方法，来排除她在中国有时直接和间接影响诸省中的非日本企业，其最好的方法便是武力压迫。满洲已建立了日本的傀儡国，那里的一切实权都操〖在〗日本驻军和日本行政机关之手。在那里的外人商店，和日人资本比较起来，至少是处于不利的地位。

一般外国的居留民，都带着极凄楚的心情，坚决主张应遵守《九国公约》所定的“开放门户”条约，而日人则把这种平权解释为除了她自己之外的其他列强所享有的门户开放，仅是开放门户使他们好从满洲市场逃跑出去。

一九三四年四月的天羽声明，即说明了日本才是东亚“和平与秩序”之唯一的负责保护人，对各列强建议：按照一切的问题来说明她的权利与保证她在华的利益，都应预先征询东京的意见，说明这只是为了她有权来商讨什么是对于中国好的和坏的。

这个声明曾引起各列强的抗议，特别是英国的最“友善的咨询”，日本则照例回答了一套，说什么尊重《九国公约》与“门户开放”原则，以及决不损害各国利益等。但表现在他的声明里的，是日本至少是公开地没有放弃她的主张。

在同年十一月里，满洲“政府”所颁布的关于满洲煤油的专卖，证明了日本已从口头过渡到事实了。这事正直接地打击到英美油商的利益。英美两国的新抗议，仅得到日本极讥讽的回答，认为这是满洲伪国的“内政”，应竟向这个国家的“政府”去交涉。很明显地，日本是想用这种方法来造成各国对满洲伪国的承认。

还不到一年，日本又采取了新的手段，来颠覆列强在华的权益企图。以非法的大批走私，来强迫中国政府减低日货的关税。日本经过冀东伪政府——日本军阀一手造成的傀儡——的领地，将大批私货侵入中国内部各省，日本私货的猖獗，还不到一年（从一九三五年八月至一九三六年五月）的功夫，就使得天津海关的收入损失约三千万元的华币。在一九三六年中，由于走私的结果，中国政府损失了六千万元华币的关税收入，很明显的，首先就损失了中国对外债的保证。除了日本走私使得中国遭受巨大的经济损失之外，自然还大大地在这方面排挤了英美及其他各国所经营的同样商业。但必须记住，日本强盗这种非法的恶行，对于她所期望的好处却并未达到。

从一九三七年的七月起，日本不仅在满洲，不仅在华北，并且还在上海一带和中国其他各地进行着公开的战争。日本帝国主义的军队已侵入了中国的腹心——长江流域，并疯狂地在华南进行广泛的战斗。同时，日本侵略者不仅不把外国列强在华的权利放在眼里，并使人可以料想到将更有力地来断绝列强在华的利益。

除了直接地破坏列强在华的权益和企业之外，日本还在她所占领的港口如上海和天津等处消灭了列强在中国的利益。中国在最近数月来的对外贸易，亦大大地缩小了。尤其是在上海的商业，平时经由上海出口的财物约占中国对外贸易的百分之六十。上海在九月里的输出和输入比较七月份已从一万万三千万元华币缩减到三千五百万元。同时，在入口方面，由七千八百万元缩到七百万元，出口方面则由五千三百万元缩为二千八百万元。特别是英国对华的输入，九月份就比七月份缩小了百分之七十七。在同期中，美国甚至缩小到百分之八十六（见一九三七年十月二十七的英文报《金融与商业》）。

最近数月的中国对外贸易，经过香港方面虽有些增加，却远不能赔偿英国在中国贸易的损失。甚至香港亦有可能与中国隔离起来，甚至为日本所占领。

一种中国杂志，曾充分起指出了日军占领满洲后之可能的前途：很明显的，英国是不会关心到她在满洲的权益已稍为受了损失。杂志写道："可能发生的，只是她如果不警醒的话，在一个显然的损失中，他就会错过时机，并明白香港这个小岛会陷于日人之手，并被包括到日本大帝国的领土中去。"（一九三二年十月十八日的《中国论坛》）。

当时的这个警告，似乎还是一种幻觉，现在这个实在的"幻觉"，已经在英国保守党人的阵营中唤起了急紧的呐喊，对侵略者袖手傍观的徒众，到现在也相信了。现在可说是这些对侵略者袖手傍观所应行偿付的代价，对于在华占有巨大利益的列强，已较他们所期望的进攻得更加迅速了。

（原载于《中苏文化》第1卷第8期，1938年）

日本永远不能征服中国!

Habert S. liang
正明 译

一年半以前,我写过一篇文章,提出了这个问题:“日本能够征服中国吗?”在那篇文章中我建议:在想回答这一问题之前,须从下列观点上来考察一下某些基本的远东形势:

(一)从日本的观点上考察。

(二)从其他有关系的列强观点上考察。

(三)从中国自身的观点上考察。

让我在这篇文章中来引起几段,看看过去九个月内有些什么启示,并来观察当前局势中的几个指示:

> 虽则日本在某几点上已经成功了一个近代的强国,我写着说,可是日本仍然是一个帝国。不错,它曾经兼并了朝鲜,攫夺了台湾,占领了满洲,而现在正向长城以南逞兵进犯。但在任何这些地方内,日本所感到的安全究有多少呢?朝鲜人民,台湾人民,以及满洲和华北的中国民众,当日本同某一强国引起战争时,日本能有什么保证担保他们不会乘时起而反抗?
>
> 首先,日本不能有真正支配它的征服人民来崇拜与尊敬的固有文化与文明。讲到古代的东方文化,日本人民不得不仰望于中国,中国供给了日本文化的大部份,讲到近代的科学文明,日本也不得不转其目光于西方各国,因为日本只是一个落后的模板而已。
>
> 其次,日本对其征服人民的统治,完全没有政治家的风度。它在朝鲜已统治了九十年,可是直到现在没有一个朝鲜人民曾以自己的意志,写过一本颂扬日本帝国仁政的书。凡是有自尊心的朝鲜人,如果你秘密的去

问他对于他的祖国的统治者们的意见，那他一定在坚定的甚至在猛烈的语辞中表示他对于他的压迫者们的怨恨与愤怒。从有清洁的街道，改良的卫生状况，漂亮的汽车路以及广大的工业化，可是朝鲜人民的命运比二十五年以前不仅没有变好，反而在实际上恶化了。到处呈露着不满，共产主义思想普遍盛行于这不幸的朝鲜全国……朝鲜学校按时受日本警察的搜查，千百学生在“赤化”罪名下时受拘禁，“赤化”只是谋反的别名而已。

最后，日本的实际的或期望中的资源，不足以资助征服像中国这样的一个大国。它征服朝鲜，费时十余年，耗费日金亿万元。日本要在铁蹄下完全粉碎中国，即使能够成功，可是不知将要经历多少时日，耗费多少资财。何况日本国内状况普遍地悲惨，它已再也经受不起征服四万五千万中国人民的那种冒险的压迫了。

至于讲到其他有利害关系的列强，特别是英、美及苏联，他们现在显然地已经看出：日本的征服中国，假定能够成功的，其意义就是将它们在远东的政治、经济、文化等的势力与权利完全铲除。他们能够袖手旁观吗？他们能愿意将那费了许多年功夫才建立起来的亚洲堡垒放弃吗？

至于讲到中国自身根据现在的状况，它不愿且也不能未经猛烈斗争，就屈服于日本，而这一个斗争可以延长到多年。问题是在于（其他的理由姑且不说），而日本能不能在经济上支持这一个长期的斗争。即使中国是暂时的被迫屈服，然而中国人民是否愿意长久屈服，特别是屈服在像日本那样的一个国家手中，这是极端可疑的。如果我们的历史是具有任何意义的，那末它教导了我们两件事：（一）中国有同化征服者的巨大力量；（二）如果它不能同化征服者，那末建[将]在最后往往推翻了征服者。以这一个历史背景的观点来看，所以日本是正在努力利用一种新的或依然是老的策略企图奴役中国。这个策略就是“以华制华”。

过去九个月内的种种事变，是测量上面那些观察的正确或不正确和真实或不真实的最好尺度。

首先让我们来观察一下日本。它挑起这一个战争，充分显出它是完全荒谬和愚蠢，不像一个近代帝国。如果它能够多少忍耐一些，那末它是可以避免这个战争的，而且不致于陷于目前的这个可怕的僵局之中，它现在要想解除这个僵局，是非常困难的。日本军队在占领区域所犯的种种野蛮的残酷行为，已暴露出它狞恶的面目，那种可悲的日本军队之缺乏纪律和统制，不仅只含有军事上的重大意义，并还有许多其他的重大影响。这种残酷行为，已经最有成效的使中国民众的心中印入了恐怖与仇恨，而日本在他们的军事冒险中如欲获得成功，那末中国民众的合作与拥护他们是必须要估量到的，日本最高统帅间的妒忌与冲突，已经是公开的秘密，而且使军队进行大受阻滞，并且他们极力巩固占领地区的那些手段，只是暴露日本不适合做一个近代征服者之另一个显明的证明而已。它在被占领区域内之贿赂与腐化的横行，这对所谓武士道的传统精神说来，确实是不大好听的。

至于讲到日本的国内状况，战争所给与它的影响，确实是只有恶化。政治冲突、社会不安和经济困难，自战争爆发以来，有增无减。战争延长下去，日本国内状况的恶化，必然将更形增加起来，日本的最后崩溃，将在什么时候到来，那是很难说的，但确然的，战争继续下去，它的困难和军事费用，将继续累积起来，这就迟早要使日本发生国内革命，而且我们还没有将日益增长的国际复杂状况计算在内，国际的复杂状况，由于一个或几个主要列强集团在中日冲突中有根本的利害关系，正在向大战的最高峰不断地发展上去。

不错，所谓民主主义的列强对于日本的侵略，并无直接的或间接的阻止。但是现在有许多证据可以指出：它们对于日本侵略威胁所引起的影响程度，乃广大的牵涉性，最终是会觉悟过来的。我们只要看看各国的空前的和无可比拟的海军建设和扩军计划。不过希望任何一个列强会为了中国的利益出来战争，那是政治上的神经过敏，但是以为英美苏联和法国不经一战就将他们在远东的地位和利益轻易让给日本那也同样是不正确的。蒋介石将[校]长虽说"日本如不能将欧美的势力与利益逐出远东，它就永远不能希望征服中国，无论如何日本单独一国是决不能征服中国的"，他的话显然地是正确的。

至于讲到中国，过去几个月内的种种事变，特别是最近几星期来的情形，已经决断地证明中国不但能够打仗，而且可以打得很好，这对于日本是最感棘手的事情。中国政府与人民，虽则已经受了许多可怕的痛告[苦]与损失，但是抵抗暴日的意志与其说是削弱，毋宁说是更形增强了。军事上、政治上、经济上，同时心理上，中国全国都是很坚强的，正在准备和巩固实力，以应付长期的和拖延的战争。在中日战争实际爆发之前，某些人是不免有些怕同日本战争的心理。但现在战争已在猛烈地进行中，政府一些没有给那种无力的恐怖心理所支配，正在用着新的勇气和新的最后胜利的信心在勉力向前迈进。人民对政府表示了无条件的信服和拥护。这是从前所没有的。全国也获得了空前未有的政治上的团结，这种团结，是深深地树根在客观环境之中，随着此种状况的永久继续下去，当前局势的性质，可以保证它们必然会继续下去，那末中国在这一次战争中必然获得最后胜利，是毫无问题的，两年之前，我的问题是“日本能不能征服中国”。我那时候的回答是有条件的，就是除非中国自己屈服，日本是不能征服中国的。现在我对于这个同样问题的答复是：日本永远不能征服中国，因为过去九个月内的斗争，已经肯定地证明中国是不能征服的！

（原载于《中苏文化》第 2 卷第 1 期，1938 年）

日本在侵华战争中的消耗

[苏联]L. Perov
洪极平 译

一九三一年,日本悍然占领了满洲。然而满洲的占领,仅可被认为是新战争的序幕,而此新战争的目的,却在于使全中国隶属于日本帝国主义者。须知道,在一九三一年的满洲事件与一九三七年的芦沟桥事件之间,实存在着极其直接的关运。

依据日本军阀的计划,占领满洲必须具有二个目的,即(一)获得经济权益;(二)获得侵略大陆的根据地。

随着满洲的占领,日本军阀便公开地掠夺中国人民。为着开辟武装移民,飞机场与公路等等,它曾掠夺了颇大颇多的土地。多数的耕地,此刻都移归到日本军阀与资本家手里了。日本帝国主义者强迫大批满洲农民离开自己的耕地。日本帝国主义者不仅将满洲整个的国家机构掠夺在自己手中,并将岁入的一切来源,东省各银行的全部财产,税关,铁道及其他大企业(例如沈阳兵工厂)尽行没收。然而日本的各种计划,却出乎东京意料之外,在推行上遭遇着种种的困难。

满洲冒险的结果,并不如日本军阀所计算的,获得那么多的经济上的权益。自占领满洲后,日本政府为着维持镇压正在生长中的义军活动与巩固发动新战争根据地所必须的军队计,每年不得不再支出庞大的经费,在这几年里面,日本国家预算中,均有一条“满洲事变费”的特别条款。这笔经费专用在镇压满洲义勇军与强化满洲军备,其数目如次:一九二一年——五千四百万日圆,一九三二年——二万万八千八百万日圆,一九三三年——一万万九千七百万日圆,一九三四年——一万万五千八百万日圆,一九三五年——一万万八千一百万日圆,而一九三六年则为二万万日圆。由上面的数目看来,我们已经知道日本政府在占领满洲的这五年内,仅一直接的军事费,已有十万万七千八百万日圆之巨。

此外,在日本军阀压迫下,在满洲曾经再强制征收了将近十万万日圆(以南满铁道会社及与之有关的各会社为征收之对象)。要是我们将军队经常费与扩充费、空军与海军之扩充费等等同时算入,则满洲冒险一举,诚非便宜的生意。

原来与满洲占领有关的各种开支,不过仅为日本军费的一部而已。日本军费的逐渐增大,仅看其历年的国家预算(虽则不能表现其全数)便能知道一个大概。在中日战争未至一个新阶段之前,一九三七—三八年的日本国家预算,已经确认为二十八万万七千二百万日圆,即此数目几等于一九三一—三二年的国家预算的二倍。谁都知道,在日本的国家预算中,军事费系占最大的部份。还有一点,我们必须知道的,即日本陆军省与海军省的经费的增加速度,实超出其全部国家预算的增加速度。要是自一九三一年至一九三八年间的国家总预算仅增加二倍,则在这期间的军事费的开支却增加三倍。预算中的军事费的大见增加,仅看下面的数字便能窥视一斑:一九三二年度的军事费(依据国家预算)为四万万五千五百万日圆,即等于国家总预算的百分之三一;一九三三年度——六万万八千六百万日圆,即等于国家总预算之百分之三五;一九三四年度——八万万七千三百万日圆,即等于国家总预算的百分之三五;一九三五年度——九万万四千二百万日圆,即合总预算的百分之四三;一九三六年度——十万万三千三百万日圆,即合总预算的百分之四七;一九三七年度——十万万六千万日圆,即合总预算的百分之四六;一九三八年度——十四万万一千一百万日圆,即合总预算的百分之四九,若与追加预算在一起(见下述),则为四十万万一千三百万日圆。

我们必须明了,军事费不仅指陆军与海军在预算中应得的数目。日本经济学者柳新太郎在一九三七年一月号《改造》杂志上曾说,国家预算中的所谓行政经费的一大半,可说都是变相的军事费,例如军用医院的经费,全国征兵处的经费及军营与打靶场的建造费与修理费等均由内务省支给军事研究院、暑期讲习所、实验室及储蓄燃料(如汽油、煤油等)所必要的各种经费,却编入商工省的预算中。除此而外,犹须支出一笔与备战有关的偿付国债利息的巨款。

一九三八年度的国家预算似乎不够分配。日本军阀似乎又计算错了。他认为仅费吹灰之力便能占据华北,破坏中国人民的反抗行为。因为错算的结果,日本帝国主义者在第七十一届非常议会中不得不再提出五万万三千七百万日圆的追加预算(此追加预算本不算在七十届议会所通过并确认的十四万万一千一百万日圆之内)。

事件的演进告诉了我们,中国人民欲为自由与独立而实行坚决的抗战。战争成为长期的。这需要更多更大的战费,而日本政府不得不再召集第七十二届的非常议会,对议会提出二十万万六千五百万日圆的追加预算。这样一来,一九三八年度的日本的军事费(依据预算)即为四十万万一千三百万日圆。换一句话说,一九三八年度的军事费已经超出五年来的满洲事变费的四倍,再夸大一点说,一九三八年度的军事费几等于中日战争至新阶段前的五年来的军费总数。

日本军阀预定了这数目还不够应付战局。据《保津报》的报道,日本军阀曾要求在作成一九三九年度的国家预算时,仅对华作战费的追加预算(国家预算中正常预算犹不计入)须增至四十万万日圆。

日本的军事冒险,深深地反映到它的国民经济的状况上面。要是一九三二年度的军事开支合日本国民收入的百分之四·五,则一九三六年度却合百分之八·一。而一九三七年,因与中国发生战争,差不多全国的国民收入的三之一都被吞食殆尽,下面一表即表示了日本国民收入与战费变动的动向:

	国民收入(单位:百万日圆)	军事开支	军事开支与国民收入之百分比
一九三一年	一〇·〇四三	四五五	四·五
一九三二年	一〇·二二九	六八六	六·七
一九三三年	一一·四六九	八七三	七·六
一九三四年	一二·〇二九	九四二	七·八
一九三五年	一二·四八二	一·〇三三	八·三
一九三六年	一三·一〇九	一·〇六〇	八·一
一九三七年	一三·七三六	四·〇一三	三〇·〇

很显明的,这种庞大的非生产的国民收〖入〗的之被吞食,将对国家留下一个极不良的结果。为着两相比较起见,我们必须指出:英国虽随着扩军计划的加大而军费大见增加,然而它此项经费只不过仅等于国民收入的百分之十弱而已。我们必须知道,日本比英国弱得多了,日本的国民收入等于英国国民收入的百分之十七、美国国民收入的百分之四。从国内榨取战费,不能避免地将引起日本内部的不安与经济的破产。

为着从人民榨取必要的战费计,日本政府不得不走发行公债与增税的一途。日本政府在事实上，已经禁止凡与军事工业无关的各公司发行有价证券。此种方策的目的，在使各公司有多余的资金可投入国家证券。换言之，即借缩减非军事工业的投资以期公债的畅销。

日本政府借着资本统制法的帮助，欲利用保险公司及其他各种公司的资本。此举当然唤起了有关各方面的不满。政府虽已开始以半强制方法（经信用机关、各种各样的经济组合及其他各机关）推销公债，但其结果却不十分圆满。

公债的滥发，不能避免地将会唤起税额的增大，因为租税即为抵销还回债务的基本来源之一。仅以国税而论（地方税除外），居然从一九三二年度的七万万三千五百万日圆增至一九三八年度的十二万万五千万日圆了。租税的增大，仅看下面的资料便能了然：一九三二年的税收为七万万三千五百万日圆；一九三三年度——六万万九千五百万日圆；一九三四年度——七万万四千八百万日圆；一九三五年度——八万万四千三百万日圆；一九三六年度——八万万九千九百万日圆；一九三七年度——九万万二千三百万日圆；一九三八年度——十二万万五千万日圆。（这些数目均摘自国家总预算。）

租税使日本劳动者加重了负担。在租税中，间接税形成是重要部份，而此税很迅速地反映到劳工、农民及小资产阶级的经济状况上。

一九三八年度的国家预算中的租税，而与一九三七年度租税比，差不多增加了三万万日圆。自中日发生战事的日子起，新税的增收约为一万万，资本家们为着使这些负担加在劳工身上，马上设法提高商品的价格。依据一九三九年度的预算，租税将要再继续增长。

满洲事变费与对华作战费的庞大支出，证明日本帝国主义者对中国所进行的侵略战争不仅在反对中国人民，并且在反对日本人民。劳工备受了惨无人道的剥削，农民贫困到朝不保夕，而小资产阶级则全行破产了。

以暴力压迫人民，严厉取缔劳工团体，即说明了不满的声浪之增高。

中国人民英勇的反抗，即说明了此次战争是长期的拉锯战，将给日本一个不可收拾的恶果。

（原载于《中苏文化》第1卷第10期，1938年）

日本侵略中国的阴谋

［美国］N. Petter
金戈 节译

原文见《纽约时报》，虽其论述之事实多成过去，但作者对于全部问题的剖析，证以战争进展的过程及前途的发展，实具有精辟的见地，故节译于此以供参考。

——译者

日本在战前所公布的战略计划，现已实际来执行了，对南京广州和其他城市的轰炸，沿平汉铁路以其强大的军力向华中进攻，山西和绥远战争的扩大，这都是铁的事实。

最初日人希望将争端限于“地方”事件化，现在已完全绝望。

最初日本帝国主义侵华政策的中心点，是要澄清冀察两省中国军事和内政方面的一切遗痕，如果将一切事件当作地方事件来解决，那自然将得到和平，而中国则失掉两省以上的土地，可是中国并未接受。不仅地方军事当局不愿如此了结，而且华军从国内其他地方开回原来所退让之各地。于是华人集中其兵力于北平南郊，另方面又集中兵力于上海附近。日人所希望的是地方事件，而华人则视为全国问题。

大规模战争首先在上海爆发了。但这种事实并不是日本所不欢迎的，因为这样可以延滞华军对北平近郊的增援，而日方则有充分的时间尽量地增加兵力。但是地方化的政策和不劳而获华北两省的企图，从此打消了。

于是，两方面的军事政治局都明白了，日本为了“一劳永逸”之计必将在这次求得彻底的解决。这虽不为官方正式承认，但趋势如此，无庸讳言。既是日本极力想把中日关系求得“根本解决”，日本当然要采取“进攻”方式。无论其目的在使中国“反省”或者考虑。但在任何情况之下，他们必将进而为全面战争，日本欲使中国最后失败求“一劳求逸”之计而令中国纳降。

日本战略的中心原则，是要击败中国抵抗力的主要据点，扫除日军心目中所认为障碍的一切，要像一九三三年建立伪满那样的迅速和便利。最近的军事动作，完全是根据这个原则的，所以他们决定要击破南京、占领上海。日本战略的另一部分是夺得北平到黄河边的领土而保持之，一气攻下保定。如保定被得则沿津浦路直到山东，于是河北即属于日本，山东可加以压力归诸日本，沿津浦路过黄河而直到扬子江

同时，向西北的绥远、察哈尔、山西迈进。这里有两个目标是可以看出的。第一是根据原来的计划，使华北五省脱离中国而建立一种假名自治的状态。这样日军或者侵略的份子可以参加其中，于是解决了获得热河以后的一切问题，中国从一九三〇年以来着着北进，致使日军恼怒，尤其在绥远战事中使他们先丢其脸。第二是大亚细亚战略的需要，必然有这种推动力。

这里既有所谓局部战略和广阔大陆战略，而远东的趋势又将何如呢？第一是中国自己去作。第二，所谓大陆政策，其中大部分要加入苏联的因子。讨论到苏联，这里有件事是必需的……日本企图获得相当的局势而截断西伯利亚的联络，且日军将直趋西伯利亚而截断西伯利亚。此计若成，则苏联的远东将与欧俄隔绝，并且苏联也与中国分离了。

如果日本的战略胜利了，……新疆与西北的公路必将有截断之可能。日本占领山西之目也就为此，所以关东军尽量地向山西开进。

总而言之，远东近来的事件无论其如何混乱或所见如何，总是有系统地展开而且有两种趋势。第一个趋势，不管宣战与否，日本已派遣军队进攻中国。这是一个帝国主义者对被压迫民族的战争，同其他大战是不一样的。第二个趋势，无论战争是局部的、暂时的、突然的，日本是根据固定的计划在进行，她的军队在一年以前就决定了要向大陆扩展的。

（原载于《中苏文化》第1卷第4期，1938年）

日本侵略者的后方危机

[苏联]Sokorov
洪乐平 译

日本军阀每于其国内发生激烈的动摇时,便开始向外进行政治的冒险——这是日本侵略发展中每一新阶段的主要特点。反动的、腐败的政制,为着保持其统治地位所采取的陈旧的、经过试验的、同时又是最后的手段,便是将国民大众的视线从内部不安移到对外冒险。这手段曾为日本帝国主义用以抑压其愤怒的民众。我们即在欧战前的日本帝国主义的所有举动上,亦可肯定地看出这个动因。欧战后的日本亦应用着同样的手段,不过其表现更来得鲜明而已。我们知道,在日本举行武力干涉苏联前(一九一八年—一九二二年),国内曾发生日本史上最奇特的所谓"米骚动"的阶级斗争。谁都知道"满洲事变"发生于经济危机最深化的一九三一年秋,而该时适逢日本革命怒潮最高涨的时候。

无疑的,日本帝国主义现在对中国实行新侵略的最主要原因之一,即为其内部经济危机日深,在统治阶级授意指挥之下,欲在新冒险中求其运命的出路。

法西军阀曾以"非常时期""一九三六年与一九三七年危机"的狂妄宣传,而举起爱国排外的、法西斯的、神经质的号音,终于使舆论惊扰不安。由此一点,便不难看出统治阶级因面向着已成熟了的国内动摇,而感觉到严重的恐慌。

由于战争与增发纸币所产生的情势,使日本帝国主义的工商业的繁荣与进境,在去年底便暴露出无力——尤其是金融上的无力。

日本国债在一九三二年为七十万万日圆,而在一九三六年增至一百万万日圆。然而到一九三七年,竟增至一百二十万万日圆。此项数目比"满洲事变"前的数目增加至二培[倍]有奇。日本统治阶级因有不知止境的举偿,而几乎陷入无法清还，每年息已达到五万万五千万日圆的困境。日本越来越困难，偿还军需原科[料]的货款，因为此款的巨大，远非微小的日货出口所可抵偿。日本的对外贸易的平衡始终处于负债的地位。在一九三七年上半年，日本入超几至六万万四千一百万日圆之多，截止一九三七年九月止，日本之负债的贸易平衡已到七万万八千六百万日圆。此数目已经超过一九三六年全年度的入超一万万三千万日圆了。七十届议会所确认的三十万万以上的庞大的预算（其大半即指用为陆海军的军事费），在开始向中国实行新进攻的最初几星期内，已经以华北与华中的军事的临时费而揆用净光了。据欧洲报纸的计算，日军侵华每日需用二千万日圆，每月六万万，而四个月来的战争，使日本耗费二十四万万日圆。再据伦敦《泰晤士报》的报道，一九〇四——一九〇五年的日俄战争仅消耗十八万万日圆。

有加无已的增发纸币终于使国家陷入财政破产的泥潭。为着统治的法西斯军阀的冒险企图，广大民众的生活正不断的在昂贵，加重了劳工对各种租税的负担。

我们知道，日本国内，一面有少数与军事工业集团（军事机关的中间人，直接与鼓惑战事有关）有关的人大发其财，一面有大多数民众不得其所，而陷于贫困的状况。这便是国内阶级力量之极端分极化的表现，此种分极化的现象，始要使日本帝国主义的内政，在今日发生极大的困难。

十足的代表着日本布尔乔亚的经济杂志《中央公论》（一九三七年二月号）对于这事曾作了一个胜于雄辩的调查：属于三井会社的室田根炼钢厂，在一九三二年上半年曾获利二十七万五千日圆。此数目对资本金一千五百万日圆的比例，仅等于三分七厘，然而一九三六年下半年以同额的资本竟得一百九十万九千日圆的纯利。所以，纯利在四年半中间，竟增加至七倍之多。三菱合资会社在一九三四年下半年获得二百八十万圆的利益，而在一九三六年上半年竟增至四百八十五万圆。

然而反映现代日本经济之真正状况的不是拥有庞大资本的操播日本所有工商业一大半的八大兄弟会社（三井、三菱、住友、安田、涩泽、滨口、川崎、近池），不是昭和天皇，也不是陆相松山，五百万工业工人中的任何一人的生活（工资甚低，平均一昼夜仅有一圆至二圆之谱，且以此区区的工资维持四五个家属）更能更鲜明地反映出国内的现实的情况。

在这关系上，连日本的银行欲统计待遇最高的都市劳动者（约有二百万人）的“平均工资”亦不得不依据以下的最近工资的运动表。工资的指数如下：一九二六年，一百圆；一九三一年，八十九圆七角；一九三三年，八十五圆一角；

一九三五，八十一元三角；一九三六年，八十元七角。

然而，在不断地增发纸币的条件下，额面工资的增减数目，一点也不能反映劳动阶级及所有劳苦大众的生活水平之有系统的低减。在这个条件下，因货币的购买力日渐降低，国内的必需品的价格日高，使大众的生活水准降低到半饥饿的状态。

《圆棹》月刊所公布的关于工资对零售货价格的指数变动，很真确地指出了如下的状况：

货价与工资的指数

年	货品零售价格（一九一四年等于100元）	平均工资
一九三一年	一三六	九一·三
一九三三年	一四六	八五·一
一九三六年	一五九	八〇·七
一九三五年正月	一五〇·九	八二·三
一九三六年正月	一五六·八	八一·〇
一九三七年正月	一六九·八	八〇·九
一九三七年二月	一七〇·七	—
一九三七年三月	一七一·〇	—

根据日本的统计，日本劳工家庭平均生活费的最低限度为四十八元一角七分。然而一九三四年的劳工家庭的平均收入仅为四十三元五角三分。由此我们知道，在一九三四年，日本的劳工家庭已经每月不足四元六角三分了。假使我们同意于非纯客观的日本的统计并予以采用（即自一九三四年因基于价格的升高——在一九二九年正月，曾升高百分之三十——而生活费的最低限亦提高），则每个劳工为满足其最低限的必需，每月已经短少了十五元以上（有计划的削低工资犹不算在此内）。

我们仅指出日本无产阶级在生活水平上所受的看不见的黑暗面。假使除此而外就不去计算缺乏社会保险、缺乏拥护工人利益的工厂法等条件，便不能算是完全。本质上说来，在日本，没有法定的劳动时间。有些企业甚至有工作十八小时的现象。日本劳动界的主要特点，在于以契约基础的特种雇佣制度（此契约系缔结于劳动者双亲与厂方之间）、兵营式的工厂制度，在此种制度下，劳动者不仅不能与外界发生任何接触，连他个人的信件亦为厂方所监视。

在最近几年，竟盛行着所谓“临时劳动制”，此种临时劳动者，平均仅可得基本劳动者的一半工资。这些“临时劳动者”，甚至不能享受基本劳动者所享受的那些有限的“特权”。在企业里，熟练工人有计划地被工资甚低的不熟练的童工与女工所代替了。最后，还须特别提出日本企业所采取的秘密警察、法西斯恐怖与间谍等的微妙制度，而此制度的目的在于镇压工人间的“危险思想”。

“非常时期”的最近几年预备“大战”，尤其对中国展开新冒险的这几个月，使工农大众倍加劳苦，因为统治阶级在他们肩上放下备战的主要重担，迫使他们去实行侵略者所拟的掠夺计划。

毫无疑义的，在日本国内基本阶级的极端对立日益尖锐化时，日政府为解决其内政困难，始展开了对中国的新进攻。

工农斗争的增涨

关于这事，我们可从战事未爆发前日政府所采取的镇压民众的各种方法看出。警察、宪兵、司法省、文部省、递信省等享有非常时全权的各机关，虽则全体动员以抑压民间的反战思想，然而任何抑压手段，终于不能制止民众反对日本帝国主义出师中国的声浪。

在军事检查制度之下，我们时常可以听见民众反对军阀进行新掠夺战争愤怒的呼声。

冈山社会新闻好容易通过了严厉的检查，而在不久以前发表一论文说：“现在，在我们头上，好像有一团黑云似的，有一种看不见的黑暗的力量……在现在这个反动时期，所有民众（除了属于有产阶级的那些人）都失掉了所有的政治自由。关于这个，虽不许说，但却是事实。”

加强中的日本劳动阶级的革命运动，竟克服了警察恐怖制度及近年来大事扩张的法西斯的间谍、煽动、宣传机关，而为报复其军事冒险及随之而来的生活水平的提高计，又重新预示着革命怒潮的到临，并勇敢地威胁军事法西斯的统治上层。其中一例，即为一九三六年，经过了短期间的安定，而全国再举起激烈的罢工运动。据日本内务省社会局的统计，一九三六年日本全国罢工次数较一九三五年增加百分之二十三（即一九三六年一千九百二十二起，而一九三五年仅一千五百五十七起）。（再据该局的材料，参加罢工的工人，一九三五年为八万八千八百人，而一九三六年则为九万三百人。）仅今年（一九三七年）上半年，据日本内务省的统计，罢工次数为一千四百五十五起，而参加罢工的工人为十八万一千人。此数如与去年上半年比，则在半年内罢工起数增加二倍。一九三七年上半年的加入罢工的工人总数，已经超出一九三六年全年的罢工工人总数的二倍而有余。

此刻罢工浪潮的如此澎湃，真可与一九一八年"米骚动"前后的日本劳动史上所罕见的罢工斗争媲美。一九三七年开头的劳动阶级的最伟大的罢工斗争，据一九三七年三月一日的《劳动新闻》的报载，即为东京"日本特种钢"炼钢厂。此次斗争，曾提出增加工资，改善基本工人与临时工人的劳动条件，承认职工同盟等要求。冲突于二月十八日终止，结果劳工方面获得胜利。在同日的该报上，又报道神户"太阳电力厂"工人为着要求提高工资二成，正在继续罢工中。一九三七年七月二十二日的《社会运动通讯》曾载，在冈山县某一矿区的"日本制铁"托拉斯中，有二千五百名以上的工人，为着抗议难于容受的劳动条件与低微的工资而实行着罢工。工人的要求未得圆满的结果，即在军需机械工业(如三菱重工业在名古屋的飞机厂等)、橡皮厂、洋灰厂、化学工厂甚至运输业(如东京公共汽车公司，东京后藤组合)及日本资本主义经济的其他各部门内，均发生严重的工潮。

劳资冲突的原因，由官方的调查看来，在最近几个月，不见得全是为着经济斗争。一九三六年登记于内务省的一千九百二十二起的劳资斗争中，有二百九十八起发生于要求被撤职工人的复工，十五起发生于要求结社的自由。此外，要求撤消监视者的有四十五起，因患危险思想的有一百八十八起。

日本劳动阶级克服了无孔不入的警察恐布[怖]者而团结起来，组织起来，并以全国工人的力量为"米"，为和平，为自由而斗争，同时从事于反对法西斯主义与军事冒险。日本共产党克服了所有的压迫而日渐强大，且其权威亦逐日增加，而正在举行着反法西斯与反军阀的运动。在照会宪兵司令部之际(一九三七年七月)，内相末次不得不承认："日本共产党表面上虽被抑压净尽，然在最近又再积极地复活其活动了。"日本共产党现在遵从第三国际第七届大会的决定，而采用各种各样的秘密结社形成国民的唯一的反法西斯阵线的行程，最近都具有极其明显的表示。例如一九三七年的大选中，国民大众获得了日本议会史上所未见的绝大的胜利，和日本二大职业同盟——全农(全国农民组合)与总同盟(工人总同盟)——为使着日本国民的统一阵线与日本帝国主义法西斯军阀对立计，实行合并等。日本无产党的胜利(初次地在一九三七年三月的选举中获得东京市府会议的四议席)，更说明合法的反法西斯民众组织的势力正在日渐增长。

该党于一九三六年七八月间始行结成，而不到一年中，能在极度困难的日本政治条件中获得合法的承认，诚为一件伟大的成功。一九三七年在东京开第一届日本无产党全国代表大会时，曾提出加强反法西斯阵线，推翻林内阁，随着物价的腾贵而提高劳动工资，反对增税，立刻制定劳动同盟法与土地赁贷法等口号。

据《劳动时报》的报载，该届大会议决促进其他各劳工团体的行动统一。

新罢工运动的爆发与民众的左倾化，在国内民主运动普遍高涨的当中，在人民阵线劳力实行统一，以反对反动的法西斯与军事冒险当中，诚为最可怕的、最有决定意义的动力。

关于说明日本农民生活状态的材料(农民实占日本全人口的一半)在告诉我们，日本农村正在深化其破产的行程，而农民正在逐日贫困化。如军事费的疯狂的增大及随之而来的不断的增税，动员粮食资源与人员等，均能使农民大众加重负担，而日趋于无法支撑。

为无止境的、生长不已的长年义务、粮租所束缚住的，处于军事租税压榨器中的贫农、小农及佃户，似乎日渐陷入于暗淡的境遇中。近几年来的农事收获，虽则甚佳，然而日本农村依然无任何剩余：无土地，无米，无钱。有很多农村的农民依然以槲根、野粟、甜粟及凤毛草等充饥。最贫穷的农民，依然无法增加其收入，而为着减少家庭负担计，不得不将自己的女儿卖给妓院。

然而，农民大众终于不能再无声无响地负荷起所谓“非常时期”的重担了，一九三六年的农民争议，多至五千四百九十七起，而于此种争议的最主要原因，是地主收回已租与佃户的土地，一九三七年的头三个月，据零碎的材料，农民争议更形激烈，已高涨到更高的水平。据内务省的统计，日本农民争议在一九三六年的头三个月仅为一千五百十一起，但在一九三七年的头三个月，却增至一千六百五十五起了。农民争议常常以警察当局的干涉而始行终止。农民运动越来越有组织，而农民越来越走向与工人阶级的同一的战线上，一九三六年十二月曾在福冈市举行全农大会(全国农民组合)，该会发表宣言说：“现代世界分成两大堡垒，即法西斯与反法西斯是。”该宣言复称：“法西斯官僚内阁在日本逐渐增大其势力，而此等内阁在改良主义的假面具下，开始限制议会政治。农民的思想与言论的自由受到极端地压迫。在此种情势影响之下，以工人与农民为基础的人民阵线的扩大，为不可避免的。我们知道：一九三七年工农的人民阵线，在日本终于更形扩张了。我们将要更努力地在这个基础上以扩大人民阵线为目的，而动员全国同志。”

该宣言一面指陈各国的和平的与民主的反法西斯力量正在加强发展中，一面力说社会主义的苏联的伟大成功，认苏联为世界反战争与反法西斯的前卫，并提出一口号，说拥护苏联乃为日本人民阵线运动的主要任务之一。

宫城县第八届全农联合会曾采纳了《一九三七年的斗争计划》，同时发一檄文说："日本法西斯主义'由上'高呼'国民生活的安定'，而其实却欺骗民众，岌岌于备战，使人民供其政策的牺牲。在国内，言论出版的自由极端地被压抑，而民众不特毫无政治自由可言，且日渐陷于贫困的环境，因之，逐日有反对法西斯主义，反对官僚包办政治与军事费膨胀的呼声。与法西斯主义斗争，扩大并巩固工农的统一阵线，乃为脱离贫困的唯一道路。"

农民组织的日获政治势力，仅举一九三六年国选中日本全国农民组合初次在议会获得七议席一事实，便能证明一切。

反日法西军阀的人民阵线

日本国民中的小资产阶级（智识阶级、公务人员、中小商人及小工业家）似乎亦倾向于此统一阵线，而积极地参加国内民主运动的一般的有力的潮流。此一阵线有时亦获得与军需工业无关，而被法西斯军阀压迫而从事于力不能支的军事危险费之调筹的大资本家的某些分子的同情。日本报纸从一九三六年下半年到一九三七年上半年（直到芦沟桥事变前）之所次充满了关于人民阵线的论文，并非偶然的。《社会评论》杂志上一面指出大众中生长着反法西斯的情绪，一面说："人民阵线一语在日本犹未普遍地达到在人民（劳工亦包括在内）的每日谈话中均能提到的程度。然而可以肯定地说，人民阵线的思想，此刻已经深入于劳工大众的心中了。劳动者、农民及智识阶级的前进份子，无疑的均理解此种运动的意义，而在广大的民众之中，他将要像一大巨浪似的，逐日贯彻了。"

布尔乔亚的最大政党，如民政党似的，在国会的竞选前提出反法西斯主义、根绝法西斯思想等口号亦非偶然的。布尔乔亚政党出而反对法西斯主义侵犯议会政治与政治自由之最后的一举，无疑的亦即反映着阶级斗争的尖锐化，及在此基础上因确立法西斯军事独裁与"大战"的结束日期等问题，在统治阶级间发生着巨大的对立。

然而，整个事件发展的行程告诉或[我]们，统治阶级间意见的相左，终于诱起了日本今日的内政上的不安。这半年来，日本政府经几度的危机而始达到近卫文磨[麿]组织现阁的机运。这即表明统治阶级与反动军阀均认国内民众的革命情绪的日渐增高为自己的主要威胁而自行彼此接近了。故现在所达到的"投机的"布尔乔亚集团与军阀的妥协实非偶然。它终于奠定了日本帝国主义的基础。

对日本民众尽其掠夺能事的独占资本与地主贵族，很谨慎地保卫着封建社会的各种制度，而在国内创出了金融资本借以剥削其统制下的殖民地与半殖民地所适合的诸关系。这里我们必须寻出〖对〗此一事实的解释：何以日本布尔乔亚阶级在其自身感觉到最困难与最危险的时候，必定号召半封建的军事、警察机关从事于压迫自己的低层民众，奴役邻邦国民，以必要手段的藉词而授予该机以国家的全部权力呢？就军事法西斯上层之自己的立场说，谁都晓得，为着保持并强化在内政上与外交上的司令地位计，他不辞任何强暴的手段。他一壁从事于暗杀具有远大眼光而谨慎的大政治家，一壁操纵并引诱其他国内有力的政治家亦采取与他一样的军事冒险态度。

日本军阀在此刻、在国内政治空气炽烈之际，犹未决心以政变的手段集中国家大权于一手，进而树立公开的军事法西斯独裁制，因此它与统治阶级完全同意，而促近卫政府成立。此政府的组织自身，即为布尔乔阶级与军阀接近，投机的布尔乔亚集团屈服于军阀而采取军事法西斯态度的最鲜明的证明。然而，这并不见得就能避免统治阶级间的对立斗争。为在侵略的进展的危险阶段上，必定再发生日本帝国主义在军事冒险这一事业上的分担损失或分配利益两问题。

使经济破产的战费

近卫内阁一经成立，国内反动势力与法西斯主义便乘机勃起，而其外交政策便发展到举行战争的境地。

近卫政府与其他政府不同的地方，在于后者虽积极备战而犹善于发出动听的爱好“和平”的声明，而前者却默默寡辩，在所谓“现实”的内政、外交政策的基礴[础]上侧重于行动。

近卫内阁的“现实”政策，自开始实行新侵略到现在的四个月间，首先使日本国民的生活与权利受到了侵犯，进而强迫征收对华的庞大战争费。

进入战争状态，无止境的动员人力物力，终于破坏了日本国内的正常的经济生活，军需原科[料]与矿生产的不足(尤其是铁、煤油的饥荒)，冶金工业的受军事统制，对军事企业的政府津贴(限于该企业生产不敷开支，而以外货代替又不合算时)，依赖外国原料及随此而来的入超——这些一切即为快将到临的深刻的经济危机之更敏感的征候。

九月间日本所开的非常议会，几乎无任何争论而通过了关于将国民经济的主要部门移入战时状态的法律案，并确定了各省大臣所提出的动员计划(此计划是如何明确地证明着华北事件的范围，如何锐敏地道出日本军阀计划在中国作战)。超爱国的法西斯宣传与疯狂的恐怖行动的新浪潮，仅仅加强了日本社会各界甚至极度关怀着中日长期战争的金融界与军需工业的狼狈与纷乱。

残酷无比的战争，在这几个月来，已经葬送了几万穿着士兵服装的日本的劳动者。仅在八月间的南口一役，日本军队已经死了上千，伤了成万的士兵。据日本指挥部的“最低的”概算，在上海战役，日本军队死伤了四万人以上（其中一万人已经死亡）。

“中国事件”之庞大的非常费已经超出了几十亿日圆以上。然而今年九月一日（一九三七年）所召开的第七十一届议会，又无任何争论而通过了五万万以上的中国事变之新补充费的预算。

据《朝日新闻》报记载，内阁会议已经承认了制定“特种”总所得税，借以抵偿战争经费的一部，并且规定以提高数种统税，开征新间接税等以达此一目的。据大藏省的概计，以增税的方法，从民间至多仅能获得一万万二百万日圆。对于发行新内债亦不能抱着任何希望，因为据日本银行界的材料，甚至内债亦不能有如期举行的效力。

七十届议会所确认的三万万新战债，已经早归失败，因为强制派销内债，在一九三七前半年，据日本银行的材料，成绩甚劣，即二月四千四百万日圆，三月一千七百万日圆，四月三千四百万日圆，五月六百七十万，六月九百万。在这种情况之下，欲望外国承纳，非为日本军阀所可预期的。为着稍为支持日圆与日本有价证券在纽约、伦敦、巴黎甚至自己的东京不致暴跌计，他不得不采用其最后方法（即将黄金输出国外，去年八月间由日本输出美国的金准备，已经达到一万万之巨）。

期望增发纸币来增加财源，而置国家财政于破产，金圆价值的减低与生活的动摇的威胁下的法西斯军阀扬言：随着物价的增长，他企图提出“提高物价”之新的补充军事预算案。

这样，推行已远的日本占领者的主要后方的内政氛围内似乎日渐现出不稳的景象了。

殖民地和国内的革命危机

同样的，日本殖民地对于日本帝国主义亦有极大的危险。

“满洲国”军队反日暴动的波浪（普通时期，这些军队将日本官及汉奸先行消灭，然后整连整师地反正），即为“满洲国”民众对日本帝国主义向中国实行新侵略的特种的报答。生长中的朝鲜义勇军运动，竟将其军事行动与满洲义军配合起来，而对日本帝国主义加以逐步地威胁了。被日本占领已有四十年以上的台湾，随着日本对中国实行新冒险，而再提起了民族革命的情绪。上海

《立报》在九月间曾公布□□革命同盟的宣言，而在该宣言中一面号召被日本压迫的诸民族共同组织反日战线，一面具体地提出了反日斗争的一般方策（在此方策中有一条专于反对日本帝国主义的走狗、间谍，在此种日本帝国主义的走狗间谍组织中，托罗斯基主义者完成着最丑恶的任务）。该宣言复称："日本帝国主义用尽所有方法在破坏我们的文化。我们热烈地号召全国民众与中国联合起来，组成一般的反日阵线。假使我们不愿被强盗的日本帝国主义者根本消灭，便除了此路之外，再没有第二条路可走。"

有名的日本通兼相当客观的观察家英国记者加里森·布罗温在九月号的《现代评论》中发表了《趋于灭亡的日本》一文，对于日本殖民地的状况曾作了如下的记述："日人的状况极其不利，日本军队的一大半在平时必须驻扎于外国，在新战争时，它必须召集几十万后备兵，以资保护颇长的交通线。为什么？因为它必须通过敌对的领土。日本在朝鲜霸据了三十年，然而朝鲜人一样痛恨它，并正在寻觅适宜的机会起来反抗它。日本占据满洲有六年之久，然而在那里的战争状态依然继续着。这六年的代价，即为三万万美金，牺牲五千人，伤二十万人。华北战斗仅有几月，而其死伤数目多至二倍。"

二年前，有很多权威的政论家认为不问长期战争对日本的出路为何，他必定为日本经济破产的原因。然而这尚不是日本帝国主义之最可怕的致命伤。不管他有什么政治恐怖团或"危险思想铲除局"的存在，对现制度不满的情绪，充满于日本上下，而逐日在增长。

日本对中国实行新进攻这几个月，完全充满了中国民众为保护其祖国免受野蛮的日本帝国主义的蹂躏而预[顽]强抵抗的英勇的、果敢的英雄行为。同时，在这几个月内，我们有充分的自信证明：日本帝国主义的后方——不问其本国或殖民地——随时均可变为反对日本法西斯军阀的最可怕的战场，在这战场上，已经团结了国民反法西斯与反帝国主义阵线的雄大力量，并用以将现代的恶魔置之于死地。

（原载于《中苏文化》第2卷第3期，1938年）

日本是否敢向苏联冒险

[美国]H. G. W. Woodheed
步溪 摘译

The Shanghai Evening Post

本文作者一向是作亲日调论的，但在本文中亦作不利于日本的论调，这在我们去把握这次日苏纠纷的发展是值得参照的。

——编者

很可能地，日本政府要把公众的注意力从中国战争上移转过去，虽然不想移转得大[太]远。平心说来，这次事件不能算做是日苏冲突，除非有人假定，或者是苏联政府业已决定要卷入远东纷争的漩涡中去，或者是日本政府的负责官员竟会采取不顾死活的政策。但是双方自然都会慎重考虑到日苏战争的可能的结果的，由于三角防共协定的关系，日苏的战争或有引起世界战争的可能，虽然我们晓得德国假如不得到波兰的合作，或破坏波兰的中立，即不能攻击苏联，因此他是否会甘冒不讳[韪]地向实力超过于他的欧洲各国挑战，是很值得怀疑的。而且，德国在欧洲的任何行动是否足以妨碍苏联在远东的军事行动，也是值得怀疑的。在目前，苏联的常备军是全世界最庞大的，必要时并可有一千九百万人动员。至于日本呢，据一般所知，目前动员在中国及“满洲国”的军队已超过了一百万，在紧急关头时或再能动员一百五十万人。据传，苏联目前集中在贝加尔湖东面的有四十万军队和二十五个精于射击的师团，同时在苏“满”边界停驻有二千架左右的飞机，在这样的环境中，而日本要和苏联挑战，那简直是发疯。

海参崴是在可以轻易地轰炸日本各主要城市的距程内；在日苏战争中，日本所遭到的困难，自要远过于中日战争。即使我们替日本作最乐观的算法，她能守住“满洲国”边界，甚至能夺取海参崴，对她也无补于事。苏联对华的帮助可成为一种合作的形式。假如由外蒙古出击日军，或者战争延长，甚至经由甘肃、陕西出击，那对于日本的危险当然是很严重的。中国红军至今因军火武器不足而感到困难，但到了那时，很可能地由苏联给以重行配备或以其它的方法助之。这样，日本不但无获胜之望，而且将被摈斥于列强之列了。这样看来，要说她愿意，并将要向苏联挑战，那简直是不可相信的，除非有人假定说，日本的政治及陆海军领袖都已失去了知觉。

假如发生武装冲突，苏联的惧怕是较小的。苏联的人口超过日本多多，而她的领土除了靠太平洋的一边外，简直是不会受损失的，除了若干不主要的物品外，一切的原料苏联差不多都能自给。在目前，虽然没有理由去相信苏联愿意战争，但假如日本提出的要求她认为无可承受的时候，她是无所畏缩的。整个地说来，日本是否会卷入如东京某著名通讯员所说的“更大和更艰苦的战争”中去，全要看日本政府自己。这必须充份承认，在目前场合中，一切威吓和狂言都不生效力，而想用武力把苏联的军队从目前的地位驱逐出去，那无异是一种自杀的行为。

边境纠纷的原因在最近几星期内就会变得很清楚。这些纠纷，也许会像过去五年中差不多每日发生的几百次纠纷一样，化为无事。在另一方面，这也许会成为一个大破灭的序幕。不说结果怎样，全世界的眼睛会紧紧注视着莫斯科、东京和苏联，流州、朝鲜间的枪炮林立的边境。

（原载于《文摘》第 29 期，1938 年）

日本的爱国主义与反战运动

佚名

像一条辽远死寂的边线，横延在远东的一角。太平洋的浩荡的流波，露西亚的沃饶的黑土，老大中国的丛林，矿产和饥寒紧逼的奴隶：这正如一串丰美、辽阔的幻梦一样，燃起了高踞在这边在线面的少数强盗贪婪的欲火。而活埋在这边际下面的，却是无计数的骷髅、饥饿、冻馁、疾病与苦闷。

这便是眼前的日本！尖锐的阶级对立，帝国主义在廿世纪的命运，都决定了它们在最后的挣扎中去向外掠夺与屠杀。

腥红的血手，想把“大陆”攫置在“帝国”的版图上，而开第一刀的就临到了中国。但是，谁又料得到中国也就在这“第一刀”中站起来了呢？

那震撼魂魄的芦沟桥的炮声，正是日本军阀的丧钟，也正是少年中国诞生的前奏！

至于留在眼前的日本国内人民的苦痛——无论在精神上或物质上，恐怕不是一般人所能浮浅了解的。一个壮丁“出征”去了，他的家庭的幸福，立刻会受到严重的摧折。悲哀、忧郁永远的贯穿着妻子、儿女和亲长的心。日本女人的眼泪，在目前是变为非常的“低廉”了。那淡蓝色的横泊的军舰，活像一架宰牛机一般，抛进去的是“有灵魂”的生物，辗出来的明明是血肉模糊的骨骼，而日本军阀却就是在这些骨骼的支持上面“膨胀”起来。当我在静寂的月夜，看到一朵朵吹开去又围拢来的悠澹的轻云的情境中，我不禁为日本人民觉到羞耻。在抗战之前，中国人民忍受着一切的屈辱、压迫与奴役，让日本军阀的铁蹄在国土上疯狂的践踏，这不能不说是中国人民的卑怯。然当战争已发动后，中国人民也纷纷献身于民族解放的火线，而日本人民呢？难道竟这样的经不起屠刀的威吓、监狱的迫胁么？对于停滞在长时期的军国主义的泥潭中、伸根于封建主义的残滓里的下层平民，我们不能存着怎样的奢望，也许生活磨平了他们的战斗的毅力，剩下来的大概也只是无知？超过于这种“无知”而成为无耻的，却是那种势利卑贱的文贩们，实在不能不使我们感到无限的沉痛。像林房雄，这个无耻的家伙，他现在也扳起了“爱国”的面孔，替军阀们做传声筒去了。他怎样的说呢？看吧！下面就是这位文贩效忠于帝国底铁的供状：“在苏联与中国国防文学很盛行。但是大部份的日本‘高级’作家，却以表现爱国心视为罪恶。我与这种文学和作家决绝。与其受卖国奴的绞刑，不如饮弹而死。在东京未被爆炸之前，我将爆炸莫斯科，假如华北事件，展开为全面的中日战争，苏联参加中国方面，在那时候，我决心从军去！”

爱国！谁又敢反对呢？那一种国度的人民，可以不爱护他们的国家呢？但是，这样的“国”是不是应该“爱”呢？将国家民族的命运，去盲目地交给了失掉人性的军阀而作“孤注一掷”，难道这是应该的么？而“国”难道是这样的“爱”吗？作为一个日本军阀的论客，林房雄该是最出色的吧，如果硬要作为一个“爱国主义”的，那也只能从日本军阀的哲学中去找到解答了。

不错！日帝国主义者，时常御用他豢养的忠狗们，拿爱国主义来实现他们的野心，来驱策日本的人民大众走上悲苦与死忘[亡]的道路上，他们总是像煞有介事的高嚷着，以嚣乱别人的听觉，可是那毒辣的呼声是如何空洞，又是如何可怜的凄寂呵！不久以前，我从一本香港出版的杂志上，看到了一位日本女作家吉屋信子慰劳“皇军”受伤的通讯的译作。其中有这样的几句话：“战伤而倒的刹那绝叫天皇陛下万岁，忠勇无比！入病院忍伤痛，梦中怀慈亲出声呼娘，那是孝！”

这通讯的译者却加了一句微妙的说明：“这能经得起简略的心理分析吗？”我想，这位女作家的笔触原是尽量的想把“皇军”的“忠孝”强调起来，不料结果反而露出了一个悲剧味的漏洞。照我们笨拙的解释，应该是“战伤而倒的刹那绝叫天皇陛下万岁”，那是对战争的不自觉的憎恨，日本军阀基础动摇的起点，“炮灰”们不堪痛苦而对“天皇陛下”怨毒的侧面排释。至于“梦中怀慈亲出声呼娘”的，倒是皇军的可怜之处，因为人类在梦中的感情多少总还能够保持一点朴实，在蒙胧间流露出一丝思亲恋生的心绪来，正是一切未灭绝本性的人们无底的隐痛，我同意于这位译者所说：“这能经得起简略的心理分析吗？”

吸血的屠夫们，硬生生地用暴力来造成人类的对立、隔阂与仇视，利用“爱国”“大和魂”来欺骗日本的人民大众去当炮灰。不管侵略者们如何摇旗呐喊，把喉咙喊得嘶哑，可是日本的人民大众已深刻的认清了日本大众所该走的道路，现在他们已经觉醒了在日本社会里，在来华参加侵略战争的军队中，反战的空气，已经是非常浓厚，士兵们一批批的厌战自杀，日本空前的大搜捕。在被捕中有劳动者领袖，有著名的议员黑田，有三十多位县市代表，有不少的大学教授、著名作家，还有产业工会领袖及大批运输军火工业的工人，印刷工人、农民等。更值得我们注意的，是连贵族的家庭也被牵连而被捕的有进步妇女的领袖石本男爵夫人，有最老最贵族家庭中的岩仓子爵的女儿。这些，这些都正证明日帝国主义已无法安静的愚弄其臣民，日本社会已在大众反战中动摇起来；连日本的统治阶级自己也不能不承认："我们很晓得，这么多的大学教授的被监禁，无可避免地要引起社会的不安。他们的社会势力非常大，假如我们不善为处理，那末他们的被捕将造成极广泛极严重的问题。"他们的狠[狼]狈，恐慌也暴露无遗了。指挥刀的庄严也不能不在大众的威胁下颤栗了！

其实，最使日帝国主义感到隐忧与苦痛的，却还是深潜伏在日本下层社会的无产大众党及日本全国产业同盟的势力，过去的经验，不能不使日帝国主义寒心。实在，大众虽在严密的监视下、压制下，但无产阶级的团结力却更意外的坚强庞大，在过去几次罢工的压迫下，他们神奇的广大动员起来，这的确是最令日帝国主义穷于应付的。这个潜伏着的无产大众的组织与力量是日帝国主义的致命伤，也是我们解放的最好助力与最好的友军。因此，日本帝国主义统治的动摇也就是我们胜利的征兆！

（原载于《妇女（上海1938）》第1卷第6期，1938年）

日本国内反战运动

佚名

不论敌国当局的检查制度多么严密，都掩不住透露出来的日本人民反战运动日益高涨的消息。不论敌国当局用怎样残酷手段压迫人民的反战运动，都镇压不了反侵略的正义呼声。相反的，任何透露出来的消息，只有一次比一次更明显的告诉大家，日本人民的经济生活日益困苦，政治斗争日益活跃，整个社会在大动乱的时代中。

在日寇十三个月的对华侵略战争中，在国内造成了什么现象呢？这里，日寇没有获得胜利，没有得到巩固，相反的，在敌寇的远后方，造成了不安不满，反法西反侵略战争的情绪和斗争，日本人民把敌寇的远后方，日益发展为反日寇的前线，使日本的泥足越来越松越来越弱！那里，因为战时经济统制条例的实行，物价高涨，使人民生活感受严重的影响，因此引起了众多的劳工纠纷，激烈的阶级斗争；因为侵略战争给予人民的，只是饥饿死亡，家庭的流离失所，引起了反战演讲和宣传，也引起了投弹轰炸各发电厂及其他机关的反战事件；因为侵略战争不仅影响到无产阶级和农民的政治经济文化生活，还日益严重的影响到其他阶层，因此引起了人道主义者和自由思想的流行。更在这个基础上，开展了人民阵线的建立和广泛的反战工作。也正是因为这一切，东京警政当局训令警界，企图以禁止人民阵线和反战运动，镇压劳工纠纷与阶级斗争，禁止提高物价而加强经济统制，来镇压日本国内的反侵略战争巨潮。但是，这些步骤是必然失败的！事变的发展告诉我们，日本国内今天的不安和反战运动，是日寇和它所进行的侵略战争所造成的，这事实绝对不是禁令可以根绝或缓和的。就是日寇当局自身不但没有镇压得住的信心，而且还以反战运动的进一步开展为虑。他们公开的说："此后违法案件必更形增加。"（见前日本报所载东京三十一日合众电）这里，充分表现出日寇自掘坟墓的悲哀！

我们要深切的了解，这是我们坚持抗战的结果。抗战的坚持，不仅将引起敌军士兵在前线的反战的浪潮，中日士兵在前线开始亲密携手，也将促成日本国内人民进一步的更有力的反法西反侵略运动，建立起有力的人民阵线，使中国抗日民族统一战线和日本的人民阵线间有更密切的联合，更将在这个基础上建立起东方弱小民族和日本人民的联合，最终的给予日本帝国主义致命的打击！我们应该重视这个联合，重视这个力量，把它看成中国抗战胜利中最得力的友军。

我们谨向在日寇兽般压迫下英勇斗争，援助中国的日本人民，致崇高的敬礼！我们对日本国内为人道为正义为中华民族和日本人民的解放，为消灭人类公敌而努力的人们，寄莫大的同情。我们应在日本友人这一伟大的鼓励下，加紧民众动员，加强军民合作，加速对敌军士兵宣传，用最大的力量来保卫大武汉。中国抗日民族统一战线和日本人民阵线是休戚相关的，是血肉相连的，是一个伟大的历史斗争中两个环节。他们的成就，是我们的助力，我们的胜利，是他们的推动！我们要在加紧工作和战斗中，建立中华民族和日本人民的空前大团结，要在加紧国际宣传，促进工作的协调中，为这一大团结而努力！

（原载于《新华日报》1938 年 9 月 3 日）

中日人民团结起来打倒公敌!

佚名

日本的对华侵略,完全是日本少数军阀财阀的强盗行为。这种行为,不但把全中国人民陷入颠沛流离的苦难中,同时也把全日本的工农劳苦大众陷入饥寒交迫的苦难中。半年以来,侵略战争的巨量消耗,使日本劳苦大众的负担一天天在增加,使他们辛苦得来的一点收入通通剥削了去充作战费;同时,物价却在不断提高,更增加了人民生活的困难。因此,中国人民要用自己的血和肉来消灭的,不只是中国人民之敌,同样也是日本人民之敌;抗战胜利后所获得的,不只是中国人民的自由幸福,同样也是日本人民的自由幸福。所以,日本全国被压迫被剥削的劳苦大众,会和中国人民手携手团结在一起,合力打倒自己的共同敌人日本法西斯军阀野兽,是必然的,也是必要的。

这种手携手团结一致的共同行动,在中国抗战一开始以后也就在开始了。日本国内人民的反战情绪和前线士兵的反战呼声,不断地在暴发着。只因日本帝国主义的凶焰压得他们不容易透气。然而,争取生存的要求是无论如何压迫不了的;不管日本法西斯军阀野兽如何凶残与毒狠,日本人民的反战运动是仍在一天天生长着,发展着,他的确能够汇合成一条"沛然莫之能御"的洪流,来冲洗掉日本法西斯军阀野兽践踏在日本人民身上的污迹,是必然的。前年五月有日本共产党员的兵士为输送枪弹给我东北抗日游击队而悲壮自杀的义举。昨天我们又看到日本反战团体实行会代表川内俊英,由邹鲁夫人梁定慧女士转给中国民众的一封公开信,以及一个日本世界语者致日本世界语者的一封反战公开信。在自杀的日本英雄遗书中和这些信里,我们知道了日本人民的反战情绪是在怒吼了。他们十分同情中国人民的艰苦抗战,他们痛恨日本法西斯军阀的非人残暴,他们对中国忠勇战士的壮烈抗战深致钦佩,向阵亡将士致万分热诚的敬意;他们在侵略中国的前线展开着反战活动,在前线送机弹给我国战士,在大阪示威,在军需工厂罢工;他们青年同盟的干部自动投向中国军队，他们的非常备军多同情中国。总之一句，他们“渴望和平”，希望我国人民和他们“彼此手携手团结起来，打倒日本军阀及法西斯主义者”！

中国人民为了争取自己的生存，对抗战是具有极大的决心的，巩固团结抗日救国的伟大力量是在一天天强大着，发挥着，他们是一定能够用这种力量来把东亚和平的敌人同时也就是世界和平的敌人日本法西斯野兽扑灭的。一时这只野兽虽然把人类的血腥涂污了中国的一大块领土，然而在这被污的领土上，就由着这种血腥的熏蒸，新起的、强烈的抗战力量，没有一天停止过他们的壮烈抗战；从东三省而华北而沪、杭、京、芜，我国的英勇将士和各地民众的游击武装，正在把这只野兽团团地包围起来。日本法西斯强盗，牺牲了日本千百万工农大众的膏血而攫夺去了的，不是肥沃的土地，而是满长荆棘的丛莽。中国人民坚强的相信，用全国上下团结一致的力量来扑灭这人间野兽是很有把握的。

同时，我们对于日本国内千百万工农大众的遭受日本军阀及法西斯势力的摧残、涂炭是万分同情，对他们给予我们的同情与援助是极端感谢的，对他们的反战呼号与运动是竭诚赞助的。他们是我们最好最有力的战友。我们相信，他们一定能够和我们通力合作来消灭彼此的共同敌人，来建立东亚和平和维持世界和平。我们将用更努力的坚强抗战来回答他们那样热烈的反战运动。日本的战友们！我们手携手亲密地团结起来，为打倒共同敌人而英勇奋斗吧！

我们的战友不只有日本国内千百万的工农大众，我们还有着全世界千万万的工农大众与一切爱好和平和主张正义的人士。我们几乎可以在每天报上都看到世界上此处彼处有工农大众在对我们的抗战热烈声援与切实援助。日本的战友们，我们愿和你们在一起，与全世界的劳苦大众公正人士一致团结起来，来消灭这人类与和平的主要敌人之一的日本法西斯军阀。

（原载于《新华日报》1938 年 1 月 23 日）

朝鲜革命运动纪念

陈酒

远在一九一九年巴黎和会在法京召开的时候，美国总统威尔逊氏提出所谓“基于正义人道的民族自决案”。这决案刺激了当时远东几个弱小民族要求自主独立的决心，开始对帝国主义统治进行壮烈的反抗运动。如亚根那度氏(Agumaldo)领导下的菲律滨(Philippines)独立运动和孙秉熙、韩云龙领导下的朝鲜革命示威运动。虽然他们英勇的运动是失败了，却因此诱发弱小民族为独立自由更坚定的信念。

就在这一年的三月一日，朝鲜数十万民众在京城和各重要的城市如平壤、元山、仁川等地，举行壮烈的反日示威运动。经过六个月的奋斗，虽有数万被压迫、被宰割的民众遭受屠杀，遭受监禁与放逐，可是日本军阀仍然无法镇压这群为祖国民族求生存自由的反抗与愤怒，而且更广泛地坚定了革命的信念。换句话说，“三一”运动为朝鲜民族在其历史上开辟了一条广泛的革命路线。

朝鲜革命运动第十九周年纪念，适当中国卫国抗战的时候。除了对这为二千三百万朝鲜民族生存的壮烈奋斗的伟大纪念日寄与莫大的同情，我们更有万端的感慨：

> 一、三十余年来朝鲜民众遭遇日本帝国主义种种残酷的迫害与杀戮，多少爱国志士的牺牲流亡，给予我们今日我全国同胞多少深切的猛醒。我们的抗战如果失败了，我们将与朝鲜的民众遭同样的杀戮。朝鲜三十年来的地狱生活，时刻有加诸我们(已经在战区内实现了)身上的危险。我们是万无偷生苟安可以幸免的道理，深盼纸醉金迷的国人警醒。
>
> 二、中国为民族生存而流血，中国同时也为远东弱小民族的生存而流血。总理孙中山先生昭示我们的扶助弱小民族政策，中国今日的抗战就是执行总理的遗教。中国在三十余年前不能保障朝鲜的独立，我们回顾

前尘，万分惭愧。但同情朝鲜志士的爱护祖国的精神，中国未曾稍减。此后，我们将以更大的力量来援助朝鲜复国运动。

三、远东诸弱小民族正遭受被侵略的同样命运，惟有精诚团结针对着我们共同的敌人——日本帝国主义者——英勇地抵抗，我们更要坚定这信念胜则同存，败则俱灭。朝鲜志士参与全民族的抗战使我们感到意义更加深切：即是中国抗战的胜利即是朝鲜革命胜利的一个有力保障。

为中国民族生存而奋斗，为远东弱小民族的自由独立而奋斗，为世界和平而奋斗，远东以及全世界弱小民族联合团结起来，相信帝国主义的覆灭即在目前。

（原载于《民意（汉口）》第 13 期，1938 年）

日本人民的反战运动

[朝鲜]崔英

这篇文章是朝鲜革命者崔英同志特别为本刊写的。在中国为保卫世界和平进行反法西反侵略,坚持浴血抗战的现在,这篇文章自有其特殊重要意义。

——编者

(一)日本人民的反战运动与中国抗战

日本人民的反战运动与中国的抗战在其意义上是一样,中国的抗战不但是为了中华民族的解放,同样的也为了日本人民的解放;日本人民的反战目标也是打倒日本帝国主义法西斯军阀。中日两国人民在共同目标之下,目前紧迫的任务就是中国民族和日本人民联合起来,打倒共同敌人——日本帝国主义。

结成中国民族与日本人民联合战线的完成,是中国抗战胜利之最主要条件之一,所以日本人民的反战力量乃是中国抗战力量的一个最大力量。假如日本人民起来反战,这不仅是缩短战争时间之延长,也可以决定中国抗战的胜利。

我们希望日本人民快快起来响应中华民族对日本帝国主义的正义的抗战,以争取两民族的真正的自由和幸福,来保障东亚的永久和平。但是日本人民能不能起来反抗日本法西军阀之对华侵略战争呢?有的过度的强调敌国内之危机已临到崩溃的时候;有的对日本国内的革命运动怀抱着大有悲观。但我觉得对这个问题,固然不应该太过度的强调乐观,同时也不应该抱着大有悲观。

日本人民的反战运动是日本帝国主义矛盾的总和,它的暴发和继续是必然的而且决定日本帝国主义命运的关键,所以它的暴发不能看得太容易吧!

但对日本反战运动的前途之估计，须先看它诸条件之成熟程度如何。关于这个问题，不过我们不能否认日本国内财政经济的枯竭，社会的不安一天比一天增加，殖民地民族解放运动之猛烈发展，因之内部矛盾一天比一天的尖锐化。在另一方面，中国抗战力量急速度提高，加迫于敌人已进一步的陷于再无法挽救的深渊等条件之成熟，因此可以说日本反战运动的暴发是时间问题吧！

（二）日本人民反战运动的主要原因

自从明治维新后四十多年来，像它那样好战的民族，至今何以要厌战、反战呢？其原因在：

1.日本国内阶级矛盾的尖锐化

在日本资本主义社会构成中，所含着的阶级对立显著的尖锐化，即因为全国大部份的生产机关，都被占有全国大部份财富的极少数独占财阀，如三井、三菱、住友、安田等大财阀操纵，而这些大财阀对劳苦大众以重重的剥削，使他们失业，破产，彷徨。另一方面，中小产阶级一天比一天没落于贫苦阶级而社会的不安累进增加，在这种不安状态下过饥寒交迫的痛苦生活的人们，身上再加上战争赐予他们的痛苦，日本人民只有死灭的一条道路；然而不愿意死灭的人们必然的普遍的团结成一种巨大力量，来与剥削阶级和进行侵略战争的祸首相拮抗的。日本人民也很知道吧！日本帝国主义者在每次进行对外战争中对国内人民加重了他们的负担，而给以资本家赚渔利。尤其是近几年来，日本法西军阀进行对华侵略战争的结果，是对内人民增税、征兵，对外则孤立无援，就是说，战争是对日本人民更加杀人不见血的剥削和进行广大人民的屠杀，战争就是死灭！

2.农村破产

尚在半封建状态下之日本农业，因受着日本资本主义经济恐慌的怒潮影响，更加深农业恐慌与农村破产；然战争绝不能挽救他们的破产。日本农民思想虽然较落后，但因为受着农村破产的痛苦生活的威胁，同时他们占日本士兵绝大多数，在战场上死灭。

3.日本政治的畸形状态

日本军部与政党，财阀与军部，军部内部，政党内部互相倾轧的现象复杂化，近几年来军阀法西斯蒂的抬头，给人民政治上压迫非常厉害；人民在法西斯蒂的弹压下连喘气都不能自由。最近据在前方英勇抗战的决死队同志们从前线押送后方来的日本俘虏们的供词："日本人民那一个不感觉战争的痛苦，但不能说出来，因此人民对政府和军阀表示很冷淡，我们在前线见过中国方面的宣传品后，虽然想到宣传品的内容和我们的意思是一样，但是在宪兵监视之下，不敢说出来。”这是证明军阀已经脱离了人民的基础，而人民对战争表示他们的觉悟了。又据鹿地亘先生在《新华日报》上发表的演说词：“日本国内已经人道主义和自由主义思想流行。”不错，这种思想的流行，就是日本人民反战运动情绪之高涨的表现。

4.殖民地人民的痛苦

日本帝国主义对殖民地的压迫比任何帝国主义毒辣，大量资本投在殖民地，支配着殖民地民族的财政经济，金融及农工业，而最惨酷的剥削他们的膏血。在政治上夺取殖民地人民的自由，在文化方面消灭殖民地民族文化，施行奴隶教育。战争把殖民地民族更加陷于痛苦的绝境，必然的他们乘这个千载一遇的机会争取解放的。

5.世界被压迫人民和民族的解放运动与日本人民的觉醒

世界上被压迫人民和民族都要争取解放，他们解放运动的发展，更加觉醒日本人民，要求以一致的斗争，共同的从法西斯蒂铁蹄下解放出来。

6.中国的抗战给了日本人民很大的教训

中国的抗战不但打破了日帝国主义者之阴谋，并且粉碎了它的迷梦，同时使日本人民觉醒到侵略战争是自灭的最后发恶。

以上几个条件一方面促成日本人民团结起来，反对侵略战争运动，在他方面促进法西斯蒂的更加发狂，但是这疯狂的日本法西斯蒂在中日两国人民的夹攻和世界爱护和平的人们的围攻之下才能消灭。

（三）日本反战运动的发展

日本资本主义内部阶级对立关系渐渐明显化的时候，首先日本新觉醒的知识阶层，起来反抗压迫阶级的压迫，在这个时期斗争势力是很散漫、很薄弱，斗争的方式也公开而表面化。在东京、大阪等大都市街道上所看见的留了长头发、拿了樱木棍走的，都是这批主义者(一般的简称)。这个时期，一般人对主义者看得很神秘，并且对主义很怀着好奇心，但是随着阶级矛盾的尖锐化，日本革命运动也来到最高潮时期，革命的声势汹汹。即一九二五至一九三〇年这五六年间，一般大众运动普遍的风起云涌的展开，每年在东京参加五一纪念日示威的群众不下几万之众。一九二八年，田中内阁出兵山东牵制国民革命军北伐，至济南时，日本革命群众也起来发动过反对出兵斗争。一九二九年年底，在朝鲜全国的学生起来反对日本帝国主义之统治和压迫，这就是在朝鲜革命运动史上很有名的学生运动。这个运动继续到一九三〇前半年才告一段落。如此革命的怒潮普遍的澎涨，日本资产阶级已经感受到它们资本基础之动摇，于是便手忙脚乱的更加对革命运动严厉镇压起来，尤其是日本法西军阀经过五一五事件在政治上形成支配地位之后，对革命运动之弹压，非常毒辣。严禁示威罢工，取缔大众集会、结社，限制言论、出版等自由，另一方面，扩充布置国内的警察网，将全国变成个警察监视下之监狱范围了。日本警察拷打政治犯的时候常说的“日本法律是我们警察的”，这就是证明日本警察对政治犯的处置，有他们权力的万能和其取缔方法之严厉。

在这样法西斯蒂的弹压之下，日本革命运动的领导组织常被破坏。运动的方向也转换地下运动方式，因此日本革命团体的活动完全走入地下，连群众的经济斗争也停止领导。因为过去经验过，在每次群众的经济斗争中，被牺牲了很多力量。

领导层和下层群众不能连系起来，很多领导层脱离群众，只能过文化工作生活，尤其已经过过监狱生活的前进份子，更难打进群众里面去建立基础。群众也不敢接近他们，因为他们的后面常有秘密警察监视。但一般人民的革命情绪普遍高涨起来，常有局部的暴发、自然成长的群众革命斗争。于是领导组织的建立，大众要求大众自己来建立，但再建领导组织，是一件很不容易的事。

这个阶段，日本革命运动在如此消沉状态之下，反战运动更表面上看不到活跃。所以日本反战运动的发展，在五一五事件以前的第一个阶段，算是最高潮时期。自从五一五事件以后至一九三五年第二个阶段，是很消沉的地下运动时期。但一九二五年以后近三四年来，因为国际环境之转变和国内大众革命情绪的高涨，又开始活跃起来，将放弃过去地下运动的活动方式，揭起公开合法的政治运动的旗帜来，尽可能范围内以合法的战术获得大众的声援。因此组织没有显明的政治色彩的组合运动渐渐的活跃，既成非合法的组织，如全国农民组合、水平社、全国评议会等团体，也清算过去斗争方式，尽量要争取合法的地位和存在，而为了战术上之胜利，避开政治斗争，而侧重于大众的要求，经济斗争方面着眼，如提出失业救济等问题。另一方面，协力促成被压迫的各团体之统一运动。一九三六年日本人民战线运动一时很高潮，然劳动无产协议会与社大党为中心，组成人民战线运动，已经成熟到相当程度的时候，由于社大党内麻生派投降于军部，举起反动旗帜之结果，遂于破产。但这次的人民战线运动虽破裂，可是被压迫的团体之团结运动，更进一步的进展。至去年下半年，左翼阵营中之两大派即劳动派与正统派正式的合流而形成统一，更加巩固反法西斯阵营了。现在已经日本反法西斯的运动更加进一步的发展到国际化，已结成了日本、朝鲜、台湾民众之反法西阵线。

我觉得这日本、朝鲜、台湾反法西斯阵线之当前任务：

一、拥护民主主义，打倒日本法西斯蒂争取东亚各民族（中国、朝鲜、日本、……）之永久和平。

二、坚持中国的抗战，反对日本法西斯蒂军阀侵华战争，保障东亚之永久和平。

三、巩固和扩大朝鲜、日本、台湾民族反法西斯蒂阵线。

四、促成与中华民族结成反侵略战线。

五、联络世界主张和平国家为反侵略而共同奋斗。

（原载于《民族革命》第1卷第5期，1938年）

日本的反战运动

佚名
涤凡 译

（译自 *The China Weekly Review*）

日本在中国的军事侵略已有六年了，一七[九]三七年发生的中日两国不宣而战的战争到现在也延长到半年之久。不管日本在世界各角落里如何宣传得好听，说日本的“政策和行动是一致”，可是有一件事实是隐瞒不住的。这事实就是：日本的侵华或所谓满洲事变，以及现在对华的战争，都是日本军人造作的。日本老练的政治家、全国人民和知识阶级都不以这事为然的。因为政府对人民高压和施行严密检举的结果，日本国内到处进行着反战运动。

被称为日本政界领袖的币原先生，在一九三一年时任外相的时候，曾经很爽直的警告日本，说：“任何攫夺中国东三省的企图，无异于鲸吞一个炸弹。”一九三一年九月十八夜本庄发动满洲事变的时候，日本国内人民无不表示惊异。那时所以没有起而反对者，不是由于没有人反对，而是由于一班人认为要反对也是来不及了的缘故。军人包办了那件事，政府已受了军人的控制。实际上日本的政治家和知识阶级对币原的忠告从未忘怀，他们对九一八事变是深以为虑的。其后许多高级军官在议会席上遭受猛烈的攻击，说他们干涉政治，说他们破坏明治天皇的遗训，这是日本人民反对满州[洲]事变的一例。

一九三七年七月八日芦沟桥事件破裂后，日本人民反对对华战争的空气更加浓厚。这是有一个特殊原因的。九一八后，日本军人为缓和人民的情绪起见，提出两个保证来诱起民众：第一，占据满洲，就是解决日本一切经济问题；第二，以后日本的军事策略仅仅制造局部事件，并且强迫中国地方政府将每件事情局部的来解决，这样可以避免与中国中央政府接触，同时可以避免激起全中国人的反抗。因为日本国内人民亟想避免全中国人的反抗，所以这策略在当时颇有成效。

当芦沟桥事件已经发动后，日本军人犹说是局部问题，且可局部的来解决。但是有远见的日本人却看法不同，他们认一九三七年的事件与一九三一年的事件完全两样。中国在蒋介石将军领导之下已完全统一了，日本继续不断的侵略，中国将不会再忍受了。因此任何事件发生，将不是局部问题了。换句话说，一九三七年日本的侵华，不是要遭受中国局部的反抗，全中国都会起来反抗的。这是日本国民所最忌的事态。

不要说日本军人第一个保证没有履行的。满洲事变增加了日本几百万的支出；已够苦楚的国民，又加上了很重的负担；国家的准备和资本大量的流出，这些准备和资本可用作建设或发展日本国内经济以改善国民生活的。现在第二个保证也被粉碎了！中国的抗战，中国人叫做全面抗战，也就是全国一致的抗战，和从前局部的抗战恰恰相反。这就是从“八一三”上海战争发动后日本国内反战空气浓厚的原因。

反动案件的急增，军部常常捕递议员。这些都足以证明日本反战的现状。去年七月二十日议员北聆吉被捕，第二天又有一议员被捕，捕递的命令，出自宪兵司令部。上海战争开始后，反战的举动不下十六次之多。六月十六日东京《朝日新闻》公开报告：有大量的反战刊物为东京市警察局所夺获，这些刊物有的是左派发的，有的是右派发的。上面的标题是“国民的朋友”“起来”“爱和平的兵士”以及其他，等等。内容大概是说：“留心罢！还有许多其他的传单遍布在东京市里！……唯一的目的是启发日本大众反战的情绪……九月十五日早晨果有大量传单被截获……”

虽然有严密的检举和镇压，日本国内人民反战的空气犹是浓厚。《日本评论》编辑室伏高信先生，在其《我们的立场》一文中（这文在芦沟桥事变发生后不久作的）坚决的反对对华作战，他的唯一的理由是说日本对华继续不断的侵华都是军人造成的，日本大部人民没有这意思。他说：“在过去，日本国民并不知道他们干的是什么……吾人渴望政府深切的认识人民的公意………政府的任何行动都应以人民情绪为依据，政府应该为人民多造福利。”这些话，充分的表现了日本政府的行动是不顾人民的愿望的。

关于对华作战的事，室伏高信氏这样的说：“全国动员要出于人民的意志；要人民有爱国心才能发动：只有是这样，神圣的动员才有意义……而今呢！一切可以避免的事件，不让他避免。让无意义的和横暴的行动扩张，让有意义的和合理的行动淹没……我们所希望的，不是这些无意义的和横暴的举动，这些举动都应该停止，拿合理的举动来代替。……我们不能否认反战主义的真正价值……实际上只有推动这种理论，人类才能维持……民族自相残害，我们怎能同意呢！……愿世界上一切武力冲突消除，愿世界上所有的武备抛弃……虽然这不是马上可以做得到的事，至少我们也应该避免战争……”

换句话说，满洲事件和目前日本对华的战争，在有识的日本人看来是无意义的举动，是横暴的举动。室伏高信郑重的申明，只有日本军人企求对华作战，日本人民是没有这意思的。现在的战争不是中日两国的战争，而是中国和一部分日本人即军人的战争。

其他的日本作家也有同样的见解。日本金融问题权威者铃木茂三郎氏在驳斥土肥原所说的“中日两国人民感情已频恶境”的谬论时说过：“依我们的观察，就两国人民的情感而言，并没有弄坏……中国人也深切的知道，向中国侵略的仅仅是日本的皇军。”这就是说不是日本的人民。

这个著名的作者，曾经沉痛的说：“日本人民的负担已经够难受了。现在呢？自满洲事变以后，负担更加增重了。”他把从一九三一年至一九三七年日本国家预算上对满洲事件而增加的所谓“额外支出”列成下面的表（单位：100日元）。

	1931	1932	1933	1934	1935	1936	1937
陆军	60,152	183,132	15,990	133,834	162,359	183,273	269,613
海军	22,767	75,809	15,574	11,637	9,612	9,461	10,389

他并有如此的说明：“从经济立场言，这样的巨大支出，除去国际贸易的支付外，足使现金大量外流……更有甚者，在华中和华南的贸易停止了。日本国外贸易上的支付平衡颇受影响。”

这作家更进而说明日本对外贸易的危机不生于国外，而起于国内。因此，他以为当日本本国需要资金少的时候，为国内目的而有的资本和国库准备势必发生危险，其程度甚于其他国家对日货设立的种种限制。

吾人进而研究日本的工业情况，日本对华战争，其受害最大而最密切的不是三井、三菱和住友三大资本家，而是小资本家和大多数的工厂所有人。归根到底，负担满洲事变以来的用费的还是一班可怜的农民。这就是日本国民普遍的反对对华作战的又一原因。

另外一些反对对华作战的人，他们相信日本目前的战争只是减弱日本在国际间的荣誉，同时减弱日本对俄的力量。日本对华战争纯系一种错误，日本只有战胜苏联才能达到大陆政策的目的。他们指出日本在目前处于进退维谷的境地，或是投降俄国专来和中国周旋，或是在不利的环境之下再与俄国作战，两条路很难决定的。不管日本走第一条路也好，走第二条路也好，世界总是对日本怀疑着：在国内人民和世界文明国的坚决反战状况之下，日本对中国作战如何能操必胜之券呢？

一九三八，一，十五，于麓山

（原载于《前哨彻七扎联合旬刊》第 3 卷第 14 期，1938 年）

苏联不要中日本缓兵之计

佚名

揭开一段日本的阴谋。

冲突了两星期的日苏军队，现在由两国政府分别命令停战了！

"山雨欲来风满楼。"风是吹得大了，而山雨不但不来，且有吹散之势。国际间谁不感觉这是一个大泄气！

日苏这次边境冲突，双方实际在前线作战的军队，每边都到二万余人。苏方的死伤，日方谓在一千五百人以上。日方的死伤，苏方的估计，不曾见过发表。总之自有所谓边境冲突以来，没有见过像这次这样大的。

据十一日法国哈瓦斯通信社莫斯科电称："关于苏日之争，苏联人民外交委员长李维诺夫昨与日大使重光葵会晤时，曾向之提出建议如次：㈠双方部队应于十一日正午（当地时间）停止军事行动，其在十日午夜十二时所占有之阵地仍听其占有之。㈡组织混合委员会勘定界线，苏联应派出委员两名，日本及伪满各派出委员一名。㈢混合委员会若不能成立协定，即应由双方推举中立国人员一名担任仲裁。㈣双方界线以中俄两国全权代表前于一八八六年所签订之《珲春条约》与其附图为依据。重光葵当即接受第一、第二两点，而拒绝第三点。此在李维诺夫亦不坚持。关于第四点，双方尚未成立谅解。李维诺夫主张应以有中俄代表签字之条约及地图为根据，重光葵则主张中俄条约外其他关系文件亦应有效。但对于苏方之主张，已允电东京请示再行答复。"

又据十一日美国合众社莫斯科电称："今午十二时苏日双方正式休战。昨晚日大使重光葵与苏人民外交委员长李维诺夫谈话达三小时之久。据日方消息，休战之条件如下：㈠苏日两军自十一日中午起停止攻击。㈡双方军队应驻有十日午夜之原阵地。㈢其他悬案应由双方代表开会予以解决。㈣苏日双方政府应即通令部属遵守。上列各项，昨晚重光葵与李维诺夫会谈后，重光之秘书即对外宣称，双方已成立谅解云。"

又据十一日英国路透社东京电称:"苏日停战之说,现已证实。今晨官方公布苏人民外交委员长李维诺夫已接受日方提议,双方即日停战开始谈判。"

最后据十一日英国路透社莫斯科电称:"苏联人民外交委员会正式宣布苏日已成立协定,现苏联方面所怀疑者,即日关东军是否肯待外交上之解决。因在往昔事件发生时,日大使所言者与日军人所行者完全不同。迄今日苏局面已经澄清,惟事件固未解决,亦未必防止日军不再进犯也。莫斯科某某方面,谓日军阀现正从事煽动对苏作战云。"

根据以上四个消息和苏联人民外交委员会正式的宣布,两国决定停战,谋外交途径的解决是确实的事了!此事前途困难甚多,但是双方现在都决心不打仗是确定了的。

此事发生于东京日本军部重要会议和莫斯科苏区最高会议之后,是值得注意的。

当日苏冲突发生以后,本刊即抱冷静观察态度,看见两方面抑制舆论的情形和负责人不说刺激话的做法,认为大家是在预留地步,以谋妥协。不幸这个观察是看对了。

本来一国有一国固定的国策,不是愿着人家的希望来改变的,所以我们并不劝人家打仗。

但是我们站在国家和民族共同利害的立场上面,还有一句话,希望友邦苏联的贤明当局注意一下。

这次日苏的妥协,无疑义的由于日本军部的忍辱吞声,表示退让。但是这是甘心的吗?中国有两个故事,一个是国家的,一个是私人的。

国家的故事,就是越王勾践臣妾事吴,结果完成他的复仇大业。

个人的故事是韩信不辞胯下之辱,终究完成他的不世奇功。

日本军阀骄横极了,现在受了这个奇耻大辱,岂肯甘心。若是他们这样屈伏下去,他们就无法去维系他们在国内的威望,也无法去维系他们在国际间的形势。他们受得了吗?他们现在的退让,不过是忍痛一时,待机大举。经过这次屈辱以后,他们不久的报复,一定更要毒辣!

他们这次的屈伏,乃是要完成他们先征服中国再征服苏联的野心。苏联观察日本军部有两派是真的,我们历来的情报也是如此。但是两派最后的目的,都是一样。一派是坂垣等主张先打中国,再打苏联。一派是关东军与朝鲜军,他们以为先打中国是无用的,因为打下中国,并不能解决远东问题。必须先打下苏联,则中国问题,自然随之解决。所以我们许多朋友在前方指挥作战的,在日方军官身上搜到他们最近所奉到的命令是"迅速攻下武汉,以备转移兵力，攻击苏俄”。可见日本军阀是要等武汉攻下以后就打苏联的。苏联切不可中此缓兵之计！

当一九九五年中日战争以后，日本疲乏极了，俄国若是一打，何至有今日横暴的日本。乃当时俄国计不出此，仅仅是三国干涉还辽。所以十年之后，日本便以日俄战争来报复。这不过是历史上一个小例，何况现在日本军阀的痛恨共产主义的苏联，是双重怨恨，远过于恨当日的帝俄呢？

当断不断，反受其乱！
毒蛇螫手，壮士断臂！

这些兵家的古语，还值得我们的朋友留心！

（原载于《新民族》第2卷第5期，1938年）

苏联舆论下的中国抗战

黄操良

问题的看法

对于苏联和中国的关系，不仅是过去，即使现在还有许多人发生了很多谬误的见解：一部份人认为苏联的援助中国抗战是太不够积极了，亦有一部份人认为苏联对于中国对日战争的态度是完全站在袖手旁观的地位，甚至还有一部份人认为苏联简直是在利用中国的抗战而作一种别有怀抱的企图。这些谬误的看法可以说完全由于两种原因所促成：(一)是完全具有着一种成见；(二)是专存着依赖别人的一种错误心理的表现。关于这两种原因的详细内容，在过去的出版物里已详释无遗了，所以这里亦不必再来重复的说一遍。不过现在最重要的问题是：苏联对于中国的抗战是不是完全站在袖手旁观的地位？或者竟站在完全自私的立场上作自己利益的打算？关于这个问题，我们的答案是绝对否定的。我们以为不仅以中国和苏联共同一致的利益上来说，即使以苏联一贯和平政策的立场上来看，苏联是会毅然决然地同情与援助中国抗战的。因为中国和苏联同样是日本侵略的直接对象，而且日寇的进攻中国，正就是进攻苏联的第一步，在此种情形之下，中苏两大民族的澈底合作，可以说正成为目前历史上的一个必然。因为如果双方不能取得密切的联系而让日本侵略者极容易地征服中国后，然后再利用中国的物力和人力，以中国为根据地，以中国为前驱去进攻苏联，这不仅是中国所不愿意的，而且亦为苏联所不容许的。而且中国目前新担当的反抗远东侵略者日本帝国主义的任务决不只是一个中国的问题，亦是苏联的问题，亦更是全世界的问题，如果中国全部沦亡了，那么应该说这正是苏联在国际斗争中的第一步的损失，亦可以说世界的和平也就不会有再完整的一天。因此我们关于问题的观察，不应该只是一种单纯或近视眼的看法，认为苏联的帮助中国便只有直接出兵参加作战，我们应该站在最正确的观点上，了解主观和客观的形势，事实上，我们亦不必去清算苏联在中国抗战中的援助，即使以它们国内舆论热烈的同情和声援上，亦完全可以明白：苏联对中国抗战的态度，是始终站在一贯的和平政策与正义的立场上的，具体的事实，最忠实的证明了这一点。

苏联对“七七”—“八一三”中国抗战的批评

在七月中旬苏联《新闻报》的社论里写着：“芦沟桥事件是中国人民几十年来积压着的仇恨的总发泄的时期，中国人民在芦沟桥的炮声下震醒过来了。这不仅只是表明了中国人民决不是绵羊，而且证实了中国人民在敌人更凶暴的进攻下开始变成了醒狮。”同时，它特别指出：“这是中国一个伟大的历史的转变，这一个伟大的斗争行动的表现，不仅是中国人民将开始解脱半殖民地枷锁的象征，而且已成为全世界被压迫民族挣脱奴隶命运的先声。”“任何拒绝其为和平奋斗孤立政策，任何不干涉日方的侵略政策，退让与妥协对于日方目前政策，惟有促使其更加疯狂的侵略，增加世界大战的危险，日本军阀所承认的唯一威权，只是武力的威权，如果正欲制止日本军阀的暴行，避免世界大战的巨祸，只有建立起有效的国际和平组织，只有全世界志愿和平的国家共同团结，为和平积极奋斗，方才能获得制止侵略者凶焰的实际效果。”以芦沟桥事变爆发后的一个月中，由于英、美特别是英国态度模棱，屡次企图牺牲中国的利益以谋与日本侵略者妥协，因此在八月五日苏联《消息报》的社论里郑重地指出侵略者的贪欲无止和猛烈进攻中国与世界大战的关连性，并且严重地予英国愿牺牲中国的若干利益而去迁就日本的这一错误政策以一个巨大的警告，谓：“英国绅士如果这一次再图谋与日本妥协，向日本让步，那末这个让步实现的一天，便是英国在华权益完全丧失的一天。”当然，要“获得制止侵略者凶焰的实际效果”，最正确不过的，便只有全世界爱好和平的力量共同结合起来，以共同的力量去制裁战争的放火者——日本法西斯蒂强盗！

接着上海战争的序幕在中国人民愤怒的火焰底下揭幕了，在开始的半个月中，有很多的高鼻子绅士们带着极深度的近视眼镜，甚至还有带着着色眼镜的，便毫无考虑地把这一具有着划时代意义的日子，作了一个慷慨的估计：他们高高地呼唤着“八一三”是“一·二八”的重演，甚至还有很多人依旧跌在第二次淞沪协定的梦里！

站在最正确的观点立场上的苏联舆论，便显露出了其独特的见解，发掘了“八一三”和“一·二八”根本不同的本质。

在苏联《伊士威斯吉亚报》内所揭载卡查齐著的《一·二八的上海与八一

三的上海》一文中，特别清楚地揭出了几点：(一)这次“八一三”的进攻，虽然又是由日本海军和居留民启衅的，但是值得注意的，就是他们还没有冒险晚间去进袭中国的城市，而是在早晨八点钟进攻的，这已经显明证明中国人在这个时期已使日人学得了一点教训，因为在这次进攻之前，像“一·二八”时盐泽那样的宣言再没有发表了。(二)这次跟“一·二八”战争比较，新的现象便是这一次战事有着扩及上海四周比“一·二八”那次更广大的趋势。“一·二八”日本军阀为了使中国政府屈膝，曾作了两件事情：一是用兵舰炮轰南京，一是用飞机轰炸杭州飞机场，炮轰南京，日人后来解释为误会，但是这已使中国政府宣布把首都由南京迁至洛阳了。这次日人则大举轰炸杭州和南京，且袭击内地的重要城市，如南昌、安庆、广州及武汉。同时，一般讲起来，军事行动的规模，亦比“一·二八”大得多，那时日本军阀只占领满洲一处，现在除满洲外，而内蒙、河北、晋北都遭受袭击了，山东亦处于进攻的前夕。中国重要机关都撤退得极有次序，自战争爆发后，上海市政府即避至别地，继续工作，京沪和沪杭两路管理局则由此迁至苏州。在“一·二八”时，北站的被毁，乃是保冲上海的一个严重打击。原因是因为上海为京沪和沪杭两条重要铁道的集合地，车站一被毁坏，则两路的联系中断，使中国的军事区域与重要的经济区域彼此隔离。这次北站虽被毁坏，但没有什么影响，因为这几年里面，中国政府在两路之间建造一条联络线——苏嘉路，可以保持南京、上海、杭州间的连络而不受阻碍的。(三)这次和“一·二八”比较起来，具有着一个基本的不同点，这就是中国亦有空军的一事了。“一·二八”时事实上仅只有日方有空军活动，而中国方面的空军还只在萌芽的时期中，现在已有很多人知道，中国英勇的空军已予日本空军以极光荣的抵抗，仅在极短的时期中，被击落的日机已经着实可观了。

上面苏联舆论关于“八一三”上海战争所指出的极其重要的三点，说明了日本军阀根据“一·二八”经验去估计一九三七年中国的作战能力，是完全错误的，说明了“一·二八”抗战的局部性与“八一三”抗战的全面性的基本不同点，又说明了“八一三”是中华民族获得独立解放的最光荣的开始！

苏联舆论下的中国第一期抗战

自从首都南京沦陷敌手以后，便结束了我们第一时期的抗战。在过去将近五个多月第一期抗战的过程中，在中国方面，不论其政治、军事或对外关系上，都显露了不少的弱点与危机。这当然是一个不能否认的事实，不过我们也不能不承认在第一期顽强的抗战中，一切新的现象和一切新的进步都在滋长着，并且已经奠定了第二期抗战获得胜利的基础。

苏联红军机关报《红星报》曾著文论述中国第一期的抗日战争说:“中国军队的退出南京,并不是表示了中国军队抗战力量的微弱,而是因为中国军事当局为了要作一次更值得和更有意义的决斗,才把这枝巨大的力量暂时收藏起来,因此,南京的陷落不是中日战争的结束,刚刚相反,正是更坚强更勇敢的抗日战争的开始。”而且苏联《真理报》所登载的《日本半年来的侵华战争》一文中,对于中国的第一期抗战有了极详细和极正确的论断,清楚地指出了日军“速战速决”的歼灭战争的愿望已遭到整个的破坏:“日本帝国主义之疯狂的军阀所调到中国的军队,企图在最短期内实现其原定的侵略计划,以期避免长期战争所需要的巨大消耗与长期战争所产生的危险结果,日本便以迅速夺得原定对象和使中国政府迅速投降作为自己的基本任务。而为了实现这个任务。日军曾再三改变自己主要进攻的方向和不断调动自己的兵力。一直到十月底,主要的战线是在中国的北部,而上海的战争只是站在辅助的地位。日本指挥部曾把自己的作战的主力全部集中在中国的北部,企图获得对于中国军队的极大优势,并以此占领了河北以及晋绥之一部。日军当时的打算,以为这一定能威胁中国政府向他们求和的,可是这个算盘根本全部失败了,战争更无期的拖延下去。”同时,他正确地指出了日本占领上海和南京以后的胜利,正是包孕着未来战争惨败的更大危机:“上海区内的战争曾要求日本寇军化[花]费了三个月的紧张的精力:日军还是在八月间就已开始其在上海方面的作战行动,可是一直到十一月间他们才把上海占领。中国军队在上海方面实行了激烈的抗战以后,便有组织地撤退上海,并继续保留着自己的战争能力,后来中国军队又在南京附近与日军进行猛烈的战斗,结果也从容地退出南京,但仍旧伴着自己的全部实力,并在各个阵地上还击日军的部队。日军的这些胜利,是极成问题的,这首先就因为这个战争是持久性质的,在日本方面又没有胜利地结束这个战争的可能。占据领土,这决不是战争的胜利,中国的战士,在实行退却的时候,始终保持着自己的战斗能力与抗日决心。”而且它指出了在这一期抗战的过程中,中国已开始加强和巩固了自己的战斗能力:“中国全民反日战线日益扩大,一批一批的群众争先恐后地投入抗日军队的行列,中国抗日的军队正在抗战过程中巩固起来,虽然日军已占领了中国数省领土,然而现在的中国却比过去的任何时候更加团结一致了。中央政府因获得全国各省之拥护和援助,已在顺利实行种种继续抗战的组织办法例。如在江苏、浙江、安徽、湖北、湖南及贵州等省,已实行地方行政机关的改组,这一改组之目的,便是要在这些省区内造成征募与训练新的抗战武力的基础。……日寇所惯用的法宝就是‘与其百战百胜,不如不战百胜’。日本军阀本着这聪明的法宝,经常在中国密布自己的侦探、奸细与军事破坏者，利用托派并与个别叛卖中国的军阀勾结日本军阀希望以这样来获百胜，可是目前的情形已远非昔比了。中国政府与人民正在不客气的对付一切汉奸与侦探。”

苏联的军事专家什维利夫在《红星报》上发表的一篇文章里面，更具体地把第一期使日本方面引起极其严重与深刻的危机指示了出来！“在广大占领的区域里，已造成了这种局面，即日寇仅在铁道沿线宽约二十五至四十公里的狭长地带以及他们所占领的大城市里面活动而已。其余在名义上，新占领的区域，几乎完全处在游击队权力之下，游击队往往亦夺占铁路线的某一段，日寇想借傀儡自治政府的帮助，在占领区域建立他们的统治，可是游击队的广泛活动，使日寇的企图永远没有完成的可能……日本帝国主义国内的状况，随着战争的延长，正在一天天尖锐化，他的财政状况，已显得十分吃力。……农村乃是日寇人力和食物主要的供给者，可是日本农民大众的反战情绪，却使日本军阀日益感到不安……特别是日本民众中间的反战情绪日益增长，不能不影响及于士兵大众的战斗情绪。同时日寇国际地位的日益恶化，抵货运动的普遍发展，使日本侵略者遭受到更深重的打击。”

是的，我们已经十分明白：在第一期顽强的抗日战争中，这些暂时的局部的失利亦不仅只是暂时和局部性的，而且是从这些失利的经验与教训中却获得了将来的全面的、永久的胜利。

苏联舆论对第二期抗战的观察

第二期坚强抗战的开始，亦就是促使日本走上更严重危机崩溃之途的开始，日本企图贯通津浦路，夺取徐州迂回大武汉的第二期作战计划之屡次失败，由于中国军事方面的着着改进，以运动战为主，以阵地战和游击战为辅的新战略的采用，将使敌人的这一计划永没有实现的可能，这不能不促使日寇的危机更加地深刻与尖锐化起来，人力补充的日感困难，经济结构的窳败，政治社会危机的更益表面化，以及中国军队新的编制的完成，新的力量的运用，使日本在军事上更感到无可奈何的苦恼，特别是表现在台儿庄所遭受到的最重大打击之后的深厚的焦灼上。苏联舆论对中国第二期抗战的观察，的确是最正确不过的；同时，他们对中国第二期抗战在舆论上所给予的赤诚的同情与声援（在物质上的援助更不用说了），更证明了苏联始终对世界和平和人类正义的忠实和努力。

《真理报》评论日寇人力不足的困难时说：“战争如再继续延长，日本国内的情势将更其严重，特别在人力方面，为增援部队迫切需要的结果，日政府被迫不得不招募殖民地人民——台湾、高丽、南部各岛人民参加作战。日本军阀受国内艰难形势的胁迫，因此急切致力于前方，以期获得动人的胜利，用以刺激国内战争之热情，不过以中国战线的形势观察，日本侵略者是无法能乐观的。”

波朴夫上校在《真理报》著文论及日本战时经济财政情况时，曾肯定地说："日本军事经济结构的窳败，如重工业发展的不够，农业的贫弱，财政情势的不振，在目前战争中更其无遗地暴露了出来，日本不可能支持持久性的战争……”

波朴夫上校又在四月二十六日的《新闻报》上发表关于中国军队改编与团结成功的一文中说："……此次战争对于中国人士自亦感受到重大苦痛，然此种苦痛却足以警醒中国人士，使政府和各民众团体更紧紧结合，决心与侵略者抗战到底，这就成为中国军队在行动上特别最近几次造成空前所未曾有的猛烈与勇敢的原因。”

布尔什维克什志最近发表了《法西斯侵略者之疯狂》的一文，内中论及远东形势时，更这样写着："日本将领最近之不断改变作战方略，即为日本帝国主义现在已遭遇到严重困难的充分明显的证据。”

奠定第二期抗战胜利基石的我军在台儿庄的空前胜利，在苏联的舆论上更有了特别明显的反响，《真理报》在他的社论里特别强调地指示出，由于日人在台儿庄所受到之打击及中国在其他各战场上利用军队，在敌人后方运用游击活动，他们一定能维护其独立，将侵略者驱逐出境外，不过，同时侵略者的力量尚未消耗殆尽，日寇无疑地将采取更凶暴的报复手段，夺回其失去的地位。

在苏联舆论方面正确的观点上，已经明显地指出了中国的抗战一定是一个胜利的前途，不过我们应该时时警觉与注意，因为正由于敌人困厄的日益加深，特别由于目前第二期作战计划的屡次失败，会使敌人的对我攻势更加凶暴和残酷，在国际正义的援助下，在全世界和平人士同情的支持下，我们只有更坚决、更刚毅、更勇敢地来抵抗敌人，根本粉碎敌人第二期的作战计划，奠定我们争取决战胜利的基石，以获得抗日战争的最后胜利。

（原载于《中苏文化》第2卷第1期，1938年）

中韩民族抗日联合战线问题

健宇

日本法西斯蒂军阀对中国的武装进攻，越在积极扩大，东方被压迫民族的抗日革命任务，无疑的便越加重大。

中国在抗战过程中，以神圣伟大的抗日战争势力，逐渐克服了国内的矛盾对立。同时，民众运动更加活跃的开展起来了。于是抗日力量的增大，在质与量方面都呈现着飞跃的现象。自从中日战争爆发后，日本帝国主义的国内矛盾更加尖锐化，就是法西斯蒂军阀和反法西斯蒂的人民阵线的对立，工农阶级对于帝国主义侵略战争的反战运动的扩大和朝鲜民族解放运动的高涨，都在表现着倭寇内部的千疮面孔。并且对中国的侵略战争，破坏了太平洋的国际均势，因此国际的反日势力日益增长着，特别是英美感到极东形势的危险，为了保障在中国的利权和太平洋上的国防，也在扩大强化远东军备。总之，日本帝国主义对中国大陆的武装侵略，也就是自趋灭亡的最后一着。

日本军事法西对中国侵略战争的失败，不仅是日本帝国主义的整个毁灭，同时是东方被压迫民族解放的主要条件。但是中国抗战的最后胜利，不只由于中国民族单独的抗战力量；必须联合一切国际的反日势力，特别是东方被压迫民族的抗日联合战线的巩固与扩大，无疑的是打倒日本帝国主义的主要力量。中韩两民族之间，抗日联合战线的建立，是对共同的敌人——日本帝国主义的革命的利益所决定的必然要求。同时，中韩民族的抗日联合战线是对日作战上非常重要的战略问题。可是事实上，中日战争已经进行了九个多月，中国进入了第二期抗战，鲁南台儿庄战取了空前的大胜利，同时中国国民党大会宣布了抗战建国纲领，并规定了与一切反日民族联合起来，共同奋斗，这都是很值得庆幸的。乘着这个机会，笔者特别提出关于中韩民族抗日联合战线问题，想作一个概括的论述。

中韩民族的抗日联合战线问题，并不单单在于弱少民族解放革命的国际连关性广泛意义上，而是包含着对共同敌人的革命利益感所产生的具体内容。而且是立脚在自民族解放革命的特殊性，被采决为抗日的战略战术。换言之，异民族间建立抗日联合战线的主观认识，是中国民族为了增强他的抗日力量，以期争取最后胜利，而要求和朝鲜民族建立抗日联合战线；同时朝鲜民族为了独立战争的胜利，而要求和中国的抗日力量建立联合战线更加增强革命力量。因此中韩抗日联合战线在现阶段，基于革命的共同性被规定的具体的战略。这一弱少民族抗日联合战线，必须富于各民族间革命的互信心，但是这种互信，当然要依存于自民族解放革命的现实动态。目前中国民族光荣伟大的抗日战争，不仅增大了国际的信任，确保东方被压迫民族解放革命战线内的中心势力，同时中国的抗战势力对邻邦弱少民族解放运动给与伟大的革命冲动，并且占在领导的地位。

建立中韩民族抗日联合战线的前提之下，朝鲜民族对中国革命大众究竟给与怎样的信念与冲动呢？朝鲜的处境是和中国很不相同，是日本帝国主义的独占殖民地，他没有国家民族的独立主权，更没有维护国家主权的政治自由和武装军队，言论、出版、集会、结社的自由，完全被剥夺。一言以蔽之，今日的朝鲜是处在日本帝国主义法西斯蒂狂暴的反动统治之下，完全失掉了生存的权利，而陷于举世无伦的悲惨的绝境。在这种残酷的社会条件之下，朝鲜的革命运动，在受敌警敌军残酷的镇压，革命群众不断的被屠杀，因此全面的革命运动在技术上不可避免的转变成为地下层运动。也就是说，中国的大众运动在目前以社会的合法手段生长发展，朝鲜则不然，尤其在九一八东北事变以后，一切具有反日性质的社会团体，全被解散了。

自从九一八事变以后，日本法西斯军阀企图实现他大陆侵略的既定政策，对殖民地的政治压迫和经济剥削更加苛酷了。这特别表现在经济方面，因于急速扩大的军需工业，大量征募劳动大众，对农民施行无限制的征发等都在无情的鞭鞑着殖民地的劳苦大众。还有和日本法西斯军阀狼狈为奸的军需工业家、高利贷、商业资本家、地主等，在殖民地为了独占利润而高度榨取的过程中，不仅工农大众的膏血日益涸竭，并使朝鲜民族资本家和地主的经济基础也在急速的破灭。

从一九二八年至一九三五年间，被捕下狱的革命同志竟达一万六千有余，这些都是和共产党及反帝同盟秘密结社有组织关系者而根据治安维持法被判决的数目。从这一事实我们不难推断朝鲜革命群众的反日情绪的高涨和斗争的坚决。我们更应该注意到，将近二万的有组织的群众虽被牺牲了但是产生更积极勇敢的后继者和影响群众更加坚决斗争的这一事实。我们相信，各国的革命同志，尤其是直接受日本法西斯武装进攻的中国抗日同胞们，是不难想象日本帝国主义独占统治下的朝鲜的具体内容。

对于中韩民族抗日联合战线问题，双方在革命的同盟者的意义上，要有具体的认识是绝对必要的。这种认识，并不是由于抽象的概念被规定，而是在中韩两民族对日作战过程中，由于革命的共同性被规定着的，因此谁也不能否认东方被压迫民族抗日联合战线的重要性。但是我们认为不仅限于认识的清楚，问题是在怎样实践。

朝鲜人在中国的革命历史，已经持续数十余年当中，中国同胞同情和援助朝鲜民族独立运动的史实何止一二，但是中韩革命同志间更有意义更加坚强的合作，是莫过于一九二六年的北伐时代。当时朝鲜革命同志坚决的斗争牺牲已经给我们宝贵的经验与教训，尤其在九一八事变后在东北中韩革命大众的抗日义勇军的合作，是完全执行了被压迫民族抗日联合战线的策略，抗日的游击战争不断的在生长发展扩大着，尤其在目前中国全面抗战的情势下，更加增强它的战斗力量。

神圣伟大的中国抗日战争全面的展开以来，已经光荣的继续了九个月，将来也不断的持续，直到取得最后胜利。这已经打开了东方被压迫民族解放之路，在这伟大的时代，中韩民族在对共同敌人共同斗争原则下，我们确信，抗日联合战线的结成是必然的。

一、在中国的朝鲜革命同志，在中韩抗日联合战线形式下，应该直接参加抗日战争。

二、中国应该积极援助朝鲜革命武装的组织，以期发挥它独立的作战精神。

三、中韩抗日联合战线是立脚在弱少民族的革命的联关性和对共同敌人的共同斗争的义务，但是也应该注意到两民族革命的特殊性。

（原载于《朝鲜民族战线》第2期，1938年）

朝鲜民族反日革命总力量问题

[朝鲜]金奎光

一

中国的抗日战争正在猛烈进行的时候,同样遭受日本帝国主义的掠夺和压迫的朝鲜民族,起来和中国建立抗日战斗联盟是非常重要,而且是必要的事情。正因为如此,自从抗战以来,许多中韩人士都很深切地注意这个问题,同时热烈地期望着这个被压迫民族的联合阵线能够早日实现出来。

可是在这儿我们必须知道,所谓联合阵线决不是什么空洞的作为政治号召的口号,而是要实践、要斗争的一种战争联盟。没有实践和斗争的联合战线是不会存在,而且不应该存在。相反地,只有在实践和斗争中,才能够巩固和扩大联合战线。因为是这样,所以当我们要建立两民族的联合战线的时候,首先正确地估计对方的战斗力量,是很必要的。

朝鲜民族的革命力量到底有多少呢?这原是很值得研究和讨论的问题。朝鲜民族自从亡国以来三十年间,在日本帝国主义的无限制的压迫和榨取下,无论物质生活或精神生活,都遭受极度的蹂躏和破产。这样的民族还有多少力量能够抵抗日本呢?对于这个问题,各个人都不免有“见仁见智”之感。但我觉得对这问题,固然不应该估计太高,同时不应该估计太低。我们需要有一个正确的估计。

不过我们要晓得,所谓革命力量并不是拿数字来可以表现的东西。他不但有物质的因素,而且有精神的因素。他不但有表面的力量,同时有潜在的力量。他不是静止的死板的,而是生动的发展的。他不是单纯的孤立的,而是复杂的关联的。我们要估计这样一种力量自然是不容易的,但也不是完全不可能的事。我们不妨从以下两方面去观察朝鲜民族的反日力量,即第一从历史的反日斗争方面去观察,第二从现实的生活方面去观察。

二

首先，我们用历史的眼光去考察朝鲜民族的反日斗争的时候，就可以知道这个斗争，自亡国到现在三十年间不仅没有一时一刻停止过，而且是在继续猛烈的发展下去。换言之，朝鲜民族的反日战斗力量不但没有丝毫减弱，反而更加继续地增大和发展。许多不明了朝鲜革命运动的实际情形的人，只看到日本统治力量的不断增强和朝鲜民族生活的日益破产，就认为朝鲜民族反日力量也因之在不断地减弱下去。但这是表面的浮浅的看法。实际的情形是适与此相反，正因为日本统治力的增强和民族生活的破产，所以朝鲜民族为生存而奋斗的力量便不得不更加强固起来。关于这问题，我们可以从以下三方面去观察他的历史的发展倾向。

第一是军事战争方面。朝鲜民族的反日武装斗争在过去三十年间不但没有停止，反而更加发展和扩大。亡国前后在国内发动的义兵斗争继续到八年之久，最后由武器的不精良和给养的无办法，终于败退。可是退到鸭绿江边境时，仍然重新建立起朝鲜革命军事根据地，继续不断地和敌人作战，直到现在没有停止。特别到“九一八”事变以后，得到中国义勇军的响应和合作，朝鲜革命军事斗争的力量便急激地强大起来。现在在东北抗日联军中的朝鲜人队伍及其他武装部队已有数万之众。此外，在苏联远东红军中也有两个朝鲜人师团。又在中国关内及苏联方面还有正在不断培养出来的许多军事干部人材。这些都是朝鲜革命运动的基本军事力量。这种力量在今后由于中国抗战的进展和苏日对立的尖锐化，一定能够得中苏两国的积极援助，而建力[立]强有力的朝鲜革命军。

第二是政治斗争方面。朝鲜民族的反日政治斗争也同军事斗争一样，不论形式上或内容上都有不断的进步和发展。大家都晓得，一九一九年“三一”大革命是朝鲜独立运动飞跃发展的时期。在“三一”以前，许多爱国志士们亡命海外，有的吁请列强援助，有的号召国人起来反抗，又有的暗杀敌酋以快人心。可是他们的政治意见极不一致，或主张军事救国，或主张外交救国，又或主张民族的自力更生。这种以少数志士们为中心的初期运动，自然不能够建立起统一的理论和统一的革命集团。

但是在“三一”大革命运动以后，朝鲜革命运动遂行三个主要的发展。第一，把从来以志士为中心的运动移到大众中间来。特别由于新兴社会主义运动的发展，工农大众及青年学生的反帝反封建的斗争日益扩大，而把运动的基础安放在广大的大众斗争上面。第二，积极展开革命运动的理论斗争，彻底清算从来漠然的忠君爱国主义，以及一切不正确的革命理论。第三，不论在社会运动或民族运动方面，把从来分散的、自然发生的以及宗派主义的革命团体，不断地予以淘汰或取消，开始建立现代的革命政党。

“三一”以后，朝鲜革命运动的主要特征就是社会主义运动和民族主义运动的对立的发展。由于朝鲜产业工人的急速增加，国际社会主义运动也随着突飞猛进，一九二四年在京城召集全国民众运动大会时，全国社会运动团体总数已超过一千。其后又在朝鲜共产党指导下成立的全国劳动总同盟、全国农民总同盟、全国青年总同盟等，所属人员总数达二十余万人。这些团体在“九一八”事变后虽被解散，但他们的组织的活动仍然存在着。全国到处不断发生的罢工、抗租、罢课等斗争，可以说都是由社会主义者所指导发动的。这运动在朝鲜革命运动中已占着主要的地位是不待言的。

至于民族主义运动，在国内虽然没有像社会主义运动那样表示出积极的行动来，但他所保持的潜伏着的反日革命力量却是很大的。朝鲜民族主义运动的大部分，以宗教的活动表示出来，这是很值得注目之点，例如“三一”大革命可以说完全以宗教为中心而指导发动的。不仅当时的民族代表三十三人中宗教信者占绝对多数，而且在参加示威暴动的大众中，大多数为宗教信徒。到现在还相当保持着反日性的宗教有天道教、基督教、佛教及儒教等，这些宗教都拥有数十万的教徒，还有青年会、学校及教会主义的社会事业机关等，在吸收广大的青年学生。这些宗教信徒在平时生活上，自然是很消极的非革命的行为，可是一到反日革命高潮到来的时候，他们都可以动员起来，参加斗争，而且可以发生伟大的力量。

民族主义运动的大众基础在于宗教方面是有原因的。因为在朝鲜一切集会、结社等自由全被剥削，民族运动团体更不能公开存在，而宗教团体在一般认为是消极的不发生作用的活动，所以可以存在。所以许多有志人士都参加宗教团体，借着宗教的掩护而进行民族革命的事业。故安昌浩先生所领导的兴士团及青年修养同盟也正是借着基督教的掩护而活动。

民族主义运动在海外有着很强固的基础。在“九一八”以前，满洲的正义府、统义府、参议府等都是民族运动的大本营，与在美洲的国民会、同志会等都是有相当历史的民族主义集团。最近数年前，由五个团体成立的朝鲜民族革命党和韩国国民党是在中国活动的民族革命团体。这些团体无疑地是民族运动的前卫。

这里特别值得指出的是，一九二六—七年中国的国共合作时代，在朝鲜也成立了民族革命运动和社会主义运动的协同战线团体“新韩会”。会员共有三万余人，全国有一百五十余支部。一九二九年，以光州学生事件为契机而爆发的全国学生反日大示威运动，可以说完全由新韩会领导的。这团体因种种原因，遂于一九三一年至于解体。可是这三万余的反日积极分子在种种形式的社会组织里面仍然在推进反日运动。尤其其后产生的秘密团体“反帝国主义同盟”替代了新韩会的任务。

最后，一九三七年中国对日的民族革命战争爆发以后，朝鲜民族的反日政治斗争也踏进了一个新的阶段。这个新阶段的主要任务，就是一方面要建立全民族的反日统一战线，另一方面要建立中韩两民族的抗日联合战线。为了执行这个历史的任务，在海外首先成立了朝鲜民族战线联盟。我们坚决相信，在这次中日战争中，一定能够发动全体性的民族反日大革命斗争，以争取民族的解放。

第三是大众斗争方面。朝鲜民族的历次的大众反日斗争是比任何殖民地民族的反抗帝国主义运动更为激烈，更为广泛，而且这种斗争，在质和力量方面，都有继续的发展。在亡国数年间，只有全国义兵的武装斗争，而一般民众的反日示威及暴动还没有爆发。可是到了一九一九年三月一日发动了空前轰烈的全民族的大示威和大暴动。主持这运动的民族代表三十三人，本来的计划是动员几个中心都市的青年学生举行反日示威，单单提出“朝鲜独立万岁!”这一个口号，并规定和平示威的办法。但是这运动从发动的那天起，就马上发展成为全民族的大示威，又所谓和平办法变成了大众的徒手暴动。这种示威和暴动在全国每个乡村中都是猛烈的进行，一直继续到八个月之久。全国被动员的民众达二百万人，被牺牲者达四万余人，特别值得指出的是，平时被看作亲日派走狗的官吏、警察及宪兵补助员等也自行脱掉敌人的服装，参加示威。

一九二九年发动的全国学生反日总罢课、总示威运动，也是充分发挥了朝鲜民族的团结力和战斗力的伟大。这原是以光州地方的朝鲜学生和日本学生间小小的冲突为契机而爆发的，但这冲突发展起来，就成为全国学生的反日政治斗争。他的中心口号是“反对奴隶养成教育政策”“反对韩日学生不平等待遇”等。全国公私立学校的朝鲜学生实行总罢课，同时热烈地举行反日示威，参加学生超过十五万人，就是连小学生也都起来加入这个运动。

一九二六年发动的“平”运动，也是大规模的民众反日示威，可是在军警的武装弹压之下，没有发展成为全国规模的运动，不过这运动的发动，是有他的特征的。此外，还有无数次的工人及农民的罢工抗租等斗争和暴动。在这里应当把他列举出来，一一加以说明，但因篇幅关系，不得不割爱，只好等待别的机会再说。

总括一句说，在如上所说的大众斗争中，我们可以看出朝鲜民族不仅没有被日本人同化，相反地，对日同仇敌忾的情绪是一天天地高涨起来。同时可以看出，他们潜有伟大的反日革命的力量，有不可克服的民族意识，更有伟大的民族的团结力和战斗精神。

三

朝鲜民族的反日革命力量，不仅要从他们的历史的斗争上面去观察，而且要从他们的现实的生活关系上面去观察。

朝鲜民族所以能够发挥像上述那样伟大的反日战斗力量，主要的是由于他们的现实的生活关系有以推动、有以迫成的，换言之，他们的现实的生活关系是对于他们的反日斗争有着决定的作用。

大家都晓得，朝鲜原是封建的农业国家。自从亡国以来，在日本帝国主义侵略资本的猛烈侵袭下，强制地走上了资本主义化过程。而且这样就形成了半封建的社会形态。在这个国家里，有日益增大的现代工人阶级，有日趋没落的大中小资产阶级，又有无限制被剥削的广大的农民大众。这些阶级在日本资本的压迫和榨取下，保持着强烈的反日革命性。此外还有所谓民族资产阶级的“民族地主”，也同样遭受日本的压迫，不仅没有发达的前途，反而更走上没落的过程。据最近统计，全国资本的八八％、全国耕地面积的六〇％及其他主要产业机关，都为日本人的公私所有。因此便可以看出朝鲜民族资本家及地主的可悲的命运。他们也为着生存，非走上反日这一条路不可。

在这儿我们把朝鲜民族各社会阶级的现实的生活关系加以分析和研究，可以估计出他们可能发动的反日革命力量。

首先，在这些社会阶级中，反日情绪最高而战斗力最强的便是工人阶级。在日本帝国主义的朝鲜工业化运动中，朝鲜工业日益发达，而这些工厂都是日本人的公私资本开办的。在这种情势下，工人阶级便急激地增加起来。据敌方的统计，全国工人总数已超过二百万人。他们的大多数都是破产的农民。他们在乡村中受到日本的地主及高利贷的无限制的剥削而至于破产的。可是跑到都市进工厂做工，同样也遭受到日本资本主义的绝对的压榨。他们的每天平均工资四角乃至五角，工作时间超过十小时乃至十二小时。不但没有罢工、示威的权利，而且没有集会结社的自由，拿着鞭子的监工可以随时对工人加以殴打，加以刑罚。他们好像牛马一样，有服从和驱使，而不得反抗。可是他们决不是日本人的奴隶，而是有着四千余年悠久历史的民族，只要有反抗的机会和办法，便马上起来反抗。在过去历次的反日斗争中，他们都起来参加，尤其随着社会主义运动的发展，工人的罢工及怠工运动在各处不断地爆发，而且这种斗争是更加有组织有计划的进行着。

“九一八”事变以后，日本帝国主义者为准备对华侵略战争起见，更残酷地榨取朝鲜工人阶级的最后一滴血。他们首先强迫解散全国工人总同盟，绝对禁止一切罢工及怠工等行动，以便加速他们的所谓国防工业的效率。在这种压迫条件下，他们更加引起全民族的同仇敌忾的情绪。我们相信，在目前伟大的中国民族解放战争中，朝鲜二百万工人大众一定能够发动最有力的反日革命战争，以执行他的朝鲜革命的任务。

其次，广大的农民大众也保持着强大的反日革命力量。朝鲜原是以农立国的国家，农民占全人口的百分之八十。在朝鲜变态的资本主义化过程中，农村破产格外积极地漫延。在日本帝国主义的继续掠夺和收买政策下，全国土地的三分之二已归为日本人所有。他们为着更多的榨取农民大众，在农业方面仍旧采用封建的超经济的榨取方法。例如地租、高利贷、赋役及其他苛捐杂志等，没有一个不是封建的剥削方式。朝鲜农民在遭受日本人的苛敛诛求而在饥饿线上彷徨的时候，一方面深深地追忆亡国以前安居乐业的往时生活，另一方面对于日本强盗的无理掠夺，引起无限的愤怒。他们早已明白，为争取他们的生存，也只有走上反日独立的一途了！因此朝鲜农民在过去的种种运动中很热烈地参加，特别在“三一”大革命中，可以说全国农民都被动员，积极参加到这反日示威的大运动。其后随着农村破产的日益加深，在各地不断地发生农民大众的抗租、抗捐等斗争。据敌人统计，全国农民抗租斗争，每年平均有三百余件之多。这就是朝鲜农民的惨苦生活和白热斗争的表现。

“九一八”事变以后，日本法西斯强盗们一手举起“建设满洲天国”的招牌，欺骗和诱惑农民，另一手拿着刀枪，威胁和驱逐农民，使他们到满洲荒野去开拓荒地，同时作为侵华的后备队，另一方面把日本的“过剩”人口移到朝鲜来，作“鹊巢鸠居”的勾当。日本强盗的这种政策，在过去数十年间可以说是得到相当的效果。现在在朝鲜的日本移住民已达六十万人，在满洲的朝鲜侨民已经超过百万。可是在另一方面，朝鲜农民移到满洲来的结果，更加增强了在满洲的朝鲜独立军队的大众的基础，而且更加提高了他们的反日情绪。

本来朝鲜农民是有着光荣的历史的革命传统。一八九三年发动的所谓东学党暴动，就是农民大众反抗李朝专制压迫的大革命运动。在亡国时的全国义兵运动也是农民大众的武装抗日斗争。又如上述“三一”大革命的基本队伍也就是农民。他们有执拗的民族意识和顽强的反日感情，在每次反日斗争中发挥出最强大的革命力量。无疑地他们是和工人阶级一块,成为展开全民族抗日战争的最基本的战斗队伍。

再其次,朝鲜的中小资产阶级,即小规模的商工业者、小地主及其他小市民等,也在日本资本的压榨下,日益走上没落的途程。他们在欧战时期的普遍景气时代,曾经抱着一攫千金的雄心,而在日本资本的大量流动中,企图建筑向前发达的基础。可是这种雄心终于变成迷梦。在日本经济的周期恐慌中,特别在一九二九年以后的慢性恐慌期中,由于日本资本向殖民地民族开始了空前侵夺,许多小规模的产业及商业机关都纷纷倒闭。今日的所谓中小资产者,到明日就会变成无产者了。他们只有在资本集中的法则下,好像牵入屠场的羔羊一样,成为无力抗争的牺牲品。

可是我们必须知道,在这一社会阶层中,包含着许多聪明的知识份子,例如教授、新闻记者、作家、医生、牧师、青年学生等。这一批人们不仅形成了朝鲜民族文化的一种力量,而且不论在过去和现在朝鲜民族解放运动中起着非常重大的作用。他们在目前的中日战争中,很清楚的认识这是朝鲜民族争取解放的唯一机会,而要站到中国这边来,共同打倒日本帝国主义,是没有疑问的。

最后,民族资产阶级及“民族地主”,虽则他们的力量是很微弱,又虽则他们还在梦想着在日本资本的卵翼下打开一条新的出路,但同时他们仍然并没有完全放弃打退日本资本而独霸朝鲜的雄心。在过去的欧战景气时代,他们也曾有过光荣的发达,企图和日本资本对抗一下。一九一九年“三一”大革命,无疑地是朝鲜民族资产阶级所领导的反日运动。所谓民族代表三十三人其实是他们的代表者。可是这一运动失败以后,他们便一蹶不起了,在日本资本的重重压迫下,他们不得不踏进继续破产和没落的过程,然而这不是说他们已经完全失去了反日独立的精神。相反地,他们在这种破产和没落过程中更加深刻地认识到自己的出路,除了民族的独立外更没有第二条可走的路了。在这一点上,我们深信在目前展开全民族的抗日战争运动中,他们一定能够参加进来,而且能够执行他们所负起的历史的使命。

四

朝鲜民族到底有多少反日力量这个问题,自然不是容易解答的。我在上面所解释的,未必就是完全正确,不过在大体上说,关于朝鲜民族在过去发动过的,以及在今后可能发动的反日力量,都有相当的分析和估计。我提出这个问题的用意,端在使中国人士们注意和研究这问题,更进而正确地认识朝鲜民族革命问题，而在目前中韩两民族抗日联合战线结成过程中得到认识上的帮助。

原来关于这个问题的估计，中韩人士的看法固有所相异，即使在朝鲜人也未必就能完全一致。有的人是把工农大众的生命性作过高的评价，而对于民族资产阶级的革命性评价得太低。又有的人则与此相反。我认为站在抗日战争的立场上说，过左或过右的评价都不正确的。我是始终相信，“在打倒日本帝国主义，建立真正的民主共和国”这一目的下，只除了亲日派韩奸外，全体民族，不论是属于什么阶级或什么党派的人，都要起来参加反日革命斗争，是没有丝毫疑问的。

（原载于《战地》第11期，1938年）

建立中韩反日联合阵线

钧

兹当大韩民族“三一”独立运动第十九周年纪念之日，正值中华民族为争取国家独立，与共同敌人日本帝国主义者作殊死的决斗，我们除向历史上文化上最有深切关系的兄弟民族表示最热望最真挚的同情外，并预视数千万被压迫被奴役的人民，将在中国反侵略战争最后胜利之日，完全恢复自由独立与平等的民族主权，以与中国民族共同携手，保持东亚和平、秩序，增进东亚人民共同生存的幸福！

中韩两大民族在敌忾同仇之下，首应由两民族中领导反日的革命政党及民众团体，共同协定具体的反日纲领，确立实际的工作方案，以构成真成的民族反日联合阵线。在中国方面，政府政党及民众团体，对于朝鲜独立运动，不应只在原则上或精神上加以赞助了事，而更当作积极的实质援助。

现时中国民族的抗战，固有助于朝鲜民族解放运动的发展，而同时朝鲜民众的革命力量所能给予中国的助力更不容轻视。

（原载于《抗战行动》第3、4期，1938年）

如何建立全民族的反日统一战线

[朝鲜]奎光

一、战线的统一问题

自从中日战争爆发之后，在朝鲜民族解放战线上，引起了一个非常重大而急待解决的问题，这就是全民族的反日战线的统一问题。

当中日战争开始爆发的时候，一切的朝鲜革命者，不论是民族主义者、共产主义者或无政府主义者，都同样地感觉到，这一战争对于朝鲜民族解放运动有着重大的决定的关系。就是说，中国胜利了，不单中国民族可以得到解放，而且朝鲜民族也有得到解放的希望；中国失败了，不仅中国的民族国家将陷于灭亡的境地，而且朝鲜民族的解放前途将更是黑暗而渺茫的。因此全朝鲜革命运动者在这样一种新的斗争环境和新的斗争时期中，都要积极发动全民族的反日革命斗争，以响应和支持中国的抗战，以争取朝鲜民族自身的解放。可是要实行全民族的反日总动员，首先最要紧的就是要确立朝鲜民族解放战线自身的统一。假使我们的解放战线不能统一，仍然保持像从来那样宗派主义的或主义思想的分裂和对立的状态，那末我们不单不能完满地执行中日战争所给与我们的新环境和新时期的斗争任务，即使中国战胜了日本，我们的解放运动也未必就能够得到顺利的成功。这是显而易见的事情。在这种情形下，一切朝鲜革命者都很热烈地喊出了这样一个口号："全朝鲜民族在'反日第一'主义下团结起来！"

这一口号可以完全代表现阶段朝鲜革命大众的共同要求是不待言的。而且这种民族的统一团结，在目前不单是必要，并且是可能的。可是到现在为止，这还只是口号而已，并没有把它完满地、具体地实现出来！

本来的讲，全民族的反日战线的统一问题，在朝鲜决不是到现在才被提出来的问题。因为朝鲜是日本的独占的殖民地，日本帝国主义就是全朝鲜民族的唯一共同的仇敌，所以在朝鲜要建立全民族的反日统一战线，乃是历史所决定的朝鲜民族解放运动的主要政治任务。正因为如此，从来在朝鲜，任何一种革命团体，都不能公然反对反日战线的统一，即使偏见最深的宗派主义的团体或某种阶级的政党政派，也在表面上不能不主张全民族的统一团结。这样，战线的统一在朝鲜已经成为历史的口号，而且在过去解放运动的各时期中，用种种不同的方式来进行过战线的统一运动。

在朝鲜，战线统一运动的主要对象，是民族主义运动和社会主义运动的统一问题。虽然在朝鲜，不论是国内或国外，存在着种种形式的分裂和对立的多数革命团体，而在表面上看，的确未免有些复杂之感！可是在内容上把它检考一下，就可以知道这许多团体都有着它的社会的阶级的背景。不是属于民族主义运动，便是属于社会主义运动。所以，在朝鲜所谓战线的分裂对立，主要的是这两种运动的分裂对立。现在我们所坚决主张和积极进行的全民族的反日统一战线运动，也就是以建立这两种运动的统一战线作为主要的目的。各种民族运动团体间之统一或各种社会运动团体间之统一，当然也是必要的，但这不能成为全民族的统一，因而不是我们所目的的统一战线。

总而言之，在这中国民族的抗日战争正在猛烈地进行，而东亚各被压迫民族的反日斗争空前紧张和高度白热化的今日，朝鲜民族反日战线的统一问题，特别有着重大的意义，而非急速地、正确地解决这个问题不可。这个问题能否得到迅速的、正确的解决，无疑地要决定朝鲜民族解放前途的光明或黑暗。可是我们怎样才能正确地解决这个问题呢？就是说，我们怎样才能完满地建立全民族的反日统一战线呢？关于这个问题，我们要在下面加以详细的讨论，而得出一个正确的结论来。

二、认识的统一

在现在任何一个朝鲜革命者，不管他是信仰什么主义或属于什么党派，都不反对战线的统一，不单消极地不反对，而且会积极的加以主张。可是这还只是“不反对”或“主张”而已，至于如何统一的具体方法的意见上，每个人都有不同的看法。各党派也各有相异的见地。因此，只有口头上标语上的统一而没有具体的实际的统一。

我们认为，倘要建立民族战线的实际的统一，必须首先建立民族战线的认识的统一。假使我们没有认识上、理论上的统一，那就不能有实际上行动上的统一。

朝鲜的民族统一战线运动，不用说还处在发起促进的时期。自从一九三五年中国的统一战线运动开始以来，在极少数旅华朝鲜革命者间，虽然有过关于这一运动的热烈的讨论，而且到现在已经用几个主义不同的革命团体组织了朝鲜民族战线联盟，作为建立全民族统一战线的基础，但这还是初期的运动形态，而对于这一运动还没有确立正确的统一的指导理论。可是到最近在中国发行的朝鲜文杂志《民族革命》《民族战线》《韩青》等上面，发表了许多关于民族统一战线问题的文章，而积极展开了关于这一问题的理论的探讨。这自然是很好的现象，因为只有在这样的理论的探讨和斗争中，才能正确地认识战线的统一问题，才能正确地树立统一的指导理论。

现在我们为了确立民族战线的统一的指导理论，首先使得每个朝鲜革命者，对于以下几个最基本的问题，都要有一个正确的认识。

第一，我们要清楚认识，我们的民族战线是和西欧的人民阵线有所区别的。因为人民阵线是在高度发展的资本主义国家内，人民大众为着反对或防止法西斯蒂，争取民主与和平而在一定的政治纲领下结合起来的一种政治斗争机构，而我们的民族战线则不然，就是全体民族，不论是属于什么社会阶级或政治党派，都为着打倒唯一共同的敌人——日本帝国主义，争取全民族的自由解放而在一定的政治纲领下团结起来的另一种政治斗争机构。

关于这两种阵线的同异问题，在中国初期的民族统一战线运动时代，也曾有过各种理论的探讨，而到现在已经得到了统一的认识。可是在朝鲜，这一问题的讨论正在开始，而还没有得出一定的结论。

第二，我们要清楚认识，我们的民族战线和中国的民族战线也不尽是相同的。虽然这两个战线在内容上本质上是相同的，但在表现形式上却有所相异。这因为朝鲜是日本的独占殖民地，早已没有了国家机构，而民族战线形态便不能不以各种革命的集团的结合形式表现出来，然而中国是半独立国家，有广大的人民和土地，在统一的政权下成为民族战线的人的及物的基础，而且这政权自身就成为民族战线的中心机构。

第三，我们要清楚认识，民族战线是代表全民族社会各阶层的共同利害的统一的最高政治斗争机构，而不是一种政党。换言之，民族战线是一民族内各个不同的社会阶级或集团根据其自身的立场和各自共同的要求来参加组成的。这个共同的要求便是全民族的要求，为着满足这个要求，而从各自不同的立场，在共同的政治纲领下，共同的行动起来。

第四，我们要清楚认识，民族战线有它的一定的政治目的，而不只是政治手段或政策。有些人认为我们民族战线的主要目的在于打倒日本帝国主义，而打倒了之后如何建设是民族战线所不能负担的任务。为什么？因为到那时候或许建设社会主义国家或法西斯主义国家也说不定。但这种见解显然是错误的。我们民族战线的政治目的是在于建立真正的民主共和国，而打倒日本帝国主义乃是为达到这一政治目的的政策或手段。打倒日本的统治是破坏的，而建立民主共和国是建设的。建设是目的，破坏是手段。无目的的手段是盲动的行为。我们一定要有基于全民族共同要求的建设纲领，同时要有一定的反日共同斗争纲领。最近中国国民党临时代表大会也发表了抗敌建国纲领，可见我们的见解决不是独断的。

第五，我们要清楚认识，我们民族战线内部的矛盾是可以避免的。虽然在朝鲜民族中也有种种利害相反而相互对立的社会阶级，但这种阶级的对立是和民族的对立比较起来极其次要的。朝鲜全国耕作地面积的六〇％、全国资本的九五％、全国交通及主要产业机关的差不多全部，都已经归为日本人的公私所有，这就是说，在朝鲜，不仅政治的压迫者为日本人，即大地主及大资本家也就是日本人。因此朝鲜工农大众的主要斗争对象，不是朝鲜民族，而是日本人。在这种情形下，只要使民族战线采取最广泛而彻底的民主制度，内部的相互对立和矛盾是可以避免，即使不能避免，也不至于分裂的境地。

第六，我们要清楚认识，民族战线的斗争对象，不仅限于外部，而在内部也可能发生种种的斗争对象的。当然我们的主要斗争对象是日本帝国主义，可是对于内部的种种左倾或右倾的反民族战线的倾向，也要实行无情的斗争。特别对于民族叛徒、亲日派及其走狗的斗争，是一点也不能放松的。

第七，我们要清楚认识，我们的民族战线是和从来的左翼的反帝国主义同盟及右翼的民族主义团体的联合体完全不同的东西。或许有人在“左”的立场上主张，在朝鲜反帝同盟和民族战线是本质上相同的东西，只不过有名称上的相异而已。又或许有人在“右”的立场上主张，光复运动团体联合会便是民族战线。这两种主张都是不对的。从来的反帝同盟，在各国原是共产党的外围的群众团体，不论它的形式和内容，丝毫也没有和现在的民族战线共通的地方。同样地，纯粹由民族主义团体联合而成的“光复运动团体联合会”，在本质上也不是民族战线。

以上提出的七个问题是在朝鲜民族战线结成过程中非正确的认识不可的最基本的问题。假若我们对于这几个问题得到正确的统一的认识，我们的反日统一战线便可以具体的、完满的建立起来。

三、组织的统一

假使我们对于全民族的反日战线的统一问题，做好了认识上理论上的统一工作，那末就要移到组织的及行动的统一的工作了。

无疑地，战线的组织问题，也是同它的认识问题一样重要而急待解决的问题。这问题的讨论，自从“朝鲜民族战线联盟”成立以后，比较地具体化起来，渐次形成组织理论的体系。

朝鲜民族战线的组织问题，在表面上看，似乎是很简单而易于解决的，但就内容上说，是非常复杂而难于处理了。详言之，在朝鲜，民族战线的主要组织对象就是民族主义运动和社会主义运动的统一，这好像中国的国共两党成为中国民族战线的最基本的组织对象一样，只要建立这两种运动的统一的组织就行了，但这是表面上的看法，实际上并不这么简单。因为在朝鲜还没有像中国的国共两党一样的统一的两大政党，以指导社会运动和民族运动。朝鲜共产党在过去虽有屡次的建立，但屡被敌人破坏，到现在还没有很好的建立起来，这结果社会主义运动便失去了中心的组织的指导和统制。民族主义运动方面也是同样，只有大小不同的种种政治团体，而没有像中国国民党一样的大的统一的民族主义政党。这样所谓社会运动和民族运动，只是思想系统上之区别，而不是组织系统上之区别，因为这两种运动都没有自身的组织的系统。在这种情形下，要进行战线的组织工作，是非常困难的事情。

当我们进行组织的统一工作的时候，在组织理论上发生了个人本位或团体本位的问题。主张个人本位的人，以为朝鲜民族运动是和中国不同，有着种种特殊情形，不论是社会运动方面或民族运动方面，不单没有统一的组织系统，而且有种种宗派主义的分裂的政治团体，在这种分裂对立的状态中，要以团体本位来组织民族战线是非常困难，而且不可能的，所以只要赞成民族统一战线的人，不管他属于任何团体，都以个人的资格来参加，以扩大战线的组织。这种主张自然是有他的根据的。事实上，一九二七年成立的国内的民族协同战线团体新干会(有三万以上的会员和数百个支会)与及当时海外的“大独立党”组织运动，都采取了这种个人本位的组织原则。可是这种组织，显然有许多缺点，主要的，这不是组织的统一，而是组织的分散和复杂化。许多属于各种团体的人，个别地混合在另一种组织里面，结果这一组织，不是成为各党各派互相争取领导的场所，便是成为第三种的政治团体。现在我们的民族战线是不能采用这种组织原则的。因为民族战线并不是一种政党形式的团体，而是各种政治团体，在一定的共同纲领下，约束共同行动的一种政治的斗争机构，所以民族战线是一定要采取团体本位的组织原则。

其次是民族战线的民主集权制的问题。民族战线是各党各派在某种共同要求下联合的组织，在原则上一定要采取最广泛的民主制度。

这样，团体本位和民主制度是朝鲜民族战线的两个基本的组织原则。在这原则下我们要进行组织的统一工作。

现在朝鲜民族战线联盟已经向全体民族提出了民族战线的共同政治纲领，并积极进行战线的统一组织的工作。本来联盟是由三个主义不同的革命团体组织而成的民族战线团体，但它还不能成为全民族统一战线的总指导机关，他衹不过是统一战线的发起形态或雏形形态而已。因此，联盟必须为着建立最完全的全民族反日战线的总机构而继续努力。在这点上，联盟所负的责任是非常重大的。

那末，怎样才能建立可以完全代表全体民族的意思的统一的最高指导机关呢？为着这个，首先必须召集全民族的代表大会。这大会是由国内各革命团体及武装队伍、一切保持反日性的社会的大众团体所选出的代表来构成，并且由这大会选出若干有权威的民族代表来组织民族战线的总机构。

可是当我们进行这种工作的时候，首先碰到的困难，就是各团体的宗派主义的观念和各领袖的英雄主义的心理。因为有这种观念和心理，不单很难克服各团体间之对立关系，并且很容易产生反民族战线的倾向。其次还有次要的困难，就是自从中日战争发生以来，国内和国外的交通完全杜绝，而和各团体间之直接谈判和接洽便成为不可能。尤其我们和在东北及西比利亚的革命团体及武装队伍间之联络亦被断绝了。不过我们为着迅速建立反日统一战线，非努力克服这一切困难不可。我们坚决相信任何一种困难都不能阻止时代所要求的战线统一的工作。

四、结语

总括起来讲，我们要建立全民族的反日统一战线，首先必须建立关于民族战线的正确的统一的指导理论，其次必须采取正确的组织原则及方案，以建立民族战线的总指导机关。假使我们做不到这一工作，那末朝鲜民族即使处在这样伟大的中国抗日战争所给与我们的新环境和新时期中，也不能活泼地展开自己的解放斗争，更谈不到响应和支持中国的抗战。全朝鲜革命者们！我们从灭亡中回头再生的时期已经到来了！只要有自身的自觉的团结和自觉的奋斗，我们便可以由奴隶的今日走到解放的明天！

（原载于《朝鲜民族战线》第 2 期，1938 年）

为什么要建立全民族的统一战线？

[朝鲜]奎光

一、我们的主张

我们是依据过去我们民族解放斗争的宝贵经验和目前国际及国内的政治情势，坚决主张：现阶段朝鲜革命的唯一任务，在于结成全民族的统一战线，来打倒日本帝国主义，来建立真正的民主独立国家。

二、民族解放斗争的历史的经验

过去三十年间，朝鲜民族在横暴的日本帝国主义统治下，过着惨酷的隶属生活。全体民族不单失去了政治的自由和经济的生存权，并且有着四千余年悠久历史的民族文化和民族意识，也受到极度的抑压。这种民族的被压迫事实，便是证示了朝鲜民族和日本帝国主义决不能并存的历史的及现实的根据。

我们的民族解放斗争，从亡国到现在，不管日本帝国主义的暴压和屠杀如何凶狠，继续不断地进展和扩大。从亡国当时全国的义兵蜂起说起，满洲朝鲜独立军的不断的游击战争，一九一九年“三一”运动的全民族的大蹶起，暗杀破坏运动的全面的展开，社会运动的急激而普遍的发展，“六十”运动的大众示威，全国工人、农民、青年学生的反日结社（劳动总同盟、农民总同盟、青年总同盟等）与及他们的罢工，抗租，反对奴隶教育等历次斗争和暴动，满洲的反日大暴动，尤其到最近，日益扩大和强化的东北人民革命军中朝鲜人队伍的抗日游击战争等，这一切继续不断的革命斗争，不单给日本帝国主义统治群以强有力的打击，同时充分地发挥了朝鲜民族的独立自存的精神和能力，而且明确地指示和开拓我们的解放前途。

但是这一切革命斗争，在当时还未成熟的主观及客观的条件下，每每受到一时的或部分的失败。第一，在主观上，过去我们的解放运动，几乎全部都没有树立正确地把握当时的国际情势和国内各社会阶级的现实要求之有权威的革命的指导理论，因此，不仅不能建立坚强的革命的前卫部队，而且不能充分地教育大众和组织大众。革命力量也不能够统一的集中和扩大。第二，在客观上，我们的仇敌日本帝国主义的侵略机构，在过去数十年间得到空前的扩大和强化。相反的，大战后爆发的东方被压迫民族解放运动，特别是中国国民革命运动，受到一时的挫折，各国无产阶级革命运动也遭受一时的镇压。这种客观情势，对于我们的解放运动给予了非常重大的抑压的影响。

但是这种革命的沉滞状态，绝对不是意味着朝鲜民族革命的全面的失败和日本帝国主义的永远胜利。这样的失败，仅仅是表面的，一时的，而不是本质的永久的。我们的解放斗争，在这种艰苦斗争的经验中，不断地准备和发展新的战斗理论和新的实践力量。这就是在目前我们的运动战线各方面，正在生长发展着的全民族的统一战线运动。换言之，现在我们所积极主张和推进的民族统一战线运动，决不是抽象的空洞的东西，而是从过去一切革命的斗争经验中生长、发展的进一步的战斗理论和战斗行动。

三、民族战线的社会的意义

首先，现阶段朝鲜革命的性质，是决定民族统一战线运动的社会的及历史的意义。

现阶段朝鲜革命，是根据他的半封建的殖民地的社会性质，被规定为最广泛的民主主义的全民族解放运动。详言之，现阶段朝鲜革命是由于朝鲜成为日本的殖民地和全民族受着异民族的极度压迫的这一历史事实，又由于朝鲜社会的半封建的性质，一定成为民主主义的民族解放运动，而不是社会革命。因此现在的朝鲜革命，决不是某一阶级或某一政党所单独负担的任务。实际上，全体民族同样有着解放的要求，同样有着反日的任务。当然我们确认朝鲜工农劳苦大众的最可靠的革命力量，但同时我们不能不认定，广大的中小资产阶级、民族商工业家乃至地主等，也相当的保持着反日的革命性，而构成全民族解放斗争的相当主要的势力。不仅如此，朝鲜社会各阶级、各政党政派，在日本帝国主义的暴压统治下，必然地要扬弃他们内部之矛盾，在民族战线旗子下统一起来，共同推翻日本帝国主义的统治。

四、民族战线的国际的意义

其次，最近数年间，不断地变化、发展的国际情势，是在客观上促进了我们的统一战线，同时提示了国际的联合战线的重要意义。

目前世界政治形势，很显然地分成两个壁垒，即一是侵略主义的法西斯阵线，一是民主主义的和平阵线，前者是以日、德、意为中心的国际的侵略集团，后者是以法、苏为中心的反侵略的和平阵线。这种国际形势，必然地使世界被压迫民族及国家参加到反侵略阵线中来。这种局势，在意阿战争和西班牙内战中，特别在目前中日战争中，很明显地表现出来。换句话说，全世界各殖民地及半殖民地民族的解放斗争，是和国际反侵略阵线很紧密的联系起来。

特别在东亚，我们的敌人日本帝国主义，自从“九一八”以来，疯狂地侵略中国的领土，同时要驱逐列强的在华势力，因而它和列强的对立，日益加深。尤其在“八一三”以后中日战争全面展开，列强在华势力受到更大的侵害，因而它在国际上和英美法苏的对立，更加尖锐化。同时，中国四亿五千万民族的抗日斗争是表现着空前的扩大和紧张。特别值得注目的是，中国国共两党为着抢救民族的沦亡，捐弃一切前嫌，团结合作，建立全民族的统一战线，在统一的旗子下，实行了全民族的抗日总动员。跟着这一战争的发展而发展的苏联远东政策——远东军备强化、苏蒙协定、中苏〖互〗不侵犯公约等，更加促进日本帝国主义的破灭。

日本帝国主义的这种疯狂的大陆侵略，不但是促成了中国民族的大同团结，并且促成了朝鲜及台湾民族的一致团结和数千万日本人民大众的反法西斯的人民阵线。日本帝国主义，一方面为着侵略中国和进攻苏联，他方面为着对付英美的干涉，不能不积极准备庞大的军事力量，同时为着这个准备，不能不更多的榨取日本人民大众及朝鲜、台湾民族的血汗，又不能不更多的剥夺他们的自由。这个结果，必然地加速引起和激化日本人民及朝鲜、台湾民族的反抗运动。

如上所述，目前日本帝国主义势力的疯狂澎[膨]胀，不但决不能使朝鲜民族解放运动成为不可能，刚刚相反，使我们的运动得到加速的扩大和发展。事实上，日本帝国主义的侵略气焰愈是高涨，他的国际地位便愈是孤立和恶化，而且对他的反抗势力便愈益昂扬起来。

在如上的国际情势下，我们的民族解放运动不单内部的矛盾更为缓和，一致团结的觉悟更为普遍，更进一步，我们是获得了能够向同一目标携手并进的空前广大的同盟势力。就是说，中国四亿五千万民族的抗日势力，台湾的民族战线，以法、苏为中心的国际和平阵线，英、美等国的反日势力，甚至敌国内的反侵略的革命大众，都可以看作我们民族统一战线的同盟军或友军。

五、民族战线的现实的斗争意义

再其次，最近在国内及国外急激发展着的我们的解放斗争，是事实上证明了民族统一战线的实践的、革命的意义。

最近数年来，特别在“九一八”事变以后，一方面由于日本帝国主义为了准备侵略战争，在经济及政治上加紧压榨，他方面由于中国民族的抗日斗争和苏联革命势力的日益高涨、朝鲜国内外革命运动，推进到更高的一个阶段，而且得到了更合理的发展。

日本帝国主义者为了实行对中侵略战争，特别为强化战争的后方根据地朝鲜的统治，施用空前苛酷的法律，严重镇压朝鲜民族的一切政治的社会的活动。它强迫解散拥有数十万组织大众的工人总同盟、农民总同盟及青年总同盟，镇压了拥有三万余前卫部队的新干会的活动，更进而完全剥夺一切集会、言论、出版、结社等自由。但是我们的斗争，决不会因此而停止，相反地，敌人的抑压愈是厉害，革命斗争便愈益深刻地发展开来。就是说，在这种极端暴压的局面下，一切民族的叛徒、自治运动派、清算派等，不得不公然替敌人执行鹰犬的任务。相反的，一切反日革命大众，无论是属于任何社会阶级或党派，都不能不集中到民族统一战线的旗帜底下。在全国工人、农民及学生大众中，迅速地发展着革命的秘密结社，在各种宗教及文化机关中，急激增大着反日的政治组织。这样，在全国到处，不断地爆发着罢工、抗租、罢课等革命斗争。他们已经在反日斗争的实践中，必然地统一了他们自身中的所谓社会运动和民族运动的从来对立的阵线，而向着全民族统一战线的政治路线上迈进着。

特别在海外，由于中日战争的扩大和日苏对立的尖锐化，在中国和苏联各地活动着的朝鲜革命团体及个人，都开始了空前活泼的斗争。在苏联的数十万朝鲜民族，在苏联政府及共产党领导下，已经结成了坚强的战斗队伍。在满洲的数万同胞，直接加入东北人民革命军，在抗日联军旗子下实行英勇的游击战争。在中国关内的各革命团体及个人，直接或间接地参加到中国的抗日战线。在这样的实践的斗争中，没有别的，只有攻打敌人的血战，又只有各党各派的同志的合作。

六、结论

从上述诸端看来，我们所坚决主张的全民族统一战线，无疑的是现阶段朝鲜革命的唯一实践的任务。我们为着执行这一伟大的历史的使命，首先结合海外的三个社会的立场和主义的信仰各不相同的革命团体（朝鲜民族革命党、朝鲜革命者联盟及朝鲜民族解放运动者同盟)，组织了朝鲜民族战线联盟。

朝鲜民族战线联盟，自然不是全民族的完全的统一战线机构，就是说，它不是实际上代表全体民族的意思的统一战线团体。为什么呢？因为这联盟只不过是三个革命团体的联合，而不是由全民族各社会阶层、各政党政派、各宗教及民众团体的代表来组织的东西。但是这联盟在结合主义不同的政治团体的意味上，特别在正确的主张民族统一战线的一点上，至少可以看作全民族统一战线的一出发点、一雏形形态。我们固然不把联盟看作君临于全朝鲜革命大众之上的总指导机关，但同时我们坚决相信，只有这联盟才能正确地执行推进全民族统一战线的主要杠杆的任务。

朝鲜民族战线联盟的当面任务，是一方面积极促成完全代表全民族的意思的民族战线总指导机关，另一方面在中国抗日战争过程中，积极促成中韩民族的联合战线，同时要和其他一切的反日势力取得密切的联系。只有这样，才能增强我们的战斗力量，才能确保我们的最后胜利。

最后，朝鲜民族战线联盟已经发表了创立宣言及关于民族统一战线的基本纲领和斗争纲领。我们应当根据着这个纲领及宣言去奋斗到底，得到最后的胜利为止。

(原载于《朝鲜民族战线》创刊号，1938 年)

日本人民反战运动之意义

[日本]鹿地亘
正明 译

六年七月，卢沟桥战火被点着了以后，东京的我的一个敬爱的友人，在杂志上明白的这样写着："不管你愿意或不愿意，这次战争是要扩大到对于过去东洋史上来个总决算的战争。武力的相差这些问题，在战争的过程中，是会急速的做到保持均衡的。"

日本的先驱的知识阶级，人民的先驱的部份，在当时已经是这样理解着这次战争的意义。他们对于国民革命运动发生以后的中国，抱着大大的期望。这期望不仅仅是对于东方英勇的革命势力抬头的拍手，同时还包含着为了解放在×××蹂躏之下被压迫的日本人民，必需和这个力量提携的确信。而这个提携是怎样才能实现，作为现实的问题而使之提到议事日程上，正是这次战争。这是日本先进的人民在战前已经预想得到的。毛泽东先生曾经明了的举出中国战胜日本帝国主义的三个基本条件：

第一，中国抗日统一战线之完成。

第二，国际抗日统一战线之完成。

第三，日本国内人民及被压迫民族革命运动之发生。

日本先进的人民知道这篇文章（西安事变后曾译载于杂志《改进》）。这文章在日本人民中间所引起的反响，在当时我是听到的，是以异常的热心被欢迎着。

去年三月，当豫感到日本军事挑衅者的战争的阴谋时，日本共产党基于这种确信，立刻决定人民的反战斗争的准备，派遣若干名代表到中国来，实现了和诸君的握手。现在，这些代表除了一名之外在中国，全和诸君在同一战线上工作着。

请注意毛泽东先生所举三个胜利的基本条件。

第一，要注意他所指出的中国国内及国外反侵略力量的结集，特别是日本内地反侵略力量相互援助的可能。

这里面第一项、第二项不用说，就是第三项，在今日也已成为现实呈现在我们的面前。中国国内的统一已在蒋介石将军领导之下逐渐完成趋近的发展，跟着抗战的发展，世界反法西斯蒂战线的热情的支持集中于中国。在这里也有日本人民的代表，他们代表日本国内反侵略反法西斯蒂的人民斗争，带着他们的战略和战术，来到诸君这里和诸君握手。

当去年，反侵略伟大的抗战发动时，一部份人们单从武力方面来估计战争而陷入了悲观论。现在这种悲观论大体上已经被粉碎了，但是还不能说是已经完全肃清。这种悲观论者，是在都是没有能够对于胜利的基本条件作为活的现实问题来理解，也没有能够看透侵略者们为了今日这些条件的成熟而陷于极端困难的事实，依然地单从武器的优劣来估计战争的进行，或者单从对于侵略者是过重的负担以外毫无意义的占领地域的面积来判断战争的胜负。

悲观论以各种各样的容貌表现出来，每次遇到困难就要抬头。而且他的共通的性格是对于上述三个条件的不信或是怀疑。要不断地和对胜利无信心作斗争，澈底认识胜利的条件，客[克]服对胜利无信心和怀疑诱导出来的一切障碍，对于这些条件的实现加速推进，这才能光辉的保证抗战的前途。

我现在要把日本反战运动史向诸君介绍。当然，在今日的中国，日本人民不是中国的敌人已是大家普遍知道的(除去汉奸之外，因为汉奸是日本军事法西斯蒂的走狗，毫不足怪的也是日本人民的敌人)，然而对日本人民——运动的提携是胜利的推动这个确信，一般的信赖尚不能说是充分。

例如，我自身过去受到质疑的质问已非一次。“我们了解日本国内的人民是中国的友人。但是他们在法西斯蒂政府暴力压迫之下，不是没有活动的余地么？现实的要停止这战争，这力量不是太微弱了么?”

现在我要断言的，这于一切的杞优[忧]和不信从日本人民的立场来答复。“请放心吧，中国的兄弟们！日本的革命是要胜利的。日本人民决不是诸位所想像的那末微弱。”

当然的，关于日本人民的胜利也有几个条件。第一，充分把握日本革命的性质。第二，正确评价革命条件的成熟。什么是革命的性质？毛泽东先生最近在《论持久战》中适切的指示着——当前的日本的革命是人民革命。

日本革命运动在过去反复着很多次的失败。那理由常是因为不能在日本的现实条件之中正确的把握住革命的目标，不能够采用正确的战略和战术。然而现在经过了这些失败的经验，日本反战运动已经走上不可动摇的轨道。

日本的反战运动在短促的历史期间完成了长足的趋近的反面，这种趋近是必然地随伴着露骨典型××××性的。同时，帝国主义和人民的宿命的历史斗争，其激烈与其××，也不能不用了最集中的形式表现出来。××××××××××，暗杀和××和叛变，在短促的历史之中是连续着的。革命斗争的起伏也呈现着极激烈的姿态。

往往对日本革命抱悲观的人们，在这个过程之中只看到了“九一八”事变后日本军事法西斯主义的抬头和人民斗争暂时的失败。阻止侵略战争的有力的运动没有起来，“更何况在五一五、二二六之后澈底压力的支配下，日本人民的斗争是没有希望的”。他们这样悲观着。然而，诸位知道一九三五年六月二十三日，在吉林省宁安县，一个日本兵把满装了一卡车的兵器要想送给东北义勇军，因为自己已找不到投奔义勇军的路子，但为不能回营，遂留下了一封庆祝中国胜利的遗书而自杀了的英勇事实吧。日本兵集中地参加义勇军的话，诸位也听到的吧。这还是部份的现象；但在这次战争过程之中，许多日本的反战事实当作普遍的现象表现着。宋斐如先生的《日本人民反战运动》一书中，这种材料搜集得很多。这些现象在过去的任何战争之中一般地发生过么？这只是偶发的现象么？这种偶发的现象如此普遍化，就如同欧洲战争末期的各国，诸位不以为日本已经陷入了苦境么？

诚然，访问过今日日本的外国新闻记者，例如最近的强斯拉氏（英国人）报告日本极其平静，决不会起人民的革命；战祸的痕迹是看不到；等等。在一个短的时期内，从帝国旅馆的窗户里瞧了瞧政府官吏们所介绍的日本，这群记者们发表这样的感想，我也不想多加攻击的。

然而，我们——和日本军事法西斯蒂正在格斗的我们，却不能不正确地认清事实。比较地经济力纤弱的日本××××，在这次大规模的侵略战争中，把过去蓄积来的资本和财产都陷入破灭的危机，不能不绝叫“日本现在当面着中日、日俄两战争所不能比较的困难”了。表面上好像平静的原故，决不是表明他们的“安定”，只是因为在必死的政治高压之下维持着外表而已。

证明这个判断底正确的事实，清楚地暴露在最近近卫内阁的改组上。借了板垣、宇垣、池田等人的登台，穷境的近卫内阁加强了。

它底政策底，第一是把南京失陷后“长期抗战的对应”的战略现在改为“虽然准备长期抗战，日本是无论如何以速战速决为原则”。这一次的速战速决不是和战事第一期的速战速决主义相同的。徐州会战之后，不管打了胜仗，债券市场暴落，大量的卖出的不安现象发生了。国民（包含资本家阶级）对于军事法西斯蒂的不满和对于战争的前途怀疑，这样明显地表示了出来。这正是一天比一天危重的国内危险底征兆。

另一方面，对于外国新闻记者，他们竭力宣传“国民底平静”，但是在日本各种出版物之上，他们却屡次慨叹着“国民底冷淡”。举一个最近的实例，妇人御用评论家河崎夏最近诉说着：“在这个光辉(!)的日本发展期，国民为什么不奋发，为什么不使他们奋发？”

他们批判了自己底政策，认为国民底这种冷淡恐怕是因为战争以来达到了极点的“××制下自由底剥夺”，国民变作过于无力化的结果。

因此，新内阁底对内政策，便如下地改变了：“使国民知所适从，求其协力，成为不可缺的条件；军部除有空军机、作战场外，废止了从来使国民依从的秘密主义；重要物资底需给状态，国际收支底现状等，必须竭力地使国民明白实状，促起他们底协力。”这就是军部底建议。池田藏相也根据着这种意见，定下了所谓“池田财政政策底基调，声明了“国家底现状要求直接地使国民知晓。”

这样，国民是否会依照他们底预想来动，是极为明白的。何以故？因为他们自身对于国民认识的错误，不能不动摇自己底政策的。国民底冷淡，乃是高压和秘密政策底结果，并不是“一切都听政府的”。由于政府军部的极度不信，国民在寻求着国民自身底道路。这证据可以说是无数。每逢抛去秘密主义，使用自由伪装的时候，从来被钳住口的国民全般的不满，反而乘隙暴露出来。国民生活底痛苦，在今日已不是伪装底自由可以自慰的了。物价腾贵，几乎达到了两倍，因是日常物资底缺乏，生活底困苦到了可怕的状态。假如政府把秘密政策放弃，说“国家底实状是这个样子，所以把月薪一项贮蓄起来”(实际上，贮金是在强制着。国民在公然地表示不满)，国民倒要追问把国家陷入这种穷状的政府〖的〗责任吧。就是用伪装的自由，“人民大众底政治力，也有从这一点爆发的危险”；“假如像从来一样，施以政治的强压”，国民的冷淡就愈加甚。换句话说，国民要走自己独自的道路了。

无论如何，日本被压迫的人民大众，自己必然地在走向自由和解放的道路。军事法西斯政府再讲起“速战速决”的里面，是隐藏着狼狈不堪的情形的。这才是诸君长期抗战的战略底伟大的胜利。

因此，假如悲观论者根据了日本革命运动在过去经受了暂时的失败的理由，或是根据一部份外国新闻记者所传的“日本国内并没有战祸的痕迹”的观察，而断定日本短时间内日本底反战运动是没有希望的，那么他们由于这种错误的过低评价，会要凭空地放过自己有力的胜利提携的。

诚然，在日本，人民底武装暴动还没有起来；工厂里大众的罢工也没有起来；像过去那样光辉的劳动者农民底大众示威也不多见。根据了这点，就断定反战运动是微弱的人们，仍然是没有理解到日本革命底性质以及它现在所采用的最适切的斗争手段。

日本底革命，已经可以由日本这种全般的状态观取到一般[斑]，是包括最广大人民的推翻法西斯主义的人民革命。它底根据，就正如上述。国民全体正向着这个方向前进。

诚然，像支持一九二七年中国国民革命运动而发生的对华非干涉同盟底斗争及一九二九年以后展开的反××××同盟底斗争般激烈，光辉的斗争是不够的。

然而，我必须要请诸君底注意。我已经在前面报告过在这次战争发生以后，以前日本底革命组织已经确认到这次战争必然的兴起，理解到了毛泽东先生等底主张，定下适应它的战术，并为了密切的提议，曾派了若干名的代表到中国来的事实。中国在蒋介石将军领导之下逐渐收着伟大的胜利成果，它底战术是持久的长期抗战。对应这种战术的日本人民最适切的战术，也不外是人民的长期抗战。日本人民根据着这种战术，非常成功地在响应着诸君。

成功底实例，是以下的各事实，敬请诸君底推测。所谓“国民的冷淡”，就是其一，劳动者之间，甚至在重要军需工业方面，都实行着全般的怠业。本来很充实的军需工业，每天在暗示着生产底低下；由于种种的破坏行为，军事补给在受着显著的障碍，渐渐使敌人弱化与无力化，逐次逼近有力的资本家阶级以及军部底心脏。军人之间的厌战空气，已如诸君时常接到报道一般；最近，疯狂了的日本军主脑部往往把一个支队改编送还，断行非分的×力处罚，实行大量××士兵的事件频频发生。

正因为这种原故，所以才再度的速战速决，他们在陷进狼狈的深渊里了。

那么，为什么不能用这种国民的力量一举把军事法西斯蒂们打倒？也许有人要发生这种疑问的。中国为什么不采取集中决战的手段来对付日本底速战速决呢？理由可以不用说的，因为这种战术才是日本法西斯蒂军部能够隐藏自己弱点发挥自己长处的最有利的战术。日本军部和政府对于人民也充分地有力量来镇压他们公然的集中行动。我们必须把他们引入绝境，使他们不得不采用自己所最苦痛的战术。不单只这样，我前面已经说过，日本人民确认和中国底抗战呼应，相互密切地提揣，是自己解放胜利的手段。因此，战术也根据了这种认识，健全地树立起来。

斗争在有效地进行着，悲观的理由是一毫也没有的。

中国底抗战和日本人民底斗争是这样保持着密切的关系在进行，过去任何××××战争，任何侵略战争的时候，由站在××立场方面的战术，敌国人采用着同一战术被结合起来的实例，曾经有过么？日本人民底代表送到中国来，在最美丽的友谊关系之下斗争着，类似这样的事实过去有过么？从这一点也就有着日本军事法西斯蒂底狼狈和头痛底种子，有着中国抗战底国际光荣和胜利底明了的征兆。

问题是现实地来确认这个胜利底基础条件。而对于仍不充分的提携底现状从各方面来促进来确立。为了使中国底抗战和日本人民底××斗争最有效地配合起来。

实际，"满洲国"才是日本军事法西斯主义成立底经济、军事的牙城。它底消灭对于两者直接共同的意义不是可以看到的么？在文化方面，他们在叫着："重视华北底知识阶级啊！"这种场合，对于文化法西斯主义底这种侵略，单对过去一样各国新兴文化底斗争是绝对不够的。借了日本人民和中国文化政策的密切的联络，冲破文化法西斯主义的政策是必要的。

这些事情，并不只一端的。这不过是我们在共同的运命之下，必须借了最诚恳的友谊和信赖来结合的一例而已。

我们已经走着这条决定了的道路；我们必须不断地冲破一切踌躇前进。

总之，日本人民底斗争，在这个共同意义底确认之上，渐渐地进逼着敌人底心脏，对于他们目前不能即刻采取决定的手段一件事，完全没有悲观的理由。中国向着最后的胜利，决定地立起来了时，日本人民也要起来呼应展露雄姿的吧，从日本军事法西斯主义底内面给予它大众威力的最后一刺，和着诸君底胜利的凯歌，高声响应的吧。

我再强调一句，目前我们在向着胜利的阶级前进，所有一切结果上妨害我们底胜利条件的机会主义和踌躇，都应该来克服，加紧我们底提携的。

最后的胜利，一定是我们的！

（原载于《民族公论》第1卷第2期，1938年）

日本对国内危机的焦灼

[日本]鹿地亘

“欧战末期，日本曾大规模出兵西伯利亚，这次对俄战争……因日本的撤兵而终止。义阿战争的终止，并非根本讲和条约，而是由于意大利片面的并阿宣言。”

“日本也似乎可于占领汉口后，作不再进兵内地之片面宣言。而平定中国的所谓中原，在那里建立坚强的政府。”（见《改造》八月号马场恒吾《战局与政局》）。

这就可笑了。侵略战争好像到达笑剧的阶段了。可是悲剧照例是紧跟着笑剧之后的。盲动派军部和近卫对于进攻武汉的彷徨，使最近日本“舆论界”的论调，生色不少。首先由速战速决变成对付长期抗战。再回到原则上的速战速决，终而蜕变为片面宣言的退却论。可是，装硬的论调也还是有的。田知花在七月三十一日的《大阪每日新闻》称：“在军事上痛击中国，在政治外交上碰到复杂的国际干涉危机的日本，可以说处境是极端严重的。要紧的是日本与中国之间，名实均不容许妥协，澈底迫令向溃灭之路前进……使各国确认国民政府之崩溃，这是最重要的。”

不错，这是重要的，可是“各国”在未确认国民政府崩溃之前，已经先“确认”了日本周转不灵的徨彷。这彷徨的国际关系，上次我已经说过了，而较比略无逊色的国内的原因，也有阐明的必要。

本年五月底，近卫内阁改组的时候，军部曾建议政府，使政府向国民预约，说要“放弃过去的秘密主义……把国家的现状，坦白告诉国民”。这因为他们感觉到国民动员的失败，同时发觉了手段错误的缘故，他们似乎这么想，因为国民的一无所知，所以不肯协助，而且是因为一无所知，以致妨碍了冒险政策，虽则是消极的。新内阁的使命，实际上就是一方面打开国际僵局，另一方面寔现国民动员。

在占领徐州之后，仍无讲和的希望，而被迫决心应付长期抗战的若辈，抛弃秘密主义，这实在是必要的。

因此，报告“国家现状”的工作便开始了，像从前那样的夸张的鼓励，由“□□”上面敛迹了。

物价可怕地飞涨，物资缺乏，国民生活陷于恐怖状态中了。如此，不能不使国民理解“战时经济的特质”。《中央公论》八月份称：“首先，施行了强力的外汇管理，并极端限制非军输品的输入。国内产业如因此有若干的衰落，也是无可奈何的。”

不错，这是无可奈何的，为着要买枪炮，自然不得不限制其他物质的输入，正因为要减少非军需品原料的输入，不得不统制产业，而牺牲和平产业，因此“国内产业有若干衰落”，而到七月为止，已经有百五十万的中小工业者失业了。于是“战争加于我国民经济的重压……几几乎到了决堤的程度了”。国际收支的关系开始恶化了。限制输入与统制产业的结果，使输出额减少，贸易衰退，结果影响到军需品的输入。金既完了，外债又没有希望，那么除恢复贸易而外，已无购入军需品之路了。

他们坦白地报告给国民说：“抑制输入至上主义是失败了。”于是决定取消“原料品输入限制”。可是这第一道堤防既然溃决，势非重建强力的第二道堤防不可。

第二道堤防是什么？

第一次就要直接剥夺整个的国民生活，用来建筑强力的堤防了。

第一是振兴输出，虽然原料的输入，是和军需品同时缓和了，可是为着输出入的均衡，这些原料非扫数制成输出品不可。于是把这些实情告诉国民，请他们忍受限制国内消费原料的输入和物资极端的缺乏，在过去国内消费的生活已经受了相当高度的限制了。从今而后，就等于禁止状态。非仅如此，反而要想法吸收国产的原料。因此，平日所用的日用器具，也将变成军需品或输出品的原料。记得一世纪前日本被欧美的黑船破坏了锁国之梦的时候，若干诸候[侯]曾颁布法律，将寺庙的神钟移作铸造大炮的原料。现在非但神钟，即国民日常生活的必需品中，亦被发现了无限的资源。八月中的报纸有这样的话：“神佛用的金属器具类和民家的厨房用具……军需资源充塞于全国，莫不令人气壮。”

那么，国民生活究竟起了什么变化呢？磁制的锤和斧、竹制的小刀已经被发明了。金属钮子以至于足袋（日本人里足的东西，与我国的布袜子略同——译者注）的扣子都没有了。现在竟异想天开，想用“发明代用品”来作科学日本的夸扬。最近的报纸甚至特辟专栏，广征关于国民节约运动合理化的计划。

这所谓物资总动员，就是第二道堤防。不过这新的堤防却有其唯一的弱点。那就是物资的供给虽然受了限制，可是国民照旧还在生活着，需要丝毫没有减少这回事。那末物价的不知底止的飞涨，自难避免。报纸已经在报告着“我们物价史上空前的昂贵”了。实施补救这弱点的办法，当然已成为燃眉之急的事体了。《中央公论》八月份的文章，明白地说：“其次就得抑制国民的购买力。”换言之，就是限制国民生活所必需的物品还不够，冒进而制定法律以限制人类自然的欲望，当然如食品亦不能例外。“一点儿空地都得栽种蔬菜”，“预防国民体位因限制食物而降低”……等等悲鸣，早已在报纸上全面化了。

现在日本的所谓“战时经济特质”的政策，于是经过了约略三段的变化。第一是用间接手段，剥夺国民生活的时期（徐州会战前）；第二是直接掠夺国民生活的时期：现在掠夺犹嫌不足，又到了“食不得，衣不得”的全面限制时期了。

在这样的生活之中，并行着已经开始了强迫国民储蓄八十万万的运动。

当然，如果不把“国家的现状”用巧妙的方法加以说明而要求协助，国民是不能了解为何要苦到这个程度的道理的，内阁改组之初，连政府也公开承认过：“国民是冷淡的。”政府在战争的初期，正如其自供一样，曾经采取极端的秘密主义与压杀的自由剥夺，使国民丧失了气力，最初，对这种冷淡，曾经用“大国民在战时应有的镇静”来宣传过，可是，到了确认战争的长期性，而上述的饥饿政策又须国民“协助”的时候，也就不得不确认这一种冷淡是国民对于战争的消极的妨碍，秘密主义的抛弃，国民的激励接着到来了，于是转变到了为使这可怕的国民生活的危机“不引起社会的不安……政府必须倾听大众的呼声，对大众说实话，要求予以真正的协助之外，别无他途”（见《中央公论》八月号《日本产业机构的变质过程》）

那末，听到大众的什么呼声呢？大众已经开始这么说了：“不要只埋头于战争，而多少想想国民生活罢！”

前此的大水灾后，各地好像已经开始了救济的请愿运动。然而，政府则遑论救济，反而强迫农民自备路费，去参加修堤的义务工役，因此对于不能顾及战时国民生活的痛苦的政府不满势将日益扩大，农民请愿救济的运动，在日本的中部，亦在蜂起着。国民生活的困难，随时随地暗示着危险的裂痕。因此，这最后的饥饿政策的持久性，连若辈自身也在担忧着。那就是片面宣言的退却论，乃至不得不没命地急行所谓“名实相符”的冒险攻略武汉的国内原因。我们可以确信日本于对内方面，亦在没有出路的危机中焦灼着。

（原载于《政治情报》第23期，1938年）

日本军事法西主义与文学

[日本]鹿地亘

鲁迅曾经很适切地说过:“对于某种徒辈,理论的说服和批判是没用的,踢就得了!”

这是一句名言。譬如一只狂犬在你脚边狂吠,对狗说教,不是太傻吗!踢就得了!对准它的鼻子踢就得了。

不值得理论的狗的狂吠,在某种时代和某种环境之下,是可以在世界上存在的。我的畏友中野重治,曾将这个叫做“小数点以下”。譬如说,在一个时期主张文学的使命是社会的自由解放,不久之后就将这种文学认为政治的宣传化而加以排斥,而今天,却又说文学是颂赞帝国光荣的民族精神的升华——这种意见的变化,决不是理论的问题。最明白地说明这事象的,就是日本的政治监狱。

一个反帝国主义者遭了逮捕,遭了拷问,被投在未决监里面。审判老不开始。大约经过半年,检事到监房来:“怎样?意见改变了吗?”这时候,检事决不说他理论上的错误,而告诉他非改变意见不可的理论的根据。假使你回答他说:“没有改变。”那么他说:“没有?那么时候太早了一点了,慢慢的再想一想吧。”这样,他便走了。再过半年,他再出现在你的身边:“怎样?意见改变了吗?”……再不改变,那么再是半年。检事对犯人的要求是“小数点以下”,那是他自己也知道得很清楚的。不懂得这诀窍的老实的犯人,那是不论怎样“慢慢的”想,要一举地以反帝国主义到帝国主义,而跳过这理论的深渊,还是不可能的。检事自己不也说了吗?……“时候太早了。”这表示了问题不在理论而在时间。几年之后,疲劳和困惫之极,犯人理会了这个真理,于是说:“变了。”这样审判方才开始,所以使他意见改变的只是时间而不是理论。

在这里,我可以介绍一点日本文学界的现状。日本文学界自从开战以来,形态完全变了。因为上述的理由,对于这种变化也没有要求理论根据之必要。

为了中日亲善，日本尽了屠杀虐杀的能事——但是这种亲善政策，并不单限于对付中国。在国内，枪杀了要求停战的学生代表，逮捕了几千反战的民众，驱使暴徒来毁坏政党，用暴力来封塞了思想和言论的自由——这都是日本军事法西主义者对民众的亲善！他们，对这加上了"举国一致"这样一个名字。在这种命题里面，你们可以寻找出些怎样的理论？——那么在这种权力支配之下的文学界，不是也容易可以想像了吗？

在日本文学界，可以看出三种特征。

第一，有生气的近代文学的各种形式都退化了。相反，一千年以前已经生命枯竭了的和歌，作为日本民族诗歌之正统而复活了。改造社编和出版了新万叶，这表示了这种机运的绝顶。第一篇是"宫廷篇"。在宣传这全集出版的会场里面，文部大臣（教育部长）木户幸一发表了一篇祝词："和歌为我国建国以来之国风，在历代皇室庇护奖励之下，普及成长，万邦无比之韵文。已有三千年光辉之传。统对我国民精神之孚育涵养，和歌贡献之伟大，早经国史之证明。……"说句真话，和歌是千年以前原始日本民族的歌谣，那种单纯的形式，只是原始民族的素朴的诗情的表露。万叶是这个时代以前的优秀和歌的古典的歌集，过了这个时代，和歌已经不是庶民的东西，而变成了宫廷贵族的社交的游戏。因为庶民的社会生活脱却了原始性，就变成更高和更复杂的东西。你不妨设想一下，"天皇是神，他住在闪着电光的云上"，这样的话，作为原始人的惊异，也许还有一点特殊的兴趣，可是到今天，假使对于那些在中国干着掠夺屠杀奸淫的法西主义将兵们，也照例的来一套"举国一致，愤起的神武的直毘灵，像潮一般的渡过海去……"，那不是天大的大笑话吗？可是，这却是《中央公论》二月号上的一首题名"武神"的和歌！"神武的直毘灵"，这是古代日本人认为"威武之神灵"的神祇！

这就是木户文部大臣的"三千年的传统"。他说"在历代皇室的庇护和奖励之下发达"，实际上只说明了这形式只能在宫庭发达，也只说明了宫庭生活者的头脑，万古千年地还彷徨在原始民族的水平。永远的彷徨，结果是要腐烂的。所以它便失去了泼剌的原始生活感，失去了诗的价值了。不成诗之后，它便变了宫女的"情书"，变成了"国民精神的孚育和涵养"。在中世纪，在这上面附加了一种宗教的意味，而将它叫做"敷岛之道"，这就是"日本主义的道德"的意思。所以假使说"我开始学习敷岛之道"，就表示了"我开始信仰神灵"。到了近世，正冈子规这个杰出的诗人企图再对这种形式来一次诗的生命的复活，但是结果并不曾成功，这实际上是一种违反"文学时代性"的失败的努力——可是，到了今天，法西主义挽救了它！因为法西主义本身就是"时代性"的违反者的原故。

因此而和歌复兴，因此而新万叶出世，因此而最初出现的是“宫庭篇”！在庶民里面，这种原始的梦游病者当然也不是没有，不过他们不是博士，就是大学教授，所以他们就不能不对“国民精神之振作，表示衷心之愉快”了。

但是问题不止和歌，第二，这种“有益”的企图，在文学一般的方法论上也影响了。诗人佐藤春夫在《改造》二月号上说：“我国艺术的样式主义，以和歌的传统为中心，为正统。……”评论家小林秀雄也在二月号的《改造》上说：“——在日本的诗的传流，传统着万叶和俳句的正风。”这不是写实主义，也不是浪漫主义，佐藤春夫说明着：“我国艺术的传统的精神，我以为是一种非写实的样式主义，也许可以说是一种主观的写实的形式……并不和生活游离，但是也有一种将生活过剩地描写认为不风雅的倾向。”

这种传统精神不是太愉快了吗？这的确是和当前的时代相一致了。当然，佐藤是以和歌引出了这样的结论，可是，我从作为最近日本文学之主流的重要角色的林房雄的小说里面，也发现了这样的精神。他在《改造》十二月号发表了一篇叫做《南支那海》的纪行体的小说。

“舰上的水兵都很年青，都是些两颊红润的少年。可是，在风暴里面，还是悠悠地在甲板上跑来跑去。”不错，这儿描写着生活。“有谁能保证我们的血管里面不流着六百年前的血？……在此刻威压着南支那海的我国海军将士里面，也许会有倭寇直系的子孙。即使我自己……看到旧时倭寇的根据地，浪漫的空想就会张开翅来，使我驰想到遥远的香港、暹罗和印度洋了。”的确，这很浪漫，也很风雅，“倭寇不单是海贼。……不是劫掠本国同胞的小盗，这正是日本民族活力的发露”。啊，这的确是代表的“主观的写实派”了！将生活写得太多，那是很容易描写成很美的海贼的姿态，就会很快地失去他主观的浪漫性，而现出他客观的真实性的！那不是太不风雅了吗？所以，结果还只描写了一下“红红的颊”，而不再去描写那奸淫屠杀的血污了的“红红的手”了！

因为这种原故，就形成了一种“不要离开生活，但是也不要写得太多，不要客观的描写，而非主观地描写不可”的实在是非常便利的理论。将这话改说一遍，那就是“非写海贼不可，但是要写却不可描写他真实的姿态”，尽可能的浪漫地，而用一种诗人的风雅的主观的描写。小林秀雄是理论家，所以他的表现方法又不同了，“失掉了诗的写实主义，那是一种由于过于相信了无私的观察而引起的文体的丧失！”(《改造》二月号。)

为什么无私的观察不行呢？所谓“无私”究竟是否可能呢，小林说：“这是不可能的。”他的主张是有目标的，他的所谓“过于相信”是在骂谁？很明白地在骂一切写实主义者了。

让我来说明一下这几年来的经纬吧。几年之前，在日本军事法西主义开始政治活动的时期，主张描写社会真实相的革命文学者的意志，压倒的地支配了日本的文坛；为着实现这种意志，文学界将“社会主义的写实主义呢还是革命的浪漫主义”当作当前讨论的中心。当然，法西主义是这种意志的正面的敌人。接着，对文学界的打击渐次猛烈，文学界续有牺牲，于是在那不知不觉的中间，理论的主题突然变了，那就是产生了一种叫做“狗屁写实主义呢还是日本的浪漫主义？”的奇怪的变态。结果呢？明明社会主义的写实主义和革命的浪漫主义之间并不相矛盾，而林房雄、亀井胜一郎、小林秀雄等等日本浪漫派，却和以杂志《人民文库》为中心的所谓“狗屁写实主义派”引起了很大的论争。结果，是日本浪漫派胜了。据最近的情报，这种胜利，因为末次内务大臣的禁止《人民文库》而确定了。禁止的理由，只是因为有“人民”的色彩！

不过，对于这个问题，日本浪漫派在这斗争中间获得胜利，据我的观察，那是即使没有末次内务大臣的援助，也差不多是有它的必然性的。你想，——用“日本的”来替换了“革命的”之后的浪漫主义，那不是对任何的写实主义都非冲突不可吗？这是时代的宠儿，相反，狗屁写实主义是什么？那不是很臭吗？这臭味，是从因为怕死而中了法西主义者的奸计的牺牲者们的叹息里面传出来的。他们正像忍不住警察的拷问而流了眼泪的软弱的犯人一样地疏辩：“我并没有宣传思想的意志，我只描写描写世间。”假使真有这种澈底地实行“描写世间”的意志，那么它也可以压迫到法西主义的“世间”的心脏，所以这“辩解”不能成为辩解。所以我说结果这种说法还只是因为害怕，不敢接触世间真相，而只能琐屑地描写一些市井杂事的风俗画的一种。这是丧失了意志的观察，这是失掉了意欲的写实，人们当然会想，这不是垃圾桶吗？什么都有，但是什么意思也没有。所以，我们要记住的，只是下面的一语：不要露出弱点！一步也不要后退！对敌人露出一点妥协的气息，在这瞬间你就会中他的鬼计！

日本浪漫派在骂“无私的观察”，但是这骂倒的语气，我却觉得和日本警察官的，有点相似。“混蛋！你是日本人呢还是中国人？”我是日本人，那是一毫也不会错的，而且也决不是“日本人”和“中国人”之间的中间。不过，在那警察官的问话里面，却根本不曾设想到另有“我是日本人，可是我却是反对你们法西侵略的日本民众”这么一项！这是小吏论理学，也就是“小数点以下”的一个适例。他们说：“日本人，那么应该有日本人般的看法！”这又和小林的说法相一致的，他说：“无私的观察，根本是没有的！”他也和警察官一样的害怕科学的分析，所以他说这种分析是“不知不觉的科学的恶用，是不经心的错觉”（《改造》二月号)。

因此,中野重治曾将这种非科学主义痛斥为“新官僚主义的抬头”。当然,他现在已经被囚在监狱里面。小林失败了之后,反正末次一定会登场的。

这样说,我倒又要问了,这样的情况,还能说“文学”和“政治”没有关系吗?林房雄、小林秀雄和诸位所谓狗屁写实主义者!这些先生们在五年前,当那日本革命文学运动在法西主义的暴力威胁下面艰苦奋斗的时候,就主张放弃革命文学的政治的意志,而解除自己的武装。后来,作家同盟知道孤垒难支,正像目下中国抗战过程里面为着避免不必要的牺牲一样,放弃破坏垂尽的中央文坛,解散组织,而开始了分散的游击战斗。那时候林房雄干了些什么?留在革命势力退出了的文坛,和“艺术派”的小林们合在一起,在法西斯的占领地带堂堂地组织了“治安维持会”,那就是他的功绩!那时候,我已经看出,那些胆小没用的狗屁写实主义者们要上林房雄的当了!看!最初是主张“政治的放弃”而劝告他们丧失意志的,可是现在呢,林房雄是“治安维持会”的会长,大大的在奖励爱国,反而抹一抹面孔,在痛骂“狗屁写实主义者”们的不够爱国意志了!当初以为可以得救而附了林房雄先生们之骥尾的乏的写实主义者们,到现在才完全的上了当了。

对于这位会长林房雄的略历,让我在这儿对诸位报告一下:这是一种表彰功德的意思,正像现在中国各地的报纸在发表那些傀儡的面谱一样。譬如说,伪组织会长林逆房雄者,等等。不过,我在这里介绍他的履历,老实说,另有一种重要的目的,那就是绍介了他,也就等于很明白地说明了现在日本伪文学界的性格和情状。

会长林逆房雄——一九二六年,他以一个有才气的青年社会主义文学者的姿态而出发,在日本革命文学运动里面,他是一贯的右派。小说并不怎样高明,因为擅长于拿那些盲从社会主义的摩登少女的放纵的恋爱生活为题材,所以在这一方面有了相当的读者。和描写阴惨的工人农民之苦斗的左派对立,他被称为“明朗轻快的作家”。

一九二九年因文字入狱,被禁于东京丰多摩刑务所。在这期内,大大的研究日本近世史,为建国祖先的“伟业”所感动,招致了思想的转变。出狱后第一件,青年就是这种思索的成果;更重要的,是在他认识了“文学的独自性”,而宣言了“文学不是政治的附属物”这一件事情。他说:“我从来老是在政治和文学这两极中间不定地动摇,可是现在却决定了!文学!文学!”

这样绝叫着的那种英雄的姿态,使我们联想起一九三三年他曾对别人说过,为着“摧毁作家同盟”而发表的“政治家诸君!好好地记忆着,文学是光,是花，是太阳！”的那种咆哮的姿势。只是在当时，抵抗法西斯主义的革命文学的堡垒还很坚强，所以在轰轰的反响里面，他终还遭遇了小林多喜二的迎头的痛棒。但是不久，情势变了。法西主义急激地进攻，小林多喜二遭了毒手，作家同盟濒于崩溃的危机。当时有一位政治家将林房雄的那篇《光·花·太阳！》的宣言评为“放弃了对于反动政潮的争斗”，但是我为着林的“名誉”，可不能赞同这样的评价。林房雄的企图并不这样消极，他有更本质更积极的企图。这是从他的“日本历史之研究”出发的必然的步骤。跟在青年之后，他还写了《壮年》，以后他受了某元老的有力的庇护，愈益努力于“建国伟业”的历史的钻研。最近，在《改造》上写了一篇叫做《牧场故事》的法西主义小说，在那篇东西的序说中，也说明了他如何地为着研究这种历史而开始了到积着大雪的奥羽地方的旅行。

再进一步，即使从他的“两极间动摇”的说法来看，那是将他评为逃避政治，还是不正确的。他的所谓“在两极中间不定地动摇”，那是老实的自白。“政治和文学的统一”是什么呢？许多有权威的文学理论家为着这个问题而烦恼，但是简单地说，也不过是以一种企图实现正义的意志，来描写客观世界的真相罢了。那么，要“描写真相”的意志，当然是不会从“被描写的真相”而游离到别的地方去了。政治的意志，生存在文学的创作的里面。可是，林房雄是一个“明朗轻快”的作家，一方面有了要描写摩登少女的恋爱的意志，而他方面又不得不附加一点政治的意义，那么很当然，不论怎样的天才作家，也非“在两极中间动摇”不可了。结局，只能在小说的尾巴，加上几句革命的口号。事实上，林房雄以前的一切小说中，这两种要素老在斗争。可是“现在是决定了，文学！文学！”他苦闷了一阵之后，将政治向黑暗里面一掷，而拖住了文学这一极了。这时候，正是法西主义者要解决国内矛盾的时候，矛盾不能解决，于是便将“矛盾的代表物——不平分子”抓进监狱去了。

但是这样的解决，要有一种勇气。有人将这叫做“厚颜无耻”，但是实在说，这应该解释做能够抱有一种“我自己才够伟大”的绝对信念的勇气。也有人将这叫做蠢虫，但是蠢虫在某种环境的条件之下，也可以成为时代的英雄。不仅如此，因为此种英雄不是人人可做，所以蠢虫也是一种天才！闭了眼睛想一想什么希脱拉和墨索里尼之类的姿态吧，不错，那是伟大的咆哮，他们都是抱着一种“乃公一吼，世界的和平主义者都会发抖”的信念的。在我们眼前浮映出来的，不是一副狞恶的、狂喊着的流氓相吗。

单单会吼当然是不够的。吼，要等时机。要等待在怎样的时机一吼，那么某种人一定会向我拍手的机会。就是说，在某些软弱的人没有办法，只能屈服于“小数点以下”的人们下面，而陷于悲惨境运的情形之下，假使有人霹雳一般的大吼起来：“小数点以下才是伟大，小数点以下才够光荣。”那结果会怎样呢？这不是古来“神的英雄”的宗教家们干惯了的一套吗？现在，这种行为已经被叫做“恶煽动家而”当做一种恶德，可是这依旧是非天才不办的事情。林房雄有这样的天才。他喊着“光，花，太阳！”的时候，在他心中，是描想着一幅在不久将来，一切狗屁写实主义者都听他领导，正像跟着释迦牟尼下山的各种野兽一般的画卷的！他吼了之后，在日本文学界出现的不是“光”，而是“黑暗”！当时，横光利一们看了这种现象，甚至于感叹做“林房雄搭救了普罗文学”的。横光利一是一位自称“小说之神”的先生。可是不知为着什么，林房雄的这种狮子吼的恣态，在我记忆里面，他的狞猛总和“滑稽”之感不能分开。这种滑稽之感从那里来的呢？由于希脱拉以下的一切恶煽动家都是将历史滑稽化了这种原因出发的吗？不，这还不够。我懂了，结果这还是因为他不是希脱拉，不是墨索里尼，而只是一个伪组织的治安维持会会长的原故！的确，当他喊“光，花，太阳！”的时候，多少还有一点顾虑，但是，一九三七年七月，中日战争爆发，而他再来一次咆哮的时候，那才顾忌全无，而变成非常的明了。后面有人拍起手来，将他捧为法西主义文学的明星。不过，这时候前面的拍手已经没有，连那些所谓狗屁写实主义者，也都唾弃他了。被他骂做狗屁写实主义者的，究竟是什么？那只不过是一些过去不断地后退，可是终于还不忍蹂躏那一片最后的小市民的良心的小心的知识份子罢了。

请容恕我的恶骂吧。其实，即使在我，对于你们在今天这样环境之下终于不能不放弃了写作的这种心情，还是可以充分地理会到的。这种觉悟，我觉得也可以说是一种悲壮，真的，对于文学抱有爱情的作者，在今天这种情形之下，我想一定会抛弃笔杆了吧。这，正像陷城的时候为着要使爱儿免于凌辱，而亲自用白刃去对准了爱儿胸口的母亲一样的心情。

林房雄此刻在喊：“打破莫斯科，讴歌倭寇的威力。”在《牧场故事》里面，他已经不再写盲从社会主义的摩登少女的恋爱，而改写盲从法西主义的摩登少女的恋爱了。过去他在小说里面常常加上一点“革命的味觉”，可是现在，加上的却是下记的文句了：“一、吾党主张国民生活必需品及国防必要品产业的国家统制，以期国防服务与产业服务之一致，确立全国人民最少限度之生活保证。二、吾党以八肱[纮]一宇为理想，确守世界各国共存共营之原则，为确保世界资源平衡而斗争！”

现在，他又在两极之间彷徨了。文学又变了政治的从属。为了他所说的“世界各国的共存共荣”，在中日两国国民之间招致怎样惨烈的灾害？他所说的“最低限度的生活保证”，会产生出怎样的结果？相信他的蠢虫除出饿死之外是没有他道的。不过，林房雄总还是一个“明朗轻快”的作家，日本东北一带，是最悲惨的饥饿的农业地带。最近的报上，还登载了东北地方——秋田的矿工和农民终于愤起而决行反战暴动，在法西军阀的枪剑之下流了可宝贵的革命的鲜血的消息。啊，可是在林房雄的“明朗轻快”的笔尖下面，那却只是一片“既有花又有恋爱的富有的牧场”！这是日本浪漫主义，这是不能不写生活，可是又不能太写生活的短歌的传统！这也就是日本文学的现在的精神。

那么，这种文学界的生命呢？看一看下面的事情就知道了。老实说，在伪组织里出面的家伙，大概都是老朽，上海如此，北平如此，日本文学界也是如此。最近杂志上发表作品的人名里面，再没有一个泼剌的青年。即使有，也不过是已经带着老态的小老头子吧了。怨鬼一般的老歌人出现了。年青人完全分散，他们在做文学的游击战了。这是日本文学界的第三个特征。

青春的气魄已经丧失了。日本文坛发散着尸臭。啊，那不限于文坛吧。青年们离开了之后，将来还有什么希望呢？

林房雄写了青年，写了壮年，接着大约要写老年，要写死尸了吧！

三十，在广州

（原载于《文艺阵地》第1卷第2期，1938年）

所谓“国民的公意”

[日本]鹿地亘

这篇文章是鲁迅先生生前的好友、日本反侵略反法西斯的同志鹿地亘先生特地为本报撰就送来的，他在信里祝颂本报在“抗战中奋斗”；他愿意和中国的战士亲密地携起手来，为反对日本法西强盗，反对侵略战争，为世界和平、日本与中国的自由，以及人类真理而奋斗。我们就在这一意义上，把日本同志的文章译了出来，这里分析了日本军事法西统治的形成经过及其内在矛盾，与日本人民大众与这个统治的基本对立。虽然鹿地亘先生在这篇文章中对于日本统治阶级内部的矛盾，还有些估计不足的地方，但对于我们透视敌情，还是有不少帮助的。

——编者

《改造》二月号上有一篇《关于解决中日纷争之意见》的文章，它的序文上说：“笔者于‘支那事变’扩大时到沪，以数月之久，俯瞰凝视了这个事态。当时把本文的英译，分发于在沪英人中的有力者，引起了很大的反响，并将文中纲要拍摄于国外重要报章揭载。”

我不知道写这文章的二见甚乡这个人物，也不知道在外人间引起了怎样的反响。但读了这篇文章，就可以推测这位作者是哪一类日本人，而且所引起的是哪一种反响。在我们的立场上，对于这类日本人的意见，并没有要回答的意思。关于那套“防共神圣战”“抗日□□”的江湖诀，在世界上所引起的憎恶与侮蔑的“反响”，我也没有多费口舌的兴味。

但在这文章中有一句引起我注意的“国民公意”的句子，这便是我想和诸位谈谈的。原文如下：“这次中日事变中日本军部的行动，决不是由于所谓军阀的意旨，而是根据日本国民的公意发生的。这一事实，中国当局及中国人民必须牢记着，同时干扰这次纷争的各外国，也必须紧紧记住。”

果真是“所谓军阀的意旨”么？我想大家一定会回答：“是。”但我却断定：“不是。”决不是仅仅出于军阀的意旨□□□见战事发生后的日本军事法西斯，已完成了迅速的发展。第一，从来不断地作着暗斗的军部和财界，大致上已完成了基本的合体。第二，普遍官僚、企业家、警察、报纸、教育家、文人等全社会领域的军事统制的体系，已快近完成；像二见这批走狗的配布，也完全准备完毕了。连这个二见也包括在内的全体系，称之为军阀，确是不大妥当。这应该称之为军事法西斯或军事法西斯的全统制体系。好比把走狗称做走狗一样，每种事物，都应给与一个适当的名称。代表这全体系的意旨，他的术语便叫做“国民公意”。在去年八月间侵略开始的时候，确实多少有点“所谓军阀意旨”的倾向，但现在却是“国民公意”了。现在他们是以“国民公意”在继续着侵略，威装着、牵制着英美，向苏联挑着战，以“国民公意”在逮捕着屠杀着国内反战民众。民众不是国民吗？不是，在他们眼中，民众是“非国民”。内务大臣末次，从去年十二月就职以来屡次声明“对这类非国民，我们采取有效而适切的手段”。少数的“国民”，依据着他们的“公意”，在“有效适切”地处置大多数的“非国民”。

这“公意”的体系现在已大体完成了。日本军事法西斯已达到了完成的阶段。在这里发见了几点。

第一是上面所举的军部与财阀的合作。原来日本的军事法西斯，是从陆海军中坚的少壮军人中间发生的。当初，在他们观念论的“理想”中，反对共产主义，同时反对资本主义的。他们所“理想”的，依照他们的政纲，便是“拥护天皇制度”，“普及皇城于异域”。敌人是谁呢？第一是共产主义，第二是其他一切的民主主义与自由主义。他们把确立以天皇为首脑的君主专制制度，使支配势力扩张于国外作为他们的“理想”。

这种运动发生的根据，看了日本的近代史，就可以完全明了。日本是后起的资本主义国，但却是在短期间中完成了惊人的成长的新兴资本主义国。这发展史所得的教训有二。第一，后起的资本主义国家，为了要与其他壮大的资本主义国家竞争，必须以国民生活的巨大牺牲为基础，实现强有力的国家统制。另一点是利用了强大的资本国家间的复杂的帝国主义利害对立，巧妙地避了其间的间隙，而施行相当大胆的冒险的强盗行为，是有极大成功的可能的。这是在中日、日俄二次战争的实际经验中学习来的。用了这方法，日本便很迅速地发展为强盗的帝国主义了。

统制国家的实现，在日本便是天皇制度的确立。以充实的军队和警察，确立了以君主为首脑的官僚政权的绝对权力。简言之，便是对国外武装的待机，对国内不容许丝毫自由的戒严。在这里，最大限度地利用了国民一向所有的封建屈辱的习惯。另一方面，所谓国力之“光荣的发扬”，在充分麻木国民的痛苦与不满这点上得到了帮助，这也是事实。但是国力之资本主义的发展本身，却相反地开始了对这君主专制制的两重威胁。这理由很容易明了，因为前世纪遗物的天皇制度和资本主义的冲突，是不可避免的。

所谓两重威胁，首先是资产阶级实力的形成，其次是工人阶级的生长及以工人阶级为领导的广大民众的觉醒。

这两者与专制主义势力的深刻而复杂的斗争，便是日本近代史的特征。最后的阶段上，便产生了军事法西斯。总之，法西斯蒂的出现，是专制主义企图威胁征服因资本主义的发展而成长的上述两者的最后的反动运动。但结局，这批反动者又宿命地和资产阶级合体了。

现在我从历史的过程上来说明现在这种关系的必然性。

日本专制主义与资产阶级及民众的关系之发展，约分下列三个阶段。

一、为着资本主义的发展需要君主专制制的支柱的时代。

二、资产阶级已成为充分的强力支柱反而开始变成障碍的时代。

三、资产阶级感到民众发展的威胁，再度和专制主义者联合强化的时代。

在其成长期中，首先是资产阶级和广大的民众同盟，向专制权力为要求“民权”的伸长而斗争。随资产阶级力量的强化，专制主义势力只有和它妥协的道路。但资产阶级的这一胜利，实际是以广大的民众支持为背景的。他们开始害怕民众之强力化，于是在还未充分地确立对专制主义的胜利的时候，就背叛了他们的同盟者——国民，和专制主义合体了。换句话说，第一时期是日本的“民权运动”的时代。其次是议会的获得，接着是对天皇的“资本家大地主”之妥协表现的政党内阁出现的时期。以后也不消说，将是民众对这两者的联合政党的剧烈战争的时代。

第三时期，换句话说，也是资产阶级的苦闷时代。他们苦闷着，恰如今日英国的国际苦闷一样。他们利用了专制主义势力对付了民众，对于国外发展也以它的武力作了背景。但是利用专制主义的对“民众权利”之澈底的破坏，相反地，资产阶级对于专制主义的势力却削弱了自己的力量，破坏了自己的背景，因此本身就不能不低于专制主义势力之下了。事实上，专制主义者是企图借“民权”的破坏、一切民众自由的破坏，来确保天皇制的。他们给民众戴上“共产党”的帽子，尝试组织其十字军。从战术上说，“攻击是最善的防御”，于是计划对共产主义大本营苏联的攻击，战略上的准备，占领中国。这便是“皇威的发扬”，也是他们要在大资本家的同盟中回复优势的手段。但不愿在冒险战争中使自己陷入危险的资产阶级，却不断地牵制着这危险的同盟者。这便是所谓与资本家地主合体了的专制主义权力内部的不断的对立，所谓急进派与稳健派的对立。在对立的间隙中，出现了一种动摇的“自由主义时代”，这其间使民众的力量，有了可惊的发展。当这发展与不能默视的时候，便发生了那少壮军人的暴动。

我们必须看看当一九三二年五一五事件时暴徒们是怎样暗杀了财阀领袖的。他们的纲领中表明着打倒“为私利而把天皇的危险”默杀的“腐败资本家”；他们以支持政府中强硬派的实体及天皇制的拥护者自称，因此对那为了民众自由的破坏而感到“自身之不安”的资产阶级挑战，不消说，军部的首脑组是利用了暴徒，把军部的势力移植到政府内了；另一方面，暴徒的势力也乘这趋势立刻在军部内发展了实权的势力。

特别应注意的是，暴徒及利用暴徒的军部首脑组，是采用了上述的两个教训的。

首先，在国外，利用欧洲各国对立的重新激化，趁这机会大胆地进行了〚对〛满洲的掠夺。这是冲入共产主义大本营的第一个前提。也因为要避免国内的反对，这冒险事业是用阴谋的方式来准备、来实行的，所以对于资本家及民众，是出于意料之外的。但这事变之后他们马上利用了五一五的暴动，这样说：“事已如此，也不必多谈了。”换句话说，这冒险行为陷日本于国际地位的孤立，对于资本主义日本的正常发展上，便增加了许多国际困难，尤其困难的是中国抗日民族运动的发生。事实既已造成，为了使日本突破这个障壁，除了实行武力政策，再没有别的道路可走了。这便是军事法西斯蒂的“成功”，他们破坏了国际的和平，同时又促进了国内的危机，实现了自己势力的扩张。

深刻的政治不安的时代开始了，国际国内都促进于“非常时期”，为了处理这个局面，军部便用“强力”政策，要求而且强迫实行了压制民众；同时，削弱民众的力量，便成为削弱资产阶级的条件。换句话说，便是通过了这政治的不安，资本家走进了绝对主义势力屈服的过程

但我们还得看一看满洲事变，资本家对于掠夺来的满洲这块“王道乐土”上经营的投资是很踌躇的，理由是因为怀疑这批冒险家的事业的“成功”。冒险家方面，憎恨资本家的态度挂起了“财阀免进”的虎头牌。这结果“满洲国”失败了，总之，到现在为止，什么也经营不起来。

但《中央公论》二月号，日本产业会社这个重工业财阀，已以二万万五千万资本，担当“满洲国”的经营，社长鲇川义说：“此次中国事变已形成这样的局势：‘满洲国’的资源，日‘满’一体的国防经营前途，更益急迫成为问题，日本产

业会社自然义无返[反]顾，来求这问题的解决。”

那末，“财阀免进”的虎头牌，大概已经除掉了。亦即是在经营上，军部由于这“王道乐土”的失败的经验，知道在资本主义社会依然是需要着资本家的。这是我所说的军事法西斯蒂和财阀联合的证据的第一点。

鲇川的谈话中，说“此次中国事变”以这为结果，是很有意味的。

的确，中国战争成为这一结合的条件了。我们只要看看因两者的对立而产生的政治不安的时代，以及在其终局爆发的二二六事件就行。资产阶级对不能镇压暴徒的军部首脑组责难“军的不统一”；对于这责难，军部首脑组以肃军之名，实行了军伍的肃清统一，而其实这统一正是全体的军伍之法西斯的统一，借了这个统一，便开始了这次的侵略战争。因战争意外地发展了全中国的统一抗战，资本家阶级和军部便狼狈不堪地开始合作起来。在前者，知道不能阻止军部的阴谋的侵略终究陷入于欲罢不能的难局中；在后者，经过上述的经验，发见“敌视资本家阶级”的错误，而且为对抗长期抗战的“‘满洲国’资源开发，国防资源的前途”，也已迫于燃眉了。

财界权威乡诚之助在去年十二月的《改造》“南方支那号”警告着说：“日本经济界现在正站在重大的历史岐途上，好像是可以到来一个突飞猛进的大发展时期，但是一不小心，便不得不陷入于悲惨的灭落之中。”要冲破这个难避的危机，除了采用“振兴民间企业，把它作国策地动员，十二分地发扬□力的官民协力的统制手段”，是没有别的道路可走的。

可见资本家阶级已经下定了决心，赞助“官民协力的统制”了。我们必须注意他作为“突飞猛进的大发展”之希望而说的话，他说“不但从‘满洲国’华北一直到全中国大陆巨大资源开发的途径，已经开展，甚至远达南洋方面的资源开发的便利”，也已经完成了；这正是军部的侵略路线，现在是成为资本家的唯一的希望了。也正是他们妥协证据的第二点。

今天的报上，正传华北、华中实业公司的组织，乡诚之助的话，已开始实行起来了。再看其他日本各杂志，最近常常有军人与政治家、财阀等座谈会，讨论着“怎样从经济上开发中国?”，讨论着“应该叫哪一个财阀来担任?”，日本军事法西斯蒂因国难的造成，终于优势地和资本家阶级合体，也即是在双方陷入危险的表示。

在这种合体中，自然包含着不少的矛盾。完成了基本合体的他们，关于“官民协力的统制手段”，依然在争执着，成为他们之间的暗影，是很有意味的。这次日本帝国议会中的中心问题，不是巨大的军事预算，而是电力国家管理案。因为既然大家已完成了基本的合体，关于实现双方目的〖的〗军事预算，自然没有产生对立的理由。这是合体的第三证据。但统制的方法,却是另外的问题。

所谓"官民协力"的"统制",在资本家阶级这个可怜的主张中已经表现了他们的困难。既称为"统制",便无所谓"官"和"民"的"协力",而是"官"——军事法西斯政府对"民"——资本家企业的"统制"。法西斯蒂为了完成产业的战时动员形态,着手于动力的问题。于是《中央公论》二月号中便有一个叫三宅晴辉的反对者出来主张:"和国民生活有重大关系,在战时经济上构成重大动力问题的电力问题,让一部分官僚玩弄着,是不能不使人遗憾的。"意思便是说:"官僚"对于经济经管是完全外行,应该委任资本家去办。他用着极漂亮的理论"唯有使个体生存,才能使全体生存,因为个体的总括就是全体",主张使"个体"的资本家的"生存"。

这个"个体"能够把主张贯澈到什么程度,已不是基本的问题,因为妥协是双方成立了;只有妥协,才是他们"万一中的出路"。有兴味的,倒是下述的一事:双方在合体的各个基本问题上,存在着许多对立,一个也没有解决,便急急忙忙地完成了"基本的"合体。这件事正表示了他们的极度狼狈,也即是日本军事法西斯成立中所留下的弱点。

但总之,合体还是合体。双方都利用了共同要了结的危险这个溶媒体形成了极机械的化合物。直到二见等走狗为止的全阵容,原不是军事法西斯的难问题。留下来的问题,便只有第三个根本对立要素——民众。

这对于军事法西斯蒂,是宿命的障碍。关于这,我们已经在历史中看见了深刻的根据。现在军事法西斯蒂对他们就用了"非国民"的名称,实现了"非常时期的举国一致"。我可以说,日本民众从来没有想做国民过,他们在现在"国民"这两个字已变成走狗的别名的时候,对于"非国民"这个名称将感到"国民的光荣"。只有他们,将以最不妥协的斗争来回答军事法西斯的侵略战。对于这已经出现的事实,我也无需多说了。忽[匆]忙的法西斯之完成,正表示了匆忙的最后的阶段。

一九三八三月二日,在汉口

(原载于《新华日报》1938 年 3 月 9、10、13 日)

现实的正义

——日本文化在牢狱中

[苏联]G. 波格德列夫
述初 译

(摘自《救亡日报》一月三十一日)

日寇这次的对我侵略,不但引起世界各国人士的攻击,而且他们本国的有远见、持正义的前进份子,也莫不强烈地表示反对。日前日寇政府搜捕了所谓反动份子至七千多人,可为证明。本文的作者鹿地亘先生,便是日本国内前进份子之一,而且他是优秀的文艺批评家和诗人。这篇文章,便是他从上海逃亡到内地安全地带后的第一次对中国大众的正义呼声。

"圆的东西,看怎样切,可以成为四方,事情看怎样说,也可变个模样。"这是日本的俗谚。

"八一三"以来,我正像和本队失掉了连络的游击队一样,转徙的在危险中逃亡。这中间——差不多在半年里——我的本队,就是日本的大众,大概也在极困难的环境中间,不断的和日本帝国主义的侵略者争斗。据报载,至去年九月为止,逮捕了四千的反战民众,十二月,又逮捕了差近四百人的先驱份子,最近裁判的结果,其中二百个作家、教授、评论家们,都被判了禁止一切著作的出版,违禁出版他们著作的出版业者,一点也没有两样。

我不断地热望着知道一些我的本队——日本民众活动的精[情]形。不时失掉了连络的我,完全没有这种机会。最近好容易才得到偶然的机缘,看到几本日文的杂志。

啊,这是如何使我吃惊的事啊!一切都变化了!我爱的祖国,我那充满了民众的嗟伤和愤怒的祖国!一切都变化了!祖国的文化,以前在那压制下面可还不断地传达着愤怒气息的祖国文化,现在已经完全地被狂热地侵略者的代言人们所侵占了。我所发见的不是热爱着的祖国的进步的民众，而只是可憎可恨的敌人的一面了！

这样的惊骇，这样的悲哀，诸位能够想像吗？当然，知道了过去六年来急剧的日本的发达和发展，体会了战争爆发之前的日本一般空气的我，对于这种可惊的变化，也并不是完全不能预想。不过，现在已经是一种成为事实而活生生地出现在眼前以惊异了。

不论看那一本杂志，记忆里面熟悉的作家评论家的名字，都已经看不到了。排列着的，只是些从来不曾听见名字的作者，看一看执笔者介绍，这些"作省"，不是古朽的军人、退职教授，就是右翼政治家，有名的谁也没有不掩鼻而过的作家。在我心里，闪映了几百个被逮捕和失却了执笔自由的作家和学者的姿态。在日本，文化已经失掉了，民众的呼声已经听不到了。"文化"在牢狱里面。"民众之声"已经从日本的文化圈里驱逐掉了。代替他们的，那些老朽愚昧的政家、军人，正在嘲笑和骂倒那作为人类文明之精粹的学问和知识！《文艺春秋》正月号，这里面的一个老朽在说："看一看那些政治家、学者、思想家的蠢态吧，这些家伙指导的国民——正像被一个盲者领导的群盲，随时都有堕入深渊的危险。"在文坛，和民众亲近的作家，也已经完全清出了，林房雄，浅野晃这些丑角，出了一个"新日本文化会的新志"，很卖力地在那儿喊："决定新日本主义的运命，就在这一年里面。"连名字也没有人知道的批评家正像趁主人不在而闯进家里来的小偷一样，说："类似俄罗斯代言人的那些作者们的影子，渐渐地消失掉了，即使言论的压迫不像现在这样利害，他们的没落也是很当然的。"这，正是鲁迅所说的"在指挥刀下呐喊"的走狗了！可是，即使在这些走狗里面，也不能不承认"言论的压迫"了。"民众之声"和"文化"完全从中央的杂志上消去了。可是，这真的已经消灭了吗？——不，我知道了！这只是离开中央的杂志罢了。这种倾向，在五年前已经看到，文化分散而开始潜行了。在今天的日本，"文化"的游击队还是存在着。

两年前从东京监狱出来的时候，文坛上的"民众之声"已经被压在苦痛的挣扎之下了。但是，那时候立刻知道："民众之声"还是活着。我从无数的工人、农民、学生们收到了无数的激励的书信，一定还在成长着的！为什么，那不是很明白的，在我看到的那些杂志里，那些老朽的政客们不都在叹息和埋怨"国民不理解目前的情势"吗？——所以我说，这只是"民众之声"从中央的文坛消散，而其地盘被敌人占据吧了。

从此，我不敢再从杂志去找"民众之声"了。我从新开始，来检查一下我的敌人——侵略者们的头脑。于是，我的悲哀立刻变了哄笑，我的心情变成很愉快了。全杂志上都充满了大陆侵略政策，因此而惹起的国内的、国外的和战时财政的苦闷是一方面，是“南京陷落”“亚细亚再建圣战的胜利”……庆祝，庆祝……和疯狂提灯行列……可是另一方面，他们却榨着喉咙在对国民申诉：“战争才开始呢！仗是打胜了，可是农村的人手的不够，物价的高涨，商品输出的激减，……这一切国民都该觉悟的。”这是苦闷，这是恐怖。但是，使我禁不住哄笑的，倒并不是这些自明的事实，而是那位川合员一老先生的“日本宣传政策的自我批判”。这里面有一句话，那就是我在本文前面所引用的那句极愉快的日本的俗语。他说，日本在宣传战上失败了，欧美诸国都同情中国，而将日本指为侵略者了。将这次战争解作“有的国”和“无的国”之战，那么听起来，好像“无的国”就不妨向“有的国”侵略了。他说，“从国际正义来说，再分割世界资源”这种行为，并没有甚么违碍，那么“话”是说“圆”了，所以“事情看怎样说也可以变个模样的”。

我哄笑，我按着肚子哄笑了。从这种说法，我才完全明白了日本为什么要派大兵到中国来“自卫”，为什么要防止赤化来侵略中国，为什么要保持东洋和平而使本国的国民饥饿，而在中国的民众头上抛掷炸弹的理由！不错，一个鸡蛋看怎样切法，可以变成别个模样的，但是这些侵略者异想天开的头脑有一件事是永也不会理解的，那么让我来创作一句俗谚吧。

“即使切成四方，鸡蛋还是鸡蛋，即使说成怎样，谎话还是谎话！”

我是一个作家，我以现实主义作为我的文学的立场，热爱现实中为着悲惨的东洋的现实而战斗着的中国的大众！这是日本现实主义者对诸位的敬礼。我们所爱的，是现实的正义！

（原载于《战地民训》第16期，1938年）

论日本的长期建设

［日本］鹿地亘
哲明 译

日本是在焦燥中，国际及国内的危机两相压迫着。这种种危机在最近顿陷于险恶的状态。在所谓“舆论”上，这种种危机是一天天的开始强烈的反映着，这是必须注意的现象。无论是谁对于占领武汉后想迫使中国缔结城下之盟的迷梦，都早已消失了。而且在另一方面，对于日本的将来，也流露着黯淡悲观的论调了。兹姑以其中典型的一个加以介绍：

“我们对于未来应当诚挚的成为朋友的中日两民族，弄到不能不以中国为战场而互相撕［断］杀的悲惨的命运，是不胜其浩叹的。尤其是战争这冷酷的现实横陈于我们面前，对于这可怕的浩大的消费者——战争的本质，到目前确是不能自禁其战栗。”

痛苦是深深的渗透到骨髓，不过将来的希望是怎样呢？

“目前中国抗日阵营的不屈不挠的斗争力及以抗战为基础而团结的民族感情，是颇为旺盛。焦土抗战政策到现在仍然建立在巩固的国民支持上，蒋介石氏是以救国英雄而为全国国民所期望着。”

“汉口的攻陷，决不能认为由此就可将战局收拾。进一步说，就算战局可望有解决的办法，但是抗日的情感恐怕更要变本加厉，而非一朝一夕可以把它拭去。这就是说对于今后民族斗争的无间断的进行，是非预先觉悟不可的。”

然则今后又将如何呢？这无可计量的持久战，是像沙漠似的扩展在眼前，同时制裁侵略者的世界战争的危机又迫于项脊，而事实上提到现金的准备，那是点滴不留，战时经济力简直完全枯竭，可是“日本的去路是有一条”，非得寻找“如何方能击破抗日阵营的方策”不可。

这种绝望的论调，公然在所谓“舆论”上开始反映了出来。从这一面看去，我们是很强烈的感觉到日本真正的舆论是如何广泛的在开始对他们施以压迫的了，像过去一年间那样仅仅用空虚的激励来助长侵略，到现在不单是国民，就连他们自己也觉悟到再难以继续欺骗了。

于是目前他们是向着唯一的出路而开始突进，这个出路是仃么？即板垣和池田倡导的所谓“长期建设”。

所谓“长期建设”在目前是给予陷在绝境中的日本以唯一希望的方策，这的确是唯一的希望。

“长期建设”是什么？那就是以“占领地域的广大农业区和无限的生产力为对象”，而进行经营大陆经济的开发。可是难关仍然横阻在面前。第一，以几几乎是囊空如洗的“现在的日本经济力要想在广大的区域中进行资本主义的殖民地经营，那究竟是不可能的”。第二，高呼民族独立的近代中国民众的要求，是正和高举解放弱小民族归还一切殖民地的大旗的苏联民族政策相结合而成为日本经营的障碍，这是明如观火的。因此“长期建设”的进行，就具有两个前提条件的必要。财力既空无一文，自非借贷不可，然而无论是谁，断不会以金钱借给强盗的。不过在无可奈何中，强盗如果把他的掠夺品予以拍卖，那或许能够找到买主也未可知，在世间不是也有所谓盗贼市场吗？只是盗贼市场的形成是要有它的条件，就是它非得对群众的顾客予以不加危害的保证，并施以有利的诱惑不可。看之宇垣就任外相以来的日本外交的转变吧，这不是恰巧一个现实的证明吗！比任何任务都切迫，他首先强调把已经陷于险恶情势中的日本与各国的国交加以调整，而公然以“尊重英美在华利权”自相约束。于是外相与克莱琪就开始谈判。注意！盗贼是准备把有利的权益一点一点地出卖，企图招诱巨量外资以为占领区域的经营；再露骨一点说，就是日本计划着先将占领区域中的财富加以拍卖，然后把所得的金钱拿来当作继续侵略中国战争的费用。究竟有一些什么国家应许日本交涉到甚么程度，这我们是难以预断的。只是这确是成为日本唯一可能的经济手段，我们看着日本外交既已望着这方向的转变，以及舍此以外别无他法的所谓“长期建设”政策的公布等事实，就可了然于他们举足第一步的经纬了。

然而这个“长期建设”政策，和日本从来所倡导的“把远东从西欧诸国之殖民地状态中加以拯救”的“根本不变方针”，将建立一个怎样的关系呢？在东京出版的“改造”杂志上是这样加以解释了：“往往在一般新闻上所谓根本不动的方针这一类话，从今而后是要尽可能的把它封存到仓库中去，真正根本不动的国策是日本要站在世界和大陆上蓬蓬勃勃的发展与膨涨[胀]，此外无论在甚么场合，都非得以对方的态度而施行具有伸缩性的外交不可。”

其次，第二个难关又将如何呢？就是对于“把激荡着抗日情绪的中国大众拉到倾于日本这一方面来，使国民政府失掉它抗日救国的基础”。这一着要怎么办？那更是一个困难的问题。“在连经营殖民地的力量都没有的时候，对占领区域的行政建设当然更属不可能。”这也好像仅仅有一条可望打通的道路，就是把由一部份无耻汉奸所构成的南北伪政府在占领武汉后予以合并而成立一个伪中央政府假装做“以华制华”的样子。如果是在日本“没有领土的野心”，不！没有满足领土野心的力量的时候，那除此以外确就不能有其它支配的形式。看来他们对于因战事的扩大而来的巨量消耗怕是要极力避免，而企图把它转为在西班牙进行着的那种内乱的形式。不过由于过去一年多坚苦的抗战所造成的广大而强固的民族自觉和激荡于全国的自卫抗战的怒潮，是决不会给予伪中央政权以安稳的基础，这仍然是使他们深深的痛感着困难的。在西班牙，侵略者从最初就巧妙的支配着国内一般以站在反民族的立场为利益的人们，可是在中国，对迫使全民族陷于绝境的日本的横暴侵略政策，是反而招致了全中华民族团结一致的结果。现在侵略者是在痛感着失败的悲哀，这种失败的悲哀，是和所谓“长期建设”的必要同时意识到的，这是他们目前就采取内部的离间的战术了。

这就是在一方面“对中国民众其觉悟焦土抗战的意义”，从边境中给开展一条有利于侵略自己的道路，而且他们更指点着“中国的民众和他们并无利害的对立”。在历来以轻工业部门确立为民族产业的基础的中国资产阶级，和日本的对华轻工业经营者之间的冲突，是像火山爆发似的展开。可是现在因“军需产业的必然结果”，日本产业构成的中心是转移到重工业上去，这就是说为中国的民族资本家开了一条“向轻工业部门发展的大道”，他们好像是把门户开放了。可是注意，他们正在试用着诱惑的毒计，在那里正装置了无数的陷阱，专等待着一部份被离间的为目前战争所痛苦的民族资本家，一掉下去便为他们的经济支配网所缠住，将毫无疑义的沦为他们的隶属。这是因为他们对于这些民族资本，是没有让它超越为“大陆经营”所利用的限度而独自发展的可能的，他们的目标是向着“以广大的农业区和无限的生产力为对象而加以组织”。“以农业生产为基础而确立轻工业”，不用说在交通、运输等生产动脉被掌握的隶属的状态下，被挤到前期资本主义的状态的农业经营阶段，以从事小企业的发展，而托庇于伪政权的掩蔽下进行也未可知。没有资本主义的殖民地经营力，就只能剩下这种支配手段。

这样一来，于是侵略者就将宣称“从事无益的抗战使民众陷于前所未有的悲惨状态中的政权，已经成为一个孤立的地方政权”。同时作“日本把中国从西欧诸国当作殖民地或半殖民地的状态中拯救了出来”的宣传吧。这种“民族解放论”，目前在沦陷区域内一面积极不断的协助着侵略者，一面努力从事破坏革命运动的托落斯基派的“宣抚班”是拼命的在向民众大肆广播的，这就是“长期建设”的方向。

（原载于《文摘》第 39 期，1938 年）

日本的反战运动

[美国]Christian Scieuce Monitn

日本士兵及国内民众间反战情绪的高涨，已是一种昭彰的事实。现在我们特地选辑三篇：第一篇是写反战运动现状；第二篇是用日本士兵自己的作品来证明日军反战运动的高扬，以及其战斗力的日趋削弱；第三篇虽非正面文章，但从这里也可以看出日本国内反战革命运动的侧影。

现在，日本人民在日本军阀推进侵略战争之前更要反对战争，因为侵略战争不但于他们无益，并且有害，他们在侵略战争进行中，只有加重负担，牺牲生命，并且徒然延长他们获得解放的期日。所以日本士兵泽村利胜在自述中说："来到战场总想着这些(杂念)，怎样有勇气拿起枪来啊，和我同一阶级的人们，都是怀着满腔想家的心。""越想越觉得侵略战争可恨！"另一个士兵中村敏雄在自述中，也向他们的弟兄呼号着："远离父母妻子，来做侵略战争的牺牲品是为了谁呢？回想一下'满洲事变'罢！死的不尽是我们的弟兄吗？但是我们的家族得到了什么呢？除了悲哀和负担加重之外……这悲哀的战争只为了在国内花天酒地的资本家，地主及军阀们呀！反对这为他们流血送命的战争罢！把这战争转变为反对军阀资本家地主的战争罢！"就是日本士兵的家属，也都同样地厌战、反战，从许多家信中都可以看出，每天日报上登载的日本士兵的家信，其内容不外乎是想夫念子的情绪，甚至于诱劝逃跑，日俄战争当时的爱国精神完全丧尽了。(当时日本士兵还受着军国主义的熏陶。)日本士兵厌战与反战，已在日本国内引起了许多严重的事变，如工人怠工和罢工，破坏工场，焚毁汽油，二月初台湾矿工的大反抗及二月二十八晨神户码头的大流血，尤其是重要的事实。

日本人民反战运动已由智识份子反战的阶段，走上了人民普遍反战的阶段。前进的智识份子反战的情形及其因反战而大批地被捕，据东京方面的特殊资料，其经过可以归纳如下：(一)最近凡与劳农派、日本评论家组合、日本无产党、日本劳动组合、日本全国评议会（劳工团体）等团体有关系的人，都被内务省诬为“赤化”而加以违反“国内治安维持法”的罪名，逮捕下狱。（二）去年四月成立的日本无产党及最有权威的日本全国评议会，也由内务大臣末次信正加以“扰乱日本国内安宁秩序”的罪名，下令横加解散，其余认为有嫌疑的政党，交付警视厅继续侦察。（三）这次被严密搜捕的地方，非常普遍，其主要地域即有东京、大阪、京都、爱知、静冈、兵库、冈山、新潟、沥木、福岛、和歌山、秋田、岐阜、大分、富山、群马、北海道及长崎等一道，三府，十六县。（四）东京市被捕人员中的主要份子，有劳农派的理论指导者山川均、猪侯津南雄、荒田寒村、大森义太郎、向坂逸郎、高津正道、冈田宗司及中西伊之助，有社会大众党议员黑田寿男，日本无产党执行委员长（人民战线指导者）加藤勘十，前无产党书记现任东京府议员铃木茂三郎及著述家的稻村顺三。东京市议员的中岛、三轮及安平等人也在其列。其他各地方的被捕人员，则以工人领袖为多，大阪方面被捕二十三名，京都被捕十一名，富山县被捕六名，和歌山县被捕六名，冈山被捕九名，兵库县也有五个著名的工人领袖被捕，其一是日本无产党神户支部执行委员长木村锭吉，其二是副委员长青柿善一郎，其三是书记长桑田喜三郎（属于友爱俱乐部），其四是执行委员森口新一，其五是扇港睦会支部主事盐田真太郎。（五）自一九三五年夏第三国际第七届世界大会决定议案改变共产党工作方针以来，日本劳农派即与正统派合流，而大事活动，最初以社会大众党为中心而与各政党进步份子提携，图谋树立反法西斯的人民阵线，后又组织劳农无产协议会，去年四月间始改称日本无产党，中日战争爆发后遂发起反战运动。（六）去年七月战争爆发后，第三国际由美国共产党分发给日本左翼份子种种宣传品，鼓吹树立和平外交，宣传援助战死士兵遗族，出征工农大众免除纳税义务，并指示战时经济问题。……

——《华美晨报》

近来时常发生一些可以证明日军战斗力大见削弱的事实。

日本的警察检查虽然最为严厉，但是在日本报纸上也透出一些有关军队中真实情形的消息。日本《中央公论》杂志三月号上登载一篇很长的小说，题目叫《未死之兵》。本文的作者是曾经亲自到过前线的新闻记者石川达三，小说中所写的，显出日本兵士情绪的主要倾向，即快些结束战争返回老家去。石川描写一师团日军去年十月里从北战场调到上海，这一师团军队先由铁路经北平、沈阳而开到大连，然后再由大连经海道开往上海，兵士们不知道把他们往什么地方运。

在沈阳休息一小时之后，军队便装到另一列火车里去，已经不是货车而是客车了，这车是开往南方。

这一传说，一霎那间传遍了整个兵车。万岁！回家去！快乐忍不住了。军队在列车上过了一夜，早晨来到大连。晚上，兵士们在街上游逛、醉酒、唱歌，买礼物预备带给自己在日本的亲人。

第二天早晨，军队却装到不大的轮船上，然后又举行一次登陆的演习。兵士们在这里才初次猜到他们是被调到什么新的战线上去的。

第三天，军队装到大轮船上去。三只轮船没有吹一次气[汽]笛，一只跟着一只的开出大连。兵士们把船窗打开，默默的眼送着渐见遥远的海岸，把用不着的礼物抛在海里，一个个都去倒在吊铺上。

命运确定兵士的情绪，你看小说的作者把这种情绪怎样描写：

兵士们等候进攻南京。大概，他们在那里是能够好好的休息一下了。也许夺得南京之后，战争便将终了，那时他们便能够回家去了。阵亡兵士的灰骨也和行军的队伍一同走。自从登陆以来，没有能够把这灰骨运到后方去，只得把他们随身带着。灰骨瓮头的数目随着向前推进的长度而增加，而战士的队伍却随着稀疏下来。遇活着的人们都觉得，他们明天也要变成死人。死人和活着的死人候补者都向南京开步走。

石川达三的小说，明显地反映出反战情绪在日本的滋长，战争对于日本是艰深的苦艰。

——苏联 *Pravda*

一切左翼色彩的异端，现在在日本都被认为非法。数百名危险思想嫌疑犯，悉被逮捕下狱，其中有很多大学教授、著作家、出版家。每天我们听说认真的警务厅又发明了阻止危险思想侵入的新方法，以防止影响日本人民战时的民气。

据最近消息，日本官方将派被报纸上绰号为“思想之鹰”的人物驻在欧美各大城市，监视激烈份子私运危险的宣传品进日本。日本警察认为美国的共产党不独和少数漏网的日本共产党员有往回，且和激烈思想及自由主义思想的同情份子间也有交通关系，现在哈尔滨、上海、北平等地，业已驻派有“思想之鹰”在了。

凡寄于日本的书报杂志，均须受严格检查，到日本去的外人，都感到日本海关检查员对于书籍尤较其带违禁品来得严厉。杂志报章的受邮局扣留，是常见的事，日本国内的出版物，当然更受严格检查了，即如中庸的大众杂志如《改造》《中央公论》，常受检查员的剪裁。至于左翼刊物，则伊藤春正伯爵编的《自由》杂志，就是一例；该志企图引用日本维新之初明治天皇的自由倾向的御书来掩饰其社会批判的政纲。但伊藤伯爵见到他多数的定户都在牢监里，只得停止出版了。由此可见的观念潜入民间。……

（原载于《华美》第1卷第8期，1938年）

中国抗战与朝鲜革命

民山

这次的中日战争是由于日本帝国主义之对华武力侵略而爆发的，所以这次制造战争的祸首，当然是日本帝国主义。

在远东几个国家中，日本是最先接受了欧洲资本主义文明的国家。她经过明治维新而渐次走上帝国主义的侵略途上。它经过一八九四年的中日战争和一九〇四年的清日战争，攫取朝鲜、台湾及远东半岛，到最近更侵占满洲，而成了今日的日本。日本之所以有今日，是和并吞朝鲜有绝对关系。朝鲜不但在日本殖民地意义上极为重要，而在日本帝国主义进攻大陆的战略根据地上尤其重要。反过来说，倘若朝鲜是一个有力的独立国家，那么日本帝国主义的所谓大陆政策便没有实行的可能，而且过去的清日及俄日战争乃至目前中日战争也许是不会发生的。

朝鲜处于中、日、俄三大国之间，它的存亡便可以决定这三大国在东亚政治势力的消长。因此，朝鲜在政治地理上已经成为奠定东亚和平之主要关键。过去的清日及俄日战争都是因朝鲜问题而发生，当时的日本新兴资本主义经此两大战争的胜利，就完全驱逐了清、俄两国在朝鲜之势力而独占整个的朝鲜。朝鲜既失外部清、俄两国的维护与援助，又未具备内部的各种抵抗力量，就在一张条约之下造成了今日朝鲜的痛史。

朝鲜被日本帝国主义占去以后，虽有义兵运动，一九一九年三一大革命运动，无数的农、工、学各界的大小运动或暴动，国内外暗杀破坏的恐怖行动，韩满边境的武装斗争，因而前后牺牲了数万生命，被捕入狱或亡命海外的达数十万人，但终因战后国际关系的暂时安定，日本侵略势力之继续澎涨，中俄两国反日力量之不集中与未完成，而我朝鲜复国伟业至今尚未成功。

日本帝国主义在她解决殖民地问题的工作中，首先以和平方式并吞了朝鲜，在占领东四省时亦未遭剧烈之抵抗，她又在征服全中国的工作中几年来虽然用尽了以华制华、不战而胜的方法，但终因中国民族的自觉而未获成功，所以她不得不用武力来完成她未完的工作。

日本帝国主义在她武力征服全中国的工作中，由于中国人民之精诚团结与民族领袖蒋介石先生之领导抗战而遭受意外的抵抗。在中日战争九个月当中，日本虽然占领了华北五省及江浙各重要都市而在各处得了表面上一时的胜利，但这绝不能算作真正的最后的胜利。反而中国民族之长期抗战决心与准备，对于日本之速战速决主义给以根本的打击。

中国在长期抗战的战略中，不但可以克服内部之困难，而又可以转变外部的情势使有利于中国。要根本的打倒日本帝国主义，中国单独的力量显然是不够的，一定还需要朝鲜民族解放运动与日本国内反战运动之响应和世界爱好和平国家的精神的物质的帮助。但是这些还是由长期抗战中争取得来的。

朝鲜民族始终认中、苏两国为最可靠的真实友军，中、苏不但是朝鲜革命的精神上的寄托者，并且是物质上的援助者，尤其中国是从地理上、历史关系上、种族上、文化上、国家地位上与我朝鲜有不可分之联系，并处于共存亡之同一命运。所以朝鲜民族决不视此次中国抗战为他人之事，不仅在精神上祈求中国胜利，而在实际上正准备着以战斗行动来打击敌人，以求中、韩两民族之真正彻底的解放。自从中日战争开始以后，在国内曾破坏运输敌兵的列车，为了反战运动而与敌侨冲突，因此而死伤者约一千人，敌人试征志愿兵四百名而应募者仅走狗、败类分子等数十人，在中国东北朝鲜革命部队之继续增大，在沿海洲[州]、美洲、中国关内革命同志之加倍努力等等实际行动，足可以表现朝鲜民族之革命精神和援助中国抗战的决心。

朝鲜是敌人进攻大陆的战略根据地，如果在朝鲜不断地发生骚扰、暴动、在韩满边境继续的扩大游击战争，不但可以牵制敌人侵华的兵力，更可以动摇敌人的军心而促成敌人内部的革命，影响到整个的中国抗战。中国如求永远的独立，非把日本帝国主义赶出大陆外不可，东亚各国如欲维持永远的和平，亦非援助朝鲜独立运动使之成功而加以维护不可。中国以及其他远东各国对此问题决不能作壁上观的！

朝鲜革命既与中国抗战、东亚和平有不可分之相互关系，朝鲜民族当然贡献自己一切力量，尽其所能，发动全国的全民族的解放运动来参加并援助中国抗战，共同为打倒敌人日本而奋斗，同时反对并阻止强盗日本对任何国的侵略行为，共同为维护东亚和平而奋斗。同样，中国和受日本侵略的任何国家及民族，亦应在精神上、物质上积极援助朝鲜革命以求得自国真正的独立自由和真正的东亚和平。

在这个时候，凡是爱好和平的及已被日本帝国主义侵略的人们都团结起来，结成巩固的反日战线为打倒民族的敌人、人类的公敌——日本帝国主义，建设独立、自由幸福的国家而共同奋斗吧！最后胜利是属于我们的。

（原载于《朝鲜民族战线》创刊号，1938 年）

侵华战争一年后之日寇经济的窘况

［苏联］莫洛夫
黄洋 译

正如波尔迪列夫教授为《消息报》所撰《作战一年后之日本国民经济》一文所切实指出的一样，在侵略中国一周年后的日本国民经济，是一无所是。

波氏叙述出日本军阀如何以继续不断的无数立法统制了农业、工业、运输、贸易、金融和信用。这些立法的最高峰在最近五月五日开始实施，而置全国命运于军阀的仁慈之下的“总统［动］员法案”。

然而这些情形，却并没有损害金融资本的利益，作者说明，“因为各个会社的利润是接近着，日本资本当上次世界大战时之‘黄金时代’所首先获得的水平”。

“动员法案”的意义

波氏继续解释“全国总动员法案”的意义。由日本报纸(《日本时报》一九三八年六月七日)指出，从上年十一月一日至本年三月三十一日，“这一段时期内在日本工业中十九万四千六百万日元的新投资的百分之九十三，是归入与军事工业有直接关系的各生产部门的，而只有百分之二·三是归入了农业、木材业与渔业”。

由于七十至八十万的工人被动员到战场上去，完全以手工劳动为基础的日本农业遭受了严重的打击，由于上年秋季丝茧的出产较之一九三六年的同时期已经跌落了百分之十三，这一事实可以表现出来。

稻谷的收获也遭受失败，上季稻谷的收获是比较前一季大为低落。波氏写道：农业生产至少要缩减一百万日石的稻谷(一日石约合五一一英斛)。

农业生产体积的缩小，与夫为日本农业主要出产的生丝价格的猛跌，增重了半饥饿的日本农民之生活上的艰难。

燃料与金属的短缺

波氏更继续叙述日本国内燃料与金属之意外的短缺。金属的短缺是正在日本经济的大多数部门中出现着。在几月以前,日本政府实行了金属使用的分配券制度。进口金属的价格,已经涨到一年以前的三四倍。燃料的情形可以从下述一项事实判断出来,单是四月的时候,煤炭的价格就涨了百分之七,而在侵华战争开始之后涨了百分之三十六。

波氏指出,在轻工业方面,情形是更为困难。日本经济的窘迫是由于物价,特别是大家消费品的价格之高涨而尖锐的显现出来。与上年七月的物价相较,焦煤是涨了百分之三十三,靴鞋百分之四十,咸鱼涨了百分之四十七,而香料则涨了百分之一百三十。

关于日本的对外贸易,情形也没有任何的改善。虽然在上年一月一日至六月十日这一段期间之内,日本在国外市场出售的货物共值十三万九千六百万日元,而本年同期间日本出口的价值,却总共不到十一万三千七百万日元。在上年和本年的相同期间内,日本的进口也同样的由十九万一千八百万日元降落到十三万一千八百万日元。

国家财政状况也是同样的严重。"在一九三七至一九三八与一九三八至一九三九两个年度的经常预算之外,对于一九三六至一九三七年度比较的'非战事'预算的溢支,每一个年度有六万万日元的弥补经费,到上一个会计年度为止(三月三十一日),追加预算与特别军事费用的支出总共达到二十六万四千九百万日元,尤其是在本年度,即是到一九三九年三月三十一日这一段期间之内,还提出了另外一项五十四万九千七百万日元的经费。"

这些巨大的支出,是由增税与发行公债来应付的。战争的全部负担,因此都转嫁到了劳苦民众的肩上,尤其使他们不得不注意脆弱的经济,与夫限制另外的无限需索。当物价已经高涨,而工资率几乎没有变动的时候,工人的实质工资是随着降低下来。

失业的增加

作者说出,还有更重要的事,"当由于因原料缺乏而一切工厂正在大量倒闭,失业人数是正在增加的时候,工作时间却因为种种借口而正在逐渐延长。就是根据日本报纸所引的叙述得非常轻微的材料,在过去一年中,失业人数已经由三十三万增加到八十万"。

波氏在结论中写出,侵略中国人民的战争之第一年的结果,对于日本帝国主义是非常可悲的。混乱的国民经济与国内的严重情形正在掀动着劳苦大众的不满。

“反战情绪是正在工人群众当中增涨着。这由于大批群众被日本政府逮捕一事可以表示出来。另外一个表示是日本工业当中罢工次数的增多,不管野蛮警察的恐怖行动,日本工业中的劳动者之斗争,与开战最初几个月比较起来,本年已经有了重大的增进。”

(原载于《中苏文化》第2卷第11期,1938年)

已为日寇所恐惧的苏联红军

[苏联]乔治·李昂诺夫
雷平 译

胆大妄为的日本军已经在中国弄得泥淖没膝了,忽然又遭遇了一件不快意的先兆。倘若那事情不仅限于一个威胁的话,则日军不得不把其兵力划分而为二,分布于好几千万方里广大的战场中。

东京方面,深知把兵力分开,则情形是十分危急的。当张鼓峰事件发生以后,日本政府和妄自尊大的关东军知道今日之苏联已非上年黑龙江退让时那种态度,便不能不蹲下来而与苏联成立妥协了。

日军之所以甘于附[俯]首贴耳、唯唯就范者,苏联炮力之准确和空军的威力实有以促成之。倘若关东军不是为了无暇兼顾的话,则以它的蛮横肆恣,虽有最强大一些的敌人,也许会硬着头皮来干一干,于是苏满鲜边境的大规模战争早已登入史册了。

日军的行动完全控制于一个利害的陆相板垣的掌握中,此人曾经任过关东军的总司令。此次中日战争未爆发以前,他把中国看成一个不足轻重的问题(现在当然另眼相看了),只认苏联为当前大敌,因此,所有的磨牙奋爪都是朝着这一目标。

在中国的冒险的结果,使它的目光稍稍转移了,当他不注视的时候,张鼓峰事件突然在七月十二日发生了,而且发展成一个小规模的战争,苏联使用了他的空军和八吋口径的大炮。

东京方面想出一条路来。起初,对于苏联提出的条件一一斥为謬妄,而且同时提出强硬的对抗条件。到后来,才逐渐地让步了。起初日本对于重新勘定国界的调查委员会,坚持以日伪苏为三个单位,那么来表决时,日伪可以多数取胜,但是终由苏联的坚持,到底不能不答应以日伪合为一个单位,而苏联为一个单位。

日大使重光葵提议两方军队如各保持和议成立时的现状，但是苏联外交人民委员长李维诺夫则坚持日本须完全退至一八八六年中俄所订《珲春条约》划定的俄国边界之外。

世人想象不出虽然蛮横卤莽的日本竟至于在双手被缚之时，把头伸进一个活结里去，以为张鼓峰事件会以地方事件了之。

苏联的远东的确是日军的一个活结，器械配备精良，训练有素的四个军团已经在西伯利亚报到了。苏联的一个军团，包括两个师团，每个师团人数在二万二千人以上，这些红军已开近冲突地点。西伯利亚的西部还有六个军团在候命待发。指挥远东军的布留赫尔将军，据报布氏那时已经到了诺福基夫斯克，必要时就可以在那里指挥作战。

自八月十一日起，双方炮火停止了。但是在苏联尚未宣布已恢复其根据《珲春条约》而确定的领土以前，和议还没有成立。这就是苏联对于最初的主张并没有改变。他愿意息事宁人，但必须日军退出苏联的每一寸领土之外。

有某日军高级长官由苏伪边境到上海，对路透社记者说，日军方面损失奇重，如果苏联举行反攻的话，则日军的损失将更不堪设想。

他不说两军接近至可掷手榴弹的距离时，苏联军队竟把日军的攻势击破了。

这可得莫斯科当时意旨，是除了保证苏联的领土不受侵犯之外，犯不着再向前进兵，只用炮火来击退越境的日军已足够了。

日军方面宣称苏军有脱逃的情事，这种宣传，如果要信的话，除非加上点油盐酱醋才吃得下去。苏联的国防军兵士，无论对于国际情形无所知晓到如何程度，也该深知脱逃到对方去，于他个人是不会有好处的，而且脱逃之事，并不是放下了枪就走过边境去那么简单的一回事。凡是临阵脱逃的当依法立即处死。虽然日军的报告宣称苏军士气萎靡，但即使委靡，也断不致于冒着如雨的追击枪弹，跑过血染着的边□去受日军的“优抚”。

还有一层，今日苏联的当局与人民，虽然对于一九〇五年沙皇所领导的日俄帝国主义战争并不表示赞成，但是一般大众，对于当时日本所给予俄国民族的惨痛，一时是不会在头脑中完全消逝的。当对俄国民族因受异国之愚而为日军击败，在俄国人民的心之深处留下了一个奇耻大辱的印象。三十余年的隐忍，无人不在奋发以图湔雪。这个传统的反感，使日军所称苏联军队中兵士脱逃一层，只能成为日本军阀掩盖其自身惨败之一种无耻的武断宣传。

今天苏联的军队，在机械方面并不逊于全世界任何国家。倘有外国势力从东方侵入苏联的边境，则单是布留赫尔将军领导下的远东军已足将其击败。

此外日本军阀企图纵使其盟友法西德国从西方去牵制苏联，也是徒劳无益的。今天苏联在保卫其东部领土的战争中，无论是在军械方面，即使是现代化的武器、人员方面，即使是熟练的战斗人员和指导官，或是在经济方面，即使是战斗中最急需的军需资源，都可以由整个东部国防机构担任供应，并不须借助于强大无可比拟的西部国防机构。在日本侵入苏联边境的那个时候，德国之所以一再声明未对日本提供何项响应的诺言，正是由于国社党外国秘密情报部所提出的材料，使希特勒知道德国与日本同时从东西两方侵略苏联，不但无益于日本，而且更会让纳粹挑衅者自食其报。

当张鼓峰冲突发生时，苏联的飞机曾飞至伪国和朝鲜，而日本的飞机却一架也没有听见出动过。这无疑的是苏联的空军比日本优越，所以日本不敢班门弄斧。陆上战争，苏联有了优越的空军和异常准确的炮兵，至少也能保守得住自己的领土。

海军方面，虽然日本比较占在优越的地位，但是西伯利亚的疆域，除了海参崴，库页岛的萨哈连、堪察加等几处之外，没有什么可以受着日本海军攻击的地方。至于北部长期给冰雪封锁的海岸，恐怕日本海军也没法到那里活动。同时，苏联的海军也迅速的在增长，尤其是潜水艇和小型舰。在远东海岸，可以立刻应命出动的苏联潜水舰不下二十艘。

苏联军队的实力尚未经实验过。只有炮队性能的高超则已经证实。坦克车、重炮的数量，日本远不及苏联。岛国的日本军火，须从其日渐消耗的二十万万日元准备金里拿出来购买，而苏联则有其新开发了的金矿。

在从前，日军曾经侵入这苏联的领土。一九一七年俄国革命爆发之后，日本军队是协约国联军入苏干涉的一支强大的兵力。曾有一个时期，西伯利亚有过七万五千以上的日军。

但是当时器械劣得可怜的革命军也坚持着西北利亚——这里虽然广大，却不能兼容日苏两国的军队。结果日军想控制西北利亚铁路之一段和与富饶的黑龙江联接的美梦都渐归消灭了。

当时革命军所恃以作战的，仅是一种期在必胜的精神，他们所有的当时新式武器，都是由柯尔恰克那里夺过来的。而柯尔恰克的军械则是由协约国所供给以为反革命之用的，其中尤以英国所供给的为多。今天苏联军队器械配备之优，比之当时的革命军已远过之。

据报，西伯利亚的驻防军为数甚少。人们听说有百万军已向边境进发，都一笑置之，以为西伯利亚断无些许武装军队。但是苏联军队的人力准备是可惊的。集体农人可于一分钟内的知照把锄头放下面拿起枪杆，所有驾车者都可以驾驶坦克车，苏联曾有这么一句："我们全个国家都是我们准备的力量。"

苏联当然不会再有像现在的只须应付一个已经削弱了的日本的机会。但是不论苏联的最高会议是否决定宣战，全国却是时时准备应战的，因为斯达林屡次这样说："现代的战争是不宣布的，只是一种遭遇。"

（原载于《中苏文化》第3卷第1、2期，1938年）

日本侵华的战略

[美国]乔治·伊亚
文修 译

近读二十七年四月美国出版《现代史料》月刊内载《日本侵华战略》一文,对于敌军在华战略剖析异常详尽。虽战事纪载不及国内报章之详密,然推论战局大势,颇有独到之处,洵可代表国外一般意见。公余之暇,特为译出以饷读者。

日本帝国久有独霸东亚的野心,每每借欧局混乱,各国无暇顾及远东之时,便趁火打劫,肆行侵略。自阿比西尼亚事件发生以来,西班牙战事继起,英法方以其全力应付欧洲局势,更无余力维系太平洋上之安宁,美国自经济恐慌以来,埋头澄清内政,加以国内孤立派之抬头,实不容政府单独干涉日人暴行,故世界各国足以稍职日本之野心者,厥惟苏联在远东的军事力量。但自去年六月苏联清除民族叛卖者杜卡捷失斯基及其他重要将官七人之后,日本军阀认为侵略时机成熟,故意在苏联边境造黑龙江事件,不惜武装挑衅以试探苏联动向,后来边界上冲突结果,俄军让步,从伯勒哥域斯陈斯基附近小岛撤退。至是日本已确实的断定欧美各国无暇干预远东,便开始大规模的向中国侵略了。日本传统的国策,既怀独霸远东的迷梦,故攫取东三省后,进一步企图要占察哈尔和绥远,把中苏联络隔绝。在一九三六年十二月,日军屡由热河进攻察绥,嗣以小路崎岖与中国军队的抵抗,不逞所欲,遂决意占领平津,借南口要隘交通而达张家口。华北地属平原,无险可守,为巩固平津地盘,势非掌握华北铁路而逐华军于黄河西岸及南岸不可。因此需要,遂决意占据冀、察、晋、绥及鲁、豫之一部,面积计约三十四万六千方里(较日本面积大两倍半),人口二千五百万,成立华北傀儡政府,而徐图经济之侵略,故日人侵华步骤,简略言之,即

(一)占据平津为军事根据地;

(二)迅速打通南口要隘,控制西北大道;

(三)集中兵力循华北三大铁路干线而占有华北富源。

(甲)循津浦线经德州而达黄河北岸;

(乙)循平汉线由保定挥兵南下,先占石家庄以控制晋冀交通,徐图进取安阳、新乡,肃清黄河北岸;

(丙)循平绥线向西北侵略,占据南口、张垣、大同,然后分兵两路,一定绥远,一路由同蒲线南下,过雁〖门〗关而占太原然后移师东向,打通正太铁路与冀省驻军联络。

芦沟桥事变——日人既苦心积虑经营亚洲大陆,遂乘欧陆风云紧张之际,于去年七月七日借口演习而向芦沟桥中国防军进攻,中国当时犹欲息事宁人,不欲扩大其事。其后七月十日、二十日,继续发生冲突,二十六日日兵进攻廊坊,二十七日侵占通州,至月杪而平津及附近地带已归沦陷。自七月底至八月三日,日本军车从东北到津者凡一百三十列,连同由塘沽登陆者至八月七日华北日军兵力合计约五万人,陆续由热河、北平分路进攻南口,华军强烈抵抗,经十五日血战,卒因被困而弃南口,日军遂得联合内蒙叛军而占多伦及张家口。

“意外的扬风”——日军占领平津后,即移师西向而掠南口,因为山川险阻及华军抵抗之强烈,日军一再增援,华北驻军凡五万人,几已抽调一空,而八月初旬巨风为患,南满交通一时阻断,援军不继。照托尔斯泰大尉之观察(《现代史料》一九三七年十二月),当时华军集中平汉线而十七万人,津浦线上沧州驻军亦不少,中国政府当时倘能利用时机,驱其精锐北上而复平津,日军前后受敌,为势至危。惟毛奇(德国名军事战略家)有言:“论战事之成败,应以当时作战将官之得到详细情报与否争断,不能事后妄事批评。”[①]当时日军参谋总长秩父宫已洞悉华化日军危机,因于八月九日造成上海事变,而牵制华军北上。

“上海事变”——八月九日,日本海军官佐士兵各一名持械强图闯入虹桥飞机场,致与中国守军冲突被杀,日本即借口调集大批军舰至上海,并派水兵在虹口登陆,十三日开始向上海北站华军进逼,战事遂行爆发。战事经旬,日军渐有不支之势;二十三日援军一师团在吴淞登陆,局势渐趋平稳;二十八日,大批援军陆续开到,加入吴淞浏河前线,然因华军奋勇抵抗,未能与虹口方面

---

① 篇内叙述日军占平津后原移师攻略南口,因该处我军强烈抵抗,日军抽调部队陆续增援,以至后方空虚异常,又适南巨风为患,交通阻塞,我国当时未将精锐北指克复平津,认为坐失良机,作者引毛奇将军语,似诮我军当时未得详细谍报,致以计不获行。按当时华北战事爆发之初,华北当政态度游移,战和未决,故军事行动难收指臂之效,与其谓为谍报欠周,实毋宁谓为政治尚未纯粹统一之故。——译者

联络，血战月余，华军因战略系关缩短防线，退守浏河、罗店、江湾、闸北，日军屡次进攻，至十月底迄无寸进。上海为中国最重要商埠，全国金融实业集中于此。每年海关收入为全国冠，为军事必争之点，南京离沪仅三百公里，交通便利，上海有失，国都自受威胁，故九月中旬战事最剧之际，华军在淞沪者约三十五万人，日军在前线者约十万人。自上海战事发生后，中国精锐部队即无暇北顾，而华北日本援军与时俱增，九月初旬已达十万名，在香月指挥下向南挺进，同时日本后备军亦陆续出动，根据在华外人观察，九月中旬日军在华北作战者不下二十五万人。

"薄弱的抵抗"——华北日军配备停妥后，即照原定计划循津浦、平汉两线南下，采用迂回包抄策略，逐步进展，每日平均占地约五至八英里。九月十一日津浦路攻占马厂，廿五日克沧州，十月三日占德州后即向黄河推进。在平汉线，日军于九月十五日抢渡永定河，循长辛店、良乡南下，十八日占涿州，二十五日掠保定，十月十日下石家庄，平绥线日军由南口西进，于九月十三日占领大同，然后挥兵南下，进取雁门；山西队伍，阎锡山将军指挥下，据险抵抗，日军施其故技，以奇兵越山爬岭，十月二日到达代县，华军感受威胁，而弃雁门，日军遂沿同蒲线下，直趋太原。是时在山西的华军即开始广泛的游击战，予日军交通线以重大打击，九月二十四日（据德国《军事》周刊驻华访员采报）在山西东北广灵一带战败日军，威胁大同，致进攻太原日军大受牵掣，进展极为迟缓。

"日军占据区域情形"——平绥日军占大同后，即分兵会合内蒙德王骑兵向西推进，不旋踵而占有平绥全路。溯自芦沟桥事变，至十月底止仅三月，日军已占有察绥两省、河北之大部及山西之半，面积凡二十九万五千方里。作战可谓神速，惟占领区内，其实力仅足控制数大城市及铁路公路交通要点，舍此而外，悉属华军势力范围，不易解决。上海自八月十三日暴发以来，恶战两月余，日军无甚进展，至十一月三日，屡经剧烈血战，始将华军逼出江湾以北。日军以华北军事进展顺利，亟欲结束沪战，遂于乍浦及杭州湾以海军掩护部队五万登陆，切断沪杭铁路，包抄上海退路。华军为避免包围歼灭计，弃沪于苏州撤退，日军跟纵[踪]追击而破苏州，然后分兵两路，其一利用渡船冲破太湖以北华军阵线，直指南京；其一绕过太湖由泗安、广德直趋芜湖，切断南京与内地联络，十二月五日占领芜湖，十三日南京沦陷，二十五日占领杭州，故至去年底止日军掩有上海、南京、杭州、芜湖方角中土地。

"打通津浦联络线企图"——日军在东战场既有相当收获，同时山西方面占有太原，平汉线上已达黄河北岸，威胁郑州，遂决意大举侵鲁。在日军策略上言，占有山东后，可以巩固华北局面，防止华军由平汉线反攻，且鲁省濒海，沿胶济铁路可由青岛运兵直达济南，异常便利。再以日军占领上海、南京之后，亟欲打通津浦全线，俾得与华北驻军取联络，遂于十二月二十三日渡过黄河，二十七日攻陷济南，一月十日海军占领青岛，稍经整顿，即谋南北会师徐州，切断陇海东西交通干线。

“华军的振刷”——日军自移师侵鲁后，以山东驻军领袖韩复榘态度不明，贪污枉法，以致士无斗志，迭失名城，中国方面以鲁南苏北为军事必争之地，徐州扼津浦陇海干线交通，徐州一日保持，则南北日军失其联络，因将韩褫职按照军法治罪，军队重新编配，华军经此一度整顿，军威大振。但中国军事工业尚属幼稚，故抵抗能力之强弱应视国外军实接济充裕与否为断，现在日军为切断苏联对华军的接济，出全力以攻徐州。中国为其生存而战，亦不得不决守陇海线，以维持其接济来源。

“日本的焦虑”——华军既决意坚守徐州，津浦南段日军屡次猛攻，未能越过淮河一步，华中驻军领袖松井大将及其助手因而被撤。华北各交通要点屡被第八路及其他华军扰袭，其所处困境与英国征掠南非时无异，徐州一日不下，则南北日军始终失去联络，无法向内地再事进展，即使日军能横断陇海线而占有徐州，而六十万方里之占领区内之控制问题亦不易解决。

“中国空军之活跃”——战事初期，中国空军力量异常脆弱，自国外飞机陆续运到，军威复振，屡次侵袭日军飞行根据地，予敌军以莫大之膺惩，二月二十二日更联队飞航台湾轰炸，日军损失至为重大。

综括日军侵华经过，计划周详，作战异常敏捷，如开始即占领华北，继而骚扰上海，牵掣援军北上，及华北阵巩固，即从浙江登陆包抄上海，而占南京满似攻陷首都后华军即将全部解体而致屈服，孰料知华军反而加强抵抗，使日军势成骑虎，被迫深入内地，战场愈广，困难日增。据目前观察，日军到处固属节节胜利，然回溯拿破伦征俄，何尝不然，美国革命初期，英军在美亦战无不胜。并且日本薄弱的经济组织和社会制度能否长久支持，实为彼国最严重问题，现在日军在亚洲大陆者已逾百万，一部份在黄河沿岸作战，更须在后方分配相当兵力，以防止游击队的袭击，一方面须扼守江南占领区域，他方面须防范北方的苏联。

目下在远东的苏联红军不下五十万，拥有超越的空军及大量的机械化步队，号帅加仑将军对中国情势了如指掌，苏联能否坐视日本吞并中国后移师北指，抑待明春满蒙冰解夏雨未至之时大举南下？这是日本将领中的疑问，这只有将来的事实才可以答复。

（原载于《中苏文化》第2卷第3期，1938年）

日本人的反战和国际反侵略

任启珊

日本军阀为压倒日本全国人民，为压倒日本全民共戴的天皇，以谋恢复日本史上强盗式的军人专制，遂不得不把日本明治维新以来，一切由日本全国人民以及日本维新志士流血流汗所凝集而成的法制纪纲，先行破坏，尽量破坏，以造成军人为所欲为的独裁局面。而这些被军人破坏的法制纪纲，一方面是由日本全民牺牲无数的生命财产自由所得来的惟一成品；一方面即是日本无数生命财产自由乃至日本国家生命财产自由的惟一保障。五一五、二二六等等事件，只是日本军阀摧毁日本人民和日本国家光荣历史的惟一遗产和现在未来的惟一甲壳，几样最为显著强烈的痕迹。所以，自从日本人民、日本天皇乃至创造新日本的元老重臣财阀政党，无法——简直可以说是不敢——范围日本军阀的行动以后，日本立国一切的一切，逐渐毁灭得干干净净！同时，日本军阀和军阀间，乃至一个军阀的本身、充义至类之尽，以及日本每一个军人，谁也不能范围谁，谁也不能范围自己。这不是相打的相骂，而是铁一般的事实。因此，我们被侵略地带所感受着日本军阀空前残暴的一切人民——任何国籍的人民，和日本全国一切人民乃至贵族，所感受着日本军阀的空前残暴，没有分别，只有地点和形态不同。真实点说，日本人民和贵族乃至日本天皇，所受的残暴待遇，还比较痛苦！还比较困难！何以故呢？无法说！无处诉！无力排除！日本军阀，如乳虎生了羽翼一样，最近的将来，不，也可以说最远的将来，日本军阀的暴虐，一天推广一天，不但被侵略地，一天重一天，日本国内的一切人的苦痛，一定要更加一天厉害过一天，大家看看豫算案中军费的数额，末次内相的大搜捕大监禁大杀戮；另一方面反映出来，反战潮的继续高涨，侵华军队的不断叛变，更可以证明。的确，日本每个军人，谁也不能范围他们，谁也不能范围自己。这不是相打的相骂，而是铁一般的事实。日本军阀的侵略战争，决没有胜利的道理。即退一万万步说，假令日本军阀成功，日本国内一切的一切，都牺牲完了。最低限度，日本天皇和人民，依然要受许多强盗式的统治，当然还要超过以前军阀专制的程度；一定陷到万劫不复的境地为止。日本军阀，侵略失败，是合理的！是必然的！那时候，怎么样？物质上，无以为生，穷无所归！精神上，神明内疚，老羞成怒！日本军阀，大屠杀，大恐怖，挂起法西斯的招牌来，一切专制，一切横暴。日本人逃出来吗？无面见人！无地自容！不逃吗？不做军奴！就吃军刀！日本民族，日本国家，也是一定陷落到万劫不复的境地为止。这种说法，也不是相打的相骂，而是铁一般事实。六千万人，是少数吗？不，不是少数！日本的反战同志，即是反侵略的同志，快从死的圈子里冲出来吧，加紧反战，加紧反侵略，参加反侵略，参加国际反侵略大运动！反侵略成功，即是反战的成功！海盗是世界的公敌，是人类的公敌，我们一致联合起来，内外夹攻，四面围攻！世界人类，团结起来，打倒世界的公敌，打倒人类的公敌。

（原载于《狂潮》第 1 卷第 2 期，1938 年）

日本反战作家鹿地亘是中国最忠实之友

佚名

日本反战作家鹿地亘先生及其夫人池田幸子一向为日本前进文化界最精强之斗士，曾因为反对日本帝国主义对华侵略一度被捕，出狱后逃来上海，自是不回国了，殆有自□和平之日本一日不实现，他们俩决永为海外散仙之意也。日前在汉口，颇有演说，记得其中警句不少，谨录之，具见其情绪一班也。

“自一九三〇年以来，日本法西斯军阀抬头了，他用毒辣的方法，将日本人民与国际的交通断绝。在此情形下，日本人民希望得中国及世界反帝国主义与法西军阀的消息，是十分迫切的。那正如鲁迅先生所说：‘日本人民向中国人民伸出手来。’要手携手的共同打倒日军阀了。”

“这次中日之战，日本作家曾称之为‘东洋历史的总决战’。战争未发前同情于中国抗战的日本反战作家，颇以中国武器不及日本为忧，这些人且已被捕入狱矣。现在中国迭获大胜，中国军队愈战愈勇，愈补充愈精强，武器的相差亦渐平衡，此时我的狱中的朋友听到这些消息，不知是如何的高兴啊！”

“现在中国抗战前途已获得最后胜利的大转机，同时日本的革命运动亦获得转机，中国抗战胜利，同时日本革命斗争亦胜利。”

“希望日本的这个反帝的革命的火花，能迅速的普遍的蔓延起来，与中国民族的抗战烈焰亲密的互相联合，将东洋大海照个通红，直照到中国民族革命与日本人民反帝革命同齐成功，中日两大民族共同携手，来建立东亚和平，保障世界和平。”

鹿地亘先生现已任为军委会宣传厅之设计委员，此为抗战以来，我国政府正式委任之第一个日本籍官吏云。

——编者按

（原载于《流声机》第1期，1938年）

日本军队战斗力的解剖

佚名

一九三四年日本军部出版的一本小册子，里面有如下的一段："战争是建设的父亲、文明的母亲，因为战争刺激每一个人和整个国家，促使他们去创造去开发。"

近十年来日本对外侵略史，可以充份证明日帝国主义企图实现侵略战争计划，一九三一年日本占据了相等于英德两国面积的满洲，一九三三年又进占了相等于奥地利的热河，一九三五年日帝国主义者又企图巩固它在河北的势力，同时他更疯狂地冲入内蒙，并准备攫夺察哈尔和绥远。最后，到现在的中日战事，日本正在尽最大的能力，企图统治整个中国。

日本军阀的意见，认为现在对中国的战事，不过是他们向世界挑战的序幕。为了准备大战，日本军阀特别注意军力的扩张。

近年来，日本努力改良军火工业，并设立许多新工厂，可以证实他们想要使军队现代化的企图。他们特别注意使各军队都配备机关枪和重炮，飞机增加了一倍，摩托化部队也配置了更多的机关枪。

但是日本军部的希望绝不止此。在一九三六年，他开始实行六年扩军计划，计划的主项是增加军队和飞机数目，用新式飞机加强空军力量，扩充坦克车及装甲车部队、工程团、化学部队，并且特别注意组成新师团及加强步兵。

关于重兵器和军事顾问，日本主要倚靠其他列强，特别是德国。

步兵和其他部队的改组，使军事教程、军事训练，以及军队现代化都有了改变。一九三六年十二月在东京公布的步兵规程，有一个确定的目的，就是利用日本军队在华北作战的经验。这些规程假定敌人是具备有力的武器、坦克和飞机的。

根据日军在中国作战的方法，可以得到如下的结论：日军的调动非常机械；他们的主力常集中在某点。除了南口之役，日军惯用迂回战略夺得中国军队的据点，而不从正面冲破对方的阵线。当情势必须正面战时，他们总是先用重炮猛轰，接着用坦克车引导步兵进攻，当中国军队退却时，他们再用重炮轰击。我们必须指明，在战争过程中，日军对于夜袭和进击，显出他们受过良好的训练。摩托车部队和骑兵队，每天可以行军四十公里，步兵也可以进展三十公里。

对于白刃战，日军非常不兴，可是中国兵却认为那是很重要的战术。人们都知道，日本兵受不住中国军队冲锋时，他只有逃之夭夭。一月十三号夜，在运河边的中国军队和日本兵，在济宁展开激烈的白刃战，日本兵不能抵御，很快地失败退了，伤亡两千多人。

来中国的一切日本队伍，都配备着坦克、工程队，还有许多飞机。这些都正是中国所缺少的。但是，即或如此，中国军队依然是英勇地抗战，并给予所谓“皇军”以严重打击。

由于日本军官过低估计了武器和训练较差的中国军队，他们在战争中作出严重的错误；假如他们的对手是力量比较强的军队，这些错误一定会招致更大失败。我们只消指出错误之中的小部份充足够说明了他们占领区域不连系；军队只黏附着铁路线；后方的保卫也不够。

至于日本拥有的军队数，许多外国报纸公布的各不相同，不过下面统计根据于中国、英国、法国各方面的来源，多少是比较可靠的。到一九三八年二月一日为止，日本军队的情形如下：军队人数，一百二十万；大炮数，四千五百尊；坦克车，一千八百辆；飞机，两千架。

兵士百分之八十是农民，军官则包括专门职业军人，当有阶级和地主。

在中国现在的战事中，日本军队显然缺乏政治道德，日军在占据区域内的屠杀、强奸、抢掠行为，充分证明他们军纪荡然。他们的军官纵容士兵这种非法暴行，认为是给他们军队的慰劳。

根据许多外国报纸的消息，可以看出反战的情绪已渗入日军部队。在上海，许多小队日兵拒绝开赴前线，他们全数都被枪毙。有许多次，有些日军送回后方，原因是他们“反战”。在上海、南京，许多兵士开小差；在南京和芜湖，日海军军官，因兵士不肯执行命令，引起不少纠纷；在日本，有许多人装病、逃跑，只是为了躲避兵役。在九州，被召集编员的后备兵起来反抗，其中许多受到严厉责罚。日军中自杀情形大量加多，许多兵士酗酒，抽大烟，借以消愁。因此，我们可以断言，战事越延愈长，日军士气也将日益沮丧败坏。

因为日军遭受重大挫折，东京也开始承认这次战争的严重性。关于论及此次战事之严重，一个有名的日本经济学家说：“当中国事件演进至上海战争，我们的人民开始了解现代战争的意义，……我们虽曾参加世界大战，并获得许多利益，但是我们并未尝到现代战斗的真实意味。这次对中国之战，使我们打开眼界，惊觉的明白了现代战争是什么。”

无疑的，对华侵略战争的延长，将使日本陷于深刻的困难中。

（原载于《公余》第 4 期，1938 年）

日本侵华半年来的总账

佚名

（译自苏联《真理报》）

半年以前，七月七号夜间，日本帝国主义在北平附近的芦沟桥，以挑衅的袭击，开始了它侵略大陆版图的新阶段。战争的机器，便为实现日本总参谋部多年勾心斗角制定的计划而动作起来了。

据日本军阀原来的打算，它们为占领华北而开始的新战争，不过是他们所准备着的“大”战争之第一阶段而已。据东京当局最初的观察，日本对华的战争，不过是一件很快就要产生预期效果而归于结束的细小事情、“细小事件”而已。日寇原来的打算，曾经是这样，然而实际情况所表明的，则适得其反。为侵占领土而挑起的细小事情，竟出乎发动者意料以外而变成了战争，而且不是什么“细小的”战争，而是一个规模很大的战争。

在日本帝国主义从前所进行的一切战争中，当以一九〇四至一九〇五年的日俄战争为最厉害的战争。这曾延长至十九个月之久的战争，曾使当时年轻的日本帝国主义受到如此严重的折磨和给它留下如此深巨的创伤，致使它花费多年的精力才勉强恢复它自己的元气。如果把一九〇四至一九〇五年日俄战争中的一些统计数字拿来与现时日本侵略中国的战争中的一些尚不完全的统计数字对照一下，那就可以看出东京当局所企图形容为细小“事件”的战争，究竟具有怎样巨大的规模。但同时还得注意到，在这两次战争之间，隔离有三十余年的时期。

	一九〇四至一九〇五年的战争（总共十九个月）	现时的战争（由开始至今的六个月）
日本在战前的准备军额	13 师	17 师
日本在战时已动员的军力人数	111 万人	100 万人以上

续表

	一九〇四至一九〇五年的战争（总共十九个月）	现时的战争（由开始至今的六个月）
日军直接作战人数	43 万人	50 万人左右
日军死伤人数	20 万人	10 万人以上
日军在战时所费金钱	23 万万元	26 万万元
日军每日所需费用	300 万元	1500 万元

从这个比较表中可以看出，现时的战争，不仅已超过细小事件之范围，而且大大超过一九〇四至一九〇五年战争之范围。

日本帝国主义的疯狂军阀所调到中国的寇军，企图在最短期内实现其原定的侵略计划，以便避免长期战争所需要的巨大消耗与长期战争所产生的危险结果。因此，日本寇军便以赶快夺得原定对象和迅速迫使中国政府投降，作为自己基本的任务。

而为要实现这样的任务，日本寇军曾再三改变自己主要进攻的方向和不断调动自己的兵力。直至十月末，主要战线是中国北部，而上海战线曾是辅助的战线。当时日军指挥部把自己的作战主力集中在中国北部，因而取得——主要在新式军用技术品方面——对于中国军队的决定的优势，并借此而占领河北以及晋、绥之一部。日军当时的打算，是以为这一定会使中国政府向他们“哀求”和平的。然而，他们这些算盘却已全遭失败。于是日军指挥部便把自己的主力调到上海战线方面，所以自从十月末尾起，主要的军事动作便在上海开展起来。

上海区内的战争，曾要求日本军花费三个月紧张的精力：日本寇军还在八月间就已开始其在上海方面的作战行动，可是一直到十一月间他们才能把上海占领。中国军队在上海方面实行激烈抗战以后，便有组织退出上海，并继续保留着自己的战斗能力。到后来，中国军队又在南京附近与日本寇军进行猛烈战斗。至现在，中国军队已从容退出南京，但仍然保留着自己的全部实力，并在各个阵地上回击日寇部队。

日本寇军在战线上的这些“胜利”是很成问题的，这首先就是因为这个战争带长期的性质，而在日本方面，又没有胜利结束这个战争的可能。占据领土，这还绝对不是战争的胜利。中国的战士在实行退却的时候，始终保持着自己的战斗能力与抗日决心。

日本寇军之基本优势，就在于它有优于中国军队的强大技术工具。然而，中国既然正在本国腹地继续制造一部分军器并在外国方面购置各种军器，故就在这一点上也有进行长期抗战的一切可能。中国军队因为估计到自己与那具有强大军事技术工具的敌军作战的条件，所以不得不尽可能地避免与巨大的日寇军作正面的冲突。

中国军队为要打破日本寇军在军事技术品方面的优势，所以设法延长战线的长度，以分散敌人技术工具的力量。

日本寇军所借以行军的基本路线乃是铁路。但在日军后方活动的中国游击队则时刻袭击日军的交通路线，致使日军不得不把许多兵力从前线调到后方去应付。在前线上与日本寇军对抗的，是保存着战斗能力的中国军队，而在日本寇军的后方行动的，则是被占区域的中国人民源源不绝地增添着游击队伍。

同时，日本帝国主义在自己本国也遇着与日俱增的困难。由于百万有劳动能力的居民被开赴前线的结果，城市与乡村中的劳动力突然减少；广大民众之生活条件，更加恶化，无军事意义的工业部门的生产日益减少；小企业家，相继破产；战争费用，巨大无堪。以上所述，还不过是简略举来的例证，然而日本内部情况之困难，由此也就可见一斑了。日本政府已经不敢用“速战速胜”的话头来安慰本国民众了，反之，它正号召本国民众去努力进行长期的强暴的战争。

虽然东京当局不肯公开把在中国发生的军事行动叫作战争，而故意称之为所谓“事件”，然而日本的报纸认为倒不如据实称呼，所以动辄以“战争”二字来表示。为防止国内的纠纷起见，日本已宣布进行所谓“精神上的动员”运动，其目的，是“发展爱国主义和在一切国家生活方面增植爱国主义”，而其手段，便是毫无限制的高压。除此而外，在去年年底召集的国会常会中，还提出关于实行全国总动员的法律草案，其内容就是补充和统一那迄今所公布的种种条例，即关于把全国各经济部门转入战争轨道的条例。

日本强盗因为遇到变本加厉的困难，所以力谋用议和方式来结束这一次战争，以便一方面能实现自己的侵略计划，另一方面又能“保全自己的面子”。日本强盗把他们再三向中国政府提出的条件，美其名为“中日经济政治合作和共同反共”，而其实这些条件是要使中国政府丧失自己的独立性，将中国分裂为几个完全由日本统治的区域；使日本能独占中国一切经济命脉。

中国政府直截了当地回答了日本军阀这些无理要求。中国的总司令蒋介石曾正式声明：“我们的政治立场，便是抗战到底。”这个声明，毋庸争辩地代表全中国人民之意志与决心。

从外国报纸所记载的几件事实中，即可以看出中国人民抗日救国的情绪是高涨到如何的程度。“人民抗日誓词”，即中国战士所接受的誓词，普及于中国各省区、各城市、各乡村的人民。据美国杂志《密勒氏评论》所载，该誓词内容如下述：

> 我们誓以全力进行神圣抗战。我们要服从长官命令和抗战到底。如果我们违背这个义务，那我们愿受严厉的法律制裁。
>
> 我们认为，凡在抗战时期破坏抗日战线的团结与一致者即为汉奸。我们誓与他们作殊死战。
>
> 凡在抗战时期内不参加抗战，有力而不出力，有钱而不出钱者，我们不承认其为中华民国之公民，我们立誓唾弃这种人，并号召其他同胞也唾弃这种人。
>
> 凡在抗战时期不参加抗战或虽参加而不坚决作战的部队，我们即不承认其为中国人民的军队。

中国战士的这个誓词，在各城市与乡村中都制成标语张贴着。

中国全民反日战线，日益扩大。一批一批的群众，争先恐后地投入抗日军队的行列。中国抗日的军队，正在抗战过程中巩固起来。

第五路军总司令李宗仁将军，不久以前在与中国报界记者谈话时说道：“广西的后备兵在奉中央政府命令加入正式部队时，他们都感觉到异常愉快。当他们起程开赴前线时，当地广大群众举行盛大欢送大会。到会群众一致鼓励各战士坚决杀敌，以便驱逐日寇出中国。父亲因儿子从军而感觉荣幸。就是年老的农妇，在送儿子们上前线时，也不仅丝亳[毫]没有流泪，而且还极力勉励他们去勇敢杀敌。”

虽然日本寇军已占据中国数省领土，然而中国现时却比过去任何时候都更加团结一致。中央政府因获得全国各省之拥护与援助，已在顺利实行种种继续抗战的组织办法。例如不久以前，在江苏、浙江、安徽、湖北、湖南及贵州等省，已实行地方行政机关的改组。这一改组之目的，便是要在这些省区内造成征募与训练新的抗战武力的基础。

中国就是这样在抗战过程中加强和巩固自己的战斗能力的。

日寇所惯用的法宝，就是“与其百战百胜，不如不战百胜”（这是日本军部于一九三六年出版的小册子之开宗明义的警语）。日本军阀本着这个“聪明的”法宝，经常在中国密布自己的侦探奸细与军事破坏者，广泛利用自己的托洛茨基的走狗，并与个别的叛卖的中国军阀勾结。日本当局曾希望这样来获得“百胜”。可是目前的情形，已远非昔比了。中国政府与中国人民正在坚决对付一切汉奸与侦探。

发狂的日本冒险家现时在中国所遇到的，并不是什么个别的、甘愿与外寇勾结的卖国军阀，而是几万万人口的英勇的中华民族，他们决意为保卫自己的祖国与独立生存而抗战到底。

（原载于《狂潮》第 1 卷第 4 期，1938 年）

日本人民的反战运动

宋斐如

一、从对华侵略到反战运动

自从日本帝国主义发动了侵华战争以来，不但我们四万万五千万同胞，一致地起来誓死抵抗，世界各国爱好正义的人士，同声指斥这野兽行动，就连日本国内的人民，也都在反对这种侵略战争。我们记得，当日本军阀在满洲投下他的侵略炸弹的时候，日本人民，特别是士兵，即已秘密地发起反战运动。上海日本驻军的同志组织俱乐部，鼓动反战，成了日本将官的最大苦恼。一九三五年六月二十三日，吉林省宁安县有一个日本士兵把整车的军火送给我们的东北义勇军，留书祝贺中国的胜利，自己因不能回营而自杀，已经是我们大家都知道的事实。当九一八事变后，日本军队由朝鲜开入满洲的途中，也曾被朝鲜独立党所发动的农民，炸翻了一个列车。日本军阀这几年来穷兵黩武政策加害于日本人民的事实的教训，已经使他们充分感到对于侵略战争有积极反对的必要。

日本人民在一九三一年以来的准战时经济之下，因为物价暴涨，现在生活费的负担已增加了百分之廿四至卅四。租税负担的加重，在前年即已构成日本社会问题的核心。赤字公债的继续增发，引出了日本财界巨头故高桥藏相的“百亿公债亡国论”。高桥就因为反对军阀的穷兵黩武政策，而于轰动全世界的二・二六事变中被暗杀了。日本财政经济的危机及政治社会的动荡，正随着日本军阀侵略我国而日益进展；日本一般人民的怨声和痛恨，已随着战争的扩大而加深起来了。

经过我们十个月的抗战以后，日本人民反对侵略战争的运动，不但在它国内风起云涌地发展着，同时也已在我们的战场上一次次发见了。日本国内的反战运动，浸透了智识份子的各阶层，浸透到工农阶级及商人阶级，特别是浸透到上了征途的士兵的家属中间。至于它在华的侵略军队，最近也常以哗变表示他们对于战争的态度。朝鲜、台湾及琉球的一千八百多万被压迫民众，更是在团结奋起，争取自身的解放。反战的情绪充满着日本绝大多数的人民的脑际，反战运动已普遍于日本全国的都市和乡村了。

二、日俄战争当时的反战运动

日本人民反战运动的事实，既不是我们的宣传，也不是我们的幻想，就在很早的过去，日本即已发生过反战运动。日俄战争时候，日本人民的反战运动，曾经吸动过日本国内外的注意。现在，我们来根据日本人的著作，简略介绍当时反战运动的情形。

在明治中年，日本有一家比较开明的报馆，万朝报社，集中了不少新进的青年，如幸德秋水、堺利彦、内村鉴三、河上清及石川三四郎等。他们组织了一个"理想团"，追求着正义。这几个青年到了日俄战争的头一年，因为主张反对战争，和万朝报社社长及其他的同事意见不合。幸德秋水及堺利彦等终于退出万朝报社，重新创立一个团体，叫做平民社，刊行《平民新闻》，鼓吹反战运动。

平民社的反战工作是与社会主义协会合作的，《平民新闻》遂成了社会主义协会的机关报。

当时平民社的宗旨是很普通的，即完全是追求人道和正义，尤其是大多数人类所企望的三种最高理想——自由、平等和博爱。他们反对战争的理由，也就是从这三大理想出发的：

(一)战争违反人类博爱之道，破坏社会正义。

(二)战争为着资产阶级的利益，而以平民做牺牲。

(三)承认战争的众议院，是地主及资本家的代表，而不是平民的代表。

随着战争的危机一天天地成熟，反战运动也随之而日益扩大。《平民新闻》每期揭载反对战争的主张，社会主义协会每星期都在平民社举行社会主义研究会，讨论战争问题，鼓吹反战运动。他们还举行妇女讲演会及东京近郊讲演会，组织宣传旅行队，深入民间去宣传，北自北海道，南至九州，各都市及各乡村都有宣传队的足迹。社会主义协会设立分会于各地，各种研究会及平民新闻读者会，普遍于全国，也都是集中精神鼓吹反战运动。许多外围团体，如早稻田大学社会学会，也归他们指导，向着同一目标前进。美国方面的日本人，还组织了日本人社会党，由河上清指导，鼓吹反战运动。他们极力把反战运动国际化，企图和俄国人民携手共同反战。《平民新闻》揭载过《寄俄国社会党书》，提议和俄国劳工携手。他们派片山潜出席万国社会党大会（当时的第二国际），和俄国代表布列哈诺夫握手，决议共同反战。

当时日本反战运动的指导者，另一方面还发动普选运动和社会主义运动。这两种运动对于反战运动很有积极的帮助。因为普选运动是民主主义对封建主义的斗争，社会主义运动是勤劳群众对榨取阶级的斗争。二者都是国内的问题，能把官僚、军阀政府所提出的人民注意对外问题的欺骗打破，而移转人民注意于国内问题上。这是推进人民反对对外战争极有力的办法。总之，日本前进的社会运动家在卅多年前即已采取多方面的方式，发动了人民的反战运动，而日本的军阀官僚政府也没有法子制止它的发展。（以上根据日人小川信一著《劳工状态与劳工运动史——日本资本主义发达史讲座》。）

三、日本智识份子的反战运动

日本的社会运动，素来就是由前进的智识份子起来领导和发动的。当然，他们是反映工农及一般民众的意识的。在日本军阀政府疯狂发动侵华战争之前，日本一般民众所感受到的，只是痛苦和厌恶。在他们的脑际浮动的，只是失望和灭亡的威胁。感受性最锐敏的智识份子，自然特别感觉到这一点，于是他们勇敢地站起来反对侵略战争，努力于发动民众各方面的反战运动。各阶层的智识分子，已经公开地提出反对战争的主张，有的还在秘密中刊行各种刊物，鼓动反战。据《密勒氏评论报》的消息，日本反战案件早已达十六起之多，他们的反战刊物多如雨后的春笋。例如《我们民众的朋友》、《起来》和《我们和平的军人》等等，是比较著名的。

然则日本前进的智识分子为什么要反对战争呢？这是由于他们正确的觉悟和认识。他们认为日本帝国主义的侵略战争，不但对于日本一般的民众无益，而且有害；他们和中国的人民，不但不是敌人，并且是密切的友人。一个日本作家田畑秀雄对于日本的侵略战争，明白表示如下：“日本的大陆政策在各种各样的借口之下进行着，但是结果于国民全般的福利，没有什么益处。从满洲事变到上海事变，此次更进展到中日大战，都是在想把中国全部领土置于日本统治下的宿愿着着推进的铁证。但是今日的中国是新生的中国，已非昨日军阀割据的中国了。举国一致地站了起来，抱着战到最后一人的决心，势必延长战争，牺牲我们无数的同胞。失却臂腿以松杖代步而度残命的残废者之群，必将在街上拖着他们可怜的残影吧！……”他还揭破了日本军阀政府的欺骗，说：“……一般伟人们（指军阀和官吏们）都说：如果战争胜利了，中国被征服了，日本国民的生计就可以改善了。日俄战争的时候，不是以同样的说教说给国民听过吗？……但是那一次战争总没有把国民生活改善过，相反的，只是资本家的财产越来越增加，军部的专横越来越加强。纵使在这次中日事变中，日本获得了胜利，国民也没有享受到恩惠的指望的。反而有使企业家财阀的势力增长和主张法西斯政治的军部专横的危险。因此，这只有把战争的重担加到国民的肩上来。何况这次战争未必能保证于日本有利的解决呢！"（田畑秀雄《停止侵略战争吧！》）

还有一个日本作家西川也说："日本人民的穷困，完全是由于巨大战费所致，这笔战费是用在侵华及掠夺中国领土的上面的。这样一来，改进日本劳工群众的生活的款项，就大大地减少。""日本的粮食，为了供应战争，而有四分之一储在地方及中央的仓库中，让它悄悄地腐坏。""日本从中国掠夺过来的许多土地，为农民所领有的很少，为地主所领有的却很多。""满洲被侵占以后，日本用武力从中国农民手中抢来很多土地，但是同时日本内地的地主，也从小农手中抢去很多土地。"（节译《团结我们所有的反战力量吧！》）西川氏还指出日本地主兼并小农土地的事实，他说："十九世纪末叶地主所占有的土地，只有全国三分之一，而现在已增到半数以上。"他大胆地断言："……虽然日本军阀口口声声说满洲是一个天堂，实则无论对于中国农民也罢，对于日本的屯垦工农也罢，都是一个地狱。"

西村氏对于中日战争表示的态度更值得注意，他说："日本当局虽然一再宣称日本为着远东的和平与秩序而战，但是这次的战争，本质上明明是'强盗战争'。这种战争只有增加了日本人民的苦难和挑起世界殖民地再分割的战争的危险。我们不能再忍耐了，我们应该联合起来，发动反对侵华的反战运动！"（同文）

另一个日本作家金田氏在他所著的《什么叫做人民阵线运动》那本书上，更加具体地发表如下的主张：

> 战争招来一切的破坏。我们号召全国的同胞，所有的职业会社、劳工组合、农民组合、宗教团体及其他一切的反战组织，建立反战的人民战线。以下是我们的要求：
>
> （一）保卫和平，立刻停止对华战争，撤退在华的日本军队，尊重大中国的独立，与中国人民树立真正的友谊；
>
> （二）反对扩大军备和增加军费，拥护裁军，减少并移用军费及其他预算于救济事业上；
>
> （三）粉碎"战争是创造之父"及"战争是文化之母"的理论，要求保障

个人权利、出版、集会、演说等自由。（根据《密勒氏评论报》一九三八年二月份第十一期。）

再介绍一个日本人的《中日战争观》吧，这是一封信，但却分析得更加明了而确切：

我很坦白的向读者提出一个问题：日本民众和中国民众是否敌人呢？你似乎要答我：不是的！我也这样回答：决不是！正相反，我们是好朋友。

虽然如此，我们现在却开了火，而且已经打了半年多，华北和上海一带已经被日本军占领。无数的中国人民失掉了家乡，受了伤或者死亡了。这一场大战无疑地是不幸之至的。

…………

可是谁揭开了战幕呢？这是日本的军事领袖。近年来我国（指日本）的军阀甚至于可以将部长之类加委或撤职呢！人民反对法西斯的思想一天一天地广泛了。甚至于连布尔乔亚政党的代议员，也在国会里抨击军阀。法西斯蒂想把自己脱离危险地位，因此想把大众的注意力从自身引到别一方面，即就是向中国去。所以法西斯蒂就发动了华北侵略战，并且扩展到上海一带，推到全中国。这次对华发动战争的是政府官吏、资本家、地主和一部分没有觉悟的人民。可是大部分人民不但不支持这个战争，而且希望这个战争愈快停止愈好。我住在乡下，从来就没有听见过任何一个农民想打仗的。

这样说来，中国民众和日本民众并无丝毫仇敌的状态。敌人只是日本军阀。这就是我们公共的敌人——我坚决地这样相信着。

…………

日本民众目前虽则依然是很弱的，但他们已在醒觉中了。我坚决相信在不久的未来，日本大众会和中国大众臂挽臂地前进的，自然是向着共同的敌人，喝血的法西斯蒂和可憎的日本军阀——日本帝国主义。（一个日本乡村工作者，荻原先生托安南同志转过来的一封信，载于《星榆日报》。）

日本作家鹿地亘及其夫人池田幸子，因为反对日本侵略战争而逃出了日本。三月二十六日又由香港到武汉来，自动地参加抗战工作。他分析日本的国内情势及中日战争的前途，非常正确，他对汉口《新华日报》的记者这样谈过："目前日本国内议论最纷纭的是侵略战争的战略问题。可是法西论客们只知道从纯军事上去着眼，永远不了解政治的及思想的意识。在战略上，日本的政策只有向一个中心集中全力进攻才能取胜。但是中国的广大的土地，使他们感到极大的困难。若把兵力集中一处，别处的兵力便有被消灭的危险。若把更大量的军队输送到中国来，国内民众革命的爆发，更是他们的大恐怖。因此，在这一点上，永远不能有好的解决办法，也即是中国必然要取得最后胜利的保证。……”他还在我们全国文艺界抗敌协会成立大会上，就中日军队的力量作过简单的比较。他说他自广州来汉口的途中所得的印象是：中国的军队是人民的，同时也看得出来，中国的政府也是人民的。反看日本，军队是几个疯狂的军阀的，人民则更是军阀的奴隶。他更断定说：假如日本军阀把大量军队集中到中国来，日本民众也有抄袭他后路的一天，因为现在日本的军队根本不是人民的啊！最后他希望永远同和平的中国人民携手，他等待用正义打倒日本军阀之后再踏那祖国的大地。

日本的前进智识份子不但在观念上及文字上反对日本帝国主义的侵略战争，他们还在实际的行动上表示他们的力量。他们采用种种公开的及秘密的方法，鼓动各方面的民众，随着日本民众反战运动的进展，日本政府已手忙脚乱地恐慌起来。于是法西斯蒂的军部推派极端狭隘的国家主义者末次信正大将当内务大臣，企图压迫反战运动，取缔反战思想。但是现实的斗争，愈加促进反战运动向前奔放。末次大将采取了毒辣的手段，大举逮捕前进的智识份子。据《新华日报》二月廿四日的香港专电，“日本政府去年十二月中旬在东京及大阪检举人民战线铲除反战运动，先后拘捕七千五百人”，其中以大学学生与教授及有名议员占多数。日本《神户日日新闻》十二月廿二日的号外，关于这项事实的报告，更为详尽，兹节录其要点如下：

> 自从中日事变发生以来，内务省（即内政部）为压制人民使其服从政府起见，对于国内的“反国策”份子，已经开始进行严重的取缔手段，甚至于连在合法范围内存在的左倾的无产团体及其动向，也被当局严重注意。最近和劳农派、日本评论家组合、日本无产党、日本劳动组合、日本全国评议会等团体有关系的行动，都被内务省认为有“赤化”嫌疑，以违反国内治安维持法为借口，下令予以逮捕。本月（指十二月）十五晨六时，东京警视厅及全日本各县府警察部密令所属警探人员总动员，大举搜捕。仅东京一个地方，已有一百零八名被捕，日本全国共计三百七十名。当天内务省禁止各报发表这项消息，并将被捕者一一严刑拷问。拷问的结果，认为日本无产党及日本全国评议会，都有扰乱日本国家安宁秩序的证据。本月廿二日，内务大臣末次信正大将下令解散这两个团体，其余有嫌疑的政

党，交付继续侦查。至于被捕份子，全受无期监禁。当天内务省始公布这件事件的经过。

这次受到严密搜捕的地域非常广大，其主要区域计有东京、大阪、京都、爱知、静冈、兵库、冈山、新潟、福岛、和歌山、秋田、歧阜、大分、富山、群马、长崎及北当[海]道等，一道，三府，十六县。北自北海道，南至九州，几乎普遍了日本全国。

然而，日本军阀政府的这种压迫，倒反逼使日本反战份子逃跑到中国来，参加我们的抗战工作。上面介绍过的鹿地亘先生就是一般所周知的一个。还有许多同样的同志，冒着最大的危险和困难来到中国参加抗战。世界语者VM女士又是其中的一个。她用世界语秘密写信给日本世界语者全体，揭破日本强盗的黑幕和欺骗。她用“中国的胜利是全亚洲的曙光”的标题，向她的日本同胞呼喊，她的热烈的情绪，活跃在字里行间。她在中国反抗日本帝国主义的革命斗争中找到了她自己的岗位。她说：“现在我们必须把世界语作为国际宣传的武器而最有效地利用。”她还自信：“为着中国的解放而利用世界语，这个口号绝不是一句空话。”

四、左翼阵营在反战中的统一化

反映日本民众意识的日本智识份子反战运动中，最值得我们注意的，就是从前尖锐对立的左翼各派，竟因反战运动而统一起来，团结起来，共同奋斗。

向来日本的左翼阵营，分成两大派，其一是正统派（因其刊行《日本资本主义发达史讲座》，所以也称“讲座派”），其二是劳农派。彼此在日本社会革命的行动上，特别是在日本资本主义性质的认识上，是有很大的出入的。但是多年来尖锐对立的这两派，自从日本帝国主义积极侵华以来，他们反抗日本帝国主义的意见，已渐趋于一致，革命的行动和步骤，也渐渐的合一。最近劳农派的行动已渐积极，这一派的指导者以他们实际反战的行动，证实了他们革命意志之接近正统派。正统派也因第三国际世界工人运动方针的改变，而认识劳农派和自己采取一致行动或结成一体的可能性。去年十二月的大逮捕事件，证明了这种事实的发展。最值得注意的，就是劳农派理论指导者大内兵卫教授之被捕及东京帝国大学少壮教授们的拥护。大内教授被捕后，帝大经济学部部长土方成美（日本军部在帝大的代言人四大金刚之一），即欲乘机免去他的职位，但为少壮教授所激烈反对，他终于不得不辞去本职。其次，在这次被逮捕的分子当中，劳农派的指导者竟占大多数，更证明劳农派的总动员参与反战。除上述大内兵卫之外，还有猪俣津南雄、荒畑寒村、大森义太郎、向坂逸郎、高津正道、冈田宗司、中西伊之助及铃木茂三郎等人，几乎占尽东京方面著名被捕者的全数。

日本政府当局更是公开承认劳农派的积极活动及其与正统派的合流。东京警视厅警保局长富田提出日本议会的报告中，有如下的自白：

> 最近日本共产党与从前的共产党不同，他们目下已混入大众团体中，做非法的活动。此种转向是昭和十年（一九三五年）受第三国际第七回大会所变更的方针，我国（指日本）共产主义者也照样地采用。这种方针在于把反独裁政体、反帝国主义、反战运动等传播于工农大众，以此为根据而组织大众。其实证就是标榜拥护劳动生活，树立和平政策等口号，使大众向着反战运动进行。
>
> 自从这次中日事变以来，共产主义者热烈支持第三国际的反战方针，阴谋百出。在此国民兴奋的状态中，他们却策动大众反战的工作，利用“救援出征士兵的家族”“照付出征士兵的工资”“免除出征士兵的税金”“缓付出征士兵的债务”“树立和平政策”等口号做根本的宣传，指导大众反战反政府。
>
> 政府在昭和十二年曾经检举过一次。那时被捕者虽达一千名之多，但仍不能一网打尽。这些漏网者就是所谓劳农派，原与共产主义正统派不同，所以屡次的检举均以正统派为目标。但自正统派改组而揭起反帝反战的方针以后，战略上已与劳农派合为一系，在人民战线中非常发展。昭和十二年四月组织日本无产政党的政治结社，接受日本劳动组合及全国评议会的活动方针，对于反帝反战的大众的活动愈形积极。尤其是最近中日事变后，他们不但不协助政府的国策，倒反阴谋种种反抗的方法，以为反战的运动；利用事变前后政治的经济的及社会的各种突变问题，展开人民战线的活动。现在政府根据上面调查的证据，严令这一切结社解散，更进一步而做全国十八府县的检举。……（据香港《大众日报》东京通讯）

至于劳农派和正统派合流和统一化，是有相当来历的。他们统一化的酝酿，远在二三年前。从一九三五年夏第三国际举行第七回世界大会决定种种新议案以后，对于世界运动的方针，即已改换不少。日本劳农派遂顿然活跃起来，且以社会大众党为中心，与日本各政党的进步份子提携，树立反法西斯的人民战线，由第三国际指示方针，并以劳农一派为中心，组织了劳农无产协议会。自前年七月三日成立后，即提“反法西斯，加强人民战线力量”的口号，去年四月间始改称为日本无产党。自去年九月间向社会大众党提议合并被拒绝后，更加表示对第三国际新方针的实践具有忠诚的态度。

日本劳农派的反战运动，并且随着它和正统派的合流而国际化。自从去年七月中日大战爆发以来，日本劳农派即已接受第三国际经由美国共产党供给种种的宣传品，接受种种运动的方针。至最近的企图，更加集中于改革日本有悠久历史的团体，其中心目标是树立反法西斯的人民战线及采取第三国际第七届大会决定的方针，实行共产主义革命。

日本政府对于这种动向，怀抱相当的忧虑。从去年十二月廿日日本内相末次大将发表的谈话中，即可窥见一斑。他说：

> 从来日本的社会运动，常缺乏相当的正常工作。直到最近，竟有劳动政党提出改换日本国情的种种主张和主义，企图破坏政府的国策。这次被捕的人物，不仅煽动日本人民的思想，并且积极从事于第三国际的人民战线运动及反对日本政府对华军事。因此，内务省不得不预先防范这种危险思想的散布，特将这种中心分子加以逮捕，对于以后工人及人民的结社认真严禁。否则，这种势力一旦澎涨起来的时候，不独对日本国内赤化势力及中国的中共份子予以蔓延及声援，即日本政府对华国策，也要深受它的影响。……（据去年十二月二十二日《神户日日新闻》号外）

五、日本士兵的反战运动

在日本人民反战运动当中占最重要一环的部分，是日本士兵的反战。日本帝国素来即靠军队开拓资本主义发展的道路，培植资本主义的生长，维持帝国主义的存在。日本帝国主义四五十年来就是全靠侵略战争才得生长、成熟，并维持其不没落。日本帝国主义在甲午战争打败了中国，开拓了资本主义发展的康庄大道；在日俄战争中打败了俄国，使日本的产业资本主义得以完全确立。在欧洲大战中更加乘火劫掠中国，使其产业资本主义得以急速的进展到金融资本主义的阶段。这些都是依靠军队的力量。但是到了现阶段，日本的士兵在世界新潮流激荡之下，已有不少人觉醒了。他们对于侵略战争是厌恶的、反对的，即令作战，也没有以前的勇敢了。在最近日本每一次侵略战争中都有士兵反战的事实点缀其间，这次中日大战爆发以来，日本士兵的反战运动，更加澎湃起来。

“九一八”事变当时，即有些日本军人认为日本这种行动为无理的挑战。

所以日本强盗占领了东三省，东北义勇军蜂起反抗的时候，一九三五年六月二十三日，即有一个日本士兵把整车军火送与义勇军而自己自杀，成了传闻国内外的美谈。“一·二八”上海战争爆发时，也有日本士兵秘密组织团体，鼓动反战。日本有一联队去向不明，终于成了历史上的谜，据说是因为他们反战，被司令官投葬在海中的。日本人民近年来对于服兵役视如畏途，平时就设法逃避，他们所应用的方法，常出于普通人意想之外。有些日本小孩因其父母不愿意他们长大当兵，自小学时代即为带上近视眼镜。有些大人因为避免兵役而把手脚弄成残废。有些人为避兵役而花钱入大学，东京野鸡大学的专修大学，听说就是一个著名的“逃兵收容所”。但是日本是实施征兵制的，办法相当严密，逃避不了的人终须被征上前线，所以，“召集令”在日本人民畏如毒蛇猛虎。最近有一个日本俘虏自述他接到召集令当时的情绪，很值得我们玩味。他说：“我是一个工人。我每天虽从事剧烈的劳动，但为了家人的生计，还要作夜工。在永远忘记不了的去年八月二十三日晚上十一点多钟……有人在敲门。看看是谁，原来是拿着我们最厌恶最可怕的‘召集令’的人。看到‘召集令’那时的心情，真是笔墨所难形容。这不但我个人如此，凡是接到这种令状的人大都有同样的感觉。……”（泽村利胜的自述，载《前线》周刊第六期）他们所顾虑的，是他们没有生还的希望及他们死后一家人的生活没有人照料。上了战场的士兵，对于战争更加恐惧。松尾部队的仓冈友市，在扎[札]记中有这么一段话：“坐在家里的哥哥写信来说：‘要勇敢，要不负皇国男儿的本怀，即使打坏了一只手，一条腿，也不希罕。’不希罕，将来他来养我吗？”高桥部队的后藤熊次郎的日记中，也有这么一段话：“说起来好像畏怯，可是眼看着多数的战友变成尸骨回去，实在感慨无量。我以眼泪洗颊，不能自已，没有饭吃，没有水喝，在战地的劳苦，在内地的人真能知道吗？”高桥部队的坂本的一封未寄出的信中，更露骨地记载着：“在急雨般的炮弹中前进，真感到已经不是人世的了，掩藏在恐怖心的后面，我常常耽溺于落寞的悲哀！”（以上数节皆根据田汉集译的《敌兵阵中日记》）

日本士兵经过这几个月作战的经验，已经不但是怕战争，并且怕中国的英勇战士了。在他们的日记上充满着这样的记载：“……吹着喇叭冲锋，想不到‘支那’兵竟有这样的勇敢！”“我皇军之苦战，有非言语所可形容，今日之支那，已非昔日之清国奴可比了！”（上引同书）

日本士兵特别畏惧第八路军及第八路军战区的老百姓。在轰动国际的平型关大战中俘获的日本将士的日记中，有下列几段的记载：“红军（指第八路军）使我们头痛。我们只能在白天打仗，但他们却在夜间攻击。在忻县，我们一百五十多辆载重汽车被毁，六十个人被杀。这个地方所有的老百姓都攻打我们，甚至连女人都向我们丢手溜弹。”（据日军第五师团一个战死的联队长的日记）还有一个士兵的日记，更是这样写着：“中国的兵甚至于受了伤都不肯退，他们等我们到跟前，即用刺刀杀掉我们。虽然他们是我们的敌人，但是他们却实在是伟大的人啊！”（以上皆据二月十一日伦敦《每日新闻报》香港特约通讯）

日本士兵因为对于战争心怀畏惧，所以上战场以前总是图谋免一死的方法。他们每一士兵身上都带着“千人针”和符咒之类，完全听命于迷信。尤其可笑的，天津有个日本洋行的小主人，在被征上战场的前一天，特地请教中国朋友怎样求饶的方法。中国朋友教给他跪地叫“老爷饶命”的妙法。日本士兵畏惧战争甚于自杀。平津一带有许多中国留日学生，常常遇到老同学跑到他们家里来自杀。最近在华中战场上，也常发见日本士兵自杀的事实。

现在日本的士兵慢慢觉醒起来了，态度也积极化了，他们已渐改其自杀的风气为反抗日本军阀的态度了。最近日本士兵哗变的消息，已渐出现于各报。最轰动的事实，就是藤岛少将旅长在南京被日本军事法庭判罪枪毙，罪名就是反对侵略战争。二月间，上海日军第一〇二及一〇三两师团的官佐二人及士兵五百多人忽然被捕入狱，交军事法庭审讯，也是因为图谋哗变。日本一二一师团山内旅团的一营，在上月二十八日上午八时由日本开抵吴淞登岸的时候即已全部哗变。日本司令部立刻由江湾开去二营人，加以镇压，当即发生激烈冲突，双方伤亡很多。又二月初旬，日本第一一一师团由南京开往江北的时候，其中也有一部分因为拒绝开赴前线而连续哗变。

日本士兵渐有深刻的觉悟了。他们相信：“如果这次日本打了败仗，那时日本人民可能发生革命，日本大众可以得到解放。”（据《新华日报》所载《日本俘虏访问记》）《新华日报》的记者还问他们想不想家，他们的答复是：“我们并不是不想家，也不是不愿意回家。”但是他们表示愿意留在中国工作，因为中国现在正在做着争人类进步的工作。一个做了第八路军的俘虏，从他的实际经验而写出一篇自述，其中有一段话说得非常透澈：“我的弟兄们！远离父母妻子来做侵略战争的牺牲品，是为了谁呢？回想一下满洲事变罢！死的不尽是我们的弟兄吗？但是我们的家族得到了什么呢？除了悲哀和负担加重以外？”他认为：“这悲惨的战争，只是为了在国内花天酒地的资本家、地主及军阀们。”他还竭力主张“反对这为他们流血送命的战争”，主张“把这战争转变为反军阀资本家地主的战争”。

六、一般日本人民的反战运动

日本人民的反战，不独限于智识分子、左倾分子及士兵。反战的思想和行动，已经深入日本人民的各阶层了。工人的反战相当的激烈，农民的反战也已局部地发动，其他各阶层也都相应地起来反战了。

去年十二月被逮捕的四百多人当中，工人或工人运动的领袖占绝大多数；在东京方面虽是教授、议员及作家占多数，但在大阪、京都及兵库县等地方，则几乎完全是工人或工人运动的领袖。神户日本政府当局的布告，也承认日本人民反战运动侵入工人群里(见上引《神户日日新闻》)。平时即在日本军警刺刀监视下劳动的日本工人，时时刻刻都在求解放，到了战时更要加紧他们的斗争。大阪及东京等地方的大工场的工人，已经采用怠工和罢工的办法，表示他们对于侵略战争的态度了。中日大战爆发后的半年中，日本劳资的纠纷案件，突然发生了一千四百五十五起之多，参加的工人达十八万人以上，造成日本工人运动史上的新纪录。大战爆发不久，神户海员工会即酝酿大罢工，反对侵略战争。新潟县近郊的丸新制油所，也突于那时候被工人纵火焚毁，损失达一百多万元。最近二月中旬在东京的川崎千住哗变的日本士兵，都是日本最大重工业心脏部的工人。秋山县矿山的工人也起来暴动了。(二月中旬的事变，据鹿地先生口述)

其次，日本农民的思想，虽然比较落后，受到日本军国主义教育的毒也比较深刻，但是他们占日本兵士的绝大多数，他们对于战争的态度，最堪注意。侵略战争的事实教训，终于使他们觉悟了。秋田县长年苦于饥饿的农民，和当地矿山的劳工一齐起来暴动了。《粉碎日本军部》的作者上田四郎也说过："我经常听到，即使是无知的农民，他们也在咀[诅]咒这一次的战争了！"日本农民反战的客观条件是最充分的。

再次，日本出征士兵的家属直接受到战争的恶劣影响，最感痛切，所以反战的情绪也最高涨。日本的妇人常常组织"索夫团"，向政府索取出征或战死的丈夫。最近，他们更进一步，常卧于铁路上阻止载送征夫的火车开行。二月中旬神户码头的大流血，更足表示日本士兵家属反战情绪的高涨。二月十八日清晨，日本新兵被逼上船的时候，家族都到码头送行，彼此均感到前途的黯淡和永别的威胁，大家都是难分难舍，但是日本军警却强迫他们分离，遂致双方发生大冲突，死伤数百人，逮捕一千多人，演成一场空前的大流血。当时的群众都是高声呼喊"打倒祸国殃民的军阀""还我夫来""还我子来"等等口号。

我们常于报纸及杂志上发见用日本人民的名义发出的反战宣言。我们还看见过用日本农业组合、海产会社、实业同盟及后备军组织等团体发给远侵中国的日本士兵的公开函(参阅《密勒氏评论报》二月份第十一期)。在敌尸的衣袋中,还搜出题为《日本产业组合、社会大众党、无产党、民政青年部、乡军有志团致出征士兵书》(《武汉日报》二月二十四日所载)。这些文件全部充满着反战的呼声。最可惊讶的,就是代表资本家利益的国会议员乃至工厂主,也有反对战争的。据香港的消息,日本纱厂股东曾派代表一百二十五人赴日本大本营请愿,要求立即停止对中国的战争。其理由是他们在青岛及上海的纱厂的利益,蒙受重大的损失。资本家虽然需要商品市场的扩大,但是他们之推销商品,却是需要和平而不需要战争的,尤其不愿有长期的战争。他们所赞成的战争,是适可而止的战争。日本关西的轻工业资本家,大体上都是这样看法。日本产业联盟会会长乡诚之助男爵之所以高喊"日本现在已到一最严重的时期,……日本确已达到有史以来空前的难关……",不是没有原因的。

日本各阶级的人民都在反对日本军阀的侵略战争,即令其间有积极反战与消极反战的差别。被压迫的日本民众,更不仅是反对战争,并且希望中国抗战胜利,愿意在这握住"全亚洲甚至全人类光明的一把钥匙"的中国抗战中,站住一个岗位。这里且来介绍一个日本世界语者 VM 寄给她的同胞的一封信,以见日本人民一般对于中日战争的情绪:

> 同志们,只要有一颗心或是清明的理智的人,不管他属于那个民族,一定是同情中国的。我不是禽兽,我知道正义。因此我的心中总盘据着这个问题:我应该做些什么呢?像一些男同志一般上前线去么?还是像一些女同志那样去照顾难民和伤兵呢?然而我不能,因为我是个无力的日本妇女,连中国话也说得不好。同志们,幸而我是个世界语者;是的,我说幸而,因为凭了这我在反日帝国主义革命的斗争中,找到了我的小小的岗位。现在我们必须把世界语作为国际宣传的武器而最有效地利用。"为中国的解放而用世界语",这个口号决不是句空话。给《中国怒吼了》写稿及其他的工作,对于我的意义,并不只是一个外国世界语者为出版一个小刊物而提供她的贫弱的技术那么简单。当我提起笔来的时候,我的热血为抱屈的正义而沸腾着,对于兽性的敌人烧起了烈火一般的愤怒。然而我又觉得快乐:我是跟中国人民在一起!
>
> 要是谁愿意,就称我做叛徒吧!我一点也不怕,我倒觉到耻辱,因为我是那些侵略者的同胞,他们不单侵略别人的国土,并且使无助的难民陷入人间的地狱而竟无动于中。真正的爱国主义,决不是跟人类的进化冲

突的。不然，那就是狭义的爱国主义。这次战争在日本产生了多少狭义的爱国主义者啊！当我听到连那些以前自称为觉醒的、进步的甚至是马克思主义者的知识分子，现在也做着反动军阀和政治家的尾巴，无耻地主张着“皇军”的“正义”的时候，我再也禁不住我的愤怒和厌恶。室伏高信，对于日本知识分子有着颇大影响的评论家，大放厥辞，说什么日本民族负有创造新世界的使命，日本民族的任何阻碍者必然灭亡，因此目前的战争是东方二大民族的宿命。山川均，过去曾是个社会主义者，俨然提出了“支那兵之鬼畜性”的问题，痛骂中国人为“鬼畜以下的东西”……带住吧，因为这方面你们一定知道得比我更多。

啊！同志们，人们可以这样容易抛弃良心的最后一片么？同志们，然而我是信任你们的。我可以完全确信，你们是连一步也不会走近他们的，因为只有你们那样的前进的世界语者，真正的国际主义者，才能澈底理解这个战争的意义和自己的行动的正确方向。

在中国和日本民族之间，并不存在任何基本的仇恨。翻开历史来看吧，相反的，我们倒可以找到两民族在各方面的亲密关系。辛亥革命时代，就有许多日本人自愿为了友邦人民的解放而流自己的血。就在几年以前，为了大众的解放，这两民族的工人曾经坚决地拉起手来。同志们，我记得很清楚，我们在东京曾经抱着多么大的热情谈过这件事情，而每次都讨论到为促进东方人民的解放而进行中日世界语者的合作。当去年春天我离开日本的时候，这个问题尤其成为当前的急务。但是后来种种原因——最主要的是日本警察的压迫，终于阻碍了这事的实现。

同志们，现在是时候了！我们急迫地期待着你们的帮助，中国人民需要各样的合作者。你们怎能失去这个良机呢？真的，今天有个最好的机会。用最直接最诚意的形式，来开始筹划已久的极有意义的计划的第一步。小小的踌躇一定会引起你们将来无限后悔和我们的十分遗憾的。这条路上充满着荆棘，那是可以预想的，然而这又算得什么呢？要知道：同志们，不管日本政府的死刑的威胁，反战的运动已在全日本燃烧起来了。就是在上海的日本军队中也已发现了反战的传单，虽然有长官的严密监视。

同志们，中国在这次战争中的胜利，不止是中国民族的解放，而是远东被压迫人民（连日本人民在内）的解放。中国的胜利是全亚洲甚至全人类光明的一把钥匙。同志们，你们现在怎能犹豫呢？要知道：在现在，什么事都不做甚至也是一种罪恶。然而关于这事我不再多说了，因为我完全信任你们的永恒的同志之谊的。

啊，同志们，在祖国危急之际，中国的士兵是在怎样英勇而坚决地战斗着啊！每次我都感到心跳甚至流泪。要是你们也能亲眼看见的话……然而，可怜的是我们日本的士兵。报纸上说，上个星期日军在上海死伤一万二千人。而士兵又不断地增援着，青年们几千几千地被运来，我不敢断定：这些人中间一定没有你们在内。不！只连想起来也是可怕的。侵略邻人而自己又白白地送死………同志们，对于一个世界语者，还有比这更大的悲剧吗？”（世界语旬刊《中国怒吼了》三卷四期）

七、殖民地民众的反战运动

除了日本内地民众的反战运动以外，还有日本殖民地的朝鲜及台湾的反战运动更为激烈，更为积极。激烈进行民族革命斗争历四十多年的台湾民众，及历三十多年的朝鲜民众，当然要根据自己的立场，反对日本强盗对中华祖国的侵略战争，当然要乘这个千载一遇的机会，争取自己民族的解放。在日本强盗的铁蹄下呻吟三四十年的台湾及朝鲜民众，没有一个时辰忘却挣脱加在他们身上的铁链。他们绝对不会轻易放过决定生死存亡的关键。朝鲜民众早在“九一八”事变的当时，即已在朝鲜革命党的领导下，炸翻一列由朝鲜开赴东北的日本兵车，阻止日本强盗进攻中华祖国。“一·二八”上海战争停止后，一九三二年四月二十九日，朝鲜革命志士尹奉吉还用炸弹为中国全国人民雪耻，为淞沪战争的伤亡将士报仇。这次中日大战爆发后，朝鲜革命党人之进攻日本强盗，是不消说的。最近报纸登载一段新闻是值得庆幸的：“朝鲜革命党人为谋恢复祖国，多加入我国民党，笃信三民主义，一部分青年加入我国军事学校受训，实地编队，加入抗战，……即转赴前线杀敌。”（三月十八日重庆《星榆日报》）他们的家属老小妇女全部送重庆后方安置，可见其杀敌的决心，朝鲜人和我们共同反抗日本强盗，已有高一层的进展。

我们抗战发动以来朝鲜民族革命的最大特色，就是民族革命战线的统一化。这是和中国精诚团结抗日救国的步骤相配合的。朝鲜三个主要的革命团体——朝鲜民族革命党、朝鲜民族解放运动者同盟及朝鲜革命者联合，在去年十月间即便联合成一个“朝鲜民族战线联盟”，在它的创立宣言中，再三强调朝鲜革命和中国革命的共同性。这个宣言的基本理论，完全和三民主义密合：“……朝鲜民族为保障民族生存的自主权计，为民族的悠久繁荣和发展计，为保障世界的和平计，在国际上要求民族的自主独立，在政治上要求全民的平等权利，在经济上要求大众生活的安定和向上……”所以宣言中又接着阐明：“……中国民族也为达到与我们相同的要求而斗争着，同样地要完成中国民族的自主独立，实现民权主义的政治，获得民生主义的平等经济。这就是中韩两民族革命的一个共同性，也就是一切被压迫民族革命理论的共同性。所以一切被压迫民族的联合战线，也是需要而且必然的。尤其是我们须要与中国民族切实联合起来，赶快打倒日本帝国主义……”宣言更进一步说：“……我们须要与中国民族联合起来，加强抗日的战线。这是历史所给我们决定的必然的一条路线，并且要支持与世界上侵略战线对立的民主和平战线，这也是一个自然的趋向……”

最近，朝鲜民族战线联盟在他们宣布独立第十九周年的纪念日的三月一日，更加明确地宣言：“……这个战争对于东方被压迫民族，尤其是朝鲜民族和台湾民族，也与中国民族同样有其生死存亡的关系。中国抗战的胜利，就是我们的胜利；中国抗战的失败，也就是我们的失败！所以我们对于中国的抗战，应该执行同盟军的义务。我们参加中国的抗日战争，要完成朝鲜民族的解放。我们发动朝鲜民族的革命，也就是援助中国抗战的最有效的办法。……”他们认识清楚他们参加中国的抗战，就是为着他们自己民族的解放，他们发动民族革命，就是援助中国抗战，所以他们采用种种的方法积极反对日本强盗对我们的侵略战争，更是无疑的了。

台湾的革命党人在我们抗战发动后即发出宣言，拥护祖国对日抗战。最近台湾非战同盟总部还通电海外，宣称誓率五百万台湾同胞拥护蒋委员长对倭抗战到底，并联络韩日同志为恢复和平，重建正义，光复自由而奋斗。台湾民众不但在言论上拥护中国抗战，并且以实际的行动阻止日本强盗对我国的进攻。我们抗战发动以来，台湾民众的大暴动共有三起。第一起是台湾工党领袖高斐所率领矿工的大暴动（据中央社福州三月六日电）。日本大本营曾经再三命令台湾总督府抽调台湾壮丁运往中国各地参加作战，高斐遂乘这机会暗令所属应抽工人数千人，等待领得武器，即行发难，及至日本军部三月三日在宜兰发枪时，即有四百余人攻入日本司令部，因为当时日军毫无防备，突受袭击，损失非常重大。当时双方激战四小时之久，死伤达一千多人，火药库被烧，军火也被抢一空。后来因为日军围攻很急，并断绝粮食，严密搜索，所以不得已而退入番人的雾社境界，联合番人准备再举。但是参加革命的工人家属，已经悉数被杀。台湾第二起的大暴动，大约就和矿工的暴动同时，台湾共产党发动暴动，炸毁久留米储油池。当时，守卫的日兵死亡十多人，重伤二十多人，轻伤四十多人。久留米油池原为日本有数的大油池，所储油量可供六年之用。

第三起暴动就是番人桦社一郎兄弟所领导的雾社番人的暴动,其原因是因为反对日军征调高砂族(台湾土番)壮丁出发前线所致。

日本强盗对台湾民族革命运动,素来是采用最毒辣的手段镇压的。这次除了残杀之外,还加以利诱。台湾民众的暴动不断发生,日本政府也觉得无法平靖,遂派飞机散放传单,宣称:"此次台湾人民的损失,将来可向福建省取得赔偿,子女、玉帛听任享受。"(据《扫荡报》厦门六日下午十一时电)但是任何利诱和残杀,都不能发生效力。台湾民众的暴动,将随我们抗战的发展而发展,更要随其抽调壮丁及妇女而愈加扩大。日本强盗为着防止台湾革命情势的扩大,而于攻陷南京之后调三个师团去台湾镇压,后来因为革命份子在深山中集结,酝酿大举,所以不得不又调去一师团到台湾协防。

在日本殖民地反战运动中,最后还有一点值得一述的,就是琉球旧属民的消极反战。琉球岛虽然孤悬海中,人口只有五十多万,但对于祖国仍是惦念不忘。在这次中日大战中,琉球人虽也不能免去兵役,被调来华作战,但是他们为着拥护祖国,宁愿自杀也不能作战。所以各战场上琉球兵自杀的消息,也时有所闻。

日本反战作家鹿地先生说得好:"日本被锁住被抑压的民众的状态,正如漂流海中的一个冰山,巨大的部分隐埋于水中,只有一小部分出现于海面。诸君不能想象那已呈现一部分英姿的日本民众的隐埋的巨大姿势吗?"的确,日本民众的伟大雄姿,大部分是隐藏在海中,而这部分雄姿已经渐渐显露出来了;这就是反战运动的澎湃。这种澎湃的情势将随我们抗战的发展及日本军阀全面总动员的压迫和威胁而无穷地增强它的力量。最后,将如鹿地先生所言:"法西主义者继续打仗吧!他们坐上这样巨大的冰山而粉碎成微尘,只是时间的问题吧了!"(鹿地先生在武汉十一个团体欢迎会上的答辞)

日本强盗欺骗、强逼日本民众来中国作战,但现在日本民众已在觉醒了。什么时候日本民众全部觉醒,日本帝国主义就在什么时候总崩溃。在我们坚决的持久的抗战中,在日本人民反军阀、反侵略斗争的进展中,日本强盗的末路已经渐渐逼近了。

(原载于《世界知识战时丛刊》第7期,1938年)

苏联军事家论日寇登陆战略

佚名
苏文 译

（译自《红星报》）

日军对于登陆战略，有一个完全固定的观点：陆战队必须在黑夜中准备和开往指定地点。必须在黑暗中行近敌人的岸边，然后开始登陆。登陆行动必须严守秘密。这就是说，日本指挥部以为登陆行动的突然性的意义很大。

日本指挥部认为同时在几个地方登陆，以分散敌方力量，以掩护主要登陆处，最为适当。第一批登陆部队必须是充分强大，其中须包括技术部队、炮兵、机械化部队、工兵、并且登陆行动自始必须十分顽强。此外，还必须有飞机和军舰大炮的援助。

据日军的看法，登陆的本身，也有一定的战略的程序。首先是步兵带着机关枪及其他步兵的武器登陆，然后是工兵，再次是大队步兵、坦克车、重炮，等等。

空军在军队登陆之前便开始战斗。空军的任务是侦察，消灭敌方的空军（空中或地上的），轰炸岸上防守的敌军和后备兵。

如果研究一下日军在中国所进行的登陆行动，便可以看出，日本指挥部是恪守这个大纲的。

一九三七年八月底，日军两师在上海登陆。登陆军的任务是不由战线，而由北面给守卫上海的中国军队以侧面的打击。这次登陆是在总长四十公里的地段中进行的。这时中国军队守着浏河、月浦、宝山、吴淞、殷行、陈家行防线，防线是由壕沟、大炮与机关枪的防御掩护、障碍物等所构成的。中国军队阵地的区域和阵地前面的地方，有纵横交错的河道。中国军队并且也守卫岸边。日军的登陆有指定的地段和攻击的方向。

登陆的基本地方，是合于军舰行动的吴淞。第一批登陆是八月二十三日黎明，在浏河、吴淞、殷行进行，但并不是在各预定地区同时进行，大概因为师团和各别的团没有能够同时开到上海，而只是部分的开到。并且，第一批先登陆的部队必须吸引中国守军的注意，使其余后来的部队得以易于登陆。

每区登陆的每批军队，大约是一营步兵。在黑夜掩护之下，军舰载同军队开近登陆的地方。这些登陆地方的对面，都布置着军舰，探照灯的帮助，开密集的炮火。在黎明之前，先派一部分掩护步兵到岸上，将近黎明的时候，再借火光开始总的登陆。

等到已经充分光亮的时候，又用着飞机去轰炸中国军队的阵地。中国军队向登陆的日军河中的小艇，猛烈射击。小艇不能一直驶向岸边，在离岸五十米的地方停下，步兵出船在浅滩上涉水推进。有些地方的江岸如悬崖，日本步兵带着梯子攀登。

岸上开始肉搏战，亘延数小时之久。在黎明时登陆的日军，有些被完全消灭了，有些投入海里了，有些则放弃夜间占领的阵地而不得已退走了。

第二天夜里，日军又重新登陆。登陆的一部分日军，因赖日舰猛烈炮火的掩护，得以在岸上上巩固起来。自八月二十五日起，日本步兵扩大进攻，但是不能向中国境内深入，所有岸边的村镇都变成中国军队的防御区，房屋作掩护机枪和大炮之用。

第二批登陆是在其他预定地方，由八月二十六日至九月五日。为掩护在吴淞的登陆，一部份日舰开进吴淞湾。八月三十一日，步兵一团在这个地方登陆，基本部队是在吴淞对面登陆的，一部分是在吴淞铁桥对面，以便由南面包围上海。先用速行汽艇载五十人开往岸边，在近岸的地方放烟幕弹，然后一团兵士在烟幕之下登陆。由于中国守军的轰击，登陆的兵受很大的损失。

登陆部队在岸上取得活动地区之后，坦克车才能用去作战。第一批坦克车，在九月十日才在吴淞制卸上岸，再过几天之后才在进攻杨行中应用。

日军在上海煞费时日的登陆，代价是一万人的死伤，其中并且许多是军官。

在进攻上海的紧急时期，日军又在杭州湾登陆。这里登陆部队的任务是由南面进击，以响应由北面进攻的日军，照日本指挥部的计划，这个会合的进攻，必须包围守卫上海的中国军队。

登陆部队计共三师，集中上海，十一月四日第一批开往杭州湾。半夜里，熄灭了火，驶进杭州湾。这时迷雾正浓，早晨五时半开始登陆。迷雾掩护了运输舰和登陆部队，借军舰炮火的援助，军队在长及三十公里的地段登陆。登陆的中心是金山卫。

第一批登陆部队在早晨七时终了。第二批十时半终了。当即占领金山卫,然后向嘉善进攻。第三批登陆部队则向嘉兴和乍浦进攻。

先头部队登陆后,便向北面,直向金山推进。随身只带肩负的子弹,几天后没有得到食物,没有充实子弹。这些部队迅速推进,弄得精疲力尽。他们的任务是迅速赶到中国守军的后方。

这次登陆的损失并不很大,日本人自己这样解释说:

——这次登陆对于敌方是突然的,没有使敌方有及时准备反抗登陆部队的可能。

——浓雾掩护了军舰的开近和第二批部队的登陆。

——陆海空军相互密切联合行动。

登陆的情形虽然顺利,但是登陆步队并没有能够执行消灭中国军队的任务。

十一月十三日至十五日,日军为绕至中国军队后方截断太仓、昆山守军撤退的后路,以援助夺取苏州,又在白茆举行一次登陆。登陆部队是步兵一师。用停泊江中的军舰掩护。十二月十二日与十三日的夜间,载有军队的运输舰停在离登陆区四五公里的地方。后来军队改乘小船,开往上游。夜里迷雾很重。黎明时间的登陆区,在离岸百米的地方,以直角形向岸边开去。在军舰上大炮掩护之下,登陆行动于早晨七时终了。

上面所举日军登陆的例子,有些是合于日本登陆大纲的。这些例子表明,日本人选择登陆区,自先是顾□发展自后战争行动的必要条件,然后是计算到岸上敌方防务的程度、地理的形势。

接着是登陆的步队遂日渐用运输舰开到登陆区,汽艇和小船是带在运输舰上的,第一批登陆部队的人员,都带着救生圈。由运输舰运兵到岸上,是用速行汽艇。占领岸地后,便用普通摩托汽船、舢舨船、拖船运送其他兵队。

掩护登陆的军舰,离岸五百米下锚停泊,如果岸上有强大的岸防炮,军舰是不能停得这么近的。但是中国军队没有范程岸防炮,而野炮则必须由离岸很远的地方开火。

(原载于《中苏文化》第2卷第9期,1938年)

日本的反战思潮

王天循

现代的战争不单是从火力上面去决胜负，而是外交的、经济的、思想的总决斗。思想的斗争尤其可决定战局的最后命运，中国古代的论战和廿世纪的论战在本质上，其原理没有什么的变更，都是主张气盛。三军夺帅在贵乎勇，而这勇的先决条件便是气盛的养成，以士气的盛馁来说，都是发动于思想上的曲直。我们承认战事的成败，是含有多方面的因素，而思想的曲直是绝对影响到战争前途重要的发展的。

日寇挟持优越的火力，以数十年的休养生息的武功，在东方横蛮地演着无耻的兽行。血腥的污秽的丑举，改变了我们壮丽河山的青葱的颜色，使宇宙蒙上了这创世纪以来的我人类间的羞辱。可是凶残的日寇，除了他凭借着较多较进步的武器以外，在精神上他更能凭借什么对我们作战呢？我们前线忠勇的将士所俘虏的暴日的所谓冲锋好汉，有时不是一个个都烂醉得酒气逼人么？可怜的东方的弟兄们，他们的良知还是有未泯没的，不知为何要被军部一批批地送上杀场与同文同种的国家自相屠戮。当他们的意志彷徨着的时候，下意识的日阀只好浇以冷酒来迷惑他们，错乱他们的神经，被麻醉来冲锋的士兵只好死也死得糊糊涂涂。

东京的监狱内关满了成千成万的反战的民众。最令人钦佩的，其中虽有二百廿余位知名的历史家、科学家、律师、医生、新闻记者、大学教授都禁锢了自由，剥蚀了言论的出版的一切权利，但是他们那种代表七千万敢怒而不敢言的民众向日本军事法西斯蒂积极宣战的态度，使世界知道对于曾接受中国文化洗礼的民族还是有良知未死的人们，在高燃着东方兄弟之谊携手结合的火焰。

不论在长江或在黄河，我们常瞧见敌人抛弃了的后方带来的慰劳品顺流消逝。上面写着的不是早祝皇军凯旋归来的如火如荼的温情，而是日本可爱的民众在牙刷、牙膏、面巾、千人针、守护符或其他的物品上隐约地写着的打倒日本帝国主义等一类话语的诅咒。在三岛这被压抑的、钳制的，然而是含着愤怒的情感的民众，你可知道他们是在如何的反对政府侵略的战争了。

虽然日阀最近又强化改组军人内阁，宇垣、荒木、板[坂]垣、池田等相继登台，还不惜困兽犹斗，但已经表现其最后挣扎的技穷了。我们徐州失守在战略上并不要紧。一地一城的得失，只是军事上必需有的进退。主要的我们是要以博大的空间换取悠远的时间。中国的最后胜利，既是建筑在长期上的。从抗战以来现在仅仅十一个月的时间，距我们最后的决战，似乎还差得很远，暴日民众反战的激烈运动，终有一天会如山洪暴发地毁灭他们而有余的，何况再加上我们不图侥悻[幸]的甚至子子孙孙的坚决的、不屈不挠的战斗。

（原载于《新世界》第12卷第5期，1938年）

值得注意的史太林态度

——日本能够避免苏俄的压力吗?

望都

在中日战争愈益紧张情势中,苏俄的独裁者史太林的态度如何?究竟帮助中国抗战呢?抑或对日本严守中立呢?这是人人所急于想知道的。

据日人主办的同盟社的消息,《纽约先驱报》曾刊载一条莫斯科的专电,内称苏俄因国内尚无法安定,绝无余力干涉远东或中欧问题,素主张和平主义的李维诺夫,亦绝未改变其一贯的和平外交政策。总之,苏俄当局对远东与中欧,仅以冷静眼光作凝视而已;同时,该报又谓立法院长孙科之访俄,虽曾与苏俄远东红军总司令加伦将军会面,但绝无缔结中苏军事联盟的事实。

同盟社所以转发上述的消息,那当然是站在日本人的立场,希望苏俄不致于帮助中国来抗战,尤其是希望苏俄不会以武力来干涉远东或中欧问题。

关于史太林的真实态度,在他本人没有正式宣布意见之前,的确是不容易推测。不过伦敦的《新闻汇报》,最近对于史太林的行动,以及红军在远东方面的军事准备,有极显明的记载。史太林一向都自命为苏维埃政府的建设者,他似乎对于已经开发了的欧洲,没有多大的注意。他所最关切的,还是如何去开拓西伯利亚的广大土地和富源。当西班牙内战爆发之初,史太林的顾问团极力怂恿他援助马德里的人民阵线政府,以便制止法西斯与纳粹主义的猖獗。当其时,史太林对接济军火与派遣飞行员和技术人员赴西参战,绝对表示赞同,毫无异议,但是到后来,中日战争一发生,史太林的态度马上就改变了。

苏俄当局鉴于日军的节节深入内蒙,形成了对外蒙的绝对包围,因此不得不减轻了对西国政府的援助,而积极增强远东方面的实力。所以某基督教科学吾诚报驻莫斯科的名记者柏斯氏这样说:

"帝国建设主义的史太林,已经胜过了共产主义的史太林。而亚洲主义的史太林,他的初步使命是寄托于亚洲方面的。"

史太林素来对于欧洲政治，不甚感觉兴趣。他的唯一志愿，是怎样开发亚洲，如何使苏俄在远东方面能够自给自养，以求避免欧洲方面的封锁。最近几年来，史太林努力经营西伯利亚的结果，已经开发了几度的金矿，并且把苏俄在欧洲的大批农民和工人，成千成万地移殖往处女地的西伯利亚。向来热心欧洲政治的苏俄闲逛政治家，没有一个不遭史太林的疏远或遗弃，只有力主对日作战的加伦将军，才适合史太林的口胃，加伦地位的蒸蒸日上，未始不与史太林的看重远东问题有关。

以日本军部最近对苏俄在远东方面的军事力量的估计言：单是飞机的数量，在太平洋沿海一带，已经有了一千二百架。海参崴方面的潜水艇，从欧洲方面由陆路运抵远东者，最低限度也有一百二十艘之数。以上的海空两军，苏俄当局并未出借给中国，所以外传苏俄政府因援助中国而减削了他的力量，非事实。日本军部的见解，认为史太林对于中日战争的态度暂时不致于采取武力的干涉；他一定要把苏俄作远东方面的红军实力暂时保留着，非到日军在中国战场上消耗了一半的力量，或者中日战争结束而日本已达筋疲力尽时，史太林决不轻于对日进攻的。

这样一来，日本的命运是可以想见的了，他即使侥幸地能够渡过中国的长期抗战的难关(这是万不可能的)，然而，他还能有什么力量再去抵抗苏俄的压力呢？

（原载于《大地图文旬刊》第1卷第10期，1938年）

在侵华战争中的日本军力

[苏联]希柯夫
正明 译

在一九三四年日本军部发表的一本小册子中，有这样的一段话："战争是创造的父亲，而且也是文化的母亲，因为它是国家与个人的一种刺激物，促使它们去创造和发展。"

近十年来日本侵略异国的历史，充份的证明了日本帝国主义者有着一个实现征服战争的计划。一九三一年，日本占领了满洲，一块大如英、德一并合面积的土地。一九三三年，她又占领了热河，一个同奥国相等大小的省份。一九三五年，日本帝国主义者企图巩固在河北的势力并推进到广大的华北领土上去，同时他们疯狂的冲进内蒙古而准备抢夺察哈尔和绥远二省。最后，在目前的中日战争中，日本极力想建立对全中国的统治。

在日本帝国主义者的观点中看来，目前的侵华战争只是更进一步侵略的前奏曲，而中国现在是日本军队的一个练兵场。田中在回忆录中说得非常清楚："我们的国家应利用满洲和蒙古作为侵入中国内地的根据地，我们占夺了中国的全部资源以后，我们就可进而征服印度、小亚细亚甚至欧洲。当我们的国家同俄美作战时，我们一定要使这二个国家受尽一切战争的痛苦。"

为了要准备"大"战，日本的统治阶级非常注意扩充军力。

近几年来，日本的努力改进军火工业和建立某些新工业，其目的显然是在使日本的军队近代化。特别集中注意于机枪与大炮的配备，飞机的数量已经增加了二倍，机械化部队也增配了更多的机械武器。

但日本军阀决不以此为满足。在一九三六年内，他们开始实行了六年军备扩充计划，其大纲是增加军队与飞机的数量，以新式飞机重整空军，扩充坦克车队和装甲车队，扩充机械部队、化学兵团、陆军服务团，并特别组织新军团和增强步兵队。

至于在重兵器和军事顾问方面，日本主要的是依靠其他列强国，特别是德国。

步兵与其他部队的再组织就必需改变战略和军事训练以及军队的近代化。一九三六年十二月内东京发表的新步兵规例，具有一个明确的目的：就是说利用日军在中国获得的作战经验。在这种规例中是将敌人的陆军当作一个备有强有力的武器坦克与飞机的军队看待的。

从日军在中国作战的方式中，我们可以抽出一个结论来：日军的行动是非常机动的，主力军往往集中在某几点上。除了南口战争以外，日军常以侧翼行动夺取中国阵地，以代替突破战线。当阵地战绝对需要的时候，日军永远是以重炮轰击中国阵地开始，然后用坦克车领导步兵进攻。中国军撤退时炮队又开炮轰击他们。这是应当指出的，就是在作战的过程中，日本军队显出有夜袭和进攻的良好训练。摩托化部队和骑兵队一天内可以进展四十公里，在进展中仍可作战，而步兵一天也可进展三十公里。

日军的白刃战是非常低劣的，而中国军队却将白刃战作为一种绝对重要的艺术。大家都知道，日军在不能抵御中国军队的白刃进攻时，他们就逃走了。今年一月十三日的晚上，向运河猛烈压迫上去的中国军队，在济宁同日军展开了严酷的白刃战，日军抵挡不住，仓惶溃逃，损失了二千人。

日军在中国的一切军队都配备有坦克车机械部队和大批飞机。这是中国军部所缺乏的。但是中国军队虽然缺乏此种新式武器，他们仍作了英勇壮烈的抵抗，而使“皇军”蒙受重大的损失。

日军指挥官们素来将中国军队的配备与组织看得非常低劣，以为是不足称道的，因此他们在战争中往往犯下了许多严重的错误。如果他们是在同一个更有力量的敌人作战，那么此种错误就可造成他们的惨败。他们的错误，我们只要指出一二个就够了：占领区域的隔断，日本军队只固守在铁路线上以及后方阵地缺少保护。

至于讲到日本军队的数量，外报消息各有不同。但下面这个统计，是以中国英国法国三方面来源引用来的，所以多少是正确的。

日本陆军办的状况，以一九三八年初为止，其情形如下：

军队人数……………………十二万

大炮…………………………四千五百尊

坦克车………………………一千八百辆

飞机…………………………二千架

日本士兵的百分之八十是农民，军官则包含职业的军人、有产阶级和地主

们的子弟

在目前的对华战争中，日军的政治道德败坏不堪，被占领各区域内的屠杀、奸淫与抢掠，是日军士气低劣的最好证据。日本军官黔[默]许士兵干纠此种恶行，认为这是士兵的一种消遣事情。

从好几张外国报纸上所发表的许多消息中，我们可以归纳看出：反战的情绪已经潜进到日本军队里去了。在上海，有许多小队的日兵拒绝开拔到前线去，他们全体遭了枪决。日本军队因为“叛变”而送回后方去的事情有好多，在南京与上海，有许多成队的士兵脱离队伍逃了，在南京与芜湖，日本海军司令官常碰到水兵距[拒]绝执行他们命令的麻烦事。在日本国内，人民假装疾病或逃跑以避免征兵的事情实在不少。后备兵因为被征入伍起而暴动，许多人受到了严厉的刑罚。日本军队的自杀事件大大地增多了起来，而且有许多士兵狂饮老酒和狂吸鸦片，借以忘掉他们的愁苦。所以我们可以预言：战争再拖延下去，日兵士气将愈益衰颓了。

被日军的几次败北的举动，东京也已承认目前战争的严重状况。讲到目前中日战争的激烈情形，一个著名的日本经济学家说：“当中国事变发展成为上海战争时，我们的国民才开始懂得了近代战争的意义。……当以前我军参加世界大战时，她只获得了许多利益，但是并没有尝到近代战争的现实意味。目前的对华战争已经使得我们张开了眼睛，而惊到什么是近代战争了。无疑的，目前对华侵略战争的延长，将使日本陷到种种重大的困难中去了。”

（原载于《中苏文化》第 2 卷第 10 期，1938 年）

日本国内的反战反侵略活动

夏衍

最近有一位由日本反侵略反法西组织所派遣的“前线专任工作者”青山和夫冒着许多危险从敌兵阵地跑到我们这边来，七七抗战建国纪念日在汉口广播，对我们报告了一些日本国内的反战活动的消息，里面说：

自从九一八以来，我们就集中了一切的力量，为着反对军部的侵略中国而斗争。其间被法西军阀逮捕了的人数，已有三十万人以上。芦沟桥事变以来，日本军阀遭遇了中国以英勇抗战和战线上的反战活动，便发狂似的将一切国内的反法西反军部团体和个人都送进监狱去了。我们同志所再建的党的组织，乃至日本无产党，全国工会评议会，全国水平社等等合法团体和自由思想家团体都被日本军部法西斯蒂蹂躏尽了！

但是，中国的弟兄们！

在这种军部法西斯的暴压下面，到今天，工人、农民的大众组织，党的基础的工会、农会和一切自由主义者之间的连络，依旧没有失掉！满洲事变以来，我们苦心惨淡地进行着的军队内部的细胞，现在已在积极地活动了。看！和事变勃发同时，反战反侵略的传单，撒遍了全战线，属于我们组织的一个鲤登部队的兵士，虽则不曾成功，在山西为着想和第八路军取得联络，而采取了单独的行动；在上海，一部分的日本兵士为着反对侵略战争，在战线上表示了希望两军交欢的意志，但是这希望遗憾地不为中国方面所理解。自从日本法西斯的背后的领袖秩父（日皇弟）、闲院（日皇叔）、东久迩们废止现任天皇的野心在战线上暴露了之后，惶惧了的日本法西军部只能滥发敕诏和遣派皇族到战线去慰劳伤兵，借以防止兵士反法西军人的摇动。但是，这种方法实际上也只是使日本人民懂得了那些自称“神之子孙”的家伙，只是些无能的野心家罢了！

在国内，东京有二十三个工场连合起来要求增加工资，在大阪，三百人的要求增加工资的罢工得到了胜利。据报，最近在街头也出现了反战的示威。

我们得到的情报，全国工场为着劳动强化和工银减少，工人们全部开了合法的怠工。在关西某军需工厂，工人们为着反对战争，故意地制造着不合格的用品，兵士召集的时候，各地出现了逃兵，在征兵检查场，到三月以前的两个月里面，有反战行为的兵士已经增加到三百名以上的多数。海军志愿兵自去年以来，减少了十分之一。（全文已译载七月十二日《救亡日报》）

日本工农大众和劳动者的反战活动，并不开始于这次对华的侵略战争，不，说得确切一点，日本被压迫大众的解放运动，是和"反战反侵略"分不开的，日本的社会运动一开始，就带着强烈的反战的色彩，日俄战争的当时，片山潜出席国际反战大会，这是日本反战运动同时也就是社会主义活动的开端。一般人都将日本国民理解做"好战"的民族，其实这也只看到了矛盾的一面。日本在明治维新之后接连地战胜了中国、俄国，在欧战中利用时机，不战而胜在国际间博得了常胜的美名。但是历次战争的结果和加速度地进行着的战争准备的压迫，也使日本民众深深地感到了战争的惨害和所谓"战胜国的悲哀"。一九二六年前后的无产阶级革命高潮虽则因为军阀资本家地主政府的强压而"瓦解"，但是当时种在被压迫大众心中的种子非特不曾死灭，反而因为实际生活痛苦的加深而成长。九一八侵略满洲的战争开始之后，虽则在法西军阀的严重取缔之下，不管在前线和在后方，都展开了英勇剧烈的反战斗争，在这反战斗争里面的主要力量日本共产党，有好多次被打击到中央部和地区组织失掉联系，但是党和国际的领导关系，一天也不曾断过。日本工农大众间将日本共产党的坚韧的争斗叫做"不死身的存在"。这就可以知道他们是如何艰苦地在做反战反侵略的工作。

一九三五年共产国际七次大会以后，日本共产党以更新的力量，开始"力求造成受警察压迫的统制和恣意摧残的一切人民，阶层底人民统一战线"。对于在劳动强化，物价高涨，和随时都有被强迫着去打仗的人民大众，提出了下列的号召：

> 我们的党号召社会大众党、职工会和其他工人团体、全国农民联合会和水平社（注：贱民争取平等待遇的大众团体）的组织、和平主义的佛教团体，号召一切诚心爱和平的人，建立人民的统一战线来争取和平。我们提出这统一战线的纲领：
>
> （一）力争和平，立即停止日本对华战争，要求从中国撤退军队。我们拥护伟大的中国民族独立，拥护与中国民族有真正的友善。
>
> （二）反对扩张军备，反对使人民破产的军费负担，主张缩减军费预

算，将所缩减的军费帮助饥民、失业工人、破产的小商人和小产主。

（三）法西斯主义和军阀，认为战争是“创造之父，文化之母”，我们反对法西斯主义和军阀，要求民主权利，保障人权，争取结社、言论、出版、集合等自由，要求进行反剥削斗争的自由。

（四）反对营房式的奴隶劳动制，反对临时雇佣制，反对夺回农民租田，立即改善工农及其他劳动阶级的生活状况。（一九三五，西川著《团结起一切反战的力量》）

这统一战线的纲领很快地得到了日本勤劳大众和智识份子的采纳和拥护。过去和“全协”（全国工会协议会）尖锐化对立着的所谓“劳农派”，也参加了这一战线而形成了其中一个重要的力量，去年年底的“大检举”中劳农派的领导者们（山川均等）占了很重要的地位，这就表示了日本反侵略反法西统一战线的强化和成功。

在一切消息都遭了严重封锁的现在，我们很难得到日本反战活动的详细消息，但是街头示威、合法罢工、反战传单标语，普遍地在日本国内出现，共产党的组织已经有力地恢复，而且巧妙地利用一切公开合法的场面在作反战的斗争，这已经是日本法西首领们也不能否认的事了，六月初旬的《东京读卖新闻》，有下记的一段记载：“日本司法当局于本月九日起召集举行第十二次‘全国思想取缔会议’，会议目的为从新检讨扑灭赤化及反战运动之方策并商讨对被检举人民战线份子之统一处置办法。”

此会议之进行实际状况，外人不得而知，但其召集原因及其目的，可从法相盐野氏之长篇训辞中窥见一班[斑]。以下为盐野训辞之大意：

（一）日本之共产主义运动虽曾一时的表现衰颓的倾向，但最近又再度抬头，开始利用一切合法场面进行活动，并以非常巧妙的力[办]法从新建立党的组织。这种运动因系利用一切公开合法的场面，在种种关系上，调查取缔工作之进行极感困难。因此希望各位以更大之努力，透彻视察，周到注意，处理事案，期其万无遗漏。

（二）国内共产主义运动虽未见如何活跃，但在国际共产党援助之下，其企图在此事变当中扰乱国内治安，则不可忽视。最近更有大批宣传反战思想之文件自外国传布进来，以动摇日本国民之思想，这种情形，是不许我们有丝毫大意忽略之处。尤其在事变之末期或在事变终止之后，国内将有种种复杂之政治问题、经济问题发生，乃不难预想者，目前帝国正遭逢着空前的困难时局，为要突破这种难局，正宜实行一种大的转向，时运之发展前途，实不可预测之趋势。

从这可以知道，日本国内人民是已有了怎样的一种动态，他们在日寇军阀的高度压迫下，已奋起来反抗了。同时，更可见我们坚持到底的抗战，已使法西斯首领也不不得大嚷遭遇了空前的困难了。

十余年前一位日本朋友对我讲过的话，我到今天也不能忘怀，他说："中国的朋友不加紧反对日本帝国主义，使日本支配者能够纵容地吸取中国的膏脂来维持对日本劳苦大众的统治，这是中国朋友的责任；日本的朋友不加紧反对日本帝国主义，使日本支配者能无所顾忌地侵略中国，这是日本朋友的羞耻！"中国和日本被压迫大众的命运是共同的！我们用坚强的团结和持久的抗战来粉碎日本帝国主义，这就帮助了日本劳苦大众的解放，同时我们也要坚定地相信，日本劳苦大众的不屈的斗争，也就是我们抗战必胜的有力的保障。

七，十五

（原载于《新战线》第28期，1938年）

日本反战运动检讨

玄若

日本之有反战运动，现在已成铁的事实。不过我们不应把它希望得太高，以为从反战到革命，马上就可到来；但也不能把它太漠视，以为它终与日本结束侵略的最后之一幕无关紧要。

我想于许多记载反战活跃的事迹之外，补充一些具体而更基本的分析，用以证明日本人民之反战不是空中楼阁，或者借此可以进窥反战运动的归趣。

反战的客观条件

围绕于战争一焦点，在形式上日本国家似较平时更统一，但实质上，社会各种对立的矛盾较平时激化——这是过去战史的教训，颠扑不破的定律。

为甚会激化？理由在那里？一言以蔽之，在毁灭的战争过程里，社会各阶层负担不匀——一端是暴富，一端是死灭。

在经济上——首先从表面看来，整个经济的生活，逐渐枯涸。那就是日本工业生产指数，以战前去年七月一七四·五（昭和六—八年——一〇〇）为最高，此后八月一七〇·四，今年二月一六八·三（据商工省发表）。而其降低全系抑制消费资财的生产，即今年二月较去年七月轻工业减少一五％，重工业反增加一三％（《日本经济年报》三二辑，九九页）。但同时，“事变以来，需要增加二〇％”（内山德治《中央公论》八月，九四页）。因此，造成社会的恐慌、饥馑与不安。

当然，这“不安”归根到底实为战争之所赐。但你知道谁受战争之损失吗？请查“战费”的来源，统治当局，将“战费”负担全都转嫁于劳苦大众的身上，而资本家一毛不拔！

人或不尽信，有“赈”为证。

（1）公债。“事变”以来，已卖公债三十一亿，其分配：大藏省储金部承受六亿，日本银行承受二十四亿，余一亿财团承认（大每八月二十三日）。看呀！大藏省的储金部，全是勤劳阶级零星的储蓄，“事变以来，全部新寄存款的八二·一%——七亿六千八百万，用于公债”（七月二十一日《经济学者》，二九页）。其次日银承受的，由邮局发行另沽者四回，共计二亿四千二百万——从八月二十二日起，更新发行十圆券（先前最少二十五圆）借以扩大吸取穷人的资金。除由邮局售出外，几全归日本银行，化为纸币的形式——六月末日银未卖的公债有十二亿七千九百万圆，同时六月比去年七月纸币流通额增加四亿〇四百万（七月二十一日《经济学者》，二九页）。财团承认的一亿，亦有间接的方法，转嫁于穷人，即在加紧剥削上。

（2）增税三亿元。计新创物品税、通行税、入场税、砂糖税等间接税，已占一亿余。其次，所得税免税点降低（一千元），增加新纳税者四十万名（四月十一日《经济学者》，三七页）。直接征诸公司者较轻。

这些日人自供自报的清单，一一证实了每颗微末的子弹，都是日本勤劳阶级节衣缩食所余的血汗，然其代价是甚么呢？

在政治上，让麻生久开口吧：“使国民理解政治唯一机关是议会”，现则“议会真正的使命，事实上是停止的，死灭的”。（《政界往来》八月号，三四—五页）换言之，民主主义的残骸议会，因为自上而下的政治机构法西斯化，借所谓“军财拥抱”的前提而扩大而完成，议会已变成了政治障碍物（因为日本无强大的法西党）。在战争中，广大群众只有被压迫拘捕，绝无参与政治的机会——政权的支配，紧紧收握在财阀军部的掌中。

在社会上，资本主义先前公布的“自由”，一切法律的经济的伦理的“自由”，尽归泯灭。例如教育上，大学自治的“自由”，借口于排除派阀，被剥夺了。“七月二十八日荒木召集帝大各大学总长，宣布废弃帝国大学令学士院令，此后总长部长，不能自行遴选。”（七月二十九日大每）。职业的出卖劳动的“自由”，也没有了。“早大饮食店游戏场少女雇员八百名解雇，代表宫田等进谒当局，备诉苦衷，警察厅面斥：你曹应擦却眉黛，洗掉胭脂，速各回原籍，毋喋喋多言。”（七月十三日读卖）。买卖的贸易的“自由”也丧失了。既有暴利取缔令，有公定价格，有被限制使用的物品（依物资总动员计划，限制使用三十三种——花了三百万元），在全国的重要都市里布满四千名经济警察（《文艺春秋》八月号，一五四页），从事于干涉各种琐屑的经济的行为。

在军事上，这是大家顶清楚的，即强迫人民必输“血税”。假使“夜莺”——英国博爱的女人“有灵，应哭于地下”（荒木贞夫《日本评论》六月号，三一三页）。

总之，经济的、政治的、社会的、军事的各种压迫与危机，这些客观的条件，使日本人民不能永久继续地默尔，这正是鹿地亘先生所形容的“浮在水上的冰山”。

反战动力的构成

进一步探讨，日本“人民”反战的范围，其主力在侧翼，属于那一部份“人民”呢？

虽这早经成为普遍的常识似地，但有不少仍赓续着动摇的认识。

过去国内许多直觉而笼统的记载，无批判地认为财阀、重臣、官僚及政党都属“反□”的集团，以为战争组织，只是军部所排独脚戏。

其实“财阀”——自然包括利害不同的各工业部门，在战争初期，因为和平工业突然被弃，例若最大系统的纤维工业，每月棉花被限制至只许输入一百〇五万担(实际仅九十万担)，折算成纱，仅有二十五万七千五百捆——国内市场五万二千五百捆，不过平时三分之一(六月十一日《经济学者》，四四页)，因此就有三分二厂应当收场。所以好像自来便策动着带有反军色彩，关西财阀(组织有政治经济研究会团体等)难免有不惬之意，但必须在输出不能及不可转变为军需工业的两个前提下，才可或是有时偶生“反战”的念头。

随着战事扩大的结果，一面既创造了华北华中所谓有新希望的市场，一面和平工业与军需工业的界限，相对渐次地丧失；纵然以格于统制，及人已先登，利润厚薄不平均，但顾虑到整个阶级的利益，资本家终究与“反战”不能生联系。

至于其他亲军系统如日本产业、日本窒业、理化研究、森、日本曹达等所谓“新兴五财阀”，大多经营着“时局产业”，与其说是千载难逢的机会，不如说煽动战争正是他们既定的目的。旧财阀如三井、三菱，亦莫不如是——有鲇川之活跃于满洲，亦有乡诚之助之展拓于华北与华中，如无金融资本家之组织与支持，则战争既无可能抑亦不可想像。试看今日的政权或领占地，何处不是财阀的天下？

重臣与官僚。整个说，重臣官僚的基础，建筑在日本半封建的社会性质上。战争对于生封建关系，无所损失。例若七十三议会通过的农地调整法，对于佃农地主的冲突，须由裁判所裁判，裁判所可以裁判耕佃条约的存续、耕佃契约的变更，如地租怠纳，地主可以收回其耕地，“这完全是官僚的、地主的”(四月十一日《经济学》，〇页)。分开说，重臣又有其派阀，由西园寺、汤浅至近卫一线，主动或被动地，直接肩负战争组织的责任，平沼一至，则据枢密院，间接且更积极援助鼓励着战争。理由很简单，因为重臣官僚的身分，不能离开资本主义社会现组织独存独荣，而“战争”是“赌国运”——维持资本主义必有的手段。其不肯“反战”，犹如虎之不自脱其皮。

那么，“反战”亦即“革命”的基本动力在那里呢？在战争中，无产阶级是创造战争利润唯一的“工具”，正因为此，无产阶级也是被剥削的主要的对象——创造剩余价值的劳动强度与时间（十四小时）不断加迫与延长，生活费指数不断升高——七月比六月增加一·八%（东朝八月十六），但“事变以来，实质工资降低二分二厘”（八月十六日发表东朝调查）。任何人也不能不承认：“在现在和有产阶级对峙的各阶级当中……”（一八四七《共产主义宣言》）

但是日本资本主义在明治维新时，即由工场手工业时代过渡到机械工业时，因为主观客观一种的障害——封建建[制]度，不能澈底地毁灭——资本主义带了军事的半农奴制的特质——一直到现在革命客观的任务，不得不再完成民主的内容，不能不使农民成为革命同盟主要的队伍。

战时农村的危机，已不只是四十亿九千万元负债的问题，第一期：表现于劳力不足。大批人力马匹被征邀，“以日本的农业技术，减少二三人马上影向（风早八十二），故主要的农产品既渐失收；副业如蚕丝，今春白茧减少〇·三%，黄茧减少三二·八%：平均减少一〇%”（六月十一日《经济学者》，三一页）。第二期：发生肥料的恐慌。一九三六年输入肥料一〇五〇〇万，估总消费三分之一，现在这些肥料，均被军需所吞夺。农村恐慌已在生产里宿定下来——必配合着整个“反战”的运动。

第三动力应该算到城市中小商工业。“基于六月二十三日发表的物资总动员计划，由是而失业的人，和平工业有八十万，中小工业五十万。”（《中央公论》八月）在商业方面，日本商人占总人口一五·一%（其中贩卖物杂的占六七%），为战争而牺牲的将有三六·九%（八月十一日《经经学者》，三六页）。中间阶级之由动摇而进于革命，乃是“反战”成功基本的要件。

至于统治阶级中，虽无可否认“到斗争近乎决胜点时期，统治阶级里而分崩的过程，有一小部份的权力阶级，竟因之脱离旧关系”（《共产主义宣言》），但这班“降卒”，必须等到“近乎决胜点”才翩然而来。

反战组织及领导

在资本主义社会内，没有严密的组织，革命不能成功的。日本反战的组织如何呢？

不是原始的暴动，组织任务当然属于“阶级前卫”的政党。日本政党的现状，除了上无唯一领袖下无广大群众的法西斯群丑，应该首先谈到既成（寄生）二大政党及无产（日人讥之曰雾散）党。

目下既成政党的基础，主要在于身世飘渺的和平工业上。但是或为追认一生母的金融资本家或为投依“义父”的军部及重臣，内部已起分崩的变动：一面利用议会已死的形骸，抬高人所不齿的“卖身价”（像斋藤隆夫反抗的呼声）；一面全套换上法西斯黑衫，竞逐新党运动的前程。排在二大政党前面的两条路：一条是走上附和并拟装法西斯的一国一党论，一条是没落。

其次，社会大众党——战争前因为左倾团体被压迫，曾有许多革命的势力，借其躯壳，扩大政治的影向。例如前次议会的改选，社大党议员由十九名一跃而三十六名，在国中居第三党的地位。

但一到战争，社大党像前次欧洲第二国际党一样，立刻于七十一议会表明赞助侵略的态度（田议员龟井声明），并在地方大会的指令中再三表示：“对于日本民族防御的圣战，愿作真正的协力。”十一月第六回党大会，采用新纲领，纲领第一条说，“基于国体的本义，图谋日本国民的进步发展，以期人类文化的向上”，自认为民族主义的政党。又于十二月十五在其机关报《社会大众新闻》上否认为“社会民主主义的党”（以上据《改造》五月，一五七一八页）。不但如此公开叛变，竭力献媚，并且极端反革命，对第三次检举人民战线时被捕的党员（社大党党员）黑田寿男、重井鹿治（国会议员）及其他府县市议员数十名，于被捕后未宣判前，开除他们的党籍。

因此，社大之党势大崩——先是干部稻村隆一脱离党关系（全农新潟县联七〇％的农民组织与稻村俱去），继之大阪府联岸和因与田边纳，兵库县联长野有，青森县联淡谷悠藏等，几乎所有农民的组织，皆与社大党绝缘，此外劳动组合如东京交通劳动组合，正进行解散运动，一向支持社大党的日本劳动总同盟，计共脱离关系四二八二人。（据《政界往来》八月号，九二一五页。）

在选举上，信誉扫地，名古屋市会选举，社大七名候补全落选，东京深川区八名候补亦全部落选（同上）。

现在社大党与既成政党毫无差别地，积极法西化——六月十二日在议员会议中，突然主张一国一党，决定努力实现一大革新的政党，麻生久且著文立论说：“欲驱逐议会上德川幕府的现状维持势力，拯救今日的议会，惟有树立革新政党之一法。”（何故革新政党的出现是必要的。）

同情于人民战线的日本无产党，组织势力既微薄，现亦已几被当局一网打尽了。

由是观之，组织并领导反战，非日本真正的无产阶级莫属，日本共产党已经公开宣言："侵略战争的败北即是日本民的胜利。"这不是一声号炮吗？

以上所叙这些板滞的材料，仅从静的方面，摸索几条首要的大纲，根据这大纲，我想给它个结语：

第一，"反战"不能离开日本的"革命"，反战贯澈到日本国体，日本资格主义制度崩溃的问题。没有第二种政变，可向中国求妥协或作于我有利的让步。

第二，没有中国的"抗战"，便也没有日本的"反战"。要促日本"反战"早一日爆发，必须中国"抗战"多一分坚强。

第三，只有日本"反战"胜利的前途，才真正能结束中日之间的宿账，才真正有东亚和平的曙光。

（原载于《新阵地》第 27 期，1938 年）

我们怎样参加中国抗日战争？

[朝鲜]一来

中国抗日战争是对于日本帝国主义大陆侵略政策的总结算的开始。它的结果如何，依于地理的与政治的条件，也要直接影响到朝鲜民族解放运动的前途。所以中国抗日战争的发动与持续也应视为朝鲜民族解放运动的另一形态的推动与发展。理由是很简章，因为假如中国抗战失败而给日本独占，或者中途屈服而国家民族更陷于悲惨的境遇，则朝鲜民族的解放运动也要受致命的打击。反之，中国抗战胜利了，日本帝国主义给这一胜利粉碎，朝鲜民族才有独立自主的可能。

我不是说中国抗战的胜利同时意味着朝鲜民族解放运动的成功。但是朝鲜民族欲得到完全的解放，必得驱逐日本帝国主义出朝鲜。欲驱逐日本帝国主义出朝鲜，则仅限于朝鲜民族的独力斗争还是不够，质言之，必得抓住中国对日抗战的机会，利用殖民地对领主国的一切矛盾与对立，展开了壮烈的执拗的血的斗争才有可能。其在中国方面，欲确实保障抗战胜利，也得要这一支力量加入作战。论朝鲜革命而忽略了中国抗战或者论中国抗战而遗忘了朝鲜革命同样是不澈底的见解。换言之，朝鲜民族的解放与中国抗战的胜利，的确有不可分离的关系。

朝鲜民族必得尽所有力量，利用各种方法，以发动朝鲜革命者援助中国抗战，反过来以援助中国抗战者促进朝鲜革命的成功。

怎样发动朝鲜革命呢？

朝鲜民族在国内有三百万以上具有组织的民众，而此种组织在日本帝国主义统治机构里头，正如人体上的淋巴与血板，可能助其发育，也可能制其死命，而他们在这次中日战争中，无疑的是成为制敌死命的主要因素。朝鲜的大地主大资本家都是日本人，最大的压迫者就是日本帝国主义，所以朝鲜民众不论是工人、农民乃至中小资产阶级，都为着自身的解放而坚决反对日本帝国主义，在这反日势力高涨的时期，他们一定配合着中国抗战步调，一致蹶起，实行对日抵抗，开始武装斗争，破坏敌的秩序，捣坏敌的巢穴。在东北有二万以上武装部队（包括东北抗日联军中的朝鲜人部队）与不少数的受过初等军训的侨胞壮丁，他们正在跟抗日联军（东北的）齐一步伐，担任对朝鲜国境的扰乱工作，他们可能于一定的条件下揭开国内武装斗争的序幕。在苏联沿海州有两师以上朝鲜军队附属在远东红军里头，而俄日冲突之日一定是他们向祖国行进之时。在中国关内有两三百受过军训的朝鲜青年，我们必得于中国抗战当局的提携与援助下组织成朝鲜民族的独立部队或中国朝鲜两民族的联合部队，直接参加中国抗日战争，如欧战当时毕尔苏斯基领导下之波兰大队，以执行发动全国民众的导火性的任务。

中国抗战的胜利等于朝鲜民族解放运动的第一步的成就。朝鲜革命大众尤其是在中国关内的我们再没有踯躇顾虑的余地，起来吧，我们一齐往中国抗战前线上去奋斗吧，我们高高举起朝鲜民族参战军队的旗帜，让千千万朝鲜子女在这一面旗帜的飘动下怒吼起来！

（原载于《朝鲜民族战线》创刊号，1938 年）

中国抗战与朝鲜民族问题

[朝鲜]一来

一

中国与朝鲜，在地理上，隔着图门[们]鸭绿两江的一衣带水，绵延数千里相接的国境，决定了两国民族政治、经济以及文化生活上不可分离的关系。

历史是这样的告诉我们：一五九二年，日本为了要侵略中国，便假道朝鲜，并从征服朝鲜入手，在朝鲜首先引起了所谓“壬辰倭乱”的八年战役。一八八〇年，清俄日三国，曾经以争夺朝鲜，为各自外延势力的决胜点。一八九四年，日本发动清日战争，先驱逐满清在朝鲜的势力；一九〇四年，又发动对俄战争，结果排斥了帝俄的东渐势力，他的着眼点，无非在于攫取朝鲜，以便更进而并吞中国。

日本对朝鲜所采取的手段，不外是威胁、利诱，以维获独立为钓饵为幌子而作为吞并朝鲜的阶梯，更进而为侵略中国的准备与根据。我们试看，朝鲜不幸而亡国以后，日本的侵略魔手，首先便伸入中国的东北部的广大的领土和利权上去，反之，假如朝鲜不亡，日本强盗就根本无从染指中国。

这些，特别从九一八以至七七芦沟桥事变而到今日，伟大的中国遭受了日本强盗的残暴的侵略的空前与惨痛历史现实，铁一般真实的证明了中国与朝鲜两民族“休戚相关”“生死与共”的命运与关系，而这一点，尤其值得今日在准备展开着两民族共同对日作那无情的解放斗争的斗士们，所该深深记取和认识的。

二

已经不容否认，中国与朝鲜，在共同反抗日本帝国主义侵略的一点上，是真正不可分离的利害关系的，可是，我们试一检讨，在朝鲜亡国以后，日帝国主义的暴行与野心日益增长与展露以后，中国的先见的政治家中，固然不会有远识之士，从而大声疾呼，一方面以朝鲜的覆辙为殷鉴，一方面积极作援助朝鲜独立与复国运动的图谋，然而，在过去，中国的执政当局，始终对于中韩两民族的关系，没有明确的认识，对于朝鲜问题，也便一直的没有树立一贯的坚固正确的政策，我们试来一看中韩过去关系：

1.中国的东三省地方，有一个时期，曾被当着是朝鲜革命的烽火台，特别是武装运动，自亡国以后直至九一八前后，还是继续不断的进行着，而当时的东北当局，顶多只是采取了消极的放任态度，可是在日寇的要挟与移民问题的纠纷的双重苦闷下，对于朝鲜的武装运动，无可讳言的，往往不能勇敢的给予有力的援助与顺利发展的环境。

2.一九二五年中国大革命的前后，中国革命当局曾经给予朝鲜革命青年以参加军事教育与北伐战争的机会，并在广州、武汉两地组织东方被压民族联合会，团结并援助包括朝鲜在内的全东方弱小民族的革命力量，可是因为宁汉的分裂及广州事变的发生，中国内部的思想上的斗争，不可避免的牵涉到朝鲜的革命份子，影响所及，终于不幸的给拉下第一次两民族联合的序幕。

3.一九二二年在湖南长沙有中韩协会的成立，一九二八年在南京有所设东方被压迫民族通讯处，一九三二年在上海有中韩民众反日大同盟等团体的组织。这些团体与组织，特别是中国方面参加者，都系同情朝鲜革命之少数人士，同时因为经费的无着和环境的窒碍，仅止于局部的感情联络而没有发生若何实际作用。

4.一·二八战争告终，中国当局痛定思痛，埋头于民族自卫战的准备，就从那时起，才按月支拨一定数目的金钱，资助在京、沪一带的朝鲜革命党人，并给予朝鲜青年以受军事训练的机会，但是，引为缺憾的是，第一，这一种资助的工作，并没有统一起来做，同时第二，对于朝鲜革命青年的训练，也未能较普遍较大规模的做，所以没曾收到预期的效果。

根据上面四点，我们可以从历史的事实的观察，知道中国同朝鲜两民族，在革命关系上虽相当密切，但在关系的发展和运用上是很不够的，这无论站在朝鲜或中国的立场上，总是一个很大的缺陷，而今日也须加以克服的。

三

这里我们要相当的检讨一下：中韩两民族的关系，为什么不能有进一步的发展呢？我以为至少有下面两大原因。

第一，日本从并吞朝鲜直到芦沟桥事变的前夜，中间虽然发生和表现出经济的恐慌与内部矛盾对立的尖锐化，然而，它总是第一次世界大战以后一个新兴的资本帝国主义的国家，殖民地的革命运动，无疑的在领主国的繁荣过程中，不容易取得多大的发展的，由于这种客观条件的限制，朝鲜革命运动，便相当的带有内在的脆弱性，从而也就或多或少削弱了中国民族进一步相与联合的要求。

第二，国民政府成立以前的中国，是一个封建割据与军阀混战的局面的延长的历史，统一大业一直未能完成，这个时期自然无暇顾及其他民族革命问题；在一九二七年以后，一直到西安事变以前，又由于连连不断的可悲的内战，同时因国防建设的空虚，对于攘外抗日，始终在准备的过程当中，以致对于朝鲜民族问题不能进一步的加以考虑。

可是，如今的情形却完全两样了：一方面，中国在国共两党精诚合作的基础，形成空前的大团结，在最高统帅蒋介石先生的领导下进行起伟大的民族自卫的革命战争，经过十一个月艰难苦斗的结果，中国国家的抗战及国防力量飞跃的在增长和加强，将成为不可屈服和战胜的势力；他方面，日本帝国主义在中国民族英勇坚决的抗战和全世界反侵略反法西斯蒂的势力的抨击，抵制以及其国内矛盾的激化工农大众的反抗之下，已在执行着自掘坟墓的任务了。因此，无论在客观和主观方面，中国和朝鲜民族的联合抗日的条件，总已经具体的成熟着、存在着了。

四

朝鲜民族自从陷入日帝国主义残暴的压迫和无情的榨取之下，失去了自由，失去了生存的权利以后，不仅始终没有忘记谋取独立解放的企图，并且民族的斗争，更一天天的加紧和增激起来。

最初是义兵运动，其次是有名的“三一”运动，再次是根源于殖民地民族经济之加速的破产而发生的社会主义运动，复次是配合着中国及全世界的新的政治潮流而逐渐形成的统一战线运动。

讲到朝鲜民族的力量，如今在国内，有着三百万以上具有组织的民众；在中国东北，有着数万的武装义勇军，在中国关内，有着具有领导机能的革命团体与若干受过优秀的军事训练与政治教育的革命技术人员，这些无疑的都有机的成一种伟大的力量。

抗战中的中国，不可忽略这个力量，应该发动起来这个伟大的力量。

要发动这个力量，第一，须要建立两民族的全面的联合战线，通过这个联合战线以统一两民族的对日作战与斗争的战略战术及行动。

第二，须要统一的援助朝鲜民族统一战线，以促成朝鲜民族各个党派的团结，一以使朝鲜民族统一战线，在朝鲜国内组织广泛的深入的反日斗争与运动。

第三，须要以在中国内的朝鲜青年军事干部为基础，组织独立的或混合的抗日武装，给予他们以朝鲜民族革命军或中韩民族抗日同盟军的旗帜，直接参加中国抗日战争。

这样，朝鲜民族在国内与国外的革命力量，马上很快的便像洪流一样相互的汇合起来，在中国民族解放抗战过程中，执行着里应外合与内外线配合作战的最是以粉碎与致敌人死命的抗日任务，同时在打倒日本帝国主义的总任务中，遂行了把朝鲜民族自己由日帝国主义体系内分离与解放出来的历史使命。

贤明的中国当局和各个党派各个阶层的同胞们，我们朝鲜民族的兄弟姐妹在热忱的伸着千百万的巨手准备着同你们紧紧的相携前进！

（原载于《朝鲜民族战线》第5、6期，1938年）

中日战争中的所谓“朝鲜军”

[朝鲜]一来

中日战争发动以来我们在报纸上时常看到“朝鲜军这样”“朝鲜军那样”的记载。我认为这在被压迫民族互相联合,特别是中国朝鲜两民族同仇敌忾的意义上是很严重的事情;而有究明其真相,公告于全中国每一个抗战壮士的必要。

现代资本帝国主义一举而夷朝鲜为日本殖民地,然而日本的过去一切文化礼教与习尚,发源于朝鲜的固不消说,就是印度的佛教与中国的哲学也多由朝鲜介绍给日本,这是一点。民族生活的悠远,历史内容的丰富,也是朝鲜优于日本,这是二点。加之日本为着推行它的大陆政策,又不能仅视朝鲜为普通的殖民地,而需要把它咀嚼消化,使成为母体的一部分,这是三点。这些条件便是使日本不得不以高压警戒与同化政策为统治朝鲜的根本方针。所以日本自从在朝鲜确立统治权以来,从不敢把朝鲜人加以武装,这我们可以由如下的事实证明出来。

第一,朝鲜民族自从亡国迄今,根本不曾给施行兵役制度。这可由下述五六两项事实反证之。

第二,日本的关东军华北驻屯军等住外军队中,就是不相干的微官末差,也没有一个朝鲜人搀杂其间。

第三,日本在中国连租界巡捕与领事馆卫兵都不敢动用一个朝鲜人。

第四,九一八以后日本在东北各地为防备,并且为从内部破坏义勇军的活动计,而有所谓自警团的组织。可是这种自警团员除用十户连保切结束缚其行动外,特别是对朝鲜人,以平时不发给枪械,有事时发给是发给而限期缴还为原则。以上三项是中国人有目共睹的事实。

第五,在最近几年间,日本为准备侵略战争,在朝鲜挑选地主资本家的子弟，在严密的运保与种种苛刻条件下组织所谓“国防青年团”，予以军训；可是该团的思想与行动一左再左，左到造反；解散而改造之，但亦是一样。这使敌当局欲罢不能，只有派出大量密探监视团员的行动。

第六，中日战争的序幕揭开以来前线日军死伤惨重。日本帝国主义者为欲补充其兵力，曾于本年一月十四日经由朝鲜敌军当局颁布了志愿兵制。我们须知此种志愿兵制在经济破灭的朝鲜人看来，是个又好作威又好赚钱的难得机会，可是自该制令颁布以后两周间应募者仅得十几人。再换一套戏法，于同月末颁布了征兵令，实行征兵，而朝鲜民族的答复便是一个壮烈的暴动，由对于征兵官吏的反抗，发展而为民族的仇恨，仅是开城、平壤两个地方敌的官公吏及移住民死伤于朝鲜民众之棍棒者千数百人，而朝鲜民众死伤于敌兵警之枪刀者数亦如之。这些是惟有鲜血才能说明的殖民地民族解放运动史上一件悲壮的成就。

根据上述事实，我们可知朝鲜直至两个月以前始终没有施行过任何兵役制度。到最近，制度是有了两个，但这制度的施行又为消极的不合作与积极的反抗阻挡；即使有些绑架去的，但在时间上又来不及经过训练而开赴前线。

那么中日战争中的所谓“朝鲜军”是那里来的？我们一究其真相，可举出以下四点：

a.名义上之误解。驻屯朝鲜之日军通常称为朝鲜军，那就是驻龙山之第二十一师团，驻罗南之第十九师团与驻平壤之航空第七联队（现已增为一旅，番号未详）；这正如称驻关东州之日军为关东军，前者与朝鲜人无关正如后者与居住关东州之中国人无关。

b.以讹传讹之所由来。朝鲜人被迫在火线上给敌军掘战壕开汽车的不免是有的。固然，做工是一事，当兵另是一事，可是在血肉横飞的火线上谁也不耐替他们剖辨。

c.以假作真。被俘的日军往往为保全所谓“皇军”的体面，自承为朝鲜人。

d.最主要的还是日本帝国主义者的有计划的造谣中伤。日本帝国主义者为要拆散中国朝鲜两民族的联合战线，而利用上述种种疑似的条件，大造其谣，以中伤两民族的感情，而世人不察，信以为真。

中日战线上的所谓“朝鲜军”其来历便是如此，这是铁一般的事实。当然日敌已颁布征兵令，强征兵役势在必行，在今后也许发现真的朝鲜军也说不定，但在今日以前的所谓朝鲜军不是讹传，便是假冒，这点我们应得辨别清楚。这里作者所斤斤剖白者还不是专要证明朝鲜人没有给日敌当兵的事实，而要中国每一个抗战壮士正确估计他自己的最可靠的友军(朝鲜民族)对于同一敌人的敌忾心的深入与坚决程度,促进更大胆更具体的联合,共同奋斗,以完成两民族的独立自主,进而实现东亚的真正和平!

(原载于《朝鲜民族战线》创刊号,1938年)

论朝鲜义勇军的成立

[朝鲜]尹澄宇

(一)中国的抗战是世界被压迫人民共同的事业

目前世界的目光都集中于西方的西班牙和东方的中国:在一方面,这两个地方是德、意、日法西斯军阀最后发恶的场所,是德、意、日法西斯飞机大炮轰炸射击之目标,是成千成万的被压迫民众正遭受宰杀的屠场;但是在另一方面,这两个地方是千百万被压迫民众表演荣的革命斗争的舞台,是保障世界和平的堡垒,是被压迫民族革命烈火燃烧的燎原。

西班牙反抗德意法西斯强盗与其走狗西班牙国内叛军的革命战争,不但是为了西班牙人民求自由解放,同时为了保障全世界的和平。所以保卫西班牙的革命战争,不但是西班牙人民共同的事业,同时是全世界被压迫民族与被压迫民众及爱护世界和平人士的共同的事业。

两年来,在德意法西斯军阀飞机、大炮惨酷的轰炸与射击之下,屹立不动的玛德里的城墙,不但是西班牙人民共同奋斗的伟迹,同时是世界被压迫民族被压迫民众与爱护世界和平人士的共同奋斗的伟迹;更要特别夸奖赞颂的是保卫玛德里的血战中国际纵队英勇奋斗的成绩。所以玛德里城墙上西班牙政府军革命旗帜的飘扬与战争氛围中,不但是值得西班牙人民共同自豪的,同时值得全世界被压迫民族和被压迫民众及一切世界爱护和平人士的共同自豪的!

照样,一年三个月来,神圣伟大的中国抗日民族自卫战争,不但是为了中国民族求解放与生存,同时为了保障全世界的和平。所以中国的抗日战争,不但是中国人民共同的事业,同时是全世界被压迫民族与被压迫民众,尤其是东方被压迫民族与被压迫民众及一切世界爱护和平人士的共同的事业。

目前中国的抗战已进到了最严重艰苦的关头。全中国的重要都市与交通要道已相继失守，敌人的铁骑已遍踏于中原腹地，全中国最后政治经济文化中心的大都市——广州与武汉，亦告陷落于敌人疯狂地四面围攻之下。广州与武汉的失守虽然不能决定抗战的前途，但是一定能影响到中国抗战的更加艰苦；而且中国抗战的更艰苦，一定影响到全世界被压迫民族与被压迫民众，尤其是东方被压迫民族和被压迫民众革命运动的更艰苦及世界和平的更加受到威胁，是毫无疑义的。正因为如此，挽救时局的关键、争取抗战最后胜利的责任，不仅仅是由中国四亿五千万同胞共同担负起来，同时要由全世界被压迫民族与被压迫民众，尤其是东方被压迫民族和被压迫民众及一切世界爱护和平人士共同担负起来的。

最近在大江南北，中国军队英勇的抵抗，给敌人莫大的打击；中国军队壮烈牺牲的精神，造成了惊天地泣鬼神的抗战血史。这当然不愧于西班牙政府军保卫玛德里的血战。但是，到现在，国际人士援助中国抗战的斗争，还没有积极的表现，更谈不到像保卫玛德里血战中国际纵队那样英勇的战斗。这是我站在国际的立场上，尤其是站在与中国民族有血肉相关的朝鲜民族的立场上，觉得有愧于参加西班牙国际纵队的四十多个民族。寇深矣，事急矣！全世界被压迫民族和被压迫民众，尤其是东方被压迫民族和被压迫民众及世界一切爱护和平的人士们：我们对中国的抗战，应该尽国际的革命任务，我们要追随参加西班牙国际纵队的四十多种民族革命斗士的精神，我们要把中国变成为保卫世界和平的巩固的堡垒，我们要把中国变成为东方反法西斯的大本营。

（二）朝鲜义勇军的成立是国际义勇军参加中国抗战的先声

正当着武汉失守的前夜，正当着中国四万五千万同胞以最大的共同努力为着保卫武汉而英勇奋斗的时候，正当着国际人士对保卫中国的武汉没有表现，像保卫玛德里的国际纵队那样英勇的斗争的时候，汉口朝鲜义勇军的成立，是有它伟大的革命意义的。

朝鲜义勇军参加中国的抗战，不但是为了朝鲜民族的自由解放，同时是为了中华民族的自由解放，为了全世界被压迫民族和被压迫民众的自由解放，为了保障全世界的和平。我们很光荣地担负起这大时代伟大的革命任务，不但应该向积极的给朝鲜义勇军以援助的中国最高革命领袖蒋介石先生及前线杀敌将士与各地救亡群众，致崇高的革命敬礼！而且我们很光荣的愿意与中国弟兄们携起手来，为着打倒我们共同的敌人——日本法西斯强盗而努力！

我们不但是愿意与中国民族携起手来，为着打倒我们共同敌人——日本法西斯强盗而努力，同时愿意与全世界被压迫民族和被压迫民众及一切爱护和平人士们携起手来，为着打倒我们共同敌人——日本法西斯强盗而努力！

我们不但是希望全世界被压迫民族和被压迫民众及一切爱护和平人士们与我们朝鲜民族携起手来，为着打倒我们共同敌人——日本法西斯强盗而努力，同时希望全世界被压迫民族和被压迫民众及一切爱护和平人士们与站在反法西斯最前线的中国民族携起手来，为着打倒共同敌人——日本法西斯强盗而努力！

我们希望全世界被压迫民族和被迫民众及一切爱护和平人士们，对中国的抗战，不但给予精神上的同情和援助，同时希望给予积极的物质的援助，我们更希望军事人才、技术人员勇敢的到中国来，组织国际的义勇军参加中国的抗战。

我们不但相信朝鲜义勇军之成立，能够成为国际义勇军参加中国抗战的先声，同时绝对相信：朝鲜义勇军之成立，给全世界被压迫民族和被压迫民众及一切爱护和平人士以莫大的刺激，使他们更快地为着武装参加中国的抗战而努力。

（三）朝鲜义勇军的成立奠定了中韩民族合作的基础

中韩两民族，在历史上地理上，有悠久密切的友谊关系；尤其是自半百年以来，这两个民族，同在日本帝国主义跌蹄之下，过着奴隶牛马的生活。所以中韩两民族，在其自己民族革命的斗争中，应该彼此帮助，彼此合作，为着打倒共同敌人而努力，而且只有彼此帮助，彼此合作才能战胜共同的敌人——日本帝国主义。

所以中韩两民族，老早在抗战发生以前，已有彼此帮助与彼此合作的事实：如一九一九年朝鲜“三一”独立运动时，中国孙中山先生所领导的广东革命政府，对朝鲜独立运动者所组织的上海临时政府曾正式的承认，并且给予其他精神上的援助；一九二五至一九二七年中国北伐大革命时，朝鲜优秀的革命青年参加武装斗争的，约在一千五百人以上，到北伐完结时，被牺牲者不下三四百人；一九三一年日本帝国主义强占东三省以后，东三省朝鲜独立军与其他革命青年四万余人，参加东北抗日联军，直到现在与日本帝国主义法西斯，作坚决、持久、艰苦的革命的军事斗争。但是除了“三一”运动，当时中韩两民族以民族单位发生彼此帮助、彼此合作的关系外，一九二五至二七年朝鲜青年参加北伐革命运动，一九三一年后朝鲜独立军和其他革命青年参加东北抗日联军及中国抗战发生后中国关内朝鲜青年参加抗战，都是以个人的资格，与中国革命群众合作，还没有以朝鲜民族独立的旗帜来参加中国的革命。这是无疑问地减少革命的国际意义。因为个人的斗争，既不能在国际上完全表现朝鲜民族革命斗争的精神，而且个人斗争的宣传的力量有限，不能够对朝鲜国内大众给重大的刺激和鼓励，同时对中国民众也不能够发生受国际援助的兴奋。

这回朝鲜义勇军之成立，是朝鲜民族以独立旗帜参加和中国革命破天荒的第一次。这一个独立的中国抗日军国际同盟军——朝鲜义勇军的旗帜，一定能够使朝鲜国内二千万同胞看到海外同胞武装的抗日斗争与抗日势力后，更深刻地觉悟到争取祖国独立的大时代的到来，更奋起千百倍地勇气，以千百万群众武装暴动，向日本帝国主义作决死的斗争，以响应海外同胞军事抗日斗争，以响应神圣伟大的中国抗日民族革命战争，而且使他们更深刻地了解：朝鲜民族最亲切的国际弟兄，就是英勇抗战的中华民族。

这一个独立的中国抗日军国际同盟军——朝鲜义勇军的旗帜，一定能够使参加东北抗日联军的四万余武装同志及三百万朝鲜驻满侨民看到中国关内同胞武装抗日斗争与抗日势力后，更奋起千百倍地勇气，更加紧与中国同胞的团结，展开英勇无畏的抗日游击战争，以响应中国关内同胞军事抗日斗争，以响应神圣伟大的中国抗日民族革命战争。

这一个独立的中国抗日军国际同盟军——朝鲜义勇军的旗帜，一定能够使中国抗日军队抗日群众看到国际友军的援助后，更觉得他们的抗战不是孤立无援，而是有全世界的援助，这样更加强抗日必胜的信念，提高抗战的情绪和战斗力，而且使他们更深刻地了解中国民族的最亲切的国际弟兄就是为着争取祖国的独立而与日本帝国主义斗争的朝鲜民族。

所以，这回朝鲜义勇军之成立，奠定了中韩两民族合作的基础。我们不但在中国境内抗日战争中与中国民族合作，同时在将来朝鲜国内抗日独立战争中也要与中国民族合作；我们不但在将来朝鲜国内抗日独立战争中与中国民族合作，同时在消灭日本帝国主义后建立自由平等的新国家时，也要与中国民族合作，为着保障东方永久的和平而努力。

（四）为着成立中韩抗日联军而努力

我们在政治上看起来，朝鲜义勇军的成立，是无疑问地有如上述的伟大的革命的国际意义的；但是单就军事方面看起来，因为朝鲜义勇军数量上的不多，不能发生伟大的战斗成绩亦是可以预断，虽然它在质量方面，却有以一当百的作战能力，也是毫无疑意的，因为朝的义勇军不是集合普通朝鲜的群众而组织的，乃是集合了朝鲜优秀的革命青年而组织的。更具体的来说，朝鲜义勇军至少有百名以上的有丰富的军事知识和作战经验，有高度的政治意识和政治经验的干部人才。假如使这一批精粹的干部，担负起普通士兵作战的工作的话，不但不能发挥每人的能力，而且对朝鲜的革命和中国的抗战，也是不能够得到牺牲的代价，是可预料到的。

所以我们很希望与中国的抗战部队联合起来，成立中韩抗日联军。更具体的说，中国的军事政治干部和朝鲜的军政治事干部联合起来，共同招集中国的士兵和朝鲜的人民组织一军或一集团军，举起中韩抗日联军或中韩抗日同盟军的旗帜。这样不但可以有助于中国抗战中解决缺乏军事干部人才的问题，同时可以使抗战中求工作的朝鲜干部人才能够尽量发挥每个人的能力；这样可以使有强大的作战能力的一支生力军参加抗战，给日本帝国主义以重大的军事上新的打击，给中国前线抗战将士以新的军事上的援助。

以上所说的，不是我个人的意见，而是中国关内朝鲜同胞共同的意见。为着实现这意见，不但要由关内朝鲜同胞共同努力，同时我们希望中国政府、中国人民对这个意见加以极大的注意，并且为着实现这个意见而努力。

（原载于《民大半月刊》第1卷第6、7期，1938年）

向日本反战同志致敬

允一

大检举在日本原不算是什么稀异的事，我们老早就听到他们国内有什么思想的检举、思想统制、思想政策这类名词，不过，可惜得很，这种检举、统制政策的收效，似乎甚微，任你如何钳制人民，检举异己，而人民方面一次遭受大检举后，总是接着又生出了新的“叛乱”，并不如那些军阀、财阀之意，真的一次就被他们检清了的。

最近东京、大陂[阪]所检举的人民阵线，先后搜捕的人数竟达七千五百之多，而范围在个人方面有大学生、教授、议员，团体方面有各劳农团体、帝大，真可说大检举了。是的，这次这些个人、团体不仅是“思想不稳”，而且是有反战的行动，是在“帝国”正在作疯狂的侵略战时，站在人类正义、和平的立场举出了反战之旗，他们之被那些放火的野兽们检举，那是原不足怪的。在侵略战争的组织过程中，齐一侵略的意识，自然有来这一套的必要，但是在另一方面，却表示侵略国家组织的不稳内溃和分解的过程是如何激速的发展呢！

明白得很，这还不过是战争开始时的状态，星星之火刚刚萌生而已。无疑的，这火花是会燃烧的，我们在日本俘虏中，不是也常搜出反战的宣传品么？

我们对于日本全国和平的人民，即到今日也无什么仇怨，尤其我们要对这上万被检举的反战的同志们遥寄我们敬意与同情，我们都是一样被压迫、被伤害的。今后我们只有共同起来打倒我们的公敌——日帝国主义者，我们才能获得共存在。我们方面也不要过于性急罢！这和平的火花已经放出光焰来了。中国抗战长期延续下去，请看这火花化为火炬罢！

（原载于《全民周刊》第1卷第12期，1938年）

祝贺朝鲜革命青年的统一运动

允一

中国今日的抗战与远东弱小民族的解放斗争是有很密切的关系的，中国抗战的胜利不独将增加各弱小民族解放的信念，不独指示了解放的道路和给与丰富的斗争的经验，并且中国抗战的胜利，亦将提携远东被压迫民族的解放运动，而达到共同解放的道路。所以今日中国的解放运动引起了远东各被压迫民族之兴奋并不是偶然的。

我们非常高兴听到同受日寇压迫奴役的朝鲜民族革命运动的消息。在去岁朝鲜民族战线联盟成立时，我们曾表示了非常的快慰与期望，曾竭诚的致了我们的敬意与祝贺。一年三月来的抗战中，我们亦看到朝鲜兄弟们不少个别的参加了中国实际的抗战工作，在东北，这两个民族的游击队更是手携着手的在那白山黑水间与日寇作困斗。近数月中，我们也曾听到在武汉的一部分朝鲜青年组织了朝鲜青年战时服务团，从事抗战宣传工作。这使我们非常敬佩。

最近听说这一个服务团为了加强在华朝鲜革命运动统一战线起见，参加了朝鲜民族战线同盟，并改称革命者前卫同盟，这又是一项好消息，因为我们常听见朝鲜民族内部的复杂，即同是一个革命团体，也有派别分歧，行动不一，因此革命的力量分散，不能不是一件的憾事。现在大家在中国抗战中，先统一了在中国的革命力量，进一步再达到全朝鲜民族革命力量的大团结，形成伟大的朝鲜全民战线那更是当前的急务。

（原载于《全民抗战》第 23 期，1938 年）

论苏联援华问题

寺仁

这一个问题:苏联援助我国抗战,恐怕不仅是我国政府和人民,急要得到一种具体的解答,就是克林姆宫的要人,也天天都在考虑。到底马上出兵,给倭寇以严重的打击呢?还是让坂垣这一般无耻的军阀,继继欺骗着他们的民众和士兵,向中国作冒险的侵略战争呢?总之,这一个问题似乎是一个谜,但是一般人,谁也猜不出它的谜底,是援助我国,还是不援助我国?有一般人是这样的观察:莫斯科为了他自身的利益,在心目中急欲援助我国,而在事实上却不敢急于援助我国。这是矛盾的现象,而这种矛盾会将加强了远东及全世界的新危机。

今天,全世界的侵略国家,能弄到这样骄横的地步,一部份也由于英、法、苏等国的妥协政策所致。英法在欧洲并未能够充分的支持苏联,使苏联这个机构,得到英法实力的充实,能够充分发扬它的维持现状的作用,使侵略国家低头。但是,说到这里,说英法一贯放弃了苏联吗?这又是一个很幼稚的猜疑。在以往的史料中,随时随地可以找到英、法并未放弃苏联的根据,尤其是英国保守党的外交作风,是想尽量的钻到苏联这个机构里,进行有利于不列颠帝国的外交政策。但是,英法都是疑虑的,尤其是衰老了的不列颠帝国,先天的本身包含着无数矛盾的性质,英国保守党的突破矛盾的方式,往往又是站在一个"见小利求近功"的立场,采取一种现实主义的外交,不惜与造成事实的侵略国家妥协。在这中间,法国的外交,做了英国的尾巴,巴黎的资本家被伦敦的大地主拖着走向一条放弃苏联的道路。举例来说,如九一八事件、阿比西尼亚事件、西班牙事件和奥国事件,都被这种矛盾的和平主义贻误了。

所以为了这个缘故,倭国统治者、大逆不道的军阀敢于如疯如狂的加强侵略战争,想以血汗造成的军火,威胁我们中华民族的建国运动。

这一个大的遗憾,由历史的眼光来看,是应归咎于那些妥协政策的国家,他们未能澈底的奉行“集体安全”的任务。

我们并不承认“集体安全”是一句空话，但怎样拿出力量去维护“集体安全”，这是每一个中国人，都感觉到急须在事实上求解决的问题。

“我们正期望着苏联和英法等能放弃妥协政策，制裁倭寇。”

我们每一个人，凡是黄帝的子孙，不甘心做顺民和奴才的，都睁大了眼光，看着英国和法国的友邦人们，很希望他们看清我们的利益就是他们的利益，我们的灾难或繁荣也就是全世界的灾难或繁荣。同时，每一个中国人都伸出了手，向着莫斯科的要人们，很希望苏联能援助我们……帮助祖国抗战，打击倭寇，共谋奠定远东及全世界的和平基础。

苏联与我国的利害关系太密切了。谁也知道苏联与我国的利害关系，并不亚于英、法各友邦与我国的利害关系。如就国际的经济政治和军事的发展前途说，倭寇是以侵华为反苏的开头，反苏为侵华的结果。如果倭寇在侵华的今天得到胜利，也可以说是倭寇在反苏的明天得到胜利，直接说来，倭寇一方面现在侵略我们，另方面将来也要进攻苏联。试看广田三原则中的第一条，不是明明白白的这样规定着，希望我国参加“防共协定”吗？

我们的抗战，是为了奠定苏联及其他国家的和平而抗战的，我们希望能促进“集体安全”的实现，这不止是为了我国的安全与幸福，也是为了苏联及其他和平国家的安全与幸福，这次抗战是一个具有国际性质的进步的神圣的反侵略战争。

我们期望于苏联的，真与期望英、法是一样的，尤其是期望苏联当局能争取援华的良机，苏联援华的时间愈赶早，对于苏联本身愈有利，苏联似乎不应该把想援我而不敢急于援我的这种矛盾心理，更加强了远东及全世界的新危机。

我们除希望欧美各友邦能援助我们外，还希望苏联能援助我们，其实援助我们就是援助她自己！

（原载于《苦斗》第2卷第9期，1938年）

高尔基论中日战争

罗荪

九一八事变后不久，高尔基在一封写给几个美国人的回信里，论及中日战争，他说："在日本帝国主义进攻中国之前，德国的斯宾格拉(Spengler)在他的著作《人与技术》里面就在胡说了，说是十九世纪的时候，欧洲人犯了个极大的错误，把他们的知识与技术的经验传授给了'有色人种'。斯宾格拉这个高见曾被你们美国自己的历史学者房龙(H. Vanloon)学了去的。他也认为把欧洲文化的经验给黑种人和黄种人武装起来，是欧洲的布尔乔亚所犯的'七大历史错误'之一。所以我们看到欧美的资本家为要纠正这个错误，这才把金钱和军火供给着日本人和中国人，帮助他们去互相残杀，同时派遣海军到东方去(对日本帝国主义显了一显他们的有力的拳头)以便时机一至，会同英勇的兔子，瓜分这头死熊的皮。在我个人看来，我想这头熊是杀不死的。"

这头熊的确是杀不死的，而且在那事变的六年后，用民族革命的抗日战争回答了这匹"英勇的兔子"。然而那"错误"还仍然继续的在"纠正"，军火商人大量的供给着轰炸机和炸弹，准备叫这匹"英勇的兔子"到远东来"纠正"那传授了来的"欧洲文化"的"错误"吧！这是事实呵！我们已亲自看到了，在敌人狂炸广州之后，美国的总统、国务卿乃至宗教团体都在说实话了，并且呼吁军需工业家、飞机制造厂不要再售予日本，这应该不是一种单纯的"慈善"吧。

我们的成千成万的平民已在那铁翼下牺牲了，大量的文化机关、企业被消灭了，把中国的城市、村庄当做了屠场，比赛着"欧洲文化"的结晶——新武器，纵情的试验着，杀戮成为了一种嗜好。在这样轰轰烈烈的伟业里，是连温情主义者们的怜恤也放弃了的，高尔基在写给"文化拥护会议"的信里，早已指出"这个战争非但完全拒绝'文化的基础'，就连布尔亚式的人道主义也拒绝了"。因为是"法西主义所企望的新战争，人道主义的观念是违背基本目的的观念"。这个基本目的，无疑的就是要毁灭文化，屠杀成千成万的创造文化的农工，不但要把一切文化的成果变为灰烬，而且更使用了战争的铁腕阻止了文化的正常的生长。因为文化在某一个世界里，变成了不两立的东西。

然而，中国为了保卫祖国，保卫人类的文化，要为被屠杀的千百万的文化创造者复仇，要为被炮火毁灭的文化复仇，我们站起来了，用抗战回答残暴的敌人。高尔基的名言说："敌人不投降，就消灭它！"是的，我们要消灭它，要消灭这个屠杀文化的法西斯魔手，要消灭这个暴虐的野兽。这责任不仅仅是中国人民底，而是全世界有正义的人民底。高尔基曾这样的号召说："全世界真正的文学家们都跟法西主义及其一切丑恶对立起来！"

在中国人民正向"英勇的兔子"做最艰苦、最坚韧的战斗的今天，我们纪念一个为阴谋的魔手毒害了的世界革命文豪高尔基氏逝世的二周年，我们只有用行动来表现："敌人不投降，就消灭它！"

（原载于《抗战文艺》第1卷第9期，1938年）

苏联援华与中国联俄

周游生

…………

今年的十一月七日，是苏联革命建国第廿一周年纪念。中国正在以各种各样的方式，对苏联表示着无上的敬意和祝贺。立法院长孙科在庆贺苏联国庆之际说：

“苏联革命的成功，实为各被压迫民族（尤其是中国）去奋战成功的明证；中国目前正在向日本帝国主义作殊死战，二十一年来苏联的发展，跟今日中国的情况存在着极大的关系。”

“从苏联的奋战史中，我们已经认识，无论在何等绝无希望的环境之下，必可获得最后的胜利；不过，我们必须团结一致，下最大的决心，并尽最大的努力向前迈进！我们应抗战到底，压制一切消极的影响。”

一次全国各部队的政治工作会议，不管各部中是否已有政治制度，均须派代表参加，然后决定一个总的政治工作纲领和方案，以划一各部队的政治教育和统一各级政治部的指挥与调遣。如果未成立政治部的部队，或者由最高军事政治机关委派，或者从原有部队中抽调一部份人员加以训练而派遣之。第二，立即成立一个专门训练军事政治工作人员的干部学校。

自然，这只是我个人的意见，至于军事当局的计划如何，我们是无从知道的。不过，只要于抗战有利，而且又符合于三民主义和民主政治的原则，即使方式不同，于事实上仍然是无碍的。

这次抗战既然有艰苦的长期的，那么，我们必须要洗除过去军队中底各自为政的恶习，加强内部的团结，使全国的军令完全统一起来。所以，当前的政治工作也应该特别强调这一点。

假使我们已经有了划一的军队制度，而且制定了一全国军队政治工作的纲领，那末内部底分歧磨擦也就可以消灭了。

同时，中共机关报《新华日报》致电苏联各界说："苏联政府及民众对中国抗战予以精神上和物质上的援助和同情，中国民众极为感奋。苏联民众的成功，可为中国民族奋战最好的借镜，我们现正尽我们最大的努力，增进最后胜利的自信心，扩大民族统一战线，充实国际间工人和一切被压迫民族的合作。"

"苏联是我们的忠实友人……我们现根据孙中山先生的遗教，跟苏联作更进一步的合作，一齐向世界和平之途，迈步前进！"

是的，一年又四个月以来的中国抗战的事实，无论政治上、军事上、经济上、舆论上，都早已证明伟大的社会主义国家的苏联，是中华民族解放斗争最可靠、最亲密、最能共患难的朋友。

在这里，我们首先要把苏联的援华政策简单地讲述一下。

说到苏联的援华政策，我们就不能不先了解它的一般的对外政策或对外关系。它的对外政策是从它革命以来一贯的，即和平政策。但在它执行的过程中，对外关系是因其建设的进展而继续进展的。特别是从去年第二次五年计划完成以后，在国际关系上说来，社会主义在苏联已获得了决定的胜利。这种胜利，一方面削弱了资本主义的经济势力，同时加强了无产阶级的力量。苏联更因此增进了各国人民间的和平因素的作用。苏联和平政策，是仇视帝国主义战争及反对帝国主义战争的全体人类的政策。由于这一政策，苏联就成为团结一切不愿意战争及不利于战争的各阶级、各民族、各国家、各种人民以反对战争的中心。苏联是各国人民自由的靠山的作用，也增大起来了。全世界反法西斯的一切力量，都认为苏联是最广泛的无产阶级民主制，因而本能地趋向于苏联。在有些还保存着资产阶级民主自由的残余的国家中，它们的人民也把视线转向苏联在法西斯专政蹂躏下的人民，看见苏联是他们自身自由的策源地。人类文化的一切保护者，以及法西斯野蛮制度的一切反对者，都把他们自己的希望与苏联联系着。国际工人阶级的意识，想到在世界上有一块领土，无产阶级在那里创立了强大的工人国家，这种意识，增大了国际工人阶级的力量，并成为提高国际工人阶级战斗力的泉源。

这样的一个"各尽所能、各取所值"的社会主义国家苏联，不但是领土广大，而且是资源富足；不但不需要战争以夺取土地原料或市场，而且根本是反对任何国家侵略任何其他民族。

因此，苏联建国（即革命）以后，便立刻自动放弃了帝俄的许多以侵略方式而夺得的权益，例如它废除帝俄与中国所订的密约，以及在北满所做的事实。尤其是我们大家熟知的是，自日帝国主义侵入东北四省以后，苏联不但没有跟日本争权夺利，反而把既得的权益——中东路——也价卖给了日人，免得日本作为挑衅的借口，而维持暂时的和平。

苏联除不参加帝国主义战争，不侵略世界任何国的领土以外，最重要最积极的政策是同情并扶助被压迫民族和弱小民族，这在理论根据上，诚如张仲实先生所说："因为根据列宁主义的理论，民族问题乃是普罗革命整个问题的一部分；被压迫民族和附庸国家（弱小民族），乃是普罗革命的后备军，是劳苦大众的同盟；帝国主义国家里面，劳苦大众的革命要能够成功，须跟殖民地和附庸国家的民族解放运动，联合而成为一条共同的战线。我们知道：苏联的经济、政治及社会体系处处都是跟帝国主义对立的。它在资本主义包围之中要能够生存，也只有把帝国主义殖民地和附庸国家的民众视作自己的反抗帝国主义的广大的友军。所以苏联对帝国主义殖民地和附庸国家的民族解放运动，总是持着援助的态度。"

实际说来，中苏两国间确然具有着先天的亲爱和平的基础。《中苏合作抗日论》的作者，曾指出中苏两国关系上有下述的可乐观的三点。第一，中苏两国面积广大，有尽量发展的可能。在最近和将来，都不至有人口过多之患。第二，中苏两国都是资源丰富，物产充足，基本原料几乎可以自足自给，决不会作领土上资源上的争夺。第三，中苏两国的本身即是世界一大市场，苏联工商业虽已发达，但尚无过多的制造品运输出口；中国工商业比较落后，当然不至与苏联竞争。所以在最近和将来，两国间决不会有经济上的争端，或因争夺市场而起冲突。总而言之，中苏两国间压根儿就没有利害冲突。

中苏两国的利害关系不但不冲突，而且是相同的。社会主义国家苏联受到的主要的威胁者，除在欧洲的德国外，就是远东的日本；同时，中华民族所受到压迫和毒害的，也正是帝国主义及法西斯国家尤其是日本。这样说来，中苏两国联合成一条共同的战线，对付共同的敌人，自是当然的趋势。

为了争取我们民族的解放，为了保障我们抗战的胜利，除了对内应该加强民族统一战线，"团结一致，下最大的决心，尽最大的努力"（孙科的话）外，对外应该永远遵守孙中山先生的"联合世界上以平等待我的民族共同奋斗"的遗训，跟苏联作更进一步的合作。

在亲密合作的基础上，苏联的援华政策和我们中国的联俄政策，必将击退日本帝国主义的铁蹄；同时，中苏两个伟大的民族和日本的爱好和平与自由的民众，肩并肩，手搀手，一同跃进于人类解放的领域！

（原载于《自学（上海）》第1卷第9期，1938年）

日人反战情形

中央社

日本反侵略作家鹿地亘偕夫人池田幸子抵汉后，备受各界欢迎，记者于三月三十日往访鹿氏，探询日本国内反战情形。

据谈称：关于敝国人民反战情形，贵国人士均极关切，故自本人到达汉口后，各方人士均纷纷相询；惟自九一八后，本人流浪在外，对于国内实际反战情形，已不十分熟悉，但有一事可断言者，即日本人民根本不赞成军阀之侵略，并且日本人民亦决不以贵国人民为仇敌。关于此点，从历史方面可寻出种种有力之根据。

当中国发动革命，于民国十五年革命军北上时，全日本国民，对此大陆上之革命高潮，均极热烈关怀，但暴军阀之态度，却与此相反。正当革命军北上时，日军阀即在济南以武力干涉，而日本人民方面则发动一对华不干涉之组织，俾协助中国革命成功，此可证明日本人民对中国亲善之真正态度，旋此组织扩大为一反帝国主义同盟会之分会。尚忆其中有一标语为“拥护中国革命”，自然日本军阀对此举，曾竭力加以压迫制止之。

迨一九三〇年后，日本法西斯主义益为高涨，嗣对东四省与上海实行之侵略，深恐人民知而反对，乃竭力掩饰，结果造成九一八之事件，当时一般人民，极不愿作战，同时且均向政府呼吁撤回侵略行动。

自一九三四至一九三七年八月间，国内人民与法西斯所酿成之纠纷情形，本人因常旅行在外，无能得悉详情。但确知军阀在极端压迫民众，设法遮断人民耳目与外界之接触。一般军阀何以采取此种步骤，其原因不外中日人民间确具有良好友谊，查军阀此种政策，可称为个个击破策略，而此种策略今竟用之于各方面，最近日军阀竭力宣传贵国各党各派发生内哄，其目的亦在个［各］个击破，以期分化统一力量，本人以为欲击破此策略，一方面贵国固须精诚团结，一方面中日人民亦宜切实携手，向暴军阀一攻进攻，最后必底于成。

近日欣闻贵国抗战已有转机，想敌国内人民必乐闻称颂。最近本人八阅月来之流浪生活中，无一日不关心国内消息，无一日不在等待良好音讯。今年二月间会得一佳音，即在川崎已发生一出兵哗变案，其意义甚为重大，川崎一带乃日本重工业之心脏部分，该地人民在历史上迭有解放民族之运动，故此次哗变，确为全日本之警钟，本人预料继此案后，必有反响，果然不久在日本北方一带，神户、大坂[阪]及其他各地屡屡发生兵变事件。

由以上情形观之，相信日本人民反战运动转机已至，短期内必有惊人发展，遭受重大压迫之日本人民其反战运动，犹如大海中之冰山，一般人们见者，仅为浮诸水面之一部，实则磅礴之原动力，却藏诸下层，最后本人绝对相信贵我两国人民，终有一日必将日军阀征服云云。

（原载于《日本反侵略作家鹿地亘》，现实出版社，1938 年）

创刊辞

[朝鲜]子明

在现代，世界上任何一个民族的存亡安危，无不与整个世界人类的兴废盛衰息息相关。阿比西尼亚的被伊太利征服，其所受劫祸并不止于一个阿比西尼亚民族，而可以影响子东亚的风云：西班牙的内乱，也是同样，可以影响全世界的政局。

朝鲜民族问题，也是整个世界问题的一环。尤其在中日间与俄日间的国际关系上，它占着特别重要的地位。在过去，一八九四年的中日战争及一九〇四年的俄日战争，均以朝鲜问题为导火线，而中国和俄国的败北，即为朝鲜被日本吞并的决定条件。朝鲜既已为日本所吞并，中国便成为日本侵略政策的唯一对象。因此三十年来中国民族的一切革命运动及自求进步的努力，在在为日本所妨碍阻挠。直至"九一八"，日本强盗竟大举侵略中国，由东北四省而华北，遂引起中国的全面抗战。简括言之，四十年来中国和朝鲜的历史事件，无不有前因后果的关系，就是在将来也不能不如此。在目前，中国的抗战如果失败，朝鲜民族的解放，固然是渺茫无期，而朝鲜民族的努力如何，也可以影响中国民族的最后胜利。过去中国、朝鲜两民族所受的耻辱和损失，应该由我们共同负责，即打倒共同敌人及奠定东亚和平，也是中国、朝鲜两民族的共同使命。

现在四万万五千万中国民族，已经万众一心的团结起来，与日寇作英勇抗战，而朝鲜民族的反日革命，也有二十年的历史。每一个朝鲜人，尤其是革命份子，无不以中国的抗战为自己的生死关头，所以他们直接参加中国的抗日战线，而且更要积极准备全民族的反日总动员。

朝鲜的革命是从日本帝国主义的政治压迫与经济榨取双重痛苦中要求解放的革命，所以朝鲜的革命阵营是须要不分阶级不分党派地全民团结，这与中国的抗日民族统一战线，具有同样的性质，并且在理论体系上也具有一种共同性。这样我们中国朝鲜民族的共同奋斗，是历史给我们决定的使命。但是回头来看实际的情形，我们的联合战线，还是不能够普遍和巩固，于是我们必须努力更切实的联合起来，以求完成两民族的联合战线。这就是发行本刊的主要意义。我们希望我们的同盟者中国朋友，以此更加明了朝鲜的情形。朝鲜在中日战争的重要性，她在日寇铁蹄下所受种种痛苦，她在现阶段的特殊任务，以及她的革命力量与抱负，都有明白认识的必要。供给这些资料当然是本刊的一种任务，但我们更要把本刊作为中国、朝鲜两民族的共同发言，共同研究革命问题的机关，作为促进和扩大两民族联合战线的动力。

（原载于《朝鲜民族战线》创刊号，1938 年）

最后胜利与韩国革命

王成城

“最后胜利是我们的”，这是一个不可怀疑的信念。他指示出我们抗战的光明前途；他支持着我们抗战的坚毅勇气。自从八一三全面抗战展开以来，固然我们曾获若干胜利，但是大体上说来我们是处在一个挫逆的环境之下。我们之所以能够再接再厉的“累挫累战”，就是因为有此“最后胜利”的信念。这个信念并不是自欺欺人的口号，他是知己知彼的判断。所谓知己，是了解我国资源之无穷，可以长期抗战；所谓知彼，是了解敌人外强中干及内部矛盾的弱点，不能支持长期战事。所以只需要我们艰苦奋斗，我们定可获胜。

但是在抗战中，显然尚有两种认识上错误的人们。一种是怀疑“最后胜利”者，他们看见挫折，便说我国“累战累败”，没有希望；看见胜利，他们还会说：“小敌之坚，大敌之擒。”这种人是恐病者，是没有自信心的人，所谓“自弃者不可与言也”，不值得我们讨论。另一种是信赖“最后胜利”者，他们不仅相信而且依赖了“最后胜利”，于是放荡形骸，纵意所往，对于抗战漠不关心，对于胜利不去夺取，日惟坐待“最后胜利”的降临。这却是一个严重的问题。“最后胜利”是一个奋斗的目标，有待于我们去努力争取。“天命所归”的应命论反足以消沉抗战的力量。争取“最后胜利”固然是像“折枝”似的容易，但如不去争取，效法“守株待兔”的呆人，“最后胜利”又岂会从天而降。

如何争取“最后胜利”？在长期消耗的战略之下，无疑的是打击敌人的力量促成敌人的崩溃。这样我们便首需维持长期战争，争取时间以耗弱敌人；但是此外，我们更需要努力讲求其他打击敌人的方策。讲到打击敌人，必然有人会联想到国际联盟的制裁或某国的出兵问题。当然站在我们为国家生存、世界和平与人类文明而抗战的立场上，我们有权这样希望，但是默察国际形势，实在没有把握。我们还是本着“自力更生”的国策，研究可循的途径吧。

于此，我建议扶助韩国的革命运动。我们不讲什么主义，国际上无主义之可言,我们就事论事,以打击敌国为目的。日本分割中国制造伪满伪蒙傀儡政府,当然不是什么“民族自决”问题,我们为了抗战建国,虽然以至诚扶助韩国的革命,也不必附会为“殖民地解放”运动。我们是国际法上的“报复”行为。何况韩国与我有悠久之历史关系,自箕子封于朝鲜,三韩(马、辰、弁)皆是中华民族,予以协助,尤为正当。

韩国苟于抗战期间发动革命,对于我国大有裨益,自不必论。然而现在显然的我们只是在期待,并没有努力去争取。我们不扶才能发挥抗战的效能,所做的工作便不致于浪费。这不过是戏剧宣传的一例,以其他的艺术作为宣传的工具,也就可以由此类推的。

目前,我们的抗战是到更困难的地步,我们的民族的危难也就一天一天的加深。我们每个不愿做亡国奴的中华儿女,无疑的是要负起挽救中华的使命而努力抗敌救亡工作。反观我们的后方群众,有的对一城一池得失而感到悲观,几令我们不能相信我们全国已经动员,群众的这种悲观心理固然是因为文化水平的低落而致受唯武器论者的欺骗,但我们后方工作的政治宣传工作做得不够,也是不能讳言的事实。因而后方工作的负责者是不能不加紧后方工作的速度,不能不普遍的对群众作政治的宣传,使群众明白新中国是在抗战中产生出来,我们的抗战是一种巨艰的工作,我们要以血肉去保卫领土的完整与中华民族的自由。总之,要争求我们抗战的最后胜利,后方工作是要与前方抗战相配合起来。

以上所说的几种工作,在动员群众中是很迫切的工作,我深望后方工作者能本着抗敌救亡的信心,切实的做着以上的几种工作,以增厚我们抗战的力量。

一九三八十一月二十四日稿

(原载于《益世周报》第1卷第10期,1938年)

东北边界的变迁与张鼓峰的地位

李安和

这次日苏对于张鼓峰的争执，形势之紧张，超过前此任何的边境冲突之上。目前虽已成立妥洽，惟双方仍陈师边境，苏联又复在边界一带建造防御巨大工程，而日伪方面也集中大军积极防守。前途如何，殊堪注目，兹姑不予置论。不过双方对于争执地带的主权，都彼此认为属于自己所有，谁是谁非，我们应该根据客观事实详加分析。爰特就事件的真相为之一一说明于此。

一、我国东北边土的丧失

(甲)《尼布楚条约》和《爱[瑷]珲条约》

清顺治和康熙年间，俄人即已东来，屡向黑龙江边界进扰，清廷辄遣兵抵御，旋与俄断绝通商，俄人始遣使议和，终于康熙二十八年七月二十四日(即一六八九年八月二十七日)在尼布楚订立界约六款，从黑龙江支流格尔必齐河(Gorbiza)沿外兴安岭到海为止，岭东属中国，岭北属俄；西以额尔古纳河为界，南属中国，北属俄，是为《尼布楚条约》。

在《尼布楚条约》订定后，俄人复乘隙移民于黑龙江的左岸，屡次遣使要求划界，均为清廷所拒。适英法联军陷大沽，俄人秉机胁迫，遂于咸丰八年四月(即一八五八年五月)在瑷珲城缔约三款，是为《瑷珲条约》。自是黑龙江以北区域尽入俄手，而乌苏里河(Ussuri)以东至海区域，则定为两国共有领土。

(乙)《北京条约》

不久，英法联军攻陷北京，俄使从中调停，事后强索报酬。于咸丰十年十月(即一八六〇年十一月)在北京迫缔条约十五款，这就是所谓《北京条约》。(因其系补充《天津条约》，所以复被称为《北京续增条约》)对于我国东北边界大加变更，试看该约第一条的规定便可明了："此后两国东界定为由什勒喀(Chilka)、额尔古纳(Argoun)两河会处，即顺黑龙江下流至该江乌苏里河会处。其北边地属俄罗斯国，其南边地至乌苏里河口，所有地方属中国。自乌苏里河口而南，上至兴凯湖，两国以乌苏里及松阿蔡(Son'gatcha)二河作为交界。其二河东之地属俄罗斯，二河西属中国。自松阿蔡之源两国交界逾兴凯湖直至白棱河(Pailing)口顺山岭至瑚布图河(Houptou)口顺珲春河及海中间之岭至图们江口。其东皆属俄罗斯，其西皆属中国。两国交界与图们江之会处及该江口相距不过二十里。且遵天津条约第九条议定绘画地图，内以红色分为交界之地，上写俄罗斯国阿，巴，瓦……啦，萨，土，乌等字头，以便易于详阅。其地图上必须两国钦差大臣画押钤印为据。……"

又该约第三条规定："嗣后交界遇有含混相疑之处，以上……条所定之界作为解证。至东边自兴凯湖至图们江中间之地……设立界牌之事应如何定立交界，由两国派出信任大员秉公查勘，东界查勘在乌苏里河口会齐，于咸丰十一年三月内办理。……"

按，乌苏里河以东至于海滨之地，即今俄属东海滨省(Marintime Province)南半最繁盛的区域。上面第一条条文中所谓"顺珲春河及海中间之岭至图们江口"一语，乃指珲春河以东，海岸以西中间有南北直行分水岭一道，中俄两国即顺此岭为界，直至图们江口为止。岭以西所有水流流入珲春河者为中国领土，岭以东水流入海者则为俄国领域(目前日苏双方所争的张鼓峰就在这个岭的东面)。不过界址之南境的尽处，距图们江入海的口尚有二十里之远，而这个二十里的距离则为我国与朝鲜的交界，因此三国边界是相交于离图们江入海处的上游二十华里的地方。依照这个《北京条约》的规定，这个交叉点和在其毗邻边疆的境界，界线是非常含糊的。

二、我国东北边界的划分

(甲)《黑龙江东界条约》

我国东北边界界线之含糊不清既如上述，依照《北京条约》第三条(见上文)的规定，中俄两国政府遂于咸丰十一年五月二十一日(即一八六一年六月十六日)遣派代表从事勘界工作。中国由仓场户部侍郎成琦及吉林将军昌淳与俄方代表进行查勘，依照《北京条约》将应办事逐件会商，作记绘图，画押钤印，彼此互换者计有下列各件：

(1)黑龙江勘分东界约记一件，内附交界道路记文一、碑文一；

(2)补译乌苏里河东界俄文约记一件；

(3)交界地图六份(俄文三份，满文一份，汉文二份)；

(4)旗户渔猎居住册一件。(注一)

当时双方代表约定树立界牌(木制)处所,由乌苏里河口至图们江口(计长约六三二公里)共计八处。其与本文所说的张鼓峰有关的处所则为土字界牌。这在所撰定的交界道路记文内有如下的记述:"……由瑚布图河口顺珲春河及海中间之岭至图们江口,其东属俄罗斯国,其西皆属中国。……图们江右边距海不过二十里立界牌一个,牌上写俄国土字头,并写上界牌汉文,俱照图上红色为界。……"

此外,在补译乌苏里河东界俄文约记内也有下列的记载:"遵照一八六〇年十一月初二日《北京续增条约》(按,即《北京条约》)第一条第三条,自乌苏里河至海划分中俄两国交界地图……遵照此约第三条,应按俄国字头建立界牌……于图们江左岸距图们江口中国二十里处,建立土字界牌。以上界牌均照前注明俄文汉文。其自瑚布图河口顺山岭所有珲春河及海路至图们江以东之地归俄国管辖,以西之地归中国管辖。所有之界至图们江口上游中国二十里入海处为止,并绘地图,内以红线作为两国交界,均经注明无讹。"

上面所引的界约和记文等对于图们江上溯以北各处的界线并未详细划定。虽有地图的红线可凭,但是查勘手续非常含糊,而图中红线又多不准确。并且所树立的木牌事实上又和界约及记文的规定不相符合。例如在《北京条约》内原定树立界牌二十处,可是在黑龙江界约中的交界道路记文中则仅载耶、亦、喀、拉、那、倭、怕、土、八字头仅八处,而在该约中所附的交界地图中,则标明伊、亦、喀、拉、玛、那、倭、怕、啦、萨、土、乌十二字头计十二处,是前后的约文和界图并不相符。最可异的就是土字界牌一带地方,其西北正当珲春河流入图们江之处,其正西和朝鲜的庆源府陆路相接,乌字界牌正在图们江出海之口。这两个地方关系非常重要,可是在交界道路记文内所列八个界牌,止于土字而无乌字牌。这简直是把沙草峰(土字牌所在地)以南之地都放弃了。而在地图内于图们江口仅写乌界牌三字,红线则仍画在江的中心。像这种图文不符的地方,损及国土不少,可见当时划界的人员真是糊涂到不可思议。此外各界牌多系木制,因年深月久,多已损朽,形迹无存,以致光绪八年(一八八二年)有俄兵径据黑顶子地方安设俄卡招集朝鲜流民垦地的案件。九年(一八八三年)三月复有兴凯湖口俄人越界设卡的案件。十年(一八八四年)春间又有秦孟河一带俄人驱逐华民的事件。凡此都是因为界址湮失无可依据的缘故。因此便由总理各国事务衙门庆郡王奕劻等奏请派员履勘,光绪十二年四月(即一八八六年五月)间遂有重勘之举。

(乙)《珲春界约》

(1)珲春东界重勘情形。光绪十二年四月间,会办北洋大臣、都察院左副御史吴大澂(注二),帮办吉林防务大臣、珲春副都统依克唐阿(注三)奉命会勘吉林边界事宜,于是月十九日由珲春起程前赴俄境岩杵河(注四)会商界务,在二十二日和二十六日与俄员作两次的谈判。当时吴大澂等认为珲春与俄国交界地方的界线混淆不清,因为在咸丰十一年间(见上述)前户部侍郎成琦会同俄员所建立的木制界牌八处,中以末次的土字界牌最关紧要,不知何时失毁,曾遍询当地土人,亦无从查究。先是珲春副都统依克唐阿在到任不久以后,即开始调查边界,自珲春河源一直到图们江口五百余里为止,竟然讨不出一个界牌,而黑顶子山濒江一带,又久被俄人侵占。曾经该副都统与吴大澂照会俄方当局请其速将占地返还,虽经迭次面商,据约力争,俄方则一味支吾,借辞延宕,竟在该黑顶子地方添设卡兵,接通电线,大有久假不归之意。嗣经吉林将军希元特派协领穆隆阿、双寿等约同俄方人员共同会勘,仅至沙草峰(按,即在张鼓峰的西北)即为俄人所阻,未经勘毕而返。至于此次的重勘,则由吴大澂等会同俄方所派勘界大臣巴拉诺伏、舒利经等重新建立界牌。在四月二十二日的会议中,首先讨论重立土字界牌,俄方认为土字界牌前此是在沙草峰,并提出大小图稿为证,且以该员舒利经即系当时亲自绘图监立界牌的人员为言。又以图们江之东有大泡子(按,即指哈桑湖)积水为记,江西与朝鲜偏脸城相对。吴等则认为咸丰十一年所换地图内,英尺一寸系等于俄里(Verst)二十五里、中国里五十里。而图上界线末处与海口相距几及一寸,系俄里二十余里;如以中国里计算,实为四十五里。可是在咸丰十年的《北京条约》则规定:“两国交界与图们江之会处及该江口相距仅二十里。”即在咸丰十一年《黑龙江东界条约》内的交界道路记文也记明:“图们江左边距海不过二十里立界牌一个,上写俄国土字头。”据此是在咸丰十一年间所立的土字界牌显与《北京条约》和记文等二十里之说并不相符。俄员则谓海滩二十里俄人称谓海河,须除去海河二十里才算江口。吴等则谓江口即海口,中国二十里即俄国十里。沙草峰原立的土字界牌既与条约及记文不符,此时便就应该依照条约径予更正。俄员仍以旧图红线为词,坚执不允,于是争议不决。旋于二十六日复开谈判,双方再三争辩,始同意在沙草峰南越岭而下,至平冈尽处竖立土字界牌。这样一来,如果以江道计算,实照旧图展拓十八里(径直里数则仅十四里)。嗣经吴等派员实施测量,该处距离图们江出海之口顺水而下为中国里三十里,即俄里十五里。如由陆路直量,则为中国里二十七里,等于俄里十三里半。因之论者每谓自咸丰八年到光绪十年,凡中俄立约勘界,没有一次不是削地,仅仅这回能够把边界稍为推展若干。

到了五月十九日,吴等即与俄员前赴图们江议立界牌之地,亲自勘明。于二十日将石制的土字界牌公同监立，并用灰土石片深埋坚筑，以期经久。同时，并用满汉俄文作成两国交界道路记各二份（全文共计六段及土字界牌有关的为第一段道路记），另外复绘有分图二份，均于六月初七日缮写完成，即于同日（注五）在岩杵河俄馆会同勘界大臣巴拉诺伏等画押钤印。是项分图（按即苏联外委长李维诺夫所出示并经摄影公布的附图）以英尺一寸为俄国一里，计中国里则为二里，较旧图详密。曾经双方详加考核，分注汉文、俄文，并经双方人员画押钤印，由中俄政府各存一份。

除上述的记文和分图外，尚有重勘珲春东界约记一件的订定，这就是李维诺夫所说的一八八六年的《珲春条约》的主要部份。实则所谓珲春条约乃包含上述记文、分图和约记三种在内。

（2）《珲春条约》的内容。《珲春条约》，我国通称为《珲春界约》（日人亦以此为通称）；然在本约的标题，则称《重勘珲春东界约记》。这个约记缔立的原因，在它的序文上说是："……为两国东边交界地方所立木牌有失毁之处，一千八百六十一年即咸丰十一年所换地图红线有简略不甚详细之处，恐两国官民彼此误会，渐起争端……"

序文后面是两国钦差大臣官职和姓名（计有清国吴大澂及依克唐阿二人，俄国巴拉诺夫、舒利经、克拉多及马秋宁等四人）。嗣即将两国商办交界各事宜的条文八款加以列举。次复殿以："以上八则商议妥洽，两国官民益敦和好，永无疑忌之心。将此记文缮写俄文、汉文、满文各二份，以满文为主，俱须画押钤印，附于一千八百六十一年所定交界道路记文之后，永远遵守勿替。"

在界约记之后，我们便可以再看到上述的两国交界道路记六段（又有增订两国交界第六段道路记一小段）。此外更有查明更正倭字、那字两界牌记文一件及俄方照会一件。（注六）

《珲春界约》的本文对于与张鼓峰事件有关的条文是在界约记内的第一条，其原文如下："图们江边土字界牌年久失毁，亟应补立。依照一千八百六十一年即咸丰十一年所定交界道路记文重立土字石牌，议明立牌之地在该处山麓尽处江岸地方。此处顺图们江至海滩俄里十五里，计中国里三十里；径直至海口俄里十三里半，计中国里二十七里。"

在第六条则为关于绘制分图的规定，原文为："自珲春交界之长岭子顺分水岭至图们江口，另绘分图二分，由两国勘界大臣画押钤印后两国各存一分……"

此外在两国交界道路记文的第一段道路记内，更有下列明文："两国勘界大臣查明第一段交界，系……自图们江起至长岭之天文台止。此岭界乎俄国珲春卡伦及中国二道河卡伦之间，为珲春岩杵河往来大道。计新立土字界牌之地至天文台，俄里六十五里半，约中国里一百三十一里。图上红线俱顺分水岭为界……自土字牌以南，顺图们江至海口……所立土字界牌……一面刻俄文‘T’字，一面刻汉文‘土字牌’三字，旁列年月……四周地基用石筑成，外掘深沟，填以碎石，均灌灰浆，以期经久。自土字牌西北越岭经哈桑湖（注七）之西至沙冈子北，立第一记号，计八里一百萨仁（注八）……以上里数皆俄里。俄里一里约中国二里，俄国一萨仁约中国七尺有奇……记号皆用土砌成圆墩，周围掘沟，垫以石块。上立小石牌，刻一、二、三、四等字样。此记缮写满文、汉文、俄文各二份，并照以上界线绘成地图二份，均由两国大臣画押钤印，将此记文地图各存一份为据。”

三、张鼓峰的位置和形势

从土字界牌到第一记号牌间计俄里八里余，合中国里约十六里有奇。这条界线是沿着哈桑湖的西面，越岭西北行至沙冈子为止。张鼓峰就位在这个线的邻近，日方谓系在线的西面，苏方则坚主系在线的东面。据日本《大阪朝日新闻》所载：张鼓峰是在珲春南方约四十公里，距洋馆坪之南约十公里，在“满洲国”国境线内约三公里左右（?），并谓张鼓峰在长池（按，即哈桑湖）的西侧。北方三公里为沙草坪，而沙草峰则在洋馆坪之东南。

据熟悉张鼓峰形势的人们说，该峰高度虽仅四五〇米突（即约一三五〇英尺），但仍为苏日双方必争之军事上的重要据点。因为山峰的西南隔图们江即为朝鲜境，西及西北为吉林省境；东距苏联的波赛特湾（注九）仅三十公里，该湾为苏联海军重要根据地之一，潜水艇舰队多驻该湾，苏日一旦发生战事，苏自海参崴调集军队进攻朝鲜及东北，必须经过此湾。日本则以其间接可以威胁海参崴，直接可以控制此湾，所以必须占据张鼓峰。在该峰的西南隔国们江即朝鲜重要车站之一，由铁路可通雄基、罗津及清津三港。前二者为日本在朝鲜北部重要军港，后者则为重要商港。在日本方面看来，该峰的得失，关系异常重大。

四、我们的论断

（甲）《珲春条约》及附图的存在和真伪问题

《珲春条约》原称《重勘珲春东界约记》，订立于一八八六年六月间。订立原因及经过详情，前面业经说过。惟因该约记的末段曾载明附于一千八百六十一年所定交界道路记文（按，即指咸丰十一年五月二十一日之《黑龙江东界条约》中的黑龙江勘分东界约记所附之交界道路记文)之后,而该《黑龙江东界条约》又载明应补入一八六〇年的《北京条约》,所以就不为一般人所注意。自从苏联外交人民委员会把附于该约的地图摄影公布以后,英国《每日电闻》的伦敦日志栏记者遂以《珲春条约》为一种“奇怪的公文”,因为伦敦方面对于在英国博物馆内所保存关于苏联接管俄罗斯后所发表的中俄条约目录中,仅上有一八六〇年、一八六九年、一八八一年和一八九二年条约的参考文,并未提及一八八六年条约。即翻阅记录,也未述及中俄两国曾在珲春订有任何条约。这在英国博物馆中不能讨到《珲春条约》,当然不足为异。可是在我国所印行的中外条约汇编或全书这一类的书籍,没有一本不曾刊有这个条约。伦敦各著名的图书馆当也不乏这一类的书本,何不前往一查而遽指为“奇怪的公文”,或竟疑其为秘密条约之一种!至于日本政府对于这个条约的否认,则不得不令人叹为“别有居心”了。其实日人平日对于东三省的一切,没有一件不予密切注意。像这样重要的边界条约,如也诿称完全不知,自难令人置信。珲春界约这个名辞,我们很容易在许多日本的出版物中讨到。就举些例子罢。在一九三七年三月一日和十五日的《满洲日日新闻》(*Manchuria Daily News*)所发行的半月刊《满洲》(*Manchuria*)内,曾有一篇很详细讨论到这个条约的文章。又如本年七月十七日的《大阪朝日新闻》上面也附有争执地带图一幅,题为“张鼓峰附近日‘满’苏国境线”。其下且举述珲春界约如下的原文“……自土字牌西北越岭经哈桑湖之西……”等云。诸如此类都可以证明《珲春条约》素为日方人士所明知。但是奇怪得很,驻苏的日本大使重光葵氏竟公然否认有这么一个条约的存在,这简直可以说是等于掩耳盗铃了!至于该约的附图,依照我们前面所说的,更是丝毫没有可以否认的余地,绝不能因为该图未经印行而断为并不存在。在该约所附的两国交界道路记文的第一段道路记中,不是明明地告诉我们,曾经依照所述界线绘成地图二分均由两国大臣画押钤印,将此地图各存一分为据吗?但是重光大使竟以伪满政府未曾有过这个条约和附图为辞,指为并不存在。这当然难怪李维诺夫要异常愤慨地“对于经验丰富的外交家如重光者,竟对划定国境之正式地图如此轻视一点”表示惊讶了。李氏并称上项地图之未经在相当时期内印行,对于该图的效用和真实性绝对不能因而有所增减。最后他更用尖刻的口调冷嘲着说到:“此种否认的辞语出诸素不履行公布所订一切条约之义务的国家代表之口,实属奇闻,难道该国所订立的一切秘密条约即因未经公布或印行而失效吗?吾人实难置信。”

根据上述,《珲春条约》和它的附图既经证明确属存在,其次的就是应论到关于苏联外委部所发表的那幅地图的真伪问题了。按该项地图计有二份,中俄双方各执一份。我国外交部档案内当亦存有其一，苏联当然不敢擅行伪造。现在该图既已摄影公布，图内画押钤印的人员，清方大臣为吴大澂和依克唐阿二人，俄方大臣为巴拉诺夫、舒利经、克拉多和马秋宁四人，证诸该约缔结签订人的姓氏（参上述《珲春条约》的内容段内），更无伪造的事实和痕迹，益可证明该图的真实性，丝毫没有令人置疑的余地。

（乙）张鼓峰坐落界线东面或西面的问题

这就是关于张鼓峰究竟是苏联的领土抑或为我国的领土的问题。我们可以分为下述几方面说明。

（1）张鼓峰地处沙草峰的东南，相距约七公里。依《重勘珲春东界约记》第一条，谓设立土字界牌之地在该处山麓尽处江岸地方。而附文所载更谓于沙草峰南越岭而下，至平冈尽处，竖立土字界牌。又该条约所附的两国交界道路记文的第一段道路记，也明明载着自土字界牌西北越岭经哈桑湖之西至沙冈子北，立第一记号等，此外附图中并明白划定边界红线系经越哈桑湖西岸群山间，是张鼓峰显然在界线以东，毫无可以争辩的余地。

（2）在大连的某日报曾承认苏联兵士每年夏天常在张鼓峰山上支搭帐幕，消渡暑期。更有人说帝俄时代军队驻扎的遗迹，还可在山上讨到。这也可以证明张鼓峰确处于界线以东，而为苏联领土的一部。可是日本方面则谓在张鼓峰附近有一个防川项乡村（人口共四百八十人，计高丽人七十户，华人三户），乡长黄龙鈗及乡老金栋锡曾出而表示，谓五十年来每年三月及九月间乡民为祈求五谷丰登，祷祝天下太平，均择定吉日登山举行宗教仪式。如果该山系属苏联领土，何以苏联并不提出抗议反而置诸不问，因此认为该峰并非苏联领土。实则这种主张绝对不能说明该峰并非苏联领土，第一，防川项村民全属高丽人民（华人仅三户），该乡长所陈事实是否可供立证，已属可疑。第二，即使所言属实，以中俄两国前此对于界线虽经划定，然双方人民每有私自把界石擅行移动的情事，双方政府很少顾问，而人民越界放牧采樵，彼此亦均不加干涉，是即每年仅一二度之越界举行祭礼，更属不会发生争执问题。日方如果仅仅根据此事以为该峰不属苏联而对正式条约的规定公然加以否认或忽视，于法于理皆难谓为允当。

（3）根据伪满所发表的地图，第一记号石是在洋馆坪，与土字界牌距离约五英里，且为直线形。这样一来，简直是把界线移到哈桑湖之东或竟以该湖为分界线了。可是我们试把上面所引的记文“……西北越岭经哈桑湖之西至沙冈子北……”一段加以印证，便可见该地图的不可靠了。最可笑的，在一九三七年七月份的 *Contemporary Manchuria* 月刊（南满铁路会社所刊行）内，曾有一篇《苏“满”边界纠纷》的文章，虽然指明土字界牌在图们江东之吴冈(Wofeng)的东西丽，第一记号石在沙冈子北的洋馆坪，可是在那篇文章的插图内，则又指称洋馆坪是在“满洲国”国境以内的二公里半的地方。而最近由伪满军部所公布关于张鼓峰争执区域的地图，更和上述满铁月刊所刊的地图完全不同。就是其中所记载的分界石处所，也完全两样。凡此种种，一方证明日伪两方所刊行的地图，在事实上在法理上不特彼此发生冲突，并且大都没有根据；一方益见苏联方面所提出的主张，的确是有它的充分理由的。

(注一)《北京条约》第一条曾有“空旷之地遇有中国人住之处及中国人所占渔猎之地，俄国均不得占，仍准中国人照常渔猎”之规定。当时定约屡经争持，始克添入。此项旗户渔猎居住册乃吉林将军饬珲春协领斐音阿查明造送总署备案者，册中所载各处，即俄人不得占据之地。

(注二)吴大澂，吴县人，字清卿，号桓轩，同治进士，累官广东、湖南巡抚。历办东北及朝鲜外交，为李鸿章所器重。在吉林东勘界时，因氏熟于边陲形势，争回沙草峰以南失地若干。据传曾在中俄交界处建立铜柱，自以大篆勒铭其上。光绪甲午中日之战，督师出山海关，被败革职。氏工篆书，中年以后，又参以古籀文，书法益进，兼长丹青。有《愙斋诗文集》《愙斋古录》《古籀补》等书。

(注三)依克唐阿，满洲人，初以马甲从征江南，积功至佐领。同治十一年补黑龙江官。光绪五年任呼伦副都统，旋调珲春副都统，参与勘界事。二十年中日之役，驻守九连城，御敌于草岭河，以千人与敌数千血战。声誉鹊起。嗣调盛京将军，整理东边税厘，增加收入，颇著成效。二十五年卒，谥诚勇。

(注四)岩杵河俄文曰 Novo-Kievskoye，在张鼓峰之东北二十公里。今为苏联红军司令部所在地之一。

(注五)《珲春条约》的签订是在光绪十二年六月初七日。据吴等于光绪十二年五月初四日奏折内曾云：“……四月十五日即俄历五月初五日……”是六月初七日即系俄历六月二十六日，换言之，即一八八六年六月二十六日也。

(注六)此为一八八六年十二月三十日俄员致清国珲春副都统依克唐阿照会，认中国船只在图们江口出入者，俄方允不加拦阻。先是吴大澂等以图们江土字界牌以南至海口三十里虽属俄国辖境，惟江东为俄界，江西为朝鲜界，江水正流全在中国境内。中国如有船只出入海口，非俄国一国所能拦阻。此事曾经商议数次,俄员巴拉诺伏总以奏请俄建示谕为辞。后经屡次交涉,始获俄方同意。

(注七)哈桑湖原文作 Hassan 或 Hazoon,复作 Khassan,又译称卡山湖系一积水的大池(土人称之为大泡子),位于图们江的东面。自东南到西北成为细长方形。张鼓峰、沙草峰相连的小山脉适处在这个小湖和图们江的中间,因此张鼓峰等的小山脉可以说是一个小小的分水岭。日人称此湖为长池(因系长形),而我国报纸则误译作昌溪湖(根据各通讯社原文 Lake Chang Chih,有的则更译为长济湖,都和长池的原意不符。

(注八)俄里原文为 Verst,等于中国旧里二里,萨仁原文为 Sagene,合华尺七尺有奇。五百萨仁等于俄里一里。

(注九)波赛特湾(Possiet Bay)在海参崴的西,原名为摩阔崴。唐时有勃海国者,其东京龙原府故地,就是今日的珲春。当时和日本通航,即以摩阔崴为中心。一八五三年,俄国有一个海军军官(叫做 Constantine Possiet)发现了这个海湾,因此名其名以为纪念。后来这个波赛特又擢升了海军大将衔。他在一八七一年曾统率一个俄国的舰队到过美国纽约,其任务为向美国政府申谢当一八六三年俄国舰队过美纽约受美国款待时的谢忱,当时曾轰动过美国全国。

(原载于《东方杂志》第 36 卷第 3 号,1939 年)

第二张鼓峰事件

佚名

满蒙边境冲突，自从五月间爆发以来，到现在已逐渐扩大而成为第二张鼓峰事件了。据外蒙苏联联军司令部所披露的消息，自七月六日至十二日，蒙苏军与日伪军在哈勒欣河以东诺蒙坎一带继续发生战事，经蒙苏陆空军进行反攻之后，侵入蒙境的日伪军已全部退出。七月八日，日伪军增援反攻，仍遭击退。在这一星期中间，日伪军死伤五千余名，被俘三百五十四名，并有坦克车四辆、装甲车十五辆。蒙苏军死伤九百余名。在贝尔湖与诺蒙坎一带同时发生剧烈空战，在七月六日至十二日的一星期中，日机被击落六十架，飞行员被俘十二名，蒙、苏飞机亦损失十一架。又从五月二十八日至七月十二日为止，日机被击落一百九十九架，蒙苏军飞机仅损失五十二架。此外，蒙苏联军司令部并发表日本作战部队为第二师团、第三师团及第七师团，均为敌人最优秀的部队，但因为士气沮丧，所以作战的效果大为减削。

在日寇方面，当五六月间冲突开始时，曾作十分夸大的宣传，自称从冲突开始到六月终，蒙苏飞机被击落四百十一架，坦克车及战车被击毁二百五十辆，而日方飞机只损失三架。这种神话式的报导，经各国记者亲往战地观察之后，已完全揭破，甚至敌陆军当局也认为关东军报导部长河源宣传过于夸大而把他免职了。

这是十分明白的，日寇这一新的挑衅行动，目的在于对国内国际人士掩饰其在华作战的失败，同时亦在于离间英苏，以期破坏欧洲方面英苏谈判的进行。背后显然有德国在支持着。但泽、天津、诺蒙坎这三个地方，在地图上虽然相隔很远，在事实上是联在一起的。可是向苏联挑衅，不是一件好玩的事。假如一年前张鼓峰的教训还没有受够，至少这一次敌人将要饱受反侵略势力打击，使他休想再在泰山头上动土。

但是这第二张鼓峰事件是不是会扩大，或者也像去年一样，由于日寇的屈膝而收束呢？我们的估计是这样的：假如在八九月间冲突还未结束，而欧洲局面突然紧张起来，那么，很可能诺蒙坎事件发展为苏日战争。要是不然，日寇会觉悟到，替德意在火中抓栗子是不上算的，因此他只有屈膝了事。自然，外蒙是中国领土的一部分。外蒙的参战，也就是我国全面抗战的一部分。可是苏联只和外蒙订结了互助条约，敌人要是停止了对于外蒙的侵略，苏联就没有派陆空军继续参战的义务，不然就会中了侵略集团的诡计。这也是我们所应认识的。

（原载于《国民公论》第 2 卷第 3 号，1939 年）

日本支配阶级的动摇与民众的反战运动

[日本]青山和夫
王芃生 润补

迎着一九三九年的新春，而负战争责任的日本支配阶级，早已发出告饶的××！同时日本民众不断的表示着：要求×××真正和平，并反对帝国主义盗骗的伪装和平，这些都是中国正义抗战将获到最后胜利的先兆；也是日×××××，×××××××××××××××××！我们站在东方革命战线的人们，对于这伟大的一九三九年的到临，感着无限的喜悦和兴奋！

（一）由否认国府到近卫告饶

一九三八年十二月二十二日日本支配阶级的代表近卫，发表了所谓“关于调整中日国交的根本方策”，其隐蔽的帝国主义的毒素，中国方面早已看清，蒋委员长指斥得尤透辟！这且不再赘论。但单就形式看，却另有下列的意义。

第一，前年九月决定，去年一月十六日正式宣言的“不以国民政府为对手”及所谓“全面战争之澈底遂行”，都已经自己否定了。这就是他们自认一年来武力手段的失败和今后战争继续的困难，已经由体验而痛切感到了。

第二，日军在占领地带政治的失败，军事的无把握和经济的没办法，以及华北、华中、蒙疆各伪组织的不成形、无价值，也坦白承认了。

第三，这由于日本帝国主义之国际的碰壁，和国内的反抗等一切不安和不利，虽为着对内责任，还提出一些诈骗的条件，但实已低首自己打嘴巴，而移樽就教的了。

当着他们高唱建设“第二皇军”的时候，反发出这些××，也更可以看出下面的重大意义：

第一，中国四亿民众在革命领袖蒋委员长指导之下，以坚决抗战，向着民族革命解放独立的大道猛进途中，定能获到最后的胜利，也由日本支配阶级们自己承认了!

第二,他们所有军事的政治的经济的一切弱点,和建立“第二皇军”的不如意那内情的动摇和焦闷,也向着中国和世界尽量暴露了!

第三,他们不自感着责任而切腹以谢天下,反而欲将战争残局移展到世界大战的形态,以图再骗取日本大众最后一滴的残余膏血,供他们战争游戏的牺牲,也是很显然的。

若拿中国旧习惯的“一年三比”来清算中日战争的胜负,在南京会战后,他们预想国府即将动摇屈服的误算,完全失败。至运动陶德曼调停被拒为止,恰像端午结算中国的胜利!今次近卫的求饶,不独是中秋结算中国的胜利,并且是近卫明知年节总结算的大亏空,预先想用假票子对中国赖账的诡计!

(二)××日本帝国主义的纸老虎

中国抗战开始以来,日本帝国主义的缺点日益暴露,所以内部日益动摇。其兵力,在徐州会战时,已达最高度最精度。我们早已指明,今由武汉会战前后,看出左列事实,益证前言之不谬:

第一,南京会战后,期满退伍回日的士兵,到八月再被征入伍,参加武汉会战,并且内中有应选充过决死队的,在旧例,有永免兵役的恩典,也都强征再入伍了。

第二,徐州会战以后,已开始征召第二补充兵役。原来第一补充兵为第一乙种体格的壮丁全部和第二乙种体格的半数,故第二补充兵役仅所剩第二乙种体格的一半,可见补充力量已极有限的了。

第三,战争中不独已将现役兵一再延期退伍,并且预后备的兵役年龄亦加延长,实际上应当属于国民兵役的,也多被征用的了。

第四,机械化部队(飞行机、重兵器等)士兵,多未曾受基本教育,仅施应急的分业技术训练,并且各特种兵专门学校受业中的生徒,也拿出来凑数了。

第五,兵器储造状况。在战前,像小仓陆军工厂之类已加夜间作业,各工厂已使尽分业操作的最高能率。在开战初期,运来补充的弹药尚有昭和三年制品,以后的制造年度逐渐降低,最近竟有昭和十三年制品,可见储蓄将罄了。

第六,装备状况。我开战初期的日军,都是不完全的乙式装备,直到徐州会战前,才将战斗部队完成甲式装备,像机关枪,一部分还系旧式,后方部队,全系旧式。

再看他们的财政经济,战前三月以来至一九三八年十二月,仅对美送金,已逾日金十亿圆之多,且里面还含有由东四省、华北,夺取的白银和准备金在内。现在日本银行所称为准备金的,并非现货,仅系指一年间预计可以获得外汇的日圆评价而已。这不过是拟制的称呼,即日德及日义等物物交换的贸易协定中的日方受取额和其他输出受取外汇的概括评价,并非受付相抵的盈余。

至于公债,在一九三八年必得发行的六十七亿圆公债,至今售出者不过二十亿余圆,并且影响到一般股票和公司债券,像满铁的三亿、日本制矿的二亿增资,都无法办到。所谓开发华北华中的企业公司,连投资带运转资金,至今还不能募集,可见金融力已届极限了。

更看他们的生产和生产力方面:在他们机关所发表的公开指数,尚且逐步低下,实际当更减低。至于劳力的不足,单就各地方交通的中止营业一事,已足以证明,不必多谈。

像那样财源枯竭,连一九三九年度尚须四十七亿左右的应急,已苦点金无术,一九三九年军费五十亿,连一般岁出达八十六亿之多!纵然实行总动员法第十一条,但一只瘦鸡,只剩这多血,拿什么来打仗?不然,怎肯自打嘴巴来告饶呢?

(三)日本政权变动的本质

因上面自造的孽果所生的动摇焦闷,真没词句可以形容。原来近卫内阁的本质,乃"地主贵族"和"军部法西"的联合政权,经第一次内阁改造,变成"金融资本"和"军部法西"分赃的合作政权。虽然经过几次"游魂为变"式局部贴补,无奈中国抗战所给与他们的打击,像巨雷疾风似的不停,一直到宇垣被迫辞职以来,已迫着走向大动摇的前夜了!

"金融资本"和"军部法西"的裂痕,由所谓"对支院"的争执而显露了演成为更滑稽的所谓"兴亚院"。由"兴亚院"成立的经过,来观察日本政权的移动:

第一,由"地主贵族"之政治的后退和"文人贵族"政权(近卫、岛津、有马等)的没落,将演到"资产贵族"(寺内、前田等)之政治的登场!

第二,金融资本家(藤原、乡男等)依一般经济的不安,渐由动摇而被淘汰,其一部变成财政资本的账房(结城、池田、岛津及在满州[洲]之鲇川等);而普通资本家,皆变成国家机关的使用人(如电业、交通、矿山及一般产业之经营者)!因经济恐慌以物资不足的形态而深刻化,所以除财政资本以外的资本家阶级,很显明地站在反政府方面。

第三,在"军部法西"则依伪满与德、义的物物交换关系,故关东军获若干便利而势力增大,欲乘华北华中日军之失败而逞能暗斗!

(四)孤城落日的近卫

近卫求饶的声明,即由上述政权的变动与一切环境险恶所产生的××;像这样，日本最近必起××。纵近卫对内哀求妥协，而实际的政权不得不依大改造而变质！

战前“军部法西”将“小农”及“金融资本”与“地主贵族”收入囊中，然而今日，依关东军派之抬头，而“军部法西与议会主义法西”结合（从前相反，由一九三八年六月石原广一郎等组织“大和俱乐部”而苟合）。近卫则与封建的暴力团体（头山、秋山、秋田等）握手，以防军部的“苦跌打”，谋保全他自己的生命和地位。

今次近卫声明，是他政治生命将完结的苦闷呼声，也是日本政局变动将到烛灭香消前的一闪！

（五）日本反战势力的动荡和东方革命的联合战线

日本无产阶级和反军部反法西的人们，在近卫声明前，早已“以行动代呼号”而要求×××反战的平和！

第一，在日本关东一带的农民，为着反对汽油代用品原料的甘薯栽培（制酒精混石油，机械化部队用），而呈不稳，几乎捣毁军部御用机关的农会。

第二，以间谍或军纪违反名义，枪杀的反战日本军人，各战区多有。最近汉口北尾属下的一部分士兵，被宪兵解除武装！

第三，海空军中水上机母舰“能登吕”的飞行将校，有过激烈的反战论争，甚至拒绝轰炸飞行之命令！在航空队反战之“少年航空兵”借待遇不平，有争论怠业的情形。

第四，陆军中因防止反战之扩大，对官兵行李，无论出征或回国，检查极严，且有暗设内侦检举的布置，可见其严重。

以上都是日本无产阶级和反战的智识分子对法西反抗示威的言动，是要求无条件休战撤兵的表示。在这种秘密运动和军阀隐瞒的当中，我们已经看到许多生动悲壮的鳞爪。凡是了解革命的人们都知道，这都是蓬勃的革命巨流所飞溅出来的点滴，比革命勃发后的成队游行更有价值！我们相信：被军阀压迫桎梏的日韩台民众，都已×××赶到无可回避的悬崖，不能长此犹豫忍耐的了！且看这些怒潮，不久会随着中国革命的抗战高潮而冲破一切堤防，同登彼岸，而得到东方被压迫民众的大解放！一九三九年，定是最伟大而最有光辉的一年，祝革命同志们奋斗成功！

（原载于《大公报（香港）》1939 年 2 月 26 日）

日本速战速决政策的失败

——为纪念“七七”二周年

[苏联]G. 波格德列夫
雷君 译

日本自从侵占满洲之后，和德国缔结军事协定，数年来利用德国技术的力量，改装本国的工业，改编军队，加紧在外国购买军火材料和军火原料，积蓄力量，以便进一步的进攻中国。依照日本的想法，这次向中国人民的进攻，一定是迅如闪电的“速战速决”。只要作战几个月，中国便一定在日本面前投降。日本把这次所进行的战事的统局这样描写。

一九三七年七月七日日军进攻中国乡镇芦沟桥，开始了日本进侵中国的新阶段。芦沟桥驻有中国兵队。对于芦沟桥的进攻，也像一九三一年九月十八日造成夺取满洲事变的起端的进攻沈阳一样，是突然的，是毫无理由的。袭击细小的地方，可以使日本军事指挥部借口说是偶然的“事变”，并且开始口是心非的媾和的交涉，而一方面却借着这时机在中国境内集中很大的兵力。芦沟桥所在地的平津地带，到七月底时，日本人已经集中了几万兵士，并且携有大炮和坦克，日人立刻一方玩起“讲和”的把战，另一方面则开始进攻华北的大都市——北平。

但是这次情形并不像满洲事变时那样。那时被日本人杀死的张作霖的儿子——当时满洲的独裁者张学良，预先命令他的兵士不要抵抗。但是现在中国军队在一发生冲突的时候，便予日本以激烈的抵抗。虽然日军的技术优越，虽然日军有坦克和飞机，但是中国军队也像在后来所表现的那样，不止一次的把日本逐出他们所占领的城乡。

日人早已在华北集中了他们所有的努力，但是华北的战事，一开始便向不是日本军部所指望的方向发展。在最好的时候，日军也不过只能够占领沿铁路的一条狭长的中国领土。满洲虽然和华北为邻，但直到现在，战事已经进行两年,还是和刚开始战事的时候那样,日本离开实际的占领那丰饶的区域,还相去很远。战事发展得很慢。那时战争就已经显然有持久的危险。

中国前红军——第八路国民革命军在争夺华北的战事中起有成功的作用,八路军的队伍屡次惨败敌人,夺得无数俘虏和许多战利品。八路军在日军后方活动,日益进步的组织和进行游击运动。

不久之前,路透社的上海访员说:"中国第八路国民革命军切断连接北平和热河省的铁路线。最近三星期中,这条铁路的交通是一直断绝的。日人不得已从战线上调回大批军队,派到八路军所活动的后方区域去"。

八路军非但在华北日军的后方区域扩大着自己的势力,并且还扩展到满洲大部分的领土里去。据《消息报》载:"据由满洲来上海的某外人谈,八路军的大队已进入伪'满'境内,组织当地农民进行反日斗争。八路军的战斗员在驻扎在热河省的伪'满'军队中进行宣传工作之后,已发生反日暴动。"

在战争的初期,特别大而顽强的战事是发生在上海周围。日军在上海近郊冲破一道中国阵地,接着又是一道,并且在上海市内一步艰难一步的进攻障碍物,上海的战事索得日军损失极重的代价。

在战争刚开始的几星期中,日本大声疾呼的觉醒说:他们面前的敌人,并不是他们所想象的,他们本来以为是进攻没有保护的中国,但是大谬不然了。

原来这次日本重复进攻中国,对于中国人民并不是完全意外的事情。自从一九三一年秋侵占满洲,一九三五年日军向华北进展之后,并且在最近七年中日本军阀进行多方面的军事、经济与政治的准备之后十分显明,日本要挑选一个便利的机会,向中国再作进攻。而且中国人民的前进阶层,非但知道必然和日本作战,并且还准备这个斗争,竭力把多难的祖国的一切贤肖儿女以及数万万人口的中国团结在自己的周围,准备起来为民族独立而斗争。现任中华民国特区政府主席毛泽东说:"一九三一年九一八事变之后,中国革命的基本任务是反对日本,反对日本进侵中国的斗争。"(见一九三八年政治出版局出版的《中国人民必胜!》)

一九三二年中国共[国]民党便向国民党军队号召和中国红军缔结和平,开始对日本侵略者共同斗争。一九三七年九月,国产[民]党与中国共产党之间建立合作,从那时起,民族统一战线便成为事实,在动员中国人民大众和日本的斗争中起有非常重要的作用。

非但是在政治方面,并且在经济方面,这次中国人民是以非常强大的基础来迎接日本的进攻的。开战以前的几年,在中国国民经济方面,情形一直是非常良好的。日本侵入以前的五年,中国的收获一直是很好的。特别丰盛的是一九三六年的收获。那年中国人民除了收获很多稻米、大豆和马铃薯之外，并且几乎收获了两倍数量的棉花——八百五十万捆，对一九三五年的四百九十五万捆。

丰盛的收获使国民政府得以非但保障军队的给养，并且还充裕民食，农村情形的良好，特别是在像中国这样的国家，对于国家的经济是起有极大的作用的（中国百分之七十的居民是从事农业的），这对于国民经济的其他部门也不能没有反映。

真的，中国的对外贸易在上述几年中也有显著的进展。虽然国外市场的条件不良，但是中国的贸易额是不断增高着的。一九三六年中国出口货的价值较一九三五年多百分之二十二，较一九三二年多百分之二十四。一九三七年上半年中国的贸易较一九三六年同时期增高百分之三十五。

同时，出口货和入口货之间的差额大见减少，使中国的国际财政汇兑状况改善。

一九三六年机械和工业原料在中国入口货的总价值上是百分之五十，但是以前五年中的比值却只有百分之二十八。

非但对外贸易的成份证明中国在战前的几年中工业方面有显著的进步，并且例如中国各处建筑大规模的工业企业——五金工厂、织布厂、造纸厂、制油厂、制糖厂、蒸溜[馏]厂等，建设在一九三六年和一九三七年上半年开展得特别积极。

甚至于日军在占领区里创作的“卢[庐]舍荡然”，也不能给予中国国民经济以不能医治的打击。虽然失去广大领土，虽然日本毁灭无数工业企业、交通工具、农村经济的设施等，然而中国却仍是有着非凡的经济的反抗力。中国产业生命的中心很迅速的移转到日人不能到达的西南各地去了。

商业复原得特别迅速。据外国报纸载，中国的对外贸易在日军侵入中国的最初几月曾经猛跌，但一九三八年初，贸易额又和一九三七年上半年的贸易额相埒了。

中国的工业也随着商业强大的复兴起来。在这离战线的中国西南各省，如四川、云南等省，迁移来此和新近开办的各种工厂，工作现在正沸腾着，战争初发的几个月，几百工厂和制造厂从江苏、浙江和安徽各省经政府迁移到西南，单从上海一地，在中国军队英勇保卫这城市的时候，至少曾由政府迁运一万万元的工厂机械到西陲各省去。中国的临时首都重庆，离开东部海岸一千五百公里，在短时期中便变成一个极重要的工业中心。

像中国人民现在所进行的这样战争，财政的供给无疑是一个非常困难的问题。但是最近的分析表明，中国对于这方面的情形是非常良好的。以战争终极目的的目光看，比日本的财政状况要良好。

依照战争的条件，中国的战费止少要比日本少四倍。最近日本每月耗费战资四万万元日金，即约合二千四百万英镑，而中国每月的战费只有一万万元华币，即约合英镑六百万镑。

开战后第一年中国政府便得到英、美、法、捷、瑞等国的许多借款和货物贷款。这使中国的债券和钱币在外国金融市场上得以更进一步的巩固。开战以后，无论是外债和内债，中国政府是一直偿付的。

截至一九三七年的六月底，中国流通的纸币计达十四万三千万元，从那时起直到现在，共约只增百分之二十五。

中国的国际财政汇兑也是建筑在充分强固的基础上的。中国贸易额的亏损在战前经济发达的时候，已大见减少，亏损额自一九三一年的一〇八七〇〇〇〇〇〇元减到一九三六年的二三五〇〇〇〇〇〇〇元。至于支付额，已经多年来有利于中国。一九三四年盈余一万一千一百万元，一九三五年一万三千二百万元，一九三六年二万七千万元。根据各方统计，一九三七年上半年对于中国也是有利的。

为这个目的所准备的最大基金，是中国政府的钱币基金。自从一九三五年十一月钱币改革之后，白银不再是中国的支付材料。中国政府用收买的方法，那时开始把白银集中起来，造成特别基金。此项基金的数量，连政府所有的现金和外国钱币，在日军进攻中国的时候，据某些美国专家估计，为数十二万万元(见 *Far Eastern Survey*)。假使我们知道中国军费的半数即每月的五千万元，中国是用长年的各种收入——外债、支付余额以及动员的财物支付，其余半数是用钱币准备金偿付，那么我们可以断言，中国政府所有的基金，还足够用同样的数目再支持战争好几年，并且更有十分可靠的根据说，中国政府的钱币基金直到现在还在原数的半数以上。

根据这些统计，更根据上面所说中日战费的不平衡，必须指出，中国所拥有的钱币基金比日本所有的要多得许多，中国靠了此种基金可以用购买外货来充实自己的枪械和军火材料的存储。中国对日本除了有这一个很重要的优势之外，还有几个其他优势:战场接近根据地，领土广大，物质资源无穷，人的资源雄厚。

自从日本夺取满洲之后，数年来中国军队的状况和组织，都大有进步。在这次日本进攻之前，中国施行全国普及兵役义务，建立强固统一的指挥部，以最新式和一式的武器供给军队以及其他数项设施。而且第八路国民革命军是中国红军最有声誉的一个指挥员朱德所领导，在中国广大劳动群众中有无上的权威，是一个强大的战斗力量，中国政府从八路军身上得到了一个纪律和战斗训练的模范。中国军队的主要力量在于和日本作战能获得四万万人民的拥护，是整个中华民族和军队一同对日本进行这个解放战争。“几千万的中国人民参加反日战争。虽然在这战争中负了很重的损失，但是在人民大众上，抵抗日本侵略的意志，无论如何争取中国民族独立的信念却在扩大着。广大人民群众积极参加展开游击战争，便是一个明证。”（一九三八年政治出版局出版郑林作俄文《在反对日本侵略斗争中的中国人民》，第十九页）

日本军部对于上海作战的主要目的，是包围和消灭中国的军队，但是并没有达到，于是在进攻南京时，用极大的顽强性来争达这个目的。日本人调派大兵到南京城下，要用“钳子”捉住中国军队，但是华军指挥部用了很大的艺术，使日本受了很大的损失，一方面还把自己的军队脱出南京的包围圈。日本武士道愤恨之余，把自己军事的失败加在毫无保护的中国无辜民众的身上。

战争愈是延长，日军的战事行动便愈加进行得缓慢，同时中国军队却愈能迫使日本军队停留在一个地方，又如徐州之役，日人费了五个月的时间，死伤了十五万人。武汉也争夺了五六个月，受了很大的损失。中国抗战二年，总计日本在中国的田野和山岭里便已损失了四十多万人，耗费了五六十万万元日金，但是还很难说中国的战事已经到了决战的阶段。十分显明，日本战略家所创作的速战速决的政策已经完全失败！

日本侵华战争的失败，在日本本国更益明朗的被承认着。日本劳动者始终不赞成这对华战，所以在劳动者中非难声日益扩大，同时反对这次日本财政资本家图谋夺取新市场，获得殖民地盈利而进行的战争的抗议运动也愈加扩大了。

（原载于《杂志》第5卷第2期，1939年）

敬告在华朝鲜青年几句话

月

抗日战争对于中华民族是一次最苦痛的，同时是最强有力的锻炼，这才真像铁在熔炉里一样，经过烈火的熔炼，经过铁锤的打击，渐渐向着变成钢的方向走去了。在抗战的过程中，中国的一切已经和抗战紧密的连系在一起，使抗战的力量飞速的成长着。

自从中国抗战发生以后，朝鲜民族解放运动，也更进一步走上了光明的路途，就是为着适应客观情势和内部条件，而提出两个“建立民族统一战线”和“组织武装队伍，直接参加中国抗战”的口号。于是不问那个党那个派，都在这个口号下努力，能经过相当长的时间，竟建立了“朝鲜民族战线联盟”和“朝鲜义勇队”。这两者虽然同时也是自然不是完整的，但却可以说是在建立整个民族统一战线和整个民族武装队伍过程中已奠定了的基础工程，相信我们要在这基础上面仍继续努力下去，总有一天会达到我们的目标。

朝鲜义勇队已踏上了前线，他们在前线刻苦奋斗着，甚至最近已深入敌军的后方，开展广泛的游击战，获得了不少的成绩，这使我们不能不兴奋。

亲爱的青年同志们！我们在伟大的中国抗战当中，把我们所有的革命力量，应当怎样和中国抗战配合，换句话来说，我们应当怎样实践“组织武装队伍，直接参加中国抗战”的口号。在这里，只有朝鲜义勇队才能解答这个问题。

同志们！你们都是为祖国的独立和解放而奋斗着的战士，尤其在中国抗战中，你们的活跃是更生动的。然而可惜把我们青年的所有力量，尚未集中在一个组织里，这何等不幸的事啊！

朝鲜义勇队是在中国抗战中我们唯一的生力队伍，同时也是在中韩两民族合作上独有的组织。同志们，来吧！朝鲜义勇队正翘望着你们来参加！

（原载于《朝鲜义勇队通讯》第12期，1939年）

我们应该怎样认识和纪念“七七”

[朝鲜]李达

伟大的中国抗战二周年的纪念日来到了。无疑的，中国在这二年当中已获得了不少的进步。在军事方面，如全国军队的统一和指挥的统一，战略的成功和战术的进步，兵员的补充，器械的供给，尤其是军队政治工作的建立，军民关系的改善，敌后游击战的开展等。在政治方面，如全民族空前的统一，民主政治的推行，民众运动的开展，汉奸、妥协投降份子的扫荡等；在经济方面，如国防经济政策的实行，生产建设运动的推行，入超的减少，尤其是货币战争的胜利等；在文化方面，如战时教育的改进，民族文化的勃兴，民众组织的提高等；在外交方面，如国际地位的增高，国际援助的增大等都有长足的进步，而愈战愈强。再就历次战争的结果来看，在淞沪战役，平均敌方死亡一人，中国死亡四人，到了徐州会战，死亡的人数就变成一对二之比，这次鄂北之战，敌方死亡的人数较中国还多，这个比例的倒置，就是敌人失败的朕兆。

抗战二年来，中国已给予日寇莫大的打击。第一，粉碎了日寇不战而胜的迷梦和速战速决的野心和速和速结的阴谋。第二，消耗了日寇七八十万的兵力和一百万万元以上的战费和大批的军火。第三，促进了日寇国内的反战、反侵略、反军阀的运动和推动了朝鲜、台湾的独立解放运动。而且中国在国际上已获得了极大的同情和援助，甚至日本之觉悟的士兵民众也□起反战哗变，焚毁军火库，炸毁矿山，接济中国游击队。各国民主国家与苏联政府也积极援助中国。由此看来，中国的抗战已经获得了初步的胜利，然而初步胜利虽然获得了，“七七”所交下的整个使命，在今天还没有完全成功，敌人还有进攻的余力，心还未死，因此今年我们纪念“七七”的方法还不是庆祝，而应当是更加努力争取最后胜利。

那么，我们应该怎样认识和纪念“七七”呢？“七七”是中华民族生死存亡的关键，在此关头，奋起抗战，实在是中国复兴的开端，同时也是朝鲜、台湾实现民族自决的决定机会。我们要知道这次中国的抗战是消灭日本帝国主义的主力战，而朝鲜、台湾民族解放斗争是一个促进日本帝国主义总崩溃的有力因素，中国抗战不能不推动朝鲜、台湾的民族独立解放运动，同样朝鲜、台湾的解放运动也必须与中国抗战互相配合同时并进以促进日本帝国主义的总崩溃。因此，中国抗战的最后胜利，就是朝鲜、台湾革命的胜利，这是中国民众和朝鲜、台湾民众对于"七七"应有的认识。

其次，我们应该怎样纪念这伟大的"七七"二周年？今年的"七七"是我们朝鲜义勇队参加中国抗战以后第一次的纪念，所以我们来纪念"七七"的意义是更深长，我们在这里，重新确认参加这次战争的历史任务，并且举行战斗的宣誓。

我们要认识我们既然参加中国抗战与敌血战，今后应仍要加倍努力，加强中国抗战力量，使抗战早日获得最后胜利。我们需更认识我们今天所负的任务的重大性，就是我们是新朝鲜的建立者，同时也是反法西斯侵略战线的一个支队，所以我们"七七"纪念要加强努力，执行下列各项工作：

一、向为抗战殉难的中国烈士致哀，并向正在前线战斗着的中韩两国将士致热烈的敬礼。

二、加强中韩两民族联合战线。

三、号召在华朝鲜革命青年参加朝鲜义勇队。

四、积极拥护和支持关内朝鲜革命运动的统一团结。

五、积极促成全民反日统一团结。

六、积极设法打开国内路线，使国内同胞自动起来响应中国抗战。

七、采取与东北，沿澳州、美洲及各地朝鲜人民反日团体及同胞，尤其是东北朝鲜义勇军密切连络。

八、积极推动和拥护以中国抗战力量为中心结成全东亚反日反法西斯大同盟运动。

（原载于《朝鲜义勇队通讯》第16期，1939年）

《苏报》盛赞中国人民英勇抗战

佚名

《苏报》顷发表《中国人民为民族独立而奋斗》一文，就中国军事活动加以总评，略谓：日本强盗本企望速战速胜。中国人民的团结，完全出于日本军阀所未料，故日军之战略计划遂被击成纷[粉]碎，中国人民决不屈服，其抵抗日本侵略者之实力，且更日益增长，中国军队亦未被击败，其人数与其他种种方面，且更日益发展，帝国主义之日本，并未准备作长期战争，今在中国已日渐深陷泥沼而不能自拔。消耗其原料与外汇准备金，故正使其经济频[濒]于完全破产，使其国内及国际形势，益感困难矣。而中国政府及其最高统帅，已能保持并加强其军队，组织其大之后方，贯澈持久抗战之国策。日本国际形势则日益恶劣。盖日本侵华，直接影响英美法之利益，英美法各国政府如停止以原料输日，即将予华以更实际之援助，此点亦并非不可能者也，东洋三岛帝国之财政困难逐日加深，其现金准备额，开战前为一七四〇〇〇〇〇〇〇〇圆，迨至一九三八年六月，即减缩为五九六〇〇〇〇〇〇圆矣，而举借外债之可能牲[性]又极受限制，在中国进行之掠夺战争，自然不能获得日本人民之拥护，反战运动正在日本民间发扬滋长。作战两年来，日本国内已逮捕千千万万“破坏分子”，在为民族独立而奋斗中，全中国人民之统一、团结，共同参加抗战，均系争取最后胜利之条件也。

（原载于《中苏文化》第4卷第1期，1939年）

苏联《真理报》论中国民族抗战

张剑非 译

从中国战区，特别是由广东方面传来的消息告诉我们，中国军队正在英勇的打击日本强盗。日本侵略者以为占领了武汉和广州会使中国屈膝求降的希望，始终未能实现。中国军队不但完整的保全了自己的战斗力，而且内部的团结更形巩固，政府、军队和民众都在这国难重重的时候更加强了他们抗战的决心，在武汉撤退时中国军的最高统帅兼国民党总裁——蒋介石先生曾说过："中国地广兵多，我们一定坚强的继续抗战到底达到最后胜利！"这个伟大鲜明的表示和最近李宗仁将军的讲演以及国民参政会第二次会议的决议，充分的证明了政府和民众间一致抗战的信念，在放弃了若干大都市和铁路线的形势下，中国民族解放战争迈进到新的阶段，在这阶段加强并发动军队与武装民众相配合的游击战术，有组织的来准备反攻，日本军队的进攻力量现在更形疲惫。在中国的敌后方也就是日本军阀们认为已经占领了的区域里面，在各战线（如广东、湖南、五台山等地）日本军队只能采用改攻为守的策略，不过这并不是说日本军队会放弃用重大牺牲的代价来采取新的进攻的企图，像这样的试战决不能摧毁中国的抗战力量，同时也决难达到日本侵略者战胜迷梦的实现。在中国各省广阔的区域里特别是广东省的西部、广西、云南、贵州、四川、湖南、青海、西康、甘肃、陕西、新疆这些省分里也都正在准备防御和反攻的工作。上述各省面积达七百万方里，人民达二万万。虽说这些地方在经济和文化方面上来看是比较落后，可是在那里蕴蓄着各种物资的宝藏，都可充做军事上的原料，只要能把工业水平提高起来，仍然是多数可以开发利用的。听说自从上海、徐州和武汉几次大会战以后，中国政府是运用了各阶层的力量，特别是中国工人的力量，已经把工业设备、工人和技术干部配置到适当的地区了，现在一些偏僻的地方已经在新的道路上发展着，它们的经济产业复兴和发展，将来对于中国反攻的军事准备上，无疑的是具有极重大的意义。同时，在这里更从事准备新的民众武装力量——他们也就是准备打击敌人的新的队伍。日本进占广州和武汉，并没有得到他们国内统制阶段所预期的效果。战线越长，日本军的交通线也越容易被中国的游击队所袭击。中国北部的战况，已经充分的表现出来游击队优越的战斗力。最近广东方面：由一九二三年参加上海战役的民族英雄蔡廷楷[锴]将军统率着的游击队，正在英勇活泼的打击敌人。总之：日本侵略者此番冒险进攻的结果，在军队方面上是需要不断的补充，在经济方面是造成一种严重的贫乏现象。我们对于当前日本国情的展望：只见其工业和财政资源的窳败与日见加深的民众愤怨。而同时与其面对着的中国，则是经济产业的建设日趋突飞猛进与强大巩固。其民族抗战的阵容，也正在举国一致肃清汉奸与主和派的进行中坚强起来。在长期抗战前途，中国民族必能发挥其民主与进步的真实力量，来完成其最后胜利底历史任务！

（原载于《东北论坛》创刊号，1939 年）

编后小记

佚名

“七七”抗战两周年，这个伟大的日子，他不但是中国的宝贵纪念日，同时在世界爱好正义和平人士的心灵上也是难忘记的一天。尤其是处在日本帝国主义压迫下的弱小民族，对于这一天更有异样的感觉！

“七七”可以说是光明开始的日子，是正义复活的开端，是和平之神的再生日。她代替世界爱好正义和平的人士，铲除侵略的恶魔，她为弱小民族解除惨酷的压迫者，她的确是人类史上不可多得的一天！现在又临到了她的两周年纪念，应当是世界人士欢欣鼓舞的日子，但是日本法西[斯]恶魔还没有完全进入坟墓，它还正在作垂死前的挣扎，我们于欢欣之余，还应当拿出积极的行动来打击日本法西斯军阀，让他[它]早一天永远的安息，好实现人类共同的幸福！

这一天，在世界上各角落里一定会燃起反日本法西斯军阀的火焰。不是么？英美法苏等这些民主国家，正在设法防制法西斯的毒焰。日本国内善良的民众也正在反战！中国也正在英勇的抵抗日本法西斯军阀的侵略……现在又临到这样一个伟大的纪念日，一定会给他们一个更伟大的刺激。

我们朝鲜，是日本法西斯军阀铁蹄下的最惨酷的被压迫者。在这个伟大的时代里，我们誓死向日本法西斯军阀，索还三十年来的血债！为千万死难的同胞复仇！流浪在国外的朝鲜同胞，也是这个战争中的一环，我们参加了中国伟大的抗战，在东方革命领袖蒋委员长领导之下，正在各战场上和日本法西斯血拼！伟大的“七七”两周年，□来到我们面前，我们只有更坚决更兴奋的和世界爱好正义和平的人士携起手来，完成打倒日本法西斯军阀的任务。

为了不辜负这伟大的一天——“七七”，无论在重庆、在西安、在……在各战区，我们朝鲜同胞都准备拿更热烈更积极的行动来答复日本法西斯军阀的侵略暴行，把我们所有的力量供献给中国的抗战，供献给世界反侵略的和平势力，因为我们的力量也是世界反侵略的一环呵！

留在桂林的朝鲜义勇队一部人员，参加桂林各界的“七七”扩大纪念会，执行各样的宣传工作，同时本刊也出版“七七”两周年纪念特号来配合这一工作，我们这个小小的刊物，他还在幼稚时期，虽承各位热心的读者，加意爱护与培养，但是因为种种关系，尤其是物质条件的缺乏，他还有着许多的缺陷，尤其是这一期因为页数的增加，以及时间的短促、印刷困难等，更有着无可讳言的缺点！希望热心的读者诸君，不客气的予以批评与指教，好使他得到正常的发展机会，使他能够在中国抗战宏[洪]流中一滴的小岗位上，得尽他圆满的力量，发挥其最大效能。

（原载于《朝鲜义勇队通讯》第16期，1939年）

中国第一期抗战与日本政治形势之变化

[日本]青山和夫

中国的抗战促进了日本人民的反战——侵略的失败激起了日本的国际、国内危机——侵华战争损失的重大与经济的脆弱,物资缺乏,物价腾贵,经济恐慌的,例如证券的低落,票据交换额的减少,公债消化难,人民反战运动的激烈化——资产阶级政党也反对军部——资产阶级内部的分裂——军部的动摇与恐慌及其内部的分裂——军事编制不能运用新机械化部队——军部上层的对立与士兵的大众的反战——日本的支配者由不安、动摇而进至自己分裂。

中国英勇的第一期抗战,使日本支配阶级大为动摇,终于使近卫内阁不得不倒台了。中国在最高领袖的领导之下,加紧团结,以求四万万五千万人民的自由与对立,而继续予敌人以有力的打击的中国的反侵略战争,促进了被日本军部所压制所迫害的一般人民及士兵等的反战争、反侵略的大众革命斗争。

由侵略的失败与作战的困难所引起的日本军部的自我恐怖,使他们干出那抢掠、强奸与杀人等非人道的暴行,以及侵害第三国权益的疯狂行为。由于这种野蛮行为,日本在国际上则被目为世养[界]人道与国际信义之敌,而受到国际的攻击和经济的压迫。在国内,则激起酝酿革命危机的社会不安。

在中国第一期作战的期间,日本所受的直接消耗为七十万人的死伤、九十亿日元的军费,以及旧日储存下来的军火的大部分。这在目前重工业劳动着[者]不过占全产业劳动者的百分之二十,约自八亿日元至十亿日元的加工输出的轻工业的日本国力与经济构造上,不能不说是一个相当大的消耗,至于间接由此所引起的对于民间及一般民众的影响,单以零卖物价而论,有的以比战前的腾高了百分之四十以上,在目下的日本,经济恐慌以物资缺乏的形式出现,不但是钢铁、煤炭、煤油等基本生产物之全般的缺乏,在人民的生活品上,恐慌的余波也突然出现于各地，如去年夏季东京米谷集中之急遽停止与都市菜类之缺乏等等。

这里试就日本经济因这次战争而陷于极度恐慌状况态中的具体事实，举二三个例子。

在日本军队的盲目进估[占]南京、徐州、武汉各役，日本的证券市场与现物价市值就大大低落，这现象便是说明了日本资产阶级之动摇与对于战争之不安。金融市场上的恐慌的出现，可由去年大阪、神户、横滨等主要都市的票据交换额减少了三十亿元这事实看出来。在公债消化方面，一九三八年度预定发行的六十五亿七千万日元中，到年底不过发行了三十四亿，而其中有二十一亿是由日本银行接受的大众消费税之最大的药草盈利，去年的贩卖价格虽平均涨了百分之三十，但政府的收入却反减少了几千万日元。

因为经济、金融、财政以及大众生活的困苦，日本社会的阶级纠纷也日趋激化起来，各阶级的对立向着反战的方向增进。关东及长野的农民与都市小市民的示威运动，以及反对建设地方军事工厂为目的的农村纠纷，去年又有增加的倾向。在都市劳动者方面，又开始以要求增加工资的方式，展开反战的斗争。东京市电职员之要求加薪运动，便是这种斗争的先驱现象。

以为日前日本资产阶级政党的民政党与政友会，并未作任何反军部门的斗争，这是错误的见解。政民两党中的善良分子及其方针，至少对于乘机解散议会的军部，有其固守议会主义政治之一端的寓义。其主要斗争是议会的自由主义的保持，在今日则为法西斯的新□计划之破坏与政党本身的大众化。

从阶级的观点来看日本政局，劳动者农民正在形成着反军部的统一战线，这一点，由长野与关东的示威运动，即可看得出来。然而资产阶级的阶级一致，在目前已经分裂了：金融资本与工业资本的对立，工业资本与商业资本的对立。这种对立与抗争，自去年夏季以来，随着储藏原料之过分消耗，乃转而集中于政府经济政策之反划[拨]。这一点，可由目下议会中之反对官僚统治与反封经济之违法行为（指经济警察的检举）可得而知。综合上述诸端，可以说日本反战军部法西运动，是在以人民斗争的形为，具体的存在各地进行着。

因为这种反军部法西的人民斗争之开展，再加上中国的英勇抗战使军部法西加深了他们的动摇与恐怖。战争开始以来，军部首脑部之不断的调换，华北、华中、华南司令官之更撤，正是表示了军部之惶惶不安与焦躁。为扩充军事产业的物资总动员计划已修正了三次，就连对华政策之类的公开事件，一直到去年十二月二十二日的近卫声明，也已转变了三次。军部法西新提出的国民革新毫无进展，国民再组织、新党运动，以及兴亚院之设立问题等斗争，其结果是使从前军部法西对一般自由主义者的斗争，进展为军部法西内部的斗争，而且这种内部斗争，一天比一天激化起来。兴亚院内的最主要机关在华各机关的联络部，因为受着华北、华中及华南军司令官的反对，至今还未见人选或任何具体方案。一部分人反对兴亚院的新设，军部法西机关的企划院要求使自己处于比兴亚院更高的地位与扩大它的权限，关东军想把华北的军部拉到自己的手里，便把寺内赶跑等，就是他们之间的斗争最激化的表现。

除上述的想象外，同时日本又发生了重大的军部上的变化。

欧洲以前的军制，是由步枪与少数的炮编成的。日本在欧战时，是以国家资本由军部自己保持其军需产业的，但在这次侵华战争中，新兵器尤其是航空工业，却完全握在民间资本家的手里。并且，日本的军制，在军事指挥及编成上，完全是欧洲以前的机构，但其实际使用的兵器，却不能不机械化。因此，它的组织与实际应用，是颇相矛盾的。故日本军队机械化的程度，与欧洲各国比较起来，在军制上与军令上而得到想[相]反的效果。此外，军队作战命令之朝令夕改，更使士兵感到困苦。日本军制上的这种致命缺陷，由这次战争暴露于世界了。日本作战之拙劣，由攻击南京、徐州到攻击武汉期间兵员的转移与兵器的补充，浪费很大的时间等这些事实，就可以证明出来。

军队中的阶级纠纷，因为上述一般日本军制的缺陷与直接的大众反战运动的关系，表现为上部机关内部的个人对立。这种对立，又展开为杉山一派陆军省与大本营的对立，最近的板垣与前任参谋次长多田的斗争，以及派出部队对于本部命令之漠视等现象。士兵的反战斗争，在南京战役，不过是个人的行动，但在武汉战争之前不久，却变为大众的斗争了。北尾部队之不解除武装，是其有组织的活动的第一步。这种反战运动，也许不限于士兵层，将来或更进展到素怀不平的将校阶级。

检讨了日本军部法西及日本帝国主义的情况之后，我们可以这样说：在中国的第一期抗战期间，已使军部与日本支配阶级对于将来感到深重的不安，而引起了他们的动摇，军部与日本支配阶级已陷于自己分裂之中；然而，他们的不安与动摇，将借新的国内恐怖政治之实行与对外投机等方法，把他们自己的恐怖转给于人民大众。

中国的第二期抗战，由蒋委员长驳斥近卫声明之狂妄欺瞒而开始了。日本军部与日本支配阶级的不安与动摇，由近卫内阁之倒台而转入自己分裂与自相攻击的阶段了。

（原载于《敌情研究》第 2 期，1939 年）

日本无产阶级斗争的革命化与支配阶级统治的破绽

[日本]青山和夫

一、敌阀侵华军事的失败，以致外交也穷途，尤以湘北的惨败，必会使其国际地位低落。

二、阿部（夜市商人）内阁想乘欧战的时期，投机取巧，策动阴谋，然而终必无成。

三、日本人民反战反军阀运动，已有相当进展，故有阿部的警察密探内阁，以压迫革命，并破坏中国的统一抗战。然而，这种阴谋将被粉碎。

四、阿部内阁已看着失败，而人民大众的革命已高涨，也就是日本帝国主义支配体制的崩溃已迫于眉睫。

一

日本军阁在平沼内阁时代参加军事同盟和对英的敌对行动，去挑拨世界战争，这里面还隐藏着企图掩饰侵略中国的失败，以及压迫和消除国内大众反战反军阀意识的高涨之阴谋。

但是，过去两年多中国的英勇抗战，给予日本帝国主义以严重打击，因为致命地消耗了它的战争能力，德国看透了日本军阀的本领不过如此，遂将它舍弃了。

在这里切断了从九一八以来日本军阀所走的唯一路线。日本军阀所自负的（皇军），由于中国抗战，也向全世界暴露出它的脆弱。如去年九月一二三联队中某大队，定员九九四名内有战斗能力的不过五二五名，中国英勇的抗战，很快使日本军阀的战斗力半减了。去年三月以来，日本军阀兵员的补充便非常困难，达到了征兵除队后三个月再征集的窘境。今春以来华北、山西三次的“扫荡战”，反被中国军队像切香肠样寸寸切断，五月襄东作战的完全败退，最近数月在诺蒙坎死伤了干部一万八千人，这次的湘北会战，据楠本中尉的谈话，死伤者达六万人。在军队兵员补充已是不可能的时候，这次死伤无异于日本军阀的自杀。

而且，在兵器方面，日本军阀到今年三月止，其补充不能的已达十七亿元，到八月在上面的数字中所补充的不过四亿元，九月以后，因为英法对德战争的开始，世界十四个国禁止军需资料的输出，更无补充的可能性了。

九一八以来日本军阀所采取的强压和强盗的唯一手段，不待说是依恃武力。但是这次湘北会战的溃败，日本军阀更向全世界暴露了“强迫武力”的终于失败。日本帝国主义的强盗武器，由于中国的英勇抗争，使其如此脆弱化的，这正是日本帝国主义崩溃的第一步。同时，日本帝国主义的国际地位也会必然低落。

二

阿部内阁在日本帝国主义国力消耗、国际地位低落的条件下成立，从它的人物方面说，从它的政治手腕方面说，只不过是凑集“夜市女店员”程度的阁员而已。不待说，这原因是由于日本帝国主义力量的低落。

英法对德战争，到现在固然还没有开始正式的攻击，但是目前的世界已经到了即令是挑发战争的一个动作，势必使全世界陷于混乱的紧张时期，我们对于阿部“夜市商人”内阁，在这全世界紧张状态中，要紧密注意它是在如何策动，以及击破它的阴谋。

现在的国际状态下，阿部内阁所能够打算的手段，只是日本的海军力。阿部像似拿这作挑发世界战争的“预卖入场券”，命重光、大角、寺内等在欧洲推销。但是日本海军的战斗能力，还是以日本陆军的占领大陆为前提。不过，如全世界所知道的一样，日本陆军侵略中国的失败，在今日陷于败战期的时候，日本海军的能力究竟如何，恐怕只能占领一无所有〖的〗海水吧。

美国海军的主力已经开始常驻在菲律宾和夏威夷，这在日本海军，如其在九一八当时的国际情势下，还可以施行对等的战备，但是，现在美舰队速力的平均化和飞机的速度化，日本海军只有逃入伊势湾的一途了，因为美舰队是想定在日本海军开始行动同时，以十八海里的经常速度，由美国本土出发，并且根据日本舰船的速度和续航力以及炮数等而决定战略。

以狂妄强盗为本业的日本帝国主义军阀之武力，如上所述，在海陆军都无力量的今日，大角、寺内推销的阿部所想卖的世界动乱“预卖入场券”，谁也不会买的。

侵略中国的失败，从今年春天以来，在华战争陷入败战期，想掩饰这种事实，阿部不得不计划一种阴谋，但是以日本帝国主义现在的武力，只能作“夜市”式的阴谋。阿部内阁在初对英美表面上现出谄媚，对苏制造紧张状态，而在里面窥伺英美的颜色，恐惧苏联的断然手段。

三

今春以来，日本军阀陷入败战期，马上对于日本人民大众给予很大的影响，其中代表的现象：以静冈县榛原郡为中心，全农民从二月到六月的四个月间主张发动农民暴动，强然以佐仓宗武（日本农民暴动代表的指导者）为郡长或村长；在群马县，民众关町村大会公然高呼反对政府。从这些地方，可见日本人民大众反战反军阀的运动，已经由一部分知识阶级脱离了思想运动的范围，从事人民大众的革命斗争。

在这种情况下，阿部组织了警察密探内阁，图破坏劳动组合强制成立产业报国会的河原田，过去以金钱收买劳动总同盟干部河野密的全劳一派，而使其分裂，和专门从事破坏共产的小原直都入阁了。九月十二日，小原在全国警察长官会议席上说：日本国内应严格制止左倾份子的活动，日本共产党将再事活动。予深知日本左倾分子仍在酝酿异动，益以政府实行经济统制后，国民生活颇多影响，彼等亦将利用此种国内不安的机会借图蠢动，显明自白了他的指命。此外，共产党公审的判事宫城也任为法相了。

并且，我们所应暴露的是法制局长唐泽，系日本托派的领袖，曾经过德、法到苏联，从事破坏共产党的内部，当他的罪恶暴露，便逃回日本，利用胜野金作一类的人作走狗活动。在外地，上海方面有伪装学者的宪兵将校齐藤逸，他们的走狗于内山书店、改造社、马渡等取有连络活动。现在在阿部的警察政治之下，再阴谋破坏革命的组织，拘捕大量的大众投狱。

过去的日本劳农解放运动、革命斗争，之所以不断大失败的，从自由党以后到最近止，完全由于他们那一般走狗的阴谋。所以，现在大众切迫的斗争，使阿部又有这种阴谋。

我们要同时根本破坏预约全世界动乱，在国内压迫大众运动与革命斗争，以及破坏中国彻底抗战一致团结的阿部三种阴谋。

中国的彻底英勇抗战与我们革命的压力，完全粉碎阿部的阴谋。

四

在湘北，中国英勇的胜利马上使日本天皇制、支配阶级的统治根本发生破绽，支配阶级间猛烈开始相互推诿战败的责任。畑、西尾、板垣等军阀元凶正在仓皇奔走于满洲、北平、南京等地。军阀以反对野村为口实，与内阁争论战败的责任。(反野村派即军阀派。)最初的商工省对农林省、大藏省对企划院的抗争，也次第随着深刻化了。因此，阿部在组阁刚完成后，所发表根本政策中一个重要点的少数阁僚制，仅仅经一个多月，便不得不放弃了。崩坏的未免太快。

多数反战反军阀青年斗士所指导的全国二千二百万人的产业组合，开始对于阿部反动政策猛烈斗争。因此而狼狈的阿部，以反动的地主贵族酒井为农相，企图加以弹压。但是指导产业组合的多数反战革命的斗士，他们至少都有十年斗争的历史。中日战争发生以来，琦[埼]玉、长崎、罔[冈]山等各地反战册子的发行，组合会议中的反战决议，以及在北海道一带广大的反对军阀经济斗争等，都是产业组合同人的勇壮斗争，反对地主酒井的就任农相，只有使产业组合的全国农村反战反军阀斗争益加革命化。

日本帝国主义支配阶级的统治，既是有着这些破绽，又加以欧洲战争、苏联的和平政策，今春以来中国抗战的积极，以及日本人民大众反战反军阀斗争之革命的高涨，使军阀的军政内阁、军阀政治不断流产，并使代替这的帝国主义支配势力也不能产生而消减了。日本帝国主义支配体制的崩溃，已经是迫于眉睫。由于我们的斗争，再进一步跃至革命的阶段，以及中国全民族团结坚固的澈底抗战与反攻，可达及日本帝国主义支配阶级，使其葬身于太平洋中。

(原载于《敌情研究》第 14 期，1939 年)

何谓东亚协同体

［日本］鹿地亘
朱洁夫 译

在军事上正确地把握住“机会”，这是致胜的决定条件。抗战进入第二期后，虽然表现着我们所不可忽视的胜利的“机会”，就是日本政府所宣扬的“东亚新秩序之树立”或“东亚协同体之建设”等。这些花样在武汉占领以后就表现出来了。现在我把它来剖析一下，用以显明我们胜利的“机会”。

武汉会战以后日本政府首先向中外宣达了所谓“重大声明”，这是它的出发点。声明中说：“帝国所冀求的，是在建设确保东亚永远安定之新秩序，此次确战之终极目的，亦在乎此。”

“此种新秩序之建设，是由日、满、支……互相提携，在政治、经济、文化等各方面树立互助运环之关系，以此为基础，而期东亚方面国际正义之确立，共同防共之完成，新文化之创造”及“经济结合之实现”。

“帝国所期望于中国的，是在分担此新秩序建设之任务……因此，就是国民政府如果能放弃从来之指导政策，变更其人事机构，提供更生之事实来响应新秩序之建设，当不加以拒绝。”

多么漂亮！日本政府是如何在堂而皇哉地阐明其战争之目的。可是，这在我们看来，就不免觉得有点奇怪，日本自发动战争以来，已经一年又四个月了，迄止武汉会战以后，才好像很不容易地发现了这个目的似的。

这是一件很可悲真的事。假如我们仔细地来看一看，他们对于迷失了应如何解决最后战局这目标的侵略战争，直到这个时候，方才加以根本的反省而开始修正其目的。再来注视一下那种可怜的妥协的姿态吧！如果你们是希望妥协的话，帝国绝不加拒绝，只是可不可以改组一下政府的人事机构？……

是谁在希望妥协？帝国政府呢？还是抗战的中国？这是明如观火的，日本之所以发表了妥协的谈话，从这一点就可以知道了。

可是在这个可怜的姿态中，是隐藏着一个危险的阴谋。就是说，他们在以残留于抗战中国国内的一般机会主义的动摇份子为对象，而加以政治的诱惑，企图酿成妥协空气以破坏中国抗战的统一力量，由此来屈服中国——一个政治阴谋。

实则除了运用可怜的阴谋外，就失掉了它在此次战争中可能得到胜利解决的希望。更大规模的军事消耗将陷日本于国际的危境。于是日本政府在发出上述的声明外，同时更再三这样宣传："武力讨伐的时代已经终了。今后是长期建设。抗战的中国固然还存在，但若以正在建设着的东亚协同体来包围它，那自然就能枯竭其抗战力。"

可是，这些阴谋的结果如何？悲惨的失败了。动摇的妥协份子，仅仅只有汪精卫君一人。抗战的中国，正确地认清了日本这次军事的必败，而着着完备了第二期抗战的反攻遏制。因此，东亚新秩序的弱点就全面被暴露了出来。

在继续政府声明而发表的池田财相的声明中，充分地揭露了这个苦痛。他说："在我国，为完成事变的目的而应加努力的时期，宁说是在今后。"想要与战斗行为并行着，顺利地进行长期建设及扩充生产力等事件，有在今后一个相当长期间施行经济统制的必要……公债的发行，预料亦将增多。现在似非国民可以希望减轻负担的时期。意思就是说：国民啊，今后长期间将更痛苦呢！着实地觉悟吧！而且，照例政府一有声明，走狗就必定应声而吠的。它怎样吠呢？因为走狗太不聪明，便更悲惨地暴露了"政府的弱点"。举一例说：《大阪每日新闻》的御用记者田知花信在十一月十五日《万古不灭，圣业确立》的大文中，便一一显露了东亚协同体的弱点。他说："日本用军事行动来进行对支严惩的时期，似乎完结了一大过程。日本今后必须在政治上树立东亚百年大计来与军事并进。"这是第一点。

"建设工作上最应注意的是，是确立能够统治中国民众的中央政府的问题（例如临时、蒙疆、维新三政府的联合运动）。"这是第二点。

"为了要把民众的思想从被曲解的三民主义转移过来，这就非依据防共思想不可。同时在安定的治安下，要使民众的生活得到保障。"这是第三点。

"在经济建设上，货币政策和整个中国领土之科学的开发，是最为重要的。"这是第四点。

"日本对于用血肉换来的大陆经营，必须确立一种优先的地位，自是当然。不过在称霸大陆的稳固基础下，一面保持着指导地位，同时列强经济势力对苏的进出亦应容许。"这是第五点。

于是，"因此在中国拥有长期驻兵的必要"。这就做了它的结论。

我现在想就这些重要论点逐项加以检讨。

第一点,究竟军事行动的时期真个已告完结吗?中国的抗战实力是否已被消减?这是不待赘言的。中国的主力军一点也没有受到决定的打击,相反地,经验日益丰富的主力军现在正已渐次完成第二期抗战的准备。而且在日军后方,像大海般的游击战争正在日益开展、扩大、强化。整体说来,军事行动的过程已告一段落,是个什么意思?这仅仅可以认为是由日本的进攻所惹起的大战已告一段落,换句话说,日本已不想再战。也可以说只是一纸片面的宣言而已。在事实上日本已不能再忍受消耗。因此,他停止进攻的时候,就可以认为是我们反攻时期的到来。"机会"降临了。看看近来前线的消息,中国正在一步一步地转守为攻。

军事行动是不能终止的。同时,如果不能想出巩固占领区域的手段来,则日本将会逃过严重的危机。第一是占领区域会变成消灭日军的游击战争的泥潭。这种征兆已见诸事实。甚至他们自己都在喊着:"有招致所闻第三期危机的可能。"第二,不仅是消耗,而且如果它不能达到侵略的目的,那么在这个紧张的时期,日本将暴露出它战时体制的缺陷。所谓资源的开发,其结果日本在一方面仍然是陷于日渐浩大的军事费用的消耗。而所谓长期建设,又必须在经济开发上投下一笔巨大的资金。因此,日本此后的消耗将增至两倍以上。果如是,则"百万万军事预算的恒久化"将无可避免。这种苦重的国民负担,日本究竟能够支持到什么时候?

第二点,"确立统治中国民众的中央政权"。这是最重要的政治问题,同时也是日本认为最大的困难与矛盾。

为什么?因为如果不能把中国民众置于自己的统治下,则对于游击队的消灭及治安都成为问题。中国抗战的力量,实际上就是以这广大的"民众"为根干,换句话说,即将基础建立于"民族全体",日本如以此等民众为敌,那么在这个抗战力的母胎中,每日就必发生游击战。日本设若不能保持占领区的治安,则以后各种问题,如经济开发等,就将完全成为空想了。

然而,民众究竟怎样才能统治下去?日本现在已经是触在很严重的暗礁上。这种问题在舆论上是必然有反映的。看看今年正月号《中央公论》的一篇开头论文就可知道,其中说民族问题事实上并未因日本用武力从内地以区域的划分来建立若干新政府,而得到丝毫的解决。他们直到现在才明白了中国"踏着国运来进行民族战争"的伟大决心。"今后却能如日本所冀求的那样来解决战争,就是说,纵使日本处于完全胜利的场合,我们还是不能善自对付这个民族问题以及与此相关的一些深刻的问题吧!"(《中央公论》一月号——尾

崎秀实）

于是民族问题的协和就成为必要，因此对于一般中国人民认为“被日本征服”的那种印象是非加以驱除不可。这样一来，他们就设计了一个独立的东亚诸国家民族之“协同关系”的伪装。而近卫亦不得不发表声明，谓：“日本真正所期望的，并非中国的灭亡，而是中国的复兴。不是征服中国，而是在与中国协力。”这就是中央政权确立的问题，也就是东亚协同体的前提。去年十一月六日在东京被称为华北伪政府主席的梁鸿志说：“友邦……忍受了大量的牺牲，以同灭共倒共之师，广州、汉口即已占领，目前×政权已无立足之地，五色旗兹已临揭于中国大部份之领土，即列强亦将改变其态度。我对友邦此种崇高的精神深表敬意，同时对于阵亡将士及其家族更深致哀悼……此次来访的目的，在代表政府对于中国维新政府成立以来迄至今日所受贵国朝野一致赐予的特别好意与不断的援助深表谢忱。同时，敬访贵国政府当局及在野名流，以拜聆各方关于确立东亚协同体的热诚指示。”

真是可怜到极点。日本是非以这种丧家犬作对手来制造“协同体”不可了。这就是法西斯蒂的友邦。而十一月八日的《大阪每日新闻》，为了这个“友邦”必会大大的宣传了一番所谓“更生新中国爱国运动的抬头”。

是怎样的一种爱国运动呢？所谓新兴政权又是怎样的一个东西呢？我现在可以从日本的文献中举出一个代表实例来。在《中央公论》一月号《占领区域经营的诸问题》一文中，它说：“作为新同盟中最高学府而创于复旦大学遗址内之维新学院学生，不久以前曾赴距离上海最近之青浦县调查民情，根据彼等之调查，在从上海乘公共汽车约一小时即可到达的区域，新政府治下人民仅有三四万，而在游击队劳力下之人民则约计二十万。”

这是怎样知道的？是从税收来推知其概略！

“现在县政府最主要的税收，是通过税，而青浦县政府对每一担白米征税五角，如这担米将运赴上海，则尚须经过上海市政府的征税所，在那里税额是非常苛重，要征取一元五角，加上路途中其他负担及运费，总计约达二元七角……反之，在游击队一方面，则仅征通过税二角，因此好些货物就不大通过县城，而秘密的利用水路。”而且这种征税所，并不仅是一个，例如“从苏州河由内河运货物到上海，是非经过两三个征税所不可，课税总额，几乎是利润货物原价的百分之二十”。

可以说，就是这么一回事。

日本是在试把中国一些腐化了的旧官僚以及早已没有社会生命的民族堕落者集中起来，以组织伪政府。自然，这班家伙做“贪官污吏”的资格是十足的，可是，对于民众的统治，却一筹莫展。不仅如此，占领区域是普遍的蒙受了侵略战争的惨祸，一切产业都随地面毁灭。伪政府处于这种状况下是不能有其财政基础的。

然则伪政府的财政究将如何呢？这仅仅只有一条路。那就是除掉采用世上最苛重的课税而外，别无良法。可是这样一来，就会引起“人心叛离”的一种必然的结果。伪政府的财政基础就是这样地日益陷于崩溃的状态。不过一种循环的作用复由此而产生，伪政府又在另外途径谋划如何补救财政的手段了。

“根据学生的调查，虽然与税收相关的鸦片问题也有许多有趣的材料，可是不便引用……依赖鸦片收入的这种形态，终是不好采用的……”

目前在日军占领区域内的“毒化政策”问题，已成为世界所周知的可耻的人道问题了。甚至连日本自己的刊物也不能不承认为“不便引用”的事实。或许有人这样说：毒化政策是由日军事法西斯蒂企图毁灭中国人民的一种手段。这是问题的一面，然而从财政这一面来着眼，鼓励鸦片走私而课以重税，除了这种“依赖着鸦片收入的形态”之外，伪政府就不能有其他的财政手段了。换句话说，就是把人民陷于战祸及恶政的极端痛苦中，再抓住人民想以鸦片来麻痹痛苦的那种弱点，而乘机加以榨取。

因此，所谓“五色旗飘扬”着的地方，就到处变成了人间地狱。伪政府失掉了民众的基础，而民众更自然而然地成为游击的母胎，的的确确，只有能够实现三民主义中的“民生”论，才可以成为这个民族战争的胜利者，日本的企图在这一点上，也澈底陷于失败的状态了。

第三点——所谓“东亚协同体”的整个指导精神的防共思想及治安问题。

日本频频呼着“防共”，把“防共的理想”来掩盖“东亚协同”的事实，可是有着这样的事情。

“在上海，很多日本方面的知识份子和中国方面的人士交谈，日本知识份子爱谈的多半是关于思想的这一方面，但中国人士所希望的是它实现的内容，在这里有个很大的间隔，这绝不是偶然，而是由于‘国内事情’所产生的。”（《中央公论》——尾埼[崎]秀实）就是说，日本对于占领区的那些陷于饥饿中的人民不能施以饮食，于是就想以“思想”来代替米饭叫他食饱一顿。然而民众所冀求的还是可以充饥的米饭。一点也不错，间隔不是偶然的，那确是由“国内事情”所产生。

例如：“逃在租界里面的地主，焦思着如何来管理及保存他在乡间的土地，土著资本家也在焦思着工厂的复工。每日在昂贵的生活下，不能不叫他们焦急。无路可走的坐吃着老本了，日本究竟是要求一些什么？而给予一些什么呢？……这个疑问是从他们的内心流露了出来。而农民呢！目前在新政权的苦重的通过税以及鸦片税之下，正切望着要知道这种租税制度究将为怎样的一回事。”(《中央公论》)

因此，日本为了确实把占领区域归为已有，仅就可能的引诱住居民而言，就非大量投资，使一般产业恢复，并使居民的生命能够得到安全不可。可是这应如何着手呢？日本现在只剩下来这一手，就是把本国人民尽量的榨取，促使其极度贫乏，而将所得的金钱灌注到占领区域来。一般的报纸和杂志是拼命宣传着“为了经营占领区，在安定的治安下必须令人民的生活能够确定”。不过日本的人民是不能了解这样负担的意义。“为什么日本人民必须挨着饿而使支那人吃牛肉呢？”“听说有发出这种怨言的人，可是在今日这种时候，吃什么牛肉，根本还谈不上……”侵略者这种自白倒是占领区的实况，两国的人民不但是吃不到牛肉，而且都是被侵略者所吞食着。“从一般的看来，要想把目前这种大事业引到终结，同时继续致力于大陆复兴建设的伟业，象日本现在所能发挥的全副能力，是不足以充分依赖的。”(尾崎秀实)这倒是一个事实。

不但如此，由于不断的遭受着军事的蹂躏，占领区非但无从经营，而且荒废的程度势比日益深刻化。

民心在离叛着，而把握民心的办法，又只有“民生”这一途。因此真正注意居民生活的游击队，他们在民众中才是根深蒂固，这对于日本的所谓确保治安实在是成了一个严重的问题了。我可以举几个实例来证明。在苏州驻屯守备队的命令密本上，三日一道的“禁止单独外出，有必要时得有班长率领”或是“屡次严禁单独外出，但私自行动者仍不在少数，兹再申令严禁”，这些命令是反复的传达着，究竟是为了什么呢？就因为有这样的一些事实。最近我会见的几名俘虏之中，除了一二名之外，都是在离各驻屯地不出二公里的地方被游击队所擒获。其中有的是为了修理洗澡桶到民间去征发木板时突被袭击，有的因为出去寻找马穗而被捕，有的搔着头说：“在出去散步的时候被抓了过来。”当中也有在××大都市的近郊，当踱到民间闲游时，突然被几十个游击队提将过来，即如芜湖一带交通发达的地方，也不免为游击队所包围。日本频频强调占领区的治安问题，这也不是没有原因的。例如《国民新闻》十一月二十日的通讯：近来听到的由中国回来的经济界人士的谈话，千遍[篇]一律的都说“治安的恢复是一切事业的先决条件”。又如《大阪每日新闻》十一月十七日的记载：“皇军所占领的区域，无论何处，治安总还谈不到。”

十一月七日，北平的小丑王克敏也说：“临时、维新两政府是非以治安的确保为今后政策的基础而努力不可，财政、交通之统一，都还是治安恢复以后的问题。”在占领区连马穗都难到手，资源开发云云还能成为一个问题吗？

第四点——经济工作，即资源开发以及货币政策的问题。这才是“东亚协同体”的中心目标，其他的一切问题毋宁说是为实现这个中心目标的手段和掩护或烟幕。“长期建设”亦无非就是为日本的经济开发而进行的大陆安定工作而已。可是这个问题的现状如何呢？一切都如上述，阻碍大陆资源开发的，就是治安的不安定。（《大阪每日新闻》十一月七日——营沼）既然如此，那么治安究竟要到何时才能够恢复？这是完全没有指望。这一方面若不能有所指望的话，那就得另谋出路。于是十一月二十日的《民众新闻》说：“使建设事业老是跟着治安工作后头跑的这种思想，是不适应于目前的大局。建设应当是断然地冒着艰险而进行的。”为了这种体系，所以“对于重要产业上的战士，即附以若干皇军为保护，也不能认为是兵力的滥用。总之，武力与经济进展的并行，在今后的建设事业上是最为切要的”。

至于陆军参加武汉战争的《东京日日新闻》学习部部长，所谓通俗作家的米正雄一，就把这个问题戏剧化地表示来出，他说：“完全废止日本中等学校以上的军事训练，把所有的学生都送到中国去学一年，发给他们的枪械，使其担任警戒……实施重工业屯田兵制，只有依据开发华中地下资源的重工业屯田兵制，才是日本产业对大陆进出的最好办法。”

然而这是通俗小说的写法，通俗小说往往是把当时的愚笨的“理想”和盘托出。可是实际上如何呢？实际上“为了甚可悲观的治安”，使经济界的人对投资踌躇起来，因而完全看不到资本。虽然由于资金的统治、强制借贷以及总动员法的实施等等，不久之后，几可看到某种程度的勉强推进的形迹来，可是冲着这日益巨大起来的军事费用，“日本的全副能力是不足以充分依赖的”。

那末，资源开发的出路将如何呢？把原产业的设施依旧“利用”，或者就其原状而稍加扩充，所谓“资源开发”在目前他们已经是照这种形式而运进了。在华北的制铁业——例如石景山制铁所、阳泉铁工厂、育才炼钢厂、西北炼钢厂，都是利用着中国军队撤退后剩下来的生产设施，当然称为新国策公司的资源开发的产业设施，是渐渐在准备中，可是不论哪一种都还没有达到占领区域的安定或者实利化可能实现的那程度。

在这里，对于我们发生了几个问题。第一，我们绝对不可留下堪供日本利用的“产业基础”。我们必须彻底实施坚壁清野的战斗。其次就是民族资本家的吸收和结集，从上述逃在上海租界里的一些人们的例子来看就可以明白。这些资本家，一方面因日本的侵略战争丧失了自己的产业，而对侵略者抱着不信任的态度，可是另一方面是因坐食老本而过着不安的生活。我们对这班人是非把他们救出来不可。就是说,要把他们吸收到内地去开发产业,这是一个最要紧的问题。为什么?因为人的忍耐力是有限度的。日本根据所谓"长期建设"而设立了若干"新国策公司",就是着眼于这一些弱点。可以说,他们乘着一班资本家的不安而设法劝告他们投资。日本是苦于无资本,于是高呼"利用土著资本"。华中铁矿股份公司、华中电器通讯公司、上海内河水运公司、华中水电股份公司等等都是"日支合办",就是用共同投资的幌子来向这一班资本家作引诱的试探。我们必须粉碎敌人这些阴谋,而拯救民族资本家于苦境,就是说要充实我们在后方的产业建设。在另一方面,这也就成为一种对准日本的"长期建设"而加以打击的战斗。

第三是劳动力的问题。他们在扬言着"中国有低廉而无限的劳动力"。当然,关于这一点他们也同样碰到了极大的困难,那就是民族问题。不过从反面看来,日本开发产业,把居民吸收到那一面去,这也可能变为他们解决"民族问题"的手段。日本把战区的居民完全推到绝境里去,而表面上又从绝境里把他们救出来,以此来作为吸收居民的尝试。我们应如何来击破这个奸计呢?这还是需要在"民生"这一问题上以实行来教育民众,使他们知道究竟谁是自己真正的朋友。如果一旦在家乡快要变为被占领区的场合,就得把民众整个组织起来成为游击队,而防止他们为敌人所蹂躏及利用。我们既是在劳动力的一方面也必须对敌人澈底施行"坚壁清野"。

其次,如交通运输线的不安、通货的不安,进而形成军事上、经济上决然的不安,这些黑影是一个个地横在他们的面前。这都是利于我们的条件,而对于日本则成为难以支持的负担。

就拿通货政策来看,关于这一点我们也听到他们可怜的自白。在一月号《中央公论》《对华北经济开发的积极见解》一文中有云:"币制改革以来所促成的货币体制统一化的过程,简直是保持着难有日支事变那样的大力也不可将其斩断的坚固性。"尾崎秀实说:"对于法币这个问题,起初以为仅仅是蒋政权在海外保有的准备金的问题,或者是完全由于外国经济的支持就可以决定的。可是到现在才渐渐知道事情并不如此简单。"怎样明白了过来的?譬如说华北,在华北设立所谓"联合银行",发行了联银券(纸币),计划着驱除法币,以联银券收买法币,并禁止使用法币。这时,为减低法币的信用,把它的价格减低百分之十,本年一月底更减低百分之三十。然而其结果如何?法币不流通了吗?失了信用吗?恰恰相反。由于日本以六角钱来抢一元法币,店民都把法币隐藏起来,而在日本军的武力所不能达的暗地里,则依然在流通着。日本虽用武力控制着纸币的行情,但完全是徒劳。其理由一方面是一般人民对日本武力成功的不相信，以及“民族问题”的存在。他方面是日本经济的无力，以及不利日本的国际矛盾。举出他们所列举的国难来看一看，便很明白。即（一）华北汇兑行情追随上海行情。（二）由于依据外国租界的南方系诸银行之反日的、不合作的态度而来的联银统制金融的困难。（三）法定价格较联银券低百分之十的旧法币在外国租界中交易时价格的抬高。（四）隐藏旧法币的倾向。（《中央公论》一月号）看（一）（二）（三）三条吧！原来就是这么一回事——在占领区域依然有外国的权益及通商路。成为权益与通商路之中心点的，是租界（如上海、天津）及香港。外国人不依从日本片面决定之强盗的“法定行情”。法币一元便当做一元通用。既然如此，只要外国权益及通商路存在，那末维持法币的基本路线也就存在。因此外国经济力本身的存在，就使日本感受着自然的重复。不特如此，租界内尚存在着所谓南方系银行即民族资本家集团，他们当然是努力于法币的维持的。

必然的结果——最后，日本为除去这重压，就只有向着“收回租界，占据上海及香港”这几个目标迈进。外国会抛弃他们的权益吗？恐怕这就将惹起酿成世界大战的国际纠纷来。日本从去年底开始再三鼓动收回租界的舆论，而作为其前提的，是在各地煽动着反英运动。同时，在另一方面为预防战争惹起后的危险，于是进行占领战略上的据点——海南岛等地。据五月四日的同盟社通讯，日本终于对英美要求上海租界制度的变更。

日本因为不能维持这样的占领区乃为可怖的负担所苦恼，而且又势将惹起和外国的危险冲突，占领区域对于暴露经济力空虚的日本，是得不偿失的。前述《中央公论》的论文中亦谓：“我忧虑华北可不是在一个即被迫于不能作为圆集团的经济集成要素，以满足日本要求的情况下么？”同时，亦还有这样的事：“在现地（华北）以支援军事费的形式继续增发的联合准备银行券之日圆的转换，其将流入内地势成必然，因此华北的经济关系就不能不变为直接使内地经济冲突的形势了……”

就是为了要维持联银券的信用，非以“日圆的转化”去保证它不可。其结果就等于“日圆”纸币的增发，变为“日圆”而流入内地，其结果在国内就惹起一种通货膨胀的恐慌现象。而且这只就华北而言，华中、华南也呈现了完全同样的状态。那些地方不过是以强制使用军票来代替联银券而已。强制方法相同，其失败也完全相同。

例如被占后的汉口，那里以前是进行着减低法币价格百分之廿，一元法币是值八角钱。他们把收买到的法币运到上海去出卖。多么凶恶的盗贼！然而，这说明了一些什么呢？那就是日本现在是极度的贫乏了。

在敌军的军队命令簿上，仍然每日反复记载这样的命令："禁止外出使用中国纸币。""收中国人的找钱时，必须收日本的货币或军票，绝对不许领受中国货币。"收买食粮时也是一样。可是谁也不去理会军票，这就是所谓"通货不安"。居民避免和日本军队交易，不仅法币被隐藏，连物资亦在这些强盗的面前消失了。加之不欢迎军票的不仅是中国居民，即日本商人亦是如此。他们虽然一面恐怕处罚，但暗中仍望获得法币。在这样不安的状况下，就是说，在一方面为了"战火不断的扩大"，一方面为"通货不安"所表示的经济的不安愈益深刻时，究竟他们怎样能使"逃避于租界及海外的民族资本"复归呢？在这样的情态下，如何能实现"在安定的治安下确定居民的生活"呢？

第五点——他们"以血肉换取经营大陆之优先地位"的问题。如我们所看到的，日本在外国利权错综的大陆扩大了战火。当然，连带地他们就惹起了和外国的摩擦，摩擦在今日已发展到第二阶段。就是长期建设——经营占领区域时期之摩擦的深刻化。正如通货政策那样的明白，在今日，日本如要强行政策，那么外国权利之存在于大陆的事实，对于他们简直是致命的重压。所谓"优先地位"，只不过是一句空话而已。其实只要不能根绝外国在大陆的利权，他就无从进展其策略。

在武汉会战后——十一月十八日我们看看日本有田外相对美国——维护权益的要求所做的回答，他说："目前在东亚是一个展开了新情势的时期，当不能固守旧例。"这就是说明从前的一些有关于大陆的条约，已不复适合于今日之情势。新情势是什么呢？除开日本逐渐和外国冲突外，就没有什么新情势了。

十一月十六日，英、美、法趁着战事告一段落，便向日本要求开放扬子江。各国以为交通的恢复是当然的事情，可是日本竟拒绝了，并且唆使御用新闻记者大事鼓吹说："英、美、法三国故意装作不知道日本及日本人们对于确立东亚和平，和创立新秩序所蒙受的巨大牺牲之目前事实。"（十一月十六日《东京日日新闻》）牺牲是什么呢？只是在牺牲中国以及同中国有关的各国权利的侵略战争中，迫使日本人民作流血的牺牲而已。

不能严守旧则是怎么说的呢？从御用新闻记者们无端的乱吠中就可想见。他们说："美国的对日通牒，是要把《九国公约》的精神来适合东亚的新时局。我们对着这样的回答有着这样的见解，就是说，在过去的东亚形势下所产生的九国条约在东亚协同体的新局面下是不适用的。"（十一月十九日《国民新闻》）

"关于在中国的机会均等、门户开放，不过是遮掩东亚民族视线的表面的

文字把戏。英美的真意所在，是拟以英美的共同动作来牵制日本对华行动的目的而已。”(同上)

“日本以当时(指《九国公约》总结时——译者注)的孤力不足以主张保全东亚，所以只好对此表示同意。”(同上)

换句话说，日本在欧洲大战时，乘各国无暇顾及远东的机会，向中国提出了“二十一条”，各国为着自己在华的权利感受了威胁，乃以共同的力量起来阻挠“日本帝国主义的野心”，因而有了一个均衡的形态——《九国公约》的成立。自此以后，日本以秘密的形式在暗中活动着，当然是企图打破这种局面。可是因为当时自己的力量不够，日本不能不说尊重《九国公约》，尊重外国在华权利。可是现在怎样呢？独自解决的力量养成了吗？力量虽然是没有培养好，而新形势却已产生出来了。就是说，这种暗中策划的阴谋，在没有完成的时候便无意的暴露了出来，而陷于目前这种形势了。

第一期抗战胜利的成效之一，就是国际关系对中国好转而日本却是孤立着。所谓“建设计划”的必然结果，就是非激急地进入和各国冲突的阶段不可。

现在我们可以明了的概括这个问题。

自欧战以来，日本一贯的企图称霸远东，请看一度被《九国公约》破坏掉的二十条中的第五条，即“招聘日本顾问，于重要都市组织共同警察，设立中日合办的大军需工厂”，如果这一条数实现了的话，那一定可能将欧美在中国的“不当势力”“一扫而光”了。(十二月二十一日《国民新闻》)

的确，那正是说明扫除欧美的“不当势力”而产生日本的“不当势力”。

日本因孤独无力而一时退却了。然而那仅是一时的退却，阴谋已在一九三一年因满洲的占领而公开化，代替“中日合办”军需工业而出现的，是在所谓日满经济五年计划的大题目下把整个日本变成了“一大军需工厂”。公民的舆论被蹂躏着，日本人民及其他的亚细亚诸民族，一律被推入到这个军需工厂来服苦役。日本人民一时的败北，把日本及大陆都化成一个大军事地狱了。

这无疑的是牺牲亚细亚及在亚细亚保有权利的诸国，而朝着世界再分割的大战出发。当然，日本是不能以亚细亚诸民族与本国国民以及和亚洲有临的诸国为敌的。

在另一方面，日本又遭遇了与“成为援助弱小民族的支柱——苏联为敌”的命运。正因如此，所以敌人一方面在鼓吹着“扫荡白人的不当势力”，而在另一方面则高呼着“防共”。

日本是渐渐由计划而行动，然而现在已经暴露了他所企图的全貌。它所以渐渐由计划而行动，那是因为军事的以及经济的无力所致。现在原形毕露，这可以认为是踏入了阴谋总决算的新阶段。

关于第一点，只要检查一下日本侵略政策所依靠之实力便可明了。例如帝国主义的血液——石油，日本需用量的百分之九十二是依靠着输入，其中百分之六十七输入自美国，百分之二十二输入自荷属印度，百分之五输入自英属婆罗洲。

可说是帝国主义政策之骨干的铁，又是如何呢？一九三六年，日本的铁矿需要量为三百八十万吨，其中本国产额为一百万吨，由中国及马来各输入一百万吨，由菲律宾输入为五十万吨，由澳洲输入三十万吨，仅仅这些数量当然不够用，因为日本的制铁业尚未达到第一流。近代资本主义国家的境地，以此除由印度及苏联等国各输入炼铁三十余万吨之外，又不得不由美国输入废铁一百七十万吨。现在因为这次战争的必然结果，对此项贸易的情势产生了不利的变化。不但如此，需要已达到惊人的程度，因而爆发了所谓“铁的饥饿”了。

现在日本在占领区域屡次动员士兵实行“扫除战场”，多么清洁的军队啊！其实乃是把士兵当做“拾荒者”，在每个驻屯地实施着“搜集废铁”的运动。

有一个俘虏说：如果捡到五贯（三十市斤左右）废铁，便可得到一天的休息。

像这样的现状，那里还能够再进入大规模战争的阶段呢？然而，为什么它们又偏要来挑动这个战争？其实是希望避免大规模作战，不过已经无可避免了。其理由不外部分地与我所讲述的一样，即日本在军事上、经济上都难以再维持下去，就不得不企图完全截断外国对中国所给予的政治及经济的作用。可是截断的实行，又非将外国在华权利扫清不可。由于这个循环论法，日本就无法避免与外国进而作武力的搏斗。以战争产生战争，并且以战争培养战争。这就是他们大陆政策总清算的现阶段之原形。因此，他们一面与中国进行战争，同时在准备未完成以前，就把此次战争的终极目的“独霸东亚”的全貌向世界暴露出来。由是对于这个不堪设想的困难前途，日本是开始显露出狼狈的丑态了。

结论——长期驻兵问题。

总而言之，这必然得出上述各种不可避免的困难与狼狈的一个结论来。

想想看，一切都朝着世界大战迈进，可是后方不但不能作为未来大战的支持点，而且不安的烽火反一天一天的扩大着。于是他们就需要把整个亚细亚急速造成一个军需工厂的地狱。然而，这没有希望。能否达到如他们所企图的，姑作别论，但在亚洲全土是必须屯驻大军及布防宪兵。这些军队为要建立未来大战的后方根据地，一步也不能调到别处去，而且这非逐渐增强其兵力不可。不过兵力的增强，同时也就是困难的加深。

迄至目前为止，日本已消耗了七十万以上的军队，而且一方面需要将那毫无希望的一座大东亚军需工厂的监狱驻防着大量的军队。就是说，必须准备所谓“两翼同时作战”的兵力，即一方必须准备与苏联的红军为敌，他方则须防御欧美各种势力的进攻。这样一来，在人力与物力双方面，对此都非有不断的支持不可，但这能否办到呢？能不能那又当别论，澈底的动员国家的人力物力是无可避免的。于是国家总动员法发动了。而且必须是组成一点自由一点浪费都没有的一个纯战时体制。接着就再来一个“国民再组织运动”。当然这些极端的痛苦，不仅是强压在日本国民身上，而整个中国人民甚至东亚诸民族亦必然是非共同来“分担一切困难不可”的。（十一月十七日《国民新闻》）

这就是所谓“东亚协同体”——共具灭亡命运的“协同体”。

来看看吧！日本为补充他们兵力的不足，现在已经给与朝鲜民族以光荣的兵役权利而渐次开始征兵了。这是以前日本所绝对避免的，当然在伪满洲是早已养成了若干伪军。而南京、安庆等地，目前也正在训练“新政权下的军队”——皇协军，并且还宣称“保障中国的治安，筑成现代国家的基础”。（《国民新闻》十二月二十一日）换句话说，就是保卫伪政权的治安，充任东亚协同体的宪兵。此外，内蒙皇协军亦已经组成了。

然而，这种东征西拉的计划是有成功的可能吗？这是很容易答复的。我们近来是如何在接二连三的欢迎皇协军的反正呢?！虽然还是部分的来归，而且正为了对抗他们的毒策，在我们这边是产生了革命的朝鲜义勇军，在各地勇敢的活跃着。台湾义勇军队也组成了，并在开始活动。即日本兵也加在我们反侵略战争的前线，数目显然不很多。这些或者可以说是部分的初发现象，然而这些现象对于日本却是无可清除的潜伏病因，而终于表面化了的初发症状。实际上，“东亚协同体”的建设，在日益高涨的民族解放战争中，须图急速地将这些民族奴隶化。这个致命的矛盾，就是它主要的病源。现在日本组织东亚诸民族奴隶式的皇协军，与过去欧美帝国主义者组织殖民地军是有不同的条件，后者是在长久的殖民地化过程中组织的，前者则在高涨的民族解放战争中急速地被迫而组织的。如此我们从军事的这一方面来展望，“东亚协同体”的产生，是可以看做日本的侵略政策之崩溃期的开始。

最后，把“东亚协同体”概括起来，就有下列几点。

（一）因此次战争在国际政治上的失败，于是产生了“东亚协同体”。八年来，九一八事变以来，公开化了的日本企图重新分割世界及挑拨第二次世界大战，在它准备未完成前自己把原形暴露出来。在这种情况下，就不得疯狂地准备和英美法苏搏斗。因此迫而抛弃其渐进的侵略主义，更进一步投入暴露其弱点的最后的世界战争。日本之对国际采取攻势，不是由于他的强盛，而是从他的弱点出发的。为了维持未来的大战，他必须一举而夺取南洋方面的铁和煤油。

要准备战争，就必须发动战争。而且他的后方根据地，是不能让以上各国的实力残留着一丝一毫。这是否能做到，且作别论。但“东亚协同体”的形成是必要的。所谓“东亚协同体”，实际上就是由这些失败所产生出来的狼狈表现。

（二）此次战争在经济上的失败，产生了“东亚协同体”，日本在这个不知所止的战争上不断地增加消耗。同时，对急迫的世界大战又不能不赶速准备，“百万万军事预算的恒久化”现在已成为一个事实。把这个预算的内容分析一下，四十五万万为此战争的直接军事费，其余的是所谓“日、满、支经济建设费”，即东亚大军需工厂化的费用。换言之，就是他们现在大声疾呼的所谓“准战时体制”与“纯战时体制”的并行，即一方面支持直接的战争，他方面准备世界大战。总动员法于是无可避免的发动了。现在把财力、物力、人力全为战争而动员了。这对于国民当然是痛苦不堪的。产业除了军需方面以外，自必衰败下去，因为它们无暇顾及军事以外的部门，这在占领区域更无二样。目前连军队产业的开发所必需的资力都不敷用，那里还能够谈得到居民生活的安定？这只有使大众愈益地狱化而已。在上海一部分的民族资本家说：“日本给予些什么？希望些什么？”这也是当然的，日本是无可给予的，除了以“东亚协同体”的“理想”来款待外；同样，对于饥饿者的赐予也只有用哲学来代替米饭。因此日本的建设计划，就由产业的开发而转变为东亚道德论了。这是它们从失败中发出来的绝望的呼声。

（三）此次战争在军事上的失败，产生了“东亚协同体”。日本当初仍然企图把此次战争当做渐进政策的一个阶段，来确立准战时体制，即形成日满支经济集团。但结果是出意料之外的陷入了全面大战。这不仅对准战时体制起了动摇，同时对于这个东亚全面的解放战争几乎是弄得手足无措。他们所想像不到的是“民族问题”。他们自己这样的承认：“碰到这个深刻的民族问题，东亚协同体论简直令人感到是一个无足轻重的东西了。”（尾崎秀实）

在速战速决政策的失败及武汉会战后速和速结的阴谋再被粉碎后，于是他们觉悟到今后对此民族解放战争是必须长期对峙下去。自那时以后，他们更不得不痛切的意识到中华民族伟大的存在了。占领区变成了他们难以负担的重荷。这简直是一根支撑着日益昂扬起来的民族压力的杠杆。民族问题如果不能解决，期势必到动手无策。能否解决，姑且不问，但他们是不能不积极考虑着“民族问题”了，于是他们说：“对于民族独立的切实要求是必须倾听的。”而近卫亦已如前述，声称“日本所希望的不是中国的灭亡，而是中国的复兴”。因此他们就把伪政权装成一个“独立”的民族政权的“形态”而与之“协同”，那就是“东亚协同体”标签的由来。其实这不过是在日本侵略政策总决算的阶段上所产生的灭亡的“协同体”而已。

那末，这些失败怎样反映于日本国民呢？

日本国民当然是失望。当初除了极少部分的军需资本家及所谓少壮资本家(因侵略政策而抬头的军需资本家)外，就没有以军事侵略者的行动为然的国民。现在军事侵略者已经是大大的失败了。例如他们以大陆的富源和国内资本家相约，来强迫他们牺牲。可是正因“治安”“资金”均感困难，以致不得不换副脸孔使资本家服从“东亚协同体论”以代替经济开发，于是说：“理解圣战的目的吧！原来获取资源乃是帝国主义的不道德行为。我们行动的主因，并不是资源追求主义。”(尾崎秀实等)因为遭受了帝国主义的大失败，他们竟完全变为道德家了。那末，为什么战争？当然这是日本人民丝毫也不能理解的。国内的不满因而激急地增大起来。为这不可解的理由，人民能甘心牺牲到几时？以这种国民一致的不满为契机，革命的人民先驱者所领导的反战运动，便激急地开始扩大着。

今日日本人民中，有谁能对“东亚协同体”系以希望呢？前线士兵间是有着显著的不安。事实上在武汉会战后，日本士兵产生了甚可注目的心理变化。这只看最近的日本俘虏便可明白。日本士兵现在完全丧失了像在战争初期的奋战至死的热情。其证据是，最近我所看到的俘虏之中没有一个是负伤的。有一个曾经这样说：“开始的时期是拼命的，但这次战争的意义，在武汉陷落前后我们也痛彻明白了，同时我们也知道了是以谁为对手的。这样的战争，在日本是完全绝望。”又一个说：“军队并非不知道这事情的真实。不过大家都是敢怒不敢言而已。在我们那一边的××亦很明白，只有在志同道合者集在一起的时候，才痛心疾首地谈论这次战争前途的绝望。”也有这样谈的：“要之，是找不到活路，在战线上是以枪炮对峙着的，虽也想参加反法西斯蒂战争，但没有生命安全的自信，可惜到现在才晓得，如果以前就知道到这边也有日本的革命指导者，日本人也活泼地在活动。那在我们的队里也有很多想参加的。最要紧的是使他们能够知道这边的事。就是说开关一条叫人可以安心走过来的途径，那是比什么都重要。”

总之，在日本士兵之间，悲观的或绝望的情绪目前是在高涨起来，这是事实。他们在武汉入城时，曾发生了下述的使人注目的事件。正如大家所周知的，在武汉撤退时，我们把城市内所有的建筑物、墙壁都贴满了、写满了唤醒他们的日文标语。在这些标言传单之前，日本兵到处停留下来，由少而多，渐渐造成了挤得水泄不通的场面。宪兵们狼狈着积极加以驱散。结果他们费了一星期的日子举行清除全市标语的工作。现在日本士兵的反省已经开始了，他们已经开始倾耳于我们的友谊的呼声。由于自己痛苦的体验，从他们所立脚的境遇发出反省，进而开始在现实上学习，这不是必然的吗？他们对“东亚协同体”抱着怎样的感想，这原明如观火，在驻防地四周，他们自身体验着“谈论长期建设是怎样一件愚笨的事”。

这样日本士兵们的反战斗争，在今日已成为险恶的暗流。曾有某部队把反战的负责者处以死刑，部队全部则送回国内，山西最近在士兵们的日记中发现了二十四名反战份子被斩首的事实。各地在酝酿着不稳的情势。一个由河北送来的俘虏曾对我说：“这样说来，我也曾见过呢。一个士兵一天在麦田被拉出去了。怎样呢？为什么？那请你去想像好了。”这就是“东亚协同体”的真相。

这是日本在军事、政治、经济各方面失败的总结果。对于这些结果的认识及其悲观的情绪，必然要和“转变为日圆流入内地的联银券”一样，由侵略的军事冒险转变为解放国民的日本人民革命的热情，一天一天继续浸到海的那一边。

此外，我想谈谈这些日本军事法西斯蒂的危机中我们的战斗机会。“机会”是什么？那就是所谓“民族问题”。日本因军事、政治、经济全面的失败，而痛切地意识到“民族问题”的深刻，我们必须把他们这些政治、经济、军事各方面失败的结果，再促进到更为难堪的苦境里去。为了我们这种行动，在目前，唯有确实把握着这集中的一环才是“民族问题”的解决。

例如，敌人看到这无可解决的战火在日益扩大，于是开始创立了朝鲜、台湾殖民地军以及满洲与被占领区的“皇协军”。他们不但想把日本人民，而且想把东亚诸民族都一律编为自己的奴隶军。这当然是要失败的，现在已经不是被胁迫的弱小民族昏睡在史前的蒙昧中的时期。可是我们决不可坐视而放任敌人的行动，因为一切的阴谋总可收到某种程度的成效。我们要积极加以破坏，非在政治上瓦解这些伪军不可。同时，还得考虑积极的手段——敌人是继续把东亚诸民族编成奴隶军。当然，我们必须改编朝鲜、台湾、满洲甚至日本的军队，来创立反法西斯的同盟军。这是绝对可能的，由于自身的经验，我可以这样断言：现在若干战区里不只有朝鲜、台湾的义勇军，并且少数英勇的日籍战士亦已参加抗战。关键就是如何使这些义勇军全面化。我们仅从这一点来努力就会逼日军加速崩溃了！

不只是军事，就在政治、社会、生活以及其他各方面，我们同样的要和“东亚协同体”相对抗并加以消灭。同时，要找出东亚诸民族联合的契机来，这种契机，今后当会更明了地显露出来，因为他们在阴谋着没有希望的“长期建设”。可是在伪政权的烟幕下，越发产生了不利他们的东亚诸民族互相接触的机会来。真是好极了！针对着他们的灭亡的“东亚协同体”，这正是我们创立新的东亚诸民族大联合基础的一个“机会”，一个创立革命的反侵略的“东亚协同体”的机会，一个把居民从奴隶化的伪政权统治下隔开并将其颠覆而造成建立新东亚各民族友谊的机会。

如何才能有这种可能呢？重复的说一句，就是民生问题！其次为民众教育。

和民众隔绝了的日本军及其走狗政权，将孤立到不能动弹的地步。他们除溺毙于反侵略的民族抗战之洪流外是无生路了。

不过，这种民众教育必须在本质上使人民理解这次战争与日本国民的关系，不然就没有积极颠覆他们的“东亚协同体”而实现我们的“协同体”的可能。换言之，民族的对内教育和对敌军士兵的政治启蒙，这两个工作是非统一的进行不可。

总之，仅仅从敌人的权力下把我们的民众划分出来，那还不免是一个消极的抗战。把日本人民亦从共同的敌人之统治下分离出来，进而创设我们的同盟军，依据这种积极抗战的全面化，我们才能够准备予敌人以决定的打击。

这是可能的，看看现在日本士兵心理的变化吧！同时看看一部分日籍士兵参加抗战的事实吧！要把握住“机会”呀。

灭亡的“协同体”，是将加速度地暴露其致命的破绽的！

二八，五，二八译竟

（原载于《国民公论》第2卷第1期，1939年）

日本法西斯蒂长期设建论的批判

［日本］鹿地亘
夏孟辉 译

海南岛的占领，证明了日本公然与德意两同盟国采取同一步调向世界挑战。为什么日本要盲目地向世界挑战呢？因为日本已陷入了窘境，中国的抗战已收到了光辉的成果。尽管日本法西斯蒂及其走狗如何大声唱歌着表面的胜利，但决不能掩蔽其内面的沉重打击。他们实在遭遇着非常的困难。然而，他们何故与中国作战之外还敢以世界为对手而冒险呢？

谈到这些问题，我认为首先应该明了中日战争第二期的特质，尤须先明白今日日本所遭遇的困难及我们胜利的成果究竟是些什么？关于这些事实已经明显的表现于中日双方目前战略的方向之中，而且日本军事法西斯蒂及其代言人在他们自己的言语里也招供了。在我手头上所收集到的关于这些自供的材料，虽然有若干已经陈旧，但对于认识日本的内情上，仍是很有帮助的。

我们且看看现在的战局吧，日本的进攻是停止了。《大阪每日新闻》（十一月十五日）第一版论文曾说："日本武力行动的对支应付时期已经终了其一大过程。"这应该作何解释呢？是已将中国抗战的力量消灭，因而无武力战的必要了吗？还是说若日本再行武力的消耗战，便愈行危险呢？若是前者，则此种宣言不外是法西斯蒂者最拿手的"片面宣言"之前例。因为不管欢迎与不欢迎，中国方面的"武力行动"的反击是将拜访日本的。事实上中国军的主力毫无受损，且在第一期战争的过程中全面的被组织化了的游击队，四周威胁着日军的背后，然而，他们却大言不惭的说："武力行动的对支应付时期已经终了其一大过程。"这是何等自欺欺人的说话！

他们所谓的过程中，究竟出现了些什么呢？是所谓"不劣于大武力战的建设工作推进之秋"（同上论文）。我们且先引用法西斯蒂走狗田知花氏的大论吧："大武力战的成果，即使不是彻底的追究支那军，但国民政府的命脉也渐次地下而跌入没落的深渊，这是很明确的。”然而武力战似乎还是有必要，他同时又说：“应与武力并进，树立百年大计的必要追着我们了。”我于此乃不得不为日本法西斯蒂诸君一掬同情之泪，他们之单被必要所迫，实是确然的事实啊！前途究竟如何呢？他们似乎也有着具体方案吧？田知花说：“建设工作最应注意者，是统合支那民众的中央政权确立问题，这不是什么‘方策’，而仍然还是一个‘必要’！”

“要从歪曲了民众思想的三民主义转换过来，则惟有防共思想，开拓以支那的民生为基调的思想，使其脱离赤化之毒害，这是必要的。”又是一个必要！

“要之，在安定的治安之下，确保民众生活，实为胜过思想政策的重要的先决问题”。但是方策呢？“要之”，什么都没有。

当然，这只是走狗的狂吠。然则政府军部有“方策”吗？有把“必要”变为“可能”的积极手段吗？

已明白的如次：十一月三日法西斯蒂政府为了“武汉陷落后的事变新阶段的到来，而致力于长期大陆建设及确定东亚新体制”，发表了“重大声明”，曰：“……帝国所冀求者，实为确保东亚永久安定之新秩序的建设。此次圣战之目的亦即在此。此新秩序之建设，以日‘满’支三国相互提拔，树立政治、经济、文化等全体互助连环关系为根干，而期东亚国际正义之确立，达成共同防共，创造新文化，实现经济结合。”又谓：“帝国所望于支那者，为分担东亚新秩序建设之任务。帝国期待支那国民澈底理解我之真意而与帝国协力。”然而又说：“窃维系东亚新秩序……为课于现代日本国民之光荣责务，帝国应断行必要的国内诸般之革新，愈图国家总力之扩充，排除万难，为达成斯业而迈进。”不久又改用了所谓“东亚协同体的建设”之新说法。法西斯蒂政府想由东亚奴隶化的“协同体”长期建设，以应付步入了第二期的中日战争之持久性，为此对支那国民则期待理解，对日本国民也以“责务”两字加以教训。但是也不外乎“冀求”与“期待”；类似“方策”的话，只有向日本国民下一个“断行必要的国内诸般革新，愈图国家总力之扩充，以排除万难！”的指令而已。

可是，所谓“排除万难”又是什么呢？在同日池田财政大臣的声明，已十分忠实的说明了。“今后殊有相当时期施行全般经济统制的必要。”“以明年度预算而喻……必达到相当巨额，从而多额公债的发行也在预期之中，此际实非国民减轻负担的时期。”“要之”——又是“要之”，今后国民尚须长期忍耐种种经济上的不便，此决非消极退缩之谓，而是期待于克服长期建设困难之后，有洋洋坦坦的前途之积极举动也。于此便有总动员法十一条的发动。然而“不得不忍耐”的不便，不单是“经济”的，同时还有必要的国内诸般的革新。为了法斯西主义奴隶化的澈底，由于所谓“国民再组织”，国民们便要被压迫得连气息也透不过了。

翌日（十一月四日），《东京日日新闻》的社论立即附和说：“政府声明实在简明扼要。”好一个简明扼要，政府的嘴唇才动一下，国民们便在饥饿的生活之上，更背起百亿巨大军事预算的重担，而且又是“相当长期”的每年膨胀下去。

这就是“方策”！然而，到底“洋洋的前途”可期待到怎样程度呢？

我们姑且不管政府军部的“冀求”而一瞥其现实吧。在十一月三日同声明的开头，有所谓“今也，幸托陛下之稜威，帝国陆海军……已勘定支那之要域”云云，究竟“勘定”到什么程度了呢？在《中央公论》一月号“占领区域经营问题”一栏中，华北、华中的现地日本人们都有很多“好笑”的报告。

上海的中西氏说：虽然是叫做占领区域，可是连上海附近也没有一点成为日本的东西，到处都在游击队势力之下。日本为了安定住民，应该给与他们的东西，一点也不能给与。即“在上海很多日本的有识者会与支那方面的人士会面。日本人方面所想说的都是思想问题，而支那人方面所真正希望者则为现实的内容，在这里便有一个很大的问题。这种间隔实不是偶然的，而是由于各人的国内事情而来的。……”“东亚协同体，……为了把东亚民族结成共同体的新社会，适当高度理论的创造，固然是绝对必要，然而具体的问题之提出，却也不能忽视的。”原来日本对住民的对策，是叫他们吃哲学以代饭！

下面的报告更为严重，曰：“在复旦大学旧址作为新兴中支的最高学府而设立的维新学院的学生，最近在上海市最附近的青浦县举行民情调查。在从上海一个钟点的公共汽车可到达的地方，据他们的调查，是仅仅三四万人在新政府的治下，而二十万左右的人却在游击队的治下。”又，“现在县政府的征税是通过税，青浦县政府的税率，是米一石征收五角钱，而这米为了要运往上海，又不能不通过上海市政府的征税所，这个税额也非常之大，是一石一块半钱，再加上途中所要的负担与运费，各种合计起来一共是两块七角。……反之，游击队一石米最高仅收征税两角钱，为此货物很少流入城中，而秘密地通过水路运输”。但是，“若从苏州河道运到上海，则有两三处征税所不得不通过共课税的总额是百分之十五到百分之二十”。

其次，还有不能忽视的一句话，据“学生的调查，关于税收有关的鸦片问题，也做了有兴昧[味]的报告，惟未便揭引”；于此，“通过日本军的封锁网内的鸦片应该严重监视，靠鸦片收入那样的情形是应该绝对排除的”。他不禁也大声疾呼了。

综上所述，那么我们已可明了如下的事实。

第一，连上海的极近郊也完全在游击队的势力圈内，日本的力量不能及，住民均信赖和支持着游击队，而憎恨与恐惧日本军和伪政权。

第二，因为住民对伪政权憎恨与不加支持，而且战后经营连上海附近也无希望，所以伪政权毫无财政的基础，于此只有恶税诛求，于此便不得不采取“未便揭引”的鸦片政策了。这就是所谓毒化政策，从毒物之中榨取重税。

第三，是所谓“各人各人的国情”之妙语。那就是说，日本因为军费膨大到了顶点，已没有经营的费用和力量，不能送钱给伪政权。

日本仍然不得不叫他们吃“东亚协同体”的哲学以代饭。

于此，我们可得到如下的结论：东亚协同体是一场梦，当地的日本人毫不相信。中西氏说：“日本所援助的新政权，若能把握到大部分的民众……那便是日本的胜利，若失败则……支那方面反得到游击运动的源泉，他们所企图的第三阶段（反攻期）有出现的可能，殊堪忧恐。”请看他们这些失望的不安吧，所谓“洋洋前途”就是如此！究竟民众的敌人胜利呢？还是谋人民幸福，为他们的解救而战的人们胜利呢？连日本军事法西斯蒂走狗诸公，对此也不得不痛切深感吧。是的，我们胜利的基础就在那里。所谓全面的反攻期的准备，就是应如何从日本法西斯蒂及其走狗们摧残蹂躏、杀人的榨取、毒化生活之中把民众救出来，帮助他们生活，而教育他们，组织他们。民众决不是他们的，正确地把握着这有利的条件干下去，则军事法西斯蒂们的“长期建设”当无立足之余地。此一事实如何地为日本军事法西斯蒂所惊惑，在他们的新闻杂志上也有无数的告白自行暴露出来。例如十一月二十日《国民新闻》的读者来函：“近来从支那视察归来的财界人，都异口同声的再三说，恢复治安为先决条件。”又例如，《大阪每日新闻》十一月十七日载：“支那大陆资源开发问题……由于治安的确立如何影响甚大，然而皇军占领地的治安，到处都还在治安未能充分确立的状态……在治安未充分恢复之前，日本是不能真正成为‘有’的国家。”

在武汉战争从军过的通俗恋爱作家久米正雄说：“中支的民众与日本人之间实有难于融合的某种东西介在着，所以暂时间不能不在中支施行近乎军政的独裁政治。”

情形大概就是那样吧。于此，种种的“建设计划”又出现了。例如前述的《国民新闻》说：“建设事业追随治安工作而行的思想，与时局现状不能适应，建设应该敢然冒危险而行。”“对于重要的产业战士，要派皇军去护卫，这不能说是兵力的滥用，武力与经济发展并行，为今后建设作用之要旨。”久米正雄先生更澈底地说：“应颁布重工业屯田兵制”，“大学专门学校以上的学生，延长共修业年限，或以一年驻屯于支那，兼任守备兵，受团体生活与军事教育，同时也受将来飞跃大陆的基础教育”。真是好一个浪漫主义作家的浪漫“建设计划”！

治安之不能确立的情形，我们又可从下述简单的例子来明白。

我最近会见了四个俘虏，一个是安庆附近某驻屯地捕来的，他说：“驻屯军严禁一个人单独散步，规定应该由班长率领一同出去，但是我因为违反规则，和朋友出来随便散步一下就被捕了。”又一人是在大通附近捕获的，为了修理驻屯地的浴室，与两个战友一同到只离两公里的郊外去找木板，即被游击队包围，本人被捕，其他两人都战死了。还有一个是马夫，为了征发马吃的稻杆而被捕了。凡此均是证明离开驻屯地一步即完全是危险的境地。最后的一人，是在岳阳兴羊楼司之间捕来的，中队长率领的一小队在山峡之间突遭袭击，几乎全部消灭了。中队长以下约十人乘夜逃亡山中，他独自一人黑暗失道，翌朝向民众乞食，被一老妇告密而被捕了。看吧，所谓“帝国陆海军平定的要域还有着这样不断的激战”，“长期建设”成为怎样了？“对重要产业的战士，皇军加以保护了吗？”铁啊，煤啊，钨啊，被“皇军保护”的南京、汉口市内是没有的。

不仅此也？我从最近由汉口逃出的一位中国青年听到了这样的话：“现在汉口残留中国市民约十万人，此等市民均十分悲惨，日本军把良民证卖给他们，一张三元，可是陆军不承认海军的良民证，而把它撕破了另卖陆军的，海军也是一样。驻屯在汉口的，佐佐木部队外，倘有若干其他部队，他们到比较富裕的家来征发宿舍，如贿以数百元或千元，则贴上“此屋系外人财产不得征发”的纸条。可是别的部队来了，不承认前回部队所贴的纸，又来一次数百元或千元。几种部队都这样反复的做着，日本军好像是太贫穷了，所以这样的做着盗贼。残酷的话还有很多，在别的机会再来报告吧。

“为什么我们以前政府的献金运动时不以全部财产献金呢？及今思之，实不胜遗憾。”这是商人们的话。“中国的空军为什么不来袭武汉呢？”“因为蒋委员长知道武汉还残留着十万市民里。”他们流着眼泪了，“有法子向委员长报告吗？我们自己愿意在中国空军的爆炸下与街道偕亡！”

此乃今日汉口的市民，是“与日本人间有某种不易融和的东西存在着”的住民。事实上，中国空军已数次袭击了武汉，日本将校与官吏狼狈的逃入了租界。那位青年笑着说。这就是法西斯蒂的所谓占领区与那些“占领区住民”。

在这里我还有一个重大的问题不得不报告，也是关于军事法西斯蒂们的劫窃的事。他们买进法币，以正金与台湾两银行当担此任务，而以军用票支付兑换，在那场合将法币市价强制压下二成，买进的法币利用此种差额拿到上海去卖，即可发财，同时企图破坏法币的信用。自然，法币被隐蔽了，若是军部知道，当然要严罚的。这种做法很像现在日本内地的“民间保有金的登记”，愈于呈报的金所有者处以罚金。恰巧想以此方法收回法币，但是行之并不十分顺利，连日本的商人也死劲的要法币。

在华北更有趣。介绍一下《中央公论》一月号的报告吧。华北由联合银行发行纸币，起而驱逐法币，也是只照市价压下，向住民去强抢，谁知困难问题起来了。“法定比联银低百分之十的旧法币”，到了外国租界即日本权力以外的地方即随时复活。“黑市场”出现了，于是乎法币隐藏了。“币制改革以来所促进了的经济同一体化的过程甚为强固，虽拿着日支事变的大刀也切不断。他们到底是明白了。”

比这更困难的事还多着呢！即“在现地作为军费支给的形式而增发之联合准备银行券，转化成日本货币，必然流入日本的本土，于此，北支的经济关系成了非直接冲击日本内地经济不止的形势”。而“促进日本内地通货膨胀”事情到底怎样呢？“北支……不但不能援助日本经济，反而予日本经济以重压。”他们至此也明白了。

问题很简单：“日支事变的大刀”之武力法则与经济法则，完全是所谓不同的东西。法西斯蒂们不是日常说过吗？现在的战争，胜败不单决于武力，举国的总力、经济力实为结局胜败的决定者。容易看出的还有如下的事实。

第一是中国的帝制及其坚固。其理由所在，一方不用说是民主诸国家的经济的援助力很大，但是他方所谓“被占区住民的民族的觉醒”也有很大的力量，与“自由的中国”血脉相通的民族的连带，在经济方面强有力的显现了。他们愕然地对于“民族问题”的深刻，不得不惊异了。

第二是日本经济的无力，现在已被明白的暴露。日本的货币打不胜中国的法币，联银纸币一滥发，便影响到日本内地的金融。而经济的无力又直接影响于军事、政治，所谓伪政权的信用完全扫地无余。“近年蒋政权不明国交，忽视友邦正言的劝告……友邦不得不忍受巨大牺牲，以兴灭共倒×之师……现在蒋政权已无地容身，中国大部份已光耀于五色旗下。”北京的丧家之犬这样的在东京帝国饭店空吠着，真是一张很好的漫画。可是日本的国民却愤慨了，他们说：“叫我们国民只嚼梅干，而把牛肉给这班混蛋吃，这是什么道理？”

经济的无力又在如下的情形表现了。“(A)北支汇兑市场追从上海市场。(B)旧法币隐藏了。(C)为了托庇于外国租界的南京系诸银行之反日与不合作，以联合银行来统制金融成为了困难的事。(D)旧法币在外国租界价格很高的暗中交易。”“北支……丧失了事变前的经济特质，作为日元集团的经济的国家构成之要素，则殊有不能满足日本诸要求之危机。”

这个是本文的结论：所谓“长期建设如何得完成呢？”第一是“治安回复，治安回复，第三个还是治安回复”。然而若不是“把民众救济，使其生活安定”，则不能除去治安扰乱的母胎，但是日本却没有那种经济力。租界中诸民主国家的压力与立足于此的南方诸银行的经济力量，成为日本所难堪的重压。此种银行及第三国的权益，对日本的自由“压低市场”，是没有应该承认的理由。果而，则他们即使没有特别扰乱日本的建设之意志，而此种不为“日支事变的大刀”之法则所支配的权益，也仍然是日本经济政策的致命威胁，这是存在事实本身之必然障害。

于此，便有所谓收回租界、收回香港的问题发生，日本军事法西斯蒂的舆论最近对此正强烈的表现着。

要之，目前所谓“长期建设”等等，实不能谈，最要紧的还是要用武力来开拓其建设条件，是其先决。为了治安问题及被占区域住民之无力化，日本便阴谋把所谓建设工作从诸外国及“自由中国”切断下来，在强行此种阴谋的场合，日本当然有决心武力行动之必要，海南岛事件就是此种表现，于此日本便因为那致命的弱点所驱逼而向大战之目标突进。

所谓“长期建设”“东亚协同体”，其自身也不外是大战之出发点而已。

（原载于《建设研究》第 1 卷第 4 期，1939 年）

对敌宣传必携

[日本]鹿地亘
方天白 译

这本油印小册子，是我们的友人日本反侵略作家鹿地亘替××行营政治部主办的简易日文日语训练班写的，文章虽不长，但材料很丰富，对敌的分析，更有精辟独到之处，可作为第二期抗战中对敌宣传工作的(指)南针，近承×同志由××寄赠一份，特译出以为政工同志和在前线的武装同志的参考。

——译者

序言——对敌宣传的根本意识（要认清敌军和友军）

随着抗战进入第二期，这次战争的特征是更加来得明显了。特征是什么呢？这就是战争决不是在火线上，而是在中日两国的后方，在日本军占领区内，不断地作着战斗。

第一，敌国军事侵略者包括以下这些：一、军部中握其有实权的暴力派军人(法西斯蒂)；二、供给战费，投资经营军需工业，欲利用侵略战争获取巨利的野心财阀；三、对这些军阀才发阿谀献媚，想分润一点利益的流氓、堕落文人等走狗，至于日本一般国民，因为战争已陷于生活的破灭，他们只能当炮灰，做战争的牺牲品。他们根本反对战争，只有一些落后份子，受着日本帝国主义的欺骗和威胁，才支持着战争。

日本国民的先进份子为着使这些落后的国民觉悟起来，打倒侵略主义者而把全国国民从战争的牺牲中拯救出来，他们正在继续猛烈的斗争。工人、农民、和平的资本家、进步的知识份子都属于这一派，他们是我们的友军。朝鲜、台湾等日本殖民地的大众，也是这场战争中最悲惨的牺牲者，他们为了战争而过着极贫苦的生活,同时常被强迫来做军队中的苦役和间谍。他们深切的痛恨并且敌视日本的侵略主义者。他们中的先进份子,不但在自己国内进行着革命的独立运动,而且有一部份已经组织成朝鲜义勇队、台湾义勇队等,正在参加着我们的抗争。

第二,在东北、华北及其他敌军占领区域内,战争都是全面的,我们的敌人不单是日本军,同时还有背叛民族,甘供敌人驱使奴役的伪政权及其走狗汉奸之流。

第三,日本侵略主义者为实现其侵略企图,派遣大批间谍(日本、朝鲜及台湾中的堕落份子)和函件,深入我后方做密探和造谣言,收买我民族中的落伍份子,散步[布]失败主义和妥协投降的空气,以扰乱我们的后方。

总括看来,背叛中日两大民族利益的侵略主义者及其走狗,不仅是用军事的手段,同时还用种种卑劣的政治阴谋来进行其侵略的企图。所以中日两大民族就得起来奋斗,把两民族全体强有力地政治武装起来,以免堕入他们的术中。

当战争以火线上为主的时期,这种政治斗争似乎是比较次要的。但是随着抗战进入第二期,情形就大大地转变了。这理由是:在侵略者方面,因为受到巨大的消耗而至疲敝不堪,所以要尽可能的避免战争的手段,而积极进行政治阴谋,企图不战而击溃我们的阵地。可是,日本国民和朝鲜、台湾的民众方面,却随着战争苦痛的增加,他们革命的反战斗争也日益全面化,形成强大的力量,威胁着侵略主义者。同时,东北、华北及其他被占领区域内人民的抗日战争也日益全面化;游击战也日渐扩大和强化。这样,不仅在火线上,则在所有敌人的后方,都使敌人陷于危险。所以,一向被视为次要的政治斗争,今后比起直接的武力战争来,是有更大的决定的意义了。这里所说"政治的斗争"是什么呢?简单地说,从日本军事侵略者看来,就是这样一种阴谋——用欺骗和强迫的手段,驱使日本、朝鲜、台湾的民众协助侵略战,并用威胁利诱和散布失败谣言和和平空气等,使中国人民屈服。但从我们看来,确实为着要使日本、朝鲜、台湾的民众不做侵略战的牺牲而自求解放,把他们唤醒起来做我们的助力,来共同打倒侵略者;同时……要叫他们认识"抗战才是求民族生存和解放的唯一出路",使他们团结起来,以击破敌人的一切企图。这就是说,要争取两国的人民,便是敌我间政治斗争的目的。敌人的手段是威胁和欺骗,我们的手段是友爱和提携。

所谓对敌宣传,其实就是这种政治斗争的一部门,所以我们只有深刻地认识这次战争的上述那些特征,才能建立正确有效地对敌宣传的战略和战术。

一、对敌宣传的战略

所谓对敌宣传，就是要在敌军和敌军阵线内树立起我们的友军，以颠覆侵略主义者立脚点的一种政治斗争，作这斗争时最需要注意的，如前所述，我们的原则的方法不是和侵略主义者这样的用欺骗和威胁的手段，而是友爱和提携。为什么呢？因为我们并不是要在敌国内制造我们的傀儡（日奸），实际上是要组织我们的友军。换句话说，我们的目的不在“扰乱”侵略者的“后方”，而是在“建设”正义的友军。所以从事宣传时，必须避免一切的虚伪，我们不能欺骗友军，也不能对他们失信，我们要把真实的情形告诉日本人民和朝鲜、台湾的民众，教他们解放自己来和我们共同努力。

第一，要告诉他们的真实的要点是什么呢？首先，必须使他们澈底认识：侵略战对于他们的国家和他们本身，会怎样使他们陷于绝境；其次，要他们真真实实地知道，战争就是饥饿和死亡，从战争中得到利益的，不是他们的国家和他们本身，而实际是为了一部份野心的侵略家的利益，他们不过是白白送死罢了。

第二，要他们认识用什么方法才能从这种牺牲和死亡中解救他们。解放的唯一出路，是反对侵略战争，打倒战争根本因素的军事侵略主义者（军部内的暴力派）。这军部暴力派就是他们的主敌，也就是我们共同的敌人。击破了主敌，那班走狗汉奸也就容易消灭；只有这样，他们才能得救。

第三，在进行打倒侵略主义者的斗争时，要坚定他们胜利的信心和加强他们的勇气。侵略主义者想要离间并孤立日本人民和朝鲜……的民众以及我们的民族，削弱各个的力量，使各个屈服。因此，我们要告诉他们，世界上一切爱好和平的国家和人民都是援助和同情他们的，要他们抱着自信来参加这强大的和平阵线。

上述三点是我们宣传的基本要素。约言之，第一，战争是他们的不幸；第二，要免除这不幸，只有打倒真正的主敌；第三，他们的反侵略斗争，决不是孤立无援的。这样就定下了我们基本的战略。作标语时，就要这样写：

一、不要为无谓的战争白白送死！

二、不打倒军部暴力派，就永远免不了做亡国战争的牺牲！

三、打倒人民之敌，我们不是孤立无援的！

上列第二条标语，对前线敌军士兵宣传的，如改作下面这个，效果当较大：

二、不打倒军部暴力派，就永远回不到家乡！

这些都是适合日本国民、日本士兵及朝鲜、台湾民众的基本战略的标语。

至对于朝鲜、台湾等殖民地的被压迫民众，应特别加上下面一条：

四，把朝鲜、台湾民族从奴隶的枷锁中解放出来，现在是时候了！

对敌宣传的战略既定，就要考究到实现这战略的战术。

首先要叫他们（敌人——译者注）深切的理解这次战争对于他们为什么只有饥饿和死亡的意义，为什么带有亡国的性质。

中日战争是很早就由日本军事侵略主义者作了长期间的准备。他们根本不想改善国民的生活而强迫他们来作战争的牺牲。但结果，一切的国民都为了准备战争负担了超额的军费，一般的生产都受军事生产的影响陷于疲弊，国民的生活也陷于失业和贫弱。随着战争的延长，出现了可怖的现象。由于物价的高涨、物资的缺乏、粮食的不足，国民中饥饿的部份是显著的增加，工人有一半失业，一半则为补充军需而不分昼夜地在受着残酷的奴役。牛马被征发，种田地的青年被抽调，农家的田地都荒废，阵亡者的遗族被弃置不顾，无人救济。然而国民是被强制在毫无政治权利的状态下，对政府和军部的政策是不准表示一点不满的，这在前线也是一样。已经过了兵役期限，应该除队归□的士兵，仍是无期限的被赶上现场，除了病死、饿死、战死之外，再没有什么希望。故乡家族的痛苦，也无法救济。而侵略战又遭遇中华民族为生存的坚决的抗战，陷于长期的泥淖之中，日本的国家也一天天走上了灭亡之途。

我们就是要用事实把这些事情告诉他们，并且要用事实使他们明白这些道理。事实才是最能够使人感动的。虚伪虽然发生暂时的效果，但信用终会逐渐丧失而失去宣传的效力。所以一定要对敌国的人民和士兵，不断的告诉他们自己国内陷于怎样的状态。再就是要采取敌国人民和士兵的要求，使他们痛感他们的敌人是如何蹂躏着他们的要求。将这一切用战术的标语写出时，有如以下各条：

一、你们是炮灰！受饿的是家族！女儿要卖身！牛马要征发！

二、死伤者超过了六十万！打到几时呢？为什么要送死呢？

三、你们的妻子在喊着还我丈夫、还我父亲！

四、第二回的正月又到了！孩子们有棉衣穿吗？有汤圆、糕饼吃吗？

五、反对无期限的除队延期！要求即刻回国！

六、不要相信抚恤遗族的口惠！两个月后就会忘记的！

七、把派遣说教和尚到伤病医院的钱移来治疗伤病兵！

第二，对于发动这不幸的战争的责任者，必须建立我们的攻击战术。攻击时，眼看准敌人的弱点，叫国民对这些弱点集中攻击，从而使他们陷于崩溃。我们知道，我们的主敌是“军部暴力派”，此外和他们勾结的，是一部份野心的财阀和一些官僚、政客、流氓等。不过，他们的勾结并不坚固。为什么呢？因为他们不过是在暴力派军人的威胁利诱下才来追随的。这种关系，只要看日本强占东北后暴力派军人和财阀的明争暗斗以及接二连三的政变，便可明白。（如五一五、神兵队、二二六事件。）所以，最好是将这脆弱的结合点打断，加以各个的击破，使主敌孤立，以促其支点的崩溃。至如盲目的把他们总括为“支配阶级”或“军阀”而笼统的取敌视态度，这是失策的。因为，第一，这样会使国民的攻击目标变得模糊。第二，不但不能把他们分散，反而会使他们结合。所以要正确的指明主敌，猛加攻击，那么共余的残敌自然失去依仗而归于消声灭迹。

例如，近卫首相是这次战争政治方面的代表责任者，对其最好集中国民的仇恨，使其没落。板垣陆相是暴力派军人推举出来的军部代表者，他口头上唱什么“发扬皇威”，实则当他占领热河时便买卖烟土，私吞了三百万元。这种内幕，我们应将它揭穿，以丧失其对国民的信用。闲院宫是（日本）陆军参谋长，同时是暴力派军人欺骗国民的幌子和天皇制度内的一个代表的侵略主义者。我们应该对他集中攻击，使国民广泛的认识所谓天皇制度实际是国民痛苦的泉源。因此我们所用的标语应当是：

一、活埋亡国战争的责任者近卫、板[坂]垣和闲院！

二、叫板垣吐出在热河抢到的三百万元！

三、叫闲院和近卫到前线来搬运子弹！

四、把铁盔磨的糙米给近卫吃！

五、把沟渠的泥水给坂垣饮！

同样，对那班和暴力派军人勾结，供给军需品，贪图巨利的野心的财阀，也应当用各个击破的战术。将“财阀”和“资本家”混在一起，也容易使目标模糊，并且有使反对暴力派军人的和平的产业资本家归附他们的危险，好像日本的鲇川便独占着伪满洲国的重工业。大仓、住友及其他野心的财阀，便在鲜血未干的华北战场上争夺着开发资源——所谓“国策公司”——的权利。我们要将这些事实揭发出来，叫日本人民知道：所谓“膺惩抗日”的战争，实际是为了什么？同时要他们明白：很多其他的产业和经营，都为这一部分野心家的权益而牺牲。对于这些人，应当用这样的战术的标语：

一、在烧过战友尸灰的华北战场上，财阀们已经开起公司了！

二、国民在受饿，但酒楼、妓馆里都告人满！

三、脑满肠肥的军需工业资本家，正带着妓女到忠魂碑前干洒泪！

四、不要放枪！你们放出的子弹，每颗都是父母的血和肉！

五、把枪口调回去！敌人在后面偷笑里[哩]！

六、“满洲国”是鲇川一人的王道乐土！华北是国策公司的大国！

攻击的目标越具体越好，就是指出他们罪恶的事实，也非要具体不可。但列举的敌人太多太琐碎，是失败的。因为如果不对主要的敌人集中攻击力，而对太多的目标攻击，就会分散国民的注意力。目前至多只能限于以上列举的军事政治的责任者和主要的野心的财阀。此外，跟着战局的演进，对国民有特别显著的事实发生时，应当指出其中心人物，作攻击的对象。

第三个战术的要点，是要叫他们知道国际反侵略反法西的团结在不断的增强。并且用事实说明侵略者是日益孤立，侵略主义者在这种国际和平阵线的压力下已逐渐陷于绝境；而这和平阵线，才是日本人民以及朝鲜、台湾民众们最有力的后援。这就是说，要把这次抗战的国际的意义和革命的意义告诉他们，并且要指出日本国民和朝鲜、台湾的民众，除了参加国际和平阵线以外别无出路。假使他们参加这条阵线，他们和中华民族将互相成为友军而不会孤独，反之，只有侵略主义者才会脱离世界而孤立。所以这里要对他们指出：侵略主义者在国际的压迫和中华民族的全面抗战下，早已陷入自灭的泥淖之中，并且鼓励他们：现在正是日本人民起来打倒黑暗政治的大好机会。

一、打倒暴力派军人，不要给世界讥笑！

二、所谓征服中国，不过是把束缚我们的枷锁加粗加大罢了！

三、两国的人民握起手来吧！在战争中把日本国民从侵略主义者那里救出来吧！

四、叫近卫、闲院、平沼去打战吧！不要盲目的去送死！

五、军部暴力派在国际上是孤立的！民众们起来打倒军部暴力派！

此外，要不断的将英美合作的进行、苏联的对华援助和中国对日军俘虏的优待情形等告诉他们，并用国民的友谊不绝地鼓励他们。

总之，基本的三种战略标语，在全县的宣传工作上是不变的，而且必须是统一的。为什么呢？因为这正表示这次抗战的政治本质，也正是宣传的中心。一向对敌宣传最大的缺点，就是各战区各战场都不能统一，所以宣传的效果至今还很微弱。

但作为实现上述三项战略的战术的标语，却又须随着各战区各地方的实际情形，随着战局的变动等，来提出日本人民和士兵们当前的问题以及活生生的事实才能有效。因此，对敌宣传的干部一定要时常和部队取得密切的联系，研究日军将士的实况和要求，并且时时从兵士们的日记和家信中搜集许多宝贵的材料。

（原载于《新军》第1卷第2、3期，1939年）

日本支配阶级的摇动

[日本]青山和夫

迎着一九三九年的新春，而负战争责任的日本支配阶级，早已发出告饶的哀鸣！同时日本民众不断的表示着：要求革命的真正和平，这些都是中国正义抗战将获到最后胜利的先兆，也是日本革命的民众，发动解放斗争的机遇快要成熟的象征！我们站在东方革命战线的人们，对于这伟大的一九三九年的到临，感着无限的喜悦和兴奋！

（一）由否认国府到近卫告饶

一九三八年十二月二十二日，日本支配阶级的代表近卫发表了所谓“关于调整中日国交根本方策”，其隐藏的帝国主义的毒素，中国方面早已看清，蒋委员长指责透辟！这且不再赘论。但单就形式看，却另有下列的意义。

第一，前年九月决定、去年一月十六日正式宣言的“不以国民政府为对手”及所谓“全面战争之彻底进行”，都已经自己否定了，这就是他们自认一年来武力手段的失败和今年战争继续的困难，已经由体验而痛切感到了。

第二，日军在占领地带政治的失败，军事的无把握和经济的没办法，以及华北、华中、蒙疆各伪组织的不成形无价值，也坦白承认了。

第三，这由于日本帝国主义之国际的碰壁和国内的反抗等一切不安和不利，虽为着对内责任，还揭出一些诈骗的条件，但实已低首自己打嘴巴而移樽就教的了。

当着他们高唱建设“第二皇军”的时候，反发出这些哀鸣，也更可以看出下面的重大意义：

第一，中国四亿民众在革命领袖蒋委员长指导之下，以坚决抗战，向着民族革命解放独立的大道猛进途中，定能获到最后胜利，也由日本支配阶级们自己承认了！

第二，他们所有军事的、政治的、经济的一切弱点和建立“第二皇军”的不如意，那内阁的动摇和焦闷，也向着中国、全世界尽量暴露了！

第三，他们不自感着责任而切腹以谢天下，反而欲将战争残局移展到世界大战的形态，以图再取日本大众最后一滴的残余膏血，供他们战争游戏的牺牲，也是很显然的。

若拿中国旧习的“一年三比”来清算中日战争的胜负，在南京会战后，他们预想国府即将动摇屈服的谀算，完全失败，至运动陶德曼调停被拒为止，恰像端午结算中国的胜利，今次近卫的求饶，不独是中秋结算中国的胜利，并且是近卫明知年节总结算的大亏空，预先想用假票子对中国赖账的诡计！

（二）击破日本帝国主义的纸老虎

中国抗战开始以来，日本帝国主义的缺点日益暴露，所以内部日益动摇。其兵力在徐州会战时，已达最高度最精度，我们早已指明，今由武汉会战前后看出左列事实，益证所言之不口。

第一，南京会战后，期满退伍回日的士兵到八月再被征入伍，参加武汉会战，并且内中有应选充过决死队的，在旧例有永免兵役的恩典，也都强制再入伍了。

第二，徐州会战以后，已开始征召第二补充兵役，原来第一补充兵为第一乙种体格的半数，故第二补充兵役仅所剩第二乙种体格的一半，可见补充力量已极有限的了。

第三，战争中不独已将现役兵一再延期退伍，并且以后备的兵役年龄亦如延长，其实际上应当于国民兵役的，也多被征用的了。

第四，机械化部队（飞行机、重兵器等）兵士多未曾受基本教育，仅备应急的分业技术训练，并且各特种兵专门学校受业中的生徒也拿出来凑数了。

第五，兵器储造状况，在战前，像小仓陆军工厂之类，已加夜间作业，各工厂已使尽分业操作最高能，在开工初期，运来补充的弹药，尚有昭和三年制品，以后的制造，年度逐渐降低，最近竟有昭和十三年制品，可见储备将尽了。

第六，装备状况，在开战初期的日军，都是不完全的乙式装备，直到徐州会战前，才将战斗部队完成甲式装备，像机关枪，一部分还系旧式，后方部队全系旧式，像那样财源枯竭，连一九三九年度尚须四十七亿左右的应急，已苦点金无术，一九三九年军费五十亿，连一般发出达八十六亿之多！纵然实行总动员法第十一条，但一只瘦鸡，只剩这多血，拿什么来打仗？不然，怎肯自打嘴巴来告饶呢！

（原载于《新新新闻旬刊》第19期，1939年）

我们为反战反侵略而战

[日本]青山和夫
吴斐丹 译

二年来中国的英勇抗战，证明了在殖民地压迫下的后进国也能击破帝国主义者的侵略，同时任何帝国主义者法西斯的不能破坏以民众为基础的统一与团结，也由中国以身作则的证明了。

这种由中国所表示出来的真理，是给与全世界的被压迫民族以勇气和力量，使反对侵略、反对法西斯的和平、自由、民主的人士的主张日益的强固起来。

在中国战争的第二年，世界的注意是分别集中于欧洲和东亚二处，但是到了今日，斗争的第二年，已达到使世界的目光，不分欧洲与东亚而集中于一点的阶段。这是怎么说的呢？就是目前的世界，已到了要想爆发侵略战争挑发世界战争的法西斯数国的同盟，和拥护和平、保持民族独立生存主权的民主各国的联合之间渐进于直接攻夺的一点。

在中国英勇抗战的第二年，他所得的最大效果，无疑的是使日本在内政上发生了重大的缺陷，违反了日本自己的意志，不能立刻参加德意日三国军事同盟。若是我们说近卫倒阁，是中国抗战第一年的胜利，在日本内政上的反映，则第二年的胜利是日本由参加德意日军事同盟而转入于没落途程的第一步。

战争二年之间，日本反法西斯反战的政治斗争，是有集中政策与联合战线，而渐次开展了政治的集结。这种政治集结的第一个表现，是社会大众与东方会联合的失败。如果把这件事和我们的同志，以五分钟的时间，就把关西法西斯文化中央机关的创立破坏了相比较，就可以了解我们同志的斗争集结的成功。

在战线上，我们有计划的反战斗争，是由日本军阀的占领武汉而成功了。虽然到今日为止早已传布着种种日本军反战的消息，但是我们与日本兵士有计划的反战的成功，是在武汉占领之后才开始的。我们今后要在与日本兵士联合斗争之下，愈益展现更大规模的有计划的反法西斯反战斗争。

直接的，因为侵略中国的失败和国际的压力，使日本法西斯在战争的第二年陷于分裂的状态。这种现象，由东方会国民运动派与议会派的分裂，政友会内两个法西斯派中岛与久原的分裂斗争，军部内关东军系、华北军派和华中华南军系，在作战上及法西斯团体支持上的对立等就可以看出来。主张防共协定，仅止于对付苏联的关东军派的政治行动和主张扩大三国军事同盟来掩盖其此次侵华战争失败的华北军派之间的斗争，终至于为了龙岩矿的问题而爆发了。在为军事法西斯之主力的行动派里面，也可以看出小农派的无血革命和小资产层系的国家权力乱用派在主义上的差异。平沼内阁不过是因为法西及军部的在于分裂状态之下所成立起来的反动的小资产内阁而已。

这个内阁一方面屈服于巨大资本家之前，一方面在法西斯军阀之前是没有力量。到今日为止，这个内阁所以能存续的原因，不外因为法西势力的在于分裂的状态。他的前途，不过是平沼之政治的破产而已。

我们对于这个战争第二年的纪念日所负的任务，是在获得有计划的反法西斯反战工作的成功。支持我们的计划，参加我们工作的朝鲜义勇队，他们的武装斗争已经获得了很大的成功了。

我们对全世界的同志表示敬意，同时对中国英勇抗战的指导者蒋委员长表示敬意。

（原载于《中国青年（重庆）》创刊号，1939 年）

国庆纪念献词

——庆祝光荣的双十节

[日本]青山和夫
斐丹 译

对于在蒋委员长的领导之下坚强团结，向着抗战建国前进的中国民族，这一次的双十节，是特别有意义的，光荣的革命阶级。

第一，在军事上，中国已经走进了相持的阶段。在山西与河北，把日本帝国主义的几次所谓“扫荡战”，一段段的切断了。中国渐次积极的展开了近代的机动战，与胜利的积集和游击区的扩大强化配合着，渐渐的移近了攻势的时期。

第二，孙总理所指示的宪政时期的准备，是渐次的接近了。三民主义共和国的走进宪政时期，是中国近代史上历史的划时期的光荣。

第三，中国抗战到底的世界的意义，在欧洲的战云下愈益显示出他重大的指挥力，就是在现下混乱的国际形势与困难的世界动向中，我们应当采取的根本方法如次：

一、始终不动摇维持世界和平的追求，并以明确的手段来对处。

二、集中力量于敏活的斗争。

以这两个根本方针为基础，我们要把战争挑发者从战争产生战争的阴谋戳破。目前欧洲的战局，因为波兰的崩溃而成德国对英法消极的相持。在这种状态下，阻止欧洲转入于大动乱的危机和不使全世界转入于动乱的处置是可能的，同时为维持世界和平也是必要的。

《德苏互不侵犯条约》的缔结，和波兰崩溃后苏联的出兵对波兰人民的解放援助，是把世界从战争产生战争的状态切断了。

二年来中国的抗战，已经把日本帝国主义军阀征服中国的野心，完全的克制了，同时把日本帝国主义军阀进行搅乱世界之阴谋的力量，急激的减少了。

日本帝国主义军阀，二年来为对付中日战争，财政经济已迫于破产，到今日是连兵力的补充也已困难了。就是中国的抗战，已予日本帝国主义以打击。这给与日本帝国主义不能恢复之致命打击的中国英勇抗战，实在是为着维持世界和平而战的。因此日本帝国主义军阀是从军事同盟中掉下来，而把从军事同盟发展军事同盟、从战争产生战争的现象切断了。

在这次的欧洲战争中，日本帝国主义军阀又发动了在世界动乱之中进行征服中国的阴谋。对于德与英、法，从未进入真正战争的欧洲，阿布内阁的阴谋，是不断的致力于使欧洲转移于大战乱。

中国的抗战到底，与军事上在于相持阶段的战争胜利是破坏了日本帝国主义军阀挑发世界动乱的阴谋；中国的抗战到底是阻止切断全世界“从战争发生战争”之直接的杠杆；中国抗战的澈底，对于在混乱下的世界和不安情势，是指示了明确的路线，而且解救了全世界。这个有伟大任务的中国民族之澈底的抗战，是今日最光荣的一件事。

我们和中国民族在这次德国对英法军事对峙的时候，为了遂行彻底的世界和平和解救世界不进于混乱的立场，为援助中国的澈底抗战，我们的反战斗争，打倒日本帝国主义军阀的工作，是要更加的努力前进。

在这些意义上，中国民族的这个双十节是国际的又在中国历史上值得纪念的光辉的日子。

我们努力于援助中国抗战，打倒日本帝国主义军阀的同志，特别对着今日的双十节，对于有光荣前途的中国澈底抗战，衷心的敬至[致]革命的祝福。

（原载于《中国青年(重庆)》第1卷第4号，1939年）

日军反战的高潮

[苏联]P. Krainov
周慕文 译

在世界各国的报章上,"日本陆军的危机"这一题目,已成为一个习见的标题了。在日本士兵反战情绪大规模的展开,日军作战力的退化以及在华作战所蒙受的重大损失中,这种危机的确在蕴伏着。

日本士兵深知占领武汉和广州,是不能结束战事的,显然的,中日"事变"已转为长期的战争。所以最近日本军队内反战运动,显然的更为活跃。

在最近的晋南战役中,曾于日本俘虏和死亡的日兵身上,搜出吁请日兵归顺华军的传单,更在战利品的许多反战文件中,发现了一部日本反战同盟出版的小册子,题目是《人民的公意》。日本反战大同盟于在华各地驻军中均设有支部。例如,曾经发现过第五师团和第二十师团的反战同志们对士兵的联合呼吁。

日本的贫民团和其他团体联合发布的反战传单,在山西省也曾发现过,在许多的反战传单中,最引人注意的是"我们为谁,并为甚么对华作战?我们为什么屠杀中国农民?我们必须消灭我们自己国内的军阀与法西强盗"。

尽管被逮捕的参加反战活动的人们遭受了日本军部如何严厉和残暴的惩处,但日本的士兵们却仍然无所畏惧地加入各种反战组织。

民众拒绝参加对华侵略战争的事件时常发生。许多士兵因为失望和无出路而自杀。据称,在上海区内的南岛(Nandao)地方已有三百日兵因反战而自杀。在山西同蒲线上,日兵因反战而集团自杀的事实亦属屡见不鲜。有许多日兵坠井自杀,而在自杀者的当中,也夹杂有军官在内。

日本士兵曾屡屡拒绝参加所谓"膺惩游击队"的战事,至于日兵相率归顺华方,更是极平常的现象。在平汉线上平山地方的日本警备部队,常常自动的去寻找华军投诚。至于日兵私自离开自己的部队,而单独向地方民众询问投诚办法的事实，尤其不胜枚举。

士兵的公开集团反战活动也不希罕，如最近由上海调赴华北作战的二千日兵声称厌战而拒绝登陆，并要求送他们回家去，于是便有许多部队被派前来镇压这一兵变。

日本军部拼命地向世界宣传，俾使外人相信日兵作战是如何的英勇，但这却可由日本警备部队在占领的各城市中不敢冒险出城一步的事实，窥见其夸张的真谛。偶而他们即使冒险出城，但是一听到游击队来袭，他们便会立刻狼狈逃回的，虽然在他们人数方面占着优越地位。

战争的重大伤亡，迫使着日本不得不改变其只征日人入伍的原则，日本最近成立的师团里面，包含着多教的台湾人和朝鲜人。日本军人也用恐吓与欺骗的手段来强征沦陷区内的华人入伍。

被征入伍的华人，一律由日方施以注射，同时并告谓：倘使他们向中国政府投诚，一定会发生不治之病的；相反的，若能忠于日军，一定会给他们二次注射。不顾所有的恐吓，不怕任何的威逼，这些从中国……民众中强征的士兵，通常一经交绥即投到祖国的阵营来。

日本陆军中的反战暴露，不过是整个日本的澎湃反战运动之一环而已，日本士兵和全体民众都深悉这次战争正在给他们拖来困窘与毁灭。

对于工人们的恐布[怖]，大规模的逮捕以及依据反共协定对法西斯政策的强调化，这一切的一切都不能制止国内革命怒潮的蕴酿。在这战争一年之间，竟有三十万以上的人们因反战活动而被拘捕，这充分证明日本国内反战运动范围之大了。

对于日本法西斯军阀在中国的冒险侵战，不仅是工人和农民不以为然，就是一般小资产阶级和知识分子也是同样的不满。

除反战大同盟之外，其他反战组织也在秘密活动中。领导日本反战革命运动的共产党正在用着稳健的步伐进行反战的活动。

日本共产党不顾残暴警察的恐布，刊行各种违法的报纸来揭露战争的真况。其中有一个报纸名为《向暴风雨前进》，是用着薄薄稻草制的纸刊出来，而秘密的流行全国和军队中。日本的共党借报纸的力量吁请该党党员来组织和领导反战运动，赞助工人向政府要来优待作战伤亡军人家属以及减税等要求。

在日本对华侵战的进程中，日本共党不顾警察的严厉检查，竟已发行反战报纸达八百种之多，并对组织民众来反抗战争和法西斯的工作上，已尽了最大的努力。

日本军人背后的民众是不可靠的，这一点，日本的统治阶级已瞒不可瞒，而不得不承认。新首相平沼在第七十四届议会开会时曾宣称:“当前日本国家的地位比任何时期都危险。”

平沼之所以叫苦连天并非无因,因为日本帝国主义者为了征服中国不惜消耗大量的国力而把国家拖到溃灭的境地。日本陆军的普遍反战情绪的事实不胜枚举,本文不过略述几端而已。

最近曾有一项日本驻广州队部叛变的消息,有八千朝鲜兵叛变杀死日本军官数人。日军司令部对此曾派遣一支队讨伐军来弹压,接触后,双方均有重大死伤。叛乱平靖后日军司令部将祸首多人处死刑,并逮捕八百多人。又据报,日本当局在广州附近曾逮捕九十七名日本士兵,原因是因为这些士兵批评了他们军官的行为。总之,日本侵华战事愈延长,中国人民愈团结,中国武力愈加强,则日本军队的反战情绪也必会日趋高涨。

(原载于《时与潮》第3卷第6期,1939年)

苏联准备迎击日本

[美国]N. Peffer
沈默 译

我现在执笔来写苏联和远东的关系。但要写苏联今日在远东的地位，我们必须根据每日的实事新闻或以二十一世纪的历史家眼光来下笔。因为我们只能讨论苏联与远东在某日或某代内已有的关系，决不能讨论苏联与远东在某一时期内将要发生怎样的关系。谁敢说在六个月内——或在这句话写完后六小时内，世界战争就可爆发？既然对此不敢说一定，我们又怎能来预先估计苏联在远东的未来重大性呢？

诚然，东西两半球的世界政治和国际关系是不能分开的。东西两半球的政治相互作用是异常密切且直接相关连的，从政治上看，世界是整个的，直不能分为东西两半球。日本因为欧洲自顾不暇，故敢乘机在远东发动战争。然而，欧洲列强尤其是英国和苏联，因为远东有战事感觉她们的远东势力受威胁，故亦不敢在欧洲自由的采取任何行动。东西两半球，只要有一个半球发生大战，必会很快的波及到他一半球。唯其是这样，我们又该怎样去估计苏联对远东的态度呢？正确的说法或许是这样，苏联对远东的态度积极与否是和欧洲方面的冲突或者冲突的威胁程度大小成反比例。有这样一个原则，我们才能来讨论苏联与远东的关系。

别的不论，仅就亚洲地图上来看，苏联——不管是帝俄时代或者是现在——是远东一个不可分开的重要因素，只要不被瓜分，苏联在远东的地位必会永远如是的，亚洲除掉近几年以外一向是不像欧洲常发生地理上的纠纷。在欧洲，各国的疆界密接几乎是一种最不幸的事情；在亚洲，各国地界宽远，同时人烟稀少，没有理由或机会引起地理上的纠纷。总之，在亚洲，地理是保护者而不是互相破坏的引火线。然而近年来，亚洲的这样优越条件已不再存在了。这种地理优越条件在十九世纪之末就开始消没了。这时，帝俄侵入中国的东北和朝鲜，进犯中国本部，给日本一直接威胁，即其他西方列强在华的帝国主义权益也间接受到威胁。及至日本也抱着帝国主义的野心，起而争霸远东时，这种地理优越条件是整个消灭完了。自彼以后，土壤相接，斗争愈烈。

第一个历史上的结果是一九〇四年的日俄战争，当时帝俄的进犯被阻。帝俄放弃朝鲜、南满和华北，但未放弃东海滨省，由海参崴乘汽车不几小时即可到达朝鲜边境，近来更可由海参崴乘飞机不几小时即可飞到日本东京。当日本利用她在东北和朝鲜新得的地位，做为西向侵略亚洲大陆的根据地时，在欧洲，亦有同样情势发生，不过不含有种族的仇视而已。日本的成功即是俄国在远东势力消灭的开始，而俄国在东亚对日本势力伸张也是一个重大的障碍，俄国革命后的□□和日本伸张的加速——制造伪满——使日苏两国冲突有一触即发之势，苏联和日本面面相对——一面是西伯利亚和外蒙，一面是朝鲜和“满洲国”。两强对立，根本谈不到安全。在一九二七年中国国共合作崩溃后，我们充分的相信苏联已放弃了社会主义的宣传计划；但是，同时日本表示出来称霸亚洲的野心。因此，两国任何一方的势力伸张都足以促成冲突。

然而，日苏的冲突又被另外一个因素——中国——所复杂化。日本的大陆计划是异常广泛的，甚至深入苏联领土之内。自帝国主义观点上看，日本的野心是异常雄壮可观的，但这也是她的弱点所在，将来日本也许就因此而自取崩溃。总之，日本这种野心树立了两大敌人。日本或能应付单独一个敌人，但如同时应付两个敌人，则必不可能。这个就是远东问题的中心所在。

这种困难对日本并不是新有的，在十九世纪之末已有过这样的先例。日本曾被德、法、俄联合行动干涉退还辽东。同时，英国在那时亦是在华竞争霸权的一个。于是日本对英、俄二敌必须择其一而应付之。北去则连着俄国，南下则碰着英国，日本于是则择北进政策。当时至少放弃了任何侵华的野心，并且缔结英日同盟。因此，日本得以倾全力来自由的应付俄国，结果一战而胜，得免降为属国。

这一个经验的教训，日本在二十五年后整个忘掉。在一九三一年，日本决心要征服东北，结果制造了“满洲国”，夺取苏联在北满的权益并置重兵于外蒙和西伯利亚的边境线上。苏联见此则大为震骇，于是采取防御步骤。在一九三二年开始西伯利亚的军事化——西伯利亚改观之速，为近年来惊人之举。不独大批军队由东欧横越大陆开到西伯利亚及无数要塞在大荒原建立起来，即是现代军备的社会和经济的基础亦都建设好了。建设——或□□——城市，树立工业，开垦土地。屯驻大军，建设交通以利军需和给养之运输。西伯利亚正在向变成一个国家道上走去，而不是仅要变成一个前哨地。苏联的一切行动都是为防御的，这是任何其他国家在这种环境都要如此作的。但是防御的地位时常的也可一变而为进攻的地位。日本所为一切都是在自己门口树立敌人。日本现在自己又来扮演欧洲地理上的戏剧情景。

结果，日本又必须来一个选择，问题又是北向进攻苏联呢？还是南下征服中国呢？但是现在别无选择。日本在一九三一年以后几年的成功是太容易了，因而她就自负起来了。日本军人阶级没有谦逊的性格，日本军人阶级完全是明治时代有权势的军人所纵容养成的。实在的，在一九三二年和一九三三年有一些日本军人主张先立刻同苏联算算账。在那几年，日本如对苏联作战，或有成功的可能。但是，大体上，军人都对此不赞同。有一最合理的办法可惜未能采纳，这个合理的办法就是给苏联某种保证，然后再和苏联缔结一种条约以便消灭苏联的畏惧和反对。所以日苏间的仇视依然存在，同时日本对华亦未能作到亲善地步以便使自己得再用全力来应付苏联。假如日本能予中国以不必怕日本向长城以南侵犯的保证，则日本亦能无后顾之忧来单独应付苏联。相反的，日本倒无情的向华北进犯。于是燃起来中国的仇视心理，以至不免战争发生。为自卫计，中国当然必须准备决一死战。日本军人统治者太崇拜武力，始终忽略了军事战略的基本原则，就是如何离间敌人以收个[各]个击破之效。日本对中国和苏联不求任何一方的友好，其蛮干的结果在中苏两方都种下了正当的畏惧心理。日本将来势必同时应付两个大战场——日本在华北的鲁莽行动已在加速促成这种趋势。

这种趋势在一九三七年七月七日芦沟桥开始了。自开战以来，日本因为盲目和鲁莽的行动，继续付出很大的代价，日本人所喜称的“事件”到现在已经是十五个月了，在此期间日本人民已经尽其全力了，但仍不见“事件”解决之日。其次，我们看到中国人抗战的坚苦卓绝的毅力，中国人的抵抗力完全是由于前几年受日本惨酷侵略之痛苦所锻炼出来的。中日战事所以一时不能结束的主要理由，就是因为日本在对华作战的同时，又必须屯重兵以防守北战场。如果当初日本能悉数将全国兵力调到中国来，她或可以迅雷不及掩耳的手段就把中国击败了。日本不此之图，相反的，倒必须屯重兵于朝鲜和“满洲国”的辽远国境线上。在七、八月间张鼓峰事件发生时，日本几将冒险要把在华所有的兵力悉数调出来对苏联作战。假使日本在中国失败——作者相信必然如此，那是因为日本的注意点已移到苏联身上，不能同时再在中国作千余里的大规模战争。

日本在中国的失败，决不能在苏联获得补偿，相反的，倒使日本在苏联控制之下。因此，日本在中国的成功也得不到报偿，除引起苏联的畏惧心增强外，反会使日本衰弱下去，并战事亦无结束之日。日本亦许是一个征服者，但同时也是一个内心不安的征服者，因为还有一个比她更强的一个敌人需要她去征服或者去投降。即使日本占领中国，对日本也没有多大安慰，因为她还需驻重兵防守朝鲜和“满洲国”的国境线，此外还需要大量兵力镇压中国以使其屈服。设使日本因为苏联领土离东京太近而预先感觉不安，那么日本为什么对于全世界所公然表示出来的野心以及求达其野心的手段而就能感觉相安呢？如果欧洲无战事发生把苏联毁坏，苏联对日本在远东的野心和行动，决不能不予以严重注视。欧洲果真发生战事以至苏联被卷入，当然西伯利亚的经济力和军力都有减低的可能。现在西伯利亚的建设已随时间的演进和社会的进化而继续不断的向前迈进。前边已经提过，西伯利亚现在已不是前哨地，而是一个国家了。它的人口在增加中，它的富源在开发中，它的未来必是惊人的。除开一切虚无的“观念论”理由外——日本对共产主义威胁的口头扩大宣传尽是欺骗的，不过是给国内磨擦一个警惕，给西方国家一个托辞——日本随时都可制造值得忧虑的理由。假使苏联恢复俄皇专制主义，日本也必会另有一套借口的理由。总之，这是不共戴天国仇的自然道理。

日本这个国家只要是一个侵略的、黩武主义的、伸张的帝国，必然要危害苏联在亚洲的存在，不管她是红色的苏联，或者是民主的甚至白俄的俄国。所以无论如何苏联必须实行防御政策——防御亦是进攻的有力工具。由海参崴港起西到外蒙古并且南达香港像这样伸张的一个日本帝国，必是各邻国所要提防的一个国家，因为这是日本一向所要建立的一个帝国。设使苏联不预为防御，她必会被日本在贝加尔湖切断。日本人，无论是统治阶级或民众，年来受反苏和防共的宣传，都想要以行动来答复苏联。灭亡苏联是现在日本人一个信条。西伯利亚的发展越惊人，日本人的这个信念越发牢固起来。

有一些轻易武断的乐观家预言，不管中国有何事发生，东北部亚洲决可保持安定与和平。还有些轻易自信的日本人相信，欧洲战事或欧局继续紧张必能使日本完成征服中国的战争。然而，这都是靠不住的理由，因欧洲战事必会影响到日本而掀起日苏战争。设使欧洲无战事发生或欧局的紧张可以缓和下去，使苏联得自由的倾全力来应付远东，则苏日两大强相遇，迟早也必会酝酿出来战争来。苏联将来对远东的态度如何，完全要看目前欧局如何演进以为定。最后，不管欧洲有没有战事，日苏两国间的关系不是苏联在贝加尔湖左近被切断，就是日本被粉碎，不是日本改变态度从此不复是一个好战且好做征服梦的国家，就是日苏两国最后出之一战。如果像现在这样的一个日本存在着，苏联在太平洋海岸就不能有立脚点。而日本为未来计，也决不能让苏联在太平洋海岸再事逗留。但是,这极不相容的日苏两国在将来或许可由外来的原因免掉正面冲突,因为在日苏战争之前,日本必会在中国的抵抗壁垒——这个壁垒虽有时后退,但不破裂——上,自己撞成粉碎。

(原载于《时与潮》第2卷第5期,1939年)

敌军反战哗变浪潮

佚名

敌军的反战运动，是我国争取抗战最后胜利，驱逐日寇出中国的重要条件之一。因为这种运动的发展，可以瓦解敌军，停止日寇对我的进攻，并且在将来可以促成我军反攻的全面胜利。

最近敌军反战运动，有一种新的重要的发展。这就是敌军由酝酿已久的反战情绪，由逃跑和自杀等消极行动，已进至积极的、相当大规模的和比较有组织的反战哗变的浪潮。

这里有两件事情，最值得我们注意。一件是最近敌酋用欺骗方法，以调回日本休养为名，派遣二千多日军，到山西去打我们的抗战军队和游击队。当这些日军发现受骗之后，便开枪抗令，形成严重的冲突。另一件事实是江阴五百多日军反战哗变，杀其司令，并和敌酋派去"围剿"他们的军队对抗火并，双方死伤极巨。

这两件事情说明日军反战运动已展开了它的崭新的姿态，这新姿态的特点在于：第一，日军已开始发现了用哗变的形式表示其不满情绪；第二，哗变之后竟能杀其司令并与"围剿"军对抗，可见这行动已有相当的组织性；第三，哗变参加者的数量相当广大。这些特点说明日军反战哗变的行动，已开始形成一种巨大的浪潮。

这种浪潮的出现自然不是偶然的，它是许多因素长时期发展而产生的一种质变。

首先，它是日本国内经济困难，人民生活恶化，工农斗争高涨，日本共产党和反战反法西斯团体英勇工作的结果。日本国内失业者，已达一百八十万人，半失业者达一百万人。物价飞涨，生活程度提高，去年日本稻米收成较前年少四百万担。去年仅上半年，工人罢工案件为五九三起，农民与地主的冲突为二九九五起，日本共产党和人民反战团体，坚苦的进行着侵华战争中失败主义的工作，我们在敌军俘虏身上常常发现反战宣传品，就可证明这种工作的广泛和深入的程度。

其次，它是我国坚持持久抗战，巩固团结，愈战愈进步，愈战愈坚强的结果。一年半的抗战，虽然使我们增加了不少困难，但我们的抗战力量更加强了，我们的必胜信念更巩固了。敌人则相反，他们愈战愈困难，愈战愈使日本人民和士兵厌战反战高涨，尤其是兵士更完全失去了回国过和平生活的希望。这不能不推动他们走到积极的反战斗争。

再其次，它是我军有系统的进行瓦解敌军工作的结果。我们在前线对敌军进行各种宣传工作，尤其是优待俘虏的工作，已经产生了它应有的成绩。这些工作以事实给日本士兵看，中国政府和人民所反对的只是日本军阀，决不是日本的士兵。日本军阀的疯狂侵略政策，使中国的城镇化为瓦烁[砾]之场，同时也使日本的大众陷于水深火热之中。因此只有两国的人民联合起来打倒日本军阀，才能解救中日两国人民的厄运。

最后，就是日本无产阶级的先锋队共产党和日本人民中的先进的志士对于中日战争的性质，已有坚决的国际主义的立场，他们不顾日本军阀的摧残，进行坚持不倦的同情中国的运动，进行反法西斯反战的运动，他们的努力已逐渐为日本人民和士兵所认识，他们的思想行动已经影响到日本广大的士兵中去，已经取得了他们的响应。

加强瓦解敌军，扩大敌军反战哗变浪潮，是我们当前的一个重要任务。因此，就要贯澈坚持持久抗战的政策，就要继续并加强提高我军战斗能力，就要继续并加强对敌军宣传和优待俘虏的工作，而且更要加强中国和日本、朝鲜、台湾人民的联系，鼓励并帮助他们进行反战工作。尤其重要的是在前在线经过鼓动宣传组织的工作，争取敌军大批哗变，杀其寇酋，到中国军队这方面来，和我们一起，为共同的解放事业而奋斗。

敌军大规模的反战哗变浪潮，已经开始了。为了停止敌人进攻和准备我军将来反攻的条件，应当尽最大的努力去组织并扩大这一浪潮。

（原载于《新华日报》1939 年 2 月 8 日）

日本人民反战运动的发展

蔡槐卿

国防的力量，并不仅仅依靠着兵力，而必须建筑在国民的“总意”上面。要是一个国家，正在发动或从事于对外战争的时候，国内人民大部份在反对着战争，其结果便非招致惨败不可，日本现在就有这种事实存在反战运动

说到日本人民的反战运动，既不是我们的宣传，也不是我们的幻想，的的确确是一种事实。而且这事实在很早的过去，就已屹然存在着。现在我们先从日俄战争的时候说起。

当日俄战争的头一年，日本万朝报社中有许多新进的青年，如幸德秋水、堺利彦、内村鉴三、河上清及石川三郎等，他们组织了一个“理想团”，主张追求正义。因此和万朝报社社长意见不合，幸德秋水遂退出万朝报社，重新创立一个平民社，刊行《平民新闻》，鼓吹反战运动。

同时，又有社会主义协会产生。该会也是以反对战争为执行国家政策的手段，故与平民社的主张不谋而合，于是互相合作，《平民新闻》就成为社会主义协会的机关报。他们反对战争的理由是：一、战争违反人类博爱之道，破坏社会正义；二、战争为着资产阶级的利益，而以平民作牺牲品；三、承认战争的众议院，是地主及资本家的代表，而不是平民的代表。这三个理由，可说是十分正当，所以号召力也就非常之大。

随着战争的危机一天天地成熟，反战运动也随之而日益扩大。《平民新闻》每期揭载着反对战争的主张，社会主义协会每星期都在平民社举行社会主义研究会，讨论反战问题。他们还举行妇女讲演会及东京近郊讲演会，并组织宣传旅行队，深入民间去宣传，北自北海道，南至九州，各都市各乡村都有宣传队的足迹。一方面社会主义协会复设立分会于各地，而各种研究会和平民新闻读者会，更普遍于全国。许多外围团体，如早稻田大学社会学会等，也都归他们指导，向着同一的目标前进。美国方面的日本人，还组织了日本人社会

党，由河上清指导，鼓吹反战运动甚力，他们竭力把反战运动国际化，企图和俄国人民携手，《平民新闻》揭载过《寄俄国社会党》书，就是提议和俄国劳工携手共同反战。此外又派片山潜出席万国社会党大会（当时的第二国际），和俄国代表布列哈诺夫握手，决议共同反战的办法，以打破官僚和军阀政府所提出的人民注意对外问题的骗工，而转移人民注意于国内问题上。这种反战运动的发展，就是当时日本的军阀官僚的政府，也没有法子制止它。

因着帝俄时代的糊涂，使日本在军事上获得侥幸的胜利之后，日本军阀向外的侵略狂，便与时俱进着；而日本的反战运动，也随之而更表面化了。最显明的，就是左翼阵营的进步与统一。日本的左翼阵营，向来分成两大派，其一是正统派，其二是劳农派。彼此在日本社会革命的行动上，特别是在日本资本主义性质的认识上，是有很大的出入的。但是多年来尖锐的对立，自从日本军阀进行对华侵略以来，他们反抗日本帝国主义的意见和革命行动的步骤，都渐渐地趋于一致，而且工作更表现其积极性，把日本所有的职业会社、劳工组合、农民组合、宗教团体及其他一切的反战组织，综合而建立了反战的"人民战线"。

日本人民反战运动的发展，是由于前进的智识份子领导起来的。当然，他们是反映工农及一般民众的意识。因为日本一般的民众对于战争所感受到的，只是痛苦和厌恶、失望和威胁，迫使警觉性最锐敏的智识份子，不得不勇敢地站立起来领导反对侵略的战争。在"九一八"事变的前后，日本国内的反战刊物，多如雨后的春笋，如《我们民众的朋友》《起来》《我们和平的军人》等，是比较著名的。其他秘密或公开所发行的小册子，更多得不可胜计。

及到"七七"事变发生，日本反战阵线中的前进份子，便公开地提出三项要求：1.保卫和平，立刻停止对华战争，撤退在华的日本军队，尊重大中国的独立，与中国人民树立真的正友谊；2.反对扩大军备和增加军费，减少并移用军费及其他预算于救济事业上；3.粉碎"战争是创造之父"及"战争是文化之母"的理论，要求保障个人权利，出版、集会、演说等自由。同时，日本的前进作家，如田畑秀雄、西川、金田氏、鹿地亘等，都以勇猛的姿态，对国内的军阀和财阀，加以口诛笔伐，田畑秀雄说："今日的中国，是新生的中国，已绝非昨日军阀割据的中国了。举国一致地站了起来，抱着战到最后一人的决心，势必延长战争，牺牲我无数的同胞，失却臂腿以松杖代步而度残命的残废之群，必将在街上拖着他们可怜的残影吧！……"（节见《停止侵略战争吧！》）西川也说："日本人民的穷困，完全是由于巨大战费所致，这笔战费是用在侵华及掠夺中国领土的上面的。这样一来，改进日本劳工群众的生活的款项就大大地减少。"又说：

“……日本军阀口口声声说满洲是一个天堂，实则无论对于中国农民也罢，对于日本的屯垦工农也罢，都是一个地狱。”（节见《团结我们所有的反战力量吧！》）金田氏在他所著的《什么叫做人民反战阵线》一书中，更痛切地指出日本军阀欺骗的技[伎]俩，他说：“日本当局虽然一再宣称日本为着远东的和平与秩序而战，但是这次的战争本质上明明是‘强盗战争’；这种战争只有增加了日本的苦难和挑起世界殖民地再分割的危险。我们不能再忍耐了，我们应该联合起来，发动反对侵华的反战运动。”以上这种种的论调，都可以证明日本国内的民众是如何积极地在反对着日本军阀的对华侵略的强盗战争！

日本军阀为要保持它法西斯蒂的独裁势力，对国内如火如荼的反战运动就采取高压和严厉的手段来取缔，内务省遂以“赤化”为借口，下令大施逮捕前进的青年，仅在去年——一九三八——十二月中旬十天之内，先后拘捕七千五百人，其中以大学学生与大学教授及有名的议员占居多数。这次搜捕的地域非常广大，其主要区域计有东京、大坂[阪]、京都、爱知、静冈、兵库、冈山、新潟、福岛、和歌山、秋田、岐阜、大分、富山、群马、长崎及北当[海]道等一道，三府，十六县。这是反映着什么？就是日本人民的反战运动，是已经普遍到全国每一个角落。

尽管日本军阀怎样大规模地搜捕？怎样把被捕者一一严刑拷问？怎样命令在东京警视厅把他们无期的监禁起来！甚至如帝大经济部部长土方成美（日本军部在帝大的代言人、四大金刚之一）这一类的著名人物，也加上了枷锁和手拷[铐]，但要想从此一网打尽，是绝对不可能的事。相反地，更激起了漏网者的怒火，而益扩大其反战的浪潮。因为现在日本一般的民众都有了正确的觉悟和认识，他们认为日本帝国主义的侵略战争，不但对于自己无益，而且有害；对于中国的人民，不但不是敌人，并且是密切的朋友。侵略战争只是为资本家造发财的机会，为军阀增加专横的势力。所以他们挺直了身子，不顾一切地誓死反抗，在大搜捕案发生之后，更展开了惊人的暴动案件，仅仅最近四五个月之内，日本劳资纠纷的案子竟发生了一千四百五十五起之多，参加的工人达十八万人以上，造成日本工人运动史上的新纪录，新潟县近郊的九新制油所也被工人纵火焚毁，损失达一百多万元；日本最大重工业心脏部的工人，又在东京的川崎千住哗变；秋山县矿山的工人也突然暴动起来；而神户海员工会又正在酝酿着大罢工。至于日本的农民，更无一不在咀[诅]咒着这一次的战争，秋田县的农民忍不住长年的饥饿，便和当地矿山的劳工一起来暴动了！

日本出征军人的家属，直接受到战争的恶劣影响，最感痛切和深刻，所以反战的情绪也最高涨。日本妇女常常组织“索夫团”，向政府索取出征或战死的丈夫。最近她们更进一步的常卧于铁路上，以阻止载送征夫的火车开行。本年二月十八日清晨，日本新兵被逼上船的时候，家族都到码头送行，彼此都感到前途的黯淡和永别的威胁，大家就难分难舍，但是日本军营强迫他们分离，遂致双方发生大冲突，死伤数百人，逮捕一千多人，演成一场空前的大流血！当时的群众都是这样高声呼喊“打倒祸国殃民的军阀”“还我夫来”“还我子来”等口号。这些都是钉在日本军阀心窝上的长钉。

此外是日本士兵的反战，它在日本人民反战运动中，占着最重要一环的部份。“九一八”事变的当时，就有许多日本军人认为日本这种行动为无理的挑战；一九三五年六月二十三日，即有一个日本士兵把整车军火送与义勇军而自己自杀，成了传闻国内外的美谈。“一·二八”上海战争爆发时，也有日本士兵秘密组织团体，鼓吹反对战争。日本有一联队去向不明，终于成了历史上的谜，据说因为他们反战，被司令官投葬在海中。等到此次中日战争发生后，他们的反战更趋积极，并渐渐改其自杀的风习为反抗日本军阀的态度，于是日本士兵哗变的消息便不断地涌现于中外各报，最轰动的事实，即藤岛少将旅长在南京被日本军事法庭判罪枪毙，罪名就是反对侵略战争。上年二月间，上海日军第一〇二及一〇三两师团的官佐二人及士兵五百余人忽然被捕入狱，交军事法庭审讯，也是因为图谋哗变。同月二十八日上午八时，日本一二一师团山内旅团的第一营由日本开抵吴淞登岸时即全部哗变，并与江湾开去镇压的二营人发生激烈的冲突，双方伤亡很多。三月初旬，日本第一一一师团由南京开往江北，在未出发的时候，一部份又因拒绝开赴前线而连续地哗变。诸如此类的事实，实在不胜枚举。因为他们相信：“如果这次日本打了败仗，那时日本可能发生革命，日本大众可以得到解放。”（日本俘虏中村敏雄自述）

够了！日本国内的人民以及日本出征的士兵都在反对着侵略战争，这反战的空气现已弥漫了三岛，使日本军阀无所措其手足。“这样说来，中国民众和日本民众并无丝毫仇敌的状态，敌人只是日本军阀。日本民众目前虽还很弱，但他们已在醒觉中了，我坚决相信在不久的将来，日本人民会和中国人民臂挽臂地前进的，自然是向共同的敌人即喝血的法西斯蒂可憎的日本军阀——日本帝国主义进攻。”（一个日本乡村工作者获原先生的一封公开信，载于《星榆日报》）是的，我们也这样地坚决的相信着，期待着。

（原载于《胜利》第25期，1939年）

现阶段的苏联与日本

陈学才

自张鼓峰事件结束以后，日苏关系曾有相当长期的沉寂。注意国际政治的人们也渐渐把目光移向欧美去了。虽其后日苏间尚不免有小小的冲突与龃龉，但已引不起国人强烈的注意。不过，事实上日苏之间存在着不可协调的矛盾，因此，它们的不断的小接触与小冲突固是意中事，就是大规模的战争恐怕也只是时间问题吧。

据二月九日塔斯社莫斯科电："本月六日，距诺渥族鲁村东一公里半地方，苏驻防额尔古纳河二二七号岛由什科中尉统率之守兵，突被日'满'兵士袭击，经守兵还击后，始将其驱至距渥村东南四公里其原来驻地。是役苏方毫无损失，日'满'兵士则死伤五人。七日，日'满'兵士在'满'境以机关枪复向该处苏守兵射击，另有四十人载重机关枪两挺及步队五十兵掩护下，向该岛攻击，由什科队伍经增援后，始将其驱回原地。是役日'满'方死亡约十人，其中有军官一人，苏方则仅死兵士名启亚勒者及另二人受伤，苏联驻远东代办顷又奉命，对日方不顾数日前苏方所提出警告，而日'满'兵士仍有继续挑衅行为，特向日政府提出抗议。按，一九一一年十一月二十五日中国与帝俄所订齐齐哈尔条约，额尔古纳河二百二十七号岛，正如一月三十日肇事之二百七十九号岛，皆属于俄方。"又据香港九日电："外讯：日苏渔业问题日趋尖锐，日军部为急于输送军队及军火起见，已于本月一日起将南满铁路专作军用，大连至长春间停售客票，将有大量军队与军火及军食向北满输送。"无疑的，日苏关系又渐紧张了，但是，日苏关系将如何发展呢？当是大家所关心的事吧。

当然，在日本侵华之泥脚愈陷愈深进退两难之今日，它决不敢对任何第三国作战，张鼓峰事件之甘愿屈辱的解决，就是很好的说明。但是，若要日本完全放弃渔权，它却不能这样慷慨。所以它心理[里]即使是很恐惧，表面却仍表显得非常硬。其官方常有"于必要时得采取有效步骤"之发言。据《中央日报》

香港二月八日专电:“苏倭渔业纠纷迄未解决,惟倭渔民已被迫从事必要之准备,俾可于月底开始捕鱼。顷据确息,苏联为应付此种局面虽已在海参崴方面从事特种军事部署,以备万一。倭认苏始终不敢一战,仍坚持其在日前众院中所提之确保权益案,对苏示威,并宣称为保护捕鱼将不惜诉诸武力,预料苏倭关系下月起又将顿见紧张云。”

日本的态度既如此,苏联的态度如何呢?据东京八日路透电:“日日新闻系各报称,因日本对渔业问题之态度日益强硬,苏联当局特组织临时军事委员会于海参崴,太平洋舰队总司令古斯纳索夫、远东红军第二军团副司令罗曼诺夫斯基均为该会委员,苏联当局并已组成特别防御部队,俾一旦日本渔船于本届渔泛期间实行自动捕鱼时,此新成立之部队可向日方进攻,并击退日舰云。”

那末,苏联与日本不久又会打起来?不是吗?本来日本与苏联它们自己都很明白:深仇宿怨总须有解决的一天,现在不过都在等机会罢了。回忆一九三一年日本得了英美的暗示,采取了北攻南守的政策,发动了“九一八”的事变,数年以来苏联忍气吞声,眼看日寇在中国东北横行无忌,自己的领土受着严重威胁,只因国力未充不堪对外作战,是以数年之中埋头建设,不问外事。此次中日战争发生,苏俄本可助我作战,却又因反共协定德国在欧洲牵制,以致行动不能自由,尤其因为国体之关系未得英美之合作,所以莫斯科当局受东西二面之牵制,处于左右为难之地位。因此,德国和日本都暂时占到相当的小便宜,莫斯科还是一向在忍耐着!

但是,“侵略”这东西是一种传染病,不隔离就会蔓延的,因为日本能制造“满洲国”,意国可以并吞阿比西尼亚,所以德国也可并吞奥国,脔割捷克。在二十个月的中日战争中,因为国际没有表显强烈的力量,日寇竟开始暴露侵略英美的野心而占据海南岛了,这是对英美的一个很大的威胁,但也是给英美一个很好的教训:“侵略者的野心是贪得无厌的!”

日寇这种狂暴的行动,必然使英法对远东的态度积极地强化起来,使英美促成进一步的合作,据最近各国对日之抗议,已可知其前途之希望了,倘英美法之合作一旦完成,苏联是决不会错过这机会的!

且二月七日,苏义商约已在罗马签订了,据说苏联外交今后将退出西欧纠纷与改进对德义的关系,这种举动当然是为着积极对付日本的。苏联这种外交方针完全是正确的。这方面不仅适合于苏联的利害,而且最有效,因为苏联若参与西欧之事,实际很难与英法一致;但在远东,则与英、法、美的利害完全一致。故苏联若在东方积极援华,打击日本,则英法美均必一致同情协力。

报复世仇这是时候了，我想莫斯科当局是不会错过这机会的。倒行逆施的日寇，还是愿意偷生，还是愿意送死，只有待将来的事实来说明了。

二月二十日晚

（原载于《青年月刊·时事研究》第1期，1939年）

戳破日军的纸老虎

[日本]青山和夫

（译自日本《文艺春秋》）

中国开始抗战以来，日本帝国主义的缺点日益暴露，所以内部日益动摇。他的兵力，在徐州会战时已达最高度。武汉会战前后就可看出左列几个事实。

第一，南京会战后，期满退伍回日的士兵到八月再被征入伍，参加武汉会战并且内中有应选充过决死队的，在旧例，有永免兵役的恩典，也都强征再入伍了。

第二，徐州会战以后已开始着急第二补充兵役，可见补充力量已极有限的了。

第三，战争中不但已将现役兵一再延期退伍，并且将后备的兵役年龄加以延长，实际上应当属于国民兵役的，也多被征用了。

第四，机械化部队（飞行机、重兵器等）士兵多未曾受基本教育，并且各特种兵专门学校受业中的生徒也拿出来凑数了。

第五，兵器储造状况。在战前，像小仓陆军工厂之类，已加开夜工，各工厂已用尽气力。在开战初期，连来补充的弹药，尚有昭和三年制造品，以后的制造年度逐渐降低，最近竟有昭和十三年制造品，可见储蓄的军火快用完了。

第六，装备状况。在开战初期的日军，都是不完全的乙式装备，直到徐州会战前，才将战斗部队完全甲式装备，像机关枪，一部分还是旧式。至于后方部队，更全是旧式。

（原载于《少年时事读本》第1卷第24期，1939年）

朝鲜义勇队与对敌宣传

苟季昭

对敌宣传在现阶段政治战中的重要性主动性是任何人不能否认的。因为它的对象是包括成千成万的敌士兵和干部以及立于十字街头的敌广大群众，所以它的目的不仅消极方面要动摇敌军心消蚀其战战意志而且要积极的使敌军自我的由厌战而激成反战，加速敌寇的崩溃达成澈底瓦解敌侵略机能的目的。因此，从事对敌宣传第一是要了解敌人的一切生活习性和内心反应，第二是要有曾和敌人奋战过的种种经验和体认与优越的宣传术，第三是要具有从事这工作的武器——流利的日语和高度的政治意识。

朝鲜义勇队的同志们不仅充分的具备了上面这三个先决条件，而且因为他立场的特殊，所给予敌军甚至日本大众的刺戟和影响有不可想像的程度。

综观两月来在第×战区与第×战区活动的朝鲜义勇队第一区队和第二区队的收获——陆续在本通讯发表，恕不赘述，我们就深觉这些话不是夸□的。因为他们在游击队伍里开展对敌宣传，所以效果特别大。又因他们时常针对敌人的阴谋和敌军在某种客观环境里的苦闷而播施宣传的材料和变更宣传的方式，所以影响及于敌军的军心和行动者至为显巨！

"朝鲜弟兄们，我们并没有仇意，我们都是同病相怜的人儿。我们自觉的良知并未因为军部的强奸而泯灭，反而随他们的残暴鞭策的深刻而鲜明，我们这潜伏在内心的苦痛和愤忿随时有爆发的可能！□奋吧！亲爱的朝鲜弟兄！"这种由衷的哀鸣，我相信将与对敌宣传工作成正比例的发展。就是说今天敌军的厌战与我们的对敌宣传是同样的不可轻视的胜利动力的量变。敌军反战的质的突变的来临就是我们对敌宣传的丰收。

对敌宣传是如此的重要而朝鲜义勇队直接参加中国抗战对这艰巨的任务又是义不容辞的，所以我们除了盼望朝鲜同志更以突击的精神和更严整的阵容以博得对敌宣传的最大战果外，在这里，尤其要希望中国友军和广众的中国同胞们要不断的和驰骋在各战场的朝鲜义勇队同志协助和合作。作对敌宣传的中国同志们不成问题的是更应当精诚的和他们打成一片而发挥集体的新生力量。

（原载于《朝鲜义勇队通讯》第 10 期，1939 年）

纪念“七七”应更强化中韩的联合阵线

郭以昌

伟大的“七七”抗战建国纪念日又到临了。数十年来，日本帝国主义者，为逞其“征服支那”的野心，曾用尽人世最卑劣最毒辣的手段，以冀完成其传统政策的迷梦。但我们是弱国，为要准备抵抗，我们始终都抱着“对外求和平，对内求统一”的政策。如“九一八”“一·二八”以及冀东长城各线役；那时我们所以不竭力抵抗，正因为在安内时期，不可轻意举动之故。这里领袖曾昭示我们：“牺牲未到最后关头，绝不轻言牺牲，和平未到绝望时期，决不放弃和平。”因此，我们就一本斯旨，忍辱负重，发奋图强，在和平未绝望的前一秒钟还要求和平。但是暴戾无耻的倭寇，看到了中国的好欺，竟出于更进一步的挑衅了。

自民国二十六年开始，中国已告统一，并在军事、政治各方面有着长足的进步，倭寇有见于此，就本“先下手为强后下手遭殃”的毒辣手段，大规模的发动了侵略战争，于是二十六年的七月七日，首先在芦沟桥附近捏造借口酿成事变，继即占领我宛平、丰台等军略要点，而垂手得到平津。那时它认为我们没有起来抵抗的决心，因又想便宜行事，大逞其“九一八”的故技。那知敌人这次的侵略，关系中国整个国家的存亡，实是我们最后关头的所在，和平至此已根本绝望。我们不能再容忍了，全国上下每个人的热血都在沸腾着，发出了抵抗的吼声。正在此际，最高领袖一呼：“如果战端展开，那就地无分南北，年无分老幼，无论何人皆有守土抗战之责。”于是神圣的全面抗日战争便在最高领袖领导与全国一致支持之下轰轰烈烈的展开了。到今天，抗战已持续了整整二年，其间我们不但打破了日寇“不战而胜”“速战连决”“速和速结”的梦，并实际上消耗了敌人无数的国力，肃清了国内的恐日病及和平妥协的幻想，而奠定了我们最后胜利的基础。对这可歌可泣的“七七”抗战两周年纪念日，我们已起来联合作战的中韩同志，为了这两民族的共同解放，更应有如何新的觉悟与准备来纪念它呢！

我们知道，这次中国抗战就是三民主义和帝国主义的战争：不仅是单纯中日两国的战争，而是在日本帝国主义者压迫下东方弱小民族为求独立生存和解放的总联合的革命战争。这里首先要提到朝鲜，朝鲜与中国为数千年来的兄弟之邦，关系最为密切，同时目前更遭受同一样的悲惨命运。她在暴日三十年的淫威统治之下，一向过着奴隶的非人生活，虽经多少次的暴动暗杀事件和大规模的独立革命运动，但因了主观条件的不足和客观环境之不利，终于被日本帝国主义者镇压下去。不过朝鲜的革命势力仍然潜伏着，正等待时机的来临，以予日帝国主义者更有力的打击。而中国的抗战，无疑是朝鲜民族争取独立生存的唯一良机。所以在华的朝鲜革命者深深把握了这一点，便毅然的参加了中国抗战。这是中韩两民族划时代的合作，在国际方面已得到了热烈的赞助和同情，同时更给其他各弱小民族一种有力的反响。朝鲜同志们热烈地工作着，不论在前方抑后方，都已有了惊人的伟绩，尤其是前方同志们的决死精神，更是有口皆碑，为各界所共晓同钦的。我们纪念今天这神圣的纪念日，必须更强化中韩两民族联合抗日的革命战线，以收更宏大快速的成功！

（原载于《朝鲜义勇队通讯》第 16 期，1939 年）

朝鲜青年怎样反抗日本帝国主义

[朝鲜]韩志成

是的,青年是社会、民族的中坚份子。正是因为这个缘故,在民族革命的过程中,最能出力的是青年;同时,在反动的法西斯魔手之下,被屠杀、被蹂躏、被压迫的最多也是青年。现在整个的世界,正是法西斯强盗疯狂地大屠杀青年的时候;正是他们破坏人类的和平幸福的时候;也正是中华民族千百万青年,为着中华民族的永远的自由和幸福与强盗日本帝国主义作殊死战的时候;更是欧洲青年英勇的同法西斯血战的时候!全世界的青年,不分地域、不分信仰,不分职业的高呼以国际青年的团结力量,来共同扑灭青年的敌人、人类的公敌,而建立没有侵略的平等自由的新世界秩序。这是世界和平力量的新的姿态,是各民族永远确保和平关系的伟大的基础。在这里,我愿把朝鲜青年怎样被日本帝国主义屠杀同时又怎样奋斗争取自由解放做最简单的介绍,希望关心朝鲜青年的诸读者共同的研究,使有一个共同的认识。

自然,朝鲜的青年运动是给朝鲜的特殊社会条件所规定,同时青年运动又不能脱离朝鲜民族解放运动的整个的潮流。

朝鲜的青年运动,在与敌奋斗三十年的当中,同整个民族解放运动的一般动态一样,由限于知识层的运动扩大到工农劳苦大众,同时其领导的力量也从少数的知识份子转移到广大的民众,在其运动的质的方面,也从单纯的反日复国运动进步到建设新的民主国家的进步的革命的斗争。

朝鲜青年运动的初期,正像别的殖民地国家里的青年运动一样,学生运动占最重要部份,因为殖民地社会里的一般民众政治水平不很高,同时学生们是最容易接受新文化,又最敏捷的感觉着他们社会基础的没落而在思想上最能热烈的渴求自由独立和平等。但是到了一九一九年“三一”大革命——韩国独立万岁事件后,随着社会主义运动的发展,青年运动里学生以外的青年工农民众也活跃起来,到了现在,劳动青年大众领导着整个的青年运动,而占着朝鲜革命运动的主力地位了。

朝鲜亡国后的学生运动，算是从一九一九年的“三一”大革命起。那正是一九一九年三月一日的下午二时朝鲜首都汉城，以中央学校学生为先发，敬新、培材、梨花等男女学校学生数十名一队一队的进汉城塔洞公园。有一位年青的学生在八角亭上，向群众一句一句的朗读了“独立宣言”，高呼“韩国独立万岁”，因为高度的兴奋，引起血管破裂而气绝，成千累万的学生群众异口同声的高呼“韩国独立万岁”“打倒日本帝国主义”。他们千万个拳头高高的举起来，冲进市街示威、演讲，与敌武装军警作猛烈的战斗而惨遭逮捕惨杀的有几千个。这个运动继续着二个月，发动了二百万民众，被敌逮捕者达五万余人，其中二十岁以下的中小学生有三分之一。

这个运动失败后，学生们便感到组织之必要，遂于一九一九年五月在汉城成立了朝鲜学生大会。这是中学以上学生所组织的，是以组织的力量推动整个学生运动。在成立不到二个月内会员增到二万余名，敌人看见学生革命势力日益澎湃情形，决不能让它再自由的发展下去，便加以严厉的压迫了。学生们对此虽然作了英勇的斗争，然而因为敌人的凶暴，到底归于失败了。但此后的青年运动中之工农及青年妇女相继出现，战斗的姿态又重新展开。

一九二〇年从夏到秋，各地建立了无数的青年团体，到十一月更成立了拥有一百三十三个团体、三万余会员的朝鲜青年联合会。在这样广大的组织下，开始了充实力量的文化运动(如介绍新思想、研究学术等)，随后更由文化运动展开到罢课、罢工的政治斗争。同时，因为青年运动的发展，工农青年大众也组织起劳动共济会。在他们的领导之下，发动了朝鲜南部釜山工人的总罢工。

朝鲜社会的分化，又受了外界的影响，在朝鲜青年联合会的内部，也起了民族主义与社会主义思想的分化，竟于一九二二年汉城青年会等十几个团体从联合会脱离而另外开展了工作，组织起朝鲜青年同盟。

但各个团体各干各的，在实际斗争中深刻的感到分化而无切实的联结，这只有削弱反日的力量，在一九二五年重新建立了全国青年总同盟、工人总同盟、农人总同盟，这三团体发动了二十万盟员干部，他们在进步的新思想之下统一起来。

轰轰烈烈的“三一”大革命中的英勇的学生运动，到了一九二九年十月底在朝鲜南部光州又发动了光州学生运动。事情的发端是在十月三十日光州中学(日本中学)学生调戏光州女子高普(朝鲜女中学)学生而起的韩日学生的冲突。与这女生同走的她的哥哥，当时便对日本学生予以严厉的责备，但无耻的日本学生不但不反省错误，反而更加凶暴起来。这个消息传到女子高普的全体同学及光州高普(朝鲜男子中学)全体学生,没有一个不愤慨的。过了几天,韩日十余学生在街上相遇,日本学生又侮辱朝鲜学生,因此引起了激烈的冲突。日本人方面马上调集武装的军警、在乡军人及日浪人所组织之救火队,对于赤手空拳的朝鲜学生施以武力的弹压。日本学生有了日本军警的枪炮和保护他们的法律,竟杀害了六名,逮捕了数百人。无辜的朝鲜学生在敌人残忍的枪刀之下,悲惨的牺牲了。但革命的高潮,决不能以野蛮的枪炮所能压制。第二天,光州的凡是朝鲜中学学生全体总动员,与敌作殊死的拼战。目睹这般呼号"朝鲜独立万岁",高唱革命歌的不愿做奴隶的民众也响应而参加这伟大神圣的民族解放的战斗。日军又杀死了无辜民众四十余名,逮捕了二百余名。他们怕革命的火焰到处燃烧,便把持了邮政、交通机关,澈底的封锁了光州与外界的来往。但敌人以任何的方法,终不能抑制住革命的巨流。十一月廿七日,光州的青年学生又向应了,发传单,高呼独立口号,举行大示威,当场又被捕了五百余名。汉城学生联合会听到这个消息,就在当天晚上召开了紧急会议,决定先派人去光州调查真相,第三天去调查的学生带来了悲壮的报告,在敌人戒严警戒的充满着恐怖的黑夜,在一个女学生家里召开了各校的代表会议,报告这可歌可泣的战争事实,全场一致的决议发动全国学生及工农青年做反日、民族解放的斗争。

一个紧急动员令下来,全汉城的大、中、小学生们就全体参加了第二天的大示威运动,朝鲜民族的血管都为这般青年学生的救亡斗争而充满了革命的热血,中小学生、革命群众的"打倒日本帝国主义""争取朝鲜民族的独立自由"的吼声,振动全朝鲜每个角落。十二月底,在日本东京的朝鲜学生和工人也企图发动一个大规模的运动,但事前被发觉而遭逮捕的有三百余名。

这次运动,不但各处的中小学生起来,而且朝鲜北部宣川、洪源,南部大邱、釜山等地劳动者也罢工,金海龟浦农场、日海农场的佃户们也发动抗租运动而响应学生运动了。光州学生运动所引起的全朝鲜学生运动继续到三个月动员了十五万学生,被屠杀的数百名,被捕的有将近五万名。

这次运动是一个大规模的斗争,但与日本之学生小规模的冲突,差不多每天都在各个不同的地方扮演着。在朝鲜很常看见韩日中小学生之集体战斗,这种现象在十一二岁的小学生里也很常有的。有一次日本学生向朝鲜学生挑战,朝鲜学生便起来抵抗。第二天,日本学生在军警武装掩护之下包围了汉城培材学校,朝鲜学生对于日本学生这样野蛮的举动非常激愤,就全体出动拿锹头、棒球棒子打退日本学生。

学生运动是朝鲜青年运动的主力,但到了一九二九年—三〇年十月光州学生运动后，敌人对于学生的压制是更加厉害起来，朝鲜青年学生联合会的解散是不用说，连学校里的学生自治会也都解散了。因此大规模的表面的组织和具体的激烈的运动是沉滞下去，反而文化运动和配合着工农大众的地下室的革命运动是比从前加倍的强化了。殖民地学生是启蒙运动的先锋队。朝鲜的学生从光州学生运动后多表面上利用合法的机关从事文化运动，朝鲜民族有百分之七十以上是文盲，对于这个，敌政府是根本不愿设法的，于是青年学生们每年利用暑假做巡回施教推动文盲扫除工作。他们每逢暑假拿出自己的金钱或向地方志士募捐，巡回各地办理短期识字班。发动农村青年，由他们的活动，每年可以增加了五万余识字者并发动了几十万农民。敌政府对于此种文盲扫清运动又加以无情的弹压，有时不准开办短期识字班。有一次把一个十五岁的学生检举起来，他们的理由是"不知为什么拿出自己的钱来办理识字班"。这种现象在朝鲜是很普通的，但是没有一个青年因为强盗的武力压制而屈服，相反的，是加强了革命的热情，强化了自由渴求。他们常摆脱敌人的监视网到山谷里日光之下教课，被教者、教者都深刻的知道"为什么不能在屋子里上课而跑到寒冷的野外秘密的上课"，他们因为知道共同的命运，都是一条心地，没有一个人缺课，没有一个泄漏秘密，更没有一个落伍，大家都为着争取自由的祖国而奋斗。

九一八后的朝鲜学生运动直接与工农青年运动联合起来，这是因为朝鲜中产阶级的急激没落的缘故，他们秘密的组织读书会、社会科学研究会，又直接参加各地方合法青年团体暗暗地活动着。一九三二(?)金泉的读书会事件关系到全国的学生组织及各社会团体，七七抗战后，在朝鲜最苦痛〖的〗是这般青年，他们在敌政府颁布的"国民精神总动员法律"之下，言论、结社、集会的自由是早已被剥夺光了。敌人为强压激增的"思想犯"，现有的二万多警察还觉得不够，最近又由在朝鲜的日本浪人组织了"补助警察"。朝鲜的青年在敌人这样的压制之下，地下层的活动也更加困难了。但他们热烈地渴望着自由的天地，在敌人的残踏下埋头奋斗着。

朝鲜青年是抛弃了家庭的快乐、青年的幸福，敌人强盗般剥削的工场、农场，在白头山①上，在东北的树林里，在苏联，在中国关内，组织了民族解放前卫——朝鲜义勇军(东北)和朝鲜义勇队(关内)与敌人争夺最后的胜利。一九一九年"三一"大革命，一九二九年光州学生运动的伟大的革命精神还流在每个朝鲜青年的胸堂[膛]里，又受着中华民族英勇抗战的刺激，更沸腾起来，正

① 即中方所称长白山。——本书编者注

配合着中国的抗战准备着迎取胜利的最后决战。

中国的青年战士，为了祖国的独立自由，已流了无限的鲜血，我们朝鲜青年特别表示至诚的同情，我们在中国的青年们，于去年十月十日在汉口已组织起朝鲜义勇队了，伸出我们热情的手，与中国的青年战士，在战壕里，在敌人的后方，在中国的每个角落亲密的紧握着手，为消灭共同敌人而奋斗。

全世界的青年们，尤其是在东方反侵略的青年们，我们是现时代的中坚，紧紧的联合起来与消灭日本法西斯的毒辣的侵略主义，而建立永远没有侵略的、和平的、自由的文化新东方、新世界。

（原载于《朝鲜义勇队通讯》第19、20期，1939年）

预祝统一运动成功

[朝鲜]浩

我想这次的“统一”是关内朝鲜革命团体的第三次统一运动，也就是最后的一次。统一的第一个阶段是一九三二年的“对日战线统一同盟”的成立以至于结成朝鲜民族革命党(一九三五年)；第二阶段可说是一九三七年韩国光复运动团体联合会和朝鲜民族战线联盟的结成，这个时期关内所有的一切团体都包括在这两个统一机构之内；统一的第三个阶段就是最近的整个光复运动各团团和民族战线联盟各团体的总统一而结成关内运动的总司令部——单一党的结成阶段，姑不待说，这是关内朝鲜革命运动的一个划时期的壮举。

的确，统一运动是殖民地半殖民地民族解放运动的主要战略，分散的力量不足以打击强有力的敌人，只要有统一全民族的力量，蹶起全民的武装暴动，才能给予敌人以致命的打击。违背了这个战路，没有不失败的道理，过去三十多年来，轰轰烈烈的朝鲜革命运动，在敌人残忍的枪刀下，牺牲了成千累万的民众，无数的革命同志被监禁于敌人的铁窗中，可是朝鲜三千万民众仍然得不到独立解放，而过着人间地狱的最悲惨的生活；如今全体民族已陷于饥饿绝迫，流离失所，无家可归的乞食阶段！对此凡是有良心的革命者、领导者都要负起相当的责任，固然过去的失败是由于客观情势和主观情势的未成熟，可是最大的致命的失败原因，却在于忽略了全民族统一战线的结成。前车覆，后车戒，过去从血的斗争中所得来的教训，我们是再不能忘掉的。

现在关内的朝鲜革命团体，已能欢聚在一堂，聚首商谈国是，我相信这是关内朝鲜革命份子的最大觉悟的表现，既然有了最大觉悟，过去的一切私怨与对立的见解，未尝不能在神圣伟大的民族解放总目标之下，干干净净的解消，彼此以最大之诚心来结成这划时期的统一大党，共赴艰难，救出我民族于水火中，争取民族之真正自由独立。

这一次的总统一，不啻是国内革命群众的一个强心剂，也就是世界弱小民族运动的一个榜样。反过来说,是日本帝国主义的一个致命的打击,敌人现正付以全力来破坏这一次的统一。全体国内外的朝鲜革命大众,无不拥护并双手祝祷于这一次统一运动的成功,友邦的中华民族也抱着非常的注意和期待。在这种国内外革命群众热烈的期待之下,谁对统一无诚心或阻碍统一,那就是革命大众的被弃者,也就是正中了敌人阴谋的病狂者。想诸位先辈对此的是非常洞察的,故特冒昧陈一词,督励统一党之早日出现,并祝诸位革命前辈以空前未有的这般的团结、至诚的实践来结成健全的单一党,把过去艰难的斗争中所锻炼出来的革命经验,尽数贡献于新党,在统一指挥之下,集中意志,集中力量,动员国内外千万块热烈爱国的心,来打倒东方的法西斯魔鬼,完成朝鲜民族解放运动。最后谨祝诸位的健康和努力。

(原载于《朝鲜义勇队通讯》第 24 期,1939 年)

纪念“三一”节　中韩民族携手前进

佚名

（重庆《新华日报》转载）

在市党部的小小礼堂里，虽然集合着不过二百多人，却泛滥着一种亲切团结的空气。这团结空气使韩国独立宣言第二十周年“三一”节纪念大会得到了辉煌的成功。

金九先生致了简单的纪念词。金白渊先生很详尽地报告了“三一”运动的略史，早在一八六六年外国帝国主义开始侵犯朝鲜的时候，朝鲜民众就已经起而抵抗，击退了法国和美国的兵舰。一八九六年日本侵犯朝鲜，订立了第一次的条约，当时朝鲜国内一般有志之士为了改造国家，就致力于维新运动，因此有甲申政变的爆发。至一八九四年又发生民乱，那时已经带有群众革命的性质。中日战争后，更燃起了维新运动的火焰，有独立协会的组织。一九〇五年日本战胜帝俄，把朝鲜变成了它的保护国，于是朝鲜又涌起了革命的怒潮，而革命的对象也由对内改为对外，成为全民族一致对日的形式。从一九〇六年到一九一二年这几年间，因参与革命而殉难的有一万七千七百七十九人，受伤的三千七百〇六人。朝鲜是在一九一〇年亡国的，到“三一”运动发生的那一年（一九一九年），差不多有十年的功夫，在这十年中，日本帝国主义的压迫与剥削日益加甚。而中国辛亥革命和苏联社会主义革命的胜利以及战后欧洲弱小民族独立运动的勃兴，给了朝鲜民众极大的刺激，因而有“三一”运动的突起。当时这运动普遍到二百十一县，集会的处所达一千五百四十二处，参加的人数在二百多万以上，可见其轰轰烈烈。“三一”以后朝鲜人民的斗争也一天没有停止过。

来宾第一个致词的为马超俊先生，马先生希望朝鲜的各党各派联合起来，共同为民族革命而努力；朝鲜的青年应当尽量参加中国的军事训练，朝鲜同胞大家来参加我们的民族革命，共同驱逐日寇；希望朝鲜民族也能奉行三民主义。

政府当局也很重视“三一”纪念节，孔院长特地以书面致了贺词，司法监察两院也都各派代表出席并致词。

沈钧儒先生在演讲中也诚恳的希望朝鲜民族内部消除意见，精诚团结，而和其他民族的联合也更要加强，并且要抱定信念，不达复国的目的决不妥协。

曾琦先生也满怀兴奋踏上讲台，他说韩国的复国的运动和中国的救国运动是分不开的，所以韩国当帮助中国救国，而中国当协助韩国复国。他所贡献意见的第一点也是希望朝鲜民族意志统一，各阶层团结起来。其他的几点是：参考其他弱小民族斗争的经验以改进革命的方法；多多参加中国抗战，参加中国新军事技术的训练；工作要更加紧。

周怡先生代表董必武，以八路军的名义向“三一”节殉难的烈士致哀，并向战斗着的朝鲜同胞致热烈的兄弟的敬礼。接着他也希望朝鲜理各党派建立一个共同的纲领，把革命运动深入到劳苦群众的反战运动相互配合，和日本、台湾的劳苦大众联合起来，使东亚被压迫民族共同负担起打倒日本法西斯强盗建立东亚和平的光荣任务。

阎宝航先生代表东北救亡总会也以坦白的态度承认中国过去对朝鲜同胞帮忙太不够，今后应当加以注意，而另一方面又率直地希望朝鲜义勇队的组织发展到东北去。

张西曼先生在兴奋中带着激昂。他说日本帝国主义也许会来一套欺骗，给朝鲜以名义上的独立，那时朝鲜同胞绝对不要上当。此外，他希望朝鲜以三民主义为政治纲领，完成东方被压迫民族的解放运动。

小朋友们也不愿意在中韩两民族的团结中缺少了他们的一份力量，重庆市儿童团体星期座谈会特地送了一个旗给朝鲜三一少年剧团，希望朝鲜的小战士们学习“三一”的精神，打倒日本法西斯强盗。

李兴祸先生代表主席团致答词，李老先生的颏下轻缥缥的挂着一缕白须，然而他的话是雄壮的：从今以后我们中韩两民族要和日本的劳苦大众、台湾的人民、社会主义的苏联、民主的西班牙以及一切进步的人类团结起来，一个自由幸福的新中国，新世界已经在眼前了！

最后在掌声中通过五个提案：

一、本会确认巩固和扩大全民反日统一战线为现阶段朝鲜革命的唯一战略任务，而积极拥护和支持全民族各阶层各党派的统一团结。

二、本会确认海外战线的统一，为我们目前主要任务而积极拥护和支持关内、东北、沿海州、美洲及各地朝鲜人民反日团间与同胞全体的统一团结。

三、本会确认反日反法西运动的国际团结和行动统一为目前主要任务之一，而积极推动和拥护以中国抗日力量为中心结成全东亚反日反法西大同盟运动。

四、本会谨向为民族的生存自由和人类正义和平而对日法西侵略进行英勇抗战的中国国民党中国共产党与各抗日政党及前方将士致函，表示最热烈的慰问和敬意。

五、本会谨向为祖国光复与人类正义而和伟大的中华民族在抗日战线上共同奋斗的关内朝鲜义勇队、东北朝鲜革命军、东北抗日军、朝鲜人联合部队同志致函表示最热烈的慰问和敬意。

"团结！"这响亮的名词成为会中一致的呼声，因为只有中韩民族自身的团结加上广大民族间的团结，才能产生无比的力量，创造光明自由的新东亚！

（原载于《朝鲜义勇队通讯》第6期，1939年）

中韩两民族联合起来

继贤

在西南后方重心所在的桂林，在西北后方重心所在的西安，甚至在中国政治文化重心所在的重庆，每个人的耳边，都常会听到“中韩两民族联合起来”的呼声，每个人的眼帘，都常会映入“中韩两民族联合起来”的标语。是的，在前方，在×战区和×战区，特别是远处敌人后方的黑水畔、田山间，中韩的兄弟们已是手携着手踏上共同的征途了。他们不知道困苦辛劳，他们也不知道富贵荣华，他们只认识到日本军阀是中韩两民族不共戴天的共同仇敌；自由解放是中韩两民族革命斗争所企求的唯一鹄的。

朝鲜有半万年的灿烂光辉的文化历史，正因了这个原因，在狂暴日本军阀淫威统治下三十年的朝鲜，不但没有被日寇征服，相反的，她革命的势力却是甚一日而更加警觉，更加高涨。日本血腥下统治朝鲜的三十年当中，不可胜数的暴动事件、暗杀事件、独立运动、解放运动，正是在说明了不愿做奴隶的朝鲜人是在怎样对野蛮日本军阀做坚苦的反抗和英勇的斗争，给予日寇妄想长期统治朝鲜以严重的打击，但事实的另一面，不可讳言的，由于朝鲜每次暴动的组织不够完善，民众力量的未能动员，特别是国际局势发展的未能成熟，致使过去每次朝鲜革命运动都受到了极大挫折而表面上是失败了。日本帝国主义在韩势力并未被打倒，国内反动势力也未被肃清，在这种情势之下，然而一方面还朝鲜革命先进体会历次自身失败的教训，加以改正而继续奋斗，利用国际情势，便是朝鲜革命日益发展着。

中韩两国如以过去而论，无论在历史上、文化上以至政治、经济上，都有极密切的关系，以现在而论，更有着同一目标，同一敌人；中国现在已站在东亚被压迫民族反日阵线的先锋，为了打倒灭绝人性的日本残暴军阀，为了挽救全世界的正义和平，在残酷的炮火下已奋斗了一年和八个月，打击了日寇征服中国的野心，粉粹[碎]了日寇独霸东亚的迷梦。朝鲜革命在客观环境上说，现在实为绝无仅有的机会。因为只有中国这次抗战的胜利才能保证朝鲜在中国抗战结束后立能实现独立。所以在朝鲜“中韩两民族联合起来”的口号是必需的，而且更须迫切实行的。

以中国而论，总理遗嘱上早已昭示了“联合世界以平等待我之民族，共同奋斗”。现在中国的抗战已正是实行总理遗训；由于中国的对日抗战是不同于帝国主义间的掠夺战争，亦不同于国际间寻常的战争，而是一个反帝反侵略的民族解放战争，在战争期间固极需弱小民族一致奋起参加这个反日、反侵略的神圣抗战，即在战后亦愿与各爱护正义和平的国家，共同建立真正的世界新秩序和真正的和平，所以“中韩两民族联合起来”的口号不仅为中国所欢迎，同时亦为中国在革命中应做的一件事。

由上所述可知，无论是朝鲜或是中国，“中韩两民族联合起来”都有主观和客观上的必要，“中韩两民族联合起来”已不是单纯的口号了，而是跟在口号后面的实践，同时这实践不是某些人和某些人单的组织一个“中韩××协会”便算了事，而是需要全韩民族和全中国民族一致奋起，经友谊的提携，到共同的奋斗，一致为打倒日本帝国主义，争取被压迫民族解放，保卫世界和平而努力。到这里，笔者要放下笔杆，举起我仅有的两只手，高呼一声“中韩两民族联合起来打倒日本帝国主义”！

（原载于《朝鲜义勇队通讯》第 7 期，1939 年）

侵略者所恐惧的苏联红军战略

[日本]甲谷悦雄
黄操良 译

法西侵略者虽没有一天不在高吠着“进攻苏联”，虽没有一天不在温着“大乌克兰帝国”的甜梦，但为什么一直到今天他们的猪鼻子还不敢伸入“苏维埃菜园”的一步呢？这不外是因为法西侵略者疯狂得失去了人性，但他们并不是呆子，他们知道得很清楚：在无比坚强和壮大的苏联红军面前，是完全会现出他们饥饿与贫病的原形来的。本文著者甲谷悦雄是日本前驻苏联大使馆的武官，是日本少壮派军人的领袖，同时也是激烈主张侵苏的急先锋。虽然他写这篇文章的目的决不是善意的，但连他也不能不承认“苏联红军是有充分把握执行速战速决战略的威力”，在结尾中他又窘态毕露地说：“苏联在东西国境上的庞大军备怎么能不使我们担心呢？”这是多么清楚地暴露了法西侵略者的内疚。

——译者

十月革命成功以后，风靡一时的苏联红军的战略理论，便是当时红军大学的教授史坦丁博士的消耗战略论。所谓“消耗战略”的这一理论，用一句话来说，便是战争的主要目标，并不在于歼灭敌人的武力，而是在于集中一切力量，用以整个地破坏敌国内部的政治经济机构。明白地说，就是利用苏联广大和丰富的土地与资源为背景，而进行长期性的“持久战略”，牵制和消耗敌人的优势力量，促使敌国内部的政治经济等各部门陷入动摇不安的状态，推动其国内无产大众革命的爆发，这样一来，敌国的内部便能整个地崩溃了。

持久的消耗战

持久消耗战的这一理论，在敌国内部包含有极大的社会不安，以及本身不能和敌国作武力比赛的条件下，当然是一种最正确的理论，但是苏联在一九二九年起至三十年间，即在第一次五年计划实施的时期中，这极消耗战略论曾成了苏联军事学界上热烈争论的中心，一直延长了很多时期，才渐渐地消[销]声匿迹了。

从此以后，才有了根据最优势军备的速战速决论，不仅起来代替了史坦丁的消耗战略论，而且支配了红军的整个战略思想。我们知道，所谓速战速决——歼灭战——的这一战略理论，便是绝对主张要促使敌国内部的总崩溃和无产大众革命的兴起，只有使用压倒的兵力，首先给予敌国的武力以迅速而致命的打击，才会有实现的可能性；何况战争长期的延续，也是苏联应该特别避免的呢！

速战速决的歼灭战

速战速决——歼灭战略的这一理论，可以用“以红军为世界革命的前卫”的这一基本观念来充分地说明，但是两个五年计划完成之后所造成的苏联军备的扩张，则更清楚和最透澈地说明了这个战略理论的基本内容是什么了。所以，从这一具体的事实看来，就可以充分地知道苏联扩军的目的完全在于尽力增加军队的物质威力，企图以优越和完备的技术以及军队力量的绝对优势，一举而压倒和击溃敌国的武力，特别是把大部份伟大的常备军，以及差不多全部的航空机械化部队，不分平时或战时，都准备作战略展开的姿势。这种速战速决的企图，难道还不够明白吗？

苏联扩张军备的这一企图，第一次飞跃发展的时期，便是在一九三五年的春天，因为当时受到了德国重整军备宣言的重大刺激，后来“防共协定”的成立，使苏联对军备的扩张更立下了最大的决心发展到目前为止，苏联在东西二面同时进行独立作战的原则已完全确立了。

事实是最明白不过的，正因为苏联军备的强大威力，所以斯达林能曾这样说：“我们丝毫不想侵占别国的一寸土地，但同时也不许外国抢夺我国的一分土地。”同时，一九三六年秋，苏联红军大元帅伏洛希罗夫又作了如下的豪语说：“如有某一个侵略，胆敢窥伺我劳动者农民的社会主义祖国的苏联，吾人一定将发动全面的武力，把侵略者在他自己的领土内歼灭之！”

歼灭和消耗战略的配合

但无论如何，史坦丁的消耗战略论，政治色彩太浓厚了些，把红军战斗力的高强，却放到了副次的地位，相反的，歼灭战略论则是亟力排斥军队的政治色彩，而以红军战斗力的强化作为最重要的因素。关于这一点，在过去几年的事实上，在红军划时代的扩充上，是最值得人们注意的地方。过去事实的经验证明了什么呢？这便是前者在战略上看，是提倡长期持久战的必要，而后者则高唱速战速决主义，完全着重在实际方面。

政治的和革命的战略

这即是伏洛希罗夫元帅的战略思想。

谁都知道，过去史坦丁的战略思想是红军战斗力还在革命的创设时代第一，是在以第一次五年计划还未开始以前的贫弱装备为基础的时代，和当时苏联的历史环境是完全吻合着的。

但是，跟着时代的变迁和世界情势的转移，红军的实力在第一次、第二次两个五年计划完成的基础上，使它在数量和技术装备上都发展到周围的状态了。在这种情形下，红军首脑部对于军队战斗的实力便有了坚定的自信，因此特别重视了的纯军事家的战略思想——速战速决论。但是这种思想是和其他资本主义国家的战略思想并无任何的区别，也是不能代表苏联本来的革命思想，所以这里就发生了这样的批判：苏联的战略思想是并没有什么特色可言的。

革命的政治家斯达林和伏洛希罗夫大元帅，对有这种思想立刻感觉到不满，希望与革命的和政治的色彩浓厚的战略思想复兴起来而至于实际的采用。毫无疑义的，这当然是由于红军伟大物质的威力以及它的内外的情势所使然。

由于国际形势的动荡不安，以及现在已面目一新的红军威容，遂造成了现在苏联红军的整个战略思想了。

虽然立刻就在实际上以伟大红军威力来从事对外战争，恐怕也不能是苏联战略的常道，但是以某种理由以使用武力为有利的场合，至少想以物质上优势的红军威力来达成它的速战速决，我以为这是苏联战略的全貌。

但是，不要忘记在实际上还没有进入对外战争期间的苏联战略，却是直接或间接地采用长期性的持久战略，以图达成其史坦丁的消耗战略的目的。所以，从这种见地来看，苏联对西班牙战争和中日战争所抱的态度，以及它在东西国境上所布置的庞大军备等事实，怎么能不使我们刻刻担心呢？

（原载于《中苏文化》第3卷第7期，1939年）

为朝鲜统一团结进一言

矫汉治

民族解放斗争的巨浪奔流着高潮的时候，留华的朝鲜革命志士们，为了要从疯狂的日本帝国主义者魔手里，把三十年来沉沦的祖国朝鲜抢救出来，把三千万朝鲜同胞从日本资本主义极端剥削压迫的苦海里，停留在垂死的饥饿在线拯救出来，这个自然的伟大使命，是赋课在每个朝鲜革命者的身上，想要完成这个不可推诿、侠义的使命，革命的意志必须统一，革命的力量必须集中，在华朝鲜革命领导者各位，早就透澈的认清楚这一点，很早就在酝酿和策动统一战线的构成，这是世界上任何革命力量发展过程中必须逾越的主要阶段，第二期抗日战争逐渐展开，客观环境的敦促和主观立场的需要，处处表显这个统一战线的必要。

统一团结是发挥革命力量的最重要因素，要知道，在朝鲜民族解放斗争的过程中，必须把散处每一个角落的革命同志，使其紧密的联系起来，筑成整齐的坚固的革命阵垒，加强革命战争的无限力量，尤其是朝鲜革命的同志们，处于日寇极端压迫摧残之下，每一个革命同志所负之责任非常重大，我们想要把万恶的日本法西斯蒂军阀驱逐出中国国境以外，驱逐出朝鲜，将这凶暴、失掉人性的野兽赶到太平洋去，把呻吟〖于〗铁蹄下的朝鲜民众解放出来。前提条件，就是要把所有涣散的力量统一团结。人才集中，力量才能集中，这样才能发挥伟大的革命力量，才能完成伟大革命〖的〗使命。

为了大时代的要求，为了朝鲜民族解放的需要，抱着十二万分的热诚和期待，期待着在华朝鲜各党各派的领导者舍去不异的主张，向着民族解放的大同目标腾进。的确，一个革命者的意志和主张，在任何困苦环境之下，不能使他妥协或放弃。凡是参加过斗争的革命者，便有钢铁般的意志和主张，他宁肯为贯澈自己的革命主张而牺牲生命，决不肯轻易放弃自己的革命意志和主张，这是每个革命者所独具的坚毅特质。可是，革命者的主张必须适应实际的需要，合乎时势潮流之所趋，客观环境的逼迫，会促使我们来检讨革命的主张和革命进行的方针。

现在，朝鲜革命的同志们，你们的革命目的是朝鲜民族自由解放，你们的唯一敌人是倭寇法西斯蒂军阀，革命的目的已属一致，革命的敌人亦是一个，为了要达成朝鲜革命的共同目的，驱逐共同敌人倭寇法西斯蒂强盗，个人的生命都可牺牲，然则为了增强革命战争的力量，不异的主张，还有什么不可牺牲呢？牺牲了小异的主张，吻合着统一步伐的拍子，循着共同远大的革命目标，勇往迈进。

诚然，在一个党派众多意见不齐一的情况，想骤然号召集合，统一团结，势非发生事实上层层困难和意见不一致的差异。这在任何革命政党统一过程中，不能避免的暂时现象。这种现象，我认为这是进步的现象。在实现统一运动的阶段，朝鲜革命领导者能够共聚一堂，开诚相兴，推敲研究，互相辩难，探讨统一组织之完善，亦可认为这是促成初步统一的良好的现象，有了这样严密的探讨和研究，所获得的统一的基础，才能真正的□固，才真正永久。

可是，非常时期，处理非常事件，须要以非常的革命方法和超然的礼让奋勉的革命精神才能有所成就。目前中国的抗日战争，是朝鲜民族解放战争的最好机会，中国现已做到党派统一、人力集中、物力集中、意志一致的境地，中国因为具备了这些内在的致胜因素，造成第二期抗战愈打愈坚强的军事新形势。在这个千钧一发的危难时期，那有如此多的从容时间，叫我们长时间的讨论研究，我们为了集中力量打击敌人，实现革命目的，完成革命使命，造成统一团结，增强朝鲜革命战争的集体行动，这个重大的任务，是在每一个朝鲜革命志士肩头上负荷着，时机已不容许我们再事犹豫，再事观望，清谈误国，可为殷鉴。

统一团结重要，略如上述，客观环境需求又如此迫切时代重大的课题已加在我们身上，我们必须有大智大勇和大政治家的超然风度，来适应这个巨大时代的潮流。欧战前英国党派战争最烈，一旦欧战爆发，外敌侵凌，皆能深明大义，以国家至上、民族至上，弃嫌修好，组织国民内阁，共御外侮，这种大政治家的浩然风度，真值得我们钦佩效法的。

（原载于《朝鲜义勇队通讯》第14期，1939年）

我们参加中国抗战的意义

——致本队前线同志书

［朝鲜］金若山

在我来往桂林、重庆的当儿，由你们区队长的报告中得知你们的工作情形：自由的往来于阵地的最前线和敌人的后方，向敌士兵宣传革命的福音，或扫荡敌营房和阵地，或把子弹穿入到敌人的心窝，或救出友军的负伤者，或援助友国的人民，等等。所有这一切英勇斗争的消息，使我感到非常的兴奋。

朝鲜青年的战士：你们的革命精神，果然不次于现在的中国英勇将士和苏联革命时红军的伟大精神！高度的政治觉悟，激烈的革命热情，忍苦耐劳英勇沉着的行动，具备了这些条件的你们，每个同志真正是新朝鲜的建立者！这是我接到你们报告后所深刻在脑里的印象。

同志们，你们也曾想到这个问题吧！我们将在怎样地形势之下完成我们朝鲜民族的解放？我们现在参加中国抗战在朝鲜革命立场上看其意义如何？

假定日本军队在中国本部和满洲没有全部被消灭以前，我们或能一时打进我们的国土，但不久敌人可能由满洲调兵来镇压我们；又假使日军在中国本部和满洲全部被崩溃以后，但我们没有革命军去消灭或驱逐朝鲜境内（原驻的或由中国退下来的）的日军，朝鲜革命是不可能的；又假若在朝鲜境内的日军很迅速的被我们消灭，但日本国内没有反帝国主义政权出现，则日本又可派兵舰炮击我沿岸并登陆与我决战。因此朝鲜民族解放的胜利不仅只在于朝鲜境内日本帝国主义势力之被打倒，而同时必在于整个日本帝国主义之总崩溃——中国境内日军的总败战，日本国内反战斗争的胜利，朝鲜境内日军的总消灭。

由此，我们知道我们要完成解放朝鲜民族的任务，我们的目标不要只限于朝鲜境内的敌人，我们应全副精力去瞄准最大的目标——日本帝国主义之总崩溃。

现在的中国抗战是促使日本帝国主义总崩溃的主力战，将来的日本革命是这个总崩溃的终幕，我们朝鲜民族解放斗争也是一个促进这个总崩溃的有力因素。因为朝鲜是日本帝国主义体系中的主要支柱，同时是日本帝国主义在大陆作战时唯一的兵站基地，所以无论中国抗战、日本革命，如没有朝鲜民族的积极斗争来援助它，就不可能或不迅速的获得胜利；同样的，我们也须要中国抗战和日本革命斗争的援助。因此朝鲜民族解放斗争必须与中国抗战、日本革命互相配合，同时并进，以促成日本帝国主义之总崩溃。

我们现在直接参加中国的抗战，在我们朝鲜革命的立场上看来是与在朝鲜国内进行群众斗争同样重要的意义，但这并不是说我们毫不重视国内民众的反日斗争，相反的，我们应尽可能力量发动和坚持这个斗争，并与这个斗争密切连系起来。

我们参加中国抗战是在中国抗战期间在中国境内遂行朝鲜革命战略任务的斗争形态。这就是说，我们在中国抗战期间要建立朝鲜革命军的基础并完成将来作战的必要准备，这就是我们与中国反攻部队挺进到鸭绿江边以后还需要进行几年甚至几十年的艰苦巨大的解放战争，把敌人消灭于最后的阵地。

同志们！我们今日在这个地方应照既往的安排进行战斗，但不要忘记来日在别地方——满洲及朝鲜——继续作战的伟大任务！

最近无论从前线战事、日本本身或国际形势等各方面看来，日本帝国主义的总崩溃时期的确迫近了，你们要高举起已由你们英勇战迹造成的光荣的“朝鲜义勇队”的正义的旗帜前进吧！一直前进到完成朝鲜革命的那一天为止！

（原载于《朝鲜义勇队通讯》第15期，1939年）

中韩小朋友的共同使命

[朝鲜]金尚烨

四月四日是中国儿童节，在重庆的朝鲜三一少年团也参加纪念，此篇为该团团长金尚烨小朋友的广播演词。

——编者

今天是中国的儿童节，全中国千百万的小朋友都热烈的纪念这个日子，我们朝鲜三一少年团今天能够参加纪念中国儿童节，我们觉得非常的荣幸。

我在今天代表朝鲜三一少年团来热烈庆祝这个伟大的中国儿童节，亦向千百万的中国小朋友致最亲爱的兄弟姊妹的敬礼。

自经中国抗战以来，中国的小朋友是同中国的大人一样，团结得紧紧的，个个都奋发起来，为国家民族尽了最大的力量，在抗战二十个月当中，你们所担任的宣传、慰劳、献金、募衣、侦察、警卫等各种战时工作，已经充分的表现了中国儿童的优秀和英勇，这确实给全世界的儿童一个很好的榜样，您们已得到全世界儿童的钦佩了。

以前我们由我们的父母那里时常听到关于您们的许多工作情形，使得我们非常兴奋，又使得我们非常惭愧，这个兴奋惭愧，就是组织我们少年团的主要动机，您们不但是已经唤醒起了我们，我想一定可以唤起全世界的小朋友参加反日战争。

我们国内的小朋友和您们沦陷区域的小朋友一样受尽敌人的催[摧]残、侮辱，过着非人的生活，连吃的穿的都没有。大多数的小朋友无论在都市和乡村，都整天的做工，身体不能够充分地发育，他们整天都没有快乐，但是他们充满着对敌人的憎恶，在九一八前，我们国内的儿童组织过全国少年总同盟，盟员达数千人，热烈地参加过民族解放运动，因此那可恶的敌人残杀我们很多的少年同志，他们恨我们如同恨我们大人一样，所以九一八当时，它为进攻中国，也就将这个少年团体和其他大人团体一齐解散了，但是我们并没有放弃对日的斗争，仍然在极困难的条件下秘密的活动着。我们朝鲜儿童节是五月五日，但是我们不能公开的集会，像你们今天这样盛大的大会真是使得我们羡慕，我告诉你们吧，我们全朝鲜的小朋友都能够了解我们自己的唯一敌人是日本帝国主义。

中国现在的对日抗战给予我们朝鲜民族以很大的刺激，我们朝鲜义勇队已经直接参加中国抗战和敌人拼命，他们还要号召二千三百万的朝鲜民族起来和中国民族站在一条战线上，打倒我们共同的敌人——日本帝国主义，我们坚决的相信最后胜利是我们的。

我最后希望我们中韩的小朋友要团结起来，要跟着我们的大人们打退敌人，我们还需要永远合作，建立东亚永远的和平、幸福，这就是我们中韩小朋友的共同使命。

（原载于《朝鲜义勇队通讯》第 9 期，1939 年）

敌在朝鲜的亲骨肉运动

佚名

俊人 译

自中日战争爆发后，在日本帝国的全部领域里面，消息最沉寂的当是朝鲜半岛。朝鲜半岛东西狭而南北长，介于黄海与日本海之间，人口二千三百万，面积八万五千方里，像这样巨大的半岛，究竟有何新的事变发生呢？日本当局统制的言论机关，如同盟社及各报纸等，对于“满洲国”的情形，总是奉迎着政府的意志，成篇累牍的加以煊[渲]染，所述不厌其详，他如台湾的消息，有时亦有片段的记载，惟独朝鲜的一切现状，十数月来却始终像蒙在雾里，几与外面的世界完全隔膜。

然从日本人在“孤岛”上所办的日报里面，我们却亦可以略知朝鲜的现状，觉得那边的情形并不十分平稳。去年十二月一日的日报上曾刊载一篇日本某记者的文章，说是日本人正在朝鲜推行一种运动，务使朝鲜人和日本人完全“同化”起来，以冀“消灭两民族在种族上所存的态度”。该报记者说，这个运动的进程非常迅速，不久即可使朝鲜人变成日本人的“同胞”，并给日本人当作“自己的骨肉”。我们知道，朝鲜自一九一〇年(适为中日战争——一八九四至一八九五——后十五年)给日本合并以来，朝鲜民众没有一天不受着日本人的奴役与压迫，而现在的日本帝国主义者却竟会突然改变态度，对朝鲜民族施用怀柔的政策，他们的用意，当然是极其明显的。原来，朝鲜半岛上和半岛上的居民，就跟日本其余的殖民地和殖民地人民一样，乃是日本帝国的阿基里的脚后跟。(按，阿基里为荷马所作《伊里亚特》史诗中的主人翁，据说他初生下来的时候，他的母亲曾把他倒提两脚，将身体浸在冥河里面，从此他的全身坚如钢铁，刀枪不入，但他的脚后跟部却握在母亲的手里，没有浸到冥河的水，就变成了他的致命所在，后来他的敌人巴里斯终于一箭射中他的后脚跟，把他射死了。)日报记者在那篇文里又说，日鲜两民族的同化运动是由朝鲜总督南次郎发动的。当时候，近卫首相调兼任外相，听了南次郎的建议，便通令切实执行同化朝鲜的计划。同时朝鲜殖民地政府亦派松译龙雄（总督署的外交特派员）前往东京，与外务省当局讨论具体方案

据日报上说，自松译龙雄与外务省当局商得谅解以后，外务省便正式令饬驻外人员拟定实施计划，将使若干日本人对朝鲜人所存的“□视态度”澈底的加以改变。此外，上海的日本总领亦召集了许多旅沪鲜侨，组织代表团往朝鲜考察本土的现状。

据日本官方所传消息，这个考察团在去年年底回到上海后曾经“一致表示”，认为“整个朝鲜弥漫着效忠日本主权的气象”。

历年来，上海的朝鲜人没有一天不遭日本领馆当局的拘捕，备受日本领馆当局的逼害，这种遭遇恰与日本所宣传成一显明的对照。旅沪鲜侨因欲保全生命，逃避日本人所设的罗网，便成百的住在法租界，以为法国的不成文法中本有保护外国政治犯的规定，自己一入法界，便可有恃无恐，然而实际情形却决不像理想上的那样圆满。法租界当局虽然并不想作日本人的帮凶，视没有祖国的朝鲜人如同草芥，但仍公然给日本警察以种种方便，允许他们随意搜索朝鲜人的寓所，把他们认为是革命份子的朝鲜人捕去受种种“审判”。所谓审判，干脆的说便是置之于死地，或施之以酷刑。其实，在他们所捕去的朝鲜人里面，有许多从未参加过朝鲜的独立运动。现在，你若到法租界去闲走，你就再也不会看见朝鲜人的影子。霞飞路一带本有朝鲜人所开设的若干商店，但现在却完全不知去向了。

朝鲜人之横遭日本军警的逼害，可把去年九月间所发生的事实来证明。去年九月，日本领事馆的警察在英国人所统治的公共租界里面，捕获一位年近四十年的朝鲜革命领袖，绝未经过什么审判，随即处之以死刑。这位革命领袖叫作扎仁光，于一九一八至一九二一年间，曾在朝鲜秘密从事革命工作，以谋自己的祖国挣脱日本的桎梏，嗣因环境险恶，便潜然离去，逃往安南，在河内闭门谢客，过着恬静安稳的生活，但没有多少时候，安南政府却受了日本当局的怂恿，处处跟他为难，他觉得河内不可久居，便只得带着家属流浪到上海，到上海不久，却就给日警察带走了。当时日本警察拘捕他的理由，据说是因为他在十七年前犯过暗杀罪，受过死刑的处分，而根据日本法律的规定，死刑判决书的有效期是可以延续到三十年的。扎仁光被捕以后，我们只探悉他被押上日本的什么邮船，说是到朝鲜去归案的，但以后的情形怎样，却谁亦不能知道。

由于这些惨酷的事实，我就自觉的联想到李谷枏君的报告。李君是在日本人统制下所成立的朝鲜旅沪同乡会的会长，去年代表团（即上面所说的由日

本人选定的代表团）离沪北上的时候，即由他率领着回到自己的故国，“考察”故国的“现状”。据他说，现在“朝鲜境内，已有一种极坚强的‘祖国阵线’，同时一般的朝鲜人亦已翻然悔悟，响应着日本的民族精神”，这些情形，非特使他“深受感动”，而且还是他所“乐于称道”的。

大约就在这时候，松译龙雄（上面已给读者介绍过，当该不再是一个陌生的名字了）就奉着总督府的命令，到华中一带去视察“日本占领区内的朝鲜人的活动”。视察所得的观感如何呢？据十二月一日的日报上说，松译龙雄君认为：“自满洲事变以后，朝鲜人的心理已发生非常剧烈的转变，由于中日战事的爆发，爱国（日本）的烈焰已炽燃在每一个朝鲜人的心头。而且转变的痕迹又如此显著，你若欲描写他们的心理的演化过程，恐怕只有‘突然’两字足以当之。”

所有这些冠冕堂皇的议论，当然压根儿是欺诈的宣传，但为什么要用欺诈的宣传呢？依我们推断，那亦无非是想借此以掩饰朝鲜境内的真实情形，以及朝鲜人士对于日本们所抱的真实态度——这里所谓朝鲜人，连住在上海及中国其他各地的都包括在内。日本人的目的，原是要使全世界的人都相信他们的话，认为现在的朝鲜民众确已“突然”发生一种心理上的转变，衷心爱戴残暴的主子，并愿把自己所属的整个民族的命运融化在日本帝国的命运里面。然而事实究竟胜于雄辩，一手亦决不能掩天下人之目。此番日本人之所以要慨然解其吝囊，向朝鲜人略施小惠，如所谓“消灭两民族在种族上所存的歧视态度”，以提高朝鲜民族的地位等，适足以反映出朝鲜人憎恶日本人的心理是怎样深刻，日本人压迫朝鲜人的行为是怎样惨酷。

朝鲜的现状究竟如何呢？日本当局虽实行着严密而普遍的新闻检查制度，使真实的消息不致泄漏到外面，然因朝鲜的北部与苏联的沿海州相接，有时却总有些可靠的消息从苏联方面传出来，告诉全世界的人们说，朝鲜并不像日本人所宣传的那样是一座和平的乐园。当“满洲事变”以前，间岛一带即已有不少热血的朝鲜志士从事反日运动；而日本的“征剿”工作，亦从未能一日疏懈。

寄寓在苏联远东境内的鲜民，总计不下二十万人，他们得保留本国的语言，发展本国的固有文化。然而一过江岸，在自己的故国境内，他们的语言和文化就备受日本主子的压迫，非特没有发展的机会，即保存亦殊非容易。中国沦陷区内的人民所受的恐怖与痛苦固然深刻，而朝鲜人所受的却更非笔墨所能形容。这么良好的半岛无异是日本人榨取掠夺的对象，结果朝鲜的民众便只得日益贫困，沦为奴役——这一切原是所有殖民地人民的共同命运。即就目前情形而论，朝鲜人虽已给日本人视为“自己的亲骨肉”，然而他们对于征服者的仇恨，却仍和从前一样深刻。论乎爱戴？只有白痴或无知的人，才会相信日本人的欺诈宣传。

（原载于《血路》第 55 期，1939 年）

关于对敌宣传的几点意见

——献给朝鲜义勇队诸同志

赖少其

亲爱的朝鲜同志们！在你们伟大的人格之前，我常是衷心感到一种光明的启示。谁说人类是隔膜的？在真理与正义之前，没有所谓国界。但这光辉的名词正为法西斯狗徒所涂污呢！我们却真正的要为这个理想而战斗下去。

你们在前线在后方都以最英勇的战姿出现，在每个中国人心理上都是非常感动的；关于这些，事实已表白得太够了，我还有什么话好说呢？

正因为你们肩负着对敌宣传的最艰苦的工作，你们是有了很好的经验的；但以一个从事绘画工作的我，所能说的也就仅有关于绘画宣传方面的话，希望“抛砖引玉”，也许反而能够得到你们更高的指示呢。

从很多敌人对我宣传的绘画中，我们可以知道他们对于绘画宣传的重要。并且他有很多的优点，第一是他很能抓住每个时机，极尽挑拨离间的能事，如所谓“蒋系军老在后方，前方都是粤桂军打战”。当然，这是极其愚蠢的，在我们看来不值一笑。第二很能投民众的所欲，如“日军来了你们可以安居乐业”，日军怎样爱惜小孩，把小孩抱在手里并拿着日章旗。第三是很能偷取中国绘画的形式，尤其是民间艺术的形式，最近且刻起木刻来了。但是缺点却多着呢？看了常使人发笑。第一便是“不近人情”，他以为很能投合中国民众的心理了，在民众看起来却是莫明其妙，如什么“打倒蒋政权”、什么叫做政权。我想连中学生都有不懂的。第二是文字不通，看了半天看不出什么东西。第三是技巧非常的幼稚，连小学生都不如。

敌人不管用了若何巧妙的宣传方法，但“假药”到底还是“假药”，因为事实已给与很好的答复：在成千成万的中国人民受了屠杀、奸淫、□劫，活生生的现实中，已足以自打其狗嘴了。这是他的侵略性、野蛮性、残酷性决定了他。但反过来，我们却不得不加以注意。我以为最重要的应是这几点：

一、要同情敌人士兵所过的狗马不如的生活，来中国打仗是上了军阀、资本家的当，中国并不是他的敌人。

二、揭穿所谓“大陆政策”的阴谋，速战速决，梦想一定失败。

三、要从敌人的生活习惯中引起敌军的“怀乡病”。

四、介绍敌国反战运动的消息与意义。

五，文字不可有半点错误。

六、绘画的形式应是日本风。

七、绘敌军不能绘得太丑，军阀当在例外，以免引起反感。

这大概是最主要，当然也还有更主要的东西，这有待于同志们的指教了。诚挚的谨致敬礼！

一九三九，四，十六于桂林

（原载于《朝鲜义勇队通讯》第 10 期，1939 年）

朝鲜民族解放运动在中国抗战中的重要性

［朝鲜］李达

神圣的中华民族解放战争整整两年了，两年来的抗战，一方面使得强暴的敌人愈战愈弱，已陷于不能自拔的泥泞，另一方面则中国无论在军事、政治、经济、文化、外交各方面都有着飞快的进步，使中国愈战愈强，愈战愈有把握，只要中国能够抗战到底，最后胜利必定是属于中国的。

虽然两年来的抗战已奠定了最后胜利的基础，但仅凭着这一点基础，仅凭着这一点进步，去争取最后胜利是不够的，在目前虽然中国进入反守为攻的时期，但还没有进入大举反攻的阶段，还没有达到驱除敌人收复失地的目的，所以中国应更加发动所有主观的和客观的只要是有利于抗战的一切条件，来迎接抗战的第三年，来争取最后胜利。

朝鲜民族解放运动与中国抗战有着不可分离的密切关系，孙中山先生早就启示我们：世界上被压迫民族应该紧密的联系起来，打击帝国主义，何况中国和朝鲜原是有着密切关系，同时日本帝国主义也是中韩两民族的共同敌人。中韩关系在中国的抗战方面看，现在中国抗战是促进日本帝国主义总崩溃的主力战，而朝鲜民族解放战争是一个促进日本帝国主义总崩溃的有力因素，因为朝鲜是日本帝国主义体系中的主要支柱，同时是日本帝国主义在大陆作战的唯一兵站基地，所以中国抗战如果没有朝鲜民族的积极斗争来配合它，就不会很快的获得最后胜利。且在扰乱敌人的后方上，朝鲜也应和台湾、日本国内反战、反侵略、反军阀的人民大众同样占着重要的地位，中国方面固要自己坚持抗战，一面尤需要在日寇的后方，掀起暴动以分散敌人的力量，在扰乱日寇后方的主力当中，三千万朝鲜民族是最忠实而又最坚强的力量，日寇国内人民大众反战和殖民地的革命运动愈扩大，日寇所需要留守的兵力也增加，在中国战场上的应付也愈艰难，日寇总崩溃的命运也就会更快的到来。其次，在朝鲜民族解放方面看，我们深切理解朝鲜在中国抗战中可能求得解放，因为中国抗战是东方弱小民族的解放战争，是朝鲜民族解放最有利的客观条件，而且可以说朝鲜民族求解放所必经的一段路程，不但如此，殖民地和半殖民地民族解放运动，是要建立民族联合战线，因此朝鲜民族解放运动必须与中国抗战互相配合，同时并进，以促成日本帝国主义的总崩溃，朝鲜民族解放运动在中国对日抗战上的地位既然如此重要，要是朝鲜能够实行其应负的任务，中国抗战的最后胜利更有把握。

那么，朝鲜革命力量究竟有多少？这是我们需要知道的问题，尤其是关心朝鲜问题的国际人士急于知道的一个实际问题，但是无论那一种性质的革命力量，是不可能以数字来估计的，何况是殖民地潜伏着的革命力量呢。

自从朝鲜国土变为日本帝国主义的殖民地以后，直到现在三千万朝鲜民族在日本帝国主义的高压之下继续不断的奋斗，而写成了一本血腥的三十余年的革命史，他们虽然由于主观力量的不够和客观形势的不利而屡次失败，但三十余年培养下来的实力还是仍然保持着，而一切的革命工作都在秘密地进行着，有人以为国外的朝鲜革命运动就是朝鲜革命运动的全部，这是很大的错误，国外运动对于整个运动只不过是枝业的存在意义，而其重心还是在国内运动，在“九一八”事变前后朝鲜国内的一切合法的革命组织被解散之后，一切的革命运动都在暗地下进行着，而现在它的浪潮已到了最高度。

那么，我们应该怎样有组织有计划的发动它来与中国抗战配合，这就是在目前我们应负的唯一任务。我们认为建立扩大和巩固朝鲜本身的反日民族统一团结，应作为目下工作的第一口号，其次就是迅速建立扩大东方被压迫民族的联盟机构，同时还应联合日本国内人民大众借以扩大反帝、反法西斯的正义斗争。根据这个原则规定了我们的行动纲领，就是在国内重整我们的革命阵营，重组统一指导机关，发动民族的武装政治暴动。在国外建立扩大武装队伍，直接参加中国抗战，东北中韩抗日联军、中朝鲜人部队和活跃在中国各战区的朝鲜义勇队，就是这个任务的实践。

中华民族两年抗战的结果，已很显明的指示了只要抗战到底，那么最后胜利一定是属于中华民族的，而最后胜利的时期已更加接近了。

在这个时候，我们迅速发动朝鲜国内和国外的一切革命力量来积极支持和援助中国抗战，打倒日本法西斯强盗，完成我们的历史使命。

（原载于《朝鲜义勇队通讯》第19、20期，1939年）

目前关内朝鲜革命运动的两个任务

[朝鲜]李达

中国抗战以来，中国关内朝鲜革命者曾提出两个口号，即“统一各党派”与“建立武装队伍，直接参加中国抗战”。这就是目前关内朝鲜革命运动的两个任务，同时这两个任务，相辅并行，缺一不可。我们记得，“统一各党各派”这一个口号，并不是中国抗战以后才提出的，在很早以前就被提出而且实践过的，不过处于今日有利的客观情势之下，始被明显的指出而在活跃进行着罢了。

自中国抗战以来，朝鲜革命的客观情势，顿由消沉不利情况变为极端有利，随着这个有利的转变，朝鲜革命便迅速的展开新的斗争阶段。这新的斗争所负的特殊任务是什么？只拿关内朝鲜革命运动来讲：第一个就是“统一各党各派”这一个口号的实现，随着首先产生的，是联合四个革命团体，组织完成的“朝鲜民族战线联盟”，但这个联合组织的结合体，并不能满足一般革命进展的要求，所以关内所有各党各派统一运动的呼声，仍接连不断的震耳□响；经过了许多人事的努力，至目前，关内统一运动毕竟进到了最后决定的阶段，想其实现只是时间的迟早而已。

其次，第二个就是“建立武装队伍，直接参加中国抗战”的任务，中国神圣的抗日战争，是东方被压迫各民族的解放战争，至少是我们朝鲜民族革命最有利的客观条件，而且可以说是我们求解放所必经的一段路程。同时，我们在中国抗日战争期间，在中国境内遂行整个革命策略所规定的任务，就是说我们在中国抗战期间要建立朝鲜革命军事的基础并完成将来作战的必要准备。我们组织朝鲜义勇队直接参加中国抗战，就是这一个任务的实践。在今日朝鲜义勇队是关内朝鲜革命运动唯一的武装队伍，它是在民族统一战线的基础上产生的，它的发展和扩大异常迅速，而它不过是我们所筹划的民族武装队伍的初步形态罢了。朝鲜义勇队要发展到理想的境地，必须要关内所有朝鲜革命青年都能集中在朝鲜义勇队的旗子下，而这个问题的关键，都全在关内朝鲜革命党团的能否统一成功！

上述两点，就是关内朝鲜革命运动的二个任务，这个重大的任务，是在每一个朝鲜革命者肩上负荷着，而时机已不容许我们再事犹豫了。在目前客观情势的敦促和主观条件的需要之下，我们既然痛感统一团结的急迫，还有什么犹豫不决的理由。诚然，有些枝节，在统一过程中，不能避免的暂时现象，这是进步的现象，但我们必须以全副的热情和精诚来克服一切障碍。目下我们目睹着在抗战中中国各党各派的统一团结，他们能够人力集中，物力集中，意志一致，来对付日寇侵略战争。这是使我们钦佩效法的。

（原载于《朝鲜义勇队通讯》第 21 期，1939 年）

时感

［朝鲜］李达

一、处分汪精卫系

最近在报章上已经充分揭穿了关于汪精卫降敌求荣的事实，汪之酝酿阴谋，实非一日，早在武汉撤退以前，汪即曾派高宗武赴东京活动，直到现在已整整半年了。在汪氏的一切阴谋当中，令人最愤恨的是向日方建议轰炸桂林、南昌等十一处城市，对于这种违背天理良心的叛逆行为，不用说中国人，有着良心的世界人士那个不与他有戴天之仇。中国的抗战，在即将获得最后胜利的今日，对于这种民族叛徒的存在，岂有宽容之理，所以应当给汪精卫及其他叛徒予最严厉的处分，以不让那些僵尸臭蛆有一个活动的机会，当是今后最重要的工作。

朝鲜因为曾有国贼李完用，终于亡于日本，最近西班牙与捷克，也因有弗郎哥、汉伦第梭等而亡于德意了。

在今天，我们从这种史实，可以得到严重的教训，就是在中国一定要毫不容情地肃清一切汉奸和准汉奸的组织，以加强抗战力量，确保最后胜利。

二、加强对敌宣传

据前方来讯：近来敌军中常有不少的朝鲜籍士兵，这事情确不确虽没有得到真实的证明，但以敌人倾其全力进行将近两年的侵略战争仍无结束希望而论，以敌人动员百万以上兵力尚不能征服中国而论，以敌国内人民大众为反对侵略战争而抗拒应征而论，以挑拨中韩人民感情进而防止和破坏中韩民族联合战线而论，敌人驱逐逼迫善良的朝鲜人民大众到侵略的日寇战线上送死，这不仅是可能而且是必然的事。但朝鲜人终是朝鲜人，他们没有一刻忘掉日寇三十年来对朝鲜的非人性的屠杀、焚烧的残暴政策，而最终会掉转他们的枪口，向着万恶的日本法西斯军阀进击的。

亲爱的前线工作同志们！上面的事实给予你们更大的任务，要你们指示他们，诱导他们，使他们从速脱离日寇的侵略战线而赶快到中国的抗战阵线来！

（原载于《朝鲜义勇队通讯》第 10 期，1939 年）

八·二九纪念日感言

[朝鲜]李达

一九一〇年八月二十九日，是三千朝鲜民族被东方强盗日本帝国主义的并吞变为亡国奴隶的一天，是三千里锦绣山河染上了日本颜色的最沉痛、最愤怒的一天！到现在已经整整二十九个年头了。

我们亡命在海外的朝鲜革命者，每年遇到这个沉痛和愤怒交织着的日子，总要很悲痛的纪念着，为的是要不忘国耻，更加增强复国的决心。到了今年，正是在中国对日战争的最后胜利迫近的时候，正是在日本帝国主义已陷泥泞，不能自拔而快要总崩溃的时候，尤其是朝鲜义勇队踏上前线与敌血战的第一年，我们纪念这个日子，是有着格外重大意义。

我们不能不认清事物的因果律，任何国家任何民族的兴亡盛衰，都有它的原因和结果。朝鲜的亡国，亦不能例外，而其亡国的原因，我们可以从两方面看，一方面是由于外部的原因，日本帝国主义的积极阴谋侵略；一方面则是内部的原因，当时朝鲜国内各党各派的政权争夺战互相倾轧，引狼入室和政府的懦弱无能力，以及卖国贼的层层辈出等，都是最显明的亡国原因，而由于这种种的原因，到了一九一〇年八月二十九日毕竟被决定了朝鲜的最后命运。

朝鲜的国家虽然亡了，但是其民族迄是檀君子孙的朝鲜民族，他们的民族精神不但不死，而且却是恢复其更生而奋斗着，这无疑的是他有着半万年悠久的历史和灿烂的固有文化和民族的自尊心不甘做奴隶的缘故。

自从亡国后三十年来，三千万朝鲜民族为着挣断亡国奴隶的枷锁，为着争回民族的独立和自由，前仆后继的热烈的斗争着，这表现出朝鲜民族仍在顽强，同时说明朝鲜民族再生的基础已定下不能到动憾的根底。

历史告诉我们，殖民地的解放运动，必须在内要建立全民统一战线，力量集中，在外和其他被压迫民族密切联合，更需要外部的最大同情和援助，过去朝鲜革命虽然继续不绝的热烈的进行，但是因为缺乏一切需要条件，所以屡起屡覆,直到现在还未成功。但中国抗战开始以后,朝鲜革命的主观条件很迅速的进展,同时客观情势也顿由不利转为极端有利,随着这个有利转变,朝鲜革命便迅速的走上了光明之路。换句话说,以中国抗战为契机,朝鲜革命便进入了最后决定阶段——完成阶段。

我们在这新形势之下迎接今年的“八二九”纪念日,是何等兴奋！在这里,我们重新宣誓今后更加努力,扩大和巩固朝鲜义勇队和中国兄弟们紧紧连系在一齐,向着共同的敌人日本法西斯强盗反攻,早日获得最后胜利,末了,我们纪念“八二九”廿九周年要实践下列各项口号:

一、我们要将“国耻”纪念日转变为“国庆”纪念日。

二、我们要在内建立抗日民族统一战线,在外联合东方各被压迫民族。

三、我们要加强中韩联合战线,同时扩大和强化朝鲜义勇队。

四、我们要澈底反对妥协投降,加强中国抗战力量。

(原载于《朝鲜义勇队通讯》第 22 期,1939 年)

从游击战说到朝鲜义勇队

[朝鲜]李达

游击战是军力薄弱的被压迫民族反抗军力强大的侵略者所进行的一种战争。它的任务是扩大全民族的斗争力量，多方消耗敌人，以保障正面主力战的胜利成功，来共同完成整个的抗敌战略。

在中国抗战进入了新的阶段而最后胜利愈加迫近的现在，游击队的活动必须有组织有计划的进行，一方面建立敌后的根据地，一方面经常消耗敌人的兵力。并且，游击战还能发生政治上与经济上两个作用。关于政治方面的作用，即如在沦陷区内积极发展我政治领导权，瓦解伪组织，务使乡村在我掌握中，而使敌人在占据的城市中亦无法"施政"。再就经济上的作用说，发动广大的游击战争，在敌人后方实施一切抵制破坏封锁等手段，使敌人在我战区内不能建设也不能开发！同时，游击战又与对敌宣传有着不可分离的密切关系！就是说：对敌宣传透过游击战更能达到它的任务，而游击战也不能丝毫忽略对敌宣传。朝鲜义勇队自参加抗战以来，特别注重对敌宣传，结果获着较好的成绩，他们现在又参加游击战，一边继续执行对敌宣传，一边直接与敌血战。他们自对敌宣传进入到游击战，这可以说是朝鲜义勇队发展过程中应有的步骤——在中国抗战中朝鲜义勇队所应要走的路线是由对敌宣传而游击战争而正规战争。

他们的工作现在已转入了新的阶段——游击战争，正在积极执行破坏敌人后方，扰乱敌人的行军和运输，侦查敌情，搜集各种情报并对敌人进行反宣传等工作不时获得大捷。他们不但毫不放松工作，而却愈加坚强的奋斗着，像他们这种运动的革命精神和英勇的斗争，实在令人感到兴奋！

的确，他们是朝鲜革命的先锋，也是新朝鲜的建立者，他们在中国抗战中把他们所有的努力贡献于抗战，同时也就是为将来祖国的革命奠定牢固的基础。换句话说，他们应尽可能的力量，坚持中国抗战，以促成日本帝国主义的总崩溃！同时，在中国抗战中建立朝鲜革命军的基础并完成将来作战的准备。所以朝鲜义勇队参加游击战争，可以说是朝鲜义勇队发展过程中必经的阶段。

最近无论从前线战事、国际情势以及日本内部的不安各方面看来，日本帝国主义的总崩溃时期的确迫近了。朝鲜义勇队同志们，更加努力地帮着中国的反攻部队，把敌人完全消灭，使中国抗战早日获得最后胜利吧！

（原载于《朝鲜义勇队通讯》第 15 期，1939 年）

关于“对敌宣传”的态度问题

[朝鲜]李达

现代战争为整个国力的竞赛，不仅要求军事上的决战，同时须动员全国的政治、经济、文化和外交各方面的力量与敌人作全面的作战。

这次中日战争，亦即全面战争，一方面在战争的形态上它不能逃出现代战争的范畴，另一方面在性质上中国是反抗日本侵略主义者，争取国家民族的生存与解放的民族革命战争。中国抗战已经支持了廿个月，在第一期抗战中，奠定了胜利的基础，现在转入第二期，中国已愈战愈强，处处居于主动地位，使敌人加速其总崩溃。正在这争取最后胜利的时候，感觉得更进一步扩大对敌宣传的必要。

对敌宣传是现代战争中的一种重要战术，无论任何一种性质的战争，双方面都需要这一种战术。我们对敌宣传的目的，是在敌国内及敌军阵线中成立我们的友军，以期使侵略主义者的立脚点崩溃，所以我们必需以友爱和提携作宣传的原则。

对敌宣传上的态度，就应当根据上述的原则，敌军士兵在政治上，尚在其法西斯军阀武断宣传的蒙蔽之下，因而他们尚有很强的狭隘的民族自尊心，他们对于战争，尚有很高的胜利信念，他们仇视中国人，他们仇视共产党，他们尚自以为是为着“捍卫东洋和平”而战，为着“防止赤化”而战，他们迷信天皇的“万能”。的确。这一切都是由少数日本法西斯军阀所造成的罪恶。我们对于这种由于军阀强烈的欺骗和麻醉之下倔强已极的敌军士兵宣传的时候，可以不必采取敌人惯用的欺骗和威胁的方法，我们要是也采取威胁与欺骗的方法，只能增加他们的反感而已。

我们的宣传，应当是真实的，态度应当是诚恳的、谦逊的，我们应当坚决反对宣传上的威胁和欺骗，我们是一个以正义的战争去反对一个破坏正义的罪恶战争，我们有正义，因而也就用不着欺骗与威胁。

余言：本刊自第一期起直到本期，差不多每次都改变了“面目”，因此给予读者以不快的印象，但幸非“开倒车”而却表示着朝鲜义勇队工作的积极发展。

我们自以为遗憾的就是因印刷方面的种种不便，不能使本刊按期出版。尚希爱护本刊的读者格外原谅并赐指教。

（原载于《朝鲜义勇队通讯》第7期，1939年）

关于统一问题

[朝鲜]李达

为了积极反抗日本，朝鲜革命者曾在一九二八年结成了朝鲜民族统一战线体——新干会，但由于日本统治者的高压，新干会终于解散，结果反日任务没有澈底完成，这不能说不是朝鲜革命运动莫大的损失。

从九一八事变起始，日本帝国主义者便加速度的进行它侵略中国的强盗政策，特别是"七七"芦沟桥事变以来，更梦想以疾风迅雷的手段来完成它征服中国的迷梦，那知中华民族竟发起了伟大的全民抗战，到现在已经坚持了将近两年的时间，并且把日本国际地位打降了一级。由于这种客观情势的剧变，我们又揭开了民族统一运动的序幕，尤其在关内朝鲜革命运动阵营内，这个统一运动更具体的进行着。

我们的统一运动已进入了新的阶段，现在所讨论着的问题已非是应否建立民族统一战线，而是应该怎样建立和巩固民族统一战线的问题，换句话来说，已不是讨论原则问题，而是讨论方法问题。这个问题，许许多多的革命先进曾经很深刻的讨论过，但结果发生了意见分歧。

的确，建立民族统一战线绝对不是单纯的东西，因为参加的成员所代表的社会集团既不相同，政治的信仰与认识也就有差异，虽然"反日"这一点上大家是一致的，然而我们丝毫不能忽略这些重要的差异，所以在民族统一战线的结成过程中，必须要讨论组织、政治纲领、领导等许多问题，但还有更使我们丝毫不能忽略的，更必须要澈底讨论的问题，就是怎样认识和配合不断演进着的客观情势。再进一步说，就是关内朝鲜革命运动的"特殊性"。倘若我们没有对此正确的认识和分拆，决不能使我们的革命运动踏着正路发展。因此原则、理论固然重要，但更重要的是使我们的革命运动应该怎样和"特殊情劳"适当配合的问题。

在这里，对统一问题意见分歧的是非，我不愿意表示我个人的意见，然而这些枝节——意见分歧，却不认为不幸，反而认为是免不了的现象，而且这些分歧必须经过坚决的理论斗争才能克服的，所以我对于统一问题始终抱着十二万分的乐观。最后只希望大家一致努力，更希望革命前辈们仍然继续努力，以期早日完成民族统一战线。这样朝鲜民族解放运动才能有它最光明的出路。

（原载于《朝鲜义勇队通讯》第 13 期，1939 年）

日本士兵为什么要反战

[朝鲜]李达

经过整整廿个月的长期战争，敌国内经济的不振，资源的竭枯，入超的继续，财政的拮据，兵力的耗损，国际关系的恶化，以及战争的尚无止境，占领区域的无法控制，中国抗战的力量日见加强，朝鲜和台湾的革命势力日并强化扩大等，因而形成了全国普遍的不安现状。我们在目前虽然不能说敌国内就会因此而爆发革命，然而无疑的日本人民的反战运动将更扩大，渐渐的走近革命。不仅是人民反战，而且参加侵略战争的士兵也不断地反战着，这可以说在中日战争中应有的现象。

只拿士兵的反战来说，第一，他们虽然受军阀的欺骗和强迫而出战，可是他们仍有人性，日见迭出的哗变及反战厌战都是人性的表现。第二，他们大部份来自田间，一部份是城市的工人和中小商人的子弟，他们及其家庭都是最先受到战争祸害的，他们的父母、兄弟、妻子天天在饥饿线上挣扎，他们自己受伤的受伤，残废的残废，战死的战死，被俘的被俘，而战争又无目的也无止境，在这种情形之下，他们必不能坚持战争而竟反战。第三，战争的悲惨生活，终会使他们的被教育所造成的顽固头脑清醒。第四，中国的优待俘虏和长期战争，终把敌军阀的欺骗完全揭穿。第五，士兵中先见的进步份子，时常煽动士兵和领导反战运动，这都是他们之所以反战的远因和近因。

日本人民和士兵的反战运动，将为直接促成日本军阀总崩溃的根本因素，也成为中国抗战最后胜利的保证。我们要把日本人民和士兵的反战运动，及朝鲜台湾的反日革命斗争与中国的抗战连系起来，使抗战以期早日获得最后胜利。

（原载于《朝鲜义勇队通讯》第 6 期，1939 年）

吁嗟！“是日也，放声大哭！！”

[朝鲜]李斗山

一九一〇年八月二十九日！这一天是在朝鲜每一个角落里的朝鲜人民，都向着朝鲜故都——京城的方向而放声大哭的日子。凡为朝鲜的人，勿论其为男的女的，在一年当中每逢这日子，都靡[摩]着掌，切着齿，而誓以报仇复国，再三纪念着这亡国的耻辱，在国仇未雪以报这个耻辱，绝不能片刻忘掉的。

“贤者不悲其身之死，而忧其国之衰。”是的，这悲惨的日子还没有临着朝鲜大地以前，许多的贤者和爱国志士，相率挺起，有的在街头巷尾，吐着滔滔的雄辩，发动民众，使其趋向发奋自强之途；有的在山林村野间，招集同志——义兵，时与倭寇冲锋，而前赴后继作壮激之牺牲；有的在白日之下，挥动手枪，瞄着敌魁胸膛，贯通了敌人心脏；有的在通衢大道上拔釖斩砍韩奸的头；有的长官在士兵面前割腹，而激起士兵们的奋不顾身的精神；有的在民众面前痛悲国家之将亡，引刀自尽，而示“国家重于一切”的大义。

但是，这经济落后的国度里，因着积年“锁国主义”的顽愚和封建的毒素，而不仅不能自振，也不能敌对那倭寇新兴资本主义的锐气和锐利的武器，终未能挽已倒之狂澜，而陷于“是日也，放声大哭”的泥泞里了！

我们纪念这国耻日的时候，反映到我们的头脑的有三件事。

（一）倭寇是朝鲜的世仇

我们翻阅三百余年前的倭寇侵韩的史页，可以断言：你若是人，人而到底不能忘掉的那最残暴的“壬辰倭乱”。我们知道，那时候的朝鲜是在被侵略状态，自然“是”在我的方面，“非”在倭寇的。我不待我的笔管，只引日本学者久野所描写的《日本在亚洲大陆的扩张》中一节，可知其残酷的一般，他说：七年战争是世所罕见的残酷蛮横的战争。朝鲜的文明完全被破坏了。朝鲜人民所受的痛苦，甚至达到王陵也遭挖掘的程度。战争结束时，朝鲜就成为一片废墟，其荒凉情形，为前所未见，因此他们——朝鲜人（笔者注）对于日本人就怀疑着深仇。却使在今日，朝鲜还充满着纪念碑和遗迹，又有描写七年战争恐怖的文学品件。因此朝鲜人世世代代忘不了日本人的凶狠残酷。一九一〇年来日本统治朝鲜时所感到种种困难，也就是为了此次战争的记忆长存的缘故。”

日本人自身也承认仇倭的记忆长存在朝鲜人脑海里，况且继翮着被杀死被砍死祖宗的遗裔——现在的朝鲜人，岂能除掉这报仇雪耻的丹心于片刻么？这种深仇的印象，并不是由纯粹民族主义所培养来，这不是由民族优越感所滋长来的，其实，超越这恶意的纯粹和优越的民族主义，而“人的”本能所支配来的。这强有力的不可泯灭的心，是这实有快雪我们的耻辱。以前，绝不能除掉亦并不能促成的。

那时候，中国出兵来援朝鲜的，也遭遇过惨无人道的残酷，并无二致的。现在日本京都的“耳山”就是倭寇□□□□其三万八千七百个头，把耳朵和鼻子装运，□□在□里的。

一九〇六年的“六条约”，一九〇五年的“五条约”，一九〇七年的“七条约”，一九一〇年的“合并条约”，这些蚕食的一条一条，无非是我们朝鲜人的一块一块的肥肉所被割勒成的

报仇之心，逢每一个纪念日到来的时候愈益深切、不可抑止的！！

（二）反省和检讨

我们纪念这国耻日的时候，必须要自己反省和自己检讨。国亡时的朝鲜的客观情势和主观情势是处在怎样状态，那时的我们的错误和污点是什么，须以冷静的态度来反省检讨。自从一九一〇年以来，在我们做民族解放运动当中还没有达到目的的理由在那里，在过去无数失败的原因是什么，补救的方法是那一个，我们趁着这纪念里逐一反省，再三检讨是必要的。

（三）誓以继续奋斗

我们既以民族解放运动做目标，须与中国和其他弱小民族打成一片，继续先烈的遗老[志]，又承受时代的使命，要坚决的奋战到底，争取最后胜利。在这纪念日，我们同志各自心誓，愿以至诚，把我们一切的所有贡献于革命事业，这是纪念这悲痛日子的根本意义。

（原载于《朝鲜义勇队通讯》第 22 期，1939 年）

苏联国庆日感言

[朝鲜]李斗山

苏联革命的成功，不仅是为着苏联的人民踏上人类新历史的历程，实为全人类高揭了解放的旗帜，二十二年前的一九一七年十一月七日(俄历十月二十五日)，俄国的劳工大众已起来响应波尔塞维克党的号召，在彼得堡暴动，攻占了违背大众利益的临时政府底冬宫；在莫斯科，也占据了克里姆林宫；农民大众也起来向应革命党的号召，实行夺取土地的运动。经过这划时代的壮举，便完成了“一切政权归苏维埃”的光荣胜利！

我们在这友邦国庆纪念当中，不但感到无限的兴奋，并且也感到一种深刻的意义和冷静的检讨自身的必要。

二十二年前苏联革命时期的困难状态，简略的说，遭遇了难以形容的危机：经过四年余帝国主义战争的俄国，已把当时国民经济破坏净尽；尤其是它的不断的内战，暴风雨似的摧残了人民的经济命脉。那时的俄国所有的粮食、铁、燃料、纺织物等重要的必需品，都在战争里消耗光了；所有的工厂，所有的工业，所有的交通运输等事业，都破坏或停顿了。外有十四个国家联军的进攻，内有白党的军队和反动势力的捣乱。在敌人方面，其作战指挥的军官都是大名堂堂的资产阶级的名将；各帝国主义国家之精良的武器，都是非常锐利，其军队也是精锐的部队。海参崴要港，已被倭寇占领，乌克兰沃地，亦被德军占据，只有莫斯科一隅，做红军的中心地带罢了。在危机千钧一发之时，那一双草鞋，一把土枪，一件烂衣，一日一餐的饥寒交迫的红军和革命民众，竟能于两年的苦斗中获取了最后的胜利，奠定了苏联今日的基础。说来，这种奋不顾身的苦斗精神，是值得我们中韩两邦的十二分赞扬和学取的。

苏联用这种坚忍奋斗的精神来斗争的结果在其工业部门中，已没有资产阶级的存在；在其农业部门中，已没有富农阶级的存在；在其商品流通中，已没有商人和投机者的存在，斯太林说：“剩下的有工人阶级；剩下的有农民阶级；

剩下的有知识分子。”质言之，在苏联，人剥削人的现象已经消灭了。

据一九三六年的统计，苏联工业生产品数量，已超过第一次世界大战前七倍以上，在农业方面，集体农庄已握有三十一万六千架拖拉机，共五百七十万万马力；苏维埃农庄已握有四十万架拖拉机，共七百五十八万万马力，而中世纪落后技术的小农个体，仅占苏联全耕地面积百分之二左右。在商品流通方面，现在完全握在国家而没有投机者的商业，亦没有资本家的商业了。每天可耕一百公顷之四十四万余辆耕种机，不断的在翻覆着沃土和荒地，斯塔哈诺夫运动像狂风暴雨似的在全苏联各部门工作中活跃，都以破天荒的速度来造成了全世界最高的劳动生产率的记[纪]录。

我们知道，苏联自一九三一年起，没有一所停工的工厂，也没有一个失业者；民众的文化水平，一日千里的提高；国防的力量，一天天的增厚起来。大有压倒全世界帝国主义国家总力之势。

过去二十年来努力的结果，苏联已变成世界上的头等强国，日寇两度的对苏屈膝，与此次欧战开始后，苏联在欧州[洲]地位的绝对优势，便是一个铁般的证明。苏联国力之增强，不仅更能保全他社会主义的建设，同时亦是被压迫民族争取解放力量的增强。过去朝鲜与苏联的关系亦很密切，如一九一九年国内“三一”大革命的发动，苏联十月革命的影响作用便很大。东北的朝鲜义勇军，亦受到苏联不少的援助　而且在苏联的远东军内，还特别训练了数万众的朝鲜队伍。无疑的，今后的斗争中，苏联将给予我们更大的援助。

今天，朝鲜国内人民大众的反日运动在秘密地积极地发展着。东北的朝鲜义勇军和中国弟兄们结成了坚固的联合战线，在与日寇撕杀着。并召集关内的朝鲜同志，组织了朝鲜义勇队参加到中国抗战的队伍里，实践着他们平素所研磨的革命理论，一条光明的道路已在朝鲜革命者面前展开了。在中国，四万万五千万人民已经团结一致，充分的发挥了伟大的革命精神，国际上又有友邦苏联及其他国家的援助，所以现在无论国内国际的环境，都远较苏联革命当时为优。不仅如此，倭寇国内矛盾日渐地尖锐化，更给了中国抗战以莫大的裨益。

我们中韩两民族的抗日战争虽然得到全世界爱好和平的人民大众的援助和同情，但我们不能忘记只有“自力更生”才是争取胜利的根据。那么苏联十月革命坚苦奋斗、不屈不挠的精神，是值得我们模范的。此外，更要摄取苏联革命的经验和教训，使我们民族解放革命更能得到正常的发展。

（原载于《朝鲜义勇队通讯》第29期，1939年）

中韩两民族的时代使命

[朝鲜]李斗山

一、战斗是生活

人类是不断的改爱自己，也不断的变革世界的。改变过去，变革着现在，在未来也为着这个要不断的奋斗的；这是人生的哲学，同时，人们的生活。

“Rise? Go on and up-the road ie clear-glorious. titanic buture summons gou to the battle bor betterment”——Kaubman

是的，向着较好的冲进是人类的本能。自从原始时代，一直到现在，已把人类自己的社会和自己的世界，大大的改变了不知多少次；为着适合自己的需要，为着适应自己的生存，削平了高原做平地；开拓了荒地做肥沃的耕田；砍下了树木做住宿的房屋；铲除捣乱份子保障安全。在目下，全世界爱好和平的人们正努力着肃清共同敌人的当中。

人类社会由这不断的改变和战争中得着生长、发展和进化的。向着恶势力和不完美而不断的战争和改善，使得由不善到较好底地步，是我们人类不可回避的任务，也算是人们的一种本能。“任重道远”是责励有心人们的自省铭箴。

由这“斗争是生活”观点来，放开你的眼光，透视你面前的光景怎样；平心静气的检讨你自身的生活和环境怎样；抬起你的头，爬上山顶，俯瞰着亚细亚东方海岸和欧洲原野试试看，使你会得怎样的感想！

你从“醉生梦死”的圈套里，摆脱出来，而翻开书册阅一阅，“生无益于人，死无闻于后，是自弃也”；“囚鸟不忘飞，驽马常念驰”；“人生自古谁无死，留取丹心照汗青”；“丈夫虽死心如铁，烈士当危气如云”。安重根这些慷慨的言，给你得着怎样的感慨；你须展开现世修罗场似的一副[幅]画，对照你的“斗争是生活”的灵感，而仔细看一看，你能无动于中[衷]乎！见义勇为是人们的美德，斗争是人们的本能，此“德”此“能”，你还漠视么？“斗争是生活”是提起你的勇气的啊！

挣[狰]狞的日本法西军阀，靠近在东方的沿海岸，炮击着凶猛，而残杀中国兄弟；驰走在白山黑水间，转着机关枪轮盘，而射杀满族兄弟；跨在峻高山岭，瞄准目标的，而屠杀蒙古的兄弟；踏在半岛原野，驰着铁骑而蹂躏朝鲜兄弟。其惨绝人寰的兽行，使给有心人们燃起猛烈的火焰，高揭义旗，而揩人民族解放的抗战阵线。

在正义的号召之下，猛烈之火焰燃烧着东方各种压迫民众的心脏，用鲜血来灌溉着田园，放开着朝鲜三千里江山的自由花，滋长着四万万五千万底解放草！斗争到获取最后胜利，就是每一个中韩人的急切的要求，为着这种神圣使命而奋战，是多么壮伟的生活，多么有价值的行为！

凡有意识的中韩人中，是谁还在徘徊观望，谁敢还在彷徨蹰躇呢！

二、死呢？ 朝鲜呢！

一个民族走上了悲绝的途径，正在被压迫泥泞里停滞着挣扎着的时候，正在被宰割践踏之下辗转呻吟的时候，构成其民族之每一个成员，该是站起来，听着慷慨发奋的歌曲，听着壮烈反抗的声调，而奔驰于刀光剑影之下，以血肉换取其民族的解放，这是应该要实践的责任。“死呢？活呢！”“死呢？自由呢！”这些醒目的警语，破碎那无可奈何底悲叹的借口，消灭那偷安苟生的卑鄙的呓语！

百分（之）八十之领土，已不是朝鲜人的耕作地，百分（之）九十五的资本，也已不是朝鲜人的所有，都被日本帝国主义者几乎夺占净尽了。不准你放在五千元以上的资本，活用着你的公司里；也不准把你的银行里存储金额，任你自由的提取；并不许你任意设置任何工场。

不容一个朝鲜人荣任区区的校长职的奴隶教育里只迫使你的子弟在校终日喃喃着倭语；许多教科书里头找不到一句朝鲜实史的编插；言论、集会、结社和居住的自由，根本和朝鲜人没有缘份，使朝鲜全土做成了一大生地狱，给三千万民众做成了可怜的笼鸟。在“保护观察法”底法宝之下，千万数的朝鲜志士、千万数的朝鲜思想家被拘监，被屠杀，被驱逐，被毒打而呻吟凄绝。二百五十万同胞现正转辗于满洲荒野；五十多万的劳苦同胞正现倭国劳动巢窟里过着牛马生涯。这是朝鲜被倭寇铁锁所缚束的梗概。

站在最后死在线挣扎着的朝鲜民众面前，只有展开着“死呢？朝鲜呢！”两条路，何取何舍，任着有良知的朝鲜人自择。

死呢？还是朝鲜呢！这是最后一刹那之紧急要解决的朝鲜民族之课题！

三、死呢？ 中国呢！

因倭寇疯狂的横暴，致使中国千百万民众流离失所，转辗于沟壑之中；被屠杀的中国同胞，不知有多少百万。东北富源已非中国所有，黄河、扬子江流水已混流血泪，更不是中国自由的航路。破坏中国的文化机关不知凡几，失学弟子离散跋涉彷徨着路傍；离井弃乡的成千成万的农民，遍野的流离，使给无地可耕，无家可归，是谁的赐物，是因谁的驱迫所致！

千万白骨曝露在荒丘；淋漓鲜血染红在满地，成了一个凄悲的画幅。

自从倭敌入寇以来，一直到现在，被烧杀、被掠夺、被破坏的一切的一切，我们亲眼看见，体味着切肤痛楚。

站立着危机一发的中国民族，为着自卫家国计，为着根绝恶魔之侵害，建立新的中国计，为着奠定东亚的真正和平计，为着东方各国小民族对敌战争之先锋计，英勇的站起在最前线，抗战到底，这是它在实际上遂行它的时代使命的了。

“死呢？中国呢？”这是中国民族生灭的分水界。只有一条路展在中国人面前，就是中国民族第一和中国国家第一的最高目标。

威胁着中国民众生存的最大敌人是日本帝国主义。中国民族之资本被异民族日帝国主义所高度压迫，无从发展；中国内部之每一个阶层，统受日本帝国主义的侵害，不能保持它们每一个阶层的生存。

在这中国民族全体将要覆灭之危机，采用全民族的统一政策而推动全面抗战，是现阶段时代精神所产生出来的正确的认识。

死呢？中国呢？抗战高于一切是中国民众全体之理想，把英勇的战争来争取最后胜利是这理想的实践行动。

四、两民族之使命

我们知道，每一个时代，一定有反映这一个时代的时代精神。推动一个时代事物的原动力就是一个时代的时代精神，实行一个时代使命的原动力也是一个时代的时代精神。

那么，在这中韩两民族生死关头的危机当中，我们中韩两邦革命者应该所有的时代精神是什么？我们两个民族所处的环境，可以说是在“同病相怜”的地步。既然有共同的敌人，应该把“同舟共济”的精神来打成一片，集中两民族的革命力量，向着敌人堡垒一致进攻的。简单的说，认识集中民族的全面力量，才能够打倒异民族的侵夺势力而解放出来的，这是我们两民族现阶段的时代精神。

那么，我们两民族的时代使命是什么？主要目的还要建筑在下列几个事的上面：

（一）恢复朝鲜民族的独立地位而建设民主国家。

（二）加强中国抗战力量，促短期建立复兴新中国的途径。

（三）奠定东亚的真正和平。

这是我们中韩两民族所负的时代使命，要实现这使命，首先打倒我们共同敌人——日本帝国主义，要打倒日本帝国主义，首先联合中韩两民族的总力量，一致进攻敌人的阵营；要联合两民族的力量，首先除掉一切的隔膜和踌躇的障碍物，彼此认定我们是最诚实的战友。

中国这一次的抗战，就是中国民族解放的革命运动；朝鲜的参加这一次的抗战，就是朝鲜民族解放的独立战争。原来，一个殖民地对宗主国的解放运动，是在没有得到解放以前，绝对不能和宗主国谋求什么“和平”可言。朝鲜的革命者，每个同志都知道，他们的面前只有干！干！干！干！的一条路，没有时间性限制我们革命的事业，不关何日何时，也不关何年何月，父亲们不能做完的，儿子们继续干下去，儿子们不能做完的，孙子们继续干下去。他们的头脑里面，没有贴在一代、二代、三代的时间表，只把血、肉、汗来干干干干，干到完成独立自主为止。

愁云的后面，隐藏着一座硕大的大理石，预备做你的记功碑；黑暗的后面，隐藏着一线先明的照耀，预备做你的照明灯。

中韩的战士们！你们须吟咏这几句话吧：

> 我是利剑，他是火焰。请在我的棺上放着一把剑吧。我是在人类的自由战争中的一个勇敢的战士。
>
> ——海涅

（原载于《朝鲜义勇队通讯》第 18 期，1939 年）

为什么中韩两民族要团结

李华林

我们都知道，日本帝国主义者今日所扮演的“建设东亚新秩序”的丑剧，实际上已把东亚的和平破碎无余了。

日本帝国主义者为了满足它们的兽欲，达成它们独霸东亚征服世界的目的，便不惜用尽无以复加的惨暴手段，向着各邻邦攻袭。中国与朝鲜不用说，即东亚其他各弱小民族亦已陷于极悲惨的状态。在这种情势下，东方各弱小民族实不能再停步在“楚囚对泣”的消极状态，为了保全各自的生存权益，为了维护国际间的正义，必须一致团结起来，开始积极的敌寇扫荡工作。

于此，我简单的把中韩两民族的联合问题谈一谈，中韩两民族在同一被压迫状态下，共同着一个敌人，而且在历史上或地理上都有着息息相关的密切的关系，所以中韩两民族的联合是很必需而且必然的事情。

在今日日本帝国主义铁蹄残踏下，中韩两民族各自内部的矛盾和磨擦，已经渐渐的消除而至紧紧的团结了，并且由此更发挥了弱小民族反抗侵略的伟大力量。如果两民族的抗日力量再能坚固的确实的联合，向着共同敌人攻击，不但各自民族生存不成问题，就是东亚的和平亦赖以维持了，

在抗日战争的实践中。现在中韩两民族的联合，已踏上具体的阶段，留在中国关内的千百个热情的朝鲜革命者，已经坚强的团结起来，在朝鲜义勇队的旗帜下，参加了中国抗战的最前线，以血和肉与无理的强盗搏斗。朝鲜义勇队的出世不仅领导了朝鲜革命的前进，而且更具体的扩大的得到中国当局的援助，这一点已经在预示着中韩两民族联合的必要与可能。

最后，我们希望中国政府及全国贤明的人士们积极的、广大的给予我们实际的指示与援助，要知道朝鲜革命力量的加强，亦就是整个抗日战线力量的加强！

（原载于《朝鲜义勇队通讯》第 22 期，1939 年）

日本民众反战运动的现状

李万居

一、现阶段日本民众和士兵的反战

据我们所知道的，自一九三一年沈阳事变至去年四月止，日本国内及朝鲜和台湾被拘禁的政治犯和思想犯，约达二十九万余人（据二月卅日莫斯科新闻所载，战争爆发一年中因反战被捕的即达三十万人）这些人中虽陆续地释放了一部分，但目前各地监狱仍为塞满，其中有不少便是因为反战而入狱的。前年十二月末次任外相以后的大检举人民战线派，东大教授大内兵卫，助教有泽广巳、肠村义太郎，法大教授美浓部亮吉，阿部勇及其他若干人，虽只是反战的嫌疑犯，只是消极的不赞成战争，实际上似乎还未到积极的反战行动，但也足以表明日本想想界对于侵略战争的厌恶！

有组织的反战运动，要推去年六月间日本反战派假造《大阪每日新闻》的事件。其组织的严密宣传的巧妙，异乎寻常。反战派认为个人或小规模集团的激烈行动，不会发生多大效力的，要使战争停止，日本大众解放，应当使前线的士兵转变为革命的主力，枪口朝着其国内的统治阶级射击才能达到目的，所以印发赝造的《大每》，分发江浙前线，内容形式与该报纸完全相同，但第一版却用大字标题，登出近卫首相的大相片，近卫被反战派暗杀的经过以及东京完全在反战派势力控制之下的新闻。这桩工作真起了很大的反响，在江浙前线的敌士兵顿呈不隐之状，虽然没有达到使他们挥戈向内的目的，可是反战的思想已因而益弥漫于战阵中了。

此次事件发生四个月之后，即去年的十月初旬有台湾民族革命总同盟本部所赝造的《香港日报》发见于日本内地、朝鲜、台湾和各地战场，同时日本驻外领使馆署及其侨民也都接到那样的报纸，这使东京政府动员了全国侦探及驻南洋香港各地的间谍到处侦察，台湾总督府且为此事特派若干名特务人员来我国沿海各地及香港，以期破获这桩案件。但费数月的时间，许多的金钱和人力，结果仍徒劳无功。该报第一版上半页与真的《香港日报》内容完全一样，下半页即台湾民族革命总同盟社的《告日台鲜民众书》里面主张日台鲜携手起来打倒日本军阀，恢复东亚的真正和平。其次则为揭发速战速决的幻梦，敌少壮派的内讧及其腐化贪婪的秘幕，等等。这一次反战宣传，使日本国内外大受冲动，而战场上士兵的反战空气也因之更加普遍浓厚起来。

在行动方面，今年三月一日大阪枚方敌陆军军械库被焚毁的事件可算是最大规模和最有组织的反战工作，这次火灾广达一英里，焚烧达四小时，灾区几成平地，居民约一万人皆无家可归，死伤近千人，实际灾情还不止此。据三月十七日中央社消息，此事发生后已查明确系反战份子之实际行动，主动者系该火药库内之职员川岐义及炮兵少尉增本八岳，炮兵准尉川岐等三人，于十一日被捕，在大阪中宫区执行枪决。此案株连甚广，敌深感狼狈云云。在敌原欲以不慎失火为掩饰，但这样大规模的行动，怎能掩盖得了呢！

继此案件之后，则为上海虹口黄埔路大火。三月廿四日晚间十一时左右，虹口黄埔路日本邮船仓库突然失火，势极猛烈，六层大厦霎时付之一炬，并且延烧着总领馆。据日文报纸自己承认，至少损失达数百万元。实际尚不止此数。这次的火警，乃系敌方反战份子的有计划行动，因为虹口黄埔路日本总领事馆一带，自战争爆发后，警戒益为森严，绝非普通人所能进去，故纵火者必系敌方内部人员。

最近的实际行动，有六月二日下午天津海光寺对面岳家大楼敌宪兵部及海光寺敌兵营被焚毁。同月三日下午，大连敌军用汽油七千五百箱被反战份子毁掉。六月四日海口敌火药库发生爆炸周围震动七英里，士兵受伤者数十名。又粤境万北敌军中曾发见东京反战同盟团的组织，散发各种反战传单，且在江村与敌宪兵火并。至于投诚我方或企图刺杀其指挥官而致犯罪者，无问南北战场，几乎日有所闻，如四月间广州方面有一部分士兵，曾有这种计划，仍因事机不密，被拘捕处刑者甚众。畏战自杀、临阵脱逃或暴动者更多。五月廿六日至廿八日由神户出发的敌军一万人，其中逃走者竟将近十分之一，他们一部分与敌指挥官和宪兵相并，虽被捕获的均处以死刑，然仍无法遏止这种逃避或反抗的企图。

上举数端，不过其荦荦大者，至于各地的小规模暴动反抗，真是举不胜举！

目前领导这种运动的为人民阵线、共产主义者、无政府主义者、自由主义者，而反战思想之能弥漫于敌国内部乃至战场上，师老无功，牺牲惨重，生活困苦，实为主要因素。反战运动对于日本军事上会发生严重的影响，这是不言而喻的。

二、日、台、鲜反战反法西斯同盟

日本、朝鲜、台湾反战的联合，系去年七月间的事，他们曾成立一个日本朝鲜台湾反法西斯同盟创立准备会，该会的宣言中说："在日本法西斯支配下的我们被压迫大众，不管其为日本国内的勤苦大众也好，为殖民地的朝鲜民族和台湾民族也好，都要明了我们已经到了最后的关头，如果我们不愿意做侵略的工具，而无端屠杀中国的兄弟，同时自己也跟着灭亡，那么，我们为求自己的生存和解放，为救中国兄弟于日本法西斯强盗的屠杀的惨祸，必须对日本法西斯军阀开始积极斗争，这就是我们的生死绝续的最后关头。"

在该同盟领导之下，曾有一队"国际义勇军"组织的计划，但当时因为台湾民族革命总同盟领导者，正在敌人的后方从事组织的工作，未能如期赶到汉口，同时尚有经济的原因，所以没有成立，因此朝鲜方面单独先成立了一队，由陈国斌作领导的朝鲜义勇队。

最近台湾民族革命总同盟领袖，奉召赴渝晋谒我最高当局，听说目前日鲜台三民族的革命代表，正在重庆重新讨论国际义勇军的组织问题，不久或能成立。

日本朝鲜台湾反法西斯同盟大会现已正式成立，四月十五日该大会三代表青山和夫等曾致世界和平大会英国分会一电，谓："观诸世界三饿狼日、德、意的侵略行为，牺牲弱小国又不能满其欲……凡既往之回避妥协或局部抵抗策略，皆不足以阻止法西斯之联合侵略……最有效之办法，即在召集中国际反侵略力量予以全面的、持久的集中打击，方能奏效……"

在行动方面，这三个民族也已有充分的准备，行见不久的将来，其怒潮澎湃，将无法加以遏止，其势力的伟大，当非日本军阀所能想象！

不久以前，日本某评论家赴广东探视其二子被征来华作战，返日道经香港时，曾对某医生说"前线日本士兵对侵华战事已成万分厌恨，反战思想非常普遍。假使中国宣传工作多做一点，则日本士兵可大量携械投降"云云。比国名战略家勒尔坚在我国参观各战场达数月之久，去年二月间他曾将其考察所得写一报告，其结论断定："日本士兵的子弹终有一日会朝向其营内射击，这就是日本军事的总崩溃。"我们认定这种观察是很正确的，战事再延长下去，也许不久的将来，这种反战怒潮必然澎湃起来，那就是日本军阀寿终正寝的时候！（寄自桂林）

（原载于《抗战周刊（广东梅县）》第 11、12、13 期，1939 年）

关于关内朝鲜革命运动统一问题的管见

李婴如

现在凡是对于朝鲜革命关心同情的人们，关于朝鲜革命运动统一问题无不极力提唱劝导。自以为朝鲜革命之主体的朝鲜革命者何尝不痛感统一问题；然而总以缺乏实践为缺陷，局外者也是苦口婆心的劝导朝鲜革命运动的统一问题，但多为对于朝鲜革命缺乏深刻的认识之故，多未把握住问题的核心，而不充分认识朝鲜革命的发展过程和朝鲜社会的现实条件，或识几个朝鲜的"跑江湖"式的革命者，或看了一些关于朝鲜革命的庸俗的书籍，便谈朝鲜革命的如何如何，结果不免有些地方牛头不对马嘴，浅薄得可笑。

在中国关内的朝鲜革命者向来支离分裂，大演其"中原逐鹿"之话剧。所谓革命先辈的明达之诸氏，何尝不认为此种现象为自取灭亡的征象。过去如此，现在仍复如此，亡国亦因此。因而曾呐喊统一而真所谓统一者也有过屡次。尤以冠冕堂皇的理论、悬河倒泻的辩说，举古今中外的事例，大发挥其统一问题的刻不容缓，而自己却逍遥在外，于统一又自称朝鲜民族的前卫而寻前卫于东北、西北，更为使人惊叹莫措。这个为朝鲜革命者的幼稚吗？痴愚吗？都不是的，实因为有内在的矛盾和客观的条件的关系。我们要建立真实的不要姑息的统一战线，必须不要空喊统一，而应该从客观的环境和内在的矛盾中分析统一的可能性，规定具体的统一实践的现实问题。

譬如有人说：要建立朝鲜民族的统一战线，必须首先建立朝鲜民族的统一战线的认识的统一。乍看这句话，果然令人动听，统一的实践需要认识的统一为固然之理，何容再□呢？不过认识的统一先需要矛盾的克服。一个人的认识为客观现实的反映，他的意识固然是社会意识的表现，但因为阶级性的限制和对于现实某一方面有种种不同的体验或知觉，就有各种社会阶级的观念、表现和情绪，同时即在同一阶级的代表，在同一阶级意识的界限内也有意见的分歧。

那末，在中国关内的朝鲜革命者的意识形态和意见分歧是如何？内在的矛盾关系是怎样？克服这种矛盾而实现统一运动的客观的前提条件是什么？建立统一战线的具体办法如何？检讨过去及现在的统一战线等等这些问题我就想来讨论。

第一，我们对于在中国关内的朝鲜革命者的意识形态可以分析为下列五种。这五种的意识形态恰代表着朝鲜自从变为日本帝国主义的殖民地后，朝鲜社会发展过程的阶段性。然而，除几个朝鲜革命的进步的战士外，大多数却停滞在这组阶段。

（一）过去旧韩时代遗老的封建的意识形态。旧韩亡国即后农民大众到处揭竿而起，反抗日寇；军队被解散之后散兵游勇为义所激，挺身执枪而斗。当时爱国烈士、仗义志士振臂号召这些武装的义兵、民兵，顽强的反抗日寇，曾流下了为国光荣的鲜血，造成了英勇的战绩，始终节节抵抗，终退到满洲方面，遂在那里筑成了朝鲜革命军的基地。这些烈士们大部分代表着旧韩时代的特权阶级，他们有烈火般的爱国热情和钢铁般的民族节操。他们是有几十年战斗经验的反日老将，激昂慷慨的老志士。然而他们的意识里还酣梦着“旧封建的朝鲜”和“两班的特权”的复活，充满着英雄主义割据排他的习惯等封建思想。

（二）朝鲜民族解放斗争接着义兵反日战斗之后，到一九一九年三月一日就有全朝鲜民族的反日示威运动的“三一”运动。这运动的实际指导者是天道教基督教和上层阶级的知识份子，他们是代表着朝鲜变为日本殖民地后在日本帝国主义的商业资本，高利贷金融资本的榨取和土地掠夺政策之下遭遇没落悲运的朝鲜土著中小资产阶级。他们在“三一”运动中虽然表现过爱国的热情和牺牲战斗精神，但因阶级意识的限制性，使他们在革命战争中易为投机、动摇，而缺乏革命的积极战斗性和坚持性。这并不是我个人的主观杜撰，而事实已为证明。譬如“三一”运动的重要领导者的××、×××等人已屈服于敌人，现做着叛逆的行动。“三一”运动失败后坚决的革命战士们大多数亡命到中国来，继续进行反日斗争。他们里面有民族主义者、共产主义者、“红萝葡”（内白外红）式社会主义者等。然而，他们的阶级意识的限制性依然限制他们的革命运动的发展。他们的意识之特点就是市侩式的个人主义，基尔特思想的小集团心理，庸俗，投机，没有确乎坚定的革命路线，没有足以指导革命群众的理论基础。

（三）自从朝鲜亡国以后，尚在半封建的土地所有关系下受尽压榨的朝鲜农民，在日本帝国主义对殖民地的榨取、资本主义的商品交换、高利贷的盘剥、土地收夺、谷物价格低落等原素的影响之下，农民经济开始破产，而应纳的租税是日益增多，于是农民所有剩余商品尚且不足，农民甚且将他的必需生产品去支付租税了。农民变为无土地或半无土地的人，他们必须到日本资本家的经济中或到工厂中去找工作做。这是由一九一〇年代起迄今继续进行的过程，不知道这一过程，则不能明了"三一"运动中何以有广大的民众参加，朝鲜民族解放革命运动何以以"三一"运动为契机，由民族主义的革命领域里转变为急烈的阶级斗争的革命运动。朝鲜若无此种疾风般的无产阶级化，则决没有那样构成朝鲜革命的先锋队而发展着的无产阶级的运动。因此，在这个阶段的朝鲜智识份子、革命的青年斗士的力量，都注意到这一无产阶级的身上了。不错，只有在那里，革命的智识份子才能听到坚决的回声，朝鲜农民的无产阶级化，农民的倾家荡产比之工厂与手工业作场中无产阶级的发展来得快些。

现朝鲜有一千二百万的贫苦佃农，纯粹的"流民"的农村无产阶级计十二万六千户，还在都市有七十多万的失业工人。农民与工人的生活是卑下不堪的，使他们成为真正的野蛮人，那种可怕的劳动条件、非常困苦和长度的劳动时间及低廉的工资，必要推动饥寒交迫的朝鲜无产阶级展开发恶的斗争，争取当前的生存权。在这里，革命的智识份子、青年、学生负起领导他们的任务，为群众反日斗争的先锋，指挥群众组织群众。然而在这种革命实践当中，执行这一任务的智识份子、青年、学生常感觉到对于革命的理论和实践尤其战斗技术的缺乏。我们要使朝鲜革命得到伟大的胜利必须有理论武装和实力武装。然而这种东西在朝鲜是不能有的。因此，这些革命青年们为达到此目的，经过种种的难关和困苦，到中国、苏联和日本去。现在，在中国关内的大部分朝鲜革命青年可以说是都为此而来的。他们是朝鲜现社会现实之中养育出来的革命的结晶。自然而然的他们的革命意识是直接反映着朝鲜社会现实的革命性，而且是进步性的同时很坚决的。可是不免有左翼空论主义（暗记公式主义）忽视无产阶级的不息的日常斗争，对于阶级全体赋与革命的意识性而走于极端的所谓"左翼共产主义"。

（四）第四种人是"跑江湖式"的革命家，这种人是代表着向敌乞怜不成翻然改态或失意政客踏进革命阵营，际会风云则能捞获一位，名扬海外，如运数不展则假借革命的美名而终日吹牛，谄媚，阴谋等，腼颜无耻的行为足为民族的羞耻，市侩式的卑陋劣拙的勾当贻害革命而有余。这种人降于敌则为敌利用，偏我则足害革命而无一利。

（五）第五种人是本来为革命而热烈奋斗，但在中途为恶劣环境所克服，终于灰心丧气，由革命运动隐退而要投降于敌非所宜，要为革命奋斗则心死如灰，无力再斗，无趣再战。于是选一个很理想的出路，就是乞怜或钻营于同情朝鲜革命的友邦人士、自欺欺人的在中国谋得一职，为个人的口腹与安乐而独自岌岌营生消光，不复知“亡国恨”的顶可怜的人儿，尤其朝鲜的青年而做如此可耻的行为者，就表示十足的亡国奴的本色而可以说是“无血的动物”了。

第二，关内朝鲜革命运动内在的对立与矛盾。如上所述，在关内朝鲜革命者的意识的分化自然反映着国内社会阶级的分化与朝鲜社会现实的急剧发展过程中革命路线与斗争方式的转变而互为分立化、系统化了，加之国际情势的推移与中国革命的进展，直接影响于朝鲜革命运动而在关内革命运动的阵营内发生了许多对立、分化、矛盾。这种现象是必然的、不可避免的。它正是表示着朝鲜社会发展中的矛盾的发展，而不是意味着混乱。然而识薄见短的人说：这种现象是由于朝鲜革命运动的混乱；甚且说朝鲜人不知道团结。这种说法是完全与帝国主义侮蔑殖民地民族的口吻相合的。

那么，这些矛盾、对立、分化是些什么呢？

（一）关内朝鲜革命者认识的不统一。人是在人类社会历史发展阶段中相适应的生产关系的总和，而他的认识是根据于在这生产关系中的阶级的经济目的；同样，朝鲜革命者的认识作用也脱不了这个范畴，尽管他们嚷着建立什么民主共和国啊！土地国有啊！建设新社会啊！等等。然而这种社会制度的改革并不是由于主观的观察或理想即能建立的，是基于一定的自为阶级的力量和生产力的发展与生产关系之矛盾，而由于自为阶级的实践与斗争中建立起来的。有人说：“朝鲜人口的百分之八十已为贫民，所以朝鲜革命是无产阶级革命而政治路线与革命认识也自然统一了。”这种见解不对的，因为现在朝鲜民族在日本帝国主义惨酷的榨取之下，急剧的转化为无产大众的事实，虽然是真实，但是我们决不能赋与革命性于他们全体，而现阶段朝鲜革命是有着依我们的日常实践和斗争，教导他们为最坚决的、最可靠的做着朝鲜革命之先导任务的革命群众的现实性。正因为如此，在朝鲜社会现阶段有所谓认识的不统一。尤其是日本帝国主义在其殖民地政策上，在朝鲜农村维护半封建的余制而榨取农民大众；商业及金融资本家利用经纪人、买办中介阶级，运用商品交换、高利贷等手段盘剥朝鲜人民，日本财阀利用朝鲜的资产阶级予以在工商业方面多少活动的地位，以便实行独占，操纵朝鲜经济。所以，现阶段朝鲜的无产阶级在日本帝国主义资本家财阀、朝鲜的榨取阶级的重压下被压榨。朝鲜的封建残余、买办中介阶级、资产阶级在政治上就是榨取朝鲜人民大众的分儿上，虽与日本帝国主义多少有对立，然而在经济上直接受日本帝国主义的庇护而具着敌人的傀儡作用，狼狈为奸的压榨朝鲜人民大众。正所以如此，他们还在朝鲜社会里有存在的可能性，而这是他们所依据的社会的基础。这个基本的原因也自然的反映到我们的革命运动的认识方面，顽强的对立而分道扬镳，而且在关内与××××相勾结着。他们勿论怎样大叫打倒倭奴，然而追根究底他们与倭奴是相依为命的啊！

（二）意见的分歧。在我们的革命运动里，不但在认识有对立，而且在同一阶级的代表者同一的革命主义者之间也有综杂的意见分歧。这种意见的分歧是与我们国内的社会发展和国际情势的变动相关联的。"三一"运动以后在朝鲜急剧发展着的无产阶级扬弃了旧来的革命理论与斗争方式，而需要适应于他们进展新任务的新的文化形态、革命理论和斗争方式。那就是阶级变动，阶级斗争尖锐化造成了发展过程的转变。另外，又有一种原因，是因为资本帝国主义国家的日益加深的政治经济的危机使得财政巨头份子们实行公开的野蛮的专政——法西斯独裁，加紧榨取和进攻殖民地半殖民地的弱少民族的人民大众，结果促成帝国主义间无法避免的武装冲突和世界被压迫民族及工人阶级的反侵略反法西的运动。在这当中，苏联社会革命历史的伟大胜利与中华民族求解放的英勇抗战给我们以模范与教训，迫使我们研究并实行配合着我们的民族解放革命中的特殊的战略战术。在这种内外情势的影响之下所表现的我们的意见分歧，正是表示着与客观情势有关联而在其过程中的转变。所以我们的这种意见分歧是为达到我们的革命目的而研究并实行最正确的理论与策略，是在尽最大的努力奋斗中有进步性的积极斗争中的意见分歧，决不能谓为破坏统一运动的阴谋的捣乱的意见分歧。

（三）关内运动失去群众的联系。一个革命的政党是"阶级内部自觉的一部分，明了全阶级的总利益，而能够积极奋斗之一部分"。一个政党的共同的意识形态，即由一定的经济的政治的哲学的见解推演出来的具体的政治纲领，这种纲领是代表着全民族或全阶级的总利益而以此吸引广大的群众，同时组织群众为实现这种纲领的要求而战争，一个进步的强有力的政党，是应该以工厂和农村为城寨，在实践和斗争中经常的教导群众，研究群众的需要，并了解群众的力量。这种政党就是有经验、有权威的组织。党指导群众，同时群众严密的监视党的行动，如果党内出了反动的份子、不积极的堕落份子、右倾的机会主义的份子的时候，能以群众的舆论和力量来监督他，制裁他。

然而，关内的革命运动是亡命者的一种反日运动。这种反日运动在中国的反帝反封建革命的共同目标之下，能有存依的客观的根据。但照事实说，这种反日运动是与国内群众的反日解放斗争没有经常的密切的联系。当然，我们在海外进行革命运动断不能与国内群众的反日解放斗争隔离而孤立。这就是我们在海外革命者的特殊的革命任务。对这个特殊的革命任务,更具体的说,我们应当以国内人民大众的为朝鲜民族的解放和自由独立而斗争之反日运动为中心力量,取得国际的革命群众的精神的同情和物质的援助进展在国内的反日反封建的斗争,同时使我们的解放革命运动密切的联系着世界被压迫民族和阶级的反帝反法西的斗争,共同的打倒我们共同的敌人——帝国主义。这正是我们的革命问题是一方面为民族解放革命而另一方面为世界革命的一环的所以然。这正是民族与世界的两个对立的范畴在反日战争的实践中得到统一发展的矛盾的解决。因此,我们在海外所负的特殊的革命任务是在我们的革命问题上和哲学的方法论原则上必然的环带。国内革命与海外革命运动是不可分离的、不可以单独的,必须互相联系的。国内革命是在我们民族解放运动中有决定的作用,而海外革命运动是对它有反作用的。然而,我们对于这一层所负的特殊任务做到了没有?我们试看所谓五个革命团体统一体的"×××××"的第二次代表大会宣言之一节就明白:"我们不能执行全体党员的要求而不能发展为有力战斗的政党。""我们不能切实执行我们在海外所负的特殊的革命任务。""我们尚未整顿一般朝鲜民族革命势力的组织问题。"(这种真实的自我检讨是比自欺欺人的吹牛、掩饰有千百倍的功献。)

(四)过去中国不统一局面的影响。因为帝国主义在中国为获得特殊权利以便维持政治的经济的侵略和统治而施行的助长封建残余的离间内战和中国封建势力为维持其地盘,实行超额的封建榨取而遂行的内乱以及中国民众为了民主运动的武装行为,遂在中国抗战前几十年间发生屡次的内战,互相分裂为不统一的局势。在这种不统一之局势下的中国过去的客观情势、党派的分争,也自然的影响于我们关内的革命运动。就是在关内的朝鲜革命者,随着中国的地域、党派而互相分域,在各异的系统之下受中国当局与局部人士的精神上的同情与物质上的援助,并在法律上的保障之下各自进行革命工作。然而现在中国的各党各派摈弃旧来的一切成见与利害,为全民族的共同利害,为抗战建国而全中华民族精诚团结建立巩固的抗日民族统一战线,坚决抗战,日益发扬伟大力量。但惟有我朝鲜革命者还没有完全扫除过去的这些恶影响与坏习惯,而尚未至于完全统一团结之域,怎不扼腕呢?

(五)民族主义者、共产主义者、无政府主义者的对立。在关内从几十年前起就有民族主义者、共产主义者、无政府主义者以种种的形态形成政治集团而互相对立着。这种政治集团是做为道同志合的亡命者的一种集团(其人数与力量非常有限),是离开群众在海外进行反日运动的一种集团。然而这种集团在中国更有力的顽强的互相对立而存续的可能性,因为他们在中国进行反日革命的辉煌的招牌之下，第一能得到中华民族的同情与援助，第二能在中国政治党派间之矛盾中找到他们的友军。这是必然的现象，而是做为一个政治活动者为忠实于他的主义与思想而应当有的努力。假如在国内，则情形就不同，因为朝鲜革命的政治路线是只有一而不能有二，并且这个政治路线是不由主观而规定，而是由客观的现实条件而决定的。所以不正确的革命路线以至于革命政党和革命者是在这社会现实条件之下、群众的怒潮般的动向之下，终于自然地无情地被淘汰被消灭的。……

（六）个人的野心与感情问题。如上述的种种矛盾、分化、对立，在人与人之间，在集体与集体之间，错综得乌烟瘴气，实在令人作呕，个人的英雄主义领袖野心，市绘[侩]式的革命生意经，帝国主义外交家式的政客手段，基尔特式的小集团心理，感情问题甚至姻戚地方观念等因些小的问题而闹得你死我活，为政治认识的互异，意见的分岐，党势的发展，党员的拉拢，经济的纷纠等的关系，在极有限的关内革命者之中常为明争暗斗，互相猜疑，嫉妒，冲突，反目，诬陷，甚至谋害、暗杀等罪恶的行为不胜枚举，然而以伟大的中国抗战为契机，首先这些黑暗面是清朗化了。

第三，克服上述的矛盾、对立、分化而实现统一阵线的现实之运动把握。客观现实的发展决定了朝鲜革命政治路线，历史的内容促成朝鲜革命的统一运动。我们根据这一个范畴，研究朝鲜革命统一问题的历史性与现实性。目前阶段的朝鲜革命统一运动是比过去的任何统一运动有质的不同。目前阶段的统一运动是因了日本帝国主义为实行他的侵略政策，对于朝鲜人民身上所遂行的政治与经济的压榨，迫使朝鲜民族的生存将要遭受绝灭的残虐，因了全世界反法西统一战线运动的愈趋明显与中华民族解放革命抗战的日益加强，因了帝国主义的再分割殖民地战争已部分的开始的今日，成为民族解放与溃灭帝国主义国家的一个原动力。这种统一运动是日本帝国主义对于朝鲜民族所实行的加紧压榨与世界法西斯强盗的侵略行动，这两种压迫势力的对立，而成为朝鲜民族解放革命实践斗争过程中将发展为质的飞跃——胜利的根据。质的飞跃发展是需要根据的决定作用与条件的反作用。那末，朝鲜民族解放革命胜利的根据为我们的坚实的统一战线的话，作为反作用的条件就是我们的实践——对日本帝国主义用我们全朝鲜民族的力量作果敢的斗争与攻击。于是，最重要的就是根据，如果根据一动摇，条件是无从具备的。把握住这一个根据与条件，用实践的革命斗争贯撤[澈]起来，才是我们朝鲜民族解放革命之胜利的可能性转化为现实性的论据。如果谁忽视这一根据的发展，则犯了理论的错误，或在实践上妨害了这一运动的实现，就是朝鲜革命队伍中之落后者，而就有形成帝国主义工具的危险。因此，我们不能不宝贵的把握住统一运动在目前阶段的发展。

现在，日敌在朝鲜国内利用他所豢养的朝鲜资产阶级及其代言人——少数无耻的民族主义败类者散布资产阶级御用的反动理论——第二国际的殖民地民族革命和平解放论，而强制实行日本法西斯同化政策，寻求妥协，破坏国内全民族的统一运动，又对外运用“防共”的国际魔术，要破坏中国及其他国家的反侵略反法西的统一战线。所以我们不为敌人的毒计所欺骗，不愿自取灭亡，建立坚实的反日民族的统一战线为目前头等的任务。

对于朝鲜革命运动统一问题，为了目前阶段的促成发展便于理解起见，我在理论上就是从朝鲜社会现实之发展与反日民族统一战线运动及在帝国主义时代民族运动与反帝统一战线问题的两方面，给予现实运动方面的说明，使这一问题有更深切的认识。

(一)朝鲜内部的发展与民族统一战线。自日本帝国主义把朝鲜变为他的殖民地后，为维持他的生命起见，尽量的来劫夺朝鲜人民的经济，贪婪的来榨取广大民众廉价的劳动力。日本帝国主义为要发展，不能离开朝鲜，尤其他的工业更不能离开朝鲜而单独存在的，因为他的工业需要朝鲜农业的供给原料，他的工业人口需要朝鲜农业的供给粮食，同时工业生产品也需要朝鲜农村人口中间寻求市场。日本帝国主义对于朝鲜经济政策的主要目标，为尽量的榨取朝鲜农民大众的剩余生产，使之赤贫化，同时破坏朝鲜农村的自足自给经济制度，使之隶属于日本帝国主义侵略资本体系之下，掠夺超额利润，把朝鲜大众的滋养精华都吸收到日本帝国去，投入于日本帝国主义侵略资本再生产发展之用。

日本帝国主义要在朝鲜无阻碍的进行他的殖民地榨取政策，首先必须摧毁朝鲜社会世袭的身分关系互相结合着的封建的土地所有关系，使土地从身分关系之中解放出来，成为可以自由卖买的单纯的商品，进一步没收小农所有土地，使他们转化为必须出卖劳动力的无产农民，使他们农民的生产物的大部分转化为商品，卷入于资本主义的商品的圈内，从属于一般的价格变动，以便任意由日本商业资本家榨取。于是他们不但是依然受着封建的重压，更受日本商业资本家的任意宰割、盘剥。此外，苛酷的租税、日用商品的专卖税等日本帝国主义的层层直接剥削的影响之下，以零细耕作为特征的朝鲜农民的土地所有急剧的零落，而集中在日本资本家的手里。

然而，目前的朝鲜社会与十年或二十年前的社会不同。朝鲜已经由日本帝国主义的商品输出的地位转化为资本输出的地位，而这是意味着朝鲜的工

业化过程,同时是日本帝国主义对于朝鲜的从来的榨取关系的一层强化,

日本帝国主义的大陆侵略需要大规模的军备扩张,而在日本资本主义发展上起了一大转变:对于朝鲜的榨取方式也发生了转变,就是在过去朝鲜是做着日本帝国主义底封建榨取对像的殖民地——推销商品,供给原料和食粮的场所,然而现在朝鲜在日本帝国主义的所谓"韩日满经济一元化""大陆进出"中,不但为军事、政治和经济上的一大架桥,同时是变为重要的军事根据地,划定朝鲜为一大军事区而积极扩充军需工业,并且在朝鲜蕴藏着工业发展上各种丰富的资源、廉价的获取工业原料及动力和丰富低廉的劳动力,利用满洲资源和接壤于满洲、华北等广大市场的有利的地位,因而日本巨大资本大量的投资于朝鲜,所以现在朝鲜的产业是在由农业转变为工业的过程中。

现在朝鲜工业的资本构成,在其总额一六三三七二一六四日元中,日本人所有竟占八八%,朝鲜人仅占七%(其他外国人占五%),而朝鲜工业完全被日本人支配。因此,目前朝鲜的农业经济变为工业经济,这并不是意味着朝鲜民族经济的向上发展,而是表示着日本帝国主义侵略资本在朝鲜完全独占其经济命脉,而使朝鲜经济更加隶属于日本资本主义经济制度之下,破灭朝鲜民族的自足自给的自然经济制度,加强榨取朝鲜人民大众血汗而已。

在农业方面,中止从来的商品化农产物的耕作为目的的米产增加计划,自作农创定,农村和渔村的安全等政策,而奖励增植工艺农作物的栽培和畜产、养蚕、农产品加工等,同时使耕作技术高度向上化,质量选择的标准化,经营的集约化,人造肥料的使用,新式农具及机械的使用等,在农业经营方面增大着资本的重要性,地主与贫农的分化愈趋尖锐,而日本地主占有了朝鲜土地的百分之八十。百分之八十五以上之农民为佃农式半自耕农,计有佃农一二五五九五七户,半自耕农八九四三八一户,尚有特别一部之"流民"阶级,计十二万六千户。

这样的日本帝国主义在工业和农业方面的独占,使得朝鲜民族只有贫穷化的一途,现在全人口的百分之九十以上为劳农大众。这样,由社会现实之下,劳动者、农民的经济斗争日益剧烈而转化为反日的政治解放斗争。在这一反面,受日本帝国主义的保护而加入敌的统治机构,抑压一般大众运动的极少数的朝鲜大地主、大资本家等上层资产阶级,是讴歌日本帝国主义的统治与法西斯军阀的侵华行动而甘作着鹰犬,抑压、抹杀革命势力而对于劳农民众肆行虐待和榨取。

所以,目前阶段朝鲜社会的一般特点是:第一,朝鲜社会在日本帝国主义的整个的政治的压制和经济的榨取之下发展着。

第二，朝鲜人民大众是在日本帝国主义、资本家及封建遗制（总督政治）的压榨之下，被剥夺政治上一切的权力和经济上一切的基本生产条件，在同一的生活条件，在同一的斗争对象中生活着。

第三，朝鲜农业经济的没落与农民生活的破灭，遂引起朝鲜农村社会的整个的动摇，急剧发展为农民运动而成了朝鲜反日斗争的中心势力。

第四，因日本帝国主义的大量输出资本和工业化政策的结果，资本主义逐渐发展，急剧的增长着工人阶级。

第五，朝鲜社会的广大群众——劳动者、农民、学生、妇女、小商人对于家庭手工业者及其他智识份子层的革命势力，在日常生活当中，和日本帝国主义尖锐地对立着而展开一般群众斗争。另一方面，和这一革命势力对敌的反动势力——妥协投降日本帝国主义的卖国贼、大资本、大地主、中介买办阶级及各层的堕落，亲日、右倾机会主义份子，明显的拿着反动的真面目，抬头于社会而和日本帝国主义媾合着。因此，革命的阵线与反动的阵线愈趋明显。

第六，和日本帝国主义相对立而常感受生存的威胁的小有产阶级，必然的转化为反日的革命的大众而与无产阶级革命斗争联合迈进。

第七，在朝鲜民族解放革命运动中，劳农大众为中心力量而站在领导地位。

第八，在上述的这种情形之下，非常有利的使朝鲜民族解放运动与国际的被压迫民族反帝革命运动与前进阶级的革命斗争联合迈进。

上述之朝鲜社会的客观的现实条件规定我们在目前阶级的政治任务。所以，在目前阶段最正确的我们的政治任务是以劳农大众为革命运动的中心力量，领导着其他各层的一切革命势力——小有产者、小商人、学生、妇女、其他智识份子等结成统一的民族力量，展开大众的日常斗争，并且巩固和扩大这种民族的团结去反日本帝国主义而斗争，同时反对与敌狼狈为奸而做着法西斯帝[蒂]鹰犬的朝鲜上层阶级与反动份子而斗争。

（二）在帝国主义时代民族运动与反帝统一战线。在一九一四——一九一八年帝国主义战争时及战后几年间，全世界被压迫民族与劳农阶级的革命运动风起云涌地爆发于各地。在这个时期称为战争与革命的第一期。再自一九二九年以美国经济危机为始，狂风般的世界经济恐慌完全暴露了世界资本主义体系的总崩溃过程中无法挽救的危机，更□□加深了各帝国主义对内对外的政治、经济的深刻的茅[矛]盾和尖锐的对立；各国革命的危机使得财政资本的巨头份子们建立了公开的反动的恐布[怖]专政——法西斯蒂独裁，而战后资本主义在经济上相对的部份的稳定终结了。在远东，资本主义机构最脆弱的日本帝国主义所包含的政治、经济上的危机特别严重，加之朝鲜人民大众的革命运动的飞跃的发展，中国人民的抗日反帝的高朝[潮]与在苏联社会主义建设的伟大胜利的影响，使得他不得不加紧剥削他本国内的工人与农民，实行通货澎涨，扩充军备，同时为要野蛮的掠夺半殖民地中国人民大众的血汗，趁着各帝国主义内部的矛盾还没有和缓的时候，趁着中国的民族统一战线尚未成立而社会矛盾的尖锐对立——内战正在激烈的时候，竟在一九三一年首先用武力很快的占领中国东北四省。“一九三三年德国法西斯蒂希特勒上台执政以后，战后在政治上的相对的稳定也终结了，而《凡尔赛和约》及《华盛顿条约》已被德、义[意]、日法西斯蒂侵略者撕毁无余了。目前帝国主义首先是法西斯侵略者强夺殖民地的斗争已异常紧张起来，日寇武装进攻中国的大规模的强盗战争已进行了二十个月，德、意武装干涉西班牙革命的强盗战争，意大利并吞了阿比西尼亚和最近进占阿尔巴尼亚，德国并吞奥国和捷克，新的重分世界的帝国主义战争已经部分地开始了，目前我们已经密切逼近和走向第一次全世界的战争与革命的新周期。”

目前法西斯强盗对殖民地半殖民地国家所进行的野蛮的侵略和压迫，产生了二种新的对抗势力。那么，这二种对抗势力是什么呢？

第一个运动是因为“统治的资产阶级日益想靠法西斯主义来挽救自己的运命，日益设法建立最反动的、最合民族侵略思想的、最抱帝国主义野心的财政资本家的公开的恐怖的专政，以便实现非常掠夺的办法去反对劳动者，以便准备残忍的帝国主义战争，以便进攻苏联，以便奴役和瓜分中国，以便靠这种办法来防止革命，财政资本家企图用法西斯主义来遏抑小资产阶级群众反对资本主义的义愤；法西斯主义提出一些拢络人心的口号，以迎合这些小资产阶级的心理。这样来造成自己的群众基础，愚弄这些阶层，把他们当作反动力量来反对工人阶级，于是使一切劳动群众受到财政资本家的变本加厉的压迫和剥削”。因此，“法西斯主义对工人阶级和他以前在斗争中所获得的权利，对于一切劳动者和他们最初步的权利，对于和平与民族自由，都是一种最大的威胁；在这种威胁的面前，在目前历史阶段上，实现工人阶级的斗争统一战线，乃是国际工人运动的主要的最急的任务”，同时为保护一般人民的经济上和政治上的直接利益及民主制度，而反对法西斯主义起见，吸收成万万的劳动者群众、小资产阶级，不分党派和宗教信仰来参加人民统一战线，来推翻法西斯主义的资产阶级的专政。这是法西斯主义国家内的反法西斯人民战线运动。

另外一个运动是殖民地半殖民地国家内反帝反侵略的民族统一战线运动。目前帝国主义加紧进攻殖民地半殖民地国家的被压迫民族，这种野蛮的新进攻与民族压迫，就必然的产生成万万的被压迫民族的反帝国主义反侵略的民族解放运动，吸收极广大的群众参加民族解放运动，抵抗日益厉害的帝国主义的侵略与残酷的压迫。“为驱逐帝国主义者，为争取民族国家的独立和自由，积极去联结无产阶级所领导的群众革命运动与民族改良主义派所领导的群众反帝运动，在具体的反帝纲领上去与民族革命的组织和民族改良的组织实行共同的发动。”中国四万万五千万的民族精诚团结而为民族解放英勇抗战，是全世界一切殖民地国家被压迫民族反帝革命斗争的一个最好的模范。帝国主义国家内的无产阶级为了自己的解放斗争的利益起见，尽量拥护殖民地和殖民地民族反法西强盗的解放斗争。所以，“殖民地和半殖民地国家各个被压迫民族与全体人民内部的精诚团结一致，建立、巩固和扩大反帝统一战线去推翻帝国主义的统治与压迫，去争取革命的胜利，这是殖民地半殖民地国家中被压迫民族谋得解放的第一个重要任务”。

目前殖民地半殖民地国家中反帝国主义的民族统一战线是与帝国主义国家内部的反法西主义的群众运动互相渗透发展，成为推翻帝国主义的总力量。尤其我们头一个敌人——日本帝国主义所处的目前的困难与弱点是因中国抗战的愈趋延长而愈益暴露。中国抗战如此的能延长下去，是正因为中国的抗日民族统一战线的坚定，同时给予我们朝鲜民族解放运动以最有利的条件而最好的榜样。

那么，在关内的朝鲜革命者明白了目前反日民族统一战线的根据、意义与重要性，为实行我们在海外的特殊的革命任务，对于巩固与扩大朝鲜革命运动的统一问题，应如何把握而应如何展开实践是目前最严重的任务。

我们排斥专门从事于抽象的宣传和理论的游戏、革命的清谈，而不应抛弃一切促成统一的机会和条件，而首先建立强固的统一的组织体。

（原载于《朝鲜义勇队通讯》第 9、10、11 期，1939 年）

“三一”运动的教训

李婴如

“三一”运动中的主要力量是资产阶级，小资产阶级的知识分子与劳动者农民。它是全朝鲜民族即知识分子，商人，资本家，小有产者与劳动者农民大众的反日本帝国主义的联合统一战斗的一种革命运动。这一运动的领导者，一般的说来，是代表资产织[阶]级，要求民主革命的知识分子。这一运动中表现知识分子的爱国热情与英勇牺牲战斗和群众的反日革命高潮。

“三一”运动教训我们甚么呢？

第一，如果没强有力的革命政党领导革命群众，在殖民地革命运动中取得胜利是不可能的。从朝鲜本身的社会经济、政治等等客观的条件看来，朝鲜的革命性质是资产阶级民主革命，但朝鲜的革命问题，是在帝国主义时代已经形成一般世界革命的一环。假使朝鲜的革命群众没有强有力的革命政党，那么当作世界革命问题的一环看的朝鲜民主革命便不能有力的进行的。

“三一”运动的实际指导者——民族代表三十三人是天道教基督教与其他上层社会的知识份子。他们是代表着朝鲜变为日本帝国主义的殖民地后，在日本帝国主义的商品资本，高利贷金融资本的榨取与土地掠夺政策之下遭遇没落悲运的朝鲜土著资产阶级。他们乘着这个时期在朝鲜社会内急激发展的反日革命高潮，又为当时的世界大战后俄罗斯的革命胜利，波兰的独立与帝国主义各国内的革命危机等世界史的潮流所刺激，起来执行了“三一”运动的指导任务。但因为他们没有强有力的革命政党的组织，所以不能更有力的指导猛烈沸腾着的大众的革命斗争。当时全国到处爆发的示威和暴动，几乎都是任它自然发动而没有组织的领导，这可以说是“三一”运动失败的主要原因之一

第二，“三一”运动教训我们，朝鲜革命群众如果不与国际的革命群众保持坚固的联盟关系，就不能充分发挥朝鲜革命群众的革命力量。如前所述，朝鲜

革命问题是世界革命问题的一部分。一个殖民地民族的革命要获得完全胜利，并且要这胜利不致再被摧毁，必须与其他国家的革命群众共同努力，打倒共同的敌人。朝鲜革命群众要脱离日本帝国主义的统治而获得独立与自由，必须要得到中国、苏联与日本国内的革命群众的同情与援助，同时利用帝国主义间的对立关系。可是"三一"运动的指导部并没充分作到这一重要的工作，当时虽然得到美国人士们的热烈的同情，但这只是同情而已，并没有建立用实力帮助我们的国际关系，特别中国和苏联的革命人士虽然对我们寄与无限的同情，但那时他们也没有积极援助我们的条件了，这样"三一"运动在国际关系上便成为孤立的运动了。

第三，"三一"运动教训我们，如果革命运动没有广大的群众组织，没有经常的巩固这些组织，没有经常的研究他们的需要，并了解他们的能力，以去教导他们，教训他们，那么真正的革命力量的基础是不会建立的。"三一"运动在一方面有了大的缺点。"三一"运动不仅没有强有力的革命党的组织，而且没有广大之大众的组织，尤其没有用有体系的正确理论来作为指导大众的〖指〗南针，只有顺着大众的反日情绪的高涨而点上了革命的导火线而已。至于斗争运动中的指导和教育工作，是完全没有做到的。

因上述的几个重要缺陷，"三一"运动终于失败。可是我们不能因为"三一"运动有这样的缺陷与失败，就要忽视它在朝鲜革命运动史上历史的重大意义。这个重大意义有下列各点：

一、朝鲜亡国后，虽然有过种种的反日革命斗争，但到了这次才表现了真正群众性质的革命斗争。同时，这一运动建立了民主主义的指导精神，使朝鲜革命提高到更高的一个阶段。

二、在朝鲜产生新的革命群众，必然的需要新的意识形态与文化形态，在这一需要之下，以"三一"运动为契机，进行了广大的新文化运动。结果，学校、杂志刊物、新闻报纸与介绍社会科学的书籍等蓬勃的激增，同时外国留学生也增大起来了。

三、"三一"运动为自发的一种反日本帝国主义的民族统一战线。它本身虽有许多缺陷，但无疑地是成为我们目前统一战线运动的宝贵的经验。

这几点是"三一"运动的最伟大的功绩。

（原载于《朝鲜义勇队通讯》第5期，1939年）

敌军反战文书

——被感化后之感想

[日本]森下九郎
汪大捷 译

俘虏森下九郎，年二十七岁，原籍广岛，毕业于广岛一中，民二十六充南满铁道社员，后被征充当所谓“北支派遣军宣抚官”，在河北省县氏□元实施挑拨煽惑之所谓“宣抚”，于客岁五月又在赞皇县充当宣抚班长，七月二十二日赴县南距城仅十余里之徐乐村，即被我别动队捕获。彼虽顽强不屈，但于中国之优待，深表谢忱，对中国军民之忠勇，尤为钦佩，客腊至此，仍本其“宣抚”之伎俩，每谈必辩至十余次之多，彼发谬论，我则以中日间之事实与真理，分析辨正，促其反省自觉，每至辞穷，彼必俯首沉思，似有所悟，然后正容称“是”，一日彼云“中国新政府”纯系民意，与日本无关，……余笑而言曰：是否民意，我不如汝所知之详，汝以为与日本无关，惟不知既系民意，何用宣抚，既与日本无关，何为君等日人作此宣抚工作耶？彼当时举措失常，鼓掌狂笑，自此大悟，此次战争为日本之侵略政策，“伪组织”乃日阀之卑劣行为，而中国则本五千年来之和平思想人道精神，为争民族生存，为求人类幸福之正义战，是中日间之是非曲直，寇已自判，其他关于战场之实况，日本兵力不足复处被袭之境，我国军民一致，全体一心，斗志益坚，战力愈强，论事论理，最后胜利不我孰归，兹译森下久郎所书《中日战争之侧面观》，及《告日本民众书》两文，以示其受感以后思想之一斑。

中日战争之侧面

中日战争勃发以来已一年有半，其间中日两国皆耗大多数之军费，牺牲几十万之英灵，今尚终日流血，而此后继续此悲惨之战争，究几何年，犹难逆料。

社会最大之罪恶，人类可憎之战斗，何以未能避免，况交战两国同为黄种人，同为东亚民族，以东亚之两大独立国，雄立于世界，而又均大声疾呼为求东洋之真正和平乎。

岂欲维持此两国所大声疾呼真正东洋和平，酿成此真正东洋和平，如不以斗争解决其不可得乎？吾敢断如有，中国始有日本，无中国即无日本，惟有两国间保持无上之亲善，此真正和平始可维系而保持之。

若然，此次中日战争何以竟未能以外交手段解决之耶，兹欲探求其原因，作我之感想。

如据中日两国各自之声明，问其不法射击究系何故？即率然曰，此次事变之发端，只在乎芦沟桥事件，此种解释自不可不谓为过于轻率过于肤浅。

然则此种原因，果如日本之声明，在乎抗日排日及“防共”乎，曰是不然，吾宁谓日本军部在正呐喊之大陆政策，换言之，即使亚细亚洲则打成一片，而欲作其盟主之野心为其主因，乃属至当。

证诸事实，中国虽提倡抗日，果曾排日乎？欲论此点，必先回忆此四十年之历史，而考究之始可。

甲午战争，中国失败，丧失领土，丧失国权，进而一般民众皆在诸外国压迫中生活，于某种意义下，自由已被束缚。而“满洲事变”勃发，其失地益见扩大，国权益损，于此中国民众对于日本之感情有所阻害，理有固然。

虽然，而中国政府颇能把握住“提倡国权平等，自由解放之”民众，依停战协定，严守规约，且务期其能圆满实行，但日本则不然，犹复兴兵入境，当“冀东政府”设立之际，蔑视中国一切国权，干涉中国所有政治，只因其有此种□□之□□，□产生抗日，产生排日。

如此论之，则帝国所破口大喊之抗日及共产党云云究竟发出于中国国民乎？曰非也，谓为日本自身所酿成之者，非过论也。

进言之，日本屡次声明“毫无领土野心”之言果诚意乎？

试观现在之“满洲国”可以知之。

虽施帝政，虽定国是，而其实权皆置诸日本政府之势力下，名为产业开发，实系武装移民，只为努力于自国权益之扩大而已。

有以上之事实，非侵略战争其何事耶？今日正拟使全中国为第次二之“满洲国”得无谓领土野心乎？据以上种种，判断中日战争之原因时，究孰是孰非，固不言可知矣。

中日战争进展，日军攻下汉口，认为告一阶段，而中国则将入其所期之目的“长期抗战”。

日本军阀已在发挥其军之威力，压迫民众，而干涉一国之政治，于此而生出一种要求民众信仰之自尊心，此心一定，遂欺骗民众，扰乱和平，兴起战争之矛盾现象。请看日本军阀之盛衰史，可知每当其军之威力衰退，则必惹起战争，虽陷人民于战祸之苦，亦毫不之顾，只图军阀自身权益之扩大，不能不谓为徒自肥己。

而此次事变勃兴以来，中国全土无不受领袖蒋介石之统帅者，而国民亦均于拥护蒋委员长与国民政府之旗帜下为国奔驰，是中国五千年之历史焕然一新，终形成一个政府、一个领袖之统一国家。

次则，请看已经一年有半之战线现况。

日本报纸宣传，自事变发生以来，"皇军"以破竹之势连攻要地，连克要地，以之压迫中国全土之领海权，更进而将所占领地域之各交通线及其附近要地皆划为日军势力范围负其警备之责。

然而实际情形是否果如日本报纸之所发表，日军所占领之地域皆属日军之势力范围?

殊不知于此战争过于扩大之现况下，日军兵力实觉不足，费九牛二虎之力，只能守备侵占地域之县城内及铁道沿线而已。

而中国现在指挥全军游击战术，达于全国，故虽云已被日军侵占之区，除铁道沿线外，其他广大之地域，仍为中国军队之势力范围。于此长期抗战之现状下，中国军队已使驻屯占领地域之日本军，反处于被攻击之立场，且此饱受战祸之区，深苦无恢复治安之术，而醉心胜利的日军之行动，即杀人、强夺、烧屋等等之残暴行为，使中国民众目睹，进而被逐出乡，父母妻子失散，使其对华国日本人各下愤怒之心，以为如不益加强化，努力抗战，则是自国必至灭亡。因此，确实产生军民一致之真精神，于不知不觉中抗日意识遂益形浓厚，益形巩固。

如继续展开此有利之长期抗战，则处于相反立场之日军，纵国民皆兵，而因此长期作战，则军部之大错误亦必暴露，欺骗民众之事实亦必暴露，而成为军民离心离德之动机，军队自身之战斗力亦必减退，是则此后于山岳战与游击战间，必招受非常之困难，可以断言。

谨以前述，作汉学菲才之感想。

告日本民众书

诸位，现在中日战争正向长期演变着。

住在日本国内的诸位，每天看到报纸和听到电台放送，全都是日军以破竹之势，攻略中国，而所占领之地域，已全归日军之手，中国民众皆崇敬日军，讨厌以前的中央政府，而以新成立之“中国新政府”的国民，欢天喜地的，成家立业，更以为日军将南京、汉口与中国之要塞等，相继攻下，战争已为胜利。既然如此，何为战争终不结束对此种种，谅必怀疑而莫明其妙吧？

其内幕之原因，虽不一而足，而最显著者，首因日本之新闻、广播、杂志及所有日本之宣传机关，皆受日本军部之统制压迫，不便发表事变之真象，常以充满虚伪之宣传欺骗诸位。因此军部所发表之事实，与战场所发现之事实，竟至完以上事实全不同。如诸位对于中国，实在缺少认识，认识不足。

试举例述之：在日本政府方面，不承认中国的中小政府，出此行为，至于其他诸外国，仍皆承认以前的中国政府，此外日本军部所说的“中国新政府”，断断乎不是由于民众所组成者，实乃日本军部援助而成者——往坏处去说，在日本之“配支”下。换言之，即在强权势力之下，无法无度，强迫而组织之者。其证据则为日本所占领与驻屯之地域，无论何地，到处设有所谓“宣抚班”之宣抚机关，极力传播“中国新政府”之政纲政策，拼命收买中国民众之欢心。

试思此“新政府”如确系中国民众之总意所组成者，则此等宣传工作有何必要？且日军所占领之地域，关于治安等等，早当完全恢复，又谁知现在的战线已广布中国全土，日军占领的地域，反而全面展开了他们的游击战术呢？

试观河北省的现状，更能明了。所谓日军势力范围，只不过平汉铁路及其附近的县城内而已，且必以九牛二虎之力始得守备之。

因此，除铁道及县城内，其他广大之地域，全部属于中国军之势力范围，且常常攻击各所守备之日军。

如此说来，其原动力究在何处？乃吾人所不可不知者。

此无他，即中国民众自始至终拥护中央政府，而对日本军之侵略，采取敌对行为。因此所谓“中国新政府”云云，只不过日军之片面的、虚伪的一种宣抚而已，毫无任何实力。

再者，中国民众自身，房屋被毁，父母、妻子离散，甚而不得已，被逐于他乡，令其崇敬日军，宁可得乎？

今如立场转变，使日本国内展开此最可痛恨万恶的战祸，如现在中国领土内之现象，诸位将作何想？

不是只有对侵略者多增反感与敌忾心吗？前列事实，虽以普通人之常识也能判断吧？

现在已入长期抗战的阶段，但此非日军所能长短之者，实因中国政府之决策如此，实因中国民众之总数如此，始酿成此长期抗战。

然而，中国五千年来向以和平为国本，一贯至今。故此番事变亦非中国之所欲，亦非中国之所惹起者，只不过对侵略者忍无可忍，所奋然而起之应战而已。且中国之敌人，又决非无罪无恶的诸位——日本民众，乃社会人类之破坏者——日本军阀，与支持军阀之后台老板——日本财阀。

若此可憎之斗争长期下去，诸位，你觉得好吗？

诸位，不要只喊什么“胜利胜利”的，更应当对于此次事变真实的想一想，确切的批判批判。

死伤几万几十万的良民，增加几十亿的国债，而其斗争结果，所余何事，除父母失散，子女伤亡而妻子流离于道路外，还有什么好处呢。

再看看中国的现况如何？

虽云古今东西皆有战场之遗迹，但以“昭和文明”时代发生此事，你们认为好吗。

使祖先遗留的田园荒芜，且任其长期荒芜，几万的财富，一朝成为灰烬，他如房屋被焚，乡里莫留，父母、妻子死伤别离，以社会人类言，是应有的事吗？以人生言，是当行之道吗？

如是想像到战祸之后有如此悲惨的事变，现诸目前，谁能不反对此最可憎恶之战争呢？

中国现在军民一致，化全国为焦土，亦必打倒日本军阀，然后与无罪无仇的诸位——日本民众——共同携手，建设将来真正的东洋永远和平。总之，此次事变，日本一日不停止其侵略行动，中国一日不停止抗战，不但如此，中国人民除日见增加，日见巩固其抗战意识外，别无他事，

如斯思之，皇统连绵，有二千六百年之历史，称雄于世界的日本帝国将蹈征服欧洲全土，不可一世之英豪拿破仑之覆辄[辙]亦未可和[知]。

战争之胜负，不在武力，其最后胜利，端在民意。

想到战争之里面有多数涕哭之民众时，对于“人类爱”，仍不恻然觉醒者还能有吗？

总之，除非日本军阀反省觉悟，别无他途。

以上为我个人对此次事变感想之一端，谨此奉告。

此外，关于战场之真象，如只以老于事故之常识推广，无论如何，其想

像不到之处亦复多多。故乞同胞万勿惑于新闻、杂志及电影等之宣传，当各竭真诚，对此次事变切实批判，而后定一自处之道吧。

二月十二日中央社

（原载于《半月文摘（汉口）》第3卷第6期，1939年）

苏联杂志论《日本侵华战争之两年》

[朝鲜]李斗山

苏联《党务》杂志近载一文，题为《日本侵华战争之两年》，略谓这此种战争中双方之相对立场极为明确：中国为其民族独立而战，而日本则为霸满洲与中国，更欲由此进一步侵犯英、美、法、苏而战。日本军阀最初妄想在华争取速战速决而不甚消耗之胜利，此种妄想业已遭遇惨败。渠等曾梦想在两三个月中，费一五，〇〇〇，〇〇〇圆，即可使战事结束。然而战事已进行两年，据日本自己概算，日本已用去一二，〇〇〇，〇〇〇，〇〇〇，日本军阀本拟出兵二〇，〇〇〇或二五，〇〇〇名即可战胜中国，然而事实使日本军阀不得不调遣达一，〇〇〇，〇〇〇名之大军以应付中国，日本军阀预定计划与实际情况之间，所以会不相称至如此惊人地步，实因伟大中国人民创造抗日民族统一战线，坚决抵抗日本之侵略也。两年来作战之结果，中国已占优势，而日本则极不利，将每日战果互相对照，均中国优胜。日本之经济形势亦已极度紧张，此即日本为其"胜利"所付之代价。但所谓"胜利"何时始能实现乎？日军且不能统治其占领区百分之八或百分之九以上的土地，其余部分均仍由中国当局继续统治，日军虽不断作"扫荡"工作，然终无丝毫成效可言也。日本开发中国自然资源之计划，亦遭遇同样之命运。中国反侵略战争之坚实基础正日益巩固，如继续强化抗日民族统一战线，则中国人民定能取得最后胜利实无疑义。中国人民均信赖整个世界进步人类之有力援助也。

（原载于《中苏文化》第 4 卷第 1 期，1939 年）

两年来日本人民的反战运动

汤啸云

一、引言

一九三八年八月，某一日本法西斯的报纸，曾用以下的词句叹息着："非常可惜的是，我们的人民竟如此的厌战！……"

不久以前，坂垣在一个军官会议里，也曾作过下列一段谈话："好多情形允许我们作这样的结论，就是我们在事件开始时所能见到的民族爱国的热情，不但是低落着而且渐渐地消灭了！……"

事实上，日本人民不但是厌战，而且已经由厌战转而进入仇恨战争与反对战争的道途了！

但自中日战争两年来，日本国内人民反战运动的实况究竟如何？这是很值得我们加以详细考察的。因为在中日战争的进程中，这种反战运动是促成日本侵华总崩溃的一个有力的直接因素。

二、战争陷日本人民于贫困的深渊

日本人民的厌战反战绝非偶然，而是有其必然之原因存在的。

谁都知道，在中日战争初起时，日本军阀曾经大言不惭的欺骗其人民，说什么三数月即可结束战争；什么在侵华战争胜利后日人生活即可获得改善。……

然而，现在战争已达两年多了，中日战争仍没有在短期中可能结束的任何希望与征兆！

日本军阀所滥发的空头支票，显然无法兑现。于是它便不得不掉转腔调，高嚷着"十年"和"二十年"（坂垣与土肥原语）的长期战争，并要求人民节衣缩食束紧裤带来支持侵华战争了。可是日本人民对于前途渺茫的侵华战争，显然已经表示了极端的厌倦。

日本人民的厌战、反战，对于侵华战争前途的惶虑和不耐，可以从下面日本农民某君写给他在美国亲属的一段通信里清楚地看出来："我们许多农民都怀疑起来，事变究竟要到何时才能了结。我们的亲属是被迫送上前线了，我们的马匹也被缴供给军用了。究竟为什么要战？战到怎样为止呢？……"

在现时的侵华战争中，据第三国的专家估计，日本每天的战费约两千万元。当然，这样巨大的开销，在先天不足、外强中干的日本是极难支持的。日本政府于罗掘俱穷之余，自然只有加紧压榨其国内人民之一途，于是租税增高了，物价昂贵了，公债也被硬派了。其中，尤以物价的昂涨所给予日本人民的威胁更为重大。

日政府对国内物价虽努力施行统制，但终没有显著的效果。据可靠的统计，米的价格已较前增长百分之三十，大麦增高了百分之五十七，肉类增高了百分之四十一。一切工业生产品的增涨率更为巨大，平均已增涨了百分之百以上。

因一切物价均形腾贵，其国民生活费的膨胀是当然的结果。依据日本内阁统计局所编制的全国生活费指数，从一九三七年七月至一九三八年底为止，劳动者的生活费，计增高了百分之一一三·四，薪给生活者的生活费，亦增高了百分之一一二·六，其详即如左：

时期	劳动者	薪给生活者
一九三七年七月	一〇〇·〇	一〇〇·〇
同年十二月	一〇三·〇	一〇二·九
一九三八年七月	一一二·二	一一一·六
同年十二月	一一三·四	一一二·六

以上所引，尚属官方的统计数字，而实际上的日本国民生活费的膨胀，也许较之官方的统计数字要大二倍至三倍以上。

因战争促成了工商业的破产和农业衰萎，益以政府苛捐重税的剥削，日本人民的收入本已锐减，现在再加上物价高昂，生活费腾贵，其生活日益恶化，自是势所必然之事。

据调查，日本国内一般人民的生活水平，都大大地较前降低了。生活最受严重打击的自然是一般下层人民——工农劳苦大众。由于"和平工业"已产生了庞大的失业军。据日本企划院的推算，"和平工业"的从业员，失业者约八十万人，店员及车夫失业者约五十万人，若再加上彼等之家族，合而计之，失业人数就无虑达四百万。而且这还正值千百万人被征入伍的时期呢。

日本现时的失业工人，固然是挨饥受饿的濒于死亡线，就是那些在业的工人，亦是辛苦得要死。

因军火制造的如疯若狂，工人的被奴役便益见加重。据一九三八年七月十九日《朝日新闻》所载，大坂[阪]许多工厂的工作时间，均已增至十六小时，实际上，十六七小时的工作时间，在日本现时已成为普通的规律，而不是什么特殊的例外了。甚至每昼夜竟有增至十九小时至二十小时的。

在东京一地，有一万五千零十二个工人，每天要做十五小时以上的工作。而无数的童工则必须作十三四小时的繁重劳动。因而在日本各种企业中，特别是军需工厂中，不幸的惨剧是与日俱增的愈来愈多了。

工作时间虽延长到了极限，但工资方面，却并未随之而有所增加，相反的，日本工人的工资，一般地说来，已较前大为减少了。如以一九三八年和一九三七年相比，工资已减少了百分之二十至四十。尤其是女工，减得更多。据日本银行正式统计，一九三八年春较一九三七年同时期，女工的定额工资计减少了百分之二三·六，实际工资计减少百分之三一·四。矿山工人的工资计减少了百分之四一。

不但日本工人陷入于失业、饥饿和过度劳动的痛苦深渊之中，就是农民亦遭到无法摆脱的厄运。

实际上，日本大多数的农民早已呻吟在苛捐重税之下，因日本的工业化是完全由政府以牺牲农民的代价所一手造成的。例如，据一九三四年帝国农民协会的调查，每年有三百元收入的农民，必须缴纳百分之三十五的租税，同等收入的商人，只须缴纳百分之三十二·五，制造业者只须缴纳百分之一·五。这个统计，明显地表示出日本是牺牲其农业经济来发展它的工商业。不仅如此，日本农民所遭受的高利贷剥削，亦极为惨重。日本农民负债的不但非常普遍，并且其贷款的总额亦极巨大。据估计，日本农民贷款总额已达五十亿至七十亿。贷款之风，战时更较前日益增大，据估计，在去年一年内即增加二十五亿以上，这个数字证明：每个农民要负担两倍以上的贷款，比起他岁入的总数。

日本农民贷款的利息大都很重。在高利贷的重利盘剥下，七厘已可说是例外。据日本官方的估计，农业债务每年所负的利息，计在四万万元以上。其中百分之四十三的利率是七厘至一分，百分之五十一是一分半，百分之六则超过一分半以上。日本农民实际上所付的利率，恐怕较之官方的统计还要高些。

日本农民在如此繁重的捐税与债务压迫之下，生活自然是日益困苦。据日政府的调查，在一九三八年，仅秋田县一地，在一万二千个农户中，就有二千二百二十七户从五月起即有断炊之虞。此外还有二千五百六十七户，于是年六月间，他们所储的食粮即将告罄。在山口县的九万九千三百七十六户农家中，有二万一千六百九十六户(约占全体百分之二十二)缺乏粮食。到秋季，粮食不足的农户，更增至三万三千八百八十九户。

日本侵华的战争，不但使工农大众陷入饥饿与贫困的深渊，就是城市中一般小资产阶级与中产阶级，亦遭受了极严重的损害。一九三九年初，仅东京一地，即有十三万的小企业和中等企业家陷于破产。依据一个不很完备的统计，日本的小企业家和中等企业家、小商人和中级商人的产业，在战时已经缩减了三分之一以上。

三、反战运动日益扩展

日本人民大众，在资本家、地主与日政府敲骨吸髓的剥削压榨之下，生活日益贫困，恶化，都必然会使他们走上英勇的斗争之路。

不管日本政府怎样施行其欺骗政策，企图阻止工人斗争与农民骚动，以及日本法西斯如何运用其如簧之舌，施行武断的爱国宣传与煽动，妄想转移工农大众的斗争目标，但结果依然是徒劳无功。

当日本人民觉悟到他们的生活的日益恶化，不是由于命运使然，而完全是侵华战争直接所造成的恶果后，他们的厌战情绪就如火如荼的爆发起来，而反战的行为，也就由各种不同的姿态出现了。

特别是日本的工人，他们的反战行动已日趋剧烈。据本年二月廿四日香港电讯，在一九三八年间，日本工人的罢工次数达二千一百二十六次。参加罢工的人数，总计约五万三千五百五十八人。而本年一月以来，工人斗争更加猛烈，罢工次数已达一千零二十二次，参加罢工者总计约二十一万三千六百二十二人。

此种罢工表面上虽是由于要求改善待遇，增加工资而起，但内里却含着反对侵华战争的浓厚意味。

在日本的农村里，农民反战斗争亦日形增长。许多农民正为要求家主入伍时期缩减或免除租税而英勇的斗争着。日本关东一带的农民，为反对汽油代用品的原料——甘薯(制造酒精及混石油，供机械化部队用)，几乎发生了武装暴动。

不仅是日本的工人农民反战，就是一部分工业家、中小企业者、商人，也因实施总动员法而表现异常不满。至于日本小有产的智识份子、大学教授、文化人等，很多早已走上了为和平而斗争的道路，更是人所共知的事实。

日政府对于新闻的检查，虽然极为严厉，但有些报纸和杂志，仍乘间刊布与其政府的意志完全相反的议论和新闻。

反战运动不但在日本国内潜滋暗长，并且蔓延到日本的属地和其在华的军队中了。

例如，本年三月二十日福州电讯："台湾因征兵严厉，革命风潮愈趋澎湃。台湾督府下令戒严，大举搜捕革命党。……"

高丽人民为反抗日本的压迫，其革命政党所进行的统一运动飞速地发展着。高丽的革命党与统一党，现已融合为高丽的人民党。而台湾则成立了"反日大同盟"。

一九三八年一月，台湾曾有七千名矿工于暴动后加入了反日的游击队。四月间更有四千名台兵因反对……作战而中途叛变。

一九三八年十月，在台湾中部，人民曾举行盛大的示威，要求停止……侵略，当时驻防台湾的日本军警，曾逮捕了无数的示威者。

据六月二十日重庆美联社电："华北日军司令部，最近曾将驻北平、天津等地及派赴山西、河南、察哈尔、绥远、山东各处与游击队作战之日军，作全部思想的测验，一观其对于中日战争之态度。结果，日军中表示厌战的占百分之三十八，其中多数士兵皆觉长此作战下去，必将毫无所获，故多希望早回日本，从事和平时代之生活。……"

事实上，日军反战的情绪早已逐渐发展而为行动了。如逃亡、叛变与拒绝作战等事件之层出不穷，就足以证明。

据报载，"不久前，南京附近，日军第一百十一师团曾发生全团士兵叛变，反对开赴前线。而绥远方面，曾有日兵多队投降华军"。

据另一消息，"在本年二月底，曾有日军运输舰三艘载日军约一万余人由大连出发驶抵塘沽口岸停靠时，该舰日军均不愿登岸，且将所携带之武器加以破坏，秩序混乱不堪。虽经日军高级长官压制，而该日军等皆不听命令，自由行动，并齐呼反战口号。迨后，附近日舰闻讯赶到弹压，始将该舰日军监视压[押]返本国。……"

去年四月十四日榆林电讯："据被俘日兵山口供称，屯驻于北宁路之平山军团(该兵即隶属于该团)，现内部反战思想极为浓厚。去年十一月，一部份官兵曾在山海关发生革命暴动，各级军官被杀者，计一百二十余人，士兵死者数百人，事态极为严重。后经关东军派兵弹压，始告平息。本年一月，官兵叛变事件又不断发生，现平山已感束手无策云。"(见本年四月六日《大美晚报》)

四、结语

依据上面的论述，显然可以看出：因反战运动的蓬勃发展，日本后方已呈动摇之象；因士兵多数的厌战反战，其军队的战斗力，势必大为削弱，日本帝国主义的侵华战争，终将因其国内人民和兵士的反战运动发展而加速的崩溃，已成为无可避免之趋势了。

民族至上！

国家至上！

（原载于《中美周刊》第1卷第1期，1939年）

“三一”运动的革命的意义

铁山

“三一”运动是在朝鲜的封建专制国家给日本帝国主义灭亡后第十年，尤其在第一次世界大战以来世界资本主义加速没落过程的时期，以东方被压迫民族解放斗争的形态爆发出来的大革命运动。在这运动中，被动员的民众达二百万人，被牺牲者达四万余人，运动的规模扩大到全国的范围。这样广大的全民族大流血革命，自然不是偶然的，而是有着它的历史的及社会的革命意义。

首先，“三一”运动是反帝反封建的民主主义运动。这是和同一年爆发的中国的“五四”运动，不论在内容上或形式上，有许多相同之点。所不同的就是中国为半殖民地国家，其斗争对象不只限于日本帝国主义，朝鲜为日本的独占殖民地，其斗争对象只限于日本帝国主义的这点。这因为中国和朝鲜在社会历史的发展上处于差不多同一的阶段的原故。

朝鲜到亡国的那一天为止，仍旧维持着封建专制王国的状态。到亡国后，日本帝国主义者不仅没有于朝鲜实行反封建的民主主义的政治改革，反而用半封建的新的专制政治来替代了旧的专制王国。日本并吞朝鲜的目的，并非要实施资本主义的文明，而是要实行资本主义的掠夺和榨取。因此在亡国后十年间的所谓总督政治，是为着适应他们的经济掠夺和榨取起见，仍然保持着朝鲜民族从来的封建社会关系。就是说，日本帝国主义对朝鲜的政策，不仅采取资本主义的压迫方式，而且采取封建专制的压迫方式，不单是阶级的压迫和榨取，而且是民族的屠杀和掠夺。在这种情形下，全体民族，不论是民族资产阶级、小商人、工人或农民，都很自然的认识到他们和日本帝国主义是不能并存的，同时很自然地形成了全民族的反日统一团结。于是乎，进步的民族资产阶级的代表们趁着大战后各殖民地民族解放运动风起云涌的时期，特别是响应着当时美国大总统威尔逊在巴黎世界和平会议上提出的“民族自决”的主张，举起了民主独立的旗子，发动了全民族的反日大示威，这样演成了轰轰烈烈的“三一”大革命运动。

“三一”运动的斗争对象固然是实行民族的屠杀和掠夺的日本帝国主义，但同时阻害着朝鲜民族的进步发展的半封建的总督专制政治本身就成为革命的直接对象。所以，“三一”运动的政治内容便是反帝反封建的民主主义。换言之，民族的自由独立和民主共和国的建立，乃是当时民族资产阶级进步份子的政治目的。这是看了当时的独立宣言及韩国临时政府的政治形态便可以明白的。

“三一”运动不仅在政治上确立了民主主义的革命精神，同时在社会文化各方面吸收和传播民主主义的新文化，以替代旧封建文化。当时在朝鲜有一个普遍的新文化运动的口号：“知识就是力量，要生活就要学习。”这口号正是和同时期的中国“五四”运动的“赛因斯”的要求完全一样。这种反封建的新文化运动，自然要遭受日本帝国主义的不断地摧残，但这运动始终透过种种形式的斗争，继续地生长和发展起来。

其次，“三一”运动决不是锁国主义时代的一个民族对另一个民族的报复的斗争，而是帝国主义时代的被压迫民族的反帝解放斗争。在这一点上，它有着国际的革命意义。“三一”运动是在第一次帝国主义战争以后，在苏联社会主义革命成功以后，又在世界被压迫民族的反帝国主义斗争突飞猛进的时候爆发起来的运动。所以这运动本身就成为全世界被压迫民族的一环，尤其成为东方被压迫民族解放运动的主要的一部分。先从“三一”运动的动机来说，它是响应着成为当时世界弱小民族独立运动的指导精神之“民族自决”的主张来发动的。因此在“三一”独立宣言中，明白反对一切的强权主义及侵略主义，特别阐扬人类的正义和公理。此外，在当时韩国临时政府不仅和中国革命党发生联系，而且对于社会主义苏联也保持友谊的关系。当然在那时候，由于东方被压迫民族解放运动还处在各[个]别的自然发展的时期，所以在各民族间还没有发生革命的组织的结合，换言之，还没有具体的形成东方被压迫民族的联合战线，但是“三一”运动本身无疑地是有着反帝国主义的国际的革命意义。

总括一句说，“三一”运动形式是反帝反封建的斗争，它的内容是自由主义和民主主义的政治要求。而且这一运动是日帝国主义没落的时代以殖民地民族反帝运动的形态爆发的，所以它带上了浓厚的国际的性质。

（原载于《朝鲜义勇队通讯》第5期，1939年）

抗战中中韩青年的联结

[韩国]文明哲

人类是不断的创造自己的历史，也不断的变革社会的历史，同时无论谁也都是一样的不能不受到社会的现实条件所决定，热血的中韩青年同志们！二年多血肉的中日战争是锻炼出成千成万的新的中韩青年了，抗战两年的战斗中我们无数的青年或在前线或在敌人后方或在其他各抗战部门和群众里面，虽然牺牲了血和肉，无疑的是中韩青年为了挽救祖国的生存和独立的灼热精忠的表现，同时也是对全弱小民族击了解放的警钟。在这伟大的奋斗中，我们更巩固的奠定了新时代的青年的基础，同时唤醒了中国和朝鲜的新主人翁，并提高了青年们共同勉励的自觉性。这种呼声一定会能够成为两民族青年团结的链环！我们要知道，现在中韩青年这样的团结的精神，这便是两民族历史上唇齿相辅关系的具体表现，也就是针对日本强盗军阀的利刃！这样不仅能够完成抗战建国的重大使命，而且更能够加速度的推动人类历史的车轮。是的！已经推进到一个崭新的阶段上了，世界上现在正展开了民主对法西、和平对侵略、暴力对正义、光明对黑暗的决死的斗争。我们中韩青年同志们，把我们的团结和奋斗的精神要进展到国际范围上去，与全世界的青年运动要紧紧的联结起来，为着新世界的实现，共同奋斗！

现今在全中国直接间接参加抗战的中韩青年们！在这第二期全面抗战最紧急的关头，我们首先要以革命的理论来武装自己的头脑！这一点我们在前在线工作当中切实的感到。青年同志们，我们决不要主张常识非依靠华丽的学堂和明净的桌子上面的，我们要认清一切客观的事物的发展和转变为事实，都是我们的教科书，我们现在抗战工作就是人类历史以来所得的一切科学，都是实践经验中的产物，是其现实实践经验的结晶体，同时是推动历史时代的演进中新的事物杨[扬]弃旧的一切创造出来的新的历史，就是说历史上急角度的转变时期，在这新的历史阶段上自然需要着多量的新的干部。凡是健全的一切计划，都是由健全的理论产生出来的。我们要晓得，理论是思想的源泉，是行动的指针，这两个是不可分离的，所以实践即是理论，理论即是实践，同时我们的工作即是学习，学习即是工作的基础，因此所有的科学只有在实践中来运用才能使自己不断的改正错误，使自己的意志和行动自然而然的达到健全优良的地步，更使自己能够正确的判断事物，能够正确的决定工作的方法及方针，那么我们这样的研究科学，才可以给抗战工作有所贡献！才合乎养成战斗的新干部的本旨呢！

青年同志们！只有在切实的检讨我们过去的一切，保持着我们宝贵的经验与教训，更确实估计我们的力量拟定新的部署和计划，这样才能开拓我们的光明大路。现在四亿五千万的中华民族，二千三百万朝鲜民族，正在期望着这伟大的时代中的多量的青年干部，负有这样伟大的历史使命的中韩青年们，得在两民族争取自由解放的决定关头，应该要发挥充分青年的本性和精神，来排除一切的障碍，完成重大的历史使命。

社会推动力的青年同志们！我们只要向着两民族的自由光明的大道，更加铁练[链]般的联结起来！

消灭人类的公敌——日本法西斯强盗，把历史的巨轮早日推动到全世界人类的自由幸福的康壮[庄]大道啊！

（原载于《朝鲜义勇队通讯》第25、26、27期，1939年）

快向敌人的后方迈进

[朝鲜]星淑

朝鲜义勇队的任务该是有两方面，即一方面要直接参加中国的抗战，另一方面是要发动全朝民族之反日革命暴动。

朝鲜义勇队成立后，大多数队员同志已经跑到各战区前线去，和中国的战士们一块做种种抗战工作的，特别是做着对敌宣传工作。在过去四个中，这方面的工作，可以说是相当的成绩。但假使我们可限于这些工作，那是不够的。我们必须更进一步，侵入敌人的后方，侵入朝鲜国内去，组织大规模的反日革命暴动。

现在抗战已进到第二期，相持局势已经形成。敌人的弱点已经开始一个个地暴露出来，特别是敌人内部的矛盾，反战反法西军阀的运动，正在开始猛烈进行。这个时机，是很迫切地需要我们侵入敌人的后方，侵入本国大众中去工作了。最近两三个月中，敌国内反战暴动、朝鲜及台湾的反日暴动已在继续生长和发展，最近日本下关的及征兵暴动反、大阪火药库爆炸等事件等，都是非常重大的有组织的反战行动。这种行动在朝鲜国内更加积极而普遍。这种新的正在发展着的革命形势，是很适合于我们侵入敌人后方及国内去活动的。

尤其据最近的消息，日本法西军阀在这次议会中通过了朝鲜的征兵法案，规定在朝鲜每三千名中抽征四百名青年壮丁，编组朝鲜人军队。这样要驱使朝鲜民族替日本帝国主义去杀中国人！这样又要补充其兵力之不足。不过，日本帝国主义假使真把朝鲜民族武装起来，那么它对于朝鲜人的估计是错了的。因为朝鲜人仍然还是朝鲜人！当他们把刀枪拿手里的时候，必首先要用这个刀枪来碎断加在自己颈上的枷锁。首先要把这个枪口对准自己的真正敌人，他们绝对不肯替日本人来杀中国人的。在这个时候，我们应该侵入到朝鲜国内去，积极组织被武装的同胞，以准备确[取]得胜利的最后决战。

总而言之，朝鲜义勇队在目前新形势下，在前方做对敌宣传的工作固然重要，但侵入敌人的后方，尤其侵入朝鲜国内去，在广大的朝鲜大众中，在被武装的朝鲜青年中工作，那是更重要了。我们要赶快准备向敌人的后方，向朝鲜鲜国内迈进！中日战争的新局面和朝鲜革命新形势，正是需要着我们赶快执行这一方面的任务。

（原载于《朝鲜义勇队通讯》第7期，1939年）

日本军民的反战运动

杨毓伦

比国名战略家勒尔坚在我国参观各战场之后，去年曾根据考察所得写一个报告，这个报告的结论断定："日本士兵的子弹终有一天会朝向其国内射击，这就是日本军事的总崩溃。"这个结论，年来正日渐证实其正确。

不久以前，山西方面敌营里普遍提出"吃饱穿暖""调防""回国去"的口号。山东方面敌森川部队因归国不得群起砍杀官长。这只是最近千百件敌军反战斗争中一件。近来敌国军民反战运动的发展，非常惊人的。首先在敌寇国内，反战份子经常烧炸军用仓库，军用毛织会社和运兵出国的横川车站也被他们烧毁。工人们曾把立增、福岗和台北几个煤矿炸毁。各军需工厂的墙上和东京的闹市上都贴满了反战的标语。送到中国来的"慰问袋"里面，竟装满了反战的传单。今年六月尾东京警视听[厅]统计日本青年、妇女因厌战自杀的超过三千多人。战争爆发一年中，在日本和朝鲜、台湾因反战被捕的一天比一天的加多，各地监狱塞满了人。

我们再检查一下，日本军队的反战运动，更是如火如荼的展开着。在华北有保定三百余官兵的叛变(七月)。山东麦仓旅团大尉把五十万余饷款供给反战大同盟(十月)。华南增城敌军司令部反战内讧。广州处死二十三名反战首领，三水、新会、江门曾查出数百名反战官兵。华中武昌、汉口的几度大规模武装哗变(六月)，在六月上半月武汉被捕反战官兵千余名，枪决近两百名。十月上半月敌酋在南昌大施检查，枪决十余反战士兵。这就是说，每一个战场的敌军部队都泛滥起反战浪潮了。

在铁蹄下的朝鲜、台湾，今天更成了敌人的心腹之患。朝鲜新义州敌农林署制材场，被朝鲜士兵百余攻袭焚毁。(八月)敌人在鲜的海军仓库、矿厂、工厂，更不断遭朝鲜人民的袭击焚毁。在台湾，十月十日，当敌军发军械给台籍新兵的时候，有三百余台兵立刻掉转枪头，击死一百七十余名敌兵，逃到深山里去了。

日本军阀已听见广大人民和士兵的怒吼了。他们日渐懂得广大的日本民众和士兵已再不愿受他们的欺骗，做帝国主义侵略的工具。

日本劳动人民士兵们的反战运动，已使日本统制者感到灭亡的悲哀。今年五月中旬敌国司法省举行宪兵队会议就惶惶不安的表示出来。检事总长木村说："……由于过激份子反军反战思想之宣传，革新运动者对政治的不满，统制生活强化下的生活困难以及战局长期持续所引起的人心的弛缓，实有突发不测事变之虞。故负治安重责者应洞察此等情势。"司法大臣盐野也说："事变以来，国内治安幸保平静，但今后由于国民对战争倦怠不满，过激思想乘隙活跃复受中国方面策动，惑乱民心，故应严予取缔。"今年六月下旬，敌在华将领曾在京沪开会商讨处置反战官兵办法。据说会议决定是："反战官兵日增，仅施高压手段已无效果，故将采取笼络诱惑手段。在可能范围内，并尽量满足反战者之要求。"但无论敌统治者怎样"取缔"，怎样"诱惑"，总改变不了他侵略战争的本质，消灭不了造成反战洪流的条件。

这些条件是：第一，人民和士兵已从事实中认识到这种战争对他们是毫无利益的。战争对什么人有利益呢？"山东煤矿铁路之权利归大仓、住友、三井、三菱、安田等把持。面粉、苏打、石棉等制造权归三菱独占。'满洲'实业权归鲇川一人所有。上海煤油贸易权归三井仓库保管……看吧！战场之血未干，军部及财阀已连合分脏[赃]，把持权利，此乃军部所谓国威之宣扬欤？"（八月十七日敌空军在晋南散的传单）"这次战争，只不过是使日本一部份军阀、财阀与军需工业资本家更加肥满。可是我们在异国的土地上流血战斗的时候，或是当我们在凄寂的战争里过着恶[噩]梦样的痛苦生活的时候，他们却是连丝毫不安的感觉也没有，流弹是打不倒他们的。这时候，他们不正在酒楼妓馆里抱着漂亮的艺妓痛饮欢乐之杯吗？"（反正的岛田满男写的《反省吧》）日俄战争以后日本人民依旧穷困。日本占领满洲后人民的穷困更加利害。到今天，这些真理已逐渐被日本人民所理解了。

第二，侵华战争所造成的日本国内经济恐慌，已使平民实在不能喘气了。物价比战前涨了百分之五十，萝卜三角钱一斤，鸡蛋两角钱一个。国债增加到二百余亿日元，预算将突破百亿日元。因此政府逼迫人民捐助遗族抚恤金，强制国防献金，命令十月二十日以后才许人民穿袜子等花样层出不穷。最近又抬高米价，使平民只能吃带糠的米粉。战争只带给人民饥饿和穷困，他们那得不反战呢？

第三，正因为侵华战争是为少数特权阶级利益的战争，因此日军阀对士兵的待遇是奴隶般苛刻的。士兵军饷，常常欠三个多月不发。因此士兵盗卖军用品，拦路抢劫。"今天在船上吃的还是一碗麦饭。每天肚皮都在饿着。每天吃麦，这样下去，身体的衰弱实难忍受啊！”（敌士兵厌战诗歌）他们不但饿着肚皮作战，而且“鞭打和咒骂也被认为振奋军心的好方法”（敌中村伍长日记）。为了要卫护“帝国资源及工力”，军阀提出了“要枪不要人”的口号。在丹阳附近被俘的滨中，就是被小队长抢了他的枪而把他抛弃在战场上。最近晋东敌又把大批无论轻重的受伤日兵活活烧死！

在敌军的反战运动中，日本的反战团体起了很大领导与推动的作用。组织日本人民反战的“人民战线”运动，是日本共产主义者、无政府主义者、自由主义者，以及各阶层人士反对侵略战争拥护广大人民利益的统一战线。他们组织了各种各样的反战团体：派遣军反战大同盟，日本爱国反战大同盟，反战团三洲会，救亡会，反侵略同盟，反法西斯同盟，反战突击队等等。他们在国内，在战场上艰苦卓绝的工作，唤醒广大人民和士兵。他们的反战传单，传遍了东瀛三岛和中国每个战场。“人民阵线派……频向国民批评战争，绘说惨祸，甚至宣传战争乃为谋少数人利益徒然牺牲大众，以煽动反军阀反战思想……图扰乱日本前线及后方之治安。”木村检事总长的话，正代表日寇当局对“人民阵线派”的恐惧和忧虑。但是他们已无法阻止危机的发展。广大的日本人民士兵已经向全世界宣布：“我们是反抗他们的一个火种，我们是在最近期内要破坏他们的一颗炸弹。”（在华日本人民反战同盟准备会国际和平纪念日宣言）

要使敌军反战运动扩大，毁灭侵略者，不仅有赖于敌方反战团体的努力，而且还需要我们的坚苦工作。

扩大敌军反战的主要力量，是我国的坚持抗战。目前我们要以更紧密的团结，组织更雄伟的抗战力量来巩固已经到来的相持阶段，坚持抗战到底。只有这样，才能促使日寇内部矛盾的更加发展，造成反战运动的更好条件。如像这次湘北及山西我军的大胜，使敌寇遭受重大打击，于是敌军中弥满厌战空气，致敌酋不得不大肆检举（十月八日中央社电），这个事实就是最具体的说明。现在最中心的问题是坚持进步，坚持抗战。只要抗战坚持下去，敌人不但愈打愈弱，而且愈打内部反战运动愈扩大，最后把自己推到坟墓里去。

其次，我们要用更大力量开展争取敌军的工作和敌军内部反战运动配合。今天在新×军×路军以及其他军队中，已成立了“对敌工作部”。朝鲜义勇队在湖北，台湾义勇队在江浙也用在阵地对敌军口头演讲等方法英勇工作，得到许多成绩。日本反正同志在这工作中更尽了很大的作用。我们必须重视并加强这一工作，因为敌军的反战运动，将是促成敌寇总崩溃的最重要条件之一。

（原载于《新华日报》1939 年 11 月 22 日）

朝鲜义勇队成立周年纪念感言

［朝鲜］一来

一提起朝鲜义勇队，我常常给一种感情抓住，那是留在后方的我应得不断地向舍死忘生地在各战区活跃着的本队全体同志，以及为了本队的发展而在苦心擘划着的本队当局，尤其是指导委员会中国同志们致深挚而热烈的谢意！

本队的产生与中华民国同一诞辰，自然是偶合；然而，这在给予本队兴奋与提起本队警惕却有很大的效用。朝鲜义勇队要造成□个朝鲜、民国的“双十”。中华民族会于永远的将来，每当纪念它的双十，就要连带记起朝鲜民族革命军队的前身——本队的成立情形！

朝鲜义勇队是怎样成立的？它的使命又是什么？朝鲜民族须要在中国抗战期间争取澈底的解放，这是一；中国抗战，作为全世界弱少民族解放运动的有效的一环，一切弱少民族尤其是朝鲜民族应以最善的方法率先加入，这是二；日本法西强盗是东亚和平的蟊贼，全世界文明人类的死对头，须要经由全人类的共同努力在世界的范畴内加以扑灭，这是三。这些现实的政治条件产生了朝鲜义勇队。所以它的使命，第一是留华朝鲜革命团体对中国抗战的一种参战形式；第二是以实地斗争来发动被占领区侨胞起来反日与争取敌军中自民族士兵；第三要不断地成长起来发展起来，成为朝鲜革命基本武力之一。它是朝鲜义勇队，同时是全东方乃至全世界一切进步人类的反日反法西的一支挺进势力。所以，它在其产生就很光明地对内是民族统一战线的形态，对外是中韩乃至全东方反日势力的联合战线。日本法西强盗正在蹂躏了中国土地，屠杀了中国人民，客观地对和平发恶，对文明咒咀［诅］；朝鲜义勇队却用殷红的鲜血协同中国抗战在抹拭这污点！它是如何地具有远大光明的不可动摇的前程啊？

朝鲜义勇队的产生已经是一个整年了。在这一年间，它走过来的途经［径］是怎么样？

累积下来的光荣是：

（一）协助中国政工人员，进行瓦解敌军的工作。

（二）与中国壮士们出于同一的生死线上，因而给予他们以格别的兴奋与鼓励。

（三）本身是以统一战线的姿态，直接产生一种作用，以促进留华朝鲜各革命团体的统一团结。

不过，我们还不能满足于此，许多缺点急待填补，如完成武装，打入民众，等等。

在纪念朝鲜义勇队成立周年的今日，我们应当回过头去看光荣的一面，尤其要看缺陷的另一面。前者要加紧努力予以发扬，后者更要用尽可能予以填补。更应当往前望去，指点出今后努力方向。它是朝鲜义勇队，前程应该是朝鲜民族革命军队；它是朝鲜义勇队，它的工作地点与其方针应该是便于接触朝鲜民众的一种。朝鲜义勇队全体同志尤其是领导朝鲜义勇队的人们应当具有决心与觉悟，使其早日成为往日的波兰大队与今日的捷克远征军！

（原载于《朝鲜义勇队通讯》第25、26、27期，1939年）

日本军民的反战运动

翼云

一、日本军民为什么反战

这次日本侵略我国，因而爆发了中日战争，此后战争的性质，从日本方面来说，是帝国野心家的侵略行为；对于日本大多数人民是有害无利的；从我国方面来说，是保卫祖国的正义行为，我们只有抗战才能生存，不抗战便要亡国灭种，所以日本大多数人民是战争的失败主义者，因为日本的军阀失败，战争才会结束，人民才不至于无谓牺牲；我们则是战争的胜利主义者，因为我们抗战胜利，才可以把日寇驱逐出去，国家民族才能独立生存，士农工商才能安居乐业。

日本国内为甚么反战运动勃兴，日本军队为甚么也弥漫反战思想与反战运动，上面的话便是一个简单的说明。有人不认识此次战争的性质，以为现在中日战争是中国和日本两个民族的对立，以为是全部日本人要和中国人拼个你死我活，这种见解是不正确的。日本军阀对他国内人民常常运用欺骗的宣传，说中国排日，所以要“膺惩支那”，他是企图假借民族仇恨为口实，以煽动民族仇视的感情，使日本人民盲目地拥护他，借以掩饰侵略战争的本质。但是很多日本人早已看穿军阀的诡计，知这军阀是想把少数人的野心变成人民的公意，好叫人民去牺牲，而让少数人坐享利益。所以日本人民不希望侵略中国，不愿意来中国送死，他们希望在国内安居乐业，过着平静的日子，军阀主持的侵华战争不是他们所需要的，更不是他们所欢迎的。

二、谁享侵略战争的利益

日本的军阀自然是侵略中国主张最力者，因为他们可以借此建功立业，扩张他们的势力，增高他们的地位，企图压倒一切，以便将来统治整个日本，所以军阀是得到战争的利益的。但是得到最大利益的，还是日本的军需工业家，他们才是战争的幸运儿。日本的军需品，在平时由国家经营的军需工厂供给百分之六十，私人经营的工厂供给百分之四十，但是此次战争爆发之后，已不能维持这个比例了，因为一方面要应付对中国的大规模战争，另一方面又准备对付第三个国家，军需品的需要是大大增加了，私人经营的军需工业也就跟着大大地增加起来。根据《经济周报》的估计，日本全国的和平产业工厂，已有百分之八十改变为生产军需品的工厂，由此可以想见国家经营的工厂恐怕只能供给百分之二十，而其余的百分之八十的军需品都是由私人经营的工厂来供给了。现在日本的军需工业资本家，已不止是所谓“新兴五财阀”，但新兴五财阀中的鲇川义介，当然会有特殊的利益。三菱、三井这些老财阀也急起直追，瓜分战争的利益。这些军需工业资本家，只要前线战斗越打得激烈，炮火越向［响］得利害，他们赚的钱就越多。我们试举一个例子罢，日本的杂志《文艺春秋》有一篇文章讲到：“尾崎制钢厂额面资本三百万元，前年下期纯利二百七十万，对于实收资本的比例二倍有奇，分红百分之五十，尚留百分之七十一在公司。”以一圆的资本在半年间可以赚到二元余，这是多么赚钱的生意啊。日本人民当然会知道侵略战争到底是为谁而战呢，是替谁造福呢！

三、日本人民眼中的侵略战争

日本人民从侵略中国的战争中得到什么东西，是福利呢还是祸害呢？日本人民已经认识很清楚，因为他们所受到的只是祸害，有一个日本人写一篇文章《一个日本人眼中的中日战争观》，里面有一段话说：“华北和上海一带已经被日本军队占领了，无数的中国人民失掉了家乡，受了伤或死亡。这一场大战无疑地是不幸之至的。那么日本人民由于这一场战争得到什么利益没有呢？一点也没有。正相反，我们倒有许多害处及许多不幸。比方说，商品的捐税与价钱都急剧地增高了。还有官方强迫我们捐钱来打仗，政府对于一切工农为自身的生活而争斗的运动都加以禁绝，政府还禁止所有进步的文化运动。自从开战以来，政府对于民众的压迫是一天比一天厉害了。”日本从战争开始到明年三月止（即本年度预算），支付了巨大的军费，这笔巨大军费的来源，是从人民手中征收得来的，日本政府强迫人民贮蓄，征收捐税，摊派公债，用这些方法得到巨大的军费，因此日本人民平均每人要负担二百五十八元。但是日本每年的国民所得只有一百二十万万元，平均每年每人得一百六十六元，这样算来，由战争开始到明年三月止，每人共收入也不过四百五十七元，而交给政府的却要二百五十八元，这种负担是多么重，损失是多么大啊！所以有一个日本人说:“日本人民现在无论精神和物质上都受很大的痛苦,所以在这次战争日本人民所得到的除掉灾祸,就没有别的什么。如果战争愈延长下去,则痛苦愈加迅速增大。所以多数人民不会支持战争。我们常听到,即使无智的农民也在咀[诅]咒这次的战争。”

许多人民不仅是为了受无谓牺牲与灾祸而反对侵略中国,同时是为了正义而反对侵略中国,有一个日本人说:“日本人民和中国民族是否敌人呢? 决不是的! 正相反,我们是好朋友。”“可是谁揭开了战幕呢,这是日本的军阀。”中国民众和日本民众并无丝毫的仇怨,敌人只是日本军阀,这就是我们的敌极为恐慌,该部官兵乃于上月二十一晚乘机哗变,驻汉口敌急派兵镇压,双方发生激烈冲突伤亡甚重,卒被解除武装,现反战首领七十余名已被枪决,其余一律押解回国。又六月十一日报载,修水十日电:敌稻叶师团官兵反战思想极为普遍,本月初敌军官一名,士兵十四名,在部队公开宣传反战,当即悉被枪决。此事发生后,连日施行思想检查,发现每中队□保有大批反战传单,系由敌军需人员所传递,各反战组织,由九洲[州]日本反战大同盟所领导。

最近《星岛日报》登载一件华北作战的事实:我们的游击队经常破坏铁路,于是敌军便想出办法,沿路修筑碉堡,保护铁路交通。但是游击队却在夜间活动,而且向碉堡开枪,敌军在夜间不敢冲出碉堡外边作战,只在里面守住。于是每夜被游击队骚扰,不能睡眠,精神沮丧,碉堡变成监牢一样,敌军异常苦闷。有一天,游击队又去围攻碉堡,里面的敌军一枪不还,碉堡上挂出停战协定的牌子来:“你也不要来,我也不打你,打死我们这几个还会再来的,伤了你们,你们也不肯罢休。总之,中日事件不是我们这些人的问题。”

于是游击队也用日语喊口号:“士兵不打士兵!”安然的把铁路破坏。

(原载于《动员(绥靖)》第 24 期,1939 年)

朝鲜义勇队与朝鲜革命

[朝鲜]尹为和

在共同抗日的意义上，朝鲜革命与中国抗战，实是一件事的两面，为了更大的打击消耗敌人，以保障最后胜利，尤其是为了澈底毁灭日寇一贯的大陆政策，以建立东亚永久的和平机构，朝鲜革命与中国抗战确具有同等重要的意义。不过客观上，中国坚苦抗战支持已将两年，而朝鲜革命却尚未够比例的展开，因此，便有许多人们在苦闷失望，其实这都是不必要的。他们得知道，朝鲜革命正在迅速的发展着，只因历史上种种原因，现阶段注重在内部调整的关系，一时当然很难为一般人所明了。本来，当内在条件未具备前，朝鲜革命外部的发展是有限度的，甚至会整个停滞沉寂。相反的，如内部调整一旦妥善，朝鲜革命便会以风起云涌的姿态，出现于太平洋的西岸。那么，试问目前朝鲜革命内部的调整情形是怎样呢？它是循什么路线发展下去呢？这些问题是值得我们首先注意的。

以芦沟桥事变为契机，朝鲜革命的客观情势顿由不利转为极端有利。顺着这个有利的转变，朝鲜革命便迅速的开始了新的斗争。这新的斗争的特殊性，就是朝鲜革命已不是在朝鲜国内发动，而是在中国关内进行了。于是，在关内的朝鲜革命者便义不容辞的担荷起了这重大的任务。本来，朝鲜自“三一”革命后便有许多革命领袖与干部来到中国关内，尤其在“九一八”事变后，随着日寇对朝鲜压迫的加紧，关内的朝鲜革命者更日渐增多了。他们在中国都结成了各个有力的革命团体，作潜在的奋斗。自那时开始，朝鲜革命的群众力量尽管仍在国内的人民大众身上，但其领导势力则已渐渐转入该国在关内的革命者的手中了。不过当时在华各朝鲜革命团体，因思想、主张、历史背景的互异，所以一向就陷于分立的状态。直至芦沟桥事变爆发后，客观环境一变，“民族至上，抗日第一”成为各该党一致的奋斗目标，这才给他们统一造成一个良好的机会。于是，首先见世的是包括四大革命党派的“朝鲜民族战线联盟"的合组成功。但这并不能满足一般的要求，所以关内所有各党各派统一运动的呼声，仍接连不断的震耳价响：经过了许多次人事的奔走商讨与严格的理论辩争，至目前，关内统一问题毕竟已进到了最后决定的阶段了，想其实现只是一个时间的问题而已。因此，我们决没有苦闷与失望而只有乐观。

中国抗战以来，关内朝鲜革命者，曾提出两个口号，作为他们统一斗争的前提，即"参加中国抗战"与"统一全民族的抗日运动"，这就是现阶段朝鲜革命的双重路线。同时，这双重路线是相补而成的，在客观情势燃眉紧急的今日，务须双管齐下，不可或缺其一。同时更须知道，这双重路线不仅是现阶段客观情势的产物，而相反的，乃是三十年来朝鲜革命历史发展的自然趋势，朝鲜革命的发展可分做三个阶段：第一阶段——一九一〇年朝鲜亡国当时起，至一九一九年三一运动止，那时期朝鲜的革命运动纯是侠义性质的，就以主要的革命事件来说吧，义兵运动虽能持续八年，但它的构成员仅是一部被解散的官兵及一部分知识分子与农民，且革命精神的动力不是正确的革命理论，单是民族情感而已。"三一"运动表面虽然是全民族的大蹶起，而行动上既无强有力的统一组织，思想上亦缺乏全国性的指导理论，所以其失败固不是偶然的。及至第二阶段——"三一"运动后至"九一八"事变止，在革命阵营内，便开始一致要求着统一的斗争，于是就有一九二五年农民总同盟、工人总同盟、青年总同盟等的出现，每一同盟都拥有数万盟员，分别的领导着全国农民、工人、青年作坚强的奋斗，更于一九二八年组成了全民族统一政党——新干会，以统一全民族的革命领导。虽然这些运动因为客观条件不利而终于失败了，但确已奠定了革命的统一基础，同时利于向更坚强的统一路线进展。另一方面，在这个阶段中，朝鲜革命者已渐感到力量的孤单而开始寻求友军了。一九二六年，有数百个优秀的朝鲜革命青年投身到中国大革命的怀抱里，与中国同志共同奋斗着，并且有许多光荣的牺牲了。虽然他们这次都是个别性质的行动，而没有打起朝鲜整个民族的旗子，但虽能否认它是中朝联合斗争的实在情形呢？第三阶段始于九一八事变后，至七七事变止。九一八事件日寇攫去了东北四省，朝鲜就马上实际的成为他侵略大陆的腹脏地，于是为使朝鲜不妨碍它的继续侵略起见，日寇便忍心以最惨酷最严密的手段，把朝鲜整个置于宪警统制之下。此时，不要说朝鲜革命活动，就是二人谈话都要受干涉了。但这决不能阻止朝鲜革命的怒潮，朝鲜革命已是有了基础的呀！公开的行动，越被严密的监视、束缚，秘密的进行便越厉害。同时，纵使在国内找不到活动的机会，朝鲜革命者更可倾心于海外的发展。试看在中国关内的朝鲜革命者，已与中国的抗日力量结合着了，关外的朝鲜义勇军更呈现了特别英毅的姿态，在中韩联军组织的领导下作有力的斗争，而成为这一阶段中朝鲜革命的主力军。从这三阶段朝鲜革命的进程看来，便可以证明今日朝鲜革命所循的双重路线——全民族统一与中韩联合斗争——实在是历史发展所造成的轨道，不过在今日有利的客观情势之下，始被明显的指出而有力的进行着罢了。

革命必须有一贯的路线，就好像火车必须有轨道，汽船必须有航线一样。但是更重要的，却是实践的问题，因为无论大小事件，有了路线后，更须经过实践的过程才能成功。而这里，如果我们承认那双重路线是朝鲜革命一贯的正确的路线，则朝鲜义勇队便是实践这双重路线唯一的革命组织了。我们从它成立宣言中已可明白看到："我们在华朝鲜革命者为着直接参加中国抗战……组织了朝鲜义勇队……我们要唤起不愿做殖民地奴隶的千百万朝鲜同胞，在朝鲜义勇队这面旗帜下集合起来……以完成东亚真正永久的和平。"这几句简短有力的字句，已概要的说明了它的任务所在了。

在今日，朝鲜义勇队是朝鲜革命的先锋，亦是开展朝鲜革命惟一有力的组织。它的产生就是朝鲜革命进入新阶段的表现，因为，一、它是在民族统一战线的基础上产生的，它本身中几乎包有在华各党派的份子，这一点，可以说是朝鲜革命史上的创举，亦是朝鲜革命达于进步阶段的表现。二、朝鲜义勇队是在中韩两民族整个的合作基础上建立的，这亦是朝鲜革命史上的创举，而在革命过程中很是必要的。三、朝鲜义勇队产生而奋斗的现阶段，正是东亚形势突变的时候，亦就是将由中韩两民族独立解放，达到中韩日真正的共存共荣，以代替日本法西斯独坝[霸]东亚的时候。所以在时机上说，朝鲜义勇队的奋斗确是"正当其时"了。由于它具有这些特有的优默[势]，我们说朝鲜义勇队的发展与扩大，必能将朝鲜革命导于胜利的大道上，该不是奢望吧。

朝鲜义勇队成长在大革命的摇篮里，所以它富有时代性与斗争性。七个月来，义勇队的战士们散布在全面战场的每一角落，坚强的进行着攻心的工作，已在每个敌兵心里埋下了一棵[颗]无形的炸弹。显然的，随着战争的进展，这种攻心工作亦日渐重要了。但是朝鲜义勇队不能完全着重于这一方面的发展，因为它还担负着朝鲜革命的整个任务。今日的工作，只是它全部工作计划中的一部，它还必须向敌人后方进攻，发动国内全体人民大众统一的抗日斗争，使朝鲜——日寇侵略的最后方，变为埋葬敌人的最前线。然而朝鲜义勇队要发展到如此地步，还有赖于更大的努力，这即是指国内朝鲜革命者都能集中在朝鲜义勇队的旗子下而言，而这个问题的关键，却全在国内朝鲜革命党团的能否统一成功！

（原载于《朝鲜义勇队通讯》第 13 期，1939 年）

朝鲜民族革命的统一战线与中韩抗日斗争的联合战线

[朝鲜]尹为和

朝鲜是一个多难的国家,他在日寇魔掌铁蹄蹦躏残暴之下,已遭受了三十年惨酷的浩劫。但朝鲜民族是一个优秀的民族,他们有勇敢坚忍的和革命精神,三十年如一日的反日革命斗争,每挫益强,愈演愈烈,而迟早会有一天,他们会将日寇驱出朝鲜的境域,用他们自己的热血,洗雪积久的民族仇耻。

不用讳言,朝鲜革命在过去遭到挫折了。但"失败是成功之母",假使能接受过去失败的教训,针对着自身的缺点改进,那么前途仍是先明的。朝鲜革命在过去失败的主要原因,归纳起来,不外两点:一、不能把握社会各阶层,以及各党派的要求,确立革命的指导理论与建立全民族的领导组织——统一战线,以集中力量,统一指挥,发挥全民族潜在的革命力量,而积极展开全面的革命斗争。二、在过去——中国打战前,日寇的气焰非常高涨,他对他殖民地的压榨困逼,实难令人有喘气的余地。同时,东方弱小民族的革命运动尚未能达到对抗侵略者的程度,尤其是与朝鲜素有密切关系的中国国民革命,尚未进入直接与日本帝国主义者搏斗及联合其他被压迫者共同求解放的阶段,所以客观的条件,很是不利。在这样的国际情势下,朝鲜的革命势必是孤单而难期成功的。

然而,自中国全面抗战展开后,朝鲜革命的客观条件却已成熟了。今后它成败的关键,全在他主观上的努力,所以他必须乘此良机,从新调整,统一起他的革命阵容,再配合着当今情势的发展,作有力必胜的奋战,以求革命最后目的之完成。这里我们可以具体说明一下,由于过去的教训及目前的需要,朝鲜革命必须完成两件事,这便是:一、竖立朝鲜民族革命的统一战线,展开全面革命;二、充实中韩抗日斗争的联合战线,积极参加反日战争。因为,一、"统一"是革命的唯一法宝,它决定着革命成败的命运。在民族革命达到最高潮的现时代，一个国家内的各党各派都应当而且可能在“民族至上”“国家至上”的大前提下，为民族的生存、国家的利益而谋团结合作，共同奋战。朝鲜尤其是如此，他沦为日本帝国主义的殖民地已三十年了。当日本侵略者的魔手伸入朝鲜的时候，一贯的政治掠夺和经济榨取，已使他陷于万劫不复的深渊。布尔乔亚的中小资产阶级，很快的转到无产阶级的队伍中。劳苦的工农大众更趋于赤贫化。虽然还有少数民族资本家与地主，但他们是极脆弱的，而且在日寇继续的统治榨取下，危险的前途实不难想象。所以，无论那一个社会阶级，以及代表他们的任何革命党派之间，都没有利害的矛盾存在，而充分具备着对日帝国主义斗争中的革命性与合作，他们都是革命阵营中的良好成员，足以坚强起革命基础。同时，在目前尚未能建立一个大的政党，而足以领导其他各党的时候，也唯有各党各派联合奋斗的统一战线，才能担负起这艰巨的任务，完成革命的目的。

事实上，朝鲜革命已一贯的向着统一的路上发展。历史上许多小团体组成大党派的集中运动，造成了绝对有利的条件，所以亦可以说是统一运动无形的发展。而真正统一战线的出现，亦有两次，即一九二八年朝鲜国内全民族统一政党新干会的创立，与九一八事变后朝鲜在华五个革命团体所组成的对日战线统一联盟。但因为主观条件没有具备，或受到客观环境的阻碍，到现在都宣告瓦解了。一九三七年中日战争爆发后，中国的统一战线支持了长期艰难的抗战。这一事实更鼓舞了朝鲜统一运动的发展，当年十二月间，朝鲜民族战线联盟在有利的环境中应运而生了。它本来是朝鲜在华三个革命团体——朝鲜民族革命党、朝鲜民族解放同盟、朝鲜革命者联盟组成的，去年朝鲜革命青年同盟亦加入了。无疑的，它在渐渐的成长着，正如投石池中所引起的水圈，扩大，蔓延，不久她将成为全民族共战的唯一组织。

在朝鲜民族战线联盟的领导下，在华的朝鲜革命者组成了朝鲜义勇队，积极的有计划的向着革命的大路迈进。最近，朝鲜妇女会与三一少年团亦相继成立，并展开了献金、慰劳等工作，在朝鲜革命史上开了新的纪元。这一事实，说明了唯有在统一战线的积极领导下，才能展开全面革命战。今后，朝鲜更应当循着历史规定的道路迈进，以朝鲜民族战线联盟为基础，支援东北朝鲜义勇军，领导国内工人的罢工、农民暴动，以及青年学生、妇女、儿童大革命，破坏敌人，打击敌人，歼灭敌人，确实展开全民族的全面革命战。

再者，中国与朝鲜不仅有“兄弟之邦”的历史关系，同时在现阶段革命目的更完全一致。中国革命的目的，在澈底实现三民主义。而朝鲜革命的最终目的，亦是“为争取民族的自由独立，建立全民族都享到安乐、幸福的政治机构和经济制度。换言之，即在国际上要求独立，政治上要求全民权利的平等，经济上要求全民生活的向荣”(见朝鲜民族战线联盟创立宣言)。所以在这许多条件下，中韩联合战线必然形成，不容否认，示不容忽视。

东北抗日联军是中韩联合战线的雏形，共战的结果收到良好成绩。它已经反映了中韩联合抗日的前途——乐观、胜利的前途。目前，朝鲜革命者在朝鲜义勇队的组织下，实际参加中国的抗战，促进中韩联合战线更进一步的发展。所以朝鲜义勇队成立的意义，决不像一般“国际义勇军”或“国际纵队”等那样的狭隘，它是中韩联合战线的实现，是东亚被压迫民族的先锋。在目前，它的政治意义实在远大于军事使命。

继朝鲜义勇队之后，台湾义勇队亦在筹备成立中。它不仅与中国保持密切关系，而且与朝鲜义勇队亦取得紧紧的联系，在这里，便可以证明由中韩联合战线扩大而为东方被压迫民族的大联合是可能而必然的。而且当这大联合发展到顶点的时候，东亚的强盗将被埋葬在自筑的坟墓里，东亚将是和平、幸福的乐园，东亚全体人民将永远呼吸着自由的空气，所以我最后的结论是：朝鲜革命的成功建筑在这两个战线上，希望朝鲜革命同志们能顺着历史指示的道路努力前进。

(原载于《朝鲜义勇队通讯》第8期，1939年)

朝鲜人民的英勇斗争

——纪念“三一”独立宣言二十周年

于鸣

今天是朝鲜“三一”独立宣言二十周年纪纪[念]的日子，二十年前的今天，朝鲜人民为了反抗日本的压迫，发动了全民族革命的行动的在孙秉熙先生的领导，和三十三位民族代表的推动下，在韩国的京城，发表了独立宣言，全鲜人民便在这一天作了反日复国的宣誓，要求日本侵略者立刻退出朝鲜境内。宣言发表以后，马上激起了全鲜人民的革命运动，但同时也引起了日本总督府的严厉镇压，展开了屠杀的惨剧！三十三位代表被捕入狱了，全国各地，由京城到城市和乡村，都揭起了义旗。广大的队伍，执着国旗，游行示威，赤手空拳，逢坚[对]着敌人的刀砍、枪杀、棒打、绳捆、铁钩子牵……年青的女孩子，手执着国旗，高喊万岁，被敌人砍断右手，左手举着呐喊，又砍断左手，仍张着嘴吼，直到敌人把嘴刺伤，而壮烈地死去。这英□的运动，继续到三日之久，结果被杀者七千五百余人，受伤者一万六千九百余人，下狱者四万六千九百余人，充塞在日本的监牢里……一页血的历史便这样写下。压力虽然更大，而反抗也愈激烈。

那时，正当第一次世界大战以后，全世界弱小民族的解放运动和伟大的苏联社会主义革命的成功，都给朝鲜人民以极大的鼓励。于是伟大的任务，肩负在朝鲜人民的身上。

从一九二〇年以后，朝鲜人民没有停止过革命的斗争。那一篇革命运动的历史，是急剧的开展着。

比如吧，一九二三年社会主义运动开始，全国人民、青年妇女都积极参加；一九二五年“全国势动总同盟”成立，包括工人总同盟、农民同盟、青年学生同盟、妇女联合会等，成无[为]国内的总革命团体，屡次发动暴动及罢工斗争，每年达十次的多。在一九二九年，南部的光州学生反对不平待遇的运动，扩张到全国;一九三〇年北部的元山发生劳动者大规模的罢工。特别是一九二七年成立新干会,是全国民族统一战线的组织,包括各个阶层,有二万多人参加。可惜,不久在日本弹压下全被解散,革命工作于是潜移在下层发展。

在"七七"事变以后,日寇因为兵力的不足,驱使朝鲜人民作它侵略的牺牲品,但是朝鲜人那个愿意来打中国人?所以,全国民众激起了反战运动,在汉城、平凉等地都发生骚动。特别是一月六日的广州六千人哗变,更给日寇以莫大打击。

这些澎湃的革命运动,还泛滥在国外各国。在东北,特别是"九一八"以后,由孤立的复国运动发展为国际,抗日运动,一面中华儿女与朝鲜儿女早已在东北抗日联军的旗帜下互相团结起来;另一面朝鲜革命军与中国抗日各军在定一的纲领下合作起来,在苏领[联]沿海,以某种形式已有两个师团以上的兵力,在中国关内,历来对立着的各革命团体业已临到了统一团结的地步,一般青年在朝鲜义勇队的旗帜下,日各战区累积了他们的伟大的同情和光荣的战绩。在北美,同样地有韩人联合中国后援会在同华侨一道,努力援华运动。

所以,二千三百万朝鲜民族的解放运动,将和四万万五千万中华民族的英勇抗战,五百万台湾民族解放运动,日本人民的反战运动,全世界爱好和平的人们反法西斯运动汇合成一支抗日洪流,把日本法西斯强盗冲决下去!

(转载《新华日报》)

(原载于《朝鲜义勇队通讯》第7期,1939年)

日本对朝鲜的苦闷

长江

亚洲东部第二大半岛的朝鲜，被日本统治了四十年；把朝鲜作桥梁，日本的魔手才能伸进亚洲大陆，遂行它梦想的“大陆政策”。日本国防上在陆地方面对中苏同时作战的理想，就陆空方面言，都是以朝鲜为战略轴心；朝鲜如果发生不安，则日本全部大陆政策都要发生根本问题。

经过四十年的统治，朝鲜民族受尽了屠杀、掠夺、奸淫、暴敛、横征，而且也尝遍了毒化、腐化、欺骗、愚弄、同化等“王道政策”。然而，今天的朝鲜是不是已经征服，或者已经被怀柔了呢？是不是已经成为日本帝国主义可靠的桥梁与大陆作战巩固的轴心呢？

日本当然是这样希望，特别是所谓“中国事件”已踏入泥潭的时候，日本所需要于朝鲜者更多。举几个小例来说，日本在中国使用着一百多万的军队，军人皮鞋的消耗，就是很大的数目，而日本皮革缺乏，今年三月朝鲜总督府下令禁止吃猪皮，拿猪皮来当牛皮用。日本、朝鲜及台湾等地，每年共产猪二百八十万头，而主要产猪地则在朝鲜。

今年上半年，即在中国抗战第二个年份中，日本国内因大批壮丁出征，劳动力缺乏，便一反向日排斥朝鲜劳动者的习惯，从朝鲜输入大批劳动者，就可统计者而言，朝鲜已供给日本本国劳动者约八万五千人。

更大的例子，也是更危险的例子，是日本在朝鲜组织的所谓“爱国班”的事情。日本在侵华第二年中，即已感“事变”不易结束，兵力不够分配，对于朝鲜治安之维持，感觉棘手，而尤以对于自辽宁、吉林向朝鲜北部边境进攻的义勇军活动，最不易对付。于是从去年九月起，即由他们所谓“国民精神总动员会”的朝鲜联盟，在朝鲜中部发起组织所谓“爱国班”；到今年七月为止，十个月内，共组成一万八千四百五十六班，有班员三十一万七千七百名。他们的任务是担任朝鲜和满洲边境一千五百里之“国境保卫”，日本人被迫得不能不将后方的重要治安责任交给朝鲜人，而且不能不相当大量地武装朝鲜人。

问题就来了，要叫自己压迫下的奴隶，来保卫自己的生存，在压迫者方面看来，需要是很需要，但是困难可真困难！主奴难两立，这是历史的通则。所以日本特别对朝鲜下苦心，想用更高级的欺骗怀柔方法，使朝鲜能为己用。

日本在目前强调着的是所谓“内鲜一体”（内是指日本国内），即日本和朝鲜是一家，希望朝鲜人忘去了他自己是独立的民族，忘去朝鲜的历史，而承认自己是日本人，为日本帝国效忠。因此，在消极方面它绝对防止有半分民族思想或批判精神的传播；在积极方面立起一套假理论，以麻醉朝鲜人民。在侵华战事第二年中，日本感到将来的危机，对于上述工作更加积极。

比方今年七月，日本名小说《越死线》的作者贺川来彦所著《一粒麦》一书，在朝鲜就被“国民精神总动员会”认为“不稳”，请准朝鲜总督府警务局予以禁止发售，理由是这书中说了逃避兵役、反战思想和博爱主义这些事情。

也是在今年七月，朝鲜仁川府社会课“教化主任”朴道彦也出了所谓“失言事件”。已经被日本殖民地政府所重用为“教化主任”的人，至少对于“东亚文化”等日本理论总有多少了解，然而因为他在仁川府召集的家庭防护团会议席上，发表了关于日本历史及朝鲜问题的演说，被仁川警察局认为有什么“不稳”处，因此，这位“教化主任”也不得不下台。

还有今年六月，一位叫申泰益的朝鲜律师，据说因为对于“内鲜一体”有“诽谤”事情，被咸兴地方法院拘捕，审问时法院当局认为事件重大，“影响治安”，竟至禁止旁听，结果判处徒刑一年。

上面这些消极工作，还不能十分看出日本对朝鲜的着急，我们再看看下面的积极工作，便知道日本内心的恐慌。

日本统治者对于陪[赔]笑脸的事情，似乎很有素养的样子。拿反英运动来讲，去冬到今夏，可谓高唱入云。八月德苏协定成立，日本吃了一个亏，上海的日兵便立刻对英兵敬礼！九月三日，英国卷入欧战漩涡，无力顾及远东，日本便又要反英了。对于朝鲜人民，日本在今年内的态度，也实在变得厉害。比方对于“满洲移民”问题，经过七月四日在首相官邸恳谈会之决定，今后日本与朝鲜人之移殖满洲者，可享同等之权利与同等之待遇。不但如此，日本又注意到东京的朝鲜人的住宅问题，如东京协和会在今年以一万四千元建筑了“邻保馆”，同时东京市当局又以二十四万八千元在东京建设了朝鲜人之“共同住宅”，以改善东京朝鲜人之生活。对于朝鲜兵在中国战死者，日本简直“如丧考妣”的大吹大擂，有一个李仁锡的朝鲜青年被日本强迫征调来华作战，任一等兵，今年六月二十二日在山西战死，从七月八日起，日本在朝鲜办的《京都日报》上，就长篇记载李仁锡的一切，称之为“荣誉战死”，称之为“壮烈牺牲”。于是日本在朝鲜的殖民地官员，东也来一个吊唁，西也来一个慰电，有的说是标准“皇国臣民”，有的说是“全朝鲜人的夸大点”。甚至把李仁锡的照像在报上大登而特登，好像真真要人的死一样。这样一直闹了一个多星期，才把李仁锡作为“朝鲜历史上的重要人物”而收场。

这些玩弄三尺童子的办法，而且是急来抱佛脚的办法，能不能收到如日本所希望的结果呢？日本人自己不能无疑。于是他们的学术界就有人出来作“应急的根本办法”。今年八月一日，京城帝国大学医学教授今村博士与他的助教岛三郎，以人类学者的姿态，出发到蒙古，去做一桩“伟大的工作”。他们经过北平、大同、平地泉、陶林、武川、中公旗、百灵庙、云王府，至四子部落之得王尔村和王尔齐村，他们在那里要证明“日、满、鲜、蒙、支(支即中国)五族原是一个血统的”。如此说来，不但“鲜内一体”不成问题，而且所谓“东亚新秩序”也会找到人类学上的根据了。

日本机谋不能算不周，据日本教育界的观察，朝鲜青年个个奋进，成绩优异，人人均有“志士”之观。日本所需于朝鲜者日多，而朝鲜却日益“不稳”，这实在是日本最大的苦闷！(特)

(原载于《改进》第2卷第1期，1939年)

日本咽喉的溃烂症

长江

日本和亚洲大陆的联系，朝鲜是地理上咽喉，在日本帝国主义发动了侵华战争两年余之后，更加重了朝鲜对于日本的政治军事脉络作用。日本帝国主义的命运，已经日即于暗淡，如果朝鲜革命能早日暴发，则更能早日促成其在中国大陆上的军事崩溃和日本国内革命的到来。

朝鲜的革命目前已发展到更有利的阶段，因为日本帝国主义在冒险的侵华战争中，露了她的“侧面”，她所假想的侵华战争胜利的主要条件之一，是朝鲜的安稳。因此她比战前更多依赖朝鲜，希望朝鲜为“帝国”效忠。但是被压迫民族寻求解放的时候，正是她们的压迫者被更大的事件牵制着统治力量削弱的时候。第一次欧战后的印度，英国对于她希望那样殷切，但是，素来和平主义的甘地也要质问大英帝国“战争的理由”了。

朝鲜民族对于日本的反抗，日本是知道的，所以除压迫外，日本希望在思想上根本消灭朝鲜的反抗。因此，在朝鲜总督府的皮鞭牢狱和断头台之外，还有所谓“精神总动员”和“爱国班”等来从事于“思想阵营的强化”，一面要朝鲜人民日益走近灭亡，一面要朝鲜人民满足于杀他们的精神利刃——皇道主义！

朝鲜在海外的革命志士，近来在民族解放斗争的技术上已有更大的进展，组织比较过去强大，工作比较实际，而青年干部又比较过去为干练。在东北和朝鲜之间，朝鲜民族之武装力量随时威胁朝鲜乃至整个半岛上日本的统治。今年，朝鲜大旱灾，广大朝鲜民众的饥饿与革命直使日本手忙脚乱，穷于应付。

朝鲜年产米约二千一百万石，每年输出日本本国及其他地方约一千万石，日本民食之一重要部份是仰给于朝鲜。今年朝鲜三南地方（即忠清南北道、庆尚南北道、全罗南北道）发生大旱灾，即朝鲜最富庶、农业生产最中心的地方发生大旱灾，旱灾的程度，即就秋收以前的情形讲，如日人经营的东洋的拓植会社所有土地情形而论，他们系占有朝鲜农业最上等之土地，而今年插秧面积只占去年百分之六十六。又如庆尚北道地方政府，今年因旱灾而减收的土地租税可达五十八万元。据朝鲜方面消息，今年朝鲜米之减收将达一千万石，这不但日本战时粮食发生困难，而朝鲜之广大人民生活亦且陷于绝地。

日本今年五月以后，在中国连遭晋东南、鄂北和湘北的大失败，军心动摇，人心厌战，朝鲜又发生如此大旱灾，其危机之严重，直威胁日本的腹心。

日本对付朝鲜大旱灾的办法，实在等于用油扑火。它第一个办法是不准朝鲜人吃米(今年十月朝鲜总督府命令)，只准吃杂粮。并且规定朝鲜人不准吃三餐，改为日食两顿，早上吃粥，晚餐用山芋、黄豆或高粱，而理由是吃粥比吃饭卫生，而山芋、黄豆等比大米有营养。他又怕朝鲜人民执行不力，特命令"精神总动员委员会"每日监视人民新卫生法执行情形！

第二个办法是剥削东〖北〗四省人民的粮食，强迫运出东北四省的粟米(小米)转售于朝鲜，并且在东北运去荞麦种子一万一千石，分给灾区农民补种。然而今年热河也有旱灾，松花江沿岸是水灾，东北粮食余额有限。

第三个办法是禁止"流言"。朝鲜米价每石涨至四十三元左右，民不聊生，□思挺[铤]而走险，"督府"当局为此万分焦虑。由"内务课"开了一个"时局座谈会"(八日二十二日)，结果为克服旱灾，要发挥"警民一致"之精神，决定动员全朝鲜二万三千名警察，并与全朝鲜"精动"爱国班等协力起来，极力排除由旱害所引起的种种"流言""骚动"，以维持"铳[统]后半岛"之秩序。

勒紧肚子的办法，总不可能是平服革命的办法，相反的，正是促进革命的办法。全朝鲜现在已经在不安状态中，八月二十七日"督府"机关报《京城日报》谓，乘此国际情势微妙动向及旱魃成灾之时机，有以种种忆测，从事无根据的宣传，而动摇铳后人心者。警察署于八月二十六日指令所管各局所严重取缔一切流言，并将车站、公园、学校、工场、剧场等一律予以检查，并取缔一切"不稳"之号报。

日本的咽喉正害着溃烂症，其本国与大陆的呼应日渐发生困难。中国抗战之不断胜利，将加速日本在朝鲜统治的动摇，而朝鲜动乱的加深与扩大，又将大有助于中国抗战之胜利。从今以后，正是中韩两民族解放运动实际紧密配合的良好时机。

(原载于《朝鲜义勇队通讯》第 29 期，1939 年)

侵略者的“火山口”

——日本人民反战的火把

郑森禹

侵略战争以来，日本国内火灾特别多，尤其在军需工厂方面，更是频发不止。最近情形也比较严重了，连军火库也免不了遭受火灾，真是“惊动了日本神经中枢，而为重大事件的画镜”(《大阪每日新闻》语)。

据日本官方发表，近来日本大小工厂火灾的增加率，比一九三三年时代增加了三倍；大阪警署也报告近三四个月来大阪市内工厂灾害(以火灾为最多)，比前二年增大一倍以上；又据东京警视厅消防部调查，一九三七年东京火灾数为二百廿九处，延烧六千七百零三坪(一坪约合〇・〇〇五亩)，损失二百十三万九千一百八土[十]七元；一九三八年，件数增至三百七十九件，加多百分之六十六，延烧九千六百七十一坪，加多百分之四十四，损失三百零七万二千二百三十三元，加多百分之五十八；一九三九年一月至三月，火灾件数计四十八件，比一九三八年同期之廿六件，增大百分之八十四，损失则增大十四万五千三百元，约百分之七十八(五月十四日《读卖新闻》)。又据另一记载，则谓东京警视厅曾报告：一九三九年一月至三月，东京市内工厂火灾共达一百件以上，平均每天一件多(五月十二日神户英文《纪事报》)；更据《东京朝日新闻》报告，谓三月中东京警视厅之调查结果，一九三九年一月一日至三月十五日，东京市内工厂火灾件数由一九三八年同期的二十六件增进四十九件，延烧数由九百七十坪增至四千零五十坪(四倍以上)，损失由十八万七千九百余元增至八十三万七千四百余元(约四倍半)；而普通火灾则反减少五十件(三月十七日《东京朝日新闻》)。

上述各个统计虽然略有出入，但证明日本工厂火灾的大大地增加是一致的。那么，一九三九年三月以后怎样呢？情形却更是可怕了。有几件性质很严重，延烧范围之广，死伤之多，损失之巨，简直可称空前，现在举出较重要的数目吧：

三月一日下午，大阪粄[敉]方陆军之火药库起火，时间达三小时，延烧范围约一英里，房屋及财产被全烧毁者（包括该军火库及附近住宅、医院、学校等）计二百五十户（但板垣在会议报告则为九百户），半烧者五百户，死四十四人，重伤九十四人，轻伤四百八十人，失踪三百四十三人，难民则有七千余人。

三月廿三日东京小石川区久坚町火烧二小时，被烧一百零五户，遭难者约五百名，损失约三十万元，为一九二八年各区之大火以来所未有。

三月廿五日东京城东西南砂町田日本特殊钢管会社工厂气炉爆发起火，死伤十六人，据警视厅工厂课长上山氏谈：起火原因，或由于铁屑中被混入爆发性的物件（《读卖新闻》）。

四月廿二日东京王子重军事町田化学工业会计蒸溜[馏]室爆炸，死伤十七名。

四月廿七日北海岛夕张炭山天龙坑爆发，死伤六十六名，失踪十二名。

五日三日东京神川区大崎山本町田化学工业所熔矿炉烟窗爆裂。

五月九日福冈县远贺郡商松铁矿油管爆炸，死伤十二人，五月九日秋田县山本部起火，焚烧一小时以上，全烧七十二户，半烧十户。

五月九日上午东京板桥工厂区日本赛璐珞工厂起火，焚烧近三小时，延烧一万余坪，全烧二千六百八十九坪，因起火而遭破坏者五千坪，死伤三百名，难民二百户计一千名，损失二百万元，重要工厂如日本璐珞工厂、日本火工会社分工厂、大日本轻合金会社工厂、东京发动机会社工厂、松尾瓷器制作厂全部烧毁，岩月制棉工厂等三家半烧。

五月十日东京川里三河岛町日本制冰会社工厂爆发。

五月十日富山高冈郡北一油栈爆发，大量汽油被毁。

五月十九日长崎县上松町一带大火，焚烧四小时，全烧百零四户，半烧七十户，铁道官舍亦被毁，损失很大。

以上迄至五月十九日为止，一部分的帐已是洋洋大观，虽不一定全是起火于工厂，但直接间接大都有关于军需工业，尤其三月一日的大阪军火库爆炸，五月九日东京板祥工厂区大火事件，更具有严重性。

一般人认为战时工作多火灾，基本原因有三：(一)因劳力缺乏，让不熟练工人操作危险工事；(二)虽熟练工亦因工作时间太长、劳力太强化而失去控制力；(三)资材不足，工厂安全设备粗漏，容易着火。

是的，上刊三项确都是起造火灾的重要因素，然而不够。《东京朝日新闻》说过，“非火灾而为人灾”。《大阪每日新闻》说过，“决非例外的爆发事件”，弦外之音，显有所指。而上述三月廿五日东京特殊钢管砂町工厂之汽炉爆炸，警视厅工场课长上山氏说："铁屑中被混入爆炸性的物件。"五月九日东京板桥工厂区日本赛璐珞工厂起火，后据消防署长指出："当时的情形，由类空袭时燃烧弹的爆发"，决不是单纯的"香烟蒂头作祟"可知。另外，三月一日大阪军火库爆炸事件，后来是枪毙了军火库管理、炮兵少尉增本八狱等三人，据说这三人是反战份子、火的祸首。

这些已经足够表露火因的特殊性，后跟四月间《大阪每日新闻》"砚滴"栏里所载反战文书传单到处发现，五月十八日司法省检视总长木村氏在宪兵队长会议上所说"过激份子宣传反军反战思想，难保不突发不测事变"相对应，可以想见火的燃发者了。我们又想起一九三五年十月神户市外芝浦制造厂，煽动工人曾经想用炸药炸毁工厂事件；现在不愿从事侵略战争的日本人民，也正在用这些火把作信号！

（原载于《抗战周刊（广东梅县）》第5期，1939年）

日本反战斗争的现阶段

[日本]青山和夫

青山和夫是一位反法西斯的日本斗士，也是实际参加我们抗战的一个真正友人。这篇文章不仅告诉了我们日本反战运动的剧烈，而且指明“紧迫着的日本革命不是无产阶级(共产主义)革命，而正是国民革命”更是何等的正确！所以特别把这篇文章，节译补刊于此。

——编者识

亲爱的全中国的弟兄们！

站在反对日本军部与法西立场上支持中国抗战的在华外国同志们！

同时，我还必须对各位谈谈日本国内的反法西侵略斗争，以及战线上军队里的反战斗争，在战事开始以前的准备与组织方针上或在“七七事件”爆发以来的斗争和今后的斗争上，是向着与中国的“长期抗战”“抗战到底”，□□相适应的形态与方向进行着的这个事实。

日本反法西的前卫党在战前的五个月中，已经和中国方面的各种机关一同作过有力的活动，以推进共同的斗争。但令人引为遗憾的，是当时一般的中国民众没有看穿近卫内阁的本体，对于近卫予以盲目的欢迎，于是我们的各种活动，就连中国一部份有理解的人们，也不过当作一种单纯的“情报”或“谈话”听听而已。

这里我还要附带说几句话，就是目前还似乎有极少数的人，以为近卫内卫改组的结果，今后宇垣外相曾实行和平的外交政策。这种想法，和近卫内阁成立时予以盲目的欢迎，为同样的错误。近卫内阁是法西军部的核心的行动派(指导人物写现任末次内相的秘书、海军上校山下知彦和陆军经理学校教官桥爪明男)在对于侵略的条件之下使其成立的。行动派之侵略中国，没有预想到中国的抵抗，也没有考虑到这军事会发展为全面的战争，所以，以为占领了南京，战事就自然会停止的，然而中国抗战伟大力量的发挥，中国实力之强固，却使日军蒙了意外的失败与损失，并且因为战争的延长，日本的经济就远远暴露了它的致命的弱点。南京占据以后，被派至东北、华中驻军中的行□派少数军人，自己结成了军部法西的一派，因此从前所谓“军部”的不露头头而握有实权的行动派，后分为两个东西了，是个新生的军部法西中心指导者，是陆军上校和知鹰二。

在从前以全力保卫大武汉的斗争中，有极少数的一部份人，不了解过去我们与中国的合作，因受境境的限制，只能做到个人的支持的这个事实，遂而拿“七七”以来的一年中为什么不在日本发动革命，促使日本强盗的侵略战争自动停止，来非难日本革命的前卫党这不用说是一种错误的偏见，我确信这种见解，决不是中国全体人士的意见。

紧迫着的日本的革命，不是无产阶级（共产主义）革命，而正是国民革命。包含着民主主义布尔乔亚的劳动者和农民劳苦大众，他们之以树立和平的反侵略政策与政府为目的的国民革命，要打倒那由资本家的走卒和封建余孽组合而成的日本法西军阀，是必然的趋势。他们的这种革命之能阻挠法西军阀的侵略，更是当然的。

紧迫着的日本的革命不是无产阶级革命，而是国民革命的这个事实，在我们的反战与反侵略的斗争中也可以看得出来。我们现在所进行着的斗争，是以国民革命为前提的反战反侵略斗争，而不是以无产阶级革命为前提的反战反侵略斗争。这两种斗争，无论在内容上、在形式上是决不相同的。

在日本那样被封锁的地理条件之下，在日本那样为绝对主义强权政治的密集警察网所维持着的国产里，革命的人民大众的斗争，是不取量的形态，而是重于质的内容的。目前日本法西军部强制的大量动员，即对着人民大众的两三个人的集会，也要得到宪兵和警察的许可与重视才能举行。在这样情况下，人民大众的革命斗争，当然是要从质的方面达成的。在今日，已经不能像满洲事变时我们所做的那样，动员大众来直接阻挠军队的出发，因为宪兵与警察不肯透露士兵的出发地点或日期，而且他们把士兵召集到离所属部队很远的地方，使兵士与他们的家属完全隔开，并禁止一般民众的送别。但是，我们在军队里的工作还是照样的进行着，不但要煽动士兵，而且也要把立于反法西立场上的上层指挥者拉到我们这一面来。至于都市劳动者的反战斗争的表现，现在是比怠工还更要进一步。都市小市民与近郊农民对于政治的理解已日益加深，而且有着实际的结合。

因此，在国民革命的斗争上，我们是极端利用现在还存留着的合法性，而与劳动者农民、自由主义者、和平主义者等的反法西军阀势力相一致，并且向着他们的政治斗争的总目标迈进的。所以若单从量的方面去判断日本的反法西斗争是错误的，只有从质的方面去看这种斗争，才能知道日本人革命紧迫，才能明确知道中国的抗战所给予日本法西军阀的打击是怎样的严重，同时也能明确知道中国是朝着胜利的路走着的。

我所尊敬的中国弟兄们！

积极支持中国抗战的在华诸外国的同志们！

现在我们的面前已经展开了保卫大武汉的斗争，而我们这些在华的外国人应当参加这个斗争是不用说的。我代表日本前卫者的组织，在这里更加强的协助中国抗战，同时还要更进一步，把在华的日本人、朝鲜人、台湾人也团结起来，对于中国的抗战作有组织的援助。

我们对于在抗日途中的蒋委员长和国民政府，要作绝对的拥护与全力的援助。根据这个意义，我们是应该服从蒋委员长和国民政府的命令的。

但是，我在这里，想根据我的经验，来向目前还在支持中国抗战的在华外人和对于中国有理解的人士，以及中国当局进一言：在华外国人士应该组织国际义勇队从事活动，而中国政府应对他们予以谅解，并加以促进。国际义勇队的结成，对于法西斯蒂是怎样重大的打击，是反侵略的怎样有效的手段，已由西班牙反法西国际义勇军的活动向世界证实了。

拿德国的纳粹比日本法西军部的侵略手段较为和缓，或拿意大利的墨索里尼较德国的希特拉较为消极之类的无聊的实例来判定法西侵略的性质，抱着这种愚劣见解的人，我相信现在那里也没有。法西侵略之和缓，正是法西侵略疯狂的先兆；法西侵略之消极，正是挑拨的阴谋马上就要开始的征候。世界上被压迫的大众、被侵略的民族，向着共同的敌人，拿起武器，一起作战；对于这种战斗，我们是用不着有什么顾虑的。我们将在战斗中获得我们的战术与胜利。

今日的中国抗战，其意义并不仅是中日两国的战争。朝鲜革命志士想以义勇军名义来参加抗战，这是向世界说明着：在东洋诸民族的自由与和平受着日本法西军部的侵略摧残的时候，他们是怎样的为了他们的自由与和平而奋战着呵！

我们要以日本反法西侵略的前卫党的资格，或者以居留在中国而援助中国抗战的个人的资格来参加这国际义勇军，拿血和肉去完成我们这次的神圣战争。

维护自由与和平的我们的血正在沸腾着。由于我们对于日本法西军部的憎恶，我们的身心已经锻炼得像钢铁一样坚固了。

被法西斯蒂的侵略掩蔽在黑暗之中的世界，将赖着中国的神圣抗战，将赖着国际义勇军的血和肉，而重行回到光明的路上去。

同志们！我们努力奋斗吧！

胜利是我们的！胜利是我们的！

（原载于《中国社会》第5卷第3期，1939年）

民族革命与朝鲜各党派的团结问题

周咸堂

现下仍是一个民族革命的时代，也或许在今后较长的阶段中，民族革命仍占一个最主要的支配作用。换言之，在历史的及客观的走头[投]无路的资本主义已转变为积极化、表面化的侵略主义的今日，民族主义尤其是已受宰割或正受宰割的弱小民族的民族革命的高潮，仍可把握着或支配着今后相当长的时代。如若我们不是纯理论的迷信者或继承者，我们站在实残[践]的战斗的唯物论的立场，这是任何人不能不承认的——我们时代的使命。

在日本帝国主义榨取下的朝鲜，自亡国后中间虽经过了"三一"及"六十"两次革命及大示威大罢工后，但均因为未能真正把握着当时的国际情势及国内各阶级层的现实要求，尤其是殖民地的民族革命的本质及其指导理论，所以先后的失败。此后朝鲜的革命理论就渐趋于复杂化，各党派的负责干部也渐渐意见分歧起来，这在朝鲜革命过程中是一个极端混乱时期。这虽然不能象征着朝鲜革命运动的消沉，但时至今日，在华朝鲜革命各团体仍未能真正统一，未尝不是受了那时的影响。固然中国的客观环境也不无原因。我们晓得，殖民地或弱小民族解放的最大可能性，只有民族革命这一条路。列宁曾说过："以后远东的民族革命，要占着远东民族史上的主要阶段。"这就是他看清了在殖民地或半殖民地的远东民族革命，是他们的主要任务的先见。朝鲜自不能例外，由于朝鲜半封建的殖民地的社有[会]本质，由于朝鲜全民族受异族统治下的被压迫的历史事实，所以朝鲜全民族是不分阶级的同受其害，不问是工农或劳苦大众，乃至中小资产阶级以及地主民，由此就决定了朝鲜全民族的共求解放，就决定了朝鲜应走的唯一途径——〖民〗主主义的民族革命。

历史理论和事实既决定朝鲜的政治任务为民族革命，所以朝鲜的各政党、各阶级层，以及在华的各革命集团，尤其是民主主义派者和社会主义派者，应当一扫从来的分裂对立与摩擦，这在一个大目标——民族革命——下精诚团结，共同奋战。

由于侵略主义者的疯癫病所造成的现世界的浑沌局面，弱小民族一个一个的被牺牲，他们已觉悟到以前某种理想主义的幻灭及单纯依赖主义的失败，这种铁一般的现实，已将他们逼迫驱逐到“民族至上”、“国家至上”、独立自主高于一切的十字街头了。中国自民国成立后，二十余年的党派私见及内战，十余年来国共双方的武力角逐，但为抢救民族的灭亡，已无条件的铲除了一切前嫌，形成历史上从未有的团结和觉悟，万众一心的来抵御强暴，要给日寇以致命的打击。这不是一个最好的证明及警钟吗？

在华朝鲜革命的志士们或存党派之见，或有主义之分，或因感情——这是一般所不承认而又占着重要作用的——□□仍分别各□防线的朝鲜斗士们，现在还有什么不可牺牲呢！醒觉吧！负起你们的历史的使命，完成你们复国的任务，一齐团结起来，转换你们的枪、笔、口及行动对付日寇罢！我相信你们一切的问题都可在推翻日本帝国主义的统治中去获得总解决。当前的急务是团结至上！力量集中！抗日第一。

一九三九年三月十五日于桂林

（原载于《朝鲜义勇队通讯》第7期，1939年）

中韩两民族应怎样的联合起来打倒日本帝国主义

[朝鲜]李贞浩

联合阵线的意义

金若山同志在其《告朝鲜国内革命同志书》一文中向其国内同胞说着:“大家知道,朝鲜与中国在过去数千年中有唇齿相依、休戚相关的历史关系,就是在朝鲜亡国以后,中韩两民族不论那一方面看,更有着不可分离的密切关系。”接着下面说:“这种关系,在政治上显得更为密切,就是说,日本帝国主义不仅仅是朝鲜民族的敌人,也就是中国民族的敌人,中国的革命运动便直接影响到朝鲜民族的解放斗争。正因为如此,在目前中国抗战的胜利,无疑地是促进朝鲜革命运动的成功,同样地,朝鲜革命运动的发展,也可以促进中国抗战的胜利。中韩两民族的这种关系,即在今后,跟着社会的发展,必将愈益紧密起来。”在这一段告白中,已很显明的指出了中韩两民族联合阵线的意义。

在另一方面来看,扶助弱小民族运动可说是中国的国策中之主要部份之一,我们可以在中华民国的国父——东方革命先驱者孙中山先生遗嘱中也可以看到“以平等待我之民族,共同奋斗”的一段话。中国国民党第二次全国代表大会宣言上也这样说:“凡民族革命,必须明了共同之敌为谁,对于共同的敌人的共同奋斗、自助与互助初无二致,所以世界上一切被压迫民族之革命运动有联合的必要。”远的不用说,就是在最近的中国的抗战建国纲领也很明白地提到“联合一切反对日本帝国主义侵略之势力,制止日本侵略,树立并保障东亚之永久和平”,而在《抗日救国十大纲领》及毛泽东先生的言论中也很具体的说着“联合朝鲜、台湾及日本国内的工农人民,反对日本帝国主义”。

所以,联合弱小民族以对抗侵略势力是中国的国策中主要部份之一。

因此,中韩联合阵线尤其是在中国对日抗战晋入第三年的今天,这个问题已不是一般人所用以作为客套的虚语,乃是实际的问题;不是原则上的问题,而是怎样实施中韩两民族的联合对日的行动问题。所以在这种意义上，才能产生中韩联合阵线，而这是急不可缓的一件事。

可是我们要怎样才能强化中韩两民族的联合战线呢？

中韩联合阵线要建立在认识的统一上

要强化中韩联合阵线首先要认识的统一，因为认识的不统一阻障联合阵线的发展。现在不妨把几个错误观点列举出来。

(1)是要克服藩属的观点。对于这一点，让我引用罗青先生的话来说明一下，罗青先生说："中国人是一个半封建的国家，中国社会没有经过工业化的过程。中国人民的民族思想还没有正常的养成发达起来，还多少沉醉在历史上传统的、妄自尊大的观念当中，这种观念一直还很强烈的支配着一般人的心理，于是便不能意识到旁的民族的存在和地位，对于朝鲜总觉得以往是我们的藩属，在今日是一个亡了国的弱小民族，似乎他的存在不关重要，从而觉得朝鲜问题可以安心等待中国问题的解决就不解决而解决了，这是很不正确而且是含有毒素的心理；可是就因为有这种心理的存在，朝鲜民族的应有的国际地位就被我们忽略抹杀和遗忘了。"这是一位中国同志说自家人的不应该，我以为罗先生说得太厉害，不过，这种落后的观点，在中国一般下层民众甚至一部知识层的意识形态中尚占重要地位。这是要克服的，因为这种观念的发展不无变成反的民族主义的可能，就是说他们的逻辑很容易变成到"朝鲜是中国的藩属，现在被日本鬼子吞并去了，将来中国复兴必要恢还中国来"，他们根本不懂得朝鲜四千多年来的悠久历史和灿烂文化，他们也不懂得朝鲜民族构成的要素，这种蔑视民族的态度是非常错误的。中国《抗战建国纲领》里明白的规定着"本独立自主之精神，联合上同情于我之国家民族，为世界和平与正义共同奋斗"，抱着藩属观念的人们，对此不知有何感想？

(2)是"那里有力量去帮助朝鲜？"的观点。这种观念在中韩两民族的头脑中尚残留着，就是说：中国自己是个弱小民族，自己还要受外力的帮助，那里有力量去帮助朝鲜呢？这种见解是非常错误的，因为帮助不一定要余裕力量，帮助乃是自己的发展和强化，并不是把余裕的一部力量来为他而消耗的意思，试看苏联的帮助西班牙，帮助中国，帮助朝鲜，是否因为他本身太强盛而够打全世界的全部帝国主义而把其剩余的一部力量来帮忙呢？不是的，苏联的这种帮助是为了自己的发展和强化，就是说世界弱小民族的胜利和被压迫人民的解放，是等于它本身的强化，因此这是苏联国策之一，并不是国力的余裕和浪费。所以朝鲜人的参加中国火线和中国方面的援助，并不是把余裕的力量来为他而消耗的意思，这是在中韩两民族同样地遭受着日本帝国主义的侵略和压迫的见地上，日本帝国主义是中韩两民族的不共戴天的共同敌人，为了打击共同的敌人，就有联合抗敌的必要。联合抗敌是力量的集中强化，不是消耗，所以朝鲜义勇队的参加中国抗战与中国当局的帮助朝鲜革命，并不是表现在物质的消耗上，而是反日战线的强化、扩大。中韩两民族的合作是中韩两民族解放运动的共同的基本政策。

(3)必定以三民主义来完成朝鲜革命的观点。这种观点多存在于少数中国知识份子的脑子里，他们首先就蔑视朝鲜民族的存在而当做朝鲜为中国的一个省份看待，因此往往在妄自尊大的观念中，对于朝鲜问题未经切实的研究而无意无识之间，竟发表这种幼稚可笑的错误见解。在这种见地上，他们的逻辑便是“朝鲜是中国的一个省份，中国是三民主义的国家，所以朝鲜也应该是三民主义的一个省份”。可是，这种逻辑是错误的，他们根本不懂得朝鲜四千年来的灿烂历史和文化，也不懂得民族的构成要素和朝鲜的现实社会。我们知道，三民主义固然是一个反帝反封建的革命主义，可是我们不能讳言它是由于改革中国社会的必要而产生出来的一个适切于中国社会的主义学说。因此，适合于中国社会的革命主义未必是适合于朝鲜。反过来说，适合于朝鲜的革命主义也不一定适合于中国。每一国家它都有其社会的特殊性，这种特殊性固然脱不了世界的范畴，但这是各国所特有的现象，是革命者所要考虑的现象。朝鲜革命所需要的主义，必定是要适合于朝鲜社会的，而且是要适合于世界潮流者。朝鲜社会所需要的主义，不是外来的舶来品，也不是模仿，问题是在于适应与否的问题，就是那一种主义能切实代表全民族的利益的问题。因此，这个要求可由朝鲜民族本身的自动的解决；不是第三者的事情，任何个人或国家都无权干涉朝鲜革命所采用的主义，只有榨取朝鲜民族的日本帝国主义才会拼命干涉并阻碍朝鲜革命的发展。革命的民族国家与国家之间，是要平等、自主和互助，不容有任何蔑视、包办的态度，只有同情援助的义务，而没有干涉他民族内部的□□。因此，这种蔑视民族存在的态度是非常错误的。三民主义或其他主义的采用，是要看朝鲜社会的现实性来决定，革命不是开玩笑，它是要流血的，因此我们要深刻地研究各种主义，同时要正确的研究朝鲜问题，然后拿它来应用是可以的，绝不能当作舶来品而机械的运用。这是过去各弱小民族革命运动失败中所得到的一个贵重的教训。

(4)“朝鲜浪人”的观点。过去，由于日本帝国主义的离间作用，的确，在中韩两民族的脑海中，还有不少的隔膜和反感。在中国人方面，一提起朝鲜人，往往联想到“朝鲜浪人”的可怕可厌的姿态；同样，在朝鲜人方面，一提到中国人就会联想到中国人的卑怯和污秽。这种观念是一些下层群众所抱着的态度。可是，这种观点是否正确呢？恰恰相反，中国民族的伟大已在神圣的抗战尽量发扬着，朝鲜民族的伟大已在三十年来百拆[折]不屈的血的斗争中尽量发挥着，浪人和卑怯污秽的观念已不容于革命群众的纯洁的头脑中，我们要克服敌人的离间挑拨。谁被敌人的离间和反宣传所蒙蔽，谁就是帮助敌人。

那末，中韩两民族所应有的共同的□□是什么呢？

一、将来的朝鲜不是以异民族的属国形态而出现，是独立自主的真正民主共和国。

二、在朝鲜人方面，应确认中国民族为朝鲜民族最可靠的同盟军，在中国方面也应站在彼此独立自主的立场上，确认朝鲜民族为中国最忠实的同盟军，并粉碎敌人的一切离间、中伤的阴谋。

三、确认这次中国的抗战不仅是决定中国民族的生死存亡，同时决定日本帝国主义的最后运命，因此中韩两民族必须要以两民族的联合战线来克服任何的困难，准备牺牲最后一滴血，争取最后胜利。

中韩联合战线要建立在行动的统一上

不错，中韩联合战线的开始就是日本帝国主义崩溃的前兆，是中韩两民族独立解放的开始，是中韩两民族斗争力量扩大、强化的具体表现。可是，这实际的效果我们怎样才能得到呢？我以为首先要中韩两方面的行动统一，分散的力量是不足以打退强有力的敌人的。因此，我们急需要中韩两方面的行动统一，一方面，我们希望中国方面，不管中国的那一个党派，都要以三民主义的革命精神，在领袖蒋委员长领导之下统一的对我们；另一方面，朝向民族亦要站在统一的立场上看对中国以及一切友邦。尤其我们既然参加了中国抗战，在中国只有实践三民主义的革命精神而共同对付敌人的任务，以期早日完成朝鲜民族自由独立的愿望。

除此以外，再没有更大的愿望因此对中国我们也急须要行动上的统一。可是，过去朝鲜同志的参加中国抗战是分散的，在东北方面虽有了中韩联军(抗日联军)的形成而许多的朝鲜人便很能够集体的参加抗战，但在关内却是很分散的，甚至有一部人材是以技术员的资格在中国机关做事的。这可说是我们过去的弱点。同时，在中国方面，对朝鲜人的看法也有过相当的差别，因而帮助的系统太不统一，甚至到现在还有这种现象存在着。我们要知道，现在关内及美洲的各革命团体(除掉极少数以外)，已在金若山、金九两位先生领导之下已经打成一片。因此，部份的援助急须在最短期内撤消的必要。这种部份的、局部的、分散的援助，固然我们所诚心感谢的，可是我们更希望着统盘的、有系统的援助，因为分散的援助力量太薄弱，往往不补于事，并有分散革命群众之可能。所以联合阵线必须要建立〖在〗行动的统一上，兹特以冒昧提出几个管见，如下。

(1)经济方面。希望中国当局今后在政府的通盘的计划下，划出一定的经费，交给认为关内最有力量的朝鲜革命团体，专用以有组织发动朝鲜国内人民蹶起武装暴动，并用于参加中国抗战等一切抗日行动的经费。(组织沦陷区域内的朝鲜民众也是当面主要工作之一。)

(2)外交方面。希望今后外交方面急须要统一，不好再有张三、李四的双重不统一的外交，中韩两方面都要有一个对象，不好有两个对象，因为这种不统一的外交往往容易使得朝鲜革命团体内部发生分裂，朝鲜俗语说："家长多了没有不破产的家庭。"

(3)军事方面。确认朝鲜义勇队为国际纵队之先锋，给予相当的独立性与自主性并加维护。在朝鲜同志方面即以全部的力量来支持并扩大朝鲜义勇队。

总而言之，中韩两民族是东方民族解放运动中最可靠而且最生力的同盟军，我们要克服敌人的一切离间阴谋，紧紧握着手，把东方的法西斯魔鬼日本帝国主义葬掉，矗立起、创造起中韩两民族光明、自由、幸福的新中国、新朝鲜，推进人类光明的前途！

(原载于《现阶段朝鲜社会和朝鲜革命运动》，读者书店，1939 年)

日本又向苏联低头了

思玄

敌国和苏联的渔业纠纷已经闹了很久，为了这问题，两国间的空气时而紧张，时而松弛，好像他们都在故意卖弄外交手段一样。据塔斯社莫斯科的电讯：苏联和日本在四月三日已签订了渔业协定，有效期间至一九三九年底止。这纠纷暂时已告一段落。同时，根据塔斯社所发表的交涉经过及协定内容，我们就可以明了：这纠纷之所以久悬不决，大半是因为日本强蛮无理的缘故，而最近渔约的成立，却又是他向苏联屈服的结果。交涉经过的大概情形是这样：最初，苏联政府宣布恢复渔场拍卖制度的决意，并拟收回日人所用渔场三十七处，日本则坚持反对拍卖，要求自动延长所有各渔场租约，经过几次交涉，日本却首先同意交还十二处，后来又添了二十四处，但以取得数目相同的其他渔区为交换条件。苏联政府又坚持表示反对此种交换原则，并指明日本所根据的朴次茅〔斯〕条约之不适用，继续进行交涉的结果，日本自知理由薄弱，完全同意拍卖方式，并放弃其所谓固定化的原则，协定遂告成立。由这一国际事实，我们至少可以得到两点认识：第一，自从日本向我发动侵略战争以来，他的国际地位就已一天一天地低落下来。他和我战争越久，国际地位越会降低，外交上的困难也必然越要增多。第二，苏联国力强大，日本在张鼓峰已领过一次教，他这次在渔业问题上向苏联屈膝退让，正是上次教训的结果。无疑地，苏联在外交上的胜利，必然更加增进他在反侵略阵线中的力量。

（原载于《中学生》复刊号，1939 年）

国家出版基金项目
NATIONAL PUBLICATION FOUNDATION
国家社科基金重大项目结项成果
“十四五”国家重点出版物出版规划项目

二十世纪东亚抗日叙事文献整理与研究丛书

丛书主编——牛林杰

史料编·评论卷 III

分卷主编——牛林杰 王丽媛

山东大学出版社
SHANDONG UNIVERSITY PRESS
·济南·

图书在版编目(CIP)数据

二十世纪东亚抗日叙事文献整理与研究丛书. 史料编. 评论卷. Ⅲ / 牛林杰主编 ; 牛林杰，王丽媛分卷主编. 济南 ：山东大学出版社，2025. 8. -- ISBN 978-7-5607-9017-6

Ⅰ. K152

中国国家版本馆 CIP 数据核字第 2025UH1712 号

策划编辑　张铭芳
责任编辑　肖世伟
封面设计　卡古鸟设计

二十世纪东亚抗日叙事文献整理与研究丛书·史料编·评论卷Ⅲ
ERSHI SHIJI DONGYA KANGRI XUSHI WENXIAN ZHENGLI YU YANJIU CONGSHU · SHILIAOBIAN · PINGLUNJUAN Ⅲ

出版发行　山东大学出版社
社　　址　山东省济南市山大南路 20 号
邮政编码　250100
发行热线　(0531)88363008
经　　销　新华书店
印　　刷　山东新华印务有限公司
规　　格　720 毫米×1000 毫米　1/16
　　　　　104.5 印张　1876 千字
版　　次　2025 年 8 月第 1 版
印　　次　2025 年 8 月第 1 次印刷
定　　价　600.00 元(评论卷全 3 卷)

目录

1940—1944年

1945年以后

1940—1944年

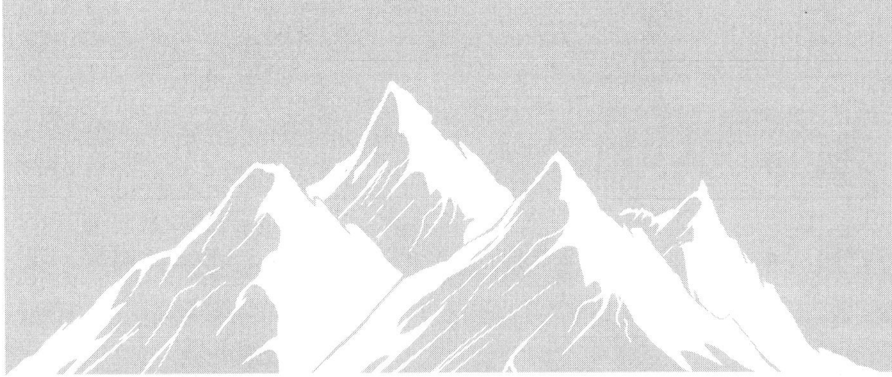

中国走向胜利

[苏联]A. 比捷洛夫
叶文雄 译

中日战争——第一次世界大战后最大的战争和人类历史中流血最多的战争之一——已经进到第三年了。

在两年半的战争中，在中国领土的各个战场上，伤亡了两百多万人：侵略者的军队伤亡九十万人，中国军队伤亡一百二十万人。中国九个省份的城市和乡村被日军夺占，无数不设防的城市遭受残酷的空袭，日寇的疯狂的暴行——所有这些，使几千万的和平居民无家可归，离井背乡的流亡到内地。这几千万农民、手工业者、工人、商人、工业家、教授、学生——各种职业和各种阶级的人物——向中国西部和西南部的迁移，就其规模说，只有历史上的各民族大迁移可以与之相比。北方的水灾，虎列拉疟疾的流行，挨饿，使中国人民从战争带来的艰难为之增加。可是日本人民也遭受了严重的经历。军阀法西斯蒂冒险家的荒唐政策，把日本推到贫困的深渊，破坏了工业，荒废了农业，耗尽了存金和资源，使全部经济带上畸形的单方面发展的性质，在国内造成黑暗压迫、恐怖、宪兵横行的局面。

五千万人蒙受这些牺牲究竟是为什么呢？进行这次战争——现今成了第二次世界大战的构成部分——究竟是为什么呢？

在这时，欧洲战争是帝国主义的战争，而中日战争则是另一种战争——他是一个典型的例子，一方面——日本方面——进行战争是为达到帝国主义的目的，为掠夺他国土地，为增加财政寡头的财富；另一方面——中国方面——则进行战争是为保卫民族和共和，为争取民族独立和拯救国家摆脱殖民地奴役。

下面让我们来观察一下近两年多来远东所发生的事变。

一

日本帝国主义在中国的侵略，开始于一九三七年七八月间，似乎这次侵略，是一九三一年和一九三二年的历史的重复。卢沟桥事变从形式上说来，很少和沈阳事变两样，而进犯上海是日军第二次向该港袭击。日本军阀在这一次用强盗手段开始了战争，制造许多“事件”，利用他们来作爆发军事行动的口实。可是，在实际上，一九三七年的侵略却与掠夺满洲不同。如果说，一九三一——一九三三年时日本军阀直接放在自己面前的目标，是一个比较有限制性的目标——掠夺满洲边疆，以便用来作继续向中国扩张和准备反苏联“大战”的练兵场，那么，现在侵略者的直接目标，就是完全征服中国，把中国变为像高丽、台湾一样的日本殖民地。所以日本为要进行未来的反苏联战争，就竭力为自己布置一个比满洲一处土地更广大和经济力量更巩固的后方。同时，依照侵略者的意思，还要把中国沿岸——东部和南部变成进攻英美法的太平洋属地的根据地。

可是，日本军阀虽然提出了这样广大的目标，而其起初想采用的方法，却仍是旧方法：在短时期中，用很小的力量来达到目的。在事变开始时，侵略者似乎还存这种幻想。他们在北方没有立刻遇到严重的抵抗，而且他们还看破地方指挥的懦弱寡断，甚至还能和个别将领举行“休战”谈判。中央政府也没有立刻正确估计到全国规模的防卫组织的必要。可是日本战略家的鲁莽的误算，很快就暴露出来了。一九三七年的中国决不再是一九三一年的中国了。不劳而获的攫取华北五省的企图马上成了幻想了，像满洲那样的“不抵抗”已经不会再有了，侵略者所遇到的中国军民的抵抗一天比一天扩大。在淞沪战争中，想用迅雷不及掩耳的方法来征服中国的计划已经被撕毁了。

随着日本进攻的扩大，中国政府和最高指挥就意识到：只有在把这次战争变为持久战的条件下，才能战胜一个技术上优越的而经济上依赖外国，因而力量薄弱的敌人。包括中国各阶级和各阶层的民族解放运动的空前高涨，曾迫切要求政府组织广大的和各方面的防卫，要求抗战到把日寇完全逐出中国。中国政府在战争过程中就成了保国卫民的国民政府。

一九三七年九月，抗日民族统一战线成立。从此中国反日战争就更具有全民族的祖国战争的性质。

自淞沪战争和南京陷落以后，日本军阀以为夺到了全国最大的海港和首都就会叫中国政府屈膝，并能强迫他采纳侵略者所提出的屈辱的和平，可是正是从这时起，形势就完全明显：持久战成了确立不移的事实。

二

本文的任务不在分析历次的战役，我们只把作战的几个最重要的阶段作一简略的叙述。

日寇利用其与二十九军总指挥为卢沟桥事件所举行的休战谈判，向大陆调遣新的军队。中国二十九军的指挥虽然动摇，而部下却给日寇以坚强的抵抗。日军在北宁路沿线战场上只有战时一师团兵力——一万人，配有三十尊大炮、二十八辆坦克、二十架飞机。而二十九军则有四万兵力，配有四十尊大炮。虽然该军退出了，可是他却避免了日军为占领平津区而势必产生的恶战。在七月份十天到十二天之内，日军调遣三万人到该区。因而日军的兵力达到中国军队的水平，并且还保持了技术的优势(当时日军与华军的坦克车、装甲车数量比例为一五〇比零，飞机数量比例为三〇比一，大炮数量比例为四比一)。日寇在八月占领天津和张家口，沿铁路与公路向冀、察、鲁等省腹部推进。

进攻淞沪起初原是打算把中央政府的军队从北方战线上拉开，其目的在叫中国投降，所以最初也只用很少的兵力。一九三七年八月十三日海军陆战队一万人配以炮兵三联队第一次向闸北进攻。经过九天，日军调遣两个步兵师团到该地。在三个月的最残酷的战斗中，日军指挥部派遣总数达三个师团的新的增援部队到上海。到十一月，在淞沪一区共集中了日军十一万五千人，大炮四百尊，坦克一百辆，飞机一百四十架。中国军队在淞沪战争中表现了惊人的英勇伟大的牺牲精神，可是终因技术不及敌人，为避免包围的威胁起见，乃于一九三七年十一月十日退出上海。

一九三七年十一月与十二月，中国军队防卫南京。在南京附近的战斗中，日军遭受了重大的损失。中国军队又解除了包围，退出首都，首都在这种条件下已失去意义，在战略上不再有重大价值。

一九三八年五月以前，在北方，华北五省和中央战线上不断发生战斗。中国国民革命军继续动员，守卫每寸土地，逼迫敌人进行消耗战，使敌人不得不派遣大量军队到前线和自己的后方。

日本指挥部企图在五月中重新“包围并歼灭”中国基本的武装力量。日军为达此目的，开始向宿州(皖北)进攻，并进窥宿州以西的归德(豫东)，依照其计划，是要联络北方和中央两战场的军队。五月二十二日宿州被占，战线连成一线，可是在这一次日军仍未能达包围的目的。

在以后五个月中，武汉外围和武汉本区均有剧烈的战斗。

中国国民革命军应付每条战线上的战役，同时又避免敌人优势技术的打击（当时日军所有的飞机，比中国多十倍，炮兵比中国多四倍）。日军利用军舰炮兵的支持循长江两岸继续推进。中国指挥部的策略原在避免受敌人包围和保存军队的实力，乃于十月底下令放弃武汉。因此中国部队在一九三八年十月二十七日退出武汉。

在此以前的几天之内，华南开辟了一个新的战场。日军在粤南登陆，向广州进攻，无疑的，日军在武装上是比华军优越，可是也可以推测，日军推进之所以这样快，是因为在这样方面防卫组织的不够。

在一九三八年最后数月和直到一九三九年二三月中，日寇在汉口和广州的战役没有获得任何实际的发展。

这样就确立了前线上某些的力量相对平衡。

一九三九年二月九日至十四日，日军在海南岛登陆，由南北两方向该岛腹部进攻，排挤岛上的少数中国驻军，利用军舰炮击沿岸地带。海南岛一部分的丧失对于中国的国防没有重大的意义；固然因这次行动而局部加强了南方海岸的封锁，可是夺取海南岛的主要目标还在打击法国和打击英国在这方面的交通。日军企图在一九三九年二三月扩大汉口根据地仅获很小的战果：日军只占据湖北省的安陆（德安）和江西省的南昌。可是四五月中国军队发动全线（山西、安陆、武宁、南昌、广州等区）反攻，获得相当成效。这次反攻的任务，据中国最高指挥部决定，并不包括总反攻在内，因为总反攻的时期还没有到来。中国军队和游击队积极活动的具体任务是：（一）打销日本指挥部集中大批军队于任何一个地点来作大规模进攻的可能和（二）把日本军力从后方吸收出来，日军在后方的任务是“扫荡”游击队和破坏游击根据地。这些任务都被中国军队解决了，他们的积极作战的胜利证明了中国已有一种军队忍受两年多的最艰苦的经历，不仅保持了自己的战斗力，而且增加了这种战斗力。游击队在敌后的积极活动对于四五两月中国军队进击的成功给了不少的助力。

整个说来，到一九三九年七月为止，战线在下列各个据点通过：包头（绥远）—黄河东岸（山西）—潼关（陕西）—开封（河南）—颍州（安徽）—信阳（河南）—安陆（湖北）—岳州（湖南）—武宁（江西）—南昌—九江—安庆—江苏省南境—杭州；其次则为中国东南部日军所占的海港福州、厦门、汕头；最后则为广州附近的孤立的战线和海南岛。

若把北起于包头、南迄于海南岛南岸榆林港的直线引长起来，则战线的长度约等于二千五百公里。战线的延长极端削弱了日本干涉者的阵地，容易在许多据点上被华军击破。

中国全部领土只有百分之十至十三受日寇控制。“占领”区的人口占全中国人口百分之三十五至四十。为要保护这些领土和“扫荡”境内的游击队，为要在最前线作战，日本军阀须在中国驻扎八十万军队。中国军队共有二百五十万。在日军后方，则有百万以上的游击队活动，其基本根据地在山西、河北、山东、安徽、江苏、浙江等省，除游击队以外，日军后方尚有中国正规军六十师。

中日战争像历史上许多著名的战争一样，须经过三个很大的阶段：第一个阶段，中国军队退入内地，日本军队向前进攻；第二个阶段，由于寇军力量的大量消耗和中国国防的增强，交战双方保持相当的力量平衡，中国则准备总反攻；最后，第三个阶段，中国发动反攻，反攻的直接目标就是完全驱逐寇军出中国。

自然，在这些阶段之间并没有划着严格的界线。它们由一个阶段过渡到另一个阶段，本是活动的和辩证的。例如在现在——第二个——阶段上（这个阶段基本上开始于汉口广州陷落以后），我们还在个别地方看到第一阶段的标志（如南昌、德安以及许多海港的丧失），可是同时也发现了未来的第三阶段的征兆（如一九三九年四五月间的华军反攻和六七八月间的连续获胜）。可是第二阶段的基本特征，则是前线力量的相对平衡和中国在后方准备反攻。这不仅是指中国自己的后方，而且是指敌人的后方，在敌后，武装民众的运动和游击战争还要更加强烈的展开。

游击队活动的全部实践证明了中国若无最广大的武装民众来参加战争，则胜利是不可想象的。

在中国作战的大部分日军（占百分之六〇）现在须与游击队作战。中国最高指挥部认定：游击队在撕毁日人榨取沦陷区的计划，破坏敌人交通，牵制前线的敌军力量，削弱敌军的进攻力量上，是具有何等重大的作用。同时，四五月和其后的华军反攻已在广大范围中显示了正规军和游击队配合作战的高度的效验。

两年半的中日战争的主要总结就是：日军无数次的军事胜利没有而且不能引导日本帝国主义达到基本的——也就是说——政治的目的——征服中国。

三

在中国后方，西南和西部各省（广西、贵州、云南、四川、西康、甘肃、宁夏），拥有一万五千万以上人口的广大领土上，现时正在进行强度的军事经济和动员工作。

在这里，交通和工业建设问题的解决遇到不少的困难，这些困难主要是由大多数这些省份的落后性、地方割据残余和封建残余错综而成的。在国民政府领导之下，这些困难顺利地克服了。这些农业和农业畜牧业占优势的省份不仅能够完全自给，而且成为中国数百万军队的丰饶的粮食根据地。近年来的收获量，使政府能创造粮食仓库，以保证长期战中的稻、麦、玉蜀黍等的需要。此外在内地各省还有丰富的桐油、煤炭、铁矿、锡矿等出产；金、银、煤油、锌、盐等的旧矿藏在加紧采掘，新矿藏在继续开发。

中国劳工从旧的工业中心把工业装备搬到内地各省来，在四川、云南等省，创造了三百五十个大企业。中国人在旧的工业中心里丧失了百分之七十左右的棉织业（一百八十万枚纺锤，一万八千架纺机）。到一九三九年六月，内地各省已有二十万纺锤和一千纺机开工了；在最近几月中，开工的已达三十万纺锤和四千纺机。中等和小规模的五金厂、飞机零件制造厂、军火厂也都开工了。

交通建设的最重要的任务是在改善旧公路，敷设新公路和新铁道。昆明至海防的铁道和云南至缅甸边境的公路有特殊的意义，因为这些交通是仰光海港的交通的延长。

一九三三—三四年开始发展生产和粮食合作社，现时更为扩大和普及，其总数已达几十万个了。

从沦陷区逃出来的熟练工人、工程师、技师成了新的工业的干部；手工业者和小商人则在合作社里找到自己的工作。政府解除了由沦陷区逃的农民的地租，让他们在新的土地上耕作。

一九三九年五月政府在战时首都——重庆——所召集的第一届全国生产会议是值得注意的。

蒋委员长在会议开幕词中说："我们现在有两个主要的任务，前线抵抗侵略，后方发展生产。我们应该革命我们的武装力量，并创造新的力量。这就是指国家的生产。我们应该实行经济改造，使我们能建立现代国家的国防工业。只有经济上能够自给，能够生产一切自己所必需的东西，能够自己供给枪炮的国家，才配称为现代国家。"蒋委委员又提出经济计划的六个要点：（一）集中资本与扩大生产（工业与农业生产）；（二）工业集中于国防生产；（三）中国成为自给自足的国家；（四）采用科学技术，提高生产品质；（五）蓄积财富，改造国民经济；（六）提高生产纪律。

会议通过了许多关于发展农业、矿业、制造业，调整供给状况，扶助工业，改善生产技术等问题的决议。在孔院长的演说和会议所通过的宣言中，都阐明了中国经济政策的基础。孔院长说，战时工业生产应该供应军事的需要。外货入口应限于极少数的作战必需品；输出（桐油、茶、羊皮等）应予奖励，以期获得支付输入所需的货币。奢侈品的生产应力求缩减。新工业分布应服从军事的要求，西南和西北各区应建成未来的工业的根据地。同时，政府对农业与工业的相互关系应予调整。中国欢迎外资投入中国工业，同时也应增加国家投资和私人投资。为奖励生产量扩充起见，商品价格应予提高。与国防有关的所有础[基]本重工业应受国家控制。所有其余工业部门则受私人企工家控制，政府对这些部门予以补助或别种援助。合作社和小工业企业的网应予广泛展开；重庆现时正在筹建一个工业合作银行，其资本为一千万元。生产会议着重提出必须在全国范围中训练产业工人和工程师的干部；孔院长认为这种干部是"生产的基础"。农业贷款应予扩充，使农民获得必要的资金以购买种籽、肥料和农具。未开垦的土地应予丈量与整理，由难民救济委员会通过自己的各机关分配予难民。生产会议又通过关于公路和铁路建设以及保障中国对外交通的许多决议。

军费和建设费用取给于下列各项收入：（一）税收；（二）各国华侨的汇款；（三）中国货物向国外的输出；（四）内债；（五）外人企业的投资；（六）外债。中国货币的市价在英日协定以后虽略有下降，但后来又上升了。中国一天战费达四五百万元，中国政府因受广大民众的拥护，所以取得这些资金并不感受特殊的困难，而不必求诸于增税。

从人力上看来，中国后方也符合最高的要求。人力是取之不尽的。各省都有自卫军成立，几十万公民受军事训练，预备手执武器上前线杀敌。军事训练分为（一）学校学生和（二）一般公民的两种。女子则学习医疗工作。爱国的口号和标语倒[到]处都在号召民众肩并肩地起来参加反对日寇的斗争。可是不能不指出，军事技术的训练还是极端的薄弱。往往有些机械化的装备没有按照本来的使命去利用。所以现在的主要任务就是军队和后备军干部要精通现代军事技术。

在重庆举行的国民参政会第四次大会上（一九三九年九月），通过了许多政治和经济问题特别是国际形势变化后的政治和经济问题的决议。蒋委员长在大会上说道："我可以负责向国民参政会宣布：我们的武装力量在战时已增加一倍……欧洲的战争要我们加紧去反对日本，我们相信最后必须战胜日寇。"这几句话是符合中国人民的意志和愿望的。

在日人占领的省份中，情形又是一样。日人能否随心所欲来榨取沦陷区域呢？如果否认日寇能从中国获得棉花、煤炭和铁矿，那是不正确的；日货偷运入中国也给了日本商人很多的利润。可是所有这些,依旧离日本资本家的希望还很远,因而当然不能把日本从外国原料依赖之下解放出来。

至于日本军阀所扶植的傀儡"政府",则他们甚至和民众间的最低限度的关系都不能建立。日本军阀假他们的手来实施恐怖和没收的政策。在许多场合下,他们与其说是日寇征服中国的血腥事业的帮凶,不如说是日寇的障碍物。这些政府的构成〖份〗子都是品质低劣的人物,民众都痛恨这些替日人服务的变节份子。在这些政府机关中,有贪污的老官僚,妓院和烟子窠的主持人,贩卖儿童的商人和那些为着一瞬间的安全不惜冒犯任何罪行的阔老[佬]出身的卖国贼。以"德高望重"的汪精卫为代表的傀儡中央政府很少符合日本政府的希望,虽然这个叛徒对于敌人的效忠可谓无微不至,而他到现在还没有组成日人所需要的"政府"。

日人所组织的伪满蒙军不能完成任何一个严重的战役,他们常常成几万人的投效到国军和游击队里去。

从以上所说的看来,在军事和经济方面,中国在抗战第三年比在抗战开始时更加站得稳固了,因为中国已经创造地学会比战前更完善、更正确的去利用那些缩小了的资源,自然这缩小的原因是许多大城市和海港的丧失。

中国拥有长期战争和准备总反攻所需要的各种资源。而日本的军事基础,特别是经济基础则比战争开始时大为削弱和处于更加恶化的地步。日本侵略中国和进犯苏蒙边境"同时进行"的企图的破产,使日本军阀的地位更加困难。无怪乎日本国家要人屡次直接间接发出"和平"的言论。在作战一周年纪念日,日本首相平沼就声明有名的"近卫宣言"(一九三八年十二月)迄今依然有效。

中国人民及其政府对于一切以日本帝国主义强盗要求为基础的任何和平谈判都以轻蔑的态度加以拒绝。无疑的,在这抗战第三年,日本还想摆脱战争和用任何形式来叫中国接受"和平"。

日本在作战二周年纪念日逢到了丧事,全国各寺院举行弥撒,六万个在华阵亡士兵的尸灰瓶陈列在寺院内供人浏览,这与其说是要激发日人已经消失和化为灰尘的爱国热忱,不如说是展览日本在中国战场上的损失。日本统治阶级上层的内部分歧日益加深。

中国则在许多战场上实行反攻和取得主动来指明其踏进民族解放战争的第三年。

全世界的报纸在评论中日战争和刊登中日双方的消息时,都一致指出两个交战国家的状况有着明显的区别:日本日益削弱,中国愈战愈强。甚至《太晤士报》东京访员在其论文中都下了这样的结论："西方历史上有过先例，受外族侵凌的民族能够锻练[炼]出刚毅不屈的精神；历史上有一种领袖，其意志和精神能制服一切的失败。可以说，中国正是这样的民族；蒋委员长正是这样的领袖。"（一九三九年七月十一日《太晤士报》）。

在任何情形下，两年多的战争经验，证明日本既为不能有投降思想的民众所反对，而政府为执行民众的意志，自不愿意投降，但同时本身又无力量进行进攻，把中国打到最后一道防线，任何一次甚至许多次的军事胜利都不能够结束这一次战争。

中日战争的外交形势，在欧战未爆发以前，一般地是不利于日本，因而有利于中国。在此必需注意，国际条件的意义是非常伟大的，因为无论日本和中国，虽然方式互有不同，而其依赖外界的情形却是一样的。

中国的强大的邻邦——苏联从抗战开始起就在精神物质上援助中国人民。一九三七年《中苏互不侵犯条约》和一九三九年中苏新商约的签订，对于正在进行正义的解放战争的中国实为非常重要的帮助。

苏联对华政策是以斯大林同志的指示为出发点的："我们援助那些遭受侵略并为自己祖国的独立而奋斗的民族。"

中国人民对于中苏友邦也备加称许和重视。

日本冒险家在哈桑湖畔和外蒙边境的歼灭引起了中国广大民众的热烈的反应。

一九三九年八月二十三日的苏德互不侵犯协定，在世界报纸上均被评为日本孤立的指标，因而在日本某些政界里引起不满的咆哮。同时，苏德协定却在中国找到了有利的反应，这尤其表现在中国法币市价的猛涨上。

中德贸易在近半年来又有显著的增加。

日英矛盾和日美矛盾的尖锐化，日本军阀对于在华各列强的经济政治利益的进攻，促成了英国在战争时期贷予中国信用借款一千五百五十万英磅。美国（通过华盛顿进出口银行）贷予中国借款二千五百万美元。但同时日英关税协议却在中国引起失望的感觉；投降份子乘机活动，期待"远东慕尼黑"降临。固然过后不久，罗斯福宣布废止一九一一年的《美日通商航海条约》，英国政府声明拥护中国法币，并只承认中国国民政府，远东的政治空气略见改善，可是英国政府因害怕把问题弄得"彻底化"，竟于八月二十五日将收押在天津英租界被日方指为"恐怖"份子的四华人引渡给日本当局。然而，就是这样，对于日本也很少帮助。

由于对外政策的失败，日本统治阶级上层的意见分歧格外尖锐，以致内阁一再更迭。新政府的主要任务是打开日本的国际孤立局面。英美供给日本侵略者的武器和军用原料不仅不因欧战而减少，而且反而增加。不能不考虑到一件明显的事实，就是在所谓民主国家里，顽古[固]的保守份子还没有放弃支持中国国内投降份子和在有利于日本帝国主义的条件下结束战争的念头。

另一方面，全世界的人民都对中国人表示热烈的同情和援助。在印度，中国人民的斗争引起广大群众的热烈的同情。印度国民大会领袖之一尼赫鲁莅临重庆时，开宗明义就说："全印度是站在中国方面的……我们正用全力来扩大抵制日货的工作。在这方面已收了很大的效果……反日情绪在印度人中是异常高涨的。"在印度各城市里，纷纷为中国军队募集金钱购买药品。印度医疗队就在中国本地服务。

总结起来，战争是持久的，如果战争的持久能够伴来民族统一战线的扩大和加强，则中国国际形势还会继续的改善。

四

中国抗日民族统一战线产生的全世界历史意义，现在已被两年多的民族解放战争的经验所证实了。

各党各派的合作，各种抗日党派的合法化，全国武力统一国民政府和最高指挥之下，国内行政上隔离局面的消灭，《抗战建国纲领》的制定，国民参政会的召集和地方参政机关的成立，三民主义青年团的成立，最高政治纲领——三民主义——在群众中的宣传和逐步实施，中国国际地位的加强——所有这些，就是在抗战第一阶段中抗日民族统一战线所得的成绩。

自然，在第一阶段中，还没有把全部纲领实施出来。在第一阶段中，还要用很大的力量来扩大和加强民族战线，为的〖是〗克服内外的军事、政治和经济的困难，这些困难是因敌人占领中心城市，大量日军讨伐游击根据地，日阀派遣间谍、奸细、暗害份子混入中国后方，以及所谓民主国家采取"不干涉"政策而造成的。

在决定内部困难时，首先必须提出下面的问题：民族战线就其阶级成份说，究竟代表什么呢？

中国抗日民族统一战线是三个基本阶级的政治集团：工人阶级、农民和民族资产阶级。城市小资产阶级群众（手工业者、小商人等）也包括在民族战线中。知识分子除极少数以外，都是积极参加民族独立的斗争。这些阶级和阶层通过他们所代表的政党结成共同斗争的同盟。

在半殖民地国家里，这种统一组织的伟大进步意义是决定于这一事实的，就是“作为解放斗争因素的民族的因素，乃是革命的因素”(斯大林)。

工人阶级及其先锋队之与本国资产阶级同盟，乃是从列宁和斯大林的学说出发的，这学说是说：在殖民地或半殖民地国家的资产阶级反对外国(现时即日本)帝国主义的条件下，上述同盟是必要的。先进的工人阶级是民族战线的积极参加者，他们在前线上勇敢作战，他们拥护国内政治民主化和改善人民物质生活的原则。

资产阶级作为一种阶级，在现时是站在抗日斗争的立场上。不管日本如何叫嚣“中日经济提携”，而日本帝国主义的政策，事实上是要叫中国资本的活动受其完全的压迫，因而就成了资产阶级坚决反对日寇的确切的论证。

但同时有少数保守和动摇份子。上面说过，持久战一般地造成了有利于中国的状况，但同时也加重了中国本身的战争的负担。就是因了这种缘故，所以在保守份子中就加强了动摇的倾向，生长了投降和反民主的情绪，出现了汪精卫之流的汉奸。

汪逆精卫于一九三八年十二月投奔到他的日本主子那里，是因他不能在抗日阵营里继续起演奸细的作用。另一方面，日人也不愿冒险损失这样一个“珍贵”的奸细，因为他的卑鄙的两面派手段已经一再被人家揭破了。可是在政治机构和群众组织里依旧留下了他的小喽啰。

继汪逆之后，少数堕落的汉奸也投到日人怀里。政府自汪逆出奔后便清除了奸逆所潜伏的根据地。

在一九三九年七八月里，汪逆奔走于北平、广州间，企图成立“中央政府”，以与日本缔结和约。可是任何一个有自尊心的中国人，任何一个国外有名的政治或社会人物，任何一个国民军里的长官，都不同意汪精卫的傀儡“政府”。何况有名的土肥原还不能给他帮助呢！

中国托匪，这些日本侦探机关里的忠实警犬，则专做政治挑拨、侦察和暗害的工作。他们用了各种困难，从内外两部来破坏统一战线。这些卖国匪徒，往往自命为“民族救星”。他们硬说中国抗战“只有利于本国资产阶级”，因此他们要叫劳动大众不要参加救国战争；他们主张“土地革命”，以阻碍农民跟全国人民一起参加反对日本帝国主义的斗争；他们大声疾呼反对“一切帝国主义”，以此分散中国人民的力量——这原是日本军阀所希望的。日本代理人托派的这种“政治”工作的目的是什么，不必说明就明白了。

可是托派卖国贼是没有而且也不能有任何群众组织来做后盾的。他们不过是日本侦探机关所雇用的匪帮，其特殊使命就是做最“细心”的破坏工作。

所以我们看到，在民族战线面前还有不少的困难。可是不能不看出，站在这种困难对面的力量确实也是强大的。伟大的民族已因神圣抗战而统一起来了；两百多万军队经过多次锻练[炼]博得光耀的成绩；一百多万游击队在敌后活动；政治民主化把几百万人民卷进积极政治生活里去了；工人阶级先锋队公开活动了；再加上国民政府执行抗战到底的政策——所有这些力量，在继续执行正确政策的条件下便能把困难克服。

中国人民的解放战争乃是民族革命的一部分。解放战争的任务是与革命的任务符合的，但是二者不是同样的东西，因为战争不能包括中国民族革命的整个内容。在战争之后，还要根据三民主义的纲领展开建国的工作。在这基础上，各党各派的更进一步的合作才能想像到的。

现时各党各派对于解放战争的前途问题已无原则的分歧。

在澈底执行抗日民族统一战线政策的基础上，中国人民必能在这次战争中战胜敌人和建立伟大独立的民主的强国。

（原载于《中苏文化》第 6 卷第 1 期，1940 年）

纪念“七七”应更加强中韩团结

[朝鲜]李达

伟大的“七七”第三周年纪念日来到了，我们纪念今年的“七七”有着格外重大的意义。第二次帝国主义战争正在激烈的开展，而世界情势有着很大的变化的时候，日本帝国主义在中国的泥脚愈踏愈深，已走上了死灭之路，相反的，中国抗战愈打愈强，而最后胜利更有把握的时候，我们来纪念这一个日子，何等兴奋！

“七七”的确是中华民族获得解放的开端，同时也是东方被压迫民族解放的先声。假如没有“七七”，中国也不会有今天的光荣，不仅中国如此，而且直接在日本帝国主义宰割下的朝鲜和台湾，亦以“七七”为契机，便走上了民族解放运动的新的发展阶段。因此不但中国民族纪念“七七”，朝鲜和台湾民族也很热烈的纪念着这有历史意义的伟大的“七七”。

抗战三年来，中国在各方面已给予日寇莫大的打击，而奠定了胜利的基础，获得了初步的胜利，然而，这初步的胜利，事实上距抗战建国的最终目标尚远，换句话说，“七七”所交下的历史任务，我们还未全部完成，而顽强的敌人亦还没有抛弃它那狂妄的野心，还在用百般毒计进行着灭亡中国的阴谋。因此我们纪念“七七”，不止于纪念形式而已，更应检阅我们抗战动员的力量执行具体的战斗任务。

今天我们要宣誓：第一，三年来中国抗战的收获固然不少，在军事、政治、经济各部门，中国逐渐以优势的姿态压倒了敌寇，但我们要检讨一下三年来的抗战中得来的经验和教训，在抗战四年开始之初更要当心敌寇卑劣恶毒的阴谋。尤其是我们更要彻底粉碎敌人离间中韩两民族感情的阴谋。第二，抗战三年来中国得到了国际的同情和援助，这说明了最后胜利是必属于中国的，我们朝鲜民族以义勇队协助中国抗战，也是理所必然，今后我们更应扩大朝鲜义勇队为朝鲜革命军，以增加中国抗战力量。第三，我们要继续加强和巩固中韩两民族的团结，动员更广大的朝鲜人民参加中国抗战，同时要求中国人民更多的积极的援助，发展和扩大朝鲜的革命运动。

末了，我们谨为抗战殉难的中国烈士致哀，并向正在前线浴血抗战的中韩两国将士致最热烈的革命敬礼！

（原载于《朝鲜义勇队》增刊，1940年）

迎接中国战争的三周年

[苏联]V. 罗果夫

载《世界经济与世界政治》一九四〇年第四—五期合刊。此文为作者在苏联科学研究院所作报告之第一部分(第二部分论中国军队与中国经济基础,将发表于该刊第六期),此处仅节译第一部分之首二节。

中国人民民族解放战争的现阶段

现阶段中国人民民族解放战争的特征,与其说是在于前线的形势,不如说是在于中国国内和国际的形势。

自从广州、武汉沦陷以后(一九三八年十月),民族解放战争进入发展的第二个阶段。自此以后的一年以内,日军不能实行一次大规模进攻。日军继续向中国内地的推进不仅在速度上加慢,而且在许多方面为中国军队所击退。去年五月日本大规模进攻鄂北襄樊被击退,夏季日军进攻晋南中条山脉游击根据地又被击退,秋季日军进攻长沙以及以后进攻粤北韶关又遭大败。日军欲由南宁继续向广西推进屡次均受顽强的阻留,日军在此处蒙受重大的损失。

日军在华北"占领"区里的"第二次战争"也没有获得重大的胜利。为反对晋北、冀南、冀中、山东、苏北等处的抗日游击根据地,曾调集至少十五个师团;为反对京沪线一带的××军和游击队,曾调集四个师团。一九三九年,四十多万日军从事"扫荡"日军后方的游击队和国民革命军。日军"扫荡"的规模虽然极广,而其目的仍未达到。在华北"第二次战争"过程中,作战日军比在占领该区时还多一倍。例如在武汉未占领以前,驻扎在铁路沿线和各大城市的日军不过三十多万人,而在一九三九年的"扫荡"时期,日军数量就增至六十万人。日军在华北"第二次战争"中总算夺得自己后方的几十个县城和多少修理了一些铁路,但他们却不能消灭民众的武装抵抗。

所有在“第二次战争”开始以前所存在的抗日游击根据地，现在依然存在着。关于日军后方游击运动的巨大成绩，可从下面事实获得证明：现时“满洲国”的伪军和日人所成立的地方人民的部队，非但都从前线上撤回，而且不派他们去打游击队，因为伪军士兵往往大批投□国军和游击队方面去。

日军在“扫荡”时所蒙损失，比游击队和国军还大。这是在华外国军事观察家所一致承认的。

现时前线形势的特征，是日军不能再向内地推进。

在战争时期，中国国民革命军的战斗力日益增加，而在日人后方，则继续展开广泛的游击运动。现时日本军事力量的枯竭，比作战第一阶段日军迅速向内地推进时更加明显。

中国军队在战争时期获得巨大的胜利，可是它还没有积蓄充分的力量以开始总反攻和驱逐日寇出中国。

第二阶级的基本特征是交战双方力量平衡阶段的延长。中国人民要迅速过渡到第三个阶段，即决战的阶段，首先须依靠中国军队的力量迅速增加和中国人民团结的巩固和扩大。

现时国际形势与中国战争

在现时瞬息万变的复杂的国际形势中，发生下面一个问题，就是现在中国民族解放战争究竟遇到一些甚么困难呢？帝国主义列强直接或间接干涉中国的危机是否会变成事实呢？

英法帝国主义自然希望日本结束在中国的战争，他们为要把日本拉到同盟国方面去，自然同意分割中国，对日作重大让步。这种前途能够认为完全可能。

可是要观察列强对于现时中国民族解放战争的态度，最好观察日人成立汪精卫“新中央政府”后所发生的事实。美国政府对于承认汪精卫傀儡政府抱反对态度。英国政界对于这一问题不作任何正式的声明。《每日导报》外交记着[者]则谓英人不愿承认“新政府”，但无论如何须顾虑该“政府”的存在，因为英国的主要利益是在日军所占领的中国沿海地带。

日报对于这一问题的反应是完全相同的：他们一致认为日本决不存任何幻想，无论美、苏、英、法、德等国，都不会承认“新中央政府”。《日日新闻》称：日本在华战争之命运，现在将以日本能否利用该“政府”为转务。

当各国对于这个问题的态度已经表明时，日本有田外相就发表一个含糊的声明，反映日本军阀所走的路线。有田声明的思想是不容置疑的：日阀将在

“新政府”的掩护之下，在中国沦陷区里建立一个这样的政权，它迟早要将所有外国利益全部排挤出去，或是逼迫列强承认日本傀儡汪精卫。

傀儡政府的成立历史是颇堪注意的

在最近一年中，日本军阀六七次指定汪精卫“政府”成立的日期。每次日本外交家和军阀都是探察在华外人的立场，并力谋护得其承认“新政府”的预先同意。每次日人都是允许开放长江航路以作承认汪精卫“政府”的交换。可是在华外国外交界都予日人以否定的答复。此后日人就大事恫吓，说要封锁外国租界，搜查外人住宅。这一次日人又说如果任何列强承认汪精卫“政府”，则该国就能得到长江航行权。可是日人这种以开放长江交换承认汪精卫“政府”的诱惑是谁也骗不过去的。

列强对于日人所成立的南京“政府”的态度，是他们根据经验，相信在日军占领区里遵重外国利益的话是不符事实的。日阀所建立的傀儡政府只会遵重日本的利益。

现时汪精卫政府只有日本来“承认”，可是这种承认有谁来拥护呢！

国民政府的政策并不违反外人在华的经济利益，恰恰相反，它是力求与列强确立一个正常的互相有利的关系。帝国主义列强不许日本在华殖民地独占，因为这会加强对于太平洋沿岸和印度的列强利益的直接威胁。列强只希望恢复为日阀所破坏的太平洋“均势”。因此他们不能不承认中国主权的加强。

抗日战争的胜利会解除帝国主义列强直接间接干涉中国的威胁，它是消灭这种威胁的唯一道路。

（原载于《中苏文化》第7卷第1期，1940年）

纪念"七七"与朝鲜革命

[朝鲜]朴孝三

伟大的中国抗战,已经有整整三年了,抗战带给中国以痛苦与艰难,同时带来了刷新与更生,在战争中不但建立了新生的中国,同时领导和推动东方被压迫民族的解放斗争,这一个"七七"是有历史意义的纪念日,同时也是一切东方被压迫民族解放的信号。

朝鲜民族的解放运动,在其理论与实际上与中国的革命,有着历史的不可分离的客观联系。在中国抗战到三年的今日,由于日本帝国主义内部矛盾日益尖锐化,因而引起了朝鲜国内外情势的顿然变化,朝鲜人民大众在日寇残酷的压榨下,而迫使他们走向革命,这革命的发展与日本帝国主义的崩溃,是互相成为正比例而发展着,所以朝鲜革命的动力与中国抗战的配合,愈益积极而密切,则日本帝国主义的总崩溃亦愈益迫近,因此现阶段中国对朝鲜的问题及朝鲜民族本身所负的当前任务,是非常重大而迫切。

目前日本帝国主义为了挽救在战争途上日益没落的统治,更加疯狂的剥削和压迫其本国与殖民地人民,教人以朝鲜为其兵站基地与资源人力供给地,借战时统制的名义,实行种种残无人道的手段。以物质动员为名绞死仅存一息的朝鲜土著资本的生命;以消费节省为名,朝鲜人民一日只餐食两顿稀粥;以"内鲜一致"的欺骗阴谋,要把朝鲜民族化为变相的日本人,做日本帝国主义万世的思想奴隶;以所谓"思想统一"为名,拘禁捕杀无数的有为青年和志士;以及严禁政治、文化、社会上的一切活动,又复颁布所谓"创氏令",想把朝鲜人原来的姓名都改为日本式的什么牛二郎、马三郎。这滑稽而毒棘的野蛮政策,就想把朝鲜民族意识铲除净尽,又以"臣民效忠"的命令,强迫征募所谓"志愿兵",并到处设立所谓"青年训练所",什么"爱国班",什么"动劳班",什么"移民训练所",什么"精神总动员联盟",等等。此外,特别是日本帝国主义为了巩固在朝鲜的统治,而且更要积极的使朝鲜成为供给侵略战争资源的所谓"兵站基地”。因之目前敌人在朝鲜积极扩充工业，使朝鲜变为战时工业化，倾其全力将国家资本对朝鲜各部门产业投资，在其投资部门中，工业方面已超过了百分之六十以上，其中多半是军需工业，结果使朝鲜农村经济加速崩溃，大部分农户均变成贫农，城市劳动者随之激增，□□□□□□的增加，在朝□□□□□□□□了很大的变□□□□□□□□□命的主力□□□□□□□□的斗争中……

□□□□□□□□□，日本帝□□□□□□□□□□，配合以诱惑的阴险毒棘的阴谋，迫使朝鲜国内的上层阶级投降，因之朝鲜国内的一部分封建势力和一部分中小资产阶级均已投入到敌人怀抱里，甚至□□□在国内相当活跃的“□□□”以及一部分无耻文人，替敌人作了绞杀革命的刽子手。朝鲜革命运动固然更为艰苦，然而他已深入大众里面，并且日益普遍化而带着积极性，然而这个运动必须与海外的革命势力和日本国内革命势力配合成一气才能成功。

所以，海外运动在朝鲜革命运动史上占着非常重要的地位，而在朝鲜革命运动的战略上，也是最重要的一节。海外运动已有三十余年的光荣历史，并且具有领导与指导整个朝鲜革命运动的地位，因此海外运动在目前情势之下所担负的责任是更重大，兹将其斗争任务，略述于后：

1.动员在日本帝国主义国内的一百万朝鲜劳动者，来积极参加日本人民的反战阵线，和日本统治者进行勇敢的斗争，这是日本帝国主义最基本的矛盾对立的一环。

2.在朝鲜国内，动员国内的人民大众，以“总督府”的统治为对象，用革命手段反抗敌人一切经济、政治、文化等各方面的施设，这是朝鲜民族对日本帝国主义斗争的最基本的战略阵地。

3.组织训练在华的一百八十余万的朝鲜移民，建立武装队伍，参加中国抗战，并切实的配合着英勇的中国抗战力量，以粉碎敌人□□□□的一切□国政权。

以上就是我们的战略任务，而我们目前在这三个环节中，应集中主要力量于第三个环节，因为日本帝国主义的发展和欧美帝国主义的发展是大不相同，它虽然经过了资产阶级性的明治维新这一阶段，可是当时推动这一革命的并不是进步的资产阶级，而是地方的封建军阀和地主，所以日本统治政权始终握在封建军阀(藩阀)的手里，所以它一诞生即具有向外武力侵略的先天性，然后经济、文化随之伸张。它在台湾如此，于朝鲜亦复如此，今日侵略中国亦施其一贯的故技[伎]，这就是日本帝国主义畸形发展的特征，它目前虽然倾全国之力来侵略中国，然而只是外强中干。中国打击和日本国内及殖民地间的诸矛盾的□□尖锐化，使敌陷于动弹不得的困境，其窘迫□□去□□抗战三年中毕露无遗。

所以我们晓得，敌人的矛盾环节中，侵略中国这一环节是最脆弱的一环，因为战争期的诸矛盾都属于此一环中，如果我们首先集中力量，把这一环节打碎，而其他一切矛盾随即爆裂，则整个日本帝国主义的体系必随之总崩溃，因此我们赶快发动在华的一百八十余万朝鲜同胞，加以组织训练，建立武装的革命队伍，积极参加中国抗战，并切实的配合伟大的四万万五千万生动的革命势力，打倒日本帝国主义，以奠定东亚和平的新的历史基础。

（原载于《朝鲜义勇队》增刊，1940 年）

如何纪念“九一八”

[日本]岸本胜
航 译

十年前的九月十八日，是东亚民族整个陷入不幸的深渊的日子，是最可痛恨的和不能忘却的日子。

“九一八”事变勃发前后，日本国内的阶级斗争非常尖锐化。日本资本主义毫无遗憾的暴露出它破产的面貌，经济界和小工业界陷入极度的混乱局面，街头泛滥着失业者，劳动者革命的组织、人民大众的团体日益扩大，政治性的罢工不断的出现和镇压，在国内各地掀起了流血的惨剧。

日本资本帝国主义者为了防止这种国内危机，结果是它自身崩溃的危机，把国民大众的激情转移到对外，因此制造中村井杉事件、柳条沟事件，在东三省写下了它蓄意已久的独霸大陆的第一页而追求它的出路。

“九一八”的勃发，使国民呻吟于庞大的军备费之下，正义的舆论被封闭了，和平产业相继在军阀的冒险政策之下被蹂躏了。

这样一来，九千万的日本民众被十八层地狱的铁锁所束缚着，三千万中国东三省民众的屈辱的历史展开了。没有任何仇恨，没有任何敌意的日本民众与中国民众，在大地上，在冰雪中，仿佛有什么旧仇似的互相撕[厮]杀起来了，数十万生灵可敬的血液流洒在旷野之上，没有武装的无辜民众开始流亡或被奴从，对反抗者以不餍的杀戮来报复，把稍微不服从的人以扰乱秩序的思想犯这罪名坑害。他们坦然一面制造这些惨剧，一面利用傀儡元首，用开发资源的名义拿来掩护，不断榨取大量的财富。

侵略者为了要使自己暴力所得的财富和权势永远存在，曾用一切甜言蜜语迷惑日本国民的视线，抽调贫农来组织满洲移民团和东三省屯田兵。

这样一来，一边举起了抵抗日本帝国主义的民族解放战争，一边却为了巩固反苏战争的根据地，扮演着老帝国主义远东警犬的角色。

然而刽子手们的欲望没有满足，年复一年，由热河而华北，而华南，追求着狂妄的独霸东亚的迷梦。

自“九一八”到此次中日全面战争，中国民众是以何等惊异的飞跃前进呢！而且现在还在前进着！“九一八”以来的东北义勇军，在过去四年经过了全民族坚决的民族解放战，此次反日本帝国主义的抗战，使全世界被压迫民族增强了挣脱帝国主义桎梏的革命机运，长期牵制此次帝国主义大战的到来。在这一意味上可说中华民族力量的伟大。

抗战中伪汪政权一派的出现，是侵略者最卑劣和最后的手段。然而像汪精卫这种败类的出现，倒反展开于我们有利的情势。为什么呢？因为他们的登场，使中国抗战的基础更坚固，成为误了侵略者的计划，陷他们于如像今日所见的绝路的最大原因。

他们这些蠢货，只是一些无能为力的傀儡，从国民膏血的课税中支出无理的预算和投资，制造毁灭自己的经济危机之路。

此时日本有心人士，即使现在变为侵略家的话，也不得不承认在汪伪那样腐败分子的势力下，并不能左右划时代的、觉醒的、澎湃的民族运动是至明的事。伪政权成立以后，每次策动的日本军事行动，恰恰就是一个是[实]证。这就时[是]说，无力的傀儡政权，不是以动摇民众，除了期待军事行动便无能为了。

不用说，今后我们的敌人必然会用所有优势的物力来进攻，继续作最后的挣扎，我们也许要遭遇到比以前更艰难的苦斗，然而我们在战斗的艰苦时刻，敌人也同样在苦痛的绝顶。经过最后的苦斗而把狂暴的侵略者的野心粉碎，这是可能的。

我们无论在任何时间在何空间都不能忘却过去被蹂躏的惨史。对付不仁的武力，譬如日本纵然拥有巨大的实力，我们只有继续在不死的正义之旗下而战，只有用侵略者大量的流血牺牲来回答他们。

今天，我们面迎着“九一八”的纪念日，满怀着悲痛！我们必须加强认识使东亚民族五亿民众卧薪尝胆为地狱的血海所苦恼着的此次战争与“九一八”的不可分割性，必须清楚地把握着与日本帝国主义斗争的意义。

临此意味深长的纪念日，我们益加奋勉，纠集在华日本人同志，彻底的与英勇的民族解放抗战阵营合作，而且与站在同一战线战斗的朝鲜，台湾的革命友谊团体提携，共同向反帝的战争奋勇迈进。

（原载于《中国青年(重庆)》第3卷第4期，1940年）

“九一八”与日本人民的生命线

［日本］鹿地亘
余航 译

所谓“日本的生命线”这名词是有过的。

正当面迎着光荣的抗战第四年的“九一八”纪念日，我想谈谈关于这名词的若干感想。

“生命线”这一个名词之突然出现于日本社会而且开始支配着每一个人的耳目，实际上是产生于九年前的“九一八”事变前后的事。在这之前，日本人民并没有意识到所谓“生命线”这个名词。全体国民都不曾想过保证自己和民族的生命是存在于满洲、中国和太平洋上其他石油产地诸岛那样的事。

何谓“生命线”呢？这恐怕任谁也不清楚吧。人们徒然为这个含有警觉性的“生命”的呼声所突然唤醒而陷入于不安的状态里。大多数的人民面对着当时以必死的决心去拼的——“为了生命的斗争”，给这个连原委也不清楚的不安的呼声所带走，终于供这个不安的呼声所驱策，而陷于连绵九年的地狱之苦和东亚史上前所未有的这次不幸的战争之中。

人民的生命线在何处呢？

生命线把当时人民的喉管也喊破了。没有一个人不痛感到日本帝国主义者对人民残酷的压迫与蹂躏的魔手已强压在自己的身上。为什么呢？因为当时日本帝国主义者被以一九二九年为顶点的世界经济恐慌所袭击，为可惊的工业生产之衰退与社会经济之不安所威胁。然而实际上身受经济恐慌痛苦的人，无论什么时候决不是他们帝国主义者本身。何以故呢？因为帝国主义者无论什么时候决不亲自驮起经济恐慌的负担而把它推到人民的肩上。正当经济恐慌的时候，反而最先抓住陷于经营困难的中小生产者的弱点，或并吞之，或使之倒闭，图谋独占生产，甚至把众人的危机作为利己自肥的机会。

日本生产社会所表现的是一贯的公式，每天发生了中小工业者的倒闭，我们听到过“产业合理化”这样的新名词。底下就是所见到的事实。大量的失业者被赶到街头上来，从倒闭了的或停业了的工场来，从缩小生产裁减从业人员的工场来。独占的帝国主义资产阶级，为了卸脱恐慌的负担，提出了“生产费合理化”，减低劳动者的工钱，延长工作时间，把勤劳大众陷于可怖的痛苦中。都市的不安传染到农村去了。在社会生活的各方面，不断地发生了由于这些独占帝国主义者合理化的魔手造成的饥饿不安的现象。这当然唤起了人民的抵抗。为了解放勤劳大众和改善他们的生活，打倒饱吸人民之血以自肥的独占的帝国主义资产阶级，日本国内广泛地掀起了站在饥饿线上的人民底决死的革命高潮。

人民的力量变得强大了，同时受这个革命高潮所威胁的帝国主义者开始派出他的警犬和走狗作无比残酷的压迫和攻击。所谓“治安与持法”这种死的法律，被修正为更可怖的作恶的法律了，监牢里挤满了人民的战士。然而，解放战斗的火焰更炽旺了。当时在以革命的人民呼声为号召的出版物上见到被描画出来的田中首相漫画，它很清楚的刻画这个作为人民内心的公敌是何等可憎的对象之野蛮、狞猛，暴露出他那一付大猩猩的面目。

然而在这种经济不安和革命斗争的怒潮激荡之中，田中自杀了。我们针对于“大猩猩”的自杀这奇怪事件认为问题决不是一出喜剧。实际上这个由田中所决定的为求解放帝国主义者的危机而上奏的侵略政策，是与掠夺满洲之始同时进行了。于是国内人民的怒吼已为全国无线电播音扩声机所播送着的枪剑之声和军歌的音波所掩没了，在使“保卫生命线”的人们有着不安的警觉之声中，人民的视线被转移了。

“九一八”是日本帝国主义者为要解救其危机的冒险政策之开始，这当中是含有不少重大的意味。由于帝国主义者常常把自己的责任和危机转移到别人身上而救出了自己，冀望繁荣。

第一，他们把自己的负担转移在国民身上，这当然不能解救了危机，反而掀起粉碎帝国主义基础的人民革命之怒潮。

第二，他们为了缓和革命的怒潮和欺骗国民，把痛苦转移到大陆住民身上，于是又出现了掠夺和杀戮的地狱。然而代替了这些事件和解救危机是唤起了东北居民勇敢的、不屈的反帝国主义的斗争，加强了中华民族反帝的解放运动之声势。

第三，他们为企图缓和自身的危机和独占的强化而并吞国内中小生产者的利益，掠夺大陆上别国的权益和企图强制执行独占东亚。结果正和他们的预想相反，燃起了与据有这些权益的列强间之东亚争霸的帝国主义战争的火种。

他们等待别人牺牲，找寻解救自身危机条件的对象，已有一个社会主义的苏联存在。颠覆和掠夺苏联当然是帝国主义者共同的愿望。由日本帝国主义者看来，进攻苏联正是缓和帝国主义列强间之危机的条件。日本说，掠夺满洲的目的就是要合理的造成进攻苏联(防共)的根据地。列强对于这事持根本不赞成的看法是不曾有过。以李顿调查团的报告书作为中心的列强共管满洲案，只是一个修正进攻苏联的各国共同根据地的提案。然而苏联的具有实力的和平政策，粉碎了这些阴谋，同时扩大了帝国主义相互间的危机。

日本帝国主义者为了解救自身的危机的一切卑劣的阴谋都碰壁了，因而以“九一八”为起点，终于出现了可□的东亚惨史。他们以日本人民与中华民族，甚至以全东亚住民为仇敌。日本人民革命的斗争与中华民族英勇的抗战及东亚诸民族的解放战，为了用宝贵的血来支持这必然的态势，是非团结不可！

在中华民族光荣的抗战第四年，这种宝贵的反帝结合已成为随处存在的事实了。在日本国内□□的人民斗争的爆发与中国抗战互相呼应中，我们在中国的日本人民反帝的斗争正集结于一个革命的组织下就是一例。日本帝国主义的危机越益形成陷于泥淖的状态。终于他最后进退两难，招来了现在太平洋上帝国主义战争的前夜。代替了解救危机是招致了危机的尖锐化，东亚各民族血的团结更坚固了，我们正预感到日本帝国主义的崩溃，解放东亚的黎明已临近自身。

在以中国抗战与日本人民革命的斗争之结合为轴心的反帝斗争组织的现实化——还更进一步的抗战阶段上，我们来纪念意味深长的第九回的“九一八”。

（原载于《中国青年(重庆)》第3卷第4期，1940年）

中国抗战三周年

[苏联]V. 玛格兰

一九三七年七月七日，日军一中队与中国廿九路军士兵在平郊卢沟桥发生冲突。这一武装冲突，成了延长三年之久的中国战争的开端。大家知道，日本指挥部想用闪电式的一击来击破中国军队并使中国政府迅速投降。三年战争的经验，证明日本指挥部没有足够估计中国的力量，没有足够估计战争会带着坚强的拖延的性质，并证明战争吞食了双方巨量的物力和人力。

中国战争的战略行程，粗略地可以分为三个基本的阶段。第一个阶段所包括的时期为战争开始到中国首都南京被占。日军军事技术之优于组织薄弱和武装恶劣的华军，使日军能在这一阶段上比较迅速的掠夺大批的土地。日人一面克服退却中的华军的抵抗，一面就把几乎整个华北及其大工业中心和战略中心——北平、天津、保定、张家口等处占领下来。

可是华北的占领没有引起中国政府的投降。日军指挥部本想从速结束对华战争，到此就决定扩大军事行动，集中火力进攻上海。日军参谋部认为，上海和上海附近区域——中国最大的经济中心——的丧失，就会动摇中国抗战的决心。同时，上海的占领会对南京造成不可避免的威胁。中国军队虽作坚决的抵抗，终于被迫于十一月十二日放弃上海，退守南京。可是就在南京迅速沦陷之后，也没有使中国投降。在作战第一阶段上，日军曾屡次企图包围和击破中国军队的主力。可是这些企图从未成功。

第二阶段始于南京被日军占领以后。中国政府根据首五个月的作战经验，曾将中国武装力量大加改造，而编成统一的军队。由于这，徐州之战和其后中央战线的战斗，就带着比较坚强和残酷的性质。日军为要占领汉口，曾作五个月的顽强战斗，利用长江使军舰深入中国内地而达成占领的目的。日本军舰，佐以航空队，时常协助陆上部队，炮轰沿江两岸的城市及中国交通。

第三阶段始于汉口被占领之后。这一阶段之特征，是日军进攻的速度加慢。日军深入中国内地，由日军的后方至前线，有几千公里的距离。日军不但要与前线的中国正规军作战，而且同时要与后方的与人数众多的游击队协同动作的中国军队作战。道路崎岖、山脉湖泊的障碍，使日军不能广泛采用机械化部队。

差不多与汉口陷落同一时候，广州的命运也就决定了。在战争首数月中，日军参谋部就预定占领华南的计划。可是这些计划的执行，由于害怕与在华南拥有巨大经济和战略利益的英国关系发生尖锐对立，而暂时受到了阻碍。

最近一年的战争特征，是中国前线的几乎完全稳定化。除了南战场的南宁之战和中战场的长沙、宜昌之战外，在这一时期中，不能指出任何一个重大的战役。实际上，交战双方现在的工作，是在巩固自己的阵地，和重新配置自己的力量。尤其是日军现在所实施的步骤，其目标是切断中国与外界的交通线，以此阻止必要武器的获得。

×××

海港和大工业中心丧失以后，中国政府就以建设内地经济中心为自己的任务。

在抗战头两年中，从日人所占领的区域中，迁出三百四十一个工厂、十五万吨机器和几千个熟练工人，来到内地各省。在中国交通这样困难的条件下，跋涉数千公里，迁移许多工厂曾化[花]很大的力气。例如有一家机器厂，利用帆船、火车、马匹，经过二千三百公里，从上海迁到四川，运输时间达两个月以上。许多任务厂和兵工厂都迁到四川、云南、贵州等省。在现下成为中国经济中心的四川，有大小五金工厂不下二百家，供给全国以各种武器和机器。从抗战开始到一九四〇年一月一日，四川新建的工厂共有四百七十八个。中国临时首都重庆和云南省会昆明成了重要的工业中心。

政府为增加矿产采量和钢铁产量，现正实施各种有效步骤。大规模的调查工作正在进行，旧的矿井正在刷新，新的矿井正在开发。在三年中，共开发了十三个新煤矿。

工业改造所遵循的路线首先是满足军事需要。但同时采取一切步骤以增加生活必需品的生产。在新经济基础的创造上，虽然已获成功，但其生产量现时仍不能满足前线和人民的需要，而输入的依赖性依旧还很大。因此，政府予工业合作社以极大帮助，工业合作已成为战斗中的中国最有活力的经济力量之一。工业合作社的社员数量现正迅速增加中。自一九三八年八月组织成立以后，一年中就在各省成立五万个组织。合作社社员——工人和农民——从事各种日用品、手榴弹、军用品和半制品的制造。

农业改造方面的工作也是值得注意的。在中国政府所控制的领土中，基本农产品的收获量占全国收获量百分之六十以上。过去多年来，特别是一九三九年的丰收，使政府能创办大规模的粮食库。中国政府为扩大播种面积和加植新的作物，现正实施广泛的水利建设。财政部已扩大农贷的范围。

拥有数百万人口和丰富经济资源的全国百分之七十五的领土现仍在中国政府掌握之中。

（原载于《中苏文化》第7卷第1期，1940年）

侵华战争的代价

[苏联]K. 彼得洛夫斯基

今天，一九四〇年七月七日，是中国战争三周年纪念。日本在这次战争中所追求的目的是显而易见的。日本政治活动家和军事活动家都把这些目的称作“建设东亚新秩序”。如果依照事业界代表的说法，如大阪商船会社董事长村田省藏所说“我们进行这次战争的目的，是为再度夺取中国的市场”，则他们对于“建设新秩序”的公式，不像日本军部所了解的透切。

战争已经进行三年。当军事行动开始时，日本军部以为掠夺中国也像一九三一年掠夺东北一样迅速和容易。荒木将军既受此种情绪的影响，于是制定日本作战原则说：“如果战争一经开始，则就要尽速进行战争。战线尽可扩大，而战争时间则应缩短。”

一九三七年七月七日日本发动对华战争正是打这种算盘的。可是这种算盘□□打通。中国人民团结一致，踏上了武装保卫祖国的道路。

日本在这次战争中究竟付了一些甚么代价呢？由于日本军阀的失算，国家究竟付出多少代价呢？

甚至根据严格的官场统计，侵华战争的军费支出仅就一九三七——一九四〇年议会所通过的数字言，就有一百六十五亿圆之巨，若包括一九四〇——一九四一年预算在内，则在此三年中的军费支出，已达二百三十八亿九千六百万圆了。这是官场的统计。但必需知道：在战争条件下，任何资本主义国家都不会把军费支出的实在数字公布出来的。

在过去四个预算年度中（一九三七年——一九四一年），每年平均战费在日本全部岁出中占百分之七二，而一九三一年时仅占百分之三〇·八，仅举出此点，即足以了解这种庞大军费使日本财政陷于如何紧张的状态。

内债为战费的基本财源。根据《东洋经济》杂志的统计，一九三八至一九三九年政府为中国事件共发行内债一百零四亿日圆。

发行战债势必引起日本国债的增加，日本国债在一九三七年三月为，一百零五亿七千四百万圆，而在一九四〇年三月已增至二百二十九亿八千六百万圆了。

战争、战债的发行，战债利息的支付，势必引起租税的增加。日政府在三年侵战期间，增加租税至四倍之巨，一九四〇——一九四一年预算中之租税总额已达四十亿日圆（一九三六年为十亿日圆）。虽然租税收入仅占一九四〇——一九四一年预算支出额不满百分之三十，但其全部重担都是放在人民肩上的。租税种类之多达到极点，日报自称在日本“除了空气以外，一切都要课税”（《朝日》）。

“和平”部门的生产量的缩小，军事工业的单方面发展，市场商品的不足，再加上日本发币银行不现实的债额的增加——其结果就是日本面向显然不稳固的通货膨胀。日本银行发行之纸币，至一九三九年年底，总计三十八亿一千七百万圆，较担保发行之限额已超过十一亿一千六百万圆。

军用品和军用原料的大量输入，出口工业部门的生产量的降低，以及其他许多因素，是一九三七至一九三九年日本（包括所谓“日圆集团”各国）对外贸易平衡极端不利的原因。最近三年的差额达十八亿圆之巨。

日本不得不为进口货而支付黄金，故日本黄金不断外流，主要流入美国。根据前青木藏相的统计，一九三七年日本黄金输出量达八万六千万圆，一九三八年达六万六千万元，一九三九年（根据美国《纽约论坛快报》在一九四〇年五月所发表的材料）日本对美国一国的黄金输出量达一万六千六百万元美金，而在一九四〇年一季中达五千六百万元美金。

结果日本现金准备在三年侵华战争期间已显然消耗殆尽。据美联社消息，美国官场人物认为日本现今存金已不足一亿圆美金。

这是财政方面的情形。工业怎样呢？军火生产的强化发展，造成工业生产量由一九三七年的一六七（如以一九三一——一九三三年的平均指数为一百）增加到一九三九年的一八一。可是从一九三九年九月起，生产又见低落。一九四〇年一月工业生产的指数降至一六九·四，即退至一九三七年六月份之水平。至于和平工业部门，更不待言，在战事爆发时即早已开始低落。这种工业对于输入的巨大依赖性，造成它在欧战发展的最初数月中的停滞状态。无疑的，欧战恶化了日本进口原料和物质的供给可能性。

战争没有消灭失业。三菱财阀的机关刊《循环月报》确定日本失业人口数字在一九三九年初共有一百二十万人。这大部份是丧失了所谓和平工业部门和商业机关工作的人。从许多已停闭的纺织厂中解雇出来的女工和童工构成日本庞大的失业军。

战争对于农业的影响尤为严重。由于大量劳动力脱离土地投入军队和军事工厂，由于化学肥料价值的飞涨，播种面积因而缩小了。稻的收获量由一九三六年的六七，九四〇，〇〇〇石降至一九三九年的六四，六七六，〇〇〇石，即减少二百五十多万石。若留心日本稻消耗量为七千五百万石，则就能明白全国和军队的稻的供给是如何严重，日本在今年冬春两季就开始特别尖锐地感到这种严重情况了。日本不足部份的稻由朝鲜和台湾输入，朝鲜、台湾的播种面积和稻收获量的减少同时也使日本国内的稻谷饥馑尖锐化。

小麦、稞麦和其他作物的情形也并不可观。为输出而劳动的农业部门，尤其是养蚕业，则受战争之打击尤为严重。在作战三年中，从事养蚕业之农户已由一百八十一万五千户减至一百六十五万六千户。

国内经济财政的困难严重地反映在日本国内市场的现况上。根据东京市参事会的统计，若干种生活必要品的价格自侵华战争爆发起到目下为止计增加：稻和其他五谷百分之一八一，咸鱼百分之三三五，马铃薯百分之三〇二，萝葡[卜]百分之四五六，卷心菜百分之四〇四，衣服百分之三七一，长短统袜子百分之三九四。

在日政府禁止提高工人职员工资令的同时实施下，此种物价增加势必引起最小限度生活费的提高和实际工资的更加缩减。

战争也使工厂劳动时间增加，现时大多数工厂的劳动时间为十一至十四小时。

经济和财政的困难自然引起国内内部政治形势的尖锐化。毫不足奇的，战事继续发展之前途，非但不能在日本劳苦民众中间博得“欢心”，即在日本工商界代表人士中间也是一样，因为他们知道三年战争已使国内经济、财政与内政达于极限，超过此限度就要招致严重的纷扰。

代表工商界人士的日本报纸刊物的篇幅上时常发出强硬的呼声，要求“把侵华战事限制在目前的限度内”。另一方面，一部份军人因考虑目前国际环境，而欲从速“结束”侵华战事，以便放松自己的手。这就是日本加紧压迫中国战场的原因。可是这种压迫没有得到何种实际的效果。日人虽然力图割断中国与外界的联系，而中国人民正以其日益强大的毅力继续为自己的自由和独立而斗争。

（原载于《中苏文化》第7卷第2期，1940年）

侵华战争三年以后

[苏联]G. 波尔蒂列夫

(载一九四〇年七月二十日《消息报》)

米内政府的辞职,发生于侵华战争三周年后数日。内阁的倒台无疑地是总结日本在亚洲大陆上军事行动的结局后自然产生的恶果之一。新政府——近卫公爵的第二届内阁是负责用某种方法解决“中国事件”以副日本统治阶级之望的第五届政府。我们总还记得,中日战争是在近卫第一届内阁成立时开始的,该内阁其后屡经改组,在战后第一个一年半时期掌握政权。

不问日人的期望如何,而侵华战争终于绝望地拖延下去了。从一九三八年十月起,长达四千公里的中国前线几乎找不出一点足能说明接近战争结束的征候。在日人发动的所有大小战役中,如去年八月在山西、九月在长沙和今年六月在宜昌,历次都是失利。

可以说,日本在整个侵华战争期间,没有像最近两三个月那样需要最迅速的结束战争。这首先由于外交政策的考虑。日本许多政界人士认为,目前由欧战所造成的国际形势,对于日本实施向太平洋南部和西部的继续扩张极端有利。

对日本本身以及内政问题着想,也是需要解决“中国事件”。三年战争的结果,日本经济已极度动摇。除了报上屡次曳露的经济方面的许多消极现象外,最近又加上严重的粮食困难,劳动力为车队所征募,牲畜的激减,肥料的不足,以及其他因战争而产生的不利现象,日本国内和日本最大殖民地朝鲜的旱灾,使全国农业产量显著激减,不仅日本本国痛感粮食缺乏,即朝鲜、满洲和日军所占领的其他中国沦陷区域都感觉粮食不足。尤其像上海那样大的商埠、工业城市,粮食缺乏引起抢米暴动,大□饥饿的人民袭击米行,拦劫运米卡车。

日本工业现状也是一年比一年恶化。不仅制造人民日用品的工业陷于困境,就是作为军队的“宠儿”的冶金工业也陷于绝境。去年冬季煤和电力的供给就显出严重的不足。原料和熟练劳动力的不足从战争开始起就成了日本工业的大障碍。总计起来，日本工业在一九三八〖年〗中所达到的程度，为其侵华战争以后的发展最高点。自此以后，则其发展的路线主要是改造工业的内部，扩大直接与军火供给有关的一个部门，缩小和甚至停止其他所谓和平部门。从那时起，工业总生产量就日益减小而渐趋不稳。

为要加强基本军事工业部门的生产，日政府乃于一九三七年特别是一九三八年把输入部门加以改编，取消所有对军事工业无重要意义的货物输入，并放弃大量黄金和中央发币银行的货币资财的输入。

同时，对于满州[洲]和华北华中新占领区资源取给问题亦加以特殊的注意，华北华中与日本及其殖民地是被称作“日圆集团”范围的，即日本资本不可分割的势力范围的，开发中国沦陷区，首先是满洲和华北天然资源的大计划（“五年计划”等）业经制定。

日政府三年来在这方面的努力竟毫无成绩。就价值说，日本现时对沦陷区域所付之物资，与其由该区所获得者相同，在有些地方，甚至要比它所得到的还多。在日本全部入口贸易的价值中，由沦陷区输入者在一九三九年仅占四分之一弱（百分之二三·四），而在一九二八——九三〇年，就是说，甚至在满洲未占领以前，这些区域就供给日本进口贸易平均百分之十九强，可知从不断的流血战争中所得来的成绩是如何渺小。而且上述中国沦陷区供给量的相当部份的增加，还是由日本工业换用中国原料的人工方法所促成的。

日本的原料恐慌，一年比一年严重，日本各工业部门间特别是战时工业与“和平”工业部门间争夺原料的斗争，也日益尖锐。尤其是日本输出工业部门的代表，首先是受战时约束的纺织工业的代表，对于国家统制制度表示极端的不满，因为后者剥夺他们参加国际贸易和供给欧洲交战国货物的可能，大家都知道，欧洲交战国在第一次帝国主义战争期间曾予日本资本家以很大的利润。

半年前米内内阁的上台，因为内阁成份中有几个与三井财阀有密切关系的大资本代表，所以一般都认为“经济自由主义”的时代已经开始了。可是由于大量在华远征军的供给的必要性，使米内内阁中个别大臣削弱国家经济统制的计划化为乌有。政府对军部的关系恶化了，而这就成了政府辞职的基本原因。

由于原料不足和外货强度输入的必要，日本银行的黄金和货币资财便大受压榨。三年侵华战争的结果，日政府不仅几已耗尽原有的黄金，而且连三年中新采得的和从民间搜括来的黄金都已耗光了。总计在这一时期投到国外的黄金总额约有二十五亿圆。

除了银行金准备耗尽以外，日本国库里还有大量的战债。战前日本国债(大部份也是与满洲和内蒙的军事行动有关的)约达一百亿圆，而当时国民收入则有一百三十亿圆。在最近几年中，日本国债几增加一倍半，达至二百四十亿圆。

一百四十亿圆国债的增加，乃是日本庞大侵华战费的真实证据。

侵华战争的财政，几乎全赖发行新债来维持。随着战费的增加和脱离黄金基础的日圆的贬值，国家信贷活动的速度自然逐渐增加了。如一九三八年日本国债每月平均增加额为三万七千九百万圆，而一九三九年每月增加额为四万五千一百万圆，今年二月增为四万六千一百万圆，三月增为四万七千万圆。

这自然并不是说把日政府列为国家收入来源的租税忘掉了。

在战后数年中，日本屡次提高租税。实施了许多新税，其榨取的主要对象为广大劳动人民。自一九三七年一・〇八四百万圆税收增至今年税收预算三・二五四百万圆。在这一时期中，日本全部国家预算由一九三六—三七年的二十三亿圆增为一九四〇—四一年的一百零三亿圆。预算中的战费比例由百分之四十八增至六十八。

除了租税压榨的加强以外，地主和资本家对日本劳动者的直接剥削也增加了。

今年日本工人的劳动时间更加延长了。现在大多数日本工人一天要做十一二小时的工，有四分之一以上的工人一天连续做十四小时和十四小时以上的工。同时，从一九三九年十月起，日本一般地已禁止增加工资了。而物价则继续增高。在最近三年中，生活必需品的价格至少增加百分之八十至九十，在这种条件下，日本工人就几乎丧失了战争开始前所得工资的一半。

这就是米内政府当前的内政外交上的重大困难。它既不能消灭这种困难，又不能把它缓和。因此解决这一任务的责任就落到现在近卫内阁的肩上，日本统治阶段现正期望近卫内阁能以新的方法，更“坚决”、更“有效”的方法来克服现存的困难。

(原载于《中苏文化》第7卷第2期，1940年)

中国为独立而斗争

[苏联]A. 比捷洛夫
叶文雄 译

(载一九四〇年五月四日《真理报》)

日本力图解决“中国事件”的要求,是中日战争发展中的最大特征。日本统治阶级所指望的,自然是缔结一个这样的“和约”,它能够满足日帝国主义的基本要求和在某种程度内丧失中国的国家独立。

日本提出这种要求的原因是很明白的:一九四〇年所能许给日本的希望不过是新的灾害和严重的经历,使日本经济更难维持。最近又加上一个新原因——欧洲战争的扩大,提出了某些列强的殖民地领土和保护权的保存问题;拥有丰富资源的荷属东印度恐怕不会被“等闲着过”的!但是要在太平洋和南海沿岸采取任何严重的攻势,则日本就要从中国战争中解脱出来,日本对于中国战争,也是抱着一种幻想的。以汪精卫为首的伪政府的成立,大体上说明了日本政策的这些基本的趋向。

中国国民政府拒绝近卫公爵在其任日本首相时所提出的奴隶性的条件以后,日本就认为必需在中国成立一个与公认的国民政府相对立的代替性的中央政权,同时要求这个政权能有极大“威望”和起合法政府的作用,以便唆使它加速缔结和约。汪精卫于多次企图组织政府失败之后曾于一九四〇年一月对重庆作“和平号召”,这不是偶然的。二月底,日本米内首相发表一篇冗长的声明,说明中国新“中央政府”之目的是与日本缔结和约,反共,与建立日华“善意友好”关系。自此以后他又申明:如果重庆不放下武器,则日军将继续作战,直至“解除华人之迷[谜]”为止。

所有这些宣言都是对准重庆而发的。

汪精卫在组织政府时所遇到的困难是众所周知的。从一九三八年十二月汪精卫开始“和平运动”到一九四〇年三月南京伪政府正式宣布成立,在这十六个月中，日人用了各种阴谋想把汪精卫与中国人民强附在一起。可是汪精卫的“政府”是在这样一个环境里产生的，它的创导人所梦想的人都和它离得很远。中国没有被击破。中国人民充满坚决的意志，继续为其祖国独立而斗争。而日人和汪精卫所遇到的一切困难终于通过自己的经验，再一次地证实中国民族团结的力量。

但是不应该因此就以为汪精卫只有一人，除了少数遗老和暧昧的事业家以外就没有什么别人。自然，他所成立的政府，日本行政“天才”所产生的虚弱的产儿，是一个没有人民、没有军队的政府。可是主要危险不在于它本身，而在于一部份人的停滞不前。

然而要把独立战争变成人民战争，必然要实施许多民主改革，或破坏经济中、国家管理中和军队中的封建传统。为着抗日战争顺利执行的利益，政治制度已经逐渐民主化了；农村中的地主和绅士丧失自己过去的影响；高利贷受法律所追究；几世纪来官职分与官吏属人和亲友的神圣制度已被打破了；官吏侵吞公款受法律所追究；国家政权更加集中了，无政府状态和分离主义的传统已经消灭了。现在还明白感觉到必须更进一步的改革，以改善国家行政和提高农业和工业中的劳动生产率。

除此以外，战争也要求工商业和银行布尔乔亚的一定限度的牺牲。

可是现在中国的命运，不是由上层结合所决定，而是由全民族所决定，其骨干和动力就是广大民众。

国民政府现在拥有广大领土、丰富的自然资源、完整的军队，而最重要的还有人民的拥护。

中国一千一百六十万平方公里土地中，日军约占百分之二十二（据《东方事务报》统计）。因此，百分之七十八的领土仍在国民政府控制下。在四万七千另五十万人口中（据一九三六年调查），未沦陷区域的人口占百分之五七.五（一千五百万由外地移入的人口不计在内）。如果拿沦陷区和自由中国的农产品的百分比的对比看，那么就得到下面一个说明：在国民政府权力所达的区域里，所采集的稻占百分之七六.三，大麦占百分之六五·五，马铃薯占百分之五七·八，谷草占百分之五二·六，并出产大部分最珍贵的产品——桐油（四川一省占百分之六十，此外贵州、广西等省亦有出产）。

必须指出，最近几年来，特别是一九三九年，内地各省均有良好的收成，而在沦陷区中，因受兵灾的破坏（尤其是灌溉系统的破坏），收获量已降低。中国西南和西部各省拥有丰富的森林——中国百分之七十五的森林产于这些省份。矿产蕴藏量（末[未]经完全调查）很富。

在不受日本武力干涉的自由中国里，所采铜矿占百分之七一·七，锰矿占百分之九八·一，锡、亚铅、锑、镍、砒素占百分之九九·九，明矾占百分之八六·四，金占百分之四八。

内地各省的工业正在进步，一切严重困难正在克服。当然生产量还是相当的小，大量输入的必要性还是起着大的作用，可是国内生产已增加了，这一事实对于中国有着头等的意义。

至于说到中国对外贸易，则不管日本经济学家如何作恐吓性的预言，它已经找到了所需要的路子了。虽然中国大部分海岸受封锁以后，困难日渐加重，但将中国海关关于一九三九年九个月中沦陷区域与自由中国对外贸易数字加以比较，则就可以看出，后者到年底之出超额达三千三百六十四万五千元华币，而沦陷区(包括上海)之入超额达四万另五百万元华币。

中国在军事和政治方面的成就是难于估计的。中国军队两年十个月反对其较强的敌人，逐渐完成了现代军队的特色，能够进行严重的打击，并能更进一步转入总反攻。

国内政治制度的民主化巩固了民族团结。召集国民大会的决定将具有历史意义。宪政运动日益展开。关于中华民国未来宪法最重要原则问题的讨论更证明全国对于准备国民大会选举引起如何生动尖锐的兴趣。

新的中国在战争过程中成长。正因为中国人民现在是为民族解放而斗争(帝国主义时代民族革命战争的明显实例)，所以战争对于中国的意义不仅是破坏，而且是在新的更高的基础上的共和国的建设。

这一斗争是艰难的，它将付出很多代价。只有坚定、英勇和彻底实现抗日国策，才能保证中国人民的胜利。

(原载于《中苏文化》第7卷第1期，1940年)

中国抗战三年的军事行动

[苏联]G. 米哈伊洛夫　M. 斯切班诺夫

（载一九四〇年七月七日《红星报》）

一九三七年七月七日，日军借口卢沟桥事件，开始侵华军事行动。

日事指挥部最初的目标，为集中力量掠夺华北政治和经济中心，首先是平津区域，以及铁路干线。

在平津区域的战斗发生之初，华北中国军队由廿九路军部队构成，该军共有六万五千人，配有大炮四十门。而在平津区域之华军数量则有四万至四万五千人。日军在该区驻有所谓“华北守备队”步兵一万人，配有大炮三十门，坦克及战车二十八辆，飞机二三十架。这些力量显然是很不够的。当时日军开始进行休战谈判，以便赢得时间由满洲调集新的部队。

到七月二十日，日军既集中充分力量，就开始转向积极行动。中国军队曾予坚强抵抗，继续保持平津区域，并顺利反击敌人的一切进攻。

到七月二十五日，日军实力已达步兵四万人，大炮一百至一百二十门，坦克与战车约一百五十辆，铁甲列车六辆，飞机一百二十至一百五十架，并继续作新步[部]队的调集和弹药的输送。所以，在战争最初一个阶段上，日军以少数军队博取胜利的希望已经被打破了。至于中国军队，则依旧保持原有成份，进行作战。

从一九三七年七月廿六日到三十一日，这一期间，为争夺平津区域发生残酷的决定的战斗。由于日军所造成的数量和技术的优势的结果，廿九路军于继续三星期的坚强英勇的战斗以后就放弃了平津区域。到七月底，该军已退到永定河西岸与南岸的新防线了。

廿九路军的退出，结束了华北最初一期的军事行动，其结果日军夺得了华北最重要的经济和铁路中心——北平和天津，保证其获得继续进兵的练兵场。

廿九路军作战失败的原因，是日军在数量和技术上都占优势。可以说，当时力量对比(如坦克车在战争开始时为二十八比零,在北平争夺战时期为一百五十比零)是有利于日军的。

日军既夺得平津区域,就能在河北、山东、山西等省以及西北部的绥远、察哈尔等省扩大进攻。但是日军若不占领张家口及其以东之战略要地南口山隘,就不能攻入绥远、察哈尔两省。

日军既向南口张家口推进,害怕该区华军打击,因此就放弃沿平汉、津浦两铁路继续向南进攻的发展。日军指挥部为封锁大辛保定区的中国援军,乃放弃在大沽与北平一线(约一百七十公里)与华军作战,掩护该线的兵力共有四万人,大炮七十九门,坦克五十辆,飞机约一百架。同时,日军又准备在南口、张家口夺得后的全线进攻。

在八月一个月中,南口、张垣一线发生顽强的血战。在八月中旬,日军屡欲占领中国要塞而未获成功。日军指挥部鉴于南口要塞既不能占领,就企图绕道攻击张垣。日军为此调出二万五千人,重炮、飞机、坦克等。

日军于八月廿八日占领张垣、宣化与怀来。日军利用有利形势,以集中进攻南口要塞的方法,企图包围要塞守军,可是中国军队卒能突破包围而向西南部突进。

夺得张垣及其附近区域以后,日军便保证自己的右翼,创造必要根据地,企图在华北全线实行进攻。日军一面由北平天津沿铁路干线南下,一面继续西进,在绥远省境展开军事行动。

随着日军的深入,战线总长度也就大增。如果在一九三七年九月初由张家口到天津的战线长为四百多公里,则在九月底的战线长已增为七百五十公里了。

在各种方向的长距离的战线上作战,日军指挥部力图局部击破中国军队,因而采取广泛的机动战术,实行纵深包围,以达突入中国阵地后方的目的。

×××

与华北军事行动同一时期,八月中旬在连续发生的“事件”之后,又开始了上海之战。

上海是商埠和工业中心,中国全部工业百分之五十和对外贸易流通量的百分之六十均集中于此,日人掠夺上海的目的,是想叫中国政府投降,可是这一次日人又失算了。

在上海战争过程中,最明显地表现以少数兵力实行闪电式战争之无效。在淞沪战争开始时,日军数量只有一万,而在上海陷落时(经过三个月之后),

作战军队已达二十万人了。

上海阵地战争的失败，逼使日军指挥部开始对城市作集中的进攻。日军补充生力部队，组织南北两路进攻（南路由杭州湾登陆），以重大损失为代价，克服中国军队的坚强抵抗，始得逼近上海近郊。华军指挥部因既成形势而于一九三七年十一月十一——十二日被迫将上海区域的军队撤至城市以西的新防线。

四个月华北战争和三个月淞沪战争的结果，日军于蒙受重大损失后，始得占领上海、平津区域与河北、绥远、山西等省的大城市。因此日军能将部队强行向南推进，沿华北基本交通线——津浦、平汉、同浦等线——展开战争。

此时国民政府为适应持久战的计划，乃保存自己的军队，赢得时间以作部队的加强和改造，并实行战略的退却。

自平津区域与上海战争以后，日军指挥部就开始明白：中国人民及其政府与军队是不会投降的，是要准备长期坚决抵抗的。因此，日军决定包围和击溃中国军队的主力，并以此在有利情形下结束战争。

一九三七年十一月南京区域的战争，是日军包围和击溃中国军队优秀部队的第一次企图。自上海战役以后，在太湖与南京间约有四十万华军。日军指挥部企图将华军迫至长江，一举包围并消灭之。自占领常熟—苏州一线以后，日军始接近这一任务的解决。

当时参加战役的日军，约有十二个师团，坦克、重炮、空军与海军等部队。总数共有二十万人。日军企图由北部予南京以主要打击，为此派遣五个步兵师团，此外又派遣两个步兵师团，组成另一集团，其任务为由南向南京进击，与北线日军配合，达成包围华军的目的。

中国指挥部为保存军队的基本力量，乃决定放弃南京，开始循长江作有组织的撤退。中国军队在南京战争时期的行动，是带着后卫战争的性质的，其目的为掩护主力的撤退，并予日军以物质消耗。

南京战役开始于十一月二十六日，结束于十二月下半月。可是日军并未达到预定包围华军的目的。南线日军的行动，展开得太慢。日军很难克服中国后卫的抵抗。

在全部战争时期中，第二个最大的战役是一九三八年夏季所发生的徐州战役。自中国军队退出上海、南京后，就造成两个孤立的战场——北战场和中战场。李将军所指挥的中国军队就在徐州以南和以北的两战场作战，李将军于一九三八年四月曾在台儿庄区域予日军以重大打击。

日军指挥部的计划，是联合中战场和北战场，同时并包围和消灭李部，迫其退入徐州。为此成立四个集团，由南北两方实行进攻，以达包围华军之目的。可是日军的力量是显然不够的。在徐州以东作战的日军非但不能克服华军的抵抗，甚至不能保持与友军的联络。

比较强大的西部各集团虽能保持联络，但是战线拖得很长，不能抑制李部的主力。日军所能达到的任务只有一个，即联结北、中两个战场。

最后一个大战役是武汉之役。在此以前，在武汉外围——彭泽、湖口、安庆、九江——有几场残酷的阵地战。日军指挥部于夺得这些据点之后，便着手占领武汉。

日军选定长江为主要进兵方向，分三路沿长江南北两岸，以及由平汉线信阳站实施进攻。双方参加武汉争夺战的兵力极大。日军拥有十倍优势的空军、炮兵和坦克。此外，日本陆军的行动还有海军舰队的协助。

一九三八年九月，长江南岸为争夺阳新城而发生激战，夺得该城就为日军开辟进攻武汉的道路。中国指挥部为保存自己的实力，就放弃武汉。

在作战中蒙受重大损失，疲惫万状软弱无力的日军，乃于十月二十七日开入汉口。在此以前数日，日军陆战队占领广州。

×××

武汉战役结束后，日军不能继续进攻，部队需要休息补充，日军进展速度加慢，几乎整个战场的日军都转入积极防御的状态，直到一九三九年为止。在一九三九年与一九四〇年期间，日军指挥部发动几次地方意义的进攻。一九三九年一月对山西进攻未获成功，这是众所周知的。这次进攻没有决定的性质，其任务不过是在试探中国防线的弱点。

一九三九年二月，日军掠夺海南岛。该岛的占领首先打击了英、法、美的利益，加强了日本帝国主义在太平洋上的战略地位。同时日军与游击队广泛展开战争，对游击区实行扫荡。可是日军的企图为游击队所击破，日军虽然利用大量兵力，而终未获胜。××军与××军以及许多游击队则在日军后方活动，不断予日军以重大打击。

游击队袭击日本守备队，破坏日军交通线，困扰敌人，使其不得不在“占领”区里保持大量的兵力。

中国军队在武汉战争时，表现了坚定积极的精神。它曾阻止日军的攻势，可是在当时它还没有充分的力量，还没有准备转入积极反攻的时期。中国指挥部利用一九三八年十一月至一九三九年二月这一期间曾将部队重新配置，加以强化和改造。

日军攻进南昌—武宁线（一九三九年三—四月）与汉水区域（一九三九年

四—五月)之目的,乃在扩大武汉根据地,并转入更有利的防线以保证武汉南部与西部近郊不受中国军队可能的反攻。可是日军没有达成自已[己]的任务,付了很大的代价,不过夺得一个南昌。

长沙之役(一九三九年九月—十月)的结果,是日军完全被瓦解。自汉水沿岸与南昌战争后,日军在三个月中准备掠夺长沙的大决战。日军进攻长沙的目的,乃在包围和击溃湘北的华军,占领长沙和南昌区域,因该区是继续向南和向西军事行动的适宜根据地。九月,六个有力的日本师团——三、六、三〇、三三、一〇一、一〇六——在一百五十余架飞机协助之下,分六路向长沙进攻。可是由于英勇的中国军民共同努力的结果,日军遭受重大的失败。日军狼狈退却时,弃下大量武器和弹药。

日军向广州以北的进攻(一九三九年十二月、一九四〇年一月),也没有成功,显然日军的目的是在联接南、中两战场。

日军想在绥远,在包头区域扩大自己的根据地的企图(一九四〇年一二月)也获同样的结果。

参加南宁战役的日军,共有二师团步兵和大量海空军。一九三九年十一月十五日,日军在钦州湾企沙钦州□处登陆后,即开始该区军事行动。十一月二十四日,日军开入南宁。但继续由南宁向北及西北进展则末[未]获成功。

日军对于南宁战争之目的,为破坏中国与法属安南之交通。日军现时在华南之活动特别积极,其目的为占领安南附近之领土。

在六月中,日军补充生力部队既毕,发动汉水与长江沿岸的战斗,卒将宜昌占领,可是宜昌近郊的战斗,迄今还是异常顽强,许多置点反复转让。

×××

全部中日战争的经验,尤其是一九三九年和一九四〇年战争的经验,证明日军非但不能达成包围和消灭华军主力的目的,反而显出自己两翼和后方的弱点,不能对抗华军的包围。日军从来没有一次战役完成包围和消灭华军主力的目的。

在战争初期,由于华军力量的薄弱,日军曾能相当顺利的执行自己的战役。可是随着华军战斗力的提高,日军还是依照旧的方法来行动,在估计形势时忽视极重要的新因素,因而时常陷于困难地位和蒙受重大的损失。

所以,日军在包围战中(南昌、襄阳、长沙等)之失败,不是偶然的。这是"防御冲击"战略的结果,战略思想中的保守主义的结果。

三年侵华战争没有使日本获得重大的胜利。战争的持久性和战争的全部行程，证明速战速胜计划的破产。基本作战任务——消灭华军——仍未能解决。

中国则在三年抗战中改造和加强自己的军队，在西南各省建设军事工业的根据地。这使中国人民能够继续顺利为其民族解放而斗争。

（原载于《中苏文化》第7卷第1期，1940年）

苏联论中国抗战：论中国的战争

[苏联]M.巴伏洛夫

礼长林 译

（译自苏联《同路人》杂志一九四〇年一月份）

中国的战争，已经继续着两年多了。在这一所有的期间内，英勇的中国人民舍身忘己地跟着侵占在中国领土上的日本帝国主义作着顽强的斗争。

一九三七年七月七日，日本军阀在北平近郊投□了挑战的炮火。这一个炮火就是军事行动的开始。

以自绝于中国民众为赌注的日本帝国主义，经过了少许的战斗，在很短的时期内就可以消灭中国军队，就可以使中国人民屈膝，而且就可以答应下来他所要求的条件。

但是，日本人却算计错了。中国人民极广泛的各阶层，都在反日解放战争的旗帜下统一起来了。被着为自己祖国的解放与独立而斗争的伟大目标所鼓舞起来的中国千百万的爱国志士们，都已经武装起来了。依照这种伟大力量的号召，中国民众都团结在国民政府蒋介石的周围。

中国军队不如日本军队的武装，军事技术的装备也较日本少，但是由于她自己士气之坚强，因此日本军阀并没有把她消灭。随着每一个新的战斗，她是发展了，坚强了，经验丰富了，并且还逐渐地有组织和有战斗力了。在无数次的战斗中，她指示出自己的力量，并且指明了被解放战争之伟大的思想所鼓舞起来的军队之手段，就是在于这个力量上。在她的战斗的旗帜上，在平型关、台儿庄，在山西省的万山中，在长沙的近郊，都曾写下了战胜日本之伟大的胜利。

现在，在战争进入第三年的今日，中国军队较第一年更为特别地坚强有力了。军队与人民密切地联系着，军队爱护着人民，她是有着这样的伟大的力量，这个力量可以消灭日本受过教育的而且武装精良的师团。

那么，日本帝国主义在战争两年多当中，究竟获得了一些什么呢？

以着千百万的无数伤亡者的代价，以着经济紊乱与军事资源之储藏枯竭的代价，以着日本劳动大众忍受异常惨重的痛苦的代价，在这些劳动者的两肩上担负着一切的战祸，才不过使它只能够占领了中国领土的一部而已。

这种损失，这种占领着中国的基本的铁路线与港口之在工业方面比较发达的领土之损失，中国人民感到相当的痛苦。但是，日本帝国主义者却并没有觉到自己坚强地占领住那些被占领的土地。在它们的后方，已展开了极广泛的游击队的活动，在这种活动中，有着千百万的中国爱国志士们参加进去。

游击战争，使日本必须保有巨大的军力在后方。游击队给予日本人一个极严重的打击，而且在日本士兵的深心中对于他感受着极大的恐惧。在许多日本士兵的信件中，都充满着在遍地的而且出没无常的游击队之前的恐怖。日本的士兵，宁愿在前线上战斗，而不愿在后方跟游击队斗争。

游击战除了扰乱日本军队所占领的地域外，并且还阻碍着日本着手剥削被侵占的领土。日本正在进行着“以战养战”，在占领区域内并准备着大肆搜括对于战争必需的物质与原料。而游击队就是到处阻害它们进行道路上的破坏者。据外国观察者一般的认定，游击队的活动，迫使日本疲于奔命，并且防害着它们开展中国被占领区域的富源之正常的掠夺。

◉◉◉

因此，到了一九三九年年底，日本帝国主义就严重地感觉到了在中国所耽延的战争是一个极大的困难。

在春天、夏天以及在秋天的期间，前线上所进行的军事行动都没有获得特殊的进展。在被占领的中国省份里树立起傀儡政权，企图以这一政权阴谋分裂中国解放战争的阵营。但是中国人民拒绝承认傀儡政府，而且都把他们称为汉奸，不愿意给他们做事，继续地与日本侵略者进行着斗争。反战的情绪在日本军队中普遍地发展着，到处发生着厌战事件。在被日本所组织起来的傀儡军队中（即被强迫所动员起来的中国人之数目中），都在一个一个地暴动起来了。

整个的中国人民以着愤怒而被唾弃了卑污的汉奸汪精卫，同样也并未能获得自己的日本主子的欢心。创立“新伪组织”，以及反对在重庆所设立的中国国民政府，他都失败了。他号召“改组”国民党的集会也崩溃了。人民大众并没有跟着汪精卫走。

在这种情形下，日本指挥部在一九三九年秋季就准备下了并且进行了两个大规模的军事行动。

一个是发动在山西省，其目的是在包围和消灭中国出没于山地中的正规军和游击队。虽然这一个军事行动在最初，日本军队有着某一些的成功，但到最后，他们终归于失败了。中国军队突破了日本军队的进攻包围，并且以着一些成功的打击压迫它们退却于原来的阵地上了。

第二个军事行动是在中央战场，由汉口往南去的战线。在这里，日本以其主要的打击向长沙进攻，因为长沙乃是湖南省最大的商业的与工业的城市之一。日本人的这一个进攻，不仅只是要占领这个城市，而且还要消灭靠近于这个城市的中国之主要的力量。

为着达到这个目的，日本帝国主义两个军事集团，其中之一即主攻的，由岳阳往南□□□向长沙进攻；另外一方面，即助攻的，由南昌在西北□□向前转进。很显然地，这是企图切断中国军队方面的后方。在这次进攻中，日本方面却动员了精锐的力量：步兵、炮兵，以及空军。

日本进攻长沙，是在九月二十日即开始了的。争夺长沙整个的战斗期间，可以分为两个阶段。第一个阶段，大约是一直继续到十月一日以前，日本希望并且以着重大损失，比较迅速地直向长沙逼进。第二个阶段，即中国军队转为反攻的时期，中国军队不但反击了日本，而且还使它们遭受了惨重的失败。日本的损失，估计总在三万人以上。中国军队与中国人民正义地庆祝了在所有战争期间之最大的胜利中的一个胜利。

日本军队在长沙的惨败，不只是有了军事方面的意义。它同时也还是日本帝国主义政治上的失败。计划进攻长沙的日本人，正在期望了它的成功。他们企图在前线上的胜利，可以影响到中国人民的精神上，而使它的雇佣者汪精卫能够比较顺利地展开反人民的投降求和的宣传。但是进步的中国军队，却击退了长沙的进攻，而且消灭了敌人，同时在国内掀起了巨大的高涨，更为愈益坚强中国人民最后胜利的信心。

在十一月的时候，日本把力量又转向到中国南部沿海去了。十一月十五日，日本陆战队在北海附近之海军军舰掩护下登陆了。在战斗七天之后，南宁城就被日本军队占领了。他们企图从这个城市向北面发展，但是失败了。

十二月，中国军队开始了全战线的反攻。在北战场，包头、开封、长子（山西省），在中央战场，由汉口往西、往北，在南战场，南宁、广东等地，都曾经过了剧烈的战斗。

总观十二月份的战斗，都可以证明着中国军队的进步。他们能够从日本军队手中克复了许多城镇，并且可以使日本预备队遭受了极严重的损失。

一月的电讯，又传送来中国军队之新的胜利消息。十二月底，日本军指挥部从广东集结优厚的武力向北方进攻。它们进攻的目的，显然是粤汉铁路上的一个巨大的据点之韶关，这里乃是广东省政府之所在地。十二月二十三日，日本军队依着在粤汉铁路上有着它的中心支持的据点，以着三个纵队的军力向北面推进。在九天的期间，日本军队曾是比较顺利地进达于预定的目的地。但在一月一日以后，中国部队却已经转变为反攻了。日本的进攻被阻止了。日本在战斗中曾遭受了巨大的损失——上万余的伤亡者。

邕钦路上的军事行动，对于日本的发展是很不利的。日本军队占领了南宁，已经遭受了中国方面坚强的抵抗，这对于它并不能帮助其发展进攻，而且还被迫变为只是防御的了。在这个战线上的中国军队，同时给予日本无论在人员方面或是物质方面都受到了重大的损失。日本两个联队被歼灭了。中国军队俘获了八门山炮、一百三十九挺机关枪，以及汽车、无线电机、曳引车，等等。

所以，新的一九四〇年，中国军队以着异常的进步表现出来了，再一次地指示出自己高度的战斗力。

对于自己神圣事业有着坚强确信的中国人民大众，继续着斗争，一直到战胜了他的敌人。

（原载于《中苏文化》第6卷第2期，1940年）

“东亚协同体”与“大陆政策”

——在游击干部训练班演讲词

[日本]鹿地亘

鹿地亘先生——一个我们的日本友人，国际正义阵营的勇敢战士，在这里，用不着介绍，想不致是一个陌生的名字吧，这篇是他在××干部训练班的演讲词，在这里，他把日本用以欺骗世界的所谓“东亚协同体”这名词的产生背景是怎样完全揭破了，并且把敌国内部腐烂的现象，做了一个无情的解剖，使我们了然于敌寇的真相。我想：像这样宝贵的材料，恐怕在任何地方都是很难找到的，记者曾征得鹿地亘先生的同意，准备把这演词公诸国人，惟当时以校课繁忙，未暇顾及，兹者因在返粤旅程中重检该稿，加以整理发表，暴露敌寇假面具，为我国抗战必胜信念增一层保证，想不是没有意义的吧。至演词未经读者校阅，如有不对地方，当由记者负责。

——记者

（一）什么是“东亚协同体”？

今天我很欣幸在此和诸位见面，和诸位谈谈关于日本目前的窘状和害怕中国游击队的情形，诸位均为发展游击的中坚，有伟大使命放在肩上的，那么现在来和诸位谈谈这些，想不是没有意义的吧！

“东亚协同体”这名词，算是日本第二期侵略战争中的特色了，这特色理论无疑是建筑在他那吞并整个东亚民族的大欲上面的。换句话说，是日本为要把中国、朝鲜……民族完全屈服于指挥刀下而达到独霸东亚的目的，遂有“东亚协同体”这套理论的产生，这话是怎样说呢？现在不妨把它的内容向诸位作详细的解剖。

自从武汉会战以后，日本已感到了无办法结束这个战争，跟着打下去，只有泥足步步加深，于是乎便巧妙地打出了这个新的幌子，大发其声明……政治、文化上联结起来，完成共同防共的目标啊，奠定东亚永久的和平幸福啊！说的多么漂亮，表面多么冠冕堂皇，可是骨子里却完全是日本在无办法结束战争中喊出的新口号，企图把进步的中国抗战适当地停止下来，以避免遭受惨败，维持他们所谓大国的体面，但试想中国会上他们得当吗？也只好徒劳他们幻想而已。

其实日本喊出这个口号，其内部的矛盾和困难，是达到了怎样的地步？譬如政府屡次向民众发出种种要求，如长期对华战争呵，希望大家能够吃苦呵，……这是说明了在“东亚协同体”的背后隐藏着几许的艰危！在池田财阀声明发表以后，一般御用的新闻界走狗们，曾经用尽种种的办法，为这个问题去铺张扬厉，可是本身的弱点终究是要暴露出来，他们在报纸上、在通讯社整天都大吹大擂的说，政府声明是应该附和的，要使中国屈服，武力侵略是必须加紧的，但日本军阀有这力量吗？要中国屈服既不可能，占领地区又无法统制，因此“长期战争”“东亚协同体”口号便不得不应时而出了。

“东亚协同体”的内容，第一，在政治方面，利用中国民族落后份子，组织一中央伪政权。第二，在治安方面，要通过这伪组织去安定及统治战后的民众，达到以华制华的阴谋。第三，在军事方面，要设防扫荡游击区，以遂其资源掠取的目的。第四，把占领区变为经济掠夺市场，用伪币政策，企图在经济上打击中国，屈服中国。但这些企图，他能够达到的吗？结果，还不是要拿钱来向中国继续战争这条路？谈到这点，更可知道诸位今后的任务是多么重大的了。

日本自从这“东亚协同体”口号喊出来，跟着便有所谓国内外舆论的拥护，在中国也有些不害羞的份子，拍电或派代表到东京去向日本政府道贺，梁某还自己跑去向日皇千恩万谢，感谢日本给他地位，并预祝歼灭抗日政权的成功，但日本什么东亚院、中共公司、华北开发公司，以及联合银行等，还有调换一些具有政治头脑的军人，去灵活的巩固及利用伪政权以执行其侵略的国策，可是别方面，我们却又看见了他国内所谓的舆论，并不如他所谓拥护一类的理想，人们对他这种计划的批判，常带着一种滑稽的口吻，他们说：东亚协同体的主张是不错的，人民是应该帮助政府的，但政府试反问一下，有没有这种力量去实行？这是悲观论者，又可说是道德论者，照他们的意见，以为战事延长，占领地区虽多，但背后有游击队的袭击、破坏，治安不能维持，民主无法安定，所谓资源开发，自然更谈不上，资本家的如意算盘，到底是不能如意的，他们并对那些资源追求主义提出了质问的口吻：他们所祈求的煤、铁等，现在在那里？结果还不是天天由自己国里拿出钱去打仗？在这种情形之下，可见东亚协同体背后是包含着怎样的矛盾，使他不能顺利进行的。

现在我们且举一些例来证明那些道德论者所说是不是真实，据上海沪江大学学生到青浦系所谓维新学校调查结果，青浦有二十四万人民，但在伪政权下只有三四万人，其他二十万则完全在我游击队即中国政府管辖之下，据那些逃出来的难民所说，伪政府的腐化情状，可怜又很可恨，怎么呢？因为伪政府的职员不能不吃饭不用钱，要维持治安不得不养兵，这些吃的、用的来源，自然都靠抽收租税，可是现在大半地区既然在游击队手里，剩下来的都是一些穷苦不堪的民众和一些经过炮火洗礼而变成荒芜破坏的田园、产业，试问那里去供给他们的抽收？于是他们在无办法中，只好不合理的抽收物产通过税，这样一来，那些农产品的价格起码就要飞涨数倍，而游击地区呢，可没有这些苛刻的抽收，所以民众对于他的农产品，常用种种方法运输到中国后方去，这是游击队与民众合作的成功，故上海至福建各地游击队活跃，都是建立在这种军民合作基础上的，这样弄得伪政权无法补救，便大量的运输毒品——鸦片之类，从中抽收巨额税，伪组织就在这种丑态情形下维持下去，不是很可怜可恨的吗？是的，聪明的日本何尝不看到这些，可是没有办法救助，这是很容易想象的事实。

在这里，日本碰到一个严重的民族问题了，这个问题将会粉碎他那东亚协同体的整个计划，为他意想所不到的。除了上述事实外，在别方面我们又可以看见日本所谓经济之路，也一样的走不通，日本不是曾经企图把中国的法币从华北驱逐出去吗？他们的手段是要用联合银行的伪钞收买中国的法币，并且把法币价格降低，一元只值伪钞九角甚至五六角，但结果还是失败。民众不单是不会轻视法币，而且更把法币紧紧的收藏起来，法币在华北的信用异常巩固，绝对不受动摇，就是日本商人也要信用法币，不用伪钞，这样一来，第一，联合伪钞票要维持信用，随时去兑换日元，伪钞滥发，影响日本通货膨胀。第二，中国经济与英美各国有密切关系，日本欲割断这个关系，除非和世界做一次大决战。关于这点，日本好无顾忌的去实行，如去年怂恿伪组织发表收回租界、收回地盘宣言，为扬子江开放问题，很不惜与各国发生冲突。去年十二月，日本还发表重要声明，认为外国权利在中国存在一天，对日长期作战是有妨碍的，在日本权力下对这些权利是不敢保障，不敢固守书信约的等。尤其对英美更多方威胁，如掠夺广州后复继续占领海南岛、斯特巴莱群岛等，日本也看到了大战不可避免，故先发制人，随时准备战争，这样发展下去，日本危机与大战危机便成了循环律、因果律，日本因经济危机而加紧侵略，促进大战危机，大战危机复促进日本加紧侵略，企图找到根据地及物力资源，因此世界大战到现在已不是可能不可能问题，而是时间问题了。

从上面这些事实，我们就可以明白东亚协同体是怎样产生和经过，第一是日本军事的失败，第二是经济的破产，第三是政治的无办法，第四是民族问题的发生，遂有所谓东亚协同体理论的建立。所谓军事失败，就是日军以为占领中国地区即可屈服统治中国的睡梦是打破了，军事占领目的在掠夺市场和资源，但事实上治安不能维持，资源无法开取，还要继续大量的用钱，经济计划又失败了。在政治上伪组织失去民众拥护，无法统治，有些地方又连伪组织也产生不出，政治变成了无办法，日本的加紧侵略，反而促进了中国民族的觉悟、民族的对立和仇视，使日本感受莫大威胁。凡此种种，于是遂有所谓为东亚民族的和平幸福而有东亚协同体的口号，这固然是一种欺骗政策，企图用漂亮的外衣崭新的花样，在无办法中去改变其侵略的方式，我们认清了这个阴谋，我们就要针对着而给他致命的打击，在游击区内，第一，要尽量使民众不要受他欺骗和麻醉，第二，要加紧经济反封锁，促其经济破产，第三，积极的推翻及破坏伪组织，使其无可利用，最后要实行瓦解敌军促进其崩溃，以及连续不断地予以打击，这都是我们最切要的工作。

关于崩溃日军这点，我想再详说一下，我们知道，自从武汉会战以后，日兵的心理状态就起了极度的变化，完全和以前不同了，他们部队里时常发生了“我们永远不能回去了！”那类悲哀的语调，在我碰到的每个俘虏，都表示他对于侵略战争是明白了，不像过去那样受人欺骗了。并且从他辛苦经验中已理解到东亚协同体是多么无聊！我又遇到两个从租界给民众捉来的日本兵，一个是因找马料而到民家的，一个是因修理房子找寻木料而被捕的，听说自从这事发生后，“不准外出”立刻在敌军中成为严重的问题，现在领有区内敌兵就连一点草也不能拿到，怎么样去完成东亚协同体？怎样去完成长期战争？士兵也很明白这个道理，有些从汉口逃出来的朋友曾和我说过，日兵时常对我们民众说：“我们包围着难民，你们的游击队却包围了我们！”这种惨淡心理的充分表现，在很多地方都可以见到。我们离开汉口写下的标语面前，时常站满了一群群的日兵，又如同×战区及××战区，有许多俘虏在前线参加抗战工作，这是很值得欣幸的事，假如日军能够大量的走过来和我们一起抗战的话，那么不是很容易产生一个我们新的真正的东亚协同体吗？总之，现在日本士兵现在已觉悟到侵华战争是没有希望、没有前途的，所以极愿意跑到中国这边来，老实说，现在和平幸福的机会已落到中国手里了，只要我们紧紧握住，一方面靠游击队在战区里，尽量把日本的阴谋击破，一方面争取伪军反正，瓦解敌军，给一条路给他们过来，这是最要紧的关键，把东亚协同体变成崩溃日军，加速抗战胜利的东西，这并不是一件难事！

（二）“东亚协同体”的内部问题

在上面，我们已经晓得东亚协同体产生的目的：一、日本企图把东亚民族整个奴隶化，以遂其独霸东亚的迷梦；二、把中国变成军事根据地、资源掠取地，以应付将来和世界决战；三、日本资源不足，把所谓长期建设的新幌子眩惑国民，压迫国民，企图完成其法西斯机构的新的准备。所谓法西斯机构的新的准备，就是要把全国的物资人力在军事这目的的下面统制起来。因为资本主义国家多在国外获得利益，拿来用于国内，充实其繁荣其国内产业，但先天不足的资本国，国内生产力薄弱，要向国外侵略，以发展其国内，便不得不把全国完全变为军事侵略的准备，把轻工业变为重工业，把和平工业变为军事工业，如德、意及日本都是这样的消耗、浪费，所有资本全牺牲在非生产性的杀人利器上面，这就是法西斯机构的本色。英美各国对于国内资本总不愿意这样的消耗——非生产的炮弹的消耗，和日本整天准备侵略牺牲资本是迥然不同的，这是我们要明白的。

在八年前——九一八起，日本为了这种准备工作，曾经牺牲了他对外的和平关系，一步一步的创造他煤、铁的资源，一天一天的准备着新的战争，直到现在为止，日本以前所谓“日满支经济集团”的理论，就是建立在攫得军事基础完成战争准备这上面的。在他屡次自白里已很露骨的把这企图说出了，所谓东亚协同体，就是这种企图最后形态的表现。现在来考究东亚协同体的内部问题，就是研究其总动员计划的实施，本来这个计划经于议会通过逐步实施的，不过自武汉会战后，日本感觉到这次战争，在短期无法结束，势必拖延下去，而至惹起世界大战，为要应付大战，非加速完成庞大的军事机构不可，因此东亚协同体的加紧推行，总动员计划的全部实施，便成为刻不容缓的事了。

关于这点，我上边已经说过，自财政大臣植田发表声明后，跟着陆军大臣板垣又声言：战争到今天，军需生产已不能应付需要，非把军费变为固定，把整个生产变为军事化——实施总动员全部计划不可，以前谓一步一步实施，已是不可能的了。当然，这样一来，便要惹起国民的反对，冲突和磨擦的事实即由此发生了。他们反对的焦点是总动员计划第十一条问题，以前通过这计划时，日军阀取得巧妙的态度，谓不须立刻实施，利用那些机会主义资本家的弱点，以为这样对于自己受害不大，总可以马虎下去，可是现在一下子要实行起来，事关切身利益，他们才觉得“军阀们、以前什么资本家负担不多呵！”“什么你们应为国家负担这一点责任呵!”那一类漂亮词句,是再不能教人相信了,他们像张伯伦受侵略者欺骗一样,吃了军阀的大亏,于是便不能不着急起来反对,那十一条的内容是限制资本家的红利,换句话说,就是资本家赚的钱不能自由使用,要把它存贮起来,而且强制贷付,政府可随时移来别用,资本家不能过问,这叫做资金统制,这种统制从前是有的,但并不彻底,平时的所谓贸易管理就是整个货品的输出输进,都由国家全权管理,需要的东西——如各项原料等则大量输入,输出的多是轻工业的商品,原料则加以限制。这样,轻工业是赚钱的,故能出入相抵,所谓和平产业,并不是以军事为目的的,但这种和平产业在徐州会战前已宣告破产了,整个原料的输进完全变为军需品,轻工业几乎全部停顿,因此货品有入无出,把贸易牺牲,换取军事的代价,遂不得不把银行的现金一批一批的输出,情形是糟糕到这个地步,但是日本看到了这种危险现状,于是就想出新的方法来补救,一方面把资金统制起来,一方面向民众吸取资源,所谓“资金调整法”,所谓“物资总动员”,就从这里产生了。

什么是资金调整?我们知道,商业的竞争本身是自由的,但在日本军人手里的资本家,却失了这种自由,你有资本不能随便投资,想做的生意偏不准你做,不愿意做的,却不由你不做,资金完全受军阀的支配,限制你的资金用途,指定你的投资范围,如军用工厂之类,这就是总动员计划第十一条的内容,也就是植田财阀们反对的根源,但靠军需工业起家的鲇川财阀,则对反对者提出了反对,以为自由主义已成过去,今天应该是全体主义了,应该为国家着想,请你看德意各国不是把全部经济变为大炮去打击其他资本主义吗?他很巧妙地用堂皇的言词把植田压制下去,硬把这计划于今春实施,这是日本军阀财阀为这问题而发生明争暗斗的现状。

但日本军阀们以为经济的改造不够,还要来一套人的改造,议会本来是代表民意的机关,军阀惧怕人民的批评,用势力压制议会,不准有持异议,谓议会应该拥护政府,不是监督政府,人民团体不是自己的,应该是政府的,这样的把民气变为死沉沉,又如宪法是规定政府和人民权利的义务,但军阀的心目中,已没有宪法这件事了,那些为宪法辩护的教授们,军阀硬指他们用科学解释宪法是不对的,把他们全部逐去,另换一些御用的人物,因此教育界也变为法西斯化了。法西斯的势力统制了议会,统制了人民团体,更统制了教育界,日本政府逐渐渐向着军事独裁的道路发展。如过去政府是系由十余省组成,内阁有权决定一切,现在军阀讨厌人多,议论分歧,对于他们独行专断是不大方便的,于是便索性独行专制,实际上以外、陆、海三省组成之,整个日本政府便变为军事独裁的机构,其行政内容譬如有安南或其他情报到陆省,即由陆海相讨论决定对策，和财政有关的则请财相参加，与外交有关者则请外相参加，不关重要之各省则未与闻，所谓联席会议，实际只三数人之会议而已。像这样经济无力，政治受制，议会内阁都成了残废物，法西斯化的政治机构，便一步一步的完成。至其总动员计划的内容，就是上面所说的资金统制、物资有计划管理及使用、人的改造问题等。可是我们观察一下他们实施的情形是怎样呢？他们所谓物资动员，却完全是动到国民的腰包里、厨房里、房间里去了。照政府的见解，曾宣言国民的腰包里的银钱、厨房里的煤铁、被盖里的棉花，这样日本的物资不是很丰富的吗？于是便强迫国民报告各物数量，强迫征发各项物品，改用竹片、石锤来代替，此之所谓“报国现家”。的确，日本国内铁的恐慌，其严重性影响到前线作战的士兵，因此前方士兵有种拾铁运动，在战场的士兵，常须捡拾子弹及碎铁，拾得多少斤，即得多少休息时间，用以奖励，这是一种实在情形，希望诸位记住这点，以后在游击区里，要严行物资封锁及空舍清野计划，即一点点铁片也不留给他们，这样他们便要无办法打下去了。其次棉花的缺乏，即囊括华北也不够制造火药，因此军阀们对于民众的棉被便虎视眈眈了。但用什么来做棉被的代用品呢？现在日本御用的科学家们正孳孳不息的在运用其脑筋。像这样下去，弄到物质枯涸、物价高涨，自然影响到国民生活。如棉花价格由四成贵至一倍，物税提高，如人民有一百元，政府已取去二成用来做侵略战，国民生活降低了三分之二，弄到日常生活也没有法子维持，因此国民生活退化，营养不足影响到壮丁体力的退化，同时亦影响到壮丁生产率的低落，因为壮丁多送到前方打仗，家里即无法生育。所谓物资动员，其结果是这样的。

现在谈到人的资材问题了，日本对于人的资材异常缺乏，且因前方壮丁的增多，自然会影响到国内劳动力的不足，在战争开始时，日本把所有轻工业牺牲，轻工业停顿了，工人就陷入失业，因此在徐州会战失业工人已达一百五十万之多，于是日本军阀便大摇大摆地开设所谓保护训练所，收容失业工人加以训练后，派到军需工厂里去做工，但这样的做工是没有工资的，军阀们骗他们说，你们有饭吃，完全是政府的深仁厚惠，你们应该替国家赚钱，因此工人们为了这碗饭便堕落成为奴隶化、苦工化，牺牲了一切，所谓“奉仕劳动”就是这样。而且政府对于工厂的工人还要去支配限制，不能自由招募，结果工人过分酷虐的使用，工作的时间，超过劳动力，如飞机工厂的工人，每天工作在十六小时以上，弄得头昏脑涨，以至有小便时晕倒的事情发生。凡做到三个月以上的工人，便都成了没中用的废物。这些都是从俘虏口中得来的。然而，日本军阀得到了什么呢？在工人方面，精神不贯澈，一味粗制滥造，故飞机素质比前低落得多，加以工人不同意战争，故意从中捣蛋，所以近来从日本国内运到前方来的飞机，多成废品，因此不得不向德、意购买。这些都是这种国内生活状态所形成的结果。

我们已经理解了什么是东亚协同体，现在我们不妨回头把日本大陆政策研究一下，我们知道，所谓东亚协同体就是大陆政策发展到最后阶段的形态，将要破产的一种最后形态。这话怎说呢？我们应该从八年前“九一八”时一直到现在准备各项军事情况说起。以前所说的日本为要实现大陆政策，遂一步一步的准备进攻中国，一点一点的变成军事据点，所以吞占满洲后，再进而压迫内蒙，别方面把所有的产业放在军事准备、战时体制下面，国内国外，同时并进，自然是为的想准备应付下次重新瓜分资源的世界大战，故自“九一八”以来，日本都在努力这种准备工作，拼命的侵略中国，向中国掠取资源，可是自中国抗战开始，显见的日本这个算盘是打错了，一着算错，变成了满盘俱差，于是准备与战争同时并进，弄到泥沼步步深陷，把实力多半消耗，而大肃危机更因中日战争而日益加深，资源掠取一时又不能达到，而有所谓东亚协同体这名词的产生，这是日本最痛苦的表现，我们是很清楚地看得到的。

现在我们再把日本外交详细检查一下，除了中国外日本还有何敌人，不用说第一是苏联。还有《九国公约》的问题，大家都知道，《九国公约》是欧战以后的产物，因为那时候各国不暇东顾，日本侵略中国便成了唯我独尊的气焰，于是裁制防止这种气焰的狂妄而有九国公约的缔订。的确，日本当时趁各国不能远顾，遂把各国在远东利益肆意侵犯变成了独占，工商业有飞跃的发展，成为一等强国，并曾帮助协约国，可是因侵略气焰太过嚣张了，各国均感受威胁，不用说那时先被牺牲的当然是中国，二十一条件的提出，就是对中国作独占的进攻，这种沉重的历史，谁都会在记忆里浮现着吧！这事件一方面促进了中国的觉悟，起而反对。一方面，英美亦不得不起而牵制，成立国际公约，日本力量不足，只得屈服，虽然心里不满不平，亦只好准备今后步骤，由急进鲸吞进而为步步发展而已。

我们很明白，在欧战以后，怀着不平不满的有三个国家：日本，德国，意大利。德国是战败国，其不满当然不用说，意国虽然站在协约方面，但没有得到什么好处，日本由于帝国主义基础薄弱，无法和各国颉颃，不得不取慢跑姿态，以冀达到资源与市场掠取的企图。在一九二八至一九三〇年间，三国的痛苦因经济恐慌关系而益深，国内的人民均抱不满，逐渐走向解放路线，政府遂不得不取严厉手段，企图扑灭这种危机。感最大痛苦的尤为德、日两国，人民解放运动，因了经济危机深刻，尽管用尽各种暴力和方法，也是压制不了，于是为了要解决这个困难，而产生了侵略政策，企图把人民在向外侵略这目标下统一起来，“九一八”事变就是日本侵略政策的首先实现，同时国内生产逐渐向军需工厂这方面发展，亦就是日本对欧美挑战力量不够，而不得不作战时准备的开始，至准备情形上面已经说过，现在我想把日本严重致命的弱点来向各位报告一下。

现代战争最需要的资料为煤与铁，这两种东西实为战争的骨干。日本煤的产额，只能供所需的百分之八，还有百分之九十二是全靠外来的，其中美输进百分之六十六，荷兰输进百分之二十二，英、苏输进百分之五，如果和英、美作战，煤来源即告断绝，故首先占领资源地，必能先发制人，海军的南进政策，就是想把荷兰所有的煤矿掠取，其次库页岛的煤矿，半苏半日，也想完全占领，西伯利亚的煤藏量，在防苏作用上也有其真正的需要。至说到铁，日本在“九一八”以前，军需的铁甚形缺乏，比英美落后得多，“九一八”以后始锐意进行准备，其进行方法有二，一为利用铣铁，一为收买废铁，以图补救。日本年需铁量约三八零万吨，自供只一百万吨，不够二八零万吨，一向由中国供一百万吨，马来半岛供一百瓦[万]吨，其余八十万吨由澳洲各国输进，就这个输进已决定日本发展方向——中国、菲律宾。关于铣铁，日本在一九三六年起年产二二一万吨，不够约九一万吨，这不够之数，就由苏联、中国、印度等处输入弥补，可是自中日战起，苏已停止输给，英为扩充军需，印度的铣铁也要完全输进本国去了。至废铁方面，每年从美输进百余万吨，约占全数之半。此外矿砂如铅矿年需四零万吨，这些都是平时状态。故日本铁的恐慌不自今日起，尤以中日战争开始以后，各种耗费倍增，而输进减少，实为日本致命的打击，日本也曾想出了种种补救的办法，如把消费统制呀，把所有的铁集中工厂呀，人民用种种代用品呀，前线士兵共组织拾废铁队呀！其他小孩、妇人们的皮鞋烂铁都成了物资总动员的重要部分。还有石油一项，日本几乎完全是依赖外国输入，在一九三六年内日本进口的石油与重油总值为一万七千二百四十万日元，据 Tanin 与 Yohon 的估计，日本若进行大规模的战争，其一年所需的油量约为二百五十万吨的原油、四十万吨的汽油，日本在战争开始时，虽多少有些储蓄，但亦仅足六个月至八个月之用，此次对中国开战后，不到半年他已感到石油的恐慌，所以在国内提出了“一点汽油一点血”的口号，甚至强制商业汽车的停驶，以谋汽油节约。其拮据状态，可以想见，其致命弱点，也昭然若揭了。

现在又要转回日本的外交了，刚才所说，日本大陆政策的发展，英美感受威胁，极力反对，但为什么又要供给日本的铁、油呢？这问题，英美真是具有绝大的矛盾。然而事态的发展，却使英美更加认识了日本侵略中国以还，对于各国在华利益之肆意摧残与排斥，前时还唆使伪组织发出收回租界如香港、上海各地的口号，同时海军占领海南岛、斯巴特来岛等事实，威胁到英之香港、新加坡，法之安南，美之菲律宾等处，于是英舰东来，美舰亦集中太平洋等处，太平洋大战随时有爆发可能，这都是英美尤其是英国自己铸成的错误。在这里，我们可以知道中国这次抗战，对世界弱小民族解放运动，实有伟大的贡献，这种贡献，中国应引以自豪的。上面已经把日本大陆政策的发展、战时体制的准备以及在中国战争不能顺利进行而感到痛苦危机下而有欺骗世界的东亚协同体名词出现等等解释清楚了，同时日本外交问题也做了简单的说明，现在我想把日本国内的反战运动述说一下。

先说工人方面，以前说过，日本由轻工业到重工业过程中，在徐州会战前，失业工人已有五十万，现在倍数的增加更难以估计，至技术工人不够也成问题，以前每天工作八小时增至十二小时已感不支，现更增加到十六小时，尤其是飞机工厂，其情势益觉严重。工人既由政府统制支配，不能自由加多，而工人因过度劳动，生活痛苦，做不上三个月即成废物，其他普通工人，终日工作，只吃一饱，不满情绪充溢着每个工厂。政府还派人监视工作，各工人反对情绪越发高涨，常用怠工方法作反对运动，或积极地施展破坏行动，如造飞机、坦克车等，配合各种材料，故意不按照规定，日兵因机件抵抗力不够枉死者，不知多少，此外如前时大阪军械库爆发，都可大致想见日本工人的反战运动是怎样的。

农民方面，生活痛苦不亚工人，第一，日兵来源于农村，壮丁被抽当兵，劳动力减少，生产力衰退。其次为肥料问题，肥料由政府统制，对于军事有关的，如麻、棉花等，政府奖励给予肥料，其他农产则不管。至农产品的买卖价格，亦由政府统制，不能自由，所谓“计划农业”就是这样。因此农人都变成了农业工人，生活异常痛苦，其他如征发铁器，农具被征发而不够用，政府便硬把农民形成集团，以共享某种农具为单位，征发人马、劳动力受到影响，农民痛苦益深，都愿意放弃田地跑到城市找工做，但政府又不允许其离开农村，为什么呢？因为战时需要食粮，食粮的消耗比平时增加，而产量若减少，则战争便无法维持下去，于是政府遂不得不把一部份人强制留在农村，过那痛苦生活，当作机械部分，农民捱不了这种压迫痛苦，革命情绪因而日渐高涨，革命运动遂蓬勃起来，如发动救济遗族的运动，和政府斗争等，台湾产米最多，农民赖以生活，可是日本为着军需需要，压迫农民种麻，故有台湾农民暴动的事件发生，在朝鲜则把米价贬低，农民无法生活，更被强迫放弃田地赶去华北殖民，以作侵略工具。这些暴行，不用说自然要惹起农民的反对，故朝鲜革命运动，现在已如春潮怒发，有不可遏止的趋势了。这些都是很明显的事实。

至商人方面，上面已经说过，日本政府实行所谓“贸易统制”“资金调整”，把商人营业自由完全剥夺了，加以自军需工业抬头后，一切贸易都以军事为中心，各种原料输入受着限制，轻工业工厂十九关门，昔日繁荣，一刹那已成冷落，物价高涨，因之日用品也减少了，商人不特无利可图，而且也无业可营，生活恐慌，痛苦加重，故反战的心理充溢着每个市场角落，例如一九三七年十二月有纱厂股东代表一百二十五人，到日本的大本营请愿，要求立即对华停止作战，因为他们在青岛、上海等处的纱厂都蒙受重大的损失，这种例子我们在报纸上可以常常见到的。

现在说到智识份子了，智识份子是站在思想的前锋，不用说对于日本军阀这种侵略战争，是比任何人都要深恶痛觉的，因此反战思想无论在言论上、在行动上，处处都充分的表现着。别的不用说，我们只举几个逮捕政治犯的例，就知道这种运动发展的一般。一九三七年十二月，有三百七十个自由主义的智识份子被捕，这里面包括着学生、著作家以及大学教授等，罪名是“宣传反战思想”，去年二月又有七千五百个“不稳份子”被逮捕，所谓“不稳份子”是与“反战分子”同意义的，其他被逮捕暗杀而没有宣布的还不知有多少，即这两个数目，已尽够骂人了。

此外各阶层人民因反战而自杀、而暴动的实在不能尽举，致部队里的官长士兵因反战而投降中国的那更不用说，大家都是很清楚的了。

这就是日本大陆政策发展的结果，是日本的军阀政府崩溃的象征，同时也可以说是中国抗战胜利最有力的保证。亲爱的同志们，我们共同努力吧！

（原载于《新建设》第 8 期，1940 年）

中国西南的日本反战同盟

白山

飘扬的旗鲜红地，
写着人民的自由，
为着保卫和平而战，
那儿有敌人能和我们竞斗？
铁的意志穿贯岩石，
不达目的不停止，
我们是怒火，
是革命的先锋队！

（林林译日本反战同盟工作队《同志之歌》）

在桂林城外七八里的乡郊，一条公路连接着流水的东边，公路旁边不远的地方，在树阴交蔽下有一所旧时的庙宇。这庙宇现在已不住神灵，而住的却是日本帝国主义的掘墓人——在华日本人民反战同盟西南支部的同志。

每一个朝晨，上面泛着这样的歌声，在庙宇之前或在庙宇之中豪壮的飘起。这歌声，是世界和平的呼吸，是日本人民觉醒的吼叫！

十一个男的和一个女的；他们是十二个！

踏进了门，再经过一个天井，便是作为会客□用的中厅，厅的两边底房间一边住着西南行营派到这里来协导工作的林主任和日本人民革命的先觉者之一，也是日本革命文学的领导者之一的鹿地亘先生。另一边住着“支部”代表坂本秀夫和另外十一个同志，在傍着门口的小房间，还住着一些勤务兵同志。在这不大的建筑里，有日本人也有中国人，他们共同生活着，表示着东亚两大国家的人民的真正的携手！

关于在华日本人民反战同盟西南支部的成立经过，是有加以简单的叙述底需要的。照他们的指导人鹿地亘先生在该支部成立大会上的报告是这样的：

自从中国英勇抗击开始后，一部分的日本的革命同志，就不远万里地到中国来，参加摧毁日本帝国主义以解放中国也解放日本人民的工作。但在武汉□进之前，人数还是很少的。不过当时他们已经认定，他们的队伍是一定随着战争的演进，随着战争所带给日本人民大众的痛苦之增加和因此而生的他们觉悟程度之增高而增大的。

一年多以来的军实，说明了他们估计的正确。这结果之所以能够获取，有三方面的原因：(一)是我们中国政府对俘虏的确实优待，(二)是日本人民与士兵反战觉醒的加高，(三)是日本革命同志的努力。第一、二两点，说明客观条件的顺利，第三点呢，说明他们主观努力的充分。

在中国的西南，在行营的苦心设计下，去年在桂林附近的"和平村"与"博爱村"的建立(专供日本俘虏住的)，更具体的表现了我们中国政府对日本士兵大众的善意与爱护，这也帮助了日本人民反战同盟的发展，直到去年秋间，鹿地亘先生向行营方面提出了要求援助，得到了很好的结果。随着工作也有了更好的开展，在"和平村"里的俘虏，对反战同盟逐渐了解并参加。在"博爱村"，同盟已开始行动。

上面那些事实，是"西南支部"的连承和酝酿的情形，直到去年十一月廿七日，同盟准备会就成立了。又到了十二月廿三日，他们的准备阶段已经告终。那天，他们假座桂林乐群社开了一个成立宣誓大会，招请各界参加。在我们中国政府及人民的领导与帮助之下，这支日本革命的中国西南派遣队，便光荣地宣布他的存在了。

他们在宣言里这样的表示了他们的行动基础和行动的初步目标：

> 第一，这次中国对日本帝国主义的坚决的抗战完全和我们日本人民的自由解放的目的相一致，中国的全民族赞助着我们革命的目的和日本人民的解放，因此我们认为中国是日本人民之友，而绝对的援助中国的抗战。
>
> 第二，我们坚决地声明，反战同盟是日本人民革命的一个海外支队。因此，我们当然要受国内革命运动的指挥。关于对中国抗战的援助，为着要和友军的行动一致，当然服从中国政府的指挥，但同时我们还有一个促进和完成日本人民革命的目的。
>
> 我们行动的初步目标，有如下列：

第一，即时停止侵略战争，派遣军立刻撤退。

第二，打倒军事资本家、军事冒险主义者和他们之奴役的官僚政府。

第三，确立完全的民权（言论、集会、结社、文化、教育的自由）。

第四，改善和救济在战争的破残的条件之下呻吟着的人民、工人和农民。

第五，保证战争牺牲者及其他民族的生活。

第六，为着解决上述一切，在完全民主的条件之下，树立人民政府。

他们的日常生活是一种纪律的生活，饮食与学习是有秩序的。他们第一步的工作，是宣传工作。技术方面，反战戏剧与反战歌曲正在加紧排练中。理论方面，除一般前进的革命理论之外，特别研讨的是孙中山先生手创的三民主义，中国话也是他们重要的科目。

他们的宣传教育对象，是日本俘虏，日本在前线的士兵，日本的一般大众。在对于俘虏的宣传教育工作上，他们不是没有遇过困难的，因为日本士兵向来受了军阀的狭隘的军国民教育的训练，对于所谓“天皇”，所谓“武士道精神”，是有着顽固的信仰的，不过经过他们耐心的教育，他们的工作终究是胜利了，因为真理是始终存在的，而真理帮助着他们！

最近，一部分“西南支部”的日本革命同志，已由鹿地亘先生领导，到了桂南前线的昆仑关，将借着巨型播音机，对日本士兵大众作深刻的教育。在日本帝国主义的战壕内，反向的枪是一定会因此而增多的罢！

（原载于《全民抗战》第108期，1940年）

欢迎日本反战工作团

佚名

在华日人反战同盟西南支部巡回工作团于昨日行抵战时首都，此间反侵略中国分会等团体已在积极筹备欢迎。为了抗战建国的利益，为了东亚的真正和平，本报代表广大的读者，向在华日人反战同盟西南支部工作团各位栉风沐雨辛苦劳顿的先生，谨致崇高的敬礼！

在华日人反战同盟是由敌军的反战士兵组织成的。这些日本的反战志士，不但放下了枪，停止对我们的进攻，而且组织了这个团体，积极参加我们的抗战工作，向他们的法西斯军阀作反戈之击。他们痛斥日本军阀之侵华；他们号召在华的敌军士兵起来“与中国民众携手，共同打倒日本帝国主义”(见去年十一月间该同盟准备会反战宣言)；他们明白地告诉日本的民众：“中国英勇之抗战，将使我们有光明前途。中国革命成功之日，方是东亚被压迫民族解放之日。”(同上)同盟的西南支部成立不久，就努力在前线上进行对敌宣传工作。敌军侵入桂南的时候，它的盟员常常带着播音机到最前线工作；他们在距离日本士兵作战的战壕只有一百码的山头上，高声的喊：“停战吧，我们的敌人只有一个，那就是日本帝国主义！”他们这种英勇的行为，感动了千百万日本的、朝鲜的、台湾的士兵弟兄，但却招致了日本军阀的愤怒。在宾阳战事剧烈的时候，敌机的沉重的炸弹，把鲇川诚二、大山邦雄与松山速夫三位盟员炸死了！他们的血绝不是白流的。他们的牺牲证明出：日本的法西斯军阀是把日本的人民与中国的人民一样看待的；他们的牺牲将激动一切反侵略的人士之更加团结，更加努力于反对日寇之侵华！

在华日人反战同盟的工作，是在事实上证明中日两国的人民已经手携手地为反对侵略而奋斗的。你看，将近三年的侵略，敌国的公债不是已达到二百万万圆吗？钞票之增发不是已超过五十万万圆吗？捐税方面，则是日升月异地在加添着，物价方面，则是高涨了三十五倍以上。这一切的一切是沉重地压在六千万日本人民的肩上。敌人在沦陷区中以战养战的毒计虽则进行得很凶猛，但是日本的广大人民是不能免去被咀吸被剥夺的运命的。他们不但不能免去被咀吸被剥夺的运命，而且不断地要把自己的儿子、兄弟、丈夫送到中国战场来当炮灰。以现在的情形来说，三户中就有一户要出征的；有的地方，四百家的一个村落，出征的就有二百人以上，死亡的就有一百人以上。从这个简单的例子，就可以看出敌国的家庭是怎样一个景象了。这样的牺牲，获得利益的，只是"天皇"，三井、三菱、安田、住友和鲇川几个金融寡头，只是一些敌军特务机关中的将校而已。所以，日寇侵华不但展开了中日民族间的矛盾，而且展开了六千万日本人民与二百多个财阀军阀间的矛盾。

随着战争的延长，敌国人民的痛苦就越加深重；日本人民的反战情绪，亦就越加高涨。最近这个时期，战场上敌军士兵没有什么抵抗即弃枪归顺；俘虏的身上差不多都没有受伤。这些事实，证明敌军士兵是不愿意作战的。华北、湘粤一带的敌兵因为反对战争而挟械逃亡；因为返国未遂而焚毁弹药的，所在多有。敌机在桂南甚且散发反战传单，号召"打倒帝国主义、建设新日本"！这些事实，更又说明敌军内部矛盾之深刻化；更又说明在华日人反战同盟的工作，是将获得更优良的条件的。我们希望同盟的盟员，更握住这个良好的工作条件，加倍努力，不但要使自己从法西斯军阀的鞭笞之下解放出来，而且要使自己的兄弟、朋友、亲戚、同胞都从法西斯军阀铁蹄之下解放出来！

进行抗战将近三年的中国人民，固应以万分热忱，举起双手来欢迎国际友人之帮助，特别是敌国反战志士们之合作。但是，问题的重心还应侧重于自力更生。现在敌寇的进攻是政治重于军事；而政治的进攻则集中于挑拨离间，破坏团结，企图以破坏团结作为妥协投降的前提。因此，我们必须坚持抗战，必须坚持团结，以团结抗战去回答敌人的阴谋。而为了抗战与团结，我们必须在各方面力求进步，只有进步才能巩固团结，取得抗战最后之胜利！在这里，我们热切地要求前后方的军队都应注意敌军工作，使每一个士兵都能了解我们的敌人是日本帝国主义，而不是日本被压迫的大众；使每一个士兵都能叫简单的日语口号和唱日本歌曲，都能优待俘虏。而欲做到这一点，显然非在部队中加强政治教育不可，显然非在军事政治上力求进步不可。

我们应该加紧敌军工作，以配合在华日人反战同盟及朝鲜、台湾等反战团体的工作。只有大家一致努力，才能打倒这个破坏和平的日本帝国主义。

（原载于《新华日报》1940 年 5 月 9 日）

日本共产党领导的反战斗争

佚名

最近某外籍记者从东京到香港，发表日本共产党英勇领导反战的情形。他告诉我们日本共产党在日本法西斯白色恐怖统治下，坚持顽强的反战斗争，政治影响逐日扩大，组织也一天天发展，所有秋田、神户、东京、大阪等处焚毁工厂等事件，皆是日本共产党员领导的实际斗争行动。这种蓬勃的反战怒潮，日趋严重，东京也为之惴惴不安。同时，他更说明最近东京军事制造厂、海军制造厂内均发生暴动，并且驻扎各地的日军内部亦常有共产党传单及《红旗》等刊物散发。我们从这个外籍记者的谈话中，看出了日本无产阶级政党反对法西军阀侵华战争的一斑。

我们知道，在最野蛮的半封建的日本帝国主义国家内无产阶级政党是被迫不能公开活动的，但是这种压迫当然不能阻止革命政党的斗争。从九一八起，日本共产党便透彻底认识日本帝国主义进行侵略中国战争的阴谋，努力撒播反战种子，到了一九三六年，更结成了以共产党为中心的人民阵线，来反对法西军阀侵华战争。自“七七”事变爆发以后，日本共产党一方面发表宣言，反对军阀发动侵华战争，同时更开始实际的种种反战工作。三年来日寇曾发动三次大搜捕，检举之声，每日可闻，虽然有数万优秀的共产党员与非党的反战志士被捕入狱并遭枪决，但是统治阶级的血腥镇压，决不能稍挫伟大的斗士铁的意志。正相反的，随着日寇侵略战争的泥足愈陷愈深，国内广大劳工农民生计的一天天困苦，日本劳动兄弟更清楚地认识日寇发动侵略战争的罪恶，加深了他们政治认识，更益团聚在无产阶级政党的周围，而日本国内的反战运动便如火山迸裂一般的爆发起来了。

日寇统治者不仅用恐怖手段来镇压日本劳苦大众的反战斗争，来屠杀共产党员，同时它用种种利诱威胁手段，使日本许多黄色的工人组织，如“社会大众党”“全日本劳动总同盟”的首领，来用“爱国”美名，欺骗和麻醉日本的工人，宣传所谓“绝灭同盟罢工”等等，然而除了少数工贼之外，日本广大劳动者，是决不易被日寇的花言巧语所欺骗的。

我们在这里正可以拿些日寇统治者的自供来说明今日日本反动统治者对无产阶级政党惧怕的程度。去年敌司法省举行所属宪兵队长会议，敌木村检事总长说：“今日共产主义运动在暗中活跃殊堪忧虑。人民阵线派也用救护‘出征将士’家属与改善士兵待遇，来宣传战争乃为少数人谋利，徒然牺牲大众，以煽动反军阀反战思想。”木村所谈恰恰说明了日寇统治阶级内部对革命势力的恐惧和不安。日本无产阶级政党的坚苦斗争，显然地已经使统治阶级坐卧不安了。

我们在此更应指出，日本无产阶级政党的英勇斗争，所以能够在最困难艰苦的条件下蓬勃发展，这首先要依靠日本共产党的领袖和党员，他们具有伟大的国际主义的思想武装和具有伟大布尔塞维克的顽强斗争精神。日本共产党中央委员山本正美同志，自遭法西毒手拘捕后，日寇用种种毒刑拷打来迫其转向，可是山本同志毫无所动。连日寇自己也不得不认为他是一个“最顽强的赤色份子”。无耻的日寇，于侵华军事发动以后，为了防范他的家族，竟征召他的亲弟来华，乘机杀害。这只有愈益表扬日本无产阶级党党员的光荣和日寇统治者的无耻。

中共扩大的六中全会，曾致电日本共产党，电文中鲜明地说出了号召中日两国人民来共同打倒日本法西斯军阀。我们今天不是更清楚地看到我们伟大的无产阶级兄弟，我们英勇的兄弟党的同志们，在不同的空间，与我们同样地展开反对日寇军阀的斗争吗！我们以十二万分的热忱向日本革命战友致敬礼，并祝他们更大的胜利。在中日两国人民铁的团结下，日本帝国主义是必然会崩溃在我们的面前。

（原载于《新华日报》1940年3月7日）

日本人民在死亡线上

佚名

按昨日报载，日寇承认在侵华战争开始以前，“下级人民”的生活“原已感觉拮据”，“年来复因一般商品之缺乏，日常用品价格飞涨，生活乃愈益艰困”了。随着日寇侵华战争的长期化，结束“中国事件”的严重困难及猛烈准备南进，它对国内人民的生活水平，将再来一次残酷的进攻。日寇厚生省最近将设立生活委员会，调查居民生活方式，俾克据以制定“生活新标准”，就是为了要把全国人民进一步拖到饥饿死亡线上！

侵华战争开始后，日本工业部门比重有了改变，亦即是将国内经济转上战时经济的轨道，集中力量发展与军事有关的工业部门，而削减人民消费的生产和消费量。素以轻工业尤其是纺织工业占首位的日本今天的工业面貌，是有了变更。在今天，五金、机器制造及机械工业三个重工业部门，就已占工业总生产额的百分之四十三，而纺织业却只占百分之廿了。这个工业上构成的变化，不能不引起日本劳动阶级的构成的变化。在急剧发展中的重工业方面，需要更多的劳动供给，尤其是熟练工人。而轻工业的缩小，必然造成了广大的严重的失业。纵然有一部分工人还可以从轻工业转入重工业，但是由于技艺熟练程度及重工业对这批劳动力的容纳量等问题，失业的增加是绝对的。更加上大规模生产的发展，使中小制造业难于独立生存而致关闭，更使失业的增加速率提高。我们知道，开始于一九三七年的新的经济恐慌，早就影响到日本的生产。斯大林同志在去年三月间的联共第十八次代表大会的报告中就说：“在比德国更先把自己国民经济转上战时经济轨道的意日两国，工业底降低过程还在一九三八年就开始了。”这个过程，不仅波及轻工业，且于一九三九年下半年影响到重工业了。据本年二月间的统计，消费品的生产指数，比起一九三九年八月来，跌落了百分之十四，而生产工具的生产指数，也跌落了百分之十三。这样，使失业问题益为严重了。虽然没有精确的统计数字，失业的数目，至少当在一百万以上。除了失业的增加，压迫着劳动阶级的生活水平的降低外，重工业中亦开始广泛的雇用女工及童工，同样使劳动阶级生活水平一般的降低着。

在业工人在这种情形下，还遭受着增加工作时间及一般待遇的恶化的压迫。现在有百分之七十的工人每日工作时间为十一到十二小时，另有百分之二十七的工人，工作时间在十二至十四小时，或者更多。而休息时期几乎绝无仅有。由于工作时间的延长，工作强度的提高，工业中发生的意外事件，更是有增无已。多少工人因此而成残废不能继续工作，有的甚至于受伤身死。而身体衰弱、经常在疾病中的现象，更为普遍。有的工厂中工人患肺病者竟达百分之四十之多。讲到工资，则在去年十月，即颁布法令禁止增加。但是百物飞涨，生活费都大大的提高了。名义工资既削弱了百分之七，物价又涨了几乎一倍，工人们的实际工资，实际上减少了一倍。

日寇厚生省在人民早已没有牛乳、猪肉吃而只能喝汤的时候，来“代以蔬菜汤与鱼类”，不是叫人民以饥饿死亡来代蔬菜汤吗？在人民已在饥饿线上的时候，要他们“稍事樽节，避免糜费”，不是叫人民“樽节”到不吃一粒米，不喝一口汤吗？

劳动阶级的实际工资减少了一倍，日本资本家的利润却增加了一半（百分之四十六），这就是日本劳资间的关系，这就这[是]日本人民的生活标准。日本厚生省的人民生活“新标准”，无疑的将是进一步减少劳动阶级的实际工资，进一步增加了资本家的利润。

日本资本家需要这个劳资关系，需要这个“人民生活新标准”，日本人民所需要的却完全与此相反。他们所需要的是消灭侵略战争，反对日本帝国主义，改善人民的生活。也正因为如此，日本人民不断的日益坚强有力的进行斗争。不管当局的压迫多么严厉残酷，破坏了二百个左右的工会，但是人民的斗争和团结，不仅未停止或削弱，且日益扩展和有力。统制阶级的报纸，也不能不公开承认“我们从未经历过这样严重的局势”！日本厚生省的“生活新标准”确立后，局势将更严重，是敢断言的。

日本人民的革命运动，是我国抗战胜利的条件之一。这个条件，正愈来愈发展和有力。我们要争取和加强日本人民和中华民族的紧密的战斗的团结，来推动日本人民的广大的反战运动。

（原载于《新华日报》1940年11月30日）

援助在华反战日人

佚名

中日战争以来，不少日本革命志士来华参加抗日战争，他们怀抱着伟大的理想，从事反抗日本法西斯军阀的侵华战争，为建立民主自由的日本而同我们携手奋斗，共尝甘苦，七年于兹，不稍懈怠。这种崇高的精神，是永远值得我们中国人民敬仰的。

七年来他们的艰苦奋斗，建立了不少光辉的事功，无论在敌后，在火线上，都留有他们辉煌工作的记录。有好几位反战日人，是在我们战地被日本法西斯的枪弹打死英勇牺牲的。他们在宣传反战、宣传日本士兵携械来归的活动上，收到不小的效果，使得日寇军心更动摇，逃亡更增多。我们只要举一个例子来证明：去年九、十、十一、十二四个月间，光在冀南就有二十二名敌军投到我军方面来。不仅如此，日本反战志士在华几年艰苦的工作，也大大的壮大了他们的阵容和力量，这正如日本在华反战同盟领袖鹿地亘所说：该同盟组织以来不过三年有半，其盟员已由几十人发展到千多人，在各地作自我训练。事实上我们知道，日本在华反战同盟的组织，今天已遍布大江南北各战区，特别是在华北发展的速度、工作的紧张与收效的宏著，可说是最有力的证明。这批日寇军阀掘墓人力量的壮大，已成为敌酋东条等最大的威胁之一

目前太平洋战局的发展，虽然决战时期尚有所待，但局势的发展已很显著的表明日寇最后溃败的日子愈来愈近。日本国内人民对战争的厌倦和沮丧也日甚一日，在这个形势之下，如何来加速日本法西斯军部统治的死亡，如何来建设战后民主的日本，这是我们同盟国当前一个重要的课题，因此怎样来珍视和援助在华反战日人，也已经成为一个极迫切的问题了。

日本帝国主义者，自从战事日趋不利以来，对日本人民的宣传欺骗，早已改弦换辙，倘若说它过去是以“赫赫战果”“伟大胜利”来麻醉或是煽动人民战争情绪的话，那么在目前恰恰相反，它正用“战局严重”“亡国灭种”来威胁日本

人民，驱策日本青年从军作战。这种威胁一天比一天更难收效，但是，也还不能说已经毫无作用。这正是日本法西斯狡滑[猾]的奸谋。但我们也应指出同盟国内尚有不少先生们在大谈战后如何膺惩日本的议论，这些无疑的只能更供给日本法西斯欺骗或麻醉日本的少数人的材料，对于我们为民主和平而战的实际，是毫无裨益的。

由于这样一种极明显的原因，我们应该毫不犹疑的更大的去援助反战日人，使他们在揭破日寇的欺骗宣传上发挥积极的作用，使他们在争取日本军民走到反战的道路上来更有所收获，这在军事意义上是有极重大作用的。

其次，近来同盟国中某些人士正在谈战后日本的问题，他们怀疑在日本有无建立民主制度的可能，并且怀疑日本是否有真正的民主主义者，这些先生们的眼光真是太偏狭了，他们只是从日本统治层中去寻找怀抱民主主义信念的份子，因为得不到结果而浩叹，甚至有人更武断的说：日本的民族性根本没有一点民主的气息。其实若能放开眼光来看日本人民，人民中真没有为民主而战的志士吗？在中国奋斗着的千余志士，他们不是为民主日本而战是为的什么?！在美国的日本反战组织如“同胞社”连年来的活动，以及日本国内民主战士在地下的奋斗，这不是最有力的证明吗？

日本民主战士是成千成万的，看到和相信了日本人民，就对这个一个也不用怀疑。为了胜利，为了战争，为了彻底摧毁法西斯的机构，为了战后民主日本的建立，更为了建立东亚永久的和平，我们正应该珍视这些日本反战志士积极加强战斗的友谊，并切实的援助他们。

在华北的日本反战志士，最近曾举行代表会议，不仅检讨如何加强反战工作，加强中日人民的携手，同时也商讨着成立更广泛的“日本人民解放同盟”，同时，据报载，鹿地亘最近赴镇远视察“和平村”回到贵阳时，也曾希望成立像法、德、意大利等国那样的“日本民族解放委员会”。日本反战志士们这种期望与努力，我们是应该予以同情而加以援助的，并且应该促成它的实现。能如此，反战日人的团结就能更坚强，力量更强大，而对我们共同的事业也将有莫大的帮助。

（原载于《新华日报》1940 年 1 月 9 日）

朝鲜义勇队的基础与发展前途

[朝鲜]韩志成

朝鲜义勇队在中国抗战阵容中,以国际纵队最初一个支队的形态出现,已经有一年和二个月了。为什么它在中国产生?它的产生有什么意义?它应该负起何种任务?它将怎样发展?每个最忠实于中国抗战胜利、最忠实于东方被压迫民族的民族和人士,应当研究它,正确的了解它,不应对它有过高的估计,同样也不能过低的轻视它。只有正确的把握它,才能使它发展,才能使它发挥可能发挥的反日力量。

日本帝国主义在这三四十年来,对于朝鲜民族、台湾人民及日本民众加以最残暴的压迫和剥削。迄今已造出朝鲜民族半数以上〖即〗一千万以上的贫民。这些贫民多半没有土地,没有生产工具,就是有一点土地,自己能生产的人,到了春天青黄不接的时候,亦仅仅以草根、树皮来维持生活。日本统治者在朝鲜占领了全部耕地的百分之八十五,商工金融业资本之百分之九十五,而弄得整个朝鲜民族叫苦连天。在台湾占贸易额百分之八十以上,在日本造出了百万众的失业群(根据《真理报》)和二十五万乞丐,日本国民现在的负担增加到一百五十元。但正由于这种加紧的压迫,朝鲜、日本、台湾的反帝运动便更加深刻的进行着。如今又大举进犯中国,使东方绝对多数的人民和弱小民族处于水深火热的死亡线上。假如在这时不能把强敌打倒,消灭这侵略的帝国主义,中国就不能建立三民主义的新中国,朝鲜也不能独立,日本、台湾的人民也不能够得到解放,人类最残忍的历史,可以延长到较远的将来。这是中国民族决不愿意的,亦是朝鲜民族和日本、台湾被压迫的人民大众所不愿意的。现在中国为了建立三民主义的新中国,为了世界的和平与人类的正义,已空前的团结起来抵抗暴敌,而这抗战中的中国便成了现时反日本帝国主义的主力。那么使中国和朝鲜民族的解放运动与日本台湾人民的革命运动切实的配合起来,在战胜日寇的策略上是非常重要的。

朝鲜义勇队的产生，也正是依据于这个反日策略，以求建立中韩两民族的联合阵线。这种联合阵线不是政治上、观念上的口号，而是一个战斗的实力的配合。为明了这个关系起见，我首先要说明朝鲜义勇队产生的特殊性。我们第一个可以拿出的是，朝鲜义勇队并不在朝鲜成立后派遣到中国来参加中国抗战的，而是由在华朝鲜革命者自动组织的。这一点是与西班牙内战中英法人民志愿参加西班牙反弗朗哥战斗的情形，显然不同的。那么朝鲜义勇队所以在中国的产生、所以能够发展为战斗部队的特殊环境在那里呢？

（一）中国是朝鲜革命者国外活动的根据地。因为中国和朝鲜在历史上、文化上以及地理上都有密切的关系，所以在朝鲜亡国前后有许多不愿受日寇统治的爱国志士来到中国谋复国，嗣后在每次大的革命运动，如一九一九年的三一独立运动、一九三九年的学生运动及九一八前后陆续到中国来的为数颇多。他们都以中国为根据地兴办革命学校培养干部，并时常派人到朝鲜去策动革命，朝鲜国内累次的暴动，是自中国派出的革命志士们做的，并且有时候还直接参加中国民族解放运动（如中国北伐时代曾有三百余朝鲜青年参加），至于东北更是亡国后朝鲜独立运动的武装根据地。所以朝鲜革命者在中国境内已经有了三十余年奋斗的历史和一些基础，因此中国抗战开始后在华朝鲜革命者虽然与朝鲜东北及其他各地的关系隔绝，但有了这些在华奋斗的历史，革命的领导者和几百个青年干部并且还和中国政府当局与贤明的人民大众有着密切的关系，所以朝鲜义勇队便在整个海外运动的发展过程中，自然的成立起来。假如没有这样革命的历史关系，没有领导者和干部，恐怕难能成立这个组织。

（二）在华有两百万朝鲜群众。一个革命运动，没有群众的基础，脱离了群众的力量，是不能称有力的革命运动，也不能发展广大起来，于是在华韩侨的数目和其成份如何，是直接与义勇队的发展有着密不可分的关系。同时义勇队能否成为中韩两民族联合上有力的部队，也要看她能否争取广大的朝鲜群众。因为朝鲜和中国地理上的连接，政治、经济、文化以及气候等生活条件的适合，所以朝鲜贫穷的民众很容易移居到肥沃的、丰富的中国来。敌人也便利用这一点，有计划的做移民工作。现在东北方面已有二百多万韩侨，在华北的韩侨战后也激增起来，据本年十月十一日本政府之报告，每月增加日韩侨民七千余人，其中多数为韩人。迄今华北方面，凡是敌人势力达到的地方，朝鲜人的移居亦不在少数，同时其数目也随着中国抗战的长期性会扩大起来。又据敌人报告，计划在华北将移置韩人七十万。而且因为今年朝鲜、日本□旱灾，可能引起农村的恐慌，将一般贫民游离失业而增加移民的数目，这些移民是和抗战前在上海平津等地贩卖鸦片的流氓不同的,他们多是纯洁的青年农民,同时是在日阀统治下为生活逼迫驱逐出来的人。因此,他们今天虽然成了日寇统治下的顺民,但他们的客观生活条件将必然使他们转变为革命队伍的生力军,甚至可以成为打倒日阀的先锋。这些群众是朝鲜义勇队所以能在中国产生及发展为有力的群众的战斗部队的基础,是促进中韩两民族革命的战斗关系的重要条件。

(三)中国抗战的长期性和敌后广大区域内之游击战是朝鲜义勇队发展上的有利的客观条件。因为中国抗战的长期性,加强了敌人内部的矛盾,使革命群众的力量日益扩大。在广大的沦陷区内,多数韩侨在敌人压迫下,为着他们本身的利益,可能与中国被压迫民众在反日的共同立场上起同盟作用。只要一看东北中韩人民的联络便可以知道,在九一八前,敌人在东北到处利用韩人中之败类,压迫中国民众,强夺中国民众的财产,企图引起中韩国民族之对立,自从伪满政府成立后,为使伪满效忠起见,又利用伪满官吏的仇恨心,使之极力压迫韩侨,在敌人这种阴谋之下,倍受欺凌压迫的朝鲜人和中国民众便联合起来对傀儡政府及日本帝国主义作共同反抗,如东北抗日联军中就有×万朝鲜部队,又有朝鲜群众拥护着。这个事实,便说明了在日本统治下的中韩两民族,一定可以携手起来共同与敌人搏斗。在敌人侵占华北之初,也曾利用流氓韩人做为压迫榨取中国民众工具。但不久,在伪政府机关,□力所及地方就利用汉奸傀儡来压迫韩人,结果将跟在东北情形一样,中韩两民族的被压迫民众必然亦要携起手来。两年来,中国已在广大的沦陷区内发动了大规模的游击战,这在朝鲜义勇队的前途看来,已经有了强大的同盟军做了我们的掩护,使我们在配合中国游击队作战的时候,很容易争取朝鲜群众,亦唯有这样我们才能在在华朝鲜群众上建立群众的战斗部队,才能有力的帮助中国的抗战,才能有力的推动朝鲜民族的解放运动,而不致于使中韩的联合仅仅是成为一种形式。

由上所述我们知道朝鲜义勇队的产生,他本身已具备着生存并发展成为群众战斗部队的主观、客观上的基本条件。这不仅是我们的希望,而在中国抗战发展的过程中,朝鲜义勇队必然的要发展到这个阶段。如果我们愿朝鲜义勇队尽量发挥反日力量,如果我们希望在广大的沦陷地域内的朝鲜人、日本人都举起反日的旗子和中国的抗日战士携手共斗,如果我们需要朝鲜人和日本人去破坏敌人政治、经济、军事、交通的设施,我们就要发动这广大的朝鲜人和日本人,领导他们和敌人作殊死战,所以我们感到我们的任务不仅是在中国前线执行对敌宣传的工作,更重要的是打倒[到]敌人后方去。

由于上述朝鲜义勇队产生的特殊意义，所以它的任务也就规定为直接参加中国抗战，实施对敌宣传，帮助朝鲜民族解放运动，以及发动东方被压迫民族的反日联合阵线。一年来我们向着这些目标挺进，努力工作，究竟得到些什么教训呢？

对敌宣传方面，这方面比较主要的工作是在火线上对敌人喊话演讲，在敌人阵地及后方散发传单、宣传品，以及培养对敌宣传人员，教育俘虏等工作。

一年来，我们大胆的参加了南北各战场火线上的瓦解敌军工作。但虽然我们熟悉日本语言及风俗习惯与有些对日本人工作的经验，这部分工作还是第一次尝试。所以在工作中曾遇到不少的困难，当然也获得了一些经验。当我们开始进行工作的时候，有的抱着一种轻视的心理，认为这部〖分〗工作可以不必做的；有的怀着好奇的心理与过高的希望，认为只要有几个长于对敌宣传的人材，便可以进行工作而得到良好的成果。这都是错误的。进行一件工作与希望这工作有效果，往往需要各种条件的具备。但这并不是说条件不具备便不能工作了，相反的，各种困难都可以刻苦努力来克服的。这在我们过去一年的工作的实践中已经体验了。在对敌宣传方面已经得到不少的收获，如在鄂北随县一带，我们同志站在距敌八十余米突的最前线阵地里，向敌人喊口号演讲，给了敌人很大的冲动，亦同样的向我们喊话，像这样的火线上辩论会曾继续了四个晚上之久，在近代历史上，亦可算是新的纪元了。在洛阳一带工作的同志们，曾潜入敌人后方散发传单，结果有十五个朝鲜青年看到我们的传单，自动的跑到就近的十五军来，在湘北前线，有二百余个敌兵听到我们的演讲后，激动的从战壕里跳出来举起了投降的白旗子，但我们要认识到必须把握住敌人的弱点随时随地的向它进攻，才能收到效果。同时欲使效果扩大，在今天中国广大的战场上就必须有更多精练的干部，在鄂北与湘北前线上，曾有过这样的事情发生：士兵们学到了几句喊话但一到紧张的时候便都忘记了；有的虽然喊出了两句，等到敌人答复时又是莫明其妙，结果在五分钟的静止复又继续了战斗。所以对敌宣传不能太呆板的公式化起来，同时宣传者还必须懂得敌人的生活习惯与心理。我们同志在工作的时候，起初多是喊着“欢迎日本同志到这边来！”“优待日本士兵！”，不久便发现这种作风的不够有力，便在前线泰然自若用诚挚的口吻喊出：“你们想一想，从早到晚从夜到明，饭没有吃觉不能睡，究竟为了什么？我们要歼灭你们，随时都可以做到，你们若死在异域，有谁会可怜你们？家中饥寒的父母妻子又有谁去看管？被压迫的同志们过来吧！”这样的句子多么有力！给与敌人的影响又当怎样的深刻！但这必须精熟日语才行。

一般人认为对敌宣传只限于喊口号、散传单，这是不彻底的。我们在过去一年的工作当中，□□地体认了武装宣传的重要性，因为对敌宣传是必须到火线上对敌人后方执行的，在那处处都有危险的环境中，绝不能像耶苏一样以白白牺牲去说服敌人，所以必须以宣传与战斗二位一体的办法，在工作时一是可以防护自己，必要时还可以打击敌人。

实施对敌宣传，在战斗时不如在休息时，在正面阵地上不如在敌人后方。因为在战斗时或正面阵地上，敌忾心与恐惧心正处于顶点，很难收到效果。而在休息时或敌人后方比较安闲，士兵们思家与厌战的情绪正在浓厚，如果乘此时机趁热打一下，当不难收到很大的效果。

我们要根据这个原则工作，并且要广泛的开展这一工作，最好是动员敌后广大的民众，他们与敌人接触的机会最多，进行起来亦最容易广泛，如江苏丹阳敌驻在军里有一个敌兵，常常到兵营附近一家店铺去玩，有一次与一个中国人下棋，那个中国人便在漫谈中对那日兵说："中国游击队真厉害，听说那里亦有日本人……"那个日兵马上感动的说："真的吗？"从这件小的事情上，我们便可以知道，如果对敌后民众施以宣传技术的训练，将能收到莫大的效果。其次在军队里只凭几个对敌宣传人员是不够的，更必须使全体官兵都有深刻的认识与宣传的技术，展开全面的宣传战，彻底的将作战与宣传融合起来。

至于教育俘虏，必定要在某一个限度内给他们相当的自由，根据革命的原则，以至诚的态度教育他们，否则不但不能争取成为反日本帝国主义的盟友，反而可能加强民族间的隔膜。同时我们觉得这部分工作是相当艰难的，最好使日本人的革命干部教育日本俘虏，一则可以减少民族间的歧视，二则所得的效果必然也大。

培养对敌宣传干部这是当前最需要的工作。在过去一年来的工作中，我们只能做些教授战区官兵日语与喊话，虽然在五战区培养了五十余官兵干部，但究竟还是不够。我们觉得要想在对敌宣传方面得到巨大效果，至少在每个战斗单位的连有一个比较熟悉日语，而且懂得敌情的政治工作人员，使他们不断的教育士兵，在日常生活与工作中加强对敌宣传技术之训练，才能保障这个工作的基础的巩固和发展。不然只是对士兵教了些喊话和日语，结果不能使他们继续不断的发展，而过了些时日便停顿下来。因此过去一年中，我们对于士兵的教育工作虽然卖了些气力，可是所得的成绩还是不能使人满意。所以，想使得每个战斗部队的官兵及沦陷区的民众都担任起对敌宣传工作，首先要培养众多的干部。在日最好成立一个训练机关，由各部队各团体各游击区送派人员，与以训练，受训完毕后再回到各个原来岗位，切实开展工作，如此才能得到较大的效果。

推动朝鲜民族解放运动，这部工作是依据朝鲜义勇队产生的特殊意义因它先天使命而决定的发展的条件，应该是一个中心工作才行。正因为如此，所以当去年开始工作，不过鉴于环境的需要，在过去一年特别着重了火线上的对敌宣传工作，因而它在义勇队发展过程中便成了较后阶段的工作。换一句话说，就是为忠实的执行这个工作起见，首先在各战区担负起对敌宣传工作是很必要的。因为有了第一年中光辉的工作成绩才引起了中国以及世界各国人士的注意，在美韩侨们自动组织朝鲜义勇队后援会与中国抗战后援会，在各地进行反日示威与抵制日货运动，并给我们以精神上、物质上的援助。华北有五十个朝鲜青年自动的到中国队伍里来找我们。在各地的朝鲜青年也逐渐集中在朝鲜义勇队的旗帜下做集体的奋斗。在日寇方面更加注意与恐惧着我们的发展，而宣传朝鲜义勇队是中国政府为了欺骗朝鲜人和日本人而由中国人组织的。到后来更以千元的悬赏来捉我们的队员，企图破坏我们。由这些情形看来，无疑地朝鲜义勇队的存在给与朝鲜同胞很大的兴奋和冲动，而对于日寇则给与相当的打击。可是这些结果只是我们一年来工作的副产物，并不是完全由于我们有意去争取的。如果我们配合着中国广大的游击队，大规模的有计划的进行争取朝鲜侨胞破坏敌人的工作，那么它所得到的效果自然会更大的。尽管这个工作在义勇队的发展上、在整个反日的立场上都很有利，然而事实上□部工作在过去做得太不够了。中韩两民族的战斗的配合还是觉得空虚的很。发动东方反日联合阵线，朝鲜义勇队在中国政府援助之下，又在和台湾、日本反日同志紧密联合下进行了工作，而它的工作发展如何，直接关系台湾日本队伍的发展，因为它是国际队伍的最初的一个支队，它的发展加强着东方反日联合阵线的实际性和需要的程度。现在在形式上，东方的各抗战阵容里而形成了东方反日联合阵线，可是在这里不容讳言的事实是联合阵线的内容还不够丰富，还未能进一步有力的配合作战，主要的因为这些部队没有群众的基础和战斗的队伍。

如果我们的工作不愿停顿，要继续不断的发展，必需依照一年来的工作经验与教训，更进一步的开展工作才行。那么今后的工作应该着重那一方面呢?

(一)向敌后发展争取朝鲜群众。朝鲜义勇队能否建立巩固的基础，能否发展到战斗的部队，能否加强反日的力量，以及能否完成所负着的其他任务，完全依靠是否能够争取朝鲜群众而定。

(二)武装对敌宣传。义勇队的武装化问题是随工作的发展和工作环境的需要而必然要提到的。如果我们要继承一年来的事业，在火线上冲过敌人前哨线进行对敌宣传工作,尤其是要发展到敌人后方去配合中国游击队的战斗工作的时候,这个问题便必需首先予以解决。

(三)建立战斗队伍。为着有力的号召朝鲜群众,争取日本士兵起见,为着更大规模的进行对敌宣传工作,更为着建立朝鲜民族解放运动的革命起见,我们需要建立战斗的队伍以参加中国的前线及敌后的工作。

除上述工作之外,培养对敌宣传干部人员也为十分重要的工作,至于怎样实行这些巨大的工作,还要看朝鲜义勇队内部的团结努力的程度,在华朝鲜革命者统一的程度,以及中国当局和民众对于我们援助的如何而定。

我们相信中国政府和民众是了解我们的,在过去一年当中曾给我们热烈的同情和帮助,在将来必定有更大的援助给我们。因为只有这样才能增加敌后反日之力量,即有助于中国抗战。所以我们要加紧团结,以自身的努力去争取援助而完成所负的任务。

(原载于《国民公论(汉口)》第3卷第5期,1940年)

朝鲜义勇队的两周年

[日本]青山和夫

在中国抗战中成长的朝鲜义勇队，是国内朝鲜革命团体联合起来的最优秀的组织和最有力的实践队伍。

成立已有两年的朝鲜义勇队，在各地区配合着中国军队，为了进行瓦解日本侵略军队的工作而战斗，在中国十三个省份的前线和敌后方，这工作一直有热烈地继续着。两年来朝鲜义勇队在火线上的对敌宣传，已树立了不可磨灭的功绩，尽管在火线上有种种的困难和危险，他们依然创造了各种对敌宣传工作的新方式。尤其是和中国军队共同在湘北敌铁丝网下的战斗，在中条山，在鄂北、豫北、浙西的敌后交通破坏，捕获日俘虏等，二年来的火线和敌后的诸战斗中，已使他们获得丰富的经验和成绩，这不仅奠定了今后克服更艰苦的条件，完成朝鲜人民解放伟大任务的基础，同时也使促进中朝两民族的解放斗争上必有的直正亲密的友谊关系建立在大众的基础上。

中国的全民抗战，不仅在争取中国的独立和解放，同时在东方各被压迫民族的解放和全世界被压迫阶级反对帝国主义的斗争上，也负担着巨大的使命。

九一八以后，东北四省的抗日战斗，促进了东北的朝鲜革命独立进击方向更高阶段的斗争。七七后，在□□全面抗战中，朝鲜义勇队的产生，促进了在各方面的工作，又促进了并发展了国内朝鲜革命运动和它的斗争，在中国抗战中直接协助中国抗战的朝鲜义勇队，其地位是很重要的。在朝鲜义勇队历史的丰富的实践经验上，在工作的积极和范围的扩大上，它实在是中国战场上国际队伍中占有最有力的主动地位的一支队伍。这意味着朝鲜义勇队在今后的实际战斗和革命运动上的活跃与发展，不单是朝鲜革命者的任务，同时也是直接援助中国抗战的我们少数的日本人密切最紧要的课题。

为了打倒日本帝国主义，动员日本在侵略大陆的兵站基地和反苏反共的军事基地朝鲜半岛上的两千万被压迫民族，是极其需要、自不待烦言的。

由于日本资本主义仍带有浓厚的半封建的残余势力，所以日本的帝国主义和朝鲜的经济关系，比起其他帝国主义对其殖民地的经济关系来，其不安定性尤为加多。因此推翻日本帝国主义的日本劳农阶级斗争与朝鲜民族解放斗争的结合是比在其他帝国主义环境下更觉得重要了。

同时，从中国抗战上看来，中朝民族革命的结合和朝鲜民族解放斗争的发展，是对中国抗战有力的动员。七七以来，由于日本帝国主义经济的压迫和政治的欺骗政策，而流入中国的朝鲜人至少也有一百八十万以上，这些朝鲜人当时是利用战时景气来经营小商铺，但随着战争的长期化和日本帝国主义巨大的消耗，特别是因为从今年春期以后，在日本朝鲜和占领区实施重点主义，财政资本的直接征霸政策，使他们觉察到直接受的牺牲和打击的深刻，把这些朝鲜人动员到革命和解放战争中来，以配合中国的抗战，这不仅是朝鲜义勇队而且是在中国抗战上的重要任务。

七七以来，中国抗战途中和被压迫民族解放斗争的殖民地运动的准备中，民族的败类汪兆铭等汉奸反动的封建政权，以复古运动为借口，向日本帝国主义屈服，由进一步的自由的中国淘汰出去，九一八以来，东北抗日战争使东北朝鲜革命运动更强有力，七七后，随着中国全民抗战的展开，朝鲜革命团体组织朝鲜义勇队，由三十年来亡命运动，转进到了革命的政治军事干部实际斗争，朝鲜义勇队已在两年来的艰困中成长起来，这是十足表示着它将成为促进朝鲜革命运动强有力的发动力。

当此朝鲜义勇队成立的两周年，谨向金队长若山和多位干部及全体同志，致革命的敬礼！

（原载于《朝鲜义勇队》第 38 期，1940 年）

朝鲜义勇队与中国抗战

[朝鲜]韩志成

我们组织朝鲜义勇队举加中国抗战，是因为日本帝国主义对于朝鲜民族所实施的政策是要想把它整个的永久消除。敌人现在政治上、经济文化上、民族上主张“内鲜一致”“日本和朝鲜民族之单一化”，就是要想把朝鲜民族化成日本民族。于是朝鲜民族目前遭遇到空前的危机，在这里我们格外感觉到胜利的一天就是朝鲜民族能有机会独立的一天。所以我们今天参加中国抗战，完全为着打倒共同的敌人，也就是为着自己的事业。

朝鲜义勇军自从一九三八年十月十日成立以来已经有一年半了，在这一年半来我们的工作特别着重于对敌宣传。本人愿意乘这个机会把对敌宣传工作情形报告许多关心朝鲜义勇队、研究对敌宣传的同志，以作参考，并希望给我们指导，因为中国抗战时为着正义和平，为着全中国民族的自由和幸福的，相反的，日本军阀的进攻中国，违反日本人民的利益，破坏人类的幸福和文化的侵略行动，所以日本军阀是始终用种种欺骗的方法来蒙蔽真理和事实，要日本人民永远的做奴隶与牺牲品。例如，在日本摄日军夺取太原的电影片里，日军进攻太原城时，成千累万的中国老百姓手执着太阳旗迎接皇军。这个新闻片的内容是假的，完全并无其事[实]据。一个俘虏讲，他是参加太原进攻战斗的，当时日军死伤三千余人，老百姓都已经逃光，连水也喝不到，可知那张影片全是假的。可是日本军阀言论统制下的民众，听到的只是皇军如何“伟大”，皇军多么为中国民众“欢迎”等……这样，久而久之，日本民众也以为，“皇军”的使命是不错的，侵略中国也是应该的。我们的目的，是要把日本军阀怎样欺骗人民，日军侵略战争的前途如何暗淡，中国为什么抗战，为什么中国正在向胜利的途进迈等等告诉日本士兵和日本帝国主义统治下的人民，使得他们知道日本军阀的野心，他们为着自己的幸福，应该起来反对侵略战争消灭日本军阀。

为了到达这个目的，我们曾经参加第一、第三、第四、第五、第九各战区之工作,有时候参加最前线的出击部队,有时候深入敌后方,唤起敌兵的反战工作。去年四月间,我们参加湘北锡山攻击战与赛公桥的血战,同志们跟中国士兵一样参加决死队,冲进敌之铁丝网里喊口号,杀敌,散传单,写标语。当我军近攻赛公桥的时候,我们的对敌宣传队占据离敌不过二百米突地方,向敌人演讲,唤起他们反战,费了很大的努力,终于把敌人说服了,当二百余敌人摇着白旗表示投降,从战壕里跑出来的时候,我们的同志们兴奋得跳起来,挥着枪押着帽子高声大喊,简直欢喜得像疯狂了的一样,在这里真正的表示了中日战争的进步的一个剧的场面。还有一次,我们曾经利用风筝来做对敌宣传,风筝是几张传单做的,当我们放的时候敌人用机关机向风筝扫射,消耗了许多子弹,终不能把它打下了。去年的五月间,我们在鄂北随县,以浙河为中间向对河的敌人演讲,和敌人实行辩论,曾继续到四个晚上,敌人没有办法就老差[羞]成怒的先向我们开枪。去年底我们参加桂南的昆仑关战斗,今年二月内我们参加鄂北京山种[钟]祥的攻击战时,当时我们向敌人演讲,敌人的表示就不像过去那样听到我们的话就开枪,相反地,他们都很客气,不但不开枪,还说"因为风的关系听不清,请把声音放大些请慢慢讲!明天再见!"等等。今年二月二十五日在南昌附近进攻高邮,当我们向敌人讲话的时候,敌人很静听我们的话,我们向他们讲:"如果接受我们的意见,请向天放两枪!"敌人听到了话就放了两枪,我们再讲:"如果诚意的接受我们的话请你们过来!"这时二十多敌人向我军方面走来,约有二十余米,突被有人喊回去了,那里敌多全部自动撤退了,因此我们不费一拉子弹就收复了高邮。

我们但是做宣传,还直接参加战斗。去年十二月间敌后平汉路工作之同志领导民众破坏了平汉铁路××地址××者五十华里,又截断电线等。今年三月间在浙江富杭一带工作之同志,领导民众破坏敌交通线并袭击敌零星部队,击毙数名,捕获多名。这一年半来的工作情形,要想在很短的一篇幅内详细报告出来这是不可能的,总之根据我们小小的经验,可以讲"对敌宣传是有效的""我们可以把敌人反正过来""可以唤起敌人作一个反战的部队来进攻日本军阀"。

我们的工作是始终在敌人的炮火下进行的,我们以我们的热情与革命的意识武装我们的头脑,指导我们的行动,所以我们是到处被当地的军民受欢迎的。因为有了我们的同志参加工作,他们不但在技术上得到一些帮助,同时另一个民族参加中国抗战的,政治意义上可以鼓舞中国军民的,但在另一方面讲,如果我们的工作有些成绩,这多是由于中国军政长官的指导援助与一般民众的爱获所致的。

我们在一年半的工作结果,自引为安慰的是不仅是因为中国军民的爱护与援助,而更是广大的朝鲜群众拥护我们,在美国的朝鲜侨胞在纽约、芝加哥、洛杉矶等地自动的组织朝鲜义勇队后援会，物质上、精神上援助我们，他们最近又出刊《义勇报》报道义勇队活动情形，发扬宏大朝鲜义勇队参加中国抗战的意义，他们热烈的拥护义勇队，为着朝义队的发展，为着中国抗战的胜利，为着朝鲜的独立解放而援助支特[持]我们，其次最近在敌人后方出刊了朝鲜革命同志的秘密刊物，他们诚心的拥护朝鲜义勇队，为我们做吸收干部争取革命群众，发展敌后方之工作。今年一月间从武汉来的朝鲜人讲他们在武汉的时候已经知道朝鲜义勇队，朝鲜的青年们常讲"如果没有家累就要到朝鲜义勇队里去"。在平津一带敌人为离间朝鲜义勇队与朝鲜同胞起见用种种的卑劣的手段，他们还用悬赏方法要抓我们。

尽管敌人的手段是毒辣，以种种的方法要消灭我们，可是历史是向自己所铺的光明大路迈进，跟着发展的原则而前进的。我们义勇队的前途也真像中国抗战的前途一样有光明，有希望，我们也是抱着胜利的决心，不怕一切的困难和牺牲前进的。

目前在我们的面前摆着一部巨大的工作，就是争取敌后的朝鲜群众，粉碎敌人的阴谋。根据我们的调查，在平津一带有十万以上朝鲜人，石家庄有三万人，太原有七千人，新乡有八千人，清[青]岛、济南各有一万人，目前仅仅在华北有二十万人，而其中多数是富有冒险性的青年，经济上没有办法的苦力，如在石家庄四千人左右是铁路工人，二千人是青年流浪知识分子。敌人计划将继续移民七十万人，还有为敌人被迫而参战的所谓朝鲜人志愿兵，也有一千人，今年底为止还可以增加到三千人，而争取这些人是目前我们重要的工作。我们根据过去的经验，教后方朝鲜民众热烈拥护我们的情形看来，我们很可能将把这些人都争取过来做冲击敌人的先锋，正值敌人的阴谋以战养战，要想从"点""线"的占领发展成面的区域的时候，争取日本军阀统治下的朝鲜民众，瓦解敌伪军，粉碎汉奸组织，是引为目前最重要的工作。

深入敌后方唤起敌兵反战，争取朝鲜群众是目前我们正在进行的工作，同时我们将应当大量的去做的工作。在这部工作上，希望中国当局给我们多多指导和援助，使得我们的工作更有利的展开，多给敌人打击。现在我们正在计划建立战斗的武装革命军，来担任一方面的战斗任务而给敌人以严重的打击，大量的号召朝鲜民众，并借此激鼓中国军民。更希望这个军队将成为朝鲜独立解放的有力的革命军。最后还希望在这朝中两个民族生死的关头，由我们友谊的合作与互相的援助上建立起两大民族的永远的和平和幸福。

（原载于《日本评论》第 11 卷第 5 期，1940 年）

在华日本人民反战同盟

陈轻絮

在桂林将近半年而予桂林民众极大兴奋和感动的在华日本人民反战同盟西南支部——这为正义为被压迫民族而与中国人民紧紧握着手的一群，为着中华民族争取抗战胜利和为着日本人民要从日本军阀铐镣中解放出来而英勇地战斗和牺牲。这一可歌可泣的史实，不但在中华民族奋斗史上有着光芒的一页，在整个人类历史上也占着它的重要地位。他们这种伟大的行动，正征象着侵略者的孤身只影而将走入地狱里去的必然命运和中华民族和大和人民及全世界弱小民族必然的翻身与人类未来光明的前途，我谨以无限的敬意，把他们最近的行踪与他们苦斗的情形，作一个简略的报告：

首先我们应该说明，由于我政府对俘虏的体贴与同情，由于在华日本革命同志的坚苦奋斗和敌士兵反战反侵略思想的提高，这些客观条件顺利地促成了这一具有高度战斗力的雄壮的队伍的成长。

远在去年八九月间，鹿地亘先生便开始在桂林和平村和博爱村展开着组织和教育工作，在我政府领导和帮助之下，于是去年十二月廿三日这支日本人民反战同盟的中国派遣队在乐群社宣誓成立了。

在成立的那一天，他们是那样坚决地在我们的面前，宣布了他们的行动纲领，在那里写着：

> 这次中国抗战完全与日本人民的自由解放相一致的，中国全民族赞助我们革命的目的和日本人民的解放，因而我们认为中国是日本人民之友，而绝对地帮助中国的解放战争。
>
> 反战同盟是日本人民革命的一个海外支队，因此我们要受国内革命运动的指挥，同时为着要和友军行动一致，当然服从中国的指挥。
>
> 我们行动的初步目标是：

一、停止侵略战争，派遣军立刻撤退。

二、打倒军事资本家、军事冒险主义者和他们所奴役的官僚政府。

三、确立完全的民权（言论、集会、结社、出版之自由）

四、改善和救济在战争威胁下呻吟着的人民、工人和农民。

五、保证战争中牺牲者家族的生活。

六、为着解决上述一切，在完全民主下，树立人民政府。

综看他们的宣言和行动纲领，我们可见出他们是袒护人类正义而反对侵略者的战士，他们这种伟大的精神，是会得到全人类爱好正义的人民所爱护和崇敬的。

成立后，他们即争取在日军阀胁迫下当炮灰的日士兵和进行宣传教育俘虏的工作，一面积极地加强他们自身而过着严密的组织生活。他们一共有十六个同志，现由坂本秀夫领导着，盟员是佐佐木正夫、村上青、坂井毅二郎、秋山盛、秋日敏郎、吉岗升、樱井胜、池田正男、南部关、曾根郎夫、鲤本盟、山田渡、盐见圣策、冈村利子（女）、浅野公子（女），还有最近在桂南前线为向敌军广播宣传而牺牲的松山速夫、大山邦雄和鲇川诚二三位烈士。

谈起这三位烈士的牺牲，我们常要感动得流泪，那时正是在桂南战场我军反攻昆仑关的前夕，鹿地亘先生率领着这一群中的一小队带了饱含热泪和愤恨的情怀，要对他们自己被奴役而未觉悟的弟兄广播。他们带着巨型的播音扩声机，在那一个叫人思乡的月夜，虽然战火还是那样猛烈，可是同盟的战友站在扩声机的面前，那样热情和博爱，那样愤慨和悲痛，他们喊出了真理正义的呼声，这呼声盘旋在敌军踞守的昆仑关以北六十和六十一高地时，压服了大炮的号叫，敌军枪声是沉默着。当然我们不能想像得出敌士兵为什么要停止射击，但我们却能预料敌士兵内心蕴蓄的心情是怎样在滚跳，像鹿地亘先生回桂所说："……结果，这山地变成可怕的静寂，没有一点声音，他们必然地都耸着耳朵，那时我说（鹿地亘先生说——笔者注），假使你们反对我的话，请对我们一齐射击，可是，一枪也不打。"

但给我们非常惋惜和哀悼的是松山速夫、大山邦雄、鲇川诚二就在这次雄伟的工作中，在敌机残毒的扫射下完成了他们的任务而牺牲了。这悲壮的遭遇是在他们行动的第二天，从这个据点要转到别个据点的途中惨受的。当这噩耗传到桂林时，千百万的民众是像失了一个友爱的兄弟一样的苦痛，在那充满着战斗和伤感的追悼会中，溢洋着东方被压迫人民的亲密携手的精神，他们的牺牲不但是日本人民的损失，同时也是中华民族抗战中绝大的损失，他们的英名永速印贴在全中国人民和日本人民的心上，更永远地铭刻在同盟战友的心坎深处，他们的血迹标指着大和人民进前的路向，同时和我们前线英勇的中国战士的血迹结成两大民族崇高的友谊，鹿地亘先生惨痛地在追悼中说：“桂南的战线被染红了，那就是实实在在拿自己的躯体筑成了保卫民族壁垒的中国抗战将士们的血，同时那也实在是高扬了日本人民之光荣的三位同志最后意志的表现。”

桂南工作结束后，他们并不因为三位同志的死而悲哀，反之他们感觉三位盟友的死正是命令他们更要奋勇战斗。他们为了要答谢他们在前线中国友军对他们的同情和帮助，在今年三月八日起至十二日止一连五天在桂林新华戏院举行筹款援助前方将士的公演，以鹿地亘先生的三幕剧《三兄弟》来暴露日军阀疯狗似的咬着日本人民的肉和日本人民怎样起来打狗的情形。这次演出由于演员（日本反战盟友）的努力和当地政府文化界的帮忙，所以深受民众的欢迎。虽然观众间能够听日语者很少数，但由文字的辅助及表演技术的深刻，所收效果依然是很大。统计五天的收入是九千四百八十五元，这次筹款的成绩，可谓桂林空前所未有，由此我们又可揣想得到，当前线苦斗的弟兄们接受到这崇高友爱的慰藉时，是会怎样的兴奋和加强着抗战的信心而提高了战斗的力量。

最近，他们又组织了日本反战同盟巡回工作团，由桂林出发到重庆，一路上在柳州、贵阳都受着热烈的欢迎和获得到巨大的工作成果。《三兄弟》的演出更是每次都挤坏了戏院。五月八日他们已兴奋地见到了我们抗战中的新都，看到了我们大后方蓬勃的生气。据闻他们除决定舞台上演出《三兄弟》外，还要在中央制片厂把该剧拍入镜头，把它搬上银幕，以求达到更广泛的影响。

他们是我们抗战中有力的友军；他们不但可以唤起日军阀鞭策下的日本人民，而且可以推进我们全国人民的更普遍广大的动员工作，同时对汉奸傀儡也给予致命的打击。

于桂林

（原载于《现代青年（福州）》第2卷第3期，1940年）

中韩民族联合战线与朝鲜义勇队

陈元仲

在帝国主义没落时机，殖民地半殖民地民族独立解放运动是前进的、反帝的、革命的。在这点，必须要把全世界的反帝革命力量联合起来，而中国与朝鲜是在日本帝国主义侵略下的两民族，今日正进行大规模的反日本侵略的民族独立战争，于是中韩两民族的抗日联合战线是至为需要而已经在生长着的。

中韩两民族联合战线的特殊性

1.中韩两民族联合战线不能以政府形式做为结成之单位。中国和朝鲜之今日决不像普通一个国家与另一个国家之间的政府的外交的关系，是一个革命的关系，同时在被压迫民族的意义上有着特殊的民族关系，二十世纪四十年代殖民地半殖民地的独立运动上有着革命理想上共同的目标。因为理论上政府是统治的机构，代表统治的权力而不是革命的组织。事实上中国方面有革命的国民政府，但在朝鲜方面还没有成立能代表民族的、有人民基础的，而且能够执行政府应有的任何一个职权的政府，然而有少数朝鲜同志拥护形式上存在着的韩国临时政府，主张以韩国临时政府才能做为中韩两民族联合战线的单位，否认中韩两民族革命的联合关系，反对中韩两民族的民族革命为单位的联合战线，这就深刻的带着不合逻辑的不合于革命的理论。

2.中韩两民族联合战线发展的特殊形态。照例来说，一个民族和另一个民族的革命的联合关系应是整个民族的革命力量的联合，但目前中韩两民族联合战线的发展形态上有着特殊性，根据事实的需要，不能不从中国关内朝鲜革命团体与中国抗日的中华民族做为结成联合战线的初步的基础的单位，因为，第一，在抗战之前中日之外交关系，中国不能与整个朝鲜国内革命力量联合，在抗战之后又因为日本帝国主义之统制，压迫封锁之严密，不能与朝鲜国内及东北（革命力量较大，为朝鲜武装运动之根据地）的朝鲜革命力量联合起来，因此目前中韩两民族的联合战线的现实的基础只是中国关内朝鲜革命力量与中国抗日力量的联结配合。

第二，从中国关内朝鲜革命团体与中国民族的历史关系上看，中韩两民族已经在革命的立场互助了三十余年的长久历史。根据过去的基础，应继续扩大巩固中韩两民族联合战线。

第三，中国关内已有将近二十万之朝鲜侨胞，随着中日战争的长期性，这数目只有增加的。因此在华朝鲜革命团体将努力争取这些侨民扩大革命力量，进而使国内东北及朝鲜的革命力量统一起来。就是说战后的结成及发展形态上，可以把关内朝鲜革命团体做为基础，或做媒介，促进关内朝鲜革命团体的发展，使他进而与东北及朝鲜国内革命力量结合统一起来，完成中韩两民族名实相付[副]的联合战线。

朝鲜义勇队是中韩两民族联合战线的雏形

1.朝鲜义勇队是继承关内三十年革命历史的实践的队伍，是根据整个朝鲜民族独立解放的总的路线在华组织的一支朝鲜革命队伍，凡是反对日本帝国主义为朝鲜民族独立而奋斗的关内革命青年，都网罗而集中在这旗帜之下，以抗日战斗来发动敌后朝鲜侨胞（华北某地的朝鲜同胞在本队影响下，已部分的拥护朝义队，美州[洲]的朝鲜侨胞在纽约、罗省等地已成立朝鲜义勇队后援会，集中力量参加本队后援工作）。它正进行发动华北、山东的朝鲜的同胞，向民族独立革命的路上迈进！

2.朝鲜义勇队的组织上已经具备着中韩联合的雏形。朝鲜义勇队是朝鲜民族战线联盟领导的革命的实践队伍，而在工作上受中韩两民族共同组织的朝鲜义勇队指导委员会的领导。因此今后的问题是将怎样充实发展扩大这个雏形的。

3.朝鲜义勇队成立两年来担负了中韩两民族联合战线的史的任务，因为朝鲜义勇队首先打起朝鲜民族的旗帜出现在中国战场，而已经有两年曾与中国抗日将士并肩作战的光荣历史。这是任何一个人也不能抹杀的事实。

问题在将怎样扩大巩固已形成的这中韩两民族联合战线!? 我希望于中国方面的：

第一，中国的最高当局及全体人民，在武器与经济方面，更积极的援助给朝鲜义勇队，使他充分的发挥所有一切力量来发动朝鲜同胞参加和援助反日的革命战争。

第二，组织中韩文化机关，互相介绍历史、政治、经济文化及社会一般情形以加强中韩两民族互相的了解。

第三，中国文化宣传机关多注意中韩两民族的联合战线做扩大宣传，使这一运动普遍化、深刻化。

总之，中韩两民族的联合战线不是以政府的外交的关系，更不能以韩国临时政府做为联合的结成单位，而这联合战线的发展有着特殊性，而朝鲜义勇队在这历史上、事实上已担负这种任务与中国民族共同抗日已有二年的战迹，今后将更以此为基础，促成扩大军团中韩两民族的联合战线。

（原载于《朝鲜义勇队》第38期，1940年）

中韩合作与东亚和平

董宗山

为了民族的生存，为了国土的完整，为了东亚各民族的幸福，我们势必要粉碎侵寇的大陆政策，要从日本帝国主义的崩溃中，夺回我们固有的自由，建树起人类永久和平来，这个神圣的任务，使我们向日寇英勇的抗战已经快要三年了。

在这过去三年中，令我们最感兴奋的，就是世界各弱小民族对我们热烈的期望与深刻的同情，尤其韩国弟兄们的努力，给了我们无穷的鼓励，无论在前线或在后方，都可以看到他们英勇奋斗的伟绩，他们和中国的儿女一样的坚苦卓绝的精神，来浇灌这东亚自由之花。

本来，中国革命的目的，不只是求中国自己的解放，而是求全世界各弱小民族的解放，中国国民党前总统孙中山先生在他的全部遗志中早已暗告我们了。所以此次对倭的抗战不仅有关中华民族的存亡荣辱，而且关系着东亚各弱小民族的命运，万一不幸失败，那不仅是中国的失败，同时也是韩国以及其他各弱小民族的失败。换句话说，中国抗战成功，固然中华民族得以恢复自由，韩国以及其他各弱小民族，也必因中国的解放而获得解放，因此在抗倭的洪流中，中韩两大民族的精诚团结与共同奋斗，是当然的也是必然的。

韩国本是中国的兄弟，自箕子朝鲜之后，数千年来都与我们保持密切的友好关系。在这两大民族之间，只有和平与互助的存在，由于这种关系的发展，数千年来使中韩民族成了一个安定东亚的堡垒与支持和平的砥柱。倭自丰臣秀吉以后，一向以伸张势力于大陆为目的，要有寇□侵韩的企图，终以中韩合作互助的结果，每次都给以极大的打击，使其一蹶不振。

满清中华以后，欧风东渐，太平洋之风云因而变色，清廷仍然妄称老大，不自□作。日寇乘机维新，力图自强，汲汲于殖民地开拓，相兼朝鲜以推行其大陆政策。但朝鲜自立国以来，无论在地理上、历史上、血统上以及风俗习惯上都与中国有极密切的联系。日寇要攫取朝鲜，自然非同中国开战不可，于是而有甲午之役。

甲午战争失败的原因，固然很多，如清室的昏聩，政策的错误，外交的□□，不一而足，但其中最大的原因之一，要算是中韩民族感情上的破裂与心理上的隔阂。因为不能互相了解而共图自强，于是朝鲜内部亲倭者有之，亲华者有之，党派纠纷一天一天的尖锐化起来，使日寇有机有[可]乘，倾轧其间。又因李鸿章等盲目的使用高压政策，更增加了独立党与守旧党之间的矛盾，而朝鲜整个民族的幸福便在这矛盾之中断送了。

甲午之役给了中国无限的痛苦，而最痛苦的就是我们亲切的兄弟——朝鲜——的沦亡。它的沦亡不只是韩族的不幸，而是东亚整个的不幸，从此日寇长驱直入，逐渐推行他的大陆政策而开始侵略满蒙了。所以韩国的沦亡，实是东北四省沦亡的序幕，也就是日寇亡华的开始，因此可以说我们的国难不是始于九一八，也不是始于七七，实始于甲午之败，而甲午战败的原因，又系中韩民族未能互助合作的恶果。

三十年后的今日，中韩两大民族又开始精诚团结了，这是值得我们庆幸的，我们要深刻的把握着历史的教训，以免覆辙的重蹈。我们相信只有中韩互助，才是真正东亚和平的安定势力，只有中韩团结，才能促成倭寇早日的崩溃。我们更相信只有三民主义，才是建树东亚和平的基本原则，只有三民主义，才是解放弱小民族的最高指导原理，只有三民主义才能使我们脱离帝国主义的镣铐，而臻全民于富强之域。

在过去三十年中，韩国志士的热血已经写成了一部悲壮的历史，获得了全世界弱小民族的同情，深望韩国国民党同志更能加倍的努力，健全内部的组织，统一全国的意志，领导全韩二千三百万民众来加入我们四万万五千万英勇抗战的行列，共同打倒这人类的公敌，促成最后胜利早日的来临。

（原载于《韩民》第 1 卷第 1 期，1940 年）

中韩的弟兄携起手来粉碎日本帝国主义

冯玉祥

（为《韩民》杂志创刊而作）

韩国是我们兄弟之邦，境土相接，唇齿相依，自从暴日魔手伸到韩国之后，更增加了它进犯中国的野心。所以三十年来韩国人民此仆彼起的独立运动，中国莫不与以最热烈的同情。

中国两年半的全面抗战，使得日寇已经一天一天地弱下去，不仅中国的最后胜利已日益接近，而且也是我们兄弟之邦的韩国起来争取独立自由的好机会。

我们惋惜韩国的兄弟们因为侵华战争受日阀更残酷的剥削，还有许多韩国兄弟被日阀强迫作了炮灰，同时我们对组织反战运动的韩国兄弟们也致最深的敬意，像勇敢的韩国兄弟崔长贵、李永吉、金振韩领导六千人在广州暴动，这些反日寇的英雄们，他们的名字，和我们抗战死难的烈士们的英名一样，将永远留存在中国人民的心坎上，还有许多韩国青年，参加我们的抗战，在前后方努力工作，这一方面使我们感奋，一方面让我们对即将兴起的自由的韩国，怀抱着无限的希望。

随着我们抗战的坚持，日阀已经把卫戍韩国的军队调来中国，随着韩国兄弟们的奋斗，日寇在韩国的统治已日趋动摇，盼望韩国全国的兄弟们，抓紧这个机会，为光复故国更加努力，相应在不远将来定能成功。

在东北，中韩的弟兄们已经互相帮助扩大中韩义勇军和共同的日本仇敌拼命，今后要更加亲密地携起手来，集中力量去打倒日本帝国主义，完成中韩两国的独立自由，保卫远东的和平。

今当《韩民》杂志创刊之始，希望□能把中韩两国人民反日斗争的消息互相传达，并进而讨论共同努力与配合行动的具体方法。

（原载于《韩民》第1卷第1期，1940年）

朝鲜光复军成立与朝鲜独立的前瞻

贾守本

我们以十二万分的欣慰与诚意，敬贺朝鲜光复军的成立。

朝鲜与中国的关系，本是异常密切。先由历史看，“周武王伐殷，封箕子于辽东，为朝鲜王”。这一点，先证实了两国根源，同出一脉。再从秦汉到明清，两国邦交虽有断续，但总是联系与互助的抵御外来侵略，尤显得两国历史关系的亲密。次以地理看，朝鲜与中国的辽宁、吉林有五百英里边境的毗连，惟鸭绿江一水之隔，有如唇齿相依，不可分离。再以风俗习惯说，两国亦大多相似。以民族性论，两国的爱好和平与宽大，又同出一辙。因之，过去有人说：“朝鲜为中国出嫁的女儿。”原是说两国关系的亲密，但在今日两国却是风紧雨急中的患难兄弟。

自一八九四年七月甲午中日战争开始，至一八九五年三月中日马关和约缔结，这样一个短时的变动，朝鲜失去了他惟一的至友，而中国被割断了一条得力的胳膀，朝鲜被愚弄的独立了。等到一九一〇年，朝鲜终因内政腐败，外缺援力的遭遇下，不流一点血的被并在日本的版图中。当时中国与朝鲜处在同样的境遇里，满清的昏蒙造成当时中国被瓜分的危机。所以那时自顾也不暇，更没力量来干涉朝鲜的被并。所幸运的，一年后，中国武昌起义，从此和朝鲜走入了两条命运的路上。

朝鲜被灭亡后，亡国的惨痛立刻加在朝鲜人的身上，日本惨无人道的狰狞面目处处显露出来，到这时候，朝鲜才感觉到亡国奴的痛苦。其有志之士，一面鉴于中国的革命初步成功，一面感到自己前途的黯惨，并且深深地体味到过去中国的宽大、独立的幸福与日寇的残暴了。因此，独立运动跟随着蓬勃。让我们打开朝鲜的独立运动史看，是够惨痛的，这是一张血肉织成的历史。谁都知道日本间谍机关的组织是超出任何一个国家的，只要看前朝鲜国民政府外交部长赵素昂先生说：“在朝鲜境内的日本军署和宪兵队，星罗棋布，共计有三千一百六十处。”在这里可想见日本压制力的强大与朝鲜革命的困难了。但朝鲜人民决不因此气馁，前仆后继，仍不断的奋斗挣扎着。三十年来的革命总未停断过，如“三一”运动、光州惨案、京城运动等没有一次不是被捕到数千人，单以一九二九年平安北道的案件，就有一万三千余件。所以日本用暴力压制，没有消除朝鲜的独立运动，相反的，刺激着革命情绪，如火如荼，更形热烈，所惋惜的只是朝鲜革命组织未□健全和时机未至，每次都失败了，但在屡次的失败里，逐渐地培养成朝鲜革命组织健全与统一、力量的集中与一致。只要看着朝鲜民族革命党、民族解放同盟、革命老同盟于一九三七年十一月成立朝鲜民族战线联盟，同时朝国人民党、韩国独立党、朝鲜革命党于今年三月又并合成立朝鲜独立党：这些都表明了朝鲜革命力量的团结。所以一到时机的来临，这一股潜伏的火力定会放出灿烂的光辉。

从中国对倭寇开始了抗战，朝鲜的志士认为这时候是革命最良好的时机，所以纷纷在各处发动，并愿与中国携手作战，但敌人在另一方面立刻施用了他毒辣的手腕，强迫地把大众还不明时势的韩民驱送到中国来实行屠杀，那些朝鲜人民也被蒙蔽了，替代他的敌人奋勇作战。我们可以从游击区老百姓口吻里听到“日本佬的先锋队是朝鲜人，朝鲜人比日人佬更凶”的话，这样倭寇毒辣的手腕得到了两个收获：一点是朝鲜人做了日寇的先驱牺牲者——“替死鬼”，而使中韩人民无缘故的残杀。另一点，击起了中韩民众的恶感，而从中布弄利用。当我们看了这二点，首先希望朝鲜同志要认清“敌”和“友”，试问三十年来压迫和惨杀我们的是谁？三十年受着亡国惨痛的赐与者是谁？所以不要再被敌人利用来残杀至友的人民，要反抗这侵略者的压迫，不做替死鬼，用全力做自己的复国运动，争取自由吧！其次，中韩两民族不再受侵略者的挑拨，放弃过去无谓的介[芥]蒂，进一步携起手来打倒共同的敌人。

现今由朝鲜临时政府领导的光复军总司令部在我国首都旁嘉陵江的×处成立了，实在有着深长的意义，这正表示出此后两国从此站在一条战线上来奋斗，联合打倒共同的敌人。当我们得到这消息是具有着无限的欣慰与深切的希望。尤其当敌人在中国作战了三年，深陷入中国各战区泥淖里的敌人，正一筹莫展、进退两难中，他更少力量来稳持他原有殖民地。这在革命的朝鲜求解放真是千载难逢的机会。所以朝鲜现以他××万的光复军从边境上将重踏上自己国土，掀起复兴祖国的战斗，可以断定前途有着无限的顺利与光明。

“中国抗战成功就是朝鲜复国的成功！”看这两个亲密的民族携着手互祝着，完成复兴与复国的志愿！

（原载于《胜利》第 99 期，1940 年）

中韩关系与朝鲜革命

[朝鲜]金若山

四月十二日日本评论社茶会欢迎朝鲜义勇队队长金若山、台湾义勇队队长李友邦两先生及两队队员，介绍与重庆新闻界及敌伪宣传机关负责人士相见，这篇文字就是金先生在茶会席上的演讲词，由王继贤先生笔记。

——编者

中国和朝鲜自古就是兄弟之邦，两国的文化尤有着密切不可分的关系，中国古书上有很多关于朝鲜的记载，如在《汉书》上记载“殷道衰，箕子去之朝鲜”，《今文尚书》上记载着“箕子走之朝鲜，武王闻之，因以朝鲜封之”。箕子的到朝鲜并不是当时中国派去的，而是箕子看到“殷道衰”，所以才避到朝鲜，对于武王的加封，殷子说“我罔为臣汉[仆]”，他并没有接受，由此足见当时朝鲜和中国的关系，实不是藩属的关系，又《论语》上说：“子欲居九夷，或曰：‘陋如之何？’子白：‘君子居之，何陋之有’？”这里“君子”二字，在《十一经问对》上说：“君子非孔子自称。”这证明当时孔子是如何的礼视朝鲜，而以朝鲜（即九夷）为君子国，又东方朔《神异经》上也说：“东方有人焉，男皆缟带玄冠，女皆采衣，恒恭坐而不相犯，相誉而不相毁，见人有患，投死救之，仓促见之如痴，名曰善人。”唐玄宗也说：“新罗号为君子国。”这证明朝鲜的确为礼义之邦，一向为中国所尊视，在中国明朝亡国之后，明朝士大夫千余人亡命到朝鲜，当时朝鲜王各赐以耕地，使他们得到安居，这说明了中国和朝鲜是始终保持着友谊的关系。

在明朝万历二十年，倭寇进犯朝鲜，酿成任[壬]辰倭乱，中国立刻出兵援助，结果为中国和朝鲜的联军大败，这是历史上中国、朝鲜联合消灭倭寇的先声。

以贸易关系而论，在朝鲜亡国以前，中朝的贸易额在朝鲜对外贸易上总是占第一位，就是在亡国以后也只次于日本而居于第二位。

由以上这些事实看来，中国和朝鲜在历史上是保有极密切的关系，这关系一直保持到日寇灭亡朝鲜的时候，朝鲜被日本并吞后，朝鲜和中国的正常关系被切断，但我们相信我们两国不可分离的关系终可能在新的形势下恢复并更加发展起来。

其次，我要说的是朝鲜亡国后的革命运动情形，在朝鲜亡国后的五六年间，朝鲜被日寇解散的部队纷纷组织义兵，与日寇作了五年的血战，先后消灭了不少的寇兵，但终归失败了，这失败的原因，一方面是民众未能全体动员，积极参加作战，与日寇的武器对比相差太悬殊，一方面没有有力的外援，所在[有]在朝鲜国内的义兵，被迫退到中国东北和苏联境内，军事运动陷于失败，但他们并没有因此而担心，他们继续组织暴动与暗杀，朝鲜志士安重根刺杀寇酋伊藤博文，李在明刺杀朝鲜朝奸李完用等个人的或部分的英勇斗争，是在无间断的进行着。一九一九年，朝鲜暴发了轰动世界的"三一"大暴动，朝鲜全民族一致起来与日寇进行斗争，这个运动使得日寇战栗丧胆，使得日寇认识了朝鲜的潜伏力量，"三一"运动以后，朝鲜的革命运动仍是澎湃的进行，农民抗租，工人罢工，学生罢课是层出不穷的，革命的斗争扩展到每个角落。

日寇为了发动"九一八"事变，为了侵略中国的大陆，它曾不断的挑拨中韩的民族感情，"九一八"前的朝鲜"排华运动"，以及"万宝山事件"等便是日寇阴谋的表现。

一九三七年，中国伟大的抗战展开了。这使得朝鲜的革命环境为之胚[丕]变，许多的朝鲜革命志士把握住这个时机，更加紧了与日寇的斗争，现在东北有着三万多朝鲜游击队，在苏联也有着三个师团的朝鲜兵，他们都是总反攻时的有生力量。

日寇自发动侵略战争以后，以资源缺乏，消耗过大，乃加紧对朝鲜的压榨。由于军需工业的畸形发展，其他工业被迫纷纷倒闭，购买军需品及原料又非需外汇不可，因此现金缺乏，乃滥发钞票，造成通货膨胀，以致朝鲜民众生活日感困难，中小商人受统制经济的影响，亦多陷于倒闭。朝鲜的工商业，凡与军事无关系的多已倒闭。由于军需原料的计划生产，农民多被迫种棉花及油类，日寇对农村横征暴敛，倍加摧残，去年朝鲜又遭遇一百五十年来所未有过的大旱，米歉收一千万石，农村已陷于破产，农民无法过活，多聚集都市，使都市失业工人骤然增加，工资低落。此外日寇又颁布所谓"保护观察法"，在这个法令下，被软禁的朝鲜人达六千四百名。又有所谓"预备检束法"，依这个"法令"，日寇可以自由捕人，现被捕的政治犯达一万六千人。日寇更强迫朝鲜的各教派一致拜奉天照大神。侵华战争中，以兵源缺乏，死伤过多，乃强迫朝鲜人当“志愿兵”，将朝鲜青年、少年移殖到中国东北做“预备兵”，以便驱到中国战场上送死。现在日寇进一步对朝鲜食米亦加以统制，朝鲜人每年吃米六斗一升三合，日本人则为一石一斗二合，并“提倡”朝鲜人吃稀饭、素菜。最近日寇复异想天开，企图改朝鲜人的姓名，朝鲜人的姓名是和中国姓名的样式一样的，日寇为了要朝鲜人忘掉了祖宗，连朝鲜姓名都要改成日本姓名，日寇曾宣称“内鲜一体”“内鲜平等”，以这样的话来欺骗朝鲜人，但朝鲜能相信吗？朝鲜人亲身感到的是政治、经济、文化、社会一切的压迫和迫害，因此日寇动听的话是没有人相信吗。我们相信过去三十年当中英勇的民族革命斗争一定会重演并发扬于今天的。

今天中国的抗战已进行了两年多，日寇已呈总崩溃的情势，我们相信，中朝两民族的力量一定可以把日寇逐出东亚大陆，我们尤深信我们朝鲜革命的成败是决定着东亚最后运命的。最近敌人驱逐大批朝鲜人来华侨居，但这只有增加我们的后备军，我们今后工作的重心就是要发展到敌人后方去，争取自己的同胞粉碎日寇利用朝鲜人的阴谋，并发动战区和朝鲜国内的革命。

最后，我希望我们中韩两民族要更坚强的联合起来，争取中韩两民族的最后胜利。

（原载于《日本评论》第 11 卷第 4 期，1940 年）

从平漠路上的战斗说到开展华北工作问题

［朝鲜］朴茂

朝鲜义勇队参加中国抗战已有十五个月了。

在这十五个月工作中，我们奠定了华南、华中各战区的对敌宣传工作和一般的宣传工作，获得了各界的同情和爱护，但在华北来说，还未得到这样的成绩。这并不是我们没有注意到这件事，而主要的原因在于客观条件的不容许和自己主观力量的不足，因此在朝鲜义勇队一周年纪念日，活跃在江北的我们曾总结了过去一年来的工作，决定今后工作的配置与方向时，准备开展华北工作。

这样，在去年十一月间，一批最优秀的队员抱着决心，冒着寒冷的北风，渡过了黄河，于是不到二个月中，他们在豫北一带得了很大的收获。他们在新×军训练了两批对敌工作干部共一百五十余名，在×县县政府干训团培养了对敌工作人员六十名。

并且，他们针对着今日在日寇铁蹄底下为个人生活而彷徨，可是明天将为祖国的独立而奋斗的在华北几十万朝鲜同胞号召发动反日斗争：

> 起来吧！在这伟大的历史转变期的朝鲜三千万同胞！
> 与同苦患难的中国四万万民族联合起来，手携着手。
> 向着光明的胜利的前途，并配合着一切国际友军的步调。
> 向无道的倭寇胸膛，勇敢地突进吧！猛进吧！
> 这是建立独立自由幸福的新朝鲜的时候了！

这是革命的号召！正义的号召！

这一个号召已传到天津、石家庄、太原等地的朝鲜同胞。

而在豫北平汉路×县和×县一带的朝鲜同胞更得到了以本队名义发出的通行证、标语和传单。

其次，他们曾为着纪念中华民族成立二十九周年，配合新×军××团参加了英勇的战斗。十二月十四日下午八时，我们的勇士拿着手溜弹，有的托着步枪，在平汉铁路上出现了。在那里他们散布对敌宣传品于五十华里之附近，帮助中国弟兄破坏铁路和电线数段。所谓“皇军”的威武已不能存在了。敌人在城里照耀探照灯，而向我们的勇士乱射野炮。这样敌人所获得的只有消耗。在三昼夜底不断底活动中，他们散发了很多的传单和标语，破坏了铁路十九处和五十余斤的电线，给日寇精神上与物质上的打击。平汉路通不了五天，并且他们动员敌区的中国同胞把所获得的电线悉数搬到太行山上。这是中国抗日将士的战斗精神，同时是国际队伍的斗争。尤其在动员这一次民众时，我们的同志曾以悲壮的语调，说明了朝鲜被日寇并吞后的情况，鼓励民众使他们涌[踊]跃的参加运输电线的工作。这样日寇对我们的同志痛恨入骨，用种种的方法要生擒我们的同志，甚至利用无耻的汉奸恫吓他们，但在他们屹然不动，仍然在那里奋斗着！

再其次，在去年十二月中，我们的第二批勇士们又渡过黄河，参加了中条山战斗，而在××县朝鲜义勇队欢迎会，席上一位中国同志特别指出“抗战进入新阶段，增加×位国际同志，对于坚持中条山抗战是有很大的帮助的”。这又是预兆着他们工作的胜利！

的确，我们已经步步的参加了华北抗战。

但在展开华北工作中，我们应该更要认识华北抗战的重要性，把握它的发展规律，然后规定我们工作的方针，由此建立工作计划，确定工作的对象和范围，并适当的配置人员，使我们的工作不致停留在无政府的、盲目的、自发的基础；而且只有这样，我们才能保障华北工作的广大的发展，正确的认识华北工作的意义和条件。

朝鲜义勇队开展华北工作的意义，我想至少有以下诸点。

第一，就本队参加中国抗战的意义来说，当然是以本队的一切力量给日寇精神上、物质上打击，贡献于神圣的中国抗战事业。因此我们过去在前线与后方进行一般的宣传工作与瓦解敌军工作，同时部分的参加了短时期的战斗。但在华北，我们应组织游击小队，普遍的经常的采取这种高级的斗争形式。这种斗争如果单从军事观点来估计，或许没有怎样大的积极性，找不出它的优秀的作用。日寇在其“速战速决”的战略和“速和速结”的政略失败之后，便采取了“以战养战”的毒谋，即是利用中国的人力、财力、物力以挽救其侵略战争的危机，并继续进攻，以政治上诱降的阴谋来灭亡中国。这毒谋以华北为中心地，而今后中国抗战的真正艰苦亦当以华北为最激烈，因此需要军民加紧努力，坚持抗战，精诚团结，更求进步，而要战胜日寇必定要靠良好的政治工作，首先是要抗战部队的良好政治了[觉]悟与充满的战斗精神，其次要动员广大民众参加抗战，再其次要扩大对敌工作。

朝鲜义勇队在豫北平汉路上底战斗，证明它不是单纯的军事行动，而是对抗战部队提高了战斗精神；对华北民众起了刺激与鼓动作用；对敌军与伪军起了煽动的作用。正因为客观上华北抗战将士是在最艰苦的环境下拼命，华北民众是在日本强盗铁蹄底下，处于日寇直接的奸掳烧杀与奴役的威胁之下过活，而华北的敌人在战局延长下亦感到无限的痛苦和不满，不用说这些条件为便利于我们巩固部队、动员民众和瓦解敌人的。

朝鲜义勇队是被压迫民族的不屈不挠的革命队伍，所以他们不怕一切牺牲而善于斗争，认清亡国奴的一切痛苦而善于鼓动民众，把握着敌人的顽强性，善于利用日本士兵的情绪，能在政治上接近他们。

第二，客观上，在中国抗战中，扩大朝鲜义勇队的力量，就是扩大中国的抗战力量。日寇在两年半的侵略战争中，对它的殖民地朝鲜施行强迫的“志愿兵”制，加重政治压迫，加紧经济剥削，宣传策略上“跃进朝鲜”的欺骗和怀柔，说明了朝鲜民族正是在另一种形式下底压迫，是在更阴险更惨苦的底下挣扎。主观上，大部分朝鲜人民在国内不能维持生活。客观上，日寇的所谓“移民政策”与“战争景气”的欺骗加强趋势，使朝鲜人民被迫弃井离乡。中日战争发生以来，离开祖国的朝鲜同胞，在华北已有几十万，“志愿兵”亦已数百。因此，现在动员华北朝鲜同胞，吸收他们扩大生力军的客视条件是顺利地向前发展着，等待我们的努力！

华北朝鲜民众自从抗战以来，表示反对侵略战争，并不多见，我所知道的只有朴××同志自动脱离敌区参加本队。这些现象的本质，说明着他们在眼前的生活的驱使之下，仍然表示自己的小市民层的意识，不愿在它的统治者面前示强，可是他们的大部分特别是青年有光荣的斗争历史，在革命旗帜的招摇下，可以即刻变成为祖国的解放事业而奋斗的斗士。这不是一桩臆断，过去在华北各地被游击队捕来的朝鲜同胞，现在已经很高兴的参加了本队工作；而且最近在新乡附近被捕的敌第三十五师团××联队通译员向当地某机关要求送至本队，可是该机关不允，结果乘机逃跑了。

因此启发朝鲜民族的觉醒与自尊心，就成为动员华北朝鲜民众工作底当面的主要任务。日本侵略战争已经为了这个任务之实现，打下了客观的坚强的基础。问题就在于我们只要好好配合华北抗战与抗战部队，只抱着自信心，坚忍下去。因此我们需要百倍的努力来动员朝鲜移民(农民)与敌军战略要点的朝鲜民众，整个的破坏敌人的统治！

第三，华北工作不仅有帮助华北抗战与动员华北朝鲜同胞，而且还有去动员国内和东北朝鲜民众的作用。中国到某种时机进行总反攻恢复东北失地时，我们的华北工作在中国抗战上便占着重要的地位。

上面已经说了我们展开华北工作的意义与发展的基本条件，我们再说到华北工作的难易条件，我们除了认识客观上华北抗战的难易条件外，还必须要认识我们所处的难易条件，这些问题的认识是保证华北工作发展的基本条件。

那末，目前我们应怎样克服困难呢？

第一，就华北工作问题上，各党派间彼此尚没有统一的认识，因而负不起这重大的任务。这些不统一的表现，当然妨碍着共同反日的军事、政治行动的。因此我们必要在政治上完成统一，尤其是在华北工作上，采取积极的统一与协助的行动。

第二，今后要建立武装队伍，在华北朝鲜民众基础上发展扩大下去！

第三，华北工作是长期的艰苦的事业，我们必须要有艰苦奋斗的决心，适当的配合优秀的干部。

第四，加强文字的宣传工作，特别是加紧关于朝鲜同胞的宣传工作，在华北必须要出版定期刊物外，尚要各种形式的传单，如告同胞书、宣言等。

最后，我们根据实际情况去利用有利的条件，以战胜困难的条件，则困难是可以战胜的，华北工作在这样的情形之下，是可以广大发展与坚持到底的。抗战以来，我们这一次在平汉路上曾获得一点成绩。希望大家好好来检讨一下。我这里所说的只是根据个人的了解，仅仅是一个简单的而且不周全的意见罢了。

（原载于《朝鲜义勇队》第 32 期，1940 年）

“三一”运动纪念日感言

[朝鲜]李达

“三一”运动在朝鲜革命史上占着最光荣灿烂的一页。虽未成功，但是其意义与对于以后革命运动的影响却非常重大。

一九一九年三月一日（恰当亡国后十年），在朝鲜全国各地举行了反日大示威运动，无论是男女老少都参加到这个运动，高呼着“朝鲜独立万岁！”，向着日本强盗的白刃搏斗。

“三一”运动是朝鲜民族用自己的鲜血来写成的一部东方革命血史。亡国后十年间，日本帝国主义野蛮凶暴的压迫、屠杀和驱使，绝对不是有着半万年文化历史的朝鲜民族所能忍受的。日本帝国主义的刀枪尽可以砍碎朝鲜民族的头颅，但决不能摧毁朝鲜民族的心灵。朝鲜民族在这十年间的亡国生活中含愤蓄怨所堆积的正义之愤怒，终于在这一天爆发出来了！

“三一”运动虽然失败了，但千百万先烈的血决不是白流的。他们的热血，仍然在每个朝鲜人的血管里继续奔流着！“三一”运动以后无数次的反日革命斗争中，亦仍然不断的飞溅着革命的血花！朝鲜民族在这样普遍而持久的流血斗争中，不仅发挥了独立自存的精神和能力，而且打开了自由幸福的新朝鲜的前途。

“三一”运动是反帝反封建的民主主义运动。朝鲜到亡国的那一天为止，仍是维持着封建专制王国的状态，亡国后日本帝国主义又为适应它的经济掠夺和榨取起见，仍保持着朝鲜民族从来的封建社会关系，就是说日本帝国主义对朝鲜的政策，不仅采取资本主义的压迫方式，而且采取封建专制的压迫方式。在这种情形之下，朝鲜民族无论是民族资产阶级，小商人，工人及农民都参加了全民族的反日斗争。因此“三一”运动的斗争对象，固然是实行民族屠杀和掠夺的日本帝国主义，同时亦是半封建的日本帝国主义的专制政治。于是我们可以断言：“三一”运动的政治意义便是反帝反封建的民主主义。

“三一”运动并不是一个民族对另一个民族的报复斗争，而是被压迫民族的反帝解放斗争。在这一点上，我们可以看出它有着国际的革命意义，就是从这运动本身就成为全世界被压迫民族的解放运动的一环，尤其是成为东方被压迫民族解放运动的主要的一部分。“三一”运动的动机，是响应当时威尔逊的民族自决的主张，而这运动的领导者便是进步的民族资产阶级的代表。所以总括一句说“三一”运动，形式是反帝反封建的斗争，它的内容是民主主义的政治要求，而且这运动带着浓厚的国际性。

当此“三一”运动第二十一周年纪念日，我们应当检讨并接受这个运动所给予我们的教训。第一，因为没有强有力的革命政党的组织，所以在领导大众的革命斗争上不无缺陷。第二，“三一”运动本身，虽然很有国际的革命意义，可是当时的指导部，并没有建立国际关系。第三，没有广大的大众组织和有体系的正确理论来作为革命斗争的〖指〗南针。第四，朝鲜民族解放运动的路线的错误，例如全靠威尔逊所主张的“民族自决”。上述几点，是“三一”运动的缺陷，同时亦是教训。这些血的教训无疑的已成为我们目前民族反日战线运动的宝贵的经验。

伟大的四万万五千万中华民族的抗日解放斗争，在一天天接近最后胜利的时候，我们在海外的朝鲜革命者，特别是朝鲜义勇队的同志们，应当以“三一”大革命的流血奋斗的精神，和中国弟兄站在一条战线上，奋斗到获得胜利的最后一刻。

（原载于《朝鲜义勇队》第 33 期，1940 年）

加强中韩两民族的团结

——向重庆各界进一言

[朝鲜]李达

我们朝鲜义勇队总部自桂迁渝后，承蒙重庆各界热烈的招待和亲切的指示，对此，我们谨表示无限的感谢，并致崇高的民族革命敬礼！

朝鲜义勇队成立已有一年半了，在这短短一年半的奋斗当中，我们曾竭尽棉薄，做了点些微的工作，尤其是在南北各战场上，配合中国英勇将士开展对敌宣传及一般宣传工作，以助长敌军的厌战及反战浪潮，并建立起事实上的中韩联合战线。但我们感觉到那还不够。

当此敌人积极进行对华政治进攻的时候，无论是前线敌后和后方工作，更有积极开展的必要。此次我们总部迁渝，亦就是为了前方工作部队指挥上的便利和加紧国际宣传，并加强中韩团结。

我们要争取中韩两民族的自由解放和建立东亚的永久和平，必须中韩两民族坚固地团结起来，打倒共同的敌人——日本帝国主义。换句话说：中韩两民族团结是使得中国抗战争取最后胜利的基本条件，同时由于中国抗战胜利朝鲜民族才能求得独立和解放。不但如此，而且在日本帝国主义以种种的阴谋毒计来挑拨离间我们的感情，想使我们互相仇恨互相残杀，以便他个别的宰割我们的时候，我们更须要以团结的事实来回答他。因此，我们谨向重庆各界人士要求：

（一）请不断地给我们以工作上的指示与实际上的援助。

（二）加强中韩两民族团结来粉碎敌人离间中韩民族的阴谋。

（三）建立和巩固东方各被压迫民族的联合战线。

（原载于《朝鲜义勇队》第 34 期，1940 年）

“三一”运动的意义

[朝鲜]李斗山

“三一”运动是在朝鲜革命历史上有着至大的意义，从这运动起一直到现在，我们所不断的推进革命运动的原动力，无非是由这“三一”运动的革命精神所胚胎来的。

大院君的锁国政策，到底是敌不住当时倭寇的攻城炮。这锁国主义被打开以后，朝鲜的农业经济立被牵入到日本资本主义侵夺势力漩涡里去，在日本的轮船之后，跟着来的是它的战舰；在它的大炮之后，跟着来的是雄厚资本。这样，这一微弱的朝鲜飘摇在大波浪上，挡不住这雄厚的资本，更挡不住那帝国主义的大炮了。

因此，朝鲜竟在一九一〇年被倭寇亡了国。日本在这肥沃的朝鲜大地上，任意榨取掠夺了一切。日本军阀和财阀勾结成的“朝鲜总督府”，在朝鲜实施的政治，无非是代表日本资产阶级利益的机关，其任何一条“法”和一纸“令”，丝毫也不为朝鲜民众利益着想，只为榨取和掠夺而毒辣策划。

朝鲜人民处在这野兽践踏之下，“享”着投狱、被杀、自杀、被逐之“福”，而过着牛马生涯；只有服从的义务，只有侍仆的义务，只有任其宰烹牺牲的义务而已。

日本帝国主义者要使日本的工业商民在落后的朝鲜内畅销，夺取低廉的原料，极力阻止朝鲜民族的工业发展：敷设铁道或其他兴工时，强制民众做没有报酬的赋役；着手土地调查，强夺民间的耕作土地；把重要的物产强占专卖，不许民间买卖；构成各种繁杂税收名目而苛敛酷诛。其他种种侵夺情形，不可以笔舌形容。那十五世纪德国农民被压迫的情形，那帝俄时代的俄国农民被榨取情形，都任这时朝鲜里活现着。这样被压迫的活事实，竟给朝鲜民众，淘涌了火织的愤怒。在那朝鲜民族精神奋发着的阳春三月，蒸发了抗斗的血香。“三一”运动在这血的激流中，踏上了朝鲜民族的光辉底征途。

第一次欧战停止后，全世界的改造风潮一时奔腾万丈，凡为奴隶的民族，都挺起正义的胸膛，要打断被束缚的铁锁。那时的朝鲜民族，把强烈的民族意识和不可泯灭的民族文化来发动这伟大的“三一”运动了。国亡后，十年间的积恨，像山洪般的爆发起来，三千万民众，结合了像一条钢厂般的洪流，一口气向着日本帝国主义冲锋，把革命的花片飞散于朝鲜三千里江山上了。

我们阐明“三一”运动的意义，而知道它是在外表上虽然为一种“祖国光复”的独立运动，但其实质却包含着进化要素。“三一”运动虽然遭失败，未能达到其原来目的，但朝鲜民族从这运动的教训中猛醒的站起来，把旧时代的残渣没有留恋的抛弃，向着新文化方面突飞猛进。二十余年来，适应着这新时代所要求的革命思想，已深印在朝鲜民众的心坎；把正确的革命理论，配合着实际，不断的表现起来，朝鲜民族解放运动的途径，已经鲜明的展开在朝鲜民族面前了。这是经过“三一”运动的教训所致。

际此中国民族英勇的斗争当中，我们须本这“三一”运动的革命精神，继续奋斗，誓死争取最后的胜利，就是纪念这伟大的“三一”的意义！

（原载于《朝鲜义勇队》第 33 期，1940 年）

纪念朝鲜“六十”运动

[朝鲜]李达

一九二六年六月十日，十五年前的今天，在朝鲜国内继“三一”运动而又爆发了伟大的革命斗争。这个日子适值朝鲜的最后皇帝隆熙的出殡日，全国各地的人士，集中到京城，参加出殡行列，京城公私立各校学生，趁着这个机会，举行了壮烈的反日大示威运动。这运动很快的从京城像野火似的燃遍于全国各地，这运动的爆发首先由青年学生发动而展开，而其参加的不仅限于青年学生，很快的扩大为全民族各个阶层的广大群众运动。每一年的今天，每个朝鲜民族的心坎中都留着深刻的纪念。

“六十”运动的直接原因，当然是青年学生爱国热忱的激发；国家既亡，最后一代的皇帝又殒，当时一般青年学生，满腔悲愤无从发泄，所以时机一到，这个划时代的革命运动，就不可制止的爆发出来了！但这个运动，除了直接的原因以外，它的基本的动力是当时朝鲜民族解放运动的必然发展，朝鲜民族解放斗争的新阶段。

“六十”运动是朝鲜民族用自己的鲜血所造成的最光荣的革命运动。自亡国后，日本帝国主义对朝鲜民族野蛮凶暴的压迫、屠杀和驱使，绝不是有着五千年文化历史的朝鲜民族所能忍受的。日本帝国主义的刀枪尽可以砍断朝鲜人的头颅，但决不能摧毁朝鲜人的精神。朝鲜民族在亡国生活中卧薪尝胆，含蓄着苦难和愤怒，随时不放松一切有利机会，进行推翻日本帝国主义的斗争。“三一”运动、“六十”运动、光州学生事件等这些都是全民斗争的光荣例子。

“六十”运动虽然在日本帝国主义的残酷的刀枪下被镇压下去了，但是革命先烈的血，决不是白流的，千百万的朝鲜民族，他们踏着革命先烈的血迹澎湃着！为革命烈士复仇的怒火在“六十”运动以后无数次的反日革命斗争中，在工厂、农场、学校、街头上不断的飞溅着革命的血花。在这样普遍而持久的流血斗争中，发挥了朝鲜民族顽强英勇的精神和毅力，开辟了自由幸福的路途。

"六十"运动是朝鲜民族革命精神的伟大表现,无论咋[在]对内对外方面,均发生了很大的影响,虽然从若干方面严格检讨,固也不免有些小缺点,而从大体上讲,则在朝鲜革命史上具有着重大的意义。我们逢着这伟大的这纪念日,回顾十五年前"六十"时代的一幕英勇壮烈的斗争,实在令人不胜兴奋,而对于"六十"运动所遗给我们的奋斗经验,更觉得无限的宝贵。

十五年以后的今天,我们的革命运动已经走上了进步的阶段,但我们所受的压迫和痛苦也更为严重。"六十"运动时,我们的对象是日本帝国主义,而今天我们的敌人还是日本帝国主义。但客观的情势却已有很大的变化了。这一变化不仅仅是中国民族正在以全国人民团结的力量坚持与日寇作武力斗争,正以民族的血和肉来争取民族解放,而且今年的"六十"正是帝国主义第二次大战距离的展开着,在这机会造成了世界被压迫民族要求自由解放的有利条件。在这种客观情势下,我们纪念"六十"运动是有着重大的意义。

时间隔了十五年,但"六十"所遗给我们的任务,我们还未完成,而我们当前的责任也无疑的比过去更为重大。

我们今天纪念"六十",正是在中国抗战行将达到最后胜利的时候。我们应当效法"六十"运动伟大的斗争精神,朝鲜民族应该加强团结,巩固和扩大朝鲜民族统一战线,联合一切世界被压迫民族,以共同打倒日本法西斯强盗,争取朝鲜民族的解放,争取东方各弱小民族的彻底解放。

(原载于《朝鲜义勇队》第 35 期,1940 年)

为建立朝鲜革命军而斗争

[朝鲜]朴孝三

伟大的中国抗战开始后，关内的朝鲜革命者，为了抗战的胜利，为了在抗战途径争取朝鲜革命的成功，便组织了朝鲜义勇队，直接参加抗战的最前线与日本法西斯军阀浴血肉搏，其时将近两载，我全体同志分布在广大的南北战场上，配合英勇的中国战友，以最大牺牲与努力致力于对敌宣传工作，我们根据这两年来所获的工作基础对将来的发展及目前正在向着新的阶段发展的抗战情势，展望今后工作的方向，准备迎接新的斗争任务。

过去两年当中，本队全体同志执行对敌宣传工作以来，确已获得了若干成果，同时在每个同志自己本身亦集积和锻炼了宝贵的工作经验，我们根据这样的经验及目前敌我情势，将我们根本目标即争取与瓦解被压迫敌军士兵及民众的任务，应如何的转向新的方向去发展，怎样把在各战场上单纯的呼喊口号散布传单的宣传工作，转变为更积极更战斗的问题，就是要建立朝鲜革命的武装力量，而与中国武装部队站在同一战线上，以果敢的精神进出敌人后方，直捣敌人内部，这样才能把我们的新的发展目标彻底完成。

敌人因战争的延长，其内部矛盾日益尖锐化，被压迫的日本士兵及民众革命危机迫至眉睫，同时因敌人国内兵源的涸渴[竭]，而将主要补充目标已转向朝鲜和东北。目前敌人在朝鲜正强迫征募志愿兵，驱使他们到中国各战线(主要在华北)担任后方兵役，其他被迫到沦陷区各地的朝鲜民众，其数已达数十万之多。

在这样情势下，我们如能打起朝鲜革命的武装队伍的旗帜，果敢进出敌人后方，随时接近敌人，并实行机动的积极宣传，这不但对敌宣传强化其效率，特别是对朝鲜民众的争取及革命力量的增强，更有着重大意义，所以我们根据过去两年间的对敌宣传工作的基础和经验，强调提出欲谋关内朝鲜革命运动的新发展，就应将本队扩大为武装的革命军。

我们根据上述的任务及基础，欲求新的发展，这不仅限于武装我们自己本身为武装的革命军，同时是基于目前新情势的要求。

目前敌人对中国侵略战争，不但在经济的、军事的力量不能支持，而且为了应付欧战扩大和复杂的国际情势，正渴望着速急摆脱这战争的刑楔，以最后挣扎手段，加紧驱使汪逆傀儡配合对鄂北、鄂中新的军事冒险，并使用各种阴险诱惑手段进行政治进攻。

这样，敌人是以种种政治进攻以图破坏我抗战，所以要粉碎敌人这种阴谋，唯一的就在于集中一切力量以巩固抗战的政府，并使其发挥最大威力，同时要进一步巩固和拥护一切抗战的民族联合战线，并充实其力量，发展其工作。

朝鲜民族对武装革命军的建立和实现，实为中韩两民族联合战线的进一步发展的表现，同时意味着对敌人的政治阴谋给以猛烈的反攻，如果在中国抗战阵营中有被压迫的朝鲜民族以一武装的单位参加作战，这不但给敌人以致命之伤，并能推动全朝鲜民族革命的发展，又更能获得一切被压迫民族的兴奋和响应。

我们为了在中国抗战树立朝鲜革命的基础，而要求建立朝鲜义勇队的武装，中国抗战的胜利是中国抗战建国的成功，也是东亚真正永久和平的奠定，现在中国是在这样总目标下，随着抗战力量的巩固与发展，向着未来的伟大建国设施猛进，所以朝鲜民族一方面积极拥护支持中国抗战的胜利，同时在另一方面为着建立朝鲜革命的最后成功的决定力量而奋斗，所以在目前朝鲜革命的最后成功力量的准备，是在于革命军的建立。

关于在关内建立革命军的问题，就上述的根据与鉴于目前诸形势下我们主观客观两方而所具备的各种条件，我们认为相当满意，而自信必然能够胜利完成这一任务。

一、军事干部。在关内从事革命事业者，其大多数为军事、政治兼具者，其中较年老的革命志士，多半自从朝鲜被日本帝国主义吞并后爆发的义兵运动起开始参加斗争，其后更在国境、东三省、苏联边境等其他各地组织了独立军，而与日本法西斯军阀拼过命的百战老将，尤其目前参加在抗战阵营中英勇活动的朝鲜义勇队的革命青年，自从中国北伐革命到现在历经百战，并受过军事教育的优秀干部，其他在各部队服务的朝鲜革命同志，目前皆在各战场上任重职。以上的干部虽不能为树立朝鲜革命军的决定要素，然可为在抗战途径建立军事基础的基干。

二、沦陷区的朝鲜民众。自从中日战争爆发后，朝鲜民众被日本帝国主义的加紧榨取压迫而驱使到中国各地者陆续不绝，尤其是日本帝国主义在目前以军事摆脱不得而进行政治进攻施行移民政策下，被迫来华各地者现已达数十万，并且估计今后只有增无减，如此日本帝国主义实施无止境的驱使政策下，我们就有更多的朝鲜革命后备军源源不断争取过来的可能。

三、敌军中的朝鲜士兵。日本帝国主义者吞并朝鲜到现在已有三十一年，其间曾用种种方法对朝鲜民族威胁诱惑然而始终未能把朝鲜民族精神消灭，反而对日本帝国主义者反抗和革命的气势日益澎湃，所以日本帝国主义始终不敢武装朝鲜民众，而到目前中日战争已入长期的相持局面，敌国内部矛盾日益尖锐化的时候，中国的抗战益趋有利，日本法西斯军阀虽亦益趋疯狂，而疯狂的结果使它不得不走向无法挽救的帝国主义战争而自灭的境地，在这里我们可以看出，日本法西斯军阀今日在朝鲜实行强迫征募志愿兵，就有更重大意义，去岁到今年间已强募三次的志愿兵，每期一千名，三期共三千名，其中大部分已补充到华北各战场作战，并且目前正在朝鲜各地设置所谓“青年训练所”多处，继续强募中，因此日本帝国主义者费尽全力欲达成其梦想，然而事实上即从敌酋的演说中，对所谓征募“志愿兵”所得的结果，皆表示不满，朝鲜民族到底还是朝鲜民族，直到被压迫过甚时，更把敌人认得清楚。在这样情形之下，如果我们能够建立武装的部队，将我们革命军的旗帜高举飘扬的时候，我们革命军的呼声鼓动到他们的耳膜的时候，他们就会像涌水般的投过来的，我们倒很希望日本帝国主义把朝鲜民族都武装起来，这无异的不过是替我们建立武装的革命军，不过是为我们训练而已。

我们现在正对着抗战的胜利贡献更大的力量，并以最大的努力来争取朝鲜革命军的最后成功而向前迈进，中国当局及诸革命先辈同志，均曾致力促使此种贡献发挥其伟大效果，过去他们已在朝鲜革命的促进上予以真挚诚意的援助，所以我们以上所希望期待的新的发展，一定会得到成功。

（原载于《朝鲜义勇队》第35期，1940年）

关于朝鲜革命军问题

［朝鲜］李达

溯在武汉失守以前，为了适应内外情势的需要，使我们成立了朝鲜义勇队。当时朝鲜义勇队的产生，可以说是“正当其时”了。朝鲜义勇队以半军事半政治的特殊部队，在中国各战场上开始奋斗，一直到现在已有将近两年了。把过去两年假定为第一期，那么在这一期中，我们所担负着的以“对敌宣传”为主要工作的时期已告一段落，而现正进入第二期。在开始第二期的时候，我们根据以下的理由和条件，坚决的主张扩大朝鲜义勇队为朝鲜革命军。

（一）中国的神圣抗战坚持了整整三年，愈打愈有把握，而且正是帝国主义第二次大战剧烈的展开着，在这机会造成了世界被压迫民族争取自由解放的有利条件，尤其是直接在日本帝国主义宰割下的朝鲜和台湾必须展开更猛烈的斗争，争取独立和解放。这种客观的情势很迫切的要求我们建立朝鲜革命军。

（二）不仅是客观情势对我们如此，而且内部的一切条件也已成熟了，就是说现在我们的力量不是成立朝鲜义勇队时那么脆弱。我们在过去两年的直接斗争过程当中，无论在质和量两方面都长大起来，奠定了牢不可破的工作基础，而且目前在这基础上应该而且一定能够建立朝鲜革命军。

（三）我们在第二期的工作中，要扩大“对敌宣传”工作，必须使宣传配合于战斗，就是以战斗为宣传。“宣传即是战斗”，这是我们在工作的斗争中发现了的一个原理。具体一点说，艰巨刻苦的对敌宣传工作，只有配合战斗时才能够创造出工作的最高效率。在这种情形之下，我们更感觉得有建立朝鲜革命军的必要性与可能性。

我们曾在第一期中因为这应当时中国抗战的需要和自己力量的有限，以对敌宣传为主要工作，但现在一切情形已有大的变化，于是我们感觉得今后工作重心有转换的必要，就是以对敌作战为主，而对敌宣传次之。因此更需要以作战为主的朝鲜革命军。

以上所举的那些条件，当然不能说是具体的，然而我希望以此能够引起各方而[面]同志的注意和讨论。

过去各国的革命史告诉我们，无论任何性质的革命胜利，最主要的都决定于武装斗争，假如没有全面的武装斗争，则得不到最后胜利。朝鲜革命当然也不能例外的。而朝鲜革命军就是争取朝鲜革命成功的基本的武装队伍，仅在海外才能建立。东北抗日联军中朝鲜人部队，苏联境内的朝鲜革命军以及朝鲜义勇队，都是成立于海外，活动于海外。这说明了海外朝鲜革命运动的特殊性，朝鲜革命军也离不开这特殊性。这些部队虽在于不同的地方，采取不同的方式来斗争，但她们能为一个目标而斗争，就是为争取祖国的独立和民族的解放而奋斗，她们的斗争对象也是一个，就是日本帝国主义。

有些人(虽然极少数)对朝鲜革命军有着错误的认识，就是说因为朝鲜革命军是产生于中国抗战中，所以中国抗战结束的时候，理应朝鲜革命军也就解散。其次，又有些人说:朝鲜革命军的任务仅在于帮助中国抗战，而与朝鲜革命并没有多大关系。这种错误的见解，由于他们不了解中国抗战起着东方被压迫民族解放斗争的主导作用，也不了解我们海外运动的特殊任务，更不了解我们无论在任何地域，总为一个总目标而斗争。总之，朝鲜革命军是朝鲜革命基本的武装队伍，因之她的历史使命是非常重大的。

我们要建立朝鲜革命军，首先要完成各党各派的统一和争取中国当局的支援。先就各党派的统一来看，革命军是一种很规矩的事业，必须我们更求统一，集中力量，在这统一的旗帜之下推动，革命军才能获得圆满的结果。其次，外部的支援是绝对需要的，要是得不到外部的支援，我们的工作一定更困难得多。因此内部的统一和外部的援助，是对我们两个最重要的条件。然而我们要知道促成内部统一是更基本的，因为只有完成内部统一才能争取中国方面的援助和支持。朝鲜的革命同志们，我们在这个紧迫的时候警醒起来，为完成统一而奋斗，为建立朝鲜革命军而奋斗，更为祖国的独立和解放而奋斗。

(原载于《朝鲜义勇队》第 36 期，1940 年)

我们是两姊妹

——朝鲜义勇队和台湾义勇队

[朝鲜]李达

谁都说我们是两姊妹。不错，我们都在中国一国中，先后扬起了正义的旗帜。

台湾和朝鲜不仅是一样受日本帝国主义的压迫与剥削，而且在革命性质上——至少是在现阶段——亦是相同的。所以我们在处境上是对共患难弟兄，在“民族革命”大道上，则是最可靠最忠实的同盟者。同时对于中国抗战，所仰给的、所能献出的，也是完全一样。

这些同一，决定了台湾和朝鲜的联合之可能与必要。

现在作为两种革命力量联合的初期的具体形式，是两个义勇队的联系，这两个义勇队的联系，亦就是东方各被压迫民族大联合之先声，所以这种联合是可以保证我们的最后胜利。

自从我们两个义勇队参加中国抗战以来，在中国各战场、游击区已建立了不少光荣的战绩，燃起了弱小民族革命的火炬，照耀着在每个被压迫者的心中。

我们在前线所担负着的工作，是对敌宣传。这对敌宣传是最难做的一部分工作，但我们不但不嫌艰苦，却很欣然的去接受它，因为我们的同志既系台湾和朝鲜人，原来已从日本帝国主义所给我们的奴隶教育中学得一点中国抗战中所急迫需要的能力，即如善操日语、能读日文以及较能了解敌国性[情]况和敌军心理。“知己知彼，百战百胜。”我们的工作方针针对敌军的弱点，以敌兵心理作参考，去制订对策，研究宣传技术，再加上我们敌忾同仇的反日热情和英勇果决的行动，□创造出新的宣传作风，并能获得最大的工作效率。至于台湾义勇队的工作，还不止于此，他们除了对敌宣传外，还有生产与医疗工作。“本队队员中，具有国防生产技术者亦多，除能制造素为台湾大宗出产且为军火及医界所必需之樟脑及樟脑油外，尚可制造目前急需之各种药品。”这是李友邦先生所作《我们的工作》一文中的一段。我们由此可以知道台湾义勇队的同志为后方生产而努力，并且他们所制的各种药品都为战场上所迫切需要的。在医疗方面，亦被人们早所称誉。现在他们一部分同志派到各机关去专事医疗工作外，又在金华办台湾医院，专为伤病将士与穷苦民众义务医病，甚得各方面的任信和称赞。他们一向埋着头工作，在重重的困难之下，在连吃伙食也几乎不够的经济情形之下，他们始终不懈的苦干着。

我们两个义勇队，在数量上虽然有限，可是我们在中国抗战中发生了种种不小的作用，给予抗战以很大的帮助。第一，我们执行了对敌政治工作，促使敌国士兵觉悟，进而达到瓦解敌军。第二，我们在各战场上给予中国的抗日将士与民众以很大的鼓舞。第三，我们可以唤起五百万台湾民众和三千万朝鲜民族，来积极支持中国抗战。第四，我们号召全世界正义人士，以抵制暴敌日本帝国主义的侵华战争。这些作用不过是表面上的两三个例，而我们在中国抗战中的历史任务和目前任务，自不止于此。

总之，我们两个义勇队不但是国际的先锋队，还是中国抗战中艰苦勇迈的政治工作者。我们以战斗的生活实践战斗的工作，在前线敌后给中国军民以良好的影响，给敌伪以重大的打击。我们的血永远为中国的抗战与自己的解放而沸腾着。我们的力永远为中国的抗战与祖国的独立而壮大着。我们的工作与精神继续不断的开展着，发挥着广大的影响。我们以坚决的信心和英勇的行动来助长中国抗战，赶走中、韩、台共同的敌人——日本强盗，实现东亚弱小民族的真正解放。

我们两个义勇队，毕竟是民族的先锋，是共患难同奋斗的两姊妹。

（原载于《台湾先锋》第 4 期，1940 年）

“七七”以来日本与苏联

凌海平

一、苏联外交的鸟瞰

苏联最先的对外政策，是以世界革命为其中心的，由于这一政策之故，与资本主义诸国间发生了对立的关系，实在是势所必至。为人所熟知的托洛斯基（Torsky），便是主张世界革命和永久革命者。但是，史太林（Stalin）的一派即是所谓干部派，却主张“一国社会主义建设可能论”。当然，这两者对于社会主义与资本主义共存不可能这一理论，意见是相一致的。但是，对于社会主义与资本主义对立的期间，两者所持见解便绝不相同。托洛斯基认为对立时期当极短暂，故应进而破除此一对立，史太林则认为对立时期当系相当久长，故不应操之过急。

及至史太林独裁树立，其对外政策，资本主义诸国不必说，就是对于殖民地以及半殖民地，也不采取积极的革命强化主义，并停止对殖民地及半殖民地国家内部革命分子的消极援助。另一方面，并谋增进与先进资本主义诸国的经济关系，甚至以抛弃布尔希维克的旧债不承认主义，亦在所不惜。至于史太林的所谓社会主义的建设，即是力图五年计划的顺利实施。总之，史太林为欲促进自国经济的发展，所以对外一贯施行隐忍政策，例如和美国缔结条约，加入国际联盟等等，都不外是这一隐忍政策的表现而已。

但是，这种隐忍却不是退却之谓，假使有机可乘，苏联是决不会轻易放弃这种机会的，这只要看一九三九年八月二十三日的德苏的不侵犯条约，便可了然的。由于德苏不侵犯条约的缔结，德国固然将以前对苏的连篇谩骂一笔勾消[销]，苏联也将对德的仇视来个闲话休提。其所以如此者，德国自然因准备对波兰发动战事，欲有所借重于苏联，而苏联也想相机行事，有所扩张。所以德军于同年九月一日进攻波兰，而苏联亦即于同月十七日向波兰进袭，结果是与德国瓜分了波兰。苏联于获得了波兰的三份之一的领土后更进兵芬兰，战事直至现在尚在急激演进中。波兰和芬兰的战事都是和苏联的隐忍政策背违的，所以引致这两次战争的德苏不侵犯条约，不得不说是苏联外交史上的一个重要的转折点。

二、张鼓峰事件及诺蒙亨事件

至于日苏间的关系，是在一九二五年树立起来的。在这一年之前，日苏实处于对立的不正常的状况之下。但在这一年之后，由于各种问题的隐伏，两国关系依然有着杌陧不安的状态。尤其是自七七事变发生后，先后激起了张鼓峰事件和诺蒙亨事件，各以飞机、大炮，演成了剧烈的战斗，两国国交遂陷于极度的紧张。

张鼓峰事件发生于一九三八年七月。当时苏联动员了二师之众(约三万六千余人)，与日本争夺张鼓峰，双方实行拉锯式战争，竟达一月之久。结果日本驻苏大使重光葵和苏联外长利瓦伊诺夫在莫斯科签订和约，结束战事。

但是张鼓峰事件未周年，即是一九三九年五月十一日，又发生了诺蒙亨事件。这一次双方冲突都动员了最精锐的空军、骑兵和机械化部队，规模较张鼓峰事件为尤大，时间亦较张鼓峰事件为久。直到九月十六日，双方才由外交交涉，宣告停战。

这两次事件，给与了日苏今后国交以何等的影响呢，日本布施胜治氏曾经有下一段的意见：

> 张鼓峰及诺蒙亨两次战争，在日苏两国间掘就了阻隔感情的巨大鸿沟。休战虽已成立，但这是运用现代科学精粹的机械化战争，双方都曾牺牲了众多战士的惨烈的战争。国境划定交涉以及通商交涉纵在进行，但两国之间总有着像是牙齿里挟着什么东西似的之感。两国虽可释然言和，诚意握手，但是言和或是握手的前夜的这两度事件，实在是过于凄惨了。

三、各种问题的交涉

上面说过，日苏间原是有着不少未解决的问题，现在把最近交涉的问题择要加以叙述。

先说日苏渔业问题。考日苏最初成立渔业条约，系在一九〇七年，以十二年为期，于一九一九年期满。但那时日苏国交并不友善，自然无从谈判续订之事。从一九二五年至一九二七年，两国屡商渔业问题，乃在一九二八年签订协议，为期八年，于一九三六年期满。到了一九三六年，即是日德缔结防共协议之年，日苏本预备续订渔业条约，因之卒归失败，乃决定将已满期的条约更延长一年，缔结了暂时协议。一九三七年再度延长一年。到了一九三八年，日苏国交纠纷益甚，虽一九三七年延长一年的协定应于一九三八年十二月三十一日满期，但屡经磋商，卒不获成果，到了一九三九年四月二日，日本驻苏大使东乡始和苏联外长利瓦伊诺夫签订了暂时协定，将一九二八年的旧约复行延长至一九三九年十二月三十一日为止。一九三九年岁末，双方又进行渔业谈判，至十二月三十一日，日本驻苏大使东乡茂德与苏联外长莫洛托夫谈判的结果，双方成立暂时的妥洽，将原有渔业协议有效期仍行延长一年。这样一来，在一九四〇年中，日苏渔业问题是可解决了，但从另一方面观察，日苏间未克签订较长期间的协定，这是最足反映出日苏关系的真实情况的。

再者北库页岛石油权利问题，也在这几年日苏关系中表现着重要的姿态。由于苏方设法限制日方在该地带开采石油，日方曾对苏屡提抗议云。

又一九三九年十二月七日至十二月二十五日在赤塔，一九四〇年一月七日至三十日在哈尔滨，先后举行边境会议，结果证明双方意见完全相反，乃决定停止进行。按：最后一会议时系由日本政府代表洼田任主席云。

关于商务谈判，据一九四〇年一月三十一日东京电讯：是日晨外务省发言人向各报记者宣称，日苏代表团曾于一月二十六日在莫斯科开会，讨论所提议之两国商约，历五小时之久。两国代表团现正对于商约之草案，逐条加以讨论云。按：日本商业代表团系于一九三九年十二月二十日离东京启程赴莫斯科者。

四、日苏关系调整的悲观与乐观

日苏的关系，既如上述。但是，两国关系的前途将怎样呢？据布施胜治氏的观测，谓日苏关系的调整有悲观及乐观两面，现在将布施的意见择要加以摘录，以供参考。

先说乐观论的论据。第一，苏联因欧洲第二次战事爆发，注意移向西方，对东方将趋怠忽。苏联政府是竭力避免东西同时树敌的，苏联在西伯利亚的交通机关，仅一西伯利亚铁路，故不容东西同时作战。苏联当向东方采取积极政策时，对西方必守消极政策；向西方出以攻势时，对东方必采防守姿态。例如张鼓峰事件和诺蒙亨事件时，苏联对东方是取消极态度的，但到了德苏不侵犯条约成立欧战发生，诺蒙亨事件立刻结束，而注力于西方。苏联现在西方正是多事之秋，因此对东方必然会采取守势，而谋与日本改善国交。第二，据传苏联最近物资非常缺乏，故愿与日本从事适当交涉，此亦为日苏国交前途乐观论据之一。第三，这次诺蒙亨休战，是由苏联外长莫洛托夫(V. M. Molotov)亲任折冲之责的，又最近日苏通商会议，亦将由贸易人民委员宓可扬(A. I. Mikoyan)出马。莫洛托夫和宓可扬都是苏联共产党的最高干部，是“克兰姆林宫(Kremlin Palace)的巨头”。莫洛托夫担任联邦人民委员会议长已十年于兹，自一九三九年五月三日外长利瓦伊诺夫(M. M. Litvinov)辞职后，且兼摄外长之职，实为仅次于史太林之苏联第二要人。至于宓可扬，他也是前共产党政治部的一员，最得史太林信任的巨头之一，头脑明晰，有快手斩乱麻的灵活手腕。苏联以如此要人出任直接折冲，足见其重视对日交涉的一斑。

至于悲观论方面，亦有以下各项论据。第一，张鼓峰及诺蒙亨两次战争，在日苏两国间掘就了阻隔感情的巨大鸿沟(详细已见本文第二节所引，此处不赘)。第二，苏联的政治家是极端的实际主义者，他们认为日本与中国作战已二年有半，战线扩大而深入，所以对付苏联殆属不可能之事。莫斯科当局期待中日战事延长，认为战事延续中对付日本不妨强硬。尤其是最近的克兰姆林，对西方的侵略政策着着进展，获得波兰的东部，慑伏波罗的海三国。向西方发展计划既顺利进行，克兰姆林的政治家乃益见壮胆，将不顾避免东西同时作战的原则，兼向东方积极出动，至少亦将峻拒日本的主张或要求。关于渔业问题，日本虽再三督促，苏联有意迁延，当亦可表示此种意向。此亦为日苏国交前途中不容乐观的论据之一。第三，促进日苏国交上最大的障碍，是日苏间缺乏正确的理解，尤其是在日本方面，忽于研究苏联，不能做到“知彼”的工夫。德国所以能与苏联缔结德苏不侵犯条约，使苏联站在自己方面，便因深知苏联底蕴之故。欲求对苏对策得当，了解苏联是绝对必要的条件。

乐观乎？悲观乎？这并不是主观的见解所能逆料的，其演变如何，尚待客观的事实来证明。

（原载于《日本评论》第1卷第1期，1940年）

三党统一与中韩关系

[韩国]濮精一

自从甲申政变金玉均等改革运动失败以来，国内少数人士稍知革新政治之必要，但多数权贵顽固腐朽，无法推动时代的转轮，中间东学党的发难，外面虽标榜排斥西教，而骨子里实包含革新政治的意味，当局者不思自动慰抚之策，张皇失措，遂请清廷派兵协剿，促成暴日借口侵略之机会，竟引起甲午中日战争，马关条约虽承认韩国自主独立，而当时通达时势之人士明知暴日包藏祸心，非改革政治，开发民志，迎头赶上时代的施设，则实无法自存于二十世纪，如李商在、徐载弼、李承晚等维新派组织独立协会，主张立宪政治，鼓吹人民爱国思想，一般冥顽不灵的守旧官僚，用危言耸动光武帝，强迫的解散独立协会，大捕党人置之重典，此为韩人政治结社的嚆矢。

独立协会失败后，维新分子大部亡命海外，或托身于教会，或致力于恳[垦]殖兴学，其后安昌浩同志游美回国，与散在国内外各地之如李东宁、全德基、李升熏、金九、曹成焕、柳东说等诸同志，组织新民会，置本部于汉城，设分部于内外各地，致力于各种革命运动、军事训练等工作，自乙巳保护勒约成立，借普及教育之名，广设学校，专门致力于集中青年，实施变相的军事教育，鼓吹民族思想，迨庚戌国祚告终，唤起国内外志士，传檄四方，组织义兵，与强敌相抟斗者数十年，其他继续不断的暴动暗杀，实由于新民会培养青年，鼓动爱国思想之影响实多，自兹以后，侨寓美、俄暨中国东三省的韩人同志，先后以种种名义组织团体，从事普及教育，训练军事人材，如美洲方面的大韩人国民会、同志会兴士团，东北方面的耕学社、新兴学校、瑞甸书塾、垦民教育会、孔教会、大倧教会、耶稣教会，上海方面的同济社、博达学院、新韩青年党，俄领沿海州的国民议会等各团体，皆变相的革命团体，在本国方面，则暴敌之监视虽如何的严密，而或托身于各宗教团体，或假借实业之名，实际上进行革命工作，如光复团秘密结社，长使暴敌疲于奔命。

一九一九年欧战构[媾]和，威尔逊氏之民族自决问题，冲动全世界民族的革命怒潮，三月一日在京城塔洞公园发布之韩国独立宣言书，遂激起全韩三千万男女的怨恨愤慨心，大韩独立万岁之声浪，几震撼全球，于是敌方遂开始惨无人道之大屠杀，腥风血雨弥漫半岛三千里，当时国内各界同志，审知国内运动实难持久，选派代表至上海，与各地侨胞代表共同组织大韩民国临时政府，为主持国内外继续革命工作的最高机关，嗣后各方新起的军事团体，如东北之参议府、正义府、新民府，俄领的义军部，与暴倭恶战苦斗至九一八事变以前。

自一九一九年“三一”运动以后，侨俄韩人共产党开始在国内外宣布党义，吸收党员，多数同志感奋于援助被压迫民族，达成独立自主等等的新颖的宣传术表示十二分的欢迎，而愿与合作，共同组织各种团体，满望和衷共济，集中革命力量，达到光复祖国的大目的，终因主义主张的不同，时而单一，时而联合，所谓民族主义系的革命同志，专为全民族的大统一之早日完成在被动的地位，任其尽量发挥沉沦于幼稚病者之无条理的行动，而坚忍不露裂痕者十余年。国内及东北方面，因民共两方之感情尤极恶劣，先告分裂，在东北三省，新兴民族主义系的组织体，南有朝鲜革命党，北有韩国独立党，至一九二九年，在中国关内的民族主义系的同志，屡经斟酌考虑，在上海组织韩国独立党，其重要干部为李东宁、安昌浩、金九等诸同志，在临时政府指导之下，与美洲及东北方面的同主义团体共同努力于光复工作。

一九三一年九一八暴倭强占中国东北三省，原在东北之韩独立军旧部，多数参加于东北义勇军，组织中韩联军共同杀敌，如现任临时政府军务长的李青天、韩国独立党中执委的金学奎两同志，皆当时在关外南北两地，分担指挥中韩联军英勇杀敌的健将。在上海方面，则现在韩国独立党中执委长金九先生，当时受临时政府之命，组织韩人爱国团专门进行恐怖工作，在东京炸伤倭皇，在上海炸毙敌酋白川及杀伤敌魁多人，此系韩国民族主义者另立新党后的业绩。至一九三五年，在关内的韩革命各团体，切感统一组织的必要，推派代表，在南京成立民族革命党，亦因主义的不一致，有若干团体当场脱离关系，恢复原有的组织，其中原韩国独立党基干分子另组韩国国民党，主张充实民族独立力量，拥护临时政府，并联合在中国关内的韩国独立党（一部加入南京统一组织，而旋即脱离者）、朝鲜革命党三单位暨在美洲各地的六个团体，共同组织光复阵线，以期集中革命力量，参加中国抗战，实现中韩联合战线，其后他方各团体，则另新组织朝鲜民族战线联盟，形成对立之势。

自中国开始七七英勇抗战以来，朝鲜民族战线联盟同志热烈的提倡大统一案，或主联合，或主单一，信使往返，继续不断。光复阵线同志方面，则因鉴于过去事实，认主义主张的不一致者，决难在同一组织内合作，慎重考虑者再四，嗣因中国同志的劝告，又自感革命力量的单薄，力排多数同志的异议，设法疏通过去恶劣的感情，协商疏通将近一年，至去年秋间，始开成七党代表会议，其中战线联盟的解放，前卫两同盟代表，因其素所主张之联合式统一成立无望而先告脱离，其后又由五党代表继续进行统一会议，又不幸而因民族革命党代表要求修改既定的条规不成而告退，此中经过实有不忍言的隐痛。

总之，吾人欲切断强敌之锁练[链]，洗雪殖民地民族的耻辱，则急先解决者，为恢复我韩的独立自由，现在以同一民族，受同一奴隶待遇的惨境，除共同努力杀敌外，将来建设任何形式的国家，则现无举论的余地，奈醉心于唯物论者，万变不异宗的，为目的而不择手段，令人动听的口号，如民族革命高于一切，在民族主义前提之下全民总动员起来一致抵抗强敌等等的响亮话，究竟不过摆布引人入胜，乘机排除异己独占一切的迷魂阵而已，此非仅韩人特有的现象，现世界各民族应有同一的缺憾，笔者常谓嗣后弱少民族的革命运动，因内在的矛盾而受极大的打击者，实基因于此。

一年余的统一运动惨遭失败，原光复阵线在远东的三党同志（韩国国民党、朝鲜革命党、韩国独立党），在狼狈不堪、风雨飘零之际，继续会商善后办法，最后决定，第一步结成民族主义系的各党统一，第二步促进各党各派的大统一，于是解消三党的原有组织，重新创立统一的韩国独立党，并发布宣言书及新党党义党纲党策于国内外，邀诸民族主义系各团体一致加入新党，加强光复运动的力量，最近已先后博得中国关内各地及美洲各地侨胞全体之赞同，观此可推想原光复阵线九个党的统一，想在最近的将来，此在韩人革命史上最惨痛的一页，亦为差堪告慰的一段落。

（原载于《韩民》第 1 卷第 3、4 期合刊，1940 年）

论朝鲜义勇队在朝鲜革命运动中的地位

——纠正两种错误的认识

[朝鲜]如松

一、问题的重要性

朝鲜义勇队成立已经有两个整年了，我们曾参加×个战区南北十三省的战地工作，在工作中胜利的完成了我们的任务，然而仍在少数朝鲜同志和中国人士方面，对于朝鲜义勇队的本质及工作有不少错误的解释。这种错误的解释有些并不是无意味的，而是带着浓厚的深刻的政治意味，这关系到朝鲜义勇队本身的政治性与革命性。若不加纠正任其发展，则影响所及，无疑的要严重关系到我们朝鲜义勇队的工作开展，我们需要无情的打击他和清算他。

二、两种错误的认识

第一种错误的认识：认为朝鲜义勇队是一个单纯的国际纵队，是一个属于中国政府的民众团体。第二种错误的认识：认朝鲜义勇队为朝鲜唯一的革命团体。这两种看法都未能把握着朝鲜义勇队的本质及现实条件，都是有害于它的正常发展。前者的错误在固执于形式的成见，未能看到它的本质及历史的发展的过程，这种首先表现在少数朝鲜同胞方面，他们认为朝鲜义勇队是参加中国抗战之单纯的国际性的义勇队，属于中国政府的，没有政治独立性的非属于韩国政府的民众团体，是非武装的一种政治宣传的团体，所以它对于朝鲜民族之解放没有负着直接的任务，也不能代表朝鲜民族。所以他们积极主张在中国关内除了现有的朝鲜义勇队之外，应该另成立韩国光复军，可以与朝鲜义勇队并存，他们认为韩国光复军是朝鲜政府的军队，是一个国家政府的基本的国军。

综合起来，他们主张在关内除朝鲜义勇队外，另外建立光复军之理由是：

(一)朝鲜义勇队是纯粹的义勇队性质。(二)朝鲜义勇队属于中国军委会政治部,故无又非属于韩国政府,故不能代表朝鲜民族独立性。(三)朝鲜义勇队是非武装的宣传团体。

这种理论□理论逻辑上,事实上根本不能成立,而且有害于朝鲜民族独立解放运动。我们都知道一个革命家研究一个运动或团体,必须从历史的发展过程中去认识,如果只观察事件或运动的一断面,就判断那个运动或团体的整个,结果一定会大错特错的。这般同胞们是犯了方法论上的错误,只看见现在的工作而没有看清朝鲜义勇队产生的历史背景、构成要素及发展过程。如果他们知道这个历史的发展过程而偏偏要那样主张,我们一定要警戒这个作用,因为那样的主张只能分散朝鲜民族抗日革命之力量,给有限的关内朝鲜〖革〗命者分成两个集体,这是有害于朝鲜民族的全体利益的。

谁都知道领导朝鲜义勇队的各团体及人物是在朝鲜、东北,关内有着二十余年的革命历史,朝鲜义勇队的队员是关系着关内所有朝鲜的革命的实践斗士,他们除极少数新参加同志之外,都有着五年乃至十年的革命历史,他们在中国抗战之前,就在最困难的环境之下,为朝鲜义勇队的全体同志都认为这个战争是为了建立三民主义的新中国而抗战,这将与朝鲜民族之独立解放有着不相分离之关系。在华之朝鲜革命者组织朝鲜义勇队,参加中国抗战是依据于朝鲜民族解放运动中重要的策略路线,因为朝鲜要战胜强敌,不但朝鲜民族自身要团结起来,而且要在国际间与一切反日力量联结起来,尤其是要联合伟大的中国抗战力量。

尽管理论和事实是这样,这般同胞偏偏否认朝鲜义勇队产生的历史背景及发展过程,偏偏要说朝鲜义勇队一个国际的义勇队,否认他政治的独立性。

其次,这般同志认为朝鲜义勇队目前工作为非武装的宣传团体,所以需要另成立光复军,这又是一个大笑话,他们以某一个时期的一种工作方式来决定朝鲜义勇队的本质,这真是一个错误的理论。一个革命团体的斗争方式,不是固定永远不变的斗争的方式,是依据主观的条件而变化的,如果群体革命团体在与敌人作战时不顾敌情之变化,不顾自己力量,仍旧固执于一种战术,那它只有失败的在中国抗战中。我们为了战胜强敌需要灵活的斗争方式,如果认为朝鲜义勇队是在做非武装的对敌宣传工作,判定了朝鲜义勇队是永远作对敌宣传之机关,主张另成立光复军,那就错误地把运动的一个片面的斗争方式认做本质了。

再看,他们认为朝鲜义勇队是属于中国政府的,因此没有政治上的独立性。对于这种无根据的、不合于实际的侮辱,用不着特地辩论,我们应该要知道，我们现在住在中国政府的统治的领土上，同时要配合中国的抗战，一定要估计到现在的条件，他们根本没有研究过朝鲜义勇队的组织条例，根本没有观察过朝鲜义勇队两年来的实际工作，随便的论断，我们如果配合中国抗战，参加战斗，必定要在作战上受中国最高统帅之指导，在各战区工作者应该在工作上受各该战区最高指挥官之指导，并要服从于整个统一的作战计划。这样才能使抗日力量统一起来，才能巩固和扩大中韩两民族之联合抗日阵线。

那末有人问：在朝鲜义勇队成立时，为什么不组织国军呢（如韩国光复军）？我们对于组织国军未曾计划过。首先我们要知道什么叫做国军？它第一要有政府。第二是代表一个国家的基本的国防队伍（同时要一般人民共认的）。最低限度需要这两种基本条件，再看中国关内的朝鲜革命者不问任何一个集团，是没有组织国军的条件的，凡是革命运动的推进，是要根据现实的力量的，不顾这现实的条件，实际对革命运动不会有好的结果。

再者，我们认为政府是代表国家统治之权力及形式，目前朝鲜民族正在敌人统治之下，被任意虐待、屠杀。在朝鲜、东北各地都有轰轰烈烈的革命运动，他们都有长久的革命历史，而大家都为了朝鲜民族的独立献身奋斗的时候，不分彼此流血革命的今日，少数同志要组织这种政府是有害于朝鲜革命力量之团结的，就是有了政府，在中国关内能执行政府的任何一个职务吗？这是不可能的。其次，再看代表一个民族国家的基本的国军，应该要具备实际的条件，应是一个武装的、战斗的、有群众基础的、有历史的队伍。朝鲜国内外任何一个革命团体，还没有成熟组织国军之条件。

其次在中国人士方面。极少数中人士认为朝鲜义勇队为参加祖国的抗战（五月三日某机关之代表在某等纪念会会议席上讲话）。这般人有一个根本上的认识错误观念，认朝鲜民族为中国民族之一部分。朝鲜原来是中国的板[版]土，被日本夺去了，抗战胜利不但要收回东北，还要收回朝鲜。因为有了这种观念就认为朝鲜义勇队是和中国之一般民众团体一样，否认朝鲜民族参加中国抗战之国际性质的政治意义，在另一方面又认朝鲜民族之革命性质及其方法与中国革命性质方法完全一样，观念上要把朝鲜革命隶属于中国革命，而否认朝鲜实社会之特殊性及革命方法之特殊性。这两种倾向表现上虽然不同，但根本上是一样的，在作用上也是一样的，就是抹杀或降低朝鲜义勇队的民族性、国际性、政治革命上独立性，抹杀或不认识朝鲜义勇队为中韩两民族共同抗日在独立平等的立场联合抗日阵线之雏形作用，这是很大的认识错误。我们相信，这将在伟大的三民主义的革命过程中必然的被纠正的。

第二种错误的认识是认朝鲜义勇队为朝鲜革命之唯一团体，朝鲜义勇队同志为朝鲜独立运动不可缺少的干部，这种倾向在朝鲜义勇队内部虽然没有表面化、深刻化，但已经部分的有了这种倾向，而轻视别个革命团体的存在和其作用，因此可能影响到我们的团结，造成盲目的自夸与工作中的急躁性，希望赶快到朝鲜或东北去，赶快踏进朝鲜革命运动之主流中去，因此在目前工作中不能集中全副的精力，也不能安心。这种希望在基本上说是很好的，表现出对于朝鲜革命之热烈忠实，但如果不估计目前的环境，不经过目前之阶段，作不切实的跳跃，会妨害到工作的发展，取消实际运动的进展。我们要克服这种工作上急燥[躁]性，必定纠正自夸自大的不正确的观念。

三、朝鲜义勇队的本质及使命

关于这个问题已经在朝鲜义勇队刊物一、廿八、三十、三十一、三十五各期及各报章杂志上发表过，现在再提出来谈一遍。

金总队长说的很明确："我们朝鲜义勇队在决定朝鲜存亡的紧急时期中，必须积极动员不愿做殖民地奴隶的全国同胞，使他们和我们向同一的方向迈进，而且使他们和我们在同一的旗子之下，参加和支持中国抗战，以打倒日本法西斯强盗。"朝鲜义勇队的指导委员金奎光亦曾提出过："本队的基本任务是两方面的，即一方面积极参加中国抗战，和中国战士们携手并肩，与敌作战，在他方面要号召二千三百万朝鲜民族，发展全民族的反日革命暴动，以协助支持中国的抗战，同时争取朝鲜民族的自身解放。"

朝鲜义勇队指导委员兼副队长金学武也说过："因为朝鲜义勇队正产生于一个特定的时期，就是中国抗战的时期，所以它首先负着参加中国抗战的任务，就是现阶段在华朝鲜革命运动之最重要的实践部门。其次，我们就它的组织成分和成立以前在华革命者活动的历史上看起来，它仍然负着和推动朝鲜革命运动的使命，它是在华朝鲜革命运动的最有力的实践者和先锋。"

其次，再看朝鲜义勇队产生的意义。我们认为：(一)伟大的四万万五千万中华民族的抗战无疑的会消灭中韩两民族共同的敌人日本帝国主义的，同时就是争取朝鲜民族独立自由的决定时期；朝鲜民族的唯一出路和紧急的任务，就在于用最强的民族团结和最大的革命斗争，共同参加中国抗战，并一致配合和支持中国的抗战，打倒共同的仇敌，获得共同的胜利，我们朝鲜义勇队是在这样的朝鲜民族唯一的革命路线和任务之下产生出来的。(二)中国的抗战是为了建立三民主义的新中国，建立东亚各民族的永久和平平等的基础，保卫全世界正义和平的战争。(三)朝鲜义勇队要和全世界爱好和平正义的人们携起手来，直接参加中国抗战，在这点上，朝鲜义勇队可以执行抗战中国际纵队的先驱任务。

总之，我们往上述各项就可以知道：(一)朝鲜义勇队是一个朝鲜的革命团体，它有着对朝鲜革命之坚定的信念及一定的策略，并且依着朝鲜民族独立解放的总策略，在华组织朝鲜义勇队参加中国抗战，以完成朝鲜革命。(二)朝鲜义勇队是继承关内三十余年来朝鲜革命者运动的历史的产物，它的使命是特殊的，不同于其他任何国际纵队。(三)朝鲜义勇队在本质上是促进并巩固、扩大中韩两民族共同抗日，共同建立新东方的基本队伍，就是中韩两民族联合阵线的雏形。(四)朝鲜义勇队是战斗的实践的队伍，从关内少数干部的组织，将扩大到敌后朝鲜群众发动关内所有的朝鲜同胞，进而推动东北及朝鲜国内之革命运动，参加和支持中国抗战，以由非武装进而武装，在共同战斗中促进中韩两民族的实践的部队。(五)朝鲜义勇队是朝鲜各党派，只要为参加抗日复国的革命同志所组织的统一的团体，将是统一和团结关内所有朝鲜革命者基本队伍。(六)朝鲜义勇〖队〗担负着发动东方各反日本帝国主义的力量，参加中国抗战的任务。

当朝鲜义勇队成立时，我们已经有了这样的任务，在工作中正忠实的执行着我们的任务。然而今天在我们的周围和内部，还有一些错误的倾向，影响到朝鲜义勇队的政治性与革命性。我们坚决的相信一个革命团体是往斗争中生长起来的，是不怕斗争、不怕困难的，我们为了朝鲜民族的独立解放，为了关内朝鲜革命运动的发展，应该动员最大的力量来克服这种错误的倾向。

（原载于《新华日报》1940 年 10 月 9 日）

国际新形势与中韩联合

王继贤

德意倭三国军事同盟正式宣布订立以后，使得两个帝国主义集团的对垒更加显明了——为了争取世界的霸权，为了世界的再分割，帝国主义们正在互相撕[厮]杀，为了扩大自己的独占市场，为了奴役剥削更多更广大的人民，战争正向全世界范围内扩大，弱小的国家成了被开刀的对象，欧洲的多少小国已连续的成了战争的牺牲品，在东方，日本法西斯强盗正疯狂的向中国进攻，半数以上的世界人口，已直接的被卷入战争的漩涡，轰炸声、枪炮声，振耳欲聋，火药气味、尸嗅，迷漫了全球，这残酷的、掠夺的、非正义的、野蛮的侵略战争，激怒了那些被欺骗、被驱逐到死亡在线的广大人民和士兵，同时更激怒了那些被直接侵略、被直接宰割的殖民地半殖民地的千万革命民众，他们已一致觉悟，他们已一致奋起：在帝国主义国家内掀起了壮烈的反战斗争，在被侵略被宰割的国家已掀起了伟大的民族解放战争，前者表现在帝国主义国家内，人民纷起做公开反战，后者最明显的代表当是中华民族的解放战争。

中国的抗日战争，在帝国主义国内人民同情和援助特别在日本军民的反战斗争配合下已进入到第四个年头，在今天国际帝国主义大混战大撕[厮]杀当中，中国英勇地拖住了日寇趁火打劫的心愿，坚挺地站在远东，竖起了民族解放的大旗，为抵抗破坏世界和平的侵略罪魁——日本法西斯军阀而斗争，这使黑暗无光的远东放出一道辉煌的巨焰，在远东被压迫民族争取解放当中起着先锋作用。

随着中国伟大抗战的持久，远东的形势已改观：首先，日本帝国由向上的发展的资本主义帝国主义转变到了日趋下降的走向崩溃灭亡之途的垂死的法西斯帝国主义，东方被压迫民族环绕着中国的抗战一致站立起来了，民族生死存亡的利害与反抗奴役的机缘的把握或错过，迫使着每个民族都与中国广大人民握起手来。中国的抗战已在远东被压迫民族反日斗争中起了主导作用，影响并推动了远东一切被压迫民族尤其是直接在日寇奴役下的朝鲜民族的反日斗争，中国抗战角炮的响声，使日寇统治下已三十年的殖民地朝鲜对日寇统治者进行的斗争更加火热起来，朝鲜每个不愿做亡国奴的人民被振动了，他们和抗战中中国人民心心相印了，中国抗战后的远东呈现出远东一切被压迫民族反对日本帝国主义侵略的情势，这当中，中韩两民族的联合抗日是最有决定意义的。

中韩民族早在历史上即有着同一的命运：当元朝称霸欧亚、清朝入主中国的时候，中国和朝鲜同样受着异族的宰割，当明朝倭寇侵扰中国沿海的时候，朝鲜同样是受着倭寇的侵略，这使中国和朝鲜成了患难的朋友，在这种情势之下，无疑地，历史上的中韩民族的携手并肩，共御外侮是必然的。这在半岛三国时代，倭女王齐明派兵两万七千侵入白江，当时的新罗兵和中国唐朝武将刘仁轨、杜爽立刻合力抵抗，烧毁了倭寇战舰四百多艘，使倭军几全陷覆灭，这是中韩联合抗倭的第一次胜利；到明朝，倭酋丰臣秀吉率兵大举侵韩，明朝立刻出兵往援，在蔚山、平壤等地把倭兵打的大败，这又是中韩联合抗倭的大胜利。现在朝鲜已被倭寇并吞三十年，日寇已利用这半岛做桥梁大举侵华，日寇的目的是把中韩两国完全纳入日本的版图是显然的了，摆在中韩两民族面前的事实是大敌又已当前，我们回忆以往休戚相关、患难与共的历史，面对着目前世界大动乱弱肉强食的国际环境，我们愈感觉到只有加强中韩民族的联合才能更有把握的渡过危亡的难关，才能更迅速的消灭我们共同的仇敌，才能更稳实的彼此建立自由幸福的国家。

在今天东西侵略国家加强勾结的国际情势下，“加强中韩民族的联合”，“巩固扩大中韩民族联合战线”，应该已不是空洞的口号，而是需要有生动的、实践的、斗争的内容，显然在目前真正注意到这问题的人还很少，而在实践这一任务方面尚存在着严重的意识上的障碍，一部分人根本忽视了远东方被压迫民族打倒日本帝国主义，争取共同解放当中朝鲜民族斗争力量的重要性。我们必须指出：朝鲜的存亡是决定东亚最后命运的关键，朝鲜得不到独立解放，脱离不了日寇的羁绊，东亚永久得不到安定，过去五十年的历史便是明证。又有一部分人认为朝鲜民族根本没有独立的资格，他们的根据只是偏窄的看到日寇唆使下在中国无恶不作的少数朝鲜浪人，而无视了绝大多数朝鲜革命民众的伟大力量，这种认识的不够，是中韩联合特别在近十余年来传统的阻障；中国抗战开始后，在华的朝鲜革命者，鉴于远东情势的改观，觉到中韩民族联合战线的建立是刻不容缓，一致喊出建立中朝民族抗日的联合战线的口号，出版刊物，做有力的宣传，广泛征求中国人士的意见，使得这一运动得到了相当的进展。两年以来，报章杂志上已经常不断的提出了这方面的问题讨论，但显然的，到现在为止，这个联合战线仍极为空洞，这一方面是做为联合战线基干的中韩两大民族并没有实际接触起来，甚至还依然在日寇挑拨离间下互相隔离着；另一方面，做为朝鲜海外运动主要一环的中国关内朝鲜革命运动并没有更进一步的发展，革命运动者没有更有力的团结起来，虽然在中国战场上已有了网罗关内大多数朝鲜革命的斗士而组织的实践斗争队伍——朝鲜义勇队，但这还只能说是中韩民族联合战线的雏形，它在促成中韩民族联合战线的建立上力量是薄弱的。

那么我们究竟怎样克服这些弱点，加强中韩民族的联合呢？

首先，必须校正一般人对这问题的错误了解，要彻底认清中韩的联合不限于中国对朝鲜的道义援助，而是基于在“联合以平等待我之民族共同奋斗”的立场上，基于在远东新形势下中韩民族的彼此需要上；没有中国的抗战，朝鲜的独立也感困难，而中国的抗战同样需要朝鲜革命做有力的配合，只有在这样的认识下，中朝民族联合战线才可能建立。

其次，必须建立朝鲜民族抗日统一战线，这首先必须建立中国关内朝鲜各党派的统一战线，由强固的关内朝鲜各党派的统一战线，才能发动扩大为包括全朝鲜民族的抗日统一战线，以民族的立场和旗帜和中国民族联合斗争在抗日的战场上。

再次，巩固发展扩大朝鲜在华的实践斗争的队伍。中韩两民族的联合，不是国际外交上的词令与酬酢，它是在同一敌人和相同目标下有血肉的联合，今天实际斗争在中国战场上的朝鲜义勇队是中朝民族联合的具体表现，这事实说明着中韩民族的联合是在实践斗争中发展长大起来的，只有在斗争中，它才能加强，才能巩固；虚伪的、空洞的宣传是有害于中朝民族的联合的。

最后，发动深处在敌人大后方的广大朝鲜同胞，使他们清楚地了解中华民族是他们最亲切最可靠的友人，在中国抗战的目前，在日本法西斯军阀日益走向没落与崩溃的目前，正是朝鲜民族推翻日寇统治争取民族解放的唯一良机，因此他们必须切实的把握住这一时机，和中国抗战的人民握起手来，共同为打倒日本帝国主义而斗争。

在德意倭轴心与英美集团尖锐对立的今天，特别在远东美倭矛盾空前扩大的今天，全东方被压迫民族，尤其是负有消灭人类蟊贼日本军阀重大责任的中朝两大民族，必须掌握起自己的命运，利用美倭矛盾的尖锐化和日寇国内崩溃危机的白热化，坚固的团结起来，争取自己和全人类的解放！

（原载于《朝鲜义勇队》第38期，1940年）

朝鲜“三一”革命运动失败的教训

王通

朝鲜“三一”革命(一九一九年三月一日)运动第二十一周年纪念日又快要到了。

“三一”大革命运动在近代朝鲜民族解放运动史上,写上了光荣悲壮的一页,是朝鲜民族民主革命的先驱,它的革命意义在今天亦依然存在的。如果没有“三一”运动,就不会有今天朝鲜革命的发展。

这反帝反封建的革命烽火,前后五个多月,燃烧到全国每个角落里,动员了二百多万人,示威游行次数共达一千六百余次,在敌人无耻的屠杀政策之下,被惨杀者七千五百多人,受伤者一万五千九百多人,被捕者四万六千多人。但革命的群众,都有着“不自由,毋宁死”“头可断,不可停止斗争”的牺牲精神,于是成千成万人民的血,染红了祖国的全土了。

虽然流血不是白流的,但震动过全东方的轰轰烈烈的“三一”革命运动,终于失败了,可是绝不能因为“三一”运动的失败而过分斥责与磨灭“三一”运动的革命意义。“三一”运动失败了,这个失败并不是偶然的,而是有它的原因,我们必须要检讨和指出失败的原因,去学习宝贵的教训,是非常重大的。那么给我们的血的教训是什么?

第一,“三一”革命运动没有革命政党的领导。

正如有了勇敢而且经验丰富的参谋部,才保证军队在作战上争取胜利,同样的,有了坚决而且以革命理论武装的经验丰富的革命政党,才能领导着广大革命群众来保证战胜一切敌人。

“三一”运动虽然有了独立运动本部,但不想依靠革命群众的革命斗争来彻底推翻日本帝国主义在朝鲜的统治,而相反的,企图以“大韩独立万岁”的吼声做为“政治资本”来向巴黎和平会议的帝国主义的代理人们哀诉。虽然领导部的领导意识是这样,但愤怒的群众已开始自动的展发了流血的斗争!

领导“三一”运动的独立运动本部，不能与群众运动密切联系起来，不能深入到群众里面去，而是脱离了群众运动，而且不但不能领导群众的反日运动，却做群众运动的尾巴了！因为没有了战斗的行动的政党，把全国性的民众暴动不能有计划的有组织的领导，而领导部在流血的民众暴动面前束手无策，使民众暴动给敌人各个击破了。不但如此，领导部在群众前面提出的政治纲领，所谓“大韩独立”仅是一种笼统的斗争目标，而没有明确的具体的能动员群众参加斗争的行动纲领。

“三一”运动失败的教训给我们指出：“如果没于有强力的革命政党的领导，革命是不会成功的。”

第二，“三一”运动不去组织广大群众，不去巩固已获的胜利。虽然动员了朝鲜近代革命运动史上空前大规模的民众，但严格的说，是自发性的无组织性的群众运动。

没有能够更明确的去组织与深入群众的斗争，使运动暴露了散慢[漫]性、无组织性。当时的群众运动的中心力量为宗教团体——例如天道教、耶苏教等；发动群众，而不以革命组织去组织与发动广大的农民和工人。

“革命政党必须采取各种各样的组织形式去组织群众。参加到一切有群众的群众团体中去。”

仅仅靠宣传鼓动是不够的，只有把成千成万的群众□组织起来加以正确的领导，他们才能会赴汤蹈火为革命路线而牺牲奋斗。

其次，革命群众虽然占领了许多乡镇，却不能巩固起来，竟造成随得随失的现像，形成流动式的运动。

“三一”运动失败的教训给我们指出：“如果不去组织群众和巩坚已获的胜利，就革命是不会成功的。”

第三，“三一”运动的大部分民族领袖们，因为由于出身于地主、资产阶级、革命知识分子的阶级限制性，而对革命表现了两种[重]性；在这运动中表现了高度的爱国热情和英勇牺牲的精神，如我们的民族英雄孙秉熙先生，在敌人面前坚决不屈服，光荣牺牲了，这实为后起者的模范，朝鲜民族不能永远忘记这位先生的革命精神！当然很多先烈英勇牺牲精神是值得我们敬佩的，不过他们的流血是离开群众的，他们的赤血没有与群众联系在一起。

同时也在这运动中表现了没有革命彻底性、积极性，更加上了某种意味上带着改良主义和宗教色彩的，始终并不是组织革命群众（农人、工人）与发动革命群众，领导群众去推翻日本帝国在朝鲜的统治，而是只依靠“独立万岁”来向巴黎和平会议哀诉来迫使日本政府自动“承认”朝鲜独立。

当时革命运动的中心力量为宗教团体，以宗教信条来号召群众，发动群众。如果日本政府以“自治”来交换“独立万岁”，那么领导部认为是“三一”运动成功的吧?!可是日本政府连“自治”都不给呢!

“三一”运动失败的教训给我们指出:“只有革命群众里产生出来的群众领袖，才能领导朝鲜革命运动，到达胜利的明天。”

第四，朝鲜民众充分表现了对斗争的彻底性、激烈性。

“民众一开始斗争，不达到目的，绝不会中途停止斗争”，而且在任何敌人面前，坚决不屈服，如果敌人的压迫越厉害，民众的斗争越彻底越激烈!

虽然“三一”运动领导部继续不断的发出了警告——如果敌宪警向你们开枪，你们绝不要抵抗，坚持“正义”的态度，但民众呢?竟采用了群众式的斗争方式，占领了警察署、各机关，而与向群众开枪的敌宪警拼命血斗着。

叫愤怒的群众“不要抵抗”，是绝做不到的一件事情，群众们竟“违反”了领导部的警告，而以鲜血来染红“三一”革命运动史。这流血不是白流的，它是具有不可限衡量的价值的。

“三一”运动失败的教训给我们指出:“只有民众是在任何敌人面前，坚决不屈服，对斗争是最彻底的最激烈的。”

第五，“三一”运动是因为徒手的群众向武装的敌人开展斗争，所以群众牺牲了很多，而终于在敌人的枪刀之下失败了!

武装力量是战胜敌人的重要力量之一，如果没有革命的武装，就不会战胜敌人的。目前在国内武装群众建立革命军是一件不可能的事，但国外尤其是抗战的中国领土内是不但有可能性，而且正在那里不断的成长着(如在三东省义勇军)。因此，目前我们在此地正在进行的革命军建立工作是非常正确的而且我们应该努力奋斗的方向。“三一”运动失败的教训给我们指出:“武装群众，建立革命军，是朝鲜革命胜利的保证。”

第六，依靠帝国主义来争取民族解放是反而等于加强民族压迫的锁链而已。

第一次帝国主义世界大战结束后，米国威尔逊喊出了“民族自决”口号的时候，“三一”运动的民族代表们都认为是威尔逊“帮忙”朝鲜独立了，因此竟派代表参加巴黎和平会议，向帝国主义代表们哀诉“朝鲜独立”，希望巴黎的“批准状”一到，那么京城就可以马上组织朝鲜政府了。巴黎和平会议在实质上是分赃殖民地的强盗会议，而威尔逊的“民族自决”口号不过说是分脏[赃]殖民地的粉饰罢了。民族解放运动是反对帝国主义的运动的，今天殖民地半殖民地民族解放运动是直接打击整个世界帝国主义体系的运动，那么依靠帝国主义来打倒帝国主义是空想的。我们不反对站在自主的革命的立场,去利用一切帝国主义互相间的矛盾,但坚决反对依靠帝国主义来争取民族解放的一切企图! 巴黎和平会议结束后日本帝国主义对朝鲜的压迫和榨取不但没有丝毫减轻,并且相反的是更加甚了!

"三一"运动失败的教训给我们指出:"完全依靠帝国主义要来争取民族解放,是反而等于加强民族压迫的锁链而已。"

第七,只有与世界一切革命力量联合起来,才能够争取朝鲜民族彻底解放。

"三一"运动与世界一切革命力量有机的联系上是很不够的,如果朝鲜革命单独孤战,是没有胜利的希望。

朝鲜民族解放运动是全世界革命运动的一部分,不是孤立的,而是互相密切联系着的,因此与全世界弱小民族解放运动和全世界资本主义国家内的国内革命运动紧密的联系起来,尤其是与目前中国民族解放运动和苏联以及日本国内革命运动携起手来,才能保证朝鲜民族解放运动的彻底胜利。

"三一"运动失败的教训给我们指出,诚如孙中山先生说"联合全世界上以平等待我之民族共同奋斗",证明这句话是我们的真理! 诚如上述七点是"三一"运动失败的原因也就是血的教训,可是绝不能因为"三一"运动的失败而过分斥责与磨灭"三一"运动的革命意义,不过自我批评的态度去研究"三一"运动失败的教训,是鉴于过去的失败,再不踏其覆辙,以求彻底完成今天的革命任务。

(原载于《台湾先锋》第7期,1940年)

争取东亚总解放

佚名

今天是东亚史上一个可纪念的日子。在八年前的今天(民国二十一年一月八日),韩国烈士李奉昌在东京樱田门狙击日皇昭和未中被捕。那时是九一八事变后的三个月又二十天,东亚人心正极抑郁激愤,李奉昌烈士之一弹,警告了暴日,振奋了人心,在中国尤其发生了重大的影响。北平的《英文导报》,青岛的《民国日报》,镇江的《新江苏报》,上海的《民国日报》,福州的《福州日报》,汕头的《民国日报》等,皆因此而受祸。青岛市党部被日侨焚毁,上海《民国日报》因标题"韩国志士李奉昌狙击日皇不幸误中副车",暴日借口"不幸"二字而寻衅,《民国日报》停版,并由此演成一·二八淞沪之战。那三十多天的大战,是中国对日抗战的重要一段。就在那年四二九暴日在虹口大举祝捷之际,韩国志士的炸弹又爆发了,尹奉吉之一弹,炸毙一·二八的元凶白川,植田及重光俱跛足,野村则吵[眇]一目。这件事说明中韩两民族抗日精神的一致,尤其说明中国抗战与朝鲜革命的联系。

中日纠纷的根源在朝鲜,这是中国人万世不能忘记的。朝鲜是中日关系的媒介,日本先由朝鲜输入中国文化,以后继续受中国的教育,它便先吞朝鲜,再侵中国。这说明暴日是东亚的枭獍。历史上的中日纠纷,皆起源于朝鲜。丰臣秀吉征略朝鲜,与明朝开了战。西乡隆盛的征韩论,造成日本明治初期的内乱,从此日本遂采取了"攘外安内"的一贯的侵略政策。它为消弭潜伏的内患,乃派遣西乡隆盛的胞弟西乡从道来攻扰台湾;台湾之事刚了,朝鲜纠纷又起;由此荡演,遂成中日甲午之战。在《马关条约》的文字上朝鲜独立了,而朝鲜从此亡了国。日本并吞朝鲜之后,乃得寸进尺,占我东北,侵我华北,由北大营到卢沟桥,而演成这次中日大战。

从这一串历史上,我们可以看出东亚大局的症结及其归宿。(一)日本是世界文化的枭獍,它受了朝鲜的教育便吞朝鲜,受了中国的教育便侵中国;假使中国再抗不住它，它也曾受了欧美的教育，也必然继续侵略欧美。（二）中日纠纷的根源在朝鲜，则此纠纷的解消也将在朝鲜；中日战争的起点在朝鲜，则其终点也须在朝鲜。若问中国抗战到底的“底”在什么地方？我们毫不踌躇的答复：“在朝鲜！”我们要收复北方，要收复东北，要台湾重回祖国，并且要解放朝鲜。朝鲜独立了，我们的抗战才算到了底。

朝鲜实事上亡国已四十五年（由一八九五《马关条约》算起），朝鲜志士的革命运动一直未停过，由安重根到李奉昌、尹奉吉，是一脉相传的革命志士，其余的无名英雄，还有若干万千，现在更有许多韩国志士加入了我们的营垒。这就说明中韩两民族抗日精神之一致，并说明中国抗战与朝鲜革命的联系。

并吞朝鲜，是日本大陆政策的起点，要根绝日本的大陆政策，朝鲜独立是必要的。中国的抗战业已燃起东亚的光明火炬，韩国志士以至被压迫的日本民众，都要会集中国抗战的光明火炬之下共同奋斗，打倒日本军阀，以争取东亚的总解放！

（原载于《韩民》第1卷第1期，1940年）

加强中韩联合战线

之光

韩国光复军于九月十七日成立于重庆嘉陵江畔，这带给我们与韩国人民同样的兴奋，中韩联合战线的进一步发展，更将成为打击日本军阀最巨大的力量！

我国抗战的目的，是为了中华民族的生存，是为了世界的正义，同时我们也不忘记援助并领导东亚被压迫民族的共求解放的责任。因此自抗战序幕揭开后，我们东方的战友、中华民族的手足——韩台人民，便都参加这一战斗，为打到[倒]东亚诸民族的共同的公敌——日本帝国主义者而努力。三年多来，我们正是如此努力着。

韩国光复军之成立，并蒙我国最高领袖蒋委员长之赞助，从这里可以看见我国抗战的彻底性，我们要赞助韩国人民光复其国土，我们当然更要抗战到底，打到鸭绿江边，收复所有的失土！国父的遗言，叫我们联合世界上以平等待我之民族共同奋斗；而经三年多来苦战的中华民族，更有能力领导东亚被压迫民族共同奋斗了。而从此更可以加强韩国人民解放斗争的勇气与信心，与东亚安定力的中国携起手来，最后的胜利，无疑的必然是我们的。

韩国亡国虽已三十年，但是韩国人民与日本军阀的搏斗，几无日无之，尤其是我国抗战后朝鲜义勇队在前方和敌后的艰苦工作，瓦解敌军，争取伪军，他们英勇斗争的史诗，将永远留在中华民族抗战史上！而韩国光复军成立后，韩国同胞正可以自豪自勉，为打倒日本军阀作更进一步的努力！

我国抗战正达到准备反攻的阶段，韩国光复军成立于这个时候，这是有其深长的意义的！我们要加紧中韩联合战线，在反攻阶段时，向泥足深陷的日本军阀内外夹攻，一齐努力，把穷凶极恶的东方强盗推进到墓坟里去！

（原载于《浙江潮（金华）》第119期，1940年）

中韩合作之我见

[韩国]金九

(为《大公报》七七特刊而作)

中国神圣抗战,整整三个周年,倭敌的狂妄的预言,所谓半年征服中国速战速决等的种种幻想,已归水流云空。暴敌的内部恐慌,金融枯竭,物质缺乏,外交到处碰壁,原料来源断绝,民众的生活难与厌战反战的气势,大有朝不保夕之概。暴日自七七开始侵略战争,至今三年中,表面上虽占据中国十数省份的广大的地面,而其实际的力量,只限于沿交通线据点十数里以内。反之,中国正规军的英勇的反攻,沦陷区内游击队的闪忽的战术,已足使暴敌陷于进退失据、欲罢不能的困境,中国的收复失地,倭敌的狼狈逃走,即显露在我们的眼前。回想三百年以前我韩宣宗二十五年壬辰、明神宗万历二十年倭酋丰臣秀吉竟图侵明,胆敢对我韩要求假道,当经我廷严词拒绝,遂发生韩倭战争,继续至八年之久。当时的倭氛几弥满全韩,国土主权的蹂躏,生命财产的牺牲,极尽人世间的惨痛,终因中韩联军的抗战,李忠武公舜臣歼灭倭水军全部,丰酋的暴虓,一无所得而踉跄逃遁。今日中国长期抗倭的收获,恰似三百年以前在韩倭寇逃亡的情形,愿我中韩两方的革命同志,早速结成联合抗倭战线,共同击退岛夷,完成未竟的全功。

现值欧战正紧,其影响波及于远东问题者至大且巨,中国的英勇抗战,不先不后开始于距今三年以前,坚忍强烈的对抗,汇入暴敌于广漠无际的淖泥中,已归于愈陷愈深无力自拔的绝境。假使暴敌未经此次中国的长期抗战,使他打得精疲力尽,而遭遇此次欧战的好机会,则彼借数十年精蓄的陆海空军的实力,无忌惮的自由横行,英法二国在远东的殖民地和其他权益,谅早归暴日的独占的势力圈。如荷属东印度群岛及菲律滨,亦无须待至今日,而早席卷囊括矣。因之此次的中国长期抗战,固然为谋自身的生存,而对世界各友邦尤其是英法两国,实提供无上绝大的利益保障,极尽国际间独特的义务。故中国抗战非仅为中国实为世界而奋斗，非仅为主权实为公共正义而奋斗，世界有爱好和平尊重信义的国家，当不惜尽力援助中国，提早达成其抗战建国的国领，保维永远的世界和平与远东的安定。

中韩两国有数千年密切的亲谊，彼此以诚信相见，绝无间隔或抑压，与现代国家间以利害为转移友谊的欺诈的交际方式完全相反，故并无慑伏于一方的权威，又无用强暴来征服一方的事实，完全根据礼让亲睦的观念，维系两大民族长远的交谊，在国际史上实大特殊而荣耀的光彩。故今后两民族互相努力于继续维持过去的友谊，摈斥现代尔诈我虞的权术的交邻政策，在共同信赖的立场上，合力排除侵夺势力，重新建立适合于现代情势的新民主国家。

中国与我韩俱为世界的一环，则两国革命均不能隔离世界革命；尤其站在同一战线，合力打倒共同敌人的立场上，有绝对不能分离的关系。吾人的力量实属有限，而处在今日相持不下的抗战局面，确有重要的价值，中国长期抗战已迫令暴敌濒于总崩溃的前夕，则中国的总反攻与韩人的总动员，在共同抗建的大体上，形成刻不容缓的紧切问题。而要实现两民族共同奋斗业绩，必须具备正确的认识与深切的理解。何谓认识与理解？中韩虽壤地相接，互相往来有几千年，而中国一部同志，尚疏忽于韩人的实际情势，对于思想趋向之如何，民族意识的强弱，其他经济、文化、教育等一切状况，殊欠周详，而每受重利轻诺貌似忠诚者之愚弄，常有遂下断案发露劳而无功之恶现状。又有昧于中国情势与自己革命的立场的一部韩人，对于中国抗建国策及自国内部的情势与趋向，毫无研究或考证，流于虚妄，贪着速成，充满不劳而得、不习而飞之妄想，此皆认识的错误，须急速清算者也。故中韩国民族要达成共同灭倭重建新国家的目的，再谋东亚永远的和平，则必须恒久的维系两民族友谊的合作。如欲达到此项目的，必先检讨其两方政治的信仰之符合与否，兹为检讨简便起见，谨将韩国独立党的主义主张，据其大要如左。

一、党义

(注)驱逐倭敌，光复国土主权，建设政治经济教育三权均等的新民主国家，内而确保国民各个的生活均等，外而实现族与族国与国间的平等，进而谋全人类共存共荣的极乐世界的完成，此与中国国民党三民主义的民族、民权、民生三段相符合，其究竟目的又与孙中山先生所主张的世界大同说完全相同。

二、党纲

(甲)完全光复国之主权，建立大韩民国。

(注)吾党理想中的新国家，为完全自主独立的国家，绝对不要半独立或名实不相符的独立，且为预防将来如汪精卫一类政权的出现，故于一九一九年三

一运动勃发实时，在上海组织大韩民国临时政府，至今尚保持其光复运动的总指导的权威，其重要的意义，一为继承五千年光荣的历史，二为坚决否认倭敌的伪统治权。

（丁）收归土地及大生产机关为国有，要国民生活权的均等化。

（注）全韩国土地，除不满十家的韩人大地主所有者外，约三分之二的所有权归日人掌握，至各大生产机关，依一九三二年的统计，则全韩国各生产机关的资本总额约三亿七千万元，其中韩人资金约占百分之六·七，韩日人合资公司中，韩人资金约百分之六一七，外国人资本为百分之一，其余总为日人之资本，但倭总督府恐激发韩人之愤慨心，禁止发表统计数字，在十年后之今日，土地暨生产机关之归日人所占者当不止此数。

（戊）国民生活上基本知识及必需技能的普及、充足，实施公费的义务教育，要国民修学权的均等化。

（注）韩人的求学欲望自国亡后尤极强烈，多数韩童因就学无路，明知敌方所设施的殖民地教育，全为养成驯伏的奴隶，而争先恐后拥挤异常，但校数有限，仅仅收容一百万左右，其余约二百四十万学龄儿童（今不止此数，年年增加）则除永为文盲外，无他道，故教育均等在韩人方面，比任何问题为重要。

三、党策

（寅）统一训练将校及武装队伍，积极编成光复军。

（注）暴日并韩后，绝对禁止韩人学习军事及当兵，自七七事变后，因感补充兵额之困难，在韩欲实施征兵制，而因种种虞虑，改募志愿兵，分配各部队，试测其成绩，至去年冬间，突然取消从前之限制，调查全韩壮丁，分区实施军事训练，其用意不外乎补充兵额，要尝试以韩制华的毒计。吾党为破坏暴敌之阴谋，鼓动国民之敌忾心，对敌开始武装的对抗起见，须积极组织韩国光复军，结成中韩联合战线。

（辰）拥护支持大韩民国临时政府。

（注）公元一九一九年三月一日国内发生大革命运动后，海内外各方代表在上海成立大韩民国临时政府，至今二十二年间，一切施措完全站在民族主义的立场上，策动光复运动。在此短短二十年中间，所谓左倾分子多方要设法破坏此热烈的三一运动的结晶品，而至今尚屹然存在者，专赖民族主义系的努力支持，故特别加入拥护支持临时政府一项，以示始终维系的决心，且韩国临时政府于一九二〇年经爱斯顿尼亚国正式承认，又于中华民国十年十一月由广州非常政府承认。

韩国独立党于本年五月九日宣布右记党义、党纲、党策于国内外同志同胞后，除国内及中国东北各省，因在暴敌势力之下，无由表示公开的意见外，其他侨居中国关内各地、欧美各国的韩人各界，一致分发函电祝贺，表示绝对拥护，足见韩民族最多数共同信仰之所在，而其主义主张，与我韩人同样，现在暴日铁蹄下的中国民众所要求者，应无异致，故韩国独立党与中国国民党之主义主张，少无背驰之点，有之则字句间之不同而已。今后两方恒久合作的程序，须先在平等互助的立场，紧密联系党与党间的关系，同时在中韩抗日联军总司令指挥之下，坚实中国正规军与韩国光复军之联结力量，共同歼灭暴倭，并切望中国国民政府承认我临时政府，在党军政三方面，总联结两民族合作意识与力量，树立东亚永远的和平基础，表现互信互让的独特的合作模楷于世间，是所颙望于贤明的中国同志诸君！最后并高呼：

中韩民族联合起来！

击退日本蛮暴野兽！

中国抗战胜利万岁！

韩国独立成功万岁！

创造东亚永远和平！

实现世界真正大同！

（原载于《韩民》第1卷第3、4期合刊，1940年）

两个民族一个敌人

——朝鲜独立运动二十一周年纪念大会

佚名

昨天是朝鲜“三一”独立运动的第二十一周年纪念日，旅居在重庆的朝鲜各革命团体在南岸宋家花园联合举行了一个纪念会。他们不会忘记一九一九年三月一日这个日子，为了争取朝鲜民族的自由独立，全朝鲜燃起了炽烈斗争的火炬，然而在敌人野蛮的屠杀的政策下，这个运动被镇压下去了。他们更不会忘记这个日子，他们遭受了死亡、受伤、逮捕与鞭挞，教堂、学校、民房被烧毁了，孩子失去了爹娘，他们被逐出家乡。亡国奴的滋味是不堪忍受的，日本帝国主义要他们屈服，要他们永世不得翻身，然而朝鲜民族是不会驯从的，如今他们抚摸着身上的伤痛，他们将永远顽强地与日寇搏斗下去，直到建立起独立自由幸福的新朝鲜为止！

纪念会是在屋子外面举行的，走廊当做了主席台，张挂着朝鲜人热爱的祖国国旗。会场上孩子特别多，他们坐在台前的几排小凳上，安详地聆听着父兄们的讲话。这些孩子们的父亲母亲大多数都参加了朝鲜义勇队，在中国战地与日本帝国主义作战，有的孩子已经失去了爸或妈，然而他们似乎都不懂得悲哀，愤怒的种子在他们小心田里开出愤怒的花来。用朝鲜文写的标语“和中国抗战配合起来，打倒日本帝国主义”“继承三一精神，完成韩国独立运动”等等，叫到会的中国人感到亲切的兄弟之情，也忧虑着他们自己。三个朝鲜妇女会会员唱的“三一”革命歌做了开会的序曲，那悲壮而激昂的歌声中，隐藏着亡国之痛，同样也隐藏着反抗的火种。

因为到会的除了少数的中国人以外，多数是朝鲜人，所以他们用了自己的语言进行仪式。主席尹虬云老先生旅居中国快三十年了，他一直在为光复祖国而努力，今天他以庄严的致词来勉励他的后辈谓：“让我们为先烈的革命而静默……这个纪念会有着它特别的意义，我们必须继承‘三一’革命的精神来打倒日本帝国主义!”金俊渊先生报告“三一”运动的历史意义,大意是“三一”运动是朝鲜革命的一个转变点,在这以前,朝鲜革命的对象是反对国内腐败的统治者,“三一”革命加上了反对日本帝国主义,而在这以后,朝鲜的民族革命是变成全世界被压迫的弱小民族争取独立解放的一环了。韩国三一少年团小朋友金键赫举起小拳头喊出了他心里的愤怒,他说:“廿一年前我们的祖父祖母们和日本帝国主义斗争,我们不忘记,我们要继承他们的精神,朝鲜民族要团结统一起来,打倒日本帝国主义! ……中国抗战三年了,他们愈打愈强,而日寇却愈打愈没有用,现在日寇的泥足愈陷愈深,这正是朝鲜民族求解放的好机会,我希望自己赶快长大,好跟着哥哥姐姐打日本去!”

在会场上,□□热烈通过了下面的决议:

一、本大会确认全民族反日统一战线的结成和巩固为现阶段朝鲜革命的惟一战略任务,而为完成全民族各阶层各党派统一团结而积极努力。

二、本大会确认海外革命集团的统一团结,是以全民族反日统一战线的主要部分而给赋予我们海外革命运动者的重要任务,而为赶速实现中国关内东北苏联沿海州北美及布哇各地侨胞革命集团的统一团结而积极努力。

三、本大会确认反日反侵略势力的国际团结与行动统一为反日政略的重要部分,而为争取全世界一切反日反侵略势力的强固结合,尤其为建立中我两民族的坚强的抗日联合战线而积极努力。

四、本大会谨向为自民族的生存自由与全人类的正义和平进行神圣抗战的中国民族伟大领袖蒋介石先生,各抗日领袖、抗日政党暨前方将士致函表示热烈的敬意与慰问。

五、本大会谨向为祖国的光复与人类的正义,跟伟大的中国抗日将士们在各战线共同奋斗的我们朝鲜武装部队及政工人员致函表示热烈的慰问。

最后在高呼“纪念‘三一’,更建立中韩民族联合战线,打倒日本帝国主义,东方被压迫民族解放万岁”等声中散会。

朝鲜义勇队如今正在中国各战场活跃着,“三一”少年团也利用了他们课余时间为中国抗战宣传而努力,我们相信这股潜伏着的力量是伟大的,我们热切希望着他们内部更加团结统一和巩固起来,我们敬祝着朝鲜民族战线联盟和光复运动团体联合会的合作早日成功。现在把大会致中国领袖暨前方将士函和致各战线朝鲜武装部队各政工人员函录后:

(一)致中国抗战领袖暨前方将士函

中华民国国民政府主席林,伟大的中国民族东方被压迫民族解放军、师，蒋委员长赐鉴，前方各将领，毛泽东先生勋鉴，各抗日政党前方将士公鉴：

亲爱的中国抗日领袖、抗日政党以及前方壮士们，你们以全民族的空前的铁的团结，在伟大领袖蒋介石先生领导下，为中国的生存自由与为人类的正义和平进行神圣的抗日战争，本大会谨代表二千三百万朝鲜民族，致崇高的敬意与热烈的慰问。因为中国抗战的胜利就是朝鲜民族解放运动的胜利，也就是人类正义的胜利的缘故，我们今天在中国抗战举行朝鲜独立运动第二十一周年纪念典礼，深信中国抗战的决定胜利与朝鲜民族解放运动的成功，惟有全东方被压迫民族尤其是中韩两民族的团结奋斗才有保障。历史注定中韩两族在同一战争里为同一的目的奋斗，我们中韩两民族从今日起应当更密切地手挽着手，向联合抗日的惟一光明前途行进，谨致民族革命最高敬礼！

（二）致各前线朝鲜武装部队各政工人员函

关内朝鲜义勇队，韩国青年战地工作队，东北朝鲜革命军，东北抗日联军中朝鲜人部队以及敌前后各政工人员公鉴：

亲爱的同胞们，你们的一部分同志同胞今天在中国抗战行都重庆举行“三一”运动第二十一周年纪念典礼，首先向为祖国的光复与人类的正义在各战线独立地或和中华儿女协同地进行血的斗争的你们致最热烈的慰问，你们是朝鲜的优秀儿女，同时是全世界进步人类的光荣的战士，凡是爱好和平拥护自由的国际朋友都很热烈地在关怀你们、支持你们，你们的胜利正在眼前，自由幸福的新朝鲜快要到来，你们一定会更加努力，战胜日本法西斯强盗，完成我们朝鲜民族的解放！谨致民族解放敬礼！

（原载于《新华日报》1940 年 3 月 2 日）

赣北敌军离间中韩民族感情的阴谋

［朝鲜］秀延

远在前年冬，在南京附近曾一度流传过“敌兵中长胡子是朝鲜人，他们专做烧杀掠奸等坏事情”的流言，而在现在，在赣北前线的一部居民和军队中间，也流传着同样的流言。我们对于这个流言决不可以忽视，因为这个流言发生的根源与作用决不是单纯的。

据我们从各方面的调查，敌兵中确有留长胡子的，可是他们都是日本兵而决不是朝鲜兵。现在在华中作战的敌军中虽有翻译、汽车司机等不战斗的朝鲜人，可是他们没有一个留长胡子的，当兵的根本就没有，敌兵指着长胡子说是朝鲜人，一般老百姓既没有接触过朝鲜人，又不会辨别朝鲜话和日本话的区别，更不了解敌人的欺骗手段，很轻易地就相信长胡子是朝鲜人了。

在敌军中，留长胡子已成了时髦，是有历史根源的。据传说：远在甲午中日战争时，日本军人留着长胡子而被人民呼为“大人”，在日俄战争时也如此，这造成了日本军人留长胡子的风气，这风气一直继续到现在。

日本人一般地比中国人和朝鲜人多胡须。现在被征调到中国来作战的敌兵士中有不少上四十岁的，敌军官则一般地年龄都较大，这些年纪较大的敌官兵不愿意把自己认为好看的胡须剃光，因此敌兵中长胡子很多。

抗战以来，凡作战的敌军不论什么部队，都干着烧杀掠奸的暴行，倒并不是只有长胡子如此。不过，“长胡子”目标大，容易被人注意，一般中国老百姓对于他们的印象特别清楚，因而特别恨他们。

敌人指着长胡子说是朝鲜人，一方面是避免民众对他们的憎恨，一方面是要离间中韩民族间的感情。

日本人中凡是做坏事情的人，多半自称为朝鲜人。我们过去在山东、在鄂中、在山西见过很多这样的“假朝鲜人”。但这种掩饰工作，日子久了也就没有用处，民众恨日本鬼子的心理并不因此而减低，纵或他们一时被欺骗，只要有人加以揭破，对于敌军的这种无耻行为格外感到憎恨。

敌人现在着重“政治进攻”，他用种种方法来破坏中国国内团结与破坏中韩两民族的感情。它的手段虽然卑劣得可笑，但却是很阴险的，我们如不加以特别注意，不免要被敌人许多翻新的花样所欺骗。

（原载于《朝鲜义勇队》第 35 期，1940 年）

发刊辞

新朝鲜社同人

我们在中国活动着的几个朝鲜革命者，为着向中国民族正确地介绍朝鲜民族的被压迫情形和反抗的情形，组织新朝鲜社，一面刊行《新朝鲜》杂志，另一面发行《新朝鲜》小丛书。

大家都晓得，中韩两民族是同样遭受日本帝国主义压迫的民族，同样要打倒日本帝国主义建立自由幸福的新国家的民族。尤其在目前中国民族起来进行决定最后胜败的抗日战争的时期，应当赶快建立中韩两民族的抗日联合战线，共同努力，消灭敌人。

可是我们要建立两民族的抗日同盟，必须首先建立两民族相互间的正确的认识和坚定的信任。假使没有相互间正确的认识，就不能有相互间坚定的信任。倘使没有坚定的信任，那就不能建立起革命的同盟关系来！

中国的抗战能否得到最后胜利呢？对这问题，每个朝鲜民族必须有正确的认识。朝鲜民族能够有多少力量起来反抗日本呢？对这问题，每个中国民族必须有正确的估计。

可是，我们很深刻地感觉到，我们两民族相互间的知识实在太不够了，甚至太不正确了！大多数的朝鲜人固然不能正确地了解中国民族的实情，而且大多数的中国人也不能正确地认识朝鲜民族的实情。这因为一方面日本帝国主义者在我们两民族间挑拨、离间政策以及文化封锁政策，往往得到很大的效果，另一方面我们中韩两国的革命者在两民族间的文化宣传工作做得太不够，甚至没有做到的原故。

现在我们处在日本帝国主义文化封锁线以外的朝鲜革命者，应当把这一文化宣传工作，看作别的革命工作一样重要而担负了起来。不仅要把朝鲜民族的被压迫和反抗的情形正确地介绍给中国民族，同时必须用了种种方法，把中国民族解放斗争的实际情形正确地告诉朝鲜民族。这未尝不是一种紧急重要的革命工作。

不过，我们同时感觉到自己的力量太薄弱了！我们虽然决心有一分力量便作一分，但这工作是非常繁重的，倘要做到这一文化宣传工作的美满程度，则非得到中国各界人士们的积极支持和援助不可。这就是我们的决心和希望。

最后，我们打算自一九四〇年三月一日起，每月出一本关于朝鲜问题的小丛书，在一年内至少要出十本小册子。此外，每月出韩文版《新朝鲜》杂志一期，现在这杂志已经出到第四期了。还有尽我们力之所及，要出《新朝鲜》杂志中文版，但在最近期间恐怕没有实现可能，我们的计划是这样，而且要尽我们所有的力量，积极实现这个计划。

新朝鲜社同人启

一九四九年三月一日

（原载于《朝鲜民族统一战线问题》，新朝鲜社，1940 年）

中韩民族联合战线的革命的意义

[朝鲜]金奎光

一、引言

中韩两民族联合抗日的问题，在中国还未发动抗战以前，是很少人加以注意的。即或有人提出这个问题来讨论，也未免有些"时期尚早"之感，而不能成为可能实现的实际问题。可是到现在，由于中日战争的扩大和深刻化，特别由于中国方面坚定了"抗战必胜"的信念和"抗战到底"的决心，这个问题已经成为最现实的政治问题了。最近在各种中韩文刊物上，中韩人士已经很普遍地提出这个问题来加以探讨。特别值得我们注意的是，在中国各主要政党的抗日政纲上和诸抗日领袖们的言论中，都很明确地提到了这个问题。

那么，所谓中韩民族联合战线是什么呢？对这个问题的回答，说起来是很简单的，就是说中韩两民族同样地遭受日本帝国主义的侵略和压迫，他们为了打倒这共同的敌人，就有联合起来的必要了。这样的解释，自然是对的，然而是不够的。我们必须更进一步去认识这一联合战线所负起的历史的革命任务。

二、中韩民族联合战线是中国抗日革命政策的主要一环

大家都知道，这次中国的抗战，决不是两个对等国间争夺某种利权的战争，而是被侵略的半殖民地中国反对侵略的帝国主义日本的革命战争。这种战争在军备上不能不比侵略者处于劣势，但在政治上反而比侵略者占优位的。因此中国的抗战，单单靠军事力量是不行的，必须积极动员国内及国际的一切政力量，以配合劣势的军事力量。正因为如此，中国自抗战以来积极实现全国各党各派的统一团结，以便实行全民族的政治总动员，同时积极联合英美法苏等拥护和平、反对侵略的国家，以增强国际的抗日政治势力。

不过，在这种抗日政策中，对于日本殖民地问题的政策，特别对于朝鲜二千三百万反日民族的政策，应当占最重要的地位。当然，在目前联合英美法苏以及全世界反对侵略的国家及人民共同反对日本的侵略是非常主要的工作。实际上他们已经开始热烈地援助中国的抗战，无论在精神上及物质上增加抗战力量者极大。不过这还只是“援助”而已。至于日本帝国主义压迫下的朝鲜民族，为了在这次战争中争取他们自身的解放，而当作中国民族最可靠的同盟军而出现。虽然他们没有什么物质可以援助中国，但他们却能够拿出宝贵的生命来替中国民族和为自己解放而与敌拼命的。联合这一支可靠的同盟军，无疑地是中国抗日革命政策的主要任务。

本来，联合被压迫民族共同奋斗，乃是中华民国的创造者孙中山先生的革命原则，也就是中国国民党的主要政纲。中山先生说：“我们对于弱少民族要扶持他，对于世界的列强要抵抗他。”中国国民党第二次全国代表大会根据了中山先生的这种遗嘱，在对外政策决议中明白规定：“……联合世界上一切被压迫民族……共同奋斗。”这种政策，到现在已进到了进一步实现的阶段。中国民族领袖蒋介石先生，素来关心和扶助朝鲜民族解放运动，到最近更积极表示关于援助朝鲜独立运动的意志。特别在这次中国国民党临时代表大会所通过的抗战建国纲领上明白规定：

“（三）本独立自主之精神，联合世界上同情于我之国家及民族，为世界之和平与正义，共同奋斗。”

“（五）联合一切反对日本帝国主义侵略之势力，制止日本侵略，树立并保障东亚之永久和平。”

中国共产党及其领袖们，对于这种政策的意见也是一样的。毛泽东、周恩来、陈绍禹诸先生的言论中，也曾屡屡提到联合东方被压迫民族共同奋斗的意见。尤其在中国共产党《抗日救国十大纲领》中更明白规定：“联合朝鲜、台湾及日本国内工农人民，反对日本帝国主义。”

这样看来，建立中韩两民族抗日联合战线，无疑地是目前中国抗日政策的具体任务。我们深信，中国当局一定会积极实现这一革命政策，以配合中国的抗战。

三、中韩民族联合战线是朝鲜民族解放运动的基本政策

其次，我们要从朝鲜民族解放运动的立场来观察中韩民族联合战线的意义。

谁都晓得，朝鲜是东方最强大的帝国主义日本的独占殖民地。朝鲜民族

要得到根本的解放，单单靠自己的力量显然是不够的。这因为过去数十年间日本帝国主义的继续向上发展过程中，对殖民地的统治力格外加强，而朝鲜民族的一切孤立的自力的解放斗争，都被敌人所镇压下去了。换言之，敌人的力量太强大，而我们的力量太弱少了。因此朝鲜革命运动的主要战略，第一是全民族的一致团结，第二是联合一切国际的反日势力。

所谓国际的反日势力，在朝鲜看来，主要的是苏联和中国。这两个国家不仅在目前遭受日本的压迫和侵略，而且在过去半世纪以来结下了对立斗争的历史关系。因此，联合这两大国家共同打倒日本帝国主义，便是朝鲜革命的基本战略。正因为如此，朝鲜民族始终以中国和苏联民族看作最可靠的友军或同盟军。无数的朝鲜革命者都跑到中国和苏联来活动，并且直接参加这两国的一切革命斗命，更努力和这两国的政府及人民建立密切的关系。

自从中国政府及人民毅然发动抗日战争以后，朝鲜民族和中国民族联合抗日的战略的任务，已经进到具体实行的时期了。于是乎全朝鲜革和团体及个人，异口同声地主张全民族的统一团结，同时积极参加反日援华独立的斗争，最近在国内已很普遍地发生反战、反征兵的斗争和暴动。在国外的革命者间，已经发起了民族统一战线运动，成立了"朝鲜民族战线联盟"。特别是在中国的朝鲜革命者，直接参加中国的抗战。这就是说明朝鲜民族解放运动的基本战略在于联合中国民族，在中国抗战中要以斗争来援助中国，同时争取自身的解放。

在这里，朝鲜民族统一战线团体朝鲜民族战线联盟所发表的斗争纲领中，关于中韩民族联合抗日问题的规定，是特别值得指出的：

"(14)国内实行对敌的后方扰乱和武装斗争，在东北参加抗日反满斗争，在中国关内直接参加中国抗战"。

"(15)中国民族、台湾民族及苏联为最大的反侵略、反日势力，必须与之切实联合。"

这个纲领是和中国的抗战建国纲领的规定正相吻合，可见中韩抗日联合战线的建立便是两大民族的最紧急最迫切的要求。

四、中韩民族战联合战线是要实现东亚的永久和平

我们要建立中韩民族联合战线的目的，不仅在于确保中国抗战的胜利，又不仅在于朝鲜民族的独立解放，而更进一步要实现东亚的真正的永久和平。换一句说，中国抗战的胜利可能招致朝鲜的独立，朝鲜的完全独立，可能实现东亚的和平，但最主要的前提，就是要建立中韩两民族的联合战线。

稍具一些政治眼光的人，谁都可以明白，朝鲜的独立或败亡，对于东亚和平有着决定的关系。朝鲜在政治地理上处于中俄日三大国之间，好像欧洲的巴尔干半岛一样，谁先侵占了他，谁就能够把持东亚的霸权。因此在过去这三大国的政治势力均衡发展的时期中，朝鲜民族是可以独立的，相反地，只有确保朝鲜的独立，这三国才能保持在东亚的均势，才能保持东亚的和平。

自从日本开始并吞朝鲜以后，东亚和平开始破坏，也就是种下了目前中日大战的祸根，过去的清日战争和俄日战争，都是因朝鲜问题而发动的，可是战争的结果，所谓朝鲜问题并不以“独立”的形式来解决，而是以“被并吞”的形式来解决，从此以后日本帝国主义者就以朝鲜为侵略大陆的架桥，开始进行并吞整个中国的侵略计划，遂引起了“九一八”以来继续发展的中日战争。

可是到现在，情形便完全不同了。第一，苏联是强大了；第二，中国也站立起来了；第三，日本帝国主义倒走上没落之路了；第四，朝鲜民族始终没有给日本人同化，始终为自由独立而斗争。在这种情势下，中国发动了抗日战争，而这战争所负起的历史的任务是很重大的，即第一，要把日本在华势力铲除净尽，收复一切的失地。第二，要援助朝鲜独立，并加以维护。第三，要实现并保障东亚的永久和平。

不过，要完成这种伟大的历史任务，必须要和朝鲜民族建立强固的联合战线。

五、结论

总括起来说，在目前中国的抗战已进入第二期的时候，建立中韩民族抗日联合战线的工作，是极其重要和必要的工作。可是到现在为止，还没有具体地把他实现出来。这不能不认为很大的缺憾。我们应当晓得，在目前“中韩民族联合起来！”这一口号，决计不是一个空洞的作为“政治号召”的东西，而是急需运用于实际抗日斗争的一种革命政策。我们对于这一问题，固然要展开更广泛、更绵密的理论的讨论，但同时必须急速地把他实现出来，以扩大和加强实际的抗日斗争，以保证抗战的最后胜利。

一九三八年五月九日

（原载于《朝鲜民族统一战线问题》，新朝鲜社，1940 年）

中国抗战与朝鲜革命

［韩国］金若山

（本报讯）国际反侵略大会中国分会，昨晚在该会会址请朝鲜义勇队金队长若山演讲《中国抗战与朝鲜革命》。到各界听众三十余人，因会场太小，颇嫌拥挤。金队长演词略谓：朝鲜革命运动概分为如下几个阶段。第一阶段自一九一一年朝鲜被日本灭亡时起，至一九一九年世界大战发生止，这时期日本帝国主义不但没有因大战而消灭其力量，反因趁火打击获得了若干市场，因此日益强大。当时对朝鲜之统治亦甚巩固，对朝鲜人民之压迫异常严重，故在这阶段中，朝鲜之革命运动不得不处于极端困难状况中，表面上甚为消沉。但至大战爆发以后，一方面因国内反压制之反抗情绪高涨，一方面受苏联国内革命之刺激，终于爆发了一九一九年三月一日有名的"三一"革命运动。朝鲜人民以其英勇奋斗之结果，虽未能达到解放独立之最高的目的，但确获得了言论、结社的部份自由，使日本帝国主义不得不改变其贯之高压政策，是为第二阶段的开始。

自"三一"革命运动以后至一九三一年一九一八之第二阶段中，因部份的言论、结社自由之获得，使朝鲜革命运动得乘机空前发展，各种工农组织均有迅速的开展，奠定了革命运动的新基础。直到现在是项革命组织仍在秘密进行中。

但自"九一八"以后，日本帝国主义决心征服满洲，然后征服中国。为巩固其侵略前进据点，不得不加强对朝鲜的统治。过去给与朝鲜之最低限度的自由权利完全剥夺，因此朝鲜革命运动不得不回复到地下活动的方式中。此第三阶段一直继续到一九三七年"七七"事变，对朝鲜人民的压迫日益加重。在六年内朝鲜被捕之爱国份子达二万二千四百余人，即此亦足见日寇在朝鲜统治之野蛮。

"七七"的侵略魔手，不料竟遭遇了中国全民族严重坚强的打击。日本侵略者欲使兵不血刃而灭亡中国之迷梦知已幻灭，为了继续并保证其军事侵略之顺利进行，对朝鲜之统治方针亦有了重大的改变，这时是第四个阶段。这阶段的特征是，日本帝国主义想利用朝鲜作为侵略军的军火供给库和兵站基地，故此极力将过去朝鲜的农业生产地改为工业生产地，过去仅将朝鲜作为日本国内工业资本吸收营养的对象，现在却使它成为军事工业的主要地区，而大量吸收东北及华北占欲区的原料，亦即是将朝鲜殖民地进一步变作了帝国主义经济体系的内脏地带，加强其侵略的实力。关于此种特点，可以从下列统计数字中看出来，东洋拓殖公司一九三七年以后在朝鲜，东北及华北的金融投资是：朝鲜一〇九，七二〇，〇〇〇元；东北四三，四六八，〇〇〇元；华北三，九六二，〇〇〇元。

足见日本帝国主义之投资数大部份仍在朝鲜，证明想以经营朝鲜来增加其侵略军事。

以外从朝鲜产业工人的增加上，也可以看出朝鲜工业化的发展：土木工人在一九三三年五万人，至一九三八年增加到十九万人；矿工在一九三三年八万四千七百十人，至一九三八年增加到二十二万三千人，产业□人在一九三三年十万零□十八百人，至一九三八年增加到二十七万二千人。铁路建筑朝鲜原有二七九□公里，一九三八年新增一三八四公里。凡此种种，均足证明朝鲜自“七七”以后的工业□□是与□□□□是有密切的关系的。

在最近这个阶段中，日本不但在朝鲜的经济策略有了改变，同时为了要利用朝鲜的人力，进一步使朝鲜人统治朝鲜人起见，所以在政治策略上除了加紧其高压的统治外，更以种种欺骗软化政策配合着。因此他提出了许多好听的口号，比如说“日韩是一家人”，改称朝鲜人为“半岛人”等。同时，更一面以重金收买革命阵营中的动摇堕落份子，并强调“反共”“防共”等口号，企图分化朝鲜人民内部的团结。但除极少数昏庸腐朽及丧心病狂的份子以外，大部朝鲜人民不但没有被日寇利用，反更因熟悉日寇的欺骗阴谋，而更趋团结一致。下列事实，是日寇掩盖不了的阴谋手段，兹略举一二以供考参。

以平均十小时计算的工资，中、日、韩三国人在朝鲜的比较是：日人男工一·八八元，女工〇·九八元；韩人男工〇·九八元，女工〇·四八元；华人男工〇·八五元。同时，在朝鲜的失业工人，日人是一二三三人，韩人是四〇〇〇人。这都说明了日寇对其他民族的实际歧视，其他在政治上的压迫是更不用说了。

由于上述原因，“七七”以后韩国的革命运动不但并未消沉，反而日益壮大起来了。在朝鲜国内，在占全人口百分之八十的农民中，斗争情绪日益高涨着。单只一九三七年一年内，抗租运动发生了三一七九九次，而主要的是为了反对日本地主的。朝鲜北部用山地方的农民，因有私通东北义勇军的嫌疑被捕的，一九三八年内共五百余人。川老北道的抗日运动，一九三八年也发生了一一七〇起。在京都汉城的高压统治下，有二百余女工竟举行了激烈的罢工游行。同时，连基督教徒也集合了三百余人召开举行集体为祖国痛哭的运动。这些都表示了朝鲜人民在极度高压的□□统治的英勇姿态。然而，朝鲜的革命运动的主力都还远在国外。大家都知道在苏联援助下成立的朝鲜革命军，近来已经由两师团增加到四师团了。在东北抗日联军中的朝鲜义勇队，最近也可能单独组成一军了。散布在中国各战区的朝鲜义勇队也建下了若干功迹，同时在欧美各国的朝鲜侨民，也曾为了援助中国，发动了捐款及包围日领署的运动等等。我们相信，朝鲜革命将在不久的将来会放出历史上的异彩。

最后，综合上述各节，有一点应该特别提出的，朝鲜革命运动与中国抗战的关系，不仅是道义上或在三民主义民族问题的原则上，应该是东亚被压迫民族解放的合体，而且在地理上、在经济上以及革命性质上，都决定了要中国抗战胜利才能解救朝鲜。要加紧朝鲜的革命运动，摧毁日寇在大陆上的兵站基地和军火供给库，才能加速中国抗战的胜利。这是除精神而外在物质上造成的中韩两民族革命运动不可分割的主要特征。我希望中韩两国同志今后更能加紧连系，切实合作，把两个共同革命事业看成一个事业的两个方面军。中韩民族的解放是完全有把握的。

竭诚希望各位同志多多指教，多多帮助，并祝抗战胜利。

（原载于《新华日报》1940 年 9 月 29 日）

韩国与朝鲜辨

佚名

“韩国”之“韩”，系译音，其意谓元也，一也，大也。或云“韩”本“桓”。韩语“桓”，则光也，明也。此是四千二百七十二年前，建国始祖檀君即位时初用之国名。史家曰：檀君建国前亦以“□”命其部落云。“韩”之□历既久，“韩”之涵义且好，故马韩、弁韩、辰韩亦取“韩”为国名。此则三韩也。后至李氏朝，光武帝又改“朝鲜”曰“韩”。西纪一九一九年，“三一”运动爆发后，韩国革命群众组织临时政府，亦号其国曰大韩民国。山是观之，则“韩”者非一朝一夕，一帝一代用之者，乃四千年来韩国民族始终爱好，而使用此名。其间虽有高句丽、新罗、百济、渤海等朝，然“韩”仍可代表韩族之整个国家。一至国亡后，倭敌绝不许韩人再用“韩”。然今日国内之韩人，尚称其文曰“韩格尔”。韩语“格尔”，是文也。但倭敌不准以华文写“韩文”而已。

“朝鲜”亦系译音。史家云：韩语“朝”则好也，崇□也；“鲜”则“格”也，貌也。韩俗男女定婚，则自□家派人至妇家看“鲜”，即看其新妇之姿态与人格也。以朝鲜名其国者，乃表示其国为绝好崇高也。此说最可信。至于朝鲜，取义于朝日鲜明云者，是不过牵强附会之谬论，盖华文之入韩，远在檀朝之后，而檀君末某已取“朝鲜”为国名也。距今五百四十八年前，李太祖建国，又以“朝鲜”名其国。然至其末叶，西纪一八九七年光武帝宣布独立后，改国号曰大韩。西纪一九一零年，倭敌并“韩”后，为消减韩人之独立国家思想起见，严禁韩人使用“韩国”二字，而以“朝鲜”代此新得之殖民地名。指韩人曰“鲜人”。指日人曰“内地人”，简称日本与韩国曰“日鲜”。从此“朝鲜”不复为国名，而一变为一个奴隶□所住的新地狱之名。此为韩人所绝憎之者也。倭敌亦深悉其情，故九一八中日开战后，欲缓和韩人之恶感，下令各公私机关及报馆等，不准再用“鲜人”二字代表韩人，而称之曰“半岛同胞”，在可能范围内亦避用“朝鲜”，而以“半岛”二字代之。

韩国与朝鲜，皆为韩族国家之名。至于朝鲜，尤为最近李朝五百年间所使用者，亦为倭敌强占韩国以后三十年来强迫使用者。故非但今日之一般民众，谈话上多用朝鲜，而且革命同志亦因习惯上常用朝鲜。然今日之朝鲜，已不能代表一个国家。故多数有意识之革命群众，不甚喜欢“朝鲜”二字，而以富于国家思想之光复运动者绝大多数为尤然。恰如中国有意识的同志，不甚喜欢“支那”二字相同。曾闻张溥泉先生于九一八前后，在中央纪念周席上对于此点已解释甚详云。先生诚是一位真正之韩国通也。

（原载于《韩民》第 1 卷第 1 期，1940 年）

代表西大同学欢迎在华日人反战盟员

李毅

日本在华人民反战同盟，各位同志，各位师长，各位同学：

今天我们欢迎日本在华人民反战同盟西南支部的各位同志，不仅是在欢迎诸位同志的本身和你们反对侵略战争的戏剧，并且还有着其他的重大的意义，我现在可从三方面来说。

第一，反对侵略战的日本友人，不仅是诸位在华的同志们，诸位的背后还有着成千成万受压迫的民众。各位就是这些受压迫民众的代表。众位所讲的话，就是很多被军阀所压迫的日本民众所想讲的话，诸位所做反侵略战争的工作，就无异是日本大多数民众所要做的工作，这是一点。

第二，反战同盟诸位同志的伟大精神，是为我们所最钦佩的。我们知道日本军阀为了虚幻的梦想，为了满足他们侵略的野心，不惜发动侵略中国战争，来作日本命运的赌博。另一方面在国内又压迫着日本的民众，使之无法反抗这种不义的行为。这种残暴的侵略，这种危害世界和平的举动，这一切的一切，都是在表现日本野心的军阀的行为，是日本大众的害物，是人类的公敌。而反战同盟的诸位同志则不避艰难，不图苟安，高揭起反侵略的战旗，奋然而起，为着日本民众的自由，为世界的和平而努力，这不但显示了日本国民如何地想和我们站在一条战线上来打倒日本军阀，同时又作了世界反侵略运动的先锋。这种伟大的精神，不仅令我们十二分的敬佩，而且给中日两个民族奠定了合作的积极基础。

第三，要维持东亚的新秩序和世界的和平，必须要中日两国相互努力才能达到目的。“为东亚和平”决不能为侵略战的借口，欲“维持新秩序”，也不许侵略中国。现在日本军阀侵略中国的目的，全是要灭亡中国而遂行其少数人的野心。我们中华民族是老早有着抗战胜利的坚决信心，同时我们相信中国抗战胜利的一天也就是日本革命成功的一天，所以反战同盟各同志不仅是创造真正东亚和平的前导，而且是日本大众的救星。

为着以上的三点，我们热烈地来欢迎诸位，我们对于诸位伟大的精神，表示十二分的钦佩，我们对于诸位为求和平维持正义的工作，表示十二分的敬意。最后谨愿爱好和平的中日两国民族互相携手，以极大的努力来完成中国抗战的胜利和日本革命的成功！

（原载于《广西大学周刊》第2卷第7期，1940年）

最近一年的中日战争

[苏联]P. 克拉伊诺夫
叶文雄 译

中日战争继续了三年半之久，军事行动包及广大的领土和众多的人口。在中日开战后最初两年内，日军作战尚称顺利。但进入一九四〇年度后，各线战事虽续有发生，然已陷入停滞的状态。除华南以外，其他各线几于毫无变化。

过去一年在中国战场上有些甚么基本的战役呢？

一九三九年十二月底与一九四〇年一月初，日军向广州以北粤汉路沿线实施猛攻。其目的在辅助广西的战事及企图将华南与华中两战场打成一片。为实施这个战役，日军曾调集五个师团。日军先派三个纵队开始进攻，其直接任务为夺取韶关，该处自广州陷落以后即为广东省政府所在地。日军希望在两个月内达成战役，但是中国指挥部集中自己的军队于韶关近郊，在进攻的第九日就把日军瓦解了。经过最残酷的战斗，华军击退了许多据点的敌军，并开始向南追击，直迫广州近郊，日军伤亡达一万人。

最近该处的战事具有限制的性质。广州及其外围各城市仍留在日军手中。保留广州对于日军有着非常重要的意义。日军向华南前线的补给即是通过该处送达的。此外，在广州附近还有英国属地——海军根据地香港。在日本的南进新计划及排斥英国太平洋利益的计划中，广州像南中国海上的日本其他根据地一样，将起着极大的作用。

五月初，日方调集十五万大军向襄河区域实施大规模进攻。这次战役的基本任务是击溃中国的主力，因为华军在该线共有四十师兵力。日军指挥部的计划是这样：夺取宜昌与其他重要据点，使中国军队分为两个部分，然后一举将它消灭，并力促中国政府妥协。飞机、机械化部队、大重炮兵均加入作战。日军起初攻势极锐，越过襄河，于六月十七日占领宜昌。攻夺宜昌的战役是异常猛烈的。经过两日之后，华军曾将该城夺回，但在日军布防巩固之后，宜昌又被占领了。

日军于夺取宜昌及襄河西岸之后，仍不能完成自己的基本任务——不能击溃中国军队。这次战役继续三个月之久（五月、六月、七月），其结果日军阵地沿长江略向西推进。自此以后，日军就着手部署自己的部队，直到十一月为止。

十一月二十三日，日军又开始全线进攻。其战区包括长江与襄河两河之间地区，并向东北部伸延。是役又调集大批飞机及机械化部队参战。日军派遣若干纵队作战，其目的仍为消灭集结于此的华军主力。这次作战对于日军不若过去顺利，而华军则以顺利的反攻在一星期内将敌军全数驱回原阵地。

最近半年来，华军在汉口沪杭间的长江流域中极为活跃，华军常与游击队配合作战，予日军交通线及驻军以成功的打击。其中最顺利的行动为华军于数日内夺得重要据点——马当要塞。

日军退出南宁为一九四〇年中日战争中之重要变化。日军于一九三九年十一月占领这一据点，以及与安南及东京湾相邻接的区域，其目的在截断由外国通过安南及华南各港供给中国军需品的路线。其更进一步的目的为扩大战线，使广西和广东两战场连接。可是日军三方面为华军包围。

自日军占领安南北部以后，通过东京湾之军火供给线即告停顿，日本指挥部亦考虑到广西日军所处的困难地位，乃于十月底决定放弃这一区域。

华北战事以山西为最顺利。日军这次发动扫荡战，企图消灭山西山地及晋冀察边境的游击根据地，结果均被击退。山西省和华北其他各省□游击队的基本活动均以破坏日军交通线为目标。最近日军开始向黄河建设铁道线，显然已在积极准备强渡黄河的工作。一九四〇年初，日军企图渡过黄河，曾遭失败。

华北多山，最宜采用游击战的战术。日军在该区亦仅派遣小量部队，而广泛利用山炮与机械化的武器。

过去一年证明了中国军队战斗实力的增强。根据中国方面的统计，中国现时共有正规军二百万人，非正规的部队一百万人，此外尚有正在训练中的新军。在中国作战的日军数量约有一百万。日军的优点仍为技术较优。中国的优点则在于地域广大及人力无穷。

滇缅路军需品供给线的开放及中国西南部各省军需工业之发展，对于华军技术配备的改进大有裨益。

日本希望反早结束“中国事件”，在目前还没有实际的许可。使日本陷于筋疲力竭而使双方付出重大代价的持久战争仍在继续中。

（原载于《中苏文化》第8卷第3期，1941年）

评莫斯科中国艺展中的抗战绘画

[苏联]特尔诺菲茨 作
苏凡 摘译

苏京莫斯科举行之中国艺术展览会，深得友邦人士之欢迎，曾引起极大之注意与兴趣，其盛况本刊先后迭曾介绍。本年五六月号《艺术》杂志上刊有批评家特尔诺菲茨所著一文，其持论之严正，见解之深刻，则当属少见，故特为译出。惟特氏所论者仅属此次艺展作品之一部分。盖因战时交通不便，运苏各批作品未能及期全部运至展览。刻据莫京电告其最后一批画件亦已于九月间到达。想今后此类富有研究性之批判论文当续有出现，本刊自可源源译载，以供各方之参考。

——译者

民族革命运动，中国人民的反侵略斗争重新给前进知识分子确定了方向，引起了他们的全部注意，引起了他们的整个力量来为这个斗争的利益效劳，中国的生命前途有赖于这个斗争。在和中国人民英勇斗争最密切的联系中，产生了新的艺术，有目的的充满着斗争热情的艺术，接近人民、理解人民的艺术。它是脱离了传统的羁绊的真实的艺术，它的内容是由生活中汲取出的。这种新的明显地反映现实内容的特性是非常年青而猛烈地增长的艺术家集团的主要区别点，照艺术用语说，这个集团是完全异质的：这里有来自传统派的艺术家，也有熏陶过欧洲教育的艺术家。结合他们的是对于生活的新态度，对于艺术任务的新态度，中止了装饰作用或斗“智”的游戏作用，留下了争取民族胜利斗争的积极要素的态度。由此而不可避免地流露出新的形象特性和新的表现方法，向着现实主义方法的胜利前进，这种方法是常被艺术中的革命主义倾向所伴从着的。

断绝了封建时代具有约束性的艺术方法的世界，这就更明显地表现出在艺术家的手中产生了新的技巧，需要新的见地而不再从属于传统的千篇一律的方法。因之，中国的油画就完全地而且根本地和旧艺术的关系割断了，同时，在传统的绘画（墨画、水彩画）技巧中，我们可以看出新旧原理的结合。

在展览会中所陈列的许多油画作品是不算伟大的，假如不论述某几幅唯一的作品，一般地我们认为少有动人的。中国的革命艺术家没有在这种技艺方面说出自己的判语。什么是作为这些作品的特性的呢？这种特性是对于完全有价值的生活方式的渴求，对于把握住一向不闻不问的新的主题的渴求。

放在许九麟（《蒋委员长画像》）和吕斯百（《四川一农夫》）面前的课题是描绘生动的有特征的人物形像。

此外，许九麟不是简单地创作着人像，而且还创作着象征的人像。这位艺术家在蒋介石氏的形像中渗入了不折不挠、坚定不拔、反抗的意识。

吕斯百的课题是比较狭隘的：他只想表达出典型的农民形像。在我们面前的农民的特殊面目决不是表面地感到的；在农民面目的特征中，看出了复杂的感觉世界和复杂的体验世界；农民面目被温暖的日暮的光线照耀着，充溢着熟达老练。轻轻地画上了衬地的风景。吕斯百的题材比了许九麟的一般地丰富，许九麟的绘画是陷于枯燥的。

吕斯百的《室内》是比较不坏的，在那里有劳动妇女的动态，在那里有统一的调子，虽有一点色彩的不调。《轰炸后的重庆》（又名《东亚新秩序》——译注）这幅不大的画图是没完全成功的。艺术家不能把主题提高到真正戏剧的音响。孙宗慰的小型的室内场面——《厨房》《防空壕内》显然是成功的习作。其中，《厨房》是画得更生动而一般化的，被描绘的人物是动的。

吴作人的《铁匠店》是有兴味于企图描绘劳动过程的，画面的空处非常动人地描绘着火和日光。

风景画也以吴作人的《嘉陵雾□》和冯法禩的《雁荡山》为代表，这是“欧洲”意识的风景画的典型。应注意的，在这里，艺术家是停滞在习作知觉的地位上的，还没有作出一般化的形像。

总之，在展览会中陈列的油画，虽有个别的成功作品，而这个艺术部门在中国还没有完全成熟。它留下了这样的印象，就是油画的充实可能性还没被艺术家把握住。

××××××

在争取中国民族解放的艺术家中，有一个人数众多而明显的集团是用中国画的传统技巧（墨画、水彩画）作画的，艺术家潘韵是这个集团中最具特性的代表之一，他在展览会中陈列了十幅作品。这位画家也许不常是恬淡静雅的，而是激昂慷慨的，在自己的艺术中描绘群众的思想和感情的。他从周围的生活中采取了自己作品的题材，他敢于着手复杂的构图。他创造着这样的场面，在场面中动作的，不是个人而是人群、大众。

在《敌机□□图》中描绘了日本强盗在非武装村民头上作血的□判。□飞的飞机，炸弹的爆发，火烧，尸体，无人援救，匍匐而行的受伤者，狼狈不堪的人民——那种戏剧性的场面是被潘韵所剪裁的。但村民不老是表现为不抵抗的受害的角色。潘韵的另一幅作品《乔野村军民夤夜歼敌图》——可与敌机空袭的阴暗场面相对照，是一幅中国人民英勇斗争的插图。潘韵传达出了战斗的残酷、勇敢的追击，非常富于表情地作了个别的插图、个别的人物。

应该详说一下潘韵的创作弱点方面。所见的几幅构图有些单调，描绘过于一律，缺少必要的强调，没有分清主要的和主导的成分。这就造成了印象的割裂性。也许，潘韵在这里还重视着中国旧艺术的传统方法，那种旧艺术是最爱在狭长的“历史”卷轴中同等看待地扩大自己无尽的故事的。

和所谓平面构图是不同的，潘韵在《庐山孤军图》中的战斗场面是垂直地构作的；这是浪漫主义的山水画，用断崖、急流、瀑布作为战场。潘韵展开了小队中国战士切断大队敌人袭击的英勇抵抗的场面。

艺术家描绘复杂群众场面的泼力赢得了大家的首肯。在这里，困难是显然，而错误在最初也是不可避免的。不能不承认潘韵在单人或双人的构图中感觉到更有把握，更加畅达。其中的构想，对观众表示得更加明显，更加明确，更加轻快。那样的例子，如他的《哨兵的雄姿》的坚定和勇敢的姿态是有力地一笔呵成的，是脱出了潘韵的某些习惯方法的。潘韵的另一幅作品《高风劲节》是通俗地适应着观众的。在山岩的峻坡上，在屈曲的山松旁，坐着一个手持步枪的农民游击队员。他不戴帽子，他的秃顶不怕日光，天气很坏。在全部容貌上看出的是自信、坚定。这是那种无名群众的代表人物，他的不折不挠的争取中国解放的刚毅性给敌人以不比正规军战争少些严重的损害。

潘韵的《起来！前进！冲！杀！》这一作品是惹人注意的。这幅画的构图是取法于凯绥-克纳惠兹（德国画家——译注）《农民战争》画中《突破口》的著名镌版画的。在个别人物的基本布局和基本动作上没有改变，如果可以那样说的话，潘韵是“中国化了”画面，给德国农民以中国劳动者的特性，把他们穿上了中国式的服装，把弓形的中国刀替代了暴动者手中的枪刺，在展开的旗帜上描绘出了已经醒觉的中国的象征。在凯绥-克纳惠兹的板画上，老农妇摇撼着枯瘦的双手，由于哭泣更加激动了人群。潘韵画中的女英雄是本人直接地参加了行动：在她高举的手中握着大刀，她向群众的方向前进着，她在难于抑制的激情中夺取了群众。

自由模写，蜕变别个作者的作品是正当的；在艺术史上，望诃克（荷兰画家——译注）有过许多的模例。我们指出一幅最著名的，《囚徒团》在自己的构图中和在画面的各部分里模写了多勒在《论伦敦》一书中的板画。

但应该注意的是潘韵并没有达到凯绥-克纳惠兹作画的有机性、充实和有力。潘韵因为细琢人物而使构图脆弱了、割裂了。

潘韵把凯绥-克纳惠兹的著明形象借作了中国革命艺术的战斗基金，把它做成了接近民众和理解民众的作品，利用它来作为解放祖国而斗争的有力号召。

潘韵是在建立自己有效的现实的艺术而不断绝民族传统的艺术家集团中最具特性的代表。和他同一步调的可说有包起权、吕凤子等人。

吕凤子的作品由□作品本身的表现传出自己的表情，构想的紧张，敏感的画图的深意，方法的简洁猷[遒]劲，激动着他采作主题的，是中国人民所经验的灾害。

《难民图》是憔悴枯瘦的人物，精疲力竭的流浪者的人物，垂倒在枝老叶落的树旁的人物。旁边是委弃于地的衣包。难民警惶地向上，向天上瞧着，从那里必定会发现在图上所没有表示的敌机。他的人物是充溢着表情的。

在另一幅画中，艺术家取决了类似的主题——逃难者。一群难民（负着杖，背着包的老人，提着衣包、挈着孩子的妇女）惊疑地瞧着天上，在那里是低飞的群鸟，而他们感到这不又是敌机吗的心理（难民和逃难者，俄文相同，不辨孰先孰后——译注）。

包起权也描绘着轰炸和平居民的插图（原题《敌机轰炸图》——译注）。敌机在天上兜着圈子，向和平的乡村投掷炸弹。中国妇女背着婴儿，拉着小孩在田野里奔逃。一面奔逃，一面后顾着飞机——这是敏锐的心理恐慌。包起权的运笔是洗练的、轻松的、挥毫自如的，他有把握地素描着行动中的人物，在空处画着风景。

在展览会上，姜涛提供了许多作品。这是现实主义作风中关于中国人民反侵略斗争主题的成功习作，游击生活的画面或描写八路军英勇斗争的图画。由于作风中所见到的、所描绘的真实性，感觉到了姜涛是受过欧洲教育的。他的许多作品已作为国立东方文化博物馆的财产，一部分已经印行出来，因之在本文中不再加以批评。

姜涛的生活幻想和生活描绘可以看出已经有条件地脱出了传统的中国作

风。这个还可在即将评述的艺术家集团的作品中观察出来。

试举三位在展览会中独成一派的艺术家：穆忠良，苏文叔，陈晓南。

××××××

穆忠良的水彩画可在巴黎、伦敦或任何别的地方的任何展览会中看到的。穆忠良是最美的彩色画家，生性易感的画家。他的作品表现出是非常成熟的，虽然这些作品在主题上(我以为除了《村》外)缺少明显的中国的特性。《秋》是穆忠良的四幅作品中在色彩方面最有趣味的一幅。这位艺术家喜悦丰富的秋色：高高的枯草的黄猪色调，脱了皮的黑树干，被秋天镀成金色的树叶所织成的橙色斑点，灰青色的炊烟。比了水彩画《夏》的色彩和构图更加严格，在《夏》中只有描绘着遮蔽了小丘的暗绿色的枝叶繁茂的树林的密点。

陈晓南的画风显然是有把握的、畅达的(他是用木炭画的)，怎样自然地配着屈蹲的、躺在地上的、围绕着地图决定渡河计划的战士集团，怎样有把握地表现着这幅画的空间！一切的行动充满了生命(原题《计划渡河》——译注)。陈晓南的绘画是塑形性的、一般化的。

陈晓南在另一幅图画——《重庆被炸后》里代表了某些别的场面。尸体，被弹片受伤的，躺在墙壁旁的积堆上的残废的人，地上的血泊，衣服上的血斑。这位艺术家没有停滞在细节的描绘上，在充满表情的绘画中他凝固了这种戏剧情景的一般印象。绘图表示了对战争的厌恶，逼不及待的复仇感觉。由于自己的感动性，由于戏剧性的紧张力，他忆起了底克斯《战争》画中有名的镌版画。

苏文叔是不平凡的，但是远没有十分把握住自己艺术方法的艺术家，他用铅笔的细微作风作画，有时作粉画，或作彩色画。苏文叔的主题是取自中国人民武装斗争的事件中的，出现在我们面前的是勇敢、大胆的斗士的形像。那样的作品如《红枪会会员》。艺术家作出了有力、勇敢、充满了威严的战士的明显形像。《老人像》是一幅心理地描画的画。在这幅画中，苏文叔倾向到更复杂的动态的紧张的主题，渐渐感到他的达练的境界：对于动态的描绘，这位艺术家不是完全成功的，可以说他所作出的枯燥画风是和动态描绘课题相矛盾的(如《格斗》《踏着血迹前进》)。作品中比较地成功的是《智勇杀敌》和《跃马杀敌》。

(原载于《中苏文化》文艺特刊，1941 年)

朝鲜的“五四”运动

佚名

一

朝鲜也有“五四”运动吗？

是的。不过朝鲜的“五四”运动并不是五月四日发生的，它是发生于三月一日。朝鲜给日本帝国主义灭亡后第十年的三月一日，也就是有名的“三一”运动。

这个运动，和同一年（一九一九）爆发的中国的“五四”运动，不论在内容上或形式上，都有许多相同之点。同样的是一个青年运动，是一个群众的革命运动，是一个民族解放运动，是一个新文化运动，而本质上又都是个民主运动。所不同的就是中国为半殖民地国家，其斗争对象不只限于日本帝国主义；朝鲜为日本的独占殖民地，其斗争对象只限于日本帝国主义的这点。

二

朝鲜到亡国的那一天为止，是仍旧维持着封建专制王国的状态的。亡国后，日本帝国主义者不仅没有在朝鲜实行反封建的民主主义的政治改革，反而用半封建的新的专制政治来代替了旧的专制王国。日本并吞朝鲜的目的，并非要实施资本主义的文明，而是要实行资本主义的掠夺和榨取。亡国后十年间的所谓总督政治，正适应着日本的经济掠夺和榨取，仍然保持着朝鲜民族从来的封建社会关系。也就是日本帝国主义对朝鲜的政策，不仅采取资本主义的压迫方式，而且采取封建专制的压迫方式；不单是某阶层的压迫和榨取，而且是民族的屠杀和掠夺。在这种情形之下，朝鲜全民族，不论是民族资产阶层、小商人、工人或农民，都很自然的认识到他们和日本帝国主义是不能并存的，同时很自然地形成了全民族的反日统一团结。于是乎进步的民族资产阶层的代表们，趁着大战后各殖民地民族解放运动风起云涌的时期，特别是响应着当时美国大总统威尔逊在巴黎世界和平会议上提出的“民族自决”的主张，而举起了民主独立的旗子，发动了全民族的反日大示威，演成了轰轰烈烈的“三一”运动。

“三一”运动的斗争对象，固然是对朝鲜实行民族的屠杀和掠夺的日本帝国主义，但同时阻害着朝鲜民族的进步发展的半封建的总督专制政治本身也成为革命的直接对象。我们可以这样说，“三一”运动形式是反帝反封建的斗争，内容则是民主主义的政治要求。

三

这运动的斗争的经过是怎样的呢？

我们得先从“三一”前的朝鲜反日暴动说起。“三一”前的十年间，朝鲜民族的反日暴动，是大小有过三千多次的；其中经义兵的武装斗争失败后，许多爱国志士亡命海外，在先进诸国中吸收民主主义的思想，同时获得中国、苏联、美国的爱护和支持，建立各种革命团体，并透过了宗教团体及留学生的关系，和国内的指导者取得密切的联系，同时在准备着将来发动大革命运动。这是“三一”运动的根源之一。欧战告终后第二年，朝鲜民族受“民族自决”呼声的刺激，加以在这个时候，朝鲜民族的国父光武皇帝，为日人的毒害，于是这便成为“三一”运动的导火线，而使朝鲜境内震出了反抗的巨雷。

运动的主动者，是独立总本部。这是网罗朝鲜国内各爱国志士并联络海外各革命团体，一九一八年十月在朝鲜京城秘密组织成立的。当时留日学生及本国各地学生都受总本部的指导；天道教、基督教、佛教等宗教信徒们，都在独立总本部的直接指挥之下。这样随时可以动员的有组织的民众，已达二百万人之谱。

因为三月五日系举行光武皇帝葬仪之日，各地民族在事前几天已纷纷赶到京城来参加盛典，同时国内反日情绪已到了最高涨的时期，独立总本部就把握了这个时机，密令全国团员三月一日下午二时在全国各地举行反日大示威。

在京城，以巴咕达公园为集中地点，是日下午二时，在花园内开会，宣布独立宣言。接着，数十万民众在京城的每一条街道，与敌人的宪兵发生了流血的斗争。

全国各地也同时发动了热烈的反日示威运动，民众们徒手同敌人的刀枪搏斗，不避死伤和牺牲。而且把这个战斗一直继续到八个月之久。光就三月一日至五月底止这三个月来说，计发生大示威的府郡有二百十一处，示威次数为一千五百四十二，参加示威人数为二百零二万三千人，因而死亡的七千五百零九人，受伤的一万五千九百六十一人，被捕入狱的四万六千九百八十四人。如果把前后八个月的统计起来，所得的数字将更惊人呢。

四

这里，我们得特别提起朝鲜的学生运动。朝鲜的学生运动，是从“三一”运动开始萌芽的，这也得特别提起。“三一”以后，朝鲜的学生运动如雨后春笋，蓬勃地滋长，到一九二二年发起组织学生会，其后逐次地组织全国性的学生联合会、苦学生互助会、女子学生互助会、朝鲜学生科学研究会等等学生团体。在日本帝国主义的奴隶政策的抑压下，饱受了殖民地民族的苦味的朝鲜学生，是已经发见了本身在现阶段应遂行的历史任务而勇敢地担负起来了。为此，朝鲜学生运动也受到了日本帝国主义恶毒的摧残。可是在这反面，青年学生的革命情绪及反日本帝国主义战斗的意志也日益加强；因为公开活动的不可能，他们转变策略，用秘密活动的方法，继续展开着猛烈的斗争，同时致力于社会科学的研究。一九二六年以后，同盟罢课的继续发生，学生的秘密结社——读书会、学生党、学生前卫同盟等等的被检举事件，都证实朝鲜学生的革命情绪和斗争意志的高涨和猛烈。朝鲜学生就在反抗奴隶教育制度的斗争及为获得言论、出版、集会、结社等一切文化上的自由而斗争的过程中，集合在反日本帝国主义战线的旗帜下，更深入于工农大众里，忠实地执行了宣传、组织等革命先锋的一部分任务。一九二九年爆发的光州学生事件，就是一个实例。

光州学生事件是朝鲜学生所发动的革命的暴动事件，全国的十五万学生参加这个运动，继续了三个多月的热烈的斗争。在这一次运动中，五百多名学生被逮入日本帝国主义的监狱，同时在这运动的背后有朝鲜学生前卫同盟等秘密结社活动的事实，也被日本帝国主义的警察所发现了。

一九三一年后，日本帝国主义军部法西斯野蛮的行动日趋激烈，把朝鲜内一切的革命团体，如新干会(民族统一团体)、种友会(女性运动同盟)、青年总同盟、劳农总同盟等团体解散。学生团体亦被解散。可是，从这时起，朝鲜学生结合在整个民族反日本帝国主义斗争的旗帜下，也就是在整个革命运动的指导下，坚韧地斗争了。多年来，为敌警所逮捕的革命者当中，就包含不少的学生份子在内。这事实已证明了朝鲜学生继续斗争和担负了一部分更重要的革命任务。

中日战争暴发以后，日本帝国主义弹压朝鲜的政策，一天天的厉害起来，为扩大军需工业起见，用更苛酷的方法去榨取朝鲜民众的血汗；为补充战费起见，用增税、献金等苛捐杂税的方法去掠夺朝鲜民族的财富；还要把朝鲜的青年，作为战坛的祭物。在这反面，朝鲜的工农在工场、在农场用罢业、暴动的手段，从事于猛烈的斗争；在城市，青年学生、进步的智识份子也正在从事于反侵略战争的决斗。朝鲜民族解放独立战争的预备工作已在完成中。

总之，在“三一”运动以后二十余年间的朝鲜革命斗争史上，朝鲜学生是占着主要的地位的。

五

最后，我们还得指出，朝鲜民族解放运动所以有今天长足的进展，是由于朝鲜的民族斗士接受并发扬了“三一”运动的经验教训。也就是说，“三一”运动在朝鲜民族解放史上是有着这几种重大意义的：第一，朝鲜亡国后虽然有过种种的反日革命斗争，但到了这次才表现了真正群众性质的革命斗争；同时，这一运动建立了民主主义的指导精神，使朝鲜革命提高到更高的一个阶段。第二，要朝鲜产生新的革命群众，必然的需要新的意识形态与文化形态，在这一需要之下，以“三一”运动为契机，进行了广大的新文化运动。结果，学校、杂志刊物、新闻报纸与介绍社会科学的书籍等蓬勃的激增，同时外国留学生也增多起来了。第三，“三一”运动为自发的一种反日的民族解放运动，它本身虽有许多缺陷，但无疑地已成为目前朝鲜民族解放运动的宝贵典鉴。

（原载于《国防周报》第 1 卷第 3 期，1941 年）

朝鲜情势与朝鲜革命运动

[朝鲜]金若山

三十年来在日本帝国主义铁蹄蹂躏下的朝鲜究竟是怎样了？这在与日本法西强盗进行艰苦抗战的中国同胞们所需要认识的一个问题。但在此处，因篇幅有限，且时间迫促，不能详细叙述，仅扼要的举出几个重要的问题谈一谈。

一、日寇的侵略政策和朝鲜的被并

日本自从明治维新成功变成了近代资本主义国家，便走上大陆侵略之路，首先强迫朝鲜开放门户，倾销商品，敷设铁路，掠夺利权，勾结韩奸卖国贼，用种种毒辣的阴谋，侵害朝朝的主权，干涉朝鲜的内政等，无所不用其极，那时朝鲜久在固守锁国政策之下，经过了中日、俄日两大战争之后，国家大权为勾结日寇的韩奸所专揽，因此国家的利益与外交权逐渐让给日寇，最后连自己的军队也被迫解散。这样，朝鲜完全为日本帝国主义俎上之肉，一切任其所为，终于一九一〇年八月为日寇所并吞。

朝鲜在这亡国的过程中，也曾有过轰轰烈烈的反抗斗争，这斗争是由民间发动起来，以劣势的武器和缺乏训练的群众，与日军两师团的正规军作游击战，搏斗到七八年才终于被镇压下去，这就是在朝鲜民族解放史上初期的义兵运动。

二、日本帝国主义在朝鲜的暴政

朝鲜总督府是日本帝国主义统治朝鲜的最高机关，总督是一个野蛮的军阀，一切法令、任免各级官吏都由这总督一手裁决，朝鲜民众丝毫无发表意见的权利与机会，只有服从的义务，如果不服从它的统治或有一点异议，就会被捕入狱。

朝鲜的警察制度，在过去总督府初期时代，是设置于日本驻屯军宪兵司令部，在全国各处分设宪兵分队及分驻所而执行警察的任务。可是到一九一九年三月，朝鲜民族大革命运动爆发以后，废止了这种宪兵警察制度，而施行司法警察制。在全国各市镇村落均设置警察署，由总督府直接管辖，这警察的数目达二万名以上，大部分是由过去的宪兵改装的，此外还有数万的日本在乡军人，执行间接警察任务，更有无数的秘密警察，分布在全国的每个角落。

除了总督府及其管辖的全国地方官衙和警察机关外，还有三个师团朝鲜驻屯军。在这直接指挥下，更有数万在乡军人团，这是由日本移民编成的。这许多部队便是压迫朝鲜民族的武装力量，这种专制的统治机构，完全剥夺了朝鲜民族的一切自由，同时运用这种机构任意榨取朝鲜人民。

三、日本帝国主义在朝鲜的经济政策

朝鲜的经济还没有蜕脱封建经建时代，就为日本资本主义侵略势力所压倒。日本帝国主义施行于朝鲜的经济政策，乃是完全拒绝朝鲜工业的发展，而采取偏重农业的政策。究其目的所在，即为保护当时基础尚甚薄弱的日本工业，并防止在朝鲜发生对日本工业的竞争者，以确保日本商品在朝鲜的独占势力，向日本供给低廉的食料品及农业原料品。

朝鲜总督府为着禁止朝鲜民族的一切工商业等企业，特制定“社会令”，以禁止朝鲜人设置资本五千元以上的公司。同时，日本资本家为着在朝鲜经营资本主义的农业，组织了巨大的金融企业，收买土地，开拓荒地，垄断农民经济，推行高利贷金，并发动日本国内的多数农民移住于朝鲜。

日本对朝鲜的农业政策，是把朝鲜民族经济根本予以破坏，进而把朝鲜民族唯一生存源泉的土地掠夺殆尽，而使朝鲜的农民完全陷于农奴和牛马的生活，终于使他们流离异域。

朝鲜被并后，广大的国有地，数千年来农民所共同耕种的共有地，以及一切所有权不分明的土地等等，全国广大的土地都归总督府所占有，另一方面，由于日本的金融资本课入农村及日本商品的侵入，而农村的副业及自作自给的农村经济即被完全破坏。又由于总督府实施烟、酒、盐等生活必需品的专卖，农民对水利组合的过重负担；土地税、所得税、户税、家产税、地方税、道路税等等苛捐杂税，农家的收支年年不能相抵，而这不足额只得以土地为抵押，借入日本金融高利贷来填补，结果这些土地便为日本人地主所有。日本帝国主义者运用了这种残暴的方法，夺取朝鲜的土地，据一九二七年统计，朝鲜全国土地百分之八十已归日本人所有。失去了土地而流离异域的朝鲜农民，已不下二百五十万人。

日本帝国主义对朝鲜农业之资本主义的扩张政策，是透过朝鲜民族的经济破产而成功了。朝鲜的产米量，在二十年之中增加了约六百万石，日本资产主义的廉价供给食粮的目的，由此得到了满意的解决。但是朝鲜人均米的消费量，反而逐渐减少下去，这就是朝鲜民族生活逐渐低落的证明。就是说，一九一二年度，朝鲜人一人每年米消费量平均为七斗七升四合（日本斗）；但至一九二七年减至五斗二升四合；又至一九三二年则更减至四斗一升一合。反之，在同一期间，日本人一人每年平均米消费量，在一九一二年为一石五升八合，在一九二七年为一石九升五合，在一九三二年为一石九升五合。由此可知朝鲜农产物的增加，决不是表示朝鲜农民财富的增长，却反证明朝鲜农民之急速度的贫穷化与饥饿的深刻化。

一九三一年以后，日本帝国主义因为对朝鲜的农业偏重政策发生矛盾，而且日本资本主义发达上发生新的必要，于是对于朝鲜经济政策，不能不加以若干修改。

到了这时候，日本重工业的发达已经到了全产业的支配地位，高度集中的过剩的过剩金融资本，得不到适当的利润场所，在中国及其他海外市场上，帝国主义者互相间的商品销售竞争愈为猛烈，而需要减低生产费，在这种情形下，朝鲜便成为日本过剩金融资本确保利润的适合的工业、企业场所。在朝鲜经营原料品，开采工业半制品工业，以及纺织工业等，是非常有利的，因为，第一，可以节省原料品的运输费；第二，可以利用低廉朝鲜地价及无尽藏的水力电气的动力；第三，可以利用低廉的朝鲜人的劳动力。所以日本工业便开始大量出现于朝鲜半岛。在此期间，他对于朝鲜民族资本的影响，是值得我们注意的，兹试举一九三五年统计，日本人与朝鲜人的投资比例如下：

朝鲜内工业资金总额

总股本金……一九四二二二七一七元

已缴金……一一七八一三二二五元

朝鲜人经营工业资金（公司数三三二）

总股金……一九四二二四一〇元（总资金百分之十）

已缴金……八七三五五八五元（总资金百分之六）

日本人经营工业资金（公司数六八七）

总股金……一七四八〇〇三七〇元（总资金百分之八十九）

已缴金……一三一三〇二八〇七元（总资金百分之九十三）

由此可知，朝鲜人在工业上的势力实微乎其微，再加上在朝鲜总督府直接所经营的各个重要商业部门，朝鲜的工业差不多可以说是完全在日本资本的独占势力下，而三井和三菱两大财阀尤占支配的地位。现在试举两财阀在朝鲜工业上的势力如下：

三井系：

纺织业（纱厂）：朝鲜纺织公司

洋灰业：小野田洋灰厂

制纸业：王子制纸公司

三菱系：

化学工业：朝鲜窒素要司

谷产工业：日本谷产公司

制铁业：兼二浦制铁公司

总之，朝鲜民族在经济上完全失去了独立的地位，大多数陷于经济破产的农民，只得在黑暗的日本人工厂中成为工钱的奴隶，而备受日本资本家的宰割。朝鲜工人的生活是极为悲惨的，他们每日做十三四小时的苦工，而所得的工资仅仅不过四五毛钱。

四、日本帝国义在朝鲜的教育政策

日本帝国主义并吞朝鲜的唯一目标，是在榨取朝鲜民众，所以他对朝鲜民族所施的教育目的，不是在提高朝鲜民族的文化水平和培养朝鲜人中政治方面技术的人材，相反，日本帝国主义企图利用奴化教育来奴化朝鲜民族的民族意识，养成它所便于驱使的奴才。

在朝鲜不论公私立学校，一律禁止用朝鲜语教授，而须用日本语教授，并以日语强称为“国语”。在小学及中学，均以日语为主要科目，绝对禁止朝鲜历史的教授。并为严密实施其奴隶教育计，严格限制以日本人为全朝鲜官立及公私立学校的校长，教员的大部分亦多由日本人担任。

朝鲜人受教育的机会，被降至最小的限度，依据一九三六年《东亚日报》所发表，一九三五年全朝鲜学龄儿童的就学率，不过为百分之二五・八，女子就学率仅为百分之九・一。再举一地方的实例言之，江原道一个地方学龄儿童共有二十万，而其收容机关只有一百七十五个小学，这些小学校的儿童收容限度只有四万名，拟就学儿童只有百分之十六，而其百分之七十四的儿童不能不为之失学。

总督府在朝鲜设置农、工、医、法等四个专门学校和一个大学，但此等高级学校，对朝鲜学生特别规定种种苛刻的入学条件，例如缴纳巨额的学费，须有相当的财产，须有可靠的身分保证，须有严密的思想调查，又在入学试验上也有韩、日学生不平等的待遇等，因此入学生大部分为日本学生，朝鲜学生仅占极少数。

本来在朝鲜亡国时，除了旧式书塾外，近代式学校数达一千六百七十七校，学生数亦达七万一千七百六十三名。可是于亡国十年，即于一九二二年，此等学校的大半数已被解散或封闭，残存者不过八百四十九校；其学生数也不过三万九千二百四十七名。直至今日，所谓民间学校几乎全部被日寇绞杀了。

五、初期的朝鲜民族解放运动

自从日本帝国主义侵略朝鲜，朝鲜便有了反抗运动，朝鲜民族的许多革命志士，对日本帝国主义的种种阴谋，早已揭穿了，纷纷起来主张全民族一致团结，驱逐日本帝国主义。可是当时腐化怯懦的朝鲜政府，只梦想依靠外来势力，而不知振作国力及发动民族的总力量，以对付外敌，但至俄日战争，日本战胜之后即着手整个宰割朝鲜，至此朝鲜人民于悲愤之下，开始了猛烈的反抗斗争。首先，大韩独立协会产生于汉城，发动了广泛的民众运动，抗拒日本的侵略，义士安重根刺杀日本的伊藤博文即在此时，卖国贼李完用的被刺事件也在此时发生，各地方的志士及儒林揭竿起义，招募农民大众及收编被解散的军队，组织数十万的义军，与日寇进行激烈的战斗，继续到八年之久，终于退到中国的东北，得用有利地形条件，重新建立军事根据地，以期徐图再举。

在此次抗日运动中，所牺牲的义军，及敌军伤亡，据敌方政府所发表的统计如下：

年数	义军死伤数	敌军死伤数
一九〇六	二二七	八
一九〇七	五，二五八	一八四
一九〇八	一四，六九八	四九〇
一九〇九	三一三八	一一〇
一九一〇	二二一	二〇
一九一一	一三〇	一二
共计	二三，六八四	八二六

六、“三一”独立运动

一九一九年三月一日，爆发了伟大的革命运动，这是在朝鲜民族解放斗争历史上最值得纪念的，当时欧战经过了五年的大屠杀，全世界人类才由血潮腥风中觉起来，开始喊出自由平等的口号，帝国主义强盗内部的勤劳大众掀起社会革命的怒潮；全世界殖民地揭起独立自由的旗帜，俄国民众推翻了沙皇的专制政治，建立社会主义的国家，军国主义的德奥也从一败涂地的悲惨环境中爆发了政治革命，波兰、捷克等已建立起新的国家、印度、爱尔兰、菲列宾等纷纷运动独立，中国的革命也正在发展中，同时美国大总统尔逊也提出“民族自决”的口号。在这样全世界的革命怒潮中，朝鲜民族解放运动也发动起来了。这运动的指导者为各界著名的领袖及知识阶级，其前卫分子是青年学生。不到一月，即从首都(汉城)扩大到全国各地，掀起全民族的革命，兹列举“三一”运动的统计数字如下：

举行示威运动的地方数……二一一地方

示威运动的回数……………一、五四二回

参加运动的人数……………二〇二三〇九八人

死亡者………………………七五〇九人

被捕囚禁者…………………一五九六一人

被烧毁的教堂………………四七处

被烧毁的学校………………二处

被烧毁的民房………………七一五栋

七、“三一”以后的朝鲜革命斗争

“三一”运动虽然暂时遭受挫折，但这运动给予朝鲜的教训是很宝贵的，由于这个教训，朝鲜民族的自觉与革命意识是愈益坚强起来了，由初期的示威运动而进入有组织的游击战运动；由孤立的革命运动而变成全世界被压迫民族及人民革命的一部分。

“三一”运动以后，全国的农民组织农民组合，工人组织工会，青年们组织青年同盟，学生及妇女也组织妇女及学生团体。这样到了一九二五年，全国农民总同盟、劳动总同盟、青年总同盟等三个系统整然的大众斗争团体，成立于朝鲜中心的汉城，这三个团体拥有十余万的同盟员，而形成了反日斗争的主力。到一九二八年，又发动了在海外的各党派共同参加的大独立党运动，在国内创立了全民族的统一组织新干会。

一九二九年爆发了光州学生事件，展开了全朝鲜学生反日大示威运动，这是在“三一”运动以后最大规模的青年大众反日斗争，参加示威斗争的学生数达十五万人，被捕入狱者达五百人。

光州学生事件后，日本帝国主义者对于民众运动的压迫更加厉害，一切公开的活动都不可能，尤其到了“九一八”事变以后，日本法西强盗为着准备大规模的对华侵略战争，为着确保后方“兵站基地”（朝鲜）的治安，把整个朝鲜放在极度严密的军事统制之下，采取军事法西斯政策，统制全朝鲜民族的生活，于是一切反日革命运动也不能不以极秘密的方式来进行。

八、“九一八”后朝鲜革命运动的发展

日本法西强盗所造成的“九一八”事变，给予东亚大陆上的民族运动以一个历史的转变，在朝鲜的民族解放运动上也有很大的变化，从来且为朝鲜独立运动根据地的满洲，一旦变为日本法西强盗的统治区域，使满洲的朝鲜革命运动受到很大的影响。

日本法西强盗在朝鲜一面极端压迫一切朝鲜民族的活动，一面引诱一部动摇不定的投机分子组织无耻的亲日团体“大同民友会”“协和会”等，从事欺骗朝鲜民众，日寇的手段虽然极度野蛮和残暴，然而朝鲜人民不仅不会屈服，而且更猛烈的斗争正不断的开展着，从“九一八”至“七七”这六年间，在朝鲜被捕的爱国分子达二万二千四百余人。单只一九三七年一年内，抗租运动发生了三一七九九次，而主要的是为了反对日本地主的。朝鲜北道用山地方的农民，因为有私通东北义勇军的嫌疑被捕的一九三八年内共五百余人。金罗两道的抗租运动，一九三八年也发生了一一七〇起。在京都汉城的高压统治下，有二百余女工竟举行了激烈的罢工游行。同时连基督教徒也集合了三百余人，举行为祖国痛哭的运动。这些都表示了朝鲜人民在极度高压暴虐统治下的英勇姿态。

在东北的朝鲜革命阵营内部，清算了从来的机会主义和分裂的现象，而在共同目标之下一致团结起来，与中国义勇军亲密合作，组织东北抗日联军，坚持东北游击战，配合中国抗战。

在中国关内的朝鲜革命团体，也都深刻的感觉到统一团结的必要，首先有五个团体统一而组织了朝鲜民族革命党，中国抗战开始后，朝鲜民族革命党与其他两团体联合结成朝鲜民族战线联盟，并于两年前在武汉成立朝鲜义勇队，团结朝鲜革命青年，参加中国抗战，建立复国武装部队，两年来在中国各个战场上，努力对敌宣传，瓦解敌军，已获得不少成绩，今后本队将努力深入敌后，为争取广大的朝鲜群众而斗争。

朝鲜革命运动依靠着全朝鲜人民亲密的团结，坚苦的斗争，我们相信，我们的前途是无限光明的。

（原载于《时代精神》第 3 卷第 6 期，1941 年）

中韩问题的检讨

陈国治

中韩需要合作吗？我说需要合作，而且绝对需要合作，因为韩国是日本渡往中国的桥梁，所以说，如果没有过去韩国的为日本所强占，那么也不会有今天日本的侵入中国，换句话说，如果韩国在过去能和中国密切的合作而取得独立的话，那么一定没有“九一八”“一·二八”“七七”“八一三”等的事件发生，因此可知韩国之亡，对中国说，那真所谓是“唇亡齿寒”。这单是□足够证明中韩的形势上所得到的历史教训，中韩两大民族确实是有合作的必要。下面再就两国的历史与文化的关系来说明中韩必须合作的理由吧。中国是亚洲的文明古国，至今已有五千年的光荣历史，而且整个的文化发源地是在中国的黄河流域上源，由此慢慢地向东传播到朝鲜，再由朝鲜传入日本，据推考的结果，日本的有文化要后于朝鲜二千年，而朝鲜的有文化却又后于中国的一千余年，所以当西历纪元前的七百年间，日本才有神武天皇出现开始建国，那时的文字都传入日本的，因此从历史与文化上说来，中国可以说是日本的父亲，朝鲜则是日本的叔父，不料这忤逆不道的末代子孙——日本——却在甲午后首先灭亡它的叔父——朝鲜，今天则继而梦想来灭亡它的父亲——中国，在这时候，做父亲和做叔父的，当然应该负起教训的责任来，对这与流氓——希特勒等——为伍的末代子孙，不得不给它一次严厉的打击，否则一定要闯出无法无天的祸出来了。这就证明了今天中韩的共同敌人是日本，那么今后中韩两大民族为了争取本身的独立自由和整个亚洲，乃至全世界的和平起见，必须亲密的携起手来，切实的合作起来，共同给共同的敌人——日本以痛击，务使它能由觉悟而改过自新，回到广岛上去安分守己的生活，这是中韩两大民族无可推卸的责任。我们知道，自从周武王伐纣之后，箕子便带领了一批商朝的遗族逃入朝鲜半岛，这使当时腐化的朝鲜因了箕子的改革而踏上正轨，一直到了唐朝，中国的文化已发达到极点，而朝鲜正在新罗、百济、高句丽三国鼎立互争雄长之中，于是中国的佛教、道教经书都先后被吸收，后来竟成为半岛上的中心文化，日本即于此时并[拼]命的模仿改进，才奠定了今天的所谓“日本文化”。而朝鲜亦因此而一切有所进步，组织亦因此健全，终于使朝鲜统一平安了数千年，所以讲到亚洲的文化，中国实在是创始者，朝鲜却是传播者，日本则是吸收者，然而到了今天，日本竟忘恩负义，先灭朝鲜继而企图来灭中国了。在这情形之下，中韩两大民族一方面固然引为惭愧，他方面应该以此而有所警惕，从而紧紧的携起手来，共同来对付共同的敌人——日本。

中韩有着四千多年不可分的历史文化关系，而中国数千年来的传统思想是世界大同政策，又是共存共荣。总理孙先生在三民主义中对民族的原则更为明白的指示，即(一)中国民族自求解放。(二)国内各民族一律平等。(三)一切被压迫民族争取解放，这里所谓一切被压迫民族的解放，说得明白点，就是援助一切弱小民族的自决，这就是实行共存共荣世界大同的手段，中国是宇宙间最□爱好和平的国家，不过这爱好的是积极和平，并不是消极和平，例当七七事变后几天，敌人已大举侵我平津，杀我廿九军弟兄时，蒋委员长仍高呼："牺牲未至最后关头，决不轻言牺牲，和平未至绝望时期，决不放弃和平。"这就充分的代表中华民族对和平的爱好了，可是后来敌人始终不觉悟，竟得寸进尺，步步进攻，于是蒋委员长又登高而呼："……和平已至绝望时期，牺牲已到最后关头……发动全面对日抗战……地无分南北东西，人无分男女老幼……必达正义伸展……世界和平而后止……"这就是爱好积极和平的说明，中国如此，我相信韩国也一定是如此(可是韩国在过去似乎则不然)，所以从今天起盼望韩国的同志们能和中国的革命同志取得密切的合作，共同为积极和平而努力，而牺牲。我们要知道，如果韩国亡，则中国是危险，反之中国强盛，则韩国可以独立自由。中国与韩国都强盛起来了，那太平洋也将从此可以得到真正的太平，太平洋如果真正能名实相符的维持太平无事，那么全世界也不会再有什么不太平的情形发生了。同志们，我的责任是如此，谁还敢说中韩不需要合作呢？除了敌人——日本——之外，我们就地理、历史、文化及今天的情势，已足够证明中韩两大民族为了自身的独立自由，为了全世界的和平，不得不亲密的携手，切实的合作。既明白了中韩必需合作的道理，那么试问中韩将怎样合作呢？兹就半年来与韩国同志共同生活中的观感分二方面贡献于后。

一、关于韩国同志方面的

(一)参加中国抗日战争。中国的所以要对日抗争，一方面固然要求得中国的独立自由，建立三民主义的民族国家，使中国的国际地位、政治地位和经济地位平等，可是三民主义与国家主义不同，所以我们除了要求本身的强盛之外，更要扶助一切被压迫的弱小民族争取解放，中国在今天与友邦共存共荣的国策之下，对日本帝国主义作持久的抗战当中，虽然得了许多友邦，但是与我利害关系完全相同，和我们东三省以及在沦陷区内的同胞有同样切肤之痛的都只有韩国，人是共同的，而且根据“韩亡华危，中国强盛韩国才能独立”的教训，所以韩国的同志们必须热烈的帮助黄帝的子孙，对日作战，加速日本帝国主义的崩溃，使中国早日获得最后胜利，因为中国胜利之日也就是韩国独立的开始，所以韩国同志参加中国的对日抗战，其实也就是为韩国的独立而战，今天我们的敌人在中国四年的英勇抵抗，已精疲力竭，最终□因德苏的战争使日本帝国主义更为彷徨，南进不敢，北进不得，对华战争又深陷泥潭之中，所以它已渐渐地趋于死亡道上了，在这个千载难逢的时机里，韩国的同志们为了祖国的光复，为了亚洲的安定，为了太平洋的太平，乃至为了全世界人类的和平，你们是必需踊跃的参加中国的对日抗战，请莫犹豫、莫迟疑，赶快走上神圣的抗日的战场吧！

（二）运动敌人军队中的韩国兵士反正过来。韩国国内的壮丁，自七七后被日本军阀强拉来对中国作战的，虽无精确的统计，但是据我们的估计，其数目是相当可观的，而且这被强征来的韩国农民大众年龄多在三十以内，而且大部分是曾经受过敌人毒化教育的，所以他们不明白中韩不可分的道理，更不明白这千载难逢的良机，在这样的情况之下，韩国的革命同志应该尽量的设法去唤醒在敌人军队中的韩国同胞们，使他们立刻觉悟过来，叫他们等到中国实行总反攻的时候，一致地在敌阵中反正，果然如此，则真所谓里应外合，会使敌人料想不到的立即崩溃。敌人的立即崩溃，便是中国的立即获得胜利，中国的获得胜利，其实也就是韩国的获得解放。同志们，这是一个多重要的工作！韩国的青年革命同志们，请赶快向着这个目标去努力，因为中国的总反攻就在不久的将来啦！

（三）加入敌阵刺探军情。大家都说希特勒军队进攻神速，其实研究他所以神速的原因，并不是他的军队特别好，而是他先在军队活动的第五纵队来得好，我们以此作为参考，一定也能收到意外的效力，上面说过，敌人的部队中是有韩国的同胞在，所以今天韩国的革命同志，为了促成敌人的早日崩溃，你们应该化装了跑到敌阵中或敌后去，一方面固然可以从中向你们被强征来的同胞在底下宣传□军，他方面更可由中探得敌军的实情，尽量供给中国当局作为参考，这一工作，由韩国的同志前去担任似乎非常适宜的，因为敌军中有你们的同胞在，所以不论言语、习俗……一定会使你们的工作顺利的展开，韩国的革命同志们，当今天中国正在准备反攻的前夕，如果你们能在敌后大规模的进行瓦解敌军，破坏敌人战斗力量等的工作，那么将来你们的功劳是有什么可以比得上的。

（四）研究中国革命经验，发动全韩革命运动。中国的革命是从最恶劣的环境中奋斗成功的，如满清、军阀、官僚、帝国主义……都是中国革命的障碍，总理积四十年之经验，才领导国民党员建立中华民国，所以全部的中国革命史是血汗所写成的，当中都是惊天地泣鬼神、可歌可泣、百折不挠、坚苦奋斗的故事，更有救国救民以及救全世界人类的主义（三民主义），这种宝贵的成功的革命经验，正可给今天的韩国从事革命同志作为唯一的参考，同时“今日中国的抗战是由中国国民党领导，韩国的革命是由韩国独立党领导，而独立党的主义政策，却与三民主义基本上完全相合”（金九先生的话）。因此，韩国的革命同志更应该研究中国的革命经验，如果学取了中国的革命的经验再把全韩同胞集中于韩国独立党之下，发动国内国外（韩国）普遍革命运动，则不但可以促成中国的抗日提早胜利，同时更可使韩国提早得到独立和自由。

（五）拥护中国的三民主义，建立韩国的革命武力。革命是需要有武力的，否则以何对付敌人呢？今天的韩国正在革命的大路上迈进中，为得要求韩国的革命能够达到理想的目的，那么全韩的同胞们应在大韩民国临时政府之下，热诚的接受韩国独立党的指导，把思想首先武装起来，所谓思想武装，也可说是政治武装，如果要政治武装起来的话，则必须先认识一个主义，进而信仰一个主义，再进而拥护一个主义，如此则意志才能集中，意志能集中，则力量当然能集中（人者心之器），国民力量的集中，则军事武装便成功了，如果政治军事都武装起来了，那么还怕革命不成功吗？不过在这里你们应该注意的，即你们应该先武装思想，再训练军队，否则便是盲动，蛮干，那是很危险的，今天你们在中国既成立了临时政府，更成立了光复军，为了要求得光复军的健全，一定要把三民主义的思想浚输到韩国每一个同胞的脑经里去，因为三民主义是扶助全世界一切被压迫的弱小民族争取解放的伟大的主义，同时有了三民主义的思想的韩国同胞，才会明白中国的必须合作的道理。

（六）暗杀敌国要人，造成恐怖状态。暗杀似乎为韩国同志的特长，列［例］如过去的李率昌（东京炸案）、尹奉吉（虹口炸白川）、安重根等诸义士英勇的惊人事件。当时敌人的恐怖史实，至今犹在敌人的记忆当中，现在你们要造成敌人的手忙脚乱恐怖状态，加速敌人的崩溃，促成中国的早日胜利（也就促成韩国革命早日成功），那么应该入敌人内层，发动普遍的暗杀运动，尤其是敌国的要人，你们要以秘密神速而英勇的手段，一个一个的把它暗杀。这种运动，不仅是为中韩同胞所欢迎，我相信，就是连敌国的人民大众也同样会欢迎的。韩国的同志们，革命的手段是多方面的，暗杀的效力并不会低于战场上的冲杀，请发扬你们先烈英勇的暗杀精神，普遍地在敌人内层发动暗杀，造成敌人的恐怖罢。

上述六端，乃是中韩切实合作当中韩国同志所应该负起来的责任，或者说是分工合作中韩国同志所应该努力的目标罢！兹再提出中国同志所当努力的六点于后，和大家来讨论。

二、关于中国同志方面的

（一）欢迎韩国同志来共同抗日。中国的敌人是日本，中国抗战的目的是要打倒敌人也是韩国的敌人——日本，韩国独立党的惟一革命任务是要打倒敌人，由此而言，中韩的敌人是共同的一个——日本，而同时今天中国国民党在领导着四万万人民打倒敌人，建立三民主义新中国，而韩国独立党则正在领导三千万人民打倒敌人，建立独立自由的大韩民国，所以中韩两大民族不仅敌人是共同的，就是连〖革〗命的目的方法、主义也都大同小异的，中国的抗日战争，已经接近最后胜利的阶段了，但是总□曾说过“战争愈近胜利阶段，其困难亦愈倍增”，所以在这已接近最后胜利的中国，正需要着难兄难弟的来帮助，为的是使胜利的获得日期提早。而韩国乃是中国今天惟一的难兄弟，所以今天的中国革命同志，必须大家热诚地欢迎韩国的革命同志来参加我们的抗日战争，来共同打倒共同的敌人（日本），建立我们共同理想中的新国家。

（二）宣传中韩合作。韩国的革命同志跑到中国来，固然为我们所欢迎，可是有一般乡间的同胞，他们是还没有明白中韩必须合作的道理，故今后我们须从中韩的地理、历史、文化及中韩的利害关系……等各方面加以详细的宣传，务使全国的人民大众一个个都明白中韩不可分的关系，这样不但使在华的韩国革命同志工作顺利，同时也就增加了中国的抗敌实力。宣传是没有形式的有力武器，我们为了本身，为了韩国的前途，为了亚洲，甚至为世界的和平，则中韩两大民族是必须切实地合作起来，为要使全国的同胞都明白中韩必须合作的道理，那么首先非努力于宣传工作不可，此中理由非常明显，用不着再加解释，所要者，乃我中国革命同志从今天起，应该努力宣传中韩必须合作的道理。

（三）贡献革命经验，接济革命财力。上面曾经提到过韩国革命同志应该学习中国三民主义的革命经验，可是他们到中国来，各方一定是感到相当陌生的，所以中国革命同志应该竭力地把中国三民主义的革命理论、方法，尤其是革命的经验须尽量的贡献给在华的韩国革命同志们，这个一方面可以使他们明白中国革命的目的与手段，他方面更可以此作为韩国同志革命的参考。其次，我们应该明白在华的韩国革命同志，他们革命经费，一定是相当困难的，所以我们除了在精神上鼓励他们努力外，更需要以经济的力量去帮助他们，使他们的革命工作能顺利地推进，试观中国当年的革命以及今天的抗战，如果没有华侨大量的募汇和各友邦（美英等）的自动借款，那或许中国的革命不会有今天这样的成绩，我们凭自己过去的经验，那么除了我们的政府同情他们在华成立韩国光复军和接济他们财力外，我们做国民更应该自动地发起捐募运动，帮助韩国革命的经费。

（四）训练在华韩国青年，帮助光复军队。在华的革命同志有一部分因了不明白中国的语言文字、风俗习惯，以致工作不能顺利推展，我们想，这是多损失的一件事体，其实不仅如此，而且正因其不明白中国的语文风俗，为使中韩间的合作受到障碍，所以在今天，我们必须与在华的韩国当轴筹商妥善办法，对韩国青年尤其是对初来华的韩国同志，设法给他们一种短期的语文等训练，使其在华工作顺利，其实这是要求中韩切实的第一步工作。除了训练语文等外，我们还需要对韩国青年同志施以政治的以及军事上的训练，这一工作也就是帮助韩国建立革命武力，换句话说，是帮助建立健全的韩国光复军队。

（五）充实反攻准备，加紧对敌打击。在中韩合作声中，不，在切实的实现当中。我们为了抗战的胜利，为要求得韩国的独立，那么必须趁今天德苏互斗日本正在手忙脚乱的时候，我们应该从今准备反攻的一切，待敌有一天南进也罢，反苏也罢，但我们必须当它有所新行动的时候立即实行全面的总攻，使倭奴头尾受击，归于歼亡，至少要使它逃回三岛，求得韩国的独立。在今天，我们果然要作如是的准备，但是韩国的革命同志，亦应在此时机加紧团结在华同志乃至全韩的同胞，切实地密结，准备在中国总反攻的时候给敌人以无情的打击，清算三十多年来的血债。良机已临，中韩两大民族的光明就在目前，所要的乃我全国同胞的努力与韩国同志的协助。

（六）救济韩国老幼。在华韩国青年同志们多奔走革命，无暇顾其父母妻女的生活，所以他们的老幼生活是一定感到相当困难的，这一点应请我们中国政府及全国同胞所当救济的责任，因为如果他们的老者有所归，幼者有所养，那么他们的青年也能安心地为革命而尽力，说得明白点，才能使韩国的全体壮士安心地为革命而所用，这事表面看看关系似小，其实对整个韩国的革命工作而言，其关系实在相当重大，所以我们站在同志的立场上，应该尽量设法救济在华韩国老幼者的生活，因为非如此则会影响他们青年的革命工作，为了中韩的切实合作，我们必须顾到这一点。

总之，中韩两大民族，不论就过去的历史以及文化地理和今天甚至将来的利害关系而言，是必须合作，绝对需要切实的合作，因为日本传统的大陆政策是“亡韩灭华，征服世界”，所以中韩两大民族为要求得全世界人类的和平，须要拥护中国的抗日继而充实中国的抗日，可是为求得中国抗日的胜利，则必须帮助韩国的独立，上面说过“韩亡华危”，中国强盛，则韩国独立，中韩均强盛，即太平洋从此太平，全世界亦将从此永久和平了，说到这里止，已足够以证明中韩的需要合作的必要了，可是怎样来合作呢？那么必须韩国的参加中国抗日战争，帮助中国的抗日战争，以及打击日本。宣传敌人军队中的韩国士兵反正，最后应该学习中国的革命经验，认识中国的革命主义。至于中国同志，则应该热诚地欢迎韩国同志来抗日，帮助建军，贡献革命理论、方法与经验，并接济革命经费，救济韩孺老幼。中韩两大民族要能本此目标分工合作，切实努力，那么我们两大民族的前途是非常光明的，则不堪设想。韩国的同志们，我们为了全人类的和平，为了自己独立和自由，我们必须紧紧的携起手来，朝向中国合作的目标迈进，光明已在向我们招手微笑了。努力，中国和韩国的全体同志们！

（原载于《韩国青年》第1卷第4期，1941年）

抗战四年来之敌国反战运动

范寿康

（一）

孟子曾说："得道者多助，失道者寡助，寡助之至，亲戚叛之；多助之至，天下顺之。"这话虽然是几千年以前说的，可是正好像是针对着现在的中日战争而下的评论一样。大家都知道：这次中日战争，虽是同一战争，而它的意义，却因敌我的立场不同而迥异。我们的抗战是全民族争取独立自由的革命战争，因此我们在战争中，对内能团结全民族的伟大的力量，对外能得到国际间的友谊的援助，使我们由弱转强，以打击横暴的敌人，这便是我们必胜的基础。反之，敌人的侵华，是帝国主义对弱小民族的侵略战争，因此敌人在战争中，对内将遭受民众的反抗，对外将引起国际间的矛盾，使它的力量由强转弱，而至于不能支持战争，这便是敌人必败的原因。

现在神圣的抗战，已经是满四年了，关于我们在上面所说的敌人必败的原因，是有铁一样的事实给我们证明了。七七事变以来敌人在国际间所受的非难与斥责，外交上所遭遇的难关与困顿，以至目前和英美冲突大有剑拔弩张一触即发的情势，都是由侵华而引起的。因为这一问题不是本文的课题，我们在这里也无须于详细论及，我们现在来考察敌国人民的反抗——即四年来敌国的反战运动吧！

不过在考察四年来敌国反战运动的实际情况之前，我们还应当探讨敌国的反战运动的社会基础，因此也就要说到侵略战争的性质，和实际上侵华战争所予日本帝国主义内部矛盾的加深和激化。

无论敌人是怎样的强词狡辩，欺诈愚蒙，它这一次的发动侵华战争，不是为着人口过剩，不是为着我们的侮日排日，而是随着日本资本主义的发达，为要取得国外的商品市场，为要确保资源的供给，换句话说就是为要获得殖民地，敌国的统制阶级早已把征服中国定为它的最高国策，而且早已把这最高国策在逐步推行。可是到了一九二九年遭受了世界经济恐慌的凶涛恶浪的袭来，日本帝国主义的脆弱的基础也动摇了，同时年来在日本蓬勃地成长起来的社会革命运动，这时也更为激烈，于是日本的统治阶级一方面为要突破这经济恐慌的难关，另一方面为要转换革命运动的方向，于是让封建残余势力的大本营，自军缩以来郁郁不得志的军部，发动了九一八事变。九一八事变，实是这次中日战争的导火线，因为有九一八事变，才有七七事变以来的全面战争，所以这次战争是日本的资本家为着要发财，军部为着要获得政权而发动的。那么这次战争，在表面上所看见的，是日本帝国主义对中国的军事侵略，但是同时在内部也就是日本资本家和军阀对日本民众的加紧压迫。

在上海战事起后的第三日，即一九三七年八月十五日，东京警备司令部便发出了命令，取缔流言蜚语，取缔反军反战思想，翌日又重申前令，这便是因侵华战争而对民众加紧压迫，剥夺自由的开始。接着便有自由主义的文士如矢崎绎贵、司山治的被捕，杂志《自由》的禁止发行，社长永田□的被捕，有名书局白扬社出版的《历史科学》及《亚细亚》二杂志之被逼废刊，东京帝国大学教授矢内原忠雄的因有自由主义色彩而被迫辞职等等，是实际剥夺人民言论、出版的自由，而加强了思想统制。到是年十二月十五日，敌政府又动员了全国各地的警视厅，大事搜捕所谓人民阵线派份子，而将原是合法政党的日本无产党及劳农派予以澈底的打击。被捕者之中的著名人物，有评论家山川均、荒烟寒村、猪俣津南雄、大森义太郎、向坂逸郎，文学家平林泰子、中西伊之助等，还有国会议员、日本无产党党首的加藤斟十，东京府议员铃木茂三郎等，共数百人。这又不外是剥夺人民集会结社的自由权。总之，日本的民众是因战争的发生而所受的压迫加重了，他们的最低限度的自由权，如思想、言论、出版、结社等权利，都被剥夺净尽了。这种自由的剥夺和压迫的加紧，是随着战争的延长而越发厉害，自不待言。尤其是翌年的国家总动员法订成以来，先后发动了许多拘束人民的法令，职业的选择也没有自由了，而且政府得随时征用国民，不管你自己愿意不愿意。

在这四年的战争中，敌国耗费了战费二百余万万日元。这种战费的筹措方法，第一是发行公债，第二便是增税。而增税又是大众税，直接摊派到民众头上。在统治阶级高压之下的日本人民，尤其是代地主耕作的农民和从事肉体消磨劳动的工人，即在平时也是彷徨于饥饿线上，而在战争中又这样地加重了他们的负担，直无异于把他们置之死地了。至于滥发不消化的公债，因此而引起了恶性通货膨胀，以致物价不断的高涨；而受物价高涨的痛苦最深的，又是一般农民与工人。

除了战费负担之外，还有一个最使农民工人受害的就是服兵役。因为战争的延长和战场的扩大，敌人不得不尽量扩充军队，敌国虽是施行征兵制，而贵族地主及资产阶级的子弟，大都可以设法缓役或免役，兵员的来源百分之九十以上是出自农工阶级。战争爆发以来，敌军的死伤约略估计是二百万以上了，而这些被征的壮丁，不用说都是对于家庭有相当负担的，在他们的死伤之后，他们家庭的悲惨景况，不难想像。在敌国著名杂志《中央公论》上曾有一个市政府小职员叙述过这样的一回事。

> 今天区民公葬的英灵是八位，以步兵上士为最高，下士一人，其余都是上等兵，有的已经战死一年了，战死地也不同，华北、华中、满洲都有。虽不是曾经统计过，可是至少我担任照顾的遗族家里，差不多都是中流以下的家庭，特别是今天我担任的那家，战死了的是长男，次男还是在汉口附近，留在家里只有母亲和妹妹两个。这家庭原来是靠兄弟二人的收入维持生计的，现在长男既死，次男的生命也不能担保，这样一来，以后两个女人如何活得下去呢!?

这里所说的事已是两年前便发生了的，在这简短的叙述里曾指出了两点重要的事实，即是战死者都是中流以下的家庭，而且战死者的遗族是没有法子活下去。

此外，因为战争的关系，一般农民工人乃至中小商工业者，也遭受了许多严重的损害和压迫。

在农民方面，首先便是军马的被征用，有许多地方的耕马是全部被征发了，余下的不过是不能从事耕作的小马，熊本县是一个好例。又因物资的统制，肥料生产的减少，除了价格涨到一倍以上之外，而且有钱也买不到，由统制配给的不过是过去十分之三四。尤其是铁和皮都集中于军需生产方面，以致农具和耕作用橡皮鞋（地下足袋）都是无从买得，所以农产品是逐年在减少。这种农产额的降落，直接受打击的当然不是地主而是农民。再说农家副业主要者的养蚕，又因为对美关系的恶化，输出额大为减少，而使农民补充家用的道路完全断绝了。

其次是在工人方面，所受战争的痛苦更为深刻。第一因为物价的高涨，工人生计费指数，据敌方的调查，也是高于其他各阶层，不用说早已达到了过去从来没有的高度，而名义工资的增加却是微乎其微，所以实质工资反而降落了。第二是因为强行生产扩充，劳动时间是特别延长了。一般工厂的工人作业时间是每日十一小时以上，其中尤其是军需工业，大致是十六小时至十八小时，此外尚有所谓“连勤制”，是继续做一日以上的工作，所以工厂灾害率是非常高，而工人的健康率相反的是非常低，特别是患肺结核病者非常之多。这些便是战争所给予工人的影响。

再其次在中小工商业者方面，为着战时经济之改编，先后颁布了许多重要的经济法令，如输入临时措置法、临时资金调整法、物资动员计划、生产力扩充计划及去年通过的《新经济体制确立要项》等等，所以中小工业者，一因输入资源被统制而感不足，二因熟练工人为大工厂所利诱复觉不够，三因资金的被统制乃至现在的金融恐慌的关系，资金愈趋缺乏，四因营业主人的被召出征而无人管理业务，故在战争初起时，兵库县一地的临时休业的工厂便有六百四十余家，群马的丝织业竟全部倒闭。中小商业者亦因国内商品不易得，国外商品的输入尤为困难，资金也同样感到缺乏，周转殊不容易，加以对华输出业者一时完全陷于停顿状态，即对美对南洋输出商人也受反侵略排货的影响，遭受了致命的打击。

尤其是自一九三八年的物资动员计划实施以后，中小工商业之不得不被迫休业者，依敌政府发表也有十余万家。其后敌政府虽曾协助其转业，但是能转业的究竟是非常少数，而大多数中小工业者不得不因此而没落，甚至倾家荡产，无以为生。

由此看来，这次侵华战争虽叫荒木、末次、板垣、土肥原等军阀升了官，晋了爵，得了勋章勋位，虽然叫鲇川、中岛、平生、栗本等军需产业家发了财，而一般敌国民众——农民、工人、中小工商业者，或者曝骨沙场，或者倾毁家产，或者陷于求生不得求死不能的境地。他们为什么要从事侵略战争？为什么要受军阀财阀的欺骗？现实的生活教训了他们，为着争取自己的生存，为着解除自己的痛苦，为着获得自己的自由幸福的生活，他们只有勇敢地起来反对这次侵略战争，反对这次为军阀财阀升官发财的侵略战争，反对这次给予他们痛苦不幸的侵略战争。

（二）

根据上面的分析，我们知道敌国的反战运动是有它的社会基础，换句话说，就其日本人民的反战运动有其必然性。事实上，日本人民也早已在积极地消极地或明或暗地在反战，而且今后还要继续并扩大这运动，使它成为波涛澎湃的洪流，淹没这次战争的发动者日本军阀和财阀，淹没日本帝国主义。

现在我们来具体地列举敌国反战运动的事实吧！

本来日本代表工农利益的政党，自一九二九年因治安维持法的改正剥夺了合法的政党的地位以后，虽然受了莫大的打击，但是还是潜入地下依然进行反对财阀军阀统治的运动。九一八事变以来，他们也看透了日本帝国主义要向中国内地伸出它侵略的魔手，于是反战运动也便成了他们的重要课题，努力散布反战的种子，所以在一·二八战事发生之后，东京及其他大都市的街头巷尾，即可以发现种种反战传单。

到了七七事变之后，以合法政党的日本无产党为中心而结成的人民阵线派，便曾发表宣言反对战争。他们之中的许多评论家、学者、文士，在口头笔头也不断地表示反战的意思，所以遭受了敌阀的几次大拘捕。此外如东京火药工厂的被焚，宇治火药库的被炸，新潟丸新制油厂的被毁，神户海员工会的酝酿大罢工，南满铁道会社职工的酝酿大罢工，横滨、新潟、大阪等地工人的联合罢工并举行示威游行，其目的无一不在反战。因为罢工是减少生产，而焚毁军需工厂及仓库是削弱敌人的军事力量，这正是配合我们的抗战而打击敌人最弱的一环的巧妙战术。

到次年的一九三八年，则有秋田数千农民的反战暴动，秋田矿工亦谋响应而有不稳的现象；神户新兵家族的鼓噪反战而致千余人被捕；东京千住及川崎两地士兵的哗变，山形县昭和矿业公司矿工的大罢工，富士纺绩公司川崎工厂及保土各工厂工人二千余人的联合罢工，这是在敌国内发生的事件。又据另一消息，是年一月至十一月间敌国内反战反法西份子之被捕入狱者达一万三千人。此外尚有台湾工党领袖高斐率领矿工暴动，攻入台湾驻屯军司令部；台湾共产党员暴动，炸毁大贮油池；朝鲜仁川地方千五百工人的罢工；图们江附近的朝鲜驻屯军一联队的哗变，杀长官二十五人：这是在殖民地发生的与反战有关的事件。又如敌高级军官藤岛少将在南京的因反战而被枪毙，一二一师团山内旅团某营开抵吴淞登岸时的全部哗变，一〇二及一〇三师团官佐二人及士兵五百多人在上海的图谋哗变而被捕入狱，第三师团的一部在南京因拒赴前线而哗变，苏州敌军千余人的哗变，厦门敌兵的因发动反战而掀起内讧，山海关日军一部枪杀官长四十余人的哗变，都是有名的事实。而华南敌军自大亚湾登陆至是年十二月止，即已发生反战运动十五次之多。又在前线各地发现日本全国农民组合、全国水平社、劳动总同盟及在乡军人同志等团体共同发表的反战传单——《告出征日本士兵书》，又曾发现许多士兵反战同盟的传单。这些是敌军在我国境内发生的反战事件。综观一九三八年敌国人民的反战运动，显然有着极大的发展，多数的事件不是间接的阻碍战争，而是直接的反对战争；不是以后方国民为主流，而是以前线士兵为主流。这是值得我们特别注意的。

到了一九三九年，敌国人民的反战运动更有了飞跃的进展，我们且举自一月至六月的事件来说：在敌国内有福冈县大煤矿的被工人炸毁；有明治早稻田等校教员九人及学生四十人的因反战而被捕；有下关东南部町及大坪等处因征兵而引起的暴动，致焚毁房屋三百余栋；有大阪枚方火药库的被炸，这次事件的损失，据敌陆相在议会中的报告，军民死者是二百五十三人，伤者是五百八十人烧毁房屋四百零一户，破坏房屋二百一十五户，全部损害是三万万日元以上。此外有福冈县中鹤炭坑的被炸；东京品川工场街的被焚；由满洲调回之敌军官北原中佐的因厌战而疯狂，在赴京车中杀伤乘客七名；东京郊外上田化学工厂的爆炸；加藤隆义大将及中村龟三郎中将的为反战份子所狙击；北海道某煤矿的被炸；东京板桥区火药工厂及橡皮工厂的为反战份子纵火焚毁；鹿儿岛军需品储藏库的被烧；横须贺海军仓库五所的被焚；东京芝区政府烟草公司的起火；东京芝区川崎铁工厂、有马铸物工厂、横滨铁工厂等的被焚。在这半年之间敌国境内即有如许的反战有关事件的发生，已经可以叫敌阀头痛了，而且根据另一消息，在是年三月间尚有佐世保、伊势、下关、金泽、函馆、和歌山、大分、小仓、木浦、广岛、吴市等处相继发生火警，其起火地点均系接近汽油火药库、铁矿煤矿及其他重要机关。

在殖民地方面，则有台北煤矿的被工人炸毁，台南东石附近的因路轨被毁而致列车颠覆，朝鲜平安北道多狮岛海港的爆破，京城大岘町第三兵器制造所的被烧，釜山荣町国营木材制造所的被焚等事件。

在我国境内，则有江阴敌军五百余人的哗变，杀害长官，汉口敌宪兵及陆军士兵百四十余人的因反战被捕，敌旅团长山冈及德川好敏中将江川少尉等的先后因厌战而自杀，广州龙眼洞敌军九十余名的因反战而被枪决，广州鲜台借敌军六千余人的大举暴动，杀日籍官兵甚多。又溃败的敌军二千余人于到达汉口江岸车站时的叛变，平遥敌兵四百余人的向我某师投诚，芜湖敌军官佐二人的因反战关系而被杀，敌军小泉部队二千余于增援富池口时的因厌战而哗变，武昌南湖飞机场管理员的焚毁汽油库全部并爆破飞机十三架，通希敌军的烧毁侦察机二架，晋西敌军野村联队的全部溃散，广水南刘家河铁道警备队的叛乱，汉口刘家庙驻屯敌军二百余人的反对开赴南浔线作战，驻津敌宪兵六名的因公开发表反战言论而被枪毙，晋南绛县、夏县、闻喜一带敌军的不愿与我交绥而倒戈来降，广州台籍敌兵四百余人的向沙河我军投诚，由塘沽赴津途中三艘敌舰的兵变，驻武汉敌荻洲部队的枪决反战首领十二人、拘捕附和者四百余人，大同敌航空大佐本木世雄的因策动叛乱而被捕，敌稻叶师团各中队的发现反战传单并有官佐二名、军士二人、士兵十四人因宣传反战而被枪决。又上海敌邮船会社货仓及敌军补充被服粮秣厂的被焚，虹口敌棉花仓库的被烧，抚顺煤矿的被炸，天津敌军第六仓库的被敌守兵的焚毁，其后津敌军用仓库又曾起火，所存军需粮秣尽付一炬，沪敌鸿丰棉花厂的被烧毁，乃至天津敌宪兵司令部亦发生火警，烧毁汽油弹械及其他军需品甚多。

这是前年上半年间一月至六月间敌国人民有关反战事件中的重大的几件，当然我们所能知道的仅仅是少数，尚有许多是我们无从知道的，尤其是敌国内部发生的事件，在敌阀的严厉统制之下，更不容易泄漏出来。不过就是这些，已很可以看出敌国反战运动已经进入了一个新阶段，从量的方面说，这半年间便超过了过去一两年的数目，而从其性质方面来说，各事件规模之大又远非过去的所能比拟，尤其是前线敌兵的哗变，动辄数千人，其性质之严重及对敌阀的打击，可想而知。当然六月以后所发生的事件由此也可以推知，我们在这里且不缕述了。

到了去年，这反战运动虽经敌阀的多方镇压，不但并未消沉，反而在敌人的前方后方到处蔓延着，现在我们只将一月至四月间的事件来说，在一月间晋豫省境发现敌机散布日本陆军飞行将校俱乐部的反战传单，北平敌航空中尉渡边友彦等五人的因反战而被捕，天津敌空军翻译加藤增大、军曹林五郎等八九人的被捕，汉口敌兵的组织反战机关，广州敌军一部的因举行大规模的反战运动而遭弹压。在二月间，敌驻汕头之藤田部队、驻潮安之安藤部队及敌军潮汕司令部内均发现敌军反战同盟会的传单。秋田县四工厂的被焚，南宁机场敌机及汽油的被敌军自行焚毁，钦县敌重伤兵二千余人的因痛恨战争而自杀，安庆敌军的组织反战团体，致军官一人、士兵二十余被捕。在三月间，台湾各地日军的组织秘密反战团体，敌国内秋田、神户、东京、大阪等处共产党的纵火暴动，东京海陆军军需工厂内的发生暴动，敌军在燕塘的哗变，安阳敌军多数的因厌战而自杀，芜湖湾沚之松冈、志摩等部队的抗命暴动，焚毁军需仓库，洪洞赵城一带敌兵的组织反战团体，安陆敌军一部的酝酿反战而被剿灭，解县驻敌数百的刺杀其中队长，广州黄浦[埔]敌军六百余人的组织反战同盟，并刺杀其长官福田队长，辽宁安东敌军火仓库的被焚。在四月间，敌国内福岛县安阪郡反战分子的大举纵火，焚毁军用仓库及邮局，扬州敌崖松师团某联队的发现大批反战宣传品，赣北、鄂南敌各师团士兵的组织派遣军“中支反战大同盟”，桂南敌机散布反战传单——《新日本建设歌》，山西河津敌军反战份子的反击镇压军官，东京警视厅的检举反战军官十八名，青年二千九百余人，下关停泊的汽油船的被反战份子焚毁。

以上是去年一月至四月间敌国人民反战的重要事件，自然还有许多是我们所不知道的，但是即此也可以证明这反战运动有了重大的进展，就是由从来的自然发生的散漫状态进入了组织化的阶段，在敌阀统治下许多反战组织暗地里在纷纷成长，而且相当表现了它们的政治力量。此外，在我方的援助我们抗战的敌国人民，也先后成立了统一的大规模的反战革命团体，如四月在华日本人民反战革命同盟总部的成立，三月台湾革命团体联合会的组成等，也正是与敌国内反战运动的趋势相对应、相符合的。

到了今年，因为敌阀镇压的严厉及对反战消息封锁的周密，关于敌国反战事件，我们不能得到许多消息，可是反战运动是在猛烈地扩大，急速地发展，这是不容置疑的。试看二月间东流敌军反战份子的焚毁营房，四月间稷山敌分队长的大书反战标语于墙上及北海道石狩川某处煤矿的被炸，便知在敌人的前方后方到处都在燃烧着反战运动的烽火；尤其是从去年末本年初日人反战同盟工作队在前线所作对敌宣传的反应看来，敌军厌战心理的普遍及反战情绪的高涨，殆出吾人想象之上。

根据日人反战同盟工作队队长鹿地亘氏的通讯所说，他们在前线各处所遇到的敌军，不仅能接受他们的宣传，而且能响应他们的宣传，这是过去前线对敌工作未曾收到的绝大效果。过去在前线的对敌宣传，不是招来敌军的炮击，也只是得到沉默的回答。然而现在不然，因为相距很近的关系，两方可以用口头对话，他们斥责敌阀的横暴、侵华的罪恶，敌军答称“了解了”。他们宣传之后，敌方阵地内竟骚扰起来，以致敌酋不得不吹熄灯号来制止。到了次日敌军方面甚至派代表来求和，由此可以知道敌国士兵是怎样的反对这次战争。敌阀训练有素，统制最严，视为侵略战争惟一可靠的工具之军队尚是如此，国内反战运动的激烈更可不用说了。

（三）

在上面那一节里，我们择要地列举了敌国人民反战的事件，同时叙述了反战运动发展的概状。不过为了要完全明了了敌国反战运动起见，在这里我们应当还来加以详细的说明。

第一是敌国反战份子的社会构成。根据上面的叙述，在这次侵华战争中实际受到利益的是军阀及财阀，换句话说，这次战争是为着军阀要升官财阀要发财而发动的，但是因为这次战争，农民、工人及中小工商业者却反而受了莫大的损害，而且这次战争也就是为着军阀财阀的维持其统治，加强其对工人农民的压迫而发动的，所以对反战运动，事实上也是工人、农民及由工农出身的士兵为其重要构成份子，大多数的反战事件是他们造成的，除了他们之外，还有许多知识份子，如战争起后了不久被捕的那些文士、学者，评论家和来华援助我们抗战的青山、鹿地亘等便是。

第二是反战运动的进行策略。反对这次侵华战争既是工人、农民及中小工商业者的要求，而且得到了许多知识分子来领导，所以关于进行反战运动，并不是完全无计划的，相反的，我们在许多事件之中，可以看出有几个主要的方针。其一，因为这次战争发动的目的，是敌阀要灭亡中国，也是要压迫其国内民众，换句话说，在这战争中，敌阀是我们的敌人，同时也是它国内人民的敌人，所以敌国的人民要反对战争，便要打倒发动这次战争的敌阀，便要推翻日本帝国主义，那么他们的反战运动的目标和我们的抗战是一致，为要增大反战运动的力量，容易达到他们的目标，因此自抗战爆发，便有日本知识分子，如鹿地亘、青山和夫诸氏，代表反战革命的团体来协助我们的抗战，此外又有坂本秀外、中山泰德等从敌军阵营里逃到我们阵营里来，现在在我们的前线后方各处都有敌国人民在为抗战而工作。其二，因为敌国是个资源贫弱、技术落后的国家，它的军需生产力不能支持一个长期的庞大的战争。削弱敌人的军需供给力量，也就是反对战争的一个绝妙策略，因此在敌国内及我沦陷区各处，敌军需工厂的被毁、军需仓库的被焚及军需基本资材煤铁等矿场的被爆炸，正是为要配合我们抗战，消耗敌人力量。其三，敌阀赖以从事战争的有力工具是军队，而军队又多是工农出身份子所构成，他们原是受战争痛苦最深的，因此鼓动敌军哗变，也是比较容易而又有效的方法，所以在敌人的前线后方各处都是有敌军哗变反战的事件发生。

第三是反战运动给予敌阀的打击。反战运动在敌人的后方前方都这样的蓬勃，究竟收了多大的效果呢？关于这问题，我们虽然不能明白而正确地给予一个答复，可是根据上面所说的那些事实，我们可以约略地指出几点。其一是军需方面的消耗，前后方各处被焚毁的工厂、仓库、矿山，或为数十万，或为数百万，大阪枚方军需工厂一处的损失则为三万万，合计起来应当是一个莫大的数目，因此在前年作战时敌人便感到军火力的供不应求，而不得不影响它的作战策略，使它采取间歇攻势。其二是兵员方面的损失。因为前后方各处军队的哗变及自杀、逃跑，多的时候甚至数千，远在兵源感着不足的敌阀，自然是一个很大的打击。其三是敌阀统治上的困难，乃至统治权的动摇。对于反战运动的镇压，敌阀已尽了最大的努力，而且敌国是警察制度严密的国家，然而在敌国内还是不断的被反战份子纵火，引起了社会的极大的注意，以致敌政府穷于对付。尤其军队的哗变，虽经敌阀少则枪毙，多则围剿，并把许多认为不稳的份子都拘禁到台湾的集中营里，或者派遣一些监视官到各部队里去监视，然而军队中的反战运动还是激烈，许多军队依然有反战组织，发现反战传单，这可见从来以军纪严明著名的敌军，现在也完全变了，也就是敌阀的统治力量衰弱了，统治权动摇了。

最后，我们不得不加说明的是敌国反战运动的意义。敌阀为要维持它的统治，对于反战份子的深恶痛疾，自不用说，所以骂他们是民族败类、卖国叛徒。可是我们知道，这是非常荒谬的，日本的反战份子决不是同我国的妥协投降派一样，我国的妥协投降派如汪逆汉奸等才是真正的民族败类、卖国叛徒，而日本的反战份子却完全相反，他们是真正爱国家爱民族的，因为日本的侵华战争已如上面所说，不是为国家独立民族生存的战争，而是使国家民族陷于危亡的战争。

同时，敌阀的发动侵华战争，也是为要加紧压迫其人民，所以日本人民要从敌阀的压迫之下解放出来，要推翻帝国主义的统治，也得反对战争。因此反战运动是日本人民打倒军阀财阀的一种很好手段，反战运动是日本人民完成民主革命的重要步骤，反战运动而且是日本人民维持东亚和平的惟一方法。

总之，日本人民的反战运动的意义是革命的、进步的。

（原载于《日本评论》第 14 卷第 5 期，1941 年）

朝鲜民族解放运动新阶段

——纪念伟大的三月一日

方舟

朝鲜民族自从一九一〇年被日寇完全并吞之后，民族解放运动立即进入异常艰苦的也是异常英勇的斗争时期。所谓“义兵运动”普遍地发动起来，以知识分子、农民和被解散的军人为主干，用非常落伍的武器，不断地和日寇统治者作战，战区普遍全国，继续达八年以上，参战人员数十万，但终于遭受日寇大举进逼而退到北部国境，在鸭绿江、图门[们]江边建立下朝鲜民族解放运动的军事的根据地。

亡国后十年，一九一九年三月一日，正是第一次帝国主义大战才告结束和苏联革命新告成功在占全世界六分之一的土地上建立起崭新的人民自己的国家的时候，朝鲜民族爆发了全国规模的抗日运动，展开了朝鲜民族解放斗争的光荣的史页。

三一运动的原因，自然是为了：一，不堪日本对朝鲜的政治屠杀、经济掠夺、文化压迫等灭韩政策；二，义兵失败后革命者亡命海外，重新整顿民族革命阵营，并且在外国苏联、美洲各地获得友邦人士的援助。而三一运动的直接动机，则是大战以后苏联革命成功的刺激和美国“民族自决”口号的鼓励，又因朝鲜抗日的光武皇帝被日寇□鸩杀害，激起全朝鲜人民更大的悲愤，爆发了这次伟大的运动。

三一运动是在独立总本部主持下发动的。这总本部是一九一八年十月在朝鲜京城秘密成立的革命的联盟，直接可以动员的群众有二百万左右。当一九一九年一月二十二日光武被杀害噩耗传出后，全国悲愤莫遏。三月五日为光武葬礼之日，全国民众纷纷赴京城。独立团总本部决于三月一日实行举义，密令全国于这天下午在各地举行反日大示威，并规定了“朝鲜独立万岁”等口号，准备好了《独立宣言》、《独立新闻》和朝鲜国旗等。

三月一日那天，京城巴姑达花园充满了举义的人——各教各业和青年学生。在这些群众中心是八角亭。下午二时，亭中出现了一位青年领袖，在紧张严肃的空气中，朗读了独立宣言，紧接着，四面八方爆发了怒雷一般的吼声：《朝鲜独立万岁》！举起了千万个有力的拳头，飘杨[扬]着千万枝光辉的国旗，展开了浩浩荡荡的反日大示威的队伍。队伍立刻和数十万市民汇成革命的狂潮，《朝鲜独立》的声浪响澈云霄，结果在日本宪兵的弹压下演成了血案，但是人民大革命的序幕却就此展开了。而就在这一天，全朝鲜各主要都市和乡村都发动了同样热烈的反日示威运动，发生了血战□许多革命者被捕的事件。

从三一运动之后，全鲜到处发生反日革命运动，单以一九一九年三月一日至同年五月底为止，三个月间，调查统计示威郡数二一一，示威人数一五四□，参加示威人数二〇二三〇九八人，死亡人数七五〇九，被伤人数一五九六一，被捕入狱者四六九四八人，被烧学校二，民家七一五所。紧接着，又是五个月的示威举动，合计起来的数字一定更为惊人！

三一运动之后，独立团总本部多数干部孙秉熙等先后被捕，于是海外的独立运动首领李承晚、安昌浩等集中上海，组织大韩民国临时政府继承独立团总本部的事业，并和满洲的朝鲜革命团体武装队伍及美洲各地韩侨革命团体保持联系，形成海内外的统一团结。那时日本调动数万正规军到满鲜边境进攻，烧杀鲜农，而朝鲜独立军部能把日军包围在延吉青山里，歼灭了一个联队。一九二六年六月十日，在朝鲜国内爆发了第二次大规模的斗争，群众参加朝鲜最后一个皇帝隆熙的葬仪，立刻又变成了人民反日的队伍，并且蔓延到全国。虽然同样又在日寇惨酷的压迫下平静下来，但由于三一的经验，朝鲜革命运动所受的损失已较轻□，而给予日寇的打击都较严重了。于是，朝鲜民族解放运动走上了再接再厉的新的阶段，继又爆发了一九二九年朝鲜青年大众大规模反日斗争的光州学生事件，参加学生十五万人，继续了三个月之久，被捕入狱的有五百人！

三一运动在表面上是失败了，但是它给朝鲜以□东方一□被压迫民族解放运动以重大的经验与教训，鼓舞和推进朝鲜及东方被压迫民族解放运动进入新的阶段。它的重要的教训，首先是如果没有强有力的革命政党，没有真正代表广大民众利益的革命政党领导群众，并且真正亲密团结其他共谋民族解放的政党和各界领袖，以集中所有的民族的力量；如果没有这样的革命政党和革命的联盟，在殖民地革命运动中就不可能取得胜利，从朝鲜本身的社会、经济、政治等看来，他的革命性质是资产阶级民主革命，而同时又是在帝国主义的时代，因此也一定是世界革命的一环。但“三一”运动的实际指导者民族代

表三十三人是天道教等上层社会的知识分子，没有强有力的革命政党的组织，不能更有力地指导各阶层民众的革命斗争，所以当时虽然全国自然爆发革命，而没有正确有力的领导，不能收获一定的效果。同时，如前所述的，朝鲜革命是世界革命的一部分，因此它必须获得苏联、中国和日本国内的革命群众的同情与援助，同时利用帝国主义间对立的关系。而三一运动的指挥部并没有作到这一重要的工作。此外，革命运动一定要有广大的群众组织并经常的巩固和扩大这种组织，以鼓动民众组织民众教育民众，以巩固和扩大革命力量。而三一运动在这方面也是没有好好注意，没有广大的群众的组织，没有用有系统的正确的革命的理论来和一定的革命政纲政策去作民族革命的指南针，只是和应大众自然激发的反日情绪去发动斗争，以致先后被敌人击破。

沉痛的经验，教训了朝鲜民族革命的一切战士们。自从一九三一年九一八事变爆发，中国民族解放运动普遍发展以后，朝鲜革命也逐渐走上了更正确的新的时代。他们的工作，除了一般的政治宣传等工作以外，主要的是：一，与中国东北义勇军联成一片共同抗日，原在辽宁东边道一带活动的朝鲜革命军，前后与中国义勇军协同作战。曾在中东路一带活动的韩国独立军亦曾与该地义军×××部合作，此外还有许多朝鲜武装和中国抗日战士合组抗日联军与日寇斗争。二，在质量上，九一八以前在满朝鲜武装仅有三四百人，现已有万余人，而其素质及战斗力亦大大提高。三，战斗地域扩大至东北及其他韩侨居住各地，以前战斗多为小组恐怖行动，现已运用游击战术。

除了军事以外，九一八以来，关内朝鲜革命运动阵容内更提出了建立统一战线的口号，这是各党各派共同的要求，也是接受了三一运动的经验教训和适应最近客观形势与内部条件而提起的。经过了相当长期的活动，终于建立了朝鲜民族战线联盟，是以朝鲜民族革命党、朝鲜革命者联盟、朝鲜民族解放同盟、朝鲜青年前卫同盟所组成的。还有一个韩国光复战线，也和联盟逐渐取得工作上的统一联系。在这联盟的努力之下，进行着两大任务。第一是完成关内朝鲜革命运动统一和策动全民族的反日统一战线，另一方面是组织武装队伍，直接参加中国抗日战争。朝鲜义勇队就是由于这一要求而于一九三八年十月十日产生的，两年以来，踏上抗日的战场，和东北抗日联军等部队前后呼应，和日寇直接搏战，获得了相当伟大的成绩，博得了中国和国际上反战人民和被压迫民族一致的赞扬。

在第二次……大战日趋广大持久的今日，在太平洋上战云密布、战火四射的今日，朝鲜民族解放运动在远东一切民族解放运动中便越加重要；朝鲜的战士们，无论在朝鲜本土，在日本，在东北，在中国本部和在其他地方的，他们都应该更认真地接受三一运动和三十年来革命运动的经验教训，不仅要对内加强革命的组织和教育，巩固和扩大朝鲜民族革命的统一战线，而且要对外巩固和扩大东方民族解放运动的统一战线，正如在华朝鲜民族战线联盟中所明白规定的，“中国民族、台湾民族及苏联为最大反日势力，必须与之切实联合”，而且也正如广大朝鲜民族革命战士所共认的，目前东方被压迫民族解放运动的主要方针，就在不理睬帝国主义者关于“圣战”“义战”“战后给殖民地自主”等花言巧语，用自己三十年来惨痛的经验教训，和中国、苏联、各国人民解放运动(包括日本人民解放运动)、各国民族解放运动(包括印度、缅甸、越南、泰国及南洋各属)组成坚固的反帝统一战线，争取各民族解放的胜利。日子已经到了！胜利已在招手！一切被压迫民族和各国求解放的民众，一定要加紧团结，努力迈进！

(原载于《国讯》第 262 期，1941 年)

急待展开的两大工作

郭以昌

我们知道，当朝鲜义勇队成立之初就提出了两个基本口号：一、直接参加中国抗战，以促进中国抗战的早日胜利。二、以战斗行动和革命的实践，来号召发动朝鲜民族更积极的进行独立解放运动，做为努力奋斗的要纲。方今第三年工作的开始，除了本着以前的工作继续发扬光大外，并急待着手以下的工作。

一、深入敌后，争取朝鲜民众。敌人今天在其占领区域正进行着大规模的移民政策，据统计，被敌人强迫移到华北的朝鲜人已达二十余万，传敌人将继续移朝鲜人七十万来华，目前在中国的全部朝鲜人，包括东北、华北、华中、华南在内，已有一百五十余万人左右，敌人企图利用移民政策，以帮助推进其而的占领，企图利用“以韩制华”的阴谋而离间中韩民族间的感情，这手段是如何的毒辣。但是拿到我们朝鲜义勇队面前的紧急任务上来说，正是给予我们争取朝鲜民众，参加朝鲜革命，粉碎日寇阴谋，瓦解敌军的好机会。

二、收编俘虏，训练俘虏。四十个月来，日寇侵华的泥足愈陷愈深，不能自拔，欲退不可，欲进不能，而人力、物力、财力又随着长期的侵略消耗殆尽，穷困已极，便迫使着以下的三种朝鲜人来补充他的侵略阵营。（一）生活困苦的朝鲜农民劳动者，作他的铁路工人，随军苦力。（二）流浪无着的知识青年，作它们的爪牙。（三）多数营不正当职业的，如军妓、贩买毒品的人。这些人多在大城镇及交通沿线，常为我游击队所俘，解送俘虏收容所，我们应当大量的收编，鼓舞其革命情绪，施以军事政治的严格训练，作为光复祖国的先锋队。

纵观以上的朝鲜移民，都是因着生活的困苦和日寇的强迫来华的。我们知道，朝鲜亡国到现在，已有三十余年，虽然在日寇的铁蹄下践踏了这样长的时期，但是，他们无论是那一个阶层的人们，内心里都是怀着打倒日寇光复祖国，期待着独立自由解放的一天。所以，我们目前的工作就是争取朝鲜民众，编□朝鲜俘虏，以便扩大本队组织，增强革命的战斗力量。日寇这样移民政策，正是给我们送来了成千累万的生力军，争取朝鲜民众，实是刻不容缓的事。

（原载于《朝鲜义勇队》第 39 期，1941 年）

朝鲜民族与反侵略

[朝鲜]金若山

反抗侵略争取独立自由，是今天全世界每个被压迫民族及先进人士的共同责任，同样，我们朝鲜民族为了反抗日寇的统治，反对日本帝国主义的奴役、压迫、榨取、剥削，为了打破殖民地的锁炼，争取朝鲜民族的独立解放，我们千百万的民族战士，曾经光荣地流过他们最后的一滴血。

在日寇魔掌最初伸进朝鲜土地的时候，在朝鲜初期的民族解放运动中，我们曾经有过轰轰烈烈的义军运动，民众纷纷揭竿而起，执干戈以卫国家，大军数十万，与日寇博斗至八年之久。在三一运动中，广大的朝鲜农民、工人、智识份子曾经高举战斗的旗帜，展开雄壮的队列，高呼"朝鲜独立万岁"！三一运动以后，朝鲜人民前仆后继，英勇奋斗，各种民族解放团体如朝鲜劳动共济会、朝鲜青年联合会、朝鲜劳农总同盟、京城女子青年会、女性同友会等蜂拥而起，并进而统一组织成新干会、权友会。仅新干会当时即拥有会员三万，一百五十余支部，领导了当时伟大的六十运动、光州学生运动、元山总罢工、釜山纺织会社工人的总罢工，以及平壤十二个工厂的联合总罢工等，民族解放的巨潮，汹涌澎湃，虽日寇残酷镇压，亦终属徒然。

中国抗战以后，朝鲜人民更能精诚团结，发动革命力量，打击敌人后方，仅在一九三九年间，就发生过全罗农民一千余次的抗租事件；甲山火油农民因准备发动暴动而被捕五百余人；京城工业社二百余女工罢工；成安法守寺的反战暴动；多狮岛的朝鲜工人将日寇尚未竣工的军港整个破坏；全州农民烧毁敌人地方长官的公馆；学生艺术讲座会检举事件；东北朝鲜革命军，在金日成、崔莹将军的领导下，更数次挺进国境，与敌军战斗……这一切都告诉我们，朝鲜人民无论在怎样困难的环境下，他们始终坚持着艰苦的斗争。

在中国战场上，我们更看到：朝鲜青年参加南口、上海等地的战役；参加各战场的战地服务工作；敌后秘密工作中朝鲜干部的牺牲；参加空军飞杭州、上海炸敌。特别是朝鲜义勇队的成立，加强了中韩民族团结，鼓励了中国军民，使朝鲜革命运动进入更高的阶段。

今天我们的任务，是承继朝鲜革命的光荣传统，发扬朝鲜民族反侵略的精神，继续加紧团聚我们的力量，扩大朝鲜义勇队，团结一切中国关内的朝鲜革命者，把朝鲜国内、东北、关内的革命运动联系起来，把朝鲜的革命运动与世界的反侵略斗争联系起来。

我们朝鲜民族这三十年被日寇蹂躏最深，同时我们反抗侵略者的意志也最坚决，我们将更加努力，和各友邦及各国人民，为世界的永久和平而努力！

（原载于《新华日报》1941 年 1 月 23 日）

日本帝国主义之殖民地政策与朝鲜革命之展望

[朝鲜]金若山

英国认为印度是他王冠上的一颗宝石，日本帝国主义对于朝鲜，则说是他的一只臂膊。

我们知道，一般帝国主义侵夺殖民地之目的，不外使殖民地成为原料之供给地，输出金融资本，销售商品市场，供给廉价劳动力，但日本帝国主义对于朝鲜，除了适应一般的需要以外，尚有其更残酷的政策。首先，日寇进占朝鲜后，即积极实行移民政策，把朝鲜人逐出乡土，流浪于中国东北和苏联之西伯利亚，日本人则移到朝鲜；其次，大批掠夺朝鲜人的食米，每年由朝鲜运往日本之米约一千万石；日寇更利用朝鲜做侵略东亚大陆的军略上的兵站基地，以朝鲜做侵犯中国的桥梁。这是日寇朝鲜殖民地政策的特点。

日本资本主义的发展，并不是遵循欧美一般资本主义国家发展的路线进行的。日本资本主义发展中主要的特征之一：就是封建社会转变到资本主义社会的过程中，封建藩阀和地主不仅没有被推翻，而是在这过程中及其以后还占有很大的力量和支配作用，明治维新当时，担任推翻幕府政治而支持维新政府的，是封建势力的代表长州藩和萨摩藩，明治天皇本身就是世袭关系产生的。因此他的政治机构和经济形态，仍然保持着浓厚的封建色彩。当时日本封建地主和军阀，因受欧美资本主义发展之影响，被迫采取一种改良办法，就是接受并模仿欧美资本主义，逐渐建立一种封建地主和军阀混合的资本主义。这种特征主要表现在：各种产业的畸形发展，主要银行、公司的经营大产业机构中部在天皇、贵族、军阀直接巨额投资之下，贵族军阀在政治上保持一种优越的特权，等等。

因此，由于第一个基本特征，决定了日本资本主义发展中之另一个特征，就是日本资本主义一产生便开始积极的向外发展，向外侵略，在封建军阀主持之下，养成一种强烈的好斗性和侵略性。我们可以说，促成日本资本主义发展的主要的原料，都是从对外侵略战争中得来的。一八九五年的中日战争，一九〇五年的日俄战争，直接推动了日本资本主义飞跃的发展。日本资本主义的各种工业□都是在一八九五以后才开始勃兴壮大。由此我们可以知道，日寇掠夺了朝鲜和台湾的殖民地以后，对于日本资本主义的发展有如何重大的作用。

日本帝国主义的侵略政策，有北进政策与南进政策，日寇独占朝鲜以后，尽力想使朝鲜成为侵略亚洲大陆实行大陆政策的根据地。同时以台湾为根据，实行向中国的中南部进攻，并由此而向南洋发展。“九一八”以来，日寇不断的疯狂的向中国进攻，他的侵略政策的重心，首先是放在大陆政策方面，田中奏折中有一段说:“按明治大帝之遗业，第一期征服台湾，第二期征服朝鲜等，皆已实现，惟第三期之灭亡满蒙，以便征服支那全土，尚未实现。惟有征服支那，必先征服满蒙，如欲征服世界，必先征服支那……攫取全支那之资源，以支那之富源，以为征服支那及南洋各岛，以及小亚细亚及欧罗巴之用。”可见日本帝国主义的侵略野心是如何的狂妄。可见日寇的侵略政策是有一贯的步骤的。

日本帝国主义阴谋侵略朝鲜，早在一七三三年丰臣秀吉掌政时开始，当时之自由党党首后藤象二郎与著名萨阀西乡萨盛，均激烈主张征韩论。以后，由伊藤博文等借口援助朝鲜“自主”，于一九一〇年整个并吞了朝鲜。我们都知道，资本主义国家在其初期的发展中是先以国内资产阶级优势的资本力量去经营殖民地，进行掠夺榨取，政府则以武力保护之。日寇则不同，他不是资产阶级先来，而是先由政府军阀占领殖民地，政府便成了这殖民地的经营者，资产阶级乃随之而分沾利益。所以在朝鲜拥有资本最雄厚的就是日本政府的直接代理人——朝鲜总督府。

日本帝国主义是一个最野蛮的帝国主义，不仅表现在他的对殖民地的侵略政策上，而且表现在他统治殖民地的方式上。

在政治上，日寇占领朝鲜以后，即采取最残暴的手段，厉行恐怖，残杀无辜人民，严禁三人以上的集会，封闭一切言论机关，所有政治、文化及宗教团体均被迫解散。借口“预备拘禁令”，任意逮捕我朝鲜同胞，自此次侵略战争开始以来，朝鲜人被捕者达三万人之多。日寇在朝并鲜宣传各种政治欺骗，建立各种“协和会”“勤劳报国队”“爱国班”等伪组织，诱惑朝人鲜民参加侵略战争。

在经济上，日寇占领朝鲜以后，借口“土地改革”，直接掠夺了朝鲜农民百分之八十五以上的土地，同时并公布“公司令”，禁止朝鲜人设立五千元以上之公司。一切重要农产、矿山，均归总督府所独占。在“九一八”以后，日寇为了支持长时期侵略战争，在朝鲜实施农工并重政策，特别是发展军需工业，在今日之朝鲜西北部一带有关国防之工厂，达一千八百八十二所。水电厂有一百四十六所。其中，鸭绿江水电厂规模最大，占世界第二。然而所有的朝鲜工业资本与金融资本，都是在日本帝国主义的操纵之下，朝鲜民族资本早被一步步的绞杀了。

文化方面，日寇占领朝鲜以后，施行同化政策，实行奴化教育，不准朝鲜人使用朝鲜语文，不准教授朝鲜历史。并收买少数民族败类，组织所谓"精神联盟""朝鲜文人协会"，狂吠"内鲜一体"之口号，欺骗朝鲜人民。("内"即内地，指日本——编者)

以上这一切告诉我们，日寇在朝鲜采取着如何阴险恶毒的政策，同时随着日寇侵略战争的延长，日寇困难的增加，日本帝国主义对殖民地的依赖是如何的在加重着。

然而，我们相信，朝鲜民族是无论怎样是不会屈服的、不曾被征服的，因为朝鲜民族有四五千年的历史，有悠久的民族文化，有光辉的民族奋斗的传统，有强烈的民族自尊心、自信心，有丰富的民族解放斗争的经验，同时今天更有先进的、英勇的中国弟兄配合着。正因为如此，我们才能不断的打击敌人和走向胜利。

朝鲜民族的反日斗争，早开始于亡国前五年，即一九〇六年，日军开入朝鲜干预朝鲜内政，人民痛感亡国之祸，迫于眉睫，纷纷揭竿而起，反抗暴敌，这就是朝鲜初期的义兵运动。坚持六年，终遭敌军压迫，退入满境，在中国东三省建立起新的抗日根据地。

由于日本帝国主义的侵入，朝鲜的社会结构经济关系发生了变化，土著的民族资产阶级出现了，工人阶级产生了，民主主义的思想输入了，加之日寇的野蛮统治，终于爆发了一九一九年三月一日的"三一"大革命运动，"三一"运动是朝鲜革命史上最热烈的全民族的反日斗争，继续了八月之久，这八个月中，有着一千五百四十二次可歌可泣的斗争，牺牲七千五百余人，受伤者一万五千余人，全国人民忠勇奋斗，前仆后继，再接再厉。但结果终于由于当时自己的武装力量不够及没有尽力的争取外援，遭受挫败。

"三一"以后，日寇对朝鲜的政策着重欺骗，从武断政策改取文化政策，以换取朝鲜上层份子的妥协。于是当时代表朝鲜民族的报纸《东亚日报》《朝鲜日报》《中央日报》及其他杂志多种先后出版，革命运动亦尽力向群众中发展。当时青年总同盟、劳农总同盟、新干会(全国统一的政治团体)、权友会(全国妇女总联合团体)等团体纷纷成立。一九二九年爆发了元山工人总罢工，平壤十二个工厂总罢工，同年十一月三日又展开了轰轰烈烈的光州学生运动，十五万青年学生参加了这个伟大的壮烈的斗争。

以后以釜山纺织工厂的三千女工罢工为发端，民族解放的巨潮更为汹涌澎湃，主要的有金海迫间农场（东洋拓殖公司所经营）的一千二百佃农的抗租事件，龙川不二农场（同上）二千佃农抗租事件，咸南高原农场（同上）的抗租事件，济洲[州]岛五百海女的暴动，新兴炭矿八百矿工的武装暴动，端川农民袭击敌警署事件。一九三九年甲山火油民自动的组织了游击队，响应东北的朝鲜革命军，结果以事机不密，被捕五百余人。千千万万的朝鲜人民，他们是如何的在艰苦的环境下英勇奋斗啊！

在国外的革命运动方面，我们可以看到，东北的朝鲜革命军已经发展到四万多人，据敌人的统计，一九二〇年至一九二九年间，交战回数到一千二百零五回，敌人费了数十年的时间，用尽了种种方法要消灭他，然而他不但不被消灭，反而一天天壮大起来。

在中国境内的革命活动，曾积极进行暗杀和暴力运动，朝鲜总督府及其各地警察署、日本皇宫等均曾被炸，田中义一在沪被袭击，白川大将又被刺身死，以后大部朝鲜革命者均放弃个人暴力行动，改变政策，向军事运动发展。

一九三八年十月，朝鲜义勇队在武汉成立，团结了广大的在华朝鲜革命青年，参加中国抗战，在中国战场上战斗，已经两年半了。

朝鲜人民经过三十年来的艰苦斗争和磨炼，大众的政治觉悟已经空前的提高，组织力量日益扩大，斗争不断在发展着，特别是今天国外军事运动的发展，成为朝鲜民族解放斗争的一支重要的生力军。

无论日寇的统治是怎样残暴。无论我们今天的环境是怎样困难，我们全朝鲜人民是一定和日本强盗拼到底的，我们相信，我们一定能获得最后的胜利。

日本帝国主义说，朝鲜是他的一只臂膊，是的，今天朝鲜民族的这只臂膊已经高举起来了，将一拳把日本强盗打入东洋大海去！

（原载于《战时日本》第 4 卷第 6 期，1941 年）

新形势与新任务

[朝鲜]金若山

由于全中国民族坚持抗战的决心，日寇的“和平攻势”又一次的被粉碎了。“日汪协议”的公布，赤裸裸暴露了日本强盗的狰狞面目、汪逆精卫的无耻。中国人民的意志不仅没有被动摇，而且更加坚定、更加团结，以回答日本帝国主义者的阴谋。

随着日本帝国主义的困难一天天的增长，侵华泥足的无法拔出，南进与英美矛盾的加深，国内人民反战运动的高涨等等，日本帝国主义不得不加紧榨取殖民地来延续其垂死的生命，加紧在经济上对殖民地的奴役与压榨，加紧在政治上的欺骗宣传和残暴统治，实行“同化政策”企图彻底消灭我朝鲜人民的民族意识，并用最残酷的手段以镇压朝鲜民族的反抗。

从日寇侵略战争爆发以来的三年多当中，朝鲜国内的民族志士被逮捕的已经有三万多人，这说明了日寇的一切企图都是徒然的，朝鲜民族的潜在力量是巨大的，朝鲜民族解放运动的前途是无限光明的。

朝鲜义勇队是朝鲜民族解放的先锋队，是朝鲜海外革命运动最有力的队伍之一，为了适合今天抗战的需要，为了适合今天朝鲜革命运动的需要，为了适合这个伟大时代的需要，我们朝鲜义勇队必须更加坚强、巩固、发展和战斗化，以充份发挥他的积极作用。

因此，我们朝鲜革命者在中国战场上经过了两年的锻炼，今天必须吸取过去两年来的经验，根据新的客观情势，布置我们的工作，使我们的工作有一个整个的转变，进到更高的阶段，从单纯的对敌宣传的任务，进到战斗的武装的作战任务；从单纯的战地工作，使我们的工作重心向敌后发展，深入敌后，争取朝鲜群众。这两大任务，是本队今后工作的基本方向。

我们相信，在敌后的几十万朝鲜群众（东北在外）如果被动员起来，组织起来，将是一支不可侮的力量，将对于中国抗战与朝鲜革命有极大的帮助，对于发展敌后游击战争有很大的影响，在政治上将可能推动整个朝鲜革命的蓬勃发展，动摇敌人的统治，而使中国抗战的胜利与朝鲜革命的成功更迅速的到来。

向敌后发展，向武装化的道路上前进，是今天国内朝鲜革命唯一正确的革命路线，我们将克服一切困难，摧毁任何阻碍，历史的规律和坚苦的斗争是不容情的，他将最后证明谁的路线正确。

当然，朝鲜革命的主要的阵地还是在朝鲜国内，我们将号召一切留居在中国的朝鲜同胞，团结在朝鲜义勇队的旗帜下，打回老家去，打回朝鲜去！

（原载于《朝鲜义勇队》第 39 期，1941 年）

一切反日力量团结起来

——纪念朝鲜义勇队两周年

[朝鲜]金若山

中国民族进行英勇的民族解放战争，已经三十八个月了，这三十八个月中，伟大的中华民族发扬了高度的民族精神，创造了辉煌的成绩，树立了胜利的坚实基础。中国人民今日信心益坚，勇猛迈进！

全世界现在弥漫着满天的烽火，已经有了十万万以上的人口被卷入战争，帝国主义者为了少数金融寡头的利益，为重分世界殖民地，进行野蛮的掠夺政策，把人类驱入战争的深渊，我们今天正遭受着人类历史上空前的大灾难、大破坏，然而也是一个空前的大变革时代，我们深信，今天的社会虽然给不合理的制度支配着，今天的世界虽然被乌烟瘴气的火药气味笼罩着，但是人类的前途是无限光明的，掌握人类未来命运的只有人类自己，全世界最大多数的人民，他们都正在逐渐的觉醒过来，挺起身来，准备结束帝国主义战争，扭转战争的方向，用革命战争来结束帝国主义对全人类奴役的统治，在旧世界的废墟上，建立起全人类自由幸福的新天地。

不错，帝国主义已经垂死，特别是日本帝国主义在中国抗战的痛击下已经喘不过气来。然而，我们要知道，正因为帝国遭着最深刻的危机，正在临死的前夕，因此他更加疯狂，更要挣扎，日本帝国主义不在残暴的狂炸中国大后方城市吗？不是在采取恐怖手段压迫中国人民投降吗？不是在企图进行新的军事进攻吗？不是在策动南进吗？不是在强化法西斯统治镇压国内人民吗？我们不能一刻松懈对敌人的警觉，胜利一天天接近着我们，同时更猛烈的斗争需要我们来迎接他，更艰苦的任务也需要我们负担起来。

伟大的中国抗战，不仅在中华民族历史上写下了崭新的一页，而且它在远东被压迫民族反帝斗争中起了主导作用，它鼓舞和兴奋了远东一切被压迫民族，认识了中国的斗争是他们争取自身解放的最好榜样，他们热烈的援助中国抗战，参加中国抗战，把中国抗日战争的每个胜利，当作自己的胜利，“救中国就是救自己”，中国民族的事情，就是我们自己的事情。同时，在配合中国民族的斗争中，我们不断的从斗争中团结自己的力量，组织自己的力量，教育千百万殖民地被压迫的人民，锻炼和发展我们的革命队伍，随时准备紧急的战斗的动员，进行全民的武装斗争，摧毁日寇在朝鲜及其他殖民地的统治。

朝鲜义勇队转战于中国战场上，已经整整两年了，回溯两年以来，不胜感□交集。在前方，在后方，在敌后，我们朝鲜革命者与中国战友携着手共同作战，同生死，共患难，亲如手足。中国同胞对于我们朝鲜义勇队爱护备至，奖掖有加，我们检讨两年来的工作，如果说对中国抗战聊有贡献的话，这应该完全归功于中韩民族亲密团结的基础上。

我们知道，朝鲜革命的胜利，依靠于三大力量的汇合，即关内的革命运动、东北的革命运动与国内的革命运动，而在今日，无论那一方面，都围绕着一个最主要的中心任务，这就是帮助中国抗战，参加中国抗战，完成中国抗战的胜利。

为什么我们把参加中国抗战作为我们目前斗争的行动方针呢？朝鲜是整个世界的一部份，与世界每个角落的革命斗争密切的联系着——特别与中国革命运动的发展息息相关。中国抗战是远东反帝斗争最主要的一环，是反对日本帝国主义的主力，这一个有四万万五千万人口的伟大的中国民族革命战争的成败，不能不对远东乃至整个世界的局势引起严重的变化。因此，毫无疑问，中国抗战与远东一切被压迫民族解放的利益完全一致，中国抗战起了远东反帝斗争的主导作用，吹起远东被压迫民族解放的号角，鼓动他们的斗争情绪，增加了他们的胜利信心，推动了他们更加团结，认识自己解放的道路，帮助了他们的革命运动的展开。所以说，中国民族是远东反帝斗争最主要的一环，只有正确的把握这一环，集中一切反日力量，才能有力的击溃敌人。这是一切远东被压迫民族争取共同的唯一的道路。正因为如此，中国抗战一开始，我们朝鲜革命者就以热烈的姿态，迎接和参加了中国抗战。

在今天，不可否认的，我们关内的革命运动中还存在着一些严重的弱点，特别是我们本身的团结，许多中国友人用高度的热情，关心着和期待着我们，我们深深的感激这种盛意。我们可以告慰中国友人，我们一定不致辜负你们的好意，朝鲜革命者的团结运动，正有着光明的前途。过去我们的团结不够，究其原因有三：一、关内革命运动不能与朝鲜群众取得密切的联系；二、各个团体政治素养不够；三、缺乏生动的斗争经验和具体的工作内容。有人说朝鲜人不能团结，这是错误的，朝鲜民族的团结性在朝鲜革命历史中有着光荣的传统，一九二九年在朝鲜成立的劳农总同盟，参加者有十二万五千人，全国均有支部，又同时成立的青年总同盟，有会员三万五千人，一九三七年组织的新干会会员达三万人，领导了十二三光州学生事件的全国大示威，及以后元山釜山的总罢工，明川、端川的农民大暴动，这一切都是朝鲜民族团结的模范例子。在今天的东北还正活跃着数万朝鲜革命军，即以关内来说，除了极少数的"团结清谈家"以外，绝大多数的朝鲜革命青年都已经团结在朝鲜义勇队的旗帜下，有谁能说朝鲜民族不团结呢？当然，我们所主张的团结，和那些"团结清谈家"所梦想的是有区别的，我们认为必须从革命中、从斗争中求得团结，求得实际上的团结，而不仅是形式上的团结，但是那些"团结清谈家"们却不愿这样做。

我们团结的方向，绝不是那关在办公室喊出满口"统一""团结"漂亮的名词，也不是用政客式的拉拢手段，我们必须深入到朝鲜群众中去，须先争取在中国的一百多万的朝鲜移民，把他们武装起来，成为一支战斗的力量，只有这样，才能对中国抗战有更大的更切实的帮助。达成此一目的，我们相信，必须先巩固朝鲜内部的团结，更进而与英勇抗战的中国同跑，与日寇虎视耽耽[眈眈]下的南洋弱小民族们，一切在日本帝国主义压迫下的国内人民们，一切反日的力量更亲密的团结起来，更紧紧的拉起手来。

朝鲜人民今天正在温习着数十年来宝贵的革命经验，许多朝鲜革命者正在中国战场上磨练，历史的试炼是无情的坚苦的斗争，暴露了我们许多缺点，一切真正精忠为国、忠于民族利益的革命者，在斗争中锻炼得更坚强。而同时也出现了少数的民族败类、宗派主义者，他们有意无意的破坏着民族团结，或者梦想坐取革命的果实，这些反革命份子，一定会在革命的浪潮中冲洗出去。可是真正的朝鲜革命者，却是以行动把朝鲜革命向前发展，展开朝鲜革命全面的斗争，争取朝鲜革命的胜利。

（原载于《台湾先锋》第6期，1941年）

朝鲜亡国的教训

[朝鲜]李达

朝鲜为什么亡了国？她亡的原因是什么？一个国家的衰亡总有她的原因在，这包括着远因和近因，主观的原因和客观的原因，表面的和实际的原因。朝鲜就在这错杂的原因下亡了国。如果追求这原因的话，那么第一个当然是日本帝国主义野蛮的侵略，其次便是朝鲜内部的脆弱了。

朝鲜亡国的当时，正是在李朝五百年来一贯文弱的桎梏和封建势力的支配下，国家的政治、经济、文化完全陷于窒息的状态，愚昧的执政者仍在固守着"锁国政策"，玩弄着"闭门造车"的把戏。当时的朝鲜早已编入了世界的体系，朝鲜已不是单独的问题，而是世界问题的一环。但执政者并没有着眼于这实际的问题，也没有注意到世界的潮流，因此对于国防上应有的准备丝毫没有敷设，他们在醉生梦死中对国家民族的衰亡毫不关心，实际上他们就是关心，对国家的危亡的运命也没有挽救的力量，因此看清了这一点的日本强盗，对朝鲜抱有侵占的野心而进一步实行独占，这便不是偶然的。

上述不过是朝鲜亡国一般原因的一轮廓，具体的说来，还是有几个卖国贼如李完用等的出现和内部政派间的斗争。如果拿李完用和今天中国大汉奸汪精卫来相对照，过去朝鲜的李完用和今天中国的汪精卫在本质上完全是卖国求荣的民族败类。在国家存亡危机的关头，出现不肖的民族败类，出卖自己的祖国，出卖自己的民族以及自己的儿孙，这虽在世界史实上不乏前例，但李完用的卖国行为却超过了世界卖国史上的前例。李逆等几个不肖份子能有蠢动的机会，实在是为政当局的腐败和人民对政治的漠不关心。今天中国汪逆的叛国却没有这种机会。伟大中国的抗战已奠定了胜利的基础，抗战中的中国人民皆是有坚定的国家观念和民族意识，对执政的当局不断的用锐利的眼光监视。因此汪逆自叛国的那一天起，不仅被人民否认了他是中国人，而且也一致否认汪逆和日寇间的勾结和签订的伪约，对汪逆和日寇的阴谋毒计，不断的予以致命的打击。所以汪逆的卖国企图不过是汪逆自己的迷梦，日寇利用汪逆结束中日战争，达成“建设东亚新秩序”的目的，也是日寇自己的幻想而已。

其次，朝鲜亡国原因中，内部政派间的斗争也是主要的原因。在亡国的前后许多的政党忽视了自己唯一的强敌日本帝国主义的存在，而只斤斤于内部政权的争夺，亲日党和亲俄党对立，亲俄党和亲清党斗争，保皇党与开化党斗争。如此互相倾轧，使政治陷于极端紊乱，民心动摇，国家日渐衰弱，终使卖国贼有机可乘，使国土沦丧，二千万民族沦为奴隶的命运，今天的中国和过去亡国前后朝鲜腐败的现象完全不同。今天的中国正以朝气渤渤[勃勃]的姿态向着光明的前途迈进，各抗日党派和全国军民在贤明领袖蒋委员长的领导下，撑起了民族解放战争艰巨历史的大事业，如铁一般的团结起来，坚持抗战到底的正确路线。中华民族的精诚团结，是争取抗战胜利完成民族解放事业的唯一保证。如果没有全民族的团结，就不可能有这伟大的抗战，纵即开始了抗战，获得最后胜利也必困难。

由以上朝鲜亡国的原因和今天新中国一切进步的现象对照起来，就可以发见到一个具体的事实：概括的说来，朝鲜的亡国是李完用等公然卖国，国内不能统一，执政者昏庸无能，民众对执政者不能时予监视，对卖国阴谋不能制裁和及时予以打击并粉碎。但今天的中国全民族已一致团结的力量击破了寇汪的亡华灭华阴谋毒计，在拯救国家危亡的过程中奠定了胜利的基础。在此我们可以知道决定国家民族的兴亡盛衰的关键，是能否把握全民团结的严正真理。

朝鲜亡国痛史给了我们一个宝贵的教训，固不待言，对中国也同样是一宝鉴。目前中国虽巩固全民团结，积极展开抗日反汉奸运动，但日本企图破坏中国团结的阴谋仍然存在，中国也必须接受这一宝贵的教训才行。

（原载于《朝鲜义勇队》第39期，1941年）

卷头言

编辑部

第一个参加中国抗战的国际队伍——朝鲜义勇队，是在一九三八年十月十日在武汉成立的。在成立的过程中，即多承各方人士惠予协助，或则促成我们精诚团结，或则指示我们工作进行，或则给予我们精神鼓励，更有赖于中国政府给以实际支持，才使本队得以迅速诞生而参加了光荣的保卫武汉的战斗。这是我们深深感激而永志不忘的。

成立迄今，瞬届三年，我们同志为了加紧打击中韩两民族共同的敌人——日寇，曾在六个战区十三个省份，与中国军民并肩苦斗，近更深入敌后，发动广大韩民的反日运动，工作正在开展，犹待我们加倍努力。回顾三年以来的工作情形，深感任重力微，愧未树立卓异之功，幸荷中国军民之助，尚无若何陨越，非敢自慰，不过借此鸣谢加惠者之盛意。今兹纪念，更承东方民族领袖蒋委员长及各方贤达，惠赐题词，或慨撰鸿文，嘉慰有加，期责无量，欣忭之余，感奋万分。

今日何日？为本队成立三周年纪念日，而亦朝鲜亡国三十一周年之日，三十余年的亡国惨痛，三年来的抗敌经验，使我们深深认识：我们朝鲜民族要恢复自由，只有打倒日本帝国主义，要打倒日本帝国主义，就应该努力参加中国抗战，中国抗战的胜利就是日本的失败，因此也就是我们的胜利，为争取中韩两民族共同胜利的早日到来，决定今后更加力促中韩两民族的团结，更加英勇的参加中国抗战，以严重打击共同的敌人，并决定秉承蒋委员长这次给我们的“自强不息”的训示，而积极团结我们的力量，训练我们的队伍，使这只朝鲜革命军——朝鲜义勇队壮大起来，担负起粉碎敌寇光复祖国的应尽任务。

我们知道中国抗战是很艰苦的，我们更知道朝鲜独立尤为艰苦，由于日本帝国主义的残酷镇压，由于朝鲜的地理环境，非仅朝鲜国内革命难以一时爆发，而国外反日力量也不易立即冲进朝鲜。但这一切一切，只不过说明朝鲜革命前途艰险而辽远，并不足以动摇我们最后胜利之信心。正因为我们了解朝鲜革命有比中国抗战更艰险更辽远的前途，我们也就特别了解蒋委员长这次训示的重要意义，我们今后决以自强不息的精神，来为中国抗战，来为朝鲜革命而拼死奋斗。

怎样奋斗呢？

这得感激王芃生先生这次的指示，王先生是特别关心朝鲜革命的，他这次的题词是："革命须能舍小异取大同。集中力量，深入敌后，先争取在华朝鲜侨胞之团结，进而联络朝鲜本国之民众。配合所有政治军事力量，与中国抗战，呼应一气。打击敌人，是为恢复朝鲜之大道。"

是的，这是朝鲜革命的大道。我们自来就是沿着这个大道前进，今承王先生明确指示，更将沿着这个大道前进，拼死奋斗的沿着这个大道前进，相信在这前进当中，必能团结朝鲜国内外广大的革命力量，以贡献于中国抗战和朝鲜革命的。我们深愿东方各民族先进人士，多多给我们扶持，使得朝鲜革命早日完成，更愿国内外朝鲜同胞勿因"小异"而害"大同"。大家团结一致，巩固强有力的革命战线，同心协力，打击日寇，民族前途，实利赖之。

（原载于《朝鲜义勇队》第 40 期，1941 年）

中韩联合抗战的历史观

梁尊贤

自从中华民族开始了它的神圣抗战工作以后，亚洲各弱小民族，尤其是在帝国主义征服下被压迫的民族，莫不引领伫望中国的最后胜利。它们正在精神上虔诚的祷告，人力上物力上，也在黑暗的地狱里、万钧的压力下，挣扎出一些力量来贡献这神圣抗战的成功。这种同情力量，不是他们的盲目付与，也不是中华民族的苛求，而是中国在东亚数千年来与各个民族共存共荣、休戚相关的历史所造成的必然倾向。这种自然组织，我相信由过去以至于将来是永远存在着的。

这些民族中最有组织和力量的，首推韩国。它以主体的三韩民族和少数的通古斯民族，屹然繁殖在朝鲜半岛上，西有鸭绿江为天然的中韩界线，北阻图们江，东临大海，由地形的险隘与民族性的果毅，它未来的发展是不可限量的。

二十九年十月在西安韩国青年战地工作队中韩青年联欢席上，我看出了他们的民族性：默讷深沉，刚毅果断，默讷近仁，仁者必有勇，深沉默讷为智，他们是智、仁、勇兼而有之的大好民族！可是因为国运不昌隆，受日俄的宰割，因中国的多难，数十年来有“控于大邦谁因谁极”之感，所以他们的人民土地遭受了不少的变色屠戮，现在他们如响斯应的与我们立在同一战线上，在前线，在敌人的后方，已经有韩国武装同志在为中华民族解放而牺牲，有的在后方做着□建的工作，由现在的合作想到中韩两民族过去的互助事实，实在有回忆一下的价值，不过这不是文人的数典、茶寮酒肆的谈天，更不是白头宫女说天宝间事，而是把他拿来作数学里的公式和工厂里的引擎，证明中韩在这个时期里必须有统一合作的阵线和推动中韩两民族遵循过去的良好途径，向前迈进。

中韩的文化

据历史的推考，东亚文化的发源，是由黄河上游东渐，慢慢发展到朝鲜、日本，这是可以成立的考据。因为就历史推测，日本文化后朝鲜二千余年，朝鲜文化后中国又千余年，日本至西历七百余年后才有史书，追述神武建国的时候，也不过在公元前七百年，而且文字都是取材于中国的《史记》《汉书》。据说日本得到中国的文化，这是由朝鲜灌输过去的，而朝鲜的文化又是由中国输入的，事实是这样的：距今约四千年前，当中国周武王伐纣之后，箕子耻为周朝臣民，带了一些商朝遗民由海道逃入朝鲜，那时的朝鲜虽然有君长的统治，可是一切都不健全，文化更不必说。自箕子到朝鲜之后，把中国的诗书礼乐在那里尽量的传教，和箕子同去的人，医巫、阴阳、卜筮、百工技艺各业都有，如是半岛上的生活习惯，在那时中韩两民族就奠定了混同的基础，由中国文化的灌溉、箕子的制度，朝鲜变为民不相盗、夜不闭户、男耕女织、贞信不淫的乐土。

后来到了唐代，中国文化发达到了极点，政教、制度、文学、艺术澎涨到边远的任何一个蛮夷民族，朝鲜这时候是新罗、百济、高句丽三国鼎立的时代，他们各争雄长，所以锐意的吸取中国文化，如高句丽的佛教、道教，这时最为盛行；百济研读中国的经学也极有心得，同时也就在这时极力的将文化介绍到日本去，新罗得到的中国文化更不比高、百的简单，讲到佛教，他确实做到不杀生、不偷盗、不淫夫、不妄语、不饮酒、不住华屋、不着香花、不食非时食的工夫，不仅佛教奉行最谨，就是科学如天文学、医学等，艺术如绘画、建筑、篇[编]织、陶铸、音乐等，无不吸收传习，服中国之服，用中国之历，子弟入中国读书，律令典章一同中国，任官使人也用科举，因为他一切制度文物都与中国同，所以他的文化就成了半岛上的中心，因此一切组织也跟着健全，后来必竟能克服异族统一半岛数千年。

由这些文化历史上的根据，我们认识韩国在东亚文化上的传布和发展，实在有很大的功劳，正好比中国是东亚文化的大铸炉，而韩国却是推销铸造出来的成品之有力者，如此分工合作才造成今日大东亚各民族国家的文化局面。

中韩的军事政治

中韩除文化上具有相同的特性外，在军事政治上更是有唇齿相关的结合性，其中互助的事实，有很多的血迹可寻。

一、韩国民族的统一和立国

朝鲜在数千年前是各部落各自为政的散漫半岛，后来扶余种通古斯民族渐渐东侵，占住朝鲜，最强大的就是高句丽、百济两国，真正的韩族王国就是服伏在东北一隅的新罗，地小民穷，常常有被灭亡的危险。当中国唐高宗时百济国勾结日本引狼入室，想灭亡新罗统有其地，高宗助新罗和日本战于白江口（即锦江口），日本大败，焚其三十四百艘，烟炎灼天，海水皆赤，可见当时战争的剧烈了。将日本打败之后，随即攻灭百济，增大新罗的国土，随后又伐灭高句丽，扶助韩国民族统一全半岛，国家的制度律令完全依照唐制，可见韩国的独立，是中韩两民族流血的结晶品。

二、日本侵韩之战

在中国明神宗时距今四百年前，日本丰臣秀吉黩武西侵，率海陆军十五万人攻朝鲜，这时朝鲜国内承平，兵不习战，日寇猝至，望风奔溃，日军攻入朝鲜京城，残杀蹂躏，军民被屠者六万，积尸高于城垣数丈，神宗发兵助韩，前仆后继，再接再励，与日本血战七年，中国丧师数十万，消耗金钱数百万，结果战到丰臣秀吉死去，方各罢兵，朝鲜得以安然无恙。

这种流血在表面看来，似乎是中国自作自受，要是眼光远大的就知道不然，因为朝鲜介在中日之间，朝鲜亡，中国去了门户，也免不了亡，朝鲜强胜，中国巩固了边防，永无倭寇之患，神宗看清了中韩团结御侮的重要，不惜牺牲一切保存韩国的生命。拿近今的事实，更可以看出韩国的存亡与中国国运的消长。

三、助明之役

当满清崛起满洲以后，屡次南犯，想覆灭明朝，征服中国。韩国感明抗日之德，极力助明，与满清大战三次：1.萨尔浒之战（山名，在沈阳东）韩国大败，韩将姜宏烈降清，清迫朝鲜王降不屈。2.清太宗初年遣大贝勒阿敏率师伐朝鲜，直逼国都，朝鲜王率妻子遁江华岛，会明师不能赴援，诈与满清和。3.朝鲜诈降后仍极力助明攻清，太宗亲率大军攻之，又克韩京，掳朝鲜王妻子，当时明师屡败，舟师又阻于风，不敢渡援，朝鲜王知大事已去，降于清。

朝鲜在助明的战役中，虽然毕竟不能保持中国不亡于满清，然而朝鲜适当的牵制了满清进攻，消耗满清不少的力量，间接延续明朝数十年的命运。

四、满清断送朝鲜王国

满清断送韩国命运的事实大约如下：

1.日韩盟约。当清光绪年间，正是日本明治维新极力向西发展的时候，当时日本征韩论甚炽，百端挑衅，中国官吏□朝鲜虽奉中国正朔，而宣战媾和一任该国自理，中朝向不干预数语，放弃对韩国的帮助，如是日本借故兴兵，威胁朝鲜订江华条约十二条。第一条美其名认朝鲜为自主之邦，与日本有平等权。这不是尊朝鲜而是明明将中国和朝鲜分开，使朝鲜孤立无援，以便日后的予取予夺。

2.朝鲜内乱。光绪八年朝鲜新旧两党相攻，新党亲日，旧党亲中，当时旧党势力强大，尽驱新党并驱走日使，中国不仅不助旧党，反而将旧党首□大院君执来中国，遣新党朴永孝等向日本谢罪赔款议和。

3.天津条约。自上次新旧党乱后，新党势力大盛，光绪十一年新党作乱，攻杀旧党几尽，中国驻朝鲜通商委员袁世凯以兵讨平之。如是日本大兴问罪之师，责朝鲜赔款十三万，逼中国政府订天津条约。最重要的两条是：(1)双方撤兵；(2)将来朝鲜或有重要事件需中日两方出兵时，两国须于出兵前互相知照，事后即行撤退等等。

这次朝鲜内乱，日本就不像中国懦弱，见新党为旧党所败，能出面责备朝鲜威逼中国，使双方屈服在条约之下。撤兵一条，即是将中国势力完全退出韩国，同时就是将韩国的旧党解除武装，使韩国永无抬头之日。韩国有事双方出兵，就是将韩国的一切军事内政权操入日人之手。

4.中日之战。中日战争的起因，是因朝鲜的东学党作乱，中国派兵助剿，同时中国的大人先生门以讲信修睦的道德，遵照天津条约知照日本，日本得到这个机会，也派遣海陆军入朝鲜。因为致日本的知照中有“属邦朝鲜”一句话，如是日人借题发挥，不承认朝鲜为中国属邦，转而与中国冲突，遂演出中日大战。这一战中国海军全军覆没，陆军也一蹶不振，如是订立《马关条约》：第一条承认朝鲜自主，第二条割辽东半岛等。自此以后中国势力不仅退出韩境，而且退出辽东，于是朝鲜陷于绝对孤立地位，一切为日本马首是瞻，夺其军备，干其内政。后来经过日俄战争，俄国在东方势力完全扑灭，日本知中俄都成了死老虎，如是将它的假面具揭去，迫韩国并入日本版图，自立自在的韩国民族，于是暂时的屈服在倭奴的铁蹄之下。

我们统观自满清统治中国以来，对朝鲜问题，由平内乱与中日战争看，不是完全无功，可是君昏臣悖，昧于大势，断送了朝鲜的生命。

结论

伟大的中韩民族，由这数十年来的历史关系，我们认识两民族共存共荣之必然性；尤其是在现阶段的东亚情况下，朝鲜处中日俄三国之焦点，朝鲜入于任何一国，则其他二国必受威胁，且有唇亡齿寒、旦夕被吞的可能；若朝鲜在军事、政治上翼然独立于半岛，则不仅为中日俄划出缓冲中立区，而且可以左右三国间一切野心的觊觎，而消弭战祸于无形。

中国历代以传统的公理外交——共存共荣——应付邻国的治乱存亡，这些事实在史迹上斑斑可考，任何曾经被征服过的民族国家，在政治军事上莫不加强其独立精神，尽力量发展共荣的存在。对于朝鲜的过去就是一本这个精神，所以自周秦至于满清中页[叶]数千年间，朝鲜一切都是独立的，这个时期的日俄，因朝鲜与中国的密切联系，拥有雄厚的独立力量，他们不仅无法东侵西略，而且经过中国多少次的文化的熏陶。不料到了满清末年，因传统政策的没落，对于外交不仅不能维系朝鲜，就是自主的能力也几乎消失，所以很随便的将举足轻重的朝鲜脱离传统关系，从此大门打开，任贼出入，演出数十年的血肉争斗，以至今日的丧地辱国，旦夕频亡，更由中日的风波，转为太平洋的逐角，欧陆的瓜分，再进为必然的不可免的第二次人类大屠杀。设或当日本西侵之始，清政府能以唐高宗、明神宗的远大眼光，畀朝鲜以整个力量，给日寇一当头棒，根本不让他在大陆上插进一趾，可断定的说：不仅今日的中国是宇内清平，就是朝鲜也一定的正在自立更生向上迈进，世界或许也由这个安定的力量而免除一再的大流血（总裁痛斥"大东亚新秩序"里也说过，以历史文化种种条件来说，安定东亚的力量完全在中国）。由此证明韩亡中危，中强韩立，中韩强太平洋上海不扬波了。

中韩的关系，既然如此重大，它们今日的使命和责任不可言喻，中韩青年联欢席上罗月焕先生说："日本亡韩之后，想逐步亡中国，如是驱使韩民一步一步占居中国领土，煽动韩民与中民磨擦，发生恶感和冲突，他就在幕后做杀人越货的勾当，既得地，又得利，如万宝山事件。这种毒辣政策，客观方面看，似乎是中韩民族自相倾轧，谁知完全出于亡国民众的被迫行动，不忍为而不得不为，一切天赋的理智完全被他吞噬。"我们听了这段话，知道韩国所处的地位是如何？民众遭受的痛苦又是如何。

总理昭示我们说："联合世界上以平等待我之民族共同奋斗。"所以我们要求最后的胜利，必须要我帮手，不错！现在同情我们的民族国家当然很多，可是他们不过是同情而已。与我们东三省华北的民众正在遭受同样痛苦的朋友就是韩国，他们与我们同一切肤之痛，正在暗地里潜长他们反抗的力量，不久他们的半岛上也将要发动民族独立的呼声，动员整个的力量与中国站在同一战线上奋斗，这个才是我们真正的朋友，才是抗日阵线中理想上事实上可以获得共同胜利的一员。我希望中韩两民族加紧携手，抱定两个原则上的信念——“求得中国的胜利就是加速韩国的复兴”“养成韩国的复兴力量，也就是加强中国抗战的实力”，守着“二人同心，其利断金”的团结实训，同心同德的共歼矮寇，来安定东亚，促进世界大同！

（原载于《韩国青年》第1卷第3期，1941年）

中国抗战与朝鲜独立

刘百闵

日本帝国主义是最野蛮的国际土匪，是被压迫民族的天字第一号公敌，它的所谓“大陆政策”，便是要把被压迫民族用铁链锁着永远踏在脚底。在它的毒爪之下，朝鲜是被牺牲了，中国也受着不断的欺侮。然而愚蠢的日寇是失算了，它不知道伟大的中华民族忍耐是有限度的，也不知道优秀的朝鲜儿女是不愿永远作奴隶的。现在这两大民族，终于英勇地站起来和日寇展开了生死存亡的大搏斗！

朝鲜自受着日寇野蛮的统治以来，革命志士曾前仆后继的奋起：如一九一九年轰轰烈烈的大运动，如虎之门、二重桥的两次起义，如义烈团的运动，如联合上海临时政府与内地民众的五月大革命，以及一九二九年底的光州大暴动，一九三二年的上海炸弹事件，一九三八年的忠勇救国军光复成欢水源……总计一九一九年到现在发生的大小革命暴动，已不下四千余次，死难烈士已不下四五万人。这证明朝鲜的人心未死，朝鲜的优秀儿女终不是日寇的机关枪、大炮所能慑伏的。然而百足之虫的日寇，究不是一击可死的，在客观条件未成熟之前，朝鲜志士的革命运动终不能不归于失败。现在可不然了！伟大的中华民族已凭四年余的苦斗，缚住了日寇的手脚，日寇实已到了奄奄一息的时候：论人力，死伤已达一百数十万，兵力已被削弱了大半；论财力，经费已消耗二百万万元，公债已发行三百万万元，黄金搬出一空，外汇亦已所余无几；论物力，资源贫乏的日寇，经过四年余的大量消耗，不但已无法供给工业的需要，连人民的生活必需品亦已无法供给。总之，日寇的一切国力都已被中国打光了，这实在已到了朝鲜民族翻身的绝好时机！

在中国抗战的四年间，朝鲜兄弟在国内国外都曾配合中国作战，加倍的奋斗。尤其在中国的朝鲜兄弟，且出入枪林弹雨，作瓦解敌军工作，或与敌军交绥，这种革命精神诚堪佩服！但是在战争愈接近决定阶段而环境也愈趋艰苦的今日，中韩两民族必须更紧紧的握手，更亲密的团结，争取抗战胜利的早日来临！因为东方被压迫民族的未来命运，都系于中国这次抗战的成败。在中国抗战胜利之日，不待说也就是朝鲜独立完成之时！为了对付共同的敌人，为了达到共同的目标，我们必须把握住这千载一时的良机，共同加紧努力奋斗！

（原载于《朝鲜义勇队》第40期，1941年）

反法西斯斗争中的朝鲜青年

青岳

朝鲜青年运动是跟着整个朝鲜民族解放运动发展着的，而且在民族运动中居于重要的地位，他们始终一贯的站在民族解放运动的最前线，进行了而且还在进行着最勇敢的斗争。然而我们觉得非常惭愧，因为我们民族的绝大多数是已被日本法西斯强盗解除武装的没有自由的人们，所以贡献于反法西斯的力量受着严酷的限制，比不上中国和苏联的青年可以执着枪刃驾驶飞机以庞大的武力消灭敌人的武力。

但是，今天我们仍可很欣喜的向我们的国际反法西斯的弟兄报告：朝鲜的青年是跟着全世界的战友正在悲壮的进行着肉搏战，朝鲜亡国前后的壮烈的义兵运动，一九一九年的三一独立运动，一九二〇年以后的新的朝鲜青年运动，一九二九年的光州学生运动，无数次的罢工、罢课、农民暴动及东北的朝鲜革命军等等，无一不是以青年做为中心的。自从中日战争发动以来，散布在工场、农场、学校及城市里的反日组织与反日行动，随时都在潜滋暗长，尤其是去年十一月在庆南发生的七千中学生的游街示威运动，在汉城的反战传单事件，更是朝鲜青年的光荣战迹。在国外，东北的朝鲜革命军现已成军的武装起来，和中国的弟兄并肩作战，在关内朝鲜义勇队、韩国光复军先后成立，和中国的战友携手作抗日的斗争，他们正在努力武装起来，准备和中国的弟兄在战斗上切实配合以反攻日寇。更使人兴奋的，今年一月在华北成立了朝鲜青年联合会，广大的号召朝鲜青年参加中国抗战，并高举着为朝鲜青年的利益而斗争的纲领，这是和过去不同的新的姿态青年的团结。

事实告诉我们：朝鲜青年运动已经从学生的、少数知识阶层的运动发展到广大的大众的青年运动，从单纯的经济的政治的斗争局部的走上武装的斗争，从国内的斗争扩大到国际的斗争，而构成国际青年反法西斯的生动力量的一个重要部份。

然而，狡猾残毒的敌人在朝鲜却正进行着奴役和残害青年，它一方面实施志愿兵制，驱使朝鲜青年去做侵略的炮灰，而另一方面组织各界青年（例如学生、青年精神总动员联盟支部、青年团、少年团、“爱国”班、奉仕队、工人“反共”协会等），企图防止革命和有组织的奴役他们，因此朝鲜青年反法西斯运动的当面课题是破坏敌人的反动组织，以革命的正义的组织来代替它，粉碎敌人的一切麻醉青年的宣传，争取他们在民族解放的旗帜之下，有意识的团结起来，同时建立青年的武装来争取朝鲜民族独立解放，以实力援助中国抗战。为了达成我们这种目的，首先我们的革命青年要团结起来，进而作朝鲜民族反日统一战线中推动的中心的力量。

今天我们在革命的朝鲜青年来纪念国际青年节，我们要发扬广大国际青年节的历史的使命，更要鼓舞全世界反法西斯的青年更加团结起来，援助中国和苏联的抗战。在华的朝鲜青年在中国抗战的舞台上已经伸出手来和中国的战友紧紧的握着，更愿和全世界的反法西斯青年与一切反法西斯的人们握起热情的手来，以便打倒人类的公敌——法西斯野兽，为自由幸福和民主而共同奋斗。

（原载于《新华日报》1941 年 9 月 7 日）

日本奴化朝鲜之政策

[美国]韦姆士
林振德 译

本篇原文载英文《亚细亚》杂志六月号，作者美国人宾雅勉·韦姆士，原题为《朝鲜禁用朝鲜语》。然其所纪，不止语言一端，对于倭寇奴化朝鲜之各种政策，多有叙述，故为改标今□。读斯文者，其亦懔然于倭寇手段之毒辣，与亡国者遭遇之惨痛乎？

——译者志

住美八载后，余于一九三九年夏重回儿时旧游之朝鲜，最惊异者，则竟无一能以朝鲜语与余晤谈之人；乃知朝鲜通用之语，久为当局所取缔；在余归来前数月，朝鲜总督且明令禁用之。朝鲜人民，在公官事务与商业交易间不得再用朝鲜语。服务官公机关之朝鲜人，即在家庭，亦应绝对操用日语。虽朝鲜商人及警察，与不识日语之美侨谈话时准暂用朝鲜语；然此项禁令，影响于朝鲜人民之生活者，已极深矣。

最重要者，则日人此举，并非单独之禁令，而为其根绝朝鲜文化与风俗之奇妙政策中之一部。盖日本政府，以朝鲜之文化与风俗乃其实现"东亚新秩序"迷梦中之障碍物也。例如，严禁朝鲜人再渡中国旧历之新年——旧历元旦，禁止休业纪念，儿童亦不得穿着华丽服装。今春开学时，凡不改用日文姓名之学生一律不得入校。既禁用朝鲜语文，复严查出版书报，朝鲜文学遂无从生存矣。旧有载籍，尤以历史、政治、宗教等书，均遭政府查禁没收，或予删改。一九四〇年秋，汉城报纸只存二家；以七十五万居民之都会，而仅有此，其理由则谓为缺乏纸张也。两报之中，一用朝鲜文，然受严查，其内容只在向少数未识日文者为日本作简单之宣传而已。

一九四〇年五月公布之宗教团体管理法，规定一切宗教团体应向教育部之宗教局声请登记。其目的在彻底改组一切宗教社团，使适应此集权国家之新要求。然在朝鲜中，只有基督教徒感受此项改组法令之影响。至若佛教与其他教徒，则已与日本政府所孕育之神道教妥协而受其管理矣。依照日人之指示，朝鲜宗教改组之计划由朝鲜政府之宗教领袖宣布执行。去年十月，某基督教会之领袖宣布奉行此项命令，以为其他教会倡；拒绝外国教会之资助与管理，并以效忠天皇与国策为教会首要之任务。此教会之领袖，乃一朝鲜绅士，身为奋派之基督徒，且为一九一九年签署朝鲜独立宣言之一员。

日本自并吞朝鲜以后，教会与学校遂受政府严格之监督。朝鲜教员必经证明其为忠实之傀儡，方可取得准予教学之证书。处此国难严重时期，课程之管理尤严，各项功课均以日语课授，且用演讲注入式，故教员之责任特重，而宣传之机会亦特佳。

依照政府最近之统计，朝鲜全国仅有中等学校一百零八所，其中十六校为教会所办，每年各校拔考之学生常在千以上，而取录不过百余人。此种情形，遂使学生过度拥挤，而殉情选取之弊以生。

一九三七〚年〛中日事变发生之初，日本全国即举行精神总动员，朝鲜学校尤受影响。民众体格，严加训练，伟大之运动会迭于放假日期举行。中等以上之学校，一律强施军训。保管学校军械之职业，其重要与保管圣旨相同，稍有疏处，即遭杀身。各校学生以其一半假期，留校作劳动服务，以养成其爱国之精神。

对华战事发生以后，各校当局应遵照指定时间，率领全校学生至车站向经过之日军鞠躬致敬，以示效忠此次之战争，某教会中学之美国校长，遵照命令，未明即起，率队依时赴车站。列车既到，不见士兵，仍须鞠躬致敬，各摇纸旗，表示欢迎。此美籍校长，旋见车中露出长蹄，迨加详察，则知彼等顷者系向满车马匹行礼也！

从教会学校之立场言，精神总动员运动中，最难遵行者厥为全体人民应于国家纪念日向神道圣龛朝拜。至少在理论上，政府之神道教，与宗教上之神道教绝不相同。当此新定仪式颁布时，政府宣称其爱国之行为，全国人民均应遵从，基督教徒不在例外。教会人士对于朝拜圣龛之举，意见不一。一部教会不愿遵行，宁将学校停办。一派则主张继续办理，不顾艰难；外遵政府之命令，内维学校之精神，使朝鲜学校不至愈形缺乏，而保存基督教对于教育之贡献。迨事变愈演进，政府对于朝拜圣龛仪式之举，提倡愈力，其非宗教性之问题，遂渐少讨论之矣。

"新秩序"对于外国人士之态度，可于战事初起时逮捕二百五十余朝鲜领袖一事见之。此辈领袖，多曾留学美国或在宗教育上与美籍教士亲密之人。此类智识份子，或久遭监禁，或经严讯之后准予保释，仍禁其再任教职。此项法令与其他取缔教育，钳制自由之政策，在朝鲜特为毒酷。朝鲜人民既遭征服，受压迫；日人深恐其酝酿革命，故严禁其与外国人士或民主国人相接触。

朝鲜当局既横施压力，西方教会亦自愿授权韩人主持会务，故西教士之人数，在战事前已锐减。今更绝对不许教会接受外国之资助与管理，侨韩办学传教之外人，先后离境者达四分之三。彼辈回国，半由于不堪上述之苛待，半亦由于美国内政部之劝告。彼意美人侨韩，恐致贻累其朝鲜之朋友也。今春开学，全国各校已无外籍之校长。尚留朝鲜之外国教士四五十人中，于今年三月，遭逮捕或传讯者十六人，谓其参加□有碍国家精神之工作。可见当局对待外人之手段愈严厉。其结果将令侨韩、外人一律撤退，或使其一切活动，悉行停止。

此种国家主义之教育经极力进行后，其新生一代之儿童，将变为政府驯伏之仆授，或为绝对服从之奴才。朝鲜小学生，已受同化，自觉效忠于现政府，乃其天职；在此严重时期，一切言动，苟有碍于政府者，应即报知当局。余曾询一学生以其所穿制服是何布质，如何织成，此布为官办工厂所织造，因此问题，竟被报告警局传讯。

在日常社交上，日人之压制似不显明。服务政府机关之韩人，其薪作亦与同一职级之日人相等。然依照神秘之人事制度，所有位尊俸高之职务，均由日人任之。此种情形在农工商业各界，莫不同然。名义上，朝鲜人与日人在经济界享有同等之机会，然日商实操纵一切资本，而政府又随时予以资助鼓励日本之投机者，与资本遂得压迫朝鲜小地主而取得其广大之田地，打倒小制造家而获得庞大之资产。各种工业均受政府严密之管理，烟草之生产与分销，则为政府所专利。军需品如石油等类之开采、制造、运输，亦由政府分别监督、统制。

米为朝鲜主要之粮食。在日人管理之下，产米之量激增，朝鲜遂成为日本帝国之“饭碗”。然值此作战时期，大量之米谷，须逼供日本及侵华日军之食用；即丰收如去年，朝鲜人亦不得食其白米，各人应列队领取口粮，每名得米麦二把而已。

自表面观之，日本同化朝鲜之计划，朝鲜人已完全遵从。从反面言，苟不遵从，将罹大祸故不得不忍痛屈服也。大学中学之毕业生，屡请美籍教友赞助，使得留学美国。然时至今日，欲领护照已绝不可能矣。政府虽禁用欧西物品，然朝鲜之智识份子与资产阶级，遇离境之外人变卖用具时，辄蜂集争购之。美国之书籍杂志，亦极为敢阅读之朝鲜学生与智识界所需求。尚有少数未能绝对服从之朝鲜人，此辈为基督教徒，以政府强迫拜龛之举，与其信仰相违背，卑愿殉道，决不屈服。

政治经济之不安，人民思想之紊乱，乃今日朝鲜社会之现象。未来之演变如何，殊难预言；谁为可靠之人，亦无能知之者。日本军阀与帝国元勋，能使其侵略政策，普遍施行而无阻乎？即以朝鲜论，此种帝国主义之侵略果能永远施行乎？此时不安与紊乱之情形，一俟国际局面平定后，即将解决。其结果将使朝鲜在文化上社会上经济上得获自主乎，抑将与日本完全同化乎？惟有未来，始能言之。

（原载于《边政月刊》第7期，1941年）

大韩民族精神之一斑

书舫

张椎荆剑胸藏久，
鲁海屈湘梦入频。
今日腐心潜水客，
昔年尝胆卧薪人。

——节录韩国志士金址变遗诗

一般人提起韩国民族，常常有一个极错误的观念，总以为韩国民族真的像一些谬误的传说一样，是东方隐士国，是萎靡不振的惰性最深的民族，是戴着高笠穿着宽袍大袖的衣裳坐在树阴底下，悠悠的吸着烟消磨岁月的人。这种误解和诬蔑，在真正了解韩国民族性的人，是付之一笑不值一驳的，这正与说中国文化是只有小脚、八股文和贞节牌坊等是一样的荒谬和幼稚。现在中国文化因□年的英勇抗战和三民主义的发扬光大，已渐渐大白于世界，用不着多说，我们可以探讨韩国真正文化是什么。肯定的说，韩国民族真正文化就是英勇刚毅不惮牺牲，其表现在事实上就是这几十年来不断的革命运动，从韩国有史以来成仁取义的忠勇烈士真是数不胜数，尤其令人惊佩的，是从事暗杀工作的武士之多和壮烈的史实之富，恐怕任何民族没有韩国来得多了。巴枯宁说："暗杀是弱者最好的武器，是抵抗强权最有效的方式。"但是实行暗杀工作的人，不是具有极大的毅力和神勇，是不能胜任愉快的。韩国民族先天就有这种盛旺的牺牲精神和坚定的毅力。秦始皇的副车在博浪沙被张良所聘的刺客打死，这刺客仓海公，据说就是韩国人。从此以后，惊天动地的暗杀史迹层出不穷，如安重根在哈尔滨刺杀伊藤博文，尹奉吉在上海炸毙白川，这都是惊天动地彰彰在人耳目的，其他如姜宇奎、宋学先等之刺斋藤实，安明根之刺寺内正毅，李奉昌、金址燮之刺倭皇，虽然有的成功，有的失败，但是这种冒险犯难的精神真可动天地而泣鬼神了。又看金相玉的“秘密社”，金佐镇、朴尚镇的“光复团”，崔养玉的“共鸣社”，奇山涛的“暗杀团”等，那一个不是轰轰烈烈的暗杀机关，这就是韩国不会永久灭亡的铁证，这就是大韩民族大仁大勇在事实上的表现，这就是大韩民族真正的文化。

现在倭寇已经与中国战争了四年，他的泥足已是愈陷愈深，近来更如疯狗似的，想南进到大洋洲方面去，这正是他垂死的挣扎，将熄灭的灯以前的回光返照，这正是韩国同胞千载一时复仇雪耻的机会了，敌人的前面有中国四万万五千万伟大民族的搏斗，倘若在敌人后方韩国民族发挥暗杀的特长，再来一个三千万民族的大暗杀和大暴动，倭奴的命运注定了非亡国灭种不可了，中韩兄弟之邦，这次抗战更是辅车相依、左提右挈的，各尽所长，共同向一个目标前进，胜利已经不远，前进吧，努力！

（原载于《韩国青年》第1卷第3期，1941年）

谈反侵略文学的战略

念兹

一

前几年，看到鹿地亘先生的作品，觉得有些欣然，因为这个战争在日本方面很显然的，不能认为爱国或救国，要拼命去打，像我们道方圆的一样。但是，日本的所谓“左翼文坛”完全是吹牛，在这个战争一起，一切号称“左翼作家”——自由主义者和社会主义者——都已显然的变节，占[站]在军间[阀]、财阀、刽子手一方面去，在歌颂这个“圣战”，使我们看到所谓的“东洋货”，日本左翼作家完全是脆弱的、欺骗的，像一切在国际市场骚扰的日货——玩具、丝绸品——一样，没有坚固性、耐久性，只是一种炫耀粉饰机巧罢了。

因之，我们更爱鹿地亘先生及其他许多反战的日本同志，他们这种高尚节操和气魄超越了一切的日本人，一个伟大的作家，必须有一个伟大的人格。在平时，表示透澈，坚定进步的人，不能就算做伟大。惟有在新时代的新事变中，作者能本着他的素养，他的操守，他的眼光，能屹然不动的立定脚跟，使用他的武器，攻打他的敌人，保护他的友人的，那才是真正的伟大。

这种精神，在我们的国家是有的，先民很丰富的存在，近人正在努力温习，像一切反宦官、反外戚、反权奸、反自杀主义等，都曾经表现过英勇的奋斗。壮烈的牺牲，用鲜血浸透了史册，用正义照耀了人类，像汉代、唐代和明代，都曾经充分提供了这一类的例子。只是这种典型的人和事，不能与鹿地亘先生及其同志所表现的工作相比拟。因为我们是在自己的国土内，反对民族的敌人，不像鹿地亘及其同志，是占[站]在别人国内，反对全世界的敌人。自然，这是两个历史阶段不同的原故，议令我们的先民，占在今天鹿地亘及其同志的立场，他也一样要发出反侵略反刽子手的强烈的呼声。因为人类的正义、真理，在任何时代，却会被一种有伟大人格的个人和团体去支持，维护，灌溉，绝对不肯让它枯萎下去，低落下去的，否则就没有人类，没有历史，这是一种很黑白的哲学和逻辑。

二

明朝亡了，朱舜水先生逃到日本，不肯做清朝的官，在日本讲学，写文章，这种精神，日本应该晓得。一般人都这样说，中国人的骨格比日本人的骨格还强硬，这个也都是事实。固然，日本的统治者，很圆滑很残酷。但是日本的文学者，在最近四年来，能够很清楚地认识了他的使命，卓越地把握了他的立场，坚韧地进行了他的工作的，恐怕人数还并不很多，这不能不说是一个遗憾！

现代资本主义国家，在对外战争中，统治者的法西化更成为一个必然的事实。日本军部的跋扈，在这一次侵略战争中，更发展到尖锐□□的程度。日本文学者，在这个过程中，一面被收买，一面被镇服，也是一个事实。只是文学反侵略的任务并未绝迹，依然有人担负。□战是在我国的很多的投诚的日军，能够认识清楚他们正确的道路，向他们本国的反动的文坛投以正确的炸弹，以唤醒被他们麻醉的文学大众，走向反战反侵略反帝国主义的路上去。因之，我国的抗战、持久性的战略不但使日本侵略机构的物资基础首先崩溃，而且同时在使日本侵略机构的意识形态相继变革。这个战争，在我们一方面，是百分之百的进步性的，它将以它的胜利，创造新的东洋社会的物资基础和意识形态，告诉西方的物资界和意识界，我国的战胜，不仅是商品货币市场的大开阔，而且是文学艺术园地的重建设。它并不是门罗性的，也不是义和团性的，它是世界进步文化的新马力。

巴比塞和雷马克的作品，是不是能在日本产生，就要看我们的同志如何教育日本的军人，自然，这个教育是用战争，用打击，用强有力的方式，使敌军在战场上，在疗养院里，由生活痛苦，到思维的觉悟，再用他们的良知，去朗照他们的现实，描写它，暴露它，通过一切的艺术手腕，把它形象化了、报告化了，再去影响和领导他们的国人，叫他们认识侵略战争的本质、侵略者的真面目，这是一个由军事到文学的总的反侵略的策略。

我们对敌人，不是放弃说服，只是注重征讨，不是放弃宣传，只是注重战争，而是把说服放在征讨上、宣传放在战争上面的。因为进行教育一群凶顽鲁莽的孩子，除掉糖果之外，鞭子还是一个不可缺少的教具。况且他们正以一种汹涌的姿势，向着真理挨打，向着正义攻击。如不用征讨和战争之类的方式，从他们的物资基础上去推动他们的意识形态的进步，那又患了一切玄学家、道士、和尚、牧师与教皇之类的坏毛病。这是今天我国及全世界的新哲学所不敢持的逻辑。

三

很显然的，在今天，我们能用日文写出很好的反侵略的作品的人，还并不很多。我们自身除掉充分的创造中文的反侵略作品外，还不得不注意所谓的“俘虏文学”，希望这些敌国的同志，用他们的传统的优越的文字技术，把他们所见到的所感到的告诉他们的国人，这是我们文学抗战的战略。自然，这决不是侮漫[谩]异国的同志、投诚的官佐，要叫他们很勉强地攻打他们的祖国，而是希望这些进步的同志，在中日人民联合对日本统治者、全人类的反动势力作真理战、正义战的一种军事性增值。为了扑灭纵火的毁灭人类财产的日本刽子手、军阀和财阀，才不能不把文学上的战略这样决定，这样安排。我们的同志，必须要这样的主张，敌国的同志，也必须要这样的主张，才能促进真正的东亚和平的主张，敌国的同志，也必须要这样推行，才能促进真正的东亚和平。

我们必须要对被俘投诚的同志，说明这一次“亚洲民族之大悲剧”，其责任，其导演，决不在中日人民，而在日本军部。日本“左翼文坛”的荒凉、冷落、空，左翼作家的变节、无耻、投降军阀及政客，也正是人类大悲剧的一幕。这个转移者，仍然在日本的社会及政治制度。日本的文化工作者、学生、作家、知识份子要明白，日本意识界这种逆转，这种反动，一面固然是受制于客观日本的社会历史条件，一面也由于日本意识的落后、暗弱、无能，不能冲开这个历史的僵局，把一部份人类的文明放在黑夜里，放在险滩上，也正是日本文化工作者自己未尽到任务。

今天，我们争取反战的敌军，不是争取他的缴械，也不是争取他的投降，因为“缴械”“投降”这一类名词，不仅是对日军反战同志的曲解和误解，而且是对这一个神圣任务的消极估价。“缴械”“投降”决不能算是完成了我们的任务，我们的任务，是在争取日军反战同志，把他们的武器掉转过方向来，攻打他们和我们的共同敌人——日本统治者、侵略者。因之，在文学抗战的战略方面，我们要尽量吸引日军反战同志的作品，到我国的抗战文坛上来，和我们的步调一致，目标一致，配合军事反攻作文学的反攻。这是每一个抗战文艺杂志和抗战文艺编辑必须尽到的责任。同时，我们还要随时培养日军反战同志的写作能力，除掉形式方面之外，还要特别注意内容。因为日军反战反侵略的文艺与一般文艺，在创作上相同，仍然是离不开内容决定形式的原则。自然，我们也决不是说，不要形式，只要内容，而是说在内容上的鉴定，比在形式上的鉴定还重要，还迫切。因为，我们今天对任何文艺作家的作品，不论他是同志的或友人的，都须要他的技术不要白费，而是要使用在一定的进步意识之下，尤其是任何技术，都是透过意识在那里活动、表现。决不是无基础的建筑，技术是绝对脱离不开意识的指挥的，这是千古人类社会全部艺术作品产生的轨道。

四

在我国正在努力建立一个三民主义的新文坛当中，也正同我们正在努力建立一个新国家一样，不但要努力教育自己的各种基层干部，并要积极争取各种帮助我们基层工作的友军，无论他的皮肤色泽怎样，宗教信仰怎样和政治立场怎样，只要他是反对日寇反对汉奸反对侵略的，都必须要争取他的作品，争取这种作家到我们的文坛上来，到我们的战壕上来，共同打击我们共同的敌人。因此，在这个原则要求之下，在这个战略决定之下，我们特别重视日军反战反法西的作品及掉转枪尖进攻日阀的敌国同志，我们不但要推荐他们的作品，并且要鼓励他们的工作，要借重他们的转变及转变后的作品其中所传达的真理性和正义性，去教训去启示一切被日阀欺骗、蹂躏的日本臣民。尤其是这一般反战反法西的敌国同志，他们不但有其祖国的文字技术，可以广为宣传影响，对其祖国人民揭露中日战争的真正意义；同时，最主要的，在文学方面，他们可以供献新颖的作品，因为他们生活的复杂、体验的优异，正可以使我们的文坛，在这一刹那间，击破单纯的腔调，陈列丰美的阵容，使反对日阀侵略的中日人民都可以得着更多的精神食粮，受到更好的意识教育。这个代价，不仅是反映在军事和政治上，而且是提供在文化上，使中日两国的人民，在反对日阀侵略的进步战争中，带来进步的东亚文化，创造进步的世界文化，也未必不是一幅可能实现的远景吧。

四月十五日

在西安北京饭店

（原载于《黄河》第2卷第4期，1941年）

抗战与革命

——祝朝鲜义勇队成立三周年

陶涤亚

在中国，抗战与革命是不可分的。

中国国民革命的目的，在求中国之自由平等，而这目的恰与日本帝国主义要奴役中国、灭亡中国的梦想相反，因此，它在主观上必然要阻挠中国革命，破坏中国革命；我们在客观上必然要排除这个革命障碍，打倒这个革命对象。由于这样的冲突和激荡，便注定了日寇必然大举侵略和中国必然奋起抗战的命运。也就是告诉我们必须争取抗战胜利，才能完成国民革命。

中国抗战与革命的不可分，是很显然的。

同时，从另一角度去看，朝鲜的革命与中国的抗战也是不可分的。因为朝鲜民族在文化上，和中国是一脉相传，在地理上和中国是唇齿相依，在遭遇上和中国是患难相共，在敌体上和中国是对象相同。日本帝国主义灭亡朝鲜，是侵略中国的初步，朝鲜之被灭亡，在我们真有如切肤之痛，我们三民主义的革命，不仅要解放自己，同时也要解放我们同被压迫的兄弟；换句话说，也就是中国的抗战不但是打倒鸭绿江边就算胜利，而且要使日本帝国主义铁蹄践踏下的一切民族重见天日，在这个前提之下，自然朝鲜民族是我们革命的伙伴、抗战的伙伴，朝鲜民族要想争取自由解放的革命运动成功，只有和中国的抗战力量站在一起。

中国抗战与朝鲜革命的不可分，又是很显然的。

三年前的今日，朝鲜义勇队在汉口的成立，便是极有意义的显示着朝鲜同志已将朝鲜的命运和中国的命运联系在一起。三年以来，朝鲜同志在后方奔走呼号，在前线出入枪林弹雨，更是证明着朝鲜战士已和中国战士战斗在一起。今天是中国的国庆节，又何尝不是朝鲜的国庆节？今天的日历上染有中国革命先烈的血迹，又何尝没有染着朝鲜革命先烈的血迹？今天，伟大的今天！值得纪念的今天！它使中国抬起头来，也使中韩兄弟携起手来！

目前的局势，是已到了光明与黑暗最后决胜的关头，中国抗战胜利业已在望，朝鲜革命成功也在不远。不过，“为山九仞，功亏一篑”，这句中国从古以来为人人服膺的警语是值得我们铭记的！我们的朝鲜同志，今天纪念义勇队成立三周年以后，应该记取三年以来的奋斗经验，更加振奋，更加努力以与我们共同的敌人搏斗！在这最后决胜的时期，我们不能放松半点，军事第一，胜利第一是我们努力的指针，也是朝鲜同志努力的目标。

中韩民族的一致行动，共同努力，一定可以打倒日本帝国主义，一定可以解放东亚一切被压迫民族，在国际舞台上高视阔步，扬眉吐气！

努力！努力！大家努力！努力争取抗战胜利！

（原载于《朝鲜义勇队》第 40 期，1941 年）

朝鲜义勇队的政治路线

王通

今年的双十节是朝鲜义勇队成立第三周年纪念日。的确，我们的义勇队是从斗争中壮大起来了。这是谁也不可否认的铁的事实！

这个胜利的战迹是除了全体同志英勇奋斗的工作和中国政府以及中国民族的援助的结果，而且更有了革命的正确的政治路线而得来的。我们是一贯的坚持了这个政治路线，不仅仅是过去和现在而且在将来也一定向着这革命的正确的方向前进的。那么这革命的正确的政治路线的具体的内容日是什么。

（一）我们是朝鲜民族的队伍

（1）今天朝鲜民族最主要的唯一的共同的目标，是朝鲜民族的彻底的解放，是争取朝鲜民族独立。金队长时常提出两个口号："民族第一""独立第一"。这两个口号是非常正确的把握住了目前我们要努力的革命的方向，是本队的政治精神。我们虽然住在中国关内，但一时一刻也没有忘记过整个朝鲜民族的前途，我们认为只要是对朝鲜民族有利益，那么不怕一切的困难牺牲，不管阵地、敌后或者是敌已占领的城市里也好，愿意去工作的。正因为我们是民族的队伍，负有民族解放的伟大责任，所以我们一切的言论、行动、宣传、组织等都针对着在日本帝国主义压迫和剥削之下呻吟着的朝鲜民族身上，我们一切的精神都为着打击日本帝国主义而集中的。不分华南、华中、华北，也不分阵地上、敌后、游击区，我们是金队长所指示的"民族第一""独立第一"这坚定的本队政治精神领导之下，和中国的国民革命军、老百姓紧密的携起手来，把我们的枪口一致瞄准敌胸膛的！

（2）我们义勇队不是某阶级的队伍，而是民族的队伍。队员的成分虽然不一样，队员的出身虽然各样，但他们都在敌人的压迫和剥削之下被迫到中国来，已有长久反日斗争经验的人们，因为这样他们对日本帝国主义的仇恨是太深刻的。他们只知道我们的敌人是一个——日本帝国主义。正因为义勇队不是某阶级的部队，因此，凡是反日的朝鲜人民都有权利参加的，并且非常欢迎参加到我们义勇队来。只要是不违反民族利益，不反对反日的斗争纲领，绝对服从队的纪律，那么不问思想、信仰的如何。并不是某某思想是欢迎参加或某某思想是排斥，而是把反日的全部民族都团结在义勇队的旗帜之下，来和日本帝国主义决斗，争取朝鲜民族的独立。我们要建立新的国家，不是光复旧韩国，也不是欧美式的议会制度的国家，也更不是苏联那样的社会主义国家，而是全民自由幸福的新的朝鲜民主共和国。本队并不是服从于某一个阶级，而是服从于全民族的。

“我们是被日本帝国主义宰割下的殖民地，我们是被压迫民族的革命的立场，参加中国抗战，以争取中国抗战的胜利和朝鲜民族独立解放，所以对我们自己，朝鲜民族是反日民族统一战线，就是朝鲜民族在它全体民族共同反日的立场上，不分阶级，不分党派，只要不是认贼作父的民族败类，我们就和他们共同建立反抗日本帝国主义的革命的统一战线。”(见本刊三十九期五页)

(3)其次，我们都绝对不愿意把义勇队停留在今天的力量程度上，而是“为了适合今天朝鲜革命运动的需要，为了适合今天抗战的需要，为了适合这个伟大时代的需要，我们朝鲜义勇队必须更加坚强，巩固，发展和战斗化，以充分发挥它的积极作用”(金若山)。我们都愿意牺牲自己一切，来把今天的义勇队很快的巩固和壮大起来，能成为战胜日本帝国主义的一支强大的反日力量，同时最关怀我们的一切国际战友们，亦是同样的希望着把这一支力量很快的巩固和发展壮大起来，争取朝鲜民族的彻底解放。为了要完成“建立武装队伍，直接参加中国抗战”的任务，如果没有广大的反日朝鲜人民直接参加朝鲜义勇队，那没有法子完成这个任务的。那么这样广大的朝鲜人民是在那里呢？只有在敌后，更确实点说，他们都在敌人枪炮直接统治的地方，强迫和欺骗之下过着牛马的生活，因此我们要争取他们，必须把工作向敌后发展。“今天必须吸取过去两年来的经验，根据新的客观情势，布置我们的工作，使我们的工作有一个整个的转变，进到更高的阶段，从单纯的对敌宣传的任务，进到战斗的武装的作战任务；从单纯的战地工作，使我们的工作重新向敌后发展，深入敌后，争取朝鲜群众。这两大任务，是本会今后工作的基本方向。我们相信，在敌后的几十万朝鲜群众(东北在外)如果被动员起来，组织起来，将是一支不可侮的力量，将对于中国抗战与朝鲜革命有极大的帮助，对于发展敌后游击战争有很大的影响，在政治上将可能推动整个朝鲜革命的蓬勃发展，动摇敌人的统治，而使中国抗战的胜利与朝鲜革命的成功，更迅速地到来。"（金若山）所以"向敌后发展"是只有一个共同的信念——是把今天的义勇队很快的巩固和壮大起来，能成为战胜日本帝国主义的一支强大的反日力量，来更有效的帮助中国抗战，更多的打击日本帝国主义，早日完成朝鲜民族的彻底解放，建立起自由幸福的民主共和国。除了这个光明正大的信念外，些毫也没有其他的信念！

（4）我们朝鲜民族虽然今天亡了国了，但我们有自己的共同语言、共同领土、共同经济联系、共同文化的三千万人民的集团，同时我们的义勇队是由朝鲜人民来建立起的队伍，是为朝鲜民族的彻底解放而斗争的队伍，所以我们认为我们义勇队一定有它的民族的自主性、独立性。这民族的自主性、独立性不仅仅是对我们今后发展工作上和打击敌人上有绝对益处，而且永远的战友——中国民族援助朝鲜革命的效果上也异常重要的。由于中国关内的特殊性，而我们自己不能自立更生，却在政治的经济的各方面上，差不多完全依靠了中国政府和民族的帮助来进行了我们的工作。对于我们这样伟大的同情的帮助，表示无限的感谢，希望今后更多量的范围来继续帮助我们的反日革命工作。国际外援与民族自主性、独立性并不是矛盾的对立的东西。绝不会由于有国际外援而减弱我们民族的自主性、独立性的活动，相反的，革命的国际外援是更加保障和扩大被外援民族的自主性、独立性的，同时我们也保障和扩大民族的自主性、独立性的基础上去争取外援的。

中国政府在过去和现在始终是对朝鲜革命运勤[动]的好意的同情的援助是非常大的，但它们丝毫也没有过因为有了援助而限制或者减弱在华朝鲜革命运动者们的民族的自主性、民族性，相反的，正因为它们对我们的援助是好意的、同情的、革命的援助，所以始终是尊重我们的民族自主性、独立性，帮助我们去积极的发扬民族的自主性、独立性。中韩两民族永远的亲密的联合和积极发扬民族自主性、独立性是不但不冲突，相反的，更加强中韩两民族的紧密的联合。我们坚决的信赖今天抗日的中国政府，今后对我们的援助是比过去和现在更大更具体，同时给我们尽量的机会去发扬民族自主性、独立性来计划和布置反日工作的。

（二）我们始终是反日反侵略的

（1）我们是一贯坚持了反日反侵略路线的，除了这个路线外再没有第二路线。因为我们朝鲜民族都是亡国奴，我们的敌人只有一个——日本帝国主义。只有反日反侵略才有光明，相反的，不反日不反侵略只有灭亡。□□□一切思想、行动都集中在反日反侵略的工作上面；看书，研究，谈话也好，在阵地上

□□□口号，散布日语传单也好，到敌人后方去，潜入敌人城市里去组织朝鲜群众也好，到江南游击区也好，到华北游击区也好，都是为了打击日本帝国主义，为了摆脱亡国奴的铁锁的，给敌人被捕英勇牺牲的同志们也是为反日反侵略而牺牲的！如果对朝鲜民族解放运动和中国抗战不利的工作，那宁可死不做！今天我们民族中只要是反日反侵略的人，都是我们的战友，我们愿意去帮助他发展。相反的，你不管是什么人，如果帮助日本，帮助侵略，那就是我们的敌人，一定和他拼到底。敌人反对的人，就是我们的朋友，敌人拥护的人，就是我们的敌人！

(2)我们不是阶级的部队，而是民族的部队，我们今天不但是参加中国抗战，而且为争取朝鲜民族的彻底解放而斗争的部队，是代表朝鲜民族的有自主性、独立性的部队。因此我们在中国的革命外交的对像并不是中国的那党那派，而是中国民族，更具体点说，则代表中华民族的中国国民政府。我们是反日的，中国国民政府也抗战的，我们敌人是共同的——日本帝国主义。所以我们是站在一条战线上，来反对日本帝国主义的。中国抗战的最后目的，是虽说把敌人打到鸭绿江边去，但为了东北和整个中国的安全计，非驱逐朝鲜半岛内的敌人不可。那么我们在国内进行最后决战的时候，难道中国政府束手旁观样？绝不会的。我们坚决的相信，中国的国民革命军和朝鲜革命军是一定并肩作战的。所以我们认为革命外交对象是整个中国民族——中国国民政府，这不但是暂时的，而是长期的。同时，另一方面，对中国的各党各派，则站在共同抗日的中韩两民族联合战线的精神去合作，只要是抗日阵营里的各党各派，我们应该和它亲密合作，坚持团结。我们义勇队是朝鲜人民的义勇队，而不是属于中国那党那派的。我们不愿意而且不应该参与中国内部一切问题的，这是对我们有益处，而且对中国也有利。我们只在蒋委员长领导之下，和中国民族互相平等、互相自愿的联合基础上，去打日本到底。

(3)我们不仅仅是团结反日反侵略民族和联合抗日的中国民族，而且联合和携手世界上一切反日反侵略的力量。我们永远是站在反日反侵略阵线这一边的，我们永远反对亲日侵略的！和英、美、苏联等反法西斯国家站在一条战线上，与全世界弱小民族解放运动和日本国内革命运动携起手来，共同打倒日本帝国主义，共同击溃侵略主义者！

(三)我们的位置是在整个世界

(1)目前义勇队的工作重心，是敌后尤其是华北敌后，因为无数的朝鲜群众住在华北敌后。虽然这决定了主要工作方向，但绝不会忘记全部的工作任务，不但有了主要工作的方向而减低另外方向的以及全面的工作任务，相反的，互相激发对工作的积极性和加强、丰富它的内容。华北敌后工作是无论怎样重要的重心，但究竟是整个的全面工作的一部分，是一个地域的工作，是服从于全面工作的。

我们绝不会有沉没在一个地方的局部的工作地带的潮浪里，更不会有忽视另外地方的以及整个局面的重要性。我们是提起精神来，睁开眼睛来看整个抗战中国和反侵略斗争中的世界，因为我们的真正的位置是在整个的战争与革命的世界，而不是中国的某一个地方！我们去工作的地方，是绝不会限制或者规定在一个范围里，而是全世界都可以成为我们革命工作的战场，只要是集中在一个目标上——反日反侵略。因为今天的世界不是孤立的，而是互相密切联系着、交织着的。

(2)华北或华南敌后不是我们最终目的地，是一个经过的路程，而最后的目的地还是国内。而且这"打回老家去"的征路上，应该和抗日的国民革命军要保持密切的联合的，同时我们不问对方是属于那党那派的，只这个联合是民族和民族的联合，是互敬互尊的平等的联合。我们是勿论到什么地方，并不是一个士兵的资格来参加国民革命军的，而是高举起朝鲜民族的——义勇队的旗帜，来号召朝鲜群众，打击日本帝国主义。

(3)我们今后始终站在整个的局面上面，来加强在各阵地和敌后工作同志的领导，来更多的协助中国抗战部队，加紧进行对敌宣传工作，积极的争取朝鲜群众。加强和扩大国际宣传，加强内部的团结，尽量的去动员和发动在国内、日本、美、墨、苏联、南洋以及分布全世界各地同胞，来建立巩固统一体，至于以实际工作表现来和世界各国的反日反侵略力量具体的实际的去紧紧的联系——这都是义勇队负担着的整个的全面的工作。

以上所说的三大题，就是我们的政治路线，也就我们的政治精神。

我们这样正确的政治路线，是一定通过我们的艰苦的斗争来才能实际化的、具体化的。我们清楚的看到朝鲜民族解放事业的困难，同时我们又了解这种困难是坚定的意志之下能克服的，绝不要为困难前面吓倒。

义勇队的前途是只有光明，只有胜利！

（原载于《朝鲜义勇队》第 40 期，1941 年）

我的感想

［日本］井村芳子

去年一月参加朝鲜义勇队的工作，这在我的生活中是一个大的突变，过去在日本因为受了帝国主义的麻醉教育，还以为他们到中国来是为了中华民族的解放和维持世界的和平，后来事实告诉我日本军阀疯狂地在中国残杀无辜的民众，强奸中国的妇女，焚毁中国的房屋，携掠中国的儿童，我这才完全认识了日本军阀的真面目，更明白了侵略战争的罪恶，因此我的思想转变了。

我好像一个中国人似的，常常在中国的军队中来往，他们也许觉得这个日本的女性有些奇怪呢，但我自己觉得一点也不奇怪，而且觉得非常有趣。我是一个和他们一样的人，在抗战的烽火中，那些千千万万的中国男士，我是多么尊敬他们，崇拜他们，我真想叫他们一声"亲爱的同志呦"！

我忘记了自己是一个日本女性，我是一个真正反侵略的爱国份子，我深深的了解这次日本战争的性质和他所引起的一切结果，日本军阀和财阀，不但是中华民族的死敌，而且是全世界被压迫民族的公敌，更是破坏日本人民幸福的大敌，我相信凡是反侵略的日本人民都有这样的认识和信念。

过去在鄂北我和朝鲜同志到最前线敌人的步哨线上去宣传（大概距离二百米远的所在），我们在铁丝网下唱反战歌给日本士兵们听，我解释侵略战争是如何的不利于人民给他们听，要他们赶快起来反战，说到沉痛的地方，他们真感动的流泪了，不但不开枪射击，而且偷偷地爬过这边来。

我要像过去一样，本着反抗侵略战争反抗日本军阀的精神，始终为中华民族奋斗，我要坚强，我的意志克服一切的困难，工作到底，这是我的一点感想，也可以说是代表日本人民在求幸福，如果日本军阀一天不打倒，侵略战争一天不停止，我们是永远没有幸福的。

一九四一年二月二十五日，芳子于西安

这期很对不起读者诸君,因了翻译和警报的关系又误期了,然而我们不得不感激郑曼芝和罗月焕两先生在翻译工作上的帮忙。

感谢的日本反战友人寄给我们许多稿件,虽然在文字方面有些欠修润的地方,但我们绝不能以高深的眼光去评论他们,只凭着这些真情的流露,我们可以知道日本军阀的崩溃确实很快就会到来,用日本反战同志的文章来纪念我们的五月,是特别具有深长的意义的。

鹿地亘先生,用不着介绍,他是大家都知道的一位积极反对日本军阀的友人,因为他在前线没有收到我们的征稿信,所以特从《大公报》上转载了这面有声有色的寄自火线上的信。他是全国在华日人反侵略同盟总会的会长,读了这封信更使我们了解他们在前线的工作是如何紧张而有价值。

押切五郎曾毕业于横滨商业学校,服务于日本银行,现任大同学园反侵略同盟会会长,正当敌人妄想渡河的时候,他希望我们消灭鬼子在黄河,前方的战士们读到这里一定是特别兴奋的。

乔本克己曾寄来六篇文章,而且都是用中文写的。为篇幅所限,这里只能刊出三篇。本想将这期日本作者的履历、学历以及他们在军队中的阶级和现在在担任的反日工作做一详细介绍,但为了篇幅所限,只好从略,黄河信箱也因稿件太□暂停一期。

——编者

(原载于《黄河》第2卷第4期,1941年)

我们要学习朝鲜义勇军

[日本]青山和夫
贞浩 译

中国抗日战线上最大而且最有利的国际队伍朝鲜义勇队，今已迎着辉煌的三年历史，我们姑且不提朝鲜义勇队三年来的困苦情形，只对它三年来与侵略的日本法西进行英勇的斗争中成功地发展，并对中国解放战争进行牺牲的援助，表示十二万分的感谢尊敬。同时以日本革命为目的的我们，对于我们的模范、我们的大哥、我们的革命先辈朝鲜义勇队的扩大发展，更表示十分欣慰。

我们深深的感谢朝鲜义勇队在大武汉保卫战中成立以来，他在革命的立场，给我们种种的先导，而且它在前线对敌工作的创造和对日本革命的种种先导，是可以当我们的大哥，这是我们不能忘记的，特别是我深深的感谢从我们的研究室扩大以来，朝鲜义勇队大哥们所给我们的援助，我们决定以加一层的革命前进来报答他。

为了打倒日本法西帝国主义，为朝鲜民族的独立解放而奋斗的战斗队伍，和日本革命的劳动阶级间的密切联结，是用不着说非常重要的。这样，以朝鲜义勇队为大哥，与援助中国抗战的日本革命份子结成革命的关系，是日本革命斗争运动史上有空前的历史意义，我们为了达成这历史的意义非向着更有意义方面努力不可。尤其是当着援助中国抗战的日本革命反战份子的斗争及其组织都处于微弱状态的今天，我们非得朝鲜义勇队当为革命的先辈和大哥来模范不可，我们应该把朝鲜义勇队三年来的困苦奋斗、革命的牺牲精神和坚决的团结与发展，是给我们重大的教训，而且是值得很尊敬的。我们今后更以加一层的革命的前进，来报答金队长若山以下数百名队员给我们的援助。

（原载于《朝鲜义勇队》第 40 期，1941 年）

献给东方文化协会

[日本]青山和夫

李剑华 译

一提起东方文化,从来都以为东方文化仅止于古代的历史的——尤其是考古学的研究之范围。如伯希和、希尔德、赫登、班百里等关于东方文化之浩瀚的调查和各种研究,虽有很高的价值,但这些研究不能忽视他是帝国主义文化侵略之一手段,以致一说到东方文化,好像是漫然指着古代的东洋的样子已成为一般的常识,这实在是由于帝国主义者的歪曲。

不消说,东方古代文化的研究,固然是必要具有价值的,然而落到和帝国主义文化侵略一样,想把东方文化仅止于古代的历史的范围,那使我们不能赞成的!

对于东方文化,若只承认其有历史的古代的东考古学的价值者,这无疑是帝国主义者的一翼,其目的所在,仅赋予东方被压迫民族的历史的过去,而欲夺去其现实的将来之发展。

我们并不否定东方文化之历史性,不过我们不能忽视现实与将来的发展,而徒然沉醉于东方文化之历史的过去。

所谓"亚细亚停滞性"的问题,这不是纯学问的理论的立场之研究,在我们,应该着重现实的实践问题——即如何使停滞转化到发展的问题。

至有七七发动以来中国全民族团结的抗战,与因此而有东方各被压迫民族之奋然兴起,才是我们当前的东方文化之现实。

伟大的中国抗战,正是我们从新估定东方文化的好机会。在中国抗战过程中,东方各被压迫民族,使这现实的发展的东方文化,在实践与联系上更深刻化,那不单是在中国抗战,就在各被压迫民族之民族解放独立自由及日本被压迫阶级之革命斗争上,都增加了强大的新生力量。

(原载于《黄河》第 2 卷第 4 期,1941 年)

准备着光辉的决战之日！

佚名

同志诸君：

目前的世界及远东的局势正酝酿着巨变，这一伟大的时期，对于中华民族解放战争的前途，显露出了空前的曙光。中国经过四年的苦斗才建树今日的基础，我们对于中国的这种英勇的不屈不挠的精神，表示无限的敬意！

德意日同盟的三侵略国家，焦急地拼命想打开一条出路，现在已经把帝国主义战争扩大到世界全面的战争了。整个欧战的火花，随着德国的“春季攻势”渐使美国继续卷入战争的漩涡，同时日本亦将与此相应实行南进，于是战争的火焰，将包围着整个的太平洋。所谓“民主集团与三侵略国”集团，现在已无顾忌一切之余地，必然地渐渐向着血战的阶段突进，置帝国主义整个体系之危机，实可以确定中国抗战之必胜及其光明的前途。

日本对于这种迫切的血战，属其周章狼狈，对于解决中日战争问题，已全无把握，因此拼命用妥协政策及离间政策，挑拨中国抗战阵线之内部，这不特毫无效果，反徒增其本身之混乱而已！中国抗战使敌人力量大为减削，与日本和对抗的各国，必然对中国加紧其友谊上援助。这对于抗战的中国，正是全面反攻的良机。日本帝国主义之崩溃，是不可避免的。其不安和动摇之特征，常在日本国内悲观的暗云中显露出来。打倒帝国主义，解放日本人民之伟大的时期，已迫近眼前。我们在华日本人民应该活跃起来，与国内同胞协力，与中国的总反攻相呼应，努力准备着这一天之到临。

同志诸君：

当此光辉的前夜，我在华日本人民反战革命同盟会中央委员会，向全体同志诸君，作如下的呼吁：

准备着吧，对此大局须抱定坚固不拔之确俖！以最大的自信向前迈进！展开眼界，勇往直前，以达成我辈之任务！

我们的任务是什么呢？我们现在须再确实认识清楚，应当不顾一切，一路迈进。

我们的任务如左：

（一）反抗日本帝国主义侵略战争的全东亚各民族，与反帝国主义战争的日本人民之间的友谊及相互援助，须使之广泛化、强力化。

这是日本人民海外派遣队的我们最大任务之一。左右一国人民之解放斗争及人民革命成功与否的最大外部条件，就是必须多多获得在它同目的人民革命底友善的邻人及同情的援助者，这正是我们海外日本人民对于国内同胞进行的最大约束。

我们反战同盟已经和抵抗共同敌人日本帝国主义的英勇的中华民族，以血和肉来协同地确立了友谊。朝鲜、台湾的民族革命运动，亦响应中国的抗战而奋起，这些团体与我们同盟，协同在炮火之下而结成了好友。再有安南、暹罗、印度等诸民族，因为日本帝国主义大举南进而遭受蹂躏及威胁，它们必然有反侵略的战斗及民族解放的战斗之趋势。我们不可不紧紧握起手来。现在日本帝国主义是全东亚诸民族的敌人。全东亚诸民族是日本人民革命的善邻，同情的援助者。日本帝国主义者，在全东亚四面楚歌之中单身孤立。日本人民在全东亚之同情与协助之下可能进行解放战斗。所以使这种有力的革命条件现实其责任，正落在我们的双肩。

因此我们不问他的思想如何，主张如何，只要他是反对日本帝国主义，是民族解放的斗争者，都是我们的良友，我们必须巩固这种友谊及互助。因为这种友谊，正是奠定有光辉而友善的东亚的将来之基础。

（二）凡愿意反对由日本帝国主义所挑起的太平洋上的帝国主义战争，反对以人民作牺牲品及由帝国主义桎梏之下解放人民大众的各国反帝国主义战争的人民，我们都要与他们确立坚固的友谊及互助，誓必打倒日本帝国主义而后已。日本南进既然是促使战争必然发生，所以我们必须与这些各国友人同心协力，减少人民之牺牲。同时，我们必尽全力，使战争逆转变为日本帝国主义之坟墓。

我反战同盟因努力参加中国抗战之结果，在菲律宾、南洋、纽约、莫斯科各地，唤起了广泛的同情及热烈的友谊。现在，正是需要更加挺进及强化之良机。这种同情及友谊的援助，不仅是巩固日本人民解放运动底世界的环境，实在是建筑将来光辉而和平的世界大同团结的基础。

（三）百万的日本军作了侵华战争的惨□战场上的牺牲品，我们要使他们觉醒，与国内同胞协力，使侵略者的企图挫折，创造日本人民解放的军队。这是我们主要的直接任务——同时也是为协助我们国内同胞及日本军队内的先进同胞之竭尽全力而正准备着日本人民解放运动之主体的实力的事业。

同盟已在一年有余之间与中国革命的对敌宣传工作相配合，协同对敌各种宣传工作；同时，自桂南以来，在宜昌、广东、鄂北等地派遣前线工作队，使敌军士兵感受影响，使敌军当局大受惊骇。众多的敌军官兵之间，如地震一般的动摇，现在正在扩大起来。一方面，人民与军队业已意识到他们将要很快的遭遇着最恶的灾害。因此他们觉悟的条件，是全面地而且深刻地成熟着。此时，我们正将要与英勇的中国底反攻，确立更进一步的密切协同，互相援助。同时，协助国内同胞及日本军队内同志，有效地将日军的同胞掌握在我们手中，使侵略者的企图完全崩溃。此时，正是千载一时之良机！

同志诸君：

以上所述正是我们主要的任务，已在我们同盟的基本纲领上明确规定。为着要实现这个任务，当此目前的重大时候，我们须要特别注意的是什么呢？

就是我们不可忽视当前时期之重大性及其光辉的前途，并须勿忘常以确信注视大局。自然，任何光辉的胜利的前途，决不是很简单地很容易地就可以到来。但是，不问胜利是有着如何的困难性及复杂性，然而我们的通路依然可能向着胜利的方面开阔。不，愈是接近伟大的胜利的时期，反而困难性及复杂性必然同时相伴而至。总而言之，我们须要把握着对于大局之确信，把握着我们独特的任务，随时勿忘！

决定一心一意向前迈进！

我们须确实把握我们的任务，以及在华日本人民的使命而不踏入歧途。只要我们随时不忘自己的任务，我们就不致于为伟大时代的错杂事情所迷惑，不致于陷于焦燥[躁]烦闷，亦不致于为不□及悲观所束缚。抱定确信，一直向前！勿因忽视大局而彷徨！我们的任务是要打倒日本帝国主义，是争取日本同胞解放运动的海外邻境的友人。中国英勇的抗战，在这一点上与我们有着不可断绝的血的生死与共的友谊，我们必须更加努力增进这种友谊，增进反对日本侵略的全东亚诸民族与全世界之友人底互助协助，向着日本人民解放之道路迈进！我们的前途充满着灿烂的光辉！

在华日本人民反战革命同盟会中央委员会

（原载于《新华日报》1941 年 3 月 15 日）

洪流中的文艺家

[朝鲜]李斗山

倭敌横暴下之朝鲜、台湾、中国东北等地，其恶劣环境，是给那里诗人、文人、艺人们苦闷在活地狱。所谓时代所反映的许多东西，囤积在枪剑森严之下，取不出一片影子，拿不出一件主题，而出入于“文艺园地”的东西，只是非风就是“月”，非“恋”就是“爱”的劣货。

像中国的岳武穆、文天祥、谢枋得、郑所南、黄道周等这些人，如有人出头，发一“不逞”的一句诗或一行文，那就非戴“死刑”冕，就戴“徒刑”冠不行的。《满江红》《正气歌》，根本与被压迫大众“无涉”，不但无涉，没有地方去找这些刺激品来鉴尝的。

如果你写出来一篇寓意、讽刺、幽默等文章，来表现你的真实性，聪明的敌人，比读者快一步会意，而魔手即将你拘留在十层地下。如果你假装宗教的面具，站在礼拜堂演台，把旧约诗篇中之关于以色列民族悲哀，慷慨的朗诵一下吧，得来的东西就是你是一个“危险份子”或“注意人物”的绰号，从此铁窗风味总不离开你的。

你亲眼看见许多的奴隶人们，在敌人鞭鞑[挞]之下，怎样过得辛苦，怎样挨得饥饿，怎样瘦得枯骨，怎样学得倒开车，怎样埋得活生生……你的面前所罗列的许多珍贵的题材，染不上笔头来，说不上嘴巴来，听不上耳朵来的。这就是敌人不倒，浪漫主义也好，现实主义也好，新浪漫主义也好，新理想主义也好，都无“用武之地”了。假使卢骚、雨果、佐拉、巴尔扎克、马雅果夫、高尔基、鲁迅这些人，站住今日被倭压迫下之大地上吧，除非束手在囹圄里呻吟，就在斗室里嗟叹，不能出雷池一步的。

一言而蔽之，殖民地被压迫的文艺家，处在“敢怒而不敢言”和格于形势之环境，而要发挥“文学艺术是生活的表现”底精神，那就难于“乘天”，因为他们生活的全部，是被压迫所生产出来的一大块。他们唯一的出路，就是从事谨慎的“耳语运动”和“地下-秘密运动”。侦犬满布下之环境，是不给这些运动进行得顺利的。

至于中国文艺家的表现环境，还可以说是有着“用武之地”，和上面所说的殖民地的文艺家逆境，完全不同。中国民族和社会的反映，决不给文艺家躲卧在象牙塔上，更不给陶醉在风呀、月呀之间，包围着他们上下左右的东西，就是烧、抢、杀、砍、奸、弹、枪、剑、飞机、大炮。映入他们眼界的，就是尸山血海，灰浪黄沙，枪风弹雨，好人丑物，英雄烈士，悲号凄啼，累累白骨。

“冲呀杀呀”，好！写成几千遍冲呀杀呀罢，还是有血诚人所欢迎的；“抗战八股”，好！唱着几千回《义勇军进行曲》罢，还是有热情人所兴奋的，因为由抗战上反映出来的现实是真的呀。

没有骨子的文章和没有刺激性的歌唱，是在漫天满地的抗战现实里当被踢开的，该被淘汰的。骨子是什么？民族解放为第一；刺激剂是什么？冲呀杀呀的情绪，进呀前进呀的动力。如果你有真实性的文艺素质，自然而然的投入着这时代的洪流的漩涡里。不然的话，你是假面的、虚伪的、空架子的。身边琐事也好，海外情调也好，风景写照也好，一恋三爱也好，但这些是只不过文艺的从属品。

有人在“江风”写道这样：“抗战到了现在，我们看不到一两个像样的文学作品，却听到了文坛上很多面红耳赤的论争，某些人骂某些人的作品虽是‘抗战歌声’和‘抗战口号’。某些人骂某些人是‘脱离抗战’，‘谈狐说鬼’。据我看来，两者虽然都是同样的要不得，但在目前，文坛上的倾向是‘谈狐说鬼’盛于歌声和口号，因此前者的危机也大于后者，那么，还是让我们来攻击一些离脱抗战的‘谈狐说鬼’吧！”

中国今日的文艺作品，不期而然的应该取其主题于“抗建”中的原因是在那里？因为作家本身不仅在这洪流中生活，也在这现实中弄不出什么“飞上天”的大本事来离开或逃脱的。

如果有人把文艺当着伪装的东西，而掩饰着某种丑态或非非，或用文艺的巧妙的粉饰技术而麻醉读者的心灵，那就非文艺的败类就是敌人的爪牙。

我们须要用显微镜或X光线，来检验一切现有的文艺作品是否有这种恶菌潜在另一面阴影底下。

我们把民族革命的抗战文艺阵线巩固起来，提高水平而勇往迈进，这是应该的。然而，有些人以为写的作的满篇都是血呀、肉呀、冲呀、杀呀、口号呀、标语呀等干燥无味的东西，而加上“抗战八股”或“口号文章”之口号而贱视。一面挂起“新风月”招牌来，趋于“为艺术而艺术”之倾向，我们要严加戒备的。

马克思和恩格斯，他们虽然不是文艺家，但他们把他们的世界观来发表过对文艺的一二意见，我们可以参考的。

马克思所最讨厌的作家沙它布里昂，是个法国的文学家(1768—1848)，他站在反革命的立场而写了很多的东西，占了法国贵族的君主政治复古时代之文学上立法者地位。马克思骂道："他是法兰西的虚荣底最典型的权化，而这虚荣并不是十八世纪的外衣，毋宁是假装着罗曼谛克，以新奇的乱谈议论……东罗马帝国式的夸张，感情的媚□，华丽色彩的千变万化，装饰的，故意的，崇高的事物等，一言以蔽之，全是虚伪的说话。那在形式上内容上都是没有实现似的东西。"但他对法国作家巴尔扎克极端礼赞。他说"对现实的事态深切理解，而卓绝非常的巴尔扎克……"云。

巴尔扎克的《农民》，被马克思评价得着是为"一个适切的□写了事实"之作品。

他又说："我们〖认〗为巴尔扎克是比过去、现在、未来的一切佐拉优越得多的艺术家。"这样评价得高贵的原因，是在巴尔扎克从他的社会环境及现实里看破当时贵族阶级的破灭的必然性，立脚于现实主义，而描写了事实，极有逼真的缘故。

恩格斯也对社会主义的小说发表了意见："诚实的描写真实的互相关系，打破不合理的幻想，进而动摇布尔乔亚世界的乐天主义，使现存秩序底永远支配权发生疑问，以彻底完成自己底使命。"

上面所述的就是马、恩二氏立脚于他们的世界观，而对文艺发表了他们的意见和评论的判断。

殖民地的文艺家要表现他的真实性，在可能的范围内多产些"满江红"，多出些《正气歌》来，用巧妙的方法，打着大众的心弦，敲着民众的耳膜，而燃起民族革命的火炬；中国的文艺家，多产些《义勇军进行曲》歌词，多出些《马尔赛曲》而增加热度，这是中国文艺家的任务。

> 你但[担]心什么，俗人呀
> 任何思想都尽管交给我吧，
> 我把他由旁边削尖
> 装以飞行的韵的翅膀
> 配上紧绷的弦
> 拉长如意的弓

于是狼心一放
直使我们的敌人悲叹。

——普希金

（原载于《东方战友》第31期，1941年）

一个日本人的话

[日本]鹿地亘

我们在多少月的忍苦之后，终于在今天这样握到了诸君温暖的手了。在这其间，在四周危险的威胁中，只有一件是事常常在我们的脑中的，便是与时俱增地成长着一种欢喜、一种希望。我们所欢喜的所希望的是什么呢？因为我们看到，侵略者卑劣的离间政策，已开始曝露了他们的失败。现在已不是阴谋的时代，现在已到了人类的真实的灵魂可以破坏一切阴谋的时代。日本军事法西斯，已遭逢了两种的失败。

第一，他们离间两民族和“各个击破”的策略，已经失败了，日本民众反战的消息，继续不断的传来。

第二，他们使中国国内分裂和“各个击破”的策略，已经失败了。满洲侵略时代的迷梦已完全打破，常□的伪政权，在统一于抗战气魄中的广大民众的包围里，已然丧失了它的基础了。

据我的观察，现在的确是胜利了，诸君将得到胜利，然而，日本的民众，也决不落后于诸君。详细的情形我虽无从知道，但我总想到，跟着中国抗战第二期所得的转机，日本民众的苦斗，现在也获得转机了。

（原载于《河南青年》第1卷第2、3期，1941年）

祝朝鲜义勇队成立三周年纪念

铮

今年十月十日是中华民国的国庆节同时又是朝鲜义勇队成立三周年的一个最值得纪念的日子；对这二重的纪念日，我们觉得格外兴奋和喜悦。

三年前的今天朝鲜义勇队诞生，这一诞生意味着处在日本帝国主义铁蹄下的奴隶们开始翻身，接着朝鲜义勇队成立之后，台湾义勇队也就成立起来。朝鲜义勇队和台湾义勇队虽产在不同的时期和环境里，但历史所给予二者的任务和责任是同一的，二者的立场和目标，不消说也是一致的，简直可说可以“两位一体”。站在这个观点上，今天我谨代表台湾义勇队向贵队虔诚庆祝，同时愿意提出两点作为我们今后共勉的。

第一，历史告诉我们，帝国主义的兽欲是无止境的，特别是东方帝国主义日本和西欧纳粹德国，她们几十年来处心积虑，全以弱小民族为其侵略的对象。日寇刼夺了朝鲜，吞并了台湾，奴役了三千余万的人民，还未满其欲，又甘冒不韪企图一口吞全中国，进而征服全东亚。纳粹德国给日寇以一切的鼓励，她在西欧尤横行无忌，灭亡了十四个国家，尚向素主和平正义的苏联进行侵略。但东西两法西斯国家所得到的答复，是四万万五千万中国人民和二万万的苏联民众的团结抗战和几万万弱小被压迫民族，举起正义的旗帜与德日帝国主义作殊死战。现在日寇和纳粹的力量已大不如前，财力、人力、物力的大量消耗，把整个国家陷入饥馑和恐慌之中。但是它们并不因此而放弃侵略，更不因此而停止对弱小民族的压迫，相反的，可能加强对欧亚两洲弱小民族进一步进攻。现在世界反法西斯各国已为了这个可能而团结起来，准备给侵略者以打击，伦敦十一国会议及莫斯科三国会议即其证明。我们不怕敌人的进攻和威胁，只怕不团结各自为政而各行其是。中国四年多来的团结抗战和苏联四个月来的团结抵抗，已足够说明了没有团结是无法去抵抗外来的暴力，没有抵抗是无法生存下去的。有了这个教训和经验，那么我们今后的任务应该是：

(1)加强我们自身的团结和巩固我们的阵营,进而联合世界被压迫民族共同为自由而奋斗;(2)以最大的努力促成世界反侵略民主阵线的形成。这是我要说的第一点。

第二,我们知道朝鲜和台湾的革命是世界反侵略一环,中国又是世界反侵略主流之一,中国四年多来的抗战,已确定了最后胜利的础业同时即鼓励着我们争取解放的斗志和可能获得自由的信念,但是在这国际形势急激演变之下,朝鲜、台湾革命已踏入了更艰巨困难的阶段了,今后的成功正需要我们不断的加倍努力,同时必要中国政府切实的指导和援助。

三年来朝鲜义勇队和台湾义勇队均辗转于各战场,由前线而游击区,而深入敌后,我们工作收获虽有不少堪引自慰,如在最近前线帮助国军作对敌各种工作,喊口号,讯问俘虏,教育官兵日语口号,慰问伤病官兵,参加各种宣传工作,在游击区和敌后的工作——参加游击战斗,写发传单,打探敌情,争取游击区及沦陷区民众和青年,组织被日寇驱使来华的韩台同胞,已获得可观的成绩及博得一般的同情,但还不能实现我们预定的计划,有的地方去我们的理想太远了。这果然是由于实际环境所限制,但对于我们主观力量也未尝没有关系,所以今后争取有利的各观[种]主观力量的加强、扩大环境成为先决的第一条件,进而加紧联合敌国反战大众共同奋斗并提高敌国人民反战情绪的气分[氛],以早日促成日本帝国主义的总崩溃,这是第二点。

除提出这两点和贵队弟兄共勉外,最后谨祝贵队日臻发展,朝鲜民族革命早日成功。

(原载于《朝鲜义勇队》第 40 期,1941 年)

太平洋大战与在华日本人民反战同盟大会的召集

佚名

日本法西斯军部在太平洋上所开始的新的海盗式的侵略行为，激动了八路军中的日本士兵，他们在华北各地召开会议，反对新的侵略战争，并坚定了他们反战斗争的决心。在延安方面，在华日本人民反战同盟延安支部决定了明春在本市召开华北各地反战团体代表大会。这个日本人反战大会，将有其重大意义。

由八路军及××军的日本士兵为主体而组成的反战同盟和觉醒联盟，单在华北已达十余处之多，参加了这些团体的日本士兵，清除了过去的帝国主义的思想，而成为反战的斗士，成为革命的战士，成为向共同敌人作战的中国人民之战友，而真正开始了新的生活。在他们之中，有的在前方和中国士兵携手，努力做敌军工作，有的在后方努力学习革命理论，以作将来的准备。

这些日本反战斗士的数量还不够大，但是作为日本革命势力之一以及作为中国抗战之有力的援助者的基础则已奠定。这证明了富于国际精神的八路军的俘虏政策之正确，同时也是对于日本革命的巨大援助。

在行将到来的反战同盟大会上，其主要课题是决定对于太平洋新形势的对策和建立华北的各反战团体之统一的组织，其中对于日本军队的宣传工作将成为中心的问题。

因此，我们必须看一看最近日本军队的情况。我们认为自去年以来，在日军士兵的情绪和行动上起了一些变化。这在下面的各种事实中，可以表现出来。

第一，在战争初期，日本士兵所表现的那种顽强性降低了，俘虏的数目增加了，它表现在下面的统计中，即八路军自抗战开始到廿九年止，这个期间假定日军的伤亡数为一百的话，则日军士兵的俘虏数为点八，可是在去年百团大战时，它的比率则增至一百对二点一。

第二，最近在日军中反战情绪更加普遍化，它表现在最近逃跑和自杀等事件之增加。这种现象，不仅表现在一般士兵中间，并表现在一部份下级士官中间。

第三，军纪之松弛亦很显著。军队内的敬礼等等，也不像从前那样严格了。对下级士兵禁止的殴打事件，最近反而加剧了，因而自杀逃亡者不断的增加。例如在延安日本人学校学生当中，即有三十人系由上述动机而逃跑到八路军来的。军纪之废弛，又表现在反抗长官事件正在增加的事实中。例如根据华北方面日本军法处的文告，公布整个犯罪事件中，反抗长官事件者即占百分之三三。其动机由于个人问题居多，例如工农学校有一学生因经济问题而与中队长对立起来，结果把中队长杀死，自己逃跑了。但其中也有由于义愤而酿成事件者，例如在晋冀察有一中队长强领某一士兵由家寄来的款项，另一士兵因为不平用枪射死了中队长后投入八路军。

第四，最近更有少数的日本士兵由于情绪向着反战情绪发展而用各种方法来援助八路军。例如今年四月间发生过这样的事情：××据点有日兵两名请我方人员××吃饭，请允许经常对我工作人员报告敌情，同样的事情同时在其他两个地方也发生了。自动来降的最近也在增加。即就今年发生过的，有下列诸事件：驻涞源某地日兵一名夤夜携步枪、手枪各一支，战马一匹，自动向我投诚。又有日兵五名各携枪械向我某部投诚，他们要求参加我军，共同打倒日本军阀。同样的自动来降的事情又出现于其他各地。

上述各项事实，是在过去一年以前所不能多见的，但是决不可把这些事实给以过火的评价，而认为反战情绪现已普遍深入于日本军队内部，或者认为日本军队已开始崩溃了。如上所述，敌军内部厌战的情绪是在增长着，顽强性也有某种程度的减退，士气亦在松懈，但是这些事实还没有给予敌军战斗力以大的影响。虽由于新兵比重之增加而引起战斗力的若干降低，但是还不能就此判断为普遍的现象。虽然有自动来降以及援助我军者出现，但这还是例外的事实。

只是在这里可以断言的是，今天的日本士兵已经不是四年前的日本士兵，而是容易感受我军对敌政治工作的士兵了。

以上是太平洋大战爆发前夕的情景。这个战争毫无疑义的给予在华日本士兵以深刻的影响。这在两三月前敌寇为了南进北进而移动军队时，在他们中间特别是伪军便引起了极大的惶恐不安。他们害怕开往炎热的南洋，或和强大的苏联红军作战，因此逃亡和自杀的事件增加了。由于太平洋战争爆发的结果，引起在华日军数量某种程度的减少，因而他们的警备和战斗将会更加危险和困难，他们将会被迫作三年四年五年的长期驻屯，他们的物资供给是会更加恶劣化的。日本国内人民生活的贫困化，更会加深他们的厌战和反战的情绪。这个情绪有可能在太平洋战争初期，由于日本的胜利而被模糊着，但是随着时日的延长，战争将变为长期的消耗战，至日本声势衰微时，他们的反战情绪，必能□快的高涨起来。

这样看来，此次日本法西斯军阀的新的冒险，对于我们的敌军政治工作是有利的。我们必须用尽一切方法，加紧对敌的宣传，说明这个战争是非正义的战争，这个战争是为了满足日本军阀和大资本家的野心而发动的，日本士兵和日本人民是没有丝毫利益的，只有悲惨的结局，日本必败。日本士兵应该反对和阻止日本军阀罪恶的侵略行为，一致奋起作坚决的斗争。这个宣传，不仅会被日本士兵接受，并将影响一部份日军的下级士官。

对于以上的新形势，日本人反战同盟将决定加□共工作，我们期望行将到来的在华日人反战同盟代表大会将能完成它所担负的重大使命向前迈进。

（原载于《新华日报》1942 年 1 月 3 日）

华北敌人心脏里的炸弹

佚名

一、觉醒联盟

觉醒联盟自一九三九年秋在晋东南成立以来，已将及三年了。在联盟成立之前，杉本、小林、高本等同志已经声明参加×路军，积极进行反战工作。他们在实际工作中深深感到，必须把这一工作普遍的开展成为群众运动。其时恰当潞安战斗中，到×路军来的日本同志增多了，便在十月革命纪念节日，正式举行了成立大会。

联盟三年来曾发行了百余种宣传品，出版了反战刊物《觉醒》，教育了××名日本弟兄，使他们从日本帝国主义的欺骗中觉悟过来，变成了光荣的反战斗士。连抱有暗杀任务来“自动投诚”的日本士兵××君，也在联盟的正义感化下，自动供出“使命”而转变过来。

联盟对于×路军的帮助也尽了很大的力量。如抗大的日语训练班，他们曾派人前往协助工作，提出“生活日语化”的号召，结果使原来没有一点日语基础的学员，在年半的学习中也都有了大大的进步，能够全部用日语演剧，这在对敌宣传上贡献是不小的。又如联盟的山田同志，现服务于白求恩医院，他是日本东京帝大医科毕业的学生，曾在日本军队里作过中尉医官，为人温和、亲切、诚恳，每个病员对他都有着非常良好的印象。尤其是他在前方物质条件的困难下，研究出边区治肺病的简单施疗法，采用了土产的药材作代用品，部份的解决了医药上的困难，这都是积极发挥工作创造性的成果。

联盟的支部分散在华北各省，第一支部也称为晋冀豫支部，是各支部中最先成立的一个。由于地区接近本部，工作上联系比较密切，支部的盟员大都参加各部队的对敌宣传工作，他们不仅教日语口号，而且配合部队进行武装宣传，有时还要参加战斗，进行火线喊话，瓦解敌军的斗志。此外，对×路军的军事技术上的帮助，如刺枪，使用掷弹筒等的教练，也尽了最大的努力。这在去年九一八纪念日的运动大会上战士们刺枪演习的进步上，就可以看出显著的成绩。

还有冀南支部在宣传工作上也收到了很良好的效果。他们能根据当地敌军内部的具体情况，制出各种宣传品，向敌进行宣传，这是其他支部所不及的。该支部自成立后，不到半年光景，盟员数目便飞速的增长了八倍，这固然是由于日本士兵反战、厌战情绪高涨的结果，但联盟的宣传工作也实所以促成之。

该支部的书记秋山同志，不但善于绘画，而且会做文章，他的文章经常能抓住当地日本士兵的心理，所以联盟盟员之能飞速发展，也不能不提起他的功绩。举一个例子来说明，如联盟盟员水原同志，他是日本帝大医科出身，自被征来华北不久，便接触到了联盟的宣传品，他和同班的一个知心朋友山口君，根据这些启示，便秘密找到一些革命书籍来读，但不幸被敌军官所发觉，他们被叫到中队长室去受了严厉的斥责、恶毒、打耳光。觉醒了的他们是不甘于受这种侮辱的，于是当中队长一转身之后，一个就拔起中队长的军刀，从背后向他头上砍去，另一个也抽出自己腰间的刺刀，照准了敌酋痛刺了一顿，这样两个人逃出了营门，乘着黑漆的夜里，向我军防地投奔而来。山口君当时不幸被日本追兵乱枪打死了，而水原同志则现在联盟工作，而且也成为×路军的一个良好医务人员。

此外，觉醒联盟山东支部也于今年五月九日正式成立，并设有日本工农学校分校。

又最近因工作的需要，在太行山区，该联盟也正在开始建立支部。还有在华日人反战同盟晋察冀支部，成立了也有二三年，也极有成绩，因限于篇幅，不能同时介绍，当再另文详为介绍该同盟的历史。

二、日本反战同盟延安支部

二年来，随着同盟员质量的发展，同盟延安支部也在不断加强。

在先，同盟员的反战意识原是有着深浅强弱的不同，因为他们参加同盟的动机是不一的：固然有许多是认识了战争的本质，要坚决反对侵略战争而参加的；也有些人是抱着其他目的；还有个别的同盟员对反日战争前途缺乏胜利信心的。针对这一情形，延安支部曾以“战争的将来?”“我们能胜利吗?”等问题为中心进行讨论，同时并利用五一劳动节、三一五纪念日（按：三一五系日本革命纪念日）、十月革命纪念日等机会，说明日本的革命运动和世界大势，使每人逐渐认识了光明的前途。

此外，支部还研究了《最近日本的政治形势》《日本劳苦大众的革命斗争》《冈野静在共产国际执行委员会的演说》等小册，以进行教育。在这一方面，已获得相当大的成绩。

也有一部分同盟员表现有“个人主义”“平均主义”的现象。这是由于刚刚从过去那种散漫的个人主义的生活里，刚刚从那种极端受压迫的日本军队生活里解放出来所形成的结果。对于这些问题，支部也进行了一定的程度的批评，并用“加紧我们的团结”“什么是规范的同盟员”等为题的讨论会进行教育，使同盟员得以不断进步和开展。

在去年十月在延举行的东方各民族代表大会上，十分之八的同盟员正式参加×路军；而在今年二月，一部分同盟员已加入在华北的共产主义者同盟。

回顾两年来的工作和斗争，最初这个支部不过是在延安一个角落里的小组织，今天支部却已奠定了基础，各方面的工作都有进步，同盟员也日益增加，一切都有很大的发展，随着华北日军士兵反战情绪的澎湃，支部的□□将更能巩固和扩大起来，这是我们所能预期的。

（原载于《新华日报》1942 年 9 月 4 日）

“在华日本共产主义者同盟”底成立

佚名

今天本报所发表的延安通讯称：上月廿三日，日本同志在延安创立了在华日本共产主义者同盟。

创立这个同盟和将来要参加的同志，大多数都是曾在日本军队内受过反动的武士道精神底教育，把今天日本帝国主义者的侵略战争误认为“圣战”的日本士兵们。这些士兵被我×路军俘虏，在延安日本工农学校或在前线受了一年到四年的教育，他们的人生观与世界观起了革命，他们竟至相信共产主义，并决心终身为此目的奋斗到底。因此，就产生了这个同盟。

这表示了什么呢？第一，表示了我中共与×路军俘虏政策底正确性。第二，表示了日本武士道精神教育的力量，对于日本劳动者，并不是那样顽强的东西。参加同盟的，在×路军的平均年月是二年，这决不是很长的时间。在这较短的时期内，他们竟能把枪口转向曾经奉之若神明的日本天皇和那些将军们，这不但说明了共产主义思想的威力和胜利，而且对我们底敌军工作给了极大的教训与信心。

这个同盟，正如其盟约所规定，并不是共产党，而是共产党底准备组织。目前同盟底中心任务是以共产主义的教育与锻炼，在日本人中间创造真正的布尔塞维克。同时，同盟将努力对在华的日本人进行共产主义思想的宣传工作，并且将要成为日本同志正在进行着的各种活动，如敌军工作、日本人反战同盟、学校等等活动的推进力，将来同盟会更进一步发展到积极推动日本国内革命运动的！

这些事情，对于在残酷的法西斯恐怖之下，与国外断绝了关联、孤军奋斗的日本共产党，将有很大的帮助。同时，对我们抗日战争，也同样是很大的援助。

（原载于《新华日报》1942 年 7 月 26 日）

朝鲜问题

佚名

朝鲜义勇队第三支队，于去岁十二月二十六日在河北敌后邢台附近进行反战工作，与敌人作遭遇战，队员孙一峰、崔铁镐、王现淳、朱东旭等四人饮弹殉难。第三支队，工作向称努力。噩耗传来，有如前年在华日本人民反战同盟盟友鲇川、大山、松山等三人在桂南前线之牺牲一样，使中国人士感动之至。中日韩台十六团体，嘉其死事之烈，特发起于今天在重庆举行追悼大会。我们对这四位烈士之求仁得仁，谨致钦敬与哀悼之忱。同更愿借此机会，唤起中外人士对朝鲜问题之注意。

日前罗斯福总统演说，语及日本对于朝鲜的苛政，有切肤之痛，寄同情与朝鲜。旅美韩侨所组织的美境联合朝鲜委员会，也定于今天起在华盛顿召开大会三天，纪念一九一九年革命运动，并计划一九四二年之抗日革命。中国同情朝鲜的革命运动，至少不在美国之下。日韩合并条约虽签订于一九一〇年八月，但朝鲜亡国的运命，实决定于一八九四年的中日战争。自中国的立场说，若那次战争胜利归于中国，我们相信：现在朝鲜必仍为一个独立国家。朝鲜的独立若健在，则一九三一的东北事变无由发生；没有东北事变，日本更不能染指中国的内陆。追本溯源，朝鲜之亡实为中国被日本侵略的起点。中国最初的国耻，不在沈阳，而在平壤，平壤之败，不仅中国之败，也决定了朝鲜民族的悲惨命运。日本所欠中国的血债，也该从朝鲜问题清算起。援助朝鲜的独立解放，是中国的历史的任务，责无旁贷。

三十余年来，朝鲜民族受尽日本帝国主义的蹂躏，我们无时不怏怏于怀，朝鲜内部存在着民族的败类，李容九、李完用辈之卖国辱身，最为可耻可痛。直到今天，旧王朝的残余势力及失掉灵魂的若干人们，犹在支持着日本的侵略政策。但是大多数的朝鲜人民，对于日本统治的仇恨及反抗，史不绝书。若安重根之慷慨悲歌，直足与中国的荆轲媲美。一九一九年的“三一”运动，继续八个月之久，斗争多至一千五百余场，牺牲七千余人，影响所及，不特日本的统治者为之心悸，并且使全世界知道朝鲜民族终有争得独立的一天。韩国光复军及朝鲜义勇队在中国境内所做的工作，就继承着“三一”运动的精神，而恢宏其业绩。

九一八事变以后，朝鲜地位的重要画一新时期。一在军事上，所谓“兵站基地”的意义发展了。朝鲜乃使日本粘着大陆的一座桥梁。罗津、清津海港的建设，缩短了日本对于大陆的距离，朝鲜已无异为日本大陆政策的阶梯。第二，在经济上，九一八以后提出了朝鲜工业化问题。尤其关于咸镜北道和咸镜南路建设起了“野口王国”，电力丰富，硫安、窒素各种军需工业，如雨后春笋。这不论在大陆战争的军需供应上，或在工业生产向大陆的输出上，都有很大的价值。七七事变爆发，使朝鲜独立运动进入有利的时机，但朝鲜人民所受的痛苦，也达到空前的程度。“协和会”“勤劳报国会”“爱国班”的组织，到处欺骗及残害朝鲜人民。朝鲜人民被迫去当“志愿兵”，驱到中国战场的为数已达十四五万。同时，朝鲜人民的反抗情绪，亦与日俱增，在朝鲜大小的监狱里，已收容了三万以上的朝鲜革命斗士。他日如果日本北进，朝鲜与苏联、伪满接壤，朝鲜与伪满境内将成最大的战场，那时朝鲜在太平洋战争中所处的地位，必比今日更加倍重要。

无论从道义上、历史任务上或利害关系上着眼，援助朝鲜的独立运动，乃是当前太平洋战争中应有的一环。中国对于朝鲜的独立运动一向同情，并且在作着实际的援助；同时也希望朝鲜志士，不分党派，都要团结一致，集中力量，用以打倒我们的共同敌人。今天追悼孙、崔、王、朱四烈士，后天又逢韩国独立宣言第二十三周年纪念，愿所有朝鲜志士都记取国族的耻痛，不辜负先烈的牺牲，精诚合作，英勇奋斗，以争取朝鲜民族的解放与自由！

一九四二年二月二十七日

（原载于《朝鲜义勇队》第 42 期，1942 年）

韩国与东北

雨屏

七七事变以来，尤其太平洋大战爆发以来，韩国的独立运动蓬勃发展，引起海内外人士的深切注意。韩国与我们东北的关系，在历史上特别悠久，在现实上特别密切，所以我们东北人对于韩国的独立运动，更怀着特别殷切的心情，希望她能早日光复国土而建立自由光明的大韩民国！

日本是在一九一〇年并吞韩国的，就是说，韩国灭亡已有三十余年之久的历史。在这三十余年之间，韩国人民处境的悲惨，在历史上，可谓空前。当我住在老家的时候，时常听人告诉我，什么高丽人几千几万被日本杀死啦，高丽人要几家轮用一把菜刀啦，日本鬼子怎样在高丽□□□协之类；这些话的意义，一方面当然是对韩国人民的遭遇表示万分的同情，他方面也告诉我们，亡国的滋味是多么难受的呀！

但在今天，韩国人民业已不是躲在那个血腥的地狱里忍受折磨；恰恰相反，他们业已与我们东北义勇军和广大的抗敌健儿联合起来，为着争取民族解放而冲上杀敌的战场了！韩国人民的命运，已经与我们中华民族尤其东北问题，紧紧的融合在一起了。

此外，目前韩国革命的中心工作，还有下列四点：

一、加强临时政府领导力量，以便韩国各党派、各团体以及各界人士团结起来；二、为临时政府取得国际上的合法地位而活动；三、扩大和充实韩国光复军；四、争取友挈的物质援助。而且，韩国临时政府和人民正为□澈□□□上列四项中心工作而积极□□着。

韩国的独立，就韩国自己说，当然是必须而重要的；只有打倒日寇的残暴统治，才能洗刷大韩民族的耻辱和取得再生的机会。若就我们东北说，也同样重要，即只有一个自由独立的韩国，才能保障东北东部的安宁。当我们想到日本军阀曾怎样以韩国为根据地来侵略东北，又怎样利用韩国人民来欺凌我们东北人，就知道我们东北人是多么需要一个自由独立的韩国了！

我们流浪在外的东北人时常怀念家乡，可是春川江的微波和金刚山的雪色，不也是韩国人民所时萦魂梦的么？敬礼韩国人民自由解放万岁！

（原载于《东北》第4卷第6期，1942年）

世界第二次大战与弱小民族的前途

[朝鲜]金仁哲

正在进行中的世界大战，是个非常复什的战争，就其参战的成分、战争的性质以及其规模，都显然与第一次世界大战不同。

第一次世界大战是为重新瓜分殖民地而暴发的帝国主义战争。没有一个弱小民族参加这个罪恶的帝国主义战争，谋民族的独立自由，所以第一次世界大战始终是个帝国主义的领土争夺战，并没有改变过它的性质。

塞尔维亚之对奥宣战，在形式上可以说是一种解放战争，可是这对于整个大战，是个附带性质，它丝毫没有改变战争的性质。同时，在前次大战中，各弱小民族不但不能切实发动其解放战争，反而却被宗主国欺骗利用，甘做帝国主义的后备军。真正的被压迫民族解放运动，是在大战后才开始的。大战后革命高涨一时，惹起了朝鲜、中国、印度、土耳其、芬兰等国之革命运动，获得了芬兰和土耳其的独立解放。这就是第一次世界大战中当时弱小民族的状态。

可是这一次的大战，则与第一次欧战采取完全不同的形态，各弱小民族的独立运动也采取着不同的形态来登场，就因战争是具有两面性的，一面是反动的、非正义的侵略战争，另一方面是进步的、正义的防御战争(如中国抗战及阿比西尼亚之对意抗战)，这样在同一战争里含有两种相反的性质。这就是第二次大战初期的形态，同时也就是与前次大战所不同的地方。

可是这个第二次大战是由于希特勒的进攻波兰，到英法两国的对德宣战，就很快的进入了另外一个新阶段，换一句话说：由弱小民族对帝国主义的战争转变到帝国主义互相间的利权争夺战与被压迫民族的自卫战所并行的局面。在欧洲激烈的进行了英法对德意间的帝国主义战争，在东方则继续了中国对日本帝国主义的防卫战，这样便形成“侵略”与“抗战”并行的局面。

跟着法西斯德国的闪击苏联为始，战事就进到第三个阶段。一方面是法西斯强盗群的侵略战争，另一方面是全世界民主国家的反侵略战争，形成了全世界法西斯国家对民主主义国家间的激战局面。在这阶段中，不管英美的本质如何，就其反法西的意义上，它所进行的终是正义的战争，这与上述第二阶段在欧洲所进行的帝国主义殖民地争夺战争，是有显然不同的性质的。

由于日本帝国主义对美国的偷袭，引起了太平洋战争，因而东西洋各大小国家都被卷入了战涡中，立即促成了全世界民主国家的空前大团结，形成了中苏英美等二十六个国家对付凶手日德义法西的强固堡垒。

这一次的战争在其发展的规律上，虽有相当的复杂性，可是我们可以断定说：这一次世界各弱小民族的运命，决不能与第一次大战当时同日而语，从其参战的成分看来，英美苏的参战以及各弱小民族国家直接参战，这都与第一次大战当时不同的。而且就其性质与人力物力各方面的观察，最后的胜利必定是归于反法西民主阵线的。

同时，这次大战的胜利结果，也绝不是瓜分殖民地以了事，相反地，不单战败国的殖民地能争取独立，同时战胜国的殖民地也能争取独立自由。这由英美两国领袖联名发表的《大西洋宪章》以及最近二十六国共同签订的宣言书中可以得到证明。例如在共同宣言中如“凡未经有关民族自由意志所同意之领土改变，两国不愿其实现”“尊重各民族自由决定其所赖以生存之政府形式之权利”“希望促成世界各国在经济方面之全面合作”等辞句，因此战后各民族必能在民族自决的原则下，得到相当的解放，尤其这次战争在整个资本主义体系看来，德意日对英美的战争是一种弱化帝国主义自身力量的自相残杀，但这自相残杀并不是针对着英美内包的民主势力和进步势力，而是销弱着德意日的侵略势力及英美两国所内包的侵略性，这是不可避免的辩证的结论。

这就是第一次世界大战与第二次世界大战所不同的地方。

此次的战争必然是长期的，要争取反法西战争的最后胜利，必须要同时动员殖民地、半殖民地及弱小国家。就是说，必须要动员现在的九个流亡政府、印度、菲洲、南洋、近东各地的民族以及占全世界十分之六以上的民众才能澈底的毁灭法西强盗的淫威！

就动员人力与物力方面，首先于经济上，动员土著民族的物质力量，再予以政治上的自由，加紧训练与组织动员全民族，给予武装的自由及军火的接济，以加强自卫力量，同时摒弃文化压迫手段，以图谋土著文化的向上，使得在文化之相互交流中解除过去的一贯恶感，这样才能加强反法西的力量，防止第五纵队之潜势力，消灭法西强盗。

动员弱小民族，尤其是在法西铁蹄下之各弱小民族，必须准备承认各民族的独立，只有在这种条件之下，动员弱小民族方有可能。万一只顾本身的利害而不顾弱小民族的利害，必定会产出不好的结果。

总之，现在已不是少数民族压迫多数民族的时期，而是各民族能站在平等的地位，打倒法西斯，争取自由独立的新阶段。

全世界各弱小民族一致团结起来，迎接来日的胜利。

（原载于《朝鲜义勇队》第 41 期，1942 年）

朝鲜"三一"运动之意义

[朝鲜]金若山

朝鲜是数千年东方古老的封建国家，人民的经济生活非常贫乏，而且在腐败的专制政治下，人民的政治思想亦不能发达，但是在前资本主义时代，在政治文化各方面的发展程度皆优越于日本，这样的朝鲜国家，自从在一九一〇年被后进的日本帝国主义并吞以后，朝鲜人民在政治经济文化各方面所受到的压迫与榨取，实达于朝鲜有史以来未曾有的程度。因此，朝鲜民族对日本帝国主义反抗情绪亦日趋激烈。所以，亡国后到"三一"运动以前发生激烈的国内义军武装反抗斗争。但这不过是旧时代的王党及山林儒生所领导的忠君爱国的运动。至于"三一"(一九一九年)运动，在本质上已有重大的变化。因为在日本帝国主义差别待遇之下，不但民族意识激昂起来，且因受世界各国革命的影响，人民民主主义思想亦已普及，所以在新进民主主义上层知识份子领导之下，发动了以青年学生为骨干的全民族的革命运动。这次大革命运动的结果，使日本帝国主义对朝鲜人民不能不采取暂时微小的让步，所以更换总督，废止"武断政治"而代之以"文化政治"，挂起"自治"的幌子，设置道郡评议员会与学校评议员会，承认言论、出版、集会结社之若干自由，特许朝鲜人资本家自由开办银行会社，并宣布废止民族差别待遇，等等。在此种欺骗的缓和政策之下，除了亡命海外的革命志士外，大部分领导"三一"运动的上层份子开始软化腐败下去。但是大众的革命斗争则愈发激化，所以在一九二四年成立青年总同盟、劳动总同盟等大众革命继续，展开全国广泛的群众反日斗争。在国外有东北朝鲜武装队伍坚持英勇果决之斗争和关内各革命集团继续不断之政治活动，这些都是"三一"运动光辉之继承和发展。

现在在中国、美国和苏联境内发展和生长的朝鲜民族革命力量，对朝鲜革命可以起重大的作用。在纪念三一节的时候，朝鲜革命国内外情势比三一运动当时更加有利。所以我们要与中苏英美等民主国家团结一致，共同扑灭法西斯日寇，争取朝鲜民族的自由和独立。为着完成这重大任务，我们必须团结并巩固我们自身的力量。所以目前摆在我们面前的重大任务就是：第一，要争取敌后及被敌欺压在前线之朝鲜同胞，以谋巩固并扩大朝鲜义勇队，使成为参加中国抗战的强有力的朝鲜革命武装队伍；第二，要促成关内各革命集团之统一，以谋巩固并扩大韩国临时政府，使成为能代表朝鲜民族之战斗指挥部。

（原载于《新华日报》1942年3月1日）

团结复国

——为韩国光复军二周年纪念作

[朝鲜]金若山

一

今年七月间，四年来在中国战场上迭挫敌锋的朝鲜义勇队，开始编入韩国光复军，这在韩国独立运动史上是一件大事。四年以来，朝鲜义勇队团结在华的革命力量，推进革命运动，在蒋委员长的领导下，坚苦奋斗。自前年韩国光复军正式成立后，我们认为在韩国复国运动中又多了一支生力军，朝鲜义勇队又多了一支亲密的友军，当即表示极大的欢迎，两年中朝鲜义勇队和韩国光复军亲密合作，并肩杀敌，获得了广大同胞的拥护和友邦人士的同情。今天，当世界反侵略战争进入严重的关头，当朝鲜民族的任务更加艰巨的时候，我们朝鲜在华的革命运动，团结更加巩固了，朝鲜义勇队已经编入光复军，以整齐的步伐，向共同的敌人作战，这是我们今天感到无上的欣慰的。

二

朝鲜义勇队成立于一九三八年十月，改编于今年七月间，朝鲜义勇队一共存在了三年九个月，这三年九个月中，朝鲜义勇队辉煌的战绩，无疑的将在朝鲜革命运动史上占着重要的一页。尽人皆知，当武汉会战的时候，我们曾经光荣地参加了保卫武汉的工作。当湘北大捷的时候，我们曾英勇地和中国战友，携手杀敌；当昆仑关大战的时候，我们年青的队员曾经搏战于昆仑关最前线；当华北反扫荡战争如火如荼的时候，我们优秀的战士又转战于华北敌后。每一次中国战场上的主要战役，我们都曾经和中国战友一道，尽我们的一切力量，帮助中国抗战。这是朝鲜义勇队的光荣，这是朝鲜全民族的光荣。日本帝国主义震慑于朝鲜义勇队的威名，已经不敢再派遣所谓“朝鲜志愿兵”到中国战场上，过去利用朝鲜民族败类，在中国沦陷区胡作胡为的事件，也已经减少了。朝鲜义勇队的奋斗，不仅提高了朝鲜民族的国际地位，而且增加了各地侨胞对开展对敌武装斗争的信心。

三

朝鲜义勇队从成立的最初一天起，我们就坚决的主张组织统一的民族战线，一切革命的党派，在反日第一的口号下团结起来。我们的主张曾得到各地同胞的热烈支持，今天朝鲜革命的基本任务只有一个：打倒日本帝国主义，建立自由独立的朝鲜国家。任何朝鲜的革命党派，只要他是以国家民族的利益为前援，他是没有理由拒绝我们的主张的。我们必须克服宗派主义的自私观念，尊重广大人民的意见，朝鲜义勇队一直采取着这种光明磊落的态度，凡是一切对团结有利的政策，凡是一切对朝鲜民族有利的政策，我们无不勇往直前，坚决执行。过去分裂的痛苦经验，实在太多了，今天这收获，是值得我们珍惜的。朝鲜义勇队取消了他存在了四年的光荣番号，作了这最大的让步，为的是什么？为的是团结复国。

四

我们决不以今天的收获而自满，未来的任务，正千百倍的艰苦，没有全民族的铁的团结与坚苦的战斗，是不能获得胜利的。

必须记取朝鲜义勇队四年来宝贵的战斗经验，必须继续发扬过去朝鲜义勇队的光荣传统，团结一致，坚苦卓绝，自强不息，前仆后继，踏着革命先烈的血迹前进。

争取敌后的朝鲜群众，建立强大的朝鲜革命军，配合中国作战，过去四年中朝鲜义勇队的工作，已经证明这是完全可能的。因此今天必须在朝鲜各党派坚强团结的基础上，巩固光复军，扩大光复军！

（原载于《新华日报》1942 年 9 月 17 日）

跨过鸭绿江，光复河山

——韩国光复军总司令李青天谈话

[韩国]李青天

（本报讯）代表东方被压迫民族准备向日寇搏斗而又正在成长着的一支队伍——韩国光复军，是在两年前的今天成立的。为了纪念这个具着战斗性的日子，光复军总司令部昨日招待此间新闻界，该军总司令李青天氏即席发表谈话，副司令金若山及韩国临时政府严大卫等均到场参加。在我们民族奇耻大辱的日子——"九一八"一周年的前夕，这是我们的兄弟民族，在东方反法西斯的司令台上，向日寇发出战斗的号角。今特志其讲词如次。

独立运动

在九月里，韩国有两个意义隆重的纪念日，一个是韩国独立三十五周年纪念日，一个是光复军成立两周年纪念日。为齐一我们的战斗步伐，向敌人作强有力的表示，这两个纪念日合并在一天举行。回顾一九〇七年阴历七月三十日日寇强迫解散韩国国防军，从此韩民沦为奴隶，但也就是三千万韩民开始了对敌人的反抗。独立运动也就是义勇军运动，普遍在韩国全境。这样如燎原之火的独立运动，在韩国内继续了八年。从一九一四年起，在敌人强烈的压迫下，化整为零的退至西伯利亚及中国东北。那时在张作霖暗中同情下，我们在白山黑水的广大原野间向日寇作顽强的斗争。我们还记得最有名的一次战役，是青山里（在吉林汪清县）之役，这次战争结果敌人损失很大，使敌人知道统治东北虽易，但扫荡朝鲜独立军则甚感困难。"九一八"以后，韩国志士在东北的活动更加不易。但我们的力量仍未被消灭。直至今日，韩国健儿依然与东北义勇军联合对敌作战。

抗战以来

回顾三十五年抗战的历史，我们创造了独立奋斗的传统，承继这传统的是今日的光复军。光复军是无数韩国有名无名英雄流血的结晶。虽然光复军正式成立后还没有什么贡献，这对中国对同盟国诚然是抱愧之比。这里使我们看到在美国的韩国志愿兵而更觉惭愧，他们今年二月成立，三月即武装受训，现在已训练完毕，开始与美国盟军并肩作战了。

光复军虽然是前年九月十七日成立，但正式得到中国政府允许还是在去年十一月间，今年七月一日才开始工作。在这样短促的时日里，自然是希望有成绩出现的。但我们始终以为争取民族独立自由，有友邦援助更好，没有援助，也更应自己努力。两年来可告慰者，即韩国武装同志在中国各战区配合作战，这是中国人民所深知的。几年来朝鲜义勇队之作战成绩，亦曾获得中国人士之称赞，许多队员与中国士兵在战场上建立光辉的成绩。两年来我们曾派人到敌后作对敌工作，破坏敌人建设，招募韩国青年参加光复军，现在我们的武装已求得完全统一，我们确信今后在统一指挥之下必能使战斗力日益加强。

各方影响

光复军之成立，激励了韩国内地人民，使他们复国的信念更加强了。这两年中，许多韩国青年冲破敌人封锁，来内地参加光复军，在美国韩侨之组军运动，非常热烈，援助光复军之运动，盛极一时。在苏联之韩商，也展开了很大的复国运动。在中国，光复军虽无卓著成绩表现，但相信在蒋委员长远大眼光之下，必能以更有效之方式援助光复军，使光复军能立刻予敌人以有效之打击。

准备工作

今后光复军之奋斗中心，着手大量训练干部，扩大宣传工作。不久将来，待中国反攻之时，韩国光复军即首先进军东北。东北有三百万韩侨，在其中动员数十万韩国青年，是非常容易而且是很确信的事，彼时我们发动大规模之军事行动，跨过鸭绿江，与韩国三千万同胞相见，配合盟军战略与敌人进行决战，尔时即为敌人崩溃与韩国复国之日。韩国是日寇预伏下的一颗炸弹，在不久的将来这一颗炸弹是会及时爆发的。韩国将是日寇最后的葬身所。在我们战斗的纪念日的前夕，让我们预祝中国胜利、同盟国胜利及诸君的健康。

（原载于《新华日报》1942 年 9 月 17 日）

太平洋战争与朝鲜革命

[朝鲜]李达

太平洋的战局空前的严重了。目前战局，由于日寇的诡诈，主动的进攻，袭珍珠港，陷香港，占马尼剌，攻马来亚，侵婆罗洲，攻缅甸南部，浸渐有进逼仰光之势，而新加坡之战况更陷于□危之中。

对于这样严重的危机，英国议会的不满，澳州政府当局与荷印总督的呼吁，中国舆论界的辩论与焦虑情绪亦织成一片，益发增加了严重的气氛。

然而这一切的"不满""忧虑""争辩""呼吁""谈话"的悲喜剧的进行，固然是一时免不了的现象，而解决这严重局势的关键，是在如何来尽其至善的努力，发挥最大的力量打倒日寇。就是说，正面对严重的局势，已不是谈话的时候，而是积极行动的时候。

那么，在目前有没有挽回太平洋战局危机的条件与可能呢？我们的答案是：一定有的。

第一，我们认为挽救目前战局的颓废，除中、英、美、荷、澳等同盟国应在太平洋□援军力外，那就是应该迅速的真正的动员和武装太平洋当地的各民族，使他们贡献其全部力量，参加抗日战争。

太平洋当地的各民族，几乎全是英、美、荷地殖民地、自治领、保护地、委任统治地。他们不仅在数量上拥有伟大的力量，且在经济、政治、文化等各方面也有未可限量的力量潜在着。尤其在反抗侵略的精神上，这些民族一般说来，都是充满着潜在的民族义愤的。他们本身多年的生活经验，使他们清楚认识他们今日之敌人。如果将这些广大的力量能够动员起来，那么守住今天的阵线保卫新加坡，保卫荷印，保卫缅甸，仍然是绝对可能的。

民力的动员，固然是一桩急待实现的要务，但英美当局改善对这些民族的政策和关系，是最重要的条件。首先，英美当局应改变对这些民族的旧观念，而尊重各民族的民族独立，这样才能使他们自动的动员和组织起来，参加各种抗日工作，同时给予他们以武装自由，以便他们能够实行武装抗日。

第二，太平洋战争是持久战，最后胜利是属于太平洋上民主国家的，这是毫无疑问的。今天留给我们最关心和讨论的问题，是在战争发展过程中，要找出能战胜日寇的有利条件。

朝鲜是在加速日寇崩溃上占着很重要的地位。朝鲜虽然成为日寇的独占殖民地已经三十余年，但她始终是日寇心腹之患，尤其在日寇对外发动侵略时更为如此。

自从日寇并吞朝鲜以来，日寇对朝鲜的政策，简直是残暴和血腥的暴行。怀柔、强迫，或者灭种、同化，其花样至为繁多。尤其在侵华战争当中，日寇在朝鲜所实施的野蛮政策，更为令人战栗。在所谓“日鲜一如”的欺骗口号下，强迫禁用“朝鲜”称号，而以“半岛”二字代之。严禁朝鲜人使用朝鲜语。提倡日鲜混婚，强迫实施“创氏令”（按：所谓“创氏令”者，乃强迫朝鲜人抛弃其固有姓氏而改用日本人姓氏的前所未闻之野蛮法令）。解散一切朝鲜人民间团体。将朝鲜学生本位之学校改为日本学生本位学校，使之共学。封闭一切朝鲜文报和杂志。强迫朝鲜人参拜天照大神等等。各种滑稽的阴谋毒计，层出不穷。

日寇除总督府外，又新设所谓“国民总力朝鲜联盟”，剥削朝鲜民族的血汗。在“国防献金”“志愿兵令”“圣汗队”等等的名义下，强夺朝鲜人的财产，实施强制征兵，驱使朝鲜人于东北开垦。诸如此类的把戏，殆系企图完全灭亡朝鲜民族的毒计。

然而，朝鲜民族仍然是朝鲜民族。他们有着五千年灿烂的文明历史，有着民族自尊心和民族意识。他们决不会灭亡于异族的。三十余年来，继续不断的轰轰烈烈的朝鲜光复运动证明了朝鲜民族的不死。

由于朝鲜民族自然的站在反侵略民主阵线，与日寇拼命，朝鲜的独立运动已经不是孤立无援的。朝鲜独立运动完全在世界反侵略战争的整个战略下发展着。

首先，从朝鲜国内情形来说，虽然日寇的压迫那么厉害，可是三千万朝鲜民族的反日复国情绪却益增强，革命已到了一触即发之势。朝鲜国内各地不时的发生着的各种反日暴动，给予敌人以重大的打击。所以朝鲜国内反日革命运动，在扰乱敌后的意义上，有着很大的作用的。其次，海外的朝鲜革命运动，也有不可忽视的力量，尤其在中国活动的朝鲜义勇队和东北的朝鲜革命军，都是很宝贵的特殊力量。

总之，朝鲜革命力量是在太平洋战争发展过程中战胜日寇的一个有力的因素。如果同盟国家能放大眼光，给朝鲜革命以实际上的援助，朝鲜革命势力是可能破坏和阻挠敌人的继续前进，在将来必能协助同盟国正规部队反攻。

朝鲜民族是绝对需要独立和解放的。这时正是争取自由和解放的良机。自从中国发动民族解放战争以至这次太平洋战争爆发后，朝鲜民族更深切的了解他们今日所处地位之重要。这时她不仅要积极的起来为谋朝鲜民族的独立而斗争，同时必需要负荷重建世界真正和平的一部分责任。

最后，让我们站在被压迫民族立场上，谨向英美人士说几句话。自从太平洋战争爆发以后，世界被压迫民族都愿意将自己所有的力量贡献于反侵略民主阵线，而这种现象可说是保障战胜敌人的决定条件。在这时英美当局应该抛弃对太平洋各被压迫民族的旧观念，重新厘订其民族政策，以打击敌人的挑拨宣传，增强自己的抗战力量。

最近报上看到英美人士讨论战后远东问题，对朝鲜问题似不甚注意。这不仅不符罗丘宣言上的精神，而且会引起朝鲜民族的误解。罗丘宣言中“尊重各民族自由，决定其所以赖以生存之政府形式之权利，各民族中此项权利有横遭剥夺者，两国均欲使其恢复原有主权与自主政府”。这一段，是说明了尊重各民族的独立自由。英美当局应从新认识朝鲜民族，看重他们的力量，援助他们的革命运动，使他们配合英美主力作战，加强对敌人的打击。

同盟国家对于被压迫民族的独立运动将采取怎样的态度呢？我们以为：第一，原则上应完全承认各个民族的自由独立，特别是同盟国战争的旗帜上显明地表示着“民主自由”，情理上也不应该违害他人的民主和自由。其次，对轴心国家作战的战略与攻略上，也应该争取这些全世界被压迫民族站在自己的阵线上，以充实自己的战斗力。尤其是轴心国之一的日寇的作战力，是完全依赖压榨她的殖民地民族的膏血而来的，因此同盟国对被压迫民族的政策，应招致和加强这些殖民地民族对日寇的离心，而促成日寇的败亡。所以我们希望民主的同盟国家特别是英国急须确定对被压迫民族的政策，具体的有效的保证他们在战争中和战后获得绝对的独立。

至于一切被压迫民族，对着现实应有很清楚的认识，尤其是对于太平洋战争中自己所负的任务，更应了解和执行，那末在新的光明的世界的广大基础上，一定可以建立被压迫民族自己的永久的幸福和自由。

（原载于《朝鲜义勇队》第 41 期，1942 年）

世界大局与韩国光复军

——为纪念联合国日而作

[韩国]李青天

人类历史在演进，时代潮流在□□，随文明之进步，战争的内容□日涉□剧烈变化。上次大战，虽被协约国誉为公理强权之争，实则双方都是强权。而夷考战争本质，究不外为了争权争利，此次大战，□正义□力，侵略反侵略，一开始□□垒森严，旗帜鲜明，这是异于上次大战及历代战争之处，也是人类文化进步之处。此次大战，为什么能由列强争霸战而一转为反侵略战？这是因为主角有中国之故。中国是爱和平反侵略的民族，有中国即有正义与公理。客观真理如此，故联合国日庆祝于陪都，意义实极深长，在物质武力上，中国虽不能执联合国之牛耳，但在战争精神上，中国确可为举世风范，而足以当联合国之一大“精神堡垒”。

在我们想像中，此次大战结束后，欧洲形势，除弱一法国、意国外，大致与二十年前无异。然东方局面，则将呈空前剧变：这就是日本之没落与中国之再生。由于日本之没落，远东形势另一巨变是韩国的独立。除中苏日外，韩国是亚洲大国，其地位素有“东方巴尔干”之称，它独立后中苏日三国外交关系也要跟着全部改观。敌论及此次大战未来的主要收获，我们不妨夸张一点，就是带来一个新亚洲。新亚洲与旧亚洲的唯一分水岭是：中韩两国的独立富强与日本之没落。瞻望未来新景象，回顾过去血泪痛史，值此庆祝联合国之日，我们韩国人无不胜感怀万端，而觉责任綦重。

韩国临时政府迄今尚未被各国正式承认，法律上，联合国阵营中无韩国，但精神上实质上，韩国早与二十余国呼吸一体，步伐一致，此一证于临时政府之历届宣言及声明，二证于韩国光复军之参加中国战区抗战。

说到韩国光复军，其实并非新名词，它受中国政府正式承认虽仅在昨年冬天，但其诞生却远在三十五年以前。一九〇七年八月一日，韩国国防军被日寇强迫解散，官兵不甘屈服，与民间志士相结合，纷起抗倭，一时风□云集，势如燎原，韩人统称之为“韩国光复军运动”，亦称为“义兵运动”。庚戍[戌]国亡以后，暴日对此一运动，压迫摧残，无所不用其极，光复军主力，乃潜渡鸭绿江，在中国东北化为韩国独立军、韩国光复军、朝鲜革命军等单位，继续从事武装抗倭运动。其中尤以独立军规模最大。一九二〇年，数达三万，声势浩壮，同年秋在吉林和龙县属青山里与敌血战，敌军伤亡四千余，不为韩国抗倭史上最光荣之一页，而引起全世界之普遍同情。不幸韩军有消耗，无补充，实力终日渐薄弱。然“九一八”后犹余四千健儿，配合马占山、李杜等东北抗日部队对日作战，其后韩军少数领袖先后入关，向中国当局乞援，其余战士则化整为零，仍在白山黑水间继续奋斗，迄今不息。综计三十年中，与日寇大小战斗不下四千余次，敌军伤亡约九万人，资财损失在一万万以上。综上所述，可知光复军不仅是全世界最早的一支抗日军，也是一支历史最悠久、境况最艰苦的反侵略军。

中国抗战军兴，韩国革命领袖云集内地，群议正式在关内恢复光复军，前年五月，当蒙蒋委员长批准，在一年往返磋商，研讨细目，昨年十一月十三日，中国军委会复颁布明令，予以正式承认，在蒋委员长统辖之下，参加对日抗战，从而光复军乃在国际间获得法律地位。光复军目前基本立场，约而言之，可分左列三项：

(一)本军为隶属于韩国临时政府之军队，在临时政府未获得各国正式承认以前，由中国战区最高统帅蒋委员长统辖暨指挥。

(二)轴心集团为破坏世界和平之罪魁。为恢复世界永久和平起见，本军愿追随联合国之后，在同一信念下，共起扑灭侵略狂焰，粉碎轴心集团奴隶全人类之黑暗阴谋。

(三)本军为大韩三千万人民之军队，为一切韩国武装革命力量之领导中心，在目前，将积极领导并推动韩国国内外一切民众武装反日运动；在将来，将成为韩国建国建军唯一之基奠。

光复军之酝酿，前后约二年，外间颇有质以尚未大规模参战而转资疑□者。军队的大事是打仗，光复军无时无刻不想打仗，然目前既受中国统帅节制，它何时能打仗，能带回敌人头颅，这全由中国最高统帅部的战略来决定，局外人因未便多所置喙。就时间上言，中国正式协助光复军，为时不过半载，谚云：“十年树木，百年树人。”要在短短半年中建起一个崭新的异族军队，自不可能。故截至目前止光复军还在组织、整理与训练阶段，一俟此阶段告终，它立刻打仗。我们相信一阶段不会太长，中国既殷盼光复军参战，光复军自己更竭望能早日与联合国盟友比肩作战，共摧暴敌。我们不仅想打仗，并且还想打大仗，打胜仗。

这半年中，光复军状况若干事涉及军机，未便多谈，可以公开说的约有下列十事：(一)太平洋战事爆发后，旅美韩侨纷纷组织光复军美国支队，亦即韩国志愿兵，今年二月下旬，洛矶衫首先成立一个支队，队长金容九。“三一”节时举行阅兵式，由美境韩人联合委员会授军旗，参加者除美国当局外，尚有旅美中国志愿队及菲律宾志愿队。四月四日及二十六日，中韩菲志愿队复联合举行阅兵游行。现在这三个单位，都在加利福尼亚省防军中受训，司令官是加省省长奥尔逊。受训完毕，或派赴澳洲，或遣来远东正式参战，此仅就洛矶衫一地言。此外，檀香山、夏威夷等地韩人短期间也要成立光复军支队，其他偏僻省份则有零星韩侨直接投入美军。(二)上月十五日军委会正式明令朝鲜义勇队并入光复军，编为本军第一支队，义勇队队长金若山则任本军副司令，这是韩国革命过程中一大事。中国抗战以还，韩国革命力量多星散四方，未能集中，致令革命事业迭起牵掣。义勇队数年来参加中国抗战，成绩斐然，今得参加本军工作，从此韩国革命将愈趋单纯化、一元化。(三)华北沦陷后，日寇尽量逼韩人移民，现华北韩人至少有五十万以上，本军年来在华北颇有布置，陆续吸收韩国青年，现由敌后来投效本军者已达×百人，今后可望人数激增。(四)本军在西安五个支队之干部，均已参加×××××方面受训，即可受训期满。(五)东北若干韩国战斗单位，可望取得密切联络。(六)临时政府主席金九先生上月底发表通电，促海外各地韩侨早日武装，编为本军支队，参加所在国对倭抗战。(七)本军总司令部原设西安，现决迁重庆，西安方面干部正源源来此。(八)若干中国同志自愿投效本军，已陆续报到。(九)自三月间起，国际每周添设韩语广播，由临时政府与本军派员分别担任，对韩国国内广播。(十)中国当局准许现在中国部队中之韩籍官兵转入本军，现正陆续报到。

太平洋战争爆发后，因罗斯福、颜露尔、拉铁摩尔等先生的演说，曾一再提到韩国，世人对韩国问题乃日益重视，而对光复军尤为注意，盖以本军为韩国革命力量的具体象征之故。韩国是日寇内部的惟一延性炸弹，此一事实，尽人皆知，然如何使这一颗延性炸弹早日爆发，并发动东北、华北四百万韩侨抗倭打击日寇在韩征兵的毒计，促成敌军中韩籍兵士的反正，这却有赖于中国当局与光复军的合作，更具体点说，是取决于中国协助并运用光复军的程度。

自中国抗战后，关于韩人暴动事件，仅敌人官方透露的先后就有五起，其余未被透露者，还不知有多少，此五起如下：(一)一九三九年十一月在釜山附近之东莱；(二)一九四〇年六月在京城、仁川、平壤、镇南浦、元山、城津各地；

(三)同年十月在长春;(四)一九四一年十二月在安东县;(五)今年二月敌派二师团赴韩镇压。在这五起事件中,每次总有数百人或数千人被株连入狱,以小喻大,据此来推断,我们有理由相信,敌人在朝鲜的危机,确已日趋严重,我们不要忘记,在日本东京的韩籍工人,就有一百万人以上,这些全是粉碎日寇的最好炸药,只要有引线,这些炸药不愁不爆发。

上述种种,纯就利害言,至若光复军存在之政治意义,更无庸赘述了,这些直接是对中国的贡献,间接也就是对联合国的贡献。值兹庆祝“联合国日”之日,我们一祝联合国之未来胜利,二望英美继珊瑚海、中途岛大捷之后,早日在海上发动反攻,先解决日寇,三盼民主国全力援华助韩,中国之胜与韩国之解放,即日寇之崩溃,日寇败,希特勒必倒无疑!

(原载于《新华日报》1942 年 6 月 14 日)

敬致慰勉于兄弟民族

——韩国“三一”大革命二十三周年

梁寒操

韩国“三一”大革命二十三周年

三十三年以前的亚洲大陆上，正当中国民族酝酿着伟大民族革命的前夜，日本帝国主义为着嫉视和压抑亚洲革命运动的高涨，首先侵吞了亚洲东部的一大半岛——灭亡了日渐觉醒中的韩国。日本从这里占有了二十二万余方公里的广大肥美的土地，奴役了二千五百余万和平善良的人民，并从这里得到了向亚洲大陆进展的前哨和据点。

三十三年来，韩国人民受尽了日本帝国主义掠夺剥削的苦痛，韩国革命战士们更尝遍了日本帝国主义的欺凌压迫！

在人类社会上，再没有比灭亡了祖国、失掉了家乡那样的寂寞与悲哀，而韩国人民却正是如此地渡过了三十三年黑暗的生活！韩国有志之士，也不得不流浪在全世界，忍受其亡命异邦的苦难！

然而韩国虽亡，韩国人民的民族精神却永久辉煌照跃着的。三十三年来，韩国民族对于日寇原始野蛮的统治政策，从来没有驯服过，散处全世界各地的韩国人民，无论其所依为生活的职业有所不同，学者、新闻记者、艺术家、工人、农民或商人，但他们对于革命复国的热忱，却是始终一致的。三十三年来，我们不断看到韩国人民为抗日复国而进行的伟大轰烈的革命行动，如刺死伊藤事件、谋刺日本天皇事件、炸毙白川事件等，如青山里的喋血战斗，如“三一”大革命运动等，这些便是表征了韩国人民对于日寇残暴统治的愤怒，证明日寇企图泯灭韩国人民民族意识的妄想完全是不可能的，也告诉我们韩国民族最后必将摧毁敌人而恢复其独立自由的地位。

一个民族的形成，必要经过长期历史的锻炼。各民族都有其血统、语言、文化的渊源，其民族意识深深固结于各民族成员之中，而不能以人为力量轻易泯灭。只要不像印第安人或爱斯基摩人那样在根本没有开化前即被消灭掉，任何民族即使要暂时受到了挫折，暂时因被压抑而潜伏隐忍着，经过相当时期的培养与生息，由于各民族主观条件客观环境的成熟，各民族必能因其互助互爱自尊自卫心理的发展，而猛烈反抗外来的压迫。

民族解放是一种历史的力量，是一种历史的斗争。在十八世纪末期，欧洲开始了建立民族国家的运动，十九世纪末期，民族主义怒潮更普遍到了全世界。亚洲民族的觉醒运动，正发芽滋长于此时。中国最早警悟而最后奋发，五十年来，我们不断进行了对内求自由、对外求独立的运动。五十年来的奋斗成绩，保持发扬了民族优秀的传统精神——自尊心与自信力，以致造成了五年前发动的抗战，得到了今日为世界各国所重视的国际地位。这说明一个民族凭了历史社会的力量，只要能发愤图强，必能得到完满的成果。

韩国民族有数千年悠久的历史与文化，其民族有一贯的经济连锁，有共同的语言习惯，有一致的文化生活，韩国民族之最后复兴，当然是无可置疑的。

多少年来，世人不仅是轻视亚洲人，尤其是更轻视亡国的朝鲜人。然而，今日的亚洲，中国正领导着全亚洲民族进行反对欧洲侵略者的战争！今日的世界，不仅是朝鲜人尚呻吟于敌人铁蹄之下，他如荷、比、卢、挪、丹、波、希、南、奥、捷等国也都要忍受着亡国惨痛的生活！连西欧一等强国的法兰西，也失掉了独立自由的保障，而苟延残喘的存在着。这可见任何民族若不能力图振作，任何民族都不免受外敌侵凌的危机；任何民族若能奋发自强，任何民族都有其光明远大的前途。

今天是韩国“三一”大革命二十三周年纪念日。我们于怀念这兄弟民族的恶劣境遇以外，尤其是敬佩这兄弟民族反抗压迫民族的英勇奋斗。我们敬致慰勉于韩国人民们、韩国的革命战士们，希望韩国民族继续其以往奋勇的精神，与我们携手前进，合力打倒日本帝国主义强盗，我们敬祝韩国革命成功！敬祝这兄弟民族的未来的胜利！

（原载于《朝鲜义勇队》第 41 期，1942 年）

论邢台胜利之意义并追悼孙、王、崔、朱四位阵亡同志

[朝鲜]若山

自从朝鲜义勇队成立到现在，不论在前方或者在后方，不论在江南或者在华北，始终为着中国抗战和朝鲜革命，作英勇艰苦的斗争。但是我们在过去，为着抗战的需要，特别注重对敌宣传工作，关于直接与敌人战斗这一个任务，我们可以说没有甚么重大的成绩。当然，我们过去在江南各战区也曾经做过英勇的武装斗争，如锡山进攻和铜城进攻战，朝鲜义勇队辉煌的战绩，早被当地中国军政长官和一般军民所赞许。但这些战绩也不过是□我们工作上附带的任务，在整个工作成绩上不能占重要的地位。自从去春我们第三支队为着争取并组织敌后朝鲜同胞，向华北一带展开工作以来，为着适应环境上的需要，开始注重武装斗争。到最近才接到"第三支队于去年十二月二十六日与敌激战于河北邢台，毙敌百余名，夺获战利品无算，我孙一峰、王现淳、崔铁镐、朱东旭四位同志不幸中弹牺牲"的消息。这真是一个可喜的捷报，同时是可悲的噩耗！这不仅使关内全体朝鲜革命人士，共挥悲喜交集之泪，同时使反法西斯的中外人士也表示万分的兴奋和痛惜！现在我要对此次邢台胜利之意义略有所说明，然后再来谈如何追悼这壮烈牺牲的四位战士。

当然，在这伟大的抗战当中，毙敌百余人不过是渺如一粟的小胜利。但就是这么一点小胜利，也不仅是朝鲜义勇队首次表现的独立的战功，同时是抗战以后朝鲜革命人士与中国军民并肩杀敌中最大战果。所以我们不应该单从军事上来估计，而是要从政治上来观察，才能够对此次邢台胜利之意义得到正确的认识。我以为这正确的认识，应该包含以下几点：

第一，我们从这一次胜利当中，不仅可以证明"巩固并扩大朝鲜义勇队，使成为参加抗战中的一支强有力的朝鲜革命武装队伍"这一个口号完全正确而且有实现的可能，不仅可以证明朝鲜义勇队是集结关内最优秀的朝鲜革命军

政干部的半军事半政治队伍，所以“建立关内朝鲜革命武装队伍”这一个重大的历史任务，不能不由朝鲜义勇队担负起来，假如离开朝鲜义勇队，谈建立关内朝鲜革命武装队伍，那完全是没有可能，同时可以证明朝鲜民族是强勇善战的民族，只要把朝鲜民族武装起来的话，有把握的可以战胜日本帝国主义。

第二，由于这一次胜利，不仅增加了朝鲜义勇队旗帜灿烂光辉，同时使关内全体朝鲜革命集团或各个人地位亦为之提高；不仅使国内外朝鲜三千万同胞大受精神上的鼓励和刺激，同时提高了四万万五千万中国人民以及全世界爱护自由和平人士的抗日情绪。

第三，由于这一次的胜利，使今后敌后方工作将有顺利的发展。我们知道在敌人欺压下的华北一带数十万朝鲜人民反日情绪日益高涨，他们无时无刻不渴望着参加抗战中的祖国的革命旗帜，拯救他们于水火之中。所以我们要深入他们的里面去，展开宣传、教育、组织等工作。但是在过去我们缺乏武装斗争的胜利，不能使他们闻风响应于革命旗帜之下。但是这一次邢台胜利，已使他们从梦中惊醒起来，看到朝鲜义勇军的旗帜，今后他们像如鱼归水地集结于朝鲜义勇队旗帜之下当可预测。

简略地说起来，邢台胜利的意义就是如此。

当然，我们要为这光荣的胜利，而不胜庆祝与喜悦！但是这个胜利并不是无代价地白得，而是由我们最英勇的四同志壮烈牺牲所换得来的。所以我们于庆祝喜悦之余，自又不禁万分痛惜悲哀之怀！

一峰、铁镐、现淳、东旭这四位同志，都是十年来有计划的养成起来的老干部，他们都是毕业于朝鲜革命干部学校和中央军校，同时有参加中韩革命的光荣的历史。我们在过去不仅与他们同患乱共甘苦，而且不拘怎样恶劣之环境，始终站在一条战线上共同做过最艰苦的斗争；尤其是在四年来义勇队工作当中，不用说是更加如此的！到目前，由于太平洋战争的爆发，使关内朝鲜革命运动与本队工作俱有顺利的发展，在这样的时期，我们更需要他们发挥其生平所潜蓄的工作能力。但是残酷的强盗日寇的炮火，竟使我们最亲爱敬重的这四位战士，变成为异域沙场上的白骨！他们已不能亲眼看到朝鲜独立与中国抗战和世界反法西斯战争的胜利；他们已不能高唱胜利的歌声重新回到久别的祖国的怀抱里，他们从前要打倒日寇建设新朝鲜的伟大的革命理想，更不能亲自实现，假如灵魂有知的话，怎能不饮恨于九泉乎？所以我们不仅拘碍于人间的感情而悲哀，实为朝鲜革命利益而痛惜！

但是，我们这四位战士是为着中国抗战和朝鲜革命牺牲的。他们是死的光荣，死的壮烈，死的有代价，死的叫人崇拜赞美！由于他们的死，已使中韩两民族的热血凝结在一个战场上；由于他们的死，使中国抗战首都十六国际团体联合举行庄严盛大的追悼大会。这不仅更加巩固了中韩两民族的合作基础，同时是加强了全世界反法西斯国家和民族对朝鲜革命的注意和同情。所以我们对他们的死，不但要表示悲哀与痛惜，同时要进一步发扬他们的为国牺牲的伟大的革命精神，学习他们生前优良的工作作风，鼓起强烈复仇雪愤的勇气，为着彻底完成他们未竟之遗志而向前迈进。

他们为国牺牲的伟大的革命精神，已由他们过去在锡山、铜城战役弹雨交加之时冲锋陷阵英勇无比的战斗行为充分地表现出来，最后在此次邢台战役中，达成其生平以死报国的志愿。此固不仅无愧于“义勇”两个字，同时也表现了朝鲜民族英雄的气慨[概]！我们今后为着朝鲜义勇队的发展和朝鲜革命的胜利，要继续并发扬这四位同志为国牺牲的伟大的革命精神。

他们生前优良的工作作风，主要表现在不自夸、不自大、硬干、苦干、实干上面。当然这不是他们个人的作风，而是朝鲜义勇队整个工作作风。但是他们最能以身作则，树立了朝鲜义勇队如此优良的工作作风。假如没有他们这最可模范的实践的话，朝勇队整个工作作风亦无从树立。今后为着朝鲜义勇队的发展和朝鲜革命的胜利，要学习这四位同志生前优良的工作作风。

他们生前未完成的遗志，主要有以下两点：第一，争取敌后朝鲜同胞，以谋巩固并扩大朝鲜义勇队，便成为参加抗战中的一支强有力的朝鲜革命武装队伍。第二，要建立关内朝鲜革命最高统一机构。为着完成这两个重大的历史任务，不能不由我们后死者担负起更多的责任。目前这两方面的工作，都有新的发展。如本队在各战区敌后方工作顺利的进行与最近临时政府所召集之“三一”纪念大会上满场一致的通过召集临时会议的提案，都是证明我们在不远的将来有把握地可以实现这两个重大的任务。但是我们应该明白：摆在我们面前的，还是无限的艰苦与困难，这需要我们用坚决持久的斗争精神来克服的。我们要誓为完成这四位同志未竟之遗志，而踏上他们的血迹前进！

（原载于《朝鲜义勇队》第 42 期，1942 年）

对敌宣传的重要性

[日本]山川要
操 译

战争的胜负,决定于交战国间各种条件,不过随着战争的长期化,对敌宣传工作所起影响之大,却是不可否认的事实,而这也早已为中国、欧西的史例所证明了的。现在拟将中国对敌宣传工作的情况试加说明。

在中国作对敌宣传工作的有政治部的对敌组。政治部对敌宣传工作,主要是散布宣传标语、小册子以及用无线电向日军占领区域或日本海外居留地作放送,对日本士兵所起的刺激甚大。像在我们部队内,很多士兵以一种趣味心情收集各种标语保存着,作为他日凯旋时带回内地作参考。

此外,经中国政府援助而获得相当效果的有朝鲜与台湾义勇队和在华日本人民反战同盟。反战同盟虽因未能长期间工作,然而对日本士兵的影响却在不少。为什么短期间内能获得这些效果?这是由于反战同盟的组织,是日本人组织的团体,日本人民的环境与矛盾他们能很多的认识,而且知道日本人民今天要求的又是什么。日本人民强烈民族观念是他们的特征之一,他们残留着不少的岛国根性,因此在“敌人”方面传来声音之中听到同胞的声音便特别关切,所以以日本人作对敌宣传工作,无疑是更适当的。

过去反战同盟对敌宣传工作所予日本士兵与被占领区民众的影响,略举几点作一叙述。

首先,根据第一次桂南战争的经验,由昆仑关退却的日本军队阵地的泥壁上,发现了日本士兵所记反战同盟工作队广播演说中反战的语句。随后经调查了由广东、南宁方面俘虏之后,才知中国军队中有日本革命份子作广播宣传,予日本士兵非常大的冲击。之后,又从被俘日军第五师团士兵口中听到,当出征时,上官曾作“到战地去后,敌军中有日语放送,但是不要被它所惑!”等训辞。

前年反战同盟工作队以三四百米突接近宜昌对岸敌军，用扩声器作宣传，工作队的“宣传弹”所予日本军部的打击是出乎意料之外的大。当时担任警备宜昌四周的岩仲搜索队的某君，在其对反战同盟工作的感想一文中说：“我们为团部中将的突然来防而惊异，因为这是前例所无的，尤其是参谋长、宪兵司令也随之而来……他们一行到了警备司令部之后，立即下令召集中队长以上官佐，在司令部像要举行一个大的会议。当日夜半，在最前线的第六中队，突然奉命调回，与第九中队交代，并全部隔离起来，一切见面与外出皆被严厉禁止。翌日，团部中将一行将中队长带走了。士兵们惊异地送了他们出去，不知什么缘故。到后来终于明白：原来是因为反战日人在前线每夜进行反战播送的结果，使那些平时本来已很多不满的日本士兵受到更大刺激而动摇起来。该中队长因责有休□，便被送往汉口军法会议鞫审。“

本人在宜昌某一食堂中亲自听到一个上等兵与一个伍长的谈话：

上：喂！前线真有日本人吗？是真的日本人吗？

伍：是有日本人！

上：怎么会在“支那”军队中的呢？

伍：大概是俘虏吧。

上：若是俘虏，是能强制他们作如此放送的吗？

伍：这不简单，大凡一成俘虏，必然更深切认识战争的残酷……就是我们假如被俘，也不能说不会产生这种心情。

…………

…………

第二天早晨点名的时候，我们的中队长训话：“我想你们一定听了许多谣言，……在敌人前线，有少数日本兵俘虏，他们军人精神极为薄弱，所以不能自决。”（被略）年轻的队附某一天告诉我们说：他很了解前线反战日本人的心情，因为彼等有彼等的信念，并且说战争也不能说是正当的。他反驳了中队长的话。

又去年春天被俘自称在日本特务机关工作的吉田，曾说出“日本特务机关对反战同监的活动，非常恐惧，详细地调查，反战同盟盟员的姓名”。又据去年驻太原独立第九旅团的松川荣所说：该团逃亡非常多，其中一人逃往八路军，写出一封信给中队长，说明他们的生活状况、中国对日本人民的认识，指摘了日本对策的错误，因此而很大影响部队士兵对侵华政策的怀疑。

以上几个事实，说明对敌宣传工作是如何的重要。若没有抗战的胜利，中华民族不能得到幸福。即以日本来说，不打倒法西军部也绝难获得幸福。因此，争取中国抗战的胜利，中日两大民族有共同的责任。所以全体日本人民无条件支持中国抗战，并且在必要的时候还能重执武器走上前线。我们磨炼身心，以待光荣的一日的到来。

（原载于《新华日报》1942 年 8 月 11 日）

太平洋大战与韩国光复

四平

去年十二月八日暴倭一面以陆海空军向夏威夷、威克岛、关岛、菲律宾、香港、马来半岛等地袭击，一方正式向英美宣战，暴倭无厌的侵略，终于造成太平洋大战。

暴倭的侵略行动实以我韩为阶梯。自丰臣秀吉执政时代，欲侵中国的明朝，即以武力向我韩要求假道，终败于我韩名将李舜臣，中国大陆遂未受其蹂躏。暴倭自明治维新以后，采取对外扩张政策，第一步即图伸足于我韩国半岛。甲午中日战役，暴倭的中心目标实在并我朝鲜。一九〇五年倭又战俄，亦因俄国干涉暴倭的侵韩运动。及一九一〇年暴倭正式并我韩国以后，始进一步侵略中国的东北，蚕食中国的河北、察绥各省，最后终于发生七七事变，妄图鲸吞全中国。作战四年又半，基础稍立，更进而侵略南洋，发动太平洋大战。所以暴倭的侵略实以我韩国为之阶梯。

暴倭得以成为一等强国，实在由于侥幸。五十年来，它没有遇到一个真正的敌人。甲午战胜腐败的中国满清政府，不足为武。其后战胜帝俄，实在由于帝俄的不愿继续作战，不然暴倭是否能够获胜，大成问题。上次世界大战，暴倭可谓不战而获，白检[捡]便宜。所以，暴倭只是运气太好，处境太顺。机会太好，没有打一次硬仗，就偷偷摸摸的取得一等强国的地位。

运气太好的人就容易贪得无厌，发生妄想，所以暴倭不但想吞并全中国，并且想吞并南洋甚至全世界，但是这次可遇到真正的敌人了，暴倭再也不能希图侥幸。

在太平洋战争的初期，由于英美事先的疏于准备与暴倭的奇袭策略，虽然使暴倭占了些便宜，但是暴倭决不能因此获胜。英美决心摧毁暴倭的侵略，战志甚坚，决不能像甲午战时的满清政府，日俄战时的沙皇，稍遇挫折，即行屈服。至于战争资源，无论人力物力，英美均视暴倭丰富远甚。军事工业技术的精良与生产力的庞大，均远非暴倭所能及，所以暴倭的必败，而且覆败的很快，已毫无疑义。

暴倭与我韩国势不两立，暴倭的覆败，亦即我韩国光复的成功。只有光复成功，健全独立的韩国才能永久熄灭暴倭侵略的欲焰。何以故？因为如前所言，暴倭以我韩国为侵略的阶梯，阶梯既去，侵略自不容易。且在地理形势上，我韩国直向暴倭的心腹，为袭倭的最好空军根据地，若再佐以相当的海陆军，即可使暴倭永久不敢存侵略的妄想，所以健全独立的韩国无异替各国监视暴倭的警察。因为这种原故，希望反侵略的各友邦，尤其中国，迅速作到下列数事：

一、承认韩国临时政府。

二、承认韩国光复军为交战团体。

三、根据孙中山先生的三民主义及罗丘宣言，保证在暴倭覆败后韩国的独立。

我韩国抗倭之志视各国为尤切，我们自然要竭尽心力，协助各友邦作战，以使暴倭早日覆败，作为向各友邦友谊表示的回答。

（原载于《光复》第2卷第1期，1942年）

太平洋战争与朝鲜独立问题

余若山

（一）

自从太平洋战争爆发以后，全世界划分为法西斯阵线与民主阵线，前者作战的目的在于奴役全人类和征服全世界，后者作战的目的在于保卫国家之独立自由与人类之正义和平。当然，日寇作战的目的属于前者，而英美等国家作战的目的属于后者。所以我们对于英美等国家反侵略战争，不但是同仇敌慨［忾］，同时深信英美等国家将利用其无穷尽之人力财力物力，并联合中苏两国与东方被压迫民族，才能击溃日本法西斯匪军，使暗黑之东方复见万丈光芒之天日！

但是，战争爆发后已逾四月，日寇之攻势越来越凶，英美等国家守军已节节后退。如英美国远东海军最大要塞新加坡的轻易失守，素称天然富藏之菲岛、马来亚、荷印、缅甸等地相继失沦陷，使同盟国人士不能不为忧闷焦躁之情绪所沉没。当然，在战争爆发时，一般有见识的人士早已预料到，因为日寇早有南进之准备与其他地理上绝对有利的条件，因为英美在远东军事上准备的不充足与其以主力应付德国，使日寇可能获得战争初期的胜利。但是谁也恐怕没有料想到，同盟国为甚么这样没有力量敌不住日寇的进攻，为什么这样没有给敌人任何严重打击以前，就这么容易撤退防线。对这个问题，我们所待［得］到正确答复就是：这不仅是为着军事上的原因，而是更为着政治上的原因。具体地说，英国对东方各民族问题，还是保持着战前的状态，没有提出正确的解决办法，所以她就不易动员东方各民族的力量，共同抵抗日本的侵略这就是同盟国在太平洋战争初期失败的最大原因之一。新加坡失守的时候，在六万守军中，有印军三万余与其他马来军万余人，他们并不愿意为保卫新加坡流最后一滴血，这样使英国远东最大的〖要〗塞新加坡，在敌人还没有重大的代价以前就被敌人所占领。再看缅境之战争，敌人军事上进展之未免太快，也有差不多同样的原因。铁的事实已经明：大英帝国传统的殖民地政军就是使战争失败最大原因之一。但是在这反面，我们可以看到美菲军的英勇抗战，这还不是为着美国殖民地政策比英国高明的缘故么？当然，这一次世界大战并不是帝国主义掠夺殖民地的战争，而是自卫对侵略，民主对暴力，信义〖对〗奸诈，进步对倒退之战，是革命对反动之反抗争，是文明对野蛮之搏斗，是世界人类历史正是向光明前进，或者向黑暗到[倒]退的分水领[岭]，是决定世界命运的关键。所以为着争取这一个战争的胜利，必须动员全世界被侵略国家民族一切人力财力物力，而且只有动员全世界被侵略国家与民族一切人力财力物力才能争取这个战争的胜利。但是要动员全世界被侵略国家与民族一切人力财力物力，必须由英美等国对自己统治下与日德意法西斯所掠夺蹂躏下全世界被压迫民族独立问题必须予以绝对的保障，假如没有这点的保障，就不仅不能动员他们，共同抵抗侵略势力，反而有被敌人所挑拨利用的危险。

罗邱宣言（即大西洋宪章）发表于去年八月十四日，那时太平洋战争尚未爆发，英美固然同情中国，却未明显指出日本系民主国家的共同敌人。所以罗邱宣言在精神上实不包括太平洋，罗邱宣言的内容也未能完全涵盖太平洋问题，因为在东方的大多数土地与人民是处于殖民地或半殖民地的地位，罗邱宣言的原则，对于原系独立而现被轴心征服或蹂躏的国家甚为适用，而对于殖民地或半殖民地的国家的战后地位就没有鲜明的规定。所以罗邱宣言虽被称为大西洋宪章或世界宪章，实际未能概括东方问题。譬如说，印度与缅甸俱是英国的殖民地，他们的战后地位如何呢？邀集所有太平洋国家与民族，共同签订一个太平洋宪章已是时代的必要。诚如颜露尔将军所说："榨取殖民地的时代已成过去。"太平洋宪章的精神，不但要使日本统治下的殖民地如朝鲜、流球、台湾等得到解放，即英美的殖民地如印度、缅甸、马来亚、荷印、澳大利亚、纽西兰、菲律宾等，也应该获得自由的地位。印度问题不是正在洽商难决么？只要有一个平等互尊的太平洋宪章产生，这类问题自然迎刃而解。"

"的确，目前制定太平洋宪章是刻不容缓的事，这不仅为东方各民族的利益而如此，同时为英美民主国家自身的利而如此。罗斯福总统最近在新闻记者会谈席上提出了自[之]前战争的命名问题。他认为现有的第二次世界大战等名词尚难令人满意，而应确定其它名词，使其具有为保全世界民主主义与弱小民族而战的意义。"

我们当然要敬拥罗总统的卓见，同时希望罗总统为在此次大战中使东方弱小民族确能求得其独立自由，拟出一个正确解决之实际有效的方案。

我们可以毫不隐讳地说：目前太平洋战争已到相当严重的阶级，寇焰之猖獗已迫近于沮洲、印度之门口。但是正在如此严重的时期，英印间之谈判尚未获得合理的解决，这将对联合作战的前途实属毫无疑义不且实为我们所最大关心与遗憾者也！我们要站最公正的立场上，希望我们的友邦英国应该采取更大的让步，以求早日实现英印间更完美的团结合作。

当然，我们不仅对我们友邦英美提出如上的建议，同时我们要向东方各民族证明：日本法西斯强盗不仅是韩中英美的敌人，同时是东方各被压迫民族以及全世界被侵略国家与民族共同的敌人。

她不仅早已把朝鲜、台湾、流球等数千万人民变成为法西斯血腥统治下的奴隶牛马，且欲进而完全奴役四亿五千万中国人民，最后以征服英美和奴役东方各民族为首的。她所宣传的所谓"建立大东亚新秩序"与"亚洲人亚洲"等欺骗的言词，还不是说明把整个亚洲要变成为日本统治下亚洲的狂妄无理的企图么？毫无问题地东方各民族要得到自身的自由解放，必须与英美等国联合在一起，以共同扑灭法西斯日寇为当前最大任务。但是在最近数个月来南洋战争中，有少数居民竟受暴日之欺骗，甘作其利用之工具。我们虽然同情他们不满于英国殖民政策之初衷，但是对他们倒在日本魔鬼怀里的可怜愚蠢的行为也不能不引起痛恨与嫉视！我们要以最大诚意劝告他们：目前世界战争不是世界民主国家与被压迫民族全部的胜利，就是法西斯凶焰烧遍世界，决没有法西斯胜利而使其一个被压迫民族单独得到自由独立的可能，所以不管东方各民族与其宗主国之间有如何重大的矛盾，但必须在不妨害反侵略战争利益的范围以内求其适当合理的解决，不要因一时的不满而反为暴日所利用，因为这不仅妨碍了民主国家的利益，同时是断送了被压迫民族自身的史命。

（二）

由于太平洋战争的爆发，很显然地中国抗战在世界反侵略战争中的地位已益见重要。所以蒋委员长在其告全国军民书中说：

"今日以前吾人之牺牲奋斗，在于扫除侵入国境之敌寇，而今日以后，且将与苏联以及世界上爱好正义自由之各友邦共同一致，并肩作战，以彻底消灭人类之蟊贼，共奠世界永久之和平。"

我们知道：今天世界反侵略战争，在其意义上讲，只是一个战争，但是在战场的分布上，已分成重要的东西两战场，在西方战场上，以苏联为反侵略战争的主力来抵抗世界侵略罪魁法西斯德国；在东方战场上，不能不由中国来演着及日本法西斯战争中最重要的角色。当□单从国力的对比上讲起来，英美的势力超过中国，但是在战略的地位上或者在政治的意义上讲起来是如此的。所以目前世界反侵略战略要求中国尽到自己所担负的反侵略的艰巨任务，这就是要求中国要从本国的战场上以及缅甸等地打击敌人，以消耗敌人的力量。尤其中国是一个陆军国家，假□中国能从本国的战场上发动全面的反攻，□能牵制敌人大部份的兵力，使不能有丝毫喘息的机会，更谈不到抽调在中国战场上兵力以进攻英美与其属地。所以中国的反攻，就是协助英美，争取太平洋战争胜利的最有效的办法。反之，中国如不能采取这样方策，则必影响到太平洋战争在争取胜利上走上迂回乃至更困难的道路。

其次，在政治上讲起来，中国在东方被压迫民族解放运动中已经站领导的地位。当然，中国能够站这种地位并不是偶然的现像，而是有其必然的原因。

第一，中国以中山先生三民主义为立国的基本精神。所以，中国对内政策并不是要走上大多数人劳苦、少数人享福帝国主义的道路，而是要建设“平均地权”“节制资本”的民生幸福的新社会；至其对外政策，并不是要侵略旁的国家与民族，而是要帮助全世界被压迫民族脱离帝国主义的统治，共同走上世界大同的康庄大道。所以，中山先生说：“中国对世界究竟负甚么责任呢？现在世界列强所走的路是灭人国家的，如果中国强盛起来，也要去灭人国家，也去学列强所走的路，便是踏他们的覆辙，所以我们先决定一种政策，要济弱扶倾，才尽我们的天职。”

这就是与帝国主义国家迥然相异的对外政策的基本观点。而且正因为中国对外政策有这种革命的观点的依据，在太平洋反侵略战争中领导东方被压迫民族这个重大的历史任务，不能不由中国担负起来。

第二，中国坚持神圣伟大的抗日战争已将近五年了，这抗战所贡献于东方被压迫民族解放运动已无□论，至其抗战五年中国所得到的宝贵的经验与教训，也可值得贡献给东方弱小民族来学习的。在政治上，抗战五年来表现了中华民族的团结合作的精神，在军事上表现了中华民族不屈不挠与赴汤踏火的持久性和坚决性，在经济上表现了中华民族吃苦耐劳与自力更生的坚固意志。这些都值得东方被压迫民族在其解放运动中所共同模范的好榜样。正因为如此，由东方被压迫民族共同要求中国来担负其领导的责任。

毫无问题地，目前中国的地位已成为东方反法西斯的支柱。而且正因为如此，需要由中国领导东方各民族建立强固的反法西斯联合战线，以协助英美，击溃日本法西斯匪军，使东方民族俱能获得自由解放，并奠定东亚与全世界的永久和平。

（三）

朝鲜是在三十余年前早已变为日本帝国主义独占殖民地。她不仅成为日本帝国主义输出资本、销售商品、掠夺原料与榨取廉价劳动力之唯一场所，同时她在军事地理上成为日本帝国主义进攻东亚大陆的“兵站基地”。假如在三十二年前朝鲜不被灭亡的话，当然日本帝国主义就无从去侵略东三省与中国本部，更谈不到发动太平洋战争。

自从朝鲜亡国后三千万国内人民备尝牛马奴隶般的痛苦。但是在这方面，他们为着打断日本帝国的锁炼，做继续不断的英勇的反抗斗争。如著名的“三一”大革命运动，光州学生中暴动，元山大罢工，以及数十年来东北朝鲜人民武装斗争与中国关内暴力破坏和培养革命军政干部的运动，都是朝鲜发展的一幅画图。但是在过去，朝鲜革命形势陷于孤军恶战之境，就不可能争取国际上有力的外援，所以使革命的发展不能不走上艰难困苦的道路。自从中国抗战以来，朝鲜国内外革命运动已有急激的发展。当然，日本帝国主义对朝鲜实行野蛮无道的战时强压政策，以谋防止革命的爆发。但是，五年来日寇侵略战争已使全体朝鲜人民陷于水深火热之中。在统制经济与各种无限制的指税之下，不要说十百万劳苦群众已呻吟于饥寒交迫指税的领域，就是一般上层富裕阶级也无不遭受倾家荡产的威胁。这些已有利于革命的成熟和全民的动员。所以目前国内情势大有“山雨欲来风满楼”之势，大革命爆发之迫在眉睫当可预测。至于以武装斗争为中心任务的海外朝鲜革命运动，也配合着中国抗战的胜利，而已有重大的发展。在东北，则久已恶战苦斗于白山黑水间的朝鲜革命军之声势已趋浩大；在关内，则自抗战以来全体朝鲜革命青年军政干部，共同团结于朝鲜义勇队旗帜下，直接参加抗战，与中国军民并肩杀敌，在中国各战场上已留下许多宝贵的功绩，且又深入敌后展开组织朝鲜群众的艰苦的实际工作，为建立朝鲜革命武装队伍而努力。

尤其太平洋战争以来，朝鲜问题在世界上已更加显露其重要性。因为这一次太平洋战争，不是日本帝国主义的完全的崩溃，便是整个亚洲被日本法西斯狼群血污之爪牙所吞噬，中间的可能侵略者与反侵略者妥协并存的可能是没有的，但是要日本帝国主义完全崩溃，不但要把他们驱逐出南洋与中国境外，且必进而使其绝迹于侵略远东之最后根据地——朝鲜半岛上。换言之，不是朝鲜民族的完全独立，实不可促成日本帝国主义的完全灭亡，更不能保障东亚永久之和平。所以为民主国家最后胜利计，为建立东亚永久和平计，朝鲜独立问题已不能不提到世界反侵略阵线议事日程上来。正因为如此，最近英美文明人士皆高调战后朝鲜独立问题。关于这种远大高明的政治眼光，我们当然要表示万分地敬佩。但是我们要进一步知道：朝鲜独立问题并不是战后问题，而是目前太平洋反侵略战争中当面重要问题之一。更具体地说，为着促成日本帝国主义的崩溃，为着争取东方反侵略战争的胜利，必须由各民主国家积极援助朝鲜独立运动，因为反抗日本法西斯侵略之民主阵线有两个最主要的组成部分，第一是在日本外部的中、英、美、苏与南洋、澳、印等地各民族的力量；第二是在日本内部的朝鲜、台湾与日本本国内人民革命力量。只有在内外互相夹攻之条件之下，才能促成太平洋反侵略战争早日获得胜利，假如朝鲜、台湾与日本内人民革命运动不能进步不能发展的话，势必影响到太平洋反侵略战争的胜利更困难，是毫无疑意的。所以我们希望各民主国家对援助朝鲜独立问题，加以更多的注意。

（原载于《反侵略》第 4 卷第 8 期，1942 年）

关内运动的特殊任务

王通

在今天朝鲜民族革命力量的一切准备，远落后于革命客观环境的需要，无论在军事、政治、经济、文化、干部各方面都还没有充分的实际力量。这事实每刻使得我们朝鲜革命者感到本身努力的不够。

今天朝鲜民族所处的国际环境，并不是像亡国前后，“三一”大革命运动，满洲独立军运动，或者九一八事变后那样困难的时代，而是对朝鲜民族解放运动空前有利的新的时代，这有利的国际环境已造出了新的事实来给我们看：德日意法西斯铁蹄下已被奴役和受威胁的全世界很多被压迫的国家和民族，已经以实际力量与中英苏美等反法西斯国家紧密的携起手来参加解放战争了。在这个新的国际环境中同样向我们伸出同盟的手来要求并肩作战，但“一切的准备远落后于革命客观环境的需要”，这是不可否认的铁的事实！当然这并不是说，因为“一切的准备远落后于革命客观环境的需要”而主张拒绝握同盟的手，或主张反对“并肩作战”，或停止要求参加世界范围性的一切会议。相反的，我们现在也要求以热烈的手来握同盟的手，我们坚决的主张以“有多少力量就拿出多少力量”来参加到“并肩作战”的战斗序列里，更要求以完全平等资格来参加世界性的一切会议，但这里我们决不要忘记“加强准备”的实际工作。只有有了雄厚的革命□□，才能和世界反战反法西斯友邦□更大的帮助作用，更有效的打击敌人，□□□有把今天的世界战争胜利的结束之后，才能保障民族的澈底独立。

朝鲜民族独立运动自亡国后至今天三十余年长久的时间当中，成千成万的优秀民族先烈继续的、不怕牺牲的、前仆后继的为民族独立而流血了，这血的革命火炬一天也没有熄过！但直到今天还没有组织起大规模的政党，还没有建立起一支坚强的军队，来给敌人致命的打击，来澈底保障民族独立事业，这虽然一大半由于朝鲜民族所处的环境客观条件的限制和障碍而来，但也不能不归咎于主观上的各种错误和不足。

但是，虽然朝鲜民族所具的客观环境的艰苦和各种错误使“革命的一切准备远落于革命客观环境的需要”，决不要因为今天的“现状”而失望悲观，而且应以最大的毅力来改造困难的环境，以不断进步的态度来克服一切的错误，不但要把力量的准备赶上客观需要，而且更要超过客观需要，这是我们今天所应抱的态度和决心。

朝鲜革命的中心在国内，朝鲜革命的决定力量在国内，但这并不是说应该忽略和轻视中国关内朝鲜革命运动或减低关内运动对整个朝鲜革命运动的重要性和比重。相反的，正由于朝鲜国内革命的特性——在被日本法西斯军阀残酷的压迫和摧残之下——而使关内运动的重要性和比重更大了。在国内不容易以及不能执行的特殊任务都落在关内（广泛点说，海外）活动的我们肩膀上。

我们必定要彻底的胜利的完成整个朝鲜革命运动所赋予我们的特殊任务，以加紧这个工作来迎接将要来的新的局面吧！

那么在国内不容易以及不能执行的特殊任务是什么？又怎样来进行呢？

一、建立武装队伍

建立武装队伍是关内特殊任务之一。

朝鲜义勇队是在关内建立武装队伍的组织者之一，是团结朝鲜革命群众的旗帜。

义勇队目前工作的中心，放在争取和组织敌后朝鲜群众的工作上面。在前方的全体同志们都已深入到敌后去，不怕一切的困难正在积极开展工作中，这是踏进了更艰苦的新的阶段，同时也是接近了胜利和光明的第一步。为了争取和组织敌后朝鲜群众，而向敌后发展工作，在目前工作路线仍是非正确的而且唯一胜利的路线，是正确执行关内特殊任务的初步步骤。

为什么说是非常胜利的路线呢？因为我们都愿意牺牲自己的一切来把今天的义勇队很快的壮大和巩固起来，便能成为战胜日本法西斯的一支强大的力量，同时最同情和最关怀我们的一切国际战友们，亦是同样的希望着把这一支力量很快的壮大和发展起来争取朝鲜民族的彻底解放。为了执行特殊任务，为了要完成建立武装队伍，如果没有广大的反日朝鲜群众直接参加义勇队，是没有法子完成这个任务的。那么，这样广大的朝鲜群众是在那里呢？只有在敌后，更确切点说，他们都在敌人枪刀直接统治的地方，在强迫和欺骗之下过着生活，因此我们要争取和组织他们，必须把工作向敌后发展。只在华北一带说，已有约数十万(东三省的二百万不算在内)，还有华南、华中各大城市、沿海，大约有十几万人，而且正在那里继续不断的□□□。虽然敌人的强迫封锁和欺骗□□□□□□□□□□□巧妙，他们始终是朝鲜人，而且□经被敌人的压迫和榨取到了不可形言的地步，中华民族的解放战争已打下了胜利基础，当此世界反法西斯国家空前团结，法西斯国家日见陷于孤立的时候，使他们必然的很快的走到革命路上来。

其次，为什么说向敌后发展是一件艰苦的工作呢？正因为：第一，朝鲜革命群众都生活在敌人直接统治下的地方——已占领的城市、铁路沿线据点，而不是像中国人民一样在敌后海阔天空的游击区里遍地生活，因此如不通过敌步哨线，如不冒险进入敌人里面，就不能从敌人手里把群众夺取过来。

第二，由于革命力量还不够强，给朝鲜群众的政治上的鼓动力和吸引力不十分强烈，因此使广大群众不能果敢的参加到革命队伍里来。

第三，目前我们还没有充足的经济力量，并因受一些客观上的制约，而不能十分发挥瓦解敌军，争取朝鲜群众的工作技能。

当开展敌后工作时，应要克服两种容易发生的不正确的观念。

第一，要克服“速效”观念。有人不晓得和不愿意正确估计敌后工作的困难，而且只夸张的妄想着，一到敌后群众就会成群结队过来，在很短的时期内就成为一支雄伟的武装队伍。这种对事业上的胜利信心和高度的勇气，是非常好的，而且值得我们发扬，但决不应该忽略和忘记：胜利的信心和勇气，要建立在对于工作环境和对象的正确估计与细密的计划基础上，才是真正的勇气和信心。所以抱着“速效”观念，跑到敌后去开展工作时，如果一碰到困难一遭遇失败，那一定会失望灰心起来，不能够坚持工作。

第二，“缺乏自信心”的观念。这观念是由于数十年在关内非常困苦曲折的不少失败的革命运动的历史和在主观上对革命的不坚定性而来的。抱着这种观念的人没有勇气去相信建立武装队伍，轻视与不相信关内革命运动特殊任务的重要性和无限光明的胜利的前途，在他们的眼光中将来也是“不过如此而已”。

我们坚决的反对“缺乏自信心”的观念，而坚决的相信必定能够建立武装队伍，必能完成武装运动的特殊任务。抗战前的那个时候，日本法西斯军阀的干涉和压迫仍然加在中国活动的朝鲜革命者的身上，而他们却是在随时被捕的危险之下苦斗着，大马路上公开或秘密的在中国领土内被敌人逮捕去的同志不知多少！秘密办的各种训练班，在敌人压迫或破坏之下每每被迫关门，因之我们的主张不能向朝鲜群众公开的号召，使他们参加到我们的队伍里来。

同时那个时候，我们实在是在“群众恐慌”的“孤岛”里苦闷过。如果没有群众的基础和参加，是不会使革命队伍巩固和长大起来的。抗战前虽在华北、华南的大城市里有了相当数目的朝鲜群众，但他们大部分都是流动性大的商人层，而革命素质也差，因而不容易扩大组织，不容易开展工作，使我们的运动很久时间像停留在同一范围、深度、刺戟上，而徘徊在凄惨的氛围气里，在黑暗的低气压的压榨之下呻吟着，苦斗着。

随着伟大中国抗战的发展与深入，给我们从基本上扫清了关内革命运动前途路上的障碍，突破了桎梏，开辟了新的局面——政治环境的改变和大批优秀的爱国群众流浪到中国来。

□□□□□□□□高举起反日反法西斯的□□□发出愤怒的呼喊，来掀起朝鲜群众的民族怒□！因此，建立武装队伍是有可能条件而且一定能完成的！这就是关内特殊任务之一。

二、争取国际外援

朝鲜民族解放运动是全世界革命运动的一部分，并不是孤立的，而是互相密切联系着的。

朝鲜民族的解放，虽然主要是依靠自力更生，但一刻也不能□□争取国际外援的重要性。如果想只靠自力更生，争取朝鲜民族的彻底解放，是非常困难的一件事情，甚至于是不可能的事情。古今以来世界上一切民族和国家的解放事业的成功，没有一个不争取国际外援，尤其是以今天朝鲜民族所处的环境和主观上的力量来讲，尽量的去争取国际外援，具有特别重要的意义。

目前在国内敌人的残酷压迫下，争取国际外援非常困难，而且可以说不可能。争取国际外援的一切路线都已在敌人严密的封锁政策之下被切断了，但在中国尤其在中国政府统治的此地，争取国际外援是绝对有可能性的。在今天全此[世]界分为两个阵营进行决斗之国际新形势之下，我们争取它的可能性和范围也比从前增加，而且正在那里继续发展之中。

过去我们的革命运动，谈不到争取国际外援，因为我们没有经济基础，不仅不能活泼的开展工作，而且维持最低限度的生活都困难。“朝鲜革命者和穷”是有名的。穷始终是像影子一样跟在他们的后面，威胁着他们，绊住了他们前进的脚。当然我们朝鲜革命者和全世界各国革命者一样不怕“穷”，但决不能满足于仅维持最低生活的现状，相反的，为了积极的开展工作，现在很迫切的需要大量的经济援助。我们不但需要力量的援助表现于经济上，而且还迫切的需要政治、军事、技术上的援助和人材。

对于过去和现在中国政府和中国民族对我们伟大的同情和帮助，表示无限的感谢，希望今后以更多的数量和更深的程度来继续帮助我们的反日反法西斯工作。

当在英美苏以及全世界被压迫民族团结得像一个人一样，进行独立自由战争的今天，目标和利害是完全一致的。所以朝鲜民族也应以更多的实际工作成绩，来争取更多的国际外援，同时热烈的希望着中英美以及其他友邦给我们大量的军事、政治、经济、人材方面的帮助！

同时我们知道，国际外援与民族独立性并不是矛盾的对立的东西，我们民族独立的活动，决不会由于有国际外援而减弱，相反的，革命的国际外援是更加保障和扩大被外援民族的独立性。

中国政府在过去和现在始终对朝鲜革命运动予以帮助。而因为这帮助是好意的、革命的、同情的，所以始终是尊重我们民族的独立性，帮助我们去积极的发扬民族独立性，同时关于这尊重民族独立性上，一切民主国家是和中国政府一样的。我们坚决的相信，中国以及一切民主国家今后对我们的援助是比过去和现在更大更具体，同时给我们尽量的机会去发扬民族独立性，来计划和布置反日反法西斯工作的。

三、宣传工作

第一，介绍国内情况和革命运动。

现在国内朝鲜文报纸、杂志都已被强迫停刊，各文化机关被封闭，文化人几乎全部被逮捕、通缉，无线电都在严密检查封锁之下，所以国内朝鲜民族在敌人铁蹄□□□□□□的悲惨的情形和反抗日本法西斯斗争的□□□。□□□□□□都不容易而且几乎不可能向外泄漏出来给全世界同情我们的民族知道。因此今天各国人士知道朝鲜详细的具体情形的很少，甚至于不但知道得很少，而且上人欺骗宣传的当，曲解朝鲜情形。因为这个缘故，今天应该很迫切的认识我们有把国内民众过牛马生活的惨痛情形和反抗斗争的英勇故事，有系统的、正确的向友邦人士介绍宣传的必要。

国际宣传在这种情况的影响之下，不但不能把国内的一切真确的情形做到有效的报导，甚至在海外革命运动的一切材料和故事也直到现在还没有详细的、彻底的宣传过。

第二，号召国内群众。

正如全世界友邦人士不会知道朝鲜国内真确情形一样，在敌人严密封锁之下，在敌人欺骗、夸张宣传影响之下，国内朝鲜群众也不容易正确知道中国抗战和反法西国家抗战胜利的消息以及在海外朝鲜革命运动进行情形。

在目前的形势之下，这个宣传的工作——介绍国内情形和革命运动及号召国内群众的艰巨任务，完全依靠我们这里的人们来负担起来。

革命运动如果不注意和忽略宣传工作，那就不会有成功的。我们为执行宣传工作，必须大量的须要和培养有能力的文化的、艺术的人材，来不但以小册子、新闻、杂志而且进一步的以小说、诗歌、绘画等方式来宣传。

敌人压迫朝鲜民族的事实和程度是无可形言的。我们反抗敌人的英勇故事是说不尽的。这无可形言的、说不尽的事实，都等待着我们这里的优秀的文化人、艺术家去处理！因此，宣传工作是关内特殊任务之一。

四、培养干部

“干部决定一切。”的确干部是比什么都宝贵。如果朝鲜民族独立，没有大批的有能力的干部是不会有成功的。可是朝鲜国内在野蛮的敌人的残酷政策之下，大批优秀革命干部几乎全部被逮捕，被害，同时继续的培养干部也是极不容易的。

一切的革命团体，在国内不但不能公开的存在，而且即使秘密也是在极恶劣的环境之下坚持革命工作，同时在那全部的朝鲜文刊物、文化团体一律被封闭，限制朝鲜人学生入学，禁止教朝鲜历史、朝鲜文，加紧奴化教育，不准擅出国境等等的“地狱”里，培养优秀的革命干部是非常困难的。

但在海外尤其是中国政府统治下的此地，培养优秀的军事、政治、文化、艺术、技术干部是有可能，而且一定可以的。只要是有了大批的优秀青年，那培养干部的实际工作的机会与学校是数不尽的。

过去和现在我们在中国政府帮助之下已办了干部学校，同时在中国各种军事、政治、文化、技术学校里培养出了不少的干部，而且更有很多参加到中国后方的各机关或者前方各部队里去，他们在实际工作中、作战中已锻炼了革命意志，学习了宝贵的军事政治知识和管理方法。尤其是在义勇队三年的工作中大大的提高了干部的可歌可泣的英勇□□□□□□□□□□□培养干部是关内特殊任务之一。

五、直接参加国际反日反法西民族集团

在国内，与国际反日反法西集团建立直接和密切的联系虽然不可能，但这个任务在海外现在是已经初步的做到，而且将来是一定更要巩固和扩大的。

只有与世界一切国际反日反法西斯集团联合起来，方能够争取朝鲜民族的彻底解放。如果朝鲜革命运动孤军独战，而不与国际革命力量□密的联系和团结，便没有胜利的希望。

朝鲜民族解放运动是全世界争取独立自由革命运动的一部分，并不是孤立的，而是互相密切联系着的，我们要跟全世界反德意日法西斯国家和人民革命运动携起手来，因为只有这样才能保证朝鲜民族解放运动的彻底胜利。

因此，直接参加国际反日反法西斯民族集团是关内特殊任务之一。

如上所说的五点是目前中国关内运动的特殊任务的最基本的最重要的任务。

我们今后希望全体革命同志像钢铁般的团结起来，在中国政府以及各民主国家的援助之下，为完成这五点特殊任务而奋斗到底！

二月一日在渝

（原载于《朝鲜义勇队》第 41 期，1942 年）

张鼓峰事件之地理背景

张其昀

张鼓峰为长山岭连峰之一，长山岭乃图们江支流晖[珲]春河与沿海细流之分水岭，亦即中苏两国之国际境界。沿海细流较重要者曰岩杵河(一名彦楚河)，沿岸有岩杵河镇，西南距张鼓峰仅二十公里。从前中俄两国重勘国界之《珲春条约》，两国代表会议之地即在岩杵河镇，俄人于其地筑炮台，屯重兵，目前远东红军司令部即设于此。从张鼓峰可望见摩阔崴海港，即朴西得湾(Possiet)相距仅三十公里。从张鼓峰向西可俯视图们江，相距仅十五公里。其形势堪与山海关相比，可称为“第二山海关”。

图们江北岸吉林延边四县(珲春、汪清、延吉、和龙)，日人称为间岛，自前清末年以来，成为中韩民族杂居地带。南岸属朝咸鲜镜北道，沿海有要港三，即清津(Seishine)、罗津(Rashin)与雄基(Yuki)，称为北鲜三港。在苏联境内沿海亦有三要港，以海参崴为中心，摩阔崴与苏维埃港(Sovietsky)左右夹辅，与北鲜三港形势略似。长山岭居于中苏日三国接壤之地，其在军事地理上之位置已有想见。

张鼓峰事件实牵涉下列五个问题，即(一)中苏界务问题；(二)图们江北岸延边问题；(三)图们江南岸北鲜问题；(四)苏联远东边疆问题；(五)朝鲜民族独立问题。欲对张高峰事件之背景与趋向有综合的了解，须就此类问题分别考察之。

光绪十二年(一八八六)中俄两国之珲春界约，在清代许多界约中最有特色者。当时我国划界大臣吴大澂氏熟于边疆形势，于此事、划界事甚费心力，其赋诗有“一寸山河尽寸心”之语。吴氏著《交界道里记》一篇，所记详细确实，于界碑所经深涧密林、峻峰窄路，莫不一一详指。日人对东北史地之研究，纤悉详备，珲春条约所规定之界线，当无不知之理。此次所以故起纠纷者，实由其地为一重要战略地带。盖张鼓峰为海拔五百四十公尺之高峰，距图们江仅十五公里，距摩阔崴港仅三十公里，张鼓峰之炮火可轰击图们江彼岸之车站。日本之侵略政策，与苏联之守土自卫，均以此为军事上必争之据点。

近数年来日本在图们江南北两岸新建设之纲领，即为京图、图佳二大铁道与罗津筑港。京图路乃吉会路之别名，吉会路交涉原为九一八以前东北最大之悬案。九一八以后，东北沦陷，在武力掩护之下，吉会路终于完工。二十二年十月举行京图全线通车典礼，以朝鲜罗津为其终端港。从长春经南满路至大连，长七百公里，从长春经京图路之罗津，长五百九十公里，二十年来日本二线二港政策之野心，至此已达目的。二线即南满与京图，二港即大连与罗津。长春乃二线二港政策之顶点，故成为伪满洲国之新京。京图路在图们江上架有铁路，其北岸有新都市曰图们，以图们市为起点，向北建筑铁道，经宁安至松花江南岸之佳木斯，称曰图佳路，全长五百六二公里。于是北满货物尽为日人囊括以去，海参崴之价值一部分已为罗津港取而代之。

罗津港背山面海，地势与大连相似，港口有大草小岛，可防风波。筑港计划完成时，吞吐能力可达九百万吨。罗津以商港而兼为军港，数年以来日趋繁荣，几如慧之突现于北鲜。清津、雄基港湾形势不及罗津，但左右夹辅可作为辅助港。从前东北贸易以大连与海参崴为二大门户，几有平分秋色之概。若罗津发达而成日本海上之大连，则海参崴自将相形见绌。垄断东北，排斥苏联，原为日本大陆政策一贯之方针。奈张鼓峰雄峙图们江畔，对图们市与罗津港均有牵制之威力，日人当然视为眼中钉。故欲占据此战略地带，然后进而夺取苏联之远东边疆。故张鼓峰一地之得失，直接影响于海参崴之得失存亡。此次事变之动机较之寻常界纠纷，显然远为严重。

近年苏联之国防计划系采取二强标准，即须兼防东西二方之侵略国。西伯利亚独立红军之创立，即在使一旦在远东边疆作战，无须仰给于欧俄。苏联国防计划关于远东部分包括下列数事，即西伯利亚铁道敷设双轨，以增进运输能力。又建设大北铁道，以西伯利亚铁道太修脱（Taishot）为起点，绕贝加尔湖北岸，径达黑龙江下游，以苏维埃港为终点。大北铁道一名贝黑铁道（贝加尔黑龙江），全长三千公里，已于民国二十五年完成。新旧二大铁道间有联络线自伯力至黑龙江下游之考木索木尔斯克（Komosomolsk）。长三百六十公里，考城有重要军需工业及造船厂。北冰洋航路自欧俄摩孟斯克（Murmansk）至海参崴，长一万四千四百公里，于民国二十一年夏完成第一次航行，使苏联东西二舰队航程缩短一半，亦大有军事价值。日本视苏联为大陆政策之惟一劲敌，而红军已渐造成不可侵犯之地位。论者谓张鼓峰事件为日本军阀没落之预兆，日本在外交上之退让，正为日本军事脆弱之结果。

吉林省延边区域，日人称为间岛，乃中韩杂居区域。日本人本不适于东北移民，乃利用朝鲜人为先锋，是谓间接移民政策。民国二十年调查，韩侨在东北者约六十万，在延边区域者达四十万，居延边四县人口总数四分之三。喧宾夺主为东北外交上最多事之地。日人之目的欲使满鲜一元化，实则朝鲜民族已有数千年之历史，终属同床异梦。朝鲜民族之独立运动，在今日极端高压之下，表面上似甚沉寂，实则秘密工作转而加厉。一旦日本成为欧战末期之德国，朝鲜有成为第二波兰之希望。图们江下流地方或成为朝鲜民族首举义旗之地。今欲说明张鼓峰事件之地理背景，于讨论中日苏三国相互关系之外，对于亡国后之朝鲜民族，仍不能不予以相当重视。

（原载于《史地杂志》第 2 卷第 1 期，1942 年）

援助韩国独立

孙科

一、历史的惨痛回忆

在历史上中国与韩国的关系，比任何国为早，几达四五千年之久，在此四五千年间，中国一向以老大哥照应小弟弟的态度，来扶助韩国的存在，中韩两国可谓历史上无恶感，有传统的友谊，有相同的文化。过去日本帝国主义常常欺骗中国，说什么同文同种，实际上若谓中韩两国同文同种，倒真可以当之无愧。

日寇之侵华，是以韩国为起点，作桥梁，日寇之吞并东亚大陆，可以说是先从韩国登陆，从甲午战争起到现在止，已经登陆四十多年，甲午战争，由于满清的无能，战争宣告失败，订定马关条约，条约中明白规定中日两国承认韩国独立，其时日寇怕他国干涉，也还不敢明目张胆并吞韩国，直到十年后，日俄战争，战胜俄国，订立朴资茅斯条约，日本派统监赴韩，一九一〇年更勒逼订定日韩合并条约，易名朝鲜，连韩国的名字也给消灭了。

二、此次世界大战实导源于韩国丧失独立

日寇的侵略，由韩国而中国东三省，由东三省而华北，中国忍无可忍，这才发动“七七”全面抗战，日寇之侵略东亚大陆，始于韩国，亦将终于韩国。经此一大战，韩国必可独立，而使日寇结束其数十年的对世界的侵略。这一次的世界大战，欧洲人多认为祸根在德义法西斯蒂，这种看法我们认为是错误的，此次世界大战的远因，是由于“九一八”事件发生后国联不能制裁日本强盗，德意法西斯及国联如此软弱无能，才放任到处放火，酿成此次大战。至于“九一八”的发生，则为日寇侵韩后预定的步骤，故推究祸根，此次大战的原因实起于一九〇四年——九〇五年的甲午战争，以及一九一〇年的日韩合并，韩国存亡关

系世界安危如是之大，实在值得我们重视。

三、解放朝鲜与大西洋宪章相吻合

扶弱族，兴灭国，是国家政治上应有的理想，欧洲政治家没有这一种理想，第一次世界大战发生的二十年后，才有第二次世界大战出现，使全世界和平因而总崩溃。此次世界大战后，无论如何，我们必须获得永久和平，永久和平并不难，唯一条件，只是“民族自由”，去年罗邱宣言即所谓大西洋宪章上，曾有一条说“此次大战的目的，在于恢复世界各民族的自由”，即是此意。

此次世界大战，反侵略国家如获胜利，将来我们一定要建立一个新的世界秩序，我们不仅要恢复欧洲的法比荷等国的独立与自由，也要恢复亚洲韩国的独立与自由，此外如印度、菲律宾、安南等民族的独立与自由，当亦在英美等盟友早已考虑之列。实际上其中菲律宾的独立与自由，美国早已规定一九四六年实现，民主国在南洋战事连遭失利以后，菲律宾迄今犹能孤军作战，这十足证明美国一向对菲政策的贤明，故菲律宾人民能死心塌地效忠美国，以全付力量参加美军对日抗战。

四、中国有援助韩国独立的力量

在今日的反侵略阵线中，只有中国有资格提出堂堂正正的要求，宣布此次反侵略战的最高目的：实现世界上各弱小民族的独立与自由。我们这一种主张事实上早已为英美舆论界所赞同，我们将要按照罗邱宣言，把世界各个已灭亡的民族一一复兴起来，把各个弱小民族一一树立起来，以免再有三次世界大战。在人类最高智慧支配之下，我们相信，历史是不会重演的，此次大战的发生，是由于民族问题，而非社会问题、中国抗战尤为民族主义之发扬及民族主义之胜利，否则韩国独立何从得到曙光。

五、我们要承认韩国临时政府

韩国有三千万人，沦亡不过三十余年，三十三岁以上的韩人，当还记得韩国亡国的那一幕惨剧，而怀着血海□的深仇大恨，三十三岁以下日韩合并以后长成的韩人，脑筋里也早已认清楚日寇的狰狞面目，我们能提高这三千万人的反日情绪，把他们组织起来，不仅可促成日寇早日崩溃，也可使此次世界大战提前结束。因此我们不仅应援助韩国独立，促成韩国独立，并且□要唤醒韩人，自动起来，自动帮助反侵略战友，打倒日寇，促成早日总崩溃，即是韩国的真正独立与自由的来临，要助韩国独立，现阶段最重要的事，是正式承认韩国临时政府。日韩合并九年后，一九一九年三月一日，韩国国内曾发生大革命，发表独立宣言，组织韩国临时政府，当时因祖国横遭日寇强占，故临时政府只有在中国境内独立，直到现在已经存在了二十五年，抗战以前，中国人民虽满腹热血，想援助韩国，然力量不够，因此对韩国临时政府也未能公开发生关系，现在我们已抗战五年，越战越强，我们不仅有援韩的决心，也有援韩的力量，韩国一定可以独立，台湾人可回到祖国怀抱里，旅顺、大连等失土，统通可以收回。我们要把日本强盗完全从东亚大陆上扫除出去，驱其回到三岛上，名副其实、规规矩矩的做一个岛国。这一愿望，在抗战以前我们固然不敢梦想，即在抗战以后甚至一年以前，我们也远不敢梦想，然而二十六国联合在一起，现在我们有了力量，也有了把握。

六、同盟国会师东京

中国战区参谋长史蒂威尔先生曾对中国的新闻记者谈话，说得很痛快，他说："中美两国，必须要会师东京，此次大战方可告一结束。"我相信两年以内"打到东京去"的口号一定可以实现，因此我们要赶快促成韩国独立，越快越好，而第一件要事，就是承认韩国临时政府，韩国临时政府不像欧洲的捷克与波兰流亡政府，后者是新成立的，前者则已有二十三年的历史，这一政府成立时，是代表韩国民族，现在也仍然代表韩国民族，我们中国既与韩国同文同种的一血统，自应以承认韩国临时政府为当前急务，我们如予以承认，则作用很大：第一，中国予以正式承认后，将来英美苏等国，一定也继起承认；第二，承认以后，韩国临时政府即可发生力量，在我们会师东京时，韩国临时政府亦可以回到他自己的本国内主持复兴大业。

七、中韩永为睦邻

我们如能援助韩国临时政府，使他一步步返回祖国，则将来中韩两国友谊之和睦，必可达到理想境界，韩国人一定世世代代不忘中国，他们一定常常忆念此一政府是产生于中国，又由中国援助回到祖国，这不仅是中韩外交史上的光荣一页，也是素以亚洲老大哥自居的中国的莫大光荣。

说到这里，我要奉劝韩国朋友一句话，就是不要害怕，以为中国将来也会成为帝国主义，在过去五千年历史上，中韩手足情深，素为兄弟之邦，韩国复国以后，中韩两国自要密切提携，保障中亚大陆的安全，历史上地理上决定中，有特别密切的关系，我们可以说，世界上任何其他关系从无中韩两国之特殊与亲密，韩国临时政府所以不设在美国、英国、苏联而独独设中国，这证明韩国人民也特别信赖中国、期待中国之故，因此我们要不辜负他们的信赖与期待才好。

最后我愿意再概括作一肯定，就是韩国一定能独立自由，中国也是一定帮助韩国独立自由。

（原载于《满地红》第 4 卷第 7 期，1942 年）

韩国独立运动与临时政府

[韩国]赵素昂

一、绪言

韩国临时政府为空前大革命群众流血所造成，为韩国国内外独立运动各国体首领所参加，为国内各阶层革命大众所拥护，为中苏英美等友邦政府及政党所扶持，为二十年来韩国武装运动民众运动及暗杀运动之大本营。盖一九一九年三月一日国内民族革命首领孙秉熙等三十三人实为创造临时政府之主动人物，因彼等为独立宣言署名者，为发动数百万大众，发动反日革命于国内继续斗争数年之久，临时政府组织于当时血海中，集中国内外革命领首，组织独立政府即革命最高委员会，当时人物之至今在政府奋斗者，如李承晚、李始荣、金九、曹成焕、赵垸九、赵素昂、柳东说、车利锡、洪震、濮纯、李青天等十余人，乃数十年来临时政府之主要人物，亦为东方反日民族解放运动之一部历史的人物。

二、临时政府之组织

一九一九年三月一日在京城宣布独立后，署名者三十三人被捕入狱，为继续实行革命起见，密开第二次全国代表大会，组织最高革命委员会，最高委员之被选举者，则为临时政府国务委员，临时政府、大韩民国国号与宪法之确立，在一九一九年四月十一日，因国内无活动自由故，政府移驻上海，连络国内及中苏美之韩侨，策进独立运动。据当时宪法，有五十余人之国民代表组织临时议政院，由议政院依据宪法选举国务委员，其形式与体裁，如一般民主国家之国会与政府关系相似，而宪法经五六次修改，照现在宪法，国务委员定以六人至十人，有内、外、军、法、财等部长，部长由国务委员会互选，国务委员会主席由议政院选举，国务委员任期为三年，据“建国纲领”所定，则国务委员会为复国运动之最高执行机关。

三、临时政府与临时议政院

一九一九年三月一日以后，在国内第二次国民代表会，因敌人之解散及搜捕，不能行使职权，在上海所组织之临时议政院，替代第二次国民代表会议行使其职权，据现在宪法之第一条，大韩民国之主权在于人民，光复完成前，主权在光复运动者全体，据第四条，临时议政院由大韩民国人民直接选举之议员组织之，但不能在国内各选举区，实行选举时，由侨居临时政府所在地，而有国内各该选区原籍之光复运动者，代行各该区选举人之选举权。据第五条，临时党政院议员为五十七人，京畿、忠清、庆尚、全罗、咸镜、平安各道及中领侨民、俄领侨民各选六人，江原、黄海各道和美领侨民各选三人。据三十四条，国务委员会主席及各部部长，依法律规定及团务委员会决定执行国务，对议政院负责。据十四条，临时议政院认为国务委员会主席及国务委员和驻外使节，有失职或违法，并内乱外患等犯罪行为时，经总议员过半数之出席及出席员三分之二可决而审判，并免职之。总之，韩国将来民主政治基本原则包括于政府与议政院而实施之，由此可以推进民主政治于全体韩国。

四、政府与国内运动

过去二十余年间，政府对国内运动之方针可分三段。在第一期，由政府秘密任命国内各政治区域之公务员，下自乡村，上至大都市，公布临时政府所任命之官吏，与倭总督所任命之官吏对立，拒绝纳税、服务及守法于敌，使之实行革命政府人民之义务，但组织规模极其扩大，易被破坏，动辄有数万人之入狱事件，未得好果。在第二期，实行局部破坏方针，由政府派送激烈份子，破坏行政及军事机关之建筑物，破坏铁桥、军需工厂，暗杀军政主脑人物，使敌人发生恐怖，使敌人秩序陷于混乱状态，借以破坏移民政策，借以鼓动韩人革命情绪。如金益湘之破坏总督府，如姜宇奎之暗杀斋藤总督，如金相玉在京城大破坏，如李寿兴、罗锡畴之大破坏，如白狂云之狙击斋藤所乘汽船，如李奉昌狙击日皇于东京，如尹奉吉之虹口大暗杀，加宋学先之狙击敌魁斋藤等，无非惊动世界之大事件。虽然争取独立非由局部恐怖工作所成功。可惜，有为人材，牺牲过多，此种工作，亦属过去。在第三期，即在中日战争以来，实行准备全国的革命总动员，其办法如下：疏通现有组织之指导人物。现有组织体之最有力者，如天道教拥有数百万人都市及农村大众，有民族革命之伟大历史，并有政治的政纲之秘密组织，是大道教之特色，大众运动非此无以着手，如耶苏教、天主教拥有数百万信徒于国内，其主脑人物无非近代式民主主义之民族主义者，教会势力贯通都市与乡村，根地颇固，动员大众非此莫可，如大倧教、佛教等，各拥有数十万群众，其主脑人物皆属反日份子，凡此三种势力，在发动大革命时，首先应命动员之组织体，虽然真正革命份子之地下运动者实为革命主脑。故临时政府随时密派工作人员与之组织细胞团体，连络各地各层各级各□表面团体，以备政府下令时应命发动情报、特务、破坏、暗杀、罢工、罢课、罢市、大众暴动等工作外，并令拣择有为人材，如军事专家、技术人材、艺术人材、医务人材等秘密出国，使之集中政府机关，使太平洋战争至某种阶段时，临时政府所树立之各种计划与力量，务必与国内计划与力量使之配合进行。

五、政府与满洲韩侨

韩人移住东省已有一世纪之久，在东三省之韩侨人口有二百万人以上，“九一八”事变以前，在临时政府策动下之武装运动，以鸭绿、豆满两江为根据地，如参议府、新民府为满洲运动之大本营，军事力量能与驻韩敌军三师团作战，自“九一八”事变以后，临时政府与满洲运动之连络被中断，其武力与中国义勇军联成一气，组织中韩联军，韩人现有武力至少为二万人以上，亦供给装备与军费，则立刻可得十万人以上，以地理论，利用中俄边境及山岳森林地带，利用韩人住民及土著中国人之反日心理，一面诱导“满洲国”伪军，使其反正，进行反满反日两面之作战，最近在临时政府主持下之秘密结社与农民组织之为地下运动者颇形活跃，将来由同盟国供给军需品时，可以推进大规模之工作。

满洲以外，江苏、浙江、山东、河北、察哈尔、绥远等地，韩人约有一百万左右，其中有所谓韩人志愿兵，由国内强迫参战而来者，今有二十五万人之多，从志愿兵反正于光复军者，在数月前有三百余人之多，临时政府之目前计划以转变沦陷区内韩人武装军之反正为第一步，以沦陷区内全体韩人心理，使之参加独立战争为第二步，此两种步骤成功时，以此为桥梁，打通满洲路线为第三步。凡此种种，非有巨款，不能着手。

六、政府与美洲韩侨

在夏威夷群岛之韩侨万余人及美国本洲各地韩侨，为三十年来韩国民族运动之一个主力，尤其在精神上及物质上积极拥护与援助临时政府，为各地韩侨之模范，在临时政府统制下有韩侨联合委员会，为其中心机构，推进政府行政及独立运动之一切方略。最近由政府下令，动员壮丁，使之参加太平洋战争。美军事当局必能乐与协助。

七、政府与俄领韩侨

在俄领韩侨约有七十万内外，有武装队伍，数师之众，在苏联当局指挥下，定其进退，若由苏联当局在某种必要时期令其韩军听命于临时政府，则可与在满韩军联成一气，在光复军旗帜下，可与对日作战，在临时政府初期，俄领韩侨曾热烈拥护临时政府，选派领袖三人参加为临时政府国务委员。将来必复如是。

八、政府与韩国独立党及各党之关系

独立党创立于一九三一年，集中革命领袖为中央干部，党员分布区域包括国内、满洲、中国沦陷区、自由中国、美墨布等国，以此党员操纵各地民族运动，目下临时政府主要职员及光复军高级干部和议政院多数议员，俱属独立党员，独立党之党义、党纲、党策与临时政府之建国纲领两相一致，既为韩国全体人民所拥护，未来韩国之建设计划，根于三均主义，即政治、经济、教育之均等化是。至于其他各党中，朝鲜民族解放同盟已发表拥护临时政府宣言，参加临时政府。朝鲜民族革命党亦已发表拥护政府参加政府工作之宣言。不久远东各界必能统一，集中于政府。

九、政府与光复军

在临时政府初期，曾有光复军组织条例之发布，其将领及队伍活跃于东北各地，经过许多变迁，一九四〇年九月十七日在重庆重新组织，任命李青天为总司令，至昨年末（一九四一年底）与中国军事当局，商定具体办法，在自由中国内，光复军分布区域有五六省之多，担任韩国独立战争之重大责任，必属光复军。光复军未能推进韩国领土时，固可参加中日战争与太平洋战争，在形式上不能不两方作战，在本质上为一种独立战争。在目下最主要者，是如何募集壮丁至三个师团之人数，如何供给装备，如何选择最主要之作战区域，此种问题之解决，专赖同盟国当局设法供给力量，促其实现。解决此种问题后，满洲俄领及内地全体民众受其鼓励，以断行其反日革命之实际任务。军火借租法如能适用于光复军，则在自由中国内，以一年为限，可得三师精兵，三师精兵声势，足以为发动韩国革命之基本力量，韩国革命之发动与武装活动，在太平洋战争中为不可忽视之一支生力军。故韩国革命足以决定太平洋战争最后胜利之一个重要因素。

十、政府与同盟各国关系

（一）在韩国独立时代，于一八八二年曾与中国结有条约，于一八八二年五月二十二日与美国结有条约，于一八八三年五月与英国结有条约，于一八八四年七月与俄国结有条约。

（二）在一九二〇年间，苏联政府曾援助二百万元于政府，但未及收其全款。在一九二〇年间，美国上议院通过韩国报告书，并讨论临时政府承认问题。在一九二〇年间，英国下议院有讨论韩国独立问题，昨年在中国参政会通过政府承认问题，至于其他同盟国，对韩国独立无不表热烈之同情，如荷兰、爱斯土尼亚等国家是，在目前韩国政府已发宣言拥护罗邱宣言并对轴心国家宣战，且已发送公函要求加入二十六国大同盟宣言，并与同盟国军队并肩作战，故韩国独立运动与同盟国之利害荣辱，□不有□□□保，在目下韩国临时政府之要求于同盟国者，为承认政府及军火租借案对韩国适用问题，非此，无由打倒日本帝国主义，非打倒日本，则无以获得同盟国之最后胜利。

十一、太平洋战争与韩国临时政府

总论四十年来远东局势，则敌势发展可分六个阶段：在每一个阶段，敌所以能胜利者，实由于欧美强国对远东政策错误所造成，一九〇五年韩国保护条约缔结时，垂手旁观为一误；一九一〇年韩国被合并时，任其宰割为二误；一九一九年三月一日韩国独立之运动当时，不以实力援助为三误，在一九三二年“九一八”事变当时，敷衍了事为四误；一九三七年卢沟桥事件当时，未能积极援助中国为五误；一九四一年太平洋战争发动时，立于被动地位为六误；使太平洋战争陷于次要地位为七误；何以言之，日本帝国主义发动之第一阶段必然制造第二阶段，第二阶段逐次制造第三阶〖段〗、第四阶段乃至第六阶段，假定早能集中英美力量，反对日本独占韩国，则日本之侵略大陆政策及侵略太平洋政策无从实现，因此解决韩国问题实为解决远东问题之关键，解决韩国问题之惟一方法，实在于援助韩国临时政府，扶植其力量，在太平洋战争当中参加反日战争，使之回复祖国之独立，不再为第三国作侵略之桥梁，使有关远东各国成立完全国际均势，不准任何国家之独占韩国，非仅韩国，凡属远东许多弱小民族之运命，亦复如是。假使罗邱宣言完全适用于韩国，则东洋和平可以确保无疑。由罗斯福总统演说援助韩国独立时，由蒋廷黻氏对各国记者发表援助韩国独立是为美中两国对韩国独立正式表示态度之始。（被略）

日寇为着挽回侵略战争的颓势而变本加厉的暴压政策，全民族大众的反日革命情绪更加高涨。尤其他们知道日寇在这次大战中一定会败亡，所以他们配合着日本人民反战反法西斯的革命斗争，要发动比“三一”运动更大规模的反日总暴动。这已经是势在必行的明若观火的事情。

如上的国际及国内的政治情势，是使渴求着独立自由的韩国民族，唤起了最高度的政治觉醒。特别使分裂对立的韩国独立运动各党派，促成了未曾有的大团结。这样招来了空前高涨的韩国革命高潮。

第一，（被略一大段）

现在韩国独立运动是乘着目前国内外政治情势所招来的革命高潮，进入了划时期的新阶段，同时遂行了飞跃的新发展。这个新阶段的主要特点如下。

第二，临时政府从此以后要成为独立运动的最高指导机关。这好像“三一”运动当时的情形一样，临时政府要以民主主义的罗网各党各派的革命最高委员会的形式，对内成为全民族总团结的中心，对外成为民族的代表机关。这样各党各派都以临时政府为中心而团结起来，同时为全民族的意志和力量集中到临时政府中来。

第三，韩国光复军是在临时政府统制下得到中国当局的赞许和援助而成立的韩国的革命军。这军的兵员和武装亟要充实，以便在太平洋反日战争中有大韩国的正式武装队伍参加，共同歼灭日本法西斯强盗。

总而言之，韩国独立运动将因临时政府成为革命最高指导机关，而遂行其飞跃的新发展。

本来，韩国临时政府是“三一”运动中产生出来的其后十余年间，由于国内外政治情势的不利和内部党派的分裂遂陷于极度困难的危机。最近临时政府为着集中全民族的意志和力量，首先颁布了大韩民国建国纲领。这纲领是以反日独立和政治、经济、教育皆为均等化的三均制度为其内容的。这纲领可以说是代表全民族各阶级各党派的共同要求的现阶段韩国民族的最高政治目标。其次，发表了一种布告文，内容是说，不论任何个人或团体，凡是反对倭敌的都要集中到临时政府中来。临时政府发表这两种文献时，朝鲜民族解放同盟同时发表拥护临时政府宣言，要求和韩国独立党及美洲的韩族联合会亲密地合作起来，共同参加临时政府的事业。其后，朝鲜民族革命党亦发表宣言，表示支持和参加临时政府的态度。这样，从来对于临时政府采取不管主义甚至出于反对态度的各党派，都在拥护临时政府了。这里特别要指出的是，去年十月发生的护法议员等，也发表宣言，自动取消护法运动。这样形成了韩国独立运动的空前大团结。这就是证明韩国民族并不是不能团结、不能进步的民族，而是能团结一致、能进步发展的优秀民族。从这里可以看出韩国独立运动的新发展，也可以看出韩国民族的光明前途。

（原载于《新华日报》1942 年 3 月 1 日）

光荣的胜利和壮烈的牺牲

——为邢台之役被牺牲的本队同志而作

[朝鲜]贞浩

这是个捷报，同时是个壮烈的噩耗。朝鲜义勇队参加中国抗战以来，已有了不少的捷报，如一九三九年三月间本队第一区队朱然等同志之协同友军炸毁敌人坦克车二辆及汽车数辆，及同年五月陈汉中、李东浩、关键等同志之协同友军袭击湘□山敌阵地，将敌营房、帐棚及火药库悉数烧毁，夺获战利品无算等等，这些都是当时报章上大揭待载的光荣战迹，可是这些胜利的捷报却不能比到这次的伟大。同时，朝鲜义勇队参加中国抗战以来已有不少同志死亡，可是其壮烈和使人哀痛之程度，却不能比之今次在邢台之役被牺牲的孙、朱、王、崔四同志深刻。

为了打开敌后工作，为了争取敌后朝鲜群众，为了建立强有力的朝鲜革命武装队伍，朝鲜义勇队第三支队曾于去年冒险开赴华北敌后展开对敌宣传工作并进行游击战争，前后与敌激战数十次，尤于去岁十二月二十六日在河北邢台附近与敌激战，予敌以重创，毙敌百余名，夺获战利品无算，这是朝鲜义勇队参加中国抗战以来的最大战果，可惜本队重要干部孙一峰、朱东旭、崔铁镐、王现淳等四同志不幸中弹壮烈牺牲，在干部缺乏之今日，在工作正在初创的今日，尤感珍惜而痛愤之至。这是个非凡的损失，噩耗传来，莫不动[恸]悼至切！

四位同志虽死在异域疆场上，但他们是为祖国的光复而死，为中国抗战而死，为争取民主国家的胜利而死；他们的鲜血虽染红了异域荒山的杂草上，他们的骨肉虽荒弃在凄凉的异国草芥里，可是他们——四勇士的血却沸荡了革命儿女的战斗意志，而在这四位勇士安枕的草芥上，将开起千万个自由之花，以慰四勇士之灵魄！

四位勇士哟！你们永远离开我们而去了，可是你们的精神是永生的，你们的不朽业迹也永远不会磨灭的。你们的英雄姿态，永久会幻影于我们的面前。

你们的伟大业迹将长留青史，永远敬扬，以成为朝鲜民族千万万革命儿女的榜样，你们所未完成的遗志，将由本队全体同志来完成，更将由全世界反侵略的一切革命力量来完成。

同志们起来，为完成四勇士的遗业而奋斗到底！

朝鲜义勇队阵亡同志略历

孙一峰同志，朝鲜民族解放斗争同盟盟员，为人忠勇，朝鲜平安北道义州人，一九三二年来华，在沪担任铲除韩奸工作，一九三四年肆[肄]业于中央陆军军官学校军官训练班，一九三五年毕业，同年十月再入中央陆军军官学校广东第四分校肄业，一九三八年毕业后被派往炮兵五十三团工作，后调炮兵五十六团任干训团教官及弹药队长，后再调至炮兵五十四团任战车防御炮连长，参加豫南、鄂北大小战役数十次，一九四〇年参加朝鲜义勇队往华北敌后方工作，痛于一九四一年十二月二十六日在邢台之役中弹壮烈牺牲，年三十。

朱东旭同志，朝鲜民族革命党党员，为人勇猛，朝鲜平安北道铁山人，一九三五年来华，在南京朝鲜革命干部学校肄业，毕业后在南京工作，“七七”后派赴中央陆军军官学校特别训练班受训，毕业后参加朝鲜义勇队在湖南、江西等地工作，去岁调至华北工作，在今次河北邢台之役光荣战死，年二十九。

崔铁镐同志，朝鲜民族解放斗争同盟盟员，为人直率，朝鲜忠清南道大田人，一九三五年来华参加革命工作，一九三八年五月间毕业中央陆军军官学校特别训练班后即加入朝鲜义勇队，派往老河口、洛阳等地工作，后调至西安任西安办事处主任，去岁开赴华北，不幸在邢台之役壮烈牺牲，年二十七。

王现淳同志，朝鲜民族革命党党员，为人聪明，朝鲜平安北道江界人，系故李英俊(陈义橹)同志之二弟，一九三三年来华，进入南京朝鲜革命干部学校，毕业后派往广东国立中山大学附中及仲元中学肄业，“七七”后即入中央陆军军官学校特别训练班肄业，一九三八年五月毕业即加入朝鲜义勇队，在湘北一带工作，一九四〇年再派赴南岳西南游击训练班肄业，毕业后调至华北工作，痛于去年十二月二十六日邢台之役壮烈殉职，年二十六。

（原载于《朝鲜义勇队》第41期，1942年）

祝朝鲜“三一”革命纪念

[日本]青山和夫 等

朝鲜“三一”革命是在东方革命史上写下了最光辉的一页。际于迎接“三一”革命第二十三周年纪念日，与贵队（有了四千余年悠久历史之朝鲜民族的唯一革命斗争团体）有着同样目的的我们日本人谨撰本文，借以纪念。

经过了整整四年的第一次欧洲大战结束，当美国大总统威尔逊氏的民族自决问题提出于一九一九年在凡尔赛召开之万国和平会议之时，十年来在日本帝国主义铁蹄下过着最悲惨生活的朝鲜民众，断然响应这民族自决主义，揭起了朝鲜民族自由独立的旗帜。而顽迷的日本官党极力镇压朝鲜民族的独立运动。于是朝鲜民族的悲愤到了爆发点，终于是年三月一日，在当时朝鲜的首都汉城揭开了朝鲜独立运动的火苗，这运动继续到八月之久，参加这运动的人员亦达数十万，曾给予日本帝国主义者以重大的打击。

这种大规模的被压迫民族解放运动，在世界革命史上确有着重大的意义，而这运动的发生，到今已有二十余年，其间在中国或在西伯利亚以及其他各地，朝鲜革命志士的活跃实为非凡，尤其于一九三二年在上海尹奉吉烈士炸毙日本大陆侵略主义先锋白川等事件，更使世人不息。这种伟大的斗争力量，使得日本帝国主义者胆战心惊。

自从一九三七年日本军部对华进行侵略战争以后，努力于民族解放的朝鲜革命者集结于抗战中国，随着战火的燃过于华中、华南，他们的斗争力量也更发挥起来了。一九三八年十月，在武汉，在朝鲜革命的先觉者金若山先生领导之下，组织了朝鲜义勇队，或在前线或在敌后执行他们所负的工作任务。他们的努力，着实使我们钦敬。

这次由于日德意法西斯所发动的世界大战，确保了东方反法西斯领导者中国的对日反攻与朝鲜民族革命的成功，当此时，同样被日本法西斯铁链束缚而且作为她之牺牲品的我们日本勤劳民众，与贵队坚决地举起手来，给残虐无比的日寇以最后一击。

日本法西斯的朝鲜殖民地政策，对日本勤劳民众有害而却无益，所以我们反对她，而且以像铁一般的意志来绝对支持朝鲜民族的独立自由。今日世界反法西斯阵营已巩固，当中最活跃的国际队伍的先进者朝鲜义勇队的四年来的革命经验，是值得我们学习的。在这里我们愿意与贵队今后更加携手，来澈底消灭破坏世界和平的东方民族共同敌人日本天皇及日本法西斯军部！

日本革命民主协议会
青山研究室
青山和夫　伊藤进
高山国雄　谷口荣
松井一二　井村月雄
井村芳子
东亚之光会
植□□进　高桥当二
王利陆夫　关村义雄
和平村研究室代表
青木繁
桂林地方代表
窥见政策
昆明地方代表
早川三郎
××桥分室代表
西村劳夫

（原载于《朝鲜义勇队》第41期，1942年）

朝鲜"三一"革命运动廿三周年

佚名

今天是我们兄弟民族——朝鲜民族——三一革命运动二十三周年的纪念日。回溯一九一九年三月，千百万朝鲜人民为了响应当时美国大总统威尔逊"民族自决"的口号，曾经掀起了一个反对日本帝国主义的怒潮。这个怒潮，坚持八个月之久，前后搏斗一五四二次。这个怒潮，距离一九一〇年日本吞并朝鲜时不过十年，距离一九〇五年伊藤再度渡韩成立日本统监府时不过十五年。这个英勇的斗争，证明优秀的朝鲜民族于一仆之后，犹能迅速□起。

朝鲜是一个已经成为殖民地而又未能脱离封建束缚的社会。朝鲜的革命，无疑是民族民主的革命。三一革命运动，就是这种性质革命的开端。这个革命运动与同年发生的中国五四运动，遥相呼应。虽然由于日本帝国主义统治的残酷，由于朝鲜社会结构的复杂，由于朝鲜革命力量也还薄弱，使得朝鲜民族的解放，比起中国民族的解放来，不知要困难到多少倍。但是朝鲜各阶级的人民，为了民族独立、民主自由所作的斗争，却无时无刻不与中国人民的解放斗争联系着，也无时无刻不与世界人民的解放斗争联系着。

三一运动之后，朝鲜革命运动虽然经过了许多迂回曲折的道路仍然继续发展。一九二九年光州学生事件的爆发，就是革命运动继续发展的明证。尤其是九一八事变以来，侨居于中国东北各省的朝鲜人民，与中国人民联合一致，进行了武装斗争。这不但说明朝鲜革命运动已经具有了武装斗争的特点，而且说明了朝鲜人民有在国外组织武装斗争，以便向国内发展的可能。去年十一月朝鲜战士们在河北邢台战斗的胜利，更加证明朝鲜战士与中国民族并肩进行解放战争，必能消灭日本强盗，必能配合朝鲜本土的革命运动而获得最后的解放。

朝鲜民族的解放斗争与中国民族的解放斗争，已经在打倒一个共同敌人的目标上联系起来了，已经在一个共同战场上联系起来了。谁都能料到，必须使朝鲜彻底解放，始算得日本帝国主义的彻底失败。假使日本帝国主义没有彻底失败，则中国民族也算不得彻底解放。因此，我们努力于援助朝鲜民族革命的热忱，与努力于完成中国民族解放的热忱毫无二致。

我们认为，朝鲜人民，无论在国内，无论在国外，无论在中国、美洲，以及苏联，必须团结一致。中国是一个两头小中间大的社会，目前朝鲜社会两头更小，中间更大。朝鲜各阶级各阶层的人民之间，容有其利害和生活方式之差别，但其同为朝鲜民族，受日本帝国主义的奴役，同欲解除本身之□轭，则是大家一致的。长期住在朝鲜国内的人民，朝夕遭受外族侵略者的压榨，对于舍异求同的道理，较易明了，对于共同斗争，较易团结。侨居国外的朝鲜人民，脱离国内的事实太远，其体验实际活动，未必完全亲切。其中一部分专门从事政治斗争的人士，亦不能经常返国，甚至无法与国内取得密切联系。这就使得朝鲜国外的政党，由于国外的条件不同，曾经发生门户之见、宗派之争，遂令国内人民引为遗憾，而世界各国革命者亦难寄与这类现象以同情。这在纪念三一革命运动的今天，朝鲜革命人士不能不深加惕励。

今天侨居国外的朝鲜人民，无论如何总是朝鲜革命运动中一个重要因素。此不独朝鲜为然，辛亥革命以前侨居国外的中国人民，对于中国革命的伟大作用，也是一样。在我们提到整个朝鲜人民必须团结的问题时，仍然是把国外朝鲜人民的团结放在首要地位。就侨居中国的朝鲜人民而言，不但有革命的前辈，而且有革命的青年；不但有群众，而且有政权的组织——韩国临时政府与议政会，有军队的组织——东北义勇军朝鲜义勇队与光复军，有政党的组织——韩国独立党、朝鲜民族革命党与朝鲜民族解放同盟，有群众的组织——华北朝鲜青年联合会等等。把这些力量联合起来，向着打倒日本帝国主义的目标前进，向着打倒李容九、宋秉畯之徒的目标前进，以便配合朝鲜国内的斗争，决不愁没有打过鸭绿江南破敌收京之一日。最近朝鲜各党派中不乏明达之士，提出各种团结主张。然而必须有切合实际的努力，庶不致徒托空言。

目前国际形势，已分成侵略与反侵略两条阵线。日本帝国主义侵袭英美，引起太平洋大战，这恰如飞蛾扑火，必将自焚其身。这种形势，对于朝鲜革命，的确是有利的。朝鲜国内的广大人民，在三一运动的优良传统之下，不难再起，以与朝鲜在外诸革命志士的抗日运动相呼应。我们相信朝鲜民族解放的伟业，将与吾中华民族的解放共底于成。我们预祝大韩民国的旗帜，将很快的建立于高丽半岛之上。

（原载于《新华日报》1942 年 3 月 1 日）

根据中韩关系与三民主义论中国承认韩国临时政府

[韩国]李雄

随着科学的进步、经济的发展、交通的便利，世界各国的政治、经济、军事、文化关系日趋紧密，一国问题与世界问题，几已无从分离。现代政治家、军事家、思想家们并不仅以能解决自己本国问题而了事，却常为着错综繁杂的世界问题而烦恼。因为，现代国家的安危存亡，不仅以自己本身健全与否为断，其命运是往往由国际情势来决定的。上次欧战后，波兰、罗马尼亚、捷克、南斯拉夫、芬兰等弱小民族的独立与现在这些新兴国家及其他几个国家的先后沦亡，都是国际环境造成的。由此来看，世界已成一个整体，战争也是整个的，和平也是整个的，决没有部分的战争与局部的和平，一个国家民族的矛盾，往往影响到其邻国，甚至于使整个世界遭遇灾难。就远东问题来说，九一八事变不仅是中国的严重国难，也可以说是世界战争的导火线，由此也可以推到我们的韩国问题。因为我韩之沦亡，就是东亚紊乱的祸根。中韩两国都是东方礼仪古国，爱好和平的民族，过去东亚和平，完全由我中韩两大民族支持，反之，日本是以侵略为立国的国策，早在丰臣秀吉时代就企图侵略中国，其后我韩不幸被占，东亚均势遂失，日寇以我韩为据点，遂行其侵华政策，第一次世界大战时，向袁世凯提出二十一条要求，继而田中树立侵略满蒙政策，最后演出九一八事变与卢沟桥事变，这都是日寇侵略中国的有计划的步骤。由是以观，很明显的，东亚紊乱的祸源，就是我韩的沦亡，如我韩仍能维持独立，日寇虽存虎狼的心肝，终无机会侵略中国，更无力量侵略南洋与美国。所以可以说我韩之沦亡，就是中国国难之开端，世界被日寇蹂躏的序幕。要恢复中国的安全，重新树立东亚的真正和平，必须要恢复我韩的独立，否则就无人能够保证不发生第二次九一八事变和第三次世界大战。这是中国应该承认我韩临时政府，借以促其独立的第一个理由。

这次战争的烽火，由亚洲而欧洲，再由欧洲而非洲，现在远隔着太平洋与大西洋的意国，也已经卷入欧亚战场。自从太平洋大战爆发以来，世界问题的中心已经移到远东，战争的成败、和平的关键就在远东。远东问题早日解决，整个世界问题也不难解决。因之，英美苏非常重视远东局势，同时注意远东弱小民族问题，□此时□，中国政府如能承认我韩临时政府，进而邀请英美苏三国来承认，实□最合时宜的举措。英美为助长反日势力起见，根据去年罗邱宣言第二项规定“凡未经有关民族自由意志所同意之领土改变，两国不顾其实现”及第三项规定“尊重各民族自由决定其所赖以生存之政府形式之权利。各民族中此项权利有横被褫夺者，两国皆欲使其恢复原有利权与自由政府。”等原则，自应对我临时政府予以承认。英美承认之后，苏联也不会成问题。倘我韩政府能取得中英美苏的承认，将来战事结束召开和平会议的时候，我韩政府可以派代表出席发言，将我韩问题及东亚问题合理解决。所以，现在中国承认我韩临时政府，对于我韩民族的前途与东亚和平有重大意义。这是我们韩族希望中国政府早日承认我韩临时政府的第二个理由。

就击溃日寇的政略来看，推动韩国革命，是战胜日寇的一个重要关键。日寇是个先天不足后天不全的小国，它战时最需要的数据，如食粮、铁、煤炭、棉花等多半仰赖韩国，并且韩国已经成为日寇轻重工业的生命线。韩国革命，一旦爆发，它的侵华交通线切断，食粮无从供给，军火及各种工业品的补给，也大受影响，将陷于空前未有的大恐慌。敌人精神上实际上打击，无可限量。总之，我韩对于日寇的关系，较之印度对于大英帝国，更为重要。回溯我韩革命历史，历西一九一九年曾有一次大革命。当时第一次世界大战方终，美国总统威尔逊主张民族自决，欧洲多少弱小民族相继独立，我韩民族受此激动，崛起而发动革命，以赤手空拳与日寇浴血搏斗，日寇即动员四个师团之兵力，惨杀无数的革命大众，费九牛二虎之力，将近八个月才把革命怒潮一时平息。自从中日战事爆发以来，韩国人民一方受日寇加重严厉的政治压迫、经济剥削、思想取缔、行动限制，已属忍无可忍，一面又受国际局势急变的刺戟，革命怒潮，日趋高涨。在此时期，中国及英□苏相继承认我韩临时政府来鼓励人民革命，其影响之大，实远非威尔逊总统民族自决的号召可比。这是中国应该认我韩临时政府并□论英美苏三国承认之第三个理由。

就三民主义言，它的最高理想是世界大同。说到世界大同，却以打破民族间的不平等彻底实现民族自决为先决条件。所以，中山先生一贯的主张，协助弱小民族，实现民族自决。它说：“无论该民族本身如何野蛮，如何落后，关于该民族内部一切政治上、经济上和社会上的事件，应由该民族自己决定和主持，任何民族不能假借任何口实，干涉别民族的内政，捐□别民族的独立。”中山先生的这个原则，是实现真正民族自决，使世界各民族都能独立，达到完美的民族国际的一条大道。中山先生的这种主张，什么时候可以推行呢？这次大战是实现民族自决的千载难逢的时期，上次大战后，在巴黎会议席上，威尔逊大总统，为根本解决世界民族间的矛盾，来消灭战争于世界，主张实现民族自决，不幸遭遇自私自利的英法日政客们的反对，未能实行，使民族间的根本矛盾，仍旧潜伏于世界各处，故有识之士早已看见第二次大战势必再度爆发。□及这次大战爆发，谁都承认，这次大战的责任应归咎于上次和平会议。现在实现民族自决不仅是全世界被压迫民族的共同要求，同时全世界明达的人士，也共同认识为战后世界新秩序的一个重要原则。去年罗邱共同宣言，也可以说是承认这个原则的一个例子。现在中华民族站在世界潮流的前面，号召弱小民族，一面歼灭暴力，一面推行民族自决，这不仅是中华民族的荣誉，对于全世界人类，确有千秋万业不可磨灭的伟大贡献。根据上述论点来看，中国应该由远东即开始实行中山先生的民族主义。这是中国应承认我韩临时政府的第四个理由。

其次说到中国的外交政策，它的特色，是以利己利人、自在共存为目的，不是如列强外交贪婪取巧，持[恃]强凌弱。所谓自存者，是自求中国民族解放；共存者，是共求世界各民族解放。这二者是一事而非二事。如中国失去独立，世界无和平可言，世界如无和平，中国亦不能独安。二者非同时解决不可。因此在抗战建国纲领内明文规定中国战时外交方针与其立场，在其第一项规定“在独立自主之精神，联合世界上同情于我之国家及民族，为世界之和平与正义，共同奋斗”，第三项规定“联合一切反对日本帝国主义侵略之势力，制止日本侵略，树立并保障东亚之求久和平”。前一项要点是联合全世界反侵略民主国家与被压迫民族，共同努力，击溃侵略者，重新奠定世界和平。后一项则注重远东，联合远东所有反日民族及与远东有关民族，共同制止日寇之侵华，重新树立并保障，东亚的永久和平。按这纲领的原则来看，中国可以承认我韩临时政府。因为中国承认我韩政府，不仅助长反日势力，来阻止日寇的侵华，同时为将来树立并保障东亚永久和平的一种基础。这是中国应承认我韩临时政府的第五个理由。

自从九一八事变以还，日寇以武力侵占中国，利用一群无耻的汉奸，先后组织伪满政府与汪逆政府，又邀请其盟兄德意来相继承认助其凶焰，以图加强其以华制华政策。灭亡中华民国，这是对于中华民族的一个最阴毒的策略，现在中国承认我韩临时政府，并邀请英美苏等友邦相继承认，是不仅为东亚和平与人类正义应有的措置，同时也是对于日寇制造并承认伪组织的一个最有力的答复，这是中国应该承认我韩临时政府的第六个理由。

综上以观，为着中韩两族的现在与将来的利害关系，尤其站在三民主义的立场中国应该早日承认我韩政府。也许有人以为韩国临时政府是不能代表全体韩国人民呢？关于这一点，就要从形式与实质两方面来观察，先就形式方面来说，不可讳言的，韩国临时政府是不能代表全体韩国人民。因为韩国国内的人民，在敌人统治之下，不能选派其代表来参加政府。现在的韩国议政院，是一九一九年临时政府成立的时候，由国内所派的代表与随后由政府选补的议员所组成的，所以不能说是十足代表韩国人民的议会。这是一个弱小民族未恢复主权与领土之前无可避免的缺陷。不过就其实质来看，韩国临时政府是完全代表韩国全体人民的意志与利益。现在韩国人民的共同要求，是恢复祖国的独立自由。因为国家民族独立以后，才能保障个人的生存与发展，才能保证个人的自由平等的幸福。韩国临时政府在这二十余年努力奋斗的目标，就在于此。它领导韩国全体人民以革命的手段摧毁暴日的统治势力，光复国家的领土与主权，使人民享受文明国家的人民应有的权利。至于它的建国方针，以均等为原则，建立政治平等、经济平等、教育平等的新民主国家。关于这一点，除开日寇的走狗与丧失民族精神的败类之外，恐无人反对，韩国国内人民拥护临时政府的情绪，外人当然不易知道。但由海外韩侨的爱国热情可推而知，韩国临时政府、韩国独立党、韩国光复军在这几十年来所用的巨额经费，均靠在美韩侨与在华韩侨的爱国捐款。这就是韩国人民拥护临时政府的铁证。还有人说，韩国内部尚未统一，韩国的左倾份子还在反对临时政府和独立党。不错，现在韩国极少数左倾投机份子，反对临时政府，破坏民族革命。这是很痛心的一件事。……况且韩国的左倾投机份子，向来为其私利不择手段，其组织并未经第三国际承认，参加份子很少，力量更是有限。我们相信，中国贤明的最高当局，决不会因有少数左倾投机份子的捣乱，就对我们的临时政府延迟承认。同时，我们也相信，只要我们的临时政府能取得各国的正式承认，提高其地位，我们的独立党在韩国革命中的领导地位必更加确定与健强，那时这批误入歧途的左倾投机份子，必定有大部分恍然醒悟过去的错误，请愿来接受政府的指导。因此，我们诚恳地希望一向协助我们的中国当局，首先承认我们的临时政府，并恳请世界上反侵略国家英美苏各国一同承认，以便于我们在反侵略斗争上，贡献出我们所有的力量。

（原载于《光复》第 2 卷第 1 期，1942 年）

关于战争文学的问题

[日本]桥本政尾
李春霖 译

最近某报上，有一位批评家谈到所谓“战争文学”的问题。据他说，“战争本身是偶然的，非技巧的艺术之一种，而且可以说它是超越于任何艺术的事物形态，具有由‘自然’所给予的伟大艺术真价。所以，对于‘战争文学’也就没有什么另外的解释，只能说它是一种非技巧地、坦率地创造‘自然’的艺术。而且一个作家在这样‘超越于任何艺术的事物形态’之前，即已为此氛围所压倒，绝不能产生出来比那物像更伟大更有价值的作品”。

要问对于这种说法，一般批评家采取什么样的态度的问题，据我看，似乎是既没有反对的，同时也没有抹杀他这种说法的。因为，由于这种说法，写实的作品，直到现在还在陆续的出版。据我想象，照现在的文学界来看，只要是关于战争文学的作品，大有依据上述意见为一种批评基础的趋势，同时一般作家也不加以反对，也就抱定这个态度去创造作品。

因而，目前所成为问题的就是，这位批评家的说法是否妥当：在这种主张之下所产生的战争文学，是否有其真正的艺术价值，是否是真正的艺术作品。

现在我们先就战争文学的主题(Theme)的特质来谈一谈。

大家晓得，做为战争文学之主题的，不外是有国家存亡、民族安危的对外战事以及与此有关的人们的一切对人对事的心理现象。作家创作这类作品时，其选择材料的态度，与其在平时创作一般作品时选择日常琐碎材料的态度一定不同。

我们也相信，当作家看到了事物，马上观察出它具有艺术的价值的时候，可以很容易地无需乎什么艺术的技巧而把他所观察到的对象如实的表现出来。不过，这种表现在实际上特别是在这一个世界上，是没有的。纵然说是有，也不是非常之多，只是偶然的发现而已。

如果照该批评家所说的，“一个作家处在由‘自然’所赐予的伟大的有价值的艺术之前，而敬意其价值，敬意其伟大，已为此种氛围所吓倒，则不能创造出超乎那样伟大，那样有价值的自己的艺术”，这不当是艺术家的放弃责任，对于艺术的污蔑。因为一个作家如其能够对于自然所创造的物像，认为它具有伟大的艺术价值，而予以更伟大更有价值地艺术地再现，勿宁说是作家对于艺术应负的责任。反之，如果不管其价值如何伟大，只是一味的惊惧，也不晓得如何处理，只是如实的予以描写，这在艺术家的立场上讲是不容许的。即便在人类的立场上讲，也只是怯懦与怠慢。所以，在现代文化情势中，这种艺术观，是极其幼稚而野蛮的艺术观不能称之为正确的艺术观。

例如，即使描写一座山也不能只是朴素的写实，必须予以更普遍的美化描写，多多少少地加些人工，超越自然所给予的实像，而予以理解化的表现。何况一个作家，即便想如实的描写，一丝不改的表现，事实上也是不可能的。这正如对一个凡人的意欲，在行为方面，谁也不敢担保他绝对能够逐欲而为，绝对达到目的一样。一个西洋画家，为了描写别人的肖像，会在显微镜下注视着对象人物的颜面，工作达十五年之久，结果描绘出来的实像，如果在艺术的观点来看，反而一点不美，只是一副极其醜陋的皮肤构造的写实而已。所以，如其认为“自然”是美的，并不如实的予以表现，而站在艺术的立场予以表现，实属必要。基于这种必要而表现出来的东西才算是艺术作品，创造这类作品的才算是作家。完成这种表现才是艺术家的任务。

以上所述是由作家的任务上讲起的。这可以说是一种艺术的理想。因为艺术就是表现，没有表现就无所谓艺术。不过，这里所说的表现，并不是单纯地“模写”。因为纵欲“模写”，以人间的艺术家而论，也是不可能的，即便勉强去做，也当不了如前举例而终归失败。当我们去写长篇小说或长篇戏曲时，为了拘拘于过分的写实主义，而去表现某个人物一生的传记或某一事件的始终时，结果这个作品的艺术感觉未免过于低下，仅能称之为人物传或青史之类的非艺术作品。反之，我们去写短篇小说或独幕剧，虽然仅仅对一个人物的人生的一段而或一个事件的一阶段，以自由的态度把它表现出来，也比上述之长篇富于艺术价值。这就说明了站在艺术立场上予以表现的必要。也就是说明了事物形象之本质的科学论文，与艺术的美化的“文学作品”之不同点。前者是企图在原来形象方面证明事物的本质的；后者则是对事物的本质，在原有的形象下予以表现，或在“无中使有”的形象下予以表现，或在莫须有的形象下以至“有中使无”的形象下去表现。这就是艺术的理想，这就是理想的表现。所以，严密的说来，所谓“艺术的理想”就是“表现的认识”。换句话说，就是不仅表现，而且要认识表现。

从而，如前所述之某批评家的“战争文学观”与具现此种“战争文学观”的作家的艺术态度，完全是非艺术的、破坏艺术理想的、否定的、非艺术家的、违反艺术家之任务的。

其次，我们再谈一谈“艺术和对象的关系”。前边某批评家所认识的作品材料，只能说是尚未通过作家艺术的美感的素朴材料，不过是素材程度的材料而已。也可以说是尚未触到作家之艺术的琴弦的单单的事物的一种表现。通过作家艺术的美感，某种事物才能成为艺术作品的材料，而且必须是留在这个美感的筛子里的事物才能成为材料，更进一步说，就是这种材料也不算为是真正的材料，因为那仅仅是材料与作家的意义而已，如果未能把它们表现在作品上面，也不能算是真正的材料，所以真正的作品的材料，必须是留在艺术家美感的筛子里面的东西，做为作品的主题而表现出来的。因此，我们对于一切事物的自然形态，不能马上就认为它是艺术的，必须经过长期地艺术地考虑，始能断定它是否是艺术的，从而才判明出有的对象是艺术的，可以收纳在艺术的世界里，有的则是非艺术的，而摒弃于艺术的世界之外。

所以，我敢于断定，前述某批评家的思想，以及抱定具现某批评家的思想于作品之上的态度去描写战争和有关战争的故事的作品，决没有真正的艺术的意义，勿宁说它是世俗的、非艺术的。

再次，我们谈一谈鉴赏战争文学的读者的心理现象。一般的讲，所有读者差不多都是由于关心国家及民族才通过作品以期鉴赏与国家存亡民族安危有关的重大事件或担当这些重任的人物思想的。所以，读者的真正心情乃是抱定研究的态度，对于记载战争的事物加以检讨，决不是类似史家的或读战史的心情。而且他们大都是由于受到艺术的兴趣的诱惑，而去鉴赏这些艺术化的事情——也可以说是作品，多半带有享乐的成分。因为他们如果想知道战争记录的话，由现代的报纸、杂志、广播、电影新闻以及讲演中自可充分满足，然而要想做一种艺术的鉴赏却不可能。因此，他们虽然逐日接触事实的报道，但在另一方面他们又都具有接近艺术地表现的欲望。这种欲望就是鉴赏战争文学的心理。所以，读者所希望的作品材料乃是有关战争及战争方面的故事。可是，读者的心理却关心于如何艺术的表现这些材料。在这种情形之下，读者鉴赏的态度决不像批评家的只是注意作品，而是非科学的，在一种享乐的心情下去体味艺术作品的兴味。

此外，我们再谈一谈真正艺术的战争文学的完成。一个作家必须以深切的艺术的判断力去认识对象，再把认识的对象做为主题，而以丰富的极细的想像力把它理想化于作品之上。一个读者也应当对于应该鉴赏者予以赞赏，并且能够体察出创作此种艺术的作品的原意。艺术就是表现，表现必须认识，由此作家的认识(独善的判断)而表现出来的作品，不算是有价值的。这个价值的决定是由批评家(观察者)的艺术的美的判断所给予的。同时，对于读者(鉴赏者)的赞赏，也不能予以忽略。也可以说，抛开赞赏者的观感时，艺术作品的价值即难以判断。

以上所述，已不仅仅是战争文学的问题了，却是作家、批评家、读者一体的，也可以说是整个民族的艺术的教养问题，以及艺术的文化问题，的确应该予以研讨。

(原载于《时与潮文艺》第1卷第1期，1943年)

争自由的大路，日本人民

——结束战争，打倒军部，建立人民政府！

佚名

美加军队的占领吉斯卡，紧跟在南太平洋一连串胜利之后传来。日本法西斯军阀挑动战争以来昙花一现的胜利早已过去，严重的崩溃的威胁已逐渐有力。日本广大的人民，正应在今天紧急的情况下，迅速起而奋斗，拯救自己的命运。

日本人民自救的最主要任务，是从速打倒军部结束战争，建立真正民主的人民政府。日本人民应该很明显的看到：从所谓“满洲事变”以来，一直到中日战争，到太平洋大战，战争的规模一天天扩大。这十二年来，军部高唱着“圣战”，要日本人民牺牲一切从事打仗；它高唱为“东亚民族解放而战”，美丽的欺骗宣传接连散布出来，可是实际上战争究竟为谁的利益！？为日本人民吗？单就中日战争开始以来，六年中间，二百万以上的日本青年流血牺牲了，日本人民大众的生活一天苦一天，穷困饥饿已成了愈来愈亲密的朋友。工人在“征用令”“工资统制令”“职域奉公”等口号法规之下，不仅工时愈来愈延长，生活愈来愈坏，而且连自由择业的半点自由都没有了，今天的大工场，无一不像是一座阴森森的监狱。农村中的景象，则壮丁与耕马被征一空，极目荒凉，真是不堪逆睹。就是一般中小工商业者，在严密的战时统制之下，生计断绝朝不保夕，这是一幅何等凄厉的图画！？

战争究竟为了谁的利益？看吧！大财阀们利用战争机会，一方面压制劳工，进而攫夺国内中小工业并扩大占领区的经营，因此财富愈聚愈多。大地主们，从粮食增产与政府巨额补助金中，也分到了巨额战时暴利。而军部呢？一方面高唱“排除资本主义的营利主义”，实际上却与大军需财阀大地主勾结一起，狼狈为奸，直接间接分润利润。举一个最明显的例子，东条的儿子和弟弟就和川崎三菱等大财阀勾结一起，其他大小军阀，在南洋中国各地与财阀互相结托，共分利益，这已是公开的秘密。谁说战争为了日本人民，谁更能相信战争为了“东亚民族解放”！

不仅这样，军部更利用战争掌握了日本政治的独裁权，把人民很小的一点点民主权利也全加剥夺。政党解散，议会等于虚设。他们只是为了自己的金鵄勋章，驱使人民去当炮灰；他们只是为了自己的利益与财阀勾结，发动大战，掠夺土地，把灾害加在日本和中国及南洋广大人民身上。战争的意义，不是非常清楚的吗！那些尚被军阀欺骗宣传所麻醉的人应该从速清醒过来了。

只有打倒军部，打倒制造战争的元凶，才能结束战争，日本人民一定要剥夺军部的一切特权（帷幄上奏权与军务大臣军人制，等等），反对军部干涉政治、经济、文化。同时，必须立即建立起人民政府。日本人民应该马上起来反对“战时刑事特别法”“治安维持法”及其它压迫人民的各种法令，并立即争取言论、出版、结社、集会、示威运动的自由和释放政治犯。然后进一步根本改革选举法，废除一切限制，改革宪法，成立民主议会，正式组织人民政府。要立即结束战争，就要撤退在中国和南洋的日军军舰和官吏，废除日本政府资本家在它国的权利。

只有这样，日本人民才能免于危亡而走上和平幸福的道路。而今天正是加紧努力自救的最好时机，绝对再不能因循坐待军阀罪行无止境的扩大下去了。

日本人民自救的任务，当然是一个艰巨的任务，但是只要日本广大人民能够为共同的要求结成广泛的人民战线，只要日本人民能从切身问题出发加紧展开群众斗争，并扩大自身的组织，这力量是保证可以打倒本国内的敌人争取胜利的。我们同盟国广大军民，特别是中国人民，虽然愤恨日本军阀对我们的侵略和暴行，但是我们一定愿意以最大的兄弟般的精诚来援助日本人民的争自由斗争，你们是有强大的后盾的。

伟大的斗争已面临日本人民，不能再有踟躇，从速奋起战斗吧！

（原载于《新华日报》1943 年 8 月 23 日）

东条的战栗

[日本]鹿地亘
卢冠群 译

意大利的投降,予日本军阀以深刻的激动。当七月二十二日得到预报的时候,日本政府即召集紧急重臣会议,就内外战况及国际情势进行“详细的协议”。二十七日东条又召集阀议,声明“刻下正以慎重的态度密切注视中”。

接着,当苏联红军说不可当的攻势使德国的败北益形显现的时候,日本军阀的动摇更加明显了。日本感知同盟国万钧之力,因欧洲战场的解放而渐向东移的日子已形接近,而显现狼狈之态,不能不急谋救急的对策了。

站在这一意义上,九月二十二日阁议决定的所谓“强化国内体制”的问题,即所谓“国政运营大纲”的决定,以及九月二十八日发表的政府机构之部分改组,即军需省设立的问题等,其意义是极其明了的,东条并决定由十月二十五日起召集第八十三届临时议会,以审议上述这些问题。真的,现在日本军阀正在如何为其深刻的苦境而焦虑着,它们在向着什么方向去寻求出路,由日阀最近的诸种决定中可以充分看到了。

看所谓“强化国内体制”的方策吧。

第一项所举出的是“使官民彻底理解此次战争的本义,并觉悟其成功之非易,而抱必胜的信心,披靡不屈不挠尽忠报国的赤诚”。

这是日阀喊得最响的中心问题。东条之“要求官民澈底理解此次战争的本义”,原属旧调重弹;其“成功之非易”的哭诉,也已是两年前的事。虽然如此,日阀今日仍不能不要求其官民贯彻“战争的本义”,而且不能不再度召集临时议会会,由此可知“战争的本义”仍未为官民所彻底理解,东条过去的鞭鞑[挞],仍未能使国民奋起来。同时我们更可以知道,日本国民对于因“成功之非易”而应忍受困难的呼喊,毫无热情的感应,甚或已听得厌倦了。

这是可以断言的。随着国际情势的日益恶化,日阀最大的不安是在于他们能否操纵国内,使其为贯彻他们的意志而结合起来。而且尽管他们怎样在夸张着“举国一致”的实现,可是事实上它们却没有这种自信,而今已露骨地表示出不安了。

看方策的第二项吧。

“倾注国力以期军需生产的急速增产,特别着重于航空战力之飞跃的扩充。”

这正是日阀解决乏术的当前的苦闷。东条为了“倾注国力”,举器材、原料及劳力投入军事生产,特别是航空战力等的“飞跃的扩充”,而决定实施产业整改,已是今年春头的事。特别是为了达成此项目的,使军阀的独裁得在产业经营上私欲横行,而且所谓“行政特权”的绝对权利,归由首相一人掌握的,已是约莫一年以前的事了。由于这一企业整改的实施,一切与当前进行战争无直接影响的各种产业设改,均予以破坏,而把它充当急迫需要的飞机、造船等产业的器材与原料,而这些所谓“不急产业”的劳动者,亦一律使其充当急迫产业的劳动者去了。同时,由于首相特别独裁权的确立,在这种产业非常手段的逐行上,东条对于器材配置,以及原料劳力的供给与动员,得以行使绝对的命令权。虽然如此,今日仍然不能不以同一问题作为非常课题列上日程,可知这些手段对于所谓战力增强,完全得不到一点效果,特别是不能不把业已决定了的这些问题再度向议会提出,这充分的说出,在首相权力的行使上,以及在“产业整改”的行使上,国民的协作并未能圆满进行。

这是可以断言的,国力既已倾注殆尽了,任怎样的绝对权力与企业整改,都不能使业已达到限度的日本军事生产,扩张到这限度以上,而且同盟国家压力的日益增大,特别是目下西南太平洋上日本航空战力的惊人消耗,使日本军阀战栗了。因而对于疲劳已极的官民,非作无益的鞭策,使其从军乏术解决的“扩充航空战力”不可。

看方策的第三项吧。

“日‘满’两国食粮的绝对自给体制。”

这正是暴露出东条等战争的前途,完全丧失把握的例证。他们喊出“增产粮食”,强制国民作饥饿的节约,由米的管制到各种杂粮的混食,以期缓和粮食恐慌,这已是很久以前的事了,它们企图由所谓“物资交流”,使中国占领地域的粮食缺乏,从南洋得到补充,而由此把中国化为棉花及其他必要物资的生产地,这亦已经有数年的历史了。然而,日本国内的粮食缺乏,不特不能得到解决,相反的,由于军需产业劳动者的增加,使农村人口反比例的减少;由于器材原料向军需产业的集中,使农具肥料均感缺乏。而这些都使食粮生产的民落日益显著起来。而且在西南太平洋上巨大的船舶丧失，使一向船舶不足的情况更稍紧迫，因而不特物资交流做不到，甚且在不久的将来，东亚各地域将因海上运输交通的断丧，不能供给它们的原料，而且日益受着非急速准备粮食自给不可的危险之威胁。

这是可以断言的。在日本军阀的眼中，战争的前途正反映着一片黑暗。今日以日本每年不足一百万吨的船舶补充率，是追不上日益增加的船舶消耗的速度的。各地域如果因为海上连络的困难，而不得不陷入暗淡的孤立自给状态，即日本军阀最后的一点，不消说占有日本本土与伪满了。不仅如此，如果由于欧洲战场的早日解决，同盟国家的压力急激杀到远东来的话，即日本军部除了和德国目前一样，图谋所谓缩短战线之外，实别无它途可循。这是很明白的。在这个时候，不消说中国占领地区必然再度成为同盟国家反攻的战场了，因此日本今日已不能不决心实行以日本本土和伪满为根据地的饥饿政策了。

由此，我们更可判知的是，所谓“东亚共荣国”的希望，已从日本军阀的眼中像梦一样的消逝了。像德国的附庸国家一样，日本的附庸国家，特别是南京的伪政府，已经随着日本危机的深化，而明显地陷入被遗弃的命运了。日本已不说日“满”“华”，而只说日“满”的自给维持政策了。

看方策的第四项吧。

“图谋国内防卫体制的彻底强化。”

这正是日本军阀穷途末路的悲鸣。日阀不得不准备日本本土毁灭日子的到来，而急谋聚急对应之策了。不消说日阀不得不准备于日本缩短战线的时候，或者同盟国家的航空战力，由于欧洲的解决而杀到远东来的时候，日本本土即暴露在以中国为基地出发的悲残的轰炸之前。东条等之对内外豪语其空中的绝对安全与防空的完璧，不过是一年以前的事。然而，会几何时，防空完璧的东京便受到盟机的轰炸了。军部因此失去了自信。军部的报道亦因此在国民面前失去它的威信了。随着国际趋势的恶化，开始在日本本土认真举行防空准备与演习了。在此次所谓“强化国内体制”中的重要措施之一，是工业大都市人口的疏散，学校、住宅等的迁移乡下，以及“极力强化国家重要地区，军事上重要设施及重要工场与矿山等的防卫”，但是这些紧急措施，正是一种不能不迈进到与军需产业上“企业整备”完全相同的困难的巨大事业，恰好像所谓“企业整备”，是在将日本原来的产业机构加以无情的破坏中进行一样，“防卫体制的整备”也不外乎如此。例如东京七百万人口中二百万人的疏散。多数建筑物为了街市消防的折毁整理，这些都是由于国民直接生活毁灭去断行的。复次，恰好像“企业整改”不能不由首相的行政特例权去强行一样，“防卫体制”当然也非靠独裁极力以残酷蹂躏国民生活去强行不可。这样，在此次“强化国内体制”问题中的主要施策之一，不能不是这种独裁权之法律上的承认，即把“国内防卫行政运营之统一”的权力提出议会而使其承认。

这是可以断言的。日本军阀现在已在日本本土的上空抛出空中堡垒群的行影，而在战栗、危惧了。最近半年来，它们向日本国民泣诉的，已不是过去“防空的完璧”那些旧识，而是说，“在现代的战争中，绝对防止空军的侵入，是不可能的。因此，国民不能不早作万全的准备，以免在遭遇到这种不可避免的灾祸时狼狈不堪”。疲劳已经的日本国民，在这里又受到无耻软围的布弄，而被不负责地投入最后的灾危中了。国民士气的沮丧，当然非须知不可。正因为这个缘故，日阀不能不把“战争本义的彻底化”，再度在国民面前提将出来，而加以威吓与鼓励。

事态是这样的。

根据柏林的情报，日本军阀今日提出的“国内体制”问题，好像没有一点新奇一样，日本国内的法西斯、各团体在这样鼓励着：“这些施策都为国民所认可了的，我们再应怪政府踟蹰不行。”不消说法西斯各国体的声言，在一方面看来，不过是为着过阻最近即将召开的第八十三届议会反对政府政策的一种示威的辞令而已。

例如，“战争的本义”应该早就使国民能够充分贯彻了的。

又例如，国力应该早就被“倾注于军需产业”了的。

首相应该已掌握了一切的独裁权，使“政务执行敏捷化”，以及行政事物和学校教育同时“简单化”了。随着战争的恶化，“国家的进出”早已在社会与国民生活的一切部面上彻底实行了，从这些意义上看来，军阀的独裁在今日的日本已没有留下一点余地了。像这次新设军需省，实行生产行政之全面的统一，不过是为着行使这些独裁权之技术上的简单化而已。

因此，欲希望日本的战力会由于这次的所谓“国内体制的强化”而多少得到增大或扩充，那是完全不能想象的。

为甚么？因为就生产方面看来，只有原料、器材、劳力的创出才是扩充生产的因素，但是这些生产的因素，在日本今日已经到达其可能的限度了。这样，任它们怎样去变更体制，怎样去运营“行政”，生产力自身的限度，是绝对不会变更的。

日本今日已经被推到怎样的“限度”，只要举出二三实例便可知其梗概。

例如，就产业材料方面看来，在国民的生活用品中，金属的使用现在已经绝对看不到了，代替它的是粗制滥造的木器与陶器的代用品。因此，像夜间用陶器暖壶取暖时，一不小心便被踢破，以致杀害婴孩的惨剧。在新闻上时常可以看见瓦斯与电力，不仅强迫国民的日常生活应节约百分之三十以上，就是工场用的动力，因为不足的关系，自今年春头以来，在东京亦不得已每周实行停电一次。

动力的不足，即使把国民生活的需要压到最底限度，在生产部门上仍然表现着显著的不足。材料的缺乏，不能由国民生活必需品的全面夺取去求得补偿。

人力动员亦已达到最高的限度。

例如由于行政事物的“简单化”，几十万人被动员到“遂行战争”及其他必要方面去了，学校亦兵营化了。特别在最近，除了与“遂行战争”有关系的“理工科学校”以外，所有文法科大学、商业学校及其他“不急”学校，均逐渐被解散，学生们被动员到军队或工厂去了。

女子动员的具体案，从今年春头起计划了的。最近则已决定举凡女子可能担当的一切职业，一律禁止男子的就任。

一切人力与物力，都为“军事目的”而作“合理化”的措置了。

这里所谓“合理化”，在企业整顿上就是把一切不急产业予以破坏或调整，而将其机械设备变为“碎铁”，作为年需产业之用，同样的，就人的方面说，就是破坏国民的一切正常生活，而将“不急的人”用去当炮灰，或转用到军需产业去。

今日日本的现状，由以下一事便可以表现其性格的典型。即公园廊宇的苍松翠木，最近都已被采伐去做造船的材料而一无遗留了。一切的东西，包括人在内，在现在的日本，都受着毫无容赦的毒刑，全国的国土，已变为一丝不挂的裸体了。

那末，在这种现状之下，什么“体制”，什么“运营”，还能够替日本产生出更强大的战力吗？

不消说，日本军阀本身也应该很知道这是不可能的。

那么，这次“强化国内体制”的提案仅不过是陷入绝望的东条等的悲鸣吗？

不，断不！在那里面是隐藏有别种用意的。

日本国民已是疲劳不堪了，日本国民对于军阀吹的战争法螺，早已不感兴趣而消沉下去了，日本国民已不信任军阀，再也不高兴听他们关于战争前途的一些毫无责任的预言了。这些事实，才是临近最后危险的军部所不能避免的破灭与不安。也正因为这个缘故，他们才拼命的威胁着日本国民，他们妄断着，日本国民因为对于“战争本义”仍未彻底理解，才会这样的疲劳。

这里所谓“战争的本义”，是指的什么呢？

不是“东亚共荣”，也不是“击灭英美”，而是日本国土暴露于明天即将毁灭的危胎中这件事，而且日本国民还没有自觉，因而陷于疲怠不堪，日阀正像前此的德国一样，用着“不战就只有灭亡”的致命的威胁去唤醒国民的疲劳，而为其协力作最后的要求。所谓“国民体制的强化”，要不外是想用这种威胁去强制获得国民的协力的一种尝试而已。

日本军阀，已在国民的面前陷入不安的状态。

在我们看来，今日最大的问题，应该是如何把在内心上已离叛日本军阀而疲劳不堪的日本国民，从独裁者们所谓“不战即亡”的威嚎中解放出来。

（一九四三，十，一，）

（原载于《国际编译》第1卷第5期，1943年）

阐扬“三一”大革命精神

[韩国]金九

三月一日为韩国独立宣言廿四周年纪念日。凡我韩国独立运动者，每当此日，开会纪念或举行示威，检讨过去反日斗争之经验与教训，以决定今后努力方向。但到今年，世界反侵略大战，由于各同盟国加紧团结与合作，已进入决定胜利的反攻阶段，而敌寇之收亡，计日可待。至于我民族内部，经去年临时议政院三十四次议会，各党人士亲密合作，以完成前所未有之统一团结。在此内外情势大见好转之时，纪念此日，其意义当倍觉重大。我等负复国救民之责的革命者，当更发奋鼓勇，加紧努力，以完成“三一”运动所已奠基而尚未完成之革命大业。

“三一”大革命是韩国民族复兴再生的运动，换言之，此运动并不是单纯的反日复国运动，而是我韩五千年以来磨炼长养之民族正气和民族意识，在此运动中得以重新发扬光大，以奠定民族复兴、国家再生的精神基础。所以我们纪念“三一”节，必须阐扬“三一”大革命精神。

“三一”大革命的最基本的精神，就是“反日独立”和“民主自由”。但这样说明，还嫌不够的。我们欲阐明“三一”精神，必须包括下列四点来解释。

第一是自存与共存精神。独立宣言头一段说道：“吾等兹宣言我祖国为独立国，我民族为自由民，以此告于世界万邦，而阐明人类平等之大义，以此诰于子孙万代，而永有民族自存之正权。”又说这是“全人类共存同生之权之正当发动”。我韩民族因为有这种自存与共存的伟大精神，所以能经营有着五千年悠久文化的国家生活，又正因为有此精神，所以亡国以来我韩革命者能不屈不挠，前仆后继，与暴敌相周旋，以完成反日复国的神圣使命。我们必须知道，不能共存者必不能自存。现今德意日侵略者辈，皆不能与人共存而逞其淫威，侵略人国。结果所至，不仅不能自存，且将陷于自灭。我民族从古至今，固不愿侵害人国，又决不愿受人侵害。讲信守睦，与世界共存同生，乃是我民族信守不渝的传统的国际道义。

第二是民主和团结精神。我国也和别的国家一样，自然有阶级之分和党派之别，而且有时因信仰或政见之纷歧而发生纠纷和对立，但这是暂时的或部分的现象。我民族有同一的历史和文化，又有同一的语言和血统，从来自行形成一独立国家。因此一旦外势侵凌，必以和衷共济团结御侮之精神，起而抗争。“三一”大革命时，民族代表三十三人，其政治派别、宗教信仰及社会阶级虽各有不同，但能亲密合作，领导史无前例的大革命运动。此为我民族高度发扬民主与团结精神之模范。我们要知道，没有民主，则不能团结，没有团结，则不能外御其侮。所以，民主和团结乃是民族国家能独立自存的主要前提。

第三是气节与道义精神。一个民族欲独立自存于世界，必须积极涵养“威武不能屈，贫贱不能移”的民族气节和“杀身成仁，舍生就义”的民族道义。此种精神能否普遍滋长，又能否永久存续，乃是一民族绝续存亡之关键。我韩民族自古提倡此种精神，无数忠臣义士相继辈出。当我国□将亡时，虽有李完用、宋秉骏等少数民族败类，但同时有闵忠正、安重根等多数忠义之士，以伸张民族的正气。“三一”运动不仅在这种精神基础上发动，而且把这种精神高度地发扬起来了。当时全国人民，即使是愚夫愚妇，都能冒着敌人的枪炮，争先恐后，高呼独立，示威游行，乃是我民族气节与道义精神之运动。

第四是自信与自尊精神。一个民族是否有民族的自信力和自尊心，便可以决定该民族的兴亡。我韩民族既有五千年光辉灿烂的文化历史，且有三千万血肉相连的优秀同胞。这是我民族保有自信力和自尊心的主要条件。此种民族精神，也在“三一”大革命中最高度地发扬起来了。当时我民族男女老幼，都能以徒手还击武装的敌人，把所谓文明的敌寇看做野蛮无耻之徒。一时被迫而被敌雇用之韩人宪警及其他官公吏等，亦激于民族的自信与自尊心，倒戈反正，再不与敌人为伍，甚至三尺幼童在小学里亦以读日本史讲日本话为奇耻大辱。此种精神乃是发动“三一”运动的主要动力。

如上所举，自存与共存、民主与团结、气节与道义、自信与自尊四点，便是“三一”大革命精神之全部内容。这就是我民族固有的优秀的文化传统。凡我革命同志必须承继此精神，恪勤遵守，而且要积极发扬而光大之。时至今日，全人类绝对多数都站到和我们同一的战线，与我仇敌日本共同作战。三十一个同盟国和全世界正义人士，都同情和援助我们，尤其中国四万万五千万同胞是和我们血肉相连之战友，我民族独立自由的前途还是很光明的。可是我们还须努力，克服一切困难和障碍，在临时政府领导下，内而巩固民族的团结，外而取得国际的援助，积极展开革命工作，以完成“三一”革命所未完成的事业，建立自由幸福的新韩国，建立和平共荣的新东亚。

（原载于《新华日报》1943 年 3 月 1 日）

日本所谓“决战阶段”的透视

[日本]鹿地亘
卢冠华 译

一九四三年是决战阶段，这是东条内阁的狂呼。

日本军阀在狂跳，焦躁，而急急于“决战体制的确立”。

是什么使他们这样狂躁呢？

一句话说，是因为自发动太平洋战争以来他们的预想完全没有实现的缘故。当时他们的梦想是这样的：

一、纳粹在欧洲战场的攻势是压倒的，英美没有东顾的余暇。如果日本乘此机会席卷西南太平洋，把英美在远东的战略根据地全部夺取过来，则英美在西南太平洋将感到无术可施，而随着非洲、中东、印度等夹攻威胁的增大，将次第丧失其战志而不得不要求和平吧。

二、轴心东西夹攻的形势很强大，然而同盟国方面，特别是英美中苏间的对立，却妨碍了他们的坚固的团结，因此日本和德意站在他们压倒的优势的战略地位，挑拨离间同盟国家间的感情，便很容易地可以把同盟国家各个击破。

当时日本的舆论，正充满着反映出这些预想的论调。他们一方面夸张自己的“赫赫战果”，一方面极力宣传同盟国方面步调的不一致与狼狈的情态。然而，不满一年，他们的声调不能不变为凄绝之音了。

理由是这样。

一、同盟国家不仅没有丧失其战志，反而鉴于事态的严重，放弃了一向姑息的手段而奋起。特别使日本狼狈不堪的，是美国的巨大生产动员及反攻体势的整备。

二、由于苏联伟大的反攻，使纳粹在欧洲战场上的地位为之一变。同盟国在北非的光荣的大捷，更使纳粹的欧洲陷入决定的危机。轴心的夹攻不仅化为南柯一梦，纳粹欧洲反而在东西夹攻之下促进其内部的危机。全欧洲已变为反纳粹的洪炬了。纳粹的崩坏已近在眉睫了。在这种情势之下，日本就不能不单独负担着同盟国家的压力了。

三、同盟国家不能结成坚固的同盟的预想，次第被推翻了。尽管德意日尽其挑拨离间的能事，英美中苏的合作始终无间，而且已经奠定了战后永久和平的关系。同时对同盟国的各个击破不仅成为一场春梦，反而轴心的附庸国家的离叛以及德意日相互间的疑云日益加深。

与这些事实在国内强烈地反映出来，同时由于一时的胜利迄被压抑下去的各种矛盾，逐渐表面化而呈露出国内的严重的不安了。

在日本国民的各阶层中发出了“看吧”的责难与恐怖，这是不能忽视的。这种责难，不消说是集中到军部的冒险派身上，因此以此为契机，日本国内政治势力的关系由于所谓现状维持派的急激抬头而显出新的色彩。明察大势的东条及其走狗们（军部中央派）与现在维持派结合着，澈底地抑制冒险派以谋脱出国家的严重的危机，这是去年末以来日本动向。

我们从去年末以来的日军俘虏的口供所得知的是，任日本军阀怎样作巧妙的宣传，一般国民还是非常厌战而希求着和平，不过，日本国民虽然希望和平，然而战争已发展到今日的情态，倘若失败就有亡国的危险，所以一般国民仅仅在这一恐怖之下，不得不为着寻求生路而战。

东条及其走狗们抓住国民的这一弱点，很巧妙地利用国家的危机去遂行战争的政策。他们狂呼着：“敌人是强大的啊！”“我们已到了国家存亡绝续的时候了！”不消说，这些都是他们本身率直的自供，然而同时亦是对于丧失了进退自由的国民要求非人的牺牲的一种狡猾手段，这是我们不能忽略过的。

这样一来，在今年春的所谓“决战议会”中，反映着上述形势的日本当前的进路是极其明显的。他们的全部政策，都为了脱出当前的危机而急作军事的政治的经济的准备：这就是他们所称的决战体制的确立。

值得注目的是什么呢？

一、首先，第一，确立足以抵抗英美反攻的独自的军事生产，即基于占领资源的消化的所谓“增强战力”，基于尽量搜括人力物力的增产。

二、在英美反攻条件尚未成熟以前，尽可能在最短的时间内剥夺英美在东亚的战略根据地，而树立所谓百战不败的战略体制。为了达成这一目的，无论如何要先把中国解决。

三、把东亚化为自己的安全的大后方。为了达成这一目的，首先使在中国的汪伪组织强化与安定，而以扶植其他民族独立的姿态，去把握各地的人心。

四、对德意的期待完全失望。因之为着准备万一的场合，采取了增进与苏联的中立关系，以备德意在欧洲失败的时候仍可以苟生的一种机会主义的态度。

最明显的是，这些政策的方向根本和日本在太平洋战争发生前后的企图完全不同。第一，值得注意的是，日本已经完全放弃了等待轴心制霸世界便利自己的中野正刚等所谓“在世界的规模中”解决远东问题的想念。第二，尽可能抓住适当的时机，在无任何损失的条件下，谋取政治解决的意图非常明显。

其次，尤为明显的是，一般国民的空气既如上述，则东条等纵欲强硬执行更进一步的冒险政策，势必引起国内的不安，只是在如何脱出危机这一点上，得到今日国民一时的协力而已。

□乎此，则最近东条内阁的改组，重光葵之被起用为外相，其意义何在，就非常明白了。

四月二十日，适在日军进攻太行山之前，畑俊六视察华北日军归回南京的时候，曾发表这样的谈话：“前线的每个士兵，对于新对华政策都有充分的理解，完全舍弃了过去的作风，向着新方针行进，此种现象，本总司令甚感欣慰。”

在这个谈话中，似乎包藏两重意味。

其一是以政治手段争取中国，使中国变为自己的大后方，而为着达到这一目的，对中国人不采敌视态度，以谋把握民心，一变过去凶暴的姿态。其二是一向以主张强硬冒险而与政府及军部中央对立的华北陆军之部队，现在已与中央打成一片，对于现状维持派的新政策已有充分的理解。

日本的现况，使对立着各的种势力不能不在这种新政策之下采取一致的步骤，这是一种必然的形势。

这一形势，随着世界战局对于日本急角度地不利而愈形显著。换别的话说，就是日本想把正在狼狈恐慌着的东亚各占领地域，在一个更短的期间内变为自己的战力供养地，确立自己的军事生产，急速建立所谓“东亚堡垒”，以等待决定日本命运的最可怖的最后一瞬间。

同盟国家在北非的全面胜利，使日本这种狼狈的丑态达到最高点。

狼狈的显著的表现，是在于他们刚开完第八十一届议会之后未满三个月的今日，便被迫得不能不急速地急开临时议会。

在这个议会中所要讨论的最主要是“增产”，而且是近似所谓“产业革命”的企业的改组。

五月二十九日的同盟电这样写着：“企业整备之今日中心课题之一……今日的企业整备，不像过去一样只限于生产配给机构的合理化，而是所有非战时紧急的产业，一律都得加以整理，而把由此剩下来的劳力、资材、资金等，一起都倾注于紧急产业部门，在这样的意义与规模上，实在是符合决战阶段的创期之举。”

是一刻也没有余暇的状态了。欧洲西战场开辟的时候已迫近在目前，纳粹的命运明日即可决定。“远东堡垒”的建立，不能不尽量把时间缩短。把一切的力量都集中于军事生产的整编。用寻常的手段已是来不及了。而且自所罗门败北以来，最近连续发生着的阿图岛的全军覆没，山本五十六的战死，中国战场上鄂西、湘北的溃败等等恶报，使日本国内的人民愈益不安，这是不可争辩的事实。

好吧，请看他们自供出来的此次临时议会的政治目的吧。

“这次临时议会，不单在协赞政府的提案，从目前国内外的情势看来，它的政治意义和作用是重大的……以山本元帅的敬吊为契机，鼓动国民的士气，促进声灭英美的战志的昂扬，而把一亿的总力态势显示于中外……”（五月二十九日同盟社电）

总之，是在极力把国内人心的不安转为全体国民的挣扎的那种焦躁的情态。

在那种情态之下，我们可以明白说出来的是如次的几点：

一、日本在轴心中的关系逐渐疏淡下去，窥苏的意图逐渐地薄弱，当前的日本，只是在战栗中拼命确立自己的防御条件，这是没有可争的余地。

二、除了利用雨季强化缅甸边境的防御设施及以新几内亚为基础的南方防御线的强化之外，日本以此为基点而出以更形积极的行动，其可能性是微乎其微的。

三、一切的重压都集中到中国战场来。而且日本的狼狈与恐慌越是加压，则日本愈想找出抗战中国的致命的苦痛之点，而把其军事的、经济的、政治的压迫集中到这边来吧。

日本越惴得厉害，它对中国的攻击手段就越毒辣起来吧。

目前，日本的第一个企图，业已因中国在鄂西战场的大捷而被粉碎了。

不过，这决不能说是对于中国的压迫已告了一段落。

同盟国家应该确认中国战场的重要性，而为着减轻它的负担，应该在最短的期间内对日实行全面的反攻，特别应该即时把缅甸夺回过来。

反攻的时机已经非常成熟了。必要的是务使日本在焦虑中发出的绝望的挣扎，完全没有一刻惴息的机会。

（原载于《国际编译》第1卷第1期，1943年）

中韩民族与中韩青年

[韩国]文靖珍

一

青年是国家的栋梁、社会的中坚、团体中的骨干，更是革命事业中不可缺少的人物。因此，蒋介石先生曾经说过："青年为革命之先锋队，为国家之新生命；举凡社会之造化，政治之改革，莫不有赖于青年之策动，以为其主力。"他又说："盖必有无量数之革命青年，结合而成为一伟大的力量，前仆后继，百折不回；而后可以力行主义，捍卫国家，复兴民族，以达成国民革命最后之目的。"德人威尼金也说过："谁有青年，谁就有将来。"青年的重要性如此，而青年的作用又如是伟大；我们可以说，国家民族的命运，革命事业的希望，是寄托在青年身上。

太平洋战争爆发以后，反侵略运动已在全世界广泛展开，为了民族的自由与国家的独立，为了人类的正义与世界的和平，一切爱护和平的民族已经联合起来站在一条战线上，一致打击疯狂的侵略者。在东方，中国抗战的进行入了第六个年头，把日本强盗的侵略大大挫折了；争取民族解放的朝鲜人民反日运动也已在国内外蓬勃地展开，动摇了日本强盗侵略的基地。在西方，侵略者德国对苏联的进攻，遭遇了苏联的坚强抵抗，至到柏林电台历史城的德国守军奏了悲惨凄绝的哀歌，在这世界战争已经接近反侵略国家的最后胜利的时候，趁着青年的五月的来临，为着共同努力于建立未来的新世界和永久的世界和平，重新呼唤中韩民族与中韩青年的团结，自有其特殊重大的意义。

二

朝鲜有五千年的灿烂的历史文化，正因为是这样，所以虽然在日本军阀毒辣统治下三十余年的朝鲜，不但没有被日寇征服，相反的，她的革命势力却一天比一天壮大起来。在日本毒辣统治朝鲜的三十年当中，不可胜数的暴动事件、反抗事件、独立运动、解放运动，正是说明了不愿做奴隶的朝鲜人是在怎样对日本强盗做坚苦的反击和英勇的斗争，不断地给予日寇那长期统治朝鲜的妄想以严重的警告。

至于中韩两国的过去，有的是唇齿相依而休戚与共的历史关系。就是在朝鲜亡国以后，中韩民族，不论从那一方面看，也都有着很密切的关系。这种关系，在政治上表现得更明显。这就是说，日本帝国主义不仅仅是朝鲜民族的敌人，也就是中国民族的敌人，而中国的革命运动便直接影响到朝鲜民族的解放斗争。正因为如此，中国抗战的胜利，无疑地是促进朝鲜革命的成功；同样地，朝鲜革命运动的发展，也在促进中国抗战的胜利。中韩民族在过去和现在的密切关系，即在今后，跟着社会的发展，必然愈益紧密起来。

以中国而论，扶助弱小民族的解放，是中国国策的主要部分之一。关于这一部分的国策，中华民国的□国父——东方革命先驱者孙中山先生的遗教中，我们可以随处看到。他鲜明而且坚决地指出，在民族关系上，中国必须以“济弱扶倾”为策略。中国国民党第一次全国代表大会的宣言也这样说过：“凡民族革命，必须明了共同之敌人为谁，对于共同之敌人而共同奋斗，自助与互助，初无二致。所以世界上一切被压迫民族之革命运动，有联合战线之必要。”此外，就是在中国最近的抗战建国纲领，也明白地提到“联合一切反对日本帝国主义侵略之势力。制止日本侵略，树立并保障东亚之永久和平”。所以“中韩两民族联合起来”的口号，不仅为中国所欢迎，同时亦为中国应有的做法。

三

友邦的青年同志们！正因为中韩民族间的关系如此深厚，所以朝鲜青年自从中国抗战开始以来，在前方，在各战区，特别是在远处敌人的黑水边与田山间，已经是活跃地参战了。中韩的兄弟们已经携手踏上共同的征途了。他们不知道困苦辛劳，他们也不知道富贵荣华；他们只认识日本强盗是中韩民族不共戴天的公敌，他们只晓得打倒公敌来重建荣誉的中韩。七十个月的血肉抗战，锻炼出千千万万的中韩新青年了！七十个月来，我们的青年同志虽然牺牲了很多的血和肉，但无疑地这是中韩青年为了保卫祖国的独立生存的精忠表现，同时也是为了全世界弱小民族的解放的英勇行径。而在这伟大的奋斗中，我们更巩固地奠定了新时代的中韩青年的结合基础，成为中韩青年团结的链环。这里，我们要知道，现在中韩青年的加紧结合，正是中韩民族历史上那唇齿相依的关系的具体重演。这当然是指向日本强盗的利刃；这利刃并且一定会刺破日本强盗的心脏。这样我们不仅能够完成抗战建国的重大使命，而且更能够加速度推动人类历史的巨轮——是的，实在是已经推上一个崭新的阶段去了。我们中韩的青年同志们，我们要一息不停地前进！

四

当然、我们今天所需要的青年运动，乃是复兴国家民族的青年运动。而我们唤起青年，团结青年，乃是重视青年们报效国家民族的时机，不愿见到中韩一个青年彷徨自弃于伟大的革命工作之外，不愿见到中韩一个青年自误终身而辜负了这个报效国家民族的千载难逢的大时代。我们晓得民族的生命是绵延无穷的，国家的前途是无限远大的；我们中韩青年生当这个世运更新、国运旋转的大时代，负有承先启后、继往开来的大责任，自当珍重自爱，好学深思，参加革命；为实行主义，为解放民族，为建设国家，为改造世界而不断地而努力奋斗，而完成革命先烈的伟大事业，写成我们青年的光荣历史。

我们中韩民族是东方民族解放运动中最可靠并且最有力的同盟军。我们青年同志是为了国家的独立，为了民族的自由而亲爱精诚，而互助合作；我们同生死共荣辱，来实现我们共同的理想，达成我们一致的使命。

最后，为了加速和加深中韩青年的结合，我得再三呼唤中韩青年紧紧地握起手来，如兄如弟，如姊如妹！我们并肩去再造气象万千的光荣的新中国与新朝鲜，进而至于大同的新世界。

脱稿于国立中央大学

（原载于《民族文化》第 3 卷第 2、3 期，1943 年）

我等求于中国的是什么？

[日本]青山和夫

此文系日本反战作家青山和夫所著，用历史叙述法说明日本志士今日已届排万难而实践日本革命之时期。故而，作者殷殷祝□中国革命志士与之合作，发动日本革命，俾两国共登幸福康乐之境！请辞挚直亲切，令人感动！特由重庆《大公报》（七月五日星期论文）转载于此，幸本刊读者注意焉！

——编者

（一）

中国与日本，均由同一时期接触西欧近代文化起，始脱出中古世纪之封建制度。然今日中国为东洋民主解放之堡垒，日本则为侵略势力之代表，两国之立场，处于极相反之两极端。

一八五〇年开始之太平天国革命，保有反封建反地主的性质；一八六八年之明治维新，亦为反封建反高利贷的性质：双方宗教的色彩甚浓厚，而共通之点亦不少。然中国国民革命，与明治维新比较，日本殊为顺利。日本方面宣传其为明治维新诸人之政治手腕优越，外国人中亦多持此种见解者，以我所知，现在特别利用于攻击军阀之宣传材料。然此种见解，实中日宣传之毒。

近代日本之起动点，始于美使比里之开港要求（一八五三年），俄美荷法继之，亦为同样要求，迄德川幕府倒溃，犹为解决，尊王派亦不出于"攘夷"之单纯论。此种情形，与满清末期大致相同。然日本之倒幕，较中国灭清，先四十余年成功。由对内的观之，固由于地理的广狭、经济发展、资本市场等等之差。然此种比较，尚不能发现两国发展之特微[征]。

先进资本国对于日本，于比里来访后，比之清末，态度非常稳和。其原因为一八五四—五六年之克里米亚战争，一八五七年之欧洲之大恐慌与其后之西欧诸国之变动，及一八六一—六五年之美国南北战争等，使欧美诸国对日无行强硬政策之机会。中国在此同时期内，前期为太平天国之革命，后期为满清一时的安定。

自奠定明治维新基础，迄明治六年(一八七二)之“地租改革”时止之期间，在普法战争战败之法国，为与英国妥协之必要，放弃其后来所支持之幕府政策，而将日本完全委诸尊王派之手。中国国民革命之发动，奠定其基础者，则为第一次欧战；惟使中国国民革命发生波动者，实际上出于日本之策动。

如上所述，凡一国之革命或政治改革，固由于内部之事情；而决定之者，则在能否适应国际环境。

(二)

日本七十年来顺利发展，但尚未成功为推动国际政局之主动力量。日本力量利用欧美诸国在东洋方面之互相冲突，苟有隙可乘，则完成其侵略政策。此由明治维新造成基础之国际环境而来。日本军事、政治、社会之一切，为适合此目的而组成，即天皇与军部之“大全与帷幄上奏”便是。所谓“统帅权”，在法制上之基础实为薄弱，而实际上，在国法外保留无限权力，亦即为此。由此看来，天皇制之日本，侵略为其本质，决非由于军部之人选与天皇和贤愚所致。

因一年来世界形势之变化，以天皇制为日本基础之此种国际支点已开始破灭。为填补此破绽，东条与日本全土之一切，向军政化猛进。由行政特例法，财阀之企业全部，为军阀所掌握。最近多数之财界人，成为政府官吏，并非军阀、财阀之合作，而是财阀为军阀管理会计。由企业整理，中小企业之资本，为军阀所征收。新府县制，使地方自治化为军管区。一切军政化之现在日本，思想运动之法西斯派，在军阀与民间对抗时代，军法认为必要之人物，如中野正刚、赤尾敏等，被军阀与民间双方所放弃。议会已与军政官会议无甚差异了。

东条现在强行之全国的彻底军政，与占领地傀儡之急迫，由国际的环境观之，实为天皇制日本之最后过度[渡]期。

(三)

近一年来，美国之对日攻势，苏联在西伯利亚之武装及德意之颓势，七十年来天皇制日本所立脚之惟一国际支点，已渐渐破灭。同时，今后中美英苏团结之发展，必然使天皇制日本崩溃与民主制日本之生成。在此时期，不论人物力量如何，日本之革命已经确定。惟现在所论者，为战后和平机构之确立。若忘记上述天皇制日本之国际支点，仅请求单纯的武装之解除，或如盟军在北方所行之临时处置，即以为满足，则将为将来之大失败。战后和平维持政策，理想、空想的单纯论，有害无益。问题不仅在于战败国，即战胜国亦须有一种改革。此点尤其关于中日将来之关系，加以研究，以备将来，殊为必要。以我所知，过去六年间，提及该问题者，仅大公报已故主笔张季鸾先生一人而已。

日本之民主革命，除战后之民众救济外，为适应新国际支点之政治机构的建立。若无日本革命，盟国即令以国际武力与警察管理日本，亦不过北平事件之重演而已。不论投如何资本，欲得盟国所期待之国家安定势力之出现，极为困难。中国自称之日本通，以为日本革命系英盟国之战胜，我等广国就新官僚地位而已。其思想幼稚，殆不足论，而大多数之中国人，以抗战六年间，日本并非反战与革命事件与理由，亦主张日本革命，扈来盟国战胜之时。由我等言之，过去六年，我之工作，系随中国人之要求，无条件倾注全力于协助抗战。殆全无革命工作，而仅中日间之战争，虽可使天皇制日本之国际支点渐告闭塞，然不能成为发动日本革命的客观条件。日本革命之负责的发动，须考虑中国及世界之将来化，殊为当然。革命决非困难，然非随时随地应许他人要求之贩卖物品。

有人说，军阀崩溃后，其余孽甚多，故认革命困难，然此种见解，系将旧政情时代扫落政界有力者之政变与革命混为一谈，并不了解革命。

革命为社会构造之变质，其势力并非专恃人数之众多。在革命支配下，书时代之私的个人，当然残留，然系不能左右时代的意义之存在。由现在之日本，变为将来之日本，并非研究，议论，文章，而只有行动。为军部夺取其资本之资本家，失去生活手段之企业经营者，陷于既非资本家又非无产者之特殊地位。由消费统制而陷于失业状态之小市民，强制的被集中于军管理工场之少年劳工与故国断绝通路之兵士大众等，仅须予以革命的冲动，即变为巨大革命势力，为期当不甚远。六年来援助中国抗战之工作，已完成其任务，今已到排万难而实现日本革命的时期了。通观日本之现情与将来情势，并非世人所想象之“共产革命”，将来之革命实为民主革命。日本革命需要中国及盟国之援助，固不待言。然我等所求者，并非少许的官僚补助金。我等所恳切要求者，在中国国民革命老志士与清廉纯真的中国青年之精神协同，若有人想以官僚的补助金而支配日本的革命，则为错误。

仅中国革命志士与我等之合作，发动日本革命，而中日两国与世界之新时代即将到来！

（原载于《训练与服务》第1卷第5、6期，1943年）

远东侵略战争与日本人民革命

［日本］鹿地亘

伟大的中国民族解放战争现正在胜利的前夜中。日本帝国主义侵略者的崩溃只是时间的问题。侵略者们常常谈论着“如何使战争结束”，然而今天很明白“如何使战争结束”不是他们的问题，却是我们的问题。关于这个问题，我以日本人的资格试加以基本的估计。

在中国抗战前，毛泽东先生曾对美国记者史诺指示抗战胜利的三个可能的根据，其中之一是“日本人民革命的必然”。这个真理谁也没有反对过。但我在另方面有如次的经验。五年来中国朋友曾屡次向我提出关于“日本革命”的各种质问。在这些质问中，往往发现一种悲观论，对日本革命的实现性取疑惑的态度。

兹试举其中特别重要的见解如次。

第一，“当然，我们不怀疑日本革命的必然性。不过这决不是今明日的事。日本人民革命的力量还不很大。尤以对抗日本帝国主义强大的反动压力未免太幼弱了。在极端非合法的困难条件下面，革命力量的迅速扩大与生长的可能，似乎难得看出来。加以日本人民一般情况，深受天皇绝对威信的影响。革命家要人民的大多数离开天皇的威信，并不是一朝一夕做得到的事”。

第二，“中日两国人民的共同敌人是野蛮的侵略主义者的日本军阀。不打倒日本军阀则远东和平绝无希望。因此，我们抗战的目的是打到日本军阀。但我们这时候来搞天皇制，不是错误吗？因为日本人民的大多数对天皇尊崇极深，如以天皇为敌，反将大多数日本人民赶进敌人方面去。因此，我们似应援助日本人民打倒军阀，拥护天皇建设新的和平日本，战后应于这样的日本成立和平关系”。

一目了然，这两种见解在根本上是站在同一论点之上的，都认为日本人民的革命力量是微弱的，特别把日本的天皇制看成稳固于安定的东西，暂时不至有什么动摇。前者难相信“日本革命之必然”，但认为前途辽远，无补于中日战争的解决。其结论所见，很明白的就是说“日本革命之必然”决不能成为“中国抗战胜利的可能根据”。这种悲观论与上述毛泽东先生的见解根本相反。后者则从同样看法出发，但结论不同。据他们的看法，因为天皇制是安定的，所以引之为友，单独孤立日本军阀而加以打倒。这等于我们可能和完全剥夺日本人民权利的绝对主义天皇制相和睦。因此从中国方而看来，日本人民的“自由解放”未必是中国抗战胜利的必要条件。这种见解不消说的是和以“日本人民革命之必然”为胜利条件的毛泽东先生的意见相冲突。

类似上述的见解，我所接触的不止一二。

比如以前者而言，我曾说过：“日本人民革命与中国解放有相关的命运，难期单方的胜利与成功。”其时有中国朋友数人加以反驳：“这想法不对，中国抗战与日本革命是站在同样的立场，而有深的相互关系。但是，两者自身同时却是不同的东西，因此中国抗战胜利，不一定要等待日本人民革命的成功。中国抗战的胜利，可能不等待遥远的日本革命胜利。”

我在此对着以前的说法加以若干改正的“难期单方的胜利与成功”这个说法是不免拢统，这应该这样说的：“一方的发展为他方的要因，一方的成功为他方胜利的条件。成功或胜利在时间上虽非同时，两者被击于难以分离的命运之上，一方的失败决不能使他方有所胜利。”那末，说到我的反驳者，则仍然否定附者的相关性，在否定的根源，仍是认日本革命为“遥远的事”，不足以瞭望。

类似于后者之例，我举出最近美国空军轰炸东京，其参加人向报界所发表的报告中的思想：“极力避免轰炸皇宫，因有激起日本国民全面的敌忾气的危险。”这空军勇士为使日本国民反省也“极力回避以天皇为敌”而求他的“友情”。在这些美国朋友的脑筋里面，也是把日本军阀和天皇认为是个别的存在，并以为可以把军阀从天皇孤立起来，反将天皇制与人民看成不可分的东西。

我想在此对这些见解，加以根本的纠正。这因为在我们的朋友中间，对于日本人民革命的认识，一般地仍然甚为拢统，并且这个拢统，在我们展望“如何使战争结束？”时，有容易引起混乱的危险。

首先，我们纠正这些见解时，有将如下基本问题弄清楚的必要——日本帝国主义特别野蛮的冒险的侵略性基因于什么？日本帝国主义与其他先进列强不同的特点在哪里？

简单答复如下：（一）日本是从后赶来和列强竞争的新进资本主义国。因为开步走时落了伍，当日本开始进入资本主义轨道时，世界已被瓜分为列国的势力范围，为日本资本主义所成立必需的市场与资源已经没有剩下来的了。幼弱的日本资本主义想用资本的力量侵蚀列强势力范围圈内是不可能的，势必至除用武力利用列国的漏洞施行侵略与掠夺之外，别无途径。这是日本首先埋头于强大武力的建设，一有机会便做强盗勾当的历史的必然性。武力是日本资本主义的重要支柱。幼弱的资本没有武力的支撑，用自己的脚是站不起来的，因此必然的使国内军人势力成为决定的统治力量，做成野蛮的侵略主义的军阀势力是有根据的。(二)日本资本主义当开步走时，不但要对抗外部力量，在内部也不得不对抗着可怕的危险。这是政权刚被夺取的封建武士阶级要再夺回政权的危险。因此对封建的武士阶级会必须彻底解除其武装，同时创造出有绝对统制力的中央政权，由它来指挥强大的武力，以镇压上述的危险。绝对不可侵犯的神权的天皇制于是被创设，在此谁也不能加一指的天皇的统帅权下，创设了日本陆海军。天皇制，其统帅权为日本陆海军绝对的法律的支撑。其后议会设立，只有统帅权虽议会亦不许置喙，军队的指挥、军事行动的发动，均归属于天皇一人的命令。这样如日后——自九一八(满洲掠夺)以至今日——各次军事行动中所见的标本一样，完全违反人民意想与蹂躏人民意志的擅专的军事行动，在法律上被承认为“天皇统帅权的发动”。这是拥戴天皇以专横为事的军阀之所以增长的法律根据。日本帝国主义的野蛮无比的冒险的侵略性，是因为日本受这种危险为政权所绝对统治的原故，对于这样的政权也不能不捧场，这是日本资本主义与列国不同的独有特点。

天皇制是一个有绝对统治力的侵略的军事机构。

从上面的回答，我们便可把下面的问题弄清楚了——日本人民与天皇制能不能够和睦呢？中国和天皇制日本有怎样的宿命关系？日本人民革命和中国民族解放战争怎样被连结在同一的命运上？

简单地回答如下：(一)天皇制是日本人民的死对头，它是以对外对内发动武力为目的而产生出来的独裁军事机构。日本国民对于这个独裁力量丝毫的发言权都没有，却由这权力的发动，无条件地被迫为肉弹。幼弱的日本资本主义对外为要获得其培养圈的市场和资源，需要它。对内也需要它，因为幼弱的日本资本主义为准备自己能力所不及的对外行动，不能不将一切的负担转嫁于国民，强迫国民以饿死的贫穷。为要国民不能叫苦，便有必要扩大强大的绝对权力。天皇制是维持国民的饿死状态，使国民毫无民权而变成所谓“人的资材”的对内的统制机构。日本国民如果不从这对外的侵略战争机构与对内的奴隶统治机构的天皇制解放出来，则永久不能摆脱饥饿的贫穷与奴隶的无权状态，也就永久免不掉被人拿来做无意志的肉弹。日本国民是绝对不能和天皇制和睦的。(二)同样,天皇制日本是中国的死对头。天皇制日本是为侵略战争而全身武装的日本资本主义。其侵略目标在那儿呢?美洲大陆么?非洲大陆么?欧罗巴洲么?不消说,实力不足的日本是不会这样远征强大的敌国势力圈的。它只能利用列国的利害错综复杂,抓住手能伸得到的附近的弱国的一环。因此中国是天皇制日本进路前的第一个目标,也是日本之所以历来一贯地企图作最后吞并而集中其恶毒侵略政策的原因。其后的所谓"东亚圈"乃是弱体日本所能希冀的理想的限度而已。不消说,这侵略政策的喉急是由于日本要维持资本主义国的自己,而没有足以与列国竞争的独自的培养圈而来的。因此这种喉急的侵略政策,就是日本帝国主义致命弱点的表现。(三)日本人民一向便和天皇制斗争过来的,说到近世日本史,可以称之为日本人民和天皇制不断斗争的历史。说到近世日本和中国的关系,同样也可以称之为一贯地以并吞中国为政策的天皇制日本和以争取民族自由独立为目标的中国不断格斗的历史。日本人民的革命和中国的民族解放,历史地如何胶织难分地连结着,是不消说的。而且,实实在在这两条战线上,日本人民与中国民族不可避免地要把对其共同的敌人的历来的斗争予以终结而迫近决战。因为,第一,中国的民族解放运动发展为全民族的规模,正在胜利的前夜,这事实对于日本帝国主义是致命的危险。日本现在要在二条路中选择一条,或者是彻底破坏中国的全民族的运动,打破阻着自己进路的障壁,或者是丧失自己的帝国主义的出路,而葬身于死地。第二,日本人民的革命斗争已渐向天皇制肉搏,迫其后退,公然的打倒天皇制的斗争,现在开始表示将要急激扩大之于全日本的形势。从根基上被震撼的天皇制日本,为根本粉碎人民的这种斗争,再求安定自己的地位,不能不唆使其珍藏的军人势力,对站在危机上的天皇制加以所谓"法西斯主义的修正",而将日本人民紧缚于"奴隶秩序"中。换言之,日本不能不选择一条路,或者是在人民力量抬头的面前,天皇制让绝对权力的自己崩溃,或者是将抬起头来的人民力量连根铲除。中日战争是两个方面的决战——让所谓"国内新秩序"的完成,而使日本人民彻底的奴隶化与所谓"东亚新秩序"成功,而使中国完全失去了独立,抑或由日本人民与中国全民族来选择其共同的敌人,是这样的决定运命的战争。没有中间的或第三的结局。天皇制日本一息尚存的时候,日本人民和中国全民族都无法释放其历史的重担的。

根据上面的话,我们对如次的问题就容易弄清楚——究竟日本人民革命是遥远将来的事么?日本人民革命在这次中日战争中起不起有力的作用?

简单答复如次:(一)看日本近世历史便明白。刚才已经说过,日本近世史是绝对主义天皇制和日本人民不断斗争的历史。在斗争的第一期，日本人民由自由为领导，为“夺取民族”而展开斗争。天皇制逼得没有办法，只得让步，如果不肯让步，那如荼如火的人民斗争，便要使天皇制坍台。因此天皇制局部解放民权，答应人民的要求而创设了议会，但同时收买人民上层分子以破坏其团结，并颁布了对民权加以致命的限制，以安定天皇制为内容的宪法，然后再把绝对权力压在广大人民的身上。在第二期，因日本资本主义的发展而产生出现代的劳动者阶层，在这阶层领导下，日本人民展开了为“夺取民权”的流血斗争，这斗争直接以“废止天皇制”为目标。天皇制陷于窘地了。继续以对“民权”的局部让步不但不能解决问题，反转来把事情更加弄得困难而已。拿实施普通选举制度，解放选举权较宽泛的人民，拿许可成立似是而非的勤劳人民各政党等虚伪的让步，拿这些手段来谋人民内部分裂的各种政策，都不能成为补救事态的好药方。如此，站在最后危险上的天皇制便抛掉“党政”的假面，公然露出其狰狞的真面目，而重新加强根本解除人民革命武装的“绝对主义天皇制”，并以之展开了完全剥夺民权的斗争。天皇的军人是反革命的前卫。一九三二年五月十五日欢掀起所谓“五一五”事件的暴徒的飞檄中，有“危机急迫于天皇膝下”的话。“非常时”被宣布了。这个“非常时”在当时日本虽也有对外危机的意义，但同时是指日本上述的国内危机而言。嗣后，天皇的军部以横蛮的暴力手段，企图确保政权，于是日本国内陷于黯澹的政治不安状态中。天皇的军部的目标在所谓“国内新体制”，即人民的完全奴隶状态的再现及恒久化。今天日本人民正在对这种天皇制的最后攻势做决战。在这种危机中的天皇制，谁能说“天皇制的安定”呢？日本人民的斗争把天皇制赶到最后的危机上。

(三)当判断一国的革命的可能，在原则上应该注意下面三点：第一是这个阶段的安定或危机的程度，第二是在这个国家政权下人民生活所能忍耐的程度，第三是领导人民的革命指导力的成熟程度。关于第一点，大家都知道日本是基础极薄弱的帝国主义。看天皇制的历史吧，天皇制是日本资本主义为与先进资本主义世界竞争，作为自己所不可缺的暴力支柱而产生的。这就是今日法西军人们所公然宣称的幼弱的日本资本主义的“战时体制”，对内就是非常时期“统制国家”。生产力的落伍、市场及资源的缺乏所规定的日本资本主义发展的贫弱，势必在开头就需要一种对内的“统制权力”，以便将一切负担与牺牲转嫁于国民，并使之驯伏在饥饿状态中，把这种国民的牺牲，总之于掠夺市场与资源的战争，成为延续日本资本主义生命的不可避免的条件。换言之，日本资本主义没有“安定”的条件，出发于危机之中，为摆脱危机的不断挣扎，是其自始迄今的一贯历史的特点。以武力为生存的唯一条件，这是日本帝国主义的致命弱点，因此每逢碰到危机就得求出路于冒险的军事行动。日本渐次强大起来了，但后来没有获得足以脱离"挣扎"的安定条件，日本的强大实不外"泥脚所撑的巨象"，即脆弱的生产基础所支持的庞大军事组织而已。关于日本的"挣扎"，可以分作二期来看。第一次世界大战的为前期，日本真是一帆风顺，其原因第一是远东诸民族的落后，第二是列国在远东的利害关系的错综复杂，给日本以可乘的机会。但在后期，条件一变了。第一是酣睡的远东已经醒觉了，第二大战的结果，世界列强的对立单纯化了，就是说以若干战时国为中心的世界资本主义有了显著的集中的再编成。这些集中了的资本主义，一方面减少使日本"趁火打劫"的复杂的对立关系，同时在战后生产恢复后，列国为维持本国的生产，各自从自己的势力圈排斥他国势力，把世界分割为少数的所谓"广域经济圈"时，没有独自的"广域经济国"（即独占市场、资源）的日本便完全暴露其脆弱性了。请看战后世界经济恐慌时的日本吧。当时日本经济的根基也被震撼了，在经济恐慌时，列国为防卫自己所采的本国产业保护政策，把日本产业的进路遮断于其势力圈外。日本没有保护本国产业的独占市场与资源，又为列国势力圈所排斥，如果没有足资对抗的独占的经济圈，便不堪在战后极度集中的资本主义世界中做竞争。但日本的独占的经济圈，必须是暴力的冒险，即征服醒觉了的全远东，并从远东驱逐列国势力，于是孤注一掷，发动这次远东的争霸的冒险。前期日本的挣扎，是求"成长和发展"可能的挣扎，而后期的挣扎，是要从"窒息和死亡"里逃出来的绝望的挣扎。日本资本主义是一贯地没有伸缩性，自身没有合理化余裕的资本主义。那是安定性极薄弱的资本主义。现在这样不安定的日本资本主义，为要防止丧失其致命的支点，毫不反顾，将命运作赌注了。关于第二点，根据上述第一点的理解，便容易说明了。没有伸缩性也没有余裕的日本，在对内和革命人民的对抗上，也是丝毫没有伸缩性或余裕的。只有国民饥饿的牺牲，毫无反抗的奴隶的服役，是支持日本资本主义的国内的条件。这种必要便产生了绝对主义天皇制。这就是说日本国民所过的生活，一向就维持着那种最大忍耐限度的状态，由这到不能容忍的状态现在早已丝毫没有余裕了。这不用说对革命是绝对有利的条件。日本国内的实情，就好比说一星之火便能燎原那样干透了的枯柴堆。因此，天皇制日本从来极怕这一星的火，战战兢兢地拼命去消灭这样的火星。对于天皇神权的一点反抗，不但要拿党法来禁绝，就是因为发生了这种反抗的事实，所以也怕给国民留下暗影，给国民以刺激而不得不惶恐万状了。所以在近世日本，国民莫知其真象的谜一样的暗狱事件是层出不穷，如那有名的日本初期社会主义革命家幸德秋水底暗狱事件，便是典型的实例。国民至今尚不知其真相。

诗人中野重治曾这样地歌咏着:“我们将会知道的,知道的时候要来的。”无数人民战士,由黑暗中埋葬在黑暗中了。在日本国内,甚至并公认有过这种事实。不用说一般是连谈也不许谈的。自工人阶层革命的抬头以来,就是对于不断震撼全国的连续大事件底裁判,也得隔了很久以后才有官许的报导,此外其他报纸的消息是受禁止的,这些事件当是由秘密裁判来处理的。然而在过去,还可以算出无数次乘警戒不周的空隙,差不多要出现了较之一点火星更可怕的大事件的例子。初期自由党的运动便是实例。天皇制在出现之初,已是国民难堪的绝对专制政权,人民“要求民权”的奋起,如荼如火扩大到全国各地。人民随处以内乱的兵火和天皇底军队、警察竞相抗战。谁能说当时尚未脱封建之域的日本人民,是比今日近代的帝国主义统治下的人民,更加来得革命些呢?又谁能说今日的日本人民,比差不多七十年前落后的日本人民,更盲信天皇底“神权”呢?在以一点火星成为燎原之势的中期实例中,可以举出第一次世界大战后不久的所谓“米骚动”。和“生活权的威力”作斗争的人民,也是一时全国各地蜂起。没有武装的人民群众,到处和天皇的军警作流血的冲突。在有些都市、矿山地方等,出现了街市战或内乱状态。这次对着饿死的威胁自然发生地爆发了的斗争,是缺乏有组织的指导力的,尚且变成了全国性的暴动,谁能怀疑日本人民是缺乏革命性的呢?对于这样没有武装的人民,居然也要出动军队方能镇压下去的天皇制,对国民还能够说有绝对的威信吗?在后期的全国性人民斗争的实例中,可以举出以一九二九年至三〇年为顶点的世界经济恐慌期中日本工人阶层和农民大众之全国的革命斗争。这正是陷天皇制日本于今日之死地的天皇制和人民的决战阶段的开始。日本帝国主义统治阶层,将恐慌的可怕的负担转嫁于一切勤劳人民身上,巨涛那样一刻刻地增涨着的失业大群,因一切劳动条件和工资的恶化,超过了“可能忍耐的限度”之勤劳人民,激起了全国的罢工怒潮。在主要的农业地区,农民大众斗争普遍地汹涌着,这些甚至于逐渐现出了“革命的暴动化”形势。这和前述二例相异的主要之点,第一,这已经是近代的日本劳动阶层成长了的时期,这斗争是压迫着足以制日本帝国主义死命的工场、矿山、农村等生产点的斗争。第二,在这时期已经产生了领导人民革命斗争,并为打倒“绝对主义天皇制”而组成革命人民为政治军队的工人阶层的政党,在它的指导之下,各方面的政治军队的群众组织正在扩大着。第三,日本人民已经在差不多一世纪的近代历史之中成长起来,不若自由党那时一样幼稚,竟因“钦定党法”之欺骗的让步而感激涕零,也不若“米骚动”那时一样浅薄短视,只能看见米谷商人和囤积资本家是扼住自己咽喉的敌人,却丧失了一举肉搏日本帝国主义牙城的天皇制之形势,被迫的天皇制遂被破而决意与人民作最后的冲突。把军部推到政治的正面，抛弃似是而非的党政的假面，于是以残酷无比的手段迎敌日本人民，把全国化成暗黑的军事监狱了。另一方面，深知若不缓和人民“可能忍耐的限度”只凭暴力是不能摆脱危机的统治者们，便说“国民生活底危机是由于领土狭小”，企图移转国民的混战于对外侵略战争。于是这个残杀国内人民的凶手——天皇制，以九一八为发端，成为血洗东亚大陆的凶手了。日本国内革命危机因此缓和了吗？日本人民一时受了痛苦的打击是千真万确的。人民的愤火潜入于世下了。然而嗣后十一年间日本国内发生着不断的万千人的大众暗狱事件，即中日战争以来还是继续着，司法大臣屡次在地方长官会议上不断训令说：“警戒稍一松懈，情势便会陷于危急的可怕的共产份子之暗图。”这事实有力地说明了日本人民的斗争不仅没有被消减，反而经常准备着卷土重来。由近世日本史看来，这是天皇制向人民作“最后的挣扎”的反攻。决战在今日仍然进行着。而且由于侵略战争的失算，今天帝国主义者在没有解决希望的长期消耗之中，暴露了对国民欺骗的真相，不但战争无法解决，却反而冲破了国民“可能忍耐的限度”至难以收拾的田地。枯木的山是干燥透了，一点火星将无论何时都会即刻变成烧尽全国的火焰吧！就第三点来说，我们不得不率直地承认现在日本人民革命的领导力是不够十分成熟的。说日本人民革命力微弱的人们，往往有片面地只看这一点的倾向。的确，由于一九三二年以来以军部为正面的天皇制的最后反攻，人民革命的组织力是受到了战争的打击和破坏。日本人民还不能实现有力的再起。可是那决不是没有可能。果然在一九三三年以后四年间日本的革命斗争，因为当天皇制日本开始以军部为中心改编自己为法西斯的形态时，不能正确迅速地实行与此新情势相符的战术之变更，这事便叫人民受了以后十年来的苦头。就我自己的经验来说，一九三四年被天皇的警察拘捕时，一个以敏腕著名的检事来了，得意地向我这样说：“怎么样，你们已经没有办法了吧。在半年以前，老实说，我们完全失了自信，不知怎样才好。”这位天皇的检事的话说明了当时日本国内危机的实情。而且革命的人民运动，在紧张的斗争中因为错了一步，便于半年之内陷入难以挽救的败北之中。一九三六年我出狱了，看出了人民屏息的暗黑的军事法西斯日本人。可是我接到了一个消息——传闻知我出狱的青年农夫暗中激励我的信，这样说：“我们欢迎你，我们在暴风雨中好好地在护守着根基呢。”叫我激起悲愤的这一封农村通讯，正是以一句话表示了当时日本的情势。日本人民在暴风雨中在护守着根基，在培养着根基。在这紧张的战线上还不容易出现人民总反攻的时机。然而，天皇制的一点破绽，反转来，突然会发生全面瓦解的情势，现在已经十分成熟了，日本人民的革命战士，其领导的组织，通过十年的苦痛体验，正为这一天的到来而整饬自己的准备。人民也在喁喁以待，如领导力不至贻误战机，这便是立即扩大为全国性群众规模的必要条件。我还可以举出下面那样的事实。即便在一九三二——三三年的时期，日本人民革命的指导组织扩张速度，一个月间由百分之六十扩张为百分之七十，很可以知道当时日本人民是怎样的要求革命、献身革命。然而人民是一败涂地了，这不是因为人民无力，而是因为领导的错误。我们由现在的日本人民处境来看，有理由充分确信，人民不可比拟地强大了，只要抓住时机，正确地开展，断然无疑，一点火星即刻延烧全国。日本人民革命不是遥远的将来的事，是迫在眼前的问题。

由以上三个解答，现在一般对于日本人民革命仍然存在的疑惑或误解在基本上大致是解释了的。这些疑惑或误解底根本错误之点是什么呢？我们现在可以概括于下：

（一）对日本帝国主义的过大估价。为其外貌赫人的凶残所炫惑，而不看它内面的不安定和脆弱。

（二）没看见天皇制是日本资本主义弱点的掩蔽，是贯穿于近代日本史的日本资本主义不安定底产物，是危机的表现。

（三）没看见近代日本的相当醒眼的帝国主义的跃进是以几千万日本人民的血和泪的牺牲换来的，它背后涂染了人民反绝对主义的革命斗争之血。

（四）现在的侵略主义军阀政权，不外是内外危机交困的天皇制日本作绝望反攻的尝试而已，天皇的统帅权才是将其所庇护的军阀作为反党制，反人民的专制政权而达上政治舞台的政权的实践。误解者往往把天皇和军阀个别地来看，又把日本帝国主义资本家阶级和这些分离而独立地来看，没看见它们是难以分割的一个帝国主义的统治机构的部分，因此引起了如把军阀从天皇制孤立起来，或者人民能和天皇妥协那样的铭觉。

（五）近代日本史是天皇制和人民间非常紧张的格斗的历史，现在正是最后的决战期。人民确已准备了由这种失败至今十年的苦痛，然而这不是因为天皇制日本非常强固与安定，更不是因为人民革命力量的薄弱，实在这种现象，不外是极度紧张的战线上随时可能发生的时微的现象。而且这种紧张决没有因人民一时的败退而弛缓。不，紧张状态现在依然继续着，而且增加激化了，日本人民以必死的努力正在准备和整顿自己来把天皇制一点缺口作总反攻的机会。革命指导力现在虽然是微弱的，但是若不失战机，若正确地把握战略与战术，则在人民的革命要求基础上强大地恢复起来的可能，是充分成熟着的。疑惑与误解日本人民革命的人，是由于对现时日本的这些实情欠缺理解所致。

那么，怎样的战略和战术可以使今日日本这种革命的可能有力地实现与组织化呢？最后我们试来考察这问题吧。一句话说来，日本人民革命的一贯基本战略，是打倒天皇制，打倒地主、军阀、财阀的反动统治，建立民主政治。

打倒天皇制在今天必须万分集中地把握着战术的一环，就是反对侵略战争。现在的侵略战争，正是天皇制日本企图摆脱内外的危机而在人民的流血和饥饿、近邻诸民族的灭亡的牺牲中寻求出路，根据其统帅权而横蛮地发动了的军事行动。全日本人民现在在难于忍受的牺牲之中渴望着和平，对于为实现和平而战争的人，寄托以深湛的同情和期待，对于侵略战争的凶手则准备以全国性的敌对相待。

人民憎恨着军部。而且人民充分地知道军部躲在天皇制的统帅权中，拿这绝对权力的盾牌来掩藏身体。这权力是根据日本反动的党法而来的。人民一定知道，打倒绝对主义权力，获得民权即废止天皇制与确立完全的民主党法，才是结束可憎的战争之唯一出路。这样地领导人民，这样地组织他们，才是日本人民革命当前的问题。

关于这问题，让我在这里介绍一个在今天有兴味的事实吧！

那是军事法西斯蒂们对当前的危机，拿什么来宣传国民，如何把国民拉在自己这方面的事实。他们说："日本人民古来每当皇国危机之秋，便抛弃一切私见，以绝对归一之精神，结集于天皇指挥之下。这事是光辉的日本之历史的特征，是致今日的国家于隆盛之源。"这样地当作那所谓"古来"的实例，他们举出了"明治维新"，以之比拟现在的日本，而称为"昭和维新"。如此给国民唤醒往时的民族"光荣"意识，为他们自己说出危机而企图动员国民。

我们不得不粉碎其奸计。

所说"绝对归一之精神"是什么呢？"明治维新"是什么？究竟他们所谓"昭和维新"是不是等于"明治维新"呢？

诚然，明治维新借日本国民的爱国运动，作政权获得运动之动力而出现了天皇制。可是那是"绝对归一"的精神所发动的吗？诚然今日所谓"昭和维新"也是天皇制再确立的运动，但日本国民伟大的民族运动，又从那里可以看出来呢？

下面，我们把明治维新和昭和维新的异同，概括地对照来看吧。

（一）在对外的条件上，两者同属日本的危机时代。然而十九世纪中叶明治维新的危机，是由于外来资本主义势力对落后日本的侵略威胁而来的。可是今日是由于为摆脱危机而挣扎的天皇制日本帝国主义的对外侵略而来的。

（二）因此明治维新卷起了日本民族光荣独立自主的全国民族运动。可是在今日人民对于侵略战争的强迫牺牲，死一般的屏息，心里在渴望着和平。

（三）在明治维新以全国国民运动为踏脚底而产生了绝对主义的天皇制政党。在今日，死期到了的天皇制，却因丧失了国民基础而狼狈，在骂国民的冷淡。

（四）打倒封建日本，而使天皇制出现，这是由于当时日本人民的落伍。为要对抗外来的威胁，日本人民要求三百诸侯分立情形的废除与统一国家的实现。但当时的日本，在内部削弱封建制度的资本主义势力还没有成熟，所以"国家统一"的条件，当然不得不求之于落伍的国内条件。所以在这里抗御外力的"民族光荣"的意识，便和"神之国"的观念结合，便产生了数千年来曾经为日本民族所信仰的祭主——天皇当作"国家统一"旗帜的必要性。

现在的日本人民却早已不是落伍的封建的日本人民，是近代的人民，是反对天皇制将国家分裂为主人与奴隶，因而是为民主的"国家统一"积蓄了不断奋斗经验的日本人民。

（五）天皇制之所以诞生，有赖于当时日本民族的民族自觉，故当其成立时天皇首先便以废止封建的特权制度，"四民平等"，以媚国民。旋即国民知道这反动政权叛变，要求履行条约，为"自由民权"而奋起时，天皇制不得不让步而颁布了骗人的党法，并设立了议会。

然而濒于危险的今日天皇制，却从国民方面剥夺了后来逐次让步而来的一切民权，完全暴露了"对人民底敌意"。

总而言之，所谓"明治维新"，是反动天皇制的诞生的开始。而所谓"昭和维新"，实在是它的死灭，它的终结而已。由以上诸特征，天皇制的死相，现在显现出来了。

又总而言之，所谓"明治维新"是日本民族完成了独立自主的全民运动。由于当时日本历史的落伍，结局不是"全民的"国家，却给了反动政权以利用的机会，这是这民族运动另一方面可悲的不幸。今天的所谓"昭和维新"，任何民族的气味也没有，和人民简直是毫不相关，只是临死期之天皇制的反国民的再组成而已。

试想一想，在"明治维新"实现时，当中日本国民先觉份子的爱国武士阶层，超越封建割据的障壁，呼号于全国，自成统一国家的中心。如此，因政权基础的武士之离叛，使幕府政权容易塌台。在这些爱国武士们所形成的权力基础上，天皇制便因"历史的恶作剧"而被抬出来了。

可是想一想今日的情形吧，在十年前，日本人民反专制政治的斗争已接近白热了。天皇制前卫的军部，因国民之离叛而周章狼狈了。感到国民一点也不可靠，于是觉得时期已经到来，不得不夺取并集中一切的国家管理等权在天皇的军人手里。天皇的海陆军首脑部，为要秘密地急速养成政治、经济、文化等各方面的人才，派一批现役将校在东京帝国大学讲书。这些军人集团自称为山水会，不久以后接二连三举行反人民暴动的法西斯军人即以此为中心，又其后成为今日军事独裁政权的基础干部，所谓“少壮派军人”也就以此为中心。不消说，这是天皇制和军部对于国民作最后反攻的险谋。今日的军事法西斯政权怎样把全国人民变成敌人，由此即可以知道。这种反人民的天皇制运动，正是“昭和维新”的真相。从此也可以看得出来，日本人民反专制政治的斗争，把反动的统治者赶进如今天那样的非常状态中去，是曾经施以相当强大的压力的。

日本人民在今日的世界反法西斯战争与远东反侵略战争中，决不是连自己的岗位也找不着那样力量微弱。他们在准备力量以争取革命的胜利。

（见《群众》七卷二十期）

（原载于《文化杂志》第3卷第3期，1943年）

再论东方问题

——并申论韩国独立问题

马义

笔者前于《时事新报》发表《论东方问题》一文，适在重庆韩国友人召开自由韩人大会以后，东方问题已日益成为一有力之自由东方运动，尤其自韩国革命人士坚决表示反对国际共管朝鲜后，韩国独立问题特别引起世人重视，深感有一并再加申论之必要。

诚然，我们东方人民历年来所受的痛苦实在太沉重了，所以在今天的大战中，我们一方面对世界善尽我们的责任，一方面我们比任何人更关心到这次战后公正合理的和平。蒋委员长说："除非我们对世界一切不拘大小之民族，忠实的愿意待以政治的、社会的、经济的公道，我们任何人将不能有和平和前途。"历年来，东方民族运动前仆后继，今天我们又以千百万人民的生命，以巨大的代价，所要求换取的究竟是什么？很简单的说，就是要求一个实现民族平等、民主自由的新东方。

大西洋宪章已经确定被公认为适用于战后世界范围内的普遍原则，这一原则的确定，统一了反侵略各国的作战意志，激发了世界各弱小民族反抗法西暴政的热情。这一原则和轴心国家的一切所作所为绝对对立的，我们的大西洋宪章的目标，绝不容许与轴心的种族观念奴役制度有丝毫混淆不清的地方。我们今天只有一个□□的战争，绝不容许有两个以上的和平形式出现。我们今天只有一个大西洋宪章，绝不容许对大西洋宪章的精神有丝毫的污辱和曲解。历史上给我们东方人民带来的不幸的苦难和惨痛的教训，今天旧帐[账]必须一笔勾消[销]，重写上新的一页。我们东方的人口占全世界一半以上，我们有权利向世界说话，大声的说话，对于那些有同盟国团结企图在东方保留帝国主义残余的谬论，我们必须彻底给予无情的打击，澄清同盟的作战目标。我们希望盟国当局继中美中英新约后，在东方应该采取一切明确而具体的步骤，使大西洋宪章从初步的原则变成现实的东西，我们相信，东方人民将因此举而对西方的疑虑一扫而空，增加盟国反攻的力量，巩固盟国间于战时及战后的团结。有些人认为，解决东方问题是战后的事，殊不知东方问题也正是我们今天的问题，需要我们拿出勇气，立刻行动。拉铁摩尔氏曾说：“‘亚洲人之亚洲’诚属日本帝国主义变格之口号……我辈倘欲打破日本之宣传，必须号召盟友，其为亚洲人之民主而战。”这一段话，值得我们盟邦人士深省。

今天，在东方有一种悲剧还在继续；每个东方人民他们对于同盟国家的最终胜利深信不疑，他们愿□□□□□的一切给战争。然而，他们本□□□□作战的自由，他们远在疑虑和恐惧，而东□一批恶棍，却在用“亚洲人的亚洲”“解放菲列宾”“缅甸独立”的欺骗口号，向东方沦陷区的人民廉价拍卖。这不能不□我们惊心怵目的严重警惕！□东方——今天我□需要一个运动，至少使我□□个东方人□□为什么而战，和给予□□组织□战的自由。这不仅可能在政治上□败敌人的阴谋，而且等于在敌人后方开辟一条新的战线。

去夏以来，□□□□□时□战后国际□□朝鲜的论□，□□□□莫大的问题，尤以今年四月间芝加哥大□报所传之“英美战后计划”中有“朝鲜在独立以前暂由国际共管”一项，尤使人惶惶不安，这一有背大西洋宪章的主张，在英美官方未正式公布前，我们未敢完全置信，相信仅系少数人的意见。国际共管论者所持的理由主要有两点：一则他们认为朝鲜所处的地理形势、战事地位太重要了，朝鲜介于中、苏、日三大之间，觉得独立后恐无力自卫，于是所谓国际共管论者，企图牺牲朝鲜，利用中、苏、日的互相□□，来维持美国的远东利益，建立远东新的均势，这就是斯帕克曼之流的“聪明”办法。另一个理由，他们认为：“由于三十多年来日本统治朝鲜的结果，朝鲜人民缺乏□战斗经验。因此之故，不□在□□时间内，国际间要同选出一个朝鲜民政机构，由太平洋委员会任令一位高级专员来主持，而予朝鲜以国际的援助。”（摘自美国《时代》《幸福》《生活》三杂志合拟之《战后太平洋问题备忘录》）关于前一点，我们知道，朝鲜的形势□极重要，但是在国际共管的形式下，增加了国际间的倾轧与纠纷，对远东和平究有何补？况且，一个国家的主权独立与国际间的联防根本是两回事，朝鲜人民在主权独立后，自然乐于与友邦合作，共同□□□□和平；其次，□□一点而言，朝鲜人民于建国之初，“缺乏行政经验”或系属实，这种情形并不仅朝鲜一国为然，华盛顿领导美国独立，中山先生领导中国革命，莫不遭遇同样的困难，历史上从来未闻某一国家民族必须先养成“行政经验”而后始有独立之权利者。

我们中国人民，一向是积极赞助朝鲜独立的，诚如国父中山先生所说：“中韩两国本系兄弟之邦，素有悠远的历史关系，辅车相依，唇齿相依，不可须臾分

离，对于韩国□□运动中国应有援助之义务。”（摘自《中韩外交史话》）

蒋委员长论及中韩的患难之交时，也曾经□□□□：“暴日对于韩国始而逞侵凌之□□，□□□□□的之信义，终则恣吞并之毒谋，自兹我韩国同胞乃处于水深火热之境，而亚洲□纷乱，亦于以肇兴。”（蒋委员长参中韩文化协会成立大会之训话）由此可知，朝鲜独立若健在，则一九三一的东北事变无由发生，此次战后朝鲜问题若获得合理解决，将增加一个监视日寇的前哨，彻底解除日本武装，永绝日本帝国主义进犯大陆的桥梁。这次大战后，在东方我们必须做到两项起码的工作：第一是清算日本帝国主义的侵略政策；第二是杜绝法西斯侵略思想在东方的残余。为此，我们认为，这次战后如何解决朝鲜问题，就是一个最好的试炼。朝鲜在这次战后能否获得独立，不但是朝鲜一国的问题，而且关系到今后东方各国的盛衰，关系到今后东方各国与西方整个的关系，我们反对国际共管朝鲜，也同时是为了不容许在东方继续保持一个罪恶的榜样。朝鲜独立为维护战后远东和平的一个重要因素，援助朝鲜独立，是同盟国家的共同责任。

总之，朝鲜民族有五千年以上的历史，有二千三百万的人口，有八万余方里的土地，有不屈不挠的民族精神，这样一个伟大的民族，是应该有权利决定自己的命运的。“韩国民族一致且坚决的要求绝对完整的独立和自由。”（在华自由韩人大会宣言）这就是朝鲜人民的真正的呼声。

《战后太平洋问题备忘录》的起草人，《时代》《幸福》《生活》三杂志的负责人吉瑟浦氏，最近曾致函中国，对于他们过去所发表的意见有所解释，他表示美国欲于战后帮助亚洲完成三大目标，即“稳定而永久的和平”“经济方面的继续滋长”“与世界其他部分平等”。这些理想我亦未都是不坏的，加入不走错了路，对于远东和平也未尝不有些帮助。所可惜的是，他们所提出的办法如国际共管等，都和他们的主观要求背道而驰。

我们少数的英美朋友对东方问题一向有一种很矛盾的心理，他们一方面不肯去除西方民族对东方民族的优越感；一方面他们又在恐惧东方民族主义的觉醒，甚至少数学术刊物还认真从事的讨论过“如何应付将来的中国帝国主义”，这些举动也实在太可笑了，我们中国人民绝不愿承继“不成器的日本人的衣钵，但是在东方的帝国主义威胁存在一日，我们自须保持我们应有的警惕。同时，中国年来历受压迫，对亚洲沉沦的国家自表无限的同情，但对此□□家的自由与平等，我辈只有责任并□□□”（蒋委员长语）。我们的责任就是在唤醒东方民族的自觉。

（原载于《反攻》第13卷第6期，1943年）

对朝鲜革命志士的期望

赵循

朝鲜人民在敌寇血腥统治下，迄今整整有三十二年的历史，在这漫长的岁月里，朝鲜的革命志士们却始终没有忘掉这无与伦比的耻辱。从朝鲜的国土沦入敌手之后，朝鲜的革命弟兄，无论是在国外的或在国内的，他们都在努力于自己民族的解放和复国的斗争，而且在斗争过程中使朝鲜民族的解放事业变得更坚实，更广大。从安重根之刺伊藤博文，金爕址之刺日寇天皇，尹奉吉之炸毙白川，直到“九一八”事变后东北和朝鲜革命军之与中国义勇军的并肩抗战，“七七”事变后朝鲜义勇队之活跃于中国各战场，从事于对敌宣传、破坏乃至歼敌的工作；在这一长串用血写成的英勇故事中，使我们意味着，朝鲜的民族革命运动早已由个人的英雄行动发展成为有武装、有广大人民作基础的对敌战争。在对敌作战中，朝鲜的革命志士们并曾创造不少光辉战绩与英勇牺牲的可歌可泣的故事，而这些故事且将永远刻划在中国与朝鲜人民的心里。

我们知道，在远东各民族当中，与中国关系最悠久的，应当首推朝鲜。这两个民族的往还，计算起来，将近有三千年的历史。“九一八”事变后，中韩的关系更变为切肤之痛，中韩两民族的团结，随历史的发展，变得更坚固，更结实，不仅是战友，而且是民族革命阵营里的弟兄。正为此，我们愿尽手足之谊，向朝鲜的革命战士们提出这样几点期望。

第一，加强团结。我们以为朝鲜之沦入敌手，这样地历史教训是值得我们记取的。假使那时的朝鲜没有内部纷争，没有使敌乘隙离间的机会，我们相信朝鲜的局势不至于弄得那样坏的。中国有句旧话：“兄弟阋于墙外御其侮。”这话虽平庸，但却含有不可或易之真理。试想，日寇发动侵略战争之后，日寇在“日鲜一致”口号下，强改朝鲜人民姓氏为日本姓氏，它是否曾说这法令只限于全罗道的人民，对新义州的人民特别表示宽大？在强征志愿兵的法令下，它又是否曾说这法令只适用于这一部份朝鲜人民，而不适用于那一部份朝鲜人民？

事实上，在日寇统治下的朝鲜人民，没有一个不曾变作侵略战争下的祭品，我想，在这一点上，朝鲜的革命战士们比我们了解得更清楚。自然，在反日战争中，朝鲜的革命弟兄们已经走上了团结的大道。去年秋天，义勇军与韩国光复军的合编，这在朝鲜民族阵营里是形成了对敌作战的一个团结的基础。不过，我们希望这基础应该有一个强固的机构来撑持它，也就是说，应该使全民族的优秀力量能汇合在这样一个强有力的民主机构中。如此，这基础不仅坚实，而且在战斗中更能发挥它对敌进攻的作用。

第二，加强国内和敌后的组织与斗争。朝鲜的复国运动，从实际的意义上说，无疑的，它的主要方向仍然是在国内。在战争中的日本，对朝鲜本国内人民的压榨和强征壮丁送到中国战场来充当炮灰的残酷行为，笔者相信，定有许多出乎人想像以外的可悲的事。正因为如此，在这几年朝鲜国内的人民，他们反日斗争之激烈与尖锐，也同样起出人们想像以外。例如，一九三七年全朝鲜农民的抗租运动竟达三万一千七百多次；一九三八年，仅在全罗南道一道就发生过一千一百多次的抗租运动，同年十一月，京城附近的老百姓暴动，竟与敌寇作战三天；一九三九年，多狮岛的朝鲜工人起而破坏尚未竣工的日本军港，同年咸镜北道的朝鲜人民自动组织游击队来响应东北朝鲜革命军；一九四〇年，金山学生四千余人与日寇宪警的格斗，同年全朝鲜的基督教徒和民众为反对日寇强迫参拜神社之在各地举行暴动；与乎一九四一年之反对强征志愿兵的暴动等。不用说，这种从各种不同的自发运动，逐年发展成为有组织的武装斗争，在日寇那种残酷统治下，无论如何，这是一件至可敬佩并为近年来反日斗争过程中一个最显著的特点。至于建立武装的问题，笔者以为，这是与展开敌后工作不可分离的一个问题。在敌后，朝鲜人民分布在中国区域内的（包括有三省），实不下二百五十万人。仅华北地区就来说，朝鲜人民的分布，据统计有三十万人左右，并且年来日寇还正在朝鲜大量移民。因之，加强敌后组织工作，实为建立朝鲜民族革命武装的主要前提。同时，我□更相信在敌后的中国军队会尽可能的扶持和援助这一支正在成长的同盟军，使他们尽快而迅速地变为刺入敌寇心脏的一支坚强而结实的火箭。

第三，朝鲜人民的解放事业不仅希望全朝鲜的人民来撑持，更希望反法西斯的国际诸盟国邦协力共助。很显然，我们所谓协力共助，并不能解释为“国际共管”，妄想以朝鲜人民缺乏行政经验为借口，把朝鲜变为国际共管的殖民地，这种以暴易暴的方法，无疑的是目前障碍争取反法西斯团结的最有害思想与将来再度造成战争的潜伏因素。从甲午战争到现在，我们以为，使今天远东的祸首——日本法西斯逐年成长和坐大，这种思想的存在，实实在在应该负最大的责任。威尔基先生说得很对，“某一色人种或某种信仰的人类，自以为优于其他种族的时代已经过去了，大帝国的时代已经过去了”。今天，应该真心诚意以大西洋宪章作基础，让各民族或各国的人民自由选择，自由组织他们的政府。只有在民主的前提下，才能获得世界真正的和平。笔者想这应是国际诸盟邦“协力共助”远东民族的一个最基本的精神。

在三十二年过去了的今日，笔者谨祝朝鲜的革命战士们在国内和敌后的组织与斗争的成功。

（原载于《新华日报》1943 年 8 月 29 日）

韩国民族的团结与斗争方向

佚名

在纪念韩国独立宣言二十四周年之日，我们谨向伟大的韩国民族致热烈的敬礼。同时，我们对韩国民族的团结运动，抱着莫大的希望。

以前，韩国各党派间未能团结，各方咸为之焦虑。在大韩民国临时议政院第三十四次会议之后，各党各派日益团结，各方咸为之庆幸。我们深信今后韩国临时政府的革命基础，必然日益扩大；韩国各党各派的革命力量，必然日益加强；同时，各民主国家承认大韩民国的可能性，必然日益增长。

就韩国政党而言，在临时政府中处在主导地位的韩国独立党，在过去一年中屡次发出联合各党各派的号召。朝鲜民族解放同盟首先与独立党合作。同时，其他政党亦无不提出团结的主张。最近，朝鲜民族革命党、韩国独立党统一同志会、朝鲜民族党海外全权委员会及朝鲜民族解放斗争同盟等四个团体，业已在朝鲜民族革命党改组的形式之下完全统一，并且提出一个新的纲领和政策。这次改组，将使朝鲜民族革命党成为一个强大的政党。这个强大政党对于韩国临时政府的支持，也必然较从前更为有力。

就军队而言，韩国光复军成立以来，经过两三年的奋斗，已稍具规模。朝鲜义勇队亦已改编为该军之一部分，该军第一支队年来转战华北各地，极为英勇。在没有武装就无法打倒日本法西斯的条件之下，我们对于韩国人民武装力量的成长异常重视。

去年三一节到今年三一节的一年，是韩国民族解放运动有了转变的一年，是各党派团结的一年。在这一年中，我们看见印度民族解放运动中的党派团结尚未形成，以致不能充分配合联合国家的作战努力；看见越南民族解放运动中团结运动的发展；看见缅甸民族解放运动由于各党各派不能团结及少数民族叛徒在日本法西斯的统治之下组织“独立军”而增加更多的困难；看见马来亚民族解放运动中由于各党各派能够合作，得以普遍组织游击部队，坚持敌后的抗战。我们对于这一些新鲜的事实，具有锐敏的感觉。我们也希望我们的兄弟民族——韩国民族，对于这些新鲜事实，同样具有锐敏的感觉。我们更希望韩国民族把他们已经开始的团结运动巩固下去，发展下去。

除了巩固团结以外，韩国民族解放运动今后的中心工作应该是深入朝鲜国内，因为那里是韩国民族的本土，潜伏着无限的革命力量。韩国民族解放运动的发展，主要的要以国内革命运动的情况来加以测量。如果朝鲜民族革命的火焰不向朝鲜国内燃烧，而仅在海外活动，很难达到复国的目的。再者，日寇动员了大批朝鲜人民参加日本军队或单独组织朝鲜军队，这些被奴役的朝鲜人民当然是韩国革命志士的重要工作对象之一。我们希望今后有更多的朝鲜同志走上中国的前线和敌后去挽救他们的兄弟。

今天我们纪念三一节时，深信韩国民族必能加紧团结，努力奋斗，与中国站在一条战线上，完成韩国民族的解放和东方民族的解放。

（原载于《新华日报》1943年3月1日）

掀起韩国内部的反日运动

佚名

当中英美开罗会议宣布韩国独立的原则后，过去各方对于韩国问题的疑虑，可谓一扫而空。我们历来主张舍自由解放、民主独立而外，别无解决韩国问题的途径，而且主张日本法西斯战败之日，即韩国人民建立完全独立国家之时。我们不应在日本战败之后与韩国完全独立之前划出一个间隙。

联合国家既已对韩国独立问题提出保证。这种保证自应澈底执行。我们深信韩国独立问题的澈底保证，对于韩国人民的反日运动将发生极大的推动作用。同时，韩国人民之反日运动对于韩国独立之保证，其意义、其作用也决不在国际保证之下。

韩国人民的反日运动，可以分成两大部分来说。第一部分是韩国国内的革命运动；第二部分是韩国海外的革命运动。溯自一九一九年三一起义以来，韩国的解放本以国内的革命运动为主，海外志士亦能与国内取得密切联系。一九三七年中日战争爆发，这种联系遂不密切。海外各党派因不易接触国内广大人民的实践斗争，每致意见纷歧，无从合作。所幸两年以来，韩国海外各党派间之关系，在民主团结的口号下，已有进展。今后，除继续争取国际援助而外，对于韩国国内革命运动的掀起，应该加倍努力。

日本法西斯军阀在亚洲大陆及太平洋上，有一套民族侵略政策，也有一套民族欺骗政策。这种反动政策业已引起各个被压迫民族国内的反抗运动。最近我们所得消息，越南的南圻和北圻，仍有大量抗日游击队的活动，不能不使中国人民为之兴奋。至于韩国人民，不但在过去表现了英勇斗争的力量，直到今天仍然蓄积着这种英勇斗争的力量。按照革命的形势来计算，这种力量应当更大。不过，由于交通阻隔，我们无法知道详细而已。

我们深信，要想消灭日本法西斯在韩国国内业已根深蒂固的恶势力，要想消灭日本法西斯在亚洲大陆上最后一个根据地，必须依靠韩国人民大众的英勇斗争才能办到。一个自由解放、民主独立，而且有足够武装、能够自卫的朝鲜，对于亚洲永久和平的贡献势将不可限量。同时，韩国文化之悠久，亦不在日本之下。李舜臣之铁甲龟船，在世界海军史中应居首创地位。因而当我们有十足的理由把韩国绝大多数人民欢迎到世界民主国家的家庭中来。

毫无疑义，联合国家应当用尽力量掀起韩国内部之反日运动。中英美开罗会议对于韩国独立的宣告，可以说是一个开端。韩国绝大多数人民势必欢迎这个宣告。然而联合国家还应当把这个宣告向前发展，应当允应韩国人民大众于日寇失败之后，有选择政府制度的自由，有选择经济制度的自由，虽然韩国国内与海外的交通，在目前还不易打开，但是广播战争仍可加强。经过无线机，仍可与韩国人民发生联系。只要联合国家根据民主的原则，为韩国人民的反日运动提供一个最有利的国际条件，那末韩国国内人民就不会不知道，就不会不受着鼓励。

至于韩国海外革命志士的方向，更应当由海外而转向国内。海外的活动，当然重要。如果海外活动与国内人民大众不能建立密切联系，那就很难把整个韩国革命运动向前推进一大步。这当然是一种苦口的药言。不过今天除了这种药言而外，也没有旁的〖办〗法能够把韩国反日革命引向最实际的道路上发展。

南斯拉夫的自由解放与民主独立已经有了保证。为甚么？最主要的由于有了铁托元帅及其游击战士的英勇斗争，这是南国绝大多数人民英勇斗争的具体表现。我们希望韩国的革命也有同样的实际保证。我们希望韩国国内在不久的将来，也有与铁托元帅同样的人物出现。我们希望今天潜伏在地下的韩国国内人民的反日运动不断高涨。

（原载于《新华日报》1943年12月21日）

苏联应当攻击日本吗?

佚名
子佑 译

有一个时期,人们以为德日会合作进攻苏联。但直到现在为止,事实证明了一般先知们是如何完全的错误。惟反共协议为什么未能产生若干人预料它所准备造成的局势,至今仍不明白。为什么希特勒在他自己发动攻苏之前数星期还劝告松冈订立日苏中立协议?这是不是国社总理的错误呢?

苏德关系

在讨论德国对苏政策时,我们要记住德国政策常波动于友敌之间。在布列斯托—里托夫斯克会议中,德国的军人阶级以最苛刻之条件加于其东邻之上,希望借此讨取俄国革命的便宜,但是俄国革命却证明了是他们的末日,加速了他们的崩溃。一九二二年拉巴洛会议时,德、俄两国又提起手来。而一九二六年之柏林条约,则使德俄关系更趋密切,虽然罗迦诺会议的计划与此相反。

希特勒之当权自然又造成另一种变化。《我的奋斗》明白表示希特勒不相信德苏可以合作,就这一点论,他是与主张德俄合作与了解的地理学家浩斯霍弗意见相左的。

德俄关系中之日本因素,我们知道在过去,日本在德俄关系中占据着相当重要的地位。首倡"黄祸"口号的威廉第二怂恿尼古拉二世采取冒险政策,因此造成了日俄战争。但这一战的结果,改变了国际关系。在第一次世界大战中,俄日又与他国联合,对抗德国。于是以前对敌的日俄不仅复归于好,而且在一九一六年变成了盟友。这一同盟系以防止侵占他们在满蒙的所谓"势力范围"为目的,明白挑出美国为潜伏之敌人。

一九一七年大革命宣布此项同盟无效,俄国既不参加任何反美之结合,亦不为日本之盟友。日本拒绝承认十日革命的产生之新政体，并企图予以消灭，但此时德国已非日本之伙伴。

但自希特勒上台后，日本又成为德国对苏政策之一因素。一九三六年之反共协定即足为此点之具体证明。惟此种形势又与浩斯霍弗之思想相反。浩氏在其《大日本》（一九一三年出的）一书中，对“日出国”之前途有所论列，认为日本南进是自然而有利的，而在亚洲大陆冒险，则不论对华对苏，均为有害之举。他主张苏日应与德国合作，自莱茵河直到黑龙江与扬子江，建立赴欧亚封锁线。

当希特勒决定签定反共协定时，浩斯霍弗对希特勒之决定觅出理由，他的《地理政治月刊》开始发表反苏言论，但事情又有出于意料之外者，一九三八年日本为苏军大败于张鼓峰，一九三九年更大败于诺门坎。日本之迭遭挫折，遂使德国自西、日本自东联合攻苏之计划流于失败。

此时希特勒的欧洲局势又未完全照着计划发展，他不得不迅作决定，日本证明了比他所想像的软弱，日本在俄国前线的表演使他大失所望，故一九三九年八月希特勒乃背弃日本，与它们共同的潜伏敌人苏联签订互不侵犯协议。

这当然激起日本军阀的恼怒，因此有一个短期间德日关系甚为冷淡，但不久又恢复了。

日苏中立协定

在此时期，日苏关系亦有很大之进步。苏德妥协之消息传至东京不久，日本即设法求与苏联停止冲突。欧战爆发两星期后，苏日即同意休战，和约签定，佐藤即被派赴苏促进邦交。次年松冈又以特使资格赴苏敌睦邦交。

此次松冈亦曾访问德意。在柏林时，他看到表示德日亲善的游行，大为高兴，而希特勒更加殷勤，甚至赞同日苏签订协议。松冈在莫斯科所签之协议，似非完全与他心中之希望相合，亦非事先获得希特勒之赞同，但重要之事实是日苏中立协议于一九四一年四月十三日签订批准。

根据此项协议，日苏任何一方如卷入战争，则对方同意保持中立。这自然表示日本不复为苏联之威胁，但同时亦表示德国如与苏联作战，在东方失去一盟友。这是否希特勒的真正错误，还是表示他决定实行浩斯霍弗的主张，制止日本在亚洲大陆作另一冒险，抑或表示日本正已考虑南进？但不管含意如何，日本已经退出了联合攻苏的计划。

而在希特勒这一面，则不相信浩斯霍弗德日俄三国携手计划可以实行。希特勒早已决定苏德合作为不可能。他比较多数批评《德苏互不侵犯协议》的人，更明白德苏两国没有合作或亲善的基础。

知道了此种事实，还有谁能否认一九三九年之德苏协议仅为一互相利用之便宜政策，此一大谜已经解决。苏日中立协议的前途如何呢？这为又一问题。

苏联在东方中立之重要

我们都记得在珍珠港事变后，大家如何发出这种问问(有时且忿然)："苏联如何不进攻日本?"就在现在，我们也还常常听到这个问题被提出来，虽然一九四一年十二月七日不久以后，罗斯福与丘吉尔即曾强调声明在苏联正与我们最大的敌人希特勒作战而有特殊的成绩时，若再与日本发生战事，则非联合国家的利益。

现在情形还是相同，要苏联再肩起东方战争之负担，以削弱其在欧洲战场之力量，仍非联合国之利。对于"苏联目前应否攻日"问题之惟一正确的答复即为强调之否定。这是根据对于战争全体形势之理智的考虑而来的。

即令这一点明白之后，又还有人常常发出另一问题，即"苏联为什么不让我们利用它的远东海空根据地对付日本?"凡熟悉国际公法的人们，必觉此种问题奇异，因苏联如给予我们此种便利，则须立即自动地陷于与日作战，而这一点，我们又承认与[于]联合国利益有害。日苏中立协议仍属有效，把它破坏对于苏联和我们自己都非有利之事。

于此，我们可以注意一点，即今日主张苏联应与日本作战最激烈的人们，也就是不久以前告诉我们苏联非常薄弱不能自卫的人们。真是奇怪，现在他们居然要求苏联于单独周旋希特勒之外，再担负起对日作战的任务。这般人忽视了英美袖领主张目前应让苏联在亚洲保持中立的最强调的宣言。

苏联与中国

苏联在远东如何行动，大部份将取决于其盟友的行动，因为苏联既非单独作战，则其一切计划自不应单独考虑。惟关于苏联远东政策，有少数问题可以不加踌躇地答复。例如："苏联有无牺牲中国以获取领土的野心?"绝对没有。苏联在此次战争中，对中国采取何种态度？友善的中立。蒋某人曾经说过，苏联给予中国的援助，多于所有其他国家所给予中国的。自苏德战事发生后，苏联自身虽需要一切资源与军需生产，但仍能以所余运至中国，即以现在而论，它对中国的援助似乎仍属最大。这并非一种商业协议，因为苏联条件极为宽大，日本需要立即付款，也不是强迫日后有所酬报。莫斯科向日本明白表示，不论苏日相互关系如何，苏联将继续援华，而东京方面亦无异议，因为日本再不能得罪苏联。

苏联对华政策，还有一点可以称述，即所有一切援华物资均直接运至重庆。换言之，苏联对中国共产党无所接济，以免与中央政府发生磨擦与引起干涉中国内政之嫌疑。

同谁合作

不久以前，当苏联依据惯例与日本重订性质并不重要的苏日渔约时，有许多人宣称苏联允许日本继续在苏联领海上捕鱼，即可使日本获得苏联气候报告，而这无异于帮助日本对美作战。可是这般人忘记了日本人已在我们自己的阿留申群岛，普通人也许很难明白日本在苏联捕鱼的权利不过是一九〇五年《朴茨毛斯条约》所规定的一项老权利，更少的人能明白捕鱼一事，较之俄国船只可以自俄国继续自由往来于太平洋沿岸，不受日本骚扰，是如何的细小。

在最近主张我们立即以全力进攻日本的论调之下，更隐伏着对于苏联的误解。“日本第一”派的论据，是认为西方战事结束之后，英苏两国将令美国独力应付太平洋局势。参议会昌德烈的最近演说，对于联合国之团结，有害无益。丘吉尔在美国国会之辉煌的演词以及若干报纸之贤智的言论，实为极好之答复。李普曼氏最近在文章中写道：

“昌德烈参议员□拾了一些断片的军事言论而加以引述。但是他的见解中是非参杂，正谬互见，绝对不能代表真正负责全盘战略者的思想。”

这一件小事，我们不必夸张，但此种攻击之再度出现必违反联合国之利益，要想谋取作战盟国之澈底了解与合作，必须对俄国的地位有坦白直率的说明。

俄国的立场

现在我们应该明白地看出苏联不仅与我们在一起，而且在认真从事于击败希特勒的工作。如须对于此点有所证明，则第三国际之解散即为证据。

苏联坚守其所订之协议。斯太林所发表的苏联在此次战争中之目的，就我们所听到的种种，既不与《大西洋宪章》相冲突，亦无违反一九四二年一月一日所签订的联合国〖家〗《共同宣言》之处。

关于远东形势，我们应记住此一千真万确之事实，即苏联与联合国之间毫无利益之冲突。在远东方面利益尤其一致。如果在过去沙皇政府对远东美国商人不曾予以优良待遇，并且甚至与日本联合对美，而美国银行家亦曾资助日本对俄作战，但俄国革命已将此种形势根本改变，美苏之间不应再在有仇视之心。

苏联现方认真对法西斯作战，亦认真拥护《大西洋宪章》，该宪章明白宣布："任何领土之变动，凡与有关民族之自由表示的愿望相违反者，各签字国均不愿予以承认。"

（原载于《文摘》第106期，1943年）

日本的反战阵线

艾布斯丁

蓝彦哉 译

(原文载本年纽约二月六号《下午报》)

有一群日本俘虏,在战前他们有许多是工人,最近彼此间问着这个问题:“由日本自身所发动的战争,在日本国内谁受其赐,谁受其祸?”这个问题也是日本全国人民所终将向自己发出的问题。

这些战俘受了在华日人反战同盟的鼓舞,也讨论起这个问题来了,而且还就他们个别和共同所经历的事实中来答复这问题。由他们的讨论中,涌现了战时日本的画幅。战时的日本紧紧的抓在产业巨头和军阀的手中,而日本大众已开始怀疑甚至实行向他们搏斗,虽则规模还嫌略小。

从他们的辩论中,又呈现着一张写照,就是坏到不堪,以及征工的劳工状况,以致引起了自发的浪潮,集体的疯狂,矿工们生活于武装警卫的营房中,生活费飞跃似的高涨,使已经贫乏的工人更形贫乏,此外还有罢工、大批抱捕和反战情绪的继续不已。

在“中国事变”不会在短期内结束,日本面对着一个长期战争,成为显然不能避免之时,罢工达到了最高点。但当日本进攻珍珠港,发动所谓大东亚战争,肃清在远东的白人,使远东全部管制于东京之际,那些罢工、都停止了。他们之所以停顿,乃因宣传有效。宣传机构告诉日人,西方列强要包围日本,这个封锁若不打破,日本将被消灭。有效的宣传,确也在一个短时期内发生作用。

但在一九四〖四〗年之末,若干零星罢工又行开始,因为榨取已经达到一个不能再进一步之点,又由于空乏不堪,于是问题就来了。日本打了许多胜仗,但以胜利而开始的对华战争,还不得完结。现时,又造下了许多新的牺牲,这种牺牲较之以前几年引起抗议的牺牲,更大得多。

日本全国人民都被征调。工作之苦，工资之低，在日本历史上……

一九三七年以后，在战争生产的开创精神之中，立即感到劳工的缺乏。小商人、书记阶级和白领阶级，大概都被遣进了战争工厂。在这初期，工资是被允许提高的。而工厂间的竞争，允许工资涨得更高。工人们马上发现了这是一种引诱物，诱着他们步入日本劳工从未经过的最卑贱的奴隶境地。由于以前工会受过了致命的打击，工人们被剥夺了任何自卫的工具，不能希望着逃脱这个陷阱，只有日本的军事失败才能救济他们脱离这个陷阱。

这个陷阱变得更□刻了。首先，政府规定了一个工资最高额，然后又来了一条法律，禁止工人转换工作，最后便实行征发劳工。在各矿区，组成了“强迫定居制”，矿工们受命率着家眷迁到四周围了铁丝网的地区内去。有许多这样的地区，是由兵士秘密守备的，工人们如图潜逃，就会被枪杀。矿工们马上便称此种制度为“牢旅制”。

太平洋战争爆发之后，劳工问题甚至更形尖锐化。在那时以前，农人是供应人力的主要来源。但是在太平洋战争发生后，军队中需要身体健壮的农人。一九四一年至一九四二年，许多任务厂中雇用了妇女、儿童、朝鲜人和由中国强迫运来的苦工。但到一九四二年之末，女工占了全日本工人中的百分之五十一，十五岁到二十岁的幼年工人，占了百分之二十五。

其后到了一九四二年三月，日当局并未好好的□到物价管制、充分的工资和战时过分利得的课税便进行征工。日本政府——在意识上就是日本财阀们——掌握了权力，可以指派年在十五岁以上的男女到帝国任何一地，任何一部门的工业之中，征工的办法与征兵一样的，其不同的只是征工所用的通知是印在白卡片上，不是印在红卡片上，所以通常称征工为“白卡服役”。

“白卡服役”，对于日本工人是一个含有恐怖的词语。工人们一经被征，必须流浪似地由这一处到那一处，也不许顾到家庭，且必须在固定的工资下工作着。成年男子每日固定工资是四十仙，妇女是二十五仙。“白卡服役”的一个结果，引起了自杀的浪涛。神户所发生的一宗自杀事件，唤起了日本全国的注意。神户有一个青年找到了他的白卡片后，他和他的妻在铁轨上自杀了。虽在警察的反对之下，一时参加送葬的人竟以数千计，工人的发言者倾吐了他们的积愤，并就其耳闻目击，举了许多类似的事件。

每日十六小时的工作，和指定无经验的工人从事于复杂的工作，因此由意外和疾病而死亡的人，多得极其可怕。有一个俘虏从前在三井的一个工厂里工作，那工厂雇工共二千人，据他说，在一天之内，他看见过五十宗意外事件，其中有七件是致死的。

除了每日十六小时工作之外，工人们还须于每星期做两次夜工，不准有一天休息。军阀发出了这样的一个口号："我们必须把星期六、星期日和星期一改为星期六、星期一和星期一。"这一点他们是做了的。日本虽然是劫夺得不少，但工人所吃的比以前少，而且通常的"配给"不及兵士的一半。自珍珠港事件以还，工人们成批的发着各种疯狂病。科学家将此作了一个学术的研究，其所得结论是如此："工人们唯一的病源是工作太勤，睡眠过少。"结核病把成千上万的工人吞噬了。但没有药物，因为大部分的药物交给军队了。在这种条件下，在过去和现在，罢工都是不可避免的。

由于检查新闻和邮电的关系，一九四一年的日本大罢工，我们到现时很少知悉。那些罢工是起于经济上的要求，但立即演成了一个政治的和反战的性质。第一次大罢工发生于一九四一年四月，地点是在神户。参加的工人达十万多人——占了神户工厂劳动力的一大部。那次罢工，包括川崎造船厂和三菱株式会社神户各厂所有的工人。

直接的原因是不满于粮食配给。在一九四一年实行的新配给制之下，每一工人可购买二合七的米，但因米粮不足之故，工人所购得的只于配给量的百分之十五。同时，每日工时由十二小时加到十六小时。一个附带的问题，便是强迫夜工。

各厂工人代表秘密集会，决在三个口号之下发动罢工，即"减少工时，提高工资"，"依照以前你们允许给我们二合七的食粮配给"，以及"夜间工作须出于自愿，不得强迫"。代表们把这三条件还给工厂经理，被拒绝了，于是发动了"留厂罢工"。成批的工人绕着工厂场地列队游行，高呼："我们为什么做这样的蠢人去工作！"几乎从罢工运动开始时起，就听到反战口号。

起先，警察采取照例的取缔。由于涉及范围之广，参与工人之多，寻常取缔办法行不通。僵局继续五天之后，又加上了一个新口号："破坏机器！"有系统的怠工开始了，在一间船厂内，被毁的车床不下百余座。全部损失的数字不知，但应该是很大的。政府开始害怕罢工会蔓延起来，便命令军队开入神户，罢工遭了破坏。在罢工告毕后的一星期中，警察所拘捕与讯问的工人超过了两万人。警察向他们追问着领袖是谁，两万多任务人异口同声的说不知道。

经过彻底搜索之后，被嫌疑的四个领袖遭枪决了。四名之中三名是工头，一名是某一工厂内支高额薪水的职员。另有二十四名被判放逐于日本本土之外。自是时起，就没有听到他们的下落。日本是以其刑罚著名的，但在日本流刑还是一件新的处罚。一般人相信那二十四名是放逐到伪满去了，但也许是被杀了吧！

在华的日俘说：神户大罢工之所以失败，不是败于野蛮的压迫，而是败于各厂间的工人联系不够。他们说，受了这次教训，不须再来学习这教训了，当局的最大恐怖是恐罢工会扩大到其他区域去，几个月以后，这恐怖竟成了事实。

一九四一年八月，又一次大罢工发生于名古屋。在许多其他工厂中，还有产生著名的零式机的三菱飞机工厂。那次参加罢工的工人在两万以上，而怠工也是他的主要特点之一。罢工之解决，是由于对工人方面作了部分的退让，但到工人们回到工作岗位之时，大规模的拘捕工人便发生了。

同年九月，陆军省设在小仓的炮厂工人也发生了罢工。该厂六万工人中参加罢工的有三千人，陆军省认为积极的政策只是阻碍了生产，而不是帮助生产，于是解决了他们的条件，并没有施行报复。

在珍珠港事件以前发生的一次最后大罢工，是于十月发生于鹤见，这是东京、横滨间的一座城市，东京区的大部分重工业都集中于此。参加罢工的工人数达二万以上，那次有一个特点，就是工人和薪给阶级间的联合阵线和联合行动。罢工是被破毁了，压力是很激烈的。许多参加罢工者，也遭放逐了。

厌战和不信赖掀起战争者，竟一致的由这些战俘表示出来，他们自儿时起就生长于军事的法西斯日本之内，此乃表示日本军阀的宣传，并未恰如一般人想法的成功，表示日本兵士的服从，并不是出于疯狂的热忱，而是大部分出于似乎不得已的退让，也表示了日本人民认识了战争所答应给予他们的只是困苦与毁灭而已。

（原载于《时代论坛》第3卷第2期，1944年）

太平洋战争中的朝鲜

[朝鲜]金若山

太平洋战争爆发以后，三十几个同盟国家相继发表了共同作战的宣言，全世界燃遍了反抗法西暴政的烽火，我们朝鲜民族毫无疑问的是站在同盟国这一边的，为了配合友邦的作战，我们无时不希望在大战中能善尽我们最大的努力。在太平洋战争爆发的第四天，血战在华北敌后的朝鲜义勇队，就有四个年青的队员光荣的殉难了。我们在华的数百朝鲜青年参加了美国军队与盟国人士并肩作战。在国内，我们的革命运动也日趋活跃。

直到今天，朝鲜还没有以国家的单位参加同盟国的行列，这诚然是一个遗憾，虽然这样，但是我们从没有松懈我们的工作，在全世界毁灭法西暴政的共同事业中，为民族自由为保卫民主而战，这是我们对祖国的责任，我们像全世界任何角落的战士一样，我们关怀中国战场、太平洋的海战、苏德前线、北非战争，和关怀我们自己的革命运动一样。因为在今天，全世界爱自由的人们的革命都已经连结在一起，朝鲜革命运动已经成为世界反轴心战争的一部分了。

在太平洋战争爆发以前，在中国抗战爆发以前，我们朝鲜已经受了三十年的亡国痛苦，三十年中，我们孤军和敌人苦斗着，虽然屡受挫折，我们也从不屈服，现在国际形势已经跟过去有了基本上的变化，每一个同盟国家都是我们的战友，我们革命条件比过去有利得多了，今天我们更不必存侥幸之念，或作空洞的幻想，坐待革命胜利。历史上从来没有一个民族不依靠自身笃实的奋斗而能获得彻底的解放的。

世人均知，日本帝国主义的对外侵略政策，第一刀就刺在朝鲜身上，正因为日寇宰割了朝鲜，才养肥了日本侵略者，使他敢于侵犯东北，继而华北、华中、华南以至南洋，横行了半个亚洲大陆及西南太洋，朝鲜是日寇侵略大陆的桥梁，是日寇的兵站基地，是日寇的一只臂膊，因此要彻底的解除日本帝国主义的武装，主要前提之一就是要朝鲜成为一个独立自由的国家，正如蒋委员长所说："除非我辈对世界一切不拘大小之民族，忠实的愿意待以政治的、社会的、经济的公道，我辈任何人不能得和平的前途。"假如在这次战争后，朝鲜不能获得解放，则大西洋宪章所宣布的四大自由将变成具文，罗斯福总统所说的"大西洋宪章的精神适用于全人类"的话将作何解释？世界人类以巨大的牺牲所换取的究竟是什么？难道我们忍心于若干年后再见到一次大战的悲剧？因此，解决朝鲜问题是最后解决太平洋问题的关键，是决定战后太平洋安定与否的分水岭。有人说，朝鲜问题是太平洋问题的基本问题，这是完全正确的。日本帝国主义进行过两次大战（第一次中日战争与日俄战争）而夺得了朝鲜，为的是什么？为的是利用朝鲜作为他征服大陆的根据地，这还不明白吗？

近来美国有少数舆论对于朝鲜问题欠缺了解，任意发表谬论，彼等认为战后朝鲜可获独立，惟得由同盟国太平洋机构中派遣顾问，协助朝鲜佐理国政，或则认为朝鲜可获独立之名，而实则应由国际共管，其中较著者有美国《时代》《生活》《幸福》三大杂志合拟之备忘录，该备忘录的结论说："由于三十多年日本统治朝鲜的结果，朝鲜人民缺乏行政的经验，因此之故，不妨在过渡时期内，国际间共同选出一个朝鲜民政机构，由太平洋委员会任令一位高级专员来主持，而予朝鲜以国际的援助。"诚然，我们并不否认，战后独立之朝鲜，需友邦协助者正多，尤其在技术方面，我们或许要请友邦人士担任顾问，然而这是出自我们国家的聘请，我们决不欢迎别的国家再"派遣"什么"高级专员"；再说，纵或我朝鲜人民行政经验一时缺乏，但亦绝不能作为提出"国际共管"之借口。历史上，当华盛顿领导美利坚进行独立战争的时候，美国人民的行政经验曾经是"缺乏"的，但是结果美国的政治并不比英国落后；当苏联革命胜利的初期，苏联人民的行政经验曾经是"缺乏"的，但是苏联人民把国家管理得比沙皇时代更好；当中国辛亥革命推翻满清以后，中国人民的行政经验曾经是"缺乏"的，然而中国已经从一个落后的满清一跃而为新进的民主国家了。由此可知所谓"行政经验缺乏"也者，仅仅是一定的革命阶段中的历史条件所造成的，必能由我们主观的努力加以克服，何况我朝鲜人民经过三十余年反日革命活动，有党的坚强领导，有成千成万的百炼成钢的干部，他们都是民族的干城，都能在战后为朝鲜独立担当一切重任，扫除一切障碍。

威尔基先生曾说："吾人相信以国治国之帝国时代，必因此次战争而告结束，例如中国之每寸土地，除去生活于斯之人民外，不应有其他民族得而统治之，此点吾人必须于现在言之，不应俟诸战后。"因为"某一色人种或某种信仰的人类自以为优于其他种族的时代已经过去了，大帝国的时代已经过去了"。

拉铁摩尔先生曾说："'亚洲人之亚洲'诚属日本帝国主义变相之口号……

我辈倘欲打破日本之宣传，必须号召盟友，共为亚洲人之民主而战。”

这些美国友人的言论，是值得我们重视的。

我们朝鲜民族今天正为民主而战，同时也是为民主的朝鲜而战。独立后的朝鲜应该是一个民主共和国，因为只有实行民主政治，才能适应今天世界政治的主流，才能符合全民族的要求，才能充分发挥民力，从广大的群众间产生杰出的政治人才，指导我们的国家。

随着太平洋战争的延长和扩大，敌人对我朝鲜的榨取和压迫是更变变本加厉了，今天的朝鲜已成为日寇重工业的重心之一，同时并有大批的朝鲜劳动者被吸收到日本本部工业中去，自今年起，日寇在朝鲜实行普遍征兵，日寇为了补充他在战争中的大量消耗，正在加紧利用朝鲜的人力物力，朝鲜在日本作战机构中所占的地位是更其重要了。

太平洋战争的信号，鼓舞了我三千万的同胞，鼓起了他们的勇气，提高了他们的信心，从大战爆发以来，国内已经前仆后继地发生过多次的斗争，这反抗的烽火还在燃烧中，他将和同盟国的总反攻配合起来，把战争移到朝鲜去。

总之，我们朝鲜民族在太平洋大战以前已经不断的和日寇作坚苦的斗争，大战以来，我们从不梦想依靠别人，我们埋头尽我们本分，为全人类的共同事业而努力，我们相信像我们这样一个不屈不挠的民族，有光荣历史的民族，对文明人类作了崇高贡献的民族，是应该在战后享受公平的待遇的，是一定要获得独立自由的！

（原载于《联合周报》第 4 期，1944 年）

现阶段的中日战争

[日本]鹿地亘

鹿地亘先生为日本反侵略作家，自中日战争爆发后即前来中国，领导在华日人反战运动，和我们站在一起，共同为打倒日本法西斯而斗争，同时又帮助我国政府从事敌情研究及国际宣传，对于中国抗战及日本人民革命贡献甚大。本文为其在中原会战时所作，指出敌人对于中国战场将有大规模的行动，其目的为阻止同盟国的反攻，建立大陆运输路线及确保大陆沿海运输的安全。这是太平洋战争后日寇引诱中国投降，破坏中国团结业已绝望的表示，希望中国加强团结抗战，意见极为宝贵，承蒙鹿地亘先生掷交本刊发表，希望读者特别注意。

——编者

自四月中旬开始了河南大会战，日军占领武汉以后的长期的相持阶段已经终结，中国战场已开始新的活跃时期，日军自己便曾认为这是武汉作战后最大规模的行动。

据北平五月五日电传日军某部队长的谈话说："这次作战的全部规模及预测，为着作战便利不得谈及……但攻击华军的要点，是在于实行全面的奇袭和急袭。"

要之是有相当大规模的计划和周密的准备，而突然开始其出乎中国方面意外的迅速打动，并且一直到战事发展能显示其轮廓之前，把它的作战企图严守秘密。在作战开始后三周间，日方尚避免一切公开的批评；到五月四日，才开始种种报导和宣传。

这当然可以说是要极力警戒中国方面在事先察知它这次作战所怀的野心。

对于它周密地计划而实行起来的这次行动，为什么我们断定是中国战场新活跃期的开始呢？其根据大约如下：

第一，先看日方的报导吧！在开始公表占领郑州的五月四日，东京朝日新闻社论曾说："……美国反攻重点，在于中国大陆及内太平洋，其后战局的推移及驻华空军的增强，特别是着重大型飞机，充分证明敌之这种谋略。吾人在中国战场，关于敌之准备时期，不能过小评价。当此皇军在中原进行作战获得赫赫战果之际，吾人要强调中国战场的重要性，唤起国民对于战事的注意。"

《每日新闻》评云："中国大陆之情况，因美国驻华军之增强而大有变化，其积极的对日总反攻已悠然而起，此不遑之企图正在日趋成熟，故……要对重庆的企图加以打击。"

敌传北平六日电云："（中国军之）空军基地，亦逐次前进接近我（日本）占领地区，不仅东南部中国如此，华北亦然，由从来的恩施、成都、兰州，更进而于老河口、安康、汉中、西安等地，建设大型飞机的飞机场，最近更企图由河南卢氏、内乡、淅川、固始进而至于第一战区最前线之洛阳、登封……"

由以上所述可知日方作战动机，根本系由于对中美两国反攻准备之恐怖。

为要打击在大陆（中国战场）的同盟国方面反攻企图，开始了这次作战，以先发制人。

日军方面之目的，若是在于阻止中美同盟军之反攻，进而妨碍中国大陆的成为同盟国反攻基地，以谋根本摧毁这反攻基地，那么不用说，这次作战不过是日方实行其野心的开端，今后将随情况之进展而有新的推移。

而中美两国方面，为要确守并强化其反攻基地，即转入总反攻，对于日本方面的决意和行动不得不拼命防御，于是很久以来毫无变化的中国战场，显然的暂时要走向激烈的新活跃期。

第二，打击同盟国方面的反攻企图，采取防御的攻势，是本年以来日本方面的一贯特征，正如我们曾经指出日本一方面在太平洋受到美军的强大压力，不得不暂时缩短战线，另一方面顾虑将来西南太平洋输送线的被妨碍截断，要求大陆纵贯铁路的实现，大陆沿海航路的确保安全，开始增加了对大陆的注意。

这次在华作战，如上所述，也是日本被迫而发的积极的防御行动之一。

其次，我们不得不想到，如上引北平六日电所传：中国战场上日军所注目的，和河南同样，尚有东南部中国——即华南、福建等——沿海一带的对中美军的积极的防御。

总之，这些一切的事实，都说明着太平洋战场、印度及印度洋面起的战场和中国战场，要成为密接不可分的一体了。

就日军过去的行动看来，首先是太平洋的正面攻击，接着是防御为主，这时在后方放松了手，对于中国希望政治的解决，在大陆战场上极力避免用兵，然而现在已不同了，为着太平洋上的防御，倒不得不先解决大陆问题，而且同盟国的反攻，从太平洋、印度及印度洋面都开始向中国方面集中而加强，日本的防御形势便现出不得不集中于中国的同盟国反攻基地，及截断它和外围的输送路线。

由此可知，今后从太平洋及印度洋方面的反攻愈急，愈促进中国战场最激烈的活跃，那时日本的形势，不得不由海洋的一面作战，陷于海洋和大陆的两正面作战，而现在日本因为要避免这点，不得不焦急于企图根本破坏中国的同盟国反攻基地。

第三，发动这次会战的日本方面动机，根源于现在的国际形势，这点是我们不能忽视的。

在欧洲第二战场未开辟以前，对此感到惧怕的不仅只是德国，日本也为此狼狈；同盟社电报便屡次反复地说着关于第二战场接近的警戒的言词。《读卖新闻》四月六日的斯德哥尔摩通讯，用迫切的语调说："关于登陆战的逼迫，已得某种具体的证据。"

第二战场的开辟，不用说希特勒德国的解决不要一年，日本也当然预想到这一点。欧洲战场解决之后，英美的主力当然要集中于击溃日本，这时雄厚的同盟国方面的反攻力向中国基地集中，这正是日本绝望的形势。

雄厚的同盟国方面的反攻力，若从太平洋、印度洋等突破日本的外围防御，中国战场马上便成了日本的坟墓。特别是中国基地所结集的同盟国的空军之袭击日本本土，实是非常危急的事。

故第二战场亦刺激日本在中国的新活动，中国战场开始急速走向新阶段。

总之，由这些基本的诸条件，我们须预想着日本的对华政策要起根本的变化。这是中国战场新阶段必然招来的结果，我们现已可以感知它的征兆。

其征兆如下：

武汉占领以后，日本的对华政策，主要的在于政治、经济。这是为着防备险恶的国际形势，日本避免在中国战场的消耗，只想把中国当作将来的基地，获得政治的经济的助力，而对自由中国加强封锁以解决之。

太平洋战争发动后，得到施行诱降政策的机会，对中国公然声称："我们的真意在东亚的解放；中国不是我们的敌人。"过去两年间日本的一贯政策就是如此。

为着实现这政策，它不断施行了下列各种谋略：

其一是由拥护汪伪政权以促进其欺骗的收揽民心政策，借此以使自由中国丧失民族的支持之基础，并加强其政治的经济的压力，使其陷于疲劳，丧失战意而马上投降。

其二是宣传共产党才是破坏两民族的共同敌人。将主要的武装行动置于扫荡华北，同时并破坏中国内部的团结，挑拨内乱的发生，借以诱致国民政府不知不觉中对日本的接近而获得妥协的实现。

日本不断地待着这政策的成功，可是阴谋的进行远赶不上国际形势的急激变化，特别是美军在华基地的反攻条件成熟之速度，于是日本不得已便修正其一贯的策略。

因为要妨碍或打击反攻准备、反攻力的增强，且进而要同盟国方面在中国基地的破坏，不能靠政治的经济的手段，惟以武力与之对抗，所以不得不放弃从来避免大规模军事行动的政策。

日本的态度在变化着。

它好像是说：我很久在等着你们（中国）的决心，等着你们的觉醒，但现在因为我自己危险，不能再等了，你们赶快决定态度是否和我合作，否则我便须加以最后的攻击了。

我们现在必须警觉，这是中国今日的一个新的危险的开始。为着克服这危险，不得不马上断然采取内部团结的加强，为着决战的内面强化的政策。

但是另一方面，日本的所以采取这种武力的新企图，也正说明从来日本期待“中国的因内乱而自灭”是完全绝望了。不用说日本很知道武力的使用有促成中国内部团结的危险，可是他自己的另一致命的危机，迫得他不得不如此。这是表示日本从来对华政策的破产，结局是正面对着所要极力回避的全民抗战的苦境。

（原载于《联合周报》第2卷第2期，1944年）

朝鲜民族革命党的过去与现在

[朝鲜]中基彦

朝鲜民族，自被日寇宰割后，反抗运动，曾风起云涌。若义兵运动、三一革命等，莫不前仆后继，作殊死战。惜以自身组织之不健全，计划之不周密，指挥之不统一，力量之不集中，终归失败。此后，敌人对朝鲜的压迫，变本加厉，而国际情势，亦急剧变化，乃更促成朝鲜革命运动之发展，助长朝鲜革命党派之团结。因此，自一九一九年三一运动失败后，朝鲜革命的迫切要求，即为“结成全民族的大同团结体”和“组织全民族革命的统一指导机构”。一九二三年，海内外六十余团体的代表在上海举行国民代表大会，讨论全民族统一大党的结成问题，惜因各党派对于朝鲜的革命，主张纷歧，见解不一，而无结果。至一九二八年，国外各地曾普遍成立“民族统一党组织促成会”，进行全民族统一大党的组织事宜，然因各党派间的成见仍未消除，而该会亦先后瓦解。

九一八事变后，远东局势的发展，对朝鲜革命运动，刺激极深，于是“统一组织”更加迫切需要。一九三二年十月，韩国独立党、韩国革命党、朝鲜义烈团、光复同志会等团体代表柳东说、崔东旿、金斗峰、李裕弼、申翼熙、成周实、李振善、韦思源、金奎植等九人会集上海，组织韩国对日战线统一同盟，并派该同盟常委金奎植赴美宣传，其结果美洲国民会、夏威夷同志会等韩侨团体先后参加，于是韩国对日战线统一同盟成为唯一大党。一九三四年，该同盟二次大会时，决议由同盟进为统一组织，并分函海外各革命团体，邀请参加。一九三五年春，各革命团体代表大会在南京举行，至七月四日上午，圆满结束。该日下午，召开新党创立代表大会，出席代表计有金斗峰、金奎植等十三人，根据抗日独立建设民主国家的原则，制定党义党纲政策，并审定党员为六百七十六人。同时，发表联合宣言，取消朝鲜革命党、韩国独立党、新韩独立党、大韩独立党、朝鲜义烈团等五团体，宣言中并郑重声明：“以铁的团结与誓约结成民族革命的最高组织体‘民族革命党’……因此份子各团体过去赫赫战绩与历史，业已结成为今日民族革命党壮严的权威。各团体在过去艰难惨烈的个别奋斗中得来之革命经验，已供为今日民族革命党无敌之武器。吾人既以崇高的权威与无敌的武器提供于新党，其能集中全民族的革命力量打倒倭敌，来争取民族的自由独立，实属吾人所确信而不疑者也。”（见上述五团体解消宣言）

朝鲜民族革命党创立伊始，注重革命干部之培养及国内外革命民众之组织。先在南京创办朝鲜革命干部学校，训练革命干部。后在庐山江陵等处集中多数朝鲜青年，实施军事教育，并于一九三七年组织朝鲜义勇队，直接参加中国抗战，历时四载，建树颇多。至一九四二年，为统一军事指挥，集中革命力量，将朝鲜义勇队合并于韩国光复军，民族革命党则参加韩国临时政府。该党再经去年（一九四三年）的扩大改组，其政治主张、纲领与政策，更有明确的规定，即朝鲜民族革命党并非崇奉某一主义或代表某一阶级的政党，而是朝鲜民族中一切主张抗日独立者融合而成之政党。该党代表朝鲜民族中一切为抗日解放而奋斗之阶级，但因日寇榨取结果，朝鲜绝对多数人民已沦为贫苦的工农，朝鲜民族革命党为求代表多数朝鲜人民，而以小资产阶级及工农为其基础，因此该党纲领并非代表某一主义或某一阶级，而为全民族团结一致之纲领。

朝鲜民族革命党之性质，已如上述，故该党一贯主张在“抗日独立”之基本原则下，力求行动之统一，并不以党派组织之统一为团结之前提。为此，我们对于临时政府，始终主张在各革命政党精诚团结之原则下，共同参加临时政府领导机构，并为使临时政府确立于国内外革命集团及革命民众基础上，发挥其领导民族独立运动的机能，以达到抗日建国之历史使命。

（一九四四年七月五日为朝鲜民族革命党创立第九周年纪念而作）

（原载于《新华日报》1944 年 7 月 5 日）

苏联会打日本么?

[美国]史提芬斯
朱葆光 译

原载九月十五日《基督教科学箴言报》,作者第二次奉该报特派赴苏联采访十个月,新近回到美国。

欧洲战争日益接近结束时,“苏联跟盟国一起打日本么”这个问题便愈引人注意了。

外间关于苏联在远东的中立问题,恐怕比关于苏联立场的其他任务方面的武断谬论都要多。我们不时听到要求苏联参加对日作战或立刻把空军基地供美国使用的声音。

先打日本

检讨目前苏日关系,必须从一九三八年夏季说起。那时西方列强依旧在帮助日本建立汽油和废铁的储存,苏联是第一个向日本的恫吓予以严重打击的强国。满洲和苏联边界的三日战斗给了日寇“九一八”开始侵略政策以来第一个重大的军事挫折。

甚至在这次挫折之后,日本还继续试探苏联的力量,所以第二年来差不多每月都有大小边界冲突。这些冲突甚至使当时远东形势的观察家谈论起不宣而战的苏日战争了。

日寇在苏满边境受到挫折之后,一九三九年夏天向跟苏联结有密切同盟的外蒙发动大规模侵略。

结果产生了哈金戈尔(Halkingol)战役,双方都采用了坦克、飞机和现代战争的一切器具作战。日寇又受了挫败。但是苏日不宣而战的战争给朱可夫元帅和科涅夫元帅这些未来欧洲战场的红军指挥官提供了很好的实验场所让他们在一九四〇年使用他们的经验。

一九四一年十二月日寇偷袭珍珠港时候，日寇回忆到先前的苦头，又知道远东红军毫未离开岗位，所以不敢进攻苏联。同时因为希特勒向日寇保证攻下莫斯科，日寇也在等待莫斯科的陷落。

远东红军继续不离岗位这个事实把日本陆军一个很大的部分牵制在苏满边界，从而实际上帮助了盟国，各盟国政府洞晓苏联那时在欧洲遭受德军全部的打击，所以不能指望苏联再多负作战的任务。

描写过去两年的苏日关系最好的字眼，它是冷淡而拘泥形式。苏日两国都渴望对方失败，同时又都觉得已经忙得不可开交无法增辟战场。这期间美日的来往减到最少限度。驻苏日本外交官的生活完全是抓离的。在苏京外交界里能跟他们交谈的只有瑞典人、土耳其人和保加利亚人，而且现在只剩下瑞典人了。

没人理日本人

今年二月廿六日，红军建军廿六周年纪念日，苏联外交人民委员长莫洛托夫开招待会招待外交团，苏京日本外交官全体赴会。

斯皮里多诺夫加大厦的跳舞厅里进行音乐跳舞节目时候，日本外交官孤零零地坐在一张大油画下边，那张油画绘着莫洛托夫、丘吉尔首相和艾登外相在伦敦签署英苏条约的情景。

后来我看见日本大使拜见莫洛托夫，日本大使脸上浮着唯有日本人会笑的那种微笑。他显然打算跟莫洛托夫握手交谈，但是莫洛托夫冰冷的凝视使他打起寒噤而退后了。

苏京日本大使馆外边的日本人只是三个新闻记者，他们住在首都饭店里，英美记者也住在那儿。但是他们在另外一个餐室里吃饭，而且只他们三个人彼此之间和日本的外交人员有来往。他们发电报得用英文，因为苏联不单为他们设置日文的新闻检查员。

严格的中立

不用说，苏联外交人民委员会给新闻记者组织的旅行和视察是不要日本人的。虽然苏联政府严守中立，但是也不愿意错把日本人放在里边使红军士兵感觉不舒服。

苏联的报章杂志在处理太平洋战讯方面也强烈地支持盟国。日本对美国俘虏的暴行有详尽的报道。《战争与工人阶级》半月刊登载了许多政治军事文章论述远东日本的侵略如何像德国的侵略，并且预料日本要得到不名誉的失败。

今春初间，苏联以短短一纸照会终止了还有二十六年的北库页岛石油焦煤让予权，并且逼迫日本清理一切。订渔约时候，又照旧成了长时的外交上讨价还价的题目。苏联直接了当地宣布苏联要把日本人驱出某些区域之外。日本因为在马绍尔群岛和所罗门群岛受着重压，只好忍气吞声答应了这件丢脸的事情。

苏联在远东的利害关系

日本的失败对于苏联的关系跟对于英美的关系一样地大，倘若不是更大的话。

现在俄国的军事传统已经恢复了，现在有了报复一九〇四—五年日俄战争之仇的敌忾。

虽然北库页岛的让予权被苏联简捷地取消了，日本仍然占着从日本本土列岛最北端连到堪察加南端的千岛群岛，日本有效地封锁苏联进太平洋的入口，只有通过日本的领海才能进太平洋。而且日本对于通过这一带海面的苏联船只握有阻止和检查的权利。

苏联在满洲受过欺侮

在北满苏联被日本的一串诡计挤出了由来已久的俄国影响的地带，苏联曾努力联合其他国家一致对日，但是英国的绥靖政策破坏了这种努力，苏联鉴于西欧反苏同盟的威胁，不能单独对日挑衅，而且在一九三五年把直接联系海参崴的俄国修筑俄国主有的中东铁路卖给日本。

中东铁路的丧失使海参崴和东海滨省在对日战争中的战略地位十分危险了。

苏联知道日本若在这次战争中获胜，日本其次的目标就是苏联。那时日本进攻苏联，苏联的安全问题就困难了。

苏联洞晓田中的日本侵略计划把西伯利亚划入“大东亚共荣圈”里。

这是推动苏联在远东参加对日战争的有力因素。

待决的问题

但是在最后决定之前，有几个政治上的和军事上的问题需要解决。

日本尚未溃败、尚未用尽的陆军有个很大的重要部份在亚洲大陆上——

其中最疯狂、最令人感觉棘手的是关东军，关东军驻在跟苏联分界的黑龙江一带。关东已经受了很久的攻击训练了。

要求苏联基地供美国轰炸机利用的人们指出，从海参崴到东京比从现在美机任何基地都近，但是日本轰炸机从日军麇集的满洲边境到海参崴更近。

认为太平洋附近美军的胜利损坏了亚洲大陆日军的战斗力量是个严重的错误。谁若这样想，谁就该睁眼看看现在桂林附近的军事形势，那儿美国航空队失了几个基地，而且似乎还有再失基地的可能。

将有惨重的伤亡

苏联参加远东战争跟距离战场辽远的美国参加远东战争是不同的。苏联参加远东战争意味着把本国领土另一块广大的部分和另些城市暴露于破毁之前。而且苏日战斗的规模之大一定不下于欧洲的重要战场，因此就是意味着红军惨重的伤亡。

斯大林在负起这重新的任务之前一定要先使苏联在欧洲的安全要求得到满足，换句话说，苏联参加对日战争问题必然是苏联跟其他强国讨价还价的重要问题。

但是远东战争的结果对于苏联关系巨大，所以苏联提出的要求不至过奢。同时目前的中国军事形势似乎加强了倘无大规模陆地作战永久不能彻底击败日本的论断，这就意味着盟国在远东更需要苏联的帮助了。

这个问题最后决于罗斯福、丘吉尔、斯大林的会谈。倘若苏联对日作战的先决条件能够顺利解决，苏联参加对日作战就能早日实现。

（原载于《文汇周报》第3卷第25、26期，1944年）

论中韩关系

张道藩

大家知道，中韩两国的历史关系最为密切，我们从历史方面去看，中日两国关系的恶化实因韩国问题而开始，中国甲午战争的失败，一实为改变中日过去平等关系为不平等关系的枢纽，蒋主席在《中国之命运》中曾有明白的指示，所以日本并吞了韩国以后，中国的地位便日趋危险，我们可以肯定的说：如果韩国不被日本灭亡，决不会发生“九一八”的东北事变；没有“九一八”的东北事变，就决不会有这一次的中日战争，由此即可知中韩两国的关系，是怎样的密切。

谈到中韩两国的关系，就历史方面来看，固然是休戚相关，即以中国这次抗战来论，也是利害一致，因对我们这次的抗战，固在求中国民族的自由平等，但依照孙国父的民族主义，我们实不能以求得中国民族的自由平等为满足，还必须进一步求得全世界被压迫民族的自由平等，然后我们的责任才算完全尽到。中国对于韩国的独立运动，一向采取支持的态度；可是因我们常有特别困难的情形，所以我们对韩国独立的运动，没有给予很大的帮助，对于谋韩国独立的革命党的同志，也没有尽到相当的力量，这是我们很感渐[惭]愧的地方。

中韩两国关系既然如此密切，则我们帮助韩国的独立，自由、平等亦就是帮助中国的抗战，反过来说，中国的抗战胜利亦就是求得了韩国的独立、自由、平等。这些年来，中国一般人士，无论从公的方面或私的方面，为了国家前途和世界前途，没有不竭力赞成和愿意帮助韩国实现独立的；不过我们有此心的人虽很多，而真有力量的却很少，同时我们感到一般人对韩国问题，还缺乏深刻认识，当然，这里因抗战前一般人对韩国问题未能注意研究，而抗战后又因种种阻碍，缺乏确实材料以作研究的参考，所以直到现在大家还是非常隔膜；但在另一方面，从抗战爆发以后，韩国革命党同志运用有组织的武力，已对中国抗战表现了很大的功绩，所以我们今后为了求得彼此的独立生存，尤须互相帮助，密切合作，以实现我们的最高理想。

不过要严格检讨起来，我们的工作活动当然还嫌不够，在重庆的韩国同志约有三百余人之多，我想此外在其他各地的一定也很不少，希望他们都能和我们取得密切的联系，以共谋事业的开展。尤其重要的，大家要切实研究和了解中韩两国过去的历史和文化关系，以及我们应该怎样推进韩国的独立运动，争取远东的永久和平，为了研究的便利，我们希望得到丰富的资料，但在抗战时期，此项数据不易收集，所以韩国同志最好能用写作、谈话、讲演或通讯的方式，把这些宝贵材料介绍出来，以增进中国人士对于韩国问题的了解和兴趣，那么今后中韩两国的文化才能更不断地交流，中韩两国的革命同志才能更密切地合作，而我们中韩文化协会也才能尽到应有的责任。

（原载于《自由东方》第1卷第4期，1944年）

中国、苏联与朝鲜

张西曼

一个国家民族优越的文化思潮常常会影响到整个世界。譬如中国固有的文化，以及□总理的三民主义的思想，都曾使东亚民族甚至全世界受到□□重的影响。可是这种情形，在最近起了很大的变化，原因在中国受到日本帝国主义加重侵略的刺激。日本一向对于中国的文化非常尊崇，但自甲午战胜中国而后，日本对中国的态度就完全改变。同时，中韩两国人民由于这种刺激累积的结果，更深切地感到国内政治的腐败招致了帝国主义侵略的野心，因而引起近代民主革命的动机。

中国数十年来都在从事革命工作，而韩国的革命工作亦未尝停止。不但在韩国内部常常发生革命运动，即在中国的革命过程当中也会有许多韩国的志士参加。像在民国十五六年的北伐时代，参加中国革命的韩国人很多，而且有很大的贡献。

记得辛亥（一九一一）革命时，本人已经在俄国作联络俄国革命志士的工作，很知道当日俄战争（一九〇四—〇五）之时和以后被压迫到俄国的韩国人，都在想尽方法帮助俄国打日本，却没有帮助日本打俄国的。从这一点看来，韩国人的民族思想并没有因受暴力压迫而消灭。

抗战到了现在，国际形势对于中韩两国的前途日趋有利。将来的苏联，对于中韩的自由独立尤有绝大的帮助。而中国的长期抗战，成为世界民主国家反抗法西斯轴心的急先锋，对于韩国的独立，尤有确切的保障。同时，我们也不可否认，韩国同志在这抗战中曾经给了中国很大的帮助。

但是另一方面，此次反法西斯战争中，许多反法西斯的国家中，甚至像英国或美国，却发生一种不利于中国或韩国前途荒谬言论。譬如有人主张在这次战后把世界割成若干联邦，使许多小国都在一个联邦保护统治之下。又有人明显地主张战后的韩国要交列强来共管。像这种种荒谬的主张，在中国的国父孙中山先生、蒋总裁和孙会长先后所发表的言论中从来没有只字的提及，因为中国要实现自由、平等的三民主义，不但不会主张侵略别人，还要把这种不正当的思想言论加以消灭。这就是三民主义的伟大精神。

这次十一月七日苏联十月革命廿六周年纪念，斯大林发表文告，曾说在苏联消灭希特勒德国的侵略以后，必使世界上民族都能享受独立自由。苏联的这种伟大精神正和中国一样。而我们的蒋总裁所表现的这种王道精神，恰在斯大林文告之前，就显得东西两大革命领袖所见皆同，在现代政治史上更显得有价值。

依据□国父三民主义的指示，我们对于□的国家或民族，应该发扬“济弱扶倾”的精神绝对反对侵略，在过去，我们一时也曾坚强表现过反抗异族奴役的排外性，可是今后除了对付敌人像日本军阀和汉奸像汪精卫之流须要加以致命打击以外，都要一视同仁，看待国际朋友。中国自古以来对于别的和平相处的民族，都当作自己的朋友，不但不加以排斥，而且共同吸收和通融各别优越的文化的传统而营共同的生活，即以目前性情而论，在中国内部（除东北而外）的韩国人民便有四十余万人之多。我们对于这些韩国人民，从来没有加以排斥压迫。反之，日本对于韩人侵略压迫却无所不用其极。

同时我们却不可忽略一种事实，就是一种传统文化如果不能适应现代的需要，结果必被人们遗弃。所以，我们的文化必求合乎大众的实用才不至于被淘汰。过去韩国的文化，对中国曾有很大的贡献。举一个例子来说，我们今日所用的折扇便是韩国发明的。在折扇输入明代中国以前，一般人都用圆形长柄的宫扇。自从折扇输入中国，一般人都感到比宫扇方便适用，而宫扇便逐渐被大家淘汰了。可是韩国的这种功劳，现在许多人都已忘记。所以我们今后要沟通中韩的文化，必须首先认识中韩文化历史的价值，然后才能进一步谋互相交流，发扬光大。

现在世界各地，无论欧洲或美洲，韩国人的复国力量都很大。即以在苏联的韩人壮丁而论，已可编成三个师团。将来在苏联的韩人对于大韩民族的解放战争必能发生很大的影响。

在近代战争中，海军和空军的优越力量固然可以制胜，然对德日等强大陆军的国家，盟邦陆军仍不失为主要制胜的成份。这次欧战中德国将法国的陆军打败，法国即保有优越的海空军力也无法支持而投降。这就是一个显明的例证。所以就东方局部而论，我们将来必须合力把日本的陆军彻底消灭，才能获得抗战的彻底胜利。此种歼灭东方公敌的巨大任务，以中国落后的力量负担起来还觉不够，而必须由与远东休戚有关的各民族共同负担。因为我们要深切知道，日本军阀的挣扎力量绝对不可轻视的。

随着民主盟邦国际情势的好转，我们希望今后盟邦，尤其是中韩两国，能够同苏联密切联系起来，使得民主盟邦歼灭日本军阀主力的据点和日本的本土更加接近。最近二年来，革命民主的苏联红军独当对纳粹德国的正面作战，一部份由美国接济苏联的军事物资，如果由温哥华到海参崴距离也有四千四百多海里之远，可是苏联的商轮在中途必须经过日本北海道南端的津轻海峡，虽则发生过少许麻烦，但是日本军阀始终无法加以阻止。足见日本军阀对苏联国防实力之尊重和轴心同盟的同床异梦了。我们中韩两国的眼光远大的革命政治家应该乘此时机和苏联谋外交上更进一步的合作。果得苏联百战百胜的英勇红军在远东一顿枪杆，日本军阀的神经中枢必然崩溃，再有日本革命群众的群起内应夹击，必然得到东方民族整个解放的实益。凡此种种，全在我们政策上的运用。只要运用得当，必能达到我们的目的。

（原载于《自由东方》第1卷第6期，1944年）

日本人民反战运动

——日本人民大众反法反战运动之一

张友渔

人们常有一种错误的见解，认为法西斯侵略国家的统治者和在他们统治下的人民大众是不可分离的一个整体，他们的侵略行为是代表着全体人民大众的意思和利益，而获得全体人民大众的支持和拥护的。因此，不仅法西斯侵略国家的统治者应该受严重的惩罚，而且在他们统治下的人民大众也应该同样受严重的惩罚，却不知道法西斯侵略国家的统治者和在他们统治下的人民大众，根本是站在敌对的地位。这些统治者对外的侵略别的国家，而对内是压迫自己的人民大众。虽然他们运用种种欺骗的方法，也曾博得一部份落后人民的支持，虽然他们采取残酷的强制的手段，也曾驱使一部份怯弱的人民替他们服役，但这些欺骗和强制是不可能长期间有效的，特别是人民大众中的前进份子，决不会受他们的欺骗，也不甘为他们所强制，曼努伊斯基曾说："法西斯主义只是加强人民大众的不满情绪，只是准备着那种破坏力极大的爆发。"的确，人民大众对于法西斯统治者是必然要掀起反对运动的。在意大利是这样，在德国是这样，在日本也是这样。把整个日本民族认为是威胁和平的、野蛮的侵略民族，而要彻底消灭或永久置于别的民族统治之下，那是不对的。

事实上，日本人民大众是具有着反法西斯主义和反侵略战争的光辉的历史的。像我在《东京统治者》一书中（请参看该书）所曾详述，日本反法西斯民众阵线的树立和运动是和日本法西斯政治的树立运动同时发展着的。远在九一八事变以前，法西斯运动抬头，日本的革命运动也就已经以反法西斯斗争为其任务了。这斗争以进步的工人为中心，团结了一切不为法西斯统治者所欺骗所麻醉的农民、小有产者群、自由主义的知识分子。尽管日本法西斯统治者加以残酷的镇压和屠杀，但他们始终前仆后继，一直斗争着。不过一九三八年以来，由于不可能合法地公开的存在而转于非合法的、地下的活动罢了。一九三九年，日寇检事总长木林曾说：“由于过激份子反军、反战思想的宣传，革命运动者对政府的不满，统治经济强化下的生活困难以及战局长期延续所引起的人心的弛缓实有突发不测事变之虞。”这所谓“不测事变”虽还没有大规模地全面的爆发起来，但却已部分的不断发生着。一九四〇年二月间，曾有年已七十的出口□三郎等所领导的反战斗士五十五人在京都被捕，同时也有多数反战分子被投于缧绁之中。最给予法西斯统治者以直接威胁的，是一九四一年三月五日神户市十万余工人的大罢工。据日本报纸在一九四三年十月间解禁后的记载，参加这次大罢工的工人是全神户市各工厂的工人。连军需工厂如三菱造船所、川崎车辆制造所、川崎造船所、神户制钢所也都卷入了罢工浪潮的漩涡，在斗争发动前，各工厂的职长、组长和职工，团结一致，提出要求，即(一)因劳动时间过长，不做额外工作和夜工，工人应有自由；(二)工资应保障每日三元；(三)对于职工，也应分配给三合七勺的配给米等。但当局拒绝了这个要求，于是工人们开始怠工，五六天后由怠工转变为罢工。但在法西斯统治者的武力镇压下，不幸失败了。被牺牲的斗士，为数甚多。单川崎造船所的工人，便有四人被处死刑，十三人被“充军”到我东北，从事所谓秘密工程，一十人被投入监狱。从牺牲的成份看，大抵是被厂方重视的职长、组长级的熟练工人和职员。例如被处死刑的松元今朝就是运输部的职长。这说明这一斗争所动员的成份，有极广泛的基础。事情虽然很快的就结束了，但已足使法西斯统治者感到极度的狼狈。太平洋战争爆发后，随着战争的扩大和延长，特别是日寇在战争的进行过程中遭遇到无限的消耗和严重的打击，而所谓“不测事变”的暴发危机更加增大了。这使日寇大审院检事平野利不能不于一九四二年十一月间报告所谓“思想犯保护监察法”的实施状况时，慨叹于“这数年间，思想犯罪和左翼事件频出”。事实上，据一九四三年冬间从日寇俘虏营逃出的美俘说：“俘虏营管理员透露出消息，日本国内人民大众反法反战运动蔓延全国。这运动为日共所领导，使法西斯军阀也感觉难于镇压。长埼、大阪、东京一带时有反战传单发现，公路、铁路时被破坏，征兵处常被放火焚烧。八月间曾有大批新兵反战，拒绝出国。在中国受伤刚好的老兵开赴南洋时，他们的妻子母亲送行，沿路哭声震天，及到码头时，大家包围轮船驾驶员痛哭，驾驶员也感动下泪！经警察用水龙驱逐群众才散出。”又据今年(一九四四年)一月二十五日中央社临泉电说：“天津消息，去年冬季，敌国大阪、神户、福冈等地发现大批反战厌战传单，内容详述日本民间种种痛苦，并说东条内阁葬送日本国祚，必须把它打倒，最后述及中野正刚自杀事件，文长数千言。日警曾捕嫌疑犯数千人。”此外，像东京帝国大学和等于它的预科的第一高等学校为日寇的最高学府，为日寇官僚们出身的策源地，但据日寇文部省调查的结果，则东京帝国大学学生的思想并不适合“皇国思想”，而第(一)高等学校的学生也不能做全国学校的模范，甚至有些学生借空袭之名，宣传发动暴动。实际上，一九四二年八月三十一日至九月十五日，东京警视所就曾大捕所谓“不良少年”二万二千五百三十四名，就中不少是东大和一高学生。这些少年的罪名虽有种种，但大部是与反战反法思想问题有关系的。以上这些零零碎碎的事例，充分说明日本人民大众正为反法反战而英勇斗争着。固然，在他们的斗争中，还有些表现着是为了局部的日常的经济利益而斗争，还不是显明地打着反法反战的旗帜，但是我们决不能因为这样就否认和抹杀它的反法反战的性质。须知反法反战的斗争必须和争取人民大众的经济利益的斗争结合在一起，而决不容许有所割裂和孤立。争取局部的日常的经济的斗争，可能是整个反法、反战的政治斗争的一表现，这是一。其次，日本人民大众目经济利益的被破坏、被剥削，正是法西斯统治和侵略战争的结果，因此争取经济利益的战争纵使最初是无意识的、无计划的，但在斗争的过程中必将发展为反法反战的斗争，而其斗争的结果，也必将给予法西斯统治和侵略战争以重大的打击，那些把争取人民大众的经济利益的斗争认为和反法、反战无关，不值一顾、不屑一谈的“革命英雄”只不过是玩弄革命口号，而取消革命行动，甚至装着革命的面孔而做着反革命的勾当罢了，我们难没有看见日寇法西斯统治者和它的走狗们，为日本人民大众反法、反战的高涨而狼狈周章吗？例如日本广播公司的首脑下村就这样说着：“现在许多人抱怨战争太长，抱怨我们的生活条件遭受威胁，不舒服和困难。他们说，我们打仗打得够了，战争应该停止了！”在文艺春秋社所召集的座谈会上，寺田曾慨叹地说：“最近日本国民情绪的消沉，已经达到非常严重的程度了。回想日俄战争当时一般人民的热情，使我们感觉到这一年来国民的情绪实在太差了。”这都是清楚的供出，日本人民大众是普遍的厌战。其实岂只厌战而已，他们已进而反战了，据冈野进说，根据他从一个华北日本宪兵身上所得的材料，就记载着一百六十名日本共产党和社会党的名字。据日本宪兵公开统计说，每日总有一件反战的事件发生。这些个别的反战运动，是必然会汇成一个全国的大运动的。

（原载于《联合周报》第 19 期，1944 年）

日本士兵反战运动

——日本人民大众反法西反战运动之二

张友渔

和日本国内人民大众的反法、反战运动相呼应，在日本的出征军队里也普遍的潜伏乃至有时爆发着反法、反战运动。这是不足为奇的。军队中的士兵都是来自民间，他们在民间所感受的生活上的痛苦，不会因到军队里来而忘却，恰恰相反，他们在民间所抱着的不满情绪和革命要求，一定会带到军队中来，即使是饱受法西斯统治者麻醉的顽固的老兵，也会在长期的战争的事实教训之前幡然悔悟，而从好战转变到厌战和反战。如果我们认为日本士兵将始终忠实于法西斯统治者而为侵略战争效死，那见解是不正确的。我们可以举鹿地亘民所曾述及的几个事例来做证明。据日本第二二师团步兵第八联队第一中队三年兵中山博兵曹说："该队一九四零年六月警备于离杭州十七里的青山，竟发生了新潟县高田郡士兵十五名哗变的事件。首先是在青木军曹的背上，以手溜[榴]弹痛击，跟着就占领了前方的派出哨阵地，而向中队部射击。其原因，主要是本愿归国而又被迫延期三个月。""一九四一年七月第四中队也发生了这类事件，被深泽中尉责骂了的中队部卫兵，在深夜里用洋油把被服库点着了火，结果连兵器弹药以及中队部的房屋和重要文件都付之一炬。""这类事件在前方也是常有的。"又据日本第三师团骑兵第三联队辎重兵小川秋二郎说："我是一九四零年五月初旬由驻屯于孝感县附近的部队中逃出来的。但在汉口附近被宪兵拘捕监禁在南京陆军刑务所里，在那里，有犯人四百余名，其中约半数是逃兵和自杀未遂的伤兵。"日军第二二师团步兵第八五联队的一等兵山田武雄也说："一九四二年一月，我由国内派到驻华的部队里来，截止[至]该年四月止，四个月间，我们同年兵(即新兵)逃走的共是二十七名，其余五名是死亡或也是被拘捕还不得而知。此外，这期间自杀和自杀未遂的计二十五名。"这些事例固然还不足以充分表现出它是反法、反战的运动，但它带有这种性质是毫无可疑的。根据鹿地亘氏的材料，一九四二年七月十一日从杭州附近武康镇第十二师团泽野联队逃出的兵士中山自己说，他和他的曹长荒川争辩时，竟说出被认为大不敬的这样的话，即“并不是先有国家而后有人民，而是有了人民才有国家。不论怎样愚蠢，只要自己肯劳动，总会有饭吃；但是国家如没有人民，那是决不成功的”。“没有人民只有天皇也可以成为国家吗?”这表明日本兵士再不相信“天皇至上”和“天皇制”下的国家至上了。特别值得注意的，是一九四零年到一九四一年间江苏无锡城郊日寇各军事有关机关连续发生爆炸案的事件。这些爆炸案的主谋者是曾经服务于日寇卫生队的樱井武雄。樱井被捕后，虽经毒刑拷问，终不肯供出实情。但很明显，他的行动是有组织的、有计划的。这说明日本军队中士兵的斗争并不是完全没有先进份子的领导而自发地发生的。因而也就可以知道，这些斗争是必然带着反法、反战的性质，或发展到反法、反战的可能了。这现象已使日寇的统治阶层，特别是法西斯军阀深感不安。一九四三年四月间，在军司令官会议席上，富永陆次不是已经着重指出“最近军队里士兵对上暴行、逃亡、抗命、辱职等军纪已显著增加，且将校反抗长官，受贿、冒领等罪行也多发生”吗？然而不安尽管不安，这现象是逐渐发展，无法消灭的，据反战同盟华北支部所统计的材料，如果把全体俘虏假定为一百，则其中自动投降我军和从日军逃亡的，一九四零年只有百分之七，一九四二年增加到百分之十八，一九四三年更增加到百分之四十了。

（原载于《联合周报》第 21 期，1944 年）

朝鲜“三一”运动史略

佚名

在廿五年前的三月一日，朝鲜人民因为日寇积极实施了野蛮的武断的统治，阻碍朝鲜民族的一切经济生活的发展，弹压朝鲜人民政治的活动，剥夺了言论集会结社的自由，加紧同化政策，企图灭绝历史悠久的朝鲜民族文化，乃起来反抗日本帝国主义者，爆发了震动世界的“三一”运动。

“三一”运动发动的主持团体是独立总本部，于一九一八年十月在朝鲜京城秘密组织成立。当时主动的人为崔南善、玄相允、宋镇禹、崔麟等，他们秘密和天道教的首领孙秉熙、权东镇、吴世昌，耶稣教首领李升熏、朴熙道、咸台永，佛教首领韩云龙、白龙城等协商，使他们加入总本部，公推孙秉熙为领袖，准备发动大规模的反日革命运动。当时留日学生团及本国各学生团都受总本部的指导，天道教、基督教、佛教等宗教信徒亦在总本部的直接指导之下，这样随时可以动员的有组织的群众已达二百万人之谱。

一九一九年一月二十二日，光武皇帝因受敌人之毒害而暴卒，全国反日情绪顿形沸腾，大有一触即发之势。同时美国大总统有“民族自决”的主张。全世界俄、奥、匈、芬、中、印、日如火如荼的革命运动。这个国际的政治潮流，更加刺激着朝鲜民族的革命的怒潮。因三月一日为举行光武皇帝葬仪之日，于是独立总本部决定以三月一日为举事日期，密令全国团员在三月一日下午二时在各地举行反日大示威。

三月一日，在京城巴咕达花园首先发出“三一”运动的信号。

朝鲜民族的代表孙秉熙等三十三人，这一天集会在太和馆，宣布独立宣言并庆祝独立，同时通知敌总督府，告以今日举事之旨，敌人即派宪警，以汽车劫持代表诸人以去，投入敌狱。同日，全国各重要都市乡镇都发动了同样热烈的反日示威运动。他们徒手和敌人搏斗着。这战斗一直继续到八个月之久，自一九一九年三月一日至同年五月末三个月间各地反日示威暴动状况统计如下：

示威府郡数…………二一一单位

示威次数……………一五四二次

参加示威人数………二〇二三〇九八人

死亡人数……………七五〇九人

被伤者人数…………一五九六一人

被捕入狱数…………四五九四八人

被烧教堂数…………四七所

被烧学校数…………二所

被烧民家数…………七五一所

若把前后八个月的示威暴动的状况统计起来，其数目当更惊人。"三一"运动爆发后，独立团本部的多数干部先后被捕，国内无法公开活动。于是海外的独立运动领袖，如李承晚、安昌浩、李东宁、李始荣、李东辉诸人会集于上海，组织韩国临时政府，以继续独立团本部的事业。

"三一"运动经过八个月的徒手血战，终于在日寇残酷的镇压下失败了！

（原载于《联合周报》第4期，1944年）

团结复国！

——韩国沦亡三十四周年纪念

佚名

三十四年前的今天，日寇吞并了韩国，三千万韩国人民，八万四千方里锦绣山河，从此喘息在日寇血腥统治之下。对于一个有五千年悠久文化历史的民族，这真是亘古未有的奇耻大辱。我们中国同胞与韩国人民一向患难相共，亲如手足，韩国沦亡，实际开始于中日甲午之战，而甲午之战也正是中韩两民族同遭日寇侵略的共同耻辱。一八九四年到如今，韩国的爱国志士始终与中国人民并肩奋斗，尤其是九一八以后韩国志士在东北义勇军中，七七以后在中国敌后与大后方，皆印着韩国革命志士的足迹和洒着他们的血汗。中韩两民族真可说是患难之交，际此韩国国耻之日我们中国人民的心情，无一不真诚的关切！

韩国人民亡国三十四年，也为复国奋斗了三十四年，伟大的“三一”大革命展开了韩国民族革命的大纛，许许多多志士的抛掷头颅，不仅震惊着日寇的胆魂，也深深感动了国际正义人士。然而三十四年悠长的岁月，韩国的革命事业尚不能脱出坎柯[坷]的困难道路。这原因，从我们中国人民来说，自然要首先惭愧，我们对于这样一位兄弟民族未能给以有力的援助，但要是从另一方面讲，过去韩国各党派革命志士内部的不团结，互相磨擦，却实在严重的阻碍了革命事业的开展。

从过去瞻望未来，我们正是与韩国兄弟同具兴奋喜悦之情。看今天国际形势，轴心必败，纳粹已在土崩瓦解，日寇死亡命运也已决定，民主胜利，清算有日，韩国三千万人民翻身的日子快了。去年十二月开罗会议，盟国又正式宣布同意战后韩国独立，近来国际正义人士尤其尽力为韩人复国奔走呼号。从这些外部条件说，韩国复国的条件的良好，无有过于今日；再从内部看，韩国在华各革命党派，经过今春三十六次议会，实现了大团结，形成了民族统一战线，加强了韩国临时政府，使韩国革命运动更向前推进一步，我们中国人民对此种精诚团结的民族统一战线的结成，韩国复国条件的顺利，自然感到异常兴奋。

我们中国人民完全同情和支持韩国革命志士们最近一再向同盟国所提出的保障独立的主张。我们深信日寇一旦投降朝鲜一旦光复，韩国就应该独立，盟国也应立即深信韩国人民有能力有资格完全处理他们自己建国的任务，而能胜任愉快。但是，当此胜利尚待最后努力之时，我们亦殷望韩国革命志士们，更加努力于实际抗战工作，如何使统一战线更加扩大，民族团结更加巩固？如何使领导韩人抗日复国的任务更深入群众，深入战区敌后，深入韩国本土？所有这些应该看做比争取盟国保障独立还要重要百倍的工作。

现在日寇由于兵源枯竭，正在韩国广泛实施征兵，加紧压迫，而且据传为了制止韩人秘密活动和破坏，日寇更有准备成为韩帝国的阴谋。为了拯救自己同胞被迫当炮灰，为了从日寇内部争取敌人反正，反抗日寇以加速它的死亡，所有这些都期待韩国志士加倍的努力！黎明不远了，韩国的兄弟们，加强你们团结复国的神圣工作吧！

我们很兴奋地能不断听到和看到在华北敌后的韩国志士们努力工作的情形，他们扩大干部的训练，争取韩籍士兵和移民的反正来归，且不断地参加着实际作战，与中国的军民血流在一起。我们战斗的兄弟般的友谊，是建立在这种巩固基础上的，是永远也不会磨灭的。

一个为民族自由、为民主、为团结战斗的民族，是一定□胜利的！让我们预祝中韩民族战斗的友谊万岁！共同的胜利万岁！

（原载于《新华日报》1944 年 8 月 29 日）

朝鲜是怎样亡国的

马义

明治维新以后，日本强盗爬上了资本主义的台梯，这个岛国的历史，一向是在封建军事势力支配之下，这时一方面由三井财阀支持的伊藤博文做了第一任内阁总理，涂上了资本主义的脸谱；一方面由于他的“先天不足”，它必须靠陆军省的武夫们为他撑场面。因之，随着日本资本主义的发展，很快的就暴露出那副军事帝国主义的凶相。

可是在同一个时期的朝鲜，依然保持着落后的封建经济关系，执政者柔弱无能，消极苟安，使国家的政治、经济、文化完全陷于窒息的状态，李完用之流的卖国活动复乘机而起，在这样的情形之下，杀气腾腾的日本强盗，第一刀便砍向朝鲜来了。

一八六三年(同治二年)朝鲜王李熙即位，年幼，其父大院君摄政，专擅国权，雄心勃勃，对于内政方面，不无大改革，无如缺乏政治之卓识与远见，尤昧于世界大势，依然采取锁国政策，对各国要求通商都予以拒绝。一八六六年(同治五年)和一八七一年(同治十年)法美两国先后进犯朝鲜，皆失败，大院君以为西洋势力不过如此，益轻视外敌。时日本明治即位(一八六八年)，国政维新，迫使与朝鲜修好，国书中有“日本太皇帝”字样，大院君以为违反旧例(旧例：日本国书必书日本国王，且由对马岛主递传朝鲜东莱府使转呈)拒绝接受，并撤东莱、釜山两处的日韩官吏接见所，禁止韩人与日人往来，日本国内一时大唱征韩论，因日本政府对韩意见并不一致，主战主和，几乎召起国内分裂，故征韩论未能实现，但日本仇韩的心理却日益抬头了。

一八七三年(同治十二年)日外务大臣副岛种臣奉派来华，曾询中韩关系，中国总理衙门照例本其苟且糊涂的答复，谓“朝鲜虽受中国的封号，奉中国的正朔，可是其内治与和战，向由朝鲜自主，与中国无关”。中国这种不负责的答复(过去台湾生番事件也是如此)，遂使日本得以借口，与朝鲜发生直接交涉。

一八七五年(光绪元年)日本于侵台事告一结束之后,以兵舰驶入朝鲜的江华湾,并占领江华岛。时大院君政权已被王后闵氏所推翻,大院君主战,而闵氏主和,闵氏主和的原因,系惧大院君政权的重复。当时闵氏主和一派胜利,遂于次年(一八七六年光绪二年)与日本订立江华条约,其要点:一,日本确认朝鲜为独立自主的国家,保有与日本平等地位;二,朝鲜允于沿海开通商口岸二处,并由日本测量朝鲜海岸。这两项前者正中了日本分化中韩友谊的诡计,后者打破大院君的锁国主义,都是便利日本帝国主义对朝鲜侵略的。而中国在朝鲜的优势地位,则在不知(不)觉中丧失了,这是日本第一次侵韩最大的胜利。

江华条约以后,朝鲜国内分为独立、事大两党:独立党主张变法维新,与日本亲善;事大党主张守旧,仍与中国亲善,而大院君则隐为事大党领袖。

一八八二年(光绪八年),京城驻军因久未发饷而叛变,闵党要人如金辅铉、闵谦镐、李最应等尽杀之,闵后变装逃奔,又袭击日使馆,破坏之,拥大院君筹谋善后,大院君遂进阙,复执国政,时日本因其使馆被袭击,急调大兵往朝鲜,我国亦派水师提督丁汝昌率兵入朝鲜平乱,执大院君以归。然朝鲜竟与日本成立和约(即齐[济]物浦条约),允许惩凶,谢罪,赔偿兵费,并承认日本驻军京城,中国遂亦派兵久驻朝鲜,任命袁世凯为驻韩全权委员。

时朝鲜独立党领袖朴泳孝因奉派日本谢罪,暗与日本结托,密谋推翻中国势力,于是又有一八八四年(光绪十年)第二次的大乱。

先是朴泳孝、金玉均等预定于是年(一八八四年)十一月京城邮政局举行落成典礼时暗杀事大党员,请日本出兵相助,届期日本驻韩公使竹添进一郎果率兵入驻王宫,袁世凯亦率兵入宫平乱,日军竟向我军开枪,以众寡不敌,日军大败,日本竹添遂自焚其使馆,向日本政府告急,日本派援兵至京城,与朝鲜直接谈判,中国亦派吴大徵[澂]赴韩,参加日韩交涉,日本借口朝鲜为独立国,拒绝中国参加,迫朝鲜承认五项要求,大致为谢罪、惩凶、赔款并重建日本使馆。这便是所谓甲申之乱,亦称金朴之乱。

日本虽然不承认中韩有宗属关系,但是经过大院君及金朴之乱两次事变,中国在朝鲜势力较前反有伸展,日本始知此事非与中国纠缠不可,故于次年(一八八五年光绪十一年)派伊藤博文来华与李鸿章协商朝鲜善后问题。时中国正与法国因安南问题发生战争,伊藤乘机向李提出苛刻条约,李遂与伊藤订立有名的天津条约。内容是:

一、中日两国约定在四个月内各撤退驻扎朝鲜的军队。

二、两国都不派员教练朝鲜军队。

三、将来朝鲜若有内乱，中日两国或一国认为有派兵的必要时，应先互相行文知照。

这项条约，中国最失败的地方，即为承认朝鲜为中日两国共同的保护国。由此以后遂发生一八九四年（光绪二十年）中日两国因干涉朝鲜内乱而起大战。

日本的目的，既在并吞整个朝鲜，故日本在国力上无时不准备对中国作战，于是便积极扶植朝鲜亲日份子，造成日本在朝鲜的特殊势力，过去金朴的乱事如此，以后东学党的乱事也是如此。

所谓东学党者，其最初系一种似宗教而非宗教的迷信团体，专以妖言惑众，结纳党徒，颇与吾国八国联军以前的义和团相似。但不论如何，他和义和团，同样是帝国主义压迫下破产的农民所组织的盲目的排外团体，却是无可疑义的。

东学党的口号，为反对朝鲜政府重税苛刑的秕政，而其背后则有日本帝国主义的势力作支持，这和一九三五年（民国二十四年）香河民变的情形相类似。一八九四年（光绪二十年）东学党作乱，韩政府不能平，求援于袁世凯，李鸿章得袁电急派直隶提督叶志超率兵入驻牙山，同时根据天津条约照会日本政府，日本亦派大兵往朝鲜。

及东学党乱平，中国照会日本同时撤兵，日本既蓄意侵韩，决心与中国战，借口助朝鲜改革内政，一面增派驻韩军队，一面反威胁政府促我撤兵，并挟韩王废弃过去一切中韩条约，向我牙山驻军挑衅，击沉我国运兵的兵舰，中日两国遂正式宣战。

时日本总理大臣伊藤博文和外务大臣陆奥宗光都是对华主战的中坚份子，他们于借口改革朝鲜内政，反对撤退驻韩军队时，曾以外交欺诈手段要求中国承认由中日两国各派委员若干人，常川驻设京城，调查并改革朝鲜内政。又声明：不问中国同意与否，日本政府决不撤退驻朝鲜军队，中国如不赞成日本的建议，日本政府即独力负责对朝鲜内政改革的设施。这原是日本一种挑战的策略，明知我不能承认，故意提此苛刻要求，以便与我决裂。

当时中国政府对此曾有如下的答复：

一、朝鲜内乱业已平定，中国军队已无须代朝鲜政府讨伐，更无中日两国协力镇压的必要。

二、朝鲜内政的改革，应由朝鲜自己负责，中国政府尚不致干预其内政，日本向认朝鲜为自主国家，更无可以干预其内政之权。

三、朝鲜内乱平定，依照天津条约中日应相互撤兵，此时无庸再议。

这三项理由，非常正大，然而日本帝国主义已经抱定征服中国吞并朝鲜的决心，故对于中国的答复，竟置之不理。

中日战争既起，中国海陆两军不幸都遭惨败，驻华英美两国公使先后居间调停，日本都予拒绝，宣称必须中国求和，并遣使前往日本谈判，其用意无非拒绝第三国的干涉，以便向中国任意需索。清廷不得已，乃派户部左侍郎张荫桓与湖南巡抚邵友濂为和使，日本又以张、邵两人所提国书无全权字样，拒绝谈判，表示非派李鸿章亲去不可，清廷只得又改派李鸿章为全权代表，与伊藤博文、陆奥宗光签订屈辱的马关修约，规定“中国承认朝鲜为完全独立自主国家”。从此数千年中韩二国的关系即告断绝，而日本又进而借口改革朝鲜政治而干涉朝鲜内政，朝鲜在名义上虽为独立国，而实际政权却全为日本所掌握。这一次的战争，对于日本资本主义往后的发展有决定的意义。日本不但夺了朝鲜、台湾和澎湖诸岛，而且打开了向大陆侵略的桥梁，并从中国抢去了二万万两赔款，用在发展日本工业和银行专业上，所以又很快地爬上了金融资本主义的宝座。

日本首先把劲敌中国打败了之后，继续不断地大事备战，以备最后驱除俄国的势力于朝鲜之外。同时大举侵掠朝鲜的资源和交通机关，并急速敷设军用铁路，一九〇〇年七月自京城至仁川间之铁路通车，一九〇一年八月间京釜线铁路开工（京城至釜山）。同时一九〇五年初即开始移民二千五百名于朝鲜，朝鲜境内的轮船中百分之九十以上已经上了日本旗，海口的灯塔亦尽归日人指挥。顿时帝俄在朝鲜的政治、经济上的利益有全部失去的可能，同时帝俄之所谓满洲经营亦感受威胁。帝俄当然不能坐视，一九〇四年日俄大战乃爆发，结果帝俄一败涂地，一九〇五年九月日俄双方缔结朴资茅斯媾和协约十五条，帝俄被迫承认了“日本于韩国之政治、军事、经济上的有待别之利益，如指导，保护，监理等事，日本政府视为必要者即可措置不得阻挠干涉”（朴资茅斯条约第二条）。这样，日本帝国主义就可放任并吞朝鲜了。至此，卖国贼复大肆猖獗，于是一九〇五年十一月十七日（光武九年），伊藤博文即与当时在朝鲜的公使林权助及长谷川大将率兵入朝，在韩奸李完用□凶之下提出保护条约，威逼朝鲜政府接受，其原文如下：

一、日本国政府东京外务省，今后对韩国关系及外交事务，监理指挥可也。日本外交代表者及领事团，保护在外国之韩国臣民及利益。

二、日本国政府负责韩国与他国间现在条约之完全实行，韩国政府今后不由日本国政府之中介不得缔结国际性质的任何条约及约束。

三、日本国政府使其代表者在韩国皇帝陛下之阙下置统监一名，而统监专为管理外交攸关之事项，驻在京城，有内谒皇帝陛下之权。日本政府于韩国各港埠及其他日本政府认有必要之地有置理事官之权利，而理事官在统监指挥之下，执行从来属于在韩国之日本领事一切职权，并为协约条款之完全实行，掌理必要之一切事务。

四、日本及韩国间现存之条约及约束，除与本协约条款抵触者外，继续有效。

五、日本政府保证维持韩国皇室之安宁与尊严。

韩国对此苛刻的条款，当然坚决拒绝，但在镰刀之下无可奈何，被逼迫着缔结了耻辱的条约，当时元老闵泳涣、赵秉世等力争无效，遂杀身殉国。全国有志之士无不悲愤，奔走呼号，图救危亡于万一。

保护条约缔结之后，伊藤自居于统监，逞其淫威，篡夺权利，毒害人民，韩皇忍无可忍，遂于一九〇七年（隆熙元年）七月派密使李相卨（韩国政府参赞）、李儁（平理院检事）、李玮钟（驻俄公使参事官）于海牙万国和平会议，控日人之强勒缔约及残虐状况，要求独立自由，和会即电询韩皇有无正式派遣使臣，可是当时的朝鲜境内一切邮电已由日人管制，伊藤博文接讯后，复电该会“并无其事”，于是各国委员拒绝密使之要求，李儁愤慨自戕。

海牙密使问题是日本帝国主义的最好借口，于是同年七月二十三日伊藤及长谷川好道、林董等率兵入关，枪炮剑戟，森列宫城内外，会同韩奸李完用、宋秉畯等逼韩皇禅位于太子，并强迫缔结七条约，进而控制朝鲜全部内政。七条约其文如下：

一、韩国政府关于施政改善，须受统监指挥。

二、韩国政府对于法令制定及重要行政上处分，须经统监承认。

三、韩国司法事务及普通行政事务，须各有其区别。

四、韩国各等官吏任免以统监同意行之。

五、韩国政府顷以统监推荐之日人任命韩国官吏。

六、韩国政府非有统监之同意，则不得佣聘各国人为官吏。

七、明治三十七年八月二十三日调印之日韩协约第一项废止，度支财政顾问废止。

这个条约签订之后，韩国名存实亡。一九〇九年十月，伊藤博文来哈尔滨，拟与帝俄大员会晤，协议瓜分我国东北权益，为韩国义士安重根所击毙。寿内正毅继伊藤任统监，在朝鲜各处增派警察宪兵。一九一〇年八月二十九日，这是历史上最大的耻辱的一天，日寇强迫缔结合并条约，改统监府为朝鲜总督府，寺内任总督，韩遂亡。日本帝国主义对朝鲜从诱惑到欺诈，最后终于露出狰狞的面目，一口吞并。从此，如军港之侵占，东洋拓殖会社之设置，废撤陆军、司法二部，军队解散，韩人官吏迭遭淘汰，韩人警察亦被裁撤，报纸被禁，言论被封闭，人民的一切自由被剥夺，日夕呻吟于水深火热的殖民生活中，朝鲜民族就完全沦为被宰割的殖民地奴隶了。

（原载于《朝鲜革命史话》，自由东方社，1944 年）

“三一”运动的经过及其评价

马义

“三一”运动是朝鲜革命史上最伟大的革命运动，一九一九年三月一日，朝鲜人民向敌人向友邦、向全世界发出了民族的巨吼！

“三一”运动的原因

首先我们从“三一”运动的基本原因上去分析。

第一，朝鲜亡国后，日本帝国主义对朝鲜的经济政策，首先开始了对朝鲜农民大规模土地掠夺和残酷的榨取，一九〇五至一九〇八年期间完成了土地调查事业，公布了土地令，准许土地自由买卖，结果农民虽从封建的土地关系下解放出来，但其负担却要比封建时代加倍的沉重，土地被地主、土地公司兼并掠夺，中小地主也因此而迅速的没落。朝鲜总督府同时又成为朝鲜最大的地主，他在“国有地”的名义下掠夺了六百三十六万町步的土地！在“无主地”的口实下抢劫了七万六千七百町步的良田，这个所谓“国有地”竟占了朝鲜土地全面积的百分之三十一、森林的百分之四十。东洋拓殖公司兼并的土地，一九一〇年占去耕地十一万三百五十町步，到一九一六年已增到七十三万三千八百二十町步，约七倍于前，这样高速度的土地兼并过程便是贫农的增加过程。

在同时期，正是第一次欧战前后，日本资本主义的发展在朝鲜登峰造极，另一方面朝鲜的民族资本，虽然很微弱，但也不断成长。其后，日本帝国主义便宣布了不准朝鲜人设立五千元以上资本的公司的“公司令”，使脆弱的朝鲜资本最后也遭到致命的打击。

这些被压迫的民族企业家和农民、工人联合，就成为“三一”运动的基本革命力量。

第二，日本帝国主义为了顺利地进行榨取政策，寺内、长谷川两总督便积极实施了野蛮的武断统治，阻碍朝鲜民族的一切经济生活的发展，弹压朝鲜人民政治的活动，剥夺朝鲜人民言论、集会、结社的自由，厉行恐怖屠杀，加紧同化政策，企图灭绝历史悠久的朝鲜民族文化。全民族呻吟于贫困和痛苦的深渊中，满怀愤怒。

第三，朝鲜革命运动经过了义兵的武装斗争失败后，许多爱国志士亡命海外，在新进诸国中吸收新的民主的思潮，重整革命的阵容。例如在中国、苏联、美洲，在各国的援助下，先后建立了许多革命团体。他们把各国的革命经验、民族运动、民主思想带进国内，因此“三一”运动首先是以青年知识分子宗教团体作为开路先锋的。

同时，我们晓得，除基本原因外，“三一”运动更有着几个直接的原因：欧战告终后，威尔逊总统在巴黎和会上提出“民族自决”的口号，他给朝鲜人民带来了很大的鼓励和推动力。其次，中国的新文化运动、苏联的革命和若干弱小民族独立成功的刺戟，也给朝鲜人民带来了新的鼓励和信心；复次，正巧在这个时候，因反抗日人而被迫禅位的光武皇帝又被敌人所谋害。

上述的基本原因和直接的原因结合用来，朝鲜人民到了再也忍无可忍的时机，伟大的“三一”运动就展开了。

“三一”运动的经过

“三一”运动发动的主持团体，是独立总本部。这个团体网罗了朝鲜国内各爱国志士及领导人物，并连络海外各革命团体，于一九一八年十月在朝鲜京城秘密组织成立。当时主动人物为崔南善、玄相允、朱镇禹、崔麟等，他们秘密和天道教首领孙秉熙、权东镇、吴世昌，耶稣教首领李升熏、朴熙道、咸台永，佛教首领韩云龙、白龙城等协商，使他们加入总本部，公推孙秉熙为首领，准备发动大规模的反日革命运动。当时留日学生团及本国各学生团体都受总本部的指导，天道教、基督教、佛教等宗教信徒亦在总本部的直接指导之下，这样随时可以动员的有组织的群众，已达二百万人之谱，随时随地都有爆发大革命的可能。

一九一九年一月二十二日，光武皇帝因受敌人之谋害而暴卒，全国反日情绪顿形沸腾，大有一触即发之势。同时美国大总统有“民族自决”的主张，全世界俄、奥、匈、芬、中、印、日如火如荼的革命运动。这个国际的政治潮流，更加刺激着朝鲜民族革命的怒潮。因三月一日为举行光武皇帝葬仪之日，于是独立总本部决定以三月一日为举事期，密令全国团员于三月一日下午二时在各地举行反日大示威。当时所规定的口号，只有一个“朝鲜独立万岁”，此外的宣传品有“独立宣言书”及“独立新闻”、朝鲜国旗等。

三月一日，在京城巴咕达花园首先发出“三一”运动的信号。

下午二时各学校的学生，一队队像潮水般的向花园冲进来，以八角亭为中心而整齐地严肃地排列着。一位青年领袖，一句句朗读独立宣言书。群众高呼着“朝鲜独立万岁”，祖国的国旗在高空飘扬，他们兴奋的冲出花园，冲向街头，和数十万市民汇合成巨流，在京城每一条街道上“朝鲜独立万岁”的声音响澈云霄，敌宪兵四出弹压，徒手群众到处和敌宪兵发生了流血斗争，到处发生了暴动。“三一”大革命的序幕就这样揭开了。

朝鲜民族的代表孙秉熙等三十三人，这一天集会在太和馆宣布独立宣言，并庆祝独立，同时通知敌总督府，告以此日举事之旨，敌人即派宪警以汽车劫持代表诸人以去，系于狱中。

同时，全国各重要都市乡镇都发动了同样热烈的反日示威运动，他们都徒手和敌人搏斗着。

这战斗一直继续到八个月之久，自一九一九年三月一日至同年五月末，三个月间各地反日示威暴动状况统计如下：

一、示威城市数　二一一

二、示威次数　一五四二

三、参加示威人数　二〇二三〇九八

四、死亡人数　七五〇九

五、受伤者　一五九六一

六、被捕者　四六九四八

七、被烧教堂　四七

八、被烧学校　二

九、被烧民家　一一五

这统计还只是其三个月间的统计，在三个月后还继续了五个月的示威暴动。若把前后八个月的示威暴动的状况统计起来，其数目当更惊人。

独立团本部在“三一”举事以前早已遣代表到巴黎和会，要求讨论朝鲜独立问题，同时派多数干部到海外各地，和各地的革命团体共策进行独立运动。“三一”运动爆发后，独立团本部的多数干部先后被捕，国内无法公开活动，于是海外独立运动的领袖如李承晚、安昌浩、李东宁、金奎植、李始荣、李东辉诸人会集于上海，组织韩国临时政府，以继续独立团本部的事业。

“三一”运动的经验教训

“三一”运动是朝鲜民族反日反封建的民主革命斗争。它在动员的规模上包括了国内各阶层的民众，它在斗争的行动中充分表现了每一个朝鲜儿女高度的爱国热忱。但是“三一”运动为什么终不能把朝鲜民族从殖民地的地位下解放出来而中途失败下去呢？关于它失败的原因，我们不能不指出以下几点。

第一，“三一”运动失败的原因，是因为当时敌人力量远超过革命集团的力量，而且在革命集团方面缺乏有力的国际上的援助。日本帝国主义是东方新兴的国家，她虽然参加第一次大战，但战争结束前她也是以战胜国资格，在巴黎和会上分到相当赃物，所以她有充足的力量来镇压革命运动。至于当时国际革命形势虽有利于朝鲜革命，但因为当时中、苏两国的革命都还没有完全成功，中山先生和列宁先生对朝鲜革命曾经寄予极大的关怀和物质上精神上的援助，但是当时中国正处在北伐以前的时期，苏联也正处在严重的内战时期，不能以更大的力量来援助他国的革命运动。且当时日本国内的革命力量尚微弱，亦不能对朝鲜革命给予有力的配合，至于英美等诸国，在当日对朝鲜独立所采取的态度，亦不胜令人遗憾。所以，伟大的“三一”运动在强大的敌人压迫之下复不能取得强有力的国际援助，终归于失败。

第二，“三一”运动失败的原因，是因为当时领导革命的新兴民族企业家的力量还很薄弱。“三一”运动是全民的革命运动，在表面看起来，当时领导份子包括社会各阶层，甚至有一部份封建贵族也曾参加在内，但是实质上看起来，领导的中心是属于宗教系统——新兴民族企业家的代表们。这些新兴民族企业家的代表们的背后经济力是非常的薄弱，同时他们在政治上又缺乏严密的组织和丰富的经验。他们对巴黎和会抱着幻想，以为在这个会议上，英等先进资本主义国家一定可以强迫日本把统治朝鲜的权利还给朝鲜民族，不顾领导自己的群众采取革命手段和敌人斗争。所以独立宣言里，除了充分的表现“和平”独立的幻想以外，并没有向广大的群众具体指出革命的行动纲领，所以他们就不但不能发动广大的群众，向强大的敌人进行斗争，反而落在群众的后面，见到群众自发的斗争行动已超出“和平”“有秩序的范围”时就表示畏缩退避。所以他们与群众间的联系渐至□弛，他们在群众中的信仰亦渐告消失。因此，由于当时领导者政治经验的缺乏与政治意识的模糊，限制了他的行动不能与革命的深入相一致。伟大的“三一”运动就是因为这样没有强有力的革命力量和政党的领导而终归于失败！

第三，“三一”运动的失败，是因为当时全民族内部团结的不够与缺乏严密的群众组织,“三一”运动是全民族的自发的革命运动。这个运动的发展和持久下去,在关内关外产生了各种革命的小集团。这种革命小集团,不论在组织的规模上,或者政治的要求上,都不能成为代表全民族利益的领导全民族革命运动的强有力的统一的机构。他们虽然在争取朝鲜独立的总目标上完全一致,但是他们在为着争取朝鲜独立而展开的实际斗争上,都不能采取紧密的联系和共同的步骤。所以革命的力量不能团结于统一的领导下,而渐至的散漫分立。至于当时动员的群众,虽已达到可观的数目,但是这些群众都是被不可抑制的一时民族的义愤所驱使,自动参加革命运动,并不是经过严密的组织与政治的训练后有计划有规模的动员起来的。所以他们开始参加革命时大有排山倒海之势,但是要把革命坚持下去,战胜强大的敌人,决不是这样散漫无组织的一时自发的群众力量所能做到的。当然我们也不能忽视领导当时革命运动的宗教团体如天道教、基督教、佛教和儒教等拥有数百万的群众基础,但是这些群众集合于崇拜迷信落后的方式下,并不是集于进步的革命组织下,所以他们就不可能发挥他们应有的革命力量,也是无可否认的事实。除此之外,在“三一”运动前后产生的革命集团,都不过以少数上层知识阶层为中心,并不能深入到广大群众里面,把他们组织起来、训练起来,所以他们所进行的运动,只能压制在革命“志士行为”的狭窄的范围内,而不能发展成为大众的革命行动。伟大的“三一”运动就是为着内部团结的不够与缺乏严密的群众组织而终归于失败了。

(原载于《朝鲜革命史话》,自由东方社,1944 年)

“三一”后朝鲜革命的浪潮

马义

“三一”运动为朝鲜革命培植出一批新的幼苗，从“三一”运动的失败中，他们把革命的种子带向全国，在全国每一个角落繁殖出新的细胞、新的力量、新的生力军，全国的革命运动获得飞跃的发展。朝鲜人民已经从“三一”运动失败的经验中懂得，必须依靠革命群众坚固的组织做基础，才能对于革命的胜利有决定的意义。

“三一”革命在朝鲜革命史上是一个分水岭，他成了朝鲜民族解放运动的契机，从少数人变成广大的民众运动。这一个时期中：

革命团体风起云涌

在国内，一九一九年五月，朝鲜中等以上的学生于京城成立一学生团体，名曰朝鲜学生大会，团结青年学生进行反日反封建之斗争，加入之学生约两万余名，总督府力加弹压，甘心媚日之朝鲜校长于一九二一年七月之校长会议中，决定不许学生加入一切社会团体，并令立刻退出朝鲜学生大会，不从者即被开除学籍。

一九二〇年一月三日，朴重华、朴珥珪、金明植等发起组织朝鲜劳动共济会，该会为最早的朝鲜劳动团体，有会员三百多人，刊行《共济》等机关杂志。同年十一月，一百三十三个青年团体合并组织朝鲜青年联合会。一九二一年九月，发生了釜山大罢工。一九二二年十月成立了朝鲜劳动同盟。一九二三年，有朝鲜物产奖励会、国民大学期成会之组织。一九二四年四月十七日，全国劳动团体统一组织朝鲜劳农总同盟，加盟团体共有一百九十二个，会员数为十二万五千人；同年四月二十一日，全国二百八十五个青年团体联合组成朝鲜青年总同盟，拥有会员三千五百人。一九二五年，劳农总同盟扩大为朝鲜农民总同盟和朝鲜劳动总同盟。此外，尚有学生总联合会、全朝鲜记者大会、全国少年总同盟、北风会、火曜会等。在妇女运动方面，初期有京城女子青年同盟、女子解放同盟，后来统一组成权友会。

在国外，有上海的大韩民国临时政府及散布于中国各处活动的朝鲜义烈团、新韩独立党、韩国独立党、女子青年同盟、爱国妇人会、朝鲜革命党、上海韩人青年同盟、丙寅义勇队、劳兵会、侨民团、在华朝鲜无政府主义者联盟、中国革命互济会、留沪朝鲜独立运动同盟、学友会、兴士团、韩国唯一独立党促成会，东北的正义府（原名统义府，后又改国民府）、新民府、参议府、北满联盟、北满韩人青年联盟、南满韩人青年总同盟、MJ 党，美洲的国民会、同志会，日本的朝鲜留日同学会，南洋的留爪大韩民族统一促进会等。

“六十”运动与新干会的产生

随着革命力量的蓬勃发展，新的斗争正前仆后继的爆发着。

一九二六年六月十日，正值朝鲜最后的皇帝隆熙的出殡日。全国各地人士集中到京城，参加国葬行列，乘着这个机会，青年学生又发动了反日示威运动。这一次的斗争虽然在日寇的残酷镇压下失败了，但是，这次革命运动由于全国革命者在行动上亲密携手，却同时促成了全国革命力量的大团结。一九二七年二月，新干会成立了，新干会的主要构成单位有二：一为信仰社会主义之五月会，一为带有宗教色彩之民族主义团体少年运动协会。新干会是领导全国革命运动的最高统一机构，拥有一百五十余支会，和三万多的会员。

一九二七年十月十六日，又树立一全国性质之少年团体，名曰朝鲜少年联合会，加入之少年团体约百余。旋于翌年三月举行第一次大会时，改名朝鲜少年总同盟，并变更其组织，采用郡府同盟制，每一郡府设一同盟，后总同盟因受日方之压迫，又改名为总联盟。未几，总联盟之中央干部表现怠工，引起各郡府同盟之激烈反对。各地方组织发布不信任中央之声明书，要求举行第二次大会。一九二八年十二月于京城开第二次大会，出席代表坚持其主张，内部遂分裂二派，一称朝鲜少年总联盟，一为冒牌之“朝鲜少年总联盟”。少年总联盟发表决议及宣言，主张再接再厉，采取革命手段。一九二九年四月二十二日，少年总联盟成立关北少年团体协议会，提出“反对日本帝国主义”“争取政治自由”“打倒反动御用份子”“促进被压迫民族之统一战线”等口号。

光州学生运动

这是在新干会领导下发动的轰轰烈烈的学生独立运动，是国内统一运动完成以后的第一个巨大的行动。在这以前，有过一九二七年的吉州小学生罢课，坚持五六月之久。一九二八年的中学生罢课，共有八十起。大邱、东莱等地秘密结社之学生百余人，京城高等普通学校学生约五十名中学生加入社会科学研究会之份子数十名，均以反日罪名被囚于狱中。一九二九年，新义州高等普通学校学生八十名，全州高等普通学校学生三十名，高敞高等普通学校学生十余名，皆以违反治安法下狱。总督府对学生之反日运动，尽力弹压。

光州学生运动之经过，据在东三省朝鲜侨民反日同盟会之报告，节录如下：

> 一九二九年十月三十日，韩国全罗南道罗州车站内，有多数日本学生（光州中学）对韩国女高学生（光州高中）作无礼之侮辱。女生随带一小弟，见之愤，叱之。日生大怒，殴其小弟，并解佩刀刺之。旋日警森田追至，以棒逐退韩生了事。次日上学，又在火车中相遇，日生余怒未息，复向韩生挑衅，并持匕首刺伤韩国学生十余人。
>
> 韩生亦作相当之抵抗以自卫，不料更触日人之怒。日本中学体育教员率领全体学生，阻扰韩人学校，肆行捣毁。光州全域驻军、消防队借口维持治安，全部出动。除痛殴朝鲜学生外，逮捕三百余人。光州全市民众激于义愤，举行大规模之游行示威运动，高呼释放被捕学生，韩国独立万岁、打倒日本帝国主义等口号。日本当局虽断绝交通，检查邮电，以阻止骚乱之扩大，但革命怒潮终于漫延全国，各都市坚决罢工，罢课。

兹将事态扩大之经过，简述如次：

> 自事变严重化之时起，当地空气异常紧张。学生市民连作两次之示威运动，前后被捕负伤者凡数百人。十二月九日，京城闻讯，举行最热烈之示威运动，当时被捕者一千五六百人。十二月二十四日，侨寓东京之朝鲜人密谋示威以示响应，事泄，被捕者三百余人，越两日，又陆续捕去百余人。一九三〇年一月二十三日起，罢课浪潮弥漫全国，各地工人一律罢工，农户一致抗租。一月十五日，京城学生又起示威，当场捕去一千数百名。嗣后男女学生与日警作不断之巷战，死伤无数。是夜，忽有青年数人拥入剧场，跃上舞台，散发传单，高呼口号，观众千余，同声响应，又捕去五百余人。
>
> 据日本警察厅报告，自一九二九年十二月至一九三〇年二月，共捕去四万五千余人，杀伤数千，学校团体均在监视之中。日本帝国主义之淫威，于兹可见一班[斑]矣。

人民的报复

尹奉吉的一颗炸弹，在上海炸死一个白川大将，几乎每个中国人提及尹奉吉，都要增加几分敬意，尹奉吉代表了朝鲜魂，尹奉吉是值得我们景仰的，然而在朝鲜民族中，像尹奉吉这样的英雄事迹而不知多少。

一九一九年有姜宇奎的狙击朝鲜总督斋藤实事件，一九二一年九月十二日有金益相的投弹朝鲜总督府事件，同年金祉燮在日本东京皇宫二重桥上狙击日皇。一九二二年吴成仑及金益相在上海狙击田中义一。其后有罗锡畴的炸毁朝鲜银行，李德三的投弹上海日本领事馆，金相五的击毙敌警长，一九二九年有李海鸣击毙数谍朴容万，一九三〇年有白鸥波等对有吉明的暗杀未遂事件，九一八后有七十高龄的李会堂对敌酋后藤的暗杀未遂事件，一九三二年一月八日李奉昌于东京樱田门行刺日皇未中……这些事实都说明了朝鲜人民对于日寇暴政的答复，对于日本强盗的侩[刽]子手们的报复！

烧不尽的野火

这个小小的半岛，在数年内"骚动"的回数实在是惊人的，从一九二九到一九三三年，工人的"骚动"竟达五百七十七次之多，参加者十余万人，有名的元山总罢工，釜山纺织会社工人的总罢工，以及平壤十二个工厂的联合总罢工，济州岛五百海女的暴动，新兴炭矿八百矿工的武装暴动，都是在这个时期发生的。农民方面，在一九二九至一九三二年间，其暴动数竟达一万三千九百四十三次之多，如端川农民袭击敌警署事件等，这以后还在继续增加，仅一九三五年一月至十月农民暴动的回数就达七千二百多次了。一九一九年至一九二九年，朝鲜革命者被捕十万，被杀五万。独立军作战二九九六次。从九一八到七七，六年间被捕的朝鲜爱国份子竟达二万二千四百余名，在九一八的第四日（九月二十一），朝鲜革命党人乘机于京城、仁川、平壤举行暴动，以准备未充，与敌人的残酷镇压，事败。

东北的朝鲜革命军

流亡在我国东北的朝鲜人，大都是些贫苦的善良农民，他们在朝鲜革命运动中一向占着很重要的地位。

朝鲜初期的革命义兵运动失败以后，有一部份领袖如李相龙、李东宁、李会荣、尹世复、赵孟美、金佐镇、洪范图等，他们便退到我国东北各地，组织团体，设立学校，训练韩侨，养精蓄锐，在国境方面进行游击战争，青山里一役，敌千余全被歼灭，获得重大胜利，后因众寡不敌，退入苏境。不久复由金东三、吴东振、李古狂等领导，雄据辽宁东边道，重整旗鼓，散布南满铁道及国境一带活动。一九二七年，玄河竹等在东北组织农民互助社，训练农民。同年十一月，间岛的朝鲜团体召开大会，号召东北的韩人团结。

九一八以后，他们与我国的东北义勇军合作，由于他们在东北与敌人武装斗争的历史较久，所以当我国义勇军最初组织的时候，他们所起的作用很大，比如东北义勇军第一军杨部在最初成立时，朝鲜人占到五分之三；又如第二军王部及第三军赵部，朝鲜人均极多；过去在东北很有声誉的李红光将军，他就是一个朝鲜青年。除这些参加中国义勇军的朝鲜革命者外，另外在东北依然保持着独立活动的朝鲜武装部队朝鲜革命军，主要领导者有金日成等。

培养干部

朝鲜革命者痛感过去失败的经验，深知培养干部的重要。这个时期有安昌浩在南京主办东明学院，金白渊在上海主办仁成学校，金若山先后在北平南京主办革命青年干部学校及朝鲜革命干部学校，这些学校对于提高朝鲜革命青年的水平上，有极大的贡献。此外，朝鲜革命者在我国黄埔军校、中央军校及其它普通学校受教育的均极多。

朝鲜民族革命党的产生

我们从朝鲜革命历史上考察，我们不能不承认，九一八以来朝鲜革命党派间的团结已经有了显著的进步。

朝鲜海外各革命团体于一九三三年即组成了海外各团体之对日战线统一同盟，协商复国大计，凡三年，至一九三五年六月间，在南京召集海外朝鲜革命团体之代表大会商讨统一问题。代表大会由朝鲜革命党、朝鲜义烈团、韩国独立党、新韩独立党、纽约侨民团、美洲国民会、夏哇伊国民会、夏哇伊同志会等九个团体代表而组织，但各代表的主张未免有所参差，除朝鲜革命党、朝鲜义烈团、韩国独立党、新韩独立党及大韩独立党等五个革命团体一致主张解消现有各团体以组织一强大有力之单一党外，他如纽约的侨民团代表表示，所有决议案必须所代表的团体之批准，美洲国民会及夏哇伊国民会代表主张保留现有团体名义，而以个人资格加入新党。于是，以上述五个革命团体为基础，以解消各原有团体为前提，成立了新党创立大会，同年七月五日即正式发布了上述五个团体之解消宣言，并创立了朝鲜民族革命党，公推金若山为总书记。

（原载于《朝鲜革命史话》，自由东方社，1944 年）

中国抗战开始后的朝鲜革命运动

马义

在中国战场上

从中国抗战的第一天起，朝鲜人民便积极参加中国抗战，从前线到后方，许多朝鲜朋友热烈的参加我们各个部门的工作。我们的朝鲜青年航空员，参加在中国的空军中，□威在敌人兵舰的上空；我们的朝鲜优秀指导官，和中国军队在一起，跟敌人血战于华北平原；我们的朝鲜勇敢的活动家，在上海战地，通过敌人严密的封锁，深入敌人的腹心，帮助我军进行锄奸。每一个朝鲜民族子孙，他们燃烧着复仇的烈火，莫不希望在这一伟大的战争中显一显他们的身手。

一九三八年，由于金若山先生的发起，由于朝鲜民族革命党及朝鲜青年前卫同盟、朝鲜民族解放同盟、朝鲜革命者联盟四党派的共同努力，朝鲜义勇队组织成立了。

朝鲜义勇队成立之初，曾经提出“一、动员所有在华朝鲜革命力量，参加中国抗战；二、争取日本广大军民，发动东方各弱小民族，共同打倒日本军阀；三、推动朝鲜革命运动，争取朝鲜民族的自由解放”三大口号，这就是说，朝鲜义勇队负有参加中国抗战、推动朝鲜革命的两种任务。

但是由于当时朝鲜义勇队本身人力及其他种种条件的限制，一时不易组成正式的武装队伍，自该队成立之日起，至一九四〇年十一月该队扩大干部会议时止，这两年多中间，朝鲜义勇队所担负的主要任务是对敌宣传，瓦解敌军工作及直接参加战斗任务。

一九四一年一月，朝鲜义勇队第三支队获得中国军委会政治部的同意，出发北进，开展敌后工作，在冀豫边境邢台、邯郸、武安先后进行了几次光辉的战斗，重创敌寇。

一九四二年七月，朝鲜义勇队奉令编入韩国光复军，韩国光复军由李青天任总司令，金若山任副总司令，该军计辖两个支队，第一支队即过去的朝鲜义勇队，金副总司令兼支队长，工作区域甚广，如华北、老河口、立煌、上饶等地，均有该支队分队，他们对沦陷区的工作正积极开展，并在敌后创办朝鲜革命军政学校；第二支队的司令是李范奭，该支队驻节于西安，协助我国军事当局训练俘虏，也很有成效。

他如沦陷区朝鲜青年之逃亡，敌军中朝鲜士兵反战之事件不胜枚举。最著者有一九四一年九月间东北朝鲜革命领袖七十二人之被捕及安东惨杀事件。一九四二年八月八日驻广州之韩台士兵大暴动，参加者有六百余人，结果领导暴动之李永吉、金振始等被捕殉难。

国内的火山开始爆发

中国的抗战，带给朝鲜国内人民以兴奋，增加了他们的自信，他们明白，中国的抗战是和朝鲜的解放不能分开的，中国的胜利也就是朝鲜的胜利；他们明白，他们的责任是配合中国抗战，开展朝鲜革命，加速日本帝国主义的崩溃！

这些就是朝鲜人民壮烈的史诗式的纪录：一九三七年，当中国抗战的消息刚一传进朝鲜的时候，朝鲜北部甲山的农民就首先起来响应，组织游击队，创造了有名的甲山游击根据地，一直坚持到现在；又同年底，朝鲜南部的大邱有秘密的学生组织宣传声援中国，结果有二百多的学生被捕了。一九三八年一月，多狮岛的工人把敌人竣工未久的军港炸毁了；同年三月，平壤开城的民众因反抗敌人的征兵发生暴动，与敌人血战了三天；同年九月，昌城被征发服役的农民八千人，和当地的官署发生冲突；又同年十月，汉城民众亦以同样的原因发生暴动。一九三九年十一月，釜山附近之东莱发生暴动。一九四〇年十一月，釜山学生会中因日籍评判员处理不公，引起韩籍学生公愤，日警镇压，大起冲突。在这一年内，京城、仁川、平壤、镇南浦、元山、城津及侨居我国东北长春安东的韩民，都有或大或小的暴动。一九四一年，平壤、新义州、元山、镇南浦地均先后发生反日大示威。一九四二年，由于太平洋战争爆发，朝鲜国内的革命运动更趋炽烈。二月五日，松都学生因不愿更改姓名，与日警冲突。三月十日为敌陆军纪念日，日军行进京城，民众四千示威死伤二百余人。三月十七日，海州“志愿兵”暴动，枪杀日本教官。三月十九日，朝鲜工人纵火焚烧奎尔帕尔特岛飞机场及地下飞机库，毁敌机六十九架。三月二十三日有密阳一万五千余人之示威运动，结果被惨杀甚众。同年三月九日敌于京城逮捕嫌疑犯百余名，未加审判，随即处以死刑；又同年四月，在国境的店街，因警备队掠夺民众粮食，遂起冲突，结果民众数百名被杀。据同年六月二十三日报载：“朝鲜北部曾于二月初发生叛乱，结果死韩人二千一百八十五人，日本平民四百人，军警六百八十人，韩人受伤及被捕者达一万八千五百人，西伯利亚边境之隆基港，有油库六处被炸，仓库一处起火，新义州方面，有仓库四座、造纸厂一所起火焚烧……”又据同年三月二十一日，路透社伦敦传称：“日军两师团已调往朝鲜，以为预防措施。”这时间正是在朝鲜北部大暴动以后，由此可见这火山口上的朝鲜是如何严重的动荡着，我们还须知道，由于日本帝国主义封锁的严密，这些材料是极不完全的。

美国的一支队伍

在美国有韩侨约一万多人，在美国活动的朝鲜革命团体有北美大韩人国民会、同志会，朝鲜民族革命党美洲总支部及夏威夷总支部，中韩人民同盟，在美韩族联合会，大韩独立团，夏威夷大朝鲜妇人救济会，夏威夷学生会，北美韩国学生会。同志会出版有《太平洋周报》，国民会出版《国民报》《大韩民报》及《朝鲜学生年鉴》，独立新闻社出版《独立新闻》等。一九三八年，各团体组织北美韩人援华会，进行抵制日货及献金，次年该会在洛桑矶开“韩国之夜”大会，收入美金二万元，捐赠中国抗日将士。朝鲜义勇队成立后，美国各地韩侨纷纷组织后援会，由安奭中、李庆善、金刚等负责主持，该会曾出版《义勇报》，并参加美国国防后援会工作。一九四一年四月，在美所有的朝鲜革命团体建立了民族独立战线。

太平洋战争开始后，侨居美国的朝鲜青年组织了韩国独立军，另有不少美籍韩侨加入了美国陆军航空队，他们参加过中途岛及其它重要战役，现在美国陆军第十四航空队中就有这些朝鲜战士们。一九四二年二月，侨美韩人曾召开自由韩人大会，并发表宣言，呼吁各国承认韩国独立。

朝鲜革命运动走向统一

韩国独立党和朝鲜民族革命党是朝鲜革命中海外两个最大的政党，前者为金九、赵素昂所领导，后者为金奎植、金若山所领导，前者由一部份革命先辈元老支持，后者获得广大的朝鲜革命青年所拥护，这两大政党在朝鲜革命历史中都各有其伟大贡献。

韩国独立党的前身是由韩国国民党、朝鲜革命党、韩国独立党于一九三七年三月组织韩国光复运动团体联合会，后合并组织韩国独立党。

朝鲜民族革命党成立于一九三五年七月五日，已在上面专节略述，一九三七年十月，朝鲜民族革命党，与朝鲜民族解放同盟、南华青年联盟联合组织朝鲜民族统一战线联盟，以后朝鲜青年前卫同盟亦参加。一九四〇年，朝鲜民族解放同盟与朝鲜青年前卫同盟共同组织朝鲜民族解放斗争同盟，旋解放同盟又退出。一九四二年，韩国独立党内一部党员由前临时议政院议长金起元等领导，组织韩国独立党统一同志会。一九四二年二月，韩国独立党统一同志会，朝鲜民族解放斗争同盟及朝鲜民族党海外全权委员会在朝鲜民族革命党扩大改组的形式之下，合并于朝鲜民族革命党。

一九三九年初，金若山曾代表朝鲜民族革命党向朝鲜各党派提出解散原有组织结成统一的单一党之主张，当由金九同意，同年五月十日，金九、金若山发表了两氏连名的公开信，宣布他们对于现阶段朝鲜革命的政治主张，但是由于种种原因，韩国独立党与朝鲜民族革命党在过去几年工作上步调尚欠一致，直至太平洋战争开始后，各党派以时势紧迫，一再呼吁团结，并派代表与韩国独立党反复磋商，于是多年来一向由韩国独立党所独力支持的韩国临时政府，这时才表示愿意容纳各党派参加，一九四二年十月临时议政院补选议员，各党派均补进几个议员，完成了朝鲜各党派初步的统一的基础。

（原载于《朝鲜革命史话》，自由东方社，1944 年）

今天的朝鲜革命运动

马义

朝鲜是一个已经成为殖民地而又未能脱离封建束缚的社会。朝鲜的革命,无疑是民族民主的革命,三一革命就是这种性质革命的开端。虽然由于日本帝国主义统治的残酷,由于朝鲜社会结构的复杂,由于朝鲜革命力量也还薄弱,使得朝鲜民族的解放比起中国民族的解放来,不知要困难到多少倍。

今天的朝鲜革命运动正以巨大的步伐向前发展,这是由于以下几个条件:海外的朝鲜革命力量,经过朝鲜各党派数年来的努力,已经在临时政府的领导下完成了初步的统一;其次,今天同盟国正在太平洋上加紧布[部]署,准备总反攻,争取朝鲜的援助,成为同盟国政略中重要的一部份,因此形成了朝鲜在整个战略上特别重要的地位,形成了朝鲜革命特别有利的形势。

然而,坦白的说,由于在今天战争的情况下外在形势的变化特别迅速,朝鲜革命力量的进步还大大地落在客观要求的后面,我们爱朝鲜,我们同情朝鲜历史上不屈不挠的奋斗,我们关怀朝鲜的独立,因此不得不期待我们的朝鲜朋友更加倍的努力。

我们必须指出,韩国临时政府今天应该成为朝鲜革命的最高领导机关,因此检讨今天的朝鲜革命运动,我们就必须以临时政府为中心。

我们认为,韩国临时政府是领导韩国革命的过渡形式,而不是唯一的形式。

为什么?

因为韩国临时政府产生于海外,从没有在国内直接行使过职权;而且韩国临时政府的流亡已经有二十多年的历史,这种长期的流亡,使临时政府与本国人民直接的联系也更加困难了。因之,由于这许多年韩国内部没有经过全面的巨大的反日斗争,限制了临时政府在国内人民中的影响,进而我们必须指出,韩国临时政府的原有的领导成份,由于他产生时所受的历史的与社会的条件的限制，还没有受过先进的民主思想的洗礼。我们知道，即使在欧洲的流亡政府，由于他们缺少与本国人民的联系，比较难于直接了解国内人民的意见，而同时，在国内“因为它们人民的骇人的遭遇，要迫使他们走向和他们政府的政治目的完全不同的方向”（尤劳《欧洲的流亡政府》），因此形成了国内革命者与海外流亡政府若干的分歧，这种情形也可能同样产生于韩国内部。而何况，由于韩国所处的地理条件与长期的局部的革命的发展，早已形成了他的几个指导中心，国内的、东北的、关内的、美国的、苏联的，都有一个指导重心；任何一部份力量，都只是整个朝鲜革命中的一个组成单位，而不能代表全部。

既然如此，那么韩国临时政府在朝鲜革命中所占的地位不是非常渺小吗？

不是？

韩国临时政府在今天显然是整个韩国革命力量的一部份，但是，由于他获得多数的革命元老的支持，由于他在国际上有相当的作用，由于他流亡在海外，便于组织自己的力量，因此韩国临时政府可能（注意“可能”两个字）由海外的革命领导机构进而成为全民族的最高领导机构。同时，在朝鲜还没有取得独立以前，他可能作为进行外交活动争取外援的一个工具。这些也就是韩国临时政府今天的历史任务，这些任务也是今天所有的朝鲜革命者的共同任务，今天海外朝鲜各党派都热烈的拥护韩国临时政府，这路线是正确的。我们说：“韩国临时政府是领导韩国革命的过渡形式，而不是唯一的形式。”这意思是，朝鲜人民今天支持和拥护临时政府，是为的统一革命力量，加强独立运动，但这并不妨碍朝鲜人民于日寇失败后，根据大西洋宪章选择政府形式的自由。但是，韩国临时政府是不是可能（注意“可能”两个字）在战后成为朝鲜本国唯一的合法的政府呢？这可能是有的，最主要的就要决定于韩国临时政府本身的进步，只有韩国临时政府的进步，才能愈益获得国内人民普遍的支持和拥护。

前面说过，朝鲜革命力量在今天存在着几个部份的活动中心，或问：那一部份的革命力量是朝鲜革命的主力呢？

我回答：国内！

朝鲜革命的主力在国内，这应该是无庸置疑的，因为在那里存在着一千二百万的贫苦佃农，数百万的城市工人，以及都市的小市民——小商人和手工业者，进步的知识份子，他们都是日本帝国主义榨取和压迫的对象，同时也是朝鲜民族革命的后备军，我们绝不能因为看到近几年朝鲜国内没有巨大的革命运动而否认朝鲜国内的潜在力量，这些潜在力量与一定的条件相配合，就会以排山倒海的雄恣[姿]滂沱于全世界。

朝鲜革命的主力既然在国内，因此，如何使临时政府的工作重心深入到国内去成为当前最迫切的课题。临时政府存在于中国大后方，但中国大后方之朝鲜同胞寥寥不过数百人，只有面向国内，面向沦陷区，才是临时政府的光明大道，必须及时与国内的革命力量取得联系，加紧组织国内的人民，只有人民的力量才能决定一切。

今天朝鲜革命最显著的特点之一，是朝鲜问题已经不是单纯的朝鲜问题。如果在若干年前朝鲜还在孤立作战，那末在今天朝鲜已经有广大的友军了。朝鲜革命力量是目前整个世界反侵略战争的一部份，因此今天无论是估计朝鲜革命力量，无论是解决朝鲜问题，都必须和整个世界问题联系起来，因此今天配合同盟国的作战，一方面是朝鲜革命者的责任；同时，援助朝鲜革命也是所有同盟国的共同责任。

同盟国的胜利是毫无疑问的，朝鲜的独立也是毫无疑问的，但是在整个同盟国获得胜利的时候，是不是朝鲜独立也跟着同时完成，或者在这个时期可能另生一些波折，这不是一个理论问题，而是一个实际问题。如果说朝鲜在这次战争中已经培养出强大的实力作后盾，那末在战后独立所有的障碍就比较容易排除。不错，开罗会议已经保证了朝鲜相当时期独立，要使这种保证成为事实，必须以自己的实力做基础。这是天经地义的。

我们深信，要想消灭日本帝国主义在朝鲜国内业已根深蒂固的恶势力，要想消灭日本帝国主义在亚洲大陆上最后一个根据地，必须依靠朝鲜人民英勇的奋斗才能办到，一个自由解放、民主独立而且有足够武装，能够自卫的朝鲜，对于亚洲永久和平的贡献，势将不可限量。

（原载于《朝鲜革命史话》，自由东方社，1944 年）

太阳！　太阳！　太阳！

——介绍韩国歌剧《啊哩朗》

渝客

在世界上，没有人不崇拜太阳！不恋爱太阳。在韩国，没有人不崇拜《啊哩朗》。《啊哩朗》是一切韩国艺术中的太阳，辉煌极了，华丽极了，热烈极了，也庄严极了。沦亡后的韩国民族，尽管被日本皮鞭抽挞，被日本军刀刺伤，被火焰焚烧，被饥饿杀死，但他们只要一唱起《啊哩朗》，一切的痛苦都消失了，好像太阳落在他们身上，把所有的黑暗都化成光明！

《啊哩朗》是韩国艺术的血的结晶、泪的结晶。不看《啊哩朗》歌剧，不算懂得韩国三千万人，不算懂得东方文化，更不算懂得人生的最沉痛处、最美丽处！

韩国光复军第二支队这次为慰劳中国伤兵纪念韩国"三一"革命节，特地公演《啊哩朗》歌剧，在这一演出里，我们可以看见最纯粹的韩国情调，韩国风光，韩国子女的爱与恨，韩国春天的如梦如幻的画面，韩国舞蹈的最诗意的表现，韩国革命的如火如荼的巨潮，韩国火山的惊天动地的爆炸。在这一天演出里，音乐家韩悠韩先生粉墨登场饰男主角，极精彩的扮演了韩国流浪者，男高音名手瞿立中先生第一次登台，把他的壮丽的歌喉展露在西安观众面前。中国第一舞蹈家吴晓邦先生新从广东来，亲自设计并指导这一歌剧里的舞蹈。他的高足伍女士则担任这一剧里的女主角，把一个最温柔最纯洁的韩国少女灵魂呈献给观众。此外还有许多美丽天真的女孩子们也参加这一演出，充分表现了一个乐园的世界、天堂的世界。另外还有一些热血沸腾的韩国小伙子们以怒发冲冠的姿态出现在舞台上，告诉我们什么是韩国式的热情，什么是韩国民族的真生命、活生命！在这里面所有音乐都是最道地的韩国音乐，也就是中国唐朝传过去的音乐。这些音乐由一个大管弦乐队伴奏，使东方音乐与西方音乐汇成一片新的海洋，叫你乐，叫你醉，叫你悲，叫你愁，叫你笑，叫你哭。

全西安的先生们，太太们，小姐们！你们愿意看看韩国少男少女的悲喜剧么？你们愿意听听江上的船歌么？你们愿意沉醉在韩国春天里么？（别忘记现在正是春天啊！）你们愿意欣赏中国唐代音乐么？你们愿意观看革命火山的爆炸么？你们愿意中国伤兵多得一点慰劳品么？你们愿意品味天真少女的温情么？你们愿意彻底了解人间的真正的爱与恨么？你们愿意品尝堂堂正正的甜与苦么？

只要你们轻轻点点头，轻轻说一声“愿意”，那么，请在三月一日至五日的晚间到梁府街青年堂来！请放心：这里一定可以满足你们的各式各样的“愿意！”

（当你们看完《啊哩郎》后，你们一定可以带一个太阳回去的。花一二百元买一个大太阳，多便宜，是不是？）

（原载于《华北新闻（西安）》1944 年 3 月 1 日）

1945年

以后

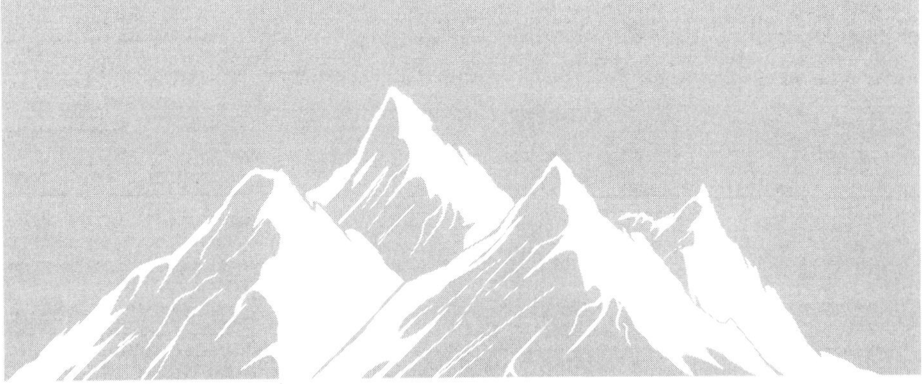

苏联会打日本吗?

[美国]H. E. 萨里斯伯雷
蓝宇 译

(原文载一九四四年十一月十八日《柯里尔》杂志)

去年我在苏联的时候,从来没有听见一个苏联人,不论是政府官员或普通人民,对日本人作过友谊的表示,我看见并且听见过许多意外的事,都是从审慎的冷淡终于达到率然的敌视的。

举苏联一个最大的政论家为例子。他的作品在美国很出名,因为他尖利地抨击过英美第二战场之不开辟。他是把红军消息发表给全世界的一个人。他说:"给我一个帮助,第二战场。"——红军要罐头牛肉的方法。

最近一个晚上这个政论家到驻莫斯科的美国大使馆去看《塔拉瓦之战》。关于太平洋的新闻片在苏联是不大演的。

他说:"这是我从来没有看见过的最好的东西。我以为我也曾写过苏联的兵士在东战场的冬季正在打着人类所未遇过的恶战。但是我错了,美国士兵在太平洋丛林里作战的条件是我们所不能想像的。而且他的敌人比德国人更利害。我衷心地向他们致敬。"

但是苏联的感情是一件事,苏联的外交政策又是另外一件事。

那些最清楚莫斯科情况的人们相信苏联会参加太平洋战争,而且不光是表示而已,不光是给我们使用超级空中保[堡]垒的基地而已,并且是全面的出击。

为什么?

斯大林在他对于欧洲的建议中已明白表示这是完成苏联绝对安全以及长期和平的一个时候,在西方他不会留下一件不解决的事件。

在东方也将没有例外,苏联还没有忘记在一九〇四年他从日本所受到的近代史上第一次失败。乌克兰的集体农场和马格尼多高尔斯克的钢铁工人每天谈着苏联的伟大爱国者——古都左夫、苏伐罗夫、彼得一世、喀德邻以及其他的爱国者——自然不会忘记一九〇四年的耻辱。

东部西伯利亚和苏维埃远东是太平洋的一部分。但是自从一九四〇年苏联的失败和日本占领了满洲以来，实际上苏维埃远东的世界贸易，由于日本横跨海参崴的地理形势，已在温和的太平洋中被封锁了。现在从美国把供应物品运往海参崴的苏联货船，差不多都要驶过日本领海。而日本让这些货品通过，便是想讨好苏联使之不参加太平洋战争的证据。

假若苏联在太平洋的形势要得到战略的安全，它必须解除日本对俄国边境和北太平洋苏联贸易门户的威胁。

在日俄之战，俄国失掉旅顺——满洲南边最好的不冻港，并且被迫把半个库页岛让与日本，后来又让给日本渔业、石油和煤矿开采权。她还损失了与中国合办的南满铁路的利益。所以这些都使日本变成一个有力的障碍，苏联永不会是太平洋上主要的强国了。

事实上除掉中国以外，没有一个国家像苏联那样常与日本发生争执的了。在三十年代，苏联与日本差不多经常发生边境冲突。

最大的一次边境战争恐怕要算是张古峰事件，从一九三八年夏天一直打到同年秋天。双方都出动了好几个师，结果苏联打溃了日本的精锐部队。有一个时候，大家以为这战争会酝酿成日苏的全面战争，但是最后苏联终于同意与日本订了停战协议。在一九三九年五月，差不多已经到了欧战的前夕，意外一次冲突，所谓波尔湖之战，又在满洲边境发生了。这又是一个使用坦克与大炮的大规模战争。

在一九三九年到一九四〇年以前，红军所有的战斗经验完全从这些远东的战争中得到的。得到勋章的英雄们至今还骄傲的挂着它们呢。在莫斯科报纸上读到关于一个苏联将领的死的通告，把他在斯大林格勒之战中得到的奖状与在张古峰所得到的并述，并不是一件不平常的事情。

关于苏联的一个军事之谜是它的远东红军，这是建立起来保卫它的太平洋边疆的一支军队。在第二次大战以前，苏联曾为这支军队化[花]了金钱与精力。

而且苏联还不仅仅建立一支军队，在东部西北利亚[①]和沿海诸省，整个的工业都建立起来了。穿过西伯利亚的铁道是双轨的了。最坚强和最精干的青年被送到这个区域去。事实上，远东区就是孕育共产主义青年们的地方，他们在荒野里建筑了一个大城市。

这个城市——科莫索穆尔索克，以及一打别的城市都不是偶然被建筑起

① 即西伯利亚。——本书编者注

来，而是有着军事的目的的。从欧洲苏联到海参崴有六千里。从军事供应上来说，这个距离真是太长了。

为了远东红军，苏联建立了整个的工业。不只是几个子弹厂、手榴弹厂，而是煤矿、铁矿、钢铁、炼钢、大炮厂、坦克厂——凡是军队所需要的一切。在工业的前面是食物，军队在荒野作战，就算这荒野像远东一样充满了野味和青莓，也是需要食物的。恐怕在一九四一年六月为止，你走遍世界，还没有看见一支像远东红军那样配备优秀训练良好的军队吧。

纳粹侵入俄国以后，苏联把整个力量放在打溃德国的工作上面，但是到现在据各国外交人员或观察家所知，他没有从远东红军调去一个人——或者即使有，也是极少数。甚至于在一九四一年十月当德国轻便坦克进入莫斯科外围时，她也没有调用远东的军队，在斯大林格勒，在那一点滴的力量即可决定苏联命运的危机时分，她也没有调动任何驻扎在满洲边界的军队。

的确，斯大林号召过西伯利亚。在一九四一年十月他号召西伯利亚四十师去解救莫斯科。这些都是精锐部队。在苏联的荒野里长大起来的坚强的东部西伯利亚人，他们在莫扎斯克和莫斯科打了胜仗。直到现在当你提起这些唱着东方的歌曲迂回到莫斯科的孩子们时，苏联的母亲们仍然会哭泣呢。另外，四十师西伯利亚的军队在斯大林格勒把局势转危为安。

我曾经穿过苏联战场，从卡累利阿到黑海，从白俄罗斯到西伯利亚后方，我从没有遇见一个远东红军；我也从来没有遇到一个红军里的人他曾经看见任何远东红军在西方作战的。

你可能有一次很稀罕地碰见一个在苏联远东闻名的军官，偶然地在莫斯科报纸上你读到一个在苏联东方有功勋的将军死在西方战场上的消息。但是直到目前为止，就外国人所知，苏联的远东红军一点也没有动。这大约是百万人左右的一个作战部队。一百万配备优秀的红军是一支可观的军队。

苏联红军是最初建立波尔什维克国家，实际上由于游击队或半游击队组成的一支军队。在共产党志愿军和一些忠实的帝俄军官的协助下，他们完成了肃清西伯利亚和远东所有由朗盖尔将军指挥的白党势力和同盟国干涉军。远东内战几乎进行了三年。日本军队便是第一个想夺取苏联东部的干涉军。

内战结束以后，列宁、托洛斯基和斯大林决定，如果要防御日本的话，必须在沿海诸省建立一支强大的独立军队。

日本在满洲的精锐部队，在整个太平洋战争中都维持在苏联边境上没有动，直到最近才开始调到中国南部。

欧洲长期战争并没有松懈了苏联的远东。在《真理报》或《红星报》上，你常常可以读到沿海诸省新的伟大工业的成功，告诉你水电的新建设、化学合金的新发明、以及新的军火工厂，等等。远东工业的扩展，据可找到的材料证明甚至于已超过乌克兰和西伯利亚的工业。所有生产全是为了军事。整个苏联是一个军事营，远东自然也不能例外。

在莫斯科大约有三十个日本人，大使和少数几个人住在日本大使馆，其余的日人就住在莫斯科国际旅行社的首都饭店、沙沃艾和国家饭店。大部分日本人，包括四个日本新闻记者都住在所有外国新闻记者住的首都饭店。

在莫斯科，有一个日本记者住在我的隔壁七个月。他只有少数几个朋友，在珠珍港事变前，有些美国人经常都找他谈话的，但是自从珍珠港事件以后，他们不理他了。他对他的拉特维亚的秘书说他不懂为什么要这个样子。

“为什么他们要把这些对我私人发派呢?”他常常问她。

在莫斯科的日本人总是匆匆忙忙地走过首都饭店半明半暗的通道，也不看左也不看右。偶然在过道的微光下他们把美国人或英国人误认为俄国人了，便向他们点头，他们也总找不到俄国的工作人员。没有一个俄国人愿意跟他们做事的，他们常常出两倍的工价请秘书和汽车司机。就是这样，他们的雇员还是找机会愿意替旁的外国人工作。

无疑地，在苏联的日本人都感到孤独。他们大量地喝酒，在旅馆里造出乱子是常有的事。几星期前，他们之中有一个赔了首都饭店二万七千卢布，因为在一个狂饮宴会内，他打碎了一面大镜子和一切别的家具，和另外一个宪兵打坏了旅馆的门。

日本记者从来不能到苏联前线或被红军解放了的城市去旅行。他们对于苏联外交部经常举行的招待记者会全然不知。日本(人)在莫斯科所写的通信必须经过苏联的检查。

月份牌上最重要的一天是一九四五年四月二十五日。在那一天日本或苏联都要互相关照，除非他们希望中立条约还能自动生效。那个条约距今已有五年，是在一九四一年德国进攻苏联前几个月签订的。那是斯大林想避免战争的战略的一部份。在它签订后不到六十天，希特勒便向苏联进攻了。

苏联曾谨慎地注视着这个条约。终于在一个长时期后苏联于去年秋天给日本一顿美食。他们允许日本拖延签定新条约，包括他们在库页岛上的关系。那时候正是红军被德军追赶着的时候，一日苏联在前线上停止退却时，她的外交政策便会略为改变一点。很难想像现在日本一切的财皆产于土。而且事实上，过去人们所赖以生存的，至少在表面上看来，都是土地所出产的。不过，这一看法毕竟是表面的。我说这话不是根据什么经济学理，而是根据我的点线面的说法的。这话如何说法呢？即在我看来，劳力是点，资本是线，土地是面。这因劳力集中于人身，人身就如劳力的据点。资本流通于各界，各界好比资本的路线。土地广被于原野，原野就是土地的平面。这当然还是表面的说法，至于三者的实际的关系，也是不像一般学者所说是并列的。换句话说，这犹点线面的关系，是互有先后的。申而言之，这是点（劳力）控制着线（资本）与面（土地）的。如果控制两字过于理性，带有语病，也可说点（劳力）比线（资本）、面（土地）来得重要。这所谓重要，是就生产的本质来说的，不是就生产的现象来说的。如像今天，在生产上，面是劳力与土地，均受资本的控制，资本居指导的地位。但这是生产的现象，不是生产的本质。在本质上，我以为这与目前的现象是恰恰相反的。现在就以农业生产为例，谁都知道农业生产是以土地为最重要的，劳力次之，资本又次之（对工业生产与商业生产而言）。一个农民种稻，在表面上说，固然是劳力、资本与土地三者不能缺一。但如进一步研究，这毕竟是以劳力为最基本的。要是没有劳力，纵有适当的资本与肥沃的土地，仍旧不会有稻的生产的。或谓这一理由，还不能说明劳力比资本与土地来得重要。这因只有努力与资本或劳力与土地相结合，同样是不能有□的生产的。这话在今天，也有道理。不过，我们得问，资本与土地又是怎样构成的？这不是像点构成线与面一样，根本就是点（劳力）的结合吗？先说资本。不问其来源如何，显然都是人类劳力的产物。至于土地，虽然不是人造的，而是天然的，但是天然的土地必经加工始得生产。故在生产的视点上，土地也是劳力的结果。如此说来，就可证明点（劳力）是控制线（资本）与面（土地）的。若说控制两字，用得不甚妥当，那不妨说，在所谓生产三要素间，应以劳力最为原始的，而这所谓劳力，当然还是广义的，即指生产力而言。

以上，我以点比劳力，可说在所谓生产三要素间加强了劳力的作用，即认生产的基本要素只有一个，那就是劳力。余如资本与土地，正如由点而成线面一样，都只是点（劳力）的变形而已。次则就线与面来说，固然两者都是点的变形。但如前述，分辨起来，宇宙间虽然可以没有线，但仍有面的。不过，这所谓面乃是点的面，这是依存于点的。拿这一道理移殖在资本与土地上，那就是固然资本与土地都是劳力的变形，然而分析起来，生产上可以没有资本但仍有土地的。这一土地，还是依存于劳力的。

所以，劳力、资本、土地，这就是生产上的点线面。

三四，二，二，于永安

（原载于《改进》第11卷第1期，1945年）

苏联应该打日本吗?

[美国]雅洪托夫
王孝风 译

克里米亚声明决定在四月廿五日举行旧金山联合国会议,又因为到了那几天苏日中立条约的延续或废止,便要到了一个决定的关头。急躁的人们就从此派生出许多关于苏日战争的猜想。我们特选译美国《现代史料》一月号刊载的 V.A.Yakhotoff 教授底一篇权威论文。为什么日本不进攻苏联?为什么它不北进而向南进?为什么苏联不打日本?为什么苏联不允许我们使用它的海空基地?作者在这里用雄辩的事实,说明苏联在太平洋方而对盟国的贡献,也严肃地解答了上面那一串情感主义的问题。

——编者

当欧战的结束看起来已经迫近的时候,当中国军事危机使我们太平洋战场的形势相当危险的时候,很自然的,我们大多数人都把我们注意转向远东,尤其是转向苏联在世界这一部份所担任的角色。

美国和苏联在太平洋上是近邻,但日本永远插足在两个国家之间。从前旧俄沙皇政府在中国东三省对美国商人的无礼待遇,迫使某些美国银行家在日俄战争中资助日本。结果是这个日出之国在帮助之下战胜了,但同时产生了一个潜伏的仇敌。在一九一七年,违反威尔逊的政策,美国是被协约国强迫着参加对苏联的军事干涉的,这是显明的。美国曾经很不情愿的派遣一支远征军到远东去,和日本约定,日本派一支人数相等的军队到西伯利亚去,大约每国七千人。当美国远征军指挥官格瑞弟斯将军到到海参威[崴]的时候,他发现日本已经有七万大军登陆了。那一次差一点演成武装冲突。但它延迟到一九四一年才爆发。

在一九三三年，罗斯福总统建立了和苏维埃政体的正常关系，但不幸，这在正确的路线上的一步没有按照我们最大的利益发展下去。某些仇恨苏维埃政体的团体经常阻挠和苏联的真正的友谊。

在日本发动对中国的进攻以后，罗斯福总统发出“世界性的战争将要爆发”的警告，并且一九三七年十月在芝加哥“防疫”演说中，主张那时已是停止运输军火到日本的时机了。第二天早晨，史汀生——他在一九三一年以国务卿的地位，努力防止日本对中国的进攻——在《纽约时报》上发表了一封信，在信里他断言如果英美商人停止运送战争物资到日本去，日本将不可能继续它在中国的战争。

不幸，无论是总统的警告和史汀生的非难言词，或者是绝大多数美国人民的愤怒都不能阻止碎铁、钢和石油源源流向日本。终于日本可能堆积起巨量的储藏，不只足够继续它在中国的战争，甚至可以在以后冒险发动对美国本身的战争。

当这战争物资之流不断的流向日本海岸的时候，苏联自然要猜疑起来了，这会不会是反苏战争的准备呢？在一九三八年，苏联是没有朋友的。同年，张伯伦、达拉第和墨索里尼在慕尼黑会议中会见希特勒，为捷克斯拉夫而奔走。但苏联——它和法国都是捷克领土完整的保证人，却没有被邀参加。所以，在苏联看起来，显然这个集会并不十分关心苏台德区（译者按：一九三八年十月德国根据慕尼黑协定占领捷克苏台德区）的命运和捷克的将来，而更关心着去鼓动希特勒发动他的延迟已久的向苏联的进攻。

受着西方的德国和东方的日本的威胁，苏联自然急于要设法阻止对它的进攻。它对张伯伦和达第的把戏看得非常清楚。因此苏联政府没有别的选择，只有答应希特勒的提议，签定一个互不侵犯条约。但是这自然不会被信为是允许希特勒向西方发动战争。苏联得到了纳粹不进攻他们的允诺以后，他们把进攻他们的战争拖延下去了，因此得到了时间来建立起他们的实力。这在以后证明对我们有很大的利益。

一九四一年，苏联答应了日本提出的同样的提议，在一九四一年四月签定了中立条约。根据这个条约，两个签字国家约定在一个国家卷入战争的时候，其它国家不能进攻它。这事发生在我们为了苏联在芬兰的冬季战争中而差不多准备和它断绝关系以后。

耽溺在心愿的想法之中的人会问：“为什么日本不进攻苏联？为什么它不北进而向南进？”回答好像应当是战争并不是为了取悦任何人而发生的，战争也不是为了解决观念上的不同而起的。战争是由于更干燥无味得多的考虑，常是经济方面的考虑才激起的。这就是为什么日本准备向南的而不是向北的战争。

如苏联远东领土这样丰富的地方却是并没有开发的。沙皇政府忽视了西伯利亚的富足土地,而把它完全用做犯人的流放地。结果它的富源丝毫未动的留着,直到新政府才来热心的开发。它在一九四一年,日本帝国的建造人很急切的想要像西方人在南洋一样的统治亚洲大陆上的非常丰富的殖民帝国,但是他们觉得为了这个还是不值得冒险对苏联作战。于是他们向南进攻,希望便宜的从英国和美国得到一切他们所需要的,英国在欧洲以及别处都已经太忙了不能有任何抵抗,而美国对于近代的大战是没有准备的。我们一定要承认他们的计算至少暂时是对的,日本很快的得到了对广大土地的完全统治权,随带着所有它需要的原料——为它准备着,等它来拿。已经有一万万奴隶被判定了在外国主人之下工作。在另一方面,日本若不顾一九三八年在张鼓峰、一九三九年在外蒙古边境的诺门坎和红军相遇的经验而再向苏联远东领地移动,那么在它征服了那个地区之后它会很难找到一个人肯替它工作的。总之,在我们很遗憾的是日本向东南发动了攻击,美国做了牺牲者。

在珍珠港悲剧以后,立刻有些报纸、少数无线电评论家,自然跟着他们还有一般的人再度相当生气的质问:“为什么苏联不打日本?”这问题,有些人实在很奇怪,他们还记得二十五年以来他们一直听说苏联的军力是如何不足,它的工业是如何的全然毫无用处,以及它的交通是如何讨人厌的混乱。但是情势是这样悲惨,这已不是讥刺或嘲笑那些觉得苏联能够把日本做为加增的负担而来帮助我们的人的时候了。

幸而我们的总统和丘吉尔一样,回答了这个问题,十分着重的提出当苏联正在欧洲前线上斗争,制止我们主要敌人纳粹的时候,再卷入对日本的战争,是和我们的利益以及全体联合国的利益相违背的。

因此在一个时期之内,苏联参加对日战争的问题沉寂了。但是现在它又重新出现在报纸上,人民又重新讨论它;而现在又必要对这个问题阐明一下了。

当人民认为苏联人在我们在太平洋和亚洲的努力中没有帮助我们之时,他们是完全错误了。苏联曾以远东别的国家□多的大量战争物资供给中国,这是大家都知道的事实。我们一定记得苏联和中国是毗邻的,别的国家没有。这意思就是苏联确曾援助过中国继续战争,反抗我们的敌人日本,而且中国没有这些供应将有多少能力是很可怀疑的。同时指出苏联送到中国的每一点援助都是接济重庆的中央政府的,没有一样是送给中国共产党的。

但是苏联间接的给了更多的帮助，使中国继续做我们的同盟国。单单是驻在远东的两支红旗军，大约一百万人，已迫使日本在苏联边界上保留一支强大的军队——约七十万到一百万最好的队伍。钉在苏联边界上的这些日本军队不能再来损害我们，譬如征服印度或是给麦克阿瑟将军再增加一些麻烦。

据说远东的红军有一支很强大的空军。对于日本，这也是一个梦魔[魇]。日本人从杜立特将军领导下的美国英勇飞行员的初次拜访以及现在超级空中堡垒不断的空袭知道了空权对于日本的味道，日本人的房纸[子]是用纸、草和几块木头片子搭起来的。但是苏联人所处的地位面对着日本是比我们更为有利的。苏联的轰炸机飞向日出之国的心脏只有三小时的航程。日本人不能不承认苏联飞行员对于日本能够办出一些什么事情来。仅仅是这些苏联空军的存在就能够帮助我们看住大批日本飞机，否则这些日本飞机就会用来对付我们。

最后，我知道苏联海军更多的存在对于我们是实际的援助，因为苏联海军要使日本潜水艇和和海面船舰藏在本国领海或挨近苏联港口的某处。日本海军也可以被日本人用来对我们大为不利，如果日本确知苏联人明天要干什么。苏联给予的这些情形都曾经大大的便利了我们自己的作战努力，虽然苏联人并未对日作战。

我们常常听到这样的问题：为什么苏联并不允许我们使用它的海空基地呢？大家都认为这样可以加快击败日本，我们对于日本本土的空袭就会更容易了。没有人能够否认从挨近的基地进击日本是更容易的。但是，人们也要记住所谓国际法的存在。如果苏联人允许我们使用他们的基地做为作战之用，他们就会立刻的自动的进入对日的战争状态，这完全不是对美国的最好的利益。这倒是真实的，不只是因为由于把一部兵力转移到另一个战场上去（还要加上行军兵站□中全部最复杂的问题），而不甘心的分散了兵力，而且还因为在另一方面我们就会丧失极有用的、不受损害的对苏交通线——太平洋海巷[港]。人们要记住，横跨太平洋，为了我们的苏联盟友正有不断的进行战争物资的交换（苏联知道怎样尽力使用在租借法案之下送去的大炮、坦克和飞机）。日本人从来没有碰过这些供应品。这是一大利益，丢掉这个利益是愚蠢的。

但是，因为欧战正在接近胜利的终点，人们又会问道：“击败希特勒的时候苏联人做什么计划呢？是不是必要把他们的武力保持在西方呢？”笔者已经听到几百次的问到这个问题，除了“我不知道”之外，我就再也说不出什么答案来。对于急躁的人们，这个答案是不能满足的。但是现在几乎没有一个人知道那个答案。为什么？因为那个答案是还在制造中。并不是单独的依靠苏联在计划什么，也不专看它能够怎么办。直到现在，希特勒并不是完全认识了红军伟力的唯一人物。并不只是苏联人怎样计划，也要看别的联合国是怎么办或怎么失败的。

再弄清楚一点：莫斯科是确切的关心别的国家对于明日日本的计划。不能让达尔朗（译者按：达尔朗是一个曾经获得美国支持的维希人物，盟军开辟菲[非]洲战场时被人暗杀）将军再穿上日本军服好像也很明显的苏联政府极愿确切的知道大西洋宪章是否对亚洲适用。苏联极愿确知联合国各友伴的计划，对于那些认真的相信可能建立全世界爱好和平人民的适当组织的人们，是可以接受的。他们好像是很严格的决心要消灭任何牌子的法西斯主义者，不许任何残余份子保有权势，这也包括日本在内。

笔者相信苏联能够也愿意十分快乐的有所贡献，好使太平洋方面的纷扰能有如意的结束。但这并不一定需要苏联人在远东开枪射击。有这样的行动，苏联就要破坏了他们的条约义务。我们不能劝告我们的盟友破坏条约，我们也明白在我们的信念中条约是不可侵犯的。（日本会去破坏，但这是另一问题。）还有，这一点对于我们也不能算是正当，就是让苏联人们把日本当成一个新负担，继续流血。他们对于未来的胜利贡献了这么巨大，较所有别的国家都是无可比拟的更多；他们对于神奇的成就支付了过多的代价——二千万以上的苏联男女老幼丧失了他们的性命，或者是损失了健康、四肢和工作的能力，价值几千万元的财产被毁灭了。所以，我的意见就是我们无需要求苏联对日宣战，因为他们在亚洲战争之外已经大大的援助了我们。

笔者相信我们曾经在大西洋宪章中申明我们的志愿是要看见真正的民主建立在日本和世界上别的国家一样。日本人民应该被人告知，我们认清了他们大部人民都是错误统治者的牺牲者，因此他们在战后不会受到我们的伤害。那时，我们或许能够希望至少能有几个人成为我们的友人。天皇的海陆军将领或许会有一个时期拒绝求和。但日本人民的想法会是不同的，如果他们能够确保得到我们的好意。对于这种人性的接近，他们是易为感动的。苏联无疑的对于日本人民能够达成这种谅解，正如苏联在对欧洲各国人民中清楚显示的能力一样。

我们不要害怕普通人民，我们现在就应该利用普通人民帮助我们加速终结战争，这样我们大家才能回到更有条理的行业中去。

（原载于《文汇周报》第4卷第17、18期，1945年）

祝朝鲜解放

佚名

（本文原载九月十二日重庆《大公报》）

自苏联对日宣战，大军长驱而入朝鲜，北纬三十八度以北的朝鲜疆域早已解放。以南，归美军接收，至九日日本始签字投降，至是朝鲜全部解放了。屈指一计，去日本正式公布兼并韩国已三十五年，设韩国统监则已四十一年，而事实，日本奴役朝鲜民族已在五十年以上。今日朝鲜三千万人民，年逾六十能道当年亡国故事者，恐已寥寥，诚可感慨！但年代仅能湮没个人，而不能湮没民族，今朝鲜已自由解放，五十年来压迫朝鲜的日本刻已被征服，已举手投降！朝鲜人民得见征服者也有今日，这是多么意义重大的事！

中韩兄弟之邦，同仇敌忾，朝鲜解放，我们也十分欢欣。提起旧事，朝鲜问题实乃中日纠纷的起点。甲午之战便是为了朝鲜，中国战败，于是朝鲜亡国。五十年来中日关系，实由此开始逆转。日本由此不断的侵略，使东亚和平频受破坏。故如穷究根源，则"九一八""七七"及"一·二八"等这一连串的"事变"战争，是一脉相承的，即日本侵略可谓起始于朝鲜。从这点论，今朝鲜解放，实为东亚历史的总结算。

朝鲜是日本到大陆的跳板，已不止一次。按诸历史，要制止日本对外侵略，必保朝鲜独立，否则便像大河决口，日祸遂泛滥亚洲大陆。事实是这样的：日本企图征服大陆，皆假道朝鲜。在公元第三世纪初叶，神功皇后为男装，跨海去征新罗，胜了，高丽、百济也被迫奉款通好，三韩尽入日本。这是日本第一次向大陆发展的成就。以后国势之强盛，就遵循着这个途径而实行征韩。最著名的一次是在十六世纪丰臣秀吉的两度出征朝鲜。丰臣秀吉平定日本全国，便赠书于朝鲜王李昖，说："吾欲假道贵国，超越山海，直入于明，□四百州尽化我俗，以旅王政于亿万斯年。"这口气实不下于现日本军阀所唱并吞中国征服世界——"八纮一宇"的野心。就是说，丰臣之志不在朝鲜，乃在征服中国。当时明朝曾遣兵迎战，与秀吉相持于朝鲜，前后六年，凡数十战，朝鲜为中国藩篱，关系唇齿，在所必争，在此战役中便显见了。三百年后，降及明治维新，日本的一统国策又由西乡隆盛唱出征韩论。西乡虽未及身征韩，但其主张最后还是实现了。看历史，我们可以断言：如日本得有机会复起，朝鲜将来仍要首当其冲。今乘朝鲜解放，我们要建议由中苏美英盟国共同保证朝鲜永久独立。这是保证东亚永久和平的基本条件。

朝鲜独立，对日本的利害关系，军事上是失掉了一个“兵站”及许多军需工业，到大陆的路被堵塞了。但以后问题在经济方面：战前日本由朝鲜输入的商品，食物有米、豆类、水产物及牛等，原料有铁、煤等，最大宗的是米，占输入额的半数。其次为豆类、铁矿。战后日本已不允许保有军需工业，实际只有一个米的问题。但朝鲜对日本输出米谷很勉强，是自己吃杂粮(由东北去)拿好米去供奉日本的，今后输出米量一定要减少。其他输入问题并不严重。就日本往朝鲜输出看，也是一个问题，朝鲜市场约占日本输出额的四分之一，大多数是七零八粹[碎]的工业品。战后日本工业已不可能像战前那样繁荣，输出数量自然要减少。就是说。在经济上，朝鲜脱离日本的羁绊，对日本也是一个大打击。但无论如何，今后朝鲜应由政治独立走到经济独立，不能再受日本的剥削了。

朝鲜解放以后，首先是政治问题，旅外韩国革命者已可重返故国管理自己的政治了。朝鲜总督府绝对应立刻取消，即使暂时无政府，也不要让日本人去维持秩序。我们认为保留日籍官吏会丧失盟军在朝鲜的威严。应以旅外韩国革命者及在国内的民主斗士去代替日籍官吏。所有朝鲜革命者及全体人民，现在必须不分党派，尽弃前嫌，精诚团结起来，去为祖国服务了。对团结问题，事势所趋，只有民主一条路。不论在中国、在美洲、在苏联、在朝鲜国内或在日本的，似有必要召开一个代表大会，把韩国临时政府建筑在更广泛的民主基础上面。

我们一向关心韩国革命，也关心着朝鲜人民，今见其自由解放，实在衷心喜悦，仅申祝贺，并愿朝鲜得早树立独立政府，与中苏美英永久合作！

(原载于《半月文选》第4卷第6期，1945年)

朝鲜的革命运动

佚名

过去廿五年中朝鲜革命运动的显著特点，是革命斗争多半在海外流亡中进行。第一次世界大战时，协约国曾提出民族自决的口号，韩人受这种口号影响，一九一九年三月一日发动第一次要求朝鲜独立的全国性示威行动。这个被称为“被动的叛变”，参加的韩人约两百万，但被日人迅速压服。据韩方估计，被囚者达五万人，被杀者七千，有许多朝鲜领袖出走，有些参加了满洲的朝鲜独立军，有些逃到上海。一九一九年之冬，朝鲜流亡政府就在上海成立。

据一般估计，流亡在外的朝鲜人占全部人口二十分之一，大约在满洲的韩人有一百廿五万，在中国本部的三十万，在苏联西伯利亚有四十万，此外在夏威夷及美国本土的也有万人。同时在朝鲜国内地下活动也始终不绝如缕，但由于日本压制极严，它不可能集结充足实力，形成积极而有组织的力量，因此朝鲜的革命活动大多由流亡在外的朝鲜团体进行。

这些团体中有些都已经与国内失却联系，中国国民政府支持的朝鲜临时政府即其中之一，它们的努力曾多半注意在争取外国，特别是美国对朝鲜自由运动的支持，他们的观点非常保守，并未致力于组织游击战，或在朝鲜国内国外觅取人民的拥护，他们缺乏行政经验，不足以为自由朝鲜执行政务，但对今后朝鲜外交工作上有些用处。

另一群朝鲜流亡者做法不同，他们为争取独立，抱有更积极而战斗性的方针，并竭力设法与朝鲜人民发生联系。这一类团体包括一九一八年组织的朝鲜共产党以及其他若干左翼团体，他们曾在满洲、中国以至于日本都建立了活动中心，策动游击战争，最初并对日人采用个别的恐怖手段，一九二五至一九二七年大革命时中国国共结成联合战线，不少朝鲜左派人士曾参与活动。

从事海外朝鲜革命运动的各党各派的历史说起来相当复杂，其中包括参加中国革命，在美国的政治宣传，保守派与激进派对革命目的与手段等问题的纷争，对日本压制与列强对朝鲜问题漠视等双重困难的长期斗争。朝鲜革命斗争发展的每一个时期都深受整个东亚大局的影响，当中国革命运动鼎盛时，朝鲜革命运动也趋高涨。至于整个朝鲜革命运动的详细历史，将于今后革命领袖不致遭受报复危险时才会逐渐发表。

（原载于《新闻资料》第68期，1945年）

扶助朝鲜独立问题

佚名

朝鲜原是中国的属领，其民族有悠久的历史；自被日本占领后，完全陷于悲惨地狱，所遭受的苦痛和我们这沦陷十四年的民众，可说是有过之无不及。此次由于联合国作战胜利，在最短时间内，他们的祖国也光复了，本着人类的同情心与尊重国际道义的原则下，我们不但要对他们深致祝意，还须对他们多方的鼎力援助。

开入朝鲜的联军，一部是苏联军队，一部是美国军队。苏联军队是先美国军队而开入的，在武力到达的当时，就令朝鲜民族执行委员会接收咸镜南道内的各机关，解除日本宪警武装，停止新闻通信，并由苏军及朝鲜解放委员会共同维持治安。迨后美军在朝鲜登陆，接收朝鲜的日本行政事务，亦有朝鲜人数名参加组织。由是以北纬三十八度为界，苏联占领朝鲜北部，美国占领朝鲜南部，成为平分秋色之局势。

据时代新闻周刊所载：美国的战后外交政策，有两点值得注意的：(一)除防卫上所需的基地外，在其本国疆界外并无领土的目标；(二)美国一如苏联，决心参与解决所有的国际问题。我们玩味这项简单的几句话，可以明白美国与苏联的态度是一致的。不过这分头治理的办法，似乎步调不能齐一，更以同盟联合国及地理上历史上诸关系，还有其他国家应该参与。日前美国一位议员说：朝鲜应由中美苏澳共管，仿佛有相当理由。我们以为在目前要成立一个共管委员会来协助朝鲜人组织政府才是。

朝鲜人需要甚么样政府呢？当然是最合时代要求的民主集中制的政府了。听说朝鲜的党派特别多，已展开激烈的斗争。究竟由谁去组织政府，过去亲日的政党，没有上台的资格，流亡在海外的政党或政府，也不见得能满足人民的愿望。还是如麦克阿瑟对日本的办法，实行普选，再组织合法的人民政府吧。人民政府产生，一切政治都上轨道，共管委员会就可取消，这是比较妥当的办法。

（原载于《群》第1卷第1期，1945年）

苏联何时进攻日本?

佚名

美国的高级参谋人员一向都相信大战结束前苏日战争决难避免,问题在爆发的时间和谁先启衅。

要是苏联在一九四二年便允许我们利用西伯利亚基地,日本在伪满的强大陆空军早就进攻了。自然,苏联在西伯利亚还保持着强大的地面部队——但拥有是一回事,真正作战起来封他们装备和补给的供应又是一回事。要不是接济□线的迫切需要,苏联在远东的空军当不会如此薄弱。而且,滨海各省伸连海参崴和朝鲜的狭长地带,也很容易随时遭遇伪满日军的攻击。

如果苏日战争在一九四二年就开始的话,南部西伯利亚滨海一带及容易到达日本工业中心的航空基地的丧失是不成问题的,整个贝加尔湖以东地区也可能丢掉,而更重要的是,苏联力量的分散必然会使决定性的斯大林格勒一役遭遇失败。

就算是斯大林格勒可以获救,苏联能够保持最底限度的能为空中堡垒□炸的航程内的空军基地,那么这种对日本轰炸性的进攻怎样接济呢?轰炸机和作保护用及防守基地的战斗机可以像供给苏联抵抗德国的千百架飞机那样取道加拿大阿拉斯加飞往,但是那些炸弹、军火、汽油、修理设备和所有支持一个战□轰炸的供应与人员又怎样前往西伯利亚呢?通过日本岛屿的海道届时一定被切断,西伯利亚铁道也得为苏联军队运输之用,那么最好是利用飞越这条漫长荒芜而又耗费的航空线了。

一九四二年的苏日战争不但对于苏联充满危机,就是同盟国也甚为不利。为什么那时日本不发动现在还是一个谜,也许他们已给我们在所罗门群岛的突然反攻吓呆了吧。

现在,苏联对日本的进攻已有充分的准备了,过去两年来,海参崴和西伯利亚其他港口已假苏联水手驾驶的自由轮从美国运入不少物资。

苏日战争对盟国的战事进行已没有什么威胁了。自然，如果它延迟到德国战败后始行爆发当更有利。问题已不在苏联的参战与否，不管有无苏联帮助，盟国打败日本已是必然的事。日本本土被征服后，苏联一定要攻进伪满。问题在怎样的时机苏联才会迅速参战，俾对击败日本□有切实的贡献。

在回答这一问题□□有一点我们要认识的，德国战败后西伯利亚铁路的运输能力也不会怎样增加。

运输可能限制苏联作战的活动。甚而，在美国通达滨海省的海上运输线未能确保之前，一个借西伯利亚基地进攻性的大规模长途轰炸也很成问题。日本军队在伪满有他们自己的军事生产中心，要毁灭他们自是一件艰巨的工作，最适当的应由中苏两国担任。如果我们能□外获得些日本航程内的其他空军根据地，这些西伯利亚基地的重要性便不复存在了。

就目前太平洋战争情势所示，苏联的参战当会减少我们征服日本本土的时间和牺牲，而且必然可以加速日本在亚洲大陆军队的败亡，此事对于苏联显然比我们还有更切身的利害关系。因此，为着与西方盟友保持同等地位，苏联与同盟国计划彻底击败日本的军事力量合作而参加太平洋战争时，苏联自己在远东的门户也有其直接的利益。

（原载于《时与潮》第 24 卷第 1 期，1945 年）

敬祝韩族的解放

黄素封

三十五年以前，因为中国的积弱，俄国又给日寇击败，韩国统治阶级的腐败，终于韩国被日本灭亡了。

日寇吞并了韩国，便开始实施它最毒辣的殖民地政策，在政治上用高压政策，企图使整个韩族永远为他们的奴隶；在经济上，不但独占韩国的企业界，独占韩国的市场，剥削韩民的资产，使韩民的工商业完全破产，还要霸占韩国的土地权，使十分之八的土地落到日人手中，使韩族的自耕农一天一天的减少，逐渐成为日寇地主阶级的佃农；在文化教育上，企图彻底消灭韩族的固有文化，消灭韩族的语言文字，实施种种的奴化教育。日寇对韩族的这些毒辣政策，有没有成功呢？我们可以说，他们在物质上是成功了，一切殖民地的经济政策是成功了，使整个韩族陷入于赤贫的状态。可是在精神上是失败了，一切奴化政策并没有成功，韩族固有的文化依然在最艰苦的环境中奋斗，韩族的语言文字依然为一般韩民所应用，韩民对于日寇始终不断地展开反抗运动，自从第一次世界大战以后，韩国独立运动的怒潮不断在地下生长，不断在国外展开，韩族的志士曾不断的为国奋斗，为国牺牲，悲壮的事件震动了整个的世界，为世界一切民主国家所同情。所以我们又可以说，日寇虽然统治了韩国三十五年，他所统治的韩国是物质的，韩国的物质虽给日寇统制和搜刮，可是地下的韩国永远存在着，为全韩人民精神所寄托。韩民们都有一个坚强的信念，就是韩族一定有一天能从日寇的梏桎中解放出来，因此不断的在奋斗，不断的在牺牲，不断的给日寇打击。

现在日寇向联合国投降了，韩族毕竟从日寇的梏桎中解放出来了。韩国的志士，三十年的奋斗，终于达到了目的，韩国人民的鲜血毕竟不是白流的了。我们中国和韩国，几千年来历史上、文化上、地理上关系非常密切，这几十年来中国由于积弱，遭受日寇的侵略和束缚，而韩国更遭遇到日寇吞并的悲惨命运，我们两国过去几千年来是亲如手足，近几十年来更是患难相共，这次韩国能够摆脱其三十五年来悲惨境地，得到了解放，我们感到万分的快慰，当然要热烈的向韩国祝贺，祝贺韩族今后得到彻底的解放，韩国从此完成其再建的大业，建立成一个民主的统一的富强的国家，成为亚洲东北部的一个安定力，不再是列强角逐之场，不再成为国际间的纠纷的场所。

我们祝贺之余，还有些意见想贡献于韩国全体国民之前。

第一，要各党各派团结一致，为国努力。韩国这次得到解放，真是个千载难逢的良机，万不可各党各派相互纷争，无论如何，大家必须赤心诚意，万事以国家民族为前提，各党各派必须各自消除成见，以求取得团结一致，更不可利用国际间的若干矛盾，作为争夺领导权的背景，尤其不可各自组织政权，使整个韩国四分五裂。现在韩国的政党很多，据说多至七十一个，各有其主张，各有其思想，可是一个很好的现象，就是党派虽多，意见虽纷歧，而至今政府依然只有一个，就是过去流亡在中国的韩国临时政府，这个临时政府已有二十七年奋斗的历史，同时也是过去独立运动的中心，当然能领导各党各派，现在临时政府容纳的只有四个政党，我们希望他能尽量和各党派合作，尽量吸收各党派的优秀人才，同时希望各党派也必须接收他的领导，共襄建国大业。

第二，希望韩国外交界能调整目前国际间在的矛盾，现在韩国南北两部分暂由美苏占领，美苏两国的对韩政策有些不同，韩国人士必须负起调整这个不协调现象的责任，务使美苏两国同时同日撤兵，使韩国早日独立，万不可推波助澜，闹成僵持的局面，使韩国由国际关系而再度分裂。

第三，在韩国完成独立以前，必须要有整个再建设的计划。韩国今日必须准备好大量的技术人才，调查国内外的韩国人才，尽量使其为国效力。一旦韩国独立，一切接收工作、复兴工作，千头万绪，恐怕较之我国接收收复区更是繁重，必须有计划地实施，选用一切有为的人才。在接收工作完毕后必须立即开始建设，不能停顿。无论社会政策、经济政策、文化政策都须有一定的步骤，按步实行，不可卤莽从事，组织必须健全而严密，工作必须迅速而有效。这些问题，目前都值得研究，而且迫切地需要研究。当该先行进行调查韩国现状的工作，然后再研究对策而预定计划，要脚踏实地的做去，不可丝毫疏忽，遗害于将来。

（原载于《中韩文化》第 1 卷第 1 期，1945 年）

在歧路上的日本

[日本]绿川英子

(选自昆明《扫荡报》)

近来,我天天在期待着,能够听到我离开了八年多的祖国底人民的声音。但是他们仍然无声。而从三岛传来的,虽是同样属于日本人我却不愿称他为同胞的那群人发出的。他们的声调,他们的语汇,的确变了不少。但是,我并不相信他们。我讨厌、憎恶他们,不仅过去,现在和将来也是如此。

在无声甚至无表情的日本人身上,我不知道登陆的盟友们看到了些什么没有?他们也许已经领会了所谓“好战”的民族的正体究竟如何。八年来,日本人民默默地流过了成河成海的血、泪和汗。这,当然可以说“自食其果”。他们将要偿还罪过。

偿还是必需的。不过,我坚决反对一种“处罚”。就是叫这“好战”的国民再当做炮灰。

这并不是开玩笑,也不是谐谑。我是针对着严肃的现实而说的。我看到了我所爱的故国成为第三次大战的温床的危机。我衷心反对这个。不只是我一个人,而是整个的日本人民反对这个。不仅是日本人民,而是全世界的人民反对这个。

谁说人民的血与泪还流得不够呢?难道人类只为了破坏、相杀与溃灭而存在吗?难道和平与幸福只是永远捉不住的美丽的空中楼阁吗?

我们必须根绝人类的死敌的法西斯。

西方纳粹的罪犯们业已大部就缚,而还在逃避中的,我们要追究到海角天涯。可是东方呢,日本的法西斯却仍旧自由地呼吸着我们所呼吸的大氛[气]。更严重的是他们轻而易举地脱掉武士的甲胄,穿上了和平民主的外衣。

无疑地,我们胜利了。但不要以为他们的投降就是和平的到来。

他们既不是因为箭折矢尽,更不是为了爱惜人民而才投降的。他们把纳粹的前鉴看得很清楚。波茨坦宣言叫日本走向"理智之关"。果真是理智叫他们投降的吗？是的，他们有超人的理智。他们不愿意陷于完全毁灭之境。

一句话，他们过早的投降是为了尽量保存自己的力量。

有些人因为在昭和、铃木、东久迩等的话里找不到"痛悔"的字样而感到不满或失望。他们甚而对日本新内阁的人还谴责或愤怒。这些人到底想从日本侵略者要求什么呢？难道还不晓得他们是法西斯、战争的制造者吗？盟军开始严格的管理以后，他们恐怕会变成更和平更民主的面孔吧。老卖国贼贝当不也会说，他是为了法兰西而做了一切，他的生命是献给祖国的吗？

是的，有些人以为只要把珍珠港的偷袭者和巴丹半岛的杀戮者解决，天下便太平无事。他们愿意而且期望，让稳健派、财阀、贵族、官僚等来统治未来的日本。这是多么可怕的错误呵！

所谓稳健派和激进派之间有什么本质上的区别呢？法西斯国家的军队是从事侵略的。两者之差，仅仅在程度上。把国际情形看重些，把英美的军力估计得高些，便是稳健派所不能不稳健的唯一的缘故。帝国主义大资本家们所做的，是使国内大众彷徨在饥饿线上，拿这代价往海外市场发展。军阀是侵略的前驱，财阀是侵略的原动力，官僚们拿着刺刀和法律欺吓人民，这功劳对于侵略还算是小吗？他们是几位一体，谁也少不了谁。日本的独裁专制统治机构是他们的总合体。

我要特地向中国人民申述，日本法西斯根本不承认中日战争的失败。请看八月十五日的日皇的敕书、铃木内阁的文告，都仅仅提出将近四年的"大东亚战争"。他们默默抹杀八年来加在中国人民身上的大血债。他们又把"中日合作""中日亲善"的法宝拿出来了。中国人民还允许甜蜜的谎话来掩住血淋漓的事实吗？

我们要揭破这种阴谋，我们要打破这种阴谋。

我们所要的，不是暂时的而是永久的和平。我们要民主的日本，不要别的花样。

我们要彻底消灭日本法西斯。我们是根绝它的人物、制度、军队、经济、思想等的一切的一切。

天皇问题让日本人民自己来决定——这在原则上是对的。可是，天皇的独裁权还在，以他为中心的统治机构一点也没有动摇的时候，请问日本人民那有存废天皇的自由。

既然不许所有的军需工业存在，而使和平工业归于国营，如果这"国家"仍旧是从来的统治者们的独占物的时候，"国营"究竟意味着什么？何况所谓和平工业，必要时可以很快地变成军需工业呢。

根绝日本法西斯和建设民主日本，这个单靠盟国的军力而忽视日本人民的民主力量是办不到的。

过去曾有不少人——尤其在中国——把日本人民的革命过高地估计。当时他们以为而且希望日本侵略中国不到两年，日本人民会起来反战，战争便很快地结束。不幸，他们的期待没有实现。现在他们极力宣传日本人是了不得的法西斯信徒，至少是盲目愚蠢的羔羊。

我也承认，法西斯的毒素在广大的日本人民中被培养得有相当的深度。可是，在那么严密苛刻的战时压迫下，各地军需工厂常常发生怠工和罢工，全国的牢狱充满着所谓思想犯、政治犯。别的且不说，仅仅这两件事实，还不够证明日本人民的革命运动并没有退潮吗？

盟国人士或因日本人民并不把他们看做解放者而失望。这不妥当。我们还记得，当太平洋战争开始吃紧以来，日本统治者便拿“国家的破灭”“民族的灭亡”来鼓励和威胁他们。“战败”“殖民地”对于日本人是多么可怕的名词呵！台湾人和朝鲜人的悲剧他们已经看清了。统治者把“满洲国”做“乐土”，可惜没有一个日本人相信这话。因此，波茨坦宣言中的“我们无意奴役日本人民或消灭其国家”一项，在他们眼中可能是一张废纸。

多年来眼睛被蒙蔽、耳朵被掩盖着的日本人民，恐怕只认为：日本的战败是苏联的参战和原子弹造成的吧。他们还不理解这次盟国的胜利是世界人民的民主的胜利。他们未必明白盟军登陆日本的意义。

日本统治阶级愿意让人民了解这一点吗？

不！他们介在盟军和人民之间。他们企图仍旧蒙着人民的眼睛，掩着人民的耳朵，掩着人民的嘴。

统治阶级一日存在，日本便一日谈不上民主。东久迩声明，日本国民照着宪法有言论、结社、出版及信仰等自由。但是统治者如果仍有随便逮捕人民、屠杀人民的自由，那么真正的自由到底在那一方面呢？试问，现在他们让人民的民主革命势力抬头发展吗？他们会立刻释放除了法西斯以外的所有政治犯吗？他们允许在华日本人的革命团体尤其是冈野进先生领导下的解放联盟回国活动吗？

波茨坦宣言坚决地说：“欺骗与错误领导日本人民，使其妄欲征服世界之威权及势力，必须永久剔除。”

是的，必须永久剔除，且要最迅速和澈底。

纵然日本已经签订了投降书，盟军的占领日本，各地日本军队缴械，进行得意外地缓慢。不要以为这不过是几天光阴的消逝。日本统治阶级正在努力拖延以保持它自己的生命,保留它自己的力量。

我们希望而且也相信,盟军对他们的关系是暂时的、过渡的。

可是,片刻不要忘记,他们那殷勤地伸出来的肥胖的手,便是杀人不见血的手,他们那谄媚的笑容之后深藏着可怕的阴谋。

不要忘记日本法西斯的人物、机构、经济甚至于军力,仍然无恙存在着。

我们希望,我们要求,盟军迅速而彻底实行波茨坦宣言的一切。

我们希望,我们要求,首先迅速地管制所有的日本战争罪犯。我们所说的战争罪犯是广泛而澈底的,关于这,很可以参考冈野进先生著《消灭日本法西斯的道路》中的"严惩战争罪犯"一项。不要忽略,曾经干过日本共产党,后来在华北华中积极从事"宣抚"工作的佐郎锅山等的败类,也是十全十足的战争罪犯。检举战争罪犯,中日两国人民应该协助盟军,把所有的罪犯追究到海角天涯。

迅速且彻底消灭日本统治阶级的人物、机构、经济、军力、思想等的一切的一切。

把人类的死敌日本法西斯从地球上无踪无影地消灭掉!

我们要永久的和平!

我们要民主的日本!

离开祖国已达八年,怀念之殷莫过于今日。但愿它从此不再是将要爆发的火山,而是明朗枫[飒]爽的绿岛。

一九四五,九,七日

(原载于《文萃》第1期,1945年)

解放斗争中的朝鲜

潘公昭

朝鲜就是古代的高丽，因为老百姓的大部分是韩族，所以又叫做“韩国”。

朝鲜是亚细亚洲东部的一座大半岛，三面是海，只有一面和大陆连接。东面是日本海，南面和日本的本州和九州，只隔一条朝鲜海峡，所以一千多年以来常常受到日本海盗(那时叫做“倭寇”)的抢劫。西面是黄海，中部海岸的仁川港，和我的山东半岛隔海相对，到青岛和大连只有三百里左右。西海岸北部韩国古代的京城——平壤，离开我们的大连市只有一百七十五里。都是几个钟头就可来往的。北部有一条鸭绿江和一条图们江，弯弯曲曲地和我国东九省的安东及吉林省交界，有许多地方，像西面的安东和新义州，只过了一条桥，就算走过了国界了。就因为西北两面和我国海陆交通非常便当，所以几千年来，中韩两国是兄弟一样的国家。朝鲜的东北部，图们江的出口地方，又和苏联交界，因此这里又有俄罗斯的风景。七年前，附近发生过张鼓峰事件，苏联就在这里把日本兵打败了。

从朝鲜的四邻来看，他和我们中华民国的关系顶亲密，和南面的日本、北面的苏联，也常常有些来往，最近几百年来，朝鲜所发生的几件大事，也就和中国、日本及俄国有很密切的关系，所以韩国的革命解放运动是和近百年来的远东国际大局分不开来的。但是，俗语说得好，“蚊子不钉[叮]无缝蛋”，说起来朝鲜内部政治的腐败、专制和黑暗到极点，封建的国王和大臣对外国人极力奉承，对自己百姓则毫不体恤，抽筋剥皮，结果也成为韩国革命的对象，而强邻的日本帝国主义就趁此机会打了进来。

一百年前，韩国还叫朝鲜，由姓李的做国王，年年向中国满清皇帝朝贡，满清在朝鲜有很大的势力，朝鲜的政府软弱无用，一切听人摆布，但是对自己百姓却很凶恶，一点也不放松。那时东邻的日本就想抢夺这个半岛。到了五十一年前，经过了中日战争，腐败的满清政府被日本打败，在朝鲜的势力完全退出，日本的脚就接着伸了进来。北方的俄罗斯看得眼红，约会了法国、德国，出来“打抱不平”，逼日本交还辽东半岛给中国，他自己就向朝鲜说，情愿帮他的忙，防御日本人。日本人看到众寡不敌，只好低头不向，心里恨透俄国。他就加紧准备，十年之后，和俄国大打一仗，侥幸打败了俄国，朝鲜就变成他桌子上的一碗肥肉了。那时朝鲜早已改名大韩帝国，国王改称皇帝，实行变法维新，因为亲日派和保守派的对立，没有什么成功。日本利用了亲日派步步进过，第一步夺取外交权，第二步夺取财政权，第三步把大使馆改做统监府，把大韩帝国变成日本的保护国。不久，就在三十五年前即一九一〇年八月廿九日，宣布日韩合并，朝鲜从此灭亡。

朝鲜灭亡之后，日本人就在那里横行霸道，穷凶极恶，逼得老百姓坐立不安，贫病交逼，因此大家想要起来反抗，又加不久之后中国发生辛亥革命，推翻满清皇朝，建立中华民国，鼓舞了韩国人民。后来俄国十月革命，推翻沙皇专制政府，建立苏维埃社会主义共和国，更使韩国人跃跃欲试。所以，在第一次世界大战后不久，俄国革命成功后三年，我国五四运动后一年，(那时我国抗日运动很热烈)，一九二〇年的三月一日，朝鲜全国爆发了抗日大暴动，暴动的人民，大家高呼：“独立万岁！”因此日本人叫做万岁事件，到处发生流血冲突，日本人靠了军队和警察，把暴动者打败了，但是从此以后，各地不断的发生革命行动，而且革命的政党也先后成立。不少革命志士，因为本国无法立足，逃到中国上海、北平、广州等地，也有逃至美国和苏联的。中苏美三国对他们都很同情。特别是上海韩侨的革命运动最有成就，“一·二八”沪战后，一九三二年四月，上海日军当局的庆功纪念会上，韩国志士尹奉吉抛投炸弹，把日本白川大将炸毙，今年代表日本帝国签字投降的独脚人重光葵的一只脚，也就是那时给炸掉的。

抗日解放的斗争，从此在韩国国内和国外同时展开。九一八事变以后，已有中韩抗日联军出现在鸭绿江两岸。我国全面抗日战争以后，韩国的抗日运动更加热烈。国内以朝鲜共产党领导的地下抗日斗争最为有力。还有成百成千的青年跑到华北、西北，受中国的训练，参加解放同盟，组织日韩军反法西斯的起义、叛变。在华中、华南的韩侨，也结成了抗日联合阵线，如韩国独立党、朝鲜民族革命党、朝鲜民族解放同盟、朝鲜无政府主义者联盟、韩族同盟会等，都参加了受我国军事委员会协助的韩国临时政府，他们有韩国光复军的组织，也间接及直接参加抗日战争。侨居美国的大韩国人会，对这个临时政府也表示拥护。临时政府的一班委员，在今年十一月经过上海，已由金九氏领导着，回到他们解放后的祖国。

日本法西斯帝国投降以前，苏联的红军打到朝鲜北部，解放了广大的土地和人民，朝鲜人民组织人民解放委员会和红军合作，从事肃清日本军阀法西斯匪徒和复兴地方的事业。日本投降以后，美国军队开进朝鲜南部，接受日军的投降，并设立军政府，代替日本的总督府。这样朝鲜便被一分为二，而国内左派和右派各党的斗争也越闹越厉害起来了，但是朝鲜人民都渴望要统一和独立，他们希望美苏军队赶快撤退，让朝鲜人民自己来管理自己的国家。

（原载于《生活知识（上海 1945）》第 6 期，1945 年）

构成亚洲大陆安全的重要一环

——中苏两国应保障朝鲜独立论

湘渔

人类与地理常结着不解的因缘的。人事虽瞬息不断地在变动中，记载人事的历史也虽在瞬息不断的变动中，然而人类的地理环境却在几千年内很少变动的。其间虽也因人类控制自然的力量的增进而把地理的影响及于人类者减小到相当少的限度，然而我们却根本不能把地理的位置有所变动。我们的国家位于太平洋上，终古如斯。在我们北方的北极星，也自孔子以来就受着众星环拱，没有一丝地改变过，我们的北方黄土层，依然仍以它的滋育万物的乳汁生产着大量的食物，供应着它的忠实的儿子——农民们。可是我们从我们过去悠长的历史记载中却觉察出了不少的人事变革，反之，我们却很难觉察出地理上有什么惊天动地的变革。也许历史的演变以骤，而地质的演变以渐，因其渐也，所以我们不觉得它的演变。

历史的演变虽以骤，可是他的演变我们也可以找到它的演变中的因果关系——那一种不变的定律。人类之所以贵有历史者，就在它能供给我们以往的事例来作未来的镜子。古代希腊历史家修昔迪底斯（Thucidides）早已告诉过我们："历史即是以例证来传授的哲学。"人类纵观历史的前例，横观地理的形势，把历史在变动中的、地理在不变动中的种种原因及后果观察清楚，那末我们料未来的事，虽不中，亦不远矣。

朝鲜半岛在亚洲的地理构成上，恰以稍向东南偏斜的姿态伸出于黄海与日本海之间，造成了大陆与岛国间的桥梁。这一桥梁过去在文化沟通上所尽的任务，是非常重要的，大陆上的文明——主要的自然是中国的，次要的是印度的、伊朗的，甚至还有希腊、罗马的，都由中国为其中心，通过了这横亘中间的桥梁而传播于岛国。如果我们认为西方文明的发源地是埃及，它的传播人是希腊人与腓尼基人，那末东方的文明发源地却是中国，而东方的传播人——

朝鲜人也至少尽了一部分责任，当然它的传播范围是极其狭隘的。

中国和朝鲜开始发生接触，是在公元前二世纪初，而和她关系的完全中断，是在十九世纪的末，其间实足有两千年。在这一期间内，虽不无以兵戎相见的时候，然而就大体上讲，却是长期间保持这样的亲密关系的：中国做了文化的总站，朝鲜做她的传播人。彼此也有了这样信任，“尔无我畔，我无尔虞”。这种相互间的关系，终因崛起于海上的日本通过了这座桥梁向大陆发展而遭破坏。

日本灭亡了朝鲜，至今恰为五十年。我们试分析这五十年来的历史，因朝鲜问题而直接引起的大战有甲午中日之战和一九〇四年日俄之战。日本也就因为大陆间与岛国间的缓冲地带朝鲜失掉它的独立，遂伸张它的势力于满洲，而树立他的“大陆政策”的初基，以为今日为祸于亚洲和世界的起点。九一八以后的对中国侵略，由东四省而及于华北，由华北而华中，由华中而华南、中南半岛，其势力几把印度与半个南太平洋囊括于他的版图中，这一切都可以说是朝鲜灭亡后的应有后果。

假使历史是富有教训的意义的，我们就不该忘记这一历史事实的教训。从这短短的五十年的历史发展看来，我们是和朝鲜共其命运的。朝鲜遭被灭亡的命运，我们失掉了屏障而遭受日本不断的侵略，直至这一次抗战，以无数人的血，莫大的物力的牺牲，我们才洗清了以往被侵略被压迫的污点。我们认清了这一点，我们就该知道我们今后的国防第一线，不在鸭绿江、图门[们]江中鲜边境，而在朝鲜半岛极南端的朝鲜海峡。这一点是和我们的盟邦苏联有利害上的一致、防守上的共同之点的。自从朝鲜灭亡后，撇开了帝俄时代的二十余年不说外，日本以大陆为根据地，向苏联领土作侵略的尝试的，有苏联革命初期的派兵进占西伯利亚，有张鼓峰、诺门汉的两次比较大的接触战，有苏满边境的日本无数次的启衅小战。这种种事实告诉我们，日本势力伸展于大陆，中苏两国在大陆上的领土都是不安全的。中苏两国在这一点上有共同防卫日本的必要，也有保障与巩固中苏的共同缓冲国朝鲜独立的必要。

中苏两国不独在边境的安全上利害一致，并且对弱小民族的政策也是见解一致的。我们的缔造共和的国父早已指出：

> 俄国人民觉悟，知道帝国主义不对，所以便对本国革命，先推翻本国的帝国主义……因为俄国人民发生了新觉悟，知道平日所受的痛苦完全是由于帝国主义，现在要解除痛苦，故不得不除去帝国主义，主张民族自决……

她的这种精神，也表现于她的新宪法上。A. 阿斯格罗夫在他的《苏联的民主》一文中指出：

> 苏维埃的民主主义对于苏联所有民族，保证民族平权的澈底实行，保证在苏联的组织中民族共和自治国、自治州、和民族区的构造。在每一民族共和国或州里，在区里，所有政权机关用本民族本地方的本国语言进行工作，政权的机关由人民自由地选出代表建立的，这些代表是属于本国的和其他的共和国或州的民族。民族的平等权利的广泛特别明晰，表现在联邦共和国的自主权上。每一联邦共和国有自由退出苏联之权，有直接和外国发生关系之权，有创立自己的军队作为红军的组成部分之权。（译文见重庆《中央日报》）

中国的缔造共和者也早在他的民族主义的最后一讲中昭示我们：

> ……中国古时常讲"济弱扶倾"，因为中国有了这个好政策，所以强了几千年，安南、缅甸、高丽、暹罗那些小国，还能够保持独立……所以中国如果强盛起来，我们不但是要恢复民族的地位，还要对于世界负一个大责任；如果中国不能够担负这个责任，那末中国强盛了，对于世界没有大利便有大害。中国对于世界究竟要负甚么大责任呢？……我们要先决定一种政策，要"济弱扶倾"，才是尽我们民族的天职。我们对于弱小民族要扶持他……将来到了强盛的时候，想到今日身受遇了列强政治经济压迫的痛苦，将来弱小民族如果也受这种痛苦，我们便要把那些帝国主义来消灭，那才算是治国平天下。

中国国民党本着国父的遗教，本年五月二十一日六全大会的宣言中复明白提出了这项主张。那里面说："中国民族主义的目的，一曰中国民族的自由解放，一曰国内民族的一律平等。……本大会特重申第一次代表大会时'于革命获得胜利以后，当组织自由统一的中华民国'之宣言，必以全力解除边疆各族所劫持之痛苦，亦必以全力扶助边疆各族经济文化之发展，尊重其固有之语言、宗教、习惯，并畀予外蒙、西藏以高度自治之权。民族主义澈底实行之日，即为我国家长治久安永保团结之时……"本年七月十八日参政会第十五次会议□也关于蒙藏问题提出了几项建议：㈠对边疆一切措施，应以土著人民谋利益为前提。㈡扶植蒙藏地区政治经济文化等之发展并培植其自治能力等。可见我们全国的政治领袖，对于扶助国内弱小民族政治的独立、经济文化的发展，早具决心。八月十四日，中苏友好盟约的缔结成功，双方本民族自决的原则与完成外蒙独立的愿望，承认外蒙古的独立，中苏两国保障民族独立自由，不独有高尚理想，并且有事实的表现。

中国除开承认外蒙独立以外，蒋主席在八月二十四日国防最高委员会与中央常务委员会临时联席会议中复声明二点：㈠为高丽的独立解放奋斗；㈡畀予西藏民族高度自治，扶助其政治的进步与民生的康乐。“中国扶助高丽的独立，这是表示中国政府和人民怀抱崇高的精诚与伟大的决心，一反日本帝国主义的所为，使东亚大陆在世界反侵略战争全面的曙光之中树立民族自主和自由平等的基础”，不独适合联合国宪章中的原则，且亦为我们防止日本再起保障远东和平的必要手段。它的理由，我们已在上面详述，这儿可以不谈。

不过保障独立后的高丽的安全，决不是中国一国的能力所能办到的事，必须与我们利害相共苏联盟邦或联合国的其他重镇的共同合作，以中苏两国雄厚的实力来扶助高丽，高丽的政治独立才能有巩固的基础。这一点我相信中苏两国本着双方扶助弱小民族的固有主张，决不会忽视的。如果我们的揣测是不错的话，我们认为中苏盟约第三条中所说“缔约国担任在对日本作战终止以后共同采取其力所能及之一切措施，使日本无再事侵略及破坏和平之可能……”这一句有意义的辞句，必包含着其他更进一步对日的办法在内的，那就是将来的帮助朝鲜，使朝鲜的地位能巩固起来，作为中苏两国的屏障。这是我们应有的希望，也是中苏两国更进一步的应有的措施。

现在苏联的大军，已进入朝鲜全境，朝鲜南部日军，也于本月九日在朝鲜总督华丽的皇宫中，由朝鲜总督阿部信行签字了。朝鲜的军事行动已告一段落，朝鲜的政治独立问题尚有待于盟国的积极帮助。朝鲜独立在原则上早已不成问题。远在一九四三年十一月下旬蒋主席参加开罗会议的时候，中美英三国的政治领袖已决定“在相当时期使朝鲜独立”。开罗会议中虽没有苏联参加，然苏联的拥护朝鲜独立主张，根据他的民族政策，当无有不同意的。八月十六日苏军深入朝鲜境内时，美国杜鲁门总统在招待新闻记者会上称：“波茨坦会议时，曾讨论朝鲜的地位问题，余信今后朝鲜成为自由独立国的诺言，应予实行。”中英美苏是太平洋上的重镇，也是《联合国宪章》中所具的新理想的创始人，这四个国家既同意于朝鲜的独立，那末朝鲜的成功独立国而为将来国际家族的一员，不过是迟早的事。

自然英美两国，由于处境的不同，他们的对于朝鲜的独立，并不若中苏两国的热切，观于旧金山会议中朝鲜临时政府的被拒绝参加可知。那末今后的朝鲜独立的支持，中苏两国应尽较大的努力，而朝鲜将来的国力趋于强盛，不受到日本的侵略危险，中苏两国更应负全部的责任。“前事不忘，后事之师。”

由于历史上的教训，我们对于将来朝鲜的措施要更妥善，不可再蹈以往的覆辙。我们知道，李鸿章的昏庸老朽，外交上一着之失，造成了六十年的大患。六十一年前（公元一八八四年）朝鲜国内发生新旧党争的时候，日本在朝鲜境内的人民有连带被害的事件发生，日政府借端起战，派全权大使井上馨至济物浦逼朝鲜承认屈辱的条件。当时朝鲜为中国藩属，日本这种公然侵入朝鲜的蛮举，已完全抹煞中国宗主国的地位。然而事件更有出人意外者，过了一年（一八八五年）日本复遣宫内大臣伊藤博文及农务大臣西乡至中国天津议朝鲜条约，满廷派李鸿章为全权大臣，吴大澂副之，与日本议定三款：㈠两国屯朝鲜兵各尽撤退；㈡朝鲜练兵两国均不派员为教练官；㈢将来两国如派兵至朝鲜，须在先行文知照。当时李鸿章左右皆不明国际法为何物，遂造成公共保护条约这种荒谬事实，而造成此后无穷的纠纷，其祸患直至目前而始告一段落。这是一件。

第二，促成日俄战争的原因虽多，然而日本的敢对于俄用兵者，英日同盟也自是其中重要原因之一，现在世界形势已完全改观，这种不愉快的往事，不至再出现于今后。不过今后中苏两国对于防止日本的再起，对于巩固朝鲜的独立这一事，无论如何，双方要努力贯澈，不可有丝毫的松懈的。愿将来中苏盟约中的精神、两国相同的协助弱小民族的政策扩大而表现于朝鲜半岛上，使联合国宪章中的“安全措施”以外，复有一区域安全的措施，为其有力的支柱，这不独是中苏之幸，也是全世界弱小民族之幸！

（原载于《前线周刊》第1卷第6期，1945年）

朝鲜

——亚洲的十字路口

佚名

中英美三国曾于一九四三年十二月一日联合发表《开罗宣言》，保证日本失败后朝鲜于“适当时期”正式独立。以后一九四五年七月廿六日《波茨坦宣言》发表，又声言“《开罗宣言》之条文将予推行”。苏联签署《波茨坦宣言》后也即参与了这个共同的保证。波茨坦会议中并经协议苏军负责接受日军投降并占领朝鲜北纬三十八度以北地区，美国负责占领南部。

美苏军队开入朝鲜对于朝鲜人民正好意味着近四十年的亡国奴生活的结束与政治自由希望的展露。朝鲜既经如此长期黑暗，一时局势混乱是意料中事，何吉将军(按：美军占领区长官)曾谓韩人“除了一个马上独立的希望以外，什么中心的问题也没有想到”。语气颇有轻蔑之意，其实这是不足怪的；人们所不希望发生的倒是统率占领军的美军长官竟决定令日本与日本官员继续掌权，受美方节制，应付“混乱局势”。后来虽然因为美国舆论反对，改变了决定，但这事情反映出对韩人自主自治的能力根本就缺乏信心，而不顾一切维持法律与秩序的偏见仍然存在，这对于美国当局的政治手腕与了解实在不是名誉的事情。

不过美国占领军一时的错误虽属朝鲜不安的主要原因，朝鲜要为政治独立树立基础是一件复杂的事情，也决不是一支占领军于短时期内解决得了的。首先，由于朝鲜的政治生活曾受日本无情地摧残，韩人极少政治组织或行政经验。其次，一九一九年时参与早期革命运动的不少有力而能干的领袖多已流亡多年，与国内人民绝少接触，对他们的需要与意图极少了解，而流亡者建立了不少政党与集团，每个都自称代表朝鲜，内部极多分裂。

除了由于日本统治所发生的问题以外，朝鲜现在遭逢着政治团结的基本问题，这问题的解决与否多半还得看中国类似问题的能否解决。朝鲜如果一且能自决其政治命运，也许斗争就会发生于下列三个集团：(一)中国国民政府所支持的朝鲜临时政府；(二)朝鲜共产党，过去几年中间，韩共曾得力于延安支持的朝鲜解放同盟不少；(三)随苏军返回的三万苏籍朝鲜人。

今年八月间中苏所订三十年同盟条约为解决中苏之间各重要问题辟一蹊径。由于这条约的影响，中国国共代表曾举行谈判，此事或能促成中国国内问题的解决。朝鲜人民目前所最关心的是完全驱出日人与获取自由两事，其实他们还必须应付如何于残毒的殖民统治崩溃后建立新的政治经济机构等有关问题。

朝鲜一向被称为“亚洲的十字路口”。由于它北连满洲，东北邻苏联，再加上东方与日本，西方与中国接近，战略地位非常重要，过去当中俄日推行帝国主义的企图时，朝鲜正好在冲突中扮演了悲惨的角色。日本于一八九四发动中日之战，一九〇四掀起日俄之战都借口为使朝鲜摆脱中俄的势力独立起来。到一九〇五，朝鲜果然去除了中俄势力，但是日本也就完全自食其言，陷朝鲜于保护国地位，此举曾得美英及其他列强极力赞成。以后朝鲜多次叛乱都被压服，一九一〇年日本正式吞并了朝鲜。

日本统治朝鲜手段极〖毒〗辣，它推行的一切经济改革都只为了使朝鲜对日本更有用处，公路、铁路与其他交通线造得四通八达，是为了满足日本用兵的要求，矿场与电力厂的开办也是为了日本军需工业的要求，朝鲜农业惨遭榨取，只为补充日本自己粮食供应的不足。日本统治者为了获取朝鲜上层人士的支持与合作，也曾准予分享若干剥削得来的赃物，但大多数人民陷于赤贫境地。

朝鲜的农民问题正和中国相像，大家同受地主、高利贷、高额地租、土地集中，以及耕种方法落后等患害，估计土地中有三分之二落在占人口百分之二的人们手中。农民中有百分之五十是贫无立锥之地的佃农。日本失败以后租佃关系并不能自动消失，因为虽然大地主中有许多是日本人，但协助日人榨取与管制农民的还有大批朝鲜地主，这些人对刻不容缓的土地改革一定竭力阻挠，并因此形成建立现代经济机构与民主制度的严重妨碍，情形正同中国一样。自然这些人可能被当作通敌合作者治罪，他们的政治势力可能因此减消。但至今为止中国的政策并没有打算这样做，美国对菲律宾类似的集团的政策也没有这种规定。

在政治上说，日本曾竭力粉碎各式独立思想与行动，俾使韩人成为日本主子的忠顺奴仆。日本并吞朝鲜以后，朝鲜所有政治组织完全解散，日本宪兵获有生杀予夺之权，所有被认为有改革或革命的“危险思想”的人们尽遭拘捕监禁或被迫流亡。每一个日本政府委派的朝鲜总督都由于他抱有推行日本征服大陆的侵略野心。所有管理重工业、银行、运输、交通的重要官职都完全由日人掌握。朝鲜的对外贸易实际上全与日本进行。外国企业决无力与日本公司竞争。只有基督教会才透过重要限制建立了相当巨大的组织，在教育工作中为某一部分韩人带进一点外国思想。

自然日本的政策旨在阻挠有如基督教这种发展，它要恢复旧道德旧信仰，宣传神道教的信仰。因为日人相信儒教足使韩人忠心顺服，对权力低头，因此它传播儒家思想不遗余力。日人所办学校非常注重管制，教什么与怎样教都有严格规程，所有讲解都用日文，日文教育非常注重，训育方面则竭力教导勤、忠、忍、孝（孔子所解释的那种孝）。韩人于小学毕业后能深造的为数极少，而中学、大学毕业了的韩人也只能做到小书记那种低下的职务。举例说，一九三七年，朝鲜高级小学只有学生七万人，而其中一半是日本人（按：日本人在朝鲜二千五百万人口中只占百分之三）。在日本统治之下，朝鲜自然谈不到什么言论、出版、集会、结社的自由。工人要组织职工会也被当局用对付"危险思想"一般的毒辣手段镇压下去。

朝鲜在这种压迫、贫困与世界隔绝之下，人民大半对政治冷淡，因而民族革命运动比较微弱是不足怪的。然而，可怪的倒是居然仍有革命运动存在。

（原载于《新闻资料》第 68 期，1945 年）

中韩两国共同迈进!

刘明阳

在历史上,中韩两国关系最早,感情亦至密切。"殷道衰,箕子去之朝鲜,教其民以礼义、田蚕、织作"(《汉书·地理志》),距今已有三千余年。可见中韩两国文化的交流,实超越于东亚大陆任何民族以上。

东方人交朋友,很注重时间。时间愈久,便成为故旧。故旧的相知既深,友谊亦必笃厚,可以切磋问难,济困扶危。中韩两国既是三千余年的故旧,为同文同种之邦,今后自应亲密合作,创造新的世界。

按诸事实,韩国之亡,亡于中国满清政治腐败,无力切实援助;中国之弱,亦弱于韩国被日本吞灭,失去了东面的屏障;而东亚人民之被蹂躏,世界和平之为日本所扰乱,亦以韩国之亡为其嫞[嚆]矢。反之,日本自得了韩国以后,便着着进逼,称雄东亚。足见韩国的存亡,实影响于中国和日本的兴衰乃至世界人民的祸福。我们要救中国,必须保障韩国独立;要救世界,亦必须援助韩国独立。韩国问题不仅是一民族的问题,而实为一世界的问题!——这是我们应该深切认识的一点。

在这次战胜日本之后,韩国必能独立。它一经独立,日本的咽喉便被锁住,不得随意逞强,而东亚的秩序和平才能回复于正轨之上。它与中国所处的境遇相似,立国的问题相似,将来解决的方针亦必相似。中国近百年来受帝国主义的侵略,有民族、政治、经济三大问题,要用孙中山先生的三民主义才能解决。它从根本上说,也有这三大问题,而最好的解决办法,亦无过于三民主义。何以故?一、它不能于自己的民族独立以后,再走帝国主义的路,便要行民族主义;二、它不能于代议政治及法西斯主义的弱点暴露或失败以后,再蹈其覆辙,便要行民权主义;三、它不能于私人资本制的害处显著以后,再任资本及土地为私人所垄断,便要行民生主义。这三者,原则上完全一致。故中韩两国复兴之后一定要成为三民主义的国家。

如果这样，则中韩两国对其它被压迫民族，如安南、缅甸等的独立，不仅在精神上可给以鼓励，物质上能予以援助，而制度上尤足示以楷模，使三民主义于不久的未来成为一种国际化的运动。因此，孙中山先生所倡导的“大亚洲主义”必可实现。

更就中韩两国对今后发展文化的任务而论，我们须知东方文化与西方文化原有不同的特色，其一切语言文字、风俗习惯、宗教哲学、文物制度等都表现成为两个类型，各有其优点、缺点。我们要促进世界文明，创造世界文化，便非综合此两种文化的优点，合一炉而冶之不可。欲求达此目的，东方各国人士，尤其是中国与韩国人士，首先便应负起责任！

当此本刊发刊伊始，我们愿竭棉[绵]力，不仅沟通中韩文化，增进两国邦交，而且向着创造世界文化之途迈进，达到世界大同的目的。中韩人士，盍兴乎来！

（原载于《中韩文化》创刊号，1945 年）

日本站在历史的十字路口

[苏联]阿尔古斯

日本为了要在经济上、政治上和精神上控制世界东部而发动战争，结果以日本的失败和投降结束，这表示日本在已往数十年中所循的政策，已经最后完全破产了。这种政策的结果，造成了日本在她历史上所曾经历的最深刻的灾殃，犹如德国在它失败和投降之后一样，日本现在正站在她历史上决定性的转折点。在这几天中日本报纸几乎一致承认日本要解决失败后极端严重复杂的问题，必须把她的国家生命放在全新的路线上之后才属可能。这一点是非常准确的，因为在日本接受的《波茨坦宣言》中，就有一项清楚地说："日本政府应在日本人民之间复苏民主倾向，并排除一切妨碍加强此种倾向的阻碍。日本政府更须尊重言论、宗教及思想的自由，并尊重人的基本权利。"

讲到这里，我们认为必须回溯一下日本的历史：日本的社会政治机构究竟是怎样的？指导该国和该国人民命运的究竟是些什么势力？

犹如众所周知的，日本开放国家和世界其他各国发生关系而成为现代世界的一部份，为时约仅八十年。是的，早在一五四五——一六三七年之间，已经有几个西方国家的人民到日本来，可是他们到日本来大多数是为了在日本近海船只出事的结果，对于日本是没有多大影响的。但是在一六三七年，日本政府发表了一连串令人惊奇的敕令，将在日本的一切外国人完全驱逐出境，把国家封闭起来，不准和西方各国发生丝毫的接触，没有一个日本人准许离开日本，没有一个外国人准许进入日本，凡造船一艘可以抵达邻国海岸者即以死刑论罪。这种使日本和世界完全隔绝的政策，由于美国和英国在十九世纪中叶的行动而告一结束，该国开始和世界其他部份发生通商关系。

自从那时候起直到一八六八年的所谓"明治维新"为止，日本是一个纯粹封建制度的国家。国家的最低层就是农民，他们必须负担封建制度一切的费用。在城市，人民大众是小手工业工人。就在这个基础上建立了大封建家庭的封建制度，这些大封建家庭，犹如中世纪欧洲各国的封建贵族一样，都有一辈扈从的武士，他们为封建家庭之间的不断争执作真正的战斗，并且迫使农民服从命令。在这个封建制度上面有着最有势力的封建家庭之一的代表幕府将军，实际上掌握着真正的权力，而天皇只不过是名义上的一个权威。关于日本的封建制度，卡尔·马克斯[思]曾经说："日本以她田产、纯封建组织以及小农经济的广泛发展，对于欧洲中世纪时代的情形，供给我们一幅最好的并且比一切历史书籍更确切得多的图画。"

一八五四——一八五八年日本国外贸易的开放，变成了加紧日本封建制度危机和加速革命运动的外在原因。日本的革命事件到一八六八年的所谓"明治维新"而达最高潮。这些革命行动的原动力是农民和城市中的平民，他们为了物价的惊人高涨以及日用必需品的一般缺乏处身于水深火热之中。可是较低级的武士所尽的任务也不少，因为有一大部份没有土地的武士，是和城市中的布尔乔亚有密切关系的。在一八六七年，城市中的富有布尔乔亚和一部份反对幕府的封建势力形成了一个集团，从事反对幕府将军的封建政府。这个集团的政纲就是恢复天皇的权力以及对于布尔乔亚利益极有限的改革。因为这个集团的领袖怕惧农民中间发生革命行动，所以他们努力维持国内武士道的政治封建统治。这个布尔乔亚——反幕府封建势力利用了农民和城市中贫苦阶层反抗封建桎梏的群众运动，在一八六七年获得了克服幕府政治的胜利，而获得政权的新势力，允许设立并且召集代表民众的机关。但是这种诺言，不过是用来加强新获政权的势力的权力而已。明治天皇在一八六七年十二月十八日发表的宣言中说："我等谨向各部族领袖、各国外帝国及其臣民通知我等已使幕府将权力交还吾人。我等并愿通知代表大会即将召集。"

几个月之后，在一八六八年四月十七日，明治天皇曾作庄重诺言，决意遵照公众意志治理国家。可是天皇宣言的含糊性质，显示这种诺言政府是可以"自由"加以解释的。的确，幕府的封建统治是由绝对的君主继任了，这种君主政体是和当时迅速发展的日本布尔乔亚的利益完全相符的。一八八九年二月十一日，宪法最后宣布了。根据这个宪法，被认为神圣不可侵犯的国皇执行全部行政权力，由内阁各部长参与意见，予以协助，后者由天皇任命而对天皇负责。天皇可以宣战，可以媾和，可以签订条约；他在帝国议会的允许之下执行立法权力。议会包括两院——贵族院和众议院。内阁有自由订定政策的权力，不受议会的拘束，而内阁的组成时常也不受议会限制的。可是每一项法律必须获得议会的批准。

日本政治生命的特点，就是民政党和政友会二个传统政党之间的内争，前者自称代表“自由主义”，后者则属“保守主义”。民政党企图代表工商业，而政友会是贵族和地主的政党。可是日本的军人派对于日本政策的决定曾起决定性的作用，后者和该国大约九十个一部份公开、一部份秘密的反动会社有关系的。在占领满州[洲]开始之后，军人派的权力很快地增长。一九三六年二月二十六日，所谓“少壮军人会”反对所谓无力的“议会政治”，而在“反对资本主义”的虚伪口号之下，发动反对政府的著名叛变，在这次叛变中，好几个著名的日本人被杀，而这次叛变的结果，极端的国家主义和“独霸政权”发展到了最高峰。犹如希特勒德国一样，国家的一切力量都动员起来，准备战争，其目的就是要使日本在经济上、政治上和精神上控制整个东半球。这次战争以一九三七年七月七日卢沟桥事变为开启而爆发，结果使爱好自由国家联合起来反抗日本侵略，最后日本失败而无条件投降了。犹如德国一样，日本得到了同样的结果。蛮武主义、侵略和“独霸政权”已经使日本国家陷入历史上最深刻的灾殃。

日本人民在整个历史上从没有——就是一个短时期也没有——战胜过国内的反动势力，这真是一个历史性的悲哀。在日本的历史上从来没有过一分钟是人民大众主宰着国家的命运的。在封建制度古老统治的一千年中，人民大众——农民——只不过是农奴而已。明治维新对于这种情势并没有带来重要的改变。虽然在〖布〗尔乔亚和一部份反对幕府政治的封建势力形成的反对集团利用农民和城市中贫苦阶级的革命情绪来达到他们自己的目的，可是反抗封建秩序的主要势力却被剥夺了他们斗争所得的成果。明治维新完全没有破坏封建贵族对于农民的统治，所以在一八六八年的下半年，就有农民的新叛变在国内蜂起，这一次是起来反对新政府，可是遭遇了可怕的镇压。直到目前为止，日本农民是生活在最可怕的情形之下。日本农民必须担负国家主要的负担以及维持在数量上依然很大的封建地主阶层。这里可以列举一些数字，使对于占据日本总人口不下百分之四十五的农民生活情形获得一个比较准确的概念。这些数字是从希特勒作家基特勒的《东亚面面观》中引来的。全部农场中的三分之一所占面积不到半公顷，其他的三分之一在半公顷与一公顷之间，而其余的三分之一中大部份都不到二公顷。在全部农民的农场中，只有百分之〇·九是超过五公顷的。平均要五个农家才有一匹马和一头牛。此外，农民必须向封建地主付租锢，向政府付赋税。农民中只有百分之三十一耕种自己的土地。百分之四十二的农民有一部份自有田和另一部份租田，而其余的都是租农。在产米农场中，租锢总是收获的一半，在贫瘠的北部是三分之一，而在良好稻田方面，租锢价高到收获的百分之六十，农业方面的赋税捐费也比工业方面来得高。农民在缴付捐费，赋税和一切生产费用之后，假如他是一个自耕农，他和他家庭所得不过收获的百分之十九左右。假如他只有一部份自己的土地，那么这个百分率就减少到百分之十四・二五。假如他是一个租农，那么只有百分之十・五了。关于日本农民的艰苦生活情形，基特勒引证了日本内政部的统计，根据这个统计，农民中大约有百分之十九・八能够吃米，百分之七十八・六米和大麦混食，而其余的百分之一・五则以其他食物来代替米。在川山省的某一居民点，在四百个学童中只有十二个人是吃得饱的。火刀火石代替了洋火，电灯虽然到处可装，可是不能享用，因为没有人付得起电费。这些数字既然是由一个希特勒作家所透露，当然是不会夸张过甚的。此外，这些数字是在一九三八年发表的，自从那时候起，日本农民的生活情形，由于战争所形成的不能想象的痛苦，必然变得更其恶劣了。

就是日本这样一个半封建的农业机构上，一个高度组织的独占性资本主义制度建立起来了。日本的工业金融生命是由五家大企业所统治的，那就是三井、三菱、住友、安田和大仓，它们代表着世界私人金融权力的空前集中。这五家控制日本全部资财不下百分之六十二。日本纺织工业的百分之七十，日本银行存款的百分之四十是在它们的手中。其中最大的三家——三井、三菱和住友控制日本工商业的四分之一，而单是三井一家就握有东京资本投资的百分之十六・五四。谁都知道大约有五百万日本工人是世界上工资最低的，他们简直没有任何权利。假如想发展自由独立工人运动来维护工人的权利，这种尝试立刻会遭到统治阶级无情的弹压。统治独占资本各界和贵族以及封建地主密切合作，以一切方法来阻止民主制度的发展，因为这种制度会使国内劳动大众群起抗争要求提高他们凄惨的生活水准，消灭封建残余以及提倡人民大众的民主权利的。

显然，由于日本统治势力的政策以及战争失败而面临的严重复杂问题，惟有根据该国人民大众的利益和意志，而不是根据该国少数高等阶级的利益和意志来实行复兴才可以解决。协约国在《波茨坦宣言》中已经清楚地说明：日本民族将不为奴役，日本国家将不遭破坏。同时还说她们希望日本人民能过和平生活的生活。协约国的唯一目标，就是破坏她的备战力量以及在日本建立新秩序，因此使她不能再从事征服世界的企图。为了这个理由，日本政府应该清除在日本人民中复苏以及加强民主倾向的一切障碍，同时一个和平倾向的负责政府必须根据日本人民的自由意志而建立起来。

因此日本人民是真正站在历史的十字路口。他们的将来，现在主要地要看他们怎样从造成日本最深刻灾殃的已往侵略历史中获得准确的教训。

[原载于《时代》第 16 期(总第 129 期)，1945 年]

消灭日本法西斯的道路

[日本]冈野进

冈野进(真名野阪参〖三〗)同志,是日共中央代表,日本人民优秀的领袖,出生在一八九二年,今年已经五十三岁了,外貌却像一个年青的学者。家里是一个贫苦的帮工人家,依靠自己所得供给学费,一九一七年毕业于庆应大学,一九一三年参加日本最早的工人组织"友爱会"(后改名为"劳动总同盟")。一九一九年赴英国调查工运并研究共产主义的理论与实际;一九二〇年英共成立时,他是首批活动者,因参加英共被当地政府驱逐出境。在二十三年前,日本共产党成立时,他是最早的党员。在以后的四五年中,冈野进同志被日本反动政府逮捕不下十余次,到一九三〇年为止,他经过的牢狱生活凡四年之久,在日本共产党里历任党纲起草委员、中央监察委员。一九三一年奉日共中央命以代表资格出席共产国际会议,一九三二年参加起草著名的《关于日本的形势与日本共产党任务的提纲》,一九三五年共产国际第七次大会,他被选为执行委员,同时并被选为主席团之一。会后,他很快就返回日本。之后,他就一直领导着日本国内的革命运动。因为日本反动政府追捕很急,他时常是奔驰于国境周围指挥革命运动。无论在怎样艰苦的环境下,他始终是挺立在斗争的最前线,不倦的发动革命斗争。

在一九四三年,这位年逾半百的老革命家,经过了无数的艰难险阻,跋山涉水的化装从平津到达了延安。这是东方反法西斯斗争史上一桩具有历史意义的重要事情,在他到达延安的消息发出后,各解放区的日本人民反法西斯组织及日本共产主义者同盟、日本工农学校、日本人民反战同盟……均一致表示热烈的欢迎。

现在他是延安工农学校校长,领导着日本人民反战的革命运动。《联合国劳工新闻》的记者爱泼斯坦在访问延安后，曾说他是"联合国家地区中了解日本内幕最清楚的一个人"。

一、日本的民主势力

序言：反对中途妥协

我对于毛主席的政治报告完全同意。特别是在他的报告中指出"现在日本侵略者正在暗地里进行活动，企图获得妥协的和平"，警告中途妥协的危险，主张"澈底消灭日本侵略者，不许中途妥协"，我认为这是最适合时宜的声明。日本帝国主义者面临着军事的危机，为了逃脱自己灭亡的命运，或者是苟延残喘，正向政治的妥协上面努力找寻着生路。最近成立的铃木内阁的使命之一，也就在这里。

不过，现在的日本政府决没有像意大利的巴多格里奥政府那样立即无条件投降的意思。

日本统治阶级的意图，在于以残存的陆军的主力和海空军的残余力量，固守日本本土（以及朝鲜、满洲、华北），顽强地进行抵抗，尽量地迫使盟军"出血"（牺牲）；另一方面，则窥伺同盟国方面的罅隙，策动政治的阴谋。他们企图这样来动摇同盟国方面压迫敌人无条件投降的决心，在对他们有利的条件之下来结束战争。他们的条件是什么呢？想来最低限度也要保存"我国现在的专制"独裁机构和军部及其他反动势力，而且还要保持殖民地。

这样的条件，不消说同盟国方面是绝对不能够接受的。开罗会议的声明中说道："停止及惩罚日本的侵略，获得日本之无条件投降。"而且，克里米亚会议对于德国发表了如下的声明：

"我们坚持不移的目的，是摧毁德国军国主义及纳粹主义，并保证使德国永远不能再扰乱世界和平。"

毛主席主张这个克里米亚会议的方针一样适用于日本，这完全是正确的。日本的军部法西斯主义和军国主义，必须澈底加以消灭。如果对于日本军部及其支持者表示任何一点宽大，就只有使中国人民八年的抗日战争和三年的太平洋战争所偿付的莫大牺牲徒然付诸流水，因为被宽恕的日本军国主义者又将秘密准备新的侵略战争。

可是，消灭日本军部决非容易。他们还保有有力的军事力量。恰如逃回巢穴中的受伤的猛兽一样，他们将动员一切的力量，顽强抵抗到底。这和欧洲战场上希特勒的疯狂抵抗是一样的。

为了加速这种法西斯野兽的灭亡，而且要使我们的牺牲减少到最小限度，但不能仅仅依靠从外部进行打击的同盟国方面的武力，还需要我国国内人民反战、反军部势力的配合。这个人民的力量，不仅在结束战争上将起重要的作用，在战后实现我国民主主义和确保永久和平上面，更将起决定的作用。日本的将来，将由这个力量的强弱来决定，这样说也并非夸大。因此，我们日本共产主义者当前的主要任务，就在扩大并加强这一和平的、民主主义的势力。我们现在正尽一切努力来完成这个任务。

可是，同盟国内一部分人士之间有否定、或忽视、或轻视我国民主势力之存在的倾向。这不仅完全错误，而且假使这样的见解成为有力的见解，则为世界将来之不幸。

那末，为什么会产生这样的见解呢？其理由之一，便是因为这些人对于我国究竟有什么民主的势力，并不十分清楚。

有人问道："能够背负将来的日本前进的政党和势力，到底在那里？"

对于这个问题，我们可以毫不踌躇地这样回答："这样的政党和势力都有。它们现实地也存在着，潜在地也存在着。是什么呢？那就是我们日本共产党、其他的民主势力以及正在广大人民当中成长着的反战、反军部的潮流。"

那末，对于这些势力，我们有一瞥之必要。

（一）人民的厌战情绪和反抗运动

1.战斗意志的降落

军部用刺刀镇压人民的不平和对于军部的责难，惨酷地镇压反战、反军部的运动，同时他们又动员一切宣传机关，在人民当中煽起疯狂的敌忾心、排外主义和战争热。现在，像太平洋战争初期那样"赫赫战果"的宣传已不可能，于是军部利用着琉[硫]璜岛、琉球的失败和对日本本土的轰炸，宣传着同盟国的胜利，就是表示日本的殖民地化、人民被屠杀和沦为奴隶，这样来增加人民的恐慌心、憎恨和战斗意志。由于这样的宣传，不少的人民受了欺骗，追随在军部后面。这种现象，特别是在城乡中的青少年当中，甚为显著，而农村比都会又要厉害一些。这是我们必须承认的现实的事实。

但是，不管上述的镇压和欺骗宣传，自从塞班岛失败（一九四四年七月）以来，人民的情绪一般地都经过了急速变化的过程。从偷袭珍珠港到瓜达、康纳两岛的丧失（一九四二年夏），这一期间人民充满着乐观情绪。可是，随着日本所占领太平洋岛屿一个个被美军夺回，随着德国在欧洲不断地败退，人民对于胜利的不安和危机开始逐渐加深起来。不过，当时还□□着军部所谓"诱敌深人而后覆灭之”的宣传。然而，去年夏天以来接二连三发生的事件——塞班岛的丧失，接着美军在菲律宾登陆，对日本本土不断的轰炸，人民生活的极端贫困，另一方面德国歼灭地败退，这些事件使我国人民的战争观念根本发生了动摇。去年九月被八路军俘虏的一个士兵，叙述日本士兵情绪的变化如下：

“直到塞班岛玉碎为止，还相信日本会胜利。可是，自那时以后，便想着有些危险。”（日本人民解放联盟召开的国内情形座谈会，一九四五年三月）

对于国内一般人民，也可以说是同样的情形。现在，人民的情绪如何，待我用法西斯蒂自己的话来证实吧。

人民对军部的信仰开始丧失。关于这，中井良太郎陆军中将愤慨地说道：

“我曾经听了很多难听的话，而最难听的是‘因为叫要信赖军部，所以就信赖了他们，但是，岛子不是一个跟着一个丢了吗？’真是岂有此理。………所谓军部不可信赖，这句话本身就是反军部思想。”（《青年读卖》一九四四年十一月号）

对军部信仰的减低，就是“必胜信念的动摇”。对日本胜利的信心之丧失，连军部自己都供认了。例如，急进法西斯的头目桥本欣五郎陆军大佐无意中从嘴里滑出了下面的话：

“当此非常之时，我自己也时时疑神疑鬼地想，战争就这样子能行吗？”（《现代》一九四四年十一月号）

在军部当中既然如此，那末，一般人民当然对于战争前途深怀不安了。这种现象，在知识阶级当中特别强烈。关于这，某新闻记者像下面这样感叹道：

“‘德国什么时候投降？’‘其次就该轮到日本了！’在所谓知识分子的阶层当中，不能说没有陷入这种无聊的失败主义的人们。”（《同盟世界周报》一九四四年十月七日《时评》）

由于上述这种心情，不管军部怎样大叫大闹的宣传，但采取“战争旁观者”（大城户宪兵司令官语）的态度的人是增加了。例如，反动的《读卖新闻》承认了这种现象，说道：

“临到迫近决战之时，不可容许的战争意识的松懈，到底还是产生了，这种事实，随处可见。”（一九四四年十月十一日发行）

面对着这个事实，法西斯的思想指导者大川周明发出了悲鸣：

“像现在国民的心情，可能的事情也变成不可能了，要把不可能的变成可能，想也不要去想。”（《新亚细亚》一九四四年九月号）

这个问题，在今年一月召开的议会上，也成为一个讨论的题目，有个议员说道：“道德之十分颓废，已成为最近的风气，其实例诚不胜枚举。”（作田议员，

《朝日新闻》一九四五年一月二十七日)对此,小矶首相回答道:"国民道德上有不良之倾向,实堪忧虑,政府施策之不善,亦为其原因,当严加改正。"

"战斗意图的松懈"在国民生活的各方面都表现出来,动摇并紊乱着军部的"决战体制"。

虽然有经济警察严重的监视,黑市交易却广泛地进行着,某一法西斯分子愤慨之余公开说道:

"听说石原君(石原莞尔陆军中将)常说'日本人从来也没有像现在这样堕落',不作黑市买卖的家伙,一个人也没有。满不在乎、公开地进行黑市的,就是日本人,在黑市的交易上,真是一亿一心呀。"(《东亚联盟》一九四四年十月号)

由于作黑市买卖,到一九三九年十一月为止的十六个月间,检举了二百十八万三千人之多。此后,政府停止发表关于这类的数字,但从最近关于黑市的言论看来,可以窥知检举的人数更为增加。现在,促进日本经济危机的通货膨胀,其原因之一便是黑市。政府也承认这个原因,进行黑市买卖的主要动机,虽说是生活问题,但是,可以认为这是人民对于军部消极反抗的一个表现。

2.农村

农民也没有像军部要求的那样劳作,关于这,报纸上这样地感叹道:

"食粮必要量的生产,为今天的急务,但我农村青年却令人感到缺乏皇国农民精神,真是遗憾。"[《朝日新闻》(东)一九四四年十二月五日]

农民对于向政府"供出"大米非常不满,用各种各样的方法拒绝"供出",或者是对于不公平的"供出"比率进行抗议。例如,去年春天由日本来到华北的九州岛和东北(日本地名)的农民,叙述了他们如何隐藏米谷,据他们说,除开极少数的"笃农家"(勤勉的农家),大多数的农民差不多都巧妙地把大米和红薯藏起来,避免"供出"。这样的现象,现在在我国农村中普遍的发生了。不仅如此,还发生了农民对"供出"的抗议运动。

"我附近的村子(熊本县)里有一个班,由于供出比率过高,全班十几个老头子一齐蜂拥到小组长那里去,结果把比率减低了。"(同上座谈会)

由于抗议而被检举的事件也发生了:

"我那里有个大日本农业会,这个会长在东京召开的模范农家表扬会上演说道:'供出米太过于强迫了,农民肚子不能不吃饱!'结果被警察逮捕走了。农民大家都同情他,把他叫做'农民之神'。"(同上座谈会)

甚至,不管政府如何镇压,农民对地主的斗争并未停止。政府发表了下面的统计:

租佃斗争（厚生省调查）

	件　数	耕地面积（町[①]）
一九四〇	一，九一八	一四，五八二
一九四一	一，三〇四	八，二一三
一九四二	六九三	五，五五〇

太平洋战争后，斗争数虽然减少了，但仍然顽强地在全国继续进行，我们必须注意这是在战时恐怖下所进行的斗争。

3.工人

当我们转过来看军需工厂工人的状况时，他们正用着缺工以及消极的和积极的怠工，回答军部的刺刀。而今天使军部和军需资本家最感头痛的问题，便是如何防止怠工，例如关于工人的缺工非常之多，“冲电气会社”（东京）的一个干部这样说道：

“我们厂里已经编成部队组织，每晨召集队长会议，但是缺工率一点也没有改变。”（《实业之日本》一九四四年十一月号）

据常盘炭坑的一个矿坑夫的谈话，在该矿坑的矿坑夫，每月不过作二十天左右的工，余下的一星期到十天，便借口各种理由休息。会社对此毫无办法。

而且，报纸上报导了如下的事件：

“警视厅（东京）日前在整个东京都进行了前后十天的‘不良狩’（对于不良行为的大规模取缔），被检举者当中，怠工的有六千五百五十九名。”（东京《朝日新闻》一九四四年十月七日）

以上的数字，仅仅是在街上检举的缺工者的数目。除此以外，缺工者之多，可以想见。因此，在各地对于长期缺工工人，组织了“督励队”。

就是到了工厂里面，许多工人也尽量偷懒。作夜工时特别厉害。据横须贺海军工厂和日野重工业会社（东京）的工人说，在他们的工厂里，夜里十二点以后，便让机器空着转，自己却睡觉去了，这是很平常的事。这种现象，在别的许多工厂也可以说是一样的。

甚至，工人的罢工也还在进行着。就是比实际数目少得多的政府的统计，也发表了下面的数目：

① 一町约合中国二十五市亩。

工人斗争(原生省调查)

	件　数	参加人数
一九四一	三三〇	一四,八七四
一九四二	二五九	一三、七五二

如和战前的二千件左右比较起来,虽有显著的减少,但必须考虑这是违反着镇压法令(总动员法)而进行的。这个法令,要处参加者三年以内的刑罚。罢工主要发生在军需工厂。举两三件事实为例:日本有数的飞机工厂,名古屋的爱知钟表会社,一九四〇年春发生了要求增加工资的罢工,这次失败了,可是到了第二年春天,又组织了罢工,获得了胜利。在同一时期,神奈川县川崎市某军需工厂也爆发了要求缩短劳动时间的罢工。一九四一年三月五日起,发生了有名的神户市怠工事件。拥有三万五千工人的日本最大的川崎造船所的一部分工人,要求改良待遇,厂方没有接受这个要求,结果继续了几天的怠工,不久就被破坏了造船部,机器制造部的最大的旋盘,接着波及各工场,破坏了几十架重要的机器。但是,这个怠工被警察镇压下去,四名领袖被处死刑,其他二十多名被处重刑。然而,这一事件却扩大到神户市别的工厂,约有十万工人直接间接地参加了怠工。同年同月,富士电报机器会社发生了罢工;同年十一月,大□船场两千名工人要求改善粮食,进行了一天的罢工。九州炭坑在一九四一年,常盘炭坑在一九四三年都爆发了朝鲜炭坑夫相当大规模的暴动。

4.斗争意识

以上,我用具体的事实说明了我国勤劳人民的情绪。这些厌战、反战的情绪,我们不能作过高的估计。这些情绪一般地是自发的,而且还没有蔓延到大多数人民当中去,不能认为日本国内战线在最近的将来即将崩溃。即令如此,这些事实告诉我们,我们人民绝对不像在国外一般所想的那样,都已成为军部的走狗。多数的人民,经过了牺牲甚大的八年战争,已经疲惫了,在他们当中,厌战情绪浓厚起来。而且,他们对于军部的信赖和对胜利的信心,已开始消失。他们之中的一部分,已开始对于军部消极的和积极的反抗,农民拒绝"供出"米谷,工人进行怠工,这对于军需生产,是很大的障碍。然而最重要的是,这些怠工是由于下面的原因引起来的:

"人们指出应征工人和其他从业员能率低下,是阻碍生产的主要原因,但是,在今天的制度下面,如果从业员的能率充分发挥起来,谁得到利益呢?那便是私人资本的会社。有着公的性质的劳务,而是为着增加私营会社的利益,本身不是矛盾的吗?………"(《金刚钻》一九四四年十一月《社论》)

工人们开始懂得这次的战争是为什么人的利益而进行的。这种自觉,在将来他们的斗争发展上,有很大的影响。

过去,我国人民大众为了自由和生活的改善,勇敢地斗争过。一九一八年,数百万的勤劳大众,在全国各处掀起了“米骚动”,使反动的寺内内阁垮台,获得了不少的社会设施的改善。一九二二年,广泛的民众运动,获得了《普通选举法》。农民为着和封建的地主斗争,在各地组织了农会,进行了租佃斗争。在一九三七年,拥有二十万七千的农会会员(一九二七年有三十四万七千人),进行了四千八百次租佃斗争。工人为着改善生活,组织了工会,进行了罢工,在一九三七年,拥有大约四十万的会员,进行了二千一百二十六次斗争(参加者二十一万四千人)。这些民众,在一九三七年向社会大众党投了九十三万的票。上述数字,在法西斯专政下的日本,决不算少。但是,九一八事变一开始,人民所获得的东西,都逐一被军部剥夺掉了。在军部的铁蹄下面,现在人民被迫保持着沉默。

可是,在这种沉默底下,脉脉地流着民众自由的要求和斗志。他们只是等待有利的时期。一旦军部的统治开始动摇,届时他们将一致奋起,为打倒军部和建设民主的日本而斗争。

常盘炭坑一个炭坑夫说了下面的话,足以代表我国勤劳大众的意志和情绪。

“三十岁以上的炭坑夫,大家都回顾着十几年前轰轰烈烈的劳动运动,就是在现在的苦难中,他们的意气也决没有消沉。他们说:‘一有机会就要起来的。’”

5.士兵的情绪

关于前线士兵的情绪,有一谈之必要。中国解放区战场方面的日本士兵的士气,一年比一年下降。这是连杉山陆军大臣在议会上都承认的:

“严重地维持纪律是战胜的最大要素。因此,军特别注意这个问题。但另一方面的,军有相当庞大的人员,似有一部分人不知自重。”(《每日新闻》一九四五年一月二十七日)

开小差的很多,已是大家都知道的事实。假装生病而不参加战争的事情,在老兵当中已经司空见惯。如独立步兵三旅团的一个士兵,从碉堡的枪眼里伸出手来,用手榴弹炸掉一只膀子,达到了回国的目的(一九四四年五月)。士兵反抗上级的事件,也爆发得不少。这从下表所举中国派遣军法务部的调查中,可以看得出来。

对上级犯罪统计

	杀害上级	伤害上级	暴行威胁上级	侮辱上级	违抗命令	共计
一九三九	三	一五	三	二一		
一九四〇	五	二一	六四	六	六	一〇二
一九四一	二	一八	六二	八	四	九四
一九四二	五	一九	七一	一九	一	一〇五
合计	一二	六一	二一二	二六	一一	三二二

在上面的统计当中，一九四三年十月湖北省应山县爆发了对中队长的暴行复仇的，袭击中队长的事件，有四十六名士兵参加，主谋者被处死刑。又同年十二月山东省馆陶县，因愤慨中队长的处置不当而发生的伤害中队长的事件，有十二名士兵参加，主谋者也被处死刑。日本国内也发生了同样事件。例如，一九四三年七月善通寺陆军野战病院内二百五十名卫兵因不堪中队长的虐待，计划暴动，但事前即被发觉，全体受到处罚。

根据我们日本工农学校（延安）的调查，该校全体学生当中，开小差和自动投降的比率如下表所示，每年都有增加。

新来人员中逃亡者和自动投降者的比率（百分比）（每年九月起至次年八月底止）

年　度	百分比
一九三九—四〇	一〇・〇
一九四〇—四一	三一・八
一九四一—四二	二一・四
一九四二—四三	四〇・七
一九四三—四四	四四・二

上述所有的事实，说明了华北、华中日本士兵的士气是怎样的状态。

但是，在最近塞班岛、琉璜岛、冲绳岛及其他南洋方面的战斗中，日本士兵士气并不见得怎样低下。为什么中国解放区战场的士兵和南洋的士兵之间有这样的差别呢？最重要的原因，是因为有八路军、新四军和我解放联盟（反战同盟）过去七年来对日本军队进行了不屈不挠的政治工作。

（二）日本共产党及其活动

在我国革命的工人阶级之间，有着勇敢的反战斗争的传统。如众所周知的，当日俄战争爆发时，当时还年青的我们社会主义者，即坚决的向这个帝国主义战争作斗争。这个传统，今天由我们日本共产党继承着。我党一九二二年诞生之时，第一个行动便是反对日本出兵西伯利亚的斗争。

此后，九一八事变爆发时，从政友会、民政党和社会大众党所有各党，都消极的或积极的拥护战争，而我们共产党则毫不犹豫地暴露了这个战争的侵略本质，集中全党的力量对此进行了斗争。党在东京、大阪和其他都市的街上，在“反对帝国主义战争”“立即撤兵”“中日人民团结万岁”的口号之下，组织了非合法的示威运动。又在许多工厂、农村，学校内，组织了反对军用献金的运动，领导了反战的罢工和怠工。而且，在兵营，军港和军舰内，组织了党的细胞，出版了给士兵和水兵阅读的报纸。在这些斗争中，数千党员被逮捕，或被残杀，党的组织屡遭破坏，党遭受了重大的损失。由于这些英勇的斗争，教育了广大的群众，使他们知道什么是日本勤劳阶级对于帝国主义战争必须采取的正确的态度。正因为有这样的斗争，对此后的七七战争和太平洋战争，我们革命的工人就能够坚决的进行斗争。

然而，党对七七战争和太平洋战争，采取了和对九一八事变不同的斗争方法。后者可以说是少数人英勇的行动，而前者则采取了动员广泛的群众起来斗争的方法，即提出“救济出征士兵家族”“支付出征士兵全部薪水”等民众切身的要求，和改良主义工会内的群众结成统一战线，反对政府的战争政策。这个运动扩大至相当广泛的范围，运动的威力使政府害怕起来，接受了以上的要求。和这些合法的斗争同时，不用说，党还进行了非合法的反战活动。

受着党直接和间接的影响，因反战、反军部的言行而被宪兵和警察逮捕的，在这时期，不断出现。例如自一九三七年七月至一九三九年九月底止所发生的这种事件，宪兵当局的秘密文件记载如下：

反战运动事件	二三〇件
反对军队事件	四一三件
诽谤军队事件	一二〇件
共计	七六三件

“七七”以后两年零两个月之间，发生了七百六十三件，因此每天有一次反战事件遭受当局的镇压。

必须注意的是，共产主义运动也并未减少，相反地，却逐渐增长着，下面所举的政府的统计，明显地说明着这种情形：

违反《治安维持法》起诉的人数

一九三六年	一五八人

一九三七	二一〇
一九三八	二四〇
一九三九	三八八
一九四〇(九月止)	一四五

《治安维持法》是镇压共产主义运动的特别法,按上表所示,仅仅根据此法起诉的,一九三九年的数目就比一九三六年增加了二倍半。而这个数目只是起诉的,若将逮捕的以及逮捕了而未起诉的合计起来,显然是一个巨大的数目。

发动太平洋战争的东条政府在开战第二天,即在全国逮捕了三千名反战分子。然而,共产主义者一天也没有停止活动。例如,如上所述,一九四〇年爱知钟表会社的大罢工,是共产主义者所领导的。一九四一年川崎市军需工厂的罢工,同样是共产主义者所组织的。这个罢工钻了政府罢工禁止法的空子,全体从业者都个别的向工厂提出辞职书,进行实质上的罢工。这个战术成功了,没有牺牲者,罢工胜利了。

现在,我们共产党为了反对帝国主义战争,肃清封建势力和建设民主的日本的目标而斗争着,党避免"九一八"当时那样的街头运动,尽量扩大和加强力量,保存干部,这样准备着将来给军部以决定的打击的时机的到来。党特别把力量放在军需工厂内的组织上,那里是党的力量的蓄水池,并且是打倒军部的堡垒。

共产主义者的活动,今天还顽强地继续着。这一事实,是一般公开地承认的。例如最近一个大学教授说道:

"适用《治安维持法》的思想犯,近年来减少了,但至今尚未绝灭。"(小野清一朗法学博士,《现代》一九四四年十二月号)

从上面的话,可以知道我们共产主义者不顾一切的困难,怎样在斗争着。

上述的学者又继续写道:

"不敬罪(冒渎皇室的罪)、流言蜚语罪,此外,违反出版法、报纸法、言论出版临时取缔法等,似乎达到相当的数目……这些作为反映国民思想动向的一个侧面,实在不胜寒心。……总之,是反映反战反国家的精神态度的。"(同上《现代》)

这就是说,采取反战、反国家态度的人民达到"相当的数目",在我国内发生着使这个军部御用学者"不胜寒心"的情况。

我们共产党的活动及其影响之下的广泛的、人民的反战言行,成为我国统治阶级一大威胁。例如在去年九月的临时议会上,小矶总理大臣声明:日本当前最大的问题，首先是国民的思想问题。

至于现在党在数量上的力量如何，不能具体叙述。但从过去所发表的各种数字，可以得到关于现在以及将来的力量的概念。

根据政府所发表的统计，自一九二八年起，五年之内，仅仅被逮捕的共产党员和同情者，即达四万人之多。当时在党的领导下，非合法的“全国劳动组合协议会”会员超过了二万。

像日本那样要求极端秘密的国家，对党员数目不能有更多的期待。但是，党的影响却为党员数目的几十倍，例如，在一九二八年三月根据男子普通选举法选举的总选举当中，党支持了合法的“劳动农民党”。左翼的和右翼的社会民主主义者，组织了另外的政党。政府对劳动农民党，加以残酷的镇压。虽然如此，选举的结果，劳动农民党占压倒的多数，在全国获得二十万的投票。这些投票者，间接地支持了共产党。又当一九三一——三二年，在党的领导下出版的各种合法的左翼杂志刊物的发行册数将近十万册，不用说读者数达发行份数的几倍。根据可靠的材料，一九三九年被列入警察的黑名单上的人数，约有二十万人，其中大多数是左翼份子。

有些外国人根据报纸上警察的欺骗报导，以为日本共产党仅仅是知识阶层的小团体。但上面的各种事实，证明了这种认识是完全错误的。

现在，我们党有广泛的影响力。作为潜在力的党是伟大的。因此，显而易见，一旦军部的统治濒于危殆，党就要飞跃的发展，在我国政治上起决定的作用。因为在侵略战争和法西斯军部独裁的十四年之间，人民能够实际体验到怎样的政党是真正代表人民利益的。无论是民政党、政友会、社会民主的社会大众党，当炮声一响，他们即出卖人民的利益，积极地或消极地支持战争，把人民赶上战场，将亿万的负担加在人民身上，制定镇压人民的法律。这些党的大部分首领成了军部的同谋者。而只有我共产党，始终一贯反对战争和军部，不顾一切迫害，为人民的利益和社会的正义进行了斗争。这个事实，人民用自己的眼睛看见了。

但是，我党不仅在战时是最勇敢的反战、反军部的战士，而且在战后的日本，在实现真正的民主主义并保证永久的和平上，党也是最可靠的力量。这是过去二十四年由鲜血染成的党的历史证明了的。若有人想在日本实现民主主义与和平，但却忽视或者是不要共产党，这是最危险的政策。这种政策，允许日本重新走上第一次世界大战后德国的道路，是制造新的战争因素的政策。民政党、政友会、社会大众党等之不可靠，从这些政党过去的行迹当中，还看得不明显吗？

（三）旧日本无产党

除了共产党之外，作为打倒军部，建设民主日本的势力之一，有旧日本无产党，一般称为“合法的左翼”。这个党是因反对右翼的社会大众党领导者的反动政策，而在一九三六年为该党所开除的左翼分子所组织的。日本无产党在一九三七年的总选举当中，获得七万六千票，做到选出党的领导者加藤勘十为议员。在党的领导下，约有二万个工会会员。党的力量，还不仅如此。在社会大众党，以及工人农民的团体内部，也获得了不少的支持。党公开提出了“统一反法西斯政治战线”的口号，准备和其他各团体组织反军部的共同战线，在合法性允许的范围内，勇敢地反对了军部的政策。但因此，军部于一九三八年十二月逮捕了四百名党的领导者和党员，用暴力解散了党及其所属的团体。

在这个党的党员中，有许多诚实的反战、反军部的战士。他们现在正秘密地继续着斗争。当然，他们是实现民主主义可以信赖的势力。

（四）旧社会大众党

不可否认，除开了日本无产党以后的社会大众党内部的诚实分子，在打倒军部的斗争中，也起着一定的作用。

社会大众党当一九三七年的总选举时，获得九百三十万的投票和三十七名团会议员；在其领导下，曾拥有约三十五万的工会会员和农会会员，特别得到小市民层的支持。这个党在议会中次于民政党和政友会，占有第三党的地位。

在该党成立的一九三二年，该党提出“拥护劳动大众的生活，打破资本主义和解放无产阶级”这个进步的纲领。但是其领导部却腐朽了。因此，随着九一八事变和七七战争的发生，党即一步一步地向军部投降，背叛其初期的纲领，在一九三九年的大会上，提出了“祝皇军战胜，新武运长久”的口号。在太平洋战争爆发的前一年，当政府怂恿党及其工农团体进行解散时，党的领导部即不顾群众的反对，自动地解散了党和工会、农会，将其会员再编于军部、资本家、地主所领导的“报国会”之内。党的议员在议会上赞成庞大的军事预算，对东条和小矶的演说鼓掌。今天，大部分党的领导者向人民进行着“提高战意”和反英美的宣传，起着军部的最忠实的走狗的作用。

但上述情形，不能说是全体党员的情形，在一部份领导者以及一般群众之间，也有不少反对战争和军部的分子，还有共产主义者。所以看不到这些分子的活动，是因为他们受领导部的压制。因此，由于共产党影响的渗透和国内政治危机的发展，无疑议地，他们为了反军部以及建设民主的日本，将和我们采取共同行动。

(五)旧民政党、政友会及其他

其次,必须谈谈称为无产阶级政党的民政党、政友会。

这些党曾经是资产阶级和军部(及官僚)争夺政权的武器,同时又是和军部(及官僚)妥协勾结的工具。党的最高领导权掌握在三井、三菱、住友、久原、中岛及其他的大资本家手中,实行他们的反动政策。但因这些党是议会政党,不能完全忽视选民群众的意见,因此有时也不得不标榜某些进步的政策。而在党内,虽然不是有力的,但存在着反映中小资本家的利益的政治家。这些政治家主张某种程度的进步政策,在广泛的人民大众之间,获得了支持。

这些党和战争同时暴露出大资本家的本质,变为完全支持军部的团体后,在一九四〇年自动解散党,组织了"翼赞政治会"。今年四月解散后,重新组织"大日本政治会"。

但是,有着长期传统的这些党,今天在中小资本家或小市民之间还有相当大的影响。在一部份党的领导者和地方支部的领导者中间,虽然数量不多,但存在着消极的军部反对者。

这种进步的力量,究竟有多少呢?我们难于正确的计算,这是因为所有这些力量在现在不能公开露面,而是在某种伪装之下存在着。但是以现在众议院内全体议员过去的政治倾向看来,可以得到这种力量的一个指标。全议员数有四百六十六名,其中反军部色彩比较浓厚的有廿多名(包括旧社会大众党员),而估计和军部共命运到最后的,约有五十名左右,其他三百数十名属于这样的一类,即现在虽然支持军部,但当军部迫近灭亡时,有的会发生动摇,有的会采取中立的立场,有的则将转移到反军部的方面来。这就是说,在议员当中,采取比较机会主义的立场的占多数。

根据上面的分类判断时,反军部的势力主要是代表小资产阶级的利益,还只占着少数,而且是分散的。他们对战争和军部虽然没有公开地进行斗争,但是比较巩固的民主主义者。在他们之间,有像尾崎行雄(无党派)那样优秀的自由主义者。共产主义者必须和他们紧密的提携、联合起来。

机会主义者中间的少数份子,当有利的时机来到时,将投入民主主义的阵营,我们必须尽量努力,以争取其大多数。

(六)国外反军部团体

最后,必须说一说在国外组织的日本人反战、反军部的团体。

其最大的,有去年一月组织的"日本人民解放联盟"。联盟的中心目的是立即结束战争，打倒军部，建设民主的日本，成立人民政府，这是由八路军和新四军内的日本士兵、侨民、从国内来的反法西斯分子等所组成的。现在在华北、华中有二十一个支部，最近更发展到华南。由于战斗的激烈和日本军队内厌战思想的增长，其势力与日俱增。和前年相比，去年发展了两倍以上。

大多数联盟员在战场上和八路军新四军的指战员一起，为瓦解日本军进行奋不顾身的活动，获得相当大的成绩。他们的活动从华北、华中日本侨民当中，更进而扩大到日本国内。由于上述前线的斗争，以及由于日本工农学校的教育，联盟正有系统的培养着在将来建设民主的日本当中能起带头作用的干部。不用说，联盟对于打倒军部和日本的前途，起着重要的作用。

并且，解放联盟的活动也刺激了重庆和英美方面，现在在那些地方，可以看出有组织和联盟相类似的团体的趋势。如果这些团体组织成功，国外民主的日本人的势力便增大起来，这对于日本人民是有利的。

上面我讲了在广泛的人民中间反军部情绪的抬头，日本共产党、旧日本无产党、旧社会大众党、农民政党、旧政友会、日本人民解放联盟等等反军部的势力，在这些当中，有的是积极的活动的，有的仅止于消极的反抗，有的是动摇的。而有的势力，如像共产党，则为现实的，其他的势力则为潜在的。而且，这些势力是分散的、未被统一的。即令如此，这些势力如果在国内为共产党及其他勇敢的反军部分子的活动所鼓舞和领导，在国外又为解放联盟及同盟国方面的活动所援助，那末，这些势力在打倒军部及建设民主的日本的事业当中，将成为伟大的统一的力量。

我们共产主义者的最重大的任务，就在于把上述各种不同的势力和倾向，在共同的目的之下联合起来，结成一个巨大的力量。

正是这些势力代表了广泛的人民的利益，正是这些势力是我国真正的民主势力，是保证将来永久和平的力量，将来的日本必须寄托在这个力量上面。假使轻视或忽视这一事实，来考虑日本的前途，便是极大的错误。毛主席在他的报告中这样说道：

“在日本侵略者被打败并无条件投降之后，为着澈底消灭日本法西斯主义、军国主义及其所由产生的政治、经济、社会的原因，必须帮助一切日本人民的民主力量，建立日本人民的民主制度。没有这种日本人民的民主制度，便不能澈底消灭日本法西斯主义与军国主义，便不能保证太平洋的和平。”

这种态度才是真正保证东洋和平的。这才是同盟国方面正确的态度。但在同盟国一部分人士当中存在着与此不同的错误的见解，甚为遗憾。

（七）非民主的势力——稳健派

这样错误的意见有两种：第一种意见，认为在日本没有可信赖的民主势力，只得以长期的军事占领，强制实行民主与和平。这种意见是由于不知道有上述的民主势力而产生的。单用武力处理日本，需要何等重大的牺牲，塞班岛、琉璜岛、冲绳岛的战斗已经告诉了我们。幸而，这种意见在今天在同盟国内不是有力的。

然而，第二种错误的意见，是同盟国方面一部分领导人士所有的。这些人士不去看上述以日本大众为基础的民主势力，而看着上层，即在太平洋战争前被称为稳健派或亲英美派的一部分统治阶级，对他们抱着希望。属于稳健派内的，有下面的政治集团，即如三井、三菱，住友等有长久历史的大金融财阀，皇室、重臣以及高级官僚、老将军、民政党和政友会的老首领，等等。他们和中岛、鲇川（久原）、理研、石原等等急进派军需产业家稍有不同，太平洋战争前，没有全面地支持法西斯军部的冒险政策，对于向英美开战，多少表示过动摇。根据这些情形，产生了上述的意见。

但他们为什么采取这样的态度呢？首先讲他们中间的大财阀，他们其中（尤其是三井）因在商业上和欧美各国有密切的关系，害怕因开战而丧失这方面的利益。其次，在和英美的战争中，他们并不像军部那样疯狂地相信日本的胜利。由于这些理由，他们采取了动摇的态度。但是，根本上，他们绝对不反对以武力夺取南洋丰富的资源。假使战争顺利，当然大大地赞成。因此，一旦战争开始，在初期战争中取得胜利，南洋的宝库落入他们的手中，在国内他们的军需工业获得巨大的利润时，他们就变成积极的战争支持者，热烈地反英美主义者，完完全全和军部结成一体。

这些大财阀决不是和平的爱好者。今天他们所有的亿万巨富，是在中日战争和日俄战争当中起家的，接着由于第一次世界大战，更由于九一八事变、七七战争、太平洋战争而更加肥硕起来。各财阀的全部投资额内，对军需工业的投资额，住友占百分之七一（一九四四年六月），三菱占百分之六二（一九四四年二月），三井的投资额，自一九四二年六月起至一九四四年六月上的一年内，较前年同期，增加了一·四倍。而且，这三个财阀单从国家（军部）所借的款，三井即达五亿三千六百万元，住友即达二亿七千五百万元，三菱即达二亿四千万元。因此，他们和侵略战争有着不可分离的关系。过去日本所有的战争，是大财阀抱着掠夺原料、投资市场、商品市场的目的，和军部合作进行的。

大财阀的全部历史，是和军部妥协勾结的历史，三井和陆军、三菱和海军的臭姻缘,是众所周知的事实。过去所看到的他们和军部之间的某些纠葛,不过仅为争夺利益和政权而已。例如,根据一九四二年出版的材料,在三井系统的会社中,有十三名退役海军的将领作为董事工作着;在三菱,有十一名;在住友,有八名(一九四二年《每日年鉴》)。现在可以推想到已经增加了若干倍,这些财阀的代表,又在东条内阁和小矶内阁里面列为阁员或顾问,和军部共同挑着战争的担子。由此可见,大财阀和军部勾结是何等密切。大财阀成为现在战争经济的统帅,成为战争的主要推动力之一。

他们决不是民主主义者。过去我国的反动专制政治,都是他们和皇室、军部、官僚共同进行的。他们支配了政友会和民政党。但这些政党不是为了实现民主主义,仅仅是为了提高少数大财阀的政治地位,获得政权的工具而已。过去民政党内阁曾施行了《普通选举法》,但是违反人民所要求的、非民主的有限制的选举法,而且和这法律同时,又制定了镇压人民的《治安维持法》。目前的军部独裁也是在他们的协力之下才进行的。

这些财阀决不是和平的爱好者、反对军部者、民主主义者,他们是最可恶的破坏和平者、军部同谋者、专制独裁主义者。因此,可见日本的前途寄托在这班人身上,是何等错误的见解。将日本的政权交给他们,恰如把钱包交给强盗一样。不用说,将来的和平和民主主义是没有保证的。

这些财阀都应该作为战争的罪犯加以处罚,因为他们是军部的同谋者、战争的推动力,但仅仅如此还不够,为了防止他们将来再准备战争,阴谋专治独裁,对他们经济上、政治上加以严厉的限制,是绝对必要的。

上面所说的是关于大财阀。同样的情形也可以适合于其他一切稳健派。其中可以举出像下面的一些名字为例,即宇垣一成(陆军大臣)、南次郎(陆军大将)、铃木贯太郎(海军大将)、米内光政(海军大将)、广田弘毅(前总理大臣)、近卫文麿(前总理大臣)、平沼骐一郎(枢密院议长)、松平恒雄(宫内大臣)、池田成彬(三井财阀),等等。但这些人都是大财阀的勾结者,是其政治的代表,并且他们自己或者是侵略的军部,或者是共同谋者。他们对于进行此次战争,全都起了积极的作用。当然不能将日本的前途交给他们,必须禁止他们参与我国中央以及地方们的政治。

二、建设民主的日本

(一)严惩战争罪犯

上面我们看到我国各种民主的势力,看到只有这种力量才能使我国成立民主主义与永久和平。那末，用什么方法实现什么样的民主主义呢？

要在我国实现民主主义，有两方面的事情非做不可，即消灭一切反民主的东西和建设民主。

首先，说到应该消灭的方面。第一，就要严惩战争罪犯。这种惩罚，它底意义还不仅仅是单纯的惩罚，而是为保证未来日本的和平与民主主义所绝对必要的政策。因此，必须进行得广泛和澈底。犯人之中，首先就是那批直接参与准备并进行一九三一年以来的战争的军事指导者，以及曾在占领区指挥或直接实行杀戮、破坏、掠夺、放火等暴行的指挥官。关于这点，美国有人主张只限于一九三七年以后的犯人，我认为这是不对。因为九一八事变对于中国人民说来还是记忆犹新的。而且，如果把这些犯人抛开不算的话，那末像荒木大将（九一八事变元凶）那样没有直接参与此后的战争，但却是危险的法西斯侵略者就不受惩罚了，这是不公平的。

其次，必须惩罚那现曾和战争、军部积极合作的反动政治家（包括官僚），特别是那些作为军部走狗，在人民之中积极进行法西斯活动的法西斯份子，我们决不能放他们过去。还有镇压人民的凶手——政治警察（特别高等警察），思想检查等中的积极份子，也必须严厉惩罚。

再次，便是那批成为战争的实际推动力，在战争中获得巨额利润，以及和军部公开或秘密地合作的大军需资本家。对于他们，我想我们应该采取如下的处罚：一、由国家没收这批资本家的全部战时利润。二、他们的企业收归国有，这样可以防止他们新的战争准备。

以上犯人的罪行，有让日本及各占领区人民配合同盟国来进行调查和审判之必要。对于那些罪魁，必须科以重刑，即使罪比较轻的，也必须绝对禁止他们参加战后日本的中央或地方政治上的活动。

（二）肃清封建的、反民主的制度

再者，为了实现民主主义，必须剥夺军部的将权（帷幄上奏权、陆军大臣现役军人制），从政治、经济、文化上肃清军部的势力。还有其他的封建机构与封建势力，倒如皇室、重臣、枢密院、贵族院、贵族等等的特权与制度，或者废除，或者必须使之无力化。

军部领导下的一切半军事的或反动思想的团体必须解散，团体的首领必须加以处罚。这些团体的数目，现在有一百个以上，名义上的会员数目，超过了一千万人。其中重要的组织如下：在乡军人会、警防团、国民义勇队、青少年团、妇人会、大政翼赞会、翼赞壮年团、各种报国会（产业、农业、海员、劳务、言论、文学、美术、出版)、东亚同盟、日德协会、国民经济文化研究所、各种训练所、赤诚会、黑龙会、大亚细亚协会、东亚联盟,等等。

这些都是合法的团体,但在青年军人、法西斯蒂之中尚有秘密的组织,当然这一切必须加以解散。

再必须废除一切反民主的、镇压人民的特别法令。这些法令,可以列举二十种以上。如警官可以随意逮捕与拘禁人民的《警察犯处罚令》,禁止言论、出版、集会、结社等的《临时取缔法》《不稳文书临时取缔法》《治安警察法》,镇压共产主义者的《治安维持法》《思想犯保护观察法》等等,都是反动法令中的典型。

议会必须解散,议员必须辞职。因为现在的议会主要是由一九四二年东条内阁"推荐"支持军部者而当选的议员所组成的,所以议会成了违反人民自由意志的军部御用机关,当然应该解散。

在应解散的组织中,必须加上最近才创立的"大日本政治会",这个政党是以上述议员为主体,以南次郎大将为首领的法西斯政党。

(三)实现民主政治

其次,谈到应该建设方面,首先,除法西斯蒂以外,一切政治犯必须立刻实行大赦,释放出狱,今天在我国的牢狱,自市川正一、德田球一、国领伍一郎、春日庄次郎、志贺义雄,以及其他同志等在狱中继续斗争了十七年的共产党领袖起,直到反军部的自由主义者,有数千名勇士在呻吟着,给他们以自由,这件事本身就表示着民主主义势力的加强。

在我国宪法第二十九条与第二十八条上,载有保证"言论、著作、出版集会以及结社的自由"和"信教的自由"。然而,从宪法公布之日起直到今天,这个条文完全是一纸空文。因此,我们必须完全实现这个条文所规定〖的〗自由。遭军部封闭的进步的报纸、杂志、书籍应该复刊,工会、农会、学生团体应该恢复,必须允许有集会、罢工、租佃斗争、示威运动等的自由,必须保证共产党合法存在及其活动的自由,允许其他进步政党恢复组织。这样,当加诸我国人民身上的束缚解脱之时,这时真正的民主主义才获到保证。

我国的宪法,是仿照俾斯麦时代的普鲁士专制立宪君主制而制成的。根据这个宪法,我国军事、政治底最高支配权操在天皇的手里。我国也有议会,然议会而仅仅是天皇"翼赞"机关,没有政治权力。众议院的决议,贵族院、枢密院、天皇有否决之权。政府向天皇负责,对议会可以不负责。而且,当政府遭受议会反对时,不是政府辞职,往往却是议会被解散。军部可以不把议会、政府放在眼中,向天皇直接交涉。总而言之,我国的政治制度是在“民主的”议会伪装之下的以天皇为首的半封建的专政独裁制度。

我们必须根本改革这种制度。不是让政权操纵在少数人的手里,而是应该掌握在人民的手里。就是说,政权应由议会和从议会选举出来的政府来掌握。但是现在的议会,只是专制机构的附属品,不应将政权交给它,必须澈底改造现在的议会,使议会成为真正代表人民意志的机关。因此,必须根本修改现行的选举法。我国的选举法有着各种限制,即二十五岁以上有着一定居住期限的男子才有选举权,三十五岁以上能缴得起二千元保证金的男子才有被选举权,此外尚订了无数惩罚条例。我们必须废除这一切限制,凡是年满十八岁以上的男女,一律都予以选举权与被选举权。并且,由这些选举人在没有警察干涉的自由选举之下,选举议会,由这批议员组成议会,然后才能把政权付托给这个民主的议会。将选举人年龄规定为满十八岁的理由,是根据以下的事实,因为现在的兵役年龄规定为十七岁,最近由于十二岁以上的男女被强迫动员,青年男女的政治能力已大为提高了。

(四)天皇与天皇制

天皇与天皇制,在民主制度上应如何处置呢?

天皇有两个作用,第一,我国的封建专制独裁政治机构(或天皇制),是以天皇为首、为中心而组成的,在制度上,天皇握有绝大的政治独裁权。第二,作为一个“神的化身”在人民之中起着半宗教的作用。这两个作用,是互相结合着的,不过也可以分离。正如政权与宗教可以分离是同样的道理。因此,我们对第一个作用所采取的态度,和对第二个作用所采取的态度,应该有区别。

作为专制政治机构(天皇制)之首的天皇或天皇的特权,必须与这个机构同时立即废除,以实现民主制度。这是前面已经讲过的。日本人民对天皇个人虽有信仰,但并不是崇拜独裁机构。我们必须立刻废除作为专制机构的天皇制,实现民主。在这点上是没有任何妥协的。所以我们主张日本的民主主义化,和废除天皇制是同一意义的。这是我们对天皇第一个作用所采取的态度。

但我们对天皇第二个作用——半宗教性的影响力,则必须采取慎重的态度。过去七十年来,在一般人民心中种下的对天皇的信仰,是相当深刻的。例如我们曾收到住在南洋某地一个日本士兵(俘虏)给日本人民解放联盟的回信里,他责备我们说:“反对战争和军部固然是好的,但在解放联盟的信里没有表示崇拜天皇之意,是一个遗憾。”又,根据南方各地同盟国对几百个日本俘虏调查的结果，确信日本胜利的为全体的半数，对最高指挥官有信仰者三分之一，可是崇拜天皇几乎是全体士兵一致的回答。被八路军俘虏不久的士兵，大部份都表示赞成解放联盟的纲领，但如果说要打倒天皇的话，那就反对。有着这种同样思想的，在我国一般人民中，可说还占相当多数。这是日本人民的不幸，然而又是事实。从这个事实出发，我们必须考虑到当前的口号。

在我们解放联盟的纲领中，没有提出打倒天皇的纲领，因为解放联盟是一个在日本人民当前的目的——反对战争、打倒军部、建设民主的日本的口号之下动员广大人民的团体。当然必须争取反对战争与军部，但又不放弃崇拜天皇的人参加。如果我们提出打倒天皇的口号，当然能够投入我们阵营里来的群众，也将因我们提出这口号而离开我们，我们有从群众中孤立起来的危险。以上是解放联盟纲领中所以没有提到天皇问题的理由。

但是，如果因为我们这样说了，便以为我们欢迎在战后的日本保存天皇，那就是全不是这回事。天皇是现在的战争责任者之一，是反动政治和复古思想的表征。战后如保存天皇，那末残存的反动势力就可能以它为中心，重新集合起来扰乱和平和民主政治。这样的东西，为了我国的民主化，是非铲除不可的。我们共产党要求建立没有天皇制、没有天皇的澈底的民主共和国，为此目的，我们向人民大众进行宣传教育。但我们的要求违反了大多数人民的意志，即不能实现。如果大多数人民热烈要求保存天皇，我们对此必须让步。因此对于天皇存废的问题，我们主张在战后由一般人民的投票来决定。投票的结果，纵令决定保存天皇，这时的天皇也必须是没有专制权的天皇。

（五）改革教育

为了摧毁残余的封建制度，并确立民主的制度，和上述制度上改革的同时，有改造人民思想上之必要。这是一个极重要的问题。

过去七十年间，我国的学校和各种教育宣传机关，都用全力向人民灌输崇拜偶像、崇拜皇室、寡头政治、绝对服从、军国主义、征服他国思想、武士道等等，曾收到相当的成果。如不肃清这种反民主的邪恶思想，真正的民主主义就难于实现。为此，必须改革现在的教育制度与教育内容，进行民主主义与和平思想的教育，全部教科书必须重新写过。而且，必须从教育宣传机关中清洗法西斯分子，训练新的教师。

当然，这个教育的成果，不是一朝一夕所能表现出来的，仅以训练师资来说，也需要一定的时期。不过，如一部份外国人所主张的，认为日本完全没有民主主义的传统，因此要改造人民的思想，恐怕要一个世纪以上。这种说法是不正确的。我国也有光辉的自由主义运动的历史。同时过去半世纪之间，曾实行过各种民主设施，如制定宪法，议会，地方自治制，男子普通选举法，政党，工会，农会，发行工人的报纸，等等。虽然所有这一切都是欺骗的或歪曲了的民主主义。然而即使是一些碎屑，但也是民主主义的东西。所以不能说我国人民对于民主的东西无知或没有经验。只要摧毁残余的封建制度，实行民主的政治和教育，人民有民主的思想，熟悉民主政治，决不是非常困难的。

（六）保证永久和平

战后，为了不使日本再可能扰乱和平，应采一些什么必要的处置呢？关于这个重大的问题，在同盟国方面的一部分人士之间，引起了热烈的争论。在这个争论当中，值得注意的，是那种认为为了保证和平不仅要完全解除日本的武装，毁灭日本的军事工业，而且要抑制或禁压一般工业的发展的意见。

同盟国方面的战争目的，如各次国际会议所声明的，并非灭亡日本民族，而只在于根绝日本军部与军国主义，确保永久和平，所以上述见解是不正确的。

本来是否进行战争，不决定于工业的有或无。战争不是机械发动的，而是人造成的。换句话说，政治产生战争，所以让那些对侵略战争毫无利益的日本人来实行政治，管理工业，和平工业是发达了，但绝对不会制造侵略用的武器。质言之，从政治上解除武装，是保证和平最确实的办法。那末，最反对侵略战争的日本人是什么人呢？不是大资本家，而是勤劳〖的〗人民大众。勤劳〖的〗人民大众的政治，即澈底的民主主义政治的实现，才是防止侵略战争重新发生的最好的办法。如果这种民主政治得到保证，我国工业的有无也就不成为问题了。

以德国为例，在第一次欧洲大战中被战败以后，又重整军备发动第二次欧洲大战，它所以能够这样，并不是因为德国有了重工业，而是由于法西斯蒂和军国主义抬头了。如果不是法西斯蒂而是代表人民利益的政府统治着德国的话，那末这次大战就不会发生，而相反的，德国高度发展的工业，对于世界文明之发展，将有很大的贡献。问题不在于重工业，而在于政治。

日本也是同样的情形。我国产业、技术的进步，远在东方各国之上的。因此，对战后东方各国的工业化，可以作不少的供献。而人工地阻止日本的工业的发达，或者消灭这个工业，对于东方民族有什么利益？把日本拖回到半世纪前的农业国家，对于世界进步有什么利益？结局是矫枉过正，难道不是世界文明的损失吗？

三、富强的日本

（战后的经济问题）

可以看到战后日本的经济破产，日本将面临极度困难的经济问题。首先由于轰炸以及在本土作战，大规模的工业设施将被破坏，众多的生产人员将要死伤，日本所有的大部份的船只都将丧失，生产和消费资材的积蓄将荡然无存。现在通货已经极度膨胀，战后一定更难以控制。饥馑就会发生。其次，由于殖民地和各占领地区，尤其是称为“生命线”的华北、东四省、朝鲜之从日本帝国主义获得解放，将使日本失掉丰富原料的供给和商品市场，失掉“生命线”。第三，重大的问题是庞大的失业者群。由于复员、移居海外者的归国、国内工厂的破坏和作业停止等原因，将有一千万人以上的失业者。最后，赔款的负担也必须加以预计。如此说来，则我国的经济将要濒于破灭。

那末，我国能够避免这种经济的破灭吗？我国能够复兴吗？当然能够。但是，这只有在政治以及经济上实行断然改革的条件之下才能实现。如果不断然实行大改革，我国就不能免于亡国的厄运。反之，如实行大改革，就必能建设富裕的幸福的新日本，而且建设新日本的一部份基本条件，为了进行战争的必要，已由军部本身在战争期间手创出来了。

至于将来日本之成为富裕的日本，在经济上要向着什么方向发展才是最合理而且最有发展可能性呢？我认为应向以下三个方向进行。

一、高度的工业特别是电气、化学、精密机械之高度的发展，由此可以解决失业（或人口）问题。

二、土地制度的变革和农业的机械化。

三、国内市场的发展。

为了向着这样的方向发展，应该做些什么？发展的基础在那里呢？

第一，在经济发展上，最基本而不可缺的条件就是政治的改革，即必须把军部、财阀、大地主从我国政权上驱逐出去，建立代表勤劳人民利益的民主的人民政府。如果不成立这样的政府，让现在的政府继续下去，那决不能克服战后经济的困难以至进而创造富裕的日本，因为经济的大改革是违反军部、财阀、大地主的利益的。

第二，民主的政府必须对整个经济实行强力的统制。在实行这点上，战争期间已准备了有利的条件。军部促进了中小工商业的没落和企业的集中，军需产业，金融固不待论，农业上也实行了国家的统制，甚至把一部分企业强迫国营。这对将来的民主政府在管理独占企业，实施计划经济上，是个重大的帮助。关于这个问题，我们主张以下的原则：

一般的，对于独占企业（财阀，企业的联合）实行强有力的国家统制，一部份企业（如金融、电力、海运、军需财阀等）收归国有。尤其是属于战争同谋者的巨大财阀如三井、三菱、住友及其他几个大军需资本家的资本，要归国有。这是对战争罪犯的处罚，同时也是为了防止将来的战争。如果国家仅将三菱、三井、住友三大财阀的资本变为国有，那就有我国私营产业的百分之一五、金融（除去国家的）的百分之四十变成国有的了。这又是对于这些大财阀的政治势力的重大打击。对于这些财阀的打击，一定会受到为他们所摧残的中小资本家和工人的欢迎。

第三，关于我国战后的复兴和高度工业化，究竟从那里取得财源呢？我们首先可求之于巨额军事费的节约。在战前和平时期，就有国家财政的百分之五十左右用于军事支出。自一九三七年到现在，为了战争浪费了一千四百亿的巨额。将来和平的日本可以节约这样巨额的资金，用在战后的复兴和建设上。另一财源就是求之于下述的：（一）没收大军需资本家的战时利润；（二）统制和国营独占资本；（三）下面要说的部分土地国有；（四）采取累进税制；等等。

其次，高度工业化之技术的基础和劳动力，可以说是相当存在的。在战争期间，我国的重工业和机械工业急速地扩大，技术也高度地发达了。自然这些工场设施由于轰炸和其他原因曾受到大的破坏，可是即在战后，这些基础和技术也会残留下来的。它对将来工业的发展，有很大的供献。至于劳动力，军部今天强制地动员十二岁至六十岁的男子以及十二岁至四十五岁的女子，使他们从事某种劳动，给了一般人民以劳动的习惯，这使我国的劳动力丰富起来。

但是，工业发展的资源怎么办呢？我国工业原料不丰富是事实，但直至今日军部为了作为侵略他国的口实，把它过于夸张了。可是，军部最近预料到和南洋以及中国方面的交通将被切断，倒以全力开发国内资源，结果石油铁、铅及其他八十种原素资源在国内都有了某种程度自给的可能（多田礼吉中将《同盟通讯》一九四五年二月十四日）。这些资源用国家的力量是可以充分开发的。又我国有丰富的水力，可以使之变成动力。从围绕我国的海水里面，也可以获得食物以外的许多化学材料。并且如果使工业向精密化方面发展，这也可以相对的减少原料的需要。至于绝对不可缺而又不足的原料，便不得不仰赖外国。对于和平的民主的日本，各国从纯碎[粹]的贸易立场上也不致于拒绝供给的。

以上是我国高度工业化的远景。

第四，农业方面的改革必须澈底的实行。因为我国农业的半封建性，使得

□□□□(□□工业化下的原因,妨碍□□)□□□□为政治运动的□□。所以使农业□代□最□□□。这就是□□□□□行,为了□可能□□封建的土地所有□□和封建的剥削方法,就必须让地主的土地国有化,一方面给无土地的农民以土地,另一方面使农业机械化。关于这一层,我们主张以下的政策作为实现它的第一步:

一、战争罪犯的土地和不在地主的土地由国家无代价没收,十町以上的地主(占全国农家总户数百分之一,占全国耕地百分之二十六)的土地有代价或无代价的收归国有。

二、国有化了的土地以低利租金贷与土地不足的农民。

三、减低耕种国有地以外的土地的贫农的佃租。

四、在国家的援助下,应用并奖励大规模的农业机械,奖励共同耕作,低价提供化学肥料,扩大国营模范农场,除食粮以外,生产工业原料。(军部为了增产食粮和缓和人力不足的困难,奖励共同耕作与应用机械,目前各地农村正在这样实行着。农业技术的革命也小规模地开始了)

如采取以上的方策,农产物增加,食粮问题大体上就解决了,并且由于农民趋向富裕,国内市场也就扩大了。

第五是市场问题。如众周知的,战前日本工业生产的很大部份,不是为了国内消费,而是以国外市场为目的而制造的,它是在如下的方法之下进行的:这就是极度榨取工人和农民,使他们的生活降低,以这样制造出来的廉价商品泛滥于国外市场。将来的日本必须反转过来,生产以国内市场为主要目的,对外贸易应该在这样的原则下进行,即为了支付我国必需品的输入而出。

为此目的,就必须创造并扩大广大的国内市场。而这一事实的实现,有赖于占我国绝对多数的勤劳大众的生活的提高。由于上述土地制度的变革和农村负担的减轻,农民的生活改善,现在约占我国人口百分之三十九的农村人口,就成为商品购买者了。

而且工人及其他勤劳者的生活必须大大改善,他们必须成为有力的购买者。因此,国家必须保障八小时劳动制,增加工资和制定最低工资法,规定社会保险,使工场法完备,等等。

这并不是说我们不重视对外贸易,像我国这样资源贫弱而又狭小的国家,为了提高人民的生活,对外贸易是必须振兴的。因此,相当数量的商船仍是必要的。但是这种贸易不是像过去那样为了商品倾销和侵略,而是以有无相通为原则而进行的。

这就是我们对于将来日本的经济政策。

四、结语：建立人民政府

上述一切都是我国勤劳人民大众的要求，是我们日本共产党目前的纲领。这是建设民主和繁荣的新日本的纲领。只有实现这个纲领，才“可以信赖日本并承认日本为寻求永久和平的国际团体中的一个成员”（罗斯福总统一九四四年八月十二日演说）。除此之外，别无他途。

实现这个纲领，决不是依靠稳健派的政府所能做到的。只有真正代表人民利益和意志的政府——建立在从共产党到民主的各政党、各政派的联合的基础上的人民政府才能做到。因此，我们当前的中心口号是“建立人民政府”。而这个政府，只有以广大的人民大众的动员和斗争为基础才能成立。共产主义者以及一切爱好和平与自由的人们，在他们各人的工作岗位上为着目前切身的要求而组织斗争，在这个斗争中说明我们的纲领，从而团结群众的势力在我们的口号之下。这就是我们当前必须出发的第一步。

同志们！欧洲的法西斯主义崩溃了。东方军部法西斯主义步墨索里尼、希特勒后尘的日子快到了。东方民族从所谓东方宪兵，横行东洋五十年的日本帝国主义获得解放的日子快到了。世界民主主义胜利之日快到了。

但是，如最近史迪威将军声明所说，和日本军部的战争决不是容易的。他们将利用其有利的战略地势疯狂的抵抗，在我们的胜利之前，还需要许多牺牲。并且就是在胜利之后，中国、日本、朝鲜及南洋各国的前途也还有许多困难问题。我们决不应沉醉于快乐的梦想。为了这些国家的民族之完全解放，仍须进一步努力和牺牲。在这些民族的解放事业和将来的发展上，伟大的中华民族和产业发达的日本民族的合作，将起非常大的作用。中国人民决不会拒绝与和平的民主的日本合作的。

打倒日本法西斯军部！

中日人民团结万岁！

（原载于《群众》第 15 期，1945 年）

朝鲜民族的怒吼

——介绍一篇《韩国“三一”独立运动史》

佚名

秋天空际广阔无垠，
气高而爽无云，
一轮明月照我胸襟，
耿耿一片丹心！

——韩国爱国歌

朝鲜民族是和我国最为接近的——文化、血统都可说同一——的民族，富有中国文化意味的太极旗——韩国旗就是代表这个民族的四千年文化。

朝鲜民族的革命意识是十分浓厚的，绝不同于安南、缅甸。在亡国的三十六年中，大大小小的革命运动并未曾一天休止，韩民族不断地拼流着爱国的鲜血，曾经使日寇为之震惊，使世界人士始终没有忘记三千万的朝鲜民族。

第一次世界大战，因为威尔逊总统“民族自决”的口没号有实现，使朝鲜民族再延长二十多年亡国的惨痛。这次大战结束，正是朝鲜民族获得解放独立的机会，不幸莫斯科三国外长会议决定了所谓专利的民主——托管，使朝鲜民族再延长五年的被统治，这是富有民族思想、富有革命意识的朝鲜民族所不甘愿而誓死反对的。

朝鲜民族的自由独立，向为我国所关切，莫斯科会议决定使韩国重陷于共管的悲境，更为我们所同情。中韩两民族本是一家，唇齿相依，手足相救，我们怎能不寄与无限的愤慨与感念？这里特地介绍一篇《韩国“三一”独立运动史》，使我们国人更清楚的认识朝鲜民族的革命经过，这于正在有人高唱国际主义鄙弃民族思想的今天，想不会没有意义吧。

旅渝韩人在“三一”纪念那一天，曾经举行热烈盛大的纪念会，在大会宣言里面充满抑郁愤慨的情绪，他们大声喊出："凡正义援助吾韩独立自主的友邦，吾人当永久铭感的亲睦之，而假仁假义野心变相的侵略者，吾人当以不屈之精神誓死奋斗！……三十六年亡国痛苦，四十年被压迫的民族需要独立，更需要复兴，远东需要安定，世界需要和平，人类需要进步，今后决不容世界上再有违背上列的要求，反之即是第三次世界大战发动的祸首，我们深深的相信高尚神圣的民族意识不会被强权所摧毁暴力所消灭的。"他们更"怀念着祖国的同胞，我们亲爱的父母、兄弟、姊妹们，在赤色恐怖下过着较前更惨酷的生活，三十八度锐利的白刃，刺裂我们三千万同胞的肝肠，而磨吞我们南北无辜同胞的血肉，而在他魔手中跳舞着的一群亡国奴，正狠心要把祖国再遭一次灭亡"（"三一"纪念会宣言）。韩国迟早是需要获得自由独立的，正如中国之需要获得自由独立。

韩国"三一"独立运动小史

一、"三一"运动是在韩国独立运动史上辟开了一个光荣灿烂的新的纪元，韩国独立运动在"三一"运动以前以后，不论在其形式或内容上，都有着显著的截然的区别，而且表现着飞跃的新的发展。在"三一"以前，独立运动的主要形式是自然发生分散孤立的爱国志士的活动。而于政治内容，便是漠然的反日复国思想或单纯的忠君爱国主义。当时，在国内外活动的各种反日政治结社、军事养成运动、暗杀破坏运动及其他宣传外交活动等等，都是如此，他们在相互间并没有一定的政治上组织的联系，又没有统一的指导中心。可是自"三一"以后，运动的形态和内容都达到了新的变化和发展。首先而主要的，就是把独立从少数志士们的活动推进到广大的民族大众中间来，克服从来的分散孤立的运动状态，而建立了统一的政治指导中心。特别在思想方面，形成了现代的民族主义或民主主义的政治理想，拿它来作为反日建国的理论及实践的总方针。就是说，在"三一"运动当时，已经很明确地提出了"打倒倭敌，建立民主国"的口号，而且这个口号下建立了现在的大韩民国临时政府。这样，"三一"运动是把从来的独立运动推进到更高的一阶段，同时给它打定了不可动摇的胜利基础。

二、"三一"运动是怎样发生的呢？我们要晓得，"三一"运动的暴发决不是偶然的，而是有它的历史的及现实的诸原因。它的最主要的原因，可以从以下三方面加以考察。

第一，"三一"运动是亡国后第十年即一九一九年爆发的。在这十年当中，日本帝国主义者所加于韩国民族的压迫和榨取，竟达于忍无可忍的程度。当时倭总督寺内正毅的有名的“军刀政治”，是把整个的韩族当作他们的民族奴隶，不论在政治、经济及文化各方面，韩国民族是无丝毫权利和自由可言。这种强蛮的暴政，是有着五千年文化历史的韩国民族决不能忍受下去的。于是乎三千万含愤积怨的檀君子孙，个个都怀着正义的利刃，等候报仇雪耻之机会。

第二，孙中山先生所领导的辛亥革命的成功及其以后继续进展的中国革命运动，特别是一九一四年爆发的第一次世界大战，是给韩国民族以高度的国际的政治警觉。尤其苏联十月革命的成功及大战终熄后世界各弱小民族独立运动的风起云涌，都给韩国民族以强烈的兴奋和刺激。当时欧洲的民主主义及苏联的共产主义的思潮，直接或间接地浸透到韩国民族的思想领域中来，就形成了韩国独立运动的牢不可破的政治的信念和意志。

第三，韩国独立运动其实有着久远的历史背景。溯自一八八四年金玉均先生等领导之立宪民主运动，一八九四年全奉准、金九先生等东学党所发动的农民革命战争，一八九六年李承晓、安昌浩、徐载弼诸先生所领导独立协会的活动，以至一九〇四年以来继续发生的新民会活动及轰动一时的义兵运动等等，都是韩国独立运动的先驱，一九一〇年给日本并吞以后，这些运动在倭敌的暴压政策下终被镇压下去了。可是在国外，例如在中国的东北，在美洲，在西伯利亚，在东京及上海等地，从国内亡命出来的爱国志士们继续进行独立运动，在东北和西伯利亚，有数百万同胞在那里，他们开办军事政治学校，养成干部人材，组织独立运动团体，建立武装队伍。在美洲及上海等地的独立党人是一面对于国内的民众建立种种政治组织的联系，他们对于国际友邦进行种种宣传、外交等活动。爱国同志们的这种坚苦卓绝、百折不屈的精神和活动，便是促成酝酿“三一”运动的主动力量。

三、促成“三一”运动的主要原因已概如上述。但在这里，我们还要指出“三一”运动爆发直接的动机。

第一次世界大战结束以后，一九一九年在巴黎开世界和平会议，当时美国大总统威尔逊氏所谓“基于正义人道的民族自决法案”，自然博得全世界各被压迫民族热烈拥护，被压迫最深的韩国民族，对于这个和平会议，自然抱着很大的希望。同时要在这个千载一时的机会，用全民族反日大示威的行动来表示民族自决的要求，并且循着国际外交的途径来争取国家的独立。

第二，为了进行民族自决的运动，各方面的独立运动的指导者，如天道教之孙秉熙，大倧教之徐一，基督教之李升熏，佛教之韩龙云等数十人，秘密协商运动之进行，遂于一九一八年十月在京城组织独立团总本部，推孙秉熙先生为领袖，一方面派代表于巴黎和平会议，要求承认我们的独立，另一方面计划发动大规模的全民族的革命总崛起，同时联络国外各地的独立运动者，特别联络在中国东北的大韩独立义军府，互相策应。当时留日学生及本国青年学生都有学生团或青年独立团等的组织，其人数达于二百万员之谱。这独立运动总本部便是发动“三一”运动的总指导机关。

第三，“三一”独立运动的准备在各方面着着进行的时候，于一九一九年一月二十二日韩国废皇李太王突然崩逝了。李太王是反对保护条约而废置的君主，在亡国后，他被幽禁于深宫，但并没有消失乘机复国的意志。因此敌人把他看作排日运动之魁首，常使韩奸、卖国贼等包围他的左右，严密监视他的行动。可是在当时韩国民族自决运动方兴未艾的时候，他的存在将要引起极重大的政治作用。所以敌人遂嗾使贼臣韩相鹤置毒于食物，使他死了。这个消息传将出来，全国人民更加痛恨倭敌的凶狠，群众的反日革命情绪好像怒潮一样充溢于全国。这是一个“三一”运动爆发的极偶然的然而是极主要的契机。

四、如上所述，“三一”运动的原因和动机已经成熟到最高度了。可是“三一”运动的序幕，是在日本东京为留学生们所率先揭开的。一九一九年二月八日，在东京的留学生六百余人会集于中华青年会馆，由崔八镛君登坛演说，慷慨激昂，声泪俱下，当即朗读朝鲜青年独立团的宣言书及决议文，同时用指血书独立要求书，将要提出于日本议会。这时，日警八十余名奕[亦]来包围，拘捕指导者六十余人，各处以有期徒刑。从此以后，青年学生界的独立运动像燎原之火一样，很快地发展到全国各地。这样，“三一”运动爆发的时期，日渐成熟和迫近了。

独立运动总本部的大示威运动计划是非常正确而且周密的。先前他们在数个月来的秘密活动，并没有被敌人发觉。他们运用天道教、基督教、佛教及其他青年学生团体的信任关系，在隐秘中，进行了在三月一日午刻(因韩族先祖有三位一体之神话，故韩人视“三一”二字极为神圣)全国各中心都市一齐举行反日大示威伟大的计划。同时，宣言书、国旗及口号等一切都准备好了。还有全国各宗教徒及青年学生的组织的动员准备，也是充分完成了！于是大家都很焦急地等待着三月一日午刻的到来！一九一九年三月一日是一个天朗气清、惠风和畅的春日，幽静而美丽的京城空[塔]洞公园像温柔和慈母的怀抱一样，等待着千万檀君子孙的拥抱，跳跃，来唱再生的欢乐之歌和爱国之歌！到了午刻时分，朝气勃勃的青年学生们一队队地从公园门口涌了进来，很严肃地、活泼地在八角亭子周围的草坪上列队集合。他们愈来愈多，整个公园便成了人山人海。他们好像上前线的将士们，等待着冲锋的命令一样，很焦急地等待着即将爆发的大革命运动指挥的号令。

到了预定的时刻，一位英勇青年跑上了八角亭上，大家视线都集在他的身上。大家都保持静默，好像在暴风雨前的安静一样。这位青年是代表三十三人来宣布韩国的独立自由，并朗读独立宣言的。他的一句一句脆切而有力的声音，像出了膛的子弹一样而射进了每个人的心坎，激动了每个人的血气呵！这是韩国民族复兴再生的呼声！大家都要狂跳，忍不住地喊出了“大韩独立万岁！万岁，万万岁！”，尽情地疯狂地叫喊起来了，于是乎数万个太极旗、千万张宣言像云片一样飘扬在空中！怒潮一般的群众，又一队队地往公园门口涌了出来，冲出街道上来了！敌人的宪警是蒙在鼓里，还不知道这是什么一回事，因此他们已经来不及加以干涉或镇压了。当群众在街道上高呼大韩独立万岁进行示威的时候，所有穿白衣讲韩语的人，不论男女老幼，热烈地疯狂地来参加示威。行列所到之处便成了人山人海，这样整个的京城市街全都在白热的革命的火焰中燃烧着！

我们的民族代表三十余人是在同一时刻齐集在明月馆，宣布独立，朗读宣言文，并举杯庆祝我民族的独立自由。结果被敌警拘押，从容入狱。又在同日同时，开城、平壤、镇南浦、宣川、义州、咸兴、元山、大邱、黄洲[州]及其他主要城市，都同样地举行热烈的反日大示威。

从此以后，自中心都市以至穷乡僻村，尤其流亡海外的同胞们，都继续举行示威运动。本来独立团总本部的指示只要举行徒手的和平示威运动，可是在敌人的野蛮的屠杀政策之下，这种和平示威，当时惨景，实不忍卒睹，其间有若干小学生参加游行，右手高举太极旗，高呼大韩独立万岁，日警斩其手，手断旗落，易左手执旗，仍高呼大韩独立万岁，日警复断其左手，双手俱断，鲜血淋漓，衣襟尽湿，学生之舌尚存，仍狂呼大韩独立万岁(华音“台汉通民布满岁”)不休，直至日警剜其舌斩其首，失去最后之呼吸为止。凡此悲壮事迹，不胜枚举。日人虽惨杀韩人之身，不能抹灭韩人之精神。终于转变成猛烈的群众暴动，他们用镰刀斧头来抵抗敌人的枪炮，杀敌万恶的宪警，捣毁他们的机关。数十年含愤积怨的反日感情，终于发泄出来了。这样的示威暴动，一直继续到八月之久。最后在倭寇的压迫、屠杀政策之下，不得不被镇压下去了。在这一大革命运动中，韩国民族财产上的牺牲是很重大的。自三月一日至同年五月末为止，示威运动状况的调查统计，是如下表：

1 示威府郡数	二百十一处
2 示威次数	一千五百四十二次
3 示威动员人数	二百二万三千九百八十人
4 死亡人数	七千五百九人
5 被伤者	一万五千九百六十一人
6 入狱者数	四万六千九百四十八人
7 烧毁学校	四十二校
8 烧毁教会堂数	四十七所
9 烧毁民房数	七百十五栋

这个数字只是三个月间的统计，而且这统计也是从敌人发表的报章杂志上调查得来的东西，所以不能算正确的了。倘若把九个月的总数字统计起来，当有倍数的增加。根据韩人志士调查，八月来死伤者七万，系狱二十万。不过，只是从这个数字也可以看到"三一"运动是何等伟大的革命流血斗争，更可以知道日本强盗是何等残酷的野蛮的东西了。

五、"三一"运动虽然在国内表面上是被镇压下去了，可是这一伟大的革命正轨已经打定了不可动摇的胜利的基础，特别在这一行动中产生了临时政府，而临时政府遂以全民族独立运动最高指挥机关姿态出现了。

六、韩国临时政府是最初在京城独立团总本部所发议组成的。但在独立团袖领孙秉熙等三人被押狱以后，运动便失了指导者，而且在倭寇的暴压下，临时政府是不能在国内活动的，所以选择和本国较为接近，而且较为安全的中国上海为临时政府所在地。这样，临时政府完全继承了独立团总本部的革命事业，指导全民的革命斗争。临时政府不仅是独立运动的统一的最高指导机关，而且是真正代表全民族意志的唯一的对外代表机关。它是接受了"三一"运动的民主自由的革命传统，同时集合了多数独立运动的优秀的指导者，共策进行革命事业。这是"三一"运动的唯一的宝贵的遗产。"三一"以后到现在二十七年间，韩国独立仍然还循着"三一"运动所开辟的道路前进着，在过去十余年中，我们的独立运动中曾发生了民族主义党派和社会主义党派的互相对立，而有某些思想上政见上的斗争，可是在总的革命路线上，这两党都要循着"三一"运动指示的"反日独立"和"民主自由"的统一政治纲领来共同奋斗。在一九四二年以前，是由具六十年正统历史民族主义者韩国独立党一党领导，其后则联合各党派独立运动者，改组联合临时政府，况且有经三十六次临时议会一致通过共同的临时宪章和建国纲领。

韩国建国纲领及临时宪章其中取法苏联宪法之处最多，左右两派、两大思潮会聚一堂，以三均制度为复国建国之基础，土地国有，民主，自由，国际间自无干豫之理，而有扶助之义，尤其是到今日这两个党派都是“三一”运动所产生而一直保育到今日的韩国临时政府，诚心地拥护它，一直到返回祖国，更要把它巩固扩大起来！这就是“三一”运动的历史的发展形态。日寇投降，美苏分区占领，韩人初以为解放的义师到来，寄之以无限的希望和感激，而相信开罗会议的宣言和大西洋宪章，韩国必蒙盟国予以独立，或成立顾问委员会之类似咨询机关，协助韩人独立建国，不意莫斯科三国外长会议置韩国于四强托治之下，更证实雅尔塔会议秘密之不情，当时虽经李承晚博士揭发反对，美人尚不承认错误，今日证之韩国分割占据，与韩国休戚相关的中国东北主权的被出卖，可知韩国受四强托治五年，中苏条约之订立均属被动，韩人独立目的可望不可及，韩人自知目的未达，责任未了，当踏先人血迹，继续努力，发挥民族意识，争取自由，恢复独立。至于中国友邦，以八年艰苦奋斗换来的战胜国家，而被迫订立中苏条约，初为寻求兴国，善处邻邦，不意今日苏军延不撤退，东北日趋混沌，“谁愿意国土分裂”，“舆图异色”，因东北境内有韩侨二百余万人，且与吾韩一衣带水，势如唇齿，兄弟之邦，韩人对东北问题素极关切，然究属友邦之国是，韩人不便多言。总之今日吾人纪念二十七周年“三一”节的时候，吾人应当号召全国同胞在大韩国民议员会会议后产生过渡政府领导下团结起来，而且号招[召]全国民族意志和力量集中到自主的过渡政府中来，建设民主新韩国，这就是“三一”运动历史所指示我们循行的当面唯一革命任务！

（原载于《人间（广州）》第 11 期，1946 年）

今后中韩两民族间应有之新认识

[韩国]闵石麟

余为韩国人，亦为中国人，因余以爱韩国之心爱中国，而以爱中国之心爱韩国，何以故？第一，因中韩两国攸[悠]久之文化历史，昭示吾人，其传统的友谊有如兄弟；第二，因地理相接相邻，其患难盛衰之处境有如唇齿。

回忆余自中华民国元年末来华，随故韩国临时政府国务总理兼外务总长睨观申圭祖先生以迄去年回国之临时政府主席金九先生，从事独立运动整整有三十四年间，亲睹自孙总理始，以至今日之将主席以下，中国朝野人士虽在困苦艰难的环境中，对于韩国之独立运动，或以精神或以物质的援助，始终不渝。此种伟大的友谊，凡属韩人，无不感泣。

至韩国志士自辛亥革命，国民军北伐，参加疆场者，亦大有人在，又自九一八事变、七七抗战，以迄于抗战胜利，吾韩人士，或组织中韩联军、义勇军等，在冰天雪地之东北从事游击战，或组织光复军，参加中原战役者，又复不知几许。此为韩人爱中国之史证也。

但一方面，只知私利二[而]不知国家之韩奸与汉奸，在日本人卵翼下倚势作恶，在华北及日军占领区内鱼肉中韩善良同胞者，又复不少，是诚为莫大之遗憾，吾人对于此辈汉奸，必有报复举动，但其中善良无辜者，必遭玉石俱焚之祸，故去年十月间韩国临时政府金九主席向蒋主席辞行回国时，曾面恳对于韩奸重者法办，轻者从宽，善良者，妥善保护等等，以资公允而免两民族间之误解，乃蒙蒋主席慨允曰：“对于日人，不究既往，而□韩人乎。”并以马亥代电通令有关机关“对于韩侨及韩籍士兵与日侨及敌俘，须分别处理”。韩人闻此，莫不感佩蒋公宽大为怀之伟大精神，韩人报纸又多方赞扬，但惜若干地方处理韩侨遣送事宜，忽[匆]忙而未臻妥善，致不良者反多漏网，善良者竟抱怨而归，是诚吾人所遗憾不置者。

凡兄弟间朝夕相处于一家中，兄弟不能引起弟恶而□之不见，弟亦不能以期兄恶而斥之不闻，中韩两国在历史地理悠久密切之环境中，恰如兄弟在一家庭然，彼此虽不欲见而无法不见，彼此虽不欲言而无法不言，故中韩民族间必须维持友好感情，互相谅解合作，达休戚相关间共存共荣之境地，决不能以第三者操纵下之少数类行动，视□全体民族之行为，又以少数败类之言论，视为全体民族之意旨。

是故际此中国复兴伊始，韩国建国初创时期，诚如曾文正公所言："过去的一切，譬如昨日死去，将来的一切，譬如今日新生。"余希望于韩国同胞者，从此以后扫除一切昔日受日人宣传"中国为土匪纵横，不能法治的国家"的错误观念，应自今日起，直接研究中国，了解中国，从新认识中国。又希望于中国同胞者，从此以后扫除对于韩人误解之观念，即昔在日人操纵下华北一带买白面售鸦片，欺人作恶的少数败类之行动，误认为全体韩人皆系如此，同时并希望中国同胞从此可直接研究韩国，认识韩国之现在处境而仍寄予同情。

且希望于中国当局者，接收时期所封闭遣送回国之韩侨财产，将来如何处理及现侨居中国之韩侨将如何保护，迅速拟定办法明令公布。

抑尤有进者，国共相持下之东北三百万韩侨之生命财产，现已遭受险恶之命运，韩侨与东北同胞间之感情恶化，尚希中央当局切实注意，调查其真相，予以着处，而勿使第三者从中利用，则不持韩人所欣幸，中国于政治上所获利益亦复不□。

最后，愿望从今以后中韩文化交流，工商互相协助，喜庆相闻，休戚相问，以达共存共荣之目的，而奠定东亚和平之基础，不持韩国之独立赖以确保，中国国防亦可多一保障矣。

韩国闵石麟敬上

（原载于《大公报（天津）》1946年8月1日，第4版）

朝鲜的过去和现在

［美国］雅洛伏伊
平 译

一九四四年，奥里瓦尔·罗伯特曾在华盛顿出版一书，名为《被忘记了的民族——朝鲜》。此书的作者虽侧重于讨论战后的朝鲜建设问题，但当她已为苏美二国军队从日本的压迫下解放出来了的今日，诚令我们感到特别兴趣。此书材料甚为丰富，其中有关于在日本帝国主义者统治下的老殖民地的过去及现在的宝贵的资料。

此书第一部所叙述的是朝鲜在日本帝国主义者企图将其占领以作为进出亚洲大陆的跳板以前的历史。作者指出，朝鲜有悠久的固有的文化，而早在纪元前三千年，便以其固有的方式生活。在纪元前第二千年的开端时，朝鲜曾落在当时强大的中国文化的势力下。公元六六九年，在朝鲜的领土上曾产生一新罗国，而此国在九一八曾代高丽国而兴。一三九二年，由于政变的结果，在朝鲜半岛上建立了一李氏王朝，而此一王朝继续存在，直至一九一〇年日本在朝鲜设立总督时始告消灭。

作者曾援引各种材料和文献以证明：日本自很早以前便对朝鲜民族采取侵略的政策。当十六世纪末叶时，日本的封建领主丰臣秀吉曾企图征服高丽并使她成为进攻中国及其他亚洲国家的基地。丰臣秀吉曾以三十五万兵力侵入朝鲜，但征战七年，日人终未达到目的，而不得不自行退却。日人虽退却了，但此一破坏性战争的后果，却仍沉重的压在朝鲜人的肩上。

奥里瓦尔写道：“对于高丽，这是一个最可怖的时期。她虽保留了自己的自由，但她的所有的主要城市却被掠夺了，乡村被烧毁了，而大部分的住民被杀死了。日本人将她的财富尽行劫盗，并带走了她的学者和工匠等。文物的恢复，至少需要整个世纪。在政治上，高丽从此以后一直没有从战争的破坏后果中恢复过来。”

作者援引一新奇的插话，以证明日本封建领主的残酷。当日人离开朝鲜半岛时，曾携去三万被击毙的朝鲜人咸渍的耳朵和鼻子，以作为纪念物。而直至此时，在日本的旧都——京都地方——尚存在着此一“埋葬耳朵的坟墓”。

经过疲惫而沉重的七年战争之后，高丽虽独立，但在嗣后三百年间却与外界断绝接触而仅仅与中国保留一不绝如缕的关系。一八六八年，日本实行明治维新，而此一维新的结果，使日本迅速地走向资本主义的发展道路。于是愚蠢的实行侵略政策的劫掠殖民地的时代展开了。日本的军国主义者首先看中了朝鲜，认为她居于向大陆再事膨胀的最有利的战略地位。一八七六年，日本曾以武力侵入相威胁，迫使朝鲜的封建政府与之订立条约，俾日本势力得以广泛地侵入朝鲜半岛。

日本外交家，继之而来的商人、银行家及其他喜于追求利润的人们蜂拥到朝鲜去了。对于不论在政治上、经济上或国际上的薄弱朝鲜，于是日本人便开始进行其露骨而积极的干预。汉城的日本大使馆成为阴谋和恶宣传的主要中心，其目的所在即在预备完全占有此一国家。一八九四年至一八九五年的中日战争，在主要的意义上看，即为争取朝鲜的战争。在这一战争当中，由于中国放弃在朝鲜的一切权利，日本的军国主义者便利用所有的背信、恶宣传和恐怖等的试探方法，以未得逞。

他们曾利用以闵氏为首领的朝鲜统治阶级间的对立而进行阴谋。一八九五年，叛党（日本驻汉城的公使亦参加）曾起而弑杀皇后闵氏。

一八九四年至一八九五年的中日战争的结果，日人便居然成为朝鲜的全能的主人。她的主权的独立已变为一种虚构，迨至由东京政策所激起的一九〇四年至一九〇五年的日俄战争后，这一形式上的独立亦告消灭。朝鲜已成为日本的保护国，而在一九一〇年时，这保护国的地位又告消失，朝鲜被合并了，且在该处确立了总督统治，而正式成为日本的殖民地。

朝鲜便这样的为日人所占有，且据之以为雄飞亚洲大陆的跳板。作者指出，日人的征服朝鲜曾费一番苦心。“当日本在一九〇五年任命伊藤博文侯爵为朝鲜监国时，其所以首先着手的，即为解除朝鲜国军的武装，并将其解散。由于此举的结果，曾经发生了无数次的民众起义。”

朝鲜人曾经创立一支所谓义勇军，此军一直和日人斗争至一九一五年。在一九一九年时，又发生一反日暴动，在该次暴动中，约有一百万朝鲜人参加。朝鲜的反日民族解放运动一日不曾停止过，这一运动曾经采取各种形式，继续至最近。

在该书的第二部中，叙述着在日本帝国主义压制下的朝鲜的政治及经济的情况。作者写道，日本强盗曾在朝鲜确立一制度，在此制度之下，朝鲜人“对于自己的住宅、工资及个人自由等，皆无把握。他不能自己决定，应如何生活，如何思想和如何行动。他知道，不论他怎样工作，所有的利益将会为人所夺去。报纸所登载的，仅为日本的报道。在学校中所传授的，仅为日本的历史、哲学、政治及社会组织。住民规定必须采取日本的习惯，讲的是日本话，想的，亦应该和日本人的想法一般[斑]”。

这便是“共荣”的原则，即日人用之于朝鲜人民的社会及个人生活各领域的政治及经济的完全的奴隶制。日人不许用朝鲜文字发刊报纸。在外国出版的任何文学书籍，亦被禁止入境。现行的教育制度，仅以造就忠顺的皇国臣民和完全的日本化为目的。

作者指出，日本侵略者对朝鲜所采取的政策的特点，在于日本神道教的移植，由于神道教的移入，其他宗教尤其在过去已经传布甚广的基督教，都受迫害了。

日本军国主义者于实施民族、宗教及政治的压抑政策之后，便成为朝鲜的庞大富源及其三千万人民的劳动成果的全权主人。日本资本在国民经济上终立于命令的地位。

在一九三一年以前，日本占有者曾将朝鲜造成为其本土的农业原料供应地。他们曾全力吸取朝鲜的农产物及矿藏。大部分人民所从事的农业极度落后，土地的大部分均在日本地主和富农手中，而日本的农业公司无微不至地剥削着无土地的朝鲜农民。作者指出：“每五个朝鲜农民当中，仅有一个拥有土地，而且他们在这土地上耕耘，一如五十年的日人未曾占有朝鲜一寸土地时一般。”

该书又告诉我们，日人是用怎样的掠夺方法在剥削朝鲜的农民。日本的行政机关“在合并朝鲜后，曾以非私人所有为口实，而没收所有王室、城市及寺庙的土地，并将朝鲜的佃户驱逐，而以免税的侵遇交换日本移民。凡对此稍示反对的，即予以枪毙。此外，尚应用另一种抢夺土地的最有效的办法，即朝鲜南部的盛产米粮的田地，通常由高地的水灌溉至低处。日本的东亚拓殖会社曾以武力、诡计或强制方法占有高地，断绝水流，然后再以低价收买低处农田。有二百万朝鲜农民，即为此种方法而离去了自己的田园。至于留下来的农民，多半已成为日本地主的佃户。”

顺便应当指出，作者虽对于日本掠夺者如何掠夺朝鲜农民使他们失去土地等有一番叙述，但对于在朝鲜地主的残酷剥削下的无土地的农民，其所过的生活是如何的痛苦等，却缄默不语。

由于日本政策的结果，朝鲜农业处于日趋没落中。农产物的大部分尤其是主要食物的米，源源地被运至日本。留在朝鲜的食米数量逐年减少了，而朝鲜人不得不以便宜的少有滋□的杂粮等充饥。

一如作者所指出的："一九三一年以前，日本在朝鲜所推行的经济政策，仅追求二个目的，即一为日本工业创立一原料基地；二以朝鲜为日本剩余商品的倾销市场。这二个目的，使日本不许朝鲜工业化。日本有计划的对朝鲜的铁、磁石、黄金、煤及其他粮食运出，而运入一些价格低廉的、质量不良的商货。"

一九三一年秋，自日本向中国进行其背信的袭击后，便开始推行其向大陆膨胀的广泛计划。为着此一计划的实现计，日本强盗便更广泛地利用朝鲜的自然富源。她曾经在朝鲜创立赋有战争工业意义的企业，以适应大规模战争的要求。矿物的开采增长了，冶金工业发达了，化学工业兴起了，造船业创立了，甚至飞机配件工厂等亦开始移诸经营。

所有这些措施，更使日本的金融资本在朝鲜获得更稳固的地位。直至现在，朝鲜的民族资本在朝鲜的经济生活中仅完成着极端微弱的任务。日本资本甚至亦将朝鲜的小规模铁工业隶属于自己的控制下，而这些铁工业由于整个朝鲜的落伍，亦曾在满足住民的需要上演着极大的角色。

在此书中，有关于描写残酷地剥削朝鲜劳动阶级的资料。作者于结论处，除叙述日人在朝鲜的主人地位外复指出："当朝鲜法律许可自由经济而从虚伪的殖民地政策的压迫下解放出来时，朝鲜人民便可期望达到适应于其能力和资源的繁荣。"

在该书的第三部中，作者讨论关于战胜日本帝国主义者以后的建设朝鲜的问题。奥里瓦尔于叙述国外固定团体的动态并与之有关的早先离开朝鲜的若干的韩侨之余强调称，朝鲜人民自身无能为国家选出其所必要的领袖。"朝鲜必须为目前被逐放在外的朝鲜人所领导。"

基于此种观点，著者在书中颇多处首先提及在重庆的韩国临时政府的人物和其在美国的代表。著者未知基于何种理由，竟认临时政府为正式的、权威的朝鲜民族的代表，殆不知朝鲜人民尚不知有"此一政府"的存在。

我们应当指出，此一政府的驻美代表李成晚博士，曾经特为此书作序。李成晚的政治态度，甚为奇特。他在太平洋战争的四年过程中，曾经不止一次地表示其对于其最近邻邦的苏联的敌意。而现在，当全世界爱好自由的人们都在欢迎红军时，他却比谁都恐惧苏联将威吓朝鲜的独立。在历史上首次借苏联武力的实际援助以获得解放的朝鲜人民，难道曾授权于最怕故国获得真正解放的此人说出这种话……

作者于讨论战后的朝鲜建设问题之余，曾强调农业问题将演着特殊的任务。他写道："朝鲜约有三百万农户，他们平均拥有三分之一英国的土地。由于耕地的部分，农业机器的需要不甚大。当朝鲜工业化时，大部分的农民将进入于工业部门，而是将小土地将融合为大土地，且以小数人从事于耕种。"

我们是否同意作者的结论，谓：欲提高在农业上的机器的需要，必须减少农民的数目（融合细小的土地，以创立大地主的私地）和根据从希特勒铁蹄下解放出来的许多欧洲国家解决农业问题的经验，我们可以看出，用相应的国家权力将土地分配于农民，足以使农村迅速复兴，农业迅速发达。然而在这种场合，却根本不需要农民大量离开农村。

总之，奥里瓦尔所叙述的战后的朝鲜建设，无疑的反映着美国的反动集团及与之有关的一部分朝鲜侨民的见解。他们所追求的，仅为自己的特殊利益，而这种利益又不和保证朝鲜真正独立的利益相一致。例如，作者对于战后的朝鲜建设，尝一再声称，必需"大量的外国资本和外国专家的帮助"，否则庞大的富源、铁、煤、水力等，必无从利用云云，作者于详尽地讨论朝鲜的未来之余，始终不曾言及：朝鲜不论在地理上或经济上皆与大陆有关系，而以朝鲜人民的自己的富源和创造的精力，满可以造成一繁盛的大陆国家这一不必争论的事实。我们相信，接受联合国家，尤其是强有力的大陆邻邦的经济、技术和文化的帮助的自由而独立的朝鲜，必能走上经济和政治发展的康壮[庄]大道，必能恢复和发展其过去所有的独特的古代文化。

[原载于《时代》第 6 期(总第 144 期)，1946 年]

日本谋阴侵略苏联的历史

黄炎 译

十月八日晨，在东京国际军事法庭开审时，苏联检察官高龙斯基发表了一篇演说。在该演说中，他证实了控诉书上关于日本侵略苏联的部分。

“我们，”高龙斯基宣称，“控诉这些坐在这儿犯人席上的人，他们在一九二八年至一九四五年这个时期中犯了许多罪。”在没有讨论这个时期之前，检察官高龙斯基引证了许多事实，说明年青的日本帝国主义野兽生出了牙齿，向苏联进攻之后那种侵略的形状。高龙斯基指出，日本在一九〇四年偷袭旅顺港的俄国舰队早已被全世界唾骂了，而且这偷袭是一九〇七年第二次海牙会议缔结开战程序国际公约的原因之一。

日本在一九四一年轰击珍珠港是一模一样地依照袭击旅顺港的计划的。这不是偶然的巧合，这是日本侵略政策的方法，是培养日本这一代军官的日本军国主义。

苏联检察官追述一九一八年至一九二二年期间日本对苏联远东的干涉时，宣称日本那时攫夺苏联远东东部领土的企图已经失败，但是日本军阀和日本帝国主义的政客一直到末了还是继续做这个迷梦，而且这个迷梦在起诉书所指的整个时期中鼓起了他们全部的侵略行动。

这整个时期，日本对苏联侵略的性质和形式经过了许多变化，依旧不变的则是唯一的主要目标——尽可能地采取某种方法以攫取苏联的领土，打击苏维埃国家。检察官为便利见，把起诉书所指的时期分为四个阶段：（一）一九二八年至侵占满洲时期；（二）一九三一年至一九三六年时期；（三）一九三六年至欧洲爆发时期；（四）日本投降之前时期。

苏联检察官说明第一个时期时，追叙了一九二五年苏联和日本在北平签订的两国和平关系的基本原则的条约。然而从那时起，条约中所规定的义务完全被日本侵犯了。我们将向法庭提出证据，证明日本军事首脑和日本参谋部全体在一九二八年起就已经在计划着反苏的侵略战争，而且在守候时机以待发动这个战争的机会。

然而日本军事首脑明白他们缺乏一种实质上的基础，很难希望成功地指挥反苏的战争。所以，在一九二八年至一九三一年这个时期，日本军阀主要关切的就是在获取这种基础。

首先，他们的眼睛自然就转向满洲。这里可以有效地转变为日本人的基地，以发展进一步的对中国和对苏联的侵略。日本军阀从一九二八年至一九三一年这个时期以及自此之后，就设计和实行以反苏为目的的秘密的破坏活动计划。检察官宣布将向法庭提出证据，证明这些反苏的日本代理人的破坏活动是依照日本军阀直接训令的预谋和设计的计划而实行的。

检查官述及第二个时期时，就说一九三一年日本的侵占满洲给日本对中国和对苏联的侵略的发展造成一个极重要的阶段。而且侵占满洲对于日本全部侵略战争的准备，也是有巨大的重要性的。

一九三一年年底，苏联政府向日本政府建议缔结不侵犯条约，一九三二年又重新提出这个建议。日本政府却对这个建议拒绝了。拒绝苏联订约的建议无疑地表示出日本指挥部在侵占满洲之后立刻就开始实施的军事准备并非防御的性质，表示出这种准备的目的在把满洲和朝鲜转变为反苏侵略战争的基地。

检察官继续说，这个时期日本又在内蒙古积极树立军事、政治、经济上的统治，以求再伸入外蒙古，那儿在一九二二年已经组织了蒙古人民共和国。日本军阀却计划侵占蒙古人民共和国，以便把蒙古转变为攻击苏联的交通生命线的基地。检察官指出，苏联政府曾经警告，如果日本进攻蒙古人民共和国，苏联就要给予武力的援助。这个警告逼迫日本侵略者凭思了两次，但是他们一点也不放弃他们的侵略计划。他们明白了，他对于蒙古人民共和国和苏联远东的并吞阴谋是不能够单独实现的。他们必须在欧洲寻求同盟。那时候，在欧洲的地平线上已经清晰地划出两个在反民主的精神上和日本相似的侵略国的轮廓，即是德国和意大利。一九三六年十一月二十五日，所谓“防共协定”签订了。那时候，附带在这个协定内的秘密条款的准确内容还没有人知道。现在，我们都知道它的目的是针对着苏联的。那时候，日本和德国一样，打算说服世界，以为他们签订的协定纯粹是在意识上反对共产主义斗争的武器。然而就是那时候，全世界也都明白：反对共产主义的斗争的话只不过是遮掩侵略国家联合起来进攻民主国家的真正阴谋的帷幕罢了。

检察官指出，这个协定的缔结应由全体被告负个别的责任，首先应由广田首相和前枢密院长平沼亲自负责。

检察官然后叙述第三时期。他郑重地说，在“防共协定”成为集中侵略势力以对抗民主国家的手段之后，日本就开始努力和希特勒德国以及法西斯意大利取得更密切的合作。检察官指出了一九三八年一月日本和德意缔结正式军事政治同盟的谈判达一年半而没有结果，是因为日德双方对于立即共同侵略的计划见解不同之后，他声称：目前的审判，在讯问币原、宇垣、冈田等证人的时候，出现了一种极其荒谬的景象。这就是有人企图使我们相信每一个日本人，包括战时的首相、宫庭大臣以及日本统治阶级全体，简言之即是除了关东军的一些下级军官外全都反对侵略，愤恨侵略，而且在他们可能范围之内用了种种方法阻遏侵略，虽然日本的军队同时在整整十年中得寸进尺地进攻，得陇望蜀地攫夺着别国的领土。

检察官说，我们将向法庭提出证据，证明日本军队进攻苏联的领土和蒙古人民共和国的领土是得到日本政府的命令和同意才实行的，而且是得到日本政府完全的许可，认为这是日本另一个侵略阶段的偶然的事件才实行的。

检察官详细地叙述了日本在哈桑湖和诺蒙亨河得到的教训之后，就指出这些事件的结果，使日本帝国主义者明了了他们不能够单独地和苏联作战，所以日本的侵略首脑就开始更加热烈地把眼睛转向纳粹德国的铁拳了。一九四〇年夏天，日本和德意关于缔结军事政治同盟的谈判又恢复了。一九四〇年九月二十七日，谈判的结果是缔结三国同盟协定，这协定显露了侵略国反对民主世界特别是反对苏联的阴谋的最后形象。现在这协定已经送交法庭。这个阴谋结果造成了一连串的国际性的犯罪行为。

高龙斯基宣称，我们将证实苏联自始就是这种阴谋的被害人之一，证实这阴谋的实现使苏联的利益遭受了巨大的损害。

他接着又说，我们将向法庭提出证据，由这证据可以完全明了日本侵略首脑是这样地了解三国同盟协定在苏日关系范围内的意义：第一，如果德苏战争爆发，这协定就可以使日本攫夺他们所长久觊觎的苏联领土；第二，如果德苏战争并没有爆发，日本用德国的铁拳向苏联试行恫吓，因为经验说明日本自己的拳头对于苏联已经不能造成恐怖了。

这种打算对于日本帝国主义者似乎没有缺点。他们唯一的错误是德国的战争机构同样也在进犯苏联的军事力量时碰得粉碎了。

讲到日本投降为止的这最后一个时期，检察官追述了一九四一年四月十三日松冈代表日本和苏联签订的中立条约。检察官宣布道，我们将向法庭证明，日本政府缔结这个协定决不打算遵守它，而且在德国进攻苏联之后立刻就违反了它。我们将向法庭证明，那时候日本没有进攻苏联只是因为一九四一年夏天所发生的局势对于日本侵略的首脑似乎并不十分有利。松冈想欺骗苏联政府，他估计德苏战事一爆发，苏联将信赖这个协定而把远东的全部军队调到西部前线，他估计到那时全部西伯利亚以及苏联滨海区上土地都将轻易地沦为日本的战利品。

但是这企图失败了。苏联在卫国战争的头几个月里，虽然西部前线的局势很严重，但是苏联对于远东的保卫并没有削弱，虽然一九四一年年底日本政府再三地保证愿意遵守协定。我们将向法庭提出证据，证明日本高级军政首脑在一九四一年七月二日的御前会议中采取了下列决议：第一，日本不参与对苏战争"只属暂时的"，"如果德苏战争发展到有利于德国"，日本就也进军。第二，到那时，日本在外交谈判的幕后"将转变行动，准备武力反苏"。日本总参谋部和关东军总部在实现这个决议的时候，拟订了一个秘密动员的特别计划，密码的名字为"Kan Tokuen"，其意义是"关东军特别策略"。

根据这个计划，关东军的实力在两个月内可以增加一倍——从三十万人增至六十万人。这个计划用最大的努力实行着。那时候日本军阀里面有一句普通的口号，就是"不要误了公共汽车"。德国人许下不过两个月击破苏联的诺言，日本的首脑就这样考虑起来：为什么我们的头颅要向着墙壁碰呢，要在和红军作战的时候遭受死伤呢，而且西伯利亚东部又缺乏我们所需要的石油。我们暂时劫掠我们所需要的南部的一切东西好了，到秋天德国击破红军，消灭苏联的时候，我们就可以为所欲为了。同时我们进行外交谈判，保证我们对中立条约的忠诚，在苏联面前展开一片烟幕，以掩护我们的军事准备。

高龙斯基更声明，苏联的控诉将提出证据，证明一九四一年八月日本曾计划在一九四二年夏天进攻苏联，预备把整个西伯利亚东部都包括在所谓"大东亚"之内。三国同盟协定所规定由日本并吞的这片大东亚的疆域，日本侵略首脑们认为是很有伸缩性的。一九四二年十月十二日第二次枢密院会议中讨论设置一位主管大东亚事务的大臣时，大家就询问东条，大东亚的范围界限是什么。东条回答时提出了在那时候已经被日本攫夺的领土，并且说这个范围应该也包括在战争期间被占领了的新领土，而且这个范围跟着占领地的增加而扩大。换一句话说，大东亚是包括了一切日本所能够吞下去的东西。检察官说，我们将向法庭提供文件，证明日本企图把苏联所有未被德国吞下的领土全部吞下去。

例如，大西伯利亚铁路要照下列方法分割：奥姆斯克以西归德国，以东归日本。一九四一年至四二年间，东京不仅在设计着军事进攻苏联的作战计划，而且在设计着日本所要占领的土地的军事管理的计划。

我们将向法庭提出这些计划。看到这些计划，就可以较为明了他们是怎样地企图把日本的种族理论实践起来，怎样地企图用日本人来组织占领地的民众，使其殖民地化，怎样地采取特别方略以阻遏“从西方被压迫而来的”斯拉夫人集中于西伯利亚。

所有这些计划和打算都是根据着德国最后胜利的坚信的。检察官指出，德国胜利和红军失败的赌注是日本政客计划侵略苏联以及侵略英美时所必需的条件。但是这个赌博又失败了。

时间没有给德国在欧洲带来胜利，也没有给日本在太平洋带来胜利，而一年年过去了。反而日本的武装力量却越来越陷入战争的泥淖里，红军则依旧坚强地站在苏联的边境，日本战略家所期待的进攻苏联的有利时机到底没有来过。

检察官郑重申言，这并不是说日本即使不愿意也仍旧遵守了和苏联签订的中立条约。日本是在审慎地有系统地违犯这个协定，而且给德国贡献非常重要的援助。日本虽然在别处的战线上需要军队，但是在苏联的边境仍然不断地加强武装力量。一九四二年，日本集中在满洲的陆军，包括最优良的坦克车和空军部队，有一百十万人，差不多占总数百分之三十五。

检察官指出了日本政府当时知道苏联没有进攻日本之意，他继续说，如果日本忠诚地遵守日苏中立条约，如果不强迫苏联在满洲的边境维持庞大的兵力，苏联从开始就能够用这些兵力和德国作战。这样不仅改变了整个苏德战争的过程，而且整个第二次世界大战的过程大概都完全改观了。至于苏德战争，则绝对不容分辩地会更迅速地结束，而且苏联的伤亡会更少些。但另外一方面，日本政府和日本指挥部在整个战争期间保持在满洲的这种庞大军队和全部军事装备，就可以调到菲律宾、新几内亚，以及其他前线作战，而在这些战线上的协约军队的任务当然将遭逢更大的困难。

然而这并不能作为一个有利于被告的减罪的条件。检察官宣布，在整个战争期间日本也把有关苏联的军事情报供给德国，违犯了和苏联签订的中立协定。日本击沉苏联的船舶，用各种方法妨碍苏联在远东的航运。德国无条件投降之后，日本政客和战略家就觉察到“新秩序”在欧洲毕竟完了。然而，就是在这以后，他们也拒绝放下武器，以为他们在满洲的未曾动过的精兵和日本本土的庞大武力可以给他们一个进行交易的机会，以便不仅保存他们的巢穴，而且保留他们的实力，来发动另一次侵略战争的计划和准备。所以他们就拒绝了那个向日本提出无条件投降的《波茨坦宣言》，而向苏联提出调停的请求了。但是民主国家获得痛苦经验的教训，坚决地遵守他们的决议，不与侵略者作任何交易。他们除了日本政府所拒绝接受的无条件投降之外，什么东西都不接受。日本这种拒绝的意义就是战争无限止地拖下去。这就是苏联拒绝日本政府的抽象调停的请求，而接受苏联的同盟国——美国和英国——的请求的缘故。苏联忠守盟国的义务，亟愿血战六年的战争立即终止，所以就向日本侵略者宣战了。宣战的时候，苏联仍然抱着使日本人民有机会避免危险和毁灭的目的，不要遭受像德国在拒绝无条件投降之后那样的危险无毁灭。

红军为了使肆无忌惮的日本帝国主义者最后明了他们的战争已经失败，就向集中在满洲的日本的精锐给予致命的打击。看到被粉碎、被包围的日本的局势，日本政府明了他们已经打败了，而且不明了他们已经失败也的确是很困难的了。

但是他们仍然不承认而且拒绝承认他们犯了罪。他们全都在这儿宣称他们不认为他们有什么罪过。这又再一次表示了如果他们能获得办法，他们就会和以前一样地有所举动。

最后高龙斯基向法庭介绍了几位苏联副检察官。他们是要向法庭提出犯罪的证据的。

（原载于《时代杂志》第 42 期，1946 年）

朝鲜问题之检讨

葛绥成

一、前言

韩国旧称朝鲜，是一个南北长而东西狭的半岛，与我安东省、吉林省及苏联远东地方相毗连。自古以来，和我国的关系，无异一个家庭，而且常为外交逐鹿之点，日本图谋朝鲜，处心积虑，已数十年于兹。其第一着则谋朝鲜脱离我国，其策源在天津条约，其收果在中日战争；其第二着则谋并吞朝鲜，其策源在日英同盟，其收果在日俄战争。目前韩国得脱离日本而有独立机会，定于开罗会议，而实现于我国胜利之后。历来朝鲜虽处在日帝国主义者铁蹄之下，度着悲惨痛苦的生涯，但独立运动屡蹶屡起，毫不稍懈，不无可敬之处。我们为实行孙总理"济弱扶倾"的主张，以及惩前毖后起见，对于韩国的一切问题，实有洞烛之必要。同时战后韩国独立之获得保证，也就是远东和平乃至世界和平获得了确切的保证。爰草此文，以示我们维护韩国独立的至意。

二、韩国的轮廓

韩国突出于日本海和黄海间的一个半岛，东隔日本海和日本相对；南为朝鲜海峡，对岸就是日本的九州岛；西临黄海，和我国河北、山东二省相对；北面以长白山脉，鸭绿江及图门江的一部，和我国的安东、吉林两省以及苏联的远东地方为界。南北最长的地方，约八百二十四公里，东西最狭的地方，约一百五十二公里，最广的地方，也只有二百七十四公里。全境约二十二万方公里，与我广东省面积略相等。行政区域分为十三道，道设知事，下分府（共十二府，府设府尹），郡（共三百十八郡，郡设郡守），面（即市镇，共二千五百零七面，面设面长）。地形北部呈高原性，南部呈丘陵性，所以河流多在南部。人口依民国三十一年调查，共有二千二百八十万余人，其中华侨约近十万人。韩人业农的约占十分之八，所以农业为各产业的枢纽，农产物以米、麦、粟、大豆、棉、麻等为最著，其他如马铃薯、甘□等也不少，人参尤为世所珍视。林业以邻我国边境一带为最发达。水产业以三面临海，海岸线长达一万七千余公里，加以寒流与暖流互相交错，鱼类非常丰富，占世界第五位。就中以鲭鲤鱼、石首鱼、明太鱼、乌贼、黄鱼等为最著。矿产如金、煤、铁、黑铅四大产物，在世界上亦占相当地位，其他如□、明矾石、重晶石、水铅、莹石、石绵[棉]、滑石、硖砂等，与经济上、国防上关系尤大。工业要算棉纱、麻、酒、纸、陶瓷为最发达，因用水的便利、劳力的顺从、交通的发达、原料的丰富，以及邻近有大消费市场，所以前途发展，未可限量。论及商业，通商港口有釜山、仁川、镇南浦、元山、群山、木浦、新义州、清津等处，输出只以米、大豆、棉花、人参、牛皮、生丝、肥料、水产品、铁矿等为大宗，输入只以棉布、麻布、砂糖、火柴、机械等为大宗。综上以观，朝鲜物资不可谓不富；但各产业在我国抗战之前完全操之于日人之手，而韩国民众贫苦依然如故，却没有得到一点好处，言之不免裂眦。

三、我国对韩国的关系及扶助

我国与韩国可说是亚洲的一个家庭，韩国好比是我国出嫁了的女儿，其亲密和好的关系，可想而知。我们知道周武王灭殷，封箕子于辽东，为朝鲜王，后次第向东南发展，其子孙遂建都于平壤，势力大振，半岛北部悉归箕氏版图，此即为朝鲜第一代的开国君主，朝鲜史家累累的记载，也均以此为根据，箕子陵墓至今尚存于平壤玄武门外；至箕准之世，燕人卫满由辽东渡鸭绿江，逐箕准，夺其地，自立为朝鲜王，后其孙又被灭于汉武帝，自是汉江以北之地悉为汉有。当此之时，半岛南部有马韩、辰韩、弁韩鼎立。马韩系箕准避卫满之难而南遗所建的国家，奄有现在全罗、忠清二道与京畿道的南部；辰韩系秦时我国人民避苦役由山东渡海至半岛南部所建的国家，奄有现在庆尚道的大部；弁韩系我国南部人民由山东渡海至平安道所建的国家，奄有现在庆尚道西南隅之地。至西汉之末，三韩悉衰。至唐王建即位以后，世世朝贡我国。及辽盛，受辽册封。辽灭后又臣事于金。金灭元兴，又称臣于元，国王世世娶元室之女为妻，朝觐不绝。及李成桂纂[篡]国后，改国号为朝鲜，乃受明太祖的册封。明亡清兴，遂为清所征服，受清册封，奉清正朔，朝贡按岁不缺。不过清朝末叶，政治腐败，日本遂向朝鲜侵略，造成东学党之乱，挑动中日战争，清廷不幸战败，朝鲜遂入日本掌握，在最初十余年，朝鲜尚有名存实亡的政府，至宣统二年，日本遂正式并吞朝鲜而为殖民地了。

我们中国虽与朝鲜有着悠久的关系，在相处数千年间，素未以属国待朝鲜。例如朝鲜能自由对外缔约,十九世纪末期对美之缔约可为明证。我国之宗主权,文化精神之成分实多于政治的成分。而朝鲜始终能维持独立,我国绝未恃强压迫朝鲜,蒋委员长所谓“中国对邻邦只有义务而无权利”,是我们外交政策的一贯方针。“中国自立自强之后,决不以自己所深受的痛苦再加于他国之身,更不肯于打倒日本帝国主义之后再传受日本帝国主义的衣钵,有领导亚洲的意响[向]和行为”,这更是我国对于友邦的一贯态度。韩国在开罗会议中之能够获得盟国之保证其独立,一面是说明了盟国确实深具对于争取和平的真诚信念,另一方面也说明了盟国对于我国已经有更进一步的认识与信赖。将来韩国建立独立政府,如需要他人协助,我国自乐于与他国共同畀予此种援助,我们关切亚洲的民族自由和国家平等,是完全依于传统的义务感与责任心,我们只知道消灭破坏世界和平的帝国主义,消灭世界战争的主因,我们绝无其他野心,这是可告慰于世界各国的。

四、日本对韩人的压迫及其失败

当新罗、高句丽、百济三国鼎立之时,各以武力相竞争,附近诸小部落悉为其并吞殆尽,此时惟有加罗者,遣使贡献方物于日本,求其保护,日人遂于任那设置日本府,是为日本与朝鲜发生关系之始。朝鲜自一九一〇年被日本帝国主义者合并后,日本遂设置朝鲜总督府,总督系日皇亲任的官,得调遣驻在朝鲜的陆军司令官。府中设有内务局、财政局、殖产局、法务局、学务局、警务局。以下所隶官署甚多,这些什么局、什么官,无非是压迫朝鲜人民,剥削朝鲜利益,同化鲜人政策,屠杀鲜人的机构,使鲜人顺顺服服的做他的奴隶罢了。其次,日皇又任命陆军司令官,统率军队驻于朝鲜。他除受总督的请求出兵外,于事情紧急时还得便宜处置,其权限甚为广泛。此外什么刑法,什么警察犯处罚令,什么保安规则,什么出版法等等,名目繁多,条例苛刻,真使鲜人动弹不得,例如无故与人会面、惹起纷扰、聚众滥向官署请愿、朗读不稳文书、谣惑人心等等,都要受严厉处分,手段毒辣,为所欲为,连一切自由都被剥夺完。至于生活贫穷的痛苦,那更不必说。虽然朝鲜民众在表面上有一个发表意志的中枢院,中枢院系七十个人所组织的,其中都是朝鲜的贵族和阀族,而且是一个咨询机关,其会议召集权又操之于总督,历来也从未开过一次会,根本与朝鲜民众丝毫没有关系,徒作为一个有名无实的机关罢了。然此种欺诈的凶狠的重重压迫,在日人自命为得意,但物极必反,不平则鸣,不特没有成效,适足以自食其果,而反促进朝鲜民众不安于位,纷纷自觉,反日民族运动愈演愈烈,如此那有不失败之理呢!所以日本并吞朝鲜,也可说是这次战争的主因。

五、韩人民族运动及其获得光荣的独立

韩国自被日本并吞成为殖民地后，人民便成为日本的奴隶牛马，绝无丝毫的自由与权利，朝鲜人民的黑暗时代已经有了三十余年，朝鲜人民独立运动的怒潮，也随着年月一天一天的膨胀起来。日人虽高压愈盛，但终究野火烧不尽，春风吹又生，朝鲜的独立运动依旧不断的前仆后起，愈演愈烈，其主要独立运动的经过，有如次之所述。

第一次始于一九〇七年荷兰海牙开万国和平会时。当时韩帝鉴于日帝国主义者之压迫，春溪李相卨、李儁、李玮钟三人赴会呈诉，要求独立。李等到荷，历访英法美各国委员及荷兰大臣，恳求参加海牙会议，说明乙丑保护条约系日人强迫所订，韩帝并未允准，应即宣布无效。又联合各国新闻团开国际会时，李玮钟演说强迫订约和虐待韩人的事实，滔滔数千言，声泪俱下，听者莫不悲愤而深表同情。于是该会委员致电韩帝，询问其有无派使之事。不料当时朝鲜的邮电机关全在日人手中，朝鲜总督伊藤博文即将此电话问韩帝，迫其否认。韩帝不允，伊藤乃假托韩帝名义电复海牙，谓并无派使之事。因此李儁遂愤而自杀了。李相卨等收葬后，遂逃往美国，此事遂告失败。不久韩帝即为伊藤所废，威迫新帝订保护条约七条，韩国遂正式隶属于日帝国主义者之下了。

第二次则为一九一〇年至一九一三年之各地独立运动，如崔益铉、林秉瓒等纠合同志图谋反日，但因事机不密，被日人探知，派兵围攻，率以势孤被擒，绝食而死。李麟荣、李殷赞等鉴于同胞的被杀戳，遂聚众九千三百人，起义后连占要地，将达韩京，意在约日会齐各路义兵，大举入城，扑灭日本总督府，撤消保护条约。讵事机不密，又被日人俱知，乘义军未集合时驰来掩击，遂归失败。林汝城、赵东教、黄大成等一次募兵千余人，与日军未安等战于堤川，大获胜利，后因中伏，遂归惨败了。

第三次，韩人仇视伊藤博文之谋杀帝后、惨杀民众等等，痛恨刺骨，卒有安秀根者，把他刺死于哈尔滨道上，一时世界皆惊，都说韩国有人！日帝国主义者在朝鲜的地位遂渐动摇，这可算是民族运动史上的一个小成功。

第四次，一九一八年欧战告终。次年巴黎和会开幕，美国总统威尔逊大唱民族自决，一时全世界的弱小民族纷起独立运动。在国外的朝鲜人，即于三月一日假上海举行大规模的独立运动，组织临时大韩民国政府，国内也到处有朝鲜民众集会，此种努力奋斗的精神，实值得令人敬仰，可是后来因武器缺乏而失败，致国内居民在日帝国主义者屠杀政策之下为光荣而死的，共八千三百五十余人；入狱的数达十万人。这就是朝鲜民族运动史上著名的三一运动。

第五次，一九二九年十月十三日，自罗州通学于光州女子高等普通学校的朝鲜女生朴奇玉放学归家时，被日本男学生侮辱，更为朝鲜学生所愤慨，至十一月一日，双方发生冲突，至三日，更大起战斗，互相肉搏，死伤各有，日本警察只将肇事的朝鲜学生逮捕，而为祸首的日本学生反置之不问，朝鲜学生忍无可忍，遂由该地农业学校、师范学校、女子高等普通学校全部朝鲜学生，结成五队，作大示威游行，并高唱革命歌，高呼独立万岁，打倒日本帝国主义，大有掀天动地、批熊拉豹之势，不幸举行示威者于返校途中竟为埋伏警察所捕，悉囚于武德殿，自此惨事发生后，全国朝鲜学生陆续罢课举行大示威，然卒被日军压迫而失败。

第六次，中日战事发生，一九三九年六月，日本敷设所谓“满鲜铁道”复线三百余里，总经费二千七百万元，几全摊给朝鲜的资产阶级负担，劳动人员五十万人，则驱使全部劳动大众担当，凡一家五口者必抽男丁一人服役，并不给工资，但因服役者多是军需工厂的工人，颇感不足，乃强迫农民充当。而他们的家庭因生活负担者被拉去陷于饥饿而死的为数甚多，加以工事又多危险，因此牺牲于工事中的数达六万人，其中死者二万四千人，伤病者三万六千人。于是北鲜农民纷起反对，而与警备队发生冲突，昌城一带的农民被日惨杀的达四百人，这事件不幸民众又失败了。

第七次，自一九四二年（民国三十一年）至一九四四年，在南鲜应募的劳动者数达九十万人以上，都是被日人欺骗，说是募到日本内地去做工，并给以最高工资云。谁料结果都是被骗至爪哇、婆罗洲的占领区去充军夫，或被奴役做军事工业，而且一点代价也没有，一日十八小时默默然如牛马样被酷使着。后来虽然他们纷纷起来反抗，但也被镇压住了。

第八次，一九四三年十一月平境中学生倡导朝鲜独立运动以来，义州、元山、釜山、先州、咸兴等大城市民众从风响应，革命情绪，至为激昂，大小暴动，已发生三十余次，革命民众及学生被拘禁达十万余人，各地监狱均告人满，又东京韩侨学生及工人亦起而响应，散发反战独立传单，秘密结社，并派代表三人化装矮商，潜往上海，谋与国民革命团体取得连络，但因东京事件之爆发及泄露，遂被沪倭官署警察逮捕解往日本而失败。

要之朝鲜团体奋斗的反日运动，如朝鲜民族革命党、朝鲜民族解放者同盟等，诚属举不胜举。至于个人实行直接行动的，也前仆后继，如姜宇奎之投弹斋藤于南大门，金益湘之投弹于总督府，梁权焕之杀闵元植，朴烈之谋杀敌皇，金益湘、吴成伦之谋杀田中于上海，金相玉之格杀敌警部与投弹警署，罗锡畴之炸破银行与格杀敌警官七人，李德三之投弹上海敌领事馆等等，均为震动一世的大举。尤其是我国发动抗战后，朝鲜独立政府诸志士随我国政府迁至重庆，并在重庆正式活动，俨然成为与盟国并肩作战的一员，弥觉可敬！所以，中英美三国在开罗会议遂决定于相当时期使朝鲜自由独立，这是韩国何等光荣的事啊。

六、美苏军占领韩国之演进

俄国自克里米亚战争之后就积极的向远东发展，在十九世纪末叶占领了我黑龙江北岸与乌苏里江东岸的地方，并着手于建筑绵长六千俄里的西伯利里铁道，又伸手而向我东北与朝鲜。日本的大陆政策则想以朝鲜为桥梁，跨上大陆，向我东北以至整个华北发展，同时并想夺取西伯利亚。基于日俄二国之间的基本矛盾，遂爆发了一九〇四年的日俄战争，这是他们在实行远东政策和大陆政策时所必要发生的战争。自从一九一七年革命之后，苏联已非从前的帝俄，但是存在二国之间的种种矛盾与冲突依然未曾消灭。苏联虽依然有远东政策，但是她的作风已经与前不同，就是现在苏联的远东政策着重开发建设政策，并预防他国将来侵略西伯利亚，现在日本虽已投降，苏联仍不忘此念。至于美国证之放弃菲律宾的前例，可见对朝鲜并无野心，只求朝鲜本身不论政治上、经济上等等都健全起来。最近派遣胡佛、鲍莱先后视察朝鲜，以便协助，目的无非欲使独立得以早日实现，同时希望世界和平得以保障，于愿已足。当日本投降时，盟军分散各地，美政府经由麦克阿瑟元帅通知日本政府，颁布第一号通令，规定朝鲜北伟[纬]三十八度以北之日军向苏军投降，该线以南之日军向美军投降。此项界线仅系临时性质，借以确定执行此项通令之责任而已。自苏美军接收后，事实上朝鲜北部在苏联支持下之人民解放委员会及在南方美军政府支持下之韩国临时机构，彼此间不无摩擦之处，而损害朝鲜之统一，然此亦因一时的怀疑或误会，在所不免。所以一九四五年十二月底美苏英三国在莫斯科会议议决："由美苏在朝鲜南北部的驻军代表，合组美苏联合委员会，协助朝鲜设立临时政府及美苏英中四国代管制度，俾使朝鲜重建独立国，代管期限最多不得超过五年，美苏委员会应与朝鲜临时政府及各民主团体合作，草拟各种方案，以发展该国政治经济及完成独立。委员会各项建议应提呈美苏英中四国政府，以便执行代管。"此种解决虽然根本上并不违反《开罗宣言》，然而毕竟太偏重现实而缺少理想。所以一九四六年一月初汉城韩人二万余游行示威，反对五年托管。幸而美国务卿贝尔纳斯立即声明，美苏联合委员会与朝鲜临时民主政府合作，或可发觉其毋需实行托管，我人之目标即在加速韩国成为联合国独立会员之日期；同时，朝鲜美军司令霍琪也处置得方，而不使事态扩大。美、苏驻军又以南北不自然之分界而发生之地方问题颇多，遂于一九四六年二月十八日成立协议："北部苏联占领区及南部美军占领区之铁路、公路及沿海水道联运，交换邮件及设立对内广播无线电台，北部可获得南部农业地带之米粮，南部可取得北部所制造之货物及原料。"同年五月，美苏联合委员会讨论设立韩国临时政府，终以南北两区背道而驰，以致停顿至今。这种现状为朝鲜人所不满，自是意料中事。

七、韩国的前途系于本身

我国抗战胜利后，在重庆的韩国临时政府主席金九、副主席金奎植、议长洪震及国务(委)员等三十二人即飞返汉城，与韩国政党举行会议，讨论韩国人民团结计划，并组织韩国政府。即于一九四六年二月五日召开非常国民大会，设法泯除南北界限，完成全国统一团结。更于同月十九日把日人于一九三八年起禁止使用的韩文编成《韩文初阶》教科书，提高本国民众文化，这亦值得钦佩。不过日本压迫已久，一旦解放，政党纷纷成立，不免发生歧见而影响大局。作者以为虽然过去有些韩人在我国利用日本势力欺压我同胞，但总希望韩国内部干快弄好，协力同心，自助始有人助而独立端在自身之团结及努力，如空谈独立，而缺乏独立之条件，纵使盟邦协助韩国独立，实现亦甚困难。何况朝鲜南北两区，不论政治或经济上，美苏各自成体系，形成两个世界，所以外交上最要当机立断，凡是悬案，能局部解决的就局部解决，能个别交涉的就个别交涉，因为悬案越积越多，简单的问题也会复杂起来，时机稍纵即逝，尤不免横生枝节，而在大圈子上打转。更须把握现实，充分了解国际间的相互关系，在外交态度上应硬软并用，但软要软至不做某一方面的尾巴，让人家牵着鼻子走，硬要硬得避免众叛亲离，遭受人家的"协以谋我"。蒋委员长对自渝返韩国官吏之临别赠言说得好："中国将尽力协助韩国独立，韩国应与美苏友好，而内部尤须精诚团结。"这无异为朝鲜现阶段之革命指南，倘韩国能照此实行，则真正独立可以早日实现，而前途的光明灿烂是无限的。

(原载于《改造》第 3 期，1947 年)

朝鲜复国运动始末记

朱敬炘

在开罗会议席上，决定战事结束以后，朝鲜要从日本统治下解放出来。受尽了亡国痛苦的朝鲜人民，听得这个喜讯，该是何等地高兴呀！他们真是日夜在企望胜利的到来。日本是屈膝了，可是胜利的爆竹给韩国人民的是什么呢？现今朝鲜分别被美苏两国占领着，南辕北辙，不通有无。因为两国政见的不一致，统一的朝鲜政府还没有产生。朝鲜人所受到胜利的赐予，却仍是悲惨的命运。

从一九一〇年日本并吞朝鲜，迄今已历三十七年了，假使从一九〇五年朝鲜沦为日本保护国算起，则已超过了四十年。四十余年来，朝鲜虽受日本统治着，可是韩人却和日本斗争了四十年，祖他们渴望要恢复他们的国，鲜脱日本的主宰，争取他们的独立自由。这一段朝鲜复国运动的经过，充满着血和泪。

远在一九〇五年之前，因为朝鲜内政的腐败，国势垂危，已有革新运动发生。迨一九〇五年十一月十七日，日本胁近[迫]朝鲜答[签]订保护条约，沦朝鲜为保护国，于是使朝鲜的革命转变为抗日。保护条约虽为日本亡韩的初步，但因朝鲜教育落后，人民智识不开，对于世界大势都不甚了解，故抗日运动引不起许多人的注意。凭这少数朝鲜的志士，终究力量单簿，未能成功。可是这壮烈的牺牲，唤醒了大多数的朝鲜民众，使日后抗日独立运动前扑[仆]后继，再接再厉，奠定了朝鲜独立运动的基础。

自朝鲜沦为日本保护国后，上层阶级的知识分子和一部份开通的民众纷纷起而反抗。拒纳赋税，袭击警察，暗杀亲日的阁员，至一九〇七年，日韩冲突达于极点，在一月至四月的四个月中，连续发生了四次暗杀阁员的事，内阁迫而辞职。继起的李完用，更完全成了日本的傀儡。后伊藤博文逼光武常[帝]退位，立隆熙常[帝]，控制内改，解散军队，使朝鲜人民之反抗愈演愈烈。一九〇七年七月，日本曾增兵半师团，以资镇压，次年又增兵两师团。据日方报告，自一九〇七年七月至一九〇八年十二月，韩兵死亡有一万四千余人；一九〇八年八月至一九〇九年二月，韩兵死伤有三万余人。死事之烈，可以想见。

一九〇九年十月廿六日，伊藤博文被朝鲜志士安重根击毙于哈尔滨，日本大为震惊，于是作进一步的措施，就是一九一〇年八月二十二日强迫朝鲜签订合并条约的一幕。从此日本在朝鲜取得了统治权。

朝鲜既亡之后，人民不堪日本的压迫，群起反抗。迨欧战结束，美总统威尔逊提出了民族自决的口号，增加了争取独立自由的信心。一九一九年一月二十二日，韩皇被日本谋害暴卒，使韩人情绪大为激昂，于是决定在三月一日韩皇举□的一天起事。这是朝鲜全体人民向日本反抗的第一次，就是朝鲜独立运动史上著名的“三一”运动。

朝鲜民族受日人的压迫，熊熊之气积集，在“三一”运动全部发泄出来，顷刻全国澎湃，不可遏止。这一次参加的有二百万人，被捕和死伤的有数万人，各处监狱一时均有人满之患。朝鲜亡国十年后的广大民众，至此均已醒觉。在其独立宣言中，说明这次运动的祈求。“吾等兹宣言我朝鲜之为独立国，朝鲜人民之为自由民，以此告于世界万邦，而阐明人类平等之大义，以此告于子孙万代，而永有民族之主权。”这独立的吼声，唤起了世界各国对于朝鲜的注意。

“三一”运动失败后，领导机关独立总本部的重要分子都被日人逮捕，无法继续进行。于是全国十三道的代表秘密在汉城集会，组织政府。那时，流亡在海外的志士也在上海成立临时政府。后来汉城的政府在国内不能立足，乃由洪震代表来沪，并入上海临时政府。这是朝鲜唯一的流亡政府，是在一九一九年四月十一日成立的。

远在六十年前，朝鲜独立党已经产生了，中日战后更见活跃，及朝鲜亡后成为重要的独立运动团体。那时国内外有志之士纷纷组织团体，策动独立运动。然派别纷岐，工作不易，于是有各党派的统一运动，独立党成为众望所归，渐渐成为国外最大的政党，和国内的新民会并立。九一八以后，东北朝鲜义勇军十分活跃，就是独立党所主持的。不久，上海也成立了独立党，中国抗战发生后辗转入川，和中国的战士并肩作战。

一九二六年六月十日，隆兴皇帝出殡，参加葬礼的民众又发生了一次示威运动，因此将朝鲜国内的革命力量团结起来，促成了新民会的成立，后来支会设有一百五十多处，参加会员有三万余人，成为国内的领导者。

在马义《朝鲜革命史》中说：从一九二九年到一九三三年，朝鲜发生的工人骚动有五百五十七次，参加者前后有十余万人。农民暴动有一万四千次。自一九一九年至一九二九年，朝鲜独立军作战二千九百余次，被捕者有十万人，死亡达五万人。一九三九年所发生的光州学生事件，各地学生群起向[响]应，韩人亦作示威运动，和日本军警冲突历数月之久，死伤达三千余人，也是对日本一次重大的反抗。

朝鲜国土和中国东北毗邻，朝鲜亡后东北遂成为爱国志士之逃亡之所。九一八日本强占东北，东北韩侨之抗日运动进入一个新的阶段。当时东北的朝鲜独立党组织独立军，和中国抗日联军合作抗战，以中东路为界，韩军负担了铁路以东的战线的任务。

九一八事变发生不久，在一九三二年一月八日，韩国志士李奉昌在东京樱田门狙击日皇昭和。一·二八淞沪之战结束后，上海日侨在虹口公园开会庆祝天长节，又发生尹奉吉炸毙白川大将的事。在七七事变的前夕，朝鲜拟发动一次大规模的排日运动，不幸事泄，爱国领导及民众被捕者有三万人。这一件事，日本是秘而不宣，事后韩国临时政府宣传部长严大卫在大公报上发表这事的真相。

七七事变之后，朝鲜国内的民众反抗愈趋剧烈。即在一九三七年一年中，农民的抗租运动发生了三万多次。一九三九年，朝鲜工人破坏尚未竣工的鸭绿江口多狮岛的军港。一九四〇年，朝鲜基督教徒反对参拜神社，大举暴动，后来敌人从华北抽调一师团的军队前往镇压，方得平静。一九四二年，平壤民众袭击飞机场两处，毁坏飞机二十架，日人住屋六十余间。雄基港的韩人破坏当地油池六个，军需仓库一座。元山民众破坏三处仓库、九十多艘渔船、两个油池。在新义州，满载军火车八辆都被焚毁，还有一个造纸厂也遭了殃。朝鲜国内不安的情形，此时已达于极点了。一九四三年—四四年，韩民的抗日运动比一九四二年有增无已。

随着日军的进驻，朝鲜的复国运动在中国关内也展开了。创办学校，训练干部，成立朝鲜义勇队、韩国光复军对日作战。朝鲜独立党和民族革命党为了配合中国抗战，均先后辗转入川。朝鲜义勇队则赴前线各地，散发传单，张贴准语，在火线上向敌兵宣传。翻译敌方文件，训练政工人员，协助审问战俘等等。这许多工作成绩，对于抗战的贡献是不可磨灭的。

中日开战以后，日本先在朝鲜招募志愿兵，后正式实行征兵，估计朝鲜的征兵一旦完成，可得一百五十万人。当初日本为笼络人心，以完成他的征募政策，不择手段，想出各种鼓励方法。但朝鲜军队开赴前线，即纷纷向重庆奔跑，尽管日人处罚的残酷，封锁的严密，但终是阻遏不住的。

太平洋战争发生以后，在中国以外的韩侨又获得许多国家有力的援助。

当珍珠港事件发生之翌日,韩国临时政府即对日本宣战。临时政府自成立以后在各国纷纷活动,参战以后进行更趋积极,果然至一九四三年十一月开罗会议上决定了朝鲜战后的地位,复国的原则是确立了。

虽然这样,朝鲜的命运还要视国际形势来决定,因为朝鲜的位置过去是成了中日俄三国间的缓冲地举,今后是否会作为美苏逐鹿之场呢?“为山九仞”,望朝鲜人民努力来完成最后阶段的艰巨工作。各国人士也应该在民族合作的原则下予以援手,使这有悠久历史的东方古国,仍能恢复其国际上的地位。

(原载于《改造》第4期,1947年)